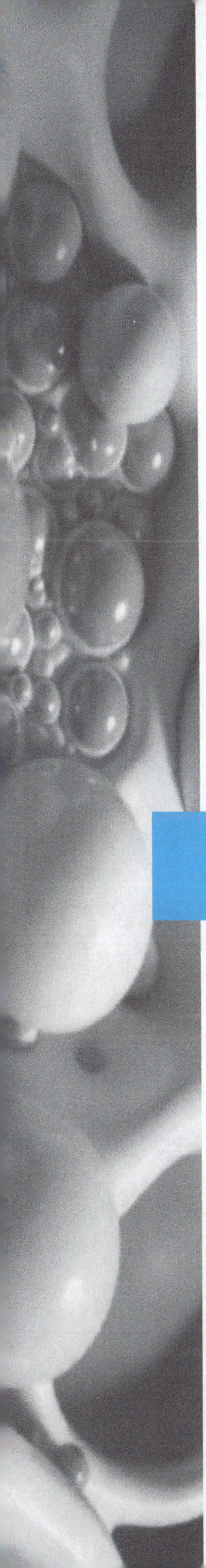

Master the NCERT

नवीनतम NCERT के प्रत्येक वाक्य पर बने वस्तुनिष्ठ प्रश्नों का संग्रह

for NEET/JEE

रसायन विज्ञान XII

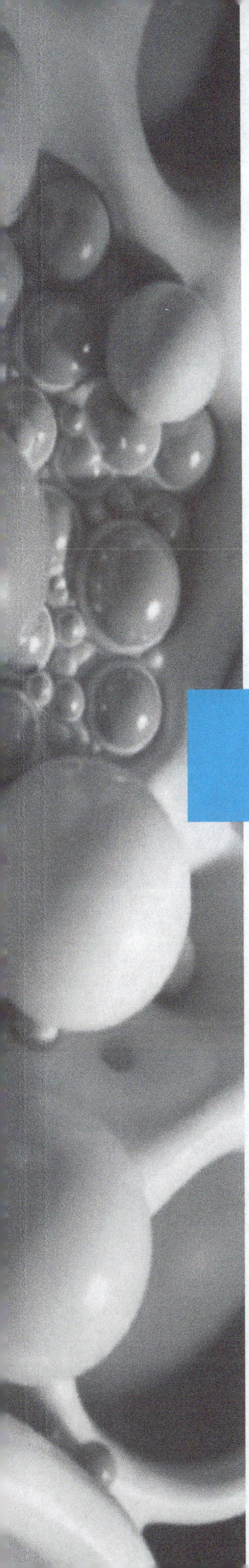

Master the NCERT

नवीनतम NCERT के प्रत्येक वाक्य पर बने वस्तुनिष्ठ प्रश्नों का संग्रह

for NEET/JEE

रसायन विज्ञान XII

डॉ. नरेन्द्र झा

सह–लेखक

स्वाति चौहान, प्रेरणा निर्मल

arihant

SUCCESS AND NOTHING LESS

arihant
SUCCESS AND NOTHING LESS

अरिहन्त प्रकाशन (सीरीज़) मेरठ

卐 **रजि. कार्यालय**

'रामछाया' 4577/15, अग्रवाल रोड, दरिया गंज, नई दिल्ली- 110002
फोन: 011-47630600, 43518550

मुख्य कार्यालय

कालिन्दी, टी०पी० नगर, मेरठ (यूपी)– 250002
फोन: 0121-7156203, 7156204

卐 **शाखा कार्यालय**

आगरा, अहमदाबाद, बरेली, बंगलुरु, चेन्नई, दिल्ली, गुवाहाटी, हैदराबाद, जयपुर, झाँसी, कोलकाता, लखनऊ, नागपुर तथा पुणे

卐 **मूल्य** ₹ 475.00

卐 **PO No :** TXT-XX-XXXXXXX-X-XX

PUBLISHED BY ARIHANT PUBLICATIONS (INDIA) LTD.

'अरिहन्त' की पुस्तकों के बारे में अधिक जानकारी के लिए हमारी वेबसाइट **www.arihantbooks.com** पर लॉग इन करें या **info@arihantbooks.com** पर सम्पर्क करें।

Follow us on...

इस पुस्तक के
Key Features

3 स्तरीय अध्याय विश्लेषण

प्रत्येक अध्याय के प्रथम पृष्ठ पर 5 वर्षों का NEET विश्लेषण निम्न तीन आधारों पर दिया गया है

(i) शीर्षकवार प्रश्न (ii) विशेष प्रकार के प्रश्न (iii) भारांकन

5 वर्षों में NEET में पूछे गये शीर्षकवार प्रश्न

शीर्षक	वर्षवार प्रश्नों की संख्या				
	2024	2023	2022	2021	2020
विलयनों के प्रकार	–	–	–	–	–
विलयनों की सान्द्रता को व्यक्त करना	–	–	2	–	–
विलेयता	1	1	–	1	–
द्रवीय विलयनों का वाष्प दाब	–	–	–	–	1
आदर्श एवं अनादर्श विलयन	–	–	–	–	1
अणुसंख्य गुणधर्म और मोलर द्रव्यमान की गणना	1	–	–	1	2
असामान्य मोलर द्रव्यमान	–	–	–	–	–

NEET में विगत 5 वर्षों में पूछे गये विशेष प्रकार के प्रश्न

प्रकार	वर्ष				
	2024	2023	2022	2021	2020
अभिकथन–कारण	–	1	–	–	–
कथन आधारित	–	–	–	–	–
सुमेलन	–	–	–	–	–

NEET के विगत 5 वर्षों का भारांकन

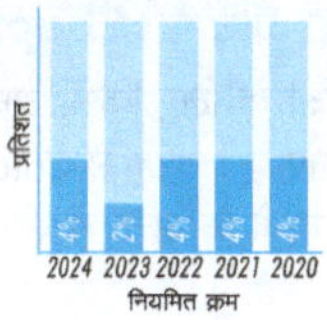

Marks Maximizer

द्रव्यमान प्रतिशत, पी.पी.एम, मोल-प्रभाज और मोललता तापमान से स्वतंत्र हैं, जबकि द्रव्यमान, आयतन प्रतिशत, प्रबलता और मोलरता तापमान पर निर्भर करती हैं। ऐसा इसलिए है क्योंकि आयतन तापमान पर निर्भर करता है लेकिन द्रव्यमान नहीं।

Marks Maximizer

विशेष बॉक्स में NEET/JEE से सम्बन्धित विशेष महत्त्वपूर्ण जानकारी दी गई है, जो NCERT में उपस्थित हो भी सकती है और नहीं भी।

Concept Master के द्वारा रसायन विज्ञान के तथ्यों का स्पष्टीकरण

NCERT के कठिन शीर्षक/संकल्पना को सरल एवं समझने में आसान भाषा में व्याख्या करने के लिए विशिष्ट वीडियो सहायता

द्रवीय विलयनों का वाष्प दाब
(Vapour Pressure of Liquid Solution)

वाष्प दाब को विलायक के वाष्प द्वारा लगाए गए दाब के रूप में परिभाषित किया जाता है, जब वे एक विशेष तापमान पर इसके द्रव के साथ गतिशील साम्यावस्था में होते हैं। द्रव विलयन तब बनता है। जब विलायक द्रव होता है, दो घटकों वाले विलयन हैं। (i) द्रव में द्रव (ii) द्रव में ठोस।

द्रव-द्रव विलयनों का वाष्प दाब
(Vapour Pressure of Liquid-Liquid Solutions)

- **राउल्ट नियम** (Raoult's Law) वाष्पशील द्रवों के विलयन में प्रत्येक वाष्पशील घटक का आंशिक वाष्प दाब विलयन में उपस्थित उसके मोल प्रभाज के समानुपाती होता है।

  अवयव 1 के लिए $p_1 \propto \chi_1$ तथा $p_1 = p_1^0\chi_1$

  इसी प्रकार, अवयव 2 के लिए $p_2 = p_2^0\chi_2$

  जहाँ, p_1^0 = अवयव 1 का शुद्ध वाष्प दाब

  p_2^0 = अवयव 2 का शुद्ध वाष्प दाब

  χ_1 तथा χ_2 क्रमशः 1 व 2 अवयव के मोल प्रभाज हैं।

PYQ नोट्स

1. वान्ट हॉफ गुणांक i और संगुणन की मात्रा के मध्य सम्बन्ध, $\alpha = \frac{1-i}{1-1/n}$ [JEE Main 2022]
2. जब तनु विलयन की मोललता दोगुनी हो जाती है, तो मोलल अवनमन स्थिरांक (K_f) अपरिवर्तित रहता है। [NEET 2017]
3. एक आदर्श विलयन के लिए, मिश्रण की गिब्स मुक्त ऊर्जा में परिवर्तन शून्य के बराबर नहीं होता है, अर्थात् $\Delta G_{\text{मिश्रण}} \neq 0$ [NEET 2016 Phase II]
4. प्रबल वैद्युत अपघट्य बेरियम हाइड्रॉक्साइड के तनु जलीय विलयन के लिए वान्ट हॉफ गुणांक 3 होता है। [NEET 2016]
5. एक आदर्श विलयन के लिए, मिश्रण की एन्ट्रॉपी में परिवर्तन शून्य के बराबर नहीं होता है, अर्थात् $\Delta S_{\text{मिश्रण}} \neq 0$ [NEET 2015]

PYQ नोट्स

NEET/JEE से सम्बन्धित महत्त्वपूर्ण बिन्दु, जो पिछले वर्षों में पूछे गए थे, लेकिन वर्तमान तर्कसंगत NCERT में शामिल नहीं किए गए हैं।

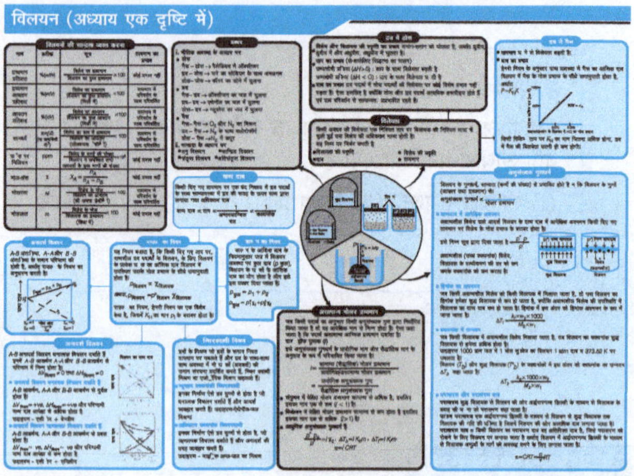

अध्याय एक दृष्टि में (Chapter at a Glance)

त्वरित समीक्षा के लिए किसी अध्याय के सभी मुख्य बिन्दुओं को दर्शाने के लिए पूरी तरह से Coloured Glorified Infographics ये सभी अध्यायों के अन्त में संकलित हैं।

Step by Step

Mastering NCERT

- कॉन्सेप्ट बिल्डर्स
- शीर्षकवार प्रश्न
- अभिकथन-कारण प्रश्न
- कथन आधारित प्रश्न
- सुमेलन प्रकार प्रश्न
- आंकिक मान प्रकार के प्रश्न
- NCERT Exemplar प्रश्न
- विगत परीक्षाओं के प्रश्न
- स्किल बूस्टर्स

कॉन्सेप्ट बिल्डर्स

1 ठोस विलयन में द्रव का एक उदाहरण बताइए।

2 यदि 22 ग्राम बेन्जीन को 122 ग्राम कार्बन टेट्राक्लोराइड में घोला जाता है, तो बेन्जीन और कार्बन टेट्राक्लोराइड का द्रव्यमान प्रतिशत क्रमशः .... और .... है।

3 व्यापारिक (commercial) विरंजक विलयन का जल में सोडियम हाइपोक्लोराइट का द्रव्यमान प्रतिशत 3.62 होता है। (सत्य/असत्य)

4 द्रव्यमान के अनुसार 20% $C_2H_6O_2$ युक्त एक विलयन में एथिलीन ग्लाइकॉल ($C_2H_6O_2$) का मोल प्रभाज .... है।

5 1 m KCl विलयन का अर्थ है 1 किग्रा जल में 74.5 किग्रा KCl घुला हुआ। (सत्य/असत्य)

6 1000 मिली जल में 40 ग्राम NaOH युक्त विलयन की मोललता क्या है?

7 100 ग्राम A को जल में घोलकर विलयन B बनाया गया है। इसमें A की थोड़ी मात्रा और मिलाने पर यह विलयन B के तल पर ठोस के रूप में रह जाता है। इस प्रकार, विलयन B........... है ।

14 नाइट्रिक अम्ल और जल .... स्थिरक्वाथी का एक उदाहरण है, जिसमें द्रव्यमान के अनुसार 68% नाइट्रिक अम्ल और 32% जल होता है और इसका क्वथनांक 393.5 K होता है।

15 अनादर्श विलयन में, किस प्रकार का विचलन अधिकतम क्वथनांक वाले स्थिरक्वाथी के निर्माण को दर्शाता है?

16 एथेनॉल और ऐसीटोन के मिश्रण द्वारा दिखाए गए विचलन के प्रकार का नाम बताएँ?

17 मोलल उन्नयन स्थिरांक की इकाई .... है ।

18 क्वथनांक उन्नयन स्थिरांक (K_b) का दूसरा नाम बताइए।

19 वायुमंडलीय दाब में कमी के साथ किसी द्रव का क्वथनांक .... हो जाता है।

20 विभिन्न विलायकों में तैयार किए गए समान मोललता वाले ग्लूकोज के दो अलग-अलग विलयनों में समान हिमांक अवनमन बिन्दु होगा। (सत्य/असत्य)

21 यदि तनु विलयन की मोललता दोगुनी कर दी जाए तो मोलल अवनमन स्थिरांक का मान आधा हो जाता है। (सत्य/असत्य)

Step by Step Mastering NCERT

NEET/JEE जैसी प्रतियोगिता में पूछे जाने वाले सभी संभावित प्रकार के प्रश्नों के साथ वैज्ञानिक रूप से डिजाइन किया गया अभ्यास।

कॉन्सेप्ट बिल्डर्स

ये सत्य/असत्य, रिक्त स्थान और एक शब्द प्रश्न जैसे सरल टीज़र के रूप में दिये गये हैं इस प्रकार इसे NCERT संकल्पनाओं को आधारशिला बनाने के लिए संरचित किया गया है।

कॉन्सेप्ट बिल्डर्स

1 ठोस विलयन में द्रव का एक उदाहरण बताइए।

2 यदि 22 ग्राम बेन्जीन को 122 ग्राम कार्बन टेट्राक्लोराइड में घोला जाता है, तो बेन्जीन और कार्बन टेट्राक्लोराइड का द्रव्यमान प्रतिशत क्रमशः .... और .... है।

3 व्यापारिक (commercial) विरंजक विलयन का जल में सोडियम हाइपोक्लोराइट का द्रव्यमान प्रतिशत 3.62 होता है। (सत्य/असत्य)

4 द्रव्यमान के अनुसार 20% $C_2H_6O_2$ युक्त एक विलयन में एथिलीन ग्लाइकॉल ($C_2H_6O_2$) का मोल प्रभाज .... है।

5 1 m KCl विलयन का अर्थ है 1 किग्रा जल में 74.5 किग्रा KCl घुला हुआ। (सत्य/असत्य)

6 1000 मिली जल में 40 ग्राम NaOH युक्त विलयन की मोललता क्या है?

शीर्षकवार प्रश्न

शीर्षकवार प्रश्न

NEET/JEE जैसे MCQs, NCERT के लाइन दर लाइन टेक्स्ट से लिए गए हैं, जिसमें पृष्ठों को पूर्ण रूप से अंकित किया गया है। ये सभी MCQs NCERT के शीर्षकों के अनुसार व्यवस्थित हैं।

विलयनों के प्रकार और सान्द्रता को व्यक्त करना

1 समांगी मिश्रण के बारे में निम्नलिखित में से कौन-सा कथन सही नहीं है? NCERT पृष्ठ 1
(a) इनका मिश्रण में संघटन एवं गुण एक समान होते हैं।
(b) ये सम्पूर्ण मिश्रण में समान भौतिक गुण प्रदर्शित करते हैं।
(c) सम्पूर्ण मिश्रण में इनके रासायनिक गुण समान होते हैं।
(d) इनमें सदैव एक ही विलेय तथा एक ही विलायक होता है।

2 निम्नलिखित में से कौन-सा युग्म द्रव में द्रव विलयन को दर्शाता है? NCERT पृष्ठ 2
(a) जल में CO_2 ब्रास
(b) पारे का सोडियम के साथ अमलगम, जल में एल्कोहॉल
(c) वायु युक्त पेय, CCl_4 में I_2
(d) हाइड्रोजन परॉक्साइड, टॉलुईन में बेन्जीन

अभिकथन-कारण प्रश्न

अभिकथन-कारण

सबसे महत्त्वपूर्ण विशेष प्रारूप MCQs श्रेणी। इन सभी पर NCERT की पृष्ठ संख्या को अंकित किया गया है।

निर्देश *(प्रश्न संख्या 1-10) निम्नलिखित प्रश्न में अभिकथन (A) के बाद कारण (R) दिया गया है। नीचे दिए गए विकल्पों में से सही विकल्प चुनें।*
(a) A और R दोनों सत्य हैं और R, A का सही स्पष्टीकरण है।
(b) A और R दोनों सत्य हैं तथा R, A का सही स्पष्टीकरण नहीं है।
(c) A असत्य है लेकिन R सत्य है।
(d) A सत्य है लेकिन R असत्य है।

1 **अभिकथन (A)** द्रव अवस्था में विलयन की मोलरता तापमान के साथ परिवर्तित होती है।
कारण (R) तापमान में परिवर्तन के साथ विलयन का आयतन परिवर्तित होता है। NCERT पृष्ठ 5

कथन आधारित प्रश्न

कथन आधारित प्रश्न

NEET रसायन विज्ञान के पेपर में कथन आधारित प्रश्न इस प्रकार (कथन I तथा कथन II) पूछे जाते हैं। इस प्रकार के प्रश्नों को NCERT के पृष्ठ संख्या अंकन के साथ क्रमवार सम्मिलित किया गया है।

निर्देश *(प्रश्न संख्या 1-6) निम्नलिखित प्रश्नों में दो कथन (I और II) दिए गए हैं। दिए गए कथनों के आधार पर, नीचे दिए गए सही विकल्प को चुनें।*
(a) कथन I और कथन II दोनों असत्य हैं।
(b) कथन I सत्य है लेकिन कथन II असत्य है।
(c) कथन I असत्य है लेकिन कथन II सत्य है।
(d) कथन I और कथन II दोनों सत्य हैं।

1 **कथन I** स्थिरक्वाथी द्विअंगी मिश्रण होते हैं जिनका द्रव और वाष्प अवस्था में समान संघटन होता है और वे नियत तापमान पर उबलते हैं।
कथन II बेन्जीन और टॉलुईन अधिकतम क्वथनांक वाले स्थिरक्वाथी बनाते हैं। NCERT पृष्ठ 13, 14

2 **कथन I** अणुसंख्यक गुणधर्म विलेय के कणों की संख्या पर निर्भर करते हैं न कि उनकी प्रकृति पर।
कथन II किसी विलयन की मोललता तापमान के साथ परिवर्तित होती है क्योंकि द्रव्यमान तापमान से अप्रभावित रहता है। NCERT पृष्ठ 5, 15

सुमेलन प्रकार प्रश्न

सुमेलन प्रकार प्रश्न

क्रमवार अभ्यास में सुमेलन प्रकार के MCQs सम्मिलित किए गए हैं। इन्हें कथन आधारित MCQs के ठीक बाद में रखा गया है और सभी NCERT पृष्ठ संख्याओं को अंकित किया गया है।

1 सूची I को सूची II से सुमेलित करें। NCERT पृष्ठ 2

	सूची I (विलयन का उदाहरण)		सूची II (विलयन का प्रकार)
A.	क्लोरोफॉर्म को नाइट्रोजन गैस में मिश्रित किया जाए	1.	गैसीय विलयन
B.	जल में घुली एथेनॉल	2.	ठोस विलयन
C.	पारे (Hg) का सोडियम के साथ अमलगम	3.	द्रव विलयन

कूट

	A	B	C		A	B	C
(a)	1	2	3	(b)	1	3	2
(c)	2	1	3	(d)	2	3	1

NCERT Exemplar प्रश्न

1 0.02 M NaCl के 4 लीटर जलीय विलयन को 1 लीटर जल मिलाकर तनु किया गया। परिणामी विलयन की मोललता .... है।

(a) 0.004 (b) 0.008 (c) 0.012 (d) 0.016

2 निम्नलिखित में से कौन-सी इकाई विलयन की सान्द्रता को उसके वाष्प दाब से सम्बन्धित करने में उपयोगी है?

(a) मोल प्रभाज (b) भाग प्रति मिलियन

(c) द्रव्यमान प्रतिशत (d) मोललता

NCERT Exemplar प्रश्न

NCERT Exemplar पुस्तकों को प्रतियोगी परीक्षाओं के लिए सबसे अच्छी समस्या पुस्तकों में से एक माना जाता है। प्रत्येक अध्याय में तैयारी करने के लिए समंक प्रयास करने के लिए चयनित Exemplar Problems को लिया गया है।

विगत परीक्षाओं के प्रश्न

तैयारी की अन्तिम जाँच के रूप में NCERT पृष्ठ अंकन के साथ चयनित PYQs संकलित हैं।

विगत परीक्षाओं के प्रश्न

NEET

1 तीन गैसों (A, B, C) के लिए हेनरी नियम स्थिरांक (K_H) मान क्रमशः 145, 2×10^{-5} और 35 k bar है। इन गैसों की जल में विलेयता निम्नलिखित क्रम का पालन करती है **NCERT पृष्ठ 7, 8, NEET 2024**

(a) $B > A > C$ (b) $B > C > A$

(c) $A > C > B$ (d) $A > B > C$

2 किसी विलयन के लिए परासरण दाब (π) और सान्द्रता (मोल लीटर$^{-1}$ में) के बीच आलेख एक ऋजु रेखा देता है जिसका ढाल 25.73 ली bar मोल$^{-1}$ है। वह ताप जिस पर परासरण दाब मापा गया है, है **NCERT पृष्ठ 21, NEET 2024**

(R = 0.083 ली bar मोल $^{-1}$ K^{-1} लीजिए)

(a) 37°C (b) 310°C (c) 25.73°C (d) 12.05°C

स्किल बूस्टर्स

1 एक यौगिक (PQ) के जलीय विलयन का हिमांक – 0.45° C है। इस तापमान पर, PQ एक विद्युत अनअपघट्य के रूप में कार्य करता है। वही विलयन 1 atm (जल के लिए $\frac{K_f}{K_b} = \frac{7}{2}$) के दाब पर 100.25°C पर उबलता है। विलयन के क्वथनांक पर यौगिक PQ के बारे में सही निष्कर्ष यह है,

(a) विलयन में पूर्णतः द्वितयन हो जाता है

(b) संयोजन की मात्रा 50% है

(c) विद्युत अनअपघट्य के रूप में कार्य करता है

(d) विलयन में वियोजित हो जाता है

2 एक मोटर वाहन के रेडिएटर में 16 लीटर जल भरा गया जिसमें 2 लीटर मेथिल ऐल्कोहॉल (घनत्व 0.8 ग्राम/मिली) मिलाया गया। वह न्यूनतम तापमान जिस पर वाहन को बिना इस खतरे के बाहर पार्क किया जा सकता है कि रेडिएटर में जल जम जाएगा? (जल का K_f = 1.86 किमी$^{-1}$)

(a) 5.81 (b) – 5.81 (c) 0.17 (d) – 0.17

स्किल बूस्टर्स

तैयारी के लिए अतिरिक्त बढ़त प्रदान करने के लिए क्रमवार अभ्यास के अन्त में ब्रेन टीज़र प्रस्तुत किए गए हैं।

प्रश्नों का विश्लेषण

NCERT संकल्पनाओं की उत्तम समझ के लिए चयनित प्रश्नों के उत्तर और व्याख्यात्मक हल।

क्रमवार

प्रश्नों का विश्लेषण

कॉन्सेप्ट बिल्डर्स

1 पारे का सोडियम के साथ अमलगम।

2 15.28, 84.72

संकेत अवयव का द्रव्यमान % $= \frac{\text{विलयन में उपस्थित अवयव का द्रव्यमान}}{\text{विलयन का कुल द्रव्यमान}} \times 100$

3 सत्य 4 0.068

$\left[\text{संकेत } x_{\text{ग्लाइकॉल}} = \frac{C_2H_6O_2 \text{ के मोल}}{C_2H_6O_2 \text{ के मोल} + H_2O \text{ के मोल}}\right]$

$C_2H_6O_2$ का मोलर द्रव्यमान = 62 ग्राम मोल$^{-1}$

5 सत्य 6 1 मोलल

विलेय का द्रव्यमान = 130 ग्राम

विलयन का द्रव्यमान = 300 + 200 = 500 ग्राम

अंतिम विलयन में विलेय का % $= \frac{130}{500} \times 100 = 26\%$

4 (a) एथेनॉल का आयतन % $= \frac{\text{एथेनॉल का आयतन}}{\text{विलयन का कुल आयतन}} \times 100$

या $10 = \frac{10}{\text{विलयन का कुल आयतन}} \times 100$

= विलयन का कुल आयतन = 100 मिली

इस प्रकार, उपयोग किए गए जल की मात्रा = विलयन की कुल मात्रा - एथेनॉल की मात्रा = 100 – 10 = 90 मिली

8 (b) मोलरता $= \frac{22.2 \text{ ग्राम}}{111 \text{ ग्राम मोल}^{-1} \times 1 \text{ ली}}$

[$\because$ $CaCl_2$ का आण्विक भार = 111 ग्राम

$\Rightarrow$ 0.2 मोल लीटर$^{-1}$ = 0.2 M

9 (b) $V = \frac{\text{द्रव्यमान}}{\text{घनत्व}} = \frac{100}{1.84}$

मोलरता $= \frac{98 \times 1000 \times 1.84}{98 \times 100} = 18.4$ M

10 (a) दिया गया है, $M_1 = 0.5$ M, $M_2 = 2$

$V_1 = 750$ मिली, $V_2 = 250$ मिली

$\because M_f = \frac{M_1V_1 + M_2V_2}{V_1 + V_2}$

$\therefore M_f = \frac{750 \times 0.5 + 250 \times 2}{750 + 250}$

$= \frac{875}{1000} = 0.875$M

विषय-सूची

01

रसायन की Concept Master *Videos* के लिए *Scan* करें

विलयन

Solutions

हमारे दैनिक जीवन में शुद्ध पदार्थ कम ही प्राप्त होते हैं इनमें से अधिकांश मिश्रण ऐसे होते है जिनमें दो या दो से अधिक शुद्ध पदार्थ (pure substance) होते हैं। विलयन (घोल) मिश्रण का एक महत्वपूर्ण प्रकार है, जिसमें एक से अधिक घटक (component) उपस्थित होते हैं। जीवन में विलयन का महत्व उसके संघटन (composition) पर निर्भर करता है। जीवित शरीर में लगभग सभी प्रक्रियाएँ किसी न किसी प्रकार के तरल (द्रव) विलयनों में होती हैं।

विलयनों के प्रकार (Type of Solutions)

दो या दो से अधिक पदार्थों के समांगी मिश्रण (homogeneous mixture) को **विलयन** कहते है। **समांगी मिश्रण** का अर्थ सम्पूर्ण मिश्रण में उसके संघटन और गुणों का समान होना है।

- वह घटक (अवयव) जो विलयन में अधिक मात्रा में उपस्थित होता है, **विलायक** (solvent) कहलाता है, जबकि अन्य जो अपेक्षाकृत कम मात्रा में उपस्थित होता है, **विलेय** (solute) कहलाता है।
- विलायक, उस भौतिक अवस्था को निर्धारित करता है जिसमें विलयन विद्यमान रहता है। घटकों की संख्या के आधार पर विलयन निम्नलिखित प्रकार के हो सकते है। द्विअंगी (binary), त्रिअंगी (ternary), चतुर्थक (quaternary) इत्यादि।

द्विअंगी विलयन में दो घटक होते हैं, जबकि **त्रिअंगी** और, **चतुर्थक** विलयनों में क्रमशः तीन या चार घटक उपस्थित होते हैं। द्विअंगी विलयन की स्थिति में, प्रत्येक घटक ठोस, द्रव या गैसीय अवस्था में हो सकता है।

इस आधार पर विभिन्न प्रकार के विलयन सम्भव होते हैं, जिन्हें निम्नलिखित सारणी में दर्शाया गया है।

विलयनों के प्रकार	विलेय	विलायक	उदाहरण
ठोस विलयन	ठोस	ठोस	मिश्रधातु (alloys) [ताँबे का सोने में विलयन]
	द्रव	ठोस	जलयोजित लवण, Hg का Na के साथ अमलगम
	गैस	ठोस	हाइड्रोजन का पैलेडियम में विलयन
द्रव विलयन	ठोस	द्रव	नमक/शर्करा का जल में विलयन
	द्रव	द्रव	जल में ऐल्कोहॉल
	गैस	द्रव	वायुयुक्त (aerated) पेयजल, जल में ऑक्सीजन
गैसीय विलयन	ठोस	गैस	वायु में आयोडीन वाष्प, नाइट्रोजन गैस में कपूर
	द्रव	गैस	वायु में जल वाष्प, क्लोरोफॉर्म का नाइट्रोजन गैस के साथ मिश्रण
	गैस	गैस	वायु ($O_2 + N_2$)

5 वर्षों में NEET में पूछे गये शीर्षकवार प्रश्न

शीर्षक	वर्षवार प्रश्नों की संख्या				
	2024	2023	2022	2021	2020
विलयनों के प्रकार	–	–	–	–	–
विलयनों की सान्द्रता को व्यक्त करना	–	–	2	–	–
विलेयता	1	1	–	1	–
द्रवीय विलयनों का वाष्प दाब	–	–	–	–	1
आदर्श एवं अनादर्श विलयन	–	–	–	–	1
अणुसंख्य गुणधर्म और मोलर द्रव्यमान की गणना	1	–	–	1	2
असामान्य मोलर द्रव्यमान	–	–	–	–	–

NEET में विगत 5 वर्षों में पूछे गये विशेष प्रकार के प्रश्न

प्रकार	वर्ष				
	2024	2023	2022	2021	2020
अभिकथन-कारण	–	1	–	–	–
कथन आधारित	–	–	–	–	–
सुमेलन	–	–	–	–	–

NEET के विगत 5 वर्षों का भारांकन

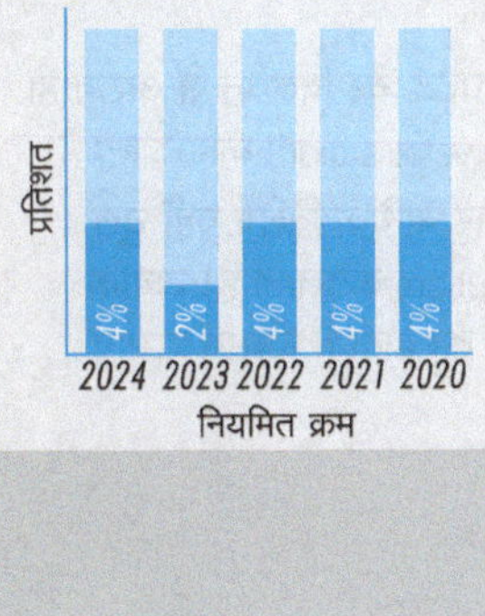

विलयनों की सान्द्रता को व्यक्त करना
(Expressing Concentration of Solutions)

विलयन की दी गई मात्रा में उपस्थित विलेय की मात्रा को विलयन की सान्द्रता कहा जाता है। इसे या तो गुणात्मक (qualitatively) रूप में (तनु या सान्द्र) या मात्रात्मक (quantitatively) रूप में व्यक्त किया जा सकता है।

विलयन की सान्द्रता को मात्रात्मक रूप से निम्न प्रकार से व्यक्त किया जा सकता है।

(a) **द्रव्यमान प्रतिशत** (*w/W*) (Mass percentage) NEET 2022

किसी दिए गए विलयन में किसी घटक (विलेय) का द्रव्यमान प्रतिशत, विलयन के प्रति 100 ग्राम घटक का द्रव्यमान होता है।

$$\text{द्रव्यमान प्रतिशत} = \frac{\text{विलयन में उपस्थित घटक का द्रव्यमान}}{\text{विलयन का कुल द्रव्यमान}} \times 100$$

(b) **आयतन प्रतिशत** (*V/V*) (Volume percentage)

इसे 100 मिली विलयन में घुले घटक (विलेय) के आयतन (मिली में) के रूप में परिभाषित किया जाता है।

$$\text{आयतन प्रतिशत} = \frac{\text{घटक (विलेय) का आयतन}}{\text{विलयन का कुल आयतन}} \times 100$$

(c) **द्रव्यमान आयतन प्रतिशत** (*w/V*) (Mass by volume percentage)

इसे 100 मिली विलयन में घुले घटक (विलेय) के द्रव्यमान (ग्राम में) के रूप में परिभाषित किया जाता है।

$$\text{द्रव्यमान आयतन प्रतिशत} = \frac{\text{विलेय का द्रव्यमान}}{\text{विलयन का कुल आयतन}} \times 100$$

(d) **प्रबलता** (Strength) (ग्राम/ली) इसे किसी 1000 मिली विलयन में घुले घटक (विलेय) के द्रव्यमान (ग्राम में) के रूप में परिभाषित किया जाता है।

$$\text{प्रबलता} = \frac{\text{विलेय का द्रव्यमान (ग्राम में)}}{\text{विलयन का आयतन (लीटर या डेसीमी}^3\text{ में)}}$$

(e) **पार्ट्स प्रति मिलियन (पी.पी.एम)** (Parts per million (ppm))

जब कोई घटक (विलेय) सूक्ष्म मात्रा में उपस्थित होता है, तो सान्द्रता (concentration), पार्ट्स प्रति मिलियन में व्यक्त की जाती है।

पार्ट्स प्रति मिलियन

$$= \frac{\text{अवयव के भागों (parts) की संख्या}}{\text{विलयन के सभी अवयवों के भागों की कुल संख्या}} \times 10^6$$

(f) **मोल प्रभाज** (χ) (Mole fraction)

यह विलयन में उपस्थित किसी एक अवयव के मोलों की संख्या और कुल अवयवों के मोलों की कुल संख्या का अनुपात होता है।

$$\text{मोल प्रभाज} = \frac{\text{एक अवयव के मोलों की संख्या}}{\text{विलयन में उपस्थित कुल अवयवों की संख्या}}$$

अवयवों की i संख्या के लिए

$$\chi_i = \frac{n_i}{n_1 + n_2 + n_3 + ...n_i} = \frac{n_i}{\Sigma n_i}$$

और $$\chi_1 + \chi_2 + ... + \chi_i = 1$$

(g) **मोलरता** (*M*) (Molarity)

विलयन के एक लीटर (या एक डेसीमी³) में घुलित विलेय के मोलों की संख्या मोलरता कहलाती है।

$$\text{मोलरता } (M) = \frac{\text{विलेय के मोलों की संख्या}}{\text{विलयन का आयतन (लीटर में)}}$$

$$= \frac{W_B}{M_B \times V} \text{ मोल लीटर}^{-1}$$

(h) **मोललता** (*m*) (Molality)

विलायक के प्रति किग्रा में विलेय के मोलों की संख्या को मोललता कहते हैं।

$$\text{मोललता} = \frac{\text{विलेय के मोलों की संख्या}}{\text{विलायक का द्रव्यमान (किग्रा में)}}$$

$$= \frac{W_B}{M_B \times W_A} \text{ मोल किग्रा}^{-1}$$

Marks Maximizer

द्रव्यमान प्रतिशत, पी.पी.एम, मोल-प्रभाज और मोललता तापमान से स्वतंत्र हैं, जबकि आयतन प्रतिशत, प्रबलता और मोलरता तापमान पर निर्भर करती हैं। ऐसा इसलिए है क्योंकि आयतन तापमान पर निर्भर करता है लेकिन द्रव्यमान नहीं।

विलेयता (Solubility)

किसी पदार्थ की अधिकतम मात्रा जिसे किसी निश्चित तापमान पर विलायक की दी गई मात्रा में घोला (dissolved) जा सकता है, उस तापमान पर विलेयता कहलाती है।

ठोस की द्रव में विलेयता
(Solubility of a Solid in a Liquid)

प्रत्येक ठोस दिए गए द्रव में नहीं घुलता है, जैसे नैफ्थेलीन (napthalene) ऐन्थ्रासीन (anthracene) बेन्जीन में आसानी से घुल जाते हैं लेकिन सोडियम क्लोराइड (NaCl) और शर्करा नहीं घुलते। द्रव में ठोस की विलेयता को प्रभावित करने वाले कारक निम्नलिखित हैं।

- **विलेय और विलायक की प्रकृति** (Nature of solute and solvent) ध्रुवीय (polar) विलेय, ध्रुवीय विलायकों में घुलनशील होते हैं और अध्रुवीय (non-polar) विलेय, अध्रुवीय विलायकों में घुलनशील होते हैं। सामान्यतः एक विलेय विलायक में घुल जाता है यदि दोनों में अन्तरा आण्विक अन्योन्य क्रियाएँ समान हों, जैसे समांग-समांग को घोलता है।
- जब एक ठोस विलेय को विलायक में मिलाया जाता है, तो कुछ विलेय घुल जाता है और विलयन में विलेय की सान्द्रता बढ़ जाती है। इस प्रक्रिया को **विलीनीकरण** (dissolution) कहते हैं।
- विलयन में विलेय के कण ठोस कणों से संघट्ट कर विलयन से अलग हो जाते हैं। इस प्रक्रिया को **क्रिस्टलीकरण** (crystallisation) कहा जाता है।
- वह विलयन जिसमें समान ताप और दाब पर अधिक विलेय नहीं घुल सकता है, **संतृप्त विलयन** (saturated solution) कहलाता है। जबकि असंतृप्त विलयन (unsaturated solution) वह होता हैं जिसमें समान तापमान पर अधिक विलेय घुल सकता है।

- **तापमान का प्रभाव** (Effect of temperature) किसी ठोस की द्रव में विलेयता तापमान में परिवर्तन से अत्यधिक प्रभावित होती है। ये परिवर्तन ला-शातेलिए (Le-Chatelier's) के सिद्धान्त के अनुसार होते हैं।
  - सामान्यतः यदि लगभग संतृप्त विलयन में विलीनीकरण प्रक्रिया **उष्माशोषी** (endothermic) (अर्थात् $\Delta H_{\text{विलायक}} > 0$) है, तो तापमान में वृद्धि के साथ विलेयता बढ़नी चाहिए।
  - यदि यह **उष्माक्षेपी** (exothermic) (अर्थात् $\Delta H < 0$) है, तो तापमान में वृद्धि पर विलेयता में कमी होनी चाहिए।
- **दाब का प्रभाव** (Effect of pressure) द्रव पदार्थों में ठोस पदार्थों की विलेयता पर दाब का कोई सार्थक प्रभाव नहीं पड़ता है क्योंकि ये अत्यधिक असंपीडित (incompressible) होते हैं।

गैस की द्रव में विलेयता (Solubility of a Gas in a Liquid)

विभिन्न गैसें जल में घुल जाती हैं जबकि कुछ गैसें कुछ मात्रा में ही घुलती हैं। गैसों की द्रव में विलेयता, दाब और तापमान से अत्यधिक प्रभावित होती है।

- **दाब का प्रभाव** (Effect of pressure) दाब बढ़ाने पर गैसों की विलेयता बढ़ जाती है।
  - हेनरी ने विलायक में गैस के दाब और विलेयता के मध्य मात्रात्मक सम्बन्ध दिया, जिसे **हेनरी के नियम** के रूप में जाना जाता है। **NEET 2023**

    इस नियम के अनुसार "किसी गैस की द्रव में विलेयता द्रव या विलयन की सतह के ऊपर उपस्थित गैस के आंशिक दाब (partial pressure) *के समानुपाती होती है।* यदि हम विलयन में गैस के मोल-प्रभाज (mole fraction) का उपयोग उसकी विलेयता में माप के रूप में करते हैं, तो इसे इस प्रकार लिखा जा सकता है कि विलयन में गैस का मोल प्रभाज विलयन पर उपस्थित उस गैस के आंशिक दाब के समानुपाती होता है।

    हेनरी के नियम का सबसे अधिक उपयोग किया जाने वाला रूप बताता है कि *वाष्प प्रावस्था* (vapour phase) *में गैस का आंशिक दाब (p) विलयन में गैस के मोल प्रभाज (χ) के समानुपाती होता है।* इसे निम्न प्रकार व्यक्त किया जाता है।

    $$p = K_H \chi$$

    K_H गैस की प्रकृति पर निर्भर करता है। सामान्यतः किसी विशेष दाब पर K_H का मान जितना **अधिक** होता है द्रव में गैस की विलेयता उतनी ही **कम** होती है। **NEET 2024**
  - विलयन में गैस के आंशिक दाब और गैस के मोल प्रभाज के मध्य ग्राफ एक सीधी रेखा देता है जो मूल बिन्दु से गुजरती है। रेखा का ढलान (slope) हेनरी के नियम का स्थिरांक (K_H) देगा।

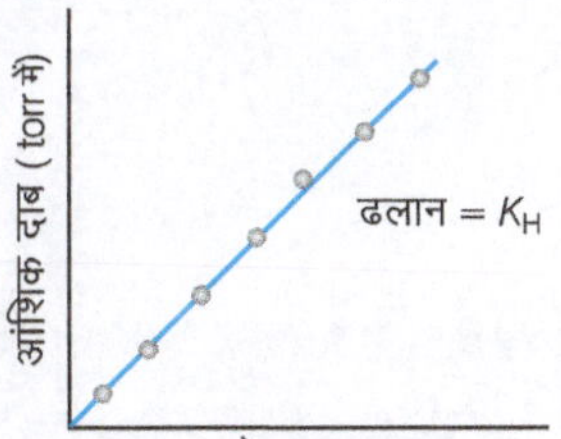

हेनरी के नियम के अनुप्रयोग
(Application's of Henry's Law)

- सोडा जल (soda water) एवं शीतल पेय में CO_2 की विलेयता बढ़ाने के लिए बोतल को उच्च दाब पर बंद किया जाता है।
- स्कूबा गोताखोरों (scuba divers) को जल के नीचे उच्च दाब पर साँस लेते समय घुली हुई गैसों की उच्च सान्द्रता का सामना करना पड़ता है। जितना अधिक दाब होगा, रक्त में वायुमण्डलीय गैसों की विलेयता उतनी ही अधिक होती है।

  जब गोताखोर सतह की ओर आते हैं, तो दाब धीरे-धीरे कम होने लगता है। जिसके परिणामस्वरूप घुली हुई गैसें बाहर निकलने लगती हैं। इसके कारण रक्त में नाइट्रोजन के बुलबुले बनने लगते हैं, जो कोशिकाओं में अवरोध उत्पन्न करते हैं और यह बीमारी को जन्म देते हैं, जिसे **बेंड्स** (bends) कहते हैं।

  बेंड्स से बचने के लिए स्कूबा गोताखोरों द्वारा उपयोग किये जाने वाले टैंकों में (11.7% हीलियम, 56.2% नाइट्रोजन, 32.1% ऑक्सीजन भरी जाती है।)
- ऊँचाई वाले स्थानों पर ऑक्सीजन का आंशिक दाब, सतही स्थानों पर उपस्थित दाब से कम होता है। इससे ऊँचाई वाले स्थानों पर रहने वाले लोगों या आरोहक के रक्त और ऊतकों में ऑक्सीजन की मात्रा कम होती है। रक्त में ऑक्सीजन की कम मात्रा **ऐनॉक्सिया** (anoxia) (दुर्बल और सोचने में असमर्थ) का कारण बनती है।

- **तापमान का प्रभाव** यदि विलीनीकरण एक उष्माक्षेपी प्रक्रिया है, तो ला-शातेलिए (Le-Chatelier) सिद्धान्त के अनुसार, **तापमान बढ़ने के साथ विलेयता कम होती है।**

द्रवीय विलयनों का वाष्प दाब
(Vapour Pressure of Liquid Solution)

वाष्प दाब को विलायक की वाष्प द्वारा लगाए गए दाब के रूप में परिभाषित किया जाता है, जब वे एक विशेष तापमान पर द्रव के साथ गतिशील साम्यावस्था में होते हैं। द्रव विलयन तब बनता है जब विलायक द्रव होता है। दो घटकों वाले विलयन हैं। (i) द्रव में द्रव (ii) द्रव में ठोस।

द्रव-द्रव विलयनों का वाष्प दाब
(Vapour Pressure of Liquid-Liquid Solutions)

- **राउल्ट नियम** (Raoult's Law) वाष्पशील द्रवों के विलयन में प्रत्येक वाष्पशील घटक का आंशिक वाष्प दाब, विलयन में उपस्थित उसके मोल प्रभाज के समानुपाती होता है।

  घटक 1 के लिए $p_1 \propto \chi_1$ तथा $p_1 = p_1^0 \chi_1$

  इसी प्रकार, घटक 2 के लिए $p_2 = p_2^0 \chi_2$

  जहाँ, p_1^0 = घटक 1 का शुद्ध वाष्प दाब

  p_2^0 = घटक 2 का शुद्ध वाष्प दाब

  χ_1 तथा χ_2 क्रमशः घटक 1 व 2 के मोल प्रभाज हैं।

Concept Master Video के लिए

- **डाल्टन के आंशिक दाब के नियमानुसार** पात्र में विलयन अवस्था पर कुल दाब ($p_{कुल}$) विलयन के घटकों के आंशिक दाब के योग के बराबर होता है और इसे निम्न प्रकार दिया जाता है।

$$p_{कुल} = p_1 + p_2$$
$$= p_1^0\chi_1 + p_2^0\chi_2$$
$$= (1-\chi_2)\,p_1^0 + \chi_2 p_2^0$$
$$= p_1^0 + (p_2^0 - p_1^0)\chi_2$$

NEET 2021

जहाँ, p_1 = घटक 1 का आंशिक वाष्प दाब
p_2 = घटक 2 का आंशिक वाष्प दाब
$p_{कुल}$ = विलयन का कुल वाष्प दाब

किसी विलयन के लिए p_1 व p_2 तथा मोल प्रभाज χ_1 और χ_2 का वक्र एक रैखिक आरेख होता है।

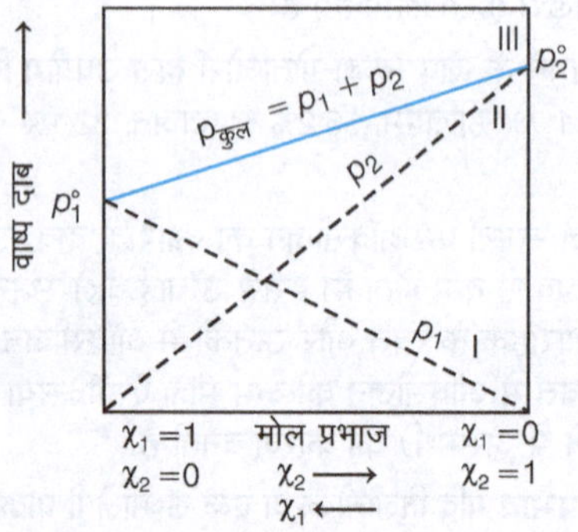

- घटक 1 व 2 के **मोल प्रभाज**, वाष्प अवस्था y_1 व y_2 में निम्न प्रकार निर्धारित किए जा सकते हैं

$$y_1 = \frac{p_1}{p_{कुल}} = \frac{\chi_1 p_1^0}{\chi_1 p_1^0 + \chi_2 p_2^0}$$

NEET 2019

इसी प्रकार
$$y_2 = \frac{p_2}{p_{कुल}} = \frac{\chi_2 p_2^0}{\chi_1 p_1^0 + \chi_2 p_2^0}$$

- **राउल्ट का नियम, हेनरी के नियम की एक विशेष स्थिति के रूप में** (Raoult's law as a special case of Henry's law)

राउल्ट के नियम् के अनुसार एक दिए गए विलयन मे वाष्पशील घटक का वाष्प दाब निम्न प्रकार दिया जाता है : $p_1 = \chi_1 p_1^0$ ...(i)

हेनरी के नियम के अनुसार, वाष्पशील घटक (गैस) का आंशिक दाब विलयन में उसके मोल प्रभाज के समानुपाती होता है।

$$p_1 = K_H \chi_1 \qquad ...(ii)$$

समीकरण (i) व (ii) से, राउल्ट का नियम हेनरी के नियम की एक विशेष स्थिति मानी जाती है जिसमें K_H, p_1^0 के बराबर हो जाता है।

द्रवों में ठोसों के विलयन का वाष्प दाब
(Vapour Pressure of Solutions of Solids in Liquids)

- अवाष्पशील विलेय (non-volatile) के विलयन का वाष्प दाब शुद्ध द्रव के वाष्प दाब से कम होता है।

कारण जब एक अवाष्पशील विलेय को विलायक में मिलाया जाता है, तो सतह में विलेय व विलायक दोनों के अणु होते हैं।

इस प्रकार ऊपरी सतह में उपस्थित विलायक के अणुओं की संख्या कम होती है जिससे सतह से निकलने वाले विलायक अणुओं की संख्या भी कम हो जाती है। इस प्रकार वाष्प दाब कम हो जाता है।

- विलायक के वाष्प दाब में कमी केवल विलयन में उपस्थित अवाष्पशील विलेय की मात्रा पर निर्भर करती है, उसके प्रकृति पर नहीं। **उदाहरण** एक मोल सुक्रोज और यूरिया के जलीय विलयन के वाष्प दाब में कमी, समान तापमान पर समान होती है।
- **अवाष्पशील विलेय के द्रव विलयनों के लिए राउल्ट नियम** अवाष्पशील विलेय के द्विअंगी (binary) विलयन में विलयन का कुल वाष्प दाब, केवल विलायक के वाष्पदाब के कारण होता है।

अतः राउल्ट के नियमानुसार

$$p_1 \propto \chi_1 \text{ तथा } p_1 = \chi_1 p_1^0$$

p_1 = विलायक का वाष्पदाब
χ_1 = विलायक का मोल प्रभाज
p_1^0 = शुद्ध विलायक का वाष्पदाब

- विलयन के वाष्प दाब और विलायक के मोल प्रभाज के मध्य का ग्राफ मूल बिन्दु से गुजरने वाली एक सीधी रेखा होता है।

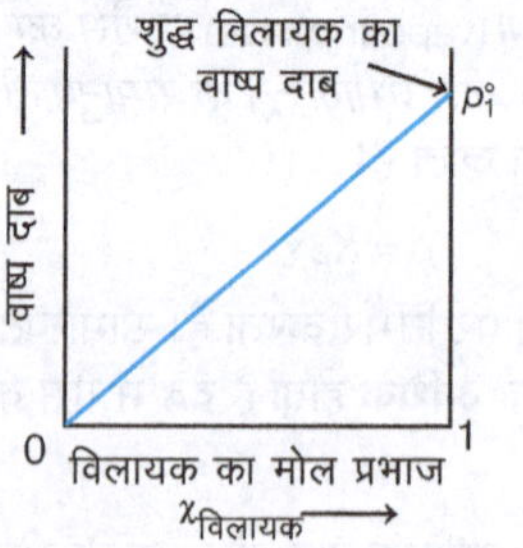

आदर्श एवं अनादर्श विलयन (Ideal and Non-ideal Solutions)

राउल्ट के नियम के आधार पर द्रव-द्रव विलयनों को आदर्श और अनादर्श विलयनों में वर्गीकृत किया जा सकता है।

आदर्श और अनादर्श विलयनों की तुलना

आदर्श विलयन (Ideal solutions) NEET 2019	**अनादर्श विलयन** (Non-ideal solutions) NEET 2020, 2019 **राउल्ट के नियम से धनात्मक विचलन**	**राउल्ट के नियम से ऋणात्मक विचलन**
प्रत्येक घटक सान्द्रता की समस्त परासों पर राउल्ट के नियम का पालन करते हैं। अर्थात् $p_1 = p_1^\circ \chi_1$ तथा $p_2 = p_2^\circ \chi_2$	वे घटक जो राउल्ट के नियम का पालन नहीं करते हैं। $p_1 > p_1^\circ \chi_1$ और $p_2 > p_2^\circ \chi_2$	वे घटक जो राउल्ट के नियम का पालन नहीं करते हैं। $p_1 < p_1^\circ \chi_1$ और $p_2 < p_2^\circ \chi_2$
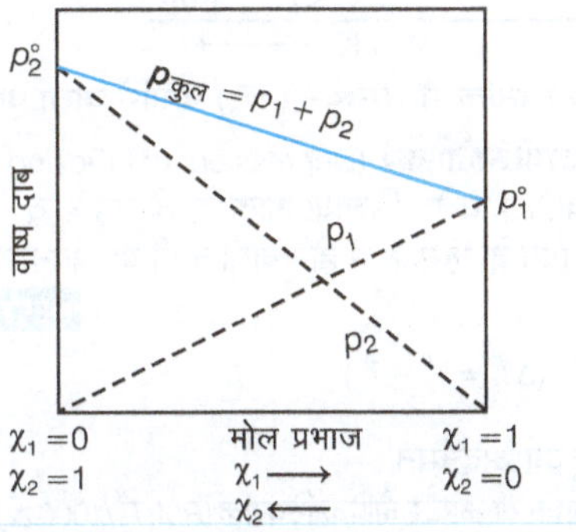	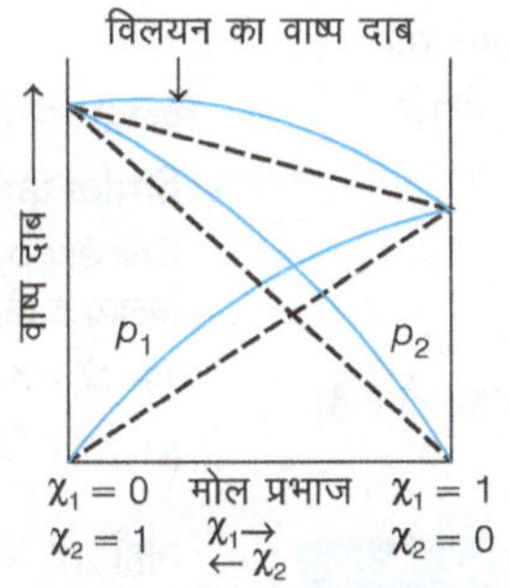	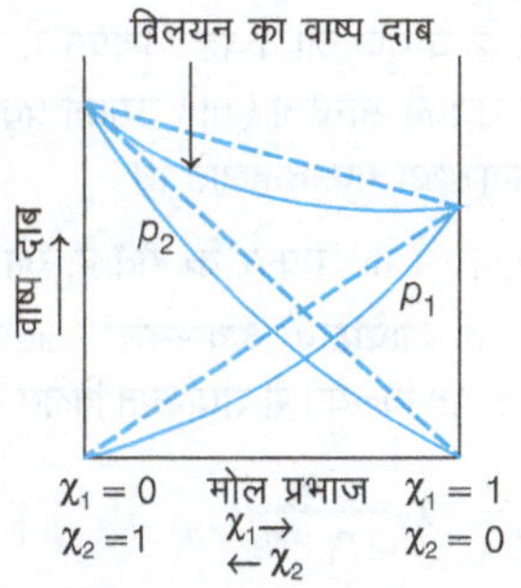
$\Delta_{मिश्रण} V = 0, \Delta_{मिश्रण} H = 0$	$\Delta_{मिश्रण} V > 0, \Delta_{मिश्रण} H > 0$ (ऊष्माशोषी)	$\Delta_{मिश्रण} V < 0, \Delta_{मिश्रण} H < 0$ (ऊष्माक्षेपी)
अन्तर-आण्विक अन्योन्य क्रियाएँ, जैसे *A—B* अन्योन्य क्रियाएँ, शुद्ध घटक में उपस्थित क्रियाओं के समान है अर्थात् *A—A* या *B—B*	अन्तर-आण्विक अन्योन्य क्रियाएँ अर्थात् *A—B* अन्योन्य क्रियाएँ शुद्ध घटकों की तुलना में दुर्बल है। अर्थात् *A—A* और *B—B* के मध्य	अन्तरआण्विक अन्योन्य क्रियाएँ अर्थात् *A—B* अन्योन्य क्रियाएँ शुद्ध घटकों की तुलना में अधिक प्रबल होती हैं। अर्थात् *A—A*, या *B—B* के मध्य
स्थिरक्वाथी (azeotropes) नहीं बनाते हैं।	न्यूनतम क्वथनांक वाले स्थिरक्वाथी बनाते हैं।	अधिकतम क्वथनांक वाले स्थिरक्वाथी का निर्माण करते हैं।
उदाहरण बेन्जीन (benzene) और टालुईन (toluene), *n*-हेक्सेन और *n*-हेप्टेन, क्लोरोबेन्जीन और ब्रोमोबेन्जीन, एथिल ब्रोमाइड और एथिल आयोडाइड, *n*-ब्यूटिल क्लोराइड और *n*-ब्यूटिल ब्रोमाइड।	**उदाहरण** एथेनॉल और जल, एथेनॉल और ऐसीटोन ऐसीटोन और बेन्जीन, कार्बन डाइसल्फाइड और ऐसीटोन, कार्बन टेट्राक्लोराइड और मेथेनॉल साइक्लोहेक्सेन और एथेनॉल जल और मेथेनॉल, कार्बन ट्रेटाक्लोराइड और बेंजीन।	**उदाहरण** ऐसीटिक अम्ल और मेथेनॉल, ऐसीटिक अम्ल और पिरिडीन, ऐसीटोन और ऐनिलीन , ऐसीटोन और क्लोरोफॉर्म, बेंजीन और क्लोरोफॉर्म जल और हाइड्रोक्लोरिक अम्ल, जल और नाइट्रिक अम्ल

आदर्श और अनादर्श विलयनों के उदाहरणों को स्मरण रखने की ट्रिक

- **आदर्श विलयन** ये सामान्यतः लगभग समान प्रकृति के यौगिकों द्वारा बनते हैं। उदाहरण एथिल ब्रोमाइड और ऐथिल आयोडाइड, क्लोरो बेन्जीन और ब्रोमो बेन्जीन।
- **अनादर्श विलयन + ve विचलन** अधिकतम ऐल्कोहॉल, CS_2,CCl_4 के साथ बनता है। उदाहरण – CH_3OH और H_2O, C_2H_5OH और H_2O, ऐसीटोन और CS_2
- **–ve विचलन** सामान्यतः अम्लों के साथ बनते हैं। जैसे HCl और H_2O, HNO_3 और H_2O।

स्थिरक्वाथी (Azeotropes)

द्रव और वाष्प अवस्था में समान संरचना वाले द्विघटकीय मिश्रण (तरल) और स्थिर तापमान पर उबलने वाले मिश्रण को **स्थिरक्वाथी** (azeotropes) या **स्थिरक्वाथी मिश्रण** (azeotropic mixtures) कहा जाता है। इनमें शुद्ध द्रव के समान उच्च क्वथनांक होता है। इन मिश्रण के घटकों को प्रभाजी आसवन द्वारा अलग नहीं किया जा सकता है। ये अनादर्श विलयनों से बनते हैं।

स्थिरक्वाथी निम्न दो प्रकार के होते हैं

- **न्यूनतम क्वथनांकी स्थिरक्वाथी** वे विलयन जो राउल्ट के नियम से बहुत अधिक धनात्मक विचलन प्रदर्शित करते हैं, एक विशिष्ट संघटन पर न्यूनतम क्वथनांकी स्थिरक्वाथी (azeotropes) बनाते हैं।

  उदाहरण जल में आयतन के अनुसार 95% एथेनॉल स्थिरक्वाथी मिश्रण बनाता है जिसका नियत क्वथनांक 351.15K होता है। इस बिन्दु पर द्रव और वाष्प अवस्था में उनकी संरचना समान होती है, जिसे प्रभाजी आसवन (fractional distillation) द्वारा अलग नहीं किया जा सकता है। इसके कारण शर्करा के किण्वन द्वारा एथेनॉल व जल के मिश्रण से शुद्ध एथेनॉल प्राप्त नहीं किया जा सकता है।

- **अधिकतम क्वथनांक स्थिरक्वाथी** वे विलयन जो राउल्ट के नियम से बहुत अधिक ऋणात्मक विचलन प्रदर्शित करते हैं, एक विशिष्ट संघटन पर अधिकतम क्वथनांक (azeotropes) बनाते हैं।

  उदाहरण द्रव्यमान के अनुसार नाइट्रिक अम्ल (68%) और जल (32%) का क्वथनांक 395.5K होता है। NEET 2019

Marks Maximizer

अस्थिरक्वाथी (Zeotropes) द्रव के मिश्रण होते हैं, जिनके क्वथनांक भिन्न-भिन्न होते हैं। अस्थिरक्वाथी के घटकों को प्रभाजी आसवन द्वारा पृथक् किया जा सकता है।

अणुसंख्य गुणधर्म और मोलर द्रव्यमान की गणना (Colligative Properties and Determination of Molar Mass)

तनु विलयन के वे गुण जो केवल विलयन में उपस्थित विलायक कणों की संख्या और उनकी सान्द्रता (चाहे उनकी प्रकृति कैसी भी हो) पर निर्भर करते हैं, अणुसंख्य गुण कहलाते हैं।

अणुसंख्य गुणधर्म चार प्रकार के होते हैं, जो निम्नलिखित हैं

- **वाष्पदाब का आपेक्षिक अवनमन** (Relative Lowering of Vapour Pressure) यह विलयन में उपस्थित विलेय के मोल प्रभाज के बराबर होता है।

(i) $\frac{p_1^\circ - p_1}{p_1^\circ} = \chi_2 = \frac{n_2}{n_1 + n_2}$ NEET 2020

जहाँ, p_1° = शुद्ध विलायक का वाष्प दाब

p_1 = विलयन में विलायक का वाष्पदाब

χ_2 = विलेय का मोल प्रभाज

(ii) तनु विलयन के लिए, $n_2 << n_1$

$$\frac{p_1^\circ - p_1}{p_1^\circ} = \frac{n_2}{n_1}$$

$$\frac{p_1^\circ - p_1}{p_1^\circ} = \frac{w_2 \times M_1}{M_2 \times w_1}$$

जहाँ, M_2 = विलेय का आण्विक भार

w_2 = विलेय का भार

M_1 = विलायक का आण्विक भार

w_1 = विलायक का भार

- **क्वथनांक का उन्नयन (एबुलियोस्कोपी)** [(Elevation of Boiling Point (Ebullioscopy)] जब अवाष्पशील विलेय को मिलाया जाता है, तो यह शुद्ध विलायक की तुलना में विलयन के क्वथनांक में होने वाली वृद्धि है।

$$\Delta T_b = T_b - T_b^\circ$$

(i) $\Delta T_b = K_b m$

(ii) $\Delta T_b = \frac{K_b \times w_2 \times 1000}{M_2 \times w_1}$

जहाँ ΔT_b = क्वथनांक में उन्नयन

K_b = मोलल उन्नयन स्थिरांक या (bullioscopic) एबुलियोस्कोपिक स्थिरांक ($RM_1T_b^2/1000\Delta_{वाष्प}H$)

m = मोललता

$\Delta_{वाष्प}H$ = शुद्ध विलायक के वाष्पीकरण की एन्थैल्पी

T_b° = शुद्ध विलायक का क्वथनांक

(iii) K_b की इकाई = K किग्रा$^{-1}$ मोल$^{-1}$

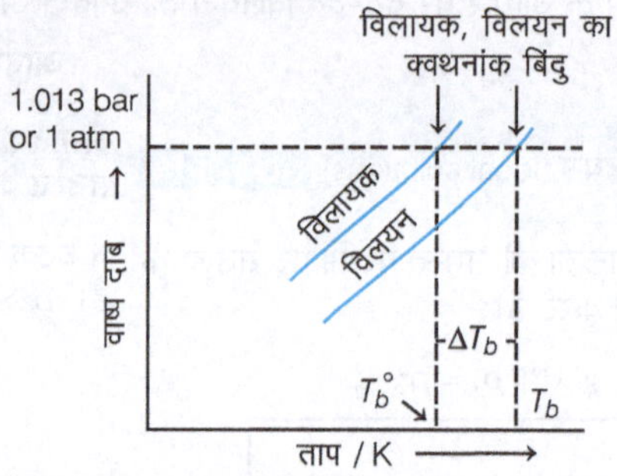

विलयन में विलायक के क्वथनांक में उन्नयन (ΔT_b) दर्शाने वाला आरेख

- **हिमांक का अवनमन (क्रायोस्कोपिक)** (Depression of Freezing point Cryoscopy) जब अवाष्पशील विलेय मिलाया जाता है, तो यह शुद्ध विलायक की तुलना में विलयन के हिमांक में होने वाली कमी या अवनमन है। NEET 2020

(i) $\Delta T_f = K_f \times m$

(ii) $\Delta T_f = \frac{K_f \times w_2 \times 1000}{M_2 \times w_1}$ $(\Delta T_f = T_f^\circ - T_f)$

जहाँ ΔT_f = हिमांक बिन्दु का अवनमन

K_f = मोलल अवनमन स्थिरांक या क्रायोस्कोपिक स्थिरांक ($RM_1T_f^\circ/1000\,\Delta_{संलयन}H$)

T_f° = शुद्ध विलायक का हिमांक बिन्दु

$\Delta_{संलयन}H$ = शुद्ध विलायक के संलयन (fusion) की एन्थैल्पी

(iii) K_f की इकाई = K किग्रा मोल$^{-1}$

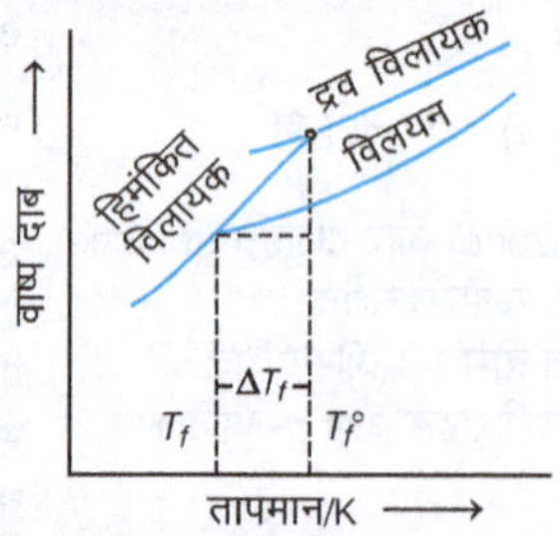

विलयन में विलायक के हिमांक का अवनमन (ΔT_f) दर्शाने वाला आरेख

परासरण एवं परासरण दाब (Osmosis and Osmotic Pressure)

- अर्धपारगम्य झिल्ली (semipermeable mebrane) के माध्यम से सान्द्र विलयन से तनु विलयन में विलायक से स्वतः प्रवर्तित प्रवाह को **परासरण** कहा जाता है।
  उदाहरण बहुत अधिक नमक या नमकीन भोजन लेने वाले लोग परासरण के कारण ऊतक कोशिकाओं (tissue cells) और अन्तः कोशिकीय (intercellular) स्थानों में जलधारण (retention) का अनुभव करते हैं। इसके परिणामस्वरूप होने वाली सूजन (puffiness or swelling) को **शीफ** (edema) कहा जाता है।
- विलयन का **परासरण दाब** वह अतिरिक्त दाब है, जिसे परासरण को रोकने के लिए विलयन पर लगाया जाना चाहिए अर्थात् विलयन में अर्द्धपारगम्य झिल्ली के माध्यम से विलायक अणुओं के प्रवेश को रोकने के लिए लगाया जाता है।
- तनु विलयन के लिए, दिए गए तापमान (T) पर परासरणी दाब, विलयन की मोलरता (C) के समानुपाती होता है।

(i) $\pi = CRT = hdg$ **NEET 2021, 2024**

जहाँ, h = विलयन से जुड़ी केशिका पर उठे हुए द्रव की ऊँचाई

d = विलयन का घनत्व

g = गुरुत्वाकर्षण के कारण त्वरण

$$C = \frac{\text{विलेय के मोलों की संख्या}}{\text{विलयन का आयतन (लीटर में)}}$$

(ii) $\pi = \frac{w_2 RT}{M_2 \times V}$

- दी गई परिस्थितियों के अन्तर्गत दो या दो से अधिक समान परासरण दाब वाले विलयन को **समपरासरी विलयन** (isotonic solution) कहा जाता है।
- ऐसे विलयनों को जिसका परासरण दाब, दूसरे से कम या अधिक हो, तो उसे क्रमशः **अतिपरासरी** (hypertonic) या **अल्पपरासरी** (hypotonic) विलयन कहा जाता है। इसका उपयोग विलेय के मोलर द्रव्यमान के निर्धारण के लिए किया जाता है, विशेष रूप से जैव अणुओं के लिए क्योंकि वे सामान्यतः उच्च तापमान पर स्थिर नहीं होते हैं और उनकी विलेयता कम होती है।
- वह प्रक्रिया जिसमें विलयन पक्ष पर परासरण दाब से अधिक दाब लगाने पर परासरण की दिशा को विपरीत किया जा सकता है ताकि शुद्ध विलायक अर्द्धपारगम्य झिल्ली के माध्यम से विलयन से बाहर बह जाए, तो वह **प्रतिलोम परासरण** कहलाती है। इसका उपयोग समुद्री जल के विलवणीकरण में किया जाता है।

Marks Maximizer

तनु विलयनों के लिए, परासरण दाब और वाष्प दाब के आपेक्षिक अवनमन के मध्य सम्बन्ध, $\frac{p_1^\circ - p_1}{p_1^\circ} = \frac{\pi M_1}{dRT}$

जहाँ, d = घनत्व M_1 विलायक का आण्विक द्रव्यमान

असामान्य मोलर द्रव्यमान (Abnormal Molar Masses)

- विलयन में यौगिकों के संगुणन या वियोजन (association or dissociation) के लिए अणुसंख्य गुणधर्म (colligative properties) के अध्ययन द्वारा निर्धारित मोलर द्रव्यमान सैद्धान्तिक मान से भिन्न होता है और कहा जाता है कि यौगिक असामान्य मोलर द्रव्यमान दर्शाता है।
- **वाण्ट हॉफ गुणांक** (i) (van't Hoff Factor) विलयन में विलेय के कणों के वियोजन या संगुणन की मात्रा को दर्शाता है।

Concept Master Video के लिए

$$i = \frac{\text{सामान्य आण्विक भार (द्रव्यमान)}}{\text{असामान्य आण्विक भार (द्रव्यमान)}}$$

$$\text{या } i = \frac{\text{प्रेक्षित अणुसंख्यक गुण}}{\text{परिकलित अणुसंख्यक गुण}}$$

$$i = \frac{\text{संगुणन / वियोजन के पश्चात् कणों के कुल मोलों की संख्या}}{\text{संगुणन / वियोजन के पूर्व कणों के मोलों की संख्या}}$$

वियोजन के लिए, $i > 1$ होता है, जबकि संगुणन के लिए, $i < 1$ होता है।

- **अणुसंख्यक गुणधर्म और वाण्ट हॉफ गुणांक** (Colligative properties and van't Hoff factor) वाण्ट हॉफ गुणांक को शामिल करने से अणुसंख्यक गुणधर्म के समीकरण निम्न प्रकार संशोधित होते हैं-

(i) $\frac{p_1^\circ - p_1}{p_1^\circ} = i\chi_2$

(ii) $\Delta T_b = iK_b m$

(iii) $\Delta T_f = iK_f m$

(iv) $\pi = iCRT$

Caution Points

- यदि प्रेक्षित अणुसंख्यक गुणधर्म सामान्य अणुसंख्यक गुणधर्म से कम हैं, तो विलेय में संगुणन (association) होता है।
- यदि प्रेक्षित अणुसंख्यक गुणधर्म सामान्य अणुसंख्यक गुणधर्म से अधिक हैं, तो विलेय में वियोजन (dissociation) होता है।
- माना एक वैद्युतअपघट्य A_xB_y वियोजन से गुजरता है,

$$A_xB_y \rightleftharpoons xA^{y+} + yB^{x-}$$

$$i = \alpha(x + y - 1) + 1 \quad \alpha = \frac{i-1}{x+y-1}$$

जहाँ, i = वाण्ट हॉफ गुणांक और α = वियोजन की मात्रा

- प्रयोगात्मक रूप से निर्धारित किया गया है कि मोलर द्रव्यमान सदैव वास्तविक मान से कम होता है।

PYQ नोट्स

1. वान्ट हॉफ गुणांक i और संगुणन की मात्रा के मध्य सम्बन्ध, $\alpha = \frac{1-i}{1-1/n}$ **[JEE Main 2022]**
2. जब तनु विलयन की मोललता दोगुनी हो जाती है, तो मोलल अवनमन स्थिरांक (K_f) अपरिवर्तित रहता है। **[NEET 2017]**
3. एक आदर्श विलयन के लिए, मिश्रण की गिब्स मुक्त ऊर्जा में परिवर्तन शून्य के बराबर नहीं होता है, अर्थात् $\Delta G_{\text{मिश्रण}} \neq 0$ **[NEET 2016 Phase II]**
4. प्रबल वैद्युत अपघट्य बेरियम हाइड्रॉक्साइड के तनु जलीय विलयन के लिए वान्ट हॉफ गुणांक 3 होता है। **[NEET 2016]**
5. एक आदर्श विलयन के लिए, मिश्रण की एन्ट्रॉपी में परिवर्तन शून्य के बराबर नहीं होता है, अर्थात् $\Delta S_{\text{मिश्रण}} \neq 0$ **[NEET 2015]**

Step by Step

Mastering NCERT

- कॉन्सेप्ट बिल्डर्स
- शीर्षकवार प्रश्न
- अभिकथन–कारण प्रश्न
- कथन आधारित प्रश्न
- सुमेलन प्रकार प्रश्न
- आंकिक मान प्रकार के प्रश्न
- NCERT Exemplar प्रश्न
- विगत परीक्षाओं के प्रश्न
- स्किल बूस्टर्स

कॉन्सेप्ट बिल्डर्स

1 ठोस विलयन में द्रव का एक उदाहरण बताइए।

2 यदि 22 ग्राम बेन्जीन को 122 ग्राम कार्बन टेट्राक्लोराइड में घोला जाता है, तो बेन्जीन और कार्बन टेट्राक्लोराइड का द्रव्यमान प्रतिशत क्रमशः .... और .... है।

3 व्यापारिक (commercial) विरंजक विलयन का जल में सोडियम हाइपोक्लोराइट का द्रव्यमान प्रतिशत 3.62 होता है। (सत्य/असत्य)

4 द्रव्यमान के अनुसार 20% $C_2H_6O_2$ युक्त एक विलयन में एथिलीन ग्लाइकॉल ($C_2H_6O_2$) का मोल प्रभाज ...... है।

5 1 m KCl विलयन का अर्थ है 1 किग्रा जल में 74.5 किग्रा KCl घुला हुआ। (सत्य/असत्य)

6 1000 मिली जल में 40 ग्राम NaOH युक्त विलयन की मोललता क्या है?

7 100 ग्राम *A* को जल में घोलकर विलयन *B* बनाया गया है। इसमें *A* की थोड़ी मात्रा और मिलाने पर यह विलयन *B* के तल पर ठोस के रूप में रह जाता है। इस प्रकार, विलयन *B*........... है ।

8 यदि विलीनीकरण प्रक्रिया ऊष्माक्षेपी है, तो तापमान में वृद्धि के साथ विलेयता ....

9 यदि STP पर H_2S की जल में विलेयता 0.195 m है, तो H_2S के लिए हेनरी स्थिरांक का मान क्या होगा?

10 यदि समान तापमान पर गैस *A* गैस *B* की तुलना में जल में अधिक घुलनशील है, तो किस गैस का K_H मान अधिक होगा?

11 अधिक ऊँचाई पर रहने वाले लोगों के रक्त और ऊतकों में ऑक्सीजन की कम सान्द्रता ....वायुमंडलीय दाब के कारण होती है।

12 स्कूबा गोताखोरों को .... नामक स्थिति का अनुभव हो सकता है । इससे बचने के लिए, उनके द्वारा इस्तेमाल किए जाने वाले टैंकों में .... मिलाकर तनु की गई वायु को भरा जाता है।

13 उस नियम का नाम बताइए जो दिए गए ग्राफ को दर्शाता है।

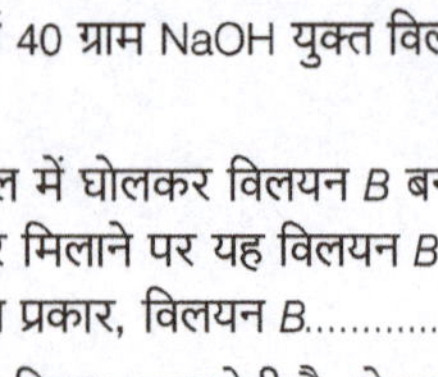

14 नाइट्रिक अम्ल और जल .... स्थिरक्वाथी का एक उदाहरण है, जिसमें द्रव्यमान के अनुसार 68% नाइट्रिक अम्ल और 32% जल होता है और इसका क्वथनांक 393.5 K होता है।

15 अनादर्श विलयन में, किस प्रकार का विचलन अधिकतम क्वथनांक वाले स्थिरक्वाथी के निर्माण को दर्शाता है?

16 एथेनॉल और ऐसीटोन के मिश्रण द्वारा दिखाए गए विचलन के प्रकार का नाम बताएँ?

17 मोलल उन्नयन स्थिरांक की इकाई .... है ।

18 क्वथनांक उन्नयन स्थिरांक (K_b) का दूसरा नाम बताइए।

19 वायुमंडलीय दाब में कमी के साथ किसी द्रव का क्वथनांक .... हो जाता है।

20 विभिन्न विलायकों में तैयार किए गए समान मोललता वाले ग्लूकोज के दो अलग-अलग विलयनों में समान हिमांक अवनमन बिन्दु होगा। (सत्य/असत्य)

21 यदि तनु विलयन की मोललता दोगुनी कर दी जाए तो मोलल अवनमन स्थिरांक का मान आधा हो जाता है। (सत्य/असत्य)

22 किसी विलयन के हिमांक अवनमन बिन्दु और विलेय के आण्विक द्रव्यमान के बीच सम्बन्ध दर्शाने वाला सूत्र बताइए।

23 अणुसंख्यक गुणधर्म केवल विलेय की पहचान और विलेय की सान्द्रता पर निर्भर करते हैं तथा विलायक की पहचान से स्वतंत्र होते हैं। (सत्य/असत्य)

24 जल के सापेक्ष 0.9% (द्रव्यमान/आयतन) से कम सान्द्रता वाला विलयन .... है।

25 रक्त कोशिकाएँ 0.9% (द्रव्यमान/आयतन) से अधिक NaCl विलयन युक्त जल में रखने पर सिकुड़ जाएगी। (सत्य/असत्य)

26 उस परिघटना का नाम बताइए जो समुद्री जल के विलवणीकरण में सहायक है?

27 नमक के अधिक सेवन से सूजन हो जाती है जिसे एडिमा कहते हैं। (सत्य/असत्य)

28 लवणीय मांस पर एक जीवाणु जल को त्याग कर, सिकुड़ जाता है और परासरण प्रक्रिया के माध्यम से मर जाता है। (सत्य/असत्य)

29 KCl और K_2SO_4 के लिए वान्ट हॉफ गुणांक के मान क्रमशः .... और .... हैं।

30 एथेनॉइक अम्ल का द्वितयन ....बन्धन के कारण होता है, जिसके परिणामस्वरूप आण्विक द्रव्यमान .... प्राप्त होता है।

शीर्षकवार प्रश्न

विलयनों के प्रकार और सान्द्रता को व्यक्त करना

1 समांगी मिश्रण के बारे में निम्नलिखित में से कौन-सा कथन सही नहीं है? NCERT पृष्ठ 1
(a) इनका मिश्रण में संघटन एवं गुण एक समान होते हैं।
(b) ये सम्पूर्ण मिश्रण में समान भौतिक गुण प्रदर्शित करते हैं।
(c) सम्पूर्ण मिश्रण में इनके रासायनिक गुण समान होते हैं।
(d) इनमें सदैव एक ही विलेय तथा एक ही विलायक होता है।

2 निम्नलिखित में से कौन-सा युग्म द्रव में द्रव विलयन को दर्शाता है? NCERT पृष्ठ 2
(a) जल में CO_2 ब्रास
(b) पारे का सोडियम के साथ अमलगम, जल में एल्कोहॉल
(c) वायु युक्त पेय, CCl_4 में I_2
(d) जल में हाइड्रोजन परॉक्साइड, टॉलुईन में बेन्जीन

3 30% के 300 ग्राम और 20% के 200 ग्राम विलयन को भार के अनुसार मिलाकर एक विलयन तैयार किया जाता है। परिणामी विलयन में विलेय का प्रतिशत होगा NCERT पृष्ठ 2
(a) 50% (b) 26%
(c) 62% (d) 32%

4 10 मिली शुद्ध एथेनॉल का उपयोग करके जलीय विलयन में 10% एथेनॉल बनाने के लिए आवश्यक जल की मात्रा है NCERT पृष्ठ 2
(a) 90 मिली (b) 50 मिली
(c) 30 मिली (d) 60 मिली

5 184 ग्राम एथिल ऐल्कोहॉल को 72 ग्राम जल में मिलाया जाता है। ऐल्कोहॉल के मोल प्रभाज और जल का अनुपात है NCERT पृष्ठ 3
(a) 3 : 4 (b) 1 : 2
(c) 1 : 4 (d) 1 : 1

6 यदि Cu^{2+} आयनों की मोलरता 3×10^{-4}M है, तो इसे पीपीएम (ppm) में व्यक्त करें NCERT पृष्ठ 3, 4
(a) 0.3 (b) 0.2 (c) 0.1 (d) 0.6

7 जलीय विलयन में K^+ की मोलरता जिसमें K_2SO_4 की मात्रा 17.4 ppm है (मोलर द्रव्यमान 174 ग्राम $मोल^{-1}$) NCERT पृष्ठ 3, 4
(a) 2×10^{-2} M (b) 2×10^{-3} M
(c) 4×10^{-4} M (d) 2×10^{-4} M

8 22.2 ग्राम $CaCl_2$ के एक लीटर विलयन की मोलरता है NCERT पृष्ठ 4
(a) 0.4 M (b) 0.2 M (c) 0.8 M (d) 0.6 M

9 H_2SO_4 विलयन की मोलरता, जिसका घनत्व 35°C पर 1.84 ग्राम/cc और भार 98% है NCERT पृष्ठ 4
(a) 1.84 M (b) 18.4 M
(c) 20.6 M (d) 24.5 M

10 0.5 M HCl के 750 मिली को 2M HCl के 250 मिली के साथ मिलाने पर प्राप्त विलयन की मोलरता होगी। NCERT पृष्ठ 4
(a) 0.875 M (b) 1.00 M
(c) 1.75 M (d) 0.0975 M

11 29.2% (*w/W*) HCl स्टॉक विलयन का घनत्व 1.25 ग्राम/मिली है। HCl का आण्विक भार 36.5 ग्राम/मोल है। 0.4 M HCl का 200 मिली विलयन तैयार करने के लिए आवश्यक स्टॉक विलयन की मात्रा (मिली) में है। NCERT पृष्ठ 4
(a) 5.0 मिली (b) 6.0 मिली (c) 8.0 मिली (d) 15.0 मिली

12 25.3 ग्राम सोडियम कार्बोनेट, Na_2CO_3 को 250 मिली विलयन बनाने के लिए पर्याप्त जल में घोला जाता है। यदि सोडियम कार्बोनेट पूरी तरह से वियोजित हो जाता है, तो सोडियम आयन, Na^+ और कार्बोनेट आयन, CO_3^{2-} की मोलर सान्द्रता क्रमशः है। (Na_2CO_3 का मोलर द्रव्यमान = 106 ग्राम $मोल^{-1}$) NCERT पृष्ठ 4
(a) 0.477 M और 0.477 M (b) 0.955 M और 1.910 M
(c) 1.910 M और 0.955 M (d) 1.90 M और 1.910 M

13 मोल प्रभाज तापमान से स्वतंत्र होता है। हालाँकि, सामर्थ्य तापमान का एक कार्य फलन है क्योंकि NCERT पृष्ठ 5
(a) आयतन तापमान पर निर्भर करता है और मोल प्रभाज में आयतन शामिल होता है
(b) मोल प्रभाज में अवाष्पशील विलेय शामिल होता है
(c) 1 लीटर विलयन में घुले विलेय का द्रव्यमान तापमान के साथ परिवर्तित नहीं होता है।
(d) आयतन तापमान पर निर्भर करता है और सामर्थ्य में आयतन शामिल होता है

14 मेथिल ऐल्कोहॉल का 5.2 मोलल जलीय विलयन दिया गया है। विलयन में मेथिल ऐल्कोहॉल का मोल प्रभाज क्या है? NCERT पृष्ठ 5
(a) 1.10 (b) 0.090
(c) 0.086 (d) 0.050

15 KI के 20% (द्रव्यमान/द्रव्यमान) जलीय विलयन की मोललता क्या होगी? (KI का मोलर द्रव्यमान = 166 ग्राम $मोल^{-1}$) NCERT पृष्ठ 5
(a) 1.48 (b) 1.51
(c) 1.35 (d) 1.08

16 यदि दो बोतलों *A* और *B* में क्रमशः 1 M और 1 m जलीय विलयन (*d* = 1 ग्राम/मिली) सल्फ्यूरिक अम्ल का है। NCERT पृष्ठ 4, 5
(a) *A*, *B* से अधिक सान्द्रित है।
(b) *B*, *A* से अधिक सान्द्रित है।
(c) *A* की सान्द्रता *B* की सान्द्रता के बराबर है।
(d) सान्द्रता की तुलना करना सम्भव नहीं है।

17 NaOH के 2M जलीय विलयन का घनत्व 1.28 ग्राम/$सेमी^3$ है। विलयन की मोललता है
[दिया है : NaOH का आण्विक द्रव्यमान = 40 ग्राम $मोल^{-1}$] NCERT पृष्ठ 5
(a) 1.20 m (b) 1.56 m
(c) 1.67 m (d) 1.32 m

18 1 मोलल जलीय विलयन में विलेय का अनुमानित मोल प्रभाज है NCERT पृष्ठ 5
(a) 0.036 (b) 1.80 (c) 0.18 (d) 0.018

19 80% H_2SO_4 (*w/V*) के 1 ली विलयन की मोललता (दिया हुआ है विलयन का घनत्व 1.80 ग्राम मिली$^{-1}$) है NCERT पृष्ठ 5

(a) 8.16 (b) 8.6 (c) 1.02 (d) 10.8

विलेयता

20 15 ग्राम सुक्रोज को 50 मिली जल में घोला जाता है और बने विलयन की सतह पर कुछ दाब डाला जाता है। इसका परिणाम होगा NCERT पृष्ठ 6

(a) विलेयता बढ़ेगी

(b) विलेयता घटेगी

(c) विलेयता में आंशिक वृद्धि

(d) विलेयता पर कोई प्रभाव नहीं पड़ेगा

21 नीचे दिए गए ग्राफ में, रेखा का ढाल क्या दर्शाता है? NCERT पृष्ठ 7

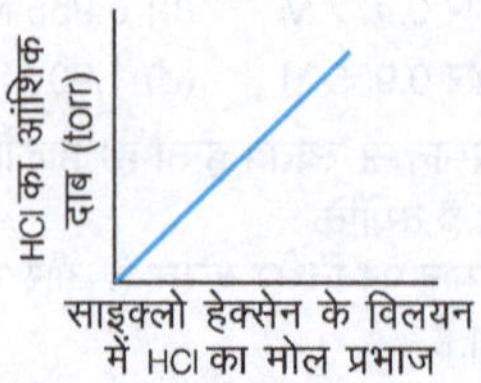

(a) वाष्प अवस्था में गैस का आंशिक दाब (*p*)

(b) विलयन में गैस का मोल प्रभाज (χ)

(c) हेनरी नियम स्थिरांक (K_H)

(d) गैस का कुल दाब

22 हीलियम (He), हाइड्रोजन (H_2) और ऑक्सीजन (O_2) के लिए हेनरी स्थिरांक के मान 293 K पर क्रमशः 144.97 k bar, 69.16 k bar और 34.86 k bar. है। इनकी विलेयता का सही क्रम है NCERT पृष्ठ 7

(a) $O_2 < He < H_2$ (b) $He < O_2 < H_2$

(c) $He < H_2 < O_2$ (d) $H_2 < He < O_2$

23 वायु में O_2 तथा N_2 का अनुपात 1 : 4 है। वायुमण्डलीय दाब तथा कमरे के तापमान पर जल में घुले O_2 तथा N_2 के मोल प्रभाजों के आधार पर उनकी विलेयता का अनुपात ज्ञात कीजिए। NCERT पृष्ठ 7

$$\begin{bmatrix} K_H(O_2) = 3.30 \times 10^7 \text{ torr} \\ K_H(N_2) = 6.60 \times 10^7 \text{ torr} \end{bmatrix}$$

(a) 1 : 2 (b) 2 : 1 (c) 1 : 1 (d) 2 : 3

24 जल में Ar के लिए हेनरी स्थिरांक 40 k bar है, तो 10 bar दाब पर रखे जल में Ar की मोलल सान्द्रता होगी। NCERT पृष्ठ 8

(a) 0.09 (b) 0.05 (c) 1.25 (d) 0.014

25 निम्नलिखित में से कौन-सा सही है? NCERT पृष्ठ 7

(a) तापमान में वृद्धि के साथ जल में गैस की विलेयता बढ़ती है।

(b) दाब बढ़ाने पर जल में गैस की विलेयता बढ़ती है।

(c) किसी विशिष्ट दाब पर K_H का मान जितना अधिक होगा, द्रव में गैस की विलेयता उतनी ही अधिक होगी।

(d) हेनरी का नियम तब मान्य होता है जब गैस विलायक के साथ रासायनिक रूप से अभिक्रिया करती है और विलायक में वियोजित या संयोजित हो जाती है।

26 $H_2(g)$ जल निकाय के लिए K_H 5.34×10^7 torr है। यदि 25°C पर किसी विलयन पर H_2 का आंशिक दाब 760 torr है, तो हाइड्रोजन की विलेयता निर्धारित करें। मान लें कि H_2O और विलयन का घनत्व समान है। NCERT पृष्ठ 7

(a) 6.4×10^{-3} मोल लीटर$^{-1}$

(b) 7.89×10^{-4} मोल लीटर$^{-1}$

(c) 5.9×10^{-3} मोल लीटर$^{-1}$

(d) 8.9×10^{-4} मोल लीटर$^{-1}$

27 300 K और 500 torr आंशिक दाब पर जल में N_2 की विलेयता 0.01 ग्राम ली$^{-1}$ है, तो 750 torr के आंशिक दाब पर (ग्राम ली$^{-1}$) में विलेयता होगी। NCERT पृष्ठ 7

(a) 0.02 (b) 0.015

(c) 0.0075 (d) 0.005

28 298 K पर बेन्जीन में मेथेन की विलेयता के लिए हेनरी स्थिरांक 427×10^5 mm Hg है, तो 760 mm Hg के तहत 298 K पर बेन्जीन में मेथेन की विलेयता होगी। NCERT पृष्ठ 7

(a) 1.78×10^{-3} (b) 1.78×10^{-2}

(c) 1.78×10^{-1} (d) 1.78

29 वायु कई गैसों का मिश्रण है। वायु के मुख्य घटक ऑक्सीजन और नाइट्रोजन हैं। जिनका 298 K पर आयतन अनुपात लगभग 20% से 79% है। जल 10 atm के दाब के साथ साम्य में है यदि 298 K पर, ऑक्सीजन और नाइट्रोजन के लिए हेनरी स्थिरांक क्रमशः 3.30×10^7 mm Hg और 6.51×10^7 mm Hg हैं, तो जल में इन गैसों के संघटन की गणना करें। NCERT पृष्ठ 7, 8

(a) $N_2 = 4.6 \times 10^{-5}$; $O_2 = 9.22 \times 10^{-5}$

(b) $N_2 = 2.3 \times 10^{-5}$; $O_2 = 4.8 \times 10^{-5}$

(c) $N_2 = 9.22 \times 10^{-5}$; $O_2 = 4.6 \times 10^{-5}$

(d) $N_2 = 4.8 \times 10^{-5}$; $O_2 = 2.3 \times 10^{-5}$

30 निम्नलिखित में से किस गैस का जल में घुलने पर 298 K पर हेनरी स्थिरांक सबसे कम होता है? NCERT पृष्ठ 8

(a) He, Ar (b) N_2, He

(c) O_2, H_2 (d) CO_2, HCHO

31 निम्नलिखित में से कौन-सा कथन सत्य नहीं है? NCERT पृष्ठ 8, 9

(a) समुद्र की सतह की अपेक्षा जल के नीचे दाब अधिक होता है।

(b) कम सतही दाब स्कूबा गोताखोरों के शरीर में बेंड्स के निर्माण के लिए उत्तरदायी है।

(c) बेंड्स वास्तव में रक्त में नाइट्रोजन के बुलबुले हैं।

(d) उच्च दाब के कारण रक्त में वायुमण्डलीय गैसों की घुलनशीलता कम हो जाती है।

32 ऐनॉक्सिया एक ऐसी स्थिति है, जो सामान्यतः पर पर्वतारोहियों में देखी जाती है क्योंकि NCERT पृष्ठ 9

(a) उच्च ऊँचाई पर ऑक्सीजन की उच्च सान्द्रता

(b) उच्च ऊँचाई पर वायु की उच्च सान्द्रता

(c) उच्च ऊँचाई पर ऑक्सीजन का उच्च आंशिक दाब

(d) उच्च ऊँचाई पर ऑक्सीजन का कम आंशिक दाब

33 स्कूबा गोताखोरों द्वारा उपयोग किए जाने वाले टैंकों में गैसों का संघटन क्या है? **NCERT पृष्ठ 9**

(a) 11.7% हीलियम, 32.1% नाइट्रोजन, 56.2% ऑक्सीजन

(b) 11.7% हीलियम, 56.2% नाइट्रोजन, 32.1% ऑक्सीजन

(c) 56.2% हीलियम, 11.7% नाइट्रोजन, 32.1% ऑक्सीजन

(d) 56.2% हीलियम, 32.1% नाइट्रोजन, 11.7% ऑक्सीजन

द्रवीय विलयनों का वाष्पदाब

34 जब दो वाष्पशील द्रवों का द्विअंगी विलयन किसी बंद पात्र में लिया जाता है, तो **NCERT पृष्ठ 9**

(a) दोनों घटक वाष्पित हो जाएँगे तथा वाष्प अवस्था और द्रव अवस्था के मध्य साम्य स्थापित हो जाएगा

(b) दोनों घटक वाष्पित हो जाएँगे लेकिन वाष्प अवस्था और द्रव अवस्था के मध्य साम्य स्थापित नहीं होगा

(c) कोई भी घटक वाष्पित नहीं होगा और वाष्प अवस्था और द्रव अवस्था के मध्य कोई साम्य स्थापित नहीं होगा

(d) कोई भी घटक वाष्पित नहीं होगा तथा वाष्प और द्रव अवस्था के मध्य साम्य स्थापित हो जाएगा

35 एक आदर्श द्विअंगी विलयन के शुद्ध द्रव घटकों A और B के वाष्पदाब क्रमशः p_A और p_B हैं।

यदि χ_A घटक A के मोल प्रभाज को दर्शाता है, तो विलयन का कुल दाब होगा- **NCERT पृष्ठ 10**

(a) $p_A + \chi_A (p_B - p_A)$ (b) $p_A + \chi_A (p_A - p_B)$

(c) $p_B + \chi_A (p_B - p_A)$ (d) $p_B + \chi_A (p_A - p_B)$

36 300 K पर दो शुद्ध द्रव A और B का वाष्प दाब क्रमशः 150 mm Hg और 100 mm Hg है। A और B के समआण्विक द्रव मिश्रण में, इस तापमान पर वाष्प मिश्रण में B का मोल प्रभाज है। **NCERT पृष्ठ 10**

(a) 0.6 (b) 0.5

(c) 0.8 (d) 0.4

37 25°C पर क्लोरोफॉर्म ($CHCl_3$) और डाइक्लोरोमेथेन (CH_2Cl_2) का वाष्प दाब 200 mm Hg और 41.5 mm Hg है। 25.5 ग्राम $CHCl_3$ और 40 ग्राम CH_2Cl_2 को मिलाकर प्राप्त विलयन का समान तापमान पर वाष्प दाब होगा। ($CHCl_3$ का आण्विक द्रव्यमान = 119.5 u और CH_2Cl_2 का आण्विक द्रव्यमान = 85 u) **NCERT पृष्ठ 10**

(a) 173.9 mm Hg (b) 615.0 mm Hg

(c) 347.9 mm Hg (d) 90.63 mm Hg

38 शुद्ध $CHCl_3$ और CH_2Cl_2 का वाष्प दाब क्रमशः 200 और 41.5 atm है। $CHCl_3$ और CH_2Cl_2 का भार क्रमशः 11.9 ग्राम और 17 ग्राम है। विलयन का वाष्प दाब होगा **NCERT पृष्ठ 10**

(a) 80.5 atm (b) 79.5 atm (c) 93.4 atm (d) 105.5 atm

39 दो वाष्पशील द्रव A और B एक द्विअंगी विलयन बनाते हैं। 350 K पर, शुद्ध A और शुद्ध B के वाष्प दाब क्रमशः 7×10^3 पास्कल और 12×10^3 पास्कल हैं। इस तापमान पर A के 40 मोल प्रतिशत वाले विलयन के साथ साम्य में वाष्प का संघटन है। **NCERT पृष्ठ 10**

(a) $y_A = 0.76; y_B = 0.24$ (b) $y_A = 0.28; y_B = 0.72$

(c) $y_A = 0.4; y_B = 0.6$ (d) $y_A = 0.37; y_B = 0.63$

40 P, Q, R के रूप में लेबल किए गए तीनों बीकरों में क्रमशः 100 मिली जल, 100 मिली जल में ग्लूकोज का 1 m विलयन और 100 मिली जल में ग्लूकोज का 0.5 m विलयन लिया जाता है और समान तापमान पर रखा जाता है। **NCERT पृष्ठ 12**

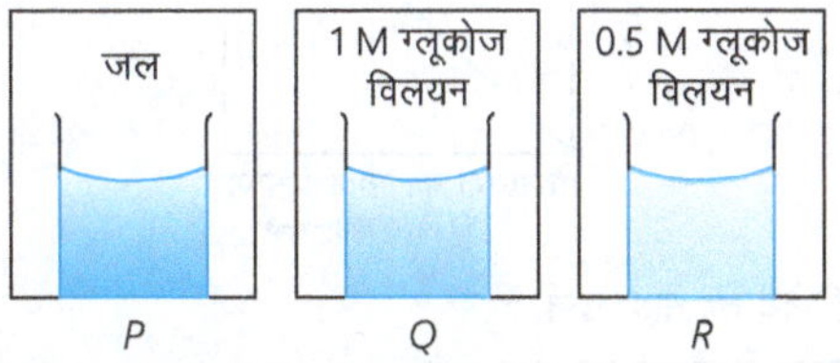

निम्नलिखित कथनों में से कौन-सा सही है?

(a) तीनों बीकरों में वाष्प दाब समान है।

(b) बीकर R का वाष्पदाब सबसे कम है।

(c) बीकर Q का वाष्पदाब सबसे अधिक है।

(d) बीकर Q का वाष्प दाब R से कम है और बीकर R का वाष्प दाब P से कम है।

41 X, Y और Z लेबल वाले तीनों बीकरों में , निम्नलिखित विलयन लिए गए हैं और क्रमशः समान तापमान पर रखे गए हैं। **NCERT पृष्ठ 12**

(i) बीकर $X \rightarrow$ 250 मिली जल।

(ii) बीकर $Y \rightarrow$ 250 मिली जल में सुक्रोज का 0.8M का विलयन

(iii) बीकर $Z \rightarrow$ 250 मिली जल में सुक्रोज का 3M का विलयन।

दिए गए बीकरों में से किसका वाष्प दाब सबसे अधिक होगा?

(a) बीकर X

(b) बीकर Y

(c) बीकर Z

(d) सभी बीकरों में वाष्प दाब समान है।

42 शुद्ध बेन्जीन का वाष्प दाब 119 torr है तथा समान तापमान पर टॉलुईन का वाष्प दाब 37.0 torr है। वाष्प अवस्था में टॉलुईन का मोल प्रभाज क्या होगा। जब बेन्जीन तथा टॉलुईन के विलयन के साथ साम्यावस्था में है, जिसमें टॉलुईन का मोल प्रभाज 0.50 है, **NCERT पृष्ठ 12**

(a) 0.137 (b) 0.237 (c) 0.435 (d) 0.205

43 निम्नलिखित आकृति के लिए सही कथन की व्याख्या करें। **NCERT पृष्ठ 12**

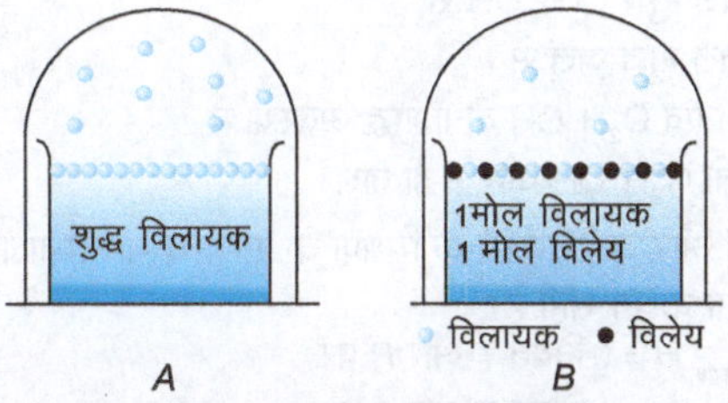

(a) बीकर A में शुद्ध विलायक का वाष्प दाब बीकर B से अधिक है।

(b) बीकर A में शुद्ध विलायक विलयन का वाष्प दाब बीकर B की अपेक्षा कम है।

(c) दोनों बीकरों में विलयन का वाष्प दाब समान है।

(d) विलयन B का वाष्पदाब A की तुलना में बहुत अधिक है।

44 नीचे दी गई आकृति में बिंदु A क्या दर्शाता है? NCERT पृष्ठ 13

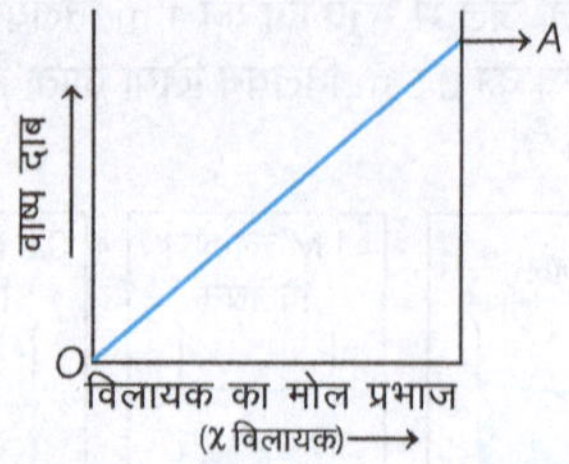

(a) विलेय का वाष्प दाब
(b) शुद्ध विलायक का वाष्प दाब
(c) विलयन का वाष्प दाब
(d) विलेय का मोल प्रभाज

आदर्श एवं अनादर्श विलयन

45 ब्रोमोएथेन और क्लोरोएथेन का विलयन NCERT पृष्ठ13
(a) सभी सान्द्रताओं पर राउल्ट के नियम का पालन करता है
(b) एक अनादर्श विलयन है
(c) $\Delta_{\text{मिश्रण}} V \neq 0$ है
(d) $\Delta_{\text{मिश्रण}} H \neq 0$ है

46 वह विलयन जो राउल्ट के नियम से अधिक धनात्मक विचलन दर्शाता है NCERT पृष्ठ 14
(a) एक विशिष्ट संघटन पर अधिकतम क्वथनांक स्थिरक्वाथी बनाते हैं
(b) एक विशिष्ट संघटन पर अधिकतम हिमांक स्थिरक्वाथी बनाते हैं
(c) एक विशिष्ट संघटन पर न्यूनतम क्वथनांक स्थिरक्वाथी बनाते हैं
(d) एक विशिष्ट संघटन पर न्यूनतम हिमांक स्थिरक्वाथी बनाते हैं

47 निम्नलिखित में से किस स्थिरक्वाथी विलयन का क्वथनांक उसके घटक अणुओं के क्वथनांक से कम है? NCERT पृष्ठ 14
(a) $CHCl_3$ और CH_3COCH_3
(b) CS_2 और CH_3COCH_3
(c) CH_3CH_2OH और CH_3COCH_3
(d) CH_3CHO और CS_2

48 जल और C_2H_5OH का एक स्थिरक्वाथी मिश्रण 351 K पर उबलता है। मिश्रण को आसवित करके, प्राप्त करना सम्भव है NCERT पृष्ठ 14
(a) केवल शुद्ध C_2H_5OH से
(b) केवल शुद्ध जल से
(c) जल एव C_2H_5OH दोनों शुद्ध अवस्था में
(d) न तो C_2H_5OH और न ही जल

49 बेन्जीन और क्लोरोफॉर्म के मिश्रण के सम्बन्ध में निम्नलिखित में से कौन-सा कथन सही है? NCERT पृष्ठ 14
(a) $\Delta_{\text{मिश्रण}} H = 0$ नियत T और R पर
(b) $\Delta_{\text{मिश्रण}} V = 0$ नियत T और P पर
(c) ऋणात्मक विचलन दर्शाता है क्योंकि वाष्प दाब में कमी होती है।
(d) न्यूनतम क्वथनांकी स्थिरक्वाथी का निर्माण करना

50 निम्नलिखित में से कौन-सा कथन आरेख के लिए सत्य है? NCERT पृष्ठ 14

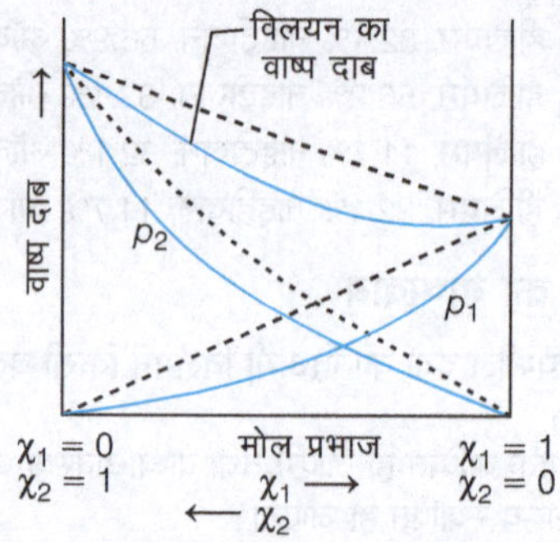

(a) प्रत्येक घटक के लिए अणु की पलायन की प्रवृत्ति कम हो जाती है।
(b) विलयन का वाष्पदाब बढ़ जाता है।
(c) विलयन राउल्ट के नियम से धनात्मक विचलन दर्शाता है।
(d) यह एथेनॉल और ऐसीटोन के लिए सत्य है।

51 गलत कथन का चयन करें। NCERT पृष्ठ 13, 14
(a) क्लोरोफॉर्म और ऐसीटोन का विलयन राउल्ट के नियम से ऋणात्मक विचलन दर्शाता है।
(b) एथेनॉल और ऐसीटोन का विलयन राउल्ट के नियम से धनात्मक विचलन दर्शाता है।
(c) फीनॉल (A) और ऐनिलीन (B) के विलयन में, $A—A$ और $B—B$ अन्योन्य क्रियाएँ (अर्थात् फीनॉल और ऐनिलीन $A—B$ से अधिक प्रबल होती हैं।
(d) स्थिरक्वाथी नियत क्वथनांक वाले मिश्रण होते हैं, जिन्हें स्थिरक्वाथी आसवन द्वारा अलग किया जाता है।

52 वह विलयन जो अधिकतम क्वथनांक वाला स्थिरक्वाथी बनाता है, वह है NCERT पृष्ठ 14, 15
(a) कार्बन डाइसल्फ़ाइड-ऐसीटोन (b) बेन्जीन - टॉलुईन
(c) ऐसीटोन - क्लोरोफॉर्म (d) n-हेक्सेन - n-हेप्टेन

अणुसंख्य गुणधर्म और मोलर द्रव्यमान की गणना

53 अणुसंख्य गुणधर्म तब देखे जाते हैं जब NCERT पृष्ठ 15
(a) एक अवाष्पशील ठोस को एक वाष्पशील द्रव में घोला जाता है
(b) एक गैस अवाष्पशील द्रव में घोली जाती है।
(c) एक वाष्पशील द्रव को दूसरे वाष्पशील द्रव में घोला जाता है
(d) एक द्रव को अवाष्पशील द्रव में घोला जाता है

54 वाष्पदाब में आपेक्षिक अवनमन एक अणुसंख्या गुणधर्म है क्योंकि NCERT पृष्ठ 15
(a) यह विलयन में विद्युत-अनअपघट्य विलेय की सान्द्रता पर निर्भर करता है तथा विलेय अणुओं की प्रकृति पर निर्भर नहीं करता है
(b) यह विलयन में विद्युत अपघटनी विलेय के कणों की संख्या के साथ-साथ विलेय कणों की प्रकृति पर भी निर्भर करता है
(c) यह विलयन में विद्युत-अनअपघट्य विलेय की सान्द्रता पर निर्भर करता है तथा विलेय अणुओं की संख्या पर निर्भर नहीं करता है
(d) यह विलयन में विद्युतअपघट्य या विद्युत-अनअपघट्य विलेय की सान्द्रता के साथ-साथ विलेय अणुओं की प्रकृति पर निर्भर करता है

55 कमरे के तापमान पर, 0.60 ग्राम यूरिया को 360 ग्राम जल में घोलकर यूरिया का तनु विलयन तैयार किया जाता है। यदि इस तापमान पर शुद्ध जल का वाष्प दाब 35 mm Hg है, तो वाष्प दाब में अवनमन होगा? (यूरिया का आण्विक द्रव्यमान = 60 ग्राम मोल$^{-1}$) **NCERT पृष्ठ 15**

(a) 0.027 mm Hg
(b) 0.031 mm Hg
(c) 0.017 mm Hg
(d) 0.028 mm Hg

56 एक अवाष्पशील विद्युत-अनअपघट्य 1 m जलीय विलयन के वाष्पदाब में अवनमन किया जा सकता है? **NCERT पृष्ठ 15**

(a) 14.12 torr
(b) 312 torr
(c) 13.45 torr
(d) 352 torr

57 एक अवाष्पशील, विद्युत अनअपघट्य विलेय युक्त विलयन के लिए वाष्पदाब में आपेक्षिक अवनमन 0.2 है। यदि विलयन में उपस्थित कुल मोलों की संख्या 5 है, तो निम्न में से कौन-सा सही है? **NCERT पृष्ठ 15**

(a) विलायक का मोल प्रभाज, $X_{\text{विलायक}} = 0.8$
(b) विलेय का मोल प्रभाज $X_{\text{विलेय}} = 0.8$
(c) विलेय के मोलों की संख्या = 4
(d) विलायक के मोलों की संख्या = 2

58 निम्नलिखित आरेख में बिन्दु A और B क्या दर्शाते हैं? **NCERT पृष्ठ 17**

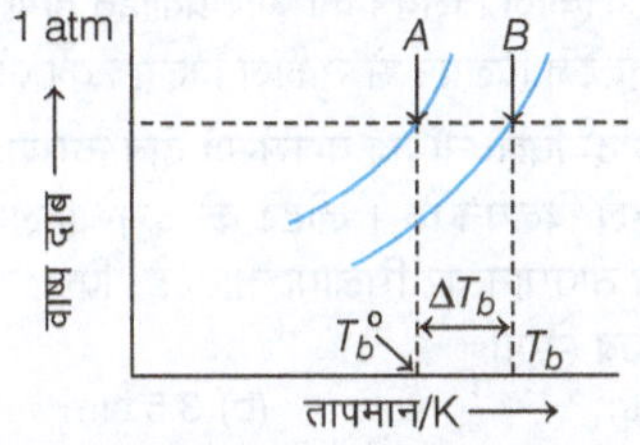

	बिन्दु A	बिन्दु B
(a)	विलायक का क्वथनांक	विलयन का क्वथनांक
(b)	विलयन का क्वथनांक	विलायक का क्वथनांक
(c)	विलेय का क्वथनांक	विलायक का क्वथनांक
(d)	विलायक का क्वथनांक	विलेय का क्वथनांक

59 100 ग्राम जल में 2.5 ग्राम अवाष्पशील विद्युत-अनअपघट्य विलेय युक्त एक तनु विलयन के लिए, 1 atm दाब पर क्वथनांक में उन्नयन 2°C है। यह मानते हुए कि विलेय की सान्द्रता विलायक की सान्द्रता से बहुत कम है, विलयन का वाष्प दाब (mm Hg में) है ($K_b = 0.76$ K किग्रा मोल$^{-1}$ लें) **NCERT पृष्ठ 17**

(a) 724 (b) 740
(c) 750 (d) 720

60 निम्नलिखित आरेख में (i), (ii) और (iii) को पहचानें। **NCERT पृष्ठ 18**

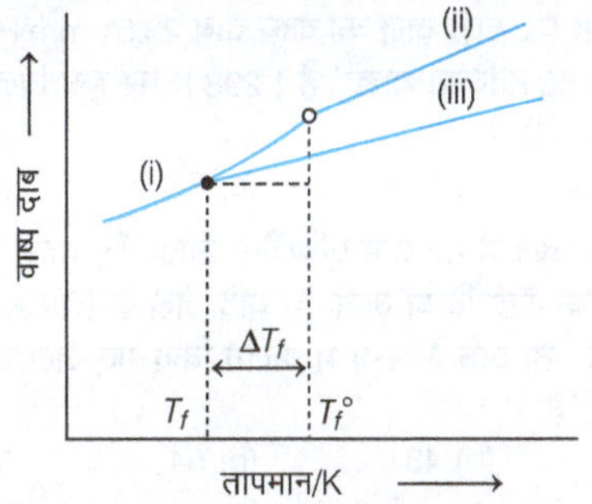

(a) (i) विलयन (ii) हिमीकृत विलायक (iii) द्रव विलायक
(b) (i) हिमीकृत विलायक (ii) विलयन (iii) द्रव विलायक
(c) (i) हिमीकृत विलायक (ii) द्रव विलायक (iii) विलयन
(d) (i) विलयन (ii) द्रव विलायक (iii) हिमीकृत विलायक

61 'A' के 4% जलीय विलयन का हिमांक 'B' के 10% जलीय विलयन के हिमांक के बराबर है। A का अणुभार 60 है, B का अणुभार ज्ञात कीजिए। मान लीजिए कि A और B दोनों विद्युत-अनअपघट्य हैं। **NCERT पृष्ठ 18**

(a) 160 (b) 90 (c) 45 (d) 180

62 एक तत्व 'X' बहुलक X_n के रूप में उपस्थित है। जब 3.26 ग्राम X को 200 ग्राम विलायक (K_f) में घोला जाता है ($K_f = 5$ K मोल$^{-1}$), हिमांक मेंअवनमन 0.125°C कम हो जाता है। X_n का आण्विक सूत्र है (X का परमाणु भार = 80) **NCERT पृष्ठ 18**

(a) X_2 (b) X_4 (c) X_8 (d) X_6

63 एथिलीन ग्लाइकॉल का उपयोग ठंडे मौसम में प्रतिहिम के रूप में किया जाता है। एथिलीन ग्लाइकॉल का द्रव्यमान क्या होगा जिसे - 6°C पर जमने से रोकने के लिए 4 किलोग्राम जल में मिलाया जाता है। वह होगा (जल के लिए K_f = 1.86 K किग्रा मोल$^{-1}$ और एथिलीन ग्लाइकॉल का आण्विक द्रव्यमान = 62 ग्राम मोल$^{-1}$) **NCERT पृष्ठ 19**

(a) 800.00 ग्राम (b) 204.30 ग्राम
(c) 400.00 ग्राम (d) 304.60 ग्राम

64 10 लीटर जल के टैंक में कितने ग्राम मेथिल ऐल्कोहॉल मिलाया जाना चाहिए ताकि यह 268 K पर जम न जाए? [H_2O के लिए K_f = 1.86 K किग्रा मोल$^{-1}$] **NCERT पृष्ठ 19**

(a) 880.07 ग्राम (b) 899.04 ग्राम
(c) 886.02 ग्राम (d) 868.06 ग्राम

65 जल के लिए K_f 1.86 K किग्रा मोल$^{-1}$ है । यदि आपके ऑटोमोबाइल रेडिएटर में 1.0 किग्रा जल है, तो विलयन के हिमांक को – 2.8°C तक अवनमन करने के लिए आपको कितने ग्राम एथिलीन ग्लाइकॉल ($C_2H_6O_2$) मिलाना होगा? **NCERT पृष्ठ 19**

(a) 72 ग्राम (b) 93 ग्राम
(c) 39 ग्राम (d) 27 ग्राम

66 जल में एक अवाष्पशील विलेय का विलयन – 0.30°C पर जम जाता है। 298 K पर शुद्ध जल का वाष्प दाब 23.51 mm Hg है तथा जल के लिए K_f 1.86 K किग्रा मोल$^{-1}$ है । 298 K पर इस विलयन का वाष्प दाब (mm Hg में) है NCERT पृष्ठ 16, 19

(a) 23.44 (b) 25.04 (c) 28.34 (d) 29.44

67 250 ग्राम जल में 62 ग्राम एथिलीन ग्लाइकॉल युक्त एक विलयन को 10° C तक ठंडा किया जाता है। यदि जल के लिए K_f 1.86 K किग्रा मोल$^{-1}$ है , तो बर्फ के रूप में अलग किए गए जल की मात्रा (ग्राम में) है NCERT पृष्ठ 19

(a) 32 (b) 48 (c) 64 (d) 16

68 निम्नलिखित चित्र पर विचार करें, NCERT पृष्ठ 20

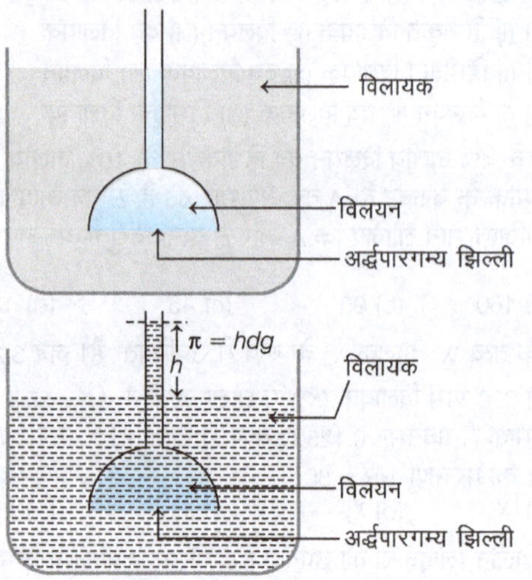

10 मिनट पश्चात्

चित्र से प्राप्त गलत सूचना को चिन्हित करें।

(a) विलेय के अणु शुद्ध विलायक से विलयन तक अर्द्धपारगम्य झिल्ली से होकर गुजरते हैं।

(b) परासरण के कारण विलयन का स्तर बढ़ जाता है।

(c) विलायक अणु शुद्ध विलायक से विलयन की ओर प्रवाहित होते हैं।

(d) इस प्रक्रिया को रोकने के लिए परासरण दाब की आवश्यकता होती है।

69 0.1 M $CaCl_2$ और 0.005 M $BaCl_2$ विलयनों को एक पात्र में अर्द्धपारगम्य झिल्ली द्वारा अलग किया जाता है। इस निकाय के लिए, सही कथन चुनें। NCERT पृष्ठ 21

(a) झिल्ली के आर-पार किसी विलयन की गति नहीं होती है।

(b) जल $BaCl_2$ विलयन से $CaCl_2$ विलयन में प्रवाहित होता है।

(c) जल $CaCl_2$ विलयन से $BaCl_2$ विलयन में प्रवाहित होता है।

(d) 0.1 M $CaCl_2$ का परासरण $BaCl_2$ से कम है (पूर्ण वियोजित मान लें)।

70 यदि सुक्रोज में 4% (*w* / *V*) विलयन का परासरण दाब 'X' के 2% (*w* / *V*) विलयन प्रतिलोम परासरण के समान है, तो X का आण्विक द्रव्यमान (ग्राम/मोल) है NCERT पृष्ठ 21

(a) 171 (b) 205.2

(c) 570 (d) 150

71 निम्नलिखित में से किस पदार्थ का उपयोग जल के विलवणीकरण में विलयन प्रतिलोम परासरण कराने के लिए अर्द्धपारगम्य झिल्ली बनाने में किया जाता है? NCERT पृष्ठ 23

(a) पोटैशियम नाइट्रेट (b) सेल्यूलोज ऐसीटेट

(c) कोशिका झिल्ली (d) चर्मपत्र झिल्ली

72 यूरिया का 6% विलयन समपरासरी है NCERT पृष्ठ22

(a) 0.05 M ग्लूकोज का विलयन

(b) ग्लूकोज का 6% विलयन

(c) ग्लूकोज का 25% विलयन

(d) ग्लूकोज का 1 M विलयन

73 परासरण दाब विधि का उपयोग प्रोटीन, बहुलक जैव अणु आदि, जैसे वृहद अणु के आण्विक द्रव्यमान को निर्धारित करने के लिए किया जाता है। क्योंकि NCERT पृष्ठ 22

(a) परासरण दाब शरीर के तापमान पर मापा जाता है

(b) परासरण दाब मोललता पर निर्भर करता है

(c) ये उच्च तापमान पर स्थायी नहीं होते हैं और इनकी विलेयता दुर्बल होती है

(d) इनका अणुभार उच्च होता है

74 यदि सुक्रोज का 0.5 M विलयन और ग्लूकोज का 0.5 M विलयन अर्द्धपारगम्य झिल्ली के दो किनारों पर समान ऊँचाइयों पर रखा जाता है, तो सही कथन है NCERT पृष्ठ 21

(a) झिल्ली के आर-पार कोई गति नहीं होगी

(b) ग्लूकोज सुक्रोज विलयन की ओर प्रवाहित होगा

(c) सुक्रोज ग्लूकोज विलयन की ओर प्रवाहित होगी

(d) जल ग्लूकोज़ विलयन से सुक्रोज़ विलयन की ओर प्रवाहित होगी

75 ग्लूकोज के दो विलयनों का परासरण दाब क्रमशः 1.5 atm और 2.5 atm है। पहले विलयन के 1 लीटर को दूसरे विलयन के 2 लीटर के साथ समान तापमान पर मिलाया जाता है। फिर, परिणामी विलयन का परासरण दाब होगा। NCERT पृष्ठ 21

(a) 2.16 atm (b) 3.5 atm

(c) 5.12 atm (d) 7.2 atm

76 रक्त कोशिका के अंदर द्रव पदार्थ में उपस्थित परासरण दाब किसके तुल्यांकी होता है? NCERT पृष्ठ 22

(a) 0.9% (*m*/*V*) NaCl विलयन

(b) 0.9% (*m*/*V*) से कम NaCl विलयन

(c) 0.9% (*m*/*V*) से अधिक NaCl विलयन

(d) 0.9% (*m*/*V*) Na_2SO_4 विलयन

असामान्य मोलर द्रव्यमान

77 58.5 ग्राम NaCl और 180 ग्राम ग्लूकोज को अलग-अलग 1000 ग्राम जल में घोला जाता है। परिणामी विलयन के क्वथनांक के उन्नयन के सम्बन्ध में सही कथन की पहचान करें। NCERT पृष्ठ 24

(a) NaCl विलयन उच्च क्वथनांक उन्नयन बिन्दु प्रदर्शित करेगा।

(b) ग्लूकोज विलयन उच्च क्वथनांक उन्नयन बिन्दु प्रदर्शित करेगा।

(c) दोनों विलयन समान क्वथनांक उन्नयन प्रदर्शित करेंगे।

(d) किसी भी विलयन द्वारा क्वथनांक उन्नयन प्रदर्शित नहीं किया जाएगा।

78 एक दुर्बल विद्युत अपघट्य, A_xB_y के वियोजन की मात्रा (α) वान्ट हॉफ गुणांक (i) से सम्बन्धित है, जिसे व्यक्त किया जाता है? NCERT पृष्ठ 24

(a) $\alpha = \frac{i-1}{(x+y-1)}$ (b) $\alpha = \frac{i-1}{x+y+1}$

(c) $\alpha = \frac{x+y-1}{i-1}$ (d) $\alpha = \frac{x+y+1}{i-1}$

79 0.1 M $Ba(NO_3)_2$ विलयन के लिए वान्ट हॉफ गुणांक 2.74 है, तो वियोजन की मात्रा है NCERT पृष्ठ 24

(a) 91.3% (b) 87% (c) 100% (d) 74%

80 यौगिक A किसी दिए गए विलायक में टेट्रामेराइजेशन से गुजरता है। वान्ट हॉफ गुणांक है NCERT पृष्ठ 24

(a) 2.0 (b) 0.5 (c) 0.25 (d) 0.125

81 निम्नलिखित में से किस विद्युत अपघट्य का वान्ट हॉफ गुणांक (i) का मान $K_4[Fe(CN)_6]$ के समान है ? NCERT पृष्ठ 24

(a) $Al_2(SO_4)_3$ (b) K_2SO_4

(c) $K_3[Fe(CN)_6]$ (d) $Al(NO_3)_3$

82 0.01 M सान्द्रता पर $BaCl_2$ का वान्ट हॉफ गुणांक 1.98 है। इस सान्द्रता पर $BaCl_2$ के वियोजन का प्रतिशत है NCERT पृष्ठ 24

(a) 49 (b) 69 (c) 89 (d) 98

83 एक अणु M किसी दिए गए विलायक में समीकरण $M \rightleftharpoons (M)_n$ के अनुसार संगुणित होता है। किसी एक निश्चित सान्द्रता के लिए, वान्ट हॉफ गुणांक 0.9 पाया गया और सम्बन्धित अणुओं का प्रभाज 0.2 था। n का मान है NCERT पृष्ठ 24

(a) 3 (b) 5 (c) 2 (d) 4

84 विलयन A, B, C और D क्रमशः 0.1 M ग्लूकोज़, 0.05 M NaCl, 0.05 M $BaCl_2$ और 0.1 M $AlCl_3$ हैं। निम्नलिखित में से कौन-सा युग्म समपरासरी है? NCERT पृष्ठ 24

(a) A और B (b) B और C

(c) A और D (d) A और C

85 एक विलायक के लिए मोलल अवनमन स्थिरांक 4.0 K किग्रा मोल$^{-1}$ है। K_2SO_4 के 0.03 किग्रा मोल$^{-1}$ विलयन के लिए विलायक के हिमांक में अवनमन है (विद्युतअपघट्य का पूर्ण वियोजन मान लीजिए) NCERT पृष्ठ 24

(a) 0.18 K (b) 0.36 K

(c) 0.12 K (d) 0.24 K

86 54 ग्राम H_2O में 1 मोल K_2SO_4 युक्त विलयन के वाष्प दाब में आपेक्षिक अवनमन है (K_2SO_4 100% आयनित है)। NCERT पृष्ठ 24

(a) $\frac{1}{55}$ (b) $\frac{3}{55}$ (c) $\frac{3}{4}$ (d) $\frac{1}{2}$

87 निम्नलिखित सूचना का उपयोग करते हुए 1 किग्रा जल में 13.44 ग्राम $CuCl_2$ युक्त विलयन के क्वथनांक में उन्नयन होगा ($CuCl_2$ का आण्विक भार 134.4 ग्राम मोल$^{-1}$ और K_b = 0.52 K किग्रा मोल$^{-1}$) NCERT पृष्ठ 24

(a) 0.16° सेल्सियस (b) 0.05° सेल्सियस

(c) 0.1° सेल्सियस (d) 0.2° सेल्सियस

88 निम्नलिखित में से किसका हिमांक बिन्दु सबसे कम है? NCERT पृष्ठ 24

(a) 1% सुक्रोज (b) 1% NaCl

(c) 1% $CaCl_2$ (d) 1% ग्लूकोज

89 KBr 0.5 m सान्द्रता के जलीय विलयन में 80% वियोजित हो जाता है। (दिया गया है) जल के लिए K_f = 1.86 K किग्रा मोल$^{-1}$)। विलयन जम जाता है। NCERT पृष्ठ 24

(a) 271.326 K (b) 272 K

(c) 270.5 K (d) 268.5 K

90 जल के लिए हिमांक अवनमन स्थिरांक 1.86°C मोलल$^{-1}$ है। यदि 5.00 ग्राम Na_2SO_4 को 45.0 ग्राम H_2O में घोला जाता है, तो हिमांक बिन्दु – 3.82°C में, बदल जाता है। Na_2SO_4 के लिए वान्ट हॉफ गुणांक की गणना कीजिए। NCERT पृष्ठ 24

(a) 0.381 (b) 2.05 (c) 2.63 (d) 3.11

91 50 ग्राम जल में 1.25 ग्राम P का विलयन जल के हिमांक को 0.3°C अवनमन कर देता है। P का आण्विक द्रव्यमान 94 ग्राम मोल$^{-1}$ है, $K_{f(\text{जल})}$ = 1.86 K किग्रा मोल$^{-1}$। जल में P के संगुणन की मात्रा है NCERT पृष्ठ 24

(a) 79% (b) 60% (c) 65% (d) 75%

92 दो विलेय X और Y के 0.1 M विलयन पर विचार करें। विलेय X दो आयनों में वियोजित हो जाता है, जबकि Y विलयन में द्विगुणित हो जाता है। निम्न में से कौन-सा असत्य है? (X और Y क्रमशः X और Y युक्त विलयन को दर्शाते हैं)। NCERT पृष्ठ 24

(a) $(\Delta T_b)_X > (\Delta T_b)_Y$ (b) $(B.P)_X > (B.P)_Y$

(c) $(F.P)_X > (F.P)_Y$ (d) $(\Delta T_f)_X > (\Delta T_f)_Y$

93 एक संकुल $CoCl_3 . xNH_3$ के रूप में दर्शाया गया है। जल में इसका 0.1 मोलल विलयन गलनांक बिन्दु 0.558 K दर्शाता है। (H_2O का K_f= 1.86 K मोललता$^{-1}$) है। संकुल का 100% आयनीकरण और Co की उपसहसंयोजन संख्या 6 मानते हुए, संकुल का सूत्र है NCERT पृष्ठ 24

(a) $[CO(NH_3)_5Cl]Cl_2$ (b) $[CO(NH_3)_6]Cl_3$

(c) $[CO(NH_3)_4Cl_2]Cl$ (d) $[CO(NH_3)Cl_3]$

94 KCl और $BaCl_2$ का 0.01 M का विलयन जल में तैयार किया जाता है। KCl का हिमांक बिन्दु – 2°C पाया गया है। $BaCl_2$ के पूर्ण आयनीकृत होने के लिए हिमांक क्या होगा? NCERT पृष्ठ 24

(a) – 3°C (b) + 3°C

(c) – 2°C (d) – 4°C

95 0.01 m जलीय CH_3COOH विलयन के हिमांक में अवनमन 0.02046°C है। 1 m यूरिया विलयन – 1.86°C पर जम जाता है। मोललता को मोलरता के बराबर मानते हुए, CH_3COOH विलयन का pH है NCERT पृष्ठ 24

(a) 2 (b) 3 (c) 3.2 (d) 4.2

96 निम्नलिखित में से कौन अधिकतम परासरण दाब लगाएगा? NCERT पृष्ठ 24

(a) ऐलुमिनियम सल्फेट

(b) बेरियम क्लोराइड

(c) सोडियम क्लोराइड

(d) (b) और (c) के बराबर आयतन को मिलाकर प्राप्त विलयन।

97 यदि 25°C पर pH = 2.0 है, तो 0.1M मोनोबेसिक एसिड का परासरण दाब है? NCERT पृष्ठ 24

(a) 2.69 atm (b) 26.9 atm
(c) 0.269 atm (d) 269 atm

98 1.2 % NaCl विलयन, 7.2% ग्लूकोज़ विलयन के साथ समपरासरी है। NaCl के लिए वान्ट हॉफ़ गुणांक 'i' क्या होगा? NCERT पृष्ठ 24

(a) 0.5 (b) 1 (c) 2 (d) 6

99 जल में एक आयनिक यौगिक XY के तनु विलयन का परासरण दाब जल में 0.01 M $BaCl_2$ के विलयन के परासरण दाब से चार गुना है। जल में दिए गए आयनिक यौगिकों के पूर्ण वियोजन को मानते हुए, विलयन में XY (मोल लीटर$^{-1}$ में) की सान्द्रता है NCERT पृष्ठ 24

(a) 4×10^{-2}
(b) 16×10^{-4}
(c) 4×10^{-4}
(d) 6×10^{-2}

100 27°C पर सुक्रोज विलयन का परासरण दाब 4.926 atm है। निम्नलिखित में से कौन-सा दिए गए विलयन के साथ समपरासरी नहीं है? NCERT पृष्ठ 24

(a) 3.6% ग्लूकोज विलयन (b) 1.2% यूरिया विलयन
(c) 0.585% NaCl विलयन (d) 1.7% $NaNO_3$ विलयन

101 25°C पर 2 लीटर जल में 25 मिग्रा. K_2SO_4 घोलने से तैयार विलयन का परासरण दाब होगा (मान लीजिए कि इसे पूरी तरह से वियोजित किया जाना है) NCERT पृष्ठ 24

(a) 527×10^{-4}am (b) 527×10^{-3}am
(c) 527×10^{-2}am (d) 527×10^{-1}am

102 निम्नलिखित जलीय विलयनों को उनके क्वथनांक के बढ़ते क्रम में व्यवस्थित करें। NCERT पृष्ठ 25

I. 10^{-2}M NaCl II. 10^{-3}M $MgCl_2$
III. 10^{-4}M यूरिया IV. 10^{-4}M NaCl

(a) I < II < IV < III (b) III < IV < II < I
(c) II < I < III < IV (d) IV < III < I = II

अभिकथन-कारण प्रश्न

निर्देश *(प्रश्न संख्या 1-10) निम्नलिखित प्रश्न में अभिकथन (A) के बाद कारण (R) दिया गया है। नीचे दिए गए विकल्पों में से सही विकल्प चुनें।*

(a) A और R दोनों सत्य हैं और R, A का सही स्पष्टीकरण है।
(b) A और R दोनों सत्य हैं तथा R, A का सही स्पष्टीकरण नहीं है।
(c) A असत्य है लेकिन R सत्य है।
(d) A सत्य है लेकिन R असत्य है।

1 **अभिकथन (A)** द्रव अवस्था में विलयन की मोलरता तापमान के साथ परिवर्तित होती है।

कारण (R) तापमान में परिवर्तन के साथ विलयन का आयतन परिवर्तित होता है। NCERT पृष्ठ 5

2 **अभिकथन (A)** जब स्कूबा गोताखोर सतह की ओर आते हैं, तो उनकी कोशिकाएँ अवरुद्ध हो जाती हैं जो जीवन के लिए दर्दनाक और खतरनाक है।

कारण (R) ऐसा घुली हुई गैसों के निकलने के कारण होता है, क्योंकि दाब कम हो जाता है और रक्त में नाइट्रोजन के बुलबुले बनने लगते हैं। NCERT पृष्ठ 8

3 **अभिकथन (A)** एथलेटिक चोटों के उपचार के लिए तत्काल ठंडे पैक के जल के पाउच दबाने पर टूट जाता है और NH_4NO_3 तापमान को कम करने के लिए जल में घुल जाता है।

कारण (R) विलायक में अवाष्पशील विलेय मिलाने से विलायक का हिमांक अवनमन हो जाता है। NCERT पृष्ठ 9

4 **अभिकथन (A)** जब NaCl को जल में मिलाया जाता है, तो हिमांक में अवनमन देखा जाता है।

कारण (R) किसी विलयन के वाष्पदाब में अवनमन होने से हिमांक में अवनमन होता है। NCERT पृष्ठ 18

5 **अभिकथन (A)** जब किसी विलयन को अर्द्धपारगम्य झिल्ली द्वारा शुद्ध विलायक से पृथक् किया जाता है, तो विलायक के अणु शुद्ध विलायक की ओर से विलयन की ओर गुजरते हैं।

कारण (R) विलायक का विसरण उच्च सान्द्रता वाले विलयन क्षेत्र से निम्न सान्द्रता वाले विलयन क्षेत्र की ओर होता है NCERT पृष्ठ 21

6 **अभिकथन (A)** जब मेथिल ऐल्कोहॉल को जल में मिलाया जाता है, तो जल का क्वथनांक बढ़ जाता है।

कारण (R) जब एक वाष्पशील विलेय को एक वाष्पशील विलायक में मिलाया जाता है, तो क्वथनांक में वृद्धि देखी जाती है। NCERT पृष्ठ 17

7 **अभिकथन (A)** यदि रक्त कोशिकाओं को शुद्ध जल में रखा जाए तो वे सूज जाती हैं और फट जाती हैं।

कारण (R) परासरण के कारण कोशिका में जल के अणुओं का प्रवाह लवण की मात्रा को तनु कर देता है। NCERT पृष्ठ 22

8 **अभिकथन (A)** उच्च रक्तचाप के रोगियों को न्यूनतम मात्रा में नमक लेने की सलाह दी जाती है।

कारण (R) नमक से शरीर के द्रव पदार्थ में Na^+ और Cl^- आयन की सान्द्रता बढ़ जाती है जो रक्त कोशिकाओं को तोड़ सकती है। NCERT पृष्ठ 23, 24

9 **अभिकथन (A)** प्रयोगात्मक रूप से निर्धारित एक आयनिक यौगिक का आण्विक द्रव्यमान वास्तविक मान से कम होता है।

कारण (R) कम आण्विक द्रव्यमान विलेय के आयनों में वियोजन के कारण होता है। NCERT पृष्ठ 24

10 **अभिकथन (A)** बहुलकों के आण्विक द्रव्यमान की गणना क्वथनांक या हिमांक विधि का उपयोग करके नहीं की जा सकती है।

कारण (R) हिमांक या क्वथनांक विधि का उपयोग सूक्ष्म अणुओं के आण्विक द्रव्यमान को निर्धारित करने के लिए किया जाता है। NCERT पृष्ठ 21, 22

कथन आधारित प्रश्न

निर्देश *(प्रश्न संख्या 1-6) निम्नलिखित प्रश्नों में दो कथन (I और II) दिए गए हैं। दिए गए कथनों के आधार पर, नीचे दिए गए सही विकल्प को चुनें।*

(a) कथन I और कथन II दोनों असत्य हैं।
(b) कथन I सत्य है लेकिन कथन II असत्य है।
(c) कथन I असत्य है लेकिन कथन II सत्य है।
(d) कथन I और कथन II दोनों सत्य हैं।

1 **कथन I** स्थिरक्वाथी द्विअंगी मिश्रण होते हैं जिनका द्रव और वाष्प अवस्था में समान संघटन होता है और वे नियत तापमान पर उबलते हैं।
कथन II बेन्जीन और टॉलुईन अधिकतम क्वथनांक वाले स्थिरक्वाथी बनाते हैं। NCERT पृष्ठ 13, 14

2 **कथन I** अणुसंख्यक गुणधर्म विलेय के कणों की संख्या पर निर्भर करते हैं न कि उनकी प्रकृति पर।
कथन II किसी विलयन की मोललता तापमान के साथ परिवर्तित होती है क्योंकि द्रव्यमान तापमान से अप्रभावित रहता है। NCERT पृष्ठ 5, 15

3 **कथन I** हिमांक में अवनमन विलायक की प्रकृति पर निर्भर करता है।
कथन II किसी विलायक में अवाष्पशील विलेय मिलाने से हिमांक कम हो जाता है। NCERT पृष्ठ 15, 18

4 **कथन I** वाष्प दाब के अवनमन आदर्श तथा अनादर्श दोनों विलयनों में होता है।
कथन II क्रायोस्कोपिक स्थिरांक विलायक की प्रकृति पर निर्भर करता है। NCERT पृष्ठ 15, 18

5 **कथन I** परासरण दाब विलयन पर लगाया गया एक अतिरिक्त दाब है, जिससे विलायक अर्द्धपारगम्य झिल्ली से होकर नहीं गुजर सकता।
कथन II समपरासरी विलयनों के लिए, विलयनों का परासरण दाब बराबर होता है। NCERT पृष्ठ 21, 22

6 **कथन I** जल में KCl तथा बेन्जीन में एथेनॉइक अम्ल असामान्य आण्विक द्रव्यमान दर्शाते हैं।
कथन II जलीय KCl विलयन और एथेनॉइक अम्ल के लिए i का मान 2 के करीब होता है। NCERT पृष्ठ 24

7 निम्नलिखित में से गलत कथनों का चयन करें। NCERT पृष्ठ 3, 7, 12, 14, 15
A. स्थिरक्वाथी मिश्रण द्विअंगी मिश्रण होते हैं जिनका ठोस और द्रव अवस्था में संघटन समान होता है।
B. कार के इंजनों को ठंडा करने के लिए एथिलीन ग्लाइकाल के 35% $\left(\frac{W}{V}\right)$ विलयन का उपयोग किया जाता है।
C. दाब बढ़ने पर HCl गैस की विलेयता बढ़ जाती है।
D. क्लोरोफॉर्म और डाइएथिल ईथर राउल्ट के नियम से ऋणात्मक विचलन दर्शाते हैं।
E. राउल्ट का नियम, हेनरी के नियम की एक विशेष स्थिति है जिसमें K_H का मान p_{i° के मान के बराबर होता है।

नीचे दिए गए विकल्पों में से सही उत्तर चुनें।
(a) B, C और E (b) A और B
(c) D और E (d) C और D

8 निम्नलिखित में से कौन-से कथन सत्य हैं? NCERT पृष्ठ 3, 14, 22
I. द्विअंगी मिश्रण में, A का मोल प्रभाज है, $\chi_A = \frac{n_A}{n_A + n_B}$
II. (i) घटकों की संख्या वाले विलयन के लिए, $\chi_i = \frac{n_i}{\Sigma n_i}$
III. किसी विलयन के सभी घटकों के मोल प्रभाज का योग एक होता है।
IV. समपरासरी विलयन के लिए विभिन्न विलयनों की सान्द्रता सदैव समान होती है।
V. एथेनॉल और ऐसीटोन राउल्ट के नियम से ऋणात्मक विचलन दर्शाते हैं।

सत्य कथनों के साथ सही विकल्प का चयन करें।
(a) I और IV (b) II और V
(c) III और I (d) I, II, III और IV

9 निम्नलिखित में से कौन-से कथन सही हैं? NCERT पृष्ठ 15, 16, 18, 24
A. K_b का मान विलायक की प्रकृति पर निर्भर करता है।
B. वियोजन की स्थिति में वन्ट हॉफ गुणांक का मान एक से अधिक होता है।
C. किसी विलायक में अवाष्पशील विलेय मिलाने से विलायक का वाष्प दाब समान होता है।
D. उच्च क्वथनांक वाले विलायकों का किसी निश्चित तापमान पर वाष्प दाब अधिक होता है।
E. तनु विलयनों के लिए राउल्ट का नियम इस प्रकार लिखा जा सकता है

$$\frac{p^\circ - p_s}{p_s} = \frac{n}{N}$$

नीचे दिए गए विकल्पों में से सही उत्तर चुनें।
(a) C और E (b) A, B, C और E
(c) B, C और D (d) D और E

10 निम्नलिखित में से सही कथन का चयन कीजिए। NCERT पृष्ठ 19, 20, 24, 25
A. 0.1 m यूरिया और 1 M NaCl के हिमांक में अवनमन 1 : 2 होता है।
B. क्रायोस्कोपिक स्थिरांक (K_F) संलयन की एन्थैल्पी में वृद्धि के साथ घटता है।
C. अर्द्धपारगम्य झिल्ली सीट या फिल्म के समान प्रतीत होती है
D. परासरण दाब विधि में मोललता के स्थान पर मोलरता का उपयोग किया जाता है।
E. विटेड फूल परासरण के कारण ताजे जल में रखने पर पहले की तरह हो जाते हैं।

नीचे दिए गए विकल्पों में से सही उत्तर चुनिए
(a) A, B और E (b) C और E
(c) C, D और E (d) A, B, C, D और E

सुमेलन प्रकार प्रश्न

1 सूची I को सूची II से सुमेलित करें। NCERT पृष्ठ 2

	सूची I (विलयन का उदाहरण)		सूची II (विलयन का प्रकार)
A.	क्लोरोफॉर्म को नाइट्रोजन गैस में मिश्रित किया जाए	1.	गैसीय विलयन
B.	जल में घुली एथेनॉल	2.	ठोस विलयन
C.	पारे (Hg) का सोडियम के साथ अमलगम	3.	द्रव विलयन

कूट

	A	B	C		A	B	C
(a)	1	2	3	(b)	1	3	2
(c)	2	1	3	(d)	2	3	1

2 सूची I को सूची II से सुमेलित करें। NCERT पृष्ठ 2

	सूची I (विलयन का उदाहरण)		सूची II (विलयन का प्रकार)
A.	सुक्रोज विलयन	1.	या तो विलेय या विलायक द्रव है
B.	सोडा - वाटर	2.	ठोस विलयन
C.	ब्रास	3.	ठोस में गैस का विलयन.
D.	पैलेडियम में हाइड्रोजन गैस	4.	द्रव में गैस का विलयन।

कूट

	A	B	C	D		A	B	C	D
(a)	1	4	2	3	(b)	2	1	3	4
(c)	2	4	3	1	(d)	3	2	1	4

3 सूची I में दिए गए पदों को सूची II में दिए गए व्यंजकों से सुमेलित कीजिए। NCERT पृष्ठ 22

	सूची I		सूची II
A.	समपरासरी विलयन	1.	यदि नमक की सान्द्रता 0.9% (*m*/*V*) से कम होने पर, जल कोशिका में प्रवाहित होगा और वह सूज जाएगी।
B.	अतिपरासरी विलयन	2.	यदि नमक की सान्द्रता 0.9% (*m*/*V*) NaCl से अधिक है, तो जल कोशिका से बाहर निकल जाएगा और यह सिकुड़ जाएगी।
C.	अल्पपरासरी विलयन	3.	यदि विलयन को अर्द्धपारगम्य झिल्ली द्वारा अलग कर दिया जाए तो परासरण नहीं होता।
D.	संतृप्त विलयन	4.	वह विलयन जिसमें विलेय की अधिकतम मात्रा होती है, जो किसी निश्चित तापमान पर विलायक की एक निश्चित मात्रा में घुल सकती है।

कूट

	A	B	C	D		A	B	C	D
(a)	4	3	2	1	(b)	3	2	1	4
(c)	1	2	3	4	(d)	2	1	3	4

4 सूची I में दिए गए निम्नलिखित पदों का सूची II से मिलान करें (वान्ट हॉफ गुणांक लगभग)। NCERT पृष्ठ 24, 25

	सूची I		सूची II
A.	जल में KCl	1.	0.5
B.	बेन्जीन में एथेनॉइक अम्ल	2.	2
C.	जल में K_2SO_4	3.	3
D.	जल में $C_{12}H_{22}O_{11}$	4.	1

कूट

	A	B	C	D		A	B	C	D
(a)	2	3	1	4	(b)	1	3	2	4
(c)	2	1	3	4	(d)	1	2	3	4

5 सूची I को सूची II से सुमेलित करें। NCERT पृष्ठ 24

	सूची I		सूची II
A.	$i > 1$	1.	वियोजन
B.	$i < 1$	2.	न तो संयोजन, न ही वियोजन
C.	$i = 1$	3.	संयोजन
D.	$i < 0$	4.	सम्भव नहीं

कूट

	A	B	C	D
(a)	3	2	1	4
(b)	2	4	3	1
(c)	1	3	2	4
(d)	3	2	1	4

आंकिक मान प्रकार के प्रश्न

1 एक विलेय X जल में द्विगुणित हो जाता है। X के 2 मोलल विलयन का क्वथनांक 100.52°C है। X के संगुणन का प्रतिशत .... (निकटतम पूर्णांक) में है [उपयोगः जल के लिए $K_b = 0.52$ K किग्रा मोल$^{-1}$, जल का क्वथनांक = 100°C] NCERT पृष्ठ 17, 24

2 2.92 ग्राम जैवबहुलक को 100 मिली जल में 300 K पर घोलने पर 4.84×10^{-6} bar का परासरण दाब पड़ता है। जैवबहुलक का आण्विक द्रव्यमान .... $\times 10^7$ ग्राम मोल$^{-1}$ है (निकटतम पूर्णांक) (उपयोग $R = 0.083$ ली bar मोल$^{-1}$K^{-1}) NCERT पृष्ठ 21

3 अवाष्पशील, विद्युटअनपघट्य विलेय (आण्विक द्रव्यमान = 50 ग्राम मोल$^{-1}$) का द्रव्यमान, जिसे 114 ग्राम ऑक्टेन में घोलकर उसका वाष्प दाब 75% तक कम करना है, ... NCERT पृष्ठ 15, 16

4 150 ग्राम ऐसीटिक अम्ल को 10.2 ग्राम एस्कॉर्बिक अम्ल ($C_6H_8O_6$) से संदूषित किया गया ताकि इसका हिमांक बिन्दु ($X \times 10^{-1}$) °C कम हो जाए। X का मान .... है (निकटतम पूर्णांक) [दिया गया है, $K_f = 3.9$ K किग्रा मोल$^{-1}$, एस्कॉर्बिक अम्ल का आण्विक द्रव्यमान =176 ग्राम मोल$^{-1}$]। NCERT पृष्ठ 18, 19

NCERT Exemplar प्रश्न

1 0.02 M NaCl के 4 लीटर जलीय विलयन को 1 लीटर जल मिलाकर तनु किया गया। परिणामी विलयन की मोललता .... है।
(a) 0.004 (b) 0.008 (c) 0.012 (d) 0.016

2 निम्नलिखित में से कौन-सी इकाई विलयन की सान्द्रता को उसके वाष्प दाब से सम्बन्धित करने में उपयोगी है?
(a) मोल प्रभाज (b) भाग प्रति मिलियन
(c) द्रव्यमान प्रतिशत (d) मोललता

3 सूची I में दी गई वस्तुओं का मिलान सूची II में दिए गए विलयनों के प्रकार से करें।

	सूची I		सूची II
A.	सोडा - वाटर	1.	ठोस में गैस का विलयन
B.	चीनी का विलयन	2.	गैस में गैस का विलयन
C.	जर्मन सिल्वर	3.	द्रव में ठोस का विलयन
D.	वायु	4.	ठोस में ठोस का विलयन
E.	पैलेडियम में हाइड्रोजन गैस	5.	द्रव में गैस का विलयन

कूट

	A	B	C	D	E
(a)	5	3	4	2	1
(b)	3	5	2	1	4
(c)	2	3	1	4	5
(d)	1	4	5	3	2

4 नीचे दी गई सूचना के आधार पर सही विकल्प को चिन्हित करें।
सूचना मेथेनॉल में ऐसीटोन मिलाने पर मेथेनॉल अणुओं के बीच कुछ हाइड्रोजन बन्ध टूट जाते हैं।
(a) विशिष्ट संघटन पर, मेथेनॉल-ऐसीटोन मिश्रण न्यूनतम क्वथनांकी स्थिरक्वाथी बनाएगा और राउल्ट के नियम से धनात्मक विचलन दर्शाएगा।
(b) विशिष्ट संघटन पर, मेथेनॉल-ऐसीटोन मिश्रण अधिकतम क्वथनांकी स्थिरक्वाथी बनाएगा और राउल्ट के नियम से धनात्मक विचलन दर्शाएगा।
(c) विशिष्ट संघटन पर, मेथेनॉल-ऐसीटोन मिश्रण न्यूनतम क्वथनांकी स्थिरक्वाथी बनाएगा तथा राउल्ट के नियम से ऋणात्मक विचलन दर्शाएगा।
(d) विशिष्ट संघटन पर, मेथेनॉल-ऐसीटोन मिश्रण अधिकतम क्वथनांकी स्थिरक्वाथी बनाएगा और राउल्ट के नियम से ऋणात्मक विचलन दर्शाएगा।

5 Ar(g), CO_2 (g), HCHO (g) और CH_4(g) के लिए K_H मान क्रमशः 40.39, 1.67, 1.83×10^{-5} और 0.413 हैं।
इन गैसों को विलेयता के बढ़ते क्रम में व्यवस्थित करें।
(a) HCHO < CH_4 < CO_2 < Ar
(b) HCHO < CO_2 < CH_4 < Ar
(c) Ar < CO_2 < CH_4 < HCHO
(d) Ar < CH_4 < CO_2 < HCHO

6 500 मिली क्षमता वाले दो बीकर लिए गए। इनमें से एक बीकर, जिसका लेबल 'A' है, 400 मिली जल से भरा है, जबकि दूसरे बीकर का लेबल 'B' है, 400 मिली NaCl के 2M विलयन से भरा है। एक ही तापमान पर, दोनों बीकरों को एक ही पदार्थ और एक ही क्षमता के बंद पात्रों में रखा गया, जैसा कि चित्र में दिखाया गया है।

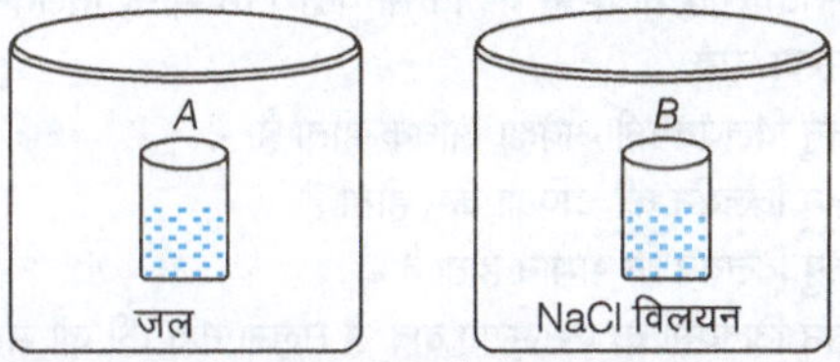

किसी निश्चित तापमान पर शुद्ध जल और NaCl विलयन के वाष्प दाब के बारे में निम्नलिखित में से कौन-सा कथन सही है?
(a) पात्र A में वाष्प दाब पात्र B से अधिक है।
(b) पात्र A में वाष्प दाब पात्र B से कम है।
(c) दोनों पात्रों में वाष्प दाब बराबर है।
(d) पात्र B में वाष्प दाब पात्र A में वाष्प दाब से दोगुना है।

7 निम्नलिखित में से किस जलीय विलयन का क्वथनांक उच्चतम होना चाहिए?
(a) 1.0 M NaOH
(b) 1.0 M Na_2SO_4
(c) 1.0 M NH_4NO_3
(d) 1.0 M KNO_3

8 ग्लूकोज के 0.01 M विलयन की तुलना में, 0.01 M $MgCl_2$ विलयन के हिमांक में अवनमन है

(a) समान (b) लगभग दोगुना
(c) लगभग तीन गुना (d) लगभग छः गुना

9 अचार बनाने के लिए नमक के सान्द्र विलयन में रखा गया कच्चा आम सिकुड़ जाता है, क्योंकि

(a) यह परासरण के कारण जल प्राप्त करता है
(b) यह उत्क्रम परासरण के कारण जल का त्याग करता है
(c) यह उत्क्रम परासरण के कारण जल प्राप्त करता है
(d) यह परासरण के कारण जल का त्याग करता है।

10 आकृति पर विचार करें और सही विकल्प को चिन्हित करें।

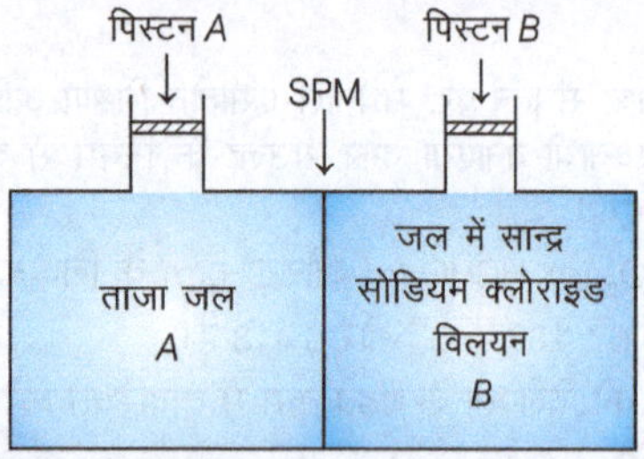

(a) यदि पिस्टन B पर परासरण दाब से कम दाब लगाया जाए तो जल B से A की ओर जाएगा।
(b) यदि पिस्टन B पर परासरण दाब से अधिक दाब लगाया जाए तो जल B से A की ओर जाएगा।
(c) यदि पिस्टन B पर परासरण दाब के बराबर दाब लगाया जाए तो जल B से A की ओर जाएगा।
(d) यदि पिस्टन A पर परासरण दाब के बराबर दाब लगाया जाए तो जल A से B की ओर जाएगा।

11 किसी दिए गए तापमान पर किसी पदार्थ के सान्द्र विलयन का परासरण दाब

(a) तनु विलयन की अपेक्षा अधिक होता है
(b) तनु विलयन की अपेक्षा कम होता है
(c) तनु विलयन के समान होता है
(d) तनु विलयनों के परासरण दाब से तुलना नहीं की जा सकती।

12 निम्नलिखित में से कौन-सा कथन गलत है?

(a) वायुमंडलीय दाब और परासरण दाब की इकाइयाँ समान हैं।
(b) उत्क्रम परासरण में, विलायक के अणु अर्द्धपारगम्य झिल्ली के माध्यम से विलेय की कम सान्द्रता वाले क्षेत्र से उच्च सान्द्रता वाले क्षेत्र की ओर जाते हैं।
(c) मोलल अवनमन स्थिरांक का मान विलायक की प्रकृति पर निर्भर करता है।
(d) वाष्प दाब में आपेक्षिक अवनमन एक विमाहीन राशि है।

13 KCl, NaCl और K_2SO_4 के लिए वान्ट हॉफ गुणांक के मान क्रमशः हैं

(a) 2, 2 और 2 (b) 2, 2 और 3
(c) 1, 1 और 2 (d) 1, 1 और 1

14 निम्नलिखित में से कौन-सा कथन गलत है?

(a) विभिन्न विलायकों में तैयार किए गए समान मोललता वाले सुक्रोज के दो अलग-अलग विलयनों का हिमांक बिन्दु में अवनमन प्रभाव समान होगा।
(b) किसी विलयन का परासरण दाब समीकरण $\pi = CRT$ (जहाँ, C विलयन की मोलरता है) द्वारा दिया जाता है।
(c) बेरियम क्लोराइड, पोटैशियम क्लोराइड, ऐसीटिक अम्ल और सुक्रोज के 0.01 M जलीय विलयन के लिए परासरण दाब का घटता क्रम $BaCl_2 > KCl > CH_3COOH >$ सुक्रोज है।
(d) राउल्ट के नियम के अनुसार, किसी विलयन के वाष्पशील घटक द्वारा लगाया गया वाष्प दाब विलयन में उसके मोल प्रभाज के समानुपाती होता है।

15 हमारे पास A, B और C लेबल वाले NaCl के तीन जलीय विलयन हैं जिनकी सान्द्रता क्रमशः 0.1 M, 0.01 M और 0.001 M है।
इन विलयनों के लिए वान्ट हॉफ गुणांक का मान निम्न क्रम में होगा

(a) $i_A < i_B < i_C$
(b) $i_A > i_B > i_C$
(c) $i_A = i_B = i_C$
(d) $i_A < i_B > i_C$

16 नीचे दी गई सूचना के आधार पर सही विकल्प को चिन्हित करें।

I. ब्रोमोएथेन और क्लोरोएथेन मिश्रण में, A—A और B—B प्रकार की अंतर-आण्विक अन्योन्य क्रियाएँ A—B प्रकार की अन्योन्य क्रियाओं के समान है।
II. एथेनॉल और ऐसीटोन मिश्रण में, A—A या B—B प्रकार की अंतरआण्विक अन्योन्य क्रियाएँ A—B प्रकार की अन्योन्य क्रियाओं से अधिक प्रबल होती हैं।
III. क्लोरोफॉर्म और ऐसीटोन मिश्रण में, A—A या B—B प्रकार की अंतरआण्विक अन्योन्य क्रियाएँ A—B प्रकार की अन्योन्य क्रियाओं की तुलना में दुर्बल होती हैं।

(a) विलयन II और III राउल्ट के नियम का पालन करेंगे।
(b) विलयन I राउल्ट के नियम का पालन करेगा।
(c) विलयन II राउल्ट के नियम से ऋणात्मक विचलन दर्शाएगा।
(d) विलयन III राउल्ट के नियम से धनात्मक विचलन दर्शाएगा।

17 सूची I में दिए गए नियमों को सूची II में दिए गए व्यंजकों से सुमेलित करें।

	सूची I		सूची II
A.	राउल्ट का नियम	1.	$\Delta T_f = K_f m$
B.	हेनरी का नियम	2.	$\pi = CRT$
C.	क्वथनांक में उन्नयन	3.	$p = \chi_1 p_1^\circ + \chi_2 p_2^\circ$
D.	हिमांक बिंदु में अवनमन	4.	$\Delta T_b = K_b m$
E.	परासरण दाब	5.	$p = K_H \cdot \chi$

18 साम्य पर किसी ठोस पदार्थ के वियोजन की दर एक वाष्पशील द्रव विलायक में विलेय ... ... है।
(a) क्रिस्टलीकरण की दर से कम
(b) क्रिस्टलीकरण की दर से अधिक
(c) क्रिस्टलीकरण की दर के बराबर
(d) शून्य

19 किसी ठोस विलेय की अधिकतम मात्रा जो किसी दिए गए द्रव की निर्दिष्ट मात्रा में घुल सकती है ... पर निर्भर नहीं करता है।
(a) तापमान (b) विलेय की प्रकृति
(c) दाब (d) विलायक की प्रकृति

20 मोलल उन्नयन स्थिरांक की इकाई है
(a) K किग्रा मोल$^{-1}$ या K (मोललता)$^{-1}$
(b) मोल किग्रा K^{-1} या K^{-1} (मोललता)
(c) किग्रा मोल$^{-1}$K^{-1} या K^{-1} (मोललता)$^{-1}$
(d) K मोल किग्रा$^{-1}$ या K (मोललता)

विगत परीक्षाओं के प्रश्न

NEET

1 तीन गैसों (A, B, C) के लिए हेनरी नियम स्थिरांक (K_H) मान क्रमशः 145, 2×10^{-5} और 35 k bar है। इन गैसों की जल में विलेयता निम्नलिखित क्रम का पालन करती है NCERT पृष्ठ 7, 8, NEET 2024
(a) $B > A > C$ (b) $B > C > A$
(c) $A > C > B$ (d) $A > B > C$

2 किसी विलयन के लिए परासरण दाब (π) और सान्द्रता (मोल लीटर$^{-1}$ में) के बीच आलेख एक ऋजु रेखा देता है जिसका ढाल 25.73 ली bar मोल$^{-1}$ है। वह ताप जिस पर परासरण दाब मापा गया है, है NCERT पृष्ठ 21, NEET 2024

(R = 0.083 ली bar मोल$^{-1}$ K^{-1} लीजिए)

(a) 37°C (b) 310°C (c) 25.73°C (d) 12.05°C

3 नीचे दो कथन दिए गए हैं, एक को अभिकथन (A) और दूसरे को कारण (R) कहा गया है।
अभिकथन (A) हीलियम का उपयोग गोताखोर द्वारा प्रयुक्त उपकरणों में ऑक्सीजन को तनु करने के लिए किया जाता है। NCERT पृष्ठ 9, NEET 2023
कारण (R) हीलियम की O_2 में विलेयता उच्च है।
उपरोक्त कथनों के आधार पर, नीचे दिए गए विकल्पों में से सबसे उपयुक्त उत्तर चुनिए।
(a) (A) और (R) दोनों सत्य हैं लेकिन (R), (A) की सही व्याख्या नहीं है।
(b) (A) सत्य है लेकिन (R) असत्य है।
(c) (A) असत्य नहीं है परन्तु (R) सत्य है।
(d) (A) और (R) दोनों सत्य हैं लेकिन (R), (A) की सही व्याख्या नहीं है।

4 एक मोलल विलयन में 0.5 मोल विलेय होता है, NCERT पृष्ठ 5, NEET 2022
(a) विलायक के 500 ग्राम
(b) विलायक के 100 मिली
(c) विलायक के 1000 ग्राम
(d) विलायक के 500 मिली

5 45°C पर बेन्जीन से ऑक्टेन के मोलर अनुपात 3 : 2 वाले विलयन के वाष्प दाब के मान के लिए सही विकल्प है [45°C पर बेन्जीन का वाष्प दाब 280 mm Hg है और ऑक्टेन का 420 mm Hg है। [आदर्श गैस मान लें।] NCERT पृष्ठ 11, NEET 2021
(a) 160 mm of Hg (b) 168 mm of Hg
(c) 336 mm of Hg (d) 350 mm of Hg

6 समपरासरी विलयनों में समान होता है NCERT पृष्ठ 22, NEET 2020
(a) वाष्प दाब (b) हिमांक ताप
(c) परासरण दाब (d) क्वथनांक ताप

7 वह मिश्रण जो राउल्ट के नियम से धनात्मक विचलन दर्शाता है, वह है NCERT पृष्ठ 14, NEET 2020
(a) बेन्जीन + टॉलुईन
(b) ऐसीटोन + क्लोरोफॉर्म
(c) क्लोरोएथेन + ब्रोमोएथेन
(d) एथेनॉल + ऐसीटोन

8 बेन्जीन का हिमांक अवनमन स्थिरांक (K_f) 5.12 K किग्रा मोल$^{-1}$ है। बेन्जीन में विद्युत अनअपघट्य विलेय युक्त मोललता 0.078 m के विलयन के लिए हिमांक अवनमन (दो दशमलव स्थानों तक पूर्णांकित) है NCERT पृष्ठ 24, NEET 2020
(a) 0.80 K (b) 0.40 K (c) 0.60 K (d) 0.20 K

9 एक आदर्श विलयन के लिए, सही विकल्प है NCERT पृष्ठ 13, NEET 2019
(a) $\Delta_{\text{मिश्रण}} V \neq 0$ नियत T और p पर
(b) $\Delta_{\text{मिश्रण}} H = 0$ नियत T और p पर
(c) $\Delta_{\text{मिश्रण}} G = 0$ नियत T और p पर
(d) $\Delta_{\text{मिश्रण}} S = 0$ नियत T और p पर

10 वह मिश्रण जो अधिकतम क्वथनांक वाला स्थिरक्वाथी बनाता है, वह है NCERT पृष्ठ 14, NEET 2019
(a) एथेनॉल + जल
(b) ऐसीटोन + कार्बन डाइसल्फाइड
(c) हेप्टेन + ऑक्टेन
(d) जल + नाइट्रिक अम्ल

11 आदर्श व्यवहार से धनात्मक विचलन प्रदर्शित करने वाले दो यौगिकों A और B के विलयन के सम्बन्ध में निम्नलिखित में से कौन-सा कथन सही है? **NCERT पृष्ठ 13, NEET Odisha 2019**
(a) $A—A$ और $B—B$ के बीच अंतराआण्विक आकर्षक बल $A—B$ के मध्य की तुलना में अधिक प्रबल है।
(b) $\Delta_{मिश्रण}H = 0$ नियत T और p पर।
(c) $\Delta_{मिश्रण}V = 0$ नियत T और p पर।
(d) $A—A$ और $B—B$ के बीच अंतराआण्विक आकर्षण बल, $A—B$ के मध्य के आकर्षण बलों के बराबर होते हैं।

12 जल संतृप्त वायु में जल वाष्प का मोल प्रभाज 0.02 है। यदि संतृप्त वायु का कुल दाब 1.2 atm है, तो शुष्क वायु का आंशिक दाब है **NCERT पृष्ठ11, NEET Odisha 2019**
(a) 1.18 atm (b) 1.76 atm
(c) 1.176 atm (d) 0.98 atm

13 100°C पर 100 ग्राम जल में 6.5 ग्राम विलेय के विलयन का वाष्प दाब 732 मिमी है। यदि $K_b = 0.52$ है, तो इस विलयन का क्वथनांक होगा **NCERT पृष्ठ 16, NEET 2016**
(a) 100° C (b) 102° C
(c) 103° C (d) 101° C

14 बेन्जीन और टॉलुईन के आदर्श 1:1 मोलर मिश्रण पर वाष्प के संघटन के बारे में निम्नलिखित में से कौन-सा कथन सही है? [मान लीजिए, कि तापमान 25°C पर स्थिर है।]
(दिया गया है, 25°C पर वाष्प दाब विवरण, बेन्जीन = 12 .8 kPa, टॉलुईन = 3 .85 kPa) **NCERT पृष्ठ 9, 10, NEET 2016**
(a) वाष्प में टॉलुईन का प्रतिशत अधिक होगा।
(b) वाष्प में बेन्जीन और टॉलुईन की बराबर मात्रा होगी।
(c) अनुमान लगाने के लिए पर्याप्त जानकारी नहीं दी गई है।
(d) वाष्प में बेन्जीन का प्रतिशत अधिक होगा।

15 निम्नलिखित 0.10 m जलीय विलयनों में से कौन-सा विलयन सबसे अधिक हिमांक अवनमन प्रदर्शित करेगा? **NCERT पृष्ठ24, CBSE-AIPMT 2014**
(a) KCl (b) $C_6H_{12}O_6$
(c) $Al_2(SO_4)_3$ (d) K_2SO_4

16 100 मिली विलयन में यूरिया के 6.02×10^{20} अणु उपस्थित हैं। विलयन की सान्द्रता है। **NCERT पृष्ठ 4, CBSE-AIPMT 2013**
(a) 0.02 M (b) 0.01 M (c) 0.001 M (d) 0.1 M

JEE Main

17 किसी अवाष्पशील विद्युत अनपघट्य के 2.5 ग्राम को 25°C पर जल के 100 ग्राम में घोला जाता है तो विलयन 2°C का क्वथनांक उन्नयन प्रदर्शित करता है। यह मानते हुए कि विलेय की सान्द्रता, विलायक की सान्द्रता की तुलना में नगण्य है, तो परिणामी जलीय विलयन का वाष्प दाब है ... mm Hg (निकटतम पूर्णांक में) **NCERT पृष्ठ 17, JEE Main 2024**
[दिया गया है : जल का मोलल क्वथनांक उन्नयन स्थिरांक (K_b) = 0.52 K. किलो ग्राम मोल$^{-1}$]
1 atm दाब = 760 mm Hg, जल का मोलर द्रव्यमान = 18 ग्राम मोल$^{-1}$]

18 एक विलयन, जिसमें विद्युत अपघट्य AB_2 के 10 ग्राम जल के 100 ग्राम में विलेय है, 100.52°C पर उबलता है। विद्युत अपघट्य के वियोजन का प्रभाज (α) है .... $\times 10^{-1}$, $AB_2 \rightarrow A^{2+} + 2B^-$ प्रकार से आयनित होता है। **NCERT पृष्ठ 24, JEE Main 2024**
[दिया गया है : AB_2 का मोलर द्रव्यमान = 200 ग्राम मोल$^{-1}$, K_b (जल का मोलर क्वथनांक उन्नयन स्थिरांक) = 0.52 K किग्रा मोल$^{-1}$, जल का क्वथनांक = 100°C]

19. राउल्ट के नियम से धनात्मक विचलन प्रदर्शित करने वाले मिश्रण को पहचानें। **NCERT पृष्ठ 13, JEE Main 2024**
(a) $CHCl_2 + C_6H_6$ (b) $CHCl_3 + (CH_3)_2CO$
(c) $(CH_3)_2CO + C_6H_5NH_2$ (d) $(CH_3)_2CO + CS_2$

20 सूची I को सूची II से सुमेलित करें।

	सूची I		सूची II
A.	वाण्ट हॉफ गुणांक, i	1.	क्रायोस्कोपिक स्थिरांक
B.	K_f	2.	समपरासरी विलयन
C.	समान परासरण दाब वाले विलयन	3.	सामान्य मोलर द्रव्यमान / असामान्य मोलर द्रव्यमान
D.	स्थिरक्वाथी मिश्रण	4.	इसके ऊपर वाष्प की समान संघटन वाले विलयन

NCERT पृष्ठ 14, 18, JEE Main 2023

नीचे दिए गए विकल्पों में से सही उत्तर चुनें:
(a) A-3, B-1, C-4, D-2 (b) A-1, B-3, C-2, D-4
(c) A-3, B-1, C-2, D-4 (d) A-3, B-2, C-1, D-4

21 वाष्प दाब को 0.20 mm Hg कम करने के लिए 100 ग्राम जल में कितने ग्राम ग्लूकोज को घोलना होगा? (मान लीजिए, तनु विलयन बन रहा है।)
(दिया गया है : कमरे के तापमान पर शुद्ध जल का वाष्प दाब 54.2 mm Hg है। ग्लूकोज का मोलर द्रव्यमान 180 ग्राम मोल$^{-1}$ है।) **NCERT पृष्ठ15, 16, JEE Main 2023**
(a) 3.69 ग्राम (b) 3.59 ग्राम (c) 2.59 ग्राम (d) 4.69 ग्राम

22 1 मोल जल में 2 ग्राम 'X' मिलाकर एक विलयन तैयार किया जाता है। विलयन में 'X' का द्रव्यमान प्रतिशत है **NCERT पृष्ठ 2, JEE Main 2023**
(a) 20% (b) 10% (c) 5% (d) 2%

23 एक अवाष्पशील विलेय A के 2% जलीय विलयन का क्वथनांक एक अवाष्पशील विलेय B के 8% जलीय विलयन के क्वथनांक के बराबर है। A और B के आण्विक भारों के बीच सम्बन्ध है **NCERT पृष्ठ 17, JEE Main 2022**
(a) $M_A = 4M_B$ (b) $M_B = 4M_A$ (c) $M_A = 8M_B$ (d) $M_B = 8M_A$

24 नीचे दो कथन दिए गए हैं, एक को अभिकथन (A) और दूसरे को कारण (R) कहा गया है।
अभिकथन (A) 10°C पर, KCl [K और Cl के परमाणु द्रव्यमान क्रमशः 39 और 35.5 ग्राम मोल$^{-1}$ हैं] के 5M विलयन का घनत्व 'x' ग्राम/मिली$^{-1}$ है। विलयन को – 21°C तक ठंडा किया जाता है, तो विलयन की मोललता अपरिवर्तित रहती है।
कारण (R) विलयन की मोललता तापमान के साथ परिवर्तित नहीं होती है क्योंकि द्रव्यमान तापमान से अप्रभावित रहता है।

उपरोक्त कथनों के आधार पर, नीचे दिए गए विकल्पों में से सबसे उपयुक्त उत्तर चुनिए। NCERT पृष्ठ 5, JEE Main 2022

(a) (A) और (R) दोनों सही हैं और (R), (A) का सही स्पष्टीकरण है।

(b) (A) और (R) दोनों सही हैं लेकिन (R), (A) का सही स्पष्टीकरण नहीं है।

(c) (A) सही है लेकिन (R) सही नहीं है।

(d) (A) सही नहीं है लेकिन (R) सही है।

25 0.5 मोल $ली^{-1}$ सान्द्रता वाले फॉर्मिक अम्ल विलयन के लिए हिमांक में अवनमन 0.0405°C है फॉर्मिक अम्ल का घनत्व 1.05 ग्राम मोल $ली^{-1}$ है। फॉर्मिक अम्ल विलयन का वाण्ट हॉफ गुणांक लगभग है (दिया गया है, जल के लिए K_f = 1.86 K किग्रा $मोल^{-1}$) NCERT पृष्ठ24, JEE Main 2022

(a) 0.8 (b) 1.1

(c) 1.9 (d) 2.4

स्किल बूस्टर्स

1 एक यौगिक (*PQ*) के जलीय विलयन का हिमांक – 0.45° C है। इस तापमान पर, *PQ* एक विद्युत अनअपघट्य के रूप में कार्य करता है। वही विलयन 1 atm (जल के लिए $\frac{K_f}{K_b} = \frac{7}{2}$) के दाब पर 100.25°C पर उबलता है। विलयन के क्वथनांक पर यौगिक *PQ* के बारे में सही निष्कर्ष यह है,

(a) विलयन में पूर्णतः द्वितयन हो जाता है

(b) संयोजन की मात्रा 50% है

(c) विद्युत अनअपघट्य के रूप में कार्य करता है

(d) विलयन में वियोजित हो जाता है

2 एक मोटर वाहन के रेडिएटर में 16 लीटर जल भरा गया जिसमें 2 लीटर मेथिल ऐल्कोहॉल (घनत्व 0.8 ग्राम/मिली) मिलाया गया। वह न्यूनतम तापमान जिस पर वाहन को बिना इस खतरे के बाहर पार्क किया जा सकता है कि रेडिएटर में जल जम जाएगा? (जल का K_f = 1.86 Km^{-1})

(a) 5.81 (b) – 5.81 (c) 0.17 (d) – 0.17

3 एक छात्र ने द्रव *A*, *B*, *C* और *D* के वाष्प दाब को मापने के लिए प्रयोग किया ताकि द्रव की प्रकृति का पता चल सके। उसने वाष्प दाब-तापमान वक्र प्राप्त किया जैसा कि नीचे दिखाया गया है।

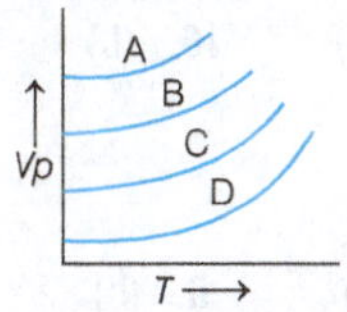

द्रव *A*, *B*, *C* और *D* क्रमशः हैं

(a) डाइएथिल ईथर, ऐसीटोन, एथिल ऐल्कोहॉल, जल

(b) ऐसीटोन, एथिल ऐल्कोहॉल, डाइएथिल ईथर, जल

(c) जल एथिल ऐल्कोहॉल, ऐसीटोन, डाइएथिल ईथर

(d) एथिल ऐल्कोहॉल, ऐसीटोन, डाइएथिल ईथर, जल

4 एक संकुल को $PtBr_4 . 6H_2O$ के रूप में दर्शाया गया है। संकुल के 2 मोलल जलीय विलयन का मान ΔT_f 7.45° C है। संकुल के 100% आयनीकरण को मानते हुए तथा H_2O के लिए K_fH_2O = 1.86° C किग्रा $मोल^{-1}$ है। संकुल का सही सूत्र है

(a) $[Pt(H_2O)_6]Br_4$ (b) $[Pt(H_2O)_3Br_3]Br \cdot 3H_2O$

(c) $[Pt(H_2O)_4Br_2] \cdot 2H_2O$ (d) $[Pt(H_2O)_2Br_4] \cdot 4H_2O$

5 एथेनॉल (*d* = 0.998 ग्राम/मिली) और मेथेनॉल (*d* = 0.791 ग्राम/मिली) में से प्रत्येक को 50 मिली को मिलाकर एक विलयन तैयार किया जाता है। यदि M_1 MeOH विलायक में EtOH विलेय के रूप में वर्णित विलयन की मोलरता है और M_2EtOH विलायक में MeOH विलेय के रूप में वर्णित विलयन की मोलरता है। सही व्याख्या है

(a) $M_2 < M_1$ (b) $M_2 + M_1 < 50$

(c) $M_1 = M_2$ (d) $M_1 \times M_2 < 120$

6 किसी पदार्थ का एक निश्चित द्रव्यमान जब 100 ग्राम बेन्जीन में घुलता है तो हिमांक 1.05°C अवनमन हो जाता है। 100 जल पानी में घुले विलेय का समान द्रव्यमान हिमांक 1.14°C अवनमन कर देता है। यदि पदार्थ का बेन्जीन में सामान्य अणुभार है और यह जल में पूरी तरह से वियोजित हो जाता है? विलेय के पूर्ण रूप से वियोजित होने वाले आयनों की संख्या है [दिया गया है: K_f (C_6H_6 , l) = 5.12 Km^{-1}, K_f(H_2O, l) = 1.86 Km^{-1}]

(a) 1 (b) 3 (c) 2 (d) 4

7 प्रेरणा ने तीन बीकर *A*, *B* और *C* लिए जिनमें अलग-अलग प्रकार के विलयन थे और फिर उसने प्रत्येक बीकर में किशमिश डाली। तो निम्नलिखित परिवर्तन देखे गए।

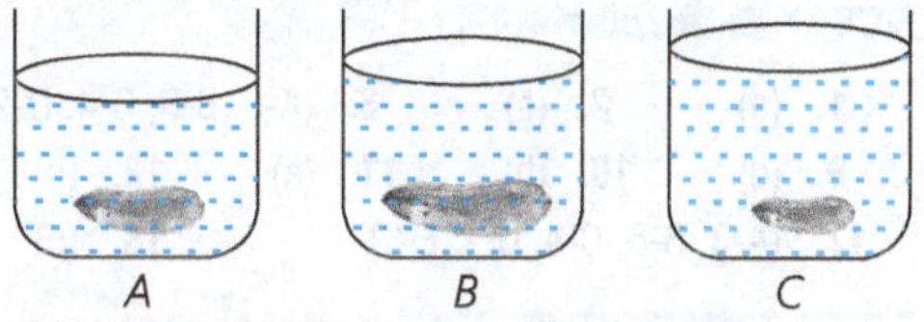

यदि बीकर *A* में जल है, *B* और *C* में विलयन है

	B	*C*
(a)	अल्पपरासरी विलयन	अतिपरासरी विलयन
(b)	अतिपरासरी विलयन	अल्पपरासरी विलयन
(c)	समपरासरी विलयन	समपरासरी विलयन
(d)	अल्पपरासरी विलयन	समपरासरी विलयन

8 एक विद्युत अनअपघट्य, अवाष्पशील विलेय को विलायक *A* और *B* में अलग-अलग घोलकर दो 5 मोलल विलयन तैयार किए गए हैं। विलायकों के अणुभार क्रमशः

M_A और M_B हैं , जहाँ $M_A = \frac{5}{4} M_B$ है ।

A में विलयन के वाष्प दाब में आपेक्षिक अवनमन, *B* में विलयन के वाष्प दाब का '*x*' गुना है।

विलेय के मोलों की दी गई संख्या बहुत कम है। '*x*' का मान है

(a) $\frac{3}{4}$ (b) $\frac{1}{4}$ (c) $\frac{5}{4}$ (d) $\frac{3}{4}$

प्रश्न कुंजी

शीर्षकवार प्रश्न

1. (d)	2. (d)	3. (b)	4. (a)	5. (d)	6. (a)	7. (d)	8. (b)	9. (b)	10. (a)
11. (c)	12. (c)	13. (d)	14. (c)	15. (b)	16. (a)	17. (c)	18. (d)	19. (a)	20. (d)
21. (c)	22. (c)	23. (a)	24. (d)	25. (b)	26. (b)	27. (b)	28. (a)	29. (c)	30. (d)
31. (d)	32. (d)	33. (b)	34. (a)	35. (d)	36. (d)	37. (d)	38. (c)	39. (b)	40. (d)
41. (a)	42. (b)	43. (a)	44. (b)	45. (a)	46. (c)	47. (c)	48. (d)	49. (c)	50. (a)
51. (c)	52. (c)	53. (a)	54. (a)	55. (c)	56. (c)	57. (a)	58. (a)	59. (a)	60. (c)
61. (a)	62. (c)	63. (a)	64. (c)	65. (b)	66. (a)	67. (c)	68. (a)	69. (b)	70. (a)
71. (b)	72. (d)	73. (c)	74. (a)	75. (a)	76. (a)	77. (a)	78. (a)	79. (b)	80. (c)
81. (a)	82. (a)	83. (c)	84. (a)	85. (b)	86. (c)	87. (a)	88. (c)	89. (a)	90. (c)
91. (a)	92. (c)	93. (a)	94. (a)	95. (b)	96. (a)	97. (a)	98. (c)	99. (d)	100. (d)
101. (b)	102. (b)								

अभिकथन-कारण प्रश्न

1. (a)	2. (a)	3. (a)	4. (a)	5. (b)	6. (d)	7. (a)	8. (a)	9. (a)	10. (a)

कथन आधारित प्रश्न

1. (b)	2. (b)	3. (c)	4. (d)	5. (d)	6. (b)	7. (b)	8. (d)	9. (b)	10. (d)

सुमेलन प्रकार प्रश्न

1. (b)	2. (a)	3. (b)	4. (c)	5. (c)

आंकिक मान प्रकार के प्रश्न

1. (100)	2. (15)	3. (150)	4. (15)

NCERT Exemplar प्रश्न

1. (d) 2. (a) 3. (A-5, B-3, C-4, D-2, E-1) 4. (a) 5. (c) 6. (a) 7. (b) 8. (c)
9. (d) 10. (b) 11. (a) 12. (b) 13. (b) 14. (a) 15. (c) 16. (b)
17. (A-3, B-5, C-4, D-1, E-2) 18. (c) 19. (c) 20. (a)

विगत परीक्षाओं के प्रश्न

1. (b)	2. (a)	3. (b)	4. (a)	5. (c)	6. (c)	7. (d)	8. (b)	9. (b)	10. (d)
11. (a)	12. (c)	13. (d)	14. (d)	15. (c)	16. (b)	17. (707)	18. (5)	19. (d)	20. (c)
21. (a)	22. (b)	23. (b)	24. (a)	25. (c)					

स्किल बूस्टर्स

1. (d)	2. (b)	3. (a)	4. (b)	5. (b)	6. (b)	7. (a)	8. (c)

क्रमवार
प्रश्नों का विश्लेषण

कॉन्सेप्ट बिल्डर्स

1 पारे का सोडियम के साथ अमलगम।

2 15.28, 84.72

संकेत अवयव का द्रव्यमान %

$= \dfrac{\text{विलयन में उपस्थित अवयव का द्रव्यमान}}{\text{विलयन का कुल द्रव्यमान}}$

$\times 100$

3 सत्य 4 0.068

$\left[\text{संकेत } \chi_{\text{ग्लाइकॉल}} = \dfrac{C_2H_6O_2 \text{ के मोल}}{C_2H_6O_2 \text{ के मोल} + H_2O \text{ के मोल}}\right]$

$C_2H_6O_2$ का मोलर द्रव्यमान = 62 ग्राम मोल$^{-1}$

5 सत्य 6 1 मोलल

7 संतृप्त 8 घटता है

9 282 bar 10 गैस-*B*

11 कम 12 बेंड्स, हीलियम

13 राउल्ट का नियम

14 अधिकतम क्वथनांकी

15 ऋणात्मक विचलन

16 धनात्मक विचलन

17 K किग्रा मोल$^{-1}$

18 मोलल उन्नयन स्थिरांक या एबुलियोस्कोपिक स्थिरांक।

19 घटता है 20 असत्य

21 असत्य 22 $M_B = \dfrac{K_f \times w_B \times 1000}{\Delta T_f \times W_A}$

23 असत्य 24 अल्पपरासरी

25 सत्य 26 उत्क्रम परासरण

27 सत्य 28 सत्य

29 2 और 3 30 हाइड्रोजन, घटता है

शीर्षकवार प्रश्न

1 *(d)* कथन (d) गलत है। इसका सही रूप इस प्रकार है एक समांगी मिश्रण में दो या दो से अधिक अवयव हो सकते हैं, इसलिए इसमें एक से अधिक विलेय हो सकते हैं

2 *(d)*

3 *(b)* 30% विलयन के 300 ग्राम में विलेय

= 90 ग्राम

20% विलयन के 200 ग्राम में विलेय = 40 ग्राम

विलेय का द्रव्यमान = 130 ग्राम

विलयन का द्रव्यमान = 300 + 200 = 500 ग्राम

अंतिम विलयन में विलेय का %

$= \dfrac{130}{500} \times 100 = 26\%$

4 *(a)* एथेनॉल का आयतन %

$= \dfrac{\text{एथेनॉल का आयतन}}{\text{विलयन का कुल आयतन}} \times 100$

या $10 = \dfrac{10}{\text{विलयन का कुल आयतन}} \times 100$

= विलयन का कुल आयतन = 100 मिली

इस प्रकार, उपयोग किए गए जल की मात्रा = विलयन की कुल मात्रा - एथेनॉल की मात्रा

= 100 − 10 = 90 मिली

5 *(d)* C_2H_5OH के मोलों की संख्या

$= \dfrac{184}{46} = 4 \qquad (M_{C_2H_5OH} = 46 \text{ ग्राम/मोल})$

H_2O के मोलों की संख्या $= \dfrac{72}{18} = 4$

$(M_{H_2O} = 18 \text{ ग्राम/मोल})$

मोल प्रभाज, $\chi_{C_2H_5OH} = \dfrac{4}{4+4} = \dfrac{4}{8}$

$\chi_{H_2O} = \dfrac{4}{4+4} = \dfrac{4}{8}$

$\Rightarrow \qquad \dfrac{\chi_{C_2H_5OH}}{\chi_{H_2O}} = \dfrac{4/8}{4/8} = \dfrac{1}{1} = 1:1$

6 *(a)* 1000 मिली विलयन में = Cu^{2+} के 3×10^{-4} मोल आयन होते हैं

($\because$ 1 M का अर्थ है 1000 मिली विलयन में 1 मोल विलेय घुला हुआ है)

10^6 मिली विलयन $= \dfrac{3\times10^{-4}}{1000} \times 10^6 = 0.3$ ppm

7 *(d)* K_2SO_4 17.4 ppm है, अर्थात 10^6 मिली में 17.4 ग्राम K_2SO_4 है ।

1 लीटर (10^3 मिली) में $K_2SO_4 = \dfrac{17.4 \times 10^3}{10^6}$ होता है

= 0.0174 ग्राम/ली $= \dfrac{0.0174}{174}$ मोल/ली

$\therefore \qquad [K_2SO_4] = 1 \times 10^{-4}$ M

$K_2SO_4 \rightleftharpoons 2K^+ + SO_4^{2-}$

$\therefore \qquad [K^+] = 2 \times 10^{-4}$ M

8 *(b)* मोलरता $= \dfrac{22.2 \text{ ग्राम}}{111 \text{ ग्राम मोल}^{-1} \times 1 \text{ ली}}$

[$\because$ $CaCl_2$ का आण्विक भार = 111 ग्राम मोल$^{-1}$]

$\Rightarrow$ 0.2 मोल लीटर$^{-1}$ = 0.2 M

9 *(b)* $V = \dfrac{\text{द्रव्यमान}}{\text{घनत्व}} = \dfrac{100}{1.84}$

मोलरता $= \dfrac{98 \times 1000 \times 1.84}{98 \times 100} = 18.4$ M

10 *(a)* दिया गया है, $M_1 = 0.5$ M, $M_2 = 2$M

$V_1 = 750$ मिली, $V_2 = 250$ मिली

$\because \; M_f = \dfrac{M_1V_1 + M_2V_2}{V_1 + V_2}$

$\therefore \; M_f = \dfrac{750 \times 0.5 + 250 \times 2}{750 + 250}$

$= \dfrac{875}{1000} = 0.875$M

11 *(c)* 1.0 मिली स्टॉक विलयन में HCl का द्रव्यमान $= 1.25 \times \dfrac{29.2}{100} = 0.365$ ग्राम

यद्यपि, मोलरता

$= \dfrac{\text{विलेय का द्रव्यमान (ग्राम में)}}{\text{विलेय का अणु भार} \times \text{आयतन (लीटर में)}}$

0.4 M HCL के 200 मिली विलयन के लिए आवश्यक द्रव्यमान

$= \dfrac{200}{1000} \times 0.4 \times 36.5 = 0.08 \times 36.5$ ग्राम

$\because$ 1.0 मिली संग्रहित विलयन में 0.365 ग्राम HCl उपस्थित है।

$\therefore$ 0.08 × 36.5 ग्राम HCl उपस्थित होगा

$\dfrac{0.08 \times 36.5}{0.365} = 8.0$ मिली

12 *(c)* $\therefore$ Na_2CO_3 विलयन की मोलरता

$= \dfrac{25.3 \times 1000}{106 \times 250} = 0.955$ M

	$Na_2CO_3 \longrightarrow$	$2Na^+$ +	CO_3^{2-}
प्रारम्भिक सान्द्रता	0.955	0	0
वियोजन के बाद		2 × 0.955	0.955

$\therefore \qquad [Na^+] = 2 \times 0.955$ M

= 1.910 M

$[CO_3^{2-}] = 0.955$ M

13 *(d)* सामर्थ्य 1 लीटर विलयन में घुले विलेय का द्रव्यमान है। इसका आयतन पद तापमान के साथ परिवर्तित होता है।

14 *(c)* ∴ मोललता

$= \frac{\text{विलेय के मोलों की संख्या}}{\text{विलायक का द्रव्यमान (किग्रा में)}}$

∴ मेथिल ऐल्कोहॉल के मोलों की संख्या

$= 5.2\ m \times 1$ किग्रा [1 किग्रा = 1000 ग्राम]

$n_1(CH_3OH) = 52,$

$n_2\ (H_2O) = \frac{1000}{18} = 55.56$

∴ $n_1 + n_2 = 520 + 55.56$

$= 60.76$ मोल

∴ $\chi_{CH_3OH} = \frac{n_1}{n_1 + n_2} = \frac{52}{60.76} = 0.086$

15 *(b)* KI के 20% जलीय विलयन का अर्थ है कि 80 ग्राम विलायक में 20 ग्राम KI उपस्थित है।

$m = \frac{20}{166} \times \frac{1000}{80} = 1.506 \approx 1.51$ मोल/किग्रा

16 *(a)* H_2SO_4 का आण्विक द्रव्यमान

= 98 ग्राम/मोल

चूँकि घनत्व 1 ग्राम/मिली है, हम मान सकते हैं कि विलयन का आयतन ग्राम में विलयन के द्रव्यमान के बराबर है।

1 मोलर विलयन का अर्थ है,

1000 मिली विलयन में 1 मोल H_2SO_4

1000 ग्राम विलयन में 1 मोल H_2SO_4

जल का द्रव्यमान = 1000 − 98 = 902

इसलिए, बोतल *A* में सल्फ्यूरिक अम्ल की मोललता.

$= \frac{1 \times 1000}{902} = 1.108$ मोलल

तथा बोतल *B* में सल्फ्यूरिक अम्ल की सान्द्रता (मोललता) = 1 मोलल।

अतः *A* की सान्द्रता *B* से अधिक है।

17 *(c)* हम जानते हैं कि,

∴ विलयन का द्रव्यमान $= d \times V$

1.28 ग्राम सेमी$^{-3}$ × 1000 मिली = 1280 ग्राम

मोलरता

$= \frac{\text{विलेय के मोलों की संख्या}}{\text{विलायक का आयतन (लीटर में)}}$

∴ $2 = \frac{\text{विलेय का द्रव्यमान}}{40} = 80$ ग्राम

∴ विलायक का द्रव्यमान = 1280 − 80

= 1200 ग्राम = 1.2 किग्रा

अब, $= \frac{\text{विलेय के मोलों की संख्या}}{\text{विलायक का द्रव्यमान (किग्रा में)}}$

$= \frac{2}{1.2} = \frac{5}{3} = 1.67\ m$

18 *(d)* 1 मोलल जलीय विलयन का अर्थ है कि विलेय का 1 मोल 1000 ग्राम विलायक में घुला हुआ है।

जल के सम्बन्ध में (घनत्व = 1 ग्राम/मिली)

विलायक के मोल $= \frac{1000}{18} = 55.5$

विलेय का मोल प्रभाज $= \frac{1}{1 + 55.5} = 0.018$

19 *(a)* H_2SO_4 का नमूना आयतन से 80% है।

इसलिए, 1000 मिली में H_2SO_4 का भार = 800 ग्राम।

H_2SO_4 के मोल $= \frac{800}{98} = 8.16$

विलयन का भार $= 1000 \times 1.80 = 1800$ ग्राम

विलायक का भार $= 1800 - 800 = 1000$ ग्राम

मोललता $= \frac{8.16 \times 1000}{1000} = 8.16\ M$

20 *(d)* दाब का द्रवों में ठोसों की विलेयता पर कोई विशिष्ट प्रभाव नहीं पड़ता है।

21 *(c)*

22 *(c)* हेनरी के नियम स्थिरांक का मान जितना अधिक होगा, जल में (या द्रव विलायक में) गैस की विलेयता उतनी ही कम होगी।

K_H मान का क्रम है:

He	>	H_2	>	O_2
144.97 k bar		69.16 k bar		34.86 k bar

इस प्रकार, विलेयता का क्रम है

$He < H_2 < O_2$

23 *(a)* $p_{O_2} = \frac{1}{5} \times 1 = 0.2$ bar

$p_{N_2} = \frac{4}{5} \times 1 = 0.8$ bar

∵ $p = K_H\,\chi$ (हेनरी के नियम से)

∴ $\frac{\chi_{O_2}}{\chi_{N_2}} = \frac{p_{O_2}}{K_H(O_2)} \times \frac{K_H(N_2)}{p_{N_2}}$

$= \frac{0.2 \times 6.60 \times 10^7}{0.8 \times 3.30 \times 10^7} = \frac{1}{2};\ \chi_{O_2} : \chi_{N_2} = 1 : 2$

24 *(d)* हेनरी के नियम के अनुसार,

$\chi_{Ar} = \frac{p}{K_H} = \frac{10}{40 \times 10^3} = 2.5 \times 10^{-4}$

यद्यपि हम जानते हैं कि

$\chi_{Ar} = \frac{n_{Ar}}{n_{Ar} + n_{H_2O}} \qquad \left[n = \frac{1000}{18} = 55.5\right]$

$2.5 \times 10^{-4} = \frac{n_{Ar}}{n_{Ar} + n_{H_2O}} \quad (n_g <<< 55.5)$

$2.5 \times 10^{-4} = \frac{n_{Ar}}{55.5}\ n_{Ar} = 0.0139$ मोल

$m = \frac{1.39 \times 10^{-2}}{1\ \text{किग्रा}} = 0.0139 \approx 0.014\ m$.

25 *(b)*

26 *(b)* $\chi_{H_2} = \frac{p}{K_H} = \frac{760}{5.34 \times 10^7} = 142.3 \times 10^{-7}$

यदि $n_{H_2}H_2$ के मोल, है, तो जल के मोल

$= \frac{1000}{18} = 55.5$

$\chi_{H_2} = \frac{n_{H_2}}{n_{H_2} + 55.5} \quad (n_{H_2} << 55.5)$

$142.3 \times 10^{-7} = \frac{n_{H_2}}{55.5}$

$n_{H_2} = 7.89 \times 10^{-4}$ मोल लीटर$^{-1}$

27 *(b)* हेनरी के नियम के अनुसार,

$\frac{p_1}{p_2} = \frac{S_1}{S_2}$

[p_1 और p_2 आंशिक दाब हैं और S_1 और S_2 विलेयताएँ हैं]

$\Rightarrow \quad \frac{500}{750} = \frac{0.01}{S_2}$

$\Rightarrow \quad S_2 = 00.15$ ग्राम लीटर$^{-1}$

28 *(a)* हेनरी के नियम से,

$p = K_H \times \chi$

$\chi = \frac{(766\ \text{mm Hg})}{427 \times 10^5\ \text{mm Hg}}$

$= 178 \times 10^{-5} = 1.78 \times 10^{-3}$

29 *(c)* $p = \chi\, p_{\text{कुल}}$;

$p_{O_2} = 10 \times \frac{20}{100} = 2\ \text{atm} = 2 \times 760\ \text{mm}$

$p_{N_2} = 10 \times \frac{79}{100} = 7.9\ \text{atm}$

$= 7.9 \times 760\ \text{mm}$

$\chi_{O_2} = \frac{p_{O_2}}{K_H} = \frac{2 \times 760\ \text{mm}}{3.3 \times 10^7\ \text{mm}} = 4.6 \times 10^{-5}$

$\chi_{N_2} = \frac{p_{N_2}}{K_H} = \frac{7.9 \times 760\ \text{mm}}{6.51 \times 10^7\ \text{mm}} = 9.22 \times 10^{-5}$

$= 9.22 \times 10^{-5}$

30 *(d)* विलेयता बढ़ने पर हेनरी नियम स्थिरांक का मान घटता है। CO_2, HCHO दिए गए गैसों के समूह में से जल में सबसे अधिक घुलनशील हैं। इसलिए, इनमें हेनरी नियम स्थिरांक का मान सबसे कम है।

31 *(d)* कथन (b) गलत है। इसका सही रूप इस प्रकार है

उच्च दाब के कारण रक्त में वायुमण्डलीय गैसों की विलेयता बढ़ जाती है

जो स्कूबा गोताखोरों के शरीर में बैंड्स के निर्माण के लिए उत्तरदायी है।

32 *(d)* अधिक ऊँचाई पर ऑक्सीजन का आंशिक दाब भू-तल से कम होता है। इससे आरोहकों के रक्त और ऊतकों में ऑक्सीजन की सान्द्रता कम हो जाती है, जिसके परिणामस्वरूप ऐनोक्सिया नामक चिकित्सीय स्थिति उत्पन्न होती है।

33 *(b)* **34** *(a)*

35 *(d)* कुल दाब,

$$p_T = p'_A + p'_B \quad ...(i)$$

$$p_T = p_A\chi_A + p_B\chi_B \quad ...(ii)$$

$[\chi_B = 1 - \chi_A]$

समीकरण (ii) से, हमें प्राप्त होता है

$p_T = p_B + \chi_A(p_A - p_B)$

36 *(d)* समआण्विक द्रव मिश्रण में,

$\chi_A = 0.5, \quad \chi_B = 0.5$

$\because \quad p_T = p_A^\circ\chi_A + p_B^\circ\chi_B$

अतः, $p_T = 0.5 \times 150 + 0.5 \times 100 = 125$

अब, मान लें कि Y_B वाष्प B का मोल प्रभाज है तो

$$Y_B = \frac{\chi_B p_B^\circ}{p_T} = \frac{0.5 \times 100}{125} = 0.4$$

37 *(d)* $CHCl_3$ के मोलों की संख्या,

$n_A = \frac{w}{M} = \frac{25.5}{119.5} = 0.213$ मोल

CH_2Cl_2 के मोलों की संख्या,

$n_B = \frac{40}{85} = 0.47$ मोल

$CHCl_3$ का मोल प्रभाज,

$\chi_A = \frac{n_A}{n_A + n_B} = \frac{0.213}{0.683} = 0.31$

CH_2Cl_2 का मोल प्रभाज

$\chi_B = 1 - \chi_A = 0.69$

$p_{कुल} = p_A\chi_A + p_B\chi_B$

$= 200 \times 0.31 + 41.5 \times 0.69$

$= 90.63$ mm Hg

38 *(c)* $CHCl_3$ के मोलों की संख्या

$(n_1) = \frac{11.9}{119} = 0.1$ मोल

$CHCl_2$ के मोलों (n_2) की संख्या

$= \frac{17}{85} = 0.2$ मोल

$\chi_1 = \frac{n_1}{n_T} = \frac{0.1}{0.3} = 0.33$

$\chi_2 = \frac{n_2}{n_T} = \frac{02}{0.3} = 0.66$

$\therefore \quad p_{कुल} = p^\circ\chi_1 + p^\circ\chi_2$

$p_{कुल} = 200 \times 0.33 + 41.5 \times 0.66 = 93.4$ atm

39 *(b)* हम जानते हैं कि,

$$p_{कुल} = x_A p_A^\circ + x_B p_B^\circ \quad ...(i)$$

समीकरण (i) में दिए गए मानों को प्रतिस्थापित करने पर, हमें प्राप्त होता है

$p_{कुल} = 0.4 \times 7 \times 10^3 + 0.6 \times 12 \times 10^3$

$= 10 \times 10^3$ पास्कल $= 1 \times 10^4$ पास्कल

वाष्प आवस्था में,

$y_A = \frac{x_A p_A^\circ}{p_{कुल}} = \frac{0.4 \times 7 \times 10^3}{1 \times 10^4}$

$= 0.28$ अंतर आण्विक

$\therefore y_B = 1 - 0.28 = 0.72 \quad [\because y_A + y_B = 1]$

40 *(d)* अवाष्पशील विलेय युक्त विलयन का वाष्प दाब शुद्ध विलायक के वाष्प दाब से कम होता है। यदि विलेय की सान्द्रता अधिक है, तो पृष्ठ से निकलने वाले विलायक अणुओं की संख्या तदानुसार कम हो जाती है, इस प्रकार वाष्प दाब भी कम हो जाता है।

अतः, वाष्प दाब $P > R > Q$ हैं।

41 *(a)* बीकर X का वाष्प दाब सबसे अधिक होगा। ऐसा इसलिए है, क्योंकि वाष्प दाब में कमी उसमें उपस्थित अवाष्पशील विलेय की मात्रा पर निर्भर करती है।

42 *(b)* राउल्ट के नियम से, आदर्श विलयन के लिए $p_{कुल} = p^\circ_B \chi_B + p^\circ_T \chi_T$

[B = बेन्जीन, T = टॉलुईन]

$= 119 \times 0.5 + 37 \times 0.5 = 78$ torr

$\therefore$ वाष्प अवस्था में टॉलुईन का मोल प्रभाज

$$(y_T)_V = \frac{p_T^\circ \chi_T}{p_{कुल}} = \frac{18.5}{78} = 0.237$$

43 *(a)* शुद्ध विलायक का वाष्प दाब विलयन के वाष्प दाब से अधिक होता है, क्योंकि विलेय के कण कुछ पृष्ठीय सतहों को घेर लेते हैं और इसलिए वाष्पीकरण के लिए कम सतह उपलब्ध होती है।

44 *(b)* **45** *(a)*

46 *(c)* वह विलयन जो राउल्ट के नियम से अधिक धनात्मक विचलन दर्शाता है, एक विशिष्ट संघटन पर न्यूनतम क्वथनांकी स्थिरक्वाथी बनाता है,

जैसे एथेनॉल-ऐसीटोन, एथेनॉल-जल आदि।

47 *(c)* दिए गए विलयनों में से CH_3CH_2OH और CH_3COCH_3 का मिश्रण अनादर्श और धनात्मक विचलन दर्शाता है।

इसलिए इसके संघटन अणुओं की तुलना में क्वथनांक कम होता है या वाष्पदाब अधिक होता है।

48 *(d)* स्थिरक्वाथी मिश्रण स्थिर क्वथनांक वाला मिश्रण होता है। आसवन द्वारा स्थिरक्वाथी मिश्रण के अवयव को अलग करना सम्भव नहीं होता है।

49 *(c)*

50 *(a)* दिया गया आरेख राउल्ट के नियम से ऋणात्मक विचलन दर्शाने वाले विलयन को दर्शाता है। यह परिणामी विलयन के प्रबल अन्तर आण्विक बलों के कारण होता है, जिसके कारण वाष्प दाब में कमी आती है। जैसे फीनॉल और ऐनिलीन का मिश्रण।

51 *(c)* कथन (c) गलत है। इसका सही रूप इस प्रकार है

फीनॉल और ऐनिलीन के मिश्रण में, ऐनिलीन के नाइट्रोजन परमाणु पर फीनोलिक प्रोटॉन और एकाकी युग्म के बीच अंतर-आण्विक हाइड्रोजन बन्धन, समान अणुओं के बीच सम्बन्धित अंतर-आण्विक हाइड्रोजन बन्धन से अधिक प्रबल होता है।

52 *(c)* वह विलयन जो राउल्ट के नियम से ऋणात्मक विचलन दर्शाता है, अधिकतम क्वथनांकी वाला स्थिरक्वाथी कहलाता है। अतः, ऐसीटोन और क्लोरोफॉर्म अधिकतम क्वथनांक वाला स्थिरक्वाथी बनाते हैं।

53 *(a)* जब द्विअंगी मिश्रण का कोई भी घटक, चाहे विलायक हो या विलेय, अवाष्पशील होता है, तो इससे विलयन के वाष्प दाब में विचलन होता है, जिसके कारण इसके अणुसंख्य गुणधर्मों में परिवर्तन होता है।

जब एक अवाष्पशील ठोस को एक वाष्पशील द्रव में घोला जाता है, तो अणुसंख्य गुणधर्म देखा जाता है।

इस प्रकार, कथन (a) सही है।

54 *(a)* वाष्प दाब में आपेक्षिक अवनमन एक अणुसंख्यक गुणधर्म गुण है, क्योंकि

(i) यह विलेय की प्रकृति पर निर्भर नहीं करता है।

(ii) यह विलेय के कणों की संख्या पर निर्भर करता है।

(iii) यह विद्युत-अनअपघट्य विलयन की सान्द्रता पर निर्भर करता है।

55 *(c)* χ_B = विलेय (यूरिया) का मोल प्रभाज

$$= \frac{n_B}{n_A + n_B} = \frac{\frac{0.60}{60}}{\frac{360}{18} + \frac{0.60}{60}} \simeq 0.0005$$

अब, वाष्प दाब में अवनमन

$\Delta p = \chi_B \times p^\circ$

$\Delta p = 0.0005 \times 35 = 0.0175$ mm Hg

56 *(c)* 1 M जलीय विलयन में 1000 मिली जल में 1 मोल विलेय होता है।

$$\chi_B = \frac{1}{1+55.5} = \frac{1}{56.5}$$

$\because p^\circ = 100°C$ पर 760 torr

$$\frac{\Delta p}{p^\circ} = \chi_B, \Delta p = p^\circ \chi_B = \frac{760 \times 1}{56.5} = 13.45 \text{ torr}$$

57 *(a)* वाष्प दाब में आपेक्षिक अवनमन,

$$\frac{\Delta p}{p^\circ} = 0.2, \frac{\Delta p}{p^\circ} = \chi_{\text{विलेय}}$$

$$\chi_{\text{विलेय}} = 0.2$$

$$\frac{n_{\text{विलेय}} \text{ (विलेय के मोलों की संख्या)}}{n_{\text{कुल}} \text{ (कुल मोलों की संख्या)}} = 0.2$$

$$\frac{n_{\text{विलेय}}}{5} = 0.2$$

$$n_{\text{विलेय}} = 1 \text{ मोल}$$

$$n_{\text{विलायक}} = 5 - 1 = 4$$

विलायक का मोल प्रभाज $= \frac{n_{\text{विलेय}}}{n_{\text{कुल}}} = \frac{4}{5} = 0.8$

58 *(a)* विलयन का क्वथनांक सदैव शुद्ध विलायक के क्वथनांक से अधिक होता है तथा चित्र $B > A$ से यह स्पष्ट है। अतः, B विलयन का क्वथनांक है तथा A शुद्ध विलायक का है।

59 *(a)* क्वथनांक में उन्नयन से,

$$\Delta T_b = K_b \times m$$

$$m = \frac{2}{0.76} = \frac{2.5 \times 1000}{M_2 \times 100} \quad \ldots(i)$$

M_2 = विलेय का मोलर द्रव्यमान जब विलेय की सान्द्रता विलायक की सान्द्रता से बहुत कम होती है

$$\frac{p^\circ - p}{p^\circ} = \frac{\text{विलेय के मोलों की संख्या}}{\text{विलायक के मोलों की संख्या}}$$

$$\frac{760 - p}{760} = \frac{2.5/M_2}{100/18} \quad \ldots(ii)$$

समीकरणों (i) और (ii) से, $p = 724$ मिमी.

60 *(c)*

61 *(a)* 4% $\frac{W}{V}$ विलयन का अर्थ है कि 100 ग्राम विलयन में 4 ग्राम A उपस्थित है।

10% $\frac{W}{V}$ का अर्थ है कि 100 ग्राम विलयन में 10 ग्राम B उपस्थित है।

$\Delta T_f = K_f m$, $(\Delta T_f)_1 = (\Delta T_f)_2$ (दिया गया)

$$\frac{K_f \times \frac{4}{60}}{\frac{96}{1000}} = \frac{K_f \times \frac{10}{M_2}}{\frac{90}{1000}}$$

$$M_2 = \frac{10 \times 60 \times 96}{4 \times 90} = 160$$

62 *(c)* X मोलर द्रव्यमान $= M_x = \frac{K_f \times w_x \times 1000}{\Delta T_f \times w_1}$

$$= \frac{5 \times 326 \times 1000}{0.125 \times 200}$$

652 ग्राम मोल$^{-1}$ X_n के लिए = 652

$$n = \frac{652}{80} = 8.15 = 8$$

X_n का सूत्र $= X_8$।

63 *(a)* जैसा कि हम जानते हैं कि,

$$\Delta T_f = \frac{1000 \times K_f \times w_2}{M_2 \times w_1}$$

$$w_2 = \frac{6 \times 62 \times 4000}{1000 \times 1.86} = 800 \text{ ग्राम}$$

64 *(c)* जल का सामान्य हिमांक = 273.15K है 268 K पर जमने से रोकने के लिए, मेथेनॉल की मात्रा X ग्राम है?

मोललता, $m = \frac{x}{32 \times 10} = \frac{x}{320}$

[$\because CH_3OH$ का मोलर द्रव्यमान = 32 ग्राम मोल$^{-1}$]

अब, $\Delta T_f = K_f \cdot m$

$$(273.15 - 268) = 1.86 \times \frac{x}{320}$$

$$x = \frac{5.15 \times 320}{1.86} = 886.02 \text{ ग्राम}$$

65 *(b)* $\Delta T_f = 0 - (-2.8) = 2.8°C$ या 2.8 K

$$\because \Delta T_f = \frac{1000 \times K_f \times w_2}{M_2 \times w_1}$$

$$\Rightarrow 2.8 = \frac{1000 \times 1.86 \times w_2}{62 \times 1000}$$

$$\therefore w_2 = 93.33 \text{ ग्राम}$$

$$\approx 93 \text{ ग्राम}$$

66 *(a)* हिमांक में अवनमन,

$$\Delta T_f = 0 - (-0.30) = 0.30 \text{ K}$$

अब हम जानते हैं कि, $\Delta T_f = K_f m$

$$\therefore m = \frac{\Delta T_f}{K_f} = \frac{0.30}{1.86} = 0.161 \text{ मोल किग्रा}^{-1}$$

तनु विलयन के लिए, राउल्ट के नियम के अनुसार

$$\frac{p^\circ - p}{p^\circ} = \frac{\text{विलेय के मोलों की संख्या}}{\text{विलायक के मोलों की संख्या}}$$

$$\frac{23.51 - p}{23.51} = \frac{0.161}{1000/18} = \frac{0.161 \times 18}{1000}$$

$$\Rightarrow \frac{23.51 - p}{23.51} = 0.002898$$

$$p = 23.44 \text{ mm Hg.}$$

67 *(c)* $\Delta T_f = K_f \times m$

$$T_f^\circ - T_f = K_f \times \frac{W_2 \times 1000}{M_2 \times W_1 \text{ (ग्राम में)}} \quad \ldots(i)$$

यहाँ, T_f

$T_f^\circ = 0°C$, $T_f = -10°C$

$$0 - (-10) = 1.86 \times \frac{62 \times 1000}{62 \times w_1}$$

$$\Rightarrow \quad w_1 = \frac{1.86 \times 62 \times 1000}{10 \times 62} = 186 \text{ ग्राम}$$

अतः बर्फ (ठोस विलायक) के रूप में अलग किये गये जल की मात्रा

$= 250 - w_1 = (250 - 186)$ ग्राम = 64 ग्राम

68 *(a)* कथन (a) गलत है। इसका सही रूप इस प्रकार है

विलेय अणु कभी भी अर्द्धपारगम्य झिल्ली से होकर नहीं गुजर सकते, केवल विलायक अणु ही ऐसा कर सकते हैं। ये कम सान्द्रता वाले या शुद्ध विलायक से उच्च सान्द्रता वाले विलयन में चले जाते हैं।

69 *(b)* $BaCl_2$ विलयन की सान्द्रता कम होती है। इस प्रकार विलायक (जल) $BaCl_2$ विलयन से $CaCl_2$ विलयन में चला जाता है। जब 0.1M $CaCl_2$ और 0.005M $BaCl_2$ विलयन एक अर्द्धपारगम्य झिल्ली द्वारा अलग हो जाता है।

70 *(a)* सुक्रोज के 4% विलयन (w/V) का अर्थ है कि 100 मिली विलयन में 4 ग्राम सुक्रोज घुला है। इसी प्रकार, 2% 'X' के (w/V) विलयन का अर्थ है कि 100 मिली विलयन में 2 ग्राम X उपस्थित है। π_1 (सुक्रोज विलयन के लिए) = π_2 (X विलयन के लिए)

$$\therefore \quad \frac{n_1}{V_1} RT = \frac{n_2}{V_2} RT$$

$$\Rightarrow \quad \frac{4}{342} = \frac{2}{X \text{ का अणु भार}}$$

$$\left[\because n = \frac{\text{विलयन का द्रव्यमान}}{\text{विलय का अणु भार}}\right]$$

$$\Rightarrow \text{अणु भार} = \frac{2}{4} \times 342 = 171$$

71 *(b)*

72 *(d)* जब यूरिया (6%) का विलयन ग्लूकोज के विलयन के साथ समपरासरी होता है, तो

$$\pi_{\text{ग्लूकोज}} = \pi_{\text{यूरिया}}, C_{\text{ग्लूकोज}} = C_{\text{यूरिया}}$$

$$\therefore \quad \left(\frac{W_g \times 1000}{M_g \times 100}\right) = \left(\frac{W_u \times 1000}{M_u \times 100}\right)$$

$$\therefore \quad \frac{x \times 1000}{180 \times 100} = \frac{6 \times 1000}{60 \times 100}$$

$$\Rightarrow x = 18 \text{ ग्राम}$$

इस प्रकार, 100 मिली विलयन में 18 ग्राम ग्लूकोज उपस्थित है।

दूसरे शब्दों में, ग्लूकोज का 1 M विलयन (100 मिली में 18 ग्राम) यूरिया के 6% विलयन के साथ समपरासरी है।

73 *(c)*

74 *(a)* दोनों विलयन समपरासरी हैं, इसलिए दोनों विलयनों के बीच अर्द्धपारगम्य झिल्ली के माध्यम से विलायक की किसी भी प्रकार की गति नहीं होती है।

75 *(a)* विलयन 1 का परासरण दाब

$$\pi_1 = \frac{n_1}{V_1}RT \Rightarrow n_1 = \frac{1.5}{RT}$$

विलयन 2 का परासरण दाब है

$$\pi_2 = \frac{n_2}{V_2}RT \Rightarrow n_2 = \frac{5}{RT}$$

परिणामी विलयन का परासरण दाब,

$$\pi = \frac{(n_1 + n_2)}{V_1 + V_2}RT$$

$$= \frac{\left(\frac{1.5}{RT} + \frac{5}{RT}\right)RT}{3} = 2.16 \text{ atm}$$

76 *(a)*

77 *(a)* क्वथनांक में वृद्धि,

$$\Delta T_b = i \times K_b \times m \quad \ldots(i)$$

समीकरण (i) का उपयोग करके हम दोनों विलयनों के लिए समान मोललता प्राप्त करते हैं। तो, यह i के मान पर निर्भर करता है, अर्थात NaCl और ग्लूकोज के लिए वान्ट हॉफ गुणांक क्रमशः 2 और 1 हैं।

इसलिए, NaCl क्वथनांक में उन्नयन दर्शाएगा

78 *(a)* $\underset{(1-\alpha)}{A_xB_y} \rightleftharpoons \underset{x\alpha}{xA^{y+}} + \underset{y\alpha}{yB^{x-}}$

वियोजन के पश्चात्,

$$i = (A_xB_y) + (A^{y+}) + (B^{x-})$$
$$= 1 - \alpha + x\alpha + y\alpha$$
$$\therefore \quad \alpha = \frac{i-1}{(x+y-1)}$$

79 *(b)* $Ba(NO_3)_2 \rightleftharpoons Ba^{2+} + 2NO_3^-$

प्रारम्भिक	1 मोल	0	0
वियोजन के पश्चात्	$1-\alpha$	α	2α

मोलों की कुल संख्या

$$= 1 - \alpha + \alpha + 2\alpha = 1 + 2\alpha$$

तब, वान्ट हॉफ गुणांक, $i = 1 + 2\alpha$

या $\alpha = \frac{i-1}{2}$ या $\alpha = \frac{2.74-1}{2} = 0.87\%$

वियोजन की मात्रा = 87%

80 *(c)* $\underset{1-\alpha}{4A} \rightleftharpoons \underset{\alpha/4}{A_4}$

$$\therefore \quad i = \frac{1 - \alpha + \frac{\alpha}{4}}{1} = 1 - \frac{3}{4}\alpha \ (\alpha = 1)$$

$$i = 1 - \frac{3}{4} = 0.25$$

81 *(a)* $Al_2(SO_4)_3$ में वान्ट हॉफ गुणांक का मान $K_4[Fe(CN)_6]$. के समान है , अर्थात $i = 5$

82 *(a)* $BaCl_2 \rightleftharpoons Ba^{2+} + 2Cl^-$

प्रारम्भिक	0.01 M	0	0
साम्य	$(0.01 - x)$ M	x M	$2x$ M

$$i = \frac{(0.01 - x) + x + 2x}{0.01} = \frac{0.01 + 2x}{0.01} = 1.98$$

$$\Rightarrow \quad x = 0.0049$$

$BaCl_2$ के वियोजन का प्रतिशत

$$= \frac{x}{0.01} \times 100 = 49\%$$

83 *(c)* मान लीजिए कि संयोजन की मात्रा α है।

$$M \rightleftharpoons (M)_n$$

प्रारम्भ में	1	0
समय t के पश्चात्	$1-\alpha$	$\frac{\alpha}{n}$

संयोजन के पश्चात् कुल मोल

$$= 1 - \alpha + \frac{\alpha}{n} = 1 + \left(\frac{1}{n} - 1\right)\alpha$$

$$i = \frac{\text{संयोजन के पश्चात् कुल मोल}}{\text{प्रारम्भिक मोल}}$$

$$= \frac{1 + \left(\frac{1}{n} - 1\right)\alpha}{1} \quad \ldots(i)$$

अतः $i = 0.9$ तथा $\alpha = 0.2$

समीकरण (i) में i और α के मान रखने पर हमें $n = 2$ प्राप्त होता है।

84 *(a)* समपरासरी विलयनों में विलेय के कणों की मोलर सान्द्रता समान होती है, अर्थात $i \times C$.

विलयन में विलेय कणों की मोलर सान्द्रता ग्लूकोज में 0.1 M है,

NaCl में 2×0.05 M (= 0.1 M)

$BaCl_2$ में 3×0.05 (0.15 M)

और $AlCl_3$ में 4×0.1 (0.4 M)

इसलिए, 0.1 M ग्लूकोज और 0.05 M NaCl विलयन समपरासरी हैं।

85 *(b)* K_2SO_4 के लिए, $i = 3$

सूत्र का उपयोग करते हुए,

$$\Delta T_f = iK_f \times m$$
$$\Delta T_f = 3 \times 4 \times 0.03 = 0.36 \text{ K}$$

86 *(c)* $K_2SO_4 \longrightarrow 2K^+ + SO_4^{2-}; i = 3$

सम्बन्ध का उपयोग करते हुए,

$$\frac{\Delta p_1}{p_1^\circ} = \frac{p_1^\circ - p_1}{p_1^\circ} = i\,x_2$$

$$\frac{\Delta p_1}{p_1^\circ} = 3 \times \frac{1}{1 + \frac{54}{18}} = \frac{3}{4}$$

87 *(a)* $CuCl_2$ एक विद्युत अपघट्य है, जो विलयन में निम्न प्रकार आयनित होता है

$$CuCl_2 \rightleftharpoons Cu^{2+} + 2Cl^-$$

$t = 0$ पर	1 मोल	0	0
आयनीकरण के पश्चात्	$(1-\alpha)$ मोल	α मोल	2α मोल

$(i) = \frac{1 + 2\alpha}{1}$ (100 % आयनन पर, $\alpha = 1$)

$$= \frac{1 + 2 \times 1}{1} = 3$$

$CuCl_2$ विलयन की मोललता (m)

$$= \frac{\frac{CuCl_2 \text{ का भार (ग्राम में)}}{CuCl_2 \text{ का अणु भार}}}{\text{जल का भार (विलायक) (किग्रा में)}}$$

$$= \frac{\frac{13.44}{134.4}}{1} = 0.1 \text{ मोल}$$

$$\Delta T_b = i \times K_b \times m$$
$$\Delta T_b = 3 \times 0.52 \times 0.1 = 0.16°C$$

88 *(c)* 1% $CaCl_2$ का हिमांक सबसे कम होगा क्योंकि यह अधिकतम संख्या में आयन उत्पन्न करता है।

89 *(a)* $\Delta T_f = i \times K_f \times$ मोललता

यहाँ, संयोजन की मात्रा = 80%

$$KBr \rightleftharpoons K^+ + Br^-$$

प्रारंभिक	1	0	0
साम्य पर	$1-\alpha$	α	α

$$i = 1 - \alpha + \alpha + \alpha = 1.8$$

$$\therefore \quad \Delta T_f = 1.8 \times 1.86 \times 0.5$$
$$\Rightarrow \quad \Delta T_f = 1.674 \text{ K}$$
$$\Delta T_f = T_f^\circ - T_f$$
$$\Rightarrow \quad 1.674 = 273 - T_f$$
$$\Rightarrow \quad T_f = 271.326 \text{ K}$$

90 *(c)* $\Delta T_f = i \times K_f \times m$ का उपयोग करके

$$i = \frac{3.82 \times 45}{1.86 \times \left(\frac{5}{142}\right) \times 1000} = 2.63$$

91 *(a)* $\Delta T_f = i \times K_f \times m$

$$0.3 = i \times 1.86 \times \frac{125 \times 1000}{50 \times 94}$$

$$\Rightarrow \quad i = 0.6064$$

संयोजन की मात्रा, α

$$= \frac{i-1}{\frac{1}{n} - 1} = \frac{0.6064 - 1}{\frac{1}{2} - 1} = \frac{-0.3936}{-0.5} \approx 79\%$$

92 *(c)* X एक विद्युतअपघट्य है, जो 2 आयनों में विभाजित हो जाता है, अर्थात $i = 2$

Y विलयन में $2y \rightleftharpoons y_2$ द्विगुणित हो जाता है, इसलिए इसका वान्ट हॉफ गुणांक $\frac{1}{2}$ है।

X और Y दोनों की सान्द्रता समान है, इसलिए अणुसंख्यक गुणधर्म वान्ट हॉफ गुणांक (i) के मान पर निर्भर करता है, अर्थात $i \propto \Delta T_f$ या ΔT_b ।

i, X के लिए अधिक है, $(\Delta T_b)_x$ और $(\Delta T_f)_X$ $(\Delta T_b)_Y$ और $(\Delta T_f)_Y$ से अधिक है ।

अतः (a) और (d) सत्य हैं।

साथ ही, $\Delta T_b = T_b - T_b^\circ$

चूँकि X के लिए ΔT_b अधिक है, इसलिए T_b भी अधिक होगा। इसलिए, (b) भी सत्य है।

$\Delta T_f = T_f^\circ - T_f$ जैसे-जैसे ΔT_f बढ़ता है, T_f घटता है, अर्थात

$$(\text{F.P.})_x > (\text{F.P})_y$$

अतः (c) असत्य है।

93 *(a)* $\Delta T_f = iK_f m$

$0.558 = i \times 1.86 \times 0.1 \Rightarrow i = 3$

अतः यौगिक विलयन में 3 आयन देता है।

$$[Co(NH_3)_5Cl]Cl_2 \longrightarrow [Co(NH_3)_5Cl]^{2+} + 2Cl^-$$

इसलिए, संकुल का सूत्र $[Co(NH_3)_5Cl]Cl_2$ है।

94 *(a)* KCl के लिए $i = 2$, $BaCl_2$ के लिए $i = 3$

$$\because \quad \Delta T_f \propto i; \frac{\Delta T_f(\text{KCl})}{\Delta T_f(BaCl_2)} = \frac{2}{3}$$

$$\therefore \quad \Delta T_f(BaCl_2) = \frac{3}{2} \times 2 = 3^\circ C$$

∴ KCl का हिमांक बिंदु KCl = -3°C

95 *(b)* $\Delta T_f = iK_f m$

CH_3COOH के लिए

$$0.02046 = i \times K_f \times 0.01 \quad \ldots(i)$$

यूरिया के लिए

$$1.86 = K_f \times 1 \quad \ldots(ii)$$

(i) और (ii) से

$$i = \frac{0.02046}{1.86 \times 0.01} = 1.1 = 1 + \alpha$$

$\alpha = i - 1 = 1.1 - 1 = 0.1.$

$[H^+] = C\alpha = 0.01 \times 0.1$

$[H^+] = 10^{-3} \Rightarrow \quad pH = 3$

96 *(a)* ऐलुमिनियम सल्फेट $Al_2(SO_4)_3$ अधिकतम संख्या में आयन उत्पन्न करता है, इसलिए इसका परासरण दाब सबसे अधिक होगा।

97 *(a)*

$$\begin{array}{ccc} HA & \rightleftharpoons & H^+ + A^- \\ C & & 0 \quad\; 0 \\ C(1-\alpha) & & C\alpha \quad C\alpha \end{array}$$

$[H^+] = C\alpha$

$[H^+] = 10^{-pH} = 10^{-2}$ M $\quad [\because pH = 2]$

$C\alpha = 10^{-2}$

$\alpha = \frac{10^{-2}}{0.1} = 0.1 \quad [\because C = 0.1 \text{ M}]$

वान्ट हॉफ गुणांक (i)

$$= \frac{C(1+\alpha)}{C} = 1 + \alpha = 1 + 0.1 = 1.1$$

$\pi = iCRT = 1.1 \times 0.1 \times 0.0821 \times 298$

$= 2.69$ atm

98 *(c)* NaCl के लिए, $\pi_1 V_1 = i \times n_1 RT$

$$\pi_1 \times \frac{100}{1000} = \frac{12}{58.5} \times 0.0821 \times T \times i \quad \ldots(i)$$

ग्लूकोज के लिए, $\pi_2 V = n_2 RT$

$$\pi_2 \times \frac{100}{1000} = \frac{7.2}{180} \times 0.0821 \times T \quad \ldots(ii)$$

($\because$ ग्लूकोज के लिए $i = 1$)

$\because$ NaCl और ग्लूकोज़ के विलयन समपरासरी होते हैं।

$$\therefore \quad \pi_1 = \pi_2$$

$$\Rightarrow \quad i = \frac{7.2}{180} \times \frac{58.5}{1.2}$$

$$= 1.95 \approx 2$$

99 *(d)* $\pi_{XY} = 4\pi_{BaCl_2}$ (दिया है)

$i \times CRT = 4 \times i \times CRT \quad \ldots(i)$

$2 \times [XY] = 4 \times 3 \times [BaCl_2]$

$[XY] = \frac{12 \times 0.01}{2} = 6 \times 10^{-2}$ मोल लीटर$^{-1}$

100 *(d)* समपरासरी विलयन के लिए स्थिति

$\pi_1 = \pi_2$ या $i_1 C_1 = i_2 C_2$

सुक्रोज के लिए,

$$iC = \frac{\pi}{RT}$$

$$= \frac{4.926}{0.0821 \times 300} = 0.2$$

(a) ग्लूकोज के लिए $i = 1$,

$$i \times C = \frac{3.6}{180 \times 100} \times 1000 = 0.2$$

(b) यूरिया के लिए, $i = 1$

$$i \times C = \frac{1.2}{60 \times 100} \times 1000 = 0.2$$

(c) NaCl के लिए, $i = 2$

$$i \times C = \frac{2 \times 0.585}{58.5 \times 100} \times 1000 = 0.2$$

(d) $NaNO_3$ के लिए, $i = 2$

$$i \times C = \frac{2 \times 1.7}{100 \times 85} \times 1000 = 0.4$$

अतः, (d) सुक्रोज विलयन के साथ समपरासरी नहीं है।

101 *(b)* K_2SO_4 $2K^+$ और SO_4^{2-} आयनों में वियोजित हो जाता है, इसलिए $i = 3$

$$\pi = iCRT \Rightarrow \pi = i \times \frac{w}{M} \times \frac{RT}{V}$$

$$= 3 \times \frac{0.025}{174} \times \frac{1}{2} \times 0.0821 \times 298$$

$$= 5.27 \times 10^{-3} \text{ atm}$$

102 *(b)* $i \times C$ का मान जितना अधिक होगा, क्वथनांक उतना ही अधिक होगा। अतः क्वथनांकों का बढ़ता क्रम है

$\underset{(i=1)}{10^{-4}\text{M}}$ $\underset{[\text{III}]}{\text{यूरिया}}$ $< \underset{(i=2)}{10^{-4}\text{M}}$ $\underset{[\text{IV}]}{\text{NaCl}}$

$\underset{(i=3)}{10^{-3}\text{M}}$ $\underset{[\text{II}]}{\text{Mg Cl}_2}$ $< \underset{(i=2)}{10^{-2}\text{M}}$ $\underset{[\text{I}]}{\text{NaCl}}$

अभिकथन-कारण

1 *(a)* A और R दोनों सत्य हैं और R, A का सही स्पष्टीकरण है।

2 *(a)* A और R दोनों सत्य हैं और R, A का सही स्पष्टीकरण है।

3 *(a)* A और R दोनों सत्य हैं और R, A का सही स्पष्टीकरण है।

4 *(a)* A और R दोनों सत्य हैं और R, A का सही स्पष्टीकरण है।

5 *(b)* A और R दोनों सत्य हैं लेकिन R, A का सही स्पष्टीकरण नहीं है।

6 *(d)* A गलत है लेकिन R सत्य है। जब मेथिल ऐल्कोहॉल को जल में मिलाया जाता है, तो जल का क्वथनांक हाइड्रोजन बन्ध के कारण कम हो जाता है।

7 *(a)* A और R दोनों सत्य हैं और R, A का सही स्पष्टीकरण है।

8 *(a)* A और R दोनों सत्य हैं और R, A का सही स्पष्टीकरण है।

9 *(a)* A और R दोनों सत्य हैं और R, A का सही स्पष्टीकरण है।

10 *(a)* A और R दोनों सत्य हैं और R, A की सही स्पष्टीकरण है।

कथन आधारित प्रश्न

1 *(b)* कथन I सत्य है लेकिन कथन II असत्य है। कथन II का सही रूप है: बेन्जीन और टॉलुईन स्थिरक्वाथी नहीं बनाते हैं।

2 *(b)* कथन I सत्य है लेकिन कथन II असत्य है। सही रूप इस प्रकार है:
विलयन की मोललता तापमान पर निर्भर नहीं करती है क्योंकि यह विलेय के मोल और विलायक के द्रव्यमान पर निर्भर करती है। यह आयतन पर निर्भर नहीं करती है।

3 *(c)* कथन I गलत है लेकिन कथन II सत्य है। कथन I का सही रूप इस प्रकार है हिमांक में अवनमन विलेय के कणों की संख्या पर निर्भर करता है

4 *(d)* कथन I और II दोनों सत्य हैं।

5 *(d)* कथन I और II दोनों सत्य हैं।

6 *(b)* कथन I सत्य है और कथन II असत्य है। जलीय KCl के लिए i का मान 2 है जबकि एथेनॉइक अम्ल के लिए लगभग 0.5 है।

7 *(b)* A और B गलत हैं। इनका सही रूप इस प्रकार है।
A. स्थिरक्वाथी मिश्रण द्विअंगी मिश्रण होते हैं जिनका द्रव और वाष्प अवस्था में संघटन समान होता है।
B. $35\%\left(\frac{V}{V}\right)$ एथिलीन ग्लाइकॉल के विलयन का उपयोग कार के इंजन को ठंडा करने के लिए किया जाता है।

8 *(d)* कथन I, II, III और IV सही हैं। V का सही रूप इस प्रकार है
एथेनॉल और ऐसीटोन धनात्मक विचलन दर्शाते हैं।

9 *(b)* उच्च क्वथनांक वाले विलायकों का किसी निश्चित तापमान पर वाष्प दाब कम होता है।

10 *(d)* दिए गए सभी कथन सत्य हैं।

सुमेलन प्रकार प्रश्न

1 *(b)* सही सुमेलन A-1, B-3, C-2 है।

2 *(a)* सही सुमेलन A-1, B-4, C-2, D-3 है।

3 *(b)* सही सुमेलन 3, B-2, C-1, D-4 है।

4 *(c)* सही सुमेलन A-2, B-1, C-3, D-4 है।

5 *(c)* सही सुमेलन A-1, B-3, C-2, D-4 है।

आंकिक मान प्रकार के प्रश्न

1 *(100)* $2X \longrightarrow X_2$

प्रारम्भिक	1	0
अंतिम	$1-\alpha$	$\frac{\alpha}{2}$

$$i = 1-\alpha+\frac{\alpha}{2}$$

साथ ही, $\Delta T_b = iK_b m$

$$\Delta T_b = T_b - T_b^{\circ} = 100.52 - 100 = 0.52$$

$$\Rightarrow 0.52 = i \times 0.52 \times 2,\ i = \frac{1}{2}$$

$$\Rightarrow \quad i = \frac{1}{2} = 1-\alpha+\frac{\alpha}{2}$$

$$\Rightarrow \quad 1-\frac{\alpha}{2} = \frac{1}{2}$$

$$\therefore \quad \alpha = 1$$

अतः X के संयोजन का प्रतिशत 100% है।

2 *(15)* जैसा कि हम जानते हैं,

$$\pi = CRT \quad \text{(परासरण दाब)}$$

$$\pi = \frac{w_B \times R \times T}{M_B \times V\ (\text{ली में})}$$

$$4.84 \times 10^{-6} = \frac{2.92 \times 0.083 \times 300}{M_B \times 0.1}$$

$$M_B = 15.02 \times 10^7 \approx 15 \times 10^7 \text{ ग्राम/मोल}$$

3 *(150)*

$$\frac{\Delta p}{p^{\circ}} = \frac{\frac{w_2}{M_2}}{\frac{w_2}{M_2}+\frac{w_1}{M_1}}$$

$$\frac{75}{100} = \frac{\frac{w_2}{50}}{\frac{w_2}{50}+\frac{114}{114}} \Rightarrow w_2 = 150 \text{ ग्राम}$$

4 *(15)* ऐस्कॉर्बिक अम्ल के मोल

$$= \frac{10.2 \text{ ग्राम}}{176 \text{ ग्राम मोल}^{-1}} \simeq 0.048 \text{ मोल}$$

$$\Delta T_f = K_f \times m = 3.9 \times \frac{0.058}{150} \times 1000$$

$$= 1.5^{\circ}\text{ C} = 15 \times 10^{-1}\ {}^{\circ}\text{C}$$

इस प्रकार, X का मान 15 है।

NCERT Exemplar प्रश्न

1 *(d)* जैसा कि हम जानते हैं, $M_1V_1 = M_2V_2$

$$0.02 \times 4 \text{ ली} = M_2 \times 5 \text{ ली}$$

$$M_2 = \frac{0.08}{5} = 0.016\text{ M}$$

NaCl के लिए, मोललता = मोललता
∴ आण्विक भार = तुल्यांकी भार

2 *(a)*

3 A-(5), B-(3), C-(4), D-(2), E-(1).

4 *(a)* विशिष्ट संघटन पर, मेथेनॉल-ऐसीटोन मिश्रण न्यूनतम क्वथनांकी स्थिरक्वाथी बनाएगा और धनात्मक विचलन दर्शाएगा। यह *A—A* या *B—B* अन्योन्य क्रिया की तुलना में दुर्बल *A—B* अन्योन्य क्रिया के कारण है। अर्थात *A—B* < *A—A* और *B—B*.

5 *(c)* किसी निश्चित दाब पर K_H का मान जितना अधिक होगा, द्रव में गैस की विलेयता उतनी ही कम होगी। अतः सही क्रम है
$Ar < CO_2 < CH_4 < HCHO$.

6 *(a)* जब NaCl (अवाष्पशील) को द्रव में घोला जाता है, तो उसका वाष्प दाब कम हो जाता है। इस प्रकार, पात्र *A* में वाष्प दाब पात्र *B* की तुलना में अधिक है।

7 *(b)* जैसा कि हम जानते हैं, वान्ट हॉफ गुणांक (सममोलर विलयन के लिए) का मान जितना अधिक होगा, क्वथनांक में उन्नयण उतना ही अधिक होगा और इसलिए विलयन का क्वथनांक भी उतना ही अधिक होगा।
1.0 M Na_2SO_4 के लिए $i = 3$ इसलिए, इसका क्वथनांक का मान उच्चतम है।

8 *(c)* जैसा कि हम जानते हैं कि हिमांक में अवनमन वान्ट हॉफ गुणांक (i) से सीधा सम्बन्धित है और i का मान जितना अधिक होगा, हिमांक में अवनमन उतना ही अधिक होगा (सममोलर विलयनों के लिए)
0.01 M ग्लूकोज, $i = 1$
0.01 M $MgCl_2$, $i = 3$
$MgCl_2$ के हिमांक में अवनमन ग्लूकोज से लगभग 3 गुना है।

9 *(d)* जब एक कच्चे आम को अचार बनाने के लिए सान्द्रित नमक के विलयन में रखा जाता है, तो परासरण के कारण उसमें से जल निकल जाता है।

10 *(b)* हम जानते हैं कि, यदि विलयन पर (पिस्टन *B* पर) परासरण दाब से अधिक दाब लगाया जाता है, तो विलायक अर्द्धपारगम्य झिल्ली के माध्यम से विलयन से शुद्ध विलायक में प्रवाहित होगा। इस प्रक्रिया को उत्क्रम परासरण कहा जाता है।

11 *(a)*

12 *(b)* कथन (b) गलत है। इसका सही रूप इस प्रकार है
उत्क्रम परासरण में, विलायक अणु एक अर्द्धपरागम्य झिल्ली के माध्यम से विलेय की उच्च सान्द्रता वाले क्षेत्र से विलेय की कम सान्द्रता की ओर आगे बढ़ते है।

13 *(b)*

पदार्थ	वान्ट हॉफ गुणांक (i)
KCl	2
NaCl	2
K_2SO_4	3

14 *(a)* कथन (a) गलत है। इसका सही रूप इस प्रकार है
विभिन्न विलायकों में तैयार किए गए समान मोललता वाले सुक्रोज के दो विभिन्न विलयनों के हिमांक में अवनमन भिन्न होगा।

15 *(c)* प्रबल विद्युत अपघट्य होने के कारण, सभी स्थितियों में आयनों की सान्द्रता से स्वतंत्र होगा।
इस प्रकार, $iA = iB = iC$ [अर्थात $i = 2$ (बराबर)]

16 *(b)* क्लोरोफॉर्म और ऐसीटोन मिश्रण ऋणात्मक विचलन दर्शाने वाले अनादर्श विलयन का एक उदाहरण है।
जबकि एथेनॉल-ऐसीटोन मिश्रण धनात्मक विचलन दर्शाता है।

17 A-(3), B-(5), C-(4), D-(1), E-(2)

18 *(c)* **19** *(c)*

20 *(a)*

विगत परीक्षाओं के प्रश्न

1 *(b)* विलेयता और हेनरी स्थिराँक में सम्बन्ध,
विलेयता $\propto \frac{1}{K}$
K_H के मान में कमी आने पर गैसों की विलेयता बढ़ती है।
गैस (*B*) के लिए K_H का मान न्यूनतम (2×10^{-3}k bar) है तथा गैस (*A*) के लिए उच्चतम (145 k bar) है
अतः विलेयता का क्रम $B > C > A$

2 *(a)* परासरण दाब, $\pi = CRT$
π vs C. आलेख एक ऋजु रेखा देता है। समीकरण $y = mx + C$ के साथ तुलना करने पर ढाल $m = RT$
$$25.73 = 0.083 \times T$$
$$T = 310\text{ K} = 37°\text{C}$$

3 *(b)* (A) सत्य है जबकि (R) असत्य है। ऐसा इसलिए है क्योंकि सामान्य तापमान और दाब पर हीलियम आंशिक रूप से ऑक्सीजन में अघुलनशील होता है
हालाँकि, विषम परिस्थितियों में हीलियम की बहुत कम मात्रा ऑक्सीजन में घुलती है।

4 *(a)* हम जानते हैं कि,
$$\text{मोललता} = \frac{\text{विलेय के मोलों की संख्या}}{\text{विलायक का भार (ग्राम में)}} \times 1000$$
$$1 = \frac{0.5\,\text{मोल}}{\text{विलायक का भार (ग्राम में)}} \times 1000$$
विलायक का भार (g) = 500 ग्राम

5 *(c)* बेन्जीन से ऑक्टेन का मोलर अनुपात,
$$\frac{n_B}{n_O} = \frac{3}{2}$$
माना $n_B = 3x$ मोल, $n_O = 2x$ मोल
मोलों की कुल संख्या $= n_B + n_O = 3x + 2x = 5x$ मोल
बेन्जीन का मोल प्रभाज,
$$\chi_B = \frac{n_B}{n_B + n_O} = \frac{3x}{5x} = \frac{3}{5}$$
ऑक्टेन का मोल प्रभाज,
$$\chi_O = \frac{n_O}{n_B + n_O} = \frac{2x}{5x} = \frac{2}{5}$$
विलयन का कुल वाष्प दाब,
$$p_S = \chi_B p_B^\circ + \chi_O p_O^\circ = \frac{3}{5} \times 280 + \frac{2}{5} \times 420$$
$$= 336\text{ mm Hg}$$

6 *(c)*

7 *(d)* धनात्मक विचलन परिणामी विलयन में अवयवी द्रवों के आदर्श विलयन की तुलना में वाष्प दाब अधिक होता है।
ऐसा इसलिए है क्योंकि *A—B* अन्योन्य क्रिया *A—A* और *B—B* की तुलना में दुर्बल हैं।
जैसे एथेनॉल-ऐसीटोन

8 *(b)* $\Delta T_f = K_f \times m \times i$
$$= 5.12 \times 0.078 \times 1$$
$$= 0.39936 \approx 0.40\text{ K}$$

9 *(b)* एक आदर्श विलयन के लिए,
$$\Delta V_{\text{मिश्रण}} = 0, \Delta H_{\text{मिश्रण}} = 0,$$
$$\Delta G_{\text{मिश्रण}} < 0, \Delta S_{\text{मिश्रण}} > 0.$$
अतः विकल्प (b) सही है।

10 *(d)* वे विलयन जो राउल्ट के नियम से अधिक ऋणात्मक विचलन दर्शाते हैं, अधिकतम क्वथनांकी वाले स्थिरक्वाथी बनाते हैं, उदाहरणार्थ नाइट्रिक अम्ल और जल।

11 *(a)* विलयन आदर्श व्यवहार से धनात्मक विचलन प्रदर्शित करता है। यदि अन्तर-आण्विक आकर्षण अर्थात. – *A—B* आकर्षण शुद्ध अवयवों की तुलना में अधिक प्रबल है अर्थात *A—A* और *B—B* के मध्य। शेष विकल्प आदर्श विलयन के लिए मान्य है।

12 *(c)* शुष्क वायु का आंशिक दाब = कुल दाब × शुष्क वायु का मोल प्रभाज
$$\Rightarrow p_{\text{शुष्क वायु}} = p_{\text{कुल}} \times \chi_{\text{शुष्क वायु}}$$
$$\chi_{\text{शुष्क वायु}} = 1 - 0.02 = 0.98$$
$$\therefore p_{\text{शुष्क वायु}} = 12\text{ atm} \times 0.98$$
$$= 1.176\text{ atm}$$

13 *(d)* राउल्ट के आंशिक दाब के नियम से,
दाब, $\frac{p_1^\circ - p_S}{p_1^\circ} = \frac{n_2}{n_1}$
$$\Rightarrow \frac{760 - 732}{760} = \frac{w_2 \times M_1}{M_2 \times w_1}$$
$$\Rightarrow \frac{28}{760} = \frac{6.5 \times 18}{M_2 \times 100} \Rightarrow M_2 = 31.75$$
$$\therefore \Delta T_b = 0.52 \times \frac{6.5 \times 1000}{31.75 \times 100} = 1.06$$
$\therefore$ क्वथनांक = 100 + 1.06
= 101.06 ≈ 101° सेल्सियस

14 *(d)* चूँकि, उच्च वाष्प दाब वाले अवयव का वाष्प अवस्था में प्रतिशत अधिक होगा।
बेन्जीन का वाष्प दाब 12.8 kPa है जो टॉलुईन के 3.85 kPa से अधिक है। इसलिए, वाष्प में बेन्जीन का प्रतिशत अधिक होगा।

15 *(c)* $Al_2(SO_4)_3$ i के उच्चतम मान के कारण सबसे बड़ा हिमांक अवनमन प्रदर्शित करेगा।
$$Al_2(SO_4)_3\,(aq) \Rightarrow 2Al^{3+} + 3SO_4^{-}\,(i = 5)$$

16 *(b)* दिया गया है, यूरिया के अणुओं की संख्या
$$= 6.02 \times 10^{20}$$
$$\therefore \text{मोलों की संख्या} = \frac{6.02 \times 10^{20}}{N_A}$$
$$= \frac{6.02 \times 10^{20}}{6.02 \times 10^{23}} = 1 \times 10^{-3}\text{ मोल}$$
विलयन का आयतन = 100 मिली $= \frac{100}{1000}$ ली
= 0.1 ली
यूरिया विलयन की सान्द्रता (मोल ली$^{-1}$ में)
$$= \frac{1 \times 10^{-3}}{0.1} = 0.01\text{ मोल ली}^{-1}$$

17 *(707)* दिया गया है, $\Delta T_b = 2$, $K_b = 0.52$
$$p^\circ = 760\text{ mm Hg}$$
$$M_{\text{विलायक}} = 18, \Delta T_b = K_b m$$
$$2 = 0.52 \times m \Rightarrow m = \frac{2}{0.52}$$
विलेय की सान्द्रता विलायक की सान्द्रता की तुलना में नगण्य है। अतः
$$\frac{\Delta p}{p^\circ} = \frac{n_{\text{विलेय}}}{n_{\text{विलायक}}} \Rightarrow \frac{\Delta p}{p^\circ} = \frac{m}{1000} \times M_{\text{विलायक}}$$
$$\Rightarrow \quad \Delta p = 760 \times \frac{\left(\frac{2}{0.52}\right)}{1000} \times 18$$
$$\Delta p = 52.615$$
इसलिए, $p_s = 760 - 52.615$
$$p_s = 707.385\text{ mm Hg}$$
निकटतम पूर्णांक में 707 mm Hg

18 *(5)* $\Delta T_b = 0.52°C$

$\Delta T_b = i \times K_b \times m$

$0.52 = i \times 0.52 \times \frac{10}{200 \times 0.1}$

$i = 2, \alpha = \frac{i-1}{n-1}$

$AB_2 \longrightarrow A^{2+} + 2B^-$

$n = 3, \alpha = \frac{2-1}{3-1}$

$\alpha = \frac{1}{2} = 0.5, \alpha = 5 \times 10^{-1}$

इसलिए आयनीकरण की मात्रा 5×10^{-1} है।

19 *(d)* दिए गए विकल्पों में से $(CH_3)_2CO + CS_2$ राउल्ट के नियम से धनात्मक विचलन प्रदर्शित करता है ऐसीटोन-CS_2 आकर्षण ऐसीटोन-ऐसीटोन आकर्षण और $CS_2 - CS_2$ आकर्षण से दुर्बल है।

20 *(c)* सही मिलान A-3, B-1, C-2, D-4 है।

21 *(a)* तनु विलयन के लिए राउल्ट के नियम के अनुसार,

$$\frac{p^\circ - p}{p^\circ} = \frac{n}{N}$$

[जहाँ, n = ग्लूकोज़ के मोलों की संख्या, N = H_2O के मोलों की संख्या]

दिए गए मानों को प्रतिस्थापित करने पर, हमें प्राप्त होता है

$$\frac{0.2 \text{ mmHg}}{54.2 \text{ mmHg}} = \frac{w \times 18 \text{ ग्राम/ मोल}}{180 \times 100 \text{ ग्राम}}$$

$$w = \frac{100}{271 \times 18} \times 180 = 3.69 \text{ ग्राम}$$

22 *(b)* विलयन का द्रव्यमान = 18 + 2 = 20 ग्राम

X का द्रव्यमान %

$$= \frac{\text{विलेय का द्रव्यमान}}{\text{विलयन का द्रव्यमान}} \times 100$$

$$= \frac{2}{20} \times 100 = 10\%$$

23 *(b)* $\Delta T_b = K_b \times m$

$(\Delta T_b)_A = (\Delta T_b)_B$ (दिया गया है)

$\therefore \quad m_A = m_B$

$$= \frac{\text{विलेय का द्रव्यमान} \times 1000}{\text{विलेय का अणुभार} \times \text{विलायक का भार}}$$

(ग्राम में)

मोललता $\frac{2 \times 1000}{M_A \times 98} = \frac{8 \times 1000}{M_B \times 92}$

$\therefore \quad M_B \simeq 4M_A$

24 *(a)* (A) और (R) दोनों सही हैं और (R), (A) की सही स्पष्टीकरण है।

25 *(c)* अब, $p = \frac{M}{V} \Rightarrow M = p \cdot V$

$= 1.05 \times 0.5 = 0.525$ ग्राम

सूत्र के अनुसार,

$\Delta T_f = iK_f m \qquad (m = \text{मोललता})$

मान लीजिए, विलयन का द्रव्यमान = 1 किग्रा = 1000 ग्राम

विलायक का द्रव्यमान = 1000 − 0.525 = 999.475 ग्राम (फॉर्मिक अम्ल)

इसलिए, $m = \frac{0.525 \times 1000}{46 \times 999.475} = 0.0114$

$\Delta T_f = iK_f\,(0.0114) \Rightarrow i = \frac{0.0405}{1.86 \times 0.0114} \approx 1.9$

स्किल बूस्टर्स

1 *(d)* $\Delta T_f = K_f m$

$0.45 = K_f \times m \qquad \ldots (i)$

$\Delta T_b = iK_b m$

$0.25 = iK_b m \qquad \ldots (ii)$

समीकरणों (i) और (ii) को विभाजित करने पर, $i = 1.944$

चूंकि, वान्ट हॉफ गुणांक, $i > 1$, यह वियोजन की स्थिति है।

2 *(b)* $\Delta T_f = \frac{K_f \times 1000 \times w_B}{w_A \times M_B}$

$(w_B = 2000 \times 0.8 = 1600$ ग्राम)

$= \frac{1.86 \times 1000 \times 1600}{16000 \times 32} = 5.81$

हिमांक बिन्दु $= 0 - 5.81 = -5.81°C$

3 *(a)* अंतरआण्विक बलों में कमी के साथ वाष्प दाब बढ़ता है। जब बल दुर्बल होते हैं, तो द्रव में उच्च अस्थिरता और अधिकतम वाष्प दाब होता है। डाइएथिल ईथर में सबसे अधिक वाष्प दाब होता है जबकि जल में सबसे कम वाष्प दाब होता है।

4 *(b)* $\Delta T_f = iK_f m$

$7.45 = i \times 1.86 \times 2.0 \Rightarrow i = 2.0$

तो, सूत्र है $[Pt(H_2O)_3Br_3]\ Br \cdot 3H_2O$ जो विलयन में $[Pt(H_2J)_3Br_3]^+$ और Br^- आयनों के रूप में आयनित होता है

5 *(b)* MeOH का द्रव्यमान

$= 50 \times 0.791 = 39.55$ ग्राम

Et OH का द्रव्यमान $= 50 \times 0.998 = 49.9$ ग्राम

$M_1 = \frac{49.9 \times 1000}{46 \times 100} = 10.84$

$M_2 = \frac{39.55 \times 1000}{32 \times 100} = 12.36$

इस प्रकार, $M_2 > M_1$

और $M_1 + M_2 = 12.36 + 10.84 = 23.2 < 50$

6 *(b)* बेन्जीन में, m

$m = \frac{\Delta T_f}{K_f} = 0.205$

H_2O में आयनीकरण होता है $(\alpha = 1)$,

$i = \frac{\Delta T_f}{K_f\, m} = 3$

7 *(a)* अल्पपरासरी विलयन में, जल अंदर की ओर जाता है और किशमिश फूल जाती है जबकि अतिपरासरी विलयन में जल बाहर की ओर जाता है और किशमिश सिकुड़ जाती है।

8 *(c)* दो विलायकों के मोलर द्रव्यमानों के बीच सम्बन्ध है

$M_A = \frac{5}{4} M_B \qquad \ldots(i)$

वाष्प दाब का आपेक्षिक अवनमन a विलेय के α मोल प्रभाज के बराबर होता है। दिए गए 5 मोलल विलयन का अर्थ है 5 मोल विलेय.

विलायक के मोलों की संख्या $= \frac{1000 \text{ ग्राम}}{M}$

विलेय का मोल प्रभाज

अतः, $M_A \times \frac{5}{1000} = x \times M_B \times \frac{5}{1000} \qquad \ldots(ii)$

समीकरण (i) को समीकरण (ii) में प्रतिस्थापित कीजिए।

$\frac{5}{4} \times M_B \times \frac{5}{1000} = x \times M_B \times \frac{5}{1000}$

$x = \frac{5}{4}$

02

रसायन की Concept Master *Videos* के लिए *Scan* करें

वैद्युत रसायन

Electrochemistry

वैद्युत रसायन स्वतः प्रवर्तित (spontaneous) रासायनिक अभिक्रियाओं में निर्गमित ऊर्जा (energy released) से विद्युत उत्पादन एवं विद्युतीय ऊर्जा के स्वतः अप्रवर्तित (Non- spontaneous) रासायनिक परिवर्तनों में उपयोग का अध्ययन है।

वैद्युत रासायनिक सेल (Electrochemical Cells)

- वैद्युत रासायनिक सेल एक युक्ति है, जो रेडॉक्स अभिक्रिया में उत्सर्जित रासायनिक ऊर्जा को वैद्युत ऊर्जा में परिवर्तित करती है। उदाहरण डेनियल सेल।
- वह सेल, जिसका विद्युत विभव 1.1 वोल्ट के बराबर होता है और Zn^{2+} तथा Cu^{2+} आयनों की सान्द्रता एक इकाई (1 मोल डेसीमी$^{-3}$ होती हैं, **गैल्वेनी सेल या वोल्टीय सेल** कहलाता है।

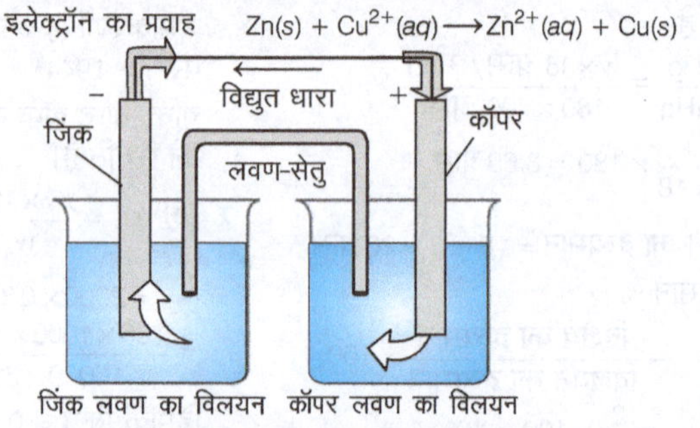

डेनियल सेल जिसमें जिंक एवं कॉपर इलेक्ट्रोड अपने-अपने लवणों के विलयनों में डुबे हुए हैं।

- यदि गैल्वेनी सेल में एक विपरीत बाह्य विभव लगाया जाता है, तो तीन स्थितियाँ देखने में आती हैं।

स्थिति I जब $E_{बाह्य} < 1.1$ वोल्ट

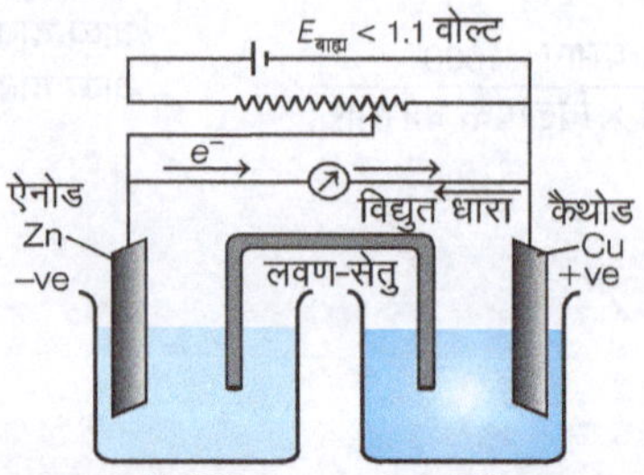

(i) इलेक्ट्रॉनों का प्रवाह जिंक छड़ से कॉपर छड़ की ओर होता है। अतः विद्युत धारा कॉपर से जिंक की ओर प्रवाहित होती है।

(ii) जिंक ऐनोड पर घुलता है तथा कॉपर कैथोड पर निक्षेपित होता है।

5 वर्षों में NEET में पूछे गये शीर्षकवार प्रश्न

शीर्षक	वर्षवार प्रश्नों की संख्या				
	2024	2023	2022	2021	2020
वैद्युत रासायनिक एवं गैल्वनिक सेल	–	–	2	–	1
नर्नस्ट समीकरण	–	–	1	–	–
वैद्युत अपघटनी विलयनों की चालकता	–	1	–	2	–
वैद्युत अपघटनी सेल और वैद्युत अपघटन	2	–	–	–	2
बैटरियाँ, ईंधन सेल और संक्षारण	–	–	–	–	1

NEET में विगत 5 वर्षों में पूछे गये विशेष प्रकार के प्रश्न

प्रकार	वर्ष				
	2024	2023	2022	2021	2020
अभिकथन–कारण	–	–	–	–	–
कथन आधारित	–	–	–	–	–
सुमेलन	1	–	–	–	–

NEET के विगत 5 वर्षों का भारांकन

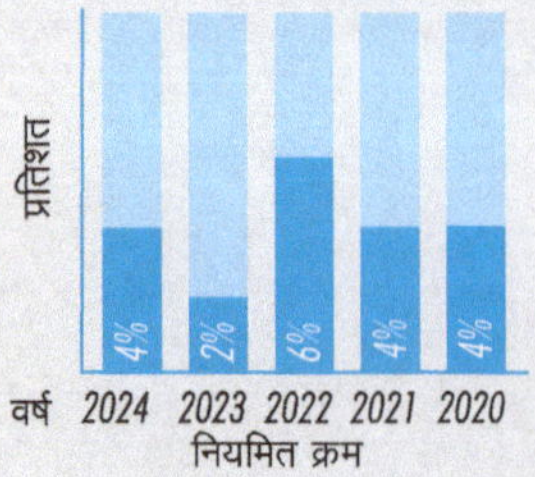

स्थिति II जब $E_{\text{बाह्य}}$ = 11. वोल्ट

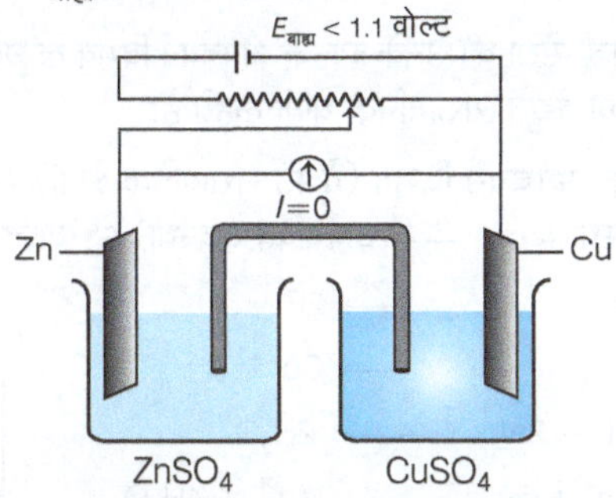

(i) इलेक्ट्रॉनों अथवा विद्युत धारा का कोई प्रवाह नहीं होता।

(ii) कोई रासायनिक अभिक्रिया नहीं होती है।

स्थिति III जब $E_{\text{बाह्य}}$ > 1.1 वोल्ट

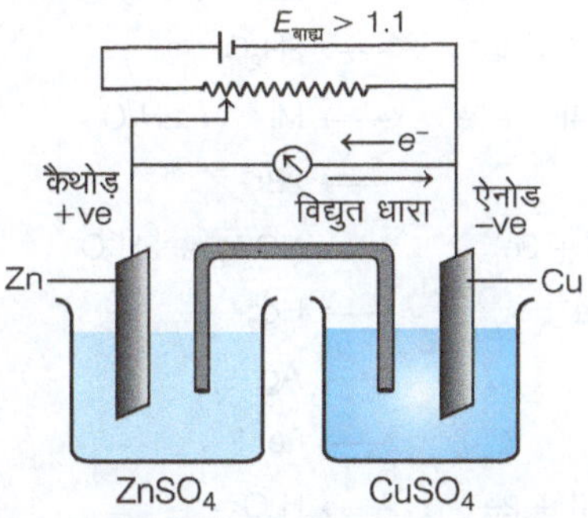

(i) इलेक्ट्रॉनों का प्रवाह कॉपर से जिंक की ओर तथा विद्युत धारा का प्रवाह जिंक से कॉपर की ओर होता है।

(ii) जिंक, जिंक इलेक्ट्रोड पर निक्षेपित होता है तथा कॉपर, कॉपर इलेक्ट्रोड पर घुलता है।

(iii) इस स्थिति में, सेल एक **वैद्युत अपघटनी सेल** (electrolytic cell) के समान कार्य करता है।

गैल्वेनिक सेल (Galvanic Cell)

- गैल्वेनिक सेल एक वैद्युत रासायनिक सेल है जो एक स्वतः रेडॉक्स अभिक्रिया की रासायनिक ऊर्जा (गिब्ज ऊर्जा) को विद्युतीय ऊर्जा में रूपान्तरित करता है, जिसको मोटर या अन्य विद्युतीय उपकरणों, जैसे-हीटर, पंखा, गीजर इत्यादि में उपयोग किया जाता है।
- धातु और विलयन जिसमें इलेक्ट्रोड डूबा रहता है, के धातु आयनों के बीच विभवान्तर उत्पन्न हो जाता है, जिसे **इलेक्ट्रोड विभव** (electrode potential) कहते हैं। 1 वायुमण्डल दाब और वैद्युत अपघट्य की 1 M सान्द्रता पर इलेक्ट्रोड विभव को **मानक इलेक्ट्रोड विभव** (standard electrode potential), E° कहते हैं।
- गैल्वेनिक सेल दो भागों जिन्हें **अर्द्ध-सेल** (half-cells) कहते हैं, से बनी होती है। प्रत्येक अर्द्धसेल में एक धात्विक छड़ अर्थात् धात्विक इलेक्ट्रोड अपने लवण के विलयन जिसे **विद्युत अपघट्य** कहते हैं, में डूबे रहते हैं। ये दोनों अर्द्धसेल एक वोल्टमीटर और एक स्विच के माध्यम से धात्विक तार द्वारा जुड़े रहते हैं। दोनों अर्द्धसेलों के विद्युतअपघट्य अन्दर से **लवण सेतु** (salt bridge) द्वारा जुड़े रहते हैं।
- लवण सेतु वैद्युत रासायनिक सेल की क्रियाविधि में एक महत्त्वपूर्ण भूमिका निभाता है। क्योंकि यह परिपथ को पूर्ण करता है तथा यह दोनों अर्द्धसेलों में विलयनों (वैद्युत अपघट्यों) की उदासीनता को बनाए रखता है, जिससे सेल निर्बाध रूप से कार्य करता रहता है।
- गैल्वेनिक सेल की वह इलेक्ट्रॉड, जिस पर ऑक्सीकरण होता है, **ऐनोड** (anode) कहलाता है। विलयन के सापेक्ष इसका विभव ऋणात्मक होता है। अतः इसे (–ve) चिन्ह से व्यक्त किया जाता है। सेल निरूपण में इसे बाईं ओर लिखा जाता है।
- इलेक्ट्रॉड जिस पर अपचयन होता है, **कैथोड** (cathode) कहलाता है। विलयन के सापेक्ष इसका विभव धनात्मक होता है। अतः इसे (+ve) चिन्ह से व्यक्त किया जाता है। सेल निरूपण में इसे दाईं ओर लिखा जाता है। किसी वैद्युत रासायनिक सेल का सामान्य निरूपण निम्न प्रकार दिया जा सकता है

$$\underset{\text{ऐनोड}}{M_1(s)} \mid \underset{\text{ऑक्सीकरण अर्द्धसेल}}{M_1^{n+}(aq)} \parallel \underset{\text{अपचयन अर्द्धसेल}}{M_2^{n+}(aq)} \mid \underset{\text{कैथोड}}{M_2(s)}$$

इलेक्ट्रॉनों का प्रवाह →

M_1 और M_2 के स्थान पर भिन्न धातुएँ हो सकती हैं।

- IUPAC के नियमानुसार मानक अपचयन विभव को अब **मानक इलेक्ट्रोड विभव** (standard electrode potential) कहा जाता है।
- किसी सेल के दोनों अर्द्धसेलों के इलेक्ट्रोड विभवों (अपचयन विभवों) में अन्तर को **सेल विभव** (cell potential) कहा जाता है।
- किसी सेल का सेल विभव, **वैद्युत वाहक बल** कहलाता है जब सेल में कोई धारा प्रवाहित नहीं हो रही होती है। इसे वोल्ट (V) में मापा जाता है।

$$E_{\text{सेल}} = E_{(\text{दायाँ})} - E_{(\text{बायाँ})}$$

अथवा $$E_{\text{सेल}} = E_{(\text{कैथोड})} - E_{(\text{ऐनोड})}$$

सेल अभिक्रिया के स्वतः प्रवर्तित होने के लिए $E_{\text{सेल}}$ धनात्मक होना चाहिए।

Marks Maximizer

लवण सेतु, द्रव-द्रव संधि विभव को रोकता है या न्यूनतम करता है, जो अधिक सान्द्रित विलयन से कम सान्द्रित विलयन में धनायनों और ऋणायनों के विसरण की दर में अन्तर के कारण उत्पन्न होता है।

इलेक्ट्रोड विभव का मापन (Measurement of Electrode Potential)

अकेले अर्द्धसेल के विभव का मापन नहीं किया जा सकता। हम केवल दो अर्द्धसेलों के विभवों में अन्तर को परिपथ में वोल्टमीटर के द्वारा माप सकते हैं।

- **मानक हाइड्रोजन इलेक्ट्रोड** (Standard hydrogen electrode) (SHE) में प्लेटिनम ब्लैक से लेपित प्लेटिनम इलेक्ट्रोड होता है। इलेक्ट्रोड अम्लीय विलयन में डुबोया जाता है और शुद्ध हाइड्रोजन गैस को (reference electrode) इसके माध्यम से प्रवाहित किया जाता है। इसका उपयोग सन्दर्भ इलेक्ट्रोड के रूप में किया जाता है, जिसका इलेक्ट्रोड विभव 298 K तापमान पर 0.00 वोल्ट लिया जाता है।

सेल के लिए, $H^+(aq) + e^- \longrightarrow \frac{1}{2}H_2(g); E^\circ = 0.00$ वोल्ट

- हाइड्रोजन इलेक्ट्रोड को ऐनोड (सन्दर्भ अर्द्ध-सेल) तथा किसी दूसरी सेल को कैथोड़ लेकर बनाई गई एक सेल का 298 K पर मापा गया वैद्युत वाहक बल (emf) दूसरी अर्द्धसेल के अपचयन विभव का मान देता है।

$$\text{सेल का emf}, = E^\circ_{\text{सेल}} = E^\circ_R - E^\circ_L$$

NEET 2022

- चूँकि मानक हाइड्रोजन इलेक्ट्रोड का विभव E°_L शून्य होता है। अतः

$$E^\circ = E^\circ_R - 0 = E^\circ_R$$

उदाहरण निम्नलिखित सेलों का मापित emf

(a) $Pt(s) \mid H_2(g, 1\ bar) \mid H^+(aq, 1M) \mid\mid Cu^{2+}(aq, 1\ M) \mid Cu$ (= 0.34 वोल्ट)

(b) $Pt(s) \mid H_2(g, 1\ bar) \mid H^+(aq, 1M) \mid\mid Zn^{2+}(aq, 1\ M) \mid Zn$ (= – 0.76 वोल्ट)

- प्रथम स्थिति में मानक इलेक्ट्रोड विभव का धनात्मक मान इंगित करता है कि Cu^{2+} आयन H^{2+} आयनों की तुलना में आसानी से अपचयित हो जाते हैं, जबकि दूसरी स्थिति में मानक इलेक्ट्रोड विभव का ऋणात्मक मान इंगित करता है कि हाइड्रोजन आयन जिक को ऑक्सीकृत कर सकते हैं।

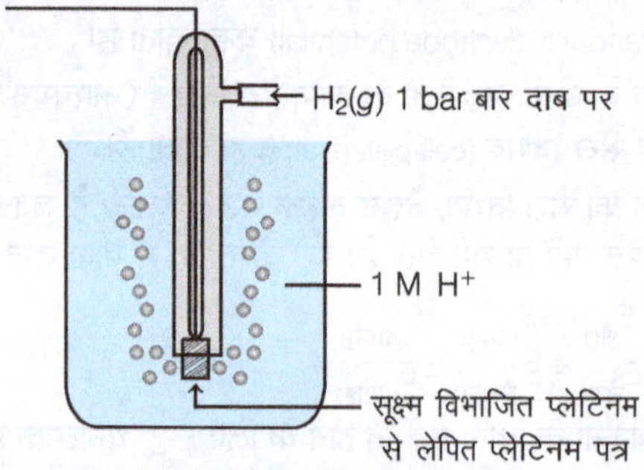

मानक हाइड्रोजन इलेक्ट्रॉड (SHE)

- कभी-कभी प्लेटिनम एवं स्वर्ण जैसी धातुएँ निष्क्रिय इलेक्ट्रोड के रूप में प्रयुक्त होती हैं। वे अभिक्रिया में भाग नहीं लेती, परन्तु ऑक्सीकरण एवं अपचयन अभिक्रियाओं के लिए एवं इलेक्ट्रॉनों के चालन के लिए अपनी सतह प्रदान करती हैं।
- वैद्युत रासायनिक सेलों का व्यापक उपयोग विलयनों की pH ज्ञात करने में, विलेयता गुणनफल, साम्यावस्था स्थिरांक तथा अन्य ऊष्मागतिकीय गुणों एवं विभवमितीय अनुमापनों में होता है।

Marks Maximizer

कैलोमल इलेक्ट्रोड (Calomel electrode) का उपयोग अब द्वितीयक सन्दर्भ इलेक्ट्रोड के रूप में किया जाता है। यह एक प्रकार का अर्द्धसेल है, जिसमें इलेक्ट्रोड कैलोमल (Hg_2Cl_2) लेपित पारा होता है तथा वैद्युत अपघट्य KCl और संतृप्त कैलोमल (Hg_2Cl_2) का विलयन होता है।

सम्पूर्ण अभिक्रिया इस प्रकार है

$$Hg_2Cl_2(s) + 2e^- \longrightarrow 2Hg(l) + 2Cl^-$$

वैद्युत-रासायनिक श्रेणी (Electrochemical Series)

विभिन्न मानक अर्द्ध-सेलों को उनके मानक अपचयन विभव के घटते क्रम में व्यवस्थित करने को वैद्युत-रासायनिक श्रेणी कहते हैं। NEET 2020

298 K पर मानक अपचयन विभव (वैद्युत रासायनिक श्रेणी) अभिक्रिया (ऑक्सीकृत अवस्था + ne^- ⟶ अपचयित अवस्था) E°/वोल्ट

(बढ़ती हुई ऑक्सीकारक क्षमता ↑ ; बढ़ती हुई अपचायक क्षमता ↓)

$F_2(g) + 2e^-$	$\longrightarrow 2F^-$	2.87
$Co^{3+} + e^-$	$\longrightarrow Co^{2+}$	1.81
$H_2O_2 + 2H^+ + 2e^-$	$\longrightarrow 2H_2O$	1.78
$MnO_4^- + 8H^+ + 5e^-$	$\longrightarrow Mn^{2+} + 4H_2O$	1.51
$Au^{3+} + 3e^-$	$\longrightarrow Au(s)$	1.40
$Cl_2(g) + 2e^-$	$\longrightarrow 2Cl^-$	1.36
$Cr_2O_7^{2-} + 14H^+ + 6e^-$	$\longrightarrow 2Cr^{3+} + 7H_2O$	1.33
$O_2(g) + 4H^+ + 4e^-$	$\longrightarrow 2H_2O$	1.23
$MnO_2(s) + 4H^+ + 2e^-$	$\longrightarrow Mn^{2+} + 2H_2O$	1.23
$Br_2 + 2e^-$	$\longrightarrow 2Br^-$	1.09
$NO_3^- + 4H^+ + 3e^-$	$\longrightarrow NO(g) + 2H_2O$	0.97
$2Hg^{2+} + 2e^-$	$\longrightarrow Hg_2^{2+}$	0.92
$Ag^+ + e^-$	$\longrightarrow Ag(s)$	0.80
$Fe^{3+} + e^-$	$\longrightarrow Fe^{2+}$	0.77
$O_2(g) + 2H^+ + 2e^-$	$\longrightarrow H_2O_2$	0.68
$I_2 + 2e^-$	$\longrightarrow 2I^-$	0.54
$Cu^+ + e^-$	$\longrightarrow Cu(s)$	0.52
$Cu^{2+} + 2e^-$	$\longrightarrow Cu(s)$	0.34
$AgCl(s) + e^-$	$\longrightarrow Ag(s) + Cl^-$	0.22
$AgBr(s) + e^-$	$\longrightarrow Ag(s) + Br^-$	0.10
$2H^+ + 2e^-$	$\longrightarrow H_2(g)$	0.00
$Pb^{2+} + 2e^-$	$\longrightarrow Pb(s)$	–0.13
$Sn^{2+} + 2e^-$	$\longrightarrow Sn(s)$	–0.14
$Ni^{2+} + 2e^-$	$\longrightarrow Ni(s)$	–0.25
$Fe^{2+} + 2e^-$	$\longrightarrow Fe(s)$	–0.44
$Cr^{3+} + 3e^-$	$\longrightarrow Cr(s)$	–0.74
$Zn^{2+} + 2e^-$	$\longrightarrow Zn(s)$	–0.76
$2H_2O + 2e^-$	$\longrightarrow H_2(g) + 2OH^-(aq)$	–0.83
$Al^{3+} + 3e^-$	$\longrightarrow Al(s)$	–1.66
$Mg^{2+} + 2e^-$	$\longrightarrow Mg(s)$	–2.36
$Na^+ + e^-$	$\longrightarrow Na(s)$	–2.71
$Ca^{2+} + 2e^-$	$\longrightarrow Ca(s)$	–2.87
$K^+ + e^-$	$\longrightarrow K(s)$	–2.93
$Li^+ + e^-$	$\longrightarrow Li(s)$	–3.05

- अपचायक क्षमता $\propto \dfrac{1}{\text{मानक अपचयन विभव}}$ **NEET 2019**

  अतः मानक अपचयन विभव का मान जितना अधिक ऋणात्मक होगा अपचायक क्षमता उतनी अधिक होगी।
- यदि किसी इलेक्ट्रोड का मानक इलेक्ट्रोड विभव शून्य से अधिक है, तो इसकी अपचयित अवस्था हाइड्रोजन गैस की तुलना में अधिक स्थाई होती है।

नर्नेस्ट समीकरण (Nernst Equation)

- इलेक्ट्रोड विभव और विलयन की सान्द्रता में सम्बन्ध नर्नेस्ट समीकरण द्वारा दिया गया है।

  Concept Master Video के लिए

  एक सामान्य वैद्युत रासायनिक अभिक्रिया के लिए,

$$aA + bB \xrightarrow{ne^-} cC + dD$$

$$E_{\text{सेल}} \text{ या EMF} = E^\circ_{\text{सेल}} - \frac{2.303RT}{nF}\log Q$$ **NEET 2022, 19**

जहाँ, n = ग्रहण अथवा खोए हुए इलेक्ट्रॉनों की कुल संख्या

1F = 96500 कूलॉम

T = तापमान

R = गैस स्थिरांक (8.314 जूल K^{-1}मोल$^{-1}$

Q = समग्र अभिक्रिया का अभिक्रिया भागफल $\left(\dfrac{[C]^c[D]^d}{[A]^a[B]^b}\right)$

- शुद्ध ठोसों की सान्द्रता इकाई मानी जाती है।

$$298\text{ K पर, } E_{\text{सेल}} = E^\circ_{\text{सेल}} - \frac{0.0591}{n}\log Q$$

नर्नेस्ट समीकरण से साम्य स्थिरांक (Equilibrium Constant from Nernst Equation)

साम्य पर, $E_{\text{सेल}} = 0$

(i) $E^\circ_{\text{सेल}} = \dfrac{2.303RT}{nF}\log K_C$

जहाँ K_C = साम्य स्थिरांक

(ii) $T = 298$ K पर, $E^\circ_{\text{सेल}} = \dfrac{0.0591}{n}\log K_C$

वैद्युत रासायनिक सेल और अभिक्रिया की गिब्स ऊर्जा (Electrochemical Cell and Gibbs Energy of Reaction)

$$\Delta_r G = -nFE_{\text{सेल}}$$

- यदि समस्त अभिक्रियाकारी स्पीशीज की सान्द्रता एक इकाई हो, तब

$$E_{\text{सेल}} = E^\circ_{\text{सेल}}$$

अतः $\qquad \Delta_r G^\circ = -nFE^\circ_{\text{सेल}}$

अथवा $\qquad \Delta_r G^\circ = -RT\log K$ **NEET 2019**

नोट *$E_{\text{सेल}}$ एक सघन गुण है जबकि $\Delta_r G$ एक विस्तीर्ण गुण है।*

Marks Maximizer

- हाइड्रोजन इलेक्ट्रोड के लिए नर्नेस्ट समीकरण निम्न प्रकार लिखी जा सकती है,

$$E_{H^+/H} = E^\circ_{H^+/H_2} - \frac{0.0591}{n}\log\frac{1}{[H^+]} = -0.0591\,\text{pH}$$

$[\because \text{pH} = -\log[H^+]]$

- सान्द्रता सेल के लिए EMF इस प्रकार दिया जा सकता है

$$E_{\text{सेल}} = \frac{RT}{nF}\ln\frac{C_2}{C_1} \qquad [\text{जहाँ, } C_2 > C_1]$$

- जब दो भिन्न अभिक्रियाओं में इलेक्ट्रॉनों की संख्या भिन्न होती है, तो समग्र मानक इलेक्ट्रोड विभव का परिकलन निम्नलिखित सूत्र के उपयोग द्वारा किया जा सकता है,

$$\Delta G^\circ_3 = \Delta G^\circ_1 + \Delta G^\circ_2 \text{ और } -n_3FE^\circ_3 = -n_1FE^\circ_1 + n_2FE^\circ_2$$

$$E^\circ_3 = \frac{n_1E^\circ_1 + n_2E^\circ_2}{n_3}$$

- विभिन्न सेलों के लिए मुक्त ऊर्जा और सेल विभव में सम्बन्ध,

सेल के प्रकार	ΔG	E	अभिक्रिया के प्रकार
गैल्वेनी सेल	–ve	+ve	स्वतः प्रवर्तित
वैद्युत अपघटनी सेल	+ve	–ve	अस्वतः प्रवर्तित
मृत बैटरी	0	0	साम्य

वैद्युत अपघटनी विलयनों की चालकता (Conductance of Electrolytic solution)

- किसी भी वस्तु का **विद्युतीय प्रतिरोध** (R) उसकी लम्बाई l के अनुक्रमानुपाती तथा अनुप्रस्थ काट के क्षेत्रफल (A) के व्युत्क्रमानुपाती होता है। अर्थात्

$$R \propto \frac{l}{A} \text{ या } R = \rho\frac{l}{A}.$$

जहाँ, ρ को वस्तु की **प्रतिरोधकता (विशिष्ट प्रतिरोध)** कहते हैं। प्रतिरोध की SI इकाई ओम (Ω) है। इसका मापन **व्हीटस्टोन ब्रिज** की सहायता से किया जाता है।

- प्रतिरोधकता (विशिष्ट प्रतिरोध) को 1 मी लम्बाई वाले पदार्थ द्वारा दिए जाने वाले प्रतिरोध के रूप में परिभाषित किया जाता है।

  इसका SI मात्रक ओम-मी ($\Omega - m$) होता है।
- राशि $\dfrac{l}{A}$ को **सेल स्थिरांक** कहा जाता है। इसे प्रतीक G^* से व्यक्त किया जाता है। इसे निम्न सूत्र द्वारा दिया जा सकता है, $G^* = \dfrac{l}{A} = R \times \kappa$
- सेल स्थिरांक (G^*) का मात्रक मी$^{-1}$ होता है।
- **चालकता** (Conductance) (G) प्रतिरोध का व्युत्क्रम है और इसे उस सुगमता के रूप में परिभाषित किया जा सकता है, जिसके साथ विद्युत धारा चालक के माध्यम से प्रवाहित होती है।

$$G = \frac{1}{R} = \frac{A}{\rho\, l}$$

यहाँ R = प्रतिरोध है। चालकत्व का SI मात्रक सीमेन है। जिसे प्रतीक 'S' से निरूपित किया जाता है तथा यह ओम$^{-1}$ (या म्हो) या Ω^{-1} के तुल्य हैं।

- **चालकता या (विशिष्ट चालकता)** (Conductivity or specific conductance (κ) प्रतिरोधकता का व्युत्क्रम होता है। इसे प्रतीक कॉया (κ) से व्यक्त किया जाता है। वैद्युत अपघटनी विलयन की चालकता या विशिष्ट चालकत्व (κ) को 1मी लम्बाई तथा 1 मी² अनुप्रस्थ काट क्षेत्रफल वाले विलयन की चालकता के रूप में परिभाषित किया जा सकता है।

$$\kappa = \frac{1}{R} \times \text{सेल स्थिरांक}$$

NEET 2023

- इसका मात्रक सीमेन मी$^{-1}$ या ओम$^{-1}$ मी$^{-1}$ है।

चालकता के आधार पर पदार्थों के प्रकार
(Types of Substances on the Basis of Conductivity)

पदार्थों को उनकी चालकता के परिमाण के आधार पर चालकों, विद्युतरोधियों (insulators) एवं अर्द्धचालकों में वर्गीकृत किया जाता है।

- काँच, चीनी मिट्टी (सिरेमिक्स), कोयला आदि जैसे पदार्थ जिनकी चालकता बहुत कम होती है **विद्युतरोधी** कहलाते हैं।
- कुछ पदार्थ जैसे सिलिकन, डोपित सिलिकन, गैलियम आर्सेनाइड जिनकी चालकता मध्यम (moderate) होती है **अर्द्धचालक** (semiconductors) कहलाते हैं।
- वे पदार्थ जिनकी चालकता बहुत अधिक होती है, **चालक** (Conductors) कहलाते हैं, उदाहरण-धातु, मिश्रधातु, कुछ अधातुएँ जैसे कार्बन-ब्लैक ग्रेफाइट एवं कुछ कार्बनिक बहुलक।
- वे पदार्थ जो शून्य प्रतिरोधकता और अनन्त-चालकता रखते हैं, **अतिचालक** (superconductors) कहलाते हैं। उदाहरण-धातुएँ और मिश्रधातुएँ बहुत कम तापों (0 K से 15 K) पर अतिचालक होते हैं।

चालकता के प्रकार (Types of Conductance)

धातुओं में विद्युतीय चालकता को **धात्विक** या **इलेक्ट्रॉनिक चालकता** कहते हैं। यह इलेक्ट्रॉनों की गति के कारण होती है। यह निम्न कारकों पर निर्भर करती है।

- धातु की प्रकृति एवं संरचना
- प्रति परमाणु संयोजी इलेक्ट्रॉनों की संख्या
- ताप (यह ताप बढ़ाने पर कम होता है)।

विलयन में उपस्थित आयनों के कारण विद्युत की चालकता को **वैद्युत अपघटनी या आयनिक चालकता** कहते हैं। यह निम्नलिखित कारकों पर निर्भर करती हैं

- मिलाए गए वैद्युत अपघट्य की प्रकृति
- उत्पन्न आयनों के आकार तथा उनके विलयन
- विलायक की प्रकृति एवं उसकी श्यानता
- वैद्युत अपघट्य की सान्द्रता
- ताप (ताप बढ़ाने पर यह बढ़ती है)

आयनिक विलयनों की चालकता का मापन
(Measurement of the Conductivity of Ionic Solutions)

- किसी आयनिक विलयन की चालकता का मापन व्हीटस्टोन ब्रिज की सहायता से इसके प्रतिरोध के सही मापन द्वारा किया जाता है।
- सेल स्थिरांक को साधारणतया पहले से ज्ञात चालकता वाले विलयन (सामान्यतः KCl) को चालकता सेल में लेकर व उसका प्रतिरोध मापकर ज्ञात किया जाता है।

सेल स्थिरांक को निम्नलिखित सूत्र की सहायता से ज्ञात किया जाता है।

$$G^* = \frac{l}{A} = \kappa \cdot R$$

प्रतिरोध मापन की व्यवस्था नीचे चित्र में दर्शाई गई है।

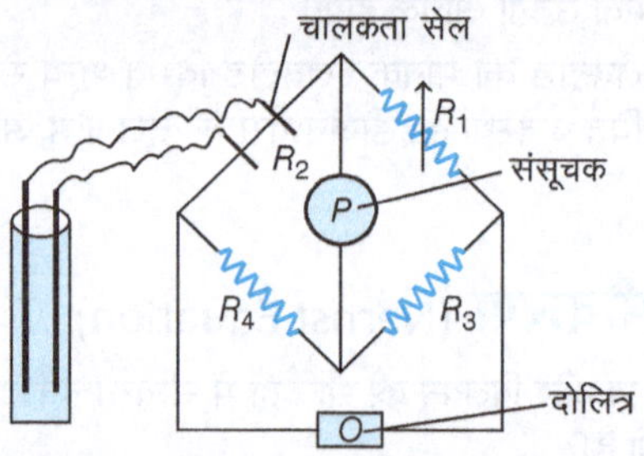

वैद्युत अपघट्य के विलयन से प्रतिरोध मापन की व्यवस्था

(i) इसमें दो प्रतिरोध R_3 और R_4, एक परिवर्तनीय प्रतिरोध R_1 एवं अज्ञात प्रतिरोध R_2 वाली चालकता सेल होती है।

(ii) जब संसूचक में कोई विद्युत धारा प्रवाहित नहीं होती तो ब्रिज सन्तुलित होता है। संतुलित अवस्था में,

$$\frac{R_1}{R_2} = \frac{R_3}{R_4} \text{ अथवा } R_2 = \frac{R_1.R_4}{R_3}$$

- एक बार सेल में उपस्थित विलयन का सेल स्थिरांक एवं प्रतिरोध ज्ञात होने पर विलयन की चालकता निम्नलिखित सूत्र से ज्ञात की जा सकती है

$$\kappa = \frac{\text{सेल स्थिरांक}}{\text{प्रतिरोध}} = \frac{G^*}{R}$$

मोलर चालकता (Molar conductivity) Λ_m को 'A' अनुप्रस्थ काट क्षेत्रफल वाले तथा 1 सेमी दूरी पर स्थित दो इलेक्ट्रोड के बीच रखे गए एक वैद्युत अपघट्य के 1 ग्राम मोल को घोलने से उत्पन्न सभी आयनों की चालकता के रूप में परिभाषित किया जाता है।

मोलर चालकता, $\Lambda_m = \frac{\kappa}{C}$

यदि κ को सीमेन मी$^{-1}$ में एवं सान्द्रता, C को मोल मी$^{-3}$ में व्यक्त किया जाए तो Λ_m का मात्रक सीमेन मी² मोल$^{-1}$ अथवा ओम$^{-1}$ मी² मोल$^{-1}$ होगा।

1 सीमेन मी² मोल$^{-1}$ = 10^4 सीमेन² सेमी² मोल$^{-1}$

सान्द्रता के साथ चालकता एवं मोलर चालकता में परिवर्तन
(Variation of Conductivity and Molar Conductivity with Concentration)

- दुर्बल एवं प्रबल दोनों प्रकार के वैद्युत अपघट्यों की सान्द्रता घटाने पर चालकता हमेशा घटती है। इसका कारण यह है कि तनुकरण करने पर प्रति इकाई आयतन में विद्युत धारा ले जाने वाले आयनों की संख्या घट जाती है।
- मोलर चालकता को इस प्रकार भी लिखा जा सकता है,

$$\Lambda_m = \frac{\kappa.A}{l} = \kappa$$

चूँकि $l = 1$ एवं $A = V$ (आयतन, जिसमें वैद्युत अपघट्य का एक मोल घुला हो)

$\therefore \quad \Lambda_m = \kappa V$

- सान्द्रता घटने के साथ मोलर चालकता बढ़ती है क्योंकि 1 मोल वैद्युत अपघट्य युक्त विलयन का कुल आयतन V बढ़ जाता है।

- जब सान्द्रता शून्य की ओर पहुँचने लगती है, तो मोलर चालकता का सीमान्त मान होता है, जिसे **सीमान्त मोलर चालकता** (limiting molar conductivity) कहते हैं। इसे प्रतीक Λ_m° से व्यक्त किया जाता है।
- **प्रबल वैद्युत अपघट्यों** के लिए, Λ_m का मान तनुता के साथ धीरे-धीरे बढ़ता है तथा इसे **डिबाई-हकल ऑनसेगर समीकरण** द्वारा निरूपित किया जा सकता है।

$$\Lambda_m = \Lambda_m^\circ - A\sqrt{(C)}$$

- यदि हम Λ_m को $\sqrt{C}$ के विपरीत आरेखित करते हैं, तो हमें एक सीधी रेखा प्राप्त होती है जिसका ढलान Λ_m° एवं अवरोध $-A$ के बराबर होता है।
- दिए गए विलायक एवं ताप पर स्थिरांक 'A' का मान वैद्युत अपघट्य के प्रकार, अर्थात् विलयन में वैद्युत अपघट्य के वियोजन से उत्पन्न धनायन एवं ऋणायन के आवेशों पर निर्भर करता है।
- **दुर्बल वैद्युत अपघट्य** (weak electrolytes) जैसे ऐसीटिक अम्ल उच्च सान्द्रता पर अल्प वियोजित होते हैं। इनके लिए Λ_m का मान अल्प सान्द्रता के समीप तनुकरण पर Λ_m तेजी से बढ़ता है।
- निम्न सान्द्रता परासों में, दुर्बल वैद्युत अपघटन पर Λ_m तथा $\sqrt{C}$ के मध्य ग्राफ खींचने पर यह Y-अक्ष के समानान्तर हो जाता है इसलिए सीमान्त मोलर चालकता (Λ_m°) को प्लॉट के बहिर्वेशन द्वारा प्राप्त नहीं किया जा सकता। इसका निर्धारण **"कोलराउश के आयनों के लिए स्वतन्त्र अभिगमन नियम"** का उपयोग कर किया जा सकता है।
- सान्द्रता के साथ Λ_m में परिवर्तित प्रबल और दुर्बल वैद्युत अपघट्यों के लिए निम्नलिखित ग्राफ में दर्शाया गया है

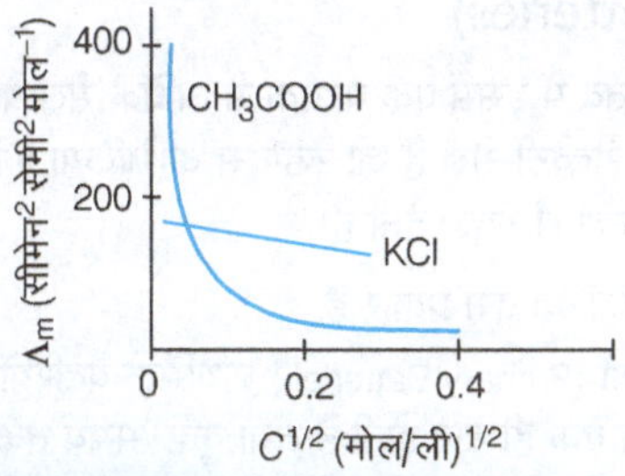

Marks Maximizer

तुल्यांकी चालकता (Equivalent Conductivity (λ_{eq})) विलयन में वैद्युत अपघट्य के 1 ग्राम तुल्यांक को घोलने पर प्राप्त सभी आयनों की चालकता को **तुल्यांकी चालकता** कहते हैं। $\lambda_{eq} = \dfrac{\kappa \times 1000}{\text{नॉर्मलता}}$

इसका मात्रक ओम$^{-1}$ सेमी^{2} तुल्यांक$^{-1}$ अथवा सीमेन सेमी^{2} तुल्यांक$^{-1}$ अथवा महो सेमी^{2} तुल्यांक$^{-1}$ होता है। यह तनुता के साथ बढ़ती है।

कोलराउश का नियम (Kohlrausch's Law)

Concept Master
Video के लिए

इस नियम के अनुसार एक वैद्युत अपघट्य की सीमान्त मोलर चालकता को वैद्युत अपघट्य के धनायन एवं ऋणायन की चालकता के अलग-अलग योगदान के योग के बराबर निरूपित किया जा सकता है।

NEET 2019

$$\Lambda_m^\circ = x\lambda_m^\circ + y\lambda_m^\circ$$

(x और y = धनायनों और ऋणायनों की संख्या)

उदाहरण सोडियम क्लोराइड की सीमान्त मोलर चालकता निम्नलिखित समीकरण द्वारा दर्शायी जा सकती है

$$\Lambda_{m(NaCl)}^\circ = \lambda_{Na^+}^\circ + \lambda_{Cl^-}^\circ$$

कोलराउश नियम के कुछ महत्त्वपूर्ण उपयोग निम्न प्रकार हैं

(i) **वियोजन की मात्रा** (Degree of dissociation) दुर्बल अपघट्य के वियोजन की मात्रा का परिकलन निम्न सूत्र की सहायता से किया जा सकता है,

$$\alpha = \frac{\Lambda_m}{\Lambda_m^\circ}$$

NEET 2022

जहाँ Λ_m और Λ_m° = दी गई सान्द्रता पर क्रमशः मोलर चालकता और सीमान्त मोलर चालकता हैं।

(ii) **वियोजन स्थिरांक** (Dissociation constant) किसी दुर्बल वैद्युत अपघट्य के लिए वियोजन स्थिरांक का परिकलन निम्न सूत्र की सहायता से किया जा सकता है

$$K_a = \frac{C\alpha^2}{(1-\alpha)} = \frac{C\Lambda_m^2}{\Lambda_m^\circ(\Lambda_m^\circ - \Lambda_m)}$$

[जहाँ C = सान्द्रता तथा α = वियोजन की मात्रा है।]

वैद्युत अपघटनी सेल और वैद्युत अपघटन

(Electrolytic Cells and Electrolysis)

- **वैद्युत अपघटनी सेल** में रासायनिक अभिक्रिया करने के लिए विभव का बाह्य स्रोत प्रयुक्त किया जाता है।
- वैद्युत अपघट्य की गलित अवस्था एवं इसके जलीय विलयन में विद्युत धारा प्रवाहित करके इसके विघटन की क्रिया को **वैद्युत अपघटन** कहते हैं।
- **माइकल फैराडे ने वैद्युत अपघटन** के मात्रात्मक पक्षों का विस्तीर्ण अध्ययन किया। इनके वैद्युत अपघटन के नियम को फैराडे के वैद्युत अपघटन के नियम से कहा जाता है।

(i) **वैद्युत अपघटन का फैराडे का प्रथम नियम** (Faraday's First Law of Electrolysis) विद्युत धारा द्वारा वैद्युत अपघटन में रासायनिक विघटन की मात्रा वैद्युतअपघट्य (विलयन या गलित वैद्युत अपघट्य अवस्था) में प्रवाहित विद्युत धारा की मात्रा के समानुपाती होती है। NEET 2020, 2024

$$W \propto Q$$
$$W = ZQ$$
$$W = Zit \qquad (\because Q = i \times t)$$

जहाँ Q = विद्युत की मात्रा,
i = विद्युत धारा (ऐम्पियर में),
t = समय (सेकण्ड में)

और Z = वैद्युत रासायनिक तुल्यांक अथवा समानुपाति स्थिरांक है। एक इलेक्ट्रॉन पर आवेश 1.6021×10^{-19} कूलॉम के बराबर होता है। अतः एक मोलर इलेक्ट्रॉनों पर आवेश होगा

$$N_A \times 1.6021 \times 10^{-19} \text{ कूलॉम} = 6.02 \times 10^{23} \text{ मोल}^{-1} \times 1.6021 \times 10^{-19}$$
$$= 96487 \text{ कूलॉम मोल}^{-1}$$

विद्युत की इस मात्रा को **फैराडे** कहते हैं एवं इसे प्रतीक F से निरूपित करते हैं। सन्निकट गणना के लिए हम 1 फैरेड को 96500 कूलॉम मोल$^{-1}$ के बराबर लेते हैं।

(ii) **वैद्युत अपघटन का फैराडे का द्वितीय नियम** (Faraday's Second Law of electrolysis) विभिन्न वैद्युत अपघटनी विलयनों में विद्युत की

समान मात्रा प्रवाहित करने पर मुक्त विभिन्न पदार्थों की मात्राएँ इनके रासायनिक तुल्यांकी द्रव्यमान के समानुपाती होती है।

$$\frac{w_1}{w_2} = \frac{E_1}{E_2}$$

जहाँ W = पदार्थ का द्रव्यमान तथा E = पदार्थ का तुल्यांकी भार है।

$$E = \frac{\text{तत्व का परमाण्विक द्रव्यमान}}{\text{तत्व के एक परमाणु / आयन द्वारा ग्रहण या खोये हुए इलेक्ट्रॉनों की संख्या}}$$

वैद्युत अपघटन के उत्पाद (Products of Electrolysis)

- वैद्युत अपघटन के उत्पाद अपघटित होने वाले पदार्थों की अवस्था तथा प्रयुक्त इलेक्ट्रॉडों के प्रकार पर निर्भर करते हैं। ये वैद्युत अपघटनी सेल में उपस्थित विभिन्न ऑक्सीकारक एवं अपचायक स्पीशीज एवं उनके मानक इलेक्ट्रोड विभवों एवं अतिरिक्त विभव (जिसे अधिविभव over potential कहते हैं) पर निर्भर करते हैं। वैद्युत अपघटन के कुछ महत्त्वपूर्ण उदाहरण इस प्रकार हैं
- गलित सोडियम क्लोराइड वैद्युत अपघटित होकर कैथोड पर सोडियम धातु और ऐनोड पर क्लोरीन देता है।
- सोडियम क्लोराइड का जलीय विलयन वैद्युत अपघटित होकर कैथोड पर हाइड्रोजन गैस और ऐनोड पर क्लोरीन गैस देता है।

नोट *$E°$ के उच्च मान के कारण कैथोड़ पर H_2 गैस उत्पन्न होती है तथा ऑक्सीजन के अधिविभव के कारण ऐनोड़ पर क्लोरीन गैस के मुक्त होने की अभिक्रिया को वरीयता प्राप्त होती है।*

- प्लेटिनम इलेक्ट्रॉडों का प्रयोग करके तनु सल्फ्यूरिक अम्ल के वैद्युत अपघटन से ऐनोड पर ऑक्सीजन और कैथोड पर हाइड्रोजन गैस मुक्त होती है। **NEET 2020**
- सान्द्र सल्फ्यूरिक अम्ल वैद्युत अपघटित होकर ऐनोड़ पर $S_2O_8^{2-}$ आयन तथा कैथोड पर हाइड्रोजन गैस मुक्त करता है।

Marks Maximizer

डिस्चार्ज विभव वह न्यूनतम विभव है जिसका वैद्युत अपघटन करने के लिए इलेक्ट्रोड पर लगाया जाना चाहिए और इस प्रकार इलेक्ट्रोड पर आयनों का डिस्चार्ज, डिस्चार्ज विभव कहलाता है। ऋणात्मक आयनों के केस में अपेक्षाकृत निम्न मानक अपचयन विभव मान निम्न डिस्चार्ज विभव को इंगित करता है जबकि धनात्मक आयनों के केस में अपेक्षाकृत उच्च मानक अपचयन विभव निम्न डिस्चार्ज विभव को इंगित करता है।

वैद्युत अपघटन सेल और वैद्युत रासायनिक सेल में अन्तर

वैद्युत अपघटन सेल	वैद्युत रासायनिक सेल
स्वतः अप्रवर्तित रेडॉक्स अभिक्रियाओं को घटित किया जाता है। केवल तब जब विद्युत ऊर्जा की आपूर्ति की जाती है। अर्थात, $\Delta G = +ve$	स्वतः प्रवर्तित रेडॉक्स अभिक्रिया की मुक्त ऊर्जा को विद्युत ऊर्जा में परिवर्तित किया जाता है। जैसे; डेनियल सेल अर्थात् $\Delta G = -ve$
लवण-सेतु आवश्यक नहीं है।	लवण-सेतु विद्युत उदासीनता बनाए रखने के लिए आवश्यक है।
कैथोड ऋणात्मक तथा ऐनोड़ धनात्मक इलेक्ट्रोड है।	कैथोड धनात्मक तथा ऐनोड़ ऋणात्मक इलेक्ट्रोड है।
इलेक्ट्रोड समान या भिन्न पदार्थों के बने हो सकते हैं। ये एक ही पात्र में एक ही प्रकार के वैद्युत अपघट्य में डूबे रहते हैं।	इलेक्ट्रोड भिन्न पदार्थों के बने होते हैं। ये दो अलग-अलग पात्रों के विलयन में डूबे रहते हैं।

बैटरियाँ (Batteries)

कोई भी बैटरी (वास्तव में इसमें एक या एक से अधिक सेल श्रेणीबद्ध रहते हैं) या सेल मूलतः एक गैल्वेनी सेल है जो रेडॉक्स अभिक्रिया की रासायनिक ऊर्जा को विद्युत ऊर्जा में बदल देती हैं।

कुछ व्यावसायिक बैटरियाँ इस प्रकार हैं,

- **प्राथमिक बैटरियाँ** (Primary Batteries) प्राथमिक बैटरियों में सेल अभिक्रिया केवल एक ही बार होती है तथा कुछ समय तक प्रयोग के बाद ये निष्क्रिय हो जाती हैं एवं पुनः प्रयोग में नहीं लाई जा सकती हैं। उदाहरण-शुष्क सेल।
- **द्वितीयक सेल या बैटरी** (Secondary Cell or Battery) इन्हें उपयोग के बाद विपरीत दिशा में विद्युत धारा के प्रवाह द्वारा पुनः आवेशित कर फिर से प्रयोग में लाया जा सकता है। उदाहरण Ni-Cd सेल

प्राथमिक और द्वितीयक सेल के बीच अन्तर

	प्राथमिक सेल		द्वितीयक सेल	
सेल	शुष्क सेल या लैक्लांशे सेल	मर्करी सेल	सीसा संचायक सेल	निकैल कैडमियम सेल
ऐनोड़	$Zn(s) \longrightarrow Zn^{2+}(aq) + 2e^-$	$Zn(Hg) + 2OH^-(aq) \longrightarrow ZnO(s) + H_2O(l) + 2e^-$	$Pb(s) + SO_4^{2-}(aq) \longrightarrow PbSO_4(s) + 2e^-$	$Cd(s) + 2OH^-(aq) \longrightarrow Cd(OH)_2(s) + 2e^-(aq)$
कैथोड़	$MnO_2(s) + NH_4^+(aq) + e^- \longrightarrow MnO(OH)(s) + NH_3(g)$	$HgO(s) + H_2O(l) + 2e^- \longrightarrow Hg(l) + 2OH^-(aq)$	$PbO_2(s) + SO_4^{2-}(aq) + 4H^+(aq) + 2e^- \longrightarrow PbSO_4(s) + 2H_2O(l)$	$NiO_2(s) + 2H_2O(l) + 2e^- \longrightarrow Ni(OH)_2(s) + 2OH^-(aq)$
समग्र अभिक्रिया	$Zn(s) + 2MnO_2(s) + 2NH_4^+(aq) \longrightarrow Zn^{2+}(aq) + 2MnO(OH)(s) + 2NH_3(g)$	$Zn(Hg) + HgO(s) \longrightarrow ZnO(s) + Hg(l)$	$Pb(s) + PbO_2(s) + 2H_2SO_4(aq) \longrightarrow 2PbSO_4(s) + 2H_2O(l)$	$Cd(s) + 2Ni(OH)_3(s) \longrightarrow CdO(s) + 2Ni(OH)_2(s) + H_2O(l)$

ईंधन सेल (Fuel cells)

- ये ऐसे गैल्वेनी सेल है जिनमें हाइड्रोजन, मेथेन एवं मेथेनॉल आदि जैसे ईंधनों की दहन ऊर्जा को सीधे ही विद्युत ऊर्जा में परिवर्तित किया जाता है। उदाहरण H_2-O_2 ईंधन सेल **NEET 2020**
- H_2-O_2 ईंधन सेल का उपयोग अपोलो स्पेस कार्यक्रम में विद्युत ऊर्जा प्रदान करने के लिए किया गया था। इस अभिक्रिया से प्राप्त जल-वाष्प को संघनित कर उसका उपयोग अन्तरिक्ष यात्रियों के लिए पेयजल के रूप में किया गया था।
- ईंधन सेल में होने वाली इलेक्ट्रोड अभिक्रियाएँ निम्नलिखित हैं

कैथोड़ पर $O_2(g) + 2H_2O(l) + 4e^- \longrightarrow 4OH^-(aq)$

ऐनोड़ पर $2H_2(g) + 4OH^-(aq) \longrightarrow 4H_2O\ (l) + 4e^-$

समग्र अभिक्रिया $2H_2(g) + O_2(g) \longrightarrow 2H_2O\ (l)$

ऊष्मीय संयंत्रों की तुलना में जिनकी दक्षता 40% होती है, ईंधन सेल 70% दक्षता के साथ विद्युत उत्पादित करती हैं। ईंधन सेल प्रदूषण मुक्त होते हैं।

*संक्षारण (Corrosion)

संक्षारण एक वैद्युत रासायनिक परिघटना है, जिसमें एक धातु ऑक्सीजन या अन्य विद्युत ऋणात्मक तत्व को इलेक्ट्रॉन देकर धातु के ऑक्साइड या धातु के अन्य लवण में ऑक्सीकृत हो जाती है तथा धातु की सतह पर एक परत बना देती है।

- लोहे में जंग लगना, चाँदी का बदरंग होना, कॉपर एवं पीतल पर हरे रंग का लेप होना संक्षारण के कुछ उदाहरण हैं।
- **लोहे का संक्षारण अथवा लोहे में जंग का लगना** वायु तथा जल की उपस्थिति में होता है। इस प्रक्रिया में निम्नलिखित कैथोडिक और ऐनोडिक अभिक्रियाएँ होती हैं।

ऐनोड पर $2Fe\ (s) \longrightarrow 2Fe^{2+}(aq) + 4e^-, E^\circ_{(Fe^{2+}/Fe)} = -0.44$ वोल्ट

कैथोड पर $O_2(g) + 4H^+(aq) + 4e^- \longrightarrow 2H_2O(l);\ E^\circ_{(H^+/O_2/H_2O)}$

$= 1.23$ वोल्ट

समग्र अभिक्रिया

$2Fe\ (s) + O_2(g) + 4H^+\ (aq) \rightarrow 2Fe^{2+}(aq) + 2H_2O\ (l);\ E^\circ_{\text{सेल}} = 1.67$ वोल्ट

इसके उपरान्त फेरस आयन वायुमण्डलीय ऑक्सीजन द्वारा और अधिक ऑक्सीकृत होकर फेरिक आयनों में परिवर्तित हो जाते हैं तथा जंग अर्थात् जलयोजित फेरिक ऑक्साइड ($Fe_2O_3 \cdot xH_2O$) बनाते हैं।

- संक्षारण की रोकथाम सतह को पेन्ट या अन्य रसायनों (उदाहरण, बिसफीन से लेपित करके या सतह को किसी अन्य ऐसी धातु (Sn, Zn आदि)) से आच्छादित करके (जो अक्रिय हो या वस्तु की रक्षा के लिए क्रिया में भाग लें) की जा सकती हैं। वैद्युत रासायनिक विधि मे किसी अन्य ऐसी धातु (जैसे Mg, Zn आदि) का उत्सर्ग इलेक्ट्रोड उपलब्ध कराते हैं जो स्वयं संक्षारित होकर वस्तु की रक्षा करती है।

हाइड्रोजन का अर्थशास्त्र (The Hydrogen Economy)

- वर्तमान में हमारी अर्थव्यवस्था को चलाने वाले ऊर्जा के मुख्य स्रोत जीवाश्म ईंधन जैसे कोयला, तेल और गैस हैं।
- हाइड्रोजन ऊर्जा के एक नवीकरणीय एवं अप्रदूषक वैकल्पिक स्रोत के रूप में प्रयुक्त की जा सकती है। सौर ऊर्जा द्वारा जल का वियोजन हाइड्रोजन और ऑक्सीजन में किया जाएगा।

$$H_2O(l) \xrightarrow{h\nu} H_2(g) + \frac{1}{2}O_2(g)$$

ईंधन सेल में हाइड्रोजन के दहन से जल प्राप्त होगा।

$$H_2(g) + \frac{1}{2}O_2(g) \longrightarrow H_2O(l)$$

- जल के वैद्युत अपघटन से हाइड्रोजन का उत्पादन एवं ईंधन सेल में हाइड्रोजन का दहन दोनों ही भविष्य में महत्त्वपूर्ण होंगे।

Caution Points

- सेल अभिक्रिया केवल तब ही स्वतः प्रवर्तित है जब $E^\circ_{\text{सेल}}$ धनात्मक तथा गिब्स मुक्त ऊर्जा ऋणात्मक होती है।
- नर्नस्ट समीकरण लागू करते समय इलेक्ट्रोड विभव सदैव अपचयन विभव के रूप में लिए जाते हैं।
- अर्द्धसेल अभिक्रिया को सन्तुलित करते हुए यह याद रखना चाहिए कि इलेक्ट्रोड विभव के मानों में कोई परिवर्तन नहीं किया जाता है।

PYQ नोट्स

1. हाइड्रोजन इलेक्ट्रोड के लिए नर्नस्ट समीकरण है

$$E = \frac{0.0591}{2}\log\frac{p_{H_2}}{[H^+]^2}$$

[NEET 2016]

2. KCl और NaCl के लिए Λ_m एवं $\sqrt{C}$ ग्राफ इस प्रकार है

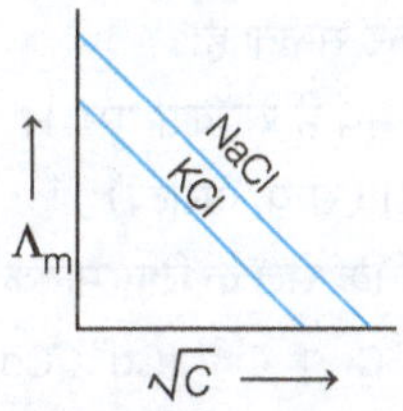

[JEE Main 2019]

3. $\Delta G°$ का मान ऋणात्मक होने पर सेल अभिक्रिया स्वतः प्रवर्तित होती है। **[NEET 2014]**

4. धातुओं की घटती अपचायक क्षमता का क्रम है

K > Al > Cr > Ag

($E^\circ_{K^+/K} = 2.93$ वोल्ट) ($E^\circ_{Al^{3+}/Al} = 1.66$ वोल्ट) ($E^\circ_{Cr^{3+}/Cr} = -0.74$ वोल्ट) ($E^\circ_{Ag^+/Ag} = 0.80$ वोल्ट)

[NEET 2019]

* यह टॉपिक नवीनतम NEET पाठ्यक्रम में सम्मिलित नहीं है लेकिन नवीनतम NCERT में दिया गया है।

Step by Step

Mastering NCERT

- कॉन्सेप्ट बिल्डर्स
- शीर्षकवार प्रश्न
- अभिकथन-कारण प्रश्न
- कथन आधारित प्रश्न
- सुमेलन प्रकार प्रश्न
- आंकिक मान प्रकार के प्रश्न
- NCERT Exemplar प्रश्न
- विगत परीक्षाओं के प्रश्न
- स्किल बूस्टर्स

कॉन्सेप्ट बिल्डर्स

1 सभी रासायनिक अभिक्रियाएँ विद्युत ऊर्जा उत्पन्न करती हैं। (सत्य/असत्य)

2 डेनियल सेल में विद्युत धारा .... से .... इलेक्ट्रोड की ओर प्रवाहित होती है।

3 गैल्वेनिक सेल में स्वतः अप्रवर्तित रेडॉक्स अभिक्रिया की गिब्ज ऊर्जा उपयोगी वैद्युत ऊर्जा में रूपान्तरित होती है। (सत्य/असत्य)

4 गैल्वेनिक सेल में, ऐनोड और कैथोड क्रमशः ऋणात्मक और धनात्मक इलेक्ट्रोड होते हैं। (सत्य/असत्य)

5 जब किसी सेल में कोई धारा प्रवाहित नहीं हो रही हो तो सेल विभव के लिए प्रयुक्त शब्द का नाम बताइए।

6 अकेले अर्द्धसेल के विभव का मापन नहीं किया जा सकता। (सत्य/सत्य)

7 ज्ञात आयन जो H^+ आयनों की तुलना में आसानी से अपचयित हो जाते हैं। (Cu^{2+}/Zn^{2+})

8 मानक इलेक्ट्रोड विभव का....(धनात्मक/ऋणात्मक) मान इंगित करता है कि मानक परिस्थितियों में हाइड्रोजन आयन Cu को ऑक्सीकृत नहीं कर सकता है।

9 ऋणात्मक $E°$ का अर्थ है रेडॉक्स युग्म H^+ / H_2 युग्म की तुलना में दुर्बल अपचायक है। (सत्य/असत्य)

10 निम्नलिखित गैल्वेनिक सेल के लिए मानक सेल विभव क्या होगा?

$$Cr \mid Cr^{3+} || Cd^{2+} | Cd$$

[दिया गया : $E^\circ_{Cr^{3+}/Cr} = -0.74$ वोल्ट $E^\circ_{Cd^{2+}/Cd} = -0.40$ वोल्ट]

11 अधिक अपचयन विभव पदार्थ की अधिक अपचयन क्षमता को दर्शाती है। (सत्य/असत्य)

12 डेनियल सेल में Cu^{2+} की सान्द्रता में वृद्धि और Zn^{2+} आयनों की सान्द्रता में कमी के साथ $E_{सेल}$ बढ़ती है। (सत्य/असत्य)

13 साम्यावस्था में, डेनियल सेल में Zn^{2+} और Cu^{2+} की सान्द्रता .... समान रहती है/समानुपातिक रूप से बदलती है और वोल्टमीटर ..... (शून्य/एक) देता है।

14 मानक हाइड्रोजन इलेक्ट्रोड में, H_2 गैस का दाब 100 bar है और हाइड्रोजन आयन की सान्द्रता 2 मोलर होती है। (सत्य/असत्य)

15 pH = 10 के विलयन के सम्पर्क वाले हाइड्रोजन इलेक्ट्रोड के विभव का मान .... होगा।

16 तार की लम्बाई दोगुनी करने पर तार का प्रतिरोध आधा हो जाएगा। (सत्य/असत्य)

17 ताप में वृद्धि के साथ धात्विक चालकता कम हो जाती है। (सत्य/असत्य)

18 0.01M KCl और 0.01 M HAc में से कौन-सा विलयन अधिक चालकता दर्शाएगा?

19 चालकता सेल का सेल स्थिरांक इलेक्ट्रोडों के बीच की दूरी और उनके अनुप्रस्थ काट के क्षेत्रफल पर निर्भर नहीं करता है। (सत्य/असत्य)

20 NaCl, HCl और NaAc के लिए λ°_m क्रमशः 126.4, 425.9 और 91.0 सीमेन सेमी^{2} मोल$^{-1}$ है। HAc का λ°_m मान .... है

21 विलयन की चालकता तनुकरण के साथ .... है, क्योंकि इकाई आयतन में आयनों की संख्या .... हो जाती है।

22 जब किसी पदार्थ के विलयन में से एक कूलॉम विद्युत प्रवाहित की जाती है तो निक्षेपित होने वाले पदार्थ के द्रव्यमान को पदार्थ का .... कहते हैं।

23 फैराडे के नियम के अनुसार विद्युत धारा वैद्युत अपघटन में रासायनिक विघटन की मात्रा विलयन में प्रवाहित विद्युत धारा की मात्रा के समानुपाती होती है। (सत्य/असत्य)

24 जलीय Al_2O_3 के माध्यम से 96500 कूलॉम विद्युत प्रवाहित करने पर Al की कितनी मात्रा उत्पन्न होती है?

25 मर्करी सेल में प्रयुक्त इलेक्ट्रोलाइट का नाम बताइए।

26 सीसा संचायक बैटरी में कैथोड .... से बना होता है।

27 पारा सेल के सेल विभव का मान लिखिए।

28 Ni-Cd सेल का जीवन लम्बा होता है और यह लेड संचायक सेल की तुलना में सस्ता भी होता है। (सत्य/असत्य)

29 उस सेल का नाम बताइए जिसका उपयोग अपोलो स्पेस कार्यक्रम में वैद्युत ऊर्जा के प्राथमिक स्रोत के रूप में किया गया था।

30 जल में इलेक्ट्रोलाइट की उपस्थिति लोहे पर जंग लगने पर कोई महत्त्वपूर्ण प्रभाव नहीं दर्शाती है। (सत्य/असत्य)।

शीर्षकवार प्रश्न

विद्युत रासायनिक एवं गैल्वनिक सेल

1 वैद्युत रासायनिक सेल में, **NCERT पृष्ठ 32**

(a) सेल की स्थितिज ऊर्जा विद्युत ऊर्जा में परिवर्तित हो जाती है।

(b) सेल की ऊर्जा का उपयोग अपचयन एवं ऑक्सीकरण अभिक्रिया के संचालन में होता है।

(c) रेडॉक्स अभिक्रिया में उत्सर्जित रासायनिक ऊर्जा वैद्युत ऊर्जा में परिवर्तित हो जाती है।

(d) सेल की वैद्युत ऊर्जा रासायनिक ऊर्जा में परिवर्तित हो जाती है।

2 क्या होता है जब एक डेनियल सेल पर 1.1वोल्ट का विपरीत बाह्य विभव लगाया जाता है। **NCERT पृष्ठ 32**

(a) रासायनिक अभिक्रिया पूर्णतः रुक जाती है और सेल में कोई धारा प्रवाहित नहीं होती।

(b) वैद्युत धारा इलेक्ट्रॉनों की विपरीत दिशा में प्रवाहित होने लगती है।

(c) वैद्युत धारा इलेक्ट्रॉनों की दिशा में ही प्रवाहित होने लगती है।

(d) सेल वैद्युत अपघटनी सेल की तरह व्यवहार करने लगता है।

3 निम्नलिखित चित्र पर विचार करें,

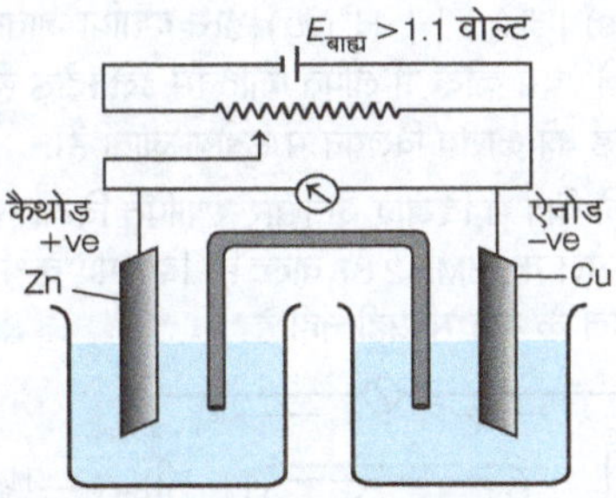

NCERT पृष्ठ 32

उपरोक्त चित्र के सम्बन्ध में सही कथन चुनें।

(a) Zn ऐनोड पर घुलता है तथा कॉपर कैथोड पर निक्षेपित हो जाता है।

(b) Zn कैथोड पर घुलता है और कॉपर ऐनोड पर निक्षेपित होता है।

(c) Zn कैथोड पर निक्षेपित होता है और कॉपर ऐनोड पर घुलता है।

(d) Zn ऐनोड पर निक्षेपित होता है और कॉपर कैथोड पर घुलता है।

4 डेनियल सेल को देखो, **NCERT पृष्ठ 32**

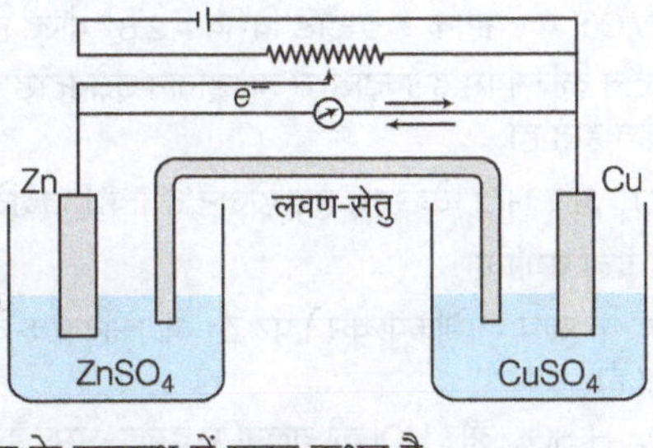

इस सेल के सम्बन्ध में गलत कथन है

(a) जिंक से कॉपर की ओर इलेक्ट्रॉन प्रवाह, होता है। जब बाह्य विभव 0.9 वोल्ट लगाया जाता है।

(b) जब बाह्य विभव 1.5 वोल्ट लगाया जाता है, तो विद्युत धारा का प्रवाह जिंक से कॉपर की ओर होता है।

(c) जिंक से कॉपर इलेक्ट्रोड की ओर धारा प्रवाहित होती है। जब बाह्य विभव 0.9 वोल्ट लगाया जाता है।

(d) जब बाह्य विभव 1.5 वोल्ट लगाया जाता है, तो जिंक इलेक्ट्रोड कैथोड के रूप में तथा कॉपर ऐनोड के रूप में कार्य करता है।

5 इलेक्ट्रोड विभव को मानक इलेक्ट्रोड विभव के रूप में जाना जाता है, **NCERT पृष्ठ 33**

(a) जब इसमें अपचयन विभव होता है और अर्द्ध-सेल में सम्मिलित सभी स्पीशीजों की सान्द्रता एक इकाई होती है।

(b) जब इसमें अपचयन विभव होता है और अर्द्ध-सेल में सम्मिलित स्पीशीजों की सान्द्रता एक इकाई से अधिक है।

(c) जब इसमें ऑक्सीकरण विभव होता है और अर्द्ध-सेल में सम्मिलित स्पीशीजों की सान्द्रता एक इकाई से अधिक होती है।

(d) जब इसमें ऑक्सीकरण विभव होता है और अर्द्ध-सेल में सम्मिलित स्पीशीजों सभी स्पीशीजों की सान्द्रता एक इकाई है।

6 गलत कथन का चयन करें। **NCERT पृष्ठ 34**

(a) सेल विभव, कैथोड और ऐनोड के इलेक्ट्रोड विभव के बीच का अन्तर है।

(b) सेल विभव इकाई रहित राशि है।

(c) जब सेल में से कोई धारा प्रवाहित नहीं होती है, तो इसे सेल का विद्युत वाहक बल (emf) भी कहा जाता है।

(d) एक सेल में ऐनोड को बाईं ओर तथा कैथोड को दाईं ओर रखा जाता है।

7 निम्नलिखित सेल का सही प्रतिनिधित्व है

$$Zn + 2Ag^+ \longrightarrow Zn^{2+} + 2Ag$$ **NCERT पृष्ठ 34**

(a) $Zn(s)|Zn^{2+}(aq)||Ag^+(aq)|Ag(s)$

(b) $Zn^{2+}|Zn||Ag|Ag^+$

(c) $Zn(aq)|Zn^{2+}(s)||Ag^+(s)|Ag(aq)$

(d) $Zn(s)|Ag^+(aq)||Zn^{2+}(aq) + Ag(s)$

8 विद्युत रासायनिक सेल के लिए, $Ag|AgCl|\ KCl||AgNO_3|Ag$ पूर्ण सेल अभिक्रिया है **NCERT पृष्ठ 34**

(a) $Ag^+ + KCl \longrightarrow AgCl(s) + K^+$

(b) $Ag + AgCl \longrightarrow 2Ag + \frac{1}{2}Cl_2$

(c) $AgCl(s) \longrightarrow Ag^+ + Cl^-$

(d) $Ag^+ + Cl^- \longrightarrow AgCl(s)$

9 अर्द्ध सेल अभिक्रिया वोल्ट के लिए मानक अपचयन $Cl_2 + 2e^- \longrightarrow 2Cl^-$ विभव होगी।

(दिया गया, $Pt^{2+} + 2Cl^- \longrightarrow Pt + Cl_2$, $E^\circ_{सेल} = -0.15$ वोल्ट; $Pt^{2+} + 2e^- \longrightarrow Pt$, $E^\circ = 1.20$ वोल्ट) **NCERT पृष्ठ 35**

(a) – 1.35 वोल्ट (b) + 1.35 वोल्ट

(c) – 1.05 वोल्ट (d) + 1.05 वोल्ट

10 सेल के लिए, $Cu\,|Cu^{2+}||Ag^{+}|\,Ag$, $E^{\circ}_{सेल}$ = +0.46 वोल्ट यदि Cu^{2+} आयनों की सान्द्रता दोगुनी कर दी जाए, तो $E^{\circ}_{सेल}$ होगा **NCERT पृष्ठ 35**

(a) आधा (b) दोगुना
(c) चार गुना (d) वही रहता है

11 Sn^{4+}/Sn^{2+} युग्म के लिए मानक इलेक्ट्रोड विभव + 0.15 वोल्ट है और Cr^{3+}/Cr युग्म के लिए – 0.74 वोल्ट है। ये दोनों युग्म अपनी मानक अवस्था में एक सेल बनाने के लिए जुड़े हुए हैं। सेल विभव होगा **NCERT पृष्ठ 35**

(a) + 1.83 वोल्ट (b) +1.19 वोल्ट
(c) + 0.89 वोल्ट (d) + 0.18 वोल्ट

12 अभिक्रिया के लिए $E^{\circ}_{सेल}$ है **NCERT पृष्ठ 35**

$Zn(s) + Cu^{2+}(aq) \longrightarrow Zn^{2+}(aq) + Cu(s);$
[यदि $E^{\circ}_{Zn^{2+}/Zn} = -0.76$, वोल्ट $E^{\circ}_{Cu^{2+}/Cu} = 0.34$ वोल्ट]

(a) 0.34 वोल्ट (b) – 0.76 वोल्ट
(c) + 1.10 वोल्ट (d) – 1.10 वोल्ट

13 दिया गया, $E^{\circ}_{Ni^{2+}/Ni} = 0.25$ वोल्ट, $E^{\circ}_{Cu^{2+}/Cu} = 0.34$ वोल्ट

$E^{\circ}_{Ag^{+}/Ag} = 0.80$ वोल्ट और $E^{\circ}_{Zn^{2+}/Zn} = -0.76$ वोल्ट

मानक परिस्थिति के अन्तर्गत निम्नलिखित में से कौन-सी अभिक्रिया निर्दिष्ट दिशा में नहीं होगी? **NCERT पृष्ठ 35**

(a) $Ni^{2+}(aq) + Cu(s) \longrightarrow Ni(s) + Cu^{2+}(aq)$
(b) $Cu(s) + 2Ag^{+}(aq) \longrightarrow Cu^{2+}(aq) + 2Ag(s)$
(c) $Zn(s) + 2H^{+}(aq) \longrightarrow Zn^{2+}(aq) + 3H_2(g)$
(d) $Zn(s) + Cu^{2+}(aq) \longrightarrow Zn^{2+}(aq) + Cu(s)$

14 सेल के लिए, $Zn(s)|Zn^{2+}(aq)||M^{x+}(aq)|M(s)$ विभिन्न अर्द्ध सेल और उनके मानक इलेक्ट्रोड विभव नीचे दिए गए हैं **NCERT पृष्ठ 35**

$M^{x+}(aq)/M(s)$	$Au^{3+}(aq)/Au(s)$	$Ag^{+}(aq)/Ag(s)$	$Fe^{3+}(aq)/Fe^{2+}(aq)$	$Fe^{2+}(aq)/Fe(s)$
$E^{\circ}_{M^{x+}/M}$/ वोल्ट	1.40	0.80	0.77	– 0.44

यदि $E^{\circ}_{Zn^{2+}/Zn} = -0.76$ वोल्ट कौन-सा कैथोड प्रति इलेक्ट्रॉन स्थानान्तरण के लिए $E^{\circ}_{सेल}$ का मान अधिकतम देगा?

(a) Ag^{+}/Ag (b) Fe^{2+}/Fe
(c) Au^{3+}/Au (d) Fe^{3+}/Fe^{2+}

15 नीचे अर्द्ध सेल अभिक्रियाएँ दी गई हैं,

$Mn^{2+} + 2e^{-} \longrightarrow Mn; E^{\circ} = -1.18$ वोल्ट
$2Mn^{3+} + 2e^{-} \longrightarrow 2Mn^{2+}; E^{\circ} = +1.51$ वोल्ट
$3Mn^{2+} \longrightarrow Mn + 2Mn^{3+}$ के लिए E° होगा **NCERT पृष्ठ 35**

(a) –2.69 वोल्ट, अभिक्रिया नहीं होगी
(b) –2.69 वोल्ट, अभिक्रिया होगी
(c) –0.33 वोल्ट, अभिक्रिया नहीं होगी
(d) –0.33 वोल्ट, अभिक्रिया होगी

16 मानक इलेक्ट्रोड विभव दिए गए हैं

$E^{\circ}_{Fe^{2+}/Fe} = -0.44$ वोल्ट

और $E^{\circ}_{H^{+}/O_2/H_2O} = 1.23$ वोल्ट

संक्षारण के लिए $E^{\circ}_{सेल}$ की गणना करें **NCERT पृष्ठ 35**

(a) – 0.79 वोल्ट (b) – 1.67 वोल्ट
(c) 1.67 वोल्ट (d) + 0.79 वोल्ट

17 सेल के सम्बन्ध में निम्नलिखित में से कौन-सा कथन सही है?
$Cu(s)\,|\,Cu^{2+}(aq)\,||\,Ag^{+}(aq)\,|Ag(s)$ **NCERT पृष्ठ 34**

(a) $E^{\circ}_{सेल} = E_{Cu^{2+}/Cu} - E_{Ag^{+}/Ag}$
(b) क्रमशः $Cu(s)/Cu^{2+}(aq)$ कैथोड और $Ag^{+}(aq)/Ag(s)$ ऐनोड इलेक्ट्रोड पर प्रतिनिधित्व करते हैं।
(c) कैथोड पर अभिक्रिया $Cu(s) \longrightarrow Cu^{2+}(aq) + 2e^{-}$
(d) Cu इलेक्ट्रोड द्रव्यमान खो देता है और Ag इलेक्ट्रोड द्रव्यमान प्राप्त करता है।

18 मानक हाइड्रोजन इलेक्ट्रोड के सम्बन्ध में गलत कथन चुनें। **NCERT पृष्ठ 34, 35**

(a) सभी तापमानों पर इसका विभव शून्य होता है।
(b) इसे $Pt(s)\,|H_2(g)\,||\,H^{+}(aq)|$ द्वारा दर्शाया जाता है।
(c) इसमें प्लेटिनम ब्लैक से लेपित प्लेटिनम इलेक्ट्रोड होता है।
(d) इलेक्ट्रोड को क्षारीय विलयन में डुबोया जाता है।

19 एक सेल को चित्र में दिखाए अनुसार स्थापित किया गया है। यह देखा गया है कि सेल का EMF 2.87 वोल्ट है। दिए गए कथनों में से कौन-सा सेल के बारे में सही नहीं है? **NCERT पृष्ठ 34, 35**

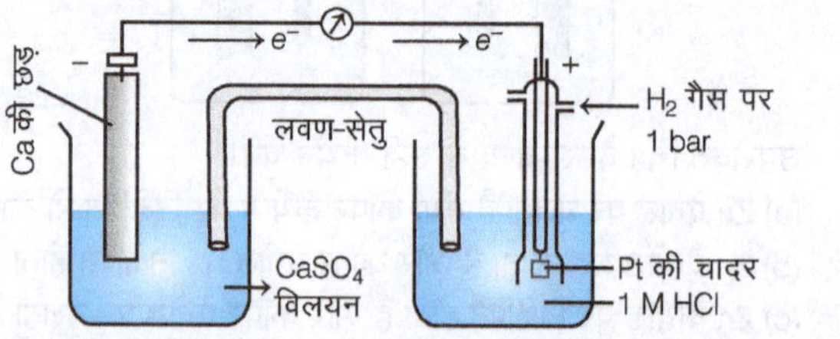

(a) कैल्सियम इलेक्ट्रॉड पर अपचयन और SHE पर ऑक्सीकरण होता है।
(b) कैल्सियम इलेक्ट्रोड पर ऑक्सीकरण और SHE पर अपचयन होता है।
(c) Ca^{2+}/Ca का मानक इलेक्ट्रोड विभव – 2.87 वोल्ट होगा।
(d) इलेक्ट्रॉन कैल्सियम इलेक्ट्रोड से हाइड्रोजन इलेक्ट्रोड की ओर प्रवाहित होते हैं।

20 Zn, H_2SO_4 और HCl के साथ हाइड्रोजन देता है। जबकि HNO_3 के साथ नहीं देता क्योंकि, **NCERT पृष्ठ 35**

(a) HNO_3 के साथ अभिक्रिया करने पर Zn ऑक्सीकारक के रूप में कार्य करता है।
(b) HNO_3, H_2SO_4 और HCl की तुलना में दुर्बल अम्ल है
(c) विद्युत रासायनिक श्रेणी में Zn, हाइड्रोजन से ऊपर है।
(d) H^{+} आयन की अपेक्षा NO_3^{-} का अपचयन होता है

21 विद्युत रासायनिक सेल का उपयोग किसके निर्धारण के लिए नहीं किया जाता है? NCERT पृष्ठ 36

(a) विलयनों का pH (b) उत्पाद की विलेयता
(c) साम्य स्थिरांक (d) वियोजन स्थिरांक

22 तीन धातुओं X, Y और Z के मानक इलेक्ट्रोड विभव क्रमशः -1.2 वोल्ट, $+0.5$ वोल्ट और -3.0 वोल्ट हैं। इन धातुओं की अपचायक क्षमता होगी NCERT पृष्ठ 36

(a) $X > Y > Z$ (b) $Y > Z > X$
(c) $Y > X > Z$ (d) $Z > X > Y$

23 Cr^{3+}/Cr और Al^{3+}/Al, Ag^{+}/Ag, K^{+}/K और मानक इलेक्ट्रोड विभव ($E°$) के मान क्रमशः -1.66 वोल्ट, 0.80 वोल्ट, -2.93 वोल्ट और -0.74 वोल्ट हैं। धातु की अपचायक क्षमता का सही घटता क्रम है NCERT पृष्ठ 36

(a) $Ag > Cr > Al > K$
(b) $K > Al > Cr > Ag$
(c) $K > Al > Ag > Cr$
(d) $Al > K > Ag > Cr$

24 Zn^{2+}/Zn, Ni^{2+}/Ni और Fe^{2+}/Fe के लिए मानक अपचयन विभव क्रमशः -0.76, -0.23 और -0.44 वोल्ट हैं। अभिक्रिया $X + Y^{2+} \longrightarrow X^{2+} + Y$ स्वतः होगी, यदि NCERT पृष्ठ 36

(a) $X = Ni, Y = Fe$
(b) $X = Ni, Y = Zn$
(c) $X = Fe, Y = Zn$
(d) $X = Zn, Y = Ni$

नर्नेस्ट समीकरण

25 काल्पनिक अर्द्ध सेल अभिक्रिया के लिए,

$$M^{n+}(aq) + ne^- \longrightarrow M(s)$$

इलेक्ट्रोड विभव (मानक हाइड्रोजन इलेक्ट्रोड के सम्बन्ध में मापी गई किसी भी सान्द्रता पर) को इस प्रकार दर्शाया जा सकता है NCERT पृष्ठ 36

(a) $E_{M^{n+}/M} = E°_{M^{n+}/M} - \frac{RT}{nF}\ln[M^{n+}]$

(b) $E_{M^{n+}/M} = E°_{M^{n+}/M} - \frac{RT}{nF}\ln\frac{1}{[M]}$

(c) $E_{M/M^{n+}} = E°_{M/M^{n+}} - \frac{RT}{nF}\ln\left[\frac{M^{n+}}{M}\right]$

(d) $E_{M^{n+}/M} = E°_{M^{n+}/M} - \frac{RT}{nF}\ln\frac{1}{[M^{n+}]}$

26 Cu^{2+} और Zn^{2+} आयनों वाले डेनियल सेल के लिए सही कथन का चयन करें NCERT पृष्ठ 38

(a) $E_{सेल}$ Cu^{2+} और Zn^{2+} आयन की सान्द्रता पर निर्भर नहीं करता
(b) $E_{सेल}$ Cu^{2+} आयन की सान्द्रता वृद्धि के साथ घटता है।
(c) $E_{सेल}$ Zn^{2+} आयन की सान्द्रता घटने के साथ वृद्धि करता है।
(d) $E_{सेल}$ Cu^{2+} और Zn^{2+} की सान्द्रता वृद्धि के साथ वृद्धि करता है।

27 दिए गए सेल के लिए नर्नेस्ट समीकरण को चिन्हित करें।

$Ni(s)|Ni^{2+}(aq)||Ag^{+}(aq)|Ag$ NCERT पृष्ठ 38

(a) $E_{सेल} = E_{सेल} + \frac{RT}{2F}\ln\frac{[Ni^{2+}]}{[Ag^{+}]^2}$

(b) $E_{सेल} = E_{सेल} - \frac{RT}{2F}\ln\frac{[Ni^{2+}]}{[Ag^{+}]^2}$

(c) $E_{सेल} = E_{सेल} - \frac{RT}{2F}\ln\frac{[Ni^{2+}]^2}{[Ag^{+}]}$

(d) $E_{सेल} = E_{सेल} + \frac{RT}{2F}\ln\frac{[Ni^{2+}]^2}{[Ag^{+}]}$

28 उस विकल्प का चयन करें जो अभिव्यक्ति और उनकी सम्बन्धित अभिक्रिया का गलत मिलान है। NCERT पृष्ठ 38

(a) $M^{n+}(aq) + ne^- \longrightarrow M(s)$ के लिए $E = E° - \frac{0.0591}{n}\log\left[\frac{1}{M^{n+}}\right]$

(b) $aA^+ + bB \overset{ne^-}{\rightleftharpoons} cC + dD$ के लिए साम्य पर

$$E_{सेल} = \frac{0.0591}{n}\log\frac{[C]^c[D]^d}{[A]^a[B]^b}$$

(c) $2Ag^+ + H_2(1\ atm) \longrightarrow 2Ag + 2H^+(1\ M)$;

$$E_{सेल} = E_{सेल} - \frac{0.0591}{2}\log\frac{[Ag^+]^2}{[H^+]^2}$$

(d) $Ag|Ag^+(C_1)||Ag^+(C_2)|Ag$; $E_{सेल} = -\frac{0.0591}{1}\log\frac{C_1}{C_2}$

29 नीचे दर्शाए अनुसार दो हाइड्रोजन इलेक्ट्रोड युक्त सेल का विभव क्या है?

$Pt, \frac{1}{2}H_2(g)|H^+(10^{-8}M)||H^+(0.001\ M)|\frac{1}{2}H_2(g), Pt$ NCERT पृष्ठ 38

(a) -0.2955 वोल्ट
(b) -0.0591 वोल्ट
(c) 0.2955 वोल्ट
(d) 0.0951 वोल्ट

30 निम्नलिखित में से किस सेल में $E_{सेल} = E°_{सेल}$ है NCERT पृष्ठ 38

(a) $Cu(s)|Cu^{2+}(0.01\ M)||Ag^{+}(0.1\ M)|Ag(s)$
(b) $Pt(H_2)|pH = 1||Zn^{2+}(0.1\ M)|Zn(s)$
(c) $Pt(H_2)|pH = 1||Zn^{2+}(1\ M)|Zn(s)$
(d) $Pt(H_2)|H^{+}(0.01\ M)||Zn^{2+}(0.01\ M)|Zn(s)$

31 यदि $E°_{(Zn^{2+}/Zn)} = -0.763$ वोल्ट तथा $E°_{(Fe^{2+}/Fe)} = -0.44$ वोल्ट तो दिए सेल का emf विद्युत वाहक बल

$Zn|Zn^{2+}(a = 0.001)||Fe^{2+}(a = 0.005)|Fe$

(दिया गया है, log 02 = –0.699) NCERT पृष्ठ 38

(a) 0.323 वोल्ट के बराबर (b) 0.323 वोल्ट से कम
(c) 0.323 वोल्ट से अधिक (d) 1.103 वोल्ट से बराबर

32 दिए गए सेल संकेतन के लिए, $M|\underset{0.01}{M^{2+}}||\underset{0.0001}{M^{2+}}|M$ यदि $E^\circ_{\text{सेल}}$ का मान 4 वोल्ट है (दिया गया है : ln 10 = 0.06) तो सेल का विद्युत वाहक बल होगा। NCERT पृष्ठ 38

(a) 3.94 वोल्ट (b) 4.0591 वोल्ट
(c) 2.03 वोल्ट (d) 8.18 वोल्ट

33 दिया गया है, $E^\circ_{(Cr^{3+}/Cr)} = -0.72$ वोल्ट, $E^\circ_{(Fe^{2+}/Fe)} = -0.42$ वोल्ट

$Cr|Cr^{3+}(0.1\,M)||Fe^{2+}(0.01\,M)|Fe$ है NCERT पृष्ठ 38

(a) – 0.339 वोल्ट (b) – 0.26 वोल्ट
(c) 0.26 वोल्ट (d) 0.3 वोल्ट

34 हाइड्रोजन अर्द्ध सेल का अपचयन विभव ऋणात्मक होगा यदि NCERT पृष्ठ 38

(a) $p(H_2) = 1$ atm और $[H^+] = 2.0\,M$
(b) $p(H_2) = 1$ atm और $[H^+] = 1.0\,M$
(c) $p(H_2) = 2$ atm और $[H^+] = 1.0\,M$
(d) $p(H_2) = 2$ atm और $[H^+] = 2.0\,M$

35 सेल में, $Pt(s)|H_2(g, 1\,bar)|HCl(aq)|AgCl(s)|Ag(s)|Pt(s)$ सेल विभव 0.92 वोल्ट है जब 10^{-6} मोलल HCl विलयन का उपयोग किया जाता है। (AgCl / Ag, Cl^-) इलेक्ट्रोड का मानक इलेक्ट्रोड विभव है दिया गया, $\left\{\frac{2.303RT}{F} = 0.06 \text{ वोल्ट पर } 298\text{ K}\right\}$ NCERT पृष्ठ 38

(a) 0.40 वोल्ट (b) 0.20 वोल्ट
(c) 0.94 वोल्ट (d) 0.76 वोल्ट

36 यदि किसी सेल के लिए मानक इलेक्ट्रोड विभव 300 K पर 2 वोल्ट है, तो 300 K पर $Zn(s) + Cu^{2+}(aq) \rightleftharpoons Zn^{2+}(aq) + Cu(s)$ अभिक्रिया के लिए साम्य स्थिरांक (*K*) लगभग है।
($R = 8$ जूल केल्विन मोल$^{-1}$, $F = 96000$ कूलॉम मोल$^{-1}$ NCERT पृष्ठ 39

(a) e^{-160} (b) e^{160}
(c) e^{-80} (d) e^{320}

37 अभिक्रिया का साम्य स्थिरांक (K_C) है
$Cu(s) + 2Ag^+(aq) \longrightarrow Cu^{2+}(aq) + 2Ag(s)$ है, 298 K पर इस अभिक्रिया के लिए $E^\circ_{\text{सेल}}$ का मान ज्ञात कीजिए।
$\left[298\text{ K पर } 2.303\frac{RT}{F} = 0.059 \text{ वोल्ट}\right]$ NCERT पृष्ठ 39

(a) 0.472 वोल्ट (b) 0.472 मिली वोल्ट
(c) 0.472 मिली वोल्ट (d) 0.0472 वोल्ट

38 उस सेल के मानक सेल विभव (वोल्ट में) की गणना करें जिसमें निम्नलिखित अभिक्रिया होती है

$$[Fe^{2+}(aq) + Ag^+(aq) \longrightarrow Fe^{3+}(aq) + Ag(s)]$$

दिया है $E^\circ_{Ag^+/Ag} = x$ वोल्ट, $E^\circ_{Fe^{2+}/Fe} = y$ वोल्ट
$E^\circ_{Fe^{3+}/Fe} = z$ वोल्ट NCERT पृष्ठ 40

(a) $x + 2y - 3z$ (b) $x - y$
(c) $x + y - z$ (d) $x - z$

39 500°C पर Al_2O_3 के अपघटन के लिए गिब्स ऊर्जा निम्नानुसार है NCERT पृष्ठ 40

$$\frac{2}{3}Al_2O_3 \longrightarrow \frac{4}{3}Al + O_2;\ \Delta_rG = -960 \text{ किलो जूल मोल}^{-1}$$

500°C पर ऐलुमिनियम ऑक्साइड (Al_2O_3) के विद्युत अपघटनी अपचयन के लिए आवश्यक न्यूनतम विभवान्तर है।

(a) 4.5 वोल्ट (b) 3.0 वोल्ट (c) 2.5 वोल्ट (d) 5.0 वोल्ट

40 $Cu^{2+}(aq) + e^- \longrightarrow Cu^+(aq)$ के लिए इलेक्ट्रॉड विभव और $Cu^+(aq) + e^- \longrightarrow Cu(s)$ के लिए इलेक्ट्रॉड विभव क्रमशः + 0.15 वोल्ट और + 0.50 वोल्ट हैं $E^\circ_{Cu^{2+}/Cu}$ का मान होगा NCERT पृष्ठ 40

(a) 0.150 वोल्ट (b) 0.500
(c) 0.325 वोल्ट (d) 0.650 वोल्ट

41 $M|M^{2+}$ (अल्प विलेय लवण, MX_2 का संतृप्त विलयन) $||M^{2+}$ (0.00001 मोल डेसीमी $^{-3}$|*M*) 298 K पर दिए गए विद्युत रासायनिक सेल का वैद्युत वाहक बल 0.0591 वोल्ट है। दिए गए सेल के लिए, ΔG का मान (किलो जूल मोल $^{-1}$) (1 फैरेड = 96500 कूलॉम मोल$^{-1}$ लें) NCERT पृष्ठ 40

(a) –5.7 (b) 5.7 (c) 11.4 (d) –11.4

42 दी गई अभिक्रिया में,
$2Cu^+(aq) \longrightarrow 3Cu^{2+}(aq) + Cu(s)$ NCERT पृष्ठ 40
$E^\circ_{Cu^+/Cu} = 0.6$ वोल्ट और $E^\circ_{Cu^{2+}/Cu^+} = 0.41$ वोल्ट
इस अभिक्रिया के लिए साम्यावस्था स्थिरांक होगा

(a) $10^{6.44}$ (b) $10^{8.44}$ (c) $10^{7.44}$ (d) $10^{5.44}$

43 डेनियल सेल के लिए $E^\circ_{\text{सेल}} = 1.1$ वोल्ट है निम्नलिखित में से कौन-सा व्यंजक इस सेल में साम्य की स्थिति का सही वर्णन करता है? NCERT पृष्ठ 40

(a) $1.1 = K_C$ (b) $\log K_C = \frac{2.2}{0.059}$
(c) $\log K_C = \frac{3.4}{0.059}$ (d) $\log K_C = 1.1$

44 Ag-Zn बटन सेल सेल के लिए समग्र अभिक्रिया है
$Zn(s) + Ag_2O(s) \longrightarrow ZnO(s) + 2Ag(s)$
$\Delta_fG^\circ(Ag_2O) = -11.21$ किलो जूल मोल$^{-1}$
$\Delta_fG^\circ(ZnO) = -318.3$ किलो जूल मोल$^{-1}$
तो, $E^\circ_{\text{सेल}}$ बटन सेल के लिए $E^\circ_{\text{सेल}}$ है NCERT पृष्ठ 40

(a) 3.182 वोल्ट (b) –1.621 वोल्ट
(c) 1.591 वोल्ट (d) –1.591 वोल्ट

45 अभिक्रिया $Cu^{2+} + Fe \longrightarrow Fe^{2+} + Cu$ के लिए ΔG° का मान क्या है?
[दिया गया $E^\circ_{Cu^{2+}/Cu} = +0.34$, $E^\circ_{Fe^{2+}/Fe} = -0.44$ वोल्ट]

(a) –151540 जूल
(b) –150540 जूल
(c) –180545 जूल
(d) –302150 जूल

वैद्युत अपघटनी विलयनों की चालकता

46 गलत कथन का चयन करें। **NCERT पृष्ठ 41**

(a) प्रतिरोध का SI मात्रक किग्रा मी^{2} S^3A^2 है

(b) वहीटस्टोन सेतू का उपयोग अज्ञात प्रतिरोध को मापने के लिए किया जाता है।

(c) चालकता मीटर सीधे विलयन की चालकता या प्रतिरोध को पढ़ सकता है।

(d) प्रतिरोध का व्युत्क्रम विशिष्ट चालकता कहलाता है।

47 धातुओं के माध्यम से विद्युत चालकता को धात्विक या इलेक्ट्रॉनिक चालकता कहा जाता है और यह इलेक्ट्रॉनों की गति के कारण होता है। इलेक्ट्रॉनिक चालकता किस पर निर्भर नहीं करती है? **NCERT पृष्ठ 42**

(a) धातु की प्रकृति और संरचना

(b) प्रति परमाणु संयोजकता इलेक्ट्रॉनों की संख्या

(c) तापमान में परिवर्तन

(d) संघटन में परिवर्तन

48 निम्नलिखित में से कौन-सा कथन सही है? **NCERT पृष्ठ 42, 43**

(a) ताप बढ़ने पर विद्युत अपघटनी चालकता घटती है, लेकिन विद्युत चालकता बढ़ती है।

(b) तापमान बढ़ने पर विद्युत अपघटनी चालकता बढ़ती है लेकिन विद्युत चालकता घटती है

(c) तापमान के बढ़ने पर विद्युत अपघटनी के साथ-साथ विद्युत चालकता घटती है।

(d) तापमान के बढ़ने पर विद्युत अपघटनी के साथ-साथ विद्युत चालकता बढ़ती है।

49 जब इलेक्ट्रॉन एक सिरे से प्रवेश करके और दूसरे सिरे से बाहर निकलते हैं, तो धातु चालक के संघटन में क्या परिवर्तन होता है? **NCERT पृष्ठ 43**

(a) धात्विक चालक में परिवर्तन होगा।

(b) धात्विक चालक अपरिवर्तित रहता है।

(c) धात्विक चालक पर केवल लगाए गए दाब की उपस्थिति में ही परिवर्तन होगा।

(d) धात्विक चालक कुचालक की तरह व्यवहार करेगा।

50 आयनिक चालकता के बारे में सही कथन का चयन करें।

I. यह विलयनों में उपस्थित आयनों द्वारा विद्युत का चालन है।

II. यह विलायक की प्रकृति, उसकी श्यानता और विद्युत अपघट्य की सान्द्रता पर निर्भर करती है।

III. यह उत्पादित आयनों के आकार और विलयन पर निर्भर करता है।

IV. यह विलायक की श्यानता पर निर्भर करता है।

V. यह तापमान में वृद्धि के साथ बढ़ता है।

सही विकल्प चुनें। **NCERT पृष्ठ 43**

(a) I, II और V (b) I, II, III, IV और V

(c) III, IV और V (d) I, II, III और IV

51 आयनिक विलयनों की चालकता मापने के लिए दिष्ट धारा (DC) के स्थान पर प्रत्यावर्ती धारा (AC) का प्रयोग किया जाता है। ऐसा इसलिए है क्योंकि **NCERT पृष्ठ 43**

(a) प्रत्यावर्ती धारा विलयन के संघटन को बदल देती है

(b) दिष्ट धारा विलयन के संघटन को बदल देती है

(c) दिष्ट धारा अधिक शक्तिशाली है।

(d) दिष्ट विद्युत विलयन में आयन के आवेश को परिवर्तित करती है।

52 विद्युत अपघटनी विलयन की चालकता निर्भर करती है **NCERT पृष्ठ 43**

(a) इलेक्ट्रोड के पृष्ठीय क्षेत्रफल (b) विद्युत अपघट्य की सान्द्रता

(c) AC स्रोत की शक्ति (d) इलेक्ट्रोडों के बीच की दूरी

53 सेल स्थिरांक के सम्बन्ध में निम्नलिखित में से कौन-सा कथन सही है? **NCERT पृष्ठ 44**

(a) यह इलेक्ट्रोडों के बीच की दूरी और उनके अनुप्रस्थ काट के क्षेत्रफल का अनुपात है।

(b) इसका SI मात्रक सेमी$^{-1}$ है

(c) इसे l और A से सीधे मापा जाता है।

(d) इसे G प्रतीक द्वारा दर्शाया जाता है।

54 KCl विलयन का उपयोग सामान्यतः सेल स्थिरांक निर्धारित करने के लिए किया जाता है, क्योंकि **NCERT पृष्ठ 44**

(a) यह अत्यधिक आयनिक प्रकृति का है

(b) इसकी चालकता विभिन्न सान्द्रता और विभिन्न तापमानों पर सटीक रूप से ज्ञात होती है

(c) धनायनों और ऋणायनों का आकार तुलनीय है

(d) दोनों आयनों पर आवेश समान है

55 23°C पर KCl विलयन युक्त सेल का प्रतिरोध 55 Ω पाया गया। इसका सेल स्थिरांक 0.616 सेमी$^{-1}$ है। KCl विलयन की चालकता (Ω^{-1} सेमी$^{-1}$) है **NCERT पृष्ठ 44**

(a) 1.21×10^{-3} (b) 1.12×10^{-2}

(c) 1.12×10^{-3} (d) 1.21×10^{-2}

56 किसी विद्युत अपघट्य के 0.2 M विलयन का प्रतिरोध 50 Ω है। विलयन की विशिष्ट चालकता 1.3 सीमेन मी$^{-1}$ है यदि उसी विद्युत अपघट्य के 0.4 M विलयन का प्रतिरोध 260 Ω है, तो इसकी मोलर चालकता है **NCERT पृष्ठ 44, 45**

(a) 6250 सीमेन मी^{2} मोल$^{-1}$ (b) 6.25×10^{-4} सीमेन मी^{2} मोल$^{-1}$

(c) 625×10^{-4} सीमेन मी^{2} मोल$^{-1}$ (d) 62.5 सीमेन मी^{2} मोल$^{-1}$

57 यदि 0.1 मोल ली$^{-1}$ KCl विलयन से भरे चालकता सेल का प्रतिरोध 100 Ω है। 0.02 मोल ली$^{-1}$ KCl विलयन से भरे जाने पर उसी सेल का प्रतिरोध है। तो 0.02 मोल ली$^{-1}$ KCl विलयन की चालकता होगी? (0.1 मोल ली$^{-1}$ KCl विलयन की चालकता 1.29 सीमेन/ मी. दी गई है।) **NCERT पृष्ठ 45**

(a) 0.248 सीमेन सेमी$^{-1}$ (b) 0.248 सीमेन मी$^{-1}$

(c) 2.48 सीमेन सेमी$^{-1}$ (d) 2.48 सीमेन मी$^{-1}$

58 N/10 KCl विलयन की विशिष्ट चालकता 0.0212 ओम$^{-1}$ सेमी$^{-1}$ है तथा इस विलयन वाले सेल का प्रतिरोध 55 ओम है। सेल स्थिरांक है। **NCERT पृष्ठ 44**

(a) 3.324 सेमी$^{-1}$ (b) 2.173 सेमी$^{-1}$
(c) 1.166 सेमी$^{-1}$ (d) 4.616 सेमी$^{-1}$

59 मोलर चालकता किस सान्द्रता के विलयन के लिए न्यूनतम होती है? **NCERT पृष्ठ 45**

(a) 0.004 M (b) 0.002 M
(c) 0.005 M (d) 0.001 M

60 0.2 M NaCl विलयन की विशिष्ट चालकता 1.01×10^{-2} ओम$^{-1}$ सेमी$^{-1}$ है ओम$^{-1}$ सेमी$^{-2}$ मोल$^{-1}$ में इसकी मोलर चालकता है **NCERT पृष्ठ 45**

(a) 1.01×10^{2} (b) 1.01×10^{3}
(c) 1.01×10^{4} (d) 50.5

61 निम्नलिखित में से कौन-सा कथन मोलर चालकता के लिए सत्य नहीं है? **NCERT पृष्ठ 45, 47**

(a) जब सान्द्रता अनन्त तक पहुँचती है, तो मोलर चालकता को सीमान्त मोलर चालकता के रूप में जाना जाता है।

(b) Λ_m (सीमेन मी^{2} मोल$^{-1}$) $= \dfrac{\kappa \text{ (सीमेन मी}^{-1})}{1000 \text{ ली}\circ\text{मी}\circ^{-3} \times \text{मोलरता (मोल ली}^{-1})}$

(c) Λ_m (सीमेन सेमी^{2}मोल$^{-1}$) $= \dfrac{\kappa\text{(सीमेन सेमी}^{-1})\times 1000 \text{ (सेमी}^3\text{/ली)}}{\text{मोलरता (मोल ली}^{-1})}$

(d) $\Lambda_m = \dfrac{\kappa A}{l}$

62 सही कथन का चयन करें **NCERT पृष्ठ 46, 47**

(a) तनुकरण में वृद्धि के साथ चालकता घटती है लेकिन मोलर चालकता बढ़ती है।
(b) तनुकरण में वृद्धि के साथ चालकता बढ़ती है लेकिन मोलर चालकता घटती है।
(c) सान्द्रता में वृद्धि के साथ चालकता घटती है लेकिन मोलर चालकता बढ़ती जाती है।
(d) सान्द्रता में कमी होने पर चालकता के साथ-साथ मोलर चालकता भी घटती है।

63 मोलर चालकता एवं $C^{1/2}$ का ग्राफ बनाया गया है। A और B में किस प्रकार के विद्युत अपघट्य का उपयोग किया जाता है? **NCERT पृष्ठ 47**

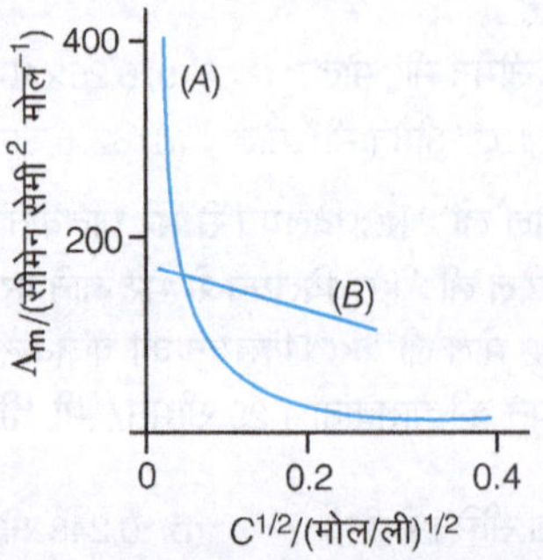

	A	B
(a)	दुर्बल विद्युत अपघट्य	प्रबल विद्युत अपघट्य
(b)	प्रबल विद्युत अपघट्य	दुर्बल विद्युत अपघट्य
(c)	दुर्बल विद्युत अपघट्य	दुर्बल विद्युत अपघट्य
(d)	प्रबल विद्युत अपघट्य	दुर्बल विद्युत अपघट्य

64 जल में किस आयन की सीमान्त मोलर चालकता 298 K पर सबसे कम है? **NCERT पृष्ठ 49**

(a) Na^+ (b) K^+
(c) Ca^{2+} (d) Mg^{2+}

65 यदि Ca^{2+} और Cl^- आयनों की मोलर चालकता क्रमशः 119 और 71 सीमेन सेमी^{2} मोल$^{-1}$ है तो अनन्त तनुता पर $CaCl_2$ की मोलर चालकता है? **NCERT पृष्ठ 49**

(a) 215 सीमेन सेमी^{2} मोल$^{-1}$ (b) 340 सीमेन सेमी^{2} मोल$^{-1}$
(c) 126 सीमेन सेमी^{2} मोल$^{-1}$ (d) 261 सीमेन सेमी^{2} मोल$^{-1}$

66 25°C पर, अनन्त तुनता पर प्रबल विद्युत अपघट्य है, तब NaOH, NaCl और $BaCl_2$ की मोलर चालकता क्रमशः 248×10^{-4}, 126×10^{-4} और 280×10^{-4} सीमेन मी^{2}मोल$^{-1}$ है, तब $\lambda_m^\circ Ba(OH)_2$ में सीमेन मी^{2}मोल$^{-1}$ है। **NCERT पृष्ठ 49**

(a) 362×10^{-4}
(b) 402×10^{-4}
(c) 524×10^{-4}
(d) 568×10^{-4}

67 0.025 मोल ली$^{-1}$-मेथेनोइक अम्ल की मोलर चालकता 46.1 सीमेन सेमी^{2}मोल$^{-1}$ है, तो वियोजन स्थिरांक होगा। (दिया गया है $\lambda^\circ_{H^+} = 349.6$ सीमेन सेमी^{2}मोल$^{-1}$, और $\lambda^\circ_{HCOO^-} = 54.6$ सीमेन सेमी^{2} मोल$^{-1}$) **NCERT पृष्ठ 50**

(a) 3.67×10^{-4} मोल ली$^{-1}$
(b) 1.83×10^{-4} मोल ली$^{-1}$
(c) 4.25×10^{-4} मोल ली$^{-1}$
(d) 3.67×10^{-6} मोल ली$^{-1}$

68 कोलराउश नियम के अनुप्रयोग के बारे में निम्नलिखित में से कौन-सा कथन गलत है? **NCERT पृष्ठ 50**

(a) अनन्त तनुता पर दुर्बल विद्युत अपघट्यों की मोलर चालकता की गणना की जा सकती है।
(b) यह दुर्बल विद्युत अपघट्य के वियोजन की मात्रा की गणना करने में सहायक है।
(c) अल्प विलेयशील लवण की विलेयता की गणना की जा सकती है।
(d) λ_m° किसी भी विद्युत अपघट्य के लिए स्वतन्त्र आयन λ° से गणना की जा सकती है।

वैद्युत अपघटनी सेल और वैद्युत अपघटन

69 विद्युत अपघटनी सेल के लिए निम्नलिखित में से कौन-सा कथन गलत है? NCERT पृष्ठ 51

(a) रासायनिक अभिक्रिया को पूर्ण करने के लिए वोल्टेज का बाह्य स्रोत लगाया जाता है।

(b) इन सेलों का उपयोग मुख्यतः प्रयोगशाला और रासायनिक उद्योग में किया जाता है।

(c) सरलतम विद्युत अपघटनी सेल में $CuSO_4$ के जलीय विलयन में डूबी हुई दो ताँबे की छड़ होती हैं।

(d) गैल्वेनी या वोल्टीय सेल इस प्रकार के सेल का एक सामान्य उदाहरण है।

70 विद्युत अपघटन द्वारा अशुद्ध ताँबे से शुद्ध ताँबा प्राप्त करने के लिए NCERT पृष्ठ 51

I. ऐनोड अशुद्ध ताँबे से बनाया जाता है।

II. कॉपर ऐनोड पर ऑक्सीकृत होता है तथा कैथोड पर निक्षेपित होता है।

III. कॉपर सल्फेट का विलयन विद्युत अपघट्य के रूप में उपयोग किया जाता है।

IV. कैथोड अशुद्ध ताँबे से बनाया जाता है।

V. कॉपर कैथोड पर ऑक्सीकृत होता है तथा ऐनोड पर निक्षेपित होता है।

सही विकल्प चुने

(a) I और II (b) III, IV और V

(c) IV और V (d) I, II और III

71 एक विद्युत अपघटनी सेल में ऐलुमिना है। यदि हमें 105 एम्पियर धारा का उपयोग करके 50 ग्राम Al प्राप्त करना है, तो आवश्यक समय है।

(a) 1.54 घण्टा (b) 2.15 घण्टे NCERT पृष्ठ 51

(c) 1.42 घण्टे (d) 1.32 घण्टे

72 एक धातु के तार में 1.5 A धारा प्रवाहित हो रही है। यदि यह धारा 3 घण्टे तक प्रवाहित होती है, तो तार से प्रवाहित होने वाले इलेक्ट्रॉनों की संख्या है NCERT पृष्ठ 52

(a) 2.05×10^{22} इलेक्ट्रॉन (b) 1.0×10^{23} इलेक्ट्रॉन

(c) 10^{24} इलेक्ट्रॉन (d) 4.5×10^{23} इलेक्ट्रॉन

73 12.3 ग्राम नाइट्रोबेन्जीन को ऐनिलीन में अपचयित करने के लिए कितने कूलॉम की आवश्यकता होती है? NCERT पृष्ठ 52

(a) 579 कूलॉम (b) 5790 कूलॉम

(c) 57900 कूलॉम (d) 579000 कूलॉम

74 सिल्वर नाइट्रेट विलयन में 10 A धारा प्रवाहित करके 100 सेमी^{2} क्षेत्रफल की सतह पर 2×10^{-3} सेमी मोटी सिल्वर परत (घनत्व 1.05 ग्राम सेमी$^{-3}$ की परत निक्षेपित करने में लगने वाला समय होगा)?

(a) 125 सेकण्ड (b) 115 सेकण्ड NCERT पृष्ठ 52

(c) 18.8 सेकण्ड (d) 27.25 सेकण्ड

75 NaCl का 4.0 M जलीय विलयन तैयार किया गया है और इस विलयन के 500 मिली का विद्युत अपघटन किया जाता है। इसके एक इलेक्ट्रोड पर क्लोरीन गैस निकलती है। पूर्ण विद्युत अपघटन के लिए आवश्यक कुल आवेश होगा? NCERT पृष्ठ 52

(a) 96500 कूलॉम (b) 24125 कूलॉम

(c) 48250 कूलॉम (d) 193000 कूलॉम

76 $CuSO_4$ के विलयन से 2 फैरेड विद्युत धारिता प्रवाहित की जाती है। कैथोड पर निक्षेपित कॉपर का द्रव्यमान है
(Cu का परमाणु द्रव्यमान = 63.5 u) NCERT पृष्ठ 52

(a) 0 ग्राम (b) 63.5 ग्राम

(c) 2 ग्राम (d) 127 ग्राम

77 6 A की धारा को 75% दक्षता के साथ 6 घण्टे के लिए एक सेल से प्रवाहित की जाती है। ($Z = 4\times10^{-4}$) निक्षेपित धातु की मात्रा होगी? NCERT पृष्ठ 51, 52

(a) 22.4 ग्राम (b) 36.0 ग्राम (c) 32.4 ग्राम (d) 38.9 ग्राम

78 यदि 96.5 A धारा को $AgNO_3$ के जलीय विलयन में 100 सेकण्ड के लिए प्रवाहित किया जाए, तो निक्षेपित चाँदी का भार क्या होगा? NCERT पृष्ठ 52

(a) 1.08 ग्राम (b) 10.8 ग्राम (c) 108 ग्राम (d) 1080 ग्राम

79 सिल्वर नाइट्रेट, कॉपर सल्फेट और फेरिक क्लोराइड के विलयन से 10 फैरेड विद्युत धारिता प्रवाहित की जाती है। प्रत्येक स्थिति में कैथोड पर निक्षेपित धातु की मात्रा क्रमशः है NCERT पृष्ठ 51, 52

(a) Ag = 1080 ग्राम Cu = 3175 ग्राम Fe = 186.7 ग्राम

(b) Ag = 108 ग्राम Cu = 31.75 ग्राम Fe = 18.67 ग्राम

(c) Ag = 1080 ग्राम Cu = 317.5 ग्राम Fe = 186.7 ग्राम

(d) Ag = 10.8 ग्राम Cu = 317.5 ग्राम Fe = 186.7 ग्राम

80 निम्नलिखित में से गलत कथन है NCERT पृष्ठ 52

(a) किसी पदार्थ के ऑक्सीकरण या अपचयन के लिए आवश्यक आवेश पदार्थ के इलेक्ट्रोड अभिक्रिया स्टॉइकियोमिट्री पर निर्भर करता है

(b) 1 मोल कैल्सियम आयन के अपचयन के लिए 2 मोल इलेक्ट्रॉनों की आवश्यकता होती है।

(c) 50,000 A धारा 0.518 फैरेड प्रति सेकण्ड के बराबर है।

(d) 1 मोल MnO_4^- को Mn^{2+} में अपचयित करने के लिए आवश्यक आवेश 2 फैरेड है।

81 जब जलीय सोडियम क्लोराइड विलयन का विद्युत अपघटन किया जाता है तो NCERT पृष्ठ 53

(a) Na^+ के स्थान पर H^+ कैथोड पर अपचयित होता है।

(b) कैथोड पर Na^+ का Na में अपचयन हो जाता है तथा H^+ का H_2 में अपचयन हो जाता है।

(c) कैथोड पर Cl^- का Cl_2 में ऑक्सीकरण होता है।

(d) Na^+ कैथोड पर Na में अपचयित हो जाता है तथा Cl^-, Cl_2 में ऑक्सीकृत हो जाता है।

82 प्लेटिनम इलेक्ट्रोड का उपयोग करके $CuSO_4$ के जलीय विलयन के विद्युत-अपघटन के दौरान क्या होगा? NCERT पृष्ठ 53

(a) कैथोड पर ताँबा निक्षेपित होगा

(b) ऐनोड पर ताँबा निक्षेपित होगा

(c) SO_2 ऐनोड पर मुक्त होगा

(d) कॉपर ऐनोड पर घुल जाएगा

83 दिए गए सेल $Mg|Mg^{2+}||Cu^{2+}|Cu$ के लिए, निम्नलिखित में से कौन-सा सही है? NCERT पृष्ठ 53

(a) Mg कैथोड है।

(b) Cu ऐनोड है।

(c) सेल अभिक्रिया $Mg + Cu^{2+} \longrightarrow Mg^{2+} + Cu$ है

(d) Cu ऑक्सीकारक अभिकर्मक नहीं है।

बैटरियाँ, ईंधन सेल और संक्षारण

84 बैटरी से सम्बन्धित गलत कथन है? NCERT पृष्ठ 54

(a) ये वे संयोजन हैं, जिनमें एक या एक से अधिक सेल समानांतर रूप से जुड़े होते हैं।

(b) ये रेडॉक्स अभिक्रिया की रासायनिक ऊर्जा को विद्युत ऊर्जा में परिवर्तित करते हैं।

(c) ये उचित रूप से हल्के और ठोस होने चाहिए।

(d) उपयोग के दौरान उनके वोल्टेज में परिवर्तन नहीं होना चाहिए।

85 शुष्क सेल के लिए निम्नलिखित में से कौन-सा कथन गलत है? NCERT पृष्ठ 54

(a) कैथोड पर अभिक्रिया $MnO_2 + NH_4^+ + e^- \longrightarrow MnO(OH) + NH_3$

(b) मैंगनीज + 5 से + 4 ऑक्सीकरण अवस्था में अपचयित हो जाता है।

(c) सेल विभव 1.5 वोल्ट है।

(d) अमोनिया Zn^{2+} के साथ $[Zn(NH_3)_4]^{2+}$ संकुल बनाता है।

86 मर्करी सेल के सम्बन्ध में सही कथन है? NCERT पृष्ठ 54, 55

(a) इसका उपयोग उच्च धारा वाले उपकरणों में किया जाता है।

(b) Zn-Hg अमलगम कैथोड के रूप में कार्य करता है तथा C + HgO का लेप ऐनोड के रूप में कार्य करता है।

(c) सेल विभव नियत रहता है।

(d) सेल का विभव लगभग 1.5 वोल्ट है।

87 चित्र में दी गई सेल में ऐनोड और कैथोड क्या है? NCERT पृष्ठ 54

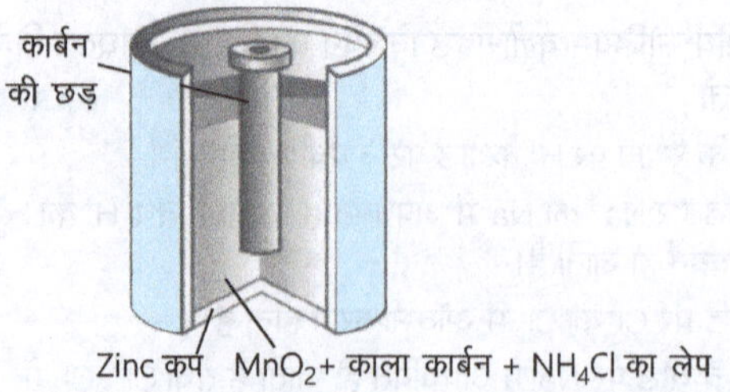

	ऐनोड	कैथोड
(a)	जिंक कप	कार्बन ब्लैक
(b)	कार्बन की छड़	जिंक कप
(c)	कार्बन ब्लैक	कार्बन कप
(d)	जिंक कप	MnO_2

88 दिए गए मर्करी सेल में,

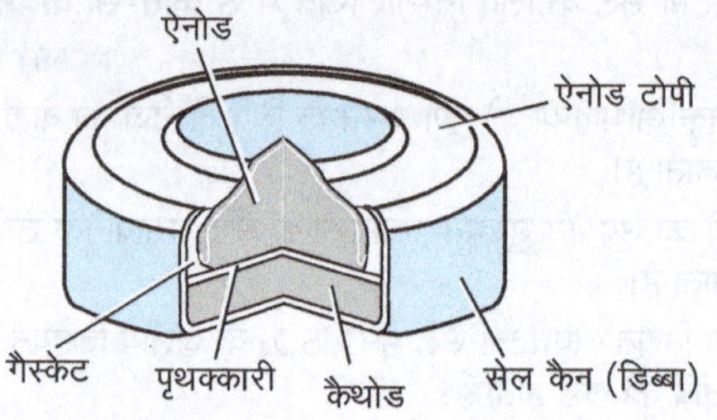

अभिक्रिया होगी NCERT पृष्ठ 54

(a) $Zn(Hg) + 2OH^- \longrightarrow ZnO(s) + H_2O + 2e^-$

(b) $HgO + H_2O + 2e^- \longrightarrow Hg(l) + 2OH^-$

(c) $Zn + 2OH^- \longrightarrow ZnO(s) + H_2O + 2e^-$

(d) $Zn(Hg) + HgO(s) \longrightarrow ZnO(s) + Hg(l)$

89 सीसा संचायक बैटरी के बारे में गलत कथन है? NCERT पृष्ठ 55

(a) इसका उपयोग इन्वर्टर जैसे उच्च धारा उपकरणों में किया जाता है

(b) यहाँ लेड ऐनोड के रूप में कार्य करता है और लेड डाइऑक्साइड से भरा लेड का ग्रिड कैथोड के रूप में कार्य करता है

(c) निरावेशन के दौरान $PbSO_4$, Pb और PbO_2 दोनों बनते हैं

(d) आवेशन के दौरान ऐनोड पर PbO_2 बनता है

90 सीसा संचायक बैटरी के सम्बन्ध में निम्नलिखित में से कौन-सा कथन या अभिक्रिया सही है? NCERT पृष्ठ 55

(a) कैथोड अभिक्रिया

$Pb(s) + SO_4^{2-}(aq) \longrightarrow PbSO_4(s) + 2e^-$

(b) ऐनोड अभिक्रिया

$PbO_2(s) + SO_4^{2-}(aq) + 4H^+(aq) + 2e^- \longrightarrow PbSO_4(s) + 2H_2O(l)$

(c) बैटरी आवेशन करने पर $PbSO_4$ ऐनोड पर Pb और कैथोड पर $PbSO_4$ देता है।

(d) सल्फ्यूरिक अम्ल का 48% विलयन विद्युत अपघट्य के रूप में उपयोग किया जाता है।

91 निम्नलिखित चित्र में सीसा-संचायक बैटरी, I, II और विद्युत अपघट्य का प्रतिनिधित्व है। NCERT पृष्ठ 55

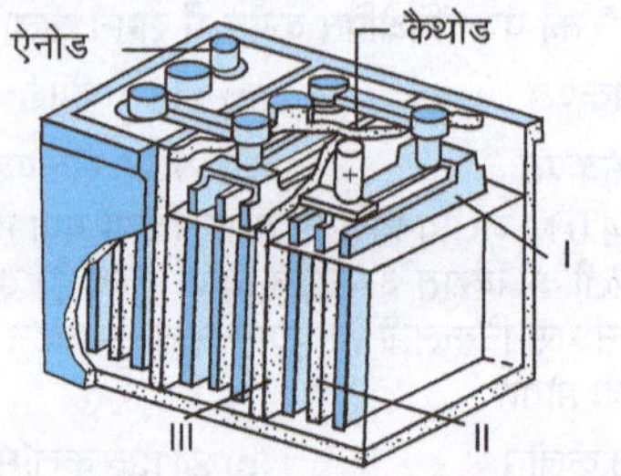

	I	II	विद्युत अपघट्य
(a)	धनात्मक प्लेटें	PbO_2	50% H_2SO_4
	स्पंजी लेड	ऋणात्मक प्लेटें	विलयन
(b)	ऋणात्मक प्लेटें	PbO_2	38% H_2SO_4
	स्पंजी लेड	धनात्मक प्लेटें	विलयन
(c)	PbO_2	स्पंजी लेड	50% H_2SO_4
	धनात्मक प्लेट	ऋणात्मक प्लेटें	विलयन
(d)	PbO_2, ऋणात्मक	स्पंजी लेड	38% H_2SO_4
	प्लेटें	धनात्मक प्लेटें	विलयन

92 सीसा-अम्ल बैटरी के ऐनोडिक अर्द्ध सेल को 0.05 फैराडे की विद्युत का उपयोग करके पुनः आवेशित किया जाता है।
विद्युत अपघटन की प्रक्रिया में $PbSO_4$ की कितनी मात्रा ग्राम में अपघटित होगी। ($PbSO_4$ का मोलर द्रव्यमान = 303 ग्राम मोल$^{-1}$) **NCERT पृष्ठ 52, 55**

(a) 11.4 (b) 7.6 (c) 15.2 (d) 22.8

93 ईंधन सेलों के लिए गलत कथन को चिन्हित करें। **NCERT पृष्ठ 56**

(a) इसका उपयोग अपोलो स्पेस कार्यक्रम और स्पेस यात्रियों के लिए पेयजल आपूर्ति के लिए किया जाता है।
(b) छिद्रयुक्त कार्बन इलेक्ट्रोड के माध्यम से हाइड्रोजन और ऑक्सीजन के बुलबुले निकलते हैं।
(c) उत्प्रेरक जैसे सूक्ष्म रूप से विभाजित Pt या Pd को इलेक्ट्रोड में शामिल किया जाता है।
(d) ऐनोड अभिक्रिया है $O_2 + 2H_2O(l) + 4e^- \longrightarrow 4OH^-(aq)$

94 गैल्वेनीकरण है **NCERT पृष्ठ 57**

(a) ऐलुमिनियम शीट पर जस्ते की परत चढ़ाना
(b) लोहे की चादर पर जस्ते की परत चढ़ाना
(c) जस्ता शीट पर लोहे की परत चढ़ाना
(d) जिंक शीट पर ऐलुमिनियम परत चढ़ाना

95 लोहे में जंग लगने के सम्बन्ध में निम्नलिखित में से कौन-सी अभिक्रिया सही है। **NCERT पृष्ठ 57**

I. $Fe(s) \longrightarrow Fe^{2+}(aq) + 2e^-$ (ऐनोड पर)
II. $O_2(g) + 4H^+(aq) + 4e^- \longrightarrow 2H_2O(l)$ (कैथोड पर)
III. $2Fe + O_2 + 4H^+ \longrightarrow 2Fe^{2+} + 2H_2O$
IV. $Fe_2O_3(s) + xH_2O(l) \longrightarrow Fe_2O_3 \cdot xH_2O$

नीचे दिए गए विकल्पों में से सही उत्तर चुनें।

(a) केवल I (b) I और II
(c) I, II और III (d) I, II, III और IV

96 निम्नलिखित में से कौन-सा कथन सही है? **NCERT पृष्ठ 57**

I. लोहे पर जंग लगना और चाँदी की सतह का धूमिल होना संक्षारण के उदाहरण हैं।
II. लोहे की सतह को *बिस*-फीनॉल से ढकने से लोहा जंग लगने से सुरक्षित रहता है।
III. Sn और Zn का उपयोग लोहे को जंग लगने से बचाने के लिए किया जाता है।

नीचे दिए गए विकल्पों में से सही उत्तर चुनें।

(a) I और II (b) I और III
(c) II और III (d) I, II और III

अभिकथन-कारण प्रश्न

निर्देश *(प्रश्न संख्या 1-11) निम्नलिखित प्रश्नों में अभिकथन (A) के बाद कारण (R) का कथन दिया गया है। निम्नलिखित विकल्पों में से सही उत्तर चुनें।*

(a) A और R दोनों सत्य हैं और R, A का सही स्पष्टीकरण है।
(b) A और R दोनों सत्य हैं परन्तु R, A का सही स्पष्टीकरण नहीं है।
(c) A सत्य है परन्तु R असत्य है।
(d) A असत्य है परन्तु R सत्य है।

1 **अभिकथन (A)** एक डेनियल सेल $Zn|Zn^{2+}||Cu^{2+}|Cu$ के लिए $E_{सेल}$ = 1.1 वोल्ट, 1.1 वोल्ट से अधिक विपरीत विभव के अनुप्रयोग के परिणामस्वरूप ऐनोड से कैथोड की ओर इलेक्ट्रॉनों का प्रवाह होता है।
कारण (R) जिंक इलेक्ट्रोड पर Zn जमा होता है और कॉपर इलेक्ट्रोड पर Cu घुलता है। **NCERT पृष्ठ32**

2 **अभिकथन (A)** Cu, HCl में नहीं घुलता है लेकिन HNO_3 में घुल जाता है
कारण (R) नाइट्रिक अम्ल में Cu का ऑक्सीकरण हाइड्रोजन आयन द्वारा नहीं बल्कि नाइट्रेट आयन द्वारा होता है। **NCERT पृष्ठ 35**

3 **अभिकथन (A)** कॉपर सल्फेट विलयन को जिंक पात्र में भण्डारित नहीं किया जा सकता।
कारण (R) जिंक कॉपर की तुलना में अधिक अभिक्रियाशील है इसलिए यह कॉपर सल्फेट विलयन से कॉपर को विस्थापित कर देता है। **NCERT पृष्ठ 36**

4 **अभिकथन (A)** शुद्ध जल की चालकता बहुत कम होती है, अर्थात् 3.5×10^{-5} सीमेन मी$^{-1}$
कारण (R) शुद्ध जल में हाइड्रोजन और हाइड्रॉक्सिल आयन उच्च मात्रा में उपस्थित होते हैं। **NCERT पृष्ठ 43**

5 **अभिकथन (A)** आयनिक विलयन के प्रतिरोध के मापन के दौरान DC का उपयोग नहीं किया जा सकता है।
कारण (R) DC विलयन का संघटन बदल देती है और विलयन को धातु के तार की तरह ब्रिज से नहीं जोड़ा जा सकता है। **NCERT पृष्ठ 43**

6 **अभिकथन (A)** $E_{Ag^+/Ag}$, Ag^+ आयनों की सान्द्रता में वृद्धि के साथ बढ़ता है।
कारण (R) इसका $E_{Ag^+/Ag}$ मान धनात्मक है। **NCERT पृष्ठ 38**

7 **अभिकथन (A)** आयनिक विलयन का प्रतिरोध मापने के लिए AC स्रोत का उपयोग किया जाता है।
कारण (R) यदि DC स्रोत का उपयोग किया जाता है तो आयनिक विलयन की सान्द्रता बदल जाएगी। **NCERT पृष्ठ 43**

8 **अभिकथन (A)** सभी विद्युत अपघट्यों की चालकता तनुकरण पर कम हो जाती है।
कारण (R) तनुकरण पर प्रति इकाई आयतन में आयनों की संख्या कम हो जाती है। **NCERT पृष्ठ 47**

9 **अभिकथन (A)** अशुद्ध ताँबे को विद्युत अपघटन द्वारा शुद्ध ताँबे में परिवर्तित किया जाता है।
कारण (R) कॉपर कैथोड पर घुल जाता है तथा ऐनोड पर निक्षेपित हो जाता है। **NCERT पृष्ठ 51**

10 **अभिकथन (A)** $Ni(NO_3)_2$ के विलयन को 5 एम्पियर धारा का उपयोग प्लेटिनम इलेक्ट्रोडों के बीच 20 मिनट तक विद्युत अपघटित किया गया है। निक्षेपित Ni का भार 1.825 ग्राम है।
कारण (R) किसी विद्युत अपघट्य के विद्युत अपघटन के दौरान निक्षेपित पदार्थ का द्रव्यमान विद्युत अपघट्य से प्रवाहित विद्युत की मात्रा के व्युत्क्रमानुपाती होता है। **NCERT पृष्ठ 51**

11 **अभिकथन (A)** आजकल साधारण सेल की जगह $H_2—O_2$ ईंधन सेल का उपयोग किया जाता है।
कारण (R) इससे कोई प्रदूषण नहीं होता तथा इसकी दक्षता 60-70% होती है। **NCERT पृष्ठ 56**

कथन आधारित प्रश्न

निर्देश *(प्रश्न संख्या 1-6) निम्नलिखित प्रश्नों में दो कथन (I और II) दिए गए हैं। दिए गए कथनों के आधार पर, नीचे दिए गए सही विकल्प का चयन करें*

(a) कथन I और कथन II दोनों असत्य हैं।
(b) कथन I सत्य है परन्तु कथन II असत्य है।
(c) कथन I असत्य है परन्तु कथन II सत्य है।
(d) कथन I और कथन II दोनों सत्य हैं।

1 **कथन I** मानक हाइड्रोजन इलेक्ट्रोड में, H_2 गैस का दाब 10 bar है और हाइड्रोजन आयन की सान्द्रता 1 M है।
कथन II मानक हाइड्रोजन इलेक्ट्रोड में, हाइड्रोजन के अपचयित तथा ऑक्सीकृत दोनों रूपों की सान्द्रता एक इकाई बनाए रखती है। **NCERT पृष्ठ 35**

2 **कथन I** कॉपर हाइड्रोक्लोरिक अम्ल के तनु विलयन से हाइड्रोजन मुक्त करता है।
कथन II विद्युत रासायनिक श्रेणी में हाइड्रोजन, कॉपर से ऊपर उपस्थित है। **NCERT पृष्ठ 35, 37**

3 **कथन I** निम्नलिखित अभिक्रियाओं के लिए $\Delta G°$ तथा साम्य स्थिरांक (K) अधिक भिन्न हैं।
(i) $CrO_4^{2-} + 4H_2O + 3e^- \longrightarrow Cr(OH)_3 + 5OH^-; E_1 = -0.11$ वोल्ट
(ii) $[Cu(NH_3)_2]^+ + e^- \longrightarrow Cu^+ + 2NH_3; E_2 = -0.10$ वोल्ट
कथन II $\Delta G°$ और K मानक इलेक्ट्रोड विभव से स्वतन्त्र हैं। **NCERT पृष्ठ 40**

4 **कथन I** विद्युत अपघट्य की सान्द्रता में कमी के साथ चालकता हमेशा बढ़ती है।
कथन II विद्युत अपघट्य की सान्द्रता में कमी के साथ मोलर चालकता हमेशा बढ़ती है। **NCERT पृष्ठ 46, 47**

5 **कथन I** Na और Mg धातुएँ उनके संगलित क्लोराइडों के विद्युत अपघटन द्वारा निर्मित होती हैं।
कथन II ऐलुमिनियम का उत्पादन क्रायोलाइट की उपस्थिति में ऐलुमिनियम ऑक्साइड के विद्युत अपघटन द्वारा किया जाता है। **NCERT पृष्ठ 51**

6 **कथन I** मर्करी सेल का सेल विभव 1.35 वोल्ट है, जो इसके जीवन काल के दौरान नियत रहता है।
कथन II मर्करी सेल में, विद्युत अपघट्य KOH और ZnO का पेस्ट है। **NCERT पृष्ठ 54, 55**

7 निम्नलिखित में से कौन-सा/से कथन सही हैं?
I. प्रबल विद्युत अपघट्य के लिए λ_m तनुकरण के साथ धीरे-धीरे बढ़ता है।
II. सीसा संचायक बैटरी में, निरावेशन अवस्था के दौरान, समग्र अभिक्रिया में उत्पादों के रूप में सल्फ्यूरिक अम्ल का निर्माण होता है।
III. इलेक्ट्रोड विभव मान घटने पर ऑक्सीकारक सामर्थ्य घटती है।
IV. Zn, H_2SO_4 और HCl के साथ हाइड्रोजन देता है।
V. NaCl, Λ_m एवं $\sqrt{C}$ के आलेख में एक सीधी रेखा दर्शाता है।
नीचे दिए गए विकल्पों में सही उत्तर चुनें। **NCERT पृष्ठ 35, 36, 47, 55**
(a) I, III और IV (b) I और II
(c) II और V (d) केवल II

8 निम्नलिखित में से कौन-से कथन सही हैं? **NCERT पृष्ठ 41, 47, 54**
I. शुष्क सेल में, इलेक्ट्रोडों के बीच NH_4Cl और $ZnCl_2$ का नम पेस्ट उपस्थित होता है।
II. लैक्लांशे सेल में अमोनिया गैस उत्पन्न होती है।
III. KOH तथा ZnO का पेस्ट मर्करी सेल में विद्युत अपघट्य के रूप में उपयोग किया जाता है।
IV. NaCl, $CaCl_2$ और $MgSO_4$ को क्रमशः 1-1, 1-2, और 2-2, प्रकार के विद्युत अपघट्य के रूप में जाना जाता है।
V. चालकता, प्रतिरोध के सीधे समानुपाती होती है।

नीचे दिए गए विकल्पों में से सही उत्तर चुनें।

(a) I और V (b) I और III
(c) II और IV (d) I, II, III और IV

9 निम्नलिखित में से गलत कथन चुनें।

I. $E_{सेल}$ तापमान से स्वतन्त्र है

II. यदि निकाय साम्यावस्था में है तो कोई शुद्ध अभिक्रिया नहीं होती है।

III. यदि $E_{सेल} < 0$ हो तो अभिक्रिया दाएँ से बाएँ होती हैं।

IV. यदि $E_{सेल} > 0$ है तो अभिक्रिया बाएँ से दाएँ स्वतः होती है।

V. मानक हाइड्रोजन इलेक्ट्रोड के अर्द्ध सेल के द्वारा $Pt(s)H_2(g)H^+(g)$ दर्शाया जाता है

नीचे दिए गए विकल्पों में से सही उत्तर चुनें। NCERT पृष्ठ 33, 35, 38

(a) I और V
(b) II, III और V
(c) I, II और V
(d) III और IV

10 निम्नलिखित में से सही कथनों का चयन करें।

I. किसी विद्युत अपघट्य के अनन्त तुनकरण पर मोलर चालकता को विद्युत अपघट्य के स्वतन्त्र (धनायनों और ऋणायनों) के योग के रूप में दर्शाया जा सकता है।

II. तनुकरण के साथ Λ_m में परिवर्तन वियोजन की मात्रा में वृद्धि के कारण होता है।

III. वियोजन की मात्रा किसी भी सान्द्रता C पर मोलर चालकता Λ_m और सीमान्त मोलर चालकता के अनुपात से प्राप्त की जा सकती है।

IV. Λ_m दुर्बल विद्युत अपघट्य के लिए $\Lambda°_m$ की शून्य सान्द्रता के बहिर्वेशन द्वारा प्राप्त किया जा सकता है।

V. कोलराउश नियम केवल विद्युत अपघट्य की सीमान्त मोलर चालकता की गणना के लिए लागू होता है। NCERT पृष्ठ 46, 47, 49

नीचे दिए गए विकल्पों में से सही उत्तर चुनें।

(a) I, II और III (b) II, III और V
(c) II और V (d) I, II, III और IV

सुमेलन प्रकार प्रश्न

1 निम्नलिखित सूची I (अभिव्यक्तियाँ) को सूची II (पदनाम) से सुमेलित करें और नीचे दिए गए कूट से सही विकल्प चुनें। NCERT पृष्ठ 41

सूची I (अभिव्यक्तियाँ)	सूची II (पदनाम)
A. $\rho l / A$	1. चालकता
B. $1/R$	2. चालकत्व
C. RA/l	3. प्रतिरोध
D. $1/\rho$	4. प्रतिरोधकता

कूट

	A	B	C	D		A	B	C	D
(a)	3	4	2	1	(b)	3	2	4	1
(c)	4	3	1	2	(d)	4	1	3	2

2 सूची I में दी गई भौतिक राशियों को सूची II में दी गई उनकी इकाईयों से सुमेलित करें और नीचे दिए गए कूटों में से सही विकल्प चुनें। NCERT पृष्ठ 41

सूची I (भौतिक राशियाँ)	सूची II (इकाई)
A. प्रतिरोध	1. Ω
B. प्रतिरोधकता	2. सीमेन मी^{2} मोल$^{-1}$
C. मोलर चालकता	3. Ω मी
D. विशिष्ट चालकता	4. Ω^{-1} मी.$^{-1}$

कूट

	A	B	C	D		A	B	C	D
(a)	4	2	1	3	(b)	2	3	1	4
(c)	1	3	2	4	(d)	3	2	1	4

3. नीचे दिए गए आँकड़ों के आधार पर सूची I और सूची II के पदों का सुमेलित करें।

$E°_{F_2/F^-} = 2.87$ वोल्ट, $E°_{Li^+/Li} = -3.05$ वोल्ट

$E°_{Au^{3+}/F^-} = 1.4$ वोल्ट, $E°_{Br^+/Br} = 1.09$ वोल्ट

सूची I	सूची II
A. F_2	1. धातु सबसे प्रबल अपचायक है।
B. Li	2. धातु आयन जो सबसे दुर्बल ऑक्सीकारक अभिकर्मक है।
C. Au^{3+}	3. अधातु जो सबसे अच्छा ऑक्सीकारक अभिकर्मक है।
D. Br^-	4. अक्रियाशील धातु
E. Au	5. ऋणायन जिसे Au^{3+} के द्वारा ऑक्सीकृत किया जा सकता है
F. Li^+	6. ऋणायन जो सबसे दुर्बल अपचायक अभिकर्मक है।
G. F^-	7. धातु आयन एक ऑक्सीकारक अभिकर्मक है।

कूट

	A	B	C	D	E	F	G
(a)	3	1	5	7	2	4	6
(b)	3	1	7	5	4	2	6
(c)	3	1	5	7	4	6	2
(d)	1	3	5	7	4	2	6

4 सूची I में दिए गए पदों को सूची II में दिए गए आँकड़ों से सुमेलित करें।

सूची I	सूची II
A. Λ_m	1. सघन गुणधर्म
B. $E^\circ_{सेल}$	2. आयन /आयतन की संख्या पर निर्भर करता है
C. κ	3. विस्तीर्ण गुण
D. $\Delta_r G_{सेल}$	4. तनुकरण के साथ बढ़ता है।

कूट

	A	B	C	D
(a)	1	4	3	2
(b)	1	4	2	3
(c)	4	1	3	2
(d)	4	1	2	3

5 सूची I और सूची II के पदों का सुमेलित करें।

सूची I	सूची II
A. κ	1. $l \times t$
B. Λ_m	2. $\Lambda_m / \Lambda_m^\circ$
C. α	3. κ / C
D. Q	4. G^* / R

कूट	A	B	C	D		A	B	C	D
(a)	4	3	2	1	(b)	1	3	2	4
(c)	3	2	1	4	(d)	2	4	3	1

6. सूची I और सूची II के पदों का मिलान करें।

सूची I	सूची II
A. सीसा-संचायक बैटरी	1. अधिकतम दक्षता
B. मर्करी-सेल	2. गैल्वेनीकरण द्वारा रोका गया
C. ईंधन सेल	3. स्थिर विभव देता है
D. जंग लगना	4. Pb ऐनोड है, PbO_2 कैथोड है

कूट

	A	B	C	D		A	B	C	D
(a)	2	4	3	1	(b)	4	3	1	2
(c)	3	1	2	4	(d)	1	2	3	4

आंकिक मान प्रकार के प्रश्न

1 निम्नलिखित सेल अभिक्रिया पर विचार करें।

$2Fe(s) + O_2(g) + 4H^+(aq) \longrightarrow 2Fe^{2+}(aq) + 2H_2O(l); E^\circ = 1.67$ वोल्ट पर $[Fe^{2+}] = 10^{-3}M, p(O_2) = 0.1$, atm और pH = 3, 25°C पर सेल विभव .... $\times 10^{-3}$ वोल्ट होगा। **NCERT पृष्ठ 38**

2 सेल पर विचार करें

$Pt(s)|H_2(g, 1\text{ atm})|H^+(aq, 1\text{ M})||Fe^{3+}(aq), Fe^{2+}(aq)|Pt(s)$

जब 298 K पर सेल का विभव 0.712 वोल्ट है, तो अनुपात $[Fe^{2+}]/[Fe^{3+}]$ .... (निकटतम पूर्णांक) है

(दिया गया $Fe^{3+} + e^- \rightleftharpoons Fe^{2+}$,

$E^\circ_{Fe^{3+}, Fe^{2+}/Pt} = 0.771$ वोल्ट, $\frac{2.303RT}{F} = 0.059$ वोल्ट **NCERT पृष्ठ 38**

3 दी गई अभिक्रियाओं के लिए,

$$Sn^{2+} + 2e^- \longrightarrow Sn$$

$$Sn^{4+} + 4e^- \longrightarrow Sn$$

इलेक्ट्रोड विभव है $E^\circ_{Sn^{2+}/Sn} = -0.140$ वोल्ट और $E^\circ_{Sn^{4+}/Sn} = 0.010$ वोल्ट।

Sn^{4+}/Sn^{2+} अर्थात् $E^\circ_{Sn^{4+}/Sn^{2+}}$ के लिए मानक इलेक्ट्रोड विभव का परिमाण ...... $\times 10^{-2}$ वोल्ट है। (निकटतम पूर्णांक) **NCERT पृष्ठ 40**

4 NaI, $NaNO_3$ और $AgNO_3$ की सीमान्त चालकता क्रमशः 12.7, 12.0 और 13.3 mS मी^{2} मोल$^{-1}$ है (सभी 25°C पर)
इस तापमान पर AgI की सीमान्त चालकता .... mS मी^{2} मोल$^{-1}$ में है। **NCERT पृष्ठ 49**

5 0.0025 M ऐसीटिक अम्ल की विशिष्ट चालकता एक निश्चित तापमान पर 5×10^{-5} सीमेन्ज सेमी$^{-1}$ है। ऐसीटिक अम्ल का वियोजन स्थिरांक .... $\times 10^{-7}$ है (निकटतम पूर्णांक) (CH_3COOH की सीमान्त मोलर चालकता को 400 सीमेन्ज सेमी^{2} मोल$^{-1}$ मानें) **NCERT पृष्ठ 50**

6 एक सेल के लिए, $Cu(s)|Cu^{2+}(0.01\text{ M})||Ag^+(0.01\text{ M})|Ag(s)$ 298 K पर सेल विभव 0.43 वोल्ट पाया गया है। मानक विभव का परिमाण Cu^{2+}/Cu है **NCERT पृष्ठ 38**

दिया गया

$[E^\circ_{Ag^+/Ag} = 0.80$ वोल्ट और $\frac{2.303\,RT}{F} = 0.06$ वोल्ट$]$

NCERT Exemplar प्रश्न

1 कौन-सा सेल कॉपर इलेक्ट्रोड के मानक इलेक्ट्रोड विभव की गणना करेगा ?

(a) Pt (s) | H_2 (g, 0.1 bar) | H^+ (aq, 1 M) || Cu^{2+} (aq, 1M) | Cu

(b) Pt (s) | H_2 (g, 0.1 bar) | H^+ (aq, 1M) || Cu^{2+} (aq, 2 M) | Cu

(c) Pt (s) H_2 (g, 0.1 bar) | H^+ (aq, 1M) || Cu^{2+} (aq, 1M) | Cu

(d) Pt (s) H_2 (g, 0.1 bar) | H^+ (aq, 1M) || Cu^{2+} (aq, 1M) | Cu

2 सेल में अक्रिय इलेक्ट्रोड के बारे में निम्नलिखित में से कौन-सा कथन सही नहीं है?

(a) यह सेल अभिक्रिया में भाग नहीं लेता है।

(b) यह ऑक्सीजन या अपचयन अभिक्रिया के लिए सतह प्रदान करता है।

(c) यह इलेक्ट्रॉनों के चालन के लिए सतह प्रदान करता है।

(d) यह रेडॉक्स अभिक्रिया के लिए सतह प्रदान करता है।

3 Mg इलेक्ट्रोड के लिए इलेक्ट्रोड विभव निम्न समीकरण के अनुसार परिवर्तित होती है,

$$E_{Mg^{2+}/Mg} = E^{-}_{Mg^{2+}/Mg} - \frac{0.059}{2}\log\frac{1}{[Mg^{2+}]}.$$

$E_{Mg^{2+}/Mg}$ एवं $\log[Mg^{2+}]$ है

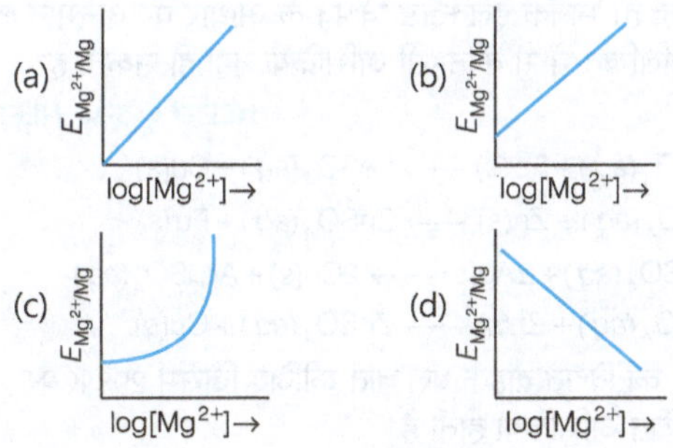

4 निम्नलिखित में से कौन-सा कथन सही है?

(a) $E^{\circ}_{सेल}$ और $\Delta_r G$ सेल अभिक्रिया के दोनों विस्तीर्ण गुण हैं।

(b) $E^{\circ}_{सेल}$ और $\Delta_r G$ सेल अभिक्रिया के दोनों गहन गुण हैं।

(c) $E^{\circ}_{सेल}$ एक गहन गुण है, जबकि $\Delta_r G$ सेल अभिक्रिया एक विस्तीर्ण गुण है।

(d) $E^{\circ}_{सेल}$ एक विस्तीर्ण गुण है, जबकि $\Delta_r G$ सेल अभिक्रिया एक गहन गुण है।

5 नीचे दिए गए आँकड़ों का उपयोग करके सबसे प्रबलतम अपचायक का पता लगाइए।

$E^{\circ}_{Cr_2O_7^{2-}/Cr^{3+}} = 1.33$; वोल्ट ; $E^{\circ}_{Cl_2/Cl^-} = 1.36$ वोल्ट

$E^{\circ}_{MnO_4^-/Mn^{2+}} = 1.51$; वोल्ट ; $E^{\circ}_{Cr^{3+}/Cr} = -0.74$ वोल्ट

(a) Cl^- (b) Cr

(c) Cr^{3+} (d) Mn^{2+}

6 प्रश्न 5 में दिए गए आँकड़ों का उपयोग करके पता लगाइए कि कौन-सा अपचायक क्रम सही है?

(a) $Cr^{3+} < Cl^- < Mn^{2+} < Cr$

(b) $Mn^{2+} < Cl^- < Cr^{3+} < Cr$

(c) $Cr^{3+} < Cl^- < Cr_2O_7^{2-} < MnO_4^-$

(d) $Mn^{2+} < Cr^{3+} < Cl^- < Cr$

7 प्रश्न 5 के आँकड़ों का उपयोग करें और सबसे अधिक स्थाई ऑक्सीकृत का पता लगाएँ

(a) Cr^{3+} (b) MnO_4^- (c) $Cr_2O_7^{2-}$ (d) Mn^{2+}

8 प्रश्न 5 के आँकड़ों का उपयोग करके अपचयित रूप में सबसे अधिक स्थाई आयन का पता लगाएँ

(a) Cl^- (b) Cr^{3+} (c) Cr (d) Mn^{2+}

9 प्रश्न 5 के आँकड़ों का उपयोग करें और पता लगाइए कि निम्नलिखित में से सबसे प्रबलतम ऑक्सीकारक अभिकर्मक कौन-सा है?

(a) Cl^- (b) Mn^{2+} (c) MnO_4^- (d) Cr^{3+}

10 चालकता सेल का सेल स्थिरांक ....

(a) विद्युत अपघट्य के परिवर्तन के साथ बदलता है।

(b) विद्युत अपघट्य की सान्द्रता में परिवर्तन के साथ बदलता है।

(c) विद्युत अपघट्य के तापमान के साथ बदलता है।

(d) एक सेल के लिए नियत रहता है।

11 विद्युत अपघट्यों के विलयन के बारे में निम्नलिखित में से कौन-सा कथन सही नहीं है?

(a) विलयन की चालकता आयनों के आकार पर निर्भर करती है।

(b) चालकता विलयन की श्यानता पर निर्भर करती है।

(c) चालकता विलयन में उपस्थित आयनों के विलायकन पर निर्भर नहीं करती है।

(d) विलयन की चालकता तापमान के साथ बढ़ती है।

12 $\Lambda^{\circ}_{m\,(NH_4OH)}$ बराबर है

(a) $\Lambda^{\circ}_{m\,(NH_4OH)} + \Lambda^{\circ}_{m\,(NH_4Cl)} - \Lambda^{\circ}_{m\,(HCl)}$

(b) $\Lambda^{\circ}_{m\,(NH_4Cl)} + \Lambda^{\circ}_{m\,(NaOH)} - \Lambda^{\circ}_{m\,(NaCl)}$

(c) $\Lambda^{\circ}_{m\,(NH_4Cl)} + \Lambda^{\circ}_{m\,(NaCl)} - \Lambda^{\circ}_{m\,(NaOH)}$

(d) $\Lambda^{\circ}_{m\,(NaOH)} + \Lambda^{\circ}_{m\,(NaCl)} - \Lambda^{\circ}_{m\,(NH_4Cl)}$

13 एक मोल ऐलुमिनियम Al_2O_3 प्राप्त करने के लिए आवश्यक आवेश की मात्रा है

(a) 1 फैरेड (b) 6 फैरेड (c) 3 फैरेड (d) 2 फैरेड

14 सीसा संचायक बैटरी आवेशन करते समय

(a) $PbSO_4$ ऐनोड पर Pb में अपचयित हो जाता है।

(b) $PbSO_4$ कैथोड पर Pb में अपचयित हो जाता है।

(c) $PbSO_4$ कैथोड पर Pb में ऑक्सीकृत हो जाता है।

(d) $PbSO_4$ ऐनोड पर PbO_2 में ऑक्सीकृत हो जाता है।

15 जब सेल के माध्यम से कोई धारा नहीं खींची जाती है, तो दो इलेक्ट्रोड विभव के बीच के अन्तर को .... कहा जाता है।

(a) सेल विभव
(b) सेल विद्युत वाहक बल
(c) विभवान्तर
(d) सेल वोल्टेज

16 एक विद्युत रासायनिक सेल विद्युत अपघटनी सेल की तरह व्यवहार कर सकता है जब ....

(a) $E_{\text{सेल}} = 0$
(b) $E_{\text{सेल}} > E_{\text{बाह्य}}$
(c) $E_{\text{बाह्य}} > E_{\text{सेल}}$
(d) $E_{\text{सेल}} = E_{\text{बाह्य}}$

17 जलीय सोडियम क्लोराइड विलयन के विद्युत अपघटन में कौन-सी अर्द्ध सेल अभिक्रिया ऐनोड पर प्राप्त होगी?

(a) $Na^+(aq) + e^- \longrightarrow Na(s); E^-_{cell} = -2.71$ वोल्ट
(b) $2H_2O(l) \longrightarrow O_2(g) + 4H^+(aq) + 4e^-; E^-_{cell} -1.23$ वोल्ट
(c) $H^+(aq) + e^- \longrightarrow \frac{1}{2}H_2(g); E^-_{cell} = 0.00$ वोल्ट
(d) $Cl^-(aq) \longrightarrow \frac{1}{2}Cl_2(g) + e^-; E^-_{cell} = 1.36$ वोल्ट

विगत परीक्षाओं के प्रश्न

NEET

1 कॉपर सल्फेट विलयन वाले किसी वोल्टमीटर से 100 सेकण्ड के लिए 9.6487A विद्युत-धारा प्रवाहित करने पर निक्षेपित कॉपर का ग्राम में द्रव्यमान है।
(दिया गया है : Cu का मोलर द्रव्यमान : 63 ग्राम मोल$^{-1}$, 1 फैरड = 96487 कूलॉम) NCERT पृष्ठ 44, NEET 2024

(a) 3.15 ग्राम
(b) 0.315 ग्राम
(c) 31.5 ग्राम
(d) 0.031 ग्राम

2 सूची I को सूची II से सुमेलित करें।

	सूची I (परिवर्तन)		सूची II (आवश्यक फैराडे की संख्या)
A.	1 मोल H_2O से O_2	I.	3F
B.	1 मोल MnO_4^- से Mn^{2+}	II.	2F
C.	पिघले 1.5 मोल $CaCl_2$ से Ca के	III.	1F
D.	Fe_2O_3 से FeO का 1 मोल	IV.	5F

नीचे दिए गए विकल्पों में से सही उत्तर चुनें। NCERT पृष्ठ 55, 56, NEET 2024

(a) A-II, B-IV, C-I, D-III
(b) A-III, B-IV, C-I, D-II
(c) A-II, B-III, C-I, D-IV
(d) A-III, B-IV, C-II, D-I

3 25°C पर KCl के सेन्टीमोलर विलयन की चालकता 0.0210 ओम$^{-1}$ सेमी$^{-1}$ है तथा 25°C पर विलयन युक्त सेल का प्रतिरोध 60 ओम है। सेल स्थिरांक का मान है NCERT पृष्ठ 44, NEET 2023

(a) 3.28 सेमी$^{-1}$
(b) 1.26 सेमी$^{-1}$
(c) 3.34 सेमी$^{-1}$
(d) 1.34 सेमी$^{-1}$

4 नीचे अर्द्ध-सेल अभिक्रियाएँ दी गई हैं

$MnO_4^- + 8H^+ + 5e^- \rightarrow Mn^{2+} + 4H_2O, E^\circ_{Mn^{2+}/MnO_4^-} = -1.510$ वोल्ट

$\frac{1}{2}O_2 + 2H^+ + 2e^- \rightarrow H_2O \; E^\circ_{O_2/H_2O} = +1.223$ वोल्ट

क्या परमैंगनेट आयन, MnO_4^- अम्ल की उपस्थिति में जल से O_2 मुक्त करेगा। NCERT पृष्ठ 34, 37, NEET 2022

(a) नहीं, क्योंकि $E^\circ_{\text{सेल}} = -0.287$ वोल्ट
(b) हाँ, क्योंकि $E^\circ_{\text{सेल}} = +2.733$ वोल्ट
(c) नहीं, क्योंकि $E^\circ_{\text{सेल}} = -2.733$ वोल्ट
(d) हाँ, क्योंकि $E^\circ_{\text{सेल}} = +0.287$ वोल्ट

5 298 K पर Cu^{2+}/Cu, Zn^{2+}/Zn, Fe^{2+}/Fe और Ag^+/Ag के मानक इलेक्ट्रोड विभव क्रमशः 0.34 वोल्ट, − 0.76 वोल्ट, − 0.44 वोल्ट और 0.80 वोल्ट हैं। मानक इलेक्ट्रोड विभव के आधार पर अनुमान लगाएँ कि निम्नलिखित में से कौन-सी अभिक्रिया नहीं हो सकती है? NCERT पृष्ठ 36, NEET 2022

(a) $CuSO_4(aq) + Fe(s) \longrightarrow FeSO_4(aq) + Cu(s)$
(b) $FeSO_4(aq) + Zn(s) \longrightarrow ZnSO_4(aq) + Fe(s)$
(c) $2CuSO_4(aq) + 2Ag(s) \longrightarrow 2Cu(s) + Ag_2SO_4(aq)$
(d) $CuSO_4(aq) + Zn(s) \longrightarrow ZnSO_4(aq) + Cu(s)$

6 उस सेल का विद्युत वाहक बल ज्ञात कीजिए जिसमें 298 K पर निम्नलिखित अभिक्रिया होती है

$Ni(s) + 2Ag^+(0.001M) \longrightarrow Ni^{2+}(0.001\,M) + 2Ag(s)$

दिया है कि,
(दिया है, 298 K पर $E^\circ_{\text{सेल}} = 1.05$ वोल्ट, $\frac{2.303RT}{F} = 0.059$) NCERT पृष्ठ 39, NEET 2022

(a) 1.385 वोल्ट
(b) 0.9615 वोल्ट
(c) 1.05 वोल्ट
(d) 10.4115 वोल्ट

7 0.007 M ऐसीटिक अम्ल की मोलर चालकता 20 सीमेन सेमी^{2} मोल$^{-1}$ है। ऐसीटिक अम्ल का वियोजन स्थिरांक क्या है? सही विकल्प चुनें
[$\lambda^\circ_{H^+} = 350$ सीमेन सेमी^{2} मोल$^{-1}$, $\lambda^\circ_{CH_3COO^-} = 50$ सीमेन सेमी^{2} मोल$^{-1}$] NCERT पृष्ठ 50, NEET 2021

(a) 1.75×10^{-4} मोल$^{-1}$ ली$^{-1}$
(b) 2.50×10^{-4} मोल$^{-1}$ ली$^{-1}$
(c) 1.75×10^{-5} मोल$^{-1}$ ली$^{-1}$
(d) 2.50×10^{-5} मोल$^{-1}$ ली$^{-1}$

8 298 K पर इलेक्ट्रोड विभव के अनुसार EMF श्रेणी (मानक अपचयन विभव) में शीर्ष स्थान रखने वाली निम्नलिखित अभिक्रियाओं में से उनकी पहचान कीजिए। **NCERT पृष्ठ 37, NEET (Oct.) 2020**

(a) $Mg^{2+} + 2e^- \longrightarrow Mg(s)$ (b) $Fe^{2+} + 2e^- \longrightarrow Fe(s)$

(c) $Au^{3+} + 3e^- \longrightarrow Au(s)$ (d) $K^+ + 1\,e^- \longrightarrow K(s)$

9 पिघले हुए $CaCl_2$ (Ca का परमाणु द्रव्यमान = 40 ग्राम मोल$^{-1}$) से 20 ग्राम कैल्सियम का उत्पादन करने के लिए आवश्यक फैराडे (F) की संख्या है। **NCERT पृष्ठ 51, NEET 2020**

(a) 2 (b) 3 (c) 4 (d) 1

10 सेल अभिक्रिया के लिए,

$2Fe^{3+}(aq) + 2I^-(aq) \longrightarrow 2Fe^{2+}(aq) + I_2(aq)$

$E^{\circ}_{\text{सेल}} = 0.24$ सेल अभिक्रिया की मानक गिब्स ऊर्जा है (दिया गया है कि, फैराडे स्थिरांक $F = 96500$ कूलॉम मोल$^{-1}$] **NCERT पृष्ठ 40, NEET 2019**

(a) –23.16 किलोजूल मोल$^{-1}$ (b) 46.32 किलोजूल मोल$^{-1}$

(c) 23.16 किलोजूल मोल$^{-1}$ (d) – 46.32 किलोजूल मोल$^{-1}$

11 298 K पर 0.59 वोल्ट एक इलेक्ट्रॉन वाले सेल के लिए $E^{\circ}_{\text{सेल}} = 0.59$ वोल्ट अभिक्रिया के लिए साम्यावस्था स्थिरांक है **NCERT पृष्ठ 39, NEET 2019**

दिया है $\frac{2.303RT}{F} == 0.059$ वोल्ट पर $T = 298$K

(a) 1.0×10^5 (b) 1.0×10^{10}

(c) 1.0×10^{30} (d) 1.0×10^2

12 निम्नलिखित सीमान्त मोलर चालकताएँ इस प्रकार दी गई हैं

$\overset{\circ}{\lambda}_{m(H_2SO_4)} = x$ सीमेन सेमी^{2} मोल$^{-1}$

$\overset{\circ}{\lambda}_{m(K_2SO_4)} = y$ सीमेन सेमी^{2} मोल$^{-1}$

$\overset{\circ}{\lambda}_{m(CH_3COOK)} = z$ सीमेन सेमी^{2} मोल$^{-1}$

$\overset{\circ}{\lambda}_m$ (सीमेन सेमी^{2} मोल$^{-1}$ में) के लिए CH_3COOH होगा **NCERT पृष्ठ 49, NEET (Odisha) 2019**

(a) $x - y + 2z$ (b) $x + y - z$

(c) $x - y + z$ (d) $\frac{(x - y)}{2} + z$

13 60 सेकण्ड में 1 एम्पियर की धारा द्वारा विद्युत अपघटन के दौरान कैथोड पर वितरित इलेक्ट्रॉनों की संख्या है

(इलेक्ट्रॉन पर आवेश = 1.60×10^{-19} कूलॉम) **NCERT पृष्ठ 51, NEET 2016, Phase II**

(a) 6×10^{23} (b) 6×10^{20}

(c) 3.74×10^{20} (d) 7.48×10^{23}

14 विद्युत अपघटनी चालकता के साथ $AgNO_3$ के 0.5 मोल/डेसीमी^{3} विलयन की मोलर चालकता 298 K पर 5.76×10^{-3} सीमेन सेमी$^{-1}$ है **NCERT पृष्ठ 45, NEET 2016, Phase II**

(a) 2.88 सीमेन सेमी^{2} मोल$^{-1}$ (b) 11.52 सीमेन सेमी^{2} मोल$^{-1}$

(c) 0.086 सीमेन सेमी^{2} मोल$^{-1}$ (d) 28.8 सीमेन सेमी^{2} मोल$^{-1}$

15 जस्ता को लोहे पर लेपित करके गैल्वेनीकृत लोहा बनाया जाता है, लेकिन इसका विपरीत सम्भव नहीं है। ऐसा इसलिए है क्योंकि **NCERT पृष्ठ 37, NEET 2016, Phase II**

(a) जिंक लोहे से हल्का है।

(b) जिंक का गलनांक लोहे से कम होता है।

(c) जिंक का ऋणात्मक इलेक्ट्रोड विभव लोहे से कम होता है।

(d) जिंक का ऋणात्मक इलेक्ट्रोड विभव लोहे से अधिक होता है।

16 यदि किसी सेल के लिए दी गई अभिक्रिया के लिए $E^0_{\text{सेल}}$ का मान ऋणात्मक है, तो निम्नलिखित में से कौन-सा $E^0_{\text{सेल}}$ K_{eq} और $\Delta G°$ के मानों के लिए सही सम्बन्ध देता है **NCERT पृष्ठ 40, NEET 2016**

(a) $\Delta G° > 0;\ K_{eq} < 1$ (b) $\Delta G° > 0;\ K_{eq} > 1$

(c) $\Delta G° < 0;\ K_{eq} > 1$ (d) $\Delta G° < 0;\ K_{eq} < 1$

17 जब 0.1 मोल MnO_4^{2-} ऑक्सीकृत होता है तो MnO_4^{2-} से MnO_4^- में पूर्णतः ऑक्सीकरण के लिए आवश्यक विद्युत की मात्रा है **NCERT पृष्ठ 52, CBSE-AIPMT 2014**

(a) 96500 कूलॉम

(b) 2×96500 कूलॉम

(c) 9650 कूलॉम

(d) 96.50 कूलॉम

JEE Main

18 लोहे के जंग लगने के लिए निम्नलिखित में से कौन-सा कथन सही नहीं है? **NCERT पृष्ठ 57, JEE main 2024**

(a) लोहे के जंग लगने को लोहे की सतह पर विद्युत-रासायनिक सेल के स्थापित होने के रूप में माना जाता है।

(b) जंग लगने की प्रक्रिया में, जल में घुले अम्लीय ऑक्साइड (SO_2,NO_2) उत्प्रेरक की भाँति कार्य करते हैं।

(c) जब pH 9 या 10 से अधिक हो, तो लोहे पर जंग नहीं लगता है।

(d) आयरन सतह का टिन द्वारा लेपन जंग लगने को रोकता है, चाहे टिन की परत हट भी जाए।

19 किसी वैद्युत रासायनिक सेल को कैसे वैद्युत अपघटनी सेल में परिवर्तित किया जा सकता है? **NCERT पृष्ठ 51, JEE main 2024**

(a) $E°$ सेल से कम बाह्य विभव को विपरीत दिशा में लगाना

(b) ऐनोड एवं कैथोड के इलेक्ट्रोडों का विनिमय करना

(c) $E°$ सेल से अधिक बाह्य विभव को विपरीत दिशा में लगाना

(d) लवण सेतु में आयनों के प्रवाह को विपरीत दिशा में करना

20 निम्न में से उस कारक को पहचानें जो किसी विलयन के विद्युत अपघटनों चालकता को प्रभावित नहीं करता है **NCERT पृष्ठ 42, JEE main 2024**

(a) विद्युत अपघट्य की सान्द्रता

(b) मिलाए गए विद्युत अपघट्य की प्रकृति

(c) प्रयोग किए गए विलयन की प्रकृति

(d) प्रयोग किए गए इलेक्ट्रोड की प्रकृति

21. निम्नलिखित में से कौन-सा कथन लवणीय जल विलयन के विद्युत अपघटन के लिए सही है? **NCERT पृष्ठ 53, JEE Main 2023**

(a) कैथोड पर Cl_2 बनता है।
(b) OH^- कैथोड पर बनता है।
(c) O_2 कैथोड पर बनता है।
(d) H_2 ऐनोड पर बनता है।

22. अभिक्रिया $\frac{1}{2}H_2(g) + AgCl(s) \rightleftharpoons H^+(aq) + Cl^-(aq) + Ag(s)$ दिए गए गैल्वेनिक सेल में से किसमें होता है? **NCERT पृष्ठ 35, JEE Main 2023**

(a) $Pt|H_2(g)|HCl(aq)|AgCl(s)|Ag$
(b) $Pt|H_2(g)|KCl(aq)|AgCl(s)|Ag$
(c) $Ag|AgCl(s)|KCl(aq)|AgNO_3aq|Ag$
(d) $Pt|H_2(g)|HCl(aq)|AgNO_3(aq)|Ag$

23. लेड संचायक बैटरी के लिए सही कथन चुनें। **NCERT पृष्ठ 55, JEE Main 2023**

(A) बैटरी आवेशन करने के दौरान, $PbSO_4$ एनोड पर PbO_2 में परिवर्तित हो जाता है।
(B) बैटरी आवेशन करने के दौरान, PbO_4 कैथोड पर PbO_2 में परिवर्तित हो जाता है।
(C) लेड संचायक बैटरी में लेड का ग्रिड होता है जिसमें ऐनोड के रूप में PbO_2 भरा होता है।
(D) लेड संचायक बैटरी में सल्फ्यूरिक ऐसिड का 38% विलयन विद्युतअपघट्य के रूप में उपयोग किया जाता है।

नीचे दिए गए विकल्पों में से सही उत्तर चुनें।

(a) B और D
(b) B और C
(c) B, C और D
(d) A, B और D

24. 20 मिली NaCl विलयन Λ_{M_1} के 10 मोल से भरे चालकता सेल की मोलर चालकता है और 80 मिली NaCl विलयन Λ_{M_2} वाले दूसरे समान सेल के 20 मोल की मोलर चालकता है इन दोनों सेल द्वारा प्रदर्शित चालकता समान है।
Λ_{M_2} और Λ_{M_1} के बीच सम्बन्ध है **NCERT पृष्ठ 45, JEE Main 2022**

(a) $\Lambda_{M_2} = 2\Lambda_{M_1}$
(b) $\Lambda_{M_2} = \Lambda_{M_1}/2$
(c) $\Lambda_{M_2} = \Lambda_{M_1}$
(d) $\Lambda_{M_2} = 4\Lambda_{M_1}$

25. सूची I को सूची II से सुमेलित करें।

सूची I		सूची II	
(A)	$Cd(s) + 2Ni(OH)_3(s) \longrightarrow CdO(s) + 2Ni(OH)_2(s) + H_2O(l)$	(I)	प्राथमिक बैटरी
(B)	$Zn(Hg) + HgO(s) \longrightarrow ZnO(s) + Hg(l)$	(II)	द्वितीयक बैटरी का निर्वहन
(C)	$2PbSO_4(s) + 2H_2O(l) \longrightarrow Pb(s) + PbO_2(s) + 2H_2SO_4(aq)$	(III)	ईंधन सेल
(D)	$2H_2(g) + O_2(g) \longrightarrow 2H_2O(l)$	(IV)	द्वितीयक बैटरी का (आवेशन)

नीचे दिए गए विकल्पों में से सही उत्तर चुनें। **NCERT पृष्ठ 55, 56, JEE Main 2022**

(a) A-I, B-II, C-III, D-IV
(b) A-IV, B-I, C-II, D-III
(c) A-II, B-I, C-IV, D-III
(d) A-II, B-I, C-III, D-IV

26. यौगिक *A* का उपयोग प्रबल ऑक्सीकारक के रूप में किया जाता है, जो उभयधर्मी प्रकृति का है। यह सीसा संचायक बैटरी का भाग है। यौगिक *A* है। **NCERT पृष्ठ 55, JEE Main 2021**

(a) PbO_2
(b) PbO
(c) $PbSO_4$
(d) Pb_3O_4

27. सूची I को सूची II से सुमेलित करें।

सूची I (पैरामीटर)	सूची II (इकाई)
A. स्थिरांक	1. सीमेन सेमी^{2} मोल$^{-1}$
B. मोलर चालकता	2. विमाहीन
C. चालकत्व	3. मी$^{-1}$
D. विद्युत अपघट्य के वियोजन की मात्रा	4. Ω^{-1}मी$^{-1}$

नीचे दिए गए विकल्पों में से सबसे उपयुक्त उत्तर चुनें। **NCERT पृष्ठ 41,44,45,50, JEE Main 2021**

	A	B	C	D
(a)	3	1	4	2
(b)	3	1	2	4
(c)	1	4	3	2
(d)	2	1	3	4

स्किल बूस्टर्स

1 एक छात्र के पास निम्नलिखित चार इलेक्ट्रोड हैं

A. Au^{3+} (0.0005 M) | Au(*s*)

B. Au^{3+} (0.5 M) | Au(*s*)

C. Au^{3+} (0.05 M) | Au(*s*)

D. Au^{3+} (0.005 M) | Au(s)

Au^{3+} | Au का मानक अपचयन विभव 1.50 वोल्ट है, तो दिए गए इलेक्ट्रोड के अपचयन विभव का घटता क्रम है

(a) A > C > D > B (b) B > C > D > A
(c) C > A > B > D (d) A > D > C > B

2 निम्नलिखित प्रयोगशाला अवलोकन पर विचार करें?

$Sn + 2AgBr \longrightarrow 2Ag + SnBr_2$

$2Ag + SnBr_2 \longrightarrow$ कोई अभिक्रिया नहीं

उपर्युक्त अवलोकनों के आधार पर निम्नलिखित में से कौन-सा कथन सत्य नहीं है?

(a) Sn, Ag की तुलना में अधिक प्रबल अपचायक है।
(b) Ag^+, Sn^{2+} से अधिक प्रबल ऑक्सीकारक है।
(c) Ag^+ का अपचयन विभव Sn^{2+} के अपचयन विभव से अधिक है।
(d) Sn^{2+}, Ag^+ की तुलना में अधिक प्रबल ऑक्सीकारक है।

3 रेडॉक्स अनुमापन में ऑक्सीकारक की उपयोगिता को समझने के लिए मानक इलेक्ट्रोड विभव डेटा मान उपयोगी है। कुछ अर्द्ध सेल अभिक्रियाएँ और उनके मानक विभव नीचे दिए गए हैं।

$MnO_4^-(aq) + 8H^+(aq) + 5e^- \longrightarrow Mn^{2+}(aq) + 4H_2O(l)$;

$E° = 1.51$ वोल्ट $Cr_2O_7^{2-} + 14H^+(aq) + 6e^- \longrightarrow$
$2Cr^{3+}(aq) + 7H_2O(l)$; $E° = 1.33$ वोल्ट

$Fe^{3+}(aq) + e^- \longrightarrow Fe^{2+}(aq)$; $E° = 0.77$ वोल्ट

$Cl_2(g) + 2e^- \longrightarrow 2Cl^-(aq)$; $E° = 1.36$ वोल्ट

$Fe(NO_3)_2$ के मात्रात्मक आकलन के सम्बन्ध में गलत कथन की पहचान करें।

(a) MnO_4^- जलीय HCl में उपयोग किया जा सकता है।
(b) $Cr_2O_7^{2-}$ जलीय HCl में उपयोग किया जा सकता है।
(c) MnO_4^- जलीय H_2SO_4 में उपयोग किया जा सकता है।
(d) $Cr_2O_7^{2-}$ जलीय H_2SO_4 में उपयोग किया जा सकता है।

4. विदित ने निष्क्रिय इलेक्ट्रोडों $Cu(NO_3)_2$, $AgNO_3$, $Hg_2(NO_3)_2$ और $Mg(NO_3)$ का उपयोग करके 1 मोल प्रति लीटर विलयन का विद्युत अपघटन किया। मानक अपचयन विभव के मान वोल्ट में हैं

$Ag^+/Ag = 0.80$, $Cu^{2+}/Cu = 0.34$

Mg^{2+} / Mg = −2.37, Hg_2^{2+} / 2Hg = + 0.79 यदि वह वोल्टेज बढ़ाता है, तो कैथोड पर इन धातुओं के निक्षेपण का क्रम होगा

(a) Ag, Mg, Cu, Hg (b) Ag, Hg, Mg, Cu
(c) Ag, Hg, Cu, Mg (d) Mg, Cu, Hg, Ag

5 जब स्वर्ण के विलयन में एक चमकीली चाँदी की वस्तु रखी जाती है तो क्लोराइड एक सुनहरा रंग प्राप्त कर लेता है, लेकिन जब इसे कॉपर क्लोराइड के विलयन में रखा जाता है तो कुछ नहीं होता। चाँदी के इस व्यवहार की व्याख्या करने वाला सही कारण है

I. चाँदी का मानक इलेक्ट्रोड विभव स्वर्ण से अधिक है।
II. चाँदी का मानक इलेक्ट्रोड विभव स्वर्ण से कम होता है।
III. कॉपर का मानक इलेक्ट्रोड विभव चाँदी से कम होता है।
IV. चाँदी का मानक इलेक्ट्रोड विभव कॉपर से कम होता है।

नीचे दिए गए विकल्पों में से सही उत्तर चुनें।

(a) I और IV
(b) II और III
(c) I और III
(d) II और IV

6. दो छात्र $ZnSO_4$ के विलयन और $CuSO_4$ के समान स्टॉक विलयन का उपयोग करते हैं एक सेल का विद्युत वाहक बल अन्य की तुलना में 0.03 वोल्ट अधिक है। उच्च विद्युत वाहक बल मान वाले सेल में $CuSO_4$ की सान्द्रता 0.5 M है। दूसरे सेल में $CuSO_4$ की सान्द्रता क्या होगी?

(a) 0.5 M (b) 0.1 M
(c) 0.05 M (d) 0.01 M

7. अजीत अपनी माँ के लिए कुछ चाँदी के आभूषण लाया था। समय के साथ, वे फीके पड़ गए और उन पर Ag_2S की एक काली परत जम गई। अब, वह उन्हें फिर से चमकाने के लिए काले धब्बे को हटाना चाहता है।

नीचे दिए गए विकल्प में से जो उपयुक्त विधि अपना सकता है वह है [दिया गया $E^\circ_{(Ag_2S/2Ag, S^{2-})} = -0.71$, $E^\circ_{(Al^{3+}/Al)} = -1.66$, $E^\circ_{(Br_2/Br^-)} = 1.09$, $E^\circ_{(Au^{3+}/Au)} = 1.40$, $E^\circ_{(Cu^{2+}/Cu)} = 0.34$]

(a) आभूषण के विद्युत अपघट्य के रूप में NaCl युक्त ऐलुमिनियम पैन में रखें।
(b) आभूषण को ब्रोमीन विलयन में रखें।
(c) आभूषण को निष्क्रिय विद्युत अपघट्य युक्त स्वर्ण के पैन में रखें।
(d) आभूषण को NaCl विद्युत अपघट्य युक्त बर्तन में रखकर।

8. 1 atm पर एक गैस P को 25°C पर 1 MQ^- और 1MR^- मिश्रण वाले विलयन से बुलबुले बन जाते हैं। यदि *P*, *Q*, *R* का अपचयन विभव *R* > *Q* > *P* के क्रम में है, तो

(a) *Q*, *P* को ऑक्सीकृत करेगा, *R* को नहीं
(b) *Q*, *R* को ऑक्सीकृत करेगा, *P* को नहीं।
(c) *Q*, *P* और *Q* दोनों को ऑक्सीकृत करेगा।
(d) *Q*, *P* और *R* दोनों को अपचयित करेगा।

प्रश्न कुंजी

शीर्षकवार प्रश्न

1. (c)	2. (a)	3. (c)	4. (c)	5. (a)	6. (b)	7. (a)	8. (d)	9. (b)	10. (d)
11. (c)	12. (c)	13. (a)	14. (a)	15. (a)	16. (c)	17. (d)	18. (d)	19. (a)	20. (d)
21. (d)	22. (d)	23. (b)	24. (d)	25. (d)	26. (c)	27. (b)	28. (c)	29. (c)	30. (a)
31. (c)	32. (b)	33. (c)	34. (c)	35. (b)	36. (b)	37. (a)	38. (a)	39. (c)	40. (c)
41. (d)	42. (a)	43. (b)	44. (c)	45. (b)	46. (d)	47. (d)	48. (b)	49. (b)	50. (b)
51. (b)	52. (b)	53. (a)	54. (b)	55. (b)	56. (b)	57. (b)	58. (c)	59. (c)	60. (d)
61. (a)	62. (a)	63. (a)	64. (a)	65. (d)	66. (c)	67. (a)	68. (c)	69. (d)	70. (d)
71. (c)	72. (b)	73. (c)	74. (c)	75. (d)	76. (b)	77. (d)	78. (b)	79. (c)	80. (d)
81. (a)	82. (a)	83. (c)	84. (a)	85. (b)	86. (c)	87. (a)	88. (b)	89. (d)	90. (c)
91. (b)	92. (b)	93. (d)	94. (b)	95. (d)	96. (d)				

अभिकथन-कारण प्रश्न

1. (a)	2. (a)	3. (a)	4. (c)	5. (a)	6. (b)	7. (a)	8. (a)	9. (c)	10. (c)
11. (a)									

कथन आधारित प्रश्न

1. (c)	2. (a)	3. (b)	4. (c)	5. (d)	6. (d)	7. (d)	8. (d)	9. (a)	10. (a)

सुमेलन प्रकार प्रश्न

1. (b)	2. (c)	3. (b)	4. (d)	5. (a)	6. (b)

आंकिक मान प्रकार के प्रश्न

1. (1567)	2. (10)	3. (16)	4. (14)	5. (66)	6. (34)

NCERT Exemplar प्रश्न

1. (c)	2. (d)	3. (b)	4. (c)	5. (b)	6. (b)	7. (a)	8. (d)	9. (c)	10. (d)
11. (c)	12. (b)	13. (c)	14. (a)	15. (b)	16. (c)	17. (d)			

विगत परीक्षाओं के प्रश्न

1. (b)	2. (a)	3. (b)	4. (d)	5. (c)	6. (b)	7. (c)	8. (c)	9. (d)	10. (d)
11. (b)	12. (d)	13. (c)	14. (b)	15. (d)	16. (a)	17. (c)	18. (d)	19. (c)	20. (d)
21. (b)	22. (a)	23. (a)	24. (a)	25. (c)	26. (a)	27. (a)			

स्किल बूस्टर्स

1. (b)	2. (a)	3. (a)	4. (c)	5. (b)	6. (c)	7. (a)	8. (b)

क्रमवार

प्रश्नों का विश्लेषण

कॉन्सेप्ट बिल्डर्स

1 असत्य 2 ताँबा, जस्ता

3 असत्य 4 सत्य

5 विद्युत वाहक बल (EMF)

6 सत्य 7 Cu^{2+}

8 धनात्मक 9 असत्य

10 + 0.34 वोल्ट [संकेत $E^\circ_{सेल} = E^\circ_{दाएँ} - E^\circ_{बाएँ}$]

11 असत्य 12 सत्य

13 समान रहती है। शून्य रहना

14 असत्य 15 – 0.591 वोल्ट

[संकेत : $E_{सेल} = E^\circ - \frac{0.0591}{n} \log \frac{[P_{H_2}]}{[H^+]}$

16 असत्य 17 सत्य

18 0.01 M KCl 19 असत्य

20 390.5 सीमेन सेमी^{2} मोल$^{-1}$

[संकेत : $\lambda^\circ_m(HAc) = \lambda^\circ_m(HCl) + \lambda^\circ_m(NaAc) - \lambda^\circ_m(NaCl)$

21 घटती है, घटता है

22 ग्राम तुल्यांक द्रव्यमान

23 सत्य

24 9 ग्राम, संकेत : $W = \frac{E \times Q}{96500}$

25 KOH और ZnO का पेस्ट

26 PbO_2 से भरे लेड की ग्रिड

27 ≈ 1.35 वोल्ट 28 असत्य

29 ईंधन सेल 30 असत्य

शीर्षकवार प्रश्न

1 **(c)** विद्युत रासायनिक सेल में, रेडॉक्स अभिक्रिया के दौरान मुक्त रासायनिक ऊर्जा विद्युत ऊर्जा में परिवर्तित हो जाती है।

2 **(a)** जब डेनियल सेल मे लगाया गया बाह्य विपरीत विभव 1.1 वोल्ट तक पहुँच जाता है और सेल से कोई इलेक्ट्रॉन या धारा प्रवाहित नहीं होती है।

3 **(c)** दिया गया चित्र डेनियल सेल को दर्शाता है, जिसमें $E_{बाह्य} > 1.1$ वोल्ट है। इस स्थिति में, इलेक्ट्रॉन Cu से Zn की ओर प्रवाहित होता है और धारा Zn से Cu की ओर प्रवाहित होती है। इसलिए, Zn जिंक इलेक्ट्रोड (कैथोड) पर निक्षेपित होता है और Cu कॉपर इलेक्ट्रोड (ऐनोड) पर घुल जाता है।
इस प्रकार, कथन (c) सही है।

4 **(c)** कथन (c) गलत है।
इसका सही रूप इस प्रकार है
डेनियल सेल में सेल विभव 1.1 वोल्ट है।
अतः $E_{बाह्य} (0.9) < 1.1$ इस स्थिति में, धारा ताँबे से जस्ता इलेक्ट्रोड की ओर प्रवाहित होती है।
शेष अन्य सभी कथन सही है।

5 **(a)** अर्द्धसेल में सभी स्पीशीजों की 1 वायुमण्डल दाब और 25°C पर इकाई सान्द्रता की स्थितियों के अन्तर्गत इलेक्ट्रोड विभव को मानक अपचयन विभव कहा जाता है।

6 **(b)** कथन (b) गलत है। इसका सही रूप इस प्रकार है
सेल विभव की इकाई वोल्ट है। शेष अन्य सभी कथन सही हैं।

7 **(a)** अभिक्रिया के लिए,
$Zn + 2Ag^+ \longrightarrow Zn^{2+} + 2Ag$
सेल का सही प्रतिनिधित्व है
$Zn(s) \mid Zn^{2+}(aq) \mid\mid Ag^+(aq) \mid Ag(s)$

8 **(d)**

9 **(b)** ऐनोड पर,
$2Cl^- \longrightarrow Cl_2 + 2e^-; E^\circ_{ऐनोड} = ?$
कैथोड पर $Pt^{2+} + 2e^- \longrightarrow Pt;$
$E^\circ_{कैथोड} = 1.20$ वोल्ट

$Pt^{2+} + 2Cl^- \longrightarrow Pt + Cl_2$
$E^\circ = -0.19$ वोल्ट

$$E^\circ_{सेल} = E^\circ_{कैथोड} - E^\circ_{ऐनोड}$$
$$-0.15 = 1.20 - E^\circ_{ऐनोड}$$
$$E^\circ_{ऐनोड} = 1.20 + 0.15 = 1.35 \text{ वोल्ट}$$

10 **(d)** $E^\circ_{सेल} = E^\circ_{कैथोड} - E^\circ_{ऐनोड}$ $E^\circ_{सेल}$ आयनों की सान्द्रता पर निर्भर नहीं करता है, इसलिए समान रहता है। इसलिए, यदि Cu^{2+} आयनों की सान्द्रता दोगुनी कर दी जाए, तो $E^\circ_{सेल}$ वही रहेगा।

11 **(c)** सेल विभव इस प्रकार दिया गया है,
$E^\circ_{सेल} = E^\circ_{कैथोड(RP)} - E^\circ_{ऐनोड(RP)}$
$\therefore E^\circ_{सेल} = 0.15 - (-0.74) = +0.89$ वोल्ट

12 **(c)** दी गई अभिक्रिया के लिए,
$E^\circ_{सेल} = E^\circ_{Cu^{2+}/Cu} - E^\circ_{Zn^{2+}/Zn}$
$= 0.34 - (-0.76) = +1.10$ वोल्ट

13 **(a)** $E^\circ_{सेल}$ केवल अभिक्रिया (a) के लिए धनात्मक नहीं है, अर्थात्
$Ni^{2+}(aq) + Cu(s) \longrightarrow Ni(s) + Cu^{2+}(aq)$
$E^\circ_{सेल} = E^\circ_{Ni^{2+}/Ni} - E^\circ_{Cu^{2+}/Cu}$
$= 0.25 - 0.34 = -0.09$ वोल्ट
इसलिए, यह निर्दिष्ट दिशा में नहीं होगा।

14 **(a)** $E^\circ_{सेल} = E^\circ_{कैथोड} - E^\circ_{ऐनोड}$
$= 0.80 - (-0.76) = 1.56$ वोल्ट $1e^-$ के लिए
$\therefore E^\circ_{सेल}$ के लिए $1e^- = 1.56$ वोल्ट
$\therefore Ag^+ / Ag$ इलेक्ट्रॉन के लिए $E^\circ_{सेल}$ का अधिकतम मान देगा

15 **(a)** यदि $E^\circ_{सेल}$ धनात्मक है, तो अभिक्रिया स्वतः प्रवर्तित होगी यदि सेल ऋणात्मक है, तो अभिक्रिया अस्वतः प्रवर्तित होगी।
कैथोड पर,
$Mn^{2+} + 2e^- \longrightarrow Mn;\ E^\circ = -1.18$ वोल्ट
ऐनोड पर
$2Mn^{2+} \longrightarrow 2Mn^{3+} + 2e^-;\ E^\circ = -1.51$ वोल्ट

$3Mn^{2+} \longrightarrow Mn + 2Mn^{3+};$
$E^\circ_{सेल} = E^\circ_{अपचयन} - E^\circ_{ऑक्सीकरण}$
$= -1.18 + (-1.51) = -2.69$ वोल्ट
ऋणात्मक $E^\circ_{सेल}$ सेल यह इंगित करता है कि अभिक्रिया अस्वतः होती है।

16 **(c)** $E^\circ_{सेल} = E^\circ_{H^+/O_2/H_2O} - E^\circ_{Fe^{2+}/Fe}$
$= 1.23 - (-0.44) = 1.67$ वोल्ट

17 **(d)** दिए गए कथनों में से केवल (d) सही है।
(a) $E_{सेल} = E_{Ag^+/Ag} - E_{Cu^{2+}/Cu}$
(b) $Cu(s) \mid Cu^{2+}(aq)$ एवं $Ag^+(aq)/Ag(s)$ कैथोड इलेक्ट्रोड हैं।
ऐनोड पर अभिक्रिया
$Cu(s) \longrightarrow Cu^{2+}(aq) + 2e^-$

18 *(d)* दिए गए कथनों में से (d) गलत है। इलेक्ट्रोड वास्तव में अम्लीय विलयन में डूबा हुआ है।

19 *(a)* (a) का सही रूप है ऑक्सीकरण कैल्सियम इलेक्ट्रोड पर होता है और अपचयन मानक हाइड्रोजन इलेक्ट्रोड पर होता है।

20 *(d)* H^+ आयन की अपेक्षा NO_3^- के अपचयन के कारण H^+ आयन अपचयित होकर H_2 गैस नहीं देता है।

21 *(d)* वियोजन स्थिरांक निर्धारित करने के लिए विद्युत रासायनिक सेल का उपयोग नहीं किया जाता है।

22 *(d)* अपचयन विभव जितना अधिक होगा, अपचयन सामर्थ्य उतनी ही कम होगी। दी गई धातुओं के मानक इलेक्ट्रोड विभव का क्रम *X*, *Y* और *Z* है

Y(+0.5 वोल्ट) > *X* (–12 वोल्ट) > *Z* (–3.0 वोल्ट)

अतः इन धातुओं की अपचायक क्षमता का क्रम *Z* > *X* > *Y* होगा।

23 *(b)* मानक अपचयन विभव का मान जितना ऋणात्मक होगा, अपचयन सामर्थ्य उतनी ही अधिक होगी। अतः धातु की अपचयन क्षमता का सही घटता क्रम K > Al > Cr > Ag है।

24 *(d)* एक सेल अभिक्रिया स्वतः ज्ञात होती है, यदि $\Delta G° < 0$

अतः, $\Delta G° = -nFE°_{\text{सेल}}$

इस प्रकार, $E°_{\text{सेल}} > 0$

$X = Zn,\ Y = Ni,\ Zn + Ni^{2+} \longrightarrow Zn^{2+} + Ni$

$E°_{\text{सेल}} = E°_{Zn/Zn^{2+}} + E°_{Ni^{2+}/Ni} = 0.53$ वोल्ट

यह अभिक्रिया स्वतः प्रवृतित होगी।

जबकि, अन्य विकल्पों के लिए $E°_{\text{सेल}}$ ऋणात्मक है, इसलिए अभिक्रिया अस्वतः प्रवृतित होगी। इस प्रकार, विकल्प (d) सही है।

25 *(d)*

26 *(c)* $E_{\text{सेल}}$ Cu^{2+} और Zn^{2+} दोनों आयनों की सान्द्रता पर निर्भर करता है यह Cu^{2+} आयनों की सान्द्रता में वृद्धि और Zn^{2+} आयनों की सान्द्रता से कमी के साथ बढ़ता है

इस प्रकार, कथन (c) सही है।

27 *(b)* दिए गए सेल के लिए अभिक्रिया है

$Ni(s) + 2Ag^+(aq) \longrightarrow Ni^{2+}(aq) + 2Ag(s)$

नर्नेस्ट समीकरण को इस प्रकार लिखा जा सकता है

$$E_{\text{सेल}} = E°_{\text{सेल}} - \frac{RT}{2F} \ln \frac{[Ni^{2+}]}{[Ag^+]^2}$$

28 *(c)* दिए गए सम्बन्धों में से, (c) गलत है।

$2Ag^+ + H_2\ (1\ atm) \longrightarrow 2Ag + 2H^+\ (1M);$

$$E_{\text{सेल}} = E°_{\text{सेल}} - \frac{0.0591}{2} \log \frac{[H^+]^2}{[Ag^+]^2}$$

29 *(c)* सेल अभिक्रिया

$H^+_{\text{कैथोड}} \longrightarrow H^+_{\text{ऐनोड}};\ E°_{\text{सेल}} = 0$ वोल्ट

$$\therefore\ E_{\text{सेल}} = 0 - 0.0591 \log \frac{[H^+]_{\text{ऐनोड}}}{[H^+]_{\text{कैथोड}}}$$

$$= -0.0591 \log \frac{[10^{-8}]}{0.001}$$

$= -0.0591 \times (-5) = +0.2955$ वोल्ट

30 *(a)* नर्नेस्ट समीकरण से,

$$E_{\text{सेल}} = E°_{\text{सेल}} - \frac{0.0591}{n} \log Q.$$

$Q = 1,\ \log Q = 0$ इसलिए, $E_{\text{सेल}} = E°_{\text{सेल}}$

यह स्थिति केवल सेल में पाई जाती है

$Cu(s)\,|\,Cu^{2+}(0.01M)\,||\,Ag^+(0.1M)\,|\,Ag(s)$

$$E_{\text{सेल}} = E°_{\text{सेल}} - \frac{0.0591}{n} \log \left[\frac{Cu^{2+}}{(Ag^+)^2}\right]$$

$$= E°_{\text{सेल}} - \frac{0.0591}{n} \log \left[\frac{0.01}{(0.1)^2}\right]$$

$\therefore\ E_{\text{सेल}} = E°_{\text{सेल}}$

31 *(c)* सेल अभिक्रिया है

$Zn + Fe^{2+} \longrightarrow Zn^{2+} + Fe$

नर्नेस्ट समीकरण से,

$$E_{\text{सेल}} = E°_{\text{सेल}} - \frac{0.0591}{n} \log \frac{a_{Zn^{2+}}}{a_{Fe^{2+}}}$$

$$= (0.763 - 0.44) - \frac{0.0591}{1} \log \frac{0.001}{0.005}$$

$= 0.364$ वोल्ट

32 *(b)* नर्नेस्ट समीकरण से

$$E_{\text{सेल}} = E°_{\text{सेल}} - \frac{0.0591}{n} \log \frac{[M_p]^{n+}}{[M_r]^{n+}}$$

$$\therefore\ E_{\text{सेल}} = 4 - \frac{0.0591}{2} \log \frac{10^{-4}}{10^{-2}}$$

$E_{\text{सेल}} = 4 + 0.0591 = 4.0591$ वोल्ट

33 *(c)* $E°_{\text{सेल}} = E°_{\text{कैथोड}} - E°_{\text{ऐनोड}}$

$= -0.42 - (-0.72) = 0.3$

पूर्ण अभिक्रिया

$2Cr + 3Fe^{2+} \longrightarrow 2Cr^{3+} + 3Fe$

$$\therefore\ E = E°_{\text{सेल}} - \frac{0.0591}{6} \log \frac{[Cr^{3+}]^2}{[Fe^{2+}]^3}$$

$= 0.26$ वोल्ट

34 *(c)* $2H^+ + 2e^- \longrightarrow H_2(g)$

$$E_{H^+/H_2} = E°_{H^+/H_2} - \frac{0.0591}{2} \log \frac{p(H_2)}{[H^+]^2},$$

$[E°_{H^+/H_2} = 0]$

E_{H^+/H_2} के ऋणात्मक मान के लिए

$\frac{p(H_2)}{[H^+]^2}$ +ve होना चाहिए अर्थात् $p(H_2) > |H^+|$

35 *(b)* सम्पूर्ण सेल अभिक्रिया इस प्रकार लिखी जा सकती है

$\underset{(1\ bar)}{H_2(g)} + 2AgCl(s) \longrightarrow \underset{(10^{-6}\ M)}{2HCl(aq)} + 2Ag(s)$

नर्नेस्ट समीकरण के अनुसार,

$$E_{\text{सेल}} = (E°_{\text{कैथोड}} - E°_{\text{ऐनोड}}) - \frac{2.303 \times RT}{n \times F} \log \frac{[HCl]^2[Ag]^2}{p_{H_2}[AgCl]^2}$$

$$\Rightarrow\ 0.92 = (E°_{\text{कैथोड}} - 0) - 0.06 \times \log \frac{(10^{-6})^2 \times 1^2}{1 \times 1^2}$$

$\Rightarrow\ E°_{\text{कैथोड}} = 0.92 - 0.72 = 0.20$ वोल्ट

नोट 10^{-6} मोलल HCl एक बहुत ही तनु विलयन है।

अतः $10^{-6}\ m \approx 10^{-6}\ M$

36 *(b)* दी गई सेल अभिक्रिया के मानक इलेक्ट्रोड विभव (*E*°) और साम्यावस्था स्थिरांक (*K*) के सम्बन्ध को इस प्रकार व्यक्त किया जा सकता है,

$$E° = \frac{RT}{nF} \ln K \Rightarrow K = e^{nFE°/RT}$$

$$\therefore\quad K = e^{\frac{2 \times 96000 \times 2}{8 \times 300}} = e^{160}$$

37 *(a)* नर्नेस्ट समीकरण के अनुसार, साम्य पर

$E_{\text{सेल}} = 0$

$$E°_{\text{सेल}} = \frac{0.059}{n} \log K_C$$

$$\therefore\ E°_{\text{सेल}} = \frac{0.059}{2} \log (10 \times 10^{15})$$

$= 0.472$ वोल्ट

38 *(a)* $Fe^{2+}(aq) + Ag^+(aq) \longrightarrow Fe^{3+}(aq) + Ag(s)$

$\therefore\ E°_{\text{सेल}} = E°_{Ag^+/Ag} - E°_{Fe^{3+}/Fe^{2+}}$

$= x - E°_{Fe^{3+}/Fe^{2+}}$ ...(i)

अब, दो अर्द्धसेल के लिए

(i) $Fe^{2+} + 2e^- \longrightarrow Fe;\ E°_{Fe^{2+}/Fe} = E°_1 = y$ वोल्ट; $\Delta G°_1 = -2FE°_1$

(ii) $Fe^{3+} + 3e^- \longrightarrow Fe$; $E^o_{Fe^{3+}/Fe} = E^o_2 = z$ वोल्ट; $\Delta G^o_2 = -3FE^o_2$

इसलिए, $Fe^{3+} + e^- \longrightarrow Fe^{2+}$;

$E^o_{Fe^{3+}/Fe^{2+}} = E^o_3 = ?;$

$\Delta G^o_3 = -1 \times FE^o_3$

पुनः $\Delta G^o_3 = \Delta G^o_2 - \Delta G^o_1$

$\Rightarrow E^o_3 = 3E^o_2 - 2E^o_1$

$\Rightarrow E^o_{Fe^{3+}/Fe^{2+}} = (3z - 2y)$ वोल्ट

अतः समीकरण (i) से

$E^o_{\text{सेल}} = (x - 3z + 2y)$ वोल्ट

39 ***(c)*** अर्द्ध सेल अभिक्रियाएँ इस प्रकार है

$4Al^{3+} + 12e^- \longrightarrow 4Al$

$6O^{2-} \longrightarrow 3O_2 + 12e^-$

या $\frac{4}{3}Al^{3+} + 4e^- \longrightarrow \frac{4}{3}Al$

$2O^{2-} \longrightarrow O_2 + 4e^-$

जैसा कि हम जानते हैं कि

$\Delta G° = -nFE°$

$\therefore -960 \times 1000 = -4 \times 96500 \times E°$

$E° = \frac{960000}{4 \times 96500} = 2.487$ वोल्ट

≈ 2.5 वोल्ट

40 ***(c)*** $\because \Delta G_{Cu^{2+}/Cu} = \Delta G_{Cu^{2+}/Cu^+} + \Delta G_{Cu^+/Cu}$

$\therefore -2FE° = -1\,F \times 0.15 + (-1\,F \times 0.50)$

$-2FE° = -0.15F - 0.50F$

$= -F(0.15 + 0.50)$

$E° = \frac{0.65}{2} = 0.325$ वोल्ट

41 ***(d)*** जैसा कि हम जानते हैं कि,

$\Delta G = -nFE_{\text{सेल}}$

$\therefore \Delta G = -\frac{2 \times 0.0591 \times 96500}{1000}$ किलोजूल

$= -11.406$ किलो जूल ≈ -11.4 किलोजूल

42 ***(a)*** $\therefore$ सेल दक्षता

$(E^o_{\text{सेल}}) = E^o_{Cu^+/Cu} - E^o_{Cu^{2+}/Cu^+}$

$= 0.60 - 0.41 = 0.19$ वोल्ट

जैसा कि हम जानते हैं कि,

$-nFE° = -RT \ln K_{eq}$

$\Rightarrow \log K_{\text{तुल्यांक}} = \frac{nE^o}{(2.303RT/F)}$

$= \frac{2 \times 0.19 \text{ वोल्ट}}{0.059 \text{ वोल्ट}} = 6.44$

$K_{\text{तुल्यांक}} = 10^{6.44}$

43 ***(b)*** साम्य की स्थिति में,

$\Delta G = -RT \ln K_C$

$-nFE° = -RT\, 2.303 \log K_C$

$E° = \frac{RT 2.303 \log K_C}{2F}$

($n = 2$ डेनियल सेल के लिए)

$\because$ साम्य पर $E^\circ_{\text{सेल}}$

$\therefore \frac{2.303RT}{2F} \log K_C = 1.1$

$\Rightarrow \log K_C = \frac{2.2}{0.0591}$

44 ***(c)*** जैसा कि हम जानते हैं कि,

$\Delta G° = \Delta G^\circ_f(ZnO) - \Delta G^\circ_f(Ag_2O)$

$\therefore \Delta G° = (-318.30 + 11.21)$ किलोजूल मोल$^{-1}$

$= -307.09$ किलो जूल

$= -307.09 \times 10^3$ जूल

$\because \Delta G° = -nFE^\circ_{\text{सेल}}$

$\therefore -307.09 \times 10^3 = -2 \times 96500 \times E^\circ_{\text{सेल}}$

या $E^\circ_{\text{सेल}} = 1.591$ वोल्ट

45 ***(b)*** $E^o_{\text{सेल}} = E^o_{Cu^{2+}/Cu} - E^o_{Fe^{2+}/Fe}$

$= 0.34$ वोल्ट $-(-0.44)$ वोल्ट $= 0.78$ वोल्ट

$\Delta G° = -nFE^\circ_{\text{सेल}}$

$= -2 \times 96500 \times 0.78 = 150540$ जूल

46 ***(d)*** कथन (d) गलत है इसका सही रूप इस प्रकार है—प्रतिरोध के व्युत्क्रम को चालकता कहते हैं, जबकि प्रतिरोधकता के व्युत्क्रम को विशिष्ट चालकता कहते हैं।

अन्य सभी कथन सही हैं।

47 ***(d)*** **48** ***(b)***

49 ***(b)***

50 ***(b)*** दिए गए सभी कथन सत्य हैं।

51 ***(b)***

52 ***(b)*** विद्युत अपघट्य विलयन की चालकता विलयन में गतिशील आयनों की उपस्थिति के कारण होती है। इस प्रकार की चालकता को आयनिक चालकता के रूप में जाना जाता है। विद्युत अपघट्य विलयनों की चालकता निम्नलिखित पर निर्भर करती है।

(i) मिलाए गए विद्युत अपघट्य की प्रकृति

(ii) उत्पन्न आयनों के आकार और उनका विलायक योजन

(iii) विद्युत अपघट्य की सान्द्रता

(iv) विलायक की प्रकृति और उसकी श्यानता

(v) ताप

जबकि स्रोत की सामर्थ्य, पृष्ठीय क्षेत्रफल और इलेक्ट्रोड के बीच की दूरी का विद्युत अपघट्य विलयन की चालकता पर कोई प्रभाव नहीं पड़ता है।

इसलिए, विकल्प (b) सही है।

53 ***(a)*** कथन (a) सही है जबकि अन्य कथन गलत हैं। सही रूप इस प्रकार है

सेल स्थिरांक = l/A

परन्तु दिए गए शेष कथन गलत हैं। इनका सही रूप निम्न प्रकार है।

(b) इसका SI मात्रक मी$^{-1}$ है।

(c) इसे प्रतिरोध और चालकता से मापा जाता है।

(d) इसे प्रतीक G^* द्वारा दर्शाया जाता है।

54 ***(b)***

55 ***(b)*** चालकता $(\kappa) = \frac{\text{सेल स्थिरांक}}{\text{प्रतिरोध}}$

$= \frac{0.616 \text{ सेमी}^{-1}}{55\,\Omega}$

$= 1.12 \times 10^{-2}\,\Omega^{-1}$ सेमी$^{-1}$

56 ***(b)*** जैसा कि हम जानते हैं कि,

विशिष्ट चालकता = चालकता × सेल स्थिरांक

$\therefore$ 1.35 सीमेन मी$^{-1}$ $= \frac{1}{50} \times$ सेल स्थिरांक

$\left(C = \frac{1}{R}\right)$

$\Rightarrow$ सेल स्थिरांक $= 1.3 \times 50$ मी$^{-1}$

$= 65$ मी$^{-1}$ $= \frac{65}{100}$ सेमी$^{-1}$

मोलर चालकता

$= \frac{1000 \times \text{चालकता} \times \text{सेल स्थिरांक}}{\text{मोलरता}}$

$= \frac{1000}{0.4} \times \frac{1}{260} \times \frac{65}{100}$

$= 6.25 \times 10^{-4}$ सीमेन सेमी^{2}मोल$^{-1}$

57 ***(b)*** सेल स्थिरांक,

$G^* =$ चालकता × प्रतिरोध

$= 1.29$ सीमेन / मी $\times 100\,\Omega$

$= 129$ मी$^{-1}$

0.02 मोल ली$^{-1}$ KCl की चालकता

$= \frac{G^*}{R} = \frac{129 \text{ मी}^{-1}}{520\,\Omega}$

$= 0.248$ सीमेन मोल$^{-1}$

58 ***(c)*** सेल स्थिरांक $= \kappa \cdot R$

$= 0.0212 \times 55 = 1.166$ सेमी$^{-1}$

59 *(c)* मोलर चालकता $\Lambda_m \propto \frac{1}{M}$ इसलिए, न्यूनतम मोलर चालकता वाला विलयन अधिक सान्द्रित होना चाहिए। अतः विकल्प (c) सही है।

60 *(d)* $\Lambda_m = \frac{\kappa \times 1000}{M}$

$= \frac{1.01 \times 10^{-2} \times 1000}{0.2}$

$= 50.5$ ओम$^{-1}$ सेमी^{2} मोल$^{-1}$

61 *(a)* जब सान्द्रता शून्य के करीब पहुँच जाती हैं, तो मोलर चालकता को सीमान्त मोलर चालकता के रूप में जाना जाता है।

62 *(a)* चालकता सदैव सान्द्रता में कमी के साथ घटती है, क्योंकि तुनकरण पर प्रति इकाई आयतन में आयनों (विद्युत धारा) स्पीशीज वाहक की संख्या कम हो जाती है। हाँलाकि, मोलर चालकता, तनुकरण पर बढ़ जाती है क्योंकि विद्युत अपघट्य के एक मोल वाले विलयन का कुल आयतन भी बढ़ जाता है। इस प्रकार, कथन (a) सही है।

63 *(a)*

64 *(a)* दिए गए आयन का आकार $Na^+ < K^+ < Mg^{2+} < Ca^{2+}$ के रूप में बढ़ता है, परन्तु हाइड्रेट आयन के आकार का क्रम $Na^+ > K^+ > Mg^{2+} > Ca^{2+}$ है और सीमांत मोलर चालकता हाइड्रेट आयन के आकार पर निर्भर करती है। इस प्रकार, Na^{2+} की सीमान्त मोलर चालकता सबसे कम है क्योंकि इसके हाइड्रेट आयन का आकार सबसे बड़ा है।

65 *(d)* जैसा कि हम जानते हैं कि

$\Lambda^\circ_{(CaCl_2)} = \Lambda^\circ_{Ca^{2+}} + 2 \times \lambda^\circ_{Cl^-}$

$\therefore \quad = 119 + 2 \times 71$

$= 261$ सीमेन सेमी^{2} मोल$^{-1}$

66 *(c)* $Ba(OH)_2$ के निर्माण की अभिक्रिया को इस प्रकार लिखा जा सकता है

$BaCl_2 + 2NaOH \longrightarrow Ba(OH)_2 + 2NaCl$

$\because \lambda^\circ_{m[Ba(OH)_2]} = \lambda^\circ_{m(BaCl_2)} + 2\,\lambda^\circ_{m(NaOH)} - 2\,\lambda^\circ_{m(NaCl)}$

$\therefore \lambda^\circ_{m[Ba(OH)_2]} = 280 \times 10^{-4} + 2 \times 248 \times 10^{-4} - 2 \times 126 \times 10^{-4}$

$= (280 + 496 - 252) \times 10^{-4}$

$= 524 \times 10^{-4}$ सीमेन मी.^{2} मोल$^{-1}$

67 *(c)* $\lambda^\circ_{HCOOH} = \lambda^\circ_{H^+} + \lambda^\circ_{HCOO^-}$

$= 349.6 + 54.6 = 404.2$ सीमेन मी.^{2} मोल$^{-1}$

$\alpha = \frac{\Lambda_m}{\Lambda^\circ_m} = \frac{46.1}{404.2} = 0.114$

$K_a = \frac{C\alpha^2}{1-\alpha} = \frac{0.025 \times (0.114)^2}{1 - 0.114}$

$= \frac{0.025 \times 0.114 \times 0.114}{0.886}$

$= 3.67 \times 10^{-4}$ मोल ली$^{-1}$

68 *(c)* अल्प विलेय शील लवण की विलेयता की गणना कोलराउश नियम से नहीं की जा सकती।

69 *(d)* गैल्वेनिक या वोल्टीय सेल विद्युत अपघटनी सेल का एक उदाहरण है।

70 *(d)* दिए गए कथनों में से I, II और III सही हैं। विद्युत अपघटन द्वारा अशुद्ध कॉपर से शुद्ध कॉपर प्राप्त करने के लिए, शुद्ध कॉपर का ऐनोड बनाया जाता है, कॉपर ऐनोड पर ऑक्सीकृत होता है तथा कैथोड पर निक्षेपित होता है। कॉपर सल्फेट के विलयन का उपयोग विद्युत अपघट्य के रूप में किया जाता है।

71 *(c)* $Al^{3+} + 3e^- \longrightarrow Al$

Al का तुल्यांकी भार $= \frac{27}{3} = 9$

फैराडे के प्रथम नियम से,

$w = Zit = \frac{E}{96500} it$

$\therefore \quad t = \frac{w \times 96500}{E \times i} = \frac{50 \times 96500}{9 \times 105}$

$= 5105.82$ सेकण्ड

$= 1.418$ घण्टे ≈ 1.42 घण्टे

72 *(b)* हम जानते हैं कि,

आवेश, $Q = it = 1.5 \times 3 \times 60 \times 60$

$= 16200$ कूलॉम

$\because$ एक इलेक्ट्रॉन पर आवेश

$= 1.6 \times 10^{-19}$ कूलॉम

$\therefore$ 16200 कूलॉम आवेश के लिए e^- की संख्या $\frac{1 \times 16200}{1.6 \times 10^{-19}}$ पर है।

$\approx 1.0 \times 10^{23}$ इलेक्ट्रॉन

73 *(c)* नाइट्रोबेन्जीन का ऐनीलिन में रूपान्तरण निम्नानुसार है

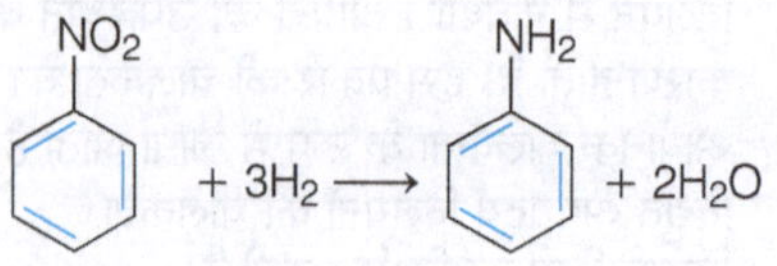

123 ग्राम (1 मोल) 6 ग्राम (3 मोल)

इस अपचयन प्रक्रिया के दौरान नाइट्रोजन में कुल 6 इलेक्ट्रॉनों की वृद्धि होती है।

अभिक्रिया में प्रयुक्त नाइट्रोबेन्जीन के मोल

$= \frac{12.3}{123} = 0.1$ मोल

अपचयन के लिए आवश्यक

$H_2 = 0.1 \times 3 = 0.3$ मोल

0.3 मोल हाइड्रोजन मुक्त करने के लिए आवश्यक आवेश की मात्रा

$= 2 \times 96500 \times 0.3 = 57900$ कूलॉम

74 *(c)* कोटिंग में सिल्वर का द्रव्यमान $= V \times d$

$= (A \times l) \times d$

$= 2 \times 10^{-3} \times 100 \times 1.05 = 2 \times 0.105$ ग्राम

$\because w = \frac{i \times t \times E}{96500}$

या $t = \frac{w \times 96500}{i \times E} = \frac{0.105 \times 2 \times 96500}{10 \times 108}$

$= 18.76\,s \approx 18.8\,s$

75 *(d)* $Na^+ + e^- \xrightarrow{Hg} Na(Hg)$

$2Cl^- \longrightarrow Cl_2 + 2e^-$

NaCl के मोलों के विद्युत अपघट्य

$= 4 \times \frac{500}{1000} = 2.0$

NaCl विद्युत अपघटन के लिए 2 फैरेड विद्युत आवेश की आवश्यकता होती है

कुल आवेश $= 2 \times 96500 = 193000$ कूलॉम

76 *(b)*

77 *(d)* $\because w = Zit$

$= 4 \times 10^{-4} \times 6 \times \frac{75}{100} \times 6 \times 3600$

$= 38.88 \approx 38.9$ ग्राम

78 *(b)* $Q = it = 96.5 \times 100 = 9650$ कूलॉम

Ag के 108 ग्राम पर 96500 कूलॉम आवेश एकत्रित होगा।

9650 कूलॉम आवेश एकत्रित होगा

$= \frac{108 \times 9650}{96500} =$ Ag के 10.8 ग्राम

79 *(c)* $Ag^+ + \underset{\substack{1\text{ मोल}\\1F}}{e^-} \longrightarrow Ag;$

$Cu^{2+} + \underset{\substack{2\text{ मोल}\\2F}}{2e^-} \longrightarrow Cu$

$Fe^{2+} + \underset{\substack{3\text{ मोल}\\3F}}{3e^-} \longrightarrow Fe$

Ag की ग्राम में निक्षेपित मात्रा

$= \frac{108 \times 10}{1} = 1080$ ग्राम

Cu की ग्राम में निक्षेपित मात्रा

$= \frac{63.5 \times 10}{2} = 317.5$ ग्राम

Fe की ग्राम में निक्षेपित मात्रा

$= \frac{56 \times 10}{3} = 186.7$ ग्राम

80 ***(d)*** कथन (d) गलत है। इसका सही रूप इस प्रकार है
1 मोल MnO_4^- को Mn^{2+} में अपचयित करने के लिए आवश्यक आवेश
$$\overset{+7}{Mn}O_4^- + 5e^- \longrightarrow Mn^{2+}$$
$$5e^- \equiv 5F$$
$$= 5 \times 96500 \text{ or } 4.82 \times 10^5 \text{ कूलॉम}$$
अन्य कथन सही हैं।

81 ***(a)*** जब NaCl के जलीय विलयन का विद्युत अपघटन किया जाता है, तो कैथोड पर तुलनात्मक निम्नलिखित अपचयन अभिक्रिया होती है।
$$Na^+ + e^- \longrightarrow Na \; ; E^\circ_{\text{सेल}} = -2.71 \text{ वोल्ट}$$
$$H^+ + e^- \longrightarrow \frac{1}{2}H_2 \; ;$$
$$E^\circ_{\text{सेल}} = 0.00 \text{ वोल्ट}$$
E° के उच्च मान वाली अभिक्रिया को प्राथमिकता दी जाती है और इसलिए, दूसरी अभिक्रिया कैथोड पर होती है, अर्थात् Na^+ के स्थान पर H^+ हो जाता है।

82 ***(a)*** $CuSO_4$ के जलीय विलयन के विद्युत अपघटन के लिए
$$CuSO_4\,(aq) \longrightarrow Cu^{2+} + SO_4^{2-}$$
$$H_2O \longrightarrow 2H^+ + O^{2-}$$
ऐनोड़ पर, $2O^{2-} \longrightarrow O_2 + 2e^-$
कैथोड़ पर, $Cu^{2+} + 2e^- \longrightarrow Cu(s)$

83 ***(c)*** सेल अभिक्रिया का बायाँ भाग ऑक्सीकरण अर्द्ध सेल अभिक्रिया को दर्शाता है, अर्थात् Mg का ऑक्सीकरण और सेल का दायाँ भाग अपचयन अर्द्ध सेल अभिक्रिया को दर्शाता है,
कैथोड़ पर Cu का अपचयन होता है ऐनोड पर Mg का ऑक्सीकरण होता है।
समग्र सेल अभिक्रिया को इस प्रकार लिखा जा सकता है

ऑक्सीकरण
$$Mg + Cu^{2+} \longrightarrow Mg^{2+} + Cu$$
अपचयन

अतः विकल्प (c) सही है।

84 ***(a)*** कथन (a) गलत है।
इसका सही रूप इस प्रकार है,
बैटरियों में सेल समानान्तर क्रम में नहीं बल्कि श्रेणी क्रम में जुड़े होते हैं।
शेष अन्य कथन सही हैं।

85 ***(b)*** कैथोड पर,
$$MnO_2 + NH_4^+ + e^- \longrightarrow MnO(OH) + NH_3$$
यहाँ, मैंगनीज +4 ऑक्सीकरण अवस्था से +3 ऑक्सीकरण अवस्था में अपचयित हो जाता है।
इस प्रकार, कथन (b) गलत है।

86 ***(c)*** कथन (c) सही है, जबकि अन्य कथन गलत हैं, इनका सही रूप इस प्रकार है
(a) मर्करी सेल कम विद्युत मात्रा वाला उपकरण है।
(b) Zn-Hg अमलगम ऐनोड की भाँति कार्य करता है और C + HgO का लेप कैथोड की भाँति कार्य करता है।
(d) सेल का विभव लगभग 1.35 वोल्ट होता है।

87 ***(a)*** सेल में जिंक कन्टेनर/कप होता है जो ऐनोड के रूप में कार्य करता है और कैथोड एक कार्बन (ग्रेफाइट) छड़ है जो मैंगनीज डाइ ऑक्साइड पाउडर और कार्बन से घिरा होता है। इलेक्ट्रोडों के बीच का स्थान NH_4Cl और $ZnCl_2$ के नम पेस्ट से भरा जाता है।

88 ***(b)***

89 ***(d)*** कथन (d) गलत है। इसका सही रूप इस प्रकार है
बैटरी को आवेशन करने पर अभिक्रिया विपरीत हो जाती है और $PbSO_4(s)$ ऐनोड और कैथोड क्रमशः Pb और PbO_2 में परिवर्तित हो जाता है।
शेष अन्य कथन सही हैं।

90 ***(c)*** कथन (c) सही है, जबकि अन्य कथन गलत हैं, इनका सही रूप इस प्रकार हैं,
आवेशन के समय, एक विपरीत अभिक्रिया होती है। जिसमें $PbSO_4(s)$ ऐनोड और कैथोड पर क्रमशः Pb और PbO_2 में परिवर्तित हो जाता है विद्युत अपघट्य के रूप में सल्फ्यूरिक अम्ल का 38% विलयन उपयोग किया जाता है।

91 ***(b)***

92 ***(b)*** आवेशन के दौरान,
$$PbSO_4 + 2e^- \longrightarrow Pb + SO_4^{2-}$$
$\Rightarrow$ 1 फैरड के 1 ग्राम-तुल्यांक $PbSO_4$
$PbSO_4$ के $\frac{1}{2}$ मोल
$\Rightarrow \frac{303}{2}$ ग्राम $PbSO_4$
$\therefore$ 0.051 फैरेड $\equiv \frac{303}{2} \times 0.05$ ग्राम का $PbSO_4$
$= PbSO_4$ का 7.57

93 ***(d)*** कथन (d) गलत है। इसका सही रूप इस प्रकार है
हाइड्रोजन ऑक्सीजन ईंधन सेल में ऐनोड अभिक्रिया निम्न प्रकार होती है।
$$2H_2(g) + 4OH^-(aq) \longrightarrow 4H_2O(l) + 4e^-$$
शेष अन्य कथन सही हैं।

94 ***(b)*** गैल्वेनीकरण जंग को रोकने के लिए लोहे या स्टील पर एक सुरक्षात्मक जिंक आवरण लगाने की प्रक्रिया है।

95 ***(d)*** सभी दी गई अभिक्रियाएँ लोहे में जंग लगने के दौरान होती हैं।

96 ***(d)*** दिए गए सभी कथन सत्य हैं।

अभिकथन कारण प्रश्न

1 ***(a)*** डेनियल सेल में 1.1 वोल्ट से अधिक बाह्य वोल्टेज लगाने पर धारा विपरीत दिशा में प्रवाहित होती है, अर्थात् Zn से Cu (ऐनोड से कैथोड) की ओर। इलेक्ट्रॉन कॉपर से जिंक की ओर प्रवाहित होते हैं।
Zn, Zn इलेक्ट्रॉड पर निक्षेपित होता है तथा Cu, Cu इलेक्ट्रोड पर विलेय होता है।
अभिक्रिया इस प्रकार होती है,
$$Zn^{2+} + Cu \longrightarrow Zn + Cu^{2+}$$
इस प्रकार, A और R दोनों सत्य हैं और R, A का सही स्पष्टीकरण है।

2 ***(a)*** A और R दोनों सत्य हैं और R, A का सही स्पष्टीकरण है। साथ ही, विद्युत रासायनिक श्रेणी में Cu को H^+ आयन के ऊपर रखा गया है। इस प्रकार, H^+/H_2 का इलेक्ट्रोड विभव मान Cu^{2+}/Cu से कम है जबकि, NO_3^-/NO (+0.97) का इलेक्ट्रोड विभव कॉपर इलेक्ट्रोड से अधिक है और यह Cu को Cu^{2+} में ऑक्सीकृत करता है।

3 ***(a)*** A और R दोनों सत्य हैं और R, A का सही स्पष्टीकरण है।

4 ***(c)*** शुद्ध जल में हाइड्रोजन और हाइड्रॉक्सिल आयनों ($\sim 10^{-7}$ M) की कम मात्रा होती है जिसके कारण इसकी चालकता (3.5×10^{-5} सीमेन मी.$^{-1}$ बहुत कम होती है।
इस प्रकार, A सत्य है परन्तु R असत्य है।

5 ***(a)***

6 ***(b)*** $\because E = E^\circ - \frac{0.0591}{1} \log \frac{1}{[Ag^+]}$
$$= E^\circ + 0.0591 \log [Ag^+]$$
इस प्रकार, Ag^+ आयनों की सान्द्रता में वृद्धि के साथ $E_{Ag^+/Ag}$ बढ़ता है

इस प्रकार, A और R दोनों सत्य हैं परन्तु R, A का सही स्पष्टीकरण नहीं है।

7 *(a)* A और R दोनों सत्य हैं और R, A का सही स्पष्टीकरण है।

8 *(a)* चूँकि चालकता प्रति इकाई आयतन में आयनों की संख्या पर निर्भर करती है। इसलिए, प्रति इकाई आयतन में आयनों की संख्या में कमी के कारण तनुकरण पर सभी विद्युत अपघट्य की चालकता कम हो जाती है। इस प्रकार, A और R दोनों सत्य हैं और R, A का सही स्पष्टीकरण है।

9 *(c)* Cu कैथोड पर निरावेशित हो जाता है, अर्थात् कॉपर धातु कैथोड पर निक्षेपित हो जाता है।

$Cu^{2+}(aq) + 2e^- \longrightarrow Cu(s)$

ऐनोड पर, कॉपर Cu^{2+} आयन में परिवर्तित हो जाता है, अर्थात् कॉपर ऐनोड में विलेय हो जाता है।

$Cu(s) \longrightarrow Cu^{2+}(aq) + 2e^-$

यह औद्योगिक प्रक्रिया है जिसके द्वारा अशुद्ध ताँबे को उच्च शुद्ध ताँबे में परिवर्तित किया जाता है।

इस प्रकार, A सत्य है परन्तु R असत्य है।

10 *(c)* प्रयुक्त विद्युत

$= 5 \times 20 \times 60 = 6000$ कूलॉम

$$Ni(NO_3)_2 + 2H^+ + \underset{2\,F}{2e^-} \longrightarrow \underset{58.7\ \text{ग्राम}}{Ni} + 2HNO_3$$

1 मोल निक्षेपित करने के लिए आवश्यक आवेश

Ni = 2 फैरेड = $2 \times 96500 = 1.93 \times 10^5$ कूलॉम

Ni = 1.93×10^5 कूलॉम आवेश उत्पन्न करता है = 58.7 ग्राम

6000 कूलॉम आवेश द्वारा निक्षेपित Ni

$$Ni = \frac{58.7 \times 6000\ \text{कूलॉम}}{1.93 \times 10^5}$$

$= 1.8248 \approx 1.825$ ग्राम

चूँकि, निक्षेपित पदार्थ का द्रव्यमान प्रवाहित विद्युत की मात्रा के सीधे समानुपाती होता है। इस प्रकार, A सत्य है परन्तु R असत्य है।

11 *(a)* साधारण सेल के स्थान पर $H_2—O_2$ ईंधन सेल का उपयोग किया जाता है क्योंकि इनके द्वारा कोई प्रदूषण नहीं होता है और इनकी दक्षता 60-70% होती है।

इस प्रकार, A और R दोनों सत्य हैं और R, A का सही स्पष्टीकरण है।

कथन आधारित प्रश्न

1 *(c)* कथन I गलत है परन्तु कथन II सत्य है। कथन I का सही रूप इस प्रकार है

मानक हाइड्रोजन इलेक्ट्रोड में, हाइड्रोजन गैस का दाब एक बार होता है और विलयन में हाइड्रोजन आयन की सान्द्रता 1 मोलर होती है।

2 *(a)* कथन I और कथन II दोनों गलत हैं।

- ताँबा, तनु हाइड्रोक्लोरिक अम्ल विलयन से हाइड्रोजन मुक्त नहीं करता है।
- विद्युत रासायनिक श्रेणी में ताँबा हाइड्रोजन से ऊपर उपस्थित होता है।

3 *(b)* कथन I सत्य है परन्तु कथन II असत्य है। कथन II का सही रूप इस प्रकार है;

$\Delta G°$ और K मानक इलेक्ट्रोड विभव पर निर्भर हैं

$\Delta_r G° = -nFE°_{\text{सेल}} = -RT\ln K.$

4 *(c)* कथन I गलत है परन्तु कथन II सत्य है। वैद्युत अपघट्य की सान्द्रता में वृद्धि के साथ चालकता में भी वृद्धि होती है।

5 *(d)* कथन I और कथन II दोनों सत्य हैं।

6 *(d)* कथन I और कथन II दोनों सत्य हैं।

7 *(d)* कथन II गलत है। इसका सही रूप इस प्रकार है

सीसा बैटरी में, निरावेशन के दौरान H_2SO_4 का उपभोग विद्युत अपघट्य के रूप में होता है

$$Pb(s) + PbO_2(g) + 2H_2SO_4(aq) \longrightarrow 2PbSO_4(s) + 2H_2O$$

8 *(d)* कथन V को छोड़कर सभी दिए गए कथन सत्य हैं।

चालकता प्रतिरोध का व्युत्क्रम है।

9 *(a)* दिए गए कथनों में से I और V गलत हैं जबकि II, III और IV सही हैं। कथन I और V का सही रूप इस प्रकार है

- नर्नेस्ट समीकरण के अनुसार $E_{\text{सेल}}$ तापमान पर निर्भर करता है।
- अर्द्ध सेल को मानक हाइड्रोजन इलेक्ट्रोड कहा जाता है जिसे $Pt(s) \mid H_2(g) \mid H^+(aq)$ द्वारा प्रदर्शित किया जाता है।

10 *(a)* दिए गए कथनों में से I, II और III सही हैं जबकि IV और V गलत हैं। उनका सही रूप इस प्रकार है

- दुर्बल विद्युत अपघट्य के लिए Λ_m को शून्य सान्द्रता तक एक्सट्रपलेशन द्वारा प्राप्त नहीं किया जा सकता है।
- कोलराउश नियम किसी भी विद्युत अपघट्य की सीमान्त मोलर चालकता की गणना के लिए उपयुक्त होता है।

सुमेलन प्रकार प्रश्न

1 *(b)* सही सुमेलन A - 3, B - 2, C - 4, D - 1 है।

2 *(c)* सही सुमेलन A - 1, B - 3, C - 2, D - 4 है।

3 *(b)* सही सुमेलन A - (3), B - (1), C - (7), D - (5), E - (4), F - (2), G - (6) है।

(A) F_2 एक अधातु है और सबसे अच्छा ऑक्सीकारक अभिकर्मक है क्योंकि F_2 मान + 2.87 वोल्ट है।

(B) Li एक धातु है और सबसे प्रबल अपचायक है क्योंकि Li का SRP मान – 3.05 वोल्ट है।

(C) Au^{3+} एक धातु आयन है जो एक ऑक्सीकारक अभिकर्मक है क्योंकि Au^{3+} का SRP मान +1.40 वोल्ट है।

(D) Br^- एक ऋणायन है जिसे Au^{3+} द्वारा ऑक्सीकृत किया जा सकता है क्योंकि Au^{3+}/Au के लिए $E°$ का मान (अर्थात् 1.40 वोल्ट) Br_2/Br^- के $E°$ (अर्थात 1.09 वोल्ट) से अधिक है

(E) Au एक अनअभिक्रियाशील धातु है।

(F) Li^+ एक धातु आयन है जिसका SRP मान सबसे कम (– 3.05 वोल्ट) है, इसलिए यह सबसे दुर्बल ऑक्सीकारक अभिकर्मक है।

(G) F^- एक ऋणायन है जो सबसे दुर्बल अपचायक है क्योंकि F^- / F_2 का कम ऑक्सीकरण विभव (–2.87 वोल्ट) है।

4 *(d)* सही सुमेलन A-(4), B-(1), C-(2), D-(3) है।

5 *(a)* सही सुमेलन A-(4), B-(3), C-(2), D-(1) है।

6 *(b)* सही सुमेलन A-(4), B-(3), C-(1), D-(2) है।

आंकिक मान प्रकार के प्रश्न

1 *(1567)* यहाँ $n = 4$ और $[H^+] = 10^{-pH} = 10^{-3}$

नर्नेस्ट समीकरण का प्रयोग

$$E = E° - \frac{0.059}{n}\log\frac{[Fe^{2+}]^2}{[H^+]^4\, p_{O_2}}$$

$$= 1.67 - \frac{0.059}{4}\log\frac{(10^{-3})^2}{(10^{-3})^4 \times 0.1}$$

$$= 1.67 - \frac{0.059}{4}\log 10^7 = 1.67 - 0.103$$

$= 1.567$ वोल्ट $= 1567 \times 10^{-3}$ वोल्ट

2 *(10)* सेल में होने वाली अभिक्रियाएँ

ऐनोड पर, $\frac{1}{2}H_2 \longrightarrow 1H^+ + 1e^-$

कैथोड पर, $(Fe^{3+} + e^- \longrightarrow Fe^{2+})$

समग्र सेल अभिक्रिया

$$\frac{1}{2}H_2 + Fe^{3+} \longrightarrow H^+ + Fe^{2+}$$

$$E_{\text{सेल}} = E^\circ_{\text{सेल}} - \frac{0.059}{1}\log\frac{[Fe^{2+}][H^P]}{[Fe^{3+}]P_1}$$

$$0.712 = 0.771 - 0.059\log\frac{[Fe^{2+}][H^+]}{[Fe^{3+}]P_{H_2}^{1/2}}$$

$$\log\left(\frac{Fe^{2+}}{Fe^{3+}}\right) = \frac{0.059}{0.059} = 1$$

$$\Rightarrow \frac{Fe^{2+}}{Fe^{3+}} = 10$$

3 *(16)* दिया गया है

$Sn^{2+}(aq) + 2e^- \longrightarrow Sn(s)$;

$$E^\circ_{Sn^{2+}/Sn} = -0.140 \text{ वोल्ट}$$

$$\Delta G_1^\circ = -nFE^\circ_{Sn^{2+}/Sn} = -2\times(-0.14)F$$

$$= 0.28 F \quad \ldots(i)$$

$Sn^{4+}(aq) + 4e^- \longrightarrow Sn(s)$;

$$E^\circ_{Sn^{4+}/Sn} = 0.010 \text{ वोल्ट}$$

$$\Delta G_2^\circ = -nFE^\circ_{Sn^{4+}/Sn} = -4\times 0.01$$

$$\Delta G_2^\circ = -0.04 F \quad \ldots(ii)$$

$Sn^{4+}(aq) + 2e^- \longrightarrow Sn^{2+}(aq)$; $\Delta G_3^\circ \ldots(iii)$

समीकरण (iii) प्राप्त करने के लिए समीकरण (i) को (ii) में से घटाएँ

$$-nFE^\circ_{Sn^{4+}/Sn^{2+}} = -0.04F - 0.28 \text{ फैरेड}$$

$$-2FE^\circ_{Sn^{4+}/Sn^{2+}} = -0.32 \text{ फैरेड}$$

$$E^\circ_{Sn^{4+}/Sn^{2+}} = \frac{0.32\,F}{2\,F} = 0.16 \text{ वोल्ट}$$

$$E^\circ_{Sn^{4+}/Sn^{2+}} = 16\times 10^{-2} \text{ वोल्ट}$$

4 *(14)* $\Lambda^\infty_{AgI} = \Lambda^\infty_{AgNO_3} + \Lambda^\infty_{NaI} - \Lambda^\infty_{NaNO_3}$

$$= 13.3 + 12.7 - 12.0 = 14 \text{ मी}^2 \text{ मोल}^{-1}$$

5 *(66)* $\Lambda_m = \frac{\kappa}{C}\times 1000$

$$= \frac{5\times 10^{-5}\times 10^3}{0.0025} = \frac{5\times 10^{-2}}{2.5\times 10^{-3}}$$

$$= 20 \text{ सीमेन सेमी}^2 \text{ मोल}^{-1}$$

$$\alpha = \frac{20}{400} = \frac{1}{20}$$

$$K_a = \frac{C\alpha^2}{1-\alpha} = \frac{0.0025\times\frac{1}{20}\times\frac{1}{20}}{\frac{19}{20}}$$

$$= \frac{0.0025}{19\times 20} = 6.6\times 10^{-6} = 66\times 10^{-7}$$

6 *(34)* सेल अभिक्रिया को इस प्रकार दर्शाया जाता है

$Cu + 2Ag^+ \longrightarrow Cu^{2+} + 2Ag$

नर्नेस्ट समीकरण के अनुसार,

$$E_{\text{सेल}} = E^\circ_{\text{सेल}} - \frac{0.06}{2}\log\frac{[Cu^{2+}]}{[Ag^+]^2}$$

$$0.43 = E^\circ_{\text{सेल}} - \frac{0.06}{2}\log\frac{(0.001)}{(0.01)^2}$$

$$= 0.46 \text{ वोल्ट}$$

$$E^\circ_{\text{सेल}} = E^\circ_{Ag^+/Ag} - E^\circ_{Cu^{2+}/Cu}$$

$$\Rightarrow 0.46 = 0.80 - E^\circ_{Cu^{2+}/Cu}$$

$$E^\circ_{Cu^{2+}/Cu} = 0.34 \text{ वोल्ट}$$

$$\Rightarrow 34\times 10^{-2} \text{ वोल्ट}$$

NCERT Exemplar प्रश्न

1 *(c)* कॉपर इलेक्ट्रोड के मानक इलेक्ट्रोड विभव की गणना दो अर्द्ध सेल अभिक्रियाओं से बने एक वैद्युत रासायनिक सेल का निर्माण करके की जा सकती है, जिसमें मानक हाइड्रोजन इलेक्ट्रोड ऐनोड़ (सन्दर्भ अर्द्ध सेल) और अन्य अर्द्ध सेल कैथोड़ के रूप में होता है।

$$\underbrace{Pt(s)\,|H_2(g, 1\,bar)\,|H^+(aq, 1\,M)|}_{\text{ऑक्सीकरण अर्द्ध-सेल अभिक्रिया}}$$

$$\underbrace{|Cu^{2+}(aq, 1M)|\,Cu}_{\text{अपचयन अर्द्ध-सेल अभिक्रिया}}$$

2 *(d)* यह रेडॉक्स अभिक्रिया के लिए सतह प्रदान नहीं करता है। इस प्रकार, कथन (d) सही नहीं है जबकि अन्य दिए गए सभी कथन सही हैं

3 *(b)* Mg इलेक्ट्रोड के लिए इलेक्ट्रोड विभव समीकरण के अनुसार भिन्न होती है,

$$E_{Mg^{2+}/Mg} = E^\circ_{Mg^{2+}/Mg} - \frac{0.059}{2}\log\frac{1}{[Mg^{2+}]}$$

$$\text{या } E_{Mg^{2+}/Mg} = \frac{0.059}{2}\log[Mg^{2+}] + E^\circ_{Mg^{2+}/Mg}$$

यह समीकरण सरल रेखा के समीकरण को दर्शाता है, अर्थात् $y = mx$.

अन्तः खण्ड $E^\circ_{Mg^{2+}/Mg}$

इस समीकरण को ग्राफिक रूप से इस प्रकार दर्शाया जा सकता है

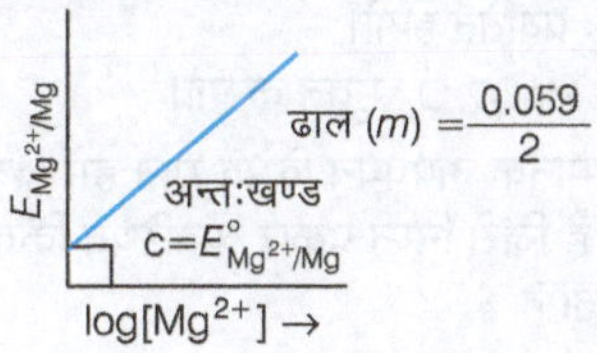

4 *(c)* $E_{\text{सेल}}$ एक गहन (intensive) गुण है क्योंकि यह स्पीशीज (कणों की संख्या) पर निर्भर नहीं करती है,

परन्तु $\Delta_r G$ सेल अभिक्रिया का एक व्यापक गुण है क्योंकि यह स्पीशीज के द्रव्यमान (कणों की संख्या) पर निर्भर करता है।

इस प्रकार, कथन (c) सही है।

5 *(b)* यहाँ, दिए गए चार विकल्पों में से क्रोमियम का मानक अपचयन विभव सबसे अधिक ऋणात्मक हैं, अतः सबसे प्रबल अपचायक क्रोमियम (Cr) है।

6 *(b)* ऊपर से नीचे की ओर जाने पर SRP मान धनात्मक से ऋणात्मक तक घटता है जिससे अपचयन विभव बढ़ जाता है। इसलिए, विकल्प (b) सही है।

7 *(a)* दिए गए चार विकल्पों में से $E^\circ_{Cr^{3+}/Cr}$ का ऋणात्मक मान (– 0.74) सबसे अधिक है। इसलिए, Cr^{3+} सबसे अधिक स्थायी ऑक्सीकृत स्पीशीज है।

8 *(d)* $E^\circ_{MnO_4^-/Mn^{2+}}$ का + ve मान 1.51 वोल्ट के बराबर है जो दिए गए चार विकल्पों में सबसे अधिक है। इसलिए, Mn^{2+} अपने अपचयित रूप में सबसे अधिक स्थायी आयन है।

9 *(c)* धातु आयन के मानक अपचयन विभव का धनात्मक मान जितना अधिक होगा, उसकी ऑक्सीकरण क्षमता उतनी ही अधिक होगी। चूँकि $E^\circ_{MnO_4^-/Mn^{2+}}$ इसका मान 1.51 वोल्ट के बराबर है, इसलिए यह सबसे प्रबल ऑक्सीकारक अभिकर्मक है।

10 *(d)*

11 *(c)* कथन (c) गलत है। इसका सही रूप इस प्रकार है चालकता विलयन में उपस्थित आयन के विलायक पर निर्भर करती है।

किसी विद्युत अपघट्य के आयनों का विलेयता जितनी अधिक होगी, विलयन की विद्युत चालकता उतनी ही कम होगी।

12 *(b)*

13 *(c)* Al_2O_3 से ऐलुमिनियम का एक मोल प्राप्त करने के लिए आवश्यक आवेश की मात्रा, Al_2O_3 को Al में परिवर्तित करने के लिए आवश्यक इलेक्ट्रॉनों की संख्या के बराबर होती है।

$$Al^{3+}(aq) \xrightarrow{+3e} Al(s)$$

अतः, कुल आवेश 3 फैरेड की आवश्यकता होती है।

14 *(a)* सीसा संचायक बैटरी को चार्ज करते समय सेल में होने वाली अभिक्रियाएँ विपरीत हो जाती हैं और ऐनोड और कैथोड पर $PbSO_4$ (s) क्रमशः Pb और PbO में परिवर्तित होता है।

15 *(b)* emf सेल जब सेल के माध्यम से कोई धारा प्रवाहित नहीं होती है, तो दो इलेक्ट्रॉडों के इलेक्ट्रोड विभव के बीच के अन्तर को emf सेल कहा जाता है।

16 *(c)* यदि गैल्वेनिक सेल पर एक बाह्य विपरीत विभव लगाया जाता है और अभिक्रिया तब तक जारी रहती है जब तक कि विपरीत वोल्टेज 1.1 वोल्ट के मान तक नहीं पहुँच जाता है। इस अवस्था में सेल के माध्यम से कोई धारा प्रवाहित नहीं होती है और यदि बाह्य विभव में कोई वृद्धि होती है तो अभिक्रिया विपरीत दिशा में कार्य करना शुरू कर देती है।
इसलिए, यह एक विद्युत अपघटनी सेल के रूप में काम करता है।

17 *(d)* जलीय NaCl के विद्युत अपघटन के सम्बन्ध में ऐनोड पर ऑक्सीकरण अभिक्रिया निम्नानुसार होती है

$$Cl^-(aq) \longrightarrow \frac{1}{2}Cl_2(g) + e^-; \quad E^\circ = 1.36 \text{ वोल्ट}$$

$$2H_2O(l) \longrightarrow O_2(g) + 4H^+(aq) + 4e^-; \quad E^\circ_{\text{सेल}} = 1.23 \text{ V}$$

$E^\circ_{\text{सेल}}$ मान कम होने के कारण $Cl^-(aq)$ की अपेक्षा जल का ऑक्सीकरण होना चाहिए।
NaCl के सान्द्रित विलयन में होने वाली वास्तविक अभिक्रिया (d) है न कि (b), अर्थात् Cl_2 उत्पन्न होता है न कि O_2
इस अप्रत्याशित परिणाम को आवेरवोल्टेज की अवधारणा के आधार पर समझाया गया है, अर्थात् जल को O_2 के ऑक्सीकरण के लिए अधिक वोल्टेज की आवश्यकता होती है क्योंकि यह Cl^- आयनों का Cl_2 में ऑक्सीकरण करने के लिए आवश्यक वोल्टेज की तुलना में गतिज रूप से धीमी प्रक्रिया है।
इस प्रकार, सही विकल्प (d) है न कि (b)।

विगत परीक्षाओं के प्रश्न

1 *(b)* दिया गया, धारा $(i) = 9.6487$ A

1 फैरड = 96487 कूलॉम

$t = 100$ सेकण्ड

$$w = \frac{E(it)}{96487} \Rightarrow w = \frac{\frac{63}{2} \times 9.6487 \times 100}{96487}$$

w = Cu के 0.315 ग्राम

2 *(a)* सही मिलान है

A-II, B-IV, C-I, D-III

A. $2H_2O \rightarrow O_2 + 4H^+ + 4e^-$, H_2O के दो मोलों को 4F आवेश की आवश्यकता होती है।
H_2O के 1 मोल को 2F आवेश की आवश्यकता होगी

B. $8H^+ + MnO_4^- + 5e^- \rightarrow Mn^{2+} + 4H_2O$
MnO_4^- के 1 मोल को 5F आवेश की आवश्यकता होगी।

C. $CaCl_2 + 2e^- \rightarrow Ca + 2Cl^{-1}$, Ca के 1 मोल को 2F आवेश की आवश्यकता होगी। Ca के 1.5 मोल को 3F आवेश की आवश्यकता होगी।

D. $FeO + H_2O \rightarrow Fe_2O_3 + 2H^+ + 2e^-$
FeO के 2 मोलों को 2F आवेश की आवश्यकता होगी।
FeO के 1 मोल को 1F आवेश की आवश्यकता होगी।

3 *(b)* दिया गया है, चालकता (κ)

$= 0.0210\ \Omega^{-1}$ सेमी$^{-1}$

प्रतिरोध $= 60\ \Omega$ तथा

सेल स्थिरांक = ?

हम जानते हैं कि $\kappa = \frac{1}{R} \times \frac{l}{a}$

सेल स्थिरांक $= \frac{l}{a} = \kappa \times R$

$= 0.0210 \times 60 = 126$ सेमी.$^{-1}$

4 *(d)* कैथोड पर अभिक्रिया (अपचयन)

$$2MnO_4^- + 16H^+ + 10e^- \longrightarrow 2Mn^{2+} + 8H_2O; \quad E^\circ_{RP} = 1.510 \text{ वोल्ट}$$

ऐनोड पर अभिक्रिया (ऑक्सीकरण)

$$5H_2O \longrightarrow \frac{5}{2}O_2 + 10H^+ + 10e^-;$$

$E^\circ_{OP} = -1223$ वोल्ट

समग्र अभिक्रिया है

$$2MnO_4^- + 6H^+ \longrightarrow 2Mn^{2+} + \frac{5}{2}O_2 + 3H_2O$$

$$E^\circ = E^\circ_{MnO_4^-/Mn^{2+}} - E^\circ_{O_2/H_2O}$$

$= 1.510 - 1.223 = 0287$ वोल्ट

E° का मान धनात्मक है, इसलिए अभिक्रिया स्वतः प्रवृतित होगी।

अतः MnO_4^-, O_2 मुक्त करेगा।

5 *(c)* मानक अपचयन विभव मान हमें दिया गया है जिसे निम्न प्रकार व्यवस्थित किया जा सकता है

$$E^\circ_{Zn^{2+}/Zn} < E^\circ_{Fe^{2+}/Fe} < E^\circ_{Cu^{2+}/Cu} < E^\circ_{Ag^+/Ag}$$

अतः अभिक्रियाशीलता Zn > Fe > Cu > Ag होगा।
विकल्पों में दी गई अभिक्रियाएँ विस्थापन अभिक्रिया हैं। विस्थापन अभिक्रिया के सम्बन्ध में, अधिक अभिक्रियाशील धातुएँ (अर्थात् कम SRP) कम अभिक्रियाशील धातुओं (उच्च SRP) को उनके लवण विलयन से विस्थापित कर सकती हैं।

अतः $CuSO_4(aq) + 2Ag(s) \longrightarrow Cu(s) + Ag_2SO_4(aq)$ सम्भव नहीं है चूँकि, Cu की तुलना में Ag कम अभिक्रियाशील है। अतः सही विकल्प (c) है।

6 *(b)* दिया गया है,

$E^\circ_{\text{सेल}} = 1.05$ वोल्ट

$$\frac{2.303\,RT}{F} = 0.059$$

नर्नेस्ट समीकरण का उपयोग करते हुए,

$$E_{\text{सेल}} = E^\circ_{\text{सेल}} - \frac{0.059}{n}\log\frac{[Ni^{+2}]^1}{[Ag^+]^2}$$

$$= 1.05 - \frac{0.059}{2}\log\frac{(10^{-3})}{(10^{-3})^2}$$

$$= 1.05 - \frac{0.059}{2} \times 3$$

$= 1.05 - 0.0885$; $E_{\text{सेल}} = 0.9615$

7 *(c)* कोलराउश के नियम के अनुसार

$$\lambda^\circ_{CH_3COOH} = \lambda^\circ_{H^+} + \lambda^\circ_{CH_3COO^-}$$

$= 400$ सीमेन सेमी^{2} मोल$^{-1}$

वियोजन की मात्रा,

$$\alpha = \frac{\lambda_{CH_3COOH}}{\lambda^\circ_{CH_3COOH}}$$

$$\alpha = \frac{20}{400} = \frac{1}{20} = 0.05 = 5 \times 10^{-2}$$

	$CH_3COOH \rightleftharpoons$	CH_3COO^-	$+ H^+$
$t = 0$	C	–	–
$t = t_{\text{तुल्यांक}}$	$C - C\alpha$	$C\alpha$	$C\alpha$

साम्य पर

$$K = \frac{C^2\alpha^2}{C(1-\alpha)} = \frac{C\alpha^2}{1-\alpha}$$

जैसा $\alpha << 1; 1 - \alpha \approx 1$

$K = C\alpha^2 = 0.007 \times (0.05)^2$

$= 0.007 \times 25 \times 10^{-4}$

$= 1.75 \times 10^{-5}$ मोल$^{-1}$लीटर$^{-1}$

8 *(c)* आइए हम दी गई कमी अर्द्ध सेल अभिक्रियाओं की EMF श्रेणी (मानक अपचयन विभव) पर विचार करें अर्द्ध अपचयन अभिक्रिया

अर्द्ध अपचयन अभिक्रिया	$E°/V$ at 298K
(a) $Mg^{2+} + 2e^- \longrightarrow Mg$	– 2.36
(b) $Fe^{2+} + 2e^- \longrightarrow Fe$	– 0.44
(c) $Au^{3+} + 3e^- \longrightarrow Au$	+ 1.40
(d) $K^+ + e^- \longrightarrow K$	– 2.93

अतः विकल्प (c) सही है।

9 *(d)* $\underset{\text{गलित}}{CaCl_2} \rightleftharpoons Ca^{2+} + 2Cl^-$ गलित

कैथोड पर, $Ca^{2+} + 2e^- \longrightarrow Ca$ (अपचयन)

फैराडे के प्रथम नियम के अनुसार,

फैराडे में प्रवाहित आवेश=उत्पाद का ग्राम तुल्यांक

$$= \frac{\text{दिया हुआ द्रव्यमान}}{\text{परमाणु द्रव्यमान}} \times \text{निष्कासित}$$

इलेक्ट्रॉन की संख्या $= \frac{20}{40} \times 2 = 1$ फैरेड

अतः इस प्रक्रिया के लिए एक फैराडे (F) की आवश्यकता होती है।

10 *(d)* $E°_{सेल}$ और $\Delta_r G°$ के बीच सम्बन्ध निम्नानुसार है

$$\Delta_r G° = -nFE_{सेल}$$

सेल अभिक्रिया के लिए,

$$2Fe^{3+}(aq) + 2I^-(aq) \longrightarrow 2Fe^{2+}(aq) + I_2(aq)$$

$n = 2$

दिया गया है, $F = 96500$ कूलॉम मोल$^{-1}$

$E_{सेल} = 0.24$ वोल्ट

अब, हम जानते हैं कि $\Delta_r G° = -nFE°_{सेल}$

उपरोक्त समीकरण में दिए गए मानों को प्रतिस्थापित करने पर हमें प्राप्त होता है

$\Delta_r G° = -2$ मोल $\times$ 96500 कूलॉम मोल$^{-1}$ $\times$ 0.24 जूल मोल$^{-1}$

$= -46320$ जूल मोल$^{-1}$

$= -46.32$ किलो जूल मोल$^{-1}$

अतः विकल्प (d) सही है।

11 *(b)* हम जानते हैं कि,

$$E_{सेल} = E°_{सेल} - \frac{2.303RT}{nF}\log Q$$

साम्य पर, $Q = K_{eq}$ और $E_{सेल} = 0$

$$\therefore \quad E°_{सेल} = \frac{2.303RT}{nF}\log K_{eq} \quad \ldots(i)$$

दिया गया $E°_{सेल} = 0.59$ वोल्ट,

$$\frac{2.303RT}{F} = 0.059 \text{ वोल्ट},$$

$T = 298$ K, $n = 1$

समीकरण (i) में दिए गए मानों प्रतिस्थापित करने पर, हमें प्राप्त होता है

$$0.59 = \frac{0.059}{1}\log K_{eq}$$

$$\therefore \quad \log K_{eq} = \frac{0.59}{0.059} = 10$$

$$\Rightarrow \quad K_{eq} = 10^{10} = 1 \times 10^{10}$$

12 *(d)* दिया गया

$\lambda°_{m(H_2SO_4)} = 2\lambda°_{H^+} + \lambda°_{SO_4^{2-}}$

$= x$ सीमेन सेमी^{2} मोल$^{-1}$ ...(i)

$\lambda°_{m(K_2SO_4)} = 2\lambda°_{K^+} + \lambda°_{SO_4^{2-}}$

$= y$ सीमेन सेमी^{2} मोल$^{-1}$ ...(ii)

$\lambda°_{m\,(CH_3COOK)} = \lambda°_{CH_3COO^-} + \lambda°_{K^+}$

$= z$ सीमेन सेमी^{2} मोल$^{-1}$ ...(iii)

के लिए :

$\lambda°_{m(CH_3COOH)} = \lambda°_{CH_3COO^-} + \lambda°_{H^+}$

उपरोक्त समीकरण निम्न प्रकार से प्राप्त किया जा सकता है

समीकरण (iii) $+ \frac{\text{Eq. (i)}}{2} - \frac{\text{Eq. (ii)}}{2}$

$\therefore \lambda°_{H(CH_3COOH)} = \lambda°_{m(CH_3COOK)} + \frac{\lambda°_{H(H_2SO_4)}}{2} - \frac{\lambda°_{H\,(K_2SO_4)}}{2}$

$= \left(z + \frac{x}{2} - \frac{y}{2}\right)$ सीमेन सेमी^{2} मोल$^{-1}$

$= \left(\frac{x-y}{2} + z\right)$ सीमेन सेमी^{2} मोल$^{-1}$

13 *(c)* विद्युत अपघटन के प्रथम नियम का उपयोग करते हुए,

$Q = it$

$= 1$ ऐम्पियर $\times$ 60 से $= 60$ ऐम्पियर सेकण्ड या 60 कूलॉम

96500 कूलॉम आवेश $= 6.022 \times 10^{23}$ इलेक्ट्रॉन

60 कूलॉम आवेश $= \frac{6.022 \times 10^{23}}{96500} \times 60$

$= 3.74 \times 10^{20}$ इलेक्ट्रॉन

14 *(b)* दिया गया है, विलयन की सान्द्रता,

$M = 0.5$ मोल/dm^3

विद्युत अपघट्य चालकता,

$\kappa = 5.76 \times 10^{-3}$ सीमेन सेमी$^{-1}$

तापमान, $T = 298$ K

$\therefore$ मोलर चालकता

$$\lambda_m = \frac{\kappa \times 1000}{M} = \frac{5.76 \times 10^{-3} \times 1000}{0.5}$$

$= 11.52$ सीमेन सेमी^{2}/मोल

15 *(d)* उच्च ऋणात्मक मानक अपचयन विभव वाली धातु में ऑक्सीकृत होने की प्रवृत्ति अधिक होती है।

$Zn^{2+} + 2e^- \longrightarrow Zn$; $E° = -0.76$ वोल्ट

$Fe^{2+} + 2e^- \longrightarrow Fe$; $E° = -0.44$ वोल्ट

इस प्रकार, Zn ऐनोड के रूप में कार्य करता है और लोहे को कैथोड बनाकर जंग लगने से बचता है।

16 *(a)* दिया गया है, $E°_{सेल} = -ve$

$\Delta G°$ और $E°_{सेल}$ के बीच सम्बन्ध इस प्रकार दिया गया है

$$\Delta G° = -nFE°_{सेल} \quad \ldots(i)$$

$E°_{सेल}$ ऋणात्मक जैसा है, इसलिए $\Delta G°$ धनात्मक बनकर बाहर आता है। फिर से, $\Delta G°$ और K_{eq} के बीच सम्बन्ध इस प्रकार दिया गया है

$$\Delta G° = -2.303nRT\log K_{eq} \quad \ldots(ii)$$

समीकरण (i) से हम पाते हैं कि $\Delta G°$ धनात्मक है। अब, यदि $\Delta G°$ धनात्मक है तो समीकरण (ii) से K_{eq} समीकरण ऋणात्मक प्राप्त होता है। अर्थात् $\Delta G° > 1$ और $K_{eq} < 1$

17 *(c)* $\underset{(+6)}{MnO_4^{2-}} \xrightarrow{[1 \text{ मोल } e^- = 1 \text{ फैरेड}]} \underset{(+7)}{MnO_4^-}$

समीकरण के अनुसार, 1 मोल MnO_4^{2-}, के लिए 1 फैरड विद्युत की आवश्यकता होती है इस प्रकार, 0.1 मोल MnO_4^{2-} के लिए 0.1 फैरेड विद्युत की आवश्यकता होती है।

1 फैरेड = 96500 कूलॉम

$\therefore$ 0.1 फैरेड $= 0.1 \times 96500$ कूलॉम

MnO_4^{2-} को MnO_4^- में पूर्णतः ऑक्सीकृत करने के लिए 9650 कूलॉम विद्युत की आवश्यकता होती है।

18 *(d)* लोहे के जंग लगने के सन्दर्भ में कथन (d) सही नहीं है। आयरन सतह पर टिन का लेपन जंग लगने को रोकता है। परन्तु परत हट जाने पर लोहे का वायुमण्डल में उपस्थित ऑक्सीजन गैस द्वारा ऑक्सीकरण सम्भव है।

19 *(c)* किसी वैद्युत रासायनिक सेल को $E°$ सेल से अधिक बाह्य विभव को विपरीत दिशा में लगाकर वैद्युत अपघटनी सेल में परिवर्तित किया जा सकता है।

20 *(d)* दिए गए विकल्पों में से केवल इलेक्ट्रॉड की प्रकृति किसी विलयन के वैद्युत अपघटनी चालकत्व को प्रभावित नहीं करती है।

21 *(b)* ब्राइन विलयन के विद्युत अपघटन में शामिल अभिक्रिया निम्नानुसार है

$$NaCl(aq) \xrightarrow{H_2O} Na^+(aq) + Cl^-(aq)$$

ऐनोड पर $2Cl^-(aq) \longrightarrow Cl_2(g) + 2e^-$

$$2H_2O(l) \longrightarrow O_2(g) + 4H^+ + 4e^-$$

कैथोड पर,

$$2H_2O(l) + 2e^- \longrightarrow H_2(g)\uparrow + 2OH^-(aq)$$

$$2Na^+ + 2OH^- \longrightarrow 2NaOH$$

इस प्रकार, OH^- कैथोड पर बनता है।

22 *(a)* अभिक्रिया के लिए,

$$\frac{1}{2}H_2(g) + AgCl(s) - H^+(aq) + Cl^-(aq) + Ag(s)$$

ऐनोड पर, $\frac{1}{2}H_2(g) \longrightarrow H^+(aq) + e^-$

कैथोड पर,

$$AgCl(s) + e^- \longrightarrow Ag(s) + Cl^-(aq)$$

∴ सेल का निरूपण

$$Pt|H_2(g)|HCl\,(aq)\,||\,AgCl(s)|Ag\,(s)$$

23 *(a)* B और D में दिए गए कथन सही है।
सीसा संचायक बैटरी को आवेशन करने पर, अभिक्रियाएँ विपरीत हो जाती है और ऐनोड पर $PbSO_4(s)$ के स्थान पर PbO_2 के स्थान पर Pb में परिवर्तित हो जाता है।
सीसा संचयाक बैटरी में लेड ऐनोड और कैथोड लैड डाइऑक्साइड से भरे हुए लेड का ग्रिड होता है।
H_2SO_4 का 38% विलयन विद्युत अपघट्य के रूप में उपयोग किया जाता है।

24 *(a)* मोलर चालकता,

$$\Lambda_M = \frac{\kappa \times 1000}{M}$$

$$\Lambda_{M_1} = \frac{\kappa_1 \times 1000}{\frac{10}{20} \times 1000} = 2\kappa_1 \text{ और}$$

$$\Lambda_{M_2} = \frac{\kappa_2 \times 1000}{\frac{20}{80} \times 1000} = 4\kappa_2$$

दिया गया,

$$\kappa_1 = \kappa_2 = \kappa$$

$$\therefore \quad \Lambda_{M_1} = 2\kappa;\ \Lambda_{M_2} = 4\kappa$$

$$\frac{\Lambda_{M_2}}{\Lambda_{M_1}} = \frac{4\kappa}{2\kappa} = \frac{4}{2}$$

$$\Rightarrow \quad \Lambda_{M_2} = 2\Lambda_{M_1}$$

25 *(c)* सही मिलान A-II, B-I, C-IV, D-III है।

26 *(a)* PbO_2 या Pb_3O_4 यौगिक *A* हो सकते हैं परन्तु इन दोनों यौगिकों में से केवल PbO_2 का मान उपयोग सीसा संचायक बैटरी में किया जाता है, जहाँ PbO_2 से भरा लेड का ग्रिड कैथोड के रूप में कार्य करता है और यह प्रकृति में उभयधर्मी भी है। यह अम्ल और क्षार दोनों के साथ अभिक्रिया करता है।

27 *(a)* सही सुमेलन A-3, B-1, C-4, D-2 है।

स्किल बूस्टर्स

1 *(b)* $E = E° - \frac{0.059}{n}\log\frac{1}{[M^{n+}]}$

M^{n+} की सान्द्रता जितनी कम होगी, अपचयन विभव उतना ही कम होगा।
अतः सही क्रम $B > C > D > A$ है।

2 *(a)* अभिक्रिया $2Ag + SnBr_2 \longrightarrow$ कोई अभिक्रिया नहीं, क्योंकि Sn^{2+}, Ag^+ से प्रबल अपचायक है।

3 *(a)* MnO_4^- का उपयोग जलीय HCl में नहीं किया जा सकता क्योंकि MnO_4^- न केवल Fe^{2+} को Fe^{3+} में ऑक्सीकृत करेगा बल्कि यह Cl^- को Cl_2 में भी ऑक्सीकृत कर देता।

4 *(c)* अपचयन विभव जितना अधिक होगा, निक्षेपण की प्रवृत्ति उतनी ही अधिक होगी। Mg^{2+} का अपचयन नहीं होगा क्योंकि इसका अपचयन विभव जल से बहुत कम है।
इसलिए, धातुओं के निक्षेपण का क्रम Ag, Hg, Cu, Mg होगा।

5 *(b)* सिल्वर के लिए मानक इलेक्ट्रोड विभव ($E°$) 0.80 वोल्ट है और सोने के लिए 1.5 वोल्ट है, इसलिए सिल्वर सोने को विस्थापित कर सकती है। प्रतिस्थापित सोना सिल्वर की वस्तु पर एकत्रित हो जाता है जिसके कारण सुनहरा रंग प्राप्त होता है। दूसरी ओर, Cu के लिए $E°$ 0.34 वोल्ट है जो सिल्वर की तुलना में कम है, इसलिए सिल्वर, कॉपर के विलयन से कॉपर को प्रतिस्थापित नहीं कर सकती है।

6 *(c)* सेल अभिक्रिया

$$Zn(s) + Cu^{2+}(aq) \rightleftharpoons Zn^{2+}(aq) + Cu(s)$$

$$E_{\text{सेल}} = E°_{\text{सेल}} - \frac{2.303RT}{2F}\log\frac{[Zn^{2+}]}{[Cu^{2+}]}$$

$$E_1 = E°_{\text{सेल}} - \frac{0.06}{2}\log\left(\frac{Zn^{2+}}{Cu^{2+}}\right)$$

$$E_2 = E°_{\text{सेल}} - \frac{0.06}{2}\log\frac{Zn^{2+}}{0.5}$$

$$E_2 - E_1 = \frac{0.06}{2}\left\{\log\left(\frac{Zn^{2+}}{Cu^{2+}}\right) - \log\left(\frac{Zn^{2+}}{0.5}\right)\right\}$$

$$0.03 = 0.03\log\frac{0.5}{Cu^{2+}}$$

$$\log\frac{0.5}{Cu^{2+}} = 1$$

$$\frac{0.5}{Cu^{2+}} = 10$$

$$[Cu^{2+}] = 0.05\text{ M}$$

7 *(a)* धूमिल चाँदी में Ag_2S होता है।
इसे ऐलुमिनियम के बर्तन में रखकर हटाया जा सकता है।

$$Ag_2S + Al \longrightarrow Al^{3+} + 2Ag + S^{2-}$$

$$E° = E°_{(Ag_2S/2Ag,S^{2-})} - E°_{(Al^{3+}/Al)}$$

$$= -0.71 - (-1.66) = +0.95 \text{ वोल्ट}$$

$E°_{\text{सेल}}$ धनात्मक है, तो अभिक्रिया सम्भव है और इसलिए चाँदी का कालापन हट जाएगा। दूसरी अभिक्रिया सम्भव नहीं है क्योंकि $E°_{\text{सेल}}$ ऋणात्मक है और इसलिए इसका उपयोग दाग हटाने के लिए नहीं किया जा सकता।

8 *(b)* उच्चतम अपचयन विभव का अर्थ है स्पीशीज का स्वयं अपचयन लेकिन अन्य का ऑक्सीकरण (अर्थात् अच्छा ऑक्सीकारक) इस प्रकार, *Q*, *R* को ऑक्सीकृत करेगा *P* को नहीं।

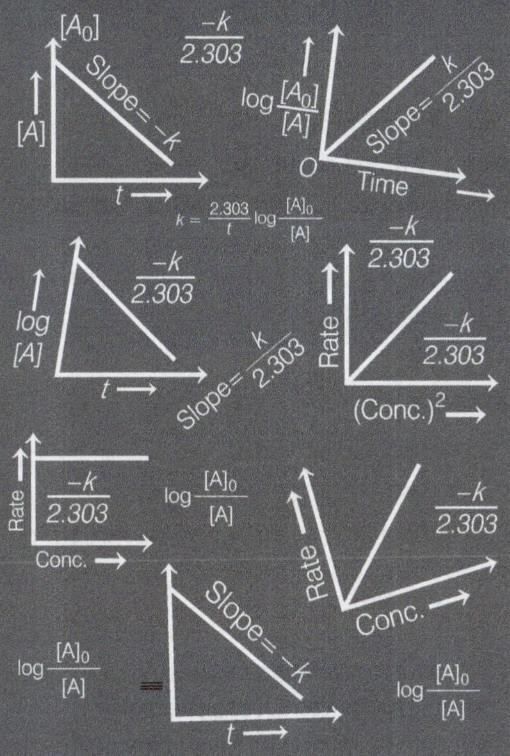

03

रसायन की Concept Master Videos के लिए Scan करें

रासायनिक बलगतिकी

Chemical Kinetics

रसायन विज्ञान की वह शाखा जो रासायनिक अभिक्रिया के वेग (गति) और उनकी क्रियाविधि के अध्ययन से सम्बन्धित है, **रासायनिक बलगतिकी** (chemical kinetics) कहलाती है। यह उन परिस्थितियों (जैसे ताप, सान्द्रता आदि) का भी वर्णन करती है, जिनसे अभिक्रिया के वेग में परिवर्तन लाया जा सकता है।

5 वर्षों में NEET में पूछे गये शीर्षकवार प्रश्न

शीर्षक	वर्षवार प्रश्नों की संख्या				
	2024	2023	2022	2021	2020
रासायनिक अभिक्रिया का वेग	–	–	–	–	–
अभिक्रिया के वेग को प्रभावित करने वाले कारक	–	1	–	–	–
समाकलित वेग समीकरण	–	–	2	–	2
अभिक्रिया के वेग की ताप पर निर्भरता	2	1	–	2	–
रासायनिक अभिक्रिया का संघट्ट सिद्धान्त	–	–	–	–	2

NEET में विगत 5 वर्षों में पूछे गये विशेष प्रकार के प्रश्न

प्रकार	वर्ष				
	2024	2023	2022	2021	2020
अभिकथन–कारण	–	1	–	–	–
कथन आधारित	–	–	–	–	–
सुमेलन	–	1	–	–	–

NEET के विगत 5 वर्षों का भारांकन

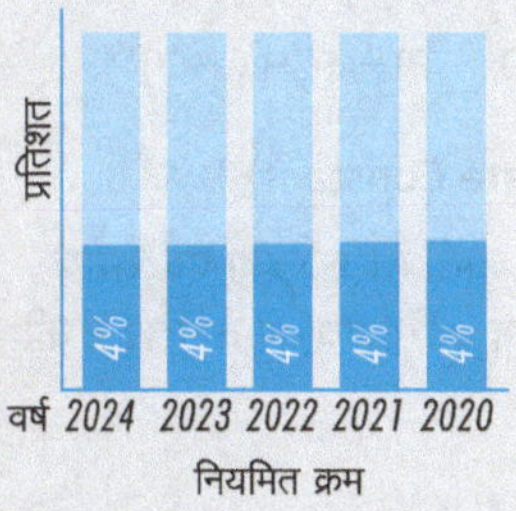

रासायनिक अभिक्रिया का वेग

(Rate of a Chemical Reaction)

प्रति इकाई समय में रासायनिक अभिक्रिया में भाग लेने वाली स्पीशीज की मोलर सान्द्रता में होने वाला परिवर्तन अभिक्रिया का वेग कहलाता है।

किसी अभिक्रिया के लिए, $A \longrightarrow B$

अभिक्रिया के विलुप्त होने की दर

$$= \frac{\text{अभिकारकों की सान्द्रता में कमी}}{\text{लिया गया समय}} = \frac{-\Delta[A]}{\Delta t}$$

अभिक्रिया के प्रकट होने की दर

$$= \frac{\text{उत्पाद की सान्द्रता में वृद्धि}}{\text{लिया गया समय}} = \frac{\Delta[B]}{\Delta t}$$

- **अभिक्रिया का औसत वेग** (Average rate of reaction) समय के निर्दिष्ट अंतराल के दौरान अभिकारक अथवा उत्पाद की सान्द्रता में परिवर्तन है।

$$r_{\text{औसत}} = \frac{-\Delta[A]}{\Delta t} = +\frac{\Delta[B]}{\Delta t}$$

- **अभिक्रिया के वेग का मात्रक** (Units of rate of reaction) सान्द्रता समय$^{-1}$ अर्थात् मोल ली$^{-1}$से$^{-1}$ या atm से$^{-1}$ (गैसीय अभिक्रियाओं में) है।
- **अभिक्रिया का तात्क्षणिक वेग** (Instantaneous rate of reaction) यह किसी विशेष क्षण पर अभिक्रिया में भाग लेने वाली स्पीशीज (अभिकारक अथवा उत्पाद) में से किसी एक की सान्द्रता में परिवर्तन की दर है। (अर्थात जब Δt शून्य के करीब पहुँचता है)

$$r_{\text{तात्क्षणिक}} = \frac{-d[A]}{dt} = \frac{+d[B]}{dt}$$

नोट *जिन अभिक्रियाओं में अभिकारक या उत्पादों के स्टॉइकियोमीट्रिक गुणांक समान नहीं होते, उनके वेग को व्यक्त करने के लिए किसी भी अभिकारक की सान्द्रता में कमी की दर अथवा किसी भी उत्पाद की सान्द्रता में वृद्धि की दर को क्रमशः उनके स्टॉइकियोमीट्रिक गुणांक से भाग देते हैं।*

अभिक्रिया का वेग (दर) अभिकारकों या उत्पादों की सान्द्रता और समय के बीच ग्राफ के ढलान से निर्धारित किया जा सकता है।

- अभिकारकों की सान्द्रता और समय के बीच ग्राफ, जो अभिक्रिया के तात्क्षणिक एवं औसत वेग दोनों की तुलना करता है, नीचे दर्शाया गया है।

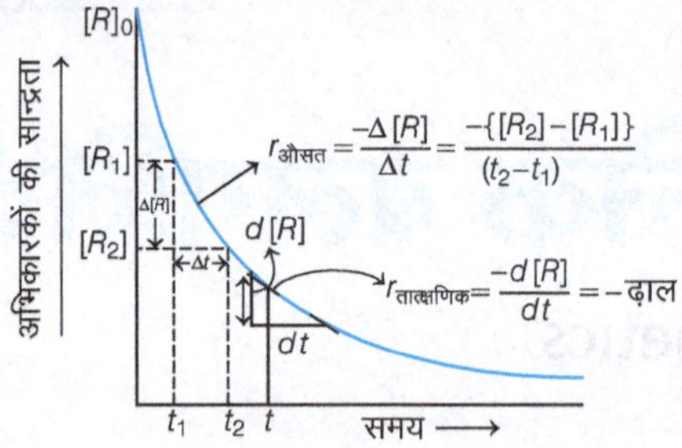

- उत्पादों की सान्द्रता और समय के बीच ग्राफ, जो अभिक्रिया के तात्क्षणिक एवं औसत वेग दोनों की तुलना करता है, नीचे दर्शाया गया है।

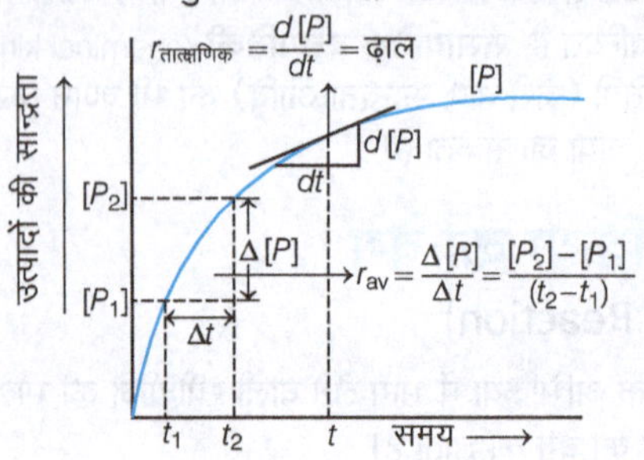

यहाँ 'Δ' का उपयोग अभिक्रिया की औसत वेग को परिभाषित करने में बड़े परिवर्तन के लिए किया जाता है, जबकि अभिक्रिया के तात्क्षणिक वेग में 'd' का उपयोग सान्द्रता में एक बहुत छोटे परिवर्तन के रूप में किया जाता है।

अभिक्रिया के वेग को प्रभावित करने वाले कारक (Factors Influencing Rate of a Reaction)

- **सान्द्रता** (Concentration) अभिकारकों की सान्द्रता जितनी अधिक होगी, या उत्पादों की सान्द्रता जितनी कम होगी अभिक्रिया का वेग उतना ही तीव्र होगा।
- **अभिकारकों की भौतिक अवस्था** (Physical state of reactants) गैसीय अभिकारकों वाली अभिक्रियाएँ ठोस और द्रव अभिकारकों वाली अभिक्रियाओं की तुलना में तीव्र होती हैं।
- **अभिकारकों का पृष्ठीय क्षेत्रफल** (Surface area of reactants) ठोस अभिकारक या उत्प्रेरक वाली अभिक्रिया के लिए, पृष्ठीय क्षेत्रफल जितना अधिक होगा, अभिक्रिया उतनी ही तीव्र होगी।
- **ताप** (Temperature) अभिक्रिया का वेग ताप बढ़ने के साथ बढ़ता है। अधिकांश अभिक्रियाओं के लिए, ताप में 10° की वृद्धि होने से अभिक्रिया का वेग लगभग दोगुना हो जाता है।
- **उत्प्रेरक की उपस्थिति** (Presence of catalyst) उत्प्रेरक वह पदार्थ है जिसमें स्वयं स्थाई रासायनिक परिवर्तन हुए बिना यह अभिक्रिया के वेग को बढ़ाता है।

वेग व्यंजक और वेग स्थिरांक
(Rate Expression and Rate Constant)

वेग नियम वह व्यंजक है जिसमें किसी अभिक्रिया के वेग को अभिक्रिया की मोलर सान्द्रता के पद पर कोई घातांक लगाकर व्यक्त करते हैं, जो किसी सन्तुलित रासायनिक समीकरण में अभिक्रियाओं के स्टॉइकियोमीट्रीक गुणांक के समान अथवा भिन्न भी हो सकते हैं।

इसे **वेग व्यंजक** भी कहते हैं।

किसी सामान्य अभिक्रिया के लिए,

$$aA + bB \longrightarrow cC + dD$$

$$\text{वेग/दर} = K[A]^x \cdot [B]^y,$$

जहाँ x और y स्टॉइकियोमीट्रीक गुणांक (a तथा b) के समान अथवा भिन्न हो सकते हैं।

$$\text{वेग} = \frac{-d[R]}{dt} = K[A]^x \cdot [B]^y$$

NEET 2023

उपरोक्त समीकरण को **अवकल वेग समीकरण** (differential rate equation) कहते हैं। यहाँ k समानुपाती स्थिरांक है जिसे **वेग स्थिरांक** कहते हैं।

- वेग नियम को किसी सन्तुलित अभिक्रिया को देखकर प्रायुक्त नहीं किया जा सकता है। अर्थात इसका निर्धारण सैद्धान्तिक रूप से नहीं बल्कि प्रायोगिक रूप से किया जाता है।

अभिक्रिया की कोटि (Order of a Reaction)

यह वेग नियम व्यंजक में प्रयुक्त अभिकारकों की सान्द्रताओं के घातांकों का योग होता है।

यदि वेग $= k[A]^x[B]^y$; अभिक्रिया की कोटि $= x + y$ अभिक्रिया की कोटि 0, 1, 2, 3 अथवा भिन्नात्मक हो सकती है।

केवल एक पद में पूर्ण होने वाली अभिक्रियाओं को **प्राथमिक अभिक्रियाएँ** (elementary reaction) कहते हैं, जबकि अभिक्रिया जिसमें प्राथमिक **अभिक्रियाएँ** क्रम से संपन्न होकर उत्पाद बनाती हैं, **जटिल अभिक्रिया** (complex reaction) कहलाती हैं।

जटिल अभिक्रियाओं में सबसे मन्द पद **वेग निर्धारण पद** होता है।

उदाहरण

- **शून्य कोटि** $2NH_3 \xrightarrow[1130K]{Pt} N_2 + 3H_2$; वेग $= k[NH_3]^0 = k$
- **प्रथम कोटि** $2N_2O_5 \longrightarrow 4NO_2 + O_2$; वेग $= k[N_2O_5]$
- **द्वितीय कोटि** $2NO_2 \longrightarrow 2NO + O_2$; वेग $= k[NO_2]^2$
- **तृतीय कोटि** $2NO + O_2 \longrightarrow 2NO_2$; वेग $= k[NO]^2[O_2]$
- **भिन्नात्मक कोटि** $CH_3CHO \longrightarrow CH_4 + CO$; वेग $= k[CH_3CHO]^{3/2}$

वेग स्थिरांक की इकाईयाँ (Units of Rate Constant)

भिन्न कोटि के वेग स्थिरांकों की इकाईयाँ भिन्न होती हैं। सान्द्रता एवं समय की SI इकाई मोल ली$^{-1}$ एवं से$^{-1}$ लेने पर विभिन्न अभिक्रियाओं के लिए k की इकाईयाँ अग्र पृष्ठ पर दी गई हैं।

अभिक्रिया	कोटि	वेग स्थिरांक की इकाई
शून्य कोटि अभिक्रिया	$n=0$	$=\dfrac{\text{मोल ली}^{-1}}{\text{से}}\times\dfrac{1}{(\text{मोल ली}^{-1})^0}=\text{मोल ली}^{-1}\text{से}^{-1}$
प्रथम कोटि अभिक्रिया	$n=1$	$=\dfrac{\text{मोल ली}^{-1}}{\text{से}}\times\dfrac{1}{(\text{मोल ली}^{-1})^1}=\text{से}^{-1}$
द्वितीय कोटि अभिक्रिया	$n=2$	$=\dfrac{\text{मोल ली}^{-1}}{\text{से}}\times\dfrac{1}{(\text{मोल ली}^{-1})^2}=\text{मोल ली}^{-1}\text{से}^{-1}$
nवीं कोटि अभिक्रिया	n	$=\dfrac{\text{मोल ली}^{-1}}{\text{से}}\times\dfrac{1}{(\text{मोल ली}^{-1})^n}=(\text{मोल ली}^{-1})^{1-n}\text{से}^{-1}$

अभिक्रिया की आण्विकता
(Molecularity of a Reaction)

प्राथमिक अभिक्रिया में भाग लेने वाली स्पीशीज (परमाणु, आयन अथवा अणु) जो कि एक साथ संघट्ट के फलस्वरूप रासायनिक अभिक्रिया करती हैं, की संख्या को अभिक्रिया की आण्विकता कहते हैं।

संघट्ट में भाग लेने वाली स्पीशीज की संख्या के आधार पर आण्विकता की व्याख्या अग्रलिखित प्रकार की जा सकती है-

एक अणुक अभिक्रिया $NH_4NO_2 \longrightarrow N_2 + 2H_2O$

द्वि-अणुक अभिक्रिया $2HI \longrightarrow H_2 + I_2$

त्रि-अणुक अभिक्रिया $2NO + O_2 \longrightarrow 2NO_2$

नोट *उचित विन्यास के साथ तीन से अधिक अणुओं के एक साथ संघट्ट के उपरान्त अभिकृत होने की संभाव्यता अत्यंत कम होती है। अतः त्रि-अणुक आण्विकता की अभिक्रियाएँ बहुत ही कम होती हैं तथा ये धीमी गति से आगे बढ़ती हैं।*

अभिक्रिया की कोटि और आण्विकता में अन्तर

अभिक्रिया की कोटि	अभिक्रिया की आण्विकता
यह एक प्रायोगिक मात्रा है एवं परिकलित नहीं की जा सकती।	इसका परिकलन सबसे धीमे चरण के अणुओं को जोड़कर किया जा सकता है।
यह शून्य तथा भिन्नात्मक भी हो सकता है।	यह शून्य तथा भिन्नात्मक नहीं हो सकता है।
यह प्राथमिक और जटिल दोनों प्रकार की अभिक्रियाओं पर लागू होती है।	यह केवल प्राथमिक अभिक्रियाओं पर लागू होती है।
जटिल अभिक्रिया के लिए कोटि सबसे मन्द पद की दी जाती है	जटिल अभिक्रियाओं के लिए आण्विकता का कोई अर्थ नहीं होता है।

Concept Master
Video के लिए

समाकलित वेग समीकरण (Integrated Rate Equations)

शून्य और प्रथम कोटि अभिक्रियाओं के लिए अवकल और समाकलित वेग समीकरण नीचे दी गई हैं।

	अभिक्रिया	कोटि	अवकल समीकरण	समाकलित समीकरण	$t_{1/2}$	वक्र
(i)	$A \longrightarrow$ उत्पाद $[A]_0$ = प्रारम्भिक अभिकारक की सान्द्रता	शून्य कोटि	$\dfrac{d[A]}{dt}=-k$	$k=\dfrac{\{[A]_0-[A]\}}{t}$	$\dfrac{[A]_0}{2k}$ NEET 2020	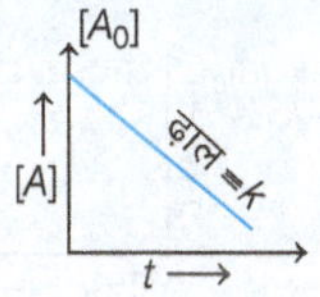
(ii)	$A \longrightarrow$ उत्पाद	प्रथम कोटि	$\dfrac{d[A]}{dt}=-k[A]$	$k=\dfrac{2.303}{t}\log\dfrac{[A]_0}{[A]}$ NEET 2019 2020	$\dfrac{0.693}{k}$	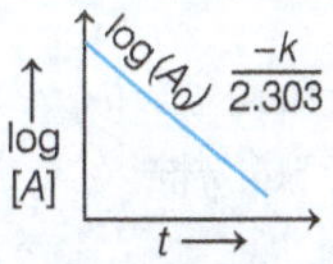 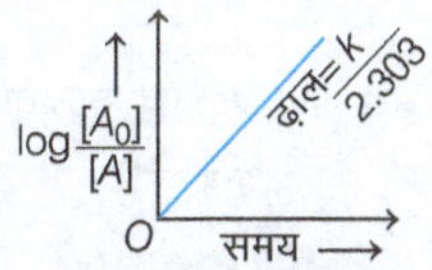

Marks Maximizer

- प्रथम कोटि अभिक्रिया के nवें अंश को पूरा होने में लगने वाले समय के लिए सामान्य व्यंजक
$$t_{1/n}=\frac{2.303}{k}\log\frac{n}{n-1}$$
- प्रथम कोटि अभिक्रिया के किसी भी अंश को पूरा होने में लगने वाला समय प्रारम्भिक सान्द्रता से स्वतन्त्र होता है।
- अभिकारक को nवें अंश तक कम होने में लगने वाले समय के लिए सामान्य व्यंजक
$$t=\frac{2.303}{k}\log n$$

छदम प्रथम कोटि अभिक्रिया
(Pseudo First Order Reactions)

जो वास्तव में प्रथम कोटि की नहीं होती है, परन्तु परिवर्तित स्थितियों के कारण प्रथम कोटि की हो जाती है, छदम प्रथम कोटि अभिक्रिया कहलाती है।

ऐसी रासायनिक अभिक्रियाओं में दो में से एक अभिकारक आधिक्य में उपस्थित होता है। उदाहरण अग्रपृष्ठ पर है

- **एथिल ऐसीटेट का अम्लीय जल-अपघटन**

$$CH_3COOC_2H_5 + \underset{(\text{आधिक्य})}{H_2O} \xrightarrow{H^+} CH_3COOH + C_2H_5OH;$$

$$\text{दर} = k[CH_3COOC_2H_5]$$

- इक्षु-शर्करा का प्रतिलोम

$$C_{12}H_{22}O_{11} + \underset{(\text{आधिक्य})}{H_2O} \xrightarrow{H^+} C_6H_{12}O_6 + C_6H_{12}O_6;\ \text{वेग} = k[C_{12}H_{22}O_{11}]$$

Marks Maximizer

- उच्च कोटि अभिक्रियाओं के लिए समाकलित वेग समीकरण

अभिक्रिया	वेग	वेग नियम	वेग स्थिरांक
$2R \rightarrow$ उत्पाद	2	वेग $= k[R]^2$	$k = \frac{1}{t}\left(\frac{1}{[R]} - \frac{1}{[R]_0}\right)$
$A + B \rightarrow$ उत्पाद	2	वेग $= k[A][B]$	$k = \frac{1}{t}\frac{2.303}{([A]_0 - [B]_0)}\log\frac{[B]_0[A]}{[A]_0[B]}$

- विभिन्न कोटि की अभिक्रियाओं के लिए कुछ विशिष्ट रेखीय आलेख नीचे दिए गए हैं।

शून्य कोटि **प्रथम कोटि** **द्वितीय कोटि**

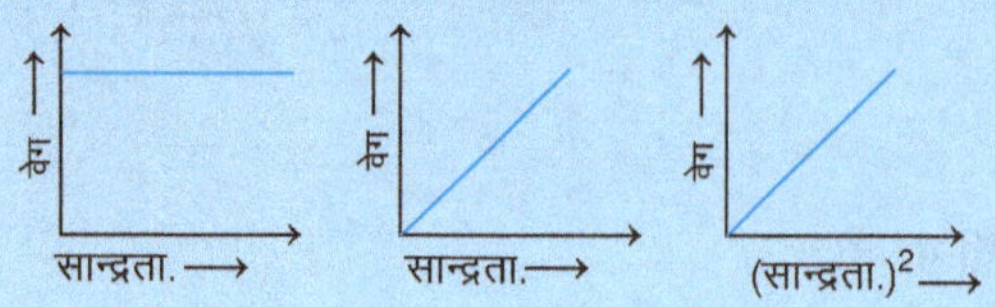

- समाकलित वेग समीकरणों से आलेख

शून्य कोटि **प्रथम कोटि** **द्वितीय कोटि**

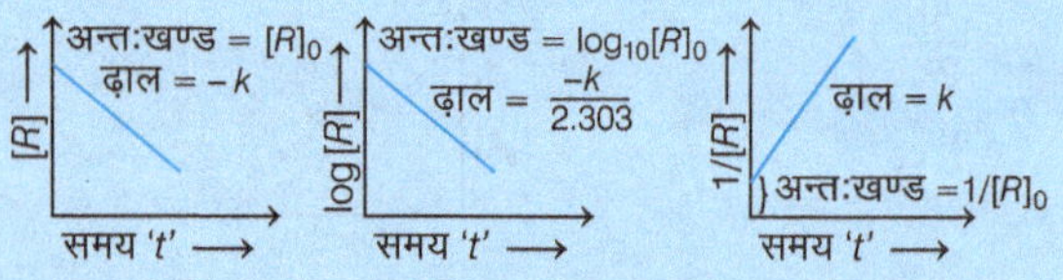

- अर्द्ध आयु Vs एवं सान्द्रता आलेख ($t_{1/2} \propto [R]_0^{1-n}$)

शून्य कोटि **प्रथम कोटि** **द्वितीय कोटि**

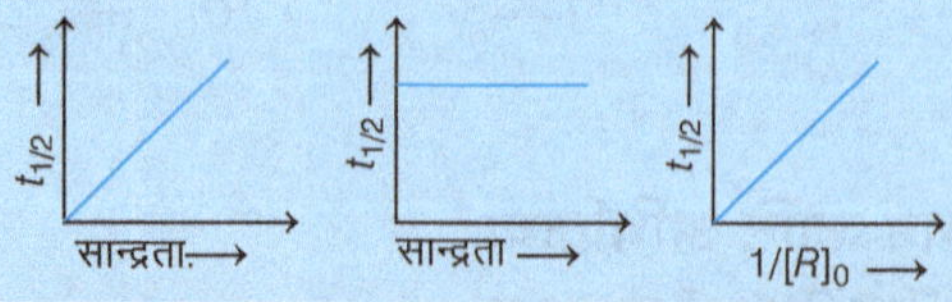

अभिक्रिया के वेग की ताप पर निर्भरता

(Temperature Dependence of the Rate of a Reaction)

- बहुत सी अभिक्रियाएँ ताप की वृद्धि के साथ त्वरित होती हैं।
- किसी रासायनिक अभिक्रिया में 10° ताप वृद्धि से वेग स्थिरांक में लगभग दोगुनी वृद्धि होती है।
- अभिक्रिया वेग की ताप पर निर्भरता की व्याख्या आरहेनियस समीकरण से सटीकता के साथ की जा सकती है।

आरहेनियस समीकरण (Arrhenius Equation)

NEET 2024

Concept Master Video के लिए

किसी अभिक्रिया के वेग स्थिरांक और तापमान के बीच मात्रात्मक सम्बन्ध आरहेनियस समीकरण द्वारा प्रस्तावित किया गया था।

$$k = Ae^{-E_a/RT}$$

यहाँ A = आरहेनियस गुणांक अथवा आवृत्ति गुणांक अथवा पूर्व-चरघातांकी गुणांक, E_a = सक्रियण ऊर्जा (जूल/मोल), R = गैस स्थिरांक और T = ताप

$e^{-E_a/RT}$ अणुओं की उस भिन्नता को दर्शाता है, जिसकी ऊर्जा E_a के बराबर या उससे अधिक होती है, इसे सामान्य पद में '**बोल्ट्ज़मान कारक**' कहते हैं।

- **आरहेनियस** के अनुसार अभिक्रिया केवल तभी हो सकती है जब अभिकारक अणु एक दूसरे से संघट्ट करें।
- **अभिकारक** अणु संघट्ट कर एक अस्थाई मध्यवर्ती का निर्माण करते हैं जो बहुत कम समय के लिए अस्तित्व में रहता है तथा टूटकर उत्पाद के अणुओं का निर्माण करता है। उदाहरण

$$H_2(g) + I_2(g) \longrightarrow 2HI(g)$$

- **सक्रियण ऊर्जा** (Activation energy) ऊर्जा की वह अतिरिक्त मात्रा है जो अभिक्रिया में भाग लेने वाली स्पीशीज को उनकी सामान्य ऊर्जा अवस्था में उनकी ऊर्जा को देहली ऊर्जा के बराबर बनाने के लिए आपूर्ति की जानी चाहिए।
- जब सक्रियत संकुल अपघटित होकर उत्पाद निर्मित करता है, तो कुछ ऊर्जा मुक्त होती है जब अभिकारक उत्पाद में परिवर्तित होते हैं, तो ऊर्जा की रूपरेखा निम्न आरेख में दर्शाई गई है।

NEET 2021

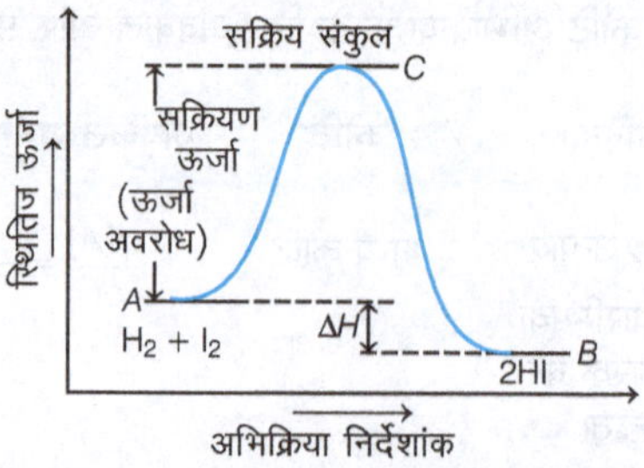

स्थितिज ऊर्जा एवं अभिक्रिया निर्देशांक के मध्य आलेख

- गतिज ऊर्जा का वितरण, (E) से युक्त अणुओं की संख्या (N_E / N_T) एवं गतिज ऊर्जा (E) के मध्य वक्र खींचकर किया जा सकता है। यह ऊर्जा **मैक्सवेल वितरण वक्र** कहलाती है। यहाँ N_E ऊर्जा E से युक्त अणुओं की संख्या है तथा N_T कुल अणुओं की संख्या है।

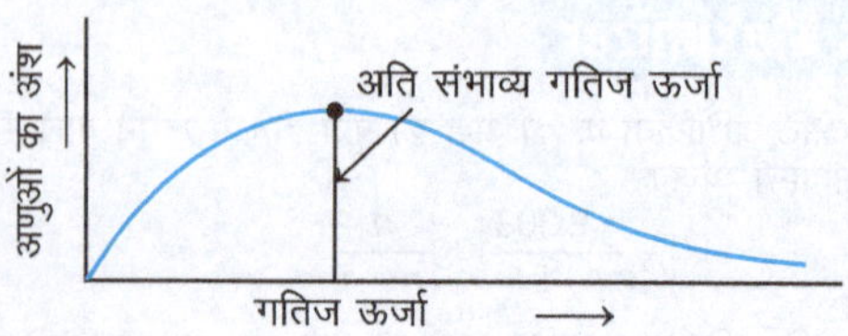

विभिन्न गैसीय अणुओं में ऊर्जा वितरण को प्रदर्शित करता वक्र

- जब ताप बढ़ाया जाता है, तो आलेख का शीर्ष अधिक ऊर्जा मान की ओर विस्थापित हो जाता है तथा वक्र विस्तृत हो जाता है। इस प्रकार अत्यधिक ऊर्जा प्राप्त अणुओं का अनुपात बढ़ जाता है अर्थात् ताप बढ़ने से E_a से अधिक ऊर्जा से टकराने (संघट्ट) वाले अणुओं का अंश बढ़ जाता है।

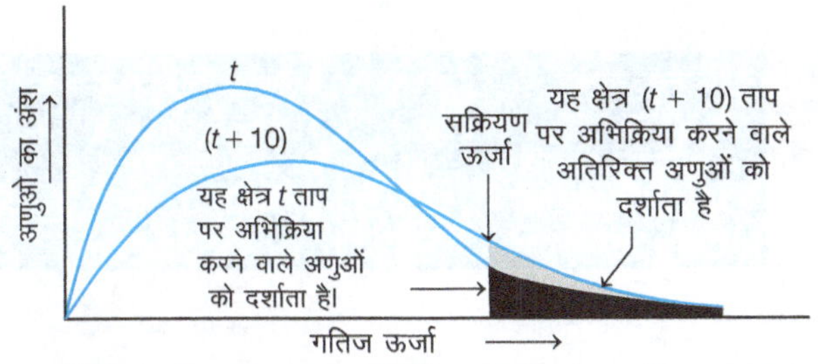

अभिक्रिया वेग की ताप पर निर्भरता दर्शाता हुआ वितरण वक्र

- आरहेनियस समीकरण का प्राकृतिक लघुगणक लेने पर प्राप्त व्यंजक है। NEET 2024

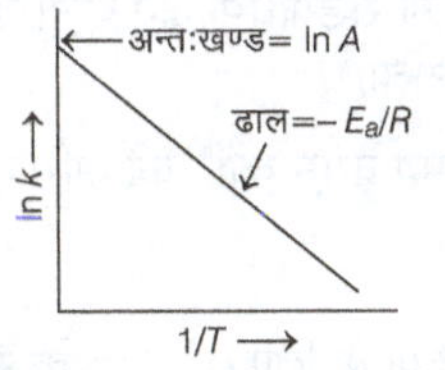

$\ln k$ एवं 1/T के मध्य ग्राफ

$$\ln k = \frac{-E_a}{RT} + \ln A$$

$$\log k = \log A - \frac{E_a}{2.303RT}$$ NEET 2021

$$\log \frac{k_2}{k_1} = \frac{E_a}{2.303RT}\left[\frac{1}{T_1} - \frac{1}{T_2}\right]$$ NEET 2019

उत्प्रेरक का प्रभाव (Effect of Catalyst)

उत्प्रेरक वह पदार्थ है, जिसमें स्वयं स्थायी रासायनिक परिवर्तन हुए बिना यह अभिक्रिया वेग को बढ़ाता है।

- **मध्यवर्ती संकुल सिद्धान्त** के अनुसार उत्प्रेरक रासायनिक अभिक्रिया में भाग लेकर अभिकारकों के साथ अस्थायी बन्ध बना कर मध्यवर्ती संकुल बनाता है, जो वियोजित होकर उत्पाद एवं उत्प्रेरक देता है।
- नीचे ग्राफ में सक्रियण ऊर्जा पर उत्प्रेरक के प्रभाव को दर्शाया गया है।

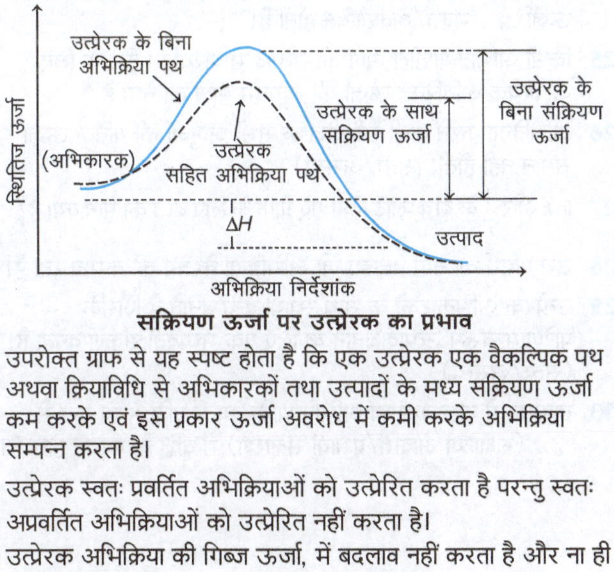

सक्रियण ऊर्जा पर उत्प्रेरक का प्रभाव

- उपरोक्त ग्राफ से यह स्पष्ट होता है कि एक उत्प्रेरक एक वैकल्पिक पथ अथवा क्रियाविधि से अभिकारकों तथा उत्पादों के मध्य सक्रियण ऊर्जा कम करके एवं इस प्रकार ऊर्जा अवरोध में कमी करके अभिक्रिया सम्पन्न करता है।
- उत्प्रेरक स्वतः प्रवर्तित अभिक्रियाओं को उत्प्रेरित करता है परन्तु स्वतः अप्रवर्तित अभिक्रियाओं को उत्प्रेरित नहीं करता है।
- उत्प्रेरक अभिक्रिया की गिब्ज ऊर्जा, में बदलाव नहीं करता है और ना ही यह किसी अभिक्रिया के साम्य स्थिरांक में परिवर्तन करता है।

रासायनिक अभिक्रिया का संघट्ट सिद्धान्त

(Collision Theory of Chemical Reactions)

संघट्ट सिद्धान्त गैस की गतिक परिकल्पना पर आधारित है। इस सिद्धान्त के अनुसार, अभिकारक के अणुओं को कठोर गोले माना जाता है, एवं यह माना जाता है कि अभिक्रिया तब होती है जब अणु एक-दूसरे से टकराते हैं।

- **संघट्ट आवृत्ति** (Z) (Collision frequency) यह अभिक्रिया मिश्रण के प्रति इकाई आयतन में प्रति सेकण्ड संघट्ट की संख्या है। यह अभिक्रिया वेग से इस प्रकार सम्बन्धित है, वेग $= Z_{AB}e^{-E_a/RT}$
  जहाँ Z_{AB} अभिकारक A और B के संघट्ट की आवृत्ति तथा $e^{-E_a/RT}$ E_a के बराबर अथवा इससे अधिक ऊर्जा वाले अणुओं के अंश को प्रदर्शित करता है। NEET 2020
- **प्रभावी संघट्ट** (Effective collisions) वे संघट्ट जिसमें अणुओं की पर्याप्त गतिज ऊर्जा (देहली ऊर्जा) तथा सही अभिविन्यास होता है तथा जिससे अभिकारक स्पीशीज के बन्धों के टूटने तथा उत्पादों में नए बन्ध बनने से उत्पादों का बनना सुसाध्य हो जाता है, **प्रभावी संघट्ट** कहलाते हैं। प्रभावी संघट्ट को दर्शाने के लिए प्रायिकता कारक, P (अथवा त्रिविम कारक) को प्रस्तावित करने पर वेग हो जाता है। वेग $= PZ_{AB}e^{-E_a/RT}$
- संघट्ट सिद्धान्त में सक्रियण ऊर्जा एवं उपयुक्त अभिविन्यास दोनों ही साथ-साथ प्रभावी संघट्ट का मानक अर्थात् अभिक्रिया वेग को निर्धारित करते हैं। परन्तु यह सिद्धान्त कुछ मामले में संतोषजनक स्पष्टीकरण नहीं देता है, क्योंकि यह परमाणुओं/अणुओं को कठोर गोले मानता है और संरचनात्मक पहलू को अनदेखा करता है।

Caution Points

- किसी अभिक्रिया में शून्य सक्रियण ऊर्जा नहीं हो सकती। जब किसी अभिक्रिया में शून्य सक्रियण ऊर्जा होती है, तो अभिकारक की प्रारम्भिक ऊर्जा अभिक्रिया की सक्रियण ऊर्जा के बराबर होगी। इसका अर्थ यह है कि हर संघट्ट एक रासायनिक अभिक्रिया में परिणत होगा जो सम्भव नहीं है।
- अभिक्रिया की कोटि परिस्थितियों जैसे ताप, दाब आदि में परिवर्तन होने पर परिवर्तित हो सकती हैं लेकिन अभिक्रिया की आण्विकता में कोई परिवर्तन नहीं होता है।

PYQ नोट्स

1. किसी अभिक्रिया के अभिकारकों की सान्द्रता में वृद्धि होने से संघट्ट आवृत्ति परिवर्तित हो जाती है। [NEET 2020]
2. प्रथम कोटि की अभिक्रिया के लिए अर्द्ध आयु अभिक्रियाओं की प्रारम्भिक सान्द्रताओं पर निर्भर नहीं करता है, लेकिन द्वितीय कोटि अभिक्रियाओं के लिए अर्द्ध आयु अभिकारकों की प्रारम्भिक सान्द्रताओं पर निर्भर करता है।
   अर्थात $t_{1/2} = \frac{1}{k[A_0]}$ [NEET 2018]
3. 'n' अर्द्ध आयु के बाद पदार्थ की शेष मात्रा $= \frac{[R]_0}{2n}$ जहाँ, $[R]_0$ प्रारम्भिक सान्द्रता है। [JEE Main 2022]
4. उच्च कोटि अभिक्रियाएँ दुर्लभ हैं क्योंकि सभी अभिकारक स्पीशीज के अणुओं के एक साथ संघट्ट के उपरान्त अभिकृत होने की सम्भाव्यता अत्यन्त कम होती है। [JEE Main 2015]
5. अर्द्धआयु और सान्द्रता (दाब) के मध्य सम्बन्ध इस प्रकार है,
   $t_{1/2} \propto (p_0)^{n-1}$ [JEE Main 2023]

Step by Step

Mastering NCERT

- कॉन्सेप्ट बिल्डर्स
- शीर्षकवार प्रश्न
- अभिकथन-कारण प्रश्न
- कथन आधारित प्रश्न
- सुमेलन प्रकार प्रश्न
- आंकिक मान प्रकार के प्रश्न
- NCERT Exemplar प्रश्न
- विगत परीक्षाओं के प्रश्न
- स्किल बूस्टर्स

कॉन्सेप्ट बिल्डर्स

1 रासायनिक बलगतिकी ...... और उनके ...... के अध्ययन से सम्बन्धित है।

2 किसी रासायनिक अभिक्रिया की सम्भाव्यता का पूर्वानुमान ऊष्मा बलगतिकी द्वारा लगाया जा सकता है। (सत्य /असत्य)

3 किसी अभिक्रिया का औसत तात्कालिक वेग बराबर होता है, जब दोनों का समय अन्तराल शून्य होता है। (सत्य/असत्य)

4 ...... वेग का उपयोग किसी विशेष क्षण (औसत/तात्कालिक) पर अभिक्रिया की वेग का अनुमान लगाने के लिए किया जा सकता है।

5 यदि गैसों की सान्द्रता को उनके आंशिक दाब के रूप में व्यक्त किया जाए, तो वेग समीकरण की इकाई atm से$^{-1}$ होगी। (सत्य/असत्य)

6 औसत वेग अभिकारकों या उत्पादों की सान्द्रता में परिवर्तन और उस परिवर्तन के होने में लगने वाले समय पर निर्भर करता है। (सत्य/असत्य)

7 एक अभिकारकों में, $2A \rightarrow P$ की सान्द्रता 10 मिनट में 0.5 मोल ली$^{-1}$ से घटकर 0.4 मोल ली$^{-1}$ हो जाती है। औसत वेग 5×10^{-3} M मिनट$^{-1}$ होगा। (सत्य/असत्य)

8 किसी अभिक्रिया का ...... केवल प्रयोगात्मक रूप से निर्धारित किया जा सकता है।

9 n वें क्रम की गैसीय अभिक्रिया के लिए वेग स्थिरांक की इकाई ...... है।

10 एक जटिल अभिक्रिया में, सबसे धीमे पद का ...... सम्पूर्ण अभिक्रिया के ...... के समान होता है।

11 इक्षु-शर्करा के जल अपघटन की आण्विकता क्या है?

12 किसी अभिक्रिया की आण्विकता हमेशा अभिक्रिया की कोटि से अधिक होती है। (सत्य/असत्य)

13 उस अभिक्रिया की कोटि लिखिए जिसमें अभिक्रिया का वेग, वेग स्थिरांक के बराबर होता है।

14 सोने की सतह पर HI का ऊष्मीय अपघटन ...... कोटि अभिक्रिया का उदाहरण है।

15 शून्य कोटि की अभिक्रिया के लिए, $[A]$ एवं t का प्लॉट एक क्षैतिज रेखा है। (सत्य/असत्य)

16 अस्थायी नाभिकों का रेडियोधर्मी क्षय शून्य कोटि बलगतिकी द्वारा होता है। (सत्य/असत्य)

17 $\log\left(\frac{[A]_0}{[A]}\right)$ एवं समय प्रथम कोटि की अभिक्रिया के ग्राफ का ढ़ाल क्या होगा?

18 शून्य कोटि अभिक्रिया के लिए $t_{1/2}$ ...... के समानुपाती और ...... के व्युत्क्रमानुपाती होती है।

19 $K = 5.5 \times 10^{-14}$ से$^{-1}$ वाली प्रथम कोटि अभिक्रिया की अर्द्धआयु ...... होगी।

20 प्रथम कोटि अभिक्रिया की अर्द्धआयु $[A]_0$ पर निर्भर नहीं करती है और द्वितीय कोटि अभिक्रिया की अर्द्धआयु $[A]_0$ पर निर्भर करती है। (सत्य/असत्य)

21 जलीय विलयन में एथिल ऐसीटेट का जल अपघटन ...... कोटि का होता है।

22 द्वितीय कोटि अभिक्रिया के लिए अर्द्धआयु काल का सूत्र लिखिए।

23 $KMnO_4$ और $H_2C_2O_4$ के मिश्रण में $KMnO_4$ उच्च तापमान पर धीरे-धीरे रंगहीन हो जाता है। (सत्य/असत्य)

24 सामान्यतः जब सक्रिय संकुल विघटित होकर उत्पाद बनाता है, तो ऊर्जा ...... मुक्त/अवशोषित होती है।

25 किसी अभिक्रियाशील अणु को उत्पाद में परिवर्तित होने के लिए आवश्यक अतिरिक्त ऊर्जा की न्यूनतम मात्रा का नाम है

26 अभिक्रिया करने वाली स्पीशीज के सभी अणुओं की गतिक ऊर्जा समान नहीं होती। (सत्य/असत्य)

27 $\ln k$ और $\frac{1}{T}$ के बीच प्लॉट किए गए ग्राफ के लिए ढ़ाल का मान क्या है?

28 उस पदार्थ का नाम बताइए जो अभिक्रिया के वेग को कम करता है।

29 उत्प्रेरक अभिकारकों के साथ स्थायी बन्ध बनाते हैं जिसके परिणामस्वरूप उत्पाद बनाने के लिए एक मध्यवर्ती संकुल बनता है। (सत्य/असत्य)

30 तापमान में वृद्धि के साथ अभिक्रिया के वेग में वृद्धि मुख्य रूप से ...... (संक्षारण आवृत्ति/प्रभावी संक्षारण) में वृद्धि के कारण होती है।

शीर्षकवार प्रश्न

रासायनिक अभिक्रिया का वेग

1 निम्नलिखित में से किस अभिक्रिया का वेग आसानी से निर्धारित किया जा सकता है? NCERT पृष्ठ 62

(a) हवा और नमी की उपस्थति में लोहे में जंग लगना
(b) स्टार्च का जल अपघटन
(c) सोडियम क्लोराइड के साथ सिल्वर नाइट्रेट की अभिक्रिया
(d) चट्टानों का अपक्षय?

2 नीचे दिखाए गए ग्राफ में $r_{औसत}$ का मान है NCERT पृष्ठ 63

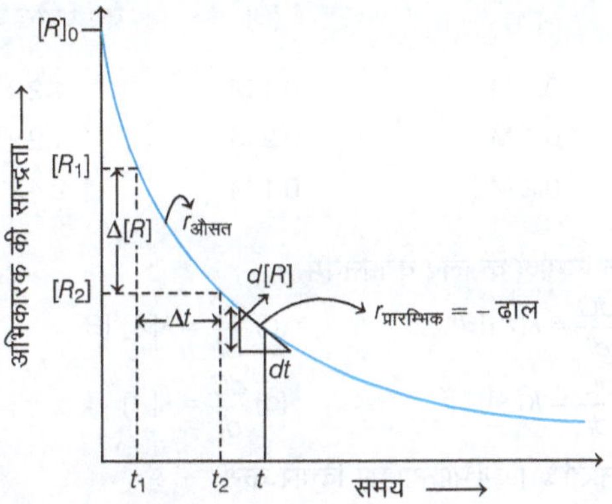

(a) $r_{औसत} = \frac{+\Delta[R]}{\Delta t}$

(b) $r_{औसत} = \frac{-[R_2]-[R_1]}{(t_1-t_2)}$

(c) $r_{औसत} = \frac{-d[R]}{dt}$

(d) $r_{औसत} = \frac{-\{[R_2]-[R_1]\}}{(t_2-t_1)}$

3 किसी अभिक्रिया के लिए,

$$A + B \longrightarrow C + D$$

वह वक्र जो उत्पादों की सान्द्रता में परिवर्तन को दर्शाता है, वह है NCERT पृष्ठ 63

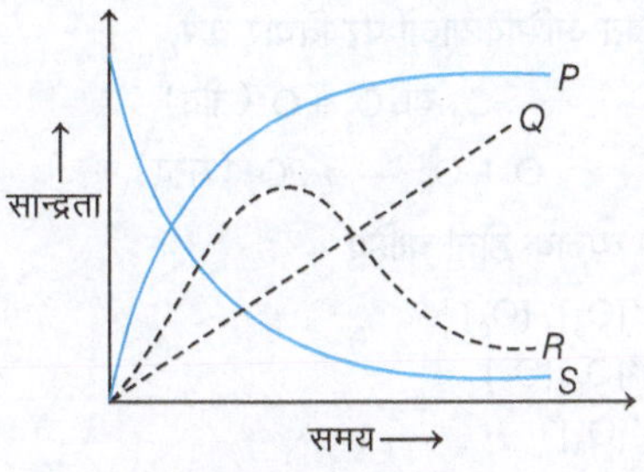

(a) P (b) Q (c) R (d) S

4 एक अभिक्रिया दिए गए सान्द्रता -समय ग्राफ का अनुसरण करती है। NCERT पृष्ठ 64

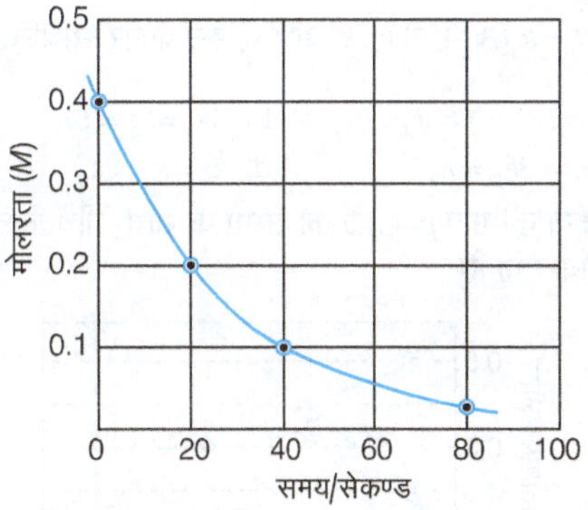

20 सेकण्ड पर इस अभिक्रिया का वेग होगा

(a) 4×10^{-3} मी. से$^{-1}$ (b) 8×10^{-3} मी. से$^{-1}$
(c) 3×10^{-3} मी. से$^{-1}$ (d) 7×10^{-3} मी. से$^{-1}$

5 अभिक्रिया के लिए,

$$2X + Y \longrightarrow X_2Y$$

अभिक्रिया का तात्कालिक वेग के लिए व्यंजक NCERT पृष्ठ 65

(a) $\frac{-d[X]}{2dt}$ (b) $+\frac{1}{2}\frac{d[Y]}{dt}$ (c) $-\frac{1}{2}\frac{d[X_2Y]}{dt}$ (d) $\frac{-d[X_2Y]}{dt}$

6 अभिक्रिया के लिए सही $\frac{d[NH_3]}{dt}$ मान चुनें,

$$N_2 + 3H_2 \longrightarrow 2NH_3$$ NCERT पृष्ठ 65

(a) $-\frac{2}{3}\frac{d[H_2]}{dt}$ (b) $\frac{2}{3}\frac{d[H_2]}{dt}$ (c) $\frac{3}{2}\frac{d[N_2]}{dt}$ (d) $-\frac{3}{2}\frac{d[N_2]}{dt}$

7 निम्नलिखित अभिक्रिया पर विचार करें।

$$2NO_2 \longrightarrow 2NO + O_2$$

$[NO_2]$ के विलुप्त होने का वेग 6.0×10^{-12} मोल ली$^{-1}$से$^{-1}$ हो, तो $[O_2]$ की सम्भावना की दर होगी। NCERT पृष्ठ 65

(a) 3×10^{-12} मोल ली$^{-1}$से$^{-1}$ (b) 6×10^{-12} मोल ली$^{-1}$से$^{-1}$
(c) 1×10^{-12} मोल ली$^{-1}$से$^{-1}$ (d) 1.5×10^{-12} मोल ली$^{-1}$से$^{-1}$

8 सम्पर्क प्रक्रिया का उपयोग सल्फर ट्राइऑक्साइड के निर्माण में किया जाता है,

$$2SO_2(g) + O_2(g) \rightleftharpoons 2SO_3(g)$$

अभिक्रिया की दर को इस प्रकार व्यक्त किया जा सकता है

$$\frac{-\Delta[O_2]}{\Delta t} = 2.5\times10^{-4} \text{ मोल ली}^{-1}\text{से}^{-1}$$

$[SO_2]$ के लुप्त होने का वेग होगी। NCERT पृष्ठ 65

(a) 50.0×10^{-5} मोल ली$^{-1}$से$^{-1}$ (b) 3.75×10^{-4} मोल ली$^{-1}$से$^{-1}$
(c) 2.5×10^{-4} मोल ली$^{-1}$से$^{-1}$ (d) 4.12×10^{-4} मोल ली$^{-1}$से$^{-1}$

9 अभिक्रिया के लिए,

$5Br^- + BrO_3^- + 6H^+ \longrightarrow 3Br_2 + 3H_2O$

यदि $-\frac{d[Br^-]}{dt} = k_1[Br^-], -\frac{d[BrO_3^-]}{dt} = k_2[Br^-],$

$\frac{d[Br_2]}{dt} = k_3[Br^-]$, तो k_1, k_2 और k_3 इस प्रकार सम्बन्धित हैं **NCERT पृष्ठ 65**

(a) $k_1 = 5k_2 = 1.66k_3$ (b) $3k_1 = k_2 = 5k_3$

(c) $5k_1 = 3k_2 = k_3$ (d) $k_1 = k_2 = k_3$

10 अभिक्रिया की गति $p \to nQ$ को समय के साथ नीचे दिखाए गए ग्राफ में दर्शाया गया है।

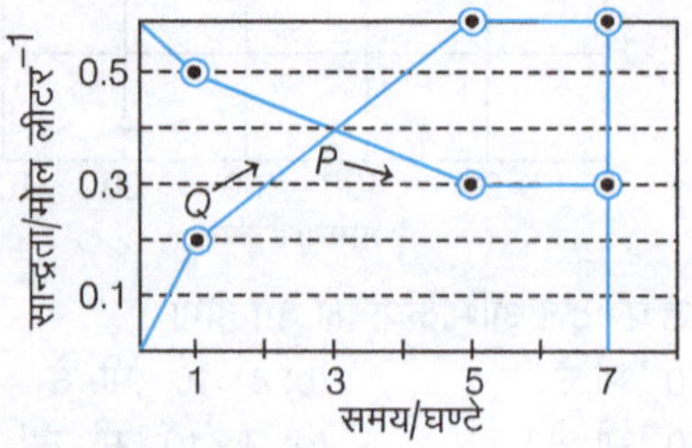

P के रूपांतरण की प्रारम्भिक दर होगी **NCERT पृष्ठ 65**

(a) 0.2 मोल $ली^{-1}घण्टा^{-1}$

(b) 0.4 मोल $ली^{-1}घण्टा^{-1}$

(c) 0.8 मोल $ली^{-1}घण्टा^{-1}$

(d) 0.1 मोल $ली^{-1}घण्टा^{-1}$

11 एक अभिक्रिया, $2x \longrightarrow y$, में, x की सान्द्रता 4 मिनट में 3.0 M से 1.5 M तक कम हो जाती है। अभिक्रिया का वेग है **NCERT पृष्ठ 65**

(a) 0.187 M $मिनट^{-1}$

(b) 1.87 M $मिनट^{-1}$

(c) 3.75×10^{-1}M $मिनट^{-1}$

(d) 0.75 M $मिनट^{-1}$

अभिक्रिया के वेग को प्रभावित करने वाले कारक

12 किसी अभिक्रिया के लिए वेग नियम, $P + Q \longrightarrow R + S$, व्यंजक $k(Q)$ द्वारा दिया जाता है। अभिक्रिया का वेग होगा। **NCERT पृष्ठ 66**

(a) P की सान्द्रता बढ़ाने पर बढ़ जाता है।

(b) अभिक्रिया का तापमान बढ़ाने पर घट जाएगा

(c) सान्द्रता में किसी भी परिवर्तन से अपरिवर्तित

(d) Q की सान्द्रता आधी करने पर, आधा हो जाता है

13 एक अभिक्रिया में, $A + B \longrightarrow$ उत्पाद, B की सान्द्रता दोगुनी होने पर वेग दोगना हो जाता है और जब दोनों अभिकारकों (A और B) की सान्द्रता दोगुनी हो जाती है, तो वेग 8 गुना बढ़ जाता है। अभिक्रिया के वेग नियम को किस के रूप में लिखा जा सकता है? **NCERT पृष्ठ 67**

(a) वेग = $k[A][B]^2$ (b) वेग = $k[A]^2[B]^2$

(c) वेग = $k[A][B]$ (d) वेग = $k[A]^2[B]$

14 पदार्थ P और Q के बीच अभिक्रिया के लिए वेग नियम इस प्रकार दिया गया है, वेग = $k[P]^a[Q]^b$ की सान्द्रता को दोगुने करने पर Q की सान्द्रता को आधा करने पर, अभिक्रिया के नए वेग का अनुपात होगा **NCERT पृष्ठ 67**

(a) $\frac{1}{2^{(a+b)}}$ (b) $2^{(a-b)}$

(c) $(a - b)$ (d) $(a + b)$

15 स्टॉइकियोमिट्रिक अभिक्रिया $2A + B \longrightarrow C + D$ के लिए, तीन अलग-अलग प्रयोगों में, 298 K पर निम्नलिखित बलगतिकी मान प्राप्त किए गए। **NCERT पृष्ठ 67**

प्रारम्भिक सान्द्रता [A]	प्रारम्भिक सान्द्रता [B]	निर्माण का प्रारम्भिक वेग (मोल $ली^{-1}$ $से^{-1}$)
0.1 M	0.1 M	1.2×10^{-3}
0.1 M	0.2 M	1.2×10^{-3}
0.2 M	0.1 M	2.4×10^{-3}

C के निर्माण के लिए वेग नियम

(a) $\frac{dC}{dt} = k[A][B]$ (b) $\frac{dC}{dt} = k[A]^2[B]$

(c) $\frac{dC}{dt} = k[A][B]^2$ (d) $\frac{dC}{dt} = k[A]$

16 निम्नलिखित अभिक्रिया पर विचार करें,

$CH_3Cl(g) + H_2O(g) \longrightarrow CH_3OH(g) + HCl(g)$

इस अभिक्रिया के लिए निम्नलिखित बलगतिकी मान प्राप्त किए हैं।

प्रारम्भिक सान्द्रता $[CH_3Cl]$	$[H_2O]$	वेग का प्रारम्भिक विलोपन $[CH_3Cl\ M\ s^{-1}]$
0.2	0.2	1
0.4	0.2	2
0.4	0.4	8

अभिक्रिया के लिए वेग नियम है **NCERT पृष्ठ 67**

(a) $r = k[CH_3Cl]^2[H_2O]^1$ (b) $r = k[CH_3Cl]^2[H_2O]^2$

(c) $r = k[CH_3Cl][H_2O]^2$ (d) $r = k[CH_3Cl]^2[H_2O]^4$

17 निम्नलिखित अभिक्रियाओं पर विचार करें,

O_3 या $O_2 + O$ (तीव्र) ...(i)

$O + O_3 \longrightarrow 2O_2$ (मन्द) ...(ii)

वेग नियम व्यंजक होनी चाहिए **NCERT पृष्ठ 67**

(a) $r = k'[O_3]^2[O_2]^{-1}$

(b) $r = k'[O_3][O_2]$

(c) $r = k'[O_3]^2$

(d) $r = k'[O_2]^{-1}$

18 अम्लीय माध्यम में, $[BrO_3]^-$ और Br^- के बीच अभिक्रिया का वेग इस प्रकार दिया गया है

$$-\frac{d[BrO_3]^-}{dt} = k[BrO_3^-][Br^-][H^+]^2$$

इसका मतलब यह है कि, NCERT पृष्ठ 67

(a) विलयन के pH में परिवर्तन से अभिक्रिया के वेग पर कोई प्रभाव नहीं पड़ेगा
(b) अभिक्रिया का वेग स्थिरांक 2 से$^{-1}$ है।
(c) $[H^+]$ आयनों की सान्द्रता दोगुनी करने पर अभिक्रिया का वेग 4 गुना बढ़ जाता है।
(d) अभिक्रिया का वेग स्थिरांक 4 से$^{-1}$ है।

19 3M एथेनॉल के 1 डेसीमी^{3} को 2 M एथेनोइक अम्ल के 1 डेसीमी^{3} के साथ मिलाने पर एक एस्टर बनता है।

$$C_2H_5OH + CH_3COOH \longrightarrow CH_3COOC_2H_5 + H_2O$$

यदि प्रत्येक विलयन को जल की समान मात्रा से तनु किया जाए, तो प्रारम्भिक वेग में कमी होगी। NCERT पृष्ठ 68

(a) 0.5 गुना (b) 3 गुना
(c) 0.25 गुना (d) 2 गुना

20 जब $CH_3COOC_2H_5$ को 0.1 M HCl की उपस्थिति में जल अपघटन किया गया, तो वेग 5.40×10^{-5} से$^{-1}$ प्राप्त हुआ परन्तु जब 0.1 M H_2SO_4 को जल अपघटन के लिए मिलाया गया, तो वेग स्थिरांक 6.20×10^{-5} से$^{-1}$ प्राप्त हुआ।

इनसे यह कहा जा सकता है, कि NCERT पृष्ठ 68

(a) H_2SO_4 HCl से अधिक प्रबल है।
(b) H_2SO_4 HCl से अधिक दुर्बल है
(c) HCl और H_2SO_4 दोनों की समान सामर्थ्य है
(d) H_2SO_4 और HCl के सामर्थ्य की तुलना करने के लिए अपर्याप्त मान है।

21 प्राथमिक अभिक्रिया $M \rightarrow N$ के लिए M की सान्द्रता दोगुनी करने पर M के लुप्त होने का वेग 8 गुना बढ़ जाता है।
M के सम्बन्ध में अभिक्रिया की कोटि है। NCERT पृष्ठ 68

(a) 4 (b) 3 (c) 2 (d) 1

22 एक काल्पनिक अभिक्रिया के लिए नीचे दिए गए मान पर विचार करें, $M \rightarrow N$ NCERT पृष्ठ 68

समय सेकण्ड	अभिक्रिया का वेग मोल लीटर$^{-1}$ से$^{-1}$
0	4.20×10^{-4}
10	4.20×10^{-4}
20	4.20×10^{-4}
30	4.20×10^{-4}
40	4.18×10^{-4}

उपरोक्त मान के लिए, अभिक्रिया की कोटि है

(a) प्रथम (b) द्वितीय
(c) तृतीय (d) शून्य

23 अभिक्रिया $X + Y \longrightarrow Z$ के लिए, अभिक्रिया का वेग $\propto [X]$ है। अभिक्रिया की आण्विकता और कोटि क्या है? NCERT पृष्ठ 69

(a) 2 और 1 (b) 2 और 2
(c) 1 और 1 (d) 1 और 2

24 क्लोरोफॉर्म की क्लोरीन के साथ अभिक्रिया किस कोटि की अभिक्रिया का एक उदाहरण है?

इसका वेग नियम अभिव्यक्ति वेग = $k[CHCl_3][Cl_2]^{1/2}$। यदि दोनों को गैसीय अवस्था में माना जाता है और दाब को bar में मापा जाता है, तो वेग और वेग स्थिरांक की इकाइयाँ क्रमशः हैं NCERT पृष्ठ 69

(a) bar मिनट$^{-1}$, bar^2 मिनट$^{-1}$
(b) bar मिनट$^{-1}$, bar$^{-3/2}$, मिनट$^{-1}$
(c) bar$^{-1/2}$ मिनट$^{-1}$, bar^2 मिनट$^{-1}$
(d) bar मिनट$^{-1}$, bar$^{-1/2}$ मिनट$^{-1}$

25 जलीय माध्यम में $I^- + OCl^- \longrightarrow IO^- + Cl^-$ अभिक्रिया के लिए, अभिक्रिया का वेग $\frac{d[IO^-]}{dt} = k\frac{[I^-][OCl^-]}{[OH^-]}$ द्वारा दिया जाता है, तो NCERT पृष्ठ 68

(a) −1 (b) 1
(c) 0 (d) 2

26 उच्च आण्विकता (>3) वाली अभिक्रियाएँ किस कारण दुर्लभ होती हैं? NCERT पृष्ठ 70

(a) सभी अभिक्रियाशील स्पीशीजों की एक साथ टक्कर की कम सम्भाव्यता
(b) अधिक अणुओं के शामिल होने पर एन्ट्रॉपी और सक्रियण ऊर्जा में वृद्धि
(c) प्रत्यास्थ टक्कर होने के कारण साम्यावस्था का अभिकारकों की ओर स्थानान्तरित होना
(d) संक्षारण पर सक्रिय स्पीशीजों की हानि

27 अभिक्रिया $2N_2O_5 \rightleftharpoons 2N_2O_4 + O_2$ है। NCERT पृष्ठ 70

(a) द्विअणुक और प्रथम कोटि
(b) एकाणुक और द्वितीय कोटि
(c) द्विअणुक और द्वितीय कोटि
(d) एकाणुक और प्रथम कोटि

समाकलित वेग समीकरण

28 नीचे चार अभिक्रियाएँ दी गई है इनमें से कौन-सी शून्य कोटि की है? NCERT पृष्ठ 72

(a) $PCl_5 \longrightarrow PCl_3 + Cl_2$
(b) $2FeCl_3 + SnCl_2 \longrightarrow 2FeCl_2 + SnCl_4$
(c) $2HI \xrightarrow[\text{उत्प्रेरक}]{\Delta} H_2 + I_2$
(d) $N_2O_5 \longrightarrow 2NO_2 + \frac{1}{2}O_2$

29 शून्य कोटि की अभिक्रिया के लिए वेग स्थिरांक 0.0030 मोल ली$^{-1}$से$^{-1}$ है। अभिकारक की प्रारम्भिक सान्द्रता 0.10 M से 0.075 तक होने में लगने वाला समय होगा **NCERT पृष्ठ 72**

(a) 8.5 (b) 8.9
(c) 8.3 (d) 8.7

30 शून्य कोटि अभिक्रिया के लिए निम्नलिखित में से कौन-सा ग्राफ सही है? **NCERT पृष्ठ 72**

(a)
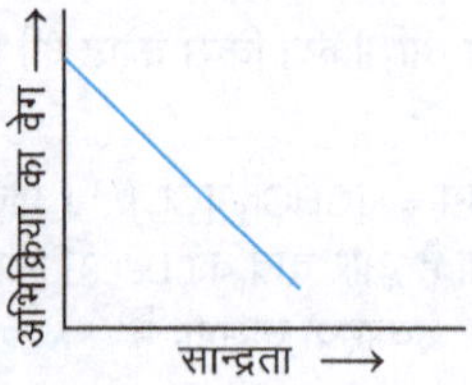

(b)
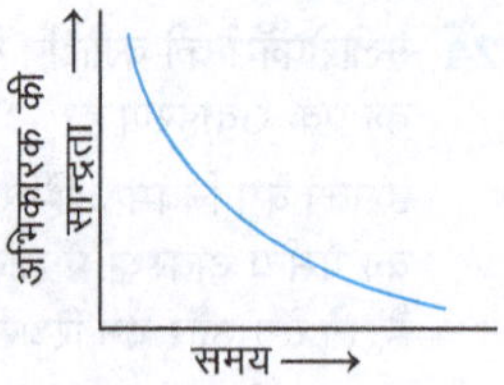

(c)
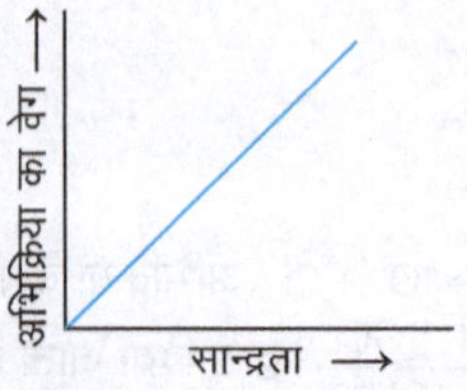

(d)
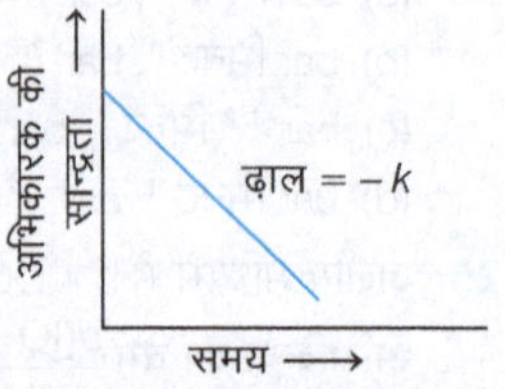

31 शून्य कोटि अभिक्रिया के लिए, सान्द्रता (Y-अक्ष के साथ) और समय (x-अक्ष के साथ) का ग्राफ रैखिक है। **NCERT पृष्ठ 72**

(a) शून्य अन्तःखण्ड और धनात्मक ढ़ाल
(b) शून्य अन्तःखण्ड और ऋणात्मक ढ़ाल
(c) एक अशून्य अन्तःखण्ड और एक ऋणात्मक ढ़ाल
(d) एक अशून्य अन्तःखण्ड और एक धनात्मक ढ़ाल

32 अभिक्रिया $A \rightarrow B$ का वेग स्थिरांक 0.6×10^{-3} मोल ली$^{-1}$ से$^{-1}$ है। यदि A की सान्द्रता 5 M है, तो 20 मिनट के बाद B की सान्द्रता है **NCERT पृष्ठ 72**

(a) 1.08 M (b) 3.60 M
(c) 0.36 M (d) 0.72 M

33 निम्नलिखित में से कौन-सा कथन गलत है?

I. प्रथम कोटि की अभिक्रियाओं के लिए, अभिक्रिया का वेग अभिकारक R की सान्द्रता की प्रथम घात के समानुपाती होता है

II. शून्य कोटि वेग समीकरण को इस प्रकार दर्शाया जा सकता है, $k=\frac{2.303}{t}\log\frac{[R]_0}{[R]}$

III. अस्थायी नाभिकों का सभी प्राकृतिक और कृत्रिम रेडियोधर्मी क्षय प्रथम कोटि बलगतिकी द्वारा होता है।

नीचे दिए गए विकल्पों में से सही उत्तर चुनें। **NCERT पृष्ठ 72, 73**

(a) I और II
(b) II और III
(c) केवल III
(d) केवल II

34 प्रथम कोटि अभिक्रिया, में अभिकारक की सान्द्रता 'C' समय 't' के साथ किस प्रकार परिवर्तित होती है? **NCERT पृष्ठ 73**

(a) $\frac{1}{t}$ के साथ C घटती है
(b) $\frac{1}{t}$ के साथ $\log C$ घटता है
(c) t के साथ $\frac{1}{C}$ रैखिक रूप से बढ़ता है
(d) t के साथ $\log C$ रैखिक रूप से घटता है

35 प्रथम कोटि अभिक्रिया का उदाहरण है **NCERT पृष्ठ 70, 73**

(a) $CH_3COOCH_3 + H_2O \xrightarrow{H+} CH_3COOH + CH_3OH$
(b) $2H_2O_2 \xrightarrow{I^-,\ \text{क्षारीय माध्यम}} 2H_2O + O_2$
(c) $CH_3COOC_2H_5 + NaOH \longrightarrow CH_3COO\overset{+}{N}a + C_2H_5OH$
(d) $C_{12}H_{22}O_{11} + H_2O \longrightarrow C_6H_{12}O_6 + C_6H_{12}O_6$

36 दिए गए आरेख को अलग-अलग अभिक्रियाओं (i) और (II) के लिए समय के साथ अभिकारक R की सान्द्रता में परिवर्तन को दर्शाते हैं।

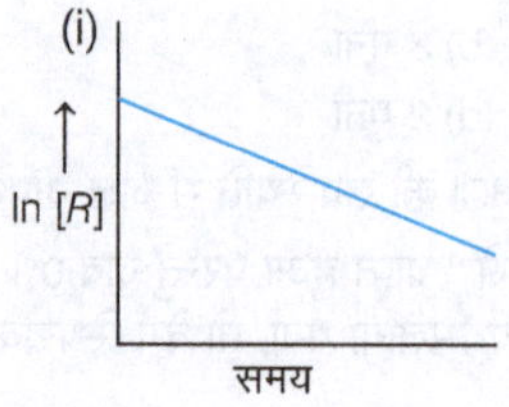

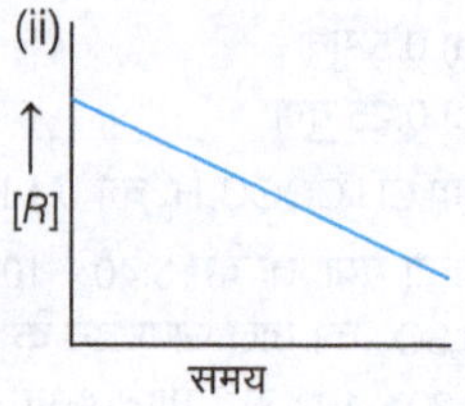

अभिकारकों से सम्बन्धित कोटि इस प्रकार हैं **NCERT पृष्ठ 74, 72**

(a) 1, 1 (b) 0, 2
(c) 0, 1 (d) 1, 0

37 N_2 स्थायी तापमान पर बेन्जीन डाइऐजोनियम क्लोराइड के अपघटन से प्राप्त होती है। यह एक प्रथम कोटि अभिक्रिया है, जिसमें विभिन्न समय अन्तराल पर प्राप्त विभिन्न आयतन इस प्रकार है, **NCERT पृष्ठ 74**

समय (मिनट)	0	20	50	∞
N_2 (मिली)	0	10	25	162

अभिक्रिया का वेग स्थिरांक है

(a) 3.54×10^{-2} मिनट$^{-1}$ (b) 3.2×10^{-3} मिनट$^{-1}$
(c) 3.89×10^{-3} मिनट$^{-1}$ (d) 3.1×10^{-5} मिनट$^{-1}$

38 प्रथम कोटि गैस अवस्था अभिक्रिया के लिए,

$$A(g) \longrightarrow B(g) + C(g)$$ **NCERT पृष्ठ 75**

(a) $k=\frac{2.303}{t}\log\frac{p_i}{p_i - p_t}$ (b) $k=\frac{2.303}{t}\log\frac{p_i}{2p_i - p_t}$

(c) $k=\frac{2.303}{t}\log\frac{2p_i}{p_i - p_t}$ (d) $k=\frac{2.303}{t}\log\frac{p_i}{p_i - 2p_t}$

39 543 K पर ऐजोआइसोप्रोपेन के हेक्सेन और नाइट्रोजन में अपघटन के लिए, निम्नलिखित मान प्राप्त होता है।

$(CH_3)_2CHN = NCH(CH_3)_2 \longrightarrow N_2 + C_6H_{14}$ NCERT पृष्ठ 75

प्रयोग	समय (s)	कुल दाब (mm Hg)
I	0	35.0
II	360	54.0

360 सेकण्ड पर वेग स्थिरांक का मान है

(a) 2.17×10^{-3} से$^{-1}$ (b) 3.25×10^{-3} मिनट$^{-1}$
(c) 3.25×10^{-3} मिनट$^{-1}$ (d) 1.98×10^{-3} से$^{-1}$

40 अभिक्रिया के बलगतिकी अध्ययन के दौरान निम्नलिखित परिणाम प्राप्त हुए

$2A + B \longrightarrow$ उत्पाद NCERT पृष्ठ 75

प्रयोग	*[A]* (में मोल ली$^{-1}$)	*[B]* (में मोल ली$^{-1}$)	अभिक्रिया का प्रारम्भिक वेग मोल ली$^{-1}$ मिनट$^{-1}$)
I.	0.10	0.20	6.93×10^{-3}
II.	0.10	0.25	6.93×10^{-3}
III.	0.20	0.30	1.386×10^{-2}

A के आधे भाग को खर्च होने में लगने वाला समय (मिनट में) है

(a) 5 (b) 10 (c) 100 (d) 1

41 एक पुरातात्विक नमूने से C – 14 के 2 ग्राम 8.4 काउंट्स मिनट$^{-1}$ देता है। अभी काटे गए पेड़ से C – 14 के 1 ग्राम 15.5 काउंट्स मिनट$^{-1}$ देता है। समान परिस्थितियों में पुरातात्विक नमूना कितना पुराना है? (C^{14} का $t_{1/2}$ का 5750 वर्ष). NCERT पृष्ठ 76

(a) 5084 वर्ष (b) 7525 वर्ष
(c) 4548 वर्ष (d) 7255 वर्ष

42 निम्नलिखित में से कौन-सा व्यंजक प्रथम कोटि अभिक्रिया के 5/6 जीवन काल को दर्शाता है? NCERT पृष्ठ 76

(a) $\frac{k}{2.303} \log \frac{6}{5}$ (b) $\frac{2.303}{k} \log \frac{5}{6}$
(c) $\frac{2.303}{k} \log 6$ (d) $\frac{2.303}{k} \log 5$

43 प्रथम कोटि अभिक्रिया को 99% पूर्ण होने में 32 मिनट लगते हैं। अभिक्रिया के 99.9% पूर्ण होने में लगने वाला समय होगा। NCERT पृष्ठ 76

(a) 48 मिनट (b) 52 मिनट (c) 56 मिनट (d) 44 मिनट

44 यदि प्रथम कोटि की किसी अभिक्रिया का अर्द्ध आयुकाल 20 मिनट है, तो अभिक्रिया का कितना प्रतिशत भाग 100 मिनट में पूर्ण हो जाता है NCERT पृष्ठ 76

(a) 86.4% (b) 96.83% (c) 40.2% (d) 99.9%

45 C-14 के रेडियोधर्मी क्षय के लिए अर्द्ध-आयु 48750 वर्ष है। लकड़ी से बनी एक पुरातात्विक कलाकृति जीवित वृक्ष में पाए जाने वाले C-14 का केवल 60% ही था, नमूने की आयु है NCERT पृष्ठ 76

(a) 63420 वर्ष (b) 64548 वर्ष
(c) 48540 वर्ष (d) 25320 वर्ष

46 साइक्लोप्रोपेन पुनर्व्यवस्थित होकर प्रोपीन बनाता है। यह प्रथम कोटि बलगतिकी का अनुसरण करता है। वेग स्थिरांक 2.714×10^{-3} से$^{-1}$ है। साइक्लोप्रोपेन की प्रारम्भिक सान्द्रता 0.29 M है। 200 सेकण्ड के बाद साइक्लाप्रोपेन की सान्द्रता क्या होगी? NCERT पृष्ठ 76

(a) 0.169 M (b) 0.44 M (c) 1.153 M (d) 0.56 M

47 अभिक्रिया के लिए, NCERT पृष्ठ 77

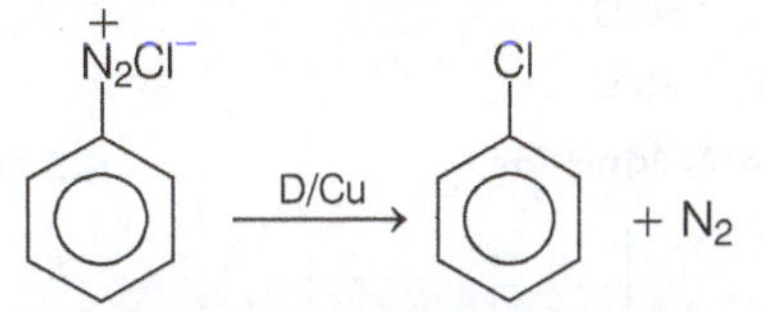

अर्द्ध-आयुकाल अभिकारकों की सान्द्रता पर निर्भर नहीं करता। 10 मिनट के बाद N_2 गैस का आयतन 20 लीटर है और अभिक्रिया पूरी होने के बाद, यह 100 लीटर है।

अतः वेग स्थिरांक होगा

(a) $\frac{2.303}{10} \log 5$ मिनट$^{-1}$ (b) $\frac{2.303}{10} \log 10$ मिनट$^{-1}$
(c) $\frac{2.303}{10} \log 10$ मिनट$^{-1}$ (d) $\frac{2.303}{10} \log 20$ मिनट$^{-1}$

48 एक अणुक अभिक्रिया प्रथम कोटि की हो सकती है यदि NCERT पृष्ठ 78

(a) अभिक्रिया की सक्रियण ऊर्जा कम होती है।
(b) दोनों अभिकारकों की सान्द्रता समान है।
(c) अभिक्रिया करने वाली स्पीशीज में से एक अधिक मात्रा में है।
(d) अभिक्रिया की सक्रियण ऊर्जा स्थायी रहती है।

49 छदम प्रथम कोटि अभिक्रिया के लिए वेग स्थिरांक '*k*' है NCERT पृष्ठ 78

(a) $\frac{2.303}{t} \log C_0 - C$ (b) $\frac{2.303}{t} \log \frac{C}{C_0}$
(c) $\frac{2.303}{t} \log C_0 + C$ (d) $\frac{2.303}{t} \log \frac{C_0}{C}$

अभिक्रिया के वेग की ताप पर निर्भरता

50 किसी अभिक्रिया का ताप गुणांक है। NCERT पृष्ठ 78

(a) दो तापमानों पर वेग स्थिरांक का अनुपात
(b) 25°C तथा 35°C अंतराल पर वेग स्थिरांक अनुपात 10° के द्वारा परिवर्तित होता है।
(c) निश्चित तापमान पर वेग स्थिरांक
(d) वेग स्थिरांक का अनुपात 1° से भिन्न होता है।

51 शून्य कोटि अभिक्रिया में तापमान में प्रत्येक 10°C की वृद्धि पर वेग दोगुना हो जाता है। यदि तापमान 10°C से 100°C तक बढ़ाते हैं, तो अभिक्रिया का वेग हो जाएगा। **NCERT पृष्ठ 78**

(a) 256 गुना
(b) 512 गुना
(c) 64 गुना
(d) 128 गुना

52 50°C, 0°C तथा 25°C तापमान पर N_2O_5 के अपघटन में लगने वाले समय का सही बढ़ता क्रम होगा। **NCERT पृष्ठ 78**

(a) 50°C < 0°C < 25°C
(b) 50°C < 25°C < 0°C
(c) 0°C < 25°C < 50°C
(d) 0°C < 50°C < 25°C

53 निम्नलिखित ग्राफ पर विचार करें, **NCERT पृष्ठ 79**

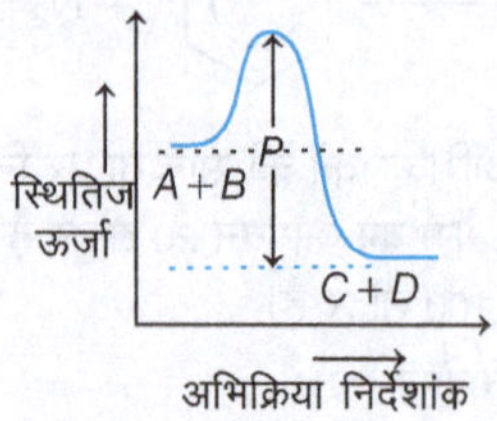

उपरोक्त ग्राफ अभिक्रिया $A + B \longrightarrow C + D$ के लिए ऊर्जा में परिवर्तन को दर्शाता है।
यहाँ P है।

(a) अभिक्रिया के लिए ऊर्जा परिवर्तन $C + D \longrightarrow A + B$
(b) अभिक्रिया के लिए ऊर्जा परिवर्तन $A + B \longrightarrow C + D$
(c) अभिक्रिया के लिए सक्रियण ऊर्जा परिवर्तन $A + B \longrightarrow C + D$
(d) अभिक्रिया के लिए सक्रियण ऊर्जा $C + D \longrightarrow A + B$

54 किसी अभिक्रिया का वेग स्थिरांक इस प्रकार दर्शाया जाता है
$k = 2.1 \times 10^{10} e^{-2700/RT}$ **NCERT पृष्ठ 79**
इसका अर्थ है कि

I. $\log k$ और $1/T$ के मध्य ग्राफ एक सीधी रेखा होगी जिसका अन्तःखण्ड $= \log 2.1 \times 10^{10}$ होगा।
II. E_a से अधिक गतिक ऊर्जा वाले अणुओं का अंश 2.1×10^{10} है।
III. ताप में वृद्धि के साथ किसी अभिक्रिया की अर्द्धआयु बढ़ जाती है।
IV. $\log/k$ और $\frac{1}{T}$ के साथ $= -\frac{2700}{2.303R}$ के साथ एक सीधी रेखा होगी।

नीचे दिए गए विकल्पों में सही कथन चुनें।

(a) I और II
(b) II और III
(c) III और IV
(d) I और IV

55 दिए गए वक्र पर विचार करें **NCERT पृष्ठ 79**

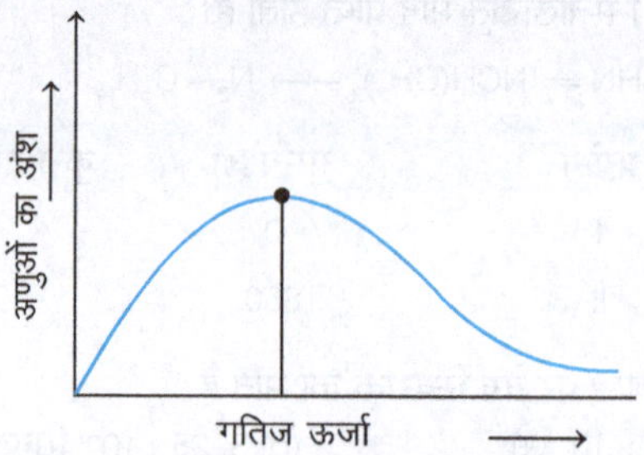

विभिन्न गैसीय अणुओं में ऊर्जा वितरण वक्र का प्रदर्शन

उपरोक्त दर्शाए गए वक्र का शिखर किसके अनुरूप है।

(a) सबसे सम्भावित गतिज ऊर्जा
(b) अग्र अभिक्रिया की सक्रियण ऊर्जा
(c) पश्चगामी अभिक्रिया की सक्रियण ऊर्जा
(d) पूर्वानुमानित नहीं की जा सकती

56 नीचे दर्शाए गए चित्र में अणुओं का अंश दर्शाता है। **NCERT पृष्ठ 79**

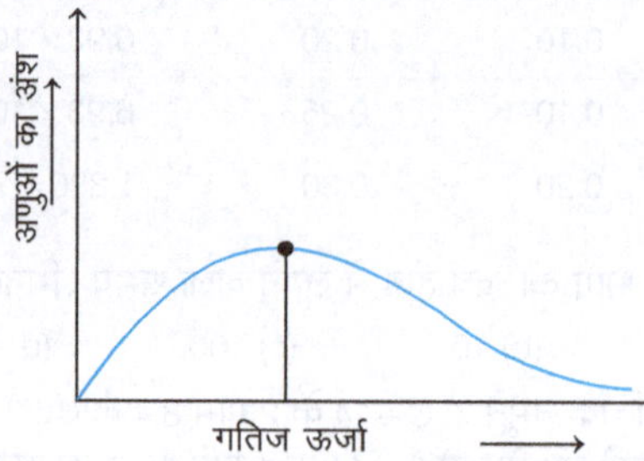

(a) $\frac{N_E}{N_T}$
(b) $\frac{N_T}{N_E}$
(c) $\frac{E}{N_E}$
(d) $\frac{E}{N_T}$

57 आरहेनियस समीकरण (0°C < T < 300°C) का पालन करने वाली अभिक्रिया के लिए दिए गए प्लॉट पर विचार करें (k और E_a क्रमशः वेग स्थिरांक और सक्रियण ऊर्जा, है) **NCERT पृष्ठ 79**

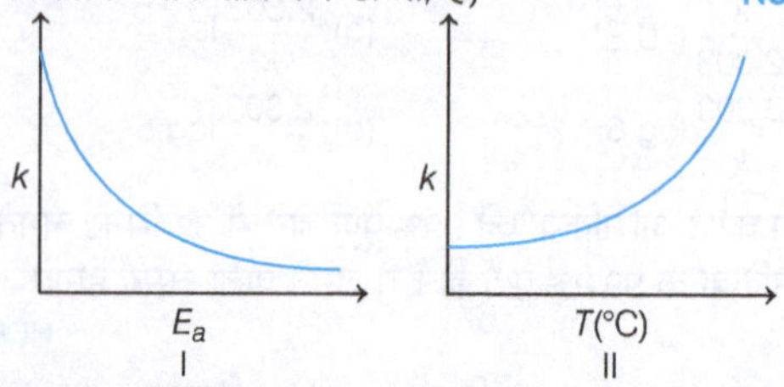

सही विकल्प चुनें।

(a) I और II दोनों गलत हैं
(b) I और II दोनों सही हैं
(c) I गलत है परन्तु II सही है।
(d) I सही है परन्तु II गलत है।

58 निम्नलिखित अभिक्रियाओं के लिए, एक विशेष तापमान पर, **NCERT पृष्ठ 79**

1. $2N_2O_5 \longrightarrow 4NO_2 + O_2; k_1$
2. $2NO_2 + \frac{1}{2}O_2 \longrightarrow N_2O_5, k_2$

यदि $E_1 > E_2$ हो, तो अभिक्रिया, 1 और 2 की सक्रियण ऊर्जा क्रमशः क्या है?

(a) $k_1 > k_2$ (b) $k_1 < k_2$
(c) $k_1 = 2k_2$ (d) $\sqrt{k_1 > k_2^2} = 1$

59 यदि अभिक्रिया $A + B \rightarrow C$ 30 किलो जूल मोल$^{-1}$ की सीमा तक ऊष्माक्षेपी है तथा अग्र अभिक्रिया की सक्रियण ऊर्जा 249 किलो जूल मोल$^{-1}$ है, तो पश्च अभिक्रिया की सक्रियण ऊर्जा (किलो जूल मोल$^{-1}$ में) क्या होगी? **NCERT पृष्ठ 79**

(a) 324 (b) 279 (c) 40 (d) 100

60 आरहेनियस समीकरण में, $k = Ae^{-E_a/RT}$, कारक $e^{-E_a/RT}$ किसके अनुरूप है? **NCERT पृष्ठ 80**

(a) E_a = गतिक ऊर्जा वाले अणुओं का भाग।
(b) अणुओं का वह भाग जिसकी गतिज ऊर्जा E_a से अधिक है।
(c) अणुओं का वह भाग जिसकी गतिज ऊर्जा $< E_a$ है
(d) अणुओं का वह भाग जिसमें गतिज ऊर्जा $\le E_a$ होती है।

61 अभिक्रिया के वेग की तापमान पर निर्भरता दिखाने वाले वितरण वक्र के सम्बन्ध में निम्नलिखित में से कौन-सा कथन गलत है **NCERT पृष्ठ 80**

(a) जब तापमान बढ़ाया जाता है, तो वक्र का अधिकतम भाग उच्च मान की ओर चला जाता है
(b) उच्च तापमान पर वक्र चौड़ा हो जाता है
(c) वक्र के नीचे का क्षेत्र तापमान में परिवर्तन के साथ परिवर्तित होता है।
(d) पदार्थ का तापमान बढ़ाने से E_a से अधिक ऊर्जा से संक्षारित होने वाले अणुओं का अंश बढ़ जाता है।

62 नीचे दी गई आकृति का विश्लेषण कीजिए और निम्नलिखित प्रश्नों के उत्तर दीजिए। **NCERT पृष्ठ 80**

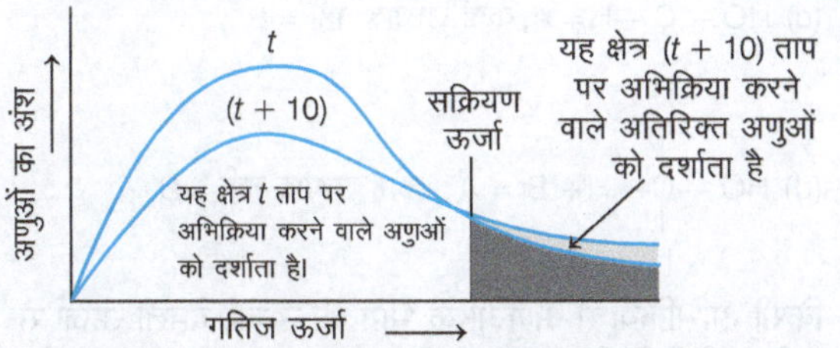

अभिक्रिया वेग की ताप पर निर्भरता दर्शाता हुआ वितरण वक्र

उपरोक्त चित्र में दिखाए गए वक्र को नाम से जाना जाता है

(a) लुडविग-क्लार्क वक्र
(b) आरहेनियस-वान्ट हॉफ वक्र
(c) मैक्सवेल-बोल्ट्जमान वितरण वक्र
(d) उपरोक्त में से कोई नहीं

63 $\ln k$ और $1/T$ के बीच निम्नलिखित प्लॉट पर विचार करें,

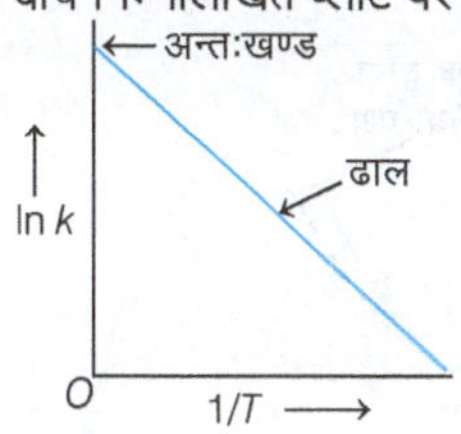

इस आरेख में, अन्तःखण्ड और ढाल क्रमशः हैं **NCERT पृष्ठ 80**

(a) $-\frac{E_a}{R}; \ln A$ (b) $\ln A; -\frac{E_a}{R}$ (c) $\frac{E_a}{R}; -\ln A$ (d) $\frac{E_a}{R}; A$

64 300 K और 280 K ताप पर एक रासायनिक अभिक्रिया सम्पन्न होती है जिसका वेग स्थिरांक क्रमशः k_1 और k_2 पाया गया, तब **NCERT पृष्ठ 81**

(a) $k_2 = 4k_1$ (b) $k_2 = 0.25k_1$ (c) $k_2 = 2k_1$ (d) $k_1 = 0.5k_1$

65 किसी अभिक्रिया के लिए चित्र में दिए गए ln और 1/T के प्लॉट पर विचार करें।

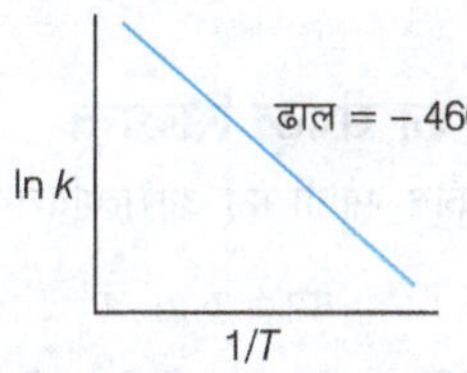

यदि 400 K पर इस अभिक्रिया का वेग स्थिरांक 10^5 से$^{-1}$ है, तो 500 K पर वेग स्थिरांक होगा- **NCERT पृष्ठ 81**

(a) 4×10^{-4} से$^{-1}$ (b) 10^{-6} से$^{-1}$
(c) 10^{-4} से$^{-1}$ (d) 2×10^{-4} से$^{-1}$

66 शारीरिक तापमान (T) पर एक निश्चित जैव रासायनिक अभिक्रिया का वेग एंजाइम के बिना की तुलना में एन्जाइम के साथ 10^6 गुना अधिक तेजी से होता है। एन्जाइम जोड़ने पर सक्रियण ऊर्जा में परिवर्तन होता है। **NCERT पृष्ठ 82**

(a) + 6RT (b) –6 (2.303)RT
(c) + 6 (2.303) RT (d) – 6RT

67 यदि एक समरूप उत्प्रेरक अभिक्रिया चार वैकल्पिक पथों के माध्यम से हो सकती है जैसा कि नीचे दिखाया गया है। **NCERT पृष्ठ 82**

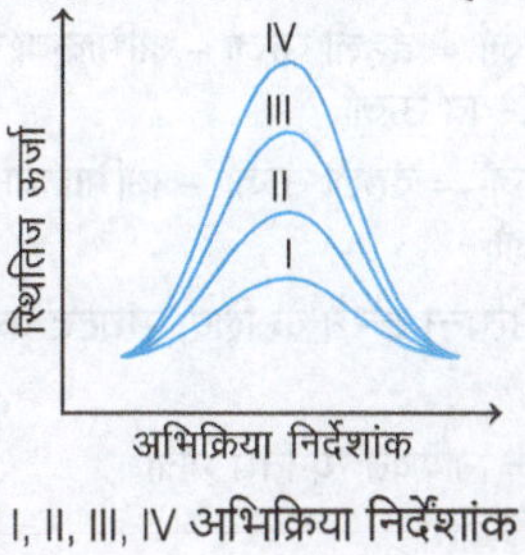

उत्प्रेरकी दक्षता I, II, III, IV अभिक्रिया निर्देशांक स्थिति का निरूपण करेगी।

(a) I > II > III > IV (b) I < II < III < IV
(c) I = II = III = IV (d) IV > II > III > I

68 निम्नलिखित वक्र पर विचार करें। **NCERT पृष्ठ 82**

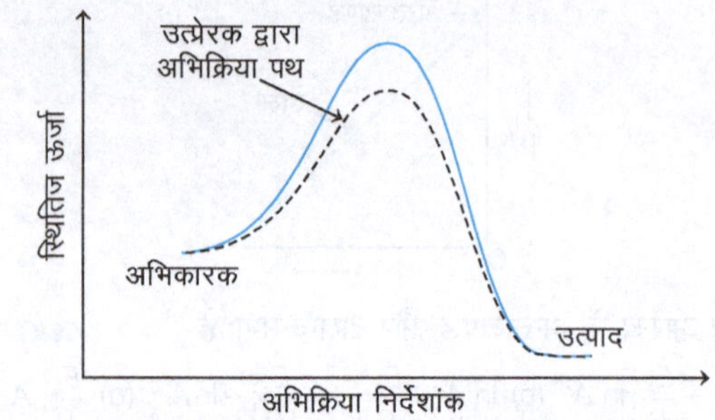

ऊपर दर्शाए गए वक्र के आधार पर गलत कथन का चयन कीजिए

(a) उत्प्रेरक एक वैकल्पिक पथ या अभिक्रिया क्रियाविधि प्रदान करता है।
(b) उत्प्रेरक अभिकारकों और उत्पादों के बीच सक्रियण ऊर्जा को बढ़ाता है।
(c) उत्प्रेरक स्थितिज ऊर्जा अवरोध को कम करता है।
(d) उत्प्रेरक अभिकारकों और उत्पादों के बीच सक्रियण ऊर्जा को कम करता है।

रासायनिक अभिक्रिया का संघट्ट सिद्धान्त

69 निम्नलिखित में से कौन-सा दी गई अभिव्यक्ति के लिए सही नहीं है?

$$\text{वेग} = Z_{AB}e^{-\frac{E_a}{RT}}$$

NCERT पृष्ठ 83

(a) Z_{AB} संघट्ट आवृत्ति है तथा यह अभिक्रिया मिश्रण के प्रति इकाई आयतन में प्रति सेकण्ड संघट्ट की संख्या के बराबर है।
(b) $e^{\frac{-E_a}{RT}}$, E_a के बराबर अथवा उससे अधिक गतिज ऊर्जा वाले अणुओं का अंश है।
(c) E_a अभिक्रिया की सक्रियण ऊर्जा है।
(d) सभी अणु जो एक दूसरे से संघट्ट करते हैं, प्रभावी संघट्ट कहलाते हैं।

70 देहली ऊर्जा, सक्रियण ऊर्जा और अभिक्रियाशील स्पीशीजों द्वारा प्राप्त ऊर्जा के बीच सम्बन्ध है। **NCERT पृष्ठ 83**

(a) देहली ऊर्जा = सक्रियण ऊर्जा + अभिक्रिया करने वाली स्पीशीजों द्वारा प्राप्त ऊर्जा
(b) देहली ऊर्जा = सक्रियण ऊर्जा – अभिक्रिया करने वाली स्पीशीजों के पास उपस्थित ऊर्जा
(c) सक्रियण ऊर्जा = देहली ऊर्जा – अभिक्रिया करने वाली स्पीशीजों के पास उपस्थित ऊर्जा
(d) सक्रियण ऊर्जा = देहली ऊर्जा + अभिक्रिया करने वाली स्पीशीजों से प्राप्त ऊर्जा

71 प्रभावी संघट्ट उत्पन्न करने के लिए, संघट्ट करने वाले अणुओं में होना चाहिए। **NCERT पृष्ठ 83**

(a) ऊर्जा की एक निश्चित न्यूनतम मात्रा
(b) उचित अभिविन्यास
(c) देहली ऊर्जा और उचित अभिविन्यास दोनों
(d) ऊर्जा के बराबर या देहली ऊर्जा से अधिक

72 वेग स्थिरांक समीकरण $k = P \cdot Z_{AB}e^{-E_a/RT}$ द्वारा दिया गया है। अभिक्रिया का वेग बढ़ाने के लिए, किस कारक को कम करना चाहिए। **NCERT पृष्ठ 83**

(a) Z (b) T (c) P (d) E_a

73 रासायनिक अभिक्रिया के संघट्ट सिद्धांत के विषय में निम्नलिखित में से कौन-सा कथन सही है? **NCERT पृष्ठ 83**

(a) यह अभिक्रिया करने वाले अणुओं या परमाणुओं को कठोर गोले मानता है और उनकी संरचनात्मक विशेषताओं की व्याख्या करता है।
(b) सभी संघट्ट अभिक्रिया का वेग निर्धारित करता है।
(c) पर्याप्त देहली ऊर्जा वाले परमाणुओं या अणुओं के संघट्ट के परिणामस्वरूप उत्पाद का निर्माण होता है।
(d) संघट्ट के प्रभावी होने के लिए अणुओं को पर्याप्त देहली ऊर्जा और उपयुक्त अभिविन्यास के साथ संघट्ट करना चाहिए।

74 निम्नलिखित अभिक्रिया पर विचार करें **NCERT पृष्ठ 83**

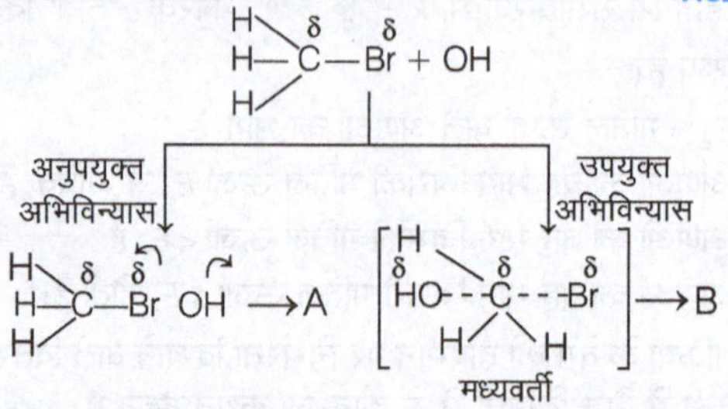

उपरोक्त अभिक्रिया में A और B के स्थान पर क्या आएगा?

(a) कोई उत्पाद नहीं = A; HO—C(H)(H)—OH = B
(b) कोई उत्पाद नहीं = A; HO—C(H)(H)—H + Br^- = B
(c) HO—C(H)(H)—H = A, कोई उत्पाद नहीं = B
(d) HO—C(H)(H)—H + Br^- = A; कोई उत्पाद नहीं = B

75 किसी अभिक्रिया में अणुओं के भाग की ऊर्जा, देहली ऊर्जा से अधिक होती है, फिर भी अभिक्रिया का वेग बहुत कम होता है। इसका सम्भावित कारण यह हो सकता है कि **NCERT पृष्ठ 83**

(a) संघट्ट करने वाले अणु आकार में बड़े हो सकते हैं।
(b) प्रभावी संघट्ट के लिए संघट्ट करने वाले अणुओं का उपयुक्त अभिविन्यास नहीं होता है।
(c) अभिक्रिया का वेग ऊर्जा पर निर्भर हो सकता है।
(d) अभिकारकों में से एक आधिक्य में हो सकता है।

अभिकथन-कारण प्रश्न

निर्देश *निम्नलिखित (प्रश्न संख्या 1-20) में अभिकथन (A) के बाद कारण (R) दिया गया है। नीचे दिए गए विकल्पों में से सही विकल्प चुनें।*

(a) A और R दोनों सत्य हैं और R, A का सही स्पष्टीकरण है।
(b) A और R दोनों सत्य हैं परन्तु R, A का सही स्पष्टीकरण नहीं है।
(c) A सत्य है परन्तु R असत्य है
(d) A असत्य है परन्तु R सत्य है

1 **अभिकथन (A)** $\Delta[R]$ को 1-से गुणा करके अभिक्रिया का वेग धनात्मक राशि बनाया जाता है।

कारण (R) $\Delta[R]$ एक ऋणात्मक राशि है, के विलुप्त होने का वेग

$$R = \frac{-\Delta[R]}{\Delta t}.$$

NCERT पृष्ठ 63

2 **अभिकथन (A)** तात्कालिक वेग निर्धारित करना हमेशा सुविधाजनक नहीं होता है। NCERT पृष्ठ 64

कारण (A) तात्कालिक वेग सान्द्रता और समय के ग्राफ में बिंदु t पर स्पशरिखा की ढलान के निर्धारण द्वारा मापा जाता है।

3 **अभिकथन (A)** आण्विकता कभी भी भिन्नात्मक नहीं हो सकती।

कारण (R) किसी अभिक्रिया की आण्विकता अणुओं की वह संख्या है, चाहे वे एक ही प्रजाति के हों या भिन्न प्रजाति के जिन्हें अभिक्रिया होने के लिए एक ही चरण में एक साथ संघट्ट करना होता है। NCERT पृष्ठ 70

4 **अभिकथन (A)** अभिक्रिया की कोटि शून्य अथवा भिन्नात्मक हो सकती है।

कारण (R) हम सन्तुलित रासायनिक समीकरण से कोटि निर्धारित नहीं कर सकते हैं। NCERT पृष्ठ 68, 69

5 **अभिकथन (A)** विभिन्न आण्विक अभिक्रियाएँ द्विआण्विक अभिक्रियाओं की तुलना में काफी दुर्लभ होती हैं।

कारण (R) सामान्य दाब पर, त्रि संघट्ट की आवृत्ति, द्वि संघट्ट की अपेक्षा बहुत कम होती हैं। NCERT पृष्ठ 70

6 **अभिकथन (A)** कोटि और आण्विकता समान हैं।

कारण (R) कोटि प्रयोगात्मक रूप से निर्धारित की जाती है और आण्विकता वेग निर्धारण करने वाले प्रारम्भिक पद के स्टॉइकियोमेट्रिक गुणांक का योग है। NCERT पृष्ठ 69, 70

7 **अभिकथन (A)** शून्य कोटि की अभिक्रिया का वेग अभिकारकों की सान्द्रता पर निर्भर करता है।

कारण (R) सन्तुलित रासायनिक समीकरण से कोटि का निर्धारण नहीं किया जा सकता। NCERT पृष्ठ 68, 70

8 **अभिकथन (A)** एक जटिल अभिक्रिया के लिए कोटि अभिक्रिया के सबसे धीमे पद द्वारा दी जाती है।

कारण (R) सबसे धीमे पद की आण्विक कोटि अभिक्रिया के समान होती है। NCERT पृष्ठ 71

9 **अभिकथन (A)** शून्य कोटि अभिक्रियाएँ अपेक्षाकृत सामान्य हैं परन्तु ये विशेष परिस्थितियाँ में होती हैं।

कारण (R) सोने की सतह पर HI का ऊष्मीय अपघटन शून्य कोटि की अभिक्रिया है। NCERT पृष्ठ 72

10 **अभिकथन (A)** गैसीय अमोनिया का गर्म प्लेटिनम की सतह पर अपघटन उच्च दाब पर शून्य कोटि की अभिक्रिया है।

कारण (R) उच्च दाब पर धातु की सतह गैस अणुओं से सन्तृप्त हो जाती है। NCERT पृष्ठ 72

11 **अभिकथन (A)** शून्य कोटि की अभिक्रिया का $t_{1/2}$ अभिकारकों की सान्द्रता पर निर्भर करता है।

कारण (R) शून्य कोटि अभिक्रिया के $t_{1/2}$ और वेग स्थिरांक एक दूसरे से इस प्रकार सम्बन्धित हैं, $t_{1/2} = \frac{[R]_0}{2k}$. NCERT पृष्ठ 76

12 **अभिकथन** (A) $H_2C_2O_4$ और $KMnO_4$ के मिश्रण में $KMnO_4$ कम तापमान की तुलना में अधिक तापमान पर तीव्रता से रंगहीन होता है।

कारण (R) रंगहीनता पर तापमान का कोई प्रभाव नहीं होता NCERT पृष्ठ 78

13 **अभिकथन (A)** द्विअणुक अभिक्रिया तब होती है जब दो उचित रूप से अभिविन्यासित अभिकारक अणु पर्याप्त ऊर्जावान संघट्टन में एक साथ आते हैं।

कारण (R) जब तापमान 10°C बढ़ाया जाता है, तो अभिकथन का वेग दोगुना हो जाता है। NCERT पृष्ठ 78, 83

14 **अभिकथन (A)** उत्प्रेरक की उपस्थिति में अभिक्रिया की एन्थैल्पी स्थायी रहती है।

कारण (R) अभिक्रिया में भाग लेने वाले उत्प्रेरक अलग-अलग सक्रिय संकुल बनाते हैं और सक्रियण ऊर्जा को कम करते है परन्तु अभिकारक और उत्पाद की ऊर्जा में अंतर समान रहता है। NCERT पृष्ठ 81

15 **अभिकथन (A)** अभिकारक अणुओं के सभी संघट्ट से उत्पाद का निर्माण होता है।

कारण (R) केवल वे संघट्ट जिनमें अणुओं का सही अभिविन्यास और पर्याप्त गतिज ऊर्जा होती है, उत्पाद के निर्माण का कारण बनते हैं।

16 **अभिकथन (A)** आरहेनियस समीकरण से निर्धारित वेग स्थिरांक सरल तथा जटिल अणुओं के लिए काफी सटीक होते हैं।

कारण (R) अभिकारक अणु संघट्ट के दौरान अपने अभिविन्यास के अतिरिक्त रासायनिक परिवर्तन से गुजरते हैं। NCERT पृष्ठ 78, 82

17 **अभिकथन** (A) एक धनात्मक उत्प्रेरक अभिक्रिया के वेग को बढ़ाता है

कारण (R) एक धनात्मक उत्प्रेरक एक नई दक्ष क्रियाविधि प्रदान करने वाली सक्रियण ऊर्जा को कम करता है। NCERT पृष्ठ 82

18 **अभिकथन** (A) संघट्ट सिद्धान्त द्वारा प्राप्त अभिव्यक्ति अभिक्रियाओं की ऊर्जाओं और क्रियाविधि के सन्दर्भ में अधिक जानकारी प्रदान करता है।

कारण (R) संघट्ट सिद्धान्त का गैसों के गतिक सिद्धान्त से कोई सम्बन्ध नहीं है NCERT पृष्ठ 83

19 **अभिकथन** (A) प्रभावी संघट्ट के स्पष्टीकरण के लिए संघट्ट सिद्धान्त द्वारा प्राप्त अभिव्यक्ति में एक अन्य कारक P को शामिल किया गया है

कारण (R) संघट्ट में अणुओं का उचित अभिविन्यास होना चाहिए NCERT पृष्ठ 83

20 **अभिकथन** (A) अभिकारक अणुओं के सभी संघट्टों से उत्पाद का निर्माण नहीं होता है।

कारण (R) केवल वे संघट्ट जिनमें अणुओं का अभिविन्यास सही होता है और पर्याप्त गतिज ऊर्जा होती है, यौगिक का निर्माण करते हैं NCERT पृष्ठ 83

कथन आधारित प्रश्न

निर्देश *(प्रश्न संख्या 1-5) निम्नलिखित प्रश्नों में दो कथन (I और II) दिए गए हैं। दिए गए कथनों के आधार पर, नीचे दिए गए विकल्प को चुनिए।*

(a) कथन I और कथन II दोनों असत्य हैं
(b) कथन I सत्य है परन्तु कथन II असत्य है
(c) कथन I असत्य है परन्तु कथन II सत्य है
(d) कथन I और कथन II दोनों सत्य हैं

1 **कथन I** तीन से अधिक आण्विकता अवलोकित नहीं की गई हैं।

कथन II एक जटिल अभिक्रिया की समग्र आण्विकता सबसे धीमे पद की आण्विकता के बराबर होती है। NCERT पृष्ठ 69

2 **कथन I** शून्य कोटि अभिक्रिया के लिए प्रति इकाई समय में सान्द्रता में परिवर्तन का वेग स्थायी रहता है।

कथन II सक्रियण ऊर्जा जितनी कम होगी अभिक्रिया उतनी ही तीव्र होगी। NCERT पृष्ठ 71, 82

3 **कथन I** तापमान में थोड़ी वृद्धि होने पर रासायनिक अभिक्रिया का वेग तीव्रता से बढ़ जाता है।

कथन II तापमान में वृद्धि से सक्रियण ऊर्जा से अधिक वाले अणुओं का भाग बढ़ जाता है। NCERT पृष्ठ 80

4 **कथन I** उत्प्रेरक केवल स्वतःप्रवर्तित अभिक्रियाओं को उत्प्रेरित करता है।

कथन II उत्प्रेरक सक्रियण ऊर्जा को बढ़ाता है, जिससे अभिक्रिया का वेग बढ़ जाता है NCERT पृष्ठ 82

5 **कथन I** सभी आण्विक संघट्टों से उत्पादों का निर्माण होता है।

कथन II अभिकारक अणु अपने संघट्ट के दौरान रासायनिक परिवर्तन से गुजरते हैं। NCERT पृष्ठ 80

6 निम्नलिखित में से कौन-से कथन सही हैं? NCERT पृष्ठ 69, 70, 83

I. किसी अभिक्रिया की आण्विकता हमेशा उस अभिक्रिया के लिए संतुलित रासायनिक समीकरण में अभिकारकों के स्टॉइकियोमीट्रिक गुणांक के योग के बराबर होती है।
II. दो भिन्न अभिकारकों वाली अभिक्रिया कभी भी एकअणुक अभिक्रिया नहीं हो सकती।
III. प्रभावी संघट्टों की संख्या अभिक्रिया का वेग निर्धारित करती है।
IV. सभी अभिक्रियाशील स्पीशीजों की एक-साथ संघट्ट की कम सम्भावना के कारण उच्च कोटि की अभिक्रियाएँ दुर्लभ हैं।

नीचे दिए गए विकल्पों में से सही उत्तर चुनें।

(a) I और III (b) II और IV
(c) I, II, III और IV (d) II, III और IV

7 निम्नलिखित कथनों पर विचार करें।

I. किसी अभिक्रिया का औसत वेग वह तात्कालिक वेग होता है, जब समय अंतराल शून्य के करीब पहुँच जाता है।
II. किसी अभिक्रिया का वेग किसी भी t-समय पर उपस्थित अभिकारकों की सान्द्रता पर निर्भर करता है।
III. कोटि और अण्विकता दोनों को जटिल अभिक्रियाओं के लिए परिभाषित किया गया है।
IV. तापमान में वृद्धि से टकराने वाले अणुओं का भाग बढ़ जाता है।
V. उत्प्रेरक स्वतः प्रवर्तित तथा अस्वतः प्रवर्तित दोनों ही प्रकार की अभिक्रियाओं को उत्प्रेरित करता है।

नीचे दिए गए विकल्पों में से सही कथन चुनें। NCERT पृष्ठ 64, 66, 70, 30,82

(a) I, II और V (b) III और V
(c) I, II और IV (d) III, और IV

8 निम्नलिखित में से कौन-से कथन सही हैं?

I. वेग नियम एक प्रायोगिक तथ्य है, जबकि द्रव्यमान क्रिया का नियम एक सैद्धान्तिक प्रस्ताव है।
II. क्रियाविधि के विकास के लिए वेग नियम द्रव्यमान क्रिया के नियम से अधिक जानकारी पूर्ण है।
III. वेग नियम हमेशा द्रव्यमान क्रिया के नियम की अभिव्यक्ति से अलग होता है।

IV. एथीन का हाइड्रोजनीकरण प्रथम कोटि बलगतिकी का अनुसरण करता है।

V. सभी अणु जो एक दूसरे से संघट्ट हैं, प्रभावी संघट्ट नहीं होते।

नीचे दिए गए विकल्पों में से सही उत्तर चुनें। **NCERT पृष्ठ 66, 73, 83**

(a) I, IV और III (b) III, IV और II

(c) I और II (d) I, II, IV और V

9 निम्नलिखित में से कौन-से कथन सही हैं? **NCERT पृष्ठ 76, 79, 78, 80**

I. सक्रियित संकुल नामक मध्यवर्ती पदार्थ के निर्माण के लिए आवश्यक ऊर्जा को सक्रियण ऊर्जा के रूप में जाना जाता है।

II. अभिक्रिया करने वाली स्पीशीज के सभी अणुओं की गतिज ऊर्जा समान होती है।

III. आरहेनियस समीकरण में, कारक $e^{E_a/RT}$ E_a से अधिक गतिज ऊर्जा वाले अणुओं के अंश के संगत होता है।

IV. तापमान बढ़ाने या सक्रियण ऊर्जा घटाने से अभिक्रिया वेग में वृद्धि होगी अभिक्रिया के वेग और वेग स्थिरांक में घातीय वृद्धि।

V. शून्य कोटि की अभिक्रिया के लिए अर्द्ध आयु वेग स्थिरांक के समानुपाती होता है।

नीचे दिए गए विकल्पों में से सही उत्तर चुनें।

(a) I और II दोनों (b) II और IV दोनों

(c) III और V (d) I, III और IV

10 निम्नलिखित में से कौन-से कथन सही हैं?

I. किसी अभिक्रिया की कोटि को प्रायोगिक परिणाम से जाना जा सकता है, अभिक्रिया की स्टॉइकियोमिट्री से नहीं।

II. किसी अभिक्रिया की समग्र आण्विकता को अभिक्रिया के समग्र कोटि के समान तरीके से निर्धारित किया जा सकता है।

III. अभिक्रिया की समग्र कोटि है।
$A^m + B^n \longrightarrow AB_x$ $(m + n)$ है।

नीचे दिए गए विकल्पों में से सही उत्तर चुनें। **NCERT पृष्ठ 68, 69**

(a) I और III (b) I, II और III

(c) II और III (d) I और II

सुमेलन प्रकार प्रश्न

1 सूची I और सूची II के पदों का मिलान करें। **NCERT Pg 70**

	सूची I (अभिक्रिया का प्रकार)		सूची II (उदाहरण)
A.	एकाणुक	1.	$2HI \longrightarrow H_2 + I_2$
B.	द्विअणुक	2.	$2NO + O_2 \longrightarrow 2NO_2$
C.	त्रिअणुक	3.	$NH_4NO_2 \longrightarrow N_2 + 2H_2O$

कूट

	A	B	C
(a)	2	1	3
(b)	2	3	1
(c)	3	1	2
(d)	3	2	1

2 सूची I और सूची II का मिलान करें। **NCERT पृष्ठ 67, 69, 70, 71**

	सूची I		सूची II
A.	अभिक्रिया के वेग का गणितीय व्यंजक	1.	वेग स्थिरांक
B.	शून्य कोटि अभिक्रिया के लिए अभिक्रिया का वेग बराबर है	2.	वेग नियम
C.	शून्य कोटि अभिक्रिया के लिए वेग स्थिरांक की इकाईयाँ समान हैं	3.	सबसे धीमेपद की कोटि
D.	एक जटिल अभिक्रिया की कोटि किसके द्वारा निर्धारित की जाती है।		अभिक्रिया का वेग

कूट

	A	B	C	D
(a)	1	2	3	4
(b)	2	1	4	3
(c)	4	3	2	1
(d)	3	4	1	2

3 सूची I के पदों को सूची II से सुमेलित करें। **NCERT पृष्ठ 72, 78**

	सूची I		सूची II
A.	इक्षु शर्करा का व्युत्क्रमण	1.	शून्य कोटि की अभिक्रिया
B.	N_2O का अपघटन	2.	प्रथम कोटि अभिक्रिया
C.	सोने की सतह पर HI का ऊष्मीय अपघटन	3.	छदम प्रथम कोटि अभिक्रिया

कूट

	A	B	C
(a)	1	2	3
(b)	2	3	1
(c)	3	2	1
(d)	2	1	3

4 सूची I और सूची II में दिए गए कथनों का मिलान करें।

NCERT पृष्ठ 70, 76, 80, 82

	सूची I		सूची II
A.	अभिक्रिया के वेग का उत्प्रेरक परिवर्तन	1.	भिन्नात्मक या शून्य नहीं हो सकता।
B.	आण्विकता	2.	सक्रियण ऊर्जा के द्वारा कम करके
C.	प्रथम कोटि अभिक्रिया का द्वितीय अर्द्धआयु-काल	3.	पहले जैसा ही समान है
D.	$e^{-E_a/RT}$	4.	सक्रियण ऊर्जा के बराबर या उससे अधिक ऊर्जा वाले अणुओं के अंश को संदर्भित करता है।

कूट

	A	B	C	D
(a)	2	1	3	4
(b)	1	2	3	4
(c)	4	3	2	1
(d)	4	2	3	1

5 सूची I और सूची II में दिए गए कथनों का मिलान करें।

NCERT पृष्ठ 69, 79, 70, 82

	सूची I		सूची II
A.	आण्विकता	1.	इसका उचित अभिविन्यास नहीं है
B.	$e^{-E_a/RT}$	2.	पहले जैसा ही समान है
C.	ऊर्जावान रूप से अनुकूल अभिक्रियाएँ कभी-कभी धीमी होती हैं	3.	कुल सम्भाव्यता एक है
D.	मैक्सवेल, बोल्ट्ज़मान वक्र के अन्तर्गत क्षेत्र स्थिरांक है	4.	सक्रियण ऊर्जा के बराबर या उससे अधिक ऊर्जा वाले अणुओं के अंश को सन्दर्भित करता है

कूट

	A	B	C	D
(a)	2	4	1	3
(b)	2	4	3	1
(c)	4	2	1	3
(d)	3	2	4	1

आंकिक मान प्रकार के प्रश्न

1 अभिक्रिया का वेग $P + Q + R \longrightarrow S$ के द्वारा दिया गया है $r = \frac{-d[A]}{dt} = k[P]^{\frac{1}{2}}[Q]^{\frac{1}{2}}[R]^{\frac{1}{4}}$ अभिक्रिया की कोटि $\frac{x}{4}$ है x का मान है... NCERT पृष्ठ 68

2 अभिक्रिया A के लिए $A \to B$ की सान्द्रता तीन गुना बढ़ाने पर अभिक्रिया का वेग सात गुना हो जाता है। अभिक्रिया की कोटि है .... NCERT पृष्ठ 68

3 अभिक्रिया की कोटि के लिए सही कथनों की संख्या .... है/हैं। NCERT पृष्ठ 68, 70

A. कोटि प्रयोगात्मक रूप से निर्धारित की जा सकती है।

B. अभिक्रिया की कोटि वेग नियम अभिव्यक्ति में सान्द्रता पदों की सामर्थ्य के बराबर है।

C. कोटि भिन्नात्मक नहीं हो सकती।

D. कोटि अभिकारकों के स्टॉकियोमिट्रि गुणांक से प्रभावित नहीं होती है।

4 प्रथम कोटि अभिक्रिया का अर्द्धआयु काल 10 मिनट है। अभिक्रिया का प्रतिशत 100 मिनट में पूरा हो जाएगा ... (निकटतम पूर्णांक) NCERT पृष्ठ 77

5 रासायनिक अभिक्रिया का वेग स्थिरांक 295 K से परम तापमान में 10 K की वृद्धि के लिए दोगुना हो जाता है। E का मान है .... किलोजूल मोल$^{-1}$ होगा। (निकटतम पूर्णांक) NCERT पृष्ठ 81

NCERT Exemplar प्रश्न

1 अभिक्रिया $A \longrightarrow B$ पर विचार करें। अभिकारकों और उत्पादों दोनों की सान्द्रता समय के साथ तेजी से बदलती हैं।
निम्नलिखित में से कौन-सा आँकड़ा समय के साथ अभिकारकों और उत्पादों की सान्द्रता में परिवर्तन का सही वर्णन करता है?

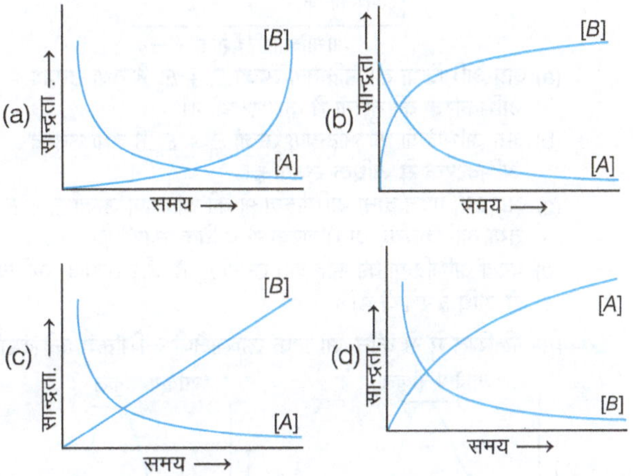

2 जिंक और तनु HCl के बीच अभिक्रिया के लिए मुक्त हाइड्रोजन की मात्रा एवं समय का ग्राफ चित्र में दिया गया है। इसके आधार पर सही विकल्प को चिह्नित करें।

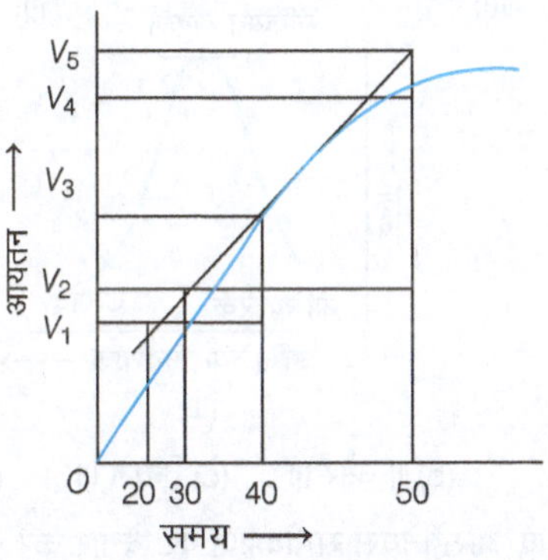

(a) 40 सेकण्ड $\frac{V_1 - V_2}{40}$ तक का औसत वेग है

(b) 40 सेकण्ड $\frac{V_2 - V_1}{40 - 30}$ तक का औसत वेग है

(c) 40 सेकण्ड $\frac{V_3}{40}$ तक का औसत वेग है

(d) 40 सेकण्ड $\frac{V_3 - V_2}{40 - 20}$ तक का औसत वेग है

3 नीचे दिए गए ग्राफ पर विचार करें। निम्नलिखित में से कौन-सा विकल्प 40 सेकण्ड पर अभिक्रिया की तात्कालिक वेग नहीं दर्शाता है?

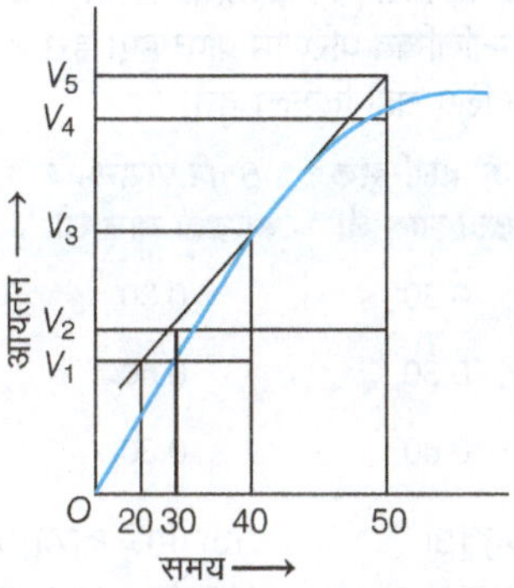

(a) $\frac{V_5 - V_2}{50 - 30}$ (b) $\frac{V_4 - V_2}{50 - 30}$ (c) $\frac{V_3 - V_2}{40 - 30}$ (d) $\frac{V_3 - V_1}{40 - 20}$

4 एक आभासी प्रथम कोटि अभिक्रिया के वेग स्थिरांक का मान .... ।
(a) अल्प मात्रा में उपस्थित अभिकारकों की सान्द्रता पर निर्भर करता है
(b) अधिक मात्रा में उपस्थित अभिकारकों की सान्द्रता पर निर्भर करता है
(c) अभिकारकों की सान्द्रता से स्वतन्त्र है
(d) केवल तापमान पर निर्भर करता है

5 उत्प्रेरक की भूमिका .... को परिवर्तित करता है।
(a) अभिक्रिया की गिब्स ऊर्जा (b) अभिक्रिया की एन्थैल्पी
(c) अभिक्रिया की सक्रियण ऊर्जा (d) साम्यावस्था स्थिरांक

6 एक प्रथम कोटि की अभिक्रिया 1.26×10^{14} सेकण्ड में 50% पूर्ण होती है। इसे 100% पूरा होने में कितना समय लगेगा?
(a) 1.26×10^{15} से (b) 2.52×10^{14} से
(c) 2.52×10^{28} से (d) अनन्त

7 नीचे दी गई अभिक्रिया के वेग के लिए निम्नलिखित में से कौन-सा व्यंजक सही है?

$$5Br^-(aq) + BrO_3^-(aq) + 6H^+(aq) \longrightarrow 3Br_2(aq) + 3H_2O(l)$$

(a) $\frac{\Delta[Br^-]}{\Delta t} = 5\frac{\Delta[H^+]}{\Delta t}$ (b) $\frac{\Delta[Br^-]}{\Delta t} = \frac{6}{5}\frac{\Delta[H^+]}{\Delta t}$

(c) $\frac{\Delta[Br^-]}{\Delta t} = \frac{5}{6}\frac{\Delta[H^+]}{\Delta t}$ (d) $\frac{\Delta[Br^-]}{\Delta t} = 6\frac{\Delta[H^+]}{\Delta t}$

8 अभिक्रिया $A + 2B \longrightarrow C$ के लिए वेग नियम निम्न प्रकार पाया जाता है

$$\text{वेग} = k[A][B]$$

अभिकारक B की सान्द्रता दोगुनी कर दी जाती है, A की सान्द्रता स्थिर रखते हुए, वेग स्थिरांक का मान .... होगा।
(a) समान (b) दोगुना (c) चार गुना (d) आधा

9 यौगिक A और B निम्नलिखित रासायनिक समीकरण के अनुसार अभिक्रिया करते हैं,

$$A(g) + 2B(g) \longrightarrow 2C(g)$$

किसी एक अभिकारक की सान्द्रता को नियत रखते हुए A या B की सान्द्रता बदली गई प्रारम्भिक सान्द्रता के फलन के रूप में वेगों को मापा गया। निम्नलिखित परिणाम प्राप्त हुए। इस अभिक्रिया के वेग समीकरणों के लिए सही विकल्प चुनें।

क्रम	A की प्रारम्भिक सान्द्रता मोल ली$^{-1}$	B की प्रारम्भिक सान्द्रता मोल ली$^{-1}$	C की प्रारम्भिक सान्द्रता मोल ली$^{-1}$
1.	0.30	0.30	0.10
2.	0.30	0.60	0.40
3.	0.60	0.30	0.20

(a) वेग $= k[A]^2[B]$
(b) वेग $= k[A][B]^2$
(c) वेग $= k[A][B]$
(d) वेग $= k[A]^2[B]^0$

10 रासायनिक अभिक्रिया के संघट्ट सिद्धान्त के बारे में निम्नलिखित में से कौन-सा कथन गलत है?

(a) यह अभिक्रिया करने वाले अणुओं या परमाणुओं को ठोस गोला मानता है और उनकी संरचनात्मक विशेषताओं की उपेक्षा करता है।
(b) प्रभावी संघट्टों की संख्या अभिक्रिया का वेग निर्धारित करती है
(c) पर्याप्त संघट्टों ऊर्जा वाले परमाणुओं या अणुओं के संघट्ट से उत्पाद का निर्माण होता है।
(d) संघट्ट के प्रभावी होने के लिए अणुओं को पर्याप्त सीमा ऊर्जा और उचित अभिविन्यास के साथ संघट्ट होनी चाहिए।

11 निम्नलिखित में से कौन-सा कथन किसी अभिक्रिया की कोटि के बारे में गलत है?

(a) किसी अभिक्रिया की कोटि एक भिन्नात्मक संख्या हो सकती है।
(b) किसी अभिक्रिया की कोटि प्रयोगात्मक रूप से निर्धारित मात्रा होती है।
(c) किसी अभिक्रिया की कोटि हमेशा उस अभिक्रिया के लिए सन्तुलित रासायनिक समीकरण में अभिकारकों के स्टॉइकियोमीट्रिक गुणांकों के योग के बराबर होती है।
(d) वेग नियम व्यंजक में अभिकारकों की मोलर सान्द्रता की घातों का योग है।

12 नीचे दी गई प्रथम कोटि गैस पद अपघटन अभिक्रिया पर विचार करें।

$$A(g) \longrightarrow B(g) + C(g)$$

A के अपघटन से पहले प्रणाली का प्रारम्भिक दाब p_i समय 't' व्यतीत होने के बाद प्रणाली का कुल दाब x इकाई से बढ़कर 'p_t' हो जाता है। अभिक्रिया के लिए वेग स्थिरांक (k) .... के रूप में दिया गया है।

(a) $k = \dfrac{2.303}{t} \log \dfrac{p_i}{p_i - x}$
(b) $k = \dfrac{2.303}{t} \log \dfrac{p_i}{2p_i - p_t}$
(c) $k = \dfrac{2.303}{t} \log \dfrac{p_i}{2p_i + p_t}$
(d) $k = \dfrac{2.303}{t} \log \dfrac{p_i}{p_i + x}$

13 .आकृति पर विचार करें और सही विकल्प को चिह्नित करें।

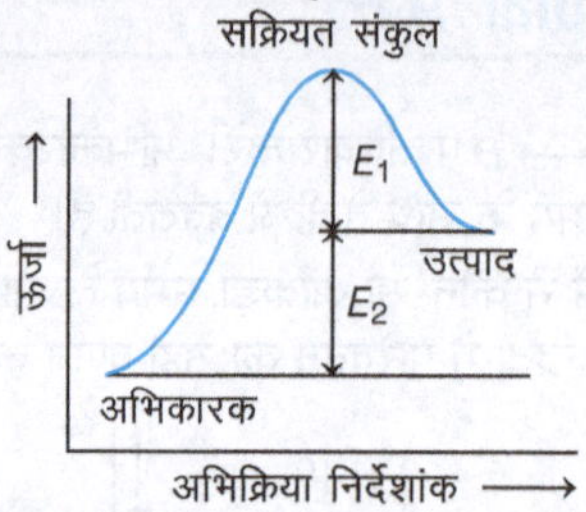

(a) अग्र अभिक्रिया की सक्रियण ऊर्जा $E_1 + E_2$ है तथा उत्पाद अभिकारक की तुलना में कम स्थायी है।
(b) अग्र अभिक्रिया की सक्रियण ऊर्जा $E_1 + E_2$ है तथा उत्पाद अभिकारक से अधिक स्थायी है।
(c) अग्र तथा पश्च दोनों अभिक्रियाओं की सक्रियण ऊर्जा $E_1 + E_2$ है तथा अभिकारक, अभिकारक से अधिक स्थायी है।
(d) पश्च अभिक्रिया की सक्रियण ऊर्जा E_1 है और उत्पाद, अभिकारक से अधिक स्थायी है।

14 निम्नलिखित में से कौन-सा ग्राफ ऊष्माक्षेपी अभिक्रिया को दर्शाता है?

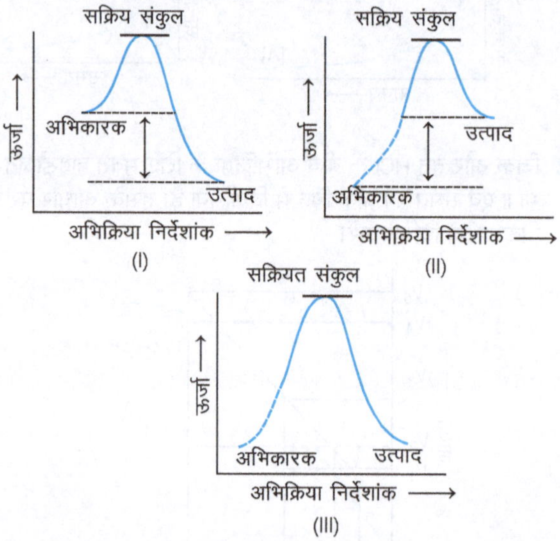

(a) केवल I
(b) II और III
(c) केवल III
(d) I और II

15 नीचे दिए गए आरहेनियस समीकरण पर विचार करें और सही विकल्प को चिह्नित करें।

$K = A_e^{-E_a/RT}$

(a) वेग स्थिरांक सक्रियण ऊर्जा में वृद्धि और तापमान में कमी के साथ चरघातांकी रूप से बढ़ता है।
(b) वेग स्थिरांक सक्रियण ऊर्जा में कमी और तापमान में कमी के साथ चरघातांकी रूप से घटता है।
(c) वेग स्थिरांक घटती सक्रियण ऊर्जा और तापमान में कमी के साथ चरघातांकी रूप से बढ़ता है।
(d) वेग स्थिरांक सक्रियण ऊर्जा में कमी और तापमान में वृद्धि के साथ चरघातांकी रूप से बढ़ता है।

16 आरहेनियस समीकरण के अनुसार वेग स्थिरांक $(K) Ae^{-E_a/RT}$. M के बराबर है। निम्नलिखित में से कौन-सा विकल्प सही है? $\ln k$ एवं $\frac{1}{T}$ का ग्राफ क्या दर्शाता है ?

(a) 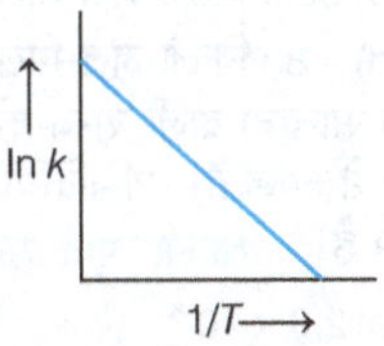

(b) 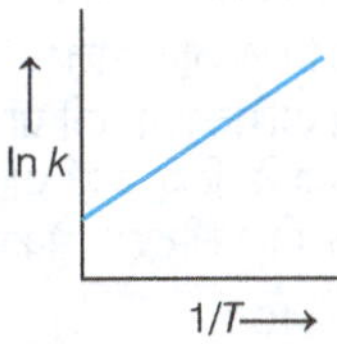

(c) 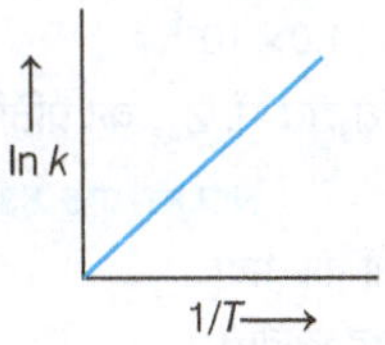

(d) 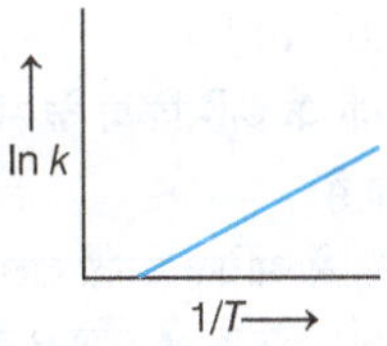

17 किसी रासायनिक अभिक्रिया की सक्रियण ऊर्जा .... द्वारा निर्धारित की जा सकती है ।
(a) मानक तापमान पर वेग स्थिरांक का निर्धारण
(b) दो तापमानों पर वेग स्थिरांक का निर्धारण
(c) संघट्ट की संभाव्यता का निर्धारण
(d) उत्प्रेरक का उपयोग करके

18 उत्प्रेरक की उपस्थिति में, अभिक्रिया के दौरान उत्पन्न या अवशोषित ऊष्मा .... होती है।
(a) बढ़ती है (b) घटती है
(c) अपरिवर्तित रहती है (d) बढ़ या घट सकती है

19 निम्नलिखित में से कौन-सा कथन सही है?
(a) अभिक्रिया का वेग समय बीतने के साथ घटती है क्योंकि अभिकारकों की सान्द्रता घटती है।
(b) किसी अभिक्रिया का वेग अभिक्रिया के दौरान किसी भी समय समान होती है।
(c) किसी अभिक्रिया का वेग तापमान परिवर्तन से स्वतंत्र होता है।
(d) अभिकारकों की सान्द्रता में वृद्धि के साथ अभिक्रिया का वेग कम हो जाता है।

20 सूची I और सूची II का मिलान करें।

	सूची I		सूची II
A.	हीरा	1.	समय का छोटा अन्तराल
B.	तात्क्षणिक वेग	2.	सामान्यतः वेग परिवर्तन दृष्टिगोचर होता है
C.	औसत वेग	3.	समय का बड़ा अन्तराल

21 निम्नलिखित में से कौन-सा कथन उत्प्रेरकों के लिए सही नहीं है ?
(a) यह अग्र तथा पश्च अभिक्रियाओं को समान सीमा तक उत्प्रेरित करता है ।
(b) यह अभिक्रिया के ΔG को परिवर्तित करता है।
(c) यह एक ऐसा पदार्थ है, जो किसी अभिक्रिया के साम्य स्थिरांक को नहीं बदलता है।
(d) यह अभिकारकों और उत्पादों के बीच सक्रियण ऊर्जा को कम करके एक वैकल्पिक क्रियाविधि प्रदान करता है।

विगत परीक्षाओं के प्रश्न

NEET

1 निम्नलिखित में से कौन-सा $\ln k$ तथा $1/T$ के बीच आरेख आरेहेनियस समीकरण के अनुसार है? NCERT पृष्ठ 80, NEET 2024

(a) 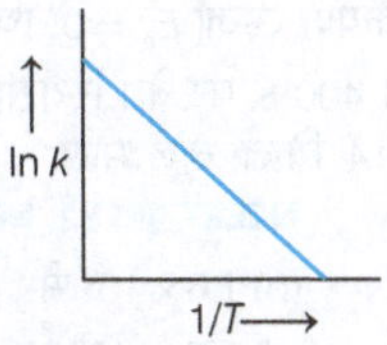

(b) 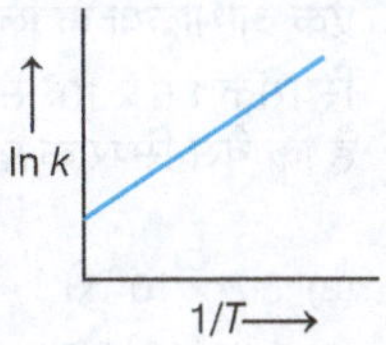

(c) 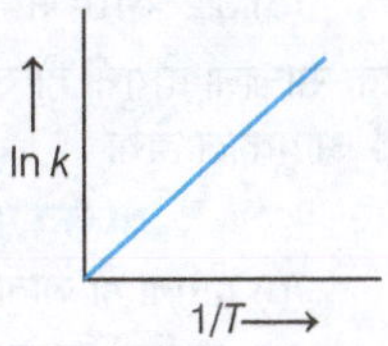

(d) 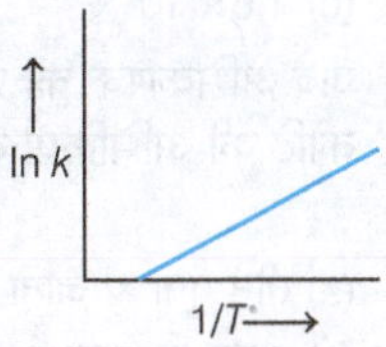

2 किसी भी रासायनिक अभिक्रिया की सक्रियण ऊर्जा परिकलित की जा सकती है यदि निम्नलिखित का मान ज्ञात हो NCERT पृष्ठ 79, NEET 2024
(a) मानक ताप पर वेग स्थिरांक
(b) संघट्न की प्रायिकता
(c) संघट्न के दौरान अभिकारक अणुओं का अभिविन्यास
(d) दो भिन्न तापों पर वेग स्थिरांक

3 एक निश्चित अभिक्रिया के लिए, वेग $= k[A]^2[B]$ है जब A की प्रारम्भिक सान्द्रता B की सान्द्रता को स्थिर रखते हुए तीन गुना कर दी जाती है तो प्रारम्भिक वेग होगा NCERT पृष्ठ 66, NEET 2023
(a) छह गुना वृद्धि
(b) नौ गुना वृद्धि
(c) तीन गुना वृद्धि
(d) नौ गुना कमी

4 नीचे दो कथन दिए गए हैं, जिनमें से एक को अभिकथन (A) कहा गया है और दूसरे को कारण (R) के रूप में लेबल किया गया है।

अभिकथन (A) एक अभिक्रिया में शून्य सक्रियण ऊर्जा हो सकती है।

कारण (R) अभिकारक अणुओं द्वारा अवशोषित ऊर्जा की न्यूनतम अतिरिक्त मात्रा ताकि उनकी ऊर्जा देहली मान के बराबर हो जाती है, सक्रियण ऊर्जा कहलाती है।

उपरोक्त कथनों के आधार पर, नीचे दिए गए विकल्पों में से सही उत्तर चुनें। **NCERT पृष्ठ 79, NEET 2023**

(a) A और R दोनों सत्य हैं और R, A का सही स्पष्टीकरण नहीं है।
(b) A सत्य है लेकिन R असत्य है।
(c) A असत्य है लेकिन R सत्य है।
(d) A और R दोनों सत्य हैं और R, A का सही स्पष्टीकरण है।

5 दिया गया ग्राफ एक अभिक्रिया की बलगतिकी का निरूपण करता है। **NCERT पृष्ठ 77, NEET 2022**

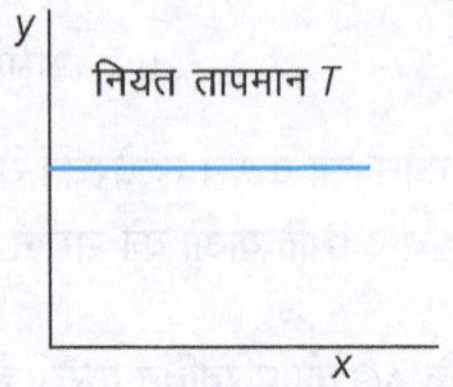

शून्य और प्रथम कोटि अभिक्रियाओं के लिए y और x अक्ष क्रमशः

(a) शून्य कोटि (y = सान्द्रता और x = समय), प्रथम कोटि (y = वेग स्थिरांक और x = सान्द्रता)।
(b) शून्य कोटि (y = वेग और x = सान्द्रता), प्रथम कोटि ($y = t_{1/2}$ और x = सान्द्रता)।
(c) शून्य कोटि (y = वेग और x = सान्द्रता), प्रथम कोटि (y = वेग और $x = t_{1/2}$)।
(d) शून्य कोटि (y = सान्द्रता और x = समय), प्रथम कोटि ($y = t_{1/2}$ और x = सान्द्रता)।

6 एक अभिक्रिया, $A \rightarrow B$ के लिए, अभिक्रिया की एन्थैल्पी – 4.2 किलो जूल मोल$^{-1}$ और सक्रियण की एन्थैल्पी 9.6 किलोजूल मोल$^{-1}$ है। अभिक्रिया के लिए सही स्थितिज ऊर्जा प्रोफाइल विकल्प में दर्शाई गई है। **NCERT पृष्ठ 79, NEET 2021**

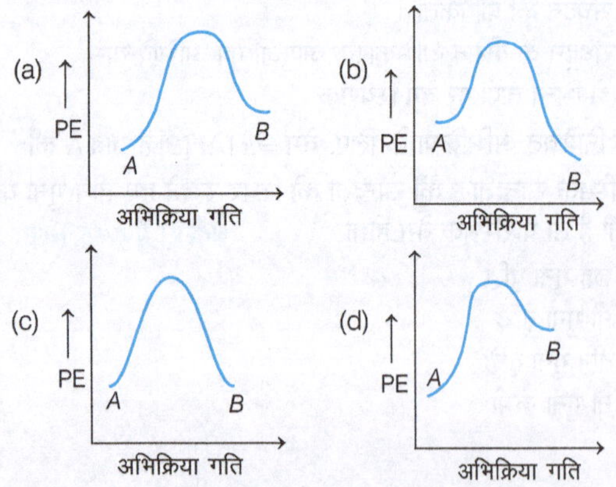

7 प्रथम कोटि अभिक्रिया के आरहेनियस प्लॉट का ढाल -5×10^3 $\left(k \text{ vs } \frac{1}{T} \text{ में}\right)$ का मान है अभिक्रिया का मान है [दिया गया है। $R = 8.314$ किलो जूल मोल$^{-1}$ **NCERT पृष्ठ 80, NEET 2021**

(a) 41.5 किलो जूल मोल$^{-1}$ (b) 83.0 किलो जूल मोल$^{-1}$
(c) 166 किलो जूल मोल$^{-1}$ (d) – 83 किलो जूल मोल$^{-1}$

8 0.02 M अभिकारक की प्रारम्भिक सान्द्रता वाली शून्य कोटि की अभिक्रिया के लिए अर्द्ध आयु 100 सेकण्ड है। अभिक्रिया के लिए वेग स्थिरांक मोल लीटर$^{-1}$ सेकण्ड$^{-1}$ में है। **NCERT पृष्ठ 76, NEET 2020**

(a) 1.0×10^{-4} (b) 2.0×10^{-4}
(c) 2.0×10^{-3} (d) 1.0×10^{-2}

9 रासायनिक अभिक्रिया के संघट्ट सिद्धांत में, Z_{AB} का प्रतिनिधित्व करता है **NCERT पृष्ठ 83, NEET 2020**

(a) E_a से अधिक ऊर्जा वाले अणुओं का अंश
(b) अभिकारकों, A और B की संघट्ट आवृत्ति
(c) त्रिविम कारक
(d) E_a के बराबर ऊर्जा वाले अणुओं का अंश

10 प्रथम कोटि अभिक्रिया के लिए वेग स्थिरांक 4.606×10^{-3} सेकण्ड$^{-1}$ है। अभिकारक के 2.0 ग्राम को 0.2 ग्राम तक करने में लगने वाला समय है **NCERT पृष्ठ 73 , NEET 2020**

(a) 200 सेकण्ड (b) 500 सेकण्ड
(c) 1000 सेकण्ड (d) 100 सेकण्ड

11 यदि प्रथम कोटि अभिक्रिया के लिए वेग स्थिरांक k है, तो अभिक्रिया के 99% पूरा होने के लिए आवश्यक समय (t) है। **NCERT पृष्ठ 73, NEET (National) 2019, 2017**

(a) $t = 6.909/k$ (b) $t = 4.606/k$
(c) $t = 2.303/k$ (d) $t = 0.693/k$

12 एक प्रथम कोटि अभिक्रिया का विशिष्ट अभिक्रिया वेग 10^{-2} से$^{-1}$ है। अभिकारक के 20 ग्राम को 5 ग्राम तक कम होने में कितना समय लगेगा ? **NCERT पृष्ठ 73, NEET (Odisha) 2019, 2017**

(a) 238.6 सेकण्ड (b) 138.6 सेकण्ड
(c) 346.5 सेकण्ड (d) 602 सेकण्ड

13 एक अभिक्रिया के लिए, सक्रियण ऊर्जा $E_a = 0$ तथा 200 K पर वेग स्थिरांक 1.6×10^6 से$^{-1}$ है । 400 K पर वेग स्थिरांक होगा दिया गया है कि गैस स्थिरांक $R = 8.314$ किलो जूल मोल$^{-1}$ **NCERT पृष्ठ 81, NEET (Odisha) 2019**

(a) 3.2×10^4 से$^{-1}$ (b) 1.6×10^6 से$^{-1}$
(c) 1.6×10^3 से$^{-1}$ (d) 3.2×10^6 से$^{-1}$

14 जब अभिकारक की प्रारम्भिक सान्द्रता दोगुनी हो जाती है, तो शून्य कोटि की अभिक्रिया का अर्द्ध आयुकाल होगा **NCERT पृष्ठ 76, NEET 2018**

(a) तीन गुना हो जाता है (b) दोगुना हो जाता है
(c) आधा हो जाता है (d) अपरिवर्तित रहता है

15 प्रथम कोटि की अभिक्रिया की वेग 10 सेकण्ड पर 0.04 मोल लीटर$^{-1}$ सेकण्ड$^{-1}$ तथा अभिक्रिया आरम्भ होने के 20 सेकण्ड बाद 0.03 मोल लीटर$^{-1}$ सेकण्ड$^{-1}$ है। अभिक्रिया का अर्द्ध आयुकाल है

NCERT पृष्ठ 73,76, NEET 2016

(a) 34.1 सेकण्ड (b) 44.1 सेकण्ड
(c) 54.1 सेकण्ड (d) 24.08 सेकण्ड

16 किसी अभिक्रिया की सक्रियण ऊर्जा निम्नलिखित में से किस ग्राफ के ढाल से निर्धारित की जा सकती है?

NCERT पृष्ठ 80, CBSE-AIPMT 2015

(a) $\ln k$ vs T (b) $\frac{\ln k}{T}$ vs T
(c) $\ln k$ vs $\frac{1}{T}$ (d) $\frac{T}{\ln k}$ vs $\frac{1}{T}$

17 जब किसी अभिक्रिया में अभिकारक की प्रारम्भिक सान्द्रता दोगुनी कर दी जाती है, तो उसकी अर्द्ध आयु काल प्रभावित नहीं होती है। अभिक्रिया की कोटि है **NCERT पृष्ठ 77, CBSE-AIPMT 2015**

(a) शून्य
(b) प्रथम
(c) द्वितीय
(d) शून्य से अधिक लेकिन प्रथम से कम

JEE Main

18 किसी प्रथम कोटि गैस प्रावस्था अभिक्रिया के लिए समाकलन वेग नियम है
(जहाँ, p_i प्रारम्भिक दाब एवं p_t समय t पर कुल दाब है)

NCERT पृष्ठ 72, JEE Main 2024

(a) $k = \frac{2.303}{t} \times \log \frac{2p_i}{(2p_i - p_t)}$ (b) $k = \frac{2.303}{t} \times \log \frac{p_i}{(2p_i - p_t)}$
(c) $k = \frac{2.303}{t} \times \log \frac{(2p_i - p_t)}{p_i}$ (d) $k = \frac{2.303}{t} \times \frac{p_i}{(2p_i - p_t)}$

19 $r = k[A]$ किसी अभिक्रिया में A का 50% 120 मिनटों में अपघटित हो जाता है। A के 90% अपघटन में लगा समय है .... मिनट।

NCERT पृष्ठ 77, JEE Main 2024

20 $2A + B \rightarrow C + D$ अभिक्रिया के बलगतिकीय (kinetic) अध्ययन के दौरान निम्नलिखित परिणाम पाए गए **NCERT पृष्ठ 68, JEE Main 2024**

	A [M]	B [M]	D के निर्माण की प्रारम्भिक दर
I	0.1	0.1	6×10^{-3}
II	0.3	0.2	7.2×10^{-2}
III	0.3	0.4	2.88×10^{-1}
IV	0.4	0.1	2.40×10^{-2}

उपर्युक्त आँकड़ों के आधार पर, अभिक्रिया की समग्र कोटि हैं ......

21 एक रासायनिक अभिक्रिया, $A + B \longrightarrow$ के लिए A और B के सापेक्ष कोटि 1 है। **NCERT पृष्ठ 67, JEE Main 2023**

वेग मोल लीटर$^{-1}$सेकण्ड$^{-1}$	$[A]$ मोल लीटर$^{-1}$	$[B]$ मोल लीटर$^{-1}$
0.10	20	0.5
0.40	x	0.5
0.80	40	y

x और y का मान क्या है ?

(a) 80 और 4 (b) 80 और 2
(c) 40 और 4 (d) 160 और 4

22 एक धनात्मक उत्प्रेरक अभिक्रिया के लिए सही अभिक्रिया प्रदर्शन आरेख। **NCERT पृष्ठ 82, JEE Main 2023**

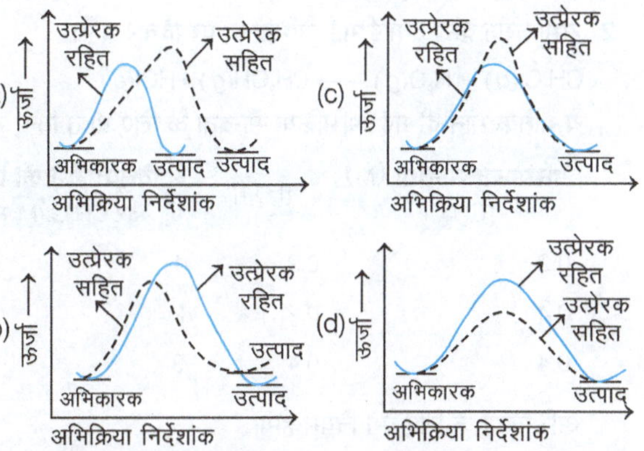

23 निम्नलिखित अभिक्रिया पर विचार करें जो नीचे दर्शाए अनुसार तीन चरणों में A से B तक जाती है। **NCERT पृष्ठ 79, JEE Main 2023**

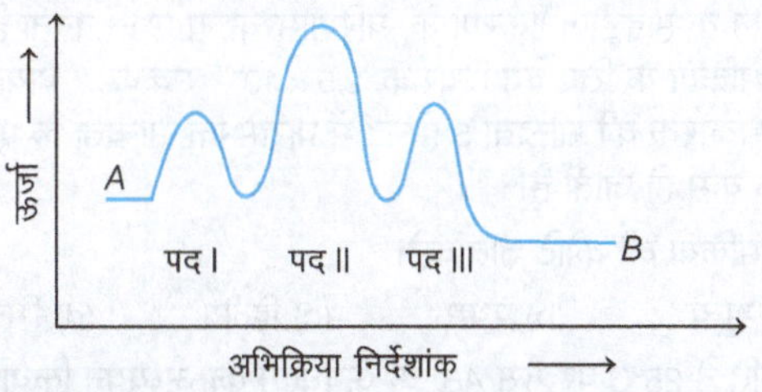

सही विकल्प चुनें।

	मध्यवर्ती की संख्या	सक्रियत संकुलों की संख्या	दर निर्धारक पद
(a)	2	3	III
(b)	3	2	II
(c)	2	3	II
(d)	2	3	I

24 प्रथम कोटि अभिक्रिया के लिए 90% अभिक्रिया पूर्ण होने में लगने वाला समय अर्द्धआयु की अभिक्रिया 'X' गुना है।
I 'X' का मान है (दिया गया है, ln 10 = 2.303 और log 2 = 0.3010)
NCERT पृष्ठ 76, JEE Main 2022

(a) 1.12 (b) 2.43
(c) 3.32 (d) 33.31

25 30°C पर, AB_2 के अपघटन के लिए अर्द्धआयु 200 सेकण्ड है और यह AB_2 प्रारम्भिक सान्द्रता से स्वतन्त्र है। AB_2 के 80% अपघटन के लिए आवश्यक समय है (दिया गया है, log2 = 0.30, log3 = 0.48)
NCERT पृष्ठ 73, JEE Main 2022

(a) 200 सेकण्ड (b) 323 सेकण्ड
(c) 466 सेकण्ड (d) 532 सेकण्ड

स्किल बूस्टर्स

1 दूध का एक नमूना कमरे के तापमान (27°C) पर 48 घण्टों में खट्टा हो जाता है। 2°C पर रेफ्रिजरेटर में, दूध को खट्टा होने से पहले तीन गुना अधिक समय तक संग्रहीत किया जा सकता है। दूध के खट्टे होने की सक्रियण ऊर्जा (किलो जूल मोल $^{-1}$) है।

(a) 30.210 (b) 30.146 (c) 30.0 (d) 35.126

2 समीकरण द्वारा दर्शाई गई अभिक्रिया पर विचार करें।

$CH_3Cl(g) + H_2O(g) \longrightarrow CH_3OH(g) + HCl(g)$

ये गतिक मान दी गई अभिक्रिया सान्द्रता के लिए प्राप्त किए गए थे।

प्रारम्भिक सान्द्रता (*M*) $[CH_3Cl]$	$[H_2O]$	के विलुप्त होने की प्रारम्भिक दर CH_3Cl(M से$^{-1}$)
0.2	0.2	1
0.4	0.2	2
0.4	0.4	8

अभिक्रिया के लिए वेग नियम होगा

(a) $r = k[CH_3Cl][H_2O]$ (b) $r = k[CH_3Cl][H_2O]^2$
(c) $r = k[CH_3Cl]^2[H_2O]$ (d) $r = k[CH_3Cl]^2[H_2O]^4$

3 अभिक्रिया की वेग अभिकारक की सान्द्रता के समानुपाती होती है। एथीन के हाइड्रोजनीकरण के परिणामस्वरूप एथेन बनता है। अभिक्रिया के लिए वेग स्थिरांक, 2.5×10^{-15} सेकण्ड$^{-1}$ पाया गया। अभिकारक की सान्द्रता 5 मिनट में प्रारम्भिक सान्द्रता के एक तिहाई तक कम हो जाती है।
अभिक्रिया की कोटि ज्ञात करें।

(a) शून्य (b) प्रथम (c) द्वितीय (d) भिन्नात्मक

4 स्वाति ने 25°C पर गैस AB_3 के अपघटन का अध्ययन किया है। उसने निम्नलिखित आँकड़े प्राप्त किये।

P(mm Hg)	50	100	200	400
सापेक्ष $t_{1/2}$(s)	4	2	1	0.5

अभिक्रिया की कोटि है

(a) 1 (b) 0 (c) 0.5 (d) 2

5 निम्नलिखित अभिक्रियाओं पर विचार करें।

$A \rightarrow P1$; $B \rightarrow P2$; $C \rightarrow P3$; $D \rightarrow P4$,

उपरोक्त अभिक्रियाओं का क्रम क्रमशः *a*, *b*, *c* और *d* है।
निम्नलिखित ग्राफ में log [वेग] एवं log [सान्द्रता] वक्रित किए गए हैं।

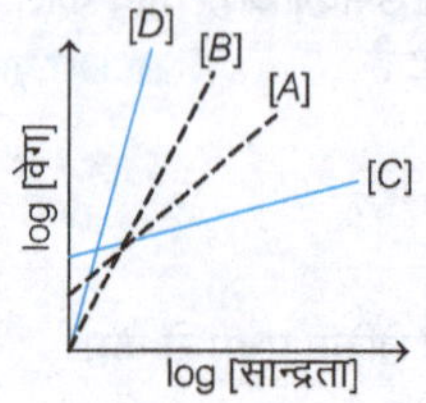

निम्नलिखित में से, अभिक्रियाओं के कोटि का सही क्रम है

(a) d > a > b > c
(b) a > b > c > d
(c) c > a > b > d
(d) d > b > a > c

6 निम्नलिखित अभिक्रिया *A* और *B* के एन्थैल्पी के दिए गए आरेख पर विचार करें

$A + B \longrightarrow C + D$

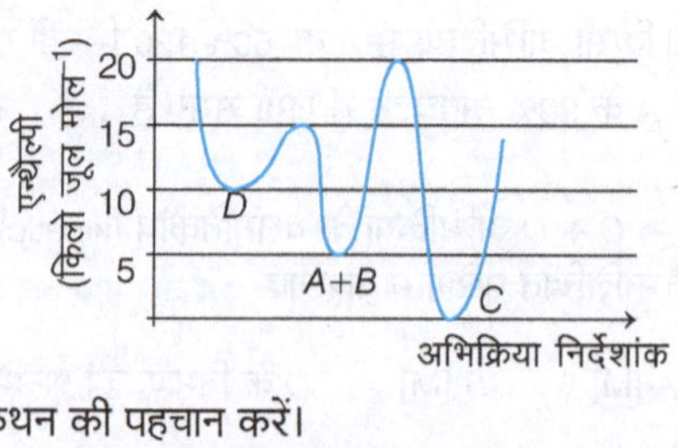

गलत कथन की पहचान करें।

(a) *D* गतिक रूप से स्थायी उत्पाद है।
(b) *A* और *B* के निर्माण में सक्रियण एन्थैल्पी C से उच्चतम होती है।
(c) ऊष्मागतिकी रूप से स्थायी उत्पाद C है।
(d) *C* के निर्माण के लिए सक्रियण एन्थैल्पी, *D* के निर्माण लिए सक्रियण एन्थैल्पी से 5 किलो जूल मोल$^{-1}$ कम है।

7 एक ऊष्माक्षेपी रासायनिक अभिक्रिया दो चरणों से होकर गुजरती है

अभिकारक $\xrightarrow{\text{पद I}}$ मध्यवर्ती $\xrightarrow{\text{पद II}}$ उत्पाद

अवस्था 1 की सक्रियण ऊर्जा 50 जूल मोल$^{-1}$ है । अभिक्रिया के लिए समग्र एन्थैल्पी परिवर्तन –100 जूल मोल$^{-1}$ है। कौन-सा ग्राफ अभिक्रिया के लिए ऊर्जा स्तर आरेख का प्रतिनिधित्व कर सकता है?

(a) 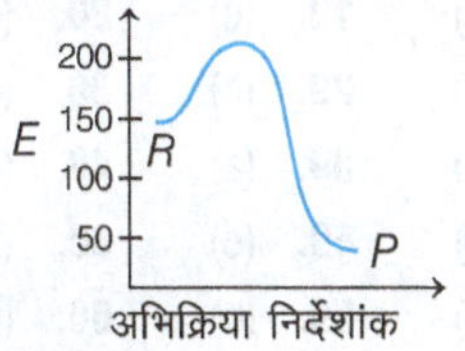

(b) 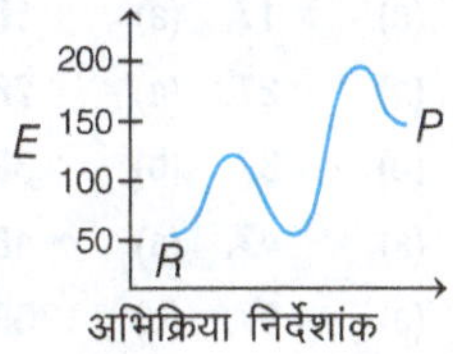

(c) 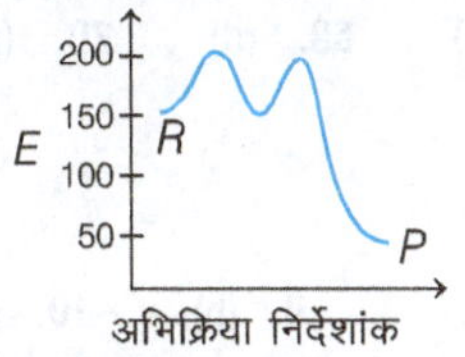

(d) 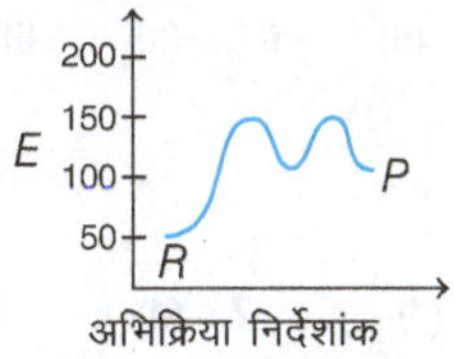

8 किसी निश्चित अभिक्रिया के अपघटन के लिए वेग स्थिरांक को समीकरण द्वारा वर्णित किया जाता है

$$\log k(\text{से}^{-1}) = 14 - \frac{1.25 \times 10^4 \text{ K}}{T}$$

किस तापमान पर वेग स्थिरांक पूर्व-घातांकीय कारक के बराबर होता है?

(a) $T = \frac{1.25 \times 10^4}{14}$

(b) $T = \infty$

(c) $T = 0$

(d) $T = 14 - 1.25 \times 10^4$

9 साम्य अभिक्रिया $A\ B$ के साथ होने वाला ऊर्जा परिवर्तन $A \rightleftharpoons B$ – 33.0 किलोजूल मोल$^{-1}$ है । यह मानते हुए कि पूर्व-घातांक कारक आगे और पीछे की अभिक्रिया के लिए समान है। साम्य स्थिरांक K के लिए 300 K पर अभिक्रिया.

(a) 5.55×10^5

(b) 5.67×10^3

(c) 5.55×10^6

(d) 5.67×10^2

10 दो चरणों में होने वाली एक ऊष्माक्षेपी रासायनिक प्रक्रिया के लिए

I. $P + Q \longrightarrow R$ (धीमा) II. $R \longrightarrow PQ$ (तीव्र)

अभिक्रिया की प्रगति को सबसे अच्छे ढंग से वर्णित किया जा सकता है

(a) 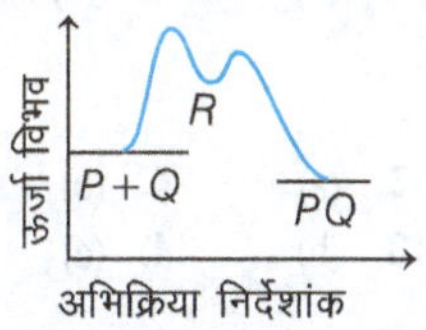

(b) 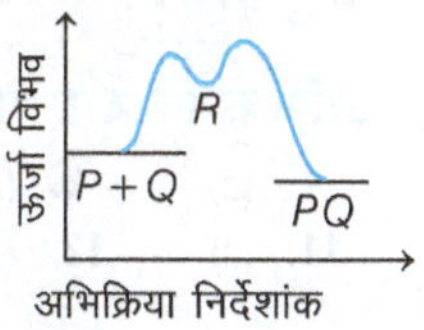

(c) 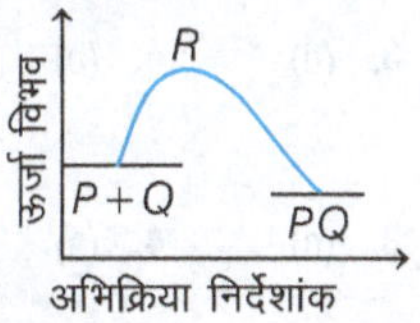

(d) 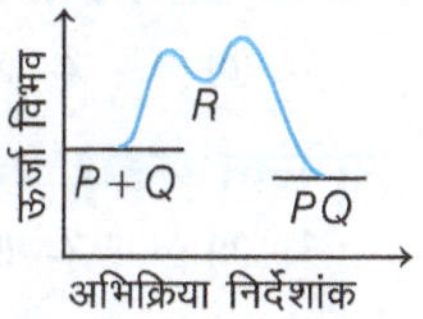

प्रश्न कुंजी

शीर्षकवार प्रश्न

1. (b)	2. (d)	3. (a)	4. (d)	5. (a)	6. (a)	7. (a)	8. (a)	9. (a)	10. (d)
11. (a)	12. (d)	13. (d)	14. (b)	15. (d)	16. (c)	17. (a)	18. (c)	19. (c)	20. (d)
21. (b)	22. (d)	23. (a)	24. (d)	25. (b)	26. (a)	27. (a)	28. (c)	29. (c)	30. (d)
31. (c)	32. (d)	33. (d)	34. (d)	35. (b)	36. (d)	37. (b)	38. (b)	39. (a)	40. (b)
41. (a)	42. (c)	43. (a)	44. (b)	45. (b)	46. (a)	47. (a)	48. (c)	49. (d)	50. (b)
51. (b)	52. (b)	53. (d)	54. (d)	55. (a)	56. (a)	57. (b)	58. (b)	59. (b)	60. (b)
61. (c)	62. (c)	63. (b)	64. (b)	65. (c)	66. (b)	67. (a)	68. (b)	69. (d)	70. (a)
71. (c)	72. (d)	73. (d)	74. (b)	75. (b)					

अभिकथन कारण प्रश्न

1. (a)	2. (a)	3. (a)	4. (b)	5. (a)	6. (d)	7. (d)	8. (b)	9. (b)	10. (a)
11. (a)	12. (c)	13. (b)	14. (a)	15. (d)	16. (c)	17. (a)	18. (c)	19. (b)	20. (a)

कथन आधारित प्रश्न

1. (b)	2. (d)	3. (d)	4. (b)	5. (a)	6. (c)	7. (c)	8. (d)	9. (d)	10. (d)

सुमेलन प्रकार प्रश्न

1. (c)	2. (b)	3. (c)	4. (a)	5. (a)

आंकिक मान प्रकार के प्रश्न

1. (5)	2. (3)	3. (3)	4. (100)	5. (52)

NCERT Exemplar प्रश्न

1. (b)	2. (c)	3. (b)	4. (a)	5. (c)	6. (d)	7. (c)	8. (b)	9. (b)	10. (c)
11. (c)	12. (b)	13. (a)	14. (a)	15. (d)	16. (a)	17. (b)	18. (c)	19. (a)	
20. A-2, B-1, C-3		21. (b)							

विगत परीक्षाओं के प्रश्न

1. (d)	2. (d)	3. (b)	4. (c)	5. (b)	6. (b)	7. (a)	8. (a)	9. (b)	10. (b)
11. (b)	12. (b)	13. (b)	14. (b)	15. (d)	16. (c)	17. (b)	18. (b)	19. (399)	20. (3)
21. (b)	22. (d)	23. (c)	24. (c)	25. (c)					

स्किल बूस्टर्स

1. (b)	2. (b)	3. (b)	4. (d)	5. (d)	6. (d)	7. (c)	8. (b)	9. (a)	10. (a)

क्रमवार

प्रश्नों का विश्लेषण

कॉन्सेप्ट बिल्डर्स

1 अभिक्रिया वेग, क्रियाविधि

2 सत्य 3 सत्य

4 तात्कालिक 5 सत्य

6 सत्य 7 सत्य

8 कोटि 9 (वायुमण्डलीय)$^{1-n}$से$^{-1}$

10 आण्विकता, कोटि 11 दो

12 असत्य 13 शून्य कोटि

14 शून्य 15 असत्य

16 असत्य 17 $\frac{k}{2.303}$

18 अभिकारक की सान्द्रता, वेग स्थिरांक।

19 1.26×10^{13} सेकण्ड $\left[\text{संकेत} : t_{1/2} = \frac{0.693}{k}\right]$

20 सत्य 21 आभासी प्रथम

22 $t_{1/2} = \frac{1}{k[A_0]}$ 23 असत्य

24 मुक्त होना 25 सक्रियण ऊर्जा

26 सत्य

27 $\frac{-E_a}{R}$

28 अवरोधक

29 असत्य

30 प्रभावी संघट्ट

शीर्षकवार प्रश्न

1 *(b)* केवल उन रासायनिक अभिक्रियाओं का वेग आसानी से निर्धारित किया जा सकता है जो मध्यम गति से होती हैं, जैसे स्टार्च का जल अपघटन, इक्षु शर्करा का प्रतीयन आदि।

2 *(d)* दिए गए ग्राफ से, अभिक्रिया की औसत वेग इस प्रकार दी गई है,

$$r_{av} = \frac{-\{[R_2]-[R_1]\}}{(t_2-t_1)}$$

3 *(a)* दिए गए ग्राफ में, वक्र *P* उत्पादों की सान्द्रता में परिवर्तन को दर्शाता है, जैसा कि वहाँ है

समय बीतने के साथ उत्पादों की सान्द्रता में क्रमिक वृद्धि होती है।

4 *(d)* अभिक्रिया का वेग = $\frac{\text{सान्द्रता में परिवर्तन}}{\text{समय में परिवर्तन}}$

वेग $= \frac{0.35}{50} = 7\times 10^{-3}$

वेग $= 7\times 10^{-3}$ मी से$^{-1}$

5 *(a)* अभिक्रिया के लिए,

$$2X + Y \longrightarrow X_2Y$$

अभिक्रिया का तात्कालिक वेग इस प्रकार दिया गया है,

$$-\frac{d[X]}{2dt} = \frac{-d[Y]}{dt} = +\frac{d[X_2Y]}{dt}$$

6 *(a)* अभिक्रिया के लिए,

$$N_2 + 3H_2 \longrightarrow 2NH_3$$

अभिक्रिया का तात्कालिक वेग इस प्रकार दिया गया है

$$-\frac{d[N_2]}{dt} = -\frac{d[H_2]}{3dt} = +\frac{d[NH_3]}{2dt}$$

$$\therefore \quad \frac{d[NH_3]}{dt} = -\frac{2}{3}\frac{d[H_2]}{dt}$$

7 *(a)* अभिक्रिया के लिए,

$$2NO_2 \longrightarrow 2NO + O_2$$

$$\text{वेग} = -\frac{1}{2}\frac{d[NO_2]}{dt}$$

$$= \frac{d[NO]}{2dt} = \frac{d[O_2]}{dt}$$

$$\because -\frac{d[NO_2]}{dt} = 6\times 10^{-12} \text{ मोल लीटर से}^{-1}$$

$$\therefore \quad \frac{d[O_2]}{dt} = -\frac{1}{2}\frac{d[NO_2]}{dt}$$

$$\therefore \quad = \frac{1}{2}\times 6\times 10^{-12}$$

$$= 3\times 10^{-12} \text{ मोल लीटर}^{-1} \text{ से}^{-1}$$

8 *(a)* अभिक्रिया के लिए,

$$2SO_2(g) + O_2(g) \rightleftharpoons 2SO_3(g)$$

अभिक्रिया का वेग इस प्रकार दिया गया है

$$\frac{-\Delta[SO_2]}{\Delta t} = 2\left(-\frac{\Delta[O_2]}{\Delta t}\right)$$

$$\because \frac{-\Delta[O_2]}{\Delta t} = 2.5\times 10^{-4} \text{ मोल ली}^{-1}\text{से}^{-1}$$

(दिया है)

$$\therefore \quad \frac{-\Delta[SO_2]}{\Delta t} = 2\times 2.5\times 10^{-4} \text{ मोल ली}^{-1}\text{से}^{-1}$$

$$= 50.0\times 10^{-5} \text{ मोल ली}^{-1} \text{ से}^{-1}$$

9 *(a)* अभिक्रिया के लिए,

$$5Br^- + BrO_3^- + 6H^+ \longrightarrow 3Br_2 + 3H_2O$$

$$\frac{-1}{5}\frac{d[Br^-]}{dt} = -\frac{d[BrO_3^-]}{dt} = \frac{1}{3}\frac{d[Br_2]}{dt}$$

$$\frac{1}{5}k_1 [Br^-] = k_2 [Br^-] = \frac{1}{3}k_3 [Br^-]$$

$$3k_1 = 15k_2 = 5k_3 \text{ या } k_1 = 5k_2 = 1.66k_3$$

10 *(d)* दिए गए ग्राफ में, *P* के लिए $t = 0$ से $t =$ 1 h तक।

इन की सान्द्रता में परिवर्तन, अर्थात्

$$[\Delta P] = 0.6 - 0.5 = 0.1 \text{ मोल ली}^{-1}$$

$\therefore$ प्रारम्भिक वेग का रूपान्तरण

$$P = \frac{\Delta[P]}{\Delta t} = \frac{0.1 \text{ मोल लीटर}}{1 \text{ घण्टा}}$$

$$= 0.1 \text{ मोल ली}^{-1} \text{ घण्टा}^{-1}$$

11 *(a)* अभिक्रिया का वेग

$$= -\frac{1}{2}\frac{d[x]}{dt}$$

$$= -\frac{1}{2}\frac{[1.5-3.0]}{4} = \frac{1.5}{8}$$

$$= 0.187 \text{ M मिनट}^{-1}$$

12 *(d)* दी गई अभिक्रिया के लिए वेग केवल Q की सान्द्रता पर निर्भर करता है। अतः Q की सान्द्रता कम करने पर अभिक्रिया का वेग भी कम हो जाता है।

13 *(d)* अभिक्रिया के लिए,

$$A + B \longrightarrow \text{उत्पाद}$$

अभिक्रिया का वेग मान लें

$$r_1 = k[A]^\alpha [B]^\beta \quad \ldots(i)$$

$$r_2 = 2r_1 = k[A]^\alpha [2B]^\beta \quad \ldots(ii)$$

$$r_3 = 8r_1 = k[2A]^\alpha [2B]^\beta \quad \ldots(iii)$$

समीकरण (ii) को समीकरण (i) से विभाजित करने पर, हमें प्राप्त होता है

$$\frac{r_2}{r_1} = \frac{2r_1}{r_1} = \frac{k[A]^\alpha [2B]^\beta}{k[A]^\alpha [B]^\beta} \Rightarrow \beta = 1$$

इसी प्रकार, समीकरण (iii) को समीकरण (ii) से विभाजित करने पर, हमें प्राप्त होता है

$$\frac{r_3}{r_2} = \frac{8r_1}{2r_1} = \frac{k[2A]^\alpha [2B]^\beta}{k[A]^\alpha [2B]^\beta} \Rightarrow \alpha = 2$$

$\therefore$ वेग $(r_1) = k[A]^2 [B]^1$

14 *(b)* प्रारम्भिक वेग

$= k[P]^a[Q]^b$

नया वेग $= k[2P]^a\left[\frac{Q}{2}\right]^b$

$= k\cdot 2^a[P]^a\cdot\frac{[Q]^b}{2^b}$

$= 2^{(a-b)}\cdot k[P]^a[Q]^b$

$= 2^{(a-b)}\cdot$ प्रारम्भिक वेग

इस प्रकार, $\frac{\text{नया वेग}}{\text{प्रारम्भिक वेग}} = 2^{(a-b)}$

15 *(d)* C के निर्माण के लिए वेग नियम है

$r = \frac{dC}{dt} = k[A]^x[B]^y$

जहाँ, $x = A$ के सम्बन्ध में अभिक्रिया की कोटि।

$y = B$ के सम्बन्ध में अभिक्रिया की कोटि।

$1.2\times10^{-3} = k(0.1)^x(0.1)^y$

$1.2\times10^{-3} = k(0.1)^x(0.2)^y$

$2.4\times10^{-3} = k(0.2)^x(0.1)^y$

उपरोक्त समीकरणों को हल करने पर, हमें $x = 1$ और $y = 0$ प्राप्त होता है

$\therefore \quad r = \frac{dC}{dt} = k[A]^1[B]^0$

या $\quad r = \frac{dC}{dt} = k[A]$

16 *(c)* वेग नियम,

वेग $= k[CH_3Cl]^x\,[H_2O]^y$

$1 = k[0.2]^x\cdot[0.2]^y$ ...(i)

$2 = k[0.4]^x\cdot[0.2]^y$ ...(ii)

$8 = k[0.4]^x\cdot[0.4]^y$ ...(iii)

समी (ii) को (i) से भाग देने पर

हम पाते हैं, $\frac{2}{1} = \left(\frac{0.4}{0.2}\right)^x$

$\Rightarrow \quad x = 1$

समी (iii) को (ii) से विभाजित करने पर

हम पाते हैं, $\frac{8}{2} = \left(\frac{0.4}{0.2}\right)^y$

$\Rightarrow \quad y = 2$

इसलिए वेग $= k[CH_3Cl]\,[H_2O]^2$.

17 *(a)* दिया गया है,

$O_3 \rightleftharpoons O_2 + O$ (तीव्र) ...(i)

$O + O_3 \longrightarrow 2O_2$ (धीमा) ...(ii)

समी (i) से, $K_{eq} = \frac{[O_2][O]}{[O_3]}$

या $\quad [O] = \frac{K_{eq}[O_3]}{[O_2]}$

समीकरण (ii) से

वेग नियम $= k[O_3][O]$

या $\quad r = \frac{k[O_3][O_3]}{[O_2]}K_{eq}$

या $\quad r = k'[O_3]^2[O_2]^{-1}\,[k' = k\times K_{eq}]$

18 *(c)* अतः वेग नियम दिया गया है

$\frac{-d[BrO_3]^-}{dt} = k[BrO_3^-]\,[Br^-]\,[H^+]^2$

$[H^+]$ आयनों की सान्द्रता दोगुनी करने पर अभिक्रिया का वेग 4 गुना बढ़ जाता है।

इसके अतिरिक्त , अतः इसमें $[H^+]$ शब्द शामिल है। इसका मतलब है कि, pH के मान में परिवर्तन के साथ वेग बदलता है।

19 *(c)* दी गई अभिक्रिया के लिए,

$C_2H_5OH + CH_3COOH \longrightarrow CH_3COOC_2H_5 + H_2O$

$r = k[CH_3COOH][C_2H_5OH]$

या $r = k\left[\frac{n}{V}\right]\left[\frac{n}{V}\right]$

आयतन (V) को दो गुना बढ़ाने (तनुकरण के कारण) से वेग 4 गुना कम हो जाएगा।

अर्थात् $r = 0.25\,k[CH_3COOH][C_2H_5OH]$

20 *(d)* दो अम्लों की प्रबलता की तुलना केवल उनके वियोजन स्थिरांक को जानकर की जा सकती है , न कि वेग स्थिरांक के मान से।

H_2SO_4 और HCl की सामर्थ्य की तुलना करने के लिए अपर्याप्त है ।

21 *(b)*

22 *(d)* अतः दिए गए आँकड़ों से स्पष्ट है कि अभिक्रिया का वेग समय के साथ स्थायी रहता है, अतः अभिक्रिया शून्य कोटि की है।

23 *(a)*

24 *(d)* दिया गया, वेग

$= k[CHCl_3]\,[Cl_2]^{1/2}$

$\because \quad$ कोटि $= 1 + \frac{1}{2} = \frac{3}{2}$

$\therefore$ वेग स्थिरांक की इकाई

$= \frac{\text{वेग की इकाई}}{[CHCl_3]\,[Cl_2]^{1/2}}$

$= \frac{\text{bar मिनट}^{-1}}{\text{bar}^{3/2}} = \text{bar}^{-1/2}\text{मिनट}^{-1}$

और वेग की इकाई $= \text{bar}^{-1/2}\text{मिनट}^{-1}$

25 *(b)* अभिक्रिया का वेग निम्न द्वारा दिया जाता है,

$\frac{d[IO^-]}{dt} = \frac{k\,[I^-]\,[OCl^-]}{[OH^-]}$.

इसलिए, अभिक्रिया की समग्र कोटि

$= 1 + 1 - 1 = 1$

26 *(a)*

27 *(a)* दी गई अभिक्रिया,

अर्थात् $2N_2O_5 \rightleftharpoons 2N_2O_4 + O_2$

यह दो चरणों में होता है, अतः द्वि-आण्विक अभिक्रिया होती है तथा वेग निर्धारण चरण सबसे धीमा चरण होता है जो प्रथम कोटि का होता है।

28 *(c)*

29 *(c)* $t = \frac{1}{k}[[A_0] - [A]]$

$= \frac{1}{0.0030}[0.10 - 0.075]$

$= \frac{1}{0.0030}\times 0.025 = \frac{25}{3} = 8.3$ से

30 *(d)* शून्य कोटि अभिक्रिया के लिए,

$[R] = (-k)t + [R]_0$ ...(i)

सीधी रेखा के समीकरण से तुलना करने पर,

$y = mx + c$

$y = [R]$ अभिकारक की सान्द्रता $x = t$ (समय)

ढाल $(m) = -k$ (वेग स्थिरांक)

अवरोधन $(c) = [R]_0$ (प्रारम्भिक सान्द्रता)

इस प्रकार, अभिकारक की सान्द्रता और समय के बीच का ग्राफ विकल्प *(d)* में दिया गया है।

31 *(c)*

32 *(d)* शून्य कोटि अभिक्रिया के लिए, वेग स्थिरांक की इकाई (मोल ली$^{-1}$से$^{-1}$) है।

इसलिए, हम निम्नलिखित सूत्र द्वारा 20 मिनट के पश्चात् की सान्द्रता की आसानी से गणना कर सकते हैं,

$X = kt = 0.6\times10^{-3}\times20\times60$

$= 0.72$ M

33 *(d)* कथन II का सही रूप प्रथम कोटि वेग समीकरण के रूप में दर्शाया जा सकता है

$K = \frac{2.303}{t}\log\left(\frac{R_0}{R}\right)$

34 *(d)* प्रथम कोटि अभिक्रिया के लिए,

$\frac{k\cdot t}{2.303} = \log\,[C_0] - \log\,[C]$

या, $\log\,[C] = \log\,[C_0] - \frac{k\cdot t}{2.303}$

उपरोक्त समीकरण की सीधी रेखा के समीकरण अर्थात $y = mx + c$ से तुलना करने पर, log [C] बनाम t का वक्र ढ़ाल वाली एक सीधी रेखा है।

इस प्रकार, $\log C$, t के साथ रैखिक रूप से घटता है।

35 *(b)* दी गई अभिक्रियाओं में,

$$2H_2O_2 \longrightarrow 2H_2O + O_2$$

$1 = Q$

प्रथम कोटि अभिक्रिया का उदाहरण है, जबकि (c) द्वितीय कोटि अभिक्रिया है तथा अन्य दी गई अभिक्रिया आभासी प्रथम कोटि अभिक्रिया का उदाहरण हैं।

36 *(d)* प्रथम कोटि के लिए,

$$-\ln[R] = kt - \ln[R_0]$$

प्रथम कोटि अभिक्रिया का ग्राफ इस प्रकार है

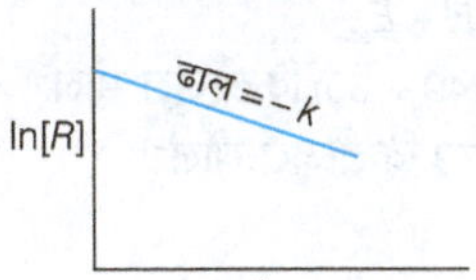

शून्य कोटि अभिक्रिया के लिए,

$$[R]_t = [R]_0 - kt$$

शून्य कोटि अभिक्रिया के लिए ग्राफ है

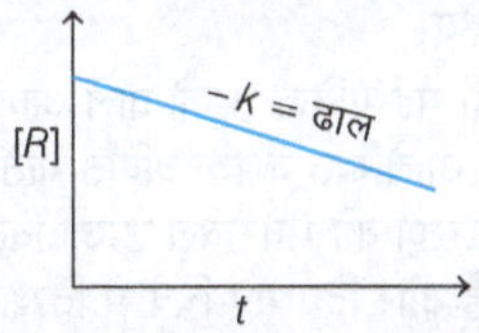

37 *(b)* बेन्जीन डाइऐज़ोनियम क्लोराइड का अपघटन निम्नलिखित तरीके से होता है।

$$C_6H_5\overset{+}{N} \equiv N\bar{Cl} \longrightarrow C_6H_5Cl + N_2\uparrow$$

प्राप्त नाइट्रोजन की मात्रा बेन्जीन डायऐज़ोनियम क्लोराइड के अपघटन की सीमा को दर्शाती है, इसलिए

$a \propto V_\infty = 162$ मिली

$(a - x) \propto (V_\infty - V_t)$ मिली

प्रथम कोटि अभिक्रिया के लिए,

$$k = \frac{2.303}{t}\log\frac{V_\infty - V_0}{V_\infty - V_t}$$

या $$k = \frac{2.303}{t}\log\frac{V_\infty}{V_\infty - V_t} \quad (\because V_0 = 0)$$

20 मिनट पर,

$$k = \frac{2.303}{20}\log\frac{162}{162 - 10}$$

$$= \frac{2.303}{20}\log\frac{162}{152}$$

$= 3.18 \times 10^{-3}$ मिनट$^{-1}$

$\approx 3.2 \times 10^{-3}$ मिनट$^{-1}$

38 *(b)* गैस अवस्था के लिए अभिक्रिया,

	$A(g)$	$\longrightarrow B(g)$	$+ C(g)$
$t = 0$ पर	p_i वायु.	0 वायु.	0 वायु.
समय $= t$ पर	$(p_i - x)$ वायु.	x वायु.	x वायु.

$$k = \frac{2.303}{t}\log\frac{p_i}{(2p_i - p_t)}$$

39 *(a)* माना कि एज़ोआइसोप्रोपेन का प्रारम्भिक दाब p_0 है तथा समय (t) के बाद इसका दाब x कम हो जाता है।

इसलिए,

	$(CH_3)_2CHN = NCH(CH_3)_2 \longrightarrow$	N_2	$+ C_6H_{14}$
$t = 0$	P_0	0	0
360 सेकण्ड के पश्चात्	$p_0 - x$	x	x

360 सेकण्ड के पश्चात् कुल दाब

$(p_t) = p_0 - x + x + x$

$\Rightarrow \quad = 35 + x = 54$

$x = 54 - 35 = 19$ mm Hg

$p_0 - x = 35 - 19 = 16$ mm Hg

प्रथम कोटि अभिक्रिया के लिए,

वेग स्थिरांक, $$(k) = \frac{2.303}{t}\log\frac{p_0}{p_0 - x}$$

$$= \frac{2.303}{360}\log\frac{35}{16}$$

$$= \frac{2.303}{360}\log 2.187$$

$= \frac{2.303}{360} \times 0.34 = 2.17 \times 10^{-3}$ से$^{-1}$

40 *(b)* मान लीजिए, वेग अभिव्यक्ति है

$r \propto [A]^a [B]^b$

प्रयोग I और II से

$$\frac{r_2}{r_1} = \left(\frac{0.1}{0.1}\right)^a \times \left(\frac{0.25}{0.20}\right)^b$$

$$\Rightarrow \frac{6.93 \times 10^{-3}}{6.93 \times 10^{-3}} = 1 \times \left(\frac{5}{4}\right)^b$$

$$\Rightarrow \quad 1 = \left(\frac{5}{4}\right)^b$$

$$\Rightarrow \quad b = 0$$

प्रयोग I और III से

$$\frac{r_3}{r_1} = \left(\frac{0.2}{0.1}\right)^a \times \left(\frac{0.30}{0.20}\right)^b$$

$$\Rightarrow \frac{1.386 \times 10^{-2}}{0.693 \times 10^{-2}} = (2)^a \times (1.5)^0$$

$$\Rightarrow \quad a = 1$$

$\Rightarrow$ इसलिए, $r \propto [A]^1[B]^0 \Rightarrow r \propto [A]$

अभिक्रिया की कोटि (n) = 1

अब, प्रथम प्रयोग के लिए,

$r_1 = k \cdot [A]$

$$\Rightarrow \quad k = \frac{r_1}{[A]} = \frac{6.93 \times 10^{-3}}{0.1}$$

$= 6.93 \times 10^{-2}$ मिनट$^{-1}$

$\Rightarrow t_{\frac{1}{2}}\% = \frac{0.693}{k} = \frac{0.693}{6.93 \times 10^{-2}} = 10$ मिनट

41 *(a)* हम जानते हैं,

$$\lambda = \frac{0.693}{t_{1/2}}$$

तो, प्रथम कोटि अभिक्रिया के लिए, समीकरण है

$$\lambda = \frac{2.303}{t}\log\frac{R_0}{R}$$

λ का मान प्रतिस्थापित करने पर λ हमें प्राप्त होता है

$$\frac{0.693}{5750} = \frac{2.303}{t}\log\frac{15.5}{8.4}$$

तो, $t = 5084$ वर्ष

42 *(c)* प्रथम कोटि अभिक्रिया के लिए,

$$t = \frac{2.303}{k}\log\frac{[A]_0}{[A]}$$

$$\therefore \quad t_{5/6} = \frac{2.303}{k}\log\frac{[R_0]}{[R_0]/6}$$

$$\therefore \quad t_{5/6} = \frac{2.303}{k}\log 6$$

43 *(a)* प्रथम कोटि अभिक्रिया के लिए,

$$k = \frac{2.303}{t}\log\frac{a}{a - x}$$

$\therefore \; k = \frac{2.303}{32 \text{ मिनट}}\log\frac{a}{a - 0.99a}$

$= 0.1439$ मिनट$^{-1}$

$\Rightarrow t = \frac{2.303}{0.1439}\log\frac{a}{a - 0.999a} = 48$ मिनट

44 *(b)* प्रथम कोटि के लिए अर्द्धआयुकाल निम्नानुसार दिया गया है

$$t_{1/2} = \frac{0.693}{k}$$

$\Rightarrow \quad k = \frac{0.693}{20} \quad (\because t_{1/2} = 20 \text{ मिनट})$

अब, $k = \frac{2.303}{t} \log \frac{[A]_0}{[A]}$

$\Rightarrow \frac{0.693}{20} \times \frac{100}{2.303} = \log \frac{100}{100 - x}$

$1.50 = \log \frac{100}{100 - x}$

$\Rightarrow \quad x = 96.83\%$

45 *(b)* अतः, रेडियोधर्मी क्षय प्रथम कोटि बलगतिकी का अनुसरण करता है

$\therefore k$ या क्षय स्थिरांक $(\lambda) = \frac{0.693}{t_{1/2}}$

$\Rightarrow \quad \frac{0.693}{48750} = \lambda$

$\Rightarrow \quad \lambda = 1.42 \times 10^{-5}$

दिया है, $[A_0] = 100$

$\therefore \quad [A] = 100 - 60 = 40$

$t = \frac{2.303}{\lambda} \log \frac{[A_0]}{[A]} = \frac{2.303}{1.42 \times 10^{-5}} \log \frac{100}{40}$

$\because t = \frac{2.303}{1.42 \times 10^{-5}} [\log(5) - \log(2)]$

$= 64548$ वर्ष

46 *(a)* $k = \frac{2.303}{t} \log \frac{a}{a - x}$

200 सेकण्ड के बाद बची हुई सान्द्रता $(a - x)$ है।

$2.714 \times 10^{-3} = \frac{2.303}{200} \log \frac{0.29}{(a - x)}$

$\frac{2.714 \times 10^{-3} \times 200}{2.303} = \log \frac{0.29}{a - x} = 0.235$

$\Rightarrow \quad (a - x) = 0.169 \text{ M}$

47 *(a)* अर्द्धआयुकाल अभिकारक की सान्द्रता पर निर्भर नहीं करता है।

$\therefore$ यह एक प्रथम कोटि अभिक्रिया है।

अभिक्रिया पूर्ण होने के पश्चात् N_2 गैस (उत्पाद) का आयतन 100 ली है ।

इस प्रकार, $\frac{[R]_0}{[R]} = \frac{100}{20} = 5$

दिया गया है, $t = 10$ मिनट

जैसा कि हम जानते हैं कि,

$k = \frac{2.303}{t} \log \frac{[R]_0}{[R]}$

$\therefore \quad k = \frac{2.303}{10} \log 5 \text{ मिनट}^{-1}$

48 *(c)*

49 *(d)*

50 *(b)* किसी अभिक्रिया का ताप गुणांक 10° से भिन्न होने वाले वेग स्थिरांक का अनुपात है, अधिमानतः 25°C और 35°C।

51 *(b)* तापमान में 10° वृद्धि के लिए, $n = 1$

इसलिए , वेग $= 2^n = 2^1 = 2$

जब तापमान 10°C से बढ़कर100°C हो जाता है, तो

तापमान में परिवर्तन $= 100 - 10 = 90$°C

$\therefore \quad n = 9$

अतः वेग $\quad = 2^9 = 512$ गुना

52 *(b)* तापमान में 10° की वृद्धि के साथ एक रासायनिक अभिक्रिया के लिए, वेग स्थिरांक लगभग दोगुना हो जाता है और इसलिए तापमान 50°C, 0°C और 25°C पर N_2O_5 के अर्द्ध अपघटन के लिए लगने वाले समय का सही बढ़ता क्रम 50°C < 25°C < 0°C होगा।

53 *(d)*

54 *(d)* कथन I और IV सही हैं, जबकि कथन II और III गलत हैं। संशोधित रूप इस प्रकार हैं

II. E_a से अधिक गतिक ऊर्जा वाले अणुओं का अंश कर्ता $e^{-2700/RT}$. द्वारा निर्धारित किया जा सकता है।

III. तापमान में वृद्धि के साथ अभिक्रिया का वेग बढ़ जाता है।

55 *(a)* मैक्सवेल वेग वितरण वक्र में शिखर बिन्दु सर्वाधिक सम्भावित गतिज ऊर्जा के अनुरूप होती है।

56 *(a)* दी गई आकृति में, अणुओं का अंश $\frac{N_E}{N_T}$ दर्शाता है जहाँ N_E ऊर्जा E वाले अणुओं की संख्या है और N_T अणुओं की कुल संख्या है।

57 *(b)* आरहेनियस समीकरण है,

$k = A \cdot e^{-E_a/RT}$

जहाँ, $k =$ वेग स्थिरांक,

$A =$ आरहेनियस स्थिरांक,

E_{ac} सक्रियण ऊर्जा और $T =$ K में तापमान.

समीकरण से यह स्पष्ट है कि k, E_a के साथ तेजी से घटता है। इसलिए, वक्र -I सही है।

वक्र-II में, k को तापमान के साथ वक्रित किया गया है (°C में लेकिन K में नहीं)। इसलिए, 0°C पर, $k \neq 0$ और k तापमान के साथ 300°C तक तेजी से बढ़ेंगे। इसलिए, वक्र-II भी सही है।

58 *(b)* चूँकि $E_1 > E_2$; इसलिए $k_1 < k_2$ ऐसा इसलिए है, क्योंकि जैसे-जैसे सक्रियण ऊर्जा (E_a) का मान बढ़ता है, वेग स्थिरांक (k) का मान घटता जाता है।

59 *(b)* दी गई ऊष्माक्षेपी अभिक्रिया के लिए सक्रियण ऊर्जा आरेख; $A + B \longrightarrow C$ इस प्रकार दिया गया है

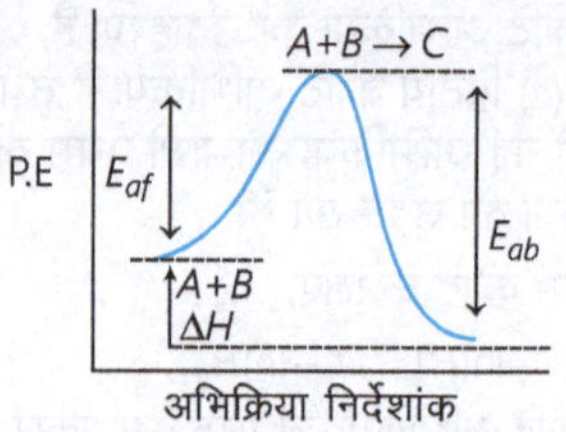

$\therefore E_{ab} = \Delta H + E_{af}$

$= (249 + 30)$ किलोजूल मोल$^{-1}$

$= 279$ किलोजूल मोल$^{-1}$

60 *(b)*

61 *(c)* कथन (c) गलत है।

इसका सही रूप इस प्रकार है

वक्र के नीचे का कुल क्षेत्रफल नियत होना चाहिए, जबकि कुल सम्भाव्यता हर समय एक ही होनी चाहिए।

62 *(c)* किसी दी गई गतिज ऊर्जा वाले अणुओं के अंश को आलेखित करके वर्णित गतिज ऊर्जा के वितरण को मैक्सवेल ऊर्जा वितरण कहा जाता है और दिए गए चित्र में दिखाए गए वक्र को मैक्सवेल-बोल्ट्ज़मान वितरण वक्र के रूप में जाना जाता है।

63 *(b)* ln k v/s $1/T$ दिए गए आलेख में अन्तःखंड A है तथा ढाल $\frac{-E_a}{R}$ है।

64 *(b)* प्रत्येक 10°C वृद्धि पर वेग स्थिरांक दोगुना हो जाता है।

अतः प्रत्येक 20°C वृद्धि के लिए वेग स्थिरांक 4 गुना होगा।

अतः दिए गए कथन के अनुसार,

तापमान	280K	300K
वेग स्थिरांक	k_2	k_1 (या $4k_2$)
इस प्रकार,	$k_1 = 4k_2$	
$\Rightarrow$	$k_2 = 0.25k_1$	

65 *(c)* एक अभिक्रिया के लिए दो अलग-अलग तापमानों पर आरहेनियस समीकरण है

$\ln \frac{k_2}{k_1} = \frac{E_a}{R}\left(\frac{1}{T_1} - \frac{1}{T_2}\right) \quad \ldots(ii)$

$\Rightarrow$ प्रश्नानुसार,

$T_1 = 400 \text{ K}, T_2 = 500 \text{ K},$

$k_1 = 10^{-5}$ से$^{-1}$, $k_2 = ?$

$-\frac{E_a}{R}$ (ढाल) $= -4606$

समीकरण (ii) में सभी दिए गए मानों को प्रतिस्थापित करने पर, हमें प्राप्त होता है

$$\ln \frac{k_2}{10^{-5}} = 4606\left(\frac{1}{400} - \frac{1}{500}\right)$$

$$\ln \frac{k_2}{10^{-5}} = 2.303$$

$$\Rightarrow \quad k_2 = 10^{-4} \text{ से}^{-1}$$

66 *(b)* मान लीजिए कि एन्जाइम के साथ और बिना एन्जाइम के सक्रियण ऊर्जा है $E_a{}^*$ और E_a है।

उत्प्रेरक के भिन्न अभिक्रिया का वेग स्थिरांक आरहेनियस समीकरण द्वारा दिया जाता है।

$$k = Ae^{-E_a/RT}$$

दोनों ओर log लेने पर, हमें मिलता है

$$\log k = \log A - \frac{E_a}{RT(2.303)} \quad ...(i)$$

उत्प्रेरक के साथ, वेग स्थिरांक 10^6 गुना अधिक है

$$\therefore \quad 10^6 k = Ae^{\frac{-E_a^*}{RT}}$$

$$\therefore \quad \log k = \log A - \frac{E_a^*}{RT(2.303)} - 6 ...(i)$$

समीकरणों (i) और (II) की तुलना करें

$$\frac{E_a}{RT(2.303)} = \frac{E_a^*}{RT(2.303)} + 6$$

$$\therefore \quad E_a^* - E_a = -6(2.303)RT$$

67 *(a)* अभिक्रिया का वेग $\propto \frac{1}{\text{सक्रियण ऊर्जा}}$

अतः अभिक्रिया का वेग सक्रियण ऊर्जा इसलिए, I, II, III और V की उत्प्रेरक दक्षता I > II > III > IV सापेक्ष स्थिति का निरूपण करेगी,

68 *(b)* कथन *(b)* गलत है।

इसका सही रूप इस प्रकार है

उत्प्रेरक अभिकारकों और उत्पादों के बीच सक्रियण ऊर्जा को कम करता है।

शेष अन्य कथन सही हैं।

69 *(d)* केवल वे संघट्ट जिनमें अणु पर्याप्त ऊर्जा के साथ संघट्ट करते हैं, जिसे ऊर्जा और उचित अभिविन्यास कहा जाता है, प्रभावी संघट्ट कहलाते हैं। बाकी अणु संघट्ट करते हैं और वापस आ जाते हैं।

70 *(a)*

71 *(c)*

72 *(d)* चूँकि $k \propto e^{-E_a}$; E_a अभिक्रिया का वेग बढ़ाने के लिए कोटि का वेग का कम करना होगा।

73 *(d)* कथन *(d)* सही है। पर्याप्त देहली ऊर्जा और उचित अभिविन्यास वाले परमाणुओं या अणुओं के संघट्ट से उत्पाद का निर्माण होता है।

74 *(b)*

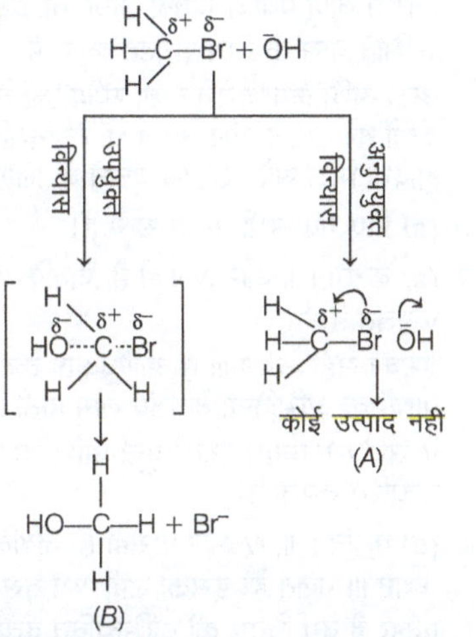

75 *(b)* प्रभावी संघट्टों के लिए संघट्टन वाले अणुओं में ऊर्जा सम्बन्धी विचारों के अतिरिक्त उचित अभिविन्यास होना चाहिए।

अभिकथन-कारण प्रश्न

1 *(a)* A और R दोनों सत्य हैं और R, A का सही स्पष्टीकरण है।

2 *(a)* A और R दोनों सत्य हैं और R, A का सही स्पष्टीकरण है।

3 *(a)* A और R दोनों सत्य हैं और R, A का सही स्पष्टीकरण है।

4 *(b)* A और R दोनों सत्य हैं लेकिन R, A का सही स्पष्टीकरण नहीं है।

अभिक्रिया की कोटि शून्य अथवा भिन्नात्मक हो सकती है अभिक्रिया की कोटि सीधे अभिकारकों की सामर्थ्य से सम्बन्धित होती है।

5 *(a)* A और R दोनों सत्य हैं और R, A का सही स्पष्टीकरण है।

6 *(d)* A असत्य है लेकिन R सत्य है। A का सही रूप इस प्रकार है। कोटि और आण्विकता समान हो भी सकती है और नहीं भी।

7 *(d)* A असत्य है लेकिन R सत्य है।

A का सही रूप है इस प्रकार है

शून्य कोटि अभिक्रिया का वेग इस प्रकार दिया जाता है, वेग = $k\,[R]0$ या वेग = k

इसलिए, शून्य कोटि अभिक्रियाओं के लिए वेग अभिकारकों की प्रारम्भिक सान्द्रता से स्वतन्त्र होती है।

8 *(b)* एक जटिल अभिक्रिया के लिए, अभिक्रिया का कोटि अभिक्रिया के सबसे धीमे चरण द्वारा दी जाती है।

अभिक्रिया के लिए,

$$CH_3CHO(g) \longrightarrow CH_4(g) + CO(g)$$

वेग = $k[CH_3CHO]^{3/2}$

अतः, अभिक्रिया की कोटि 3/2 या 1.5 है तथा अभिक्रिया की आण्विकता 1 है, क्योंकि इसमें केवल एक ही अभिकारक सम्मिलित है।

इसके अतिरिक्त, सबसे धीमे पद की आण्विकता समग्र अभिक्रिया की कोटि के समान होती है।

इस प्रकार, A और R दोनों सत्य हैं लेकिन R, A का सही स्पष्टीकरण नहीं है।

9 *(b)* शून्य कोटि की अभिक्रियाएँ इतनी सामान्य नहीं हैं तथा वे विशेष परिस्थितियों में होती हैं, जैसे कुछ एन्जाइम उत्प्रेरित अभिक्रियाएँ तथा धातु की सतहों पर होने वाली अभिक्रियाएँ शून्य कोटि की अभिक्रियाओं के कुछ उदाहरण हैं।

इसके अतिरिक्त, सोने की सतह पर HI का ऊष्मीय अपघटन एक शून्य कोटि अभिक्रिया है। इस प्रकार, A और R दोनों सत्य हैं लेकिन R, A का सही स्पष्टीकरण नहीं है।

10 *(a)* अभिक्रिया इस प्रकार दी गई है,

$$2NH_3(g) \xrightarrow[\text{Pt उत्पाद}]{1130\text{ K}} N_2(g) + 3H_2(g)\,;$$

वेग = $k\,[NH_3]^0 = k$

इस अभिक्रिया में, Pt उत्प्रेरक के रूप में कार्य करता है तथा धातु की सतह पर अधिक दाब गैस अणुओं से सन्तृप्त हो जाती है।

इस प्रकार, अभिक्रिया की स्थिति में त्वरित परिवर्तन से सतह पर अमोनिया की मात्रा में कोई परिवर्तन नहीं होता है उत्प्रेरक की सान्द्रता से अभिक्रिया का वेग स्वतन्त्र हो जाता है।

इस प्रकार, A और R दोनों सत्य हैं और R, A का सही स्पष्टीकरण है।

11 *(a)* A और R दोनों सत्य हैं और R , A का सही स्पष्टीकरण है।

12 *(c)* $KMnO_4$ और $H_2C_2O_4$ के मिश्रण में, $KMnO_4$ कम तापमान की तुलना में अधिक तापमान पर तेजी से रंगहीन हो जाता है। इसलिए, रंग-हीनता भी तापमान पर निर्भर करती है। इस प्रकार, A सत्य है लेकिन R असत्य है।

13 *(b)* एक द्वि-आण्विक अभिक्रिया तब होती है जब दो उचित रूप से विन्यासित अभिकारक अणु पर्याप्त ऊर्जावान संघट्ट में एक साथ आते हैं जिसे सक्रिय जटिल सिद्धान्त द्वारा समझाया गया है।

इसके अतिरिक्त, जब तापमान 10°C बढ़ जाता है, तो अभिक्रिया वेग दोगुना हो जाता है।
इस प्रकार, A और R दोनों सत्य हैं लेकिन R, A का सही स्पष्टीकरण नहीं है।

14 *(a)* A और R दोनों सत्य हैं और R, A का सही स्पष्टीकरण है।

15 *(d)* A असत्य है लेकिन R सत्य है।
सही उत्तर A है "केवल प्रभावी संघट्ट से ही उत्पाद का निर्माण होता है।"

16 *(c)* A सत्य है लेकिन R असत्य है। R का सही रूप है
केवल वे अणु ही रासायनिक परिवर्तन का नेतृत्व करते हैं जिनमें संघट्ट के दौरान उचित अभिविन्यास (अर्थात् प्रभावी संघट्ट) तथा पर्याप्त गतिज ऊर्जा होती है।

17 *(a)* A और R दोनों सत्य हैं R, A का सही स्पष्टीकरण है।

18 *(c)* संघट्ट सिद्धान्त अभिक्रियाओं के ऊर्जावान और यान्त्रिक पहलुओं में अधिक अन्तर्दृष्टि प्रदान करता है।
क्योंकि यह गैसों के गतिक सिद्धान्त पर आधारित है।
इस प्रकार, A सत्य है लेकिन R असत्य है।

19 *(b)* संघट्ट सिद्धान्त की मान्यता के अनुसार प्रभावी संघट्ट के लिए एक अन्य कारक *P* पेश किया गया है।
इसके अतिरिक्त, संघट्ट में, प्रभावी संघट्ट के लिए अणुओं का उचित दिशा में होना आवश्यक है। इस प्रकार, A और R दोनों सत्य हैं लेकिन R, A का सही स्पष्टीकरण नहीं है।

20 A और R दोनों सत्य हैं और R, A का सही स्पष्टीकरण है।

कथन आधारित प्रश्न

1 *(b)* कथन I सत्य है लेकिन कथन II असत्य है।
कथन II का सही रूप है जटिल अभिक्रियाओं के लिए आण्विकता का कोई अर्थ नहीं है।

2 *(d)* कथन I और कथन II दोनों सत्य हैं।

3 *(d)* कथन I और कथन II दोनों सत्य हैं।

4 *(b)* कथन I सत्य है लेकिन कथन II असत्य है।
कथन II का सही रूप है उत्प्रेरक सक्रियण ऊर्जा को कम करता है जो बदले में वृद्धि करता है
अभिक्रिया वेग में परिवर्तन।

5 *(a)* कथन I और कथन II दोनों असत्य हैं।
उनका सही रूप है केवल प्रभावी संघट्ट के परिणामस्वरूप उत्पाद निर्माण, अर्थात् टकराव जिसमें अणु पर्याप्त गतिज ऊर्जा और उचित अभिविन्यास के साथ संघट्ट करते हैं
अतः अभिक्रिया करने वाली स्पीशीजों के बीच बन्धों को तोड़ने और नए बन्धों के निर्माण की सुविधा मिल सके, उत्पाद बनाने के लिए।

6 *(c)* दिए गए सभी कथन सत्य हैं।

7 *(c)* कथन I, II और IV सही हैं, जबकि III और V गलत हैं।
इसका सही कथन III हैं आण्विकता केवल प्राथमिक अभिक्रिया के लिए लागू होती है।
V. उत्प्रेरक केवल स्वतःस्फूर्त अभिक्रिया को उत्प्रेरित करता है।

8 *(d)* कथन I, II, IV और V सही हैं, जबकि कथन III गलत है। इसका सही रूप इस प्रकार है वेग नियम की अभिव्यक्ति द्रव्यमान क्रिया के नियम के अनुमान समान हो सकती है।

9 *(d)* कथन I, III और IV सही हैं, जबकि कथन II और V गलत हैं।
इनका सही रूप इस प्रकार है
II अभिक्रिया करने वाली स्पीशीज के सभी अणुओं की गतिज ऊर्जा समान नहीं होती, लेकिन उनका भिन्न समान होता है।
किसी विशेष तापमान पर विशेष गतिज ऊर्जा वाले अणु स्थायी रहते हैं।
V. शून्य कोटि अभिक्रिया की अर्द्धआयु, वेग स्थिरांक के व्युत्क्रमानुपाती होती है।

10 *(d)* दिए गए कथनों में से I और II सही हैं। जबकि कथन III गलत है। III का सही रूप है
$A^m + B^n \longrightarrow AB_x$
इस सम्बन्ध में, अभिक्रिया की कुल कोटि = $m + n$ हो भी सकती है और नहीं भी

सुमेलन प्रकार प्रश्न

1 *(c)* सही सुमेलन A-3, B-1, C-2 है।

2 *(b)* सही सुमेलन A-2, B-1, C-4, D-3 है।

3 *(c)* सही सुमेलन A-3, B-2, C-1 है।

4 *(a)* सही सुमेलन A-2, B-1, C-3, D-4 है।

5 *(a)* सही सुमेलन A-2, B-4, C-1, D-3 है।
A. आण्विकता भिन्न या शून्य नहीं हो सकती। यदि आण्विकता शून्य है तो अभिक्रिया सम्भव नहीं है।
B. $e^{-E_a/RT}$ यह अणुओं के उस भिन्न को सन्दर्भित करता है जिसकी गतिज ऊर्जा सक्रियण ऊर्जा के बराबर या उससे अधिक होती है।
C. ऊर्जा की दृष्टि से अनुकूल अभिक्रियाएँ कभी-कभी धीमी होती हैं, क्योंकि अणुओं का अभिविन्यास अनुचित होता है, जिससे अणुओं के बीच अप्रभावी संघट्ट होती है।
D. मैक्सवेल, बोल्ट्ज़मान वक्र के नीचे का क्षेत्र नियत है क्योंकि रासायनिक अभिक्रिया में भाग लेने वाले अणु की कुल सम्भाव्यता एक के बराबर होती है।

अंकिक मान प्रकार के प्रश्न

1 *(5)* अभिक्रिया $P + Q + R \longrightarrow S$ के लिए यहाँ दी गई अभिक्रिया के लिए, अभिक्रिया की कोटि है

$$= \frac{1}{2} + \frac{1}{2} + \frac{1}{4} = \frac{5}{4} = \frac{x}{4}$$

X का मान 5 है।

2 *(3)* माना अभिक्रिया का वेग $R = k[A]^n$

$$27R = k[3A]^n \qquad \ldots(\text{i})$$

समी (ii) को (i) से भाग देने पर ,

$$27 = 3^n \Rightarrow 3^n = 3^3$$

$$n = 3$$

3 *(3)* दिए गए कथनों में से A, B और D सही हैं।
C का सही कथन है
किसी अभिक्रिया की कोटि एक भिन्नात्मक संख्या हो सकती है।

4 *(100)* प्रथम कोटि अभिक्रिया के लिए,

$$k = \frac{2.303}{t} \log\left(\frac{a}{a-x}\right) \qquad \ldots(\text{i})$$

$$k = \frac{0.693}{t_{1/2}}$$

समी (i) और (ii) से

$$\frac{0.693}{t_{1/2}} = \frac{2.303}{t} \log \frac{a}{(a-x)}$$

$$\frac{0.693}{10} = \frac{2.303}{100} \log\left(\frac{100}{100-x}\right)$$

$$x = 99.9\% \approx 100\%$$

5 *(52)* आरहेनियस समीकरण के अनुसार,

$$\log \frac{k_2}{k_1} = \frac{E_a}{2.303R}\left[\frac{1}{T_1} - \frac{1}{T_2}\right]$$

$$\frac{k_2}{k_1} = 2$$

$$\log(2) = \frac{E_a}{2.303 \times 8.314} \times \left[\frac{1}{295} - \frac{1}{305}\right]$$

$\Rightarrow$ $E_a = 51.86$ किलो जूल मोल$^{-1}$

$E_a \approx 52$ किलो जूल मोल$^{-1}$

NCERT Exemplar प्रश्न

1 *(b)* अभिक्रिया के लिए, $A \longrightarrow B$
अभिकारकों और उत्पादों की सान्द्रता जो समय के सापेक्ष चरघातांकी रूप से बदलती है, निम्नानुसार दी गई है
(i) अभिकारक (यहाँ, A) की सान्द्रता समय के साथ चरघातांकी रूप से घटती है।
(ii) उत्पाद की सान्द्रता (यहाँ, B) समय के सापेक्ष चरघातांकी रूप से बढ़ती है।

2 *(c)* दी गई अभिक्रिया है,
$Zn +$ तनु $HCl \longrightarrow ZnCl_2 + H_2 \uparrow$
अभिक्रिया का औसत वेग 40 सेकण्ड तक

$$\frac{H_2 \text{ की सान्द्रता में परिवर्तन}}{\text{समय में परिवर्तन}} = \frac{V_3 - 0}{40 - 0} = \frac{V_3}{40}$$

3 *(b)* 40 सेकण्ड पर अभिक्रिया का तात्कालिक वेग 40 सेकण्ड तक के समय के छोटे अन्तराल के दौरान अभिक्रिया का वेग है। एक छोटे समय के छोटे अन्तराल के दौरान आयतन परिवर्तन 40 सेकण्ड अर्थात् 40-30 सेकण्ड, 50-40 सेकण्ड, 50-30 सेकण्ड, 40-20 सेकड।
अभिक्रिया का तात्कालिक वेग

$$= \frac{\text{आयतन में परिवर्तन}}{\text{समय अन्तराल 40 सेकण्ड के निटक}}$$

(a) $r_{\text{तात्कालिक}}$ (20 सेकण्ड) $= \frac{V_5 - V_2}{50 - 30}$ सही है।

(b) $r_{\text{तात्कालिक}}$ (10 सेकण्ड) $= \frac{V_4 - V_2}{50 - 30}$ गलत है

सही है $\frac{V_5 - V_3}{50 - 40}$

(c) $r_{\text{तात्कालिक}}$ (10 सेकण्ड) $= \frac{V_3 - V_2}{40 - 30}$ सही है

(d) $r_{\text{तात्कालिक}}$ (20 सेकण्ड) $= \frac{V_3 - V_1}{40 - 20}$ सही है।

4 *(a)*

5 *(c)* उत्प्रेरक की भूमिका अभिक्रिया की सक्रियण ऊर्जा को बदलनी है। यह उत्प्रेरक के उपयोग से अणु की सक्रियण ऊर्जा को बढ़ाकर या घटाकर किया जाता है।

6 *(d)* अर्द्ध अभिक्रिया पूर्ण होने में लगा समय, अर्थात् वह समय जिसमें अभिकारक की सान्द्रता उसके मूल मान से आधी हो जाती है, अभिक्रिया का अर्द्धआयु काल कहलाता है। लेकिन 100% अभिक्रिया करना असम्भव है। पदार्थ का पूरा भाग कभी भी अभिक्रिया नहीं करता क्योंकि प्रत्येक अर्द्धआयु में पदार्थ का 50% भाग करता है। अतः किसी अभिक्रिया को 100% पूर्ण होने में लगने वाला समय अन्नत है।

7 *(c)* दिए गए समीकरण के लिए अभिक्रिया दर की अभिव्यक्ति को निम्न रूप में लिखा जा सकता है

$$-\frac{1}{5}\frac{\Delta[Br^-]}{\Delta t} = -\frac{\Delta[BrO_3^-]}{\Delta t} = \frac{-1}{6}\frac{\Delta[H^+]}{\Delta t}$$

$$= \frac{+1}{3}\frac{\Delta[Br_2]}{\Delta t} = \frac{1}{3}\frac{\Delta[H_2O]}{\Delta t}$$

$$\Rightarrow \frac{1}{5}\frac{\Delta[Br^-]}{\Delta t} = \frac{1}{6}\frac{\Delta[H^+]}{\Delta t}$$

$$\Rightarrow \frac{\Delta[Br^-]}{\Delta t} = \frac{5}{6}\frac{\Delta[H^+]}{\Delta t}$$

8 *(b)* वेग $= k[A][B]$
B के सापेक्ष अभिक्रिया का वेग प्रथम कोटि का है।

$$R_1 = k[A][B]$$

जब अभिकारक 'B' की सान्द्रता दोगुनी कर दी जाती है तो वेग (R_2)

$$R_2 = k[A][2B] = 2k[A][B] = 2R_1$$

अतः यहाँ A की सान्द्रता को नियत रखते हुए B की सान्द्रता को दोगुना करने पर अभिक्रिया का वेग दोगुना हो जाता है।

9 *(b)* मान लीजिए x, A के सापेक्ष कोटि है और y, B के सापेक्ष कोटि है। इसलिए, दी गई अभिक्रिया के लिए वेग नियम इस प्रकार लिखा जा सकता है,

$$r = k[A]^x[B]^y$$

$$\frac{\text{वेग व्यंजक 1}}{\text{वेग व्यंजक 2}} = \frac{[0.30]^x\,[0.30]^y}{[0.30]^x\,[0.60]^y}$$

$$\Rightarrow \frac{0.10}{0.40} = \frac{[0.30]^y}{[0.60]^y}$$

$$\therefore \frac{1}{4} = \left[\frac{1}{2}\right]^y \Rightarrow \left[\frac{1}{2}\right]^2 = \left[\frac{1}{2}\right]^y$$

$$\Rightarrow y = 2$$

$$\frac{\text{वेग व्यंजक 1}}{\text{वेग व्यंजक 3}} = \frac{[0.30]^x\,[0.30]^y}{[0.60]^x\,[0.30]^y}$$

$$\therefore \frac{0.10}{0.20} = \left[\frac{0.30}{0.60}\right]^x\left[\frac{0.30}{0.30}\right]^y \text{ या } \frac{1}{2} = \left[\frac{1}{2}\right]^x$$

$$\Rightarrow \frac{1}{2} = \left[\frac{1}{2}\right]^x, \text{ अर्थात् } x = 1$$

इस प्रकार, वेग $= k[A]^1\,[B]^2$

10 *(c)* संघट्ट सिद्धांत की अवधारणा के अनुसार किसी भी अभिक्रिया के घटित होने के लिए निम्नलिखित आवश्यक स्थितियाँ होती हैं।
(i) अणु को पर्याप्त देहली ऊर्जा के साथ टकराना चाहिए।
(ii) उनका अभिविन्यास उचित होना चाहिए।
(iii) संघट्ट प्रभावी होनी चाहिए।

11 *(c)* संतुलित रासायनिक समीकरण में कोटि हमेशा अभिकारकों के स्टॉकियोमिट्री गुणांकों के योग के बराबर नहीं होती है। किसी अभिक्रिया के लिए, यह अभिकारकों के स्टॉकियोमिट्री गुणांकों के योग के बराबर हो भी सकती है और नहीं भी।
शेष अन्य कथन सही हैं।

12 *(b)* दी गई अभिक्रिया के लिए वेग स्थिरांक (K) निम्नानुसार है

	$A(g) \longrightarrow$	$B(g)$	$+\ C(g)$
प्रारंभिक	p_i	0	0
समय t पर,	$p_i - x$	x	x

$$p_t = p_i - x + x + x = p_i + x$$

$$\therefore \quad x = p_t - p_i$$

प्रथम कोटि अभिक्रिया के लिए,

$$k = \frac{2.303}{t}\log\frac{p_i}{p_i - x}$$

$$= \frac{2.303}{t}\log\frac{p_i}{p_i - (p_t - p_i)}$$

$$\therefore \quad k = \frac{2.303}{t}\log\frac{p_i}{2p_i - p_t}$$

13 *(a)* दिए गए प्रश्न में, अभिकारकों और सक्रिय संकुल ऊर्जा अन्तराल का योग E_1 और E_2 है
$\therefore$ अग्र अभिक्रिया की सक्रियण ऊर्जा $= E_1 + E_2$
उत्पाद अभिकारक की तुलना में कम स्थायी होता है क्योंकि उत्पाद की ऊर्जा अभिकारक की तुलना में अधिक होती है।

14 *(a)* वह रासायनिक अभिक्रिया जिसमें अभिक्रिया के दौरान ऊर्जा निकलती है, ऊष्माक्षेपी अभिक्रिया कहलाती है, अर्थात् उत्पाद की सक्रियण ऊर्जा अभिकारकों की सक्रियण ऊर्जा से अधिक होती है। दिए गए प्रश्न में, केवल (I) ऊष्माक्षेपी अभिक्रिया का सही चित्र दर्शाता है।

15 *(d)* आरहेनियस समीकरण के अनुसार,

$$k = Ae^{-E_a/RT}$$

$$\therefore \quad k \propto e^{-E_a} \text{ और } k \propto e^{-1/T} \text{ या } \propto e^T$$

यह दर्शाता है कि जैसे-जैसे सक्रियण ऊर्जा घटती है, वेग स्थिरांक बढ़ता है और

जैसे-जैसे तापमान बढ़ता है, अभिक्रिया का वेग बढ़ता है।

16 ***(a)*** आरहेनियस समीकरण के अनुसार,

$k \quad Ae^{-E_a/RT}$

दोनों ओर ln लेते हुए

$\ln \quad k = \ln Ae^{-E_a/RT}$

$\Rightarrow \ln\ k = \ln A - \frac{E_a}{RT}$

$\Rightarrow \ln\ k = -\frac{E_a}{R} \times \frac{1}{T} + \ln A$

इस समीकण को सीधी रेखा के समीकरण से सम्बन्धित किया जा सकता है, अर्थात्

$y = mx + c.$

ग्राफ से यह स्पष्ट है कि वक्र का ढाल $= \frac{-E_a}{R}$ और अन्तःखण्ड = ln A.

इसलिए, विकल्प में दिया गया ग्राफ k एवं $1/T$ के ग्राफ को सही ढंग से दर्शाता है क्योंकि यह ऋणात्मक ढाल वाला एकमात्र ग्राफ है।

17 ***(b)*** एक रासायनिक अभिक्रिया की सक्रियण ऊर्जा दो अलग-अलग तापमान पर अभिक्रिया के वेग स्थिरांक से सम्बन्धित है।

अर्थात् k_1 और k_2

क्रमशः $\ln\left(\frac{k_2}{k_1}\right) = \frac{E_a}{R}\left[\frac{1}{T_1} - \frac{1}{T_2}\right]$

18 ***(c)*** उत्प्रेरक की उपस्थिति में, अभिक्रिया के दौरान अवशोषित या उत्सर्जित ऊष्मा अपरिवर्तित रहती है, क्योंकि अभिकारक और उत्पाद की स्थायित्व में कोई परिवर्तन नहीं होता है।

19 ***(a)*** कथन (a) सही है, जबकि कथन (b), (c) और (d) गलत हैं। (b), (c) और (d) का सही रूप इस प्रकार है

(b) अभिक्रिया का वेग समय के साथ बदलता है।

(d) अभिकारक की सान्द्रता में वृद्धि के साथ अभिक्रिया का वेग बढ़ जाता है।

(c) अभिक्रिया का वेग तापमान परिवर्तन पर निर्भर करता है।

20 सही मिलान A-2, B-1, C-3 है।

A. हीरे को सामान्य स्थिति में ग्रेफाइट में परिवर्तित नहीं किया जा सकता।

B. अभिक्रिया का तात्कालिक वेग बहुत कम समय में पूरा हो जाता है।

C. अभिक्रिया का औसत वेग लम्बे समय तक होता है।

21 ***(b)*** उत्प्रेरक की विशेषताएँ

(a) यह अग्र तथा पश्च अभिक्रिया को समान सीमा तक उत्प्रेरित करता है , क्योंकि यह सक्रियण ऊर्जा को कम करता है, अतः दोनों अभिक्रियाओं के वेग को बढ़ाता है।

(b) चूँकि, अभिक्रिया भागफल अभिकारकों और उत्पादों की सान्द्रता के बीच का सम्बन्ध है। अतः उत्प्रेरक गिब्स मुक्त ऊर्जा को नहीं बदलता है क्योंकि यह अभिक्रिया फल से सम्बन्धित है।

इस प्रकार, जब उत्प्रेरक को अभिक्रिया में मिलाया जाता है तो गिब्स मुक्त ऊर्जा में कोई परिवर्तन नहीं होता है।

$$\Delta G = -RT \ln Q$$

जहाँ, Q = अभिक्रियाफल

(c) यह अभिक्रिया के साम्य को नहीं बदलता है क्योंकि साम्य स्थिरांक भी सान्द्रता पर निर्भर करता है।

(d) यह अभिकारकों और उत्पादों के बीच सक्रियण ऊर्जा को कम करके एक वैकल्पिक क्रियाविधि प्रदान करता है।

विगत परीक्षाओं के प्रश्न

1 ***(d)*** आरहेनियस समीकरण से,

$$k = Ae^{-E_a/RT} \Rightarrow \ln k = \ln A - \frac{E_a}{RT}$$

$$\ln k = \frac{-E_a}{R}\left(\frac{1}{T}\right) + \ln A$$

समीकरण $y = mx + c$ से तुलना करने पर

$\ln k \rightarrow y$ और $1/T \rightarrow x$

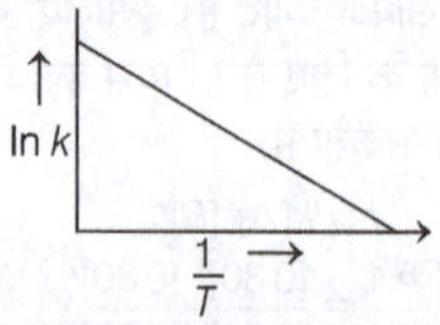

अतः विकल्प (d) सही आरेख से सुमेलित है।

2 ***(d)*** सक्रियण ऊर्जा के परिकलन का सूत्र

$$\log_{10}\left(\frac{k_2}{k_1}\right) = \frac{E_a}{2.303R}\left[\frac{1}{T_1} - \frac{1}{T_2}\right]$$

जहाँ, k_1 तथा k_2 क्रमशः तापमान T_1 और T_2 पर वेग स्थिरांक है।

अतः किसी भी रासायनिक अभिक्रिया की सक्रियण ऊर्जा का परिकलन करने के लिए दो भिन्न तापों पर वेग स्थिरांक का मान ज्ञात होना आवश्यक है।

3 ***(b)*** दिया गया है, वेग $(r) = k[A]^2\ [B]$ ...(i)

$r_1 = k[3A]^2\ [B]$ ...(ii)

समीकरण (i) को (ii) से भाग देने पर हमें प्राप्त होता है

$$\frac{r}{r_1} = \frac{k\ [A]^2\ [B]}{k\ [3A]^2\ [B]} \Rightarrow \frac{r}{r_1} = \frac{1}{9}$$

$\Rightarrow \quad r_1 = 9r$

प्रारम्भिक वेग में नौ गुना वृद्धि होगी।

4 ***(c)*** (A) गलत है लेकिन (R) सही है। जब किसी अभिक्रिया में शून्य सक्रियण ऊर्जा होती है, तो अभिकारक की प्रारम्भिक ऊर्जा अभिक्रिया की सक्रियण ऊर्जा के बराबर होगी। इसका मतलब है कि हर टक्कर के परिणामस्वरूप एक रासायनिक अभिक्रिया होती है जो सम्भव नहीं है।

गणितीय रूप से, यदि $E_a = 0$, तो आरहेनियस समीकरण के अनुसार।

$$k = Ae^{-E_a/RT} = Ae^0 = A$$

5 ***(b)***

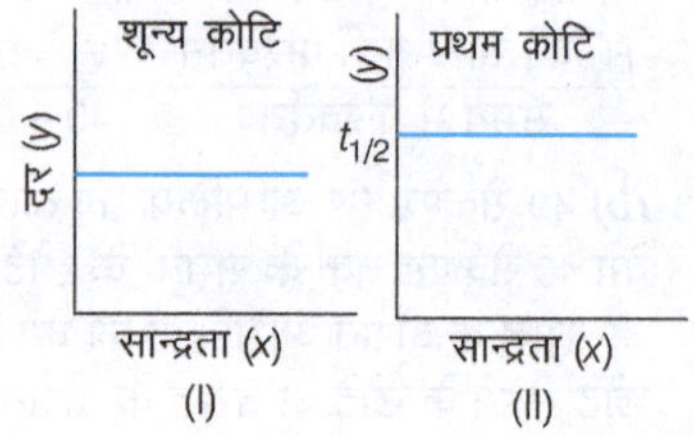

यहाँ, यदि y-अक्ष वेग को दर्शाता है और x सान्द्रता को दर्शाता है, तो ग्राफ 1 शून्य कोटि का है। शून्य कोटि के लिए, अभिक्रिया वेग सान्द्रता से स्वतन्त्र होती है और नियत रहती है। जबकि II ग्राफ प्रथम कोटि को दर्शाता है यदि y अर्द्ध-आयु $(t_{1/2})$ है और x सान्द्रता है। यहाँ, $t_{1/2}$ सान्द्रता से स्वतंत्र है। इसलिए, विकल्प (b) सही है।

6 ***(b)*** अभिक्रिया की एन्थैल्पी − 4.2 किलो जूल मोल$^{-1}$ ऋणात्मक है, अभिक्रिया एक ऊष्माक्षेपी अभिक्रिया है, अर्थात उत्पाद B की ऊर्जा, अभिकारक A की ऊर्जा से कम है। इसलिए, अभिक्रिया के लिए सम्भावित ऊर्जा रूपरेखा है।

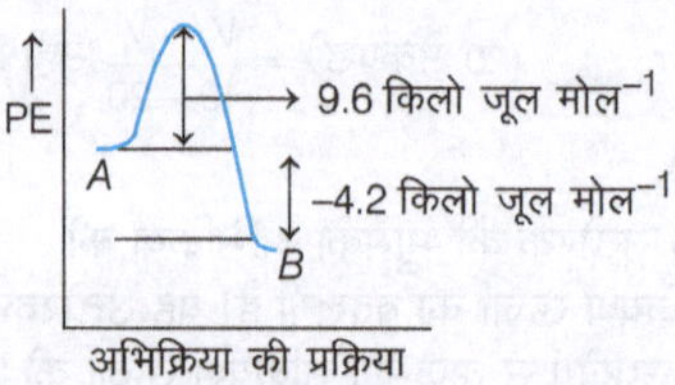

7 *(a)* जैसा कि हम जानते हैं,

$$\ln k = \ln A - \frac{E_a}{R}\left(\frac{1}{T}\right)$$

$\frac{-E_a}{R}$ आरहेनियस ग्राफ का ढाल है और A में अन्तखण्ड है।

$$\text{ढाल} = -5 \times 10^3 \text{ K}$$

$$R = 8.314 \text{ जूल K मोल}^{-1}$$

इसलिए, $-\frac{E_a}{R} = -5 \times 10^3$ K

$$\Rightarrow E_a = 5 \times 10^3 \times R = 5 \times 10^3 \times 8.314$$

$$= 41.57 \times 10^3 \text{ जूल मोल}^{-1}$$

$$= 41.5 \text{ किलो जूल मोल}^{-1}$$

8 *(a)* शून्य कोटि अभिक्रिया के लिए

$$t = \frac{1}{K}(a_0 - a)$$

$$t_{50} = \frac{1}{K} \times \frac{a_0}{2} \quad [\because t_{50} \text{ पर, } a = a_0/2$$

$$K = \frac{a_0}{2 \times t_{50}} = \frac{0.02M}{2 \times 100 \text{ से}} = 1 \times 10^{-4} \text{ से}^{-1}$$

$$= 1 \times 10^{-4} \text{ मोल ली}^{-1} \text{ से}^{-1}$$

9 *(b)*

10 *(b)* प्रथम कोटि अभिक्रिया के लिए,

वेग स्थिरांक $(k) = 4.606 \times 10^{-3}$ से$^{-1}$

प्रारम्भिक मात्रा $(a_0) = 2$ ग्राम

अन्तिम मात्रा $(a) = 0.2$ ग्राम

तो, समय की आवश्यकता है,

$$t = \frac{2.303}{k} \log \frac{a_0}{a}$$

$$= \frac{2.303}{4.606 \times 10^{-3}} \times \log \frac{2}{0.2} = 500 \text{ से}$$

11 *(b)* प्रारम्भिक सान्द्रता मान

(a) = 100 समय t के बाद, अन्तिम सान्द्रता $(a - x) = 100 - 99 = 1$

हम वह जानते हैं,

$$t = \frac{2.303}{k} \log \frac{a}{a-x}$$

उपरोक्त समीकरण में दिए गए मानों को प्रतिस्थापित करने पर हमें प्राप्त होता है

$$t = \frac{2.303}{k} \log \frac{100}{1}$$

$$= \frac{2.303}{k} \log 10^2$$

$$= \frac{2.303}{k} \times 2 \log 10 = \frac{4.606}{k}$$

12 *(b)* प्रथम कोटि अभिक्रिया के लिए,

$$t = \frac{2.303}{k} \log \frac{a}{a-x} \quad \text{...(i)}$$

समीकरण (i) में दिए गए मानों को प्रतिस्थापित करने पर हमें प्राप्त होता है

$$t = \frac{2.303}{10^{-2}} \log \frac{20}{5} = 138.6 \text{ से}$$

13 *(b)* दिया गया है,

$$E_a = 0, T_1 = 200 \text{ K}, k_1 = 1.6 \times 10^6 \text{ से}^{-1}$$

$$T_2 = 400 \text{ K}, R = 8.314 \text{ जूल K मोल}^{-1}$$

आरहेनियस समीकरण के अनुसार ,

$$\log \frac{k_2}{k_1} = \frac{E_a}{2.303R}\left[\frac{1}{T_1} - \frac{1}{T_2}\right]$$

उपरोक्त समीकरण में दिए गए मानों को प्रतिस्थापित करने पर, हमें प्राप्त होता है

$$\log \frac{k_2}{1.6 \times 10^6} = \frac{0}{2.303 \times 8.314}\left[\frac{1}{200} - \frac{1}{400}\right]$$

$$\log\left(\frac{k_2}{1.6 \times 10^6}\right) = 0$$

$$\frac{k_2}{1.6 \times 10^6} = 10^0 = 1$$

$$k_2 = 1.6 \times 10^6 \text{ से}^{-1}$$

14 *(b)* शून्य कोटि अभिक्रिया के लिए,

$$t_{1/2} = \frac{[R]_0}{2k}$$

इस प्रकार, शून्य कोटि अभिक्रिया के लिए $t_{1/2}$ अभिकारक की प्रारम्भिक सान्द्रता के सीधे आनुपातिक है।

$$t_{1/2} \propto [R]_0$$

$\therefore$ शून्य कोटि अभिक्रिया के लिए, जब अभिकारक की सान्द्रता दोगुनी कर दी जाती है, तो अर्द्धआयु $(t_{1/2})$ भी दोगुनी हो जाएगी।

15 *(d)* दी गई, अभिक्रिया की कोटि = 1

वेग 10 सेकण्ड पर = 0.04 मोल ली$^{-1}$से$^{-1}$

वेग 20 सेकण्ड पर = 0.03 मोल ली$^{-1}$से$^{-1}$

अर्द्ध आयुकाल $(t_{1/2})$ = ?

जैसा हम जानते हैं।

$$k = \frac{2.303}{t} \log \frac{[A]_0}{[A]_t} = \frac{2.303}{10} \log \frac{0.04}{0.03}$$

$$k = 0.028775 \text{ से}^{-1}$$

$$t_{1/2} = \frac{0.028775}{0.028773} = 24.08 \text{ से}$$

16 *(c)* आरहेनियस समीकरण द्वारा

$$k = Ae^{-E_a/RT}$$

दोनों ओर से लागू करने पर

$$\ln \quad k = \ln A - \frac{E_a}{RT} \quad \text{...(i)}$$

उपरोक्त समीकरण की तुलना सीधी रेखा समीकरण $y = mx + c$. से करने पर,

यदि k एवं $\frac{1}{T}$ ग्राफ एक सीधी रेखा प्राप्त हो, तो समीकरण की वैधता की पुष्टि की जाती है।

रेखा का ढाल $= -\frac{E_a}{R}$

इस प्रकार रेखा का ढाल E_a का मान ज्ञात किया जा सकता है।

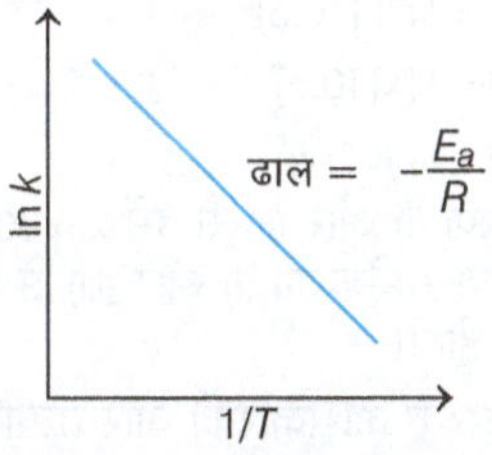

17 *(b)* प्रथम कोटि का अर्द्धआयु काल अभिकारक की प्रारम्भिक सान्द्रता पर निर्भर नहीं करता है।

$$t_{1/2} = \frac{0.693}{k}$$

18 *(b)* $A(g) \longrightarrow B(g) + C(g)$

पर $t = 0$	p_i	0	0
पर $t = t$	$p_i - x$	x	x

$$p_t = p_i - x + x + x$$

$$p_t = p_i + x$$

$$p_i - x = p_i - p_t + p_i = 2p_i - p_t$$

इसलिए $k = \frac{2.303}{t} \times \log \frac{p_i}{(2p_i - p_t)}$

19 *(399)* अभिक्रिया की दर $r = k[A]$

अभिक्रिया की कोटि = 1

$$t_{1/2} = 120 \text{ min}$$

90% पूर्ण होने पर

$$k = \frac{2.303}{t} \log\left(\frac{a}{a-x}\right)$$

$$\frac{0.693}{t_{1/2}} = \frac{2.303}{t} \log\left(\frac{100}{10}\right)$$

$$t = 398.7 \approx 399 = 399 \text{ मिनट}$$

अतः 399 मिनट में A का 90% अपघटन हो जाएगा।

20 *(3)* अभिक्रिया की दर $r = k\,[A]^x\,[B]^y$

I के लिए, $r = 6 \times 10^{-3}$, $A = 0.1$, $B = 0.1$

$$6 \times 10^{-3} = k\,[0.1]^x\,[0.1]^y$$

IV के लिए समान

$$2.4 \times 10^{-2} = [0.4]^x\,[0.1]^y$$

IV का I में भाग देने पर

$$4 = 4^x \Rightarrow x = 1$$

III के लिए, $2.88 \times 10^{-1} = k\,[0.3]^x\,[0.4]^y$

II के लिए, $7.2 \times 10^{-2} = k\,[0.3]^x\,[0.2]^y$

III/II, $4 = 2^y \Rightarrow y = 2$

कुल कोटि $= x + y = 1 + 2 = 3$

21 ***(b)*** हम जानते हैं कि,

$r = k[A]^1[B]^1$

दिए गए मानों से

$r = k[A]^1[B]^1$

$0.1 = k[20]^1[0.5]^1$ ...(i)

$0.40 = k[x]^1[0.5]^1$ ...(ii)

$0.80 = k[40]^1[y]^1$ ...(iii)

समीकरण (i) और (ii) से हमें $x = 80$ प्राप्त होगा तथा समीकरण (i) और (iii) से हमें $y = 2$ प्राप्त होगा।

22 ***(d)*** उत्प्रेरक अभिकारकों और उत्पादों के बीच सक्रियण ऊर्जा को कम करके और इस प्रकार सम्भावित ऊर्जा अवरोध को कम करके एक वैकल्पिक मार्ग या अभिक्रिया क्रियाविधि प्रदान करता है। इसलिए, सही अभिक्रिया प्रोफ़ाइल आरेख विकल्प (d) में है।

23 ***(c)***

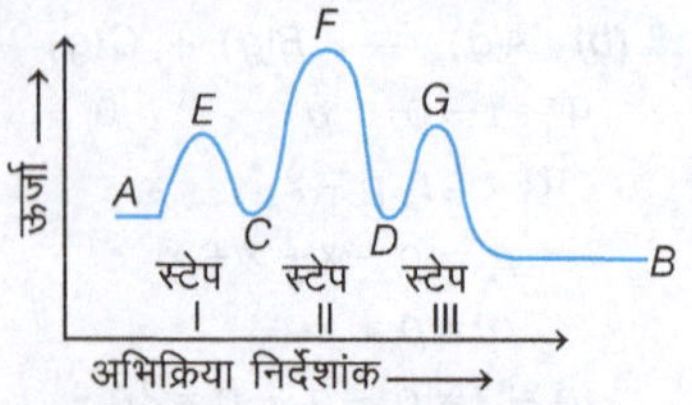

यह एक 3-चरणीय अभिक्रिया है। कुल मध्यवर्ती की संख्या 2 (*C* और *D*) है तथा संक्रमण अवस्थाएँ 3 (*E*, *F* और *G*) हैं। चरण II वेग निर्धारण पद है।

चूँकि इसमें उच्चतम सक्रियण ऊर्जा होती है और उच्च ऊर्जा धीमे स्टेप के अनुरूप होती है।

24 ***(c)*** दिया गया है,

$t_{90\%} = x\, t_{50\%}$

$t_{90\%} = \frac{2.303}{k} \log \left(\frac{100}{100-90}\right)$

$t_{50\%} = \frac{2.303}{k} \log (2)$ ...(ii)

समीकरण (i) को समीकरण (ii) से विभाजित करने पर

इसलिए,

$$\frac{t_{90\%}}{t_{50\%}} = \frac{\frac{2.303}{k}\log 10}{\frac{2.303}{k}\log 2}$$

$$= \frac{1}{0.3010}$$

इसलिए, $\frac{t_{90\%}}{t_{50\%}} = 3.32$

$\Rightarrow \quad x = 3.32$

25 ***(c)*** यह प्रथम कोटि अभिक्रिया है क्योंकि अर्द्ध आयु अभिकारकों की प्रारम्भिक सान्द्रता पर निर्भर नहीं करता प्रथम कोटि अभिक्रिया के लिए,

$$k = \frac{2.303}{t} \log \frac{[A]_0}{[A]}$$

50% अभिक्रिया के लिए,

$$k = \frac{2.303}{t} \log \frac{100}{(100-50)}$$

or, $k = \frac{2.303}{200} \log 2 = 0.0034545$

80% अभिक्रिया के लिए

$$k = \frac{2.303}{t} \log \frac{100}{100-80}$$

या, $0.0034545 = \frac{2.303}{t} \log \frac{100}{20}$

या, $t = 466$ से०

स्किल बूस्टर्स

1 ***(b)*** 2°C (275 K) पर, अभिक्रिया 27°C (300K) से तीन गुना धीमी है। इसका अर्थ है कि दूध खट्टा होने पर लागू होती है।

$\frac{k_{300}}{k_{275}} = 3, T_1 = 275K,$

$T_2 = 300$ K

आरहेनियस समीकरण लागू करने पर,

$$\log \frac{k_{300}}{k_{275}} = \frac{E_a}{2.303R}\left[\frac{T_2 - T_1}{T_2T_1}\right]$$

$$\log 3 = \frac{E_a}{2.303 \times 8.314}\left[\frac{300-275}{275 \times 300}\right]$$

$E_a = 30.146$ किलो जूल मोल$^{-1}$

2 ***(b)*** वेग नियम की तुलना में, कोटि CH_3Cl के सापेक्ष = 1 और $H_2O = 2$

$\therefore \quad r = [CH_3Cl]\,[H_2O]^2$

3 ***(b)*** अभिक्रिया की वेग अभिकारक, अर्थात् एथीन की सान्द्रता के समानुपाती होती है, इसलिए यह प्रथम कोटि अभिक्रिया है।

4 ***(d)*** अभिक्रिया को इस प्रकार दर्शाया जाता है

$AB_3(g) \longrightarrow A(g) + 3B(g)$

$AB_3(g)$ की अपघटन अभिक्रिया नहीं दी गई है, हम मानते हैं कि $P_{(\text{mm Hg})}$ में केवल $AB_3(g)$ के लिए है।

इसलिए, अर्द्ध-आयु $t_{1/2} \propto (P_0)^{1-n}$

$$\frac{(t_{1/2})_1}{(t_{1/2})_2} = \frac{(P_0)_1^{1-n}}{(P_0)_2^{1-n}}$$

$$\frac{4}{2} = \left(\frac{50}{100}\right)^{1-n}$$

$$2 = \left(\frac{1}{2}\right)^{1-n}$$

$n = 1 + 1 = 2$

5 ***(d)*** जैसा कि हम जानते हैं, वेग = k (सान्द्रता)^n

दोनों तरफ से log लेने पर

log (वेग) = log k + n log [सान्द्रता]

ग्राफ का ढाल अभिक्रिया की कोटि है, ढाल जितना अधिक होगा, अभिक्रिया की कोटि उतना ही अधिक होगी।

∴ अभिक्रिया के कोटि का सही क्रम है

$d > b > a > c.$

6 ***(d)*** केवल कथन (d) गलत है।

सही रूप है

C बनाने के लिए सक्रियण ऊर्जा एन्थैल्पी 15 किलो जूल मोल$^{-1}$ है जो *D* बनाने के लिए आवश्यक 15 किलो जूल मोल$^{-1}$ से अधिक है।

7 ***(c)*** ग्राफ (c) के साथ ऊष्माक्षेपी अभिक्रिया का प्रतिनिधित्व करता है

$E_a = 200 - 150 = 50$ जूल मोल$^{-1}$

$\Delta H = 50 - 150 = -100$ जूल मोल$^{-1}$

8 ***(b)*** $\log k = \log A - \frac{E_a}{2.303\,RT}$

$\therefore \quad \log A = 14$

$\Rightarrow$ जब $\quad k = A, T = \infty$

9 ***(a)*** $K_f = Ae^{-\frac{E_f}{RT}}, K_b = Ae^{-\frac{E_b}{RT}}$

$$\therefore \quad K = \frac{K_f}{K_b} = \frac{AE^{-\frac{E_f}{RT}}}{AE^{-\frac{E_b}{RT}}} = e^{\frac{E_b - E_f}{RT}}$$

या $\log K = \frac{E_b - E_f}{2.303RT}$

$$= \frac{33000 \text{ जूल मोल}^{-1}}{2.303 \times 8.314 \text{ जूल केल्विन}^{-1}\text{मोल}^{-1} \times 300}$$

$= 5.745$

$\therefore K = \text{antilog}\,(5.745) = 5.55 \times 10^5$

10 ***(a)*** चूँकि *P* + *Q* का *R* में रूपांतरण धीमा है, जो यह सुझाव देता है कि प्रक्रिया में बहुत अधिक सक्रियण ऊर्जा है, जबकि *R* का *PQ* में रूपान्तरण तेज है। यह सुझाव देता है कि प्रक्रिया में बहुत कम सक्रियण ऊर्जा है। इस प्रकार, ग्राफ (a) अभिक्रिया की प्रगति को सर्वोत्तम रूप से दर्शाता है।

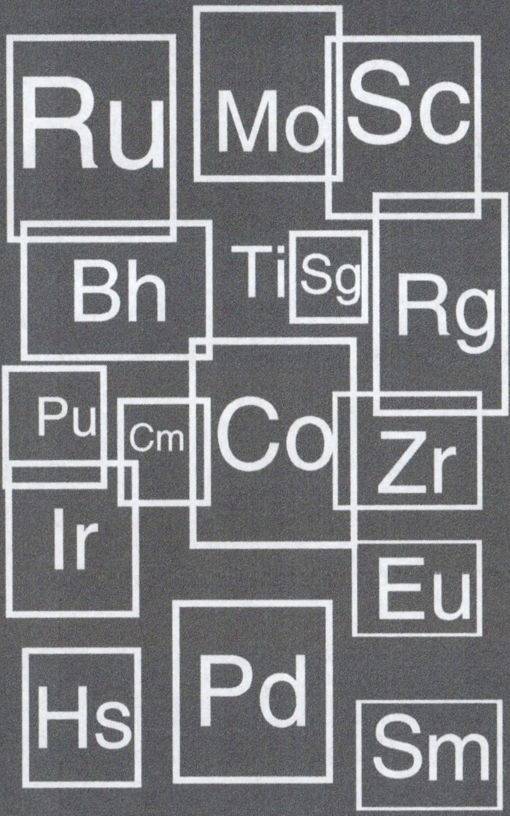

04

रसायन की Concept Master Videos के लिए Scan करें

d एवं *f*- ब्लॉक के तत्व

The *d* and *f*-Block Elements

5 वर्षों में NEET में पूछे गये शीर्षकवार प्रश्न

शीर्षक	वर्षवार प्रश्नों की संख्या				
	2024	2023	2022	2021	2020
संक्रमण तत्वों (*d*-ब्लॉक) का परिचय और गुणधर्म	2	1	–	–	2
संक्रमण तत्वों के कुछ महत्वपूर्ण यौगिक	–	1	1	1	1
लैन्थेनॉयड	1	–	1	1	–
ऐक्टिनॉयड	–	–	–	1	–
d एवं *f*-ब्लॉक तत्वों के कुछ अनुप्रयोग	–	–	–	–	–

NEET में विगत 5 वर्षों में पूछे गये विशेष प्रकार के प्रश्न

प्रकार	वर्ष				
	2024	2023	2022	2021	2020
अभिकथन-कारण	–	1	–	–	–
कथन आधारित	–	1	1	1	1
सुमेलन	–	1	–	–	1

NEET के विगत 5 वर्षों का भारांकन

- आवर्त सारणी के *d*-ब्लॉक में समूह 3-12 के तत्व आते हैं। इनका निर्माण *d*-कक्षक के क्रमिक रूप से भरने से होता है। ये सामान्यतः **संक्रमण धातु** (transition metals) कहलाते हैं।
- संक्रमण तत्वों की मुख्य रूप से चार श्रेणियाँ हैं 3*d* श्रेणी (Sc से Zn), 4*d* श्रेणी (Y से Cd), 5*d*-श्रेणी (La और Hf से Hg) एवं 6*d*-श्रेणी (Ac और Rf से Cn)।
- *f*-ब्लॉक के तत्व वे तत्व हैं, जिनमें बाद के दो दीर्घ आवर्तों में 4*f*-और 5*f*-कक्षक उत्तरोत्तर भरे जाते हैं। ये सामान्यतः **आन्तरिक संक्रमण तत्व** (inner-transition elements) कहलाते हैं।
- आन्तरिक संक्रमण धातुओं की दो श्रेणियाँ 4*f* (Ce से Lu) तथा 5*f* (Th से Lr) क्रमशः **लैन्थेनॉयड** (lanthanoids) तथा **ऐक्टिनॉयड** (actinoids) कहलाती हैं।

आइए, अब एक-एक करके संक्रमण और आन्तरिक संक्रमण तत्वों का अध्ययन करते हैं।

संक्रमण तत्वों (*d*-ब्लॉक) का परिचय और गुणधर्म

(Introduction to Transition Elements (*d*-Block) and Their Properties)

आवर्त सारणी में स्थिति (Position in the Periodic Table)

दीर्घाकार आवर्त सारणी में *s* व *p* ब्लॉक तत्वों के मध्य *d*-ब्लॉक स्थित है।

d-ब्लॉक तत्वों के इलेक्ट्रॉनिक विन्यास (Electronic Configurations of the *d*-Block Elements)

- सामान्य रूप से इन तत्वों के बाह्य कक्षकों का इलेक्ट्रॉनिक विन्यास $(n-1)d^{1-10}\,ns^{1-2}$ हैं। पैलेडियम (Pd) का इलेक्ट्रॉनिक विन्यास $4d^{10}\,5s^0$ है, जो एक अपवाद है।
- जिंक (Zn), कैडमियम (Cd), मर्करी (Hg) और कॉपरनिशियम (Cn) के बाह्य कक्षकों के इलेक्ट्रॉनिक विन्यास $(n-1)d^{10}\,ns^2$ से प्रदर्शित किए जाते हैं।
- Zn, Cd, Hg और Cn की मूल अवस्थाओं (तलस्थ अवस्थाओं) तथा सामान्य ऑक्सीकरण अवस्थाओं में इनके कक्षक (*d*-कक्षक) पूर्णतः भरे होते हैं, इसीलिए इन्हें संक्रमण तत्व नहीं माना जाता।

3*d*, 4*d*, 5*d* और 6*d* संक्रमण श्रेणियों के तत्वों के इलेक्ट्रॉनिक विन्यास (मूल अवस्था)

प्रथम (3*d*) संक्रमण श्रेणी (Sc-Zn)

तत्व (प्रतीक)	Sc	Ti	V	Cr	Mn	Fe	Co	Ni	Cu	Zn
परमाणु क्रमांक	21	22	23	24	25	26	27	28	29	30
इलेक्ट्रॉनिक विन्यास	$3d^1 4s^2$	$3d^2 4s^2$	$3d^3 4s^2$	$3d^5 4s^1$	$3d^5 4s^2$	$3d^6 4s^2$	$3d^7 4s^2$	$3d^8 4s^2$	$3d^{10} 4s^1$	$3d^{10} 4s^2$

द्वितीय (4*d*) संक्रमण श्रेणी (Y-Cd)

तत्व (प्रतीक)	Y	Zr	Nb	Mo	Tc	Ru	Rh	Pd	Ag	Cd
परमाणु क्रमांक	39	40	41	42	43	44	45	46	47	48
इलेक्ट्रॉनिक विन्यास	$4d^1 5s^2$	$4d^2 5s^2$	$4d^4 5s^1$	$4d^5 5s^1$	$4d^6 5s^1$	$4d^7 5s^1$	$4d^8 5s^1$	$4d^{10} 5s^0$	$4d^{10} 5s^1$	$4d^{10} 5s^2$

तृतीय (5*d*) संक्रमण श्रेणी (La-Hg)

तत्व (प्रतीक)	La	Hf	Ta	W	Re	Os	Ir	Pt	Au	Hg
परमाणु क्रमांक	57	72	73	74	75	76	77	78	79	80
इलेक्ट्रॉनिक विन्यास	$5d^1 6s^2$	$5d^2 6s^2$	$5d^3 6s^2$	$5d^4 6s^2$	$5d^5 6s^2$	$5d^6 6s^2$	$5d^7 6s^2$	$5d^9 6s^1$	$5d^{10} 6s^1$	$5d^{10} 6s^2$

चतुर्थ (6*d*) संक्रमण श्रेणी (Ac-Cn)

तत्व (प्रतीक)	Ac	Rf	Db	Sg	Bh	Hs	Mt	Ds	Rg	Cn
परमाणु क्रमांक	89	104	105	106	107	108	109	110	111	112
इलेक्ट्रॉनिक विन्यास	$6d^1 7s^2$	$6d^2 7s^2$	$6d^3 7s^2$	$6d^4 7s^2$	$6d^5 7s^2$	$6d^6 7s^2$	$6d^7 7s^2$	$6d^8 7s^2$	$6d^{10} 7s^1$	$6d^{10} 7s^2$

संक्रमण तत्वों (*d*-ब्लॉक) के सामान्य गुण
(General Properties of the Transition Elements (*d*-Block))

भौतिक गुण (Physical Properties)

- लगभग सभी संक्रमण तत्व (Zn, Cd, Hg को छोड़कर) धात्विक गुण, जैसे उच्च तन्यता सामर्थ्य, तन्यता, आघातवर्धनीयता, उच्च तापीय तथा विद्युत चालकता एवं धात्विक चमक दर्शाते हैं।
- संक्रमण धातुएँ (Zn, Cd, Hg को छोड़कर) अति कठोर तथा अल्प वाष्पशील होती हैं।

गलनांक और क्वथनांक (Melting and Boiling Points)

- इनके गलनांक व क्वथनांक उच्च होते हैं। इसका कारण अन्तरापरमाणविक धात्विक बन्धन में *ns* इलेक्ट्रॉनों के अतिरिक्त $(n-1)d$ कक्षकों के इलेक्ट्रॉनों की भागीदारी है।
- केवल Mn तथा Tc के अपवादों को छोड़कर किसी भी श्रेणी में धातुओं के गलनांक d^5 विन्यास पर अधिकतम होते हैं, तथा बढ़ते हुए परमाणु क्रमांकों के साथ गलनांकों में नियमित रूप से कमी आती है।

परमाणुकरण एन्थैल्पी ($\Delta_a H^\circ$ किलो जूल/मोल)
(Enthalpies of Atomisation ($\Delta_a H^\circ$)

- इनके परमाणुकरण एन्थैल्पी के मान उच्च होते हैं।
- प्रथम संक्रमण श्रेणी के संगत तत्वों की तुलना में द्वितीय तथा तृतीय श्रेणी के तत्वों की परमाणुकरण एन्थैल्पी के मान अधिक होते हैं।
- 3*d*-श्रेणी के तत्वों के लिए परमाणुकरण एन्थैल्पी का घटता क्रम निम्न प्रकार है,

V > Ti > Ni > Co > Fe > Cr > Cu > Sc > Mn > Zn

परमाण्विक तथा आयनिक आकार (Atomic and Ionic Sizes)

- सामान्यतः दी गई श्रेणी में बढ़ते हुए परमाणु क्रमांक के साथ समान आवेश वाले आयनों की त्रिज्याओं में उत्तरोत्तर कमी आती है।
- *d*-इलेक्ट्रॉन का परिरक्षण/आवरण प्रभाव (shielding effect) प्रभावशाली होता है, अतः नाभिकीय आवेश तथा बाह्यतम इलेक्ट्रॉन के बीच कुल वैद्युत आकर्षण में वृद्धि हो जाती है, जिससे आयनिक त्रिज्या का मान घट जाता है।
- इसे प्रकार की प्रवृत्ति किसी श्रेणी की परमाणु त्रिज्याओं में भी देखी जाती है।

- यह याद रखना चाहिए, कि लैन्थेनॉयड आकुंचन के कारण तृतीय संक्रमण श्रेणी (5*d*) के तत्वों की त्रिज्याएँ लगभग वहीं हैं, जो कि द्वितीय संक्रमण श्रेणी (4*d*) के संगत तत्वों की हैं।
- 5*d*-कक्षकों के पूर्व 4*f* कक्षकों में इलेक्ट्रॉनों की आपूर्ति के कारण परमाणु त्रिज्याओं में कमी होने को **लैन्थेनॉयड आकुंचन** (lanthanoid contraction) कहते हैं, जो आवश्यक कमी से बढ़ते हुए परमाणु क्रमांक के साथ परमाणवीय आकार में हुई सम्भावित वृद्धि की क्षति पूर्ति करता है।
- धात्विक त्रिज्या में कमी के कारण परमाण्विक द्रव्यमान में वृद्धि के परिणामस्वरूप इन तत्वों के घनत्व में सामान्यतः वृद्धि होती है।

आयनन एन्थैल्पी (Ionisation Enthalpies)

- आन्तरिक *d*-कक्षको के भरने के साथ नाभिकीय आवेश में वृद्धि होने के कारण प्रत्येक श्रेणी में बाएँ से दाहिनी ओर बढ़ने पर संक्रमण श्रेणी के तत्वों की आयनन एन्थैल्पी में वृद्धि होती है।
- सामान्यतः प्रथम आयनन एन्थैल्पी के मान में वृद्धि होती है परन्तु उत्तरोत्तर तत्वों की द्वितीय एवं तृतीय आयनन एन्थैल्पी के मानों में हुई वृद्धि का परिमाण सामान्यतः बहुत अधिक होता है।
- इलेक्ट्रॉनिक विन्यास d^n के लिए आयनन एन्थैल्पी में परिवर्तन नाभिक की और प्रत्येक इलेक्ट्रॉन के आकर्षण, इलेक्ट्रॉनों के बीच प्रतिकर्षण और विनिमय ऊर्जा पर निर्भर करता है।
- Zn, Cd और Hg उच्चतम आयनन एन्थैल्पी रखते हैं। इसका कारण इनका पूर्ण भरित विन्यास है।
- द्वितीय और तृतीय आयनन एन्थैल्पी में सतत् वृद्धि की प्रवृत्ति क्रमशः Mn^{2+} और Fe^{3+} के बनने में टूट जाती है। दोनों में ही आयनों का विन्यास d^5 है।
- Cr और Cu द्वितीय आयनन एन्थैल्पी के अप्रत्याशित रूप से उच्च मान दर्शाते हैं क्योंकि इनके M^+ आयनों में क्रमशः d^5 और d^{10} विन्यास विघटन होते हैं।

ऑक्सीकरण अवस्था (Oxidation States)

- संक्रमण तत्व परिवर्ती ऑक्सीकरण अवस्था प्रदर्शित करते हैं। इसका कारण इनके *ns* और $(n-1)d$ कक्षकों में इलेक्ट्रॉनों की ऊर्जाओं में अल्प अन्तर का होना है।

Concept Master
Video के लिए

- उच्चतम ऑक्सीकरण अवस्था *ns* और $(n-1)d$ इलेक्ट्रॉनों की कुल संख्या के बराबर होती है।
- अधिकतम ऑक्सीकरण अवस्था Sc से Mn तक बढ़ती है और फिर Zn तक घटती है।
- + 2 और + 3 ऑक्सीकरण अवस्थाओं में अधिकांशतः यौगिक आयनिक होते हैं। **NEET 2023**
- अत्यधिक संख्या में ऑक्सीकरण अवस्थाएँ दर्शाने वाले तत्व संक्रमण श्रेणी के मध्य में या इसके निकट स्थित हैं। उदाहरण Mn, +2 से +7 तक की सभी ऑक्सीकरण अवस्थाएँ दर्शाता है।
- Sc परिवर्ती ऑक्सीकरण अवस्थाएँ नहीं दर्शाता है।
- निम्न ऑक्सीकरण अवस्थाएँ तब पाई जाती हैं जब एक संकुल यौगिक में ऐसे लिगैंड हों, जिनमें σ-आबन्धन के अतिरिक्त π-ग्राही गुण भी पाए जाते हों। उदाहरण- $Ni(CO)_4$ और $Fe(CO)_5$ में निकेल और आयरन की ऑक्सीकरण अवस्था शून्य है।
- उच्चतम ऑक्सीकरण संख्याएँ TiX_4, VF_5 और CrF_6, में प्राप्त की गई है। Mn के अतिरिक्त कोई अन्य धातु ट्राई हैलाइड नहीं बनाती है। FeX_3 और CoF_3 अपवाद हैं।
- Mn, +7 अवस्था में समान्य हैलाइड नहीं बनाती है लेकिन MnO_3F ज्ञात है।
- अधिकतम ऑक्सीकरण अवस्था को स्थायित्व प्रदान करने की फ्लुओरीन की क्षमता या तो इसकी उच्च जालक ऊर्जा के कारण होती है, जैसे CoF_3 में या उच्च सह-संयोजक यौगिकों जैसे VF_5 और CrF_6, में, उच्च आबन्ध एन्थैल्पी के कारण होती है।
- आयोडाइड को छोड़कर Cu(II) के सभी हैलाइड ज्ञात हैं। Cu^{2+}, I^- को I_2 में ऑक्सीकृत कर देता है।

  $$2Cu^{2+}(aq) + 4I^-(aq) \longrightarrow Cu_2I_2(s) + I_2(s)$$

- Cu^{2+} (*aq*) का स्थायित्व $Cu^+(aq)$ से अधिक होने का कारण Cu^{2+} यौगिकों की उच्च ऋणात्मक जलयोजन ऊर्जा, $\Delta_{hyd}H°$ होना है। **NEET 2023**
- अनेक Cu^{2+} यौगिक जलीय विलयन में अस्थाई हैं तथा निम्नानुसार असमानुपातित होते है।

  $$2Cu^+ \longrightarrow Cu^{2+} + Cu$$

- ऑक्साइडों में उच्चतम ऑक्सीकरण संख्या उनकी वर्ग संख्या से मेल खाती है और यह Sc_2O_3 से Mn_2O_7 तक देखने को मिलती है। **NEET 2023**
- समूह 7 के बाद, Fe के उच्च ऑक्साइड Fe_2O_3 से आगे ज्ञात नहीं हैं।
- ऑक्साइड के अतिरिक्त, ओक्सोकैटायन V^V को VO_2^+, V^{IV} को VO^{2+} तथा Ti^{IV} को TiO^{2+} के रूप में स्थायित्व प्रदान करते हैं। फ्लुओरीन की अपेक्षा ऑक्सीजन की इन उच्च ऑक्सीकरण अवस्थाओं को स्थायित्व प्रदान करने की क्षमता अधिक होती है। इस प्रकार Mn का उच्चतम फ्लुओराइड MnF_4 है, जबकि उच्च ऑक्साइड Mn_2O_7 है तथा यह संरचना में Mn—O—Mn सेतु रखता है।
- VO_4^{3-}, CrO_4^{2-}, MnO_4^{2-} और MnO_4^- आयन चतुष्फलकीय आयन के रूप में ज्ञात हैं।

M^{2+}/M मानक इलेक्ट्रोड विभवों में प्रवृत्तियाँ (Trends in M^{2+}/M Standard Electrode Potentials)

- श्रेणी की ओर $E°$ के कम ऋणात्मक मानों की सामान्य प्रवृत्ति होती है। इसका कारण प्रथम और द्वितीय आयनन एन्थैल्पी के योग में सामान्य वृद्धि का होना है।
- Cu का धनात्मक $E°$ मान होने का कारण इसकी निम्न जलयोजन एन्थैल्पी है।
- Mn, Ni तथा Zn के $E°$ के मान सामान्य प्रवृत्ति द्वारा आपेक्षित मानों से अधिक ऋणात्मक होते हैं।
- Mn^{2+} (d^5) और Zn^{2+} (d^{10}) के अधिक ऋणात्मक $E°$ मानों का कारण इनके स्थाई विन्यास का होना है। जबकि Ni के $E°$ मान के लिए इसका कारण उच्च ऋणात्मक $\Delta_{जलीय}H°$ का होना है।

M^{3+}/M^{2+} मानक इलेक्ट्रोड विभवों में प्रवृत्तियाँ **NEET 2024** (Trends in M^{3+}/M^{2+} Standard Electrode Potentials)

- M^{3+}/M^{2+} मानक इलेक्ट्रोड विभव ($E°$) के मानों का अवलोकन इनकी परिवर्तनीय प्रवृत्ति को दर्शाता है।

- Zn के लिए उच्चतम $E^\circ_{M^{3+}/M^{2+}}$ मान का कारण Zn^{2+} के स्थाई d^{10} विन्यास से एक इलेक्ट्रॉन का हटना है।
- इसी प्रकार Sc के लिए इसका निम्न मान Sc^{3+} (d^0) के स्थायित्व को दर्शाता है, जिसका विन्यास अक्रिय गैस विन्यास है।
- Mn के लिए अपेक्षाकृत उच्च मान दर्शाता है कि Mn^{2+} (d^5) स्थाई है, जबकि Fe के अपेक्षाकृत निम्न मान, Fe^{3+} (d^5) के अतिरिक्त स्थायित्व को दर्शाते हैं।
- V के अपेक्षाकृत निम्न मान V^{2+} के स्थायित्व से सम्बन्धित हैं (अर्द्धभरित t_{2g} स्तर)।

रासायनिक अभिक्रियाशीलता एवं E° मान

(Chemical Reactivity and E° Values)

- कॉपर धातु को छोड़कर प्रथम श्रेणी के तत्व अपेक्षाकृत अधिक अभिक्रियाशील होते हैं जो 1M H^+ आयनों द्वारा ऑक्सीकृत हो जाते हैं।
- M^{2+}/M के लिए E° मान श्रेणी में द्विसंयोजी धनायनों के बनने की घटती प्रवृत्ति को दर्शाते हैं।
- M^{3+}/M^{2+} के E° मानों से स्पष्ट है कि M^{3+} तथा Co^{3+} आयन जलीय विलयन में प्रबलतम ऑक्सीकरण अभिकर्मक का कार्य करते हैं।
- Ti^{2+}, V^{2+} और Cr^{2+} आयन प्रबल अपचायी अभिकर्मक हैं तथा तनु अम्ल से हाइड्रोजन गैस मुक्त करते हैं।

चुम्बकीय गुण (Magnetic Properties)

Concept Master Video के लिए

- वे संक्रमण धातु आयन और उनके यौगिक, जिनमें $(n-1)d$ कक्षकों में अयुग्मित इलेक्ट्रॉन होते हैं, अनुचुम्बकीय प्रकृति के होते हैं। जबकि वे संक्रमण तत्व, जिनमें अयुग्मित इलेक्ट्रॉन अनुपस्थित होते हैं, प्रतिचुम्बकीय प्रकृति के होते हैं।
- चुम्बकीय आघूर्ण का निर्धारण अयुग्मित इलेक्ट्रॉनों की संख्या से किया जाता है। इसकी गणना प्रचक्रण-मात्र (spin only) सूत्र द्वारा की जाती है। NEET 2024

$$\mu = \sqrt{n(n+2)}$$

जहाँ n = अयुग्मित इलेक्ट्रॉनों की संख्या जाती है। NEET 2020

μ = बोर मैग्नेटॉन (BM) में चुम्बकीय आघूर्ण

- अनुचुम्बकत्व और चुम्बकीय आघूर्ण अयुग्मित इलेक्ट्रॉनों (1 से 5 तक) की संख्या बढ़ने के साथ बढ़ते हैं।

Marks Maximizer

प्रतिलौहचुम्बकीय पदार्थ (Antiferromagnetic Substances)

प्रतिलौहचुम्बकीय पदार्थों में अयुग्मित इलेक्ट्रॉनों के आधार पर अनुचुम्बकत्व लौहचुम्बकत्व होने की आशा की जाती है, लेकिन वास्तव में उनका समग्र चुम्बकीय आघूर्ण शून्य होता है। **प्रतिलौहचुम्बकत्व** तब उत्पन्न होता है जब समानान्तर चुम्बकीय संवेगों की संख्या प्रति समानान्तर चुम्बकीय संवेगों की संख्या के बराबर होती है। इसके परिणामस्वरूप कुल चुम्बकीय संवेग शून्य होता है।

कुछ आयनिक स्पीशीज के चुम्बकीय आघूर्ण

आयन	विन्यास	अयुग्मित इलेक्ट्रॉनों की संख्या	चुम्बकीय आघूर्ण	
			परिकलित	प्रेक्षित
Sc^{3+}	$3d^0$	0	0	0
Ti^{3+}	$3d^1$	1	1.73	1.75
Ti^{2+}	$3d^2$	2	2.84	2.76
V^{2+}	$3d^3$	3	3.87	3.86
Cr^{2+}	$3d^4$	4	4.90	4.80
Mn^{2+}	$3d^5$	5	5.92	5.96
Fe^{2+}	$3d^6$	4	4.90	5.3–5.5
Co^{2+}	$3d^7$	3	3.87	4.4–5.2
Ni^{2+}	$3d^8$	2	2.84	2.9–3.4
Cu^{2+}	$3d^9$	1	1.73	1.8–2.2
Zn^{2+}	$3d^{10}$	0	0	0

रंगीन आयनों का बनना (Formation of Coloured Ions)

- जब निम्न ऊर्जा वाले d-कक्षक से इलेक्ट्रॉन का उत्तेजन उच्च ऊर्जा वाले d- कक्षक में होता है, तो उत्तेजन ऊर्जा का मान अवशोषित प्रकाश की आवृत्ति के संगत होता है
- सामान्यतः यह आवृत्ति दृश्य क्षेत्र में स्थित होती है।
- प्रेक्षित रंग अधिशोषित प्रकाश का पूरक रंग होता है।
- प्रकाश की आवृत्ति लिगैंड की प्रकृति पर निर्भर करती है और जलीय विलयन में जल के अणु लिगैंड के समान कार्य करते हैं।

संकुल यौगिकों का बनना

(Formation of Complex Compounds)

संक्रमण धातुएँ बड़ी संख्या में संकुल यौगिक बनाती हैं। इसका कारण है

- धातु आयनों का छोटा आकार
- उच्च आयनिक आवेश
- आबन्धों के बनने के लिए रिक्त d-कक्षकों की उपलब्धता।

उत्प्रेरकीय गुण (Catalytic Properties)

- संक्रमण धातुएं एकाधिक ऑक्सीकरण अवस्थाओं को अपनाने और संकुल बनाने की योग्यता रखने के कारण उत्प्रेरकीय गुण दर्शाती है। NEET 2020
- उत्प्रेरक के ठोस पृष्ठ पर अभिकारक के अणुओं तथा उत्प्रेरक की सतह के परमाणुओं के बीच आबन्धों की रचना होती है।
- वैनेडियम (V) ऑक्साइड (संपर्क प्रक्रम में), सूक्ष्म विभाजित आयरन (हाबर प्रक्रम में) और निकेल (उत्प्रेरकीय हाइड्रोजनीकरण में) संक्रमण धातुओं के द्वारा उत्प्रेरण के कुछ उदाहरण है।

अंतराकाशी यौगिकों का बनना
(Formation of Interstitial Compounds)

- जब धातुओं के क्रिस्टल जालक के भीतर छोटे आकार वाले परमाणु जैसे H, N या C से संपाशित (trapped) हो जाते हैं तो ये यौगिक बनाते हैं।
- ये यौगिक सामान्यतः असमीकरणमितीय होते हैं तथा न तो आयनी होते हैं और न ही सहसंयोजी होते हैं । उदाहरण- TiC, Mn_4N, Fe_3H, $VH_{0.56}$ तथा $TiH_{1.7}$ आदि।
- अंतराकाशी यौगिकों के गलनांक उच्च होते हैं। ये अति कठोर होते हैं, धात्विक चालकता बनाए रखते हैं तथा रासायनिक रूप से निष्क्रिय होते हैं।

मिश्रधातुओं का बनना (Alloy Formation)

- विभिन्न मिश्र धातु, धातुओं का मिश्रण होते हैं जो घटकों के सम्मिश्रण से प्राप्त होते हैं।
- ये समांगी ठोस विलयन हो सकते हैं।
- समान (लगभग) परमाण्विक त्रिज्याओं के कारण संक्रमण धातुएँ सुगमता से मिश्रधातु बनाती है।
- संक्रमण धातुओं तथा असंक्रमण धातुओं के संयोग से बने मिश्रधातुओं के उदाहरण हैं- पीतल (कॉपर जिंक) और काँसा (कॉपर-टिन) आदि।

संक्रमण तत्वों के कुछ महत्त्वपूर्ण यौगिक
(Some Important Compounds of Transition Elements)

धातुओं के ऑक्साइड एवं ऑक्सीऋणायन
(Oxides and Oxoanions of Metals)

- उच्च ताप पर संक्रमण धातुओं और ऑक्सीजन के मध्य अभिक्रिया से धातु ऑक्साइड बनते हैं।
- Sc के अतिरिक्त 3*d* श्रेणी की सभी धातुएँ, MO प्रकार के ऑक्साइड बनाती हैं, जो आयनिक होते हैं।
- इन आक्साइडों में धातुओं की उच्चतम ऑक्सीकरण संख्या, इनकी वर्ग संख्या के समान होती है।
- उदाहरण के लिए Sc_2O_3, TiO_2, V_2O_5, CrO_3, Mn_2O_7 में Sc, Ti, V, Cr, Mn की ऑक्सीकरण संख्याएँ क्रमशः 3,4, 5, 6, 7 हैं।
- Mn (वर्ग 7) के पश्चात् Fe_2O_3 से ऊपर कोई उच्च ऑक्साइड ज्ञात नहीं है।
- धातुओं की ऑक्सीकरण संख्या में वृद्धि के साथ ऑक्साइडों के आयनिक गुणों में कमी तथा सहसंयोजी गुणों में वृद्धि होती है। उदाहरण-V_2O_5, CrO_3 के गलनांक निम्न होते हैं तथा Mn_2O_7 सहसंयोजी तथा हरा तैलीय पदार्थ होता है।
- ऑक्सीकरण संख्या में वृद्धि के साथ ऑक्साइड के अम्लीय गुणों में भी वृद्धि होती है। उदाहरण V_2O_3 क्षारीय, V_2O_4 कम क्षारीय, V_2O_5 उभयधर्मी।
- V_2O_5 क्षारों तथा अम्लों से अभिक्रिया करके क्रमशः VO_4^{3-} और VO_4^{3+} देता है। NEET 2023
- CrO क्षारीय है लेकिन Cr_2O_3 उभयधर्मी है। NEET 2023
- CrO_3 और Mn_2O_4 अम्लीय है। ये जल में घुलकर अम्ल बनाते हैं।

पोटैशियम डाइक्रोमेट (Potassium Dichromate ($K_2Cr_2O_7$))

निर्माण (Preparation)

सामान्यतः इसे क्रोमाइट अयस्क ($FeCr_2O_4$) को वायु की उपस्थिति में सोडियम या पोटैशियम कार्बोनेट के साथ संगलित करके बनाया जाता है। $K_2Cr_2O_7$ के निर्माण में होने वाली अभिक्रियाओं का पूर्ण क्रम निम्न प्रकार है

$$\underset{\text{क्रोमाइट अयस्क}}{4FeCr_2O_4} + \underset{\text{सोडियम कार्बोनेट}}{8Na_2CO_3} + 7O_2 \longrightarrow \underset{\text{सोडियम क्रोमेट}}{8Na_2CrO_4} + 2Fe_2O_3 + 8CO_2$$

$$\underset{\text{सोडियम क्रोमेट}}{2Na_2CrO_4} + 2H^+ \longrightarrow \underset{\text{सोडियम डाइक्रोमेट}}{Na_2Cr_2O_7} + 2Na^+ + H_2O$$

$$\underset{\text{सोडियम डाइक्रोमेट (नारंगी)}}{Na_2Cr_2O_7} + \underset{\text{पोटैशियम क्लोराइड}}{2KCl} \longrightarrow \underset{\text{पोटैशियम डाइक्रोमाइड}}{K_2Cr_2O_7} + \underset{\text{सोडियम क्लोराइड}}{2NaCl}$$

संरचना (Structure)

क्रोमेट आयन (CrO_4^{2-}) ओर डाइक्रोमेट आयन ($Cr_2O_7^{2-}$) की संरचनाएँ निम्न प्रकार है

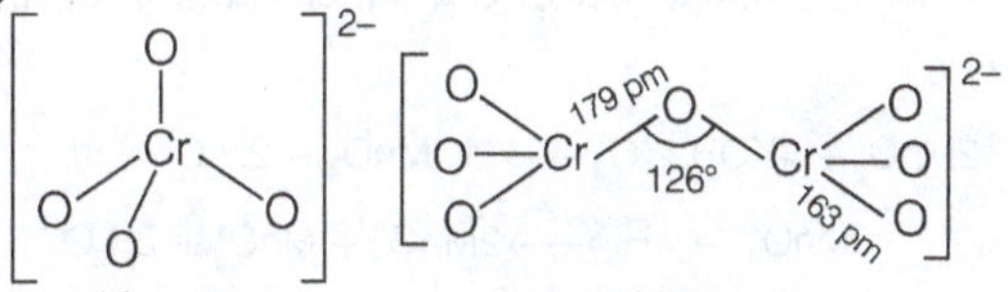

क्रोमेट आयन (चतुष्फलकीय) डाइक्रोमेट आयन

गुणधर्म (Properties)

- जलीय विलयन में क्रोमेट तथा डाइक्रोमेट का अंतरारूपांतरण होता है जो विलयन के pH पर निर्भर करता है।

$$\underset{\text{(नारंगी)}}{Cr_2O_7^{2-}} + H_2O \rightleftharpoons \underset{\text{(पीला)}}{2CrO_4^{2-}} + 2H^+$$

- **अम्लीय माध्यम में,** पश्च अभिक्रिया होती है।

$$2CrO_4^{2-} + 2H^+ \longrightarrow \underset{\text{(नारंगी)}}{Cr_2O_7^{2-}} + H_2O$$

- **क्षारीय माध्यम में** अग्र अभिक्रिया होती है।

$$Cr_2O_7^{2-} + 2OH^- \longrightarrow 2CrO_4^{2-} + H_2O$$

- क्रोमेट और डाइक्रोमेट आयन में क्रोमियम की ऑक्सीकरण अवस्था समान होती है।
- सोडियम तथा पोटैशियम डाइक्रोमेट प्रबल ऑक्सीकरण कर्मक का कार्य करते हैं। सोडियम लवण की जल में विलेयता अधिक होती है तथा यह कार्बनिक रसायन में ऑक्सीकरण कर्मक के रूप में अत्यधिक प्रयुक्त किया जाता है।
- पोटैशियम डाइक्रोमेट का उपयोग आयतनामितीय विश्लेषण में प्राथमिक मानक के रूप में किया जाता है। अम्लीय माध्यम में इसकी ऑक्सीकरण क्रिया निम्न प्रकार प्रदर्शित की जा सकती है

$$Cr_2O_7^{2-} + 14H^+ + 6e^- \longrightarrow 2Cr^{3+} + 7H_2O$$

- यह I^- को I_2, H_2S को S, Sn^{2+} को Sn^{4+} तथा Fe^{2+} लवणों को Fe^{3+} में ऑक्सीकृत कर देता है। इन ऑक्सीकरण की अर्द्ध अभिक्रियाएं निम्न प्रकार हैं

$$6I^- \longrightarrow 3I_2 + 6e^- \quad 3Sn^{2+} \longrightarrow 3Sn^{4+} + 6e^-$$

$$3H_2S \longrightarrow 6H^+ + 3S + 6e^- \quad 6Fe^{2+} \longrightarrow 6Fe^{3+} + 6e^-$$

- सम्पूर्ण आयनिक अभिक्रिया को पोटैशियम डाइक्रोमेट की ऑक्सीकरण अर्द्ध अभिक्रिया ताथा अपचायकों की अपचयन अर्द्ध अभिक्रिया को जोड़कर प्राप्त किया जा सकता है।

$$Cr_2O_7^{2-} + 14H^+ + 6Fe^{2+} \longrightarrow 2Cr^{3+} + 6Fe^{3+} + 7H_2O$$

Marks Maximizer

- डाइक्रोमेट आयन के **नारंगी क्रिस्टल** ठण्डे जल में मध्यम घुलनशील हैं जबकि गर्म जल में से शीघ्रता से घुलनशील हैं।
- क्षारीय माध्यम में पोटैशियम डाइक्रोमेट रेडॉक्स अभिक्रिया नहीं देता है, यह **क्रोमेट आयन** बनाता है

पोटैशियम परमैंगनेट (Potassium Permanganate ($KMnO_4$))

निर्माण (Preparation)

$KMnO_4$ पायरोलुसाइट अयस्क (MnO_2) से बनाया जा सकता है। अभिक्रियाएं निम्न प्रकार हैं

$$2MnO_2 + 4KOH + O_2 \longrightarrow 2K_2MnO_4 + 2H_2O$$

$$3MnO_4^{2-} + 4H^+ \longrightarrow 2MnO_4^- + MnO_2 + 2H_2O$$

- औद्योगिक स्तर पर इसका उत्पादन निम्न प्रकार किया जा सकता है

$$\underset{}{MnO_2} \xrightarrow[\text{KNO}_3 \text{ के साथ ऑक्सीकरण}]{\text{KOH के साथ संगलन वायु या}} \underset{\text{मैंगनेट आयन}}{MnO_4^{2-}}$$

$$\underset{\text{मैंगनेट आयन}}{MnO_4^{2-}} \xrightarrow[\text{अपच टनी ऑक्सीकरण}]{\text{क्षारीय विलयन में वैद्युत}} \underset{\text{परमैंगनेट आयन}}{MnO_4^-}$$

- प्रयोगशाला में इसे निम्न प्रकार बनाया जा सकता है

$$2Mn^{2+} + 5S_2O_8^{2-} + 8H_2O \longrightarrow 2MnO_4^- + 10SO_4^{2-} + 16H^+$$

संरचना (Structure)

मैंगनेट ऑर परमैंगनेट आयन की संरचना निम्न प्रकार हैं।

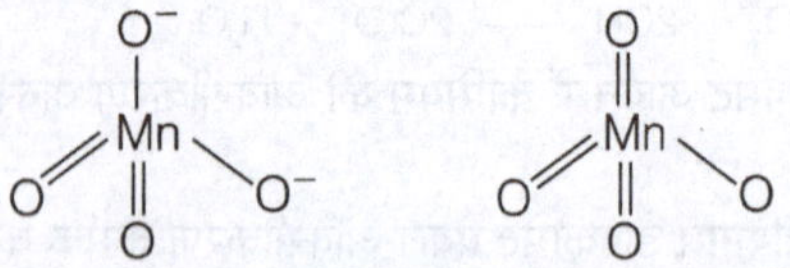

चतुष्फलकीय **NEET 2019** मैंगनेट आयन (हरा) [अनुचुम्बकीय]   चतुष्फलकीय **NEET 2019** परमैंगनेट आयन (नीला लोहित) [प्रतिचुम्बकीय]

गुणधर्म (Properties)

- $KMnO_4$ के दो भौतिक गुण अधिक रोचक हैं इसका अत्यधिक गहरा रंग तथा तापक्रम पर आश्रित दुर्बल अनुचुम्बकत्व, जिन्हें अणु कक्षक सिद्धान्त द्वारा समझाया जा सकता है।
- MnO_4^{2-} की प्रकृति अनुचुम्बकीय है तथा $d\pi - p\pi$ आबन्धन रखता है।
- पोटैशियम परमैंगनेट गहरे बैंगनी (लगभग काले) रंग के क्रिस्टल बनाता है जो 513 K पर गर्म करने पर अपघटित हो जाते हैं।

$$2KMnO_4 \longrightarrow K_2MnO_4 + MnO_2 + O_2 \uparrow$$

- अम्लीय परमैंगनेट विलयन ऑक्सैलेट को CO_2 में, आयरन (II) लवण को आयरन (III) लवण में, नाइट्राइट को नाइट्रेट में तथा आयोडाइड को मुक्त I_2 में ऑक्सीकृत कर देता है। अपचायकों की अर्द्ध अभिक्रियाएँ निम्न प्रकार है,

$$5\begin{array}{c}COO^-\\|\\COO^-\end{array} \longrightarrow 10CO_2 + 10e^-$$

$$5Fe^{2+} \longrightarrow 5Fe^{3+} + 5e^-$$

$$5NO_2^- + 5H_2O \longrightarrow 5NO_3^- + 10H^+ + 10e^-$$

$$10I^- \longrightarrow 5I_2 + 10e^-$$

- विलयन में हाइड्रोजन आयन की सान्द्रता अभिक्रियाओं को प्रभावित करने में महत्वपूर्ण भूमिका निभाती है। ऐसी कुछ अभिक्रियाएँ नीचे दर्शाई गई हैं।

$$MnO_4^- + e^- \longrightarrow MnO_4^{2-}$$

$$MnO_4^- + 4H^+ + 3e^- \longrightarrow MnO_2 + 2H_2O$$

$$MnO_4^- + 8H^+ + 5e^- \longrightarrow Mn^{2+} + 4H_2O$$

- $KMnO_4$ की अम्लीय विलयन में कुछ ऑक्सकरण अभिक्रियाएँ निम्नलिखित हैं।

अम्लीय विलयनों में

$$10I^- + 2MnO_4^- + 16H^+ \longrightarrow 2Mn^{2+} + 8H_2O + 5I_2$$

$$5Fe^{2+} + MnO_4^- + 8H^+ \longrightarrow Mn^{2+} + 4H_2O + 5Fe^{3+}$$

$$5C_2O_4^{2-} + 2MnO_4^- + 16H^+ \longrightarrow 2Mn^{2+} + 8H_2O + 10CO_2$$

$$5S^{2-} + 2MnO_4^- + 16H^+ \longrightarrow 2Mn^{2+} + 8H_2O + 5S$$

$$5SO_3^{2-} + 2MnO_4^- + 6H^+ \longrightarrow 2Mn^{2+} + 3H_2O + 5SO_4^{2-}$$

$$5NO_2^- + 2MnO_4^- + 6H^+ \longrightarrow 2Mn^{2+} + 5NO_3^- + 3H_2O$$

उदासीन अथवा दुर्बल क्षारीय माध्यम में,

$$2MnO_4^- + H_2O + I^- \longrightarrow 2MnO_2 + 2OH^- + IO_3^-$$

$$8MnO_4^- + 3S_2O_3^{2-} + H_2O \longrightarrow 8MnO_2 + 6SO_4^{2-} + 2OH^-$$

$$2MnO_4^- + 3Mn^{2+} + 2H_2O \longrightarrow 5MnO_2 + 4H^+$$

- हाइड्रोक्लोरिक अम्ल की उपस्थिति में परमैंगनेट का अनुमापन असंतोषजनक है क्योंकि हाइड्रोक्लोरिक अम्ल क्लोरीन में ऑक्सीकृत हो जाता है।

उपयोग (Uses)

- विश्लेषणात्मक रसायन में उपयोग के अतिरिक्त पोटैशियम परमैंगनेट का उपयोग संश्लेषण कार्बनिक रसायन में अनुकूल ऑक्सीकारक के रूप में किया जाता है।
- इसका उपयोग ऊनी, सूती, सिल्क और अन्य टेक्सटाइल रेशों के विरंजीकरण में किया जाता है।
- इसकी प्रबल ऑक्सीकरण क्षमता के कारण इसका उपयोग तेलों के विरंजीकरण में किया जाता है।

आन्तरिक संक्रमण तत्व (*f*-ब्लॉक)

The Inner Transition Elements (*f*-Block)

- वे तत्व जिनमें अंतिम इलेक्ट्रॉन *f*-कक्षकों में प्रवेश करता है, *f*-ब्लॉक तत्व कहलाते हैं। ये *f*-ब्लॉक तत्व आन्तरिक संक्रमण तत्व भी कहलाते हैं।

- *f*-ब्लॉक की दो श्रेणियों हैं तथा प्रत्येक श्रेणी में 14 तत्व हैं, अर्थात् लैन्थेनॉय, लैन्थेनम के बाद के चौदह तत्व (Ce से Lu तक) तथा ऐक्टिनॉइड, ऐक्टिनियम के बाद के चौदह तत्व (Th से LA तक)।

लैन्थेनॉयड (Lanthanoids)

आवर्त सारणी में स्थिति (Position in Periodic Table)

इन तत्वों को आवर्तसारणी में नीचे की ओर पृथक् पैनल में रखा गया है।

इलेक्ट्रॉनिक विन्यास (Electronic Configurations)

इन सभी तत्वों के इलेक्ट्रॉनिक विन्यास में $6s^2$ एक समान है, परन्तु 4*f* स्तर पर परिवर्तनशील है। लैन्थेनम और लैन्थेनॉयडों के इलेक्ट्रॉनिक विन्यास एवं त्रिज्याए निम्न प्रकार हैं

परमाणु क्रमांक	नाम	संकेत	इलेक्ट्रॉनिक विन्यास				त्रिज्याएँ	
			Ln	Ln^{2+}	Ln^{3+}	Ln^{4+}	Ln	Ln^{3+}
57	लैन्थेनम	La	$5d^1 6s^2$	$5d^1$	$4f^0$		187	106
58	सीरियम	Ce	$4f^1 5d^1 6s^2$	$4f^2$	$4f^1$	$4f^0$	183	103
59	प्रैजियोडियिम	Pr	$4f^3 6s^2$	$4f^3$	$4f^2$	$4f^1$	182	101
60	नियोडिमियम	Nd	$4f^4 6s^2$	$4f^4$	$4f^3$	$4f^2$	181	99
61	प्रोमिथियम	Pm	$4f^5 6s^2$	$4f^5$	$4f^4$		181	98
62	सैमेरियम	Sm	$4f^6 6s^2$	$4f^6$	$4f^5$		180	96
63	यूरोपियम	Eu	$4f^7 6s^2$	$4f^7$	$4f^6$		199	95
64	गैडोलिनियम	Gd	$4f^7 5d^1 6s^2$	$4f^7 5d^1$	$4f^7$		180	94
65	टर्बियम	Tb	$4f^9 6s^2$	$4f^9$	$4f^8$	$4f^7$	178	92
66	डिसप्रोसियम	Dy	$4f^{10} 6s^2$	$4f^{10}$	$4f^9$	$4f^8$	177	91
67	होल्मियम	Ho	$4f^{11} 6s^2$	$4f^{11}$	$4f^{10}$		176	89
68	अर्बियम	Er	$4f^{12} 6s^2$	$4f^{12}$	$4f^{11}$		175	88
69	थूलियम	Tm	$4f^{13} 6s^2$	$4f^{13}$	$4f^{12}$		174	87
70	इटर्बियम	Yb	$4f^{14} 6s^2$	$4f^{14}$	$4f^{13}$		173	86
71	ल्यूटीशियम	Lu	$4f^{14} 5d^1 6s^2$	$4f^{14} 5d^1$	$4f^{14}$	–	–	–

केवल [Xe] क्रोड के बाह्य इलेक्ट्रॉन दर्शाए गए हैं।

नोट *इन सभी तत्वों के त्रिधनात्मक आयनों का इलेक्ट्रॉनिक विन्यास (लैन्थेनॉयडों की अति स्थाई ऑक्सीकरण अवस्था) का स्वरूप $4f^n$ है (बढ़ते हुए परमाणु क्रमांक के साथ $n = 1$ से 14 तक)।*

परमाणु तथा आयनिक आकार (Atomic and Ionic Sizes)

- लैन्थेनम से ल्यूटीशियम तक के तत्वों की परमाणु एवं आयनिक त्रिज्याओं में समग्र कमी लैन्थेनॉयड तत्वों के रसायन का एक विशिष्ट लक्षण है। श्रेणी में बढ़ते हुए परमाणु क्रमांक (अर्थात बढ़ते हुए नाभिकीय आवेश) के साथ आकार में धीरे-धीरे तथा लगातार कमी **लैन्थेनॉयड आकुंचन** (lanthanoid contraction) कहलाती है।

लैन्थेनॉयड आकुंचन के कारण (Causes of Lanthanoid Contraction)

- La (57) से Lu (71) तक परमाणु क्रमांक बढ़ने के साथ नाभिक में प्रोटॉनों की संख्या बढ़ती है।
- इलेक्ट्रॉन 4*f*-कक्षकों में भरे जाते हैं जो बहुत दुर्बल परिरक्षण प्रभाव रखते हैं। इस कारण अपूर्ण परिरक्षण प्रभाव उत्पन्न होता है।

Concept Master
Video के लिए

- परिणामस्वरूप प्रभावी नाभिकीय आवेश बढ़ जाता है तथा त्रिज्या घट जाती है।
- अनियमित इलेक्ट्रॉनिक विन्यास के कारण आयनिक त्रिज्याओं में भी अनियमित कमी आती है। परन्तु आयनिक त्रिज्याएँ नियमित ढंग से घटती हैं।

लैन्थेनॉयड आकुंचन के परिणाम (Consequences of Lanthanoid Contraction)

- इसके कारण द्वितीय और तृतीय संक्रमण श्रेणियों के तत्वों की परमाणिक त्रिज्याओं के मान लगभग समान हो जाते हैं। उदाहरण Zr (160 pm) तथा Hf (159 pm) की परमाण्विक त्रिज्याएं समान हैं। **NEET 2021**
- लैन्थेनॉयड आकुंचन इन धातुओं के प्रकृति में साथ पाए जाने तथा इनके पृथक्करण में उत्पन्न कठिनाई के लिए उत्तरदायी है।

ऑक्सीकरण अवस्थाएँ (Oxidation States)

- सभी लैन्थेनॉयड तथा लैन्थेनम सामान्यतः +3 ऑक्सीकरण अवस्था दर्शाते हैं।
- यद्यपि कुछ लैन्थेनॉयड विलयन में या ठोस यौगिकों में +2 और + 4 ऑक्सीकरण अवस्था दर्शाते हैं।
- यह अनियमितता रिक्त, अर्द्धभरित तथा पूर्ण भरित *f*-कक्षकों के अतिरिक्त स्थायित्व के कारण पाई जाती है। उदाहरण Ce^{4+} ($4f^0$), Eu^{2+} ($4f^7$), Yb^{2+} ($4f^{14}$)
- Ce^{4+} का उत्कृष्ट गैस अभिविन्यास इसके बनने में सहायक होता है। लेकिन यह एक प्रबल ऑक्सीकारक है। अतः यह पुनः सामान्य +3 अवस्था में आ जाता है। Ce^{4+}/Ce^{3+} के $E°$ का मान 1.74 वोल्ट है।
- Pr, Nd, Tb और Dy भी + 4 अवस्था दर्शाते हैं लेकिन केवल MO_2 ऑक्साइडों में।

- Eu^{2+}, s-इलेक्ट्रॉनों के परित्याग द्वारा बनता है तथा f^7 विन्यास इस आयन के बनने का कारण होता है।
- Eu^{2+} एक प्रबल अपचायक है, जो सामान्य +3 अवस्था में परिवर्तित हो जाता है।
- Yb^{2+} का विन्यास f^{14} है। यह एक अपचायक है।
- Tb^{4+} f- कक्षक अर्द्धभरित होते हैं।
- सैमेरियम +2 और +3 दोनों ऑक्सीकरण अवस्थाएँ प्रदर्शित करता है।

सामान्य अभिलक्षण (General Characteristics)

- **वायु की क्रिया** (Action of Air) सभी लैन्थेनॉयड चाँदी की तरह श्वेत तथा नरम धातुएँ हैं और नम वायु में तुरंत बदरंग हो जाती हैं।
- **कठोरता** (Hardness) परमाणु क्रमांक में वृद्धि के साथ कठोरता में वृद्धि होती है। सैमेरियम स्टील की तरह कठोर होता है।
- **गलनांक** (Melting Point) इनके गलनांक 1000 से 1200 K के मध्य होते हैं, परन्तु सैमेरियम 1623 K पर पिघलता है।
- **चालकता** (Conductivity) इनकी विशिष्ट धात्विक संरचनाएँ होती हैं तथा ये ऊष्मा और विद्युत के अच्छे चालक होते हैं।
- **घनत्व** (Density) केवल Eu तथा Yb और कभी-कभी Sm तथा Tm को छोड़कर घनत्व तथा अन्य गुणों में निर्बाध परिवर्तन होता है।
- **रंग** (Colour) अनेक त्रिसंयोजी लैन्थेनॉयड आयन ठोस अवस्था तथा जलीय विलयन में रंगीन होते हैं। La^{3+} तथा Lu^{3+} आयन रिक्त ($4f^0$) तथा पूर्ण भरित ($4f^{14}$) 4f-कक्षकों के कारण रंगहीन होते हैं।

चुम्बकीय गुण (Magnetic Properties) NEET 2024

f^0 प्रकार (La^{3+} और Ce^{4+}) तथा f^{14} प्रकार (Yb^{2+} तथा Lu^{3+}) के अतिरिक्त अन्य सभी लैन्थेनॉयड आयन अनुचुम्बकीय होते हैं।

आयनन एन्थैल्पी (Ionisation Enthalpy)

- लैन्थेनॉयडों की प्रथम आयनन एन्थैल्पियों का मान 600 किलोजूल मोल$^{-1}$ के आसपास होता है।
- द्वितीय आयनन एन्थैल्पियों का मान लगभग 1200 किलोजूल मोल$^{-1}$ है।
- तृतीय आयनन एन्थैल्पियों के मानों का असामान्य रूप से निम्न होने का कारण यह है कि रिक्त (f^0), अर्द्धभरित (f^7) तथा पूर्णभरित (f^{14}) को विनिमय ऊर्जा कुछ सीमा तक स्थायित्व प्रदान करती है। **उदाहरण** लैन्थेनम, गैडोलिनियम तथा ल्यूटीशियम।

मानक इलेक्ट्रोड विभव (Standard Electrode Potential)

अर्द्ध अभिक्रिया $Ln^{3+}(aq) + 3e^- \longrightarrow Ln(s)$ के लिए $E°$ का मान - 2.2 से - 2.4 वोल्ट के परास में होता है। (अपवाद) Eu के लिए $E°$ का मान – 2.0 वोल्ट होता है।

रासायनिक व्यवहार (Chemical Behaviour)

सामान्य रूप से श्रेणी के आरंभ वाले सदस्य अपने रासायनिक व्यवहार में कैल्शियम की तरह बहुत क्रियाशील होते हैं, परन्तु बढ़ते परमाणु क्रमांक के साथ यह ऐलुमिनियम की तरह व्यवहार करते हैं।

लैन्थेनॉयडों की रासायनिक अभिक्रियाए निम्न प्रकार है

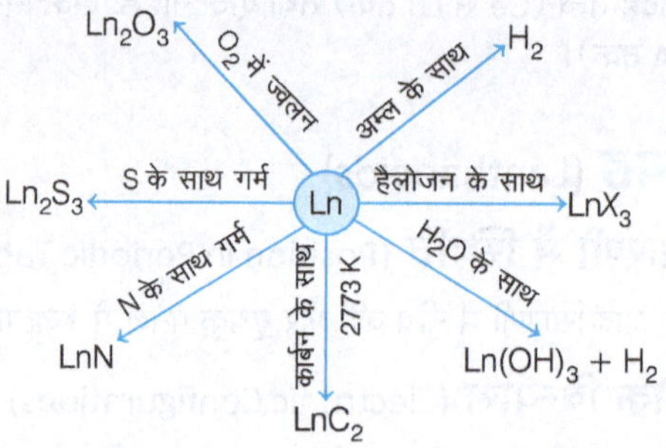

नोट धातुओं को कार्बन के साथ गर्म करने पर कार्बाइड Ln_3C, Ln_2C_3 तथा LnC_2 बनते हैं।

उपयोग (Uses)

- लैन्थेनॉयडों का सर्वोत्तम उपयोग प्लेट तथा पाइप बनाने के लिए अलॉय स्टील के उत्पादन में किया जाता है।
- एक सुप्रसिद्ध मिश्रधातु, **मिश धातु** (misch-metal) है, जो एक लैन्थेनॉयड धातु (~95%) तथा आयरन (~5%) तथा लेशमात्र S, C, Ca तथा Al से बनी होती है।
- मिश धातु, मैग्नीशियम आधारित मिश्रधातु में प्रयुक्त होती है जो बन्दूक की गोली, कवच या खोल तथा हल्के फ्लिंट के उत्पादन में प्रयुक्त होती है।
- लैन्थेनॉयडों के मिश्रित ऑक्साइडों का उपयोग पेट्रोलियम भंजन में उत्प्रेरक की तरह किया जाता है।
- लैन्थेनॉयडों के कुछ ऑक्साइडों का उपयोग स्फुरदीप्ती (फॉस्फर) के रूप में, टेलीविज़न पर्दे में तथा इसी प्रकार की प्रतिदीप्त सतहों में किया जाता है।

ऐक्टिनॉयड (Actinoids)

- ऐक्टिनॉयडों में Th से Lr तक चौदह तत्व हैं।
- ये रेडियोसक्रिय तत्व हैं तथा प्रारम्भिक सदस्यों की अर्द्धआयु अपेक्षाकृत अधिक होती है।
- बाद वाले सदस्यों की अर्द्धआयु का परास एक दिन से 3 मिनट तक है। लॉरेन्शियम, $Z = 103$ की अर्द्धआयु 3 मिनट है।
- बाद वाले सदस्य केवल नैनोग्राम मात्राओं में ही बनाए जा सकते हैं।

इलेक्ट्रॉनिक विन्यास (Electronic Configurations)

- समझा जाता है कि सभी ऐक्टिनॉयडों में $7s^2$ विन्यास होता है तथा 5f एवं 6d उपकोशों में परिवर्तनशील निवेश होता है।
- ऐक्टिनॉयडों का सामान्य इलेक्ट्रॉनिक विन्यास $5f^{1-14}\ 6d^{0-1}\ 7s^2$ होता है।
- चौदह इलेक्ट्रॉनों का निवेश 5f-कक्षकों में होता है केवल थोरियम को छोड़कर। लेकिन थोरियम के बाद पुनः 5f का भरना जारी रहता है जब तक कि लॉरेन्शियम ($Z = 103$) पर 5f-कक्षक पूरे नहीं हो जाते।
- ऐक्टिनॉयडों के इलेक्ट्रॉनिक विन्यासों में अनियमितताएँ, f^0, f^7 तथा f^{14} कक्षकों के अतिरिक्त स्थायित्व के कारण होती हैं।

ऐक्टिनियम तथा ऐक्टिनॉइडों के इलेक्ट्रॉनिक विन्यास तथा त्रिज्याएँ

परमाणु क्रमांक	नाम	प्रतीक	इलेक्ट्रॉनिक विन्यास			त्रिज्याएँ/pm	
			M	M^{3+}	M^{4+}	M^{3+}	M^{4+}
89	ऐक्टिनियम	Ac	$6d^1 7s^2$	$5f^0$		111	
90	थोरियम	Th	$6d^2 7s^2$	$5f^1$	$5f^0$		99
91	प्रौटैक्टिनियम	Pa	$5f^2 6d^1 7s^2$	$5f^2$	$5f^1$		96
92	यूरेनियम	U	$5f^3 6d^1 7s^2$	$5f^3$	$5f^2$	103	93
93	नेप्टूनियम	Np	$5f^4 6d^1 7s^2$	$5f^4$	$5f^3$	101	92
94	प्लूटोनियम	Pu	$5f^6 7s^2$	$5f^5$	$5f^4$	100	90
95	ऐमेरिशियम	Am	$5f^7 7s^2$	$5f^6$	$5f^5$	99	89
96	क्यूरियम	Cm	$5f^7 6d^1 7s^2$	$5f^7$	$5f^6$	99	88
97	बर्केलियम	Bk	$5f^9 7s^2$	$5f^8$	$5f^7$	98	87
98	कैलिफोर्नियम	Cf	$5f^{10} 7s^2$	$5f^9$	$5f^8$	98	86
99	आइन्स्टाइनियम	Es	$5f^{11} 7s^2$	$5f^{10}$	$5f^9$	–	–
100	फर्मियम	Fm	$5f^{12} 7s^2$	$5f^{11}$	$5f^{10}$	–	–
101	मेन्डेलीवियम	Md	$5f^{13} 7s^2$	$5f^{12}$	$5f^{11}$	–	–
102	नोबेलियम	No	$5f^{14} 7s^2$	$5f^{13}$	$5f^{12}$	–	–
103	लॉरेन्शियम	Lr	$5f^{14} 6d^1 7s^2$	$5f^{14}$	$5f^{13}$	–	–

आयनिक आकार (Ionic Size)

- श्रेणी में परमाणु अथवा M^{3+} आयनों के आकार में धीरे-धीरे क्रमिक रूप से कमी आती है। इसे **ऐक्टिनॉइड आकुंचन** के रूप में सन्दर्भित किया जा सकता है।
- आकुंचन एक तत्व से दूसरे तत्व में *5f* इलेक्ट्रॉनों द्वारा दुर्बल परिरक्षण के कारण उत्तरोत्तर बढ़ता जाता है। NEET 2021

ऑक्सीकरण अवस्थाएँ (Oxidation States)

- इनमें ऑक्सीकरण अवस्थाओं का परास अधिक है जिसका आंशिक रूप से कारण *5f*, *6d* तथा *7s* स्तरों की समतुल्य ऊर्जा है।
- ऐक्टिनॉइड सामान्यतः +3 ऑक्सीकरण अवस्था दर्शाते हैं। श्रेणी के प्रथम अर्द्धभाग वाले तत्व अक्सर उच्च ऑक्सीकरण अवस्थाएँ दर्शाते हैं।
- उच्चतम ऑक्सीकरण अवस्था Th में +4 है। Pa, U तथा Np में क्रमशः +5, +6 तथा +7 तक पहुंच जाती है, लेकिन बाद के तत्वों में घटती जाती है।

ऐक्टिनियम और ऐक्टिनॉइड की ऑक्सीकरण अवस्थाएँ

Ac	Th	Pa	U	Np	Pu	Am	Cm	Bk	Cf	Es	Fm	Md	No	Lr
+3		+3	+3	+3	+3	+3	+3	+3	+3	+3	+3	+3	+3	+3
	+4	+4	+4	+4	+4	+4	+4	+4						
		+5	+5	+5	+5	+5								
			+6	+6	+6	+6								
				+7	+7									

नोट *सभी तत्व धनात्मक ऑक्सीकरण अवस्था में उपस्थित हैं।*

सामान्य अभिलक्षण (General Characteristics)

- ऐक्टिनॉयड देखने में चाँदी के समान लगती है। ये अत्यधिक अभिक्रियाशील धातुएँ हैं, विशेषकर जब ये सूक्ष्म विभाजित हों। ये **वायु** में शीघ्रता से बदरंग हो जाती हैं।
- ये **अम्लों** के प्रति अपेक्षाकृत कम क्रियाशील हैं क्योंकि इनकी सतह पर संरक्षी ऑक्साइड परत बन जाती है।
- **क्षारों** का इन पर कोई असर नहीं पड़ता है।
- ये **प्रबल अनुचुम्बकीय** हैं।
- इनकी **आयनन ऊर्जा** कम होती है।

लैन्थेनॉयडों और ऐक्टिनॉयडों के मध्य अन्तर

	लैन्थेनॉयड	ऐक्टिनॉयड
1.	ये +3 ऑक्सीकरण अवस्था के अतिरिक्त कुछ स्थितियों में +2 और +4 अवस्था भी दर्शाते हैं।	ये +3 ऑक्सीकरण अवस्था के अतिरिक्त +4, +5, +6 और +7 की उच्च ऑक्सीकरण अवस्थाएँ भी दर्शाते हैं।
2.	प्रोमिथियम के अतिरिक्त सभी नॉन-रेडियोधर्मी हैं।	सभी ऐक्टिनॉयड रेडियोधर्मी हैं।
3.	ये ऑक्सो-धनायन नहीं बनाते हैं।	ये UO_2^{2+}, PO_2^{2+} तथा UO_2^+, के जैसे ऑक्सो-धनायन बनाते हैं।
4.	लैन्थेनॉयडों के यौगिक कम क्षारीय हैं।	ऐक्टिनॉयडों के यौगिक, अधिक क्षारीय हैं।
5.	इनकी संकुल बनाने की प्रवृति कम है।	इनकी संकुल बनाने की प्रवृत्ति अपेक्षाकृत अधिक है।

d-एवं *f*-ब्लॉक तत्वों के कुछ अनुप्रयोग

(Some Applications of *d*- and *f*-Block Elements)

- लोहा और इस्पात अत्यन्त महत्वपूर्ण निर्माण सामग्री हैं।
- TiO का उपयोग वर्णक उद्योग में किया जाता है।
- MnO_2, Zn, Ni/Cd का उपयोग बैटरी उद्योग में किया जाता है।
- 'सिल्वर' UK सिक्के Cu/Ni की मिश्रधातु हैं।
- सल्फ्यूरिक अम्ल के उत्पादन में V_2O_5, SO_2 के ऑक्सीकरण को उत्प्रेरित करता है।
- $Al(CH_3)_3$ युक्त $TiCl_4$ का उपयोग पॉलिएथिलीन के उत्पादन में किया जाता है।
- अमोनिया के होबर प्रक्रम में आयरन उत्प्रेरक का उपयोग किया जाता है। **NEET 2019**
- तेल/वसा के हाइड्रोजनीकरण में निकेल उत्प्रेरक का उपयोग किया जाता है।
- एथाइन के ऑक्सीकरण से एथेनल बनाने के 'वाकर प्रक्रम' में $PdCl_2$ उत्प्रेरक के रूप में प्रयुक्त किया जाता है। **NEET 2019**
- निकेल के संकुल ऐल्काइनों तथा अन्य कार्बनिक यौगिकों जैसे बेंजीन के बहुलकीकरण में उपयोगी हैं। **NEET 2019**
- फोटोग्राफी उद्योग में AgBr के प्रकाश संवेदनशील गुण का उपयोग किया जाता है।

Caution Points

- $KMnO_4$ युक्त आयतनामितीय अनुमापन केवल तनु H_2SO_4 की उपस्थिति में किए जाते हैं। HCl और H_2SO_4 की उपस्थिति में नहीं।
- Cu^{2+} (*aq*) का स्थायित्व Cu^{2+} (*aq*) से अधिक है। अपेक्षाकृत बड़े ऋणायन वाले केस अपवाद हैं। उदाहरण CuI, CuI_2 की अपेक्षा अधिक स्थायी होता है।
- धातु क्लोराइड, ठोस $K_2Cr_2O_7$ तथा सान्द्र H_2SO_4 के साथ गर्म किए जाने पर क्रोमिल क्लोराइड के लाल रंग के वाष्प देते हैं।

PYQ नोट्स

1. अम्लीय परिस्थितियों में शुष्क $KMnO_4$ की H_2O_2 के साथ अभिक्रिया से Mn^{2+} तथा O_2 बनता है। **[NEET 2014]**
2. Fe^{2+} + (Z = 26) में *d*- इलेक्ट्रॉनों की संख्या Cl (Z = 17) में *p*-इलेक्ट्रॉनों की संख्या के बराबर नहीं है। **[NEET 2015]**
3. MnO_4^{2-}, *d*-*d* संक्रमण और अनुचुम्बकत्व दर्शाता है। **[NEET 2018]**
4. CrO_5 दो परॉक्साइड आबंधों के साथ तितलीनुमा संरचना रखता है। CrO_5 में Cr की ऑक्सीकरण अवस्था +6 है। **[NEET 2019]**

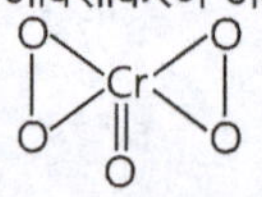

5. Bk^{3+} आयन का आकार ऐक्टिनॉइड आकुंचन के कारण Np^{3+} से छोटा है। **[JEE Main 2021]**

Step by Step

Mastering NCERT

- कॉन्सेप्ट बिल्डर्स
- शीर्षकवार प्रश्न
- अभिकथन-कारण प्रश्न
- कथन आधारित प्रश्न
- सुमेलन प्रकार के प्रश्न
- आंकिक मान प्रकार के प्रश्न
- NCERT Exemplar प्रश्न
- विगत परीक्षाओं के प्रश्न
- स्किल बूस्टर्स

कॉन्सेप्ट बिल्डर्स

1 क्रोमियम की स्थिति में, इलेक्ट्रॉन .... से उत्तेजित होकर अर्द्ध-पूरित विन्यास प्राप्त करता है।

2 +3 ऑक्सीकरण अवस्था में संक्रमण तत्व X का इलेक्ट्रॉनिक विन्यास [Ar] $3d^5$ है। इसकी परमाणु संख्या क्या है?

3 किस तत्व की **परमाणुकरण** एन्थैल्पी सबसे कम है?

4 जिंक और मरकरी *d*-ब्लॉक तत्वों की तरह परिवर्तनशील संयोजकता नहीं दर्शाते हैं। (सत्य/असत्य)

5 लैन्थेनॉयड संकुचन के कारण तीसरी संक्रमण शृंखला के सदस्यों की त्रिज्याएँ, दूसरी शृंखला के सदस्यों के समान होती हैं। (सही/गलत)

6 Fe की तृतीय आयनन एन्थैल्पी, Mn से .... अधिक है।

7 उस तत्व का नाम बताइए जिसकी 3*d*-श्रेणी में प्रथम आयनन एन्थैल्पी सबसे अधिक है।

8 Mo (VI) और W (VI) Cr (VI) की तुलना में अधिक स्थायी हैं। (सत्य/असत्य)

9 *p*-ब्लॉक और *d*-ब्लॉक तत्वों में, भारी सदस्यों को निम्न ऑक्सीकरण अवस्था अनुकूलित होती है। (सत्य/असत्य)

10 संक्रमण तत्वों की प्रथम श्रेणी से एक तत्व का नाम बताइए, जो +2 से +7 तक सभी ऑक्सीकरण अवस्थाएँ प्रदर्शित करता है।

11 मैंगनीज और .... की E°_{value} सामान्य प्रवृत्ति से अपेक्षा से अधिक ऋणात्मक है।

12 ऐक्टिनॉइड्स की अनुचुम्बकीय प्रकृति $(n-2)f$- कक्षक में अयुग्मित इलेक्ट्रॉनों के कारण होती है। (सत्य/असत्य)

13 ...... विनिर्मित कक्षकों में समानान्तर चक्रणों के संभावित युग्मों की कुल संख्या के लगभग समानुपाती होता है।

14 संक्रमण धातु आयन द्वारा अवशोषित प्रकाश की आवृत्ति लिगैंड की प्रकृति द्वारा निर्धारित होती है। (सत्य/असत्य)

15 क्यूप्रस आयन रंगहीन होता है, लेकिन क्यूप्रिक आयन रंगीन होता है। (सत्य/असत्य)

16 उस मिश्रधातु का नाम बताइए जिसमें संक्रमण और असंक्रमण धातु के रूप में तांबा और जिंक होता है।

17 स्टेनलेस स्टील में मैंगनीज, ... और निकेल के साथ-साथ 0.5 से 1.5% कार्बन होता है।

18 उत्प्रेरक अभिकारक अणुओं के साथ संयोग करके .... बनाते हैं तथा अपनी .... ऊर्जा कम कर देते हैं।

19 .... यौगिक तब बनते हैं जब छोटे परमाणु धातुओं के क्रिस्टल जालक के अन्दर फंस जाते हैं।

20 अम्लीय $K_2Cr_2O_7$ विलयन को Sn^{2+} में मिलाने पर बनने वाले आयन का नाम बताइए।

21 अम्लीय माध्यम में डाइक्रोमेट के रूप में Cr(VI) एक प्रबल ऑक्सीकरण एजेंट है, जबकि MoO_3 में Mo(VI) और WO_3 में W(VI) ऑक्सीकरण एजेंट नहीं है। (सत्य/असत्य)

22 पोटैशियम परमैंगनेट और पोटैशियम आयोडाइड के बीच अभिक्रिया में, परमैंगनेट आयन ऑक्सीकरण एजेंट के रूप में कार्य करता है। (सत्य/असत्य)

23 ग्रीन मैंगनेट आयन अनुचुम्बकीय है, जबकि बैंगनी परमैंगनेट आयन प्रकृति में .... है।

24 उस परिघटना का नाम बताइए, जो Zr और Hf के लगभग समान आकार के लिए जिम्मेदार है।

25 लैन्थेनॉयड को नाइट्रोजन के साथ गर्म करने पर बनने वाले उत्पाद का नाम बताइए।

26 मिश्रधातु...... आधारित मिश्रधातु में प्रयुक्त होती हैं, जो बन्दूक की गोली कवच या खोल तथा हल्के फ्लिंट के उत्पादन में प्रयुक्त होती है।

27 ऐक्टिनॉइड्स बन्धन में अपने 5*f*-कक्षकों के साथ-साथ 6*d*-कक्षकों का उपयोग कर सकते हैं, लेकिन लैन्थेनॉयड्स बन्धन के लिए अपने 4*f*-कक्षकों का उपयोग नहीं करते हैं। (सत्य/असत्य)

28 ऐक्टिनॉयड्स अत्यधिक अभिक्रियाशील धातुएँ हैं, विशेषकर जब ये विभाजित हो। (सत्य/असत्य)

29 एक ऐक्टिनॉइड का नाम बताइए जो +7 तक ऑक्सीकरण अवस्था प्रदर्शित कर सकता है।

30 पॉलीएथिलीन के निर्माण में किस उत्प्रेरक का उपयोग किया जा सकता है?

शीर्षकवार प्रश्न

संक्रमण तत्वों (*d*-ब्लॉक) का परिचय और गुणधर्म

1 गलत कथन का चयन करें। NCERT पृष्ठ 90

(a) कैडमियम द्वितीय संक्रमण श्रेणी का अंतिम सदस्य है।
(b) 4*f* श्रेणी के तत्वों को लैन्थेनॉयड्स कहा जाता है।
(c) समूह-12 के तत्वों में पूर्ण कोश विन्यास होता है।
(d) आवर्त सारणी में *d*- ब्लॉक, *s* और *f*- ब्लॉक से घिरे बड़े मध्य भाग में स्थित है।

2 परमाणु क्रमांक = 24 वाले तत्व का मूल अवस्था विन्यास $[Ar]3d^5 4s^1$ है। ऐसा इसलिए है क्योंकि, NCERT पृष्ठ 90

(a) 3*d* और 4*s*- कक्षकों की ऊर्जा बहुत कम है
(b) 3*d* और 4*s*- कक्षक तुलनात्मक ऊर्जा के हैं
(c) 3*d*- कक्षक की ऊर्जा, 4*s*- कक्षक की ऊर्जा से कम है
(d) तीसरे और चौथे कक्षक के बीच ऊर्जा अन्तराल बहुत बड़ा है

3 संक्रमण धातुओं में उच्चतम ऑक्सीकरण अवस्था प्रदर्शित करने वाला विन्यास है NCERT पृष्ठ 96

(a) $(n-1)d^8 ns^2$ (b) $(n-1)d^5 ns^1$
(c) $(n-1)d^3 ns^2$ (d) $(n-1)d^5 ns^2$

4 निम्नलिखित तत्वों Cr, Hs, Tc, Os, Mo को प्रथम, द्वितीय, तृतीय और चतुर्थ श्रेणी में वर्गीकृत करें। NCERT पृष्ठ 90, 91

(a) प्रथम श्रेणी -Cr; द्वितीय श्रेणी-Tc, Mo; तृतीय श्रेणी-Os; चतुर्थ श्रेणी-Hs
(b) प्रथम श्रेणी -Tc, Mo; द्वितीय श्रेणी-Os; तृतीय श्रेणी-Hs; चतुर्थ श्रेणी-Cr
(c) प्रथम श्रेणी-Tc, Mo; द्वितीय श्रेणी-Hs; तृतीय श्रेणी-Cr; चतुर्थ श्रेणी-Os
(d) प्रथम श्रेणी-Os; द्वितीय श्रेणी-Tc; तृतीय श्रेणी-Hs, Mo; चतुर्थ श्रेणी-Cr

5 निम्नलिखित में से किस संक्रमण धातु की जालक संरचना भिन्न है? NCERT पृष्ठ 92

(a) Rh (b) Pd (c) V (d) Ag

6 निम्नलिखित तत्वों को उनके गलनांक के घटते क्रम में व्यवस्थित करें V, Cr, Mn और Fe NCERT पृष्ठ 92

(a) Cr > V > Fe > Mn (b) Cr > Fe > V > Mn
(c) V > Cr > Mn> Fe (d) V > Cr > Fe > Mn

7 निम्नलिखित में से कौन-सा उसके सामने दर्शाये गये गुण के सही क्रम को सही ढंग से नहीं दर्शाता है? NCERT पृष्ठ 92

(a) Ti < V < Cr < Mn, ऑक्सीकरण अवस्थाओं की संख्या बढ़ती है।
(b) $Ti^{3+} < V^{3+} < Cr^{3+} < Mn^{3+}$, चुम्बकीय आघूर्ण बढ़ता है।
(c) Ti < V < Cr < Mn, गलनांक बढ़ता है
(d) Ti < V < Mn < Cr, द्वितीय आयनन एन्थैल्पी में वृद्धि होती है।

8 5 *d*- कक्षक से पहले 4 *f* भरने से परमाणु त्रिज्या में नियमित कमी होती है जिसे कहा जाता है NCERT पृष्ठ 93

(a) लैन्थेनॉयड संकुचन
(b) परिरक्षण प्रभाव
(c) ऐक्टिनॉयड संकुचन
(d) ऊर्जा का आदान-प्रदान

9 निम्नलिखित में से कौन-सा कथन गलत है? NCERT पृष्ठ 93

(a) सामान्यतः, किसी श्रेणी में समान आवेश वाले आयन, परमाणु क्रमांक में वृद्धि के साथ त्रिज्या में उत्तरोत्तर वृद्धि दर्शाते हैं।
(b) *d*- इलेक्ट्रॉन का परिरक्षण प्रभाव प्रभावी नहीं होता, इसलिए आयनिक त्रिज्या कम हो जाती है।
(c) जैसे-जैसे शृंखला के अनुदिश नाभिकीय आवेश बढ़ता है, संपूर्ण 4*f*-कक्षकों के आकार में नियमित रूप से कमी होती है।
(d) संक्रमण तत्वों की प्रत्येक श्रेणी में आयनन एन्थैल्पी में वृद्धि होती है।

10 सबसे कम परमाणुकरण एन्थैल्पी वाला संक्रमण तत्व है NCERT पृष्ठ 94

(a) Zn
(b) V
(c) Fe
(d) Cu

11 क्रम चार क्रमिक तत्वों, Cr, Mn, Fe और Co के लिए ऋणात्मक चिन्ह के साथ $E^{\circ}_{M^{2+}/M}$ मान का सही क्रम है NCERT पृष्ठ 94

(a) Fe > Mn > Cr > Co
(b) Cr > Mn > Fe > Co
(c) Mn > Cr > Fe > Co
(d) Cr > Fe > Mn > Co

12 निम्नलिखित में से कौन-सी व्यवस्था उसके विपरीत बताये गये गुण के गलत क्रम को नहीं दर्शाती है NCERT पृष्ठ 94

(a) $Sc^{3+} < Cr^{3+} < Mn^{3+} < Ni^{3+}$; आयनन एन्थैल्पी
(b) $Ni^{3+} < Cr^{3+} < Mn^{3+} < Ti^{3+}$; आयनिक आकार
(c) $Ti^{2+} < V^{2+} = Mn^{2+} < Ti^{3+}$; मानक इलेक्ट्रोड विभव
(d) $V^{2+} < Cr^{2+} = Fe^{2+} < Mn^{2+}$; अनुचुम्बकीय व्यवहार

13 3*d*-श्रेणी में परमाणु त्रिज्या कम तेजी से घटती है, क्योंकि NCERT पृष्ठ 95

(a) 4*s*- इलेक्ट्रॉन अन्य बाह्यतम कोश के इलेक्ट्रॉनों की तुलना में 3*d*- इलेक्ट्रॉनों को अधिक प्रभावी रूप से परिरक्षित करते हैं
(b) 3*d*- इलेक्ट्रॉन अन्य बाह्यतम कोश के इलेक्ट्रॉनों की तुलना में 4*s*- इलेक्ट्रॉनों को अधिक प्रभावी रूप से परिरक्षित करते हैं
(c) 3*d* - इलेक्ट्रॉन अन्य बाह्यतम कोश इलेक्ट्रॉनों की तुलना में 4*s*-इलेक्ट्रॉनों को कम प्रभावी रूप से परिरक्षित करते हैं
(d) 4*s*- इलेक्ट्रॉन अन्य बाह्यतम कोश के इलेक्ट्रॉनों की तुलना में 3*d*- इलेक्ट्रॉनों को कम प्रभावी रूप से परिरक्षित करते हैं

14 प्रथम आयनन एन्थैल्पी का सही क्रम है **NCERT पृष्ठ 94**

(a) Mn < Ti < Zn < Ni (b) Ti < Mn < Zn < Ni
(c) Zn < Ni < Mn < Ti (d) Ti < Mn < Ni < Zn

15 प्रथम पंक्ति के संक्रमण तत्वों के चार क्रमिक सदस्यों को उनकी परमाणु संख्याओं के साथ नीचे सूचीबद्ध किया गया है। उनमें से किसमें सबसे अधिक तृतीय आयनन एन्थैल्पी होने की उम्मीद है? **NCERT पृष्ठ 95**

(a) वैनेडियम ($Z = 23$) (b) क्रोमियम ($Z = 24$)
(c) लोहा ($Z = 26$) (d) मैंगनीज ($Z = 25$)

16 वह संक्रमण तत्व जो परिवर्तनशील ऑक्सीकरण अवस्था प्रदर्शित नहीं करता है, वह है **NCERT पृष्ठ 97**

(a) टाइटेनियम (b) स्कैंडियम
(c) ताँबा (d) जिंक

17 डाइक्रोमेट के रूप में, Cr(VI) अम्लीय माध्यम में एक प्रबल ऑक्सीकरण एजेंट है लेकिन MoO_3 में Mo(VI) और WO_3 में W(VI) नहीं हैं क्योंकि

I. Cr(VI), Mo(VI) और W(VI) से अधिक स्थायी है।
II. Mo(VI) और W(VI), Cr(VI) की तुलना में अधिक स्थायी हैं।
III. संक्रमण श्रेणी के समूह 6 के भारी सदस्यों की उच्च ऑक्सीकरण अवस्थाएँ अधिक स्थायी होती हैं।
IV. संक्रमण श्रेणी के समूह 6 के भारी सदस्यों की निम्न ऑक्सीकरण अवस्थाएँ अधिक स्थायी होती हैं।

सही कथन हैः **NCERT पृष्ठ 97**

(a) I और II (b) II और III
(c) I और III (d) II और IV

18 संक्रमण धातुओं की पहली श्रृंखला के चार क्रमिक सदस्य नीचे सूचीबद्ध हैं। उनमें से किसके लिए मानक विभव ($E^\circ_{M^{2+}/M}$) मान का चिन्ह धनात्मक है? **NCERT पृष्ठ 98**

(a) Co ($Z = 27$) (b) Ni ($Z = 28$)
(c) Cu ($Z = 29$) (d) Fe ($Z = 26$)

19 निम्नलिखित में $E^\circ_{M^{2+}/M}$ के लिए किस संक्रमण तत्व का मान अपेक्षा से अधिक ऋणात्मक है? **NCERT पृष्ठ 98**

(a) Cr, Mn और Zn
(b) Mn, Ni और Zn
(c) V, Mn और Cu
(d) Fe, Co और Ni

20 निम्नलिखित कथनों पर विचार करें। **NCERT पृष्ठ 99**

I. उच्चतम ऑक्सीकरण संख्या TiX_4, VF_5 और CrF_6 में प्राप्त होती है।
II. Mn की +7 अवस्था सरल हैलाइडों में प्रदर्शित नहीं होती है, लेकिन $MnOF_3$ में ज्ञात है।
III. संक्रमण तत्वों के फ्लोराइड निम्न ऑक्सीकरण अवस्था में अस्थायी होते हैं।
IV. फ्लोरीन की उच्चतम ऑक्सीकरण अवस्था को स्थायी करने की क्षमता या तो उच्च जालक ऊर्जा या उच्च बन्ध एन्थैल्पी के कारण होती है।

सही कथन चुनें और सही विकल्प चुनें।

(a) I और II
(b) II और III
(c) III और IV
(d) I, II, III और IV

21 निम्नलिखित में से कौन-सा कथन गलत है? **NCERT पृष्ठ 100**

(a) Cu^{2+} का स्थायित्व Cu^+ की अपेक्षा अधिक है क्योंकि Cu^{2+} का $\Delta_{\text{जलीय}}H^\circ$, Cu^+ की अपेक्षा अधिक धनात्मक है।
(b) ऑक्साइडों में उच्चतम ऑक्सीकरण संख्या उनकी वर्ग संख्या के साथ मेल खाती है और यह Sc_2O_3 से Mn_2O_7 तक देखने को मिलती है।
(c) ऑक्साइड के अतिरिक्त, ऑक्सो धनायन V^V को VO_2^+, V^{IV} को VO^{2+} और Ti^{IV} को TiO^{2+} के रूप में में स्थायित्व प्रदान करते हैं।
(d) उच्चतम Mn फ्लोराइड MnF_4 है, जबकि उच्चतम ऑक्साइड Mn_2O_7 है।

22 $E^\circ_{M^{3+}/M^{2+}}$ के सम्बन्ध निम्नलिखित में से कौन-सा कथन गलत है ? **NCERT पृष्ठ 99**

(a) Sc^{3+} के स्थायित्व के कारण Sc का मान कम है।
(b) Zn^{2+} के स्थायी d^{10}-विन्यास के कारण Zn का मान उच्चतम है।
(c) V^{2+} के स्थायित्व के कारण V का मान कम है
(d) Mn^{3+} और Co^{3+} आयन जलीय विलयन में दुर्बल ऑक्सीकारक होते हैं।

23 संक्रमण तत्वों के चुम्बकीय व्यवहार के बारे में गलत कथन है? **NCERT पृष्ठ 101, 102**

(a) अनुचुम्बकीय पदार्थ चुम्बकीय क्षेत्र लगाने पर आकर्षित होते हैं
(b) चुम्बकीय आघूर्ण, $\mu = \sqrt{n(n+2)}$ जहाँ, n = युग्मित इलेक्ट्रॉनों की संख्या
(c) प्रतिचुम्बकीय पदार्थ चुम्बकीय क्षेत्र लगाने पर प्रतिकर्षित होते हैं
(d) अयुग्मित इलेक्ट्रॉनों की संख्या में वृद्धि के साथ चुम्बकीय आघूर्ण बढ़ता है

24 निम्नलिखित में से कौन-सा आयन जलीय विलयन में सबसे अधिक स्थायी है? [Ti की परमाणु संख्या = 22, V = 23, Cr = 24 और Mn = 25] **NCERT पृष्ठ 101**

(a) Cr^{3+} (b) V^{3+}
(c) Ti^{3+} (d) Mn^{3+}

25 निम्नलिखित में से कौन जलीय विलयन में क्रमशः सबसे प्रबल ऑक्सीकारक तथा अपचायक हैं? **NCERT पृष्ठ 101**

(a) Mn^{3+}, Co^{3+} और Ti^{2+}, V^{2+}, Cr^{2+}
(b) Ti^{2+}, V^{2+}, Cr^{2+} और Mn^{3+}, Co^{3+}
(c) Mn^{3+}, Cr^{3+} और Ti^{2+}, Co^{2+}, V^{2+}
(d) V^{3+}, Co^{3+} और Mn^{2+}, Ti^{2+}, Cr^{2+}

26 Ti^{2+}, V^{2+}, Ti^{3+} और Sc^{3+} के जलयोजित आयनों पर विचार करें। उनके 'केवल चक्रण' चुम्बकीय आघूर्ण का सही क्रम है **NCERT पृष्ठ 102**

(a) $Sc^{3+} < Ti^{3+} < Ti^{2+} < V^{2+}$
(b) $Sc^{3+} < Ti^{3+} < V^{2+} < Ti^{2+}$
(c) $Ti^{3+} < Ti^{2+} < Sc^{3+} < V^{2+}$
(d) $V^{2+} < Ti^{2+} < Ti^{3+} < Sc^{3+}$

27 सभी संक्रमण धातु संकुलों के बीच गणना किए गए केवल चक्रण चुम्बकीय आघूर्ण (BM में) का उच्चतम मान है **NCERT पृष्ठ 102**

(a) 5.92 (b) 3.87
(c) 6.93 (d) 4.90

28 निम्नलिखित में से अनुचुम्बकीय प्रजातियाँ हैं **NCERT पृष्ठ 102**

(a) Zn^{2+} (b) Ni^{2+}
(c) Cu^{+} (d) Hg^{2+}

29 एक संक्रमण धातु आयन का चुम्बकीय आघूर्ण 3.87 BM पाया गया है। इसमें उपस्थित अयुग्मित इलेक्ट्रॉनों की संख्या है **NCERT पृष्ठ 102**

(a) 2 (b) 3
(c) 4 (d) 5

30 निम्नलिखित को अयुग्मित इलेक्ट्रॉनों की संख्या के घटते क्रम में व्यवस्थित करें।

I. Cu^{2+} II. Cr^{3+}
III. Ni^{2+} IV. Fe^{3+} **NCERT पृष्ठ 102**

(a) I > III > II > IV (b) III > I > IV > II
(c) IV > II > III > I (d) II > IV > III > I

31 चुम्बकीय आघूर्ण के बारे में निम्नलिखित में से कौन-सा कथन गलत है? **NCERT पृष्ठ 102**

(a) यह अयुग्मित इलेक्ट्रॉनों की बढ़ती संख्या के साथ बढ़ता है
(b) यह परमाणु, अणु या आयन में उपस्थित अयुग्मित इलेक्ट्रॉनों की संख्या के बारे में संकेत देता है
(c) इसकी इकाई बोहर मैगनेट (BM) है। एक एकल अयुग्मित इलेक्ट्रॉन का चुम्बकीय आघूर्ण 1.73 BM होता है
(d) Co^{2+} आयन का चुम्बकीय आघूर्ण 2.84 BM है।

32 निम्नलिखित प्रजाति को उनके चुम्बकीय आघूर्ण के घटते क्रम में व्यवस्थित करें। **NCERT पृष्ठ 102**

I. V^{4+} II. Mn^{4+}
III. Fe^{3+} IV. Ni^{2+}

(a) II > III > I > IV
(b) III > IV > II > I
(c) III > II > IV > I
(d) I > IV > III > II

33 निम्नलिखित में से कौन-सा जलीय विलयन रंगीन होगा? **NCERT पृष्ठ 103**

(a) $Zn(NO_3)_2$ (b) $LiNO_3$
(c) $CoNO_3$ (d) $HgCl_2$

34 जब एक इलेक्ट्रॉन कम ऊर्जा वाले *d*- कक्षक से उत्तेजित होकर उच्च ऊर्जा वाले *d*- कक्षक में जाता है

I. उत्तेजन ऊर्जा अवशोषित प्रकाश की आवृत्ति के अनुरूप होती है।
II. यह आवृत्ति सामान्यतः दृश्य क्षेत्र में होती है।
III. प्रेक्षित रंग अवशोषित प्रकाश के पूरक रंग के अनुरूप होता है।
IV. अवशोषित प्रकाश की आवृत्ति लिगैंड की प्रकृति द्वारा निर्धारित होती है।

उपर्युक्त में से कौन-से कथन सही हैं? **NCERT पृष्ठ 103**

(a) I, II और IV (b) I, II और III
(c) I, II, III और IV (d) II और IV

35 TiF_6^{2-}, CoF_6^{3-}, Cu_2Cl_2 और $NiCl_4^{2-}$ (Ti की कुल संख्या = 22, Co = 27, Cu = 29 और Ni = 28) में से रंगहीन प्रजातियाँ हैं **NCERT पृष्ठ 103**

(a) TiF_6^{2-} और CoF_6^{3-} (b) Cu_2Cl_2 और $NiCl_4^{2-}$
(c) TiF_6^{2-} और Cu_2Cl_2 (d) CoF_6^{3-} और $NiCl_4^{2-}$

36 निम्नलिखित में से कौन-सा कारक संक्रमण तत्वों द्वारा संकुल यौगिकों के निर्माण के लिए उत्तरदायी नहीं है? **NCERT पृष्ठ 104**

(a) धातु आयनों का छोटा आकार
(b) धातु पर उच्च आयनिक आवेश
(c) केवल *d*-कक्षकों की उपलब्धता
(d) *d* - और *f* - दोनों कक्षकों की उपलब्धता

37 निम्नलिखित में से कौन अन्तराकाशी यौगिक नहीं बनाएगा? **NCERT पृष्ठ 104**

(a) Fe (b) Mn
(c) Ti (d) Zn

38 मिश्रधातुओं के गुणों को सुधारने में अन्तराकाशी यौगिक क्या भूमिका निभाते हैं? **NCERT पृष्ठ 104**

(a) ये मिश्रधातुओं की कठोरता को कम करते हैं।
(b) ये मिश्रधातुओं की भंगुरता बढ़ाते हैं।
(c) ये मिश्रधातु के रूप में कठोरता और प्रबलता को बढ़ाते हैं।
(d) ये मिश्रधातुओं के घनत्व को कम कर देते हैं।

39 अन्तराकाशी यौगिक तब बनते हैं जब छोटे परमाणु धातुओं के क्रिस्टल जालक के अंदर फंस जाते हैं। निम्नलिखित में से अन्तराकाशी यौगिकों के कौन-से विशिष्ट गुण हैं? **NCERT पृष्ठ 104**

I. शुद्ध धातुओं की तुलना में इनका गलनांक उच्च होता है।
II. ये बहुत कठोर हैं।
III. इन यौगिकों की धात्विक चालकता सुरक्षित रहती है।
IV. ये रासायनिक रूप से बहुत निष्क्रिय हैं।

सही विकल्प चुनें।

(a) I, II, III और IV
(b) II, III और IV
(c) I, III और IV
(d) I, II और IV

संक्रमण तत्वों के कुछ महत्वपूर्ण यौगिक

40 निम्नलिखित कथनों पर विचार करें। **NCERT पृष्ठ 105**

I. जैसे-जैसे किसी धातु की ऑक्सीकरण संख्या बढ़ती है, आयनिक गुण घटता है।

II. Mn के सन्दर्भ में, Mn_2O_7 एक सहसंयोजक हरा तैलीय पदार्थ होता है जिसमें मुख्य रूप से अम्लीय गुण होता है और यह $KMnO_4$ देता है।

III. V_2O_5 उभयधर्मी है, यह VO_4^{3-} के साथ-साथ VO_2^+ लवण भी देता है।

IV. CrO क्षारीय है, जबकि Cr_2O_3 उभयधर्मी है।

कथनों का सही समूह है/हैं (उपयुक्त विकल्प चुनें)

(a) I, II, III और IV (b) केवल II
(c) II और III दोनों (d) II और IV दोनों

41 निम्नलिखित में से कौन-सी संक्रमण धातु ऑक्साइड में क्षारीय से कम क्षारीय तथा उभयधर्मी में क्रमिक परिवर्तन दर्शाती है? **NCERT पृष्ठ 105**

(a) तांबा (b) टाइटेनियम (c) वैनेडियम (d) मैंगनीज

42 एक को छोड़कर सभी संक्रमण धातुएँ आण्विक प्रकार के ऑक्साइड बनाती हैं जो आयनिक होते हैं। वह एक धातु है **NCERT पृष्ठ 105**

(a) वैनेडियम (b) स्कैंडियम
(c) लोहा (d) मैंगनीज

43 निम्नलिखित में से कौन-सा यौगिक पोटैशियम डाइक्रोमेट के निर्माण के लिए प्रारम्भिक सामग्री के रूप में उपयोग किया जाता है? **NCERT पृष्ठ 105**

(a) $K_2SO_4 \cdot Cr_2(SO_4)_3 \cdot 24H_2O$ (क्रोम एलम)
(b) $PbCrO_4$ (क्रोमाइट पीला)
(c) $FeCr_2O_4$ (क्रोमाइट)
(d) $PbCrO_4 \cdot PbO$ (क्रोम लाल)

44 अम्लीकृत पोटैशियम डाइक्रोमेट ऑक्सीकरण नहीं करता है **NCERT पृष्ठ 106**

(a) आयोडाइड से आयोडीन
(b) सल्फाइड से सल्फर
(c) टिन (IV) से टिन (II)
(d) आयरन (II) से (III)

45 निम्नलिखित में से कौन $K_2Cr_2O_7$ के साथ अभिक्रिया कर सकता है? **NCERT पृष्ठ 106**

(a) SO_3^{2-} (b) CO_3^{2-} (c) SO_4^{-2} (d) NO_3^-

46 क्रोमेट और डाइक्रोमेट आयनों की संरचनाएं ... *A* ... और ... *B* ... हैं। यहां, *A* और *B* क्रमशः हैं **NCERT पृष्ठ 106**

	A	*B*
(a)	चतुष्फलकीय	अष्टफलकीय
(b)	चतुष्फलकीय	द्वि-चतुष्फलकीय
(c)	अष्टफलकीय	द्वि-चतुष्फकीय
(d)	द्वि-अष्टफलकीय	अष्टफलकीय

47 निम्नलिखित चित्र में, Cr—O—Cr बन्ध कोण *X*° है। *X*° का निश्चित मान क्या है ? **NCERT पृष्ठ 106**

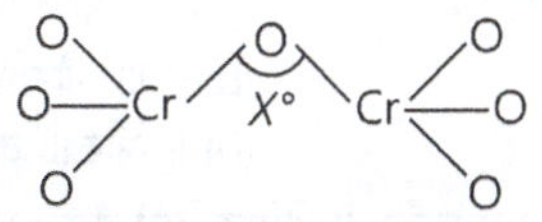

(a) 126°. (b) 136°
(c) 116° (d) 106°

48 ग्रीन मैंगनेट और बैंगनी परमैंगनेट क्रमशः हैं **NCERT पृष्ठ 107**

(a) अनुचुम्बकीय, प्रतिचुम्बकीय
(b) प्रतिचुम्बकीय, अनुचुम्बकीय
(c) अनुचुम्बकीय, अनुचुम्बकीय
(d) प्रतिचुम्बकीय, प्रतिचुम्बकीय

49 K_2MnO_4 तब बनता है, जब **NCERT पृष्ठ 106**

(a) Cl_2 को $KMnO_4$ में प्रवाहित किया जाता है
(b) MnO_2 वायु में KOH के साथ संलयित होता है
(c) फॉर्मेल्डिहाइड प्रबल क्षार की उपस्थिति में पोटैशियम परमैंगनेट के साथ अभिक्रिया करता है
(d) सोडियम डाइक्रोमेट पोटैशियम क्लोराइड के साथ अभिक्रिया करता है

50 डाइक्रोमेट आयन की संरचना के बारे में सही कथन है **NCERT पृष्ठ 106**

(a) सभी Cr — O बन्ध समतुल्य हैं
(b) केवल 6 Cr — O बन्ध समतुल्य हैं
(c) केवल 3 Cr — O बन्ध समतुल्य हैं
(d) कोई बन्ध समतुल्य नहीं है

51 निम्नलिखित कथनों पर विचार करें। **NCERT पृष्ठ 106**

I. सोडियम डाइक्रोमेट पोटैशियम डाइक्रोमेट की तुलना में अधिक विलेय है।

II. पोटैशियम डाइक्रोमेट के क्रिस्टल नारंगी रंग के होते हैं।

III. जलीय विलयन में क्रोमेट और डाइक्रोमेट विलयन के pH पर निर्भर करते हुए परस्पर रूपान्तरित होते हैं।

IV. क्रोमेट और डाइक्रोमेट की ऑक्सीकरण अवस्था भिन्न होती है।

सही कथन हैः

(a) I, II, III और IV (b) II और IV दोनों
(c) I, II और III (d) I और II दोनों

52 निम्नलिखित में से कौन-से कथन सत्य हैं? **NCERT पृष्ठ 106**

I. अम्लीय विलयन में क्रोमेट आयन डाइक्रोमेट आयनों में परिवर्तित हो जाते हैं।

II. $K_2Cr_2O_7$ का अम्लीय विलयन आयोडाइड से आयोडीन मुक्त करता है।

III. पोटैशियम डाइक्रोमेट का उपयोग आयतनात्मक विश्लेषण में द्वितीयक मानक के रूप में किया जाता है।

IV. डाइक्रोमेट आयन में दो चतुष्फलक होते हैं, जिनमें से एक कोना $126°$ के Cr—O—Cr बन्ध कोण के साथ प्रदर्शित होता है।

सही विकल्प चुनें।

(a) I, II और III (b) II, III और IV

(c) I, II और IV (d) II और III दोनों

53 मैंगनीज (X) का एक बैंगनी यौगिक गर्म करने पर विघटित होकर मैंगनीज यौगिक Y, Z देता है तथा ऑक्सीजन गैस उत्सर्जित करता है। इसके अतिरिक्त, यौगिक (Z) पोटैशियम नाइट्रेट की उपस्थिति में पोटैशियम हाइड्रॉक्साइड के साथ अभिक्रिया करके यौगिक Y देता है। दी गई जानकारी द्वारा X से Z तक की पहचान करें। NCERT पृष्ठ 107

	X	Y	Z
(a)	$KMnO_4$	K_2MnO_4	MnO_2
(b)	K_2MnO_4	$KMnO_4$	MnO_2
(c)	$KMnO_4$	MnO_2	K_2MnO_4
(d)	MnO_2	$KMnO_4$	K_2MnO_4

54 निम्नलिखित में से कौन $KMnO_4$ के साथ समसंरचनात्मक है? NCERT पृष्ठ 107

a) K_2SO_4 (b) K_2MnO_4

(c) $KClO_4$ (d) $K_2Cr_2O_7$

55 परमैंगनेट आयन (MnO_4^-) गहरे बैंगनी रंग का होता है, यद्यपि Mn का +7 ऑक्सीकरण अवस्था में d^0 विन्यास होता है। इसका कारण है NCERT पृष्ठ 107

(a) $d-d$ संक्रमण

(b) धातु से लिगैंड में आवेश स्थानान्तरण

(c) लिगैंड से धातु में आवेश स्थानान्तरण

(d) अयुग्मित इलेक्ट्रॉन

56 मैंगनेट और परमैंगनेट आयन चतुष्फलकीय होते हैं, क्योंकि NCERT पृष्ठ 107

(a) इनमें π-बन्धन नहीं है

(b) π-बन्धन में ऑक्सीजन के p-कक्षकों का मैंगनीज के p-कक्षकों के साथ अतिव्यापन शामिल होता है

(c) π-बन्धन में ऑक्सीजन के d -कक्षकों का मैंगनीज के d-कक्षकों के साथ अतिव्यापन शामिल होता है

(d) π-बन्धन में ऑक्सीजन के p-कक्षकों का मैंगनीज के d-कक्षकों के साथ अतिव्यापन होना शामिल है

57 बैंगनी रंग के विलयन को KOH के साथ क्षारीय बनाया जाता है और KI के साथ उपचारित करके पोटैशियम आयोडेट बनाया जाता है। फिर इस विलयन को H_2SO_4 के साथ अम्लीय किया जाता है और फिर से KI के साथ उपचारित किया जाता है। लेकिन इस बार पोटैशियम आयोडेट के बजाय आयोडीन गैस निकलती है। यह बैंगनी रंग का विलयन किसका होगा? NCERT पृष्ठ 107, 108

(a) $K_2Cr_2O_4$ (b) K_2MnO_4

(c) $KMnO_4$ (d) $K_2Cr_2O_7$

58 $[H^+] = 1$ पर परमैंगनेट को प्रायोगिक रूप से जल का ऑक्सीकरण करना चाहिए लेकिन अभिक्रिया अत्यंत धीमी होती है। निम्नलिखित में से कौन-सा कारक अभिक्रिया की दर को बढ़ाता है? NCERT पृष्ठ 107

(a) मैंगनीज (II) आयन उपस्थित हैं

(b) तापमान कम हो जाता है

(c) तापमान नियत है

(d) मैंगनीज (III) आयन उपस्थित हैं

59 निम्नलिखित अभिक्रियाओं पर विचार करें। NCERT पृष्ठ 107

I. $5\begin{matrix} COO^- \\ | \\ COO^- \end{matrix} \longrightarrow 10CO_2 + 10e^-$

II. $5Fe^{2+} \longrightarrow 5Fe^{3+} + 5e^-$

III. $5NO_2^- + 5H_2O \longrightarrow 5NO_3^- + 10H^+ + 10e^-$

निम्नलिखित में से कौन-सा अभिकर्मक उपरोक्त अभिक्रियाओं को ऑक्सीकृत करेगा?

(a) अम्लीकृत परमैंगनेट (b) अम्लीकृत मैंगनेट

(c) अम्लीकृत क्रोमेट (d) अम्लीकृत डाइक्रोमेट

60 निम्नलिखित अभिक्रियाओं में A, B तथा C को पहचानिए तथा नीचे दिए गए कूट का प्रयोग कर सही विकल्प चुनिए। NCERT पृष्ठ 108

I. $2MnO_4^- + H_2O + I^- \longrightarrow 2A + 2OH^- + IO_3^-$

II. $MnO_4^- + 5Fe^{2+} + 8H^+ \longrightarrow B + 5C + 4H_2O$

	A	B	C
(a)	MnO_2	Mn^{2+}	Fe^{3+}
(b)	Mn^{2+}	MnO_2	Fe^{3+}
(c)	MnO_2	MnO_4^{2-}	$Fe(OH)_3$
(d)	MnO_4^{2-}	Mn^{2+}	Fe_2O_3

61 जब $KMnO_4$ अम्लीय माध्यम में ऑक्सेलिक अम्ल के साथ अभिक्रिया करता है तो इसका रंग गायब हो जाता है। ऐसा इसलिए होता है क्योंकि NCERT पृष्ठ 108

(a) ऑक्सैलिक अम्ल मिलाने से विलयन का pH बदल जाता है

(b) $KMnO_4$ ऑक्सैलिक अम्ल को CO_2 में ऑक्सीकृत कर देता है तथा स्वयं रंगहीन Mn^{2+} में परिवर्तित हो जाता है

(c) $KMnO_4$ रंगहीन K_2SO_4 में ऑक्सीकृत हो जाता है

(d) $KMnO_4$ का अम्लीय विलयन वायु में रंगहीन होता है

62 निम्नलिखित में से किस यौगिक में कोई अयुग्मित इलेक्ट्रॉन नहीं है लेकिन वह रंग प्रदर्शित करता है? NCERT पृष्ठ 107, 108

(a) $KMnO_4$ (b) K_2MnO_4

(c) $MnSO_4$ (d) $MnCl_2$

63 सही विकल्प चुनें। NCERT पृष्ठ 108

I. $MnO_4^- + 2H_2O + 3e^- \longrightarrow A + 4OH^-$

II. $5NO_2^- + 10\,OH^- \longrightarrow B + 5\,H_2O + 10e^-$

III. $5SO_3^{2-} + 2MnO_4^- + 6H^+ \longrightarrow 2Mn^{2+} + C + 3H_2O$

A *B* *C*

(a) MnO_2, $5NO_3^-$, $5SO_4^{2-}$

(b) Mn^{2+}, $3N_2$, $6SO_2$

(c) MnO_4^{2-}, $2NO_3^{2-}$, $3SO_4^-$

(d) $2MnO_2$, NO_3^-, $2S^{2-}$

64 निम्नलिखित अभिक्रियाओं में कौन-सी अभिक्रिया अम्लीय विलयन में नहीं होती है? **NCERT पृष्ठ 108**

(a) $10I^- + 2MnO_4^- + 16H^+ \longrightarrow 2Mn^{2+} + 8H_2O + 5I_2$

(b) $5Fe^{2+} + MnO_4^- + 8H^+ \longrightarrow Mn^{2+} + 4H_2O + 5Fe^{3+}$

(c) $5NO_2^- + 2MnO_4^- + 6H^+ \longrightarrow 2Mn^{2+} + 5NO_3^- + 3H_2O$

(d) $2MnO_4^- + 3Mn^{2+} + 2H_2O \longrightarrow 5MnO_2 + 4H^+$

65 लैन्थेनॉयड्स हैं **NCERT पृष्ठ 108**

(a) छठे आवर्त में 14 तत्व (परमाणु क्रमांक = 90 से 103) हैं, जो 4 *f*-उपस्तर तक भरे रहते हैं

(b) सातवें आवर्त में 14 तत्व (परमाणु क्रमांक = 90 से 103) है, जो 5 *f*-उपस्तर तक भरे रहते हैं

(c) छठे आवर्त में 14 तत्व (परमाणु क्रमांक = 58 से 71) है, जो 4 *f*-उपस्तर तक भरे रहते हैं

(d) सातवें आवर्त में 14 तत्व (परमाणु क्रमांक = 50 से 71) है, जो 4 *f*-उपस्तर तक भरे रहते हैं

66 निम्नलिखित कथनों पर विचार करें। **NCERT पृष्ठ 109**

I. Eu^{2+} + में f^7 है विन्यास है और यह एक प्रबल अपचायक है।

II. Yb^{2+} का विन्यास f^{14} है तथा यह एक अपचायक है।

III. Tb^{IV} में अर्द्धपूरित *f*-कक्षक होते हैं और यह एक ऑक्सीकारक है।

सही कथन है/हैं (उचित विकल्प चुनें)

(a) केवल I

(b) II और III दोनों

(c) I और II दोनों

(d) I II और III

लैन्थेनॉयड

67 निम्नलिखित में से गलत कथन की पहचान करें। **NCERT पृष्ठ 109**

(a) La से Lu की ओर बढ़ने पर परमाणुओं या आयनों की त्रिज्या में कमी आती है।

(b) लैन्थेनॉइड संकुचन क्रमिक आकुंचन का संचय है

(c) लैन्थेनॉइड संकुचन के परिणामस्वरूप, संक्रमण तत्वों की 4*d*- शृंखला के गुणों में 5*d*- शृंखला के तत्वों के साथ कोई समानता नहीं है।

(d) लैन्थेनॉइड आकुंचन *f*- इलेक्ट्रॉनों की प्रभावी परिरक्षण शक्ति के कारण होता है।

68 टर्बियम 4 *f*- श्रेणी से सम्बन्धित है। इसकी परमाणु संख्या 65 है। निम्नलिखित में से टर्बियम का सही इलेक्ट्रॉनिक विन्यास कौन-सा है? **NCERT पृष्ठ 110**

(a) $[Xe]4f^9 6s^2$

(b) $[Xe]4f^9 5s^1$

(c) $[Xe]4f^7 5d^2 6s^2$

(d) $[Xe]4f^6 5d^3 6s^2$

69 निम्नलिखित में से किस युग्म का आकार समान है? **NCERT पृष्ठ 109**

(a) Zn^{2+}, Hf^{4+}

(b) Fe^{2+}, Ni^{2+}

(c) Zr^{4+}, Ti^{4+}

(d) Zr^{4+}, Hf^{4+}

70 यद्यपि, +3 लैन्थेनॉइड्स के लिए विशिष्ट ऑक्सीकरण अवस्था है, फिर भी सीरियम +4 ऑक्सीकरण अवस्था भी दर्शाता है क्योंकि **NCERT पृष्ठ 109**

(a) इसमें उत्कृष्ट गैस विन्यास प्राप्त करने की प्रवृत्ति होती है

(b) इसकी आयनन एन्थैल्पी परिवर्तनशील होती है

(c) यह Pb^{4+} जैसा दिखता है

(d) Ce^{4+} से Ce^{3+} तक अपचयित होने की प्रवृत्ति होती है।

71 +3 ऑक्सीकरण अवस्था में Ce, Pm, Gd और Dy की आयनिक त्रिज्याओं का सही क्रम है **NCERT पृष्ठ 110**

(a) $Ce^{3+} < Gd^{3+} < Pm^{3+} < Dy^{3+}$

(b) $Ce^{3+} < Pm^{3+} < Gd^{3+} < Dy^{3+}$

(c) $Dy^{3+} < Gd^{3+} < Pm^{3+} < Ce^{3+}$

(d) $Pm^{3+} < Ce^{3+} < Dy^{3+} < Gd^{3+}$

72 लैन्थेनॉयड्स की विशेषताओं के संबंध में निम्नलिखित में से कौन-सा कथन गलत है? **NCERT पृष्ठ 110, 111**

(a) ये चांदी जैसी सफेद मुलायम धातुएँ हैं।

(b) ये हवा में तेजी से धूमिल हो जाते हैं।

(c) परमाणु क्रमांक बढ़ने पर कठोरता घटती है।

(d) इनके गलनांक 1000 से 1200 K के बीच होते हैं लेकिन सैमेरियम 1623 K पर पिघलता है।

73 निम्नलिखित में से कौन-सा कथन गलत है? **NCERT पृष्ठ 111**

(a) $La(OH)_3$, $Lu(OH)_3$ से कम क्षारीय है।

(b) लैन्थेनायड श्रेणी में Lu^{3+} आयनों की आयनिक त्रिज्या घटती है।

(c) La वास्तव में लैन्थेनायड श्रेणी का न होकर संक्रमण श्रेणी का तत्व है।

(d) लैन्थेनायड संकुचन के कारण Zr और Hf की परमाणु त्रिज्याएँ समान होती हैं।

74 मिश-धातु के बारे में सही विकल्प चुनें। **NCERT पृष्ठ 111**

(a) यह एक मिश्र धातु है जिसमें लैन्थेनॉयड धातु (~95%) और लोहा (~ 5%) तथा S, C, Ca और Al के अंश होते हैं।

(b) गोलियाँ, खोल और हल्के फ्लिंट पत्थर बनाने के लिए Na आधारित मिश्र धातु में उपयोग किया जाता है।

(c) इसका उपयोग हवाई जहाज की बॉडी बनाने में होता है।

(d) यह एक अधातु है।

75 नीचे दिए गए लैन्थेनॉयड हाइड्रॉक्साइड की सामान्य सामर्थ्य का सही क्रम है **NCERT पृष्ठ 111**

$La(OH)_3$, $Lu(OH)_3$, $Ce(OH)_3$

I II III

(a) I > III > II

(b) I < III < II

(c) I > II > III

(d) I < II < III

76 लैन्थेनॉयड की रासायनिक अभिक्रियाएँ इस प्रकार हैं NCERT पृष्ठ 111

I. $Ln \xrightarrow{\text{हैलोजन के साथ}} A$

II. $Ln \xrightarrow{H_2O \text{ के साथ}} B$

III. $Ln \xrightarrow[273\,K]{\text{C के साथ}} C$

A, *B* और *C* हैं

(a) LnX_3, $Ln(OH)_3 + H_2$, LnC_2
(b) LnX_3, Ln_2O_3, Ln_2C
(c) Ln_3X, LnO, Ln_2C
(d) Ln_3X_2, Ln_2O_2, LnC

ऐक्टिनॉयड

77 ऐक्टिनॉयड की अधिकतम संभावित ऑक्सीकरण अवस्थाओं को निम्न द्वारा दर्शाया गया है NCERT पृष्ठ 112

(a) बर्केलियम (Bk) और कैलिफोर्नियम (Cf)
(b) नोबेलियम (No) और लॉरेन्सियम (Lr)
(c) ऐक्टिनियम (Ac) और थोरियम (Th)
(d) नेप्चूनियम (Np) और प्लूटोनियम (Pu)

78 निम्नलिखित में से कौन-सा तत्व अपने यौगिकों में अधिकतम संख्या में विभिन्न ऑक्सीकरण अवस्थाएँ प्रदर्शित करता है? NCERT पृष्ठ 112

(a) Pa (b) Th
(c) Fm (d) Am

79 ऐक्टिनॉयड, लैन्थेनॉयड्स से मिलते जुलते हैं, क्योंकि इनमें अधिक यौगिक होते हैं NCERT पृष्ठ 112

(a) +3 अवस्था वाले
(b) +4 अवस्था वाले
(c) +5 अवस्था वाले
(d) +2 अवस्था वाले

80 ऐक्टिनॉयड्स सामान्यतः लैन्थेनॉयडस की तुलना में अधिक ऑक्सीकरण अवस्थाएँ प्रदर्शित करते हैं। इसका मुख्य कारण है NCERT पृष्ठ 113

(a) 4*f* और 5*d* कक्षकों के बीच की तुलना में 5*f* और 6*d* कक्षकों के बीच उच्च ऊर्जा अन्तर
(b) 4*f* और 5*d* कक्षकों की तुलना में 5*f* और 6*d* कक्षकों के बीच कम ऊर्जा अन्तर
(c) लैन्थेनॉयड की तुलना में ऐक्टिनॉयड्स की उच्च अभिक्रियाशीलता
(d) संकुल बनाने की कम प्रवृत्ति।

d एवं *f*-ब्लॉक तत्वों के कुछ अनुप्रयोग

81 लोहा और इस्पात का उत्पादन आधारित है NCERT पृष्ठ 113

(a) लौह ऑक्साइड के अपचयन पर
(b) अशुद्धियों को हटाने पर
(c) कार्बन और मिश्र धातुओं जैसे Cr, Mn और N का योग पर
(d) उपरोक्त सभी

82 वह यौगिक जो बैटरी उद्योग में उपयोग नहीं किया जाता है/हैं NCERT पृष्ठ 113

(a) MnO_2 (b) Zn (c) Ni/Cd (d) TiO

83 संक्रमण तत्वों के संबंध में निम्नलिखित में से कौन-सा कथन गलत है? NCERT पृष्ठ 112, 114

(a) हेबर प्रक्रम में लौह उत्प्रेरक का उपयोग किया जाता है।
(b) निकेल उत्प्रेरक वसा के हाइड्रोजनीकरण को आगे बढ़ने में सक्षम बनाते हैं।
(c) वॉकर प्रक्रिया में एथाइन का एथेनल में ऑक्सीकरण $PdCl_2$ द्वारा उत्प्रेरित होता है।
(d) मैंगनीज संकुल ऐल्काइनों के बहुलकीकरण में उपयोगी होते हैं।

84 ब्रिटेन में समकालीन 'ताँबे' के सिक्के और 'चाँदी' के सिक्के क्रमशः हैं NCERT पृष्ठ 114

(a) ताँबा-लेपित इस्पात; Cu/Ni मिश्र धातु
(b) Cu/Ni मिश्र धातु; Cu/Ni मिश्र धातु
(c) Cu/Ni मिश्र धातु; ताम्र-लेपित इस्पात
(d) ताम्र-लेपित इस्पात; ताम्र-लेपित इस्पात

85 H_2SO_4 के निर्माण में SO_2 के ऑक्सीकरण में प्रयुक्त उत्प्रेरक है NCERT पृष्ठ 114

(a) $CuCl_2$ (b) V_2O_5
(c) MnO_2 (d) इनमें से कोई नहीं

86 यदि पॉलिथीन के निर्माण में ज़िग्लर-नाटा उत्प्रेरक का उपयोग किया जाता है, तो निम्नलिखित में से कौन-सा यौगिक आधार बनता है? NCERT पृष्ठ 114

(a) $TiCl_4$
(b) $Al(CH_3)_3$
(c) $TiCl_4$ के साथ $Al(CH_3)_3$
(d) V_2O_5

87 फोटोग्राफिक उद्योग किसकी विशेष प्रकाश-संवेदनशील विशेषताओं पर निर्भर करता है? NCERT पृष्ठ 114

(a) AgCl (b) AgBr
(c) $PdCl_2$ (d) AgI

अभिकथन-कारण प्रश्न

निर्देश *(प्रश्न संख्या 1 से 14) निम्नलिखित प्रश्नों में अभिकथन (A) के बाद तर्क (R) का कथन दिया गया है। निम्नलिखित विकल्पों में से सही उत्तर चुनें।*

(a) A और R दोनों सत्य हैं और R, A का सही स्पष्टीकरण है।
(b) A और R दोनों सत्य हैं लेकिन R, A का सही स्पष्टीकरण नहीं है।
(c) A सत्य है लेकिन R असत्य है।
(d) A गलत है लेकिन R सत्य है।

1 **अभिकथन (A)** Cr और Cu 3*d*- श्रेणी में अत्यधिक स्थायी तत्व हैं।
कारण (R) अर्द्ध और पूर्ण रूप से भरे हुए कक्षक अपेक्षाकृत अधिक स्थायी होते हैं। **NCERT पृष्ठ 90**

2 **अभिकथन (A)** यद्यपि Zn प्रथम श्रेणी का सदस्य है, फिर भी संक्रमण तत्व नहीं है।
कारण (R) Zn में कक्षक मूल अवस्था के साथ-साथ उत्तेजित अवस्था में भी पूर्ण रूप से भरे होते हैं। **NCERT पृष्ठ 91**

3 **अभिकथन (A)** संक्रमण तत्व उच्च परमाणुकरण एन्थैल्पी प्रदर्शित करते हैं।
कारण (R) संक्रमण तत्वों के परमाणुओं में बड़ी संख्या में अयुग्मित इलेक्ट्रॉन होते हैं। उनमें प्रबल अन्तर-परमाण्विक अन्तः क्रियाएँ होती हैं। **NCERT पृष्ठ 92**

4 **अभिकथन (A)** संक्रमण धातुओं की तीन श्रृंखलाएँ 3*d*- श्रृंखला (Sc से Zn), 4*d*-श्रृंखला (Y से Cd) तथा 5*d*-श्रृंखला हैं।
कारण (R) आंतरिक संक्रमण धातुओं की दो श्रृंखलाएँ (4 *f* और 5 *f*) क्रमशः ऐक्टिनॉयड और लैन्थेनॉयड के रूप में जानी जाती हैं। **NCERT पृष्ठ 93**

5 **अभिकथन (A)** संक्रमण तत्वों की दूसरी और तीसरी पंक्तियाँ पहली पंक्ति की तुलना में एक दूसरे से अधिक मिलती जुलती हैं।
कारण (R) लैन्थेनॉयड संकुचन के कारण, दूसरी और तीसरी पंक्ति के संक्रमण तत्वों की परमाणु त्रिज्याएँ के समान हैं। **NCERT पृष्ठ 93**

6 **अभिकथन (A)** Cr की प्रथम आयनन एन्थैल्पी Zn की तुलना में कम है।
कारण (R) क्रोमियम आयन (Cr^+) में d^5 विन्यास के कारण अत्यधिक स्थायी होता है। **NCERT पृष्ठ 94**

7 **अभिकथन (A)** ऑक्सीकरण शक्ति निम्न क्रम में बढ़ती है:

$$VO_2^+ < Cr_2O_7^{2-} < MnO_4^-$$

कारण (R) निम्न स्पीशीजों के बढ़ते स्थायित्व के कारण ऑक्सीकरण शक्ति बढ़ जाती है जिससे वे आसानी से अपचयित हो जाती हैं **NCERT पृष्ठ 96**

8 **अभिकथन (A)** Cu अम्लों से हाइड्रोजन मुक्त नहीं कर सकता।
कारण (R) Cu का इलेक्ट्रोड विभव धनात्मक होता है। **NCERT पृष्ठ 98**

9 **अभिकथन (A)** HCl की उपस्थिति में परमैंगनेट का अनुमापन असंतोषजनक है।
कारण (R) HCl क्लोरीन में ऑक्सीकृत हो जाता है। **NCERT पृष्ठ 108**

10 **अभिकथन (A)** Zr और Hf का पृथक्करण कठिन है।
कारण (R) Zr और Hf आवर्त सारणी के एक ही समूह में स्थित हैं। **NCERT पृष्ठ 109**

11 **अभिकथन (A)** कई त्रिसंयोजी लैन्थेनॉइड आयन ठोस अवस्था और जलीय विलयन दोनों में रंगीन होते हैं।
कारण (R) इन आयनों का रंग *f*-कक्षकों में अयुग्मित इलेक्ट्रॉनों की उपस्थिति के कारण होता है। **NCERT पृष्ठ 110**

12 **अभिकथन (A)** ऐक्टिनॉयड का संकुचन लैन्थेनॉइड्स से अधिक होता है।
कारण (R) 5 *f*- इलेक्ट्रॉनों द्वारा खराब परिरक्षण होता है। **NCERT पृष्ठ 112**

13 **अभिकथन (A)** ऐक्टिनॉयड धातुएँ विभिन्न प्रकार की संरचनाएँ प्रदर्शित करती हैं।
कारण (R) ऐक्टिनॉयड की संरचनात्मक परिवर्तनशीलता का उनकी धात्विक त्रिज्याओं से कोई संबंध नहीं है। **NCERT पृष्ठ 112**

14 **अभिकथन (A)** ऐक्टिनॉयड लैन्थेनॉयड की तुलना में अपेक्षाकृत कम स्थायी संकुल बनाते हैं।
कारण (R) ऐक्टिनॉयड, बंधन में 6 *d*- कक्षकों के साथ-साथ अपने 5 *f*- कक्षकों का उपयोग कर सकते हैं लेकिन लैन्थेनॉयड बंधन के लिए अपने 4 *f*- कक्षकों का उपयोग नहीं करते हैं। **NCERT पृष्ठ 112, 113**

कथन आधारित प्रश्न

निर्देश *(प्रश्न संख्या 1-7) निम्नलिखित प्रश्नों में दो कथन (I और II) दिए गए हैं। दिए गए कथनों के आधार पर, नीचे दिए गए सही विकल्प को चुनें।*

(a) कथन I और कथन II दोनों असत्य हैं।
(b) कथन I सत्य है लेकिन कथन II असत्य है।
(c) कथन I असत्य है लेकिन कथन II सत्य है।
(d) कथन I और कथन II दोनों सत्य हैं।

1 **कथन I** टाइटेनियम ($Z = 22$) से लेकर ताँबे ($Z = 29$) तक घनत्व में सार्थक कमी देखी जा सकती है।

कथन II धात्विक त्रिज्या में वृद्धि के साथ-साथ परमाणु द्रव्यमान में वृद्धि सम्पूर्ण आवर्त में होती है। **NCERT पृष्ठ 93**

2 **कथन I** Ce^{4+}/Ce^{3+} का $E°$ मान 1.74 वोल्ट है।

कथन II Ce, Ce^{3+} अवस्था की अपेक्षा Ce^{4+} अवस्था में अधिक स्थायी है। **NCERT पृष्ठ 99**

3 **कथन I** Mn, Ni, Zn और Cu के लिए $E°$ का मान क्रमिक रूप से अधिक ऋणात्मक है।

कथन II फ्लोराइड को छोड़कर सभी Cu(II) हैलाइड ज्ञात हैं। **NCERT पृष्ठ 98, 100**

4 **कथन I** क्यूप्रस आयन रंगहीन होता है, जबकि क्यूप्रिक आयन जलीय विलयन में नीला होता है।

कथन II क्यूप्रस आयन में अयुग्मित इलेक्ट्रॉन होते हैं, जबकि क्यूप्रिक आयन में नहीं होते। **NCERT पृष्ठ 103**

5 **कथन I** संक्रमण धातुएँ और उनके यौगिक अपनी उत्प्रेरक क्रियाविधि के लिए जाने जाते हैं।

कथन II संक्रमण धातुओं में एकाधिक ऑक्सीकरण अवस्थाओं को अपनाने की क्षमता होती है। **NCERT पृष्ठ 104**

6 **कथन I** मैंगनीज लवण कॉपर सल्फेट की उपस्थिति में MnO_2 में ऑक्सीकृत हो जाता है।

कथन II अम्लीकृत परमैंगनेट विलयन नाइट्राइल को नाइट्रेट में ऑक्सीकृत कर देता है। **NCERT पृष्ठ 107, 108**

7 **कथन I** कार्बाइड Ln_3C, Ln_2C_3 और LnC_2 तनु अम्लों से CO_2 मुक्त करते हैं तथा हैलोजन के साथ जलकर हैलाइड बनाते हैं। **NCERT पृष्ठ 110, 111**

कथन II दिए गए कार्बाइड तब बनते हैं, जब धातुओं को कार्बन के साथ गर्म किया जाता है।

8 निम्नलिखित में से गलत कथनों का चयन करें। **NCERT पृष्ठ 93, 100, 109**

I. Fe^{3+} यौगिक Fe^{2+} की तुलना में अधिक स्थायी होते हैं क्योंकि अर्द्धपूरित d-कक्षक स्थायी होते हैं।
II. Cu(I) लवण अस्थायी हैं, क्योंकि Cu(I) आसानी से Cu(0) और Cu(II) से विषमानुपात हो जाता है।
III. Ce^{4+} प्रकृति में ऑक्सीकरण एजेंट के रूप में कार्य कर सकता है।
IV. Ce, La, Pm और Yb की +3 ऑक्सीकरण अवस्था में आयनिक त्रिज्याओं का सही क्रम $La^{3+} < Ce^{3+} < Pm^{3+} < Yb^{3+}$ है।
V. 1M $KMnO_4$ विलयन का 10 ML, 5M $FeSO_4$ विलयन के 10ml को ऑक्सीकृत करता है।

नीचे दिए गए विकल्पों में से सही उत्तर चुनें।

(a) I, II और IV (b) III और IV
(c) II, III और V (d) II और IV

9 निम्नलिखित में से कौन-से कथन सही हैं? **NCERT पृष्ठ 95, 97**

I. Mo(VI) और W(VI), Cr(VI) से अधिक स्थायी हैं।
II. स्थायित्व के लिए उत्तरदायी कारक इलेक्ट्रॉनों के बीच परमाणु आवेश का प्रतिकर्षण और विनिमय ऊर्जा हैं।
III. Mn^{2+} की आयनन एन्थैल्पी Fe^{2+} से कम है।

नीचे दिए गए विकल्पों में से सही उत्तर चुनें।

(a) I और II (b) II और III (c) I और III (d) I, II और III

10 निम्नलिखित में से गलत कथनों का चयन करें। **NCERT पृष्ठ 99, 100**

I. Mn के अतिरिक्त केवल Fe और Co ही फ्लोरीन के साथ ट्राईहैलाइड बनाते हैं।
II. MnO_3F वह यौगिक है जिसमें Mn की ऑक्सीकरण अवस्था +7 है।
III. Cr की ऑक्सीकरण अवस्था $CrCl_4$ में सबसे अधिक है।
IV. फ्लोरीन अपनी उच्च जालक ऊर्जा के कारण उच्चतम ऑक्सीकरण अवस्था दर्शाता है।

नीचे दिए गए विकल्पों में से सही उत्तर चुनें।

(a) केवल III (b) I और III
(c) II और IV (d) III और IV

11 निम्नलिखित में से गलत कथनों का चयन करें। **NCERT पृष्ठ 99, 104**

I. संक्रमण धातु आयन अपनी ऑक्सीकरण अवस्था को बदल सकते हैं और वे उत्प्रेरक के रूप में अधिक प्रभावी हो जाते हैं।
II. वैनेडियम (V) ऑक्साइड, सूक्ष्म रूप से विभाजित लोहा और निकेल उत्प्रेरक के रूप में संक्रमण धातुओं के कुछ उदाहरण हैं।
III. आयरन आयोडाइड और परसल्फेट आयनों के बीच अभिक्रिया को उत्प्रेरित करता है।
IV. विभिन्न त्रिज्याओं के कारण संक्रमण धातुओं द्वारा मिश्रधातु आसानी से बनाई जाती है।

नीचे दिए गए विकल्पों में से सही उत्तर चुनें।

(a) I और IV (b) केवल III
(c) I, II और III (d) केवल IV

12 निम्नलिखित में से सही कथनों का चयन करें। NCERT पृष्ठ 96, 106, 107

I. विनिमय ऊर्जा विनिर्मित कक्षकों में समानान्तर चक्रीयों के संभावित युग्मों की कुल संख्या के लगभग समानुपाती होती है।

II. 5*f*-कक्षक, 4*f*-कक्षकों के समान भरे हुए नहीं होते हैं और इसलिए 5*f*-इलेक्ट्रॉन अधिक सीमा तक बंधन में भाग नहीं ले सकते हैं।

III. Mn(VII) यौगिक का उपयोग तेलों की रंगहीनता में किया जाता है।

IV. Mn_4N अम्लीय माध्यम में अभिक्रिया करके Mn^{2+} आयन देता है।

V. पोटैशियम परमैंगनेट का उपयोग डाइमेथिल ऐमीनों ऐजोबेन्जीन की निर्माण के लिए ऑक्सीकरण एजेंट के रूप में किया जाता है।

नीचे दिए गए विकल्पों में से सही उत्तर चुनें।

(a) I और III (b) II, III और V (c) IV और V (d) II और IV

13 गलत कथन का चयन करें।

I. लैन्थेनॉइड्स में $6s^2$ सामान्य लेकिन 4*f* स्तर के परिवर्तनशील स्थानीकरण के साथ इलेक्ट्रॉनिक विन्यास होता है।

II. लैन्थेनम से ल्यूटिशियम तक परमाणु और आयनिक त्रिज्या में समग्र कमी को लैन्थेनॉयड संकुचन कहा जाता है।

III. लैन्थेनॉयड में, La (II) और Ln (III) यौगिक प्रमुख हैं

IV. Eu^{2+} एक प्रबल अपचायक है, Yb^{2+} तथा Tb^{2+} अपचायक हैं।

NCERT पृष्ठ 106, 109, 110

नीचे दिए गए विकल्पों में से सही विकल्प का चयन करें।

(a) I और IV (b) केवल III
(c) I, II और III (d) केवल IV

14 निम्नलिखित में से सही कथनों का चयन करें।

NCERT पृष्ठ 106, 111, 112, 114

I. $PtCl_2$ उत्प्रेरण, वॉकर प्रक्रिया में एथीन से एथेनल में ऑक्सीकरण।

II. M ऐक्टिनॉयड श्रृंखला का तत्व है, संकुल निर्माण में उच्चतम डिग्री M^{4+} है।

III. मिश्र धातु वह धातु है और जो 95% ऐक्टिनॉयड धातु से बना है, 5% लोहे से बना है तथा S, C, Ca और Al के अंश हैं।

IV. ऐक्टिनॉयड्स, लैन्थेनाइड्स की तुलना में अधिक ऑक्सीकरण अवस्था दर्शाते हैं क्योंकि उच्च ऊर्जा अन्तर पर 4*f*- और 5*d*-कक्षकों के बीच की तुलना में 5*f*- और 6*d*- कक्षकों के बीच अधिक होता है।

V. डाइक्रोमेट आयन में सभी Cr—O बन्ध समान नहीं होते हैं।

नीचे दिए गए विकल्पों में से सही उत्तर चुनें।

(a) I और V
(b) II और V
(c) I, IV और V
(d) II, III और V

सुमेलन प्रकार प्रश्न

1 सूची I में दिए गए गुणों का सूची II में दी गई धातुओं से मिलान करें।

	सूची I (गुण)		सूची II (धातु)
A.	एक तत्व जो +8 ऑक्सीकरण अवस्था प्रदर्शित सकता है।	1.	Mn
B.	3*d*-ब्लॉक तत्व जो +7 तक ऑक्सीकरण अवस्था प्रदर्शित सकता है।	2.	Cr
C.	3*d*-ब्लॉक तत्व जिसका गलनांक सबसे अधिक है।	3.	Os

NCERT पृष्ठ 90, 91

कूट

	A	B	C		A	B	C
(a)	1	2	3	(b)	3	2	1
(c)	3	1	2	(d)	2	3	1

2 सूची I में दिए गए गुणों को सूची II में दी गई धातुओं से सुमेलित करें और नीचे दिए गए कूट से सही विकल्प चुनें।

	सूची I (संपत्ति)		सूची II (धातु)
A.	उच्चतम द्वितीय आयनन एन्थैल्पी वाला तत्व	1.	Co
B.	उच्चतम तृतीय आयनन एन्थैल्पी वाला तत्व	2.	Cr
C.	$M(CO)_6$ में M है	3.	Cu
D.	उच्चतम परमाणुकरण ऊष्मा वाला तत्व	4.	Zn

NCERT पृष्ठ 93, 95

कूट

	A	B	C	D		A	B	C	D
(a)	1	2	3	4	(b)	3	4	2	1
(c)	4	3	2	1	(d)	2	1	4	3

3 सूची I में दिए गए ऐक्टिनॉयड के प्रतीकों को सूची II में दिए गए सही इलेक्ट्रॉनिक विन्यास से सुमेलित कीजिए तथा नीचे दिए गए कूटों में से सही विकल्प चुनिए।

सूची I (ऐक्टिनॉयड)		सूची II इलेक्ट्रॉनिक विन्यास (*M*)	
A.	Pa	1.	$5f^{10} 6d^1 7s^2$
B.	Np	2.	$5f^{11} 7s^2$
C.	Am	3.	$5f^2 6d^1 7s^2$
D.	Es	4.	$5f^7 7s^2$

NCERT पृष्ठ 111

कूट

	A	B	C	D
(a)	2	1	4	3
(b)	4	3	2	1
(c)	3	1	4	2
(d)	3	4	2	1

4 निम्नलिखित स्तंभों का मिलान करें। NCERT पृष्ठ 104, 106, 105

सूची I (यौगिक)		सूची II (उपयोग)	
A.	V_2O_5	1.	MnO_2 पर ऑक्सीकृत संलयन के बाद विद्युत अपघटनी ऑक्सीकरण।
B.	पोटैशियम परमैंगनेट	2.	रासायनिक अक्रियता
C.	अन्तराकाशी यौगिक	3.	आयतनात्मक विश्लेषण
D.	$K_2Cr_2O_7$	4.	संपर्क प्रक्रिया

कूट

	A	B	C	D
(a)	4	2	3	1
(b)	4	1	2	3
(c)	3	4	1	2
(d)	1	3	4	2

5 सूची I में दिए गए गुण को सूची II में दिए गए तत्व से सुमेलित करें। NCERT पृष्ठ 110, 111

सूची I (गुण)		सूची II (तत्व)	
A.	लैन्थेनॉइड जो +4 ऑक्सीकरण अवस्था दर्शाता है।	1.	Pm
B.	लैन्थेनॉइड जो स्थायी +2 ऑक्सीकरण अवस्था दर्शा सकता है।	2.	Ce
C.	रेडियोधर्मी लैन्थेनॉइड	3.	Lu
D.	लैन्थेनॉइड जिसमें +3 ऑक्सीकरण अवस्था में $4f^7$ इलेक्ट्रॉनिक विन्यास होता है।	4.	Eu
E.	लैन्थेनॉइड जिसमें +3 ऑक्सीकरण अवस्था में $4f^{14}$ इलेक्ट्रॉनिक विन्यास होता है।	5.	Gd

कूट

	A	B	C	D	E		A	B	C	D	E
(a)	2	4	1	5	3	(b)	1	2	5	3	4
(c)	2	3	4	5	1	(d)	3	4	2	1	5

6 सूची I में दिए गए यौगिकों/तत्वों का सूची II में दिए गए उपयोगों से मिलान करें। NCERT पृष्ठ 113, 114

सूची I (यौगिक/तत्व)		सूची II (उपयोग)	
A.	लैन्थेनॉयड ऑक्साइड	1.	लौह मिश्र धातु का उत्पादन
B.	लैन्थेनॉयड	2.	टेलीविजन स्क्रीन
C.	मिश-धातु	3.	पेट्रोलियम भंजन
D.	मैग्नीशियम आधारित मिश्र धातु घटक है	4.	लैन्थेनॉइड धातु + लोहा
E.	लैन्थेनॉयड के मिश्रित ऑक्साइड का उपयोग किया जाता है	5.	बुलेट

कूट

	A	B	C	D	E		A	B	C	D	E
(a)	2	1	5	4	3	(b)	5	4	3	2	1
(c)	2	1	4	5	3	(d)	1	2	3	4	5

आंकिक मान प्रकार के प्रश्न

1 $K_2Cr_2O_7$, $KMnO_4$ और K_2FeO_4 में संक्रमण धातु परमाणुओं की ऑक्सीकरण अवस्थाएँ क्रमशः *x*, *y* हैं और *z* है। *x*, *y* और *z* का योग .... है। **NCERT पृष्ठ 96, 97**

2 Cr^{3+}/Cr^{2+}, Mn^{3+}/Mn^{2+}, Fe^{3+}/Fe^{2+} तथा Co^{3+}/Co^{2+} युग्मों से M^{3+} आयन (गैसीय अवस्था में) का चक्रण-केवल चुम्बकीय आघूर्ण मान, जिसका मानक इलेक्ट्रोड विभव ऋणात्मक है, ... BM है। (निकटतम पूर्णांक) **NCERT पृष्ठ 94**

3 V_2O_3, V_2O_4 और V_2O_5 में से वैनेडियम के सबसे सामान्य ऑक्साइड का चक्रण-केवल चुम्बकीय आघूर्ण का मान .... BM है। (निकटतम पूर्णांक) **NCERT पृष्ठ 102**

4 अम्लीय माध्यम में MnO_4^{2-} के असमानुपातन के परिणामस्वरूप दो मैंगनीज यौगिक *A* और *B*। यदि *B* का निर्माण हुआ यदि *B* में Mn की ऑक्सीकरण अवस्था *A* की तुलना में कम है, तो चक्रण केवल *B* का चुम्बकीय आघूर्ण (μ) मान .... (निकटतम पूर्णांक) है **NCERT पृष्ठ 106**

5 Gd^{2+} के मूल अवस्था इलेक्ट्रॉनिक विन्यास में 4 *f* इलेक्ट्रॉनों की संख्या .... है [Gd का परमाणु क्रमांक 64 है]। **NCERT पृष्ठ 109**

NCERT Exemplar प्रश्न

1 Cu(II) का इलेक्ट्रॉनिक विन्यास $3d^9$ है, जबकि Cu(I) का $3d^{10}$ है। निम्न में से कौन-सा कथन सही है?

(a) Cu(II) Cu(I) से अधिक स्थायी है

(b) Cu(II) Cu(I) से कम स्थायी है

(c) Cu(I) और Cu(II) समान रूप से स्थायी हैं

(d) Cu(I) और Cu(II) का स्थायित्व ताँबे के लवणों की प्रकृति पर निर्भर करता है

2 सामान्यता संक्रमण तत्व अयुग्मित इलेक्ट्रॉनों की उपस्थिति के कारण रंगीन लवण बनाते हैं। निम्नलिखित में से कौन-सा यौगिक ठोस अवस्था में रंगीन होगा?

(a) Ag_2SO_4 (b) CuF_2 (c) ZnF_2 (d) Cu_2Cl_2

3 चुम्बकीय आघूर्ण चक्रण कोणीय संवेग और कक्षीय कोणीय संवेग से जुड़ा होता है। Cr^{3+} का चक्रण-केवल चुम्बकीय आघूर्ण मान है

(a) 2.87 BM (b) 3.87 BM

(c) 3.47 BM (d) 3.57 BM

4 सूची I में दिए गए उत्प्रेरकों का सूची II में दी गई प्रक्रियाओं से मिलान करें।

	सूची I (उत्प्रेरक)		सूची II (प्रक्रिया)
A.	हाइड्रोजन की उपस्थिति में Ni	1.	ज़िग्लर-नाटा उत्प्रेरक
B.	Cu_2Cl_2	2.	संपर्क प्रक्रिया
C.	V_2O_5	3.	वनस्पति तेल से घी
D.	सूक्ष्म विभाजित लोहा	4.	सैंडमेयर अभिक्रिया
E.	$TiCl_4 + Al(CH_3)_3$	5.	हेबर की प्रक्रिया
		6.	$KClO_3$ का अपघटन

कूट

	A	B	C	D	E		A	B	C	D	E
(a)	3	4	2	5	1	(b)	1	5	4	3	2
(c)	3	2	4	5	1	(d)	3	4	1	5	2

5 फ्लोराइड में मैंगनीज की उच्चतम ऑक्सीकरण अवस्था $+4(MnF_4)$ है लेकिन ऑक्साइड में उच्चतम ऑक्सीकरण अवस्था $+7(Mn_2O_7)$ है क्योंकि

(a) फ्लोरीन ऑक्सीजन की तुलना में अधिक विद्युत ऋणात्मक होता है

(b) फ्लोरीन में *d* -कक्षक नहीं होते

(c) फ्लोरीन निम्न ऑक्सीकरण अवस्था में स्थायी होता है।

(d) सहसंयोजक यौगिकों में, फ्लोरीन केवल एकल आबंध बना सकता है जबकि ऑक्सीजन द्विआबंध बनाता है

6 निम्नलिखित में से कौन-सा कथन सही नहीं है?

(a) ताँबा अम्लों से हाइड्रोजन मुक्त करता है।

(b) अपनी उच्च ऑक्सीकरण अवस्था में, मैंगनीज ऑक्सीजन और फ्लोरीन के साथ स्थायी यौगिक बनाता है।

(c) Mn^{3+} और Co^{3+} जलीय विलयन में ऑक्सीकारक हैं।

(d) Ti^{2+} और Cr^{2+} जलीय विलयन में अपचायक हैं।

7 निम्नलिखित में से कौन-सा उभयधर्मी ऑक्साइड है?

Mn_2O_7, CrO_3, Cr_2O_3, CrO, V_2O_5 और V_2O_4

(a) V_2O_5, Cr_2O_3 (b) Mn_2O_7, CrO_3

(c) CrO, V_2O_5 (d) V_2O_5, V_2O_4

8 तत्वों की चुम्बकीय प्रकृति अयुग्मित इलेक्ट्रॉनों की उपस्थिति पर निर्भर करती है। संक्रमण तत्व के विन्यास की पहचान करें जो उच्चतम चुम्बकीय आघूर्ण दर्शाता है।

(a) $3d^7$ (b) $3d^5$

(c) $3d^8$ (d) $3d^2$

9 अन्तराकाशी यौगिक तब बनते हैं, जब छोटे परमाणु धातुओं के क्रिस्टल जालक के अंदर फंस जाते हैं। निम्नलिखित में से कौन-सा अन्तराकाशी यौगिकों का विशिष्ट गुण नहीं है?
(a) शुद्ध धातुओं की तुलना में इनका गलनांक उच्च होता है।
(b) वे बहुत कठोर हैं।
(c) इन यौगिकों की धात्विक चालकता सुरक्षित रहती है।
(d) वे रासायनिक रूप से बहुत अभिक्रियाशील होते हैं

10 सान्द्र H_2SO_4 में $KMnO_4$ की थोड़ी मात्रा मिलाने पर एक हरा तैलीय यौगिक प्राप्त होता है जो अत्यधिक विस्फोटक प्रकृति का होता है। यौगिक को पहचानिए।
(a) Mn_2O_7 (b) MnO_2 (c) $MnSO_4$ (d) Mn_2O_3

11 सूची I में दिए गए विलयनों और सूची II में दिए गए रंगों का मिलान करें।

सूची I (लवण का जलीय विलयन)		सूची II (रंगीन)	
A.	$FeSO_4 \cdot 7H_2O$	1.	हरा
B.	$NiCl_2 \cdot 4H_2O$	2.	हल्का गुलाबी
C.	$MnCl_2 \cdot 4H_2O$	3.	नीला
D.	$CoCl_2 \cdot 6H_2O$	4.	हल्का हरा रंग
E.	Cu_2Cl_2	5.	गुलाबी
		6.	रंगहीन

कूट

	A	B	C	D	E
(a)	5	6	4	1	2
(b)	6	5	2	3	4
(c)	4	1	2	5	6
(d)	4	1	2	5	6

12 जब $KMnO_4$ विलयन को ऑक्सेलिक अम्ल के विलयन में मिलाया जाता है, तो प्रारंभ में रंगहीनता धीमी होती है, लेकिन कुछ समय बाद तात्कालिक हो जाती है, क्योंकि
(a) CO_2 उत्पाद के रूप में बनता है
(b) अभिक्रिया ऊष्माक्षेपी है
(c) MnO_4^- अभिक्रिया को उत्प्रेरित करता है
(d) Mn^{2+} स्वतः उत्प्रेरक के रूप में कार्य करता है

13 $KMnO_4$ अम्लीय माध्यम में ऑक्सीकरण एजेंट के रूप में कार्य करता है। अम्लीय विलयन में सल्फाइड आयनों के एक मोल के साथ अभिक्रिया करने के लिए $KMnO_4$ के मोलों की संख्या कितनी होगी?
(a) $\frac{2}{5}$ (b) $\frac{3}{5}$
(c) $\frac{4}{5}$ (d) $\frac{1}{5}$

14 $KMnO_4$ क्षारीय माध्यम में ऑक्सीकरण एजेंट के रूप में कार्य करता है। जब क्षारीय $KMnO_4$ को KI के साथ उपचारित किया जाता है, तो आयोडाइड आयन ..... से ऑक्सीकृत हो जाता है
(a) I_2 (b) IO^-
(c) IO_3^- (d) IO_4^-

15 $KMnO_4$ की ऑक्सीकरण अभिक्रियाओं में माध्यम को अम्लीय बनाने के लिए HCl का उपयोग क्यों नहीं किया जाता है?
(a) HCl और $KMnO_4$ दोनों ऑक्सीकारक के रूप में कार्य करते हैं।
(b) $KMnO_4$, HCl को Cl_2 में ऑक्सीकृत करता है जो एक ऑक्सीकारक है।
(c) $KMnO_4$, HCl की तुलना में दुर्बल ऑक्सीकारक है।
(d) $KMnO_4$, HCl की उपस्थिति में अपचायक के रूप में कार्य करता है।

16 जब अम्लीय $K_2Cr_2O_7$ विलयन को Sn^{2+} लवण में मिलाया जाता है तो Sn^{2+} ..... में बदल जाता है।
(a) Sn (b) Sn^{3+}
(c) Sn^{4+} (d) Sn^{+}

17 संक्रमण तत्व X का +3 ऑक्सीकरण अवस्था में इलेक्ट्रॉनिक विन्यास $[Ar]3d^5$ है। इसकी परमाणु संख्या क्या है?
(a) 25
(b) 26
(c) 27
(d) 24

18 यद्यपि, जिरकोनियम 4 *d*- संक्रमण शृंखला से संबंधित है और हॉफ़नियम 5 *d*- संक्रमण शृंखला से संबंधित है, फिर भी वे समान भौतिक और रासायनिक गुण दर्शाते हैं। क्योंकि
(a) दोनों *d*- ब्लॉक से संबंधित हैं
(b) दोनों में इलेक्ट्रॉनों की संख्या समान होती है
(c) दोनों की परमाणु त्रिज्या समान होती है
(d) दोनों आवर्त सारणी के एक ही समूह से संबंधित हैं

विगत परीक्षाओं के प्रश्न

NEET

1 निम्नलिखित में से किन आयनों के लिए 'प्रचक्रण मात्र' चुम्बकीय आघूर्ण समान होता है? **NCERT पृष्ठ 102, NEET 2024**

A. Ti^{3+} B. Cr^{2+} C. Mn^{2+} D. Fe^{2+} E. Sc^{3+}

नीचे दिए गए विकल्पों में से सबसे सही उत्तर चुनिए

(a) केवल B और D (b) केवल A और E
(c) केवल B और C (c) केवल A और D

2 Mn^{3+}/Mn^{2+} युग्म के लिए $E°$ मान Cr^{3+}/Cr^{2+} या Fe^{3+}/Fe^{2+} से निम्नलिखित परिवर्तन के कारण अधिक धनात्मक होते हैं **NCERT पृष्ठ 98, NEET 2024**

(a) d^5 से d^4-विन्यास (b) d^5 से d^2-विन्यास
(c) d^4 से d^5-विन्यास (d) d^3 से d^5-विन्यास

3 लैन्थेनॉयड आयनों का वह युग्म जो प्रतिचुम्बकीय हैं, है **NCERT पृष्ठ 102, NEET 2024**

(a) Ce^{4+} और Yb^{2+} (b) Ce^{3+} और Eu^{2+}
(c) Gd^{3+} और Eu^{3+} (d) Pm^{3+} और Sm^{3+}

4 निम्नलिखित में से कौन-सा कथन गलत है?

I. स्कैंडियम को छोड़कर सभी संक्रमण धातुएँ MO ऑक्साइड बनाती हैं जो आयनिक होते हैं।
II. संक्रमण धातु ऑक्साइड में वर्ग संख्या के अनुरूप उच्चतम ऑक्सीकरण संख्या Sc_2O_3 से Mn_2O_7 में प्राप्त होती है।
III. क्षारीय लक्षण V_2O_3 से V_2O_4 से V_2O_5 तक बढ़ता है।
IV. V_2O_4 अम्ल में घुलकर VO_4^{3-} लवण देता है।
V. CrO क्षारीय है लेकिन Cr_2O_3 उभयधर्मी है।

नीचे दिए गए विकल्पों में से सही उत्तर चुनें **NCERT पृष्ठ 105, NEET 2023**

(a) II और IV (b) III और IV (c) II और III (d) I और V

5 जलीय विलयन में Cu^{2+} का स्थायित्व Cu^+ लवणों से अधिक होता है, इसका कारण है **NCERT पृष्ठ 100, NEET 2023**

(a) परमाणुकरण की एन्थैल्पी
(b) जलयोजन ऊर्जा
(c) द्वितीय आयनन एन्थैल्पी
(d) प्रथम आयनन एन्थैल्पी

6 उदासीन या हल्के क्षारीय माध्यम में, $KMnO_4$ आयोडाइड को आयोडेट में ऑक्सीकृत कर देता है। इस अभिक्रिया में मैंगनीज की ऑक्सीकरण अवस्था में परिवर्तन होता है। **NCERT पृष्ठ 108, NEET 2022**

(a) + 6 से + 4
(b) + 7 से + 3
(c) + 6 से + 5
(d) + 7 से + 4

7 निम्नलिखित में से गलत कथन है: **NCERT पृष्ठ 110, 112, 113, NEET 2021**

(a) लैन्थेनॉइड संकुचन की तुलना में तत्व से तत्व में ऐक्टिनॉयड संकुचन अधिक होता है।
(b) अधिकांश त्रिसंयोजी लैन्थेनॉइड आयन ठोस अवस्था में रंगहीन होते हैं।
(c) लैन्थेनॉइड ऊष्मा और विद्युत के अच्छे संवाहक हैं।
(d) ऐक्टिनॉयड्स अत्यधिक अभिक्रियाशील धातुएँ हैं, विशेष रूप से जब सूक्ष्म रूप से विभाजित हों।

8 Zr ($Z = 40$) और Hf ($Z = 72$) की परमाणु और आयनिक त्रिज्या समान होती है क्योंकि **NCERT पृष्ठ 108, NEET 2021**

(a) एक ही समूह से सम्बन्धित हैं (b) विकर्ण सम्बन्ध हैं
(c) लैन्थेनॉइड संकुचन हैं (d) समान रासायनिक गुण हैं

9 निम्नलिखित कथनों का सम्बन्धित धातु से मिलान करें। **NCERT पृष्ठ 89, 96, 97, 100, NEET 2020**

	कथन		धातु
A.	वह धातु जो अधिकतम ऑक्सीकरण अवस्थाएँ प्रकट करती है।	1.	स्कैंडियम
B.	धातु को 3 *d*- ब्लॉक में रखा गया है, लेकिन इसे संक्रमण तत्व नहीं माना जाता है।	2.	ताँबा
C.	वह धातु जो परिवर्तनशील ऑक्सीकरण अवस्था प्रदर्शित नहीं करती है।	3.	मैंगनीज
D.	वह धातु जो जलीय विलयन में +1 ऑक्सीकरण अवस्था में विषमानुपातन से गुजरती है।	4.	जिंक

कूट

	A	B	C	D		A	B	C	D
(a)	1	4	2	3	(b)	3	4	1	2
(c)	3	1	4	2	(d)	2	4	1	3

10 गलत कथन की पहचान करें। **NCERT पृष्ठ 106 NEET 2020**

(a) संक्रमण धातुएँ और उनके यौगिक अपनी उत्प्रेरक सक्रियता के लिए जाने जाते हैं, क्योंकि उनमें अधिकतम ऑक्सीकरण अवस्थाएँ अपनाने और संकुल बनाने की क्षमता होती है।
(b) अन्तराकाशी यौगिक वे होते हैं, जो तब बनते हैं जब H, C या N जैसे छोटे परमाणु धातुओं के क्रिस्टल जालक के अंदर फंस जाते हैं।
(c) CrO_4^{2-} और $Cr_2O_7^{2-}$ में क्रोमियम की ऑक्सीकरण अवस्थाएँ समान नहीं हैं।
(d) जल में Cr^{2+} (d^4) Fe^{2+} (d^6) की तुलना में अधिक प्रबल अपचायक है।

11 जब उदासीन या हल्के क्षारीय $KMnO_4$ को पोटैशियम आयोडाइड के साथ उपचारित किया जाता है, तो आयोडाइड आयन '*X*' में परिवर्तित हो जाता है। '*X*' है **NCERT पृष्ठ 108, NEET 2019**

(a) I_2 (b) IO_4^-
(c) IO_3^- (d) IO^-

12 निम्नलिखित में से गलत कथन की पहचान करें। **NCERT पृष्ठ 109, 108**

(a) जिरकोनियम और हॉफ़नियम की त्रिज्याएँ क्रमशः 160 pm और 159 pm समान हैं, जो लैन्थेनॉइड संकुचन के परिणामस्वरूप होती है।
(b) लैन्थेनॉइड केवल +3 ऑक्सीकरण अवस्था प्रकट करते हैं।
(c) लैन्थेनॉइड आयन f^0 प्रकार और f^{14} प्रकार के अतिरिक्त अन्य सभी अनुचुम्बकीय होते हैं।
(d) लैन्थेनम से ल्यूटेशियम तक परमाणु और आयनिक त्रिज्या में समग्र कमी को लैन्थेनॉइड संकुचन कहा जाता है।

13 सूची I में दिए गए धातु आयनों का सूची II में दिए गए आयनों के चक्रीय चुम्बकीय आघूर्णों से मिलान करें और सही कोड निर्दिष्ट करें: **NCERT पृष्ठ 102, NEET 2018**

सूची I		सूची II	
A.	Co^{3+}	1.	$\sqrt{8}$ BM
B.	Cr^{3+}	2.	$\sqrt{35}$ BM
C.	Fe^{3+}	3.	$\sqrt{3}$ BM
D.	Ni^{3+}	4.	$\sqrt{24}$ BM
		5.	$\sqrt{15}$ BM

कूट

	A	B	C	D		A	B	C	D
(a)	4	1	2	3	(b)	1	2	3	4
(c)	4	5	2	1	(d)	3	5	1	2

14 ऐक्टिनॉयडस में ऑक्सीकरण अवस्थाओं की अधिक परास का कारण क्या है? **NCERT पृष्ठ 112, NEET 2017**

(a) ऐक्टिनॉयड की रेडियोधर्मी प्रकृति
(b) ऐक्टिनॉयड संकुचन
(c) 5*f*, 6*d* और 7*s* स्तर तुलनात्मक ऊर्जा वाले हैं
(d) 4*f* और 5*d* स्तर ऊर्जाओं में निकटस्थ हैं

15 लैन्थेनॉन से संबंधित निम्नलिखित में से कौन-सा कथन गलत है? **NCERT पृष्ठ 110, NEET 2016**

(a) युरोपियम +2 ऑक्सीकरण अवस्था दर्शाता है।
(b) Pr से Lu तक आयनिक त्रिज्या घटने पर क्षारीयता घटती है।
(c) सभी लैन्थेनॉन ऐलुमिनियम की तुलना में बहुत अधिक अभिक्रियाशील होते हैं।
(d) Ce (+4) विलयन का उपयोग आयतन विश्लेषण में ऑक्सीकरण एजेंट के रूप में व्यापक रूप से किया जाता है।

16 चुम्बकीय आघूर्ण 2.84 BM निम्न प्रकार है: (परमाणु संख्या Ni = 28, Ti = 22, Cr = 24, Co = 27) **NCERT पृष्ठ 102, CBSE-AIPMT 2015**

(a) Ni^{2+} (b) Ti^{3+}
(c) Cr^{3+} (d) Co^{2+}

17 गैडोलीनियम 4*f* शृंखला से सम्बन्धित है तथा इसकी परमाणु संख्या 64 है। निम्नलिखित में से गैडोलीनियम का सही इलेक्ट्रॉनिक विन्यास कौन सा है? **NCERT पृष्ठ 110, CBSE-AIPMT 2015**

(a) $[Xe]4f^8 6d^2$ (b) $[Xe]4f^9 5s^1$
(c) $[Xe]\ 4f^7 5d^1 6s^2$ (d) $[Xe]4f^6 5d^2 6s^2$

18 लैंथेनॉइड संकुचन का कारण है **NCERT पृष्ठ 109, CBSE-AIPMT 2014**

(a) *f*-कक्षकों का नगण्य परिरक्षण प्रभाव
(b) नाभिकीय आवेश में वृद्धि
(c) नाभिकीय आवेश में कमी
(d) परिरक्षण प्रभाव में कमी

JEE Main

19 निम्नलिखित अभिक्रिया पर विचार करें।

$$MnO_2 + KOH + O_2 \longrightarrow A + H_2O$$

उत्पाद *A* उदासीन या अम्लीय माध्यम में पानी के साथ उत्पाद *B* और *C* देने के लिए असंगत है। *B* और *C* के केवल चक्रण चुम्बकीय आघूर्ण के मानों का योग है ....BM (निकटतम पूर्णांक) (दिया है : Mn का परमाणु क्रमांक = 25) **NCERT पृष्ठ 102, JEE Main 2024**

20 Sc, Ti, V, Cr, Mn एवं Fe में से किसी संक्रमण धातु '*M*' की द्वितीय आयनन एन्थैल्पी सर्वाधिक है। M^+ आयन का 'प्रचक्रण मात्र' चुम्बकीय आघूर्ण है: .... BM (निकटतम पूर्णांक में)
(दिया गया है : परमाणु क्रमांक : Sc : 21, Ti : 22, V : 23, Cr : 24, Mn : 25, Fe : 26) **NCERT पृष्ठ 95, 102, JEE Main 2024**

21 निम्नलिखित में से कौन-सा यौगिक *d-d* संक्रमण के कारण रंग दर्शाता है? **NCERT पृष्ठ 103, JEE Main 2024**

(a) $KMnO_4$
(b) $CuSO_4 \cdot 5H_2O$
(c) $K_2Cr_2O_7$
(d) K_2CrO_4

22 थायोसल्फेट के साथ परमैंगनेट की अभिक्रिया के दौरान, मैंगनीज के ऑक्सीकरण में 3 के मान से परिवर्तन होता है। निम्नलिखित माध्यमों में से कौन-सा माध्यम अभिक्रिया के पक्ष में होगा? **NCERT पृष्ठ 108, JEE Main 2023**

(a) जलीय अम्लीय और हल्का क्षारीय दोनों
(b) जलीय अम्लीय
(c) जलीय उदासीन
(d) जलीय अम्लीय और उदासीन दोनों

23 Mn की उच्चतम ऑक्सीकरण अवस्था Mn_2O_7 में प्रदर्शित होती है। Mn_2O_7 के बारे में सही कथन हैं:

A. Mn चतुष्फलकीय रूप से ऑक्सीजन परमाणुओं से घिरा हुआ है।

B. Mn अष्टफलकीय रूप से ऑक्सीजन परमाणुओं से घिरा हुआ है।

C. इसमें Mn—O—Mn सेतु होता है।

D. इसमें Mn—Mn बंध होता है।

नीचे दिए गए विकल्पों में से सही उत्तर चुनें। NCERT पृष्ठ 100, JEE Main 2023

(a) B और D (b) B और C

(c) A और C (d) A और D

24 नीचे दो कथन दिए गए हैं, एक को अभिकथन (A) और दूसरे को कारण (R) कहा गया है।

अभिकथन (A) 5 *f*-इलेक्ट्रॉन, 4 *f*-इलेक्ट्रॉनों की तुलना में कही अधिक सीमा तक बंधन में भाग ले सकते हैं।

कारण (R) 5*f*-कक्षक, 4*f*-कक्षक के समान भरे हुए नहीं है

उपरोक्त कथनों के आधार पर, नीचे दिए गए विकल्पों में से सही उत्तर चुनें। NCERT पृष्ठ 113, JEE Main 2023

(a) A सत्य है लेकिन R असत्य है।

(b) A और R दोनों सत्य हैं और R, A का सही स्पष्टीकरण है।

(c) A और R दोनों सत्य हैं लेकिन R, A का सही स्पष्टीकरण नहीं है।

(d) A गलत है लेकिन R सत्य है।

25 नीचे दो कथन दिए गए हैं, एक को अभिकथन (A) और दूसरे को कारण (R) कहा गया है।

अभिकथन (A) $Ni(CO)_4$ और $Fe(CO)_5$ संकुल में धातुओं की ऑक्सीकरण अवस्था शून्य होती है।

कारण (R) निम्न ऑक्सीकरण अवस्था तब पायी जाती है जब एक संकुल लिगेण्ड होते हैं जो π-दाता गुण के अतिरिक्त σ-बंध भी प्रदर्शित करते है

उपरोक्त कथनों के आधार पर, नीचे दिए गए विकल्पों में से सबसे उपयुक्त उत्तर चुनिए। NCERT पृष्ठ 97, JEE Main 2023

(a) A और R दोनों सही हैं लेकिन R, A का सही स्पष्टीकरण नहीं है।

(b) A और R दोनों सही हैं और R, A की सही व्याख्या है।

(c) A सही है लेकिन R सही नहीं है।

(d) A सही नहीं है लेकिन R सही है।

26 नीचे दो कथन दिए गए हैं।

कथन I आयरन (III) उत्प्रेरक, अम्लीकृत $K_2Cr_2O_7$ और उदासीन $KMnO_4$ में I^- को I_2 में ऑक्सीकृत करने की क्षमता स्वतंत्र रूप से होती है।

कथन II मैंगनेट आयन प्रकृति में अनुचुंबकीय है और इसमें $p\pi$-$p\pi$ बंध होता है।

उपरोक्त कथनों के आधार पर, नीचे दिए गए विकल्पों में से सही उत्तर चुनें। NCERT पृष्ठ 107, 108, JEE Main 2022

(a) कथन I और कथन II दोनों सत्य हैं।

(b) कथन I और कथन II दोनों गलत हैं।

(c) कथन I सत्य है लेकिन कथन II असत्य है।

(d) कथन I गलत है लेकिन कथन II सत्य है।

27 उदासीन या क्षारीय विलयन में, MnO_4 थायोसल्फेट का निम्न में ऑक्सीकरण करता है NCERT पृष्ठ 108, JEE Main 2022

(a) $S_2O_7^{2-}$ (b) $S_2O_8^{2-}$

(c) SO_3^{2-} (d) SO_4^{2-}

28 सेरियम (IV) में एक उत्कृष्ट गैस विन्यास है। इसके बारे में निम्नलिखित में से कौन-सा कथन सही है? NCERT पृष्ठ 109, JEE Main 2022

(a) यह रेडॉक्स अभिक्रियाओं शामिल होने की प्राथमिकता नहीं देगा।

(b) यह इलेक्ट्रॉन ग्रहण करने तथा ऑक्सीकरण एजेंट के रूप में कार्य करने की प्राथमिकता देगा।

(c) यह इलेक्ट्रॉन त्यागने तथा अपचायक के रूप में व्यवहार करने की प्राथमिकता देगा।

(d) यह ऑक्सीकारक तथा अपचायक दोनों के रूप में कार्य करता है।

29 उदासीन या हल्के क्षारीय माध्यम में, $KMnO_4$ एक प्रबल ऑक्सीकारक होने के कारण, थायोसल्फेट को लगभग मात्रात्मक रूप से सल्फेट में ऑक्सीकृत कर सकता है। इस अभिक्रिया में मैंगनीज की ऑक्सीकरण अवस्था में समग्र परिवर्तन होगा NCERT पृष्ठ 108, JEE Main 2022

(a) 5 (b) 1

(c) 0 (d) 3

30 3*d*-श्रेणी तत्वों के M^{2+}/M का इलेक्ट्रोड विभव निम्न के लिए धनात्मक मान दर्शाता है NCERT पृष्ठ 98, JEE Main 2021

(a) Fe (b) Co

(c) Zn (d) Cu

31 ऑक्साइड V_2O_3 और CrO की प्रकृति क्रमशः 'X' और 'Y' प्रकार के रूप में सूचीबद्ध है। X और Y का सही सेट है NCERT पृष्ठ 105, JEE Main 2021

(a) X = अम्लीय, Y = अम्लीय

(b) X = क्षारीय, Y = उभयधर्मी

(c) X = मूल, Y = मूल

(d) X = उभयधर्मी, Y = क्षारीय

स्किल बूस्टर्स

1 संक्रमण धातु यौगिक d - d या आवेश स्थानांतरण संक्रमण के कारण रंगीन होते हैं। d - d संक्रमण के कारण रंग d^1 से d^9 इलेक्ट्रॉन वाले संक्रमण धातु यौगिकों द्वारा दिखाया जाता है जबकि d^0 और d^{10} विन्यास वाले यौगिक आवेश स्थानांतरण संक्रमण के कारण तीव्र रूप से रंगीन होते हैं, निम्नलिखित में से कौन-सा यौगिक रंगीन नहीं है?

(a) Na_2CuCl_4 (b) Na_2CdCl_4 (c) $K_4Fe(CN)_6$ (d) $K_3Fe(CN)_6$

2 एक संक्रमण धातु A का 'चक्रण केवल' चुंबकीय आघूर्ण मान 1.8 BM है, जब इसकी वायु की उपस्थिति में तनु सल्फ्यूरिक अम्ल के साथ अभिक्रिया करायी जाती है, तो इसका यौगिक B बनता है। यौगिक B, यौगिक C के साथ अभिक्रिया करके आयोडीन मुक्त करने के साथ यौगिक D देता है। तब, धातु A और यौगिक B , C और D क्रमशः हैं

(a) Ti , $TiSO_4$, KI और TiI_2 (b) Zn , $ZnSO_4$, KI और Zn_2I_2

(c) Cu , $CuSO_4$, KI और Cu_2I_2 (d) Cu , $CuSO_4$, Cu_2I_2 और CuI_2

3 जब एक सफेद क्रिस्टलीय यौगिक X को $K_2Cr_2O_7$ और सांद्र H_2SO_4 के साथ गर्म किया जाता है, तो एक लाल भूरे रंग की गैस P निकलती है। P को कास्टिक सोडा के विलयन में डालने पर एक पीले रंग का विलयन Q प्राप्त होता है। ऐसीटिक अम्ल के साथ विलयन Q को बेअसर करने और उसके बाद लेड ऐसीटेट मिलाने पर एक पीला अवक्षेप R प्राप्त होता है। जब X को NaOH के विलयन के साथ गर्म किया जाता है, तो एक रंगहीन गैस निकलती है और इस गैस को K_2HgI_4 घोल में डालने पर एक लाल भूरे रंग का अवक्षेप S बनता है। P, Q, R, S और X को पहचाने ।

(a) $P = CrO_2Cl_2$, $Q = Na_2CrO_4$, $R = PbCrO_4$, $S = NH_2HgOHgI$, $X = NH_4Cl$

(b) $P = CrO_2Cl_2$, $Q = K_2Cr_2O_7$, $R = Pb_2O_3$, $S = NH_2HgOHgI$, $X = NaCl$

(c) $P = K_2Cr_2O_7$, $Q = Na_2CrO_4$, $R = Pb_2O_3$, $S = NH_2NH_2$, $X = NH_4Cl$

(d) $P = K_2Cr_2O_7$, $Q = NaOH$, $R = PbCrO_4$, $S = NH_2NH_2$, $X = NaCl$

4 मानव निर्मित सफेद चाँदी जैसी धातु की प्रकृति में रेडियोधर्मी, ऑक्सकैटायन बनाने की एक मजबूत प्रवृत्ति होती है और यह परमाणु रिएक्टरों में परमाणु ईंधन के रूप में प्रयोग किया जाता है। यह धातु है

(a) लैंथेनाइड (b) ऐक्टिनाइड (c) संक्रमण धातु (d) प्रतिनिधि तत्व

5 जब H_2S गैस को नारंगी लाल विलयन (X) से गुजारा जाता है, तो विलयन दूधिया हो जाता है। जब इस नारंगी लाल घोल में क्षार मिलाया जाता है तो यह पीला हो जाता है और अम्लीय करने पर यह पीला विलयन फिर से नारंगी लाल हो जाता है। यह विलयन (X) है

(a) K_2CrO_4 (b) $KMnO_4$ (c) $Na_2Cr_2O_7$ (d) $K_2Cr_2O_7$

6 संक्रमण धातुएँ और उनके कई यौगिक अनुचुंबकीय व्यवहार दर्शाते हैं, जहाँ अयुग्मित इलेक्ट्रॉन होते हैं। चुंबकीय आघूर्ण आयनों या अणुओं में चक्रण और कक्षीय गति से उत्पन्न होता है। Cr ($Z = 24$) , Mn^+($Z = 25$) और Fe^{2+}($Z = 26$) के चुंबकीय आघूर्ण क्रमशः x , y और z हैं । निम्नलिखित में से कौन-सा क्रम सही है?

(a) $x < y < z$ (b) $x = y < z$ (c) $z < x = y$ (d) $x = y = z$

7 जलीय विलयन में घुले $MnCl_2$ की मात्रा को मापने के लिए, इसे निम्न अभिक्रिया का उपयोग करते हुए पूरी तरह से $KMnO_4$ में परिवर्तित कर दिया गया।

$$MnCl_2 + K_2S_2O_8 + H_2O \longrightarrow KMnO_4 + H_2SO_4 + HCl$$

अब सांद्र HCl की कुछ बूंदें डाली गईं और धीरे से गर्म किया गया। इसके बाद, ऑक्सालिक अम्ल (225 ग्राम) को भागों में तब तक मिलाया गया जब तक कि परमैंगनेट आयन का रंग गायब न हो जाए। प्रारम्भिक विलयन में उपस्थित $MnCl_2$ (मिली ग्राम में) क्या है? (परमाणु भार ग्राम-मोल$^{-1}$ में : Mn = 55, Cl = 35.5)

(a) 130 मिलीग्राम

(b) 148 मिलीग्राम

(c) 126 मिलीग्राम

(d) 120 मिलीग्राम

8 $KMnO_4$ उदासीन, क्षारीय और अम्लीय माध्यम में ऑक्सीकरण एजेंट के रूप में कार्य करता है। अम्लीय माध्यम में, इसका उपयोग Fe^{2+} , $C_2O_4^{2-}$ लवण आदि के आयतनात्मक विश्लेषण में किया जाता है। इसे अनुमापक के रूप में उपयोग करने से पहले, इसे पहले मानक ऑक्सालिक अम्ल घोल या मोहर के लवण के घोल के साथ मानकीकृत किया जाता है। $KMnO_4$ विलयन के मानकीकरण के लिए $FeSO_4 \cdot 7H_2O$ की तुलना में मोहर के लवण $FeSO_4 \cdot (NH_4)_2SO_4 \cdot 6H_2O$ को प्राथमिकता दी जाती है क्योंकि

(a) मोहर लवण एक द्वि लवण है, जबकि फेरस सल्फेट एक एकल लवण है

(b) मोहर का लवण आर्द्रताग्राही नहीं है, लेकिन $FeSO_4 \cdot 7H_2O$ आर्द्रताग्राही है

(c) मोहर लवण में केवल फेरस आयन होते हैं, जबकि फेरस सल्फेट में कुछ फेरिक आयन होते हैं

(d) मोहर लवण विलयन को H_2SO_4 की अनुपस्थिति में भी अनुमापित किया जा सकता है

9 एक काले भूरे रंग का ठोस P, जब वायु की उपस्थिति में क्षारीय धातु हाइड्रॉक्साइड के साथ संगलित होता है, तो एक गहरे हरे रंग का यौगिक Q बनाता है, जो क्षारीय माध्यम में विद्युत अपघटनी ऑक्सीकरण पर एक गहरे बैंगनी रंग का यौगिक (R) देता है। P, Q और R को पहचानें।

(a) MnO_4^{2-} , $KMnO_4$, K_2MnO_4 (b) MnO_2, K_2MnO_4 , $KMnO_4$

(c) MnO_2, Na_2CO_3, $NH_2HgOHgI$

(d) K_2MnO_4 , $KMnO_4$, MnO_2

10 डाइक्रोमेट आयन जलीय विलयन में क्रोमेट आयन के साथ निम्न प्रकार संतुलन में होता है

$$\underset{\text{(नारंगी ऑक्सी ऋणायन)}}{Cr_2O_7^{2-}(aq)} + H_2O \rightleftharpoons \underset{\text{(पीला)}}{2CrO_4^{2-}(aq)} + 2H^+(aq)$$ ऑक्सोऋणायन में है

(a) क्षारीय या अम्लीय विलयनों में समान ऑक्सीकरण गुण

(b) अम्लीय विलयन में उत्तम ऑक्सीकरण शक्ति

(c) क्षारीय विलयन में उत्तम ऑक्सीकरण शक्ति

(d) अम्लीय या क्षारीय विलयन में कोई ऑक्सीकरण शक्ति नहीं होती है।

प्रश्न कुंजी

शीर्षकवार प्रश्न

1. (d)	2. (b)	3. (d)	4. (a)	5. (c)	6. (a)	7. (c)	8. (a)	9. (a)	10. (a)
11. (c)	12. (c)	13. (b)	14. (d)	15. (d)	16. (b)	17. (b)	18. (c)	19. (b)	20. (d)
21. (a)	22. (d)	23. (b)	24. (a)	25. (a)	26. (a)	27. (a)	28. (b)	29. (b)	30. (c)
31. (d)	32. (c)	33. (c)	34. (c)	35. (c)	36. (d)	37. (d)	38. (c)	39. (a)	40. (a)
41. (c)	42. (b)	43. (c)	44. (c)	45. (a)	46. (b)	47. (a)	48. (a)	49. (b)	50. (b)
51. (c)	52. (c)	53. (a)	54. (c)	55. (c)	56. (d)	57. (c)	58. (a)	59. (a)	60. (a)
61. (b)	62. (a)	63. (a)	64. (d)	65. (c)	66. (d)	67. (d)	68. (a)	69. (d)	70. (a)
71. (c)	72. (c)	73. (a)	74. (a)	75. (a)	76. (a)	77. (d)	78. (d)	79. (a)	80. (b)
81. (d)	82. (d)	83. (d)	84. (a)	85. (b)	86. (c)	87. (b)			

अभिकथन कारण प्रश्न

1. (a)	2. (a)	3. (a)	4. (c)	5. (a)	6. (a)	7. (a)	8. (a)	9. (a)	10. (b)
11. (a)	12. (a)	13. (c)	14. (d)						

कथन आधारित प्रश्न

1. (a)	2. (b)	3. (a)	4. (b)	5. (d)	6. (c)	7. (c)	8. (d)	9. (a)	10. (a)
11. (d)	12. (a)	13. (d)	14. (b)						

सुमेलन प्रकार प्रश्न

1. (c)	2. (b)	3. (c)	4. (b)	5. (a)	6. (c)

आंकिक मान प्रकार के प्रश्न

1. (19)	2. (4)	3. (3)	4. (4)	5. (7)

NCERT Exemplar प्रश्न

1. (a)	2. (b)	3. (b)	4. A-3, B-4, C-2, D-5, E-1	5. (d)	6. (a)	7. (a)	8. (b)	9. (d)
10. (a)	11. A-4, B-1, C-2, D-5, E-6	12. (d)	13. (a)	14. (c)	15. (b)	16. (c)	17. (b)	
18. (c)								

विगत परीक्षाओं के प्रश्न

1. (a)	2. (c)	3. (a)	4. (b)	5. (b)	6. (d)	7. (b)	8. (c)	9. (b)	10. (c)
11. (c)	12. (b)	13. (c)	14. (c)	15. (c)	16. (a)	17. (c)	18. (a)	19. (4)	20. (6)
21. (b)	22. (c)	23. (c)	24. (b)	25. (c)	26. (b)	27. (d)	28 (b)	29. (d)	30. (d)
31. (c)									

स्किल बूस्टर्स

1. (b)	2. (c)	3. (a)	4. (b)	5. (d)	6. (c)	7. (c)	8. (c)	9. (b)	10. (b)

क्रमवार

प्रश्नों का विश्लेषण

कॉन्सेप्ट बिल्डर्स

1 4s, 3d
2 26
3 जिंक
4 असत्य
5 सत्य
6 कम
7 जिंक
8 सत्य
9 असत्य
10 मैंगनीज
11 जिंक
12 सत्य
13 ऊर्जा विनिमय
14 सत्य
15 सत्य
16 पीतल (ब्रास)
17 क्रोमियम
18 संक्रमण अवस्था, सक्रियण
19 अन्तराकाशी
20 Sn^{4+}
21 सत्य
22 सत्य
23 प्रतिचुम्बकीय
24 लैन्थेनॉइड संकुचन
25 LnN
26 मैग्नीशियम
27 सत्य
28 सत्य
29 नेप्चूनियम या प्लूटोनियम
30 $TiCl_4Al(CH_3)^{3+}$

शीर्षकवार प्रश्न

1 *(d)* कथन (d) गलत है। इसका सही रूप इस प्रकार है
d - ब्लॉक आवर्त सारणी के बड़े मध्य भाग में स्थित है जो आवर्त सारणी में *s* और *p*-ब्लॉक के बीच स्थित है। अन्य सभी कथन सही हैं।

2 *(b)* परमाणु संख्या 24 के सम्बन्ध में एक इलेक्ट्रॉन अधिक स्थायित्व की स्थिति प्राप्त करने के लिए 4 *s* कक्षक से 3 *d* -कक्षक में प्रवेश करता है। ऐसा इसलिए है क्योंकि 3 *d* और 4 *s*-कक्षकों की ऊर्जा लगभग समान है।

3 *(d)* संक्रमण धातुओं में उच्चतम ऑक्सीकरण अवस्था प्रदर्शित करने वाला विन्यास $(n-1)d^5ns^2$ है। यह अधिकतम ऑक्सीकरण अवस्था +7 के बराबर दर्शाते हैं।

4 *(a)*

5 *(c)* दिए गए विकल्पों में से, वैनेडियम (V) में bcc जालक संरचना होती है, जबकि Rh, Pd और Ag में क्रमशः ccp जालक होती है।

6 *(a)* गलनांक का सही घटता क्रम
Cr > V > Fe > Mn है।

7 *(c)* गलनांक के बढ़ने का सही क्रम
Mn < Ti < V < Cr है।

8 *(a)* 5 *d*- कक्षक से पहले 4 *f*- कक्षक के भरने से परमाणु त्रिज्या में नियमित कमी होती है, जिसे लैन्थेनॉइड संकुचन कहा जाता है।

9 *(a)* कथन (a) गलत है। इसका सही रूप इस प्रकार है— सामान्यतः, किसी दी गई श्रेणी में समान आवेश के आयन बढ़ती परमाणु संख्या के साथ त्रिज्या में लगातार कमी दर्शाते हैं।
अन्य सभी कथन सही हैं।

10 *(a)* दिए गए संक्रमण तत्वों में जिंक की परमाणुकरण एन्थैल्पी सबसे कम होगी, उनका सही क्रम है

V (515 किलोजूल/मोल) < Fe (416 किलोजूल/मोल) < Cu (339 किलोजूल/मोल) < Zn (126 किलोजूल/मोल)

11 *(c)* M^{2+}/M आयनों के $E°$ मान हैं
$Mn^{2+}/Mn = -1.18$ वोल्ट,
$Cr^{2+}/Cr = -0.90$ वोल्ट,
$Fe^{2+}/Fe = -0.44$ वोल्ट,
$Co^{2+}/Co = -0.28$ वोल्ट
अतः सही क्रम Mn > Cr > Fe > Co. है

12 *(c)* मानक इलेक्ट्रोड विभव का सही क्रम है
$Ti^{2+} < V^{2+} = Mn^{2+} < Ti^{3+}$

13 *(b)* 3 *d*-शृंखला में जैसे-जैसे हम आवर्त में आगे बढ़ते हैं, नाभिकीय आवेश Sc से Zn तक बढ़ता है, लेकिन आंतरिक उपकोश की कक्षा में इलेक्ट्रॉन जुड़ते हैं, अर्थात 3 *d*-कक्षक में ये 3*d*- इलेक्ट्रॉन 4*s*- इलेक्ट्रॉनों को बढ़ते नाभिकीय आवेश से बाहरी कोश के इलेक्ट्रॉनों की तुलना में अधिक परिरक्षित करते हैं।
इसलिए, 3*d*-शृंखला के सम्बन्ध में परमाणु त्रिज्या धीमे रूप से घटती है।

14 *(d)* दिए गए तत्वों का *IE* क्रम Ti < Mn < Ni < Zn होगा।

15 *(d)* सभी तत्वों में कोश और उपकोश समान होते हैं। आवश्यक ऊर्जा (एन्थैल्पी) की मात्रा *d*-उपकोश के स्थायित्व पर आधारित होती है। $3d^5$-उपकोश में सबसे अधिक स्थायित्व होता है क्योंकि यह अर्द्ध-पूर्ण उपकोश होता है (जबकि अन्य अपूर्ण होते हैं)। इसलिए, Mn उच्चतम तृतीय आयनन एन्थैल्पी दर्शाता है।

16 *(b)* दिए गए तत्वों में से, Sc और Zn परिवर्तनशील ऑक्सीकरण अवस्था प्रदर्शित नहीं करते हैं, लेकिन Zn एक संक्रमण तत्व नहीं है।

17 *(b)* कथन II और III सही हैं, जबकि कथन I और IV गलत हैं।
कथन I और IV का संशोधित रूप इस प्रकार है
I. Mo(VI) और W(VI), Cr(VI) से अधिक स्थायी हैं।
IV. संक्रमण श्रेणी के समूह 6 के भारी सदस्यों की उच्च ऑक्सीकरण अवस्थाएँ अधिक स्थायी होती हैं।

18 *(c)* विद्युत रासायनिक श्रेणी में, धनात्मक मानक विभव वाली धातुओं को हाइड्रोजन से नीचे रखा जाता है। दी गई संक्रमण धातुओं में से केवल Cu को विद्युत रासायनिक श्रेणी में हाइड्रोजन से नीचे रखा गया है।
इसलिए, इसमें मानक विभव के लिए धनात्मक चिह्न होना चाहिए $[E^{\circ}_{M^{2+}/M}]$.

19 *(b)* Mn, Ni और Zn के लिए $E°$ का मान प्रवृत्ति की अपेक्षा से अधिक ऋणात्मक है। Mn^{2+} में अर्द्ध-पूर्ण *d* -उपकोश का स्थायित्व और Zn^{2+} में पूर्ण रूप से भरे d^{10}-विन्यास अपने $E°$ मानों से संबंधित हैं, जबकि Ni के लिए $E°$ उच्चतम ऋणात्मक $\Delta_{जलीय}H°$ से संबंधित है।

20 *(d)* दिए गए सभी कथन सत्य हैं।

21 *(a)* कथन (a) गलत है। इसका सही रूप इस प्रकार है
$Cu^{2+}(aq)$ का स्थायित्व $Cu^{+}(aq)$ की तुलना में अधिक है क्योंकि $Cu^{2+}(aq)$ का $\Delta_{जलीय}H°$ अधिक ऋणात्मक है। अन्य कथन सही हैं।

22 *(d)* विकल्प (d) में दिया गया कथन गलत है। इसका सही रूप है Mn^{3+} है और Co^{3+} आयन जलीय विलयन में सबसे प्रबल ऑक्सीकारक है। अन्य सभी कथन सही हैं।

23 ***(b)*** कथन (b) गलत है। इसका सही रूप इस प्रकार है
संक्रमण धातु के चुम्बकीय आघूर्ण की गणना निम्न प्रकार की जा सकती है

$\mu = \sqrt{n(n+2)}$

जहाँ, n = अयुग्मित इलेक्ट्रॉनों की संख्या। अन्य सभी कथन सही हैं।

24 ***(a)*** दिए गए आयनों में से, Cr^{3+} जलीय विलयन में सबसे अधिक स्थायी है क्योंकि इसमें t_{2g} कक्षक अर्द्ध-पूर्ण होता है।

25 ***(a)*** रेडॉक्स युगल M^{3+}/M^{2+} के लिए $E°$ मान दर्शाता है कि Mn^{3+} और Co^{3+} आयन जलीय विलय में प्रबल ऑक्सीकारक एजेंट हैं। आयन Ti^{2+}, V^{2+}, Cr^{2+} प्रबल अपचायक हैं तथा तनु अम्ल से हाइड्रोजन मुक्त करते हैं।

26 ***(a)*** प्रत्येक आयन के केवल चक्रण चुम्बकीय आघूर्ण (μ) की गणना इस प्रकार की जा सकती है

$\mu = \sqrt{n(n+2)}$ BM

इस प्रकार, दिए गए हाइड्रेटेड आयनों के केवल चक्रण चुम्बकीय आघूर्णों का सही क्रम $Sc^{3+} < Ti^{3+} < Ti^{2+} < V^{2+}$ होगा

27 ***(a)*** केवल चक्रण चुम्बकीय आघूर्ण (μ) (BM में) दिया जाता है

μ (BM में) $= \sqrt{n(n+2)}$

संक्रमण धातु संकुल में n का उच्चतम मान इसके d^5- विन्यास में 5 है।

$\therefore \quad \mu = \sqrt{5(5+2)}$ BM = 5.916 BM

28 ***(b)*** दिए गए विकल्पों पर विचार करने पर केवल Ni^{2+} में अयुग्मित इलेक्ट्रॉन होते हैं, इसलिए यह अनुचुम्बकीय है।

29 ***(b)*** एक संक्रमण धातु आयन का चुम्बकीय आघूर्ण

$(\mu) = \sqrt{n(n+2)}$

$\therefore \; 3.87 = \sqrt{n(n+2)}$ (दिया गया है, $\mu = 3.87$)

हल करने पर, $n = 3$

इस प्रकार, अयुग्मित इलेक्ट्रॉनों की संख्या 3 है।

30 ***(c)*** अयुग्मित इलेक्ट्रॉनों की संख्या का सही क्रम IV > II > III > I है।

31 ***(d)*** चुम्बकीय आघूर्ण के सम्बन्ध में दिए गए कथन (a), (b) एवं (c) सही हैं। लेकिन कथन (d) गलत है। ऐसा इसलिए है क्योंकि Co^{2+} में 3 अयुग्मित इलेक्ट्रॉन हैं। इसलिए इसका चुम्बकीय आघूर्ण 3.87 BM होगा।

32 ***(c)*** चुम्बकीय आघूर्ण का सही क्रम

$Fe^{3+} > Mn^{4+} > Ni^{2+} > V^{4+}$ है

अर्थात III > II > IV > I

33 ***(c)*** $CoNO_3$ के *d* -कक्षकों में अयुग्मित इलेक्ट्रॉनों की उपस्थिति के कारण, यह *d*-संक्रमण दर्शाता है और इसलिए, यह रंगीन होता है।

34 ***(c)*** दिए गए सभी कथन सत्य हैं।

35 ***(c)*** दी गई स्पीशीज में से, TiF_6^{2-} और Cu_2Cl_2 रंगहीन स्पीशीज हैं क्योंकि इनमें अयुग्मित इलेक्ट्रॉन नहीं होते हैं जबकि अन्य (CoF_6^{3-} और $NiCl_4^{2-}$) में अयुग्मित इलेक्ट्रॉन होते हैं।

36 ***(d)*** संक्रमण धातुएँ धातु आयनों के तुलनात्मक रूप से छोटे आकार, उनके उच्च आयनिक आवेश और बंध निर्माण के लिए *d*-कक्षकों की उपलब्धता के कारण बड़ी संख्या में संकुल यौगिक बनाती हैं, संकुल के निर्माण में *f*-कक्षकों की उपलब्धता की कोई भूमिका नहीं होती है।

इसलिए, *d* और *f*- कक्षकों दोनों की उपलब्धता संक्रमण तत्वों द्वारा संकुल यौगिकों के निर्माण के लिए उत्तरदायी नहीं है।

37 ***(d)*** संक्रमण तत्व जिनमें अयुग्मित इलेक्ट्रॉन होते हैं, वे सामान्यतः अन्तराकाशी यौगिक बनाते हैं। दिए गए तत्वों में, Zn का विन्यास $3d^{10}$ है अर्थात्, इसमें अयुग्मित इलेक्ट्रॉन नहीं होते। इसलिए, यह अन्तराकाशी यौगिक नहीं बनाएगा।

38 ***(c)*** अन्तराकाशी यौगिक मिश्र धातुओं की कठोरता और प्रबलता बढ़ाते हैं।

39 ***(a)*** दिए गए सभी कथन सत्य हैं।

40 ***(a)*** दिए गए सभी युग्म सही हैं।

41 ***(c)*** वैनेडियम (V) ऑक्साइड में क्षारीय से कम क्षारीय और उभयधर्मी में क्रमिक परिवर्तन दर्शाता है।

42 ***(b)*** स्कैंडियम (Sc) संक्रमण धातु है जो आयनिक रूप में आण्विक प्रकार के ऑक्साइड बनाती है।

43 ***(c)*** दिए गए यौगिकों में से, आयरन क्रोमेट ($FeCr_2O_4$) का उपयोग पोटैशियम डाइक्रोमेट के निर्माण के लिए प्रारम्भिक पदार्थ के रूप में किया जाता है।

44 ***(c)*** अम्लीकृत पोटैशियम डाइक्रोमेट टिन (IV) को टिन (II) में ऑक्सीकृत करता है। क्योंकि इसके द्वारा टिन (IV) का टिन (II) में अपचयन होता है। इससे इसकी ऑक्सीकरण संख्या में कमी होती है। अतः विकल्प (c) सही है।

45 ***(a)*** $K_2Cr_2O_7$ एक प्रबल ऑक्सीकारक है, यह उन स्पीशीज का ऑक्सीकरण कर सकता है, जो अपनी सबसे संभावित धनात्मक ऑक्सीकरण अवस्था में नहीं हैं। इस प्रकार, दिए गए विकल्पों में से केवल SO_3^{2-} ही $K_2Cr_2O_7$ के साथ अभिक्रिया कर सकता है।

46 ***(b)*** क्रोमेट आयन और डाइक्रोमेट आयन की संरचना क्रमशः चतुष्फलकीय (*A*) और द्वि चतुष्फलकीय (*B*) (126° के Cr—O—Cr बंध कोण के साथ एक कोना साझा करते हुए) होती है।

47 ***(a)*** Cr—O—Cr का बंध कोण 126° है।

48 ***(a)*** ग्रीन मैंगनेट एक अयुग्मित इलेक्ट्रॉन के कारण अनुचुम्बकीय है, लेकिन बैंगनी परमैंगनेट अयुग्मित इलेक्ट्रॉन की अनुपस्थिति के कारण प्रतिचुम्बकीय है।

49 ***(b)*** जब MnO_2 को वायु में KOH के साथ संगलित किया जाता है तो K_2MnO_4 बनता है। अभिक्रिया इस प्रकार है

$$2MnO_2 + 4KOH + O_2 \longrightarrow 2K_2MnO_4 + 2H_2O$$

50 ***(b)***

51 ***(c)*** कथन I, II और III सही हैं, जबकि कथन IV गलत है। इसका सही रूप इस प्रकार है क्रोमेट और डाइक्रोमेट दोनों में Cr की ऑक्सीकरण अवस्था समान है, अर्थात +6।

52 ***(c)*** कथन I, II और IV सही हैं, जबकि कथन III गलत है। इसका सही रूप इस प्रकार है पोटैशियम डाइक्रोमेट का उपयोग आयतनात्मक विश्लेषण में प्राथमिक मानक के रूप में किया जाता है।

53 ***(a)*** $$\underset{\substack{\text{बैंगनी} \\ (X)}}{2KMnO_4} \xrightarrow{\Delta} \underset{(Y)}{K_2MnO_4} + \underset{(Z)}{MnO_2} + O_2\uparrow$$

$$\underset{(Z)}{MnO_2} + 4KOH + O_2 \xrightarrow{KNO_3} \underset{(Y)}{2K_2MnO_4} + 2H_2O$$

इस प्रकार,

$X = KMnO_4, Y = K_2MnO_4, Z = MnO_2$

54 ***(c)*** समसंरचनात्मक यौगिक वे यौगिक हैं जिनकी संरचना समान होती है। पोटैशियम परमैंगनेट गहरे बैंगनी रंग के क्रिस्टल बनाता है, जो $KClO_4$ के साथ समसंरचनात्मक होते हैं। इन दोनों की चतुष्फलकीय संरचना होती है।

55 *(c)* MnO^{4-} में Mn, d^0 विन्यास के साथ +7 ऑक्सीकरण अवस्था में है, इसलिए कोई अयुग्मित इलेक्ट्रॉन नहीं है। अतः यह *d* - *d* संक्रमण नहीं दर्शाएगा। यह लिगैंड से धातु में आवेश स्थानान्तरण के कारण गहरे बैंगनी रंग का होता है।

56 *(d)*

57 *(c)* बैंगनी रंग का विलयन $KMnO_4$ का है। आयनिक अभिक्रियाएँ इस प्रकार हैं

$$2MnO_4^- + H_2O + I^- \longrightarrow 2MnO_2 + 2OH^- + IO_3^-$$

$$2MnO_4^- + 10I^- + 16H^+ \longrightarrow 2Mn^{2+} + 8H_2O + 5I_2$$

58 *(a)* $[H^+] = 1$ पर परमैंगनेट को जल का ऑक्सीकरण करना चाहिए लेकिन प्रायोगिक रूप में अभिक्रिया अत्यंत धीमी होती है जब तक कि मैंगनीज (II) आयन उपस्थित न हों या तापमान न बढ़ा दिया जाए।

59 *(a)* अम्लीकृत परमैंगनेट विलयन उपरोक्त अभिक्रियाओं को ऑक्सीकृत करेगा। यह ऑक्सेलेट को कार्बन डाइऑक्साइड, आयरन (II) को आयरन (III) तथा नाइट्राइट को नाइट्रेट में ऑक्सीकृत करता है।

60 *(a)* I. $2MnO_4^- + H_2O + I^- \longrightarrow \underset{(A)}{2MnO_2} + 2OH^- + IO_3^-$

II. $MnO_4^- + 5Fe^{2+} + 8H^+ \longrightarrow \underset{(B)}{Mn^{2+}} + \underset{(C)}{5Fe^{3+}} + 4H_2O$

इस प्रकार, *A* MnO_2, *B* Mn^{2+} और *C* Fe^{3+} है।

61 *(b)* जब $KMnO_4$ अम्लीय माध्यम में ऑक्सेलिक अम्ल के साथ अभिक्रिया करता है, तो यह CO_2 में ऑक्सीकृत हो जाता है और स्वयं Mn^{2+} में बदल जाता है जो रंगहीन होता है। इस प्रकार, $KMnO_4$ का रंग हो जाता है।

62 *(a)* Mn में 7 संयोजकता इलेक्ट्रॉन हैं और सभी बंध निर्माण में शामिल हैं। इसलिए, इसमें कोई अयुग्मित इलेक्ट्रॉन नहीं है। रंग *d* - *d* संक्रमण के कारण नहीं है, जबकि यह ऑक्सीजन से मैंगनीज में आवेश स्थानान्तरण के कारण है। इसलिए, $KMnO_4$ में कोई अयुग्मित इलेक्ट्रॉन नहीं है, लेकिन रंग प्रदर्शित करता है।

63 *(a)* समग्र अभिक्रियाएँ निम्नानुसार हैं

I. $MnO_4^- + 2H_2O + 3e^- \longrightarrow \underset{(A)}{MnO_2} + 4OH^-$

II. $5NO_2^- + 10OH^- \longrightarrow \underset{(B)}{5NO_3^-} + 5H_2O + 10e^-$

III. $5SO_3^{2-} + 2MnO_4^- + 6H^+ \longrightarrow 2Mn^{2+} + \underset{(C)}{5SO_4^{2-}} + 3H_2O$

अतः यौगिक *A*, *B* और *C* MnO_2, $5NO_3^-$ और $5SO_4^{2-}$ हैं।

64 *(d)*

65 *(c)*

66 *(d)* दिए गए सभी कथन अर्थात् I, II और III सही हैं।

67 *(d)* कथन (d) गलत है। इसका सही रूप इस प्रकार है
लैन्थेनॉइड संकुचन *d*- इलेक्ट्रॉनों की तुलना में 4 *f*- इलेक्ट्रॉनों द्वारा उत्पादित अप्रभावी परिरक्षण के कारण होता है।
शेष अन्य कथन सही हैं।

68 *(a)*

69 *(d)* लैन्थेनॉइड संकुचन के कारण Zr^{4+} और Hf^{4+} का आकार समान होता है।

70 *(a)*

71 *(c)*

72 *(c)* कथन (c) गलत है। इसका सही रूप इस प्रकार है
लैन्थेनॉइड की कठोरता परमाणु क्रमांक बढ़ने के साथ बढ़ती है। अन्य सभी कथन सही हैं।

73 *(a)* विकल्प (a) में दिया गया कथन गलत है। इसका सही रूप इस प्रकार है
$La(OH)_3$, $Lu(OH)_3$ से अधिक क्षारीय है, क्योंकि Lu^{3+} का आकार La^{3+} से छोटा है और जब M—OH बंध की लंबाई कम हो जाती है, तो इलेक्ट्रॉन त्यागने की प्रवृत्ति कम हो जाती है। अन्य सभी कथन सही हैं।

74 *(a)*

75 *(a)* छोटे धनायन अधिक स्थायी सहसंयोजक यौगिक बनाते हैं और इसलिए अधिक क्षारीय लैन्थेनॉइड हाइड्रॉक्साइड बनाते हैं। इस प्रकार, क्षारीय प्रबलता का सही क्रम $\underset{(I)}{La(OH)_3} > \underset{(III)}{Ce(OH)_3} > \underset{(II)}{Lu(OH)_3}$ है

76 *(a)* लैन्थेनाइड अभिक्रियाएँ हैं

I. $Ln \xrightarrow{\text{हैलोजन के साथ}} \underset{(A)}{LnX_3}$

II. $Ln \xrightarrow{H_2O\text{ के साथ}} \underset{(B)}{\underbrace{Ln(OH)_3 + H_2}}$

III. $Ln \xrightarrow[273\text{ K}]{\text{कार्बन के साथ}} \underset{(C)}{LnC_2}$

अतः, *A*, *B* और *C* क्रमशः LnX_3, $Ln(OH)_3 + H_2$ और LnC_2 हैं।

77 *(d)* ऐक्टिनॉयड की अधिकतम संभावित ऑक्सीकरण अवस्थाएँ नेप्चूनियम (Np) और प्लूटोनियम (Pu) द्वारा दर्शाई गई हैं। ये ऐक्टिनॉयड +3, +4, +5, +6 और +7 ऑक्सीकरण अवस्थाएँ प्रदर्शित करते हैं।

78 *(d)* दिए गए विकल्पों में से, Am (एमेरिसियम) अपने यौगिकों में अधिकतम संख्या में विभिन्न ऑक्सीकरण अवस्थाएँ दर्शाता है।

79 *(a)* ऐक्टिनॉयड लैन्थेनॉइड के समान होते हैं क्योंकि इनमें +3 ऑक्सीकरण अवस्था में अधिक यौगिक होते हैं।

80 *(b)*

81 *(d)* लौह एवं स्टील का उत्पादन लौह ऑक्साइड के अपचयन, अशुद्धियों के निष्कासन तथा कार्बन और मिश्रधातु धातुओं जैसे Cr, Mn और N के योग पर आधारित है।

82 *(d)* MnO_2, Zn और Ni/Cd यौगिक बैटरी उद्योग में उपयोगी हैं, जबकि TiO का उपयोग पिगमेंट उद्योग में किया जाता है।

83 *(d)* कथन (d) गलत है। इसका सही रूप इस प्रकार है
निकेल संकुल ऐल्काइन और बेंजीन जैसे अन्य कार्बनिक यौगिकों के बहुलकीकरण में उपयोगी होते हैं। अन्य सभी कथन सही हैं।

84 *(a)*

85 *(b)* V_2O_5 उत्प्रेरक H_2SO_4 के निर्माण में SO_2 के ऑक्सीकरण हेतु उपयोग किया जाता है।

86 *(c)*

87 *(b)* फोटोग्राफिक उद्योग AgBr के विशेष प्रकाश-संवेदी गुणों पर निर्भर करता है।

अभिकथन-कारण प्रश्न

1 *(a)* A और R दोनों सत्य हैं और R, A का सही स्पष्टीकरण है।

2 *(a)* A और R दोनों सत्य हैं और R, A का सही स्पष्टीकरण है।

3 *(a)* A और R दोनों सत्य हैं और R, A का सही स्पष्टीकरण है।

4 *(c)* A सत्य है लेकिन R असत्य है। R का सही रूप है:
आंतरिक संक्रमण धातुओं की दो श्रृंखलाएँ (क्रमश 4 *f* और 5 *f*) लैन्थेनॉइड्स और ऐक्टिनॉयड्स के रूप में जानी जाती हैं।

5 *(a)* A और R दोनों सत्य हैं और R, A का सही स्पष्टीकरण है।

6 *(a)* A और R दोनों सत्य हैं और R, A का सही स्पष्टीकरण है।

7 *(a)* A और R दोनों सत्य हैं और R, A का सही स्पष्टीकरण है।

8 *(a)* A और R दोनों सत्य हैं और R, A का सही स्पष्टीकरण है।

9 *(a)* A और R दोनों सत्य हैं; R, A का सही स्पष्टीकरण है।

10 *(b)* A और R दोनों सत्य हैं; R, A का सही स्पष्टीकरण नहीं है। A का सही स्पष्टीकरण है: Zr और Hf को अलग करना कठिन है। ऐसा लैन्थेनॉइड संकुचन के कारण होता है, जिसके कारण दोनों की त्रिज्या लगभग समान होती है।

11 *(a)* A और R दोनों सत्य हैं और R, A का सही स्पष्टीकरण है।

12 *(a)* A और R दोनों सत्य हैं और R, A का सही स्पष्टीकरण है।

13 *(c)* A सत्य है लेकिन R असत्य है। R का सही रूप है:
ऐक्टिनॉयड्स की संरचनात्मक भिन्नता उनकी धात्विक त्रिज्या में अनियमितताओं के कारण होती है।

14 *(d)* A गलत है लेकिन R सत्य है। A का सही रूप है:
लैन्थेनॉइड की तुलना में ऐक्टिनॉयड अपेक्षाकृत अधिक स्थायी संकुल बनाते हैं।

कथन आधारित प्रश्न

1 *(a)* कथन I और II दोनों असत्य हैं। इनका सही रूप टाइटेनियम ($Z = 22$) से कॉपर ($Z = 29$) है, परमाणु द्रव्यमान परमाणु आयतन की तुलना में अधिक तेज़ी से बढ़ता है, इसलिए घनत्व में सार्थक वृद्धि देखी जाती है। आवर्त में परमाणु द्रव्यमान में वृद्धि के साथ-साथ धात्विक त्रिज्या में कमी होती है।

2 *(b)* कथन I सत्य है लेकिन कथन II असत्य है। कथन II का सही रूप इस प्रकार है
Ce^{4+} को Ce^{3+} में अपचयित किया जा सकता है तथा यह जल का ऑक्सीकरण कर सकता है।

$$Ce^{4+} + e^- \longrightarrow Ce^{3+}$$

Ce^{4+} में उत्कृष्ट गैस विन्यास $[Xe]4f^0$ है लेकिन यह प्रबल ऑक्सीकारक है और Ce^{3+} में परिवर्तित हो जाता है।

3 *(a)* कथन I और II दोनों गलत हैं। इसका सही रूप है:
- दिए गए संक्रमण धातुओं में Mn, Ni और Zn का E° मान अपेक्षा से अधिक ऋणात्मक है

Cu का E° का मान धनात्मक है।
आयोडाइड को छोड़कर सभी Cu(II) हैलाइड ज्ञात हैं।

4 *(b)* कथन I सत्य है लेकिन कथन II असत्य है। कथन II का सही रूप है:
क्यूप्रस आयन के 3*d*-उपकोश में कोई अयुग्मित इलेक्ट्रॉन नहीं होता है, जबकि क्यूप्रिक आयन में एक अयुग्मित इलेक्ट्रॉन होता है।

5 *(d)* कथन I और II सत्य हैं।

6 *(c)* कथन I असत्य है लेकिन कथन II सत्य है। कथन I का सही रूप इस प्रकार है
जिंक सल्फेट की उपस्थिति में मैंगनीज लवण MnO_2 में ऑक्सीकृत हो जाता है।

7 *(c)* कथन I गलत है लेकिन कथन II सत्य है। कथन I का सही रूप इस प्रकार है
कार्बाइड Ln_3C, Ln_2C_3 और LnC_2 तनु अम्लों से हाइड्रोजन मुक्त करते हैं तथा हैलोजन के साथ जलकर हैलाइड बनाते हैं।

8 *(d)* कथन II और IV गलत हैं जबकि कथन I, III और V सही हैं। II और IV की सही व्याख्या है:
I. Cu(I) लवण जलीय विलयन में अस्थायी होते हैं क्योंकि $Cu^+ (aq)$, $Cu^{2+} (aq)$ की अपेक्षा अस्थायी होता है
$Cu^{2+} (aq)$ का मान Cu^+ की तुलना में बहुत अधिक ऋणात्मक $\Delta_{जलीय} H^\circ$ है। इसलिए, Cu^+ Cu^{2+} में अपचयित हो जाता है।
II. आयनिक त्रिज्याओं का सही क्रम है
$Yb^{3+} < Pm^{3+} < Ce^{3+} < La^{3+}$

9 *(a)* कथन I और II सही हैं, जबकि कथन III गलत है। इसका सही रूप इस प्रकार है
Mn^{2+} की आयनन एन्थैल्पी Fe^{2+} से अधिक है।

10 *(a)* कथन III गलत है। इसका सही रूप इस प्रकार है
Cr की ऑक्सीकरण अवस्था इसके हेक्साफ्लोराइड (CrF_6) में सबसे अधिक होती है। तथा अन्य सभी कथन सही हैं।

11 *(d)* दिए गए कथनों में से IV गलत है। इसका सही रूप इस प्रकार है
संक्रमण धातुओं द्वारा मिश्रधातु आसानी से बनाई जाती है क्योंकि उनकी त्रिज्याएँ समान होती हैं। अन्य सभी कथन सही हैं।

12 *(a)* कथन I और III सही हैं और II, IV और V गलत कथन हैं। इन कथनों का सही रूप निम्नलिखित है:
II. 5*f*-कक्षक 4*f*-कक्षकों के समान भरे हुए नहीं हैं और इसलिए 5*f*- इलेक्ट्रॉन बहुत अधिक दूरी तक बंधन में भाग ले सकते हैं।
IV. Mn_4N एक अन्तराकाशी यौगिक है। यह रासायनिक रूप से निष्क्रिय है।
V. $K_2Cr_2O_7$ (पोटैशियम डाइक्रोमेट) का उपयोग कई एज़ो यौगिक (डाईमेथिल एजो बेंजीन) के निर्माण के लिए ऑक्सीकारक के रूप में किया जाता है।

13 *(d)* दिए गए कथनों में से (IV) गलत है। इसका सही रूप इस प्रकार है
Eu^{2+} एक प्रबल अपचायक है जो सामान्य +3 अवस्था में परिवर्तित हो जाता है।
इसी प्रकार, Yb^{2+} जिसका विन्यास f^{14} है, एक अपचायक है, Tb^{4+} में अर्द्ध-पूर्ण *f*-कक्षक हैं और यह एक ऑक्सीकारक है। शेष अन्य कथन सही हैं।

14 *(b)* कथन II और V सही हैं। लेकिन कथन I, III और IV गलत हैं। इनका सही रूप इस प्रकार है
I. $PdCl_2$ उत्प्रेरण-वॉकर प्रक्रिया में एथाइन का एथेनल में ऑक्सीकरण कर देता है।
III. मिश-धातु 95% लैन्थेनॉइड धातु, 5% लोहा तथा S, C, Ca और Al के अंशों से बनी होती है।
IV. ऐक्टिनॉयड लैन्थेनॉइड्स की तुलना में अधिक ऑक्सीकरण अवस्था दर्शाते हैं क्योंकि 5*f* के बीच कम ऊर्जा अन्तराल होता है। और 6*d* बाह्य e^- आसानी से उत्तेजित होते हैं इसलिए परिवर्तनशील ऑक्सीकरण अवस्था दर्शाते हैं।

सुमेलन प्रकार प्रश्न

1 *(c)* सही सुमेलन A-3, B-1, C-2 है।
2 *(b)* सही सुमेलन A-3, B-4, C-2, D-1 है।
3 *(c)* सही सुमेलन A-3, B-1, C-4, D-2 है।
4 *(b)* सही सुमेलन A-4, B-1, C-2, D-3 है।
5 *(a)* सही सुमेलन A-2, B-4, C-1, D-5, E-3 है।
6 *(c)* सही सुमेलन A-2, B-1, C-4, D-5, E-3 है।

आंकिक मान प्रकार के प्रश्न

1 *(19)* $K_2Cr_2O_7$ में Cr की ऑक्सीकरण संख्या

$$2 + 2x + 7(-2) = 0 \Rightarrow 2x = 12$$

इस प्रकार, $x = +6$
$KMnO_4$ में Mn की ऑक्सीकरण संख्या +7 है।

K_2FeO_4 में Fe की ऑक्सीकरण संख्या +6 है
अतः ऑक्सीकरण संख्या का योग

$$= 6 + 7 + 6 = 19$$

2 *(4)* Cr^{3+} में *d*-इलेक्ट्रॉनों की संख्या सबसे कम है। इसलिए, इसकी अपचयन क्षमता सबसे कम है और वास्तविक रूप से यह विद्युत रासायनिक श्रेणी में दिखाए अनुसार ऋणात्मक भी है। Cr^{3+} में 3 अयुग्मित इलेक्ट्रॉन हैं। इसलिए, केवल चक्रण चुम्बकीय आघूर्ण है।

$$\mu = \sqrt{n(n+2)} = \sqrt{3(3+2)}$$
$$= \sqrt{15} = 3.87 \approx 4 \text{ BM}$$

3 *(3)* वैनेडियम का सबसे क्षारीय ऑक्साइड V_2O_3 है।

V^{3+} का इलेक्ट्रॉनिक विन्यास = [Ar] $3d^2$

तो, चुम्बकीय आघूर्ण है

$$\mu = \sqrt{n(n+2)}$$

(n = अयुग्मित इलेक्ट्रॉनों की संख्या)

$$= \sqrt{2(2+2)} = \sqrt{8}$$
$$= 2.84 \approx 3 \text{ BM}$$

4 *(4)* अम्लीय माध्यम में MnO_4^{2-} की असमानुपातन अभिक्रिया निम्नानुसार है

$$3MnO_4^{2-} + 4H^+ \longrightarrow \underset{(B)}{MnO_2} + \underset{(A)}{2MnO_4^-}$$

MnO_2 में Mn की ऑक्सीकरण अवस्था + 4 है।

MnO^{4-} में Mn की ऑक्सीकरण अवस्था + 7 है।

अतः $A = MnO_4^-$, $B = MnO_2$

$Mn = [Ar]\, 3d^5 4s^2$

$Mn^{4+} = [Ar]\, 3d^3$

अयुग्मित इलेक्ट्रॉनों की कुल संख्या $(n) = 3$

B का चुम्बकीय आघूर्ण (μ) चक्रण केवल है

$$\mu = \sqrt{n(n+2)} = \sqrt{3(3+2)} = \sqrt{15}$$
$$= 3.87 \text{ BM} \approx 4 \text{ BM}$$

5 *(7)* Gd का इलेक्ट्रॉनिक विन्यास इस प्रकार है

$Gd = [Xe]4f^7, 5d^1, 6s^2$

तब, इलेक्ट्रॉनिक विन्यास

$Gd^{2+} = [Xe]4f^7\, 5d^1$

Gd^{2+} के मूल अवस्था विन्यास में 4 *f* इलेक्ट्रॉनों की संख्या 7 है।

NCERT Exemplar प्रश्न

1 *(a)*

2 *(b)* संक्रमण तत्व अयुग्मित इलेक्ट्रॉनों की उपस्थिति के कारण रंगीन लवण बनाते हैं।

CuF_2, Cu(II) में [d^9 विन्यास] में एक अयुग्मित इलेक्ट्रॉन होता है। इसलिए, CuF_2 ठोस अवस्था में रंगीन होता है।

3 *(b)* Cr^{3+} आयन का इलेक्ट्रॉनिक विन्यास $3d^3$ है।

चक्रण चुम्बकीय आघूर्ण

$(\mu) = \sqrt{n(n+2)}$ BM

यहाँ, $n = 3$

इसलिए, $\mu = \sqrt{3(3+2)}$

$= \sqrt{15} = 3.87$ BM

4 सही मिलान A-3, B-4, C-2, D-5, E-1 है।

5 *(d)*

6 *(a)* कथन (a) गलत है। इसका सही रूप इस प्रकार है

विद्युत रासायनिक श्रेणी में कॉपर हाइड्रोजन से नीचे आता है, इसलिए अम्लों से H_2 मुक्त नहीं करता। अन्य सभी कथन सही हैं।

7 *(a)* V_2O_5 और Cr_2O_3 उभयधर्मी ऑक्साइड हैं क्योंकि ये दोनों क्षार के साथ-साथ अम्लों के साथ भी अभिक्रिया करते हैं।

8 *(b)* अयुग्मित इलेक्ट्रॉन की संख्या जितनी अधिक होगी, चुम्बकीय आघूर्ण का मान उतना ही अधिक होगा।

चूँकि $3d^5$ में 5 अयुग्मित इलेक्ट्रॉन हैं, इसलिए चुम्बकीय आघूर्ण उच्चतम है।

$$\mu = \sqrt{5(5+2)}$$
$$= \sqrt{35} = 5.95 \text{ BM}$$

9 *(d)* अन्तराकाशी यौगिक रासायनिक अक्रियता प्राप्त करते हैं।

10 *(a)* सान्द्र H_2SO_4 में $KMnO_4$ मिलाने पर एक हरा तैलीय यौगिक Mn_2O_7 प्राप्त होता है जो अत्यधिक विस्फोटक प्रकृति का होता है।

11 सही मिलान A-4, B-1, C-2, D-5, E-6 है।

12 *(d)*

13 *(a)* $KMnO_4$ की वह अभिक्रिया जिसमें यह अम्लीय माध्यम में ऑक्सीकारक एजेंट के रूप में कार्य करता है।

$$2KMnO_4 + 3H_2SO_4 \longrightarrow K_2SO_4 + 2MnSO_4 + 3H_2O + 5[O]$$

$$H_2S + [O] \longrightarrow H_2O + S] \times 5$$

$$2KMnO_4 + 3H_2SO_4 + 5H_2S \longrightarrow K_2SO_4 + 2MnSO_4 + 8H_2O + 5S$$

S^{2-} आयन के 5 मोल $KMnO_4$ के 2 मोल के साथ अभिक्रिया करते हैं।

अतः S^{2-} आयन का 1 मोल $KMnO_4$ के 2/5 मोल के साथ अभिक्रिया करेगा।

14 *(c)* $KMnO_4$ क्षारीय माध्यम में ऑक्सीकारक के रूप में कार्य करता है। जब क्षारीय $KMnO_4$ को KI के साथ उपचारित किया जाता है, तो आयोडाइड आयन IO^{3-} में ऑक्सीकृत हो जाता है।

15 *(b)* अम्लीय माध्यम में $KMnO_4$ की ऑक्सीकरण अभिक्रियाओं में माध्यम को अम्लीय बनाने के लिए HCl का उपयोग नहीं किया जाता है।

इसका कारण यह है कि यदि HCl का उपयोग किया जाता है, तो $KMnO_4$ + HCl से उत्पन्न ऑक्सीजन का उपयोग आंशिक रूप से HCl को Cl_2 में ऑक्सीकृत करने में किया जाता है, जो स्वयं ऑक्सीकारक के रूप में कार्य करता है और आंशिक रूप से अपचायक एजेंट का ऑक्सीकरण करता है।

16 *(c)* जब अम्लीय $K_2Cr_2O_7$ विलयन को Sn^{2+} लवणों में मिलाया जाता है तो Sn^{2+}, Sn^{4+} में बदल जाता है।

17 *(b)* X^{3+} का इलेक्ट्रॉनिक विन्यास $[Ar]3d^5$ है। यह $e^{\ominus}$ की कुल संख्या और ऑक्सीकरण अवस्था को दर्शाता है। इसलिए, X का परमाणु क्रमांक $= 18 + 5 + 3 = 26$

अतः विकल्प (b) सही है।

18 *(c)* लैन्थेनॉइड संकुचन के कारण, ज़िरकोनियम (Zr) और हॉफ्नियम (Hf) में लगभग समान परमाणु और आयनिक त्रिज्याएँ होती हैं,

अर्थात Zr =160 pm और Hf =159 pm,

Zr 4+ = 79 pm और Hf 4+ = 78 pm.

इसलिए, ये दोनों तत्व समान गुण (भौतिक और रासायनिक गुण) दर्शाते हैं।

विगत परीक्षाओं के प्रश्न

1 *(a)* प्रचक्रण-मात्र चुम्बकीय आघूर्ण

$$\mu_s = \sqrt{n(n+2)}$$

जहाँ, n = अयुग्मित इलेक्ट्रॉनों की संख्या

A. $Ti^{3+} \longrightarrow 3d^1, n = 1$

$$\mu_s = \sqrt{1(1+2)} = \sqrt{3}$$

B. $Cr^{2+} \longrightarrow 3d^4, n = 4$

$$\mu_s = \sqrt{4(4+1)} = \sqrt{20}$$

C. $Mn^{2+} \longrightarrow 3d^5, n = 5$

$$\mu_s = \sqrt{5(5+1)} = \sqrt{30}$$

D. $Fe^{2+} \longrightarrow 3d^6, n = 4$

$$\mu_s = \sqrt{4(4+1)} = \sqrt{20}$$

E. $Sc^{3+} \longrightarrow 3d^0$, $\mu_s = 0$

अतः B और D चुम्बकीय आघूर्ण का समान मान रखते हैं।

2 *(c)* Mn^{3+}/Mn^{2+} के लिए, $E^\circ = +$ धनात्मक

$Mn = 25 \longrightarrow 3d^5 4s^2$

$Mn^{2+} \longrightarrow 3d^5$

$Mn^{3+} \longrightarrow 3d^4$

Mn^{2+} का विन्यास ($3d^5$) (अर्द्ध-भरित 3*d*-कक्षक होने से) एक स्थायी विन्यास है। अतः Mn^{3+} एक इलेक्ट्रॉन ग्रहण करके Mn^{2+} में परिवर्तित होने की उच्च प्रवृत्ति रखता है। यही कारण है कि Mn^{3+}/Mn^{2+} युग्म के लिए E° मान दिए गए अन्यों से अधिक धनात्मक है।

3 *(a)* $Ce^{4+} = [Xe]\,4f^0\,5d^0$

$Yb^{2+} = [Xe]\,4f^{14}\,5d^0$

दोनों आयनों के पास कोई अयुग्मित इलेक्ट्रॉन नहीं है। अतः दोनों प्रतिचुम्बकीय हैं।

4 *(b)* दिए गए कथनों में से कथन III और IV गलत हैं। उनके सही रूप इस प्रकार हैं

III. क्षारीय गुण V_2O_3 से V_2O_4 से V_2O_5 तक घटता है। सामान्यतः धातुओं के निम्न ऑक्सीकरण अवस्था में ऑक्साइड क्षारीय होते हैं तथा उच्च ऑक्सीकरण अवस्था में वे अम्लीय होते हैं।

IV. V_2O_4 अम्ल में विलेय होकर VO^{2+} लवण देता है।

5 *(b)* जलीय विलयन में Cu^{2+} आयन का उच्चतम स्थायित्व ऋणात्मक जलयोजन एन्थैल्पी के कारण होता है।

6 *(d)* दी गई स्थिति में होने वाली अभिक्रिया निम्नानुसार है

$$\underset{+7}{\overset{}{2KMnO_4}} + I^- + H_2O \xrightarrow[\text{दुर्बल क्षारीय माध्यम}]{\text{उदासीन}} \underset{+4}{2MnO_2} + IO_3^- + 2OH^-$$

अतः इस अभिक्रिया में मैंगनीज की ऑक्सीकरण अवस्था में परिवर्तन +7 से +4 तक है।

अतः विकल्प (d) सही विकल्प है।

7 *(b)* त्रिसंयोजी लैन्थेनॉइड आयन ठोस अवस्था और जलीय अवस्था में *f*- इलेक्ट्रॉन उपस्थिति के कारण रंगीन होते हैं

∴ कथन (b) गलत है।

8 *(c)* लैन्थेनॉइड संकुचन के कारण Zr(*Z* = 40) और Hf (*Z* = 72) की परमाणु और आयनिक त्रिज्याएँ समान होती हैं।

9 *(b)* सही मिलान A-3, B-4, C-1, D-2 है।

10 *(c)* विकल्प (a), (b) और (d) में कथन सही हैं। विकल्प (c) में कथन गलत है।

CrO_4^{2-} (क्रोमेट) और $Cr_2O_7^{2-}$ (डाइक्रोमेट) में Cr की ऑक्सीकरण अवस्था समान है और यह +6 है।

11 *(c)* जब उदासीन या हल्के क्षारीय $KMnO_4$ को पोटैशियम आयोडाइड के साथ उपचारित किया जाता है, तो $KMnO_4$ में MnO_2 में जबकि आयोडाइड (I-) आयन IO_3^- (आयोडेट) में परिवर्तित हो जाता है।

12 *(b)* + 3 ऑक्सीकरण अवस्था लैन्थेनॉइड्स के यौगिकों में सामान्य है, जबकि विलयन या ठोस में +4 और +2 आयन भी ज्ञात हैं। इसलिए, (b) गलत कथन है।

13 *(c)* सही मिलान A-4, B-5, C-2, D-1 है।

14 *(c)* एक्टिनॉयड में ऑक्सीकरण अवस्थाओं की अधिक परास का कारण 5*f*, 6*d* और 7*s* स्तरों की तुलनात्मक ऊर्जाओं को माना जाता है।

15 *(c)* दिए गए कथनों में से केवल (c) गलत है। लैन्थेनॉन की अभिक्रियाशीलता ऐलुमिनियम के समान है।

16 *(a)* चुम्बकीय आघूर्ण, $\mu = n(n+2)$ BM जहाँ, n = अयुग्मित इलेक्ट्रॉनों की संख्या

$$\therefore \quad 2.84 = \sqrt{n(n+2)}\text{ B.M}$$

$$(2.84)^2 = n(n+2)$$

$$8 = n^2 + 2n$$

$$n^2 + 2n - 8 = 0$$

$$n^2 + 4n - 2n - 8 = 0$$

$$n(n+4) - 2(n+4) = 0 \text{ and } n = 2$$

$Ni^{2+} = [Ar]\,3d^8 4s^0$ (दो अयुग्मित इलेक्ट्रॉन)

$Ti^{3+} = [Ar]\,3d^1 4s^0$

(एक अयुग्मित इलेक्ट्रॉन)

$Cr^{3+} = [Ar]\,3d^3$, (तीन अयुग्मित इलेक्ट्रॉन)

$Co^{2+} = [Ar]\,3d^7, 4s^0$

(तीन अयुग्मित इलेक्ट्रॉन)

अतः केवल Ni^{2+} में 2 अयुग्मित इलेक्ट्रॉन हैं।

17 *(c)* गैडोलीनियम का इलेक्ट्रॉनिक विन्यास

${}_{64}Gd = [Xe]\,4f^7 5d^1 6s^2$.

18 *(a)* लैन्थेनॉइड संकुचन लैन्थेनाइड की परमाण्विक और आयनिक त्रिज्या में नियमित कमी है। यह उनके विसरित आकार के कारण *f*-कक्षकों के अपूर्ण परिरक्षण [या दुर्बल परिरक्षण प्रभाव] के कारण होता है, जो बढ़े हुए परमाणु आवेश के प्रभाव को संतुलित करने में असमर्थ होता है। इसलिए, कुल परिणाम लैन्थेनॉइड्स के आकार में संकुचन है।

19 *(4)* दी गई अभिक्रिया के अनुसार

$$MnO_2 + KOH + O_2 \longrightarrow \underset{(A)}{K_2MnO_4} + H_2O$$

$$K_2MnO_4 \xrightarrow[\text{माध्यम}]{\text{उदासीन / अम्लीय}} \underset{(B)}{KMnO_4} + \underset{(C)}{MnO_2}$$

यहाँ MnO_2 में Mn^{+4} ऑक्सीकरण अवस्था दर्शाता है।

$$Mn^{+4} = [Ar]\,3d^3$$

$$\Rightarrow \quad n = 3, \mu = \sqrt{3(3+2)} = 3.87\text{ BM}$$

$\mu = 0$ $KMnO_4$ के लिए

B + *C* के लिए स्पिन केवल चुम्बकीय मानों का योग = 3.87

अतः 4 (निकटतम पूर्णांक) होगा

20 *(6)* दी गई धातुओं में क्रोमियम की द्वितीय आयनन एन्थैल्पी सर्वाधिक होती है, क्योंकि दूसरा इलेक्ट्रॉन स्थायी इलेक्ट्रॉनिक विन्यास $3d^5$ से निकाला जाता है।

$Cr^+ = [Ar]3d^5 4s^0$

Cr^+ में अयुग्मित इलेक्ट्रॉन की संख्या = 5

केवल चुम्बकीय चक्रण = $\mu = \sqrt{n(n+2)}$ BM

$$\mu = \sqrt{5(5+2)} = 5.92\text{ BM}$$

इसलिए निकटतम पूर्णांक = 6 BM

21 *(b)* दिए गए विकल्पों में से $CuSO_4 \cdot 5H_2O$ (नीला) रंग *d* − *d* संक्रमण के कारण है। ऐसा इसलिए है क्योंकि H_2O एक द्रव के रूप में कार्य करता है और क्रिस्टल क्षेत्र को विभाजित करता है।

22 *(c)* जलीय उदासीन माध्यम में, थायोसल्फेट $KMnO_4$ द्वारा $SO4^{2-}$ में ऑक्सीकृत होता है। इसमें मैंगनीज अपनी ऑक्सीकरण अवस्था +7 से +4 में बदल जाता है।

23 *(c)* Mn_2O_7 के संबंध में सही कथन केवल *A* और C हैं।

24 *(b)* (a) और (R) दोनों सत्य हैं और (R), (a) का सही स्पष्टीकरण है।

25 *(c)* A सही है लेकिन R सही नहीं है। R का सही रूप है:

धातुओं की निम्न ऑक्सीकरण अवस्था को सिनर्जिक बन्ध द्वारा स्थायी किया जा सकता है। इसलिए, लिगैंड को π-ग्राहीकर्ता होना चाहिए।

26 *(b)* कथन I और कथन II दोनों गलत हैं। इनका सही रूप इस प्रकार है

- उदासीन $KMnO_4$ I- को IO^{3-} में ऑक्सीकृत करता है। अम्लीकृत पोटैशियम डाइक्रोमेट पोटैशियम आयोडाइड के साथ अभिक्रिया करता है और इसे I_2 में ऑक्सीकृत करता है।
- मैंगनेट आयन $(MnO_4)^{2-}$ चतुष्फलकीय संरचना वाला अनुचुम्बकीय है तथा इसका $d\pi$ - $p\pi$ - बन्ध, अर्थात ऑक्सीजन का p-कक्षक और Mn का d- कक्षक होता है।

27 *(d)* क्षारीय माध्यम में, $\overset{+7}{Mn}O_4^-$, $\overset{+4}{Mn}O_2$ में अपचयित हो जाता हैं और इस अभिक्रिया में, यह निम्न को ऑक्सीकृत करते हैं,

$$\underset{\text{थायोसल्फेट आयन}}{S_2O_3^{2-}} \longrightarrow \underset{\text{सल्फेट आयन}}{SO_4^{2-}}$$

28 *(b)* सभी लैन्थेनाइड्स +3 ऑक्सीकरण अवस्था को सबसे स्थायी ऑक्सीकरण अवस्था के रूप में दर्शाते हैं, इसलिए, Ce(IV) ऑक्सीकरण के रूप में इस प्रकार कार्य करता है ताकि यह Ce(III) में परिवर्तित हो सके।

29 *(d)* उदासीन या हल्के क्षारीय माध्यम में होने वाली अभिक्रिया है

$$8\overset{+7}{Mn}O_4^- + 3S_2O_3^{2-} + H_2O \longrightarrow 8\overset{+4}{M}nO_2 + 6SO_4^{2-} + 2OH^-$$

अतः Mn की ऑक्सीकरण अवस्था में परिवर्तन निम्न होगा

$7 - 4 = 3$

30 *(d)* इलेक्ट्रोड विभव श्रेणी में केवल कॉपर का इलेक्ट्रोड विभव धनात्मक मान होता है, क्योंकि कॉपर में आयन बनाने की प्रवृत्ति हाइड्रोजन की तुलना में कम होती है।

$\therefore$ Cu का इलेक्ट्रोड विभव $E^\circ_{Cu^{2+}/Cu}$ धनात्मक मान दर्शाता है।

31 *(c)* V_2O_3 एक क्षारीय ऑक्साइड है तथा अम्ल में घुलने पर वैनेडियम (III) संकुल का विलयन देता है।

संक्रमण धातु ऑक्साइड की स्थिति में, निम्न ऑक्सीकरण अवस्था वाली धातुएँ क्षारीय होती हैं। इसलिए, CrO भी क्षारीय है क्योंकि Cr की ऑक्सीकरण अवस्था +2 है।

स्किल बूस्टर्स

1 *(b)* Na_2CdCl_4 यौगिक रंगीन नहीं है, क्योंकि इस संकुल में Cd +2 ऑक्सीकरण अवस्था और बाह्य विन्यास $4d^{10}$ है। सभी कक्षक पूर्ण रूप से भरे हुए हैं तथा इलेक्ट्रॉनों का कोई उत्तेजन नहीं है, अतः यह रंगहीन है।

2 *(c)* Cu(A) = ताँबा (27) = $3d^{10}4s^0$

'प्रचक्रण मात्र' चुम्बकीय आघूर्ण

$= 1.8M = \sqrt{n(n+2)}$,

$3.24 = n(n+2) \Rightarrow n = 1$

$Cu^{2+} = [Ar]3d^9 4s^0$

$$Cu^{2+} + H_2SO_4 \longrightarrow \underset{(B)}{CuSO_4} + H_2 \xrightarrow{KI(C)} \underset{(D)}{CuI_2}I_2 + I_2 + K_2SO_4$$

अतः, $A = Cu$, $B = CuSO_4$, $C = KI$, $D = CuI_2$

3 *(a)* इसमें शामिल रासायनिक अभिक्रिया इस प्रकार है

$$\underset{(X)}{4NH_4Cl} + K_2Cr_2O_4 + \underset{(\text{सान्द्र})}{6H_2SO_4} \longrightarrow \underset{\substack{(P)\\ \text{लाल भूरा}}}{CrO_2Cl_2} + 4NH_4HSO_4 + 2KHSO_4 + 3H_2O$$

$$\underset{(P)}{CrO_2Cl_2} + 2NaOH \longrightarrow \underset{\substack{(Q)\\ \text{पीला अवक्षेप}}}{Na_2CrO_4} + 2HCl$$

$$Na_2CrO_4 + Pb(CH_3COO)_2 \longrightarrow \underset{\substack{(R)\\ \text{पीला अवक्षेप}}}{PbCrO_4} + 2CH_3COONa$$

$$\underset{(X)}{NH_4Cl} + NaOH \longrightarrow NaCl + NH_3 + H_2O$$

$$2K_2HgI_4 + NH_3 + 3KOH \longrightarrow \underset{(S)}{NH_2HgOHgI} + 7KI + 2H_2O$$

4 *(b)* ऐक्टिनाइड मानव निर्मित और रेडियोधर्मी प्रकृति के होते हैं। इनका उपयोग परमाणु ईंधन में किया जाता है और इनमें संकुल बनाने की प्रबल प्रवृत्ति होती है।

5 *(d)* X या तो $Na_2Cr_2O_7$ या $K_2Cr_2O_7$ हो सकता है। हालाँकि, $K_2Cr_2O_7$, नारंगी लाल विलयन देता है।

$$K_2Cr_2O_7 + 2KOH \rightarrow \underset{(\text{पीला विलयन})}{2K_2CrO_4} + H_2O$$

$$\downarrow H_2SO_4$$

$$\underset{(\text{लाल नारंगी})}{K_2Cr_2O_7} + K_2SO_4 + H_2O$$

6 *(c)* Cr (24) का इलेक्ट्रॉनिक विन्यास $= 3d^5 4s^1$

3d					4s
1	1	1	1	1	1

अयुग्मित इलेक्ट्रॉनों की संख्या $(n) = 6$

$Mn^+ + (25)$ का इलेक्ट्रॉनिक विन्यास $= 3d^5 4s^1$

अयुग्मित इलेक्ट्रॉनों की संख्या $(n) = 6$

Fe^{2+} (26) का इलेक्ट्रॉनिक विन्यास $= 3d^6 4s^0$

अयुग्मित इलेक्ट्रॉनों की संख्या $(n) = 4$

चुम्बकीय आघूर्ण $(\mu) = \sqrt{n(n+2)}$ BM

अयुग्मित इलेक्ट्रॉनों की संख्या जितनी अधिक होगी, चुम्बकीय आघूर्ण भी उतना ही अधिक होगा। अतः सही क्रम $x = y > z$ है।

7 *(c)* अभिक्रिया को इस प्रकार दर्शाया गया है

$$2MnCl_2 + 5K_2S_2O_8 + 8H_2O \longrightarrow 2KMnO_4 + 4K_2SO_4 + 6H_2SO_4 + 4HCl$$

$$2KMnO_4 + 5H_2C_2O_4 + 3H_2SO_4 \longrightarrow K_2SO_4 + 2MnSO_4 + 8H_2O + 10CO_2$$

मिलाए गए ऑक्सेलिक अम्ल का द्रव्यमान

$= 225$ मिलीग्राम

मिलाए गए ऑक्सेलिक अम्ल के मिलीमोल

$= \dfrac{225}{90} = 2.5$

2.5 मिलीमोल ऑक्सेलिक अम्ल के साथ अभिक्रिया करने के लिए उपयोग किए गए $KMnO_4$ के मिलीमोल = 1

$MnCl_2$ के मिलीमोल = 1

$\therefore$ $MnCl_2$ का द्रव्यमान $= 1 \times 126$

$= 126$ मिलीग्राम

8 *(c)* मोहर के लवण में केवल फेरस आयन होते हैं और मोहर के लवण के विलयन के साथ अभिक्रिया करने वाले $KMnO_4$ का आयतन निर्धारित किया जा सकता है क्योंकि यह फिर फेरिक आयनों में ऑक्सीकृत हो जाता है। फेरिक आयन के ऑक्सीकरण को कम करने के लिए, मोहर के लवण को प्राथमिकता दी जाती है।

9 *(b)* इसमें शामिल रासायनिक अभिक्रियाएँ इस प्रकार हैं

$$\underset{\text{पाइरोल्यूसाइट काला-भूरा}(P)}{MnO_2} + 4KOH + O_2 \xrightarrow{\text{संलयन}} \underset{\substack{\text{पोटैशियम मैंगनेट}\\ (Q)\text{-हरा रंग}}}{2K_2MnO_4} + 2H_2O$$

$$2K_2MnO_4 + H_2O + [O] \xrightarrow[\text{माध्यम}]{\text{क्षारीय}} \underset{\substack{\text{पोटैशियम परमैंगनेट}\\ (R)\text{ बैंगनी रंग}}}{2KMnO_4} + 2KOH$$

10 *(b)* यदि H^+ आयन सान्द्रता बढ़ती है तो अभिक्रिया बाईं ओर स्थानान्तरित हो जाती है और $Cr_2O_7^{2-}$ की सान्द्रता बढ़ जाती है और नारंगी लाल रंग दिखाई देता है।

रसायन की Concept Master *Videos* के लिए *Scan* करें

05

उपसहसंयोजन यौगिक

Coordination Compounds

5 वर्षों में NEET में पूछे गये शीर्षकवार प्रश्न

शीर्षक	वर्षवार प्रश्नों की संख्या				
	2024	2023	2022	2021	2020
उपसहसंयोजन यौगिकों का वर्नर सिद्धान्त	–	–	–	–	–
उपसहसंयोजन यौगिकों में प्रयुक्त कुछ प्रमुख पदों की परिभाषाएँ	1	2	–	1	–
उपसहसंयोजन यौगिकों का नामकरण	–	1	1	–	–
उपसहसंयोजन यौगिकों में समावयवता	1	–	–	–	–
उपसहसंयोजन यौगिकों में आबंधन	1	–	1	1	2
धातु कार्बोनिलों में आबंधन	–	–	–	–	–
उपसहसंयोजन यौगिकों का महत्व तथा अनुप्रयोग	–	–	–	–	–

NEET में विगत 5 वर्षों में पूछे गये विशेष प्रकार के प्रश्न

प्रकार	वर्ष				
	2024	2023	2022	2021	2020
अभिकथन-कारण	–	–	–	–	–
कथन आधारित	2	–	–	–	–
सुमेलन	1	–	–	1	1

NEET के विगत 5 वर्षों का भारांकन

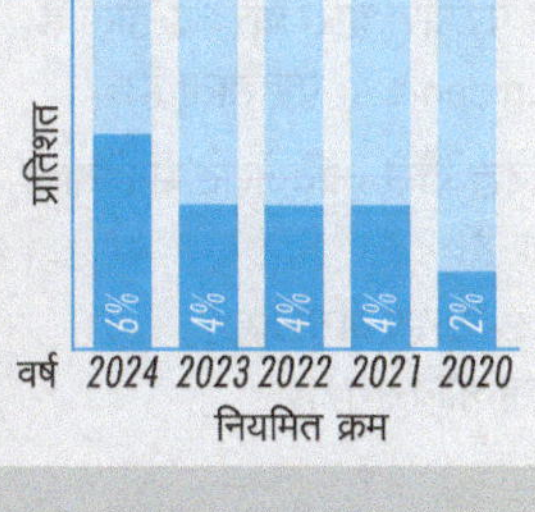

कुछ तत्त्व जिनमें अधिकांशतः संक्रमण धातुएँ शामिल होती हैं, बड़ी संख्या में **संकुल यौगिक** (complex compounds) बनाते हैं, जिनमें धातु परमाणु अनेक ऋणायनों अथवा उदासीन अणुओं से इलेक्ट्रॉनों की साझेदारी द्वारा परिबद्ध रहते हैं।

आज इस प्रकार के यौगिक **उपसहसंयोजन यौगिक** (coordination compounds) कहलाते हैं। उदाहरण क्लोरोफिल, हीमोग्लोबिन तथा विटामिन B_{12} क्रमशः मैग्नीशियम, आयरन तथा कोबाल्ट के उपसहसंयोजन यौगिक हैं।

उपसहसंयोजन यौगिकों का वर्नर सिद्धान्त

(Werner's Theory of Coordination Compounds)

- सर्वप्रथम स्विस वैज्ञानिक **अल्फ्रेड वर्नर** (1866-1919) ने उपसहसंयोजन यौगिकों की संरचनाओं के सम्बन्ध में अपने विचार प्रतिपादित किए। उन्होंने धातु आयन के लिए **प्राथमिक संयोजकता** (primary valence) तथा **द्वितीयक संयोजकता** (secondary valence) की धारणा प्रतिपादित की।
- संकुल यौगिकों का वर्नर सिद्धान्त कोबाल्ट (III) क्लोराइड और अमोनिया के संकुल यौगिकों के साथ किये गए उनके प्रायोगिक कार्य पर आधारित है।
  विलयन में चालकता मापन के परिणामों के साथ अवलोकन नीचे दर्शाया गया है।

कोबाल्ट (III) क्लोराइड—अमोनिया संकुल का सूत्रीकरण

संकुल यौगिक	रंग	Ag^+ द्वारा प्रति संकुल अणु में अवक्षेपित Cl^- आयनों की संख्या	सूत्र	विलयन चालकता सम्बन्ध
$CoCl_3 \cdot 6NH_3$	पीला	3	$[Co(NH_3)_6]^{3+}\ 3Cl^-$	1 : 3 विद्युत अपघट्य
$CoCl_3 \cdot 5NH_3$	नील लोहित	2	$[Co(NH_3)_5Cl]^{2+} 2\,Cl^-$	1 : 2 विद्युत अपघट्य
$CoCl_3 \cdot 4NH_3$	हरा	1	*ट्रान्स* $[Co(NH_3)_4Cl_2]^+\ Cl^-$	1 : 1 विद्युत अपघट्य
$CoCl_3 \cdot 4NH_3$	बैंगनी	1	*सिस* $[Co(NH_3)_4Cl_2]^+Cl^-$	1 : 1 विद्युत अपघट्य

- अन्तिम दो यौगिकों के मूलानुपाती सूत्र समान हैं, परन्तु गुणधर्म भिन्न हैं। ऐसे यौगिक **समावयवी** (isomers) कहलाते हैं।

वर्नर सिद्धान्त की अभिधारणाएँ

(Postulates of Werner's Theory)

वर्नर ने 1898 में उपसहसंयोजन यौगिकों का सिद्धान्त प्रस्तुत किया और इस सिद्धान्त की मुख्य अभिधारणाएँ निम्नलिखित हैं

- उपसहसंयोजन यौगिकों में धातुएँ दो प्रकार की संयोजकताएँ दर्शाती हैं अर्थात् प्राथमिक तथा द्वितीयक संयोजिकता
- प्राथमिक संयोजकता केन्द्रीय परमाणु/आयन की ऑक्सीकरण संख्या के बराबर होती है। यह अदिशात्मक तथा आयनीय होती है। ये ऋणात्मक आयनों द्वारा सन्तुष्ट होती हैं।

  उदाहरण $CrCl_3$ में प्राथमिक संयोजकता तीन है।
- द्वितीयक संयोजकता केन्द्रीय परमाणु/आयन की उपसहसंयोजन संख्या के बराबर होती है।

  यह दिशात्मक तथा अन-आयनीय है। ये सामान्यतया उदासीन अणुओं अथवा ऋणात्मक आयनों द्वारा सन्तुष्ट होती हैं तथा इसका मान किसी धातु के लिए निश्चित होता है।

  उदाहरण $[Co(NH_3)_6]Cl_3$में 6 NH_3 समूह द्वितीयक संयोजकता द्वारा बँधे हैं।

  ये दिक्स्थान में विशिष्ट रूप से व्यवस्थित रहते हैं तथा संकुल आयन की संरचना अथवा आकृति के लिए उत्तरदायी होते हैं। उदाहरण $[Co(NH_3)_6]^{3+}$ की संरचना अष्टफलकीय है।

  $[CoCl_2(NH_3)_4]^{4+}Cl^-$ की संरचना निम्न प्रकार है

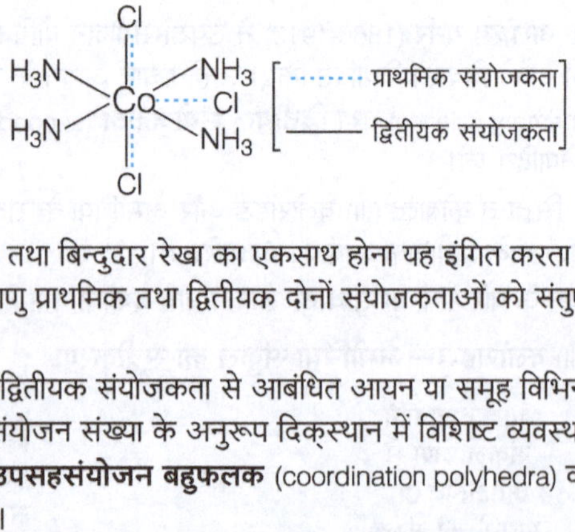

  पूर्णरेखा तथा बिन्दुदार रेखा का एकसाथ होना यह इंगित करता है कि Cl परमाणु प्राथमिक तथा द्वितीयक दोनों संयोजकताओं को संतुष्ट कर रहा है।
- धातु के द्वितीयक संयोजकता से आबंधित आयन या समूह विभिन्न उपसहसंयोजन संख्या के अनुरूप दिक्स्थान में विशिष्ट व्यवस्थाएँ (जिसे **उपसहसंयोजन बहुफलक** (coordination polyhedra) कहते हैं।) रखते हैं।
- गुरु कोष्ठक के अन्दर की स्पीशीज को **उपसहसंयोजक सत्ता** या **संकुल** कहते हैं।
- गुरु कोष्ठक के बाहर उपस्थित आयनों को **प्रतिआयन** (counter ions) कहते हैं।
- वर्नर ने यह भी अभिधारणा दी कि संक्रमण तत्वों के उपसहसंयोजन यौगिकों में सामान्यतः अष्टफलकीय, चतुष्फलकीय व वर्ग समतलीय ज्यामितियाँ पाई जाती हैं।

  इस प्रकार $[Co(NH_3)_6]^{3+}$, $[CoCl(NH_3)_5]^{2+}$ तथा $[CoCl_2(NH_3)_4]^+$ की ज्यामितियाँ अष्टफलकीय हैं, जबकि $[NiCO)_4]$ तथा $[PtCl_4]^{2-}$ क्रमशः चतुष्फलकीय तथा वर्ग समतलीय हैं।

द्विलवण तथा संकुल के मध्य अन्तर (उपसहसंयोजन यौगिक) [Difference Between a Double Salt and a Complex (Coordination Compound)]

- द्विलवण तथा संकुल दोनों ही दो या इससे अधिक स्थाई यौगिकों के स्टॉइकियोमिट्रिक अनुपात (stoichiometric ratio) में संयोग द्वारा बनते हैं।
- **द्विलवण** जल में घोले जाने पर पूर्ण रूप से अपने आयनों में वियोजित हो जाते हैं। उदाहरण मोहर लवण $[FeSO_4 \cdot (NH_4)_2SO_4 \cdot 6H_2O]$, पोटाश फिटकरी $KAl(SO_4)_2 \cdot 12H_2O$ तथा कार्नेलाइट $KCl \cdot MgCl_2 \cdot 6H_2O$
- **संकुल** जल में घोले जाने पर अपने आयनों में वियोजित नहीं होते हैं। यह विलयन में अपनी पहचान बनाये रखते हैं। उदाहरण $K_4[Fe(CN)_6]$ या $[Fe(CN)_6]^{4-}$ संकुल आयन Fe^{2+} तथा CN^- आयनों में वियोजित नहीं होते हैं।

उपसहसंयोजन यौगिकों में प्रयुक्त कुछ प्रमुख पदों की परिभाषाएँ

(Definitions of Some Important Terms Used in Coordination Compounds)

पारिभाषिक शब्दों की परिभाषाएँ निम्न प्रकार हैं।

उपसहसंयोजन सत्ता (Coordination Entity)

इसका गठन केन्द्रीय धातु परमाणु या आयन से किसी एक निश्चित संख्या में आबन्धित आयन या अणु मिलकर करते हैं।

उदाहरण $[CoCl_3(NH_3)_3]$ एक उपसहसंयोजन सत्ता है जिसमें कोबाल्ट आयन तीन अमोनिया अणुओं और तीन क्लोराइड आयनों से घिरा है।

केन्द्रीय धातु परमाणु/आयन (Central Metal Atom/ion)

किसी उपसहसंयोजन सत्ता में परमाणु/आयन जो एक निश्चित संख्या में अन्य आयनों/समूहों से एक निश्चित ज्यामिती व्यवस्था द्वारा परिबद्ध रहता है, केन्द्रीय परमाणु अथवा आयन कहलाता है।

उदाहरण $[NiCl_2(H_2O)]_4$, $[CoCl(NH_3)_5]^{2+}$ तथा $[Fe(CN)_6]^{3-}$ में केन्द्रीय परमाणु/आयन क्रमशः Ni^{2+}, Co^{3+} तथा Fe^{3+} है। इन केन्द्रीय परमाणुओं आयनों को **लुईस अम्ल** भी कहते हैं।

लिगैण्ड (Ligands)

आयन या अणु जो केन्द्रीय परमाणु या आयन को इलेक्ट्रॉन का एकल युग्म दान कर सकते हैं, लिगैण्ड कहलाते हैं।

- जब एक लिगैण्ड धातु आयन से एक दाता परमाणु द्वारा परिबद्ध होता है (जैसे Cl^-, H_2O) तो लिगैण्ड **एकदंतुर** (unidentate) कहलाता है।
- जब लिगैण्ड दो दाता परमाणुओं द्वारा परिबद्ध जैसे ऑक्जेलेट में होता है तो लिगैण्ड **द्विदन्तुर** (didentate) कहलाता है।

  उदाहरण $H_2NCH_2CH_2NH_2$ (एथेन – 1, 2- डाइऐमीन $C_2O_4^{2-}$ (ऑक्जेलेट) और DMG (डाइमेथिल ग्लाइऑक्सिम)।

- जब एक लिगैण्ड में अनेक दाता परमाणु उपस्थित हो जैसा कि $N(CH_2CH_2NH_2)_3$ में है, तो लिगैण्ड **बहुदन्तुर** (polydentate) कहलाता है उदाहरण EDTA (**एथिलीन डाइऐमीनटेट्रा ऐसीटेट**) NEET 2021
- जब एक द्विदन्तुर अथवा बहुदन्तुर लिगैण्ड अपने दो या अधिक दाता परमाणुओं का प्रयोग एक ही धातु आयन से आबंधन के लिए करता है, तो यह **कीलेट** (chelate) लिगैण्ड कहलाता है। ये कीलेट संकुल एकदन्तुर लिगैण्ड युक्त संकुलों से अधिक स्थाई होते हैं। NEET 2023
- लिगैण्ड में उपस्थित दाता परमाणुओं की संख्या को लिगैण्ड की दन्तुरता (denticity) कहते हैं।
  जैसे- EDTA चार ऑक्सीजन परमाणुओं और दो नाइट्रोजन परमाणुओं से युक्त एक षट्दन्तुर (hexadentate) लिगैण्ड है।
- लिगैण्ड जिसमें दो भिन्न-भिन्न दाता परमाणु होते हैं और संकुल में दो लिगैण्डों में से कोई एक उपस्थित होता है, उसे **उभयदन्ती लिगैण्ड** (ambidentate ligands) कहा जाता है।
  उदाहरण NO_2^- SCN^- आयन।

उपसहसंयोजन संख्या (Coordination Number)

किसी संकुल में धातु आयन से आबन्धित लिगैण्डों के उन दाता परमाणुओं की संख्या जो सीधे धातु आयन से जुड़े हो, उपसहसंयोजन संख्या के बराबर होती है।

उदाहरण $[PtCl_6]^{2-}$ तथा $[Ni(NH_3)_4]^{2+}$ संकुल आयनों में Pt तथा Ni की उपसहसंयोजन संख्या क्रमशः 6 और 4 हैं।

इसी प्रकार $[Co(en)_3]^{3+}$ में Co की उपसहसंयोजन संख्या 6 है क्योंकि en (एथेन -1, 2, डाइऐमीन) एक द्विदन्तुर लिगैण्ड है।

नोट *केन्द्रीय परमाणु/आयन की उपसहसंयोजन संख्या केन्द्रीय परमाणु/ आयन तथा लिगैण्ड के मध्य बने केवल σ (सिग्मा) आबंधों की संख्या के आधार पर ही निर्धारित की जाती है।*

उपसहसंयोजन मण्डल (Coordination Sphere)

केन्द्रीय परमाणु/आयन से जुड़े लिगैण्डों को गुरुकोष्ठक में लिखा जाता है तथा ये सभी मिलकर उपसहसंयोजन मण्डल कहलाते हैं। आयनीय समूह गुरु कोष्ठक के बाहर लिखे जाते हैं तथा ये प्रतिआयन कहलाते हैं। उदाहरण संकुल $K_4Fe(CN)_6$ में $[Fe(CN)_6]^{4-}$ उपसहसंयोजन मण्डल है तथा K^+ प्रति आयन है।

उपसहसंयोजन बहुफलक (Coordination Polyhedron)

केन्द्रीय परमाणु /आयन से सीधे जुड़े लिगैण्ड परमाणुओं की द्विक्स्थान व्यवस्था को उपसहसंयोजन बहुफलक कहते हैं। उदाहरण $[PtCl_4]^{2-}$ वर्ग समतलीय, $[Ni(CO)_4]$ चतुष्फलकीय तथा $[Co(NH_3)_6]^{3+}$ अष्टफलकीय है।

ऑक्सीकरण संख्या (Oxidation Number)

केन्द्रीय परमाणु से जुड़े सभी लिगैण्डों को यदि उनके साझे के इलेक्ट्रॉन युग्मों सहित हटा लिया जाये, तो केन्द्रीय परमाणु पर उपस्थित आवेश को उसकी **ऑक्सीकरण संख्या** कहते हैं। ऑक्सीकरण संख्या को उपसहसंयोजन सत्ता के नाम के बाद कोष्ठक में रोमन अंक से दर्शाया जाता है। उदाहरण $[Cu(CN)_4]^{3-}$ में कॉपर की ऑक्सीकरण संख्या +1 है तथा इसे Cu(I) लिखा जाता है।

Marks Maximizer

प्रभावी परमाणु संख्या (Effective Atomic Number (EAN)) नियम को ''18 इलेक्ट्रॉन नियम'' भी कहते हैं। इस नियम का उपयोग यौगिकों में लिगैण्डों की संख्या के साथ-साथ उनकी अभिक्रियाओं के उत्पादों की प्रागुक्ति करने के लिए किया जा सकता है। EAN = धातु का परमाणु क्रमांक $(Z)-$ ऑक्सीकरण संख्या + 2 × उपसहसंयोजन संख्या

होमोलेप्टिक संकुल (Homoleptic Complex)

- संकुल जिनमें धातु परमाणु केवल एक प्रकार के दाता समूह से जुड़ा रहता है, होमोलेप्टिक संकुल कहलाते हैं। उदाहरण $[Co(NH_3)_6]^{3+}$ NEET 2023

हेट्रोलेप्टिक संकुल (Heteroleptic Complex) NEET 2024

- संकुल जिनमें धातु परमाणु एक से अधिक प्रकार के दाता समूहों से जुड़ा रहता है, हेट्रोलेप्टिक संकुल कहलाते हैं।
  उदाहरण $[Co(NH_3)_4Cl_2]^+$

उपसहसंयोजन यौगिकों का नामकरण (Nomenclature of Coordination Compounds)

- उपसहसंयोजन सत्ता के सूत्र तथा जो नाम अपनाए गए हैं वे IUPAC की अनुशंसाओं पर आधारित है।

एककेन्द्रकीय उपसहसंयोजन यौगिकों के सूत्र (Formula of Mononuclear Coordination Compound)

- एकल केन्द्रकीय उपसहसंयोजन सत्ता में एक केन्द्रीय धातु परमाणु होता है। सूत्र लिखते समय निम्नलिखित नियम प्रयुक्त होते हैं
- सर्वप्रथम केन्द्रीय परमाणु लिखा जाता है।
- तत्पश्चात् लिगैण्डों को अंग्रेजी वर्णमाला के क्रम में लिखा जाता है। लिगैण्ड की स्थिति उसके आवेश पर निर्भर नहीं करती है।
- **बहुदन्तुर लिगैण्ड** भी अंग्रेजी वर्णमाला के क्रम में लिखे जाते हैं। संकेताक्षर में लिखे हुए लिगैण्ड के प्रथम अक्षर से वर्णमाला के क्रम में उसकी स्थिति निर्धारित की जाती है।
- सम्पूर्ण उपसहसंयोजन सत्ता आवेशित हो या ना हो, उसके सूत्र को एक गुरु कोष्ठक में लिखा जाता है। यदि लिगैण्ड बहुपरमाणुक हो, तो उनके सूत्र को कोष्ठक में लिखते हैं।
- संकेताक्षर में लिखे लिगैण्ड को भी कोष्ठक में लिखते हैं। उपसहसंयोजन मण्डल में धातु तथा लिगैण्डों के सूत्रों के मध्य स्थान नहीं छोड़ा जाता।
- जब आवेशयुक्त उपसहसंयोजन सत्ता का सूत्र बिना किसी प्रति आयन के लिखते हैं, तो उपसहसंयोजन का आवेश गुरु कोष्ठक के बाहर दाईं ओर मूर्धान्क (superscript) के रूप में लिखा जाता है जिसमें पहल आवेश की संख्या और फिर आवेश का चिन्ह (+ ve या –ve लिखते हैं। उदाहरण $[Co(CN)_6]^{3-}$, $[Cr(H_2O)_6]^{3+}$ आदि।
- संकुल को विद्युत उदासीन मानते हुए धनायन के आवेश को ऋणायन के आवेश से सन्तुलित किया जाता है।

एकल नाभिकीय उपसहसंयोजन यौगिकों का नामकरण (Naming of Mononuclear Coordination Compounds)

उपसहसंयोजन यौगिकों के नामकरण में निम्नलिखित नियम प्रयुक्त होते हैं

- धनायन तथा ऋणायन दोनों में से कोई भी आवेशयुक्त उपसहसंयोजन सत्ता में सर्वप्रथम धनायन का नाम लिखा जाता है।
- केन्द्रीय परमाणु/आयन के नाम से पूर्व लिगैण्डों के नाम वर्णमाला के क्रम में लिखे जाते हैं।
- ऋणावेशित लिगैण्डों के नाम के अन्त में — 'O' आता है, उदासीन तथा धनावेशित लिगैण्डों के नाम नहीं बदलते। कुछ अपवाद हैं, जैसे H_2O के लिए *एक्वा,* NH_3 के लिए ऐमीन CO के लिए कार्बोनिल तथा NO के लिए नाइट्रोसिल। इनको संलग्न कोष्ठक () में लिखा जाता है।
  यदि उभयदंती लिगैण्ड उपस्थित है, तो इसका नाम दाता परमाणु का प्रतीक लिखकर या भिन्न नामों का उपयोग कर लिखा जाता है। जैसे- —ONO (नाइट्रिटो, —O) — NO_2 (नाइट्रिटो — N)
- उपसहसंयोजन सत्ता में एक ही प्रकार के लिगैण्डों की संख्या को इंगित करने के लिए उनके नाम से पूर्व मोनो, डाइ, ट्राई आदि शब्द प्रयुक्त किये जाते हैं। जब लिगैण्ड के नाम से आंकिक पूर्वलग्न हो, तब *बिस, ट्रिस, टेट्राकिस* आदि शब्द प्रयुक्त होते हैं तथा ऐसे लिगैण्ड कोष्ठक में लिखे जाते हैं। उदाहरण $[NiCl_2(PPh_3)_2]$ का नाम डाइक्लोरिडो *बिस* (ट्राइफेनिल फॉस्फीन) निकेल (II) होगा।
- धनावेशित, ऋणावेशित तथा उदासीन उपसहसंयोजन सत्ता में धातु की ऑक्सीकरण अवस्था को रोमन अंकों में कोष्ठक में दर्शाते हैं।
- यदि संकुल आयन एक धनायन हो, तो धातु का नाम वही लिखते हैं, जो तत्व का नाम होता है। जैसे धनावेशित संकुल आयन में Co को कोबाल्ट तथा Pt को प्लैटिनम कहते हैं।
- यदि संकुल एक ऋणायन हो, तो धातु के नाम के अन्त में अनुलग्न-ऐट (ate) लगाया जाता है।
  जैसे संकुल ऋणायन $[Co(SCN)_4]^{2-}$ में Co को कोबाल्टेट कहते हैं। कुछ धातुओं के लिये उनके संकुल ऋणायनों के नाम में धातु के लैटिन नाम प्रयुक्त होते हैं। जैसे- Fe के लिए फेरेट।
- उदासीन संकुल का नाम भी संकुल धनायन की भाँति ही लिखा जाता है। उपसहसंयोजन यौगिकों के नामकरण को स्पष्ट करने के लिए कुछ उदाहरण इस प्रकार हैं।
  1. $[Cr(NH_3)_3(H_2O)_3]Cl_3$ -ट्राइऐमीनट्राइएक्वाक्रोमियम III क्लोराइड
  2. $K_3[Fe(C_2O_4)_3]$ -पोटैशियम ट्राइऑक्सेलेटोफेरेट (III)
  3. $[CoCl(ONO)en)_2]^+$ -क्लोरिडो *बिस* (एथेन–1, 2 डाइऐमीन) नाइट्रिटो —O— कोबाल्ट (III) आयन
  4. $[Ag(NH_3)_2][Ag(CN)_2]$ -डाइऐमीन सिल्वर (I) डाइसायनिडोअर्जेन्टेट। NEET 2022

उपसहसंयोजन यौगिकों में समावयवता (Isomerism in Coordination Compounds) NEET 2024

दो या दो से अधिक यौगिक जिनके रासायनिक सूत्र समान होते हैं लेकिन परमाणुओं की व्यवस्था भिन्न होती है, समावयवी कहलाते हैं तथा इस परिघटना को समावयवता कहते हैं। उपसहसंयोजन यौगिकों में समावयवता का वर्णन निम्न प्रकार किया गया है।

समावयवता का प्रकार	उदाहरण
1. **संरचनात्मक समावयवता** (Structural isomerism) सरंचनात्मक समावयवी समान रासायनिक सूत्र रखते हैं लेकिन इनमें आबंध भिन्न होते हैं।	
(a) **बन्धनी समावयवता** (Linkage isomerism) यह उभयदन्ती संलग्नी युक्त उपसहसंयोजन यौगिक में पाई जाती है।	थायोसायनेट लिगैण्ड (NCS^-), नाइट्रोजन द्वारा धातु से बन्धित होकर M— NCS अथवा सल्फर द्वारा बन्धित होकर M—SCN देता है। $[Co(NH_3)_5NCS]^{2+}$ (नारंगी) तथा $[Co(NH_3)_5SCN]^{2+}$ (बैंगनी)
(b) **उपसहसंयोजन समावयवता** (Coordination isomerism) यह किसी संकुल में उपस्थित भिन्न धातुओं की धनायनिक तथा ऋणायनिक उपसहसंयोजन सत्ता के मध्य लिगैण्डों के अन्तरपरिवर्तन से उत्पन्न होती है।	$[Co(NH_3)_6][Cr(CN)_6]$ तथा $[Cr(NH_3)_6][Co(CN)_6]$
(c) **आयनन समावयवता** (Ionisation isomerism) जब किसी संकुल में उसका प्रति आयन स्वयं एक संभावित लिगैण्ड हो तथा किसी लिगैण्ड को प्रतिस्थापित कर सके तथा विस्थापित लिगैण्ड प्रति आयन बन सके, तो इस प्रकार की समावयवता उत्पन्न होती है।	$[Co(NH_3)_5(SO_4)]Br$ तथा $[Co(NH_3)_5Br]SO_4$
(d) **विलायक योजन समावयवता** (Solvate isomerism) इसे हाइड्रेट समावयवता भी कहते हैं। ये संकुल लिगैण्ड के रूप में उपस्थित जल के अणुओं (उपसहसंयोजन मण्डल के अन्दर) तथा जल के मुक्त अणुओं (उपसहसंयोजन मण्डल के बाहर) की संख्या में भिन्नता रखते हैं।	$[Cr(H_2O)_6]Cl_3$ (बैंगनी) तथा $[Cr(H_2O)_5Cl]Cl_2\cdot H_2O$ (भूरा – हरा)

समावयवता का प्रकार	उदाहरण

2. **त्रिविम समावयवता** (Stereo isomerism) त्रिविम समावयवों के रासायनिक सूत्र तथा रासायनिक आबंध समान होते हैं। लेकिन दिक्स्थान व्यवस्थाएँ भिन्न होती हैं

(a) **ज्यामितीय समावयवता** (Geometrical isomerism)

- इस प्रकार की समावयवता हेट्रोलेप्टिक संकुलों में पाई जाती है जिनमें लिगैण्डों की भिन्न ज्यामितीय व्यवस्थाएँ संभव हो सकती हैं।
- यह 4 और 6 उपसहसंयोजन संख्या वाले संकुलों में पाए जाते हैं।

- MX_2L_2 (वर्ग समतलीय संकुल)

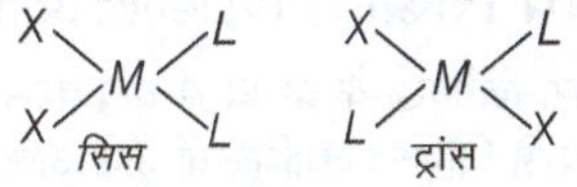

- MX_2L_2 में दो X लिगैण्ड *समपक्ष* तथा *विपक्ष* के रूप व्यवस्थित हैं।
- $MABXL$ तीन समावयवी, दो *समपक्ष* और एक *विपक्ष* दर्शाता है।

- $MABXL$ (वर्ग समतलीय संकुल)

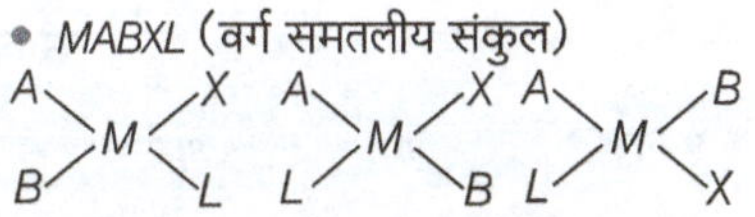

- $[Ma_3b_3]$, $[Ma_4b_2]$ तथा $[M(aa)_2b_2$ प्रकार के अष्टफलकीय संकुल ज्यामितीय समावयवता दर्शाते हैं।
- Ma_3b_3 प्रकार के संकुल फलकीय (facial) तथा रेखांशिक (meridional) (mer) समावयवी दशति हैं।

- Ma_4b_2 (अष्टफलकीय संकुल)

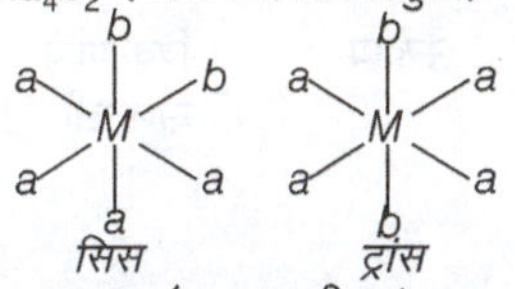

- $M(aa)_2b_2$ (अष्टफलकीय संकुल) उदाहरण $[CoCl_2(en)_2]$

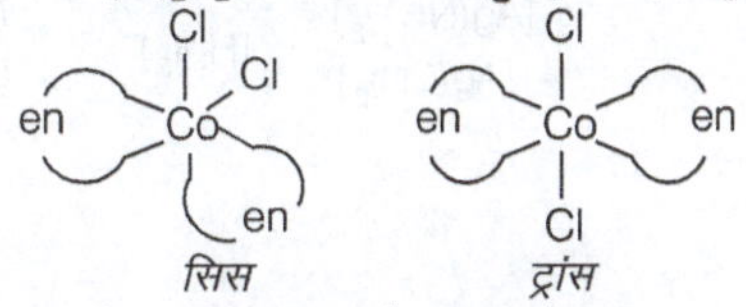

- Ma_3b_3 (अष्टफलकीय संकुल)

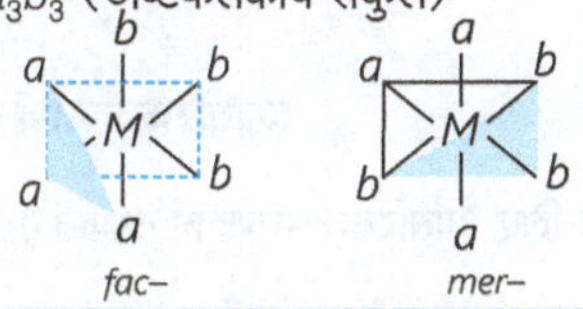

(b) **ध्रुवण समावयवता** (Optical Isomerism) इस प्रकार की समावयवता उन यौगिकों में पाई जाती है जिनके प्रतिबिम्ब रूप एक दूसरे पर अध्यारोपित नहीं होते हैं। इन्हें **प्रतिबिम्ब रूप** या **एनैन्टिओमर** (enantiomers) भी कहते हैं।

- $[M(aa)_3]$ उदाहरण $[Co(en)_3]^{3+}$

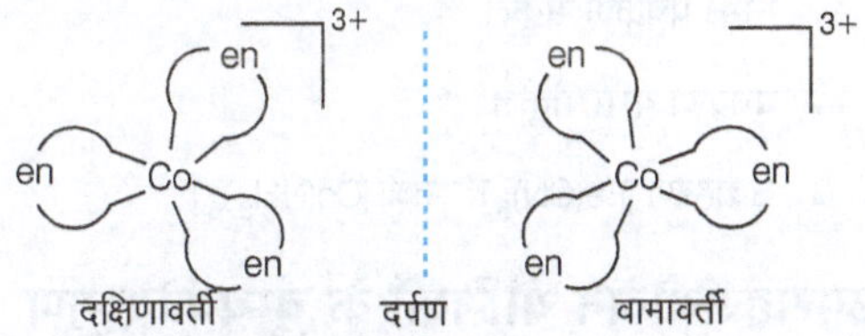

- यह सामान्य रूप से द्विदन्तुर लिगैण्ड युक्त $[M(aa)_3]$ और $[M(aa)_2b_2]$ प्रकार के अष्टफलकीय संकुलों में पाई जाती है।

- $[M(aa)_2b_2]$ उदाहरण $[Pt(en)_2Cl_2]^{2+}$

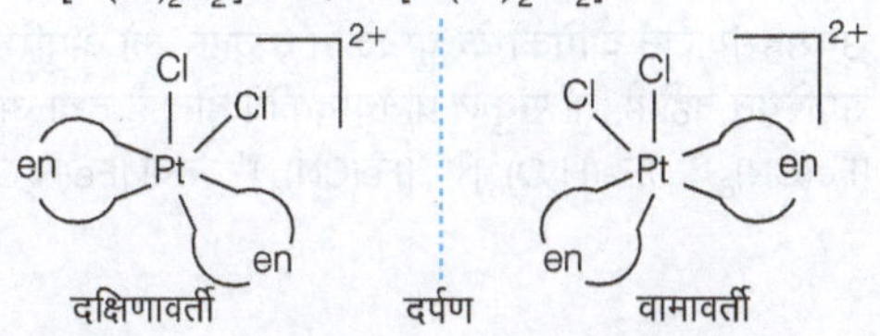

- ये आमतौर पर d-और l-रूप होते हैं d-रूप समतल ध्रुवित प्रकाश को दाईं और घूर्णित करता है (दक्षिणावर्त) तथा l-रूप समतल ध्रुवित प्रकाश को बाईं ओर घूर्णित करता है। (वामावर्त)।

- $[M(aa)b_2c_2]$ उदाहरण $[Co(en)(NH_3)_2Cl_2]^{2+}$

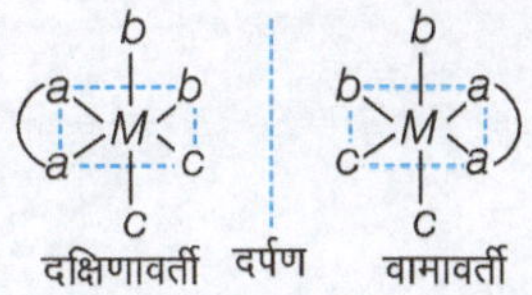

उपसहसंयोजन यौगिकों में आबंधन (Bonding in Coordination Comounds)

उपसहसंयोजन यौगिकों में आबंधन की प्रकृति को समझने के लिए अनेक प्रस्ताव दिए गए जैसे- संयोजकता आबन्ध सिद्धान्त (VBT), क्रिस्टल क्षेत्र सिद्धान्त (CFT), लिगैण्ड क्षेत्र सिद्धान्त (LFT) तथा आण्विक कक्षक सिद्धान्त (MOT)। इस अध्याय में हम केवल VBT और CFT का ही अध्ययन करेंगे।

संयोजकता आबंध सिद्धान्त (Valence Bond Theory)

Concept Master Video के लिए

इस सिद्धान्त के अनुसार, लिगैण्डों के प्रभाव में धातु परमाणु/आयन अपने $(n-1)d$, ns, np अथवा ns, np, nd कक्षकों का उपयोग संकरण के लिए कर सकता है, जिससे विभिन्न ज्यामितियों जैसे अष्टफलकीय, चतुष्फलकीय, वर्ग समतलीय आदि के समकक्ष कक्षक उपलब्ध हो सकें। ये संकरित कक्षक उन लिगैण्ड कक्षकों के साथ अतिव्यापन करते हैं, जो अपना इलेक्ट्रॉन युगल आबंधन के लिए इन्हें दान करते हैं।

संकरण तथा संकुलों की ज्यामितियाँ

संकरण के प्रकार	sp	sp^2	sp^3	dsp^2	dsp^3	sp^3d	d^2sp^3	sp^3d^2
उपसहसंयोजन संख्या	2	3	4	4	5	5	6	6
ज्यामिति	रेखीय	त्रिकोणीय समतली	चतुष्फलकीय	वर्ग समतलीय	वर्ग पिरामिडी	त्रिकोणीय द्वि पिरामिडीय	अष्टफलकीय (आंतरिक कक्षक)	अष्टफलकीय (बाह्य कक्षक)
उदाहरण	$[Ag(NH_3)_2]^+$ $[Ag(CN)_2]^-$	$[HgI_3]^-$	$Ni(CO)_4$ $[ZnCl_4]^{2-}$	$[Ni(CN)_4]^{2-}$ $[Cu(NH_3)_4]^{2+}$ $[Ni(NH_3)_4]^{2+}$	$Fe(CO)_5$,	$[SbF_5]^{2-}$ $[CuCl_5]^{3-}$	$[Cr(NH_3)_6]^{3+}$ $[Fe(CN)_6]^{3-}$	$[FeF_6]^{3-}$ $[Fe(H_2O)_6]^{2+}$ $[Ni(NH_3)_6]^{2+}$

NEET 2020

आंतरिक तथा बाह्य कक्षक संकुलों में अन्तर

आंतरिक कक्षक संकुल	बाह्य कक्षक संकुल
• संकरण के लिए आंतरिक d-कक्षकों अर्थात् $(n-1)d$ का उपयोग करते हैं।	• संकरण में बाह्य d-कक्षकों अर्थात् nd कक्षकों का उपयोग करते हैं।
• ये या तो प्रतिचुम्बकीय हैं या इनमें अपेक्षाकृत कम अयुग्मित इलेक्ट्रॉन उपस्थित हैं।	• ये अपेक्षाकृत अधिक संख्या में अयुग्मित इलेक्ट्रॉन रखते हैं।
• निम्न प्रचक्रण संकुल	• उच्च प्रचक्रण संकुल
• प्रचक्रण युग्म संकुल	• प्रचक्रण मुक्त संकुल
• उदाहरण $[Fe(CN)_6]^{3-}$ तथा $[Co(NH_3)_6]^{3+}$	• उदाहरण $[Fe(H_2O)_6]^{3+}$ तथा $[CoF_6]^{3-}$

उपसहसंयोजन यौगिकों के चुम्बकीय गुण
(Magnetic Properties of Coordination Compounds)

- उपसहसंयोजन यौगिकों के चुम्बकीय व्यवहार को अयुग्मित इलेक्ट्रॉनों की संख्या के आधार पर समझाया जा सकता है। यदि कोई भी अयुग्मित इलेक्ट्रॉन उपस्थित नहीं है, तो संकुल प्रतिचुम्बकीय होता है तथा अयुग्मित इलेक्ट्रॉनों की उपस्थिति में संकुल अनुचुम्बकीय होता है।
  $[Fe(CN)_6]^{3-}$, $[Fe(H_2O)_6]^{3+}$, $[Fe(CN)_6]^{4-}$ तथा $[Fe(H_2O)_6]^{2+}$ का चुम्बकीय आघूर्ण क्रमशः 1.73 BM, 5.92 BM, 0 BM तथा 4.90 BM है। NCERT 2021

- सामान्यतः निम्न प्रचक्रण संकुल प्रतिचुम्बकीय हैं तथा उच्च प्रचक्रण संकुल अनुचुम्बकीय है। कुछ उदाहरण नीचे सारणी में दिए गए हैं।

क्र.सं.	परमाणु/ आयन संकुल	विन्यास	धातु की ऑक्सीकरण सं.	संकरण का प्रकार	ज्यामिति	अयुग्मित इलेक्ट्रॉन	चुबंकीय प्रकृति
1.	$Cu^{2+}(d^9)$	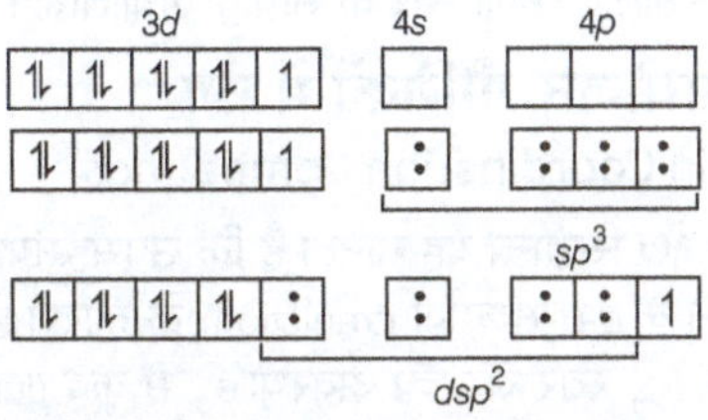	+2			1	अनुचुम्बकीय
	$[CuCl_4]^{2-}$		+2	sp^3	चतुष्फलकीय	1	अनुचुम्बकीय
	$[Cu(NH_3)_4]^{2+}$	एक इलेक्ट्रॉन 3*d* से 4*p* में चला जाता है।	+2	dsp^2	वर्ग समतलीय	1	अनुचुम्बकीय
2.	$Co^{3+}(d^6)$	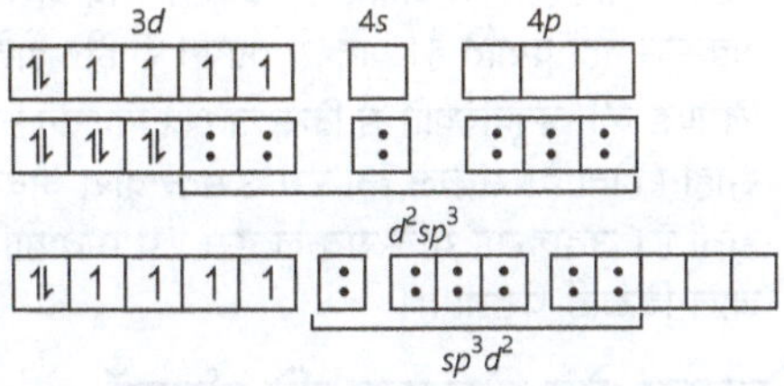	+3			4	NEET 2024 अनुचुम्बकीय
	$[Co(NH_3)_6]^{3+}$		+3	d^2sp^3 आंतरिक	अष्टफलकीय	0	प्रतिचुम्बकीय
	$[CoF_6]^{3-}$		+3	sp^3d^2(बाह्य)	अष्टफलकीय	4	अनुचुम्बकीय

संयोजकता आबन्ध सिद्धान्त की सीमाएँ (Limitations of Valence Bond Theory)

यद्यपि संयोजकता आबन्ध सिद्धान्त (VBT) उपसहसंयोजन यौगिकों के बनने तथा उनकी संरचनाओं एवं चुम्बकीय व्यवहार की लाभकारी व्याख्या करता है परन्तु फिर भी इसमें निम्नलिखित कमियाँ हैं

- यह दुर्बल तथा प्रबल लिगैण्डों के मध्य विभेद नहीं करता है।
- यह चुम्बकीय आँकड़ों की कोई मात्रात्मक व्याख्या नहीं देता है।
- यह उपसहसंयोजन यौगिकों के ऊष्मागतिकीय और गतिक स्थायित्व की कोई भी मात्रात्मक व्याख्या नहीं करता है तथा विभिन्न आकृतियों से सम्बन्धित ऊर्जाओं की व्याख्या करने में असफल है।
- यह उपसहसंयोजन यौगिकों के रंग तथा स्पेक्ट्रम गुणों की व्याख्या नहीं करता है।
- यह 4 उपसहसंयोजक संकुलों के लिए चतुष्फलकीय तथा वर्ग समतलीय संरचनाओं का सही अनुमान नहीं लगा पाता।

क्रिस्टल क्षेत्र सिद्धान्त (Crystal Field Theory, CFT)

- क्रिस्टल क्षेत्र सिद्धान्त एक वैद्युत मॉडल है जिसके अनुसार धातु- लिगैण्ड आबंध आयनिक होते हैं, जो केवल धातु आयन तथा लिगैण्ड के मध्य स्थिरवैद्युत अन्योन्य क्रियाओं द्वारा उत्पन्न होते हैं। ऋणावेशित लिगैण्डों को एक बिन्दु आवेश के रूप में एवं उदासीन लिगैण्डों को द्विध्रुवों के रूप में माना जाता है।
- CFT के अनुसार लिगैण्ड क्षेत्र के प्रभाव में *d*-कक्षकों की अपभ्रष्टता नष्ट हो जाती है तथा ये दो या अधिक ऊर्जा स्तरों में विभाजित हो जाते हैं।

Concept Master
Video के लिए

- अष्टफलकीय संकुल में तीन निम्न ऊर्जा वाले t_{2g} कक्षकों तथा दो उच्च ऊर्जा वाले e_g कक्षकों के दो समुच्चय बनते हैं।

  इस प्रकार समान ऊर्जा वाले कक्षकों का लिगैण्डों की निश्चित ज्यामिति में उपस्थिति से दो समुच्चयों में विपाटन **क्रिस्टल क्षेत्र विपाटन** (crystal field splitting) कहलाता है तथा समुच्चयों की ऊर्जा के अन्तर को Δ_0 से व्यक्त करते हैं।
- अष्टफलकीय क्रिस्टल क्षेत्र में *d*-कक्षकों के विपाटन को निम्न चित्र में देखा जा सकता है।

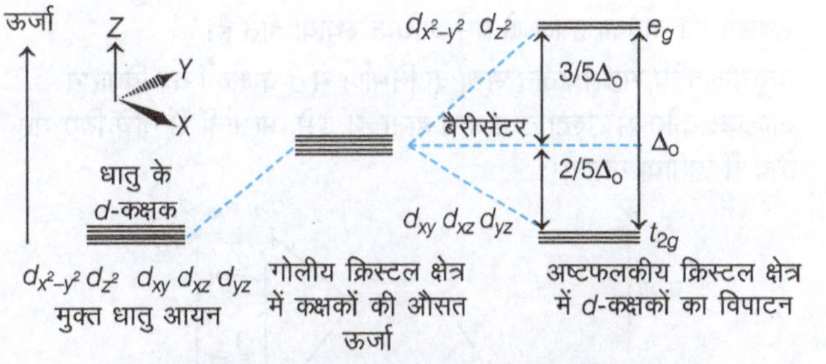

अष्टफलकीय क्रिस्टल क्षेत्र में *d*-कक्षकों का विपाटन

- इस प्रकार दो e_g कक्षकों की ऊर्जा में $(3/5)\Delta_0$ के बराबर की वृद्धि होती है तथा तीन t_{2g} कक्षकों की ऊर्जा में $(2/5)\Delta_0$ के बराबर कमी आती है।
- क्रिस्टल क्षेत्र विपाटन का परिमाण लिगैण्ड क्षेत्र की प्रबलता तथा धातु आयन पर उपस्थित आवेश पर निर्भर करता है। प्रबल क्षेत्र लिगैण्ड अधिक विपाटन तथा दुर्बल क्षेत्र लिगैण्ड कम विपाटन उत्पन्न करते हैं।

- लिगैण्डों को उनकी बढ़ती हुई क्षेत्र प्रबलता के क्रम में एक श्रेणी में निम्न प्रकार व्यवस्थित किया जा सकता है।

$$I^- < Br^- < SCN^- < Cl^- < S^{2-} < F^- < OH^- < C_2O_4^{2-} < H_2O < NCS^- < EDTA^{4-} < NH_3 < en < NO_2^- < CN^- < CO$$

इस श्रेणी को **स्पेक्ट्रमी रासायनिक श्रेणी** (Spectrochemical series) कहते हैं। आप केवल एक वाक्य याद करके स्पेक्ट्रमी रासायनिक श्रेणी को याद रख सकते हैं।

Mnemonics **Recall Spectrochemical Series**

You can remember the spectrochemical series just by rembering one sentence.

I Bought Some Copies to Study Fundamental of Chemistry
↓ ↓ ↓ ↓ ↓ ↓ ↓ ↓
$I^{\ominus} < Br^{\ominus} < SCN^{\ominus} < Cl^{\ominus} < S^{2-} < F^- < OH^{\ominus} < C_2O_4^{2-}$

He Nurtured Excellence in Necessary Coordination Compounds
↓ ↓ ↓ ↓ ↓ ↓
$H_2O < NCS^- < edta^{4-} < NH_3 < en < CN^- < CO$

- अष्टफलकीय उपसहसंयोजन सत्ता में एकल d इलेक्ट्रॉन निम्न ऊर्जा वाले किसी एक t_{2g} कक्षक में जायेगा। d^2 तथा d^3 उपसहसंयोजन सत्ता हुंड के नियमानुसार d-इलेक्ट्रॉन t_{2g} कक्षकों में भरे जाते हैं। **NEET 2019**
- d^4 विन्यास वाले धातु आयन संकुलों में d-कक्षक अध्यावास (occupancy) क्रिस्टल क्षेत्र विपाटन Δ_0 तथा युग्मन ऊर्जा P(P एक कक्षक में इलेक्ट्रॉन युग्मन के लिए आवश्यक ऊर्जा है) के तुलनात्मक परिमाण पर निर्भर करता है।
- यदि $\Delta_0 < P$ हो, तो चौथा इलेक्ट्रॉन किसी एक e_g कक्षक में जायेगा तथा अभिविन्यास $t_{2g}^3\ e_g^1$ प्राप्त होगा। लिगैण्ड जिनके लिए $\Delta_0 < P$ होता है, **दुर्बल क्षेत्र लिगैण्ड** कहलाते हैं और ये उच्च प्रचक्रण (high spin) संकुल बनाते हैं।
- यदि $\Delta_0 > P$ हो तो, यह ऊर्जा की दृष्टि से अधिक अनुकूल होता है अतः चौथा इलेक्ट्रॉन किसी एक t_{2g} कक्षक में जाएगा जिससे इलेक्ट्रॉनिक विन्यास $t_{2g}^4\ e_g^0$ प्राप्त होगा। लिगैण्ड जो इस प्रकार का प्रभाव उत्पन्न करते हैं **प्रबल क्षेत्र लिगैण्ड** कहलाते हैं, तथा ये निम्न प्रचक्रण संकुल बनाते हैं।
- गणनाएँ दर्शाती हैं कि d^4 से d^7 वाली उपसहसंयोजन सत्ता दुर्बल क्षेत्र संकुलों की अपेक्षा प्रबल क्षेत्र में अधिक स्थायी होते हैं।
- चतुष्फलकीय सहसंयोजन सत्ता के निर्माण में d-कक्षकों का विपाटन अष्टफलकीय से उल्टा तथा कम होता है। इसे आसानी से नीचे दिए गए चित्र में दर्शाया गया है।

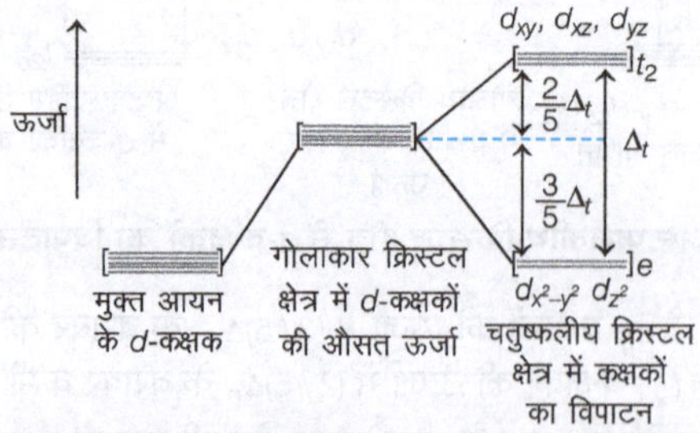

चतुष्फलकीय क्रिस्टल क्षेत्र में d-कक्षकों का विपाटन

- समान धातु के लिए समान लिगैण्डों तथा समान धातु लिगैण्ड दूरी के लिए, यह दिखाया जा सकता है कि $\Delta_t = \frac{4}{9}\Delta_0$
- कक्षकों की विपाटन ऊर्जा इतनी अधिक नहीं होती, जो इलेक्ट्रॉनों को युग्मन के लिए बाध्य करें, इसलिए अष्टफलकीय संकुलों में निम्न प्रचक्रण विन्यास कम ही देखा जाता है।
- g अधोलिखित अष्टफलकीय तथा वर्ग समतलीय संकुल, जो सममित केन्द्र रखते हैं के लिए प्रयोग में लाया जाता है। क्योंकि चतुष्फलकीय संकुल सममित नहीं है, इसीलिए ऊर्जा स्तर के साथ g अधोलिखित प्रयोग नहीं किया जाता है।

उपसहसंयोजन यौगिकों में रंग
(Colour in Coordination Compounds)

- क्रिस्टल क्षेत्र सिद्धान्त यह मानता है कि उपसहसंयोजन यौगिकों का रंग इलेक्ट्रॉन के d-d संक्रमण (tranistion) के कारण होता है। इलेक्ट्रॉन तलस्थ अवस्था t_{2g} स्तर से उच्च अवस्था e_g में कूद (jump) जाता है।
- d-d संक्रमण d^1 से d^9 आयनों में होता है। अतः d^1 से d^9 विन्यास वाले आयन रंगीन होते हैं। जबकि d^0 और d^{10} विन्यास वाले आयन d-d संक्रमण नहीं दर्शाते हैं। अतः ये आयन रंगहीन होते हैं।
- लिगैण्ड की अनुपस्थिति में क्रिस्टल क्षेत्र विपाटन नहीं होता, अतः पदार्थ रंगहीन होता है। संकुल का रंग उसके द्वारा अवशोषित रंग का पूरक होता है। उदाहरण यदि संकुल हरा रंग अवशोषित करता है, तो यह लाल दिखाई पड़ता है।

क्रिस्टल क्षेत्र सिद्धान्त की सीमाएँ
(Limitations of Crystal Field Theory)

- लिगैण्ड बिन्दु आवेश है, ऋणायनिक लिगैण्ड द्वारा सर्वाधिक विपाटन प्रभाव डालना चाहिए। जबकि ऋणायन लिगैण्ड वास्तव में स्पेक्ट्रमी रासायनिक श्रेणी में निचले सिरे पर आते हैं।
- CFT के अनुसार धातु लिगैण्ड आबन्ध विशुद्ध रूप से आयनिक हैं तथा यह लिगैण्ड और केन्द्रीय परमाणु के मध्य आबन्ध की सहसंयोजक प्रवृत्ति का संज्ञान नहीं लेता।
- यह संकुल में π-आबन्ध के बनने पर कोई विचार नहीं करता है।

धातु कार्बोनिलों में आबन्धन
(Bonding in Metal Carbonyls)

- होमोलेप्टिक कार्बोनिल (यौगिक जिनमें केवल कार्बोनिल लिगैण्ड हो) अधिकतर संक्रमण धातुओं द्वारा निर्मित होते हैं। इन यौगिकों के कुछ मुख्य अभिलक्षण निम्न प्रकार हैं
- धातु कार्बोनिलों के धातु-कार्बन आबन्ध में σ तथा π दोनों के गुण पाए जाते हैं।
- $M \leftarrow C$ σ आबन्ध कार्बोनिल समूह के कार्बन पर उपस्थित इलेक्ट्रॉन युग्म को धातु के रिक्त कक्षक में दान देने से बनता है।
- $M \rightarrow C$ π आबन्ध धातु के पूरित d-कक्षकों में से एक इलेक्ट्रॉन युग्म को कार्बनमोनोऑक्साइड के रिक्त प्रति आबन्धन π^* कक्षक में दान करने से बनता है।
- धातु से लिगैण्ड का आबन्ध एक सहक्रियाशीलता का प्रभाव उत्पन्न करता है। जो CO और धातु के मध्य आबन्ध को मजबूत बनाता है।

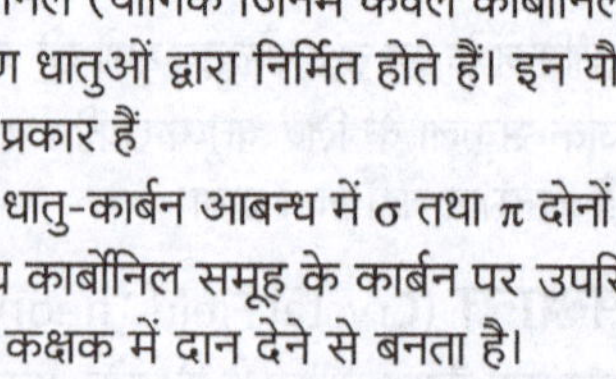

एकल नाभिकीय कार्बोनिलों के उदाहरण

(Examples of Mononuclear Carbonyles)

(i) $Cr(CO)_6 \rightarrow$ हैक्साकार्बोनिल क्रोमियम (O) (ii) $Fe(CO)_5 \rightarrow$ पेन्टाकार्बोनिल आयरन (O)

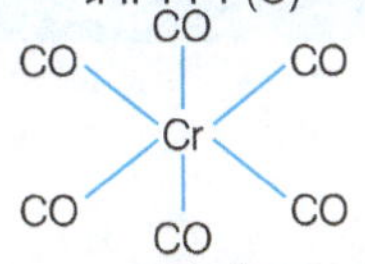

अष्टफलकीय

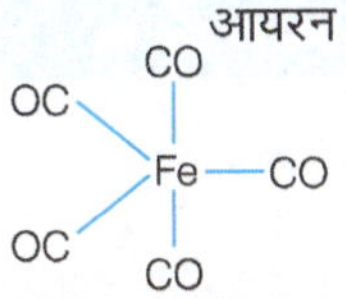

त्रिकोणीय द्विपिरामिडी

बहु नाभिकीय कार्बोनिलों के उदाहरण

(Examples of Polynuclear Carbonyles)

(i) $CO_2(CO)_8 \rightarrow$ ऑक्टाकार्बोनिल डाइकोबाल्ट (0) (ii) $Mn_2(CO)_{10} \rightarrow$ डेकाकार्बोनिल डाईमैगनीज (0)

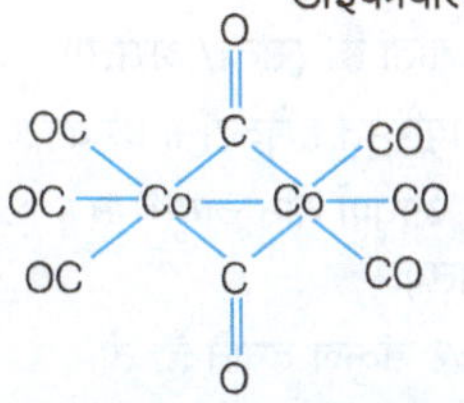

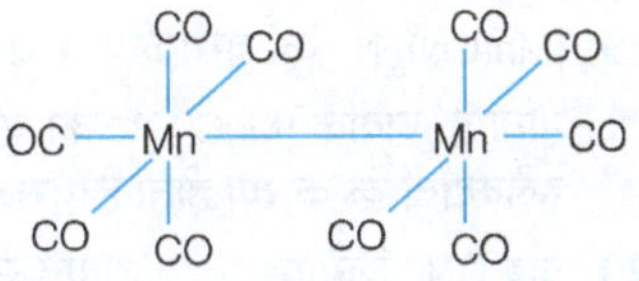

Marks Maximizer

$[Mn(CO)_6]^+$ के समान धातु कार्बोनिल पर धनात्मक आवेश की उपस्थिति CO के π^* कक्षकों में धातु इलेक्ट्रॉन के प्रवाह को बाधित करेगी। इससे CO आबन्ध क्रम में वृद्धि होगी और इसलिए धातु कार्बोनिल धनायन में CO उदासीन धातु कार्बोनिल में इसके अवशोषण की तुलना में उच्च आवृत्ति पर अवशोषित होगा।

उपसहसंयोजन यौगिकों का महत्त्व तथा अनुप्रयोग (Importance and Applications of Coordination Compounds)

- उपसहसंयोजन यौगिक खनिजों, पेड़-पौधों व जीव जगत में व्यापक रूप से पाए जाते हैं तथा विभिन्न क्षेत्रों में अपनी महत्त्वपूर्ण भूमिकाओं के लिए जाने जाते हैं। इनमें से कुछ का वर्णन नीचे किया गया है।

(i) **गुणात्मक** (Qualitative) **तथा मात्रात्मक** (Quantitative) **रासायनिक विश्लेषणों में** कई लिगैण्डों (विशेष रूप से कीलेटिंग लिगैण्ड) के साथ धातु आयनों द्वारा दी गई परिचित रंग अभिक्रियाएँ नियन्त्रित प्रयोगात्मक दशाओं के अन्तर्गत अत्यधिक विशिष्ट और संवेदनशील होती है।

उदाहरण—निकैल की पहचान तथा आकलन लाल डाइमेथिल ग्लाईऑक्सिम संकुल (एक कीलेटिंग लिगैण्ड) के रूप में की जाती है।

- EDTA का उपयोग लिगैण्ड के रूप में बहुत-सी धातुओं की पहचान तथा आकलन करने में किया जाता है। जल की कठोरता का आकलन Na_2EDTA के साथ अनुमापन द्वारा किया जाता है। Ca^{2+} व Mg^{2+} आयन EDTA के साथ स्थाई संकुल बनाते हैं।

(ii) **धातुओं का निष्कर्षण** (Extraction of Metals) सिल्वर और गोल्ड जैसी धातुओं के निष्कर्षण के लिए संकुल निर्माण का उपयोग होता है। उदाहरण ऑक्सीजन तथा जल की उपस्थिति में गोल्ड सायनाइड आयन से सन्योजित होकर जलीय विलयन में उपसहसंयोजन सत्ता $[Au(CN)_4]^-$ बनाता है। इस विलयन में जिंक मिलाकर गोल्ड को पृथक् कर लिया जाता है।

(iii) **धातुओं का शोधन** (Purification of Metals) धातुओं का शोधन उनके संकुल बना कर तथा उन्हें पुनः विघटित करके किया जाता है।

(iv) श्याम-श्वेत फोटोग्राफी में विकसित की हुई फिल्म का स्थाईकरण हाइपोविलयन में धोकर किया जाता है, जो अनअपघटित AgBr से संकुल आयन $[Ag(S_2O_3)_2]^{3-}$ बनाकर जल में घोल लेता है।

(v) उपसहसंयोजन यौगिक **जैव तन्त्र** में बहुत ही महत्त्वपूर्ण है।

- रक्त का लाल वर्णक हीमोग्लोबीन, जो कि ऑक्सीजन का वाहक है, आयरन का संकुल है।
- विटामिन B_{12} सायनोकोबालऐमीन, प्रतिप्रणाली अरक्तता कारक, कोबाल्ट का संकुल है।

(vi) **विल्किनसन उत्प्रेरक** $[Rh(PPh_3)_3Cl]$ रेडियम का संकुल है। इसका उपयोग ऐल्कीनों के हाइड्रोजनीकरण में किया जाता है।

(vii) **औषध रसायन में,** *सिस* प्लेटिन (*cis*-Platin) का उपयोग कैंसर के उपचार में किया जाता है तथा EDTA का उपयोग लेड की विषाक्ता के उपचार में किया जाता है।

Caution Points

- विशेष रूप से d^0 विन्यास वाले यौगिक (CN = 4) sp^3 के स्थान पर d^3s संकरण में भाग लेते हैं।
- Ni (II) का अष्टफलकीय संकुल कभी भी एक आन्तरिक कक्षक संकुल नहीं बनाएगा बल्कि यह बाह्य कक्षक संकुल बनाएगा।
- वर्ग समतली संकुलों में यदि दो द्विदन्तुर लिगैण्ड असममित हैं, तो ज्यामितीय समावयवी संभव है।

PYQ नोट्स

1. कोबाल्ट क्लोराइड जल में घोले जाने पर गुलाबी रंग का संकुल $[(Co(H_2O)_6]^{2+}$ बनाता है। इसकी ज्यामिति आकृति अष्टफलकीय है। यह विलयन सान्द्र HCl के साथ उपचारित किए जाने पर गहरा नीला संकुल $[CoCl_4]^{4-}$ बनाता है। इसकी ज्यामिति आकृति चतुष्फलकीय है। **[JEE Main 2023]**
2. समान ऑक्सीकरण अवस्था रखने वाले संकुलों के लिए CFSE का क्रम होगा 3*d*-श्रेणी < 4*d*-श्रेणी < 5*d*-श्रेणी **[JEE Main 2023]**
3. Ni^{2+} आयन की पहचान NH_4OH की उपस्थिति में डाइमेथिलग्लाइऑक्सिम के द्वारा (एक द्विदन्तुर उदासीन लिगैण्ड) की जाती है। **[JEE Main 2021]**
4. अवशोषण की तरंगदैर्ध्य केन्द्रीय धातु आयन की CFSE (Δ_0 मान) के व्युत्क्रमानुपाती होती है। **[NEET 2017]**
5. सूत्र जिसका उपयोग अष्टफलकीय उपसहसंयोजी यौगिकों की CFSE की गणना करने में प्रयुक्त किया जाता है।

   CFSE = $-0.4\,\Delta_0 \times t_{2g}$ कक्षक में इलेक्ट्रॉनों की संख्या $+ 0.6\,\Delta_0 \times e_g$ कक्षक में इलेक्ट्रॉनों की संख्या **[NEET 2014]**

Step by Step

Mastering NCERT

- कॉन्सेप्ट बिल्डर्स
- शीर्षकवार प्रश्न
- अभिकथन–कारण प्रश्न
- कथन आधारित प्रश्न
- सुमेलन प्रकार प्रश्न
- आंकिक मान प्रकार के प्रश्न
- NCERT Exemplar प्रश्न
- विगत परीक्षाओं के प्रश्न
- स्किल बूस्टर्स

कॉन्सेप्ट बिल्डर्स

1 प्राथमिक संयोजकताएँ सामान्य रूप से .... होती हैं तथा .... आयनो द्वारा सन्तुष्ट होती हैं।

2 .... संयोजकता उपसहसंयोजन संख्या के बराबर होती है तथा धातु के लिए निश्चित होती है।

3 $[Co(NH_3)_3Cl_3]$ के एक मोल के पूर्ण आयनीकरण पर दिए गए आयनों की संख्या लिखिए।

4 धातु से द्वितीयक संयोजकता द्वारा आबन्धित आयनों या समूहों में विभिन्न उपसहसंयोजन संख्या के अनुरूप द्विक्स्थान में विशिष्ट रूप से व्यवस्थित होते हैं। (सत्य/असत्य)

5 द्वि लवण और संकुल दोनो ही दो या दो से अधिक स्थायी यौगिकों के स्टॉइकियोमिती अनुपात में संगठित होने से बनते हैं। (सत्य/असत्य)

6 $[NiCl_2(H_2O)_4]$ और $[Fe(CN)_6]^{3-}$ में Ni^{2+} और Fe^{3+} को क्रमशः .... कहा जाता है। (लुईस अम्ल/लुईस क्षार)

7 $[Fe(CN)_6]^{4-}$ जैसे संकुल आयन जल में विलेय होने पर Fe^{2+} और CN^- आयनों जैसे सरल आयनों में वियोजित हो जाते हैं। (सत्य/असत्य)

8 दो यौगिक जिनका मूलानुपाती सूत्र समान हो परन्तु गुण भिन्न हों ऐसे यौगिकों को होमोलेप्टिक यौगिक कहा जाता है। (सत्य/असत्य)

9 $[Fe(C_2O_4)_3]^{3-}$ और $[Co(en)_3]^{3+}$ में Fe और Co की उपसहसंयोजन संख्या 6 है। (सत्य/असत्य)

10 यौगिकों द्वारा प्रदर्शित ज्यामिति का नाम बताइए, जिसकी उपसहसंयोजन संख्या 5 है।

11 लिगैण्डों की विभिन्न संभावित ज्यामितीय व्यवस्था के कारण हेट्रोलेप्टिक संकलो में उत्पन्न होने वाली समावयवता का नाम बताइए।

12 कॉपर सल्फेट के जलीय विलयन में KCN आधिक्य में मिलाने पर बनने वाले यौगिक का नाम बताइए।

13 वर्ग समतलीय $[Pt(Cl)(py)(NH_3)(NH_2OH)]^+$ के ज्यामितीय समावयवियों की संख्या लिखिए।

14 जब विलायक जल होता है, तो विलायक योजन समावयवता को .... समावयवता भी कहा जाता है।

15 $[Cr(H_2O)_6]Cl_2$ और $[Cr(H_2O)_5Cl]Cl_2 \cdot H_2O$ संकुलों के बीच विद्यमान समावयवता का नाम बताइए।

16 संयोजकता आबन्ध सिद्धान्त उपसहसंयोजन यौगिकों की गतिक स्थायित्व की मात्रात्मक व्याख्या नहीं करता है। (सत्य/असत्य)

17 प्रबल क्षेत्र लिगैण्ड की उपस्थिति में *d*-कक्षकों का विपाटन कम होता है।

18 $[Co(NH_3)_6]^{3+}$ को निम्न प्रचक्रण संकुल कहा जाता है, जबकि $[CoF_6]^{3-}$ को उच्च प्रचक्रण संकुल कहा जाता है। (सत्य/असत्य)

19 $[Mn(CN)_6]^{3-}$ का चुम्बकीय आघूर्ण दो अयुग्मित इलेक्ट्रॉनों के कारण होता है, जबकि $[MnCl_6]^{3-}$ का चुम्बकीय आघूर्ण तीन अयुग्मित इलेक्ट्रॉनों के कारण होता है। (सत्य/असत्य)

20 जब CN^- लिगैण्ड Fe^{3+} आयन से जुड़कर संकुल बनाते हैं, तो चुम्बकीय आघूर्ण (μ) का सैद्धान्तिक मान क्या होगा?

21 लिगैण्ड जिनके लिए $\Delta_0 < P$ होता है, ... क्षेत्र लिगैण्ड कहलाता है और ये .... प्रचक्रण संकुल बनाते हैं।

22 कीलेट संकुल, अकीलेट संकुलों की तुलना में अधिक स्थायी होते हैं। (सत्य/असत्य)

23 उस लिगैण्ड का नाम बताइए जिसमें दो अलग-अलग दाता परमाणु हैं और उनमें से कोई एक संकुल में भाग लेता है।

24 $[Cr(H_2O)_6]^{3+}$ में अयुग्मित इलेक्ट्रॉनों की संख्या .... है।

25 $[Ti(H_2O)_6]Cl_3$ को गर्म करने पर बैंगनी रंग बदलकर .... हो जाता है, जबकि जल अजलीय कॉपर सल्फेट का रंग बदलकर .... कर देता है।

26 .... और .... मैग्नीशियम और लोहे के उपसहसंयोजन यौगिक हैं जिनका जैविक महत्व है।

27 $Fe(CO)_5$ आबंधन के प्रकार का क्या नाम है?

28 अशुद्ध निकेल को $[Ni(CO)_4]$ में परिवर्तित किया जाता है, इसे अपघटित करकर शुद्ध निकेल प्राप्त किया जाता है। यह उपसहसंयोजन यौगिकों की सहायता से धातु के शुद्धिकरण का एक उदाहरण है। (सत्य/असत्य)

29 ब्लैक और व्हाइट फोटोग्राफी में उपस्थित Ag के संकुल आयन का सूत्र बताइए।

30 $[Ag(CN)_2]^-$ और $[Au(CN)_2]^-$ विलयन के चाँदी और सोने से वस्तुओं पर विद्युत लेपन नहीं किया जा सकता हैं। (सत्य/असत्य)

शीर्षकवार प्रश्न

उपसहसंयोजन यौगिकों का वर्नर सिद्धान्त

1 कुछ हेक्सा उपसहसंयोजन संकुलों के अणुसूत्र दिए गए हैं।

A. $CoCl_3 \cdot 6NH_3$

B. $CoCl_3 \cdot 5NH_3$

C. $CoCl_3 \cdot 4NH_3$

A, *B* और *C* में उपसहसंयोजित NH_3 अणुओं की संख्या क्रमशः 6, 5 और 4 है, तो (*A*), (*B*), और (*C*) में प्राथमिक संयोजकता क्रमशः होगी **NCERT पृष्ठ 119**

(a) 6, 5 और 4 (b) 3, 2 और 1
(c) 0, 1 और 2 (d) 3, 3 और 3

2 निम्नलिखित में से कौन-सा संकुल $AgNO_3$ के जलीय विलयन से अधिक समतुल्य का उपभोग करेगा? **NCERTपृष्ठ 119**

(a) $Na_3[CrCl_6]$ (b) $[Cr(H_2O)_5Cl]Cl_2$
(c) $[Cr(H_2O)_6]Cl_3$ (d) $Na_2[CrCl_5(H_2O)]$

3 संकुल आयन, डाइक्लोरोडाईऑक्सेलेटो क्रोमियम (iii) में क्रोमियम की प्राथमिक और द्वितीयक संयोजकताएँ क्रमशः हैं **NCERT पृष्ठ 119**

(a) 3 और 4 (b) 4 और 3
(c) 6 और 3 (d) 3 और 6

4 एक मोल $Co(NH_3)_5Br_3$ का एक मोल जल में विलेय होने पर 3 मोल आयन देता है। इसका एक मोल $AgNO_3$ के दो मोल के साथ अभिक्रिया करके AgBr के दो मोल देता है। यह संकुल है **NCERT पृष्ठ 119**

(a) $[Co(NH_3)_4Br_2]Br \cdot NH_3$ (b) $[Co(NH_3)_4Br_2]Br_2NH_3$
(c) $[Co(NH_3)_5Br]Br_2$ (d) $[Co(NH_3)_3Br_3] \cdot 2NH_3$

5 उपसहसंयोजन संकुल *X*, $AgNO_3$ विलयन के साथ सफेद अवक्षेप देता है जबकि इसका समावयवी *Y*, $BaCl_2$ के साथ सफेद अवक्षेप देता है। दो यौगिक $CuClSO_4 \cdot 5NH_3$ के समावयवी हैं। *X* और *Y* के सम्भावित सूत्र हैं **NCERT पृष्ठ 119**

	X	*Y*
(a)	$[Cu(NH_3)_5SO_4]Cl$	$[Cu(NH_3)_5Cl]SO_4$
(b)	$[Cu(NH_3)_5Cl]SO_4$	$[Cu(NH_3)_5SO_4]Cl$
(c)	$[Cu(NH_3)_4ClSO_4]NH_3$	$[Cu(NH_3)_5Cl]SO_4$
(d)	$[Cu(Cl)_5NH_3]SO_4$	$[Cu(Cl)_4(NH_3)SO_4]Cl$

6 Co^{3+} और Pt^{4+} दोनों की उपसहसंयोजन संख्या 6 है। निम्नलिखित में से कौन-सा संकुल युग्म 0.001 M जलीय विलयन के लिए लगभग समान विद्युत चालकता प्रदर्शित करेगा? **NCERT पृष्ठ 119**

(a) $CoCl_3 \cdot 4NH_3$ और $PtCl_4 \cdot 4NH_3$
(b) $CoCl_3 \cdot 3NH_3$ और $PtCl_4 \cdot 5NH_3$
(c) $CoCl_3 \cdot 6NH_3$ और $PtCl_4 \cdot 5NH_3$
(d) $CoCl_3 \cdot 6NH_3$ और $PtCl_4 \cdot 3NH_3$

7 जलीय विलयन के साथ किए गए निम्नलिखित प्रेक्षणों के आधार पर। **NCERT पृष्ठ 119**

सूत्र	आधिक्य में $AgNO_3$ मिलाने पर एक मोल यौगिक से अवक्षेपित AgCl को मोलों की संख्या
I. $PdCl_2 \cdot 4NH_3$	2
II. $NiCl_2 \cdot 6H_2O$	2
III. $PtCl_2 \cdot 4HN_3$	0
IV. $CoCl_3 \cdot 4NH_3$	1
V. $PtCl_2 \cdot 2NH_3$	0

I और III की द्वितीयक संयोजकताएँ हैं

(a) क्रमशः 4 और 5 (b) क्रमशः 4 और 6
(c) क्रमशः 6 और 4 (d) क्रमशः 2 और 4

8 निम्नलिखित में से कौन-सा संकुल विलयन में आयनित हो सकता है? **NCERT पृष्ठ 119**

I. $[CoCl_3(NH_3)_3]$ II. $[Pt(NH_3)_6]Cl_4$
III. $K_2[PtF_6]$ IV. $K_4[Fe(CN)_6]$

नीच दिए गए विकल्पों में से सबसे उपयुक्त उत्तर का चयन करें।

(a) I, II और III (b) II, III और IV
(c) I, III और IV (d) I, II, III और IV

उपसहसंयोजन यौगिक में प्रयुक्त कुछ प्रमुख पदों की परिभाषाएँ

9 एथिलीनडाइएमीनटेट्राऐसीटिक अम्ल (EDTA) की सही संरचना है **NCERT पृष्ठ 121**

(a)
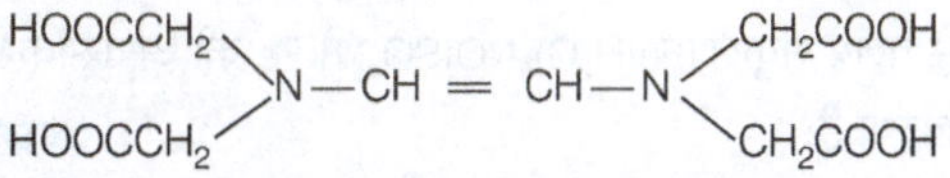

(b)
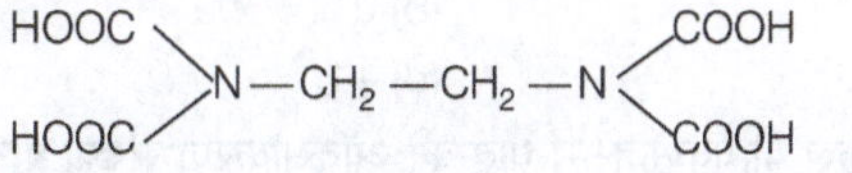

(c)
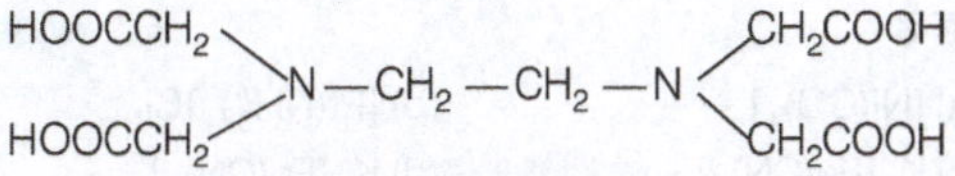

(d)
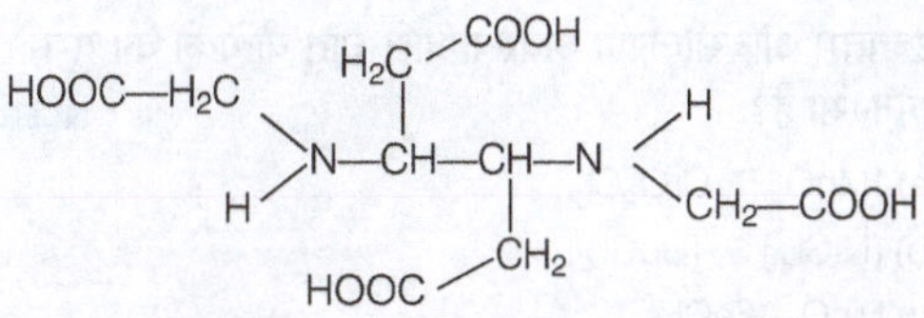

10 $[PtCl_6]^{2-}$ और $[Ni(NH_3)_4]^{2+}$ में Pt और Ni की उपसहसंयोजन संख्या क्रमशः है। **NCERT पृष्ठ 121**

(a) 4 और 6 (b) 6 और 4
(c) 4 और 4 (d) 6 और 6

11 संकुल आयनों, $[Fe(C_2O_4)_3]^{3-}$ और $[Co(en)_3]^{3+}$ में Fe और CO की उपसहसंयोजन संख्या 6 है। ऐसा इसलिए है क्योंकि **NCERT पृष्ठ 121**

(a) $C_2O_4^{2-}$ और एथेन-1, 2-डाइऐमीन द्विदन्तुक लिगैण्ड हैं।
(b) $C_2O_4^{2-}$ और एथेन-1, 2-डाइऐमीन उभयदन्तुक लिगैण्ड हैं।
(c) $C_2O_4^{2-}$ और एथेन-1, 2-डाइऐमीन बहुदन्तुक लिगैण्ड हैं।
(d) $C_2O_4^{2-}$ उभयदन्तुक है जबकि एथेन, 1, 2-डाइऐमीन बहुदन्तुक लिगैण्ड है।

12 निम्नलिखित में से कौन-सा कथन गलत है? **NCERT पृष्ठ 121**

(a) उपसहसंयोजन सत्ता एक केंद्रीय धातु परमाणु या आयन का निर्माण करती है, जो निश्चित संख्या में आयनों या अणुओं से बन्धित होता है।
(b) केन्द्रीय परमाणु/आयनों को लुईस अम्ल भी कहा जाता है।
(c) उपसहसंयोजन सत्ता में केन्द्रीय परमाणु/आयन से परिबद्ध आयनों या अणुओं को लिगैण्ड कहा जाता है।
(d) लिगटिंग समूहों की संख्या को उभयदन्तुक कहा जाता है।

13 किसी संकुल में केन्द्रीय परमाणु की ऑक्सीकरण संख्या को उस आवेश के रूप में परिभाषित किया जाता है, जो **NCERT पृष्ठ 122**

(a) केन्द्रीय परमाणु द्वारा दान किए गए इलेक्ट्रॉन युग्मों के साथ सभी लिगैण्ड हटा देने पर उत्पन्न होता है।
(b) केन्द्रीय परमाणु के साथ साझा किए गए इलेक्ट्रॉन युग्मों के साथ-साथ सभी लिगैण्डों को हटा दिया जाने पर उत्पन्न होगा
(c) सभी लिगैण्डों को केन्द्रीय धातु परमाणु से हटा देने पर उत्पन्न होता है।
(d) सभी इलेक्ट्रॉन युग्म केन्द्रीय परमाणु के साथ साझा किए जाते हैं

14 भूरे वलय संकुल $[Fe(H_2O)_5NO]SO_4$ में Fe की ऑक्सीकरण अवस्था है **NCERT पृष्ठ 122**

(a) +3 (b) 0
(c) +2 (d) +1

15 एक संकुल यौगिक जिसमें धातु की ऑक्सीकरण संख्या शून्य है, वह है **NCERT पृष्ठ 122**

(a) $[Ni(CO)_4]$ (b) $[Pt(NH_3)_4]Cl_2$
(c) $K_3[Fe(CN)_6]$ (d) $K_4[Fe(CN)_6]$

16 उच्चतम ऑक्सीकरण अवस्था वाले धातु यौगिकों का युग्म कौन-सा है? **NCERT पृष्ठ 122**

(a) $[MnO_4]^-$, CrO_2Cl_2
(b) $[NiCl_4]^{2-}$, $[CoCl_4]^-$
(c) MnO_2, $FeCl_3$
(d) $[Fe(CN)_6]^{3-}$, $[Co(CN)_6]^{3-}$

17 निम्नलिखित में से किस यौगिक के केंद्रीय धातु परमाणु के धनायनिक और ऋणायनिक भाग में ऑक्सीकरण अवस्था समान है? **NCERT पृष्ठ122**

(a) $[Pt(NH_3)_4][PtCl_6]$ (b) $[Pt(NH_3)_4Cl_2][PtCl_4]$
(c) $[Ag(NH_3)_2][Ag(CN)_2]$ (d) $K_4[Ni(CN)_6]$

18 निम्नलिखित में से कौन-सा $[Co(NH_3)_6]^{3+}$ और $[Co(NH_3)_4Cl_2]^+$ यौगिकों के लिए सही है? **NCERT पृष्ठ 122**

(a) दोनों होमोलेप्टिक संकुल हैं।
(b) दोनों हेट्रोलेप्टिक संकुल हैं।
(c) $[Co(NH_3)_6]^{3+}$ होमोलेप्टिक संकुल है और $[Co(NH_3)_4Cl_2]^+$ हेट्रोलेप्टिक संकुल है।
(d) $[Co(NH_3)_6]^{3+}$ हेट्रोलेप्टिक संकुल है; $[Co(NH_3)_4Cl_2]^+$ होमोलेप्टिक संकुल है।

19 निम्नलिखित में से कौन-सा कथन गलत है? **NCERT पृष्ठ 122**

(a) केन्द्रीय परमाणु/आयन तथा उससे जुड़े लिगैण्ड को वर्गाकार कोष्ठक में रखा जाता है तथा इसे सामूहिक रूप से उपसहसंयोजन मण्डल कहा जाता है।
(b) आयननीय समूहों को कोष्ठक के बाहर लिखा जाता है तथा उन्हें प्रति आयन कहा जाता है।
(c) सबसे सामान्य उपसहसंयोजन बहुफलक अष्टफलकीय, वर्ग समतलीय और चतुष्फलकीय हैं।
(d) $[Ni(CO)_4]$ वर्ग समतलीय है और $[Pt(Cl_4]^{2-}$ चतुष्फलकीय है।

उपसहसंयोजन यौगिकों का नामकरण

20 यदि संकुल आयन ऋणायन है, तो धातु का नाम अनुलग्न-ऐट (ate) के साथ समाप्त होता है। धनावेशित संकुल आयन के लिए, **NCERT पृष्ठ 123**

(a) धातु का नाम तत्व के समान है।
(b) धातु का नाम अनुलग्न-ऐट (ate) से समाप्त होता है।
(c) धातु का नाम अनुलग्न-ओ (O) के साथ समाप्त होता है।
(d) लैटिन नाम का उपयोग किया जाता है।

21 यौगिक $(Co(en)_2Cl_2]_2SO_4$ का IUPAC नाम है **NCERT पृष्ठ 123**

(a) डाइक्लोरोएथिलीनडाइऐमीन कोबाल्ट (III) सल्फेट
(b) डाइक्लोरो *बिस* (एथिलीनडाइऐमीन) कोबाल्ट (III) सल्फेट
(c) 2-*बिस*डाइक्लोरो (एथिलीनडाइऐमीन) कोबाल्ट (III) सल्फेट
(d) डाइक्लोरो *बिस* (एथिलीनडाइऐमीन) कोबाल्ट (II) सल्फेट

22 निम्नलिखित में से किसका नाम डाइब्रोमिडो *बिस* (एथिलीनडाइऐमीन) क्रोमियम (III) ब्रोमाइड है? **NCERT पृष्ठ 123**

(a) $[Cr(en)_3]Br_3$ (b) $[Cr(en)_2Br_2]Br$
(c) $[Cr(en)Br_4]^-$ (d) $[Cr(en)Br_2]Br$

23 संकुल $[Pt(NH_3)_3Br(NO_2)Cl]Cl$ का IUPAC नाम है **NCERT पृष्ठ 123**

(a) ट्राइऐमीन क्लोरिडोब्रोमिडोनाइट्रो प्लेटिनम (IV) क्लोराइड
(b) ट्राइऐमीन ब्रोमिडोक्लोरिडोनाइट्रो प्लेटिनम (IV) क्लोराइड
(c) ट्राइऐमीन ब्रोमिडोक्लोरिडोनाइट्रो प्लेटिनम (II) क्लोराइड
(d) ट्राइऐमीन क्लोरिडोब्रोमिडोनाइट्रो प्लेटिनम (II) क्लोराइड

24 अमोनिया गैस $FeCl_3 \cdot 4NH_3$ संकुल से नहीं होती है परन्तु यह $AgNO_3$ के जलीय विलयन के साथ सफेद अवक्षेप देता है। उपरोक्त संकुल में केंद्रीय धातु आयन की उपसहसंयोजन संख्या 6 है। संकुल का IUPAC नाम है **NCERT पृष्ठ 123**

(a) अमोनियम ट्राइक्लोरो ट्राइऐमीन आयरन (III)
(b) टेट्राऐमीन डाइक्लोरो आयरन (III) क्लोराइड
(c) डाइक्लोरोटेट्राऐमीन फैरेट (iii) क्लोराइड
(d) डाइक्लोरोटेट्राऐमीन आयरन (III) क्लोराइड

25 संकुल $[Pt(NH_3)_2Cl(NH_2CH_3)]Cl$ IUPAC नाम है **NCERT पृष्ठ 123**

(a) डाइऐमीन (मेथेनऐमीन) क्लोरिडो प्लेटिनम (II) क्लोराइड
(b) डाइऐमीनक्लोरिडो (मेथेनऐमीन) प्लेटिनम (II) क्लोराइड
(c) डाइऐमीनक्लोरिडो (ऐमीनोमेथेन) प्लेटिनम (II) क्लोराइड
(d) बिसऐमीन (मेथेनऐमीन) क्लोरिडो प्लेटिनम (II) क्लोराइड

26 IUPAC नामकरण के अनुसार सोडियम नाइट्रोप्रुसाइड का नाम है **NCERT पृष्ठ 123**

(a) सोडियम पेण्टासायनोनाइट्रोसिल फेरेट (II)
(b) सोडियम पेण्टासायनोनाइट्रोसिल फेरेट (III)
(c) सोडियम नाइट्रोफेरिक सायनाइड
(d) सोडियम नाइट्रोफेरोसायनाइड

27 निम्नलिखित कथनों पर विचार करें। **NCERT पृष्ठ 123**

I. उपसहसंयोजन इकाई के लिए अपनाए गए सूत्र और नाम IUPAC की अनुशंसाओं पर आधारित हैं।
II. उपसहसंयोजन इकाई के सूत्र लिखते समय धनायन के आवेश को ऋणायन के आवेश द्वारा संतुलित किया जाता है।
III. जब लिगैण्ड बहुपरमाणुक होते हैं, तो उनके सूत्र कोष्ठक में लिखे जाते हैं।
IV. उपसहसंयोजन मण्डल के अन्दर लिगैण्ड और धातु के बीच कोई स्थान नहीं होना चाहिए।

नीचे दिए गए विकल्पों में से सही उत्तर चुनें।

(a) I और II (b) II और III (c) I, II और III (d) I, II, III और IV

28 उपसहसंयोजन यौगिकों के नामकरण के निम्नलिखित नियमों पर विचार कर, गलत विकल्प चुनिए। **NCERT पृष्ठ 123**

(a) धनात्मक तथा ऋणात्मक दोनों प्रकार के उपसहसंयोजन इकाई में धनायन का नाम पहले लिखा जाता है।
(b) लिगैण्डों का नामकरण केन्द्रीय परमाणु/आयन के नाम के अनुसार वर्णमाला क्रम में लिखा जाता है।
(c) ऋणायनिक लिगैण्ड के नाम 'ओ' (o) से समाप्त होते हैं।
(d) उपसहसंयोजन इकाई में धातु की ऑक्सीकरण अवस्था को रोमन अंकों द्वारा कोष्ठक में दर्शाया जाता है।

29 गलत कथन का चयन करें। **NCERT पृष्ठ 123**

(a) टेट्राऐमीनडाइएक्वा कोबाल्ट (III) क्लोराइड का आण्विक सूत्र $[Co(NH_3)_4(H_2O)_2Cl_3]_2$ है।
(b) डाइक्लोरिडो *बिस*-एथेन-1, 2-डाऐमीन) प्लेटिनम (IV) नाइट्रेट का आण्विक सूत्र $[PtCl_2(en)_2](NO_3)_2$ है।
(c) आयरन (III) हेक्सायनोफेरेट (II) का आण्विक सूत्र $Fe_4[Fe(CN)_6]_3$ है।
(d) यदि संकुल का नाम धातु से शुरू होता है, तो यह ऋणायनिक संकुल है।

30 उपसहसंयोजन यौगिक डाइऐमीनसिल्वर (I) डाइसायनोअर्जेनेटट (I) का सूत्र है। **NCERT पृष्ठ 124**

(a) $[Ag(NH_3)_2][Ag(NC)_2]$ (b) $[Ag(NH_3)_2][Ag(CN)_2]$
(c) $[Ag(NH_3)_2][Ag(CN)_3]$ (d) $[Ag(NH_3)_2][Ag(CN)_2]$

31 उपसहसंयोजन यौगिक *ट्रिस* (एथेन-1, 2-डाइऐमीन) कोबाल्ट (III) सल्फेट का सूत्र है। **NCERT पृष्ठ 124**

(a) $[Co(H_2NCH_2CH_2NH_2)_3]_2(SO_4)_3$
(b) $[Co(H_2NCH_2CH_2NH_2)_3]SO_4$
(c) $[Co(H_2NCH_2CH_2NH_3)_2](SO_4)_3$
(d) $[Co(H_2NCH_2CH_2NH_2)_3](SO_4)_3$

32 $[Al(OH)_2(H_2O)_4]SO_4$ संकुल का नाम है **NCERT पृष्ठ 124**

(a) डाइहाइड्रॉक्सोटेट्राहाइड्राइड ऐलुमिनियम (III) सल्फेट
(b) टेट्राएक्वाडाइहाइड्रॉक्सी ऐलुमिनियम (III) सल्फेट
(c) टेट्राएक्वाडाइहाइड्रॉक्सी ऐलुमिनियम (IV) सल्फेट
(d) डाइहाइड्रॉक्सीटेट्राहाइड्राइडऐल्युमिनियम (IV) सल्फेट

33 निकेल (II) आयन की उपसहसंयोजन संख्या 4 है। **NCERT पृष्ठ 124**

$$NiCl_2 + \underset{(\text{आधिक्य})}{KCN} \longrightarrow \underset{(\text{सायनोसंकुल})}{X}$$

$$X + \underset{(\text{आधिक्य})}{\text{सान्द्र } HCl} \longrightarrow \underset{(\text{क्लोरोसंकुल})}{Y}$$

संकुल X और Y के लिए IUPAC नाम क्रमशः हैं

(a) पोटैशियम टेट्रासायनोनिकेल (II) और पोटैशियम टेट्राक्लोरोनिकेल (II)
(b) टेट्रासायनोनिकेल (II) और टेट्राक्लोरोनिकेल (II)
(c) टेट्रासायनो पोटैशियम निकेलेट (II) और टेट्राक्लोरो पोटैशियम निकेलेट (III)
(d) पोटैशियम टेट्रासायनोनिकलेट (II) और पोटैशियम टेट्राक्लोरोनिकलेट (II)

34 निम्नलिखित यौगिक और दिए गए उपसहसंयोजन यौगिक $[Co(H_2NCH_2CH_2NH_2)_3]_2(SO_4)_3]$ के सम्बन्ध में कथनों पर विचार करें **NCERT पृष्ठ 121, 122**

I. अणु में प्रति आयन सल्फेट है।
II. संकुल धनायन पर आवेश +2 होना चाहिए।
III. यौगिक में उदासीन अणु एथेन-1, 2-डाइऐमीन है।

गलत कथन चुनें और नीचे दिए गए सही विकल्पों का चयन करें।

(a) केवल II (b) केवल III
(c) II और IIII (d) I और III

उपसहसंयोजन यौगिकों में समावयवता

35 $[Co(NH_3)_4Cl_2]^+$ संरचना वाले दो अलग-अलग रंगीन संकुलों का अस्तित्व किसके कारण है? **NCERT पृष्ठ 125**

(a) आयनन समावयवता (b) बन्धनी समावयवता
(c) ज्यामितीय समावयवता (d) उपसहसंयोजन समावयवता

36 संकुल $[Pt(py)(NH_3)BrCl]$ में कितने ज्यामितीय समावयवी होंगे? **NCERT पृष्ठ 125**

(a) 2 (b) 3 (c) 4 (d) 0

37 निम्नलिखित संकुल आयनों में से, जो ज्यामितीय समावयवता दर्शाता है, वह होगा NCERT पृष्ठ 125

(a) $[Cr(H_2O)_4Cl_2]^+$ (b) $[Pt(NH_3)_3Cl]$
(c) $[Co(NH_3)_6]^{3+}$ (d) $[CO(CN)_5(NC)]^{3-}$

38 कौन-सा संकुल फलकीय और रेखांशिक समावयवता प्रदर्शित करता है NCERT पृष्ठ 126

(a) $[Pt(NH_3)_2Cl_2]$ (b) $[CO(NH_3)_3(NO_2)_3]$
(c) $[CO(NH_3)_4Cl_2]^+$ (d) $[CoCl(en)]_2$

39 $[Pt(Cl_2(en)_2]^{2+}$ प्रकार की एक उपसहसंयोजन इकाई में, प्रकाशीय सक्रियता को किसके द्वारा दर्शाया जाता है? NCERT पृष्ठ 126

(a) केवल *सिस* समावयवी
(b) केवल *ट्रांस*-समावयवी
(c) दोनों *सिस* और *ट्रांस* समावयवी
(d) यौगिक प्रकाशिक रूप से निष्क्रिय है

40 निम्नलिखित में से कौन-सा प्रकाशिक समावयवी है?
(en = एथिलीन डाइऐमीन)

(a) $[Zn(en)(NH_3)_2]^{2+}$ (b) $[CO(en)_3]^{3+}$
(c) $[CO(H_2O)_4(en)]^{3+}$ (d) $[Zn(en)_2]^{2+}$

41 निम्नलिखित मे से कौन-सा उपसहसंयोजन युग्म यौगिक प्रतिबिम्ब रूप (एनैन्टिओमर) का एक युग्म प्रदर्शित करता है? NCERT पृष्ठ 126

(a) पेन्टाऐमीन नाइट्रोकोबाल्ट (III) आयोडाइड
(b) डाइऐमीनेडडाइनिट्रोप्लेटिनम (II)
(c) *ट्रांस*-डाइसायनोबिस (एथिलीनडाइऐमीन)
(d) ट्रिस-(एथिलीनडाइऐमीन) कोबाल्ट (III) ब्रोमाइड

42 निम्नलिखित जटिल आयनों के द्वारा किस प्रकार की समावयवता दशाई जाती है? NCERT पृष्ठ 126

I. $[Ni(H_2O)_5NH_3]^{2+}$ II. $[Ni(H_2O)_4(NH_3)_2]^{2+}$
III. $[Ni(H_2O)_3(NH_3)_3]^{2+}$

नीचे दिए गए विकल्पों मे से सबसे उपयुक्त उत्तर चुनें।
(a) I और II ज्यामितीय और प्रकाशिक समावयवता दर्शाते हैं।
(b) II और III केवल प्रकाशिक समावयवता दर्शाते हैं।
(c) II और III केवल ज्यामितीय समावयवता दशाते हैं।
(d) II और III ज्यामितीय और प्रकाशिक समावयवता दशाते हैं।

43 निम्नलिखित में से किस युग्म में दोनों संकुल प्रकाशिक समावयवता दर्शाते हैं? NCERT पृष्ठ 126

(a) $[Co(NO_3)_3(NH_3)_3]$, *सिस* $[Pt(en)_2Cl_2]$
(b) $[Pt(Cl\ (dien)]Cl$, $[NiCl_2Br_2]^{2-}$
(c) $[Co(en)_3]Cl_3$, *सिस* $[Co(en)_2Cl_2]Cl$
(d) $[Cr(C_2O_4)_2Cl_2]^{3-}$, *सिस* $[Co(NH_3)_4Cl_2]^+$

44 जब द्विदन्तुक लिगैण्ड (L—L) सूत्र $[MX_2(L—L)_2]$ के संकुलों में उपस्थित होते हैं, तो किस प्रकार की समावयवता उत्पन्न होती है? NCERT पृष्ठ 126

(a) प्रकाशिक समावयवता (b) ज्यामितीय समावयवता
(c) बन्धनी समावयवता (d) विलायकयोजन समावयवता

45 बन्धनी समावयवता में किस प्रकार का लिगैण्ड शामिल होता है? NCERT पृष्ठ 127

(a) एकदन्तुक (b) द्विदन्तुक
(c) बहुदन्तुक (d) दन्तुक

46 निम्नलिखित मे से कौन-सा युग्म बन्धनी समावयवता दर्शाता है?

(a) $[Cu(NH_3)_4][PtCl_4]$ और $[Pt(NH_3)_4][CuCl_4]$
(b) $[Pd(PPh_3)_2(SCN)_2]$ और $[Pd(PPh_3)_2(NCS)_2]$
(c) $[Co(NH_3)_5NO_3]SO_4$ और $[Co(NH_3)_5SO_4]O_3$
(d) $[PtCl_2(NH_3)_4]Br_2$ और $[PtBr_2(NH_3)_4]Cl_2$

47 उपसहसंयोजन समावयवता उत्पन्न होती है NCERT पृष्ठ 127

(a) जब किसी संकुल लवण में प्रति आयन स्वयं एक संभावित लिगैण्ड होता है
(b) एक संकुल में उपस्थित भिन्न धातु आयनों की धनायनिक और ऋणायनिक उपसहसंयोजन इकाई के मध्य लिगैण्डों के अंतर-परिवर्तन से
(c) जब इसमें उभयदन्तुक लिगैण्ड होता है
(d) जल विलायक के रूप में केवल जल प्रयुक्त हो

48 $[Co(NH_3)_5SO_4]Br$ और $[Co(NH_3)_5Br]SO_4$ हैं NCERT पृष्ठ 127

(a) बन्धनी समावयवी (b) उपसहसंयोजन समावयवी
(c) आयनन समावयवी (d) विलायकयोजन समावयवी

49 संकुल $[Co(NH_3)_6][Cr(CN)_6]$ और $[Cr(NH_3)_6][Co(CN)_6]$ किस प्रकार की समावयवता के उदाहरण हैं? NCERT पृष्ठ 127

(a) ज्यामितीय समावयवता (b) बन्धनी समावयवता
(c) आयनन समावयवता (d) उपसहसंयोजन समावयवता

50 विलायकयोजन समावयवता के बारे में निम्नलिखित कथनों पर विचार करें NCERT पृष्ठ 128

I. इसे 'हाइड्रेट समावयवता' के नाम से भी जाना जाता है, जहाँ जल एक विलायक के रूप में प्रयुक्त होता है।
II. आयनन समावयवता के भी समान है।
III. विलायक योजन समावयवों के क्रिस्टल जालक में एक विलायक अणु धातु या मुक्त या अणु द्वारा भिन्न होते हैं।

नीचे दिए गए विकल्पों में से सबसे उपयुक्त उत्तर चुनें।
(a) I और II (b) II और III
(c) I और III (d) I, II और III

उपसहसंयोजन यौगिकों में आबन्धन

51 जब क्षारीय माध्यम में $CuSO_4$ विलयन में अधिक मात्रा में अमोनिया लिया जाता है, तो गहरे नीले रंग का संकुल प्राप्त होता है। यह संकुल है NCERT पृष्ठ 128

(a) चतुष्फलकीय अनुचुम्बकीय
(b) चतुष्फलकीय प्रतिचुम्बकीय
(c) वर्गसमतलीय और प्रतिचुम्बकीय
(d) वर्गसमतलीय और अनुचुम्बकीय

52 निम्नलिखित मे से कौन न्यूनतम अनुचुम्बकीय व्यवहार प्रदर्शित करेगा? NCERT पृष्ठ 129
(Cr की परमाणु संख्या = 24, Mn = 25, Fe = 26, Co = 27)
(a) $[Cr(H_2O)_6]^{2+}$ (b) $[Mn(H_2O)_6]^{2+}$
(c) $[Fe(H_2O)_6]^{2+}$ (d) $[Co(H_2O)_6]^{2+}$

53 कौन-सा संकुल d^2sp^3-संकरित है? NCERT पृष्ठ 129
(a) $[Co(NH_3)_6]^{3+}$ (b) $[Fe(Cl)_6]^{3-}$
(c) $[Cu(NH_3)_4]^{2+}$ (d) $[CoF_6]^{3-}$

54 निम्नलिखित मे से कौन-सा एक बाह्य कक्षक संकुल है और अनुचुम्बकीय व्यवहार प्रदर्शित करता है? NCERT पृष्ठ 129
(a) $[Ni(NH_3)_6]^{2+}$ (b) $[Zn(NH_3)_6]^{2+}$
(c) $[Cr(NH_3)_6]^{3+}$ (d) $[Co(NH_3)_6]^{3+}$

55 एक अष्टफलकीय संकुल $[Co(NH_3)_6]^{3+}$ में, NCERT पृष्ठ 129
I. कोबाल्ट आयन +3 ऑक्सीकरण अवस्था में है।
II. इसका इलेक्ट्रॉनिक विन्यास $3d^6$ है
III. प्रतिचुम्बकीय है।
नीचे दिए गए विकल्पों में से सबसे उपयुक्त उत्तर चुनें।
(a) I और II (b) II और III
(c) I और III (d) I, II और III

56 VBT के सम्बन्ध में निम्नलिखित में से कौन-सा कथन सत्य है?
I. लिगैण्ड के प्रभाव में धातु परमाणु या आयन अपने $(n-1)d$, ns, np या ns, np, nd कक्षकों का उपयोग संकरण के लिए कर सकते हैं
II. Ti^{3+}, V^{3+} एवं Cr^{3+} का चुम्बकीय व्यवहार एवं उनकी उपसहसंयोजन इकाई समान हैं।
III. d^6 युक्त आयनों के उपसहसंयोजन यौगिकों में, चुम्बकीय मान उच्चतम प्रचक्रण युग्मन से मेल खाते हैं।
IV. $[COF_6]^{3-}$ चार इलेक्ट्रॉनों के साथ प्रतिचुम्बकीय है, जबकि $[CO(C_2O_4)_3]^{3-}$ अनुचुम्बकीय है।
नीचे दिए गए विकल्पों में से सबसे उपयुक्त उत्तर चुनिए।
(a) I और II (b) II और III
(c) I, II और III (d) I, II, III और IV

57 निम्नलिखित में से कौन-सा आयन प्रकृति में अनुचुम्बकीय है? NCERT पृष्ठ 129
(a) $[Ni(NH_3)_4]^{2+}$ (b) $[Ni(CO)_4]$
(c) $[Co(NH_3)_6]^{3+}$ (d) $[Ni(CN)_4]^{2-}$

58 निम्नलिखित में से $[Co(en)_3]Cl_3$ के लिए गलत कथन का चयन करें। NCERT पृष्ठ 129
(a) होमोलेप्टिक संकुल (b) संकरण-d^2sp^3
(c) प्रकाशिक सक्रिय (d) प्रकृति में अनुचुम्बकीय

59 $[Fe(CN)_6]^{3-}$ संकुल के लिए निम्नलिखित मे से कौन-से कथन सही हैं? NCERT पृष्ठ 129
I. यह d^2sp^3-संकरण दर्शाता है।
II. यह उच्च प्रचक्रण संकुल संरचना दर्शाता है।
III. यह अनुचुम्बकीय है।
IV. यह बाह्य कक्षक संकुल है।
नीचे दिए गए विकल्पों में से सबसे उपयुक्त उत्तर चुनें।
(a) I और III (b) II और III
(c) III और IV (d) I और II

60 निम्नलिखित मे से किस संकुल में वर्ग समतलीय ज्यामिति है? NCERT पृष्ठ 130
(a) $[CoCl_4]^{2-}$ (b) $[FeCl_4]^{2-}$
(c) $[NiCl_4]^{2-}$ (d) $[PtCl_4]^{2-}$

61 निम्नलिखित में से कौन-सा कथन $[Ni(CO)_4]$ संकुल के लिए सत्य है? NCERT पृष्ठ 130
(a) Ni का संकरण sp^3 है। (b) उच्च प्रचक्रण संकुल
(c) अनुचुम्बकीय (d) वर्ग समतलीय

62 $[MnCl_6]^{3-}$, $[FeF_6]^{3-}$ और $[CoF_6]^{3-}$ के बारे में क्या सत्य है?
I. सभी बाह्य कक्षक सकुल हैं।
II. सभी में sp^3d^2-संकरण है।
III. सभी अनुचुम्बकीय संकुल हैं।
IV. $[MnCl_6]^{3-}$, $[FeF_6]^{3-}$ और $[CoF_6]^{3-}$ में क्रमशः 4, 5 तथा 4 अयुग्मित इलेक्ट्रॉन हैं।
नीचे दिए गए विकल्पों में से सबसे उपयुक्त उत्तर चुनें। NCERT पृष्ठ 130
(a) I, II और III (b) II, III और IV
(c) I, III और IV (d) I, II, III और IV

63 $[CoF_6]^{3-}$ के बारे मे निम्नलिखित में से कौन-सा विवरण सही है? NCERT पृष्ठ 130
(a) sp^3d^2, बाह्य कक्षक संकुल, अनुचुम्बकीय
(b) sp^3d^2, आंतरिक कक्षक संकुल प्रतिचुम्बकीय
(c) d^2sp^3, आंतरिक कक्षक संकुल अनुचुम्बकीय
(d) d^2sp^3 बाह्य कक्षक संकुल, प्रतिचुम्बकीय

64 निम्नलिखित में से कौन-से तथ्य CFT से सम्बन्धित हैं? NCERT पृष्ठ 131
I. किसी विलगित गैसीय धातु परमाणु/आयन में पाँचों d-कक्षकों की ऊर्जा समान होती है, अर्थात् ये अपभ्रष्ट अवस्था में होते हैं।
II. अपभ्रष्ट अवस्था तब तक बनी रहती है जब तक कि धातु परमाणु/आयन के चारों और ऋणावेशों का एक गोलीयतः सममित क्षेत्र रहता है।
III. जब यह ऋणात्मक क्षेत्र किसी संकुल में लिगैण्ड के कारण होता है तो यह असममित हो जाता है और d-कक्षकों की विकृति दूर हो जाती है
IV. यह विपाटन क्रिस्टल क्षेत्र की प्रकृति पर निर्भर करता है।
नीचे दिए गए विकल्पों में से सही उत्तर चुनें।
(a) I, II, III और IV (b) II, III और IV
(c) I, II और III (d) I, III और IV

65 निकेल ($Z = 28$) एकदन्तुक लिगैण्ड $X^{\ominus}$ के साथ संयोजित होकर एक अनुचुम्बकीय संकुल $[NiX_4]^{2-}$ बनाता है। निकेल में अयुग्मित इलेक्ट्रॉन की संख्या और इस संकुल आयन की ज्यमिति क्रमशः है। NCERT पृष्ठ 130

(a) एक, चतुष्फलकीय (b) दो, चतुष्फलकीय
(c) एक वर्ग समतलीय (d) दो, वर्ग समतलीय

66 निम्नलिखित में से VBT की सीमाएँ कौन-सी हैं? NCERT पृष्ठ 131

I. यह चुम्बकीय आँकड़ों की मात्रात्मक व्याख्या नहीं देता है।
II. यह दुर्बल और प्रबल क्षेत्र लिगैण्डों के मध्य विभेद नहीं करता है।
III. यह उपसहसंयोजन यौगिकों द्वारा दर्शाए गए रंगों का स्पष्टीकरण नहीं करता है।
IV. यह उपसहसंयोजन यौगिकों के ऊष्मागतिकीय और गतिक स्थायित्व की मात्रात्मक व्याख्या नहीं करता है।

नीचे दिए गए विकल्पों में से सही उत्तर चुनें।

(a) II, III और IV (b) II, III और IV
(c) I, III और IV (d) I, II और IV

67 $[CoF_6]^{3-}$ अनुचुम्बकीय है जबकि $[Co(C_2O_4)_3]^{3-}$ प्रतिचुम्बकीय प्रकृति का है। उपरोक्त कथन का कारण है NCERT पृष्ठ 130

(a) $[CoF_6]^{3-}$ में चार अयुग्मित इलेक्ट्रॉन उपस्थित हैं जबकि $[Co(C_2O_4)_3]^{3-}$ में अयुग्मित इलेक्ट्रॉन उपस्थित नहीं है।
(b) $[CoF_6]^{3-}$ में तीन अयुग्मित इलेक्ट्रॉन उपस्थित हैं जबकि $[Co(C_2O_4)_3]^{3-}$ में अयुग्मित इलेक्ट्रॉन उपस्थित नहीं हैं।
(c) $[CoF_6]^{3-}$ संकुल d^2sp^3 संकरण दर्शाता है इसलिए यह अनुचुम्बकीय है
(d) $[Co(C_2O_4)_3]^{3-}$ संकुल sp^3d^2-संकरण दर्शाता है इसलिए यह प्रतिचुम्बकीय है

68 निम्नलिखित संकुलों में अयुग्मित इलेक्ट्रॉनों की संख्या का सही क्रम है NCERT पृष्ठ 132

I. $[Cr(H_2O)_6]Br_2$ II. $Na_4[Fe(CN)_6]$
III. $Na_3[Fe(C_2O_4)_3](\Delta_0 > P)$ IV. $(Et_4N)_2[CoCl_4]$

(a) (II) ≈ (I) > (IV) > (III) (b) (I) > (IV) > (III) > (II)
(c) (III) > (I) > (IV) > (II) (d) (III) > (I) >(II) > (IV)

69 लिगैण्ड NH_3, en, CN^- और CO में, उनके बढ़ती हुई क्षेत्र प्रबलता का सही क्रम है NCERT पृष्ठ 132

(a) $CO < NH_3 < en < CN^-$ (b) $NH_3 < en < CN^- < CO$
(c) $CN^- < NH_3 < CO < en$ (d) $en < CN^- < NH_3 < CO$

70 d^4 आयनों के लिए, चौथा इलेक्ट्रॉन e_g कक्षक में प्रवेश करता है और अभिविन्यास $t_{2g}^3 e_g^1$ प्राप्त होता है NCERT पृष्ठ 132

(a) $\Delta_0 > P$ (b) $\Delta_0 < P$ (c) $\Delta_0 = P$ (d) $\Delta_0 \geq P$

71 चतुष्फलकीय संकुलों में, निम्न प्रचक्रण विन्यास विरल देखा जाता है। इस अवलोकन का कारण है NCERT पृष्ठ 133

(a) $\Delta_0 > P$ (b) $\Delta_t < P$
(c) $\Delta_0 = P$ (d) $\Delta_t = P$

72 किस संकुल में सबसे अधिक क्रिस्टल क्षेत्र विभाजन ऊर्जा (Δ) है? NCERT पृष्ठ 132

(a) $[Co(NH_3)_5Cl]Cl_2$ (b) $[Co(NH_3)_5(H_2O)]Cl_3$
(c) $K_3[Co(CN)_6]$ (d) $K_2[CoCl_4]$

73 क्रिस्टल क्षेत्र सिद्धान्त के आधार पर $[Co(ox)_3]^{3-}$ में केंद्रीय परमाणु का सही इलेक्ट्रॉनिक विन्यास क्या है? NCERT पृष्ठ 132

(a) $t_{2g}^4 e_g^2$ (b) $t_{2g}^6 e_g^0$ (c) $e^3 t_2^3$ (d) $e^4 t_2^2$

74 निम्नलिखित में से किस जटिल आयन में इलेक्ट्रॉन t_{2g} और e_g दोनों में सममित रूप से भरे हुए हैं NCERT पृष्ठ 132

(a) $[FeF_6]^{3-}$ (b) $[Mn(CN)_6]^{4-}$
(c) $[CoF_6]^{3-}$ (d) $[Co(NH_3)_6]^{2+}$

75 निम्नलिखित में से किस आयन के लिए 'केवल प्रचक्रण' चुम्बकीय आघूर्ण का मान 5.9 BM है? NCERT पृष्ठ 131

(a) Ni^{2+} (b) Mn^{2+} (c) Fe^{2+} (d) Sc^{2+}

76 चतुष्फलकीय संकुल $[NiCl_4]^{2-}$ के क्रिस्टल क्षेत्र में सही d-कक्षक विन्यास चुनें। NCERT पृष्ठ 133

(a) $e^4 t_2^1$ (b) $e^4 t_2^4$ (c) $e^2 t_2^6$ (d) $e^0 t_2^5$

77 निम्नलिखित में से कौन-सा संकुल आयन दृश्य प्रकाश को अवशोषित करने मे सक्षम नहीं है? NCERT पृष्ठ 133

(a) $[Ni(H_2O)_6]^{2+}$ (b) $[Ni(CN)_4]^{2-}$
(c) $[Cr(NH_3)_6]^{3+}$ (d) $[Fe(H_2O)_6]^{2+}$

78 निम्नलिखित संकुलों के लिए दृश्य क्षेत्र में प्रकाश की तरंगदैर्ध्य के अवशोषण का सही क्रम क्या है? NCERT पृष्ठ 133

(a) $[Ti(H_2O)_6]^{3+} < [Co(NH_3)_6]^{3+} < [Co(CN)_6]^{3-}$
(b) $[Co(CN)_6]^{3-} < [Ti(H_2O)_6]^{3+} < [Co(NH_3)_6]^{3-}$
(c) $[Co(CN)_6]^{3-} < [Co(NH_3)_6]^{3+} < [Ti(H_2O)_6]^{3+}$
(d) $[Ti(H_2O)_6]^{3+} < [Co(CN)_6]^{3-} < [Co(NH_3)_6]^{3+}$

79 क्रिस्टल क्षेत्र स्थायीकरण ऊर्जा (CFSE) किसके लिए सबसे अधिक है? NCERT पृष्ठ 133

(a) $[CoF_4]^{2-}$ (b) $[Co(NCS)_4]^{2-}$
(c) $[Co(NH_3)_6]^{3+}$ (d) $[CoCl_4]^{2-}$

80 रूबी, रत्न NCERT पृष्ठ 134

I. ऐलुमिनियम ऑक्साइड (Al_2O_3) है।
II. में 0.5 – 1% Cr^{3+} आयन (d^3) होते हैं।
III. Al^{3+} के स्थान पर Cr^{3+} आयन कहीं-कहीं अनियमित रूप से वितरित होते हैं।
IV. Cr^{3+} को ऐलुमिना जालक में समावेष्टित अष्टफलकीय क्रोमियम (III) संकुल के रूप में देख सकते हैं।
V. धातु-लिगैण्ड संक्रमण द्वारा इसमें पीला लाल रंग उत्पन्न होता है।

नीचे दिए गए विकल्पों में से सही उत्तर चुनें।

(a) I और II (b) IV और V
(c) II और III (d) I, II, III और IV

धातु कार्बोनिलों में आबन्धन

81 निम्नलिखित में से कौन-सा कथन धातु कार्बोनिलों के लिए सत्य नहीं है? NCERT पृष्ठ 136

(a) कार्बोनिलों में धातु की ऑक्सीकरण अवस्था शून्य होती है।
(b) द्वितीयक कार्बोनिल प्रकाश-अपघटन से प्राप्त होते हैं।
(c) धातु कार्बोनिल एकल बन्धित प्रजातियाँ हैं।
(d) धातु कार्बोनिलों में $d_\pi - p_\pi$ अतिव्यापन देखा जाता है।

82 डेकाकार्बोनिलडाइमैंगनीज (O) के बारे में निम्नलिखित में से कौन-सा कथन सत्य है? NCERT पृष्ठ 135

I. यह दो वर्ग पिरामिडी $Mn(CO)_5$ इकाइयों, से बना है।
II. इसमें Mn—O—Mn बन्ध होता है।
III. इसकी संरचना है

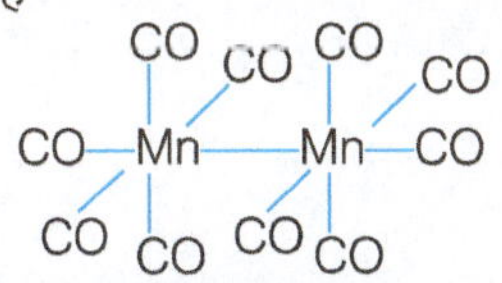

नीचे दिए गए विकल्पों में से सही उत्तर चुनें।

(a) I और II (b) II और III
(c) I और III (d) I, II और III

83 निम्नलिखित में से किस यौगिक में सहक्रियाशीलता प्रभाव उपस्थित है? NCERT पृष्ठ 135

(a) $[Ni(CO)_4]$ (b) $[NiCl_4]^{2-}$
(c) $[CuCl_4]^{2-}$ (d) $[Mn(H_2O)_6]^{2+}$

84 निम्नलिखित आकृति पर विचार करें। NCERT पृष्ठ 136

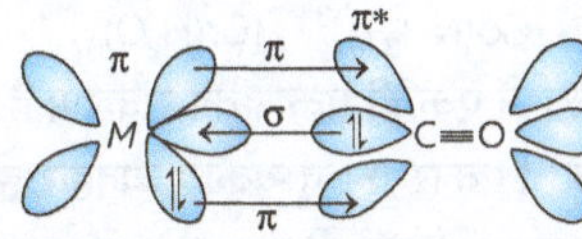

धातु और लिगैण्ड के मध्य किस प्रकार का बन्ध बनता है?

(a) सहक्रियात्मक बन्ध (b) केवल σ-बन्ध
(c) केवल π बन्ध (d) सहसंयोजक बन्ध

उपसहसंयोजन यौगिकों का महत्त्व तथा अनुप्रयोग

85 जल की कठोरता का आकलन Na_2EDTA के साथ सरल अनुमापन द्वारा किया जाता है। इसके बारे में निम्नलिखित में से कौन-सा कथन गलत है? NCERT पृष्ठ 136

(a) Ca^{2+} आयन EDTA के साथ स्थायी संकुल बनाते हैं।
(b) Mg^{2+} आयन EDTA के साथ स्थायी संकुल बनाते हैं
(c) Ca^{2+} और Mg^{2+} आयन EDTA के साथ अस्थायी संकुल बनाते हैं
(d) आयरन का चयनात्मक आकलन Mg और Ca के संकुलों के स्थायित्व स्थिरांक में अंतर के कारण किया जाता है

86 ऑक्सीजन और जल की उपस्थिति में गोल्ड, सायनाइड आयन से संयोजित होकर जलीय विलयन में सहसंयोजन इकाई बनाता है। सहसंयोजन इकाई है NCERT पृष्ठ 136

(a) $[Au(CN)_2]^{2-}$ (b) $[Au(CN)_2]^{2-}$ (c) $[Au(CN)_2]^{3-}$ (d) $[Au(CN)_2]^{4-}$

87 वस्तुओं पर सिल्वर और गोल्ड का वैद्युत लेपन धातुआयनों के विलयन से करने की अपेक्षा उनके संकुल आयनों के विलयन से करने पर लेपन अधिक एकसार और चिकना होता है। सह संकुल क्रमशः हैं NCERT पृष्ठ 137

(a) $[Ag(CN)_2]^{2-}$ और $[Au(CN)_2]^{2-}$ (b) $[Ag(CN)_2]^-$ और $[Au(CN)_2]^-$
(c) $[Au(CN)_2]^-$ और $[Ag(CN)_2]^-$ (d) AgCn और AuCN

88 फोटोग्राफी में, $Na_2S_2O_3.5H_2O$ का उपयोग क्यों किया जाता है?

(a) AgBr को Ag_2SO_4 में परिवर्तित करने के लिए NCERT पृष्ठ 137
(b) AgBr को घुलनशील थायोसल्फेट संकुल में परिवर्तित करने के लिए
(c) AgBr को सिल्वर थायोसल्फेट मे परिवर्तित करने के लिए
(d) AgBr से Ag धातु के अपचयन में

89 ताँबे और लोहे की अधिकता को किस कीलेटिंग लिगैण्ड द्वारा हटाया जाता है? NCERT पृष्ठ 137

(a) डेसफेरीऑक्सिम-B (b) D-पेनिसिलऐमीन
(c) क्रमशः डेसफेरीऑक्सिम-B और D-पेनिसिलऐमीन
(d) क्रमशः D-पेनिसिलऐमीन और डेसफेरीऑक्सिम-B

90 *सीसा*-विषाक्तता के लिए प्रतिकारक है NCERT पृष्ठ 137

(a) अंडे के सफेद भाग (b) *सिस*-प्लेटिन
(c) निकेल (d) EDTA

अभिकथन-कारण प्रश्न

निर्देश *(प्रश्न संख्या 1-10) निम्नलिखित प्रश्न में अभिकथन (A) के बाद कारण (R) दिया गया है। नीचे दिए गए विकल्पों में से सही विकल्प चुनें।*

(a) A और R दोनों सत्य हैं और R, A का सही स्पष्टीकरण है।
(b) A और R दोनों सत्य हैं परन्तु R, A का सही स्पष्टीकरण नहीं है।
(c) A सत्य है परन्तु R असत्य है।
(d) A असत्य है, परन्तु R सत्य है।

1 **अभिकथन (A)** $CoCl_3 \cdot 4H_2O$, $AgNO_3$ के साथ श्वेत अवक्षेप देता है। NCERT पृष्ठ 120

कारण (R) इसमें मुक्त क्लोराइड आयन होते हैं।

2 **अभिकथन (A)** उपसहसंयोजन यौगिक $[CoCl_2(H_2NCH_2CH_2NH_2)_2]^+$ में, एथेन-1, 2-डाइऐमीन एक उदासीन अणु है। NCERT पृष्ठ 124

कारण (R) संकुल आयन में Co की ऑक्सीकरण संख्या +3 है।

3 **अभिकथन (A)** ज्यामितीय समावयवता हेट्रोलेप्टिक संकुलों में पाई जाती है। NCERT पृष्ठ 125

कारण (R) लिगैण्ड की भिन्न ज्यामितीय व्यवस्थाएँ सम्भव हो सकती हैं।

4 **अभिकथन (A)** सभी वर्ग समतलीय संकुल ज्यामितीय समावयवता प्रदर्शित नहीं करते हैं। **NCERT पृष्ठ 125**

कारण (R) ऐसे संकुलों में धातु की संकरण अवस्था dsp^2 होती है।

5 **अभिकथन (A)** $[Co(NH_3)_6]^{3+}$ में अष्टफलकीय ज्यामिति और प्रतिचुम्बकत्व उपस्थित हैं। **NCERT पृष्ठ 129**

कारण (R) इसमें अयुग्मित इलेक्ट्रॉन नहीं होते हैं।

6 **अभिकथन (A)** उभयदन्तुक लिगैण्ड युक्त उपसहसंयोजक यौगिकों में बन्धनी समावयवता पाई जाती है। **NCERT पृष्ठ 127**

कारण (R) उभयदन्तुक लिगैण्ड में दो अलग-अलग दाता परमाणु होते हैं।

7 **अभिकथन (A)** उपसहसंयोजन संकुल $[Ni(CN)_4]^{2-}$ तथा $[Ni(CN)_4]^{2-}$ ज्यामितियाँ क्रमशः चतुष्फलकीय तथा वर्ग समतलीय होती हैं। **NCERT पृष्ठ 129**

कारण (R) CN^- एक प्रबल लिगैण्ड है तथा Cl^- एक दुर्बल लिगैण्ड है।

8 **अभिकथन (A)** $[Cr(H_2O)_6]Cl_2$ और $[Fe(H_2O)_6]Cl_2$ प्रकृति में अनुचुम्बकीय हैं। **NCERT पृष्ठ 129**

कारण (R) अयुग्मित इलेक्ट्रॉन d-कक्षक में उपस्थित होते हैं।

9 **अभिकथन (A)** पोटैशियम फेरिसायनाइड अनुचुम्बकीय है जबकि पोटैशियम फेरोसायनाइड प्रतिचुम्बकीय है। **NCERT पृष्ठ 132**

कारण (R) फेरोसायनाइड आयन में क्रिस्टल क्षेत्र विपाटन फेरिसायनाइड आयन की तुलना में अधिक होता है।

10 **अभिकथन (A)** $[Ti(H_2O)_6]Cl_3$ को गर्म करने पर इसमें से जल निकल जाने के कारण यह रंगहीन हो जाता है। **NCERT पृष्ठ 134**

कारण (R) लिगैण्ड की अनुपस्थिति में, क्रिस्टल क्षेत्र विफाटन नहीं होता है।

कथन आधारित प्रश्न

निर्देश *(प्रश्न संख्या 1-6) निम्नलिखित प्रश्नों में दो कथन (I) और (II) दिए गए हैं। दिए गए कथनों के आधार पर, नीचे दिए गए सही विकल्प का चयन करें*

(a) कथन I और कथन II दोनों गलत हैं।
(b) कथन I सत्य है परन्तु कथन II असत्य है।
(c) कथन I गलत है परन्तु कथन II सत्य है।
(d) कथन I और कथन II दोनों सत्य हैं।

1 **कथन I** (A) NO_2^- और SCN^- आयन उभयदन्तुक लिगैण्ड हैं। **NCERT पृष्ठ 121**

कथन II SCN^- और NO_2^- आयन केवल N के द्वारा केन्द्रीय परमाणु या आयन से उपसह संयोजन कर सकता है।

2 **कथन I** $[Ag(NH_3)_2]Ag(CN)_2$ का नाम डाइऐमीनसिल्वर (I) डाइसायनिडोअजेन्टेट (I) है। **NCERT पृष्ठ 124**

कथन II उपरोक्त संकुल में, सिल्वर (I) आयन दो ऐमीन (NH_3) और दो सायनो (CN) लिगैण्डों द्वारा संयोजित होता है, जिसके परिणामस्वरूप सिल्वर आयन की रेखीय सहसंयोजन ज्यामिति होती है।

3 **कथन I** $[Co(en)_2Cl_2]^+$ संकुल आयन द्वारा दर्शाए गए समावयवियों की कुल संख्या तीन है। **NCERT पृष्ठ 126**

कथन II $[Co(en)_2Cl_2]^+$ संकुल आयन में $M(AA)_2B_2$ प्रकार की अष्टफलकीय ज्यामिति होती है।

4 **कथन I** प्रकाशिक समावयवता वर्ग समतलीय संकुलों द्वारा प्रदर्शित नहीं होती है। **NCERT पृष्ठ 126**

कथन II वर्गाकार समतलीय संकुल प्रकाशिक रूप से सक्रिय होते हैं।

5 **कथन I** $[PtCl_4]^{2-}$ संकुल की चतुष्फलकीय ज्यामिति होती है। **NCERT पृष्ठ 128**

कथन II $[Ni(CO)_4]$ संकुल की वर्गाकार समतलीय ज्यामिति होती है।

6 **कथन I** $[Ni(en)_3]Cl_2$ का स्थायित्व $[Ni(NH_3)_6]Cl_2$ से अधिक है। **NCERT पृष्ठ 131**

कथन II $[Ni(en)_3]Cl_2$ में Ni की ज्यामिति त्रिकोणीय द्विपिरामिडी होती है।

7 कथन दिए गए यौगिकों के सन्दर्भ में निम्नलिखित कथनों पर विचार करें। **NCERT पृष्ठ 128,129,130**

$[Mn(CN)_6]^{3-}$, $[Co(NH_3)_6]^{3+}$, $[Cr(H_2O)_6]^{3+}$

I. इनके संकुलों में एक ही प्रकार का संकरण है।
II. इनका एक ही प्रकार का चुम्बकीय व्यवहार होता है।
III. ये अभिक्रियाओं में एक ही प्रकार के संकुल बनाते हैं।
IV. इनके प्रचक्रण चुम्बकीय आघूर्ण का मान समान होता है।
V. इनकी ज्यामिति एक ही प्रकार की है।

नीचे दिए गए विकल्पों में से सही उत्तर चुनें।

(a) I, II और IV (b) II, III और IV
(c) I, III और V (d) III, IV और V

8 निम्नलिखित में से कौन-सा कथन गलत है/हैं? **NCERT पृष्ठ 122,123,125,136**

I. त्रिविम समावयवता में रासायनिक सूत्र व रासायनिक आबन्ध भिन्न और स्थानिक व्यवस्था समान होती है।
II. होमोलेप्टिक कार्बोनिल एक प्रकार के दाता समूहों द्वारा निर्मित होते हैं।
III. अशुद्ध निकेल को $[Ni(CO)_4]$ में परिवर्तित किया जाता है, इसे अपघटित करके शुद्ध निकेल प्राप्त किया जाता है।
IV. धातु आयनों द्वारा कीलेटिंग लिगैण्ड्स के साथ दी गई परिचित रंग अभिक्रियाएँ उनकी पहचान और आकलन का आधार बनती हैं।

V. उपसहसंयोजन मण्डल के अन्दर लिगैण्ड और धातु के मध्य कुछ स्थान होना चाहिए।

नीचे दिए गए विकल्पों में से सही उत्तर चुनें।

(a) I और III (b) I, II और III
(c) IV और V (d) I और V

9 निम्नलिखित में से कौन-से कथन गलत हैं? NCERT पृष्ठ 132,133

I. '*g*' सबस्क्रिप्ट का उपयोग अष्टफलकीय संकुलों के लिए किया जाता है। जिनमें समरूपता केन्द्र होता है।

II. निम्न चक्रण चतुष्फलकीय संकुल नहीं पाए जाते हैं क्योंकि CFSE युग्मन ऊर्जा से अधिक है।

III. CFT यह मानता है कि उपसहसंयोजन यौगिकों का रंग इलेक्ट्रॉन के *d-d* संक्रमण के कारण होता है।

IV. लिगैण्ड की उपस्थिति में क्रिस्टल क्षेत्र विपाटन नहीं होता है, इसलिए पदार्थ रंगहीन होता है।

नीचे दिए गए विकल्पों में से सही उत्तर चुनें।

(a) I और II (b) I, II और IV
(c) II और IV (d) III और IV

10 निम्नलिखित में से कौन-सा कथन गलत है? NCERT पृष्ठ 132,133,137

I. यदि $\Delta_0 < P$, हो तो निम्न चक्रण अवस्था अधिक स्थायी होती है।

II. CO एक सतत दुर्बल लिगैण्ड है।

III. चतुष्फलकीय संकुल, अष्टफलकीय संकुल की तुलना में लगभग 50% CFSE मान प्रदर्शित करते हैं।

IV. किसी संकुल का रंग लिगैण्ड की प्रकृति पर निर्भर करता है।

V. विल्किन्सन उत्प्रेरक रोडियम धातु का एक संकुल है।

नीचे दिए गए विकल्पों में से सही उत्तर चुनें।

(a) I, II और III (b) I, III और IV
(c) I और II (d) II, III और IV

सुमेलन प्रकार प्रश्न

1 सूची I को सूची II से सुमेलित करें। NCERT पृष्ठ 133

	सूची I (संकुल)		सूची II (रंग)
(A)	$[Co(NH_3)_6]^{3+}$	1.	बैंगनी
(B)	$[Ni(H_2O)_6]^{3+}$	2.	हल्का नीला
(C)	$[Ti(H_2O)_6]^{3+}$	3.	पीला नारंगी
(D)	$[Ni(H_2O)_4]^{2+}$	4.	हरा

नीचे दिए गए कोड में से सही विकल्प चुनें।

	A	B	C	D		A	B	C	D
(a)	1	2	3	4	(b)	3	4	1	2
(c)	2	3	4	1	(d)	4	2	3	1

2 सूची I में दिए गए संकुल आयनों का सूची II में दिए गए संकरण और अयुग्मित इलेक्ट्रॉनों की संख्या से मिलान करें। NCERT पृष्ठ 128,29,130

	सूची I (संकुल आयन)		सूची II (संकरण, अयुग्मित इलेक्ट्रॉनों की संख्या)
(A)	$[Cr(H_2O)_6]^{3+}$	1.	dsp^2, 1
(B)	$[Co(CN)_4]^{2-}$	2.	sp^3d^2, 5
(C)	$[Ni(NH_3)_6]^{2+}$	3.	d^2sp^3, 3
(D)	$[MnF_6]^{4-}$	4.	sp^3d^2, 2

नीचे दिए गए कोड में से सही विकल्प चुनें।

	A	B	C	D		A	B	C	D
(a)	3	1	4	2	(b)	4	3	2	1
(c)	3	2	4	1	(d)	4	1	2	3

3 सूची I को सूची II से सुमेलित करें। NCERT पृष्ठ 129,130

	सूची I (संकुल)		सूची II (संरचना और चुम्बकीय आघूर्ण)
(A)	$[Ag(CN)_2]^-$	1.	वर्ग समतलीय और 1.73 BM
(B)	$[Cu(CN)_4]^{3-}$	2.	रेखीय और शून्य
(C)	$[Fe(CN)_6]^{3-}$	3.	अष्टफलकीय और शून्य
(D)	$[Cu(NH_3)_4]^{2+}$	4.	चतुष्फलकीय और शून्य
(E)	$[FE(CN)_6]^{-4}$	5.	अष्टफलकीय और1.73 BM

नीचे दिए गए कोड में से सही विकल्प चुनें।

	A	B	C	D	E		A	B	C	D	E
(a)	1	2	3	4	5	(b)	5	3	1	4	2
(c)	2	4	5	1	3	(d)	3	5	4	2	1

4 सूची I को सूची II से सुमेलित करें। NCERT पृष्ठ 136,137

	सूची I (उपसहसंयोजन यौगिक)		सूची II (औषधीय रसायन विज्ञान में उपयोग)
A.	*सिस प्लेटिन*	1.	Cu की अधिकता को हटाना
B.	EDTA	2.	Fe की अधिकता को हटाना
C.	डेसफेरीऑक्सिम-B	3.	लेड की विषाक्तता
D.	D-पेनिसिलऐमीन	4.	ट्यूमर

नीचे दिए गए कोड में से सही विकल्प चुनें।

	A	B	C	D		A	B	C	D
(a)	1	2	3	4	(b)	2	4	1	3
(c)	3	1	4	2	(d)	4	3	2	1

5 सूची I को सूची II से सुमेलित करें। NCERT पृष्ठ 137

सूची I (उपसहसंयोजन यौगिक)		सूची II (केन्द्रीय धातु परमाणु)	
A.	क्लोरोफिल	1.	रोडियम
B.	रूधिर वर्णक	2.	कोबाल्ट
C.	विल्किन्सन उत्प्रेरक	3.	मैग्नीशियम
D.	विटामिन-B_{12}	4.	लोहा
		5.	कैल्शियम

नीचे दिए गए कोड में से सही विकल्प चुनें।

	A	B	C	D
(a)	3	4	1	2
(b)	3	4	5	1
(c)	4	3	2	1
(d)	3	4	2	1

आंकिक मान प्रकार के प्रश्न

1 $CoCl_3(NH_3)_5$ सूत्र वाले एक संकुल के विलयन की चालकता 1:2 विद्युत अपघट्य के अनुरूप है, तो केन्द्रीय धातु आयन की प्राथमिक संयोजकता .... है। NCERT पृष्ठ 119

2 $[Cu(ox)_2Cl(NH_3)]^{2-}$ के लिए सम्भव त्रिविम समावयवियों की संख्या .... है। [ox = ऑक्जेलेटो] NCERT पृष्ठ 125

3 $[Fe(CN)_6]^{4-}$, $[Ti(CN)_6]^{3-}$, $[Ni(CNH)_4]^{2-}$, $[Fe(CN)_6]^{3-}$, $[CO(CN)_6]^{3-}$ NCERT पृष्ठ 129

दिए गए संकुलों में प्रतिचुम्बकीय संकुलों की संख्या .... है।

4 $[Co(CN)_6]^{4-}$ और $[Co(NH_3)_6]Cl_2$ में उपस्थित अयुग्मित इलेक्ट्रॉनों का योग .... है। NCERT पृष्ठ 129

5 यौगिक $[Ru(H_2O)_6]^{2+}$ का चक्रण केवल चुम्बकीय आघूर्ण, $\Delta_0 > P$ है, तो .... होगा। NCERT पृष्ठ 130

NCERT Exemplar प्रश्न

1 जब 0.1 मोल $CoCl_3(NH_3)_5$ को $AgNO_3$ के आधिक्य साथ उपचारित किया जाता है, तो 0.2 मोल AgCl प्राप्त होता है। इसके अनुसार विलयन की चालकता होगी

(a) 1:3 विद्युत-अपघट्य (b) 1:2 विद्युत-अपघट्य
(c) 1:1 विद्युत-अपघट्य (d) 3:1 विद्युत-अपघट्य

2 जब 1 मोल $CrCl_3 \cdot 6H_2O$ को $AgNO_3$ की अधिकता के साथ उपचारित कराने पर AgCl के 3 मोल प्राप्त होते हैं। संकुल का सूत्र है

(a) $[CrCl_3(H_2O)_3] \cdot 3H_2O$ (b) $[CrCl_2(H_2O)_4]Cl \cdot 2H_2O$
(c) $[CrCl(H_2O)_5]Cl_2 \cdot H_2O$ (d) $[Cr(H_2O)_6]Cl_3$

3 $[Cr(H_2O)_6]Cl_3$ (बैंगनी) और $[Cr(H_2O)_5]Cl_2 \cdot H_2O$ (धुसर-हरा) के मध्य किस प्रकार की समावयवता उपस्थित है।

(a) बन्धनी समावयवता (b) विलायकयोजन समावयवता
(c) आयनन समावयवता (d) उपसहसंयोजन समावयवता

4 उभयदन्तुक लिगैण्ड की उपस्थिति के कारण उपसहसंयोजन यौगिक समावयवता दर्शाते हैं। $[Pd(C_6H_5)_2(SCN)_2]$ और $[Pd(C_6H_5)_2(NCS)_2]$ प्रकार के पैलेडियम संकुल हैं

(a) बन्धनी समावयवी (b) उपसहसंयोजन समावयवी
(c) आयनन समावयवी (d) ज्यामितीय समावयवी

5 चीलेटीकरण के कारण उपसहसंयोजन यौगिकों के स्थायीत्व को चीलेट प्रभाव कहा जाता है। निम्नलिखित में से कौन-सा संकुल सबसे अधिक स्थायी है?

(a) $[Fe(Co)_5]$ (b) $[Fe(CN)_6]^{3-}$
(c) $[Fe(C_2O_4)_3]^{3-}$ (d) $[Fe(H_2O)_6]^{3+}$

6 अष्टफलकीय $[CoCl_6]^{4-}$ के लिए CFSE 18000 सेमी$^{-1}$ है। चतुष्फलकीय $[CoCl_4]^{2-}$ के लिए CFSE होगा

(a) 18000 सेमी$^{-1}$ (b) 16000 सेमी$^{-1}$
(c) 8000 सेमी$^{-1}$ (d) 20000 सेमी$^{-1}$

7 उपसहसंयोजन यौगिकों का रंग क्रिस्टल क्षेत्र विपाटन पर निर्भर करता है। $[Co(NH_3)_6]^{3+}$, $[Co(CN)_6]^{3-}$ और $[Co(H_2O)_6]^{3+}$ संकुलों के लिए दृश्य क्षेत्र में प्रकाश की तरंगदैर्ध्य के अवशोषण का सही क्रम क्या होगा?

(a) $[Co(CN)_6]^{3-} > [Co(NH_3)_6]^{3+} > [Co(H_2O)_6]^{3+}$
(b) $[Co(NH_3)_6]^{3+} > [Co(H_2O)_6]^{3+} > [Co(CN)_6]^{3-}$
(c) $[Co(H_2O)_6]^{3+} > [Co(NH_3)_6]^{3+} > [Co(CN)_6]^{3-}$
(d) $[Co(CN)_6]^{3-} > [Co(NH_3)_6]^{3+} > [Co(H_2O)_6]^{3+}$

8 $[Pt(NH_3)_2Cl_2]$ का सही IUPAC नाम है

(a) डाइऐमीनडाइक्लोरिडोप्लेटिनम (II)
(b) डाइऐमीनडाइक्लोरिडोप्लेटिनम (IV)
(c) डाइऐमीनडाइक्लोरिडोप्लेटिनम (0)
(d) डाइक्लोरिडोडाइऐमीनप्लेटिनम (IV)

9 एक चीलेटिंग एजेण्ट में एक एकल धातु आयन से आबन्धन के लिए दो या दो से अधिक दाता परमाणु होते हैं। निम्नलिखित में से कौन-सा चीलेटिंग एजेण्ट नहीं है?

(a) थायोसल्फेटो (b) ऑक्जेलेटो (c) ग्लाइसिनाटो (d) इथेन-1, 2-डाइऐमीन

10 निम्नलिखित में से कौन-सी प्रजाति लिगैण्ड होने की उम्मीद नहीं है?

(a) NO (b) NH_4^+
(c) $NH_2CH_2CH_2NH_2$ (d) CO

विगत परीक्षाओं के प्रश्न

NEET

1 नीचे दो कथन दिए गए है:

कथन I दोनों संकुल $[Co(NH_3)_6]^{3+}$ और $[CoF_6]^{3-}$ अष्टफलकीय हैं परन्तु उनके चुम्बकीय व्यवहार भिन्न होते हैं।

कथन II $[Co(NH_3)_6]^{3+}$ प्रतिचुम्बकीय है जबकि $[CoF_6]^{3-}$ अनुचुम्बकीय है।

ऊपर दिए गए कथनों के आधार पर, नीचे दिए गए विकल्पों से सही उपयुक्त उत्तर चुनिए। **NCERT पृष्ठ 130, NEET 2024**

(a) कथन I और कथन II दोनों सत्य हैं।
(b) कथन I और कथन II दोनों गलत हैं।
(c) कथन I सही है परन्तु कथन II गलत है
(d) कथन I गलत है परन्तु कथन II सत्य है।

2 सूची I को सूची II से सुमेलित कीजिए। **NCERT पृष्ठ 125, NEET 2024**

सूची I (संकुल)		सूची II (समावयवता का प्रकार)	
A.	$[Co(NH_3)_5(NO_2)]Cl_2$	I.	विलायकयोजन समावयवता
B.	$[Co(NH_3)_5(SO_4)]Br$	II.	बन्धनी समावयवता
C.	$[Co(NH_3)_6][Cr(CN)_6]$	III.	आयनन समावयवता
D.	$[Co(H_2O)_6]Cl_3$	IV.	उपसहसंयोजन समावयवता

निम्न विकल्पों में सही उत्तर का चयन करें।

(a) A-II, B-III, C-IV, D-I
(b) A-I, B-III, C-IV, D-II
(c) A-I, B-IV, C-III, D-II
(d) A-II, B-IV, C-III, D-I

3 नीचे दो कथन दिए गए है

कथन I $[Co(NH_3)_6]^{3+}$ एक होमोलेप्टिक संकुल है, जबकि $[Co(NH_3)_4Cl_2]^+$ एक हेटेरोलेप्टिक संकुल है।

कथन II $[Co(NH_3)_6]^{3+}$ में केवल एक प्रकार के लिगैण्ड हैं जबकि $[Co(NH_3)_4Cl_2]^+$ में एक से अधिक प्रकार के लिगैण्ड है।

ऊपर दिए गए कथनों के आधार पर, नीचे दिए गए विकल्पों से सही उपयुक्त उत्तर चुनिए: **NCERT पृष्ठ 122, NEET 2024**

(a) कथन I और कथन II दोनों सत्य हैं।
(b) कथन I और कथन II दोनों गलत हैं।
(c) कथन I सही है परन्तु कथन II गलत है
(d) कथन I गलत है परन्तु कथन II सत्य है।

4 निम्नलिखित संकुलो में से होमोलेप्टिक संकुल है **NCERT पृष्ठ 122, NEET 2023**

(a) डाइऐमीनक्लोरिडोनाइट्रिटो-N-प्लेटिनम (II)
(b) पेंटाऐमीनकार्बेनिटोकोबाल्ट (III) क्लोराइड
(c) ट्राइऐमीनट्राइऐक्वाक्रोमियम (III) क्लोराइड
(d) पोटैशियम ट्राइऑक्सैलेटोऐलुमिनेट (III)

5 $[Ag(H_2O)_2][Ag(CN)_2]$ संकुल का IUPAC नाम है **NCERT पृष्ठ 124, NEET 2022**

(a) डाइऐक्वासिल्वर (II) डाइसायनिडोअर्जेन्टेन्ट (II)
(b) डाइसायनिडोसिल्वर (I) डाइऐक्वाअर्जेंटेण्ट (I)
(c) डायऐक्वासिल्वर (I) डाइसायनिडोअर्जेंटेण्ट (I)
(d) डाइसायनिडोसिल्वर (II) डाइऐक्वाअर्जेंटेण्ट (II)

6 एथिलीन डाइऐमीनटेट्राऐसीटेट (EDTA) आयन है **NCERT पृष्ठ 123, NEET 2021**

(a) चार *O* और दो *N* दाता परमाणुओं वाला हेक्साडेंटेण्ट लिगैण्ड
(b) एकदन्तुक लिगैण्ड
(c) दो *N* दाता परमाणुओं के साथ द्विदन्तुक लिगैण्ड
(d) तीन *N* दाता परमाणुओं वाला त्रिदन्तुक लिगैण्ड

7 सूची I को सूची II से सुमेलित करें। **NCERT पृष्ठ 130, NEET 2021**

सूची I		सूची II	
A.	$[Fe(CN)_6]^{3-}$	1.	5.92 BM
B.	$[Fe(H_2O)_6]^{3+}$	2.	0 BM
C.	$[Fe(CN)_6]^{4-}$	3.	4.90 BM
D.	$[Fe(H_2O)_6]^{2+}$	4.	1.73 BM

नीचे दिए गए विकल्पों में सही उत्तर चुनें।

	A	B	C	D
(a)	4	2	1	3
(b)	2	4	3	1
(c)	1	3	4	2
(d)	4	1	2	3

8 संयोजकता बन्ध सिद्धान्त के आधार पर स्पेस में संकरित कक्षकों के वितरण के साथ उपसहसंयोजन संख्या और संकरण के प्रकार का मिलान करें। **NCERT पृष्ठ 128, NEET 2020**

उपसहसंयोजन संख्या और संकरण का प्रकार		अणुओं की आकृतियाँ	
A.	4, sp^3	I.	त्रिकोणीय द्विपिरामिडीय
B.	4, dsp^2	II.	अष्टफलकीय
C.	5, sp^3d	III.	चतुष्फलकीय
D.	6, d^2sp^3	IV.	वर्ग समतलीय

सही विकल्प चुनें।

	A	B	C	D
(a)	II	III	IV	I
(b)	III	IV	I	II
(c)	IV	I	II	III
(d)	III	I	IV	II

9 क्रिस्टल क्षेत्र सिद्धान्त के आधार पर $K_4[Fe(CN)_6]$ में केंद्रीय परमाणु का सही इलेक्ट्रॉनिक विन्यास क्या है? **NCERT पृष्ठ 132 NEET 2019**

(a) $t_{2g}^6 e_g^0$ (b) $e^3 t_2^3$ (c) $e^4 t_2^2$ (d) $t_2^4 e_g^2$

10 संकुल $[CoCl_2(en)_2]$ द्वारा दर्शायी गयी समावयवता का प्रकार है **NCERT पृष्ठ 126, NEET 2018**

(a) आयनन समावयवता (b) उपसहसंयोजन समावयवता
(c) ज्यामितीय समावयवता (d) सहलग्न समावयवता

11 Co^{3+} के संकुलों के लिए दृश्य क्षेत्र में अवशोषण की तरंग दैर्ध्य का सही बढ़ता क्रम है? **NCERT पृष्ठ 133, NEET 2017**

(a) $[Co(en)_3]^{3+}$, $[Co(NH_3)_6]^{3+}$, $[Co(H_2O)_6]^{3+}$
(b) $[Co(H_2O)_6]^{3+}$, $[Co(en)_3]^{3+}$, $[Co(NH)_3)_6]^{3+}$
(c) $[Co(H_2O)_6]^{3+}$, $[Co(NH_3)_6]^{3+}$, $[Co(en)_3]^{3+}$
(d) $[Co(NH_3)_6]^{3+}$, $[Co(en)_3]^{3+}$, $[Co(H_2O)_6]^{3+}$

12 $[Co(CN)_6]^{3-}$ के सन्दर्भ में इनमें से कौन-सा कथन सत्य है? **NCERT पृष्ठ 128, CBSE-AIPMT 2015**

(a) $[Co(CN)_6]^{3-}$ में कोई अयुग्मित इलेक्ट्रॉन नहीं है और यह निम्न-चक्रण विन्यास में होगा।
(b) $[Co(CN)_6]^{3-}$ में चार अयुग्मित इलेक्ट्रॉन हैं और यह निम्न-चक्रण विन्यास में होगा।
(c) $[Co(CN)_6]^{3-}$ में चार अयुग्मित इलेक्ट्रॉन हैं और यह उच्च-चक्रण विन्यास में होगा।
(d) $[Co(CN)_6]^{3-}$ में कोई अयुग्मित इलेक्ट्रॉन नहीं है तथा यह उच्च-चक्रण विन्यास में होगा।

13 निम्नलिखित में से कौन-सा संकुल ऐण्टीकैंसर ऐजेण्ट के रूप में उपयोग किया जाता है? **NCERT पृष्ठ. 137, CBSE-AIPMT 2014**

(a) *mer*–$[Co(NH_3)_3Cl_3]$ (b) *सिस* – $[PtCl_2(NH_3)_2]$
(c) *सिस* – $K_2[PtCl_2Br_2]$ (d) Na_2CoCl_2

JEE Main

14 $EDTA^{4-}$ के साथ बने संकुल में Ca^{2+} का उपसहसंयोजन परिवेश है **NCERT पृष्ठ 121, JEE Main 2024**

(a) त्रिकोणीय प्रिज्मीय (b) वर्ग समतलीय
(c) अष्टफलकीय (d) चतुष्फलकीय

15 सूची I का मिलान सूची II से करें। **NCERT पृष्ठ 128, 129 JEE Main 2024**

सूची I		सूची II	
A.	$K_2[Ni(CN)_4]$	I.	sp^3
B.	$[Ni(CO)_4]$	II.	sp^3d^2
C.	$[Co(NH_3)_6]Cl_3$	III.	dsp^2
D.	$Na_3[CoF_6]$	IV.	d^2sp^3

नीचे दिए गए विकल्पों में से सही उत्तर को चुनें।

	A	B	C	D		A	B	C	D
(a)	III	I	IV	II	(b)	III	I	II	IV
(c)	III	II	IV	I	(d)	I	III	II	IV

16 सूची-I का मिलान सूची-II से करें। **NCERT पृष्ठ. 130, JEE Main 2024**

सूची I (जटिल आयन)		सूची II ('चक्रण मात्र' चुम्बकीय आघूर्ण B.M.)	
A.	$[Cr(NH_3)_6]^{3+}$	I.	4.90
B.	$[NiCl_4]^{2-}$	II.	3.87
C.	$[CoF_6]^{3-}$	III.	0.0
D.	$[Ni(CN_4)]^{2-}$	IV.	2.83

नीचे दिए गए विकल्पों से सही उत्तर चुनें।

(a) A-I, B-IV, C-II, D-III (b) A-II, B-III, C-I, D-IV
(c) A-IV, B-III, C-I, D-II (d) A-II, B-IV, C-I, D-III

17 निम्न में से कौन-सा सही सुमेलित नहीं है? **NCERT पृष्ठ 137, JEE Main 2023**

A. क्लोरोफिल-Co
B. जल कठोरता-EDTA
C. फोटोग्राफी-$[Ag(CN)_2]^-$
D. विल्किन्सन उत्प्रेरक-$[(Ph_3P)_3RhCl]$
E. चीलेटिंग लिगैण्ड-D-पेनिसिलऐमीन

नीचे दिए गए विकल्पों में से सही उत्तर चुनें।

(a) A और C (b) D और E
(c) A, C, और E (d) A और E

18 यदि $[NiCl_2Br_2]$ संकुल में Ni^{2+} को Pt^{2+} से प्रतिस्थापित किया जाता है, तो निम्नलिखित में से कौन-से गुण परिवर्तित होते हैं? **NCERT पृष्ठ 125, 128, 130, JEE Main 2023**

A. ज्यामिति B. ज्यामितीय समावयवता
C. प्रकाशीय समावयवता
D. चुम्बकीय गुण

नीचे दिए गए विकल्पों में से सही उत्तर चुनें।

(a) A, B, और D (b) A और D
(c) A, B और C (d) B और C

19 निम्नलिखित में से किस संकुल के रेखांशिक समावयवता दर्शाता है। **NCERT पृष्ठ 126, JEE Main 2023**

(a) $[Pt(NH_3)_2Cl_2]$
(b) $[Co(NH_3)_2(O_2)_3]$
(c) $[Co(en)_2Cl_2]$
(d) $[Co(en)_3]$

20 वह समुच्चय जिसमें उभयदन्ती लिगैण्ड नहीं है, वह है **NCERT पृष्ठ 121, JEE Main 2023**

(a) NO_2^-, $C_2O_4^{2-}$, $EDTA^{4-}$
(b) $EDTA^{4-}$, NCS^-, $C_2O_4^{2-}$
(c) $C_2O_4^{20}$, NO_2^-, NCS^-
(d) $C_2O_4^{2-}$, एथीलीन डाइऐमीन H_2O

21 दिए गए संकुलों में अयुग्मित इलेक्ट्रॉनों की संख्या का सही क्रम है

NCERT पृष्ठ 130, JEE Main 2023

A. $[Fe(CN)_6]^{3-}$ B. $[FeF_6]^{3-}$ C. $[CoF_6]^{3-}$
D. $[Cr(\text{ऑक्सेलेट})_3]^{3-}$ E. $(Ni(CO)_4]$

दिए गए विकल्पों में से सही उत्तर चुनें

(a) E < A < B < D < C (b) A < E < C < B < D
(c) A < E < D < C < B (d) E < A < D < C < B

22 सूची-I को सूची-II से सुमेलित करें।

सूची I (संकुल)		सूची II (संकरण)	
A.	$[Ni(CO)_4]$	1.	sp^3
B.	$[Cu(NH_3)_4]^{2+}$	2.	dsp^2
C.	$[Fe(NH_3)_6]^{2+}$	3.	sp^3d^2
D.	$[Fe(H_2O)_6]^{2+}$	4.	d^2sp^3

कूट

(a) A-2, B-1, C-3, D-4 (b) A-2, B-1, C-4, D-3
(c) A-1, B-2, C-4, D-3 (d) A-1, B-2, C-3, D-4

23 क्रिस्टल क्षेत्र विपाटन Δ_0 के उच्चतम मान वाला संक्रमण धातु संकुल है।

NCERT पृष्ठ 132, JEE Main 2022

(a) $[Cr(H_2O)_6]^{3+}$ (b) $[Mo(H_2O)_6]^{3+}$
(c) $[Fe(H_2O)_6]^{3+}$ (d) $[Os(H_2O)_6]^{3+}$

24 नीचे दो कथन दिए गए हैं।

NCERT पृष्ठ 128, JEE Main 2022

कथन I $[Ni(CN)_4]^{2-}$Ni के लिए dsp^2 संकरण के साथ वर्ग समतलीय और प्रतिचुम्बकीय संकुल है लेकिन $[Ni(CO)_4]$ Ni के लिए sp^3 संकरण के साथ चतुष्फलकीय और अनुचुम्बकीय है।

कथन II $[NiCl_4]^{2-}$ और $[Ni(CO)_4]$ दोनों का d-इलेक्ट्रॉन विन्यास समान है, ज्यामिति भी समान है और ये अनुचुम्बकीय है।

उपरोक्त कथनों के आधार पर, नीचे दिए गए विकल्पों में से सही उत्तर चुनें।

(a) कथन I और कथन II दोनों सत्य हैं।
(b) कथन I और कथन II दोनों गलत हैं।
(c) कथन I सही है लेकिन कथन II गलत है।
(d) कथन I गलत है लेकिन कथन II सत्य है।

25 नीचे दो कथन दिए गए हैं।

NCERT पृष्ठ 134, JEE Main 2021

कथन I Ni^{2+} की पहचान NH_4OH की उपस्थिति में डाइमेथिल ग्लाइऑक्सिम द्वारा की जाती है।

कथन II डाइमेथिल ग्लाइऑक्सिम एक द्विदन्तुक उदासीन लिगैण्ड है।

उपरोक्त कथनों के आधार पर, नीचे दिए गए विकल्पों में से सही उत्तर चुनें।

(a) कथन I और कथन II दोनों सत्य हैं।
(b) कथन I और कथन II दोनों असत्य हैं।
(c) कथन I सत्य है लेकिन कथन II असत्य है।
(d) कथन I गलत है लेकिन कथन II सत्य है।

स्किल बूस्टर्स

1 नाइट्रेट्स के ब्राउन रिंग टेस्ट में संकुल $[Fe(H_2O)_5NO]^{2+}$ तब बनता है जब ताजा तैयार $FeSO_4$ विलयन की NO_3^- के जलीय विलयन में मिलाया जाता है और उसके बाद सान्द्र H_2SO_4 मिलाया जाता है। इस संकुल के सन्दर्भ में गलत कथन का चुनाव करें

(a) रंग परिवर्तन आवेश स्थानान्तरण के कारण होता है।
(b) इसमें आयरन +1 ऑक्सीकरण अवस्था में है तथा नाइट्रोसिल NO^+ के रूप में होता है।
(c) इसका चुम्बकीय आघूर्ण 3.87 BM है, जो Fe में तीन अयुग्मित इलेक्ट्रॉनों की पुष्टि करता है।
(d) संकुल Fe में d^2sp^3 संकरण होता है।

2 किसी संकुल यौगिक का चुम्बकीय आघूर्ण प्रयोगात्मक और सैद्धान्तिक रूप से केवल -चक्रण का उपयोग करके निर्धारित किया जा सकता है। निम्नलिखित विन्यास के अष्टफलकीय संकुल के लिए केवल चक्रण चुम्बकीय आघूर्ण का मान 2.84 BM है। इलेक्ट्रॉनिक विन्यास जो दिए गए चुम्बकीय आघूर्ण को दर्शाता है, वह है

(a) d^4 (दुर्बल लिगैण्ड में)
(b) d^2 (दुर्बल क्षेत्र और प्रबल क्षेत्र लिगैण्ड में)
(c) d^3 (दुर्बल क्षेत्र ओर प्रबल क्षेत्र लिगैण्ड में)
(d) d^5 (प्रबल क्षेत्र लिगैण्ड में)

3 जब धातु की छड़ M को यौगिक N के जलीय रंगहीन सान्द्रित विलयन में डुबोया जाता है, तो विलयन हल्का नीला हो जाता है। यौगिक N में जलीय NaCl मिलाने से सफेद अवक्षेप O प्राप्त होता है। जलीय NH_3 मिलाने से O घुल जाता है और धातु M का हल्का गहरा नीला विलयन प्राप्त होता है। धातु की छड़ M है

(a) Fe
(b) Cu
(c) Ni
(d) Co

4 कोबाल्ट क्लोराइड जब पानी में घुलता है, तो गुलाबी रंग का संकुल X बनता है जिसकी ज्यामिति अष्टफलकीय होती है।
यह विलयन सान्द्र HCl से क्रिया करने पर गहरे नीले रंग का संकुल Y बनाता है जिसकी ज्यामिति Z होती है। X, Y और Z क्रमशः हैं

(a) $X = [Co(H_2O)_4Cl_2]^+$, $Y = [CoCl_4]^{2-}$ Z – चतुष्कफलकीय
(b) $X = [Co(H_2O)_6]^{2+}$, $Y = [CoCl_6]^{3-}$, Z = अष्टफलकीय
(c) $X = [Co(H_2O)_6]^{2-}$, $Y = [CoCl_4]^{4-}$, Z = चतुष्कफलकीय
(d) $X = [Co(H_2O)_6]^{3+}$, $Y = [CoCl_6]^{3-}$, Z = अष्टफलकीय

5 कोबाल्ट के एक उप सह संयोजन संकुल यौगिक के पाँच अमोनिया अणु, एक नाइट्रो समूह और एक कोबाल्ट परमाणु के लिए दो क्लोरीन परमाणु युक्त आण्विक सूत्र होता है। इस यौगिक का एक मोल जलीय घोल में तीन मोल आयन उत्पन्न करता है। इस घोल को $AgNO_3$ घोल की अधिकता के साथ अभिक्रिया करने पर, हमें AgCl अवक्षेप के दो मोल प्राप्त होते हैं। इस संकुल का आयनिक सूत्र होगा।

(a) $[Co(NH_3)_5(NO_2)]Cl_2$ (b) $[Co(NH_3)_5Cl[Cl(NO_2)]$

(c) $[Co(NH_3)_4(NO_2)Cl][NH_3)Cl]$

(d) $[Co(NH_3]_5[NO_2)_2Cl_2]$

6 डाइमेथिल ग्लाइऑक्सिम को $NiCl_2$ के ऐल्कोहॉलिक विलयन में मिलाया जाता है। जब इसमें धीरे-धीरे अमोनियम हाइड्रॉक्साइड मिलाया जाता है, तो नीचे दिए गए संकुल का गुलाबी लाल अवक्षेप दिखाई देता है।

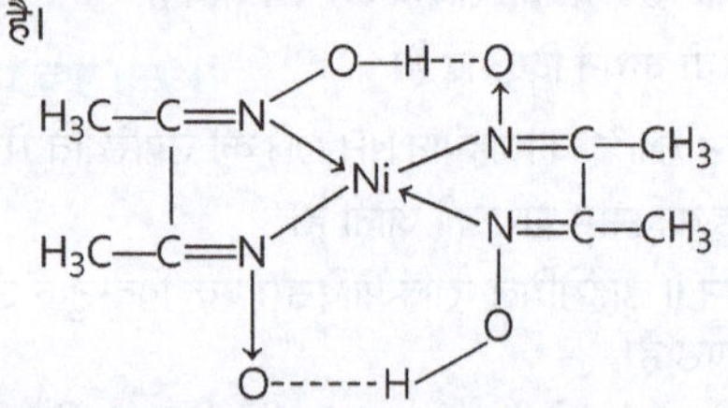

उपरोक्त संकुल का चुम्बकीय व्यवहार क्या होगा?

(a) अनुचम्बकीय (b) प्रतिचुम्बकीय

(c) लौह चुम्बकीय (d) ऐण्टी लौह चुम्बकीय

7 $NiBr_2$ के जलीय विलयन में, यदि (*en*) को क्रमशः मोलर अनुपात में मिलाया जाए जैसे Ni :*en* :: 1 : 1, 1 : 2, 1 : 3, तो तीन अष्टफलकीय संकुल क्रमशः *x*, *y*, *z* बनते हैं। *x*, *y* और *z* के बारे में गलत कथन चुनें,

(a) संकुल *x* में अवशोषित तरंगदैर्ध्य का मान न्यूनतम है।

(b) संकुल *y* रंगीन है।

(c) संकुल *z* में चीलेट की संख्या अधिकतम है।

(d) तीनों अनुचुम्बकीय बाह्य कक्षीय संकुल हैं।

8 Ni^{2+} की उपसहसंयोजन संख्या 4 है।

$$NiCl_2 + 4KCN \text{ आधिक्य} \longrightarrow \underset{(P)}{K_2[Ni(CN)_4]} + 2KCl$$

$$K_2[Ni(CN)_4] + \text{सान्द्र } HCl \text{ आधिक्य} \longrightarrow \underset{(Q)}{K_2[Ni(Cl)_4]} + 4HCN$$

P और *Q* की चुम्बकीय प्रकृति क्या होगी?

(a) दोनों प्रतिचुम्बकीय हैं।

(b) *P* प्रतिचुम्बकीय है तथा *Q* अनुचुम्बकीय है, जिसमें एक अयुग्मित इलेक्ट्रॉन है।

(c) *P* प्रतिचुम्बकीय है तथा *Q* अनुचुम्बकीय है, जिसमें दो अयुग्मित इलेक्ट्रॉन हैं।

(d) दोनों अनुचुम्बकीय हैं।

9 M^{n+} आयन के तीन संकुलों [I, II और III] के सरलीकृत अवशोषण स्पेक्ट्रम नीचे दिए गए हैं; उनके λ अधिकतम मान क्रमशः *P*, *Q* और *R* के रूप में चिह्नित हैं। संकुलों और उनके $\lambda_{\text{अधिकतम}}$ मान के बीच सही मिलान है

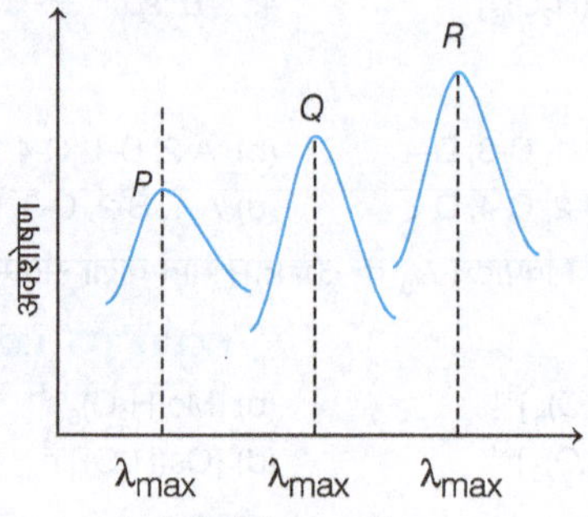

I. $[M(NCS)_6]^{(-6+n)}$ II. $[MF_6]^{(-6+n)}$ III. $[M(NH_3)_6]^{n+}$

(a) *P*-(III), *Q*-(I), *R*-(II) (b) *P*-(II), *Q*-(I), *R*-(III)

(c) *P*-(II), *Q*-(III), *R*-(I) (d) *P*-(I), *Q*-(II), *R*-(III)

प्रश्न कुंजी

शीर्षकवार प्रश्न

1 (b)	2 (c)	3 (d)	4 (c)	5 (a)	6 (c)	7 (b)	8 (b)	9 (c)	10 (b)
11 (a)	12 (d)	13 (b)	14 (d)	15 (a)	16 (a)	17 (c)	18 (c)	19 (d)	20 (a)
21 (b)	22 (b)	23 (b)	24 (b)	25 (b)	26 (a)	27 (d)	28 (b)	29 (a)	30 (d)
31 (a)	32 (b)	33 (d)	34 (a)	35 (c)	36 (b)	37 (a)	38 (b)	39 (a)	40 (b)
41 (d)	42 (c)	43 (c)	44 (b)	45 (d)	46 (b)	47 (b)	48 (c)	49 (d)	50 (d)
51 (d)	52 (d)	53 (a)	54 (a)	55 (d)	56 (c)	57 (a)	58 (d)	59 (a)	60 (d)
61 (a)	62 (d)	63 (a)	64 (a)	65 (b)	66 (a)	67 (a)	68 (b)	69 (b)	70 (b)
71 (b)	72 (c)	73 (b)	74 (a)	75 (b)	76 (b)	77 (b)	78 (c)	79 (c)	80 (d)
81 (d)	82 (c)	83 (a)	84 (a)	85 (c)	86 (a)	87 (b)	88 (b)	89 (d)	90 (d)

अभिकथन कारण प्रश्न

1. (a)	2. (b)	3. (a)	4. (b)	5. (a)	6. (a)	7. (d)	8. (a)	9. (c)	10. (a)

कथन आधारित प्रश्न

1. (b)	2. (d)	3. (d)	4. (b)	5. (a)	6. (b)	7. (c)	8. (d)	9. (c)	10. (c)

सुमेलन प्रकार प्रश्न

1. (b)	2. (a)	3. (c)	4. (d)	5. (a)

आंकिक मान प्रकार के प्रश्न

1. (2)	2. (3)	3. (3)	4. (4)	5. (0)

NCERT Exemplar प्रश्न

1. (b)	2. (d)	3. (b)	4. (a)	5. (c)	6. (c)	7. (c)	8. (a)	9. (a)	10. (b)

विगत परीक्षाओं के प्रश्न

1. (a)	2. (a)	3. (a)	4. (d)	5. (c)	6. (a)	7. (d)	8. (b)	9. (a)	10. (c)
11. (a)	12. (a)	13. (b)	14. (c)	15. (A-III, B-I, C-IV, D-II)			16. (A-II, B-IV, C-I, D-III)		
17. (a)	18. (a)	19. (b)	20. (d)	21. (d)	22. (c)	23. (d)	24. (c)	25. (c)	

स्किल बूस्टर्स

1. (d)	2. (b)	3. (b)	4. (c)	5. (a)	6. (b)	7. (a)	8. (c)	9. (a)

क्रमवार

प्रश्नों का विश्लेषण

कॉन्सेप्ट बिल्डर्स

1 आयनीय, ऋणात्मक
2 द्वितीयक
3 एक
4 सत्य
5 सत्य
6 लुईस अम्ल
7 असत्य
8 असत्य
9 सत्य
10 त्रिकोणीय द्विपिरामिडीय
11 ज्यामितीय समावयवता
12 $K_3[Cu(CN)_4]$
13 तीन
14 हाइड्रेट
15 विलेय समावयवता
16 सत्य
17 असत्य
18 सत्य
19 असत्य
20 1.73 BM
21 दुर्बल, ऊँचा
22 सत्य
23 उभयदन्तुक
24 3
25 रंगहीन, नीला
26 क्लोरोफिल,हीमोग्लोबिन
27 सिनर्जिक
28 सत्य
29 $[Ag(S_2O_3)_2]^{3-}$
30 असत्य

शीर्षकवार प्रश्न

1 *(b)* प्राथमिक संयोजकता हमेशा ऋणायन द्वारा सन्तुष्ट होती है

A. $\underset{(A)}{[Co(NH_3)_6]Cl_3} \longrightarrow [Co(NH_3)_6]^{3+} + 3Cl^-$

∴ प्राथमिक संयोजकता की संख्या 3 है।

B. $\underset{(B)}{[Co(NH_3)_5Cl]Cl_2} \longrightarrow [Co(NH_3)_5Cl]^{2+} + 2Cl^-$

∴ प्राथमिक संयोजकता की संख्या 2 है।

C. $\underset{(C)}{[Co(NH_3)_4Cl_2]Cl} \longrightarrow [Co(NH_3)_4Cl_2]^+ + Cl^-$

∴ प्राथमिक संयोजकता की संख्या 1 है।

(A), *(B)* और *(C)* में प्राथमिक संयोजकता क्रमशः 3, 2 और 1 हैं।

2 *(c)* $[Cr(H_2O)_6]Cl_3$ में आयनीय ऋणायन ($3Cl^-$). की अधिकतम संख्या होती है। $AgNO_3$ के जलीय विलयन के अधिक समतुल्य का उपभोग करेगा और AgCl के तीन मोल (श्वेत अवक्षेप) बनाएगा।

3 *(d)*

4 *(c)* चूँकि चालकता दो आयनों के अनुरूप होती है। इस प्रकार, यह दर्शाता है कि 2 Br^- आयन आयनीय है।

$\therefore [Co(NH_3)_5Br]\,Br_2 \xrightarrow{H_2O} [Co(NH_3)_5Br]^{2+} + 2Br^-$

$2Br^- + 2AgNO_3 \longrightarrow 2AgCl + 2NO_3^-$

∴ तो, संकुल $[Co(NH_3)_5Br]Br_2$ है।

5 *(a)* समावयवी *X* $AgNO_3$ विलयन के साथ सफेद अवक्षेप देता है, इससे पता चलता है कि इसमें प्रति आयन के रूप में Cl^- मौजूद है जबकि समावयवी *Y* $BaCl_2$ के साथ सफेद अवक्षेप देता है, इससे पता चलता है कि SO_4^{2-} प्रति आयन के रूप में मौजूद है।
इस प्रकार, *X* और *Y* के सम्भावित सूत्र हैं

$X = [Cu(NH_3)_5SO_4]Cl$

$Y = [Cu(NH_3)_5Cl]SO_4$

6 *(c)* वियोजन पर समान संख्या में आयन देने वाले संकुलों का युग्म सममोलर 0.001 M जलीय विलयन के लिए लगभग समान विद्युत चालकता दर्शाएगा।

आयनों की संख्या

$[Co(NH_3)_3Cl_3] = 0$
$[Co(NH_3)_6]Cl_3 = 4$
$[Co(NH_3)_4Cl_2]Cl = 2$
$[Pt(NH_3)_4Cl_2]Cl_2 = 3$
$[Pt(NH_3)_5Cl]Cl_3 = 4$
$[Pt(NH_3)_3Cl_3]Cl = 2$

7 *(b)* द्वितीयक संयोजकता का अर्थ है उपसहसंयोजन संख्या संकुल में AgCl के 2 मोल अवक्षेपित होते हैं। इसलिए, संकुल का सूत्र $[Pd(NH_3)_4]Cl_2$ होगा। इसी तरह, संकुल III किसी भी AgCl अवक्षेपण नहीं करता है। इसलिए, सूत्र $[Pt(NH_3)_4Cl_2]$ होगा।
अतः I और III की द्वितीयक संयोजकताएँ क्रमशः 4 और 6 हैं।

8 *(b)* केवल $[CoCl_3(NH_3)_3]$ संकुल विलयन में आयनित नहीं होता है, क्योंकि उपसहसंयोजन मण्डल के बाहर कोई आयन मौजूद नहीं होता है। बाकी सभी आयनित हो सकते हैं।

9 *(c)*

10 *(b)*

11 *(a)* ऐसा इसलिए है क्योंकि $C_2O_4^{2-}$ और एथेन 1, 2-डाइऐमीन द्विदन्तुक लिगैण्ड हैं।

12 *(d)* कथन *(d)* गलत है।
इसका संशोधित रूप इस प्रकार है लिगेंटिंग समूहों की संख्या को लिगैण्ड की दन्तुकता कहा जाता है।

13 *(b)*

14 *(d)* माना भूरे वलय संकुल $[Fe(H_2O)_5NO]SO_4$ में Fe की ऑक्सीकरण अवस्था x है।
$[Fe(H_2O)_5NO]^{2+}$
$\therefore x + 0 + 1 = 2$
$\Rightarrow \quad x = +1$
यहाँ, NO एक नाइट्रोसिल आयन (NO^+) के रूप में मौजूद है।

15 *(a)* CO एक उदासीन लिगैण्ड है।
$[Ni(CO)_4]$
$x + (0 \times 4) = 0 \Rightarrow x = 0$

16 *(a)* $[MnO_4]$- और CrO_2Cl_2 में Mn और Cr की ऑक्सीकरण अवस्थाएँ क्रमशः +7 और +6 हैं।

17 *(c)* $[Ag(NH_3)_2]$ $[Ag(CN)_2]$
मान लीजिए Ag की ऑक्सीकरण अवस्था *x* है।
$[Ag(NH_3)_2]^+$, $x + 0 = +1$
In $[Ag(CN)_2]^-$, $x + 2(-1) = -1 \Rightarrow x = +1$
इस प्रकार, यह वह संकुल है जिसमें धनायनिक और ऋणायन भागों में केन्द्रीय धातु परमाणु की ऑक्सीकरण अवस्था समान होती है।

18 *(c)* होमोलेप्टिक संकुल वे संकुल होते हैं जिनमें एक प्रकार के लिगैण्ड होते हैं। जैसे $[Co(NH_3)_6]^{3+}$ जबकि हेट्रोलेप्टिक संकुल वे होते हैं जिनमें एक से अधिक प्रकार के लिगैण्ड होते हैं। जैसे $[Co(NH_3)_4Cl_2]^+$

19 *(d)* विकल्प *(d)* में दिया गया कथन गलत है। इसका सही रूप $Ni(CO)_4$ चतुष्फलकीय है तथा $[PtCl_4]^{2-}$ वर्ग समतलीय है।

20 *(a)*

21 *(b)* माना दिए गए संकुल में Co की ऑक्सीकरण अवस्था *x* है।

$\therefore x + 2(0) + 2(-1) = +1,\ x = +3$

$[Co(en)_2Cl_2]_2SO_4$ का IUPAC नाम डाइक्लोरो *बिस* (एथिलीनडाइऐमीन) कोबाल्ट (III) सल्फेट है।

22 *(b)* दो Br, दो (en) और एक Cr संकुल के भाग हैं। संकुल पर आवेश +1 है।

इस प्रकार, संकुल आयन $[Cr(en)_2Br_2]^+$ है।

23 *(b)*

24 *(b)* चूँकि संकुल $FeCl_3.4NH_3$, $AgNO_3$ के साथ सफेद अवक्षेप $AgNO_3$ के साथ देता है, इससे पता चलता है कि Cl प्रति आयन के रूप में मौजूद है। चूँकि Fe की उपसहसंयोजन संख्या 6 है, इसलिए सकुल का सूत्र $[Fe(NH_3)_4Cl_2]Cl$ हो जाता है। इसलिए, इसका IUPAC नाम टेट्राऐमीन डाइक्लोरो आयरन (III) क्लोराइड होगा।

25 *(b)*

26 *(a)* सोडियम नाइट्रोप्रुसाइड का सूत्र $Na_2[Fe(CN)_5NO]$ है।

Fe की ऑक्सीकरण अवस्था *x* है।

$x + 5(-1) + 1 \times (+1) = -2$

$x = +2$

इसलिए, इस संकुल का नाम सोडियम पेंटासायनोनाइट्रोसाइल फेरेट (II) है।

27 *(d)*, I, II, III और IV में दिए गए कथन सही हैं।

28 *(b)* कथन *(b)* गलत है।

इसका सही स्वरूप इस प्रकार है लिगैण्डों का नामकरण केन्द्रीय धातु आयन के नाम से पहले वर्णमाला क्रम में किया जाता है।

29 *(a)* सही रूप *(a)* है आण्विक सूत्र टेट्राऐमीन डाइऐक्वा कोबाल्ट (III) क्लोराइड $[Co(NH_3)_4(H_2O)_2]Cl_3$ है।

30 *(d)*

31 *(a)* संकुल धनायन पर आवेश +3 होना चाहिए। चूँकि, एथिलीन-1, 2-डाइऐमीन एक उदासीन लिगैण्ड है, इसलिए इसमें 3 सल्फेट होना चाहिए। इसलिए, संकुल सूत्र $[Co(H_2NCH_2CH_2NH_2)_3]_2(SO_4)_3$. है।

32 *(b)*

33 *(d)* $NiCl_2 + \underset{(\text{आधिक्य})}{4KCN} \longrightarrow \underset{(X)}{K_2[Ni(CN_4]} + 2KCl$

पोटैशियम ट्रेटासायनोनिकेलेट (II)

$K_2[Ni(CN)_4] + \underset{\text{सान्द्र}}{4HCl} \longrightarrow \underset{(Y)}{K_2[Ni(Cl)_4]} + \underset{\text{सान्द्र}}{4HCN}$

पोटैशियम ट्रेटासायनोनिकेलेट (II)

34 *(a)* कथन II गलत है। इसका सही रूप इस प्रकार है दिए गए यौगिक में संकुल धनायन पर आवेश +3 है।

35 *(c)* यह ज्यामितीय समावयवता के कारण है क्योंकि इसमें *सिस* और *ट्रान्स*-रूप उपस्थित होते हैं।

36 *(b)* [Pt(Py)(NH_3)BrCl] प्रकार के संकुल में तीन ज्यामितीय समावयवी होते हैं।

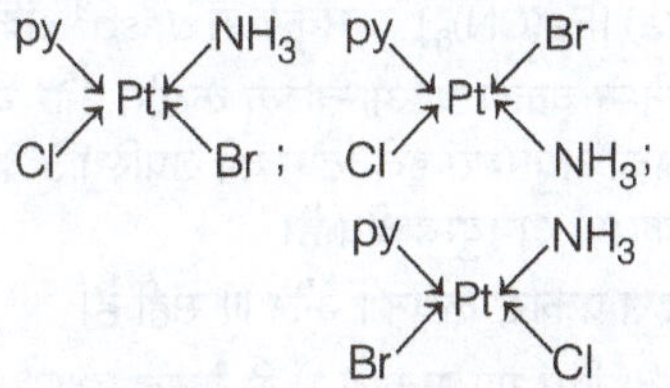

37 *(a)* $[Cr(H_2O)_4Cl_2]^+$ ज्यामितीय समावयवता दर्शाता है क्योंकि यह MA_4B_2 प्रकार का उपसहसंयोजन यौगिक है।

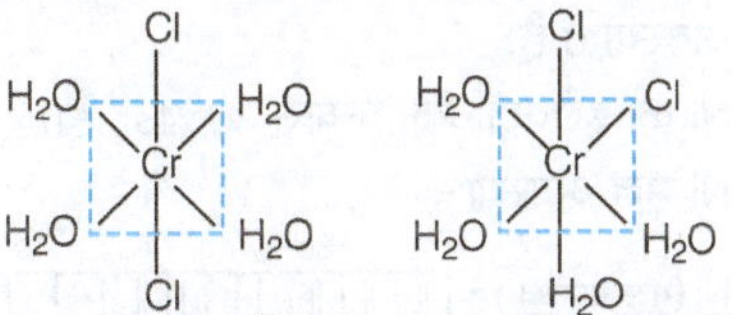

ट्रांस-समावयवी　　*सिस*-समावयवी

38 *(b)* अष्टफलकीय उपसहसंयोजन इकाईयाँ जिनका सामान्य सूत्र $[Ma_3b_3]$ है $[Co(NH_3)_3(NO_2)_3]$ है। इस प्रकार यह दिखा सकता है कि और *मर*-समावयवी इस प्रकार हैं

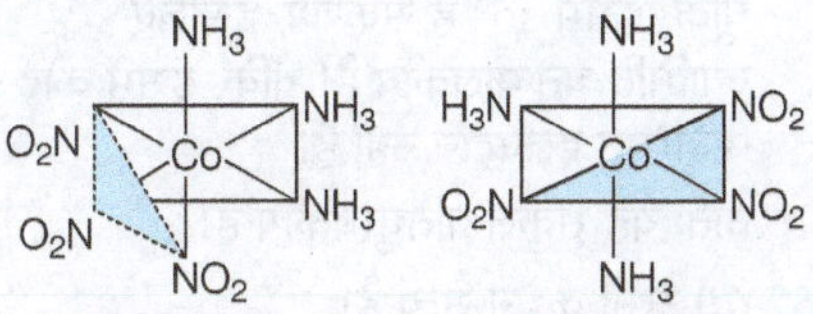

(फलकीय)　　(रेखांशिक)

39 *(a)* $[PtCl_2(en)_2]^{2+}$ प्रकार की एक उपसहसंयोजन इकाई में, प्रकाशिक सक्रियता केवल *सिस* समावयवी द्वारा दर्शाई जाती है।

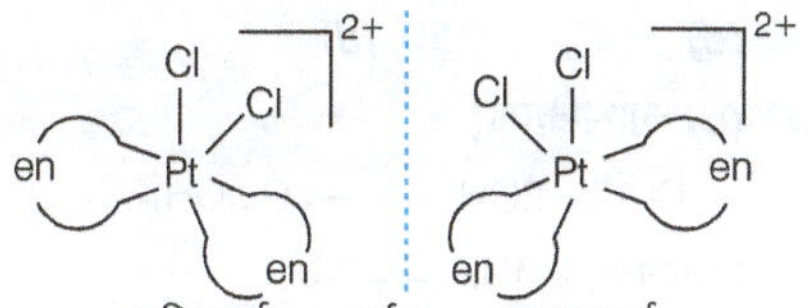

दक्षिणावर्त　　दर्पण　　वामावर्त

40 *(b)* संकुल $[Co(en)_3]^{3+}$ प्रकार $[M(AA)_3]$ का है, इसमें कोई सममिति तल और सममिति केन्द्र नहीं है, इसलिए यह एक प्रकाशिक समावयवी है।

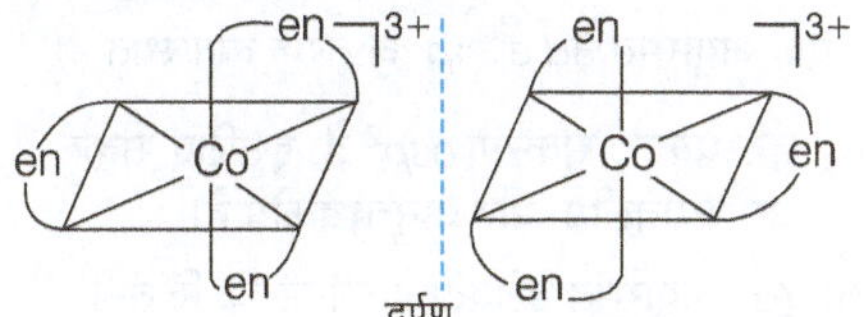

d-रूप　　दर्पण　　*l*-रूप

41 *(d)* *ट्रांस*-(एथिलीनडाइऐमीन) कोबाल्ट (III) ब्रोमाइड, $[Co(en)_3]Br_3$ प्रकार $M(AA)_3$ है जो प्रतिबिम्ब रूपी की एक युग्म, यानी प्रकाशीय समावयवता प्रदर्शित करता है।

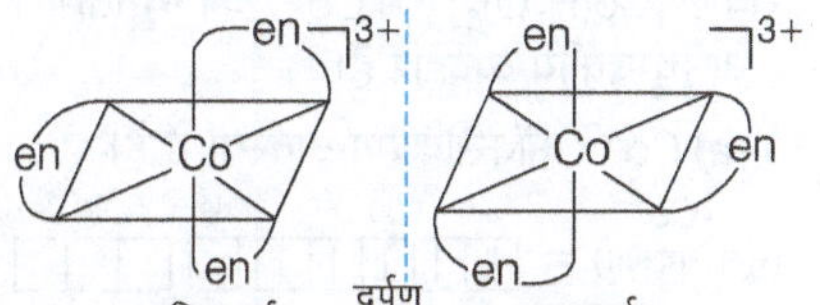

दक्षिणावर्त　　दर्पण　　वामावर्त

42 *(c)* (II) और (III) केवल ज्यामितीय समावयवता दर्शाते हैं।

$[Ni(H_2O)_4(NH_3)_2]^{2+}$ समपक्ष (*सिस*) और विपक्ष (*ट्रांस*) समावयवता दर्शाते हैं।

$[Ni(H_2O)_3(NH_3)_3]^{2+}$ फलकीय (*fac*) रेखांशिक (*mer*) या ज्यामितीय समावयवता दर्शाते हैं।

43 *(c)*

44 *(b)* ज्यामितीय समावयवता तब उत्पन्न होती हैं जब द्विदन्तुक लिगैण्ड (*L—L*) प्रकार $[MX_2(L—L)_2]$. के संकुलों में उपस्थित होते हैं।

45 *(d)*

46 *(b)* बन्धनी समावयवता उभयदन्ती लिगैण्डों की उपस्थिति के कारण होती है।

47 *(b)*

48 *(c)* $[Co(NH_3)_5SO_4]Br$ और $[Co(NH_3)_5Br]SO_4$ आयनीकरण समावयवी हैं, क्योंकि इसमें Br और SO_4^{2-} आयनों का आदान-प्रदान होता है।

49 *(d)* **50** *(d)*

51 *(d)* अभिक्रियाएँ

$Cu^{2+} + 2OH^- \longrightarrow Cu(OH)_2,$

$Cu(OH)_2 + 4NH_3 \longrightarrow [Cu(NH_3)_4]^{2+} + 2OH^-$

In $[Cu(NH_3)_4]^{2+}$ ऑक्सीकरण अवस्था +2 है।

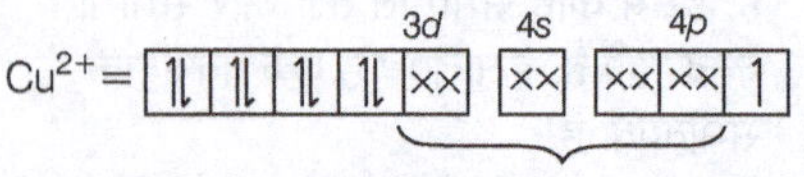

एक अयुग्मित $3d\ e^-$ $4p$ की तरफ व्यवस्थित है।

इस प्रकार, संकरण dsp^2 है, इसलिए संकुल वर्ग समतलीय और अनुचुम्बकीय है।

52 *(d)* अयुग्मित इलेक्ट्रॉनों की संख्या जितनी कम होती है, अनुचुम्बकीय व्यवहार न्यूनतम होता है।

$Co^{2+} \longrightarrow 3d^7 4s^0$

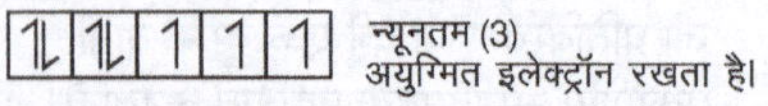

संकुल $[Co(H_2O)_6]^{2+}$ में Co^{2+} का न्यूनतम अनुचुम्बकीय व्यवहार है।

53 *(a)* Co^{+3} ऑक्सीकरण अवस्था में है।

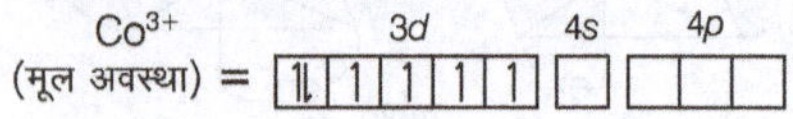

चूँकि NH_3 एक प्रबल लिगैण्ड है, अतः युग्मन घटित होगा।

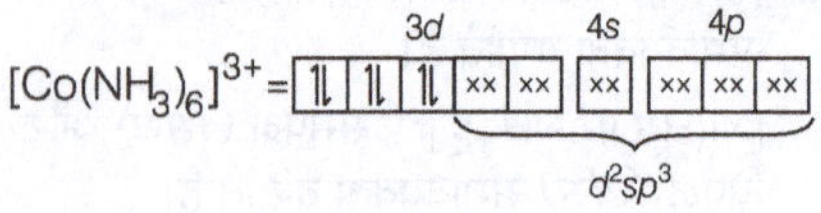

54 *(a)* $[Ni(NH_3)_6]^{2+}$,

$Ni^{2+} = [Ar]3d^8 4s^0$

$[Ni(NH_3)_6]^{2+} =$

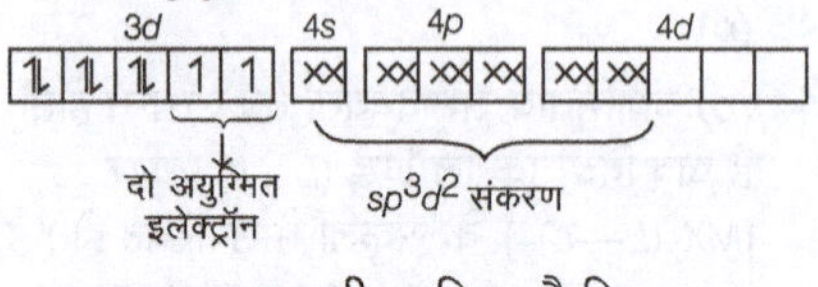

यह एक बाह्य कक्षीय परिसर है जिसका गुणधर्म अनुचुम्बकीय है।

55 *(d)* $[Co(NH_3)_6]^{3+}$ ऑक्सीकरण अवस्था में है, इसका इलेक्ट्रॉनिक विन्यास $[Ar]3d^6$ है।

$[Co(NH_3)_6]^{3+}$

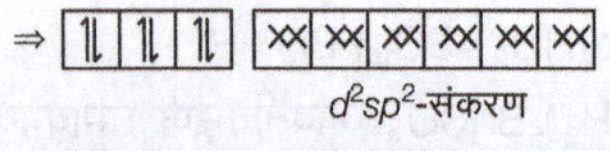

सभी इलेक्ट्रॉन युग्मित होते हैं, इसलिए प्रतिचुम्बकीय होते हैं।

56 *(c)* दिए गए कथनों में से केवल IV गलत है। $[CoF_6]^{3-}$ चार अयुग्मित इलेक्ट्रॉनों के साथ अनुचुम्बकीय है जबकि $[Co(C_2O_4)_3]^{3-}$ प्रतिचुम्बकीय है।

57 *(a)* $[Ni(NH_3)_4]^{2+}$

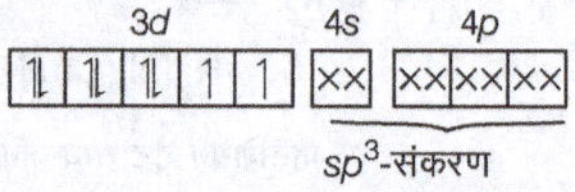

उपरोक्त परिसर चतुष्फलकीय होगा। इसमें दो अयुग्मित इलेक्ट्रॉन हैं, इसलिए यह अनुचुम्बकीय है।

58 *(d)* दिया गया संकुल $[Co(en)_3]Cl_3$ समरूपी तथा प्रकाशिक रूप से सक्रिय है। Co^{+3} में इसका कोई अयुग्मित नहीं है।

इस प्रकार, यह d^2sp^3-संकरण के साथ प्रतिचुम्बकीय है।

59 *(a)* $[Fe(CN)_6]^{3-}$ संकुल में d^2sp^3 संकरण, निम्न चक्रण या आन्तरिक कक्षीय और यह एक अयुग्मित इलेक्ट्रॉन की उपस्थिति के कारण अनुचुम्बकीय है।

इस प्रकार, कथन I और III सही हैं।

60 *(d)* दिए गए संकुलों में से केवल $[PtCl_4]^{2-}$ में वर्ग समतलीय ज्यामिति है, जबकि अन्य संकुलो में चतुष्फलकीय ज्यामिति है।

61 *(a)* $[Ni(CO)_4]$ में Ni की ऑक्सीकरण अवस्था 0 है।

Ni का इलेक्ट्रॉनिक विन्यास $3d^8 4s^2$ है।

Ni मूल अवस्था =

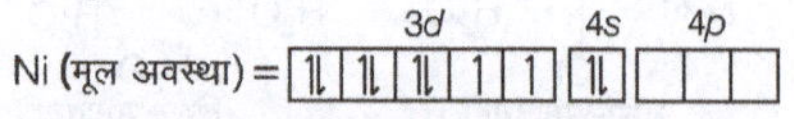

चूँकि CO एक प्रबल क्षेत्र लिगैण्ड है, अतः इलेक्ट्रॉनों का युग्मन होता है।

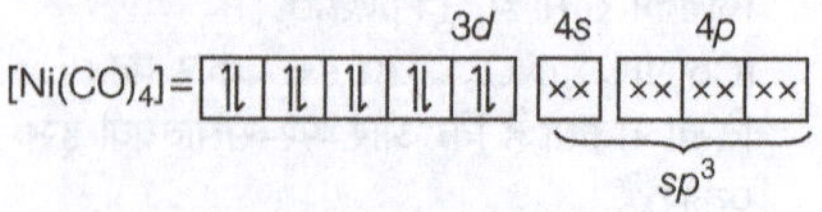

चूँकि, इसमें sp^3 है संकरण, इसलिए ज्यामिति चतुष्फलकीय है। चूँकि, इसमें कोई अयुग्मित इलेक्ट्रॉन नहीं है।

अतः यह संकुल प्रतिचुम्बकीय है।

62 *(d)* सभी कथन सत्य हैं।

63 *(a)* $[CoF_6]^{3-}$ संकुल में कोबाल्ट +3 ऑक्सीकरण अवस्था में है।

चूँकि, फ्लोरीन एक दुर्बल क्षेत्र लिगैण्ड है, इसलिए इलेक्ट्रॉन का कोई युग्मन नहीं होगा और संकुल अनुचुम्बकीय होगा। यह sp^3d^2 संकरण में बाहरी कक्षक ($4d$) का उपयोग करेगा।

64 *(a)* CFT के बारे में सभी कथन सही हैं।

65 *(b)* $[NiX_4]^{2-}$ में निकेल की ऑक्सीकरण अवस्था +2 है। $Ni^{2+} = 3d^8 4s^0$ का इलेक्ट्रॉनिक विन्यास है।

चूँकि, संकुल $[NiX_4]^{2-}$ अनुचुम्बकीय है। इसलिए, लिगैण्ड d-कक्षकों में युग्मन का प्रेरित करने में असमर्थ हो जाता है।

उपसहसंयोजन क्षेत्र में चार लिगैण्डों को समायोजित करने के लिए जो संकरण हो सकता तथा वह sp^3 होना चाहिए इसलिए, संकुल की चतुष्फलकीय ज्यामिति वाले दो अयुग्मित इलेक्ट्रॉन हैं।

66 *(a)* दिए गए सभी कथन VBT की सीमाओं को स्पष्ट करते हैं।

67 *(a)*

68 *(b)*

I. $[Cr(H_2O)_6]Br_2 \longrightarrow Cr^{2+} = [Ar]3d^4$

H_2O एक दुर्बल क्षेत्र लिगैण्ड है।

∴ अयुग्मित इलेक्ट्रॉन = 4

II. $Na_4[Fe(CN)_6] \longrightarrow Fe^{2+} = [Ar]3d^6$

CN एक प्रबल क्षेत्र लिगैण्ड है।

अयुग्मित इलेक्ट्रॉन = 0

III. $Na_3[Fe(C_2O_4)_3] \longrightarrow$ (दिया है)

अयुग्मित इलेक्ट्रॉन = 1

IV. $(Et_4N)_2\ [CoCl_4]$

$[CoCl_4]^{2-}$: $Co^{2+} = [Ar]\,3d^7$

∴ अयुग्मित इलेक्ट्रॉन = 3

अतः अयुग्मित इलेक्ट्रॉनों का सही क्रम है

I > IV > III > II.

69 *(b)*

70 *(b)* क्रिस्टल क्षेत्र सिद्धान्त के आधार पर, यदि विन्यास $t^3_2g e^1_g$ है तो $\Delta_0 < P$.

71 *(b)*

72 *(c)* दिए गए सभी संकुल Co (III) के अष्टफलकीय संकुल हैं, $K_2[CoCl_4]$ के अलावा जो Co (II) (sp^3 संकरित) का चतुष्फलकीय संकुल है।

हम जानते हैं,

$$\Delta_t < \Delta_o \qquad \left[\because \Delta_t = \frac{4}{9}\Delta_o\right]$$

इसके अलावा, $\Delta_0 \propto$ लिगैण्ड की सामर्थ्य जो स्पेक्ट्रोरासायनिक शृंखला में उनकी स्थिति पर आधारित होती है।

$$Cl^- < H_2O < NH_3 < CN^-$$

अतः $K_3[Co(CN)_6]$ का Δ मान सबसे अधिक होगा।

73 *(b)* दिए गए संकुल में Co^{+3} की ऑक्सीकरण अवस्था +3 है और ऑक्सेलेट प्रबल क्षेत्र लिगैण्ड के रूप में कार्य करता है।

$$\therefore \; Co^{3+}(d^6) \xrightarrow[SFL]{OX} t_{2g}^6 e_g^0$$

74 *(a)* $[FeF_6]^{3-}$ की ऑक्सीकरण अवस्था = + 3

अतः $Fe^{3+} = [Ar]3d^5$ जहाँ, F^- एक दुर्बल क्षेत्र लिगैण्ड है।

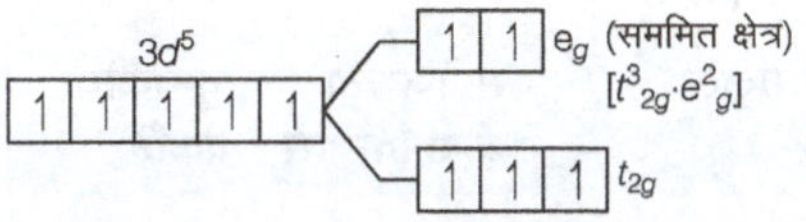

अतः $[FeF_6]^{3-}$ में सममित भरे हुए कक्षक हैं। जबकि अन्य संकुलों में इलेक्ट्रॉन असममित रूप से e_g और t_{2g} में भरे होते हैं।

75 *(b)* Mn^{2+} का इलेक्ट्रॉनिक विन्यास $3d^5 4s^0$

अतः अयुग्मित e^- की संख्या $(n) = 5$

इसलिए, $(n) = 5$

$$\mu = \sqrt{n(n+2)} = \sqrt{5 \times 7} = 5.9 \text{ BM}$$

76 *(b)* चतुष्फलकीय संकुल में *e*-कक्षक पहले भरे जाते हैं। यह हमेशा उच्च चक्रण होता है। इस प्रकार, विन्यास $e^4 t_2^4$ है।

77 *(b)* $[Ni(CN)_4]^{2-}$ में, Ni की ऑक्सीकरण अवस्था +2 है। Ni^{+2} का इलेक्ट्रॉनिक विन्यास $3d^8 4s^0$ है। चूँकि CN^- एक प्रबल क्षेत्र लिगैण्ड है, इसलिए युग्मन घटित होगा।

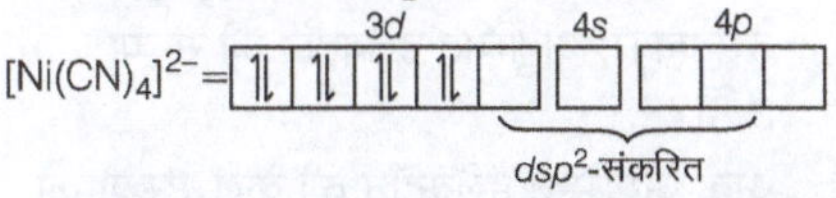

$[Ni(CN)_4]^{2-}$ में अयुग्मित इलेक्ट्रॉन नहीं होते हैं, इसलिए कोई *d*-*d* संक्रमण नहीं होगा और इसलिए, यह दृश्य प्रकाश को अवशोषित नहीं करेगा।

78 *(c)* लिगैण्ड जितना दुर्बल होगा, *d*-कक्षकों का विभाजन उतना ही कम होगा, ऊर्जा उतनी ही कम होगी और अवशोषित दृश्य प्रकाश की तरंगदैर्ध्य उतनी ही अधिक होगी।

दिए गए संकुलो में लिगैण्ड की सामर्थ्य है

$$CN^- > NH_3 > H_2O$$

इस प्रकार, सही क्रम है

$$[Co(CN)_6]^{3-} < [Co(NH_3)_6]^{3+} < [Ti(H_2O)_6]^{3+}$$

79 *(c)* धातु की ऑक्सीकरण अवस्था जितनी अधिक होगी, क्रिस्टल क्षेत्र विभाजन ऊर्जा उतनी ही अधिक होगी।

विकल्प *(a)*, *(b)* और *(d)* में, Co +(2) ऑक्सीकरण अवस्था में उपस्थित है और इसलिए विकल्प *(c)* में Co (+3) का CFSE का मान अधिक है।

80 *(d)* कथन, I, II, III और IV सही हैं जबकि V गलत है। इसका सही रूप *d*-*d* संक्रमण रंग को जन्म देता है।

81 *(d)* धातु कार्बोनिल अतिव्यापन नहीं दर्शाते हैं।

82 *(c)* कथन I और III सही हैं लेकिन II गलत है। सही रूप $Mn(CO)_5$ है इकाईयाँ Mn—Mn बन्ध द्वारा जुड़ी हुई हैं।

83 *(a)*

84 *(a)* धातु कार्बोनिल में धातु कार्बन बन्ध में σ और π दोनों गुण होते हैं।
धातु से लिगैण्ड बन्ध एक सहक्रियात्मक (Synergic) प्रभाव पैदा करता है
जो CO और धातु के बीच बन्ध को मजबूत करता है।

85 *(c)* विकल्प *(c)* में दिया गया कथन गलत है, जबकि (a, *(b)* और *(d)* सही हैं।

86 *(a)* निर्मित उपसहसंयोजन इकाई $[Au(CN)_2]^-$ है।

87 *(b)* चांदी और सोने के लिए संकुलों के विलयन क्रमशः $[Ag(CN)_2]^-$ और $[Au(CN)_2]^-$ हैं।

88 *(b)* $AgBr + 2Na_2S_2O_3 \longrightarrow \underset{\text{विलेय संकुल}}{Na_3[Ag(S_2O_3)_2]} + NaBr$

89 *(d)*

90 *(d)* सीमा विषाक्तता के लिए प्रयुक्त प्रतिकारक (Antidote) EDTA है।

अभिकथन-कारण प्रश्न

1 *(a)* A और R दोनों सत्य हैं और R, A का सही स्पष्टीकरण है।

2 *(b)* एथेन-1, 2-डाइऐमीन एक उदासीन अणु है। क्योंकि इसमें कोई आवेश नहीं होता। संकुल आयन में Co की ऑक्सीकरण संख्या +3 है।

इस प्रकार, A और R दोनों सत्य है लेकिन R, A का सही स्पष्टीकरण नहीं है।

3 *(a)* ज्यामितीय समावयवता हिट्रोलेप्टिक संकुलों में उत्पन्न होती है क्योंकि लिगैण्डों की विभिन्न ज्यामितीय व्यवस्था सम्भव होती है।

इस प्रकार, A और R दोनों सत्य हैं और R, A का सही स्पष्टीकरण है।

4 *(b)* A और R दोनों सत्य हैं लेकिन R, A का सही स्पष्टीकरण नहीं है।

5 *(a)* A और R दोनों सही हैं और R, A का सही स्पष्टीकरण है।

6 *(a)* A और R दोनों सत्य हैं और R, A का सही स्पष्टीकरण है।

7 *(d)* $[Ni(CN)]_4^{2-}$ में वर्ग समतलीय ज्यामिति होती है, जबकि $[NiCl_4]^{2-}$ में चतुष्फलकीय ज्यामिति होती है क्योंकि CN^- का प्रबल लिगेण्ड है जबकि Cl-एक दुर्बल लिगैण्ड है।
इस प्रकार, A असत्य है लेकिन R सत्य है।

8 *(a)* A और R दोनों सत्य हैं और R, A का सही स्पष्टीकरण है।

9 *(c)* A सत्य है लेकिन R असत्य है।
R का सही कथन यह है कि फेरोसायनाइड आयन में क्रिस्टल क्षेत्र विभाजन फेरिसायनाइड आयन की तुलना में कम होता है।

10 *(a)* A और R दोनों सत्य हैं, और R, A का सही स्पष्टीकरण है।

कथन आधारित प्रश्न

1 *(b)* कथन I सत्य है लेकिन कथन II गलत है।
कथन II का सही रूप है
NO_2^- N और O के माध्यम से उपसहसंयोजन कर सकता है, इसी प्रकार, SCN^-S और N के माध्यम से एक केन्द्रीय धातु परमाणु/आयन से उपसहसंयोजन कर सकता है।

2 *(d)* कथन I और II दोनों सत्य हैं।

3 *(d)* कथन I और II दोनों सत्य हैं।

4 *(b)* कथन I सत्य है, लेकिन कथन II असत्य है। कथन II का सही रूप है वर्गाकार समतलीय संकुल प्रकाशिक निष्क्रिय होते हैं।

5 *(a)* कथन I और II दोनों गलत हैं।
सही रूप इस प्रकार हैं $[PtCl_4]^{2-}$ संकुल में वर्गाकार समतलीय ज्यामिति होती है।
$[Ni(CO)_4]$ संकुल की ज्यामिति चतुष्फलकीय है।

6 *(b)* कथन I सत्य है, लेकिन कथन II असत्य है। कथन II का सही रूप है Ni की ज्यामिति अष्टफलकीय है।

7 *(c)* कथन I, III और V सही हैं। इन यौगिकों में एक ही संकरण (d^2sp^3) होता है, एक ही तरह के संकुल (आन्तरिक कक्षक) बनाते हैं संकुल और समान प्रकार की ज्यामिति (अष्टफलकीय) भी होती है।

8 *(d)* कथन I और V गलत हैं। उनका सही रूप है त्रिविमसमावयवी का रासायनिक सूत्र, रासायनिक बन्ध समान होते हैं, लेकिन स्थानिक व्यवस्था भिन्न होती है। उपसहसंयोजन क्षेत्र के भीतर लिगैण्ड और धातुओं के बीच कोई स्थान नहीं होना चाहिए।

9 *(c)* कथन II और IV गलत हैं। इनका सही रूप है-निम्न चक्रण चतुष्फलकीय संकुल नहीं पाए जाते, क्योंकि CFSE युग्मन ऊर्जा से कम होता है। लिगैण्ड की अनुपस्थिति में क्रिस्टल क्षेत्र विपाटन नहीं होता है, इसलिए पदार्थ रंगहीन होता है। अन्य कथन सही हैं।

10 *(c)* कथन I और II गलत हैं। इनका सही रूप इस प्रकार है यदि $\Delta_0 < P$, उच्च चक्रण अवस्था अधिक स्थायी होती है और CO एक बहुत प्रबल क्षेत्र में लिगैण्ड है। बाकी अन्य कथन सही हैं।

सुमेलन प्रकार प्रश्न

1 *(b)* सही मिलान A-(3), B-(4), C-(1), D-(2) है।

2 *(a)* सही मिलान A-(3), B-(1), C-(4), D-(2) है।

A. $[Cr(H_2O)_6]^{3+}$ $[Cr(H_2O)_6]^{3+}$ में Cr^{3+} का MOEC (आण्विक कक्षक इलेक्ट्रॉनिक विन्यास) है

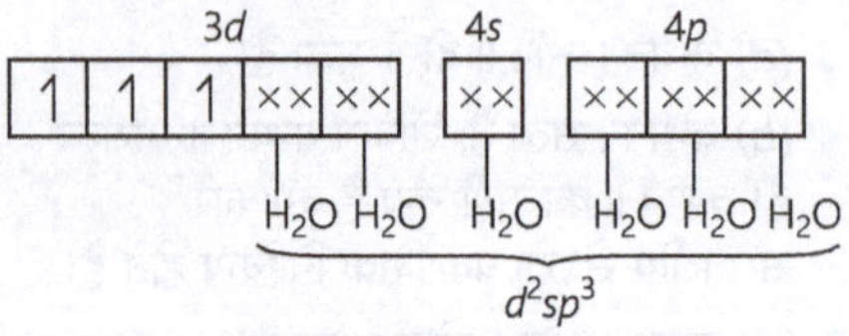

n (अयुग्मित इलेक्ट्रॉनों की संख्या) = 3

B. $[Co(CN)_4]^{2-}$ $[Co(CN)_4]^{2-}$ में Co^{2+} का MOEC है

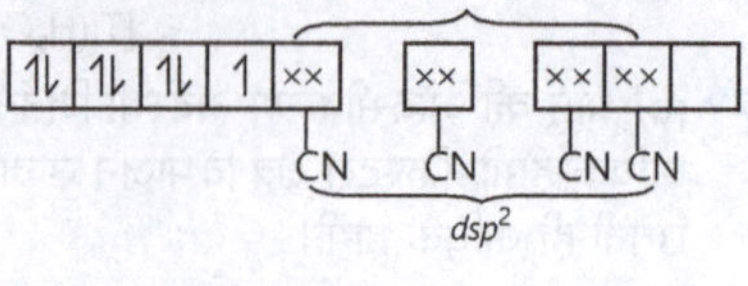

संकरण = dsp^2 और $n = 1$

C. $[Ni(NH_3)_6]^{2+}$ $[Ni(NH_3)_6]^{2+}$ में Ni^{2+} का MOEC है

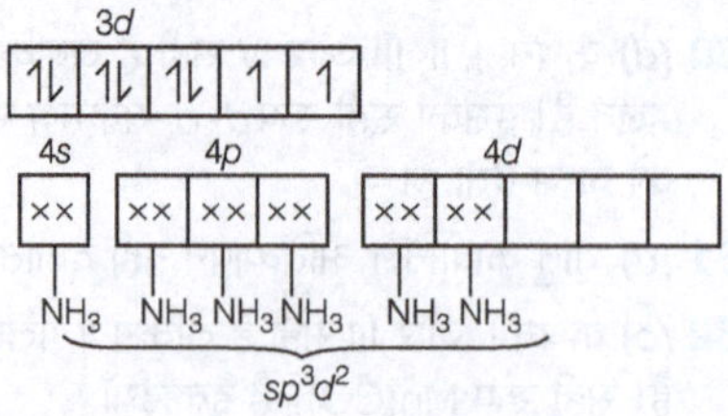

संकरण = sp^3d^2 और $n = 2$

D. $[MnF_6]^{4-}$

$[MnF_6]^{4-}$ में Mn^{2+} का MOEC है

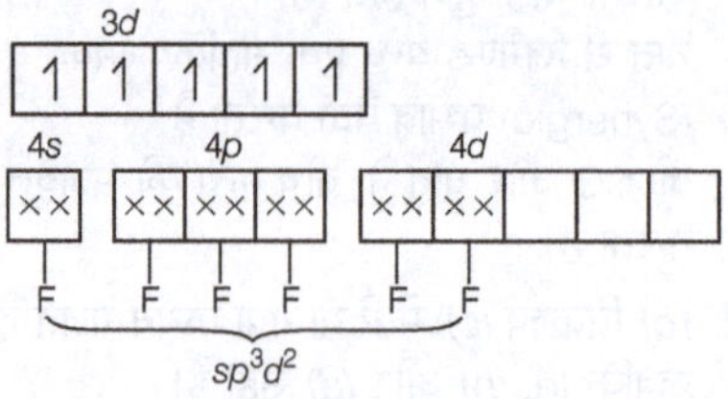

संकरण = sp^3d^2

$\Rightarrow \quad n = 5$

3 *(c)* सही मिलान A-(2), B-(4), C-(5), D-(1), E-(3) है।

4 *(d)* सही मिलान A-(4), B-(3), C-(2), D-(1) है।

5 *(a)* सही मिलान A-(3), B-(4), C-(1), D-(2) है।

आंकिक मान प्रकार के प्रश्न

1 *(2)* संकुल $[CoCl(NH_3)_5]^{2+}2Cl^-$ है। इस प्रकार, प्राथमिक संयोजकता 2 है।

2 *(3)* $[Co(ox)_2Cl(NH_3)]^{2-}$ ज्यामितीय समावयवता दर्शाता है, इसलिए यह समपक्ष (*सिस*) और विपक्ष (*ट्रान्स*) में उपस्थित होता है।

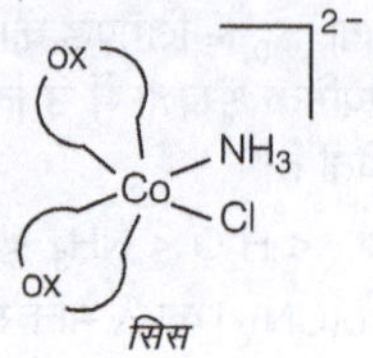

सिस

d-और *l*-रूप में उपस्थित है।

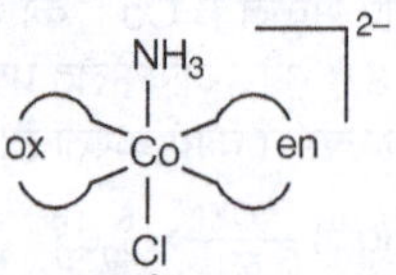

ट्रांस

$[Co(ox)_2Cl(NH_3)]^{2-}$ के लिए सम्भव त्रिविमय समावयवों की कुल संख्या 3 है।

3 *(3)*

संकुल	संयोजकता कोश विन्यास	चुम्बकीय प्रकृति
$[Fe(CN)_6]^{4-}$	$3d^6$ (युग्मन)	प्रति-चुम्बकीय
$[Ti(CN)_6]^{3-}$	$3d^1$	अनुचुम्बकीय
$[Ni(CN)_4]^{2-}$	$3d^8$ (युग्मन)	प्रति-चुम्बकीय
$[Fe(CN)_6]^{3-}$	$3d^5$ (युग्मन)	अनुचम्बकीय
$[CO(CN)_6]^{3-}$	$3d^6$ (युग्मन)	प्रति-चुम्बकीय

4 *(4)* संकुल $[Co(CN)_6]^{4-}$ के लिए CO ऑक्सीकरण अवस्था में है। इसलिए, $Co^{2+} = [Ar]\,3d^7\,(t_{2g}^6 e_g^1)$ इस प्रकार अयुग्मित इलेक्ट्रॉन की संख्या 1 है।

अब संकुल $[Co(NH_3)_6]Cl_2$ के लिए पुनः Co^{+2} ऑक्सीकरण अवस्था में है।

इस प्रकार, $Co^{2+} = [Ar]\,3d^7 (t_{2g}^5 e_g^2)$

इस प्रकार, अयुग्मित इलेक्ट्रॉन की संख्या 3 है।

अतः अयुग्मित इलेक्ट्रॉन की कुल संख्या का योग = 4

5 *(0)* $[Ru(H_2O)_6]^{2+}$ में Ru की ऑक्सीकरण अवस्था +2 है।

$\therefore$ $[Ru(H_2O)_6]^{2+}$ में $4d^6$ Ru^{2+}

$\Rightarrow t_{2g}^6 e_g^0$ क्योंकि $\Delta_o > P$

चूँकि अयुग्मित इलेक्ट्रॉन की संख्या शून्य है। इसलिए, केवल चक्रण चुम्बकीय आघूर्ण शून्य है।

NCERT Exemplar प्रश्न

1 *(b)* दी गई अभिक्रिया में, जब $CoCl_3(NH_3)_5$ के 0.1 मोल को $AgNO_3$ की अधिकता के साथ उपचारित किया जाता है, तो AgCl के 0.2 मोल प्राप्त होते हैं, इस प्रकार, विद्युत अपघट्य के विलयन में दो मुक्त क्लोराइड आयन होने चाहिए। इसलिए संकुल का आण्विक सूत्र $[Co(NH_3)_5Cl]\,Cl_2$ होगा और विद्युतअपघट्य में घटक आयन के रूप में $[Co(NH_3)_5Cl]^{2+}$ और Cl^- होने चाहिए। इसलिए, यह 1 : 2 विद्युतअपघट्य है।

$$[Co(NH_3)_5Cl]Cl_2 \longrightarrow [Co(NH_3)_5Cl]^{2+}(aq) + 2Cl^-(aq)$$

2 *(d)* $AgNO_3$ का 1 मोल एक मुक्त क्लोराइड आयन (Cl^-) अवक्षेपित करता है। यहाँ, AgCl के 3 मोल $AgNO_3$ की अधिकता से अवक्षेपित होते हैं। इसलिए, तीन मुक्त Cl^- आयन होने चाहिए।
तो, संकुल का सूत्र $[Cr(H_2O)_6]Cl_3$ है।

3 *(b)* उपसहसंयोजन यौगिक $[Cr(H_2O)_6]Cl_3$ और $[Cr(H_2O)_5Cl]H_2O \cdot Cl_2$ विलायकन समावयवी हैं, क्योंकि क्लोराइड आयन द्वारा जल का आदान-प्रदान होता है। यही कारण है कि दोनों सूर्य के प्रकाश के संपर्क में आने पर अलग-अलग रंग दिखाते हैं, अर्थात् $[Cr(H_2O)_6]Cl_3$ बैंगनी रंग दिखाता है, जबकि $[Cr(H_2O)_5Cl]Cl_2 \cdot H_2O$ भूरा हरा रंग दिखाता है।

4 *(a)*

5 *(c)* दिए गए प्रश्न में $[Fe(C_2O_4)_3]^{3-}$ एक उपसहसंयोजन यौगिक है जिसमें ऑक्जेलेट आयन एक चिलेटिंग लिगैण्ड के रूप में होता है। इसलिए, यह Fe^{3+} आयन को किलैट करके उपसहसंयोजन यौगिक को स्थायी करता है।

6 *(c)* अष्टफलकीय और चतुष्फलकीय संकुलों के लिए CFSE सूत्र द्वारा एक दूसरे से निकटता से सम्बन्धित हैं

$$\Delta_t = \frac{4}{9}\Delta_o.$$

जहाँ, Δ_0 = अष्टफलकीय संकुल के लिए CFSE, Δ_t = चतुष्फलकीय संकुल के लिए
प्रश्न के अनुसार,

$$\Delta_0 = 18000 \text{ सेमी}^{-1}$$

$$\therefore \quad \Delta_t = \frac{4}{9}\Delta_0 = \frac{4}{9} \times 18000 \text{ सेमी}^{-1}$$

$$= 4 \times 2000 \text{ सेमी}^{-1} = 8000 \text{ सेमी}^{-1}$$

7 *(c)* जैसे-जैसे लिगैण्ड की सामर्थ्य बढ़ती है, क्रिस्टल क्षेत्र विपाटन ऊर्जा बढ़ती है और तरंगदैर्ध्य कम होती है। इस प्रकार, सही क्रम है

$$[Co(H_2O)_6]^{3+} > [Co(NH_3)_6]^{3+} > [Co(CN)_6]^{3-}$$

8 *(a)*

9 *(a)* दिए गए लिगैण्ड में से, थायोसल्फेटों ($S_2O_3^{2-}$) एक चिलेटिंग लिगैण्ड नहीं है, क्योंकि ज्यामितीय रूप से यह ($S_2O_3^{2-}$) के लिए एक धातु आयन को चिलेट करने के लिए अनुकूल नहीं है।

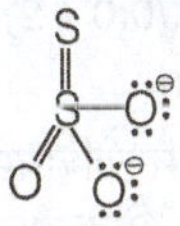

10 *(b)* लिगैण्ड को धातु को एक इलेक्ट्रॉन युग्म या ढीले रूप से रखे गए इलेक्ट्रॉन युग्म का दान करना चाहिए और एक *M-L* बन्ध बनाना चाहिए।
जैसे $:\ddot{N}=O$, $\ddot{N}H_2CH_2CH_2\ddot{N}H_2$, $:CO$
दिए गए लिगैण्डों में से NH_4^+ में कोई भी इलेक्ट्रॉन युग्म नहीं है।
अतः NH_4^+ एक लिगैण्ड नहीं है।

विगत परीक्षाओं के प्रश्न

1 *(a)* कथन (I) और कथन (II) दोनों सत्य हैं।

2 *(a)* सही सुमेलन है,
A-II, B-III, C-IV, D-I.

3 *(a)* कथन I और कथन II दोनों सत्य हैं।

4 *(d)* ऐसे संकुल जिनमें धातु केवल एक प्रकार के दाता समूहों से बन्धी होती है, होमोलेप्टिक संकुल कहलाते हैं। दिए गए विकल्पों में से पोटैशियम ट्राइऑक्जेलेटोऐलुमिनेट (III) होमोलेप्टिक संकुल का एक उदाहरण है।

5 *(c)* संकुल $[Ag(H_2O)_2]\,[Ag(CN)_2]$ की उपसहसंयोजन संख्या 2 है तथा धनायनिक और ऋणायनिक दोनों भागों में ऑक्सीकरण अवस्था +1 है। इसलिए, इसका IUPAC नाम डाइऐक्वासिल्वर (I) डाइसायनिडोअर्जेंटेट (I) है।

6 *(a)* EDTA एक षटदन्तुक लिगैण्ड है जिसमें चार 'O' और दो 'N' दाता परमाणु होते हैं।

7 *(d)* सही मिलान A-4, B-1, C-2, A-3 है।
$[Fe(CN)_6]^{3-} \Rightarrow$ Fe की ऑक्सीकरण संख्या $= +3$

Fe^{3+} का इलेक्ट्रॉनिक विन्यास $\rightarrow [Ar]3d^5 4s^0$

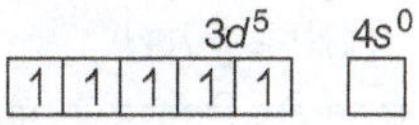

CN^--एक प्रबल क्षेत्र लिगैण्ड है, इसलिए इलेक्ट्रॉनों का युग्मन होता है।

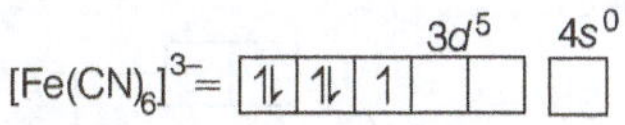

अयुग्मित इलेक्ट्रॉनों की संख्या = 1

$$\mu_s = \sqrt{n(n+1)} = \sqrt{1(1+2)} = \sqrt{3} = 1.73 \text{ BM}$$

इसी प्रकार, हम इसका उपयोग करके अन्य दिए गए संकुलों के लिए चुम्बकीय आघूर्ण का पता लगा सकते हैं।

8 *(b)* सही मिलान A-II, B-IV, CI, D-II है।

9 *(a)* $K_4[Fe(CN)_6]$, में $Fe^{2+} = [Ar]3d^6 4s^0$
CN-एक प्रबल क्षेत्र लिगैण्ड है और जैसे ही यह धातु आयन के निकट पहुँचाता है, इलेक्ट्रॉनों को युग्म बनाना पड़ता है।
$K_4[Fe(CN)_6]$ में केंद्रीय परमाणु का इलेक्ट्रॉनिक विन्यास $t^6 2ge_g^0$ है।

10 *(c)* $[CoCl_2(en)_2]$, में, Co की उपसहसंयोजन संख्या 6 है तथा अष्टफलकीय ज्यामिति $M(AA)_2B_2$ है [जहाँ, *AA* द्विदन्तुक लिगैण्ड है]।

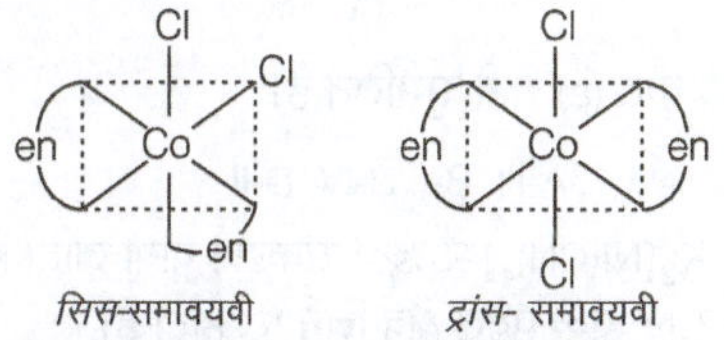

सिस-समावयवी (प्रकाशिक सक्रिय) — *ट्रांस*- समावयवी (प्रकाशिक निष्क्रिय)

इस प्रकार, $[CoCl_2(en)_2]$ ज्यामितीय समावयवता दर्शाते हैं।

11 *(a)* स्पेक्ट्रोरासायनिक श्रेणी के अनुसार Co^{3+} आयन से जुड़े लिगैण्ड का CFSE क्रम en > NH_3 > H_2O में है (स्पेक्ट्रोरासायनिक श्रेणी से)

$\because$ अवशोषित प्रकाश की तरंगदैर्ध्य $(\lambda) \propto \frac{1}{\Delta_o}$

$\therefore$ दृश्य क्षेत्र में अवशोषण की तरंगदैर्ध्य का क्रम होगा en < NH_3 < H_2O
अथवा

$$[Co(en)_3]^{3+} < [Co(NH_3)_6]^{3+} < [Co(H_2O)_6]^{3+}$$

12 *(a)* $[Co(CN)_6]^{3-}$

$Co^{3+} = [Ar]3d^6$

CN-एक प्रबल क्षेत्र लिगैण्ड है और जैसे ही यह धातु आयन के पास पहुँचता है, इलेक्ट्रॉनों को युग्म बनाना चाहिए जैसा कि नीचे दिखाया गया है।

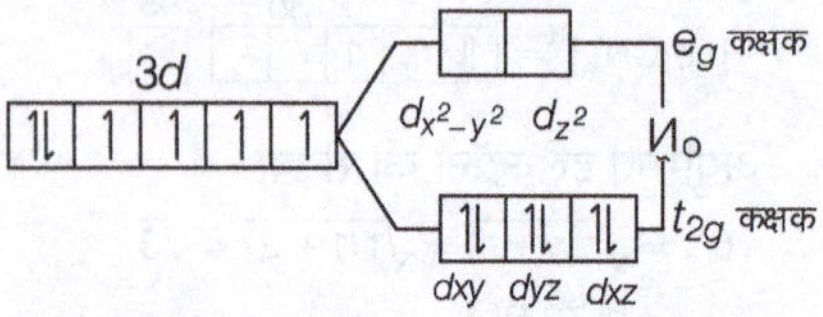

$\therefore$ $[Co(CN)_6]^{3-}$ में कोई अयुग्मित इलेक्ट्रॉन नहीं है तथा यह निम्न चक्रण विन्यास में होगा।

13 *(b)* *सिस*-प्लेटिन को कैंसररोधी कारक रूप में जाना जाता है। *सिस*-प्लेटिन का सूत्र *सिस*-$[PtCl_2(NH_3)_2]$ है।

14 *(c)* $EDTA^{4-}$ के साथ बने संकुल में Ca^{2+} अष्टफलकीय ज्यामिति बनाता है। क्योंकि $EDTA^{4-}$ हेक्साडेन्टेट लिगैण्ड होता है।

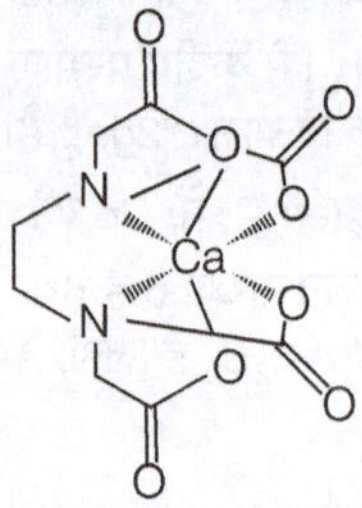

15 कूट (a) सही सुमेलित है।

A-III, B-I, C-IV, D-II

- $K_2[Ni(CN)_4]$ में dsp^2 संकरण पाया जाता है। CN^- एक प्रबल क्षेत्र लिगैण्ड होता है।
- $[Ni(CO)_4]$ में sp^3 संकरण पाया जाता है।
- $[Co(NH_3)_6]Cl_3$ में d^2sp^3 संकरण पाया जाता है।
- $Na_3[CoF_6]$ में sp^3d^2 संकरण पाया जाता है।

16 कूट (d) सही सुमेलित है।

A-II, B-IV, C-I, D-III

A. $[Cr(NH_3)_6]^{3+} \Rightarrow Cr^{3+}; 3d^3$

अयुग्मित इलेक्ट्रॉन $n = 3$

चक्रिय केवल चुम्बकीय आघूर्ण का सूत्र उपयोग करने पर

$= \sqrt{n(n+2)}$ B.M.

$\mu = 3.87$ B.M.

B. $[NiCl_4]^{2-} \Rightarrow Ni^{2+} = 3d^8$.

अयुग्मित इलेक्ट्रॉन $n = 2$,

$\mu = \sqrt{2(2+2)}$ B.M.

$\mu = 2.83$ B.M.

C. $[CoF_6]^{3-} \Rightarrow Co^{3+}; 3d^6$

अयुग्मित इलेक्ट्रॉन

$n = 4, \mu = \sqrt{4(4+2)}$ B.M.

$\mu = 4.90$ B.M.

D. $[Ni(CN)_4]^{2-} \Rightarrow Ni^{2+}; 3d^8$

अयुग्मित इलेक्ट्रॉन $n = 0$,

$\mu = \sqrt{0(0+2)}$ B.M.

$\mu = 0$

17 *(a)* क्लोरोफिल मैग्नीशियम का एक उपसहसंयोजन यौगिक है।

$[Ag(S_2O_3)_2]^{3-}$ का उपयोग फोटोग्राफी में किया जाता है।

अतः *(A)* और *(C)* बेमेल संयोजन हैं।

18 *(a)* संकुल $[NiCl_2Br_2]^{2-}$ में दुर्बल क्षेत्र लिगैण्ड की उपस्थिति के कारण ज्यामिति चतुष्फलकीय होती है तथा ज्यामितीय समावयवता प्रदर्शित नहीं होती है।

हालाँकि संकुल $[PtCl_2Br_2]^{2-}$ के लिए ज्यामिति वर्ग समतलीय है और यह दो ज्यामितीय समावयवियों को दर्शाती है।

दोनों संकुल प्रजातियाँ प्रकाशिक रूप से निष्क्रिय हैं।

इसके अतिरिक्त उनमें अयुग्मित इलेक्ट्रॉन की संख्या भी अलग-अलग होती है। इसलिए, उनके चुम्बकीय गुण भिन्न होते हैं।

19 *(b)* $[MA_3B_3]$ प्रकार का यौगिक *फेशियल* और *मेरिडियनल* समावयवी के रूप में उपस्थित है।

इस प्रकार, $[Co(NH_3)_3(NO_2)_3]$ *मेरिडियनल* समावयवी के रूप में उपस्थित होगा।

20 *(d)* उभयदन्ती लिगैण्ड में दो अलग-अलग दाता परमाणु होते हैं और दो में से एक दाता परमाणु संकुल निर्माण के दौरान धातु से जुड़ा होता है।

केवल NCS^{-1} और NO_2^- उभयदन्ती लिगैण्ड हैं जबकि $C_2O_4^{2-}$, एथिलीन डाइएमीन, H_2O और EDTA उभयदन्ती लिगैण्ड नहीं है।

21 *(d)* दिए गए संकुलों में अयुग्मित इलेक्ट्रॉनों की संख्या का सही क्रम है

E < A < D < C < B.

(A) $[Fe(CN)_6]^{3-}$ $n = 1$

(B) $[FeF_6]^{3-}$ $n = 5$

(C) $[CoF_6]^{3-}$ $n = 4$

(D) $[Cr(\text{ऑक्सेलेट})_3]^{3-}$ $n = 3$

(E) $[Ni(CO)_4]$ $n = 0$

22 *(c)* सही मिलान A-1, B-2, C-4, D-3 है।

23 *(d)* समान ऑक्सीकरण अवस्था के लिए, CFSE का बढ़ता क्रम होगा

$3d < 4d < 5d$.

अतः $[Os(H_2O)_6]^{3+}$ में अधिकतम CFSE (Δ_0) है।

24 *(b)* कथन I और II दोनों गलत हैं। इनका सही रूप इस प्रकार दिया गया है

I. $[Ni(CN)_4]^{2-}$Ni के लिए dsp^2 संकरण के साथ वर्ग समतलीय और प्रतिचुम्बकीय है लेकिन $[Ni(CO)_4]$ के लिए चतुष्फलकीय, प्रतिचुम्बकीय और sp^3-संकरण के साथ है।

II. $[Ni(CO)_4]$: d^{10} विन्यास (उत्तेजित अवस्था के बाद) SFL चतुष्फलकीय विभाजन (sp^3), प्रतिचुम्बकीय।

$[NiCl_4]^{2-}$: d^8 विन्यास, WFL, चतुष्फलकीय विभाजन (sp^3), अनुचुम्बकीय (2 अयुग्मित e^-)

25 *(c)* कथन I सत्य है लेकिन कथन II असत्य है। कथन II का सही रूप इस प्रकार दिया गया है, DMG एक ऋणात्मक द्विदन्तुक लिगैण्ड है।

स्किल बूस्टर्स

1 *(d)* संकुल $[Fe(H_2O)_5NO]^{2+}$ में, Fe में sp^3d^2 संकरण,

2 *(b)* d^2 में (दुर्बल क्षेत्र और प्रबल क्षेत्र लिगैण्ड में)

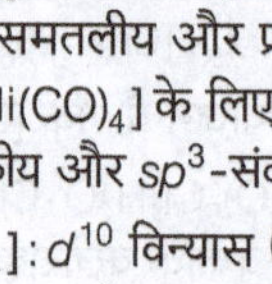

n (अयुग्मित इलेक्ट्रॉन की संख्या = 2)

$\mu = \sqrt{n(n+2)} = \sqrt{2(2+2)}$

$= \sqrt{8} = 2.89$ BM

3 *(b)* सम्मिलित अभिक्रियाओं को इस प्रकार दर्शाया गया है

$$\underset{(M)}{Cu} + \underset{(N)}{2AgNO_3} \longrightarrow \underset{\text{हल्का नीला}}{Cu(NO_3)_2} + 2Ag$$

$$\underset{N}{NaCl} + \underset{N}{2AgNO_3} \longrightarrow \underset{\text{(सफेद अवक्षेप)}}{AgCl \downarrow} + NaNO_3$$

$$2AgCl + 2NH_3(aq) \longrightarrow [Ag(NH_3)_2]^+$$

$$Cu(NO_3)_2 + 4NH_3(aq) \longrightarrow \underset{\text{(गहरा नीला रंग)}}{[Cu(NH_3)_4](NO_3)_2}$$

अतः, धातु की छड़ M ताँबे की है।

4 *(c)* अभिक्रिया को इस प्रकार दर्शाया गया है

$$CoCl_2 + 6H_2O \longrightarrow [Co(H_2O)_6]Cl_2 \xrightarrow{\text{सान्द्र}} [CoCl_4]^{2-}$$

इस प्रकार, $X = [Co(H_2O)_6]^{2+}$

$Y = [CoCl_4]^{2-}$

$Z =$ चतुष्फलकीय

5 *(a)* चूँकि संकुल जलीय विलयन में 3 आयन देता है, अतः संकुल $[Co(NH_3)_5NO_2]Cl_2$ होना चाहिए।

$$[Co(NH_3)_5(NO_2)]Cl_2 \rightleftharpoons [Co(NH_3)_5NO_2]^{2+} + 2Cl^-$$

$$2Cl^- + 2AgNO_3 \longrightarrow 2AgCl + 2NO_3$$

6 *(b)* दिए गए संकुल में Ni की ऑक्सीकरण अवस्था = +2

इस संकुल का संकरण dsp^2 है, क्योंकि यह एक समतलीय अणु है।

Ni^{2+} का इलेक्ट्रॉनिक विन्यास $3d^8$ है। इसमें कई अयुग्मित इलेक्ट्रॉन उपस्थित नहीं हैं। इसलिए, यह प्रकृति में प्रतिचुम्बकीय है।

7 *(a)*

संकुल	वलयों की संख्या
$x = [Ni(en)(H_2O)_4]^{2+}$	1
$y = [Ni(en)_2(H_2O)_2]^{2+}$	2
$z = [Ni(en)_3]^{2+}$	3

संकुल का स्थायित्व सीधे तौर पर कीलेट वलयों की संख्या के समानुपाती होती है। अर्थात् संकुल की स्थायित्वता ∝ कीलेट वलयों की संख्या।

$$\propto \Delta_{\text{अवशोषित}} \propto \frac{1}{\lambda_{\text{अवशोषित}}}$$

अतः संकुल x में अवशोषित तरंगदैर्ध्य का मान अधिकतम है।

8 *(c)* $K_2[Ni(CN)_4]$ संकुल आयन $[Ni(CN)_4]^{2-}$ है, निकेल के रूप में उपस्थित है।

$[Ni(CN)_4]^{2-}$ आयन में, Ni^{2+} निम्न प्रकार उपस्थित होता है

3d					4d	4p		
⥮	⥮	⥮	⥮	××	××	××	××	××

इसमें अयुग्मित इलेक्ट्रॉन उपस्थित नहीं है, इसलिए यह प्रतिचुम्बकीय प्रकृति का है।

$K_2[Ni(Cl)_4]$ संकुल आयन $[Ni(Cl)_4]^{2-}$ है, निकेल Ni^{2+} के रूप मं उपस्थित है

$[Ni(Cl)_4]^{2-}$ आयन में, Ni^{2+} निम्न प्रकार उपस्थित होता है

3d					4s	4p		
⥮	⥮	⥮	1	1	××	××	××	××

अयुग्मित इलेक्ट्रॉनों की उपस्थिति के कारण यह अनुचुम्बकीय प्रकृति का है।

9 *(a)* जैसा कि हम जानते हैं, CFSE

$$(\Delta_0) = \frac{hc}{\lambda}, \ \Delta_o \propto \frac{1}{\lambda}$$

$$\text{लिगैण्ड की प्रबलता} \propto \Delta_o \propto \frac{1}{\lambda}$$

रासायनिक श्रृंखला के अनुसार,

$$F^- < NCS^- < NH_3$$

अतः दिए गए संकुलों के लिए, यह आलेख से स्पष्ट है

$$\underset{\substack{(R)\\ [F^-]}}{\lambda_{\text{अधिकतम}}} > \underset{\substack{(Q)\\ [NCS^-]}}{\lambda_{\text{अधिकतम}}} > \underset{\substack{(P)\\ [NH_3]}}{\lambda_{\text{अधिकतम}}}$$

06

रसायन की Concept Master *Videos* के लिए *Scan* करें

हैलोऐल्केन तथा हैलोऐरीन

Haloalkanes and Haloarenes

5 वर्षों में NEET में पूछे गये शीर्षकवार प्रश्न

शीर्षक	वर्षवार प्रश्नों की संख्या				
	2024	2023	2022	2021	2020
C–*X* आबन्ध का वर्गीकरण, नामकरण और प्रकृति	–	1	–	–	–
हैलोऐल्केन और हैलोऐरीन के निर्माण की विधियाँ	1	–	1	–	–
भौतिक गुणधर्म	–	–	–	1	–
रासायनिक अभिक्रियाएँ	2	–	1	2	1
पॉलीहैलोजन यौगिक	–	–	–	–	–

NEET में विगत 5 वर्षों में पूछे गये विशेष प्रकार के प्रश्न

प्रकार	वर्ष				
	2024	2023	2022	2021	2020
अभिकथन–कारण	–	–	–	–	–
कथन आधारित	–	1	–	–	–
सुमेलन	–	–	–	1	–

NEET के विगत 5 वर्षों का भारांकन

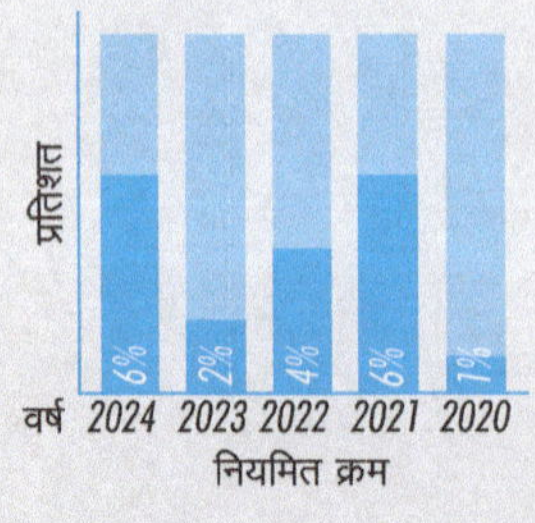

एक ऐलिफैटिक (aliphatic) या एरोमैटिक (aromatic) हाइड्रोकार्बन में हाइड्रोजन परमाणु (परमाणुओं) के स्थान पर हैलोजन परमाणु (परमाणुओं) के प्रतिस्थापन से क्रमशः एल्किल हैलाइड (हैलोएल्केन) [alkylahalide (haloalkane)] या एरिल हैलाइड (हैलोएरीन) [arylhalide (haloarene)] का निर्माण होता है।

हैलोएल्केन में एल्किल समूह के sp^3-संकरित (hybridised) कार्बन परमाणु से जुड़े हैलोजन परमाणु होते हैं, जबकि **हैलोएरीन** में एरिल समूह के sp^2-संकरित कार्बन परमाणु से जुड़े हैलोजन परमाणु होते हैं।

वर्गीकरण (Classification)

हैलोऐल्केन और हैलोएरीन को निम्न प्रकार से वर्गीकृत किया जा सकता है।

हैलोजन परमाणुओं की संख्या के आधार पर
(On the Basis of Number of Halogen Atoms)

संरचना में उपस्थित एक दो अथवा अधिक हैलोजन परमाणुओं की संख्या के आधार पर इन्हें मोनो, डाइ अथवा पॉली हैलोजन (ट्राई -टेट्रा) आदि में वर्गीकृत किया जा सकता है।

उदाहरण

C_2H_5X
मोनोहैलोऐल्केन

CH_2X–CH_2X
डाइहैलोऐल्केन

CH_2X–CHX–CH_2X
ट्राइहैलोऐल्केन

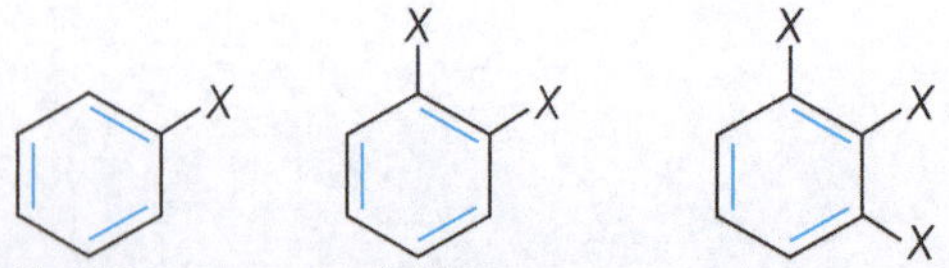

मोनोहैलोऐरीन डाइहैलोऐरीन ट्राइहैलोऐरीन

C—X बन्ध में कार्बन की प्रकृति के आधार पर
(On the Basis of Nature of Carbon in C—X Bond)

मोनोहैलोयौगिकों (monohalocompounds) को उस कार्बन परमाणु के संकरण के आधार पर पुनः वर्गीकृत किया जा सकता है, जिससे हैलोजन बन्धित (bonded) होता है, जिसको नीचे वर्णित किया गया है।

sp^3 C—X बन्ध युक्त यौगिक
(Compounds Containing sp^3 C—X Bond)

- **एल्किल हैलाइड या हैलोएल्केन** (Alkyl Halides or Haloalkanes) इन यौगिकों में, हैलोजन परमाणु एक एल्किल समूह से जुड़ा होता है। ये एक सजातीय श्रेणी (homologous series) बनाते हैं जिसे $C_nH_{2n+1}X$ द्वारा प्रदर्शित किया जाता है। इन्हें उस कार्बर्न परमाणु की प्रकृति के आधार पर पुनः प्राथमिक (primary), द्वितीयक (secondary) और तृतीयक (tertiary) के रूप में वर्गीकृत किया जाता है। जिससे हैलोजन परमाणु बन्धित होता है।

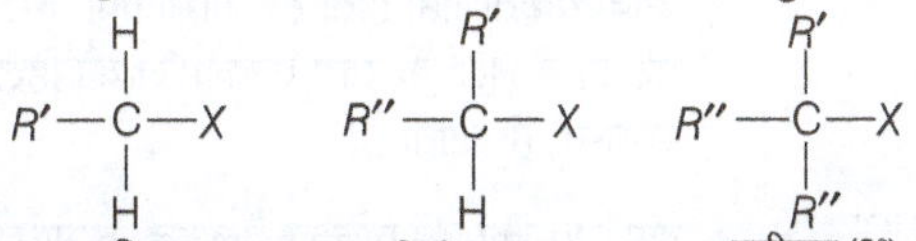

प्राथमिक (1°) द्वितीयक (2°) तृतीयक (3°)

- **एलिलिक हैलाइड** (Allylic Halides) इन यौगिकों में हैलोजन परमाणु कार्बन-कार्बन द्वि बन्ध के पास में एक sp^3-संकरित कार्बन परमाणु से बन्धित होता है। NEET 2023

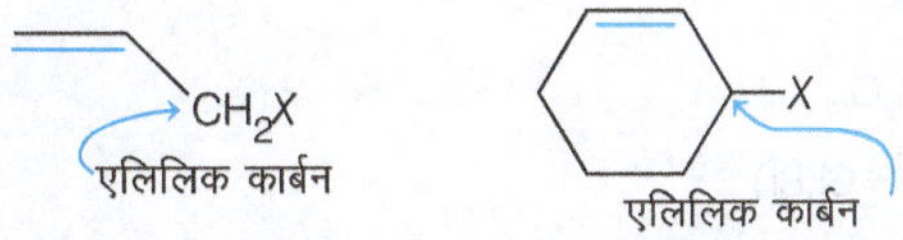

- **बेन्जिलिक हैलाइड** (Benzylic Halides) इन यौगिकों में हैलोजन परमाणु एक sp^3-संकरित कार्बन परमाणु से जुड़ा होता है, जो एक एरोमैटिक (aromatic) वलय से जुड़ा होता है।

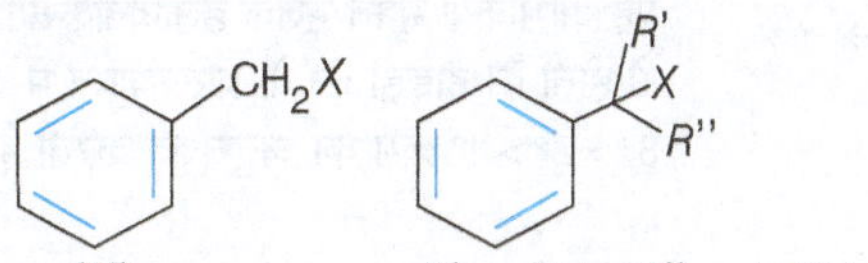

(1°) $R' = CH_3, R'' = H$ (2°)
$R' = R'' = CH_3$ (3°)

sp^2 C—X बन्ध युक्त यौगिक
(Compounds Containing sp^2 C—X Bond)

- **विनाइलिक हैलाइड** (Vinylic Halides) इन यौगकों में हैलोजन परमाणु कार्बन-कार्बन द्विक बन्ध के sp^2 संकरित कार्बन परमाणु से जुड़ा होता है।

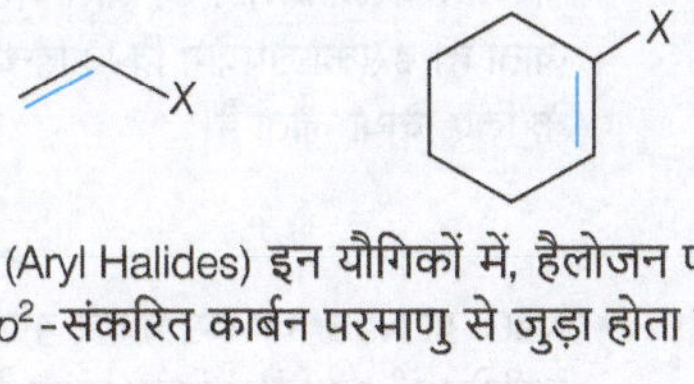

- **एरिल हैलाइड** (Aryl Halides) इन यौगिकों में, हैलोजन परमाणु एरोमैटिक वलय के एक sp^2-संकरित कार्बन परमाणु से जुड़ा होता है।

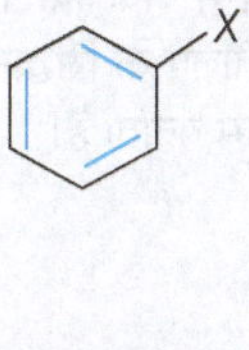

नामकरण (Nomenclature)

- एल्काइल हैलाइडों के सामान्य नाम को व्युत्पित करने के लिए एल्किल समूह के नामकरण के बाद हैलाइड का नाम लिखा जाता है।
- नामकरण की आई.यू.पी.ए.सी. (IUPAC) पद्धति में, एल्किल हैलाइड का नामकरण हैलोप्रतिस्थापी (halosubstituted) हाइड्रोकार्बन के रूप में किया जाता है।
- बेन्जीन (benzene) के मोनोहैलोजन प्रतिस्थापित व्युत्पन्न के लिए, सामान्य और IUPAC नाम समान हैं।
- डाइहैलोजन व्युत्पन्नों के लिए, पद्धति सामान्य प्रणाली में o-, m-, p- पूर्वलग्नों का (prefixes) उपयोग किया जाता है। लेकिन IUPAC पद्धति में संख्याएँ 1, 2; 1, 3 और 1, 4 का उपयोग किया जाता है।

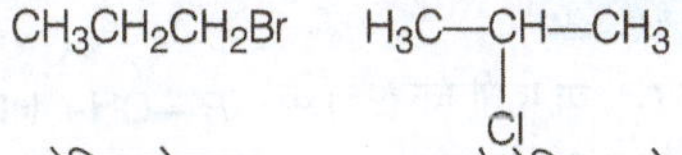

सामान्य नाम	*n*-प्रोपिल ब्रोमाइड	*आइसो*-प्रोपिल क्लोराइड
IUPAC नाम	1-ब्रोमोप्रोपेन	2-क्लोरोप्रोपेन

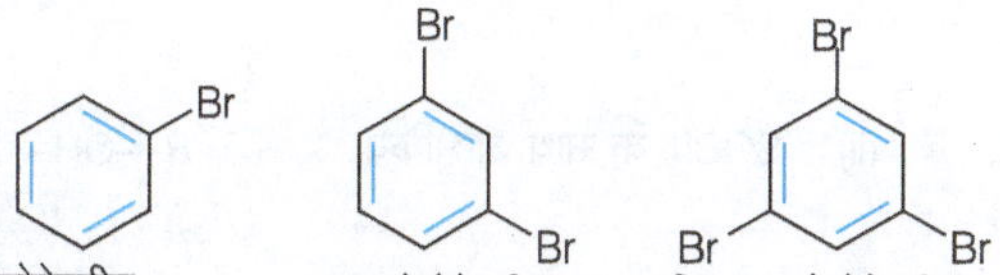

सामान्य नाम	ब्रोमोबेन्जीन	*m*-डाइब्रोमोबेन्जीन	*सिम*-ट्राइब्रोमोबेन्जीन
IUPAC नाम	ब्रोमोबेन्जीन	1,3-डाइब्रोमोबेन्जीन	1,3,5-ट्राइब्रोमोबेन्जीन

- समान प्रकार के हैलोजन परमाणुओं वाले डाइहैलोऐल्केनों (dihaloalkanes) को एल्किलिडीन या एल्किलीन डाइहैलाइड कहा जाता है। इन्हें आगे विसनल हैलाइड्स या *जेम*-डाइहैलाइड्स (दोनों हैलोजन परमाणु एक ही कार्बन परमाणु पर उपस्थित होते हैं) और विसिनल (vicinal) हैलाइड्स या *विस*-डाइहैलाइड्स के रूप में वर्गीकृत किया जाता है। (हैलोजन परमाणु निकटवर्ती कार्बन परमाणुओं पर उपस्थित होते हैं।)

सामान्य नाम	एथिलिडीन क्लोराइड (*जेम*-डाइहैलाइड)	एथिलीन डाइक्लोराइड (*विस*-डाइहैलाइड)
IUPAC नाम	1, 1-डाइक्लोरोएथेन	1, 2-डाइक्लोरोएथेन

C—X बन्ध की प्रकृति (Nature of C—X Bond)

हैलोजन परमाणु अणु की तुलना में अधिक विद्युत ऋणात्मक होते हैं। इसलिए एल्किल हैलाइड के कार्बन-हैलोजन (C—X) बन्ध पर ध्रुवित (polarised) होता है अर्थात् कार्बन परमाणु आंशिक (partial) पर धनावेश होता है, जबकि हैलोजन परमाणु में आंशिक ऋणावेश होता है।

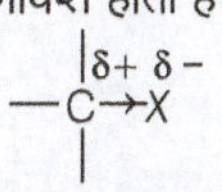

जैसे-जैसे हैलोजन परमाणु का आकार बढ़ता है, कार्बन हैलोजन बन्ध की लम्बाई बढ़ती है और बन्ध एन्थैल्पी (bond enthalpy) कम होती है। इसके अतिरिक्त जब F (फ्लोरीन) से (आयोडीन) की ओर बढ़ते हैं, तो हैलोजन परमाणु का आकार बढ़ता है और विद्युत ऋणात्मकता (electronegativity) कम होती है, इसलिए द्विध्रुव आघूर्ण (dipole moment) अनियमित रूप से भिन्न हो सकता है।

एल्किल हैलाइड	$H_3C—F$	$H_3C—Cl$	$H_3C—Br$	$H_3C—I$
बन्ध लम्बाई (pm)	139	178	193	214
बन्ध एन्थैल्पी (किलोजूल मोल$^{-1}$)	452	351	293	234
द्विध्रुव आघूर्ण (डिबाई)	1.847	1.860	1.830	1.634

NEET 2021

हैलोऐल्केन के निर्माण की विधियाँ (Methods of Preparation of Haloalkanes)

हैलोऐल्केन बनाने के लिए निम्नलिखित विधियों का उपयोग किया जा सकता है

क्र. सं.	विधि	सम्मिलित अभिक्रिया	अभिक्रिया के सम्बंध में महत्त्वपूर्ण बिन्दु
1.	**एल्कोहॉल से** NEET 2024		
(i)	प्राथमिक (1°) या द्वितीयक (2°) के साथ $HCl + ZnCl_2$	$R—OH + HCl \xrightarrow{ZnCl_2} R—Cl + H_2O$	• तृतीयक एल्कोहॉल के साथ उत्प्रेरक ($ZnCl_2$) की आवश्यकता नहीं होती है। अभिक्रिया कमरे के ताप पर सान्द्र HCl के साथ एल्कोहॉल को हिलाने पर सम्पन्न हो जाती है।
(ii)	$SOCl_2$ के साथ अभिक्रिया	$R—OH + SOCl_2 \longrightarrow R—Cl + SO_2 + HCl$	• इस अभिक्रिया में एल्किल हैलाइड के साथ SO_2 और HCl बनने के कारण $SOCl_2$ को प्राथमिकता दी जाती है
(iii)	लाल फॉस्फोरस/X_2 के साथ अभिक्रिया जहाँ ($X_2 = Br_2, I_2$)	$R—OH \xrightarrow{\text{लाल } P/X_2} R—X$	
(iv)	$NaBr + H_2SO_4$ के साथ अभिक्रिया	$R—OH + NaBr + H_2SO_4 \longrightarrow R—Br + NaHSO_4 + H_2O$	
(v)	PX_3 के साथ अभिक्रिया	$3R—OH + PX_3 \longrightarrow 3R—X + H_3PO_3$ ($X = Cl, Br$)	
(vi)	PCl_5 के साथ अभिक्रिया	$R—OH + PCl_5 \longrightarrow R—Cl + POCl_3 + HCl$	
2.	**हाइड्रोकार्बन से**		
(i)	एल्केन से	$CH_3CH_2CH_2CH_3 \xrightarrow[\text{या ताप}]{Cl_2/\text{ पराबैंगनी प्रकाश}}$ $CH_3CH_2CH_2CH_2Cl + CH_3CH_2CHClCH_3$	• यह अभिक्रिया मुक्त मूलक हैलोजनीकरण के माध्यम से होती है। हाइड्रोजन के प्रतिस्थापन में आसानी से 3° > 2° > 1° क्रम का अनुसरण करती है।
(ii)	एल्कीन से		
(a)	हाइड्रोजन हैलाइड के योग द्वारा	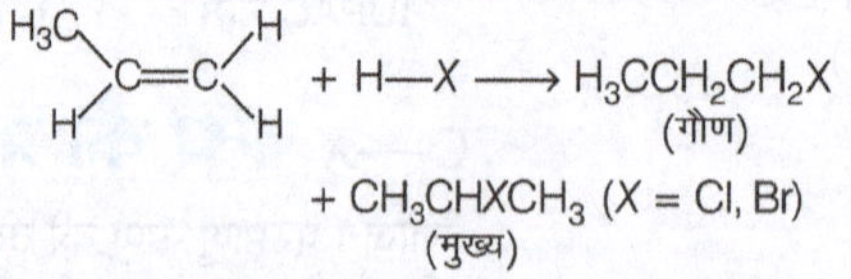	• दो उत्पादों में से केवल एक ही मार्कोनीकॉफ के नियम के अनुसार मुख्य होता है।
(b)	हैलोजन के योग द्वारा	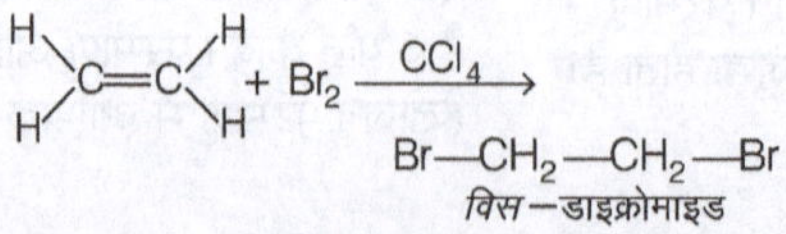	• CCl_4 में ब्रोमीन को एक एल्कीन में मिलाने के परिणामस्वरूप ब्रोमीन का लाल भूरा रंग विलुप्त हो जाता है। इसका उपयोग द्वि-आबन्ध को ज्ञात करने के लिए किया जाता है।
3.	**हैलोजन विनिमय**		
(a)	फिंकेलस्टाइन अभिक्रिया	$\underset{(X = Cl, Br)}{R—X} + NaI \xrightarrow[\text{एसीटोन}]{\text{शुष्क}} R—I + NaX$	• NaCl या NaBr जो इस प्रकार बनते हैं, उन्हें शुष्क एसीटोन में अवक्षेपित किया जाता है। यह ला-शातेलिए के सिद्धान्त के अनुसार अग्रअभिक्रिया को सुगम बनाता है।
(b)	स्वार्ट्स अभिक्रिया	$\underset{(X = Cl, Br)}{H_3C—X} + AgF \longrightarrow H_3C—F + AgBr$ $X = Cl, Br$ (या Hg_2F_2 या CoF_2 या SbF_3)	

नोट
- सोडियम या पोटैशियम आयोडाइड के साथ 95% ऑर्थोफॉस्फोरिक अम्ल (orthophosphoric acid) में एल्कोहॉल को गर्म करके R—I की अच्छी लब्धि प्राप्त की जा सकती है।
- एल्कोहॉल से, एरिल हैलाइड्स बनाने के लिए यह उपयोगी नहीं होती क्योंकि फीनॉल (Phenol) में कार्बन-ऑक्सीजन बन्ध में आंशिक द्विबन्ध पाये जाते हैं।
- फिन्केलस्टाइन अभिक्रिया में सीधा आयोडिनीकरण(Iodination) सम्भव नहीं है। यह एक उत्क्रमणीय (reversible) अभिक्रिया है, इसलिए इसे HNO_3, HIO_3 ऑक्सीकारक की उपस्थिति में किया जाता है।

हैलोएरीन के निर्माण की विधियाँ (Methods of Preparation of Haloarenes)

इन्हें निम्नलिखित विधियों द्वारा तैयार किया जा सकता है।

- **हाइड्रोकार्बन से इलेक्ट्रॉनरागी प्रतिस्थापन द्वारा** (From Hydrocarbons by Electrophilic Substitution), NEEET 2022

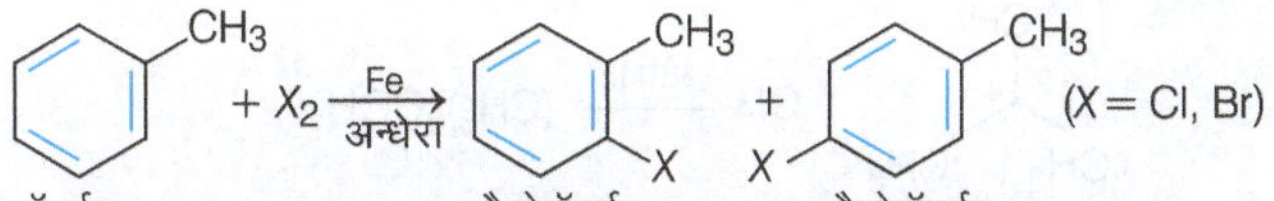

टॉलुईन   o-हैलोटॉलुईन   p-हैलोटॉलुईन

- *ऑर्थो* (o)- और *पैरा*-समावयवियों (isomers) को उनके गलनांक में बड़े अन्तर के कारण सरलता से अलग किया जा सकता है।
- आयोडीन के साथ आभिक्रिया प्रकृति में उत्क्रमणीय होती है तथा इस अभिक्रिया में उत्पन्न HI को ऑक्सीकृत करने के लिए ऑक्सीकारक HNO_3, HIO_3 की आवश्यकता होती है।
- फ्लोरीन की उच्च क्रियाशीलता के कारण, फ्लोरो (Fluoro) यौगिकों को इस विधि द्वारा तैयार नहीं किया जाता हैं।
- **ऐमीनों से, सैंडमेयर** (Sandmeyer's) **की अभिक्रिया द्वारा**

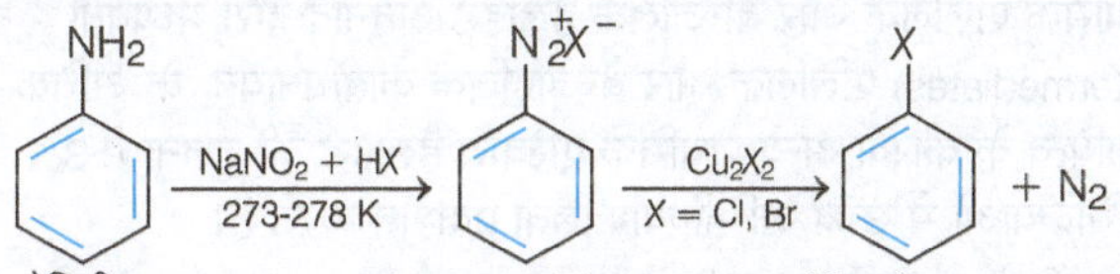

ऐनिलीन   बेन्जीन डाइऐजोनियम   ऐरिल हैलाइड

- **डाइएजोनियम (diazonium) लवण से,**

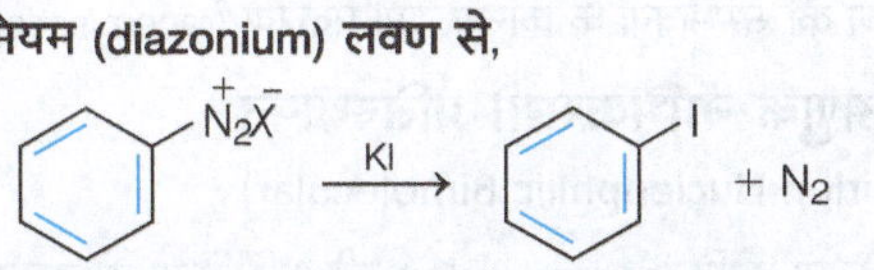

आयोडीन द्वारा डाइएजोनियम समूह के प्रतिस्थापन के लिए क्यूप्रस हैलाइड (cuprous halide) की उपस्थिति की आवश्यकता नहीं होती है। यह केवल KI के साथ डाइएजोनियम लवण को हिलाकर (shaking) किया जाता है।

Marks Maximizer

फ्लोरोबेन्जीन को एरीन डाईएजोनियम लवणों से बाल्जे-शीमान नामक (Balz-Schiemann) अभिक्रिया द्वारा तैयार किया जाता है।

$$ArNH_2 \xrightarrow[HBF_4]{HNO_2} Ar\overset{+}{N}_2\overset{-}{B}F_4 \longrightarrow ArF + N_2 + BF_3$$

भौतिक गुणधर्म (Physical Properties)

- **रंग (Colour) और गन्ध (Odour)** ऐल्किल हैलाइड शुद्ध होने पर रंगहीन (colourless) होते हैं। ब्रोमाइड और आयोडाइड प्रकाश के सम्पर्क में आने पर रंग विकसित करते हैं। अनेक वाष्पशील (volatile) हैलोजन युक्त यौगिक सुगंधमय होते हैं।
- **गलनांक (Melting) और क्वथनांक (Boiling)** क्वथनांक बिन्दु क्लोराइडों, ब्रोमाइडों और आयोडाइडों के क्वथनांक समतुल्य आण्विक द्रव्यमान वाले हाइड्रोकार्बन की तुलना में अधिक होते हैं। यह प्रबल अन्तराआण्विक आकर्षण बल के कारण है।
  - समान ऐल्किल समूह के लिए ऐल्किल हैलाइड के क्थनांक का घटने का क्रम *RI* > *RBr* > *RCl* > *RF* है ऐसा इसलिए क्योंकि हैलोजन परमाणु के आकार और द्रव्यमान में वृद्धि के साथ, वाण्डर वाल्स बलों (Van der Waals Forces) का परिमाण बढ़ जाता है।
  - शृंखलन में वृद्धि के साथ समावयवी हैलोऐल्केनों का क्वथनांक कम हो जाता है।
  - समावयवी डाइहैलोबेन्जीन के क्वथनांक लगभग समान होते हैं। परन्तु *पैरा*-समावयवियों का गलनांक उनके *ऑर्थो* (ortho) और *मेटा*-समावयवी की तुलना में अधिक होता है। यह *पैरा*-समावयवियों की सममिति के कारण है जो *ऑर्थो* और *मेटा*-समावयवियों की तुलना में क्रिस्टल जालक में अधिक समायोजित होते हैं। जैसे

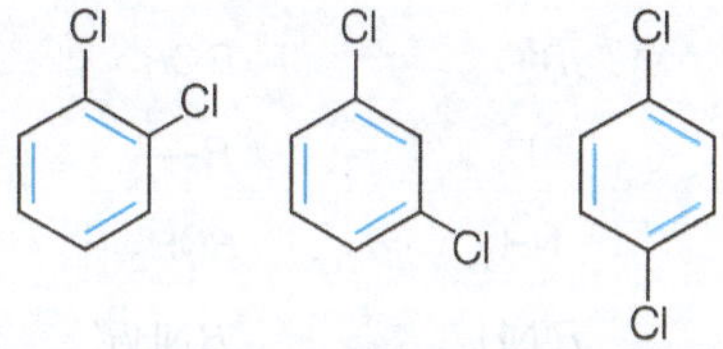

क्वथनांक/K	453	446	448
गलनांक/K	256	249	323

- **घनत्व (Density)** हाइड्रोकार्बन के ब्रोमो, आयोडो और पॉलीक्लोरो व्युत्पन्न जल से भारी होते हैं। कार्बन परमाणुओं, हैलोजन परमाणुओं और हैलोजन परमाणु के परमाणु द्रव्यमान की संख्या में वृद्धि के साथ घनत्व बढ़ता है।

यौगिक	$n\text{-}C_3H_7Cl$	$n\text{-}C_3H_7Br$	$n\text{-}C_3H_7I$	CH_2Clg
घनत्व (ग्राम/मिली)	0.89	1.335	1.747	1.336

- **विलेयता** (Solubility) हैलोएल्केन की जल में विलेयता कम होती है वे **कार्बनिक विलायकों में घुल** जाते हैं।

रासायनिक अभिक्रियाएँ (Chemical Reactions)

1. हैलोऐल्केन की अभिक्रियाएँ (Reactions of Haloalkanes)

हैलोऐल्केनों की अभिक्रियाओं को तीन श्रेणियों में विभाजित किया जा सकता है।

(i) नाभिकस्नेही प्रतिस्थापन अभिक्रियाएँ (Nuclephilic Substitution Reactions)
(ii) निराकरण अभिक्रियाएँ (Elimination Reactions)
(iii) धातुओं के साथ अभिक्रिया (Reaction with Metals)

नाभिकस्नेही प्रतिस्थापन अभिक्रियाएँ
Nucleophilic Substitution Reaction

इन अभिक्रियाओं में नाभिकस्नेही एक अणु में पहले से उपस्थित-नाभिकस्नेही को प्रतिस्थापित कर देता है।

- एक नाभिकस्नेही हैलोएल्केन क्रियाधार के साथ अभिक्रिया करता है, जिसमें हैलोजन से बन्धित कार्बन परमाणु पर आंशिक धनावेश होता है।
- एक प्रतिस्थापन अभिक्रिया होती है और हैलोजन परमाणु जिसे छोड़ने वाला समूह (leaving group) कहा जाता है तथा वह हैलाइड आयन के रूप में निकल जाता है।
- चूँकि, प्रतिस्थापन अभिक्रिया एक नाभिकस्नेही द्वारा प्रारम्भ की जाती है इसे न्यूक्लियोफिलिक (नाभिकरागी) प्रतिस्थापन अभिक्रिया कहा जाता है।

$$Nu^- + \overset{\delta+}{>C}-\overset{\delta-}{X} \longrightarrow >C-Nu + X^-$$

कुछ सामान्य नाभिकस्नेही के साथ हैलोऐल्केन की अभिक्रिया से बने उत्पाद NEET 2024

अभिकर्मक	नाभिकरागी (Nu^-)	प्रतिस्थापन उत्पाद (R—Nu)	मुख्य उत्पाद का वर्ग
NaOH(KOH)	HO^-	ROH	ऐल्कोहॉल
H_2O	H_2O	ROH	ऐल्कोहॉल
NaOR′	$R'O^-$	ROR′	ईथर
NaI	I^-	R—I	ऐल्किल आयोडाइड
NH_3	NH_3	RNH_2	प्राथमिक ऐमीन
$R'NH_2$	$R'NH_2$	RNHR′	द्वितीयक ऐमीन
$R'R''NH$	$R'R''NH$	$RNR'R''$	तृतीयक ऐमीन
KCN	$\bar{C}\equiv N$:	RCN	नाइट्राइल (सायनाइड)
AgCN	Ag—C N:	RNC (आइसोसायनाइड)	आइसोनाइट्राइल
KNO_2	O=N—O	R—O—N=O	ऐल्किलनाइट्राइट
$AgNO_2$	Ag $\ddot{O}$—N=O	$R—NO_2$	नाइट्रोऐल्केन
$R'COOAg$	$R'COO^-$	$R'COOR$	एस्टर
$LiAlH_4$	H^-	RH	हाइड्रोकार्बन
R'^-M^+	R'^-	RR'	ऐल्केन

नोट *सायनाइड और नाइट्राइल जैसे समूहों में दो नाभिकस्नेही केन्द्र होते हैं तथा इन्हें उभयदन्ती नाभिकस्नेही कहा जाता हैं। इसलिए सायनाइड दो अलग-अलग प्रकार से नाभिकस्नेही के रूप में कार्य कर सकता है।* ($^{\ominus}C\equiv N \longleftrightarrow :C=N^{\ominus}$)
इसी प्रकार नाइट्राइट आयन में लिन्केज (linkage) के दो अलग-अलग बिन्दु होते हैं। [$\bar{O}$—$\ddot{N}$=O]

क्रियाविधि (Mechanism)

दो अलग-अलग क्रियाविधि इस प्रकार हैं

I. S_N1 एकाण्विक नाभिकरागी प्रतिस्थापन
(Substitution Nucleophilic Unimolecular) NEET 2024

- ये अभिक्रियाएँ प्रथम कोटि की बलगतिकी का अनुसरण करती हैं।
- अभिक्रियाएँ सामान्यतः ध्रुवीय प्रोटिक विलायकों (जैसे जल, एल्कोहॉल और एसिटिक अम्ल) आदि में सम्पन्न होती है
- यह दो चरणों में सम्पन्न होती है।

Concept Master Video के लिए

अर्थात्

स्टेप (i) कार्बेधनायन का निर्माण

स्टेप (ii) कार्बेधनायन पर नाभिकस्नेही का आक्रमण

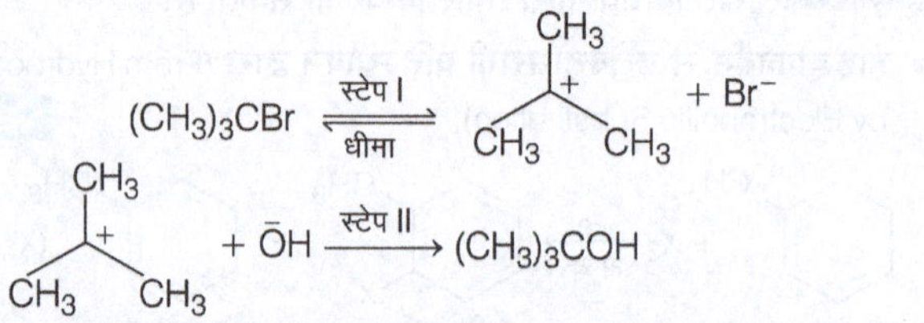

- यहाँ, प्रथम स्टेप (step 1) सबसे धीमा और उत्क्रमणीय है। इसलिए अभिक्रिया की दर केवल एल्किल हैलाइड की सान्द्रता पर निर्भर करती है, हाइड्रॉक्साइड आयन की सान्द्रता पर नहीं।
- एल्किल हैलाइड की अभिक्रियाशीलता स्थायी कार्बेधनायन के निर्माण पर निर्भर करती है। NEET 2020
- इस प्रकार S_N1 अभिक्रिया के लिए ऐल्किल हैलाइड की स्थायी कार्बेधनायन का क्रम इस प्रकार है।

  3° हैलाइड > 2° हैलाइड > 1° हैलाइड > मिथाइल हैलाइड
- प्राथमिक एलिलिक और बेन्जिलिक हैलाइड अनुनाद द्वारा मध्यवर्ती (intermediates) एलिलिक और बेन्जाइलिक कार्बोधनायन के अधिक स्थायित्व के कारण अन्य प्राथमिक एल्किल हैलाइड की तुलना में S_N1 अभिक्रियाओं में उच्च अभिक्रियाशीलता प्रदर्शित करते हैं।
- इन अभिक्रियाओं में समतलीय (planar) कार्बोधनायन पर सामने और पीछे से आक्रमण की सम्भावना के कारण रेसीमिकरण (racemisation) होता है।

II. S_N2 द्विअणुक नाभिकरागी प्रतिस्थापन
(Substitution Nucleophilic Bimolecular)

- यह एक द्वितीय कोटि (second order) की अभिक्रिया है। इसका अर्थ है कि अभिक्रिया की दर एल्किल हैलाइड और आक्रमणकारी नाभिक स्नेही दोनों की सान्द्रता पर निर्भर करती है।
- ये अभिक्रियाएँ संक्रमण (transition) अवस्था के माध्यम से एक स्टेप में होती हैं।

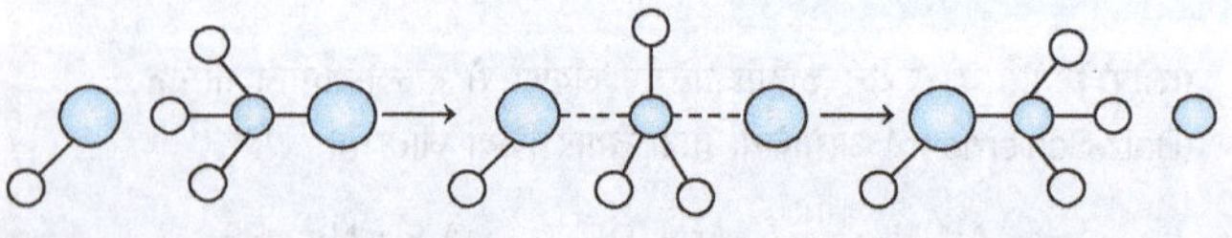

- S_N2 अभिक्रिया के लिए एल्काइल हैलाइडों की अभिक्रियाशीलता का क्रम 3° हैलाइड < 2° हैलाइड < 1° हैलाइड < मिथाइल हैलाइड S_N2 अभिक्रिया में त्रिविम प्रभाव होता है।

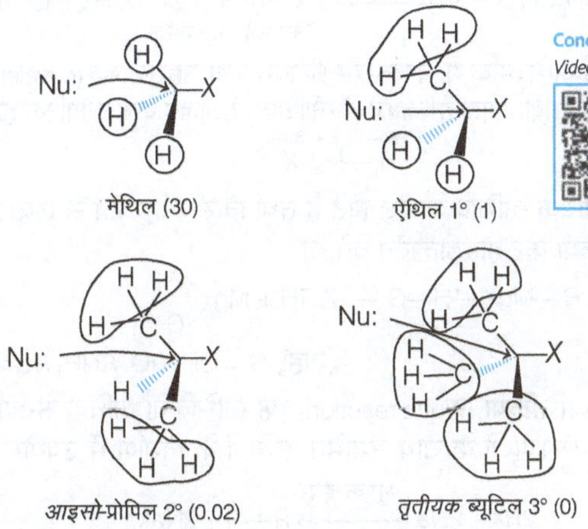

Concept Master Video के लिए

S_N2 अभिक्रिया की सापेक्ष दर कोष्ठक में दी गई है।

- संक्रमण अवस्था में त्रिविम अवरोध जितना कम होगा, अभिक्रिया उतनी ही तीव्र होगी।
- S_N2 क्रियाविधि में अभिक्रिया की दर आक्रमणकारी नाभिकस्नेही की सामर्थ्य पर निर्भर करती है। जो क्रम (order) का पालन करती है।

$$:OR^- > :OH^- > CH_3COO^- > I^- > F^-$$

- इन अभिक्रियाओं में विन्यास का प्रतीपण (inversion) होता है।

नोट किसी दिए गए एल्काइल समूह के लिए, हैलाइड $R—X$ की अभिक्रियाशीलता, दोनों क्रियाविधि में एक ही कोटि का अनुसरण करती है।

$$R—I > R—Br > R—Cl >> R—F$$

III. नाभिकरागी प्रतिस्थापन अभिक्रियाओं के त्रिविम रासायनिक पहलू (Stereochemical Aspects of Nucleophilic Substitution Reactions)

कुछ मूलभूत शब्द निम्नलिखित हैं

- साधारण प्रकाश को निकोल प्रिज्म से गुजारकर समतल ध्रुवित प्रकाश उत्पन्न किया जाता है। जब इसे कुछ यौगिकों के विलयनों से गुजारा जाता है, तो यह समतल ध्रुवित प्रकाश के तल को घूर्णित कर देते हैं। ऐसे यौगिकों को **प्रकाश सक्रिय यौगिक** (optical active compound) कहा जाता है।
- यदि यौगिक समतल ध्रुवित प्रकाश के तल को दाईं ओर घुमाता है, तो इसे दक्षिण ध्रुवण घूर्णक (dextrorotatory) या *d*-रूप कहा जाता है। इसे घुमाव की डिग्री से पहले (+) चिन्ह लगाकर दर्शाया जाता है।
- यदि प्रकाश के तल को बाईं ओर घुमाया जाता है, तो यौगिक को वाम ध्रुवण घूर्णक (lavorotatory) या *l*-रूप कहा जाता है। यह घूर्णन की डिग्री से पहले (–) चिन्ह लगाकर इंगित किया जाता है। यौगिक के ऐसे (+) और (–) समावयवियों (Isomers) को **ध्रुवण समावयवी** कहा जाता है और घटना को **प्रकाशिक समावयवता** (optical isomerism) कहा जाता है।

Concept Master Video के लिए

- आण्विक असममितता (molecular asymmetry), **काइरलता** (chirality) और (enantiomers) **प्रतिबिम्ब** रूप चार समूहों की स्थानिक व्यवस्था जैसे की कार्बन से जुड़े सभी प्रतिस्थापन अलग-अलग हैं, अणु की दर्पण प्रतिबिम्ब अणु पर अध्यारोपित नहीं होती है, ऐसे कार्बन को असममित कार्बन या त्रिविम केन्द्र (stereocentre) कहा जाता है।
- जो वस्तुएँ अपनी दर्पण प्रतिबिम्ब पर अध्यारोपित नहीं होती है उन्हें किरैल कहा जाता है और इस गुण को काइरलता के रूप में जाना जाता है। किरेल (chiral) यौगिक **प्रकाशिक** रूप से **सक्रिय** होते हैं। **NEET 2022**
- जिन वस्तुओं को उनकी दर्पण प्रतिबिम्ब पर अध्यारोपित किया जा सकता है उन्हें एकाइरल (achiral) कहा जाता है। ये अणु प्रकाशिक रूप से (optically inactive) निष्क्रिय है।
- गैर-अध्यारोपणीय दर्पण प्रतिबिम्बों के रूप में एक-दूसरे से सम्बन्धित त्रिविम समावयवियों (stereo isomers) को त्रिविम समावयवता प्रतिबिम्ब (enantiomers) कहा जाता है।
- प्रकाशिक समावयवी जो एक-दूसरे के दर्पण प्रतिबिम्ब नहीं होते हैं वह अप्रतिबिम्बि त्रिविम समावयवी (diastereomers) कहलाते हैं।
- ***मेसो* यौगिक** (*Meso* compound) वे यौगिक होते हैं जिनमें दो या दो से अधिक सम संख्या में किरेल कार्बन परमाणु होते हैं और सममिति का एक **आन्तरिक तल** (plane of symmetry) होता है। ये **प्रकाशिक** रूप से निष्क्रिय हैं।
- **रेसेमिक मिश्रण** (Racemic mixture) त्रिविम समावयवी (*डेक्सट्रो* और *लेवो*) के सममोलर (equimolar) मिश्रण को रेसीमिक मिश्रण या रेसीमिक संशोधन के रूप में जाना जाता है। बाहरी क्षतिपूर्ति (compensation) के कारण यह प्रकाशिक रूप से निष्क्रिय है। यह घटना रेसीमिकरण के रूप में जानी जाती है।
- रेसीमिक मिश्रण नाम से पहले (±) लगाकर दर्शाया जाता है। उदाहरण के लिए (±) ब्यूटेन-2-ऑल।

नोट *प्रकाशीय घूर्णन का संकेत आवश्यक रूप से अणु के निरपेक्ष (वास्तविक) विन्यास से सम्बन्धित नहीं है।*

- **अवधारण** (Retention) यह एक रासायनिक अभिक्रिया के दौरान एक असममित केन्द्र के लिए बन्ध की स्थानिक व्यवस्था का संरक्षण है।
- **विन्यास का व्युत्क्रम** 100% विन्यास का व्युत्क्रमण को वाल्डेन व्युत्क्रम व्युत्क्रमण के रूप में जाना जाता है।
- एक अभिक्रिया में प्राप्त तीन परिणाम अर्थात व्युत्क्रम, अवधारण और रेसीमिक निम्नलिखित अभिक्रिया में दिखाए गए हैं।

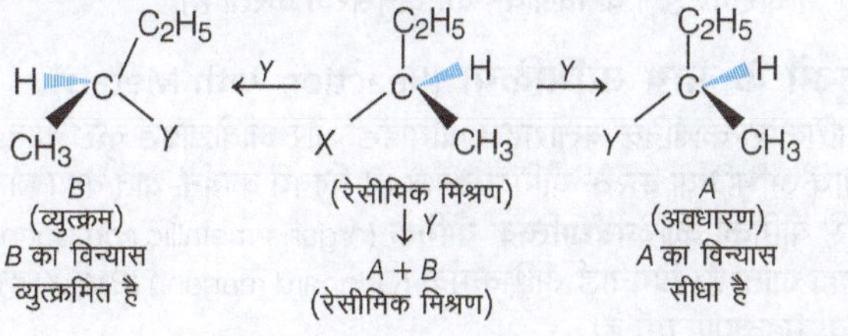

विलोपन अभिक्रिया (Elimination Reactions)

- जब β-हाइड्रोजन परमाणु वाले हैलोऐल्केन को ऐल्कोहॉलिक KOH के साथ गर्म किया जाता है, तो β-कार्बन से हाइड्रोजन परमाणु और α-कार्बन परमाणु से हैलोजन परमाणु का निष्कासन (विलोपन) होता है।

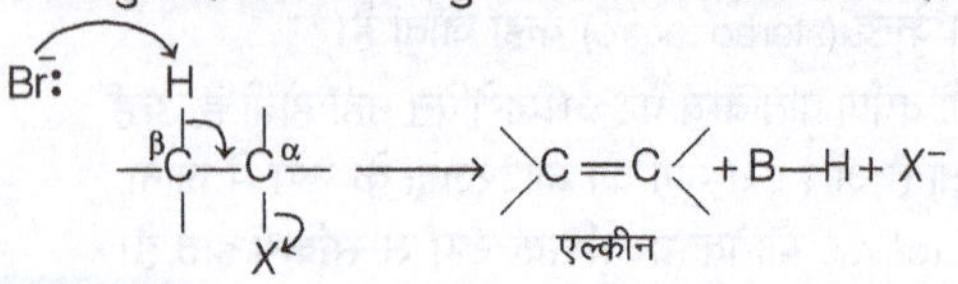

जहाँ, B = क्षार (base), X = निष्कासित समूह

- उपरोक्त अभिक्रिया में, एल्कीन एक उत्पाद के रूप में बनता है तथा β-हाइड्रोजन परमाणु विलोपन में शामिल होता है। इसे β-विलोपन कहा जाता है।
- यदि एक से अधिक β-हाइड्रोजन परमाणुओं की उपलब्धता के कारण एक से अधिक एल्कीन बनने की सम्भावना है, तो सामान्यतः एक एल्कीन मुख्य उत्पाद के रूप में बनती है। एल्कीन का निर्माण सैट्जेफ नियम (Saytzeff rule) के अनुसार होता है।

  यह बताता है कि "विहाइड्रो हैलोजनीकरण अभिक्रियाओं में, मुख्य उत्पाद वह एल्कीन होता है, जिसमें द्विबन्ध वाले कार्बन परमाणुओं से जुड़े एल्किल समूहों की संख्या अधिक होती हैं। **NEET 2021**

  जैसे

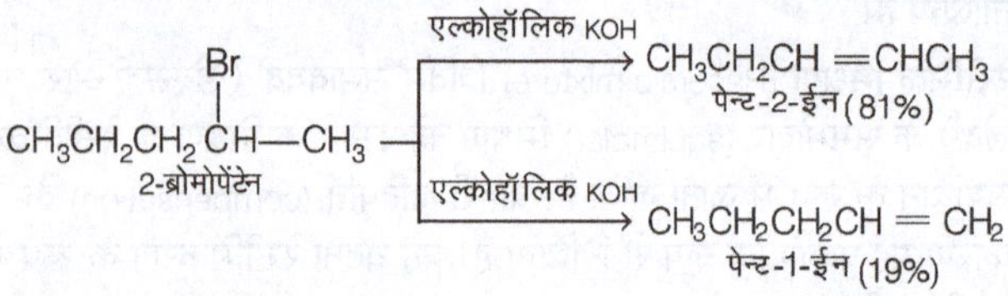

विलोपन एवं प्रतिस्थापन (Elimination Vs Substitution)

- हाइड्रोजन परमाणुओं के साथ एक एल्किल हैलाइड जब क्षार या नाभिकरागी के साथ अभिक्रिया करता है, तो दो प्रतिस्पर्धी पद उपलब्ध होते हैं।
  (i) प्रतिस्थापन (S_N1 तथा S_N2) (ii) विलोपन
- किस पथ का चयन होगा वह एल्किल हैलाइड की प्रकृति, क्षार/नाभिकरागी के सामर्थ्य आकार और अभिक्रिया की स्थिति पर निर्भर करता है।
- एक बड़ा नाभिकरागी प्रतिस्थापन के अतिरिक्त विलोपन को प्राथमिकता देगा।
- सामान्यतः प्राथमिक एल्किल हैलाइड S_N2 अभिक्रिया करता है।
- क्षार/नाभिकरागी की सामर्थ्य के आधार पर, द्वितीयक हैलाइड S_N2 या विलोपन का अनुसरण करता है।
- तृतीयक हैलाइड कार्बधनायन की स्थिरता या अधिक प्रतिस्थापित एल्केन के आधार पर S_N1 या विलोपन का अनुसरण करता है।

धातुओं के साथ अभिक्रिया (Reaction with Metals)

- अधिकांश कार्बनिक क्लोराइड, ब्रोमाइड और आयोडाइड कुछ धातुओं के साथ अभिक्रिया करके यौगिक बनाते हैं। जिनमें कार्बन-धातु बन्ध होता है। ऐसे यौगिकों को **कार्बधात्विक यौगिक** (organo-metallic compounds) कहा जाता है। ग्रिगनार्ड अभिकर्मक (Grignard reagent) ($RMgX$) इसका एक महत्वपूर्ण वर्ग है।
- ग्रिगनार्ड अभिकर्मक को हैलोएल्केन की मैग्नीशियम धातु के साथ शुष्क ईथर (dry ether) की उपस्थिति में अभिक्रिया द्वारा प्राप्त किया जाता है।

$$CH_3CH_2X + Mg \xrightarrow{\text{शुष्क ईथर}} \underset{\text{ग्रिगनार्ड अभिकर्मक}}{CH_3CH_2MgX} \quad (X = Cl, Br, I)$$

- ग्रिगनार्ड अभिकर्मक में, कार्बन-मैग्नीशियम बन्ध सहसंयोजक (covalent) लेकिन अत्यधिक ध्रुवीय होता है। जबकि मैग्नीशियम् हैलोजन बन्ध आयनिक होता है।

$$\overset{\delta-}{R}—\overset{\delta+}{Mg}\,\overset{\delta-}{X}$$

- वे अत्यधिक अभिक्रियाशील होते हैं तथा किसी भी स्त्रोत से प्राप्त प्रोटॉन से अभिक्रिया कर हाइड्रोकार्बन देते हैं।

$$R—MgX + H—G \longrightarrow RH + Mg\begin{matrix} X \\ G \end{matrix}$$

(जहाँ, $G = OH, RO, RNH, RC\equiv C^-$)

- **वुर्ट्ज अभिक्रिया** (Wurtz reaction) यह अभिक्रिया अधिक संख्या में कार्बन परमाणुओं के साथ सममित एल्केनों के निर्माण में उपयोगी है।

$$2RX + 2Na \xrightarrow{\text{शुष्क ईथर}} R—R + 2NaX$$

2. हैलोएरीन की अभिक्रिया (Reactions of Haloarenes)

हैलोएरीन की कुछ महत्वपूर्ण रासायनिक अभिक्रिया निम्नलिखित हैं

नाभिकरागी प्रतिस्थापन अभिक्रिया (Nucleophilic Substitution Reactions)

एरिल हैलाइड्स नाभिकरागी प्रतिस्थापन अभिक्रियाओं की तुलना में एल्किल हैलाइड्स से अत्यधिक कम अभिक्रियाशील होते हैं। इस कम अभिक्रियाशीलता के कारण निम्नलिखित हैं

(i) **अनुनाद प्रभाव** (Resonance effect) बेन्जीन में C—X बन्ध बेन्जीन वलय के साथ अनुनाद के कारण आंशिक द्विबन्ध का लक्ष्य रखता है। इस प्रकार, हैलोएरीन बन्ध का टूटना हैलोएल्केन की तुलना में कठिन होता है।

(ii) C—X **बन्ध में कार्बन परमाणु के संकरण में अन्तर** एल्किल हैलाइड की तुलना में एरिल हैलाइड में C—X बन्ध कम ध्रुवीय होता है। ऐसा इसलिए है, क्योंकि sp-संकरित कार्बन (हैलोएरीन पर उपस्थित) sp-संकरित कार्बन की तुलना में अधिक विद्युत ऋणात्मक है।

(iii) **फेनिल धनायन का अस्थायित्व** हैलोएरीनो में, स्वःआयनीकरण (self-ionisation) के कारण बनने वाला फेनिल अनुनाद द्वारा स्थिर नहीं होता है, तो S_N1 क्रियाविधि की संभावना समाप्त हो जाती है।

(iv) सम्भावित प्रतिकर्षण के कारण, इलेक्ट्रॉन समृद्ध नाभिकरागी के लिए इलेक्ट्रॉन समृद्ध एरिन की ओर जाने की संभावना कम होती हैं।

हाइड्रोक्सिल समूह द्वारा प्रतिस्थापन (Replacement by Hydroxyl Group)

क्लोरोबेन्जीन को जलीय सोडियम हाइड्रोक्साइड विलयन में 623 K तापमान और 300 atm दाब पर गर्म करके फिनॉल में परिवर्तित किया जा सकता है। **NEET 2019**

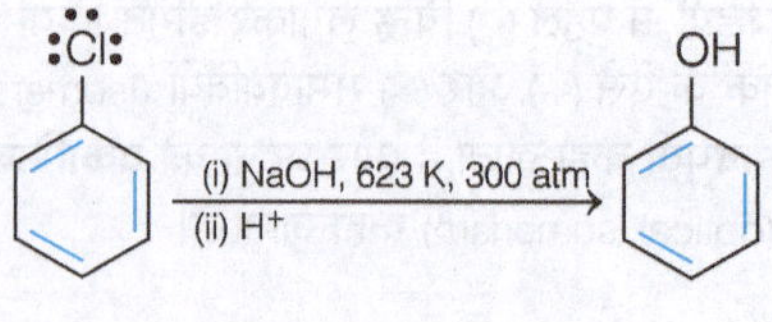

ऑर्थो (*o*) - और *पैरा* (*p*) - स्थितियों पर एक इलेक्ट्रॉन निष्कासित समूह ($—NO_2$) की उपस्थिति हैलोएरीन की अभिक्रियाशीलता को बढ़ाती है। *मेटा* (meta)- स्थिति में इलेक्ट्रॉन निष्कासित समूह ($—NO_2$) की उपस्थिति हैलोएरीन की अभिक्रियाशीलता पर कोई प्रभाव नहीं डालती है।

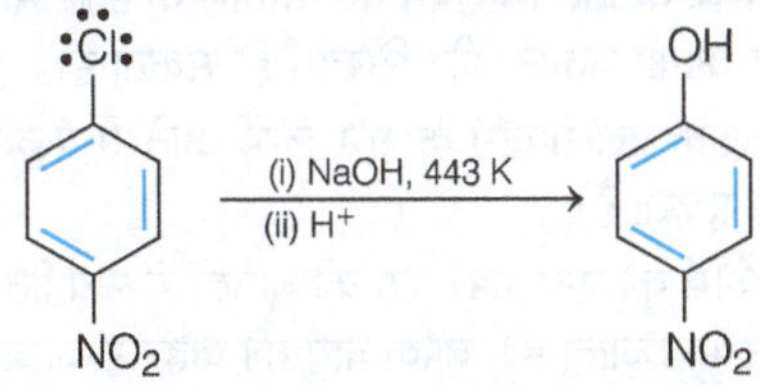

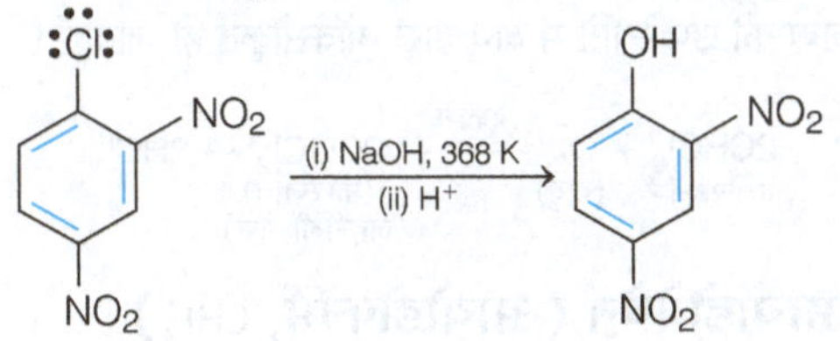

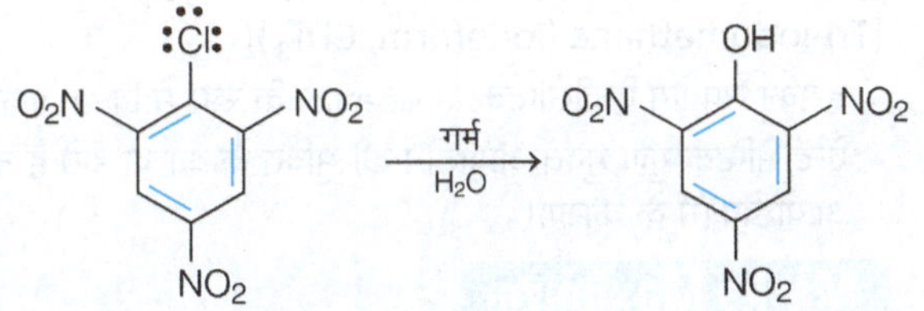

इलेक्ट्रॉनस्नेही प्रतिस्थापन अभिक्रियाएँ (Electrophilic Substitution Reactions)

हैलोएरीन बेन्जीन वलय की सामान्य इलेक्ट्रॉनरागी प्रतिस्थापन अभिक्रियाओं से गुजरते है जैसे कि हैलोजनीकरण (halogenation), नाइट्रीकरण (nitration), सल्फोनेशल सल्फी (sulphonation) और फ्रीडेल-क्राफ्ट, एल्कलीकरण (Friedal-craft alkylation) आदि।

- **हैलोजन परमाणु का –*I* प्रभाव** यह बेन्जीन से इलेक्ट्रॉनों को खींचता है और बेन्जीन वलय पर इलेक्ट्रॉन घनत्व को कम करता है। परिणामस्वरूप, बेन्जीन की तुलना में वलय निष्क्रिय हो जाती है।
  इसलिए, हैलोएरीन में इलेक्ट्रॉनरागी प्रतिस्थापन अभिक्रियाएँ मंद होती हैं। इस प्रकार, हैलोएरीन में बेन्जीन की तुलना में अधिक उग्र परिस्थितियों की आवश्यकता होती है।
- हैलोजन का + ***M* प्रभाव** *आर्थो* तथा *पैरा* स्थिति पर इलेक्ट्रॉन घनत्व को बढ़ाता है, जबकि मेटा स्थिति पर नहीं। इसलिए हैलोएरीन *ऑर्थो* और *पैरा* निर्देशन करते हैं।

ये अभिक्रियाएँ निम्न प्रकार हैं

क्र. सं.	विधि	सम्मिलित अभिक्रिया	अभिक्रिया के सम्बन्ध में महत्वपूर्ण बिन्दु
1.	हैलोजनीकरण	$C_6H_5X + X_2 \xrightarrow[\text{FeCl}]{\text{निर्जल}}$ *o*- और *p*-डाईहैलोबेन्जीन का मिश्रण ($X = Cl$)	1, 4-डाईहैलोबेन्जीन एक मुख्य उत्पाद के रूप में बनता है।
2.	नाइट्रीकरण	$C_6H_5X \xrightarrow[\text{सान्द्र } H_2SO_4]{HNO_3}$ *o*- और *p*- हैलोनाइट्रोबेन्जीन का मिश्रण ($X = Cl$)	*p*-हैलोनाट्रोबेन्जीन एक मुख्य उत्पाद के रूप में बनता है।
3.	सल्फोनीकरण	$C_6H_5X \xrightarrow[\Delta]{\text{सान्द्र } H_2SO_4}$ *o*- और *p*-हैलोबेन्जीन का मिश्रण ($X = Cl$)	*p*-हैलोबेन्जीन सल्फोनिक अम्ल एक मुख्य उत्पादक के रूप में बनता है।
4.	फ्रीडेल-क्राफ्ट अभिक्रिया NEET 2022	(i) $C_6H_5X + CH_3X \xrightarrow[AlCl_3]{\text{निर्जल}}$ *o*- और *p*-हैलोएल्काइलबेन्जीन का मिश्रण ($X = Cl$)	*p*-हैलोएल्काइलबेन्जीन एक मुख्य उत्पाद है।
		(ii) $C_6H_5X + CH_3—\overset{O}{\overset{\Vert}{C}}—X \xrightarrow[AlCl_3]{\text{निर्जल}}$ *o*- और *p*-हैलोएसिटोफिनॉल का मिश्रण ($X = Cl$)	*p*-हैलोएसटोफिनॉन एक मुख्य उत्पाद के रूप में बनता है।

धातुओं के साथ अभिक्रिया (Reaction with Metals)

- **वुर्ट्ज-फिटिंग अभिक्रिया** (Wurtz-Fitting reaction) हैलोएरीन और हैलोएल्केन का मिश्रण, जब शुष्क ईथर को Na के साथ उपचारित किया जाता है, तो एल्काइल एरीन मिलता है। इसमें शामिल अभिक्रिया इस प्रकार है।

$$\text{Ar—}X + \text{Na} + RX \xrightarrow[\text{ईथर}]{\text{शुष्क}} \text{Ar—}R + \text{Na}X$$

- **फिटिंग अभिक्रिया** (Fitting reaction) शुष्क ईथर में Na मिलाने पर हैलोएरीन सजातीय यौगिक देता है, जिसमें दो एरिल समूह एक साथ जुड़े होते हैं।

$$2\text{Ar—}X + 2\text{Na} + RX \xrightarrow[\text{ईथर}]{\text{शुष्क}} \text{Ar—Ar} + 2\text{Na}X$$

पॉलीहैलोजन यौगिक (Polyhalogen Compounds)

ऐसे कार्बन यौगिक जिनमें एक से अधिक हैलोजन परमाणु होते हैं, उन्हें पॉलीहैलोजन यौगिक कहा जाता है।

कुछ पॉलीहैलोजन यौगिक का वर्णन निम्न प्रकार है

डाइक्लोरोमेथेन (मेथिलीन क्लोराइड, CH_2Cl_2)
[Dichloromethane (Methylene Chloride, CH_2Cl_2)]

- इसका उपयोग विलायक और पेन्ट रिमूवर के रूप में किया जाता है।
- इसका उपयोग धातु की सफाई और फिनिशिंग विलायक के रूप में किया जाता है।
- इसका उपयोग एरोसोल में प्रणोदक के रूप में किया जाता है।

प्रभाव (Effects)

- यह केन्द्रीय तंत्रिका तंत्र (CNS) को नुकसान पहुँचाता है।
- हवा में CH_2Cl_2 के निम्न स्तर के सम्पर्क में आने से सुनने-देखने में थोड़ी हानि हो सकती है और उच्च स्तर के कारण चक्कर आने लगते हैं।
- मेथिलीन क्लोराइड के सीधे त्वचा से सम्पर्क से त्वचा में तीव्र जलन और हल्का लाल पुनः आ जाता है और कॉर्निया भी जल जाती है।

ट्राइक्लोरोमेथेन (क्लोरोफॉर्म, $CHCl_3$)
[Trichloromethane (Chloroform, $CHCl_3$)]

- रासायनिक रूप से, क्लोरोफॉर्म का उपयोग वसा, एल्किलाइडों, आयोडीन और अन्य पदार्थों के लिए विलायक के रूप में किया जाता है।
- पहले इसका सामान्य निश्चेतक (anaesthetic) के रूप में उपयोग किया जाता था। लेकिन आजकल इसे कम विषाक्त (toxic) और असुरक्षित संवेदनाहारी जैसे ईथर, द्वारा प्रतिस्थापित कर दिया गया है।
- इसका उपयोग फ्रीऑन रेफ्रिजरेण्ट *R*-22 के उत्पादन में किया जाता है।

प्रभाव (Effect)

- क्लोरोफॉर्म सूँघने (Inhaling) से केन्द्रीय तन्त्रिका तन्त्र अवसादग्रस्त हो जाता है।
- थोड़े समय के प्रति मिलियन क्लोरोफॉर्म के 900 भागों में साँस लेने से चक्कर आना, थकान और सिरदर्द हो सकता है।
- दीर्घकालिक क्लोरोफॉर्म के सम्पर्क में आने से यकृत (liver) और गुर्दे को क्षय हो सकता है।
- क्लोरोफॉर्म को बन्द गहरे रंग की बोतलों में संग्रहीत किया जाता है, (पूरी तरह से भरा जाता है), ताकि वायु को बाहर रखा जा सके क्योंकि यह प्रकाश की उपस्थिति में वायु द्वारा ऑक्सीकृत हो जाता है।

$$\underset{\text{क्लोरोफॉर्म}}{2CHCl_3} + \underset{\text{(वायु)}}{O_2} \xrightarrow{\text{प्रकाश}} \underset{\substack{\text{(फॉस्जीन)} \\ \text{(जहरीली गैस)}}}{2COCl_2} + 2HCl$$

ट्राइआयोडोमेथेन (आयोडोफॉर्म, CHI_3)
[Tri-iodomethane (Iodoform, CHI_3)]

- इसका उपयोग ऐन्टीसेप्टिक (antiseptic) के रूप में किया जाता था।
- ऐन्टीसेप्टिक गुण मुक्त आयोडीन की मुक्ति के कारण होते है न कि आयोडोफॉर्म के कारण।

Marks Maximizer

क्लोरोफॉर्म और आयोडोफॉर्म के बीच अन्तर आयोडोफॉर्म को $AgNO_3$ के साथ गर्म करने पर AgI का पीला अवक्षेप मिलता है, जबकि क्लोरोफॉर्म की स्थायी प्रकृति के कारण क्लोरोफॉर्म यह परीक्षण नहीं देता है।

टेट्राक्लोरोमेथेन (कार्बन टेट्राक्लोराइड, CCl_4)
[Tetrachloromethane (Carbon Tetrachloride CCl_4)]

- इसका उपयोग ऐरोसोल कैन (aerosol cans) के लिए रेफ्रिजरेण्टो और प्रणोदक (propellants) के निर्माण में किया जाता है।
- इसका उपयोग क्लोरोफ्लोरोकार्बन और अन्य रसायनों के संश्लेषण में फीडस्टॉक के रूप में भी किया जाता है।
- यह तेल, वसा, रेजिन, वार्निश आदि के लिए व्यापक रूप से एक औद्योगिक विलायक के रूप में उपयोग किया जाता है।
- इसका उपयोग अग्निशामक और सफाई करने वाले द्रव के रूप में किया जाता है।

प्रभाव (Effects)

- सामान्य प्रभाव चक्कर आना, हल्का सिरदर्द, मतली और उल्टी है। यह हृदय की धड़कन को अनियमित या बन्द कर देता है।
- यह तन्त्रिका कोशिकाओं को स्थायी क्षति पहुँचा सकता है, जिससे कोमा, बेहोशी या यहाँ तक कि मृत्यु भी हो सकती है।
- यह आँखों में जलन पैदा कर सकता है और ओजोन परत को कम कर सकता है।

फ्रीऑन (Freons)

मीथेन और एथेन के क्लोरोफ्लोरोकार्बन यौगिकों को सामूहिक रूप से फ्रीऑन कहा जाता है।

निर्माण गुणधर्म (Preparation Properties)

- फ्रीऑन का निर्माण, स्वार्ट्स अभिक्रिया द्वारा टेट्राक्लोरोमीथेन से किया जाता है।
- फ्रीऑन-12 (CCl_2F_2) को निर्माण में शामिल अभिक्रिया इस प्रकार है

$$CCl_4 + 2AgF_2 \longrightarrow CCl_2F_2 + 2AgCl$$

- ये अत्यन्त स्थिर, निष्क्रिय निरावेषी असंक्षारक और आसानी से द्रवित होने वाली गैसें हैं।
- इसका उपयोग ऐरोसोल प्रणोदक, प्रशीतन और एयर कण्डीशनिंग उद्देश्यों के लिए किया जाता है।

प्रभाव (Effects)

- फ्रीऑन हमारी पृथ्वी के चारों ओर सुरक्षात्मक ओजोन परत को क्षीण करते हैं, इसलिए विभिन्न देशों में इनके उपयोग पर प्रतिबन्ध लगा दिया गया है।
- समतापमण्डल (stratosphere) में, यह ओजोन के साथ मुक्त मूलक शृंखला अभिक्रियाएँ आरम्भ करता है जो प्राकृतिक ओजोन को असंतुलित कर सकती है।

DDT (*p, p'*-डाइक्लोरो डाइफेनिल ट्राइक्लोरोएथेन)

यह एक शक्तिशाली कीटनाशक है लेकिन आसानी से जैव अपघटनीय नहीं है। इसलिए, इसके दीर्घकालिक प्रभाव सम्भावित रूप से खतरनाक हो सकता हैं और इसके उपयोग पर कई देशों में प्रतिबन्ध लगा दिया गया है।

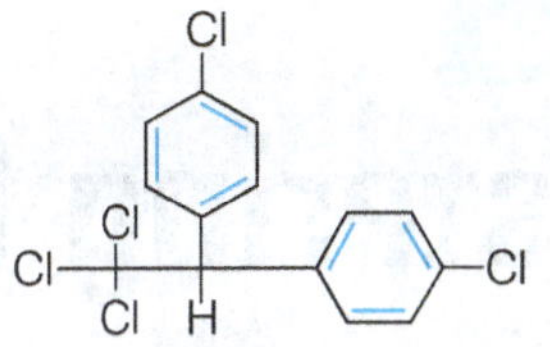

DDT

प्रभाव (Effects)

- इसमें मछली के प्रति उच्च विषाक्तता है।
- यह रासायनिक रूप से स्थायी और वसा में घुलनशील है।
- जानवरों द्वारा इसका उपापचयन बहुत तेजी से नहीं होता है।
- यह वसायुक्त ऊतकों मे जमा और संग्रहीत होता है।
- यदि अन्तर्ग्रहण (ingestion) स्थिर दर से जारी रहता है, तो यह समय के साथ पशु के भीतर बनता जाता है।

हैलोजन युक्त यौगिकों का उपयोग

(Uses of Halogen Containing Compounds)

- क्लोरोम्फेनिकॉल टाइफाइड के इलाज के लिए प्रभावी है।
- शरीर में थायरॉक्सिन की कमी से गोइटर नामक बीमारी होती है।
- क्लोरोक्वीन का उपयोग मलेरिया के इलाज के लिए किया जाता है।
- सर्जरी के दौरान हैलोथेन का उपयोग निश्चेतक के रूप में किया जाता है।
- कुछ फ्लोरीनयुक्त यौगिकों को शल्य चिकित्सा में सम्भावित रक्त विकल्प के रूप में माना जाता है।

Caution Points

- S_N1 अभिक्रिया की अभिक्रियाशीलता की जाँच करते समय यह ध्यान रखे कि ब्रिज हेड पर बना कार्बधनायन सबसे कम अभिक्रियाशील होगा।
- एथिल क्लोराइड को जब एल्कोहॉलिक KOH के साथ उपचारित किया जाता है, तो यह विहाइड्रोहैलोजनीकरण अभिक्रिया से गुजरता है। जबकि जलीय KOH के साथ यह जल-अपघटन से गुजरता हैं
- फ्लोरोबेन्जीन और आयेडोबेन्जीन का उत्पादन सेंडमेयर अभिक्रिया द्वारा नहीं किया जा सकता है।

PYQ नोट्स

1. हाइड्रोआयोडिक अम्ल के साथ 1- मेथॉक्सी नेफ्थैलीन की अभिक्रिया देगी। [JEE Main 2022]

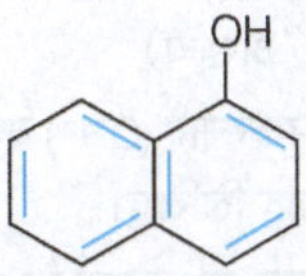

एवं CH_3I

2. $(CH_3)_3CCl$ की $KOH(CH_3)_3$ के साथ अभिक्रिया 2- मेथिलप्रोप -1 ईन देगी। [JEE Main 2022]
3. $PhS^- Na^+$ (सोडियम फेनिलथायोलेट) DMF की उपस्थिति में S_N2 अभिक्रिया से गुजरता है। [JEE Main 2022]
4. वुर्ट्ज अभिक्रिया का उपयोग सम संख्या में कार्बन परमाणुओं वाले उच्च एल्केनों के निर्माण (preparation) में किया जाता है [NEET 2020]
5. S_N2 अभिक्रिया सामान्यतः ध्रुवीय प्रोटिक विलायकों में की जाती है जैसे-ऐसीटोन DMSO, ऐसीटोनाइट्राइट या DMF आदि। [NEET 2016]

Step by Step

Mastering NCERT

- कॉन्सेप्ट बिल्डर्स
- शीर्षकवार प्रश्न
- अभिकथन-कारण प्रश्न
- कथन आधारित प्रश्न
- सुमेलन प्रकार प्रश्न
- आंकिक मान प्रकार के प्रश्न
- NCERT Exemplar प्रश्न
- विगत परीक्षाओं के प्रश्न
- स्किल बूस्टर्स

कॉन्सेप्ट बिल्डर्स

1 हैलोऐल्केनों और हैलोएरीनों में कार्बन परमाणु का संकरण जिससे हैलोजन परमाणु जुड़ा होता है, क्रमशः ...... और .... है।

2 प्रतिजैविक (एण्टीबायोटिक) का नाम बताइए जो टायफाइड बुखार के उपचार के लिए बहुत प्रभावी है।

3 उस हॉर्मोन का नाम बताइए जिसकी कमी से गलघोटू या गलगण्ड (घेंघा) रोग होता है।

4 हैलोऐल्केनों को प्राथमिक, द्वितीयक या तृतीयक के रूप में वर्गीकृत किया जाता है, जो हैलोजन से जुड़े .... की प्रकृति पर निर्भर करता है।

5 विनाइलिक हैलाइड वे यौगिक हैं जिनमें हैलोजन परमाणु कार्बन-कार्बन द्वि-आबन्ध से जुड़े sp^2-संकरित कार्बन परमाणु से जुड़ा होता है। (सत्य/असत्य)

6 *आइसो*प्रोपिल क्लोराइड का IUPAC नाम .... है।

7 डाइहैलोजन यौगिक जिसमें दोनों हैलोजन परमाणु एक ही कार्बन परमाणु पर उपस्थित होते हैं, उन्हें *जैम* डाइहैलाइड कहा जाता है। (सत्य/असत्य)

8 समान प्रकार के हैलोजन परमाणुओं वाले डाइहैलोऐल्केन को एल्काइलिडीन या ऐल्किलीन डाइहैलाइड कहा जाता है। (सत्य/असत्य)

9 ऐल्किल हैलाइड का कार्बन-हैलोजन आबन्ध ध्रुवित हो जाता है क्योंकि हैलोजन परमाणु, कार्बन परमाणु से अधिक विद्युत ऋणात्मक होता है। (सत्य/असत्य)

10 एल्कोहॉल से ऐल्किल क्लोराइड बनाने के लिए थायोनिल क्लोराइड की तुलना में फॉस्फोरस क्लोराइड (ट्राई और पेन्टा) को प्राथमिकता दी जाती है। (सत्य/असत्य)

11 उस अम्ल का नाम बताइए जिसकी उपस्थिति में एल्कोहॉल को KI के साथ गर्म करके R—I की अच्छी लब्धि प्राप्त की जा सकती है। (सत्य/असत्य)

12 एरिल हैलाइड को फीनॉल के हाइड्रॉक्सिल समूह को हैलोजन परमाणु से प्रतिस्थापित करके नहीं बनाया जा सकता है। [सत्य/असत्य]

13 फीनॉल हैलोजन अम्लों के साथ तीव्रता से अभिक्रिया करके एरिल हैलाइड बनाता है। (सत्य/असत्य)

14 $(CH_3)_2CHCH_2CH_3$ के मुक्त मोनो मूलक क्लोरीनीकरण से बनने वाले सभी सम्भावित मोनोक्लोरो संरचनात्मक समावयवियों की संख्या लिखिए।

15 जब बेन्जीन डाइऐजोनियम हैलाइड को पोटैशियम आयोडाइड के साथ मिलाया जाता है, तो बनने वाले उत्पाद का नाम बताइए।

16 ब्रोमीन परीक्षण .... यौगिकों की उपस्थिति का पता लगाने के लिए एक गुणात्मक परीक्षण है।

17 फिन्केलस्टाइन अभिक्रिया में, निर्मित NaCl या NaBr अवक्षेपित हो जाता है, जो ला-शातेलिए नियम के अनुसार अग्र अभिक्रिया को सुगम बनाता है। (सत्य/असत्य)

18 क्लोराइड/ब्रोमाइड को .... की उपस्थिति में गर्म करके ऐल्किल फ्लोराइड संश्लेषित किया जाता है। [HgF_2 / CoF_2]

19 सल्फ्यूरिक अम्ल का उपयोग KI के साथ एल्कोहॉल की अभिक्रिया के दौरान किया जाता है क्योंकि यह अपचायक के समान व्यवहार करता है। (सत्य/असत्य)

20 1-मेथिल साइक्लोहेक्सीन की हाइड्रोजन आयोडाइड के साथ अभिक्रिया से बनने वाले उत्पाद का नाम बताइए।

21 साइक्लोहेक्सेन की Br_2 के साथ अभिक्रिया से बनने वाला उत्पाद लिखिए।

22 ऐल्किल हैलाइड के क्वथनांक संगत एल्केनों की अपेक्षा उच्च होते हैं, क्योंकि ....

23 वह अभिक्रिया जिसमें एक नाभिकस्नेही अणु में उपस्थित नाभिकस्नेही को प्रतिस्थापित करता है, उसे .... कहा जाता है।

24 यदि यौगिक समतल ध्रुवित प्रकाश को दायीं ओर घुमाता है, अर्थात् .... घूर्णन करता है, तो उसे .... कहते हैं।

25 S_N1 अभिक्रिया में, रेसिमीकरण, विन्यास के प्रतिलोमन और अवधारणा के कारण होता है। (सत्य/असत्य)

26 (–)-2-ब्रोमोऑक्टेन का जल अपघटन विन्यास के प्रतिलोमन के साथ आगे बढ़ता है। (सत्य/असत्य)

27 2-ब्रोमोपेन्टेन की नाभिकस्नेही (OH^-) के साथ अभिक्रिया होने पर बनने वाला मुख्य उत्पाद लिखिए।

28 नाभिकस्नेही प्रतिस्थापन अभिक्रिया के प्रति हैलोऐरीन, हैलोऐल्केन की तुलना में कम क्रियाशील होते हैं। (सत्य/असत्य)

29 *ऑर्थो* और *पैरा*-स्थिति पर नाइट्रो समूह की उपस्थिति हैलोएरीन की क्रियाशीलता को बढ़ाती है। (सत्य/असत्य)

30 उस यौगिक का IUPAC नाम लिखिए जो वसा, एल्केलॉइड, आयोडीन और अन्य पदार्थों के लिए विलायक के रूप में प्रयुक्त होता है।

शीर्षकवार प्रश्न

C—X आबन्ध का वर्गीकरण, नामकरण और प्रकृति

1 निम्नलिखित में से एल्किल हैलाइड के लिए कौन-सा कथन सही है? **NCERT पृष्ठ 159**

(a) ये हाइड्रोकार्बन में हाइड्रोजन परमाणु के स्थान पर हैलोजन परमाणु के आने से बनते हैं।

(b) इनमें कोई ध्रुवीय बन्ध नहीं होता है।

(c) हैलोऐल्केन में, हैलोजन sp^2-संकरित कार्बन परमाणु से जुड़ा होता है।

(d) क्लोरोक्वीन का उपयोग गलघोटू/गलगण्ड/घेंघा के उपचार के लिए किया जाता है।

2 निम्नलिखित में से ऐलिलिक हैलाइड के लिए कौन-सा कथन सही है? **NCERT पृष्ठ 160**

(a) यौगिक जिसमें हैलोजन परमाणु ऐरोमैटिक वलय के पास sp^3-संकरित कार्बन परमाणु से बन्ध बनाता है।

(b) यौगिक जिसमें हैलोजन परमाणु sp^3-संकरित कार्बन परमाणु से कार्बन-कार्बन (C=C) द्वि बन्धित होता है।

(c) यौगिक जिसमें हैलोजन परमाणु एक एल्किल समूह से बन्धा होता है।

(d) इन यौगिकों में हैलोजन परमाणु sp^2-संकरित कार्बन परमाणु से सीधे बन्ध बनाता है।

3 निम्नलिखित में से कौन-सा ऐलिलिक हैलाइड नहीं है? **NCERT पृष्ठ 160**

(a) 5-ब्रोमोपेन्ट-1-ईन (b) 4-ब्रोमोपेन्ट-2-ईन

(c) 3-ब्रोमो-2-मिथाइलब्यूट-1-ईन (d) 1-ब्रोमोब्यूट-2-ईन

4 निम्नलिखित में से कौन-सा बेन्जाइल हैलोजन यौगिक है? **NCERT पृष्ठ 160**

(a) $Br—C_6H_4CH(CH_3)CH_2CH_3$

(b) $(CH_3)_3CCH_2CH(Br)C_6H_5$

(c) $(CH_3)_2CHCH(Cl)CH_3$

(d) CH_3CH_2Br

5 निम्नलिखित में से कौन-सा हैलाइड नाम और वर्गीकरण के अनुसार सही नहीं है? **NCERT पृष्ठ 160, 161**

(a) $(H_3C)_3CCH_2Cl$, 1-क्लोरो-2, 2-डाइमिथाइल प्रोपेन, प्राथमिक हैलोएल्केन

(b) $(H_3C)_2CHBr$, 2-ब्रोमोप्रोपेन, द्वितीयक हैलोएल्केन

(c) $H_3CC(Cl)(C_2H_5)CH_2CH_3$, 3-क्लोरो-2-एथिलब्यूटेन, द्वितीयक हैलोएल्केन

(d) $CH_3CH_2C(CH_3)_2CH_2I$, 1-आयोडो-2, 2-डाइमिथाइलब्यूटेन, प्राथमिक हैलोएल्केन

6 तृतीयक ब्यूटाइल ब्रोमाइड का IUPAC नाम है **NCERT पृष्ठ 161**

(a) 3-ब्रोमोब्यूटेन (b) 2-ब्रोमो-2-मिथाइलप्रोपेन

(c) 1, 2-ब्रोमोब्यूटेन (d) 4-ब्रोमोब्यूटेन

7 ऐसे यौगिक जिनमें हैलोजन परमाणु कार्बन-कार्बन द्विबन्ध के sp^2-संकरित कार्बन परमाणु से बन्धा होता है, उसे कहते हैं **NCERT पृष्ठ 161**

(a) ऐलिलिक हैलाइड (b) बेन्जाइलिक हैलाइड

(c) एरिल हैलाइड (d) विनाइलिक हैलाइड

8 यौगिक के सामान्य और IUPAC नाम क्रमशः हैं

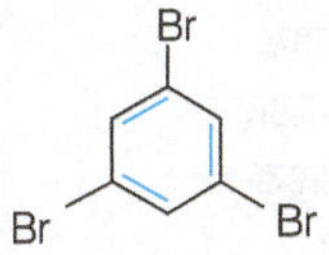

NCERT पृष्ठ 161

(a) *सिस*-ट्राइब्रोमोबेन्जीन और 1, 2, 5-ट्राइब्रोमोबेन्जीन

(b) *सिस*-ट्राइब्रोमोबेन्जीन और 1, 3, 5-ट्राइब्रोमोबेन्जीन

(c) *o, m, p*- ट्राइब्रोमोबेन्जीन और 1, 3, 5-ट्राइब्रोमोबेन्जीन

(d) 1, 3, 5-ट्राइब्रोमोबेन्जीन, सिस-ट्राइब्रोमोबेन्जीन

9 निम्नलिखित में से कौन *विस*-डाइहैलाइड का उदाहरण है? **NCERT पृष्ठ 162**

(a) डाइक्लोरोमेथेन

(b) 1, 2-डाइक्लोरोएथेन

(c) एथिलिडीन क्लोराइड

(d) एलिल क्लोराइड

10 निम्नलिखित यौगिक का IUPAC नाम क्या है?

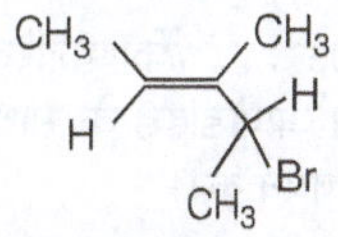

NCERT पृष्ठ 163

(a) 3-ब्रोमो-3-मिथाइल-1, 2-डाइमिथाइलप्रॉप-1-ईन

(b) 3-ब्रोमो-1, 2-डाइमिथाइलब्यूट-1-ईन

(c) 2-ब्रोमो'3'मिथाइलपेन्ट-3-ईन

(d) 4-ब्रोमो-3-मेथिलपेन्ट-2-ईन

11 कार्बन-हैलोजन बन्ध ध्रुवीकृत होता है क्योंकि **NCERT पृष्ठ 163**

(a) हैलोजन परमाणु कम विद्युत ऋणात्मक होता है

(b) हैलोजन परमाणु कार्बन परमाणु से अधिक विद्युत ऋणात्मक होता है

(c) कार्बन ऋणात्मक आवेश रखता है, जबकि हैलोजन धनात्मक आवेश रखता है

(d) कार्बन परमाणु अधिक विद्युत ऋणात्मक होता है

12 निम्नलिखित में से किसका कोई द्विध्रुव आघूर्ण नहीं है? **NCERT पृष्ठ 164**

(a) CH_3Cl (b) $CHCl_3$

(c) CH_2Cl_2 (d) CCl_4

13 निम्नलिखित यौगिकों को द्विध्रुव आघूर्ण के बढ़ते क्रम में व्यवस्थित करें टॉलुईन (I), *m*-डाइक्लोरोबेन्जीन (II), *o*-डाइक्लोरोबेन्जीन (III), *p*-डाइक्लोरोबेन्जीन (IV) **NCERT पृष्ठ 164**

(a) I < IV < II < III (b) IV < I < II < III
(c) IV < I < III < II (d) IV < II < I < III

हैलोऐल्केन और हैलोऐरीन के निर्माण की विधियाँ

14 ब्रोमीन और आयोडीन के साथ लाल फॉस्फोरस की अभिक्रिया से उत्पन्न होता है **NCERT पृष्ठ 164**

(a) फॉस्फोरस ट्राइब्रोमाइड
(b) फॉस्फोरस डाइआयोडाइड
(c) फॉस्फोरस डाइब्रोमाइड
(d) फॉस्फोरस ब्रोमाइड

15 निम्नलिखित में से किसका उपयोग एल्कोहॉल की उपस्थिति में ऐल्किल क्लोराइड बनाने करने के लिए किया जाता है? **NCERT पृष्ठ 164**

(a) H_2SO_4 (b) HCl विलयन (तनु)
(c) शुष्क HCl गैस (d) सान्द्र HCl

16 अभिक्रिया में बने उप-उत्पाद का चयन करें,

$$ROH + PCl_5 \longrightarrow RCl + 'A'$$

यहाँ '*A*' है **NCERT पृष्ठ 164**

(a) $POCl_3$ + HCl
(b) H_3PO_3 + कोई अन्य उत्पाद नहीं
(c) H_3PO_3 + HCl
(d) $POCl_3$ + कोई अन्य उत्पाद नहीं

17 एथिल एल्कोहॉल को 95% *ऑर्थो*फॉस्फोरिक अम्ल की उपस्थिति में सोडियम या पोटैशियम आयोडाइड के साथ अभिक्रिया कराने पर बनने वाले उत्पाद का चयन करें। **NCERT पृष्ठ 164**

(a) मिथाइल आयोडाइड (b) एथिल आयोडाइड
(c) एथेन (d) प्रोपाइल ब्रोमाइड

18 मिथाइल क्लोराइड शुष्क एसीटोन में NaI के साथ अभिक्रिया करके मिथाइल आयोडाइड देता है। इस अभिक्रिया को कहते हैं **NCERT पृष्ठ 165**

(a) फिन्केलस्टीन अभिक्रिया (b) स्वार्ट्स अभिक्रिया
(c) वुर्ट्ज अभिक्रिया (d) फिटिंग अभिक्रिया

19 अभिक्रिया में यौगिक *Z* की पहचान करें,

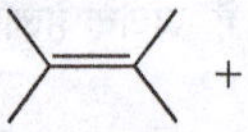

NCERT पृष्ठ 165

(a) 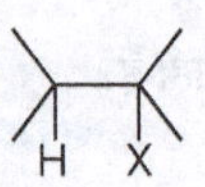

(b) 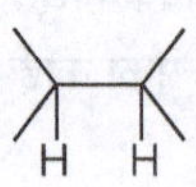

(c) 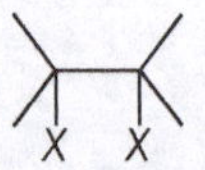

(d) 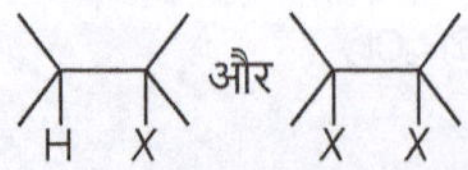

20 निम्नलिखित अभिक्रिया पर विचार करें,

$$CH_3CH=CH_2 + HI \longrightarrow \underset{(\text{गौण})}{'X'} \text{ और } \underset{(\text{मुख्य})}{'Y'}$$

गुणनफल '*X*' तथा '*Y*' क्रमशः हैं **NCERT पृष्ठ 165**

(a) $CH_3-CH(CH_3)-I$ (गौण) और $CH_3-CH(CH_3)-CH_3$ (मुख्य)
(b) $CH_3CH_2CH_2I$ (गौण) और $CH_3-CH(I)-CH_3$ (मुख्य)
(c) $CH_3-CH(CH_3)-I$ (मुख्य) और $CH_3-CH(I)-CH_3$ (गौण)
(d) CH_3CHICH_3 (गौण) और $CH_3-CH_2-CH_2-I$ (मुख्य)

21 दी गई अभिक्रिया का मुख्य उत्पाद है

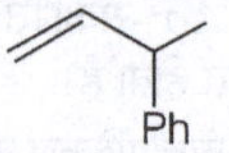

NCERT पृष्ठ 165

(a) 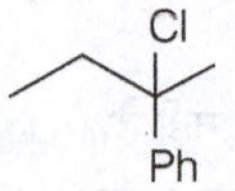

(b) 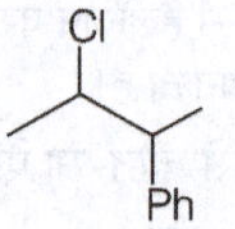

(c) 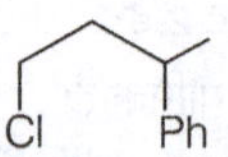

(d) 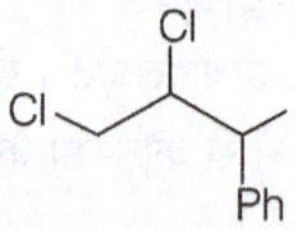

22 निम्नलिखित अभिक्रिया पर विचार करें

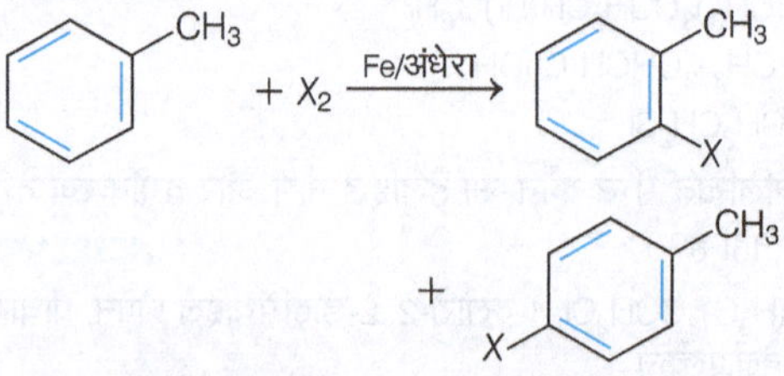

इस प्रकार की अभिक्रिया है **NCERT पृष्ठ 166**

(a) नाभिकस्नेही प्रतिस्थापन (b) इलेक्ट्रॉस्नेही प्रतिस्थापन
(c) नाभिकस्नेही विलोपन (d) इलेक्ट्रॉस्नेही विलोपन

23 निम्नलिखित अभिक्रिया क्रम में *X*, है

$$X \xrightarrow{\text{ब्रोमीनीकरण}} Y \xrightarrow{NaNO_2/HCl} Z \xrightarrow[C_2H_5OH]{\text{उबालने पर}}$$

सिस-ट्राइब्रोमोबेन्जीन **NCERT पृष्ठ 166**

(a) बेन्जोइक अम्ल (b) सैलिसिलिक अम्ल
(c) फीनॉल (d) एनिलीन

24 जब ठण्डे जलीय खनिज अम्ल (HCl) में घुले एक प्राथमिक एरोमैटिक एमीन को सोडियम के साथ क्रिया करके नाइट्राइट उत्पाद के रूप में प्राप्त होता है। **NCERT पृष्ठ 166**

(a) एरिल हैलाइड (b) बेन्जीन डाइएजोनियम हैलाइड

(c) 2° एरोमैटिक ऐमीन (d) 3° ऐरोमैटिक एमीन

25 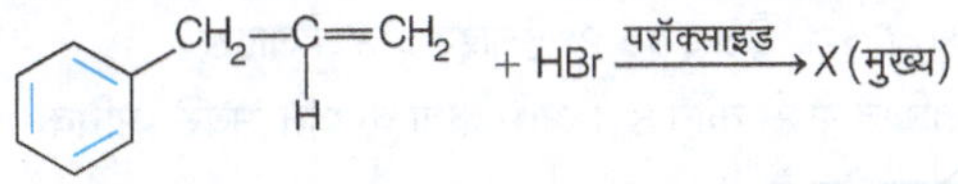

X क्या है? **NCERT पृष्ठ 167**

(a) 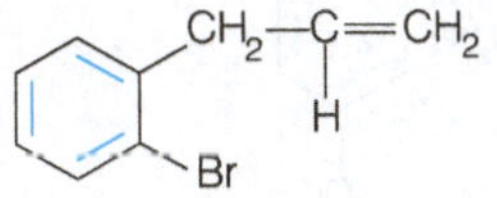 (b) 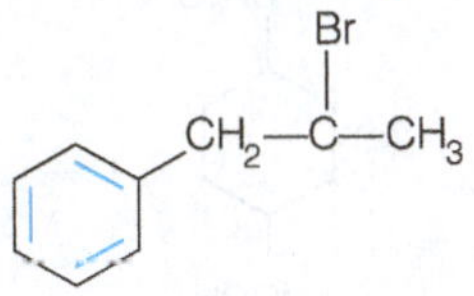

(c) 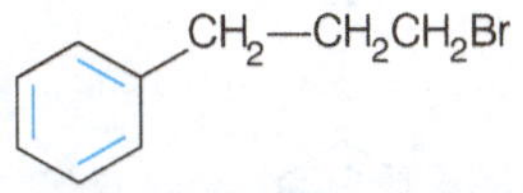 (d) 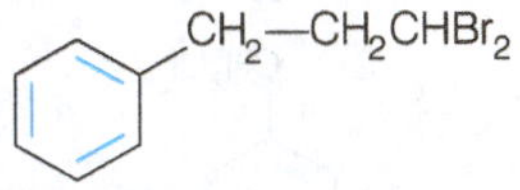

26 निम्नलिखित रूपान्तरण में मुख्य उत्पाद है

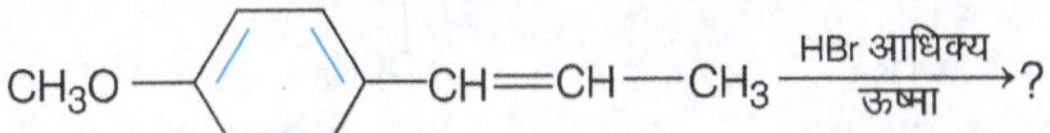

NCERT पृष्ठ 167

(a) 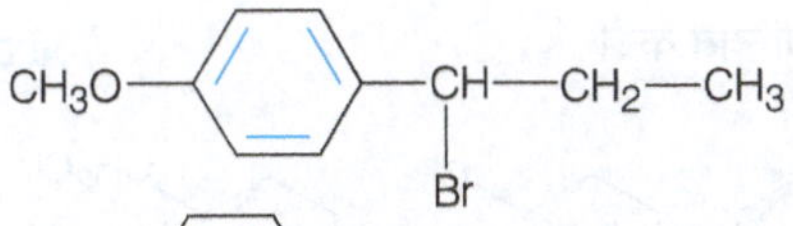

(b) 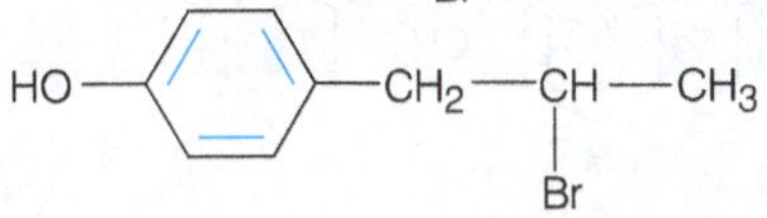

(c) 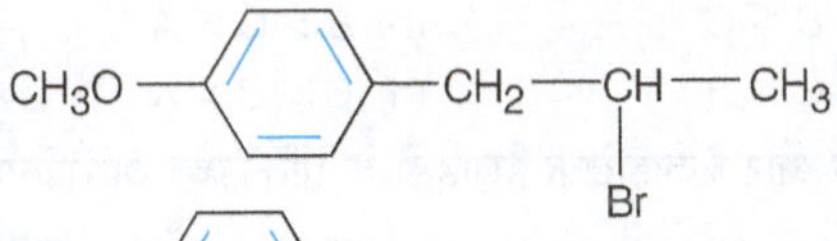

(d) 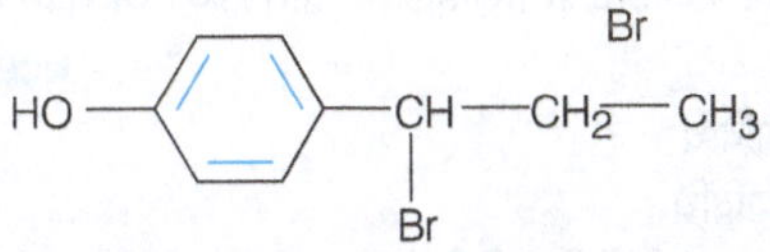

27 दी गई अभिक्रिया में बने उत्पाद की पहचान कीजिए।

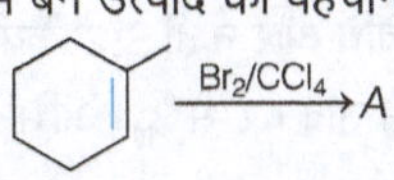

NCERT पृष्ठ 165

(a) 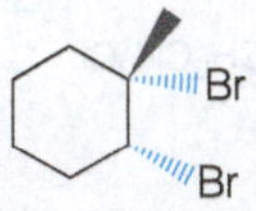 (b) 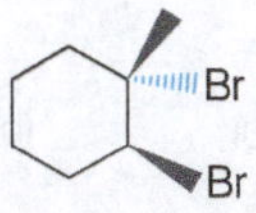

(c) 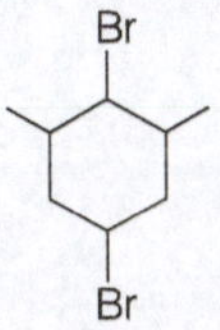 (d) 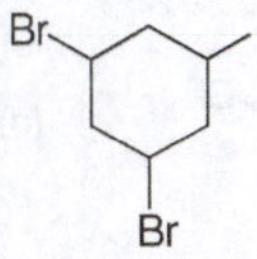

भौतिक गुणधर्म

28 निम्नलिखित में से किस ऐल्किल हैलाइड का घनत्व अधिकतम है? **NCERT पृष्ठ 169**

(a) C_3H_7I (b) C_2H_5I

(c) CH_3Br (d) CH_3I

29 निम्नलिखित यौगिकों को उनके घनत्व के बढ़ते क्रम में व्यवस्थित करें। **NCERT पृष्ठ 169**

I. CH_2Cl_2 II. $CHCl_3$ III. CCl_4

(a) III < II < I (b) III < I < II

(c) III < I = II (d) I < II < III

30 निम्नलिखित यौगिकों को उनके गलनांक के घटते क्रम में व्यवस्थित करें। **NCERT पृष्ठ 169**

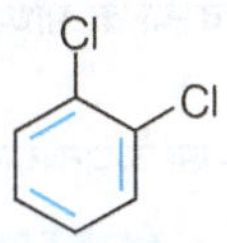 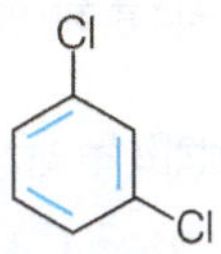 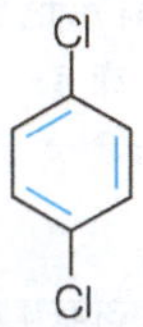

I II III

(a) I > II > III (b) III > I = II

(c) III > I > II (d) III > II > I

31 निम्नलिखित में से किसका गलनांक सबसे अधिक है लेकिन किसी दिए गए विलायक में विलेयता सबसे कम है? **NCERT पृष्ठ 169**

(a) *o*-डाइक्लोरोबेन्जीन (b) *p*-डाइक्लोरोबेन्जीन

(c) *m*-डाइक्लोरोबेन्जीन (d) क्लोरोबेन्जीन

रासायनिक अभिक्रियाएँ

32 सायनाइड एक उभयदन्ती नाभिकस्नेही के रूप में कार्य करता है। निम्नलिखित में से किस पहलू से यह जलीय माध्यम में एक प्रबल नाभिकस्नेही के रूप में कार्य करता है? **NCERT पृष्ठ 170**

(a) दोनों सिरों से इसकी सामर्थ्य समान है।

(b) यह एल्काइल हैलाइड की प्रकृति पर निर्भर करता है।

(c) यह N-सिरे से अधिक प्रबल नाभिकस्नेही के रूप में कार्य करता है।

(d) यह C-सिरे से अधिक प्रबल नाभिकस्नेही के रूप में कार्य करता है।

33 S_N2 क्रियाविधि के सम्बन्ध में गलत कथन का चयन कीजिए। **NCERT पृष्ठ 171**

(a) जैसे-जैसे अभिक्रिया आगे बढ़ती है, कार्बन परमाणु और नाभिकस्नेही के मध्य बन्ध बनता है और कार्बन परमाणु दुर्बल होता जाता है तथा समूह बन्ध अलग होता जाता है।

(b) यह प्रतिलोमन विन्यास है

(c) ऐल्किल हैलाइडों की क्रियाशीलता का क्रम 3° < 2° < 1° है

(d) संक्रमण अवस्था के दौरान कार्बन परमाणु चार परमाणुओं से बंधा होता है

34 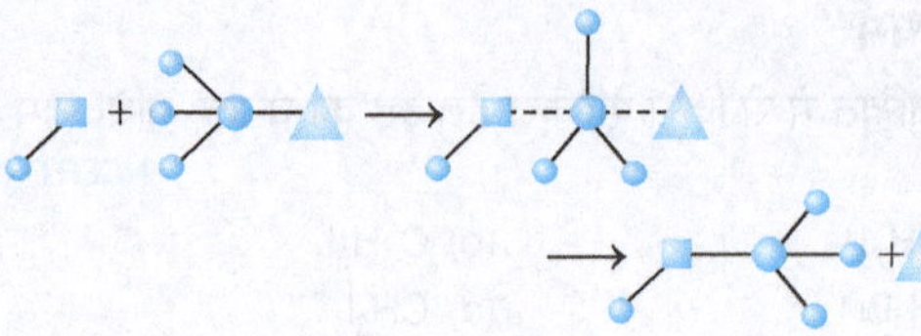

वर्गाकार बिन्दु आने वाले हाइड्रॉक्साइड आयन को दर्शाता है, जबकि त्रिभुजाकार बिन्दु निकलने वाले हैलाइड आयन को दर्शाता है। निम्नलिखित में से दी गई आकृति के लिए कौन-सा कथन गलत है?
NCERT पृष्ठ 171

(a) यह द्वितीय कोटि बलगतिकी है।
(b) इसकी दर दोनों अभिकारकों की सान्द्रता पर निर्भर करती है।
(c) यह अभिक्रिया एकल स्टेप में होती है तथा कोई मध्यवर्ती नहीं बनता है।
(d) यह प्रथम कोटि की अभिक्रिया है जो संक्रमण अवस्था के माध्यम से आगे बढ़ती है।

35 निम्नलिखित में से S_N2 क्रियाविधि के बारे में कौन-सा कथन गलत है?
NCERT पृष्ठ 172

(a) संक्रमण अवस्थ में, कार्बन एक साथ पाँच परमाणुओं से बन्धित होता है।
(b) संक्रमण अवस्था में, तीनों C—H बन्ध भिन्न तल में होते हैं।
(c) यह एक द्वि-आण्विक नाभिकस्नेही प्रतिस्थापन अभिक्रिया को दर्शाता है।
(d) दोनों अभिक्रियाएँ एक ही स्टेप में एक साथ होती हैं।

36 किस स्थिती में चित्र में दिखाए अनुसार अभिक्रिया में नाभिकस्नेही को सबसे सरलता से दर्शाया गया है।

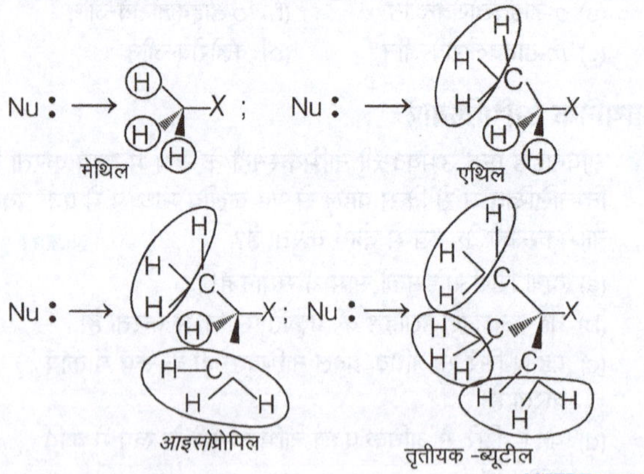

NCERT पृष्ठ 173

(a) मिथाइल (b) एथिल
(c) *आइसो*प्रोपिल (d) तृतीयक ब्यूटिल

37 जलीय सोडियम हाइड्रॉक्साइड के साथ तृतीयक ब्यूटिल ब्रोमाइड की अभिक्रिया के अनुसार होती है
NCERT पृष्ठ 173

(a) S_N1 क्रियाविधि
(b) S_N2 क्रियाविधि
(c) अभिक्रिया के तापमान पर निर्भर करते हुए उपरोक्त दो में से कोई भी
(d) E_1 क्रियाविधि

38 S_N1 के प्रति एल्काइल हैलाइडों की अभिक्रियाशीलता का सही क्रम है
NCERT पृष्ठ 174

(a) 2° हैलाइड > 3° हैलाइड > 1° हैलाइड > CH_3X
(b) 3° हैलाइड > 1° हैलाइड > 2° हैलाइड > CH_3X
(c) 3° हैलाइड > 2° हैलाइड > 1° हैलाइड > CH_3X
(d) CH_3X > 1° हैलाइड > 2° हैलाइड > 3° हैलाइड

39 निम्नलिखित में से कौन S_N1 अभिक्रिया के प्रति सबसे अधिक अभिक्रियाशील है?
NCERT पृष्ठ 174

(a) 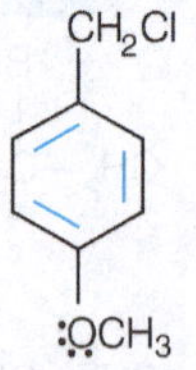

(b) 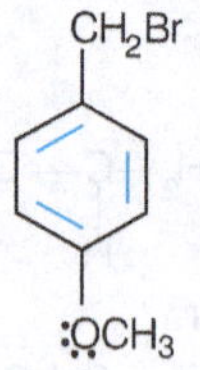

(c) 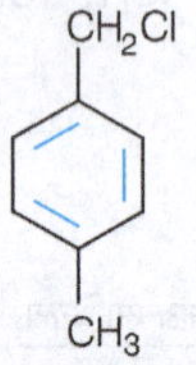

(d) 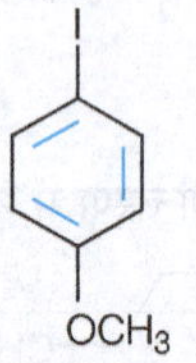

40 निम्नलिखित को S_N1 अभिक्रिया के प्रति अभिक्रियाशीलता के घटते क्रम में व्यवस्थित करें।
NCERT पृष्ठ 174

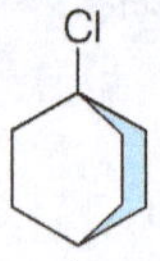

A

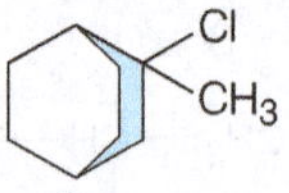

B

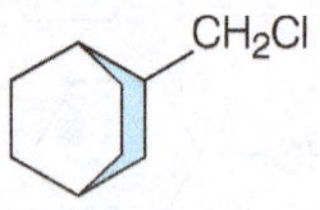

C

(a) $A > B > C$ (b) $B > C > A$
(c) $A > C > B$ (d) $C > B > A$

41 एलिलिक और बेंजाइलिक हैलाइडों के प्रति उच्च अभिक्रियाशीलता दर्शाते हैं।
NCERT पृष्ठ 174

(a) S_N1 क्रियाविधि
(b) S_N2 क्रियाविधि
(c) S_N1 और S_N2 दोनों क्रियाविधि
(d) न तो S_N1 क्रियाविधि और न ही S_N2 क्रियाविधि

42 वह यौगिक जो सबसे तीव्र दर से S_N1 अभिक्रिया करता है, वह है
NCERT पृष्ठ 174

(a) 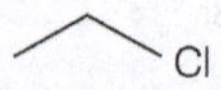

(b) 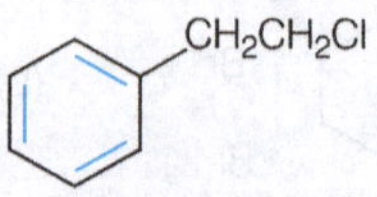

(c) 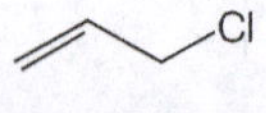

(d) 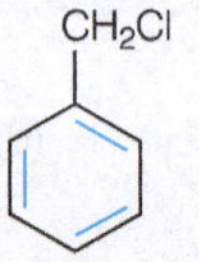

43 निम्नलिखित में से कौन S_N2 अभिक्रिया तीव्रता से करेगा? **NCERT पृष्ठ 174**

(a)  (b) 

(c)  (d) 

44 वह यौगिक जो S_N2 क्रियाविधि द्वारा सबसे तीव्रता से अभिक्रिया करेगा वह है **NCERT पृष्ठ 174**

(a) 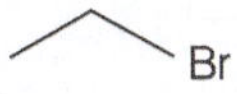 (a) 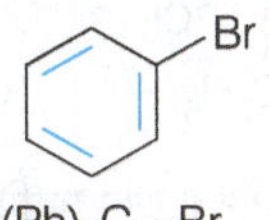

(c) Ph—CH_2—Br (d) $(Ph)_3C$—Br

45 निम्नलिखित में से कौन-सा सही नहीं है? **NCERT पृष्ठ 174**

(a) $PhCH_2Br > PhCHBrCH_3 > PhCBr(CH_3)_2 (S_N1)$
(b) R—I > R—Br > R—Cl (S_N2)
(c) CH_2=CH—Cl < CH_2=CH—CH_2—Cl < $PhCH_2$—Cl (S_N1)
(d) R—Cl < R—Br < R—I (S_N1)

46 निम्नलिखित में से बेन्जिल कार्बधनायन की कौन-सी अनुनादी संरचना गलत है? **NCERT पृष्ठ 174**

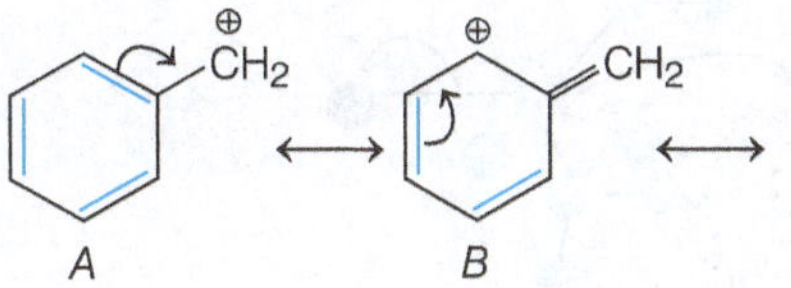

A B

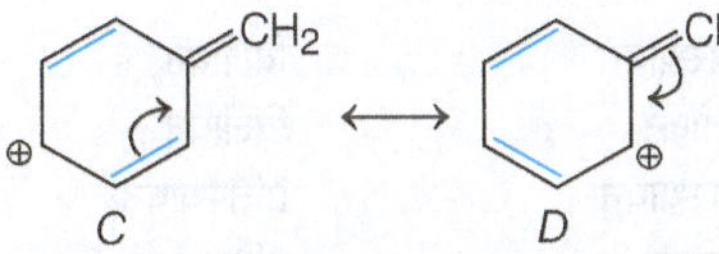

C D

(a) *A* (b) *B*
(c) *C* (d) *D*

47 निम्नलिखित यौगिकों में S_N1 अभिक्रिया की बढ़ती दर है **NCERT पृष्ठ 174**

(A) 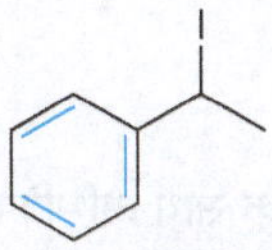 (B) 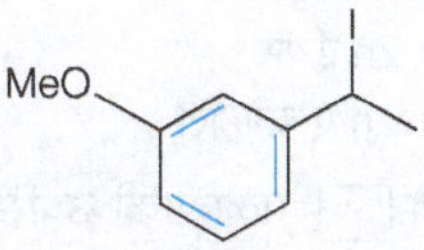

(C) 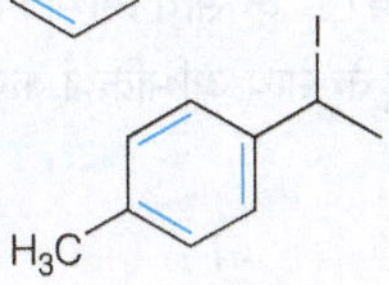 (D) 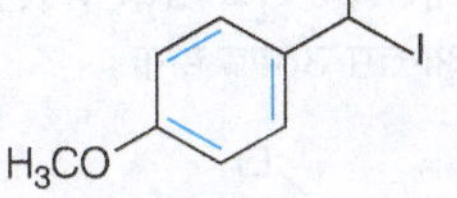

(a) $A < B < C < D$ (b) $B < A < C < D$
(c) $A < B < D < C$ (d) $B < A < D < C$

48 निम्नलिखित में से कौन-सा कथन गलत है? **NCERT पृष्ठ 175**

(a) ध्रुवित प्रकाश जिस कोण से घूर्णन करता है उसे पोलेरिमीटर नामक उपकरण द्वारा मापा जाता है।
(b) वह यौगिक जो समतल ध्रुवित प्रकाश को बाईं ओर घुमाता है उसे दक्षिणावर्त कहते हैं तथा जो दाईं ओर घुमाता है उसे वामावर्त कहते हैं।
(c) घूर्णन की डिग्री से पहले (+) चिन्ह दक्षिणावर्त और वामावर्त को (–) चिन्ह द्वारा दर्शाया जाता है।
(d) ऐसे (+) तथा (–) समावयवियों को प्रकाशिक समावयव कहते हैं।

49 दी गई आकृति में अणु के लिए उपयुक्त शब्द का निष्कर्ष निकालें लिए। **NCERT पृष्ठ 177**

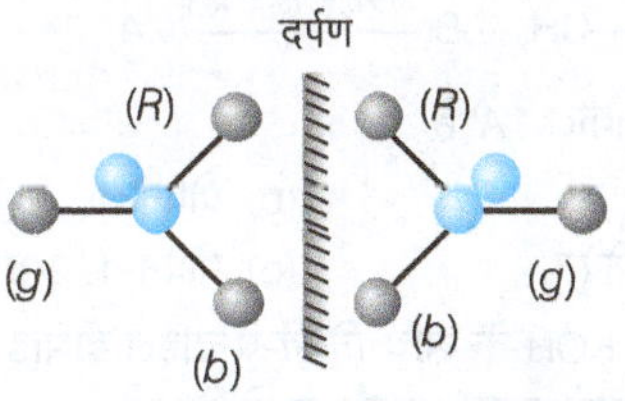

(a) प्रतिबिम्ब रूपी समावयवी (b) अप्रतिबिम्ब रूपी समावयवी
(c) रेसीमिक मिश्रण (d) मेसोयौगिक

50 निम्नलिखित अभिक्रियाओं पर विचार कीजिए

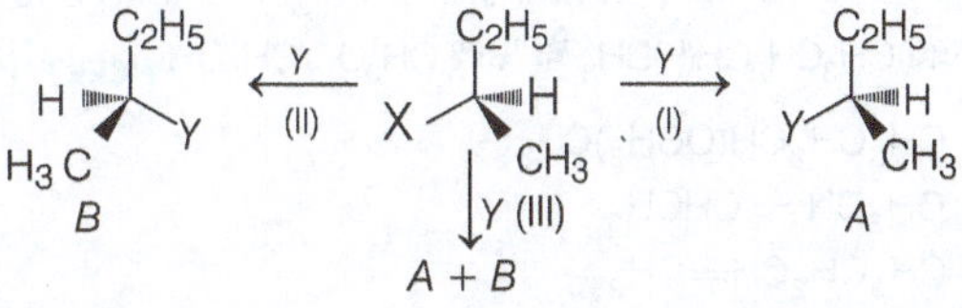

समीकरण I, II, III में आने वाले पदों के नाम बताइए तथा सही विकल्प चुनिए। **NCERT पृष्ठ 178**

	I	II	III
(a)	विन्यास का अवधारण	विन्यास का व्युत्क्रम	रेसीमिकरण
(b)	विन्यास का अवधारण	रेसीमिकरण	विन्यास का व्युत्क्रम
(c)	विन्यास का व्युत्क्रम	विन्यास का अवधारण	रेसीमीकरण
(d)	रेसीमीकरण	विन्यास का व्युत्क्रम	विन्यास का अवधारण

51 यदि अभिक्रिया के दौरान, त्रिविम केन्द्र का कोई बन्ध नहीं टूटता है, और उत्पाद का विन्यास समान रहता है, तो ऐसी अभिक्रिया के साथ आगे बढ़ता है **NCERT पृष्ठ 178**

(a) विन्यास का व्युत्क्रम
(b) रेसीमिकरण
(c) विन्यास का अवधारण
(d) रेसीमिकरण और प्रतिलोमन (अवधारण) विन्यास दोनों

52 एल्कोहॉल युक्त KOH के साथ अभिक्रिया के लिए दिए गए यौगिकों की सही अभिक्रियाशीलता का क्रम है NCERT पृष्ठ 179

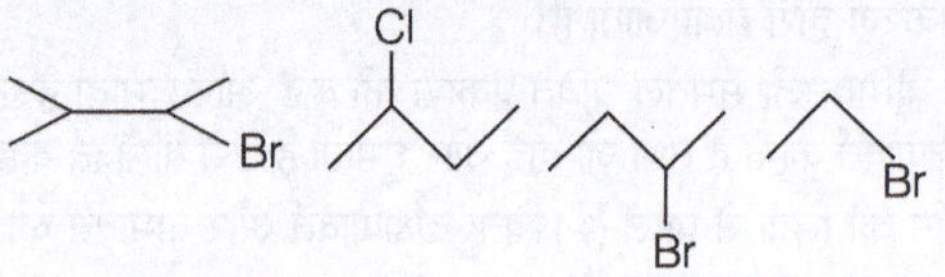

(A) (B) (C) (D)

(a) $A > B > C > D$ (b) $A > C > B > D$
(c) $D > B > C > A$ (d) $A > D > B > C$

53 $CH_3-CH_2-CH_2-Br \xrightarrow[\Delta]{\text{ऐल्कोहॉलिक KOH}} A$

अन्तिम गुणनफल 'A' है NCERT पृष्ठ 179

(a) प्रोपीन (b) प्रोपेनॉल
(c) साइक्लोप्रोपेन (d) प्रोपेन-1, 2-डाइऑल

54 एल्कोहॉलिक KOH के साथ *निओ*-पेन्टाइल ब्रोमाइड का विहाइड्रोहैलोजनीकरण मुख्य रूप से देता है NCERT पृष्ठ 174

(a) 2-मिथाइल-1-ब्यूटीन (b) 2-मिथाइल-2-ब्यूटीन
(c) 2, 2-डाइमिथाइल-ब्यूटीन (d) 2-ब्यूटीन

55 निम्नलिखित अभिक्रिया से प्राप्त होने वाले प्रमुख उत्पाद की पहचान कीजिए $CH_3CH_2CH(F)CH_3$ के साथ CH_3O^-/CH_3OH NCERT पृष्ठ 180

(a) $CH_3CH_2CH(OCH_3)CH_3$
(b) $CH_3CH=CHCH_3$
(c) $CH_3CH_2CH=CH_2$
(d) $CH_3CH_2CH_2CH_2OCH_3$

56 निम्नलिखित नियमों में से, कौन-सा नियम दी गई अभिक्रिया में लागू होता है NCERT पृष्ठ 180

$CH_3CHBrCH_2CH_3 \xrightarrow{\text{ऐल्को. KOH}}$

I. $CH_3CH=CHCH_3$ (मुख्य उत्पाद)
II. $CH_2=CHCH_2CH_3$ (गौण उत्पाद)

(a) सैट्ज़ेफ नियम (b) हॉफमैन नियम
(c) मार्कोनिकॉफ का नियम (d) खराश प्रभाव

57 निम्नलिखित में से कौन-सा ऐल्किल हैलाइड के एल्कोहॉलिक KOH के साथ विहाइड्रोहैलोजनीकरण अभिक्रिया आसानी से देगा? NCERT पृष्ठ 180

(a) $3° < 2° < 1°$ (b) $3° > 2° < 1°$
(c) $3° > 2° > 1°$ (d) $3° < 2° > 1°$

58 निम्नलिखित ऐल्किल हैलाइडों पर विचार कीजिए NCERT पृष्ठ 180

$\underset{I}{C_2H_5I}$ $\underset{II}{C_2H_5Cl}$ $\underset{III}{C_2H_5Br}$ $\underset{IV}{C_2H_5F}$

विहाइड्रोहैलोजनीकरण का सही क्रम है

(a) I > III > II > IV (b) III > IV > II > I
(c) I > II > III > IV (d) IV > III > II > I

59 निम्नलिखित में से कौन-सा यौगिक ऐल्कोहॉलिक KOH के विलयन के साथ रेसीमीकरण से गुजरेगा? NCERT पृष्ठ 180

(a) 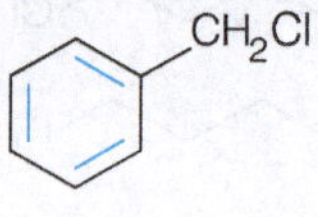

(b) $H_3C-\overset{\displaystyle CH_3}{\overset{|}{C}H}-CH_2Cl$

(c) 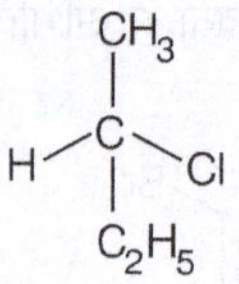

(d) 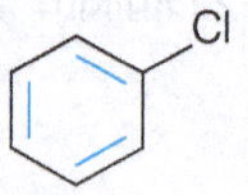

60 आकृति I और II क्या प्रदर्शित करती हैं? NCERT पृष्ठ 180

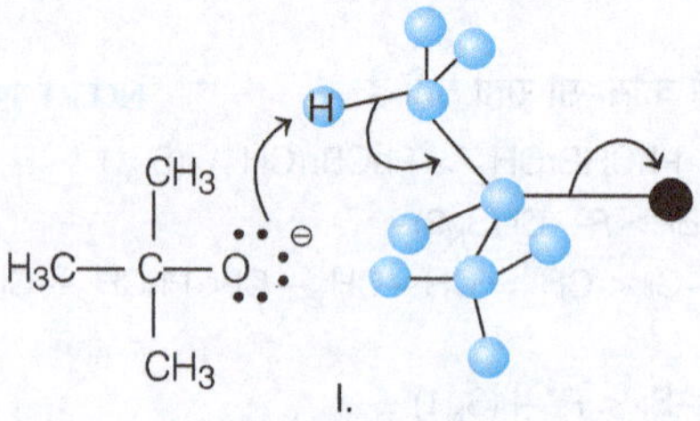

I.

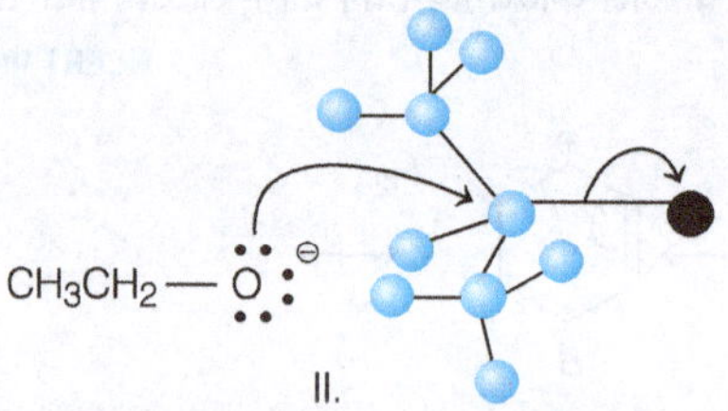

II.

(a) प्रतिस्थापन विलोपन
(b) विलोपन विलोपन
(c) प्रतिस्थापन प्रतिस्थापन
(d) विलोपन प्रतिस्थापन

61 निम्नलिखित में से वुर्ट्ज अभिक्रिया के लिए उपयुक्त अभिकर्मक है NCERT पृष्ठ 181

(a) Na/एल्कोहॉल
(b) Na/शुष्क ईथर
(c) Zn/ईथर
(d) Zn/एल्कोहॉल

62 यदि  प्रकाश की उपस्थिति में Cl_2 के साथ अभिक्रिया करायी जाए और फिर शुष्क ईथर में Na धातु के साथ अभिक्रिया करायी जाए, तो अन्तिम उत्पाद होगा NCERT पृष्ठ 165, 181

(a) 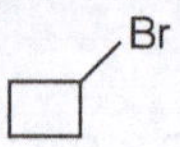

(b) 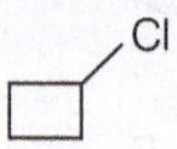

(c) 

(d) 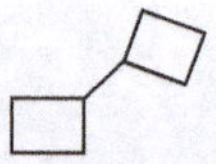

63 निम्नलिखित अभिक्रिया में A क्या है? NCERT पृष्ठ 182

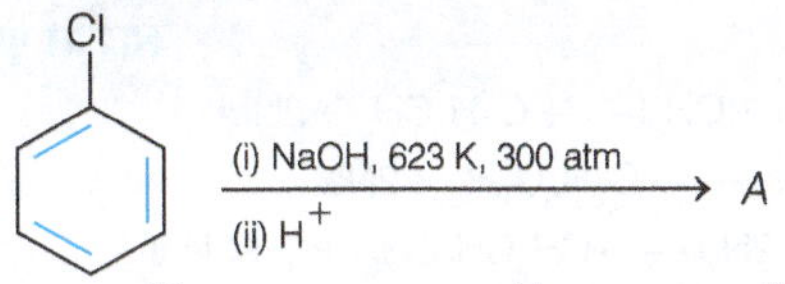

(a) 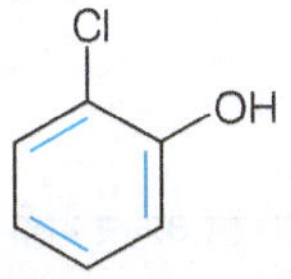 (b) 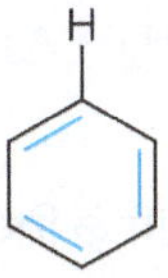 (c) 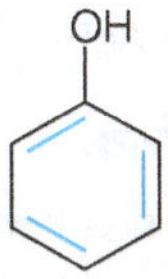 (d) 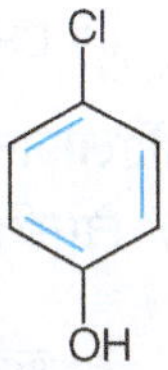

64 निम्नलिखित यौगिकों के लिए एरोमैटिक नाभिकस्नेही प्रतिस्थापन अभिक्रिया की दर का सही क्रम है NCERT पृष्ठ 182, 183

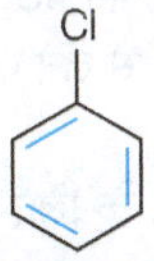
(A)

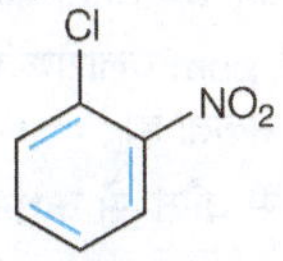
(B)

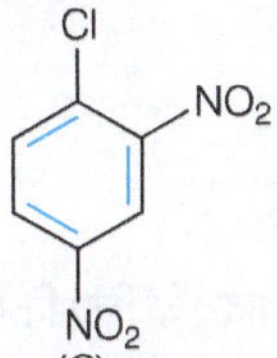
(C)

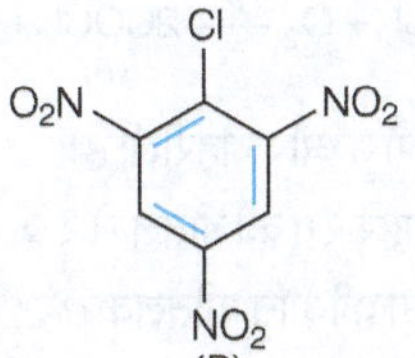
(D)

(a) $A > B > C > D$ (b) $D > C > B > A$
(c) $C > D > B > A$ (d) $D > C > A > B$

65 निम्नलिखित अभिक्रिया से प्राप्त मुख्य उत्पादन Z है NCERT पृष्ठ 184

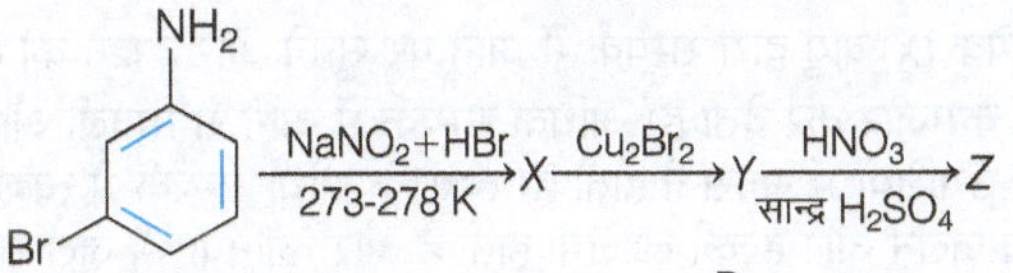

(a) 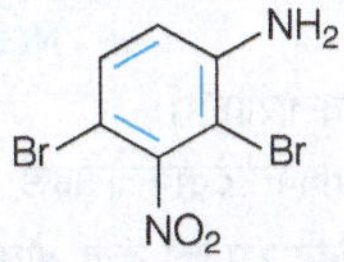 (b) 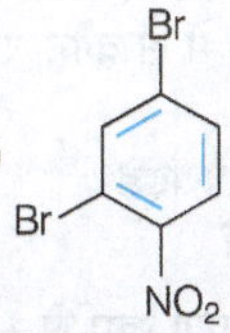

(c) 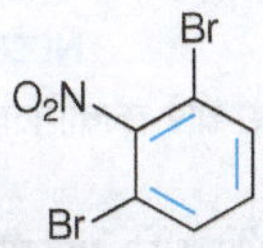 (d) 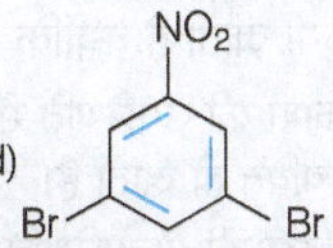

66 हैलोजनीकरण, सल्फोनीकरण, हेलोएरीन की फ्रीडेल-क्राफ्ट अभिक्रिया इसके अन्तर्गत आती हैं NCERT पृष्ठ 184

(a) बेन्जीन की नाभिकस्नेही प्रतिस्थापन अभिक्रिया
(b) बेन्जीन की इलेक्ट्रॉनस्नेही प्रतिस्थापन अभिक्रिया
(c) बेन्जीन की योगात्मक अभिक्रिया
(d) बेन्जीन की विलोपन अभिक्रिया

67 निम्नलिखित अभिक्रिया का उत्पाद चुनिए NCERT पृष्ठ 184

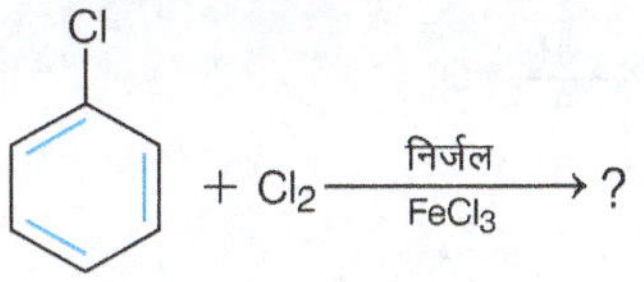

(a)  (b) 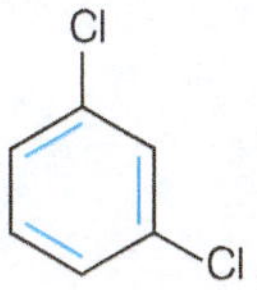

(c) 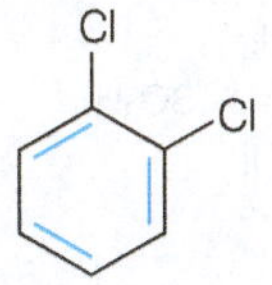 (d) 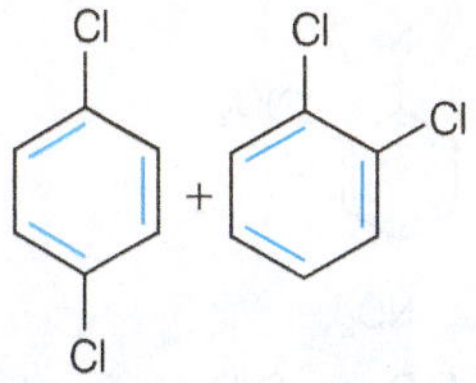

68

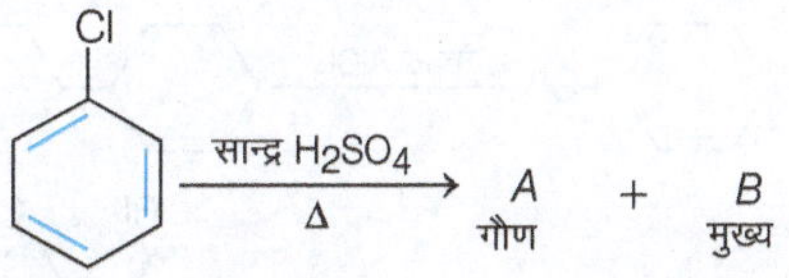

A और B क्रमशः हैं NCERT पृष्ठ 184

	A	B
(a)	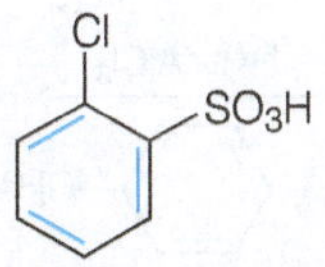	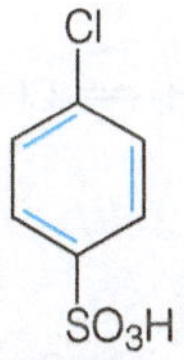
(b)	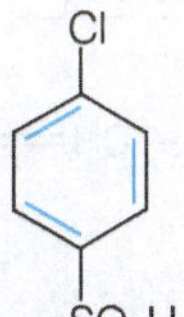	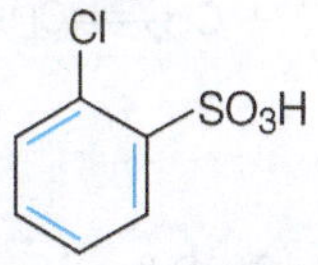
(c)	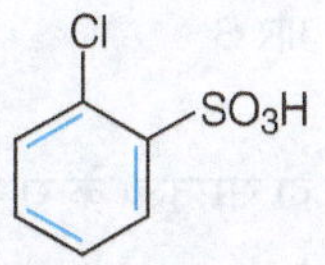	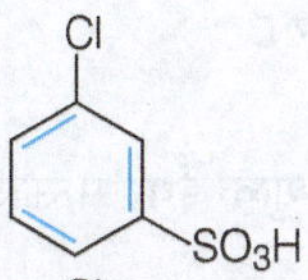
(d)	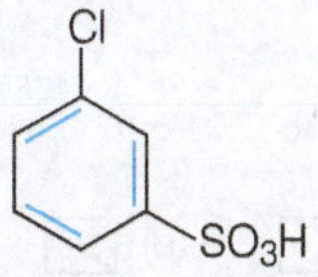	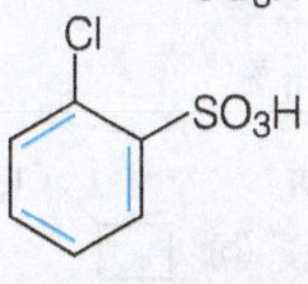

69 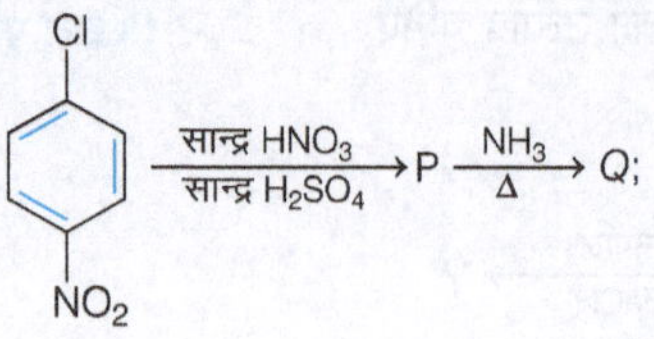

उत्पाद *Q* है **NCERT पृष्ठ 184**

(a) 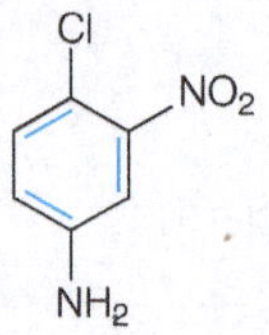

(b) 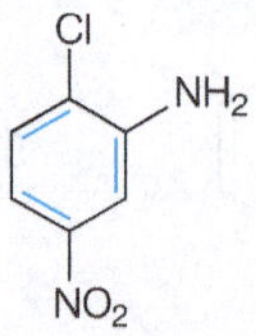

(c) 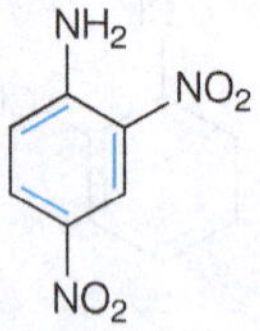

(d) 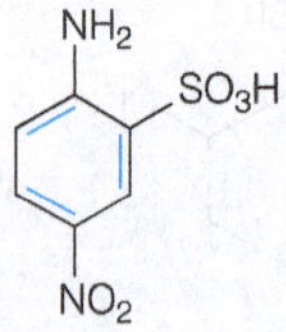

70 निम्नलिखित अभिक्रियाओं पर विचार कीजिए **NCERT पृष्ठ 184-185**

(A) 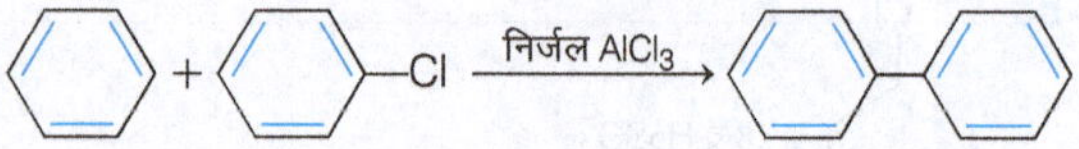

(B) 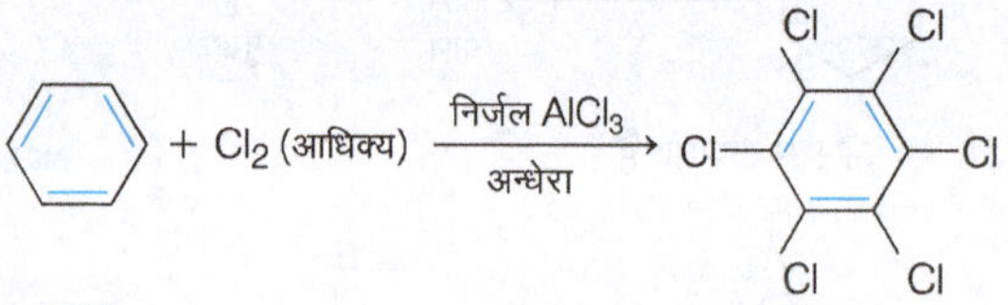

(C) 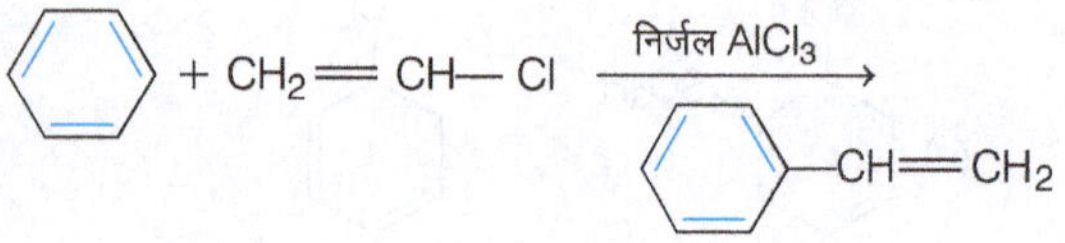

(D) 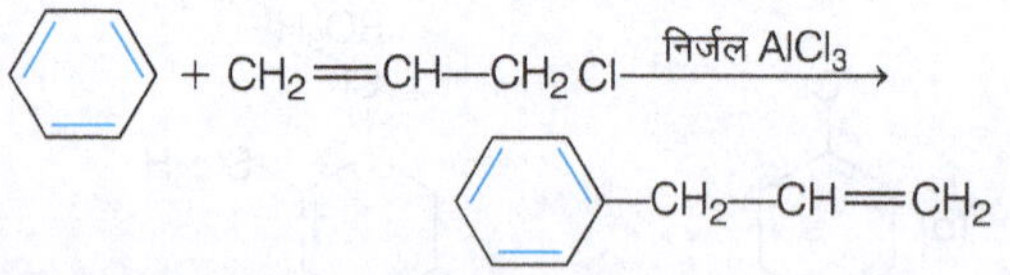

इनमें से कौन-सी अभिक्रिया सम्भव है?

(a) B और D (b) A और D

(c) B, C और D (d) A और B

71 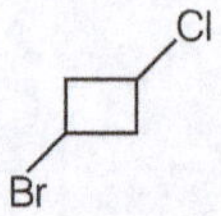

शुष्क ईथर में सोडियम के दो समतुल्य के साथ क्रिया करने पर, देता है **NCERT पृष्ठ 186**

(a) 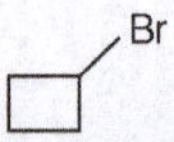

(b) 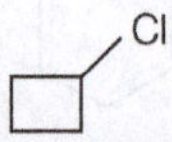

(c) 

(d) 

72 निम्नलिखत में से कौन वुर्टज-फिटिंग अभिक्रिया का निरूपण करता है? **NCERT पृष्ठ 186**

(a) $C_6H_5I + 2Na + CH_3I \longrightarrow C_6H_5CH_3 + 2NaI$

(b) $2C_6H_5I + 2Na \longrightarrow C_6H_5C_6H_5 + 2NaI$

(c) $2CH_3CH_2I + 2Na \longrightarrow CH_3CH_2CH_2CH_3 + 2NaI$

(d) $CH_3Br + AgF \longrightarrow CH_3F + AgBr$

पॉलीहैलोजन यौगिक

73 निम्नलिखित में से क्लोरोफॉर्म के लिए कौन-सा कथन सही है? **NCERT पृष्ठ 187**

(a) क्लोरोफॉर्म के सम्पर्क में आने से हृदय को हानि पहुँच सकती है।

(b) जब त्वचा क्लोरोफॉर्म के सम्पर्क में आती है, तो त्वचा में घाव हो जाते हैं।

(c) क्लोरोफॉर्म का केन्द्रीय तन्त्रिका तन्त्र पर कोई प्रभाव नहीं पड़ता है।

(d) लगभग 700 ppm क्लोरोफॉर्म को श्वास के माध्यम से लेने पर चक्कर आ सकता है।

74 निम्नलिखित में से कौन-से कथन दी गई अभिक्रियाओं के लिए सही हैं? **NCERT पृष्ठ 187**

$$\underset{(A)}{2CHCl_3} + O_2 \xrightarrow{hv} \underset{(B)}{2COCl_2} + 2HCl$$

I. *B* फॉस्जीन गैस और जहरीली है।

II. *A* को बन्द गहरे रंग की बोतल में रखा जाता है।

III. *A* का उपयोग फ्रीऑन शीतलक *R*-22 के उत्पादन के लिए किया जाता है।

नीचे दिए गए विकल्पों में से सही उत्तर चुनें

(a) I और II दोनों (b) II और III दोनों

(c) केवल III (d) I, II और III

75 यौगिक (*X*) वायु द्वारा सम्पर्क में आने पर सुनने और देखने की क्षमता को कमजोर कर देता है। अधिक सम्पर्क में आने से मितली और पैरों की उँगलियों में सनसनी होती है। त्वचा के सीधी सम्पर्क में त्वचा में तीव्र जलन और हल्की लालिमा होती है और कॉर्निया भी जल सकती है। निम्नलिखित में से कौन-सा विलायक इसके लिए उत्तरदायी है? **NCERT पृष्ठ 187**

(a) मेथिलीन क्लोराइड (b) क्लोरोफॉर्म

(c) आयोडोफॉर्म (d) कार्बन टेट्राक्लोराइड

76 क्लोरोफॉर्म को पूर्ण रूप से भरकर गहरे रंग की बन्द बोतलों में संग्रहित किया जाता है क्योंकि **NCERT पृष्ठ 187**

(a) यह प्रकाश की उपस्थिति में वायु द्वारा धीरे-धीरे कार्बोनिल क्लोराइड में अपचयित हो जाता है।

(b) यह प्रकाश की अनुपस्थिति में वायु द्वारा धीरे-धीरे ऑक्सीकृत होकर कार्बोनिल क्लोराइड में परिवर्तित हो जाता है।

(c) यह प्रकाश की अनुपस्थिति में वायु द्वारा धीरे-धीरे कार्बोनिल क्लोराइड में अपचयित हो जाता है।

(d) यह प्रकाश की उपस्थिति में वायु द्वारा धीरे-धीरे ऑक्सीकृत होकर कार्बोनिल क्लोराइड में परिवर्तित हो जाता है।

77 क्लोरोफ्लोरोकार्बन के संश्लेषण में प्रयुक्त विलायक है NCERT पृष्ठ 187

(a) आयोडोफॉर्म (b) क्लोरोफॉर्म
(c) कार्बन टेट्राक्लोराइड (d) मेथिलीन क्लोराइड

78 1960 के मध्य में, इसका उपयोग सफाई द्रव तेलीय पदार्थ को हटाने के कारक, दाग-धब्बे हटाने, अग्निशामक के रूप में किया जाता था। वह विलायक था NCERT पृष्ठ 187

(a) टेट्राक्लोरोमेथेन (b) क्लोरोफॉर्म
(c) आयोडोफॉर्म (d) डाइक्लोरोमेथेन

79 ट्राईआयोडोमेथेन का रोगाणुरोधक गुण किसके कारण है? NCERT पृष्ठ 187

(a) मुक्त आयोडीन की मुक्ति (b) आयोडोफॉर्म की मुक्ति
(c) क्लोरोफॉर्म का निर्माण (d) फॉस्जीन का निर्माण

80 उस यौगिक की पहचान करें जो वसा, एल्केलॉइड, आयोडीन और अन्य पदार्थों के लिए विलायक के रूप में उपयोग किया जाता है। NCERT पृष्ठ 187

(a) डाइक्लोरोमेथेन (b) ट्राइक्लोरोमेथेन
(c) ट्राईआयोडोमेथेन (d) टेट्राक्लोरोमेथेन

81 निम्नलिखित में से कौन-सा/से डी.डी.टी. के सम्बन्ध में कथन सही है/हैं? NCERT पृष्ठ 188

I. यह मलेरिया फैलाने वाले मच्छरों के खिलाफ बहुत प्रभावी है।
II. यह पशुओं द्वारा आसानी से उपापचयित हो जाता है।
III. यह मछलियों के लिए अत्यधिक विषैला है।

नीचे दिए गए विकल्पों में से सही उत्तर चुनें

(a) I और II दोनों (b) II और III दोनों
(c) केवल III (d) I और III दोनों

82 जब टेट्राक्लोरोमेथन द्वारा फ्रीऑन का निर्माण किया जाता है, तो इस प्रक्रिया में शामिल अभिक्रिया को कहते हैं NCERT पृष्ठ 188

(a) सेन्डमेयर अभिक्रिया (b) स्वार्ट्स अभिक्रिया
(c) फिन्केलस्टीन अभिक्रिया (d) वुर्ट्ज अभिक्रिया

83 प्राकृतिक ओजोन परत असन्तुलित होने के कारण NCERT पृष्ठ 188

(a) जहरीली गैसों का बादल
(b) वायुमण्डल में वर्षा की उपस्थिति
(c) फ्रीऑन द्वारा मुक्त मूलक श्रृंखला की शुरुआत
(d) CCl_4 की सान्द्रता में कमी

84 निम्नलिखित में से कौन-सा यौगिक जैविक कीटनाशक के रूप में उपयोग किया जाता है? NCERT पृष्ठ 188

(a) क्लोरोफॉर्म (b) फ्रीऑन-12
(c) कार्बन टेट्राक्लोराइड (d) डी.डी.टी.

85 डी.डी.टी. का IUPAC नाम है NCERT पृष्ठ 188

(a) 1, 1-*बिस* (4-क्लोरोफेनिल)-2, 2, 2-ट्राइक्लोरोएथेन
(b) 1, 2-*बिस* (4-क्लोरोफेनिल)-1, 1, 1-ट्राइक्लोरोएथेन
(c) 2, 2-*बिस* (4-क्लोरोफेनिल)-1, 1, 1-ट्राइक्लोरोएथेन
(d) 2, 1-*बिस* (4-क्लोरोफेनिल)-1, 1, 1-ट्राइक्लोरोएथेन

अभिकथन-कारण प्रश्न

निर्देश *(प्रश्न संख्या 1-10) निम्नलिखित प्रश्न में अभिकथन (A) के बाद कारण (R) दिया गया है। नीचे दिए गए विकल्पों में से सही विकल्प चुनें।*

(a) A और R दोनों सत्य हैं और R, A का सही स्पष्टीकरण है।
(b) A और R दोनों सत्य हैं लेकिन R, A का सही स्पष्टीकरण नहीं है।
(c) A सत्य है लेकिन R असत्य है।
(d) A असत्य है लेकिन R सत्य है।

1 **अभिकथन (A)** ऐल्कोहॉलों से ऐल्किल हैलाइड बनाने में थायोनिल क्लोराइड को अन्य अभिकर्मकों की अपेक्षा प्राथमिकता दी जाती है।
कारण (R) ऐल्कोहॉल और थायोनिल क्लोराइड की अभिक्रिया के दौरान उत्पादित ऐल्किल हैलाइड को छोड़कर अन्य दो उत्पाद, शेष गैसें हैं। NCERT पृष्ठ 164

2 **अभिकथन (A)** मुक्त मूलक हैलोजनीकरण द्वारा निर्मित किसी भी एकल ऐल्किल हैलाइड की उपलब्धि कम होती है।
कारण (R) मुक्त मूलक हैलोजनीकरण से समावयवी मोनो और पॉलीहैलोऐल्केन का मिश्रण बनता है। NCERT पृष्ठ 165

3 **अभिकथन (A)** क्लोराइड, ब्रोमाइड और आयोडाइड के क्वथनांक हाइड्रोकार्बन से अधिक माने जाते हैं।
कारण (R) अधिक ध्रुवता और उच्च आणविक द्रव्यमान के कारण, हाइड्रोकार्बन की तुलना में हैलोजन व्युत्पन्न में अन्तर-आणविक आकर्षण बल दुर्बल होते हैं। NCERT पृष्ठ 168

4 **अभिकथन (A)** ऐल्किल हैलाइडों के क्वथनांक निम्न क्रम में घटते हैं

$$RI > RBr > RCl > RF$$

कारण (R) ऐल्किल (alkyl) क्लोराइड, ब्रोमाइड और आयोडाइड के क्वथनांक तुलनात्मक रूप से आण्विक द्रव्यमान वाले हाइड्रोकार्बन की तुलना में काफी अधिक होते हैं। NCERT पृष्ठ 168

5 **अभिकथन (A)** हैलोऐल्केन जल में अल्प घुलनशील होते हैं।
कारण (R) हैलोऐल्केनों और जल अणुओं के मध्य अन्तराण्विक आकर्षण, जल अणुओं के मध्य अन्तराण्विक आकर्षण की तुलना में बहुत अधिक प्रबल होता है। NCERT पृष्ठ 169

6 **अभिकथन (A)** विनाइल हैलाइड सरलता से नाभिकस्नेही प्रतिस्थापन से नहीं गुजरते हैं।
कारण (R) यद्यपि मध्यवर्ती कार्बधनायन दुर्बल रूप से रखे गए π-इलेक्ट्रॉनों द्वारा स्थिर होता है, फिर भी प्रबल बन्ध के कारण विभाजन कठिन होता है। NCERT पृष्ठ 169

7 **अभिकथन (A)** S_N2 क्रियाविधि रेसिमीकरण के साथ होता है।

कारण (R) S_N2 क्रियाविधि में नाभिकस्नेही स्वयं को विपरीत दिशा में जोड़ता है, जहाँ हैलोजन परमाणु उपस्थित होता है। NCERT पृष्ठ 171

8 **अभिकथन (A)** S_N1 अभिक्रिया रेसिमिकरण के साथ होती है।

कारण (R) इस अभिक्रिया में कार्बधनायन बनता है तथा नाभिकस्नेही का आक्रमण छोड़ने वाले समूह के किसी भी ओर से हो सकता है। NCERT पृष्ठ 173, 179

9 **अभिकथन (A)** हैलोएरीन की स्थिति में S_N1 क्रियाविधि को नकारा जाता है।

कारण (R) फेनिल धनायन स्व-आयनीकरण के परिणामस्वरूप बनता है जो अनुनाद स्थायी नहीं होता है। NCERT पृष्ठ 182

10 **अभिकथन (A)** तृतीयक-ब्यूटिलब्रोमाइड वुर्ट्ज अभिक्रिया से गुजरकर 2, 2, 3, 3-टेट्रामेथिलब्यूटेन देता है।

कारण (R) वुर्ट्ज अभिक्रिया में, ऐल्किल हैलाइड शुष्क ईथर में सोडियम के साथ अभिक्रिया करके हैलाइड में उपस्थित कार्बन परमाणुओं से दोगुने कार्बन युक्त हाइड्रोकार्बन देते हैं। NCERT पृष्ठ 181

कथन आधारित प्रश्न

निर्देश *(प्रश्न संख्या 1-5) निम्नलिखित प्रश्नों में दो कथन (I और II) दिए गए हैं। दिए गए कथनों के आधार पर, नीचे दिए गए सही विकल्प को चुनिए।*

(a) कथन I और कथन II दोनों असत्य हैं।
(b) कथन I सत्य है लेकिन कथन II असत्य है।
(c) कथन I असत्य है लेकिन कथन II सत्य है।
(d) कथन I और कथन II दोनों सत्य हैं।

1 **कथन I** हैलोएरीन नाभिकस्नेही प्रतिस्थापन अभिक्रिया के प्रति अधिक अभिक्रियाशील होते हैं।

कथन II हैलोऐल्केन में C—Cl बन्ध की लम्बाई हैलोएरीन की बन्ध लम्बाई से कम होती है। NCERT पृष्ठ 164

2 **कथन I** एरिल हैलाइडों में नाइट्रो-समूह की उपस्थिति नाभिकस्नेही प्रतिस्थापन अभिक्रिया को कम करती है।

कथन II मध्यवर्ती कार्बधनायन नाइट्रो-समूह की उपस्थिति के कारण स्थायी हो जाता है। NCERT पृष्ठ 181

3 **कथन I** *ऑर्थो* में नाइट्रो समूह की उपस्थिति या *पैरा*-स्थिति नाभिकस्नेही प्रतिस्थापन के प्रति हैलोएरीन की अभिक्रियाशीलता को बढ़ाती है।

कथन II नाइट्रो समूह एक इलेक्ट्रॉन ग्राही समूह होने के कारण बेन्जीन वलय पर इलेक्ट्रॉन घनत्व को कम करता है। NCERT पृष्ठ 183

4 **कथन I** हैलोएरीन में इलेक्ट्रॉनस्नेही प्रतिस्थापन अभिक्रियाएं धीरे-धीरे और विपरीत परिस्थितियों में होती हैं।

कथन II हैलोएरीन बेन्जीन की तुलना में अत्यधिक सक्रिय होते हैं। NCERT पृष्ठ 184

5 **कथन I** क्लोरीन इलेक्ट्रॉनस्नेही एरोमेटिक प्रतिस्थापन अभिक्रिया में एक *ऑर्थो-पैरा निर्देशन समूह है।*

कथन II क्लोरीन एक इलेक्ट्रॉन ग्राही समूह है। NCERT पृष्ठ 184

6 **कथन I** निम्नलिखित में से कौन-सा कथन सहीं नहीं है? NCERT पृष्ठ 159, 160, 162, 163

I. एरिल हैलाइड वे यौगिक हैं जिनमें हैलोजन परमाणु कार्बन-कार्बन द्वि-बन्ध के sp^2-संकरित कार्बन परमाणु से बन्धित होता है।
II. एथिलीन डाइक्लोराइड एक *विसिनल*-डाइहैलाइड है।
III. कार्बन-हैलोजन बन्ध की लम्बाई C—I से C—F तक घटती है।
IV. यौगिक $CH_3—CH = CCl—CH_2—CH_3$ को एलिलिक के रूप में वर्गीकृत किया जा सकता है।
V. $(CH_3)_3CCH_2Br$ का सामान्य *निओ*-पेन्टाइल ब्रोमाइड है।

नीचे दिए गए विकल्पों में से सबसे उपयुक्त उत्तर का चयन कीजिए।

(a) I, III और V (b) I और IV (c) I, III और II (d) IV, III और V

7 निम्नलिखित में से कौन-सा कथन सही है?

I. एरिल फ्लोराइड को ऐरीन के इलेक्ट्रॉनस्नेही प्रतिस्थापन द्वारा बनाया जा सकता है।
II. समावयवी हैलोऐल्केनों के क्वथनांक शृंखलाओं में वृद्धि के साथ बढ़ते हैं।
III. $C_6H_5CHClC_6H_5$ जलीय KOH द्वारा $C_6H_5CH_2Cl$ की तुलना में अधिक सरलता से हाइड्रोजनीकृत होता है।
IV. फॉस्फोरस ट्राइब्रोमाइड सामान्यतः ब्रोमीन के साथ लाल फॉस्फोरस की अभिक्रिया से उत्पन्न होते हैं।
V. क्यूप्रस ब्रोमाइड के साथ शुद्ध तैयार डाइएजोनियम लवण का विलयन, डाइएजोनियम समूह को —Br या —Cl से प्रतिस्थापित करता है।

नीचे दिए गए विकल्पों में से सबसे उपयुक्त उत्तर चुनिए। NCERT पृष्ठ 164, 166, 168

(a) III, IV और V (b) I, IV और V (c) II, III और IV (d) I और II

8 निम्नलिखित में से कौन-सा कथन सही नहीं है?

I. ग्रिगनार्ड अभिकर्मक में, कार्बन-मैग्नीशियम बन्ध आयनिक और अत्यधिक ध्रुवीय होता है।
II. फ्रीऑन-12 (CCl_2F_2) को स्वार्ट्स अभिक्रिया द्वारा टेट्राक्लोरोमेथेन से निर्मित किया जा सकता है।
III. नाभिकस्नेही प्रतिस्थापन अभिक्रिया के प्रति हैलोएरीन हैलोऐल्केन की तुलना में अधिक अभिक्रियाशील होते हैं।
IV. *मेटा*-स्थिति पर इलेक्ट्रॉनग्राही समूह की उपस्थिति हैलोएरीन की अभिक्रियाशीलता को बढ़ाती है।
V. समतापमण्डल में, फ्रीऑन मुक्त मूलक शृंखला अभिक्रियाओं को शुरू करने में सक्षम है जो प्राकृतिक ओजोन सन्तुलन को खराब कर सकता है। NCERT पृष्ठ 181, 182, 188

नीचे दिए गए विकल्पों में से सबसे उपयुक्त उत्तर का चयन कीजिए

(a) केवल I, II और V (b) केवल II और V
(c) केवल I, III और IV (d) केवल II, III और IV

सुमेलन प्रकार प्रश्न

1 निम्नलिखित सूची I (कथन) को सूची II (संगत हैलाइड) से सुमेलित कीजिए तथा नीचे दिए गए कूटों में से सही विकल्प चुनिए। NCERT पृष्ठ 160, 161

	सूची I		सूची II
A.	हैलोजन परमाणु ऐरोमैटिक वलय के पास sp^3-संकरित कार्बन परमाणु से बन्धित हुआ होता है।	1.	एरिल हैलाइड
B.	हैलोजन परमाणु कार्बन-कार्बन द्वि-बन्ध के sp^2-संकरित कार्बन परमाणु से बन्धित होता है।	2.	विनाइलिक हैलाइड
C.	हैलोजन परमाणु एक ऐरोमैटिक वलय के sp^2-संकरित कार्बन परमाणु से बन्धित हुआ है।	3.	बैन्जाइलिक हैलाइड

कूट

	A	B	C		A	B	C
(a)	1	2	3	(b)	3	1	2
(c)	3	2	1	(d)	1	3	2

2 सूची I में दिए गए निम्नलिखित सामान्य नाम को सूची II में दिए गए IUPAC नाम से सुमेलित कीजिए तथा नीचे दिए गए कूटों में से सही विकल्प चुनिए। NCERT पृष्ठ 161, 162

	सूची I		सूची II
A.	ब्रोमोफॉर्म	1.	क्लोरोमेथिलबेन्जीन
B.	विनाइल क्लोराइड	2.	ट्राइब्रोमोमेथेन
C.	बेन्जिल क्लोराइड	3.	क्लोरोएथीन
D.	क्लोरोफॉर्म	4.	ट्राइक्लोरोमेथेन

कूट

	A	B	C	D		A	B	C	D
(a)	3	1	2	4	(b)	4	1	2	3
(c)	2	3	1	4	(d)	1	2	3	4

3 सूची I में दिए गए अभिकर्मक के साथ अभिक्रिया करने वाले ऐल्किल हैलाइड को सूची II में दिए गए उनके क्रमशः प्रतिस्थापित उत्पाद से सुमेलित कीजिए तथा नीचे दिए गए कूटों में से सही विकल्प चुनिए। NCERT पृष्ठ 170

	सूची I (अभिकर्मक)		सूची II (प्रतिस्थापित उत्पाद)
A.	KCN	1.	RH
B.	AgCN	2.	RCN
C.	KNO_2	3.	RNC
D.	$LiAlH_4$	4.	R—O—N=O

कूट

	A	B	C	D		A	B	C	D
(a)	2	3	1	4	(b)	3	2	1	4
(c)	2	3	4	1	(d)	3	2	4	1

4 ऐल्किल हैलाइड को दर्शाने वाले सूची I को सूची II में दिए गए कथन से सुमेलित कीजिए तथा नीचे दिए गए कूटों में से सही विकल्प चुनिए। NCERT पृष्ठ 71, 173

	सूची I		सूची II
A.	प्राथमिक ऐल्किल हैलाइड	1.	S_N2 विलोपन क्षार/नाभिकस्नेही, की सामर्थ्य पर निर्भर करता है।
B.	द्वितीयक ऐल्किल हैलाइड	2.	S_N2 अभिक्रिया को प्राथमिकता देता है।
C.	तृतीयक ऐल्किल हैलाइड	3.	S_N1 या विलोपन कार्बधनायन अधिक प्रतिस्थापित एल्कीन की स्थायित्व पर निर्भर करता है।

कूट

	A	B	C		A	B	C
(a)	2	1	3	(b)	1	2	3
(c)	2	3	1	(d)	1	3	2

5 सूची I में दी गई शर्तों को सूची II से सुमेलित कीजिए तथा नीचे दिए गए कूटों में से सही विकल्प का चयन कीजिए। NCERT पृष्ठ 182, 184

	सूची I		सूची II
A.	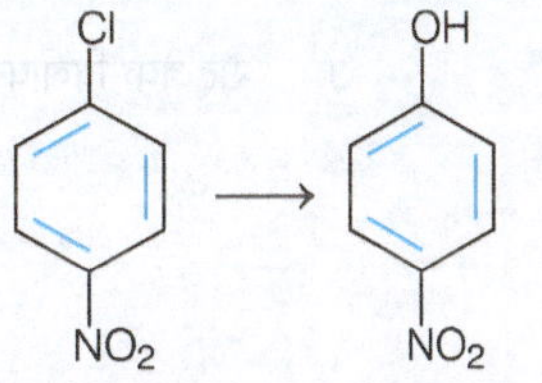	1.	NaOH, 443 K, $H^{\oplus}$
B.	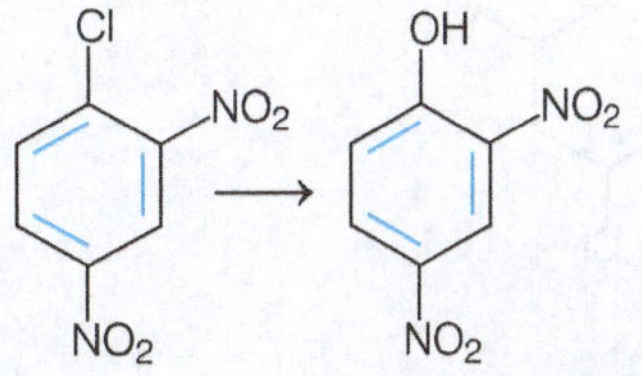	2.	NaOH, 368 K, $H^{\oplus}$
C.	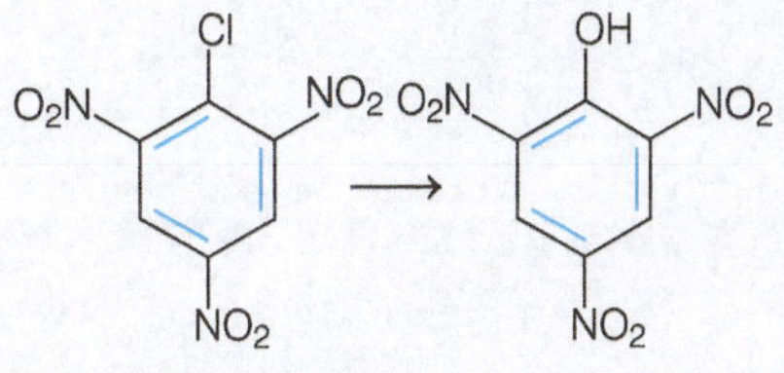	3.	गर्म H_2O

सूची I	सूची II
D. 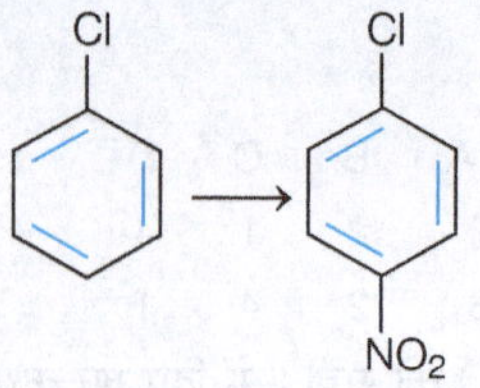	4. HNO_3 सान्द्र H_2SO_4

कूट

	A	B	C	D		A	B	C	D
(a)	3	4	2	1	(b)	4	3	2	1
(c)	1	2	3	4	(d)	3	2	4	1

6 सूची I में दी गई अभिक्रियाओं को सूची II में दी गई अभिक्रियाओं के प्रकारों से सुमेलित कीजिए तथा नीचे दिए कूटों में से सही विकल्प चुनिए। NCERT पृष्ठ 180, 182, 184

सूची I	सूची II
A. 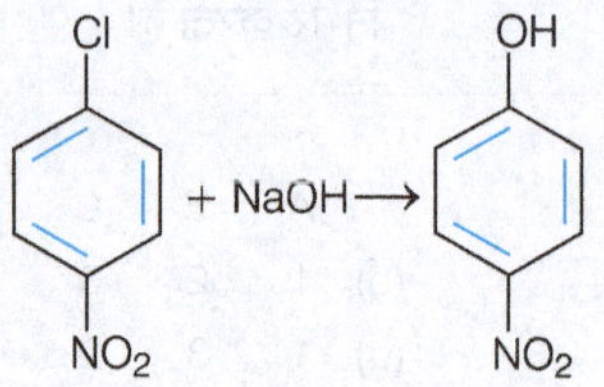	1. इलेक्ट्रॉनस्नेही संयोजन
B. $CH_3-CH=CH_2+HBr \longrightarrow CH_3-CH(Br)-CH_3$	2. इलेक्ट्रॉनस्नेही एरोमैटिक प्रतिस्थापन
C. 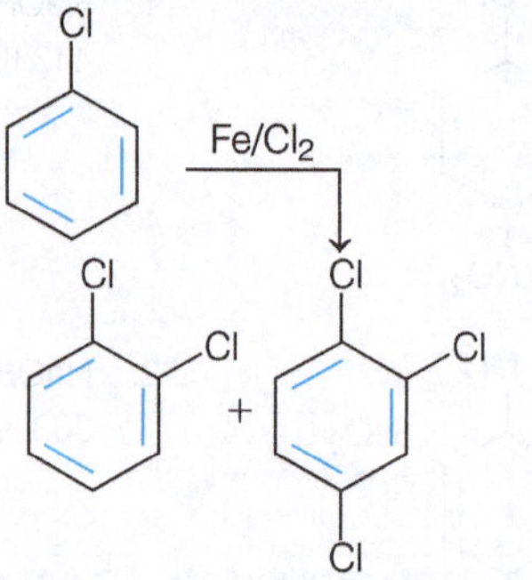	3. सैट्जेफ विलोपन
D. $CH_3CH_2CH(Br)CH_3 \xrightarrow{\text{एल्कोहॉलिक KOH}} CH_3CH=CHCH_3$	4. नाभिकस्नेही एरोमैटिक प्रतिस्थापन

कूट

	A	B	C	D
(a)	2	4	1	3
(b)	4	1	2	3
(c)	2	1	4	3
(d)	2	1	3	4

7 सूची I में दी गई अभिक्रियाओं का सूची II में दिए गए अभिकर्मकों से मिलान करें। NCERT पृष्ठ 165, 166, 185

सूची I	सूची II
A. 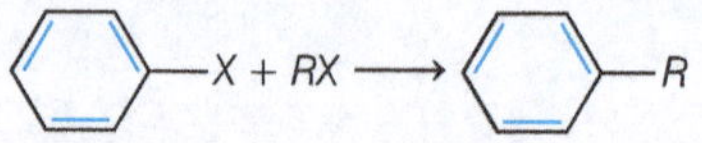	1. ईथर
B. 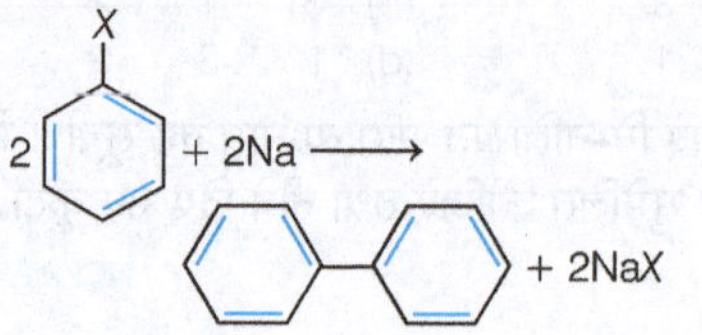	2. सोडियम
C. 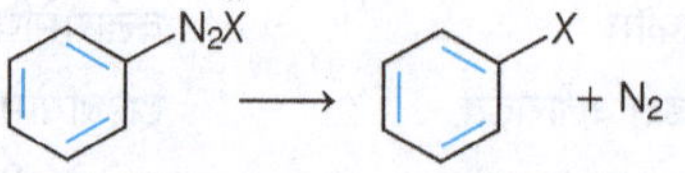	3. शुष्क एसीटोन
D. $C_2H_5Cl + NaI \longrightarrow C_2H_5I + NaCl$	4. Cu_2X_2

कूट

	A	B	C	D
(a)	2	1	4	3
(b)	1	2	3	4
(c)	4	2	3	1
(d)	3	4	1	2

आंकिक मान प्रकार के प्रश्न

1 निम्नलिखित अभिक्रिया के मुख्य उत्पाद में .... ब्रोमीन परमाणु है। NCERT पृष्ठ 167

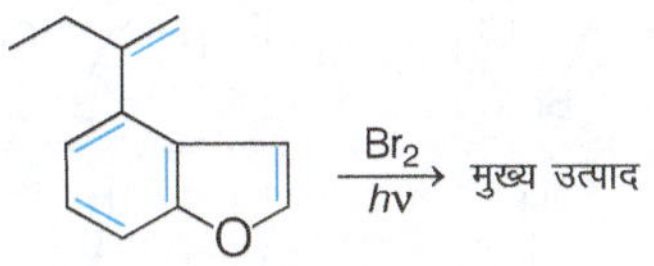

2 P में उपस्थित किरैल केन्द्रों की संख्या .... है। NCERT पृष्ठ 165

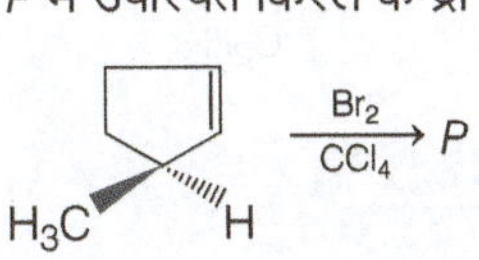

3 P' में उपस्थित π-इलेक्ट्रॉनों की संख्या .... है। NCERT पृष्ठ 173

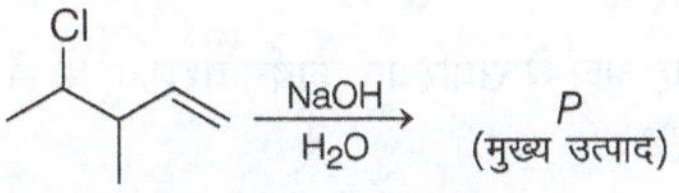

4 नीचे दी गई संरचनाओं का अवलोकन करें। NCERT पृष्ठ 176

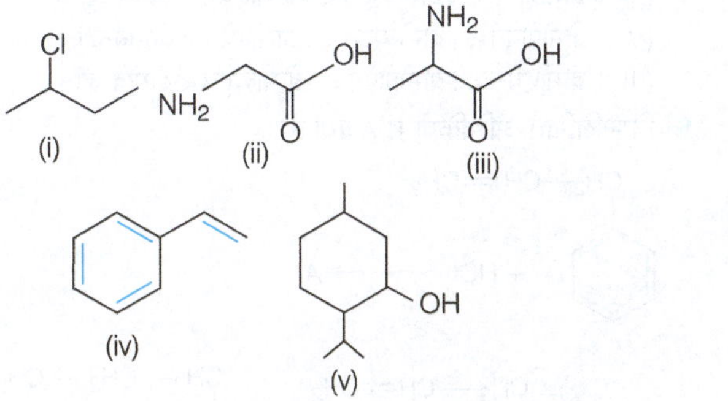

असममित कार्बन परमाणु वाले संरचनाओं/यौगिकों की कुल संख्या है .....।

5 ब्यूटेन-2, 3-डाइऑल के लिए सम्भव प्रकाशिक रूप से सक्रिय त्रिविम समावयवियों की संख्या ...... है। NCERT पृष्ठ 177

NCERT Exemplar प्रश्न

1 निम्नलिखित में से कौन-सा सही IUPAC नाम है?

$CH_3-CH(C_2H_5)-CH_2-Br$

(a) 1-ब्रोमो-2-एथिलप्रोपेन (b) 1-ब्रोमो-2-एथिल-2-मेथिलएथेन
(c) 1-ब्रोमो-2-मिथाइलब्यूटेन (d) 2-मिथाइल-1-ब्रोमोब्यूटेन

2 डाइएथिलब्रोमोमेथेन का सही IUPAC नाम क्या होना चाहिए?
(a) 1-ब्रोमो-1, 1-डाइएथिलमीथेन (b) 3-ब्रोमोपेन्टेन
(c) 1-ब्रोमो-1-एथिलप्रोपेन (d) 1-ब्रोमोपन्टेन

3 निम्नलिखित में से कौन-सा ऐल्कोहॉल कमरे के तापमान पर सान्द्र HCl के साथ अभिक्रिया करने पर संगत ऐल्किल क्लोराइड देगा?
(a) $CH_3CH_2-CH_2-OH$ (b) $CH_3CH_2-CH(CH_3)-OH$
(c) $CH_3CH_2-CH(CH_3)-CH_2OH$ (d) $CH_3CH_2-C(CH_3)_2-OH$

4 निम्नलिखित में से कौन हैलोजन विनिमय अभिक्रिया है?

(a) $RX + NaI \xrightarrow{\text{शुष्क ऐसीटोन}} RI + NaX$

(b) 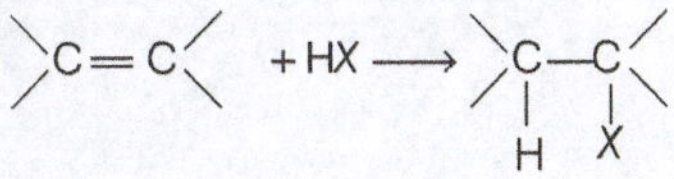

(c) $R-OH + HX \xrightarrow{ZnCl_2} R-X + H_2O$

(d) 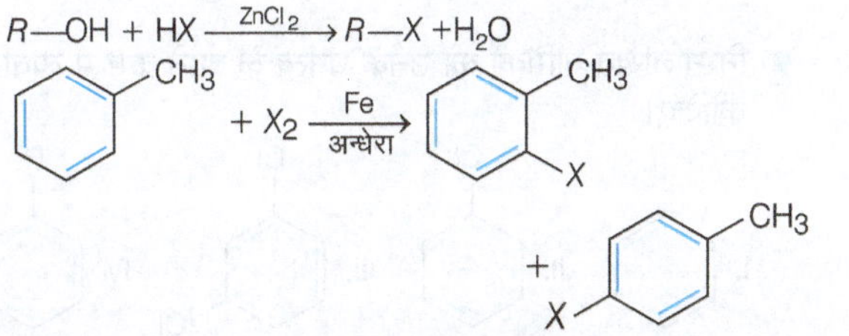

5 निम्नलिखित अभिक्रिया के लिए आप किस अभिकर्मक का उपयोग करेंगे?

$CH_3CH_2CH_2CH_3 \longrightarrow CH_3CH_2CH_2CH_2Cl + CH_3CH_2CHClCH_3$

(a) Cl_2 पराबैंगनी प्रकाश (b) $NaCl + H_2SO_4$
(c) अन्धेरे में Cl_2 गैस
(d) अन्धेरे में लोहे की उपस्थिति में Cl_2 गैस

6 निम्नलिखित अभिक्रिया में यौगिक Y की पहचान कीजिए

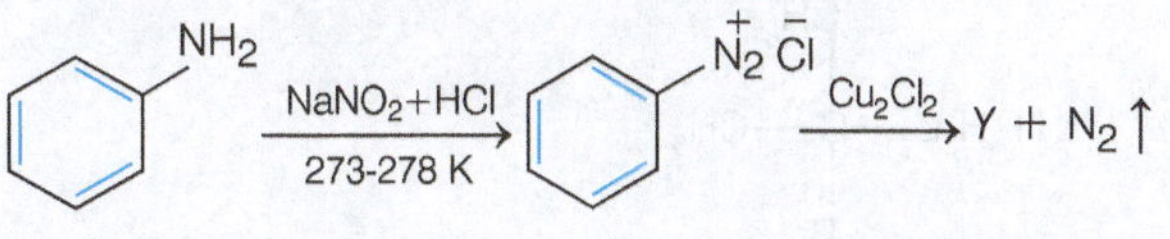

(a) 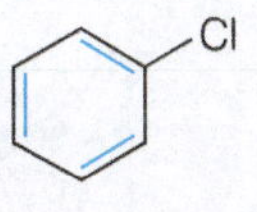

(b) 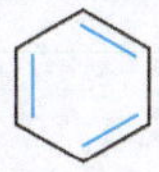
(c) 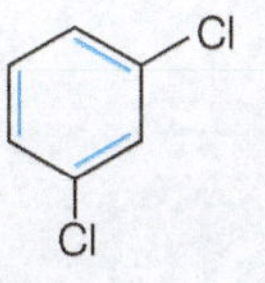

(d) 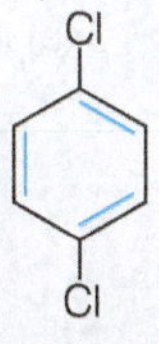

7 निम्नलिखित यौगिकों के क्वथनांक का सही बढ़ता क्रम कौन-सा है?
1-ब्रोमोएथेन, 1-ब्रोमोप्रोपेन, 1-ब्रामोब्यूटेन, ब्रोमोएथेन
(a) ब्रोमोबेन्जीन < 1-ब्रोमोएथेन < 1-ब्रोमोप्रोपेन < 1-ब्रोमोब्यूटेन
(b) 1-ब्रोमोप्रोपेन < 1-ब्रोमोब्यूटेन < 1-ब्रोमोएथेन < 1-ब्रोमोब्यूटेन
(c) 1-ब्रोमोप्रोपेन < 1-ब्रोमोब्यूटेन < 1-ब्रोमोएथेन < ब्रोमोबेन्जीन
(d) 1-ब्रोमोएथेन < 1-ब्रोमोप्रोपेन < 1-ब्रोमोब्यूटेन < ब्रोमोबेन्जीन

8 निम्नलिखित अभिक्रिया में *A* क्या है?

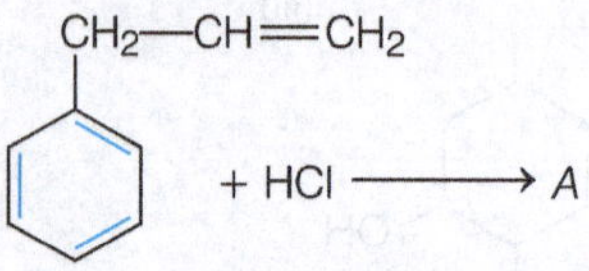

(a)
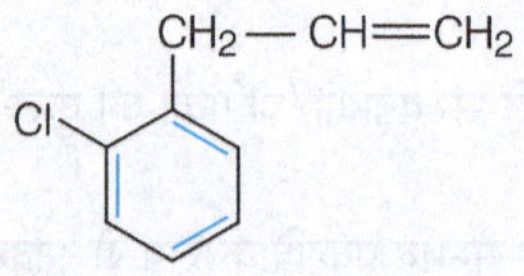

(b)
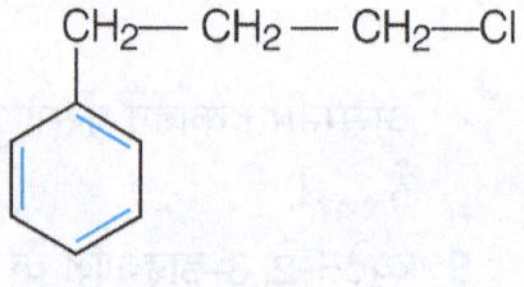

(c)
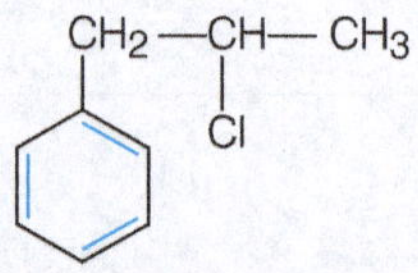

(d)
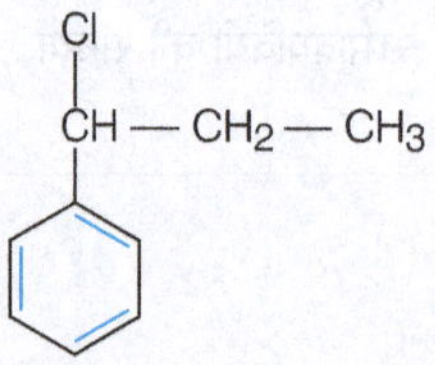

9 निम्नलिखित यौगिकों को उनके घनत्व के बढ़ते क्रम में व्यवस्थित कीजिए।

I. 
II. 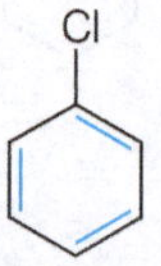

III. 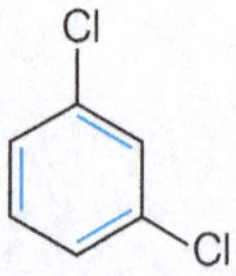

IV. 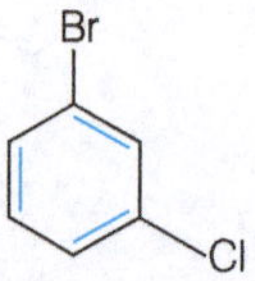

(a) I < II < III < IV (b) I < III < IV < II
(c) IV < III < II < I (d) II < IV < III < I

10 निम्नलिखित यौगिकों को उनके क्वथनांक के बढ़ते क्रम में व्यवस्थित कीजिये।

I. 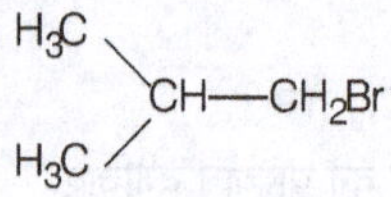

II. $CH_3CH_2CH_2CH_2Br$

III. 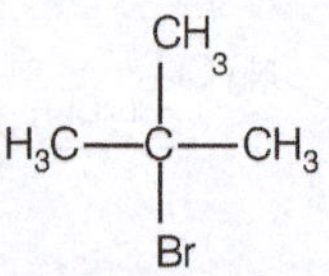

(a) II < I < III (b) I < II < III (c) III < I < II (d) III < II < I

11 निम्नलिखित में से किस अणु में तारांकन (*) से चिन्हित कार्बन परमाणु असममित है?

I. 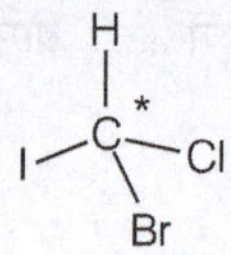

II. 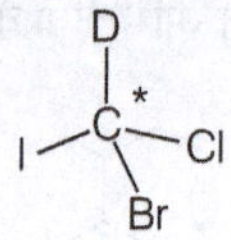

III. 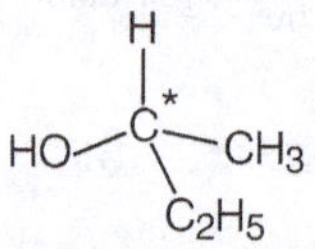

IV. 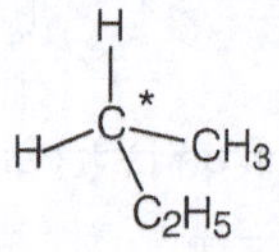

(a) I, II, III और IV
(b) I, II और III
(c) II, III और IV
(d) I, III और IV

12 नीचे दिए गए अणु में उपस्थित कार्बन परमाणुओं में से कौन से असममित है?

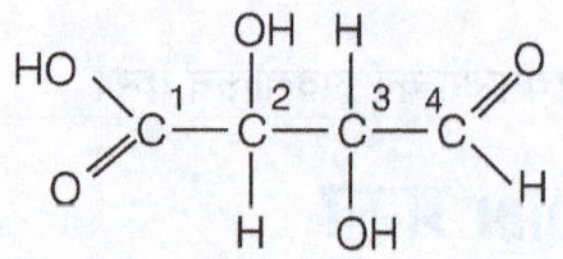

(a) 1, 2, 3, 4
(b) 2, 3
(c) 1, 4
(d) 1, 2, 3

13 सूची I में दी गई संरचनाओं का सूची II में दिए गए नामों से मिलान कीजिए।

	सूची I	सूची II
A.	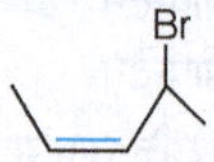 Br	1. 4-ब्रोमोपेन्ट-2-ईन
B.	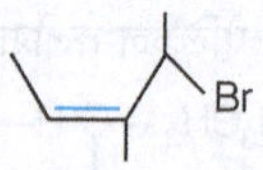 Br	2. 4-ब्रोमो-3-मिथाइलपेन्ट-2-ईन
C.	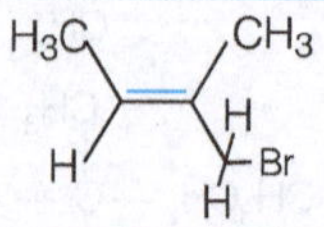 H3C CH3 H H Br H	3. 1-ब्रोमो-2-मिथाइलब्यूट-2-ईन
D.	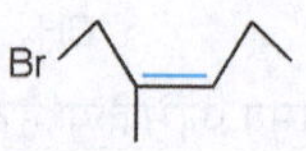 Br	4. 1-ब्रोमो-2-मिथाइलपेन्ट-2-ईन

14 निम्नलिखित में से कौन-सी संरचना नीचे दिए गए अणु (*A*) के साथ प्रतिबिम्बरूपी समावयवी है?

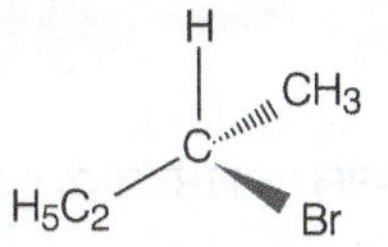

A

(a) 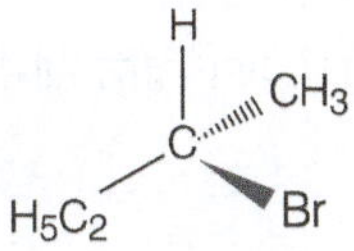

(b) 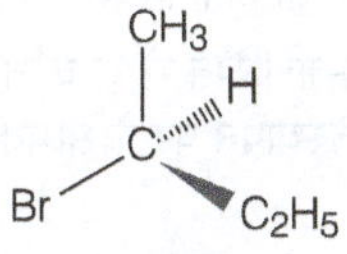

(c) 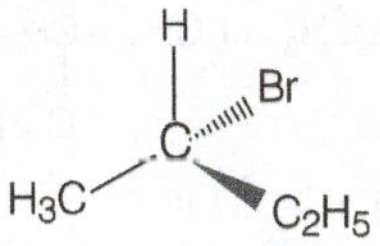

(d) 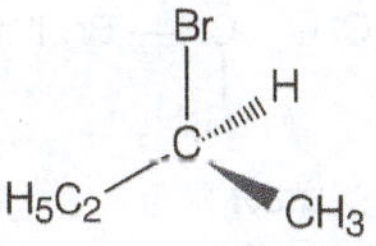

15 ऐसे अणु जिनका दर्पण प्रतिबिम्ब उनके ऊपर अध्यारोपित नहीं होता है, उन्हें किरैल कहते हैं। निम्नलिखित में से कौन-सा अणु प्रकृति में किरैल है?

(a) 2-ब्रोमोब्यूटेन (b) 1-ब्रोमोब्यूटेन
(c) 2-ब्रोमोप्रोपेन (d) 2-ब्रोमोप्रोपेन-2-ऑल

16 निम्नलिखित में से कौन-सा *विस*-डाइहैलाइड का उदाहरण है?

(a) डाइक्लोरोमेथेन (b) 1, 2-डाइक्लोरोएथेन
(c) एथिलिडीन क्लोराइड (d) एलिल क्लोराइड

17 दिए गए यौगिक $CH_3CH=CHC(Br)(CH_3)_2$ में Br की स्थिति को .... के रूप में वर्गीकृत किया जा सकता है।

(a) एलिल (b) एरिल (c) विनाइल (d) द्वितीयक

18 क्लोरोबेन्जीन, $AlCl_3$ की उपस्थिति में क्लोरीन की बेन्जीन के साथ अभिक्रिया से बनता है। निम्नलिखित में से कौन-सी प्रजाति इस अभिक्रिया में बेन्जीन वलय पर आक्रमण करती है?

(a) Cl^- (b) Cl^+ (c) $AlCl_3$ (d) $[AlCl_4]^-$

19 एथिलिडीन क्लोराइड एक .... है।

(a) *विस*-डाइहैलाइड (b) *जेम*-डाइहैलाइड
(c) एलिलिक हैलाइड (d) विनाइलिक हैलाइड

20 लोहे की उपस्थिति में और प्रकाश की अनुपस्थिति में क्लोरीन के साथ टॉलुईन की अभिक्रिया से .... प्राप्त होता है।

(a) 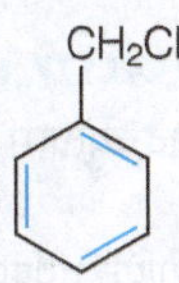

(b) 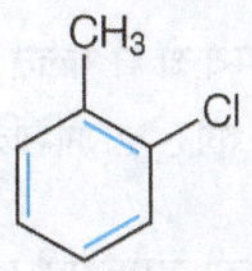

(c) 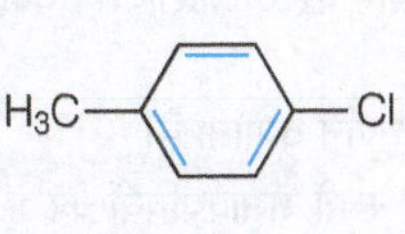

(d) *(b)* और *(c)* का मिश्रण

21 निम्नलिखित ऐल्कोहॉलों की हैलोजन अम्लों के साथ अभिक्रियाशीलता का क्रम .... है।

(A) $CH_3CH_2-CH_2-OH$ (B) $CH_3CH_2-\underset{\underset{CH_3}{|}}{CH}-OH$

(C) $CH_3CH_2-\overset{\overset{CH_3}{|}}{\underset{\underset{CH_3}{|}}{C}}-OH$

(a) (A) > (B) > (C) (b) (C) > (B) > (A)
(c) (B) > (A) > (C) (d) (A) > (C) > (B)

निर्देश *(प्रश्न संख्या 22-25) प्रश्नों में यौगिकों को नाभिकस्नेही प्रतिस्थापन की ओर अभिक्रिया की दर के बढ़ते क्रम में व्यवस्थित करें।*

22 I. 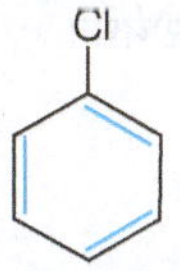 II. 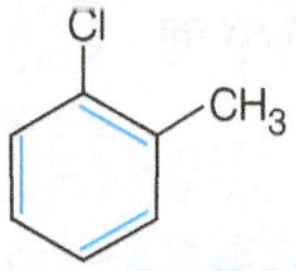 III. 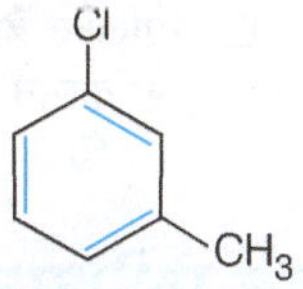

(a) I < II < III (b) I < III < II
(c) III < II < I (d) II < III < I

23 I. 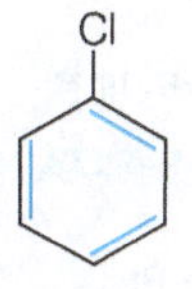 II. 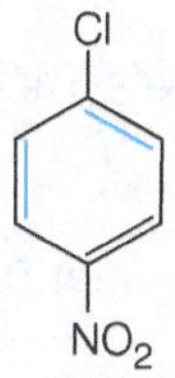 III. 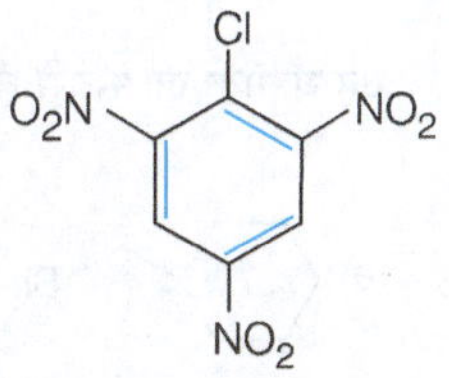

(a) III < II < I (b) II < III < I
(c) I < III < II (d) I < II < III

24 I. 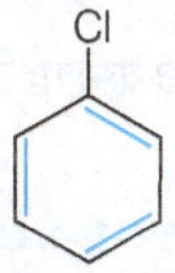 II. 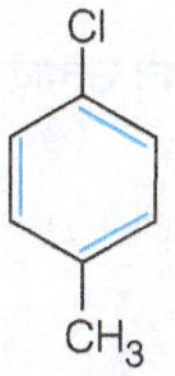 III. 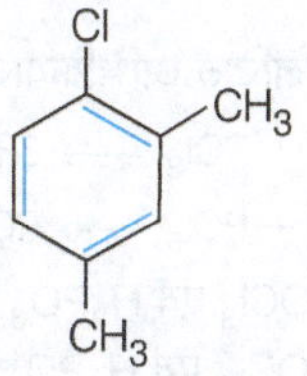

(a) I < II < III (b) II < I < III
(c) III < II < I (d) I < III < II

25 I. 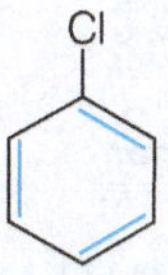 II. 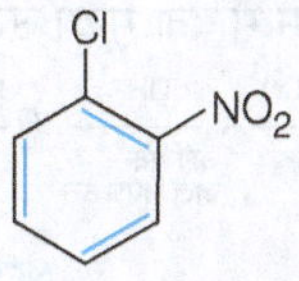 III. 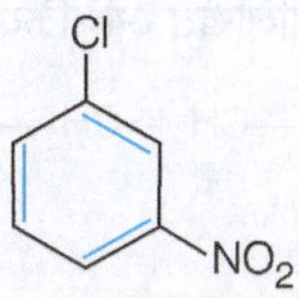

(a) I < II < III (b) II < II < I
(c) I < III < II (d) III < I < II

26 निम्नलिखित में से कौन-सा ऐल्किल हैलाइड S_N1 अभिक्रिया सबसे सरलता से देगा?

(a) $(CH_3)_3C—F$ (b) $(CH_3)_3C—Cl$
(c) $(CH_3)_3C—Br$ (d) $(CH_3)_3C—I$

27 सूची I और सूची II के पदों का मिलान कीजिए।

सूची I		सूची II	
A.	S_N1 अभिक्रिया	1.	*विस*-डाइब्रोमाइड्स
B.	अग्निशामक यन्त्र में रसायन	2.	*जैम*-डाइहैलाइड्स
C.	एल्केनों का ब्रोमीनीकरण	3.	रेसीमिकरण
D.	एल्काइलिडीन हैलाइड	4.	सैट्जेफ नियम
E.	ऐल्किल हैलाइड से *HX* का निष्कासन	5.	टेट्राक्लोरोमेथेन

28 जलीय सोडियम हाइड्रॉक्साइड के साथ $C_6H_5CH_2Br$ की अभिक्रिया इस प्रकार है

(a) S_N1 क्रियाविधि
(b) S_N2 क्रियाविधि
(c) अभिक्रिया के तापमान पर निर्भर करते हुए उपरोक्त दो में से कोई भी
(d) सैट्जेफ नियम

29 निम्नलिखित में से कौन-सा यौगिक OH^- आयन द्वारा नाभिकस्नेही प्रतिस्थापन पर रेसिमिक मिश्रण देगा?

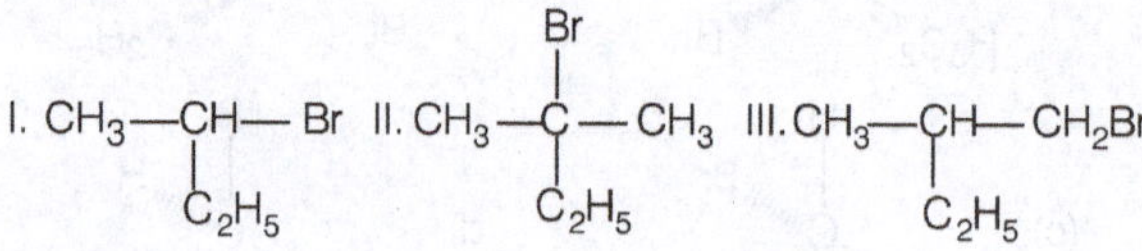

(a) केवल I (b) I, II और III
(c) II और III (d) I और III

विगत परीक्षाओं के प्रश्न

NEET

1 वह यौगिक जो सबसे तीव्र वेग से S_N1 अभिक्रिया करेगा है

NCERT पृष्ठ 173, NEET 2024

(a) 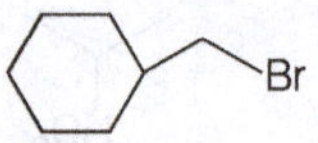

(b) 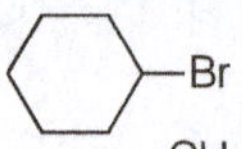

(c) 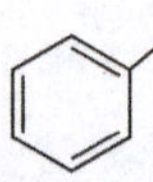

(d) 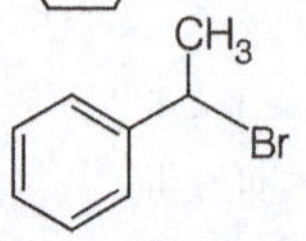

2 निम्नलिखित अभिक्रियाओं में बने उत्पाद, *A* और *B* क्रमशः हैं:

$ROH + PCl_3 \longrightarrow 3RCl + A$

$ROH + PCl_5 \longrightarrow RCl + HCl + B$ NCERT पृष्ठ 164, NEET 2024

(a) $POCl_3$ एवं H_3PO_3
(b) $POCl_3$ एवं H_3PO_4
(c) H_3PO_4 एवं $POCl_3$
(d) H_3PO_3 एवं $POCl_3$

3 निम्नलिखित अभिक्रिया क्रम में बना मुख्य उत्पाद *C* है

$$CH_3—CH_2—CH_2—I \xrightarrow{NaCN} A \xrightarrow[\text{आंशिक जलअपघटन}]{OH^-} B \xrightarrow[Br_2]{NaOH} \underset{\text{मुख्य उत्पाद}}{C}$$

NCERT पृष्ठ 170, NEET 2024

(a) प्रोपिलऐमीन
(b) ब्यूटिलऐमीन
(c) ब्यूटेनैमाइड
(d) α-ब्रोमोब्यूटेनोइक अम्ल

4 दिया गया यौगिक

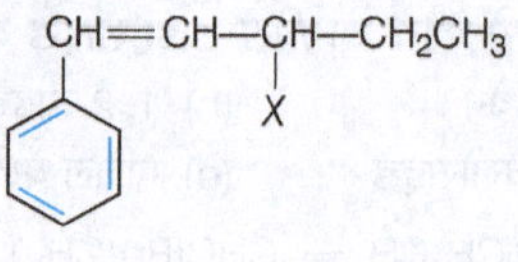

इसका एक उदाहरण है NCERT पृष्ठ 160, NEET 2023

(a) एरिल हैलाइड (b) एलिलिक हैलाइड
(c) विनाइलिक हैलाइड (d) बेन्जाइलिक हैलाइड

5 निम्नलिखित अभिक्रिया में उत्पाद की पहचान करें।

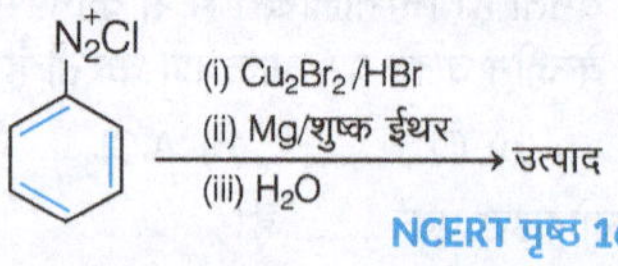

NCERT पृष्ठ 166, 181, NEET 2023

(a) 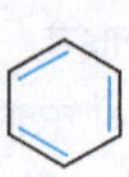

(b) 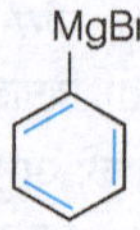

(c) 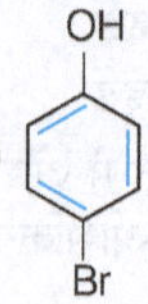

(d) 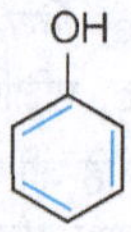

6 किरैलिटी के सम्बन्ध में गलत कथन है NCERT पृष्ठ 177, NEET 2022

(a) हैलोऐल्केन की S_N2 अभिक्रिया द्वारा प्राप्त उत्पाद व्युत्क्रम विन्यास दर्शाता है।
(b) प्रतिबिम्ब रूपी समावयवी एक दूसरे पर अध्यारोपित दर्पण प्रतिबिम्ब होते हैं।
(c) रेसिमिक मिश्रण शून्य प्रकाशीय घूर्णन दर्शाता है।
(d) S_N1 अभिक्रिया से दोनों प्रतिबिम्ब रूपी समावयवियों का 1 : 1 मिश्रण प्राप्त होता है।

7 2-ब्रोमोपेन्टेन की विहाइड्रोहैलोजनीकरण अभिक्रिया में बनने वाला प्रमुख उत्पाद पेन्ट-2-ईन पर आधारित है **NEET 2021, NCERT पृष्ठ 180**

(a) सैट्ज़ेफ नियम (b) हुण्ड का नियम
(c) हॉफमैन नियम (d) हकल नियम

8 C—*X* बन्ध की बन्ध एन्थैल्पी का सही क्रम है **NCERT पृष्ठ 164, NEET 2021**

(a) $CH_3—F < CH_3—Cl < CH_3—Br < CH_3—I$
(b) $CH_3—F > CH_3—Cl > CH_3—Br > CH_3—I$
(c) $CH_3—F < CH_3—Cl > CH_3—Br > CH_3—I$
(d) $CH_3—Cl > CH_3—F > CH_3—Br > CH_3—I$

9 रासायनिक अभिक्रिया के लिए दिए गए अनुक्रम में अभिकर्मक '*R*' है **NCERT पृष्ठ 166, NEET 2021**

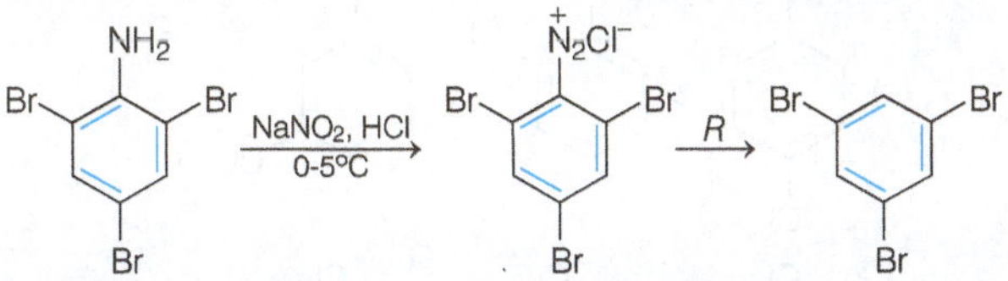

(a) H_2O (b) CH_3CH_2OH (c) HI (d) CuCN/KCN

10 निम्नलिखित में से कौन OH के साथ S_N1 अभिक्रिया नहीं करेगा? **NCERT पृष्ठ 173, NEET 2020**

(a) $CH_2=CH—CH_2Cl$ (b) $(CH_3)_3CCl$

(c) 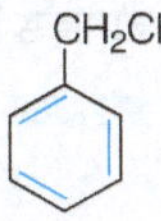

(d) 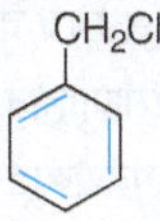

11 2-ब्रोमो-पेन्टेन से पेंट-2-ईन बनाने की विलोपन अभिक्रिया है **NCERT पृष्ठ 180, NEET 2020**

1. β-विलोपन अभिक्रिया
2. सैट्ज़ेफ नियम का पालन करता है
3. विहाइड्रोहैलोजनीकरण अभिक्रिया
4. निर्जलीकरण अभिक्रिया

(a) (1), (3), (4) (b) (2), (3), (4) (c) (1), (2), (4) (d) (1), (2), (3)

12 निम्नलिखित अभिक्रियाओं के लिए, **NCERT पृष्ठ 180, NEET 2016 (Sol.)**

(i) $CH_3CH_2CH_2Br + KOH \longrightarrow CH_3CH=CH_2 + KBr + H_2O$

(ii) 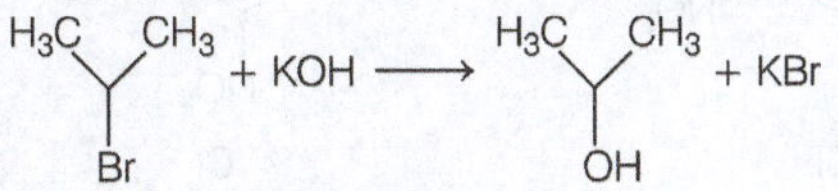

(iii) 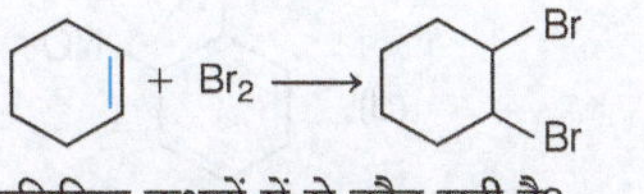

निम्नलिखित कथनों में से कौन सही है?

(a) (i) विलोपन अभिक्रिया है, (ii) प्रतिस्थापन अभिक्रिया है और (iii) योगात्मक अभिक्रिया है।
(b) (i) विलोपन है, (ii) और (iii) प्रतिस्थापन अभिक्रियाएँ हैं।
(c) (i) प्रतिस्थापन अभिक्रिया है, (ii) एवं (iii) योगात्मक अभिक्रियाएँ हैं।
(d) (i) और (ii) विलोपन अभिक्रियाएँ हैं और (iii) योगात्मक अभिक्रिया है।

13 $CH_3CHOHCOOH$, की दो सम्भावित त्रिविम संरचनाएँ, जो प्रकाशिक रूप से सक्रिय हैं, कहलाती है **NCERT पृष्ठ 177, CBSE-AIPMT 2015**

(a) प्रतिबिम्बरूपी समावयवी (b) प्रतिबिम्बरूपी समावयवी
(c) *मेसो*समावयवी (d) अप्रतिबिम्बरूपी समावयवी

14 निम्नलिखित में से कौन-सा यौगिक KOH के विलयन के जल-अपघटन के दौरान रेसीमिकरण से गुजरेगा? **NCERT पृष्ठ 179, CBSE-AIPMT 2014**

(i) 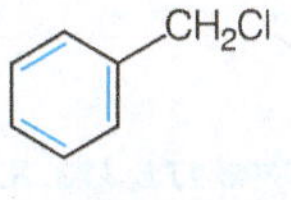

(ii) $CH_3CH_2CH_2Cl$

(iii) $H_3C—\underset{}{CH}(CH_3)—CH_2Cl$
(iv) 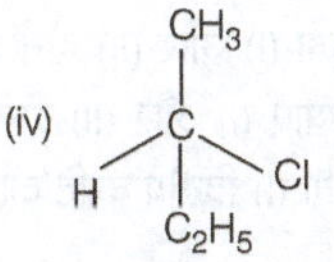

(a) (i) और (ii) (b) (ii) और (iv) (c) (iii) और (iv) (d) केवल (iv)

JEE Main

15 निम्नलिखित परिवर्तन के सेट में अभिकर्मकों या अभिक्रिया स्थितियों '*X*' और '*Y*' के सही युग्मों की पहचान कीजिए।

$$CH_3—CH_2—CH_2—Br \xrightarrow{X} \text{उत्पाद} \xrightarrow{Y} CH_3—\underset{Br}{CH}—CH_3$$

NCERT पृष्ठ 165, JEE Main 2024

(a) *X* = सान्द्र एल्को. NaOH, 80°C, *Y* = HBr/ऐसीटिक अम्ल
(b) *X* = तनु *aq.* NaOH, 20°C, *Y* = HBr/ऐसीटिक अम्ल
(c) *X* = तनु *aq.* NaOH, 20°C, *Y* = $Br_2/CHCl_3$
(d) *X* = सान्द्र एल्को. NaOH, 80°C, *Y* = $Br_2/CHCl_3$

16 निम्नलिखित हैलाइडों में से कौन-सा/से S_N1 अभिक्रियाएँ प्रदर्शित नहीं करेंगे?

A. $H_2C=CH—CH_2Cl$ B. $CH_3—CH=CH—Cl$

C. 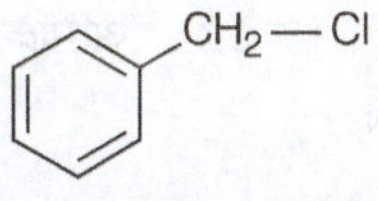

D. 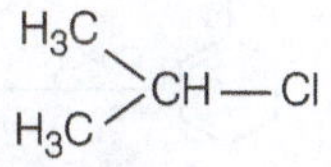

नीचे दिए गए विकल्पों में सबसे सही उत्तर चुनिए। **NCERT पृष्ठ 174, JEE Main 2024**

(a) केवल (A), (B) और (D) (b) केवल (B)
(c) केवल (B) और (C) (d) केवल (A) और (B)

17 निम्नलिखित में से कौन-सा यौगिक तीव्रतम S_N2 अभिक्रिया करेगा? **NCERT पृष्ठ 171,172 JEE Main 2024**

(a) 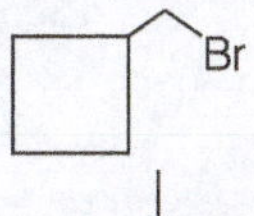

(b) 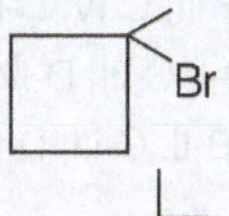

(c) 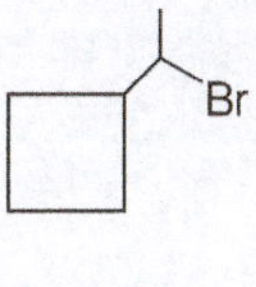

(d) 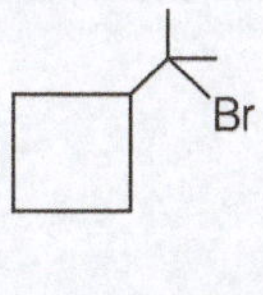

18 जहाँ, Nu= नाभिक स्नेही

उपरोक्त 2 अभिक्रियाओं के लिए नीचे दिए गए विकल्पों में से सही कथन को पहचानिएँ

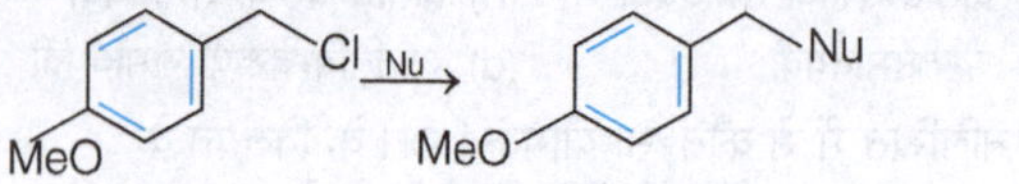
....(I)

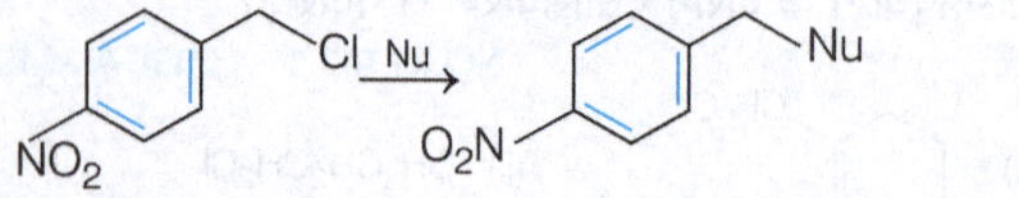
....(II)

NCERT पृष्ठ 171, 173, JEE Main 2023

(a) अभिक्रिया (I) और (II) दोनों प्रथम कोटि की हैं।
(b) अभिक्रियाएँ (I) और (II) दोनों द्वितीय कोटि की हैं।
(c) अभिक्रिया (I) द्वितीय कोटि की है और अभिक्रिया (II) प्रथम कोटि की है।
(d) अभिक्रिया (I) प्रथम कोटि की है तथा अभिक्रिया (II) द्वितीय कोटि की है।

19 सूची-I को सूची-II से सुमेलित करें।

	सूची I		सूची II
A.	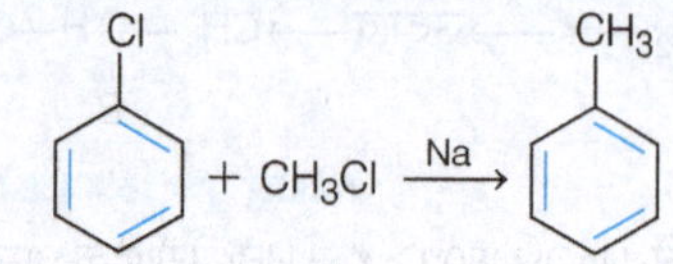	I.	फिटिंग अभिक्रिया
B.	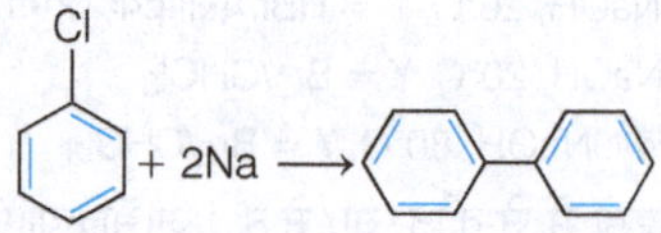	II.	वुर्ट्ज-फिटिंग अभिक्रिया
C.	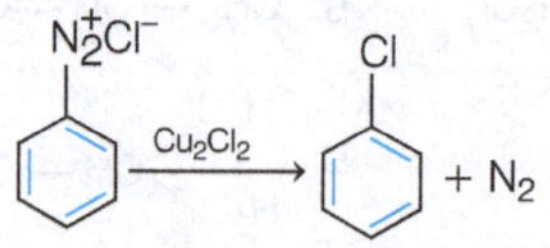	III.	फिन्केलस्टाइन अभिक्रिया
D.	$C_2H_5Cl + NaI \longrightarrow C_2H_5I + NaCl$	IV.	सेन्डमेयर अभिक्रिया

नीचे दिए गए विकल्पों में से सही उत्तर चुनें।

NCERT पृष्ठ 166, 165, 186, JEE Main 2023

(a) A-II, B-II, C-IV, D-III
(b) A-III, B-II, C-IV, D-I
(c) A-II, B-I, C-III, D-IV
(d) A-IV, B-II, C-III, D-I

20 डाइक्लोरोबेन्जीन के गलनांक का सही क्रम है

(a) 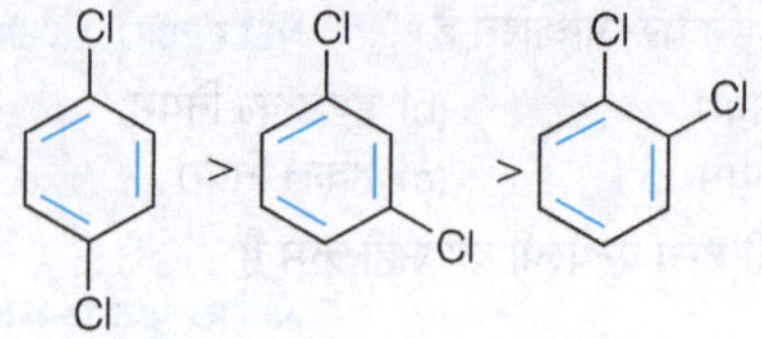

(b) 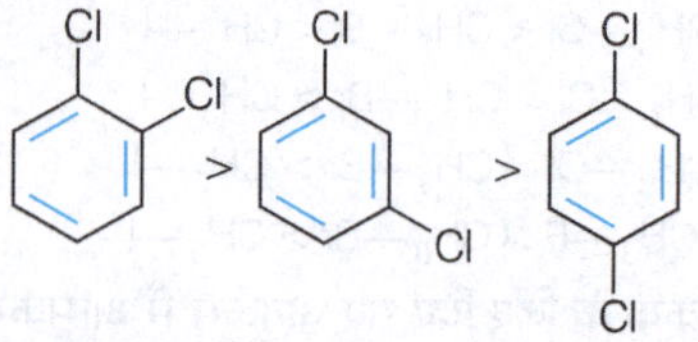

(c) 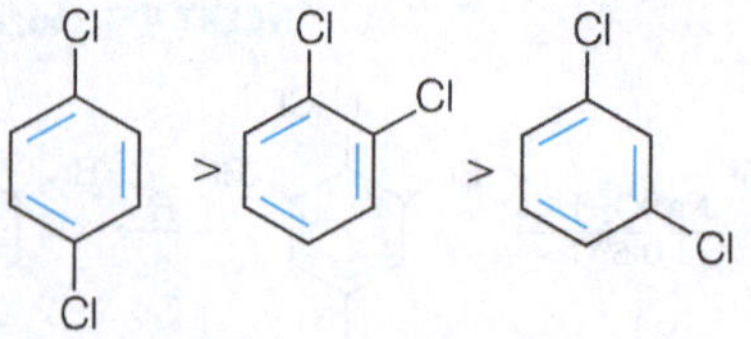

(d) 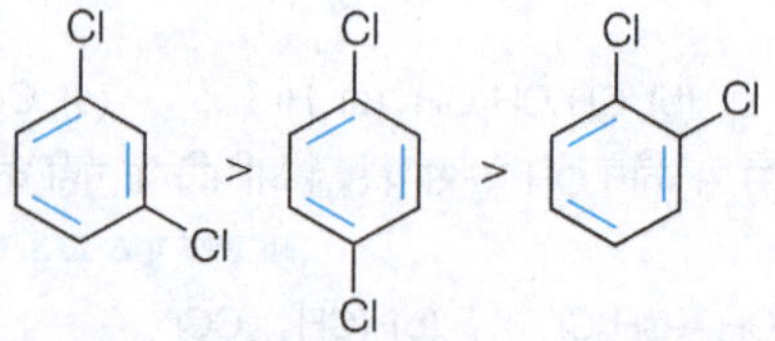

21 आण्विक सूत्र C_4H_8DBr वाला समावयवी ड्यूटेरेटेड ब्रोमाइड जिसमें दो किरेल कार्बन परमाणु होते हैं, वह है **NCERT पृष्ठ 177, JEE Main 2023**

(a) 2-ब्रोमो-3-ड्यूटेरोब्यूटेन
(b) 2-ब्रोमो-1-ड्यूटेरोब्यूटेन
(c) 2-ब्रोमो-1-ड्यूटेरो-2-मिथाइलप्रोपेन
(d) 2-ब्रोमो-1-ड्यूटेरोब्यूटेन

22 वह यौगिक जिसमें OH^- के साथ क्रिया करने पर नाभिकस्नेही एरोमैटिक प्रतिस्थापन की ओर सबसे कम दर होगी, वह है

NCERT पृष्ठ 182, JEE Main 2023

(a) 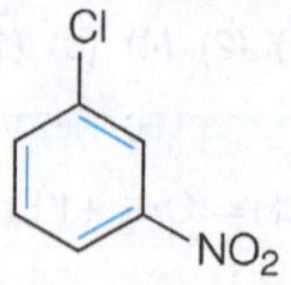

(b) 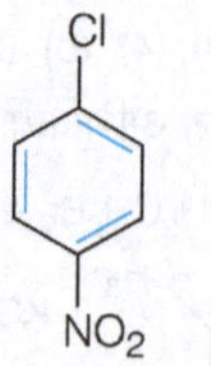

(c) 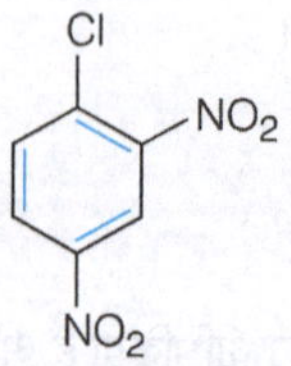

(d) 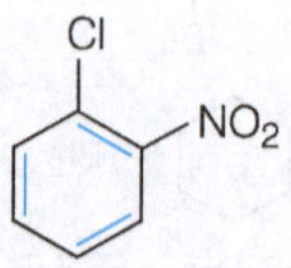

23 अभिक्रिया में मुख्य उत्पाद (*P*) है **NCERT पृष्ठ 165, JEE Main 2022**

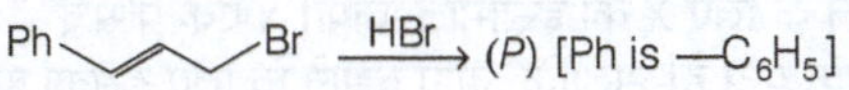

(a) 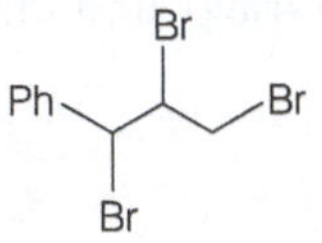 (b) 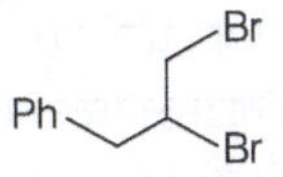

(c) 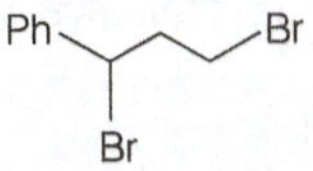 (d) 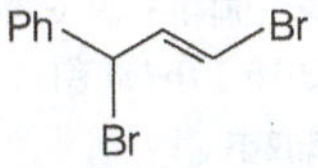

24 अभिक्रिया में प्रमुख उत्पाद है **NCERT पृष्ठ 180, JEE Main 2022**

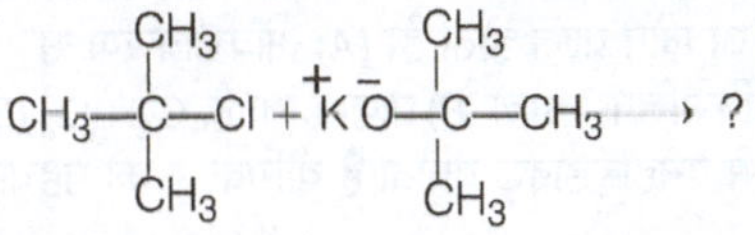

(a) तृतीयक ब्यूटाइल एथिल ईथर (b) 2, 2-डाइमिथाइल ब्यूटेन

(c) 2-मिथाइल पेन्ट-1-ईन (d) 2-मिथाइलप्रॉप-1-ईन

25 निम्नलिखित के साथ अभिक्रिया करने पर HI द्वारा निर्मित मुख्य उत्पाद क्या है? **NCERT पृष्ठ 165, JEE Main 2021**

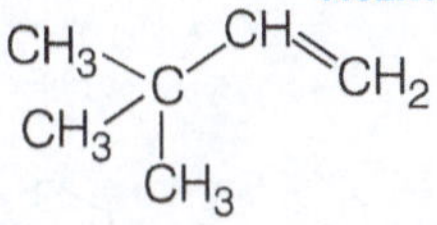

(a) 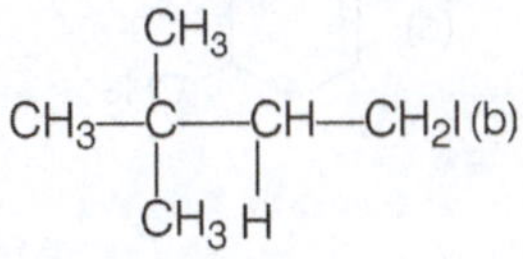 (b) 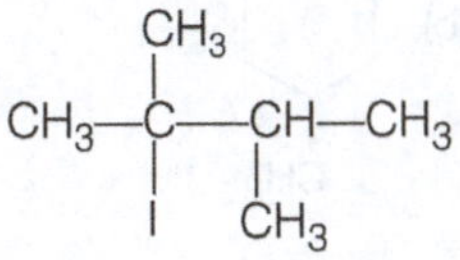

(c) 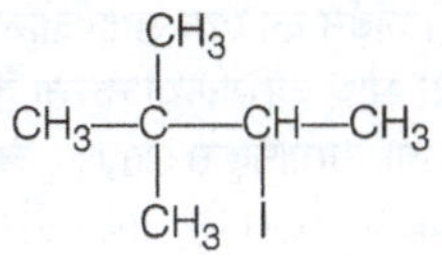

(d) 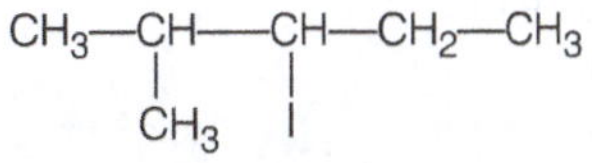

26 दी गई अभिक्रिया के लिए, *A* क्या है?

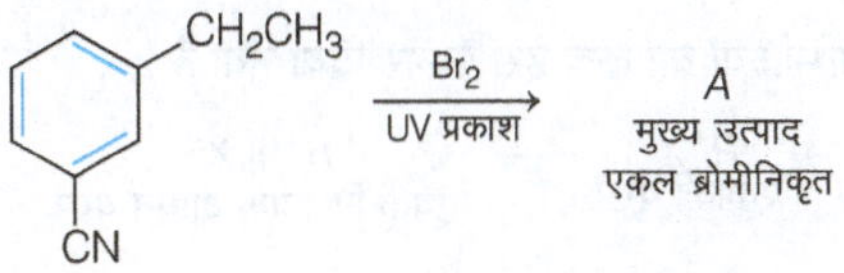

NCERT पृष्ठ 167, JEE Main 2021

(a) 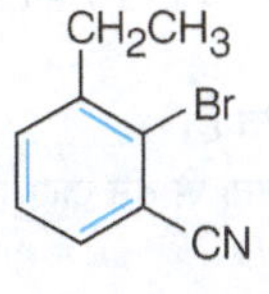 (b) 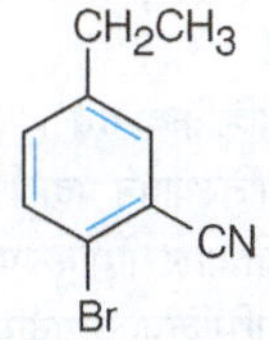

(c) 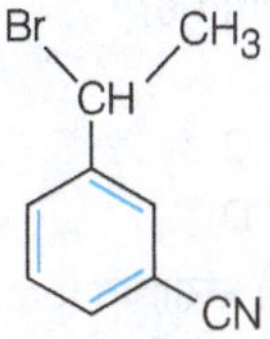 (d) 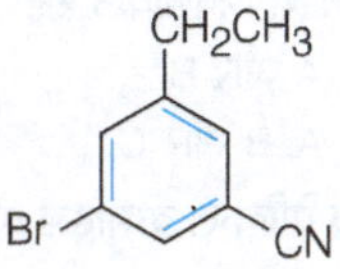

स्किल बूस्टर्स

1 C_6H_5I और $C_6H_5CH_2I$ वाली बोतलों पर लगे मुख्य लेबल गायब हो गए। परीक्षण के लिए उन्हें *A* और *B* लेबल किया गया और *B* को अलग-अलग परखनली में लिया गया और NaOH के विलयन के साथ उबाला गया। प्रत्येक नली में अन्तिम विलयन को तनु HNO_3 के साथ अम्लीय बनाया गया और फिर कुछ $AgNO_3$ विलयन मिलाया गया। पदार्थ *B* एक पीला अवक्षेप देता है। इस प्रयोग के लिए निम्नलिखित में से कौन-सा कथन सत्य है?

(a) *A*, C_6H_5I था

(b) *A*, $C_6H_5CH_2I$ था

(c) *B*, C_6H_5I था

(d) HNO_3 को मिश्रित करना अनावश्यक था

2 अनिरुद्ध ने एक यौगिक लिया जिसका अणुसूत्र $C_6H_{13}Br$ है। विहाइड्रोहैलोजनीकरण पर दो समावयवी एल्केन *X* और *Y* आण्विक सूत्र C_6H_{12} के साथ प्राप्त हुए। आगे अपचयित ओजोन अपघटन पर, *X* और *Y* ने चार यौगिक CH_3COCH_3, CH_3CHO, CH_3CH_2CHO और $(CH_3)_2CHCHO$ दिए। उसने कौन-सा यौगिक लिया था?

(a) 2-ब्रोमोहेक्सेन

(b) 2, 2-डाइमिथाइल-1-ब्रोमोब्यूटेन

(c) 2-ब्रोमो-2, 3-डाइमिथाइलब्यूटेन

(d) 3-ब्रोमो-2-मिथाइलपेन्टेन

3 तीन कार्बन परमाणुओं वाले हाइड्रोकार्बन का एक डाइहैलोजन व्युत्पन्न '*X*' एल्कोहॉलिक KOH के साथ अभिक्रिया करता है और एक अन्य हाइड्रोकार्बन बनाता है, जो अमोनिकृत Cu_2Cl_2 के साथ एक लाल अवक्षेप बनाता है। '*X*' जलीय KOH के साथ अभिक्रिया करके एल्डिहाइड देता है। यौगिक '*X*' है

(a) 1, 3-डाइक्लोरोप्रोपेन
(b) 1, 2-डाइक्लोरोप्रोपेन
(c) 2, 2-डाइक्लोरोप्रोपेन
(d) 1, 1-डाइक्लोरोप्रोपेन

4 S_N1 अभिक्रिया का तन्त्र इस प्रकार दिया गया है

$RX \longrightarrow R^+X^-$ (एकाकी युग्म) $\longrightarrow R^+ \| X^-$ (पृथक् विलायक आयन युग्म)

$\xrightarrow{Y^{\ominus}} RY + X^{\ominus}$

मयंक दिए गए तन्त्र के आधार पर सामान्य विशेषताओं को इस प्रकार लिखते हैं

A. यह अभिक्रिया दुर्बल नाभिकस्नेही द्वारा प्रेरित है।
B. यदि प्रतिस्थापन पदार्थ बड़े हों तो $R^{\oplus}$ सरलता से बन जाएगा।
C. अभिक्रिया रेसीमीकरण के साथ होती है।
D. यह अभिक्रिया अध्रुवीय विलायकों द्वारा समर्थित है।

कौन-से अवलोकन सही हैं?

(a) A और B
(b) A और C
(c) A, B और C
(d) B और D

5 एक ऐल्किल ब्रोमाइड एक एकल एल्कीन को संसाधित (process) करता है जब यह सोडियम एथॉक्साइड और एथेनॉल के साथ अभिक्रिया करता है। यह एल्कीन हाइड्रोजनीकरण से गुजरता है और 2-मिथाइलब्यूटेन का उत्पादन करता है। तब ऐल्किल ब्रोमाइड की पहचान कीजिए।

(a) 1-ब्रोमो-2, 2-डाइमिथाइल प्रोपेन
(b) 1-ब्रोमोब्यूटेन
(c) 1-ब्रोमो-2-मिथाइल ब्यूटेन
(d) 2-ब्रोमो-2-मिथाइलब्यूटेन

6 प्रयोग करते समय जब प्रयोगशाला में आग लग गई, तो एक छात्र ने आग बुझाने के लिए *X* का इस्तेमाल किया। *X* एक प्रसिद्ध अग्निशामक यन्त्र है। हालाँकि, आग बुझाने के लिए इसका इस्तेमाल करने के बाद, कमरे को वायु युक्त होना चाहिए। सबसे उपयुक्त विकल्प का चयन कीजिए।

(a) *X* उच्च तापमान पर ज्वलनशील है।
(b) *X* विषैला है।
(c) *X* उच्च तापमान पर जलवाष्प के साथ अभिक्रिया करके फॉस्जीन गैस उत्पन्न करता है।
(d) *X*-संक्षारक है।

7 यौगिक (*A*), C_8H_9Br को ऐल्कोहॉल युक्त $AgNO_3$ के साथ गर्म करने पर पीला अवक्षेप प्राप्त होता है। (*A*) ऑक्सीकरण से डाइकार्बोक्सिलिक अम्ल (*B*) प्राप्त होता है, $C_8H_6O_4$ (*B*) गर्म करने पर आसानी से एनहाइड्राइड बनाता है यौगिक *A* को पहचानें।

(a)
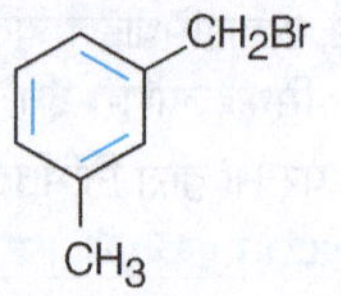

(b)
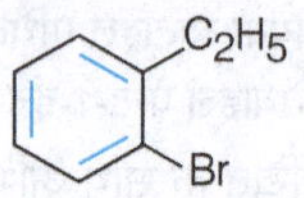

(c)
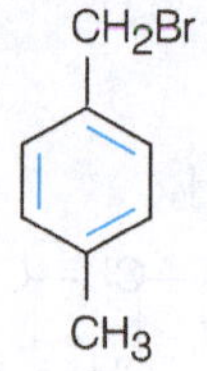

(d)
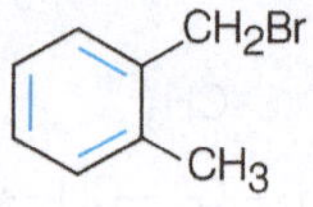

8 एक कार्बनिक यौगिक *A* ईथर माध्यम में धात्विक सोडियम के साथ अभिक्रिया करके एथेन बनाता है। *A* ईथर माध्यम में मैग्नीशियम के साथ अभिक्रिया करके *B* देता है, जो जल अपघटन पर मीथेन देता है। क्रमशः *A* और *B* को पहचानें।

(a) CH_3Cl, CH_3MgCl
(b) CH_4, CH_3Cl
(c) CO_2, H_2O
(d) CH_3Cl, H_2O

प्रश्न कुंजी

शीर्षकवार प्रश्न

1. (a)	2. (b)	3. (a)	4. (b)	5. (c)	6. (b)	7. (d)	8. (b)	9. (b)	10. (d)
11. (b)	12. (d)	13. (b)	14. (a)	15. (c)	16. (a)	17. (b)	18. (a)	19. (a)	20. (b)
21. (a)	22. (b)	23. (d)	24. (b)	25. (c)	26. (d)	27. (a)	28. (a)	29. (d)	30. (c)
31. (b)	32. (d)	33. (d)	34. (d)	35. (b)	36. (a)	37. (a)	38. (c)	39. (b)	40. (b)
41. (a)	42. (d)	43. (d)	44. (a)	45. (a)	46. (c)	47. (b)	48. (b)	49. (a)	50. (a)
51. (c)	52. (b)	53. (a)	54. (b)	55. (b)	56. (a)	57. (c)	58. (a)	59. (c)	60. (d)
61. (b)	62. (d)	63. (c)	64. (b)	65. (b)	66. (b)	67. (d)	68. (a)	69. (c)	70. (a)
71. (d)	72. (a)	73. (b)	74. (d)	75. (a)	76. (d)	77. (c)	78. (a)	79. (a)	80. (b)
81. (d)	82. (b)	83. (c)	84. (d)	85. (c)					

अभिकथन कारण प्रश्न

1. (a)	2. (a)	3. (c)	4. (b)	5. (c)	6. (c)	7. (d)	8. (a)	9. (a)	10. (a)

कथन आधारित प्रश्न

1. (b)	2. (a)	3. (d)	4. (b)	5. (d)	6. (b)	7. (a)	8. (c)

सुमेलन प्रकार प्रश्न

1. (c)	2. (c)	3. (c)	4. (a)	5. (c)	6. (b)	7. (a)

आंकिक मान प्रकार के प्रश्न

1. (1)	2. (3)	3. (2)	4. (3)	5. (3)

NCERT Exemplar प्रश्न

1. (c) 2. (b) 3. (d) 4. (a) 5. (a) 6. (a) 7. (d) 8. (c) 9. (a) 10. (c)
11. (b) 12. (b) 13. A - (1), B - (2), C - (3), D - (4) 14. (a) 15. (a) 16. (b) 17. (a) 18. (b)
19. (b) 20. (d) 21. (b) 22. (d) 23. (d) 24. (c) 25. (c) 26. (d)
27. A - (3), B - (5), C - (1), D - (2) , E- (4) 28. (a) 29. (a)

विगत परीक्षाओं के प्रश्न

1. (d)	2. (d)	3. (a)	4. (b)	5. (a)	6. (b)	7. (a)	8. (b)	9. (b)	10. (c)
11. (d)	12. (a)	13. (b)	14. (d)	15. (a)	16. (b)	17. (b)	18. (d)	19. (a)	20. (c)
21. (a)	22. (a)	23. (c)	24. (d)	25. (b)	26. (c)				

स्किल बूस्टर्स

1. (a)	2. (d)	3. (d)	4. (c)	5. (c)	6. (c)	7. (d)	8. (a)

क्रमवार

प्रश्नों का विश्लेषण

कॉन्सेप्ट बिल्डर्स

1 sp^3, sp^2 2 क्लोरैम्फेनिकॉल

3 थायरॉक्सिन 4 कार्बन

5 असत्य 6 2-क्लोरोप्रोपेन

7 असत्य 8 सत्य

9 सत्य 10 असत्य

11 ऑर्थोफॉस्फोरिक अम्ल

12 सत्य 13 असत्य

14 चार

15 आयोडोबेन्जीन और डाइनाइट्रोजन

16 असंतृप्त 17 सत्य

18 CoF_2 19 असत्य

20 1-आयोडो-1-मिथाइल साइक्लोहेक्सेन

21 1-ब्रोमोसाइक्लोहेक्सेन और हाइड्रोजन ब्रोमाइड

22 द्विध्रुव-द्विध्रुव अन्तःक्रिया

23 नाभिकस्नेही प्रतिस्थापन अभिक्रिया

24 दक्षिणवर्त, दक्षिणावर्त घूर्णन

25 सत्य

26 सत्य

27 $H_3C—CH_2—CH═CH—CH_3$

28 सत्य

29 सत्य

30 ट्राइक्लोरोमेथेन

शीर्षकवार प्रश्न

1 *(a)* कथन (a) सही है, जबकि कथन (b), (c) और (d) गलत हैं। इनका सही रूप इस प्रकार है

- एल्काइल हैलाइड में $C — X$ बन्ध ध्रुवीय होता है।
- हैलोऐल्केन में हैलोजन परमाणु होते हैं जो एल्काइल समूह के sp^3-संकरित कार्बन परमाणु से जुड़े होते हैं।
- क्लोरोक्वीन का उपयोग मलेरिया के उपचार के लिए किया जाता है।

2 *(b)* एलिलिक हैलाइड के लिए कथन (b) सही है, जबकि कथन (a), (c) और (d) गलत हैं।

3 *(a)*

4 *(b)* बेन्जिल हैलोजन वे यौगिक हैं जिनमें हैलोजन परमाणु sp^3-संकरित कार्बन परमाणु से बन्ध बनाता है, जो ऐरोमेटिक वलय से जुड़ा होता है। यौगिक (b) का संरचनात्मक सूत्र इस प्रकार है।

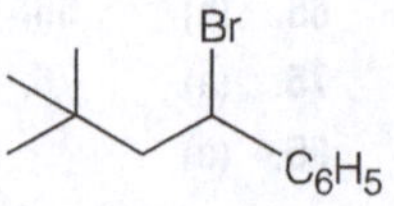

5 *(c)* नाम एवं वर्गीकरण के अनुसार विकल्प (c) सही नहीं है। दिए गए यौगिक का IUPAC नाम 3-क्लोरो-3-मिथाइलपेन्टेन है। यह एक तृतीयक हैलोएल्केन है।

6 *(b)*

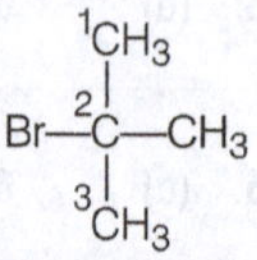

2-ब्रोमा-2-मेथिलप्रोपेन

7 *(d)* ऐसे यौगिक जिनमें हैलोजन परमाणु कार्बन कार्बन द्विबन्ध के sp^2-संकरित कार्बन परमाणु से बन्ध बनाता है, विनाइलिक हैलाइड कहलाते हैं।

8 *(b)*

9 *(b)* दिए गए यौगिकों में से केवल 1, 2-डाइक्लोरोएथेन *विस*- डाइहैलाइड का उदाहरण है। *विस*-डाइहैलाइड में हैलोजन परमाणु /निकटस्थ C-परमाणुओं पर उपस्थित होते हैं।

10 *(d)* यौगिक का नामकरण करते समय, एल्कीन को क्रियात्मक समूह (–Br) पर प्राथमिकता दी जाती है और क्रमांकन एल्कीन पक्ष से शुरू होता है। इसलिए, दिए गए यौगिक का IUPAC नाम 4-ब्रोमो-3-मिथाइल पेन्ट-2-ईन है।

11 *(b)* चूँकि हैलोजन परमाणु कार्बन परमाणु से अधिक विद्युत ऋणात्मक होता है, इसलिए कार्बन-हैलोजन बन्ध $(C — X)$ ध्रुवित हो जाता है।

12 *(d)* CCl_4 सम्मित होने के कारण इसका कोई द्विध्रुव आघूर्ण नहीं होता।

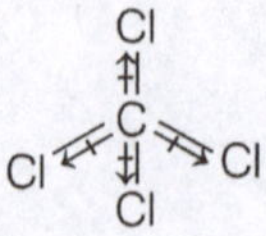

13 *(b)* *p*-डाइक्लोरोबेन्जीन सम्मित होने के कारण शून्य द्विध्रुव आघूर्ण रखता है। $—CH_3$ समूह के + *I* प्रभाव के कारण एक छोटा लेकिन सीमित द्विध्रुव आघूर्ण होता है। इसलिए *o*-डाइक्लोरोबेन्जीन में दो द्विध्रुव 60° दूर होते हैं, जबकि *m*-डाइक्लोरोबेन्जीन में वे 120° दूर होते हैं। इसलिए, *o*-डाइक्लोरोबेन्जीन में सबसे अधिक द्विध्रुव आघूर्ण होता है, उसके बाद *m*-डाइक्लोरोबेन्जीन होता है। अतः द्विध्रुव आघूर्ण का बढ़ता क्रम IV < I < II < III है।

14 *(a)* फॉस्फोरस ट्राइब्रोमाइड और ट्राइआयोडाइड सामान्यतः क्रमशः ब्रोमीन और आयोडीन के साथ लाल फॉस्फोरस की अभिक्रिया से प्राप्त होते हैं।

15 *(c)*

16 *(a)* अभिक्रिया में निर्मित उप-उत्पाद (*A*) $POCl_3$ और HCl है।

पूर्ण अभिक्रिया निम्नलिखित है

$$\underset{\text{एल्कोहॉल}}{ROH} + PCl_5 \longrightarrow R—Cl + \underbrace{POCl_3 + HCl}_{(A)}$$

17 *(b)* अभिक्रिया निम्न प्रकार है

$$\underset{\text{एथिल एल्कोहॉल}}{C_2H_5OH} \xrightarrow[95\%\ H_3PO_4]{\text{NaI या KI}} \underset{\text{एथिल आयोडाइड}}{C_2H_5I}$$

18 *(a)* जब $H_3C—Cl$ शुष्क एसीटोन में NaI के साथ अभिक्रिया करता है, तो $CH_3—I$ देता है इस अभिक्रिया को फिनक्लेस्टाइन अभिक्रिया कहते हैं।

19 *(a)* विकल्प (a) में दिया गया यौगिक (*Z*) *एल्काइल हैलाइड* है।

सम्पूर्ण अभिक्रिया निम्न प्रकार है

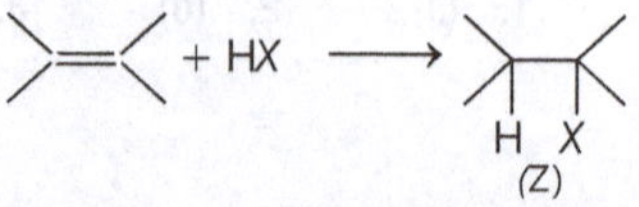

20 *(b)* प्रोपीन दो उत्पाद देता है, हालांकि मार्कोनिकॉफ के नियम के अनुसार केवल एक ही प्रमुख है जैसा कि नीचे प्रदर्शित किया गया है।

$$\underset{\text{प्रोपीन}}{CH_3CH═CH_2} + HI \longrightarrow \underset{\substack{\text{1-आयोडो प्रोपेन}\\ \text{(गौण)}}}{CH_3CH_2CH_2I} + \underset{\substack{\text{2-आयोडो प्रोपेन}\\ \text{(मुख्य)}}}{CH_3CHICH_3}$$

21 *(a)* दी गई अभिक्रिया का प्रमुख उत्पाद है

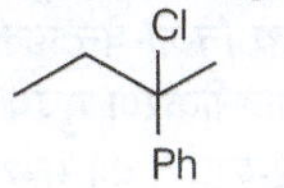

22 *(b)* दी गई अभिक्रिया एक प्रकार की इलेक्ट्रॉनस्नेही प्रतिस्थापन अभिक्रिया है।

23 *(d)* अभिक्रिया का क्रम निम्नानुसार है

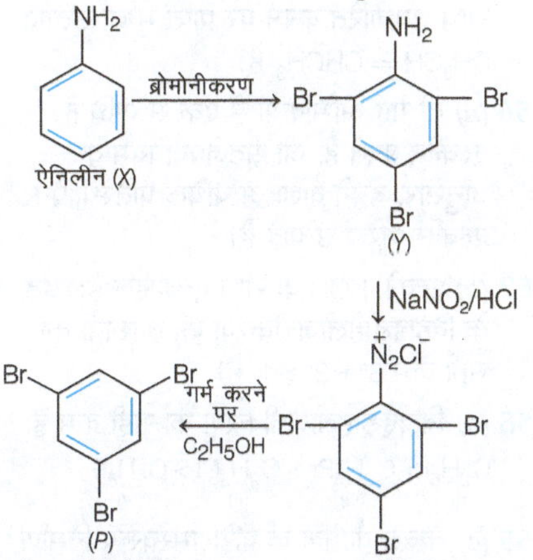

सिस-ट्राईबोमोबेन्जीन

24 *(b)* जब एक प्राथमिक एरोमैटिक एमीन को ठण्डे जलीय खनिज अम्ल (HCl) में घुलित या निलम्बित किया जाता है, तो सोडियम नाइट्राइट के साथ क्रिया करके एक डाइएजोनियम लवण बनता है।

25 *(c)* एण्टी मार्कोनिकॉफ के योग के अनुसार प्रमुख उत्पाद '*X*' है

$C_6H_5—CH_2—CH_2—CH_2—Br$

26 *(d)* सम्पूर्ण अभिक्रिया की क्रियाविधि निम्नानुसार है

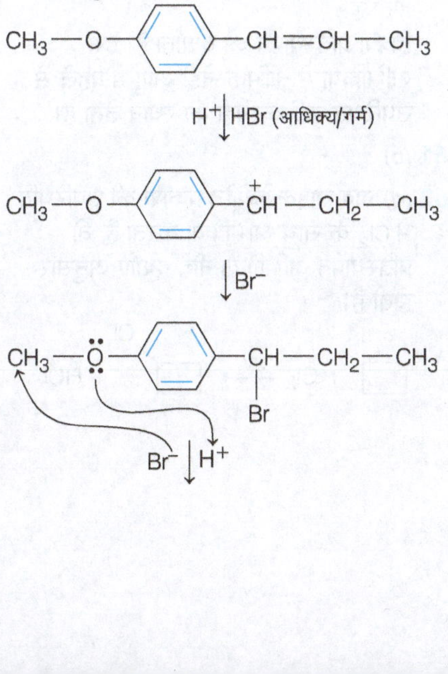

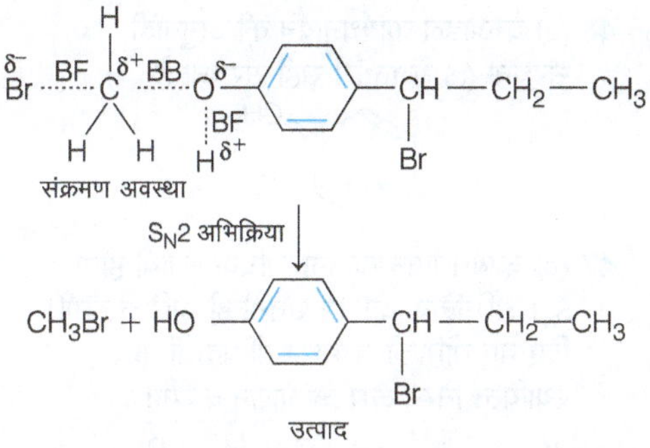

यहाँ, BB (Bond Breakage) = बन्ध का टूटना,
BF (Bond Formation) = बन्ध का निर्माण

27 *(a)* दिए गए विकल्पों में से '*A*' उत्पाद है

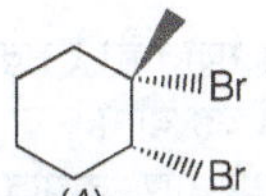

(*A*)

दी गई अभिक्रिया की क्रियाविधि निम्न प्रकार है

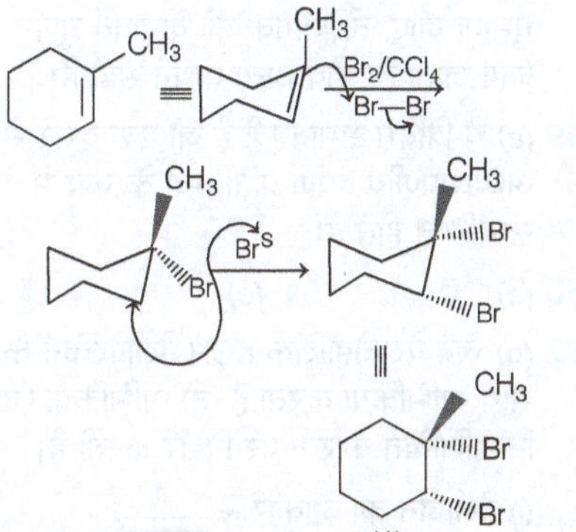

(*A*)

28 *(a)* दिए गए विकल्पों में से C_3H_7I का घनत्व अधिकतम है। ऐसा इसलिए है क्योंकि कार्बन परमाणु हैलोजन परमाणु और हैलोजन परमाणु के परमाणु द्रव्यमान की संख्या में वृद्धि के साथ घनत्व बढ़ता है।

29 *(d)* सही बढ़ता क्रम निम्न है

$\underset{(I)}{CH_2Cl_2} < \underset{(II)}{CHCl_3} < \underset{(III)}{CCl_4}$

30 *(c)* *पैरा*-समावयवी III का गलनांक *ऑर्थो* और *मेटा*-समावयवी की तुलना में अधिक होता है यह *पैरा*-समावयवी की समरूपता के कारण है जो *ऑर्थो* और *मेटा*-समावयवी की तुलना में क्रिस्टल जालक में बेहतर व्यवस्थित बैठता है। इस प्रकार, सही क्रम III > I > II है।

31 *(b)* सममिति के कारण, *p*-डाइक्लोरोबेन्जीन के अणु जालक में निकटरूप से व्यवस्थित होते हैं।

परिणामस्वरूप, *p*-डाइक्लोरोबेन्जीन में अन्तरा-आण्विक बल सबसे प्रबल होते हैं। इसलिए, इनका गलनांक सबसे अधिक और विलेयता सबसे कम होती है।

32 *(d)* सायनाइड (CN^-) एक उभयदन्ती नाभिकस्नेही के रूप में कार्य करता है। यह कार्बन सिरे से एक प्रबल नाभिकस्नेही के रूप में कार्य करता है
क्योंकि यह C—C बन्ध के निर्माण की ओर ले जाएगा जो C—N बन्ध की तुलना में अधिक स्थायी है।

33 *(d)* कथन (d) गलत है।
इसका सही रूप निम्न प्रकार है
S_N2 क्रियाविधि में, कार्बन परमाणु संक्रमण अवस्था में पाँच परमाणुओं के साथ जुड़ा होता है जो एक अस्थायी रूप है।
शेष अन्य कथन सही हैं।

34 *(d)* दिए गए कथन में (a), (b) एवं (c) सही हैं जबकि कथन (d) गलत है।

35 *(b)* कथन (b) S_N2 क्रियाविधि के बारे में गलत है। इसका सही स्वरूप इस प्रकार है संक्रमण अवस्था में, सभी तीन C—H बन्ध एक ही तल में होते हैं तथा आक्रमण करने वाले तथा दाता नाभिकस्नेही आंशिक रूप से कार्बन से जुड़े होते हैं। शेष अन्य कथन सही हैं।

36 *(a)* सरल एल्किल हैलाइडों के लिए S_N2 अभिक्रिया के प्रति अभिक्रियाशीलता का क्रम मिथाइल हैलाइड > प्राथमिक हैलाइड > द्वितीयक हैलाइड > तृतीयक हैलाइड है। इसलिए, मिथाइल हैलाइड की स्थिति में S_N2 अभिक्रिया में नाभिकस्नेही तक पहुँचना सरल है।

37 *(a)* S_N1 क्रियाविधि तृतीयक ब्यूटाइल ब्रोमाइड और जलीय सोडियम हाइड्रॉक्साइड आयन के मध्य होती है।

38 *(c)* S_N1 के प्रति एल्काइल हैलाइडों की अभिक्रियाशीलता का सही क्रम निम्नानुसार है
3° हैलाइड > 2° हैलाइड > 1° हैलाइड > CH_3X

39 *(b)* $—OCH_3$ के + *I* प्रभाव के कारण यहाँ,

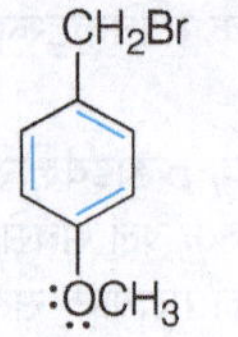

मध्यवर्ती सबसे अधिक स्थायी होगा। इसके कारण, S_N1 अभिक्रिया के प्रति सबसे अधिक अभिक्रियाशील है।

40 *(b)* ब्रिज-हेड कार्बन पर निर्मित कार्बधनायन अस्थायी है। अतः *(A)* कम अभिक्रियाशील है। *(B)* अधिक अभिक्रियाशील है क्योंकि यह 3° कार्बधनायन बनाता है जो अत्यधिक स्थायी है। अतः सही क्रम $B > C > A$ है।

41 *(a)* एलिलिक और बेन्जाइलिक हैलाइड S_N1 क्रियाविधि के प्रति उच्च अभिक्रियाशीलता दिखाते हैं क्योंकि बनने वाले कार्बधनायन अनुनाद के कारण स्थायी होते हैं।

42 *(d)* कार्बधनायन के अनुनाद स्थायीकरण के कारण यौगिक तीव्रता से अभिक्रिया करेगा।

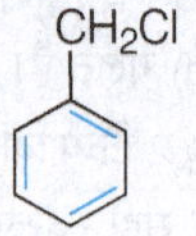

CH_3CH_2Cl, $C_6H_5CH_2CH_2Cl$ और CH_2CHCH_2Cl में कार्बधनायन केवल अति संयुग्मन के माध्यम से स्थायी होता है।

43 *(d)* आयोडोब्यूटेन S_N2 ( I) अभिक्रिया तीव्रता से करता है क्योंकि I^- एक अच्छा छोड़ने (leaving) वाला समूह है।

44 *(a)* प्राथमिक एल्काइल हैलाइड द्वितीयक और तृतीयक की तुलना में S_N2 अभिक्रिया तीव्र दर से करते हैं।

45 *(a)* विकल्प (a) में दिया गया क्रम गलत है। हैलाइडों के सन्दर्भ में, 3° हैलाइड बहुत तीव्रता से S_N1 अभिक्रिया से गुजरता है क्योंकि 3° कार्बधनायन के पश्चात् 2° और 1° कार्बधनायन का उच्च स्थायित्व होता है। अतः सही क्रम है।

$$\underset{3°}{Ph\overset{+}{C}(CH_3)_2} > \underset{2°}{Ph\overset{+}{C}HCH_3} > \underset{1°}{Ph\overset{+}{C}H_2}$$

शेष सभी का क्रम सही हैं।

46 *(c)* बेन्जाइल कार्बधनायन की अनुनादी संरचना (c) गलत है। सही संरचना है

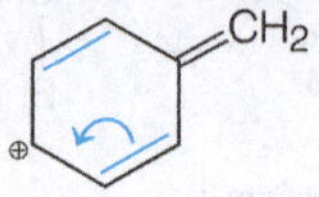

47 *(b)* कार्बधनायन जितना अधिक स्थायी होगा S_N1 अभिक्रिया की दर उतनी ही अधिक होगी। दिए गए यौगिकों में मध्यवर्ती पदार्थों का स्थायित्व निम्न क्रम का पालन करेगा।

$B < A < C < D$

(–*I*) (–HPC = 3) (+HPC = 6) (+HPC = 3, + *R* = 1)

अतः दिए गए यौगिकों के साथ S_N1 अभिक्रिया की बढ़ती दर $B < A < C < D$ होगी।

48 *(b)* कथन (b) गलत है। इसका सही रूप निम्न प्रकार है वह यौगिक जो समतल ध्रुवित प्रकाश को दायीं ओर, अर्थात् दक्षिणावर्त दिशा में घुमाता है, दक्षिणावर्त घूर्णन कहलाता है। जबकि, यदि प्रकाश को बायीं ओर (वामावर्त) घुमाया जाए, तो यौगिक को वामावर्त घूर्णन कहा जाता है। शेष अन्य कथन सही हैं।

49 *(a)* ये त्रिविम समावयवी हैं जो एक दूसरे से अध्यारोपणीय दर्पण प्रतिबिम्बों के रूप में सम्बन्धित होते हैं।

50 *(a)* **51** *(c)*

52 *(b)* जब ऐल्कोहॉलिक KOH हैलोऐल्केन के साथ अभिक्रिया करता है, तो अभिक्रिया (दर) निम्नलिखित कारक पर निर्भर करती है।

(i) हैलोजन का आकार $\propto \dfrac{1}{\text{सामर्थ्य}}$

(ii) C-परमाणु की वह मात्रा जिससे हैलोजन परमाणु बन्ध बनाता है, अर्थात् हैलोऐल्केन की मात्रा जितनी अधिक होती है, उसकी क्रियाशीलता उतनी ही अधिक होती है। अतः अभिक्रियाशीलता का सही क्रम $A > C > B > D$ है। इस प्रकार, विकल्प (b) सही है।

53 *(a)* इस अभिक्रिया में, β-कार्बन से हाइड्रोजन का विलोपन हो जाता है तथा α-कार्बन परमाणु से हैलोजन का विलोपन हो जाता है। परिणामस्वरूप, प्रोपीन अन्तिम उत्पाद '*A*' के रूप में बनता है।

54 *(b)* सेट्ज़ेफ नियम के अनुसार, एल्कोहॉलिक KOH के साथ *निओ*-पेन्टाइल ब्रोमाइड का विहाइड्रोहैलोजनीकरण मुख्य रूप से 2-मिथाइल-2-ब्यूटीन को मुख्य उत्पाद के रूप में देता है।

55 *(b)* सेट्ज़ेफ नियम के अनुसार, $CH_3CH_2CH(F)CH_3$ को CH_3O^-/CH_3OH के साथ उपचारित करने पर प्राप्त मुख्य उत्पाद $CH_3CH{=}CHCH_3$ है।

56 *(a)* दी गई अभिक्रिया में एक से अधिक एल्कीन बनते हैं, जो सैट्ज़ेफ नियम के अनुसार, बनने वाला अत्यधिक प्रतिस्थापित एल्कीन मुख्य उत्पाद है।

57 *(c)* एल्को. KOH के साथ एल्काइल हैलाइड के विहाइड्रोहैलोजनीकरण की आसानी का सही क्रम 3° > 2° > 1° है।

58 *(a)* विहाइड्रोहैलोजनीकरण का सही क्रम है

$$\underset{(I)}{C_2H_5I} > \underset{(III)}{C_2H_5Br} > \underset{(II)}{C_2H_5Cl} > \underset{(IV)}{C_2H_5F}$$

59 *(c)* केवल यौगिक के परिणामस्वरूप निर्माण होता है

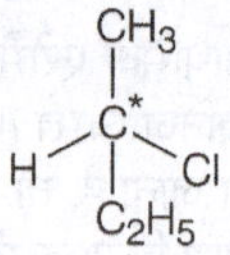

यह एक रेसिमिक उत्पाद है क्योंकि इसमें S_N1 अभिक्रिया के माध्यम से एक किरेल कार्बन परमाणु होता है।

60 *(d)* चित्र I विलोपन को दर्शाता है।

β-कार्बन से हाइड्रोजन परमाणु और α-कार्बन परमाणु से हैलोजन परमाणु का विलोपन होता है।

चित्र II प्रतिस्थापन को दर्शाता है। इस अभिक्रिया में नाभिकस्नेही अणु में पहले से उपस्थित नाभिकस्नेही का स्थान लेता है।

61 *(b)*

62 *(d)* जब साइक्लोब्यूटेन प्रकाश की उपस्थिति में Cl_2 के साथ अभिक्रिया करता है, तो प्रतिस्थापन अभिक्रिया नीचे दर्शाए अनुसार होती है।

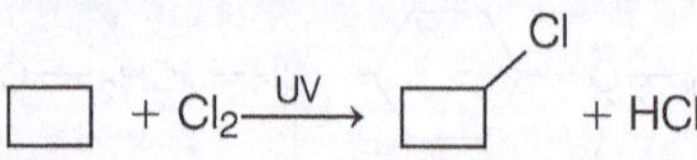

प्राप्त उत्पाद शुष्क ईथर में Na धातु के साथ अभिक्रिया करके (वुर्ट्ज अभिक्रिया) निम्नलिखित अभिक्रिया देता है।

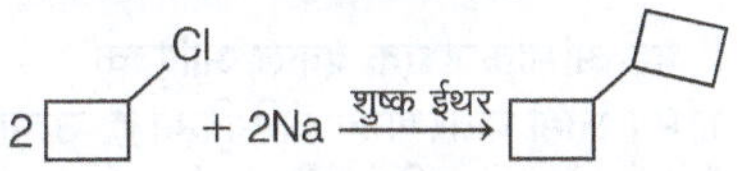

63 *(c)* निर्मित उत्पाद *(A)* फीनॉल है।

64 *(b)* ऐरोमैटिक नाभिकस्नेही प्रतिस्थापन अभिक्रिया की दर का सही क्रम $D > C > B > A$ है।

65 *(b)* अभिक्रिया अनुक्रम निम्नानुसार है

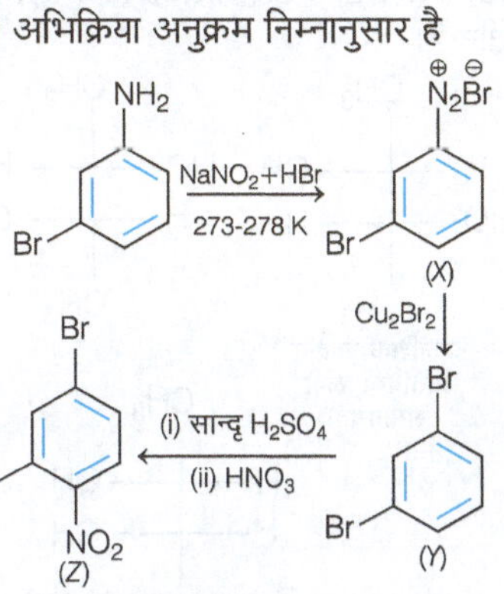

66 *(b)* हैलोजनीकरण, नाइट्रीकरण, सल्फोनीकरण और फ्रीडेल-क्राफ्ट्स अभिक्रिया बेन्जीन वलय की इलेक्ट्रॉनस्नेही प्रतिस्थापन अभिक्रिया के अन्तर्गत आती है क्योंकि इन अभिक्रियाओं में, बेन्जीन वलय पर इलेक्ट्रॉनस्नेही का आक्रमण होता है।

67 *(d)* दी गई अभिक्रिया में प्राप्त उत्पाद *o*- तथा *p*-डाईक्लोरोबेन्जीन हैं।

68 *(a)* दी गई अभिक्रिया सल्फोनीकरण अभिक्रिया का एक उदाहरण है। यहाँ, *A* और *B* क्रमशः 2-क्लोरोबेन्जीन सल्फोनिक अम्ल और 4-क्लोरोबेन्जीन सल्फोनिक अम्ल हैं।

69 *(c)* अभिक्रिया निम्न प्रकार आगे बढ़ती है

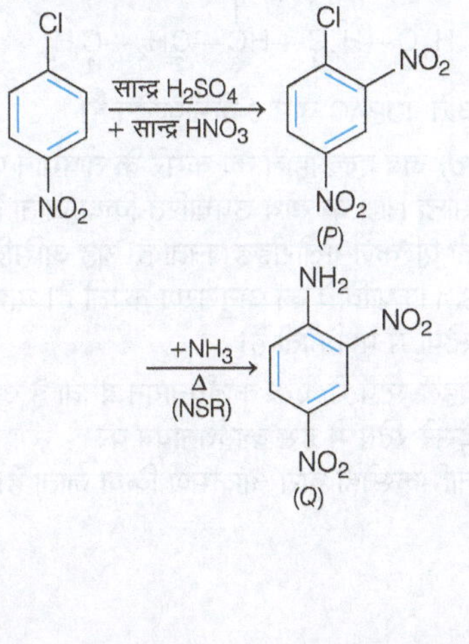

70 *(a)* ऐरिल हैलाइड और विनाइल हैलाइड निर्जल $AlCl_3$ की उपस्थिति में बेन्जीन के साथ फ्रीडेल-क्राफ्ट्स अभिक्रिया देने के लिए इलेक्ट्रॉनस्नेही के रूप में कार्य नहीं करते हैं। इसलिए, ये अभिक्रियाएँ *A* और *C* सम्भव नहीं हैं।

71 *(d)* जब 1-ब्रोमो-3-क्लोरोसाइक्लोब्यूटेन को शुष्क ईथर की उपस्थिति में Na के दो समतुल्य के साथ अभिक्रिया करायी जाती है तो बाइसाइक्लो [1, 1, 0] ब्यूटेन प्राप्त होता है।

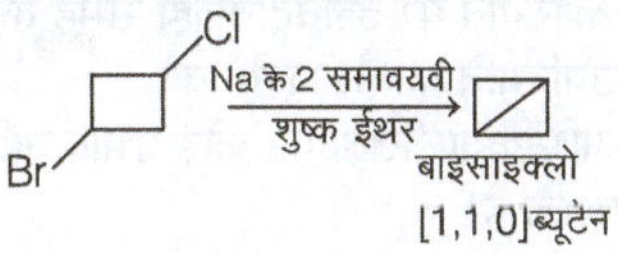

72 *(a)* वुर्ट्ज-फिटिंग अभिक्रिया एरिल हैलाइड की एल्काइल हैलाइड और सोडियम धातु के साथ अभिक्रिया है जिससे प्रतिस्थापित ऐरोमैटिक यौगिक प्राप्त होता है।

73 *(b)* कथन (b) सही है, जबकि अन्य कथन (a), (c) और (d) गलत हैं। इन कथनों के सही रूप निम्न प्रकार हैं

(a) क्लोरोफॉर्म के दीर्घकालिक सम्पर्क से लीवर और किडनी को नुकसान हो सकता है।

(c) क्लोरोफॉर्म वाष्प को श्वास द्वारा ग्रहण करने से केन्द्रीय तन्त्रिका तन्त्र अवसादग्रस्त हो जाता है।

(d) लगभग 900 भाग प्रति मिलियन क्लोरोफॉर्म को श्वास के माध्यम से लेने पर चक्कर आ सकता है।

74 *(d)* दिए गए सभी कथन सत्य हैं।

75 *(a)*

76 *(d)* क्लारोफॉर्म को बन्द गहरे रंग की बोतलों में पूरी तरह भरकर रखा जाता है, ताकि वायु अन्दर न जाए। यह प्रकाश की उपस्थिति में वायु द्वारा आसानी से ऑक्सीकृत होकर कार्बोनिल क्लोराइड में परिवर्तित हो जाता है।

77 *(c)* टेट्राक्लोरोमेथेन (कार्बन टेट्राक्लोराइड) का उपयोग क्लोरोफ्लोरोकार्बन के संश्लेषण में किया जाता है।

78 *(a)*

79 *(a)*

80 *(b)* रासायनिक रूप से, क्लोरोफॉर्म, अर्थात् ट्राइक्लोरोमेथेन का उपयोग वसा, एल्केलॉइड, आयोडीन और अन्य पदार्थों के लिए विलायक के रूप में किया जाता है।

81 *(d)* कथन I और III सही हैं, जबकि कथन II गलत है। इसका सही रूप निम्न प्रकार है। DDT का चयोपचय (metabolism) पशुओं द्वारा बहुत तेजी से नहीं किया जाता, बल्कि यह वसा ऊतकों में एकत्र हो जाता है।

82 *(b)*

83 *(c)*

84 *(d)*

85 *(c)* डीडीटी का IUPAC नाम 2, 2-*बिस* (4-क्लोरोफेनिल)-1, 1, 1-ट्राइक्लोरोएथेन है और इसकी संरचना निम्न है

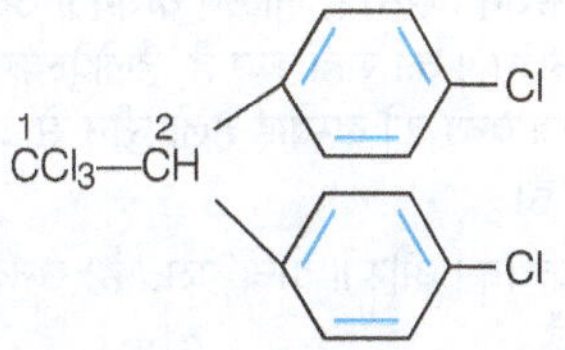

अभिकथन-कारण प्रश्न

1 *(a)* A और R दोनों सत्य हैं और R, A का सही स्पष्टीकरण है।

2 *(a)* A और R दोनों सत्य हैं और R, A का सही स्पष्टीकरण है।

3 *(c)* A सत्य है लेकिन R असत्य है। R का वास्तविक रूप है

मूल हाइड्रोकार्बन की तुलना में अधिक ध्रुवीयता और उच्च आण्विक द्रव्यमान के कारण, हैलोजन व्युत्पन्नों में अन्तर-आणविक आकर्षण बल (द्विध्रुव-द्विध्रुव और वान्डर वाल्स) अधिक प्रबल होते हैं।

4 *(b)* A और R दोनों सत्य हैं लेकिन R, A का सही स्पष्टीकरण नहीं है।

5 *(c)* A सत्य है लेकिन R असत्य है। R का वास्तविक रूप है हैलोऐल्केन और जल के अणुओं के बीच अन्तराआण्विक आकर्षण जल में मूल हाइड्रोजन बन्धों की तुलना में अधिक प्रबल नहीं है।

6 *(c)* A सत्य है लेकिन R असत्य है।

ऐसा इसलिए है क्योंकि यह अत्यधिक अस्थायी कार्बधनायन ($CH_2 = \overset{\oplus}{C}H$) बनाता है। यह अपने π-इलेक्ट्रॉन को विस्थापित नहीं कर सकता।

7 *(d)* A असत्य है लेकिन R सत्य है। A का वास्तविक रूप है : S_N^2 प्रकाशिक रूप से सक्रिय एल्काइल हैलाइड की स्थिति में S_N2 क्रियाविधि के परिणामस्वरूप बनने वाले उत्पाद में अभिकारक की अपेक्षा विपरीत विन्यास होता है।

8 *(a)* A और R दोनों सत्य हैं और R, A का सही स्पष्टीकरण है।

9 *(a)* A और R दोनों सत्य हैं और R, A का सही स्पष्टीकरण है।

10 *(a)* A और R दोनों सत्य हैं और R, A का सही स्पष्टीकरण है।

कथन आधारित प्रश्न

1 *(b)* कथन I सत्य है लेकिन कथन II असत्य है। कथन II का सही रूप है हैलोऐल्केन में C—Cl बन्ध की लम्बाई हैलोएरीन से अधिक होती है।

2 *(a)* कथन I और II दोनों गलत हैं। उनका सही रूप है

I. नाइट्रो समूह की उपस्थिति एरिल हैलाइडों में नाभिकस्नेही प्रतिस्थापन अभिक्रिया को सुविधाजनक बनाती है। कथन I असत्य है।

II. मध्यवर्ती कार्बधनायन नाइट्रो समूह की उपस्थिति के कारण स्थायी हो जाता है। कथन II सत्य है।

3 *(d)* कथन I और II दोनों सत्य हैं।

4 *(b)* कथन I सत्य है लेकिन कथन II असत्य है। कथन II का सही रूप है हैलोजन के $-I$ प्रभाव के कारण हैलोएरीन बेन्जीन की तुलना में कम सक्रिय होते हैं।

5 *(d)* कथन I और कथन II दोनों सत्य हैं।

6 *(b)* दिए गए कथनों में से केवल I और IV गलत हैं जबकि कथन II, III और V सही हैं और IV का सही रूप है।

I. एरिल हैलाइड वे यौगिक हैं जिनमें हैलोजन परमाणु ऐरोमैटिक वलय के sp^2-संकरित कार्बन परमाणु से बन्धित होता है।

IV. यौगिक $CH_3CH{=}CCl$ में Cl की स्थिति $—CH_2—CH_3$ को विनाइलिक के रूप में वर्गीकृत किया जा सकता है।

7 *(a)* दिए गए कथनों में से केवल III, IV और V सही हैं जबकि कथन I और II गलत हैं। उनका सही रूप हैं–

I. उच्च अभिक्रियाशीलता के कारण, एरिल फ्लोराइड को एरिनो के इलेक्ट्रॉनस्नेही प्रतिस्थापन द्वारा निर्मित नहीं किया जा सकता है।
हैलोऐल्केनों के क्वथनांक शृंखलित में वृद्धि के साथ घटते हैं।

8 *(c)* दिए गए कथनों में से I, III और IV गलत हैं। उनका सही रूप है

I. ग्रिगनार्ड अभिकर्मक में, कार्बन-मैग्नीशियम बन्ध सहसंयोजक और अत्यधिक ध्रुवीय होता है।

II. नाभिकस्नेही प्रतिस्थापन अभिक्रिया के प्रति हैलोएरीन हैलोऐल्केन की तुलना में कम अभिक्रियाशील होते हैं।

III. *m*-स्थिति पर इलेक्ट्रॉनग्राही समूह की उपस्थिति का हैलोएरीन की अभिक्रियाशीलता पर कोई प्रभाव नहीं पड़ता है।

सुमेलन प्रकार प्रश्न

1 *(c)* सही सुमेलन A-3, B-2, C-1 है।

2 *(c)* सही सुमेलन A-2, B-3, C-1, D-4 है।

3 *(c)* सही सुमेलन A-2, B-3, C-4, D-1 है।

4 *(a)* सही सुमेलन A-2, B-1, C-3 है।

5 *(c)* सही सुमेलन A-1, B-2, C-3, D-4 है।

6 *(b)* सही सुमेलन A-4, B-1, C-2, D-3 है।

7 *(a)* सही सुमेलन A-2, B-1, C-4, D-3 है।

आंकिक मान प्रकार के प्रश्न

1 *(1)* सूर्य के प्रकाश की उपस्थिति में ब्रोमीन को एलिलिक sp^3-कार्बन परमाणु से जोड़ा जाता है। यह अभिक्रिया मुक्त मूलक प्रतिस्थापन अभिक्रिया के माध्यम से आगे बढ़ती है।

चूँकि केवल एक एलिलिक स्थिति (*) है। इसलिए, उत्पाद में केवल एक Br उपस्थित है।

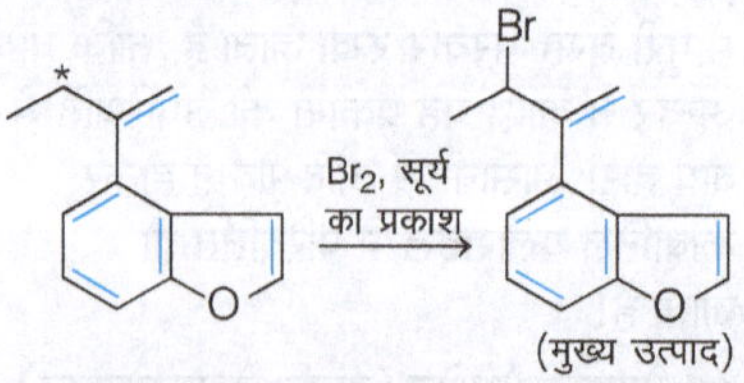

(मुख्य उत्पाद)

2 *(3)* उत्पाद *P* में 3 किरेल केन्द्र उपस्थित हैं।

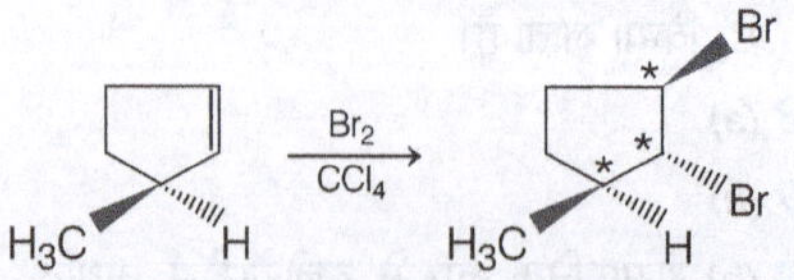

3 *(2)*

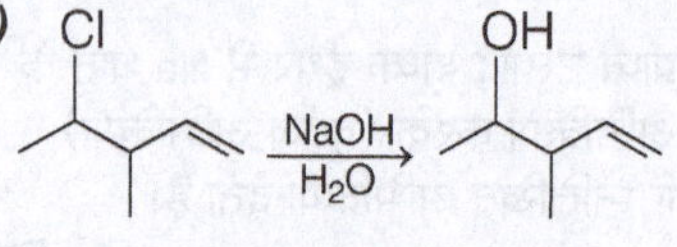

दी गई अभिक्रिया एक एकल आण्विक नाभिकस्नेही प्रतिस्थापन अभिक्रिया है, उत्पाद में एक π-बन्ध उपस्थित है। इसलिए, इस उत्पाद में 2π-इलेक्ट्रॉन उपस्थित हैं।

4 *(3)* दिए गए यौगिकों में से केवल (i), (iii) और (v) में असममित कार्बन है।

5 *(3)* ब्यूटेन-2, 3-डाइऑल के त्रिविम समावयवी तीन हैं।

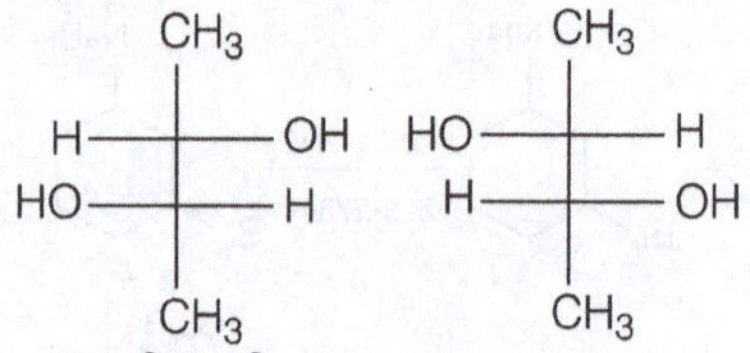

प्रकाशिक सक्रिय प्रतिबिम्ब रूपी समावयवी

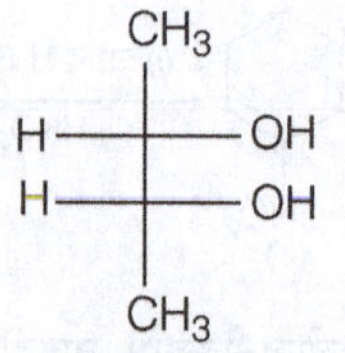

मीसो-यौगिक प्रकाशिक निष्क्रिय

NCERT Exemplar प्रश्न

1 *(c)* दिए गए यौगिक का सही IUPAC नाम है

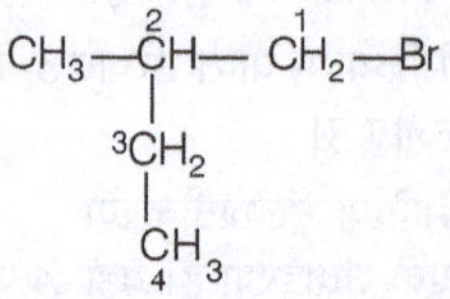

2 *(b)* डाइएथिलब्रोमोमेथेन की संरचना नीचे दी गई है

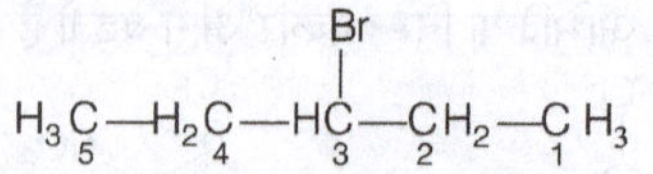

अतः IUPAC नाम 3-ब्रोमोपेण्टेन है।

3 *(d)* जब एल्कोहॉल को कमरे के तापमान पर सान्द्र HCl के साथ उपचारित किया जाता है, तो एल्किल क्लोराइड बनता है। यह अभिक्रिया S_N1 क्रियाविधि का अनुसरण करती है। यह दो स्टेपों में पूर्ण होती है।

पहले स्टेप में, एक कार्बधनायन बनता है और दूसरे स्टेप में इस कार्बधनायन पर नाभिकस्नेही द्वारा आक्रमण किया जाता है।

कार्बधनायन पर नाभिकस्नेही का आक्रमण तभी सम्भव है जब कार्बधनायन स्थायी हो। विकल्प (d) में उपस्थित यौगिक तृतीयक कार्बधनायन (स्टेप I में) देगा।

तृतीयक कार्बधनायन सबसे अधिक स्थायी होता है, इसलिए इस पर Cl-नाभिकस्नेही द्वारा आक्रमण होता है।

4 ***(a)*** हैलोजन विनिमय अभिक्रियाएँ वे अभिक्रियाएँ हैं जिनमें एक हैलाइड दूसरे का स्थान लेता है। विकल्प (a) में, हैलोजन (—X) को आयोडीन द्वारा प्रतिस्थापित किया जाता है। इस अभिक्रिया को फिन्केलस्टीन अभिक्रिया कहा जाता है।

इस प्रकार, अभिक्रिया (a) हैलोजन विनिमय अभिक्रिया है।

5 ***(a)*** अभिक्रिया में शामिल अभिकर्मक Cl_2/UV प्रकाश है। दी गई अभिक्रिया एक प्रतिस्थापन अभिक्रिया है। इसमें क्लोरीन द्वारा एल्केन के 1° और 2° हाइड्रोजन परमाणुओं का प्रतिस्थापन शामिल है।

6 ***(a)*** उत्पाद 'Y' क्लोरोबेन्जीन (C_6H_5Cl) है। अभिक्रिया निम्न प्रकार आगे बढ़ती है।

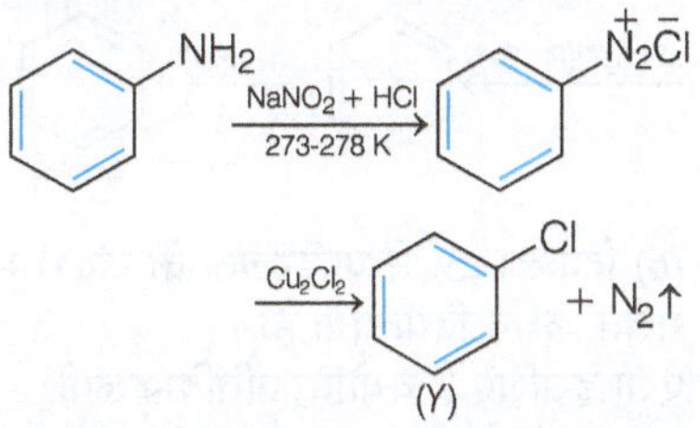

(Y)

7 ***(d)*** समान हैलोजन परमाणु वाले हैलोऐल्केनों के लिए हाइड्रोकार्बन भाग के आकार में वृद्धि के साथ क्वथनांक बढ़ता है। इस प्रकार, क्वथनांक का सही बढ़ता क्रम 1-ब्रोमोएथेन < 1-ब्रोमोप्रोपेन < 1-ब्रोमोब्यूटेन < 1-ब्रोमोबेन्जीन है।

8 ***(c)*** दी गई अभिक्रिया में, HCl का योग मार्कोनिकॉफ नियम के अनुसार द्वि-बन्धित कार्बन पर होता है। इस प्रकार,

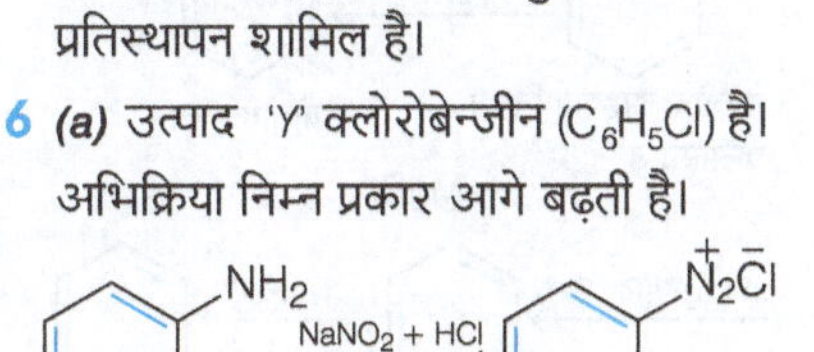

(A)

चूँकि, उपरोक्त अभिक्रिया में 2° कार्बधनायन सम्मिलित है, जो बेन्जाइलिक कार्बधनायन से कम स्थायी है।

9 ***(a)*** आण्विक द्रव्यमान जितना अधिक होगा, यौगिक का घनत्व उतना ही अधिक होगा। इसलिए, उनके घनत्व का बढ़ता क्रम है बेन्जीन (I) < क्लोरोबेन्जीन (II) < डाइक्लोरोबेन्जीन (III) < ब्रोमोक्लोरोबेन्जीन (IV)।

10 ***(c)*** किसी यौगिक का क्वथनांक उसके पृष्ठीय क्षेत्रफल पर निर्भर करता है। पृष्ठीय क्षेत्रफल जितना अधिक होगा, यौगिक का क्वथनांक उतना ही अधिक होगा। श्रृंखलाओं में वृद्धि के साथ पृष्ठीय क्षेत्रफल घटता है। इसलिए, श्रृंखलाओं वाले यौगिको का क्वथनांक कम होता है। इस प्रकार, उनके क्वथनांकों का बढ़ता क्रम III < I < II है।

11 ***(b)*** असममित किरेल कार्बन परमाणु वह है जिसमें कार्बन की सभी चार संयोजकताएँ चार अलग-अलग समूहों या परमाणुओं से सन्तुष्ट होती हैं। इसलिए, अणु IV एक असममित कार्बन परमाणु नहीं है, जबकि I, II और III अणुओं में असममित कार्बन है।

12 ***(b)*** दिए गए यौगिक में C-2 और C-3 चार अलग-अलग समूहों में बन्धे हैं, इसलिए ये असममित हैं।

13 सही सुमेलन A-1, B-2, C-3, D-4 है।

14 ***(a)*** त्रिविम समावयवी जो एक दूसरे से अन-अध्यारोपणीय दर्पण प्रतिबिम्बों के रूप में सम्बन्धित होते हैं, उन्हें प्रतिबिम्बरूपी समावयवी कहा जाता है।

A का प्रतिबिम्ब रूपी समावयवी विकल्प (a) में दिया गया अणु है।

15 ***(a)*** दिए गए यौगिकों का संरचनात्मक सूत्र है

$$\overset{1}{H_3C}—\overset{*2}{C}H(Br)—\overset{3}{C}H_2—\overset{4}{C}H_3;$$

2-ब्रोमोब्यूटेन

$$\overset{4}{C}H_3—\overset{3}{C}H_2—\overset{2}{C}H_2—\overset{1}{C}H_2Br$$

1-ब्रोमोब्यूटेन

$$\overset{1}{C}H_3—\overset{2}{C}H(Br)—\overset{3}{C}H_3$$

2-ब्रोमोप्रोपेनॉन

$$\overset{3}{C}H_3—\overset{2}{C}(Br)(OH)—\overset{1}{C}H_3$$

2-ब्रोमोप्रोपेन-2-ऑल

इन संरचनात्मक सूत्रों की सहायता से यह बहुत स्पष्ट है कि केवल 2-ब्रोमोब्यूटेन जिसमें तारांकित कार्बन परमाणु चार अलग-अलग परमाणुओं या समूहों से बन्धित होता है, वह प्रकृति में किरैल है। अन्य अणुओं में चार अलग-अलग परमाणु या समूह नहीं होते हैं।

16 ***(b)*** *विस*-डाइहैलाइड वे हैलाइड हैं जिनमें दो हैलोजन परमाणु दो समीपवर्ती कार्बन परमाणुओं पर उपस्थित होते हैं। दिए गए यौगिकों में से केवल 1, 2-डाइक्लोराइथेन में दो क्लोरीन परमाणु होते हैं जो दो निकटस्थ कार्बन परमाणुओं से जुड़े होते हैं। अतः विकल्प (b) सही है।

17 ***(a)*** एलिल हैलाइड वे यौगिक हैं, जिनमें हैलोजन परमाणु कार्बन-कार्बन द्विबन्ध के बराबर में sp^3-संकरित कार्बन परमाणु से बन्धित होता है। जैसे

$CH_2═CH—CH_2X$ और

$CH_3CH═CHC(Br)(CH_3)_2$।

18 ***(b)*** इस अभिक्रिया में, Cl^+ इलेक्ट्रॉनस्नेही इलेक्ट्रॉन समृद्ध बेन्जीन वलय पर आक्रमण करता है। अभिक्रिया निम्न प्रकार आगे बढ़ती है

$$AlCl_3 + Cl_2 \longrightarrow [AlCl_4]^- + Cl^+$$

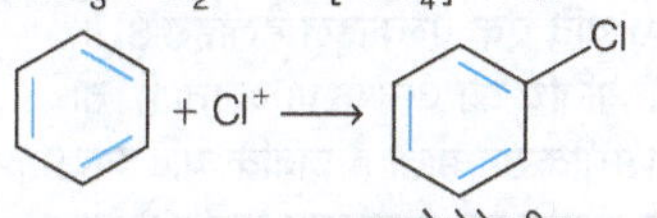

क्लोरोबेन्जीन

19 ***(b)*** एथिलिडीन क्लोराइड ($H_3C—CHCl_2$) में दोनों हैलोजन परमाणु एक ही कार्बन परमाणु पर उपस्थित होते हैं इसलिए यह एक *जैम*-डाइहैलाइड है।

20 ***(d)*** आयरन की उपस्थिति और प्रकाश की अनुपस्थिति में क्लोरीन के साथ टॉलुईन की अभिक्रिया, इसलिए प्रतिस्थापन बेन्जीन वलय में होता है। टॉलुईन का —CH_3 समूह *o*- और *p*-निर्देशक है, तो उत्पाद (b) और (c) का मिश्रण अर्थात् *o*- क्लोरोटॉलुईन और *p*-क्लोरोटॉलुईन है।

21 ***(b)*** एल्कोहॉल और हैलोजन अम्ल के बीच अभिक्रिया S_N1 क्रियाविधि का पालन करती है। S_N1 क्रियाविधि में कार्बधनायन मध्यवर्ती के रूप में बनते हैं। अतः सही क्रम यह है

$$\underset{(3°)}{C} > \underset{(2°)}{B} > \underset{(1°)}{A}$$

22 ***(d)*** *ऑर्थो* पर इलेक्ट्रॉन दाता समूह की उपस्थिति या *पैरा*-स्थिति नाभिकस्नेही प्रतिस्थापन अभिक्रिया की दर को कम करती है। अतः सही क्रम II < III < I है।

23 *(d)* *ऑर्थो* पर इलेक्ट्रॉनग्राही समूह की उपस्थिति या *पैरा*-नाभिकस्नेही प्रतिस्थापन अभिक्रिया को सुविधाजनक बनाती है और इस प्रकार अभिक्रिया की दर को बढ़ाती है। अतः नाभिकस्नेही प्रतिस्थापन की ओर अभिक्रिया की दर का बढ़ता क्रम I < II < III है।

24 *(c)* नाभिकस्नेही प्रतिस्थापन अभिक्रिया की दर यौगिक I में सबसे अधिक है और कोटि III < II < I है।

25 *(c)* सही क्रम I < III < II है।

26 *(d)* सभी दिए गए यौगिक तृतीयक एल्काइल हैलाइड हैं, लेकिन कार्बन और आयोडीन (C—I) के बीच बनने वाला बन्ध कार्बन और आयोडीन के आकार में बड़े अन्तर के कारण सबसे दुर्बल बन्ध है। इसलिए, $(CH_3)_3C—I$ सबसे आसानी से S_N1 अभिक्रिया देता है। इसके अतिरिक्त, आयोडीन एक बेहतर निकलने वाला समूह है। इस प्रकार, $(CH_3)_3C—I$ सबसे आसानी से S_N1 अभिक्रिया से गुजरेगा।

27 सही मिलान A-(3), B-(5), C-(1), D-(2), E-(4) है।

(A) यदि एक एल्काइल हैलाइड S_N1 क्रियाविधि का अनुसरण करता है, तो रेसिमीकरण होता है जबकि यदि यह S_N2 क्रियाविधि का अनुसरण करता है तो प्रतिलोमन होता है।

(B) टेट्राक्लोरोमेथेन का उपयोग अग्निशामक यन्त्रों में किया जाता है।

(C) एल्कीनों के ब्रोमीनीकरण से *विसिनल* डाइब्रोमाइड प्राप्त होगा।

(D) एल्काइलिडीन हैलाइडों को *जैम*-डाइहैलाइड्स नाम दिया गया है।

(E) एल्काइल हैलाइड से HX का निष्कासन सैट्जेफ नियम का अनुसरण करता है।

28 *(a)* दिए गए यौगिक $C_6H_5CH_2Br$ में, कार्बधनायन $C_6H_5\overset{\oplus}{C}H_2$ है। यह कार्बधनायन $C_6H_5\overset{\oplus}{C}H_2$ अनुनाद के कारण एक स्थायी कार्बधनायन है, इसलिए, यह S_N1 क्रियाविधि दर्शाता है।

29 *(a)* वे सभी यौगिक जो निम्नांकित हैं नाभिकस्नेही प्रतिस्थापन अभिक्रिया के दौरान S_N1 क्रियाविधि रेसिमिक मिश्रण बनाता है। S_N1 अभिक्रियाओं के प्रति एल्काइल हैलाइडों की अभिक्रियाशीलता का क्रम इस प्रकार है तृतीयक हैलाइड > द्वितीयक हैलाइड > प्राथमिक हैलाइड > CH_3X

इस प्रकार, $CH_3—\underset{C_2H_5}{\underset{|}{C}H}—Br$

इसमें एक किरैल कार्बन होता है और एक रेसिमिक उत्पाद देता है।

विगत परीक्षाओं के प्रश्न

1 *(d)* S_N1 के प्रति अभिक्रियाशीलता α-कार्बधनायन का स्थायित्व तथा कार्बधनायन का स्थायित्व α-हाइड्रोजन परमाणुओं की संख्या पर निर्भर करता है।

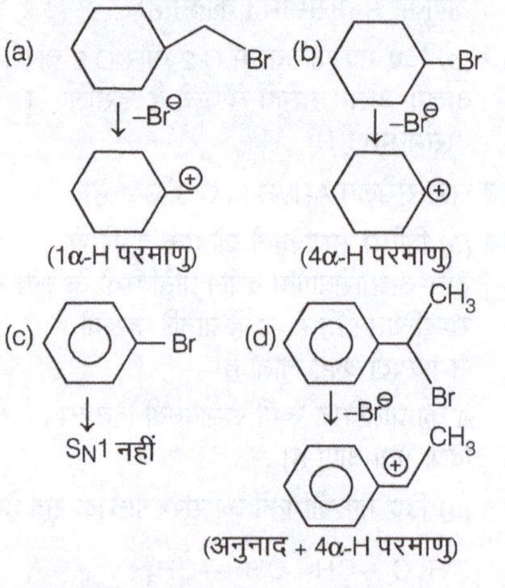

अतः विकल्प (d) सही है।

2 *(d)* अभिक्रियाएँ इस प्रकार हैं

$3R—OH + PCl_3 \longrightarrow 3RCl + H_3PO_3 (A)$

$R—OH + PCl_5 \longrightarrow R—Cl + HCl + POCl_3 (B)$

अतः उत्पाद *A* और *B* है,

$A = H_3PO_3$; $B = POCl_3$

3 *(a)* पूर्ण अभिक्रिया इस प्रकार है,

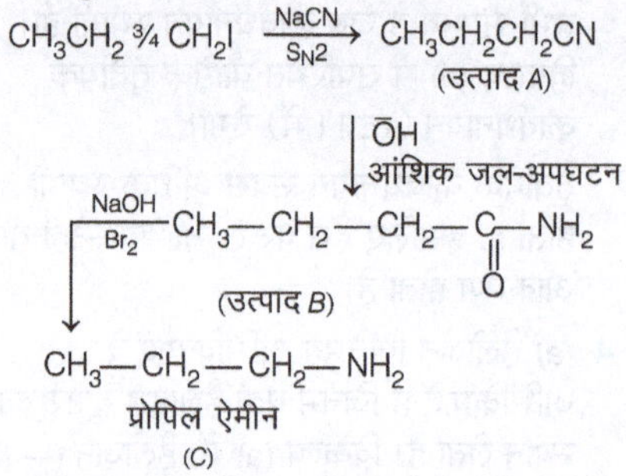

4 *(b)* दिया गया यौगिक ऐलिलिक हैलाइड का एक उदाहरण है।

इसमें हैलोजन कार्बन-कार्बन द्विबन्ध के समीप में sp^3-संकरित कार्बन परमाणु से जुड़ा होता है जिसे ऐलिलिक हैलाइड कहा जाता है।

5 *(a)* अभिक्रिया इस प्रकार आगे बढ़ती है

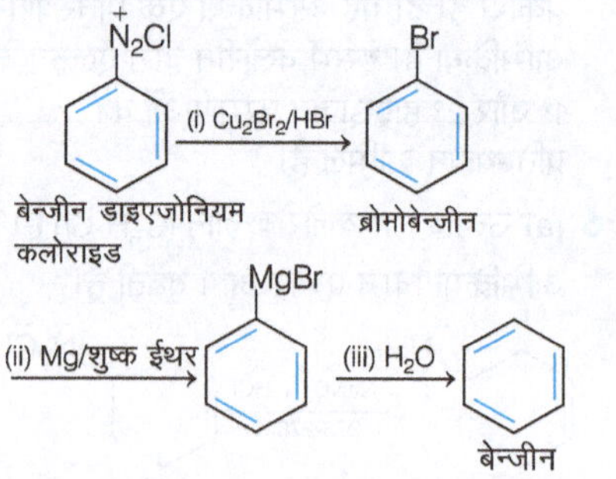

6 *(b)* विकल्प (b) में कॉइरलता के संदर्भ में गलत कथन दिया गया है।

ऐसा इसलिए है क्योंकि प्रतिबिम्बरूपी समावयवीं के अन-अध्यारोपणीय दर्पण प्रतिबिम्ब हैं।

7 *(a)* 2-ब्रोमोपेंटेन के विहाइड्रोहैलोजनीकरण में, सैट्जेफ नियम के अनुसार, पेंट-2-ईन मुख्य उत्पाद के रूप में बनता है।

8 *(b)* C—*X* बन्धन की बन्धन लम्बाई F से I तक बढ़ती है और इसलिए, बन्धन एन्थैल्पी F से I तक घटती है। इसलिए, बन्ध एन्थैल्पी का सही क्रम $H_3C—F > H_3C—Cl > H_3C—Br > H_3C—I$ है।

9 *(b)* एल्कोहॉल जैसे दुर्बल अपचायक कारक का उपयोग डाइएजोनियम लवण को एरीन में कम करने के लिए किया जाता है।
इस प्रकार, प्रयुक्त अभिकर्मक CH_3CH_2OH (एथेनॉल) है।

10 *(c)* S_N1 अभिक्रिया एक मध्यवर्ती के रूप में एक स्थिर कार्बधनायन के निर्माण के माध्यम से आगे बढ़ती है। यहाँ केवल यौगिक (C) में फेनिल समूह के *–I* प्रभाव के कारण कम स्थायी कार्बधनायन बनता है जबकि अन्य यौगिक स्थायी कार्बधनायन बनाते हैं। OH^- के साथ S_N1 अभिक्रिया नहीं करेगा।

11 *(d)*

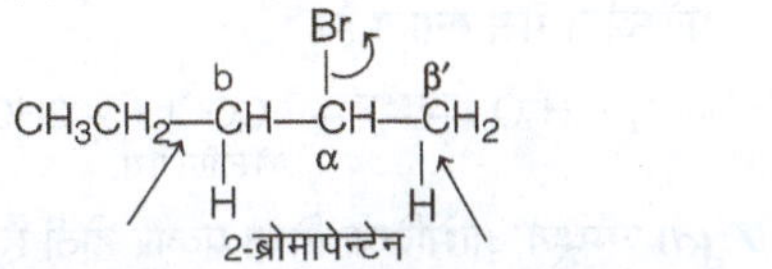

2-ब्रोमापेन्टेन

[सैट्जेफ अथवा सैट्जेफविलोपन β-H केन्द्र के लिए (दो β-H अणु)] [हॉफमैन विलेयन β′-H केन्द्र के लिए (तीन β′-H अणु)]

प्रबल भार ↓ –HBr

CH_3CH_2—CH_2—CH═CH_2
पेन्ट-1-इन
(हॉफमैन उत्पाद)
[अल्प]
+ CH_3CH_2—CH═CH—CH_3
पेन्ट-2-ईन (सैट्जेफ उत्पाद)
[मुख्य]

उपरोक्त अभिक्रिया में, β विलोपन E_2 अभिक्रिया प्रति विलोपन के माध्यम से होता है। सैट्जेफ नियम के अनुसार, कम संख्या में H-परमाणु वाले β-कार्बन, प्रतिस्थापन में शामिल होते हैं, जिससे प्रमुख उत्पाद के रूप में अधिक प्रतिस्थापित एल्कीन (पेन्ट-2-ईन) प्राप्त होता है। यहाँ, HBr का निकलना, अर्थात् विहाइड्रोब्रोमीनीकरण (विहाइड्रोहैलोजनीकरण) होता है। अतः 1, 2 और 3 सही संयोजन है।

12 *(a)*

13 *(b)* $CH_3CHOHCOOH$ की दो सम्भावित त्रिविम संरचनाएँ, जो प्रकाशिक रूप से सक्रिय हैं, उन्हें प्रतिबिम्बरूपी समावयवी कहा जाता है।

14 *(d)* केवल यौगिक (iv) काइरलता के कारण रेसिमिक उत्पाद का निर्माण करता है। अन्य तीन (i), (ii) और (iii) काइरलता नहीं दर्शाते हैं।

15 *(a)* निम्नलिखित परिवर्तन में अभिकारक और अभिक्रिया की परिस्थिति का सही जोड़ा निम्न प्रकार है।

CH_3—CH_2—CH_2—Br $\xrightarrow[\text{80°C (X)}]{\text{सान्द्र ऐल्कोहॉलिक NaOH}}$

CH_3—CH═CH_2 $\xrightarrow{\text{HBr / ऐसीटिक अम्ल (Y)}}$ CH_3—CHBr—CH_3

16 *(b)* दिए गए विकल्पों में (b) सही है।
CH_3—CH═$\overset{+}{C}H$ एक अस्थायी कार्बधनायन है।
अतः (b) S_N1 अभिक्रिया नहीं देता है।

17 *(b)* S_N2 अभिक्रिया की दर त्रिविम बाधा पर निर्भर करती है।
कम त्रिविम बाधा पर अभिक्रिया 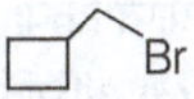 की दर अधिक होगी।
यह तीव्रता से S_N2 अभिक्रिया देगा।

S_N2 अभिक्रिया की दर,
Me—*X* > 1°—*X* > 2°—*X* > 3°—*X*

18 *(d)* अभिक्रिया (I) S_N1 क्रियाविधि के माध्यम से आगे बढ़ती है जिसमें एक मध्यवर्ती की निर्माण शामिल होता है। यह एक प्रथम कोटि अभिक्रिया है।

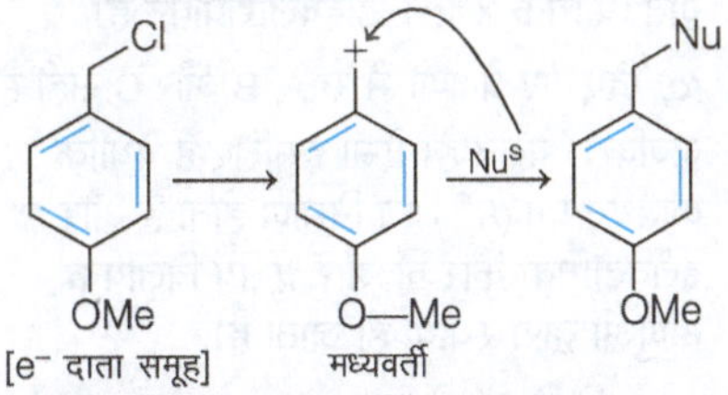

अभिक्रिया (II) S_N1 क्रियाविधि के माध्यम से आगे बढ़ती है। यह द्वितीय कोटि की अभिक्रिया है।

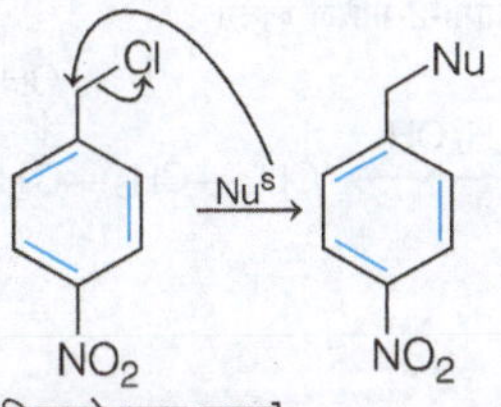

19 *(a)* सही मिलान A-II, B-I, C-IV, D-III है।

20 *(c)* डाइक्लोरोबेन्जीन के गलनांक का सही घटता क्रम है।

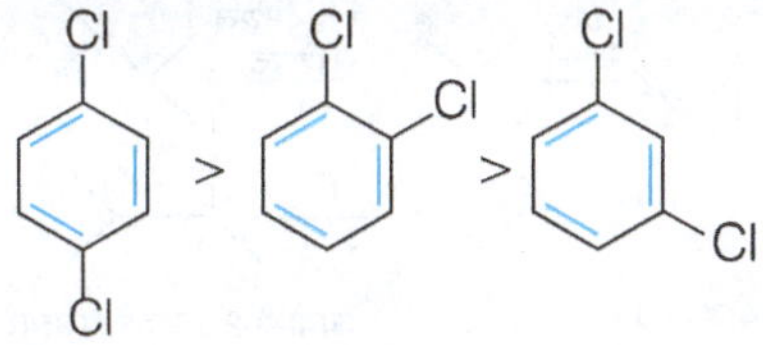

21 *(a)* आण्विक सूत्र C_4H_8DBr वाला समावयवी ड्यूटेरिकृत ब्रोमाइड जिसमें दो किरेल परमाणु होते हैं, वह है

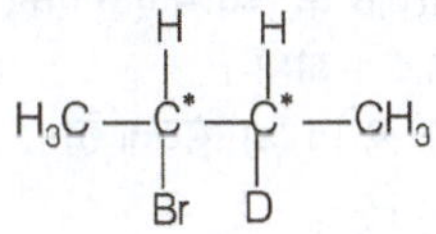

2-ब्रोमो-3-ड्यूटेरोब्यूटेन

22 *(a)* 3-क्लोरोनाइट्रोबेन्जीन में अन्य यौगिकों की तुलना में NO_2 (केवल *– I*) की इलेक्ट्रॉनग्राही प्रकृति दुर्बल है, जो (*–I* और *–R*) दोनों प्रभाव दर्शाती है।
इसलिए, यह नाभिकस्नेही एरोमैटिक प्रतिस्थापन अभिक्रिया (ArS_N2) की सबसे कम दर देता है।

23 *(c)* दी गई अभिक्रिया दो स्टेपों में आगे बढ़ती है
स्टेप 1 H^+ का योग या H^+ पर एल्कीन का आक्रमण।

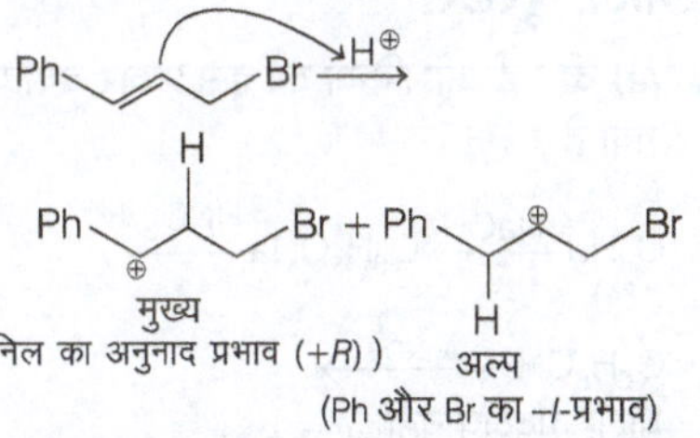

स्टेप 2 कार्बधनायन में Br^- का योग।

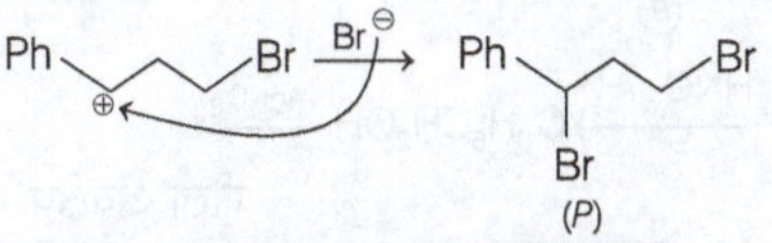

24 *(d)* 3° एल्काइल हैलाइड में E2 विलोपन अधिकांश नाभिकस्नेही के साथ प्रभावी होगा (भले ही दुर्बल क्षार हों)। त्रिविम बाधित ब्यूटॉक्साइड क्षार के कारण कोई S_N2 प्रतिस्थापन नहीं होता है।

25 *(b)* निर्मित प्रमुख उत्पाद 2-आयोडो-2, 3-डाइमिथाइल ब्यूटेन है।

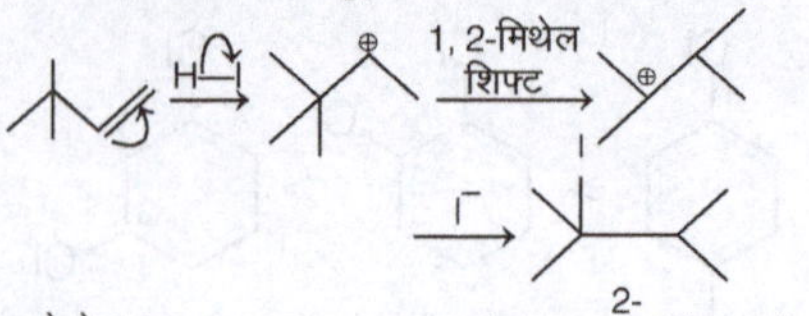

आयोडो-2,3 — 2-आयोडो-2,3 डाइमेथिलब्यूटेन

26 *(c)* जब 3-एथिल बेन्जोनाइट्राइल ब्रोमीन (1 समतुल्य) के साथ प्रकाश रासायनिक अभिक्रिया (पराबैंगनी प्रकाश) से गुजरता है तो हमें प्रमुख उत्पाद के रूप में एक एकल ब्रोमिनीकृत उत्पाद 1 ब्रोमो-1 (3-सायनोफेनिल) एथेन (a) मिलता है।

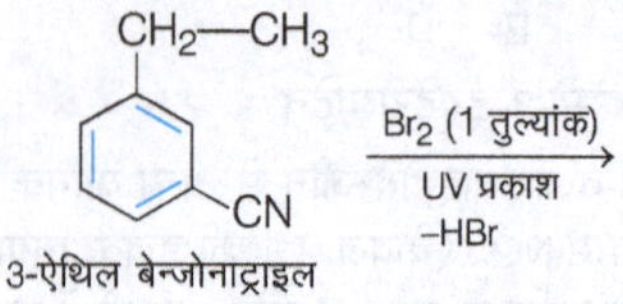

3-ऐथिल बेन्जोनाट्राइल

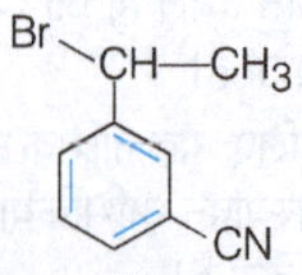

(A)

1-ब्रोमो-1 (3-सायनोफेनिल) एथेन (मुख्य)

स्किल बूस्टर्स

1 *(a)* दी गई अभिक्रिया को इस प्रकार दर्शाया गया है

$\underset{(A)}{C_6H_5I} \xrightarrow{NaOH} C_6H_5\overset{-}{O}\overset{+}{Na} \xrightarrow{HNO_3/H^+}$

$C_6H_5OH \xrightarrow{AgNO_3}$ पीला अवक्षेप नहीं

$\underset{(B)}{C_6H_5CH_2I} \xrightarrow{NaOH} C_6H_5CH_2\overset{-}{O}\overset{+}{Na}$

$\xrightarrow{HNO_3/H^+} C_6H_5CH_2OH \xrightarrow{AgNO_3}$ पीला अवक्षेप

अतः $A = C_6H_5I$ तथा $B = C_6H_5CH_2$ है।

2 *(d)* CH_3COCH_3, CH_3CHO, CH_3CH_2CHO और $(CH_3)_2CHCHO$ में से कुल छः कार्बन परमाणुओं वाले दो जोड़े हैं

(i) $CH_3COCH_3 + CH_3CH_2CHO$

(ii) $CH_3CHO + (CH_3)_2CHCHO$

$(CH_3)_2C{=}CHCH_2CH_3$

2-मेथिल-2-पेन्टीन (I)

$(CH_3)_2CH{-}CH{=}CHCH_3$

ओजोन अपघटन पर यौगिकों के [(i) और (ii) के उपरोक्त जोड़े दिए। यदि यौगिक 3-ब्रोमो-2-मिथाइल पेन्टेन है, तो दो एल्केनों को विहाइड्रोजनीकरण उत्पादों के रूप में प्राप्त किया जा सकता है।

3 *(d)* अभिक्रिया क्रम इस प्रकार है

$\underset{\text{1, 1-डाइक्लोरोप्रोपेन (X)}}{CH_3CH_2CHCl_2} \xrightarrow{\text{एल्कोहॉलिक KOH}} CH_3CH_2CHO$

$CH_3CH_2CHO \xrightarrow{\text{एल्कोहॉलिक KOH}}$

$\underset{\text{हाइड्रोकार्बन}}{CH_3{-}C{\equiv}CH} \xrightarrow{Cu_2Cl_2/NH_3}$ लाल अवक्षेप

अतः यौगिक X 1, 1-डाइक्लोरोप्रोपेन है।

4 *(c)* दिए गए प्रेक्षणों में से A, B और C सही हैं जबकि D गलत है। ऐसा इसलिए है क्योंकि कार्बधनायन ($R^{\oplus}$) का निर्माण होता है और $R^{\oplus}$ इलेक्ट्रॉनिक कारकों और ध्रुवीय विलायक अणुओं द्वारा स्थायी हो जाता है।

5 *(c)* अभिक्रिया को इस प्रकार दर्शाया गया है

$CH_3{-}CH_2{-}\underset{|}{\overset{CH_3}{\overset{|}{C}}}H{-}CH_2Br + C_2H_5\overset{-}{O}\overset{+}{Na}$

1-ब्रोमो-2-मेथिल ब्यूटेन

$\xrightarrow{C_2H_5OH} CH_3{-}CH_2{-}\overset{CH_3}{\overset{|}{C}}H{=}CH_2$

$+ NaBr + C_2H_5OH \xrightarrow{H_2}$

$CH_3{-}CH_2{-}\underset{H}{\underset{|}{\overset{CH_3}{\overset{|}{C}}}}{-}CH_3$

6 *(c)* X, CCl_4 है। यह लाल ऊष्मा के प्रति स्थायी है। इसकी वाष्प अत्यधिक अज्वलनशील हैं अर्थात् आग नहीं पकड़ती। इसी गुण के कारण CCl_4 का उपयोग अग्निशामक के रूप में किया जाता है। लेकिन आजकल अग्निशामक के रूप में इसका उपयोग सीमित हो गया है, क्योंकि जल वाष्प के साथ मिलकर यह अत्यधिक जहरीली फॉस्जीन गैस बनाता है।

$CCl_4 + H_2O \xrightarrow{\text{उच्च तापमान}} \underset{\text{फॉस्जीन गैस}}{COCl_2} + 2HCl$

7 *(d)* सम्पूर्ण अभिक्रिया निम्न प्रकार होती है

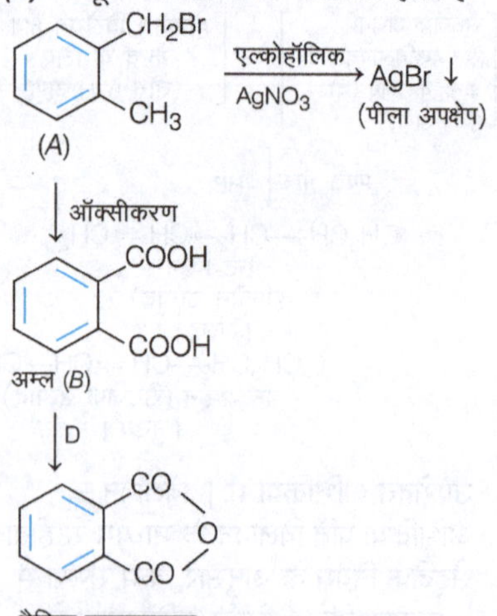

8 *(a)* अभिक्रिया को निम्न प्रकार दर्शाया गया है

$\underset{(A)}{2CH_3Cl} + 2Na \xrightarrow{\text{शुष्क ईथर}} CH_3{-}CH_3$

$\underset{(A)}{CH_3Cl} + Mg \xrightarrow{\text{शुष्क ईथर}} \underset{(B)}{CH_3MgCl}$

$\xrightarrow{H_2O} \underset{\text{(मेथेन)}}{CH_4} + Mg(OH)Cl$

अतः $A = CH_3Cl$ तथा $B = CH_3MgCl$ है।

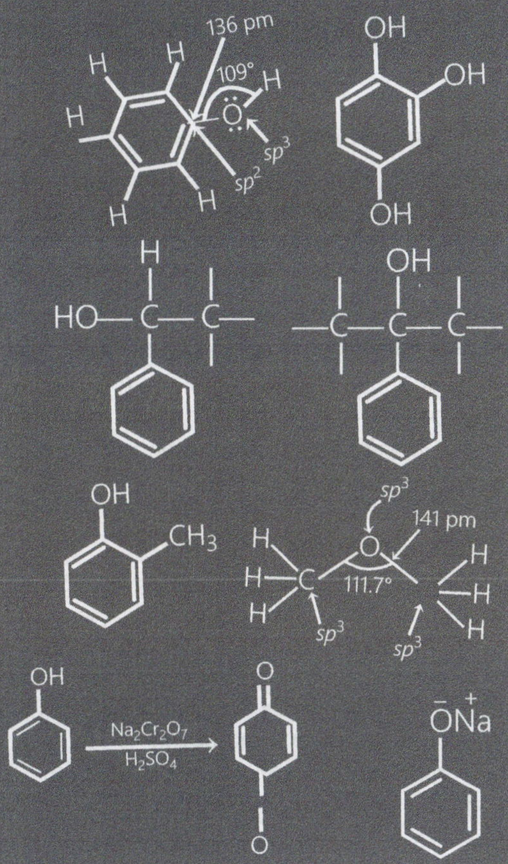

5 वर्षों में NEET में पूछे गये शीर्षकवार प्रश्न

शीर्षक	वर्षवार प्रश्नों की संख्या				
	2024	2023	2022	2021	2020
ऐल्कोहॉल, फीनॉल एवं ईथर का वर्गीकरण, नामकरण और संरचना	–	–	–	–	–
ऐल्कोहॉल एवं फीनॉल	1	2	2	1	3
औद्योगिक महत्त्व के कुछ ऐल्कोहॉल	–	–	–	–	–
ईथर	–	–	–	–	–

NEET में विगत 5 वर्षों में पूछे गये विशेष प्रकार के प्रश्न

प्रकार	वर्ष				
	2024	2023	2022	2021	2020
अभिकथन-कारण	–	–	–	–	–
कथन आधारित	–	–	1	–	–
सुमेलन	–	–	–	–	–

NEET के विगत 5 वर्षों का भारांकन

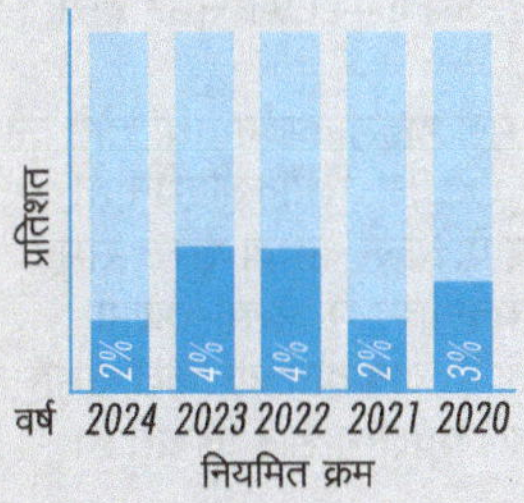

07

रसायन की Concept Master *Videos* के लिए *Scan* करें

ऐल्कोहॉल, फीनॉल एवं ईथर

Alcohols, Phenols and Ethers

- जब ऐलिफैटिक और ऐरोमैटिक हाइड्रोकार्बन का कोई हाइड्रोजन परमाणु — OH समूह द्वारा प्रतिस्थापित होता है तो क्रमशः ऐल्कोहॉल और फीनॉल का निर्माण होता हैं।
- सामान्य स्प्रिट, शर्करा और कपास जिनका हम उपयोग करते हैं, सभी — OH समूह युक्त यौगिकों से निर्मित होती हैं।
- **ऐल्कोहॉल** में एक अथवा एक से अधिक हाइड्रॉक्सिल (— OH) समूह, ऐलिफैटिक तन्त्र (*R*—OH) के कार्बन परमाणु (परमाणुओं) से सीधे जुड़े होते हैं। CH_3OH सरलतम ऐल्कोहॉल है, जिसे मेथिल ऐल्कोहॉल के नाम से जाना जाता है।
- **फीनॉल** वे यौगिक हैं जिनमें हाइड्रॉक्सिल (— OH) समूह, ऐरोमैटिक तन्त्र (Ar—OH) के कार्बन परमाणु (परमाणुओं) से सीधे जुड़ा होता है।
- C_6H_5OH सरलतम फीनॉल है, जिसे **कार्बोलिक अम्ल** (Carbolic acid) के नाम से जाना जाता है।
- हाइड्रोकार्बन का जब कोई हाइड्रोजन परमाणु ऐल्कॉक्सी अथवा ऐरिलॉक्सी (*R*—O/Ar—O) समूह द्वारा प्रतिस्थापित होता है तो **ईथर** (ether) का निर्माण होता हैं। CH_3OCH_3 सरलतम ईथर है, जिसे डाइमेथिल ईथर के नाम से जाना जाता है। आप यह भी कल्पना कर सकते हैं कि ईथर वह यौगिक है, जो किसी ऐल्कोहॉल या फीनॉल के हाइड्रॉक्सिल समूह के हाइड्रोजन के किसी ऐल्किल या ऐरिल समूह द्वारा विस्थापन से बनते हैं।

वर्गीकरण (Classification)

- **ऐल्कोहॉलों और फीनॉलों** को उनकी संरचनाओं में उपस्थित एक, दो, तीन अथवा अधिक हाइड्रॉक्सिल (—OH) समूहों की संख्या के आधार पर क्रमशः मोनो, डाइ, ट्राई अथवा पॉलीहाइड्रिक यौगिकों में वर्गीकृत किया गया है।

C_2H_5OH (मोनोहाइड्रिक), CH_2OH—CH_2OH (डाइहाइड्रिक ऐल्कोहॉल), CH_2OH—$CHOH$—CH_2OH (ट्राईहाइड्रिक)

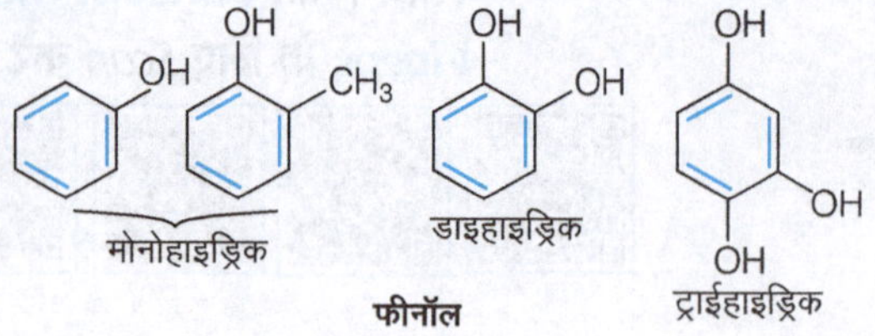

इस अध्याय में, हम मुख्यतः मोनोहाइड्रिक ऐल्कोहॉल के निर्माण एवं गुणों के बारे में अध्ययन करेंगें। मोनोहाइड्रिक ऐल्कोहॉल का सामान्य सूत्र $C_nH_{2n+1}OH$ होता है।

संकरण के आधार पर मोनोहाइड्रिक ऐल्कोहॉलों को पुनः निम्न प्रकार वर्गीकृत किया गया है

I. यौगिकों जिनमें C_{sp^3} —OH आबन्ध उपस्थित हों ऐल्कोहॉलों के इस वर्ग में हाइड्रॉक्सिल (—OH) समूह एल्किल समूह के sp^3-संकरित कार्बन परमाणु से जुड़ा होता है। इन्हें पुनः निम्नलिखित प्रकार से वर्गीकृत किया जा सकता है।

(i) **प्राथमिक, द्वितीयक तथा तृतीयक ऐल्कोहॉल** इन तीन प्रकार के ऐल्कोहॉलों में हाइड्रॉक्सिल (—OH) समूह क्रमशः 1°, 2° तथा 3° कार्बन परमाणु से जुड़ा होता है।

उदाहरण

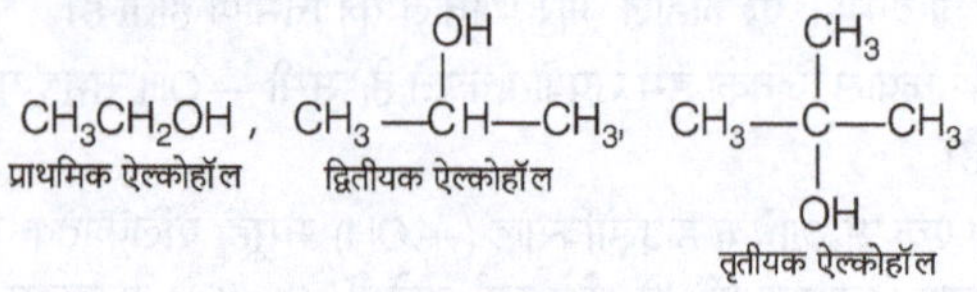

(ii) **ऐलिलिक ऐल्कोहॉल** इस प्रकार के ऐल्कोहॉल में —OH समूह कार्बन-कार्बन द्विआबन्ध से अगले sp^3-संकरित कार्बन परमाणु (अर्थात् ऐलिलिक कार्बन परमाणु) से जुड़ा होता है। **उदाहरण**

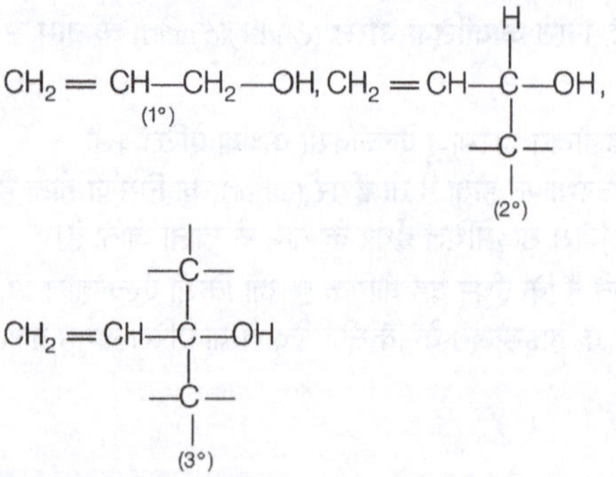

(iii) **बेन्जिलिक ऐल्कोहॉल** इस प्रकार के ऐल्कोहॉल में —OH समूह ऐरोमैटिक वलय से अगले sp^3-संकरित कार्बन परमाणु पर जुड़ा होता है। **उदाहरण**

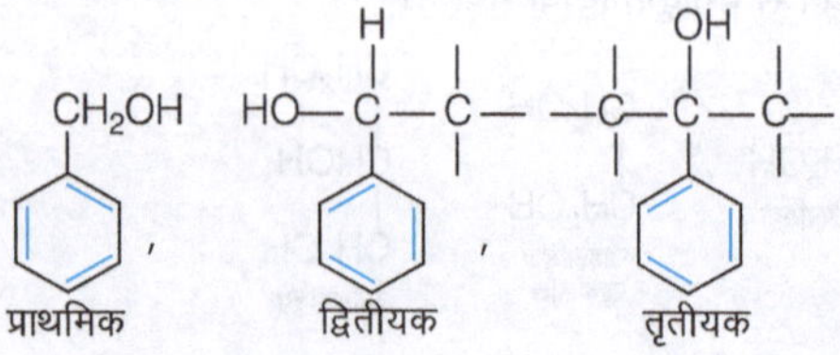

II. यौगिक जिनमें C_{sp^2}—OH आबन्ध उपस्थित हो इन्हें **वाइनिलिक ऐल्कोहॉल** भी कहते हैं। इन ऐल्कोहॉलों में —OH समूह कार्बन-कार्बन द्विआबन्ध जैसे विनाइलिक कार्बन या ऐरिल कार्बन से जुड़ा होता है। उदाहरण वाइनिलिक ऐल्कोहॉल $CH_2=CH—OH$

- **फीनॉल** इनको भी मोनो, डाई तथा ट्राइ हाइड्रिक फीनॉलों में वर्गीकृत किया गया है।
- **ईथर** इन में यदि ऑक्सीजन परमाणु में जुड़े दोनों ऐल्किल अथवा एरिल समूह एक समान हों तो उन्हें सरल अथवा सममित ईथर में वर्गीकृत करते हैं। उदाहरण CH_3OCH_3 , $C_2H_5OC_2H_5$ सममित ईथर और यदि ये दोनों समूह भिन्न-भिन्न हो, तो इन्हें मिश्रित अथवा असममित ईथर में वर्गीकृत करते हैं। उदाहरण $C_2H_5OCH_3$ तथा $C_6H_5OC_2H_5$.

नामकरण (Nomenclature)

- **ऐल्कोहॉल** IUPAC पद्धति में इन्हें ऐल्केनॉल कहते हैं। इस नाम की व्युत्पत्ति ऐल्केन के अंग्रेजी में लिखे नाम के अन्तिम *e* के स्थान पर अनुलग्न 'ol' के प्रतिस्थापन से हुई है। प्रतिस्थापियों की स्थिति अंकों द्वारा इंगित की जाती है। चक्रीय ऐल्कोहॉलों का नामकरण पूर्वलग्न साइक्लो लगाकर तथा —OH समूह को C-1 से संयोजित मानकर किया जाता है। सामान्य पद्धति में ऐल्कोहॉलों को ऐल्किल ऐल्कोहॉल के नामों से जाना जाता है।
- **फीनॉल** बेन्जीन का सबसे सरलतम हाइड्रॉक्सिल व्युत्पन्न फीनॉल है। इसका सामान्य नाम तथा IUPAC द्वारा अनुमत नाम भी हैं।

इसके प्रतिस्थापित यौगिकों में *ऑर्थो* (1, 2 द्विप्रतिस्थापित) *मेटा* (1 3-द्विप्रतिस्थापित)तथा *पैरा* (1, 4- द्विप्रतिस्थापित) भी सामान्य नाम में प्रयुक्त होते हैं।

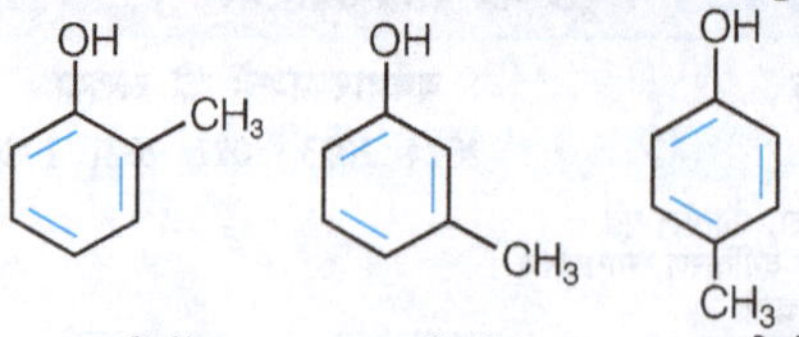

सामान्य नाम	*o*-क्रीसॉल	*m*-क्रीसॉल	*p*-क्रीसॉल
आईयूपीएसी नाम	2-मेथिल फीनॉल	3-मेथिल फीनॉल	4-मेथिल फीनॉल

इसके अतिरिक्त, बेन्जीन के डाइहाइड्राक्सी व्युत्पन्नों को 1, 2–1,3— और 1, 4 बेन्जीनडाइऑल का नाम दिया गया है।

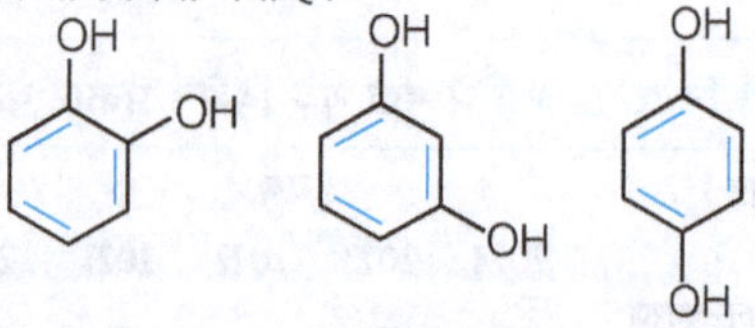

सामान्य नाम	कैटेकोल	रिसोर्सिनॉल	हाइड्रोक्विनोन अथवा क्विनॉल
आईयूपीएसी नाम	बेन्जीन-1, 2-डाइऑल	बेन्जीन-1, 3-डाइऑल	बेन्जीन-1,4-डाइऑल

- **ईथर** IUPAC पद्धति के अनुसार ईथरों को हाइड्रोकार्बनों का व्युत्पन्न माना जाता है। जिनके हाइड्रोजन परमाणु — O*R* अथवा — OAr समूह द्वारा प्रतिस्थापित होते हैं।
  (i) अपेक्षाकृत बड़े ऐल्किल (*R*) समूह को मूल हाइड्रोकार्बन तथा छोटे को ऐल्कॉक्सी चुना जाता है। उदाहरण $CH_3OC_2H_5$ मेथॉक्सीएथेन है।
  (ii) इनके सामान्य नाम की व्युत्पत्ति के लिए ऐल्किल अथवा ऐरिल समूहों के नामों को अंग्रेजी वर्णमाला के वर्णात्मक क्रम में अलग-अलग लिखकर अंत में ईथर शब्द लिखा जाता है, जब दोनों ऐल्किल समूह समान होते हैं, तो ऐल्किल समूह के पहले पूर्वलग्न डाइ लिखते हैं।

क्रियात्मक समूहों की संरचनाएँ (Structures of Functional Group)

यौगिक	संकरण की प्रकृति, आबन्ध कोण तथा आबन्ध लम्बाई
1. **ऐल्कोहॉल** उदाहरण मेथेनॉल 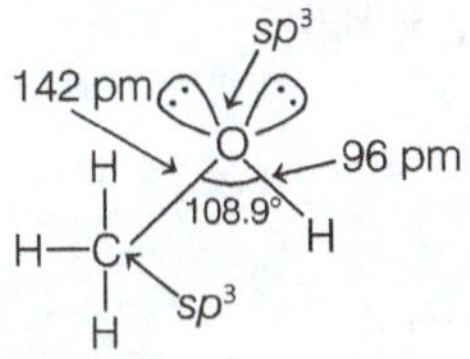	• 3 (σ) C—H आबन्ध कार्बन परमाणु के sp^3-संकरित कक्षक तथा हाइड्रोजन परमाणु की 1s-कक्षक के अतिव्यापन द्वारा बनते हैं। • 1 (σ) C—O आबन्ध कार्बन के sp^3-संकरित कक्षक तथा ऑक्सीजन के sp^3-संकरित कक्षक के अतिव्यापन द्वारा बनते हैं। • 1 (σ) O—H आबन्ध ऑक्सीजन के sp^3-संकरित कक्षक तथा हाइड्रोजन के 1s-कक्षक के अतिव्यापन द्वारा बनते हैं। • 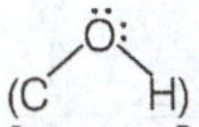 आबन्ध कोण चतुष्फलीय कोण 109° 28′ से थोड़ा सा कम होता है। उसका कारण ऑक्सीजन के $lp-lp$ के मध्य प्रतिकर्षण है।
2. **फीनॉल** 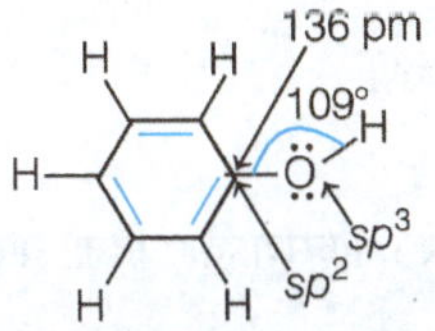	• फेनिल (ऐरोमैटिक) वलय में 5 (σ) C—H आबन्ध कार्बन परमाणु के sp^2-संकरित कक्षक तथा हाइड्रोजन के 1s-कक्षक के अतिव्यापन द्वारा बनते हैं। • फेनिल वलय में 6 (σ) C—C आबन्ध एक कार्बन परमाणु के sp^2-संकरित कक्षक तथा दूसरे कार्बन परमाणु के sp^2-संकरित कक्षक के अतिव्यापन द्वारा बनते हैं। • 1(σ) C—O आबन्ध कार्बन परमाणु के sp^2-संकरित कक्षक तथा ऑक्सीजन परमाणु के sp^3-संकरित कक्षक के अतिव्यापन द्वारा बनते हैं। • 1(σ) O—H आबन्ध ऑक्सीजन के sp^3-संकरित कक्षक तथा हाइड्रोजन परमाणु की 1s-कक्षक के अतिव्यापन द्वारा बनते हैं। • फीनॉल में C—O आबन्ध लम्बाई मेथेनॉल की अपेक्षा थोड़ी कम होती है। इसका कारण ऑक्सीजन के असहभाजित इलेक्ट्रॉन युग्म का ऐरोमैटिक वलय के साथ संयुग्मन होता है, जिससे यह आबन्ध आंशिक द्विआबन्ध गुण प्राप्त करता है। इसका एक कारण उस कार्बन की sp^2-संकरित अवस्था है, जिससे ऑक्सीजन जुड़ी है। NEET 2019
3. **ईथर, उदाहरण मेथॉक्सीमेथेन** 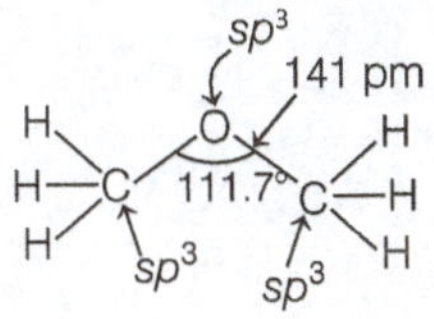	• 6 (σ) C—H आबन्ध कार्बन की sp^3-संकरित कक्षक तथा हाइड्रोजन की 1s-कक्षक के अतिव्यापन द्वारा बनते हैं। • 2 (σ) C—O आबन्ध कार्बन की sp^3-संकरित कक्षक तथा ऑक्सीजन की sp^3-संकरित कक्षक के अतिव्यापन के अतिव्यापन द्वारा बनते हैं। • 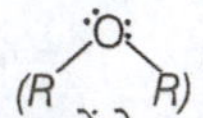 आबन्ध कोण चतुष्फलकीय कोण (109° 28′) से थोड़ा अधिक होता है। इसका कारण दो बड़े ऐल्किल समूहों के मध्य प्रतिकर्षण का होना है। • C—O आबन्ध लम्बाई ऐल्कोहॉलों के C—O आबन्ध की लम्बाई के लगभग समान है, लेकिन फीनॉलो में C—O आबन्ध की लम्बाई की अपेक्षा अधिक है।

ऐल्कोहॉल एवं फीनॉल (Alcohols and Phenols)

निर्माण की विभिन्न विधियाँ इस प्रकार हैं

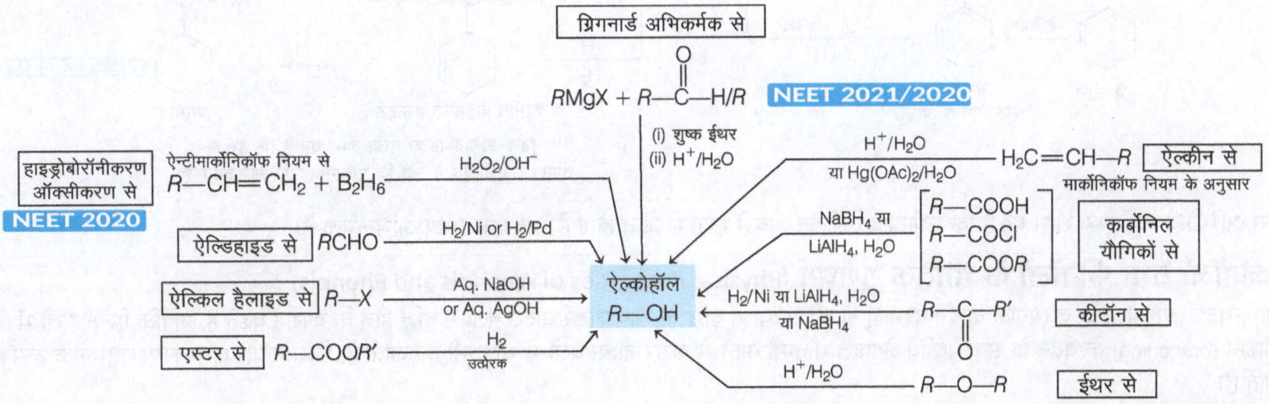

पूर्व पृष्ठ पर दी गई विधियों के सम्बन्ध में कुछ मुख्य बिन्दु नीचे दिए गए हैं

- **ऐल्कीनों के अम्ल उत्प्रेरित जलयोजन की क्रियाविधि** (Mechanism of acid catalysed hydration of alkenes) यह अभिक्रिया निम्न तीन चरणों में सम्पन्न होती है, जो इस प्रकार है।

स्टेप 1 H_3O^+ के इलेक्ट्रॉनरागी आक्रमण के द्वारा ऐल्कीनों के प्रोटॉनीकरण से कार्बधनायन बनते हैं।

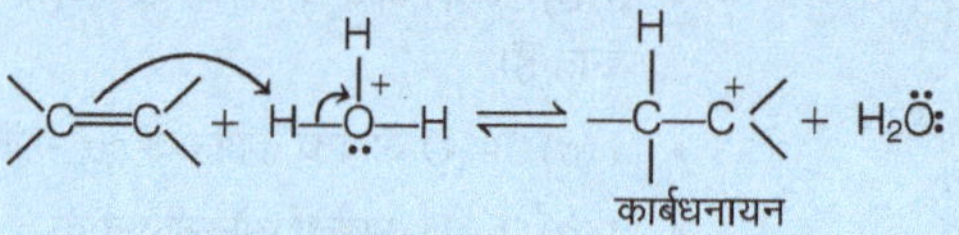

स्टेप 2 कार्बधनायन पर जल का नाभिकरागी आक्रमण

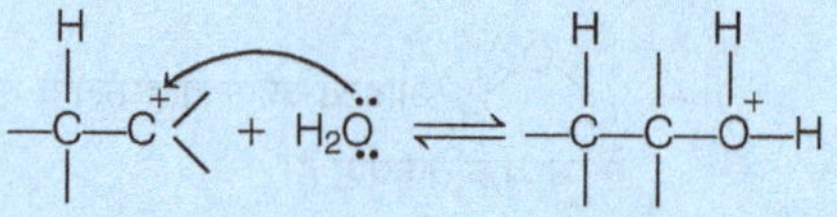

स्टेप 3 विप्रोटॉनीकरण जिससे ऐल्कोहॉल बनता है।

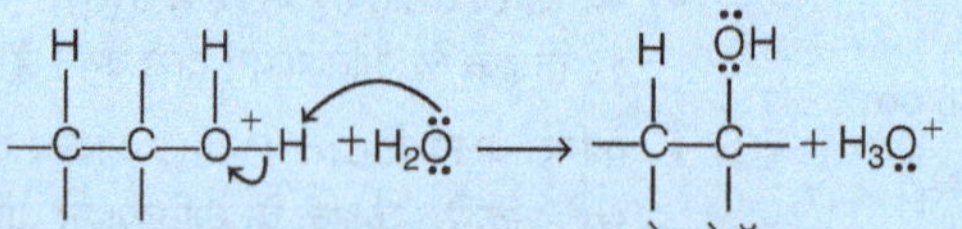

- **लीथियम ऐलुमिनियम हाइड्राइड** ($LiAlH_4$) तथा **सोडियम बोरोहाइड्राइड** ($NaBH_4$) यौगिक के आइसोलेटिड द्विआबंध पर आक्रमण किए बिना, यदि उपस्थित हों, तो विभिन्न प्रकार के समूहों का अपचयन कर देते हैं।
- उत्प्रेरित हाइड्रोजन H_2 / Ni or H_2 / Pd) कार्बन-कार्बन द्विआबन्ध के साथ कार्बोनिल समूह को भी अपचयित करता है।
- **कार्बोनिल योगिकों** में अपचयन के द्वारा ऐल्डिहाइड प्राथमिक ऐल्कोहॉल तथा कीटोन द्वितीयक ऐल्कोहॉल देते हैं।
- **ग्रिगनार्ड अभिकर्मक** के साथ HCHO प्राथमिक (1°) ऐल्कोहॉल, ऐल्डिहाइड (*R*CHO) के अतिरिक्त द्वितीयक ऐल्कोहॉल तथा कीटोन तृतीयक 3° ऐल्कोहॉल देते हैं।

फीनॉलों का निर्माण (Preparation of Phenols)

फीनॉलों के निर्माण की विभिन्न विधियाँ निम्न प्रकार हैं

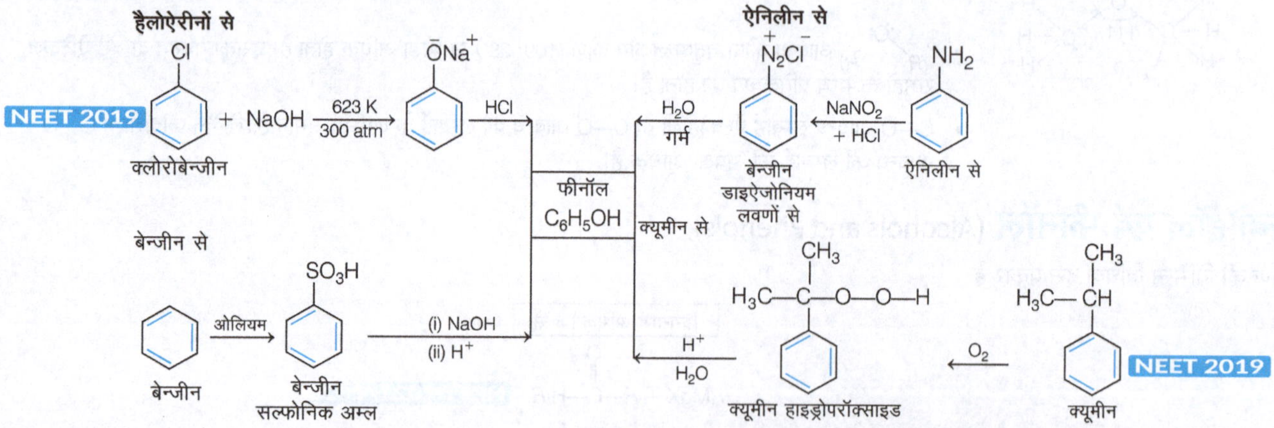

[इस अभिक्रिया का मुख्य लाभ यह है कि इसका उपोत्पाद ऐसीटोन है, जो कि एक महत्वपूर्ण अभिकर्मक है।]

- इस अभिक्रिया का मुख्य लाभ यह है कि उपोत्पाद ऐसीटोन अच्छी मात्रा में प्राप्त होता है। यह एक मुख्य अभिकर्मक है।

ऐल्कोहॉलों तथा फीनॉलों के भौतिक गुणधर्म (Physical Properties of Alcohols and Phenols)

- सामान्यतः ऐल्कोहॉलों के क्वथनांक कार्बन परमाणुओं की संख्या में वृद्धि के साथ वांडर वाल्स बलों में वृद्धि होने के कारण बढ़ते हैं, जबकि ऐल्कोहॉलों में शाखन (branching) के बढ़ने के साथ पृष्ठीय क्षेत्रफल में कमी आने से वांडर वाल्स बलों में भी कमी आ जाती है, जिसके परिणामस्वरूप क्वथनांक कम हो जाते हैं।

- ऐल्कोहॉलों के क्वथनांक लगभग समान आण्विक द्रव्यमान वाले संगत ऐलिफैटिक हाइड्रोकार्बनों तथा हैलोऐल्केनों से उच्चतर होते है। इसका कारण यह है, कि ऐल्कोहॉलों में उपस्थित O—H समूह की प्रवृत्ति अंतराआण्विक हाइड्रोजन आबन्ध बनाने की होती है, जिसे नीचे दर्शाया गया है।

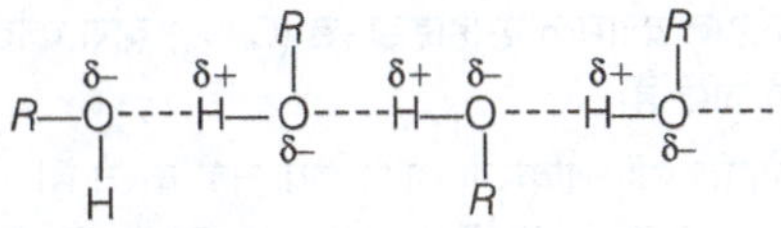

- फीनॉलों में **क्वथनांक** लगभग समान आण्विक द्रव्यमान वाले संगत ऐरोमैटिक हाइड्रोकार्बनों तथा हैलोऐरीनों से उच्चतर होते हैं। इसका कारण इनके अणुओं के मध्य अंतराआण्विक, हाइड्रोजन आबन्धन का बनना है, जिसे नीचे दर्शाया गया है।

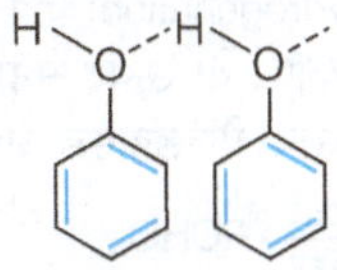

- **विलेयता** ऐल्कोहॉलों तथा फीनॉलों की जल में विलेयता उनकी जल के अणुओं के साथ हाइड्रोजन आबन्ध बनाने की क्षमता के कारण होती है। यह विलेयता ऐल्किल ऐरिल (जलविरागी) समूहों के आकार बढ़ने के साथ घटती जाती है। यद्यपि शृंखला में वृद्धि के साथ यह बढ़ती है।

ऐल्कोहॉलों की रासायनिक अभिक्रियाएँ
(Chemical Reactions of Alcohols)

ऐल्कोहॉल बहुमुखी यौगिक हैं। ये **नाभिकरागी** (जब O—H के मध्य आबन्ध टूटता है) तथा **इलेक्ट्रॉनरागी** (जब C—O के मध्य आबंध टूटता है) दोनों के रूप में अभिक्रिया करते हैं ऐल्कोहॉलों की रासायनिक अभिक्रियाएँ इस प्रकार है

I. अभिक्रियाएँ, जिनमें O—H आबन्ध का विदलन होता है।
(Reactions Involving Cleavage of O—H Bond)

- **ऐल्कोहॉलों की अम्लीयता** ऐल्कोहॉल सक्रिय धातुओं जैसे सोडियम पोटैशियम तथा ऐलुमिनियम के साथ अभिक्रिया करके संगत ऐल्कॉक्साइड एवं हाइड्रोजन देते हैं इससे ज्ञात होता है, कि ऐल्कोहॉल अम्लीय प्रकृति के होते हैं।

$$2R—O—H + 2Na \longrightarrow 2R—\overset{-+}{O}Na + H_2\uparrow$$
सोडियम ऐल्कॉक्साइड

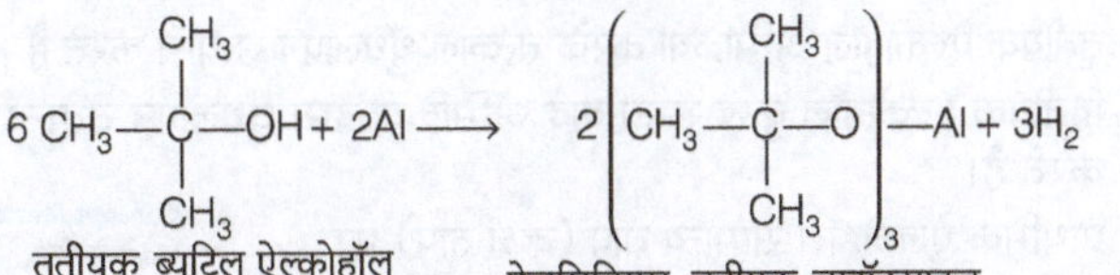

- उपरोक्त अभिक्रिया दर्शाती है, कि ऐल्कोहॉल ब्रॉन्स्टेड अम्ल है अर्थात् ये किसी प्रबल क्षार को प्रोटॉन प्रदान कर सकते हैं।
- ऐल्कोहॉलों की अम्लीय प्रकृति ध्रुवीय O—H आबन्ध के कारण होती है।
- इलेक्ट्रॉन दाता समूह ($—CH_3$, $—C_2H_5$) ऐल्कोहॉलों की अम्लीय सामर्थ्य घटा देते हैं, जबकि इलेक्ट्रॉन ग्राही समूह ($—NO_2$) ऐल्कोहॉलों की अम्लीय सामर्थ्य बढ़ा देते हैं।
- ऐल्कोहॉलों की अम्लता का सही क्रम $1° > 2° > 3°$ है।
- ऐल्कोहॉल जल की अपेक्षा दुर्बल अम्ल होते हैं या हम कह सकते हैं, कि जल ऐल्कोहॉल की अपेक्षा एक अच्छा प्रोटॉन दाता है।

$$R—\ddot{\underset{..}{O}}:^- + H—\ddot{\underset{..}{O}}—H \longrightarrow R—OH + :\ddot{\underset{..}{O}}H^{\ominus}$$
क्षारक अम्ल संयुग्मी अम्ल संयुग्मी क्षार

[• ऐल्कॉक्साइड आयन NaOH से प्रबल क्षारक।
• OH^- से बेहतर प्रोटॉन ग्राही]

- ऐल्कोहॉल ब्रॉन्स्टेड क्षारकों (प्रोटॉन ग्राही) की भाँति कार्य करते हैं। ऐसा ऑक्सीजन पर उपस्थित असहभाजित इलेक्ट्रॉन युग्मों के कारण होता है।

II. अभिक्रियाएँ जिनमें C—O आबन्ध का विदलन होता है।
(Reactions Involving Cleavage of C—O Bond)

- **हाइड्रोजन हैलाइडों के साथ अभिक्रिया** (Reaction with hydrogen halides)

$$ROH + HX \longrightarrow R—X + H_2O$$ NEET 2024

यह अभिक्रिया 1°, 2° और 3° ऐल्कोहॉलों की पहचान के लिए ल्यूकास परीक्षण का आधार बनती है।

निर्जलीकरण ऐल्कोहॉल के सान्द्र H_2SO_4 या H_3PO_4 जैसे प्रोटिक अम्लों अथवा निर्जल जिंक क्लोराइड या ऐलुमिना, जैसे उत्प्रेरकों के द्वारा निर्जलीकरण होने पर ऐल्कीन बनती है।

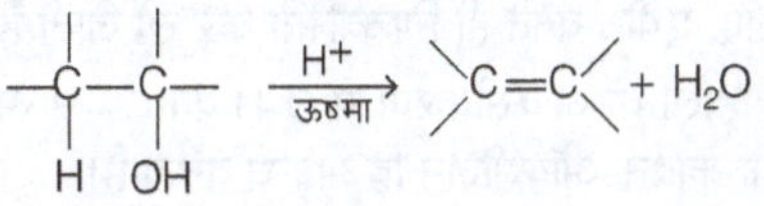

NEET 2021, 2023

- प्राप्त उत्पाद **सैत्ज़ेफ नियम** (Saytzeff's rule) के अनुसार बनता है अर्थात् अधिक प्रतिस्थापित ऐल्कीन मुख्य उत्पाद होते हैं।

$$\underset{1°}{C_2H_5OH} \xrightarrow[443K]{\text{सान्द्र } H_2SO_4} CH_2 = CH_2 + H_2O$$

द्वितीयक तथा तृतीयक ऐल्कोहॉलों का निर्जलीकरण अपेक्षाकृत मध्यम परिस्थितियों में किया जाता है।

उदाहरण

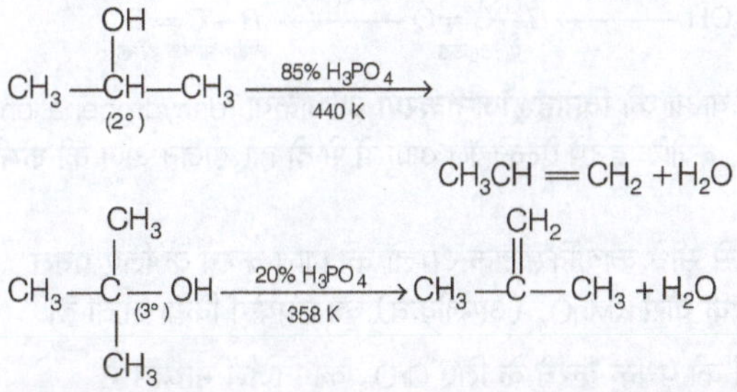

ऐल्कोहॉलों के सापेक्षिक निर्जलीकरण की सुगमता का क्रम निम्न प्रकार होता है।
तृतीयक > द्वितीयक > प्राथमिक

ऐल्कोहॉलों के निर्जलीकरण की क्रियाविधि (Mechanism of Dehydration of Alcohols)

एथेनॉल के निर्जलीकरण की क्रियाविधि में निम्नलिखित स्टेप्स होते हैं।

स्टेप I प्रोटॉनित ऐल्कोहॉल का बनना

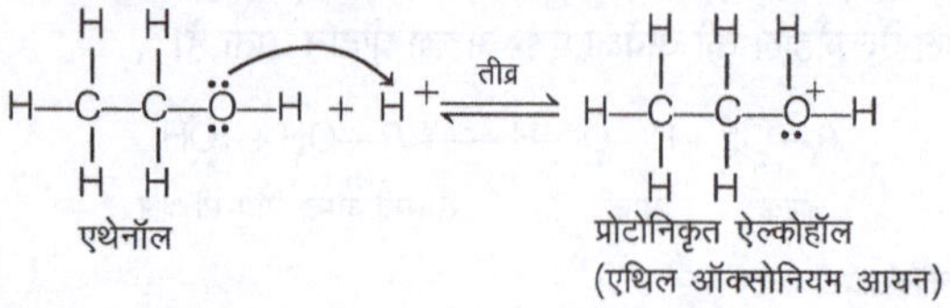

स्टेप II कार्बधनायन का बनना

यह सबसे धीमा चरण है अतः यह अभिक्रिया का दर निर्धारक चरण होता है।

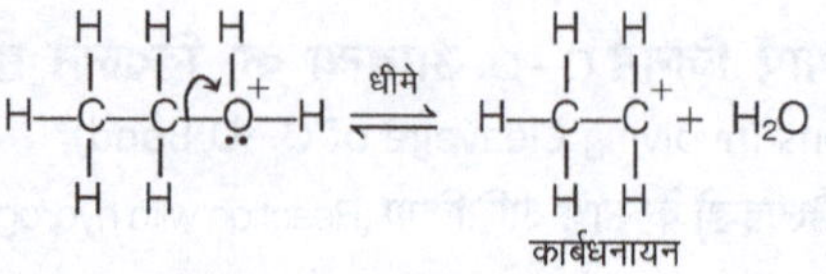

स्टेप III प्रोटॉन के निकल जाने से ऐथीन का बनना

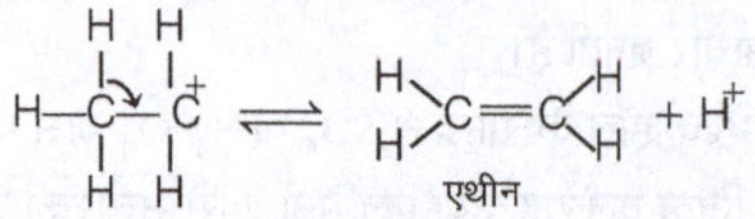

स्टेप I में प्रयुक्त अम्ल स्टेप 3 में मुक्त हो जाता है। संतुलन को दाईं ओर विस्थापित करने के लिए, एथीन बनते ही निष्कासित कर ली जाती है।

- **ऑक्सीकरण** ऐल्कोहॉलों के ऑक्सीकरण में O—H एवं C—H आबन्धों का विदलन होता है तथा कार्बन-ऑक्सीजन द्विआबन्ध बनता है।

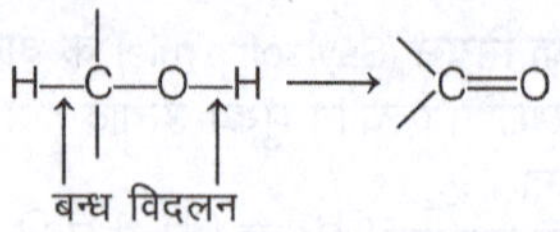

प्रयुक्त ऑक्सीकारक कर्मक के आधार पर ऐल्कोहॉल निम्न प्रकार ऑक्सीकृत होते हैं

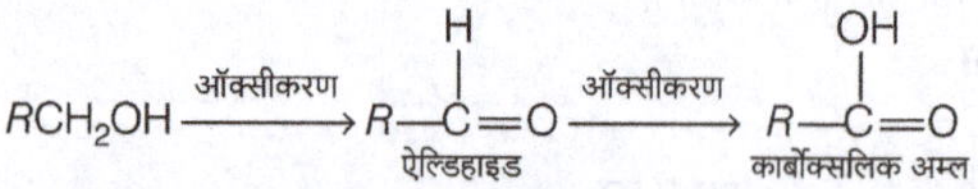

इन अभिक्रियाओं को **विहाइड्रोजनीकरण** अभिक्रिया (dehydrogenation) भी कहते हैं, क्योंकि इनमें ऐल्कोहॉल अणु में से दो हाइड्रोजन अणु की **कमी** हो जाती है।

- ऐल्कोहॉलों से सीधे कार्बोक्सिलिक अम्लों को प्राप्त करने के लिए **प्रबल ऑक्सीकारक** जैसे $KMnO_4$ (अम्लीकृत) का उपयोग किया जाता है।
- ऐल्डिहाइडों को पृथक् करने के लिए CrO_3 का निर्जल माध्यम में ऑक्सीकारक की तरह उपयोग किया जाता है।
- पिरिडीनियम क्लोरोक्रोमेट (PCC), जोकि क्रोमियम ट्राईऑक्साइड का पिरिडीन और HCl के साथ संकुल है यौगिक के द्विआबन्ध को प्रभावित किए बिना, यदि उपस्थित हो, तो प्राथमिक ऐल्कोहॉल के ऑक्सीकरण से ऐल्डिहाइड की अच्छी लब्धि प्राप्त करने के लिए एक श्रेष्ठ अभिकर्मक है।
- द्वितीयक ऐल्कोहॉल क्रोमिक ऐनहाइड्राइड (CrO_3) द्वारा कीटोनों में ऑक्सीकृत हो जाते हैं। **NEET 2019**
- तृतीयक ऐल्कोहॉल ऑक्सीकरण अभिक्रिया नहीं करते हैं।
- प्रबल अभिक्रिया परिस्थितियों, जैसे प्रबल ऑक्सीकारकों ($KMnO_4$) एवं उच्च ताप पर विभिन्न C—C आबन्धों का विदलन होता है, जिससे कार्बोक्सिलिक अम्लों का मिश्रण प्राप्त होता है, जिनमें कार्बन परमाणुओं की संख्या कम होती है।
- **विहाइड्रोजनीकरण** (Dehydrogenation) जब 1° और 2° ऐल्कोहॉल के वाष्पों को 573 K पर तप्त कॉपर के ऊपर से प्रवाहित किया जाता है, तो विहाइड्रोजनीकरण होता है तथा ऐल्डिहाइड अथवा कीटोन बनते हैं।

$$RCH_2OH \xrightarrow[573\,K]{Cu} RCHO$$

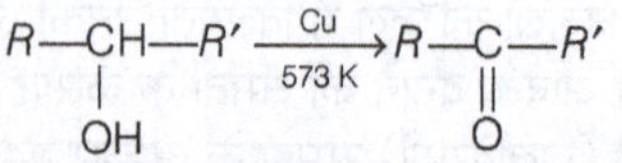

NEET 2019

समान परिस्थितियों में तृतीयक (3°) ऐल्कोहॉलों का निर्जलीकरण होता है, जिससे ऐल्कीन प्राप्त होते हैं।

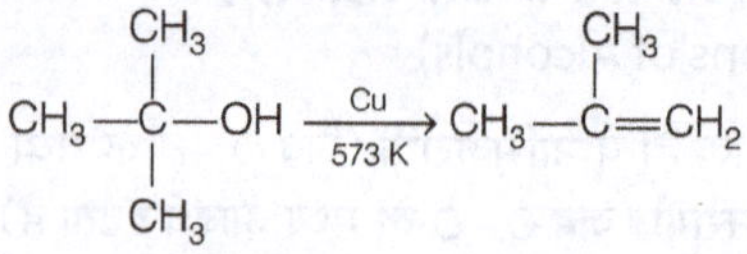

प्राथमिक, द्वितीयक और तृतीयक ऐल्कोहॉलों की पहचान करना (Identification of Primary, Secondary and Tertiary Alcohols)

(i) **विहाइड्रोजनीकरण** जब 1° या 2° या 3° ऐल्कोहॉलों की वाष्पों को 573 K पर तप्त कॉपर के ऊपर से प्रवाहित किया जाता है, तो क्रमशः ऐल्डिहाइड, कीटॉन तथा ऐल्कीन प्राप्त होते हैं।

(ii) **ल्यूकास परीक्षण** निर्जल $ZnCl_2$ तथा सान्द्र HCl का सममोलर मात्रा में मिश्रण ल्यूकास अभिकर्मक कहलाता है।

जब ऐल्कोहॉलो को ल्यूकास अभिकर्मक से उपचारित किया जाता है, तो निम्नलिखित परिणाम देखे गए है

- तृतीयक ऐल्कोहॉल अभिक्रिया करके तत्काल धुँधलापन उत्पन्न करते है
- द्वितीयक ऐल्कोहॉल कुछ समय बाद अभिक्रिया द्वारा धुँधलापन उत्पन्न करते हैं।
- प्राथमिक ऐल्कोहॉल सामान्य ताप (कक्ष ताप) पर धुँधलापन उत्पन्न नहीं करते हैं। इसका अर्थ है, कि ल्यूकास अभिकर्मक के साथ इनकी अभिक्रिया सबसे मंद है। **NEET 2022**

Concept Master Video के लिए

Marks Maximizer

विक्टर मेयर परीक्षण (Victor Meyer's Test)

- इस परीक्षण का उपयोग प्राथमिक द्वितीयक और तृतीयक ऐल्कोहॉलों में विभेद करने के लिए किया जाता है। इसमें निम्न पद हैं।
  - (i) ऐल्कोहॉलों की (I_2 + P) के साथ अभिक्रिया से आयोडोऐल्केन प्राप्त होते हैं।
  - (ii) ओडोऐल्केनों की ऐल्कोहॉलिक $AgNO_2$ की अभिक्रिया द्वारा नाइट्रोऐल्केन प्राप्त करते हैं।
  - (iii) नाइट्रोऐल्केनों की HNO_2 से अभिक्रिया कराने के पश्चात् प्राप्त अन्तिम विलयन क्षारीय हो जाता है।
- अब यह क्षारीय विलयन भिन्न-भिन्न ऐल्कोहॉलों के साथ भिन्न-भिन्न निष्कर्ष देता हे। जो निम्न प्रकार हैं।
  - (i) प्राथमिक ऐल्कोहॉल रुधिर लाल रंग देते हैं।
  - (ii) द्वितीयक ऐल्कोहॉल नीला रंग देते हैं।
  - (iii) तृतीयक ऐल्कोहॉल क्षारीय विलयन के साथ कोई परीक्षण नहीं देते अर्थात् यह कोई रंग नहीं देते हैं।

फीनॉलों की रासायनिक अभिक्रियाएँ
(Chemical Reactions of Phenols)

Concept Master *Video* के लिए

- फीनॉलों की अम्लीयता (Acidity of Phenols) ऐल्कोहॉलों के समान फीनॉल सक्रिय धातुओं (जैसे Na, K, Al आदि) तथा NaOH से अभिक्रिया करके स्थाई फीनॉक्साइड आयन बनाते हैं। यह फीनॉल की अम्लीय प्रकृति को दर्शाता है। वास्तव में फीनॉल ब्रॉन्स्टेट अम्ल के समान व्यवहार करते हैं।
- फीनॉल में हाइड्रॉक्सिल समूह बेन्जीन वलय के sp^2 संकरित कार्बन से सीधा संयुक्त रहता है, जो कि इलेक्ट्रॉन ग्राही समूह के रूप में कार्य करता है। इसके कारण फीनॉल अणु में आवेश वितरण से —OH समूह को ऑक्सीजन धनावेशित हो जाती है, जैसा कि अनुनादी संरचनाओं द्वारा चित्रित किया गया है।

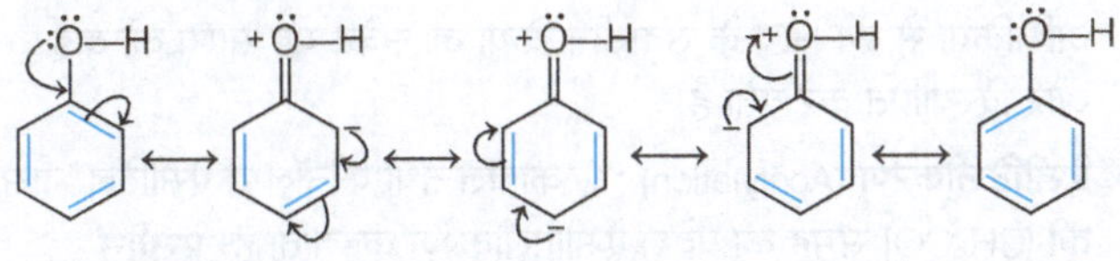

- ऑक्सीजन पर इलेक्ट्रॉन धनत्व में कमी O—H आबन्ध की ध्रुवता को बढ़ाती है, जिसके फलस्वरूप ऐल्कोहॉल तथा जल की अपेक्षा फीनॉल के आयनन में वृद्धि होती है।
- इसके अतिरिक्त फीनॉक्साइड आयन का स्थायित्व ऐल्कॉक्साइड आयन से अधिक होता है। इसका कारण यह है, कि फीनॉक्साइड आयन में ऋणावेश का विस्थापन होता है, जो इसे अधिक स्थाई बनाता है जबकि ऐल्कॉक्साइड आयनों में ऋणावेश ऑक्सीजन पर स्थानाबद्ध होता है। फीनॉक्साइड आयन का यह स्थायित्व फीनॉल के आयनन में सहायक होता है और इसे अधिक अम्लीय बनाता है।

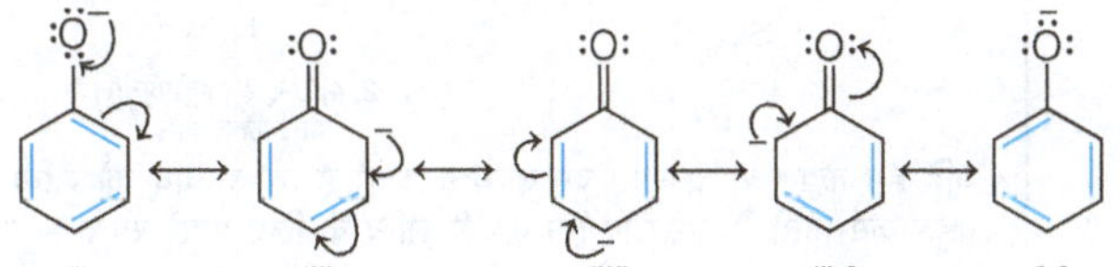

(I) (II) (III) (IV) (V)

- प्रतिस्थापित फीनॉलों में नाइट्रोसमूह जैसे इलेक्ट्रॉन ग्राही समूह की उपस्थिति में फीनॉलों की अम्लता में वृद्धि हो जाती है। इसका कारण फीनॉक्साइड आयन का अधिक स्थाई होना है। फीनॉलों की अम्लता में और अधिक वृद्धि तब होती है, जब ये समूह *ऑर्थो* और *पैरा* स्थितियों पर उपस्थित होते हैं।
- दूसरी ओर ऐल्किल समूह, जैसे इलेक्ट्रॉन दाता समूह फीनॉक्साइड आयन को अस्थाई बनाते है या हम कह सकते है, कि इन समूहों की उपस्थिति फीनॉक्साइड आयन के बनने में सहायक नहीं होती, परिणामस्वरूप अम्लीय सामर्थ्य में कमी आ जाती है।

  उदाहरण फीनॉल की अपेक्षा क्रीसॉल कम अम्लीय होते हैं।

फीनॉल की अभिक्रियाएँ (Reactions of Phenol)

फीनॉल शीघ्रता से निम्नलिखित अभिक्रियाएँ देता है।

- **ऐरोमैटिक इलेक्ट्रॉनरागी प्रतिस्थापन अभिक्रियाएँ** (Aromatic Electrophilic Substitution Reactions) फीनॉल में बेन्जीन वलय से जुड़ा —OH समूह इसे इलेक्ट्रॉनरागी प्रतिस्थापन अभिक्रिया की ओर सक्रियता करता है। यह *आर्थो* और *पैरा* निर्देशक समूह है।

  फीनॉलों की महत्त्वपूर्ण इलेक्ट्रॉनरागी प्रतिस्थापन अभिक्रियाएँ अग्रपृष्ठ पर दी गई हैं।

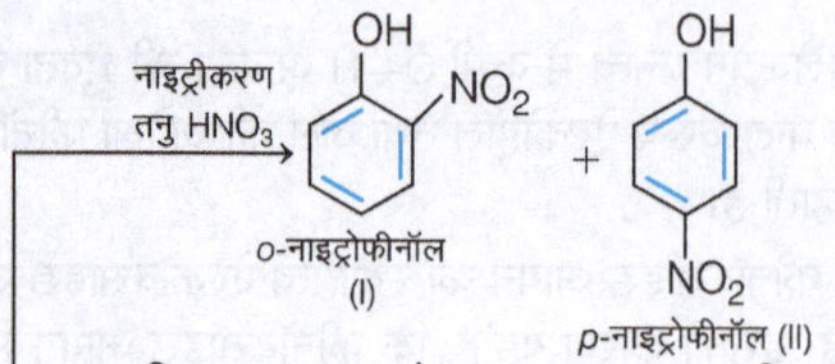

- अंतराण्विक H—बन्ध के कारण भाप द्वारा वाष्पित होती है।
- अंतराण्विक हाइड्रोजन बन्ध के कारण कम वाष्पशील होती है

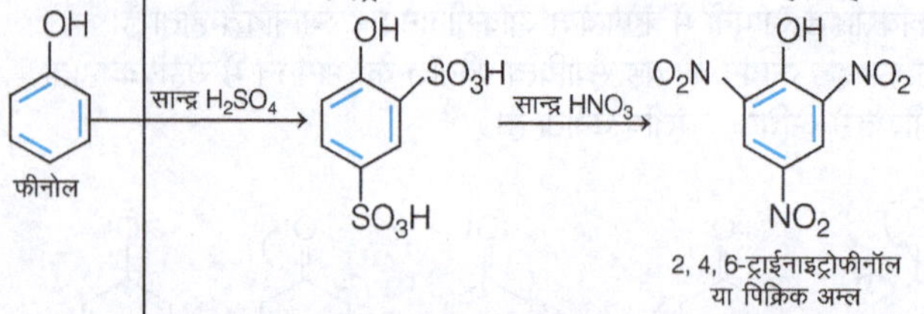

- यदि हम केवल सान्द्र HNO_3 का उपयोग करते हैं, तो उत्पाद की लब्धि बहुत कम होती है, इसलिए हम अच्छी लब्धि के लिए पहले सान्द्र H_2SO_4 और सान्द्र HNO_3 का उपयोग करते है तत्पश्चात

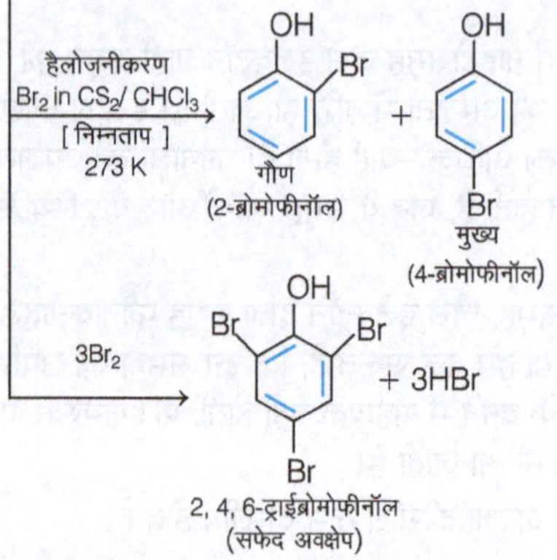

- फीनॉलों का हैलोजनन लुईस अम्ल की अनुपस्थिति में भी किया जा सकता है, क्योंकि बेन्जीन से जुड़े —OH समूह का वलय पर उच्च सक्रियण प्रभाव होता है।
- **कोल्बे अभिक्रिया** (Kolbe's Reaction)

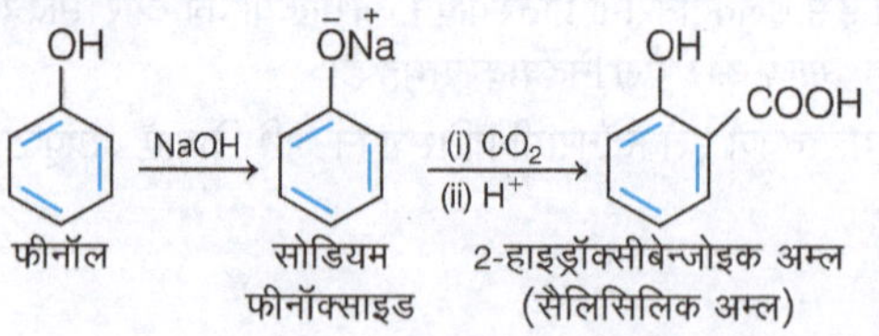

Concept Master
Video के लिए

- **राइमर-टीमन अभिक्रिया** (Reimer-Tiemann reaction)

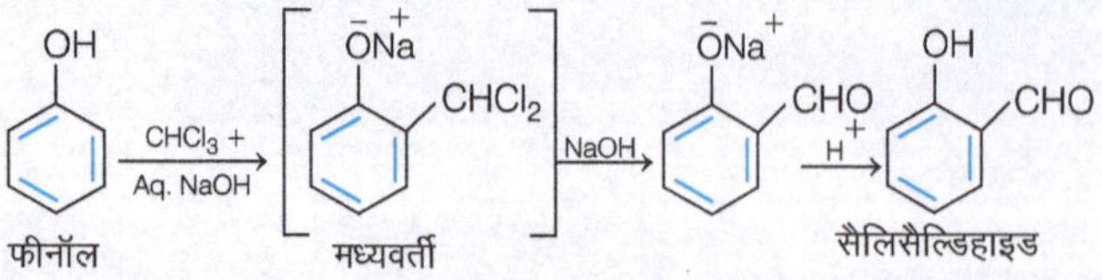

- **फीनॉल की जिंक चूर्ण के साथ अभिक्रिया**
(Reaction of Phenol with Zinc Dust)

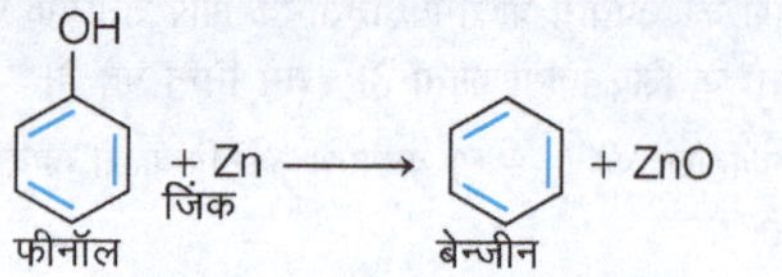

- **ऑक्सीकरण** (Oxidation)

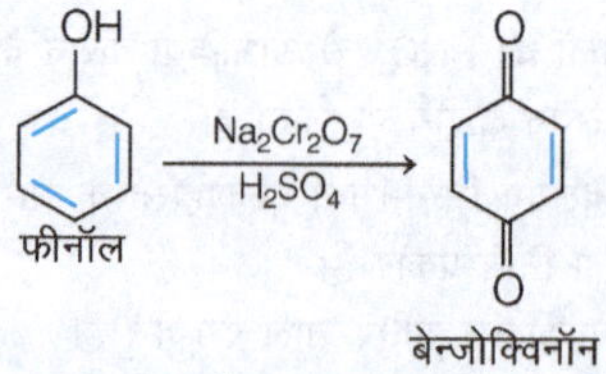

- वायु की उपस्थिति में फीनॉल धीरे-धीरे गहरे रंग के क्विनोनो के मिश्रण में ऑक्सीकृत हो जाते हैं।
- **एस्टरीकरण** (Esterification) ऐल्कोहॉल एवं फीनॉल कार्बोक्सिलिक अम्लों, अम्ल क्लोराइडों एवं अम्ल ऐनहाइड्राइडो के साथ अभिक्रिया द्वारा एस्टर बनाती है।

(i) $Ar/ROH + R'\text{—}COOH \underset{}{\overset{H^+}{\rightleftharpoons}} Ar/ROCOR' + H_2O$

(ii) $Ar/ROH + (R'CO)_2O \overset{H^+}{\rightleftharpoons} Ar/ROCOR' + R'COOH$

(iii) $R/ArOH + R'COCl \overset{\text{पिरिडीन}}{\rightleftharpoons} R/ArOCOR' + HCl$

- उपरोक्त अभिक्रियाओं के लिए आवश्यक दशाएँ निम्न हैं।
- अभिक्रिया (i) और (ii) सान्द्र सलफ्यूरिक अम्ल की कुछ मात्रा की उपस्थिति में सम्पन्न होती है। यह अभिक्रिया उत्क्रमणीय होती है, अतः इसमें बने जल को तुरंत निष्कासित कर दिया जाता है।
- अभिक्रिया (iii) क्षारक (पिरिडीन) की उपस्थित में की जाती है, जिससे कि अभिक्रिया से बने HCl के उदासीन किया जा सके। यह साम्य को दाईं ओर विस्थापित कर देता है।
- **ऐसीटिलीकरण** (Acetylation) : ऐल्कोहॉल तथा फीनॉल में ऐसीटिल, जैसे की $[CH_3CO]$ समूह का प्रवेश ऐसीटिलीकरण कहलाता है। **एस्प्रीन** सैलिसिलिक अम्ल के ऐसीटिलीकरण से प्राप्त होती है। यह एक दर्द निवारक है।

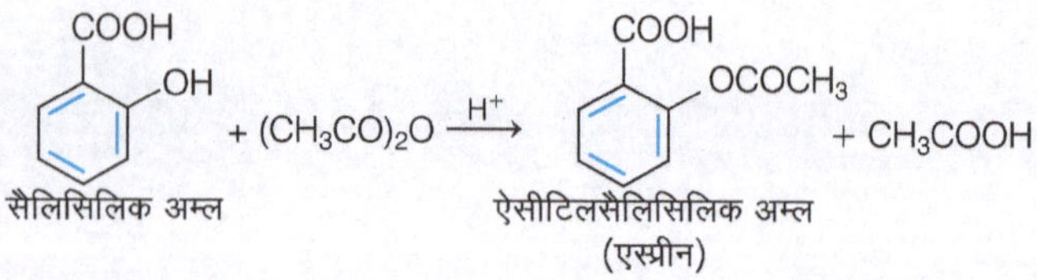

औद्योगिक महत्व के कुछ ऐल्कोहॉल
(Some Commercially Important Alcholos)

मेथेनॉल (Methanol) (CH_3OH)

- इसे **'काष्ट स्प्रिट'** (Wood sprit) भी कहते हैं यह लकड़ी के भंजक आसवन द्वारा प्राप्त की जाती थी। वर्तमान में अधिकांश मेथेनॉल का उत्पादन उच्च ताप एवं दाब पर $ZnO-Cr_2O_3$ उत्प्रेरक की उपस्थिति में कार्बन मोनोक्साइड के उत्प्रेरकी हाइड्रोजनीकरण द्वारा किया जाता है।

$$CO + 2H_2 \xrightarrow[\text{200-300 वायुमण्डलीय 573-673 K}]{ZnO-Cr_2O_3} CH_3OH$$

- यह एक **रंगहीन** द्रव है, जिसका क्वथनांक **337 K** होता है।
- यह अत्यंत विषैली, प्रकृति की होती है। इसके बहुत कम मात्रा में सेवन से भी अंधापन हो सकता है और इसकी अधिक मात्रा से मृत्यु भी हो सकती है।
- इसका उपयोग पेंट और वार्निश के लिए विलायक के रूप में और मुख्य रूप से फॉर्मेल्डिहाइड को बनाने के लिए किया जाता है।

एथेनॉल (Ethanol)

- औद्योगिक स्तर पर इसे शर्कराओं के किण्वन द्वारा प्राप्त किया जाता है। मोलैसेज (शीरे), गन्ने अथवा अंगूर जैसे फलों की शर्करा को इनवर्टेस एन्जाइम की उपस्थिति में ग्लूकोस एवं फ्रक्टोज में परिवर्तित कर लिया जाता है।
- ग्लूकोस एवं फ्रक्टोज को यीस्ट में पाए जाने वाले दूसरे एन्जाइम जाइमेज द्वारा किण्वन किया जाता है, जिसके फलस्वरूप एथेनॉल और कार्बन डाइऑक्साइड बनते हैं। उत्पन्न ऐल्कोहॉल की मात्रा 14% में अधिक हो जाने पर जाइमेज की क्रिया मंद हो जाती है।
- किण्वन अवायवीय स्थितियों अर्थात् वायु की अनुपस्थिति में होता है। किण्वन में कार्बनडाइऑक्साइड मुक्त होती है।
- यदि किण्वन मिश्रण में वायु आ जाती है, तो वायु की ऑक्सीजन एथेनॉल को एथेनोइक अम्ल में ऑक्सीकृत कर देती है, जिससे ऐल्कोहॉली पेय कर स्वाद नष्ट हो जाता है।

$$\underset{\text{सुक्रोस}}{C_{12}H_{22}O_{11}} + H_2O \xrightarrow{\text{इनवर्टेज}} \underset{\text{ग्लूकोस}}{C_6H_{12}O_6} + \underset{\text{फ्रक्टोज}}{C_6H_{12}O_6}$$

$$\underset{\text{ग्लूकोस / फ्रक्टोज}}{C_6H_{12}O_6} \xrightarrow{\text{जाइमेज}} \underset{\text{एथेनॉल}}{2C_2H_5OH} + 2CO_2\uparrow$$

- एथेनॉल एक **रंगहीन** द्रव है, जिसका क्वथनांक **351 K** है।
- यह पेंट उद्योग में विलायक के रूप में तथा कार्बन के अनेक यौगिकों के निर्माण में प्रयुक्त की जाती है।
- आद्यौगिक ऐल्कोहॉल को कुछ कॉपर सल्फेट (रंग प्रदान करने के लिए) एवं पिरिडीन (दुर्गंधयुक्त द्रव) मिलाकर पीने के लिए अयोग्य बना दिया जाता है। इस प्रक्रम को **ऐल्कोहॉल का विकृतीकरण** (Denaturation of alcoholo) कहते हैं।
- आजकल एथेनॉल की अधिक मात्रा एथीन के जलयोजन द्वारा प्राप्त की जाती है।

Marks Maximizer

विभिन्न प्रकार के ऐल्कोहॉल और इनका संघटन

ऐल्कोहॉल का नाम	संघटन (प्रतिशतता में)
• पॉवर ऐल्कोहॉल	80% पेट्रोल + 20% एथेनॉल
• मेथिलीकृत स्प्रिट	90% एथेनॉल + 9% मेथेनॉल +1% अन्य विषैले पदार्थ
• विकृत स्प्रिट	95% एथेनॉल + 5% मेथेनॉल
• परिशोधित स्प्रिट	95% ऐल्कोहॉल + 5% जल
• परिशुद्ध ऐल्कोहॉल	100% शुद्ध एथेनॉल

ऐल्कोहॉल और फीनॉलों के लिए पहचान परीक्षण

- **लिटमस परीक्षण :** ऐल्कोहॉल → कोई प्रभाव नहीं।
  फीनॉल → नीले लिटमस को लाल कर देते हैं।
- **$FeCl_3$ के साथ अभिक्रिया :** ऐल्कोहॉल → कोई अभिक्रिया नहीं।
  फीनॉल → नीला, बैंगनी या हरा रंग।
- **ब्रोमीन जल परीक्षण** : ऐल्कोहॉल → कोई अभिक्रिया नहीं।
  फीनॉल → 2, 4, 6-ट्राईब्रोमोफीनॉल के बनने के कारण सफेद अवक्षेप प्राप्त होता है।
- **युग्मन अभिक्रिया :** ऐल्कोहॉल → कोई अभिक्रिया नहीं।
  फीनॉल → पीले या नारंगी रंग के ऐज़ो रंजक बनाते हैं। (अभिक्रिया के विस्तृत अध्ययन के लिए अध्याय ऐमीन देखे।

ईथर (Ethers)

ईथरों का निर्माण (Preparation of Alcohols)

ऐल्कोहॉलों के निर्जलन द्वारा (By dehydration of alcohols) प्रोटिक अम्लों (H_2SO_4, H_3PO_4) की उपस्थिति में ऐल्कोहॉल निर्जलित हो जाती है। अभिक्रिया का उत्पाद ऐल्कीन अथवा ईथर होता है, जो अभिक्रिया की परिस्थितियों पर निर्भर करता है।

$$\underset{\text{एथेनॉल}}{CH_3CH_2OH} \xrightarrow[\text{443 K}]{H_2SO_4} \underset{\text{एथीन}}{CH_2{=}CH_2}$$

$$\underset{\text{एथेनॉल}}{CH_3CH_2OH} \xrightarrow[\text{413 K}]{H_2SO_4} \underset{\text{एथॉक्सीएथेन}}{C_2H_5OC_2H_5}$$

ईथर का निर्माण एक द्विअणुक नाभिकरागी प्रतिस्थापन अभिक्रिया (S_N2 अभिक्रिया) है, जिसमें ऐल्कोहॉल अणु एक प्रोटॉनित ऐल्कोहॉल अणु पर आक्रमण करता है, जैसा कि अगले पृष्ठ पर दर्शाया गया है-

(i) $CH_3—CH_2—\ddot{\underset{..}{O}}—H + H^+ \longrightarrow CH_3—CH_2—\overset{H}{\overset{|}{\overset{+}{\underset{..}{O}}}}—H$

(ii) 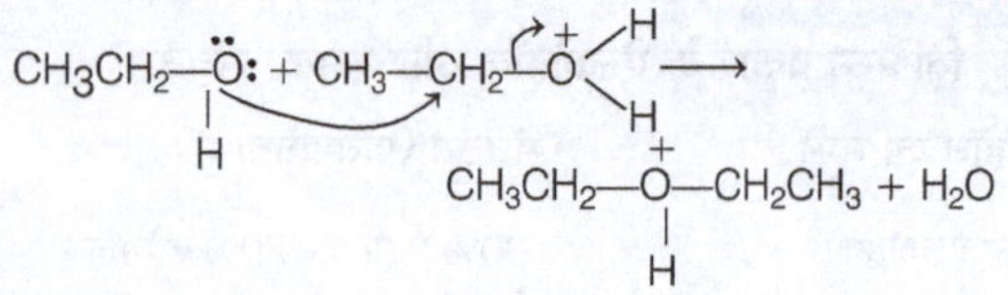

(iii) $CH_3CH_2\overset{+}{—}\underset{H}{O}—CH_2CH_3 \longrightarrow CH_3CH_2—O—CH_2CH_3 + H^+$

- ऐल्कोहॉलों का अम्लीय निर्जलन, जिसमें ऐल्कीन बनती है, एक प्रतिस्थापन अभिक्रिया से भी सम्बन्धित है जो ईथर देती है।
- द्विअणुक अभिक्रिया [S_N2] प्राथमिक ऐल्किल समूह रखने वाले ईथरों के विरचन के लिए उपयुक्त है।
- ऐल्किल समूह अबाधित होने चाहिए तथा तापमान निम्न होना चाहिए अन्यथा अभिक्रिया ऐल्कीन के बनने में सहायक होगी, जब ऐल्कोहॉल द्वितीयक या तृतीयक होते हैं तो अभिक्रिया S_N1 पथ का अनुसरण करती है।

विलयम्सन संश्लेषण (Williamson synthesis) यह सममित और असममित ईथरों को बनाने की विधि है। इस विधि में, ऐल्किल हैलाइड की सोडियम ऐल्कॉक्साइड के साथ अभिक्रिया कराई जाती है।

Concept Master
Video के लिए

$$R—X + R'\ddot{\underset{..}{O}}\overset{+}{N}a \longrightarrow R\ddot{\underset{..}{O}}R' + NaX$$

- R और R' समान अथवा भिन्न हो सकते हैं। यह विधि सरल तथा मिश्रित दोनों प्रकार के ईथरों के निर्माण के लिए उपयुक्त है।
- द्वितीयक तथा तृतीयक ऐल्किल समूह युक्त ईथर भी इस विधि द्वारा बनाई जा सकती है। इस अभिक्रिया में प्राथमिक ऐल्किल हैलाइड पर ऐल्कॉक्साइड आयन का (S_N2) आक्रमण होता है, लेकिन द्वितीयक और तृतीयक ऐल्किल हैलाइड प्रयुक्त नहीं किए जा सकते हैं। द्वितीयक और तृतीयक ऐल्किल हैलाइडों की अभिक्रिया में विलोपन, प्रतिस्पर्धा में प्रतिस्थापन से आगे होता है तथा ऐल्कीन दे सकते हैं।
- तृतीयक ऐल्किल हैलाइड उत्पाद के रूप में केवल ऐल्कीन देते हैं तथा कोई ईथर नहीं बनते हैं ऐसा इसलिए होता है, क्योंकि ऐल्कॉक्साइड न केवल नाभिकरागी होते हैं अपितु प्रबल क्षारक भी होते हैं। ये विलोपन अभिक्रिया द्वारा तृतीय कार्बोधनायन से प्रोटॉन का निष्कासन करते हैं।
- इस विधि से फीनॉलों को भी ईथरों में परिवर्तित किया जाता है। इसमें फीनॉल का उपयोग फीनॉक्साइड समूह (moiety) के रूप में होता है।

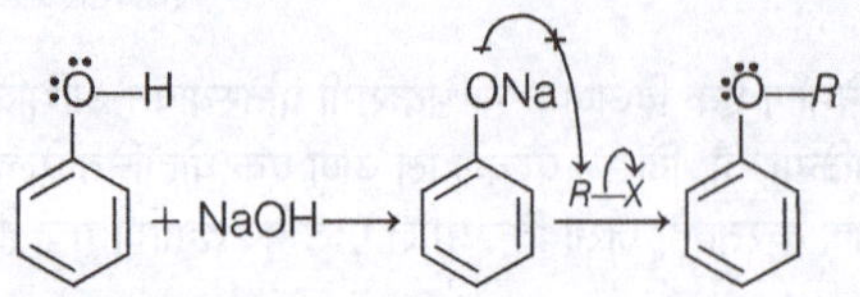

Marks Maximizer

- हैलाइड आयन के समान सल्फेट आयन भी अच्छा अवशिष्ट समूह है। अतः विलियम्सन संश्लेषण में ऐल्किल हैलाइड के स्थान पर ऐल्किल सल्फेट प्रयुक्त किए जा सकते हैं। उदाहरण

$$\underset{\text{सोडियम एथॉक्साइड}}{2C_2H_5ONa} + \underset{\text{डाइमेथिल सल्फेट}}{(CH_3O)_2S(=O)_2} \xrightarrow[\Delta]{2NaOH(aq)} \underset{\text{एथिल मेथिल ईथर}}{2C_2H_5OCH_3} + Na_2SO_4$$

$$\underset{\text{फीनॉल}}{2C_6H_5—OH} + (CH_3CH_2O)_2SO_2 \xrightarrow[\Delta]{2NaOH(aq)} \underset{\text{फीनेटोल}}{2C_6H_5OC_2H_5} + Na_2SO_4 + 2H_2O$$

भौतिक गुणधर्म (Physical Properties)

ईथरों के विभिन्न भौतिक गुणधर्म निम्न प्रकार हैं

- **ध्रुवता** (Polarity) ईथरों में C—O आबन्ध ध्रुवीय होते हैं, अतः ईथरों का नेट द्विध्रुव आघूर्ण होता है।
- **क्वथनांक** (Boiling point) ऐल्कोहॉलों में हाइड्रोजन आबन्ध की उपस्थिति के कारण ऐल्कोहॉलों और ईथरों के क्वथनांक में अधिक अन्तर होता है।
- **विलेयता** (Solubility) ईथरों की जल के साथ विलेयता, समान आण्विक द्रव्यमान वाले ऐल्कोहॉलों के समान होती हैं इसका कारण यह है, कि ऐल्कोहॉलों की भाँति ईथरों का ऑक्सीजन परमाणु भी जल के साथ हाइड्रोजन आबन्ध बनाता है। यह सामान्यतः आण्विक द्रव्यमान बढ़ने के साथ घटती है।
- **घनत्व** (Density) ईथर जल से हल्के होते हैं।

रासायनिक अभिक्रियाएँ (Chemical Reactions)

ये इस प्रकार हैं–

ईथरों में C—O आबन्धन का विदलन
(Cleavage of C—O Bond in Ethers)

- ईथरों के C—O आबन्ध का विदलन उग्र परिस्थितियों में हाइड्रोजन हैलाइडों के आधिक्य में होता है क्योंकि ईथर प्रकार्यात्मक समूहों में सबसे कम अभिक्रियाशील होते हैं।

$$ROR + HX \longrightarrow RX + R—OH$$
$$R—OH + HX \longrightarrow RX + H_2O$$

- दो विभिन्न ऐल्किल समूहों वाली ईथर भी इसी प्रकार से विदलित होती है।

$$R—O—R' + HX \longrightarrow R—X + R'—OH$$

- दिए गए ईथर के लिए हाइड्रोजन हैलाइडों की अभिक्रियाशीलता का क्रम इस प्रकार होता है–

HCl < HBr < HI (प्रबलतम अम्ल)

- भिन्न R समूहों वाले निश्चित ईथरों के सन्दर्भ में उत्पाद R समूह की प्रकृति पर निर्भर करती है।
- जब 1° और 2° R समूह उपस्थित हों तो अपेक्षाकृत छोटा R समूह ऐल्किल हैलाइड बनाता है।

$CH_3OCH_2CH_3 + HI \longrightarrow CH_3I + CH_3CH_2OH$ **NEET 2019**

- जब R समूहों में से एक 3° R उपस्थिति हो तो तृतीयक ऐल्किल हैलाइड बनता है क्योंकि तब अभिक्रिया S_N1 क्रियाविधि से होती है और 3° कार्बधनायन अधिक स्थाई होता है।

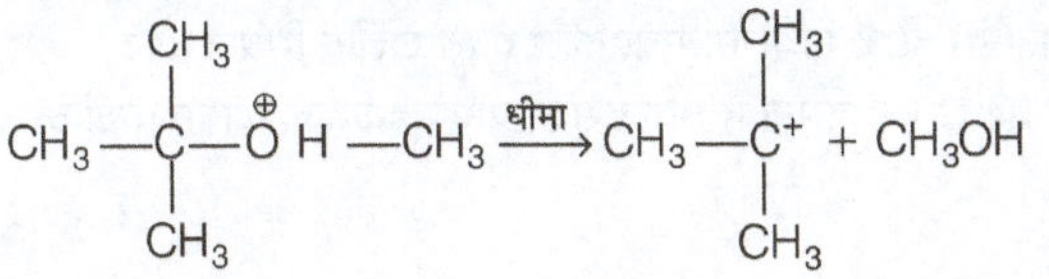

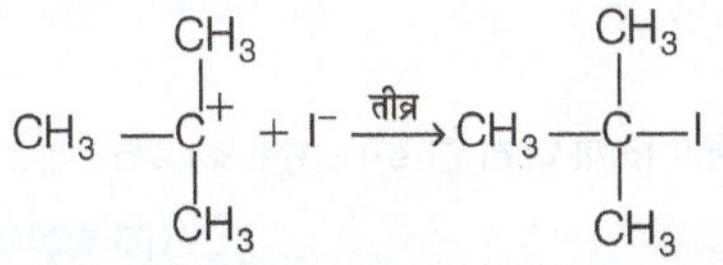

- ऐल्किल ऐरिल ईथरों कि स्थिति में HX के साथ अभिक्रिया में $R—O$ आबन्धन का विदलन होता है। द्विआबन्ध गुण के कारण $Ar—O$ आबन्ध अधिक स्थाई होता है।

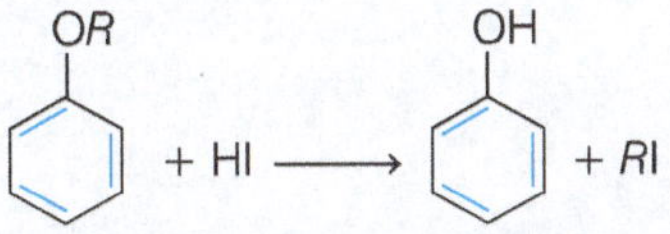

- ऐनिसोल के सन्दर्भ में, ईथर के प्रोटॉनीकरण से मेथिल फेनिल ऑक्सोनियम आयन $C_6H_5—\overset{+}{\underset{H}{O}}—CH_3$ बनाता है।
- फेनिल समूह में कार्बन की sp^3 संकरण अवस्था तथा $(O—C_6H_5)$ समूह के आंशिक द्विआबन्ध अभिलक्षण के कारण $O—CH_3$ का आबन्ध $O—C_6H_5$ आबन्ध की तुलना में दुर्बल होता है। इसलिए I^- आयन का आक्रमण $O—CH_3$ आबन्ध को तोड़कर CH_3I बनाता है। फीनॉल पुनः अभिक्रिया करके हैलाइड नहीं देते क्योंकि फीनॉल का sp^2-संकरित कार्बन नाभिकरागी प्रतिस्थापन अभिक्रिया नहीं दर्शाता है। **NEET 2020**

ऐरोमैटिक ईथरों में इलेक्ट्रॉन स्नेही प्रतिस्थापन
(Electrophilic Substitution of Aromatic Ethers)

ऐल्कॉक्सी समूह (—O*R*) फीनॉल के —OH समूह के समान ही ऐरोमैटिक वलय को *ऑर्थो* एवं *पैरा* स्थितियों पर इलेक्ट्रॉनरागी प्रतिस्थापन के प्रति सक्रिय करता है।

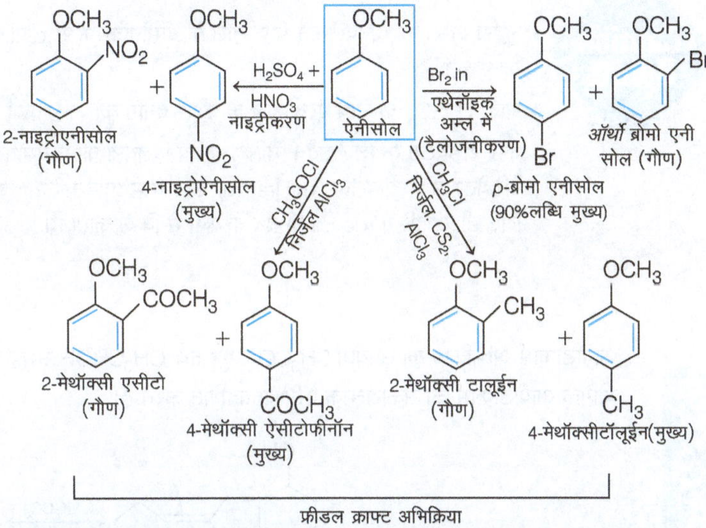

Marks Maximizer

- कम से कम चार $—OCH_2CH_2—$ पुनरावृत्ति इकाई रखने वाले दीर्घ वलय ईथरों को क्राउन ईथर कहते हैं, क्योंकि इनकी संरचना क्राउन के समान होती है।
- 18-क्राउन-6-ईथर एक सामान्य ईथर है, जिसमें 18 वलय आकार तथा 6 ऑक्सीजन परमाणुओं की संख्या है।

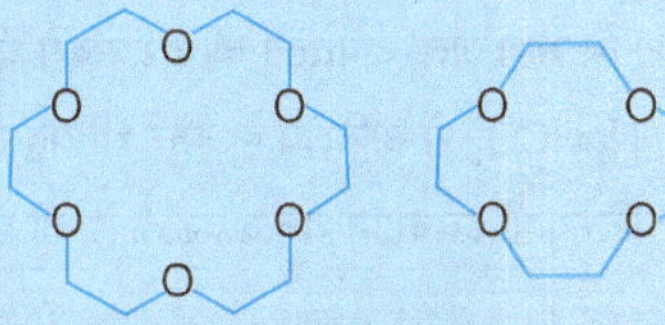

18-क्राउन-6-ईथर 12-क्राउन-4-ईथर

Caution Points

- ईथर केवल प्राथमिक ऐल्कोहॉलों के निर्जलीकरण द्वारा बनाये जा सकते हैं। 2° और 3° ऐल्कोहॉल लेने पर विलोपन अभिक्रिया होती है, जिसमें जल के अणुओं के निष्कासन के साथ संगत ऐल्कीन बनते हैं।

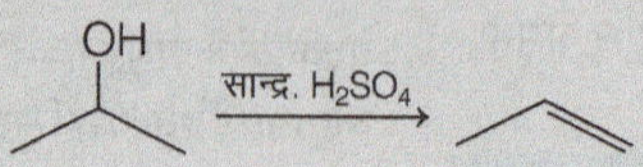

- लूईस अम्ल की अनुपस्थिति में फीनॉल के ब्रोमीनीकरण से *p*-प्रतिस्थापित उत्पाद नहीं बनते हैं। यद्यपि एक ट्राइप्रतिस्थापित उत्पाद प्राप्त किया जा सकता है।
- सान्द्र H_2SO_4 के साथ ऐल्कोहॉल की ईथर बनाने की अभिक्रिया के ताप निम्न रखना चाहिए, क्योंकि कि उच्च ताप पर ऐल्कीन प्राप्त होंगे।
- कार रेडियेटरों के लिए सदैव मिश्रित जलीय विलयनों का अनुमोदन किया जाता है। 50% एथिलीन ग्लाइकॉल युक्त जलीय मिश्रण कार रेडियेटर में ऐण्टी-फ्रीज (anti freeze) के रूप में प्रयुक्त किया जाता है। यह 34°C पर जमता है तथा इसका प्रयोग हवाईजहाज के पंखों के लिए डी-आइसिंग (de-icing) द्रव के रूप में किया जाता है।

PYQ नोट्स

1. आयोडोफार्म अभिक्रिया का उपयोग CH_3CO समूह तथा CH_3CHOH समूह की उपस्थिति का परीक्षण के लिए किया जाता है। इन समूहों को रखने वाले यौगिक आयोडोफार्म का सकारात्मक परीक्षण प्रदर्शित करते हैं। **[NEET 2018]**

2. 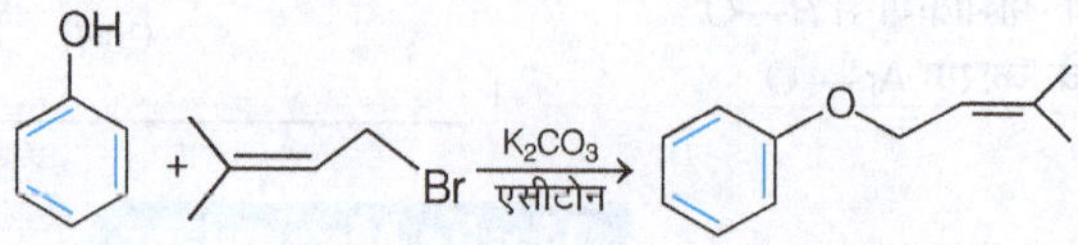

यह एक S_N2 क्रियाविधि अभिक्रिया है। **[NEET 2021]**

3. 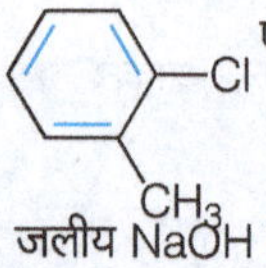

एक बेंजिलिक हैलाइड है। अतः ऐरोमैटिक वलय के साथ में sp^3-संकरित C-परमाणु के बीच आंशिक द्विआबन्ध लक्षण होता है।

जलीय NaOH के साथ जल-अपघटन की दर सबसे धीमी दर है। **[JEE Main 2019]**

4. यद्यपि फीनॉल $NaHCO_3$ में अविलेय है, फिर भी यह उदासीन $FeCl_3$ विलयन के साथ बैंगनी रंग देता है (फैरिक क्लोराइड परीक्षण)। **[JEE Main 2021]**
5. जब कोई भी प्रतिस्थायी इलेक्ट्रॉन घनत्व बढ़ाता है, तो इलेक्ट्रॉन रागी प्रतिस्थापन अभिक्रिया के प्रति बेन्जीन की अभिक्रियाशीलता में वृद्धि होती है। **[JEE Main 2023]**
6. ऐल्कोहॉलों का अम्लीय गुण ग्राही समूह की उपस्थिति पर निर्भर करता है, जो कम दूरी के साथ (–*I*) प्रभाव दर्शाता है। यह अम्लीय सामर्थ्य को बढ़ाता है। **[JEE Main 2023]**

Step by Step

Mastering NCERT

- कॉन्सेप्ट बिल्डर्स
- शीर्षकवार प्रश्न
- अभिकथन-कारण प्रश्न
- कथन आधारित प्रश्न
- सुमेलन प्रकार प्रश्न
- आंकिक मान प्रकार के प्रश्न
- NCERT Exemplar प्रश्न
- विगत परीक्षाओं के प्रश्न
- स्किल बूस्टर्स

कॉन्सेप्ट बिल्डर्स

1 उस यौगिक का नाम बताइए जो लकड़ी की फर्नीचर को चमकाने के लिए उपयोग किए जाने वाली साधारण स्प्रिट का एक महत्वपूर्ण घटक है।

2 —OH समूह वाले यौगिकों का उपयोग ऐल्केलॉइड बनाने के लिए किया जा सकता है। (सत्य/असत्य)

3 एक ऐल्कोहॉल में एक या एक से अधिक (—OH) समूह होते हैं, जो सीधे .... के कार्बन परमाणुओं से जुड़े होते हैं।

4 हाइड्रोकार्बन में हाइड्रोजन परमाणु को .... समूह द्वारा प्रतिस्थापन से यौगिकों का एक अन्य वर्ग प्राप्त होता है, जिसे ईथर के रूप में जाना जाता है।

5 ऐल्कोहॉल में ऐरिल कार्बन से आबन्धित —OH समूह होता है, जिसे .... ऐल्कोहॉल कहा जाता है।

6 $CH_2 = CH—CH_2OH$ विनाइलिक ऐल्कोहॉल का एक उदाहरण है। (सत्य/असत्य)

7 निम्नलिखित यौगिक का IUPAC नाम लिखें।
$(HOCH_2(CH_2)_3CH_2COCH_3)$

8 फीनॉल में C—O बन्ध की लंबाई ईथर की तुलना में कम होती है। (सत्य/असत्य)

9 उस अभिकर्मक का नाम लिखिए, जिसका उपयोग कार्बोनिल यौगिकों को ऐल्कोहॉल में अपचयित करने के लिए किया जा सकता है।

10 क्यूमीन से फीनॉल बनाने में बनने वाले मध्यवर्ती का नाम लिखिए।

11 कार्बन श्रृंखला में शाखाओं की वृद्धि के साथ, वान्डर वाल्स आकर्षण बल बढ़ता है। (सत्य/असत्य)

12 फीनॉल में, इलेक्ट्रॉन दाता समूह फीनॉक्साइड आयन को बनने में सहायक नहीं होते हैं, जिसके परिणामस्वरूप अम्लीय सामर्थ्य में .... होती है। (वृद्धि/कमी)

13 ऐसीटिल सैलिसिलिक अम्ल में पीड़ाहारी, सूजनरोधी और प्रतिज्वरनाशी गुण होते हैं, जिन्हें ...... के रूप में भी जाना जाता है।

14 तृतीयक ऐल्कोहॉल $ZnCl_2$ और सान्द्र HCl के सममोलर मिश्रण के साथ अभिक्रिया करने पर धुँधलापन उत्पन्न करता है। (सत्य/असत्य)

15 फेनिल मेथेनोएट के मोनोनाइट्रीकरण से मुख्य मात्रा में .... उत्पाद बनता है।

16 उस अभिक्रिया का नाम क्या है, जिसमें कार्बोलिक अम्ल की सोडियम हाइड्रॉक्साइड की उपस्थिति में क्लारोफॉर्म के साथ अभिक्रिया करायी जाती है?

17 ऑक्सीजन की उपस्थिति में फीनॉल धीरे-धीरे गहरे रंग के .... के मिश्रण में ऑक्सीकृत हो जाता है।

18 ग्लूकोज और फ्रक्टोज, इनवर्टेज नामक एंजाइम की उपस्थिति में किण्वन से गुजरते हैं, जो खमीर में पाया जाता है। (सत्य/असत्य)

19 औद्योगिक ऐल्कोहॉल में कॉपर सल्फेट और पिरीडीन मिलाकर उसे पीने अयोग्य बना दिया जाता है। इसे ऐल्कोहॉल का .... कहते हैं।

20 निर्जलीकरण प्रक्रिया द्वारा ईथर के निर्माण में .... $[S_N`/S_N2]$ क्रियाविधि पथ का अनुसरण किया जाता है।

21 प्राथमिक ऐल्कोहॉल के ऑक्सीकरण से ऐल्डिहाइड की लब्धि प्राप्त करने के लिए किस संकुल का उपयोग किया जाता है?

22 मेथेनॉल विष से प्रभावित रोगी का उपचार तनु .... (एथेनॉल/प्रोपेनॉल) के अंतः शिरा अंतर्वेशन द्वारा किया जाता है।

23 ऐल्कोहॉल और फीनॉल ब्रॉन्स्टेड अम्ल हैं। (सत्य/असत्य)

24 फीनोल से पिक्रिक अम्ल के निर्माण में बनने वाले मध्यवर्ती उत्पाद का नाम लिखिए।

25 वायु की उपस्थिति में .... धीरे-धीरे ऑक्सीकृत होकर गहरे रंग के क्विनॉन के मिश्रण में परिवर्तित हो जाते हैं।

26 सममित और असममित ईथर बनाने के लिए उपयोग की जाने वाली अभिक्रिया का नाम लिखिए।

27 विलियम्सन संश्लेषण द्वारा ईथर के निर्माण में तृतीयक ऐल्किल हैलाइड द्वितीयक ऐल्किल हैलाइड की तुलना में अच्छा यौगिक है। (सत्य/असत्य)

28 विलियम्सन अभिक्रिया में प्राथमिक या द्वितीयक ऐल्किल समूह उपस्थित होते हैं, यह .... ऐल्किल समूह है, जो ऐल्किल आयोडाइड बनाता है।

29 ऐनिसोल के ब्रोमीनीकरण से, *पैरा*-ब्रोमोऐनिसोल 90% लब्धि में प्राप्त होता है। (सत्य/असत्य)

30 मेथॉक्सी बेन्जीन की एथेनॉल क्लोराइड के साथ अभिक्रिया द्वारा .... मुख्य उत्पाद बनता है।

शीर्षकवार प्रश्न

ऐल्कोहॉल, फीनॉल एवं ईथर का वर्गीकरण, नामकरण और संरचना

1 निम्नलिखित में से किस ऐल्कोहॉल में —OH समूह sp^3-संकरित कार्बन परमाणु से जुड़ा होता है? NCERT पृष्ठ 194
(a) ऐलिलिक और विनाइलिक दोनों
(b) ऐलिलिक और बेन्जाइलिक ऐल्कोहॉल दोनों।
(c) विनाइलिक और बेन्जाइलिक ऐल्कोहॉल दोनों
(d) केवल विनाइलिक में।

2 विनाइलिक ऐल्कोहॉल में है NCERT पृष्ठ 195
(a) —sp^3-संकरित कार्बन परमाणु से जुड़ा —OH समूह है।
(b) —sp-संकरित कार्बन परमाणु से जुड़ा —OH समूह है।
(c) —OH समूह कार्बन-कार्बन द्विबन्धन से जुड़ा हुआ है।
(d) —OH समूह ऐरोमैटिक वलय से अगले sp^3-संकरित कार्बन परमाणु पर जुड़ा होता है।

3 निम्नलिखित में से किसे फीनॉल के रूप में वर्गीकृत नहीं किया जाता है? NCERT पृष्ठ 195

(a) 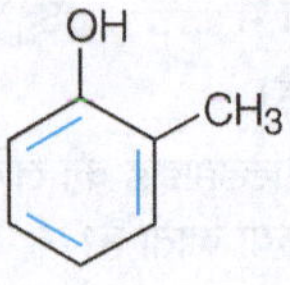
(b) 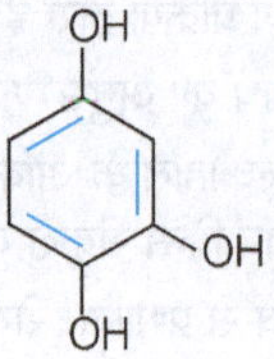
(c) 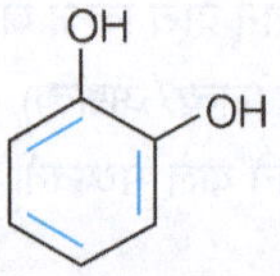
(d) 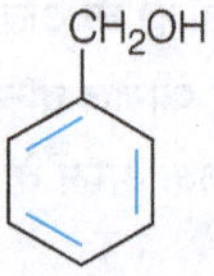

4 निम्नलिखित में से कौन-सा युग्म सुमेलित नहीं है? NCERT पृष्ठ 195
(a) $C_2H_5OC_2H_5 \rightarrow$ सरल ईथर
(b) $C_2H_5OC_6H_5 \rightarrow$ मिश्रित ईथर
(c) $C_2H_5OCH_3 \rightarrow$ असममित ईथर
(d) $C_2H_5OC_2H_5 \rightarrow$ असममित ईथर

5 निम्नलिखित संरचना का IUPAC नाम है NCERT पृष्ठ 195, 196

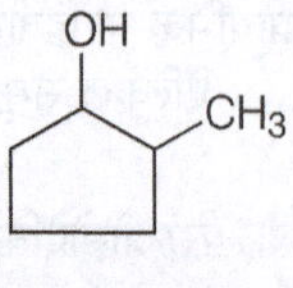

(a) 2-मेथिलहाइड्रॉक्सीसाइक्लोपेंटेन
(b) 2-हाइड्रॉक्सी 2-मेथिलसाइक्लोपेंटेन
(c) 2-मेथिलसाइक्लोपेन्टेनॉल
(d) साइक्लोपेन्टाइलमेथेन

6 निम्नलिखित तालिका का अवलोकन करें : NCERT पृष्ठ 196

यौगिक	सामान्य नाम	IUPAC नाम
CH_3-OH	मेथिल ऐल्कोहॉल	I
$CH_3-CH(OH)-CH_3$	II	प्रोपेन-2-ऑल
III	n-ब्यूटिल ऐल्कोहॉल	ब्यूटेन-1-ऑल

उपरोक्त तालिका से I, II और III को पहचानिए।
(a) I → मेथनॉल; II → तृतीयक प्रोपिल ऐल्कोहॉल; III → $CH_3CH_2CH_2CH_2OH$
(b) I → मेथनॉल; II → प्रोपिल ऐल्कोहॉल; III → $CH_3CH_2CH_2OH$
(c) I → मेथनॉल; II → आइसो प्रोपिल ऐल्कोहॉल; III → $CH_3CH_2CH_2CH_2OH$
(d) I → मेथनॉल; II → तृतीयक प्रोपिल ऐल्कोहॉल; III → $CH_3CH_2CH_2OH$

7 निम्नलिखित विकल्पों में से गलत मिलान का चयन करें। NCERT पृष्ठ 196
(a) $H_3C-CH_2-CH(OH)-CH_3 \rightarrow$ द्वितीयक-ब्यूटिल ऐल्कोहॉल
(b) $CH_3-CH(CH_3)-CH_2OH \rightarrow$ आइसो-ब्यूटिल ऐल्कोहॉल
(c) $CH_2(OH)-CH(OH)-CH_2(OH) \rightarrow$ ग्लिसरॉल
(d) $HO-H_2C-CH_2-OH \rightarrow$ मेथिलीन ग्लाइकॉल

8 यौगिक $C_3H_8O_3$ में दो प्राथमिक ऐल्कोहॉलिक समूह और एक द्वितीयक ऐल्कोहॉलिक समूह है। इस यौगिक का IUPAC नाम है NCERT पृष्ठ 196
(a) प्रोपेन-1, 2-डाइऑल (b) प्रोपेन-1, 3-डाइऑल
(c) प्रोपेन-1, 2, 3-ट्राईऑल (d) 2-मेथिलएथेन-1-ऑल

9 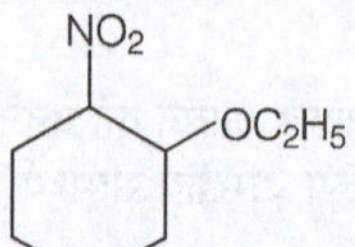 का IUPAC नाम है NCERT पृष्ठ 198
(a) एथिल-2-नाइट्रोसाइक्लोहेक्सेन
(b) 1-एथॉक्सी-2-नाइट्रोसाइक्लोहेक्सेन
(c) 1-नाइट्रो-2-एथॉक्सीसाइक्लोहेक्सेन
(d) 2-नाइट्रो-1-एथॉक्सीसाइक्लोहेक्सेन

10 मेथेनॉल, फीनॉल और मेथॉक्सीमेथेन में C—O—H बन्ध कोण क्रमशः हैं NCERT पृष्ठ 198
(a) 108.9°, 109° और 111.7° (b) 109, 108-9° और 111.7°
(c) 111.7 108.9° और 109° (d) 111.7°, 109° और 108.9°

11 $C_6H_{14}O_2$ यौगिक, जिसमें दो तृतीयक ऐल्कोहॉलिक समूह हैं, का IUPAC नाम क्या है? **NCERT पृष्ठ 199**

(a) 2-मेथिल-2, 3-पेन्टेनडाइऑल

(b) 2, 3-डाइमेथिल-ब्यूटेन-2, 3-डाइऑल

(c) 2, 3-डाइमेथिल-1, 2-ब्यूटेनडाइऑल

(d) 2, 3-डाइमेथिल-1, 2-ब्यूटेनडाइऑल

12 ईथर में, ऑक्सीजन पर उपस्थित इलेक्ट्रॉनों के दो बन्ध युग्म और दो एकाकी युग्म किस प्रकार होते हैं? **NCERT पृष्ठ 199**

(a) समतलीय व्यवस्था

(b) चतुष्फलकीय व्यवस्था

(c) त्रिकोणीय द्विपिरामिड व्यवस्था

(d) वर्ग समतलीय व्यवस्था

13 ईथर के सम्बन्ध में गलत कथन का चयन करें। **NCERT पृष्ठ 199**

(a) चार इलेक्ट्रॉन युग्म चतुष्फलकीय व्यवस्था में व्यवस्थित होते हैं।

(b) C—O—C— बन्ध कोण चतुष्फलकीय कोण से कम होता है।

(c) C—O बन्ध की लम्बाई लगभग ऐल्कोहॉल के समान ही होती है।

(d) ईथर में C—O बन्ध ध्रुवीय होते हैं।

ऐल्कोहॉल एवं फीनॉल

14 ऐल्कीन अम्लीय उत्प्रेरक की उपस्थिति में जल के साथ अभिक्रिया करके ऐल्कोहॉल बनाते हैं। **NCERT पृष्ठ 199**

$$CH_3CH{=}CH_2 + H_2O \xrightleftharpoons{H^+} CH_3-\underset{\substack{|\\OH}}{CH}-CH_3$$

यह अभिक्रिया किस नियम के अनुसार होती है?

(a) हॉफमैन विलोपन नियम (b) सैट्जेफ़ नियम

(c) मार्कोनीकॉफ का नियम (d) ऐन्टी मार्कोनीकॉफ योगज नियम

15 निम्नलिखित अभिक्रिया पर विचार करें।

$$CH_3—CH{=}CH_2 \xrightarrow{X} CH_3—CH_2—CH_2OH$$

उपरोक्त अभिक्रिया के लिए उपयुक्त अभिकर्मक (X) है **NCERT पृष्ठ 200**

(a) $H_2 \mid Pt$ (b) (i) B_2H_6 (ii) $H_2O_2 \mid OH^-$

(c) $Br_2 \mid HCl$ (d) $HBr \mid H_2O_2$

16 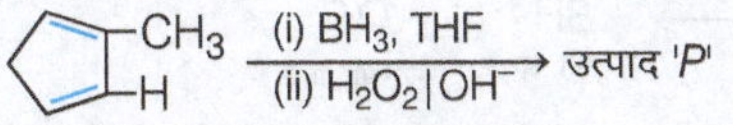

उपरोक्त अभिक्रिया के सम्बन्ध में गलत कथन का चयन करें। **NCERT पृष्ठ 200**

(a) इस अभिक्रिया को हाइड्रोबोरेसन ऑक्सीकरण के नाम से जाना जाता है।

(b) –H और –OH का शुद्ध योग मार्कोनीकॉफ नियम के अनुसार होता है।

(c) हाइड्रोबोरेन से योगात्मक उत्पाद के रूप में ट्राईऐल्किल बोरेन प्राप्त होता है।

(d) ऐल्कोहॉल अच्छी लब्धि में प्राप्त होता है।

17 $$CH_3CH_2CH_3 \xrightarrow[hv]{Br_2} \underset{(\text{मुख्य})}{A} \xrightarrow[\Delta]{\text{ऐल्कोहॉल}.KOH} B \xrightarrow[(ii)\ H_2O,\ H_2O_2,\ OH^-]{(i)\ B_2H_6} C$$

यहाँ C, है **NCERT पृष्ठ 200**

(a) $CH_3CH_2CH_2OH$ (b) $CH_3\underset{\substack{|\\OH}}{CH}—CH_3$

(c) $CH_3CH_2CH_2BH_2$ (d) $CH_3CH_2CH_2Br$

18 वह अभिकर्मक जो ऐल्डिहाइड और कीटोन को ऐल्कोहॉल में अपचयन के लिए उपयोग नहीं किया जाता है, वह है **NCERT पृष्ठ 200**

(a) सूक्ष्म रूप से विभाजित धातुएँ जैसे Pt/Pd/Ni

(b) सोडियम बोरोहाइड्राइड

(c) लीथियम ऐल्यूमीनियम हाइड्राइड

(d) पोटैशियम परमैंगनेट

19 निम्नलिखित में से किस अभिकर्मक का उपयोग कार्बोक्सिलिक अम्लों का प्राथमिक ऐल्कोहॉल में अपचयित करने के लिए किया जाता है। **NCERT पृष्ठ 200**

(a) Pd (b) $KMnO_4$ (c) $LiAlH_4 / H_2O$ (d) Ni

20 निम्नलिखित अभिक्रियाओं पर विचार करें।

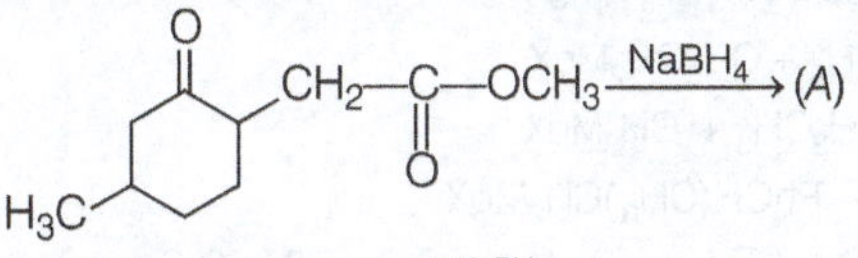

$$CH_3CH_2CH_2\underset{\substack{|\\CH_3}}{CH}—CHO \xrightarrow{NaBH_4} (B)$$

यौगिक (A) और (B) क्रमशः हैं, **NCERT पृष्ठ 200**

(a) 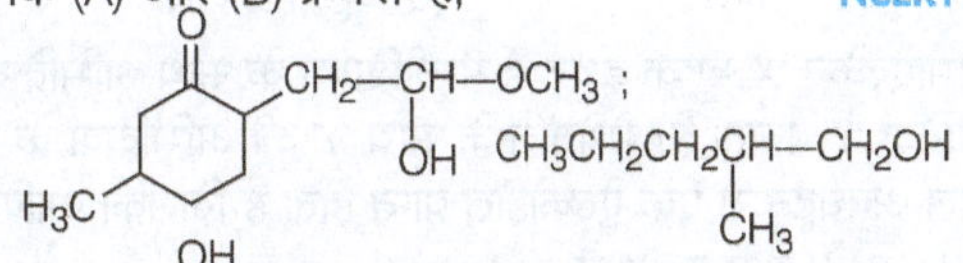

(b) 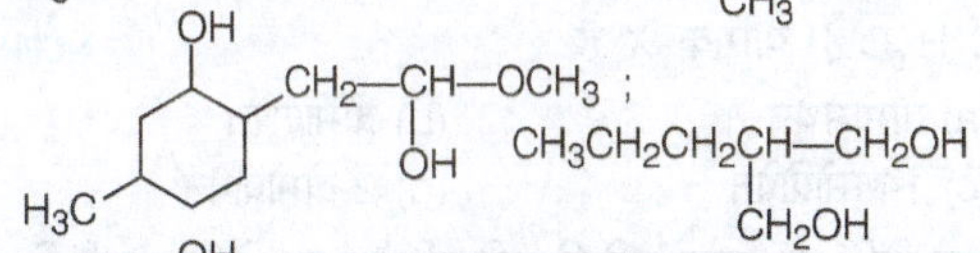

(c) 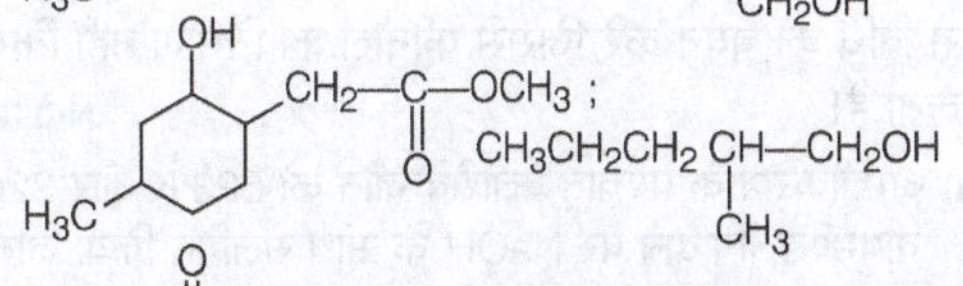

(d) 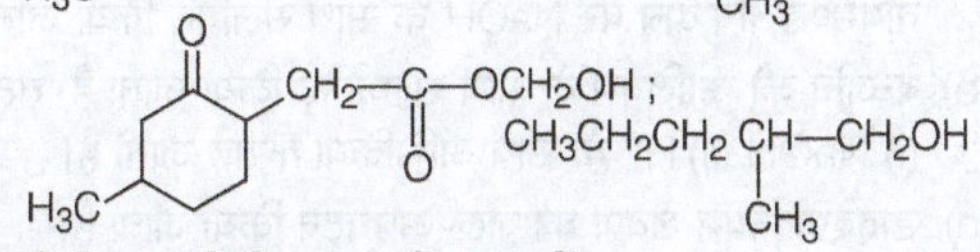

21 निम्नलिखित अभिक्रिया पर विचार करें।

$$CH_3COOH \xrightarrow[H^+]{C_2H_5OH} CH_3COOC_2H_5 \xrightarrow[\text{उत्प्रेरक}]{H_2}$$

बनाने वाला अन्तिम उत्पाद है **NCERT पृष्ठ 200**

(a) $CH_3COOH + C_2H_5OH$ (b) $C_2H_5OH + CH_3OH$

(c) $2C_2H_5OH$ (d) $CH_3CH_2CH_2OH$

22 $CH_3CH_2—\overset{O}{\overset{||}{C}}—OH \xrightarrow{[X]} CH_3CH_2—CH_2—OH$

उपरोक्त रूपान्तरण के लिए निम्नलिखित में से कौन-सा/से अपचायक सबसे उपयुक्त है/हैं? **NCERT पृष्ठ 200**

(a) $NaBH_4$ / EtOH
(b) $LiAlH_4$ / H_2O
(c) B_2H_6 / THF
(d) $NaBH_4$ / EtOH or $LiAlH_4$ / EtOH

23 ग्रिगनार्ड अभिकर्मक की कार्बोनिल यौगिक के साथ अभिक्रिया एक नाभिकस्नेही योगात्मक अभिक्रिया है। यह अभिक्रिया जल अपघटन पर निर्माण करती है **NCERT पृष्ठ 201**

(a) एस्टर (b) ऐल्कोहॉल
(c) कार्बोक्सिलिक अम्ल (d) ईथर

24 $CH_3CH_2—\overset{OH}{\underset{Ph}{C}}—CH_3$ द्वारा किसका निर्माण नहीं किया जा सकता? **NCERT पृष्ठ 201**

(a) $CH_3CH_2COCH_3$ + PhMgX
(b) $PhCOCH_3 + CH_3CH_2MgX$
(c) $PhCOCH_2CH_3 + CH_3MgX$
(d) HCHO + $PhCH(CH_3)CH_2MgX$

25 मेथिलमैग्नीशियमब्रोमाइड के साथ प्रोपेनोन की अभिक्रिया से बनने वाले यौगिक का IUPAC नाम बताइए। **NCERT पृष्ठ 201**

(a) 2-मेथिलप्रोपेन-2-ऑल (b) 2-मेथिलप्रोपेन-1-ऑल
(c) ब्यूटेन-1-ऑल (d) ब्यूटेन-2-ऑल

26 ब्रोमोऐल्केन '*X*' शुष्क ईथर में मैग्नीशियम के साथ अभिक्रिया करके यौगिक '*Y*' बनाता है। मेथेनॉल के साथ '*Y*' की अभिक्रिया के पश्चात् जल अपघटन से एक ऐल्कोहॉल प्राप्त होता है जिसका आण्विक सूत्र $C_4H_{10}O$ है। यौगिक '*X*' है **NCERT पृष्ठ 201**

(a) ब्रोमोमेथेन (b) ब्रोमोएथेन
(c) 1-ब्रोमोप्रोपेन (d) 2-ब्रोमोप्रोपेन

27 उस विधि का चयन करें जिससे फीनॉल का निर्माण नहीं किया जा सकता है। **NCERT पृष्ठ 202**

(a) अम्लीकरण के पश्चात् क्लोरोबेन्जीन को 623 K और 320 वायुमण्डलीय दाब पर NaOH के साथ संलयित किया जाता है।
(b) बेन्जीन को ओलियम के साथ सल्फोनेट किया जाता है, तत्पश्चात् (i) NaOH (ii) H^+ के साथ अभिक्रिया कराई जाती है।
(c) डाइऐज़ोनियम लवण का जल-अपघटन किया जाता है।
(d) क्यूमीन का ऑक्सीकरण।

28 निम्नलिखित में से कौन-सा हाइड्रोकार्बन फीनॉल के व्यापक उत्पादन के लिए उपयोग किया जाता है? **NCERT पृष्ठ 202**

(a) *आइसो*-ब्यूटिलबेन्जीन (b) *आइसो*-प्रोपिलबेन्जीन
(c) *आइसो*-पेंटाइलबेन्जीन (d) *आइसो*-हेक्सिलबेन्जीन

29 निम्नलिखित अभिक्रियाओं के अनुक्रम में मुख्य उत्पाद, *P*, *Q* और *R* की पहचान करें :

$$C_6H_6 + CH_3CH_2CH_2Cl \xrightarrow[AlCl_3]{\text{निर्जलीय}} P \xrightarrow[(ii)\ H_3O^+]{(i)\ O_2} Q + R$$

NCERT पृष्ठ 202

(a) $C_6H_5CH(CH_3)_2$, C_6H_5OH, $CH_3CH(OH)CH_3$
(b) $C_6H_5CH_2CH_2CH_3$, C_6H_5CHO, C_6H_5COOH
(c) $C_6H_5CH_2CH_2CH_3$, C_6H_5CHO, $CH_3CH_2—OH$
(d) $C_6H_5CH(CH_3)_2$, C_6H_5OH, $CH_3—CO—CH_3$

30 निम्नलिखित में से कौन-सा क्रम गुणों के सम्बन्ध में गलत है? **NCERT पृष्ठ 203, 204**

(a) $CH_3CH_2OH > CH_3CH_2CH_2OH > CH_3CH_2CH_2CH_2OH$ (विलेयता)
(b) $CH_3CH_2OH < CH_3CH_2CH_2OH < CH_3CH_2CH_2CH_2OH$ (क्वथनांक)
(c) $CH_3CH_2OH > CH_3—O—CH_3 > CH_3CH_2CH_3$ (क्वथनांक)
(d) $CH_3—\overset{CH_3}{\underset{CH_3}{C}}—OH > CH_3—\underset{CH_3}{CH}—CH_2OH > CH_3CH_2CH_2CH_2OH$ क्वथनांक

31 क्वथनांक के बढ़ने का सही क्रम चुनें। **NCERT पृष्ठ 204**

(a) मेथनॉल < ऐथेनॉल < प्रोपेन-1-ऑल < ब्यूटेन-2-ऑल < ब्यूटेन-1-ऑल < पेंटेन-1-ऑल
(b) एथेनॉल < मेथेनॉल < प्रोपेन-1-1ऑल < ब्येटेन-1-ऑल < ब्यूटेन-2-ऑल < पेंटेन-1-ऑल
(c) मेथेनॉल < एथेनॉल < प्रोपेन-1-ऑल < ब्यूटेन-1-ऑल < ब्यूटेन-2-ऑल < पेंटेन-1-ऑल
(d) मेथेनॉल < ऐथेनॉल < प्रोपेन-1-ऑल < ब्यूटेन-1-1-ऑल < पेंटेन-1-1-ऑल < ब्यूटेन-2-ऑल

32 निम्नलिखित में से कौन-सी अभिक्रिया सही है? **NCERT पृष्ठ 205**

(a) $\underset{\text{अम्ल}}{B^+} + \underset{\text{क्षार}}{H\ddot{\underset{..}{O}}R} \longrightarrow \underset{\text{संयुग्मी अम्ल}}{BH} + \underset{\text{संयुग्मी क्षार}}{\bar{O}R}$

(b) $\underset{\text{क्षार}}{B^-} + \underset{\text{अम्ल}}{H\ddot{\underset{..}{O}}R} \longrightarrow \underset{\text{संयुग्मी अम्ल}}{BH} + \underset{\text{संयुग्मी क्षार}}{\bar{O}R}$

(c) $\underset{\text{अम्ल}}{B^-} + \underset{\text{क्षार}}{H\ddot{\underset{..}{O}}R} \longrightarrow \underset{\text{संयुग्मी अम्ल}}{BH} + \underset{\text{संयुग्मी क्षार}}{\bar{O}R}$

(d) $\underset{\text{क्षार}}{B^-} + \underset{\text{अम्ल}}{H\ddot{\underset{..}{O}}R} \longrightarrow \underset{\text{संयुग्मी क्षार}}{BH} + \underset{\text{संयुग्मी अम्ल}}{\bar{O}R}$

33 निम्नलिखित यौगिकों में से प्रबल अम्ल का चयन कीजिए। **NCERT पृष्ठ 205**

(a) $CH_3CH_2CH_2OH$ (b) $H_3CCH_2CH_2—CH(CH_3)$
(c) CH_3OH (d) $(C_2H_5)_3COH$

34 निम्नलिखित में से अत्यधिक अम्लीय यौगिक कौन-सा है? **NCERT पृष्ठ 206**

(a) C_2H_5OH (b) H_2O (c) C_6H_5OH (d) $HC\equiv CH$

35 अत्यधिक अधिक अम्लीय यौगिक कौन-सा है? **NCERT पृष्ठ 207**

(a) 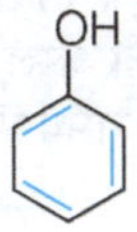 (b) 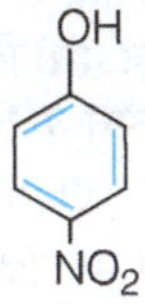

(c) 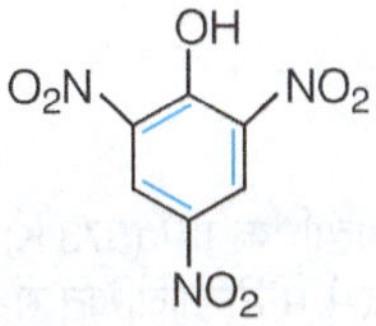 (d) 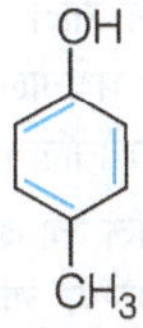

36 निम्नलिखित में से प्रतिस्थापित फीनॉल के लिए pK_a मान का सही बढ़ता क्रम होगा? **NCERT पृष्ठ 207**

(a) *o*-नाइट्रोफीनॉल < *p*-नाइट्रोफीनॉल < *m*-नाइट्रोफीनॉल < फीनॉल
(b) *p*-नाइट्रोफीनॉल < *o*-नाइट्रोफीनॉल < *m*-नाइट्रोफीनॉल < फीनॉल
(c) *m*-नाइट्रोफीनॉल < *o*-नाइट्रोफीनॉल < *p*-नाइट्रोफीनॉल < फीनॉल
(d) फीनॉल < *m*-नाइट्रोफीनॉल < *o*-नाइट्रोफीनॉल < *p*-नाइट्रोफीनॉल < फीनॉल

37 क्रिसॉल फीनॉल की तुलना में कम अम्लीय होते हैं, क्योंकि **NCERT पृष्ठ 207**

(a) EDGs फीनॉक्साइड आयन के निर्माण को बढ़ावा देते हैं, जिसके परिणामस्वरूप अम्लीय सामर्थ्य में कमी आती है।
(b) EWGs फीनॉक्साइड आयन के निर्माण को बढ़ावा देते हैं, जिसके परिणामस्वरूप अम्लीय सामर्थ्य में कमी आती है।
(c) EDGs फीनॉक्साइड आयन के निर्माण को बढ़ावा नहीं देते, जिसके परिणामस्वरूप अम्लीय सामर्थ्य कमी आती है।
(d) EWGs फीनॉक्साइड आयन के निर्माण के पक्ष में नहीं है, जिसके परिणामस्वरूप अम्लीय सामर्थ्य में कमी आती है।

38 निम्नलिखित यौगिकों के अम्लीयता के घटते क्रम में व्यवस्थित करें। **NCERT पृष्ठ 207**

(a) $H_2O > HC\equiv CH > ROH$
(b) $H_2O > ROH > HC\equiv CH$
(c) $HC\equiv CH > ROH > H_2O$
(d) $HC\equiv CH > H_2O > ROH$

39 ऐल्कोहॉल फीनॉल की अम्ल क्लोराइड के साथ अभिक्रिया पिरीडिन की उपस्थिति में की जाती है, क्योंकि **NCERT पृष्ठ 208**

(a) उदासीन HCl अभिक्रिया के दौरान बनता है।
(b) संतुलन को बाईं ओर स्थानान्तरित किया जाता है
(c) उत्प्रेरक गुण प्रदान करता हैं।
(d) बेहतर लब्धि के लिए अम्लीय माध्यम की आवश्यकता होती है

40 निम्नलिखित अभिक्रिया पर विचार करें **NCERT पृष्ठ 208**

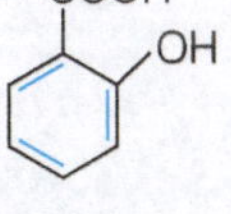 + $(CH_3CO)_2O \xrightarrow{H^+}$ '*X*'

यहाँ, उत्पाद '*X*' है

(a) 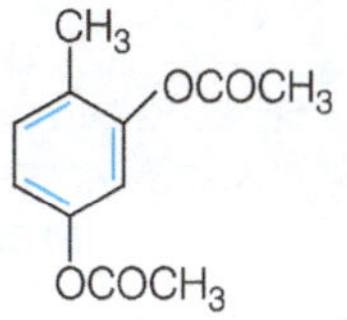 (b) 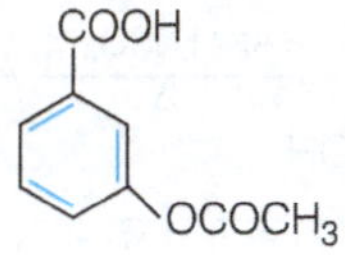

(c) 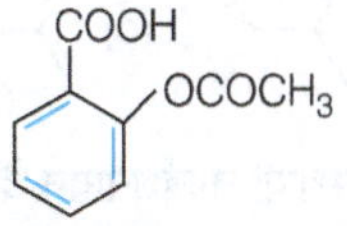 (d) 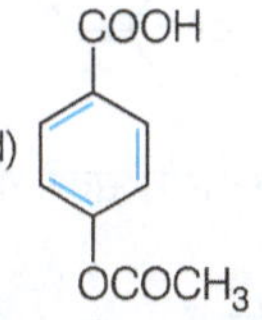

41 निम्नलिखित में कौन-सा ऐल्कोहॉल ल्यूकास अभिकर्मक के साथ तीव्रता से अभिक्रिया करता है? **NCERT पृष्ठ 208**

(a) 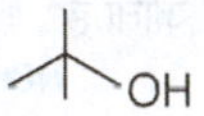 (b) 

(c) 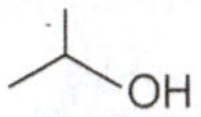 (d) 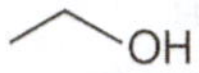

42 उस ऐल्कोहॉल का पहचान करें, जो सान्द्र HCl की उपस्थिति में निर्जलीय $ZnCl_2$ साथ अभिक्रिया करने पर तीव्रता से धुँधलापन नहीं देगा। **NCERT पृष्ठ 208**

(a) $CH_3—CH_2—OH$ (b) $CH_3CH_2CH_2—OH$
(c) $CH_3—CH_2—\underset{OH}{\underset{|}{CH}}—CH_3$ (d) $(CH_3)_3C—OH$

43 निम्नलिखित अभिक्रिया पर विचार करें :

$R—OH + HX \longrightarrow R—X + H_2O$

HX के साथ ऐल्कोहॉल की अभिक्रियाशीलता का सही घटता क्रम है **NCERT पृष्ठ 208**

(a) $HCl > HBr > HI$ (b) $HI > HBr > HCl$
(c) $HBr > HCl > HI$ (d) $HI > HCl > HBr$

45 एक अज्ञात ऐल्कोहॉल (*X*) कि "ल्यूकास अभिकर्मक" से अभिक्रिया कराई जाती है ताकि यह निर्धारित किया जा सके, कि ऐल्कोहॉल प्राथमिक, द्वितीयक या तृतीयक है। ऐल्कोहॉल का कौन-सा प्रकार किस क्रियाविधि के साथ तीव्रता अभिक्रिया करता है, **NCERT पृष्ठ 208**

(a) S_N1 द्वारा द्वितीयक ऐल्कोहॉल (b) तृतीयक ऐल्कोहॉल S_N2 द्वारा
(c) S_N2 द्वारा द्वितीयक ऐल्कोहॉल (d) तृतीयक ऐल्कोहॉल S_N1 द्वारा

46 2-मेथिलसाइक्लोहेक्सानॉल और ब्यूटेन-1-ऑल को निर्जलीकरण से निम्नलिखित में से कौन-सा उत्पाद बनता है? **NCERT पृष्ठ 208**

(a) 1-मेथिलसाइक्लोहेक्सीन और ब्यूट-2-ईन
(b) 2-मेथिलसाइक्लोहेक्सीन और ब्यूटेन
(c) 2-मेथिलसाइक्लोहेक्सीन और ब्यूट-2-ईन
(d) 1-मेथिलसाइक्लोहेक्सीन और ब्यूट-1-ईन

47 ऐल्कोहॉल के निर्जलीकरण के सम्बन्ध में गलत कथन चुनें। **NCERT पृष्ठ 208**

(a) प्रोटिक अम्ल की उपस्थिति में ऐल्कोहॉल निर्जलीकरण से गुजरते हैं।
(b) निर्जलीकरण की सापेक्ष सहजता $3° > 2° > 1°$ क्रम का अनुसरण करती है।
(c) तापमान कम होना चाहिए।
(d) जब ऐल्कोहॉल 2° और 3° होता है तो अभिक्रिया S_N1 पथ का अनुसरण करती है।

48 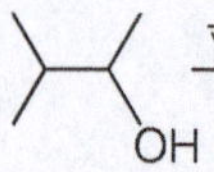

$\xrightarrow[\Delta]{\text{सान्द्र } H_2SO_4}$ A (मुख्य)

दी गई अभिक्रिया में उत्पाद *A* है NCERT पृष्ठ 208

(a) 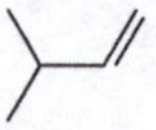 (b) 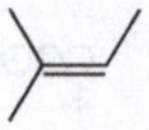 (c) 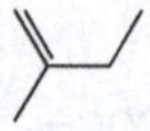 (d) 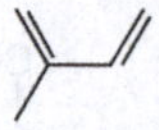

49 निर्जलीकरण के दौरान सबसे अधिक स्थायी कार्बधनायन देने वाला ऐल्कोहॉल है NCERT पृष्ठ 209

(a) ब्यूटेन-1-ऑल (b) 2-मेथिलप्रोपेन-1-ऑल
(c) 2-मेथलप्रोपेन-2-ऑल (d) ब्यूटेन-2-ऑल

50 कौन-सा ऐल्कोहॉल आसानी से निर्जलीकृत हो जाता है? NCERT पृष्ठ 209

(a) 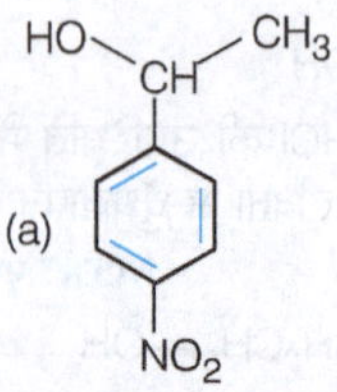

(b) 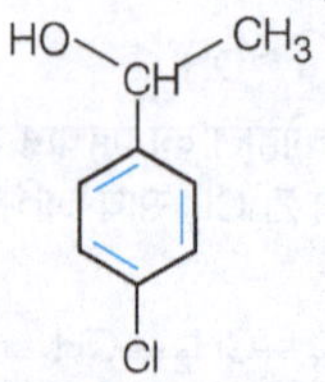

(c) 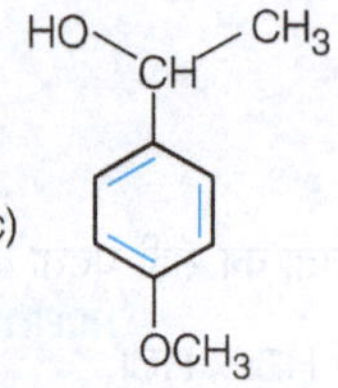

(d) 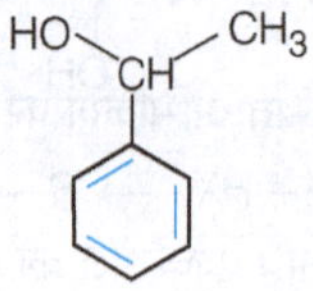

51 पीसीसी (PCC) है NCERT पृष्ठ 210

(a) पिरीडीन और HCl के साथ क्रोमियम ट्राईऑक्साइड का संकुल।
(b) अमोनिया और HCl के साथ क्रोमियम ट्राईऑक्साइड संकुल।
(c) पिरीडीन और HCl के साथ क्रोमियम डाइऑक्साइड सकुल
(b) अमोनिया और HCl के साथ क्रोमियम डाइऑक्साइड का संकुल।

52 ऐल्कोहॉल का कार्बोक्सिलिक अम्ल में रूपान्तरित करने के लिए उपयुक्त अभिकर्मक की पहचान कीजिए। NCERT पृष्ठ 210

(a) PCC (b) निर्जल CrO_3 (c) Cu/573 K (d) $KMnO_4$

53 गलत विकल्प चुनें NCERT पृष्ठ 210

(a) $CH_3-\underset{CH_3}{\overset{OH}{C}}-CH_3 \xrightarrow[300°\,C]{Cu} (CH_3)_2C=CH_2 + H_2O$

(b) $2CH_3CH_2OH \xrightarrow[140°C]{\text{सान्द्र } H_2SO_4} CH_3CH_2OCH_2CH_3 + H_2O$

(c) $2CH_3CH_2OH \xrightarrow[250\,°C]{Al_2O_3} C_2H_5OC_2H_5 + H_2O$

(d) $CH_3CH_2OH \xrightarrow[100°C]{\text{सान्द्र } H_2SO_4} CH_2=CH_2$

54 मेथेनॉल विषाक्तता से पीड़ित रोगी का उपचार तनु एथेनॉल के अंतः शिरा अंर्तवेशन द्वारा किया जाता है। ऐल्डिहाइड को अम्ल में ऑक्सीकृत करने के लिए उत्तरदायी एन्जाइम को समय मिल जाता है जिससे ……… हो जाता है। NCERT पृष्ठ 210

(a) यकृत द्वारा मेथेनॉल का उत्सर्जन
(b) गुर्दे द्वारा मेथेनॉल का उत्सर्जन
(c) यकृत द्वारा मेथेनॉल का उत्सर्जन
(d) गुर्दे द्वारा मेथेनॉल का उत्सर्जन

55 1°, 2° ऐल्कोहॉल का कॉपर क साथ अत्यधिक गर्म (573 K) करने पर विहाइड्रोजनीकरण अभिक्रिया के सन्दर्भ में निम्नलिखित में से कौन-सा नहीं है? NCERT पृष्ठ 210

(a) तृतीयक ऐल्कोहॉल → ऐल्कीन
(b) प्राथमिक ऐल्कोहॉल → ऐल्डिहाइड
(c) द्वितीयक ऐल्कोहॉल → कीटोन
(d) फीनॉल → फीनाइल मेथेनॉल

56 निम्नलिखित अभिक्रिया पर विचार करें, NCERT पृष्ठ 211

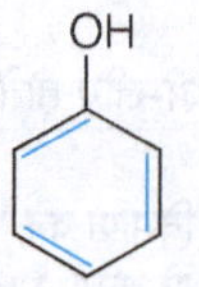

+ तनु $HNO_3 \xrightarrow{298\text{ K}}$?

दी गई अभिक्रिया में बने उत्पाद (उत्पादों) का चयन करें।

(a) 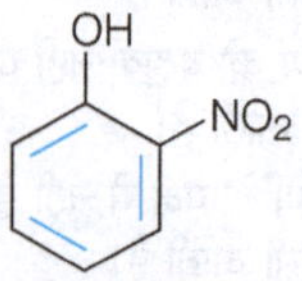

केवल

(b) 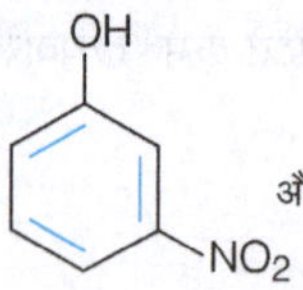

और 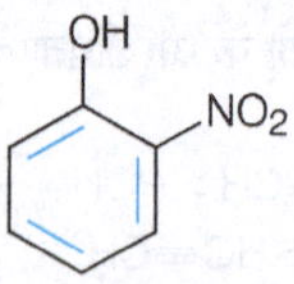

(c) 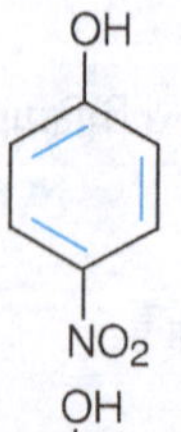

केवल

(d) 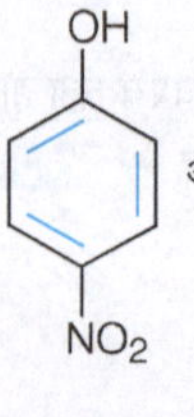

और 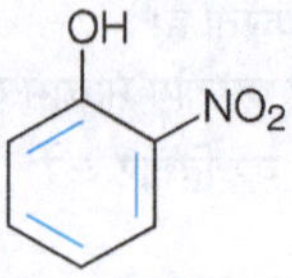

57 फीनॉल, सान्द्र HNO_3 को साथ अभिक्रिया करके बनाता है
NCERT पृष्ठ 211

(a) *o*-नाइट्रोफीनॉल (b) *P*-नाइट्रोफीनॉल
(c) 2, 4, 6 ट्राई-नाइट्रोफीनॉल (d) *m*-नाइट्रोफीनॉल

58 298 K ताप पर तनु HNO_3 के साथ फीनॉल की अभिक्रिया से दो उत्पाद *P* और *Q* प्राप्त होते हैं। इनमें से केवल *P* ही वाष्पशील भाप है। यहाँ *P* और *Q* क्रमशः हैं। NCERT पृष्ठ 211

(a) 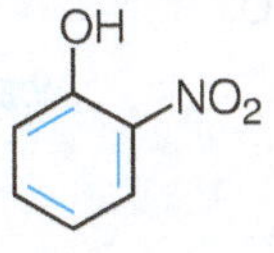 और 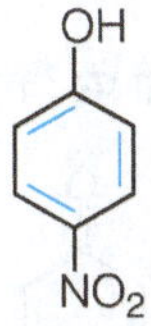

(b) 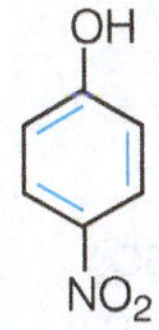 और 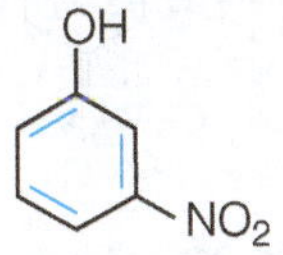

(c) 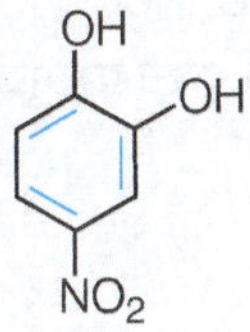 और 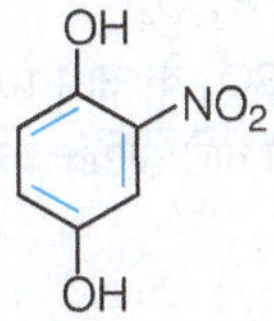

(d) 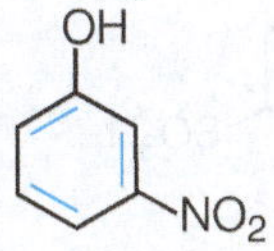 और 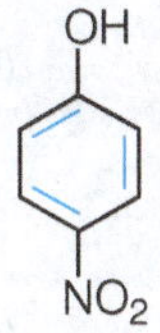

59 मेथिलफीनॉल के एकलनाइट्रीकरण द्वारा निर्मित मुख्य उत्पाद है
NCERT पृष्ठ 212

(a) 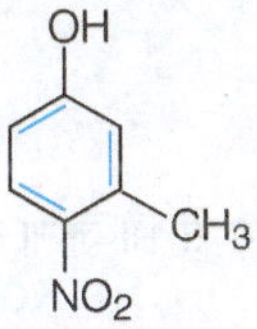

(b) 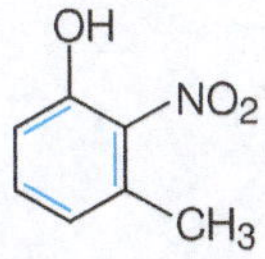 और 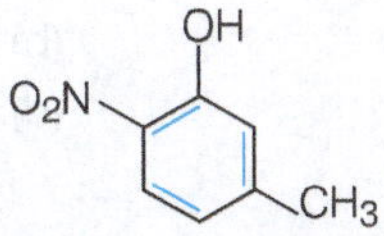

(c) 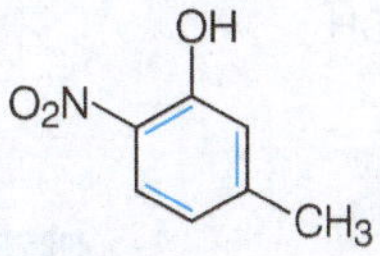

(d) 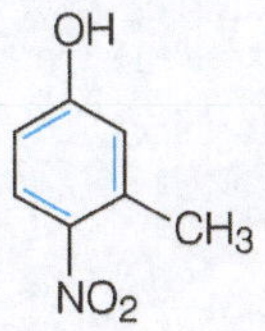 और 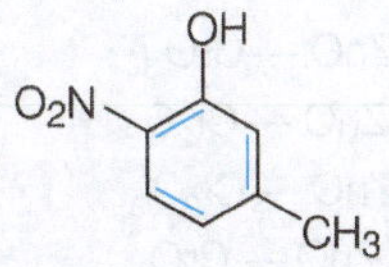

60 निम्नलिखित में से कौन-सी नाम अभिक्रिया फीनॉल को क्रमशः सैलिसिलिक अम्ल और सैलिसेल्डिहाइड परिवर्तित करने में सम्मिलित हैं? NCERT पृष्ठ 212, 213
(a) कोल्बे अभिक्रिया और राइमर-टीमन अभिक्रिया
(b) कोल्बे अभिक्रिया और विलियम्सन संश्लेषण
(c) विलियम्सन संश्लेषण और हाइड्रोबोरेसन ऑक्सीकरण
(d) राइमर-टीमन अभिक्रिया और कोल्बे अभिक्रिया

61 गलत अभिक्रिया चुनें, NCERT पृष्ठ 212, 213

(a) 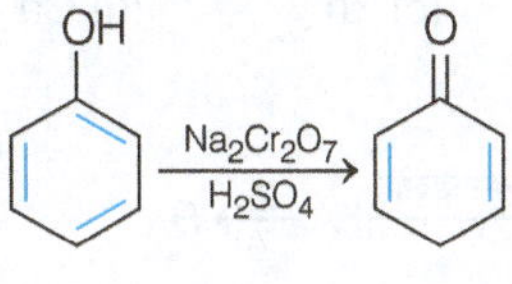 (b) 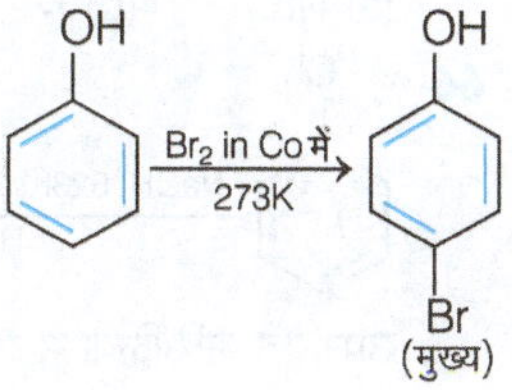
(मुख्य)

(c) 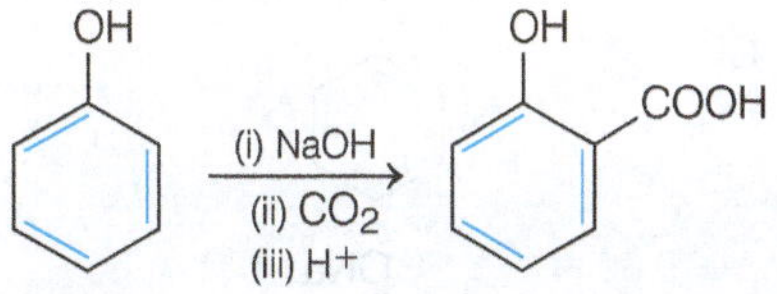

(d) 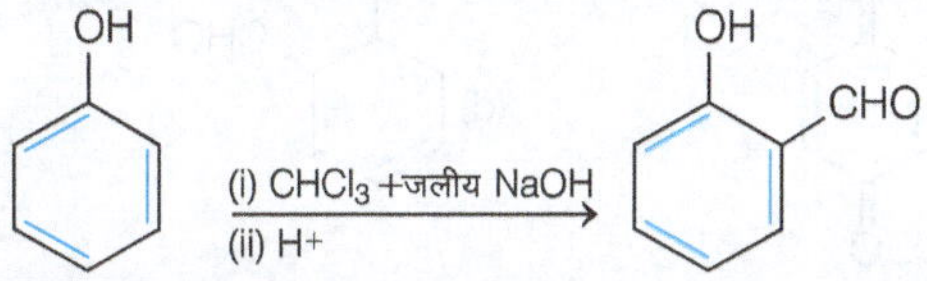

62 निम्नलिखित अभिक्रिया पर विचार कीजिए की इस अभिक्रिया में प्राप्त मुख्य उत्पाद (*B*) है, NCERT पृष्ठ 213

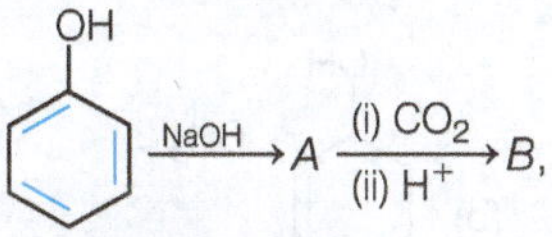

(a) सैलिसिलेल्डिहाइड (b) सैलिसिलिक अम्ल
(c) बेन्जोइक अम्ल (d) थैलिक अम्ल

63 जब फीनॉल को $CHCl_3$और NaOH के साथ अभिक्रिया कराने के पश्चात् उसका अम्लीकरण किया जाता है तो सैलिसिलेल्डिहाइड प्राप्त होता है। निम्नलिखित में से कौन-सी स्पीशीज उपर्युक्त अभिक्रिया में मध्यवर्ती के रूप में सम्मिलित है? NCERT पृष्ठ 213

(a) 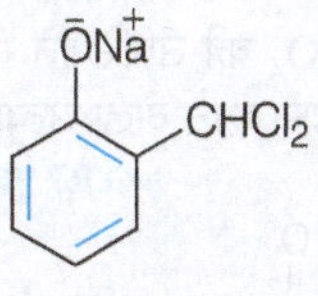 (b) 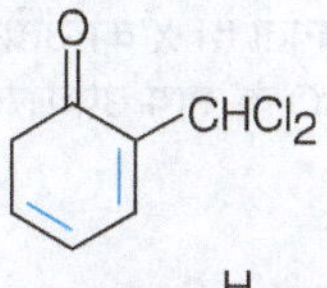

(c) 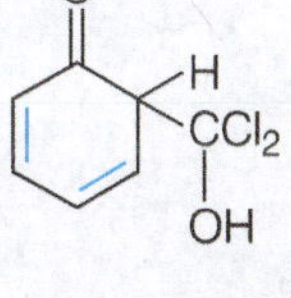 (d) 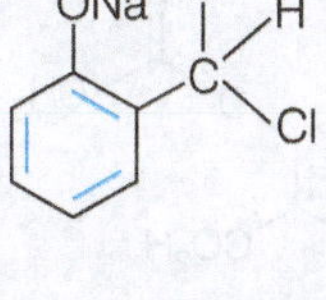

64 फीनॉल की Zn धूल के साथ अभिक्रिया करके गर्म करने पर यौगिक 'X' प्राप्त होता है, जो कि CH_3COCl व निर्जल $AlCl_3$ के साथ तीव्रता से अभिक्रिया करके अन्तिम उत्पाद Y देता है। यहाँ, Y है **NCERT पृष्ठ 213**

(a) ऐसिटोफीनॉन (b) बेन्जोफीनॉन
(c) डाइफेनिल (d) मेथिल सैलिसिलेट

65 फीनॉल C—O बन्ध विदलन किसके साथ दर्शाते हैं? **NCERT पृष्ठ 213**

(a) Na (b) K (c) Zn (d) Ca

66

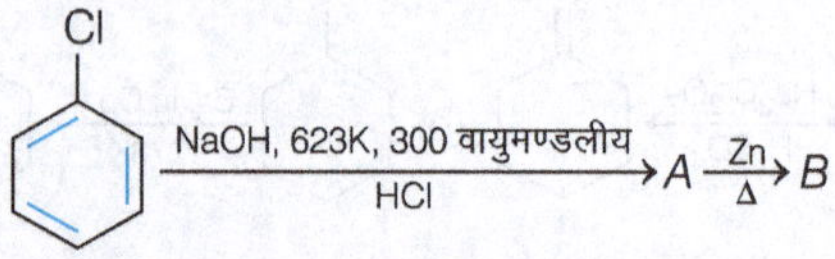

उपरोक्त अभिक्रिया में उत्पाद B है **NCERT पृष्ठ 213**

(a) 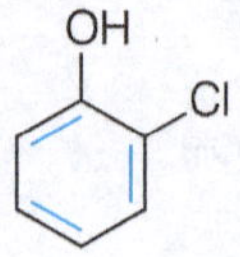

(b) 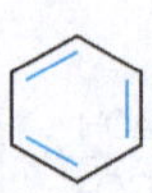

(c) 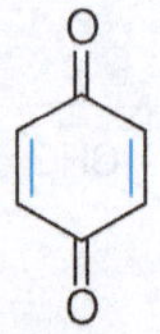

(d) 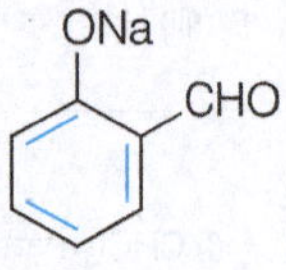

67 इलेक्ट्रॉनस्नेही अभिकर्मक किसके साथ तीव्रता से अभिक्रिया करता है? **NCERT पृष्ठ 213**

(a) 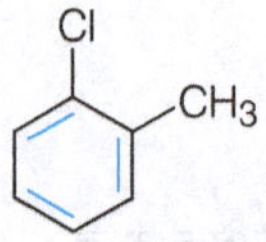

(b) 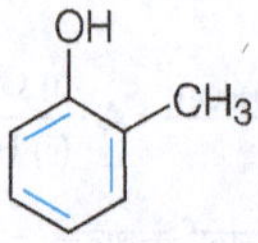

(c) 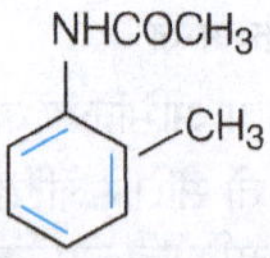

(d) 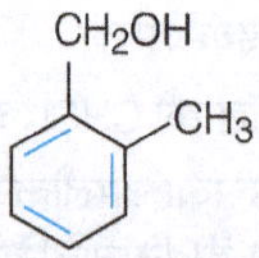

68 फीनॉल को NaOH की उपस्थिति में CO_2 के साथ उपचारित कराने के पश्चात् इसका अम्लीकरण करने पर मुख्य उत्पाद के रूप में यौगिक X बनता है। X को उत्प्रेरक H_2SO_4 की उपस्थिति में $(CH_3CO)_2O$ के साथ उपचारित करने पर बनने वाला उत्पाद है। **NCERT पृष्ठ 208, 213**

(a) 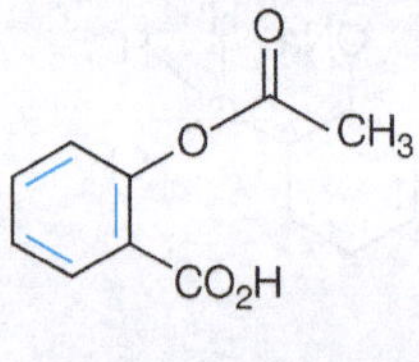

(b) 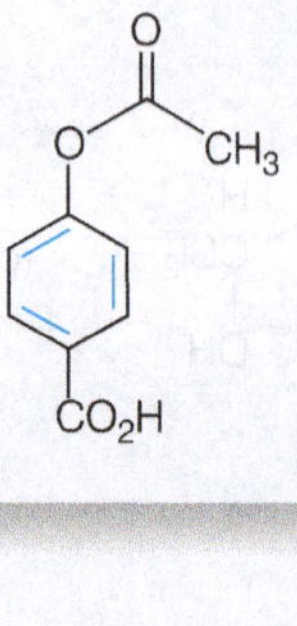

(c) 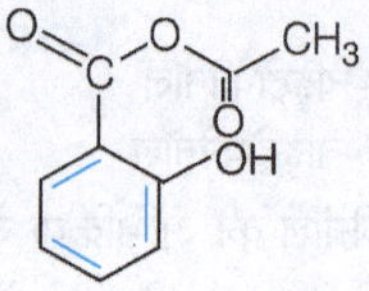

(d) 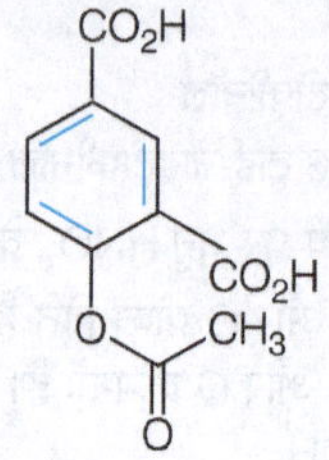

69 निम्नलिखित अभिक्रिया पर विचार करें, **NCERT पृष्ठ 213**

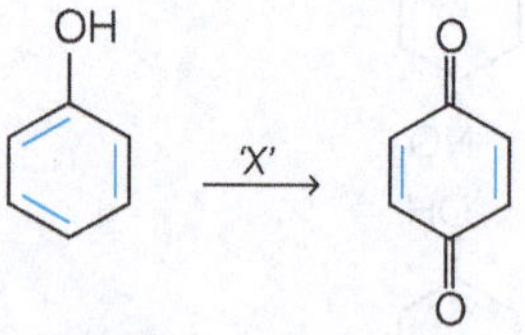

यहाँ 'X' है

(a) K_2MnO_4, H_2SO_4 (b) $KMnO_4$, H_2SO_4
(c) $Na_2Cr_2O_7$, H_2SO_4 (d) Na_2CrO_4,HCl

70 फीनॉल को H_2SO_4 के साथ 100°C पर गर्म करने पर मुख्य उत्पाद के रूप में बनने वाले यौगिक का चयन करें। **NCERT पृष्ठ 213**

(a) 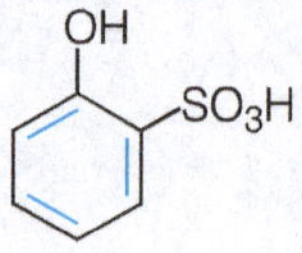

(b) 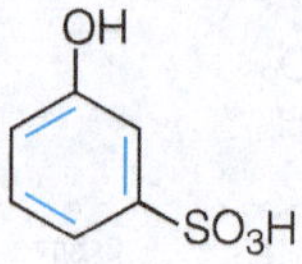

(c) 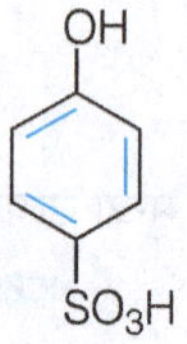

(d) 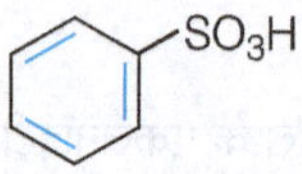

औद्योगिक महत्व के कुछ ऐल्कोहॉल

71 निम्नलिखित में से किसे काष्ठ स्प्रिट के नाम से भी जाना जाता है? **NCERT पृष्ठ 214**

(a) एथेनॉल (b) प्रोपेनॉल
(c) मेथेनॉल (d) ब्यूटेनॉल

72 अभिक्रिया में,

$$X + H_2 \xrightarrow[\text{200-300 वायुमण्डलीय, 573-673 K}]{Y} CH_3OH$$

X और Y क्रमशः हैं, **NCERT पृष्ठ 214**

	X	Y
(a)	CO_2,	$ZnO — CrO_3$
(b)	CO,	$ZnO — Cr_2O_3$
(c)	CO_2,	$ZnO — Cr_2O_3$
(d)	CO,	$ZnO — CrO_3$

73 निम्नलिखित-अभिक्रिया पर विचार करें,

शर्करा + $H_2O \xrightarrow{X}$ ग्लूकोज + फ्रक्टोज
(मोलैसज में उपस्थित)

ग्लूकोज/फ्रक्टोज $\xrightarrow{Y}$ एथेनॉल + CO_2
(यीस्ट में उपस्थित)

उपरोक्त अभिक्रियाओं में प्रयुक्त एन्जाइमों का चयन करें। **NCERT पृष्ठ 214**

(a) $X \rightarrow$ इन्वर्टेस, $Y \rightarrow$ जाइमेज़
(b) $X \rightarrow$ जाइमेज़, $Y \rightarrow$ इन्वर्टेस
(c) X और $Y \rightarrow$ इन्वर्टेस
(d) X और $Y \rightarrow$ ज़ाइमेज़

74 किण्वन के दौरान बनने वाले ऐल्कोहॉल की मात्रा कितने प्रतिशत अधिक हो जाने पर ज़ाइमेज़ की क्रिया सन्दमित हो जाती है? **NCERT पृष्ठ 214**

(a) 5% (b) 7% (c) 10% (d) 14%

75 ऐल्कोहॉल का विकृतीकरण **NCERT पृष्ठ 214**

(a) $CuSO_4$ (एक दुर्गंधयुक्त ठोस पदार्थ) और पिरीडीन (रंग प्रदान करने के लिए) को मिलाकर ऐल्कोहॉल पीने लिए अनुपयुक्त बनाया जाता है।
(b) $CuSO_4$ (रंग देने के लिए) और पिरीडीन (एक दुर्गंधयुक्त द्रव) को मिलाकर, औद्योगिक ऐल्कोहॉल पीने लिए अनुपयुक्त बनाया जाता है।
(c) औद्योगिक ऐल्कोहॉल को पीने के अनुपयुक्त बनाने के लिए इसमें $Cu(OAc)_2$ और अमोनिया मिश्रण मिलाया जाता है।
(d) औद्योगिक ऐल्कोहॉल को पीने के अनुपयुक्त बनाने के लिए इसमें Cu $(OAc)_2$ ओर पिरीडीन का मिश्रण मिलाया जाता है।

ईथर

76 अभिक्रिया के होने के लिए स्थिति I और II की पहचान करें। **NCERT पृष्ठ 215**

$$CH_3CH_2OH \xrightarrow{I} CH_2 = CH_2$$
$$CH_3CH_2OH \xrightarrow{II} C_2H_5OC_2H_5$$

(a) I $\rightarrow H_2SO_4$, 443 K ; II $\rightarrow H_2SO_4$, 443 K
(b) I $\rightarrow H_2SO_4$, 413 K ; II $\rightarrow H_2SO_4$, 413 K
(c) I $\rightarrow H_2SO_4$, 443 K ; II $\rightarrow H_2SO_4$, 413 K
(d) I $\rightarrow H_2SO_4$, 413 K ; II $\rightarrow H_2SO_4$, 443 K

77 वह कौन-सा ऐल्कोहॉल है, जो सल्फ्यूरिक अम्ल के साथ गर्म करने पर डाइऐल्किल ईथर की सर्वोत्तम लब्धि देता है? **NCERT पृष्ठ 215**

(a) पेन्टेन-2-ऑल (b) 2-मेथिल ब्यूटेन-2-ऑल
(c) पेन्टेन-1-ऑल (d) प्रोपेन-2-ऑल

78 विलियम्सन संश्लेषण में निम्नलिखित में से किस प्रकार की क्रियाविधि सम्मिलित होती है, जब प्राथमिक ऐल्किल हैलाइड पर ऐल्कोक्साइड आयन का आक्रमण होता है? **NCERT पृष्ठ 215**

(a) S_N1 (b) S_N2 (c) E1 (d) E2

79 $CH_3—C(CH_3)_2—O—CH_3$ यौगिक का निम्नलिखित युग्मों से किस युग्म द्वारा चयनात्मक रूप से उत्पादन किया जा सकता है? **NCERT पृष्ठ 215, 216**

(a) $CH_3—C(CH_3)(O^-Na^+)—CH_3$, CH_3I
(b) $CH_3—CH(CH_3)—CH_2I$, $CH_3O^-Na^+$
(c) $CH_3—C(CH_3)—CH_3$ CH_3I, Ag_2O
(d) CH_3CH_2I, $NaOH(CH_3)_2$

80 निम्नलिखित अभिक्रिया का मुख्य उत्पाद है **NCERT पृष्ठ 216**

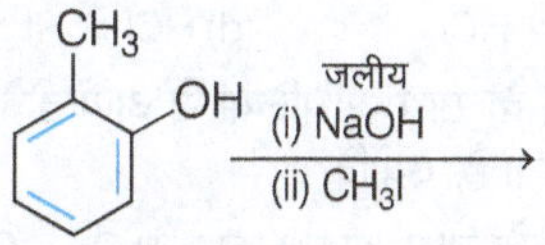

(a) 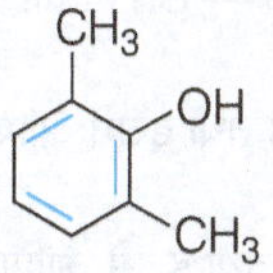

(b) 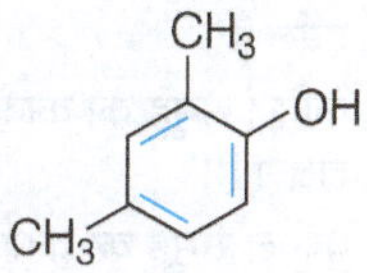

(c) 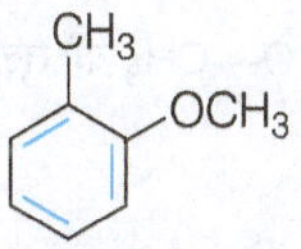

(d) 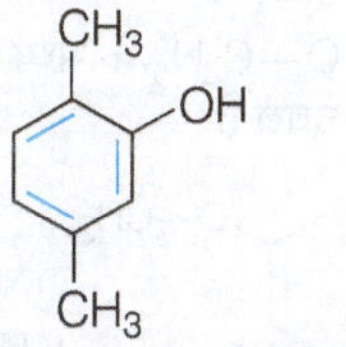

81 2-क्लोरो-2-मेथिलपेंटेन की मेथेनॉल की उपस्थिति में सोडियम मेथॉक्साइड के साथ अभिक्रिया से प्राप्त होता है **NCERT पृष्ठ 217**

I. $C_2H_5CH_2—C(CH_3)_2—OCH_3$ II. $C_2H_5CH_2—C(CH_3)=CH_2$

III. $C_2H_5CH=C(CH_3)—CH_3$

(a) I और III दोनों (b) केवल III
(c) I और II (d) I, II और III

82 निम्नलिखित अभिक्रिया पर विचार करें।

$$CH_3CHBrCH_3 \xrightarrow{\text{एल्कोह KOH}} A \xrightarrow[\text{परोक्साइड}]{HBr} B \xrightarrow{CH_3ONa} C$$

यहाँ, *A*, *B* और *C* क्रमशः हैं, **NCERT पृष्ठ 216**

(a) $CH_3CH = CH_2$, $CH_3CH_2CH_2Br$, $CH_3CH_2CH_2OCH_3$

(b) $CH_3CH(OH)—CH_3$, $CH_3CHBrCH_3$, $CH_3CH_2OCH_2CH_3$

(c) $CH_3CH(OH)—CH_3$, $CH_3CH_2CH_2Br$, $CH_3CH_2OCH_2CH_3$

(d) $CH_3CH = CH_2$, $CH_3CHBrCH_2Br$, $CH_3CH(OH)CH_3$

83 क्वथनांक के बढ़ते हुए सही क्रम का चयन करें। **NCERT पृष्ठ 217**

(a) *n*-पेन्टेन एथॉक्सीएथेन, ब्यूटेन, ब्यूटेन-1-ऑल

(b) एथॉक्सीएथेन, *n*-पेन्टेन, ब्यूटने -1-ऑल

(c) ब्यूटेन-1-ऑल, *n*-पेन्टेन, एथॉक्सीएथेन

(d) एथॉक्सीएथेन, ब्यूटेन-1-आल, *n*-पेन्टेन

84 ईथर के साथ हाइड्रोजन हैलाइडों की अभिक्रियाशीलता का क्रम इस प्रकार है **NCERT पृष्ठ 217**

(a) $HBr > HI > HCl$ (b) $HCl > HBr > HI$

(c) $HI > HBr > HCl$ (d) $HCl > HI > HBr$

85 ऐनिसॉल की HI के साथ अभिक्रिया से आयोडोबेन्ज़ीन के स्थान पर फीनॉल प्राप्त होता है, क्योंकि **NCERT पृष्ठ 217**

(a) $O — CH_3$ के मध्य आबन्ध का बन्ध $O — C_6H_5$ की तुलना में दुर्बल है

(b) फेनिल समूह का कार्बन sp^3-संकरित है तथा इसमें आंशिक द्विबन्ध लक्षण हैं।

(c) फेनिल समूह का कार्बन *sp*-संकरित है तथा इसमें आंशिक द्विबन्ध लक्षण है

(d) $O—C_6H_5$ के मध्य आबन्ध का बन्ध $O—CH_3$ की तुलना में दुर्बल है

86 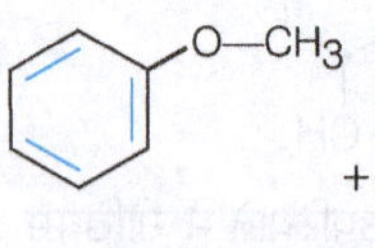 $+ HI \longrightarrow A + B$, उत्पाद *A* और *B* क्रमशः हैं। **NCERT पृष्ठ 217**

(a) फीनॉल और आयोडोमेथेन

(b) मेथेनॉल और आयोडोबेन्ज़ीन

(c) ग्रिगनार्ड मेथेन और फिनॉल

(d) फीनॉल और बेन्जिल ऐल्कोहॉल है

87 दिय गये कथनों में से गलत कथन चुनिए। **NCERT पृष्ठ 217**

(a) ईथर का क्वथंनाक समावयवी ऐल्कोहॉल की तुलना में कम होता है।

(b) ईथर, समावयवी ऐल्कोहॉल की तुलना में जल में कम घुलनशील होते हैं।

(c) ग्रिगनार्ड अभिक्रियाओं में विलायक के रूप में ईथर का उपयोग किया जाता है।

(d) ईथर ऐल्कोहॉल की तुलना में अधिक ध्रुवीय प्रकृति के होते हैं।

88 अणुसूत्र $C_6H_{14}O$ वाला एक कार्बनिक यौगिक सोडियम के साथ अभिक्रिया नहीं करता है, जबकि जब इसे HI की अधिकता के साथ अभिकृत कराया जाता है, तो यह केवल एक प्रकार का ऐल्किल हैलाइड देता है। यह यौगिक है, **NCERT पृष्ठ 217**

(a) $CH_3CH_2CH_2OCH_2CH_2CH_3$

(b) $CH_3CH(OCH_3)CH_2CH_2CH_3$

(c) $CH_3CH_2CH_2CH_2CH_2OCH_3$

(d) $CH_3CH_2CH_2CH_2CH_2CH_2OH$

89 निम्नलिखित अभिक्रिया का मुख्य उत्पाद है, **NCERT पृष्ठ 217**

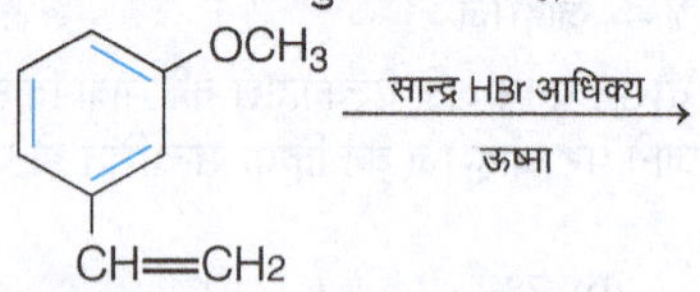

(a) 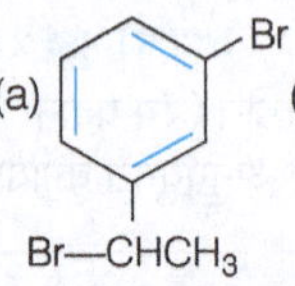

(b) 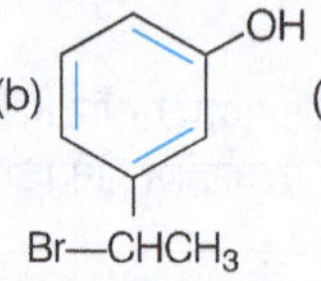

(c) 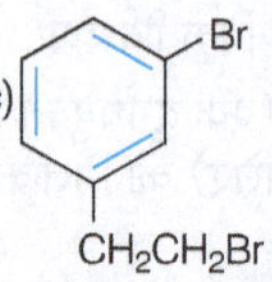

(d) 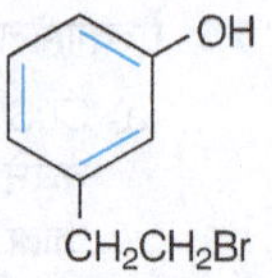

90 निम्नलिखित में से कौन-सा ईथर इलेक्ट्रॉनस्नेही प्रतिस्थापन अभिक्रिया से गुजरता है? **NCERT पृष्ठ 219**

(a) CH_3OCH_3 (b) $CH_3OC_2H_5$

(c) $C_6H_5OCH_3$ (d) $C_2H_5OC_2H_5$

91 $C_6H_5—O—R$ के लिए निम्नलिखित में से कौन-सी अनुनादी संरचना गलत है? **NCERT पृष्ठ 219**

(a) 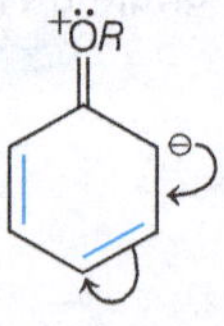
(b) 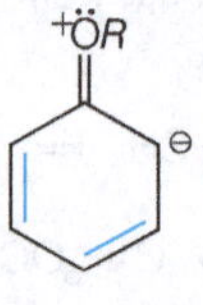
(c) 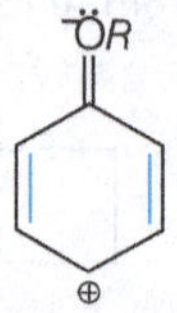
(d) 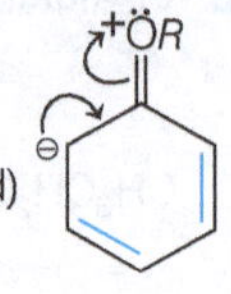

92 ऐनिसॉल की ऐथेनोइक अम्ल में ब्रोमीन के साथ ब्रोमीनीकृत से बनता है। **NCERT पृष्ठ 219**

(a) 20% *p*-ब्रोमोएनिसॉल और 80% *o*-ब्रोमोएनिसॉल

(b) 10% *p*-ब्रोमोटॉलुईन और 90% *o*-ब्रोमोटॉलुईन

(c) 90% *p*-ब्रोमोएनिसोल और 10% *o*-ब्रोमोएनिसोल

(d) 20% *p*-ब्रोमोएनिसोल और 80% *o*-ब्रोमोटॉलुईन

93 ऐनिसॉल निर्जल $AlCl_3$ की उपस्थिति में एथेनॉल क्लोराइड के साथ अभिक्रिया कर देता है **NCERT पृष्ठ 220**

(a) 2-मेथिऐसिटोफीनॉन और 4-मेथॉक्सीऐसीटोफीनॉन

(b) 4-मेथिलऐसिटोफीनॉन और 4-मेथॉक्सीऐसीटोफीनॉन

(c) 2-मेथॉक्सीऐसीटोफीनॉन और 4-मेथिऐसीटोफीनॉन

(d) 2-मेथॉक्सीऐसिटोफीनॉन और 4-मेथॉक्सीऐसिटोफीनॉन

अभिकथन-कारण प्रश्न

निर्देश *(प्रश्न संख्या 1-10) निम्नलिखित प्रश्न में अभिकथन (A) के बाद कारण (R) दिया गया है। नीचे दिए गए विकल्पों में सही विकल्प चुनें।*

(a) A और R दोनों सत्य हैं और R, A का सही स्पष्टीकरण है।
(b) A और R दोनों सत्य हैं तथा R, A का सही स्पष्टीकरण नहीं है।
(c) A असत्य है परन्तु R सत्य है।
(d) A सत्य है परन्तु R असत्य है।

1 **अभिकथन (A)** ऐल्कोहॉल में आबन्ध कोण चतुष्फलकीय कोण से थोड़ा अधिक होता है।

कारण (R) ऐल्कोहॉल के आबन्ध कोण में परिवर्तन ऑक्सीजन के अयुमित इलेक्ट्रॉन युग्म के बीच प्रतिकर्षण के कारण होता है। NCERT पृष्ठ 199

2 **अभिकथन (A)** औद्योगिक रूप से अम्लों को एस्टर में परिवर्तित करके ऐल्कोहॉल मे अपचयित किया जा सकता है।

कारण (R) $LiAlH_4$ कार्बोक्सिलिक अम्लों को प्राथमिक ऐल्कोहॉल में अपचयित कर सकता है परन्तु $LiAlH_4$ एक महंगा अभिकर्मक है और इसका उपयोग केवल विशेष रसायन के निर्माण के लिए किया जाता है। NCERT पृष्ठ 200

3 **अभिकथन (A)** मेथेनॉल विषाक्त प्रभावित मरीज़ों में अंधेपन और मृत्यु का खतरा होता है।

कारण (R) शरीर मे मेथेनॉल सबसे पहले मेथेनोइक अम्ल में ऑक्सीकृत होता है, जो अंधापन और मृत्यु का कारण बन सकता है। NCERT पृष्ठ 200

4 **अभिकथन (A)** निम्न ऐल्कोहॉल और फीनॉल जल में विलेय होते हैं।

कारण (R) ऐल्कोहॉल और फीनॉल के —OH समूह की जल अणुओं के द्विध्रुव-द्विध्रुव आकर्षण अंतःक्रिया होती है, जो जल में उनकी विलेयता के लिए उत्तरदायी है। NCERT पृष्ठ 204

5 **अभिकथन (A)** ऐल्कोहॉल की अम्लीय प्रबलता का बढ़ता क्रम 1° ऐल्कोहॉल > 2° ऐल्कोहॉल > 3° ऐल्कोहॉल > 3° ऐल्कोहॉल है।

कारण (R) इलेक्ट्रॉन दाता समूह ऑक्सीजन पर इलेक्ट्रॉन घनत्व को बढ़ाता है, जो O—H बन्ध की ध्रुवता को कम करता है। NCERT पृष्ठ 205

6 **अभिकथन (A)** *o*-नाइट्रोफीनॉल, *p*-नाइट्रोफीनॉल की तुलना में कम वाष्पशील है।

कारण (R) *o*-नाइट्रोफिनॉल अंतःआण्विक हाइड्रोजन बन्ध तथा *p*-नाइट्रोफीनॉल में अंतरआण्विक हाइड्रोजन बन्ध होता है। NCERT पृष्ठ 211

7 **अभिकथन (A)** फीनॉल सान्द्र HNO_3 और H_2SO_4 मिश्रण के साथ नाइट्रीकरण पर *o*-और *p*-नाइट्रोफीनॉल देते हैं।

कारण (R) फीनॉल समूह में -OH *ऑर्थो पैरा* निर्देशी होता है। NCERT पृष्ठ 211

8 **अभिकथन (A)** द्वितीयक एवं तृतीयक ऐल्कोहॉलों के निर्जलीकरण के दौरान ईथर प्राप्त नहीं होते हैं।

कारण (R) द्वितीयक और तृतीयक ऐल्कोहॉलों में प्रतिस्थापन निर्जलीकरण के दौरान होता है। NCERT पृष्ठ 215

9 **अभिकथन (A)** वायु की उपस्थिति में फीनॉल मिश्रण का रंग गहरा हो जाता है।

कारण (R) फीनॉल धीरे-धीरे ऑक्सीकृत होकर क्विनोन युक्त गहरे रंग का मिश्रण बनाते हैं। NCERT पृष्ठ 213

10 **अभिकथन (A)** ईथर में C—O बन्ध का विखंडन हाइड्रोजन हैलाइडों की अधिकता के साथ प्रतिकूल स्थिति में होता है।

कारण (R) सभी क्रियात्मक समूहों में ईथर सबसे अधिक अभिक्रियाशील हैं। NCERT पृष्ठ 217

कथन आधारित प्रश्न

निर्देश *(प्रश्न संख्या 1-6) निम्नलिखित प्रश्नो में दो कथन (I) और (II) दिए गए हैं। दिए गए कथनों के आधार पर, नीचे दिए गए सही विकल्प को चुनें।*

(a) कथन I और कथन II दोनों असत्य हैं।
(b) कथन I सत्य है परन्तु कथन II असत्य है।
(c) कथन I असत्य है परन्तु कथन II सत्य है।
(d) कथन I और कथन II दोनों सत्य हैं।

1 **कथन I** डाइबोरेन, ऐल्कीन के साथ अभिक्रिया करके ट्राईऐल्किलबोरेन बनाता है, जो जलीय NaOH की उपस्थिति में H_2O द्वारा ऐल्कोहॉल में ऑक्सीकृत हो जाता है।

कथन II हाइड्रोबोरोनन ऑक्सीकरण द्वारा प्राप्त ऐल्कोहॉल मार्कोनीकॉफ योग का एक उदाहरण है। NCERT पृष्ठ 200

2 **कथन I** हाइड्रोक्सीकीटोन का उपयोग ग्रिगनार्ड अभिक्रिया में किया जा सकता है।

कथन II ग्रिगनार्ड अभिकर्मक के साथ कीटोनों की अभिक्रिया से तृतीयक ऐल्कोहॉल प्राप्त होता है। NCERT पृष्ठ 201

3 **कथन I** बेन्जीन डाइऐज़ोनियम क्लोराइड जल के साथ उबालने पर फीनॉल देता है।

कथन II बेन्जीन डाइऐजोनियम लवण प्राथमिक, द्वितीयक और तृतीयक ऐरोमैटिक ऐमीन द्वारा निर्मित हो सकते हैं। NCERT पृष्ठ 202

4 **कथन I** इलेक्ट्रॉन दाता वाले क्लोसो समूह की उपस्थिति के कारण एकल प्रतिस्थापी क्लोरोफीनॉल की अम्लीय सामर्थ्य, फीनॉल की तुलना में अधिक होती है

कथन II *o*-क्लोरोफीनॉल, *m*-क्लोरीफीनॉल और *p*-क्लोरोफीनॉल की अम्लीय सामर्थ्य समान होगी, क्योंकि इनमें फीनोलिक वलय से जुड़ा एक क्लोरो समूह होता है। **NCERT पृष्ठ 207**

5 **कथन I** ल्युकास परीक्षण में, प्राथमिक, द्वितीयक और तृतीयक ऐल्कोहॉल को सान्द्र HCl एवं $ZnCl_2$ के साथ उनकी अभिक्रियाशीलता के आधार पर विभेदित किया जाता है, जिसे ल्युकास अभिकर्मक के रूप में जाना जाता है।

कथन II द्वितीयक और तृतीयक ऐल्कोहॉल सामान्य परिस्थितियों में मैलापन उत्पन्न करते हैं और समान समय लेते है। **NCERT पृष्ठ 208**

6 **कथन I** मेथिल ब्रोमाइड सोडियम मेथॉक्साइड के साथ S_N2 अभिक्रिया करता है और डाइमेथिल ईथर बनता है।

कथन II सोडियम ऐथॉक्साइड की उपस्थिति में तृतीयक ब्यूटिल क्लारोइड प्रतिस्थापन अभिक्रिया देता है। **NCERT पृष्ठ 215, 216**

7 निम्नलिखित में से सही कथनों का चयन करें। **NCERT पृष्ठ 204, 205,206, 208**

I. ऐल्कोहॉल की विलेयता ऐल्किल/एरिल समूहों के आकार में वृद्धि के साथ घटती है।

II. ऐल्कोहॉल और फीनॉल सक्रिय धातुओं जैसे Na, K आदि के साथ अभिक्रिया करके सम्बन्धित ऐल्कोक्साइड या फीनोक्साइड बनाते हैं।

III. ऐल्कोहॉल प्रबल अम्ल की उपस्थिति में ब्रॉन्स्टेड अम्ल के रूप में कार्य करते हैं।

IV. ऐल्कोहॉल नाभिकस्नेही एवं इलेक्ट्रॉनस्नेही दोनों के साथ अभिक्रिया करते हैं।

V. सैलिसैल्डिहाइड ऐसिटिलीकरण से उत्पन्न पदार्थ को ऐस्पिरिन के नाम से जाना जाता है।

नीचे दिए गए विकल्पों में से सही उत्तर चुनें।

(a) II और IV (b) II और IV
(c) I, II और IV (d) II, III और IV

8 निम्नलिखित कथनों पर विचार करें। **NCERT पृष्ठ 205, 206, 207**

I. धातुओं और सोडियम हाइड्रॉक्साइड के साथ फीनॉल की अभिक्रिया इसकी क्षारीय प्रकृति को इंगित करती है।

II. फीनॉल में हाइड्रॉक्साइड समूह सीधे बेन्जीन वलय के sp^2-संकरित कार्बन से जुड़ा होता है।

III. फीनॉल में आवेश वितरण के कारण —OH समूह की ऑक्सीजन धनात्मक होती है।

IV. वह यौगिक जिसमें हाइड्रॉक्सिल समूह ऐरोमैटिक वलय से जुड़ा होता है उस यौगिक से अधिक अम्लीय होता है, जिसमें हाइड्रॉक्सिल समूह, ऐल्किल समूह से जुड़ा होता है।

V. प्रतिस्थापित फीनॉल में, इलेक्ट्रॉन दाता समूह की उपस्थिति फीनॉल की अम्लीय सामर्थ्य को बढ़ाती है।

नीचे दिए गए विकल्पों में से सही उत्तर चुनें।

(a) I, II और III (b) I और II
(c) II, III और IV (d) III और V

9 निम्नलिखित में से कौन-से कथन सही हैं? **NCERT पृष्ठ 211, 213, 214**

I. मेथेनॉल एक रंगहीन द्रव है और प्रकृति में अत्यधिक विषैला है।

II. मेथेनॉल की कम मात्रा का सेवन अंधेपन का कारण बन सकता है तथा इसकी अधिक मात्रा का सेवन मृत्यु का कारण बन सकता है।

III. मेथेनॉल का उपयोग पेन्ट, वार्निश में विलायक के रूप में और मुख्य रूप से फॉर्मेल्डिहाइड बनाने के लिए किया जाता है।

IV. *o*-नाइट्रोफीनॉल अंतराआण्विक हाइड्रोजन बन्ध के कारण भाप वाष्पशील है।

V. हवा की उपस्थिति में फीनॉल धीरे-धीरे क्विनॉन युक्त गहरे रंग के मिश्रण में बदल जाता है।

नीचे दिए गए विकल्पों में से ही उत्तर चुनें।

(a) I और II (b) II और V
(c) III,IV और V (d) I, II और III

10 निम्नलिखित में से कौन-सा कथन गलत है? **NCERT पृष्ठ 218, 219, 220**

I. अधिक स्थायी ऐरिल-ऑक्सीजन बन्ध के कारण ऐल्किल एरिल ईथर ऐल्किल-ऑक्सीजन बंध पर विदलित हो जाते हैं।

II. ऐल्कोक्सी समूह *o*-, *p*-निर्देशी होता है तथा ऐरोमैटिक वलय को नाभिकस्नेही प्रतिस्थापन अभिक्रिया के लिए सक्रिय करता है।

III. ऐरिल ईथर लुईस अम्ल की उपस्थिति में फीडेल-क्राफ्ट अभिक्रिया देता है।

IV. फीनॉल नाभिकस्नेही प्रतिस्थापन अभिक्रिया द्वारा ऐरिल हैलाइड दे सकते हैं।

V. इलेक्ट्रॉन दाता समूह की उपस्थिति में, फीनॉल इलेक्ट्रॉनस्नेही प्रतिस्थापन से गुजरते हैं, जिससे *पैरा*-प्रतिस्थापित (मुख्य) उत्पाद बनता है।

नीचे दिए गए विकल्पों में से सही उत्तर चुनें।

(a) I, II और IV
(b) केवल I और III
(c) केवल II और IV
(d) I, III और IV

सुमेलन प्रकार प्रश्न

1 सूची I को सूची II से सुमेलित कीजिए और नीचे दिए गए कूट से सही विकल्प चुनिए।

	सूची I (विभेदन)		सूची II (अभिकर्मक)
A.	मेथेनॉल और डाइथिल ईथर	1.	ल्यूकास अभिकर्मक
B.	मेथेनॉल और एथेनॉल	2.	सोडियम धातु
C.	फीनॉल और साइक्लोहेक्सानॉल	3.	आयोडोफॉर्म परीक्षण
D.	$n-$ प्रोपिल ऐल्कोहॉल और तृतीयक ब्यूटिल ऐल्कोहॉल	4.	फ़ेरिक क्लोराइड

कूट

	A	B	C	D		A	B	C	D
(a)	2	4	3	1	(b)	2	3	4	1
(c)	2	3	1	4	(d)	3	2	1	4

2 सूची I को सूची II से सुमेलित करें NCERT पृष्ठ 205, 208

	सूची I		सूची II
A.	कोल्बेअभिक्रिया	1.	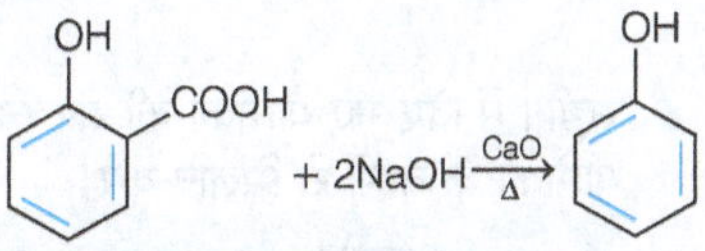
B.	राइमर-टीमन अभिक्रिया	2.	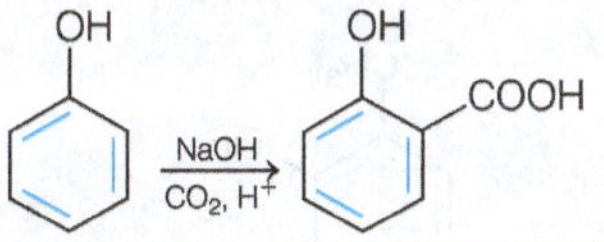
C.	फ्रिडैल क्राफ्ट अभिक्रिया	3.	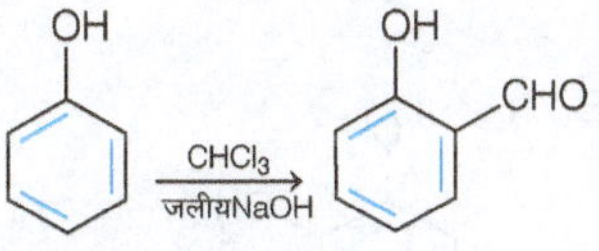
D.	डिकार्बोक्सीलीकरण	4.	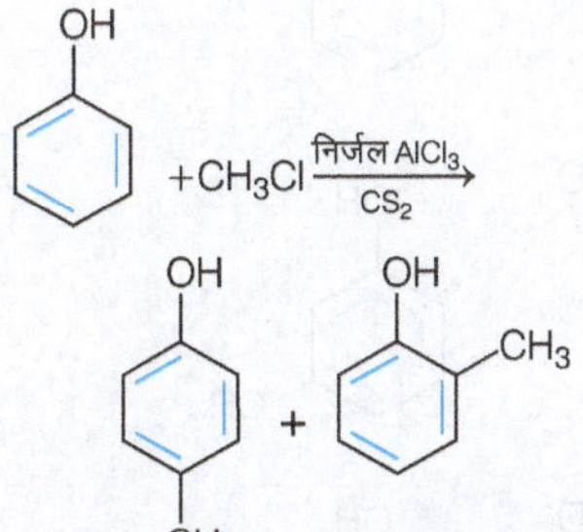

NCERT पृष्ठ 112,220

कूट

	A	B	C	D		A	B	C	D
(a)	2	3	4	1	(b)	3	2	4	1
(c)	4	3	2	1	(d)	1	3	2	4

3 सूची I में दिए गए निम्नलिखित यौगिकों को सूची II में दिए गए उनके नामों से सुमेलित कीजिए और नीचे दिए गए कूटों से सही विकल्प चुनिए। NCERT पृष्ठ 197

	सूची I (यौगिक)		सूची II (नाम)
A.	$C_6H_5OCH_3$	1.	2-एथॉक्सी-1,1-डाइमेथिल साइक्लोहेक्सेन
B.	$C_6H_5O(CH_2)_6CH_3$	2.	ऐनीसॉल
C.	$C_6H_5OCH_2CH_2-\underset{CH_3}{\underset{\mid}{CH}}-CH_3$	3.	3-मेथिल ब्यूटॉक्सीबेन्जीन
D.	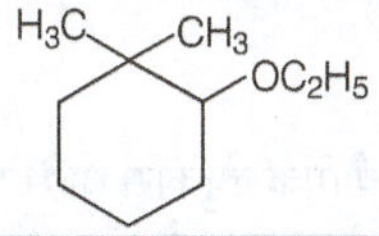	4.	1-फीनॉक्सी हेप्टेन

कूट

	A	B	C	D		A	B	C	D
(a)	1	2	3	4	(b)	4	3	2	1
(c)	2	3	4	1	(d)	2	4	3	1

4 सूची-I में दिए गए निम्नलिखित अभिकारकों औरअभिकर्मकों को सूची II में दिए गए उत्पादों से सुमेलित कीजिए और नीचे दिए गए कूटों से सही विकल्प चुनिए। NCERT पृष्ठ 213

	सूची I (अभिकारक)		सूची II (उत्पाद)
A.	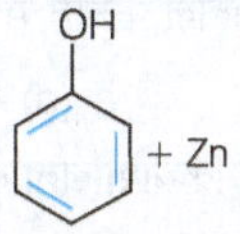	1.	बेंजीन
B.	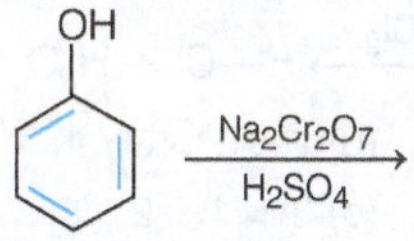	2.	सैलिसैल्डिहाइड
C.	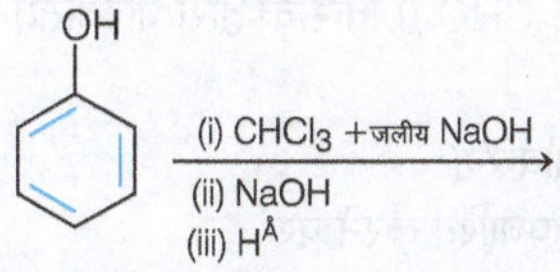	3.	बेन्जोक्विनोन
D.	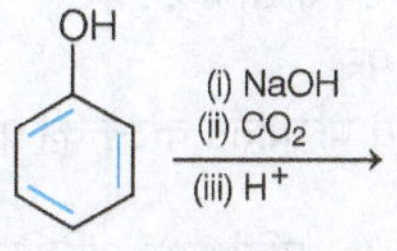	4.	सैलिसिलिक अम्ल

कूट

	A	B	C	D		A	B	C	D
(a)	3	1	2	4	(b)	1	2	3	4
(c)	1	2	3	4	(d)	3	2	1	4

आंकिक मान प्रकार के प्रश्न

1 निम्नलिखित अभिक्रियाओं में, NCERT पृष्ठ 202

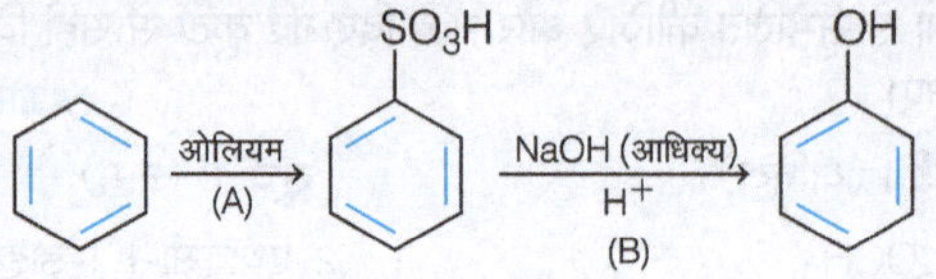

अभिक्रिया *A* के लिए प्रतिशत लब्धि 60% और अभिक्रिया *B* के लिए 50% है समग्र अभिक्रिया की कुल लब्धि % है। (निकटतम पूर्णांक)

2 N के लिए अनुनादी संरचना की संख्या है NCERT पृष्ठ 205

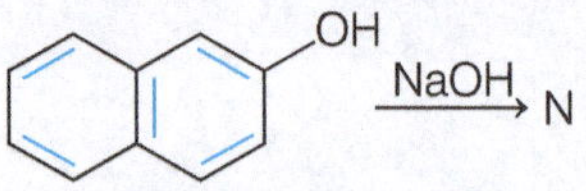

3 निम्नलिखित यौगिकों में से .... यौगिक ल्युकास अभिकर्मक के साथ अभिक्रिया करने पर तीव्रता से धुंधलापन देंगे। NCERT पृष्ठ 208

I 2-मेथिल ब्यूटेन-2-ऑल II. 2-ब्यूटेनॉल

III. 2-मेथिल प्रोपेन-2-ऑल IV. एथेनॉल

V. पेन्टेन-3-ऑल

4 यौगिक (*X*) तनु HNO_3 के साथ नाइट्रीकरण करने पर दो समावयवी (*A*) और (*B*) देता है। इन समावयवों के भाप आसवन द्वारा अलग किया जा सकता है। समावयवी (*A*) और (*B*) क्रमशः अंतः आण्विक और अंतर आण्विक हाइड्रोजन बन्धन दर्शाते हैं। यौगिक (*X*), सान्द्र HNO_3 के साथ अभिक्रिया करने पर एक पीला यौगिक (*Y*) देता है, जो एक प्रबल अम्ल है। यौगिक (*Y*) में उपस्थित ऑक्सीजन परमाणुओं की संख्या ...... है NCERT पृष्ठ 211

5 आण्विक सूत्र $C_4H_{10}O$ वाले ईथर क संरचनात्मक समावयवियों की कुल संख्या .... है। NCERT पृष्ठ 215

NCERT Exemplar प्रश्न

1 सूर्य के प्रकाश में टॉलुईन का मोनोक्लोरीनीकरण और उसके बाद जलीय NaOH के साथ जलअपघटन से प्राप्त होता है

(a) *o*-क्रिसोल (b) *m*-क्रिसोल

(c) 2, 4-डाइहाइड्रॉक्सीटॉलुईन (d) बेन्जिल ऐल्कोहॉल

2 अणुसूत्र $C_4H_{10}O$ ऐल्कोहॉल कितने ऐल्कोहॉल प्रकृति में चिराल हैं?

(a) 1 (b) 2 (c) 3 (d) 4

3 निम्नलिखित अभिक्रिया में ऐल्कोहॉलों की क्रियाशीलता का सही क्रम क्या है?

$$R\text{—}OH + HCl \xrightarrow{ZnCl_2} R\text{—}Cl + H_2O$$

(a) 1°> 2°> 3° (b) 1°< 2°> 3°

(c) 3°> 2°> 1° (d) 3°> 1°> 2°

4 CH_3CH_2OH को CH_3CHO में किसके द्वारा परिवर्तित किया जा सकता है?

(a) उत्प्रेरक हाइड्रोजनीकरण

(b) $LiAlH_4$ के साथ उपचारित करने पर

(c) पिरिडिनियम क्लोरोक्रोमेट से उपचारित करने पर

(d) $KMnO_4$ से उपचारित करने पर

5 ऐल्किल हैलाइड को ऐल्कोहॉल में परिवर्तित करने की प्रक्रिया में सम्मिलित है

(a) योगात्मक अभिक्रिया (b) प्रतिस्थापन अभिक्रिया

(c) विहाइड्रोहैलोजनीकरण अभिक्रिया

(d) पुनर्विन्यास अभिक्रिया

6 सूची I में दिए गए यौगिकों की संरचनाओं का सूची II में दिए गए यौगिकों के नामों से मिलान करें।

सूची I		सूची II	
A	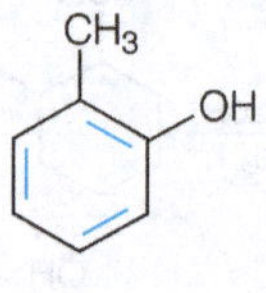	1.	हाइड्रोक्विनोन
B.	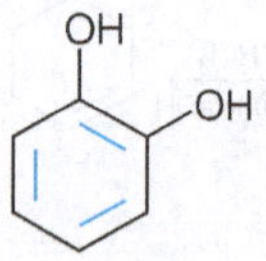	2.	फेनीटॉल
C.	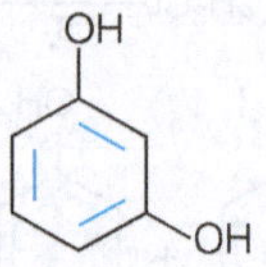	3.	कैटेकॉल
D.	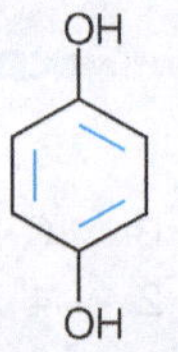	4.	*o*-क्रीसॉल

	सूची I		सूची II
E.	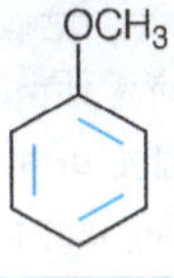	5.	क्विनोन
F.	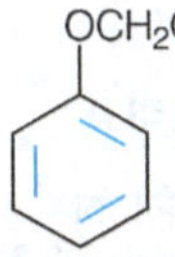	6.	रिसॉर्सिनोल
		7.	ऐनिसोल

7 निम्नलिखित में से कौन-सा यौगिक ऐरोमेटिक ऐल्कोहॉल है?

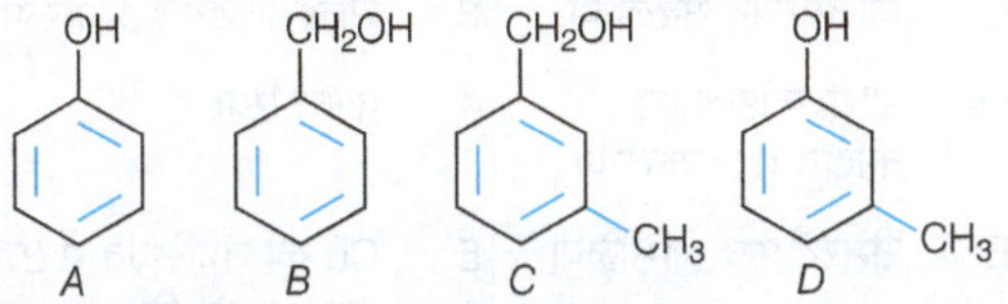

A *B* *C* *D*

(a) *A*, *B*, *C* और *D*
(b) *A* और *D*
(c) *B* और *C*
(d) केवल *A*

8 *m*-क्रिसॉल का IUPAC नाम है

(a) 3-मेथिलफीनॉल (b) 3-क्लोरोफीनॉल
(c) 3-मेथॉक्सीफीनॉल (d) बेंजीन-1,3 डाइ ऑल

9 सूची-I में दिए गए प्रारंभिक पदार्थ HI के साथ अभिक्रिया में इनसे बने उत्पादों सूची II) से सुमेलित करें।

	सूची I		सूची II
A.	CH_3-O-CH_3	1.	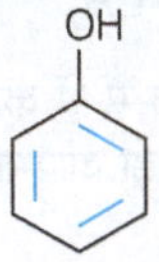 $+ CH_3I$
B.	$(CH_3)_2CH-O-CH_3$	2.	$CH_3-C(CH_3)_2-I + CH_3OH$
C.	$H_3C-C(CH_3)_2-O-CH_3$	3.	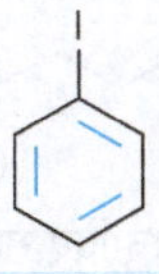 $+ CH_3OH$

	सूची I		सूची II
D.	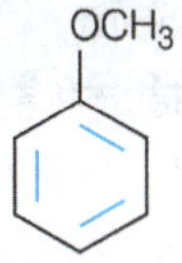	4.	$CH_3-OH + CH_3I$
		5.	$(CH_3)_2CH-OH + CH_3I$
		6.	$(CH_3)_2CH-I + CH_3OH$
		7.	$CH_3-C(CH_3)_2-OH + CH_3I$

10 निम्नलिखित में से कौन-सी प्रजाति सबसे प्रबल क्षार के रूप में कार्य कर सकती है?

(a) $^{\ominus}OH$ (b) $^{\ominus}OR$
(c) $^{\ominus}OC_6H_5$ (d) 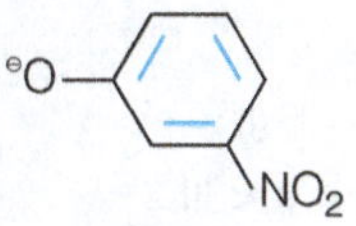

11 निम्नलिखित में से कौन-सा यौगिक जल में सोडियम हाइड्रोक्साइड विलयन के साथ अभिक्रिया करेगा?

(a) C_6H_5OH (b) $C_6H_5CH_2OH$
(c) $(CH_3)_3COH$ (d) C_2H_5OH

12 फीनॉल निम्न में से किससे कम अम्लीय है?

(a) एथेनॉल (b) *o*-नाइट्रोफीनॉल
(c) *o*-मेथिलफीनॉल (d) *o*-मेथॉक्सीफीनॉल

13 सूची I को सूची II से सुमेलित करें।

	सूची I		सूची II
A.	कार इंजन में प्रयुक्त प्रतिहिम	1.	उदासीन फेरिक क्लोराइड
B.	इत्र में प्रयुक्त विलायक	2.	ग्लिसरॉल
C.	पिक्रिक अम्ल के लिए प्रारंभिक सामग्री	3.	मेथेनॉल
D.	काष्ठ स्प्रिट	4.	फीनॉल
E.	फिनोलिक समूह का पता लगाने के लिए प्रयुक्त अभिकर्मक	5.	एथिलीन ग्लाइकॉल
F.	साबुन उद्योग का उपोत्पाद सौंदर्य प्रसाधनों में प्रयुक्त	6.	एथेनॉल

14 निम्नलिखित में से कौन-सा सबसे अधिक अम्लीय है?

(a) बेंज़िल ऐल्कोहॉल (b) साइक्लोहेक्सानॉल
(c) फीनॉल (d) *m*-क्लोरोफीनॉल

15 निम्नलिखित यौगिकों के अम्लीय सामर्थ्य का सही क्रम है

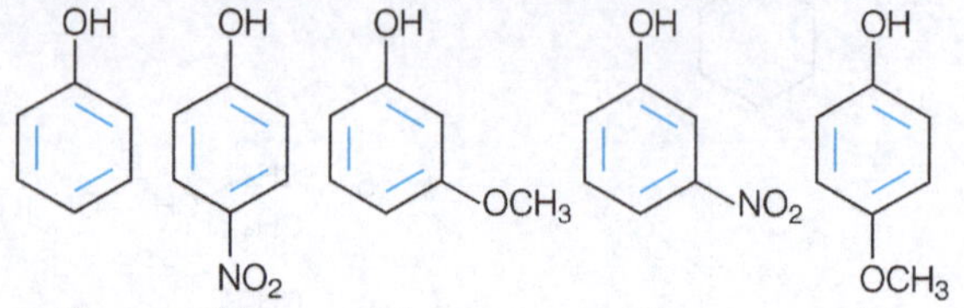

(a) V > IV > II > I > III (b) II > IV > III > I > V
(c) IV > V > III > II > I (d) V > IV > III > II > I

16 HBr / HCl के साथ निम्नलिखित यौगिकों की अभिक्रियाशीलता के सही बढ़ते क्रम को चिह्नित करें।

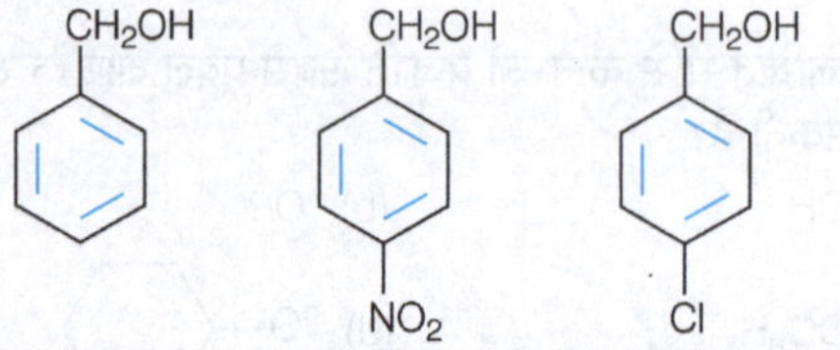

(a) I < II < III (b) II < I < III
(c) II < III < I (d) III < II < I

17 निम्नलिखित यौगिक को क्वथनांक के बढ़ते क्रम में व्यवस्थित करें।
प्रोपेन-1-ऑल, ब्यूटेन-1-ऑल, ब्यूटेन-2-ऑल, पेंटेन-1-ऑल

(a) प्रोपेन-1-ऑल, ब्यूटेन-2-ऑल, ब्यूटेन-1-ऑल, पेंटेन-1-ऑल
(b) प्रोपेन-1-ऑल, ब्यूटेन-1-ऑल, ब्यूटेन-2-ऑल, पेंटेन-1-ऑल
(c) प्रोपेन-1-ऑल, ब्यूटेन-2-ऑल, ब्यूटेन-1-ऑल, पेंटेन-1-ऑल
(d) प्रोपेन-1-ऑल, ब्यूटेन-1-ऑल, पेंटेन-1-ऑल, ब्यूटेन-2-ऑल,

18 सूची I को सूची II से सुमेलित करें।

	सूची I		सूची II
A.	मेथेनॉल	1.	फीनॉल का *o*-हाइड्रोक्सीसैलिसिलिक अम्ल में रूपान्तरण
B.	कोल्बे की अभिक्रिया	2.	एथिल ऐल्कोहॉल
C.	विलियम्सन संश्लेषण	3.	सैलिसिल्डिहाइड में रूपान्तरण
D.	2° ऐल्कोहॉल का कीटोन में रूपान्तरण	4.	काष्ठ स्प्रिट
E.	रीमरटीमान अभिक्रिया	5.	Cu की उपस्थिति में 273 K ताप पर गर्म किया गया
F.	किण्वन	6.	ऐल्कोक्साइड के साथ ऐल्किल हैलाइड की अभिक्रिया

विगत परीक्षाओं के प्रश्न

NEET

1 निम्नलिखित ऐल्कोहॉलों में से कौन-सा ल्यूकास अभिकर्मक के साथ तात्क्षणिक अभिक्रिया करेगा? **NCERT पृष्ठ 208, NEET 2024**

(a) $CH_3CH_2—CH_2—CH_2OH$ (b) $CH_3—CH_2—CH(CH_3)—OH$

(c) $CH_3—CH(CH_3)—CH_2OH$ (d) $CH_3—C(CH_3)_2—OH$

2 निम्नलिखित अभिक्रिया पर विचार करें और उत्पाद (*P*) की पहचान करें। **NCERT पृष्ठ 224, NEET 2023**

$CH_3—CH(CH_3)—CH(OH)—CH_3 \xrightarrow{HBr}$ उत्पाद (*P*)

3-मेथिल ब्यूटेन-2-ऑल

(a) $CH_3CH=CH—CH_3$ (b) $CH_3—CH(CH_3)—CH(Br)—CH_3$

(c) $CH_3—C(CH_3)_2—CH_2Br$ (d) $CH_3—C(Br)(CH_3)—CH_2—CH_3$

3 निम्नलिखित में से कौन अम्लीय परिस्थितियों में सबसे आसानी से निर्जलीकृत हो जाएगा? **NCERT पृष्ठ 208, 209 NEET 2023**

(a) 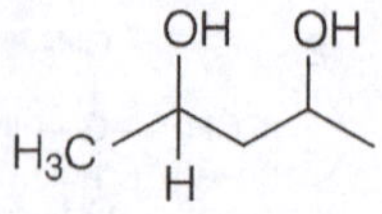

(b) 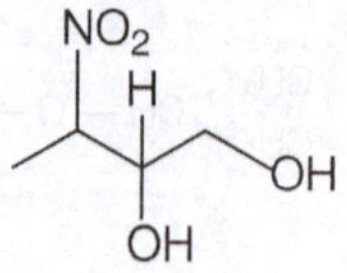

(c) 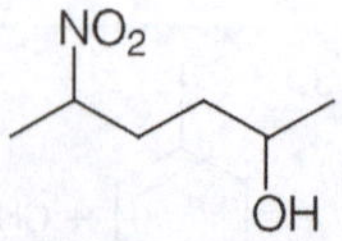

(d) 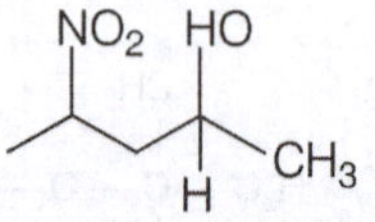

4 नीचे दो कथन दिए गए हैं।

कथन I एकल प्रतिस्थापी नाइट्रोफीनॉल की अम्लीय सामर्थ्य, फीनॉल से अधिक होती है, क्योंकि इसमें इलेक्ट्रॉन ग्रहण करने वाला नाइट्रो समूह होता है।

कथन II *o*-नाइट्रोफीनॉल, *m*-नाइट्रोफीनॉल और *p*-नाइट्रोफीनॉल का अम्लीय सामर्थ्य समान होगा, क्योंकि इनमें फीनोलिक वलय से जुड़ा एक नाइट्रो समूह होता है।

उपरोक्त कथनों के आधार पर, नीचे दिए गए विकल्पों में से सबसे उपयुक्त उत्तर चुनिए। NCERT पृष्ठ 207, NEET 2022

(a) कथन I और कथन II दोनों सत्य हैं।
(b) कथन I और कथन II दोनों असत्य हैं।
(c) कथन I सत्य है परन्तु कथन II असत्य है।
(d) कथन I असत्य है परन्तु कथन II सत्य है।

5 निम्नलिखित रासायनिक अभिक्रिया में निर्मित कार्बनिक यौगिक का IUPAC नाम क्या है?

ऐसीटोन $\xrightarrow[\text{(ii) } H_2O,\ H^+]{\text{(i) } C_2H_5MgBr,\ \text{शुष्क ईथर}}$ उत्पाद NCERT पृष्ठ 201, NEET 2021

(a) 2-मेथिलब्यूटेन-2-ऑल (b) 2-मेथिलप्रोपेन-2-ऑल
(c) पेन्टेन-2-ऑल (d) पेन्टेन-3-ऑल

6 $CH_3CH_2CH{=}CH_2 \xrightarrow[H_2O, H_2O_2, OH^-]{B_2H_6} Z$

Z क्या है? NCERT पृष्ठ 200, NEET 2022

(a) $CH_3CH_2CH_2CH_2OH$ (b) $CH_3CH_2\underset{\displaystyle OH}{\underset{|}{C}H}CH_3$
(c) $CH_3CH_2CH_2CHO$ (d) $CH_3CH_2CH_2CH_3$

7 ऐसीटोन और मेथिल मैग्नीशियम क्लोराइड के बीच अभिक्रिया के बाद जलयोजन से बनने वाला यौगिक है NCERT पृष्ठ 201, NEET 2020

(a) आइसोप्रोपिल ऐल्कोहॉल (b) द्वितीयक ब्यूटिल ऐल्कोहॉल
(c) तृतीयक-ब्यूटिल ऐल्कोहॉल (d) *आइसो*-ब्यूटिल ऐल्कोहॉल

8 निम्नलिखित में से कौन-सा प्रतिस्थापी फीनॉल सबसे प्रबल अम्ल है? NCERT पृष्ठ 207, NEET 2020

(a) 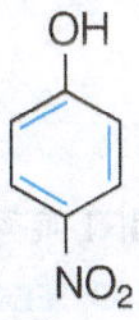

(b) 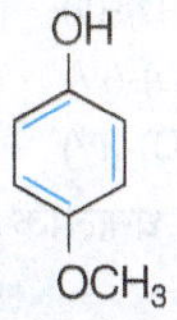

(c) 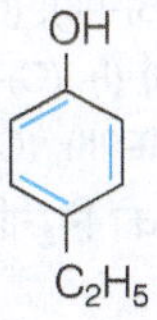

(d) 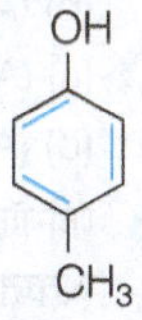

9 HI के साथ विदलन पर ऐनिसॉल देता है: NCERT पृष्ठ 217, NEET 2020

(a) 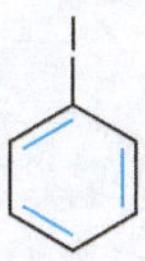 + CH_3OH (b) 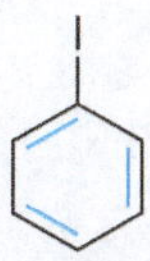 + C_2H_5I

(c) 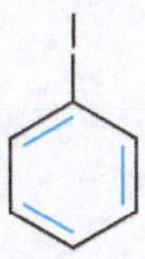 + C_2H_5OH (d) 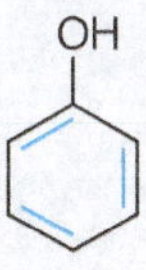

+ CH_3I

10 अभिक्रिया में, NCERT पृष्ठ 213, NEET 2018

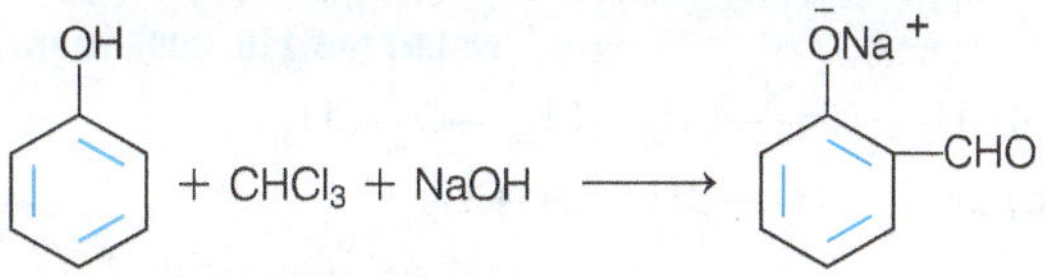

इसमें सम्मिलित इलेक्ट्रॉनस्नेही है

(a) डाइक्लोरोमेथिल धनायन ($\overset{+}{C}HCl_2$)
(b) फार्मिल धनायन ($\overset{+}{C}HO$)
(c) डाइक्लोरोमेथिल एनायन ($\overset{-}{C}HCl_2$)
(d) डाइक्लोरोकार्बीन ($:CCl_2$)

11 फेनिल-मेथिल ईथर को HI के साथ गर्म करने पर उत्पन्न होता है। NCERT पृष्ठ 217, NEET 2017

(a) एथिल क्लोराइड (b) आयडोबेंजीन
(c) फीनॉल (d) बेन्जीन

12 अभिक्रिया NCERT पृष्ठ 205, 215 NEET 2016 Phase-I

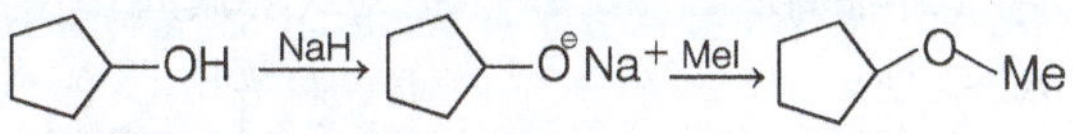

किस रूप में वर्गीकृत किया जा सकता है?

(a) ऐल्कोहॉल निर्माण अभिक्रिया
(b) निर्जलीकरण अभिक्रिया
(c) विलियम्सन की ऐल्कोहॉल संश्लेषण अभिक्रिया
(d) विलियम्सन की ईथर संश्लेषण अभिक्रिया

13 निम्नलिखित में से कौन-सा निर्जलीकरण का उत्पाद नहीं है? NCERT पृष्ठ 208, CBSE-AIPMT 2015

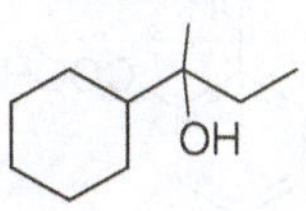

(a) 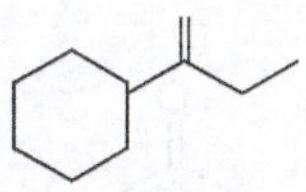 (b) 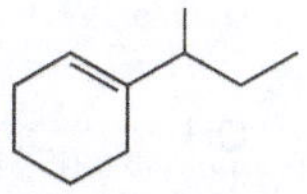

(c) 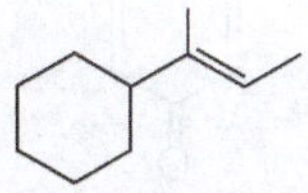 (d) 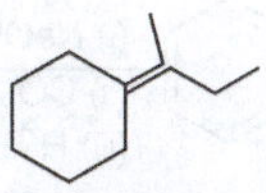

14 अभिक्रिया में *Z* को पहचानिए, NCERT पृष्ठ 215, CBSE-AIPMT 2014

$CH_3CH_2CH{=}CH_2 \xrightarrow{HBr/H_2O_2} Y \xrightarrow{C_2H_5ONa} Z$

(a) $CH_3—(CH_2)_3—O—CH_2CH_3$
(b) $(CH_3)_2CH_2—O—CH_2CH_3$
(c) $CH_3(CH_2)_4—O—CH_3$
(d) $CH_3\ CH_2—CH(CH_3)—O—CH_2CH_3$

15 निम्नलिखित ईथरों में से कौन-सा एक गर्म सान्द्र HI के साथ उपचारित करने पर मेथिलइल ऐल्कोहॉल का निर्माण करेगा?
NCERT पृष्ठ 218, CBSE-AIPMT 2013

(a) $CH_3—CH_2—CH_2—CH_2—O—CH_3$

(b) $CH_3—CH_2—CH(CH_3)—O—CH_3$

(c) $CH_3—C(CH_3)_2—O—CH_3$

(d) $CH_3—CH(CH_3)—CH_2—O—CH_3$

JEE Main

16 सूची-I का मिलान सूची-II से करें। **NCERT पृष्ठ 213, JEE Main 2024**

सूची-I (अभिक्रिया)	सूची-II (उत्पाद)
A. 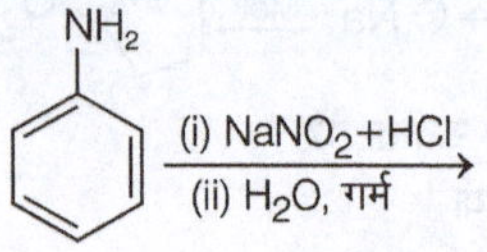	I. 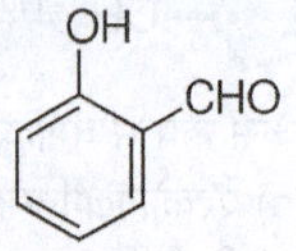
B. 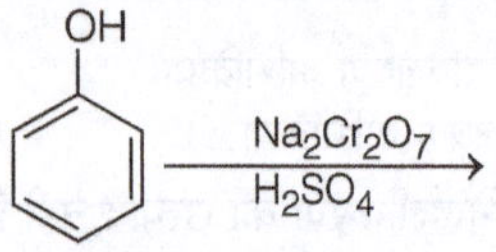	II. 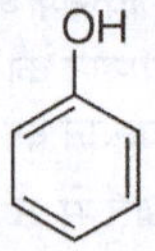
C. 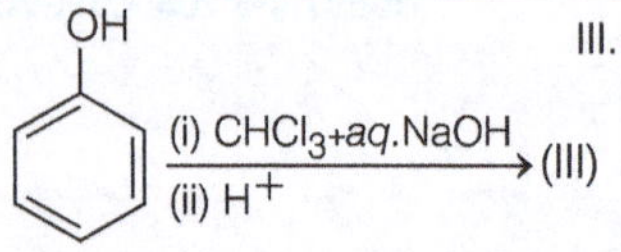	III. 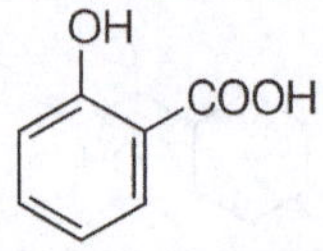
D. 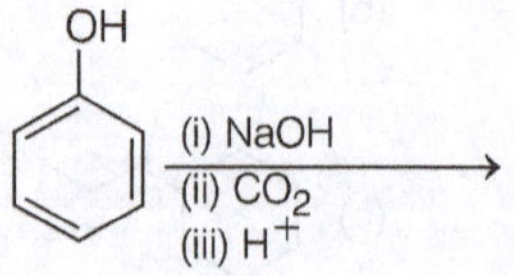	IV. 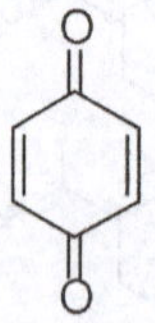

नीचे दिए गए विकल्पों से सही उत्तर चुनिए।

(a) A-I, B-IV, C-II, D-III
(b) A-III, B-II, C-I, D-IV
(c) A-IV, B-II, C-III, D-I
(d) A-II, B-IV, C-I, D-III

17 सूची-I को सूची-II के साथ मिलाइए।
NCERT पृष्ठ 213, JEE Main 2024

सूची I (अभिक्रिया)	सूची II (अभिकर्मक)
A. 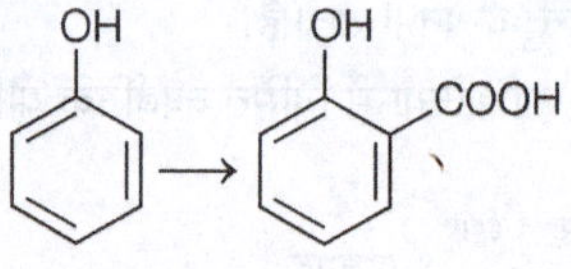	I. $Na_2Cr_2O_7$, H_2SO_4
B. 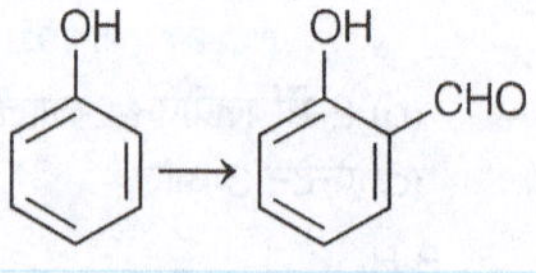	II. (i) NaOH (ii) CH_3Cl
C. 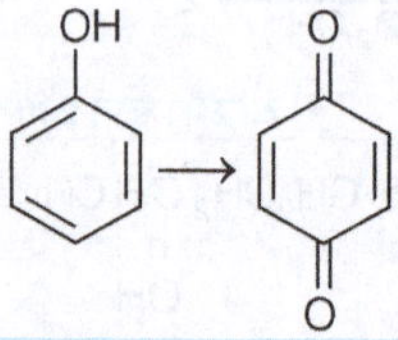	III. (i) NaOH, $CHCl_3$ (ii) NaOH (iii) HCl
D. 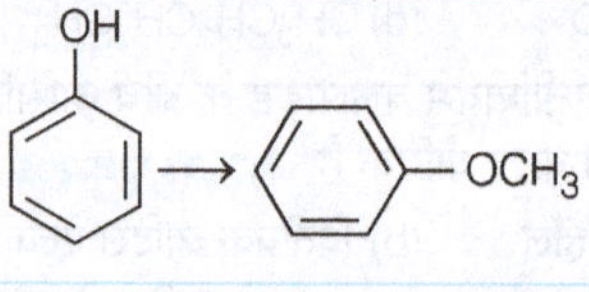	IV. (i) NaOH (ii) CO_2 (iii) HCl

नीचे दिए गए विकल्पों से सही उत्तर चुनिए।

(a) (A)-(IV), (B)-(I), (C)-(III), (D)-(II)
(b) (A)-(IV), (B)-(III), (C)-(I), (D)-(II)
(c) (A)-(II), (B)-(I), (C)-(III), (D)-(IV)
(d) (A)-(II), (B)-(III), (C)-(I), (D)-(IV)

18 फीनॉल समूह को निम्नलिखित धनात्मक परीक्षण द्वारा पहचाना जा सकता है
NCERT पृष्ठ 208, JEE Main 2024

(a) थैलीन रंजक परीक्षण
(b) टॉलेन परीक्षण
(c) कार्बिलऐमीन परीक्षण
(d) ल्यूकास परीक्षण

19 निम्नलिखित अभिक्रिया में मुख्य उत्पाद ज्ञात कीजिए।

NCERT पृष्ठ 208, JEE Main 2023

(a) 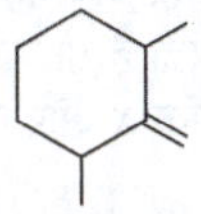 (b) 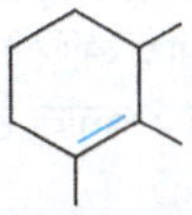 (c) 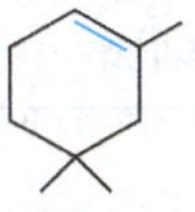 (d) 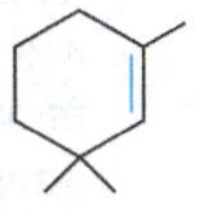

20 निम्नलिखित में से ऐल्कोहॉल बनाने की गलत विधि है

NCERT पृष्ठ 199-202, JEE Main 2023

(a) RMgBr के साथ कीटोन की अभिक्रिया के बाद जलयोजन
(b) ऐल्कीन का हाइड्रोबोरेनन ऑक्सीकरण
(c) ऐल्कीन का ओजोनीकरण
(d) NaOH के साथ ऐल्किल हैलाइड की अभिक्रिया

21 यौगिक 'X' अम्लीय है और यह NaOH विलयन में विलेय है, परन्तु $NaHCO_3$ विलयन में अविलेय है। यौगिक 'X' उदासीन $FeCl_3$ विलयन के साथ बैंगनी रंग भी देता है। यौगिक 'X' है

NCERT पृष्ठ 206, JEE Main 2022

(a) 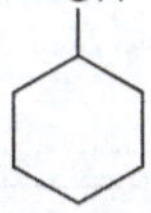

(b) 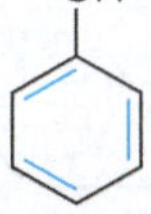

(c) 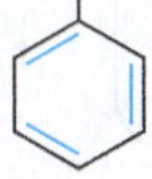

(d) 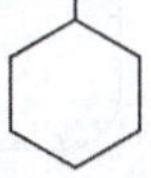

22 नीचे दो कथन दिए गए हैं। **NCERT पृष्ठ 206, JEE Main 2022**

कथन I फीनॉल दुर्बल अम्लीय होते हैं।

कथन II इसलिए वे NaOH विलयन में स्वतन्त्र रूप से विलेय हैं और ऐल्कोहॉल और जल की तुलना में दुर्बल अम्ल हैं।

सबसे उपयुक्त विकल्प चुनें।

(a) कथन I और कथन II दोनों सत्य हैं।
(b) कथन I और कथन II दोनों असत्य हैं।
(c) कथन I सत्य है परन्तु कथन II असत्य है।
(d) कथन I असत्य है परन्तु कथन II सत्य है।

23 कौन-सा अभिकारक फेनिल मैग्नीशियम ब्रोमाइड (PhMgBr) के एक मोल के साथ अभिक्रिया के बाद अम्लीय जलयोजन द्वारा निम्नलिखित ऐल्कोहॉल देगा? **NCERT पृष्ठ 201, JEE Main 2022**

$$Ph-\underset{CH_3}{\overset{Ph}{\underset{|}{\overset{|}{C}}}}-OH$$

(a) $CH_3-C\equiv N$ (b) $Ph-C\equiv N$

(c) $CH_3-\overset{O}{\overset{||}{C}}-O-Ph$ (d) $Ph-\underset{O}{\underset{||}{C}}-CH_3$

24 निम्नलिखित अभिक्रिया में निर्मित मुख्य उत्पाद है

NCERT पृष्ठ 208, JEE Main 2021

$$CH_3-\underset{CH_3}{\overset{CH_3}{\underset{|}{\overset{|}{C}}}}-\underset{OH}{\underset{|}{CH}}-CH_3 \xrightarrow[\text{कुछ बूँदे}]{\text{सान्द्र.}H_2SO_4} \text{मुख्य उत्पाद}$$

(a) $CH_3-\underset{CH_3}{\underset{|}{C}}=CH-CH_2CH_3$

(b) $\underset{H_3C}{\overset{CH_3}{}}C=C\underset{CH_3}{\overset{CH_3}{}}$

(c) $\overset{CH_3}{\underset{CH_3}{>}}C=CH-CH_3$

(d) $CH_3-\underset{CH_3}{\overset{CH_3}{\underset{|}{\overset{|}{C}}}}-CH=CH_2$

25 निम्नलिखित अभिक्रियाओं के अनुक्रम में अंतिम उत्पाद *D* है।

NCERT पृष्ठ 210, JEE Main 2021

$$CH_3-C\equiv C-H + NaNH_2 \longrightarrow A$$
$$B \xrightarrow{H_2/Pd\text{-}C} C \xrightarrow{CrO_3} D$$

(a) $CH_3-CH_2-CH_2-CH_2-CH_2-\overset{O}{\overset{||}{C}}-CH_3$

(b) $H_3C-CH=CH-CH(OH)-CH_2-CH_2CH_3$

(c) $CH_3-CH=CH-CH_2-CH_2-CH_2-COOH$

(d) $H_3C-CH_2-CH_2-CH_2-CH_2-\overset{O}{\overset{||}{C}}-H$

26 नीचे दो कथन दिए गए हैं, एक को अभिकथन (A) तथा दूसरे को कारण (R) कहा गया है। **NCERT पृष्ठ 216, JEE Main 2021**

अभिकथन (A) एथिल फेनिल ईथर का संश्लेषण विलियम्सन संश्लेषण द्वारा कर सकते हैं।

कारण (R) ब्रोमोबेन्जीन की सोडियम एथॉक्साइड के साथ अभिक्रिया से एथिल फेनिल ईथर प्राप्त होता है।

उपरोक्त कथनों के आधार पर, नीचे दिए गए विकल्पों में से सबसे उपयुक्त उत्तर चुनिए।

(a) (A) और (R) दोनों सही हैं और (R), (A) की सही व्याख्या है।
(b) (A) सही है परन्तु (R) गलत है।
(c) (A) गलत है परन्तु (R) सही है।
(d) (A) और (R) दोनों सही हैं परन्तु (R), (A) की सही व्याख्या नहीं है।

स्किल बूस्टर्स

1 यौगिक (*A*) $SOCl_2$ के साथ अभिक्रिया करके यौगिक (*B*) देता है, जो Mg के साथ अभिक्रिया करके ग्रिगनार्ड अभिकर्मक बनता है फिर ऐसीटोन के साथ उपचारित किया जाता है और प्राप्त उत्पाद के जलयोजन से 2-मेथिल ब्यूटेन-2-ऑल प्राप्त होता है, तो यौगिक *A* और *B* हैं-

	A	*B*
(a)	$CH_3CH_2CH_3$	CH_3CH_2Cl
(b)	$CH_3CH_2CH_2OH$	$CH_3CH_2(Cl)CH_3$
(c)	$CH_3CH(OH)CH_3$	$CH_3CH(Cl)CH_3$
(d)	CH_3CH_2OH	CH_3CH_2Cl

2 आण्विक सूत्र C_6H_6O वाला एक कार्बनिक यौगिक (*A*) जलीय $FeCl_3$ विलयन के साथ एक विशिष्ट रंग देता है। जब (*A*) को 410 K पर दाब के अन्तर्गत में CO_2 और NaOH के साथ उपचारित किया जाता है, तो यह यौगिक (*B*) देता है जो अम्लीकरण पर यौगिक (*C*) देता है। यौगिक (*C*) ऐसीटिल क्लोराइड के साथ अभिक्रिया करके यौगिक (*D*) देता है जो प्रचलित दर्द निवारक है। *D* की संरचना पहचानें।

(a) 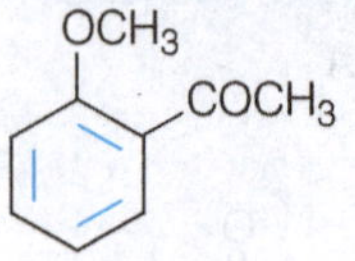

(b) 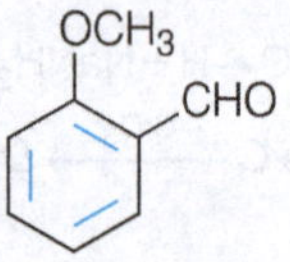

(c) 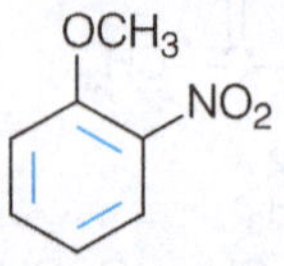

(d) 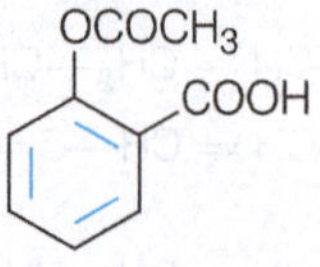

3 ऐल्कोहॉल पीने वाले एक व्यक्ति ने गलती से विकृत ऐल्कोहॉल पी लिया है, जो एथेनॉल को एक यौगिक (*A*) के साथ मिलाकर बनाया गया था। *A* उच्च दाब और तापमान पर कार्बन मोनोऑक्साइड के उत्प्रेरक हाइड्रोजनीकरण द्वारा निर्मित होता है, जब यौगिक *A* को क्रोमिक अम्ल द्वारा ऑक्सीकृत किया जाता है, तो यह काबोक्सिलिक बनाता है। बनने वाले कार्बोक्सिलिक का नाम है

(a) मेथेनोइक अम्ल (b) बेन्जोइक अम्ल
(c) ऐसिटिक अम्ल (d) कार्बोक्सिलिक अम्ल

4 एक छात्र ने प्रयोगशाला में एक प्रयोग किया। इस प्रयोग में उसने एक यौगिक (*X*) लिया, जो सान्द्र H_2SO_4 में थैलिक ऐनहाइड्राइड के साथ अभिक्रिया करने पर गुलाबी रंग देता है और फिर NaOH के साथ उपचारित करता है। यौगिक *X* को पहचानें।

(a) 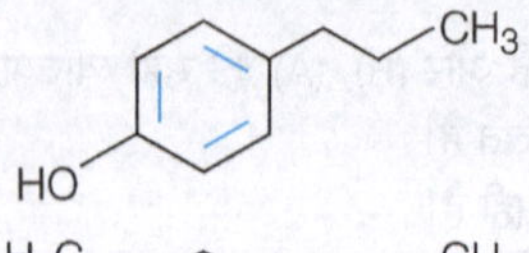

(b) 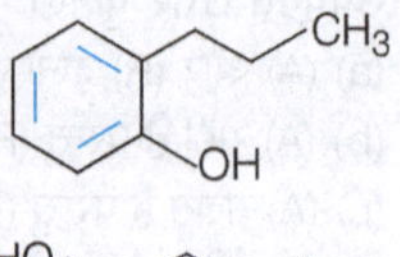

(c) 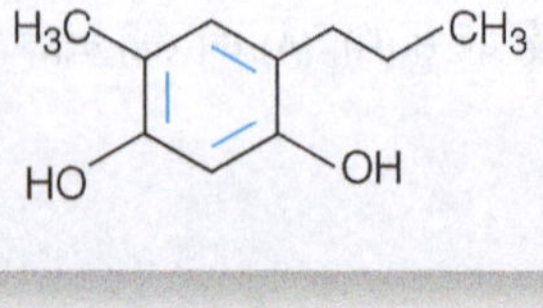

(b) 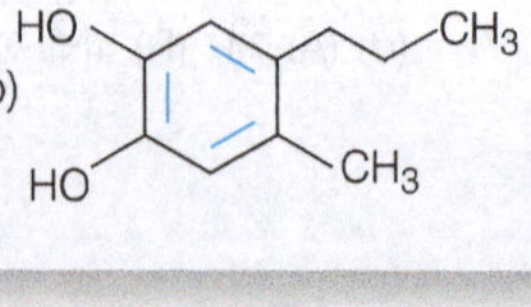

5 फलों में पाई जाने वाली शर्करा उत्प्रेरक *A* के साथ अभिक्रिया करके दो अलग शर्कराओं में बदल जाती है। उनमें से एक जब उत्प्रेक *B* की क्रिया से गुजरती है तो एक ऐल्कोहॉल बनता है, जब यह ऐल्कोहॉल 413 K पर प्रोटिक अम्ल के साथ अभिक्रिया करता है तो यह $C_4H_{10}O$ के आण्विक सूत्र वाला यौगिक *X* बनाता है। यौगिक *X* और उत्प्रेरक *B* क्रमशः हैं

(a) मेथॉक्सीमेथेन, एमाइलेज (b) ऐनीसोल, कन्वर्टेस
(c) एथिलमेथिल ईथर, इन्वर्टेस (d) एथॉक्सीएथेन, ज़ाइमेज़

6 प्रयोगशाला में, 3 कंटेनर 3 द्रवों *A*, *B* और *C* से भरे हुए हैं। जब इन द्रवों की सान्द्र HCl और $ZnCl_2$ के सममोलर मिश्रण के साथ अभिक्रिया हुई तो कुछ अवलोकन किए गए। यह देखा गया कि द्रव (*A*) में कोई परिवर्तन नहीं हुआ द्रव (*B*) में लगभग 4-5 मिनट में कुछ धुँधलापन देखा गया है और द्रव (*C*) में धुँधलापन तुरंत दिखाई दिया। द्रव (*B*) का एक नमूना निकाला गया और सांद्र H_2SO_4 के साथ अभिक्रिया करके एक ऐल्कीन का निर्माण किया गया।

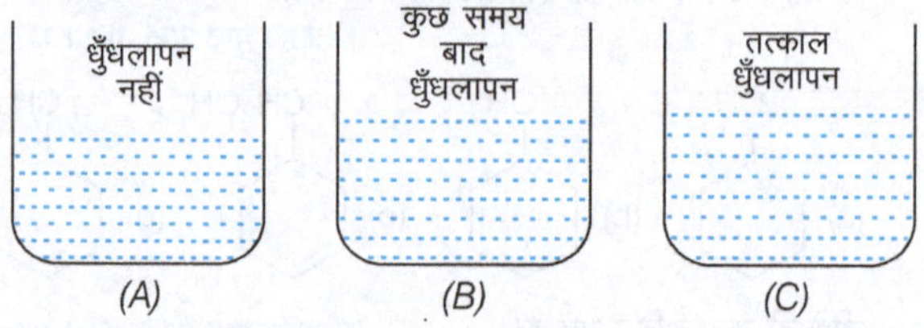

द्रव *B* तथा एल्कीन के निर्माण की क्रियाविधि को क्रमशः पहचानिए।

NCERT पृष्ठ 206

(a) प्राथमिक ऐल्कोहॉल, S_N1 प्रतिस्थापन
(b) द्वितीयक ऐल्कोहॉल S_N2 प्रतिस्थापन
(c) तृतीयक ऐल्कोहॉल योगात्मक (d) द्वितीयक ऐल्कोहॉल, विलोपन

7 एक ईथर (*A*), $C_5H_{12}O$, जब गर्म सान्द्र HI की अधिकता के साथ गर्म किया गया, तो दो ऐल्किल हैलाइड बने, जो NaOH के साथ उपचारित करने पर यौगिक (*B*) और (*C*) बनाता है, (*B*) और (*C*) के ऑक्सीकरण से क्रमशः प्रोपेनोन और एथेनोइक अम्ल प्राप्त हुआ। ईथर (*A*) का IUPAC नाम है

(a) 2-एथोक्सीप्रोपेन (b) एथोक्सीप्रोपेन
(c) मेथॉक्सीब्यूटेन (d) 2-मेथोक्सीब्यूटेन

8 सुनील फीनॉल का एक नमूना लेता है और इसे कम तापमान पर तनु नाइट्रिक अम्ल के साथ अभिक्रिया करके उत्पादों को मिश्रण प्राप्त करता है। उन्हें अलग करने के लिए उसने भाप आसवन का उपयोग किया, जिससे एक उत्पाद वाष्प के रूप में बाहर आ जाए।
वाष्प बनाने वाले उत्पाद का नाम और इस प्रक्रिया के पीछे का कारण क्रमशः हैं

(a) 2, 4, 6-ट्राईनाइट्रोफीनॉल, वान्डरवाल बल
(b) *p*-नाइट्रोफीनॉल, अंतर-आण्विक हाइड्रोजन बन्ध
(c) *o*-नाइट्रोफीनॉल, अंतरा आण्विक हाइड्रोजन बन्ध
(d) *m*-नाइट्रोफीनॉल, अंतरा आण्विक हाइड्रोजन बन्ध

प्रश्न कुंजी

शीर्षकवार प्रश्न

1. (b)	2. (c)	3. (d)	4. (d)	5. (c)	6. (c)	7. (d)	8. (c)	9. (b)	10. (a)
11. (b)	12. (b)	13. (b)	14. (c)	15. (b)	16. (b)	17. (a)	18. (d)	19. (c)	20. (c)
21. (c)	22. (b)	23. (b)	24. (d)	25. (a)	26. (c)	27. (d)	28. (b)	29. (d)	30. (d)
31. (a)	32. (b)	33. (c)	34. (c)	35. (c)	36. (d)	37. (c)	38. (b)	39. (a)	40. (c)
41. (a)	42. (c)	43. (b)	44. (b)	45. (d)	46. (d)	47. (c)	48. (b)	49. (c)	50. (c)
51. (a)	52. (d)	53. (d)	54. (b)	55. (d)	56. (d)	57. (c)	58. (a)	59. (d)	60. (a)
61. (a)	62. (b)	63. (a)	64. (a)	65. (c)	66. (b)	67. (b)	68. (a)	69. (c)	70. (c)
71. (c)	72. (b)	73. (a)	74. (d)	75. (b)	76. (c)	77. (c)	78. (b)	79. (a)	80. (c)
81. (d)	82. (a)	83. (b)	84. (c)	85. (a)	86. (a)	87. (d)	88. (a)	89. (b)	90. (c)
91. (c)	92. (c)	93. (d)							

अभिकथन कारण प्रश्न

1. (c)	2. (b)	3. (d)	4. (d)	5. (a)	6. (c)	7. (c)	8. (d)	9. (a)	10. (d)

कथन आधारित प्रश्न

1. (b)	2. (c)	3. (b)	4. (b)	5. (b)	6. (b)	7. (c)	8. (c)	9. (d)	10. (c)

सुमेलन प्रकार प्रश्न

1. (b)	2. (a)	3. (d)	4. (b)

आंकिक मान प्रकार के प्रश्न

1. (30)	2. (9)	3. (2)	4. (7)	5. (3)

NCERT Exemplar प्रश्न

1. (d) 2. (a) 3. (c) 4. (c) 5. (b) 6. A-(4), B-(3), C-(6), D-(1), E-(7), F-(2) 7. (c) 8. (a)
9. A-(4), B-(5), C-(2), D-(1) 10. (b) 11. (a) 12. (b) 13. A-(5), B-(6), C-(4), D-(3), E-(1), F-(2)
14. (d) 15. (b) 16. (c) 17. (a) 18. A-(4), B-(1), C-(6), D-(5), E-(3), F-(2)

विगत परीक्षाओं के प्रश्न

1. (d)	2. (d)	3. (a)	4. (c)	5. (a)	6. (a)	7. (c)	8. (a)	9. (d)	10. (d)
11. (c)	12. (d)	13. (b)	14. (a)	15. (c)	16. (d)	17. (b)	18. (c)	19. (b)	20. (c)
21. (b)	22. (c)	23. (d)	24. (b)	25. (a)	26. (b)				

स्किल बूस्टर्स

1. (d)	2. (d)	3. (a)	4. (b)	5. (d)	6. (d)	7. (a)	8. (c)

क्रमवार

प्रश्नों का विश्लेषण

कॉन्सेप्ट बिल्डर्स

1 ऐथिल ऐल्कोहॉल 2 सत्य

3 ऐलिफैटिक तंत्र (R-OH)

4 एल्कॉक्सी

5 विनाइलिक 6 असत्य

7 7-हाइड्रॉक्सी हेप्टेन-2-ऑन

8 सत्य

9 सोडियम बोरोहाइड्राइड/लिथियम ऐलुमिनियम हाइड्राइड

10 क्यूमीन हाइड्रोपरॉक्साइड

11 असत्य 12 कमी

13 ऐस्प्रीन 14 सत्य

15 4-नाइट्रोफेनिल एथेनॉएट

16 रीमर-टीमान अभिक्रिया

17 क्विनॉन 18 असत्य

19 विकृतीकरण 20 S_N2

21 पिरिडिनियम क्लोरोक्रोमेट

22 एथेनॉल 23 सत्य

24 फीनॉल-2, 4-डाइसल्फोनिक अम्ल

25 फीनॉल

26 विलियम्सन संश्लेषण

27 असत्य 28 प्राथमिक

29 सत्य 30 4-मेथॉक्सी ऐसीटोफीनॉन

शीर्षकवार प्रश्न

1 *(b)* ऐलिलिक ओर बेन्जाइलिक ऐल्कोहॉल में, —OH समूह sp^3-संकरित कार्बन परमाणु से जुड़ा होता है।

2 *(c)* वाइनिलिक ऐल्कोहॉल में —OH समूह कार्बन-कार्बन द्वि-बन्ध से जुड़ा होता है अर्थात् विनाइलिक कार्बन से।

3 *(d)* $C_6H_5CH_2OH$ फीनॉल के रूप में वर्गीकृत नहीं किया गया है, क्योंकि इस अणु में —OH समूह सीधे ऐल्किल समूह से जुड़ा होता है न कि ऐरिल समूह से।

4 *(d)* यदि ऑक्सीजन परमाणु से जुड़े ऐल्किल या ऐरिल समूह भिन्न हों, तो यह असममित या मिश्रित ईथर हैं।

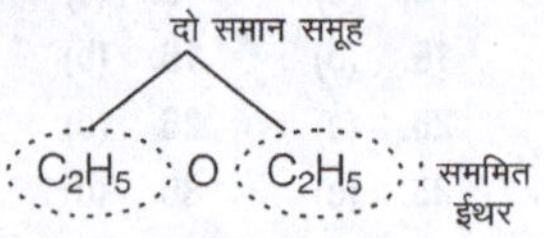

5 *(c)* दी गई संरचना का IUPAC नाम 2-मेथिल साइक्लोपेन्टेनॉल है।

6 *(c)* I→ मेथेनॉल, II→ *आइसो*-प्रोपिल ऐल्कोहॉल और III→ $CH_3CH_2CH_2CH_2OH$ है।

7 *(d)* गलत मिलान (d) है।

$$HO—CH_2—CH_2—OH$$
एथिलीन ग्लाइकॉल

8 *(c)* यौगिक का IUPAC नाम प्रोपेन-1, 2, 3-ट्राईऑल है और इसमें दो प्राथमिक ऐल्कोहॉल समूह और एक द्वितीयक ऐल्कोहॉल समूह है। इसकी संरचना इस प्रकार है

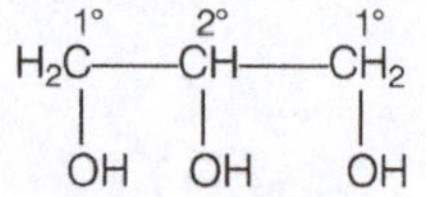

प्रोपेन-1, 2, 3-ट्राईऑल

9 *(b)* दिए गए यौगिक का IUPAC नाम 1-एथॉक्सी-2-नाइट्रोसाइक्लोहेक्सेन है।

10 *(a)* मेथेनॉल, फीनॉल और मेथॉक्सीमेथेन में C—O—H बन्ध कोण क्रमशः 108.9°, 109° और 111.7° हैं।

11 *(b)* दो तृतीयक ऐल्कोहॉल समूह वाला $C_6H_{14}O_2$ यौगिक है

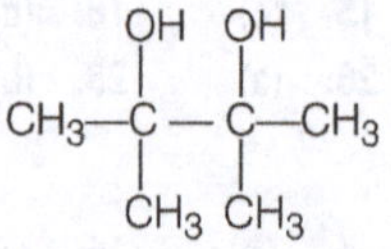

इसका IUPAC नाम 2, 3-डाइमेथिलब्यूटेन-2, 3-डाइऑल है।

12 *(b)* चतुष्फलकीय, जैसे

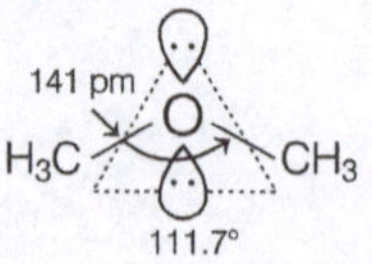

13 *(b)* कथन (a), (c) व (d) सही है। कथन (b) का सही रूप है C—O—C बंध कोण, चतुष्फलकीय कोण से अधिक होता है।

14 *(c)* असममित ऐल्केनों में, योगात्मक अभिक्रिया मार्कोनीकॉफ नियम के अनुसार होती है।

15 *(b)* दिए गए रूपान्तरण के लिए उपयुक्त अभिकर्मक X है

(i) B_2H_6, (ii) H_2O_2 / OH^-

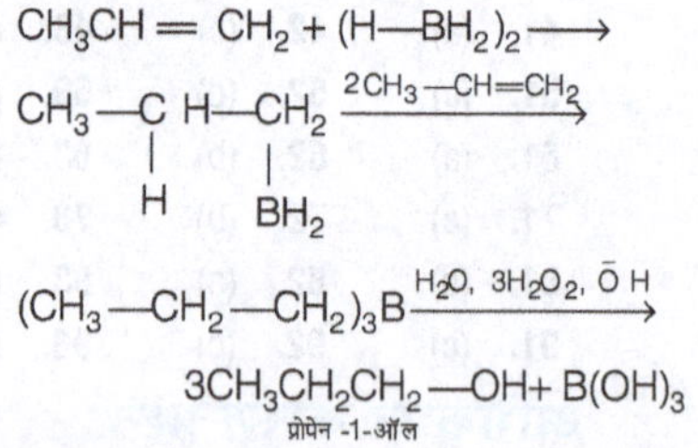

इस अभिक्रिया को हाइड्रोबोरेनन-ऑक्सीकरण अभिक्रिया के नाम से जाना जाता है।

16 *(b)* कथन (b) का सही रूप है —H और —OH का योग मार्कोनीकॉफ के नियम के विपरीत होता है

17 *(a)*

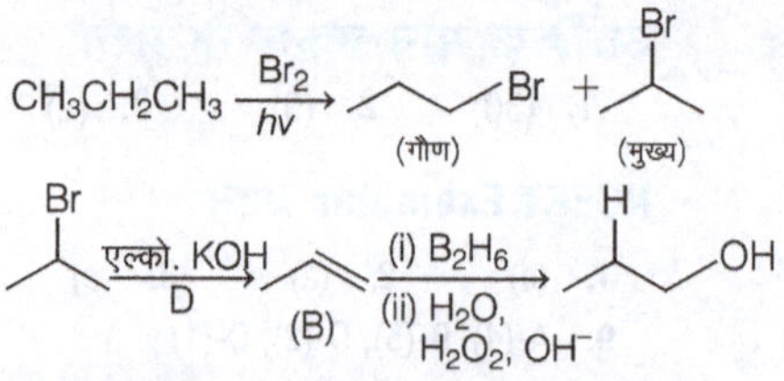

18 *(d)* दिए गए अभिकर्मकों में से पोटैशियम परमैंगनेट का उपयोग ऐल्डिहाइड और कीटोन को ऐल्कोहॉल में अपचयन के लिए नहीं किया जाता है। $KMnO_4$ एक ऑक्सीकारक है।

19 *(c)* कार्बोक्सिलिक अम्ल को ($LiAlH_4$) नामक प्रबल अपचायक द्वारा प्राथमिक ऐल्कोहॉल में अपचयित किया जाता है। अभिक्रिया इस प्रकार है $RCOOH \xrightarrow[\text{(ii) } H_2O]{\text{(i) } LiAlH_4} RCH_2OH$

20 *(c)* बनने वाले उत्पाद है,

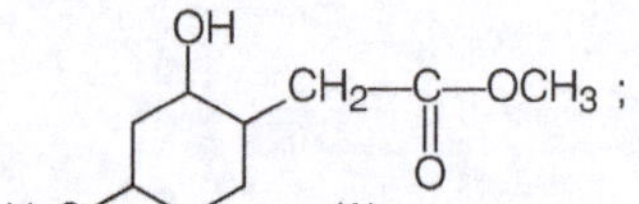

(A)

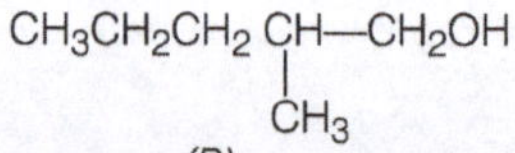

(B)

$NaBH_4$ केवल ऐल्डिहाइड और कीटोन को अपचयित करता है, एस्टर को नहीं है।

21 *(c)* अभिक्रिया का पूरा अनुक्रम निम्नानुसार है

$$\underset{\text{एथेनॉइक अम्ल}}{CH_3COOH} \xrightarrow[H^+]{C_2H_5OH} CH_3COOC_2H_5 \xrightarrow[\text{उत्प्रेरक}]{H_2} 2\underset{\text{एथेनॉल}}{C_2H_5OH}$$

22 *(b)*

$$CH_3CH_2-\overset{O}{\overset{\|}{C}}-OH \xrightarrow{LiAlH_4/H_2O} CH_3CH_2CH_2OH$$

23 *(b)* जलयोजन पर यह अभिक्रिया एक ऐल्कोहॉल निर्मित करती है।

24 *(d)*

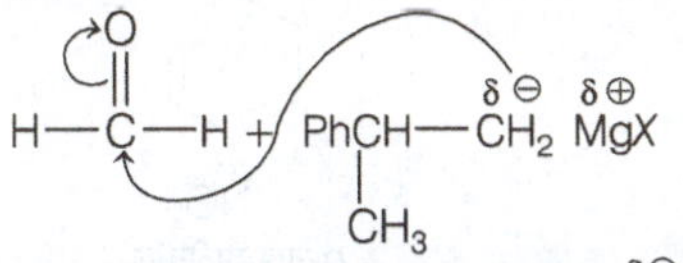

$$\longrightarrow Ph\,\underset{CH_3}{\underset{|}{C}H}CH_2-CH_2\overset{\delta\ominus\delta\oplus}{O\,MgX} \xrightarrow{H_3O^+} Ph\,\underset{CH_3}{\underset{|}{C}H}-(CH_2)_2-OH$$

प्राप्त उत्पाद वांछित पदार्थ नहीं है, जबकि विकल्प (a), (b) और (c) में वांछित पदार्थ आसानी से निर्मित किए जा सकते हैं।

25 *(a)* निर्मित उत्पाद है,

$$CH_3-\underset{CH_3}{\underset{|}{\overset{CH_3}{\overset{|}{C}}}}-OH$$

इसका IUPAC नाम 2-मेथिलप्रोपेन-2-ऑल है।

26 *(c)* $\underset{\text{1-ब्रोमोप्रोपीन (X)}}{CH_3CH_2CH_2Br} + Mg \xrightarrow{\text{शुष्क ईथर}} \underset{(Y)}{CH_3CH_2CH_2MgBr}$

$$\xrightarrow{HCHO} CH_3CH_2CH_2CH_2-O-MgBr \xrightarrow{H_2O} \underset{\text{1-ब्यूटनॉल}}{CH_3CH_2CH_2CH_2OH} + Mg\begin{matrix}Br\\OH\end{matrix}$$

अतः यौगिक X 1-ब्रोमोप्रोपेन है।

27 *(d)* क्यूमीन को सबसे पहले वायु की उपस्थिति में क्यूमीन हाइड्रोपरॉक्साइड में ऑक्सीकृत किया जाता है। फिर इसे तनु अम्ल के साथ उपचारित करके फीनॉल और ऐसीटोन में परिवर्तित किया जाता है।

28 *(b)* फीनॉल का निर्माण हाइड्रोकार्बन, क्यूमीन से किया जाता है।

क्यूमीन (आइसो-प्रोपिलबेन्जीन) वायु की उपस्थिति में क्यूमीन हाइड्रोपराक्साइड में ऑक्सीकृत हो जाता है। इसे तनु अम्ल के साथ उपचारित करके फीनॉल और एसीटोन में परिवर्तित किया जाता है।

$$\underset{\text{क्यूमीन}}{CH_3-\underset{C_6H_5}{\underset{|}{C}H}-CH_3} \xrightarrow{O_2} \underset{\text{क्यूमीनहाइड्रोपरॉक्साइड}}{H_3C-\underset{C_6H_5}{\underset{|}{\overset{CH_3}{\overset{|}{C}}}}-O-O-H}$$

$$\xrightarrow[H_2O]{H^+} \underset{\text{फीनॉल}}{\underset{C_6H_5}{\underset{|}{OH}}} + \underset{\text{एसीटोन}}{CH_3COCH_3}$$

29 *(d)* दी गई अभिक्रिया P, Q और R में मुख्य उत्पाद इस प्रकार हैं।

$$\underset{\text{बेन्जीन}}{C_6H_6} + CH_3CH_2CH_2Cl \xrightarrow{\text{निर्जलीय }AlCl_3} \underset{\text{क्यूमीन}(P)}{\underset{C_6H_5}{\underset{|}{\overset{H_3C\quad CH_3}{CH}}}}$$

$$\xrightarrow[(ii)\ H_3O^+]{(i)\ O_2} \underset{\text{फीनॉल (Q)}}{\underset{C_6H_5}{\underset{|}{OH}}} + \underset{\text{एसीटोन }(R)}{CH_3-\overset{O}{\overset{\|}{C}}-CH_3}$$

30 *(d)* कार्बन परमाणुओं की संख्या में वृद्धि के साथ ऐल्कोहॉल का क्वथनांक बढ़ता है और कार्बन शृंखला में शाखाओं की वृद्धि के साथ घटता है।

अतः क्वथनांक का सही क्रम इस प्रकार है

$$CH_3-\underset{CH_3}{\underset{|}{\overset{CH_3}{\overset{|}{C}}}}-OH < CH_3-\underset{CH_3}{\underset{|}{C}H}-CH_2OH < CH_3CH_2CH_2CH_2OH$$

31 *(a)* कार्बन परमाणुओं की संख्या में वृद्धि के साथ ऐल्कोहॉल के क्वथनांक बढ़ जाते हैं क्योंकि वान्डर वॉल्स बलों में वृद्धि होती है। अतः सही क्रम (a) है।

32 *(b)* ऐल्कोहॉल (ROH) ब्रॉन्टेड अम्ल है, अर्थात् वे एक प्रबल क्षार (*B*) को प्रोटॉन दान कर सकते हैं। अभिक्रिया निम्न प्रकार से होती है।

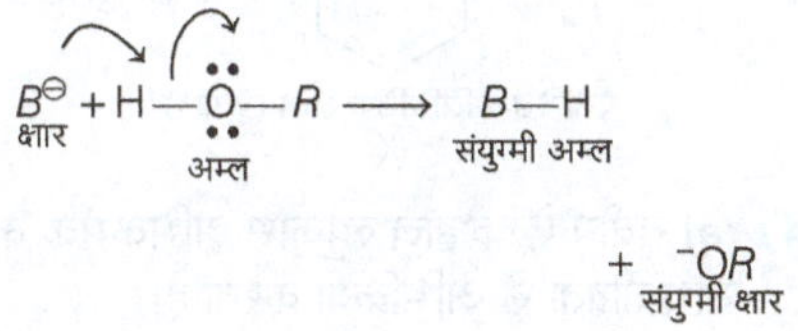

$$\underset{\text{क्षार}}{B^\ominus} + \underset{\text{अम्ल}}{H-\ddot{O}-R} \longrightarrow \underset{\text{संयुग्मी अम्ल}}{B-H} + \underset{\text{संयुग्मी क्षार}}{{}^-OR}$$

33 *(c)* सभी यौगिकों में से मेथेनॉल प्रबल अम्लीय है। इसका कारण ऐल्किल समूह कम संख्या और +*i* प्रभाव है।

34 *(c)* दिए गए यौगिकों में फीनॉल सबसे अम्लीय है, क्योंकि यह एक हाइड्रोजन आयन को त्यागकर एक स्थायी फीनॉक्साइड आयन बनाता है।

35 *(c)* प्रतिस्थापित फीनॉल इलेक्ट्रॉन ग्राही समूहों जैसे $-NO_2$ की उपस्थिति फीनॉल की अम्लीय सामर्थ्य को बढ़ाते हैं।

पिक्रिक अम्ल में 3-नाइट्रो समूह होते हैं, जो इसे प्रबल अम्ल बनाता है।

36 *(d)* अम्लीय सामर्थ्य जितनी अधिक होगी, pK_a मान उतना कम होगा। इस प्रकार, अम्लीय सामर्थ्य का बढ़ता क्रम विकल्प (d) है।

37 *(c)* सही विकल्प (c) है।

38 *(b)* एक प्रबल अम्ल अपने लवण से दुर्बल अम्ल को विस्थापित कर देता है।

चूँकि H_2O, *ROH* को RO^-Na^+ से विस्थापित करता है और H_2O और ऐल्कोहॉल दोनों सोडियम ऐसीटीलाइड से ऐसीटिलीन को विस्थापित करते हैं।

इसलिए जल सबसे प्रबल अम्ल है, उसके बाद ऐल्कोहॉल है, जबकि एसिटिलीन सबसे दुर्बल अम्ल है। इनका अम्लीय क्रम नीचे दर्शाया गया है।

$$H_2O > ROH > HC\equiv CH$$

39 *(a)* HCl को उदासीन करने के लिए, जोकि अभिक्रिया में निर्मित होता है वह संतुलन के दाईं ओर स्थापित हो जाता है।

40 *(c)*

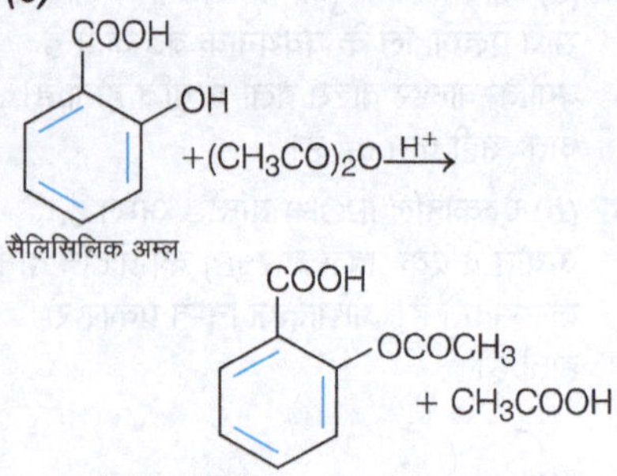

सैलिसिलिक अम्ल

ऐसीटिल सैलिसिलिक अम्ल (ऐस्प्रीन) (X)

41 *(a)* तृतीय ऐल्कोहॉल ल्युकास अभिकर्मक के साथ तीव्रता से अभिक्रिया करता है।

42 *(c)* $CH_3CH_2CH(OH)—CH_3$ एक 2° ऐल्कोहॉल है। इस प्रकार यह ल्यूकास अभिकर्मक अभिक्रिया पर तत्काल धुँधलापन नहीं देगा।

43 *(b)* *HX* के साथ ऐल्कोहॉल की अभिक्रियाशीलता का सही घटता क्रम HI > HBr > HCl. है।

44 *(b)* सान्द्र HCl और $ZnCl_2$ अर्थात् ल्यूकास अभिकर्मक का उपयोग ऐल्कोहॉल की तीनों श्रेणियों में अन्तर करने के लिए किया जा सकता है।

45 *(d)* ल्यूकास अभिकर्मक के साथ ऐल्कोहॉल की अभिक्रिया S_N1 अभिक्रिया है और अभिक्रिया की दर अभिक्रिया में बने कार्बधनायन के स्थायित्व के सीधे समानुपाती होती है।

अतः 3° ऐल्कोहॉल, 3° कार्बधनायन (सबसे अधिक स्थायी) बनाता है, इसलिए यह सबसे तीव्रता से अभिक्रिया करेगा।

46 *(d)*

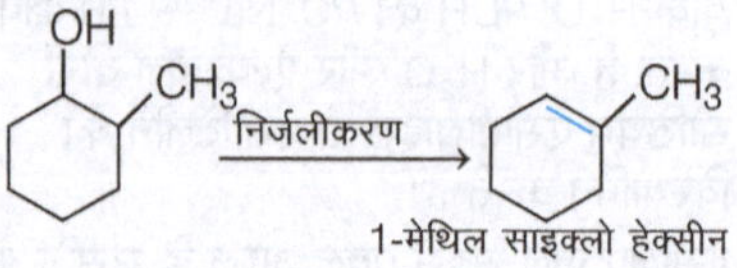

1-मेथिल साइक्लो हेक्सीन

$$CH_3CH_2CH_2CH_2OH \xrightarrow{\text{निर्जलीकरण}} CH_3CH_2—CH{=}CH_2$$

ब्यूट1-ईन

47 *(c)* गलत कथन (c) है। इसका सही रूप है। तापमान उच्च होना चाहिए।

48 *(b)*

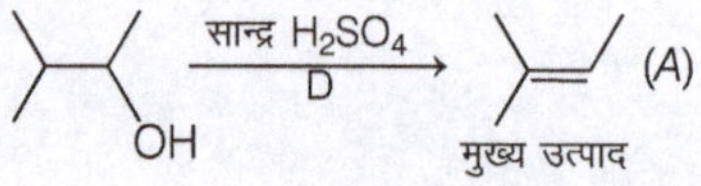

मुख्य उत्पाद

49 *(c)* 2-मेथिलप्रोपेन-2-ऑल, क्योंकि यह निर्जलीकरण के दौरान तृतीयक कार्बधनायन देता है।

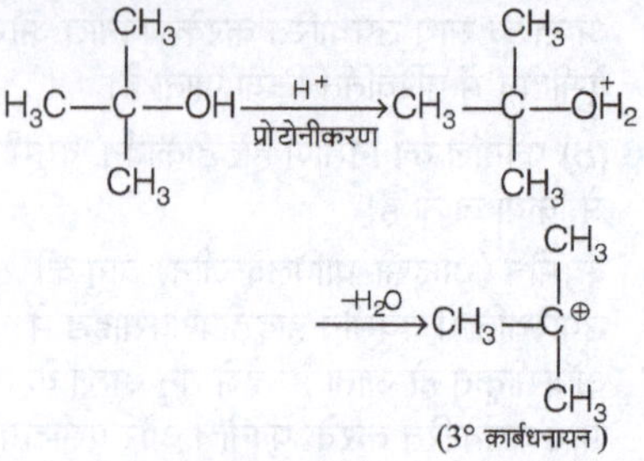

50 *(c)* यौगिक III अर्थात् *p*-$CH_3OC_6H_4CH(OH)CH_3$ ऐल्कोहॉल आसानी से निर्जलीकृत हो जाता है। इलेक्ट्रॉन दाता समूह अर्थात् $—OCH_3$ की उपस्थिति ऐल्कोहॉल के प्रोटॉनीकरण को सुविधाजनक बनाता है, जो निर्जलीकरण में सम्मिलित है।

51 *(a)* PCC पिरिडिनियम क्लोरोक्रोमेट पिरीडीन और क्रोमियम ट्राइऑक्साइड के साथ तो पिरीडीन और HCl का संकुल है।

52 *(d)* प्रबल ऑक्सीकारक अभिकर्मक जैसे अम्लीय $KMnO_4$ का उपयोग ऐल्कोहॉल को कार्बोक्सिलिक अम्ल में रूपान्तरित करने के लिए किया जाता है।

53 *(d)* दी गई अभिक्रियाओं में से (d) गलत है। सही अभिक्रिया इस प्रकार होगी

$$CH_3CH_2OH \xrightarrow[170°C]{\text{सान्द्र } H_2SO_4} CH_2{=}CH_2$$

54 *(b)* गुर्दे द्वारा मेथेनॉल उत्सर्जित करने के लिए

55 *(d)* विकल्प (d) में दी गई अभिक्रिया गलत है क्योंकि इसका रूपान्तरण 573 K पर कॉपर का उपयोग करके नहीं हो सकता है।

56 *(d)* फीनॉल का तनु नाइट्रिक अम्ल के साथ कम तापमान पर (298 K) नाइट्रीकरण करने पर *ऑर्थो* एवं *पैरा* नाइट्रोफीनॉल का मिश्रण प्राप्त होता है।

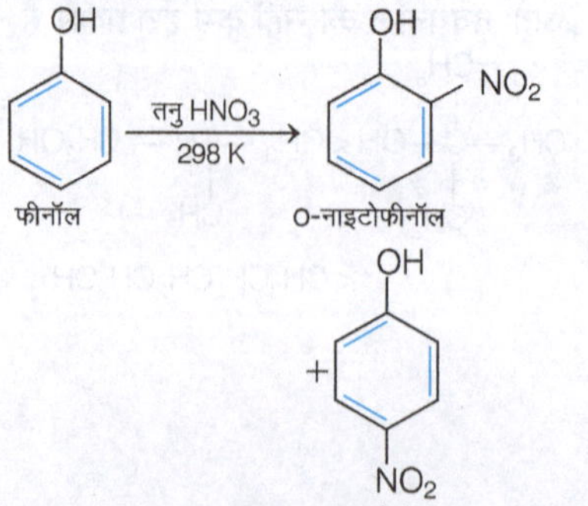

फीनॉल

o-नाइटोफीनॉल

p-नाइटोफीनॉल

57 *(c)* फीनॉल, सान्द्र HNO_3 के साथ अभिक्रिया करके 2, 4, 6- ट्राइनाइट्रोफीनॉल (पिक्रिक अम्ल) बनाता है।

58 *(a)*

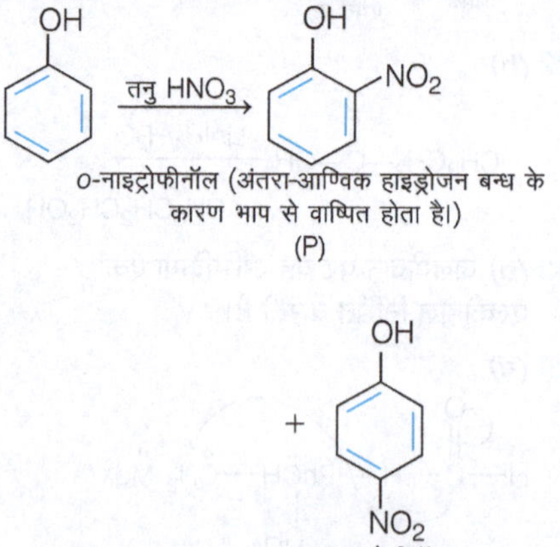

o-नाइट्रोफीनॉल (अंतरा-आण्विक हाइड्रोजन बन्ध के कारण भाप से वाष्पित होता है।) (P)

p-नाइट्रोफीनॉल (कम वाष्पित)

59 *(d)* अतः — OH और $—CH_3$ समूह *ऑर्थो* और *पैरा*-निर्देशी हैं। दी गई अभिक्रिया में प्राप्त मुख्य उत्पाद इस प्रकार होगा।

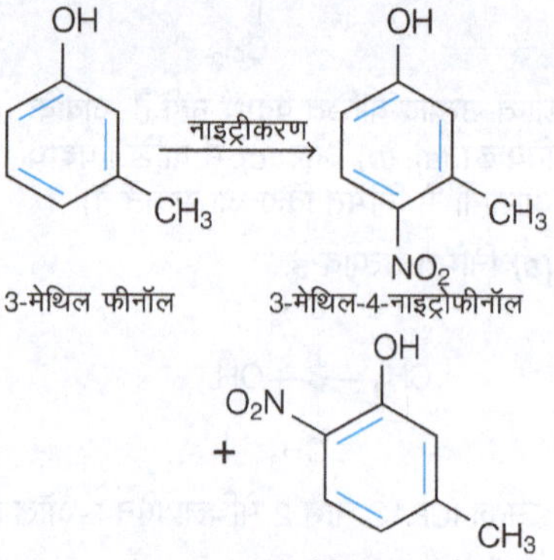

3-मेथिल फीनॉल

3-मेथिल-4-नाइट्रोफीनॉल

3-मेथिल-6-नाइट्रो फीनॉल

60 *(a)* फीनॉल का सैलिसिलिक अम्ल में रूपान्तरण कोल्बे अभिक्रिया कहलाती है। फीनॉल का सैलिसिलेल्डिहाइड में रूपान्तरण राइमर-टीमन अभिक्रिया है।

61 *(a)* अभिक्रिया (a) गलत है। इसका सही रूप इस प्रकार है

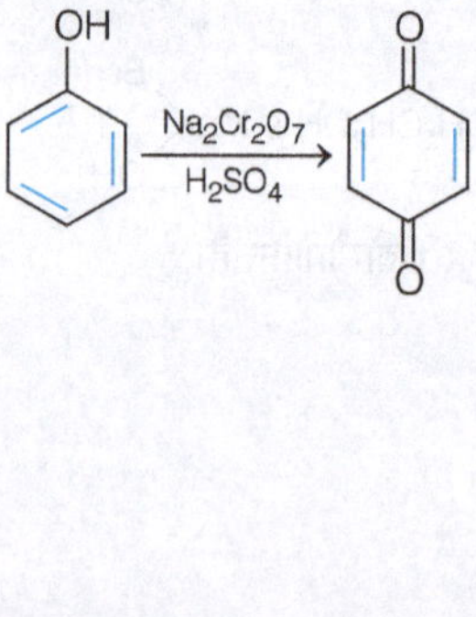

62 *(b)*

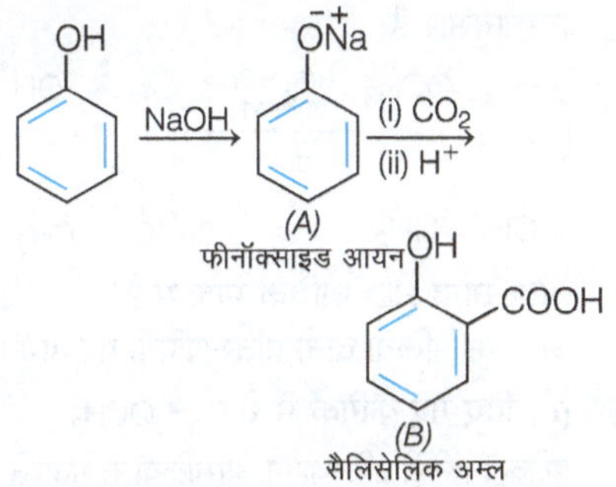

63 *(a)*

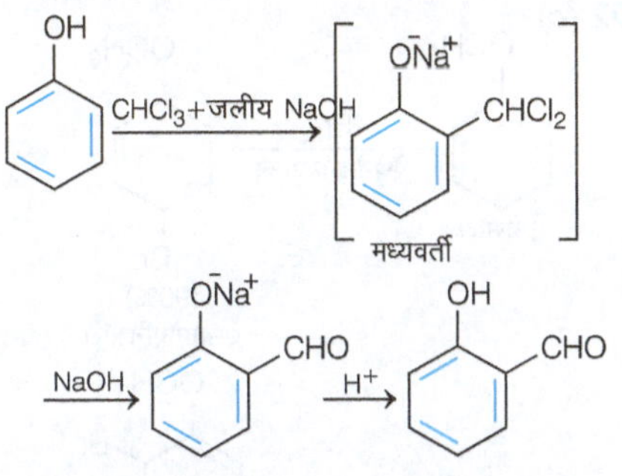

64 *(a)* फीनॉल जिंक के साथ अभिक्रिया करके बेन्जीन (*x*) बनाता है,जो आगे CH_3COCl और ऐनहाइड्राइड $AlCl_3$ के साथ अभिक्रिया करके ऐसीटोफीनॉन (*Y*) देता है।

सम्पूर्ण अभिक्रिया इस प्रकार है

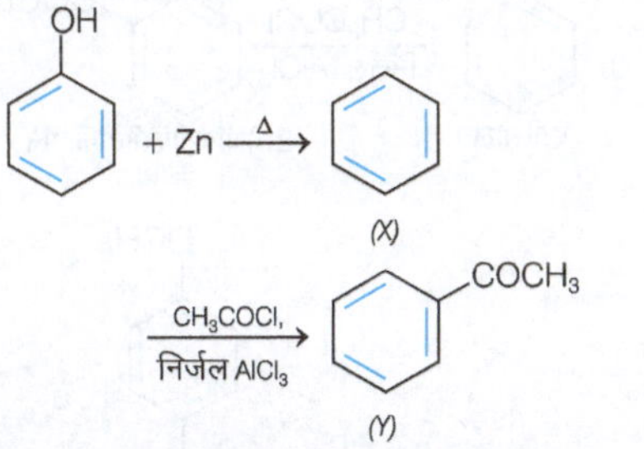

65 *(c)* फीनॉल केवल जिंक धातु के साथ C—O अभिक्रिया करके बेन्जीन बनाते हैं। इसमें सम्मिलित अभिक्रिया इस प्रकार है

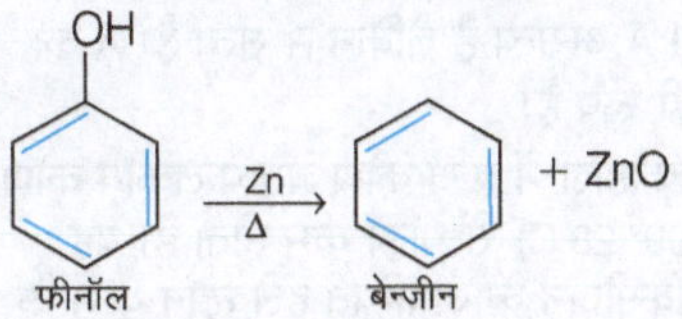

66 *(b)*

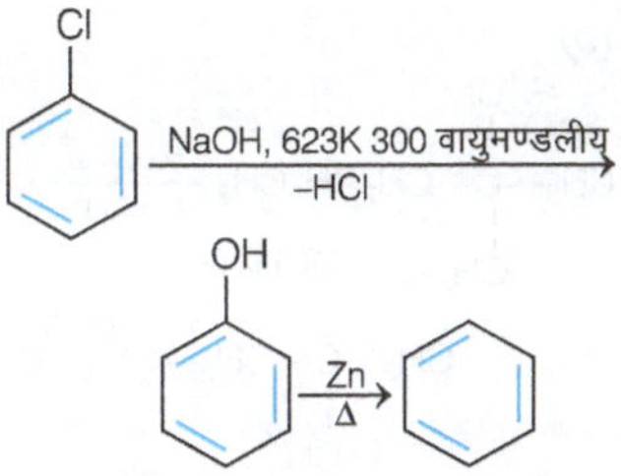

67 *(b)* इलेक्ट्रॉनस्नेही अभिकर्मक उच्च इलेक्ट्रॉन घनत्व वाली बेन्जीन वलय पर आसानी से आक्रमण करता है। इलेक्ट्रॉनों का निम्निलिखित क्रम कार्यकारी समूह की प्रवृत्ति को दान करता है।

$—OH > —OCH_3 > —NHCOCH_3 >$
$—CH_3 > —CH_2OH.$

—OH प्रबल इलेक्ट्रॉन दान करने वाला समूह है और इसलिए *o*-क्रिसॉल इलेक्ट्रॉनस्नेही अभिकर्मकों के प्रति सबसे अधिक अभिक्रियाशील है।

68 *(a)* उत्पाद *X* सैलिसिलिक अम्ल है, जो कोल्बे अभिक्रिया द्वारा निर्मित होता है।

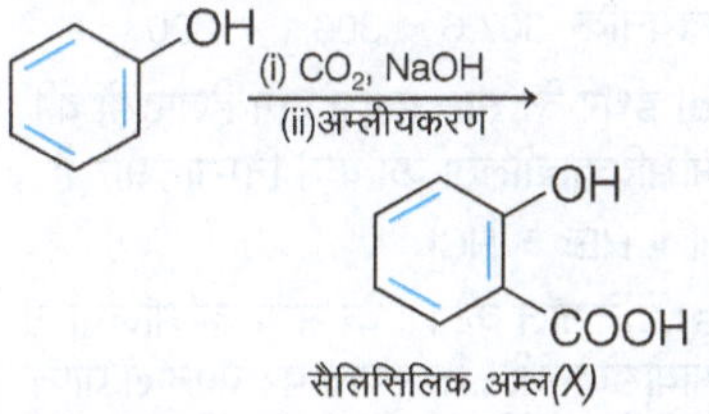

सैलिसिलिक अम्ल ऐसीटिलीकरण से गुजरता है, जिससे ऐस्पिरिन बनता है

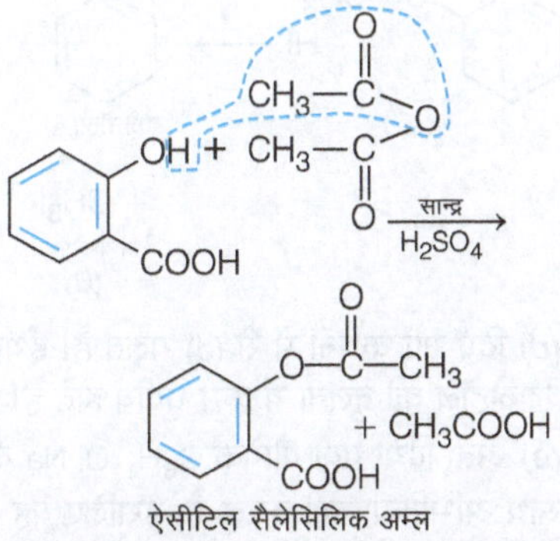

ऐस्पिरिन एक नॉन नार्कोटिक्स दर्दनाशक (दर्द निवारक) है।

69 *(c)* दी गई अभिक्रिया में 'X' $Na_2Cr_2O_7, H_2SO_4$ है। पूर्ण अभिक्रिया में फीनॉल का बेन्जोक्विनॉन में ऑक्सीकरण सम्मिलित है, जैसा कि नीचे दिखाया गया है।

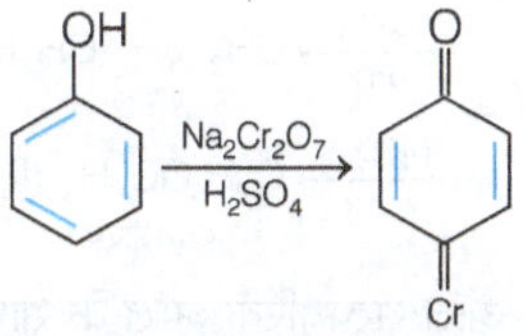

70 *(c)* जब फीनॉल को 100°C पर H_2SO_4 के साथ अभिक्रिया कराया जाता है, तो *पैरा* प्रतिस्थापी उत्पाद बनता है

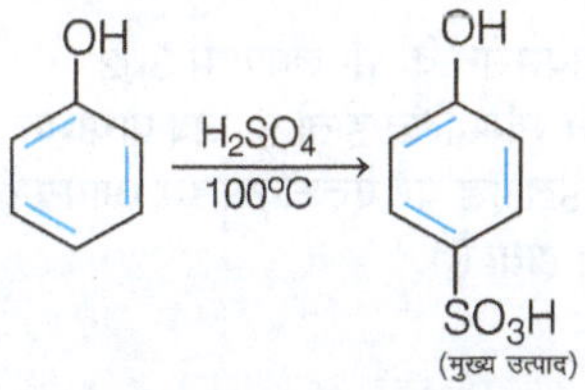

71 *(c)* मेथेनॉल (CH_3OH), को काष्ठ स्प्रिट के रूप में जाना जाता है, क्योंकि यह लकड़ी के उग्र आसवन द्वारा निर्मित होता है।

72 *(b)* 'X' is CO और 'Y' $ZnO\text{-}Cr_2O_3$. है।

$ZnO\text{-}Cr_2O_3$ उत्प्रेरक की उपस्थिति में उच्च दाब और तापमान पर कार्बन मोनोक्साइड के उत्प्रेरक हाइड्रोजनीकरण द्वारा मेथनॉल का उत्पादन सम्मिलित है।

73 *(a)*

$C_{12}H_{22}O_{11} + H_2O \xrightarrow{\text{इन्वर्टेज (X)}}$
(मोलेस/इक्षुशर्करा/फ्रुट)

$C_6H_{12}O_6 + C_6H_{12}O_6$
ग्लूकोज फ्रक्टोज

$C_6H_{12}O_6 \xrightarrow{(Y)}$
ग्लूकोज/फ्रक्टोज

$2C_2H_5OH + 2CO_2\uparrow$

74 *(d)* जब निर्मित ऐल्कोहॉल क प्रतिशत 14 प्रतिशत से अधिक हो जाता है तो जाइमेज (zymase) की क्रिया बाधित हो जाती है।

75 *(b)* कॉपर सल्फेट ($CuSO_4$) (रंग देने के लिए) और पिरीडीन (एक दुर्गंधयुक्त तरल) को मिलाकर व्यावसायिक ऐल्कोहॉल को पीने के लिए अनुपयुक्त बनाता है। उसे ऐल्कोहॉल का विकृतीकरण (denaturation) कहा जाता है।

76 *(c)* एथेनॉल को H_2SO_4 की उपस्थिति में 443K से 413K तापमान पर निर्जलीकृत किया जाता है तथा एथॉक्सीएथेन मुख्य उत्पाद के रूप में बनता है। यह अभिक्रिया इस प्रकार है।

$$\underset{\text{एथेनॉल}}{CH_3CH_2OH} \xrightarrow[443\,K]{H_2SO_4} \underset{\text{एथीन}}{CH_2 = CH_2} \text{ (I)}$$

$$\underset{\text{एथेनॉल}}{CH_3CH_2OH} \xrightarrow[413\,K]{H_2SO_4} \underset{\text{एथॉक्सीएथेन}}{C_2H_5OC_2H_5} \text{ (II)}$$

77 *(c)* पेन्टेन-1-ऑल सल्फ्यूरिक अम्ल के साथ गर्म करने डाइएल्किल लब्धि देता है एक प्राथमिक ऐल्कोहॉल है और आसानी से प्रतिस्थापन अभिक्रिया से गुजरकर ईथर देता है।

78 *(b)* विलियमसन के संश्लेषण में S_N2 क्रियाविधि सम्मिलित होती है, जब प्राथमिक ऐल्किल हैलाइड पर ऐल्कॉक्साइड आयन का आक्रमण होता है।

79 *(a)*

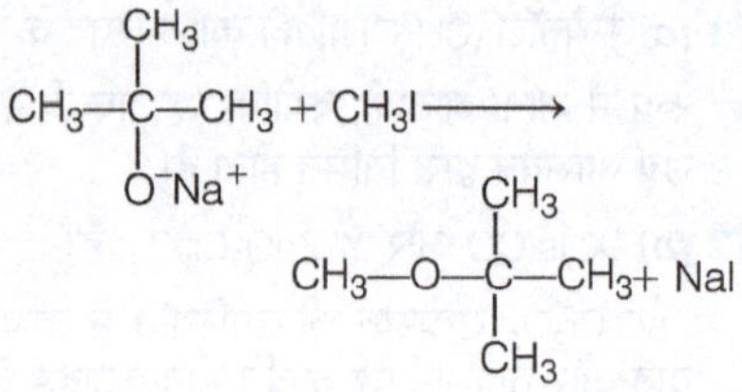

80 *(c)* प्रतिस्थापित फीनॉल जलीय NaOH के साथ अभिक्रिया करके सोडियम फीनॉक्साइड बनाते हैं, जो CH_3I के साथ अभिक्रिया करके S_N2 अभिक्रिया करके 2-मेथॉक्सीटॉलुईन देते हैं।

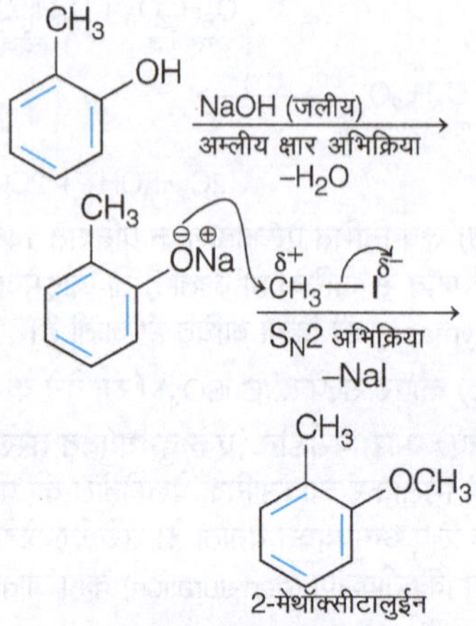

81 *(d)*

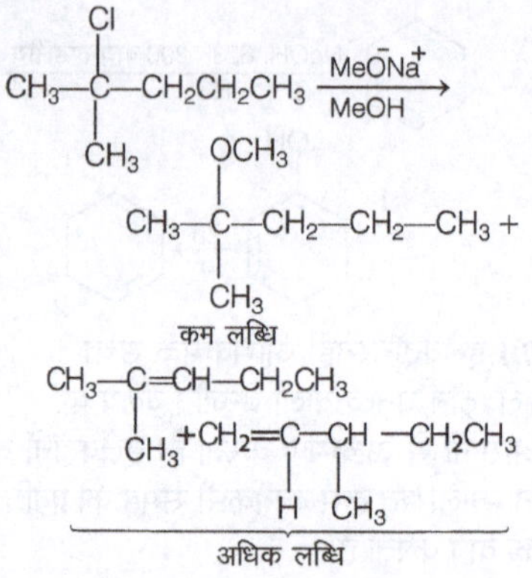

82 *(a)* $CH_3CHBrCH_3 \xrightarrow{\text{ऐल्कोहॉलिक KOH}} \underset{(A)}{CH_3CH = CH_2} \xrightarrow[\text{परऑक्साइड}]{HBr} \underset{(B)}{CH_3CH_2CH_2Br} \xrightarrow{CH_3ONa} \underset{(C)}{CH_3CH_2CH_2OCH_3}$

83 *(b)* क्वथनांक का सही बढ़ता क्रम है।
एथॉक्सीएथेन < *n*-पेंटेन < ब्यूटेन -1-ऑल
क्वथनांक 307.6 < 309.1 < 390

84 *(c)* ईथर के साथ हाइड्रोजन हैलाइडों की अभिक्रियाशीलता का क्रम निम्नानुसार है
HI > HBr > HCl

85 *(a)* ऐनिसॉल की HI के साथ अभिक्रिया से आयोडोबेन्जीन के स्थान पर फीनॉल प्राप्त होता है, क्योंकि $O—CH_3$ के बीच का बन्ध $O—C_6H_5$ के बीच के बन्ध दुर्बल होता है।

86 *(a)*

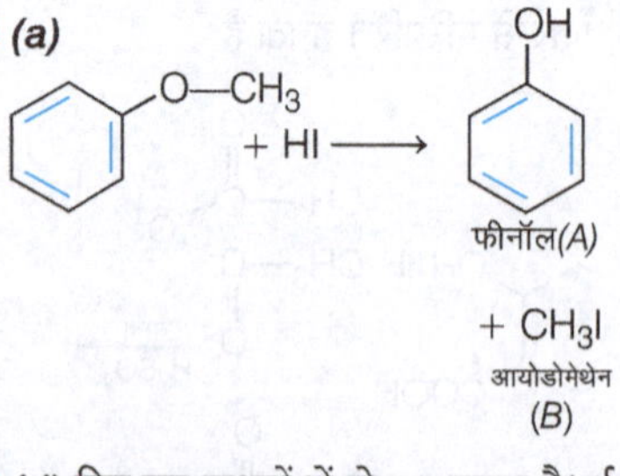

87 *(d)* दिए गए कथनों में से (d) गलत है। ईथर ऐल्कोहॉल की तुलना में कम ध्रुवीय होते हैं।

88 *(a)* अतः दिया गया यौगिक $C_6H_{14}O$, Na के साथ अभिक्रिया नहीं करता है, इसलिए यह ऐल्कोहॉल नहीं है। यौगिक केवल एक प्रकार का हैलाइड देता है, अर्थात् यह सममित ईथर है अर्थात् $CH_3CH_2CH_2OCH_2CH_2CH_3$

89 *(b)* अभिक्रिया में प्राप्त मुख्य उत्पाद निम्नानुसार है

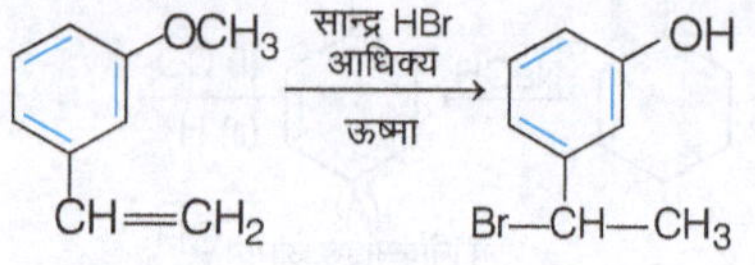

अतः सान्द्र HBr अधिक मात्रा में है।
अतः अभिक्रिया दोनों प्रतिस्थापियों पर होगी।

90 *(c)* दिए गए यौगिक में से $C_6H_5OCH_3$ इलेक्ट्रॉनस्नेही प्रतिस्थापन अभिक्रिया से गुजरते हैं।

91 *(c)* विकल्प (c) में अनुनादी संरचना गलत है।

92 *(c)*

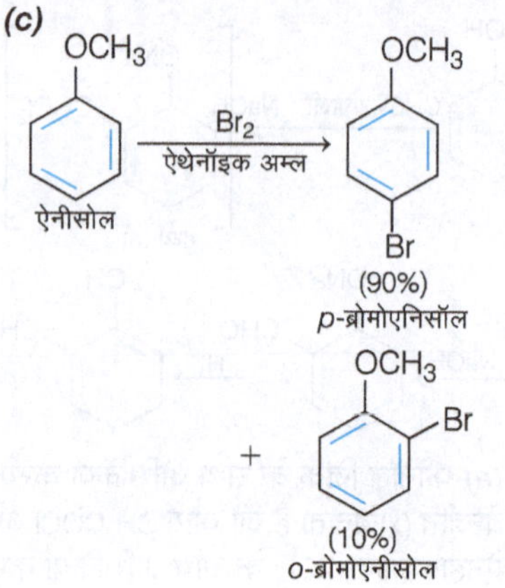

93. *(d)*

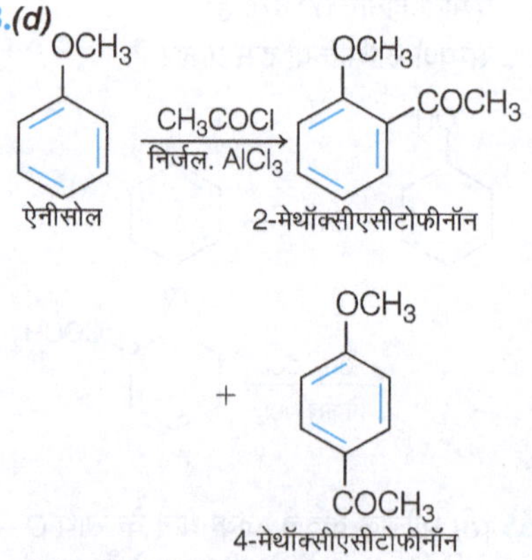

अभिकथन-कारण प्रश्न

1 *(c)* A असत्य है लेकिन R सत्य है। A का सही रूप है।
ऐल्कोहॉल में बन्ध कोण चतुष्फलकीय कोण (109° 28 C) से थोड़ा कम होता है। यह ऑक्सीजन के अयुग्मित इलेक्ट्रॉन युग्म के बीच प्रतिकर्षण के कारण होता है।

2 *(b)* A और R दोनों सत्य हैं लेकिन R, A का सही स्पष्टीकरण नहीं है।
A का सही स्पष्टीकरण है।
औद्योगिक रूप से, अम्लों को एस्टर में परिवर्तित करके ऐल्कोहॉल में परिवर्तित किया जाता है, तत्पश्चात् उत्प्रेरक की उपस्थिति में हाइड्रोजन का उपयोग करके उनका अपचयन किया जाता है। ऐसा उच्च उत्पादन एवं निर्मित ऐल्कोहॉल की शुद्धता के लिए किया जाता है।

3 *(d)* A सत्य है लेकिन R असत्य है। R का सही रूप है।
शरीर में मेथेनॉल पहले मेथेनल में ऑक्सीकृत होता है और फिर मेथेनॉइक अम्ल में, जिससे अंधापन और मृत्यु हो सकती है।

4 *(d)* A सत्य है लेकिन R असत्य है। I का सही रूप है।
जल में ऐल्कोहॉल और फीनॉल की विलेयता जल के अणुओं के साथ हाइड्रोजन बन्ध बनाने की उनकी क्षमता के कारण है।

5 *(a)* A और R दोनों सत्य है और R, A का सही स्पष्टीकरण है।

6 *(c)* A असत्य है लेकिन R सत्य है। A का सही रूप है। *o*-नाइट्रॉफीनॉल अंतराण्विक हाइड्रोजन बन्ध के कारण अधिक वाष्पशील होता है, जबकि *p*-नाइट्रोफीनॉल अंतरआण्विक बन्ध के कारण कम वाष्पशील होता है, जो अणुओं के संयोजन का कारण बनता है।

7 *(c)* A असत्य है लेकिन R सत्य है।
A का सही रूप है।
298 K पर तनु HNO_3 के साथ नाइट्रीकरण करने पर फीनॉल *o*-तथा *p*-नाइट्रोफीनॉल देते हैं।

8 *(d)* A सत्य है लेकिन R असत्य है। R का सही रूप है।
द्वितीयक और तृतीयक ऐल्कोहॉलों का निर्जलीकरण ईथर बनाने के लिए होता है, जो असफल होता है, क्योंकि विलोपन प्रतिस्थापन पर प्रतिस्पर्धा करता है और परिणामस्वरूप ऐल्कीन आसानी से बन जाते हैं।

9 *(a)* A और R दोनों सत्य है और R, A का सही स्पष्टीकरण है।

10 *(d)* A सत्य है लेकिन R असत्य है। R का सही रूप है।
सभी क्रियात्मक समूहों में ईथर सबसे कम क्रियाशील है।

कथन आधारित प्रश्न

1 *(b)* कथन I सत्य है लेकिन कथन II असत्य है। II का सही रूप है
मार्कोनीकॉफ नियम की विपरीत विधि से हाइड्रोबोरेशन ऑक्सीकरण ऐल्कोहॉल प्राप्त होता है

2 *(c)* कथन I असत्य है लेकिन कथन II सत्य है। I का सही रूप है।
हाइड्रॉक्सीकीटोन का उपयोग सीधे ग्रिगनार्ड अभिकर्मक में नहीं किया जाता है। ग्रिगनार्ड अभिकर्मक बहुत अभिक्रियाशील होते हैं। इसलिए वे हाइड्रॉक्सिल समूह के साथ अभिक्रिया करते हैं।

3 *(b)* कथन I सत्य है लेकिन कथन II असत्य हैं।
II का सही रूप है।
बेन्जीन डाइएजोनियम लवण केवल प्राथमिक ऐरेमैटिक ऐमीन द्वारा ही निर्मित हो सकते हैं।
उदाहरण के लिए

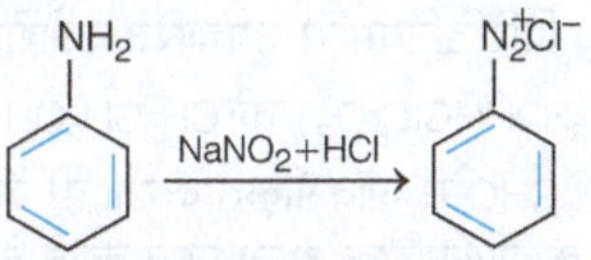

4 *(b)* कथन I सत्य है लेकिन कथन II असत्य है। II का सही रूप है।
वलय पर उपस्थित Cl समूह की स्थिति भिन्न अम्लीय सामर्थ्य दर्शाती है।

5 *(b)* कथन I सत्य है और कथन II असत्य है। कथन II का सही रूप है।
द्वितीयक और तृतीयक ऐल्कोहॉल सामान्य परिस्थितियों में धुँधलापन उत्पन्न करते हैं, लेकिन उनमें समय का अन्तर होता है। 3° ऐल्कोहॉल तुरन्त धुंधलापन उत्पन्न करता है, लेकिन 2° ऐल्कोहॉल में समय लगता है।

6 *(b)* कथन I सत्य है लेकिन कथन II असत्य है। कथन II का सही रूप है।
एथॉक्साइड की उपस्थिति में तृतीयक ब्यूटाइल क्लोराइड विलोपन क्रिया देता है, क्योंकि सोडियम एथॉक्साइड एक प्रबल नाभिक स्नेही होने के साथ साथ एक प्रबल क्षार भी है।

7 *(c)* कथन I, II और IV सही है, जबकि कथन III और V गलत है।
उनका सही रूप है।

- प्रबल अम्लों की उपस्थिति में ऐल्कोहॉल बॉन्स्टेड क्षारों के रूप में कार्य करते हैं, क्योंकि वे प्रबल अम्लों से प्रोटॉन ग्रहण कर प्रोटॉनयुक्त ऐल्कोहॉल बनाते हैं।
- सैलिसिलिक अम्ल के ऐसीटिलीकरण से ऐस्पिरिन उत्पन्न होता है।

8 *(c)* कथन II, III और IV सही है जबकि I और V गलत है।
उनका सही रूप है।

- धातुओं और सोडियम हाइड्रॉक्साइड के साथ फीनॉल की अभिक्रिया इसकी अम्लीय प्रकृति का संकेत देती है।
- प्रतिस्थापित फीनॉल में, इलेक्ट्रॉन निकलने वाला समूह की उपस्थिति फीनॉल की अम्लीय सामर्थ्य को बढ़ा देती है।

9 *(d)* दिए गए कथनों में से I, II और III सही है जबकि IV और V गलत है। उनका सही रूप है।

- *o*-नाइट्रॉफीनॉल अंतरआण्विक हाइड्रोजन बंध के कारण वाष्पशील भाप है। वायु की उपस्थिति में फीनॉल धीरे-धीरे ऑक्सीकृत होकर क्विनॉन युक्त गहरे रंग का मिश्रण बनाते हैं।

10 *(c)* दिए गए कथनों में से कथन II और IV गलत है जबकि I, III और V सही हैं। कथन II और IV का सही रूप है।
II. ऐल्कॉक्सी समूह *o*-,*p*-निर्देशी होता है तथा ऐरोमैटिक वलय को इलेक्ट्रॉनस्नेही प्रतिस्थापन अभिक्रिया की ओर सक्रिय करता है।
III. फीनॉल ऐरिल हैलाइड नहीं देते, क्योंकि फीनॉल का sp^2-संकरित कार्बन नाभिकस्नेही प्रतिस्थापन अभिक्रिया से नहीं गुजर सकता।

सुमेलन प्रकार प्रश्न

1 *(b)* सही सुमेलन A-2, B-3, C-4, D-1 है।

2 *(a)* सही सुमेलन A-2,. B-3, C-4, D-1 है।

3 *(d)* सही सुमेलन A-2, B-4, C-3, D-1 है।

4 *(b)* सही सुमेलन A-1, B-3, C-2, D-4 है।

आंकिक मान प्रकार के प्रश्न

1 *(30)*

$$\underset{n\ \text{मोल}}{C_6H_5} \xrightarrow{\text{ओलियम}} \underset{60\%\ \text{of}\ n = 0.6n}{C_6H_5SO_3H}$$

$$\underset{0.6n}{C_6H_5SO_3H} \xrightarrow[H^+]{\text{NaOH आधिक्य}} \underset{0.6n \times 0.5 = 0.3n}{C_6H_5OH}$$

$$\text{अभिक्रिया की कुल लब्धि} = \frac{0.3n}{n} \times 100 = 30$$

2 *(9)* N के लिए अनुनादी संरचना की संख्या 9 है।

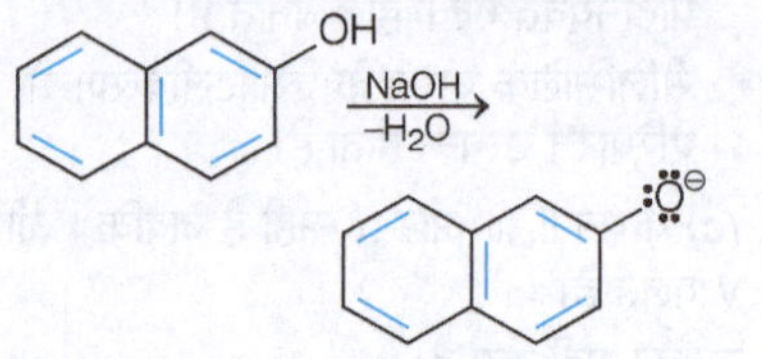

3 *(2)* यौगिक I और III तृतीयक ऐल्कोहॉल है, जो ल्युकास अभिकर्मक के साथ तत्काल अभिक्रिया करके धुँधलापन उत्पन्न करते हैं।

4 *(7)* फीनॉल मिश्रित अम्ल के साथ अभिक्रिया करके पिक्रिक अम्ल बनाता है। पिक्रिक अम्ल में साथ ऑक्सीजन परमाणु होते हैं।

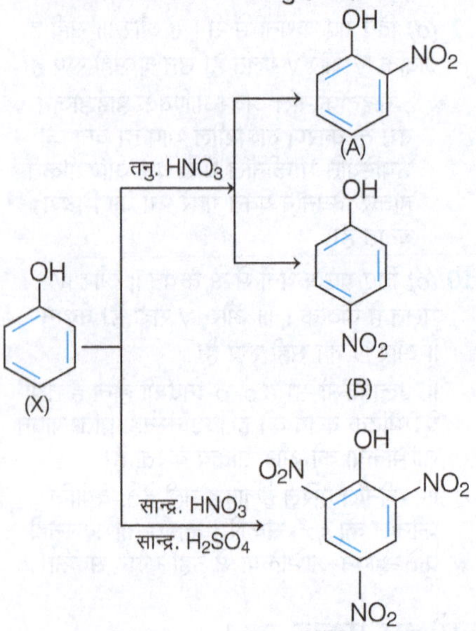

पिक्रिक अम्ल (Y)

5 *(3)* ईथर $C_4H_{10}O$ के लिए तीन संरचनात्मक समावयवी हैं।

1. $CH_3CH_2OCH_2CH_3$ एथॉक्सी एथेन
2. $CH_3OCH_2CH_2CH_3$ 1-मेथॉक्सी प्रोपेन
3. $CH_3—O—CH(CH_3)—CH_3$ 2-मेथॉक्सी प्रोपेन

NCERT Exemplar प्रश्न

1 *(d)* सूर्य के प्रकाश में टालुइन का मोनोक्लोरीनीकरण बेन्जिल क्लोराइड होता है। यह जलीय NaOH के साथ क्रिया करके बेन्जिल ऐल्कोहॉल बनाते हैं। अभिक्रिया इस प्रकार है

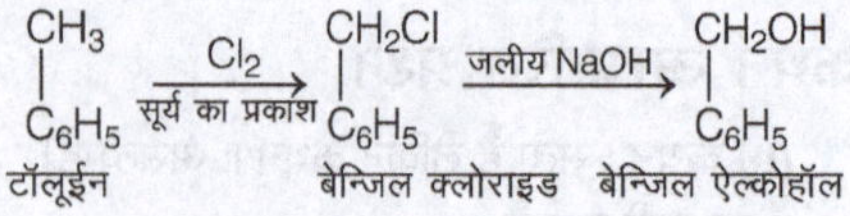

2 *(a)* ब्यूटेनॉल ($C_4H_{10}O$) के तीन समावयवी नीचे दिए गए हैं।

(i) $CH_3CH_2—CH_2—CH_2OH$ ब्यूटेन -1-ऑल

(ii) $CH_3—CH_2—\overset{*}{C}H(OH)—CH_3$ (किरैल कार्बन) ब्यूटेन-2-ऑल

(iii) $H_3C—C(CH_3)(OH)—CH_3$ 2- मेथिल प्रोपेन-2- ऑल

3 *(c)* मध्यवर्ती का स्थायित्व, जितना अधिक होगा, अभिकारक अणु की क्रियाशीलता उतनी ही अधिक होगी। इसलिए दी गई अभिक्रिया में ऐल्कोहॉलों की क्रियाशीलता का क्रम 3° > 2° > 1°

4 *(c)* पिरिडिनियम से उपचारित क्लोरोक्रोमेट ($C_5H_5\overset{+}{N}HCl\bar{C}rO_3$) को CH_3CH_2OH to CH_3CHO में ऑक्सीकृत करता है। ऐल्कोहॉल से कार्बोक्सिलिक अम्ल प्राप्त करने के लिए $KMnO_4$ जैसे प्रबल ऑक्सीकरकों का उपयोग किया जाता है।

5 *(b)* ऐल्काइल हैलाइडों को ऐल्कोहॉल में परिवर्तित करने की प्रक्रिया में प्रतिस्थापन अभिक्रिया सम्मिलित होती हैं।

6 A-4, B-3, C-6, D-1, E-7, F-2

7 *(c)* यौगिक B और C ऐरोमैटिक ऐल्कोहॉल हैं। यौगिक (B) और (C) में —OH समूह sp^3-संकरित कार्बन से जुड़ा होता है, जो आपस में बेंजीन वलय से जुड़ा होता है।

8 *(a)* *m*-क्रिसोल का IUPAC नाम 3-मेथिलफीनॉल है, क्योंकि —OH कार्यात्मक समूह है और मेथिल एक प्रतिस्थापी है।

9 A-4, B-5, C-2, D-1

10 *(b)* दिए गए सभी अम्लों में सबसे प्रबल क्षार *R*O— है, क्योंकि इसका संयुग्म एक दुर्बल अम्ल *R*OH है।

11 *(a)* फीनॉल (C_6H_5OH) जल में सोडियम हाइड्रॉक्साइड विलयन के साथ अभिक्रिया करता है क्योंकि यह अधिक अम्लीय प्रकृति का होता है। फीनॉल आसानी से एक प्रोटॉन त्याग देता है और फीनॉक्साइड आयन देता है। यह फीनॉक्साइड आयन अनुनाद स्थिर होता है। अतः फीनॉक्साइड आयन एक स्थायी मध्यवर्ती है। इसलिए फीनॉल में प्रोटॉन देने की प्रवृत्ति अन्य की तुलना मे अधिक होती है।

12 *(b)* *o*-नाइट्रोफीनॉल में नाइट्रो समूह *ऑर्थो* स्थिति में उपस्थित है। *ऑर्थो* स्थिति पर इलेक्ट्रॉन निकालने वाले की उपस्थिति अम्लीय सामर्थ्य को बढ़ाती है।

13 A-5, B-6, C-4, D-3, E-1, F-2

14 *(d)* *m*-क्लोरोफीनॉल में इलेक्ट्रॉन निकालने वाला समूह (—Cl) *मेटा* स्थिति पर उपस्थित होता है।

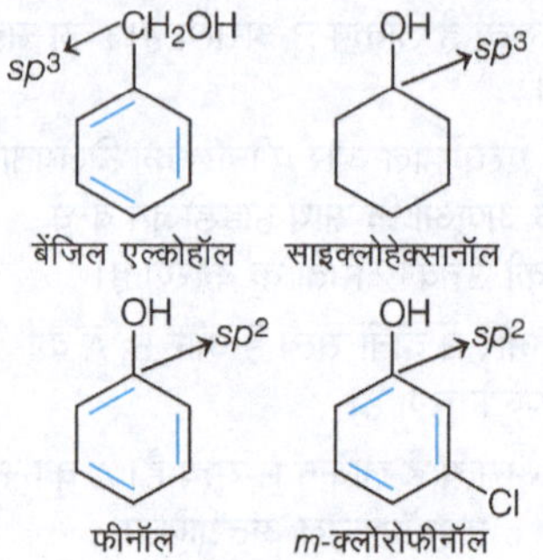

इलेक्ट्रॉन निकालने वाला समूह की उपस्थिति अम्लीय सामर्थ्य को बढ़ाती है।

अतः *m*-क्लोरोफीनॉल सभी दिए गए यौगिकों में सबसे अधिक अम्लीय है।

15 *(b)* फीनॉल पर इलेक्ट्रॉन निकालने वाले समूह की उपस्थिति इसकी अम्लीय सामर्थ्य को बढ़ाती है। दूसरी ओर फीनॉल पर इलेक्ट्रॉन निकालने वाला समूह की उपस्थिति इसकी अम्लीय सामर्थ्य को कम कर देती है।

अतः सही क्रम II > IV > III > I > V है।

16 *(c)* इलेक्ट्रॉन निकालने वाले समूह की उपस्थिति कार्बधनायन के स्थायित्व को कम करती है। अतः $—NO_2$ समूह —Cl की तुलना में अधिक प्रबल है।

इसलिए $NO_2—C_6H_5—C^+H_2$ कार्बधनायन Cl—C_6H_5 से कम स्थायी होगा —CH_2 इस प्रकार कार्बधनायन का क्रम है।

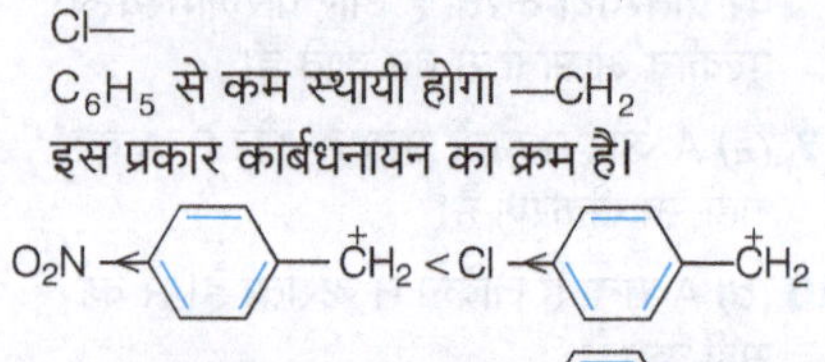

अतः सही क्रम II < III < I है।

17 *(a)* प्रोपेन -1-ऑल < ब्यूटेन-2-ऑल < ब्यूटेन -1-ऑल < पेटेंन-1-ऑल

18 A-4, B-1, C-6, D-5, E-3, F-2

विगत परीक्षाओं के प्रश्न

1 *(d)* ल्यूकॉस अभिकर्मक के प्रति ऐल्कोहॉलों की क्रियाशीलता का क्रम इस प्रकार है,

3° ऐल्कोहॉल > 2° ऐल्कोहॉल > 1° ऐल्कोहॉल

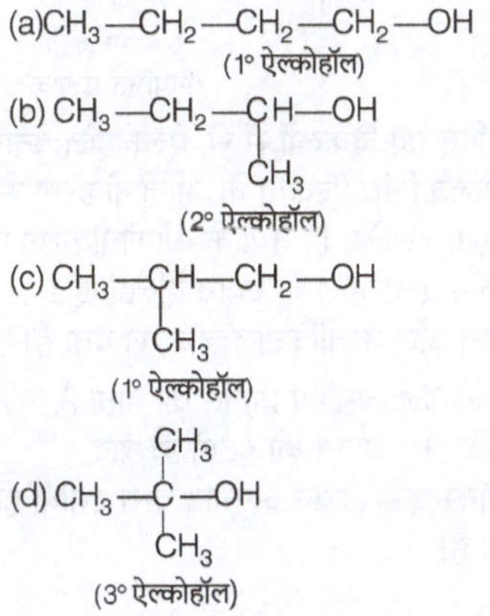

अतः विकल्प (d) सही है।

2 *(d)*

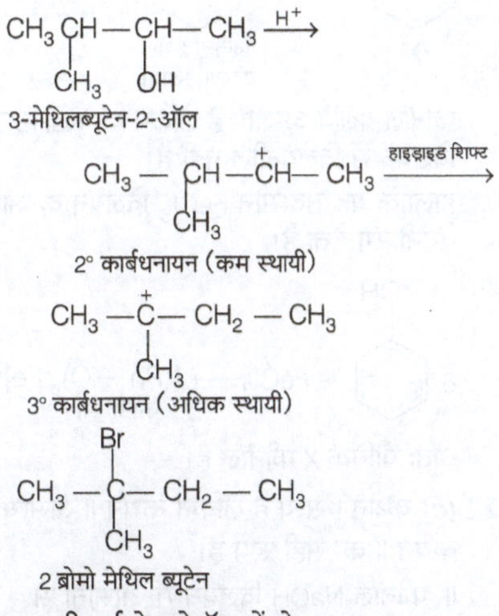

3 *(a)* दी गई ऐल्कोहॉल में से,

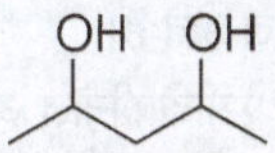

अम्लीय परिस्थितियों में सबसे आसानी से निर्जलित हो जाएगा।

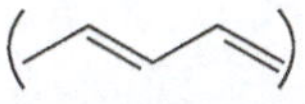

1,3-ब्यूटाडाईन एक उत्पाद के रूप में, जिसमें द्वि-बन्ध संयुग्मन में मौजूद होते हैं।

4 *(c)* कथन I सत्य है लेकिन कथन II गलत है क्योंकि अम्लीय सामर्थ्य का क्रम निम्नानुसार है

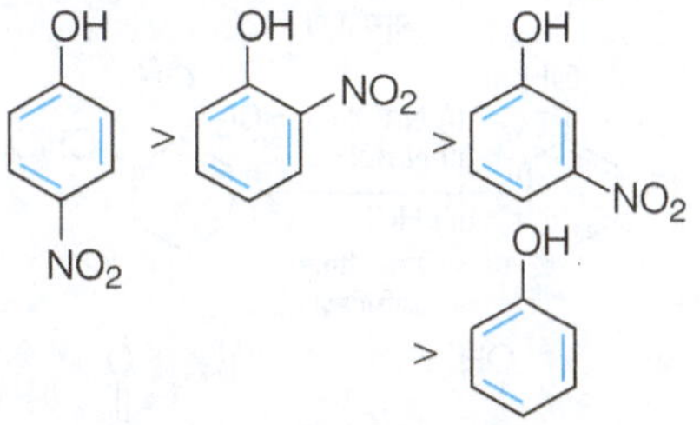

— *ऑर्थो* में NO_2 समूह और *पैरा* स्थिति में O—H बन्ध के इलेक्ट्रॉनों को प्रबल *R* प्रभाव द्वारा अपनी ओर खींच लेता है, जबकि *मेटा* स्थिति में NO_2 समूह दुर्बल प्रभाव द्वारा बन्ध के इलेक्ट्रॉनों को अपनी ओर खींच लेता है। इस प्रकार *ऑर्थो* और *पैरा* नाइट्रोफीनॉल *मेटा* नाइट्रोफीनॉल की तुलना मे अधिक अम्लीय होता है।

5 *(a)*

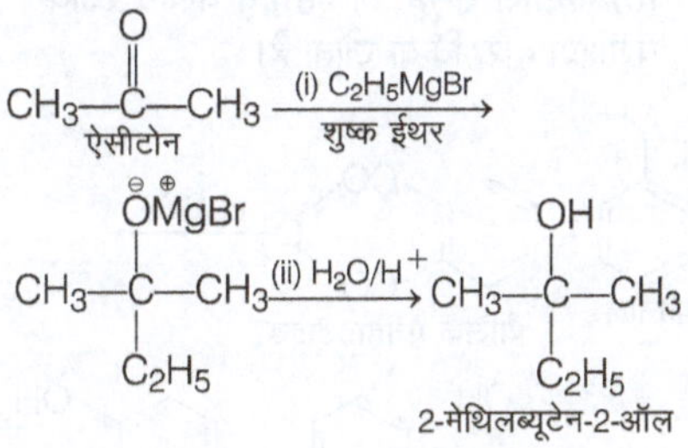

6 *(a)*

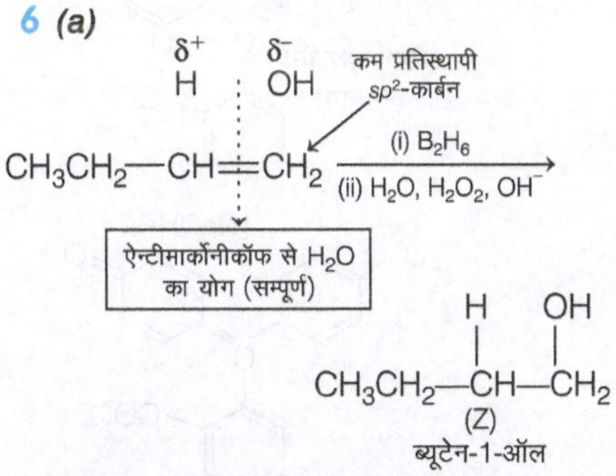

यह एक ऐल्कीन की हाइड्रोबोरेनन ऑक्सीकरण अभिक्रिया है, जो जलयोजन के माध्यम से ऐल्कोहॉल देती है।

7 *(c)* दिए गए समीकरण को इस प्रकार दर्शाया जाता है।

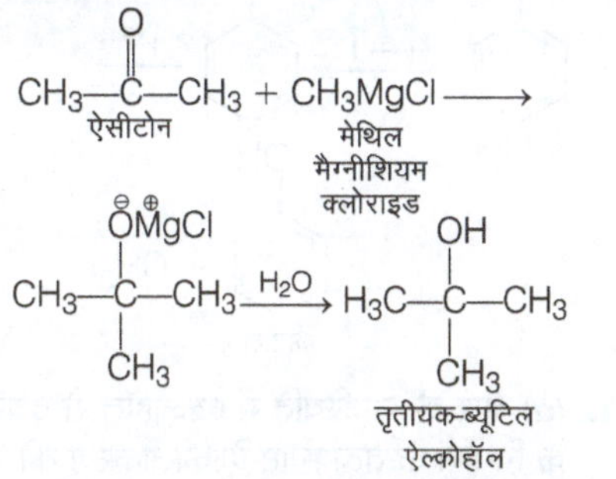

8 *(a)* EDG +(*R*, + I) फीनॉल की अम्लता को कम करता है और EWG (–*R*, – I) फीनॉल की अम्लता को बढ़ाता है। अतः *p*-नाइट्रोफीनॉल सबसे प्रबल अम्ल है।

9 *(d)*

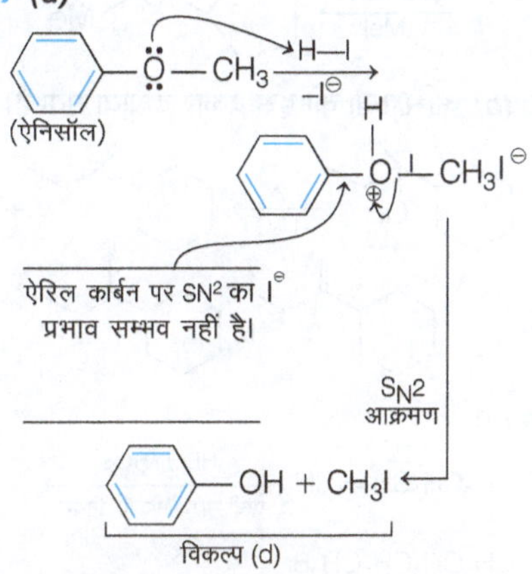

अतः HI की अधिकता होने पर भी ऐनीसोल फीनॉल और मेथिल आयोडाइड देगा।

10 *(d)* राइमर-टीमान अभिक्रिया है।

निर्मिल इलेक्ट्रॉन स्नेही डाइक्लोरोकार्बीन है (:CCl_2) क्रियाविधि इस प्रकार है।

$$CHCl_3 + OH^- \rightleftharpoons \bar{C}Cl_3 + H_2O$$

$$\downarrow -Cl^- \text{ (α-विलोपन)}$$

$$:CCl_2$$

डाइक्लोरो कार्बीन (इलेक्ट्रॉनरागी)

11 *(c)* फेनिलमेथिल ईथर की HI के साथ अभिक्रिया से फीनॉल और ऐल्किल हैलाइड उत्पन्न हाते हैं।

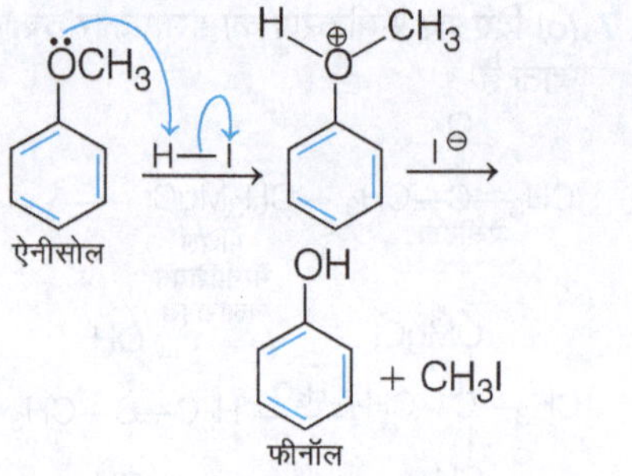

12 *(d)* क्षार की उपस्थिति में ऐल्कोहॉल से ईथर के निर्माण के तत्पश्चात ऐल्कीलीकरण को विलियम्सन ईथर संश्लेषण अभिक्रिया के रूप में जाना जाता है।

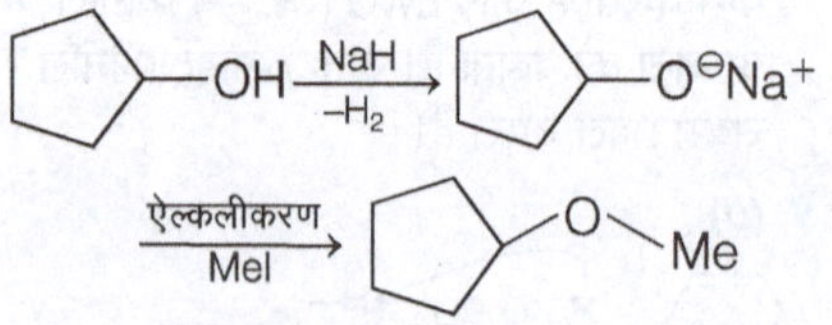

13 *(b)* अभिक्रिया को इस प्रकार दर्शाया गया है।

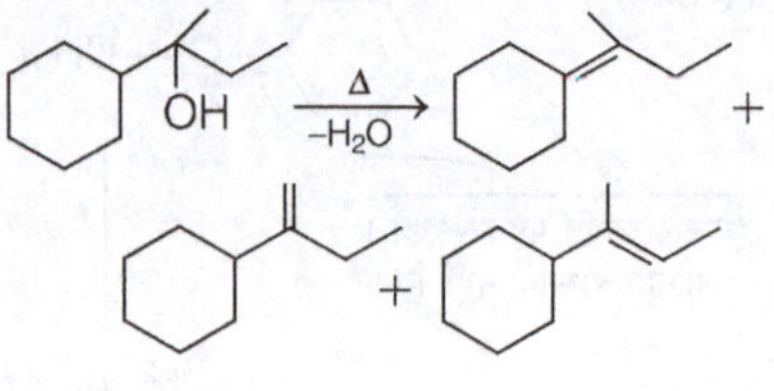

14 *(a)*

$$CH_3CH_2CH{=}CH_2 \xrightarrow[\text{ऐन्टी मारकॉनीकॉफ नियम}]{HBr / H_2O_2} \underset{\text{ब्रोमो ब्यूटेन 1° उत्पाद}}{CH_3CH_2CH_2CH_2Br}$$

$$\underset{\text{(विलियम्सन संश्लेषण)}}{CH_3CH_2CH_2CH_2Br} \xrightarrow[SN^2 \text{ अभिक्रिया}]{C_2H_5ONa} \underset{\text{एथॉक्सी ब्यूटेन}}{CH_3CH_2CH_2CH_2OC_2H_5}$$

15 *(c)* ईथर जो अधिक स्थायी कार्बधनायन देता है, गर्म सान्द्र HI के साथ CH_3OH नामक उत्पाद बनाता है। कार्बधनायन स्थायित्व का क्रम 3° > 2° > 1° है।
इस प्रकार (c) उत्पाद के रूप में CH_3OH देता है।

16 *(d)* कूट (d) सही सुमेलित है।
A-II, B-IV, C-I, D-III

17 *(b)* सही सुमेलन है।
A-IV, B-III, C-I, D-II

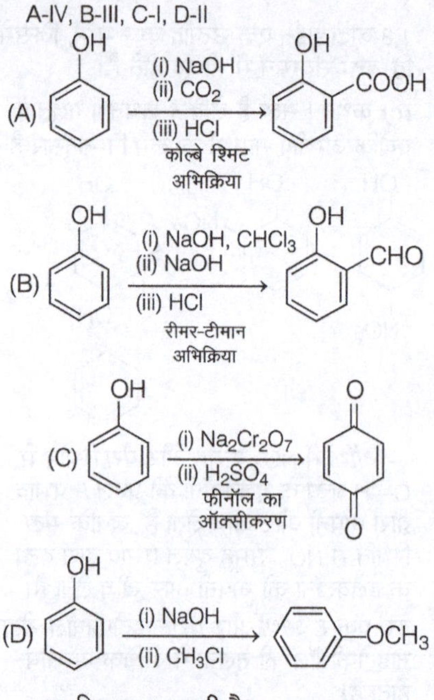

अतः विकल्प (b) सही है।

18 *(c)* फीनॉल समूह की पहचान थैलीन रंजक परीक्षण द्वारा किया जाता है।

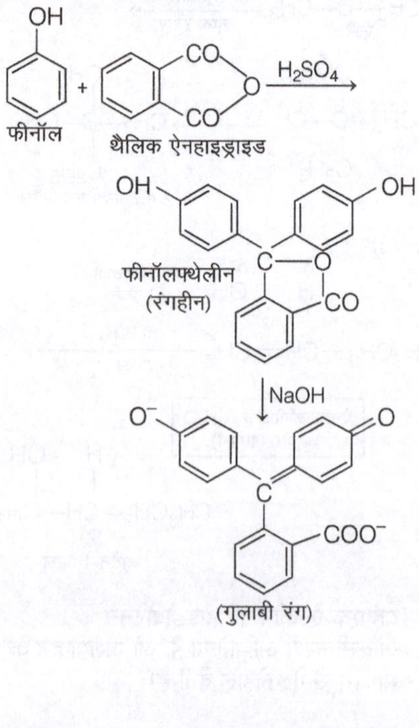

19 *(b)* निम्नलिखित अभिक्रिया से प्रमुख उत्पाद विकल्प (b) में दिया गया है।

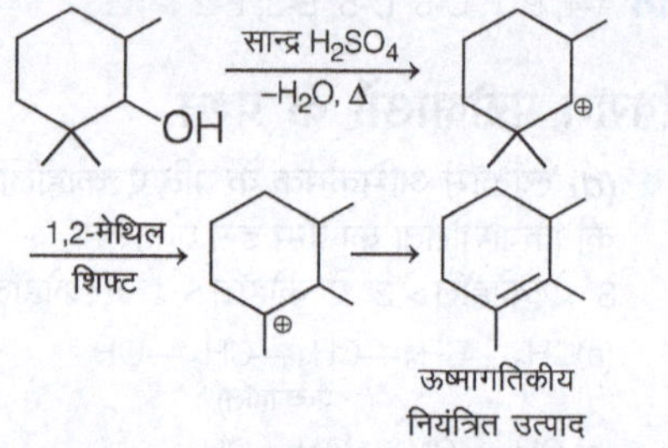

20 *(c)* दिए गए विकल्पों में से, ऐल्कोहॉल बनाने की गलत विधि ऐल्कीन के ओजोनीकरण से है। ऐसा इसलिए है, क्योंकि ओजोनीकरण पर ऐल्कीन ऐल्कोहॉल के स्थान ऐल्डिहाइड कीटोन और कार्बोक्सिलिक अम्ल देता है।

21 *(b)* फीनॉल अम्लीय प्रकृति का होता है, क्योंकि H^+ आयन को हटाने के बाद फीनॉक्साइड आयन अनुनाद द्वारा स्थायी हो जाता है।

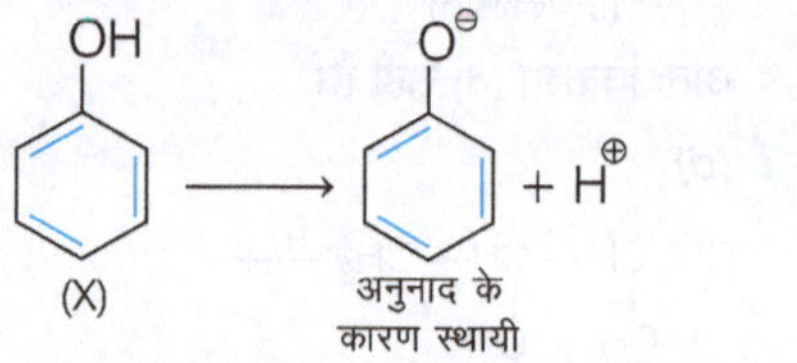

फीनॉल यद्यपि अम्लीय है लेकिन यह $NaHCO_3$ विलयन में विलेयशील नहीं है।
हालाँकि यह उदासीन $FeCl_3$ विलयन के साथ बैंगनी रंग देता है।

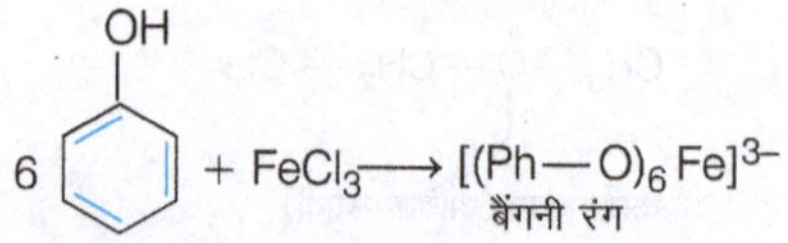

अतः यौगिक X फीनॉल है।

22 *(c)* कथन I सत्य है लेकिन कथन II असत्य है कथन II का सही रूप है।
II. फीनॉल NaOH विलयन में आसानी से विलेय होते हैं तथा ऐल्कोहॉल और जल की तुलना में अधिक प्रबल अम्ल होते हैं।

23 *(d)* डाइफेनिलएथेनॉल को ऐसीटोफीनॉल और फेनिल मैग्नीशियम ब्रोमाइड से प्राप्त किया जा सकता है जैसा कि नीचे दिखाया गया है।

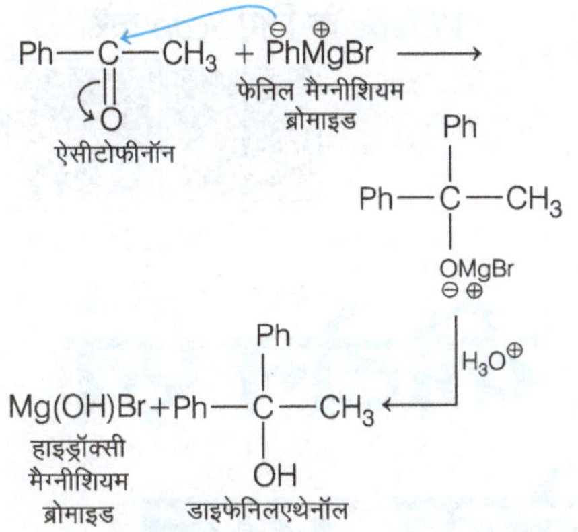

24 (b)

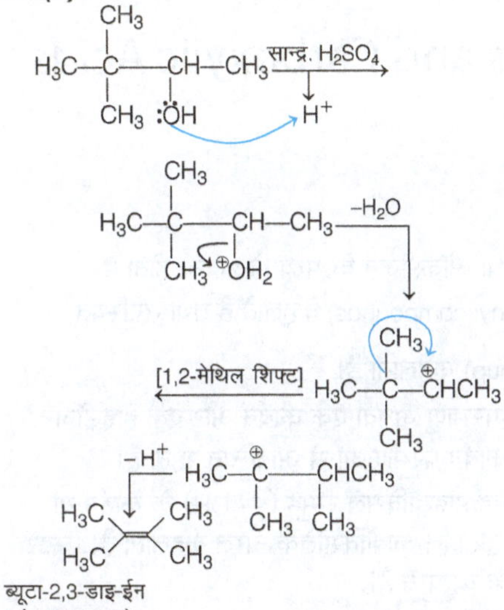

25 (a) दिए गए अभिक्रिया अनुक्रम में सम्मिलित यौगिक हैं

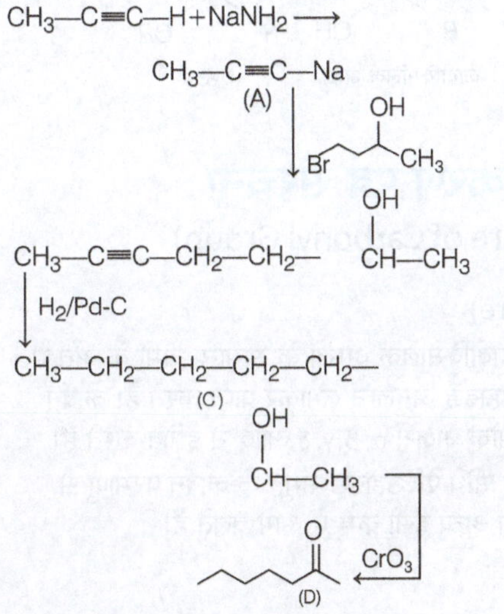

26 (b) A सही है लकिन R गलत है। R का सही रूप है

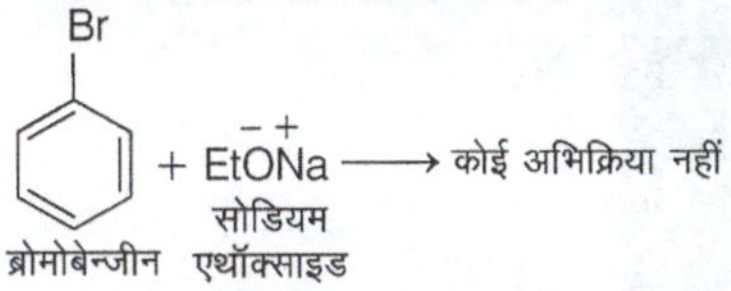

यह अभिक्रिया सम्भव नहीं है क्योंकि ब्रोमीन में बेन्जीन वलय के साथ आंशिक द्विबन्ध गुण होता है, इसलिए इसे अलग नहीं किया जा सकता।

स्किल बूस्टर्स

1 (d)

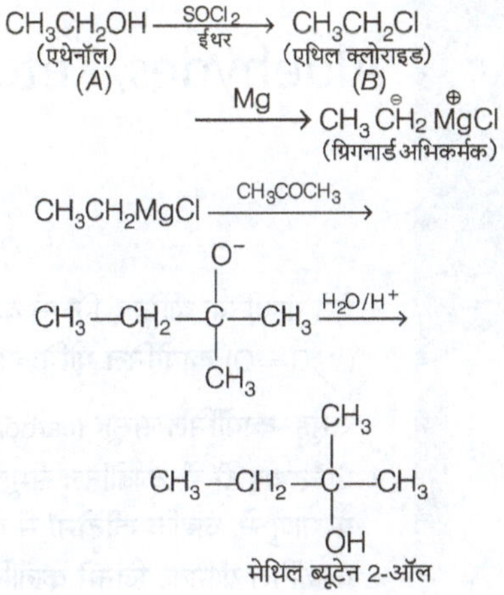

2 (d)

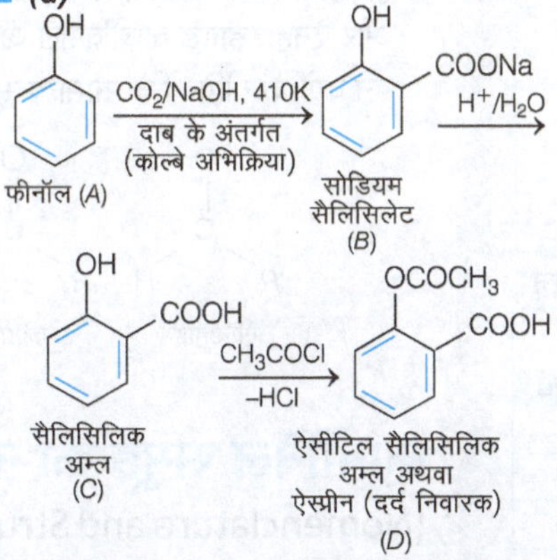

3 (a) विकृत ऐल्कोहॉल एथेनॉल को मेथेनॉल के साथ मिलाकर बनाया जाता है।

$$CO + 2H_2 \xrightarrow[\text{200-300 atm, 573-673 K}]{ZnO\text{-}Cr_2O_3} \underset{(A)}{CH_3OH}$$

$$CH_3OH + [O] \xrightarrow{H_2CrO_4} \underset{(B)}{HCOOH}$$

इस प्रकार, फॉर्मिक अम्ल प्राप्त होता है।

4 (b) सही उत्तर है

सबसे पहले सान्द्र H_2SO_4 की उपस्थिति में थैलिक ऐनहाइड्राइड प्रोटॉनीकरण से गुजरता है और एक मध्यवर्ती कार्बधनायन देता है। यह कार्बधनायन NaOH की उपस्थिति में 2-प्रोपाइल फीनॉल के साथ अभिक्रिया करके गुलाबी रंग का यौगिक देता है।

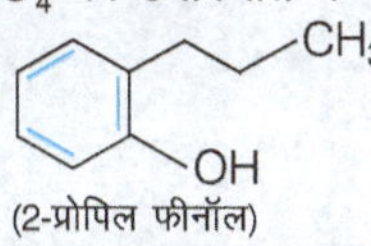
(2-प्रोपिल फीनॉल)

5 (d) $\underset{\text{सुक्रोज}}{C_{12}H_{22}O_{11}} + H_2O \xrightarrow[(A)]{\text{इन्वर्टेज}} \underset{\text{ग्लूकोज}}{C_6H_{12}O_6} + \underset{\text{फ्रक्टोज}}{C_6H_{12}O_6}$

$$\underset{\text{ग्लूकोज}}{C_6H_{12}O_6} \xrightarrow[(B)]{\text{जाइमेज}} \underset{\text{एथेनॉल}}{2C_2H_5OH} + 2CO_2$$

$$C_2H_5OH \xrightarrow[413\ K]{H_2SO_4} \underset{\text{ऐथॉक्सीऐथेन } (X)}{C_2H_5OC_2H_5}$$

6 (d) द्वितीयक ऐल्कोहॉल, जब ल्यूकास अभिकर्मक से अभिक्रिया करता है तो लगभग 4-5 मिनट में धुँधलापन पैदा करता है, जब द्वितीयक ऐल्कोहॉल निर्जलीकरण से गुजरता है तो यह विलोपन SN1 द्वारा संगत ऐल्कीन बनाता है।

7 (a) $\underset{\text{(एथॉक्सीप्रोपेन)}}{CH_3CH_2OCH(CH_3)_2} \xrightarrow{\text{सान्द्र HI}} \underset{(B)}{CH_3CH_2I} + \underset{(C)}{(CH_3)_2CHI}$

$$\underset{(B)}{CH_3CH_2I} \xrightarrow{NaOH} CH_3CH_2OH \xrightarrow{[O]} CH_3COOH$$

$$\underset{(C)}{(CH_3)_2CHI} \xrightarrow{NaOH} (CH_3)_2CHOH \xrightarrow{[O]} (CH_3)_2CO$$

ईथर (A) का IUPAC नाम 2-एथॉक्सी प्रोपेन है।

8 (c)

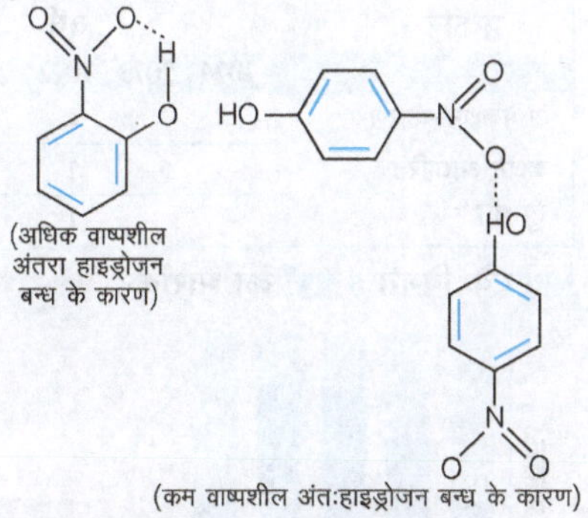

वाष्प बनाने वाले उत्पाद का नाम नाइट्रो फिनॉल है, क्योंकि यह अंतरा आण्विक हाइड्रोजन बन्ध बनाता है।

08

रसायन की Concept Master *Videos* के लिए *Scan* करें

ऐल्डिहाइड, कीटोन एवं कार्बोक्सिलिक अम्ल

Aldehydes, Ketones and Carboxylic Acids

5 वर्षों में NEET में पूछे गये शीर्षकवार प्रश्न

शीर्षक	वर्षवार प्रश्नों की संख्या				
	2024	2023	2022	2021	2020
कार्बोनिल समूह का नामकरण एवं संरचना	–	–	–	1	–
ऐल्डिहाइडों एवं कीटोनों का निर्माण	1	1	1	1	2
ऐल्डिहाइडों एवं कीटोनों के गुणधर्म और उपयोग	–	1	2	2	1
कार्बोक्सिलिक समूह की नाम पद्धति, संरचना और निर्माण	1	1	1	–	–
कार्बोक्सिलिक अम्लों के गुणधर्म और उपयोग	–	–	–	–	1

NEET में विगत 5 वर्षों में पूछे गये विशेष प्रकार के प्रश्न

प्रकार	वर्ष				
	2024	2023	2022	2021	2020
अभिकथन-कारण	–	–	–	–	–
कथन आधारित	–	–	1	–	–
सुमेलन	–	–	1	1	–

NEET के विगत 5 वर्षों का भारांकन

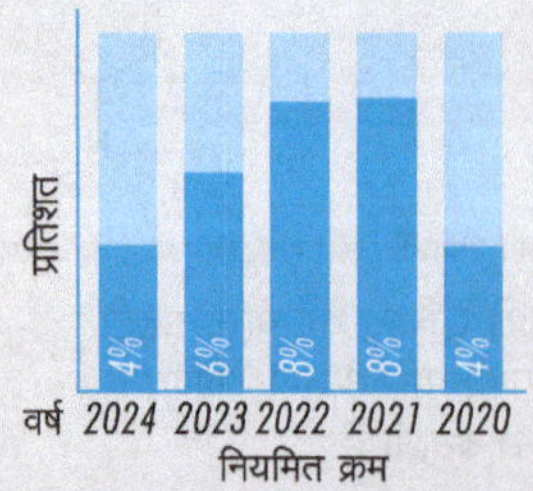

- ऐसे कार्बनिक यौगिक, जिनमें कार्बन तथा ऑक्सीजन के मध्य द्विआबन्ध होता है ($>C=O$) **कार्बोनिल यौगिक** (carbonyl compounds) कहलाते हैं तथा उपस्थित समूह, **कार्बोनिल समूह** (carbonyl group) कहलाता है।
- **ऐल्डिहाइडों** में, कार्बोनिल समूह दो H-परमाणु अथवा एक कार्बन और एक हाइड्रोजन परमाणु से, जबकि **कीटोनों** में यह दो कार्बन परमाणुओं से आबन्धित रहता है।
- कार्बोनिल यौगिक, जिनमें कार्बोनिल समूह हाइड्रॉक्सिल समूह ($—OH$) के कार्बन या हाइड्रोजन और ऑक्सीज से आबंधित होता है। कार्बोक्सिलिक अम्ल कहलाता है। एस्टर और ऐनहाइड्राइड कार्बोक्सिल अम्लों के व्युत्पन्न हैं।
इन वर्गों के यौगिकों के सामान्य सूत्र नीचे दिए गए हैं।

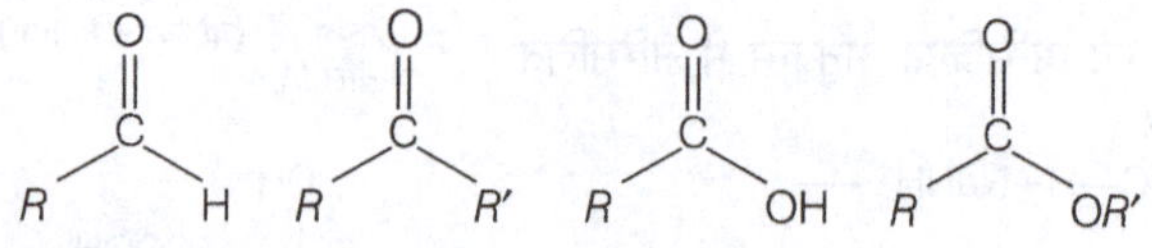

ऐल्डिहाइड कीटोन कार्बोक्सिलिक अम्ल एस्टर

कार्बोनिल समूह का नामकरण एवं संरचना

(Nomenclature and Structure of Carbonyl Group)

नामकरण पद्धति (Nomenclature)

- **ऐल्डिहाइडों के सामान्य नाम** संगत कार्बोक्सिलिक अम्लों के सामान्य नामों के अंत में स्थित अनुलग्न **इक** के स्थान पर ऐल्डिहाइड अनुलग्न लगाकर प्राप्त करते हैं। कार्बन शृंखला में प्रतिस्थापियों की स्थिति को ग्रीक अक्षरों $\alpha, \beta, \gamma, \delta$ आदि से इंगित करते हैं।
- α-कार्बन उस परमाणु को कहते हैं, जो सीधे ऐल्डिहाइड समूह के कार्बन परमाणु से संलग्न होता है, तत्पश्चात् β-कार्बन तथा अन्य इसी क्रम में आगे चलते हैं।

उदाहरण

CH_3CHO
ऐसीटैल्डिहाइड

C_6H_5—CHO
बेन्जैल्डिहाइड

$H_3\overset{\gamma}{C}—\overset{\beta}{C}H(Br)—\overset{\alpha}{C}H_2—C(=O)—H$

β-ब्रोमोब्यूटिरेल्डिहाइड

- **कीटोन के सामान्य नाम** व्युत्पन्न करने के लिए कार्बोनिल समूह से जुड़े दो ऐल्किल या ऐरिल समूहों का नामकरण किया जाता है।
- प्रतिस्थापियों की स्थिति को ग्रीक अक्षरों αα′, ββ′ आदि द्वारा प्रदर्शित करते हैं। αα′ कार्बन परमाणु वे होते हैं, जो सीधे कार्बोनिल समूह ($>C=O$) से संलग्न होते हैं। उदाहरण

$CH_3—C(=O)—CH_3$
ऐसीटोन

$CH_3CH(OCH_3)CHO$
α-मेथॉक्सी प्रोपिऑनेल्डिहाइड

- **खुली शृंखला वाले ऐलिफैटिक ऐल्डिहाइडों एवं कीटोनों के IUPAC नाम** IUPAC नाम प्राप्त करने के लिए संगत ऐल्केन के अंग्रेजी में लिखे नाम के अन्त में स्थित **इ** (– e) के स्थान पर क्रमशः **अल** (– al) एवं **ऑन** (– one) अनुलग्न लगाते हैं। ऐल्डिहाइडों में कार्बन की सबसे लम्बी शृंखला का अंकन ऐल्डिहाइड समूह के कार्बन से शुरू किया जाता है, जबकि कीटोनों में उस सिरे से अंकन करते हैं, जो कार्बोनिल समूह के निकट होता है।
- प्रतिस्थापियों को पूर्वलग्न के रूप में अंग्रेजी वर्णमाला के क्रमानुसार, कार्बन शृंखला में अंकों द्वारा स्थिति प्रदर्शित करते हुए लिखते हैं।
- चक्रीय कीटोनों पर भी यही नियम लागू होता है, जिनमें कार्बोनिल के कार्बन परमाणु की स्थिति की संख्या एक होती है, जब ऐल्डिहाइड समूह वलय से संयुक्त होता है, तो साइक्लोऐल्केन का पूरा नाम लिखने के पश्चात् अनुलग्न कार्बेल्डिहाइड (carbaldehyde) जोड़ देते हैं।
- वलय के कार्बन परमाणुओं का संख्यांकन उस कार्बन परमाणु से आरम्भ करते हैं, जिसमें ऐल्डिहाइड समूह बेन्जीन वलय पर स्थित होता है।

$CH_3—C(=O)—H$
एथेनल

$H_3C—CH_2—C(=O)—CH_2—C(=O)—H$
3-ऑक्सोपेन्टेनल

कुछ ऐल्डिहाइडों व कीटोनों के सामान्य और IUPAC नाम

संरचना	सामान्य नाम	IUPAC नाम
ऐल्डिहाइड		
$(CH_3)_2CHCHO$	*आइसो*-ब्यूटिरेल्डिहाइड	2-मेथिलप्रोपेनल
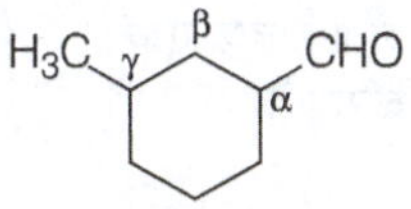	γ-मेथिल साइक्लो हेक्सेन कार्बेल्डिहाइड	3-मेथिल साइक्लो हेक्सेन कार्बेल्डिहाइड
$CH_3CH(OCH_3)CHO$	α-मेथॉक्सीप्रोपिऑनेल्डिहाइड	2-मेथॉक्सीप्रोपेनल
$CH_3CH_2CH_2CH_2CHO$	वैलेरेल्डिहाइड	पेन्टैनल
$CH_2=CHCHO$	ऐक्रोलीन	प्रोप-2-इनल
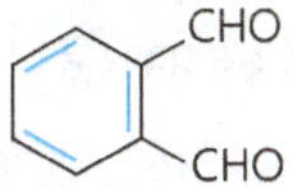	थैलेल्डिहाइड	बेंन्जीन-1, 2 डाइकार्बेल्डिहाइड
कीटोन		
$CH_3COCH_2CH_2CH_3$	मेथिल-*n*-प्रोपिल कीटोन	पेन्टेन-2-ऑन
$(CH_3)_2CHCOCH(CH_3)_2$	डाइ-*आइसो*-प्रोपिल कीटोन	2, 4 डाइमेथिलपेन्टेन-3-ऑन
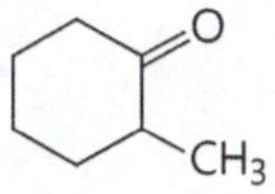	α-मेथिलसाइक्लोहेक्सेनोन	2-मेथिलसाइक्लो हेक्सेनोन
$(CH_3)_2C=CHCOCH_3$	मेसिटिल ऑक्साइड	4-मेथिलपेन्ट-3-ईन-2-ऑन

कार्बोनिल समूह की संरचना (Structure of the Carbonyl Group)

- कार्बोनिल समूह में कार्बन परमाणु sp^2-संकरित अवस्था में होता है तथा O-परमाणु के साथ युग्म तीन सिग्मा (σ) तथा एक पाई (π) बन्ध निर्मित करता है। इसके अतिरिक्त ऑक्सीजन परमाणु पर दो अनाबन्धी इलेक्ट्रॉन युग्म उपस्थित होते हैं। इस प्रकार कार्बोनिल समूह का कार्बन तथा इससे आबन्धित तीन परमाणु एक ही तल में होते हैं एवं π इलेक्ट्रॉन अभ्र इस तल के ऊपर एवं नीचे होता है। बन्धक कोण लगभग 120° का होता है, जैसा कि समतलीय त्रिकोणीय संरचना से अपेक्षित है।

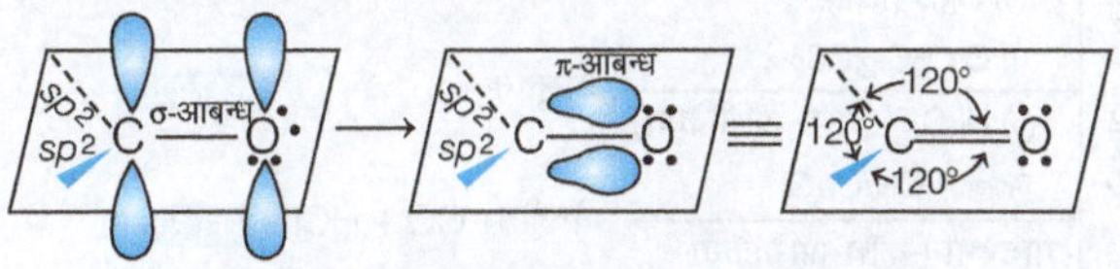

कार्बोनिल समूह निर्माण का कक्षीय आरेख

- कार्बन की अपेक्षा ऑक्सीजन की विद्युतऋणात्मकता उच्च होने के कारण कार्बन-ऑक्सीजन द्वि-आबन्ध ध्रुवित हो जाता है, जिससे ये द्विध्रुव आघूर्ण दर्शाते हैं।
- कार्बोनिल समूह का कार्बन आंशिक धनावेश प्राप्त कर लेता है तथा एक इलेक्ट्रॉनस्नेही (लुईस अम्ल) केन्द्र के समान कार्य करता है, जबकि कार्बोनिल ऑक्सीजन आंशिक ऋणावेश प्राप्त कर लेता है तथा एक नाभिकस्नेही (लुईस क्षारक) केन्द्र के समान कार्य करता है।

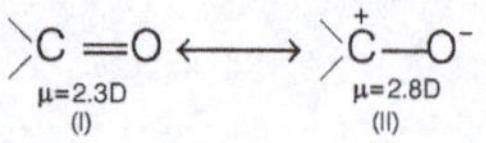

ऐल्डिहाइडों एवं कीटोनों का निर्माण

(Preparation of Aldehydes and Ketones)

ऐल्डिहाइडों एवं कीटोनों के निर्माण की कुछ महत्वपूर्ण विधियाँ इस प्रकार हैं

ऐल्डिहाइडों का निर्माण (Preparation of Aldehydes)

ऐल्डिहाइड़ों के निर्माण की कुछ महत्वपूर्ण अभिक्रियाएँ इस प्रकार हैं।

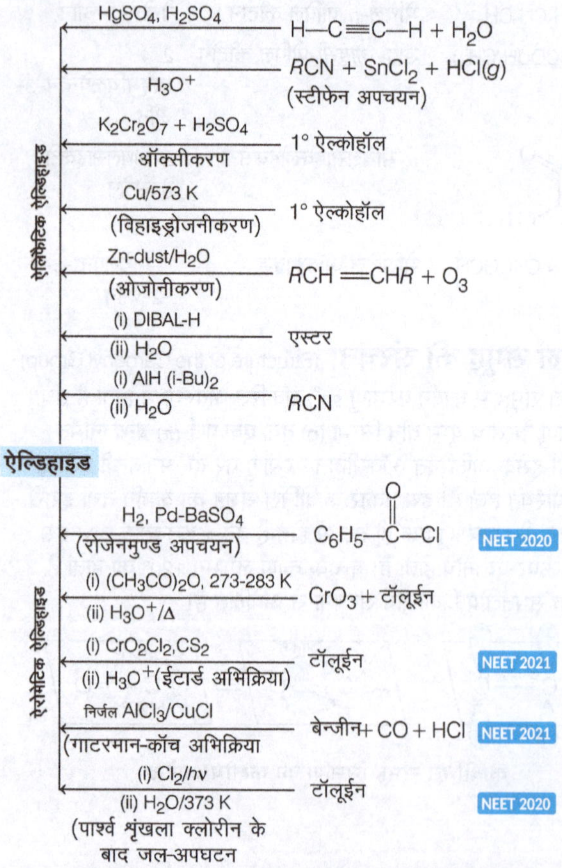

नोट अभिक्रियाओं (a) और (b) में बनने वाले मध्यवर्ती क्रमशः

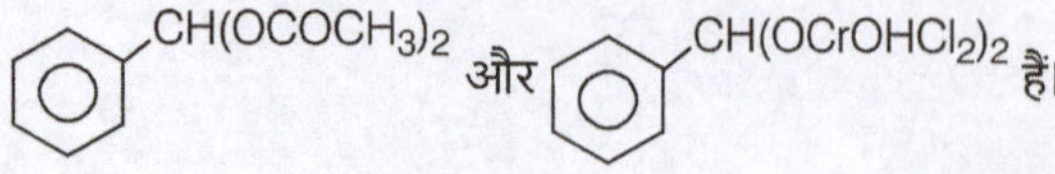

हैं।

- कक्ष ताप पर फॉर्मिल क्लोराइड अस्थायी होता है अतः रोजेनमुण्ड अभिक्रिया से फॉर्मेल्डिहाइड का निर्माण नहीं किया जा सकता है।

कीटोनों का निर्माण (Preparation of Ketones)

कीटोनों के निर्माण की कुछ महत्वपूर्ण अभिक्रियाएँ इस प्रकार हैं।

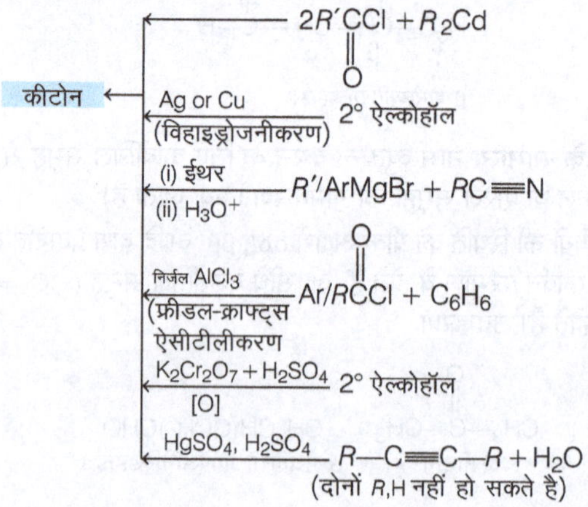

भौतिक गुणधर्म (Physical Properties)

- **भौतिक अवस्था** ऐल्डिहाइडों तथा कीटोनों के निम्न सदस्य (C_{10} तक) **रंगहीन** तथा **वाष्पशील द्रव** हैं, जबकि कक्ष ताप पर मेथेनल गैस है। निम्न कीटोन रूचिकर गन्ध रखते हैं, जबकि ऐल्डिहाइड तीक्ष्ण गन्ध रखते हैं।

  जैसे-जैसे ऐल्डिहाइडों का आकार बढ़ता जाता है, गन्ध कम तीक्ष्ण होती जाती है तथा सुगन्ध बढ़ती जाती है।
- **क्वथनांक** Boiling points ऐल्डिहाइडों व कीटोनों के क्वथनांक समतुल्य आण्विक द्रव्यमान वाले हाइड्रोकार्बनों और ईथरों से अधिक होते हैं। यह ऐल्डिहाइडों एवं कीटोनों में **द्विध्रुव-द्विध्रुव आकर्षण** के फलस्वरूप उत्पन्न दुर्बल आण्विक संगुणन के कारण होते हैं। NEET 2022

  यद्यपि, इनके क्वथनांक भी समतुल्य आण्विक द्रव्यमान वाले ऐल्कोहॉलों से अन्तराआण्विक हाइड्रोजन आबन्ध अनुपस्थित होने के कारण कम होते हैं।
- **विलेयता** (Solubility) ऐल्डिहाइडों और कीटोनों के निम्नतर सदस्य (C_3 तक) जल में मिश्रणीय हैं क्योंकि इनके ध्रुवीय कार्बोनिक समूह और जल के मध्य H-आबन्ध बनते हैं।

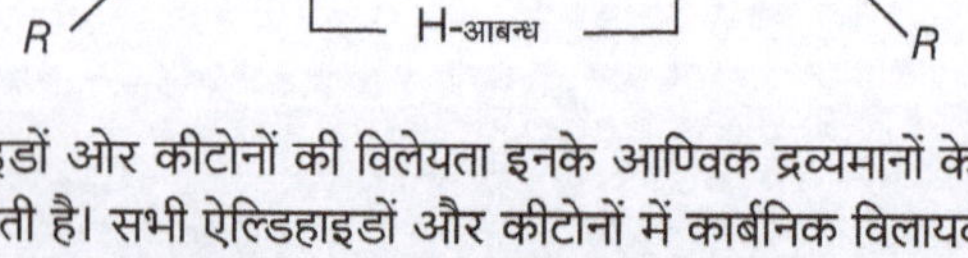

ऐल्डिहाइडों ओर कीटोनों की विलेयता इनके आण्विक द्रव्यमानों के बढ़ने के साथ घटती है। सभी ऐल्डिहाइडों और कीटोनों में कार्बनिक विलायकों जैसे बेन्जीन, ईथर आदि में सुगमतापूर्वक घुलनशील होते हैं।

रासायनिक अभिक्रियाएँ (Chemical Reactions)

ऐल्डिहाइड और कीटोन, दोनों में कार्बोनिल क्रियात्मक समूह होता है। ये नाभिकस्नेही योगात्मक अभिक्रियाएँ देते हैं।

नाभिकस्नेही योगात्मक अभिक्रियाएँ (Nucleophilic Addition Reactions)

अभिक्रियाओं मे निम्नलिखित कारणों से ऐल्डिहाइडों की अभिक्रियाशीलता कीटोनों से अधिक होती है।

- **त्रिविम कारण** (Steric reason) त्रिविम रूप से नाभिकस्नेही के कार्बोनिक कार्बन तक पहुँचने में कीटोनों में उपस्थित दो सापेक्षिक बड़े प्रतिस्थापी समूह ऐल्डिहाइडों की अपेक्षा अधिक अवरोध उत्पन्न करते हैं, जिनमें केवल एक ही ऐसा प्रतिस्थापी उपस्थित होता है।
- **इलेक्ट्रॉनी कारण** (Electronic reason) कीटोन में उपस्थित दो ऐल्किल समूह कार्बोनिक कार्बन की इलेक्ट्रॉनस्नेही प्रकृति को ऐल्डिहाइड की तुलना में कम कर देते हैं। कुछ कार्बोनिक यौगिकों की अभिक्रियाशीलता का क्रम है

$$HCHO > RCHO > PhCHO > RCOR > RCOPh > PhCOPh$$

नाभिकस्नेही योगात्मक अभिक्रियाओं की क्रियाविधि
(Mechanism of Nucleophilic Addition Reactions)

कार्बोनिल समूह ध्रुवीय होने के कारण नाभिकस्नेही की उपस्थिति में इलेक्ट्रॉनस्नेही के समान व्यवहार करता है।

अतः नाभिकस्नेही ध्रुवीय कार्बोनिल समूह के इलेक्ट्रॉनस्नेही कार्बन पर उस दिशा से आक्रमण करता है, जो कार्बोनिल कार्बन के sp^2-संकरित कक्षकों के तल के लगभग लम्ब पर होती है।

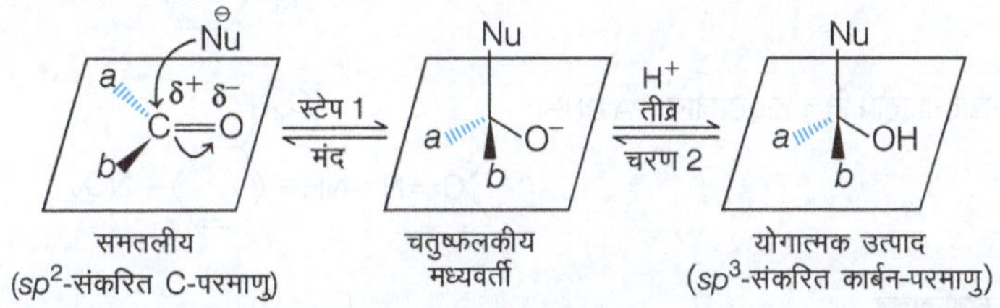

क्र.सं.	विधियाँ	सम्मिलित अभिक्रियाएँ	अभिक्रिया से सम्बन्धित मुख्य बिन्दु
1.	हाइड्रोजन सायनाइड का संयोजन [NEET 2022,2023]		यह अभिक्रिया शुद्ध HCN के साथ बहुत मंद होती है। अतः यह क्षार (OH^-) द्वारा उत्प्रेरित की जाती है तथा जनित सायनाइड आयन CN^- कार्बोनिल आयन में आसानी से जुड़ जाता है जिससे सम्बन्धित स्यानोहाइड्रिन प्राप्त होता है।
2.	सोडियम हाइड्रोजन सल्फाइट का संयोजन	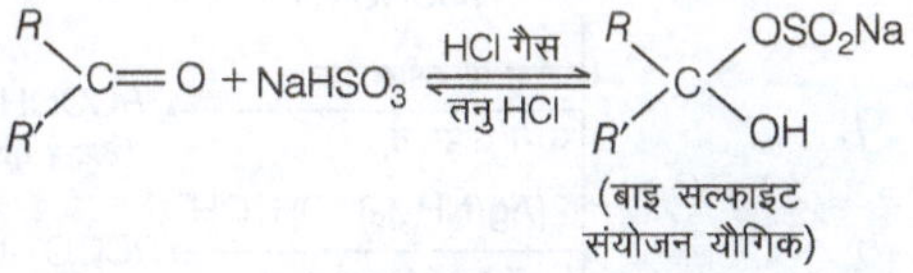	हाइड्रोजन सल्फाइट योगात्मक उत्पाद जल में विलय है, जो तनु खनिज अम्लों अथवा क्षार के साथ अभिक्रिया द्वारा मूल कार्बोनिल यौगिकों में परिवर्तित किए जा सकते हैं।
3.	ग्रिगनार्ड अभिकर्मक का संयोजन [NEET 2020,2021]	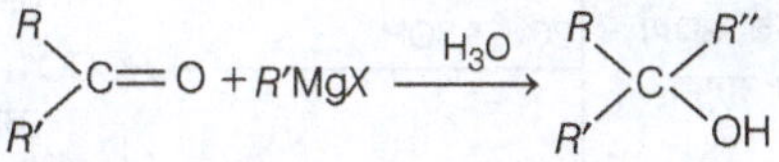	ग्रिगनार्ड अभिकर्मक की फ़ॉर्मेल्डिहाइड अभिक्रिया द्वारा 1° OH संश्लेषित किए जा सकते हैं।
4.	ऐल्कोहॉल का संयोजन [NEET 2020]	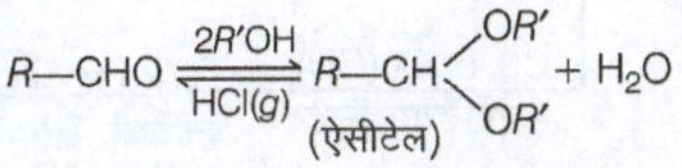 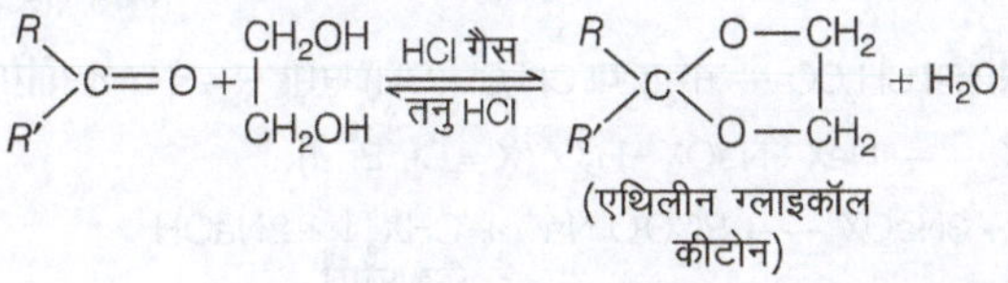	ऐसीटेल और कीटेल जलीय खनिज अम्लों के साथ जल अपघटित होकर क्रमशः संगत ऐल्डिहाइड और कीटोन देते हैं।

नाभिकस्नेही संयोजन विलोपन अभिक्रिया (Nucleophilic Addition Elimination Reaction)

ऐल्डिहाइड और कीटोन दुर्बल अम्लीय माध्यम में अमोनिया और इसके व्युत्पन्नों की संख्या, $H_2N—Z$ के साथ अभिक्रिया करके $>C=N$ समूह वाले यौगिक बनाते हैं। ये अभिक्रियाएँ उत्क्रमणीय होती हैं तथा अम्ल से उत्प्रेरित होती हैं। मध्यवर्ती के तुरन्त निर्जलीकरण द्वारा $>C=N—Z$ जैसे यौगिक बनने के कारण साम्यावस्था उत्पाद को बनाने में सहायक होती है।

$$>C=O + H_2N—Z \rightleftharpoons \left[>C\begin{matrix}OH\\NHZ\end{matrix}\right] \longrightarrow >C=NZ + H_2O$$

ऐल्डिहाइडों व कीटोनों [$>C=N—Z$] के कुछ N प्रतिस्थापित व्युत्पन्न

Z	अभिकर्मक का नाम	कार्बोनिल व्युत्पन्न	उत्पाद
—H	अमोनिया	$>C=NH$	इमीन
—R	ऐमीन	$>C=NR$	प्रतिस्थापित इमीन (शिफ क्षारक)
—OH	NEET 2022 हाइड्रॉक्सिल ऐमीन	$>C=N—OH$	ऑक्सिम
$—NH_2$	हाइड्राजीन	$>C=N—NH_2$	हाइड्राजोन
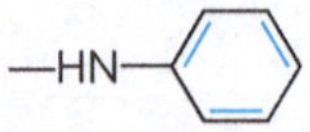	फेनिल हाइड्राजीन	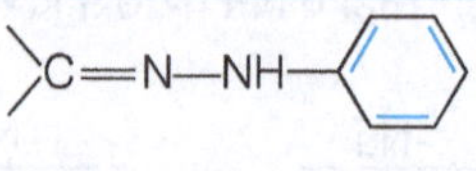	फेनिल हाइड्राजोन
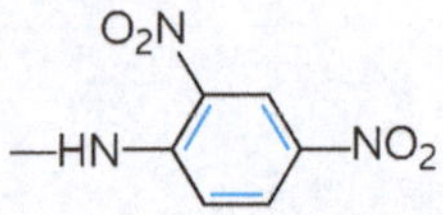	2, 4-डाइनाइट्रोफेनिल हाइड्राजीन (2A DNP)*	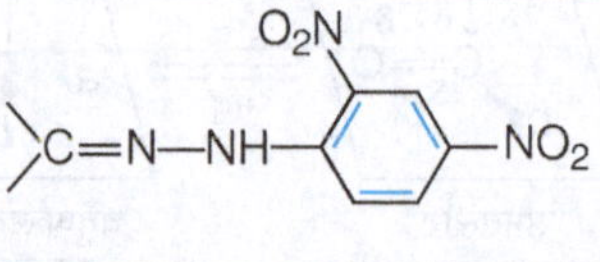	2, 4 डाइनाइट्रोफेनिलहाइड्राजोन
$—NH—\overset{O}{\overset{\Vert}{C}}—NH_2$	अर्द्धकार्बोजाइड	$>C=N—NH—\overset{O}{\overset{\Vert}{C}}—NH_2$	अर्द्धकार्बेजोन

नोट 2, 4-DNP व्युत्पन्न पीले नारंगी या लाल ठोस होते हैं, जो ऐल्डिहाइड व कीटोन के अभिलक्षणीकरण में उपयोगी हैं।

अपचयन तथा ऑक्सीकरण (Reduction and Oxidation)

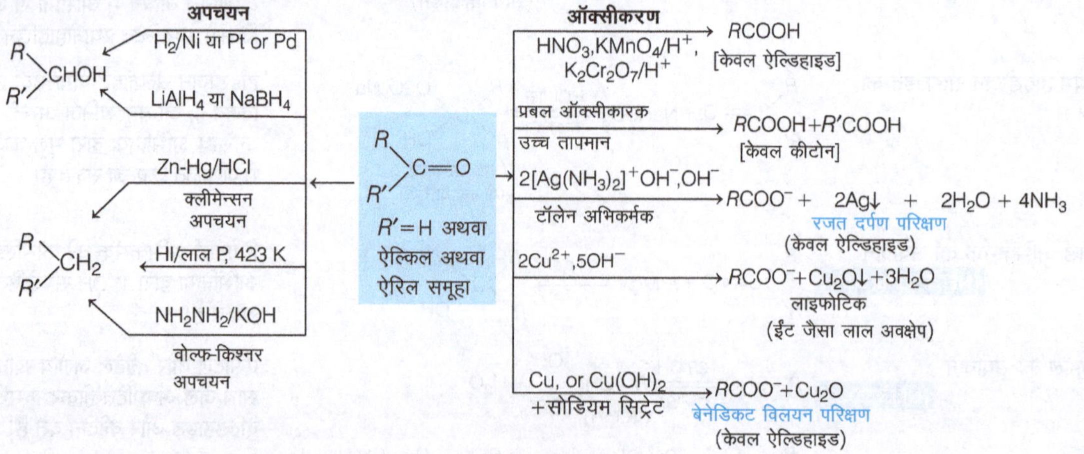

- **हैलोफॉर्म अभिक्रिया** (Haloform reaction) परीक्षण CH_3CO — समूह या $CH_3CH(OH)$ समूह रखने वाले यौगिकों द्वारा दिया जाता है।

$$NaOH + X_2 \longrightarrow NaX + NaOX + H_2O \quad (X = Cl, Br, I)$$

$$RCOCH_3 + 3NaOX \longrightarrow RCO\bar{O}\,Na^+ + \underset{\text{(हैलोफॉर्म)}}{CHX_3}\downarrow + 2NaOH$$

Marks Maximizer

- सामान्यतः कीटोन टॉलेन अभिकर्मक को अपचयित नहीं करते हैं, लेकिन जब कीटोन 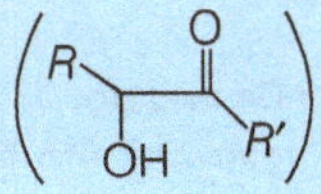 के रूप में उपस्थित होते हैं तो इनमें उपस्थित OH-समूह के ऑक्सीकरण के कारण ये टॉलेन अभिकर्मक को अपचयित करते हैं।
- **ऐल्डिहाइड और कीटोनों में विभेद**

परीक्षण	ऐल्डिहाइड	कीटोन
शिफ अभिकर्मक	गुलाबी रंग	कोई रंग नहीं
फेहलिंग विलयन	लाल अवक्षेप	कोई अवक्षेप नहीं
टॉलेन अभिकर्मक	रजत दर्पण	कोई रजत दर्पण नहीं
2, 4 डाइनाइट्रोफेनिल हाइड्राजीन	पीला, नारंगी या नारंगी-लाल अवक्षेप का बनना	नारंगी-पीले क्रिस्टल बनते हैं।

α-हाइड्रोजन के कारण होने वाली अभिक्रियाएँ (Reactions due to α-hydrogen)

कार्बोनिल यौगिकों के α-**हाइड्रोजन परमाणुओं की अम्लीय** कार्बोनिल समूह के इलेक्ट्रॉन अपनयन कर लेने (खींच लेने) के प्रबल प्रभाव तथा संयुग्मी क्षार के अनुनाद द्वारा स्थायित्व प्राप्त कर देने के कारण होती है।

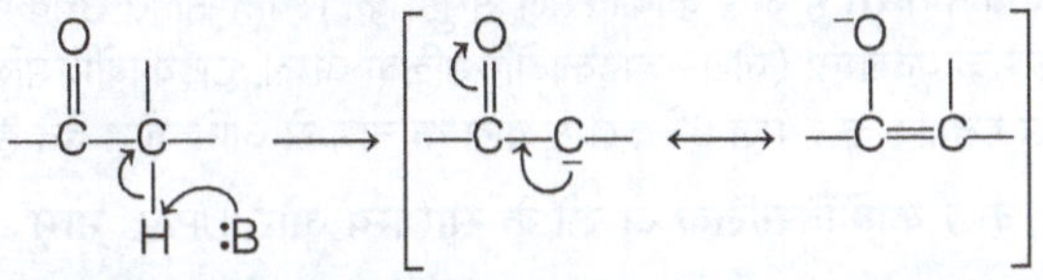

ऐल्डिहाइड व कीटोन α-हाइड्रोजन की अम्लता के कारण कई अभिक्रियाएँ देते हैं। कुछ महत्त्वपूर्ण अभिक्रियाएँ इस प्रकार है

(i) **ऐल्डोल संघनन** (Aldol condensation) जिन ऐल्डिहाइडों व कीटोनों में कम से कम एक α-हाइड्रोजन विद्यमान होती है, वे तनु क्षार के (उत्प्रेरक) की उपस्थिति में एक अभिक्रिया द्वारा क्रमशः β-हाइड्रॉक्सी ऐल्डिहाइड (ऐल्डोल) अथवा β-हाइड्रॉक्सी कीटोन (कीटोल) प्रदान करते हैं।

Concept Master Video के लिए

ऐल्डोल और कीटोल आसानी से जल निष्कासित करके α, β असंतृप्त कार्बोनिल यौगिक देते हैं।

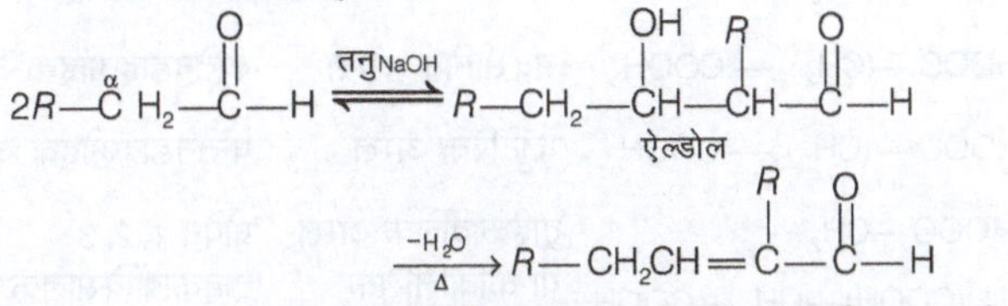

$\alpha\beta$ असंतृप्त ऐल्डिहाइड (ऐल्डोल संघनन अंतिम उत्पाद)

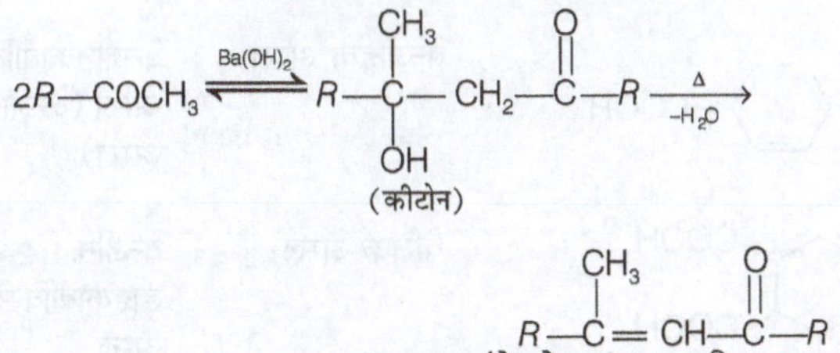

(ऐल्डोल संघनन अन्तिम उत्पाद)

(ii) **क्रॉस ऐल्डोल संघनन** (Cross aldol condensation) जब दो भिन्न-भिन्न ऐल्डिहाइड और/या कीटोन के मध्य ऐल्डोल संघनन होता है तो उसे क्रॉस ऐल्डोल संघनन कहते हैं। यदि प्रत्येक में α-हाइड्रोजन हो तो ये चार उत्पादों का मिश्रण देते हैं। NEET 2022, 2020

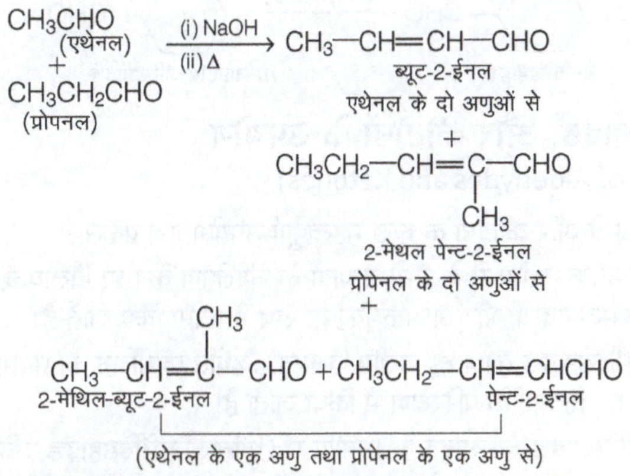

अन्य अभिक्रियाएँ (Other Reactions)

(i) **कैनिजारो अभिक्रिया** (Cannizzaro reaction) ऐल्डिहाइड, जिनमें α-**हाइड्रोजन परमाणु नहीं होते** सान्द्रित क्षार की उपस्थिति में गर्म करने से स्वऑक्सीकरण व अपचयन (असमानुपात) की अभिक्रियाएँ देते हैं। इस अभिक्रिया में ऐल्डिहाइड का एक अणु ऐल्कोहॉल में अपचयित होता है, जबकि दूसरा अणु कार्बोक्सिलिक अम्ल के लवण में ऑक्सीकृत हो जाता है।

Concept Master Video के लिए

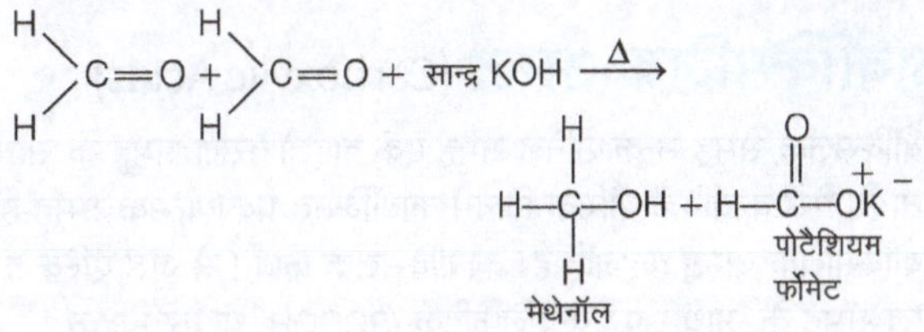

Marks Maximizer

- **अन्तराण्विक कैनिजारो अभिक्रिया** (Intramolecular Cannizzaro reaction) वे डाइऐल्डिहाइड देते हैं, जिनमें α-H परमाणु नहीं होते हैं।
- $HO—C_6H_5—CHO$ में कोई α-हाइड्रोजन नहीं होता लेकिन फिर भी यह कैनिजारों देने में विफल रहता है, क्योंकि क्षारीय माध्यम (OH^-) में *p*-हाइड्रॉक्सी बेन्जैल्डिहाइड के हाइड्रॉक्सी समूह का प्रोटॉन (OH^-) द्वारा ले लिये जाने पर O^- शेष रहता है जो प्रबल सक्रियकारी समूह (+*R*, + *I*) है। जब O^- ऐल्डिहाइड समूह के साथ अनुनाद में भाग लेता है तो कार्बोनिल कार्बन इलेक्ट्रॉनस्नेही नहीं रह जाता है। अतः OH^- वहाँ आक्रमण नहीं कर सकता।

(ii) **इलेक्ट्रॉनस्नेही प्रतिस्थापन अभिक्रियाएँ** (Electrophilic substitution reactions) इन अभिक्रियाओं में ऐरोमैटिक ऐल्डिहाइडों और कीटोनों के वलय पर उपस्थित कार्बोनिल समूह निष्क्रिय तथा *m*-निर्देशक समूह की तरह कार्य करते हैं।

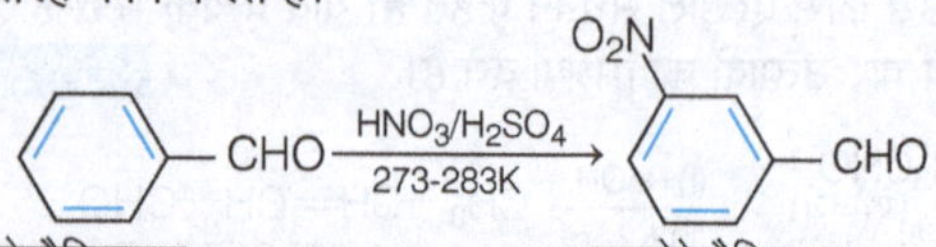

बेन्जैल्डिहाइड *m*-नाइट्रोबेन्जैल्डिहाइड

ऐल्डिहाइडों और कीटोनों के उपयोग
(Uses of Aldehydes and Ketones)

ऐल्डिहाइडों और कीटोनों के कुछ महत्वपूर्ण उपयोग इस प्रकार हैं

- रासायनिक उद्योग में ये अन्य उत्पादों के संश्लेषण के लिए विलायक, प्रारम्भिक पदार्थ और अभिकर्मकों के रूप में प्रयोग किए जाते हैं।
- (फॉर्मेल्डिहाइड का 40% जलीय विलयन) अर्थात् फार्मेलिन का प्रयोग जैविक प्रतिदर्शों के परिरक्षण में किया जाता है।
- फार्मेल्डिहाइड बैकेलाइट के निर्माण में (फीनोलफार्मेल्डिहाइड रेजिन), यूरिया-फार्मेल्डिहाइड ग्लेुस तथा अनेक बहुलक उत्पादों में उपयोग होता है।
- ऐसीटैल्डिहाइड मुख्यतः ऐसीटिक अम्ल, एथिल ऐसीटेट, वाइनिल ऐसीटेट बहुलकों एवं औषधों के उत्पादन में प्रारम्भिक पदार्थ के रूप में उपयोग किया जाता है।
- बेन्जैल्डिहाइड का उपयोग सुगन्ध तथा रंजक उद्योग में किया जाता है। इनका उपयोग गन्ध एकत्रित करने तथा स्वाद बढ़ाने वाले कारक के रूप में भी किया जाता है। जैसे -ब्यूटरेल्डिहाइड, वेनेलिन, ऐसीटोफीनॉन व कपूर आदि।

कार्बोक्सिलिक अम्ल (Carboxylic Acids)

कार्बोक्सिलक समूह में कार्बोनिल समूह एक हाइड्रॉक्सिल समूह के साथ जुड़ा रहता है। ऐसे कार्बनिक यौगिक जिनमें कार्बोक्सिल प्रकार्यात्मक समूह होता है, कार्बोक्सिलिक अम्ल कहलाते हैं। कार्बोक्सिलक कार्बन से जुड़े ऐल्किल या ऐरिल समूह के आधार पर ये ऐलिफैटिक (*R*COOH) या ऐरोमैटिक (ArCOOH) अम्ल हो सकते हैं।

कुछ ऐलिफैटिक कार्बोक्सिलिक अम्लों के उच्च सदस्य (C_{12} - C_{18}), जिन्हे **वसा अम्ल** (fatty acids) कहते है।

कार्बोक्सिलिक समूह की नामपद्धति व संरचना
(Nomenclature and Structure of Carboxyl Group)

नामकरण पद्धति (Nomenclature)

- कार्बोक्सिलिक अम्लों के **सामान्य नाम** के अन्त में अनुलग्न (ic) इक अम्ल लगाते हैं। ये नाम इनके प्राकृतिक स्त्रोतों के लेटिन अथवा ग्रीक नामों से व्युत्पन्न होते हैं (सारणी देखें)।
- **IUPAC पद्धति** में ऐलिफैटिक कार्बोक्सिलिक अम्लों का नामकरण करने के लिए संगत ऐल्केन के नाम से अंत में स्थित इ (-e) के स्थान पर ओइक (-oic) अनुलग्न लगाया जाता है।
- कार्बन श्रृंखला का अंकन करते समय कार्बोक्सिलक समूह के कार्बन परमाणु को प्रथम संख्या (संख्या 1) प्रदान की जाती है।
- एक से अधिक कार्बोक्सिल समूह युक्त यौगिकों का नाम लिखने के लिए कार्बोक्सिल समूह हटाकर बची संगत ऐल्केन की कार्बन श्रृंखला के कार्बनों का अंकन करते हैं और कार्बोक्सिल समूहों की स्थिति सहित उनकी संख्या गुणात्मक पूर्वलग्न; (जैसे–डाइकार्बोक्सिलिक अम्ल, ट्राईकार्बोक्सिलिक अम्ल इत्यादि को) मूल ऐल्किल श्रृंखला के नाम से आगे जोड़ देते हैं।

कुछ कार्बोक्सिलिक अम्लों के सामान्य और IUPAC **नाम**

संरचना	सामान्य नाम	IUPAC नाम मेथेनॉइक अम्ल
HCOOH	फॉर्मिक अम्ल	मेथेनॉइक अम्ल
(CH_3COOH)	ऐसीटिक अम्ल	एथेनॉइक अम्ल
$(CH_3)_2CHCOOH$	*आइसो*-ब्यूटाइरिक अम्ल	2-मेथिलप्रोपेनॉइक अम्ल
HOOC—COOH	ऑक्सैलिक अम्ल	एथेनडाइओइक अम्ल
$HOOC—CH_2—COOH$	मैलोनिक अम्ल	प्रोपेनडाइओइक अम्ल
$HOOC—(CH_2)_2—COOH$	सक्सीनिक अम्ल	ब्यूटेनडाइओइक अम्ल
$HOOC—(CH_2)_3—COOH$	ग्लूटेरिक अम्ल	पेन्टेनडाइओइक अम्ल
$HOOC—CH_2—CH(COOH)—CH_2—COOH$	ट्राइकार्बेलिक अम्ल या काब्रोलिलिक अम्ल	प्रोपेन 1, 2, 3 ट्राइकार्बोक्सिलिक अम्ल
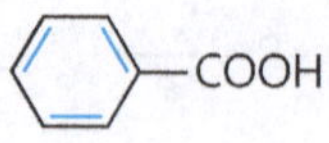	बेन्जोइक अम्ल	बेन्जीनकार्बोक्सिलिक अम्ल (बेन्जोइक अम्ल)
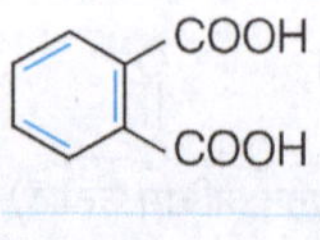	थैलिक अम्ल	बेन्जीन 1, 2-डाइकार्बोक्सिलिक अम्ल

कार्बोक्सिल समूह की संरचना (Structure of Carboxyl Group)

कार्बोक्सिलिक अम्लों में कार्बोक्सिल कार्बन से जुड़े, सभी आबन्ध एक ही तल में होते हैं। ये आबन्ध एक दूसरे से 120° के कोण द्वारा विलगित रहते हैं। कार्बोक्सिलिक कार्बन, कार्बोनिल कार्बन से निम्नलिखित सम्भावित अनुनादी संरचनाओं के कारण कम इलेक्ट्रॉनस्नेही होता है।

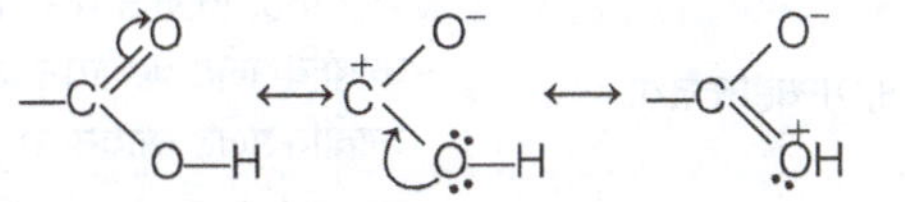

कार्बोक्सिलिक अम्लों के निर्माण की विधियाँ

क्र.सं	विधियाँ	सम्मलित अभिक्रियाएँ	अभिक्रिया से सम्बन्धित मुख्य बिन्दु
1.	प्राथामिक ऐल्डिहाइड़ों तथा ऐल्कोहॉलों से	$\underset{(1°\ OH)}{RCH_2OH} \xrightarrow[(ii)\ H_3O^+]{(i)\ \text{क्षारीय}KMnO_4} RCOOH$ NEET 2019, 2024 $\underset{(1°\ OH)}{RCH_2OH} \xrightarrow[\text{जॉन अभिकर्मक}]{CrO_3 - H_2SO_4} RCOOH$ $RCHO \xrightarrow{\text{मृदु ऑक्सीकारक}} RCOOH$	
2.	ऐल्किल बेन्जीनों से	$C_6H_5-CH_3 \xrightarrow[\Delta]{KMnO_4 - KOH} C_6H_5COOH$	सम्पूर्ण पार्श्व शृंखला चाहे किसी भी लम्बाई की हो, ऑक्सीकृत होकर कार्बोक्सिल समूह निर्मित करती है।
3.	नाइट्राइल तथा ऐमाइड से NEET 2023	$Ar/R-CN \xrightarrow[H_2O]{H^+\ or\ OH^-} Ar/R-\overset{O}{\overset{\|\|}{C}}-NH_2 \xrightarrow[\Delta]{H^+\ or\ OH^-} Ar/R-COOH$	अभिक्रिया को ऐमाइड पद पर रोकने के लिए मृदु अभिक्रिया परिस्थितियाँ प्रयुक्त की जाती हैं।
4.	ग्रिगनार्ड अभिकर्मक से NEET 2022	$R-MgX + O=C=O \xrightarrow[H_3O^+]{\text{शुष्क ईथर}} RCOOH$	इस विधि का उपयोग ऐल्किल हैलाइडों को संगत कार्बोक्सिलिक अम्लों में परिवर्तित करने के लिए किया जाता है, जिसमें ऐल्किल हैलाइड में उपस्थित कार्बन परमाणुओं में उपस्थित कार्बन परमाणुओं से एक कार्बन परमाणु अधिक विद्यमान होता है।
5.	ऐसिल हैलाइड और ऐनहाइड्राइड से	$RCOCl \xrightarrow{H_2O} RCOOH + Cl^-$ $\downarrow HO^- / H_2O$ $RCOO^- + Cl^- \xrightarrow{H_3O^+} RCOOH$ $\underset{\text{अम्ल ऐनहाइड्राइड}}{(RCO)_2O} \xrightarrow{H_2O} 2RCOOH$ (R= ऐल्किल या ऐरिल समूह या दोनों)	ऐसिड क्लोराइड जल द्वारा अपघटित होकर कार्बोक्सिलिक अम्ल या जलीय क्षारीय माध्यम में सुगमता से जल अपघटित होकर काबोक्सिलेट आयन देते हैं, जो अम्ल द्वारा संगत कार्बोक्सिलिक अम्ल देते हैं। इनहाइड्राइडों को संगत अम्लों में हाइड्रोलाइज किया जाता है।
6.	एस्टर से	अम्लीय जल अपघटन $RCOOR' \xrightleftharpoons{H_3O^+} RCOOH + R'OH$ क्षारीय जल अपघटन $RCOOR' \xrightleftharpoons{NaOH} RCOONa + R'OH$ $\downarrow H_3O^+$ $RCOOH$ [R, R' = ऐरिल या ऐल्किल समूह]	एस्टरों के अम्लीय जल अपघटन से सीधे ही कार्बोक्सिलिक अम्ल प्राप्त होते हैं, जबकि क्षारीय जल अपघटन द्वारा कार्बोक्सिलेट प्राप्त होते हैं, जो अम्लन द्वारा संगत कार्बोक्सिलिक अम्ल देते हैं।

भौतिक गुणधर्म (Physical Properties)

- **भौतिक अवस्था** (Physical state) ऐलिफैटिक कार्बोक्सिलिक अम्ल की श्रेणी में पहले 9 कार्बन परमाणुओं तक की शृंखला वाले सदस्य कक्ष ताप पर अरूचिकर गन्ध वाले रंगहीन द्रव होते हैं।
- कार्बोक्सिलिक श्रेणी के उच्च सदस्य मोम जैसे ठोस, गन्धहीन तथा अल्पवाष्पशील होते हैं।
- **क्वथनांक** (Boiling points) कार्बोक्सिलिक अम्लों के क्वथनांक समतुल्य आण्विक द्रव्यमानों वाले ऐल्डिहाइडों, कीटोनों यहाँ तक कि ऐल्कोहॉलों से भी उच्च होते हैं। इसका कारण इनके अणुओं में परस्पर अधिक व्यापक अन्तरा आण्विक हाइड्रोजन आबन्धन द्वारा संगुणन होना है।
- वाष्प अवस्था में भी H- बन्ध पूर्ण रूप से नहीं टूटते इसके अतिरिक्त अधिकांश कार्बोक्सिलिक अम्ल वाष्प अवस्था में ऐप्रोटिक विलायक में द्वितीय के रूप से उपस्थित होते हैं, जैसा कि नीचे दर्शाया गया है।

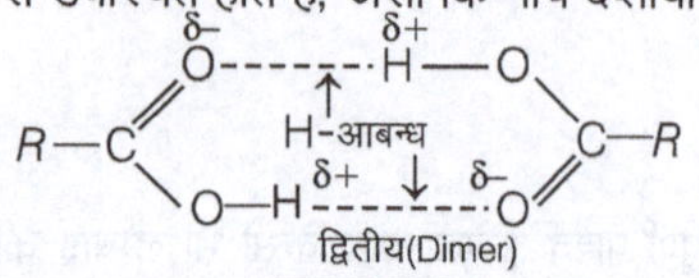

द्वितीय(Dimer)
वाष्प प्रावस्था
विलायकों में

- **विलेयता** (Solubility) चार कार्बन परमाणु तक सरल ऐलिफैटिक कार्बोक्सिलिक अम्ल जल में विलेय होते हैं। यह जल में हाइड्रोजन बन्ध के निर्माण के कारण होता है। कार्बन परमाणुओं की संख्या बढ़ने के साथ विलेयता घटती जाती है।

  उच्चतर कार्बोक्सिलिक अम्ल हाइड्रोकार्बन शृंखला को जलविरागी अन्योन्यक्रिया बढ़ने के कारण विशेषकर जल में अविलेय होते हैं।

  बेन्जोइक अम्ल, जो कि सरलतम ऐरोमैटिक कार्बोक्सिलिक अम्ल है; ठंडे जल में लगभग अविलेय होता है।

रासायनिक अभिक्रियाएँ (Chemical Reactions)

कार्बोक्सिलिक अम्लों की रासायनिक अभिक्रियाएँ निम्न प्रकार से वर्गीकृत हैं

I. अभिक्रियाएँ जिनमें O—H बन्ध का विदलन होता है (Reactions Involving Cleavage of O—H Bond)

धातु और क्षारों के साथ अभिक्रियाएँ (Reactions with Metals and Alkalies)

- ऐल्कोहॉलों के समान कार्बोक्सिलिक अम्ल विद्युत धनी धातुओं के साथ हाइड्रोजन मुक्त करते हैं।
- फीनॉलों के समान क्षारों के साथ लवण बनाते हैं।
- फीनॉलों के विपरीत यह दुर्बल क्षारक, जैसे—कार्बोनेट, हाइड्रोजन कार्बोनेट के साथ अभिक्रिया करके कार्बन डाइऑक्साइड उत्पन्न करते हैं। यह अभिक्रियाएँ कार्बनिक यौगिक में उपस्थित कार्बोक्सिलिक समूह को पहचानने के लिए प्रयुक्त की जाती है।

$$R\text{—COOH} \xrightarrow{2Na} 2RCO\overset{-}{O}\overset{+}{Na} + H_2$$
$$R\text{—COOH} \xrightarrow{NaOH} RCO\overset{-}{O}\overset{+}{Na} + H_2O$$
$$R\text{—COOH} \xrightarrow{NaHCO_3} RCO\overset{-}{O}\overset{+}{Na} + H_2O + CO_2$$

कार्बोक्सिलिक अम्लों की अम्लीय सामर्थ्य (Acidic Strength of Carboxylic Acids)

कार्बोक्सिलिक समूह की अम्लता ऑक्सीजन पर धनावेश की उपस्थिति के कारण है, जिसके परिणामस्वरूप यह सुगमता से जल में वियोजित होकर कार्बोक्सिलेट ऋणायन के साथ हाइड्रोनियम आयन देता है। इस प्रकार बना कार्बोक्सिलेट आयन अनुनाद द्वारा स्थायित्व प्राप्त करता है।

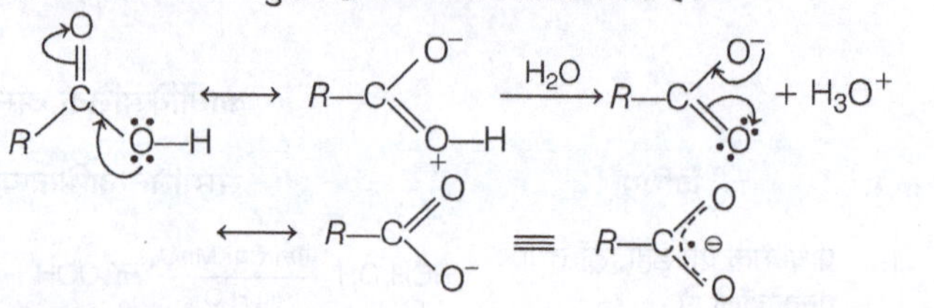

उपरोक्त अभिक्रिया के लिए

$$K_{\text{साम्य}} = \frac{[RCOO^-][H_3O^+]}{[RCOOH][H_2O]} \text{ or } K_a = K_{\text{साम्य}}[H_2O] \Rightarrow \frac{[RCOO^-][H_3O^+]}{[RCOOH]}$$

यहाँ $K_{\text{साम्य}}$ = साम्यावस्था स्थिरांक तथा K_a = अम्ल वियोजन स्थिरांक है।

- अम्ल का pK_a मान जितना कम होगा कार्बोक्सिलिक अम्ल उतना ही प्रबल होगा।
- कार्बोक्सिलिक अम्ल ऐल्कोहॉलों और अनेक सरल फीनोलों से की तुलना में प्रबल अम्ल है। परन्तु खनिज लवण की तुलना में दुर्बल होते हैं।
- कार्बोक्सिलेट अम्लों की फीनॉलों की अपेक्षा उच्च अम्लता का कारण कार्बोक्सिलेट आयन (कार्बोक्सिलिक अम्ल का संयुग्मी क्षारक) दो समान अनुनादी संरचनाओं द्वारा स्थायित्व प्राप्त करता है।
- इन दो अनुनादी संरचनाओं में ऋणावेश का विस्थापन दो अधिक विद्युत ऋणी ऑक्सीजन परमाणु पर स्थित होता है जैसा कि नीचे दर्शाया गया है।

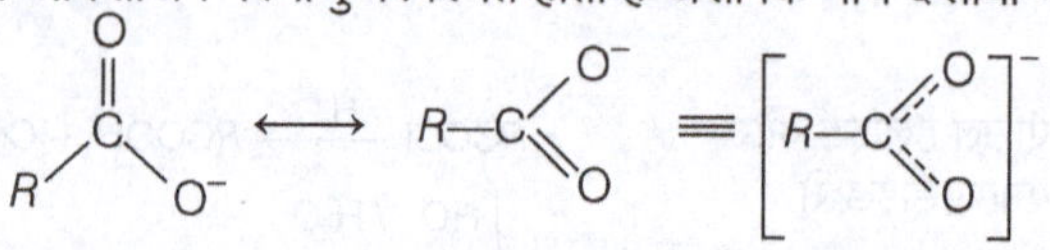

जबकि, फीनोक्सॉइड आयन (फीनोल का संयुग्मी क्षारक) असमान अनुनादी संरचनाएँ रखता है, जिनमें ऋणावेश एक ऑक्सीजन परमाणु तथा कम विद्युत ऋणी कार्बन परमाणु पर कम प्रभावशाली तरीके से विस्थापित होता है।

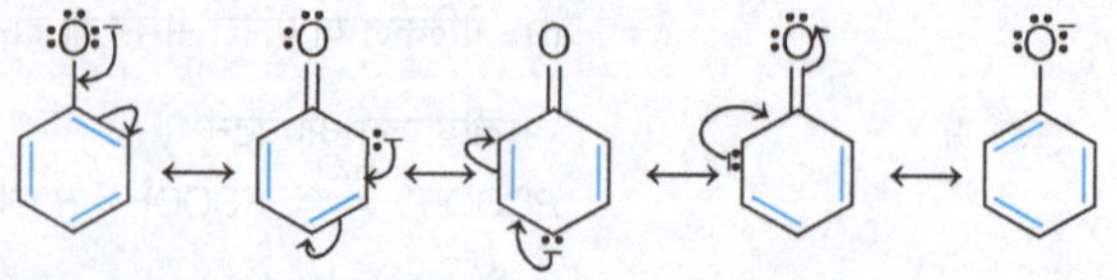

कार्बोक्सिलिक अम्लों की अम्लीयता पर विभिन्न प्रतिस्थापियों का प्रभाव (Effect of the different Substituents on the Acidity of Carboxylic Acids)

- इलेक्ट्रॉन अपनयन करने वाले समूह की उपस्थिति कार्बोक्सिलिक अम्ल की अम्लता में वृद्धि करती है, क्योंकि ये समूह प्रेरणिक और अनुनादी प्रभाव द्वारा ऋणावेश को विस्थानित करके संयुग्मी क्षारक को स्थायित्व प्रदान करते हैं।

- अम्लीयता प्रतिस्थायियों की विद्युत ऋणात्मकता बढ़ने के साथ भी बढ़ती है।

उदाहरण

$CF_3CH_2COOH > Cl_3CH_2COOH$
ट्राइफ्लुओरोएथेनॉइक अम्ल, ट्राइक्लोरोएथेनॉइक अम्ल

$HC \equiv C—COOH > CH_3CH_2COOH$
प्रोपिओलिक अम्ल, प्रोपेनॉइक अम्ल

- यद्यपि इलेक्ट्रॉन दाता समूह संयुग्मी क्षारक को अस्थाई करके अम्लता घटाते हैं। कुछ समूहों का प्रभाव अम्लता बढ़ाने के क्रम में इस प्रकार है

$Ph < I < Br < Cl < F < CN < NO_2 < CF_3$

उदाहरण

$CF_3COOH > CCl_3COOH > CHCl_2COOH > NO_2CH_2COOH > NC—CH_2COOH > FCH_2COOH > ClCH_2COOH > BrCH_2COOH > HCOOH > ClCH_2CH_2COOH > C_6H_5COOH > C_6H_5CH_2COOH > CH_3COOH > CH_3CH_2COOH$

- कार्बोक्सिल समूह से EWG की दूरी घटने के साथ अम्लीयता बढ़ती है, जबकि EDG यदि जुड़ा होता है तो इसका विपरीत होता है।
- ऐरोमैटिक कार्बोक्सिलिक अम्ल के फेनिल वलय से जुड़ा इलेक्ट्रॉन अपनयन समूह इनकी अम्लता को बढ़ाता है, जबकि इलेक्ट्रॉन दाता समूह इनकी अम्लता को घटाते हैं।

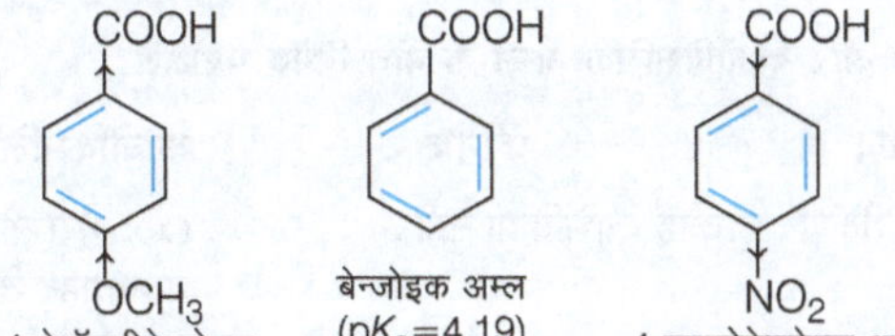

4-मेथॉक्सीबेन्जोइक अम्ल(pK_a=4.46) बेन्जोइक अम्ल (pK_a=4.19) 4-नाइट्रोबेन्जोइक अम्ल (pK_a=3.41)

II. अभिक्रिया जिनमें C—OH आबन्ध का विदलन होता है

(Reactions Involving Cleavage of C—OH Bond)

(i) ऐनाहाइड्राइड का निर्माण (Formation of anhydride)

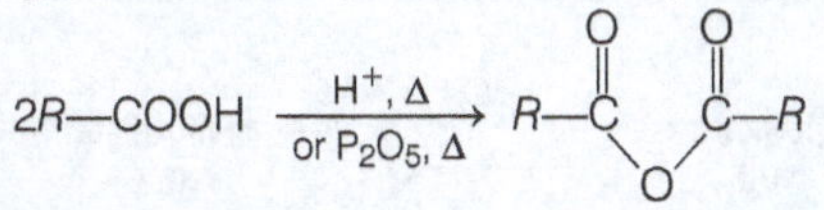

(ii) एस्टरीकरण (Esterification) NEET 2021, 2020

$$RCOOH + R'OH \overset{H^+}{\rightleftharpoons} RCOOR' + H_2O$$

एस्टरीकरण की क्रियाविधि (Mechanism of Esterification)

यह एक प्रकार की नाभिकस्नेही ऐसिल प्रतिस्थापन अभिक्रिया है। एस्टरीकरण की अभिक्रिया में निम्नलिखित चरण होते हैं

स्टेप I कार्बोनिल ऑक्सीजन का प्रोटोनीकरण

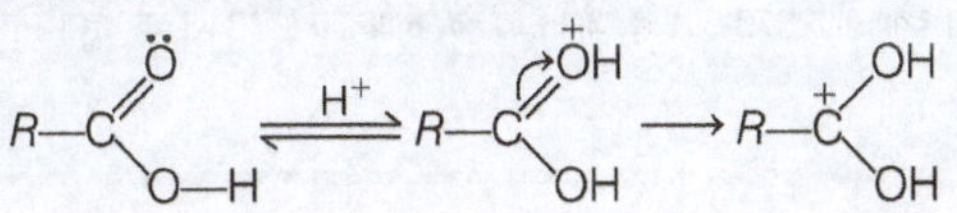

स्टेप II ऐल्कोहॉल का नाभिकस्नेही योगात्मक

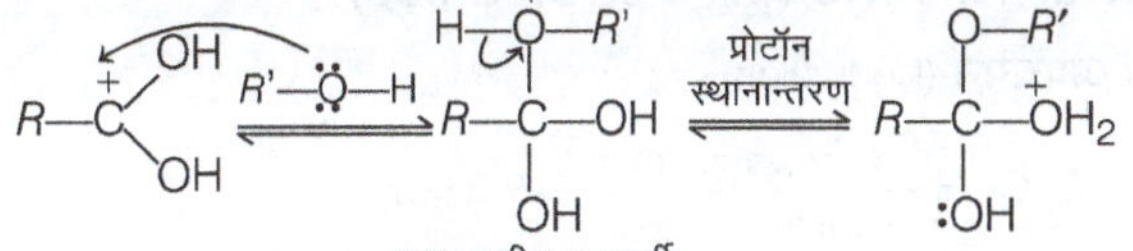

चतुष्फलकीय मध्यवर्ती

स्टेप III जल के अणु का विलोपन

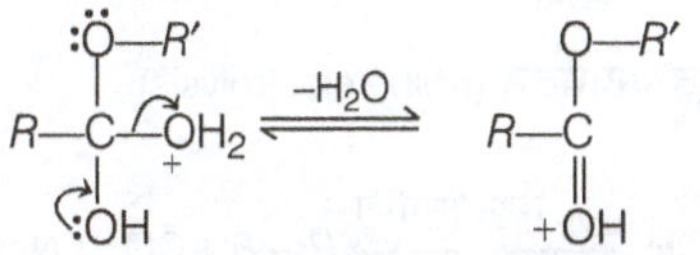

प्रोटोनित एस्टर

स्टेप IV प्रोटॉनित एस्टर प्रोटॉन त्यागकर एस्टर देता है

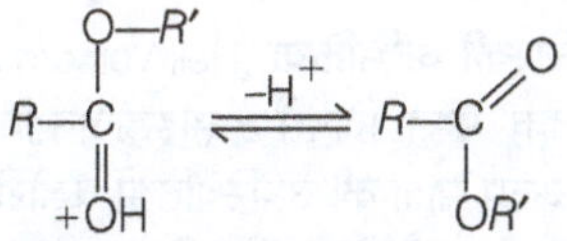

(iii) PCl_5, PCl_3 एवं $SOCl_2$ के साथ अभिक्रिया
(Reaction with PCl_5, PCl_3 and $SOCl_2$)

$$3R—COOH \xrightarrow{PCl_5} RCOCl + POCl_3 + HCl$$
$$\xrightarrow{PCl_3} 3RCOCl + H_3PO_3$$
$$\xrightarrow{SOCl_2} RCOCl + SO_2 + HCl$$

कार्बोक्सिलिक अम्ल से ऐसिल क्लोराइड के बनाने में थायोनिल क्लोराइड ($SOCl_2$) को वरीयता दी जाती है, क्योंकि दो अन्य उत्पाद गैसीय होते हैं, जिसे प्राप्त उत्पाद का परिशोधन सुगम हो जाता है।

(iv) अमोनिया के साथ अभिक्रिया (Reaction with ammonia)

$$CH_3COOH + NH_3 \rightleftharpoons CH_3CO\overset{-}{O}\overset{+}{N}H_4 \xrightarrow[-H_2O]{\Delta} CH_3CONH_2$$
अमोनियम ऐसीटेट, ऐसीटैमाइड

उदाहरण NEET 2020, 2019

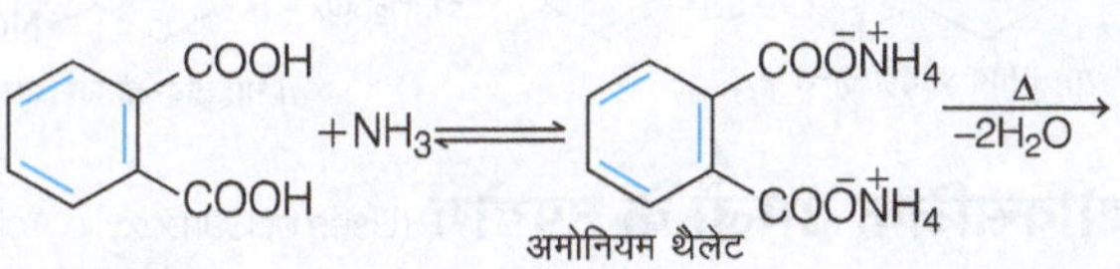

अमोनियम थैलेट

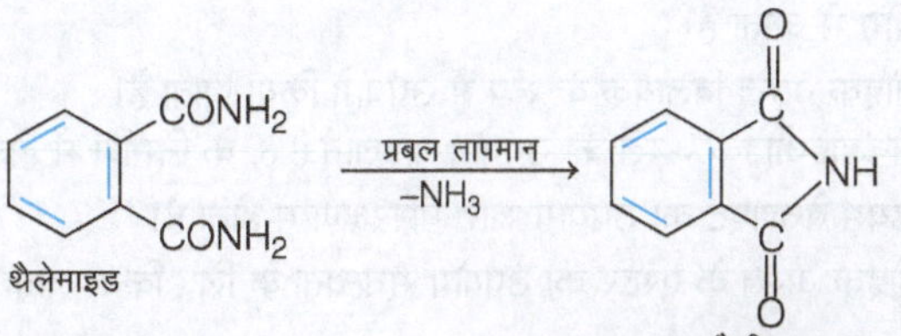

थैलेमाइड थैलीमाइड

III. अभिक्रियाएँ जिनमें —COOH समूह शामिल है
(Reactions Involving —COOH Group)

(i) अपचयन (Reduction)

$$RCOOH \xrightarrow[2.\ H_3O^+]{1.\ LiAlH_4/\text{ईथर या } B_2H_6} RCH_2OH$$

(ii) विकार्बोक्सिलीकरण (Decarboxylation) NEET 2023

$$RCO\overset{-}{O}\overset{+}{Na} \xrightarrow[\text{ऊष्मा}]{NaOH + CaO} R—H + Na_2CO_3$$

(iii) कोल्बे विद्युत अपघटन (Kolbe electrolysis)

$$2R—\overset{O}{\overset{||}{C}}—OH \xrightarrow{NaOH,\ \text{विद्युतअपघटन}} R—R + CO_2 + NaOH$$

IV हाइड्रोकार्बन भाग में प्रतिस्थापन अभिक्रियाएँ
(Substitution Reactions in the Hydrocarbon Part)

(i) **हेलफोलार्ड जेलिंस्की अभिक्रिया** (Hell-Volhard Zelinsky reaction) ऐसे कार्बोक्सिलिक अम्ल, जिनमें α-हाइड्रोजन विद्यमान होता है, लाल फॉस्फोरस की अल्प मात्रा की उपस्थिति में क्लोरीन अथवा ब्रोमीन के साथ अभिक्रिया द्वारा α-हैलोकार्बोक्सिलिक अम्ल देते हैं। NEET 2021

$$RCH_2COOH \xrightarrow[2.\ H_2O]{1.\ X_2/\text{लाल फास्फोरस}} R—\underset{\underset{X}{|}}{C}HCOOH$$

(X = Cl, Br)

α-हैलोकार्बोक्सिलिक अम्ल

(ii) वलय प्रतिस्थापन (Ring substitution) ऐरोमेटिक कार्बोक्सिलिक अम्ल इलेक्ट्रॉनस्नेही प्रतिस्थापन अभिक्रियाएँ प्रदर्शित करते हैं, जिनमें कार्बोक्सिल समूह एक **निष्क्रिय** एवं ***मेटा*-निर्देशी समूह** की भाँति व्यवहार करता है।

ये फ्रीडेल-क्राफ्ट्स (friedel crafts) अभिक्रिया प्रदर्शित नहीं करते। चूँकि कार्बोक्सिल समूह निष्क्रिय समूह है एवं उत्प्रेरक ऐलुमिनियम क्लोराइड (लुईस अम्ल) कार्बोक्सिल समूह से आबन्धित हो जाता है।

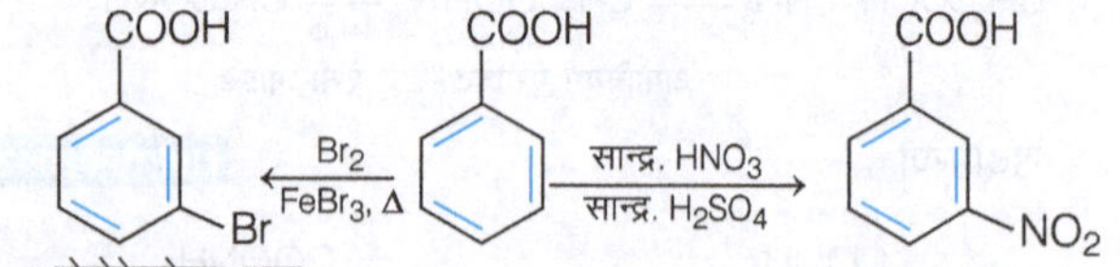

m-ब्रोमोबेन्जोइक अम्ल   *m*-नाइट्रोबेन्जोइक अम्ल

कार्बोक्सिलिक अम्लों के उपयोग (Uses of Carboxylic Acids)

- मेथेनॉइक अम्ल रबर, वस्त्र, रँगाई, चमड़ा एवं इलेक्ट्रोप्लेटिंग उद्योगों में उपयोग में आता है।
- एथेनॉइक अम्ल विलायक के रूप में उपयोग किया जाता है। हैक्सेनडाइओइक अम्ल का उपयोग नाइलोन 6-6, के निर्माण में होता है।
- सोडियम बेन्जोएट का उपयोग खाद्य परिरक्षण में होता है।
- बेन्जोइक अम्ल के एस्टर का उपयोग सुगन्धता के लिए किया जाता है।
- उच्चतर वसीय अम्लों का उपयोग साबुन एवं अपमार्जकों के उत्पादन में किया जाता है।

Marks Maximizer

- $LiAlH_4$ *एवं* $NaBH_4$

अभिलक्षण	$LiAlH_4$	$NaBH_4$
आण्विक द्रव्यमान	37.95 ग्राम/मोल	37.83 ग्राम/मोल
अपचायक क्षमता	प्रबल अपचायक है, जो बहुत से यौगिकों: जैसे- एस्टर, ऐमाइड, अम्ल, ऐल्डिहाइड, कीटोन, नाइट्रो यौगिकों आदि को अपचयित कर देता है।	मृदु (हल्का) अपचायक है, जो ऐल्डिहाइड, कीटोन तथा ऐसिल क्लोराइडों को अपचयित कर देता है, लेकिन एस्टर, ऐमाइड और अम्ल को नहीं।
α, β-असंतृप्त ऐल्डिहाइडों और कीटोनों से अभिक्रिया	यह केवल C=O समूह को अपचायित करता है।	यह C=O तथा C=C दोनों समूहों को अपचयित करता है।
जल के साथ अभिक्रिया	जल के साथ तेजी से क्रिया करता है।	यह धीरे से जल में घुलता है।

- **फीनॉल और कार्बोक्सिलिक अम्ल के बीच विभेद परीक्षण**

परीक्षण	फीनोल	कार्बोक्सिलिक अम्ल
$NaHCO_3$ परीक्षण	कोई अभिक्रिया नहीं	CO_2 गैस तीव्र बुदबुदाहट के साथ
$FeCl_3$ परीक्षण	बैंगनी रंग	हल्के भूरे पीले (Buff) रंग का अवक्षेप।

- फॉर्मिक अम्ल का अपसामान्य व्यवहार

  यह ऐल्डिहाइड समूह की उपस्थिति के कारण होता है।

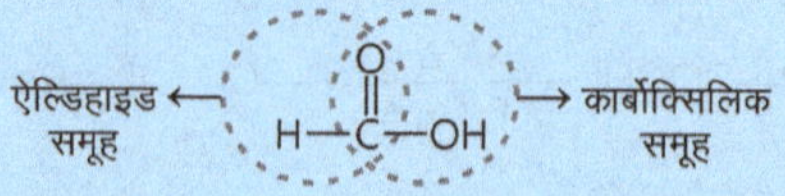

  फॉर्मिक अम्ल ऐल्डिहाइडों के समान टॉलेन अभिकर्मक तथा फेलिंग विलयन को अपचयित करता है।

- यह मर्क्यूरिक क्लोराइड को मर्क्यूरस क्लोराइड में अपचयित करता है, जो आगे मर्करी के ग्रे अवक्षेप में परिवर्तित हो जाता है।

$$HCOOH + 2HgCl_2 \longrightarrow CO_2 + Hg_2Cl_2 \downarrow + 2HCl$$

$$HCOOH + Hg_2Cl_2 \longrightarrow CO_2 + 2Hg \downarrow + 2HCl$$

- इसका क्वथनांक 373.8 K है जो H_2O के क्वथनांक (373 K) के बहुत निकट है।

Caution Points

- कीटोनों का क्वथनांक समावयवयी ऐल्डिहाइडों की तुलना में अधिक होता हैं।
- क्रोमिल क्लोराइड तथा क्रोमिक ऑक्साइड जैसे उपयुक्त अभिकर्मकों की सहायता से ऑक्सीकरण को ऐल्डिहाइड प्राप्त होने तक रोकना सम्भव है।
- ऐरोमैटिक ऐल्डिहाइड फेलिंग परीक्षण नहीं देते हैं।
- सोडियम बोरोहाइड्रेट कार्बोक्सिलिक अम्ल को अपचयित नहीं करता है।
- कक्ष ताप पर फॉर्मिल क्लोराइड अस्थाई हेता है अतः फार्मेल्डिहाइड का निर्माण रोजेमुण्ड अभिक्रिया द्वारा नहीं किया जा सकता है।
- P_2O_5 एक निर्जलीकल ऐजेण्ट है। अतः गर्म किए जाने पर यह — $CONH_2$ से जल के अणु के निष्कासन द्वारा सायनाइड समूह, (— CN) बनाता है।

PYQ नोट्स

1. सेलिसिलिक अम्ल $CH_3OH / H^+, \Delta$ के साथ अभिक्रिया करके मेथिल-2-हाइड्रॉक्सी बेन्जोएट तथा $(CH_3CO)_2O / H^+$ के साथ अभिक्रिया करके ऐस्पिरिन देता है। **[JEE Main 2023]**
2. 3-मेथिल-2-साइक्लोहेक्स-2-इनोन MeMgBr / CuI तत्पश्चात् *n*-प्रोपिल आयोडाइड से अभिक्रिया द्वारा अंमित उत्पाद के रूप में 3, 3-डाइमेथिल-2-प्रोपिलसाइक्लोहेक्सेनॉन देता है। **[JEE Main 2023]**
3. कीटो-इनोल चलावयवता में, एक हाइड्रोजन मुक्त यौगिक अपने α-कार्बन के संगत इनोल के साथ तीव्रता से साम्य में होते हैं।

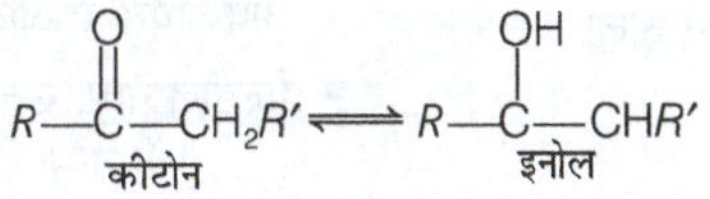

यह ऐल्डोल संघनन का आधार है। **[NEET 2016]**

4. Pd-उत्प्रेरक की उपस्थिति में, α,β-असंतृप्त कार्बोनिल का चयनात्मक अपचयन देखा गया है, जैसा कि केवल कार्बन-कार्बन द्विआबन्ध पर हाइड्रोजनीकरण होता है।
   उदाहरण **[NEET 2016]**

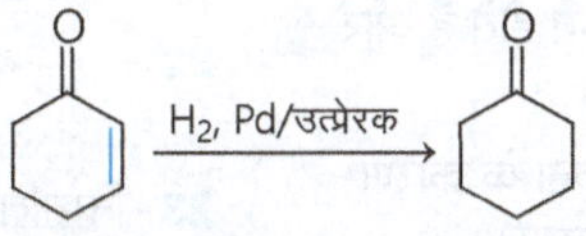

5. प्राथमिक ऐल्कोहॉल PCC के साथ अभिक्रिया द्वारा ऐल्डिहाइड, द्वितीयक ऐल्कोहॉल तथा कीटोन देते हैं। **[NEET 2019]**
6. साइक्लोपेन्टेनॉन मेथिल लीथियम के साथ अपचयित किए जाने पर लीथियम साइक्लोपेन्टेनॉयल ऋणायन तथा मेथेन देता है। **[NEET 2015]**

Step by Step

Mastering NCERT

- कॉन्सेप्ट बिल्डर्स
- शीर्षकवार प्रश्न
- अभिकथन–कारण प्रश्न
- कथन आधारित प्रश्न
- सुमेलन प्रकार के प्रश्न
- आंकिक मान के प्रश्न
- NCERT Exemplar प्रश्न
- विगत परीक्षाओं के प्रश्न
- स्किल बूस्टर्स

कॉन्सेप्ट बिल्डर्स

1 ऐल्डिहाइड में, कार्बोनिल समूह दो कार्बन परमाणुओं से बन्ध बनता है, जबकि कीटोन में, कार्बोनिल एक कार्बन और एक या अधिक हाइड्रोजन परमाणुओं से बन्ध बनता है। (सत्य/असत्य)

2 एस्टर और ऐनहाइड्राइड .... के व्युत्पन्न (derivatives) हैं।

3 उस कीटोन का नाम बताइए, जिसका उपयोग आसंजक पेण्ट, रेजिन, इत्र, प्लास्टिक, कपड़े आदि जैसे पदार्थों को तैयार करने के लिए विलायक के रूप में किया जाता है।

4 बेन्जीन रिंग पर सबसे सरल ऐरोमैटिक ऐल्डिहाइड ले जाने वाला $\underset{\underset{O}{\|}}{HC}-$ समूह बेन्जीन कार्बेल्डिहाइड है । (सत्य/असत्य)

5 ऐल्किल फेनिल कीटोनों का नामकरण सामान्यतः फीनॉन शब्द के साथ पूर्वलग्न के रूप में .... जोड़कर किया जाता है।

6 $CH_2{=}CHCHO$ यौगिक का सामान्य नाम लिखिए।

7 कार्बोनिल समूह युक्त यौगिकों की संरचना में, कार्बोनिल समूह का कार्बन और इससे आबन्धित तीन परमाणु .... में स्थित होते हैं और .... अभ्र इस तल के ऊपर और नीचे होता है।

8 कार्बन के सापेक्ष ऑक्सीजन की उच्च विद्युत ऋणात्मकता के कारण कार्बन-ऑक्सीजन द्विबन्ध ध्रुवीकृत होता है। (सत्य/असत्य)

9 .... विधि वाष्पशील ऐल्कोहॉल से ऐल्डिहाइड और कीटोन उत्पन्न करने के लिए उपयुक्त है।

10 ऐल्कोहॉल के विहाइड्रोजनीकरण में, प्रयुक्त उत्प्रेरक का नाम बताइए।

11 H_2SO_4 और $HgSO_4$ की उपस्थिति में, एथीन में जल मिलाने से कीटोन प्राप्त होते हैं। (सत्य/असत्य)

12 नाइट्राइल को चयनात्मक रूप से अपचयित .... के द्वारा किया जाता है। इसके पश्चात इमीन का जल अपघटन किया जाता है।

13 उस अभिकर्मक का नाम बताइए, जिसका उपयोग ईटार्ड अभिक्रिया में किया जाता है।

14 टॉलुईन के पार्श्व (Side) शृंखला क्लोरीनीकरण से बेन्जल क्लोराइड प्राप्त होता है, जो जल-अपघटन पर बेन्जाल्डिहाइड देता है। (सत्य/असत्य)

15 उस कार्बोनिल यौगिक का नाम बताइए, जिसका उपयोग जैविक प्रतिरूपों के संरक्षण के लिए किया जाता है।

16 ऐल्डिहाइड और कीटोन की घुलनशीलता ऐल्किल शृंखला की लम्बाई बढ़ाने पर तेजी से .... है।

17 नाभिकस्नेही योगात्मक अभिक्रियाओं में कीटोन सामान्यतः स्थैतिक और इलेक्ट्रॉनिक कारणों से एऐल्डिहाइड की तुलना में अधिक क्रियाशील होते हैं। (सत्य/असत्य)

18 वह अपचयन जिसमें, ऐल्डिहाइड और कीटोन का कार्बोनिल समूह $Zn{-}Hg$ और सान्द्र HCl के साथ उपचार करने पर CH_2 समूह में अपचायित हो जाता है।

19 ऐल्डोल नाम, उत्पाद में उपस्थित दो कार्यात्मक समूहों .... और .... के नामों से लिया गया है।

20 उस अभिक्रिया का नाम बताइए, जिसमें ऐल्डिहाइड का एक अणु ऐल्कोहॉल में अपचयित हो जाता है, जबकि दूसरा कार्बोक्सिलिक अम्ल लवण में ऑक्सीकृत हो जाता है।

21 ऐलिफैटिक कार्बोक्सिलिक अम्लों के कुछ निचले सदस्य वसीय अम्ल के रूप में जाने जाते हैं। (सत्य/असत्य)

22 .... को सबसे पहले लाल चींटियों से प्राप्त किया गया था और .... को बासी मक्खन से प्राप्त किया गया था।

23 निम्नलिखित यौगिक का IUPAC नाम लिखिए।

$$HOOC{-}CH_2{-}CH(COOH){-}CH_2{-}COOH$$

24 प्राथमिक ऐल्कोहॉल क्षारीय माध्यम में क्रोमियम ट्राईऑक्साइड के साथ आसानी से कार्बोक्सिलिक अम्ल में ऑक्सीकृत हो जाते हैं। (सत्य/असत्य)

25 तृतीयक ऐल्किल बेन्जीन प्रबल ऑक्सीकरण से गुजरते हुए कार्बोक्सिलिक अम्ल देते हैं। (सत्य/असत्य)

26 कार्बोक्सिलिक अम्लों की घुलनशीलता कार्बन परमाणु की संख्या बढ़ने पर कम हो जाती है। (सत्य/असत्य)

27 सबसे सरल ऐरोमैटिक कार्बोक्सिलिक अम्ल का नाम बताइए जो ठण्डे जल में लगभग अघुलनशील है।

28 कार्बोक्सिलिक अम्ल से फीनाइल या विनाइल, जैसे समूहों का सीधा जुड़ाव, सम्बन्धित कार्बोक्सिलिक अम्ल की अम्लीयता .... कर देता है।

29 डाइबोरेन कार्बोक्सिलिक अम्ल को प्राथमिक ऐल्कोहॉल में अपचयित नहीं करता है। (सत्य/असत्य)

30 एक कार्बोक्सिलिक अम्ल का नाम बताइए, जो नायलॉन-6, 6 के निर्माण में उपयोग किया जाता है।

शीर्षकवार प्रश्न

कार्बोनिल समूह का नामकरण एवं संरचना

1 जब ऐल्डिहाइड समूह एक नॉन-ऐरोमैटिक वलय से जुड़ा होता है, तो साइक्लोऐल्केन के पूर्ण नाम के बाद निम्नलिखित में से कौन-सा अनुलग्न जोड़ा जाता है? **NCERT पृष्ठ 229**

(a) ऐल्डिहाइड (b) कार्बोल्डिहाइड

(c) कार्बोक्सैल्डिहाइड (d) साइक्लोऐल्डिहाइड

2 निम्नलिखित का IUPAC नाम लिखें **NCERT पृष्ठ 229**

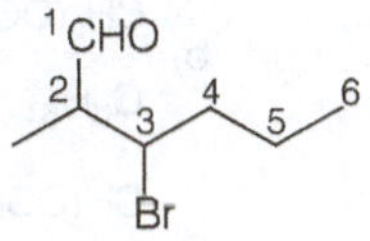

(a) 2-ब्रोमो-2-एथिलहेक्सेनल

(b) 3-ब्रोमो-2-मेथिलहेक्सेनल

(c) 2-मेथिल-3-ब्रोमोहेक्सेनल

(d) 3-ब्रोमो-2-फॉर्मिल हेक्सेन

3 IUPAC नाम $H_3C-CH_2-\underset{\underset{O}{\|}}{C}-CH_2-CHO$ (I)

और $OHC-CH_2-\underset{\underset{CHO}{|}}{CH}-CH_2-CHO$ (II)

क्रमशः हैं **NCERT पृष्ठ 230**

	I	II
(a)	3-ऑनपेण्टेनल	β-एल्डिहाइडपेण्टेन-1,2-डाइ ऑल
(b)	3-ऑनपेण्टेनल	पेंटेन-1,2,3-ट्राईकार्बेल्डिहाइड
(c)	3-ऑक्सोपेण्टेनल	प्रोपेन-1,2,3-ट्राईकार्बेल्डिहाइड
(d)	3-ऑक्सोपेण्टेनल	पेंटेन-1,2,3-ट्राईकार्बेल्डिहाइड

4 निम्नलिखित में से कार्बनिक यौगिकों का कौन-सा नाम सही सुमेलित नहीं है? **NCERT पृष्ठ 230**

(a) 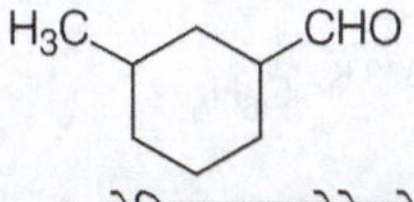

→ 2- मेथिलसाइक्लोहेक्सेनकार्बेल्डिहाइड

(b) $OHC-CH_2-\underset{\underset{CHO}{|}}{C}H-CH_2-CHO$

→ प्रोपेन 1, 2, 3-ट्राईकार्बेल्डिहाइड

(c) $CH_3-\underset{\overset{|}{CH_3}}{CH}-\overset{\overset{O}{\|}}{C}-\underset{\overset{|}{CH_3}}{CH}-CH_3$ → 2, 4 डाइमेथिलपेंटेन 3-ऑन

(d) $(CH_3)_2CHCHO$ → आइसोब्यूटरऐल्डिहाइड

5 मेसिटिल ऑक्साइड और एक्रोलीन का क्रमशः IUPAC नाम क्या है? **NCERT पृष्ठ 230**

(a) पेन्टेन-2-ऑन, पेण्टेनेल

(b) 2, 4-डाइमेथिल पेण्टान-3-ऑन, 2-मेथॉक्सीप्रोपेनल

(c) 4-मेथिल पेण्ट-3-ऑन-2-ऑन, प्रोप-2-इनल

(d) 2-मेथिलसाइक्लोहेक्सानोन, प्रोप-2-इनल

6 कार्बोनिल यौगिकों का आबन्ध कोण (Bond Angle) और संरचना क्रमशः हैं **NCERT पृष्ठ 231**

(a) 120° और त्रिकोणीय समतलीय

(b) 109°28′ और चतुष्फलकीय

(c) 120° और चतुष्फलकीय

(d) 109°28′ और त्रिकोणीय समतलीय

7 दिए गए कार्बोनिल यौगिकों में सबसे ध्रुवीय यौगिक कौन-सा है? **NCERT पृष्ठ 231**

(a) प्रोपेनॉन (b) फॉर्मेल्डिहाइड

(c) प्रोपेनैल (d) हेक्सेन-3-ऑन

8 कार्बोनिल समूह के सम्बन्ध में गलत कथन चुनें। **NCERT पृष्ठ 231**

I. कार्बोनिल कार्बन परमाणु sp^3-संकरित (hybridised) है।

II. कार्बोनिल कार्बन और उससे जुड़े तीन परमाणु तल के लम्बवत स्थित हैं।

III. आबन्ध कोण लगभग 120° है।

IV. कार्बन-ऑक्सीजन बन्धन ध्रुवीकृत है।

दिए गए विकल्पों में से सही उत्तर चुनें :

(a) I और II (b) I और III

(c) II और IV (d) I और IV

ऐल्डिहाइडों और कीटोनों का निर्माण

9 ऐल्कोहॉल वाष्प को निम्नलिखित में से किस उत्प्रेरक के ऊपर प्रवाहित करने पर ऐल्डिहाइड और कीटोन प्राप्त होते हैं? **NCERT पृष्ठ 231**

(a) S या Pd (b) Ag या Cu

(c) F या Cl (d) Li या K

10 कार्बनिक यौगिक X के ओजोनीकरण के दौरान फॉर्मेल्डिहाइड एक उत्पाद के रूप में बनता है। इससे दर्शाता है कि **NCERT पृष्ठ 231**

(a) एक ऐसीटिलीनिक त्रिक बन्ध उपस्थित है

(b) दो एथिलीन द्वि बन्ध उपस्थित हैं

(c) विनाइल समूह उपस्थित है

(d) एक ऐसीटीलीनिक त्रिक बन्ध उपस्थित है

11 ओजोनीकरण पर, निम्नलिखित में से कौन-सा यौगिक 5-कीटो-2-मेथिल हेक्सेनल देगा ? **NCERT पृष्ठ 231**

(a) 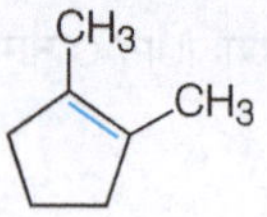
(b) 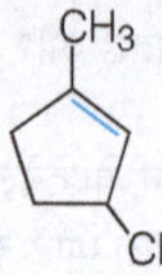

(c) 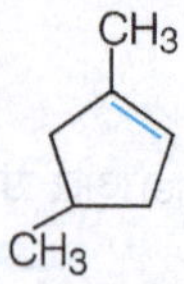
(d) 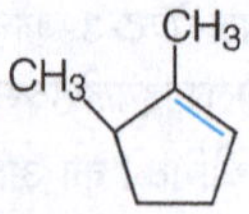

12 निम्नलिखित पर विचार करें।

$$\text{एथाइन} + H_2O \xrightarrow[H_2SO_4]{HgSO_4}$$

दी गई अभिक्रिया में निर्मित उत्पाद है **NCERT पृष्ठ 232**

(a) बेन्जैल्डिहाइड (b) ऐसीटैल्डिहाइड
(c) एथेनोइक अम्ल (d) एथेनोयल क्लोराइड

13 ऐसीटोन को तैयार किया जा सकता है **NCERT पृष्ठ 232**

(a) आयोडीन और NaOH के साथ एथीन का उपचार द्वारा
(b) 333 K पर प्रोपाइन को मरक्यूरिक सल्फेट और तनु H_2SO_4 के साथ उबालने पर
(c) प्रोपेन और एथेनॉल के मिश्रण को उत्प्रेरक जिंक क्रोमाइट के ऊपर से गुजारने पर
(d) एथाइन और भाप के मिश्रण को उत्प्रेरक, मैग्नीशियम पर 420°C पर प्रवाहित करके

14 निम्नलिखित अभिक्रिया पर विचार करें।

$$R-\overset{O}{\overset{\|}{C}}-Cl \xrightarrow[Pd/BaSO_4]{H_2} P$$

यहाँ, *P*, है **NCERT पृष्ठ 232**

(a) *R*CHO (b) RCH_3 (c) *R*COOH (d) RCH_2OH

15 अभिक्रिया,

$$RCN + SnCl_2 + HCl \longrightarrow RCH{=}NH \xrightarrow{H_3O^+}$$

*R*CHO के रूप में जाना जाता है **NCERT पृष्ठ 232**

(a) ईटार्ड अभिक्रिया (b) हेलोफॉर्म अभिक्रिया
(c) गाटर मैन-कोच अभिक्रिया (d) स्टीफन अभिक्रिया

16 निम्नलिखित अभिक्रिया का प्रमुख उत्पाद है

$$R-C{\equiv}N \xrightarrow[\text{(ii) } H_2O]{\text{(i) AlH}(i\text{-Bu})_2} ?$$

NCERT पृष्ठ 232

(a) *R*CHO (b) $RCONH_2$ (c) *R*COOH (d) RCH_2NH_2

17 निम्नलिखित में से कौन-सा अधःस्तर (Substrates) DIBAL-H के साथ अपचयन पर समान उत्पाद देता है? **NCERT पृष्ठ 232**

(a) $CH_3-(CH_2)_9-CN$ और $CH_3(CH_2)_9-COOH$
(b) $CH_3-(CH_2)_9-CN$ और $CH_3(CH_2)_9-COOC_2H_5$
(c) $CH_3-(CH_2)_9-COOH$ और $CH_3(CH_2)_9-CHO$
(d) $CH_3(CH_2)_9-COOH$ और $CH_3(CH_2)_9COOC_2H_5$

18 जब टॉलुईन क्रोमिल क्लोराइड के साथ अभिक्रिया करके जल अपघटन पर बेन्जैल्डिहाइड देता है तो बनने वाले क्रोमियम संकुल (Complex) की संरचना का चयन करें **NCERT पृष्ठ 233**

(a) $\underset{C_6H_5}{|}\!\!\!CH(OCrCl_2)_2$ (b) $\underset{C_6H_5}{|}\!\!\!CH_2(OCrOHCl_2)$

(c) $\underset{C_6H_5}{|}\!\!\!CH(OCrOHCl_2)_2$ (d) $\underset{C_6H_5}{|}\!\!\!CH(OCrOH_2Cl)_2$

19 निम्नलिखित अभिक्रिया पर विचार करें। **NCERT पृष्ठ 233**

$$\underset{C_6H_5}{|}\!\!\!CH_3 \xrightarrow{Cl_2/h\nu} \text{'X'} \xrightarrow[373\text{ K}]{H_2O} \text{'Y'}$$

यहाँ 'X' और 'Y' क्रमशः हैं

(a) $\underset{C_6H_5}{|}\!\!\!CH_2Cl$, $\underset{C_6H_5}{|}\!\!\!COOH$ (b) $\underset{C_6H_5}{|}\!\!\!CHCl_2$, $\underset{C_6H_5}{|}\!\!\!CHO$

(c) $\underset{C_6H_5}{|}\!\!\!CH_2Cl$, $\underset{C_6H_5}{|}\!\!\!CHO$ (d) $\underset{C_6H_5}{|}\!\!\!CHCl_2$, $\underset{C_6H_5}{|}\!\!\!COOH$

20 निम्नलिखित में से कौन-सी अभिक्रिया गाटर मैन-कोच अभिक्रिया कहलाती है? **NCERT पृष्ठ 233**

(a) $$C_6H_6 \xrightarrow[\text{निर्जल } AlCl_3/CuCl]{CO,\ HCl} \underset{C_6H_5}{|}\!\!\!CHO$$

(b) $$\underset{C_6H_5}{|}\!\!\!CH_3 \xrightarrow{Cl_2/h\nu} \underset{C_6H_5}{|}\!\!\!CHCl_2 \xrightarrow[373\text{ K}]{H_2O} \underset{C_6H_5}{|}\!\!\!CHO$$

(c) $$\underset{C_6H_5}{|}\!\!\!CH_3 + CrO_3 + (CH_3CO)_2O \xrightarrow{273\text{-}278\text{ K}} \underset{C_6H_5}{|}\!\!\!CH(OCOCH_3)_2 \xrightarrow[\Delta]{H_3O^+} \underset{C_6H_5}{|}\!\!\!CHO$$

(d) $$\underset{C_6H_5}{|}\!\!\!CH_3 + CrO_2Cl_2 \xrightarrow{CS_2} \underset{C_6H_5}{|}\!\!\!CH(OCrOHCl_2)_2 \xrightarrow{H_3O^+} \underset{C_6H_5}{|}\!\!\!CHO$$

21 निम्नलिखित अभिक्रियाओं पर विचार करें।

I. बेन्जोइल क्लोराइड + डाइफेनिल कैडमियम.

II. बेन्जोइल क्लोराइड + बेन्जीन + निर्जल $AlCl_3$.

III. बेन्जोनाइट्रिल + फेनिल मैग्नीशियम ब्रोमाइड + ईथर, H_3O^+

उपरोक्त में से कौन-सी अभिक्रिया से बेन्जोफीनॉन प्राप्त होगा?
NCERT पृष्ठ 233, 234

(a) II, और III (b) केवल I और III
(c) I, II और III (d) केवल I

22 कीटोन की निर्माण के सम्बन्ध में निम्नलिखित में से कौन-सी सही अभिक्रिया नहीं है? NCERT पृष्ठ 232, 233, 234

(a) ऐसिल क्लोराइड की डाइऐल्किल कैडमियम के साथ उपचारित करके, जो ग्रिगनार्ड अभिकर्मक तथा कैडमियम क्लोराइड के साथ अभिक्रिया द्वारा बनता है, कीटोन देता है।

(b) जब बेन्जीन या प्रतिस्थापित बेन्जीन को निर्जल ऐलुमिनियम क्लोराइड के साथ शोधित किया जाता है, तो यह कीटोन देता है। यह अभिक्रिया फ्रीडल-क्राफ्ट ऐसीटीलीकरण अभिक्रिया कहलाती है।

(c) नाइट्राइल ग्रिगनार्ड अभिकर्मक की क्रिया से प्राप्त उत्पाद को जल-अपघटन से कीटोन प्राप्त होता है।

(d) ऐसिल क्लोराइड को H_2, Pd-$BaSO_4$ के साथ उपचारित करने पर कीटोन देते हैं।

ऐल्डिहाइडों और कीटोनों के उपयोग तथा गुणधर्म

23 निम्नलिखित यौगिकों को उनके क्वथनांक के बढ़ते क्रम में व्यवस्थित करें।

$\underset{(I)}{CH_3CH_2CH_2CHO}$, $\underset{(II)}{CH_3CH_2CH_2CH_2OH}$,

$\underset{(III)}{H_5C_2O-C_2H_5}$, $\underset{(IV)}{CH_3CH_2CH_2CH_2CH_3}$ NCERT पृष्ठ 235

(a) IV < I < II < III
(b) IV < III < II < I
(c) IV < III < I < II
(d) IV < II < III < I

24 नाभिकस्नेही योगात्मक अभिक्रियाओं की अभिक्रियाशीलता सही बढ़ता क्रम निम्नलिखित में से कौन-सा है? NCERT पृष्ठ 236

(a) ऐथेनल < प्रोपेनल < प्रोपेनॉन < ब्यूटेनॉन
(b) प्रोपेनल < इथेनल < प्रोपेनॉन < ब्यूटेनॉन
(c) प्रोपेनॉन < ब्यूटेनॉन < प्रोपेनल < एथेनल
(d) ब्यूटेनॉन < प्रोपेनॉन < प्रोपेनल < एथेनल

25 नीचे दी गई क्रियाविधि का ध्यानपूर्वक अध्ययन करें।

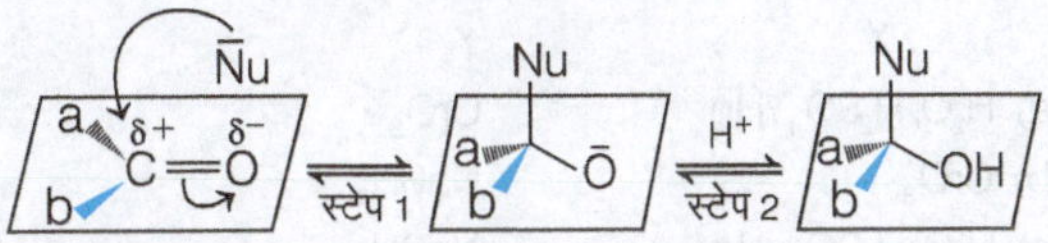

नीचे दिए गए विकल्पों में से उपरोक्त आरेख के लिए गलत कथन का चयन करें। NCERT पृष्ठ 236

(a) एक नाभिकस्नेही ध्रुवीय कार्बोनिल समूह के इलेक्ट्रॉनस्नेही कार्बन पर उस दिशा से आक्रमण करता हैं जो कार्बोनिल कार्बन के sp^2- संकरित कक्षकों के तल के लगभग लम्ब पर होती है।

(b) इस प्रक्रिया में sp^3-कार्बन का संकरण sp^2 में बदलता है।

(c) शुद्ध परिणाम कार्बन ऑक्सीजन द्विबन्ध में $Nu^\ominus$ और $H^\oplus$ का योग है।

(d) वेग निर्धारण चरण 1 से होता है।

26 निम्नलिखित में से किस अभिक्रिया का उपयोग ऐसीटोन का शुद्ध रूप प्राप्त करने के लिए किया जा सकता है? NCERT पृष्ठ 237

(a) $CH_3COCH_3 + HCN \xrightarrow{H_3O^+} CH_3COCH_3$

(b) $CH_3COCH_3 + HCl \xrightarrow{\Delta} CH_3COCH_3$

(c) $CH_3COCH_3 + NaHSO_3 \xrightarrow{Na_2CO_3} CH_3COCH_3$

(d) $CH_3COCH_3 + H_2SO_4 \xrightarrow{\Delta} CH_3COCH_3$

27 नीचे दी गई अभिक्रिया पर विचार करें।

$$R\text{—}CHO \underset{\text{HCl गैस}}{\overset{R'OH}{\rightleftharpoons}} I \underset{H^+}{\overset{R'OH}{\rightleftharpoons}} II + H_2O$$

दी गई अभिक्रिया में I और II को पहचानिए। NCERT पृष्ठ 237

	I	II
(a)	ऐसीटल या *जेम*-डाइऐल्कॉक्सी	हेमीऐसीटल या ऐल्कॉक्सीऐल्कोहॉल
(b)	ऐसीटल या ऐल्कॉक्सी ऐल्कोहॉल	हेमीऐसीटल या *जेम* -डाइऐल्कोक्सी यौगिक
(c)	हेमीऐसीटल या ऐल्कऑक्सी ऐल्कोहॉल	ऐसीटल या *जेम* - डाइऐल्कोक्सी यौगिक
(d)	हेमीऐसीटल या *जेम* -डाइऐल्कोक्सी	ऐसीटल या ऐल्कॉक्सी ऐल्कोहॉल

28 कार्बोनिल यौगिकों में सोडियम हाइड्रोजन सल्फाइट का योग किसका उदाहरण है? NCERT पृष्ठ 237

(a) नाभिकस्नेही योगात्मक अभिक्रिया
(b) नाभिकस्नेही प्रतिस्थापन अभिक्रिया
(c) इलेक्ट्रोस्नेही योगात्मक अभिक्रिया
(d) उन्मूलन (elimination) योगात्मक अभिक्रिया

29 दिए गए विकल्पों में से सही अभिक्रिया का चयन कीजिए, जिसमें कार्बोनिल यौगिक के साथ क्रमशः नाभिकस्नेही योग के बाद विलोपन अभिक्रिया (elimination reaction) होती है। NCERT पृष्ठ 238

(a) ग्रिगनार्ड अभिकर्मक का योग (b) सोडियम सल्फाइड का योग
(c) HCN का योग (d) NH_3 का योग

30 निम्नलिखित में से कौन-सा सुमेलित नहीं है? **NCERT पृष्ठ 238**

	कार्बोनिल व्युत्पन्न	उत्पाद का नाम
(a)	$>C=NH$	इमीन
(b)	$>C=N-NH-Ph$	फीनिलहाइड्रोजोन
(c)	$>C=N-NH-\overset{O}{\overset{\|\|}{C}}-NH_2$	कार्बेजोन
(d)	$>C=NR$	शिफ क्षार

31 अभिक्रिया के लिए,

$CH_3CH=CH-CHO+$ अर्द्धकार्बेज़ाइड $\xrightarrow{H^+} X$ बनने वाला उत्पाद X है **NCERT पृष्ठ 238**

(a) $CH_3CH=CH-\overset{OH}{\overset{|}{C}}H-NHCONHNH_2$

(b) $CH_3CH=CH-\underset{OH}{\underset{|}{C}H}-NHCOCH=NNH_2$

(c) $CH_3-CH=NCONH_2$

(d) $CH_3CH=CH-CH=N-NH-\overset{O}{\overset{\|\|}{C}}-NH_2$

32 नीचे दी गई अभिक्रिया पर विचार करें,

$$>C=O+H_2N-Z \rightleftharpoons \left[>C\begin{matrix}OH\\NHZ\end{matrix}\right] \longrightarrow >C=N-Z+H_2O$$

उपरोक्त अभिक्रिया के बारे में निम्नलिखित में से कौन-सा कथन सही नहीं है? **NCERT पृष्ठ 238**

(a) H_2N-Z ऐल्डिहाइड और कीटोन के कार्बोनिल समूह के कार्बन में जुड़ता है।

(b) यह अभिक्रिया उत्क्रमणीय है तथा अम्ल द्वारा उत्प्रेरित होती है।

(c) संतुलन उत्पाद निर्माण के पक्ष में है।

(d) यह अभिक्रिया α-हाइड्रोजन के कारण होती है।

33 नीचे दी गई अभिक्रिया पर विचार करें।

$$CH_2=CH-CHO \xrightarrow{?} CH_2=CH-CH_2-OH$$

निम्नलिखित में से कौन-सी अभिक्रिया के रूपान्तरण के लिए उपयुक्त अभिकर्मक है? **NCERT पृष्ठ 238**

(a) $NaBH_4$ (b) $K_2Cr_2O_7$

(c) Zn—Hg / HCl (d) लाल P + HI

34

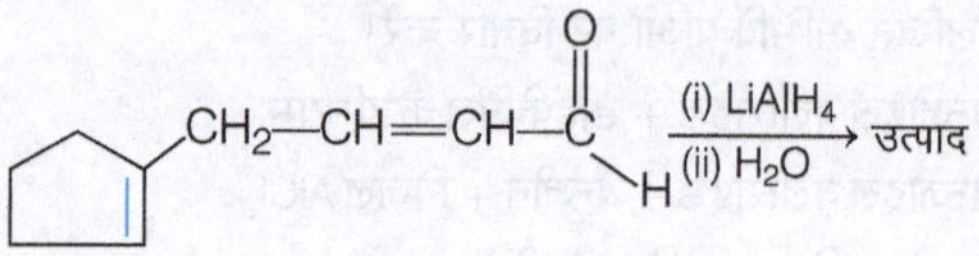

अभिक्रिया का उत्पाद होगा **NEET पृष्ठ 238**

(a)
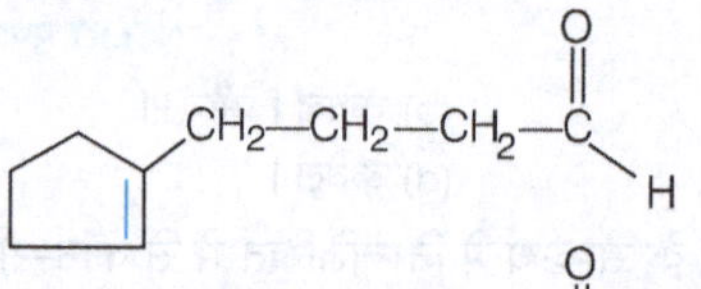

(b)
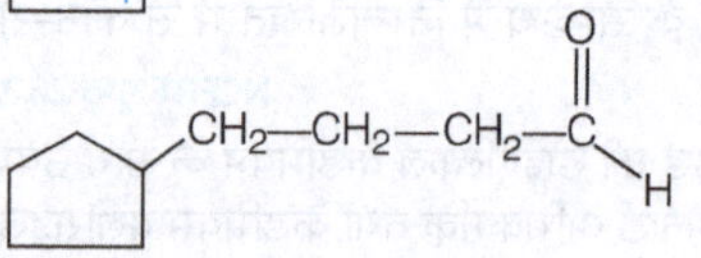

(c)
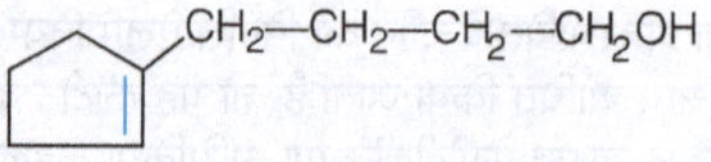

(d)
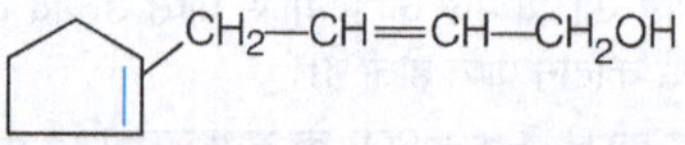

35 निम्नलिखित अभिक्रिया का प्रमुख उत्पाद है

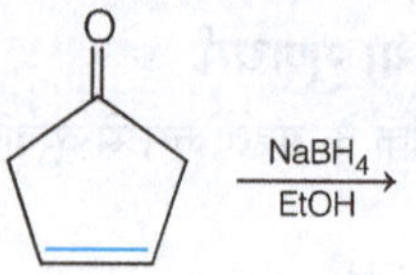

NCERT पृष्ठ 238

(a)

(b)
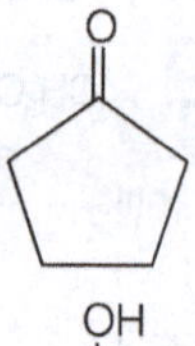

(c)
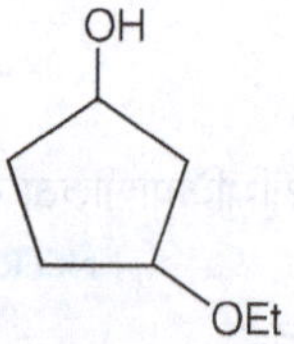

(d)
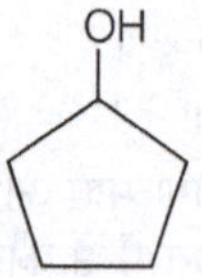

36 दिए गए X और Y को अभिक्रिया अनुक्रम में

$$CH_3-C\equiv CH \xrightarrow{X} CH_3-\overset{O}{\overset{\|\|}{C}}-CH_3 \xrightarrow{Y} CH_3-\overset{OH}{\overset{|}{C}H}-CH_3$$

NCERT पृष्ठ 232, 238

	X	Y
(a)	$H_2O, H_2SO_4/Hg^{2+}$	CrO_3
(b)	CrO_3	$NaBH_4$
(c)	$H_2O, H_2SO_4/Hg^{2+}$	$NaBH_4$
(d)	CrO_3	$LiAlH_4$

37 निम्नलिखित में से कौन-सी अभिक्रिया और अभिकर्मक सही तरीके से सुमेलित नहीं हैं? **NCERT पृष्ठ 238**

(a) $CH_3CH{=}CHCHO \longrightarrow CH_3CH{=}CHCH_2OH$; H_2/Pt

(b) $R{-}CHO \longrightarrow R{-}CH_2OH$; $NaBH_4$

(c) $CH_3CH_2COCl \longrightarrow CH_3CH_2CHO$; $H_2, Pd/BaSO_4$

(d) $CH_3CH{=}CHCHO \longrightarrow CH_3CH{=}CHCOOH$; टॉलेन का अभिकर्मक

38 जब ऐल्डिहाइड और कीटोन को Zn-Hg और सान्द्र HCl के साथ अभिक्रिया कराया जाता है, तो हाइड्रोकार्बन बनते हैं। इस अभिक्रिया को क्या कहते हैं? **NCERT पृष्ठ 239**

(a) वोल्फ- किश्नर अपचयन (b) क्लीमेन्सन अपचयन
(c) रोजेनमुण्ड अपचयन (d) कैनिजारो अभिक्रिया

39 ऐसीटैल्डिहाइड को ऐसीटोन में बदलने का सही क्रम है **NCERT पृष्ठ 239**

(a) EtMgBr , H_2O, ऑक्सीकरण
(b) ऑक्सीकरण, $Ca(OH)_2$, ऊष्मा
(c) अपचयन, KCN, जल अपघटन
(d) ऑक्सीकरण, EtONa, ऊष्मा

40 फेलिंग विलयन *A* और फेलिंग विलयन *B* का संघटन है **NCERT पृष्ठ 239**

(a) क्रमशः जलीय कॉपर सल्फेट और क्षारीय सोडियम पोटैशियम टार्टरेट (रोशेल लवण)
(b) क्रमशः क्षारीय सोडियम पोटैशियम टार्टरेट (रोशेल सॉल्ट) और जलीय कॉपर सल्फेट
(c) क्रमशः जलीय कॉपर सल्फेट (रोशेल सॉल्ट) और अम्लीय सोडियम पोटैशियम टार्टरेट
(d) क्रमशः अम्लीय सोडियम पोटैशियम टारटरेट (रोशेल सॉल्ट) और जलीय कॉपर सल्फेट

41 निम्नलिखित में से कौन-सा यौगिक अमोनिकल सिल्वर नाइट्रेट विलयन के साथ सिल्वर दर्पण नहीं देता है, लेकिन हाइड्रॉक्सिलमाइन के साथ ऑक्सिम देता है? **NCERT पृष्ठ 239**

(a) $CH_2{=}CH{-}OCH_3$ (b) CH_3CH_2CHO
(c) CH_3COCH_3 (d) $CH_2{=}CH{-}CH_2{-}OH$

42 निम्नलिखित में से कौन-सा ऑक्सीकरण अभिकर्मक $CH_3CH{=}CH{-}CHO$ को $CH_3CH{=}CH{-}COOH$ में ऑक्सीकृत के लिए उपयोग किया जाता है? **NCERT पृष्ठ 239**

(a) शिफ अभिकर्मक
(b) टॉलेन अभिकर्मक
(c) बेयर अभिकर्मक
(d) अम्लीकृत डाइक्रोमेट

43 ऐलिफैटिक ऐल्डिहाइड को फेलिंग अभिकर्मक के साथ गर्म करने पर, किसके बनने के कारण लाल भूरे रंग का अवक्षेप प्राप्त होता है? **NCERT पृष्ठ 239**

(a) CuO (b) Cu_2O (c) $CuSO_4$ (d) $Cu(OH)_2$

44 वह अभिक्रिया, जिससे बेन्जैल्डिहाइड का निर्माण नहीं किया जा सकता है? **NCERT पृष्ठ 232, 233, 239**

(a) $C_6H_5{-}CH_3$ + CrO_2Cl_2 in CS_2 , H_3O^+अनुसरण द्वारा

(b) $C_6H_5{-}COCl$ + H_2 , Pd-$BaSO_4$ की उपस्थिति में

(c) C_6H_5+ CO + HCl , ऐनहाइड्रस $AlCl_3$

(d) $C_6H_5{-}COCH_3$ + Zn/Hg तथा सान्द्र HCl

45 निम्नलिखित में से कौन-सा परीक्षण उल्लेखित यौगिकों के विभेदन के लिए सही नहीं है? **NCERT पृष्ठ 240**

(a) बेन्जोइक अम्ल और ऐसीटोन – सोडियम बाइकार्बोनेट परीक्षण
(b) ऐसीटोफेनोन और बेन्जोफेनोन- आयोडोफॉर्म परीक्षण
(c) प्रोपेनल और प्रोपेनॉन – सिल्वर दर्पण परीक्षण
(d) इथेनल और प्रोपेनोल -फेलिंग परीक्षण

46 दी गई अभिक्रिया में बने उत्पाद की पहचान कीजिए। **NCERT पृष्ठ 240**

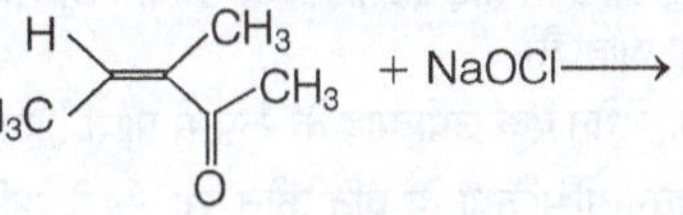

(a) 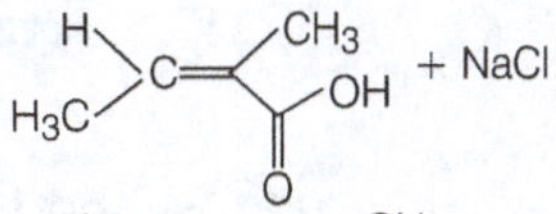

(b) 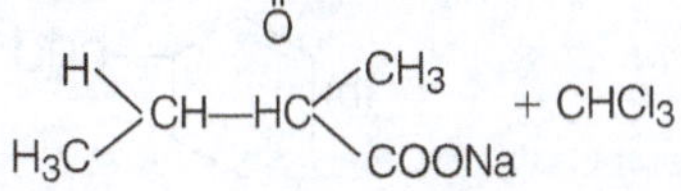

(c) 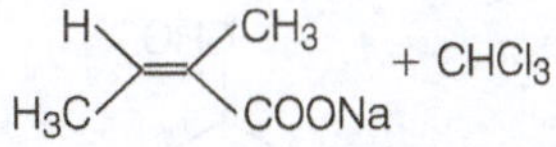

(d) 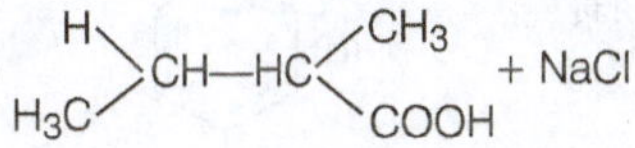

47 वह यौगिक जो NaOI के साथ अभिक्रिया करने पर पीला अवक्षेप नहीं देता है, वह है **NCERT पृष्ठ 240**

(a) ऐसीटोन
(b) ऐसीटैल्डिहाइड
(c) *आइसो*-प्रोपेनॉल
(d) फॉर्मेल्डिहाइड

48 निम्नलिखित में से कौन-सा यौगिक 2, 4-DNP अभिकर्मक के साथ नारंगी-लाल अवक्षेप उत्पन्न करता है? **NCERT पृष्ठ 240**

(a) ऐसीटेमाइड
(b) डाइमेथिल ईथर
(c) ब्यूटेनॉन
(d) प्रोपाइल ब्यूटेनोएट

49 यौगिक *A*, जिसका अणुसूत्र C_8H_8O है, NaOI (*B* को NaOH के साथ अभिक्रिया करके बनाया गया) के साथ अभिक्रिया करता है तथा विशिष्ट गन्ध वाला पीला अवक्षेप देता है *A* और *B* क्रमशः हैं **NCERT पृष्ठ 240**

(a) 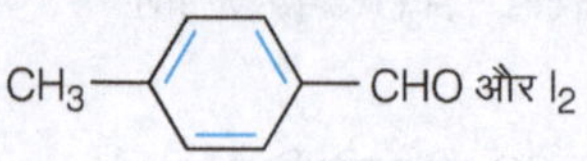

(b) 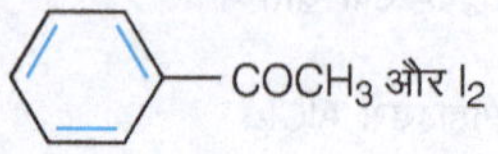

(c) 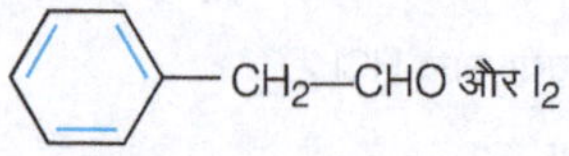

(d) 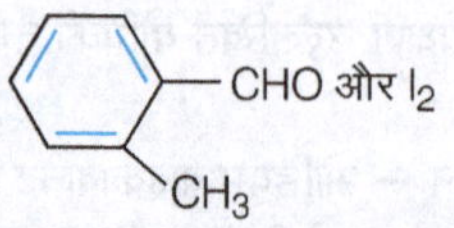

50 हैलोफॉर्म अभिक्रिया के लिए सही कथन का चयन करें। **NCERT पृष्ठ 240**

(a) CH_3—O समूह इस अभिक्रिया से गुजरता है।

(b) इस अभिक्रिया में, CH_3CO एवं $CH_3CH(OH)$ समूह भाग लेते हैं।

(c) इस अभिक्रिया में, सोडियम हाइपोहैलाइट का उपयोग अभिकर्मक के रूप में नहीं किया जाता है।

(d) इस अभिक्रिया में, मेथेन एक उपोत्पाद के रूप में प्राप्त होता है।

51 नाभिकस्नेही योगात्मक अभिक्रिया के प्रति कौन-सा सबसे अधिक क्रियाशील है? **NCERT पृष्ठ 236**

(a) 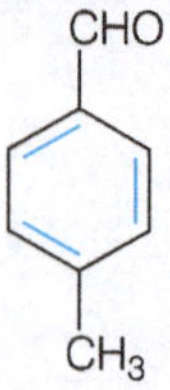

(b) 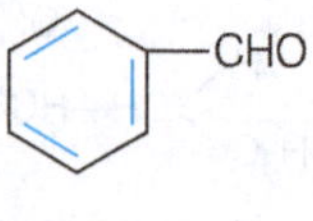

(c) 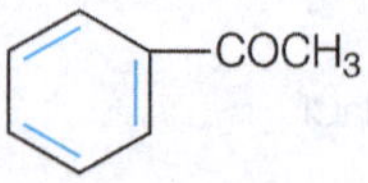

(d) 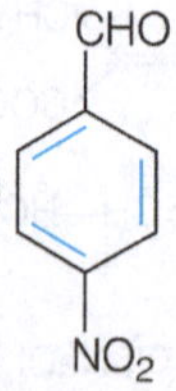

52 निम्नलिखित में से कौन-सा यौगिक ऐल्डोल संघनन नहीं देता है? **NCERT पृष्ठ 241**

(a) $CH_3-C(CH_3)_2-CHO$

(b) CH_3-CHO

(c) $CH_3-\overset{O}{\overset{\|}{C}}-CH_3$

(d) CH_3CH_2CHO

53 नीचे दी गई अभिक्रिया पर विचार करें।

$$2CH_3COCH_3 \xrightleftharpoons{Ba(OH)_2} X \xrightarrow[-H_2O]{\Delta} Y$$

दी गई अभिक्रिया में *X* और *Y* को पहचानिए। **NCERT पृष्ठ 241**

	X	*Y*
(a)	$(CH_3)_2C=CH-COCH_3$,	$H_3C-C(CH_3)(OH)-CH_2COCH_3$
(b)	$H_3C-C(CH_3)(OH)-CH_2-COCH_3$,	$(CH_3)_2C=CH-COCH_3$
(c)	$(CH_3)_2CH-CH(OH)-COCH_3$,	$(CH_3)_2C=C-COCH_3$
(d)	$H_3C-C(CH_3)(OH)-CH_2-COCH_3$,	$H_2C-C(CH_3)-CH_2-COCH_3$

54 निम्नलिखित अभिक्रियाओं पर विचार करें,

$$CH_3COCl \xrightarrow{(X)} CH_3CHO \xrightleftharpoons{(Y)} CH_3-CH(OH)-CH_2CHO \xrightarrow{(Z)} CH_3CH=CHCHO$$

यहाँ, *X*, *Y* और *Z* क्रमशः हैं **NCERT पृष्ठ 232, 241**

(a) Pd / $BaSO_4$; तनु NaOH ; ऊष्मा

(b) NaOH ; जल अपघटन ; ऊष्मा

(c) I_2 / NaOH ; $LiAlH_4$; H_3O^+

(d) CrO_2 ; गर्म; CO_2

55 $$C_6H_6 \xrightarrow[\text{निर्जल } AlCl_3/CuCl]{CO + HCl} A \xrightarrow[\Delta]{\text{सान्द्र NaOH}} B + C$$

उत्पाद *B* और *C* हैं। **NCERT पृष्ठ 233, 242**

(a) $C_6H_5CH_2COOH$ और $C_6H_5CH_2-OH$

(b) $C_6H_5CO\bar{O}Na^+$ और $C_6H_5CH_2-OH$

(c) $C_6H_5CO\bar{O}Na^+$ और $CHCl_3$

(d) $C_6H_5CO\bar{O}Na^+$ और C_6H_5CHO

56 निम्नलिखित अभिक्रिया के प्रमुख उत्पाद हैं।

$$C_6H_5CHO + HCHO \xrightarrow[\text{(ii) } H_3O^+]{\text{(i) 50\% NaOH}}$$

NCERT पृष्ठ 242

(a) CH_3OH और HCO_2H

(b) CH_3OH और C_6H_5COOH

(c) HCOOH और $C_6H_5CH_2OH$

(d) $C_6H_5CH_2OH$ और C_6H_5COOH

57 निम्नलिखित में से कौन कैनिजारो अभिक्रिया नहीं देता है? **NCERT पृष्ठ 242**

(a) $C_6H_5-\overset{O}{\overset{\|}{C}}-H$ (b) $Cl_3C-\overset{O}{\overset{\|}{C}}-H$

(c) $CH_3-\overset{O}{\overset{\|}{C}}-H$ (d) $(CH_3)_3C-\overset{O}{\overset{\|}{C}}-H$

58 सिनोमैल्डिहाइड को किसके क्रॉस ऐल्डोल संघनन द्वारा प्राप्त किया जा सकता है **NCERT पृष्ठ 242**

(a) $C_6H_5-CHO + CH_3COCH_3$

(b) $CH_3CHO + CH_3COCH_3$

(c) $C_6H_5-CHO + C_6H_5-COCH_3$

(d) $C_6H_5-CHO + CH_3CHO$

59 निम्नलिखित में से कौन-सा यौगिक *A* का सही सूत्र है जिसका उपयोग अभिक्रिया में दिए गए उत्पाद को संश्लेषित करने के लिए बेन्जैल्डिहाइड के साथ किया जाता है? **NCERT पृष्ठ 242**

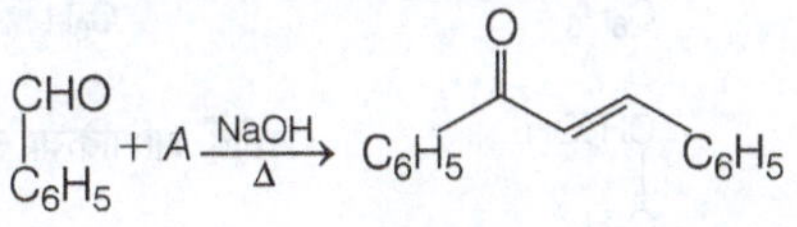

(a) C_6H_5COOH (b) $C_6H_5COOCH_3$ (c) C_6H_5CHO (d) $C_6H_5COCH_3$

60 निम्नलिखित में से कौन-सा कथन सही है? **NCERT पृष्ठ 241, 242**

(a) CCl_3CHO ऐल्डोल संघनन प्रदर्शित करता है।

(b) जब एथेनल और प्रोपेनल के मिश्रण को जलीय NaOH के साथ उपचारित किया जाता है, तो उत्पाद में चार ऐल्डोल उत्पाद होते हैं।

(c) HCHO और CH_3CHO के मिश्रण से ऐल्डोल संघनन नहीं होगा।

(d) 2-मेथिल प्रोपेनल कैनिज़ारो अभिक्रिया से नहीं गुजरता है ।

61

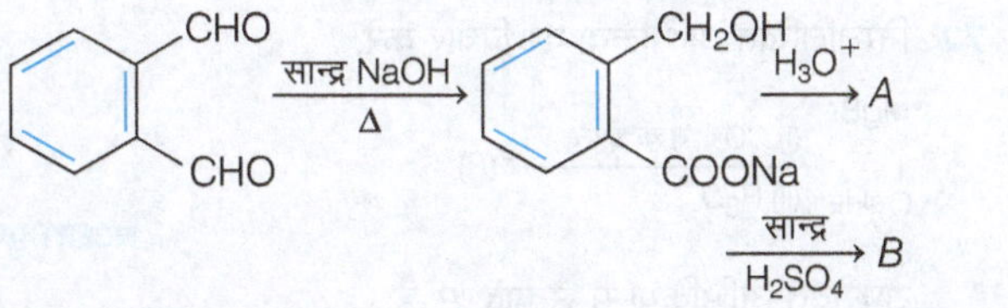

यहाँ, *B*, है **NCERT पृष्ठ 242**

(a)

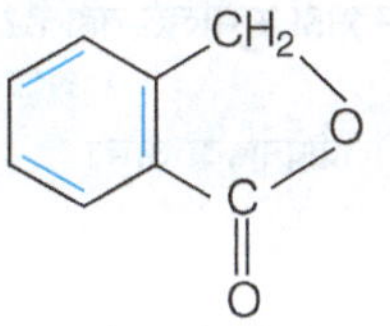

(b)

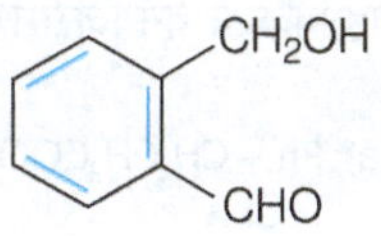

(c)

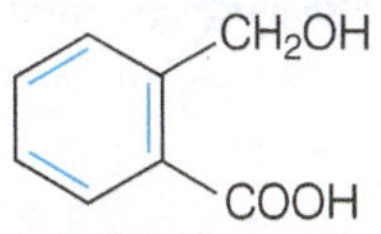

(d)

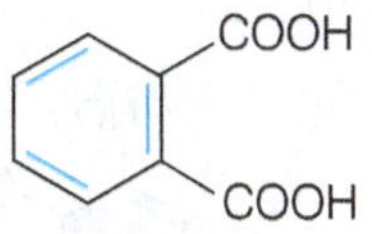

62 दी गई अभिक्रिया में,

बेन्जैल्डिसाइड + HNO_3(सान्द्र) $\xrightarrow{\text{सान्द्र } H_2SO_4}$ *P* (मुख्य)

गुणनफल P है **NCERT पृष्ठ 243**

(a) *m*-नाइट्रोबेन्जेल्डिहाइड

(b) *o*-नाइट्रोबेन्जेल्डिहाइड

(c) *p*-नाइट्रोबेन्जेल्डिहाइड

(d) नाइट्रोबेन्जीन

कार्बोक्सिलिक अम्ल का नामकरण, संरचना और निर्माण

63 निम्नलिखित में से कौन-सा 2-मेथिलप्रोपेनोइक अम्ल का सामान्य नाम है? **NCERT पृष्ठ 244**

(a) ऐडीपिक अम्ल

(b) मैलोनिक अम्ल

(c) आइसोब्यूटिरिक अम्ल

(d) कार्बेलिलिक अम्ल

64 α-ऐसीटिल सक्सीनिक अम्ल का IUPAC नाम है **NCERT पृष्ठ 244**

(a) 2-(1-ऑक्सोएथिल) ब्यूटेन-1,4-डाइओइक अम्ल

(b) 3-(2-ऑक्सोएथिल) ब्यूटेन-1,4-डाइओइक अम्ल

(c) हेक्सेन-1,6-डाइओइक अम्ल

(d) ब्यूटेन-1,4-डाइकार्बोक्सिलिक अम्ल

65 उस यौगिक की संरचना जिसका IUPAC नाम 3-एथिल-2-हाइड्रॉक्सी-4-मेथिलहेक्स-3-इन-5-आइनोइक अम्ल है, है **NCERT पृष्ठ 244**

(a)

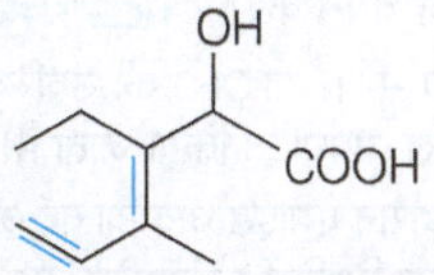

(b)

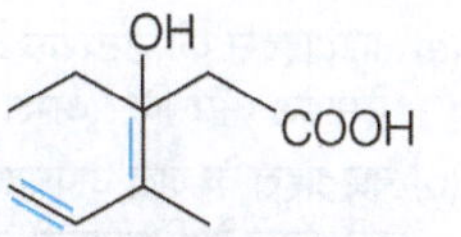

(c)

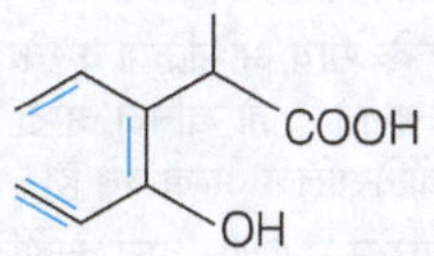

(d)

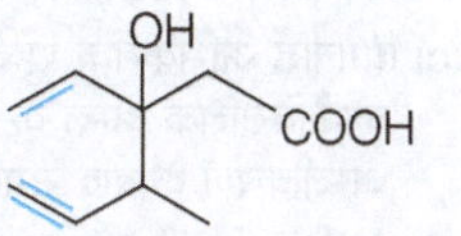

66 वह विकल्प चुनें जिसमें IUPAC नाम सही सुमेलित नहीं है? **NCERT पृष्ठ 245**

(a) $Ph—CH_2CH_2COOH \rightarrow$ 1-फेनिलप्रोपेनोइक अम्ल

(b) 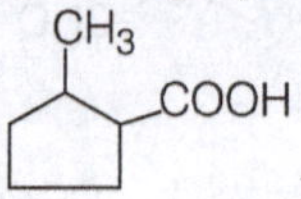 $\rightarrow$ 2-मेथिल साइक्लोपेन्टेनोइक अम्ल

(c) 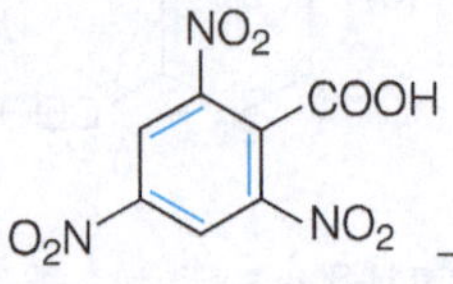 $\rightarrow$ 2,4,6-मेथिल ब्युट 2-इनोइक अम्ल

(d) $(CH_3)_2—C{=}CHCOOH \rightarrow$ 3-methylbut-2-enoic acid

67 निम्नलिखित में से कौन-सा कथन सही है? **NCERT पृष्ठ 239, 245**

(a) ऐल्डिहाइड सामान्यतः प्रबल परिस्थितियों में ऑक्सीकृत होते हैं।

(b) कीटोन हल्के ऑक्सीकरण एजेण्टों के तहत भी आसानी से कार्बोक्सिलिक अम्ल में ऑक्सीकृत हो जाते हैं।

(c) कीटोन के ऑक्सीकरण में, कार्बन-कार्बन बन्ध का विखण्डन होता है, जिससे कार्बोक्सिलिक अम्लों का मिश्रण प्राप्त होता है, जिसमें मूल कीटोन की तुलना में C-परमाणुओं की संख्या कम होती है।

(d) कार्बोक्सिलिक अम्लों में, संपूर्ण अणु sp^3- संकरित कार्बन परमाणु और वर्ग समतलीय ज्यामिति के साथ समतलीय होता है।

68 निम्नलिखित अभिक्रिया अनुक्रम पर विचार करें।

$$C_6H_5—CH_2CH_2CH_3 \xrightarrow[KOH,\Delta]{KMnO_4} A \xrightarrow{H_3O^+} B$$

NCERT पृष्ठ 246

दी गई अभिक्रिया अनुक्रम में बनने वाले *(A)* और *(B)* को पहचानिए।

	A	B
(a)	$C_6H_5—CH_2OH$	$C_6H_5—CH{=}CH_2$
(b)	$C_6H_5—COOK$	$C_6H_5—COOH$
(c)	$C_6H_5—CH_2OH$	$C_6H_5—CHO$
(a)	$C_6H_5—COOH$	$C_6H_5—CHO$

69 निम्नलिखित में से गलत कथन का चयन करें। **NCERT पृष्ठ 245, 246**

(a) नाइट्राइल्स को उत्प्रेरक के रूप में H^+ या OH^- की उपस्थिति में ऐमाइड और फिर अम्ल में जल अपघटित किया जाता है।

(b) नाइट्राइल के जल अपघटन के दौरान ऐमाइड अवस्था पर अभिक्रिया को रोकने के लिए हल्की अभिक्रिया स्थितियों का उपयोग किया जाता है।

(c) ग्रिगनार्ड अभिकर्मक शुष्क बर्फ के साथ अभिक्रिया करके कार्बोक्सिलिक अम्ल के लवण बनाते हैं जो खनिज अम्ल के साथ अम्लीकरण के बाद संगत कार्बोक्सिलिक अम्ल देते हैं।

(d) प्राथमिक ऐल्कोहॉल अम्लीय माध्यम में CrO_3 द्वारा कार्बोक्सिलिक अम्ल ऑक्सीकृत नहीं हो सकते हैं।

70 निम्नलिखित अभिक्रियाओं पर विचार करें। **NCERT पृष्ठ 246**

$$C_6H_5—CH_3 \xrightarrow[(ii)\ H_3O^+]{(i)\ KMnO_4 - KOH/\Delta} I$$

$$C_6H_5—CH_2CH_2CH_3 \xrightarrow[(ii)\ H_3O^+]{(i)\ KMnO_4 - KOH/\Delta} II$$

$$C_6H_5—C(CH_3)_3 \xrightarrow[(ii)\ H_3O^+]{(i)\ KMnO_4 - KOH/\Delta} III$$

दी गई अभिक्रिया में बने उत्पादों की पहचान करें।

	I	II	III
(a)	$C_6H_5—COOH$	$C_6H_5—CH_2CH_2CH_2OH$	$C_6H_5—C(CH_3)_2—OH$
(b)	$C_6H_5—COOH$	$C_6H_5—COOH$	कोई अभिक्रिया नहीं
(c)	$C_6H_5—COOH$	$C_6H_5—CH_2CH_2COOH$	$C_6H_5—C(CH_3)_2—COOH$
(d)	$C_6H_5—CH_2OH$	$C_6H_5—CH_2OH$	कोई अभिक्रिया नहीं

71 निम्नलिखित अभिक्रिया अनुक्रम पर विचार करें।

$$\text{फीनॉल} \xrightarrow{\text{Zn चूर्ण}} A \xrightarrow[\text{निर्जल } AlCl_3]{(CH_3)_2CHCOCl} B \xrightarrow[(ii)\ H_3O^+]{(i)\ \text{निर्जल } KMnO_4/\Delta} C$$

उत्पाद 'C' है **NCERT पृष्ठ 246**

(a) $C_6H_5—CHO$ (b) $C_6H_5—COOH$

(c) $C_6H_5—CH_2CHO$ (d) $C_6H_5—CH_2COOH$

72 निम्नलिखित अभिक्रिया पर विचार करें,

$$C_6H_5—MgBr \xrightarrow[(ii)\ H_3O^+]{(i)\ CO_2,\ \text{शुष्क ईथर}} (P)$$

NCERT पृष्ठ 246

उपरोक्त अभिक्रिया में उत्पाद *'P'* है

(a) $C_6H_5—CHO$ (b) $C_6H_5—COOH$ (c) $C_6H_5—OH$ (d) $C_6H_5—\overset{O}{\overset{\|}{C}}—C_6H_5$

73 उस अम्ल का चयन करें जिसे ग्रिगनार्ड अभिकर्मक द्वारा तैयार नहीं किया जा सकता है? NCERT पृष्ठ 246

(a) ऐसीटिक अम्ल (b) पेण्टानोइक अम्ल
(c) फॉर्मिक अम्ल (d) ब्यूटेनोइक अम्ल

74 निम्नलिखित अभिक्रियाओं के अनुक्रम पर विचार करें।

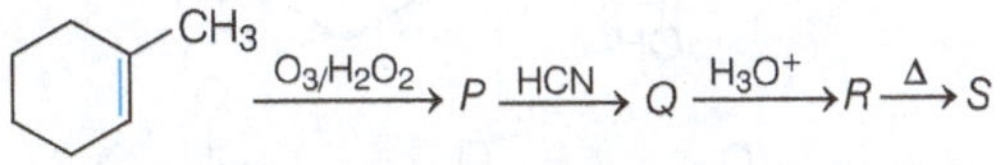

निम्नलिखित में से कौन-सा विकल्प गलत है? NCERT पृष्ठ 231, 237, 246

(a) उत्पाद P में कार्बोनिल और कार्बोक्सिल दोनों समूह हैं।
(b) उत्पाद Q एक नाभिकस्नेही योगात्मक उत्पाद है।
(c) उत्पाद S में कार्बोक्सिल समूह है।
(d) उत्पाद R, गर्म करने पर जल के दो अणु देता है।

75 नीचे दी गई अभिक्रियाओं पर विचार करें।

$$(C_6H_5CO)_2O \xrightarrow{H_2O} I$$

$$C_6H_5COOCOCH_3 \xrightarrow{H_2O} II$$

दी गई अभिक्रियाओं में बने उत्पाद I और II की पहचान कीजिए। NCERT पृष्ठ 247

	I	II
(a)	बेन्जोइक अम्ल के 2 अणु	एथेनोइक अम्ल के 2 अणु
(b)	बेन्जोइक अम्ल के 2 अणु,	बेन्जोइक अम्ल का 1 अणु और एथेनोइक अम्ल का 1 अणु
(c)	एथेनोइक अम्ल का 1 अणु	बेन्जोइक अम्ल का 1 अणु
(d)	बेन्जोइक अम्ल का 1 अणु	ब्यूटेनोइक अम्ल का 1 अणु

76 3-नाइट्रोबेन्जोइक अम्ल को 3-नाइट्रोब्रोमोबेन्जीन से उपचारित कर तैयार किया जा सकता है NCERT पृष्ठ 248

(a) Mg/ईथर और CO_2 के बाद अम्ल का जल अपघटन
(b) ईथर के बाद $KMnO_4$/ KOH तनु H_2SO_4 के साथ अभिक्रिया
(c) KCN और अम्लीय जल अपघटन के बाद गर्म करना
(d) जोन्स अभिकर्मक

कार्बोक्सिलिक अम्लों के गुणधर्म और उपयोग

77 वह यौगिक, जो $NaHCO_3$ के साथ अभिक्रिया नहीं करता है, वह है NCERT पृष्ठ 249

(a) CH_3COOH
(b) 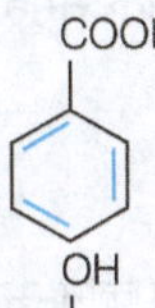

(c) HCOOH
(d) 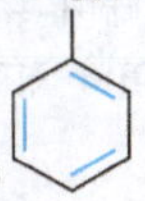

78 निम्नलिखित में से कौन-सा कथन गलत है? NCERT पृष्ठ 249, 250

(a) कार्बोक्सिलिक अम्ल का संयुग्मी क्षार, एक कार्बोक्सिलेट आयन, तीन समतुल्य अनुनाद संरचनाओं द्वारा स्थायी होता है।
(b) फीनोल का संयुग्मी आधार, एक फीनॉक्साइड आयन, नॉन-समतुल्य अनुनाद संरचना रखता है।
(c) कार्बोक्सिलेट आयन, फीनोक्साइड आयन की तुलना में अधिक अनुनाद स्थिर होता है।
(d) pKa जितना छोटा होगा, अम्ल उतना प्रबल होगा।

79 अम्ल सामार्थ्य का सही घटता क्रम है NCERT पृष्ठ 250, 251

(a) $FCH_2COOH > NCCH_2COOH > NO_2CH_2COOH > ClCH_2COOH$
(b) $NCCH_2COOH > O_2NCH_2COOH > FCH_2COOH > ClCH_2COOH$
(c) $NO_2CH_2COOH > NCCH_2COOH > FCH_2COOH > ClCH_2COOH$
(d) $NO_2CH_2COOH > FCH_2COOH > NCCH_2COOH > ClCH_2COOH$

80 कार्बोक्सिलिक अम्ल के निम्नलिखित व्युत्पन्नों को उनकी अम्लीयता के बढ़ते क्रम में व्यवस्थित करें। NCERT पृष्ठ 251

(a) p-मेथॉक्सीबेन्जोइक अम्ल < बेन्जोइक अम्ल < p-नाइट्रोबेन्जोइक अम्ल
(b) p-मेथॉक्सीबेन्जोइक अम्ल > बेन्जोइक अम्ल > p-नाइट्रोबेन्जोइक अम्ल
(c) p-मेथॉक्सीबेन्जोइक अम्ल > बेन्जोइक अम्ल < p-नाइट्रोबेन्जोइक अम्ल
(d) p-मेथॉक्सीबेन्जोइक अम्ल ≈ बेन्जोइक अम्ल < p-नाइट्रोबेन्जोइक अम्ल

81 निम्नलिखित अम्लों को अम्लीय शक्ति के घटते क्रम में व्यवस्थित करें। NCERT पृष्ठ 251

$HC\equiv C-COOH$ (I) C_6H_5COOH (II)

$CH_2=CH-COOH$ (III) CH_3COOH (IV)

सही विकल्प चुनें।

(a) I > II > III > IV (b) I < II < III < IV
(c) I > III > II > IV (d) I > IV > III > II

82 I. $F_3C-COOH$ II. CH_3COOH
III. C_6H_5COOH IV. CH_3CH_2COOH

pK_a का सही क्रम मान है NCERT पृष्ठ 251

(a) I > III > II > IV
(b) IV > II > III > I
(c) IV > III > II > I
(d) I > II > IV > III

83 निम्नलिखित में से कौन-सा/से अभिकर्मक एथेनोइक अम्ल को एथेनोइक ऐनहाइड्राइड में रूपान्तरित करने के लिए उपयोग किया जाता है/करते हैं? **NCERT पृष्ठ 251**

(a) $SOCl_2, \Delta$ (b) PCl_3, Δ (c) P_2O_5, Δ (d) NH_3, Δ

84 निम्नलिखित अभिक्रियाओं पर विचार करें। **NCERT पृष्ठ 252**

I. $RCOOH + PCl_5 \longrightarrow RCOCl$

II. $RCOOH + PCl_3 \longrightarrow RCOCl$

III. $RCOOH + SOCl_2 \longrightarrow RCOCl$

RCOCl के संश्लेषण के लिए प्राथमिकता दी जाती है/हैं?

(a) केवल I (b) II और III
(c) केवल III (d) I, II और III

85 अभिक्रियाओं के एक समूह में, *m*-ब्रोमोबेन्जोइक अम्ल से एक उत्पाद *B* प्राप्त हुआ। उत्पाद *B* की पहचान करें। **NCERT पृष्ठ 252**

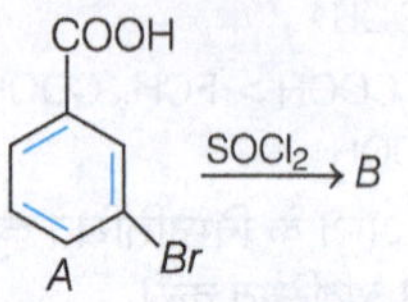

(a) 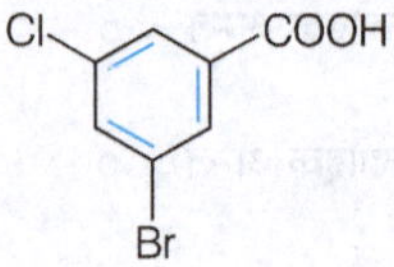

(b) 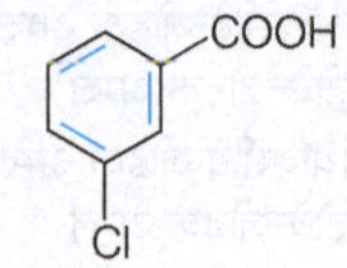

(c) 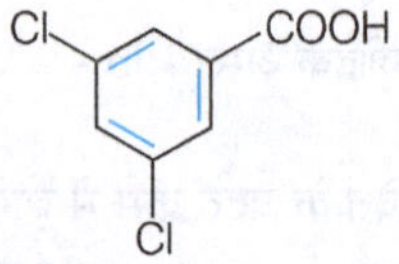

(d) 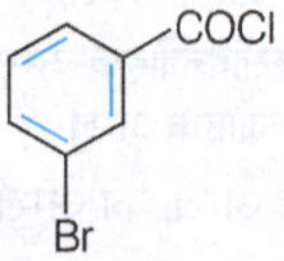

86 $Ph-\overset{O}{\overset{\|}{C}}-OH + CH_3-\overset{18}{O}-H \xrightarrow{\text{सान्द्र. } H_2SO_4} P$ उत्पाद (P) है **NCERT पृष्ठ 251, 252**

(a) $Ph-\overset{O}{\overset{\|}{C}}-\overset{18}{O}-CH_3$ (b) $Ph-\overset{O}{\overset{\|}{C}}-\underset{18}{O}-CH_3$

(c) $Ph-\overset{O^{18}}{\overset{\|}{C}}-O-CH_3$ (d) $Ph-\overset{O}{\overset{\|}{C}}-\overset{18}{O}-CH_3$

87 दी गई अभिक्रियाओं के एक समूह में, ऐसीटिक अम्ल से उत्पाद *C* प्राप्त हुआ।

$CH_3COOH + PCl_5 \longrightarrow A \xrightarrow[\text{निर्जल } AlCl_3]{C_6H_6} B \xrightarrow[\text{ईथर}]{C_2H_5MgBr} C$ उत्पाद

C होगा **NCERT पृष्ठ 252**

(a) $CH_3CH(OH)C_2H_5$ (b) $CH_3COC_6H_5$
(c) $CH_3CH(OH)C_6H_5$ (d) $CH_3C(C_2H_5)(OH)C_6H_5$

88 निम्नलिखित में से कौन-सा गर्म करने पर सबसे सरलता से डीकार्बोक्सिलेट हो जाएगा ? **NCERT पृष्ठ 253**

(a) 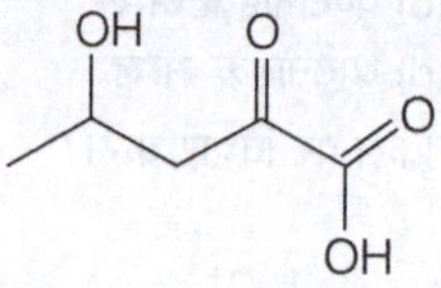

(b) 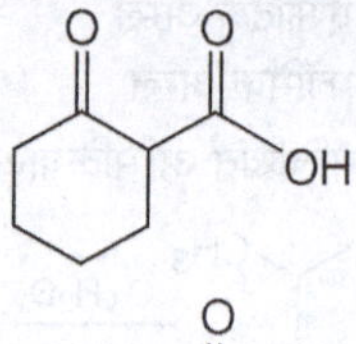

(c) 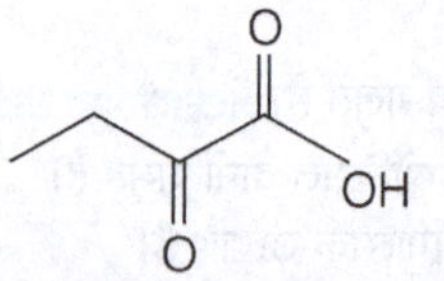

(d) 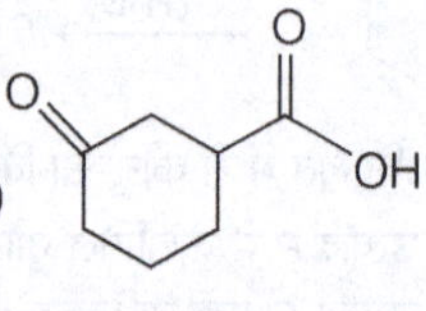

89 निम्नलिखित में से कौन-सा यौगिक HVZ अभिक्रिया देगा? **NCERT पृष्ठ 253**

(a) C_6H_5-COOH (b) $HCOOH$

(c) $CH_3-\underset{CH_3}{\overset{CH_3}{C}}-COOH$ (d) $CH_3-\overset{CH_3}{C}H-COOH$

90 दी गई अभिक्रिया का प्रमुख उत्पाद है

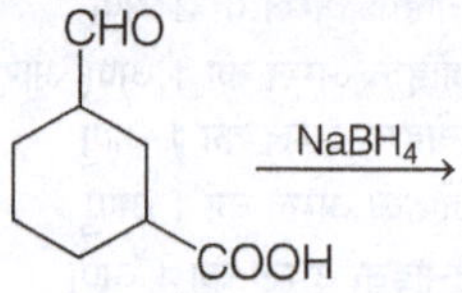

NCERT पृष्ठ 253

(a) 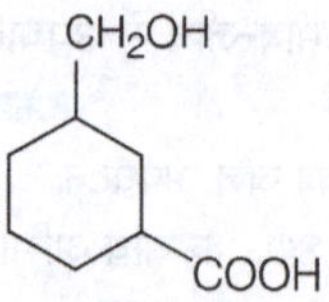

(b) 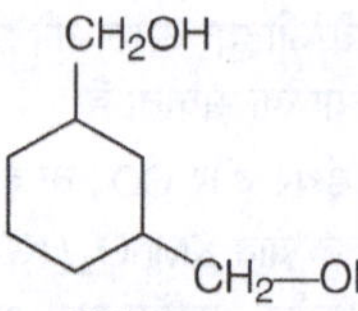

(c) 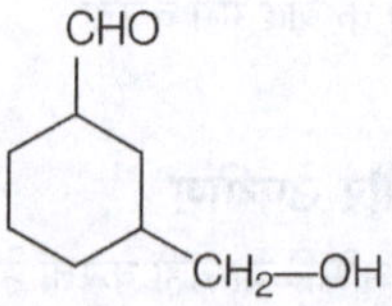

(d) 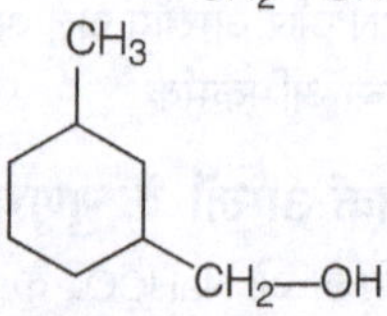

91 डाइबोरेन क्रियात्मक समूह को अपचयित कर सकता है **NCERT पृष्ठ 253**

(a) अम्ल (b) एस्टर
(c) नाइट्रो (d) हेलो

92 निम्नलिखित में से कौन-सा उत्पाद मैलोनिक अम्ल के विकार्बोक्सिलीकरण के समय बनता है? **NCERT पृष्ठ 253**

(a) ऐसीटिक अम्ल (b) बेन्जोफीनॉन
(c) प्रोपेनोन (d) फॉर्मिक अम्ल

93 कार्बोक्सिलिक अम्ल के क्षार धातु लवण अपने जलीय घोल के इलेक्ट्रॉनीकरण पर विकार्बोक्सिलीकरण से गुजरते है और अम्ल के ऐल्किल समूह में उपस्थित C-परमाणुओं की दोगुनी संख्या वाले हाइड्रोकार्बन बनाते है। **NCERT पृष्ठ 253**

(a) कोल्बे इलेक्ट्रोलिसस (b) विकार्बोक्सिलीकरण
(c) HVZ अभिक्रिया (d) फ्रीडेल क्राफ्ट अभिक्रिया

94 ऐरोमैटिक कार्बोक्सिलिक अम्ल फ्रीडल-क्राफ्ट अभिक्रिया से नहीं प्राप्त होते क्योंकि? **NCERT पृष्ठ 254**

(a) कार्बोक्सिल समूह एक सक्रिय और *मेटा*-निर्देशी समूह के रूप में कार्य करता है।
(b) कार्बोक्सिल समूह एक निष्क्रिय और *ऑर्थो* और *पैरा*-निर्देशी समूह के रूप में कार्य करता है।
(c) कार्बोक्सिल समूह एक सक्रिय और *ऑर्थो*-निर्देशी समूह के रूप में कार्य करता है।
(d) कार्बोक्सिल समूह निष्क्रिय और रूप में कार्य करता है और उत्प्रेरक ऐल्युमीनियम क्लोराइड कार्बोक्सिलिक समूह से बंध जाता है।

95 निम्नलिखित पर विचार करें

बेन्जोइक अम्ल $\xrightarrow[\text{सान्द्र } H_2SO_4]{\text{सान्द्र } HNO_3}$ *X*

बेन्जोइक अम्ल $Br_2/FeBr_3$

Y

उपरोक्त अभिक्रिया के लिए *X* और *Y* को पहचाने। **NCERT पृष्ठ 254**

	X	*Y*
(a)	*o*-नाइट्रोबेन्जोइक अम्ल	*o*-ब्रोमोबेन्जोइक अम्ल
(b)	*m*-नाइट्रोबेन्जोइक अम्ल	*p*-ब्रोमोबेन्जोइक अम्ल
(c)	*p*-नाइट्रोबेन्जोइक अम्ल	*o*-ब्रोमोबेन्जोइक अम्ल
(d)	*m*-नाइट्रोबेन्जोइक अम्ल	*m*-ब्रोमोबेन्जोइक अम्ल

96 निम्नलिखित में से किस अम्ल का उपयोग रबड, कपड़ा, रंगाई, चमड़ा और इलेक्ट्रोप्लेटिंग उद्योगों में किया जाता है? **NCERT पृष्ठ 254**

(a) हेक्सनेडाइओइक अम्ल (b) एथेनोइक अम्ल
(c) मेथेनोइक अम्ल (d) सोडियम बेन्जोएट

अभिकथन-कारण प्रश्न

निर्देश *(प्रश्न संख्या 1-6) निम्नलिखित प्रश्न में अभिकथन (A) के बाद कारण (R) दिया गया है। नीचे दिए गए विकल्पों में से सही विकल्प चुनें।*

(a) A और R दोनों सत्य हैं और R, A का सही स्पष्टीकरण है।
(b) A और R दोनों सत्य हैं लेकिन R, A का सही स्पष्टीकरण नहीं है।
(c) A सत्य है लेकिन R असत्य है।
(d) A गलत है लेकिन R सत्य है।

1 **अभिकथन** (A) फॉर्मेल्डिहाइड को रोसनमुण्ड अपचयन द्वारा तैयार नहीं किया जा सकता है।

कारण (R) फॉर्मिल क्लोराइड सामान्य तापमान पर अस्थाई है। **NCERT पृष्ठ 232**

2 **अभिकथन** (A) बेन्जैल्डिहाइड, प्रोपेनल की तुलना में नाभिकस्नेहीयोगात्मक अभिक्रियाओं के प्रति कम अभिक्रियाशील है।

कारण (R) बेन्जाल्डिहाइड के कार्बोनिल समूह का कार्बन परमाणु प्रोपेनल में उपस्थित कार्बोनिल समूह के कार्बन परमाणु की तुलना में कम इलेक्ट्रोस्नेही होता है। **NCERT पृष्ठ 236**

3 **अभिकथन** (A) शुद्ध HCN के साथ ऐल्डिहाइड और कीटोन की अभिक्रिया बहुत धीमी है जिससे सायनोहाइड्रिन प्राप्त होता है।

कारण (R) योगात्मक अभिक्रिया एक क्षार द्वारा उत्प्रेरित होकर सायनाइड आयन उत्पन्न करती है, CN^- एक प्रबल नाभिकस्नेही (nucleophile) होने के कारण, कार्बोनिल यौगिकों में जुड़कर संगत सायनोहाइड्रिन उत्पन्न करता है। **NCERT पृष्ठ 237**

4 **अभिकथन** (A) ऐल्डिहाइड और कीटोन में सोडियम हाइड्रोजन सल्फाइट का योग ऐल्डिहाइड के पृथक्करण और शुद्धिकरण के लिए उपयोगी विधि है।

कारण (R) हाइड्रोजन सल्फाइट यौगिक जल में घुलनशील है तथा इसे तनु खनिज अम्ल या क्षार के साथ उपचारित करके मूल कार्बोनिल यौगिक में परिवर्तित किया जा सकता है। **NCERT पृष्ठ 237**

5 **अभिकथन** (A)

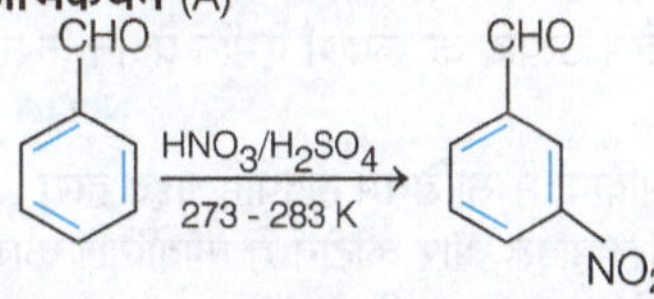

कारण (R) ऐल्डिहाइड समूह निष्क्रिय एवं मेटा -निर्देशक समूह के रूप में कार्य करता है। **NCERT पृष्ठ 243**

6 **अभिकथन** (A) एस्टर जल-अपघटन प्रारम्भ में तीव्र होता है तथा कुछ समय बाद धीमा हो जाता है।

कारण (R) एस्टर जल अपघटन की दर उत्पादित कार्बोक्सिलिक अम्ल की मात्रा में वृद्धि के साथ बढ़ जाती है। **NCERT पृष्ठ 251**

कथन आधारित प्रश्न

निर्देश *(प्रश्न संख्या 1-5) निम्नलिखित प्रश्नों में दो कथन (I और II) दिए गए हैं, उनके आधार पर नीचे दिए गए सही विकल्प का चयन कीजिए।*

(a) कथन I और कथन II दोनों सत्य हैं।
(b) कथन I गलत है लेकिन कथन II सत्य है।
(c) कथन I सत्य है लेकिन कथन II असत्य है।
(d) कथन I और कथन II दोनों गलत हैं।

1 **कथन** I 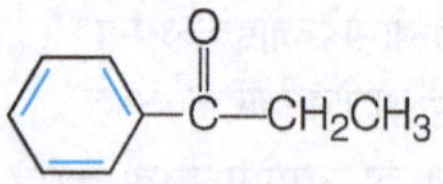 और

$CH_3CH_2CH_2CH(Br)CH(CH_3)CH_2CHO$ को इस प्रकार नामित किया गया है

फेनिलप्रोपेन-1-ओन और 4-ब्रोमो-3-मेथिल-हेप्टानल।

कथन II ऐल्डिहाइड के सन्दर्भ में, सबसे लम्बी कार्बन श्रृंखला की संख्या ऐल्डिहाइड समूह के कार्बन से शुरू होती है, जबकि कीटोन के सन्दर्भ में संख्या कार्बोनिल समूह के निकट वाले सिरे से शुरू होती है।
NCERT पृष्ठ 229

2 **कथन** I प्रोपाइन में H_2SO_4 और $HgSO_4$ की उपस्थिति में प्रोपाइन में जल मिलाने से प्रोपेनोन बनता है।

कथन II टालुईन को निर्जल ऐलुमिनियम क्लोराइड की उपस्थिति में ऐसीटिल क्लोराइड के साथ उपचारित करने पर 4-मेथिल ऐसीटोफीनोन प्राप्त किया जाता है। NCERT पृष्ठ 232, 234

3 **कथन** I ऐल्डिहाइड या कीटोन में सोडियम हाइड्रोजन सल्फाइट के नाभिकस्नेही योग में एक स्थाई आयन बनाने के लिए प्रोटॉन स्थानान्तरण शामिल होता है।

कथन II हाइड्रोजन सायनाइड का ऐल्डिहाइड या कीटोन के साथ नाभिकस्नेही योग अन्तिम उत्पाद के रूप में ऐमीन प्रदान करता है।
NCERT पृष्ठ 237

4 **कथन** I हैलोफॉर्म अभिक्रिया में सोडियम हाइपोहेलाइट द्वारा ऑक्सीकृत होने पर ऐल्डिहाइड और कीटोन में कार्बोनिल कार्बन परमाणु से जुड़ा कोई मेथिल समूह नहीं होता है। NCERT पृष्ठ 240

कथन II हैलोफॉर्म अभिक्रिया में ऑक्सीकरण (मिथाइल से हैलोफॉर्म कार्बन-कार्बन द्विबन्ध को प्रभावित नहीं करता, यदि अणु में उपस्थित हो।

5 **कथन** I एथेनोइक अम्ल को P_2O_5 के साथ गर्म करने पर एथेनोइक ऐनहाइड्राइड प्राप्त होता है।

कथन II एथेनोइक अम्ल का उपयोग नायलॉन-6,6 के निर्माण में किया जाता है। NCERT पृष्ठ 251, 254

6 निम्नलिखित में से कौन-से कथन सही हैं?

I. कार्बोनिल समूह में, कार्बोनिल कार्बन एक इलेक्ट्रॉनस्नेही और कार्बोनिल ऑक्सीजन एक नाभिकस्नेही केन्द्र है।
II. रोजेनमुण्ड अपचयन में, ऐसिल क्लोराइड को उत्प्रेरक पर तथा पैलेडियम को बेरियम सल्फेट पर हाइड्रोजनीकृत किया जाता है।
III. नाइट्राइल्स को HCl की उपस्थिति में $SnCl_2$ के साथ संगत ऐमीन में अपचयित किया जाता है, जो जल अपघटन पर संगत कीटोन देता है।
IV. प्रबल ऑक्सीकरण ऐजेण्ट टालुईन और उसके व्युत्पन्नों को बेन्जोइक अम्ल में ऑक्सीकृत करते हैं।
V. फ्रीडल -क्राफ्ट ऐसीटिलीकरण अभिक्रिया में, जब बेन्जीन को अम्ल क्लोराइड के साथ किसकी उपस्थिति में उपचारित किया जाता है निर्जल $AlCl_3$ की संगत ऐल्डिहाइड प्राप्त होता है।

नीचे दिए गए विकल्पों में से सबसे उपयुक्त उत्तर चुने।
NCERT पृष्ठ 231, 232, 234

(a) I, III और IV (b) II, IV और V (c) I, II और IV (d) I, III और V

7 निम्नलिखित में से गलत कथनों का चयन करें।

I. ऐल्डिहाइड और कीटोन के क्वथनांक तुलनीय हाइड्रोकार्बन और ईथर के आणविक द्रव्यमान से कम होते हैं।
II. ऐसीटोन और बेन्जैल्डिहाइड को फेलिंग अभिकर्मक के साथ गर्म करने पर वे संगत कार्बोक्सिलेट आयन में ऑक्सीकृत हो जाते हैं।
III. हाइड्राजीन के साथ उपचार करने के बाद एथिलीन ग्लाइकॉल में KOH के साथ गर्म करने पर ऐल्डिहाइड और कीटोन का कार्बोनिल समूह-CH_2 समूह में अपचयित हो जाता है।
IV. नाभिकस्नेही योगात्मक अभिक्रियाओं में ऐल्डिहाइड सामान्यतः कीटोन की तुलना में अधिक क्रियाशील होते हैं।
V. फॉर्मेलिन का उपयोग बैकेलाइट (एक फीनॉल-फॉर्मेल्डिहाइड रेजिन) तैयार करने के लिए किया जाता है।

नीचे दिए गए विकल्पों में से सबसे उपयुक्त उत्तर चुनें।
NCERT पृष्ठ 235, 236, 239, 243

(a) I और II (b) II, III और IV (c) I, III और IV (d) II और III

8 निम्नलिखित में से कौन-सा कथन सही नहीं है?

I. कुछ उच्चतर सदस्य ऐलिफैटिक कार्बोक्सिलिक अम्ल ($C_{12}-C_8$) जिन्हें वसीय अम्ल के रूप में जाना जाता है।
II. ग्लूटेरिक अम्ल का IUPAC नाम ब्यूटेनडाओइक अम्ल है।
III. नाइट्राइल्स को उत्प्रेरक के रूप में H^+ या OH^- की उपस्थिति में ऐमाइड और फिर अम्ल में जल अपघटित किया जाता है।
IV. कार्बोक्सिलिक अम्लों में, कार्बोक्सिल कार्बन के बन्ध एक तल में होते हैं तथा लगभग 108° से पृथक होते हैं।
V. जोन्स अभिकर्मक अम्लीय माध्यम में क्रोमियम ऑक्साइड (Cr_2O_3) है

नीचे दिए गए विकल्पों में से सबसे उपयुक्त उत्तर चुनें।
NCERT पृष्ठ 244, 245, 246

(a) IV और V (b) I और IV
(c) III और V (d) II, IV और V

9 निम्नलिखित में से सही कथनों का चयन करें।

I. उच्च कार्बोक्सिलिक अम्ल हाइड्रोकार्बन भाग की बढ़ी हुई जलविरागी अंतःक्रिया के कारण जल में आंशिक रूप से अघुलनशील होते हैं।

II. कार्बोक्सिलिक अम्ल कार्बोनेट और हाइड्रोजन कार्बोनेट जैसे दुर्बल क्षारों के साथ अभिक्रिया करके कार्बन डाइऑक्साइड उत्सर्जित करते हैं।

III. कार्बोक्सिलिक अम्ल सान्द्र H_2SO_4 या HCl गैस की उपस्थिति में ऐल्कोहॉल या फीनॉल या उत्प्रेरक के रूप में एस्टरीकृत होते हैं।

IV. कार्बोक्सिलिक अम्ल अमोनिया के साथ अभिक्रिया करके अमोनियम लवण देते हैं, जिसे कम तापमान पर गर्म करने पर ऐमाइड प्राप्त होते हैं।

V. सोडियम बेन्जोएट का उपयोग खाद्य परिरक्षक के रूप में किया जाता है।

नीचे दिए गए विकल्पों में से सबसे उपयुक्त उत्तर चुनें

NCERT पृष्ठ 249, 251, 252, 254

(a) II, III, IV और V (b) II, III, IV और V

(c) I, II, III और V (d) I और V

10 निम्नलिखित में से कौन-सा कथन सही नहीं है?

I. ऐरोमैटिक कार्बोक्सिलिक अम्ल इलेक्ट्रोनस्नेही प्रतिस्थापन अभिक्रियाओं से गुजरते हैं जिसमें कार्बोक्सिल समूह एक सक्रिय और *मेटा*-निर्देशक समूह के रूप में कार्य करता है।

II. हेल- वोल्हार्ड - ज़ेलिंस्की अभिक्रिया में, α-हाइड्रोजन युक्त कार्बोक्सिलिक अम्लों को लाल P की उपस्थिति में Cl_2 या Br_2 के साथ उपचारित करने पर α-स्थिति पर हैलोजनीकृत किया जाता है।

III. कार्बन परमाणुओं की संख्या बढ़ने पर कार्बोक्सिलिक अम्लों की विलेयता कम हो जाती है।

IV. कैनिजारो अभिक्रिया में, ऐल्डिहाइड का एक अणु ऐल्कोहॉल में अपचयित हो जाता है, जबकि दूसरा कार्बोक्सिलिक अम्ल लवण में ऑक्सीकृत हो जाता है।

V. हाइड्रोजन सल्फाइट यौगिक जल में अघुलनशील है।

नीचे दिए गए विकल्पों में से सबसे उपयुक्त उत्तर चुनें।

NCERT पृष्ठ 237, 242, 249, 254

(a) I और V (b) II और IV

(c) II और V (d) III और IV

सुमेलन प्रकार के प्रश्न

1 सूची I में दी गई निम्नलिखित संरचनाओं को सूची II में दिए गए उनके सामान्य नाम से सुमेलित करें और नीचे दिए गए कूटों में से सही विकल्प चुनें। **NCERT पृष्ठ 230**

	सूची I (संरचना)		सूची II (सामान्य नाम)
A.	HCHO	1.	वेलेरैल्डिहाइड
B.	$CH_3CH_2CH_2CH_2CHO$	2.	थैलैल्डिहाइड (Phthaldehyde)
C.	$H_2C=CH-CHO$	3.	ऐक्रोलिन
D.	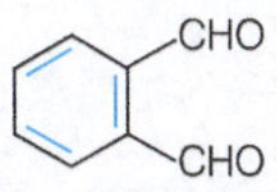	4.	फॉर्मेल्डिहाइड

कूट

	A	B	C	D
(a)	2	1	3	4
(b)	2	3	1	4
(c)	4	3	1	2
(d)	4	1	3	2

2 सूची I में दिए गए रूपान्तरणों को लाने के लिए सूची II में दिए गए अभिकर्मकों के निम्नलिखित नामों का मिलान करें और नीचे दिए गए कोड से सही विकल्प चुनें। **NCERT पृष्ठ 232, 233**

	सूची I (रूपान्तरण)		सूची II (अभिकर्मक)
A.	हेक्सेन-1-ओल से हेक्सेनल	1.	PCC
B.	साइक्लोहेक्सानॉल से साइक्लोहेक्सानोन	2.	ऐनहाइड्राइड की उपस्थिति में CrO_3
C.	*p*-फ्लुओरोटोलुईन से *p*-फ्लुओरोबेन्जैल्डिहाइड	3.	अम्लीय माध्यम में $K_2Cr_2O_7$
D.	एथेन नाइट्राइल से एथेनॉल	4.	(DIBAL-H)

कूट

	A	B	C	D
(a)	1	4	3	2
(b)	4	3	1	2
(c)	1	3	2	4
(d)	2	1	3	4

3 सूची I में दिए गए अभिकर्मकों को सही उत्पाद नाम सूची II से सुमेलित करें। नीचे दिए गए कूट में से सही विकल्प चुनें।
NCERT पृष्ठ 238

सूची I (अभिकर्मक)		सूची II (उत्पाद)	
A.	हाइड्रॉक्सिलऐमीन हाइड्रोक्सिमीन	1.	सेमीकार्बेजोन
B.	हाइड्राजीन	2.	2, 4-डाइनाइट्रोफेनिल हाइड्राजोन
C.	2, 4-DNP	3.	हाइड्राजोन
D.	सेमीकार्बेजाइड	4.	ऑक्जिम

कूट

	A	B	C	D		A	B	C	D
(a)	1	2	3	4	(b)	4	3	2	1
(c)	3	2	1	4	(d)	2	1	3	4

4 सूची I में दिए गए निम्नलिखित कार्बोनिल यौगिकों को सूची II में दिए गए उनके उपयोगों से सुमेलित कीजिए और नीचे दिए गए कूट में से सही विकल्प चुनिए।
NCERT पृष्ठ 243

सूची I (कार्बोनिल यौगिक)		सूची II (उपयोग)	
A.	फॉर्मेल्डिहाइड	1.	इत्र और रंग उद्योग
B.	ऐसीटैल्डिहाइड	2.	बेकेलाइट के निर्माण में
C.	बेन्जैल्डिहाइड	3.	गन्ध और स्वाद
D.	ब्यूटिरैल्डिहाइड	4.	विनाइल ऐसीटेट और एथिल ऐसीटेट का निर्माण में

कूट

	A	B	C	D		A	B	C	D
(a)	1	2	3	4	(b)	2	3	4	1
(c)	1	3	4	2	(d)	2	4	1	3

5 सूची I में दिए गए अम्लों को सूची II में दिए गए उनके सही IUPAC नामों से सुमेलित करें और नीचे दिए गए कूट में से सही विकल्प चुनें।
NCERT पृष्ठ 244

सूची I (अम्ल)		सूची II (IUPAC नाम)	
A.	ऑक्जैलिक अम्ल	1.	हेक्सेन-डाइओइक अम्ल
B.	सकसिनिक अम्ल	2.	पेंटेन-डाइओइक अम्ल
C.	ऐडिपिक अम्ल	3.	ब्यूटेन-डाइओइक अम्ल
D.	ग्लूटेरिक अम्ल	4.	इथेन-डाइओइक अम्ल

कूट

	A	B	C	D		A	B	C	D
(a)	1	2	3	4	(b)	4	3	1	2
(c)	4	2	1	3	(d)	4	1	2	3

6 सूची I में दिए गए निम्नलिखित यौगिकों को सूची II में दिए गए उनके उपयोगों से सुमेलित कीजिए और नीचे दिए गए कूटों में से सही विकल्प चुनिए।
NCERT पृष्ठ 254

सूची I (यौगिक)		सूची II (उपयोग)	
A.	ऐथेनोइक अम्ल	1.	साबुन और डिटर्जेंट
B.	हेक्सेनडाइओइक अम्ल	2.	नायलॉन-6, 6
C.	सोडियम बेन्जोएट	3.	खाद्य परिरक्षक
D.	वसायुक्त अम्ल	4.	सिरका

कूट

	A	B	C	D
(a)	4	2	3	1
(b)	1	2	3	4
(c)	1	3	2	4
(d)	4	3	2	1

आंकिक मान प्रकार के प्रश्न

1 मेसिटिल ऑक्साइड ($C_6H_{10}O$) में C—C सिग्मा बन्ध की कुल संख्या .... होती है।
NCERT पृष्ठ 230

2 ऐल्डिहाइड के लिए टॉलेन परीक्षण में, रजत दर्पण बनाने के लिए प्रति ऐल्डिहाइड समूह में टॉलेन अभिकर्मक सूत्र $[Ag(NH_3)_2]^+$ में स्थानान्तरित इलेक्ट्रॉनों की कुल संख्या .... है। (निकटतम पूर्णांक तक पूर्णांकित करें)।
NCERT पृष्ठ 239

3 निम्नलिखित अणुओं में से हेलोफॉर्म परीक्षण देने वाले अणुओं की संख्या ...... है।
NCERT पृष्ठ 240

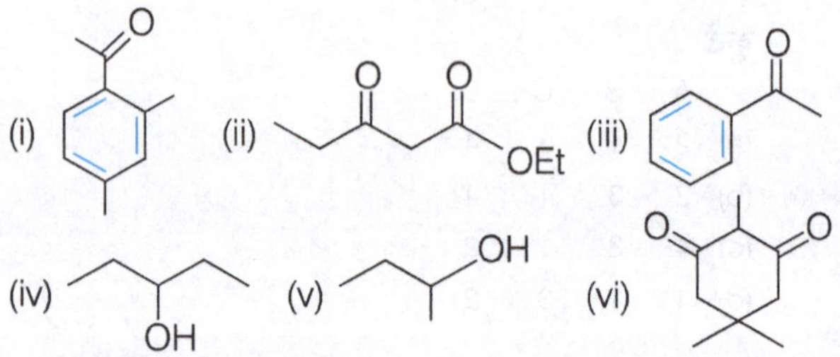

4 दी गई अभिक्रिया में,

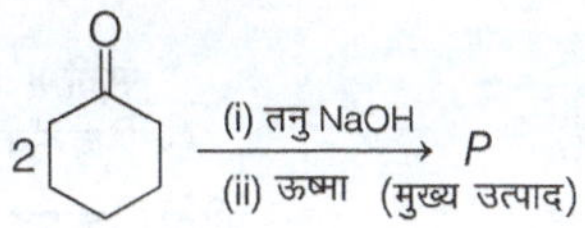

उत्पाद P में उपस्थित π-इलेक्ट्रॉनों की संख्या .... है।

NCERT पृष्ठ 241

5 निम्नलिखित में से उन यौगिकों की संख्या जो ठण्डे $NaHCO_3$ और NaOH विलयन में अघुलनशील है, किन्तु गर्म NaOH विलयन में घुलनशील है, ... है।

NCERT पृष्ठ 249, 253

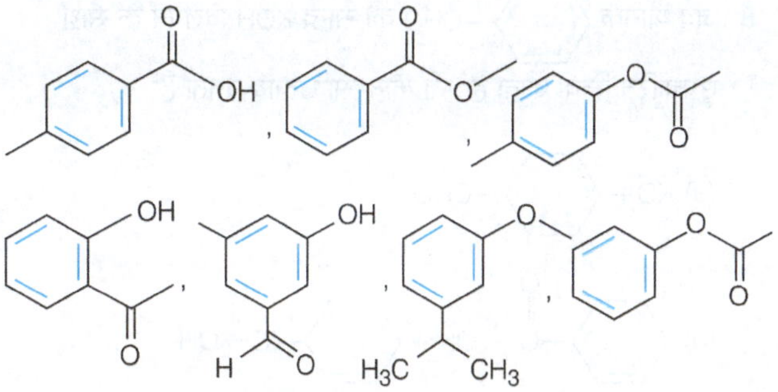

NCERT Exemplar प्रश्न

1 ऐल्काइन में जल का योग अम्लीय माध्यम में तथा उत्प्रेरक के रूप में Hg^{2+} आयनों की उपस्थिति में होता है। इन परिस्थितियों में ब्यूट-1-आइन में जल मिलाने पर निम्नलिखित में से कौन-सा उत्पाद बनेगा?

(a) $CH_3—CH_2—CH_2—\overset{O}{\overset{\|}{C}}—H$

(b) $CH_3—CH_2—\overset{O}{\overset{\|}{C}}—CH_3$

(c) $CH_3—CH_2—\overset{O}{\overset{\|}{C}}—OH + CO_2$

(d) $CH_3—\overset{O}{\overset{\|}{C}}—OH + H—\overset{O}{\overset{\|}{C}}—H$

2 निम्नलिखित में से कौन-सा यौगिक नाभिकस्नेही योगात्मक अभिक्रियाओं के प्रति सबसे अधिक क्रियाशील है?

(a) $CH_3—\overset{O}{\overset{\|}{C}}—H$ (b) $CH_3—\overset{O}{\overset{\|}{C}}—CH_3$

(c) $C_6H_5—\overset{O}{\overset{\|}{C}}—H$ (d) $C_6H_5—\overset{O}{\overset{\|}{C}}—CH_3$

3 अम्लीय सामर्थ्य का बढ़ाता हुआ सही क्रम है

(a) फीनॉल < एथेनॉल < क्लोरोऐसीटिक अम्ल < ऐसीटिक अम्ल
(b) एथेनॉल < फीनॉल < क्लोरोऐसीटिक अम्ल < ऐसीटिक अम्ल
(c) एथेनॉल < फीनॉल < ऐसीटिक अम्ल < क्लोरोएसिटिक अम्ल
(d) क्लोरोएसिटिक अम्ल < ऐसीटिक अम्ल < फीनॉल < एथेनॉल

4 यौगिक की $Ph—O—\overset{O}{\overset{\|}{C}}—Ph$ किसकी अभिक्रिया से तैयार किया जा सकता है

(a) NaOH की उपस्थिति में फीनॉल और बेन्जोइक अम्ल
(b) पिरीडीन की उपस्थिति में फीनॉल और बेन्जॉइल क्लोराइड
(c) $ZnCl_2$ की उपस्थिति में फीनॉल और बेन्जोइल क्लोराइड
(d) पैलेडियम की उपस्थिति में फीनॉल और बेन्जैल्डिहाइड

5 सूची I में दी गई अभिक्रियाओं को सूची II में दिए गए उपयुक्त अभिकर्मकों से सुमेलित करें।

सूची I (अभिक्रियाएँ)		सूची II (अभिकर्मक)	
A.	बेन्जोफेनोन → डाइफेनिलमेथेन	1.	$LiAlH_4$
B.	बेन्जैल्डिहाइड → 1-फेनिलएथेनॉल	2.	DIBAL-H
C.	साइक्लोहेक्सानोन → साइक्लोहेक्सानॉल	3.	Zn(Hg)/सांद्र HCl
D.	फेनिल बेन्जोएट → बेन्जेल्डिहाइड	4.	CH_3MgBr

6 वह अभिकर्मक जो ऐसीटोन और बेन्जैल्डिहाइड दोनों के साथ अभिक्रिया नहीं करता है, वह है

(a) सोडियम हाइड्रोजन सल्फाइट
(b) फेनिल हाइड्राज़ीन
(c) फेहलिंग विलयन
(d) ग्रिगनार्ड अभिकर्मक

7 कैनिजारो अभिक्रिया .... द्वारा नहीं दी है?

(a) 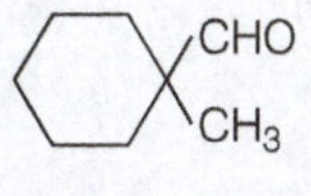

(b) 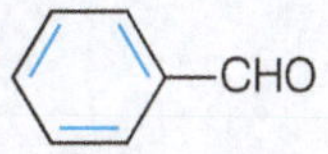

(c) HCHO
(d) CH_3CHO

8 जब यौगिक 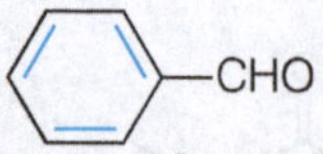 को सान्द्र KOH विलयन के साथ उपचारित किया जाता है, तो कौन-सा उत्पाद बनता है?

(a) 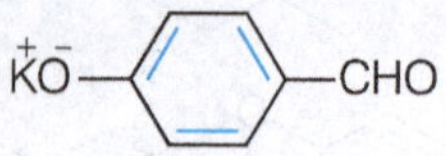

(b) 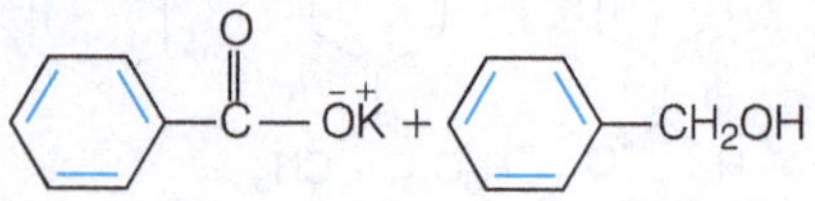

(c) 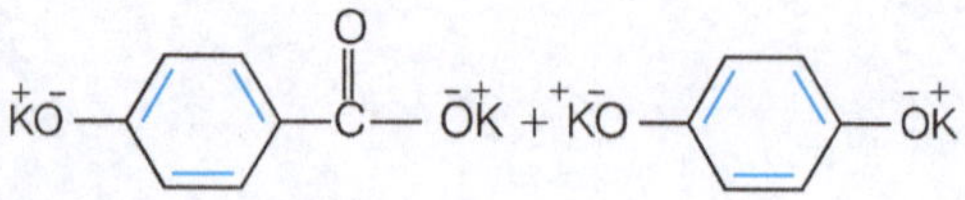

(d) 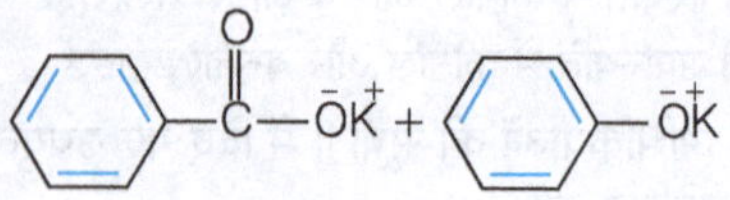

9 $CH_3-C\equiv CH \xrightarrow[1\%\ HgSO_4]{40\%\ H_2SO_4} A \xrightarrow{\text{समावयवता}} CH_3-\overset{O}{\overset{\|}{C}}-CH_3$

उपरोक्त अभिक्रिया में *A* की संरचना तथा समावयवता (isomerism) का प्रकार क्रमशः इस प्रकार है

(a) प्रोप-1-इन-2- ऑल और मध्यावयवता
(b) प्रोप-1-इन-1- ऑल और चलावयवता
(c) प्रोप-2-इन-2- ऑल और ज्यामितीय समावयवता
(d) प्रोप-1-इन-2- ऑल और चलावयवता

10 निम्नलिखित अभिक्रिया में यौगिक A और C हैं

$CH_3CHO \xrightarrow[\text{(ii) } H_2O]{\text{(i) } CH_3MgBr} A \xrightarrow[\Delta]{H_2SO_4,\ \text{निर्जलीकरण}} B \xrightarrow{\text{हाइड्रोबोरेशन ऑक्सीकरण}} C$

(a) समान
(b) स्थिती समावयवी (positional isomers)
(c) कार्यात्मक समावयवी (functional isomers)
(d) प्रकाशिक समावयवी (optical isomers)

11 सूची I में दी गई अभिक्रियाओं को सूची II में दिए गए उपयुक्त अभिकर्मकों से सुमेलित करें।

सूची I (अभिक्रियाएँ)	सूची II (अभिकर्मक)
A. $CH_3-\overset{O}{\overset{\|}{C}}-Cl + H_2 \xrightarrow{Pd/BaSO_4} CH_3-\overset{O}{\overset{\|}{C}}-H$	1. फ्रीडेल -क्राफ्ट् ऐसीलीकरण
B. 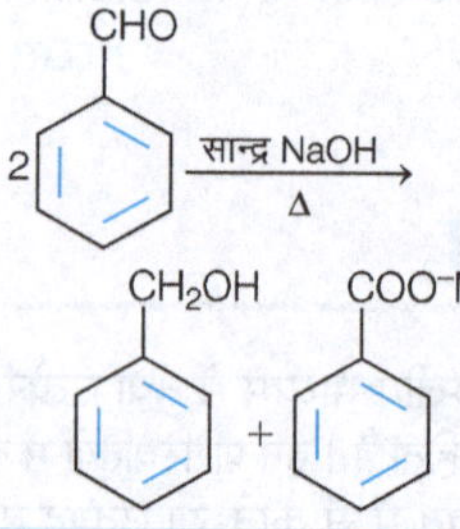	2. HVZ अभिक्रिया
C. 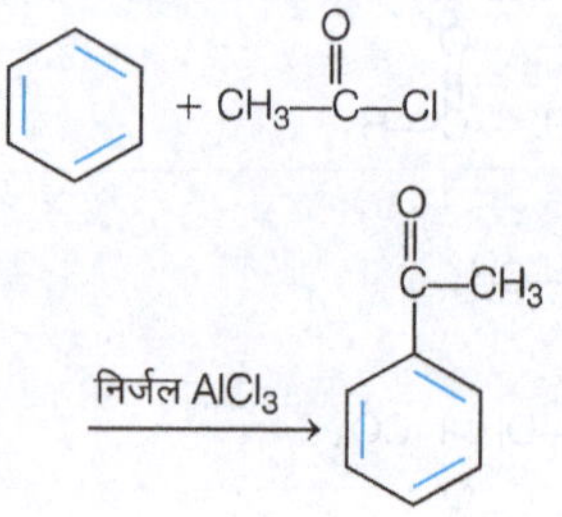	3. रोजेनमुण्ड अपचयन
D. $R-CH_2-COOH \xrightarrow[\text{(ii) } H_2O]{\text{(i) } Br_2/\text{लाल}P} R-\underset{Br}{\underset{\|}{CH}}-COOH$	4. कैनिज़ारो की अभिक्रिया

12 निम्नलिखित रूपान्तरण के लिए सबसे उपयुक्त अभिकर्मक कौन-सा है?

$CH_3-CH=CH-CH_2-\overset{O}{\overset{\|}{C}}-CH_3 \longrightarrow CH_3-CH=CH-CH_2-\overset{O}{\overset{\|}{C}}-ONa$

(a) टॉलेन अभिकर्मक
(b) बेन्जोइल परॉक्साइड
(c) I_2 और NaOH विलयन
(d) Sn और NaOH विलयन

13 निम्नलिखित में से कौन-सा यौगिक ऐल्कोहॉल $KMnO_4$ विलयन के साथ ऑक्सीकरण पर ब्यूटेनोन देगा?

(a) ब्यूटेन-1-ऑल (b) ब्यूटेन-2-ऑल
(c) ब्यूटेन-3-ऑल (d) ब्यूटेन-4-ऑल

14 क्लीमेन्सन अपचयन में, कार्बोनिल यौगिक को उपचारित किया जाता है

(a) जिंक अमलगम + HCl (b) सोडियम अमलगम + HCl
(c) जिंक अमलगम+नाइट्रिक अम्ल (d) सोडियम अमलगम + HNO_3

विगत परीक्षाओं के प्रश्न

NEET

1 सही अभिकर्मकों को पहचानिए जो निम्नलिखित रूपान्तरण करते हों।

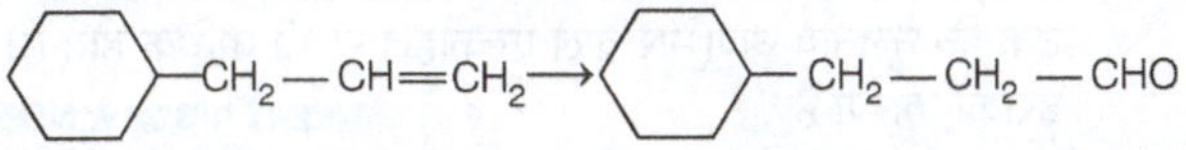

(a) (i) H_2O/H^+ (ii) CrO_3 **NCERT पृष्ठ 231, NEET 2024**

(b) (i) BH_3 (ii) $H_2O_2/\overset{\ominus}{O}H$ (iii) PCC

(c) (i) BH_3 (ii) $H_2O_2/\overset{\ominus}{O}H$ (iii) क्षारीय $KMnO_4$

(d) (i) $H_2O/H^{\oplus}$ (ii) PCC

2 दी गई अभिक्रिया के लिए **NCERT पृष्ठ 245, NEET 2024**

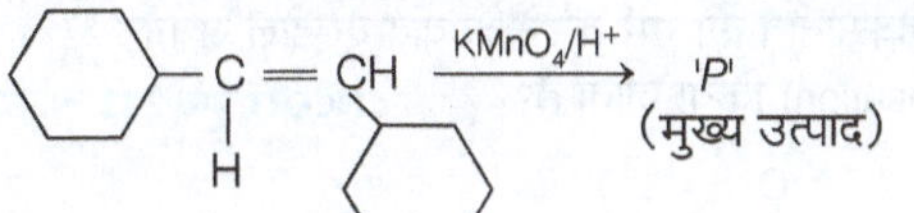

'P' है

(a)
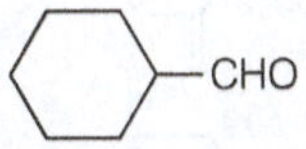

(b)
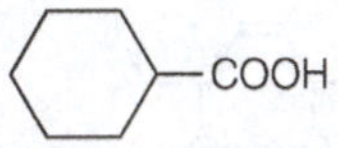

(c)
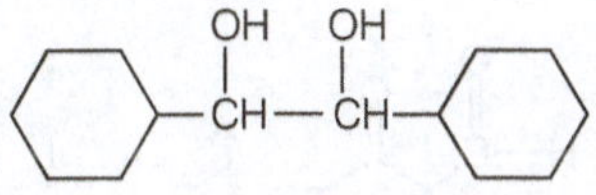

(d)
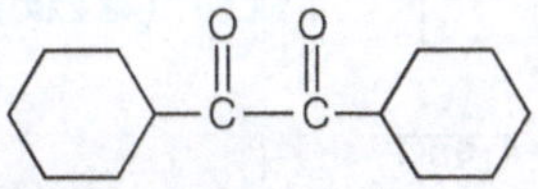

3 निम्नलिखित अभिक्रिया को पूरा करें

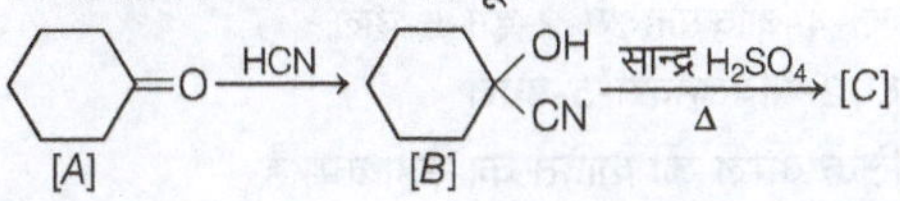

है ....।

NCERT पृष्ठ 237, NEET 2023

(a)
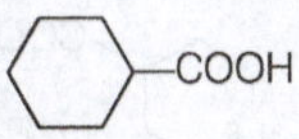

(b)
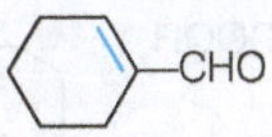

(c)
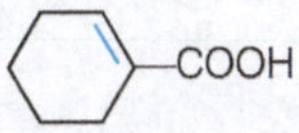

(d)
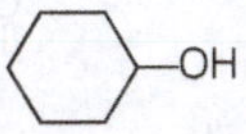

4 निम्नलिखित अभिक्रिया में प्राप्त मुख्य उत्पाद की पहचान करें

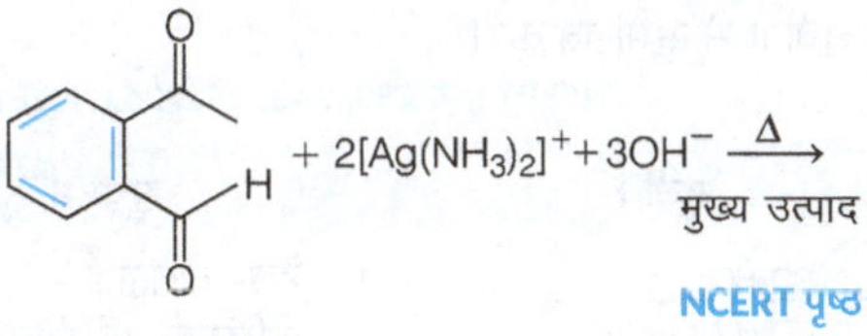

NCERT पृष्ठ 239, NEET 2023

(a)
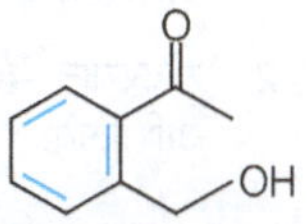

(b)
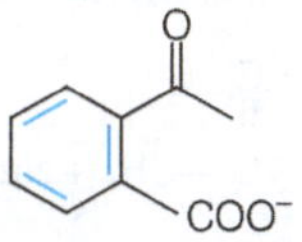

(c)
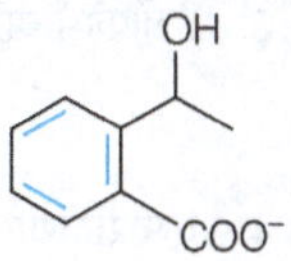

(d)
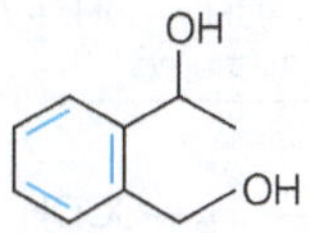

5 $RMgX + CO_2 \xrightarrow[\text{ईथर}]{\text{शुष्क}} Y \xrightarrow{H_3O^+} RCOOH$

उपरोक्त अभिक्रिया में Y क्या है? **NCERT पृष्ठ 246, NEET 2022**

(a) $R_3CO^-Mg^+X$ (b) $RCOO^-X^+$
(c) $(RCOO)_2Mg$ (d) $RCOO^-Mg^+X$

6 नीचे दो कथन दिए गए हैं।

कथन I ऐल्डिहाइड और कीटोन के क्वथनांक तुलनीय आणविक द्रव्यमान (molecular masses) के हाइड्रोकार्बन की तुलना में अधिक होते हैं क्योंकि ऐल्डिहाइड और कीटोन में द्विध्रुव-द्विध्रुवीय अन्तः क्रियाओं के कारण दुर्बल आणविक संघटन होता है।

कथन II ऐल्डिहाइड और कीटोन के क्वथनांक H-बन्धन (H-bonding) की अनुपस्थिति के कारण समान आणविक द्रव्यमान (Molecular masses) वाले ऐल्कोहॉल की तुलना में कम होते हैं।

NCERT पृष्ठ 235, NEET 2022

उपरोक्त कथनों के आधार पर, नीचे दिए गए विकल्पों में से सबसे उपयुक्त उत्तर चुनिए।

(a) कथन I और कथन II दोनों गलत हैं।
(b) कथन I सही है लेकिन कथन II गलत है।
(c) कथन I गलत है लेकिन कथन II सही है।
(d) कथन I और कथन II दोनों सही हैं।

7 निम्नलिखित रासायनिक अभिक्रिया में मध्यवर्ती यौगिक 'X' है

NCERT पृष्ठ 233 NEET 2021

$C_6H_5CH_3 + CrO_2Cl_2 \xrightarrow{CS_2} X \xrightarrow{H_3O^+} C_6H_5CHO$

(a) $C_6H_5CH(OCrOHCl_2)_2$ (b) $C_6H_5CH(OCOCH_3)_2$

(c) $C_6H_5CHCl_2$ (CH<Cl, Cl) (d) $C_6H_5CH_2Cl$ (CH<Cl, H)

8 सूची I को सूची II से सुमेलित करें।

NCERT पृष्ठ 233, 240, 253, 251, NEET 2021

सूची I	सूची II
A. $C_6H_6 \xrightarrow[\text{निर्जल } AlCl_3/CuCl]{CO,\ HCl}$	1. हेल- वोलहार्ड - ज़ेलिंस्की अभिक्रिया
B. $R—\overset{O}{\overset{\Vert}{C}}—CH_3 + NaOX \longrightarrow$	2. गाटरमान -कॉच अभिक्रिया
C. $R—CH_2—OH + R'COOH \xrightarrow{\text{सान्द्र } H_2SO_4}$	3. हेलोफॉर्म अभिक्रिया
D. $R—CH_2—COOH \xrightarrow[(ii)\ H_2O]{(i)\ X_2/\text{लाल P}}$	4. एस्टरीकरण

नीचे दिए गए विकल्पों में से सही उत्तर चुनें।

	A	B	C	D		A	B	C	D
(a)	4	1	2	3	(b)	3	2	1	4
(c)	1	4	3	2	(d)	2	3	4	1

9 निम्नलिखित में से कौन-सा अम्ल गर्म करने पर (i) निर्जल तथा (ii) अमोनिया के साथ तीव्र ताप पर ऐसीटैमाइड बनाएगा?

NCERT पृष्ठ 253, NEET 2020

(a) 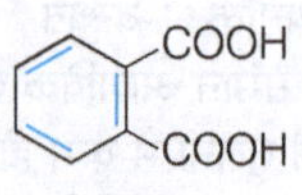

(b) 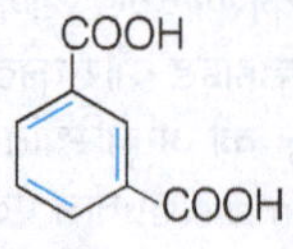

(c) 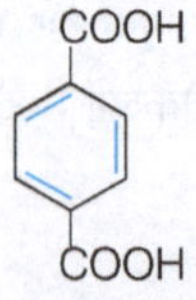

(d) 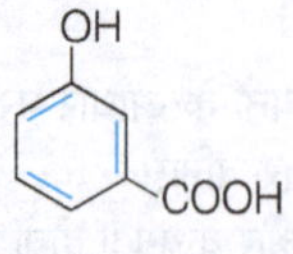

10 निम्नलिखित अभिक्रिया में यौगिक (A) की पहचान करें।

$A \xrightarrow{H_2/Pd/BaSO_4} C_6H_5CHO$

NCERT पृष्ठ 232, NEET 2020

(a) बेन्जाइयल क्लोराइड (b) टॉलुईन

(c) ऐसीटोफेनोन (d) बेन्जोइक अम्ल

11 निम्नलिखित अभिक्रिया अनुक्रम में यौगिक X की पहचान कीजिए।

$C_6H_5CH_3 \xrightarrow{Cl_2/h\nu} X \xrightarrow[373\ K]{H_2O} C_6H_5CHO$

NCERT पृष्ठ 233, NEET 2020

(a) $C_6H_5CH_2Cl$ (b) $C_6H_5CHCl_2$

(c) $C_6H_5CCl_3$ (d) C_6H_5Cl

12 कार्बोक्सिलिक अम्लों का क्वथनांक ऐल्डिहाइड, कीटोन और यहाँ तक कि तुलनीय अणुभार वाले ऐल्कोहल से भी अधिक होते हैं। इसका कारण है

NCERT पृष्ठ 249, NEET 2018

(a) वाण्डर वाल्स आकर्षण बल के माध्यम से कार्बोक्सिलिक अम्ल का अधिक संयोजन

(b) कार्बोक्सिलेट आयन का निर्माण

(c) अन्तराणिवक H-बन्धन का गठन निर्माण

(d) अन्तराणिवक H-बन्धन का निर्माण

13 निम्नलिखित में से कौन-सा उत्पाद तब बनता है जब साइक्लोहेक्सानोन को गर्म करने के बाद ऐल्डोल संघनन (condensation) किया जाता है?

NCERT पृष्ठ 241, NEET 2017

(a) 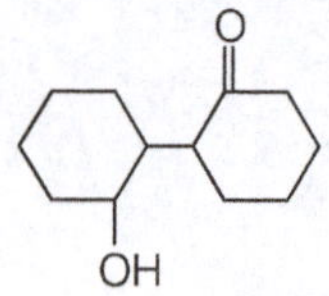

(b) 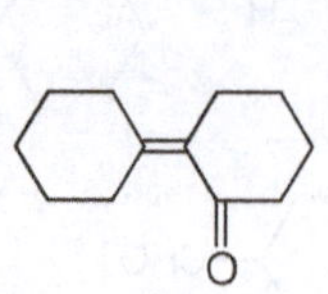

(c) 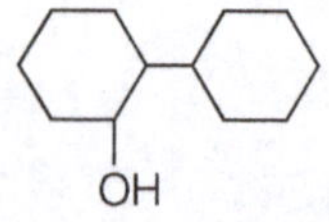

(d) 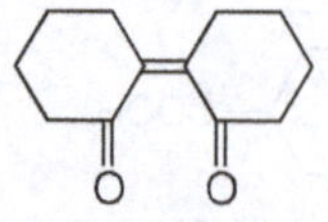

14 यौगिक का IUPAC नाम 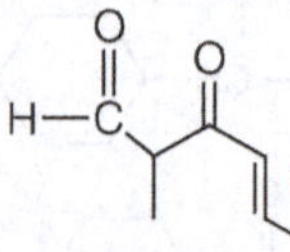

है I

NCERT पृष्ठ 229, NEET 2017

(a) 3-कीटो-2-मेथिलहेक्स-4-इनल

(b) 5-फॉर्माइलहेक्स-2-इन-3-ऑन

(c) 5-मेथिल-4-ऑक्सोहेक्स-2-इन-5-अल

(d) 3-कीटो-2-मेथिलहेक्स-5-इनल

15 कार्बोक्सिलिक अम्ल की शक्ति का सही क्रम है

NCERT पृष्ठ 250, NEET 2016

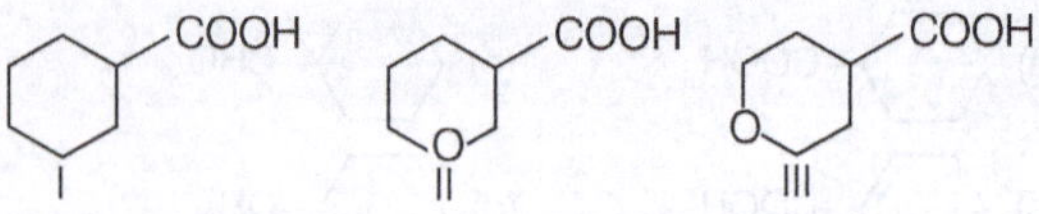

(a) I > II > III (b) II > III > I

(c) III > II > I (d) II > I > III

JEE Main

16 निम्न नाम अभिक्रिया को पहचानें। NCERT पृष्ठ 233, JEE Main 2024

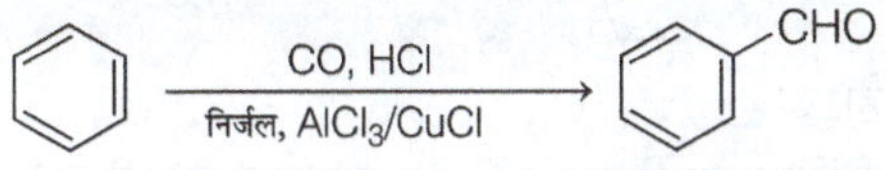

(a) रोजेनमुंड अभिक्रिया (b) ईटार्ड अभिक्रिया
(c) स्टीफेन अभिक्रिया (d) गाटरमान-कोच अभिक्रिया

17 मोनोकार्बोक्सिलिक अम्लों की समजातीय श्रेणी में दूसरे समजातीय का अणुसूत्र .... है। NCERT पृष्ठ 244, JEE Main 2024

(a) $C_2H_4O_2$ (b) CH_2O (c) $C_2H_2O_2$ (d) $C_3H_6O_2$

18 नीचे दो कथन दिए गए हैं NCERT पृष्ठ 241, 242 JEE Main 2024

कथन I ऐल्डिहाइडों एवं कीटोनों के α-हाइड्रोजनों की अम्लता ऐल्डोल अभिक्रिया के लिए जिम्मेदार है।

कथन II बेन्जैल्डिहाइड एवं एथेनल की अभिक्रिया क्रॉस ऐल्डोल उत्पाद नहीं देता है।

उपर्युक्त कथनों के सन्दर्भ में नीचे दिए गए विकल्पों में से सर्वाधिक उपयुक्त उत्तर चुनें।

(a) कथन I गलत है परन्तु कथन II सही है।
(b) दोनों कथन I एवं कथन II गलत हैं।
(c) दोनों कथन I एवं कथन II सही हैं।
(d) कथन I सही है परन्तु कथन II गलत है।

19

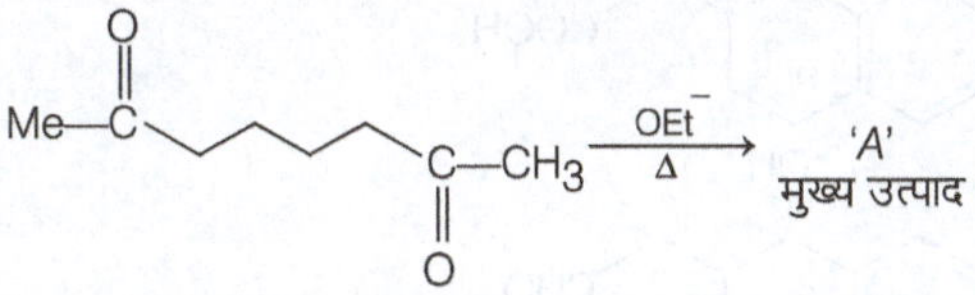

A उपरोक्त अभिक्रिया में है NCERT पृष्ठ 241, JEE Main 2023

(a) 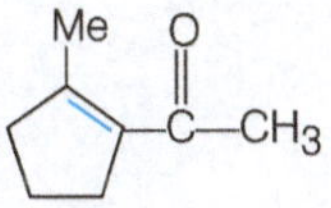

(b) 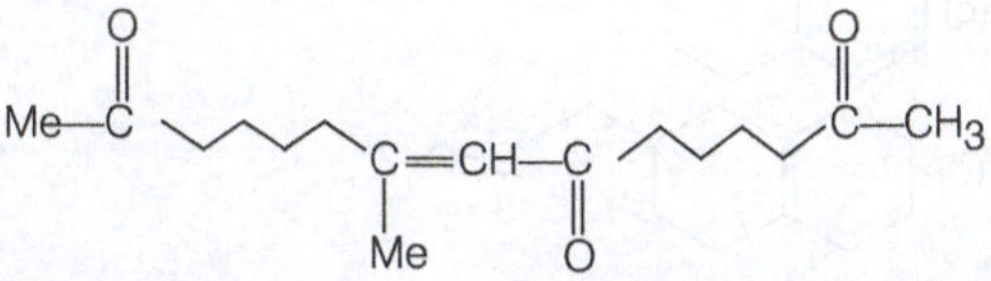

(c) 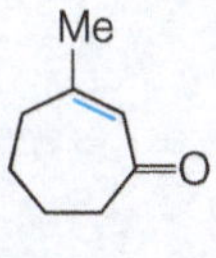

(d) 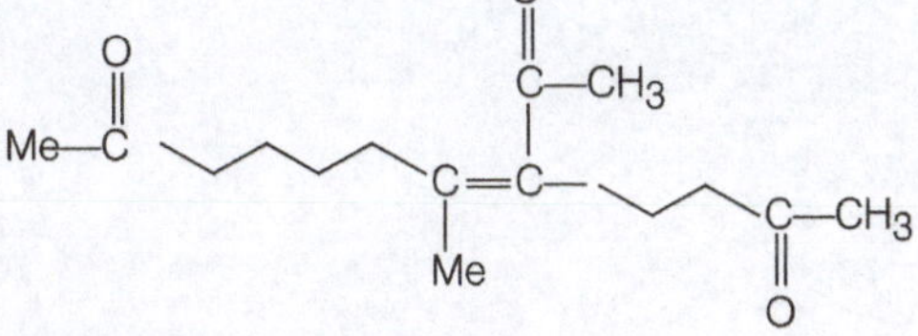

20 निम्नलिखित अभिक्रिया में

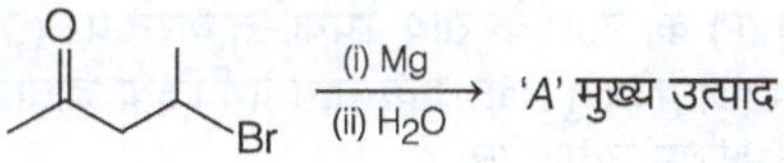

A है, NCERT पृष्ठ 237, JEE Main 2023

(a) 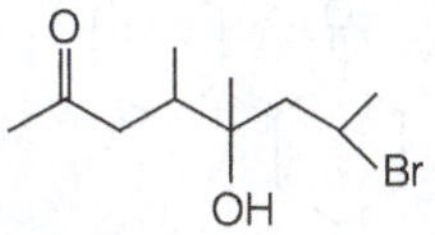

(b) 

(c) 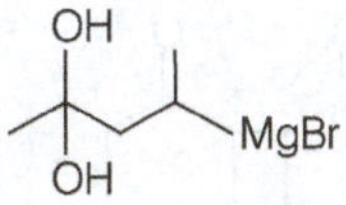

(d) 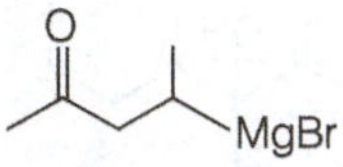

21 निम्नलिखित अभिक्रिया अनुक्रम से मुख्य उत्पादों का पता लगाएं। NCERT पृष्ठ 237, JEE Main 2023

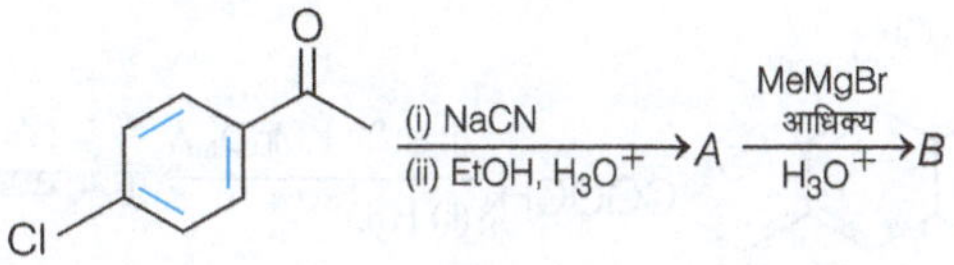

(a) $A =$ 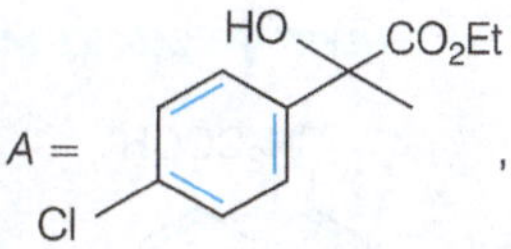, $B =$ 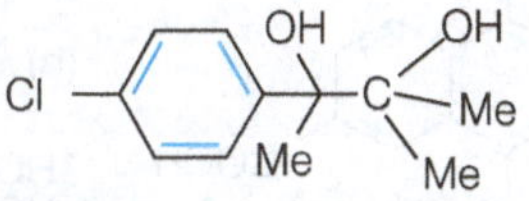

(b) $A =$ 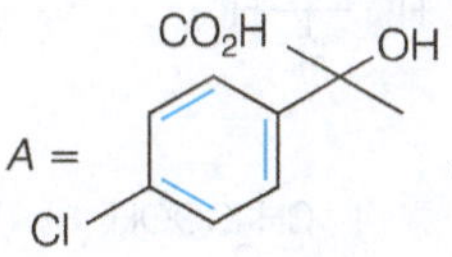, $B =$ 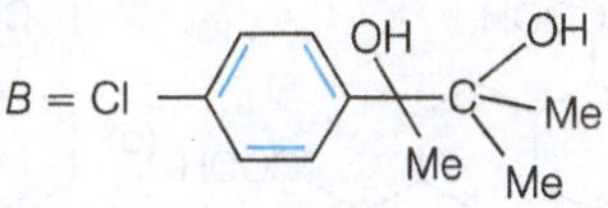

(c) $A =$ 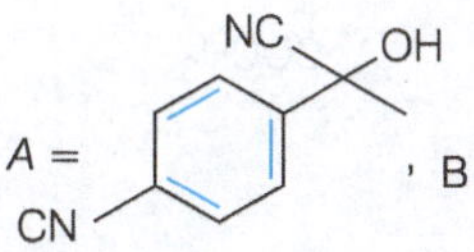, B = 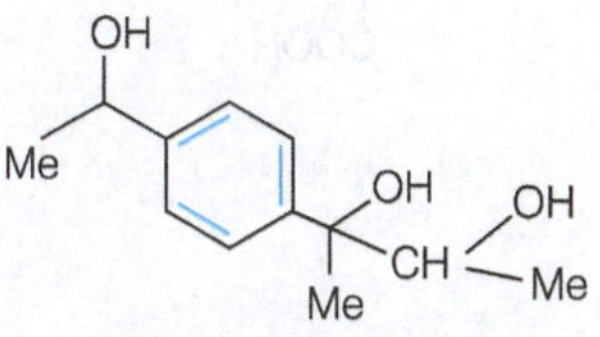

(d) $A =$ 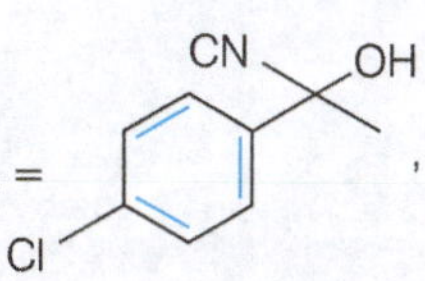, $B =$ 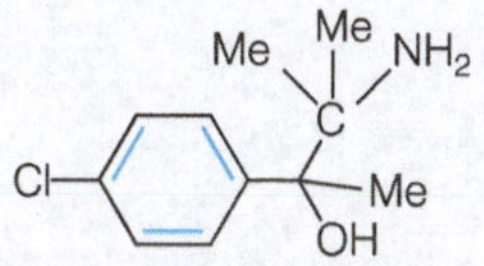

22 साइक्लोहेक्सिलऐमीन को नाइट्रस अम्ल के साथ उपचारित करने पर (*P*) प्राप्त होता है। (*P*) को PCC के साथ उपचारित करने पर (*Q*) प्राप्त होता है, जब (*Q*) को तनु NaOH के साथ गर्म किया जाता है तो (*R*) प्राप्त होता है। अंतिम उत्पाद (*R*) है

NCERT पृष्ठ 241, 242, JEE Main 2023

(a) 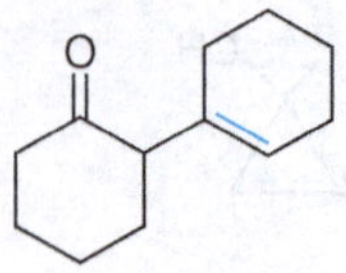
(b) 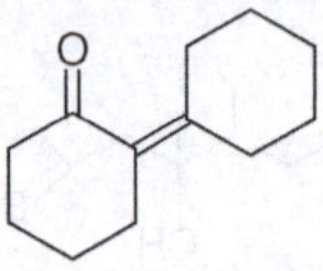
(c) 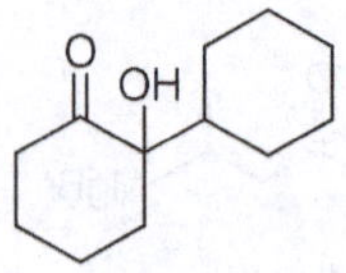
(d) 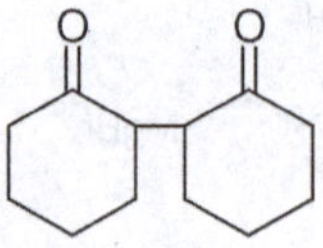

23 दी गई अभिक्रिया में निर्मित मुख्य उत्पाद '*P*' है

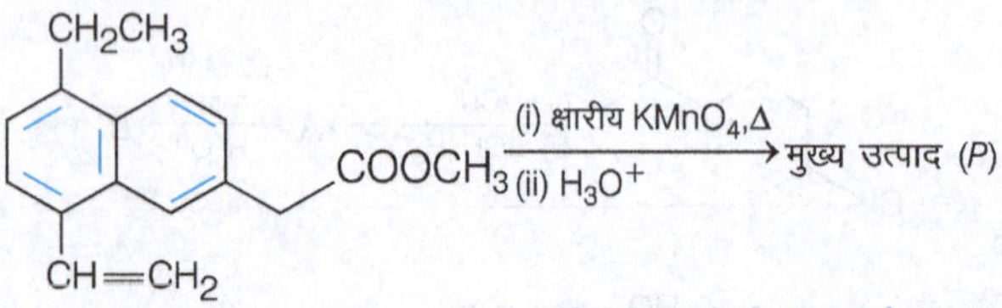

NCERT पृष्ठ 246, JEE Main 2023

(a) 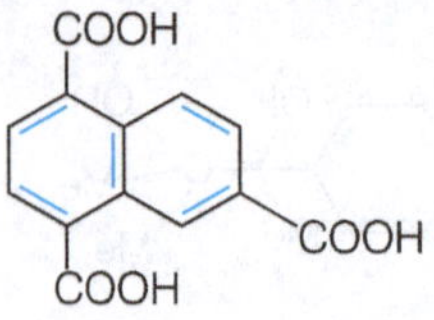

(b) 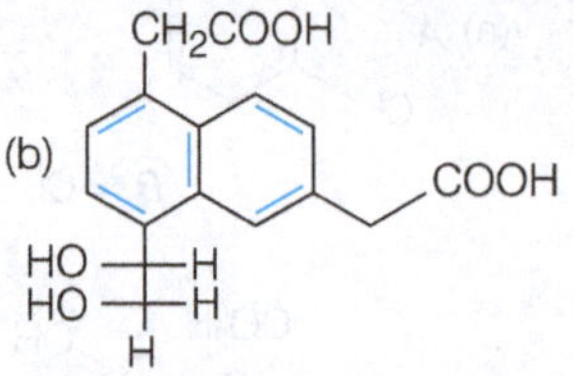

(c) 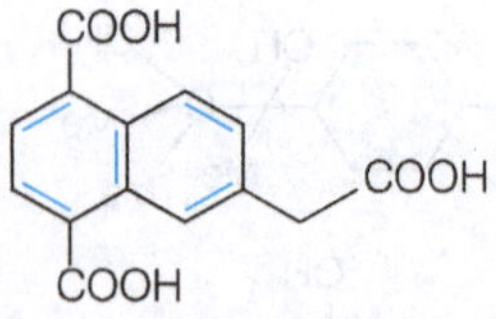

(d) 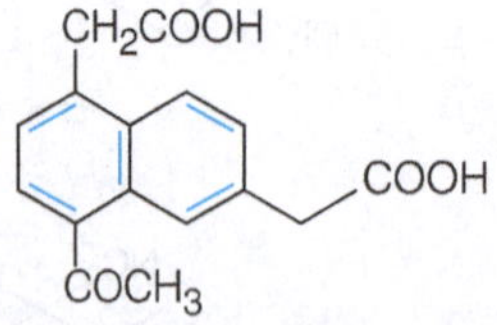

24 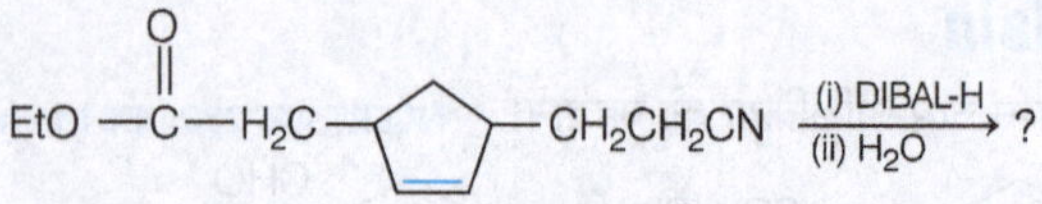

[Et ,C_2H_5 है]

उपरोक्त अभिक्रिया पर विचार करें और मुख्य उत्पाद की पूर्वानुमान लगाये।

NCERT पृष्ठ 232, JEE Main 2022

(a) 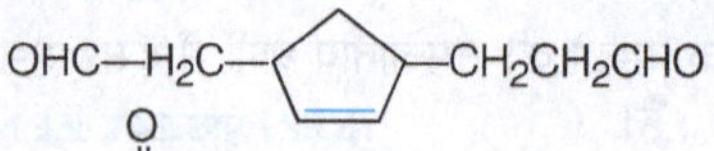

(b) 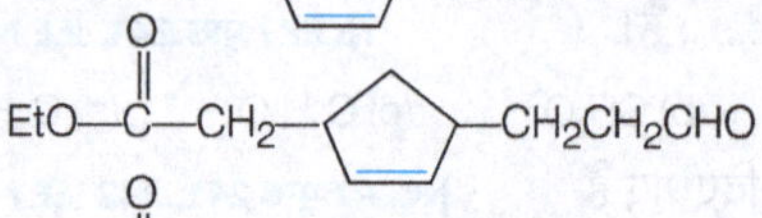

(c) 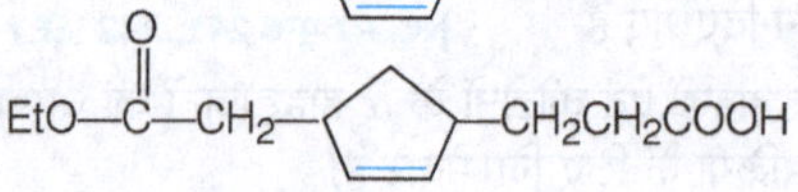

(d) 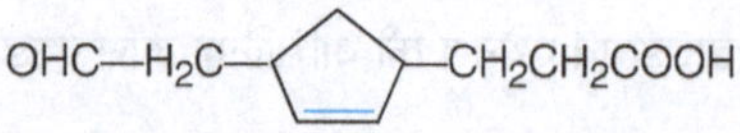

25 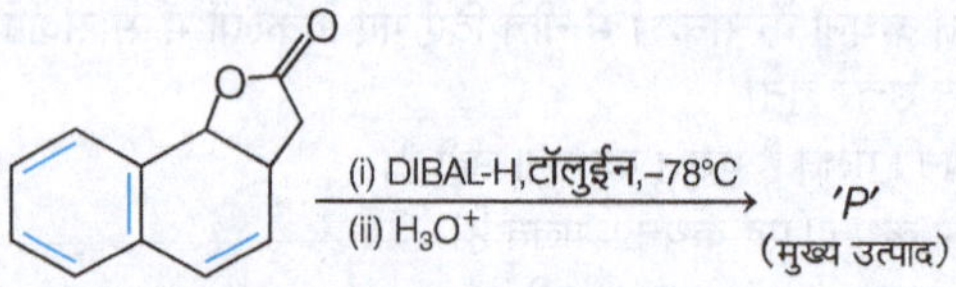

उपरोक्त अभिक्रिया में उत्पाद *P* है **NCERT पृष्ठ 232, JEE Main 2021**

(a) 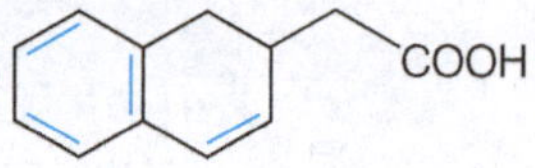

(b) 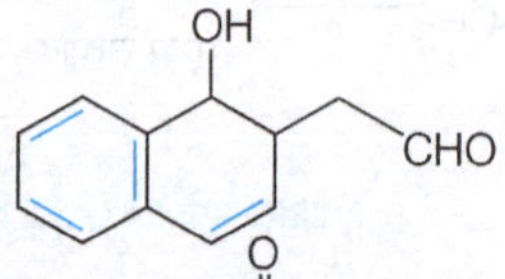

(c) 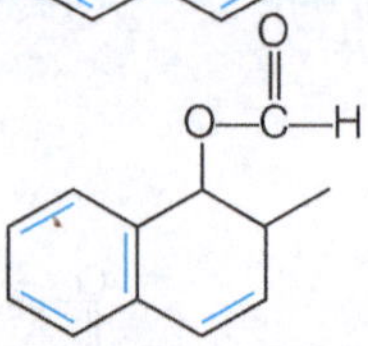

(d) 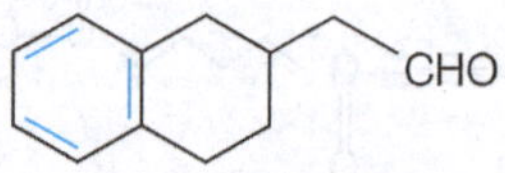

स्किल बूस्टर्स

1 अनु एक यौगिक '*X*' लेती है जिसका अणुसूत्र C_8H_8O है। यह 2,4-DNP अभिकर्मक के साथ अभिक्रिया करके नारंगी-लाल अवक्षेप बनाता है तथा सोडियम हाइड्रॉक्साइड की उपस्थिति में आयोडीन के साथ गर्म करने पर पीला अवक्षेप देता है। यह न तो टॉलेन या फेहलिंग अभिकर्मक को अपचयित करता है, न ही ब्रोमीन जल या बेयर अभिकर्मक को रंगहीन करता है। उसने कौन-सा यौगिक लिया था?

(a) 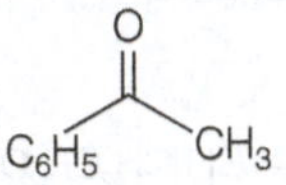

(b) CH_2CHO | C_6H_5

(c) $CH_3C\equiv C-CH=CH-CH=CH-CHO$

(d) $CH_3-CH=CH-C\equiv C-CH=CH-CHO$

2 अंकुर अणुसूत्र *A* ($C_{11}H_8O$). वाला ऐल्डिहाइड यौगिक लेता है। यौगिक ऐल्डोल संघनन से नहीं गुजरता है और ओजोनीकरण पर यह बेन्जैल्डिहाइड और यौगिक *B* के दो मोल देता है। यौगिक *B*, सिल्वर आयन के साथ ऑक्सीकरण पर ऑक्सैलिक अम्ल देता है। क्रमशः यौगिक *A* और *B* की पहचान करें।

(a) $C_6H_5CH_2CH_2CH_2CH_2CHO$, CHO | CH_2COOH

(b) $CH=CH-C\equiv C-CHO$ (C_6H_5 on first C), CHO | $COOH$

(c) $C_6H_5CH_2CHO$, CH_2-CH_2 (C_6H_5 | , | OH)

(d) CH_2-CH_2-COOH (C_6H_5 on first C), CH_3-CH_2-COOH

3 निम्नलिखित अभिक्रियाओं पर विचार करें।

अज्ञात ऐल्डिहाइड (*A*) + क्षारीय असन्तृप्त ऐल्डिहाइड (*B*)

(*A*) ↓ β-ब्यूटिरऐल्डिहाइड ↓ $-H_2O$ ब्यूट-2-इनल

(*B*) ↓ सान्द्र क्षारीय → *C* + *D*

ऐल्कोहॉल (C_7H_8O)

उपरोक्त अभिक्रिया अनुक्रम में *A* और *B* क्या है?

	A	*B*
(a)	बेन्जेल्डिहाइड	ऐसीटैल्डिहाइड
(b)	ऐसीटैल्डिहाइड	बेन्जैल्डिहाइड
(c)	फॉर्मेल्डिहाइड	ऐसीटैल्डिहाइड
(d)	ऐसीटैल्डिहाइड	फॉर्मेल्डिहाइड

4 तीन कार्बन परमाणुओं वाला एक डाइ एल्किल कार्बोनिल यौगिक '*A*' आसानी से ऑक्सीकृत नहीं होता है, लेकिन अपचयन पर C_3H_8O(*B*) देता है। *B*, HBr के साथ अभिक्रिया करके एक ब्रोमाइड (*C*) देता है, जो ग्रिगनार्ड अभिकर्मक में परिवर्तित हो जाता है। यह ग्रिगनार्ड अभिकर्मक (A) के साथ अभिक्रिया करके 2, 3-डाइमेथिलब्यूटेन-2-ऑल देता है। यहाँ *A*, *B* और *C* क्रमशः हैं

(a) CH_3CH_2CHO, $CH_3CH_2CH_2OH$, $CH_3CH_2CH_2Br$

(b) CH_3COCH_3, $CH_3CH(OH)CH_3$, $CH_3CH(Br)CH_3$

(c) CH_3CH_2CHO, $CH_3CH=CH_2$, $CH_3CCH(Br)CH_3$

(d) CH_3COCH_3, $CH_3CH(OH)CH_3$, $CH_3CH(Br)CH_3$

5 यौगिक '*A*' (आणविक सूत्र C_3H_8O) को अम्लीय पोटैशियम डाइक्रोमेट के साथ अभिक्रिया करके उत्पाद *B* (आणविक सूत्र C_3H_6O) बनाया जाता है। '*B*' अमोनियाकल सिल्वर नाइट्रेट के साथ गर्म करने पर चमकदार चाँदी का दर्पण बनाता है। '*B*' को $H_2NCONHNH_2 \cdot HCl$ के जलीय घोल के साथ अभिक्रिया करने पर और सोडियम ऐसीटेट एक उत्पाद '*C*' देता है। यौगिक '*C*' की संरचना होगी

(a) $CH_3CH_2CH=NNHCONH_2$

(b) $CH_3-CH=N(CH_3)NHCONH_2$

(c) $CH_3CH=N(CH_3)CONHNH_2$

(d) $CH_3CH_2CH-NCONHNH_2$

6 एक कार्बनिक यौगिक '*A*' (C_4H_8O) ऑक्सीकरण के प्रति प्रतिरोधी है, लेकिन अपचयन पर यौगिक '*B*' ($C_4H_{10}O$) बनाता है। '*B*' HBr के साथ अभिक्रिया करके यौगिक '*C*' बनाता है।
'*C*' Mg के साथ ग्रिगनार्ड अभिकर्मक '*D*' बनाता है जो '*A*' के साथ अभिक्रिया करके एक उत्पाद बनाता है, जो जल अपघटन पर '*E*' देता है। *E* को पहचानें।

(a) ब्यूटेन-2-ओल

(b) 2, 3-डाइमेथिलपेण्टेन-3-ओल

(c) 3, 3-डाइमेथिल ब्यूटेनल

(d) 3, 3-डाइमेथिल पेन्टानल

7 रिया दो परखनली *A* और *B* लेती है। दोनों परखनली में वह एक यौगिक '*X*' लेती है।

परखनली *A* में, उसने 2, 4-DNP परीक्षण किया और उसने एक रंगीन अवक्षेप बनते देखा। इसी तरह, परखनली *B* में , उसने एक आयोडोफॉर्म परीक्षण किया और उसने एक पीले रंग का अवक्षेप बनते देखा। दिए गए प्रेक्षणों के आधार पर यौगिक '*X*' की पहचान करें।

(a) 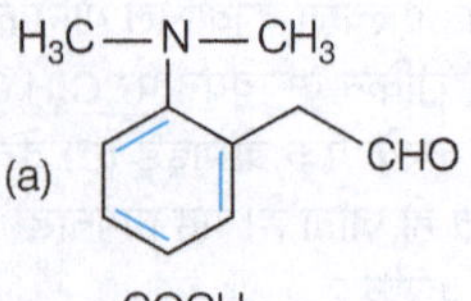

(b) 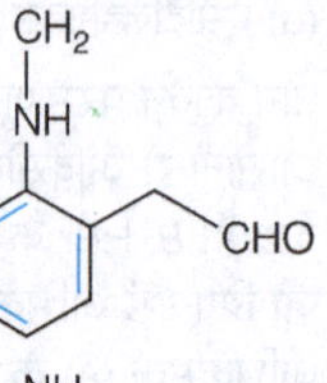

(c) 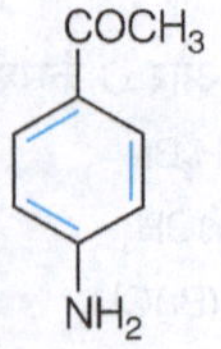

(d) 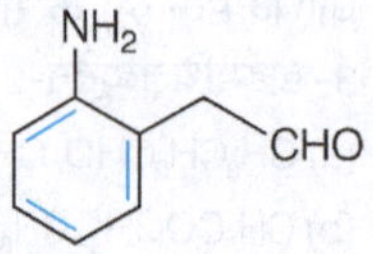

8 एक कार्बनिक यौगिक $X(C_8H_{16}O_2)$ तनु H_2SO_4 के साथ जल-अपघटन द्वारा कार्बोक्सिलिक अम्ल *Y* तथा ऐल्कोहॉल *Z* देता है। क्रोमिक अम्ल के साथ *Z* के ऑक्सीकरण से *Y* बनता है।

Z जल अपघटन पर ब्यूट-1-ईन देता है। यौगिक *X*, *Y* और *Z* क्या हैं?

(a) $X \rightarrow H_3CCH_2—CH_2—CH_2—\overset{\displaystyle O}{\overset{\|}{C}}—OCH_2CH_2CH_3$,
$Y \rightarrow CH_3CH_2CH_2COOH$, $Z \rightarrow CH_3CH_2CH_2OH$

(b) $X \rightarrow CH_3CH_2—\underset{\displaystyle CH_3}{\underset{|}{C}}H_2—\underset{\displaystyle O}{\underset{\|}{C}}—OCH_2CH_2CH_3$
$Y \rightarrow CH_3—CH_2—\underset{\displaystyle CH_3}{\underset{|}{C}}H—COOH$, $Z \rightarrow CH_3CH_2CH_2OH$

(c) $X \rightarrow CH_3—CH_2—CH_2—\underset{\displaystyle O}{\underset{\|}{C}}—O—CH_2CH_2CH_2CH_3$,
$Y \rightarrow CH_3CH_2CH_2—COOH$, $Z \rightarrow CH_3CH_2CH_2CH_2OH$

(d) $X \rightarrow CH_3CH_2CH_2—\underset{\displaystyle O}{\underset{\|}{C}}—O—CH_2—\underset{\displaystyle CH_3}{\underset{|}{C}}H—CH_3$,
$Y \rightarrow CH_3CH_2CH_2—COOH$, $Z \rightarrow CH_3—\underset{\displaystyle CH_3}{\underset{|}{C}}H—CH_2OH$

प्रश्न कुंजी

शीर्षकवार प्रश्न

1. (b)	2. (b)	3. (c)	4. (a)	5. (c)	6. (a)	7. (b)	8. (a)	9. (b)	10. (c)
11. (b)	12. (b)	13. (b)	14. (a)	15. (d)	16. (a)	17. (b)	18. (c)	19. (b)	20. (a)
21. (c)	22. (d)	23. (c)	24. (d)	25. (b)	26. (c)	27. (c)	28. (a)	29. (d)	30. (c)
31. (d)	32. (d)	33. (a)	34. (c)	35. (a)	36. (c)	37. (a)	38. (b)	39. (b)	40. (a)
41. (c)	42. (b)	43. (b)	44. (d)	45. (d)	46. (c)	47. (d)	48. (c)	49. (b)	50. (b)
51. (d)	52. (a)	53. (b)	54. (a)	55. (b)	56. (c)	57. (c)	58. (d)	59. (d)	60. (b)
61. (a)	62. (a)	63. (c)	64. (a)	65. (a)	66. (a)	67. (c)	68. (b)	69. (d)	70. (b)
71. (b)	72. (b)	73. (c)	74. (d)	75. (b)	76. (a)	77. (d)	78. (a)	79. (c)	80. (a)
81. (a)	82. (b)	83. (c)	84. (c)	85. (d)	86. (a)	87. (d)	88. (b)	89. (d)	90. (a)
91. (a)	92. (a)	93. (a)	94. (d)	95. (d)	96. (c)				

अभिकथन-कारण प्रश्न

1. (a)	2. (a)	3. (b)	4. (a)	5. (a)	6. (d)

कथन आधारित प्रश्न

1. (b)	2. (a)	3. (c)	4. (b)	5. (c)	6. (c)	7. (a)	8. (d)	9. (c)	10. (a)

सुमेलन प्रकार प्रश्न

1. (d)	2. (c)	3. (b)	4. (d)	5. (b)	6. (a)

आंकिक मान प्रकार के प्रश्न

1. (5)	2. (2)	3. (3)	4. (4)	5. (3)

NCERT Exemplar प्रश्न

1. (b)	2. (a)	3. (c)	4. (b)	5. A-3, B-4, C-1, D-2	6. (c)	7. (d)	8. (b)	9. (d)
10. (b)	11. A-3, B-4, C-1, D-2	12. (c)	13. (b)	14. (a)				

विगत परीक्षाओं के प्रश्न

1. (b)	2. (b)	3. (c)	4. (b)	5. (d)	6. (d)	7. (a)	8. (d)	9. (a)	10. (a)
11. (b)	12. (d)	13. (b)	14. (a)	15. (b)	16. (d)	17. (a)	18. (d)	19. (a)	20. (a)
21. (a)	22. (b)	23. (a)	24. (a)	25. (b)					

स्किल बूस्टर्स

1. (a)	2. (b)	3. (b)	4. (d)	5. (a)	6. (b)	7. (c)	8. (c)

क्रमवार

प्रश्नों का विश्लेषण

कॉन्सेप्ट बिल्डर्स

1 असत्य
2 कार्बोक्सिलिक अम्ल
3 ऐसीटोन
4 सत्य
5 ऐसिल समूह
6 ऐक्रोलिन
7 एक ही तल, π-इलेक्ट्रॉन
8 सत्य
9 विहाइड्रोजनीकरण
10 Ag या Cu
11 असत्य
12 DIBAL-H, ऐल्डिहाइड
13 CS_2 विलायक में क्रोमिल क्लोराइड
14 सत्य
15 फॉर्मेल्डिहाइड (फॉर्मेलिन 40% विलयन)
16 घटती
17 असत्य
18 क्लीमेन्सन अपचयन
19 ऐल्डिहाइड, ऐल्कोहॉल
20 कैनिजारो अभिक्रिया
21 असत्य
22 फॉर्मिक अम्ल, ब्यूटिरिक अम्ल
23 प्रोपेन-1, 2, 3-ट्राईकार्बोक्सिलिक अम्ल
24 असत्य
25 असत्य
26 सत्य
27 बेन्जोइक अम्ल
28 बढ़ जाती है
29 असत्य
30 हेक्सेनडाइओइक अम्ल

शीर्षकवार प्रश्न

1 *(b)* जब ऐल्डिहाइड समूह एक वलय से जुड़ा होता है, तो साइक्लोऐल्केन के पूर्ण नाम के बाद अनुलग्न कार्बेल्डिहाइड जोड़ा जाता है।

2 *(b)* क्रियात्मक समूह की प्राथमिकता का क्रम —CHO > Br है इसलिए, दिए गए यौगिक का IUPAC नाम 3-ब्रोमो-2-मेथिलहेक्सेनल है।

3 *(c)* यौगिक I का नाम 3-ऑक्सोपेंटेनल तथा यौगिक II का नाम प्रोपेन-1, 2, 3-ट्राइकार्बेल्डिहाइड है।

4 *(a)* दिए गए विकल्पों में से विकल्प (a) गलत सुमेलित है। सही IUPAC नाम 3-मेथिलबेसाइक्लोहेक्सेन कार्बेल्डिहाइड है।

5 *(c)* दिए गए यौगिकों का IUPAC नाम है
(i) मेसिटाइल ऑक्साइड-4-मेथिलपेण्ट-3-ईन-2-ऑन
(ii) ऐक्रोलिन-प्रोप-2-इनल

6 *(a)* कार्बोनिल यौगिकों में त्रिकोणीय समतलीय संरचना की अपेक्षा के अनुसार बन्ध कोण लगभग 120° है।

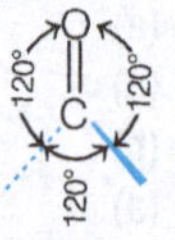

त्रिकोणीय समतलीय

7 *(b)* दिए गए यौगिकों में, फॉर्मेल्डिहाइड कार्बोनिल समूह के C (कार्बन) पर सबसे कम इलेक्ट्रॉन घनत्व होने के कारण यह सबसे अधिक ध्रुवीय है, जबकि अन्य सभी में, C पर इलेक्ट्रॉन घनत्व ऐल्किल समूहों के + *I*-प्रभाव के कारण अधिक है।

8 *(a)* दिए गए कथनों में से I और II गलत हैं जबकि शेष कथन सही हैं। उनके सही रूप हैं:

- कार्बोनिल कार्बन परमाणु में sp^2- संकरण होता है।
- कार्बोनिल कार्बन और उससे जुड़े तीन परमाणु एक ही तल में स्थित हैं।

9 *(b)* ऐल्कोहॉल वाष्प को भारी धातु उत्प्रेरक (Ag या Cu) के ऊपर से गुजारने पर ऐल्डिहाइड और कीटोन प्राप्त होते हैं।

10 *(c)*

$$CH_2{=}C\begin{matrix}H\\R\end{matrix} \xrightarrow{O_3} HCHO + RCHO$$

विनाइल समूह ($CH_2=CH$—) ओजोनीकरण पर फॉर्मेल्डिहाइड देता है।

11 *(b)* दिए गए यौगिकों में से केवल (b) 5-कीटो-2-मेथिलहेक्सेनल देता है।

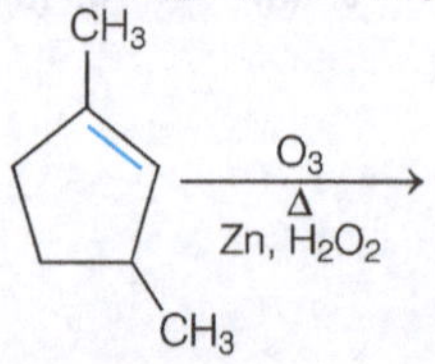

$$CH_3-\overset{O}{\overset{\|}{C}}-CH_2-CH_2-\overset{CH_3}{\overset{|}{C}H}-CHO$$

5-कीटो-2- मेथिल हेक्सेनल

12 *(b)* H_2SO_4 और $HgSO_4$ की उपस्थिति में एथाइन की क्रिया जल से करने पर ऐसीटैल्डिहाइड प्राप्त होता है।

13 *(b)* $\underset{\text{प्रोपाइन}}{CH_3—C\equiv CH}+H—OH \xrightarrow[333\ K]{Hg^{2+}/H^+}$

$$CH_3\underset{O—H}{\underset{|}{C}}=CH_2 \xrightarrow{\text{चलावयवता}} \underset{\text{प्रोपेनॉन}}{CH_3—\overset{O}{\overset{\|}{C}}—CH_3}$$

14 *(a)* निर्मित उत्पाद *R*—CHO है। इस अभिक्रिया का नाम रोजेनमुण्ड अपचयन है।

15 *(d)* दी गई अभिक्रिया **स्टीफेन अभिक्रिया** कहलाती है।

16 *(a)* अभिक्रिया इस प्रकार आगे बढ़ती है

$$R—C\equiv N \xrightarrow[\text{(ii) } H_2O]{\text{(i) AlH(i-Bu)}_2} RCHO$$

अतः *R*CHO मुख्य उत्पाद है।

17 *(b)* दिए गए अधःस्तर में से केवल (b) ही वही उत्पाद देते हैं, अर्थात् DIBAL-H के साथ अपचयन पर ऐल्डिहाइड। नाइट्राइल्स को DIBAL द्वारा चयनात्मक रूप से इमीन में अपचयित किया जाता है, उसके पश्चात् जल अपघटन द्वारा ऐल्डिहाइड में अपचयित किया जाता है। एस्टर को भी DIBAL-H द्वारा ऐल्डिहाइड में अपचयित किया जाता है।

18 *(c)* समग्र अभिक्रिया नीचे दर्शाई गई है।

$$\underset{\text{टॉलूईन}}{\overset{CH_3}{\underset{C_6H_5}{|}}} + CrO_2Cl_2 \xrightarrow{CS_2}$$

$$\underset{\text{क्रोमियम संकुल}}{\overset{CH(OCrOHCl_2)_2}{\underset{C_6H_5}{|}}} \xrightarrow{H_3O^+} \underset{\text{बेन्जैल्डिहाइड}}{\overset{CHO}{\underset{C_6H_5}{|}}}$$

इस अभिक्रिया को ईटार्ड अभिक्रिया कहा जाता है।

19 *(b)* समग्र अभिक्रिया नीचे दर्शाई गई है।

$$\overset{CH_3}{\underset{C_6H_5}{|}} \xrightarrow{Cl_2/h\nu} \underset{\substack{\text{बेन्जल क्लोराइड}\\ \text{'X'}}}{\overset{CHCl_2}{\underset{C_6H_5}{|}}} \xrightarrow[373\ K]{H_2O} \underset{\substack{\text{बेन्जैल्डिहाइड}\\ \text{'Y'}}}{\overset{CHO}{\underset{C_6H_5}{|}}}$$

20 *(a)* दी गई अभिक्रियाओं में से विकल्प (a) गाटरमान कॉच अभिक्रिया है।

21 *(c)* दी गई अभिक्रियाओं I, II और III में मुख्य उत्पाद के रूप में बेन्जोफीनॉन है।

22 *(d)* दिए गए कथनों में से कथन (d) सही नहीं है। इसका सही रूप निम्न है:
H_2, Pd-$BaSO_4$ के साथ एसिल क्लोराइड को उपचारित करने पर कीटोन नहीं ऐल्डिहाइड प्राप्त होता है।

23 *(c)* ब्यूटेन-1-ऑल (II) का क्वथनांक व्यापक अन्तर-आण्विक हाइड्रोजन बन्ध के कारण सबसे अधिक होगा। ब्यूटेनल (I), एथॉक्सीएथेन (III) की तुलना में अधिक ध्रुवीय है।
n-पेण्टेन (IV) में केवल दुर्बल वाण्डर वाल्स बल होता है और इस प्रकार इसका क्वथनांक सबसे कम होगा। इसलिए, सही बढ़ता क्रम (c) है।

24 *(d)* स्थैतिक और इलेक्ट्रॉनिक कारणों से नाभिकरागी संयोजन अभिक्रियाओं में ऐल्डिहाइड सामान्यतः कीटोनों की तुलना में अधिक क्रियाशील होते हैं। ब्येटेनॉन में अतिरिक्त कार्बन स्थैतिक बाधा को बढ़ाता है जिससे यह प्रोपेनोन की तुलना में कम अभिक्रियाशील हो जाता है यह प्रभाव प्रोपेनोल तथा इथेनोल की स्थिति में भी होता है। इस प्रकार, सही क्रम (d) है।

25 *(b)* कथन (b) गलत है, जबकि अन्य कथन सही हैं। संशोधित रूप इस प्रकार है
इस प्रक्रिया में कार्बन का संकरण sp^2 से sp^3 में परिवर्तित हो जाता है तथा एक चतुष्फलकीय ऐल्कोक्साइड मध्यवर्ती उत्पन्न होता है।

26 *(c)* सोडियम हाइड्रोजन सल्फाइट कीटोन के साथ मिलकर योगात्मक उत्पाद (बाइसल्फाइट योगात्मक यौगिक) बनाता है।
हाइड्रोजन सल्फाइट योगज यौगिक जल में घुलनशील है। और इसे तुन खनिज अम्ल या क्षार के साथ उपचारित करके मूल कार्बोनिल यौगिक में वापस परिवर्तित किया जा सकता है।

$$CH_3COCH_3 + NaHSO_3 \longrightarrow CH_3-\underset{CH_3}{\overset{OH}{C}}-SO_3Na \xrightarrow{Na_2CO_3} \underset{\text{(बाइसल्फाइट संयोजन यौगिक)}}{CH_3COCH_3}$$

27 *(c)* I और II क्रमशः हेमीऐसीटल और ऐसीटल हैं।

28 *(a)* कार्बोनिल यौगिकों में सोडियम हाइड्रोजन सल्फाइट का योग नाभिकस्नेही योगात्मक अभिक्रिया का एक उदाहरण है।

29 *(d)* कार्बोनिल यौगिक में NH_3 का योग एक उदाहरण है जिसमें नाभिकस्नेही योग के बाद क्रमशः विलोपन (elimination) अभिक्रिया होती है।

30 *(c)* विकल्प (c) में दिया गया मिलान सही नहीं है।

$$>C{=}N-NH-\underset{O}{\overset{}{\underset{\|}{C}}}-NH_2 \longrightarrow \text{सेमीकार्बेजोन}$$

31 *(d)* पूर्ण अभिक्रिया है,

$$CH_3CH{=}CH-CHO + NH_2-\overset{O}{\overset{\|}{C}}-NH\,NH_2 \xrightarrow{H^+} CH_3CH{=}CH-CH{=}N-NH-\overset{O}{\overset{\|}{C}}-NH_2$$

32 *(d)* कथन (a), (b), और (c) सही हैं लेकिन कथन (d) सही नहीं है। सही रूप है दी गई अभिक्रिया एक नाभिकस्नेही संयोजन अभिक्रिया है और इस प्रकार, इसमें α-हाइड्रोजन की कोई भूमिका नहीं है।

33 *(a)* दिए गए रूपान्तरण के लिए उपयुक्त अभिकर्मक $NaBH_4$ है। यह एक चयनात्मक अभिकर्मक है और कार्बन-कार्बन द्विबन्ध का अपचयन नहीं करता है।
इस प्रकार, इस अभिकर्मक द्वारा असन्तृप्त ऐल्कोहॉल तैयार किया जा सकता है।

34 *(c)* $LiAlH_4$ एक प्रबल अपचायक है, यह CH_2OH में —CHO को अपचयित करता है। यह कार्बन-कार्बन द्विबन्ध को भी अपचयित करता है, जब C=C कार्बोनिल समूह के साथ संयुग्मन (Double bond) में होगा। अभिक्रिया इस प्रकार आगे बढ़ती है

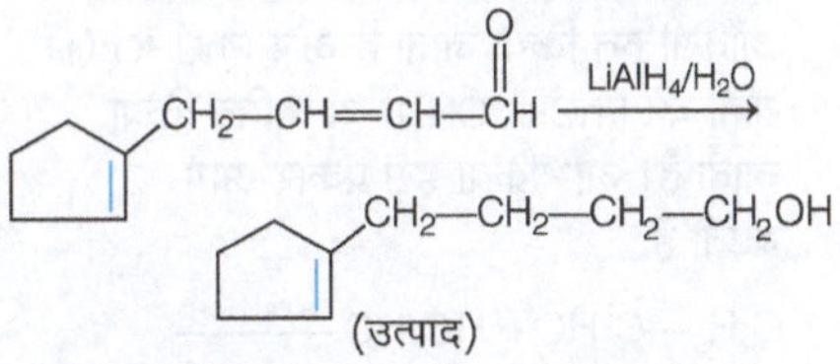

35 *(a)* अपचायक जैसे $LiAlH_4$, $NaBH_4$ अर्थात जटिल हाइड्राइड आमतौर पर π-बॉन्ड को प्रभावित नहीं करते हैं। इस प्रकार, विकल्प (a) सही उत्तर है।

36 *(c)* दी गई अभिक्रिया में X और Y क्रमशः H_2O, H_2SO_4 / Hg^{2+} और $NaBH_4$ हैं।

37 *(a)* $CH_3CH{=}CHCHO \xrightarrow[Pt]{H_2} CH_3CH_2CH_2CHO$

38 *(b)* दी गई अभिक्रिया **क्लीमेन्सन** अपचयन है।

$$>C{=}O \xrightarrow[HCl]{Zn\text{-}Hg} >CH_2 + H_2O$$

39 *(b)* सही क्रम है

$$CH_3CHO \xrightarrow[{[O]}]{K_2Cr_2O_7/H^+} CH_3COOH \xrightarrow{Ca(OH)_2} (CH_3COO)_2Ca \xrightarrow{\Delta} CH_3COCH_3$$

40 *(a)* फेलिंग विलयन *A* का संघटन जलीय कॉपर सल्फेट है तथा फेलिंग विलयन *B* क्षारीय सोडियम पोटैशियम टार्टेट (रोशेल लवण) है।

41 *(c)* दिए गए यौगिकों में से CH_3COCH_3 अमोनिकल सिल्वर नाइट्रेट के साथ रजत दर्पण नहीं देता है, लेकिन हाइड्रॉक्सिलएमीन के साथ ऑक्सिम देता है।

42 *(b)* टॉलेन अभिकर्मक

43 *(b)* ऐलिफैटिक ऐल्डिहाइड को फेलिंग अभिकर्मक के साथ गर्म करने पर, Cu_2O के निर्माण के कारण लाल भूरे रंग का अवक्षेप प्राप्त होता है।

44 *(d)* दी गई अभिक्रियाओं में से केवल (d) बेन्जेल्डिहाइड नहीं देगा।

$$\underset{C_6H_5}{\overset{COCH_3}{|}} + Zn/Hg \xrightarrow{\text{सान्द्र HCl}} \underset{\text{एथिल बेन्जीन}}{\underset{C_6H_5}{\overset{CH_2CH_3}{|}}} + H_2O$$

इस अभिक्रिया को **क्लेमेन्स** अपचयन के नाम से जाना जाता है।

45 *(d)* एथेनल और प्रोपेनल में आयोडोफॉर्म परीक्षण द्वारा अन्तर किया जाता है। एथेनल में एक मेथिल समूह होता है जो कार्बोनिल कार्बन परमाणु से जुड़ा होता है और इसलिए, यह इस परीक्षण पर अभिक्रिया करता है। प्रोपेनल इस परीक्षण पर अभिक्रिया नहीं करता है।

46 *(c)* समग्र अभिक्रिया नीचे दर्शाई गई है।

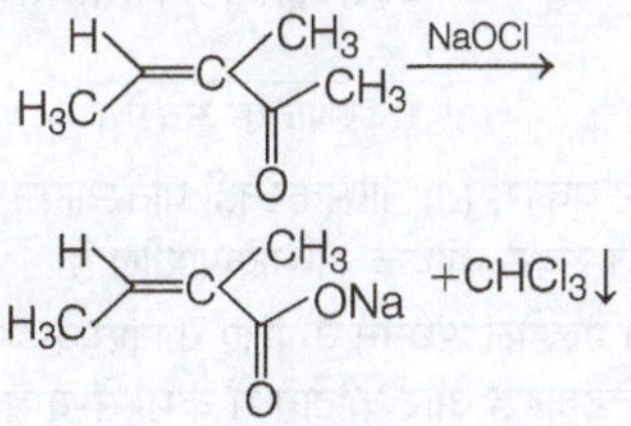

यह अभिक्रिया हेलोफॉर्म अभिक्रिया का एक उदाहरण है। इस ऑक्सीकरण में कार्बन-कार्बन द्विबन्ध प्रभावित नहीं होता, यदि अणु में उपस्थित हो।

47 *(d)* दिए गए यौगिकों में से फॉर्मेल्डिहाइड एकमात्र ऐसा यौगिक है जो हेलोफॉर्म परीक्षण नहीं देता है।

48 *(c)* 2, 4-DNP अभिकर्मक कार्बोनिल यौगिकों (ऐल्डिहाइड और कीटोन) के साथ अभिक्रिया करके नारंगी-लाल अवक्षेप बनाता है।

दिए गए यौगिकों में से, ब्यूटेनॉन एक कार्बोनिल यौगिक है और इसलिए 2, 4-DNP अभिकर्मक के साथ अभिक्रिया कर सकता है।

49 *(b)* यौगिक *A* और *B* हैं क्रमशः

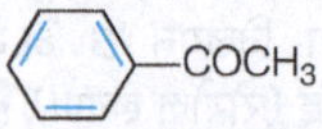

और I_2 अभिक्रिया इस प्रकार आगे बढ़ती है

$$2NaOH + \underset{(B)}{I_2} \longrightarrow NaOI + NaI + H_2O$$

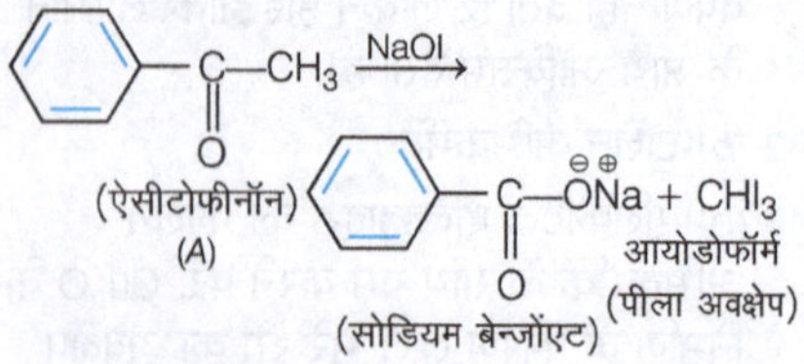

50 *(b)* कथन (b) सही है, जबकि कथन (a), (c) और (d) गलत हैं। इनके सही रूप निम्नलिखित हैं

(a) CH_3—O समूह हैलोफॉर्म अभिक्रिया नहीं देता है।

(c) इस अभिक्रिया में सोडियम हाइपोहैलाइट (NaOX) का उपयोग अभिकर्मक के रूप में किया जाता है।

(d) इस अभिक्रिया में, मेथिल समूह हैलोफॉर्म (CHX_3) में परिवर्तित हो जाता है।

51 *(d)* नाभिकस्नेही योगात्मक अभिक्रिया के प्रति कार्बोनिल यौगिकों की क्रियाशीलता स्थैतिक और इलेक्ट्रॉनिक प्रभावों पर निर्भर करती है।

अभिक्रियाशीलता ∝ EWG (इलेक्ट्रॉन निष्कासित समूह)

$$\propto \frac{1}{\text{स्थैतिक अवरोध}}$$

इस प्रकार, (d) नाभिकस्नेही प्रतिस्थापन के प्रति सबसे अधिक अभिक्रियाशील है।

52 *(a)* ऐल्डोल संघनन के लिए आवश्यक शर्त ऐल्डिहाइड और कीटोन में कम-से-कम एक α-H परमाणु की उपस्थिति है। इस प्रकार, दिए गए विकल्पों में से, (a) ऐल्डोल संघनन से नहीं गुजरता है, क्योंकि इसमें कोई α-हाइड्रोजन परमाणु नहीं होता है।

53 *(b)* यौगिक *X* और *Y* क्रमशः हैं,

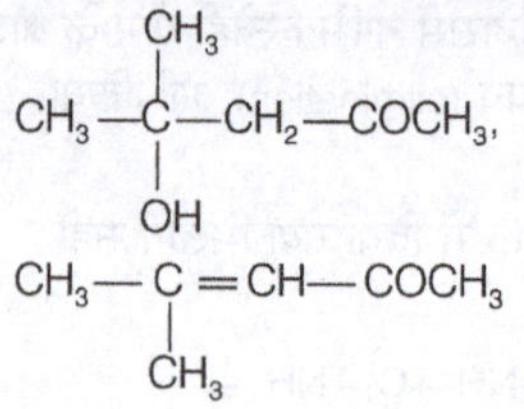

54 *(a)* अभिक्रिया इस प्रकार आगे बढ़ती है

$$CH_3COCl \xrightarrow{Pd/BaSO_4(X)} CH_3CHO \xrightleftharpoons{\text{तनु } NaOH\,(Y)} CH_3—\underset{}{\overset{OH}{|}}\!CH—CH_2CHO \xrightarrow[-H_2O]{\text{ऊष्मा }(Z)} CH_3CH=CHCHO$$

55 *(b)* अभिक्रिया इस प्रकार आगे बढ़ती है

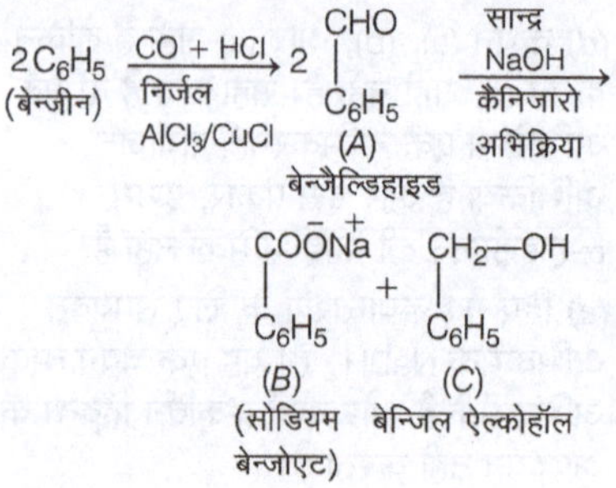

56 *(c)* दी गई अभिक्रिया एक क्रॉस कैनिज़ारो अभिक्रिया है जो एक रेडॉक्स अभिक्रिया भी है। Ph-CHO और H-CHO के -CHO समूहों के कार्बन परमाणु की ऑक्सीकरण संख्या क्रमशः + 1 और शून्य है।

PhCHO की तुलना में अधिक प्रबल अपचायक है। परिणामस्वरूप, HCHO को HCOONa (हाइड्राइड, H^- के दान द्वारा) में ऑक्सीकृत किया जाता है और PhCHO (H^- ग्राही को $PhCH_2$ OH में अपचयित किया जाता है। अभिक्रिया इस प्रकार आगे बढ़ती है

$$C_6H_5—\overset{+1}{C}HO + H\overset{0}{C}HO \xrightarrow{50\%\ NaOH} C_6H_5—\overset{-1}{C}H_2OH + H\overset{+2}{C}OONa$$

$$\downarrow H_3O^+$$

$$C_6H_5CH_2OH + HCOOH$$

(मुख्य उत्पाद)

57 *(c)* ऐल्डिहाइड जिनमें α-हाइड्रोजन नहीं होता, कैनिज़ारो अभिक्रिया से गुजरते हैं। दिए गए विकल्पों में से, ऐसीटैल्डिहाइड कैनिज़ारो अभिक्रिया नहीं देता है, क्योंकि इसमें 3α-हाइड्रोजन होता है।

58 *(d)* अभिक्रिया इस प्रकार आगे बढ़ती है

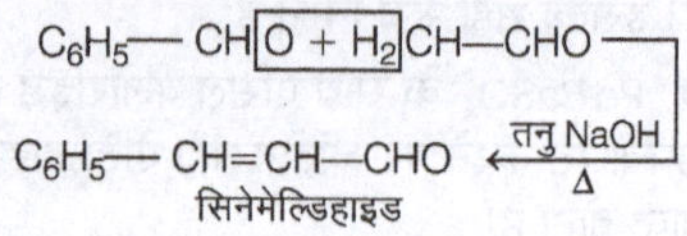

59 *(d)* यौगिक *A* ऐसीटोफीनॉन है।

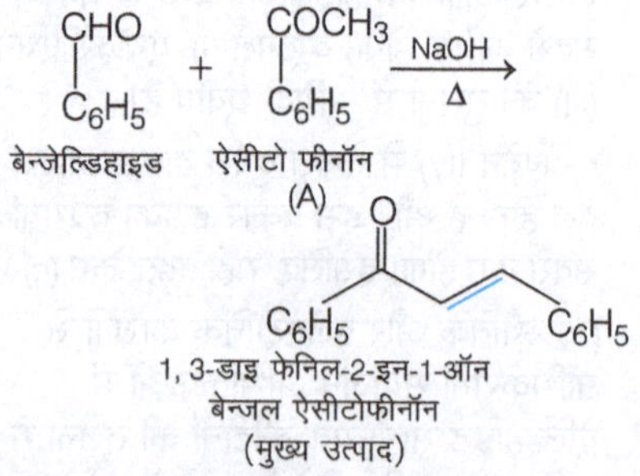

60 *(b)* कथन (b) सही है, जबकि अन्य कथन गलत हैं। इनका संशोधित रूप इस प्रकार है

(a) α-हाइड्रोजन की अनुपस्थिति के कारण, CCl_3CHO ऐल्डोल संघनन प्रदर्शित नहीं करता है।

(c) HCHO और CH_3CHO का मिश्रण क्रॉस -ऐल्डोल, सैल्फ ऐल्डोल तथा साथ ही साथ संघनन देगा।

(d) 2-मेथिलप्रोपेनल से गुजरता है कैनिज़ारो इसमें α-H-परमाणु होता है। यह कम स्थिर कार्बऋणामन के निर्माण के कारण होता है।

61 *(a)* अभिक्रिया इस प्रकार आगे बढ़ती है

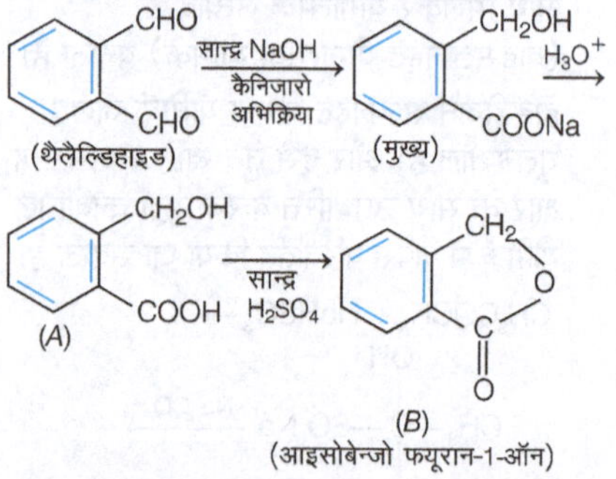

62 *(a)* बेन्जेल्डिहाइड के नाइट्रेशन के दौरान, नाइट्रो समूह *मेटा*-स्थिति से जुड़कर *m*- नाइट्रो बेन्जेल्डिहाइड बनाता है। अभिक्रिया इस प्रकार है

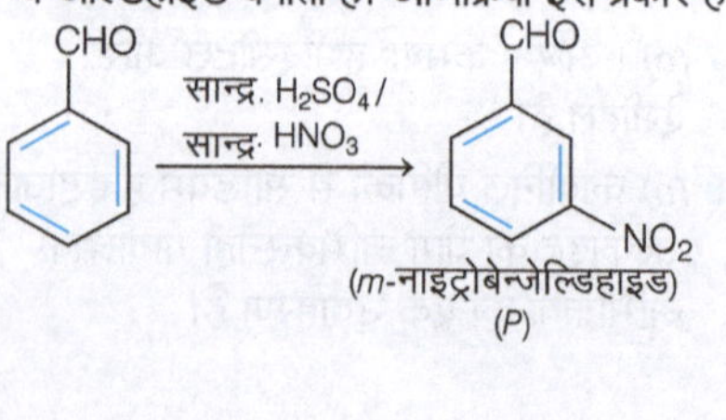

63 *(c)* दिए गए यौगिक का सामान्य नाम आइसोब्यूटिरिक अम्ल या α-मेथिलप्रोपेनोइक अम्ल है।

64 *(a)* α-ऐसीटिल सक्सीनिक अम्ल का IUPAC नाम 2-(1-ऑक्सोएथिल) ब्यूटेन-1, 4-डाइऑइक अम्ल है।

65 *(a)* संरचना है

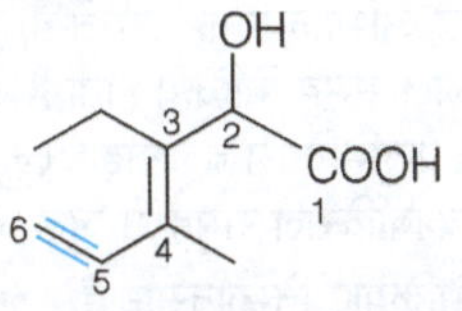

(3-एथिल-2-हाइड्रॉक्सी-4-मेथिलहेक्स-3-ईन-5-आइनोइक अम्ल)।

66 *(a)* दिए गए विकल्पों में से विकल्प (a) गलत सुमेलित है।

$PhCH_2CH_2COOH \rightarrow$ 3-फेनिलप्रोपेनोइक अम्ल

67 *(c)* कथन (c) सही है, जबकि अन्य कथन गलत हैं।

उनका सही रूप इस प्रकार है

- ऑक्सीकरण के साथ उपचार करने पर ऐल्डिहाइड आसानी से कार्बोक्सिलिक अम्ल में ऑक्सीकृत हो जाते हैं।
- कीटोन्स को प्रबल परिस्थितियों में, अर्थात् प्रबल ऑक्सीकारक और उच्च तापमान पर कार्बोक्सिलिक अम्लों में ऑक्सीकृत किया जाता है।
- कार्बोक्सिलिक अम्लों में, कार्बोक्सिल कार्बन के साथ बन्ध sp^2-संकरित कार्बन परमाणु के साथ समतलीय होता है तथा इनमें त्रिकोणीय समतलीय ज्यामिति होती है।

68 *(b)* $CH_3CH_2CH_2C_6H_5 \xrightarrow[\text{ऊष्मा}]{KMnO_4, KOH} \underset{(A)}{C_6H_5COOK}$

$\xrightarrow{H_3O^+} \underset{(B)}{C_6H_5COOH}$

69 *(d)* कथन (a), (b) और (c) सही हैं, जबकि कथन (d) गलत है। संशोधित रूप इस प्रकार है प्राथमिक ऐल्कोहॉल अम्लीय या क्षारीय माध्यम में सामान्य ऑक्सीकारक जैसे उदासीन अम्लीय या क्षारीय $KMnO_4$, $K_2Cr_2O_7$ तथा CrO_3 (क्रोमियम ट्राईऑक्साइड) के साथ आसानी से कार्बोक्सिलिक अम्ल में ऑक्सीकृत हो जाते हैं।

70 *(b)* दी गई अभिक्रियाओं में बनने वाले उत्पाद नीचे दर्शाए गए हैं :

$\underset{\text{टॉलुईन}}{C_6H_5CH_3} \xrightarrow[\text{ऊष्मा}]{KMnO_4, KOH} C_6H_5COO^-K^+ \xrightarrow{H_3O^+} \underset{\text{(I) बेन्जोइक अम्ल}}{C_6H_5COOH}$

$C_6H_5CH_2CH_2CH_3 \xrightarrow[\Delta]{KMnO_4, KOH} C_6H_5COO^-K^+ \xrightarrow{H_3O^+} \underset{\text{(II) बेन्जोइक अम्ल}}{C_6H_5COOH}$

अभिक्रिया III नहीं होती, क्योंकि प्राथमिक और द्वितीयक ऐल्किल समूह इन अभिक्रियाओं में ऑक्सीकृत हो जाते हैं, जबकि तृतीयक समूह अप्रभावित रहता है।

71 *(b)* अभिक्रिया इस प्रकार आगे बढ़ती है

$\underset{\text{फीनॉल}}{C_6H_5OH} \xrightarrow[\text{चूर्ण}]{Zn} \underset{\text{बेन्जीन (A)}}{C_6H_6} \xrightarrow[\text{निर्जल } AlCl_3]{(CH_3)_2CHCOCl} \underset{(B)}{C_6H_5CH(CH_3)_2}$

$\xrightarrow[\text{(ii) } H_3O^+]{\text{(i) ऐल्कली } KMnO_4} \underset{\text{(C) (बेन्जोइक अम्ल)}}{C_6H_5COOH}$

72 *(b)* अभिक्रिया इस प्रकार आगे बढ़ती है

$C_6H_5MgBr \xrightarrow[\text{शुष्क ईथर}]{CO_2} C_6H_5-C(=O)-O^-MgBr^+$

$\xrightarrow{H_3O^+} C_6H_5COOH$

73 *(c)* कार्बोक्सिलिक अम्ल को ग्रिगनार्ड अभिकर्मक की CO_2 के साथ अभिक्रिया द्वारा तैयार किया जाता है।

∵ फॉर्मिक अम्ल (HCOOH) में केवल एक कार्बन परमाणु होता है, इसलिए इसे ग्रिगनार्ड अभिकर्मक से तैयार नहीं किया जा सकता।

74 *(d)* कथन (d) गलत है। इसका सही स्वरूप इस प्रकार है *R* को गर्म करने के पश्चात् केवल एक जल अणु ही कम होता है। इसे हम इस क्रियाविधि द्वारा देख सकते हैं।

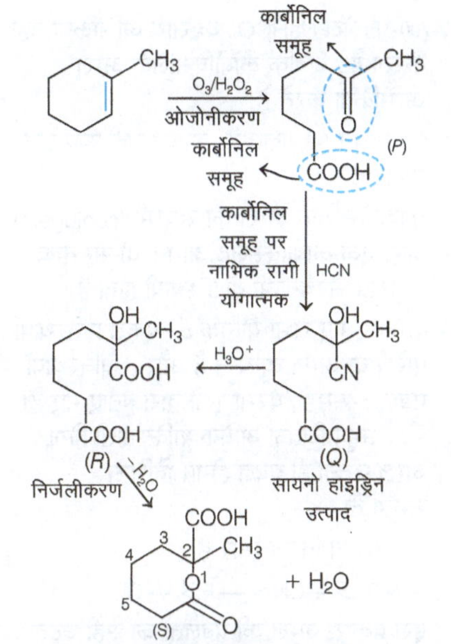

75 *(b)* पूर्ण अभिक्रियाएँ नीचे दी गई हैं।

- $\underset{\text{बेन्जोइक ऐनाहाइड्राइड}}{(C_6H_5CO)_2O} \xrightarrow{H_2O} \underset{\text{बेन्जोइक अम्ल (I)}}{2C_6H_5-COOH}$

इस प्रकार, उपरोक्त अभिक्रिया में बेन्जोइक अम्ल के दो अणु बनते हैं।

- $\underset{\text{बेन्जोइल एथेनॉइक ऐनहाइड्राइड}}{C_6H_5COOCOCH_3} \xrightarrow{H_2O}$

$\underset{\text{बेन्जोइक अम्ल}}{C_6H_5COOH} + \underset{\text{एथेनॉइक अम्ल}}{CH_3COOH}$ (II)

इस प्रकार, विकल्प (b) सही है।

76 *(a)*

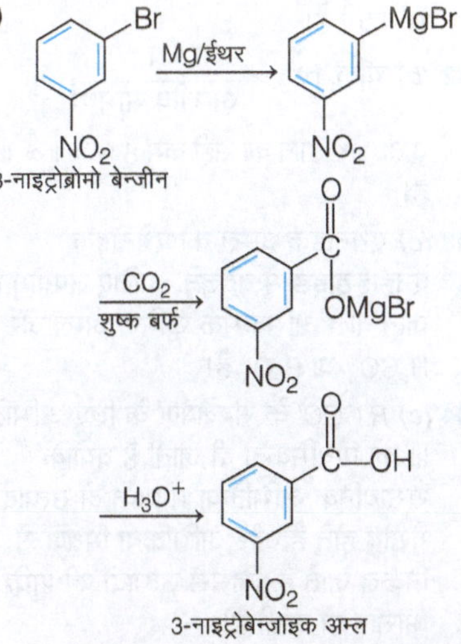

77 *(d)* फीनॉल $NaHCO_3$ के साथ अभिक्रिया नहीं करता है , जबकि कार्बोक्सिलिक अम्ल अभिक्रिया करते हैं।

78 *(a)* कथन (a) गलत है। इसका सही रूप इस प्रकार है

कार्बोक्सिलिक अम्ल का संयुग्मी (conjugate) क्षार, एक कार्बोक्सिलेट आयन, दो समतुल्य अनुनाद संरचनाओं द्वारा स्थायी होता है।

79 *(c)* दिए गए सभी यौगिक α- एकल प्रतिस्थापी एसिटिक अम्ल व्युत्पन्न हैं और α-प्रतिस्थापी प्रबल-/-समूहों/परमाणुओं द्वारा बनाए गए हैं। - *I* -समूह जितना अधिक शक्तिशाली होगा, अम्ल उतना ही प्रबल होगा। विभिन्न समूहों के

- *I* -प्रभाव निम्नानुसार है

$—NO_2 > —CN > —F > —Cl$

इस प्रकार, अम्ल की प्रबलता का सही घटता क्रम (c) है।

80 *(a)* ऐरोमैटिक कार्बोक्सिलिक अम्ल के बेन्जीन वलय पर इलेक्ट्रॉन वापस लेने वाले समूह की उपस्थिति इसकी अम्लीयता को बढ़ाती है, जबकि इलेक्ट्रॉन त्याग करने वाले समूह इसकी अम्लीयता को कम करते हैं।

अतः अम्लता का सही बढ़ता क्रम (a) है।

81 *(a)* अम्लीयता बढ़ जाती है, क्योंकि —COOH समूह से सीधे जुड़े C-परमाणु की विद्युत ऋणात्मकता या COOH से सीधे जुड़े C-परमाणु का संकरण बदल जाता है

$sp^3 \rightarrow sp^2 \rightarrow sp$

अतः अम्लीय सामर्थ्य क्रम I > II > III > IV में घटती है।

82 *(b)* चूँकि, $pK_a \propto \dfrac{1}{\text{अम्लीय सामर्थ्य}}$

अतः pK_a मान का सही क्रम है IV > II > III > I है।

83 *(c)* एथेनॉइक अम्ल को एथेनॉइक ऐनहाइड्राइड में बदलने के लिए उपयोग किए जाने वाले अभिकर्मक खनिज अम्ल जैसे H_2SO_4 या P_2O_5 हैं।

84 *(c)* *R COCl* के संश्लेषण के लिए अभिक्रिया III को प्राथमिकता दी जाती है क्योंकि रासायनिक अभिक्रिया में प्राप्त दो उत्पाद गैसीय होते हैं और अभिक्रिया मिश्रण से निकल जाते हैं, जिससे उत्पादों की शुद्धि आसान हो जाती है।

85 *(d)* सम्पूर्ण अभिक्रिया इस प्रकार है

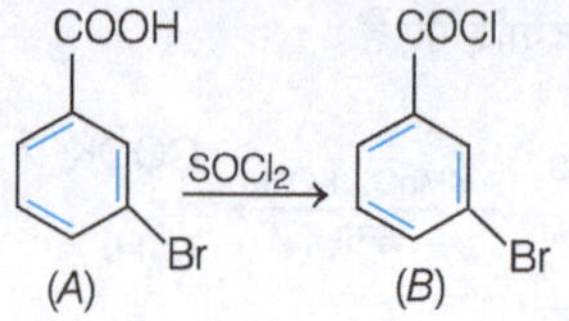

86 *(a)* अभिक्रिया इस प्रकार आगे बढ़ती है

$$\underset{\text{बेन्जेइक अम्ल}}{C_6H_5—\overset{O}{\overset{\|}{C}}—OH} + \underset{\text{मेथेनॉल}}{H—\overset{18}{O}—CH_3} \xrightarrow{H^+} \underset{\text{(P) मेथिल बेन्जेओएट}}{C_6H_5—\overset{O}{\overset{\|}{C}}—\boxed{\overset{18}{O}—CH_3}}$$

87 *(d)* $CH_3COOH + PCl_5 \longrightarrow \underset{(A)}{CH_3COCl} \xrightarrow[\text{निर्जल. } AlCl_3]{C_6H_6} \underset{(B)}{C_6H_5COCH_3} \xrightarrow[\text{ईथर}]{C_2H_5MgBr} \underset{(C)}{C_6H_5C(OH)(C_2H_5)CH_3}$

88 *(b)* दिए गए विकल्पों में से यौगिक (b) सबसे तेजी से डीकार्बोक्सिलेशन करेगा, क्योंकि यह β- कीटो अम्ल है। β-कीटो अम्ल को हल्का गर्म करने पर डीकार्बोक्सिलेशन होता है तथा कीटोन बनता है।

89 *(d)* दिए गए विकल्पों में से, यौगिक (d) में एक एल्फा-कार्बन के साथ एक एल्फा-हाइड्रोजन भी उपस्थित है। इसलिए, यह यौगिक HVZ अभिक्रिया देगा।

90 *(a)* $NaBH_4$ एक अच्छा अपचायक है, लेकिन यह $LiAlH_4$ जितना अच्छा अपचायक नहीं है। यह ऐल्डिहाइड, कीटोन, अम्ल क्लोराइड को अपचयित कर सकता है लेकिन कार्बोक्सिलिक अम्ल को अपचयित नहीं कर सकता। अतः उपरोक्त अभिक्रिया का प्रमुख उत्पाद (a) है।

91 *(a)* डाइबोरेन एस्टर, नाइट्रो, हैलो आदि क्रियात्मक समूहों को आसानी से अपचयित नहीं करता है। कार्बोक्सिलिक अम्ल लिथियम एल्यूमीनियम हाइड्राइड डाइबोरेन के साथ प्राथमिक ऐल्कोहॉल में अपचयित हो जाते हैं

92 *(a)* मैलोनिक अम्ल का डीकार्बोक्सिलेशन निम्नलिखित है।

$$\underset{\text{मैलोनिक अम्ल}}{HO—\overset{\beta}{\underset{\underset{O}{\|}}{C}}—\overset{\alpha}{C}H_2—COOH} \xrightarrow[\text{डीकार्बोक्सिलेशन}]{\Delta} \underset{\text{ऐसीटिक अम्ल}}{H_3C—COOH} + CO_2 \uparrow$$

इसलिए, एसिटिक अम्ल मैलोनिक अम्ल के डीकार्बोक्सिलेशन द्वारा बनता है।

93 *(a)* कार्बोक्सिलिक अम्ल के क्षारीय धातु लवण इलेक्ट्रोलिटिक पर डी कार्बोक्सिलेथन से गुजरते हैं और अम्लों के क्षार समूह में मौजूद कार्बन के दोगुने सदस्य के साथ हाइड्रोकार्बन बनाते हैं। इसे कोल्बे इलेक्ट्रोलिसिस कहा जाता है।

94 *(d)* ऐरोमैटिक कार्बोक्सिलिक अम्ल फ्रीडेल -क्राफ्ट्स अभिक्रिया नहीं करते हैं, क्योंकि कार्बोक्सिल समूह निष्क्रिय होता है और उत्प्रेरक ऐलुमिनियम क्लोराइड (लुईस अम्ल) कार्बोक्सिल समूह से जुड़ जाता है।

95 *(d)* अभिक्रियाएँ निम्नानुसार हैं

$\text{बेन्जोइक अम्ल} \xrightarrow[\text{सान्द्र } H_2SO_4]{\text{सान्द्र } HNO_3}$ *m*-नाइट्रोबेन्जोइक अम्ल

$\text{बेन्जोइक अम्ल} \xrightarrow{Br_2/FeBr_3}$ *m*-ब्रोमोबेन्जोइक अम्ल

96 *(c)* मेथेनॉइक अम्ल का उपयोग रबड़, कपड़ा, रंगाई, चमड़ा और इलेक्ट्रोप्लेटिंग उद्योगों में किया जाता है।

अभिकथन-कारण प्रश्न

1 *(a)* A और R दोनों सत्य हैं और R, A का सही स्पष्टीकरण है।

2 *(a)* A और R दोनों सत्य हैं और R, A का सही स्पष्टीकरण है।

3 *(b)* A और R दोनों सत्य हैं लेकिन R, A का सही स्पष्टीकरण नहीं है। A का सही स्पष्टीकरण हैः

HCN मुख्य रूप से एक सहसंयोजक (covalent compound) यौगिक है और कार्बोनिल यौगिक पर नाभिकस्नेही आक्रमण के लिए आसानी से CN^- आयन प्रदान नहीं कर सकता है। अभिक्रिया क्षार की उपस्थिति में होती है जो अम्ल के आयनीकरण में मदद करती है जिससे CN^- आयन मुक्त होता है।

4 *(a)* A और R दोनों सत्य हैं और R, A का सही स्पष्टीकरण है।

5 *(a)* A और R दोनों सत्य हैं और R, A का सही स्पष्टीकरण है।

6 *(d)* A गलत है लेकिन R सत्य है। A का सही रूप हैः एस्टर का जल-अपघटन प्रारम्भ में धीमा होता है तथा कुछ समय पश्चात् तीव्र हो जाता है, क्योंकि अभिक्रिया प्रारम्भ करने के लिए शुरुआत में तनु सल्फ्यूरिक अम्ल की थोड़ी मात्रा मिलाई जाती है।

कथन आधारित प्रश्न

1 *(b)* कथन I गलत है लेकिन कथन II सत्य है।

कथन I का सही रूप है:

$$Ph—\overset{O}{\overset{||}{C}}—CH_2—CH_3$$

$CH_3CH_2CH_2—CH(Br)CH(CH_3)CH_2CHO$

इनका नाम 1-फेनिलप्रोपेन-1-ओन और 4-ब्रोमो-3-मैथिहेप्टेनल है।

2 *(a)* कथन I और II दोनों सत्य हैं।

3 *(c)* कथन I सत्य है लेकिन कथन II असत्य है।

कथन II का सही रूप है

ऐल्डिहाइड/कीटोन में HCN (हाइड्रोजन सायनाइड) के नाभिकस्नेही योग से अन्तिम उत्पाद के रूप में साइनोहाइड्रिन प्राप्त होता है।

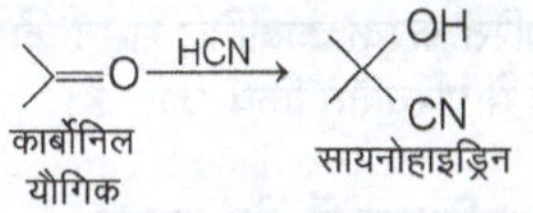

4 *(b)* कथन I गलत है लेकिन कथन II सत्य है।

कथन I का सही रूप है:

सोडियम हाइपोहैलाइट द्वारा ऑक्सीकृत होने पर ऐल्डिहाइड और कीटोन में कार्बोनिल कार्बन परमाणु से जुड़ा कम-से-कम एक मेथिल समूह होता है।

5 *(c)* कथन I सत्य है लेकिन कथन II असत्य है।

कथन II का सही रूप है:

एथेनॉइक अम्ल का उपयोग खाद्य उद्योग में विलायक और सिरके के रूप में किया जाता है।

हेक्सेनडायोइक अम्ल, नायलोन-6, 6 के निर्माण में उपयोग किया जाता है।

6 *(c)* दिए गए कथनों में से केवल I, II और IV सही हैं जबकि III और V गलत हैं।

उनका सही रूप है:

- HCl की उपस्थिति में $SnCl_2$ के साथ संगत इमीन में अपचयित किया जाता है, जो जल-अपघटन पर संगत ऐल्डिहाइड देता है।
- फ्रीडेल -क्राफ्टस ऐसीलीकरण अभिक्रिया में, जब बेन्जीन को ऐनहाइड्राइड की उपस्थिति में अम्ल क्लोराइड के साथ उपचारित किया जाता है, तो $AlCl_3$ संगत कीटोन देता है।

7 *(a)* दिए गए कथनों में से केवल कथन I और II गलत हैं, जबकि अन्य कथन III, IV और V सही हैं। I और II का सही रूप है:

- ऐल्डिहाइड और कीटोन के क्वथनांक, समतुल्य आण्विक द्रव्यमान वाले हाइड्रोकार्बन और ईथर से अधिक होते हैं।
- ऐसीटोन और बेन्जेल्डिहाइड फेहलिंग परीक्षण पर अभिक्रिया नहीं करते, क्योंकि बेन्जेल्डिहाइड में α-हाइड्रोजन नहीं होता और कीटोन फेलिंग परीक्षण पर अभिक्रिया नहीं करता।

8 *(d)* दिए गए कथनों में से II, IV और V गलत हैं, जबकि कथन I और III सही हैं।

II, IV और V का सही रूप है

- ग्लूटेरिक अम्ल का IUPAC नाम पेन्टेनडाइओइक अम्ल है।
- कार्बोक्सिलिक अम्लों में, कार्बोक्सिल कार्बन के बन्ध एक तल में होते हैं तथा लगभग 120° से पृथक होते हैं।
- जोन्स अभिकर्मक अम्लीय माध्यम में क्रोमियम ट्राईऑक्साइड (CrO_3) है।

9 *(c)* दिए गए कथनों में से I, II, III और V सही हैं जबकि कथन IV गलत है।

कथन IV का सही रूप है: कार्बोक्सिलिक अम्ल अमोनिया के साथ अभिक्रिया करके अमोनियम लवण देता है जिसे उच्च तापमान पर गर्म करने पर ऐमाइड प्राप्त है।

10 *(a)* दिए गए कथनों में से I और V गलत हैं, जबकि कथन II, III और IV सही हैं।

I और V का सही रूप है:

- ऐरोमैटिक कार्बोक्सिलिक अम्ल इलेक्ट्रॉनस्नेही प्रतिस्थापन अभिक्रिया से गुजरते हैं जिसमें कार्बोक्सिल समूह निष्क्रियक और *मेटा*-निर्देशक समूह के रूप में कार्य करता है।
- हाइड्रोजन सल्फाइट योगज यौगिक जल में घुलनशील है और तनु खनिज अम्ल या ऐल्केल के साथ उपचारित करने पर इसे मूल कार्बोनिल यौगिक में पुनः परिवर्तित किया जा सकता है।

सुमेलन प्रकार के प्रश्न

1 *(d)* सही सुमेलन A-4, B-1, C-3, D-2 है।

2 *(c)* सही सुमेलन A-1, B-3, C-2, D-4 है।

3 *(b)* सही सुमेलन A-4, B -3, C -2, D -1 है।

4 *(d)* सही सुमेलन A-2, B-4, C-1, D-3 है।

5 *(b)* सही सुमेलन A-4, B -3, C -1, D -2 है।

6 *(a)* सही सुमेलन A-4, B-2, C-3, D-1 है।

आंकिक मान प्रकार के प्रश्न

1 *(5)* मेसिटिल ऑक्साइड की संरचना है

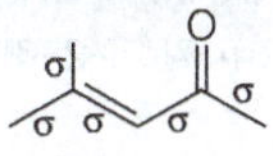

अतः C—C सिग्मा बन्ध की संख्या 5 है।

2 *(2)* दो अर्द्ध अभिक्रियाएँ हैं

$$[Ag(NH_3)_2]^+ + e^- \longrightarrow Ag + 2NH_3$$

$$RCHO + 3OH^- \longrightarrow RCO_2^- + 2H_2O + 2e^-$$

इस प्रकार, समग्र अभिक्रिया है

$$2[Ag(NH_3)_2]^+ + RCHO + 3OH^- \longrightarrow 2Ag + RCO_2^- + 4NH_3 + 2H_2O$$

इसलिए, 1 मोल R—CHO के लिए, 2 मोल $[Ag(NH_2)_2]+$ अपचयित हो जाता है।

3 *(3)* हैलोफॉर्म परीक्षण अणुओं द्वारा दिया जाता है

$—\overset{O}{\overset{||}{C}}—CH_3$ और $—\overset{OH}{\overset{|}{C}H}—CH_3$ समूह हैलोफॉर्म परीक्षण देंगे, अर्थात (i), (iii) और (v) हेलोफॉर्म परीक्षण देंगे।

4 *(4)* दी गई अभिक्रिया ऐल्डोल संघनन का एक उदाहरण है, क्योंकि α-H के साथ कीटोन क्षार की उपस्थिति में अभिक्रिया कर रहा है।

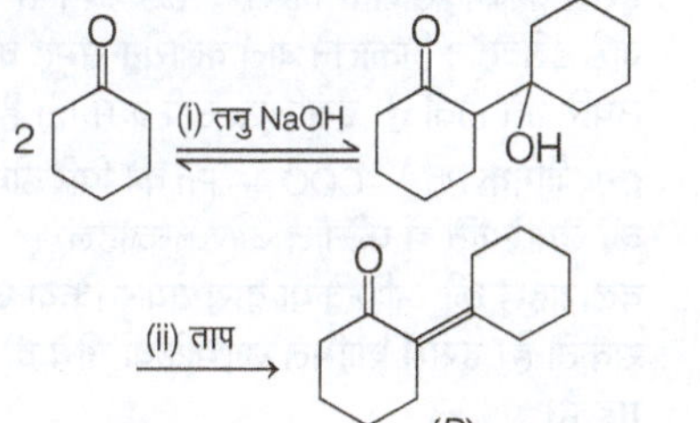

(P)

मुख्य उत्पाद

∴ उत्पाद '*P*' में उपस्थित π-इलेक्ट्रॉनों की संख्या 4 है।

5 *(3)*

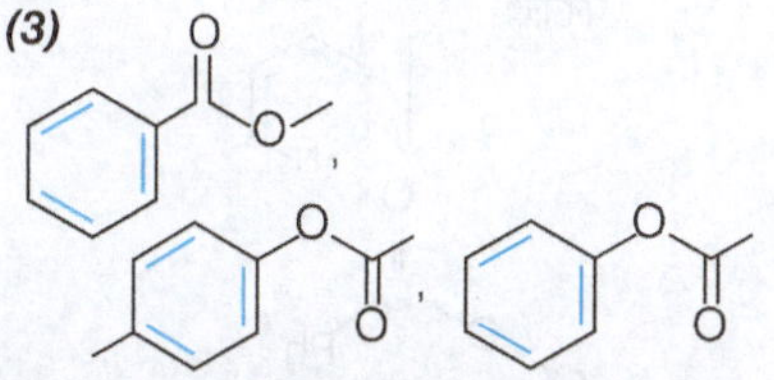

ठण्डे $NaHCO_3$ और NaOH विलयन में घुलने वाले यौगिकों में कार्बोक्सिलिक अम्ल और फीनॉल समूह होते हैं। लेकिन एस्टर क्रियात्मक समूह वाले यौगिक केवल गर्म NaOH विलयन में ही घुलेंगे।

NCERT Exemplar प्रश्न

1 *(b)* ब्यूट-1-आइन उत्प्रेरक के रूप में Hg^{2+} आयनों की उपस्थिति में जल के साथ अभिक्रिया करके ब्यूटेन-2-ऑन बनाता है।

क्रियाविधि

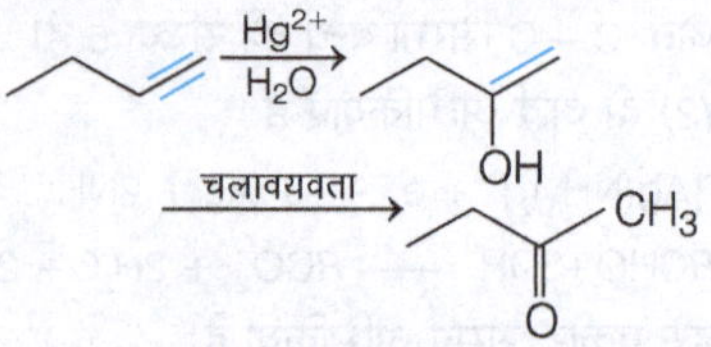

2 *(a)* CH_3—CHO त्रिविम और इलेक्ट्रॉनिक कारणों से नाभिकस्नेही योगात्मक अभिक्रिया के प्रति सबसे अधिक क्रियाशील है।

3 *(c)* फीनॉल से H^+ निकलने के पश्चात् अधिक स्थायी संयुग्मी क्षार फीनॉक्साइड आयन के निर्माण के कारण फीनॉल एथेनॉल की तुलना में अधिक अम्लीय है।

दूसरी ओर, कार्बोक्सिलिक अम्ल, फीनॉल की तुलना में अधिक अम्लीय होता है, क्योंकि H^+ निकलने पश्चात् इसमें फीनॉल की तुलना में अधिक स्थायी संयुग्मी क्षार बनता है।

क्लोरोएसिटिक अम्ल ऐसीटिक अम्ल की तुलना में अधिक अम्लीय होता है क्योंकि इसमें कार्बोक्सिलिक अम्ल के α-कार्बन से जुड़े इलेक्ट्रॉन निकालने वाले क्लोरीन समूह की उपस्थिति होती है। इसलिए, सही क्रम (c) है।

4 *(b)* यौगिक Ph — COO — Ph को पिरिडीन की उपस्थिति में फीनॉल और बेन्जोइल क्लोराइड की अभिक्रिया द्वारा तैयार किया जा सकता है। इसमें शामिल अभिक्रिया नीचे दी गई है।

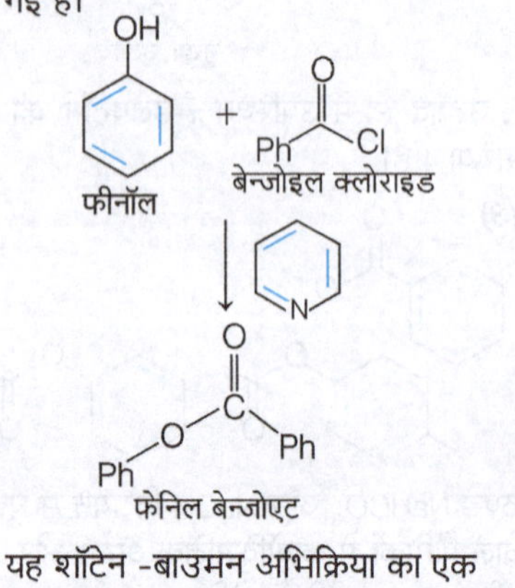

यह शॉटिन -बाउमन अभिक्रिया का एक उदाहरण है।

5 सही मिलान A-(3), B-(4), C-(1), D-(2) है।

6 *(c)* ऐसीटोन और बेन्जेल्डिहाइड दोनों ही फेहलिंग विलयन के साथ अभिक्रिया नहीं करते हैं। ऐसा इसलिए है, क्योंकि ऐसीटोन एक कीटोन है, जबकि बेन्जेल्डिहाइड एक एरोमैटिक ऐल्डिहाइड है जिसमें α-हाइड्रोजन नहीं होता है।

7 *(d)* कैनिज़ारो अभिक्रिया के लिए आवश्यक शर्त α-हाइड्रोजन परमाणु की अनुपस्थिति है। अतः CH_3CHO कैनिजारो अभिक्रिया नहीं करेगा क्योंकि इसमें α-H है, जबकि अन्य तीन यौगिकों में α-हाइड्रोजन नहीं है।

8 *(b)* अभिक्रिया इस प्रकार है

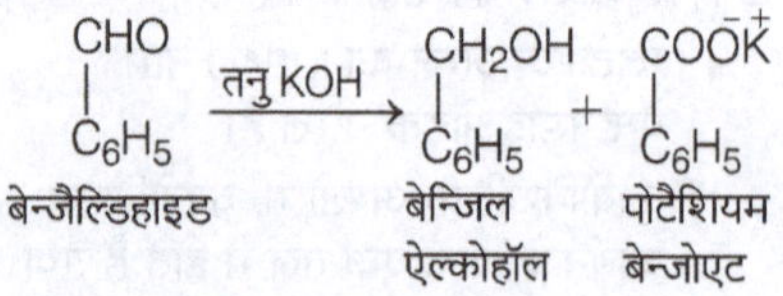

9 *(d)* रासायनिक अभिक्रिया को इस प्रकार दिखाया जा सकता है

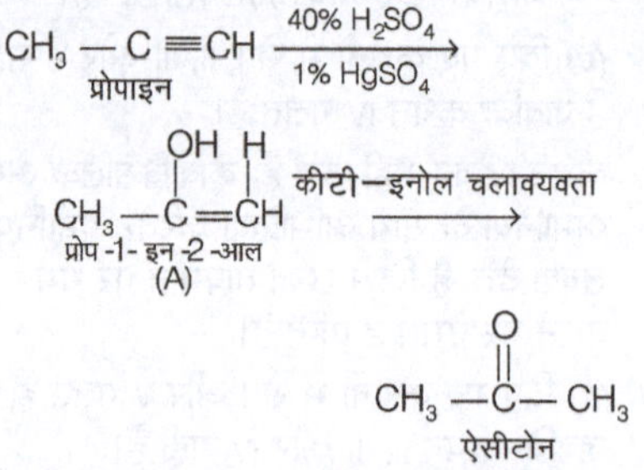

10 *(b)* रासायनिक अभिक्रिया के रूप में दिखाया जा सकता है

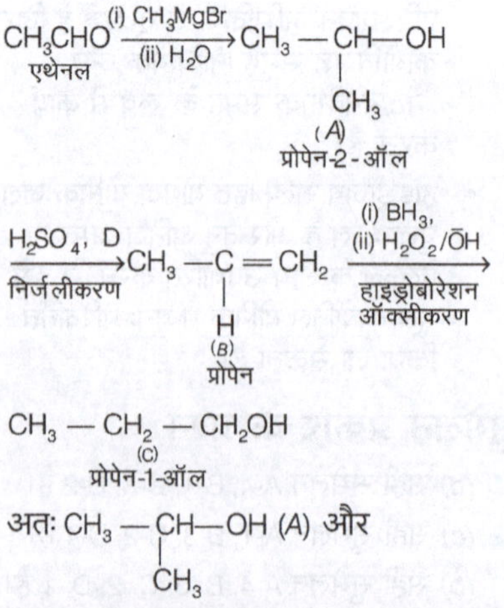

अतः $CH_3-\underset{CH_3}{\underset{|}{CH}}-OH$ (A) और

$CH_3-CH_2-CH_2OH$ (C)

स्थिती समावयवी (positional isomers) हैं।

11 सही मिलान A-(3), B-(4), C-(1), D-(2) है।

12 *(c)* सबसे उपयुक्त अभिकर्मक I_2 और NaOH विलयन है।

$$\underset{\text{हेक्स -4-इन -2-ऑन}}{CH_3CHCHCH_2COCH_3} \xrightarrow[\text{(आयोडोफॉर्म अभिक्रिया)}]{I_2/NaOH\ \text{विलयन}} \underset{\text{पेन्ट-3-ईन-1-ओइक अम्ल}}{CH_3CHCHCH_2COONa}$$

13 *(b)* दिए गए यौगिकों में से केवल ब्यूटेन-2-ऑल ऐल्कोहॉलिक $KMnO_4$ विलयन के साथ ऑक्सीकरण पर $KMnO_4$ घोल निम्नानुसार ब्यूटेनोन बनाता है

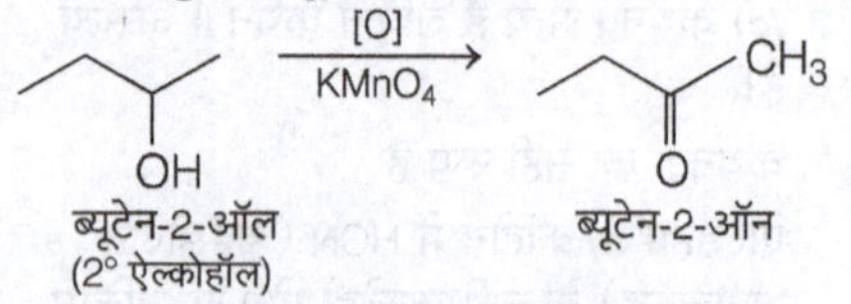

14 *(a)* क्लीमेन्सन अपचयन में कार्बोनिल समूह को जिंक अमलगम और HCl के साथ उपचारित करके कार्बोनिल समूह को CH_2 समूह में परिवर्तित किया जाता है।

विगत परीक्षाओं के प्रश्न

1 *(b)* समस्त अभिक्रिया इस प्रकार है

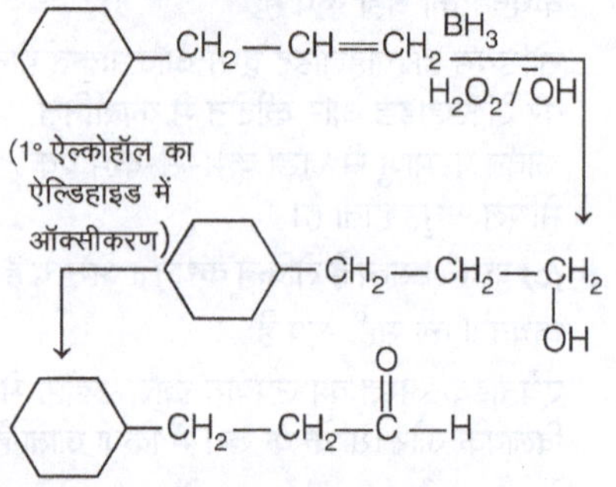

2 *(b)* समग्र अभिक्रिया इस प्रकार है,

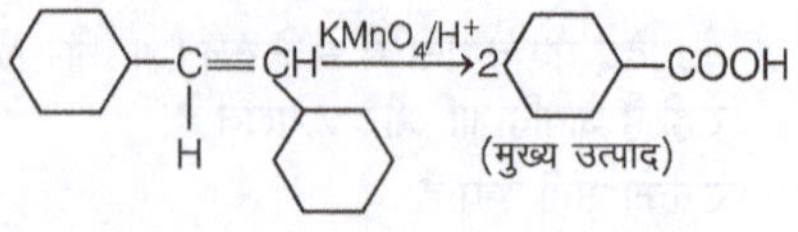

3 *(c)* अभिक्रिया इस प्रकार आगे बढ़ती है

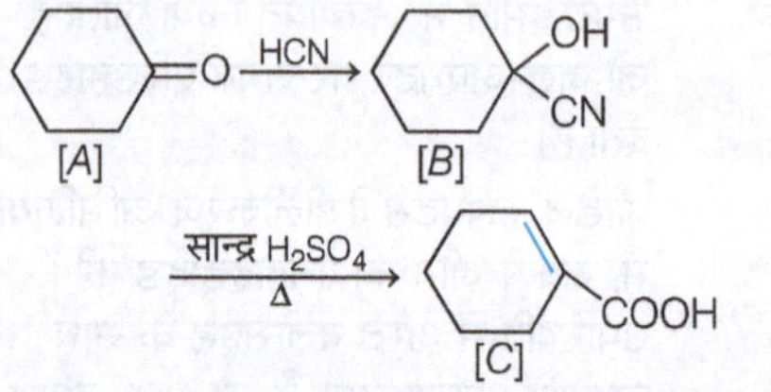

4 *(b)* समग्र अभिक्रिया इस प्रकार है

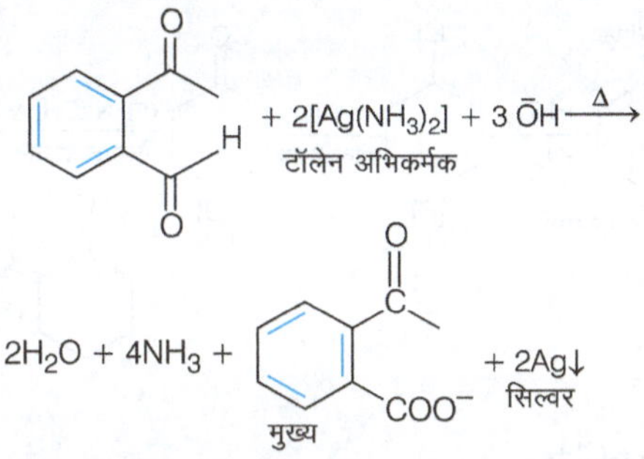

टॉलेन अभिकर्मक उपरोक्त अभिक्रिया में केवल ऐल्डिहाइड समूह को ऑक्सीकृत करता है , कीटोनिक समूह को नहीं।

5 *(d)* अभिक्रिया निम्नानुसार होती है

$$\overset{-\delta}{R}\,Mg\,\overset{\delta+}{X} + O{=}C{=}O \xrightarrow[\text{ईथर}]{\text{शुष्क}} \underset{(Y)}{RCOO^- Mg^+X} \xrightarrow{H_3O^{\oplus}} RCOOH$$

6 *(d)* कथन I और कथन II दोनों सही हैं।

7 *(a)*

$$\underset{\text{टॉलूईन}}{C_6H_5{-}CH_3} + CrO_2Cl_2 \xrightarrow{CS_2} \underset{\substack{(X)\\ \text{(क्रोमियम संकुल)}}}{C_6H_5{-}CH(OCrOHCl_2)_2} \xrightarrow{H_3O^+} \underset{\text{बेन्जैल्डिहाइड}}{C_6H_5CHO}$$

8 *(d)* सही मिलान A-(2), B-(3), C-(4), D-(1) है।

9 *(a)* थैलिक अम्ल साधारण गर्म करने पर ऐनहाइड्राइड देता है। थैलिक अम्ल अमोनिया के साथ अभिक्रिया करके अमोनियम लवण देता है। अमोनियम थैलेट को गर्म करने पर इसके दो जल अणु नष्ट हो जाते हैं तथा थैलेमाइड बनता है।

अतः दिए गए यौगिकों में से केवल (a) ही ये अभिक्रियाएँ देगा।

10 *(a)* यौगिक *(A)* बेन्जाइल क्लोराइड है।

11 *(b)* 1, 1 -*जेम*- डाइहैलाइड जल अपघटन (H_2O/373 K) पर एक ऐल्डिहाइड बनाता है।

अभिक्रिया इस प्रकार आगे बढ़ती है

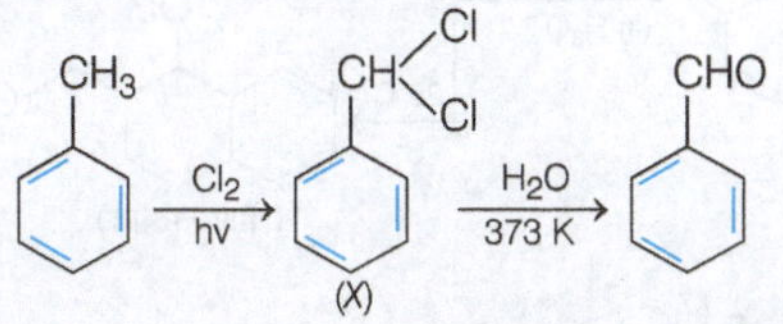

12 *(d)* कार्बोक्सिलिक अम्लों के क्वथनांक ऐल्डिहाइड, कीटोन और यहाँ तक कि तुलनीय अणुभार वाले ऐल्कोहॉल से भी अधिक होते हैं, क्योंकि जल के साथ अन्तराआण्विक (intermolecular) हाइड्रोजन बन्ध की सीमा अधिक होती है, जिसके कारण वे संयोजित अणुओं के रूप में उपस्थित होते हैं।

13 *(b)*

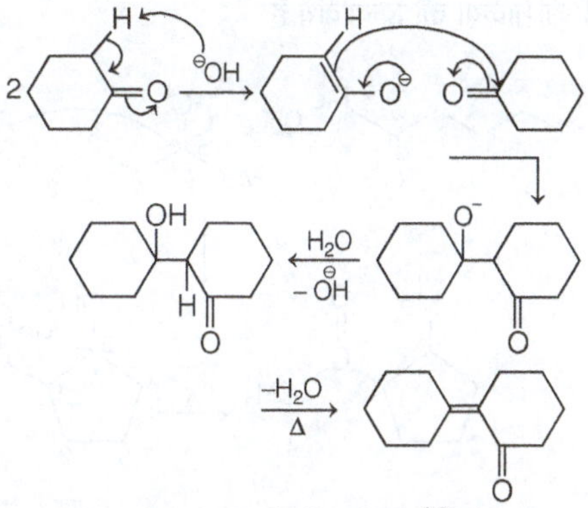

14 *(a)*

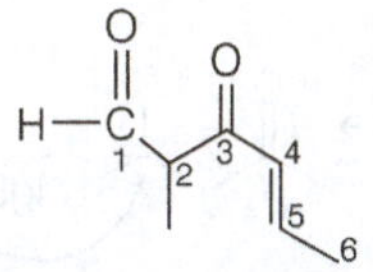

मुख्य कार्बन श्रृंखला की संख्या के निर्धारण में —CHO समूह को >C= O और C= C समूह की तुलना में उच्च प्राथमिकता दी जाती है।

IUPAC नाम

3-कीटो-2-मेथिलहेक्स-4-इनल

15 *(b)* वलय में उपस्थित ऑक्सीजन परमाणु *I*- प्रभाव दर्शाता है। जैसे-जैसे ऑक्सीजन और —COOH समूह के बीच की दूरी बढ़ती है, ऑक्सीजन का –*I*-प्रभाव कम होता जाता है।

इस प्रकार, संगत कार्बोक्सिलिक अम्ल कम अम्लीय प्रकृति दर्शाएगा। कार्बोक्सिलिक अम्लों की प्रबलता का सही क्रम (b) है।

16 *(d)* अभिक्रिया गाटरमान कोच अभिक्रिया है। इसमें बेन्जेल्डिहाइड बनाने के लिए निर्जल ऐलुमिनियम क्लोराइड की उपस्थिति में अम्लीय माध्यम में बेन्जीन को कार्बन मोनोऑक्साइड के साथ उपचारित किया जाता है।

17 *(a)* मोनोकार्बोक्सिलिक अम्लों की समजातीय श्रेणी में दूसरे समजातीय का अणुसूत्र $C_2H_4O_2$ (CH_3COOH) होता है।

18 *(d)* कथन I सही है, परन्तु कथन II गलत है। कथन II का सही रूप इस प्रकार है। बेन्जैल्डिहाइड और एथेनॉल अभिक्रिया द्वारा क्रॉस ऐल्डोल उत्पाद देते हैं।

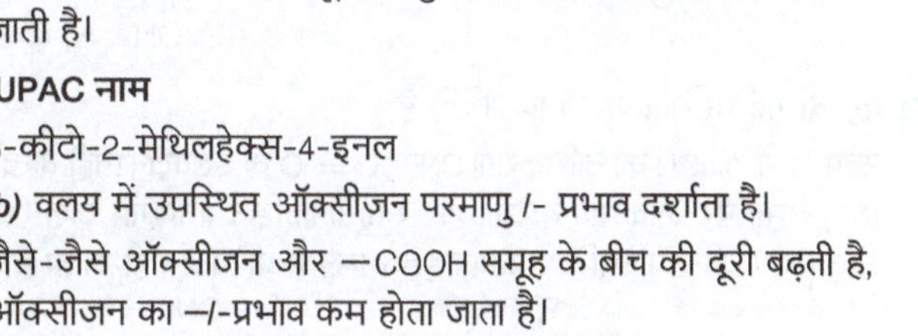

19 *(a)* दी गई अभिक्रिया की क्रियाविधि है

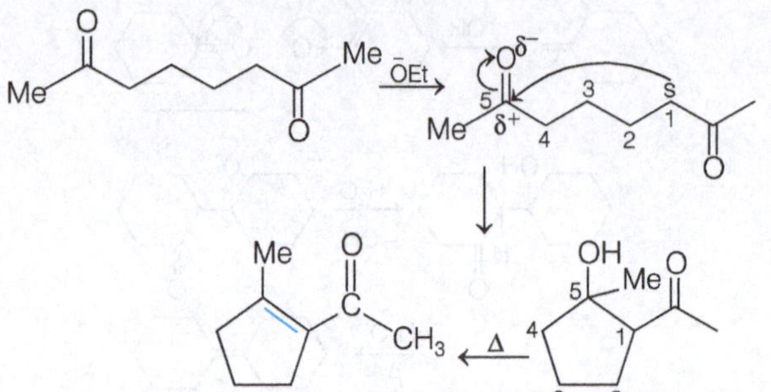

20 *(a)* उत्पाद (A) की संरचना विकल्प (a) में दी गई है। दी गई अभिक्रिया की क्रियाविधि है

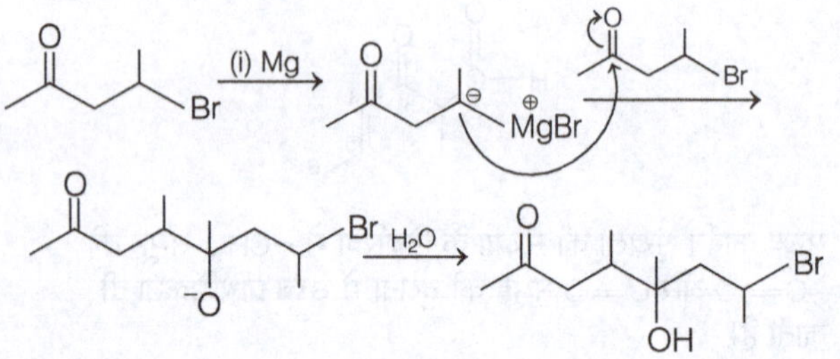

21 *(a)* दी गई अभिक्रिया की क्रियाविधि है

स्टेप (i) में, NaCN का नाभिकरागी CN^- $>C=O$ के इलेक्ट्रॉनस्नेही केन्द्र (δ^+) समूह पर आक्रमण करेगा और साइनोहाइड्रिन बनाएगा। जल (ध्रुवीय विलायक) की उपस्थिति में सायनाइड अम्ल में परिवर्तित हो जाता है।

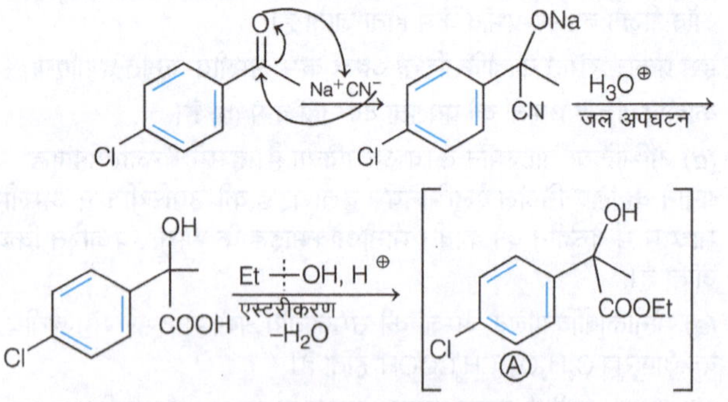

(A) मेथिलमैग्नीशियम ब्रोमाइड के साथ आधिक्य में अभिक्रिया करने पर निम्नलिखित अभिक्रिया दर्शाता है।

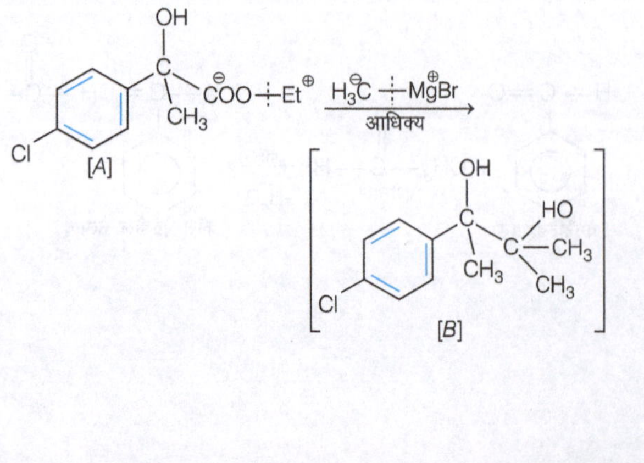

22 *(b)* अभिक्रिया इस प्रकार आगे बढ़ती है

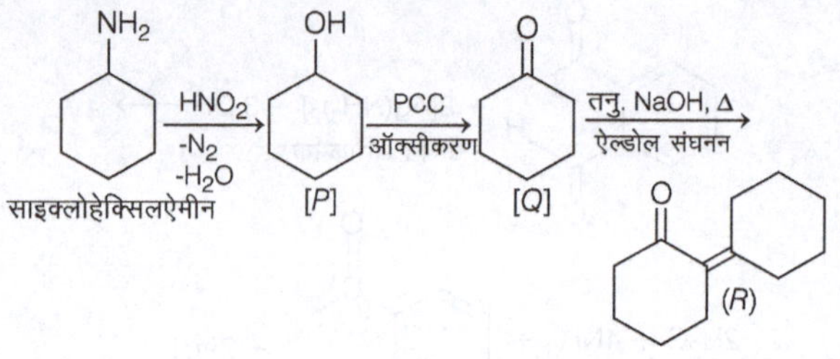

23 *(a)*

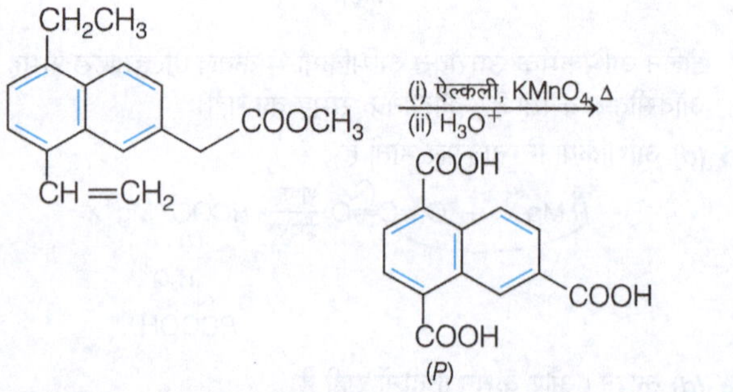

उपरोक्त अभिक्रिया में $KMnO_4$ कम से कम एक α-हाइड्रोजन परमाणु युक्त बेन्जाइलिक कार्बन को —COOH में ऑक्सीकृत करता है।

24 *(a)* DIBAL-H द्विबन्ध को प्रभावित किए बिना सायनाइड और एस्टर दोनों को ऐल्डिहाइड में अपचयित कर देता है।

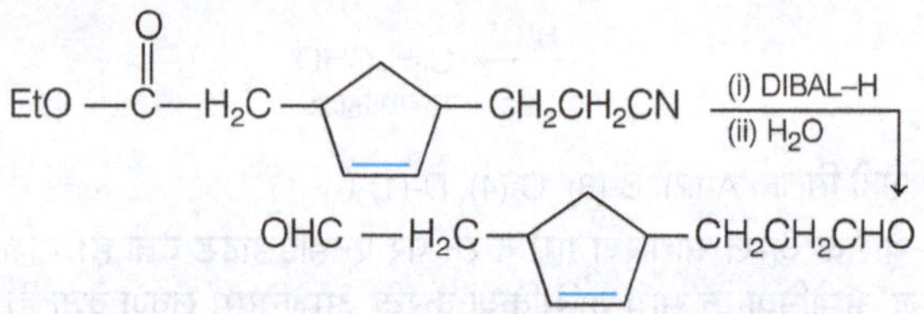

25 *(b)* एस्टर से ऐल्डिहाइड बनाने के लिए DIBAL-H मिलाया जाता है, तापमान कम रखते हुए, जबकि उच्च तापमान पर यह विभिन्न रूपान्तरण कर सकता है। समग्र अभिक्रिया इस प्रकार है

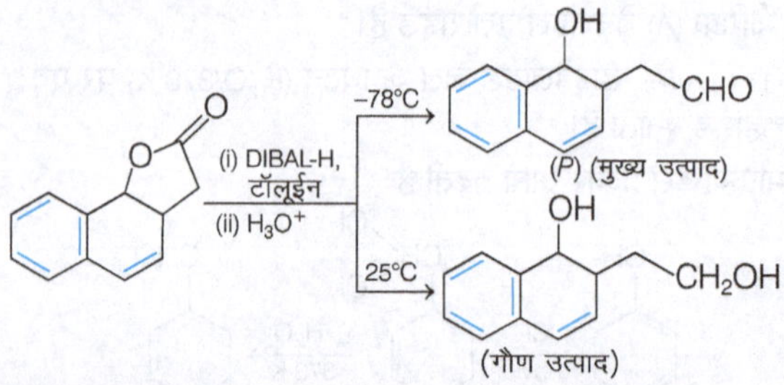

स्किल बूस्टर्स

1 *(a)* 'X' 2,4-DNP व्युत्पन्न बनाता है, इसलिए यह एक ऐल्डिहाइड या कीटोन है। 'X' कीटोन होना चाहिए, क्योंकि यह टॉलेन या फेहलिंग अभिकर्मक को अपचयित नहीं करता है और यह एरोमैटिक वलय के साथ मेथिलकीटोन होना चाहिए क्योंकि यह आयोडोफॉर्म परीक्षण के लिए

उत्तरदायी।

इसलिए, X का आण्विक सूत्र (C_8H_8O) यह इंगित करता है कि यह फेनिल मेथिलकीटोन होना चाहिए, अर्थात् ऐसीटोफीनॉन।

अभिक्रिया इस प्रकार आगे बढ़ती है

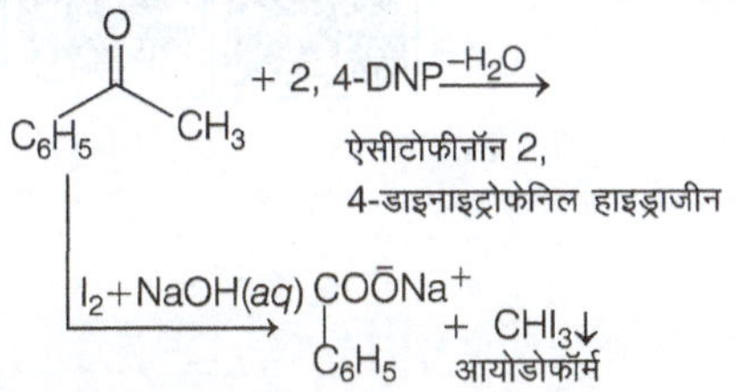

2 *(b)* अभिक्रिया इस प्रकार आगे बढ़ती है

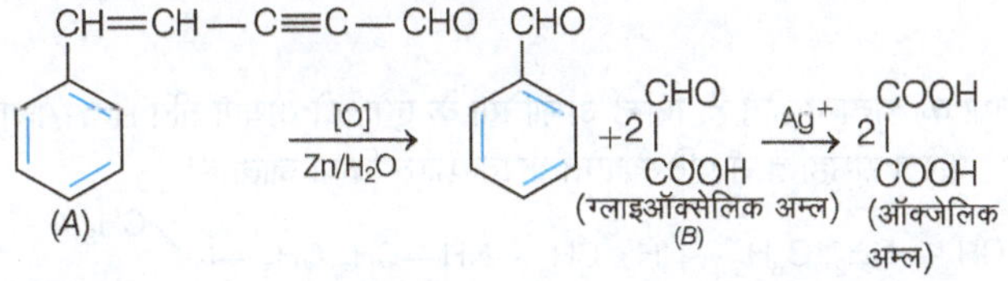

3 *(b)* दिए गए अभिक्रिया अनुक्रम में A और B क्रमशः ऐसीटैल्डिहाइड और बेन्जैल्डिहाइड हैं। अभिक्रिया है

$$\underset{\substack{\text{ऐसीटैल्डिहाइड}\\(A)}}{2CH_3CHO} \xrightarrow[\text{ऐल्डोल संघनन}]{\text{तनुक्षार}} \underset{\beta\text{-ब्यूटिरैल्डिहाइड}}{H_3C-\overset{OH}{\overset{|}{C}H}-CH_2CHO}$$

$$\xrightarrow[-H_2O]{\Delta} \underset{\text{ब्यूट-2-इनल}}{CH_3-CH=CH-CHO}$$

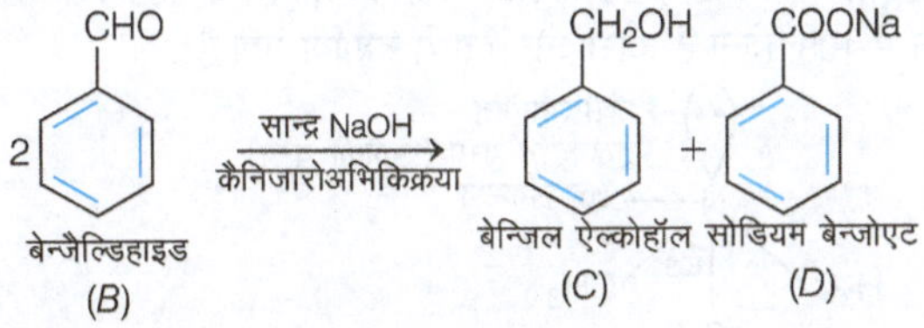

4 *(d)* अभिक्रिया में निम्नलिखित शामिल हैं

$$\underset{(A)}{CH_3COCH_3} \xrightarrow{\text{अपचयन}} \underset{(B)}{CH_3CH(OH)CH_3} \xrightarrow{HBr} \underset{(C)}{CH_3\underset{Br}{\underset{|}{C}H}CH_3}$$

$$\xrightarrow{\text{Mg/Ether}} CH_3\underset{MgBr}{\underset{|}{C}H}CH_3 \xrightarrow{CH_3COCH_3} (CH_3)_2CH-\underset{OH}{\underset{|}{C}}(CH_3)_2$$

2,3 -डाइमेथिल ब्यूटेन -2 - ऑल

5 *(a)* अभिक्रिया इस प्रकार आगे बढ़ती है :

$$\underset{(A)}{CH_3-CH_2-CH_2OH} \xrightarrow{[O]} \underset{(B)}{CH_3-CH_2-CHO}$$

$$\xrightarrow[+\ HCl]{H_2NNHCONH_2} \underset{(C)}{CH_3CH_2CH=N-NHCONH_2}$$

6 *(b)* 'A' एक कीटोन होना चाहिए।

$$\underset{(A)}{C_2H_5-\underset{O}{\underset{||}{C}}-CH_3} \xrightarrow{\text{अपचयन}} \underset{(B)}{C_2H_5-\underset{OH}{\underset{|}{C}H}-CH_3} \xrightarrow{HBr}$$

$$\underset{(C)}{C_2H_5-\underset{Br}{\underset{|}{C}H}-CH_3} + Mg \longrightarrow$$

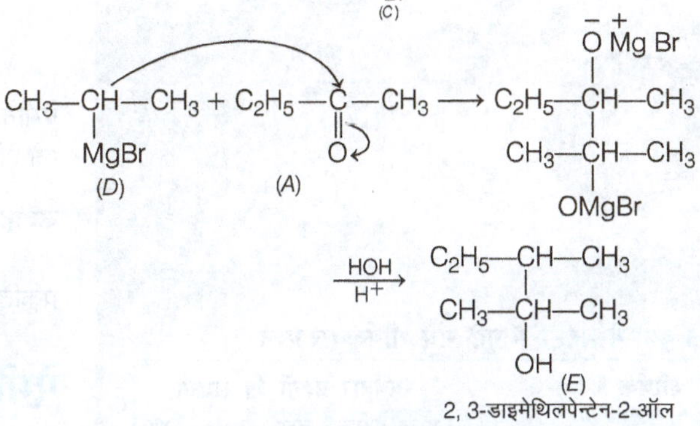

7 *(c)* 2, 4-DNP परीक्षण ऐल्डिहाइड और कीटोन द्वारा दिया जाता है। आयोडोफॉर्म परीक्षण ($-CH_3-CO$) समूह वाले यौगिक द्वारा दिया जाता है।

∴ दिए गए यौगिकों में से केवल 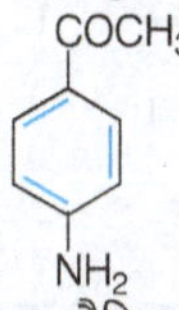 ($-COCH_3$) समूह है। इसलिए, यह यौगिक X है।

8 *(c)* दिए गए अभिक्रिया अनुक्रम के अनुसार, अभिक्रिया है

$$X \xrightarrow{\text{तनु } H_2SO_4} \underset{\text{कार्बोक्सिलिक अम्ल}}{Y} + \underset{\text{ऐल्कोहॉल}}{Z}$$

$$\underset{(X)}{CH_3CH_2CH_2COOCH_2CH_2CH_2CH_3} \xrightarrow{\text{तनु } H_2SO_4}$$

$$\underset{(Y)}{CH_3CH_2CH_2COOH} + \underset{(Z)}{CH_3CH_2CH_2CH_2OH}$$

$$\underset{(Z)}{CH_3-CH_2-CH_2-CH_2-OH} \xrightarrow[H_2SO_4]{CrO_3} \underset{(Y)}{CH_3CH_2CH_2COOH}$$

$$\underset{(Z)}{CH_3-CH_2-CH_2-CH-OH} \xrightarrow[-H_2O]{\Delta} \underset{\text{ब्यूट-1-ईन}}{CH_3-CH_2-CH=CH_2}$$

अतः सही विकल्प (c) है।

09

रसायन की Concept Master *Videos* के लिए *Scan* करें

ऐमीन

Amines

5 वर्षों में NEET में पूछे गये शीर्षकवार प्रश्न

शीर्षक	वर्षवार प्रश्नों की संख्या				
	2024	2023	2022	2021	2020
ऐमीनों की संरचना, वर्गीकरण और नामकरण	–	–	–	–	–
ऐमीनों का निर्माण	–	1	–	–	1
ऐमीनों के भौतिक गुण और रासायनिक अभिक्रियाएँ	1	–	3	1	2
डाइऐजोनियम लवणों के निर्माण की विधि	–	–	–	–	–
डाइऐजोनियम लवणों के भौतिक गुण और रासायनिक अभिक्रियाएँ	–	1	1	1	–

NEET में विगत 5 वर्षों में पूछे गये विशेष प्रकार के प्रश्न

प्रकार	वर्ष				
	2024	2023	2022	2021	2020
अभिकथन-कारण	–	–	–	–	–
कथन आधारित	1	–	1	–	–
सुमेलन	–	–	–	–	–

NEET के विगत 5 वर्षों का भारांकन

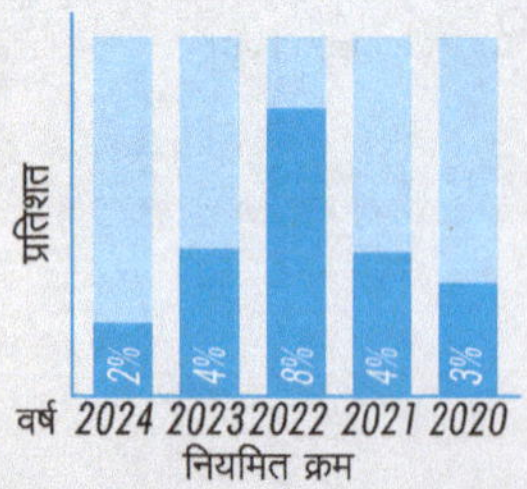

ऐमीन अमोनिया के व्युत्पन्न होते हैं, जिन्हें अमोनिया के एक, दो अथवा तीन H-परमाणुओं को ऐल्किल या ऐरिल समूहों द्वारा प्रतिस्थापित करके प्राप्त किया जाता है।

उदाहरण– $CH_3—NH_2$, $C_6H_5—NH_2$, $CH_3—NH—CH_3$, $CH_3—N\begin{matrix} CH_3 \\ CH_3 \end{matrix}$

प्रकृति में ये प्रोटीन, विटामिन, ऐल्केलॉइड तथा हॉर्मोन्स में पाए जाती हैं।

ऐमीनों की संरचना (Structure of Amines)

अमोनिया की भाँति, ऐमीन का नाइट्रोजन परमाणु त्रिसंयोजी होता है तथा इसमें इलेक्ट्रॉनों का एक असहभाजित युग्म होता है। ऐमीन में नाइट्रोजन sp^3-संकरित होता है तथा इसकी ज्यामिती **पिरामिडीय** होती है। इलेक्ट्रॉनों के असहभाजित युग्म की उपस्थिति के कारण C—N—*E* कोण (जहाँ *E*, C अथवा H है), 109.5° से कम होता है। उदाहरण के लिए, यह कोण ट्राईमेथिलऐमीन में 108° होता है, जैसा कि चित्र में दर्शाया गया है।

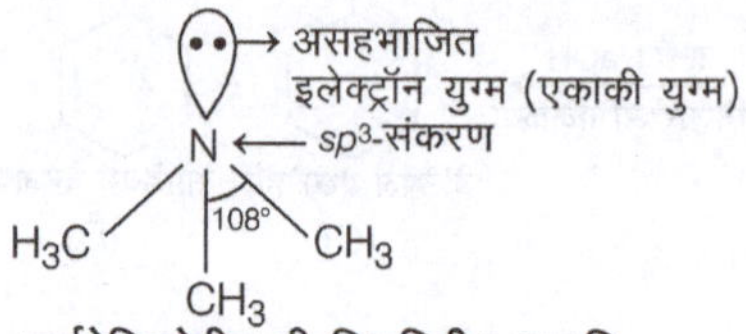

ट्राईमेथिलऐमीन की पिरामिडीय आकृति

वर्गीकरण (Classification)

अमोनिया अणु में ऐल्किल अथवा ऐरिल समूहों द्वारा प्रतिस्थापित हाइड्रोजन परमाणुओं की संख्या के आधार पर ऐमीनों को प्राथमिक (1°), द्वितीयक (2°) तथा तृतीयक (3°) के रूप में वर्गीकृत किया जाता है।

- $—NH_2$ समूह वाले ऐमीन **प्राथमिक ऐमीन** कहलाते हैं।

  उदाहरण– CH_3NH_2, $C_6H_5NH_2$

- $—\underset{|}{N}H$ समूह वाले ऐमीन **द्वितीयक ऐमीन** कहलाते हैं।

  उदाहरण– $CH_3—NH—CH_3$, $C_6H_5—NHC_2H_5$

- $—\overset{|}{\underset{|}{N}}$ समूह वाले ऐमीन **तृतीयक ऐमीन** कहलाते हैं।

  उदाहरण– $CH_3—\underset{\large CH_3}{\underset{|}{N}}—CH_3$, $H_5C_6—\underset{\large CH_3}{\underset{|}{N}}—C_2H_5$

- जब सभी ऐल्किल या ऐरिल समूह समान होते हैं, तो ऐमीन को 'सरल' ऐमीन कहा जाता है तथा जब ये समूह भिन्न होते हैं, तो ऐमीन को 'मिश्रित' ऐमीन कहा जाता है।

नामकरण (Nomenclature)

- सामान्य पद्धति में एक ऐलिफैटिक ऐमीन का नाम ऐमीन में पूर्वलग्न ऐल्किल समूह लगातार अर्थात् ऐल्किलऐमीन के रूप में किया जाता है। उदाहरण के लिए, CH_3NH_2 (मेथिलऐमीन)।
- द्वितीयक एवं तृतीयक ऐमीनों में जब दो या दो से अधिक समूह समान होते हैं, तो ऐल्किल समूह के नाम से पहले पूर्वलग्न डाइ या ट्राई प्रयोग किया जाता है। उदाहरण के लिए, $N(CH_3)_3$ (ट्राईमेथिलऐमीन)।
- IUPAC पद्धति में प्राथमिक ऐमीन को ऐल्केनऐमीन के रूप में जाना जाता है। 2° और 3° ऐमीनों के नामकरण के लिए, हम नाइट्रोजन परमाणु से जुड़े प्रतिस्थापी को नामित करने के लिए लोकेंट N का उपयोग करते हैं। जबकि ऐरिल ऐमीन का नामकरण करते समय ऐरीन के अंत में 'ई' अनुलग्न का प्रतिस्थापन ऐमीन से करते हैं।

उदाहरण के लिए,

CH_3NH_2 मेथनऐमीन ,

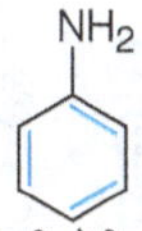

बेन्जीनऐमीन या ऐनिलीन

$CH_3CH_2NHCH_3$ N-मेथिलएथेनऐमीन ,

$CH_3CH_2—N(CH_3)—CH_2CH_2CH_3$ N-एथिल-N-मेथिलप्रोपेन ऐमीन

ऐमीनों का निर्माण (Preparation of Amines)

ऐमीनों का निर्माण निम्नलिखित विधियों से किया जा सकता है

क्र.सं.	विधियाँ	सम्मिलित अभिक्रियाएँ	अभिक्रिया से सम्बन्धित महत्वपूर्ण बिन्दु
1.	**अपचयन द्वारा** (i) **ऐल्किल नाइट्राइल**	$R—C\equiv N \xrightarrow[Na(Hg)/C_2H_5OH]{H_2/Ni} R—CH_2—NH_2$ NEET 2023, 2022	इसका उपयोग ऐमीन श्रेणी के आरोहण में अर्थात् प्रारम्भिक ऐमीन से एक अधिक कार्बन परमाणु वाले ऐमीन के निर्माण में किया जाता है।
	(ii) **नाइट्रो यौगिक**	$R/ArNO_2 + H_2 \xrightarrow[\text{एथेनॉल}]{Ni/Pt/Pd}$ $\xrightarrow[\text{या } Fe/HCl]{Sn/HCl} R/ArNH_2$	Fe स्क्रैप (रद्दी) एवं HCl के साथ अपचयन को प्राथमिकता दी जाती है, क्योंकि अभिक्रिया के दौरान बनने वाला $FeCl_2$ जलअपघटित होकर HCl अम्ल देता है। अतः केवल अभिक्रिया प्रारम्भ करने के लिए केवल बहुत कम मात्रा में ही HCl की आवश्यकता होती है।
	(iii) **ऐमाइड**	$R—\overset{O}{\overset{\Vert}{C}}—NH_2 \xrightarrow[(ii)\ H_2O]{(i)\ LiAlH_4} RCH_2NH_2$	ऐमाइड के अपचयन से समान संख्या में कार्बन युक्त ऐमीन प्राप्त होती है।
2.	**ऐल्किल हैलाइड से** (हॉफमान अमोनोलिसिस विधि)	$\ddot{N}H_3 + R—X \xrightarrow{373\ K} R—\overset{+}{N}H_3X^-$ (प्रतिस्थापित अमोनियम लवण) $R\ddot{N}H_2 \xrightarrow{RX} R_2NH \xrightarrow{RX} R_3N \xrightarrow{RX} R_4\overset{+}{N}X^-$ (चतुर्थक अमोनियम लवण) (1°) (2°) (3°) मुक्त ऐमीन को अमोनियम लवण से तीव्र आधार के साथ उपचारित करके प्राप्त किया जा सकता है। $R—\overset{+}{N}H_3X^- + NaOH \longrightarrow RNH_2 + H_2O + \overset{+}{Na}\overset{-}{X}$	इससे 1°, 2° व 3° ऐमीन तथा चतुर्थक अमोनियम लवण के भी मिश्रण की लब्धि प्राप्त होती है। जब NH_3 को आधिक्य में लिया जाता है, तो 1° ऐमीन मुख्य उत्पाद के रूप में प्राप्त होती है। इस अभिक्रिया में यदि ऐल्किल हैलाइड की आधिक्य में लिया जाता है, तो तृतीयक ऐमीन मुख्य उत्पाद के रूप में प्राप्त होती है। तृतीयक ब्यूटाइल ब्रोमाइड NH_3 के साथ उपचारित करने पर प्रतिस्थापन की अपेक्षा विलोपन करता है। ऐमीनों के साथ हैलाइडों की क्रियाशीलता का क्रम निम्न है $RI > RBr > RCl$ यह अभिक्रिया एक नाभिक स्नेही प्रतिस्थापन अभिक्रिया है।

क्र.सं.	विधियाँ	सम्मिलित अभिक्रियाएँ	अभिक्रिया से सम्बन्धित महत्वपूर्ण बिन्दु
3.	गैब्रियल थैलिमाइड संश्लेषण Concept Master Video के लिए	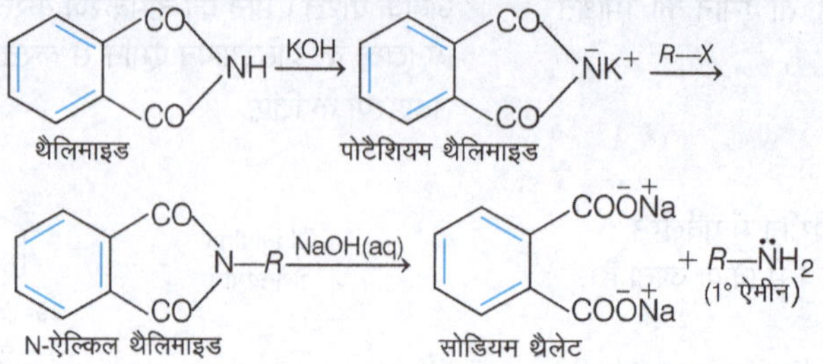	इस विधि द्वारा केवल 1° ऐमीन का संश्लेषण किया जा सकता है। इस विधि द्वारा ऐरोमैटिक 1° ऐमीन तैयार नहीं किया जा सकता है क्योंकि ऐरिल हैलाइड पोटैशियम थैलिमाइड के साथ नाभिक स्नेही प्रतिस्थापन अभिक्रिया नहीं करता है।
4.	हॉफमैन ब्रोमामाइड निम्नीकरण	$RCONH_2 + Br_2 + 4NaOH \xrightarrow{\Delta} \underset{(1°\ ऐमीन)}{RNH_2} + 2NaBr + Na_2CO_3 + 2H_2O$	निर्मित ऐमीन में ऐमाइड की तुलना में एक कार्बन कम होता है।

भौतिक गुणधर्म (Physical Properties)

- **भौतिक अवस्था** निम्न ऐलिफैटिक ऐमीन एक अमोनिया के समान (मत्स्य) गन्ध वाली गैसे होती है। तीन अथवा इससे अधिक कार्बन परमाणुओं वाला प्राथमिक ऐमीन मछली जैसी गन्ध वाला तरल पदार्थ होता है। निम्न ऐरोमैटिक ऐमीन विशेष अप्रिय गन्ध वाला तरल पदार्थ होता है, परन्तु उच्चतर ऐरोमैटिक ऐमीन एक ठोस पदार्थ होता है।
- **रंग** ऐनिलीन और अन्य ऐरिल सामान्यतः रंगहीन होते हैं, परन्तु वायुमण्डलीय ऑक्सीकरण के कारण भण्डारण करने पर रंगीन हो जाते हैं।
- **घुलनशीलता** निम्न ऐलिफैटिक ऐमीन जल में घुलनशील होते हैं, क्योंकि ये जल के अणुओं के साथ हाइड्रोजन बन्ध बना सकते हैं और अणुभार में वृद्धि के साथ जल विरागी (hydrophilic) ऐल्किल भाग बढ़ जाता है अतः घुलनशीलता कम हो जाती है। उच्च ऐमीन एवं ऐरोमैटिक ऐमीन जल में अघुलनशील होते हैं, परन्तु कार्बनिक विलायकों (ऐल्कोहॉल, ईथर आदि) घुलनशील होते हैं।
- **क्वथनांक** प्राथमिक एवं द्वितीयक ऐमीन हाइड्रोजन बन्धन के कारण अन्तर-आण्विक संघटन होते हैं, जबकि तृतीयक ऐमीन में अन्तर-आण्विक संघटन नहीं होता है (H-परमाणु की अनुपस्थिति के कारण)। इसलिए, समावयवी ऐमीनों के क्वथनांकों का क्रम निम्न प्रकार होता है।

$$1° > 2° > 3°$$

रासायनिक अभिक्रियाएँ (Chemical Reactions)

ऐमीनों की कुछ अभिक्रियाओं का विवरण निम्न प्रकार हैं

ऐमीनों के क्षारकीय गुण (Basic Character of Amines)

- खनिज अम्लों के साथ ऐमीनों की अभिक्रिया से अमोनियम लवण बनते हैं जो दर्शाते हैं कि ये प्रकृति में क्षारकीय हैं।

Concept Master Video के लिए

$$R—\ddot{N}H_2 + HX \rightleftharpoons R—\overset{\oplus}{N}H_3X^-\ (लवण)$$

- इनकी क्षारीयता N-परमाणु पर **इलेक्ट्रॉनों के एकाकी युग्म** के कारण होती है तथा **लुईस क्षार** की भाँति व्यवहार करते हैं।
- ऐमीनों की साधारण विशेषता को इनके K_b एवं pK_b मानों से उपयुक्त रूप से समझा जा सकता है।
- K_b का मान जितना अधिक होगा अथवा pK_b का मान जितना कम होगा, क्षार उतना ही प्रबल होगा, अर्थात्

$$pK_b = -\log K_b$$

ऐमीनों की संरचना एवं क्षारकता में सम्बन्ध (Structure Basicity Relationship of Amines)

ऐल्केन ऐमीन एवं अमोनिया (Alkanamines *VS* Ammonia)

- ऐल्किल ऐमीन NH_3 से अधिक प्रबल क्षार है।
- ऐलिफैटिक ऐमीन की क्षारकीय प्रकृति ऐल्किल समूहों की संख्या में वृद्धि के साथ बढ़ती है, अर्थात् ऐल्किल समूह का +*I* – प्रभाव उनकी क्षारीयता को बढ़ाता है।

गैसीय अवस्था में ऐमीनों की क्षारकता का क्रम निम्न प्रकार है

$$3°\ ऐमीन > 2°\ ऐमीन > 1°\ ऐमीन > NH_3$$

- **जलीय अवस्था** में विलायक प्रभाव और त्रिविम अवरोध, साथ ही ऐल्किल समूह का **प्रेरकीय प्रभाव** ऐल्किल ऐमीनों की क्षारीय प्रबलता निर्धारित करता है।
- गैसीय अवस्था या अजलीय अवस्था में विलायकन प्रभाव, अर्थात् H-बन्धन के कारण संयुग्मन अम्ल का स्थिरीकरण अनुपस्थित होता है और इसलिए क्षारीयता केवल ऐल्किल समूहों के +*I* – प्रभाव पर निर्भर करती है।
- जलीय अवस्था में, जब ऐल्किल समूह —CH_3 समूह से बड़ा होता है, तो H-बन्ध में कुछ त्रिविम अवरोध होता है। परिणामस्वरूप, +*I* – प्रभाव के कारण स्थिरता, H-बन्ध के कारण स्थिरता से प्रबलतम होती है और इसलिए जलीय विलयन में 3° ऐमीन 1° ऐमीन से अधिक क्षाराकीय हो जाते हैं।
- जब ऐल्किल समूह एथिल समूह होता है, तो ऐमीनों की क्षारकीयता का क्रम निम्न प्रकार होता है।

ऐमीन : $(C_2H_5)_2NH > (C_2H_5)_3N > C_2H_5NH_2 > NH_3$

pK_b : 3.00 3.25 3.29 4.75

- जब ऐल्किल समूह मेथिल होता है, तो ऐमीनों की क्षारीयता का क्रम निम्न प्रकार होता है

ऐमीन : $(CH_3)_2NH > CH_3NH_2 > (CH_3)_3N > NH_3$

pK_b : 3.27 3.38 4.22 4.75

NEET 2019

ऐरिलऐमीन एवं अमोनिया

(Arylamines *VS* Ammonia)

- ऐरिलऐमीन आयन की तुलना में ऐनिलीन अधिक स्थायी है। इसलिए ऐनिलीन अथवा ऐरिल ऐमीनों की प्रोटॉन स्वीकार्यता (क्षारीय प्रकृति) अमोनिया की तुलना में कम होती है।
- ऐमीनों के प्रोटॉनीकरण के पश्चात् बनने वाला ऐनिलीनियम आयन ऐनिलीन की तुलना में कम स्थायी होता है, क्योंकि इसमें केवल दो अनुनादी संरचनाएँ होती हैं।

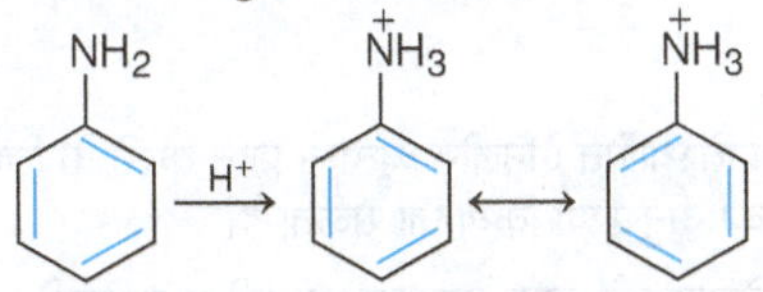

- NH_3 की तुलना में ऐनिलीन की कम क्षारीयता का कारण बेन्जीन (sp^2-संकरित) वलय का –*I*- प्रभाव तथा N के एकांकी युग्म का विस्थापन है। इसमें पाँच अनुनादी संरचनाएँ होती हैं।

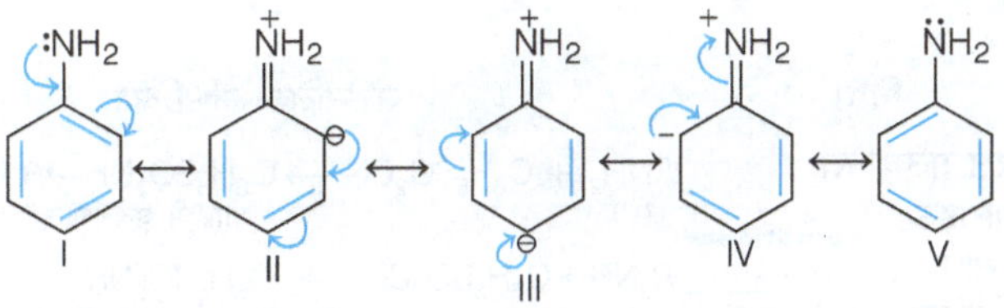

- प्रतिस्थापित ऐनिलीन में इलेक्ट्रॉन दाता समूह (—OCH_3, —CH_3) क्षारीय प्रबलता को बढ़ाते हैं, जबकि इलेक्ट्रॉन ग्राही समूह (—NO_2, —SO_3H) इसे घटाते हैं।
- ऐरोमैटिक ऐमीन में क्षारीय प्रबलता निम्न क्रम में बढ़ती है।

प्राथमिक < द्वितीयक < तृतीयक

$C_6H_5NH_2 < C_6H_5NHCH_3 < C_6H_5N(CH_3)_2$

pK_b : 9.38 9.30 8.92

Marks Maximizer

N-प्रतिस्थापित ऐनिलीन के लिए क्षारीयता क्रम निम्न है

- N, N- डाइमेथिल ऐनिलीन > N-मेथिल ऐनिलीन > ऐनिलीन (यदि प्रतिस्थापन ऐल्किल का है)।
- ऐनिलीन > डाइफेनिलऐमीन > ट्राईफेनिलऐमीन (यदि प्रतिस्थापन फेनिल का है)।

ऐमीनों की कुछ महत्वपूर्ण अभिक्रियाएँ

क्र.सं.	विधि	सम्मिलित अभिक्रिया	अभिक्रिया से सम्बन्धित महत्वपूर्ण बिन्दु
I. ऐलिफैटिक/ऐरोमैटिक ऐमीन			
1.	ऐसीलीकरण	$\xrightarrow[\text{क्षार}]{CH_3COCl}$ *R*/ Ar—$\ddot{N}$(H)—C(=O)—CH_3 + HCl *R*/Ar—$\ddot{N}$(H)—H $\xrightarrow[\text{क्षार}]{(CH_3CO)_2O}$ *R*/Ar—$\ddot{N}$(H)—C(=O)—CH_3 N- ऐल्किल/ऐरिल क्लोराइड	• यह अभिक्रिया ऐमीन (जैसे, पाइरीडीन) से अधिक प्रबल क्षार की उपस्थिति में की जाती है जो इससे बने HCl को हटा देता है और सन्तुलन को दाईं ओर ले जाता है। • ऐनिलीन में —NH_2 समूह के सक्रियण प्रभाव को ऐसीटिक ऐनहाइड्राइड के साथ ऐसीटिलीकरण द्वारा —NH_2 समूह की सुरक्षा करके और फिर जल अपघटन के पश्चात् वंछित प्रतिस्थापन करके नियन्त्रित किया जा सकता है।
2.	बेन्जोलीकरण	Ar/*R*NH_2 + C_6H_5COCl (बेन्जाइल क्लोराइड) ⟶ Ar/*R*$NHCOC_6H_5$ (बेन्जोमाइड) + HCl	• इस विधि द्वारा प्रतिस्थापित ऐरिल ऐमाइड प्राप्त किए जाते हैं।
3.	कार्बिल ऐमीन अभिक्रिया	Ar /*R*NH_2 + $CHCl_3$ + 3KOH $\xrightarrow{\Delta}$ Ar/*R*—NC + 3KCl + $3H_2O$ *आइसो*-सायनाइड दुर्गन्ध युक्त पदार्थ	• इसे ***आइसो*-सायनाइड परीक्षण** भी कहा जाता है तथा इसका उपयोग ऐलिफैटिक एवं ऐरोमैटिक 1° ऐमीन के लिए एक परीक्षण के रूप में किया जाता है। • द्वितीयक एवं तृतीयक ऐमीन इस अभिक्रिया को नहीं दर्शाते हैं। NEET 2020
4.	$NaNO_2$ एवं HCl के साथ अभिक्रिया (नाइट्रस अम्ल परीक्षण)	*R*—NH_2 + HNO_2 $\xrightarrow{NaNO_2 + HCl}$ [*R*—$\overset{+}{N}_2$ Cl^-] (अस्थाई डाइऐजोनियम लवण) $\xrightarrow{H_2O}$ ROH + N_2 + HCl Ar—NH_2 $\xrightarrow[273\text{-}278\ K]{NaNO_2 + 2HCl}$ Ar—$N_2^+Cl^-$ (ऐरिल डाइऐजोनियम लवण) + NaCl + $2H_2O$ NEET 2021	• इस अभिक्रिया का उपयोग तीन वर्गों के ऐमीनों अर्थात् 1°, 2° व 3° ऐमीन को अलग करने के लिए किया जाता है। • प्राथमिक ऐलिफैटिक ऐमीन नाइट्रस अम्ल के साथ अभिक्रिया करके ऐलिफैटिक डाइ ऐजोनियम लवण बनाते हैं, जो अस्थायी होने के कारण नाइट्रोजन गैस एवं ऐल्कोहॉल मुक्त करते हैं। • ऐरोमैटिक ऐमीन कम ताप (273-278 K) पर नाइट्रस अम्ल के साथ अभिक्रिया/करके डाइ ऐजोनियम लवण बनाते हैं।

क्र.सं.	विधि	सम्मिलित अभिक्रिया	अभिक्रिया से सम्बन्धित महत्वपूर्ण बिन्दु
5.	ऐरिल सल्फोनिल क्लोराइड के साथ अभिक्रिया (हिंसबर्ग) अभिकर्मक $C_6H_5SO_2Cl$) Concept Master Video के लिए	$\underset{(1°)}{RNH_2} + C_6H_5SO_2Cl \xrightarrow{-HCl} C_6H_5SO_2NH—R$ क्षार में घुलनशील $\underset{(2°)}{R_2NH} + C_6H_5SO_2Cl \xrightarrow{-HCl} C_6H_5SO_2NR_2$ (क्षार में अघुलनशील) $\underset{(3°)}{R_3N} + C_6H_5SO_2Cl \longrightarrow$ कोई अभिक्रिया नहीं NEET 2021 2019	• इस अभिक्रिया का प्रयोग तीन वर्गों के ऐमीनों अर्थात 1°, 2° व 3° ऐमीन को अलग करने के लिए किया जाता है। • प्राथमिक ऐमीन N-ऐल्किल सल्फोनामाइड देता है, जो क्षार में घुलनशील होता है। 2° ऐमीन डाइऐल्किल सल्फोनामाइड देता है जो KOH में अघुलनशील होता है, जबकि 3° ऐमीन यह परीक्षण नहीं दर्शाता है।
II. केवल ऐरोमैटिक ऐमीन			
इलेक्ट्रोफिलिक प्रतिस्थापन अभिक्रियाएँ			
1.	ब्रोमीनीकरण	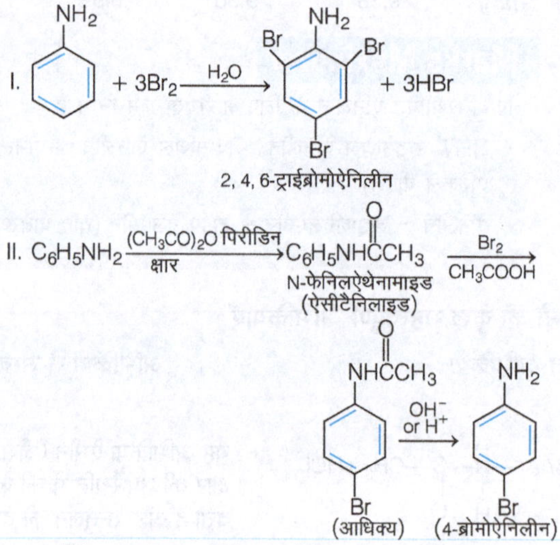	• एकल प्रतिस्थापित ऐनिलीन व्युत्पन्न प्राप्त करने के लिए पथ II का अनुसरण किया जा सकता है। • ऐसीटैनिलाइड के नाइट्रोजन पर एकाकी युग्म बेन्जीन वलय के साथ संयुग्मन के लिए कम उपलब्ध है। इसलिए, $—NHCOCH_3$ समूह का सक्रियण प्रभाव ऐमीनों समूह की तुलना में कम होता है।
2.	नाइट्रीकरण	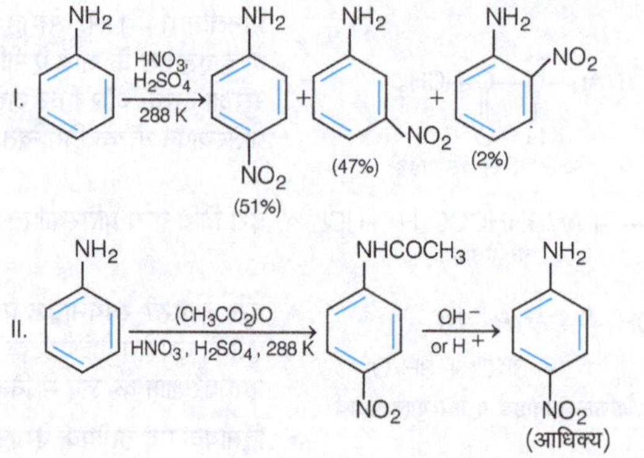	• प्रबल अम्लीय माध्यम में ऐनिलीन का प्रत्यक्ष नाइट्रीकरण *ऑर्थो, पैरा* एवं *मेटा* व्युत्पन्न करता है-क्योंकि प्रोटॉनीकरण द्वारा निर्मित ऐनिलीनियम आयन *मेटा*-निर्देशक होता है। • एकल प्रतिस्थापित *p*-नाइट्रोव्युत्पन्न प्राप्त करने के लिए पथ II का अनुसरण किया जाता है।
3.	सल्फोनीकरण	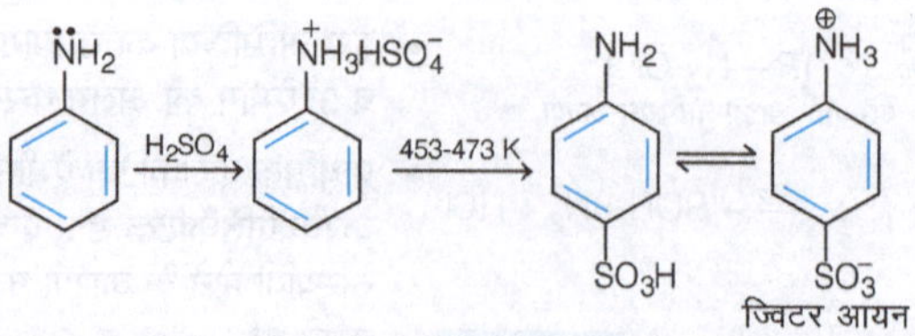	• *p*-ऐमीनोबेन्जीन सल्फोनिक अम्ल मुख्य उत्पाद है, क्योंकि $—NH_2$ तथा $—SO_3H$ की बीच की दूरी अधिकतम है। • सल्फैनिलिक अम्ल ज्विटर आयन के रूप में उपस्थित होता है।

नोट *ऐनिलीन एक लुईस क्षार है, जबकि $AlCl_3$ एक लुईस अम्ल है। ये एक दूसरे के साथ मिलकर लवण ($C_6H_5\overset{+}{N}H_2AlCl_3^-$) बनाते हैं। लवण की धनात्मक रूप से आवेशित नाइट्रोजन एक प्रबल निष्क्रिय समूह के रूप में कार्य करती है, इसलिए ऐनिलीन, फ्रीडेल-क्राफ्ट्स अभिक्रिया नहीं करता है।* NEET 2024

Marks Maximizer

सल्फ्यूरिक अम्ल और $K_2Cr_2O_7$ के मिश्रण के साथ ऑक्सीकरण पर ऐरोमैटिक ऐमीन ऐनिलीन ब्लैक नामक एक काला रंग बनाता है और नियन्त्रित ऑक्सीकरण पर *p*-बेन्जोक्विनोन बनाता है।

डाइऐजोनियम लवण (Diazonium Salts)

- **सामान्य सूत्र** $R\overset{+}{N}_2\overset{-}{X}$; R = ऐरिल समूह, $\overset{\ominus}{X}$ आयन Cl^-, Br^-, HSO_4^-, BF_4^- आदि हो सकते हैं।
- **नामकरण** बेन्जीन डाइऐजोनियम लवणों का नामकरण मूल हाइड्रोकार्बन के नाम से अनुलग्न डाइऐजोनियम लगाकर किया जाता है, जिससे वे बनते हैं और इसके बाद ऋणायन का नाम दिया जाता है।

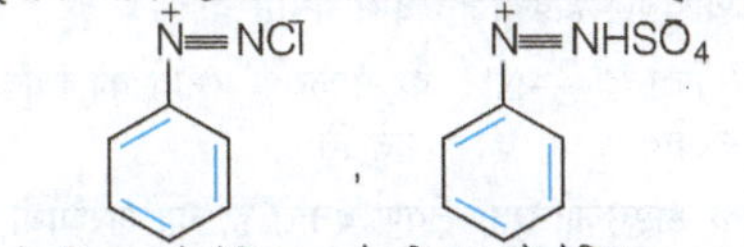

बेन्जीन डाइऐजोनियम क्लोराइड, बेन्जीन डाइऐजोनियम हाइड्रोजन सल्फेट

- **स्थिरता** प्राथमिक ऐलिफैटिक ऐमीन अत्यधिक अस्थायी ऐल्किल डाइऐजोनियम लवण बनाते हैं।
  दूसरी ओर प्राथमिक ऐरोमैटिक ऐमीन ऐरीन डाइऐजोनियम लवण बनाते हैं जो निम्न ताप (273-278 K) पर विलयन में कम समय के लिए स्थायी रहता है।
- स्थिरता को अनुनाद के आधार पर समझाया गया है।

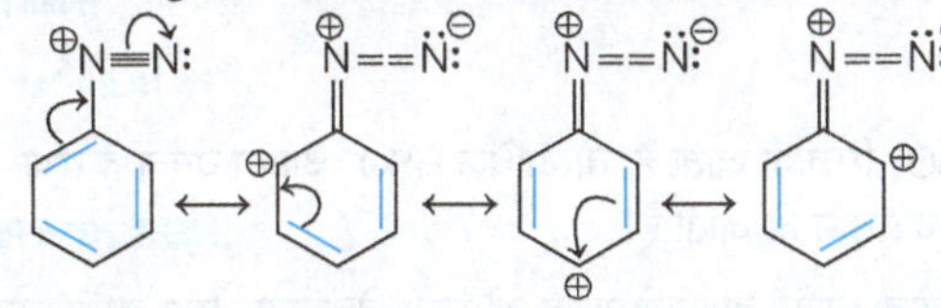

डाइऐजोनियम लवणों के निर्माण की विधि
(Method of Preparation of Diazonium Salts)

- बेन्जीन डाइऐजोनियम क्लोराइड 273-278 K पर नाइट्रस अम्ल के साथ ऐनिलीन की अभिक्रिया द्वारा निर्माण किया जाता है।
- प्राथमिक ऐरोमैटिक ऐमीन को डाइऐजोनियम लवण में रूपान्तरण **डाइऐजोनियम** के रूप में जाना जाता है।
- डाइऐजोनियम लवण के अस्थायी होने के कारण इसे सामान्यतः संग्रहित नहीं किया जाता है तथा इसके निर्माण के बाद उपयोग किया जाता है।

$$C_6H_5NH_2 + NaNO_2 + 2HCl \xrightarrow{273\text{-}278\ K} C_6H_5N_2^+Cl^- + NaCl + 2H_2O$$

भौतिक गुण धर्म (Physical Properties)

- बेन्जीन डाइऐजोनियम क्लोराइड एक रंगहीन क्रिस्टलीय ठोस है। यह जल में सरलता से घुलनशील है तथा ठण्डी अवस्था में स्थायी है, परन्तु गर्म होने पर जल के साथ अभिक्रिया करता है।
- यह शुष्क अवस्था में सरलता से विघटित हो जाता है।
- बेन्जीन डाइऐजोनियम फ्लोरोबोरेट जल में अघुलनशील है और कमरे के तापमान पर स्थायी है।

रासायनिक अभिक्रियाएँ (Chemical Reactions)

- नाइट्रोजन (डाइएज़ो समूह; एक अच्छा अवशिष्ट समूह) के विस्थापन से सम्बन्धित रासायनिक अभिक्रियाएँ निम्न प्रकार हैं

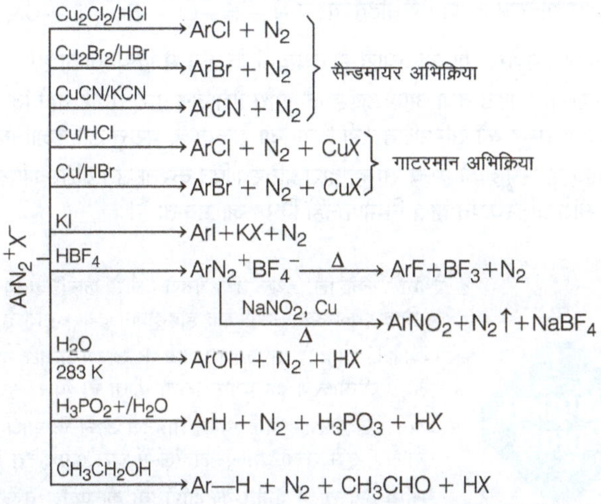

डाइऐजो समूह (युग्मन अभिक्रियाएँ) के प्रतिधारण से जुड़ी अभिक्रियाएँ [Reaction Involving Retention of Diazo Group (Coupling Reactions)]

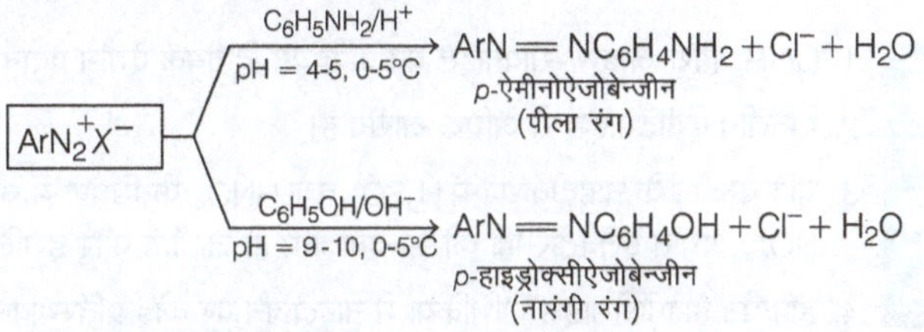

नोट *केवल 1° ऐरोमैटिक ऐमीन नारंगी रंग के ऐजो-डाई देते हैं। इस परीक्षण को ऐजो-डाई परीक्षण के रूप में जाना जाता है।*

Marks Maximizer

युग्मन अभिक्रिया में युग्मन का अभिविन्यास माध्यम के pH पर निर्भर करता है। अम्लीय माध्यम (pH = 4-5) में युग्मन, ऐमीनो समूह के लिए *ऑर्थो* होता है, परन्तु क्षारीय माध्यम (pH = 9-10) में युग्मन, फीनॉलिक समूह के लिए *ऑर्थो* होता है।

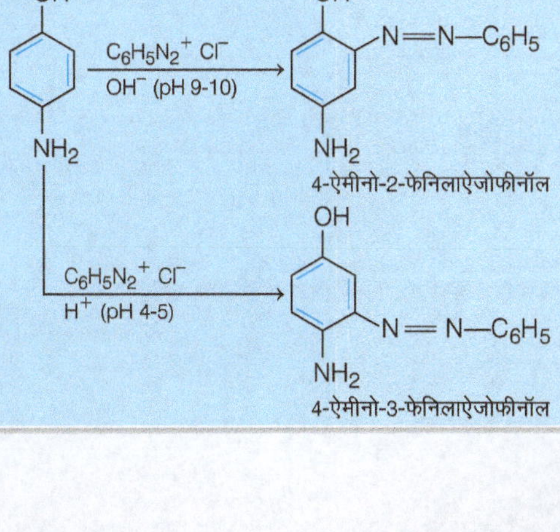

4-ऐमीनो-2-फेनिलाऐजोफीनॉल

4-ऐमीनो-3-फेनिलाऐजोफीनॉल

ऐरोमैटिक यौगिकों के संश्लेषण में डाइऐजोनियम लवणों का महत्त्व
(Importance of Diazonium Salts in Synthesis of Aromatic Compounds)

- डाइऐजोनियम लवण ऐरोमैटिक वलय में —F,—Cl, —Br, —I, —CN, —OH, —NO_2 समूह की भूमिका के लिए बहुत अच्छे मध्यवर्ती हैं।
- इसका उपयोग रंगों की तैयारी में मध्यवर्ती के रूप में किया जाता है।
- ऐरिल फ्लोराइड तथा आयोडाइड को सीधे हैलोजन द्वारा तैयार नहीं किया जा सकता है। क्लोरोबेन्जीन में क्लोरीन के नाभिकस्नेही प्रतिस्थापन के द्वारा सायनो समूह को सम्मिलित नहीं किया जा सकता है, परन्तु डाइऐजोनियम लवण से सायनोबेन्जीन सरलता से प्राप्त किया जा सकता है।
- डाइएज़ो समूह को अन्य समूहों द्वारा प्रतिस्थापित करना उन प्रतिस्थापित यौगिकों को तैयार करने में सहायक होता है, जिनका बेन्जीन या प्रतिस्थापित बेन्जीन में सीधे प्रतिस्थापन द्वारा निर्माण नहीं किया जा सकता है।

Caution Points

- ऐमीन ऐल्कोहॉल, ईथर तथा बेन्जीन जैसे कार्बनिक विलायकों में घुलनशील होते हैं। ऐल्कोहॉल ऐमीन की तुलना में अधिक ध्रुवीय होते हैं और अधिक प्रबल अन्तर-आण्विक हाइड्रोजन बन्ध बनाते हैं, जबकि ऐमीन जल के साथ दुर्बल हाइड्रोजन बन्ध बनाते हैं।
- —NH_2 समूह के सक्रियण प्रभाव के कारण प्रत्यक्ष नाइट्रीकरण नहीं किया जा सकता है। —NH_2 के सक्रियण प्रभाव को निष्क्रिय करने के लिए ऐसीटीकरण का प्रयोग किया जाता है। फिर, मुख्य *पैरा*-व्युत्पन्न ऐनिलीन उत्पाद बनाए जा सकते हैं।
- ध्यान रखें कि प्राथमिक ऐमीन नाइट्रस अम्ल के साथ अभिक्रिया करके ऐलिफैटिक डाइऐजोनियम लवण बनाते हैं, जो अस्थायी होता है। इसलिए, इसे सम्बन्धित ऐल्कोहॉल में जल अपघटित किया जा सकता है।
- गैसीय अवस्था में ऐमीन की क्षारीयता की प्रवृत्ति तरल अवस्था की तुलना में भिन्न होती है।
  गैसीय अवस्था में, $3° > 2° > 1° > NH_3$
  द्रव अवस्था में, $2° > 1° > 3° > NH_3$
- द्रव अवस्था में ऐल्कोहॉल ऐमीन की क्षार प्रबलता ऐल्किल समूह के +/– प्रभाव, विलायक तथा त्रिविम अवरोध के कारण बदलती है।

PYQ नोट्स

1. $LiAlH_4$ द्वारा *आइसो*-सायनाइड का अपचयन द्वितीयक ऐमीन प्रदान करता है। **[NEET 2023]**
2. ऐनिलीन ऐसीटैमाइड से अधिक क्षारीय है। **[JEE Main 2021]**
3. यदि बेन्जीन के नाइट्रीकरण में H_2SO_4 तथा HNO_3 के मिश्रण में अधिक मात्रा में $KHSO_4$ मिलाया जाता है, तो अधिक HSO_4^- आयन बनता है तथा NO_2^+, अर्थात इलेक्ट्रोस्नेही की सान्द्रता कम हो जाती है और इसलिए नाइट्रीकरण की दर कम हो जाती है। **[NEET 2016 Phase I]**
4. हॉफमैन हाइपोब्रोमाइड अभिक्रिया में नाइट्रोजन पर कोई प्रतिस्थापन न रखने वाला ऐमाइड क्षारीय हाइपोब्रोमाइड की क्रिया के कारण एक कार्बन कम वाले ऐमीन में परिवर्तित हो जाता है। **[NEET 2017]**

Step by Step

Mastering NCERT

- कॉन्सेप्ट बिल्डर्स
- शीर्षकवार प्रश्न
- अभिकथन-कारण प्रश्न
- कथन आधारित प्रश्न
- सुमेलन प्रकार प्रश्न
- आंकिक मान प्रकार के प्रश्न
- NCERT Exemplar प्रश्न
- विगत परीक्षाओं के प्रश्न
- स्किल बूस्टर्स

कॉन्सेप्ट बिल्डर्स

1 ऐमीन युक्त पदार्थों के संश्लेषित उदाहरणों में ऐल्केलॉयड और हॉर्मोन्स सम्मिलित हैं। (सत्य/असत्य)

2 ऐड्रिनालीन और इफेड्रिन जैविक रूप से सक्रिय यौगिक हैं, जिनमें द्वितीयक ऐमीनों समूह होता है। (सत्य/असत्य)

3 ऐमीनों की ज्यामिति .... होती है और नाइट्रोजन की कक्षक ...... संकरित हैं।

4 सामान्य नाम पद्धति में एक कार्बन परमाणु युक्त ऐलिफैटिक ऐमीन का नाम बताइए।

5 द्वितीयक तथा तृतीयक ऐमीनों में, जब दो या अधिक समूह समान होते हैं, तो ऐल्किल समूह के नाम से पहले पूर्वलग्न (prefix) .... या ...... का प्रयोग किया जाता है।

6 आयरन स्क्रैप का उपयोग करके नाइट्रोऐल्केन का ऐमीन में अपचयन कम करने के लिए अभिक्रिया के आरम्भ के लिए थोड़ी मात्रा में हाइड्रोक्लोरिक अम्ल की आवश्यकता होती है। (सत्य/असत्य)

7 एक एल्किल या बेन्जिल हैलाइड .... के एथेनॉलिक विलयन के साथ अभिक्रिया करने पर .... प्रतिस्थापन अभिक्रिया करता है।

8 अमोनोलिसस अभिक्रिया के दौरान, पहले चरण में प्राप्त प्राथमिक ऐमीन एक इलेक्ट्रॉनस्नेही के रूप में व्यवहार करता है और आगे ऐल्किल हैलाइड के साथ अभिक्रिया करके द्वितीयक और तृतीयक ऐमीन बनाता है। (सत्य/असत्य)

9 सोडियम हाइड्रॉक्साइड के एथेनॉलिक विलयन में ब्रोमीन के साथ ब्यूटेनेमाइड की अभिक्रिया से ऐमीन 'A' बनता है। 'A' को पहचानिए।

10 फेनिल एथेन नाइट्राइल, H_2/Ni के साथ अपचयन पर उत्पाद .... देता है।

11 ऐनिलीन और अन्य ऐरिल ऐमीन रंगहीन होते हैं और वायुमण्डलीय ऑक्सीकरण के प्रति स्थिर होते हैं। (सत्य/असत्य)

12 मोलर द्रव्यमान में वृद्धि के साथ जल में ऐमीनों की विलेयता बढ़ जाती है। (सत्य/असत्य)

13 तृतीयक ऐमीन हाइड्रोजन परमाणु की अनुपस्थिति के कारण .... अंतराआण्विक सम्बन्ध दर्शाते हैं।

14 प्राथमिक, द्वितीयक और तृतीयक ऐमीन अपने नाइट्रोजन परमाणु से जुड़े हाइड्रोजन परमाणुओं की संख्या में अंतर के कारण अभिक्रियाशीलता में अंतर दिखाते हैं। (सत्य/असत्य)

15 ऐमीनों में नाइट्रोजन परमाणु पर इलेक्ट्रॉनों का एक अयुग्मित जोड़ा होता है, जो उन्हें .... के रूप में कार्य करने के लिए प्रेरित करती है।

16 कौन-सा प्रभाव ऐलिफैटिक ऐमीनों को अमोनिया की तुलना में अधिक प्रबल क्षार निर्माण के लिए उत्तरदायी है?

17 किसी ऐमीन का अम्लीय गुण, अम्ल से प्रोटॉन ग्रहण करके धनायन का आसानी से निर्माण पर निर्भर करता है। (सत्य/असत्य)

18 जलीय प्रावस्था में, अमोनियम धनायन ऐल्किल समूह के इलेक्ट्रॉन विमोचन प्रभाव के कारण स्थिर हो जाते हैं और जल अणुओं के साथ विलयन के कारण अस्थिर हो जाते हैं। (सत्य/असत्य)

19 ऐमीनों के ऐसीलीकरण से प्राप्त उत्पाद .... है।

20 ऐनिलीनियम आयन में केवल दो अनुनादी संरचनाएँ होती हैं। (सत्य/असत्य)

21 प्राथमिक ऐलिफैटिक ऐमीन नाइट्रस अम्ल के साथ अभिक्रिया करके .... गैस मुक्त करती है, जिसका उपयोग .... और प्रोटीन के आकलन में किया जाता है।

22 हिन्सबर्ग अभिकर्मक का सूत्र लिखिए।

23 **सल्फोनेमाइड** में नाइट्रोजन से जुड़ा हाइड्रोजन प्रबल इलेक्ट्रॉन निष्कर्षण सल्फोनिल समूह की उपस्थिति के कारण प्रबल क्षारीय होती है। (सत्य/असत्य)

24 बेन्जीन सल्फोनिल क्लोराइड की N, N-डाइएथिल ऐमीन के साथ अभिक्रिया से बनने वाले उत्पाद का नाम बताइए।

25 .... ऐलुमिनियम क्लोराइड के साथ लवण बनने के कारण फ्रीडल-क्राफ्ट् अभिक्रिया नहीं करता है ।

26 प्राथमिक ऐलिफैटिक ऐमीन अत्यधिक अस्थायी ऐल्किल डाइऐजोनियम लवण बनाते हैं। (सत्य/असत्य)

27 उन ऐरिल हैलाइडों के नाम बताइए, जिन्हें प्रत्यक्ष हैलोजनीकरण द्वारा तैयार नही किया जा सकता।

28 उस यौगिक का नाम बताइए, जो बेन्जीन डाइऐजोनियम क्लोराइड के साथ युग्मन अभिक्रिया नही करेगा।

29 .... ऐरोमैटिक वलय में —F, —Cl, —CN, —OH समूहों के प्रवेश के लिए बहुत अच्छे मध्यवर्ती हैं।

30 3-मेथिलऐनिलीन की $NaNO_2$, HCl (273-278 K पर) के साथ अभिक्रिया के पश्चात् HBF_4 के साथ अभिक्रिया से बनने वाला उत्पाद लिखिए।

शीर्षकवार प्रश्न

ऐमीनों की संरचना, वर्गीकरण और नामकरण

1 ऐमीनों का संकरण और ज्यामिति क्रमशः sp^3 और पिरामिडीय होती है , किसकी उपस्थिति के कारण **NCERT पृष्ठ 259**

(a) द्विसंयोजी N-परमाणु (b) त्रिसंयोजी N-परमाणु
(c) मोनोसंयोजी N-परमाणु (d) चतुर्थसंयोजी N-परमाणु

2 निम्नलिखित में से कौन-सा कथन ऐमीनों के लिए सही नहीं है? **NCERT पृष्ठ 259**

(a) ऐमीनों को अमोनिया अणु के एक या अधिक H-परमाणुओं को ऐल्किल/ऐरिल समूहों द्वारा विस्थापन से प्राप्त किया जाता है।
(b) प्रकृति में, ये प्रोटीन, विटामिन, ऐल्केलॉइड और हार्मोन्स में पाए जाते हैं।
(c) संश्लेषित ऐमीन बहुलक, रंजक पदार्थ और औषधियाँ हैं।
(d) चतुष्क अमोनियम लवणों का उपयोग रक्तचाप बढ़ाने के लिए किया जाता है।

3 निम्नलिखित में से किस यौगिक में द्वितीयक ऐमीनों समूह होता है? **NCERT पृष्ठ 259**

(a) ऐड्रिनालीन (b) नोवोकेन (c) बेनाड्रिल (d) पिरीडीन

4 ट्राईमेथिलऐमीन की संरचना नीचे दी गयी है। **NCERT पृष्ठ 260**

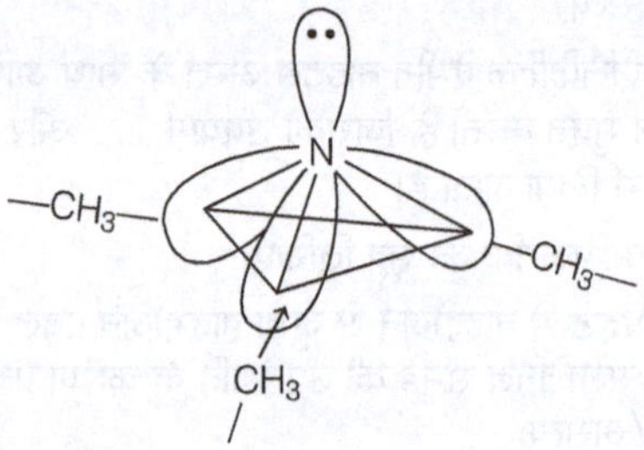

उपरोक्त संरचना के सम्बन्ध में सही कथनों का चयन करें।

I. नाइट्रोजन के तीन sp^3-संकरित कक्षक, ऐमीनों की संरचना के आधार पर हाइड्रोजन या कार्बन के कक्षकों के साथ अतिव्यापन करते हैं।
II. ऐमीनों में नाइट्रोजन के चतुर्थ कक्षक में इलेक्ट्रॉनों की एक अयुग्मित युग्म होता है।
III. इस यौगिक का आकार चतुष्फलकीय होता है।
IV. बन्ध कोण C—N—C 109.5 है।

नीचे दिए गए विकल्पों में से सही उत्तर चुनें।

(a) I और II (b) I और III (c) III और IV (d) II और IV

5 निम्नलिखित में से कौन-सा एक द्वितीयक ऐमीन है? **NCERT पृष्ठ 261**

(a) एथिलमेथिलऐमीन (b) *आइसो*-ब्यूटिलऐमीन
(c) *आइसो*-प्रोपाइलऐमीन (d) ट्राईमेथिलऐमीन

6 C_2H_7N का प्रतिनिधित्व कर सकता है **NCERT पृष्ठ 261**

(a) 1° ऐमीन (b) 2° ऐमीन
(c) 3° ऐमीन (d) 1° और 2° ऐमीन

7 ट्राईमेथिल ऐमीन यौगिक का IUPAC नाम है **NCERT पृष्ठ 261**

(a) N, N- डाइमेथिलमेथेनेमीन
(b) N-मेथिलएथेनैमीन
(c) प्रोपेनैमीन
(d) प्रोपेन-2-ऐमीन

8 निम्नलिखित में से सम्बन्धित यौगिक का कौन-सा IUPAC नाम गलत है? **NCERT पृष्ठ 261**

(a) 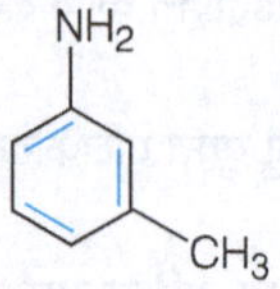

— 1-ऐमीनोटॉलुईन

(b) $NH_2—CH_2—CH=CH_2$ — प्रोप-2-इन-1-ऐमीन

(c) $CH_3—CH(NH_2)—CH_3$ — प्रोपेन-2-ऐमीन

(d) 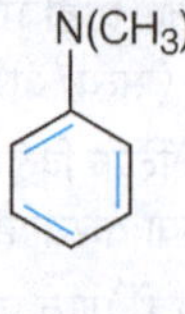

— N,N-डाइमेथिलबेन्जीनेमीन

9 यौगिक का IUPAC नाम है **NCERT पृष्ठ 261**

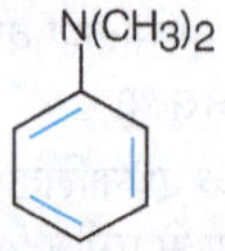

(a) N-फेनिल -N-प्रोपीन
(b) N, N-मेथिलबेन्जीन
(c) N, N- डाइमेथिलबेन्जीनेमीन
(d) N, N-डाइमेथिलबेन्जीन

10 अणुसूत्र $C_4H_{11}N$ वाले ऐमीन के समावयवी रूप के सम्बन्ध में गलत कथन चुनें। **NCERT पृष्ठ 262**

(a) इसमें केवल एक तृतीयक ऐमीन है।
(b) यह चार प्राथमिक ऐमीन बनाता है।
(c) यह तीन द्वितीयक ऐमीन बनाता है।
(d) यह केवल तीन प्राथमिक ऐमीन दर्शाता है।

ऐमीनों का निर्माण

11 निम्नलिखित में से कौन-सा/से अभिकर्मक दी गयी अभिक्रिया में उपयोग नही किया गया है/हैं? **NCERT पृष्ठ 262**

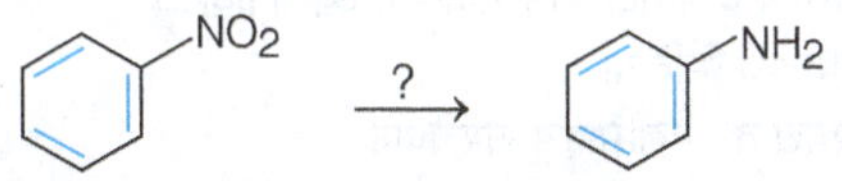

(a) H2 / Pd , ऐथेनॉल (b) Sn + HCl

(c) Fe + HCl (d) CuCN , $LiAlH_4$

12 अमोनोलिसिस के सम्बन्ध में सही कथनों का चयन करें । **NCERT पृष्ठ 262, 263**

(a) अमोनिया अणु द्वारा C — X बन्ध के विखण्डन की प्रक्रिया है।

(b) यह अभिक्रिया 373 K पर एक खुली नली में की जाती है।

(c) बेन्जिल हैलाइड अमोनिया के एथेनॉलिक विलयन के साथ अभिक्रिया करने पर इलेक्ट्रोफिलिक या इलेक्ट्रोस्नेही प्रतिस्थापन से गुजरता है।

(d) अमोनियम लवण से प्रबल अम्ल के साथ उपचार द्वारा मुक्त ऐमीन प्राप्त किया जाता है।

13 निम्नलिखित अभिक्रिया पर विचार करें, **NCERT पृष्ठ 262, 263**

$$NH_3 + RX \longrightarrow R\text{—}\overset{\oplus}{N}H_3 X^- \xrightarrow[-HX]{NaOH} \underset{(1°)}{RNH_2} + H_2O$$

$$+ NaX \quad RNH_2 \xrightarrow{RX} \underset{(2°)}{R_2NH} \xrightarrow{RX} \underset{(3°)}{R_3N} \xrightarrow{RX} R_4N^{\oplus}X^-$$

उपरोक्त अभिक्रिया के सम्बन्ध में गलत कथन का चयन करें।

(a) RI प्राथमिक ऐमीन के प्रति सर्वाधिक क्रियाशील है।

(b) इस अभिक्रिया में, RX नाभिकस्नेही है।

(c) $R_4N^{\oplus}X^-$ को चतुष्क अमोनियम लवण कहा जाता है।

(d) प्राथमिक ऐमीन को अमोनिया की अधिक मात्रा लेकर प्रमुख उत्पाद के रूप में प्राप्त किया जाता है।

14 अमोनी अपघटन का अवगुण यह है कि, **NCERT पृष्ठ 263**

(a) यह विषाक्त उत्पाद उत्पन्न करता है

(b) यह प्राथमिक ऐमीन की बहुत कम उपज देता है

(c) यह केवल तृतीयक ऐमीन का उत्पादन करता है

(d) यह प्राथमिक, द्वितीयक और तृतीयक ऐमीनों का मिश्रण देता है

15 ऐमीनों के साथ हैलाइडों की अभिक्रियाशीलता का सही क्रम क्या है? **NCERT पृष्ठ 263**

(a) $RCl > RBr > RI$ (b) $RI > RBr > RCl$

(c) $RCl > RI > RBr$ (d) $RI > RCl > RBr$

16 निम्नलिखित रूपान्तरण के लिए निम्नलिखित में से कौन-सा अभिकर्मक आवश्यक है? **NCERT पृष्ठ 263**

$$C_6H_5CH_2Cl \longrightarrow C_6H_5CH_2\text{—}\underset{\displaystyle CH_3}{\underset{|}{N}}\text{—}CH_3$$

(a) $(CH_3)_2NH, CH_3OH$ (b) CH_3Cl, RNH_2

(c) NH_3, $2CH_3Cl$ (d) $CH_3CH_2NH_2$

17 निम्नलिखित में से कौन-सी अभिक्रिया प्रारम्भिक ऐमीन से एक C-परमाणु अधिक वाले ऐमीन के निर्माण के लिए उपयोग की जाती है? **NCERT पृष्ठ 263**

(a) नाइट्राइल्स का अपचयन (b) ऐमाइडों का अपचयन

(c) नाइट्रो यौगिकों का अपचयन (d) ऐल्किल हैलाइड का अमोनोलिसिस

18 रूपान्तरण के लिए सही कथन का चयन करें। **NCERT पृष्ठ 263**

$RCN \longrightarrow RCH_2NH_2$

(a) यह एक ऑक्सीकरण अभिक्रिया है।

(b) इस अभिक्रिया में प्रयुक्त अभिकर्मक $LiAlH_4$, H_2 /Ni, $Na(Hg) / C_2H_5OH$ हैं।

(c) $LiAlH_4$ CH_3CN को CH_3NH_2 में अपचयित कर देता है ।

(d) इस अभिक्रिया से प्राथमिक एवं द्वितीयक ऐमीन भी बनते हैं।

19 निम्नलिखित में से दी गई अभिक्रिया में कौन-सा उत्पाद बनता है? **NCERT पृष्ठ 263**

$$R\text{—}CONH_2 \xrightarrow[\text{(ii) } H_2O]{\text{(i) } LiAlH_4}$$

(a) RNH_2 (b) RCH_2NH_2

(c) $RCH_2CH_2NH_2$ (d) RCN

20 निम्नलिखित में से कौन-सा अभिकर्मक ऐल्किल सायनाइड को प्राथमिक ऐमीन में रूपान्तरित करने के लिए प्रयुक्त होता है? **NCERT पृष्ठ 263**

(a) R—MgX / H_2O (b) H_2 / Ni

(c) $SnCl_2$ + सान्द्र HCl (d) $H_2O / \bar{O}H$

21 निम्नलिखित अभिक्रिया अनुक्रम पर विचार करें :

$CH_3CH_2COOH \xrightarrow{A} X \xrightarrow{B} Y \xrightarrow{C} CH_3CH_2NH_2$ यहाँ, A, B और C क्रमशः हैं **NCERT पृष्ठ 263, 264**

	A	B	C
(a)	HCN	NH_3	Br_2/KOH
(b)	HNO_2	PtI_2	$LiAlH_4$
(c)	$SOCl_2$	NH_3	Br_2/KOH
(d)	$Ca(OH)_2$	ऊष्मा	Pt/H_2

22 निम्नलिखित में से कौन-सी अभिक्रिया प्राथमिक ऐमीन देगी?

(i) $CH_3CONH_2 \xrightarrow{KOH+Br_2}$

(ii) $CH_3CN \xrightarrow{LiAlH_4}$

(iii) $(C_2H_5)_2NH \xrightarrow{C_2H_5\text{—}Cl}$

(iv) $CH_3CONH_2 \xrightarrow{LiAlH_4}$

नीचे दिए गए विकल्पों में से सबसे उपयुक्त उत्तर चुनें। **NCERT पृष्ठ 263, 264**

(a) (i) और (ii) (b) (ii) और (iv)

(c) (i), (ii) और (iii) (d) (i), (ii) और (iv)

23 निम्नलिखित में से हॉफमैन ब्रोमामाइड अभिक्रिया के सम्बन्ध में कौन-सा/से कथन सही है/हैं? **NCERT पृष्ठ 264**

(a) इस अभिक्रिया में, ऐल्किल या ऐरिल समूह का स्थानान्तरण ऐमाइड के नाइट्रोजन परमाणु से कार्बोनिल कार्बन की ओर होता है।

(b) इस प्रकार निर्मित ऐमीन में ऐमाइड में उपस्थित कार्बन से एक कार्बन अधिक होता है।

(c) यह एक निम्नीकरण (degradation) अभिक्रिया है।

(d) हॉफमैन ब्रोमामाइड विधि का उपयोग द्वितीयक ऐमीनों के निर्माण के लिए किया जाता है।

24 दी गई अभिक्रिया में X को पहचानिए। **NCERT पृष्ठ 264**

ऐथेनेमाइड + $X \longrightarrow$ मेथेनेमीन

(a) PCl_5 (b) $NaOH + Br_2$

(c) HNO_3 (d) $NaOH$ + जल

25 निम्नलिखित में से गेब्रियल थैलैमाइड संश्लेषण का उपयोग करके किसे तैयार किया जा सकता है ? **NCERT पृष्ठ 264**

(a) प्राथमिक ऐरोमेटिक ऐमीन (b) द्वितीयक ऐमीन

(c) प्राथमिक ऐलिफैटिक ऐमीन (d) तृतीयक ऐमीन

26 निम्नलिखित अभिक्रिया पर विचार करें, **NCERT पृष्ठ 264**

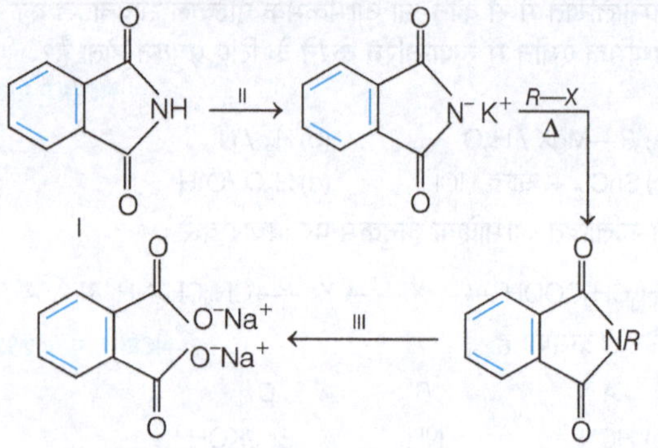

उपरोक्त अभिक्रिया में I, II और III क्या है?

	I	II	III
(a)	थैलैमाइड;	एथेनॉलिक KOH	NaOH (जलीय)
(b)	थैलैमाइड;	एथेनॉलिक KOH	NaOH (ऐल्कोहॉल)
(c)	थैलैमाइड;	HCl	NaOH (ऐल्कोहॉल)
(d)	थैलैमाइड;	HCl	NaOCl

27 एथेनेमीन $(C_2H_5HN_2)$ को N- ऐथिलथैलीमाइड से उपचार करके प्राप्त किया जा सकता है **NCERT पृष्ठ 264**

(a) $NaBH_4$ (b) NaOH

(c) H_2O (d) CaH_2

28 निम्नलिखित में से कौन-सी अभिक्रिया ऐसीटेमाइड के मेथेनेमीन रूपान्तरण के लिए उपयुक्त है? **NCERT पृष्ठ 264**

(a) कार्बिलऐमीन अभिक्रिया

(b) हॉफमान ब्रोमामाइड निम्नीकरण अभिक्रिया

(c) स्टीफन अभिक्रिया

(d) गैब्रियल का थैलीमाइड संश्लेषण

ऐमीनों के भौतिक गुण और रासायनिक अभिक्रियाएँ

29 निम्नलिखित में से गलत कथन का चयन करे **NCERT पृष्ठ 265**

(a) निम्न ऐलिफैटिक ऐमीन जल में विलेय होते हैं।

(b) ऐमीन के मोलर द्रव्यमान में वृद्धि के साथ विलेयता कम हो जाती है।

(c) उच्चतर ऐलिफैटिक ऐमीन जल में अविलेय होते हैं।

(d) ऐरिल ऐमीन रंगीन प्रकृति के होते हैं।

30 क्षारों, $CH_3NH_2, (CH_3)_2NH, (CH_3)_3N$ के बढ़ते क्वथनांक का सही क्रम है **NCERT पृष्ठ 266**

(a) $CH_3NH_2 < (CH_3)_2NH < (CH_3)_3N$

(b) $CH_3NH_2 < (CH_3)_3N < (CH_3)_2NH$

(c) $(CH_3)_3N < (CH_3)_2NH < CH_3NH_2$

(d) $(CH_3)_3N < CH_3NH_2 < (CH_3)_2NH$

31 निम्नलिखित में से कौन-सा कथन गलत है/हैं? **NCERT पृष्ठ 265, 266**

(a) उच्च ऐमीन जल में अविलेय होते हैं।

(b) ऐमीन में नाइट्रोजन की विद्युत ऋणात्मकता तथा ऐल्कोहॉल में ऑक्सीजन की विद्युत ऋणात्मकता क्रमशः 3.5 तथा 3.0 है।

(c) ऐमीन कार्बनिक विलायकों में विलेय होते हैं।

(d) 3° ऐमीन का क्वथनांक 2° ऐमीन से कम होता है।

32 दी गयी आकृति पर विचार कीजिए **NCERT पृष्ठ 265, 266**

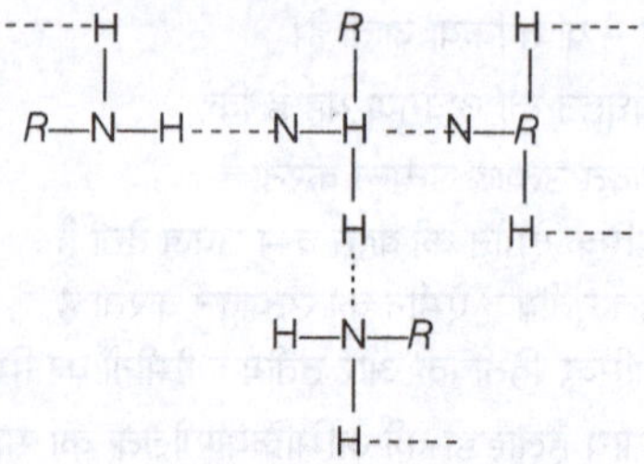

निम्नलिखित में से कौन-सा कथन सही है?

(a) प्राथमिक एलिफोलिक ऐमीनों में उपस्थित अंतःआण्विक हाइड्रोजन बन्ध

(b) प्राथमिक ऐमीनों में उपस्थित अंतराआण्विक हाइड्रोजन बन्ध

(c) द्वितीयक ऐमीनों में उपस्थित अंतःआण्विक हाइड्रोजन बन्ध

(d) तृतीयक ऐमीनों में उपस्थित अंतराआण्विक हाइड्रोजन बन्ध

33 अम्लों के साथ उपचार करने पर ऐमीन लवण देते हैं, क्योंकि वे **NCERT पृष्ठ 266**

(a) क्षारीय प्रकृति के होते हैं (b) अम्लीय प्रकृति के होते हैं

(c) उभयधर्मी प्रकृति के होते हैं। (d) उदासीन प्रकृति के होते हैं

34 ऐमीन नाभिक स्नेही की भाँति व्यवहार करते हैं, क्योंकि **NCERT पृष्ठ 266**

(a) N-परमाणु पर असाझित इलेक्ट्रॉन युग्म की उपस्थिति
(b) N-परमाणु पर असाझित इलेक्ट्रॉन युग्म की अनुपस्थिति
(c) N-परमाणु का रिक्त *p*-कक्षक
(d) N-परमाणु में रिक्त *d*-कक्षक होना

35 निम्नलिखित में से ऐमीनों के सन्दर्भ में कौन-सा/से कथन सही है/हैं? **NCERT पृष्ठ 267**

(a) ऐमीन लवण ईथर में विलेय होते हैं, लेकिन जल में अविलेय होते हैं।
(b) ऐमीनों में नाइट्रोजन परमाणु पर इलेक्ट्रॉनों की एक अयुग्मित जोड़ा होता है, जिसके कारण ये लुईस अम्ल की भाँति व्यवहार करते हैं।
(c) मेथेनेमीन बेन्जीनेमीन की तुलना में एक प्रबल क्षार है।
(d) K_b का मान जितना बड़ा होगा, क्षार उतना ही दुर्बल होगा।

36 अभिक्रिया के लिए, **NCERT पृष्ठ 267**

$$RNH_2 + H_2O \rightleftharpoons R\text{—}\overset{+}{N}H_3 + \overset{-}{O}H$$

उपरोक्त अभिक्रिया के लिए गलत व्यंजन का चयन करें।

(a) $K[H_2O] = \frac{[R\overset{+}{N}H_3][\overset{-}{O}H]}{[RNH_2]}$ (b) $K_b = \frac{[R\overset{+}{N}H_3][\overset{-}{O}H]}{[RNH_2]}$

(c) $pK_b = \log K_b$ (d) $K_b = 10^{-pK_a}$

37 निम्नलिखित ऐमीनों पर उनके pK_b मान के साथ विचार करें **NCERT पृष्ठ 267**

ऐमीन	pK_b
मेथेनेमीन	3.38
N- मेथिलमेथेनेमीन	3.27
बेन्जीनेमीन	9.38
फेनिलमेथेनेमीन	4.70

सबसे प्रबल क्षार कौन-सा है?

(a) बेन्जीनेमीन (b) फेनिल मेथेनेमीन
(c) मेथेनेमीन (d) N-मेथिलमेथेनेमीन

38 निम्नलिखित में से सही कथनों का चयन करें। **NCERT पृष्ठ 265, 266, 267, 278**

I. प्राथमिक ऐमीन का क्वथनांक तृतीयक ऐमीन से अधिक होता है।
II. ऐलिफैटिक ऐमीन अमोनिया की तुलना में प्रबल क्षार हैं।
III. तृतीयक ऐमीनों का उपयोग कीट आकर्षित करने वाले पदार्थ के रूप में किया जाता है।
IV. प्राथमिक ऐमीन जल में विलेय नहीं होते हैं।

नीचे दिए गए विकल्पों में से सही उत्तर का चयन करें

(a) केवल I
(b) केवल II
(c) I, II और III
(d) II, III और IV

39 निम्नलिखित में से गलत कथन का चयन करें **NCERT पृष्ठ 268**

(a) ऐमीन का क्षारीय गुण धनायन के निर्माण की सरलता पर निर्भर करता है।
(b) धनायन जितना अधिक स्थायी होगा, ऐमीन उतना ही अधिक क्षारीय होगा।
(c) ऐल्केनेमीन अमोनिया की तुलना में दुर्बल क्षार हैं।
(d) आयन का आकार जितना बड़ा होगा, विलायक भोजन (solvation) उतना ही कम होगा।

40 निम्नलिखित में से सही कथनों की पहचान कीजिए। **NCERT पृष्ठ 268**

(i) $C_2H_5NH_2$ गैसीय अवस्था में $(C_2H_5)_3N$ की तुलना में दुर्बल क्षार है।
(ii) गैसीय अवस्था में NH_3, $C_2H_5NH_2$ की तुलना में दुर्बल क्षार है।
(iii) मेथिलऐमीन गैसीय अवस्था में अमोनिया की तुलना में दुर्बल क्षार है।
(iv) मेथिल ऐमीन प्रकृति में क्षारीय है।
(v) एथिलऐमीन में क्षारीय —NH_2 समूह होता है।

(a) (i) और (ii) (b) (i), (ii), (iv) और (v)
(c) (iv) और (v) (d) (iii) और (iv)

41 निम्नलिखित यौगिकों की जलीय विलयन में क्षारीयता का बढ़ता क्रम है **NCERT पृष्ठ 268**

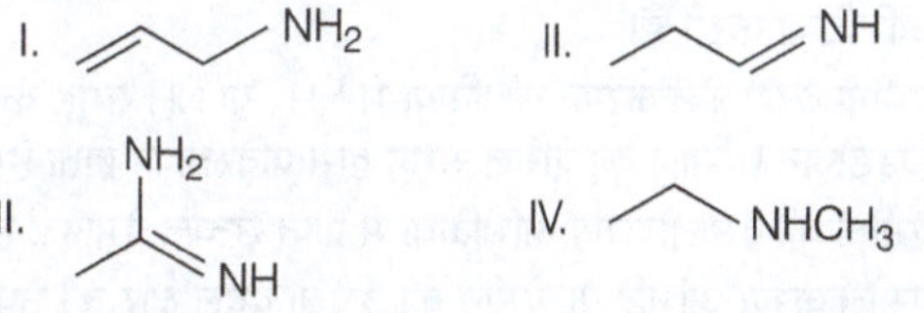

(a) I < II < III < IV (b) II < I < III < IV
(c) II < I < IV < III (d) IV < II < I < III

42 जलीय विलयन में मेथिल प्रतिस्थापित ऐमीन की क्षारीय सामर्थ्य का सही क्रम है **NCERT पृष्ठ 269**

(a) $(CH_3)_3N > CH_3NH_2 > (CH_3)_2NH$
(b) $(CH_3)_3N > (CH_3)_2NH > CH_3NH_2$
(c) $CH_3NH_2 > (CH_3)_2NH > (CH_3)_3N$
(d) $(CH_3)_2NH > CH_3NH_2 > (CH_3)_3N$

43 निम्नलिखित ऐमीनों की क्षारीयता का घटता क्रम है **NCERT पृष्ठ 269**

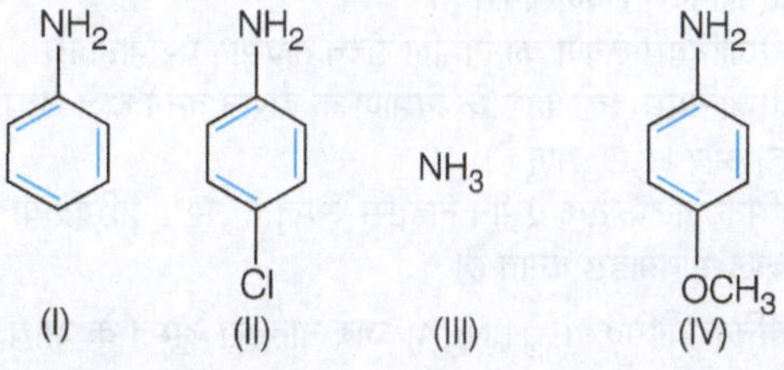

(a) (III) > (IV) > (I) > (II)
(b) (III) > (II) > (I) > (IV)
(c) (I) > (III) > (IV) > (II)
(d) (II) > (III) > (IV) > (I)

44 निम्नलिखित अभिक्रिया पर विचार कीजिए **NCERT पृष्ठ 270**

$$C_6H_5-\underset{\underset{H}{|}}{\ddot{N}}-H + CH_3\underset{\underset{O}{\|}}{C}-O-\underset{\underset{O}{\|}}{C}CH_3 \xrightarrow{\text{क्षार}} 'X' + CH_3COOH$$

यहाँ, '*X*' है

(a) N- फेनिल -N- एथिलमेथेनेमीन
(b) N, N- एथिलफेनिलमेथेनेमाइड
(c) N- फेनिलएथेनेमाइड
(d) N- फेनिलमेथेनेमाइड

45 N-मेथिलबेन्जैमाइड तब बनता हैद्ध जब मेथेनेमीन बेन्जोइल क्लोराइड के साथ अभिक्रिया करता है। इस अभिक्रिया को क्या कहते हैं? **NCERT पृष्ठ 270**

(a) बेन्जोईलीकरण
(b) हिंसबर्ग परीक्षण
(c) श्मिट अभिक्रिया
(d) कर्टियस अभिक्रिया

46 निम्नलिखित में से कौन-सा कथन सही नही है/हैं? **NCERT पृष्ठ 270**

(a) प्राथमिक और द्वितीयक ऐमीन नाभिक स्नेही प्रतिस्थापन अभिक्रिया द्वारा अम्लीय क्लोराइड, ऐनहाइड्राइड और एस्टर के साथ अभिक्रिया करते हैं।
(b) ऐमीनों की ऐसीलीकरण अभिक्रिया में NH_2 या NH समूह के हाइड्रोजन परमाणु का ऐसिल समूह द्वारा प्रतिस्थापन होता है।
(c) ऐमीनों की ऐसीलीकरण अभिक्रिया में प्राप्त उत्पाद ऐमाइड होते हैं।
(d) ऐसीलीकरण अभिक्रिया, ऐमीन की अपेक्षा दुर्बल क्षार की उपस्थिति में होती है।

47 निम्नलिखित में से ऐसीटैनिलाइड किससे बनाया जा सकता है? **NCERT पृष्ठ 270**

(a) ऐनिलीन और ऐसीटिक ऐनहाइड्राइड
(b) ऐनिलीन और ऐसीटोन
(c) ऐनिलीन और एथेनॉल
(d) ऐनिलीन और ऐसीटैल्डिहाइड

48 निम्नलिखित में से कौन-सा/से कथन सही है/हैं? **NCERT पृष्ठ 271**

(a) ऐरोमैटिक ऐमीन नाइट्रिक अम्ल के साथ अभिक्रिया करके डाइऐजोनियम लवण बनाते हैं।
(b) डाइऐजोनियम लवण का निर्माण उच्च तापमान पर होता है।
(c) डाइऐजोनियम क्लोराइड के निर्माण के दौरान बनने वाले उत्पाद NaCl और H_2O अणु है।
(d) प्राथमिक ऐलिफैटिक ऐमीन नाइट्रस अम्ल के साथ अभिक्रिया करके ऐल्किल सायनाइड बनाते हैं।

49 एक कार्बनिक यौगिक (C_3H_9N) *(A)*, जब नाइट्रस अम्ल के साथ उपचारित किया जाता है, तो ऐल्कोहॉल देता है और N_2 गैस निकलती है। *(A)* को $CHCl_3$ और कॉस्टिक पोटाश के साथ गर्म करने पर *(C)* दिया जाता है जो अपचयन पर *आइसो*-प्रोपाइलमेथिलऐमीन देता है। *(A)* की संरचना का बोध करें। **NCERT पृष्ठ 271**

(a) $\begin{matrix}H_3C\\ \\ H_3C\end{matrix}\!\!>CH-NH_2$ (b) $CH_3CH_2-NH-CH_3$
(c) $CH_3-\underset{\underset{CH_3}{|}}{N}-CH_3$ (d) $CH_3CH_2CH_2-NH_2$

50 कमरे के तापमान पर नाइट्रस अम्ल के साथ प्राथमिक ऐलिफैटिक ऐमीनों की अभिक्रिया के दौरान बनने वाले उत्पाद का नाम बताइए। **NCERT पृष्ठ 271**

(a) RNO_2 (b) ROH
(c) NaOCl (d) ROH और NaCl

51 एक ऐमीन *(X)* कम तापमान पर नाइट्रस अम्ल के साथ अभिक्रिया करके स्थिर डाइऐजोनियम लवण बनाता है। *(X)* की संरचना है **NCERT पृष्ठ 271**

(a) CH_3NH_2 (b) $CH_3CH_2NH_2$
(c) $CH_3(CH_2)NH_2$ (d) $C_6H_5-NH_2$

52 निम्नलिखित अभिक्रिया पर विचार करें। **NCERT पृष्ठ 271**

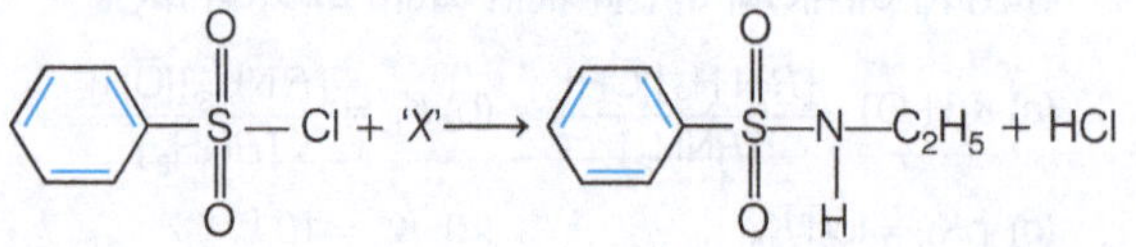

यहाँ, पदार्थ '*X*' है

(a) $C_2H_5NH_2$ (b) $(C_2H_5)_2NH$
(c) $(C_2H_5)_3N$ (d) $(C_2H_5)_4N^+$

53 वह ऐमीन जो हिंसबर्ग अभिकर्मक के साथ अभिक्रिया करके क्षारीय अविलेय उत्पाद देता है, वह है **NCERT पृष्ठ 271**

(a) $(CH_3)_2CH-NH-CH(CH_3)_2$
(b) $N(CH_2CH_3)_3$
(c) $CH_3-C(NH_2)(CH_3)-CH_2CH_2CH_3$
(d) $CH_3-C(CH_3)_2-\underset{\underset{CH_3}{|}}{CH}-NH_2$

54 N, N-डाइएथिलबेन्जीन सल्फोनेमाइड अम्लीय नहीं है, क्योंकि **NCERT पृष्ठ 272**

(a) इसमें N-परमाणु पर अयुग्मित इलेक्ट्रॉन युग्म नही होता है
(b) इसमें N-परमाणु के साथ H-परमाणु जुड़ा नही होता है
(c) इसमें N-परमाणु के साथ —OH समूह होता है
(d) यह क्षार में अविलेय है

55 ऐनिलीन में $-NH_2$ समूह एक सक्रियण समूह है और इसलिए अभिक्रिया होती है **NCERT पृष्ठ 272**

(a) केवल *पैरा* स्थिति पर
(b) केवल *ऑर्थो स्थिति पर*
(c) केवल *मेटा* स्थिति पर
(d) *ऑर्थो और पैरा* स्थिति पर

56 निम्नलिखित अभिक्रिया अनुक्रम में,

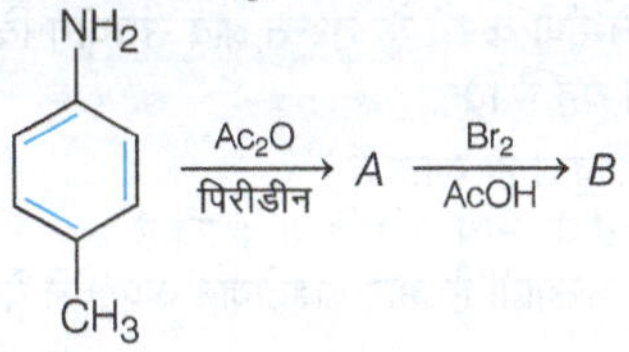

प्रमुख उत्पाद *B* है **NCERT पृष्ठ 272**

(a)
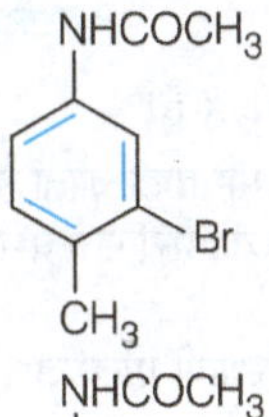

(b)
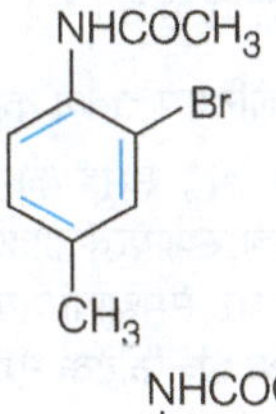

(c)
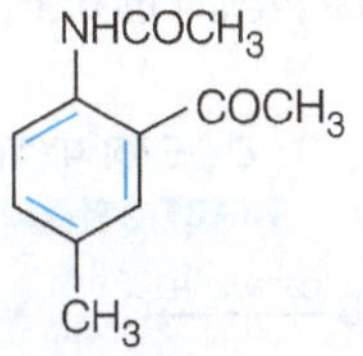

(d)

57
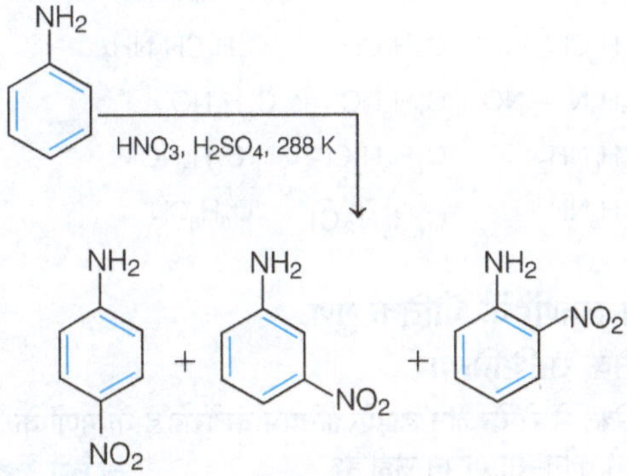

I II III

इन ऐमीन व्युत्पन्नों का अभिक्रिया मिश्रण में बनने वाले प्रतिशत का चयन करें, साथ ही कारण भी बताएँ। **NCERT पृष्ठ 273**

(a) I → 2%, II → 47%, III → 51%
अम्लीय माध्यम में, ऐनिलीन प्रोटॉनीकृत होकर ऐनिलीनियम आयन बनाता है जो *ऑर्थो* -निर्देशक होता है।

(b) I → 51%, II → 2%, III → 47%
अम्लीय माध्यम में, ऐनिलीन प्रोटॉनीकृत होकर ऐनिलीनियम आयन बनाता है जो *पैरा* -निर्देशक होता है।

(c) I → 51%, II → 47%, III → 2%
अम्लीय माध्यम में, ऐनिलीन प्रोटॉनीकृत होकर ऐनिलीनियम आयन बनता है जो *मेटा* -निर्देशक है।

(d) I → 50%, II → 20%, III → 20%
अम्लीय माध्यम में ऐनिलीन प्रोटॉनीकृत होकर ऐनिलीनियम आयन बनाता है जो *ऑर्थो* -निर्देशक होता है।

58 प्रबल अम्लीय माध्यम में ऐनिलीन का नाइट्रीकरण भी *m*-नाइट्रोऐनिलीन देता है, क्योंकि **NCERT पृष्ठ 273**

(a) प्रतिस्थापी की अनुपस्थिति में नाइट्रो समूह सदैव *m*-स्थिति में चला जाता है

(b) इलेक्ट्रोस्नेही प्रतिस्थापन अभिक्रियाओं में ऐमीनो समूह *मेटा*-निर्देशक है

(c) प्रतिस्थापन के पश्चात भी नाइट्रो समूह सदैव *m*- स्थिति में ही जाता है

(d) ऐनिलीन प्रबल अम्लीय माध्यम में ऐनिलीनियम आयन के रूप में उपस्थित होता है

59 निम्नलिखित में से किस स्थिति में, ऐनिलीन प्रमुख उत्पाद के रूप में *p*-नाइट्रोव्युत्पन्न देता है ? **NCERT पृष्ठ 273**

I. ऐसीटिल क्लोराइड/पिरीडीन के पश्चात् सान्द्र H_2SO_4 + सान्द्र HNO_3 (288 K पर) के साथ अभिक्रिया।

II. ऐसीटिक ऐनहाइड्राइड/पिरीडीन के पश्चात् सान्द्र H_2SO_4 + सान्द्र HNO_3

III. तनु HCl के पश्चात् सान्द्र H_2SO_4 + सान्द्र HNO_3 के साथ अभिक्रिया

IV. सान्द्र HNO_3 + सान्द्र H_2SO_4 (288 K पर) के साथ अभिक्रिया।

नीचे दिए गए विकल्पों में से सही उत्तर चुनें।

(a) I, II और IV (b) II और III (c) III और IV (d) I और IV

60 निम्नलिखित में से कौन-सा कथन सही नही है? **NCERT पृष्ठ 271, 272, 273**

(a) ऐरोमैटिक ऐमीन अमोनिया की तुलना में प्रबल क्षार होते हैं।

(b) अमोनिया ऐलिफैटिक ऐमीनों की तुलना में दुर्बल क्षार है।

(c) ऐनिलीन की पहचान कार्बिल ऐमीन अभिक्रिया द्वारा की जाती है।

(d) ऐनिलीन फ्रीडेल-क्राफ्ट अभिक्रिया से नही गुजरता है।

61 निम्नलिखित अभिक्रिया करने के लिए अभिकर्मक का सही क्रम चुनें। **NCERT पृष्ठ 273**

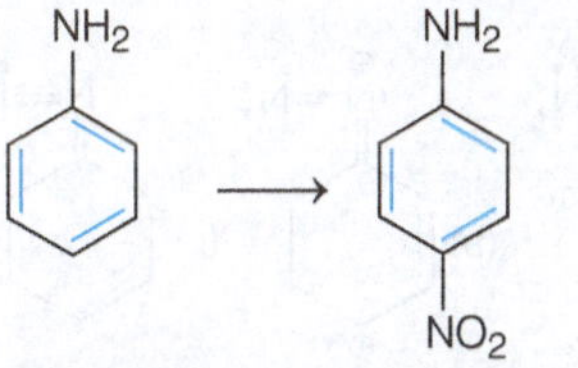

(a) (i) $(CH_3CO)_2O$, पिरीडीन
(ii) OH^- या H^+
(iii) HNO_3, H_2SO_4, 288 K

(b) (i) $(CH_3CO)_2O$, पिरीडीन
(ii) HNO_3, H_2SO_4, 288 K
(iii) OH^- या H^+

(c) (i) HNO_3, H_2SO_4, 288 K
(ii) OH^- या H^+

(d) (i) OH^- या H^+
(ii) HNO_3, H_2SO_4, 288 K

62 निम्नलिखित अभिक्रिया में मध्यवर्ती है NCERT पृष्ठ 273

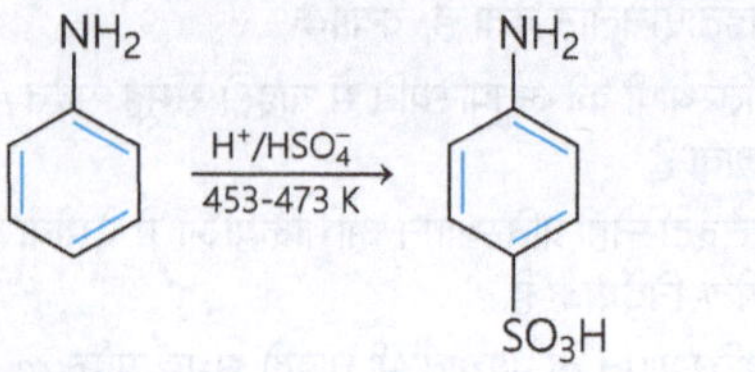

(a) 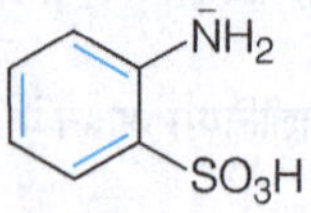

(b) 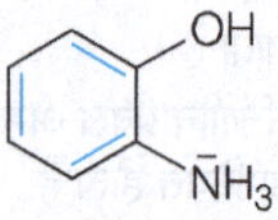

(c) 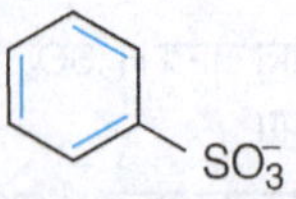

(d) 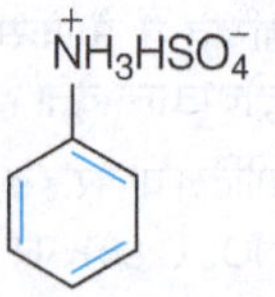

63 ऐनिलीन फ्रीडेल -क्राफ्ट अभिक्रिया से नही गुजरता है, इसका कारण है NCERT पृष्ठ 273

(a) ऐनिलीन की निम्न अभिक्रियाशीलता
(b) $AlCl_3$ के साथ लवण निर्माण
(c) ऐनिलीन में उपस्थित —NH_2 समूह का इलेक्ट्रॉन ग्रहण करने का प्रभाव
(d) $AlCl_3$ लुईस क्षार के रूप में कार्य करता है

डाइऐजोनियम लवणों के निर्माण की विधि

64 निम्नलिखित में से कौन सबसे अधिक स्थिर होगा? NCERT पृष्ठ 274

(a) $CH_3N_2^+X$ (b) $C_6H_5N_2^+X^-$
(c) $CH_3CH_2N_2^+X^-$ (d) $CH_3CH_2CH_2N_2^+X^-$

65 ऐरीन का स्थायित्व डाइऐजोनियम आयन को अनुनाद के आधार पर समझाया गया है। निम्नलिखित में से कौन-सी अनुनादी संरचना गलत है? NCERT पृष्ठ 274

(a) 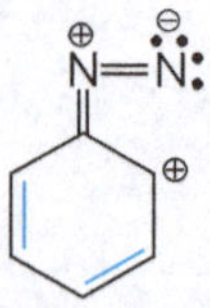
(b) 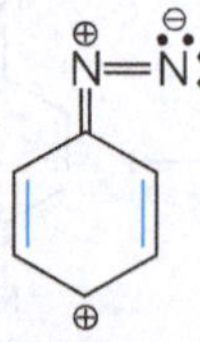
(c) 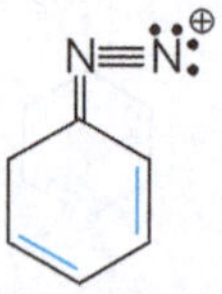
(d) 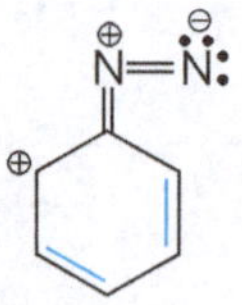

66 निम्नलिखित में से कौन-सा ऐमीन 273-278 K पर स्थायी डाइऐजोनियम लवण बनाएगा? NCERT पृष्ठ 274

(a) $C_2H_5NH_2$ (b) $C_6H_5NH_2$
(c) $CH_3CH_2NHCH_3$ (d) $C_6H_5N(CH_3)_2$

67 निम्नलिखित में से कौन-सा नाइट्रस अम्ल के निर्माण के लिए सही है? NCERT पृष्ठ 274

(a) सान्द्र HNO_3 और सान्द्र H_2SO_4 की अभिक्रिया।
(b) सान्द्र HCl और सान्द्र H_2SO_4 की अभिक्रिया।
(c) हाइड्रोक्लोरिक अम्ल के साथ सोडियम नाइट्राइट की अभिक्रिया।
(d) हाइड्रोक्लोरिक अम्ल और नाइट्रिक अम्ल के साथ अभिक्रिया।

68 बेन्जीन डाइऐजोनियम क्लोराइड को भण्डारण नही किया जा सकता तथा इसका निर्माण करने के तुरन्त बाद उपयोग किया जाता है। इसका कारण यह है कि, NCERT पृष्ठ 274

(a) यह ऑक्सीकृत हो जाता है
(b) यह कंटेनरों के साथ अभिक्रिया करता है
(c) यह बहुत अस्थायी है और नाइट्रोजन अणु देने के लिए वियोजित हो जाता है।
(d) भण्डारण पर यह धीरे-धीरे वाष्पित हो जाता है।

69 निम्नलिखित में से कौन-सा कथन गलत है? NCERT पृष्ठ 274

(a) डाइऐजोनियम लवण का सामान्य सूत्र $R\overset{+}{N}_2\bar{X}$ है।
(b) $RN_2^+X^-$ N_2^+ समूह को डाइऐजोनियम समूह कहा जाता है।
(c) ऐरीन का स्थायित्व डाइऐजोनियम आयन को प्रेरणिक प्रभाव के आधार पर समझाया गया है।
(d) प्राथमिक ऐलिफैटिक ऐमीन अत्यधिक अस्थायी ऐल्किल डाइऐजोनियम लवण बनाते हैं।

70 दी गई अभिक्रिया के अनुक्रम में *A*, *B*, *C*, *D*, *E* को पहचानिए। NCERT पृष्ठ 262, 271, 275

$$C_6H_5NO_2 \xrightarrow{H_2/Pd} A \xrightarrow[0\text{-}5°\,C]{NaNO_2+HCl} B \xrightarrow{CuCN/KCN} C$$

	A	*B*	*C*
(a)	C_6H_5Cl	C_6H_5CN	$C_6H_5CH_2NH_2$
(b)	$C_6H_5N—NO$	C_6H_5NC	$C_6H_5NO_2$
(c)	$C_6H_5NH_2$	$C_6H_5N_2Cl^-$	C_6H_5NC
(d)	$C_6H_5NH_2$	$C_6H_5\overset{+}{N}_2\bar{Cl}$	C_6H_5CN

डाइऐजोनियम लवणों के भौतिक गुण और रासायनिक अभिक्रियाएँ

71 निम्नलिखित में से बेन्जीन डाइऐजोनियम क्लोराइड के गुणों के सम्बन्ध में कौन-सा कथन सही है? NCERT पृष्ठ 275

(a) यह जल में पूर्णता से विलेय है।
(b) यह पीले रंग का क्रिस्टलीय ठोस प्रकृति का है।
(c) गर्म करने पर यह जल के साथ अभिक्रिया नही करता है।
(d) यह शुष्क अवस्था में विघटित नही होता है।

72 निम्नलिखित में से कौन-सी अभिक्रिया सैंडमेयर अभिक्रिया नही है? NCERT पृष्ठ 275

(a) $Ar\overset{+}{N}_2\bar{X} \xrightarrow{Cu_2Cl_2/HCl} ArCl + N_2$
(b) $Ar\overset{+}{N}_2\bar{X} \xrightarrow{Cu_2Br_2/HBr} ArBr + N_2$
(c) $Ar\overset{+}{N}_2\bar{X} \xrightarrow{CuCN/KCN} ArCN + N_2$
(d) $Ar\overset{+}{N}_2\bar{X} \xrightarrow{Cu/HBr} ArBr + N_2 + CuX$

73 निम्नलिखित में से कौन-सा अभिकर्मक ऐनिलीन को क्लोरोबेन्जीन में परिवर्तित करने के लिए उत्तरदायी है? NCERT पृष्ठ 274, 275

(a) $K_2Cr_2O_7$, $SOCl_2$ (b) $LiAlH_4$
(c) $NaNO_2 + HCl$, Cu_2Cl_2 / HCl (d) KOH , $CuCl_2$

74 निम्नलिखित में से किस अभिक्रिया द्वारा का फेनिल सायनाइड निर्माण किया जाता है? **NCERT पृष्ठ 274, 275**

(a) रोसेनमुण्ड का अपचयन (b) कार्बिलऐमीन अभिक्रिया
(c) रीमर- टीमान अभिक्रिया (d) सेन्डमेयर अभिक्रिया

75 रासायनिक अभिक्रिया में **NCERT पृष्ठ 274, 275**

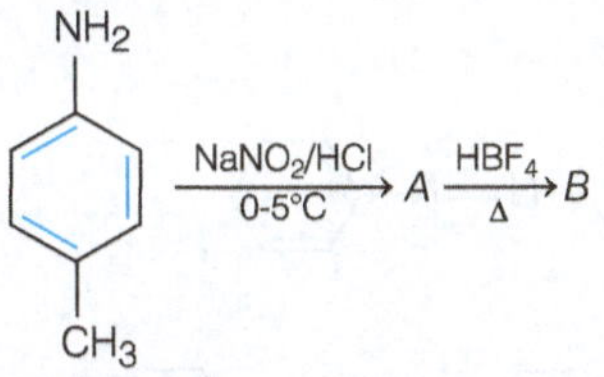

यौगिक A और B क्रमशः हैं

(a) नाइट्रोबेन्जीन और क्लोरोबेन्जीन
(b) फीनॉल और बेन्जीन
(c) डाइऐजोनियम लवण और *पैरा*-फ्लुओरोटॉलुईन
(d) बेन्जीन डाइऐजोनियम क्लोराइड और फ्लोरोबेन्जीन

76 बेन्जीन डाइऐजोनियम लवण KI के साथ अभिक्रिया करके ArI के साथ कुछ उप-उत्पाद देता है। ये उप-उत्पाद हैं **NCERT पृष्ठ 275**

(a) KNO_2 (b) $KCl + N_2$
(c) KCl (d) K_2Cl_3

77 ऐरीन से ऐरिल फ्लोराइड बनाने के लिए प्रयुक्त अभिकर्मक डाइऐजोनियम क्लोराइड है **NCERT पृष्ठ 276**

(a) HF (b) KF
(c) HBF_4 (d) CuF

78 अभिक्रिया में,

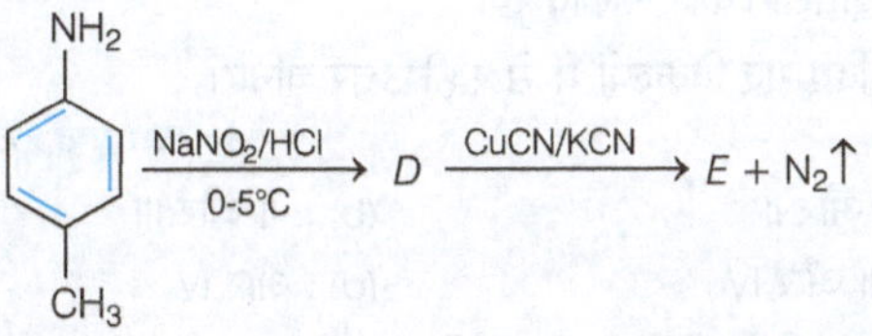

उत्पाद E है **NCERT पृष्ठ 275**

(a) 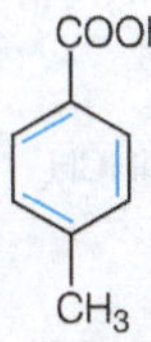

(b) 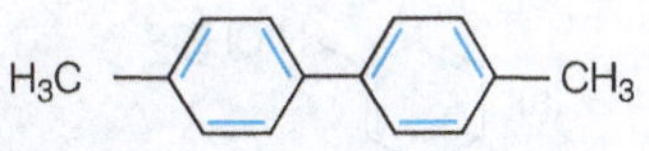

(c) 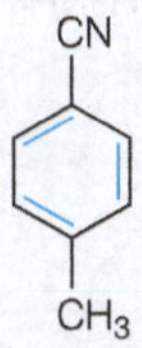

(d) 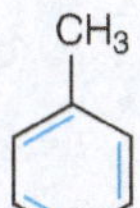

79 बेन्जीन डाइऐजोनियम क्लोराइड हाइपोफॉस्फोरस अम्ल के साथ अभिक्रिया करके बनाता है **NCERT पृष्ठ 276**

(a) बेन्जीन (b) फीनॉल
(c) फीनॉल *आइसो*-सायनाइड (d) फेनिल फॉस्फेट

80 निम्नलिखित उत्पादों के लिए अभिकर्मकों X, Y और Z की पहचान करें। **NCERT पृष्ठ 275, 276**

(i) $C_6H_5\overset{+}{N_2}\overset{-}{Cl} \xrightarrow{X} C_6H_5F$

(ii) $C_6H_5\overset{+}{N_2}\overset{-}{Cl} \xrightarrow{Y} C_6H_5OH$

(iii) $C_6H_5\overset{+}{N_2}\overset{-}{BF_4} \xrightarrow{Z} C_6H_5NO_2$

	X	Y	Z
(a)	HBF_4, Δ	H_2O, 283 K	$NaNO_2$, Cu, Δ
(b)	CuI	NaCN	KOH
(c)	KI, गर्म	CuCN	H_2O, गर्म
(d)	AgF, गर्म	AgCN, गर्म	KOH, क्वथन

81 निम्नलिखित अभिक्रिया में उत्पाद X की संरचना है **NCERT पृष्ठ 275, 276**

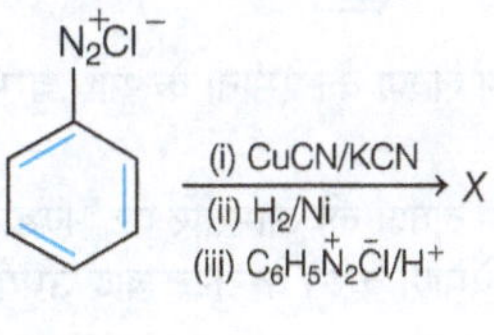

(a) 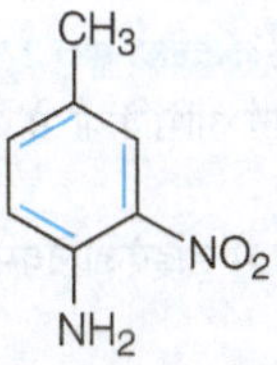

(b) 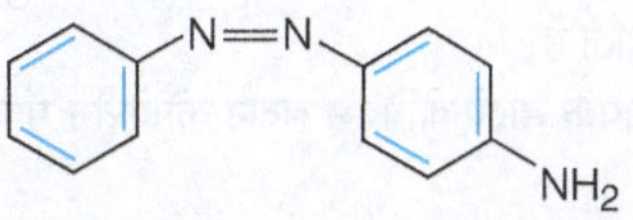

(c) 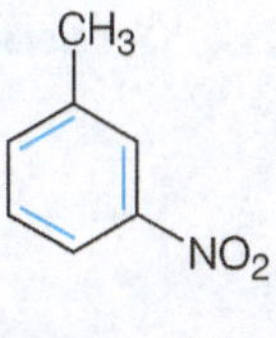

(d) 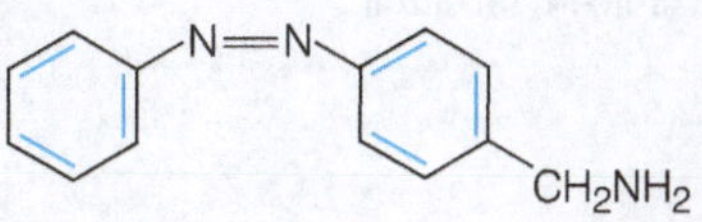

82 ऐनिलीन को p-नाइट्रोफ्लोरोबेन्जीन में रूपान्तरित करने के लिए सही क्रम है। **NCERT पृष्ठ 273, 275**

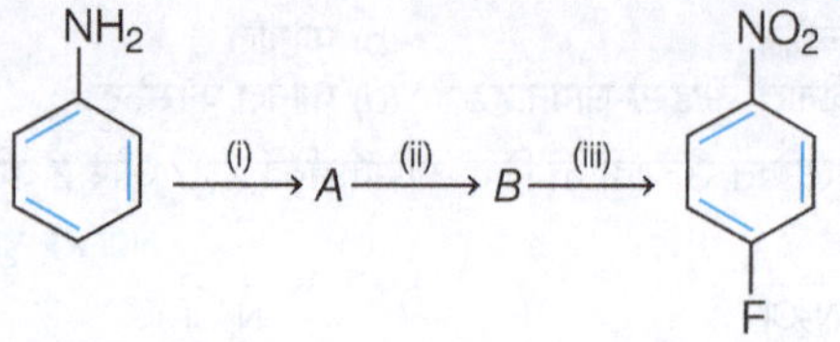

	(i)	(ii)	(iii)
(a)	नाइट्रीकरण	$NaNO_2 + HCl, 0-5°C$	HBF_4/Δ
(b)	नाइट्रीकरण	H_2/Pt	जल अपघटन
(c)	डाइऐजीटीकरण	H_2O/H^+	Sn/HCl
(d)	डाइऐजीटीकरण	CuCN	HBF_4

83 निम्नलिखित में से कौन-सा कथन/अभिक्रिया सही है? **NCERT पृष्ठ 271, 274, 276**

(a) HCl के साथ ऐनिलीन अभिक्रिया से नाइट्रिक अम्ल उत्पन्न होता है।

(b) 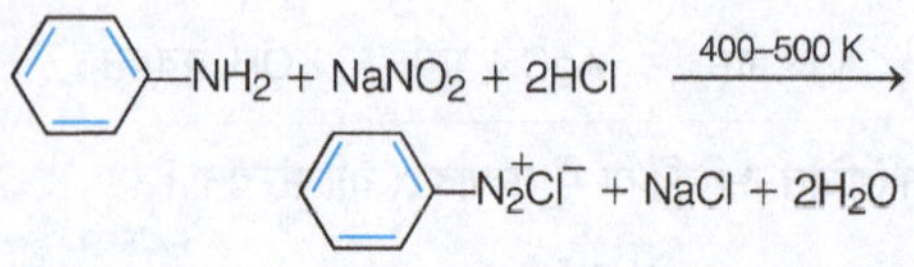

(c) डाइऐजोनियम लवण का ऐमीनों के साथ युग्मन प्रबल क्षारीय माध्यम में होता है।

(d) डाइऐजोनियम लवण को आमतौर पर भण्डारित नही किया जाता है तथा इसका निर्माण करने के तुरंत बाद उपयोग कर लिया जाता है।

84 निम्नलिखित में से कौन-सा कथन गलत है? **NCERT पृष्ठ 274, 275, 276**

(a) सैंडमेयर अभिक्रिया में परिणाम गाटरमैन अभिक्रिया से अच्छा पाया गया।

(b) कॉपर सोडियम नाइट्राइट की उपस्थिति में डाइऐजोनियम फ्लोरोबोरेट की अभिक्रिया से बनता है।

(c) ऐजो यौगिक रंगहीन होते हैं और इनका उपयोग रोगाणुरोधक के रूप में किया जाता है।

(d) कुछ मृदु अपचायक डाइऐजोनियम लवण को ऐरीन में परिवर्तित देते हैं।

85 युग्मन अभिक्रिया किसका उदाहरण है? **NCERT पृष्ठ 276**

(a) नाभिकस्नेही योगात्मक अभिक्रिया
(b) नाभिकस्नेही प्रतिस्थापन अभिक्रिया
(c) इलेक्ट्रोस्नेही प्रतिस्थापन अभिक्रिया
(d) इलेक्ट्रोस्नेही योगात्मक अभिक्रिया

86 निम्नलिखित अभिक्रिया पर विचार कीजिए। **NCERT पृष्ठ 276**

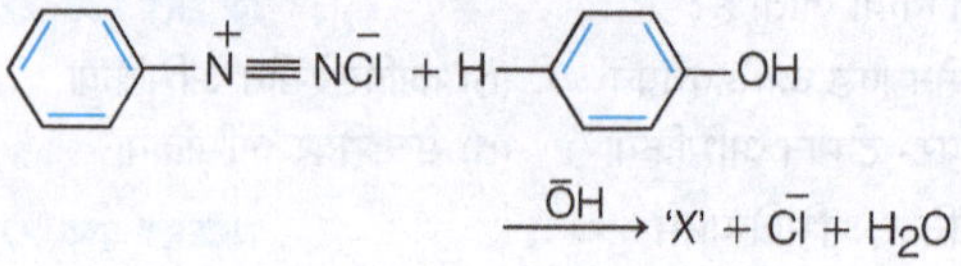

यहाँ, 'X' है

(a) 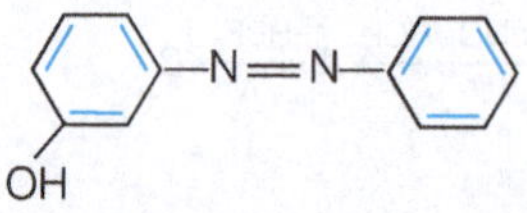

(b) 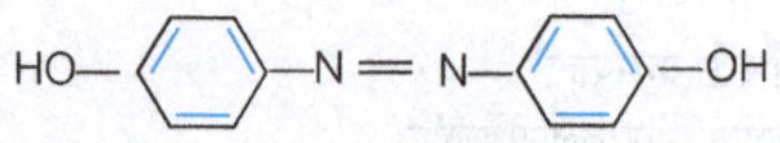

(c) 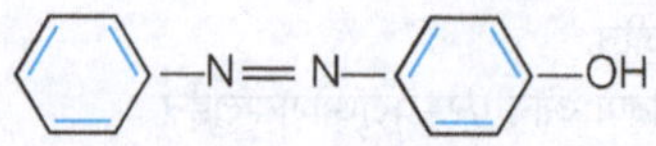

(d) 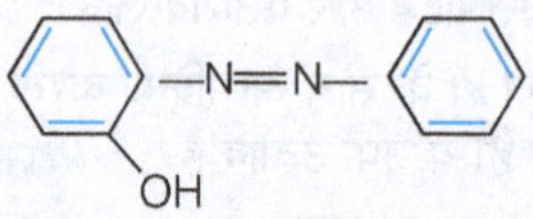

87 निम्नलिखित में से कौन-सी अभिक्रियाएँ इलेक्ट्रोस्नेही प्रतिस्थापन अभिक्रियाएँ हैं?

I. ऐसीटानिलाइड का ब्रोमीनीकरण
II. ऐरिल डाइऐजोनियम लवणों की युग्मन अभिक्रिया
III. ऐनिलीन का डाइऐजोटीकरण
IV. ऐनिलीन का ऐसीलीकरण

नीचे दिए गए विकल्पों में से सही उत्तर चुनिए। **NCERT पृष्ठ 272, 273, 276**

(a) I और II
(b) I, II और III
(c) III और IV
(d) I और IV

88 दिए गए यौगिकों में से, वह यौगिक, जो तनु HCl में $NaNO_2$ के साथ उपचार करने पर तथा तत्पश्चात् क्षारीय विलयन के β-नैफ्थॉल में मिलाने पर चमकीले रंग का रंजक बनाता है, वह है **NCERT पृष्ठ 276**

(a) 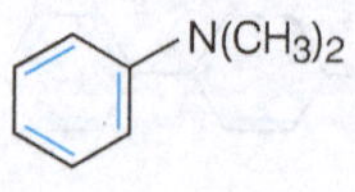

(b) 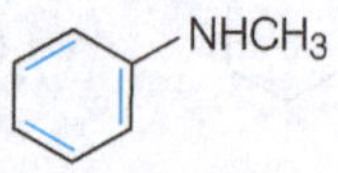

(c) 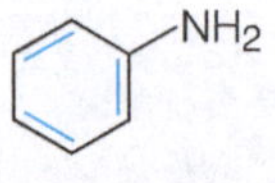

(d) 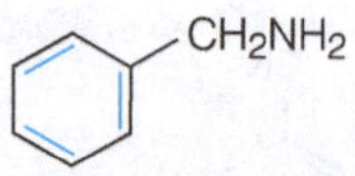

डाइऐजोनियम लवणों का महत्व

89 निम्नलिखित में से गलत कथनों का चयन कीजिए। **NCERT पृष्ठ 271, 276, 277**

I. डाइऐजोनियम लवण, F, Cl, Br, I, CN, OH, NO_2 समूहों को ऐरोमैटिक वलय में प्रविष्ट कराने के लिए बहुत अच्छे मध्यवर्ती हैं।

II. ऐरिल फ्लुओराइड और आयोडाइड को प्रत्यक्ष हैलोजनीकरण द्वारा बनाया जा सकता है।

III. बेन्जीनसल्फोनिल क्लोराइड की 2° ऐमीन के साथ अभिक्रिया से N-एल्किलबेन्जीन सल्फोनिल ऐमाइड प्राप्त होता है।

IV. डाइऐजो समूह को अन्य समूहों द्वारा प्रतिस्थापित करना उन प्रतिस्थापित ऐरोमैटीक यौगिकों को बनाने में सहायक होता है, जिन्हें बेन्जीन या प्रतिस्थापित बेन्जीन में प्रत्यक्ष प्रतिस्थापन द्वारा बनाया नही जा सकता है।

नीचे दिए गए विकल्पों में से सही उत्तर चुनें।

(a) I और II

(b) II और III

(c) III और IV

(d) I और IV

90 निम्नलिखित में से कौन-सा समूह डाइऐजोनियम लवण द्वारा ऐरोमैटिक वलय में प्रस्तुत नही किया जा सकता है? **NCERT पृष्ठ 276**

(a) —F (b) —Cl (c) $—OCH_3$ (d) $—NO_2$

91 निम्नलिखित में से कौन-सी अभिक्रिया गलत है? **NCERT पृष्ठ 276, 275**

(a) 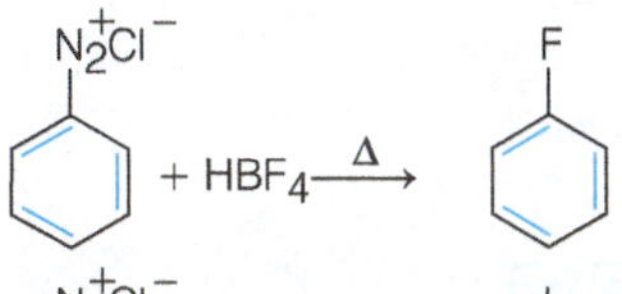

(b) 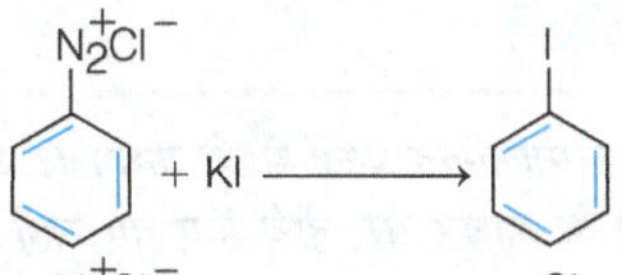

(c) 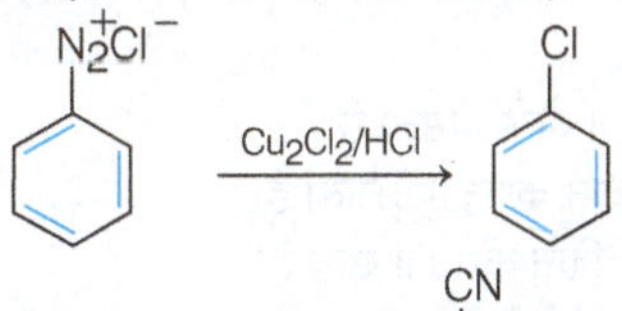

(d) 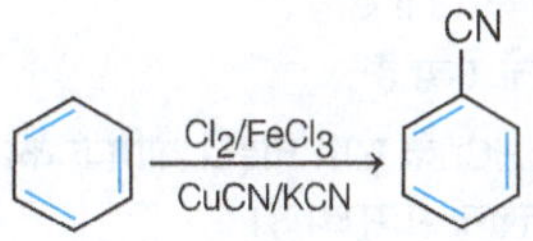

अभिकथन-कारण प्रश्न

***निर्देश** प्रश्न संख्या (1-10) निम्नलिखित प्रश्न में अभिकथन (A) के बाद कारण (R) दिया गया है। नीचे दिए गए विकल्पों में से सही विकल्प का चयन का चयन करे*

(a) A और R दोनों सत्य हैं और R, A का सही स्पष्टीकरण है।

(b) A और R दोनों सत्य हैं लेकिन R, A का सही स्पष्टीकरण नही है।

(c) A सत्य है लेकिन R असत्य है।

(d) A असत्य है लेकिन R सत्य है।

1 **अभिकथन** (A) ट्राईमेथिलऐमीन में C—N—C का कोण 108° है।
कारण (R) ट्राईमेथिलऐमीन में इलेक्ट्रॉन का अयुग्मित युग्म होता है जो कोण को 109.5° से कम कर देता है। **NCERT पृष्ठ 259, 260**

2 **अभिकथन** (A) तृतीयक ब्यूटिलऐमीन को तृतीय-ब्यूटिलब्रोमाइड पर NH_3 की क्रिया द्वारा बनाया जा सकता है।
कारण (R) तृतीयक ब्यूटिलब्रोमाइड 3° ऐल्किलहैलाइड होने के कारण क्षार के साथ अभिक्रिया पर विलोपन अभिक्रया देता है। **NCERT पृष्ठ 262**

3 **अभिकथन** (A) ऐरोमैटिक प्राथमिक ऐमीनों को गैब्रियल थैलिमाइड संश्लेषण द्वारा बनाया नही किया जा सकता है।
कारण (R) ऐरिल हैलाइड थैलिमाइड द्वारा निर्मित आयन के साथ इलेक्ट्रोस्नेही प्रतिस्थापन नहीं देते हैं। **NCERT पृष्ठ 264**

4 **अभिकथन** (A) ऐमीन से निर्मित प्रतिस्थापित अमोनियम आयन स्थिर होता है।
कारण (R) ऐल्किल समूह के $+I$ -प्रभाव द्वारा प्रतिस्थापित अमोनियम आयन पर धनात्मक आवेश का फैलाव होता है। **NCERT पृष्ठ 268**

5 **अभिकथन** (A) गैसीय प्रावस्था में ऐमीनों की क्षारीयता का क्रम NH_3 > प्राथमिक ऐमीन > द्वितीयक ऐमीन > तृतीयक ऐमीन है।
कारण (R) गैसीय प्रावस्था में, ऐलिफैटिक ऐमीन की क्षारीय प्रकृति, ऐल्किल समूहों की संख्या में वृद्धि के साथ बढ़ जाती है। **NCERT पृष्ठ 268**

6 **अभिकथन** (A) ऐलिफैटिक ऐमीन अमोनिया की तुलना में दुर्बल क्षार हैं।
कारण (R) ऐलिफैटिक ऐमीनों पर ऐल्किल समूहों का $+I$ -प्रभाव नाइट्रोजन परमाणु पर इलेक्ट्रॉन घनत्व को बढ़ाता है। **NCERT पृष्ठ 268**

7 **अभिकथन** (A) $MeNH_2$, MeOH की तुलना में दुर्बल क्षार है।
कारण (R) N, O की तुलना में कम विद्युत ऋणात्मक है, N पर इलेक्ट्रॉनों का एकाकी युग्म $MeNH_2$ में दान के लिए अधिक आसानी से उपलब्ध है। **NCERT पृष्ठ 268**

8 **अभिकथन** (A) ऐमीनों की ऐसीलीकरण अभिक्रिया में, पिरिडीन की उपस्थिति में साम्य दाएँ पक्ष की ओर स्थानान्तरित हो जाता है।

कारण (R) प्रबल क्षार की उपस्थिति में, HCl अलग कर दिया जाता है और अभिक्रिया दाईं पक्ष की ओर स्थानान्तरित हो जाती है।

NCERT पृष्ठ 270

9 **अभिकथन** (A) ऐनिलीन फ्रीडल -क्राफ्ट ऐल्किलीकरण और ऐसीटीलीकरण से नहीं गुजरता है ।

कारण (R) ऐनिलीन का नाइट्रोजन धनात्मक आवेश प्राप्त कर लेता है तथा आगामी अभिक्रिया के लिए एक प्रबल निष्क्रिय समूह के रूप में कार्य करता है।

NCERT पृष्ठ 273

10 **अभिकथन** (A) बेन्जीन डाइऐज़ोनियम लवण जल में विलेय होते हैं।

कारण (R) वे सहसंयोजक प्रकृति के हैं, इसलिए वे जल में विलेय हैं।

NCERT पृष्ठ 275

कथन आधारित प्रश्न

निर्देश *(प्रश्न संख्या 1-5) निम्नलिखित प्रश्नों में दो कथन (I और II) दिए गए हैं। दिए गए कथनों के आधार पर, नीचे दिए गए सही विकल्प को चुनिए।*

(a) कथन I और कथन II दोनों असत्य हैं।
(b) कथन I सत्य है लेकिन कथन II असत्य है।
(c) कथन I असत्य है लेकिन कथन II सत्य है।
(d) कथन I और कथन II दोनों सत्य हैं।

1 **कथन I** लोहे के स्क्रैप और HCl के साथ नाइट्रो यौगिक का अपचयन H_2 / Pd और ऐथेनॉल की तुलना में मुख्य है।

कथन II नाइट्राइल लीथियम ऐलुमिनियम हाइड्राइड या उत्प्रेरक हाइड्रोजनीकरण के साथ अपचयन पर तृतीयक ऐमीन बनाते हैं।

NCERT पृष्ठ 262, 263

2 **कथन I** प्राथमिक ऐरोमैटिक ऐमीन HNO_2 के साथ अभिक्रिया करके डाइऐज़ोनियम लवण बनाते हैं जो निम्न तापमान (273-278 K) पर स्थिर होते हैं।

कथन II प्राथमिक ऐलिफैटिक ऐमीन HNO_2 के साथ अभिक्रिया नही करते हैं।

NCERT पृष्ठ 271

3 **कथन I** कार्बिलऐमीन अभिक्रिया में प्राथमिक ऐनिलीन और क्लोरोफॉर्म क्षारीय माध्यम के मध्य अभिक्रिया शामिल होती है ।

कथन II कार्बिलऐमीन अभिक्रिया में, $-NH_2$ समूह CN समूह में परिवर्तित हो जाता है।

NCERT पृष्ठ 271

4 **कथन I** ऐनिलीन सान्द्र सल्फ्यूरिक अम्ल के साथ अभिक्रिया करके सल्फैनिलिक अम्ल बनाता है।

कथन II सल्फैनिलिक अम्ल ज्विटर आयन के रूप में कार्य कर सकता है।

NCERT पृष्ठ 273

5 **कथन I** बेन्जीन डाइऐज़ोनियम क्लोराइड फीनॉल के साथ अभिक्रिया करके *p*- हाइड्रॉक्सी ऐज़ोबेन्ज़ीन देता है।

कथन II यह अभिक्रिया अम्लीय माध्यम में होती है।

NCERT पृष्ठ 276

6 निम्नलिखित में से कौन-सा कथन सही नही है?

I. एथेनॉल में H_2/Pd का उपयोग नाइट्रोबेन्ज़ीन को ऐनिलीन में अपचयन के लिए किया जाता है।

II. ऐरोमैटिक प्राथमिक ऐमीन गैब्रियल थैलिमाइड संश्लेषण द्वारा तैयार किया जाता है।

III. जल में ऐमीनों के मोलर द्रव्यमान घटने के साथ विलेयता घटती है।

IV. अमोनिया ऐरोमैटिक ऐमीन की तुलना में अधिक प्रबल क्षार है।

V. कार्बिल ऐमीन अभिक्रिया का उपयोग 1° ऐमीनों के परीक्षण के रूप में किया जाता है।

नीचे दिए गए विकल्पों में से सबसे उपयुक्त उत्तर का चयन कीजिए।

NCERT पृष्ठ 262, 264, 265, 267, 271

(a) I, II, III और IV
(b) II और III
(c) I और V
(d) I, IV और V

7 निम्नलिखित में से गलत कथनों का चयन कीजिए।

I. N-N-डाइमेथिलऐनिलीन में N- मेथिलऐनिलीन की तुलना में pK_b मान अधिक होता है।

II. ऐनिलीन कमरे के तापमान पर ब्रोमीन जल के साथ अभिक्रिया करके *p*- ब्रोमोऐनिलीन का पीला अवक्षेप देता है।

III. ऐसीटानिलाइड के नाइट्रोजन पर इलेक्ट्रॉनों का एकाकी युग्म अनुनाद के कारण ऑक्सीजन परमाणु के साथ परस्पर क्रिया करता है।

IV. ऐनिलीन के प्रत्यक्ष नाइट्रीकरण से तृतीयक ऑक्सीकरण उत्पाद प्राप्त होते हैं।

V. डाइऐज़ोनियम लवणों की फीनॉल के साथ युग्मन अभिक्रिया द्वारा निर्मित ऐज़ो-रंजक।

नीचे दिए गए विकल्पों में से सबसे उपयुक्त उत्तर का चयन कीजिए।

NCERT पृष्ठ 267, 272, 273, 276

(a) I, III और IV
(b) I और II
(c) III, IV और V
(d) II, III और IV

8 निम्नलिखित में से कौन-सा कथन सही है/हैं?

I. *आइसो*-प्रोपाइलऐमीन और एथिल मेथिलऐमीन दोनों कार्बिलऐमीन अभिक्रिया दर्शाते हैं।

II. प्राथमिक ऐरोमैटिक ऐमीन गैब्रियल थैलेमाइड संश्लेषण द्वारा नहीं बनाया जा सकता है।

III. निम्न एलिफैटिक ऐमीन गैसीय अवस्था में होती हैं, लेकिन उच्च ऐमीन ठोस अवस्था में होती हैं।

IV. ऐमीन त्रिकोणीय समतलीय आकार के होते हैं।

नीचे दिए गए विकल्पों में से सबसे उपयुक्त उत्तर का चयन करे।

NCERT पृष्ठ 259, 264, 265, 271

(a) I, II और III (b) II और IV
(c) II और III (d) II, III और IV

9 निम्नलिखित में से सही कथनों का चयन कीजिए।

I. डाइमेथिलऐमीन कार्बिल ऐमीन परीक्षण देता है।

II. हिंसबर्ग अभिकर्मक के साथ प्राथमिक ऐमीन N-एल्किलबेन्जीन सल्फोनिल ऐमाइड उत्पन्न करता है।

III. ऐरिल ऐमीन सामान्यतः ऐल्किलऐमीन से कम क्षारीय होते हैं।

IV. ऐनिलीनियम आयन अनुनाद द्वारा स्थायी है।

नीचे दिए गए विकल्पों में से सबसे उपयुक्त उत्तर चुनें।

NCERT पृष्ठ 268, 269, 271

(a) I और II (b) II और III (c) I और IV (d) III और IV

10 निम्नलिखित में से कौन-सा कथन सही नही है?

I. ऐरीन डाइऐजोनियम फ्लोरोबोरेट को $NaNO_2$ और Cu-धातु/Δ का उपयोग करके नाइट्रोबेन्जीन में परिवर्तित किया जा सकता है।

II. जब क्लोरोफॉर्म को ऐनिलीन और ऐल्कोहॉलीय KOH के साथ उपचारित कराया जाता है तो फेनिल सायनाइड बनता है।

III. डाइऐजो युग्मन कुछ कीटनाशकों का निर्माण करने के लिए उपयोगी है।

IV. क्षारीय माध्यम में नाइट्रोबेन्ज़ीन का अपचयन ऐनिलीन में हो जाता है।

V. ऐनिलीन के डाइऐजोटीकरण में, HCl की अधिकता का उपयोग मुख्य रूप से युग्मन के लिए उपलब्ध मुक्त ऐनिलीन की सान्द्रता को दबाने के लिए किया जाता है।

नीचे दिए गए विकल्पों में से सबसे उपयुक्त उत्तर का चयन कीजिए।

NCERT पृष्ठ 262, 271, 276

(a) I और II
(b) III, IV और V
(c) II, III और IV
(d) III और IV

सुमेलन प्रकार प्रश्न

1 सूची I में दिए गए ऐमीनों को सूची II में दिए गए उनके उपयोगों से सुमेलित कीजिए तथा नीचे दिए गए कूटों में से सही विकल्प चुनिए।

NCERT पृष्ठ 259

	सूची I		सूची II
A.	नोवोकेन	1.	पृष्ठ सक्रियक
B.	बेनाड्रिल	2.	दन्त चिकित्सा में निश्चेतक के रूप में
C.	चतुष्क अमोनियम लवण	3.	सुगंधित या ऐरोमैटिक यौगिकों निर्माण में
D.	डाइऐजोनियम लवण	4.	प्रतिहिस्टैमिन ड्रग के रूप में

कूट

	A	B	C	D
(a)	1	2	3	4
(b)	2	4	1	3
(c)	4	3	2	1
(d)	3	1	2	4

2 सूची I में दिए गए ऐमीनों को सूची II में उनके वर्गीकरण से सुमेलित कीजिए तथा नीचे दिए गए कूटों में से सहीविकल्प चुनिए। NCERT पृष्ठ 260

	सूची I		सूची II
A.	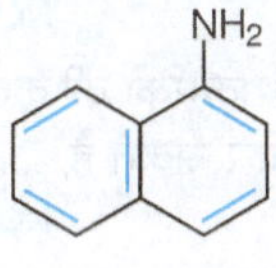	1.	प्राथमिक ऐमीन
B.	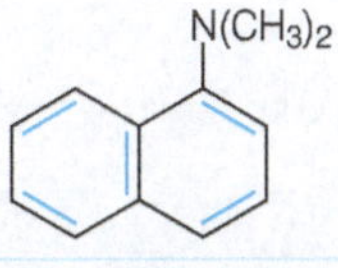	2.	द्वितीयक ऐमीन
C.	$(C_2H_5)_2NH$	3.	तृतीयक ऐमीन

कूट

	A	B	C		A	B	C
(a)	1	2	3	(b)	1	3	2
(c)	2	1	3	(d)	2	3	1

3 सूची I में दी गई ऐमीन की निम्नलिखित संरचनाओं को सूची II में दिए गए उनके सामान्य नामों से सुमेलित कीजिए और नीचे दिए गए कूटों में से सही विकल्प चुनिए। **NCERT पृष्ठ 261**

सूची I (ऐमीन)	सूची II (सामान्य नाम)
A. 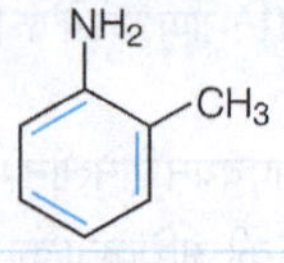	1. हेक्सामेथिलीनडाइऐमीन
B. $H_2N—CH_2—CH=CH_2$	2. ऐलिल ऐमीन
C. $H_2N—(CH_2)_6—NH_2$	3. N-N डाइमेथिलऐनिलीन
D. 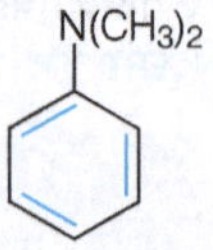	4. *O*-टॉलुडीन

कूट

	A	B	C	D		A	B	C	D
(a)	1	2	3	4	(b)	4	2	1	3
(c)	2	4	3	1	(d)	2	3	4	1

4 निम्नलिखित सूची I (अभिकारकों) को सूची II में दिए गए उनके (उत्पादों) से सुमेलित करें और नीचे दिए गए कूट से सही विकल्प का चयन करे। **NCERT पृष्ठ 270, 273**

सूची I (अभिक्रियाशील पदार्थ)	सूची II (उत्पाद)
A. $H_5C_2NH_2 + H_3CCOCl$	1. ऐसीटैनिलाइड
B. $H_5C_2—NH—C_2H_5 + H_3CCOCl$	2. N, N डाइऐथिलएथेनेमाइड
C. $C_6H_5—NH_2 + (H_3CCO)_2O$	3. N- एथिल ऐथेनेमाइड
D. $C_6H_5—NH_2 + H_2SO_4$	4. ऐनिलीनियम हाइड्रोजन सल्फेट

कूट

	A	B	C	D
(a)	1	3	2	4
(b)	3	4	2	1
(c)	1	2	4	3
(d)	3	2	1	4

आंकिक मान प्रकार के प्रश्न

1 सम्भावित ऐलिफैटिक, अचक्रीय, समावयवियों में, आण्विक सूत्र, $C_4H_{11}N$ के अनुरूप 1° ऐमीनों की कुल संख्या .... है। **NCERT पृष्ठ 260**

2 नीचे दिए गए अभिकर्मकों में से उन अभिकर्मकों की कुल संख्या जो नाइट्रोबेन्जीन को ऐनिलीन में परिवर्तित कर सकते हैं, ... है। **NCERT पृष्ठ 262**

I. Sn-HCl

II. Sn-NH_4OH

III. Zn-HCl

IV H_2 –Pd/एथेनॉल

V. H_2 - Ni /एथेनॉल

3 निम्नलिखित में से गैब्रियल संश्लेषण द्वारा संश्लेषित की जा सकने वाली ऐमीनों की कुल संख्या है। **NCERT पृष्ठ 264**

A. $\begin{matrix}CH_3\\CH_3\end{matrix}\!>\!CHCH_2NH_2$

B. $CH_3CH_2NH_2$

C. 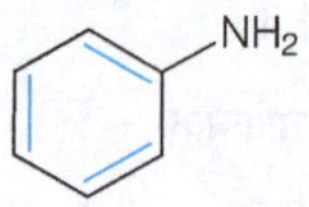

4 एक कार्बनिक यौगिक *P*(C_7H_9N) नाइट्रस अम्ल के साथ अभिक्रिया करके बेन्जाइल ऐल्कोहॉल देता है। *P* के संरचनात्मक समावयवियों की संख्या .... है। **NCERT पृष्ठ 271**

5 निम्नलिखित यौगिकों की कुल संख्या जो धनात्मक कार्बिलऐमीन परीक्षण देगी , ... है। **NCERT पृष्ठ 271**

I. N, N-डाइमेथिलऐनिलीन

II. 2, 4-डाइमेथिल ऐनिलीन

III. 4-मेथिल बेन्जाइल ऐमीन

IV. डाइफेनिलऐमीन

V. 1-नैफ्थिल ऐमीन

NCERT Exemplar प्रश्न

1 निम्नलिखित में से कौन 3° ऐमीन है?
(a) 1-मेथिलसाइक्लोहेक्सिलऐमीन (b) ट्राईऐथिलऐमीन
(c) *तृतीय*-ब्यूटिलऐमीन (d) N-मेथिलऐनिलीन

2 $CH_2 = CHCH_2NHCH_3$ का सही IUPAC नाम है
(a) ऐलिलमेथिलऐमीन (b) 2-ऐमीनों-4-पेंटेन
(c) 4-ऐमीनोपेंट-1-ईन (d) N-मेथिलप्रॉप-2-N-1-ऐमीन

3 निम्नलिखित में से जलीय माध्यम में सबसे प्रबल क्षार है
(a) CH_3NH_2 (b) $NCCH_2NH_2$
(c) $(CH_3)_2NH$ (d) $C_6H_5NHCH_3$

4 निम्नलिखित में से कौन-सा सबसे दुर्बल ब्रॉन्स्टेड क्षार है?

(a) 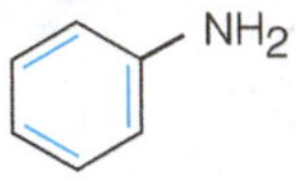

(b) 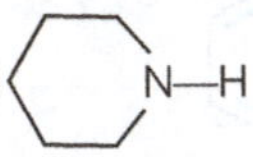

(c) 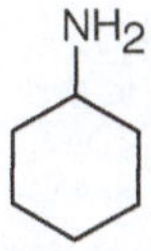

(d) CH_3NH_2

5 निम्नलिखित तरीके से बेन्जीलऐमीन को ऐल्किलीकृत किया जा सकता है: $C_6H_5CH_2NH_2 + R—X \longrightarrow C_6H_5CH_2NHR$
निम्नलिखित में से कौन-सा ऐल्किल हैलाइड S_N1 क्रियाविधि के माध्यम से इस अभिक्रिया के लिए सबसे उपयुक्त है?
(a) CH_3Br (b) C_6H_5Br
(c) $C_6H_5CH_2Br$ (d) C_2H_5Br

6 निम्नलिखित में से कौन-सा अभिकर्मक ऐरिल नाइट्रो यौगिक को ऐमीन में अपचयित करने के लिए अच्छा विकल्प नही होगा?
(a) H_2 (आधिक्य)/ Pt (b) ईथर में $LiAlH_4$
(c) Fe और HCl (d) Sn और HCl

7 कार्बन शृंखला में एक CH_2 समूह को एक साथ जोड़कर ऐल्किल हैलाइड से 1° ऐमीन बनाने के लिए, नाइट्रोजन के स्रोत के रूप में प्रयुक्त अभिकर्मक है
(a) सोडियम ऐमाइड ($NaNH_2$)
(b) सोडियम ऐजाइड (NaN_3)
(c) पोटैशियम सायनाइड (KCN)
(d) पोटैशियम थैलिमाइड ($C_6H_4(CO)_2N^-K^+$)

8 ऐमीनों के गैब्रियल संश्लेषण में नाइट्रोजन का स्रोत है।
(a) सोडियम ऐजाइड, (NaN_3)
(b) सोडियम नाइट्राइट, ($NaNO_2$)
(c) पोटैशियम सायनाइड (KCN)
(d) पोटैशियम थैलिमाइड ($C_6H_4(CO)_2N^-K^+$)

9 सूची I में दी गई अभिक्रियाओं को सूची II में दिए गए कथनों से सुमेलित करें।

सूची I		सूची II	
A.	अमोनोलिसस	1.	कम संख्या में कार्बन परमाणुओं वाला ऐमीन
B.	गैब्रिल थैलिमाइड संश्लेषण	2.	प्राथमिक ऐमीन के लिए जाँच परीक्षण
C.	हॉफमान ब्रोमामाइड अभिक्रिया	3.	KOH और *R—X* के साथ थैलिमाइड की अभिक्रिया।
D.	कार्बिल अभिक्रिया	4.	NH_3 के साथ ऐल्किलहैलाइड की अभिक्रिया।

10 दिए गए अभिकारकों के समूह में से 2° ऐमीन निर्माण के लिए सबसे उपयुक्त है
(a) $2^\circ R—Br + NH_3$
(b) $2^\circ R—Br + NaCN$ इसके बाद H_2/Pt
(c) $1^\circ R—NH_2 + RCHO$ इसके बाद H_2/Pt
(d) 1° R — Br(2 मोल) + पोटैशियम थैलिमाइड उसके बाद H_3O^+/ऊष्मा

11 निम्नलिखित में से कौन-सा 2-फेनिलप्रोपेनमाइड को 2- फेनिलप्रोपेनमीन में परिवर्तित करने के लिए सबसे अच्छा अभिकर्मक है?
(a) H_2 आधिक्य में (b) जलीय NaOH में Br_2
(c) लाल फास्फोरस की उपस्थिति में आयोडीन
(d) ईथर में $LiAlH_4$

12 निम्नलिखित में से 2-फेनिल प्रोपेनामाइड को 1-फेनिल एथेनेमीन में परिवर्तित करने के लिए कौन-सा सबसे अच्छा अभिकर्मक है ?
(a) आधिक्य H_2 / Pt (b) NaOH /Br_2
(c) $NaBH_4$ /मेथेनॉल (d) $LiAlH_4$ /ईथर

13 हॉफमैन ब्रोमामाइड अपघटन अभिक्रिया को निम्न द्वारा दर्शाया जाता है
(a) $ArNH_2$ (b) $ArCONH_2$
(c) $ArNO_2$ (d) $ArCH_2NH_2$

14 निम्नलिखित यौगिकों के लिए मूल शक्ति का सही बढ़ता क्रम है

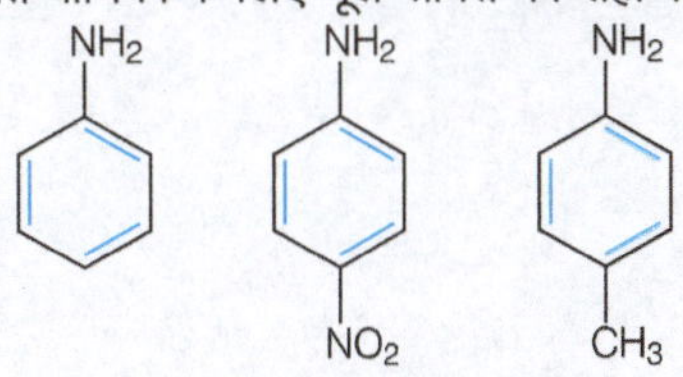

I II III

(a) II < III < I (b) III < I < II
(c) III < II < I (d) II < I < III

15 मेथिल ऐमीन HNO_2 एवं H_2O के साथ अभिक्रिया करके बनाता है।

(a) $CH_3-O-N=O$ (b) CH_3-O-CH_3
(c) CH_3OH (d) CH_3CHO

16 मेथिल ऐमीन की नाइट्रस अम्ल के साथ अभिक्रिया से निकलने वाली गैस है।

(a) NH_3 (b) N_2
(c) H_2 (d) C_2H_6

17 सान्द्र H_2SO_4 और सान्द्र HNO_3 के मिश्रण का उपयोग करके बेन्जीन के नाइट्रीकरण में, वह स्पीशीज जो अभिक्रिया आरम्भ करती है, वह है

(a) NO_2 (b) NO^+
(c) NO_2^+ (d) NO_2^-

18 सूची I में दिए गए यौगिकों का सूची II में दी गई वस्तुओं से सुमेलित करें।

सूची I		सूची II	
A.	बेन्जीन सल्फोनिल क्लोराइड	1.	ज्विटर आयन
B.	सल्फोनिलिक अम्ल	2.	ज्विटर हिंसबर्ग अभिकर्मक
C.	ऐल्किल डाइऐजोनियम लवण	3.	रंगों (dyes)
D.	ऐरिल डाइऐजोनियम लवण	4.	ऐल्कोहॉल में रूपान्तरण

19 Fe का उपयोग करके ऐरोमैटिक नाइट्रो यौगिकों का और HCl अपचयन देता है

(a) ऐरोमैटिक ऑक्सिम (b) ऐरोमैटिक हाइड्रोकार्बन
(c) ऐरोमैटिक प्राथमिक ऐमीन (d) ऐरोमैटिक ऐमाइड

20 तनु हाइड्रोक्लोरिक अम्ल के प्रति सबसे अधिक अभिक्रियाशील ऐमीन है

(a) $CH_3 - NH_2$ (b) 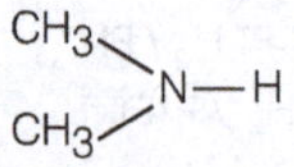

(c) 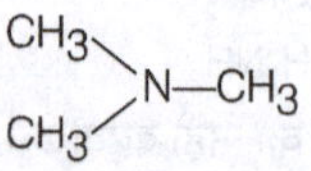 (d) 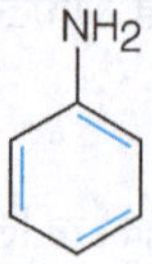

21 शृंखला में C-परमाणुओं की संख्या में परिवर्तन किए बिना ऐल्किल हैलाइडों से प्राथमिक ऐमीन निर्माण करने की सर्वोत्तम विधि है

(a) हॉफमैन ब्रोमामाइड अभिक्रिया
(b) गैब्रियल थैलिमाइड संश्लेषण
(c) सैंडमेयर अभिक्रिया
(d) NH_3 के साथ अभिक्रिया

22 निम्नलिखित में से कौन-सा यौगिक बेन्जीन डाइऐजोनियम क्लोराइड के साथ ऐजो युग्मन अभिक्रिया नही करेगा ?

(a) ऐनिलीन (b) फीनॉल
(c) ऐनिसोल (d) नाइट्रोबेन्जीन

23 निम्नलिखित में से कौन-सा यौगिक सबसे दुर्बल ब्रॉन्स्टेड क्षार है?

(a) 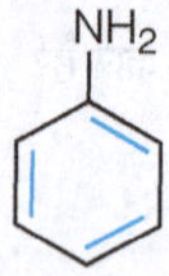 (b) 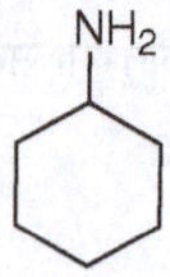

(c) 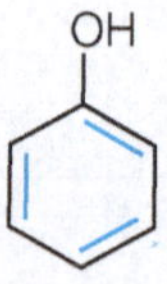 (d) 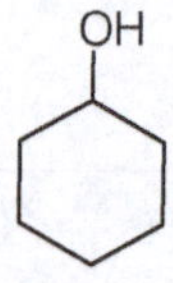

24 निम्नलिखित स्पीशीज की क्षारीय सामर्थ्य का सही घटता क्रम है, H_2O, NH_3, OH^-, NH_2^-

(a) $NH_2^- > OH^- > NH_3 > H_2O$ (b) $OH^- > NH_2^- > H_2O > NH_3$
(c) $NH_3 > H_2O > NH_2^- > OH^-$ (d) $H_2O > NH_3 > OH^- > NH_2^-$

25 निम्नलिखित में से कौन सबसे अधिक परिवर्तनशील होना चाहिए?

I. $CH_3CH_2CH_2NH_2$ II. $(CH_3)_3N$
III. $(CH_3CH_2)(CH_3)NH$ IV. $CH_3CH_2CH_3$

(a) II (b) IV
(c) I (d) III

26 अभिक्रिया $Ar\overset{+}{N}_2Cl^- \xrightarrow{Cu/HCl} ArCl + N_2 + CuCl$

इसका नाम .... रखा गया है।

(a) सेन्डमेयर अभिक्रिया (b) गाटरमैन अभिक्रिया
(c) क्लेसियन अभिक्रिया (d) कार्बिलऐमीन अभिक्रिया

विगत परीक्षाओं के प्रश्न

NEET

1 नीचे दो कथन दिए गए हैं **NCERT पृष्ठ 273, NEET 2024**

कथन I ऐनिलीन फ्रीडेल-क्राफ्ट्स ऐल्किलीकरण अभिक्रिया नहीं करती है।

कथन II ऐनिलीन को गैब्रियल संश्लेषण द्वारा नहीं बनाया जा सकता है।

ऊपर दिए गए कथनों के आधार पर, नीचे दिए गए विकल्पों से सही उत्तर चुनिए।

(a) कथन I और कथन II दोनों सत्य है।
(b) कथन I और कथन II दोनों गलत है।
(c) कथन I सही है, परन्तु कथन II गलत है।
(d) कथन I गलत है, परन्तु कथन II सही है।

2 निम्नलिखित में से कौन-सी अभिक्रिया उत्पाद के रूप में प्राथमिक ऐमीन नही देगी? **NCERT (New) पृष्ठ 263, 272 NEET 2023**

(a) $CH_3CN \xrightarrow[\text{(ii) } H_3O^+]{\text{(i) } LiAlH_4}$ उत्पाद

(b) $CH_3NC \xrightarrow[\text{(ii) } H_3O^+]{\text{(i) } LiAlH_4}$ उत्पाद

(c) $CH_3CONH_2 \xrightarrow[\text{(ii) } H_3O^+]{\text{(i) } LiAlH_4}$ उत्पाद

(d) $CH_3CONH_2 \xrightarrow{Br_2/KOH}$ उत्पाद

3 नीचे दो कथन दिए गए हैं।

कथन I प्राथमिक ऐलिफैटिक ऐमीन HNO_2 के साथ अभिक्रिया करके अस्थिर डाइऐजोनियम लवण देते हैं।

कथन II प्राथमिक ऐरोमैटिक ऐमीन HNO_2 के साथ अभिक्रिया करके डाइऐजोनियम लवण बनाते हैं, जो 300 K से ऊपर भी स्थिर रहते हैं।

उपरोक्त कथनों के आधार पर, नीचे दिए गए विकल्पों में से सबसे उपयुक्त उत्तर चुनिए। **NCERT (New) पृष्ठ 271, NEET 2022**

(a) कथन I और कथन II दोनों गलत हैं।
(b) कथन I सत्य है, लेकिन कथन II असत्य है।
(c) कथन I गलत है, लेकिन कथन II सत्य है।
(d) कथन I और कथन II दोनों सत्य हैं।

4 निम्नलिखित अभिक्रिया अनुक्रम से निर्मित उत्पाद है **NCERT पृष्ठ 263, 274, NEET 2022**

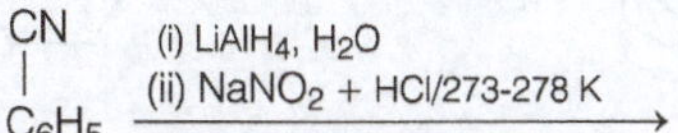

(a) 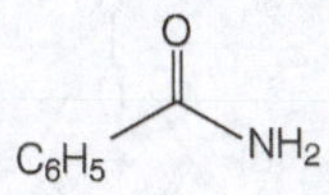

(b) 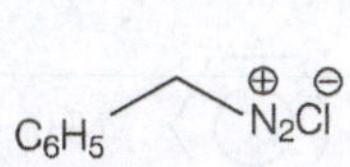

(c) 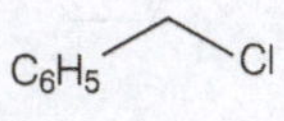

(d) 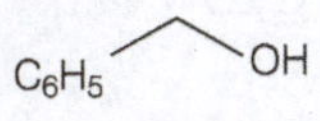

5 रासायनिक अभिक्रिया के दिए गए अनुक्रम में '*R*' अभिकर्मक है **NCERT (New) पृष्ठ 276, NEET 2021**

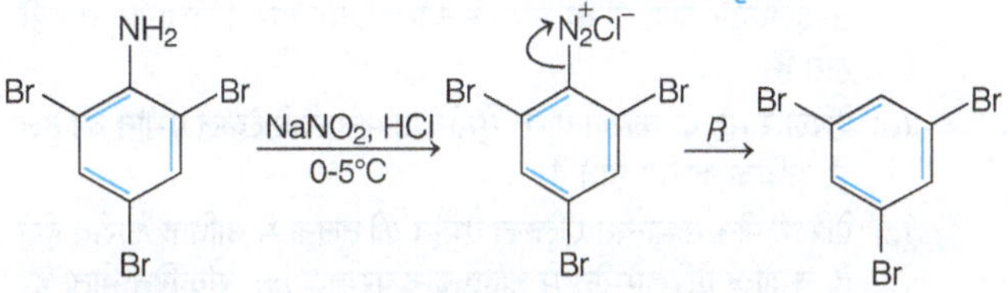

(a) CuCN/KCN (b) H_2O (c) CH_3CH_2OH (d) HI

6 निम्नलिखित में से कौन-सा ऐमीन कार्बिलऐमीन परीक्षण देगा? **NCERT (New) पृष्ठ 271, NEET (Sep.) 2020**

(a) 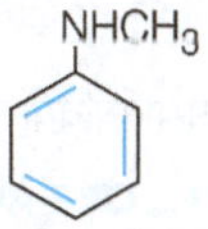

(b) 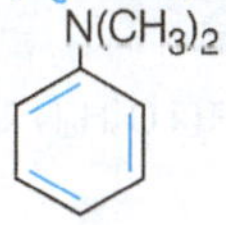

(c) 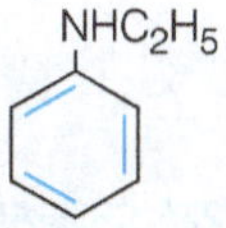

(d) 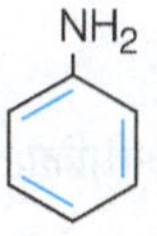

7 वह ऐमीन, जो हिंसबर्ग अभिकर्मक के साथ अभिक्रिया करके क्षारीय अविलेय उत्पाद देता है, वह है **NCERT (New) पृष्ठ 271, NEET (Odisha) 2019**

(a) $CH_3-CH(CH_3)-NH-CH(CH_3)CH_3$

(b) $CH_3-CH_2-N(CH_2CH_3)-CH_2CH_3$

(c) $CH_3-C(NH_2)(CH_3)-CH_2CH_2CH_3$

(d) $CH_3-C(CH_3)_2-CH(CH_3)-NH_2$

8 एक नाइट्रोजन युक्त ऐरोमैटिक यौगिक 'Sn/ HCl' के साथ अभिक्रिया करता है, उसके बाद HNO_2 के साथ अभिक्रिया करके एक अस्थिर यौगिक '*B*' देता है, '*B*', फीनॉल के साथ उपचार पर, आण्विक सूत्र $C_{12}H_{10}N_2O$ के साथ एक सुंदर रंगीन यौगिक '*C*' बनाता है। यौगिक '*A*' की संरचना है **NCERT (New) पृष्ठ 262, 274, 276, NEET 2016**

(a) 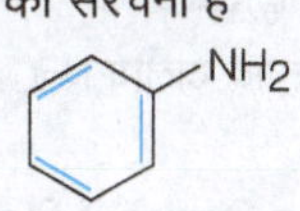

(b) 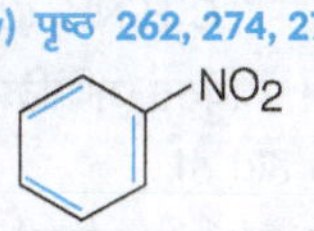

(c) 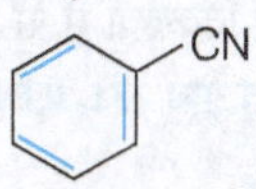

(d) 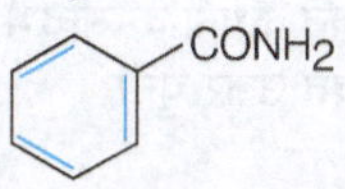

9 ऐरिलऐमीन की क्षारीयता के सम्बन्ध में सही कथन है

NCERT (New) पृष्ठ 269, NEET 2016, Phase I

(a) ऐरिलऐमीन सामान्यतः ऐल्किलऐमीन की तुलना में अधिक क्षारीय होते हैं, क्योंकि नाइट्रोजन के एकाकी युग्म इलेक्ट्रॉन ऐरोमैटिक वलय π-इलेक्ट्रॉन प्रणाली के साथ अन्योन्य क्रिया द्वारा विस्थानीकृत नहीं होते हैं।

(b) ऐरिल समूह के कारण ऐरिल ऐमीन सामान्यतः ऐल्किल ऐमीन की तुलना में अधिक क्षारीय होते हैं।

(c) ऐरिलऐमीन सामान्यत ऐल्किल ऐमीन की तुलना में अधिक क्षारीय होते हैं, क्योंकि ऐरिलऐमीन में नाइट्रोजन परमाणु *sp*- संकरित होता है।

(d) ऐरिलऐमीन सामान्यतः एल्किलऐमीन की तुलना में कम क्षारीय होते हैं, क्योंकि नाइट्रोजन के एकाकी युग्म इलेक्ट्रॉन ऐरोमैटिक वलय π-इलेक्ट्रॉन प्रणाली के साथ अन्योन्यक्रिया द्वारा विस्थानीकृत हो जाते हैं।

10 आण्विक सूत्र C_3H_9N से सम्भव संरचनात्मक समावयवियों की संख्या है

NCERT (New) पृष्ठ 262, CBSE-AIPMT 2015

(a) 4 (b) 5
(c) 2 (d) 3

11 निम्नलिखित अभिक्रिया में उत्पाद (*A*) है

NCERT (New) पृष्ठ 276, CBSE-AIPMT 2014

$$C_6H_5\overset{+}{N_2}\overset{-}{Cl} + C_6H_5NH_2 \xrightarrow{H^+} (A)$$
पीला रंजक

(a) 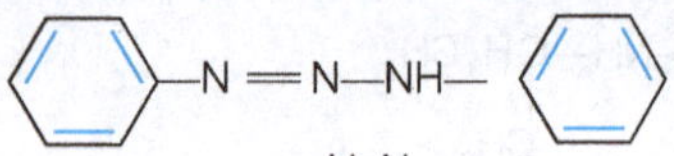

(b) 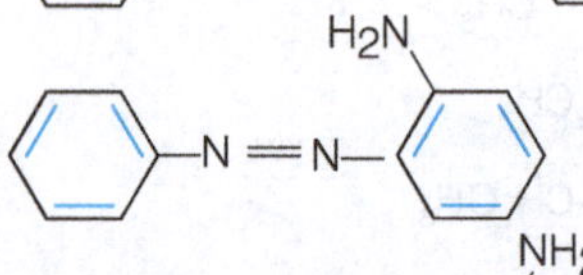

(c) 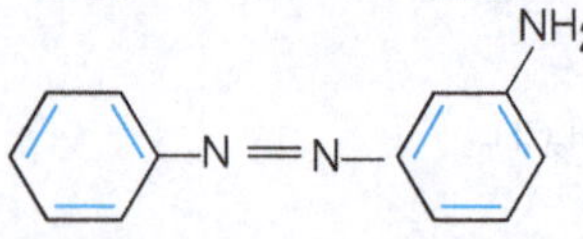

(d) 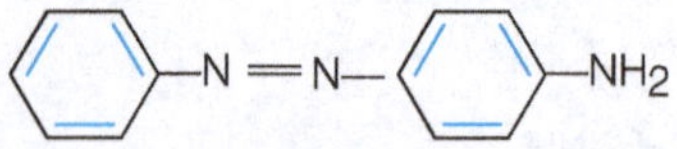

JEE Main

12 नीचे दो कथन दिए गए है

कथन I नीचे दिए गए सभी यौगिक *p*-टॉलुईन सल्फोनिल क्लोराइड के साथ अभिक्रिया करते हैं।

$$C_6H_5NH_2 \quad (C_6H_5)_2NH \quad (C_6H_5)_3N$$

कथन II उपर्युक्त अभिक्रिया में उनके उत्पाद जलीय NaOH में विलेय होते हैं।

उपर्युक्त कथनों के सन्दर्भ में, नीचे दिए गए विकल्पों में से सर्वाधिक उपयुक्त उत्तर चुनें।

NCERT पृष्ठ 271, JEE Main 2024

(a) कथन I सही है, परन्तु कथन II गलत है।
(b) दोनों कथन I एवं कथन II गलत हैं।
(c) कथन I गलत है, परन्तु कथन II सही है।
(d) दोनों कथन I एवं कथन II सही हैं।

13 निर्मित मुख्य उत्पाद *A* एवं *B* क्रमशः है,

NCERT पृष्ठ 273, JEE Main 2024

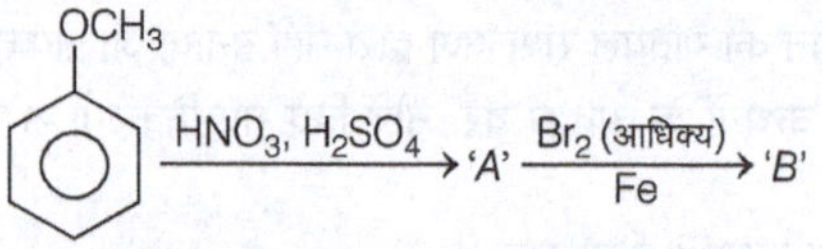

(a) 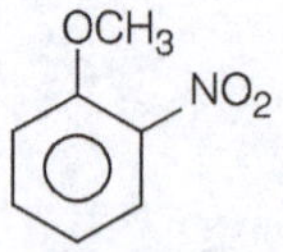 एवं 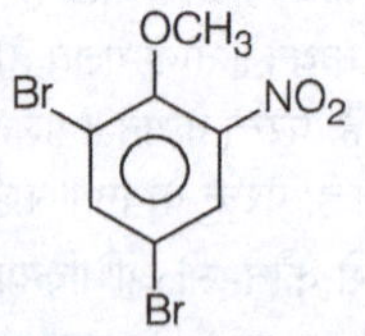

(b) 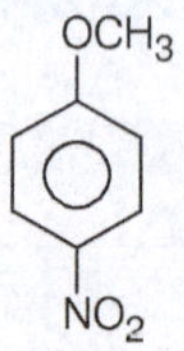 एवं 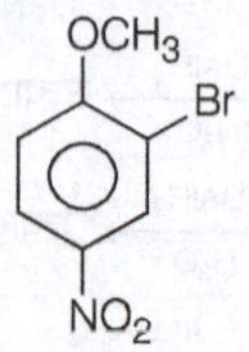

(c) 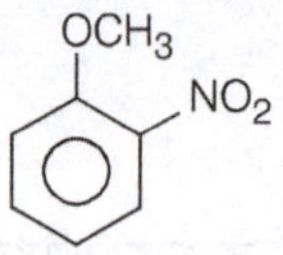 एवं 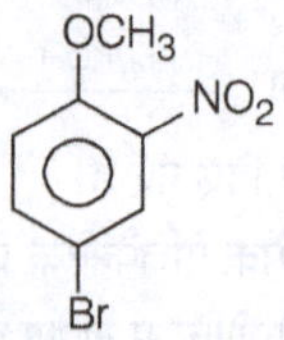

(d) 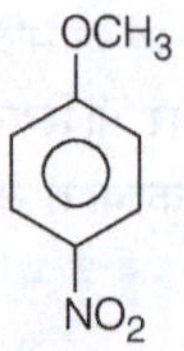 एवं 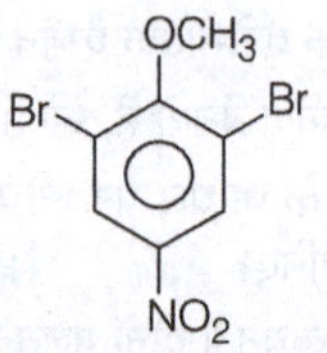

14 निम्नलिखित में से कौन-सा प्रबलतम ब्रॉन्स्टेड क्षारक है?

NCERT पृष्ठ 266, 267, JEE Main 2024

(a) 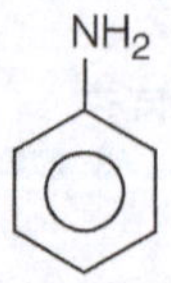

(b) 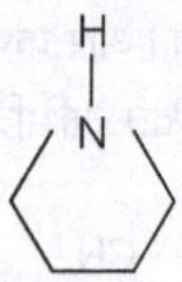

(c) 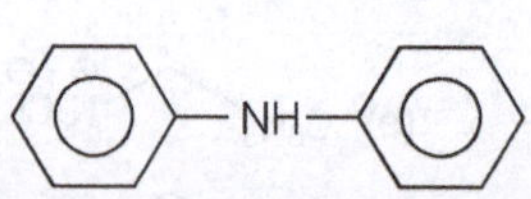

(d) 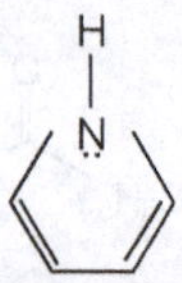

15 o-फेनिलइनडाइऐमीन $\xrightarrow{HNO_2}$ 'X' (मुख्य) गुणनफल 'X' है
NCERT पृष्ठ 271, 274, JEE Main 2023

(a) 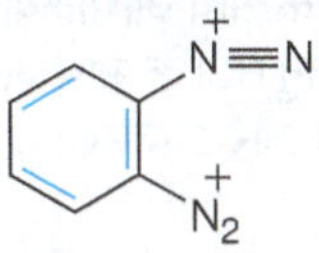
(b) 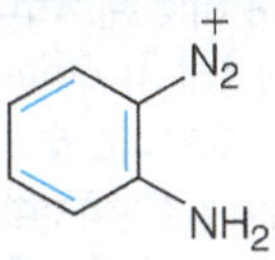
(c) 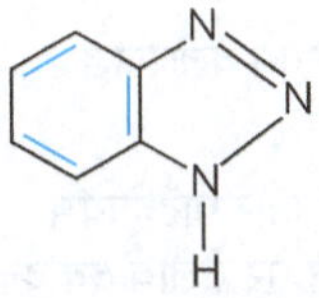
(d) 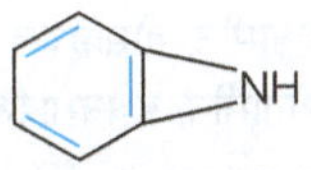

16 $C_6H_5NO_2 \xrightarrow[C_2H_5OH]{H_2/Pd} [A] \xrightarrow[\text{पिरीडीन}]{(CH_3CO)_2O} [B]$

उपरोक्त अभिक्रिया पर विचार करें और उत्पाद B की पहचान करें।
NCERT पृष्ठ 262, 270, JEE Main 2023

(a) 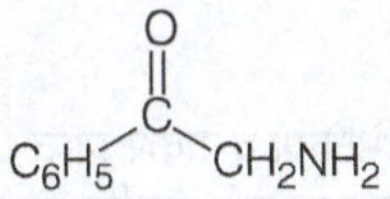
(b) 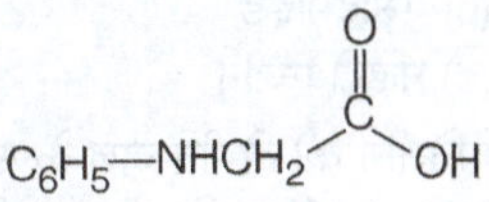
(c) 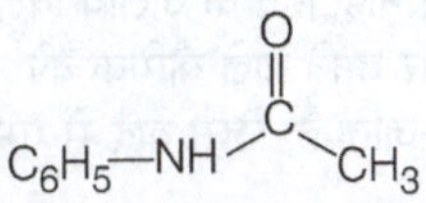
(d) 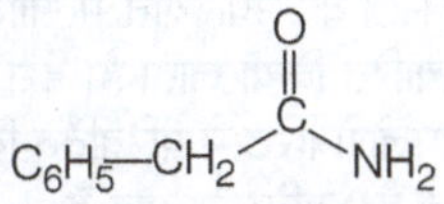

17 एक कार्बनिक यौगिक [A] ($C_4H_{11}N$), प्रकाशीय सक्रियता दर्शाता है, तथा HNO_2 के साथ अभिक्रिया पर N_2 गैस देता है। यौगिक $PhSO_2Cl$ के साथ अभिक्रिया करके एक यौगिक बनाता है, जो KOH में विलेय है। A की संरचना है
NCERT पृष्ठ 271, JEE Main 2023

(a) 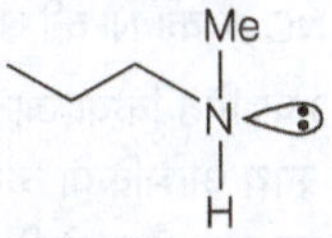
(b) 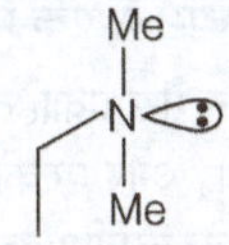
(c) 
(d) 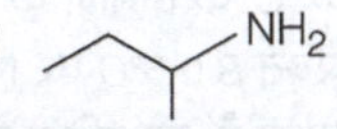

18 नीचे दी गई अभिक्रिया के सम्बन्ध में गलत कथन है
NCERT पृष्ठ 271, JEE Main 2023

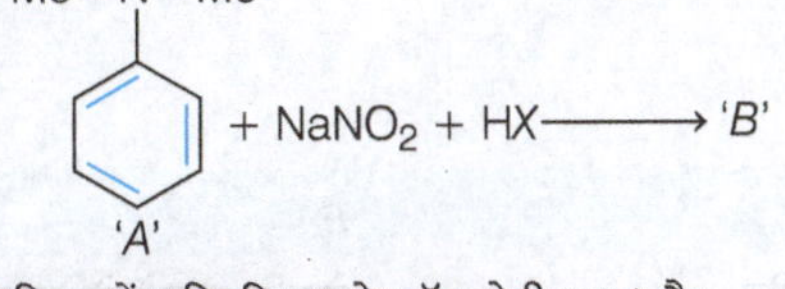

(a) अभिक्रिया में सम्मिलित इलेक्ट्रॉनस्नेही NO^+ है।
(b) 'B' N- नाइट्रोसो अमोनियम यौगिक है।
(c) उपरोक्त अभिक्रिया में निर्मित उत्पाद 'B' निम्न तापमान पर p-नाइट्रोसो यौगिक है।
(d) अभिक्रिया कम तापमान पर होती है।

19 नीचे दो कथन दिए गए हैं, एक को अभिकथन (A) और दूसरे को कारण (R) कहा गया है।
NCERT पृष्ठ 273, JEE Main 2022

अभिकथन (A) CH_3Cl की ऐनिलीन और निर्जल $AlCl_3$ के साथ प्रायोगिक अभिक्रिया o और p- मेथिलऐनिलीन नहीं देती है।

कारण (R) ऐनिलीन का $—NH_2$ समूह निर्जल $AlCl_3$ के साथ लवण निर्माण के कारण निष्क्रिय हो जाता है और इसलिए उत्पाद के रूप में m- मेथलि एनिलीन देता है। उपरोक्त कथनों के, नीचे दिए गए विकल्पों में से सबसे उपयुक्त उत्तर चुनिए।

(a) (A) और (R) दोनों सत्य हैं और (R), (A) की सही व्याख्या है।
(b) (A) और (R) दोनों सत्य हैं, लेकिन (R), (A) की सही व्याख्या नही है।
(c) (A) सत्य है, परन्तु (R) असत्य है।
(d) (A) गलत है, लेकिन (R) सही है।

20 प्राथमिक ऐलिफैटिक ऐमीन के लिए निम्नलिखित में से कौन-सा कथन सही नहीं है?
265, JEE Main 2021

(a) प्राथमिक ऐमीनों में अंतराण्विक संघटन, द्वितीयक ऐमीनों में अंतराण्विक संघटन से कम होता है।
(b) मेथिल ऐमीन को छोड़कर प्राथमिक ऐमीन नाइट्रस अम्ल विलयन से अभिक्रिया करने पर संगत ऐल्कोहॉल बनाते हैं।
(c) प्राथमिक ऐमीन द्वितीयक ऐमीन की तुलना में कम क्षारीय होते हैं।
(d) प्राथमिक ऐमीनों को गैब्रियल थैलेमाइड संश्लेषण द्वारा तैयार किया जा सकता है।

21 हॉफमैन ब्रोमामाइड बेन्जामाइड के अपघटन से उत्पाद A प्राप्त होता है, जिसे $CHCl_3$ और NaOH के साथ गर्म करने पर उत्पाद B प्राप्त होता है। A और B की संरचनाएँ निम्न हैं
NCERT पृष्ठ 264, JEE Main 2021

(a) A = 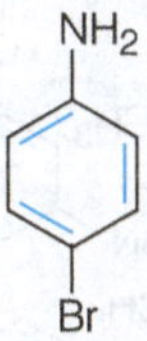 B = 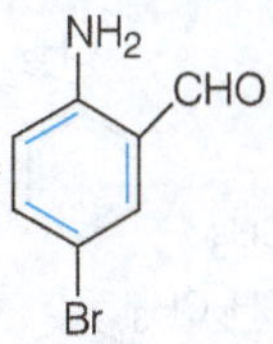
(b) A = 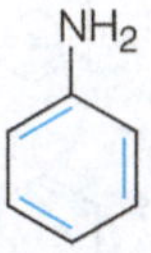 B = 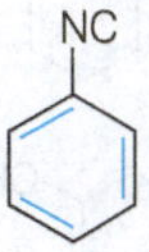
(c) A = 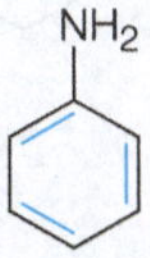 B = 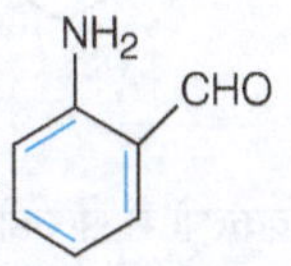
(d) A = 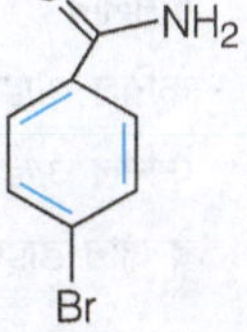 B = 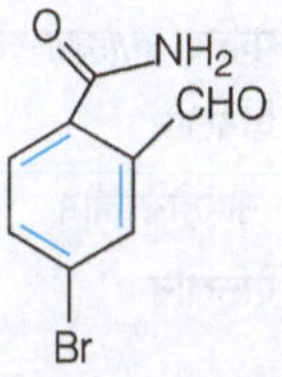

स्किल बूस्टर्स

1 टॉलुईन को नाइट्रीकृत किया जाता है और परिणामी उत्पाद को टिन और हाइड्रोक्लोरिक अम्ल के साथ निकाला जाता है। प्राप्त उत्पाद को डाइऐजीटीकृत किया जाता है और क्यूप्रस ब्रोमाइड के साथ गर्म किया जाता है। बनने वाला अभिक्रिया मिश्रण है

(a) *o* - और *p*- डाइब्रोमोबेन्जीन का मिश्रण
(b) *o* - और *p*- ब्रोमोऐनिलीन का मिश्रण
(c) *o* - और *m*- ब्रोमोटॉलूईन का मिश्रण
(d) *o* - और *p*- ब्रोमोटॉलूईन का मिश्रण

2 यदि अभिक्रिया के दौरान जल को लगातार हटाया जाता है, तो अम्ल की उत्प्रेरक मात्रा की उपस्थिति में साइक्लोहेक्सानोन की डाइमेथिलेमीन के साथ अभिक्रिया से एक यौगिक बनता है। बनने वाले यौगिक को सामान्यतः इस नाम से जाना जाता है

(a) शिफ क्षार (b) एक एनामाइन (c) एक इमीन (d) एक ऐमीन

3 तीन समावयवी *A*, *B* और *C* (आण्विक सूत्र $C_8H_{11}N$) निम्नलिखित परिणाम देते हैं।

A और C —डाइऐजोनियम→ *P* और *Q* —(i) जल–अपघटन, (ii) ऑक्सीकरण→ *R*

और *S* (*A* का गुणनफल) और *S* (*C* का गुणनफल) (*R* का क्वथनांक *S* से कम है)

B —$C_6H_5SO_2Cl$→ क्षारीय अविलेय उत्पाद

A, *B* और *C* क्रमश: हैं

(a) 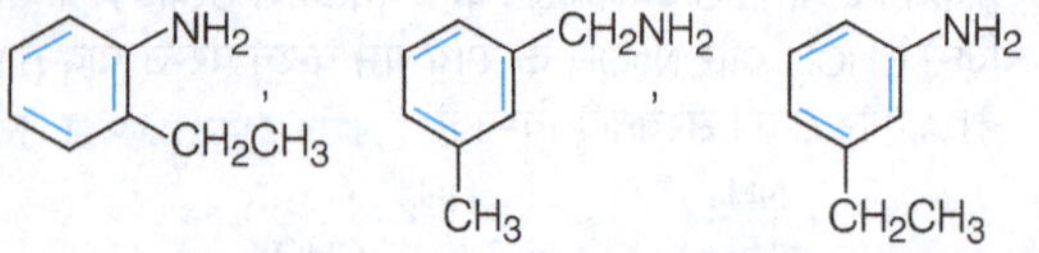

(b) 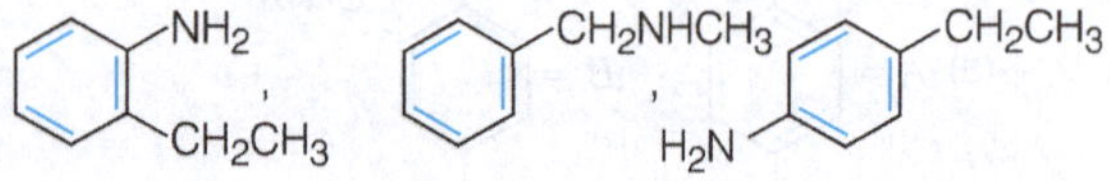

(c) 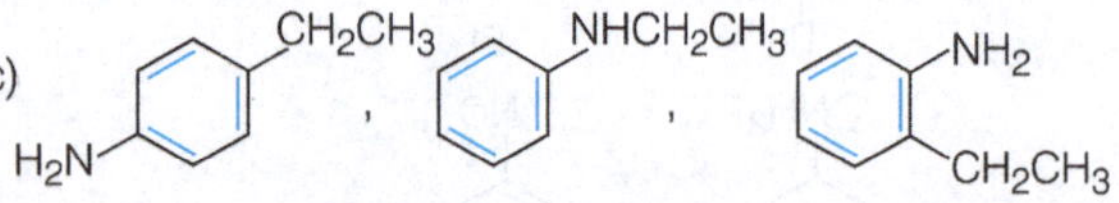

(d) 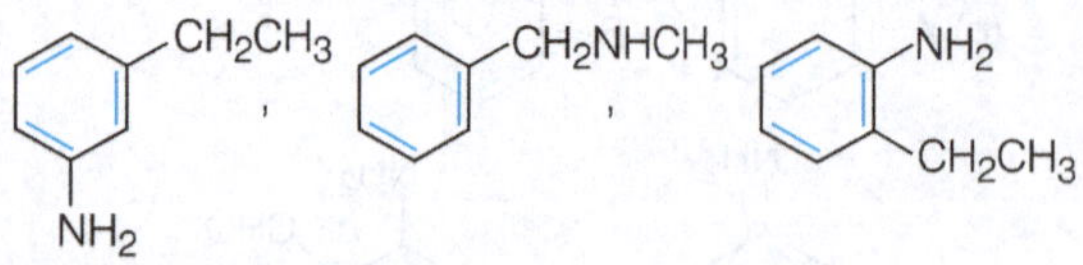

4 एथेनोइक अम्ल अमोनिया के साथ गर्म करने पर यौगिक *A* बनाता है, जो ब्रोमीन और सोडियम हाइड्रॉक्साइड के साथ अभिक्रिया करने पर यौगिक *B* देता है। यौगिक *B*, $NaNO_2$ /तनु HCl के साथ अभिक्रिया करने पर यौगिक *C* देता है। यौगिक *A*, *B* और *C* क्रमश: हैं

(a) एथेनामाइड, मेथेनामीन, मेथनॉल
(b) प्रोपेनामाइड, इथेनामीन, एथेनॉल
(c) एथेनामीन, ब्रोमोइथेन, इथेन डाइऐजोनियम क्लोराइड
(d) मेथेनामीन, इथेनमाइड, मेथनॉल

5 नाइट्रोजन युक्त कार्बनिक यौगिक ब्रोमीन और पोटैशियम हाइड्रॉक्साइड विलयन के साथ गर्म करने पर तैलीय द्रव देता है। उत्पाद को ऐसीटिक ऐनहाइड्राइड के साथ मिलाने पर ज्वरनाशक दवा प्राप्त हुई। अभिक्रिया से संकेत मिलता है, कि प्रारम्भिक यौगिक है

(a) ऐनिलीन
(b) बेन्जैमाइड
(c) ऐसीटैमाइड
(d) नाइट्रोबेन्जीन

6 ऐनिलीन की ब्रोमीन जल के साथ अभिक्रिया कराकर प्राप्त उत्पाद को तनु HCl की उपस्थिति में सोडियम नाइट्राइट के जलीय विलयन से उपचारित किया जाता है। इस प्रकार बनने वाले यौगिक को टेट्राफ्लोरोबोरेट में परिवर्तित किया जाता है, जिसे बाद में गर्म किया जाता है। अंतिम उत्पाद है

(a) *p*-ब्रोमोफ्लोरोबेन्जीन
(b) *p*-ब्रोमोऐनिलीन
(c) 2, 4, 6-ट्राईब्रोमोफ्लोरोबेन्जीन
(d) 1, 3, 6-ट्राईब्रोमोबेन्जीन

7 अम्लीय माध्यम में एक पदार्थ '*A*' ($C_6H_5NO_2$) को Ni की उपस्थिति में हाइड्रोजन गैस प्रवाहित करके '*B*' में अपचयित किया जाता है। *B* की $CHCl_3$ और ऐल्कोहॉल पोटाश के साथ अभिक्रिया करने यौगिक '*C*' के निर्माण के कारण एक अप्रिय गन्ध पैदा होती है। इसके अतिरिक्त *B* 0-5°C पर $NaNO_2$ और HCl के साथ अभिक्रिया करके '*D*' बनाता है, जो एथिल ऐल्कोहॉल के साथ अभिक्रिया करके *E* बनाता है। '*A*' से '*E*' तक के यौगिकों की पहचान करें।

नीचे दिए गए विकल्पों में से सही उत्तर चुनें।

A	*B*	*C*	*D*	*E*
(a) बेन्जीन	फेनिल *आइसो*-सायनाइड	ऐनिलीन	नाइट्रोबेन्जीन	बेन्जीन डाइऐजोनियम क्लोराइड
(b) नाइट्रोबेन्जीन	ऐनिलीन	फेनिल *आइसो*-सायनाइड	बेन्जीन डाइऐजोनियम क्लोराइड	बेन्जीन
(c) ऐनिलीन	नाइट्रोबेन्जीन	फेनिल *आइसो*-सायनाइड	बेन्जीन	बेन्जीन डाइऐजोनियम क्लोराइड
(d) नाइट्रोबेन्जीन	ऐनिलीन	बेन्जीन डाइऐजोनियम क्लोराइड	फेनिल *आइसो*-सायनाइड	बेन्जीन

प्रश्न कुंजी

शीर्षकवार प्रश्न

1. (b)	2. (d)	3. (a)	4. (a)	5. (a)	6. (d)	7. (a)	8. (a)	9. (c)	10. (d)
11. (d)	12. (a)	13. (b)	14. (d)	15. (b)	16. (c)	17. (a)	18. (b)	19. (b)	20. (b)
21. (c)	22. (d)	23. (c)	24. (b)	25. (c)	26. (a)	27. (b)	28. (b)	29. (d)	30. (c)
31. (b)	32. (b)	33. (a)	34. (a)	35. (c)	36. (c)	37. (d)	38. (c)	39. (c)	40. (b)
41. (c)	42. (d)	43. (a)	44. (c)	45. (a)	46. (d)	47. (a)	48. (c)	49. (a)	50. (b)
51. (d)	52. (a)	53. (a)	54. (b)	55. (d)	56. (b)	57. (c)	58. (d)	59. (a)	60. (a)
61. (b)	62. (d)	63. (b)	64. (b)	65. (c)	66. (b)	67. (c)	68. (c)	69. (c)	70. (d)
71. (a)	72. (d)	73. (c)	74. (d)	75. (c)	76. (b)	77. (c)	78. (c)	79. (a)	80. (a)
81. (d)	82. (a)	83. (d)	84. (c)	85. (c)	86. (c)	87. (a)	88. (c)	89. (b)	90. (c)
91. (d)									

अभिकथन-कारण प्रश्न

1. (a)	2. (d)	3. (c)	4. (a)	5. (d)	6. (d)	7. (d)	8. (a)	9. (a)	10. (c)

कथन आधारित प्रश्न

1. (b)	2. (b)	3. (b)	4. (c)	5. (b)	6. (b)	7. (b)	8. (c)	9. (b)	10. (c)

सुमेलन प्रकार प्रश्न

1. (b)	2. (b)	3. (b)	4. (d)

आंकिक मान प्रकार के प्रश्न

1. (4)	2. (3)	3. (2)	4. (5)	5. (3)

NCERT Exemplar प्रश्न

1. (b)	2. (d)	3. (c)	4. (a)	5. (c)	6. (b)	7. (c)	8. (d)	9. A-4, B-3, C-1, D-2
10. (c)	11. (d)	12. (b)	13. (b)	14. (d)	15. (c)	16. (b)	17. (c)	18. A-2, B-1, C-4, D-3
19. (c)	20. (b)	21. (b)	22. (d)	23. (c)	24. (a)	25. (b)	26. (b)	

विगत परीक्षाओं के प्रश्न

1. (a)	2. (b)	3. (b)	4. (d)	5. (c)	6. (d)	7. (a)	8. (b)	9. (d)	10. (a)
11. (d)	12. (b)	13. (d)	14. (b)	15. (c)	16. (c)	17. (d)	18. (b)	19. (c)	20 (a)
21. (b)									

स्किल बूस्टर्स

1. (d)	2. (b)	3. (b)	4. (a)	5. (b)	6. (c)	7. (b)

क्रमवार

प्रश्नों का विश्लेषण

कॉन्सेप्ट बिल्डर्स

1 असत्य 2 सत्य

3 पिरामिडीय, sp^3 4 मेथिलऐमीन

5 डाइ, ट्राई 6 सत्य

7 अमोनिया, नाभिकस्नेही

8 असत्य

9 $CH_3—CH_2—CH_2—NH_2$

10 2-फेनिलएथेनेमीन

11 असत्य 12 असत्य

13 नही 14 सत्य

15 लुईस क्षार

16 ऐल्किल समूह का +/ प्रभाव

17 असत्य 18 असत्य

19 ऐमाइड 20 सत्य

21 नाइट्रोजन, ऐमीनों अम्ल

22 $C_6H_5SO_2Cl$ 23 असत्य

24 N, N- डाइएथिलबेन्जीन सल्फर ऐमाइड

25 ऐनिलीन 26 सत्य

27 ऐरिल फ्लोराइड और ऐरिल आयोडाइड

28 नाइट्रोबेन्जीन 29 डाइऐजोनियम लवण

30 3-मेथिलबेन्जीन डाइऐजोनियम फ्लोरोबोरेट

शीर्षकवार प्रश्न

1 ***(b)*** ऐमीनों में त्रिसंयोजी N-परमाणु और अयुग्मित इलेक्ट्रॉन युग्मों की उपस्थिति के कारण, संकरण और ज्यामिति क्रमशः sp^3 और पिरामिडीय हो जाती हैं।

2 ***(d)*** कथन (d) ऐमीनों के लिए सही नहीं है। इसका सही रूप है, चतुष्क अमोनियम लवण का उपयोग रक्त चाप बढ़ाने के लिए में किया जाता है।

3 ***(a)*** ऐड्रिनालीन में द्वितीयक ऐमीनों समूह होता है, जबकि नोवोकेन, पिरीडीन और बेनाड्रिल में तृतीयक ऐमीनों समूह होता है।

4 ***(a)*** I और II में दिए गए कथन सही हैं, जबकि III और IV गलत हैं। उनका सही रूप निम्न है:
दिए गए यौगिक का आकार पिरामिडीय है।
बन्ध कोण C—N—C 108° होता है।

5 ***(a)*** दिये गये ऐमीनों में से एथिलमेथिलऐमीन एक द्वितीयक ऐमीन है।

6 ***(d)*** C_2H_7N 1° और 2° ऐमीनों को प्रतिनिधित्व कर सकता है।

(i) $\underset{(1^\circ \text{ ऐमीन})}{CH_3—CH_2—NH_2}$

(ii) $\underset{(2^\circ \text{ ऐमीन})}{CH_3—NH—CH_3}$

7 ***(a)*** यौगिक ट्राईमेथिल्मीन का IUPAC नाम N,N - डाइमेथिलमेथेनेमीन है।

8 ***(a)*** दिए गए यौगिक का सही IUPAC नाम 3-एमीनो टॉलुईन है।

9 ***(c)*** $C_6H_5—N—(CH_3)_2$ यौगिक का IUPAC नाम N, N- डाइमेथिलबेन्जेनामीन है।

10 ***(d)*** $C_4H_{11}N$ के समावयनी निम्न प्रकार हैं

प्राथमिक ऐमीन *n*-ब्यूटिल ऐमीन, sec-ब्यूटिल ऐमीन आइसो ब्यूटिल ऐमीन तथा तृतीयक ब्यूटिल ऐमीन

द्वितीयक ऐमीन N-मेथिल प्रोपेन-1-ऐमीन, N-मेथिल आइसोप्रोविल ऐमीन N,N-डाई-ऐथिल ऐमीन

तृतीयक ऐमीन N, N-डाईऐथिलऐथेन ऐमीन

11 ***(d)*** अभिकर्मक CuCN, $LiAlH_4$ का उपयोग दी गई अभिक्रिया में नही किया जा सकता।

12 ***(a)*** कथन (a) सही है, जबकि अन्य कथन गलत हैं। उनके सही रूप इस प्रकार हैं

- यह अभिक्रिया 373 K पर एक सीलबंद ट्यूब में की जाती है।
- बेन्जिल हैलाइड अमोनिया के एथेनॉलिक विलयन के साथ अभिक्रिया करने पर नाभिकस्नेही प्रतिस्थापन से गुजरता है।
- अमोनियम लवण को प्रबल क्षार के साथ उपचारित करके मुक्त ऐमीन प्राप्त किया जाता है।

13 ***(b)*** कथन (a), (c) और (d) सही हैं, जबकि कथन (b) गलत है। इसका सही रूप है:
दी गयी अभिक्रिया में NH_3 नाभिकस्नेही के रूप में कार्य करता है।

14 ***(d)***

15 ***(b)***

16 ***(c)*** दी गई अभिक्रिया के लिए आवश्यक अभिकर्मक NH_3, $2CH_3Cl$ है।

17 ***(a)***

18 ***(b)*** दिए गए कथनों में से केवल (b) सही है, जबकि कथन (a), (c) और (d) गलत हैं। उनके सही रूप निम्न हैं

(a) यह एक अपचयन अभिक्रिया है।

(b) $LiAlH_4$, CH_3CN को $CH_3CH_2NH_2$ में अपचयित कर देता है।

(d) इस अभिक्रिया से केवल प्राथमिक ऐमीन ही उत्पन्न होते हैं।

19 ***(b)*** ऐमाइड, $LiAlH_4/H_2O$ के साथ अपचयन पर ऐमीन देता है।

$$\underset{\text{ऐल्किल ऐमाइड}}{R—CONH_2} \xrightarrow[\text{(ii) } H_2O]{\text{(i) } LiAlH_4} \underset{\text{ऐल्किल ऐमीन}}{RCH_2NH_2}$$

20 ***(b)*** H_2/Ni अभिकर्मक का उपयोग ऐल्किल सायनाइड को ऐल्किल ऐमीन में परिवर्तित करने के लिए किया जाता है।

21 ***(c)*** अभिक्रिया निम्नलिखित है

$$\underset{\text{प्रोपेनॉइक अम्ल}}{CH_3CH_2COOH} \xrightarrow{SOCl_2\ (A)} \underset{\substack{\text{प्रोपेनॉइल क्लोराइड} \\ (X)}}{CH_3CH_2COCl}$$

$$\xrightarrow{NH_3(B)} \underset{\substack{\text{प्रोपेनऐमाइड} \\ (Y)}}{CH_3CH_2CONH_2} \xrightarrow{Br_2/KOH\ (C)}$$

22 ***(d)*** अभिक्रियाएँ (i), (ii) और (iv) प्राथमिक ऐमीन देंगी, जबकि अभिक्रिया (iii) तृतीयक ऐमीन देगी।

23 ***(c)*** कथन (c) सही है, जबकि अन्य कथन (a), (b) और (d) गलत हैं। उनके सही रूप इस प्रकार हैं

(a) इस अभिक्रिया में, ऐल्किल या ऐरिल समूह का स्थानान्तरण ऐमाइड के कार्बोनिल कार्बन से N-परमाणु की ओर होता है।

(b) इस प्रकार निर्मित ऐमीन में ऐमाइड में उपस्थित कार्बन से एक कार्बन कम होता है।

(d) हॉफमैन ने प्राथमिक ऐमीनों के निर्माण के लिए एक विधि विकसित की।

24 ***(b)*** अभिक्रिया निम्नलिखित है

$$\underset{\text{एथेनऐमाइड}}{CH_3CONH_2} + 4NaOH + Br_2 \longrightarrow$$

$$\underset{\text{मेथेनऐमीन}}{CH_3NH_2} + 2NaBr + Na_2CO_3 + 2\,H_2O$$

25 *(c)* प्राथमिक ऐलिफैटिक ऐमीन गैब्रियल थैलिमाइड संश्लेषण द्वारा तैयार किया जा सकता है।

26 *(a)* थैलिमाइड (I), एथेनॉलिक KOH (II) और NaOH (*aq*) (III) दी गई अभिक्रिया में हैं।

27 *(b)* N-एथिलथैलेमाइड से एथिलऐमीन के उत्पादन के लिए अभिक्रिया निम्नानुसार हो सकती है

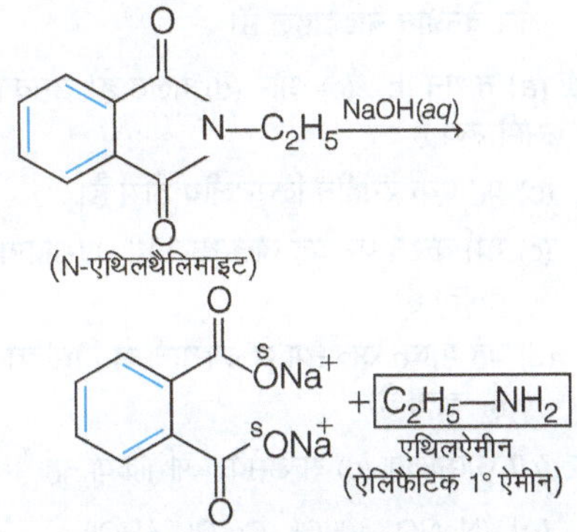

28 *(b)* ऐसीटामाइड का मेथेनमाइन में रूपान्तरण हॉफमैन ब्रोमामाइड अभिक्रिया द्वारा प्राप्त किया जा सकता है।

29 *(d)* कथन (d) गलत है, जबकि अन्य कथन सही हैं।
कथन (d) का सही रूप हैः
ऐरिल ऐमीन सामान्यतः रंगहीन होते हैं, लेकिन वायुमण्डलीय ऑक्सीकरण के कारण भण्डारण पर रंगीन हो जाते हैं।

30 *(c)* क्वथनांक बढ़ने का सही क्रम है
$(CH_3)_3N < (CH_3)_2NH < CH_3NH_2$.

31 *(b)* कथन (b) गलत है, जबकि अन्य कथन सही हैं। कथन (b) का सही रूप हैः
ऐमीन के नाइट्रोजन की विद्युतऋणात्मकता तथा ऐल्कोहॉल के ऑक्सीजन की विद्युतऋणात्मकता क्रमशः 3.0 तथा 3.5 है।

32 *(b)* कथन (a), (c) और (d) गलत हैं। उनका सही रूप है अंतराआण्विक हाइड्रोजन बन्ध 1° और 2° ऐमीनों में उपस्थित होता है।
3° ऐमीन में हाइड्रोजन परमाणु की अनुपस्थिति के कारण H-बन्धन नही होता है।

33 *(a)* **34** *(a)*

35 *(c)* कथन (c) सही है, जबकि अन्य कथन (a), (b) और (d) गलत हैं। उनका सही रूप हैः
(a) ऐमीन लवण जल में विलेय होते हैं, लेकिन ईथर जैसे कार्बनिक विलायकों में अविलेय होते हैं।
(b) ऐमीनों में नाइट्रोजन परमाणु पर इलेक्ट्रॉनों की एक अयुग्मित जोड़ी होती है जिसके कारण वे लुईस क्षार की भाँति व्यवहार करते हैं।
(C) K_b का मान जितना अधिक होगा, क्षार उतना ही प्रबल होगा।

36 *(c)* दिए गए सम्बन्धों में से गलत सम्बन्ध (c) है। इसका सही रूप है $pK_b = -\log K_b$

37 *(d)* दी गई ऐमीनों में से N-मेथिलमेथेनऐमीन का pK_b सबसे कम है मान, अर्थात 3.27. इसलिए, यह सबसे प्रबल क्षार है।

38 *(c)* कथन I, II और III सही हैं, जबकि कथन IV गलत है। कथन IV का सही रूप हैः
IV. प्राथमिक ऐमीन जल में विलेय होते हैं।

39 *(c)* कथन (c) गलत है जबकि कथन (a), (b) और (d) सही हैं।
(c) का सही रूप हैः
ऐल्किल ऐमीन अमोनिया की तुलना में अधिक ऐल्केनेमीन प्रबल क्षार हैं।

40 *(b)* दिए गए कथनों में से सही कथन (i), (ii), (iv) और (v) हैं। गलत कथन (iii) है। इसका सही रूप है मेथिल ऐमीन मेथिल समूह के इलेक्ट्रॉन विमोचन प्रेरक प्रभाव के कारण अमोनिया की तुलना में अधिक प्रबल क्षार है।

41 *(c)* जलीय विलयन में क्षारीयता का सही बढ़ता क्रम II < I < IV < III है।

42 *(d)* जलीय माध्यम में मेथिल प्रतिस्थापित ऐमीनों की क्षारीय प्रबलता का सही क्रम होगा
$\underset{(2^\circ)}{(CH_3)_2NH} > \underset{(1^\circ)}{CH_3NH_2} > \underset{(3^\circ)}{(CH_3)_3N}$

43 *(a)* दी गई ऐमीनों की क्षारीयता का सही घटता क्रम निम्नानुसार है

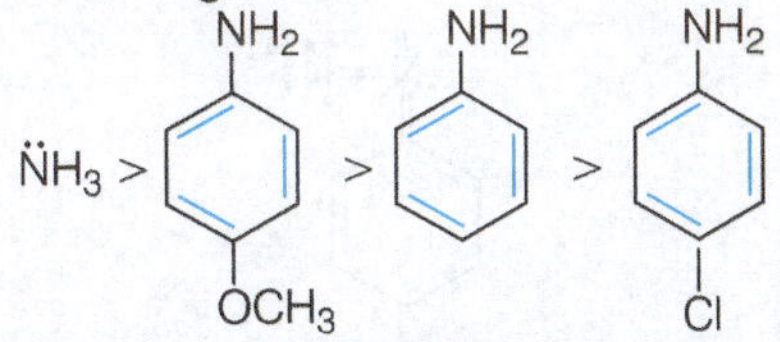

44 *(c)* इसमें उपस्थित अभिक्रिया इस प्रकार है

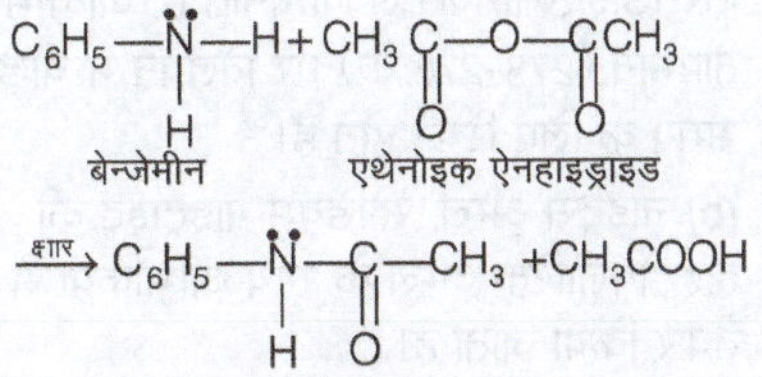

N-फेनिल एथेनऐमाइड
या ऐसीटेनिलाइड
(*X*)

उत्पाद '*X*' N-फेनिलएथेनऐमाइड है।

45 *(a)* मेथेनऐमीन बेन्जॉइल क्लोराइड के साथ अभिक्रिया करके N- मेथिलबेन्जामाइड देता है। इस अभिक्रिया को बेन्जोनीकरण के रूप में जाना जाता है ।

46 *(d)* दिए गए कथनों में से (a), (b) और (c) सही हैं, जबकि कथन (d) गलत है। कथन (d) का सही रूप अग्रलिखित है : ऐसीलीकरण अभिक्रिया, पिरिडीन जैसे ऐमीन से अधिक प्रबल क्षार की उपस्थिति में सम्पन्न होती है।

47 *(a)* ऐसीटैनिलाइड को ऐनीलीन और ऐसीटिक ऐनहाइड्राइड से तैयार किया जा सकता है।

$$\underset{\text{ऐनिलीन}}{C_6H_5NH_2} + \underset{\text{ऐसीटिक ऐनहाइड्राइड}}{(CH_3CO)_2O} \longrightarrow \underset{\text{ऐसीटेनिलाइड}}{C_6H_5-NH-\overset{O}{\overset{\|}{C}}-CH_3} + CH_3COOH$$

48 *(c)* दिए गए कथनों में से केवल (c) सही है, जबकि कथन (a), (b) और (d) गलत हैं। उनके सही रूप हैं
(a) ऐरोमैटिक ऐमीन नाइट्रस अम्ल के साथ अभिक्रिया करके डाइऐजोनियम लवण बनाते हैं।
(b) डाइऐजोनियम लवण का निर्माण कम तापमान (273 K- 278 K) पर होता है।
(d) प्राथमिक ऐलिफैटिक ऐमीन नाइट्रस अम्ल के साथ अभिक्रिया करके ऐल्कोहॉल बनाते हैं, क्योंकि ऐल्किल डाइऐजोनियम लवण अस्थिर होता है तथा यह जल-अपघटित होकर ऐल्कोहॉल बन जाता है।

49 *(a)* नाइट्रस अम्ल से उपचार करने पर प्राथमिक ऐमीन ऐल्कोहॉल तथा N_2 गैस देता है । अतः, *A* प्राथमिक ऐमीन होना चाहिए. केवल 1° ऐमीन ही कार्बिलऐमीन अभिक्रिया देते हैं। इसलिए, पद इस प्रकार हैं

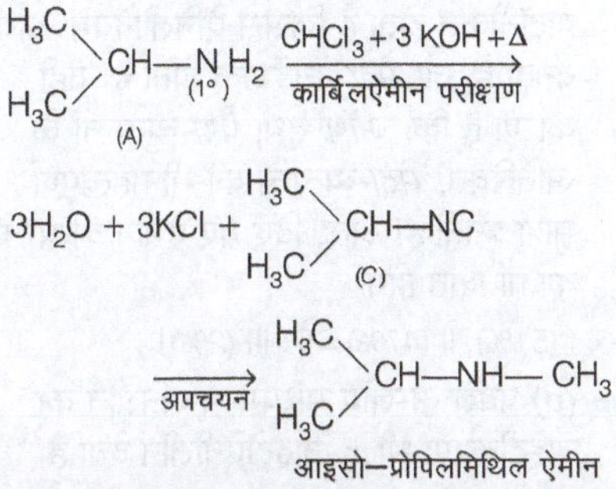

50 *(b)* प्राथमिक ऐलिफैटिक ऐमीन नाइट्रस अम्ल के साथ अभिक्रिया करके ऐलिफैटिक डाइऐजोनियम लवण बनाते हैं, जो अस्थिर होने

के कारण ऐल्कोहॉल बनाते हैं तथा मात्रात्मक रूप से नाइट्रोजन गैस मुक्त करते हैं। अतः निर्मित उत्पाद R—OH है।

51 ***(d)*** ऐमीन (X) की संरचना है $C_6H_5—NH_2$

52 ***(a)*** दी गई अभिक्रिया में पदार्थ 'X' एथेनामीइन ($C_2H_5NH_2$) है।

53 ***(a)*** विकल्प (a) में दी गई द्वितीयक ऐमीन, अर्थात् $[(CH_3)_2CH—NH—CH(CH_3)_2]$ हिन्सबर्ग अभिकर्मक के साथ अभिक्रिया करके N, N -डाईआइसोप्रोपिलबेन्जीन सल्फोनामाइड देती है जो क्षार में अविलेय है, जबकि शेष विकल्प 1° और 3° ऐमीन हैं। 1° ऐमीन हिंसबर्ग अभिकर्मक के साथ अभिक्रिया करके N- ऐल्किलबेन्जीन सल्फोनामाइड देते हैं, जो क्षार और 3° ऐमीनों में विलेय है, और 3° ऐमीन $C_6H_5SO_2Cl$ के साथ अभिक्रिया नही करता है।

54 ***(b)*** N, N- डाइएथिलबेन्जीन सल्फोनामाइड में N-परमाणु से जुड़ा कोई H-परमाणु नहीं होता है, इसलिए यह अम्लीय नहीं है और इसलिए क्षार में अविलेय है।

55 ***(d)*** -ऐनिलीन में $—NH_2$ समूह एक सक्रिय समूह है और अभिक्रिया *ऑर्थो* और *पैरा*-स्थिति पर होती है

56 ***(b)*** प्रमुख उत्पाद B 2-ब्रोमो-4-मेथिलऐसीटैनिलाइड है। अभिक्रिया निम्न प्रकार से होती है

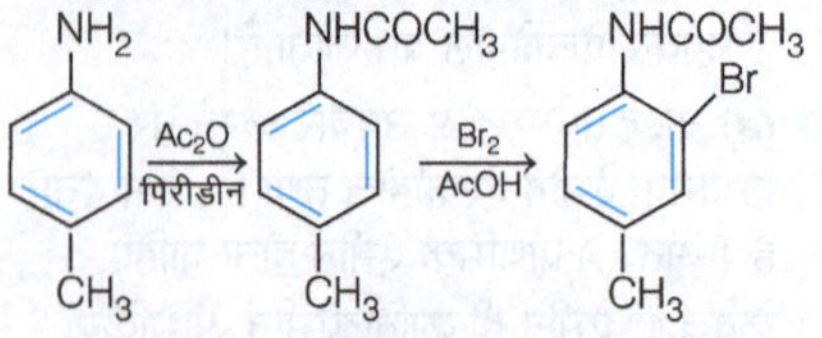

57 ***(c)*** दृढ़ता से अम्लीय माध्यम में, ऐनिलीन प्रोटॉनीकृत होता है जिससे ऐनिलीनियम आयन बनता है, जो *मेटा* -निर्देशक होता है। यही कारण है कि, *ऑर्थो* तथा *पैरा*-व्युत्पन्नों के अतिरिक्त, *मेटा*-व्युत्पन्न की भी महत्वपूर्ण मात्रा बनती है। अतः, दिए गए ऐमीन व्युत्पन्नों का प्रतिशत होगा

I (51%), II (47%) और III (2%)।

58 ***(d)*** प्रबल अम्लीय माध्यम में ऐनिलीन का नाइट्रीकरण भी m-नाइट्रोऐनीलीन देता है क्योंकि प्रबल अम्लीय माध्यम में ऐनिलीन प्रोटॉनीकृत होकर ऐनिलीनियम आयन बनाता है, जो *मेटा* स्थिति पर है। इस प्रकार, *ऑर्थो* और *पैरा*-निर्देशक के अतिरिक्त, *मेटा* निर्देशक की भी महत्वपूर्ण मात्रा बनती है।

59 ***(a)*** ऐनिलीन I, II और IV स्थितियों द्वारा प्रमुख उत्पाद के रूप में p-नाइट्रोव्युत्पन्न देता है ।

60 ***(a)*** दिए गए कथनों में से गलत कथन (a) है, जबकि (b), (c) और (d) सही हैं। (a) का सही रूप है:

ऐरोमैटिक ऐमीन अमोनिया की तुलना में दुर्बल क्षार है।

61 ***(b)*** दी गई अभिक्रिया को करने के लिए अभिकर्मक का सही क्रम है

(i) $(CH_3CO)_2O$ पिरीडीन

(ii) HNO_3, H_2SO_4, 288 K

(iii) OH^- और H^+

62 ***(d)*** दी गई अभिक्रिया में मध्यवर्ती है

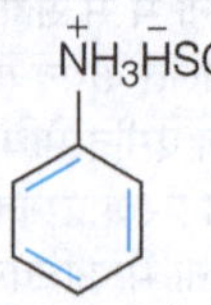

63 ***(b)***

64 ***(b)*** $C_6H_5\overset{+}{N}_2\bar{X}$ (ऐरिल डाइऐजोनियम लवण) अनुनाद के कारण अन्य विकल्पों (ऐलिफेटिक डाइऐजोनियम लवण) की तुलना में सबसे अधिक स्थिर है।

65 ***(c)*** गलत अनुनादी संरचना (c) है। इसका सही रूप है

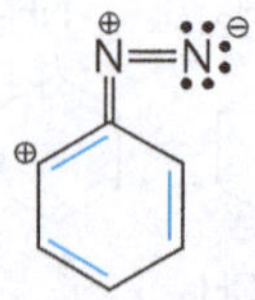

66 ***(b)*** प्राथमिक एरोमैटिक ऐमीन ($C_6H_5NH_2$) ऐरिनडाइऐजोनियम लवण बनाते हैं, जो कम तापमान (273-278 के) पर विलयन में थोड़े समय के लिए स्थिर होते हैं।

67 ***(c)*** नाइट्रस अम्ल, सोडियम नाइट्राइट की हाइड्रोक्लोरिक अम्ल के साथ अभिक्रिया से तैयार किया जाता है।

68 ***(c)*** इसका कारण यह है कि, यह बहुत अस्थायी है और नाइट्रोजन अणु देने के लिए अलग हो जाता है।

69 ***(c)*** कथन (c) गलत है। इसका सही रूप है: ऐरीन की डाइऐजोनियम आयन स्थायित्व को अनुनाद प्रभाव के आधार पर समझाया गया है।

70 ***(d)*** इस अभिक्रिया में A, B और C क्रमशः ऐनिलिन, बेन्जीन डाइऐजोनियम क्लोराइड और बेन्जीन नाइट्राइल हैं।

71 ***(a)*** कथन (b), (c) और (d) गलत हैं। उनका सही रूप है

(b) यह एक रंगहीन क्रिस्टलीय ठोस है।

(c) गर्म करने पर यह जल के साथ अभिक्रिया करता है।

(d) यह शुष्क अवस्था में आसानी से विघटित हो जाता है।

72 ***(d)*** अभिक्रिया (d) सेन्डमेयर अभिक्रिया नही है।

73 ***(c)*** ($NaNO_2 + HCl$, Cu_2Cl_2 / HCl) अभिकर्मक ऐनिलीन को क्लोरोबेन्जीन में परिवर्तित करने के लिए उत्तरदायी है।

74 ***(d)*** फेनिल सायनाइड को सैण्डमेयर अभिक्रिया द्वारा तैयार किया जा सकता है ।

75 ***(c)*** यौगिक A और B क्रमशः डाइऐजोनियम लवण और p-फ्लुओरोटॉलुईन हैं ।

76 ***(b)*** बेन्जीन डाइऐजोनियम लवण KI के साथ अभिक्रिया करके ArI, KCl तथा N_2 बनाता है। KCl तथा N_2 सह-उत्पाद हैं।

77 ***(c)*** ऐरीन से ऐरिल फ्लोराइड बनाने के लिए प्रयुक्त अभिकर्मक डाइऐजोनियम क्लोराइड HBF_4 है।

78 ***(c)*** उत्पाद E 4-मेथिल सायनोबेन्जीन है, अर्थात

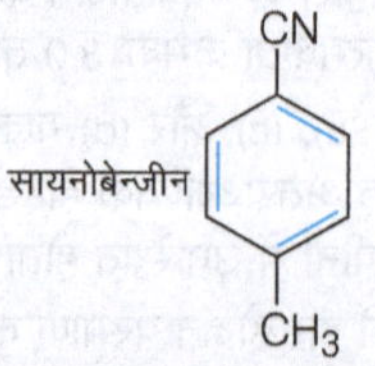

79 ***(a)*** बेन्जीन डाइऐजोनियम क्लोराइड हाइपोफॉस्फोरस अम्ल के साथ अभिक्रिया करके बेन्जीन उत्पन्न करता है।

80 *(a)*

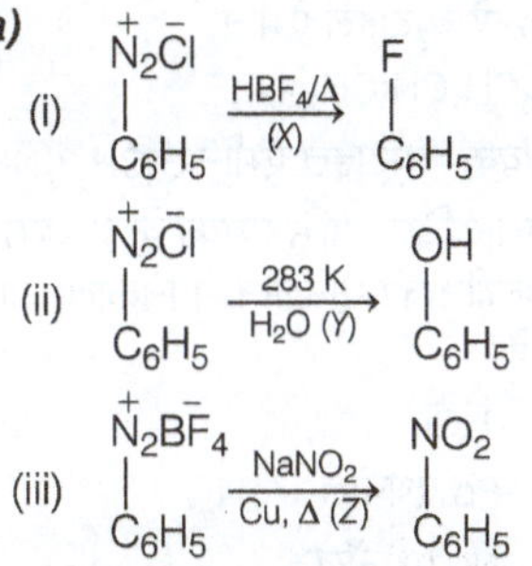

81 *(d)* अभिक्रिया निम्नानुसार होती है

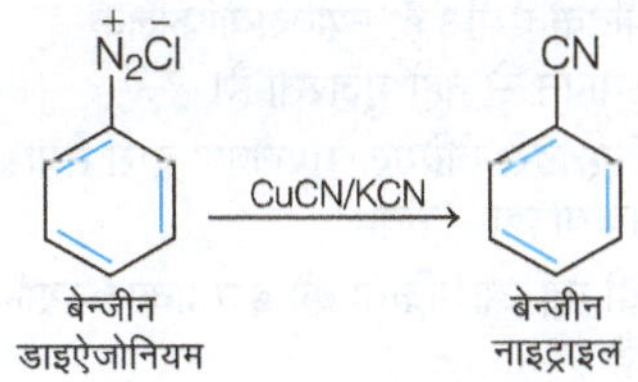

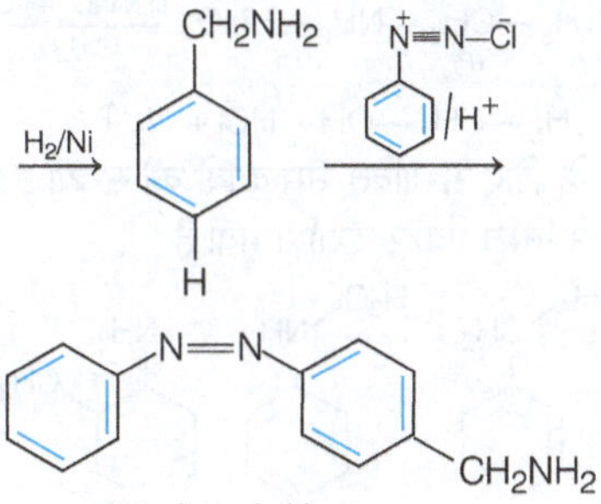

p-मेथिलऐमीन ऐजोबेन्जीन

82 *(a)* ऐनिलीन को *p*- नाइट्रोफ्लोरोबेन्जीन में रूपान्तरित करने के लिए निम्नलिखित पद हैं

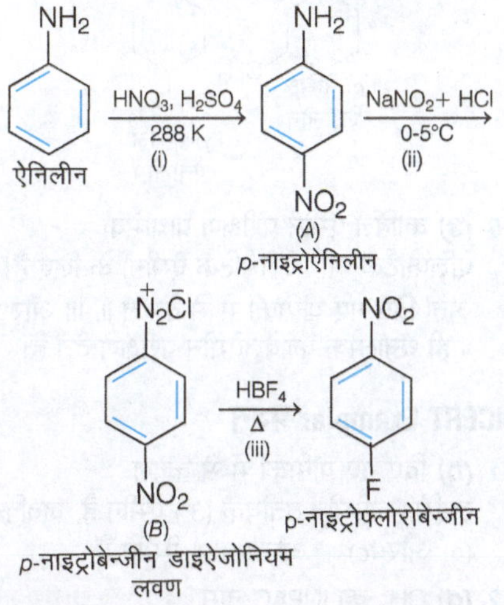

इस प्रकार, विकल्प (a) इस रूपान्तरण के लिए सही मार्ग है।

83 *(d)* कथन (a), (b) और (c) गलत हैं। उनका सही रूप इस प्रकार है

HCl की अभिक्रिया से उत्पन्न होता है ।

$$C_6H_5-NH_2 + NaNO_2 + 2HCl \xrightarrow{273\text{-}278\ K} C_6H_5-N_2^+Cl^- + NaCl + 2H_2O$$

डाइऐजोनियम लवण का ऐमीनों के साथ युग्मन मृदु अम्लीय/क्षारीय माध्यम में होता है।

84 *(c)* कथन (c) गलत है।

इसका सही रूप है:

ऐज़ो यौगिक अक्सर रंगीन होते हैं और रंजकों के रूप में उपयोग किए जाते हैं।

85 *(c)*

86 *(c)* दी गई अभिक्रिया एक युग्मन अभिक्रिया है।

$$C_6H_5-\overset{+}{N}{\equiv}N\overset{-}{Cl} + C_6H_5-OH \xrightarrow{\overset{-}{O}H} C_6H_5-N{=}N-C_6H_4-OH + \overset{-}{Cl} + H_2O$$

p-हाइड्रॉक्सी ऐजोबेन्जीन (X)

इसलिए, *X*, *p*- हाइड्रॉक्सीएजोबेन्जीन *है*

87 *(a)* अभिक्रिया I और II इलेक्ट्रोनस्नेही प्रतिस्थापन अभिक्रिया हैं, लेकिन III और IV नाभिकस्नेही प्रतिस्थापन अभिक्रियाएँ हैं।

88 *(c)*

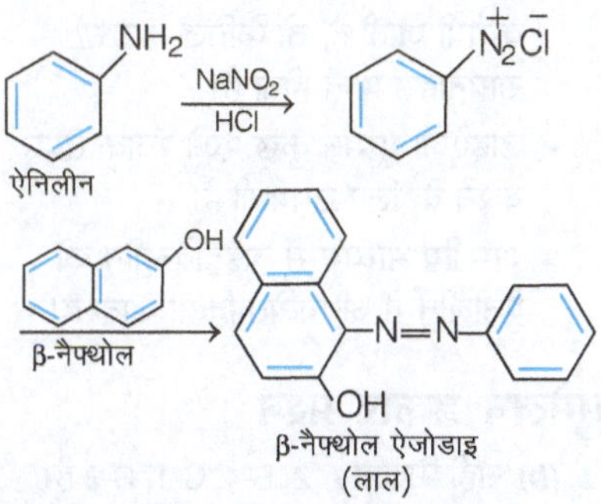

89 *(b)* कथन II और III गलत हैं।

इनका सही स्वरूप इस प्रकार है

II. ऐरिल फ्लोराइड और आयोडाइड को प्रत्यक्ष हैलोजनीकरण द्वारा तैयार नही किया जा सकता है।

III. 1° ऐमीन के साथ बेन्जीन सल्फोनिल क्लोराइड की अभिक्रिया से N-एल्किलबेन्जीन सल्फोनिल ऐमाइड प्राप्त होता है।

90 *(c)* वह समूह, जो डाइऐजोनियम लवण द्वारा ऐरोमैटिक वलय में पेश नहीं किया जाता है, वह है $-OCH_3$ (मेथॉक्सी समूह)।

91 *(d)* अभिक्रिया (d) गलत है।

—F, —Cl, —I, —CN का प्रवेश केवल डाइऐजोनियम लवणों द्वारा ही किया जा सकता है। अभिक्रिया (d) में सायनोबेन्जीन को केवल डाइऐजोनियम लवण द्वारा ही तैयार किया जा सकता है ।

अभिकथन-कारण प्रश्न

1 *(a)* A और R दोनों सत्य हैं और R, A का सही स्पष्टीकरण है।

2 *(d)* A असत्य है, लेकिन R सत्य है। A का सही रूप है:

तृतीयक-ब्यूटाइलऐमीन को तृतीयक -ब्यूटाइलब्रोमाइड की NH_3 के साथ अभिक्रिया द्वारा तैयार नही किया जा सकता है।

3 *(c)* A सत्य है, लेकिन R असत्य है। R का सही रूप है:

ऐरिल थैलेमाइड द्वारा निर्मित ऋणायन हैलाइड नाभिकस्नेही प्रतिस्थापन अभिक्रिया से नहीं करते हैं।

4 *(a)* A और R दोनों सत्य हैं और R, A का सही स्पष्टीकरण है।

5 *(d)* A असत्य है, लेकिन R सत्य है A का सही रूप है:

गैसीय अवस्था में ऐमीनों की क्षारीयता का क्रम इस प्रकार है:

3° ऐमीन > 2° ऐमीन > 1° ऐमीन > NH_3

6 *(d)* A असत्य है, लेकिन R सत्य है। A का सही रूप है ऐलिफैटिक ऐमीन अमोनिया की तुलना में अधिक प्रबल क्षार होते हैं।

7 *(d)* A असत्य है, लेकिन R सत्य है। A का सही रूप है:

$MeNH_2$, MeOH से अधिक प्रबल क्षार है ।

8 *(a)* A और R दोनों सत्य हैं और R, A का सही स्पष्टीकरण है।

9 *(a)* A और R दोनों सत्य हैं और R, A का सही स्पष्टीकरण है।

10 *(c)* A सत्य है, लेकिन R असत्य है। R का सही रूप है:

बेन्जीन डाइऐजोनियम लवण जल में विलेय होते हैं, क्योंकि वे ध्रुवीय प्रकृति के होते हैं।

कथन आधारित प्रश्न

1 *(b)* कथन I सत्य है, लेकिन कथन II असत्य है।
कथन II का सही रूप हैः
ऐलुमिनियम हाइड्राइड या उत्प्रेरक हाइड्रोजनीकरण द्वारा अपचयन पर नाइट्राइल प्राथमिक ऐमीन उत्पन्न करते हैं।

2 *(b)* कथन I सत्य है, लेकिन कथन II असत्य है।
कथन II का सही रूप हैः
प्राथमिक ऐलिफैटिक ऐमीन HNO_2 के साथ अभिक्रिया करके अस्थिर डाइऐजोनियम लवण देता है।

3 *(b)* कथन I सत्य है, लेकिन कथन II गलत है।
कथन II का सही रूप हैः
कार्बिलऐमीन अभिक्रिया में, $—NH_2$ समूह —NC समूह में परिवर्तित हो जाता है ।

4 *(c)* कथन I असत्य है, लेकिन कथन II सत्य है।
कथन I का सही रूप हैः
सान्द्र H_2SO_4 के साथ अभिक्रिया करके ऐनिलीनियम हाइड्रोजन सल्फेट बनाता है।

5 *(b)* कथन I सत्य है, लेकिन कथन II असत्य है।
कथन II का सही रूप हैः
दी गई अभिक्रिया क्षारीय माध्यम में होती है।

6 *(b)* कथन II और III असत्य हैं, जबकि कथन I, IV और V सही हैं। II और III का सही रूप है
II. ऐरोमैटिक प्राथमिक ऐमीनों को गैब्रियल थैलेमाइड संश्लेषण द्वारा तैयार नही किया जा सकता है क्योंकि ऐरिल हैलाइड थैलिमाइड द्वारा निर्मित आयन के साथ नाभिकस्नेही प्रतिस्थापन से नही गुजरते हैं।
III. जल में ऐमीनों की विलेयता मोलर द्रव्यमान में वृद्धि के साथ कम हो जाती है।

7 *(b)* दिए गए कथनों में से I और II गलत हैं, जबकि III, IV और V सही हैं। I और II का सही रूप है
N, N-डाइमेथिलडेनिलिन का pK_b मान (8.92) N- मेथिलेनालिन (9.30) की तुलना में कम है ।
ऐनिलीन कमरे के तापमान पर ब्रोमीन जल के साथ अभिक्रिया करके 2,4,6-ट्राईब्रोमोऐनीलिन का सफेद अवक्षेप देता है।

8 *(c)* दिए गए कथनों में से केवल II और III सही हैं, जबकि कथन I और IV गलत हैं।
इनका सही रूप निम्न है
आइसो -प्रोपाइलमीन और एथिल मेथिलऐमीन में केवल *आइसो* -प्रोपाइलामीन कार्बिलएमाइन अभिक्रिया दर्शाता है , क्योंकि केवल प्राथमिक ऐलिफैटिक और ऐरोमैटिक ऐमीन ही कार्बिलएमाइन अभिक्रिया दर्शाते हैं।
ऐमीन पिरामिडीय आकार के होते हैं।

9 *(b)* दिए गए कथनों में से केवल II और III सही हैं, जबकि कथन I और IV गलत हैं।
उनके सही रूप निम्न प्रकार है
कार्बिलऐमीन परीक्षण नहीं देता है, क्योंकि कार्बिलऐमीन परीक्षण केवल प्राथमिक ऐमीनों द्वारा दिया जाता है।
ऐनिलीनियम आयन अनुनाद स्थिर नहीं है, क्योंकि वलय पर आवेश फैलाव में पेंटासंयोजी नाइट्रोजन संरचना शामिल हो सकती है।

10 *(c)* दिए गए कथनों में से II, III और IV गलत हैं, जबकि कथन I और V सही हैं। II, III और IV का सही रूप है
- क्लोरोफॉर्म की जब ऐनीलीन और ऐल्कोहॉलिय KOH के साथ अभिक्रिया करायी जाती है, तो फेनिल *आइसो* सायनाइड प्राप्त होता है।
- डाइऐजो युग्मन कुछ ऐज़ो रंजक तैयार करने के लिए उपयोगी हैं।
- अम्लीय माध्यम में नाइट्रोबेन्जीन को ऐनीलीन में अपचयित किया जाता है।

सुमेलन प्रकार प्रश्न

1 *(b)* सही मिलान A-2, B-4, C-1, D-3 है।
2 *(b)* सही मिलान A-1, B-3, C-2 है।
3 *(b)* सही मिलान A-4, B-2, C-1, D-3 है।
4 *(d)* सही मिलान A-3, B-2, C-1, D-4 है।

अंकिक मान प्रकार के प्रश्न

1 *(4)* प्राथमिक ऐमीन हैं
(i) *n*-ब्यूटाइल ऐमीन $CH_3CH_2CH_2CH_2NH_2$
(ii) द्वितीय-ब्यूटाइल ऐमीन $(CH_3)_2CHCH_2NH_2$
(iii) *आइसो*-ब्यूटाइल ऐमीन $CH_3CH_2CH(CH_3)NH_2$
(iv) *तृतीयक*- ब्यूटाइल ऐमीन $C(CH_3)_2NH_2$

2 *(3)* निम्नलिखित अभिकर्मकों के माध्यम से नाइट्रोबेन्जीन को ऐनिलीन से निकाला जा सकता है।
I. Sn— HCl
IV. H_2—Pd एथेनॉल
V. H_2—Ni/एथेनॉल

3 *(2)* केवल ऐनिलीन ($C_6H_5NH_2$) जो एक ऐरोमैटिक ऐमीन है, न्यूक्लियोफिलिक प्रतिस्थापन से नहीं गुजरता है।
इसलिए, इसे गैब्रियल संश्लेषण द्वारा तैयार नही किया जा सकता।

4 *(5)* दी गई अभिक्रिया को इस प्रकार दर्शाया गया है

$$\underset{(P)}{C_6H_5—CH_2—NH_2} + HNO_2 \xrightarrow[\text{(ii) } H_2O]{\text{(i) } NaNO_2 + HCl} C_6H_5—CH_2—OH + HCl + N_2 \uparrow$$

P के लिए संभावित समावयवों की संख्या 5 है।
इसे निम्न प्रकार दर्शाया गया है

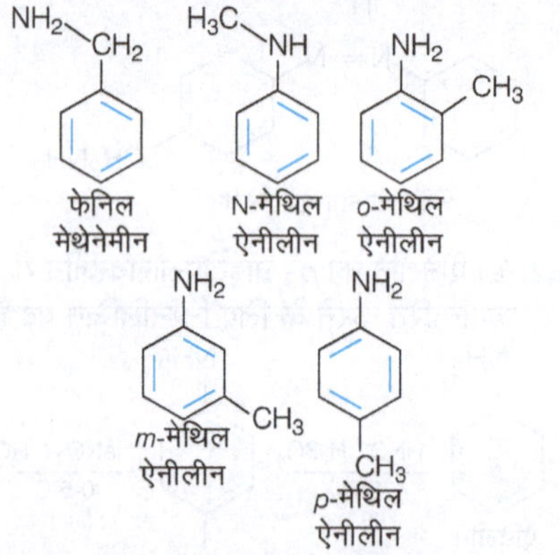

5 *(3)* कार्बिल ऐमीन परीक्षण प्राथमिक ऐलिफैटिक और ऐरोमैटिक ऐमीनों के लिए हैं। अतः दिए गए यौगिकों में से केवल II, III और V ही धनात्मक कार्बिलऐमीन परीक्षण देते हैं।

NCERT Examplar प्रश्न

1 *(b)* दिए गए यौगिकों में से केवल ट्राईमेथिलऐमीन तृतीयक (3°) ऐमीन है, जबकि (a) और (c) 1° और (d) 2° ऐमीन हैं

2 *(d)* CH_2 का IUPAC नाम
$\overset{3}{C}H_2 = \overset{2}{C}H\overset{1}{C}H_2NHCH_3$ N-मेथिलप्रॉप-2-ईन -1-ऐमीन है।

3 *(c)* + *I* -प्रभाव और विलयन प्रभाव क्षारीय गुण को बढ़ाते हैं, जबकि -*I*-प्रभाव और अनुनाद प्रभाव क्षारीय गुण को कम करते हैं, इसलिए $(CH_3)_2NH$ जलीय माध्यम में सबसे प्रबल क्षार है।

4 *(a)* ऐनिलीन में उपस्थित अनुनाद के कारण ऐनिलीन, दिए गए चार यौगिकों में सबसे दुर्बल ब्रोंस्टेड क्षार है।

5 *(c)* कार्बधनायन की स्थिरता जितनी अधिक होती है, S_N1 क्रियाविधि के प्रतिक्रियाशीलता उतनी ही अधिक होती है।
चूँकि, $C_6H_5CH_2Br$ एक अनुनाद स्थिरीकृत कार्बधनायन ($C_6H_5C\overset{+}{H_2}$) देता है, यह S_N1 क्रियाविधि के माध्यम से अभिक्रिया के लिए सबसे उपयुक्त है।

6 *(b)* ऐरिल नाइट्रो यौगिक को ईथर में $LiAlH_4$ का उपयोग करके ऐमीन में परिवर्तित नही किया जा सकता है। अन्य दिए गए अभिकर्मकों का उपयोग ऐरिल नाइट्रो यौगिकों को कम करने के लिए किया जा सकता है।

7 *(c)*

8 *(d)*

9 सही मिलान A-(4), B-(3), C-(1), D-(2) है।

10 *(c)* रासायनिक परिवर्तन को इस प्रकार दिखाया जा सकता है,

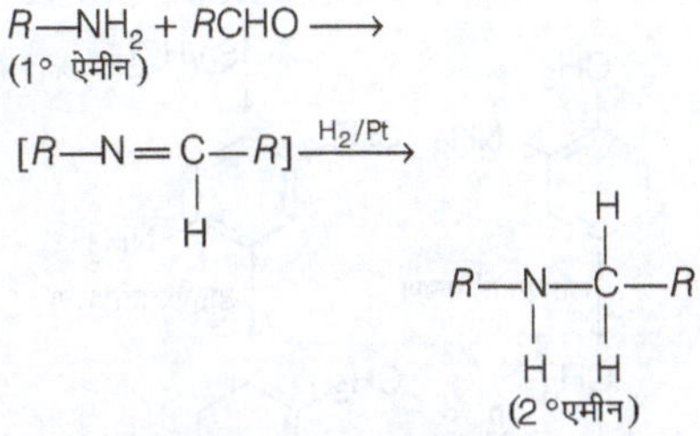

जबकि, अन्य दिए गए अभिकारकों का समूह केवल प्राथमिक ऐमीन देता है।

11 *(d)* 2-फेनिलप्रोपेनेमीन को 2-फेनिलप्रोपेनेमीन में परिवर्तित करने के लिए सबसे अच्छा अभिकर्मक ईथर में $LiAlH_4$ है।

12 *(b)* 2-फेनिलप्रोपेनेमीन को 1-फेनिलएथेनामाइन में परिवर्तित करने के लिए सबसे अच्छा अभिकर्मक NaOH /Br_2 है।

13 *(b)* हॉफमैन ब्रोमामाइड अपघटन ऐमाइड द्वारा दिखाया गया है, अर्थात

$$Ar-\overset{\overset{\displaystyle O}{||}}{C}-NH_2$$

14 *(d)* क्षारीय सामर्थ्य का सही बढ़ता क्रम निम्नानुसार है
II < I < III.
इलेक्ट्रॉन घनत्व जितना अधिक होगा, $-NH_2$ की क्षारीय प्रबलता उतनी ही अधिक होगी।

15 *(c)* मेथिल ऐमीन HNO_2 (नाइट्रस अम्ल) के साथ अभिक्रिया करके मेथनॉल बनाता है।

16 *(b)*

17 *(c)* बेन्जीन के नाइट्रीकरण में, अभिक्रिया आरम्भ करने वाली स्पीशीज NO_2^+ है।

18 सही मिलान A-(2), B-(1), C-(4), D-(3) है।

19 *(c)*

20 *(b)* क्षार की प्रबलता जितनी अधिक होगी, तनु HCl के प्रति उसकी क्रियाशीलता भी उतनी ही अधिक होगी। चूँकि, $(CH_3)_2NH$ की क्षारीय प्रबलता सबसे अधिक है, इसलिए इसकी क्रियाशीलता भी सबसे अधिक होगी।

21 *(b)*

22 *(d)*

23 *(c)* दिए गए यौगिकों में से फीनॉल सबसे दुर्बल ब्रॉन्स्टेड क्षार है क्योंकि अपने धनात्मक आवेश H^+ खोने के पश्चात, यह यौगिकों में सबसे कम स्थिर संयुग्मी अम्ल बनाता है।

24 *(a)* सही घटते क्रम
$NH_2^- > OH^- > NH_3 > H_2O$ है।

25 *(b)* दुर्बल द्विध्रुवीय-द्विध्रुवीय अंतःक्रियाओं के कारण, ऐमीनों का क्वथनांक हाइड्रोकार्बन की तुलना में अधिक होता है (अर्थात कम वाष्पशील)। इसलिए, हाइड्रोकार्बन ($CH_3CH_2CH_3$) दिए गए यौगिकों में सबसे अधिक वाष्पशील है।

26 *(b)*

विगत परीक्षाओं के प्रश्न

1 *(a)* दिए गए कथन I और II दोनों सत्य हैं

2 *(b)* दी गई अभिक्रियाओं में से, (b) अभिक्रिया की स्थिति में प्राथमिक ऐमीन नहीं बनेगा।

$$CH_3NC \xrightarrow[H_2O]{LiAlH_4} CH_3-\underset{\underset{\displaystyle H}{|}}{N}-CH_3$$
(2° ऐमीन)

3 *(b)* कथन I सत्य है लेकिन कथन II असत्य है। कथन II का सही रूप है:
प्राथमिक ऐरोमैटिक ऐमीन ऐरिनेडाइऐजोनियम लवण बनाते हैं, जो कम तापमान (273-278 K) पर विलयन में कुछ समय के लिए स्थिर रहते हैं।

4 *(d)* दी गई अभिक्रिया को इस प्रकार दर्शाया गया है

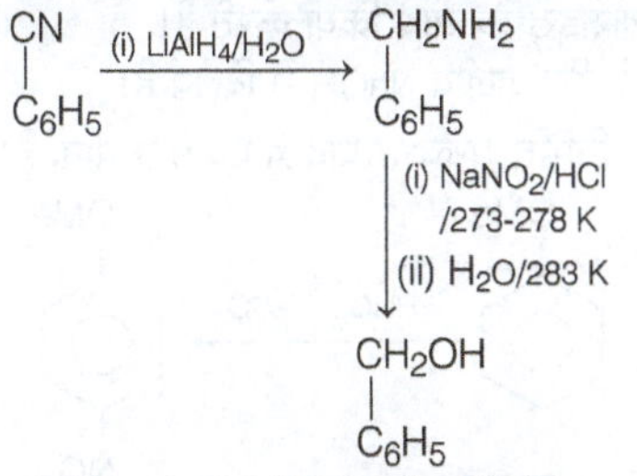

(बेन्जाइल ऐल्कोहॉल)

5 *(c)* दी गई अभिक्रिया में अभिकर्मक CH_3CH_2OH है।

6 *(d)* कार्बिल ऐमीन परीक्षण केवल प्राथमिक (ऐलिफैटिक या एरोमैटिक) ऐमीन द्वारा ही दिया जाता है।

7 *(a)* द्वितीयक ऐमीन हिंसबर्ग अभिकर्मक (बेन्जीन सल्फोनिल क्लोराइड) के साथ अभिक्रिया करके N,N-डाइऐल्किल बेन्जीन सल्फोनामाइड बनाता है, जो क्षार में अविलेय होता है।

8 *(b)* अभिक्रिया इस प्रकार आगे बढ़ती है

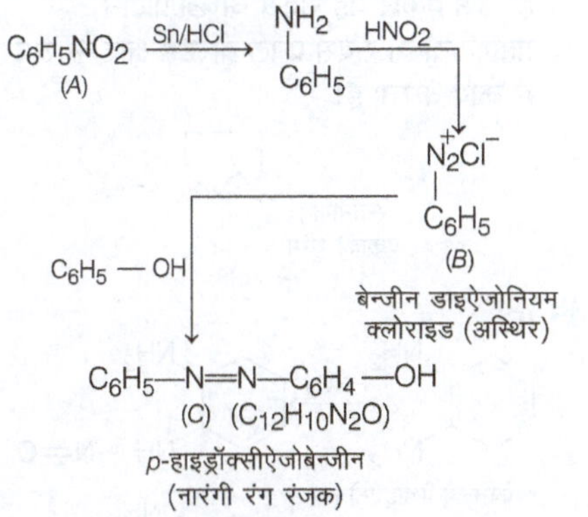

अतः *A* नाइट्रोबेन्जीन है।

9 *(d)* दिए गए कथनों में से केवल (d) एरिलामाइन के सम्बन्ध में सही है।

10 *(a)* C_3H_9N के संरचनात्मक समावयवी हैं

11 *(d)* दी गई अभिक्रिया को इस प्रकार दर्शाया गया है

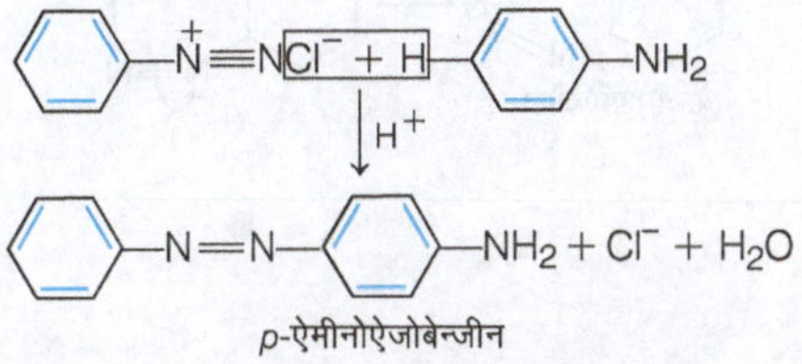

p-ऐमीनोऐजोबेन्जीन
(A)

12 *(b)* दोनों कथन I एवं कथन II गलत है।
1° और 2° ऐमीन *p*-टॉलुईन सल्फोनिल क्लोराइड के साथ क्रिया करते हैं।
1° ऐमीन जलीय NaOH में विलेय है।

13 *(d)* निर्मित मुख्य उत्पाद *A* एवं *B* क्रमशः है।

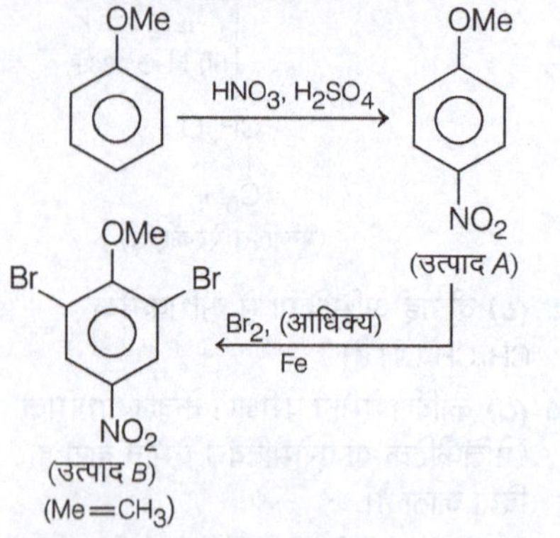

14 *(b)* विकल्प (a), (c) और (d) में अनुनाद के कारण एकाकी युग्म विस्थानीकृत है जबकि विकल्प (b) में अनुनाद की उपस्थिति के कारण एकाकी युग्म की उच्चतम उपलब्धता है। इस प्रकार यह सबसे अच्छा प्रोटॉन ग्रहणकर्ता या सबसे प्रबल ब्रॉस्टेड क्षार के रूप में कार्य करता है।

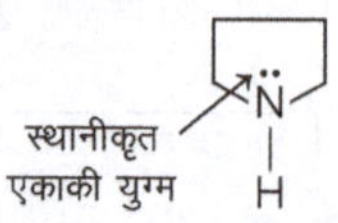

15 *(c)*

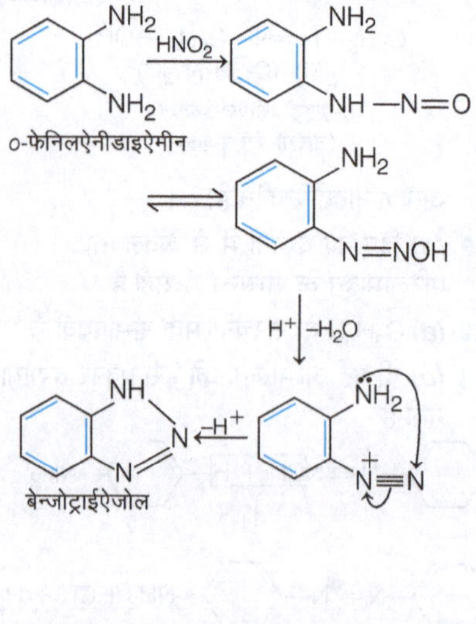

16 *(c)* अभिक्रिया बेन्जोट्राईऐजोल निम्न प्रकार आगे बढ़ती है

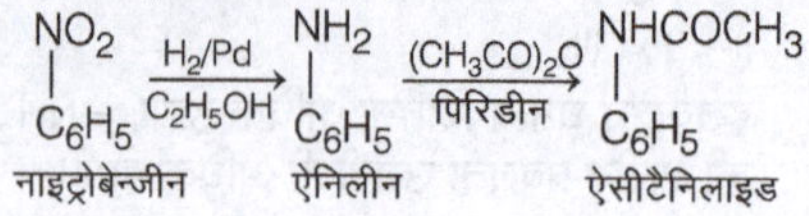

17 *(d)* अभिक्रिया इस प्रकार आगे बढ़ती है

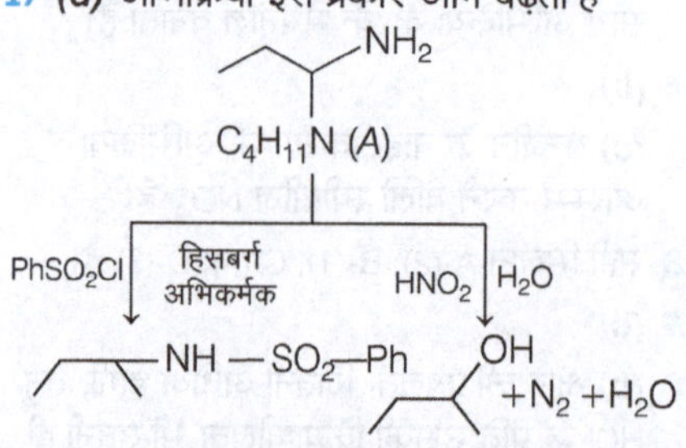

$C_4H_{11}N$ चूँकि यह HNO_2 के साथ N_2 मुक्त करता है, इसलिए यह एक प्राथमिक ऐमीन है। हिंसबर्ग अभिकर्मक के साथ अभिक्रिया करने के बाद यह एक यौगिक बनाता है, जो KOH में विलेय है।

18 *(b)* दिए गए विकल्पों में से, विकल्प (b) में गलत कथन दिया गया है। ऐसा इसलिए है क्योंकि '*B*' *p*- नाइट्रोसो अमोनियम यौगिक है। उत्पाद निर्माण निम्नानुसार होगा

$$NaNO_2 + HX \longrightarrow HNO_2 + NaX$$

$$H—O—N=O \xrightarrow[-H_2O]{H^{\oplus}} NO^+$$

(नाइट्रोसोनियम आयन)

$$C_6H_5—N(Me)_2 \xrightarrow[273\text{-}278\ K]{NO^+} C_6H_4(NO)\,N\,(Me)_2$$

p-नाइट्रोसोनियम यौगिक *B*

19 *(c)* A सत्य है, लेकिन R असत्य है। R का सही रूप है: फ्रीडल -क्राफ्ट अभिक्रिया नहीं दर्शाता है क्योंकि यह एक दुर्बल क्षार है और $AlCl_3$ (इलेक्ट्रॉन न्यून) के साथ अभिक्रिया करता है, जो लुईस अम्ल के रूप में कार्य करता है तथा *o*- या *p*- प्रतिस्थापित उत्पाद के स्थान पर लवण बनाता है।

20 *(a)* दिए गए कथनों में से केवल कथन (a) सही नहीं है। इसका सही रूप यह है, कि प्राथमिक ऐमीन में अंतराआण्विक संघटन द्वितीयक ऐमीन की अपेक्षा अधिक होता है।

21 *(b)* अभिक्रिया हॉफमैन ब्रोमामाइड के रूप में आगे बढ़ती है

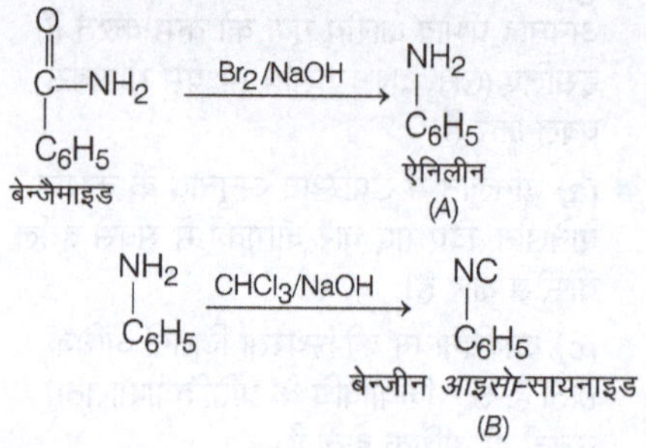

स्किल बूस्टर्स

1 *(d)* दी गई अभिक्रिया को निम्न प्रकार दर्शाया गया है

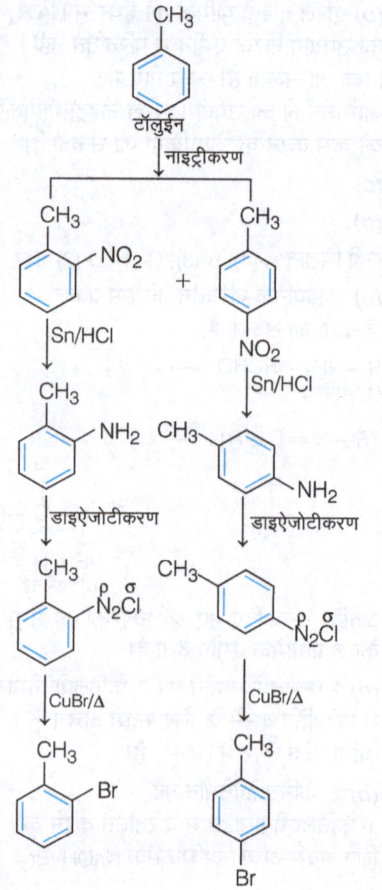

2 *(b)* जब साइक्लोहेक्सानोन अम्ल की उपस्थिति में डाइमेथिऐमीन के साथ अभिक्रिया करता है, तो एक हाइड्रॉक्सिल ऐमीन बनता है, इसके अतिरिक्त जब जल निकाल दिया जाता है, तो एक उत्पाद के रूप में ऐनामीन बनता है।

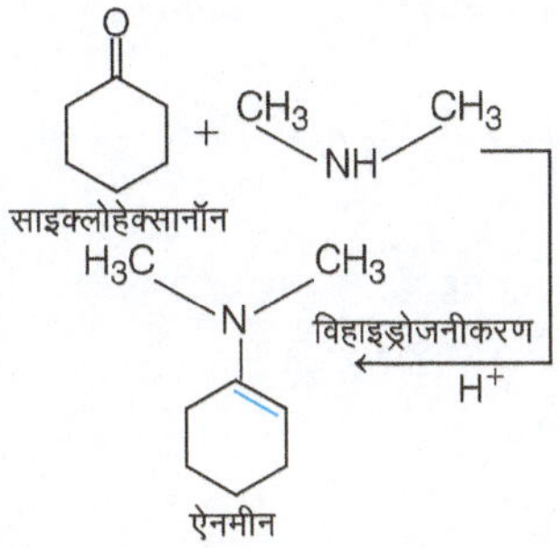

3 *(b)*

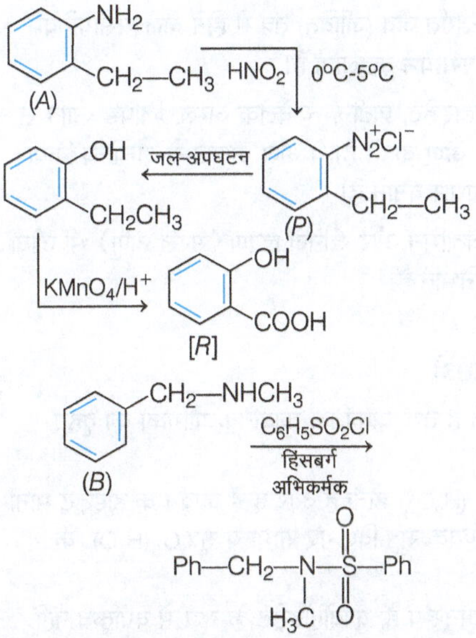

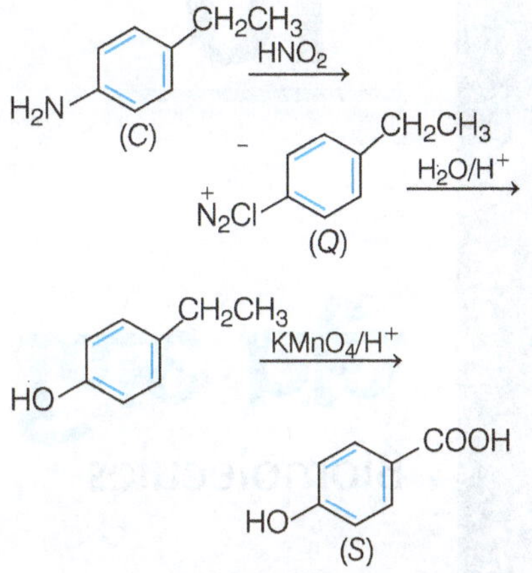

4 *(a)* अभिक्रिया को निम्न प्रकार दर्शाया गया है

$$\underset{\text{ऐथनोइक अम्ल}}{CH_3COOH} \xrightarrow[\Delta]{NH_3} \underset{\substack{(A)\\ \text{ऐथेनेमाइड}}}{CH_3CONH_2} \xrightarrow{Br_2\,/\,NaOH}$$

$$\underset{\substack{(B)\\ \text{मेथेनेमाइड}}}{CH_3NH_2} \xrightarrow{NaO_2/\text{तनु}\ HCl} \underset{\substack{(C)\\ \text{मेथेनॉल}}}{CH_3OH}$$

5 *(b)* अभिक्रिया को इस प्रकार दर्शाया गया है

$$\underset{\text{बेन्जीमाइड}}{C_6H_5CONH_2} + Br_2 + KOH \longrightarrow C_6H_5NH_2$$

$$C_6H_5NH_2 + (CH_3CO)_2O \longrightarrow \underset{\text{(ऐसीटैनिलाइड)}}{CH_3CONHC_6H_5} + CH_3COOH$$

6 *(c)* अभिक्रिया को इस प्रकार दर्शाया गया है

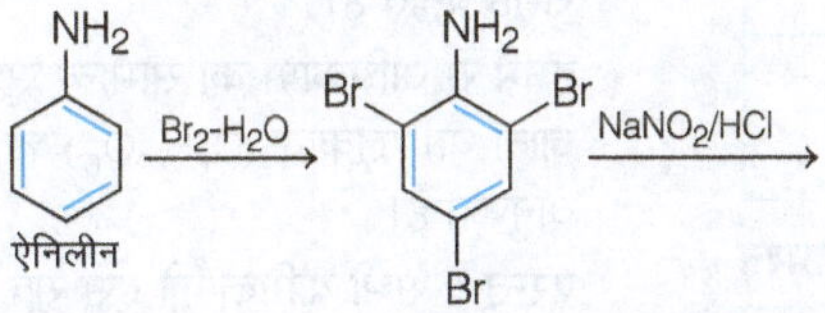

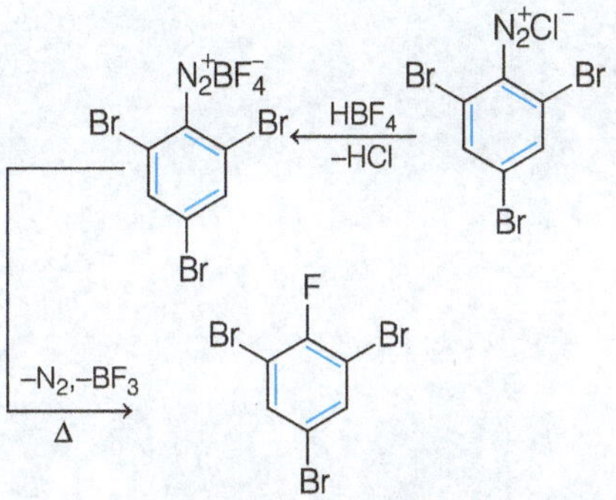

2, 4, 6-ट्राइब्रोमोफ्लोरोबेन्जीन

7 *(b)*

(i) $$\underset{\substack{\text{नाइट्रोबेन्जीन}\\(A)}}{C_6H_5NO_2} \xrightarrow[HCl]{H_2/Ni} \underset{\substack{\text{ऐनिलीन}\\(B)}}{C_6H_5NH_2}$$

(ii) $$\underset{\substack{\text{ऐनिलीन}\\(B)}}{C_6H_5NH_2} + CHCl_3 + 3KOH \longrightarrow \underset{\substack{\text{फेनिल } \textit{आइसो}\text{-सायनाइड}\\(C)}}{C_6H_5NC} + 3KCl + 3H_2O$$

(iii) $$\underset{\substack{\text{ऐनिलीन}\\(B)}}{C_6H_5NH_2} + NaNO_2 + HCl \xrightarrow{0\text{-}5°C} \underset{\substack{\text{बेन्जीन डाइऐजोनियम क्लोराइड}\\(D)}}{C_6H_5\overset{+}{N_2}\overset{-}{Cl}} + 3KCl + 3H_2O$$

(iv) $$\underset{\substack{\text{ऐनिलीन}\\(D)}}{C_6H_5\overset{+}{N_2}\overset{-}{Cl}} + CH_3CH_2OH \longrightarrow \underset{\substack{\text{बेन्जीन}\\(E)}}{C_6H_6} + N_2 + CH_3CHO + HCl$$

इस प्रकार, '*A*' से '*E*' तक के यौगिक नाइट्रोबेन्जीन, ऐनिलीन, फेनिल *आइसो*-सायनाइड, बेन्जीन डाइऐजोनियम क्लोराइड और बेन्जीन है।

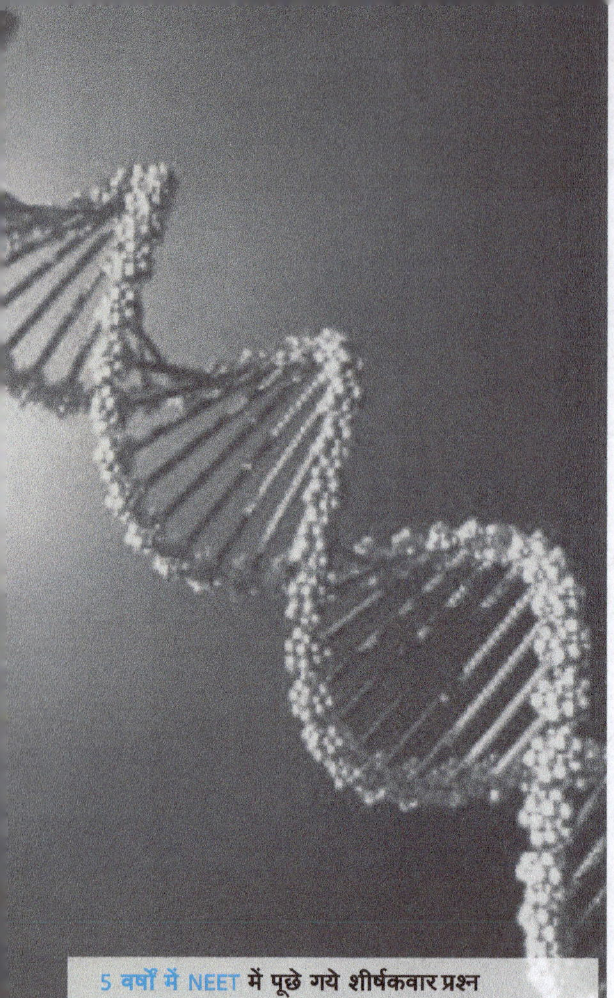

10

रसायन की Concept Master *Videos* के लिए *Scan* करें

जैव अणु
Biomolecules

रसायन विज्ञान की वह शाखा, जिसके अन्तर्गत जैव (जीवित) तंत्र में होने वाले रासायनिक परिवर्तन का अध्ययन किया जाता है **जैव रसायन** कहलाता है।

जैव तंत्र अनेक जटिल अणुओं जैसे कार्बोहाइड्रेट, प्रोटीन, न्यूक्लिक अम्ल, लिपिड आदि से मिलकर बने होते हैं। इन अणुओं को **जैव अणु** कहते हैं। ये अणु आपस में अन्योन्य क्रिया करते हैं तथा जैव प्रणाली का आण्विक आधार बनाते हैं।

इसके अतिरिक्त, कुछ सरल अणु जैसे विटामिन और खनिज लवण (सरल अणु) भी जीवों की कार्य प्रणालियों में महत्त्वपूर्ण भूमिका निभाते हैं।

5 वर्षों में NEET में पूछे गये शीर्षकवार प्रश्न

शीर्षक	वर्षवार प्रश्नों की संख्या				
	2024	2023	2022	2021	2020
कार्बोहाइड्रेट	1	–	–	–	3
प्रोटीन	–	–	–	–	1
एन्जाइम और विटामिन	–	–	1	1	1
न्यूक्लिक अम्ल	–	1	1	–	–
हॉर्मोन	–	–	–	–	–

NEET में विगत 5 वर्षों में पूछे गये विशेष प्रकार के प्रश्न

प्रकार	वर्ष				
	2024	2023	2022	2021	2020
अभिकथन-कारण	–	–	–	–	–
कथन आधारित	–	1	1	–	–
सुमेलन	–	–	–	–	–

NEET के विगत 5 वर्षों का भारांकन

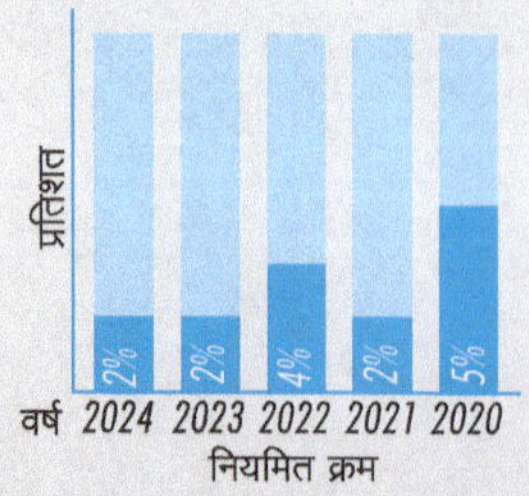

कार्बोहाइड्रेट (Carbohydrates)

- ये मुख्यतः पौधों द्वारा उत्पन्न किए जाते हैं तथा प्राकृतिक कार्बनिक यौगिकों का वृहत समूह बनाते हैं।
- इनमें से अधिकांश का सामान्य सूत्र $C_x(H_2O)_y$ होता है और इन्हें कार्बन के हाइड्रेट माना जाता था। ग्लूकोज ($C_6H_{12}O_6$) का आण्विक सूत्र दिए गए सामान्य सूत्र $C_6(H_2O)_6$ के अनुरूप है।

  परन्तु वे सभी यौगिक जो इस सूत्र के अनुरूप हैं, कार्बोहाइड्रेट के रूप में वर्गीकृत नहीं किए जा सकते हैं, जैसे ऐसीटिक अम्ल (CH_3COOH)। इसी तरह सभी हाइड्रेट इस सूत्र के अनुरूप नहीं हैं। जैसे रैम्नोस ($C_6H_{12}O_5$) एक कार्बोहाइड्रेट है परन्तु सामान्य सूत्र में ठीक नहीं बैठता।
- कार्बोहाइड्रेट **ध्रुवण घूर्णक** (optically active) पॉलीहाइड्रॉक्सी ऐल्डिहाइड अथवा कीटोन अथवा उन यौगिक की तरह परिभाषित किया जा सकता है। जो जल-अपघटन के उपरान्त इस प्रकार की इकाइयाँ देते हैं कुछ कार्बोहाइड्रेट के सामान्य उदाहरण शर्करा, ग्लूकोज, स्टार्च आदि होते हैं।
- कुछ कार्बोहाइड्रेटों को जो स्वाद में मीठे होते हैं, **शर्करा** कहते हैं। घरेलू उपयोग में आने वाली सामान्य शर्करा को सुक्रोज कहते हैं। जबकि दुग्ध में पाए जाने वाली शर्करा को **लैक्टोज** कहते हैं, इन्हें **सैकेराइड** भी कहते हैं। (ग्रीकः सैकेरॉन का तात्पर्य शर्करा से है।)

कार्बोहाइड्रेट का वर्गीकरण

समूह	परिभाषा	उदाहरण
1. जलअपघटन में अपने व्यवहार के आधार पर		
मोनोसैकेराइड	• इन्हें जल अपघटित करके पॉली हाइड्रॉक्सी एल्डिहाइड या कीटोन की सरल इकाई नहीं दी जा सकती। • ये सैकेराइड की एकल इकाई होती हैं और लगभग 20 मोनोसैकेराइड प्रकृति में मिलते हैं।	• ग्लूकोस, फ्रक्टोज, राइबोस आदि
ओलिगोसैकेराइड	• इनके जल-अपघटन से मोनोसैकेराइड की दो से दस तक इकाईयाँ प्राप्त होती हैं। • इनको पुनः डाइसैकेराइड, टाइसैकेराइड, टैट्रासैकेराइड आदि में वर्गीकृत किया गया है।	• डाइसैकेराइड-सुक्रोज (ग्लूकोज + फ्रक्टोज) माल्टोज (ग्लूकोज + ग्लूकोज)
पॉलिसैकेराइड	• इनके जल-अपघटन से अत्याधिक संख्या में मोनोसैकेराइड इकाईयाँ प्राप्त होती है। • ये स्वाद में मीठे नहीं होते, इसलिए इन्हे अशर्करा भी कहते हैं।	• स्टार्च, सेलुलोज, ग्लाइकोजन, गोंद आदि
2. अपचयी गुण के आधार पर		
अपचायी शर्करा	• ये कार्बोहाइड्रेट फेहलिंग विलयन तथा टॉलेन अभिकर्मक को अपचयित कर देते हैं। • सभी मोनोसैकेराइड चाहे ऐल्डोज हो या कीटोज अपचायी शर्करा होती हैं। • इन शर्कराओं में मुक्त कीटोन या ऐल्डिहाइड समूह रखते हैं।	• मोनोसैकेराइड जैसे-ग्लूकोज, फ्रक्टोज, राइबोज आदि।
अनअपचायी शर्करा	• ये कार्बोहाइड्रेट फेहलिंग विलयन और टॉलेन अभिकर्मक को अपचयित नहीं कर पाते हैं। • इन शर्कराओं में ऐल्डिहाइड या कीटोनिक समूह आबन्धित होते हैं।	• डाइसैकेराइड जैसे सुक्रोज और पॉलीसैकेराइड जैसे स्टार्च, सेलुलोज आदि।

मोनोसैकेराइड (Monosaccharides)

इन्हें प्रकार्यात्मक समूह के आधार पर पुनः वर्गीकृत किया जा सकता है। अर्थात् **ऐल्डोस** (मोनोसैकेराइड जिनमें ऐल्डिहाइड समूह है) और कीटोज (मोनोसैकेराइड जिनमें कीटों समूह है)

कार्बन परमाणु की संख्या के आधार पर भी मोनोसैकेराइड को पुनः भिन्न-भिन्न वर्गों में वर्गीकृत किया जा सकता है।

उदाहरण मोनोसैकेराइड जिनमें तीन कार्बन परमाणु होते हैं ट्रायोस कहलाते हैं और चार कार्बन परमाणु वाले को टेट्रोस कहलाते हैं।

ग्लूकोज (Glucose)

यह एक ऐल्डोहेक्सोज है जिसका आण्विक सूत्र $C_6H_{12}O_6$ है। डेक्स्ट्रोज के नाम से भी जाना जाता है।

ग्लूकोज प्रकृति में मुक्त अथवा संयुक्त अवस्था में मिलता है। यह मीठे फलों तथा पके हुए अंगूर और शहद में उपस्थित होता है।

ग्लूकोज के निर्माण की विधियाँ (Preperation of Glucose)

यह निम्नलिखित प्रकार से बनाए जा सकते हैं।

(i) **सुक्रोज** (इक्षु-शर्करा) से ग्लूकोज को प्रयोगशाला में शर्करा के ऐल्कोहॉलिक विलयन का जल अपघटन करा कर आसानी से प्राप्त कर सकते हैं, जैसे सुक्रोज को तनु HCl अथवा H_2SO_4 के साथ 50°C पर क्वथन करने पर ग्लूकोज तथा फ्रक्टोज समान मात्रा में प्राप्त होते हैं।

$$\underset{\text{सुक्रोज}}{C_{12}H_{22}O_{11}} + H_2O \xrightarrow{H^+} \underset{\text{ग्लूकोज}}{C_6H_{12}O_6} + \underset{\text{फ्रक्टोज}}{C_6H_{12}O_6}$$

(ii) **स्टार्च से** औद्योगिक स्तर पर, ग्लूकोज को स्टार्च के जलअपघटन से प्राप्त किया जाता है। इसके लिए स्टार्च को तनु H_2SO_4 के साथ 393 K ताप व 2-3 मानक वायुमण्डलीय दाब (STP) पर क्वथन किया जाता है।

$$\underset{\text{स्टार्च या सेलुलोज}}{(C_6H_{10}O_5)_n} + nH_2O \xrightarrow[\text{393K, 2-3 वायु॰}]{H^+} \underset{\text{ग्लूकोस}}{nC_6H_{12}O_6}$$

ग्लूकोज की संरचना (Structure of Glucose)

निम्नलिखित प्रमाणों के आधार पर नीचे दिए गए ग्लूकोज खुली शृंखला संरचना को दर्शाया गया है- [NEET 2024]

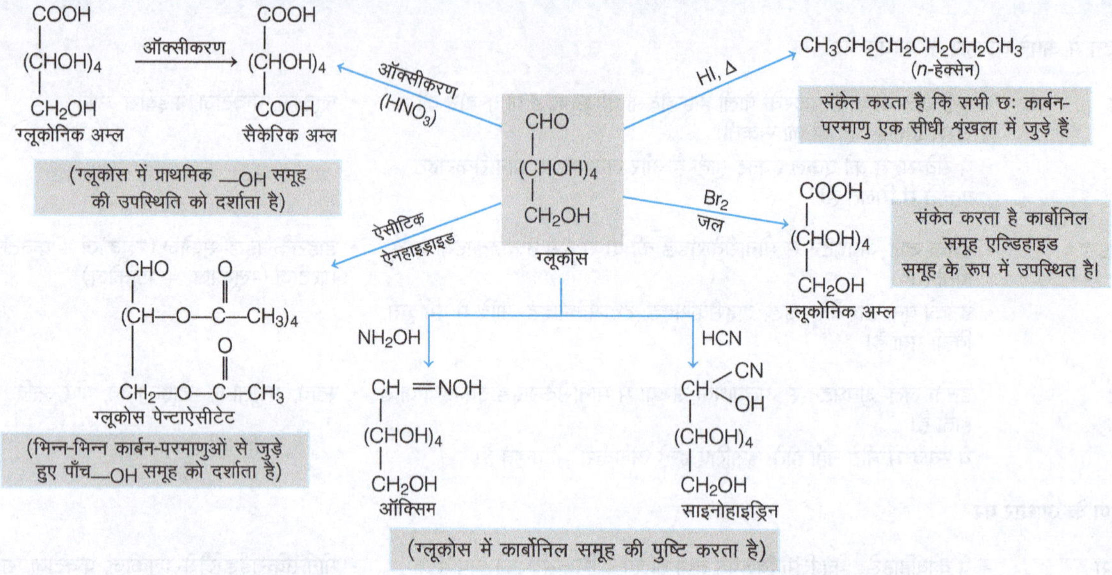

D और L संकेत (D and L Notations)

- D और L का यौगिक की ध्रुवण घूर्णकता से कोई सम्बन्ध नहीं है।
- मोनोसैकेराइड के D और L-विन्यास को लिखने के लिए सरतलम कार्बोहाइड्रेट ग्लिसरैल्डिहाइड का आपेक्षिक विन्यास का चयन करते हैं। इसमें एक असममित कार्बन परमाणु होता है तथा इसके प्रतिबिम्ब रूप होते हैं जिन्हें निम्न प्रकार से दर्शाया जा सकते हैं।

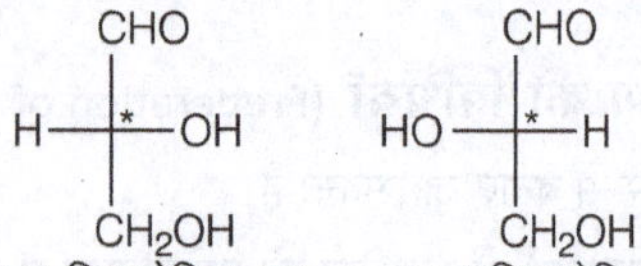

D-(+)-ग्लिसरेल्डिहाइड L-(–)-ग्लिसरेल्डिहाइड

- किसी यौगिक के नाम से पहले लिखे अक्षर D व L ग्लिसरॉल्डिहाइड के किसी विशेष यौगिक के त्रिविम समावयवी के किसी अन्य यौगिक जिसका विन्यास ज्ञात हो, के आपेक्षिक विन्यास को प्रदर्शित करते हैं।
- L समावयवी में —OH समूह बाईं ओर होता है, जबकि D समावयवी में —OH समूह दाईं ओर होता है।

ग्लूकोज का विन्यास (Configuration of Glucose)

फिशर ने विभिन्न—OH समूह की सही दिक् स्थान व्यवस्था को दर्शाया है।

D इसके विन्यास को जबकि (+) अणु की दक्षिण ध्रुवण घूर्णकता को निरूपित करता है।

मोनोसैकेराइड के विन्यास के निर्धारण के लिए इसके सबसे नीचे वाले असममित कार्बन परमाणु की तुलना करते हैं। जो कि तुलनात्मक रूप से संरचना में दिखाया गया है–

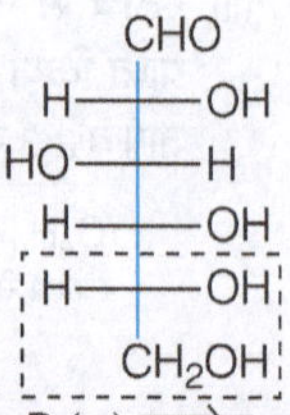

D-(+)-ग्लूकोस

ग्लूकोज की चक्रीय संरचना (Cyclic Structure of Glucose)

निम्नलिखित अभिक्रियाओं और तथ्यों द्वारा ग्लूकोस की विवृत शृंखला संरचना की व्याख्या नहीं कर सकते हैं। इसीलिए यह बताया जाता है कि ग्लूकोज एक चक्रीय हेमीऐसीटल संरचना बनाता है। इन्हें संक्षेप में इस प्रकार व्यक्त किया है।

- ऐल्डिहाइड समूह उपस्थित होते हुए भी ग्लूकोज **शिफ-परीक्षण** नहीं देता एवं यह $NaHSO_3$ के साथ हाइड्रोजन सल्फाइड योगज उत्पाद नहीं बनाता है।
- ग्लूकोज का पेंटाऐसीटेट, **हाइड्रॉक्लिस ऐमीन** के साथ अभिक्रिया नहीं करता जो मुक्त —CHO समूह की अनुपस्थिति को इंगित करता है।
- ग्लूकोज दो भिन्न क्रिस्टलीय रूपों में पाया जाता है जिन्हें α और β कहते हैं।
- ग्लूकोज का α रूप (गलनांक 419 K) इसके सान्द्र विलयन से 303 K पर क्रिस्टलीकरण द्वारा प्राप्त किया जाता है। जबकि ग्लूकोस का β रूप (गलनांक 423 K) 371 K पर ग्लूकोज के गर्म एवं संतृप्त विलयन से इसके क्रिस्टलीकरण से प्राप्त किया जाता है।
- दो चक्रीय रूप खुली शृंखला संरचना के साथ साम्यावस्था में उपस्थित हैं। जो इस प्रकार हैं।

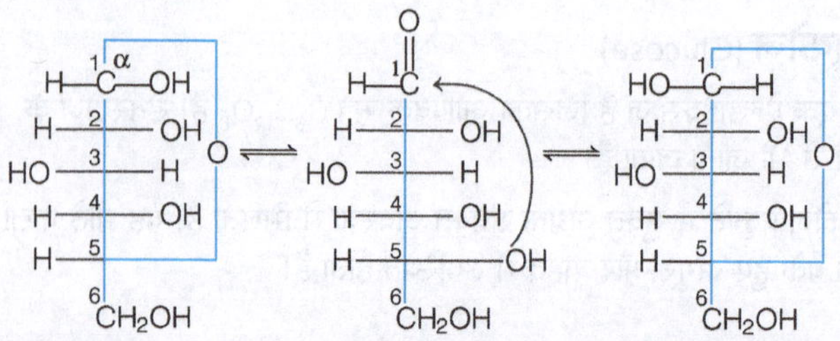

α-D-(+)-ग्लूकोस D-(+)-ग्लूकोस (खुली शृंखला संरचना) β-D-(+)-ग्लूकोस

- ग्लूकोज के दोनों चक्रीय हैमीऐसीटेल रूपों में भिन्नता केवल C_1 पर उपस्थित हाइड्रॉक्सिल समूह के विन्यास में होती है। इसके **ऐनोमेरिक कार्बन** और ऐसे समावयवी अर्थात् α तथा β रूपों को **ऐनोमर** कहते हैं।

Marks Maximizer

एपीमर एक त्रिविम समावयवी का एक प्रकार है, जो केवल एक त्रिविम केन्द्र के भिन्न विन्यास के कारण होता है। प्रत्येक एपीमर में केवल एक केन्द्र के विन्यास में भिन्नता होती है तथा अन्य सभी त्रिविम केन्द्र समान होते हैं, उदाहरणार्थ-ग्लैक्टोज और ग्लूकोस में C_4 पर विन्यास में भिन्नता है अतः C_4 एपीमर है।

- ग्लूकोज की छः सदस्यों वाली वलय संरचना को **पाइरैनोस संरचना** कहते हैं, जो पाइरान के अनुरूप है। ग्लूकोज की हॉवर्थ संरचना को अधिक सही रूप से नीचे दी गई संरचना द्वारा निरूपित किया जा सकता है।

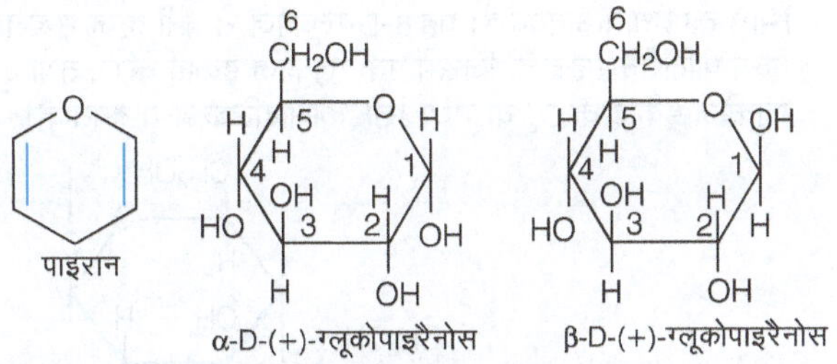

ग्लूकोस की हॉवर्थ संरचना

फ्रक्टोज (Fructose)

फ्रक्टोज एक महत्त्वपूर्ण कीटो हैक्सोस है। यह डाइसैकेराइड सुक्रोज के जल अपघटन पर ग्लूकोस के साथ प्राप्त होता है। यह शुद्ध अवस्था में मधुरक के रूप में प्रयोग होता है।

फ्रक्टोज की संरचना (Structure of Fructose)

इसका अणुसूत्र $C_6H_{12}O_6$ होता है यह D श्रेणी से सम्बन्धित है और वामावर्ती यौगिक है। इसे उपयुक्त रूप से D-(–)-फ्रक्टोज लिखा जाता है। इसकी विवृत श्रृंखला नीचे दर्शायी गयी है।

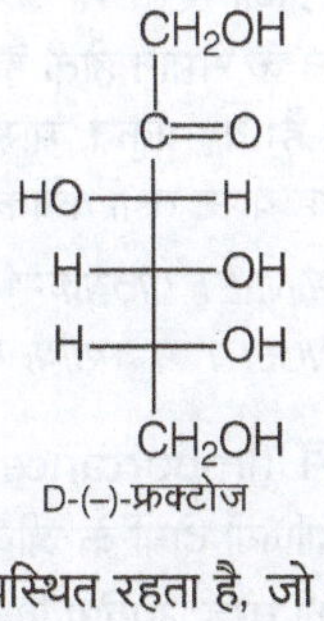

यह दो चक्रीय संरचनाओं में उपस्थित रहता है, जो C_5 पर उपस्थित —OH और योग से $\left(\rangle C{=}O\right)$ समूह के योग से प्राप्त होती है।

इस प्रकार पाँच सदस्यीय वलय बनती है जिसे फ्यूरान समानता के कारण इसे फ्यूरानोस कहा जाता है। **फ्यूरान** एक पाँच सदस्यीय वाली वलय संरचना होती हैं। जिसमें एक ऑक्सीजन परमाणु तथा चार कार्बन परमाणु होते हैं।

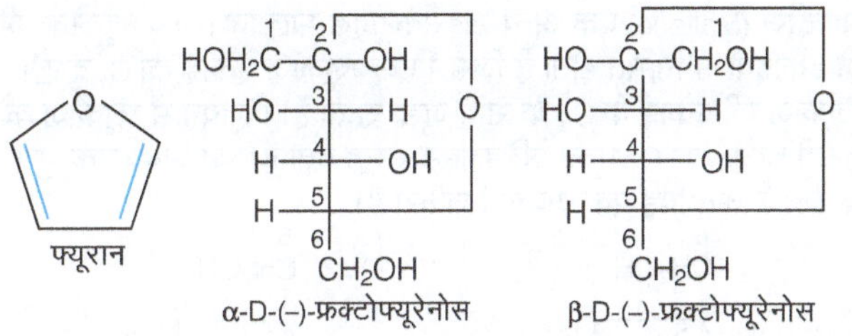

फ्रक्टोज के दोनों एनोमर की चक्रीय संरचना को **हॉवर्थ संरचनाओं** द्वारा निम्न प्रकार से निरूपित किया जा सकता है।

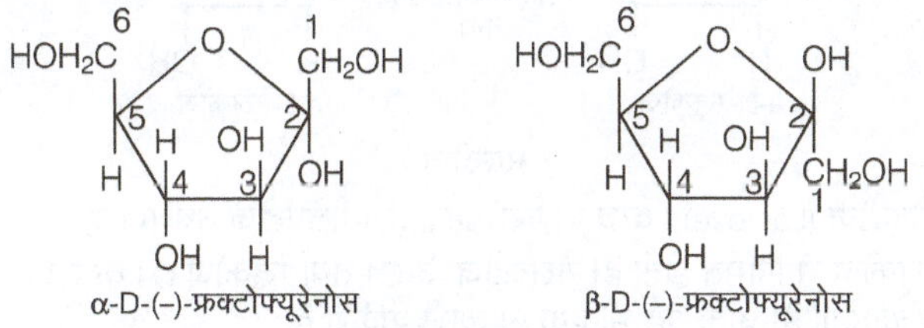

फ्रक्टोस की हॉवर्थ संरचना

डाइसैकेराइड (Disaccharides)

ये यौगिक तनु अम्ल अथवा एन्जाइम की उपस्थिति में जल-अपघटन द्वारा समान अथवा असमान मोनोसैकेराइड के दो अणु देते हैं। दोनों मोनोसैकरेराइड इकाइयाँ जल के एक अणु के निष्कासन के उपरान्त बने ऑक्साइड बन्ध द्वारा जुड़ी रहती हैं, जिसे **ग्लाइकोसाइडिक बन्ध** कहते हैं। कुछ महत्त्वपूर्ण डाइसैकेराइड है

- **सुक्रोज (शर्करा)** - जल अपघटन पर सममोलर (equimolar) मिश्रण में D-(+) - ग्लूकोज तथा D-(-) फ्रक्टोज देता है।

$$\underset{\text{सुक्रोज}}{C_{12}H_{22}O_{11}} + H_2O \xrightarrow[\text{इन्वर्टेज}]{\text{जल अपघटन}} \underset{\text{D-(+)-ग्लूकोस}}{C_6H_{12}O_6} + \underset{\text{D-(+)-फ्रक्टोज}}{C_6H_{12}O_6}$$

दो मोनोसैकेराइड C1 α-D-ग्लूकोस और $C_2\beta$-D फ्रक्टोज के मध्य ग्लाइकोसाइडी बन्ध द्वारा एक दूसरे से जुड़े रहते हैं। इन्हें अनअपचायी **शर्करा** कहते हैं।

सुक्रोज +66.5° के विशेष घूर्णन के साथ दक्षिणावर्ती होता है। हालाँकि जलअपघटन के बाद यह दक्षिणावर्ती ग्लूकोज और वामावर्ती फ्रक्टोज देता है। मिश्रण वामावर्ती होता है क्योंकि फ्रक्टोज के वामावर्ती का मान (–92.4°), ग्लूकोस के दक्षिणावर्ती (+52.5°) से अधिक होता है। अतः जल अपघटन पर सुक्रोज के घूर्णन चिहन में परिवर्तन दक्षिणावर्ती (+1) से वामावर्त (–) में हो जाता है तथा उत्पाद को **अपवृत शर्करा** कहा जाता है और इस प्रक्रिया को शर्करा का प्रतिलोम (inversion of sugar) कहते हैं।

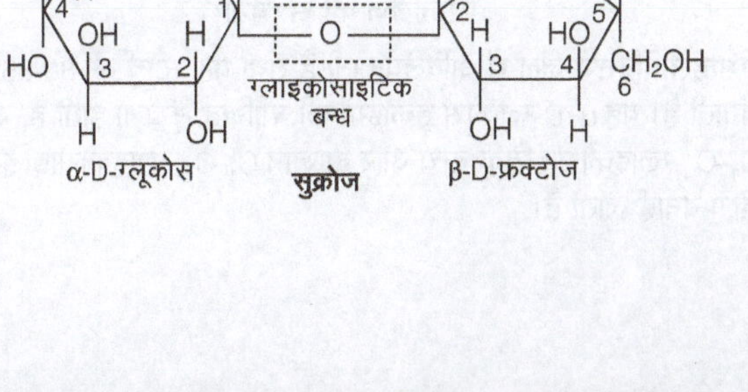

- **माल्टोज** (Maltose) एक अन्य डाइसैकेराइड माल्टोज α-D- ग्लूकोज की दो इकाइयों से निर्मित होता है जिसमें एक ग्लूकोज इकाई का C_1 दूसरी ग्लूकोज की इकाई के C_4 के साथ जुड़ा रहता है। विलयन में ग्लूकोज की दूसरी इकाई का C_1 मुक्त ऐल्डिहाइड समूह देता है। यह अपचायक गुण दर्शाता है अतः यह एक अपचयी शर्करा है।

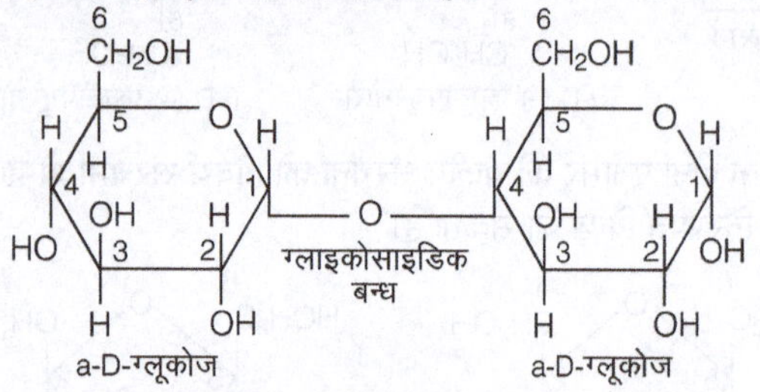

माल्टोज

- **लैक्टोज** (Lactose) (दुग्ध शर्करा) यह β-(D)-गैलेक्टोज तथा β-(D) ग्लूकोज से निर्मित होती है। गैलेक्टोज के C1 तथा ग्लूकोज C4 के मध्य बन्ध होता है। अतः यह भी एक अपचायी शर्करा है।

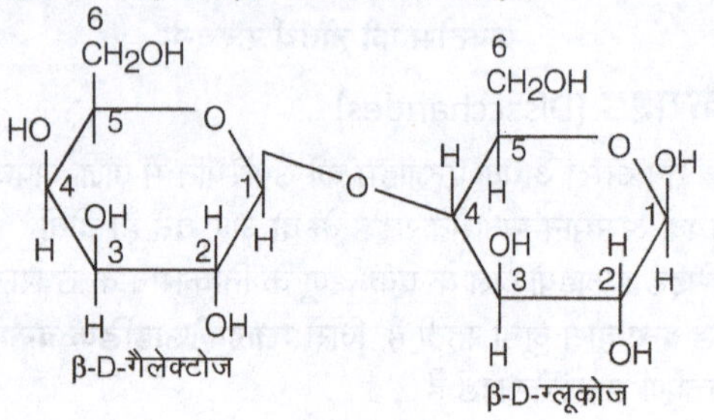

लैक्टोस

*पॉलिसैकेराइड (Polysaccharides)

इनमें असंख्य मोनोसैकेराइड इकाइयाँ ग्लाइकोसाइडिक बन्ध द्वारा संयुक्त रहती हैं। जैसे–

(i) **स्टार्च** पौधों में मुख्य संग्रहित पॉलिसैकेराइड है। दाल, जड़, कंद तथा कुछ सब्जियों में स्टार्च प्रचुर मात्रा में मिलता है। यह α-ग्लूकोज का बहुलक है तथा दो घटकों **एमाइलेज** तथा **ऐमिलोपेक्टिन** से मिलकर बनता है।

- ऐमाइलेज जल में घुलनशील अवयव है तथा यह स्टार्च का 15-20% भाग निर्मित करता है। ये 200-1000 α-D-(+) - ग्लूकोज इकाईयों की अशाखित श्रृंखला होती है जो आपस में C_1-C_4 ग्लाइकोसाइडिक बन्ध द्वारा जुड़ी रहती है।

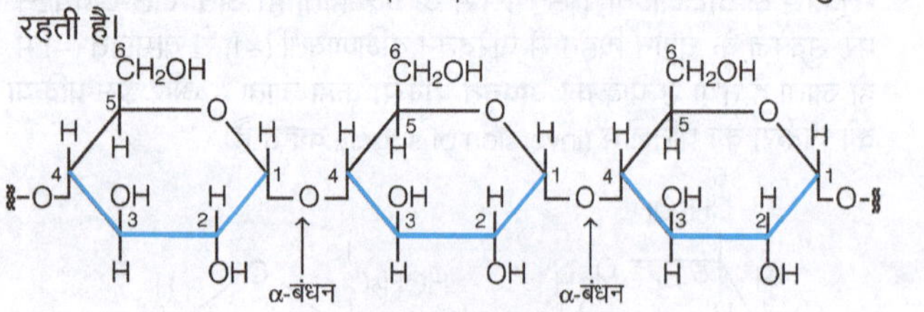

एमाइलेज की संरचना

- **एमाइलोपेक्टिन** जल में अविलेय होती है तथा यह स्टार्च का 80-85% भाग बनाती है। यह α-D-ग्लूकोस इकाइयों की शाखित श्रृंखला होती है, जो कि C_1-C_4 ग्लाइकोसाइडिक बन्ध और शाखान C_1-C_6 ग्लाइकोसाइडिक बन्ध द्वारा बनाई जाती है।

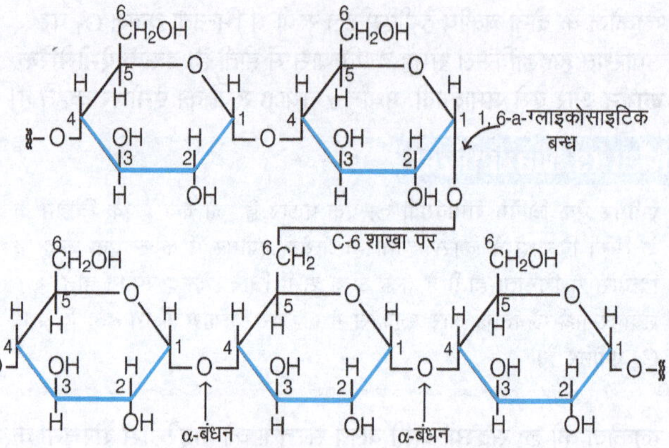

एमाइलोपेक्टिन की संरचना

(ii) **सेलुलोज** पौधों में मिलता है और पौधों की कोशिकाओं की कोशिका भित्ति का प्रधान अवयव है। यह β-D-ग्लूकोज से बनी ऋजु श्रृंखला युक्त पॉलिसैकेराइड है, जिसमें एक ग्लूकोज इकाई के C_1 तथा दूसरी ग्लूकोज इकाई के C_4 के मध्य ग्लाइकोसाइडिक बन्ध बनता है।

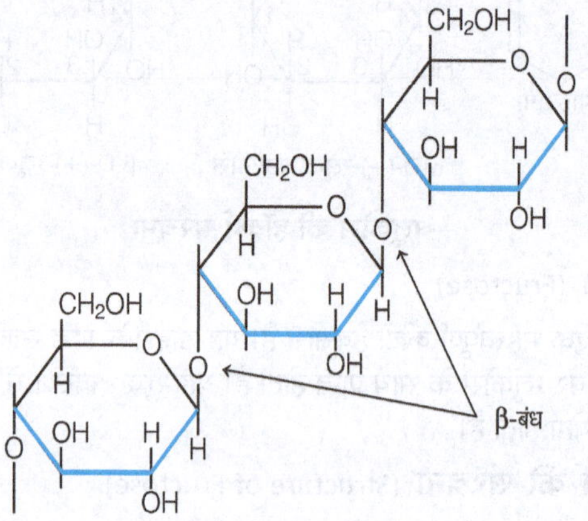

सेलुलोज की संरचना

(iii) **ग्लाइकोजन** प्राणी शरीर में कार्बोहाइड्रेट ग्लाइकोजन के रूप में संग्रहित रहता है इसे प्राणी स्टार्च भी कहा जाता है, क्योंकि इसकी संरचना ऐमिलोपेक्टिन के समान होती है एवं यह ऐमिलोपेक्टिन से अधिक शाखित होता है। यह यकृत, मांसपेशियों तथा मस्तिष्क में उपस्थित रहता है। यह यीस्ट तथा कवक में भी मिलता है।

** यह टॉपिक नवीनतम NEET पाठ्यक्रम में सम्मिलित नहीं है। परन्तु यह नवीनतम तर्कसंगत NCERT में दर्शाया गया है।*

कार्बोहाइड्रेट का महत्त्व (Importance of Carbohydrates)

- कार्बोहाइड्रेट पौधों तथा प्राणियों दोनों के जीवन के लिए आवश्यक होते हैं।
- इनका संग्रहित अणुओं की तरह उपयोग किया जाता है।
- वे अनेक प्रमुख उद्योगों जैसे वस्त्र, कागज, रोगन और शराब बनाने जैसे उद्योग इत्यादि के लिए कच्चा माल उपलब्ध कराते हैं।
- ये जैवतन्त्र में प्रोटीनों तथा लिपिडों के साथ संयुक्तावस्था में पाये जाते हैं।

प्रोटीन (Proteins)

प्रोटीन जीव जगत में सर्वाधिक पाए जाने वाले जैव अणु है प्रोटीन के प्रमुख स्रोत दूध, पनीर, दाले, मूँगफली मछली तथा मांस आदि हैं।

प्रोटीन शब्द की व्युत्पत्ति ग्रीक शब्द **'प्रोटीयोस** (proteios) से हुई है, जिसका अर्थ प्राथमिक अथवा अति महत्त्वपूर्ण होता है।

सभी प्रोटीन α-ऐमीनों अम्लों के बहुलक होते हैं।

एमीनों अम्ल (Amino Acids)

वे कार्बनिक यौगिक जिनके अणुओं में अम्लीय कार्बोक्सिल (—COOH) समूह और क्षारीय एमीनों (—NH_2) समूह दोनों होते हैं। कार्बोक्सिल समूह के सन्दर्भ में ऐमीनों समूह की आपेक्षिक स्थितियों के आधार पर ऐमीनों अम्लों को α, β, γ, .. आदि में वर्गीकृत किया जा सकता है। प्रोटीन के जलअपघटन से केवल α-ऐमीनों अम्ल ही प्राप्त होते हैं।

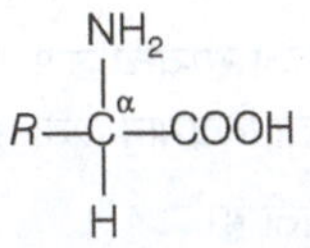

α -ऐमीनों अम्ल (*R*= पार्श्व शृंखला)

सामान्यतः प्राकृतिक ऐमीनों अम्लों की संरचनाएँ के अतिरिक्त उनके 3-अक्षर व 1-अक्षर प्रतीक सारणी में दिए गए हैं।

प्राकृतिक ऐमीनों अम्ल

नाम, तीन अक्षर प्रतीक और एक अक्षर कोड	पार्श्व शृंखला *R*
1. ग्लाइसीन (Gly, G)	H
2. ऐलानिन (Ala, A)	$—CH_3$ NEET 2019
3. वैलीन*(Val, V)	$(H_3C)_2CH—$
4. ल्यूसीन* (Leu, L)	$(H_3C)_2CH—CH_2—$
5. आइसोल्यूसीन (Ile, I)	$H_3C—CH_2—CH(CH_3)—$
6. आर्जिनीन* (Arg, R)	$HN{=}C(NH_2)—NH—(CH_2)_3—$
7. लाइसीन* (Lys, K)	$H_2N—(CH_2)_4—$ NEET 2020
8. ग्लूटैमिक अम्ल (Glu, E)	$HOOC—CH_2—CH_2—$
9. ऐस्पार्टिक अम्ल (Asp, D)	$HOOC—CH_2—$
10. ग्लूटामीन (Gln, Q)	$H_2N—C({=}O)—CH_2—CH_2—$
11. ऐस्प्राजीन (Asn, N)	$H_2N—C({=}O)—CH_2—$
12. थ्रिऑनीन* (Thr, T)	$H_3C—CHOH—$
13. सेरीन (Ser, S)	$HO—CH_2—$
14. सिस्टीन (Cys, C)	$HS—CH_2—$
15. मेथिइओनिन* (Met, M)	$H_3C—S—CH_2—CH_2—$
16. फेनिल ऐलानिन* (Phe, F)	$C_6H_5—CH_2—$
17. टाइरोसीन (Tyr, Y)	$(p)HO—C_6H_4—CH_2—$
18. ट्रिप्टोफेन (Trp, W)	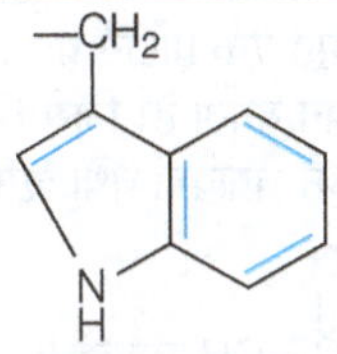
19. हिस्टाडीन (His, H)	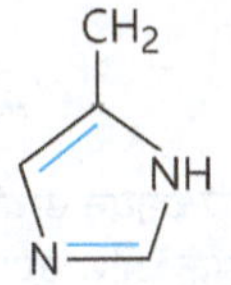
20. प्रोलीन (Pro, P)	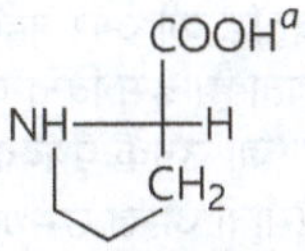 (*a* = अन्तः संरचना)

*नोट उपरोक्त तालिका में स्टार * से चिह्नित सभी आवश्यक एमीनों अम्ल हैं।*

Mnemonics (Recall the name of essential amino acids)

AH! — Arginine, Histidine
TV — Threonine, Valine
TILL — Tryptophan, Isoleucine, Leucine, Lysine
8PM — Phenyl alanine, Methionine

ऐमीनों अम्ल का वर्गीकरण (Classification of Amino Acids)

Concept Master Video के लिए

ऐमीनों अम्लों को उनके अणुओं में उपस्थित ऐमीनों $—NH_2$ तथा कार्बोक्सिल —COOH समूहों की आपेक्षिक संख्या के आधार पर निम्न प्रकार वर्गीकृत किया गया है।

- **उदासीन**—COOH समूह की संख्या = —NH_2 समूह की संख्या उदाहरण ग्लाइसिन
- **अम्लीय** —COOH समूह की संख्या > —NH_2 समूह की संख्या जैसे एस्पार्टिक अम्ल।
- **क्षारीय** —COOH समूह की संख्या –NH_2 समूह की संख्या जैसे-लाइसिन

इनके संश्लेषण के आधार पर ऐमीनों अम्लों को दो वर्गों में वर्गीकृत किया गया है।

आवश्यक ऐमीनों अम्ल शरीर में संश्लेषित नहीं हो सकते तथा जिनको भोजन में लेना आवश्यक होता है। जैसे-वैलीन, लाइसीन आदि।

- **अनावश्यक ऐमीनों अम्ल** शरीर में संश्लेषित हो सकते हैं। जैसे-ऐलानिन, ऐस्पार्टिक अम्ल आदि।

ऐमीनों अम्लों के गुण (Properties of Amino Acids)

- ये सामान्यतः रंगहीन क्रिस्टलीय ठोस , जल में विलेय और उच्च गलनांकी ठोस होते हैं।
- ये सामान्य ऐमीनों तथा कार्बोक्सिलिक अम्लों की भाँति व्यवहार नहीं करते अपितु लवणों की भाँति व्यवहार करते हैं। इसका कारण एक ही अणु में अम्लीय (कार्बोक्सिल समूह) तथा क्षारकीय (ऐमीनों समूह) की उपस्थिति है।
- जलीय विलयन में (कार्बोक्सिल समूह) एक प्रोटोन मुक्त कर सकता है जबकि ऐमीनों समूह एक प्रोटॉन ग्रहण कर सकता है जिसके फलस्वरूप एक द्विध्रुवीय आयन बनता है। जिसे **ज्विटर आयन** कहते हैं। यह उदासीन होता है परन्तु इसमें धनावेश तथा ऋणावेश दोनों आवेश होते हैं।

Concept Master Video के लिए

$$R{-}\underset{\underset{:NH_2}{|}}{CH}{-}\overset{\overset{O}{||}}{C}{-}OH \rightleftharpoons R{-}\underset{\underset{+NH_3}{|}}{CH}{-}\overset{\overset{O}{||}}{C}{-}O^-$$

(ज्विटर आयन)

- वह pH जिस पर द्विध्रुवीय आयन अर्थात् ज्विटर आयन उदासीन अवस्था में रहते हैं अर्थात् धनात्मक और ऋणात्मक आवेश बराबर होते हैं और यह किसी भी इलेक्ट्रॉड की ओर नहीं जाता है। सम विद्युत (isoelectric point) बिन्दु कहलाता है। इस बिन्दु पर एमीनों अम्ल की जल में विलेयता सबसे कम होती है। जो उनके पृथक्करण में सहायक होती है।
- ज्विटर आयन में ऐमीनों अम्ल उभधर्मी प्रकृति दर्शाते है तथा वे अम्लों एवं क्षारकों दोनों के साथ क्रिया करते हैं।
- ग्लाइसीने के अतिरिक्त अन्य सभी प्रकृति में उपलब्ध α-ऐमीनों अम्ल ध्रुवण घूर्णक होते हैं क्योकि इनमें α-कार्बन परमाणु असममित होता है। ये 'D' तथा 'L' दोनों रूपों में पाए जाते हैं। अधिकांश प्राकृतिक ऐमीनों अम्लों का विन्यास 'L'- होता है। L–ऐमीनों अम्लों को $—NH_2$ समूह के बाईं ओर लिखकर प्रदर्शित किया जाता है।

प्रोटीन की संरचना (Structure of Proteins)

- प्रोटीन α-ऐमीनों अम्लों के बहुलक होते हैं जो आपस में **पेप्टाइड आबन्ध** अथवा **पेप्टाइड बन्ध** द्वारा जुड़े रहते हें।
- रासायनिक रूप से पेप्टाइड आबन्ध —COOH समूह तथा $—NH_2$ समूह के मध्य बना एक ऐमाइड होता है।
- **पेप्टाइड आबन्ध** भिन्न प्रकार के हो सकते हैं जैसे **डाइपेप्टाइड** (अन्य कार्बोक्सिल समूह का एक ऐमीनों समूह के साथ संयोग) ट्राइपेप्टाइड तीन ऐमीनों अम्ल दो पेप्टाइड बन्ध द्वारा जुड़े रहते हैं, टेट्रापेप्टाइड,पेंटापेप्टाइड, हेक्सापेप्टाइड और इत्यादि होते हैं।

$$H_2N—CH_2—COOH + H_2N—\underset{\underset{CH_3}{|}}{CH}—COOH \xrightarrow{-H_2O}$$

$$H_2N—CH_2—\underbrace{CO—NH}_{\text{पेप्टाइड बन्ध}}—\underset{\underset{CH_3}{|}}{CH}—COOH$$

ग्लाइसिल एलानीन (Gly–Ala)

- जब ऐमीनों अम्ल की संख्या 2-10 के मध्य होती है तब उत्पाद को **ओलिगोपेप्टाइड** और 10 से ज्यादा हो तो उत्पाद **पॉलिपेप्टाइड** कहलाते हैं।
- एक पॉलिपेप्टाइड जिसमें 100 से अधिक ऐमीनों अम्ल अवशेष होते हैं तथा जिसका आण्विक द्रव्यमान 10,000 u से अधिक होता है, प्रोटीन कहलाता है।

प्रोटीन का वर्गीकरण (Classification of Proteins)

(i) अणु की आकृति के आधार पर प्रोटीन को निम्न प्रकार वर्गीकृत किया जाता है–

- **रेशेदार प्रोटीन** की संरचना धागे जैसे होती है, जिसमें पॉलिपेप्टाइड शृंखलाएँ समानान्तर होती है तथा हाइड्रोजन एवं डाइसल्फाइड आबन्धों द्वारा संयुक्त रहती है। इस प्रकार के प्रोटीन जल में अविलेय होते हैं उदाहरण केरोटीन (बाल, ऊन तथा रेशे में उपस्थित), मायोसिन (मांसपेशियों में उपस्थित) है।
- **गोलीकाकार प्रोटीन** की गोलाकृति होती है, जिसके चारों ओर पॉलिपेप्टाइड की श्रृंखलाएँ कुंडली बनाकर रहती है। ये सामान्यतः जल में **विलेय** होते हैं। उदाहरण -इन्सुलिन तथा एल्ब्युमिन।

(ii) प्रोटीनों की संरचना एवं आकृति के आधार पर इनका अध्ययन-4 भिन्न स्तरों पर किया जा सकता है।

- **प्राथमिक संरचना** में ऐमीनों अम्ल एक विशिष्ट क्रम में संयुक्त होते हैं, जो एक दूसरे से पेप्टाइड आबन्ध से जुड़े रहते हैं।
- **द्वितीयक संरचना** का सम्बन्ध उस आकृति से होता है, जिसमें पॉलिपेप्टाइड शृंखला विद्यमान होती है।

यह मुख्यतः दो प्रकार की होती है।

(i) α-**हेलिक्स** - पॉलीपेप्टाइड शृंखला में सभी सम्भव हाइड्रोजन आबन्ध बन सकते हैं। इसमें पॉलीपेप्टाइड शृंखला दक्षिणावर्त पेंच के समान मुड़ी रहती है प्रत्येक ऐमीनों अम्ल अवशिष्ट का —NH समूह कुंडली के अगले मोड पर स्थित $\left(\rangle C{=}O\right)$ समूह के साथ हाइड्रोजन आबंध बनाता है।

(ii) β **प्लीटेड शीट संरचना** पॉलि पेप्टाइड श्रृंखला लगभग अधिकतम विस्तार तक खिची रहकर एक दूसरे के पार्श्व में स्थित होती है तथा आपस में अंतरा आण्विक हाइड्रोजन आबन्ध द्वारा जुड़ी रहती है।

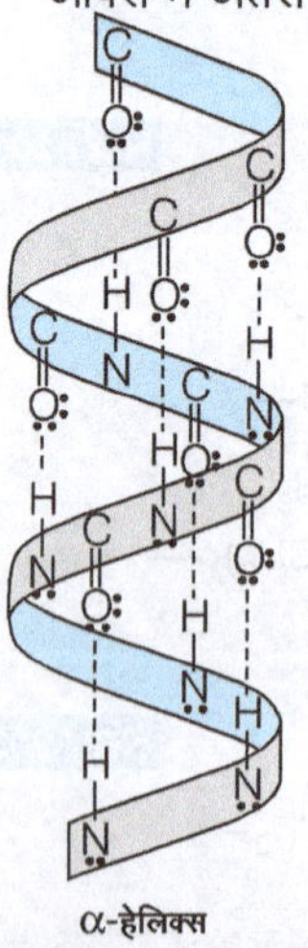

α-हेलिक्स

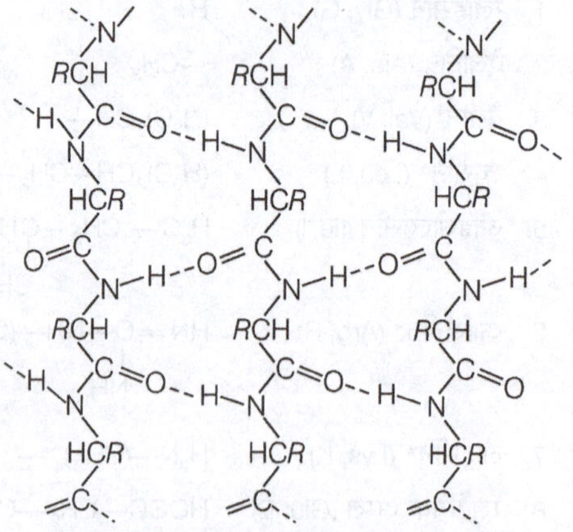

प्रोटीन की β प्लीटेड शीट संरचना

- **तृतीयक संरचना** यह पॉलिपेप्टाइड श्रृंखलाओं के समग्र वलन अर्थात् द्वितीयक संरचना के और अधिक वलन को प्रदर्शित करती है इससे प्रोटीन की दो प्रमुख आण्विक आकृतियाँ बनाती हैं, अर्थात् रेशेदार और गोलिकाकार प्रमुख बल जो प्रोटीन की संरचनाओं को स्थायित्व प्रदान करते हैं वे हैं -हाइड्रोजन आबन्ध डाइसल्फाइड बन्ध, वान्डर वाल तथा स्थिर विद्युत आकर्षण बल।

- **चतुष्क संरचना** कुछ प्रोटीन दो या दो अधिक पॉलिपेप्टइड शृंखलाओं से बने होते हैं, जिन्हें उप इकाई कहते हैं। इन उप-इकाईयों की परस्पर दिक स्थान व्यवस्था को चतुष्क संरचना कहते हैं।

प्रोटीन का विकृतीकरण (Denaturation of Proteins)

- जब एक प्रोटीन प्राकृत रूप से भौतिक परिवर्तन करते हैं जैसे ताप में परिवर्तन अथवा रासायनिक परिवर्तन हैं जैसे pH में परिवर्तन आदि किया जाता है, तो हाइड्रोजन आबन्धों में अस्त व्यस्तता उत्पन्न हो जाती है जिसके कारण गोलिका (ग्लोब्यूल) खुल जाती है तथा हैलिक्स अकुंडलित हो जाती है तथा प्रोटन अपनी जैविक सक्रियता को खो देता है। इस प्रक्रिया को प्रोटीन का विकृतीकरण कहते हैं।
- विकृतीकरण के दौरान 2° तथा 3° संरचनाएँ नष्ट हो जाती है परन्तु प्राथमिक संरचना अप्रभावित रहती है NEET 2019
- जैसे दही का जमना जो दूध में उपस्थित बैक्टीरिया द्वारा लेक्टिक अम्ल उत्पन्न होने के कारण होता है।

एन्जाइम (Enzymes)

- ये महत्त्वपूर्ण जैव उत्प्रेरक होते हैं जो जैव रासायनिक अभिक्रियाएँ को उत्प्रेरित करने के लिए आवश्यक होते हैं। लगभग सभी एन्जाइम गोलीकाकार प्रोटीन होते हैं। NEET 2022
- ये किसी विशेष अभिक्रिया अथवा विशेष क्रियाधार के लिए विशिष्ट होते हैं।
- इनका नामकरण सामान्यतः उस यौगिक अथवा यौगिकों के वर्ग पर आधारित होता है जिस पर ये कार्य करते हैं उदाहरणार्थ, उस एन्जाइम का नाम माल्टेस है जो माल्टोज के ग्लूकोज में जलअपघटन को उत्प्रेरित करता है।

$$\underset{\text{माल्टोज}}{C_{12}H_{22}O_{11}} \xrightarrow{\text{माल्टेज}} 2\underset{\text{ग्लूकोज}}{C_6H_{12}O_6}$$

- कभी-कभी एन्जाइम का नाम उस अभिक्रिया के आधार पर दिया जाता है जिनमें इनका उपयोग होता है। उदाहरणार्थ, जो एन्जाइम एक क्रियाधार का ऑक्सीकरण तथा साथ ही दूसरे क्रियाधार का अपचयन उत्प्रेरित करते है उन्हें ऑक्सीकरण-अपचयन अभिक्रिया नाम दिया जाता है। एन्जाइम के नाम के अन्त में ऐस (ase) आता है।

एन्जाइम क्रिया की क्रियाविधि
(Mehanism of Enzyme Action)

- किसी अभिक्रिया की प्रगति के लिए एन्जाइम की बहुत कम मात्रा की आवश्यकता होती है।
- एन्जाइम सक्रियण ऊर्जा के परिमाण को कम कर देते हैं।
- उदाहरणार्थ - सुक्रोज के अम्लीय जलअपघटन के लिए सक्रियण ऊर्जा 6.22 किलोजूल मोल $^{-1}$ है, जबकि सुक्रोज एन्जाइम द्वारा जल अपघटित होता है, तो सक्रियण ऊर्जा केवल 2.15 किलोजूल मोल$^{-1}$ होती है।

विटामिन (Vitamins)

ये कुछ कार्बनिक यौगिक हैं जिनकी हमारे आहार में थोड़ी मात्रा में आवश्यकता होती है जिससे किसी व्यक्ति को अनुकूल विकास और स्वास्थ्य के सामान्य संरक्षण के लिए विशिष्ट जैविक कार्य किए जा सके।

जल तथा वसा में विलेयता के आधार पर विटामिनों को दो समूहों में वर्गीकृत किया गया है।

- **वसा में विलेय** विटामिन जो वसा तथा तेल में विलेय परन्तु जल में अविलेय होता है। ये विटामिन A, D, E तथा K हैं। ये यकृत तथा ऐडिपोस ऊतक में संग्रहित रहते हैं।
- **जल में विलेय** - विटामिन जो जल में विलेय होते हैं इनमें B-वर्ग के विटामिन तथा विटामिन C होते हैं। जल में विलेय विटामिनों की पूर्ति हमारे आहार में नियमित रूप से होनी चाहिए क्योंकि ये आसानी से मूत्र के साथ उत्सर्जित हो जाते हैं तथा इन्हें हमारे शरीर में विटामिन B_{12} के अतिरिक्त संचित नहीं किया जा सकता है।

कुछ प्रमुख विटामिन, उनके स्रोत तथा उनकी कमी से जनित रोग

विटामिन का नाम	स्रोत	कमी के कारण रोग
विटामिन A (रेटिनोल)	मछली के यकृत का तेल, गाजर, मक्खन तथा दूध	जिरोम्थैल्मिया (आँख के कार्निया कठोरीकरण) रात्रि अधंता
विटामिन B_1 (थायमिन)	खमीर, दूध, हरी सब्जियों और अनाज	बेरी-बेरी (भूख का कम लगना)
विटामिन B_2 (राइबोफ्लेविन)	दूध, अण्डे की सफेदी, यकृत, गुर्दा	ओष्ठ विवरण अर्थात कीलोसिम मुख व होठों के किनारों पर दरारे पड़ना, पाचन क्रियाएँ अव्यवस्थित तथा त्वचा में जलन की अनुभूति होना
विटामिन B_6 (पाइरिडॉक्सिन)	खमीर, दूध, अंडे, पीत, अनाज और चनें	मरोड़ पड़ना
विटामिन B_{12} (सायनो कोबालामिन)	माँस, मछली, अंडा और दही	प्रणाशी रक्तल्पता (RBC में हीमोग्लोबीन की कमी) NEET 2021
विटामिन C ऐस्कॉर्बिक अम्ल	सिट्रस फल, आँवला तथा हरे पत्ते वाली सब्जियाँ	स्कर्वी (मसूड़ों से रक्त बहना)
विटामिन D (कैल्सीफेरॉल)	सूर्य के प्रकाश में उदभासन, मछली, अंडे का पीतक	रिकेट्स बच्चों की अस्थि विकृतता तथा ओस्टियोमलेशिया या आस्थीमृदुता में जोड़ों में दर्द तथा अस्थि मृदुता NEET 2020
विटामिन E (α- टोकोफेरॉल)	गेहूँ, अंकुर का तेल, सूरजमुखी का तेल	RBC की भुरभुरेपन में वृद्धि तथा मांसपोशियों में कमजोरी
विटामिन K	हरे पत्तेदार सब्जियाँ	रक्त के थक्का जमने के समय वृद्धि

Marks Maximizer

- वह स्थिति जिसमें विटामिन की कमी होती है **अविटामिनता** कहलाती है। जबकि ऐसी स्थिति जिसमें विटामिन की आवश्यकता से अधिक खपत होती है वहाँ **अतिविटामिनता** कहलाती है।
- विटामिन H को सामान्यतः बायोटिन के नाम से जाना जाता है जो न तो जल और न ही वसा मे घुलनशील होता है।

न्यूक्लिक अम्ल (Nucleic Acids)

ये जैव अणु जो समस्त जीवित कोशिका के नाभिक में पाए जाते हैं और आनुवंशिकता के संचरण में, गुणों में, और प्रोटीन संश्लेषण में महत्त्वपूर्ण भूमिका निभाते हैं।

चूँकि न्यूक्लिक अम्ल **न्यूक्लिओटाइडों** की लंबी शृंखला वाले बहुलक होते हैं अतः इन्हें पॉलिन्यक्लिओटाइड भी कहते हैं।

ये दो प्रकार के होते हैं डिऑक्सीराबोस न्यूक्लिक अम्ल (DNA) तथा राइबोस अम्ल (RNA)।

न्यूक्लिक अम्लों का रासायनिक संघटन
(Chemical Composition of Nucleic Acids)

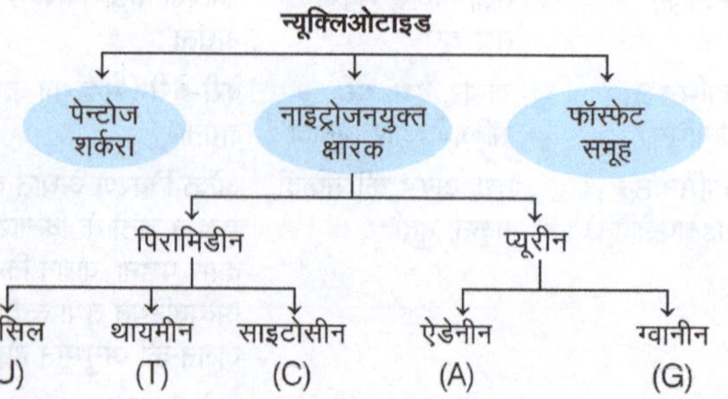

- **पेन्टोज शर्करा** DNA अणु में शर्करा अर्धांश इकाई β-D-2-डिऑक्सीराइबोज होती है जबकि RNA में यह β-D-राइबोस होती है।

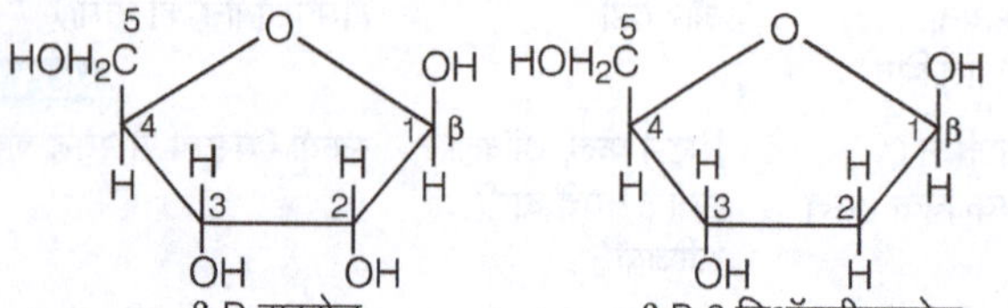

β-D-राइबोज β-D-2-डिऑक्सीराइबोज

- **फॉस्फोरिक अम्ल** - यह DNA अथवा RNA के पूर्ण जल अपघटन का सामान्य उत्पाद है।
- **नाइट्रोजनीकरण क्षार** - नाइट्रोजन युक्त विषमचक्रीय यौगिक को नाइट्रोजीनीकरण क्षार कहते हैं।
- DNA और RNA दोनों में तीन सामान्य क्षार होते हैं। ऐडेनीन A, ग्वानीन (G), सायटोसीन (C) हैं थायमीन (T) DNA में उपस्थित होता है परन्तु RNA में थाइमीन के स्थान पर यूरेसिल होता है। इसीलिए DNA और RNA में चार क्षार होते हैं। अर्थात् DNA = A, G, C, T अथवा RNA = A, G, C, U

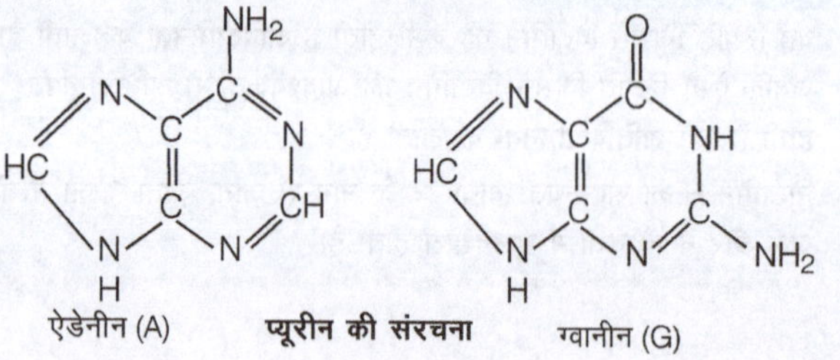

ऐडेनीन (A) **प्यूरीन की संरचना** ग्वानीन (G)

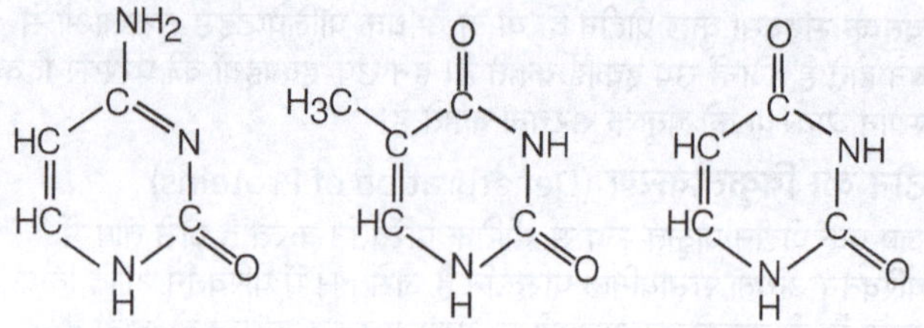

साइटोसिन (C) थायमीन (T) यूरेसिल (U)

पिरामीडीन की संरचना

न्यूक्लिक अम्ल की संरचना
(Structure of Nucleic Acids)

- किसी क्षारक के शर्करा की स्थिति पर जुड़ने से निर्मित इकाई को **न्यूक्लिओसाइड** कहते हैं। जब न्यूक्लिओसाइड शर्करा अर्धांश में 5′-स्थिति से बन्धता है, तो हमें **न्यूक्लिओटाइड** प्राप्त होता है। NEET 2023

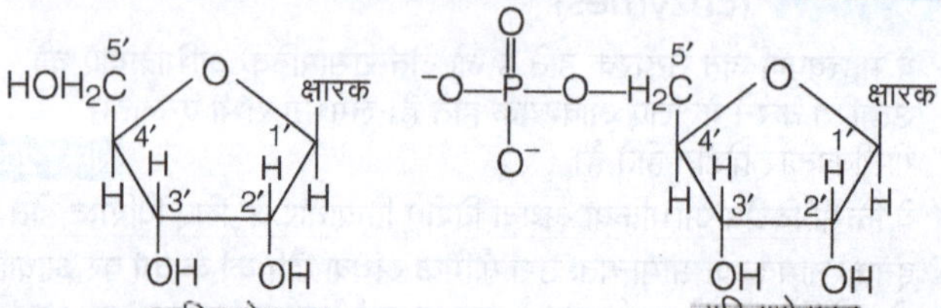

न्यूक्लिओसाइड (शर्करा+क्षार) न्यूक्लिओटाइड (शर्करा+क्षार+फॉस्फेट)

- **न्यूक्लिओटाइड** आपस में फॉस्फोडाइएस्टर बन्धन द्वारा संयुक्त होते हैं जो पेन्टोज शर्करा के 5 तथा 3-कार्बन के मध्य स्थित होते हैं।
- **प्राथमिक संरचना** हमें न्यूक्लिक अम्ल की एक शृंखला में न्यूक्लिओटाइड अनुक्रम से सम्बन्धित सूचना देती है।
- **द्वितीयक संरचना** - पालिन्यूक्लिक की दो शृंखलाएँ एक दुसरे के चारों ओर द्विकुंडलनी के रूप में आपस में कुंडलित होते हैं। प्रत्येक रज्जुक में शर्करा फॉस्फेट इकाई से बनी होती है और प्रत्येक रज्जुक की आधार की इकाई हाइड्रोजन बन्ध के माध्यम से जुड़े हुए आन्तरिक संरचना को इंगित करते हैं।

DNA एक द्विकुंडलित α-हेलिक्स संरचना होती है। जो जेम्स वाटसन तथा फ्रांसिस क्रिक द्वारा दी गई थी न्यूक्लिक अम्ल की दो शृंखलाएँ आपस में कुंडलित रहती हैं तथा क्षारक युग्मों के मध्य हाइड्रोजन आबन्ध बनती हैं।

DNA से विपरीत, RNA एक रज्जुक होता है जिसमें कभी-कभी एक रज्जुक के स्वयं को मोड़ने से द्वितीयक संरचना बनती है।

ऐडेनीन थायमीन के साथ 2 हाइड्रोजन आबन्ध बनाता है, जबकि साइटोसिन ग्वानीन के साथ 3 हाइड्रोजन आबन्ध बनाता है।

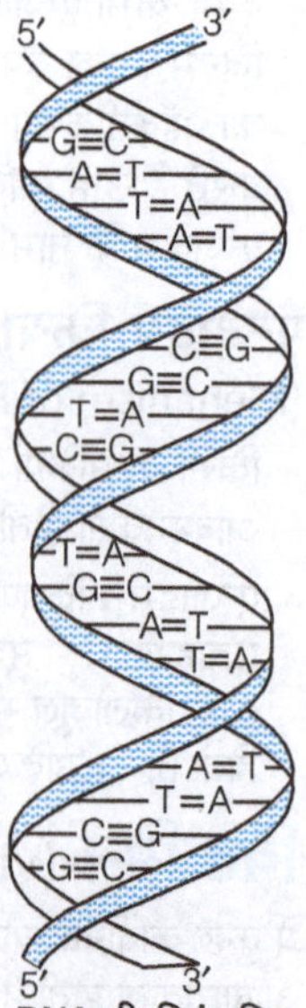

DNA की द्विकुंडलित हेलिक्स संरचना

RNA अणु तीन प्रकार के होते हैं अर्थात् **संदेशवाहक RNA** (*m*-RNA), **राइबोसोमल RNA (*r*-RNA)** तथा **स्थानान्तरण RNA (*t*-RNA)** है।

न्यूक्लिक अम्लों के जैविक कार्य (Biological functions of Nucleic Acids)

न्यूक्लिक अम्ल के दो महत्त्वपूर्ण कार्य हैं-

- **प्रतिकरण** (replication) स्वप्रतिकरण (self duplication) कोशिका की आनुवंशिक सूचना DNA अणु में क्षारकों के अनुक्रम में निहित होती है जब एक कोशिका विभाजित होती है तो DNA अणु स्वप्रतिकरण और समान रज्जुक का अंतरण पुत्री कोशिकाओं में कर देते हैं।
- **प्रोटीन संश्लेषण** कोशिका में प्रोटीन का संश्लेषण RNA अणुओं द्वारा होता है परन्तु, विशेष प्रोटीन के संश्लेषण का संदेश DNA में उपस्थित होता है।

हॉर्मोन्स (Hormones)

- वे अणु जो कोशिकाओं के मध्य संदेशवाहक का कार्य करते हैं।
- यह शरीर में अंतः स्रावी ग्रन्थियों से बनते हैं और सीधे ही रक्त धारा में प्रवाहित कर दिए जाते हैं। जो इन्हें कार्य स्थल तक पहुँचा देती है।
- विभिन्न प्रकार के हार्मोन और **स्टेरॉयड** (एस्ट्राजन और एन्ड्रोजन) **पॉलिपेप्टाइड** (इन्सुलिन और एन्डोर्फिन) **ऐमीनों अम्लों के व्युत्पन्न** (ऐपिनेफरिन और नोरपिनेर्फिन) आदि होते हैं। यह शरीर में जैविक क्रियाकलाप में सन्तुलन बनाए रखने में सहायक होते हैं।

Concept Master
Video के लिए

कुछ हॉर्मोन्स के नाम, स्रोत और कार्य

	नाम	स्रावित करने वाले अंग	कार्य
स्टेरॉयड हॉर्मोन			
1.	सेक्स हॉर्मोन (a) ऐण्ड्रोजन (ऐन्डोस्टेरॉन और टेस्टोस्टेरेन)	वृषण	यौवन के दौरान पुरुष यौन अंगों के विकास और सामान्य क्रियाकलापों को नियंत्रित करते हैं, जो पुरुष के लक्षण जैसे भारी आवाज, चेहरे के बाल, शारीरिक बनावट आदि के लिए उत्तरदायी है।
	(b) ऐस्ट्रोजन (ऐस्ट्रोन , ऐस्ट्राडिओल ऐस्ट्रिऑल	अंडाशय	महिला यौन अंगों के विकास और सामान्य, क्रियाकलापों को नियन्त्रित करता है। सेक्स एस्ट्राडायओल हॉर्मोन मुख्य महिला सेक्स हॉर्मोन है। महिला यौन अंगों के विकास और सामान्य , क्रियाकलापों को नियन्त्रण करें यह महिलाओं के द्वितीयक लक्षणों के विकास और मासिक धर्म चक्र के नियंत्रण के लिए उत्तदायी हैं
	(c) प्रोजेस्टीरॉन	कॉर्पस ल्यूटियम	निषेचित अंडे के स्थापना के लिए गर्भाशय को उपयुक्त बनाता है।
2.	ऐड्रीनल कार्टेक्स हार्मोन अथवा कार्टिकायड ग्लूकोकार्टिकॉयड मिनरैलोकॉर्टिकॉयड	ऐड्रीनलकॉर्टेक्स	वसा, प्रोटीन कार्बोहाइड्रेट के उपापचय को नियन्त्रित करता है तथा शरीर में जल और खनिज के सन्तुलन को नियन्त्रित करें।
पेप्टाइड हॉर्मोन			
(a)	इन्सुलिन	अग्नाशय	ग्लूकोज के चयापचय को नियन्त्रित कर रक्त में शर्करा का स्तर कम करता है।
(b)	ग्लूकेगॉन	अग्नाशय	रक्त में ग्लूकोज की मात्रा को बढ़ाना
(c)	एन्ड्रोफिन	पिट्यूटरी ग्रन्थी	दर्द या तनाव से राहत पाने की प्रति क्रिया के लिए उत्तरदायी है।
एमीन हॉर्मोन			
(a)	ऐपीनेफ्रिन और नॉरएपिनेफ्रिन	एड्रीनल मज्जा तन्त्रिका तन्त्र	आपातकाल के दौरान नाड़ी की गति रक्त चाप आदि बढाकर शरीर के तन्त्रिका तन्त्र को विनियमित करें।
(b)	थयरॉक्सिन	थायरॉइड ग्रन्थी	कार्बोहाइड्रेट लिपिड और प्रोटीन के उपापचय को नियन्त्रित करता है।

Caution Points

- प्रोटीन के जल अपघटन से केवल α- ऐमीनों अम्ल ही प्राप्त होते हैं।
- अधिकांश प्राकृतिक शर्करा D-रूप में होती है।
- समविभव बिन्दु पर ऐमीनों समूह विद्युत क्षेत्र के प्रभाव में स्थानान्तरण नहीं करते है।
- द्विकुण्डिलत संरचना में ऐडेनीन, थायमीन से हाइड्रोजन आबन्ध बनता है जबकि साइटोसिन, ग्वानीन के साथ हाइड्रोजन आबन्ध बनाता है।
- RNA की द्विकुंडिलित संरचना एक रज्जुक से बनी होती है, जो कभी-कभी स्वयं के मुड़ने से मुड़ जाती है।

PYQ नोट्स

1. विटामिन B_{12} मानव शरीर में सग्रहित हो सकता है। **[JEE Main 2024]**
2. विकृतीकरण प्रक्रिया में प्रोटीन की प्राथमिक संरचना अप्रभावित रहती है। **[NEET 2019]**
3. प्रोटीन का विकृतीकरण प्रोटीन को निष्क्रिय कर देता है। **[NEET 2017]**
4. आण्विक आनुवंशिकी का सिद्धान्त बताता है कि आनुवंशिक सूचना। **[NEET 2016]**

   DNA $\xrightarrow{\text{लिप्यंतरण}}$ RNA $\xrightarrow{\text{स्थानान्तरण}}$ प्रोटीन प्रवाहित होती है।
5. तनाव पूर्ण स्थिति में मस्तिष्क से संदेश प्राप्त करने के पश्चात् अधिवृक्क ग्रन्थि एड्रीनल हॉर्मोन का उत्पादन करती है। **[NEET 2014]**

Step by Step

Mastering NCERT

- कॉन्सेप्ट बिल्डर्स
- शीर्षकवार प्रश्न
- अभिकथन-कारण प्रश्न
- कथन आधारित प्रश्न
- सुमेलन प्रकार प्रश्न
- आंकिक मान प्रकार के प्रश्न
- NCERT Exemplar प्रश्न
- विगत परीक्षाओं के प्रश्न
- स्किल बूस्टर्स

कॉन्सेप्ट बिल्डर्स

1 सजीव जीवों में उपस्थित किन्हीं दो जटिल जैवअणुओं के नाम लिखिए।

2 कार्बोहाइड्रेट प्रकाशिक रूप से सक्रिय पॉलीहाइड्रॉक्सी ऐल्डिहाइड या कीटोन है। (सत्य/असत्य)

3 HNO_3 के साथ ऑक्सीकरण पर, ग्लूकोज .... देता है जो ग्लूकोज में प्राथमिक ऐल्कोहॉलिक (—OH) समूह की उपस्थिति को दर्शाता है।

4 ऑक्सीजन परमाणु के माध्यम से बंधित दो मोनोसैकेराइड इकाइयों के मध्य सम्बन्ध का उल्लेख कीजिए, जो डाइसैकेराइड बनाती हैं।

5 ग्लूकोज एक कीटोहेक्सोस कार्बोहाइड्रेट है। (सत्य/असत्य)

6 स्टार्च के एकलक का नाम लिखिए।

7 .... (ऐमाइलेज/एमाइलोपेक्टिन) α-D-ग्लूकोज इकाईयों की एक लम्बी शृंखला है।

8 दूध, पनीर, दालें, मूँगफली आदि में उपस्थित जैव अणु .... है।

9 किसी भी क्षारीय ऐमीनों अम्ल का नाम लिखिए।

10 ऐस्पार्टिक अम्ल एक .... ऐमीनों अम्ल है, जबकि ग्लाइसिन एक .... ऐमीनों अम्ल है।

11 ऐमीनों अम्ल जलीय माध्यम में .... रूप में उपस्थित रहता है।

12 हमारे शरीर में उपस्थित रेशेदार प्रोटीन के कोई दो उदाहरण दीजिए।

13 प्रोटीन के जल-अपघटन पर α-ऐमीनों अम्ल प्राप्त होते हैं। [सत्य/असत्य]

14 ऐमीनों अम्ल जिन्हें शरीर में संश्लेषित किया जा सकता है उन्हें आवश्यक ऐमीनों अम्ल कहा जाता है। (सत्य/असत्य)

15 विकृतीकरण के दौरान प्राथमिक और द्वितीयक संरचना नष्ट हो जाती है लेकिन तृतीयक संरचना बनी रहती है। (सत्य/असत्य)

16 एन्जाइम .... होते हैं, जो .... के परिमाण को कम कर देते हैं।

17 माल्टोज का ग्लूकोज में रूपांतरण एन्जाइम .... द्वारा सम्भव है।

18 सुक्रोज एक डाइसैकेराइड है, जिसमें β-ग्लूकोज के C1 और α-फ्रुक्टोज के C_2 के मध्य ग्लाइकोसिडिक आबन्ध शामिल होता है। (सत्य/असत्य)

19 किसी एक विटामिन का नाम लिखिए जिसे मानव शरीर में संग्रहित किया जा सकता है।

20 निम्नलिखित सादृश्य को पूरा करें और X को पहचानें।
ऐस्कॉर्बिक अम्ल : विटामिन C : : पाइरिडोक्सिन : X

21 कौन-सा विटामिन रक्त का थक्का जमाने में सहायक है?

22 राइबोफ्लेविन की कमी से किलोसिस होता है। (सत्य/असत्य)

23 उस विटामिन का नाम लिखिए जो ऑस्टियोमलेशिया के उपचार में सहायक होता है।

24 कोशिका के केन्द्रक में आनुवंशिकता के लिए उत्तरदायी कण .... कहलाते हैं जो प्रोटीन और .... से बने होते हैं।

25 शर्करा के किस कार्बन परमाणु पर हाइड्रॉक्सी समूह की उपस्थिति या अनुपस्थिति RNA और DNA को विभेदित करती है?

26 उस आबन्धन का नाम लिखिए जिसके माध्यम से न्यूक्लिओटाइड पेन्टोज शर्करा के 5′ और 3′ कार्बन परमाणुओं से जुड़े होते हैं।

27 दो न्यूक्लिक अम्ल शृंखलाओं को एक साथ रखने वाला बन्धन .... है।

28 X को पहचानिए और निम्नलिखित सादृश्य को पूरा कीजिए।
ऐडेनीन : थायमीन : : साइटोसिन : X

29 .... (थायरॉइड/ग्लूकागॉन) एक पेप्टाइड हॉर्मोन है।

30 उस हॉर्मोन का नाम बताइए जो द्वितीयक मादा विशेषताओं के विकास के लिए उत्तरदायी है?

शीर्षकवार प्रश्न

कार्बोहाइड्रेट

1 कार्बोहाइड्रेट के सन्दर्भ में निम्नलिखित में से कौन-सा कथन गलत है? **NCERT पृष्ठ 281**

(a) अधिकांश कार्बोहाइड्रेट्स का इनका सामान्य सूत्र $C_x(H_2O)_y$ है।
(b) इन्हें कार्बन का हाइड्रेट माना जाता हैं।
(c) ये पशुओं के शरीर में ग्लाइकोजन के रूप में संग्रहित होते हैं।
(d) वे सामान्यतः प्रकाशिक रूप से निष्क्रिय होते हैं।

2 यदि एक डाइसैकेराइड अणु, अर्थात् सुक्रोज का जल-अपघटन किया जाए, तो क्या उत्पादित होगा ? **NCERT पृष्ठ 282**

(a) फ्रक्टोज के दो अणु
(b) ग्लूकोज के दो अणु
(c) ग्लूकोज और फ्रक्टोज़ का एक अणु
(d) ग्लूकोज और माल्टोज का एक अणु

3 निम्नलिखित में से कौन पॉलीसैकेराइड का उदाहरण नहीं है? **NCERT पृष्ठ 282**

(a) स्टार्च (b) सेलुलोज
(c) ग्लाइकोजन (d) माल्टोज

4 पॉलीसैकेराइड को गैर-शर्करा कहा जाता है क्योंकि **NCERT पृष्ठ 282**

(a) जल-अपघटन पर बड़ी संख्या में मोनोसैकेराइड उत्पन्न करते हैं।
(b) इनका स्वाद मीठा नहीं होता।
(c) ये अपचायी शर्करा है।
(d) ये अनअपचायी शर्करा हैं।

5 दो मोनोसैकेराइड जिनमें क्रमशः 5C-परमाणु वाले ऐल्डिहाइड समूह और कीटो समूह होते हैं, उन्हें जाना जाता है **NCERT पृष्ठ 282**

(a) एल्डोपेन्टोस, कीटोनपेन्टोस (b) एल्डोपेन्टोस, कीटोपेन्टोस
(c) एल्डोपेन्टोस, एल्डोहेक्सोस (d) कीटोपेन्टोस, एल्डोपेन्टोस

6 यदि सुक्रोज को ऐल्कोहोलिक विलयन में तनु HCl या H_2SO_4 के साथ उबाला जाए, तो **NCERT पृष्ठ 282**

(a) ग्लूकोज़ निम्न मात्रा में तथा फ्रक्टोज़ अधिक मात्रा में पाया जाता है।
(b) ग्लूकोज अधिक मात्रा में तथा फ्रक्टोज कम मात्रा में बनता है।
(c) ग्लूकोज और फ्रक्टोज समान मात्रा में प्राप्त होते हैं।
(d) ग्लूकोज और फ्रक्टोज दोनों की लब्धि बहुत कम होती है।

7 ग्लूकोज के निम्नलिखित गुणों में से कौन-सा गुण इसकी खुली शृंखला संरचना द्वारा समझाया नहीं जा सकता है? **NCERT पृष्ठ 283, 284**

A. $NaHSO_3$. के साथ हाइड्रोजन सल्फाइट नहीं बनाता है।
B. HNO_3 के साथ ऑक्सीकरण पर ग्लूकोज सैकरिक अम्ल देता है।
C. ग्लूकोज दो भिन्न-भिन्न क्रिस्टलीय रूपों में पाया जाता है जिन्हें α और β नाम दिया गया है।

(a) केवल B (b) A और C
(c) A और D (d) केवल C

8 निम्नलिखित अभिक्रिया को पूर्ण करने के लिए निम्नलिखित में से कौन-सा अभिकर्मक और स्थिति आवश्यक हैं। **NCERT पृष्ठ 283**

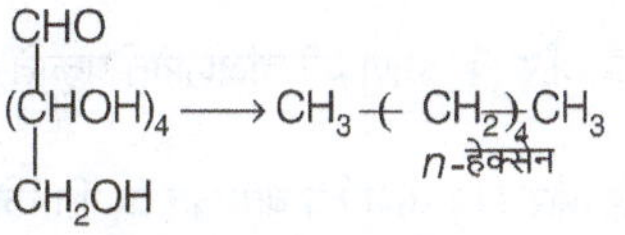

(a) HF, Δ (b) HCl, Δ (c) HBr, Δ (d) HI, Δ

9 निम्नलिखित अभिक्रिया पर विचार करें

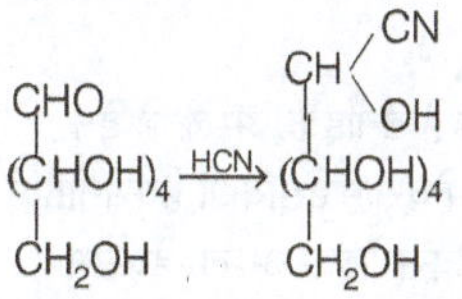

दर्शायी गयी अभिक्रिया की पुष्टि करती है **NCERT पृष्ठ 283**

(a) प्राथमिक ऐल्कोहॉलिक समूह की उपस्थिति।
(b) पाँच —OH समूह विभिन्न कार्बन परमाणुओं से जुड़े होते हैं।
(c) सभी छह कार्बन परमाणु एक सीधी शृंखला में जुड़े हुए हैं।
(d) ग्लूकोज में कार्बोनिल समूह की उपस्थिति।

10 D-ग्लूकोज को Br_2 जल के साथ उपचारित करने पर कौन-सा उत्पाद बनता है ? **NCERT पृष्ठ 283**

(a) सैकरिक अम्ल (b) ग्लूकोनिक अम्ल
(c) वैलेरिक अम्ल (d) न्यूक्लिक अम्ल

11 ग्लूकोज ऐसीटिक ऐनहाइड्राइड के साथ अभिक्रिया करके बनता है **NCERT पृष्ठ 283**

(a) ग्लूकोज ट्राइऐसीटेट (b) ग्लूकोज टेट्राएसीटेट
(c) ग्लूकोज पेंटाऐसीटेट (d) ग्लूकोज पेंटाफॉर्मेट

12 ग्लूकोज और ग्लूकोनिक अम्ल के नाइट्रिक अम्ल के साथ ऑक्सीकरण से कौन-सा उत्पाद बनता है ? **NCERT पृष्ठ 284**

(a) रैमनोज (b) सैकरिक अम्ल
(c) साइट्रिक अम्ल (d) ऑक्जेलिक अम्ल

13 अणुओं में विभिन्न —OH समूहों की स्थानिक व्यवस्था निम्नानुसार दर्शायी गयी है **NCERT पृष्ठ 284**

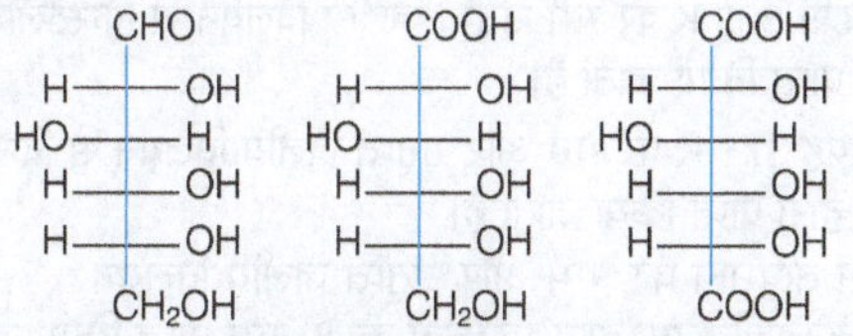

I II III

I, II और III के नामों के साथ सही विकल्प चुनें।

(a) I → ग्लूकोनिक अम्ल, II → ग्लूकोज, III → सैकरिक अम्ल
(b) I → सैकरिक अम्ल, II → ग्लूकोज, III → ग्लूकोनिक अम्ल
(c) I → ग्लूकोज, II → ग्लूकोनिक अम्ल, III → सैकरिक अम्ल
(d) I → ग्लूकोज, II → सैकरिक अम्ल, III → ग्लूकोनिक अम्ल

14 D-(+)-ग्लूकोज में 'D' और (+) क्या दर्शाते हैं ? **NCERT पृष्ठ 284**

(a) D संरूपण को दर्शाता है और (+) अणु की वामावर्त प्रकृति को दर्शाता है।

(b) D विन्यास को दर्शाता है और (+) अणु की दक्षिणावर्त प्रकृति को दर्शाता है।

(c) D संरूपण को दर्शाता है और (+) अणु की दक्षिणावर्त प्रकृति को दर्शाता है।

(d) D विन्यास को दर्शाता है और (+) अणु की वामावर्त प्रकृति को दर्शाता है।

15 ग्लूकोज $\xrightarrow{HCN} X \xrightarrow{\text{जल अपघटन}} Y \xrightarrow{HI,\ \Delta} Z$, Y और Z का क्रमशः IUPAC नाम हैं। **NCERT पृष्ठ 283**

(a) हेक्साहाइड्रॉक्सिल हेप्टेनोइक अम्ल, हेप्टेन

(b) 2, 3, 4, 5, 6, 7-हेक्साहाइड्रॉक्सी हेक्सेनोइक अम्ल, हेक्सेन

(c) पेंटाहाइड्रॉक्सिल हेक्सेनोइक अम्ल, हेक्सेन

(d) 2, 3, 4, 5, 6, 7-हेक्साहाइड्रॉक्सी हेप्टेनोइक अम्ल, हेप्टेन

16 ग्लिसरैल्डिहाइड (I) और ग्लूकोज (II) को विन्यास निर्दिष्ट करें। **NCERT पृष्ठ 285**

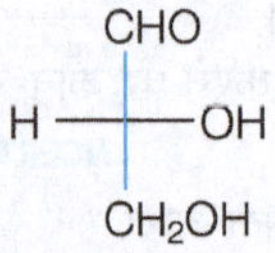

ग्लिसरेल्डिहाइड

I

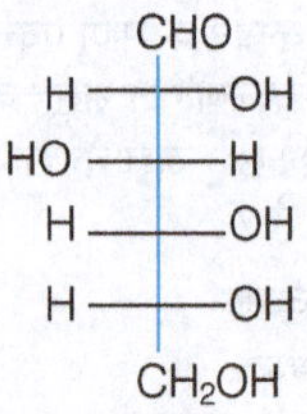

ग्लूकोज

II

सही विकल्प चुनें।

(a) I → D; II → D (b) I → L; II → L

(c) I → L; II → D (d) I → D; II → L

17 किस चरण में ग्लूकोज का α-रूप प्राप्त होता है? **NCERT पृष्ठ 285**

(a) यह 317 K पर ग्लूकोज के सान्द्र विलयन से क्रिस्टलीकरण द्वारा प्राप्त किया जाता है।

(b) यह 303 K पर ग्लूकोज के सान्द्र विलयन से क्रिस्टलीकरण द्वारा प्राप्त किया जाता है।

(c) इसे 303 K पर गर्म संतृप्त जलीय विलयन से क्रिस्टलीकरण द्वारा प्राप्त किया जाता है।

(d) यह 371 K पर गर्म और संतृप्त जलीय विलयन से क्रिस्टलीकरण द्वारा प्राप्त किया जाता है।

18 किस तापमान पर, गर्म और संतृप्त जलीय विलयन से क्रिस्टलीकरण द्वारा ग्लूकोज का β-रूप प्राप्त किया जाता है। **NCERT पृष्ठ 285**

(a) 303 K (b) 423 K (c) 371 K (d) 419 K

19 निम्नलिखित में से कौन-सा कथन ग्लूकोज के लिए सत्य नहीं है? **NCERT पृष्ठ 285**

(a) ग्लूकोज पेन्टाएसीटेट हाइड्रॉक्सिलऐमीन के साथ अभिक्रिया करके ऑक्सिम नहीं देता है।

(b) यह दो क्रिस्टलीय α और β रूपों में पाया जाता है।

(c) यह ऐल्डिहाइड के लिए शिफ परीक्षण देता है।

(d) यह हाइड्रॉक्सिलऐमीन के साथ अभिक्रिया करके ऑक्सिम बनाता है।

20 दर्शायी गयी संरचना के बारे में निम्नलिखित में से कौन-सा कथन गलत है? **NCERT पृष्ठ 285**

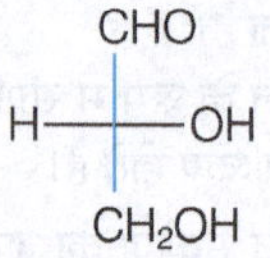

(I)

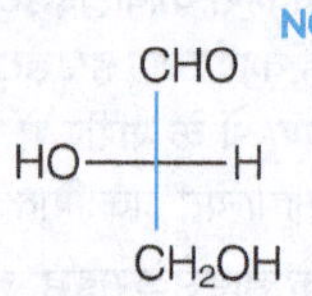

(II)

(a) ये ग्लिसरैल्डिहाइड के समावयवी हैं।

(b) दोनों में एक असममित कार्बन परमाणु होता है।

(c) दोनों दो अप्रतिबिम्बी रूप में उपस्थित हैं।

(d) I → (–)-ग्लिसरैल्डिहाइड जिसे D-विन्यास कहा जाता है।
II → (+)-ग्लिसरैल्डिहाइड को L-विन्यास वाला कहा जाता है।

21 निम्नलिखित में से कौन-सा/से कथन सत्य है/हैं?

I. पायरॉन एक चक्रीय कार्बनिक यौगिक के साथ एक ऑक्सीजन परमाणु और पाँच कार्बन परमाणु होते हैं।

II. ग्लूकोज की चक्रीय संरचना को हॉवर्थ संरचना द्वारा अधिक सही ढंग से दर्शाया गया है।

III. ग्लूकोज की पाँच सदस्यीय चक्रीय संरचना को खुली शृंखला संरचना की अपेक्षा पायरीनोज़ संरचना कहा जाता है।

नीचे दिए गए विकल्पों में से सही उत्तर चुनें। **NCERT पृष्ठ 286**

(a) I और III (b) I और II (c) केवल III (d) I, II और III

22 पदों का कौन-सा समूह दिखाए गए कार्बोहाइड्रेट की सही पहचान करता है? **NCERT पृष्ठ 286**

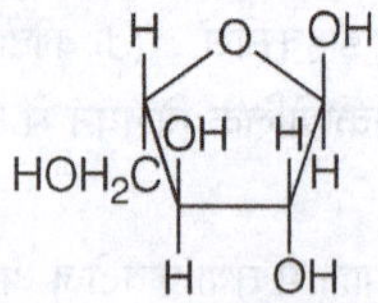

I. पेन्टोज II. हेक्सोज

III. कीटोज IV. ऐल्डोज

V. फ्यूरानोज VI. पायरीनोज

(a) I, IV और V (b) I, III और V

(c) II, IV और VI (d) I, IV और V

23 निम्नलिखित में से फ्रक्टोज के बारे में कौन-सा कथन सही है? **NCERT पृष्ठ 286**

(a) यह दक्षिणावर्ती यौगिक है।

(b) यह दो चक्रीय रूपों में उपस्थित है, जो $>C=O$ समूह में C_5 पर —OH जोड़ने से प्राप्त होता है ।

(c) यह छह सदस्यीय वलय के रूप में पाया जाता है।

(d) इसका नाम फ्यूरानोज है क्योंकि इसमें एक ऑक्सीजन और छः कार्बन परमाणु होते हैं ।

24 निम्नलिखित संरचनाओं से α- D -(–) फ्रक्टोफ्यूरानोज और β- D - (–) - फ्रक्टोफ्यूरानोज़ की पहचान करें। **NCERT पृष्ठ 286**

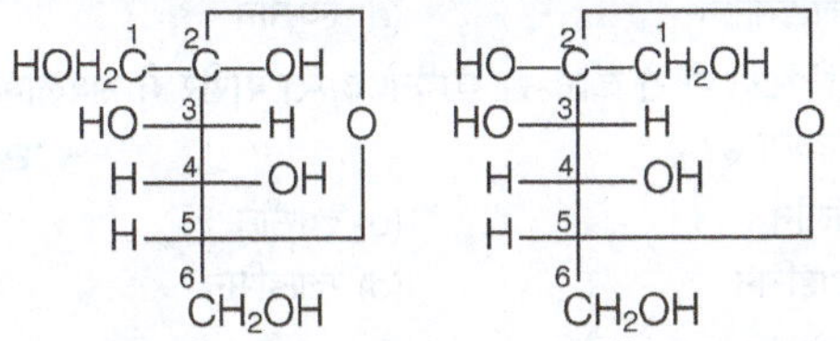

I II

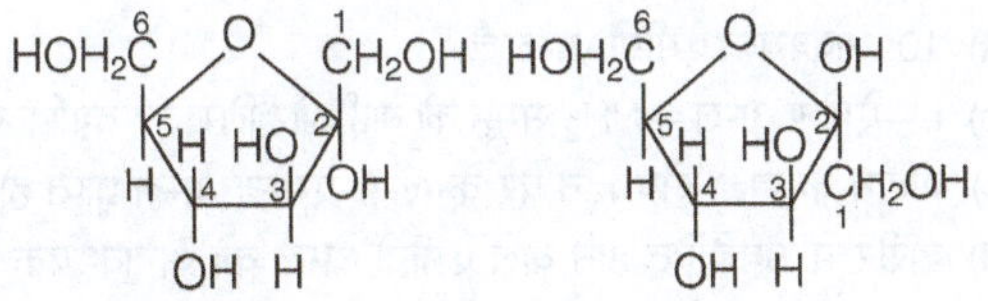

III IV

सही विकल्प चुनें।

α- D - (–) - **फ्रक्टोफ्यूरानोज**	β- D - (–) - **फ्रक्टोफ्यूरानोज**
(a) I और II	III और IV
(b) I और III	II और IV
(c) II और III	I और IV
(d) II और IV	I और III

25 सुक्रोज में, दो मोनोसैकेराइड एक ग्लाइकोसिडिक आबन्धन द्वारा एक साथ जुड़े रहते हैं। यह आबन्धन किसके मध्य है **NCERT पृष्ठ 287**

(a) α-D-ग्लूकोज का C_1 और β-D-फ्रक्टोज का C_2
(b) β-D-ग्लूकोज का C_2 और β-D-फ्रक्टोज का C_1
(c) β-D-ग्लूकोज का C1 और β-D-फ्रक्टोज का C_2
(d) β-D-ग्लूकोज का C_1 और β-D-फ्रक्टोज का C_2

26 तनु जलीय सल्फ्यूरिक अम्ल के साथ सुक्रोज का जल-अपघटन करने पर प्राप्त होता है। **NCERT पृष्ठ 287**

(a) 1 : 2 D-(+)-ग्लूकोज; D-(-)-फ्रक्टोज
(b) 1 : 2 D-(-)-ग्लूकोज; D-(+)-फ्रक्टोज
(c) 1 : 1 D-(-)-ग्लूकोज; D-(+)-फ्रक्टोज
(d) 1 : 1 D-(+)-ग्लूकोज; D -(-)-फ्रक्टोज

27 अपवृत शर्करा एक मिश्रण है **NCERT पृष्ठ 287**

(a) D-ग्लूकोज + D-फ्रक्टोज (b) L-ग्लूकोज + D-फ्रक्टोज
(c) L-ग्लूकोज + D-ग्लूकोज (d) L -ग्लूकोज + L-ग्लूकोज

28 माल्टोज में उपस्थित घटकों और आबन्धन के प्रकार की पहचान करें। **NCERT पृष्ठ 287**

(a) एक α-D- ग्लूकोपायरॉनोज़ इकाई और एक β-D- ग्लूकोपायरॉनोज इकाई 1, 2-ग्लाइकोसिडिक आबन्धन के साथ।
(b) 1, 2-ग्लाइकोसिडिक आबन्ध के साथ दो β-D- ग्लूकोपायरॉनोज इकाई।
(c) 1, 4-ग्लाइकोसिडिक आबन्ध वाली दो β-D- ग्लूकोपायरॉनोज इकाइयाँ।
(d) 1, 4-ग्लाइकोसिडिक आबन्ध वाली दो α-D- ग्लूकोपायरॉनोज इकाइयाँ।

29 माल्टोज में दो एकलक हैं **NCERT पृष्ठ 287**

(a) β-D-ग्लूकोज और α-D-ग्लूकोज
(b) β-D-ग्लूकोज और α-D-गैलेक्टोज
(c) α-D-ग्लूकोज और β-D-ग्लूकोज
(d) β-D-ग्लूकोज और α-D-फ्रुक्टोज

30 सुक्रोज के बारे में निम्नलिखित में से कौन-सा कथन सत्य नहीं है? **NCERT पृष्ठ 287**

(a) इसे अपवृत शर्करा भी कहा जाता है।
(b) ग्लाइकोसिडिक बन्ध α-ग्लूकोज के C_1 और β-फ्रक्टोज के C_1 के मध्य उपस्थित होता है।
(c) यह एक अनअपचायी शर्करा है।
(d) जल-अपघटन पर, यह ग्लूकोज और फ्रक्टोज का उत्पादन करता है।

31 (+)-लैक्टोज के सम्बन्ध में निम्नलिखित मे से कौन-सा कथन सत्य नहीं है? **NCERT पृष्ठ 288**

(a) (+)- लैक्टोज, $C_{12}H_{22}O_{11}$ में 8 —OH समूह होते हैं।
(b) D-(+) ग्लूकोज और D-(+) गैलेक्टोज की समान मात्रा देता है।
(c) (+)-लैक्टोज एक β-ग्लाइकोसाइड है? जो D–(+) -ग्लूकोज के अणु और D-(+)-गैलेक्टोज के अणु के योगज से बनता है।
(d) (+)-लैक्टोज एक अपचायक शर्करा नहीं है।

32 निम्नलिखित कथनों में से सही विकल्प चुनिए। **NCERT पृष्ठ 287**

(a) अपचायक शर्कराओं में ऐल्डिहाइडिक तथा कीटोनिक समूह बन्धित होते हैं।
(b) माल्टोज और लैक्टोज अनअपचायी शर्करा हैं।
(c) फेहलिंग विलयन और टॉलेन अभिकर्मक अनअपचायी शर्करा का पता लगाते हैं।
(d) सभी मोनोसैकेराइड, चाहे ऐल्डोज़ हों या कीटोज़, अपचायक शर्करा हैं।

33 निम्नलिखित *A* और *B* के बारे में सही कथन हैं: **NCERT पृष्ठ 287**

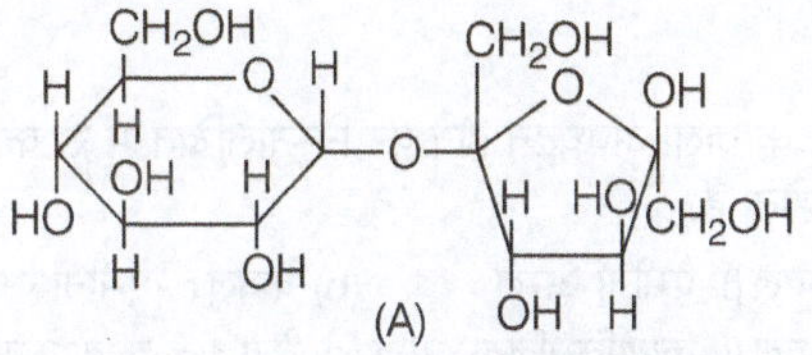

(A)

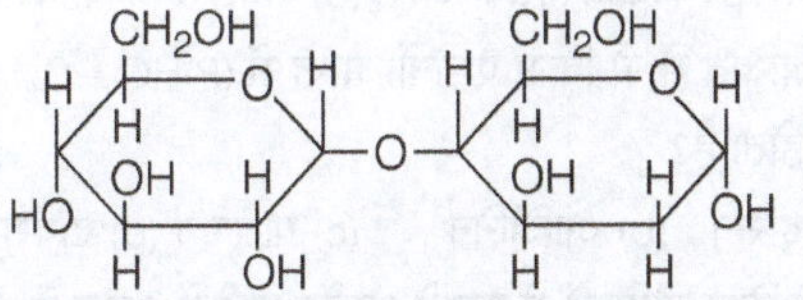

(B)

(a) *A* एक अपचयी शर्करा है तथा *B* एक अनअपचायी शर्करा है।
(b) *A* एक अनअपचायी शर्करा है तथा B एक अपचायी शर्करा है।
(c) *A* और *B* दोनों में ग्लाइकोसिडिक शृंखला β हैं ।
(d) *A* और *B* में ग्लाइकोसिडिक शृंखला क्रमशः β- और α-हैं।

34 ऐमाइलेज के बारे में निम्नलिखित में से कौन-सा कथन गलत है? NCERT पृष्ठ 288

(a) यह जल में घुलनशील है।
(b) इसमें स्टार्च का लगभग 15-20% भाग होता है।
(c) दर्शायी गई संरचना में α-D-(+)-ग्लूकोज इकाइयाँ C1 - C4 ग्लाइकोसिडिक आबन्ध द्वारा धारण की जाती है।
(d) यह स्टार्च का 85% हिस्सा बनाता है।

35 ऐमाइलोपेक्टिन किससे बना होता है? NCERT पृष्ठ 288

(a) β-D-ग्लूकोज, C_1 - C_4 और C_2- C_6 आबन्धन
(b) α- D-ग्लूकोज, C_1- C_4 और C_2- C_6 आबन्धन
(c) α-D -ग्लूकोज, C_1-C_4 और C_2- C_6 आबन्धन
(d) α-D-ग्लूकोज, C_1-C_4 और C_2- C_6 आबन्धन

36 निम्नलिखित में से कौन-सा पॉलीसैकेराइड केवल β-D-ग्लूकोज इकाइयों से बना है जो एक ग्लूकोज इकाई के C1 और अगली ग्लूकोज इकाई के C4 के मध्य ग्लाइकोसिडिक बन्ध द्वारा जुड़े होते हैं? NCERT पृष्ठ 289

(a) एमाइलोज (b) सेलुलोज
(c) ऐमिलोपेक्टिन (d) ग्लाइकोजन

37 निम्नलिखित में से कौन-सा सेलुलोज़ की संरचना के बारे में सही वर्णन है? NCERT पृष्ठ 289

(a) शाखित, α-(1, 4) तथा β-(1, 6)-ग्लूकोज
(b) अशाखित, -(1, 6)-ग्लूकोज
(c) शाखित, β-(1, 4)-ग्लूकोज
(d) अशाखित, β-(1, 4)-ग्लूकोज

38 निम्नलिखित में से किसे पशु स्टार्च के रूप में जाना जाता है? NCERT पृष्ठ 289

(a) एमाइलोज (b) एमाइलोपेक्टिन
(c) ग्लाइकोजन (d) सेलुलोज

प्रोटीन

39 प्रोटीन के जल-अपघटन होने पर निम्नलिखित में से कौन-सा उत्पाद प्राप्त होता है? NCERT पृष्ठ 290

(a) केवल β -ऐमीनों अम्ल (b) केवल α-ऐमीनों अम्ल
(c) केवल β -कार्बोक्सिलिक अम्ल (d) केवल α-कार्बोक्सिलिक अम्ल

40 निम्नलिखित में से किस ऐमीनों अम्ल में $(P)HO—C_6H_4—CH_2$ समूह होता है? NCERT पृष्ठ 291

(a) लाइसिन (b) आर्जिनिन (c) प्रोलाइन (d) टायरोसिन

41 निम्नलिखित यौगिकों में सबसे क्षारीय ऐमीनों अम्ल है NCERT पृष्ठ 291

(a) सेरीन (b) एस्पेराजीन
(c) लाइसिन (d) हिस्टिडीन

42 निम्नलिखित में से कौन-सा अनावश्यक ऐमीनों अम्ल है? NCERT पृष्ठ 291

(a) हिस्टिडीन (b) मेथियोनीन
(c) आइसोल्यूसीन (d) टायरोसिन

43 निम्नलिखित में से आवश्यक ऐमीनों अम्ल कौन-सा है? NCERT पृष्ठ 291

(a) ग्लाइसिन (b) टायरोसिन
(c) ग्लूटामाइन (d) ल्यूसीन

44 निम्नलिखित में से कौन-सा ऐमीनों अम्ल शरीर में संश्लेषित किया जा सकता है? NCERT पृष्ठ 291

(a) वैलीन (b) ल्यूसीन
(c) लाइसिन (d) ग्लाइसिन

45 निम्नलिखित में से कौन-सा कथन गलत है? NCERT पृष्ठ 291

(a) 10 आवश्यक ऐमीनों अम्ल हैं।
(b) L—ऐमीनों अम्ल—NH_2 समूह को बाईं ओर लिखकर दर्शाया जाता है।
(c) प्रोटीन के जल-अपघटन पर केवल β-ऐमीनो अम्ल प्राप्त होते हैं।
(d) शरीर में संश्लेषित होने वाले ऐमीनों अम्ल को अनावश्यक ऐमीनों अम्ल के रूप में जाना जाता है।

46 निम्नलिखित ऐमीनों अम्ल पर विचार करें। NCERT पृष्ठ 291

I. हिस्टिडीन II. प्रोलाइन
III. थ्रेओनीन IV. ऐस्पार्टिक अम्ल

ऊपर दिए गए ऐमीनों अम्ल में से आवश्यक ऐमीनों अम्ल का चयन करें और उचित विकल्प चुनें।

(a) II और III (b) I और IV
(c) I और III (d) I और II

47 निम्नलिखित में से कौन-सा ऐमीनों अम्ल प्रकाशिक रूप से सक्रिय नहीं है? NCERT पृष्ठ 292

(a) लाइसिन (b) ग्लाइसिन
(c) ल्यूसीन (d) ग्लूटामिन

48 पेप्टाइड बन्ध के निर्माण के दौरान *n* संख्या के ऐमीनो अम्लों में से कितने जल अणु हटाये जाते हैं ? NCERT पृष्ठ 292

(a) $(n - 1)$ (b) n (c) $(n / 2)$ (d) $(n + 1)$

49 दर्शायी गयी अभिक्रिया में,

$$H_2NCH_2COOH + H_2N—\underset{\displaystyle CH_3}{\underset{|}{CH}}—COOH \xrightarrow{-H_2O} H_2NCH_2CONH—\underset{\displaystyle CH_3}{\underset{|}{CH}}—COOH$$

NCERT पृष्ठ 292

उपरोक्त अभिक्रिया में बनने वाले सही डाइपेप्टाइड का चयन कीजिए।

(a) एलनग्लाइसिन (b) ग्लाइसील एलनीन
(c) ऐलेनिनग्लाइसीन (d) ग्लाइसिन एलनीन

50 नीचे दिए गए रेशेदार प्रोटीन के उदाहरणों में से सही विकल्प का चयन करें। NCERT पृष्ठ 292

I. इंसुलिन II. किरेटिन
III. ऐल्बूमिन IV. मायोसिन

(a) I और II (b) II और IV
(c) III और I (d) I और III

51 निम्नलिखित में से कौन-सा ट्राई पेप्टाइड, अर्थात (ऐलेनिन-ग्लाइसिन-ऐलेनिन) का सही प्रतिनिधित्व है? **NCERT पृष्ठ 292**

(a) 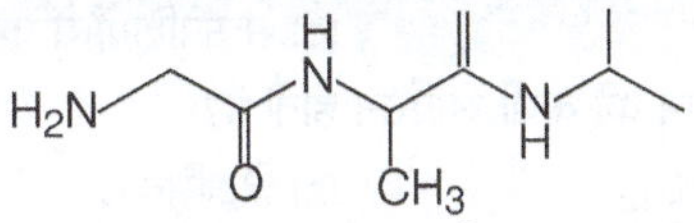

(b) 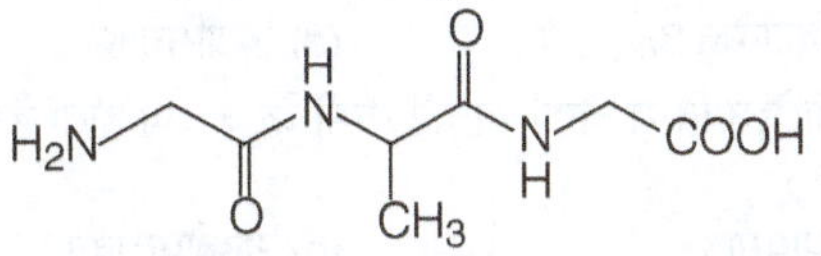

(c) 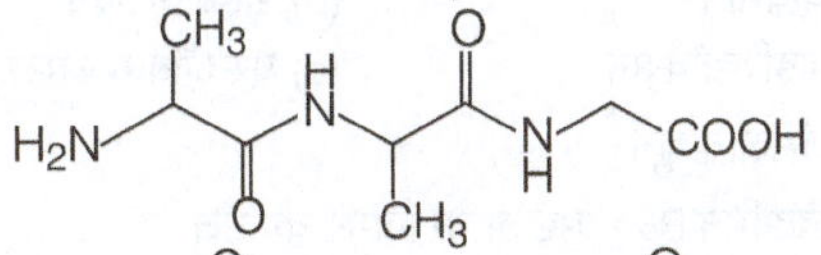

(d) 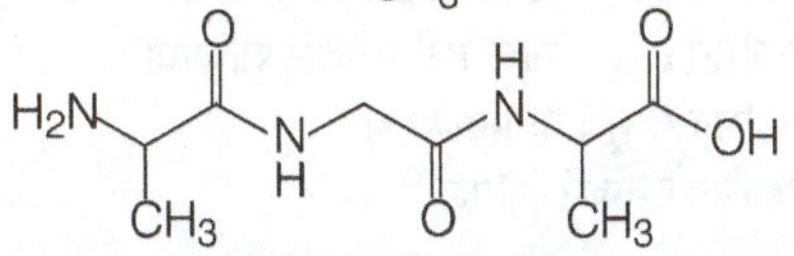

52 जब पॉलीपेप्टाइड शृंखलाएँ समानांतर चलती हैं और हाइड्रोजन और डाइसल्फाइड आबन्ध द्वारा एक साथ बन्धी होती हैं, जो फाइबर जैसी संरचना बनती है। ऐसे प्रोटीन सामान्यतः जल में अघुलनशील होते हैं।' **NCERT पृष्ठ 292**

कौन-सा प्रोटीन उपरोक्त जानकारी को संतुष्ट करता है?

(a) रेशेदार प्रोटीन
(b) गोलाकार प्रोटीन
(c) प्राथमिक प्रोटीन
(d) तृतीयक प्रोटीन

53 एक प्रोटीन जो रक्त ग्लूकोज स्तर को संकीर्ण इकाई के भीतर रखने के लिए उत्तरदायी है, एक पॉलीपेप्टाइड है

(a) 36 एमीनों अम्ल
(b) 27 ऐमीनों अम्ल
(c) 51 एमीनों अम्ल
(d) 43 एमीनों अम्ल

54 ज्विटर आयन के बारे में निम्नलिखित में से कौन-सा कथन सही नहीं है? **NCERT पृष्ठ 292**

(a) यह उदासीन है तथा इसमें कोई आवेश नहीं होता है।
(b) इसमें कार्बोक्सिल और एमीनों समूह होते हैं।
(c) यह द्विध्रुवीय है।
(d) कई ऐमीनो अम्ल ज्विटर आयनों के रूप में उपस्थित होते हैं।

55 ऐमीनों अम्ल के बारे में निम्नलिखित में से कौन-सा कथन गलत है ?

(a) ग्लाइसीन एकमात्र प्राकृतिक रूप से पाया जाने वाला ऐमीनों अम्ल है जो प्रकाशिक रूप से निष्क्रिय है। **NCERT पृष्ठ 292**
(b) अधिकांश प्राकृतिक रूप से पाए जाने वाले ऐमीनों अम्ल में D-विन्यास होता है।
(c) ऐलानिन में एक ऐमीनों और एक कार्बोक्सिलिक समूह होता है।
(d) ऐमीनों अम्ल सभी प्रोटीनों के घटक हैं।

56 प्रोटीन की द्वितीयक संरचना के बारे में निम्नलिखित में से कौन-सा कथन गलत है? **NCERT पृष्ठ 292, 293**

(a) इसका सम्बन्ध उस आकृति से है, जिसमें लम्बी पॉलीपेप्टाइड शृंखला उपस्थित होती है।
(b) यह दो भिन्न-भिन्न प्रकार की संरचनाओं में उपस्थित है, अर्थात α-हेलिक्स और β-प्लीटेड शीट संरचना।
(c) इसकी संरचना पॉलीपेप्टाइड शृंखला की मुख्य शृंखला के नियमित कुंडलन के कारण उत्पन्न होती है।
(d) पेप्टाइड आबन्ध के $\rangle C=O$ तथा —NH समूहों के मध्य सहसंयोजक बन्ध होता है।

57 निम्नलिखित में से गोलिकाकार प्रोटीन के सन्दर्भ में कौन-सा कथन गलत है? **NCERT पृष्ठ 293**

(a) गोलिकाकार प्रोटीन सामान्यता जल में घुलनशील होते हैं।
(b) इन प्रोटीनों में, पॉलीपेप्टाइड्स की शृंखलाएँ एक दूसरे के चारों ओर कुंडलित होकर गोलाकार आकृति प्राप्त कर लेती है।
(c) इंसुलिन गोलिकाकार प्रोटीन का एक उदाहरण हैं।
(d) किरोटिन प्रोटीन का एक उदाहरण है।

58 एक दूसरे के सम्बन्ध में दो या अधिक पॉलीपेप्टाइड शृंखलाओं की स्थानिक व्यवस्था को कहा जाता है। **NCERT पृष्ठ 293**

(a) प्राथमिक संरचना (b) द्वितीयक संरचना
(c) तृतीयक संरचना (d) चतुष्क संरचना

59 निम्नलिखित में से कौन-सा गलत है? **NCERT पृष्ठ 293, 295**

(a) अंडे के सफेद भाग का स्कन्दन पेप्टीकरण का एक उदाहरण है।
(b) β-प्लीटेड संरचना पेप्टाइड आबंध के ($\rangle C=O$) तथा —NH-समूह के मध्य हाइड्रोजन बन्ध के कारण पॉलिपेप्टाइड की मुख्य शृंखला के नियमित कुंडलन से उत्पन्न होती है।
(c) ट्रिप्टोफैन एक आवश्यक ऐमीनों अम्ल है ।
(d) ग्लाइसीन को छोड़कर, अन्य सभी प्राकृतिक रूप से पाए जाने वाले ऐमीनों अम्ल प्रकाशिक रूप से सक्रिय होते हैं।

60 प्रोटीन के विकृतीकरण के सन्दर्भ में सही कथन है: **NCERT पृष्ठ 294**

(a) विकृतीकरण के दौरान, प्रोटीन की 1° और 2° संरचनाएँ नष्ट हो जाती हैं लेकिन 3° संरचना बनी रहती है।
(b) विकृतीकरण के दौरान, प्रोटीन की 2° और 3° संरचनाएँ नष्ट हो जाती हैं लेकिन 1° संरचना बनी रहती है।
(c) विकृतीकरण के दौरान प्रोटीन की 1° और 3° संरचनाएँ नष्ट हो जाती हैं लेकिन 2° संरचना बनी रहती है।
(d) विकृतीकरण के दौरान, प्रोटीन की 1° संरचना नष्ट हो जाती है लेकिन 2° और 3° संरचना बनी रहती है।

एन्जाइम और विटामिन

61 एन्जाइम के सम्बन्ध में निम्नलिखित में से कौन-सा कथन गलत है?

(a) ये सामान्यतया प्रोटीनयुक्त प्रकृति के होते हैं। **NCERT पृष्ठ 295**
(b) ये जैव उत्प्रेरक के रूप में आवश्यक हैं।
(c) इनकी आवित संख्या (turnover no.) बहुत बड़ी है।
(d) इनकी क्रिया विशिष्ट नहीं है।

62 उस एन्जाइम को क्या सामान्य नाम दिया गया है, जो एक क्रियाधार के ऑक्सीकरण के साथ-साथ दूसरे क्रियाधार के अपचयन को उत्प्रेरित करता है? **NCERT पृष्ठ 295**

(a) रिडक्टियोऑक्सीडेज (b) ऑक्सीडोनडक्टेस
(c) ऑक्सीडोरिडक्टेस (d) रिडक्टोक्साइड्स

63 $C_{12}H_{22}O_{11} \xrightarrow{X} 2C_6H_{12}O_6$ उपरोक्त अभिक्रिया उत्प्रेरक 'X' द्वारा (माल्टोस)
अग्रसित की जाती है। X की प्रकृति क्या है? **NCERT पृष्ठ 295**

(a) यह एक ऐमीनों अम्ल है। (b) यह एक पॉलीसैकेराइड है।
(c) यह एक गोलिका कार प्रोटीन है। (d) यह एक न्यूक्लिक अम्ल है।

64 एन्जाइम उत्प्रेरक के बारे में निम्नलिखित में से कौन-सा कथन गलत है? **NCERT पृष्ठ 295**

(a) ये अधिकतर गोलिकार प्रोटीन होते हैं।
(b) इनकी क्रिया विशिष्ट होती है।
(c) ये पराबैंगनी किरणों और उच्च तापमान पर विकृत हो जाते हैं।
(d) इष्टतम तापमान पर ये सबसे कम अभिक्रियाशील होते हैं।

65 विटामिनों के सम्बन्ध में निम्नलिखित में से कौन-सा/से कथन गलत है/हैं? **NCERT पृष्ठ 295**

I. ये कार्बनिक यौगिक हैं जो आहार में अल्प मात्रा में आवश्यक होते हैं लेकिन उनकी कमी से विशेष रोग उत्पन्न हो जाते हैं।
II. इनका संश्लेषण पौधों द्वारा नहीं हो सकता, लेकिन मानव शरीर इन्हें संश्लेषित कर सकता है।
III. ये विशिष्ट जैविक क्रियाओं के सम्पन्न होने के लिए हमारे अहार में आवश्यक कार्बनिक पदार्थ है। जिनसे जीव की इष्टतम वृद्धि और स्वास्थ्य का सामान्य रख रखाव होता है।

नीचे दिए गए विकल्पों में से सही उत्तर चुनें।

(a) केवल I (b) केवल II (c) I और II (d) II और III

66 आहार में विटामिन C की नियमित आपूर्ति क्यों मूलभूत है? **NCERT पृष्ठ 296**

(a) यह वसा में घुलनशील विटामिन है, इसलिए शरीर में संग्रहित हो जाता है और इसका नियमित उपयोग नहीं किया जा सकता।
(b) यह जल में घुलनशील विटामिन है, यह मूत्र द्वारा उत्सर्जित हो जाता है तथा शरीर में संग्रहित नहीं किया जा सकता।
(c) शरीर को इसकी अत्यधिक मात्रा में आवश्यकता होती है, इसलिए इसकी आपूर्ति नियमित रूप से होती है।
(d) यह जल में घुलनशील विटामिन है, इसलिए शरीर द्वारा इसका दैनिक आधार पर उपयोग किया जाता है तथा इसकी आपूर्ति नियमित रूप से की जानी चाहिए।

67 पाइरिडॉक्सिन को किस नाम से भी जाना जाता है? **NCERT पृष्ठ 296**

(a) विटामिन B_2 (b) विटामिन B_6
(c) विटामिन B_{12} (d) विटामिन B_1

68 निम्नलिखित में से कौन-सा अम्ल विटामिन है? **NCERT पृष्ठ 296**

(a) ऐस्पार्टिक अम्ल (b) ऐस्कॉर्बिक अम्ल
(c) ऐडीपिक अम्ल (d) सैकरिक अम्ल

69 निम्नलिखित में से कौन-सा रोग विटामिन E की कमी से होता है? **NCERT पृष्ठ 297**

(a) *बेरी-बेरी* (b) रिकेट्स
(c) स्कर्वी (d) मांसपेशियों में कमजोरी

70 किस विटामिन की कमी से ऐंठन होती है? **NCERT पृष्ठ 296**

(a) विटामिन B_{12} (b) विटामिन D
(c) विटामिन B_6 (d) विटामिन K

71 कीलोसिस किस विटामिन की कमी के कारण होता है? **NCERT पृष्ठ 296**

(a) थायमीन (b) राइबोफ्लेविन
(c) पाइरिडॉक्सिन (d) ऐस्कॉर्बिक अम्ल

72 सही मिलान चुनें **NCERT पृष्ठ 296**

(a) विटामिन B_2 - मछली के जिगर का तेल
(b) विटामिन B_{12} - गहरे हरी पत्तेदार सब्जियाँ
(c) विटामिन A-सूर्य के प्रकाश में
(d) विटामिन E- जर्म ऑयल

न्यूक्लिक अम्ल

73 न्यूक्लिक अम्ल और उससे सम्बन्धित शर्करा क्षार के मध्य निम्नलिखित में से कौन-सा संयोजन सही है? **NCERT पृष्ठ 297**

(a) DNA→β-D-3-डीऑक्सीराइबोस
(b) DNA→β-D-1-डीऑक्सीराइबोस
(c) RNA→β-D-राइबोस
(d) RNA→β-D-3-डीऑक्सीराइबोस

74 उस क्षार का चयन करें, जो DNA और RNA के मध्य उभयनिष्ठ नहीं है। **NCERT पृष्ठ 298**

(a) ऐडेनीन (A) (b) ग्वानीन (G)
(c) साइटोसिन (C) (d) यूरेसिल (U)

75 निम्नलिखित में से कौन-सा क्षार RNA में अनुपस्थित है? **NCERT पृष्ठ 298**

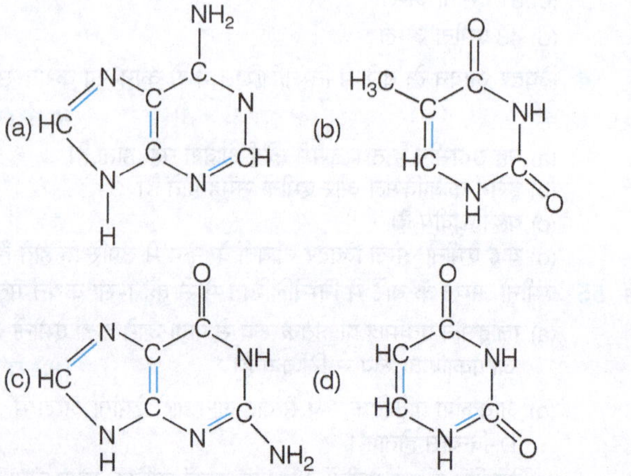

76 निम्नलिखित अभिक्रिया पर विचार करें,

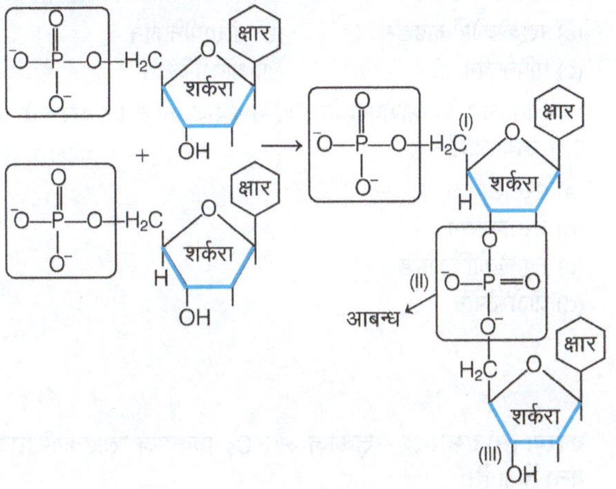

उपरोक्त आकृति में I, II और III को पहचानिए और सही विकल्प को चिह्नित कीजिए: **NCERT पृष्ठ 299**

(a) I → 3′ शृंखला का सिरा, II → फॉस्फोडाइएस्टर आबन्ध, III → 5′ शृंखला का सिरा

(b) I → 3′ शृंखला का सिरा, II → फॉस्फेट आबन्ध, III → 5′ शृंखला का सिरा

(c) I → 5′ शृंखला का सिरा, II → फॉस्फोडाइएस्टर आबन्ध, III → 3 शृंखला का सिरा

(d) I → 5 शृंखला का सिरा, II → फॉस्फेट आबन्ध, III → 3 शृंखला का सिरा

77 निम्नलिखित में से किसकी खोज जे.डी. वॉटसन और एफ. क्रिक ने की थी? **NCERT पृष्ठ 299**

(a) गुणसूत्र प्रोटीन और न्यूक्लिक अम्ल से बना होता है।

(b) DNA आनुवंशिक संचरण के लिए उत्तरदायी है।

(c) DNA में द्वि कुण्डलनी हेलिक्स संरचना होती है।

(d) RNA में द्वि कुण्डलनी हेलिक्स संरचना होती है।

78 यदि DNA के एक रज्जुक में TATGACTG का अनुक्रम है, तो DNA के पूरक रज्जुक का अनुक्रम क्या होगा? **NCERT पृष्ठ 299**

(a) ATACACTC (b) ACGTTGAC

(c) ATACTGAC (d) ATACTGCA

79 निम्नलिखित में से कौन-सा न्यूक्लिक अम्ल नहीं बनाता है? **NCERT पृष्ठ 299**

(a) यूरेसिल (b) राइबोस शर्करा

(c) फॉस्फोरिक अम्ल (d) ग्वानिडीन

80 निम्नलिखित में से कौन-सा कथन RNA के बारे में सत्य नहीं है? **NCERT पृष्ठ 299**

(a) प्रोटीन के संश्लेषण को RNA द्वारा नियंत्रित किया जा सकता है।

(b) इसमें सदैव द्वि कुण्डलनी α-हेलिक्स संरचना होती है।

(c) यह सामान्यतः स्वप्रतिकरण नहीं करता है।

(d) यह कोशिका के केन्द्रक में उपस्थित होता है।

81 DNA फिंगरप्रिंटिंग के बारे में निम्नलिखित में से कौन-सा कथन गलत है? **NCERT पृष्ठ 300**

(a) इसका उपयोग अपराधियों की पहचान के लिए फोरेंसिक प्रयोगशालाओं में किया जाता है।

(b) यह प्रत्येक कोशिका के लिए समान है तथा इसे किसी भी ज्ञात उपचार द्वारा बदला जा सकता है।

(c) इसका उपयोग किसी दुर्घटना में मृत शरीर की पहचान करने के लिए माता-पिता के DNA की तुलना करके किया जाता है।

(d) इसका उपयोग जैविक विकास को फिर से लिखने के लिए नस्लीय समूहों की पहचान करने के लिए किया जाता है।

हॉर्मोन्स

82 निम्नलिखित में से कौन हार्मोन नहीं है? **NCERT पृष्ठ 300**

(a) इंसुलिन (b) एंडोर्फिन

(c) नॉरएपिनेफ्रीन (d) थाइमीन

83 इंसुलिन की प्रमुख भूमिका है **NCERT पृष्ठ 300**

(a) मानव शरीर में ग्लूकोज के स्तर को कम करने की।

(b) रक्त ग्लूकोज स्तर को सीमित सीमा के भीतर रखना।

(c) वृद्धि को विनियमित करना।

(d) खनिजों का परिवहन करना।

84 दिए गए विकल्पों में से हॉर्मोन के सन्दर्भ में गलत कथन चुनें। **NCERT पृष्ठ 300**

(a) वे अणु हैं, जो कोशिकाओं के मध्य संदेशवाहक के रूप में कार्य करते हैं।

(b) ये शरीर में अंतःस्रावी ग्रंथि द्वारा निर्मित होते हैं, और सीधे रक्त प्रवाह में प्रवाहित किए जाते हैं।

(c) ये शरीर में जैविक गतिविधियों के संतुलन को बनाए रखने में सहायक होते हैं।

(d) इंसुलिन एक स्टेरॉयड हॉर्मोन है।

85 स्टेरॉयड हॉर्मोन के सन्दर्भ में सही कथन चुनें। **NCERT पृष्ठ 301**

(a) एपिनेफ्रीन स्टेरॉयड हॉर्मोन का एक उदाहरण है।

(b) ये अधिवृक्क वल्कुट और जनदों द्वारा स्रावित होते हैं।

(c) ग्लूकोकोर्टिकोइड्स वृक्क द्वारा जल और नमक के उत्सर्जन के स्तर को नियंत्रित करते हैं।

(d) मिनरलोकोर्टिकोइड्स कार्बोहाइड्रेट चयापचय को नियंत्रित करते हैं।

86 लिंग हार्मोन के बारे में गलत कथन चुनें। **NCERT पृष्ठ 301**

(a) लिंग हार्मोन जननांग द्वारा स्रावित होते हैं, और द्वितीयक यौन लक्षणों के विकास के लिए उत्तरदायी होते हैं।

(b) टेस्टोस्टेरोन पुरुषों में उत्पादित प्रमुख लिंग हॉर्मोन है।

(c) एस्ट्राडाइऑल मुख्य पुरुष लिंग हार्मोन है, जो पुरुषों में गहरी आवाज और चेहरे पर बालों के लिए उत्तरदायी है।

(d) प्रोजेस्टेरोन निषेचित अंडे के आरोपण के लिए गर्भाशय को तैयार करने के लिए उत्तरदायी है।

87 यदि एड्रिनल कॉर्टेक्स वल्कुट ठीक से कार्य नहीं करता है, तो परिणामों में से एक हो सकता है NCERT पृष्ठ 301

(a) हाइपोथायरायडिज्म (b) हाइपोग्लाइसीमिया
(c) गहरी आवाज, चेहरे पर बाल (d) मासिक धर्म चक्र

88 निम्नलिखित में से कौन-सा हॉर्मोन ऐमीनों अम्ल टायरोसिन का आयोडीनयुक्त व्युत्पन्न है और इसका असामान्य रूप से कम स्तर हाइपोथायरायडिज्म का कारण बनता है? NCERT पृष्ठ 301

(a) एपिनेफ्रीन (b) ऐस्ट्रोजन
(c) थायरोक्सिन (d) ऐस्ट्राडियोल

89 ऐडिसन रोग का उपचार किसके द्वारा किया जाता है? NCERT पृष्ठ 301

(a) ग्लूकोकोर्टिकोइड्स (b) नॉरएपीनेफ्रीन
(c) एपिनेफ्रीन (d) थायरोक्सिन

90 निषेचित अंडे के आरोपण के लिए गर्भाशय को तैयार करने के लिए उत्तरदायी हार्मोन है NCERT पृष्ठ 301

(a) ऐस्ट्रोडायोल
(b) टेस्टोस्टेरोन
(c) ग्लूकोकोर्टिकॉइड
(d) प्रोजेस्टेरोन

अभिकथन-कारण प्रश्न

निर्देश *(प्रश्न संख्या 1-13) निम्नलिखित प्रश्न में अभिकथन (A) के बाद कारण (R) दिया गया है। नीचे दिए गए विकल्पों में से सही विकल्प चुनें।*

(a) A और R दोनों सत्य हैं और R, A का सही स्पष्टीकरण है।
(b) A और R दोनों सत्य हैं लेकिन R, A का सही स्पष्टीकरण नहीं है।
(c) A सत्य है लेकिन R असत्य है।
(d) A असत्य है लेकिन R सत्य है।

1 **अभिकथन (A)** ऐसीटिक अम्ल कार्बोहाइड्रेट नहीं है।
कारण (R) ऐसीटिक अम्ल कार्बोहाइड्रेट के सामान्य सूत्र $C_x(H_2O)_y$ में फिट बैठता है, NCERT पृष्ठ 281

2 **अभिकथन (A)** रैम्नोज़ एक कार्बोहाइड्रेट है।
कारण (R) रैम्नोज़ कार्बोहाइड्रेट के सामान्य सूत्र, अर्थात $C_x(H_2O)_y$ में फिट नहीं बैठता है NCERT पृष्ठ 281

3 **अभिकथन (A)**

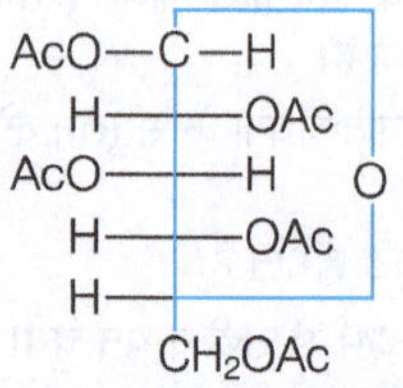

NCERT पृष्ठ 283

यह यौगिक ऑक्सिम नहीं बनाता है।
कारण (R) ग्लूकोज़ पेंटाऐसीटेट में C_1 पर मुक्त $-OH$ समूह नहीं होता है और इसलिए इसे $-CHO$ समूह देने के लिए खुली शृंखला के रूप में परिवर्तित नहीं किया जा सकता है। इसलिए, यह ऑक्सिम नहीं बनाता है।

4 **अभिकथन (A)** ग्लूकोज हाइड्रोजन बाइसल्फाइट योगज उत्पाद नहीं बनाता है।
कारण (R) ग्लूकोज $NaHSO_3$ के साथ उत्पाद बनाने के लिए इतना अभिक्रियाशील नहीं है। NCERT पृष्ठ 285

5 **अभिकथन (A)** ग्लूकोज 2, 4-DNP परीक्षण नहीं देता है।
कारण (R) ग्लूकोज चक्रीय हेमीऐसीटल रूप में पाया जाता है। NCERT पृष्ठ 285

6 **अभिकथन (A)** सुक्रोज में दो शर्करा इकाईयाँ 1, 2-ग्लाइकोसिडिक बन्ध द्वारा जुड़ी होती हैं। NCERT पृष्ठ 287
कारण (R) इसमें C_1-ग्लूकोज और C_2-फ्रक्टोज ग्लाइकोसिडिक बन्ध होता है।

7 **अभिकथन (A)** सुक्रोज दक्षिण ध्रुवण घूर्णक है। NCERT पृष्ठ 287
कारण (R) सुक्रोज जल-अपघटन पर दक्षिणावर्त ग्लूकोज (+52.5°) और वामावर्त फ्रक्टोज (−92.4°) देता है।

8 **अभिकथन (A)** सुक्रोज को अपवृत शर्करा कहा जाता है।
कारण (R) सुक्रोज के जल-अपघटन पर घूर्णन के चिन्ह में परिवर्तन दक्षिणावर्त (+) से वामावर्त (-) होता है। NCERT पृष्ठ 287

9 **अभिकथन (A)** ट्रिप्टोफैन अनावश्यक ऐमीनो अम्ल का एक उदाहरण है। NCERT पृष्ठ 291
कारण (R) वे ऐमीनों अम्ल जो मानव शरीर में संश्लेषित नहीं होतें, आवश्यक ऐमीनों अम्ल होते हैं।

10 **अभिकथन (A)** प्रोटीन की α-हेलिक्स संरचना दाएं हाथ वाले पेंच के आकृति की होती है। NCERT पृष्ठ 293
कारण (R) प्रत्येक ऐमीनों अम्ल के $\rangle$NH समूह और कुडली के निकटवर्ती मोड़ पर स्थित $\rangle C=O$ समूह के मध्य हाइड्रोजन बन्ध होता है।

11 **अभिकथन (A)** आहार में विटामिन B और C की नियमित आपूर्ति की जानी चाहिए। NCERT पृष्ठ 296
कारण (R) विटामिन B और C जल में घुलनशील होते हैं, जो मूत्र के माध्यम से आसानी से उत्सर्जित होते हैं और हमारे शरीर में संग्रहित नहीं किए जा सकते (विटामिन B_{12} को छोड़कर)हैं ।

12 **अभिकथन (A)** DNA के दो रज्जुक एक दूसरे के पूरक हैं। NCERT पृष्ठ 299
कारण (R) DNA में, ऐडेनीन, साइटोसिन के साथ हाइड्रोजन बन्ध बनाता है और थाइमीन, ग्वानीन के साथ हाइड्रोजन बन्ध बनाता है।

13 **अभिकथन (A)** DNA लाखों वर्षों से जीवों की विभिन्न स्पीशीजों की पहचान बनाए रखने के लिए उत्तरदायी है। NCERT पृष्ठ 300
कारण (R) DNA अणु कोशिका विभाजन के दौरान स्व-द्विगुणन में सक्षम होता है और समान DNA स्ट्रैंड संतति कोशिकाओं में स्थानांतरित हो जाते हैं।

कथन आधारित प्रश्न

निर्देश *(प्रश्न संख्या 1-5) निम्नलिखित प्रश्नों में दो कथन (I और II) दिए गए हैं। दिए गए कथनों के आधार पर, नीचे दिए गए सही विकल्प को चुनिए।*

(a) कथन I और कथन II दोनों असत्य हैं।
(b) कथन I सत्य है, लेकिन कथन II असत्य है।
(c) कथन I गलत है, लेकिन कथन II सत्य है।
(d) कथन I और कथन II दोनों सत्य हैं।

1 **कथन I** दूध में लैक्टोज शर्करा उपस्थित होती है।
कथन II लैक्टोज में दो मोनोसैकेराइड इकाईयाँ उपस्थित होती हैं, अर्थात ग्लूकोज और गैलेक्टोज। **NCERT पृष्ठ 288**

2 **कथन I** समविद्युत बिन्दु पर, ऐमीनों समूह विद्युत क्षेत्र के प्रभाव में विस्थापित नहीं होता है।
कथन II समविद्युत बिन्दु पर, ऐमीनों अम्ल ज्विटर आयन के रूप में उपस्थित होता है। **NCERT पृष्ठ 292**

3 **कथन I** विशेष 3-D संरचना और जैविक गतिविधि वाले प्रोटीन को मूल (native) प्रोटीन कहा जाता है।
कथन II प्रोटीन विकृतीकरण तब होता है, जब प्रोटीन अपने मूल रूप में अपरिवर्तित रहता है। **NCERT पृष्ठ 293, 294**

4 **कथन I** विटामिन D हमारे शरीर में संग्रहित नहीं किया जा सकता है।
कथन II विटामिन D वसा में घुलनशील विटामिन है और शरीर से मूत्र के माध्यम से उत्सर्जित होता है। **NCERT पृष्ठ 296**

5 **कथन I** हॉर्मोन वह अणु होते हैं, जो कोशिकाओं के मध्य संदेशवाहक के रूप में कार्य करते हैं।
कथन II ग्लूकोज के स्तर में तेजी से वृद्धि के अनुक्रिया में इंसुलिन जारी किया जाता है। **NCERT पृष्ठ 300**

6 निम्नलिखित में से कौन-सा कथन गलत है/हैं?
NCERT पृष्ठ 283, 288, 291, 297

I. जब ग्लूकोज को ऐसीटिक ऐनहाइड्राइड के साथ अभिक्रिया कराया जाता है, तो प्राप्त उत्पाद पाँच —OH समूह की उपस्थिति की पुष्टि करता है।
II. सुक्रोज के हाइड्रोलिसिस के घूर्णन के चिन्ह में ड्रेक्सट्रो (+) से लेवो (−) में परिवर्तन होता है और उत्पाद का नाम अववर्त शर्करा होता है।
III. ऐमीनों अम्ल की निम्नलिखित श्रृंखला को शरीर में संश्लेषित किया जा सकता है।

Gly — Leu — Asp — Pro — His — Met — Ser — Tyr

IV. रक्त का थक्का जमने का समय शरीर में विटामिन K की कमी के कारण बढ़ता है।
V. सुक्रोज ग्लूकोज के जल-अपघटन में सक्रियण ऊर्जा में परिवर्तन एन्जाइम, ग्लूकोज के कारण होता है।

नीचे दिए गए विकल्पों में से सही उत्तर चुनें।
(a) I और III (b) III और V
(c) II, III और V (d) IV और V

7 निम्नलिखित में से कौन-सा कथन सही है/हैं?
NCERT 284, 287, 292, 299

I. जल में सुक्रोज का विलयन दक्षिण ध्रुवण घूर्णक होता है, लेकिन तनु HCl की उपस्थिति में जल-अपघटन पर यह वाम ध्रुवण घूर्णक हो जाता है।
II. प्रकाशिक सक्रियता आधार पर कार्बोहाइड्रेट को वर्गीकृत किया जा सकता है।
III. सेरीन एक ध्रुवीय है, लेकिन अनावेशित ऐमीनों अम्ल का उदाहरण है।
IV. सुक्रोज के एकलक को ओलिगोसैकेराइड के रूप में वर्गीकृत किया जा सकता है।
V. RNA और DNA दोनों में, विषमचक्रीय क्षार और फॉस्फेट एस्टर आबन्धन शर्करा मोललता क्रमशः C1 और C5 पर होते हैं।

नीचे दिए गए विकल्पों में से सही उत्तर चुनें।
(a) I और IV (b) II, III और V
(c) II और IV (d) I, III और V

8 निम्नलिखित में से कौन-से कथन सही हैं?
NCERT पृष्ठ 285, 293, 299, 301

I. ग्लूकोज का α- रूप (गलनांक 419 K) 371 K पर गर्म और संतृप्त जलीय विलयन से क्रिस्टलीकरण द्वारा प्राप्त किया जाता है।
II. β- प्लीटेड संरचना ऐमीनों अम्ल की पॉलीपेप्टाइड श्रृंखलाओं का आगे की तह है।
III. एक RNA अणु में निम्नलिखित जोड़ें देखें जा सकते हैं।

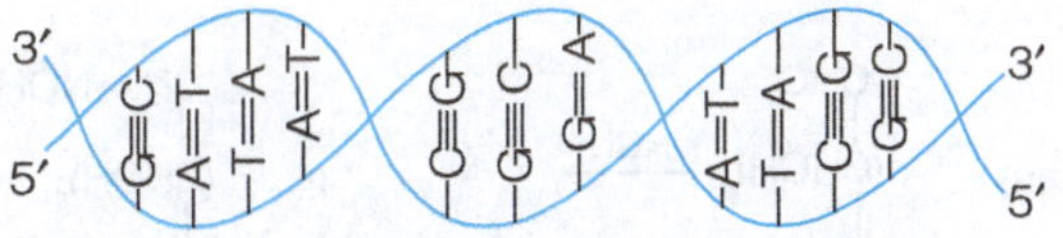

IV. सुस्त व्यक्ति को आयोडाइज्ड नमक लेने की सलाह दी जाती है।

नीचे दिए गए विकल्पों में से सही उत्तर चुनें।
(a) I, II और IV (b) III और IV
(c) केवल IV (d) I, III और IV

9 निम्नलिखित में से कौन-सा कथन गलत है?
NCERT पृष्ठ 286, 287, 299

I. DNA (या) RNA के पूर्ण जल-अपघटन से पेंटोज शर्करा, फॉस्फोरिक अम्ल और नाइट्रोजन युक्त विषमचक्रीय यौगिक प्राप्त होते हैं। RNA में व्युत्पन्न शर्करा है।

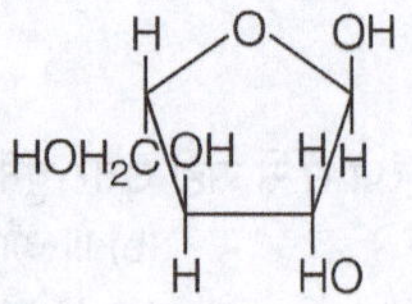

II. DNA अणु कोशिका विभाजन के दौरान स्व-प्रतिकरण करने में सक्षम होता है और समान DNA स्ट्रैंड को संतति कोशिकाओं अणु में स्थानांतरित कर देता है।

III. प्रोटीन की गोलिकाओं और असंयोजित कुंडलियों का खुलना भौतिक या रासायनिक परिवर्तन के कारण होता है और इसके कारण प्रोटीन अपनी जैविक सक्रियता खो देता है।

IV. RNA आनुवंशिक संचरण के लिए उत्तरदायी है।

V. पाइरानोज और फ्यूरोनोज दोनों में, (–OH) समूह शृंखला C_5 कार्बन से जुड़कर वलय बनाती है।

नीचे दिए गए विकल्पों में से सही उत्तर चुनें।

(a) I और IV (b) II, IV और III
(c) III और IV (d) I और V

10 निम्नलिखित में से कौन-सा कथन सही है? NCERT पृष्ठ 292, 297

I. DNA अणु में फॉस्फेट और शर्करा डीऑक्सीराइबोस की वैकल्पिक इकाईयाँ होती हैं। प्रत्येक इकाई में पेंटोस/हेक्सोज क्षार की एक युग्म होती है।

II. एक जैविक प्रणाली में पाए जाने वाले प्रोटीन जिसमें एक अद्वितीय त्रि-आयामी संरचना और जैविक गतिविधि होती है, उसे प्राकृत प्रोटीन कहा जाता है।

III. ऊर्जा की कमी को पूरा करने के लिए हम तत्काल ऊर्जा स्रोत के रूप में ग्लूकोज का उपयोग कर सकते हैं।

IV. 'D' और 'L' को 'd' और 'l' के रूप में लिखा जा सकता है, क्योंकि इसका उपयोग केवल यौगिकों की पहचान के लिए किया जाता है।

V. पाइरिडॉक्सिन के लगातार सेवन से शरीर को नुकसान पहुँचता है।

नीचे दिए गए विकल्पों में से सही उत्तर चुनें।

(a) II और V
(b) IV और V
(c) I, II और III
(d) II, III और V

सुमेलन प्रकार प्रश्न

1 सूची I में दिए गए निम्नलिखित अभिकारकों को सूची-II में दिए गए उत्पाद से सुमेलित कीजिए, तथा नीचे दिए गए कूट से सही विकल्प का चयन कीजिए। NCERT पृष्ठ 283

सूची I	सूची II
A. $CHO-(CHOH)_4-CH_2OH \xrightarrow{NH_2OH}$	1. $COOH-(CHOH)_4-CH_2OH$
B. $CHO-(CHOH)_4-CH_2OH \xrightarrow{HCN}$	2. $CH{=}NOH-(CHOH)_4-CH_2OH$
C. $CHO-(CHOH)_4-CH_2OH \xrightarrow{Br_2\ जल}$	3. $CH(CN)(OH)-(CHOH)_4-CH_2OH$

कूट

	A	B	C		A	B	C
(a)	1	2	3	(b)	1	3	2
(c)	2	3	1	(d)	2	1	3

2 सूची I में दिए गए निम्नलिखित ऐमीनों अम्लों को सूची II में दर्शायी गयी पार्श्व शृंखला की उनकी विशिष्ट विशेषता से सुमेलित कीजिए और नीचे दिए गए कूटों में से सही विकल्प का चयन कीजिए। NCERT पृष्ठ 291

सूची I	सूची II
A. एस्पर्जीन (Asn, N)	1. 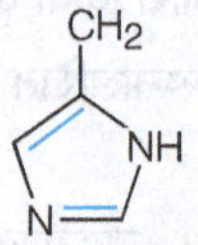
B. हिस्टाडीन (His, H)	2. $HOOC-CH_2-CH_2-$
C. ग्लूटैमिक अम्ल (Glu, E)	3. $HO-CH_2-$
D. सेरीन (Ser, S)	4. $H_2N-COCH_2-$

कूट

	A	B	C	D		A	B	C	D
(a)	4	1	2	3	(b)	4	2	1	3
(c)	4	3	1	2	(d)	4	1	3	2

3 सूची I में दिए गए निम्नलिखित विटामिनों को सूची II में उनकी कमी से होने वाले रोगों से सुमेलित कीजिए और नीचे दिए गए कोड में से विकल्प का चयन कीजिए। NCERT पृष्ठ 296

सूची I	सूची II
A. राइबोफ्लेविन	1. *बेरी-बेरी*
B. थायमीन	2. *स्कर्वी*
C. पाइरिडॉक्सिन	3. कीलोसिस
D. ऐस्कॉर्बिक अम्ल	4. मरोड़ पड़ना

कूट

	A	B	C	D		A	B	C	D
(a)	3	4	1	2	(b)	3	1	4	2
(c)	4	2	1	3	(d)	1	4	3	2

4 सूची I में दर्शायी गयी क्षार की निम्नलिखित संरचना को सूची II में दिए गए उनके नामों से सुमेलित कीजिए और नीचे दिए गए कूटों में से सही विकल्प का चयन कीजिए। NCERT पृष्ठ 298

सूची I	सूची II
A. 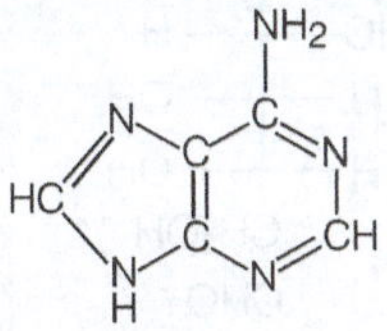	1. थाममीन (T)
B. 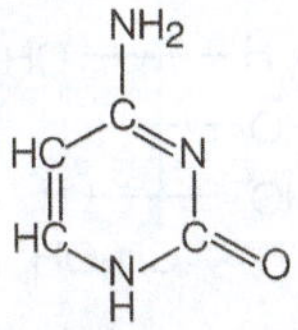	2. ग्वानीन (G)
C. 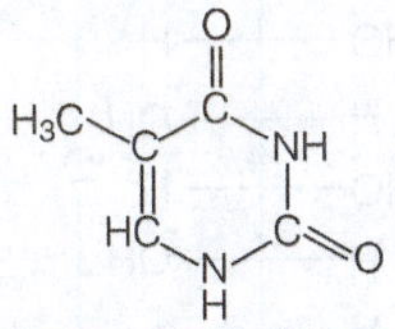	3. साइटोसिन (C)
D. 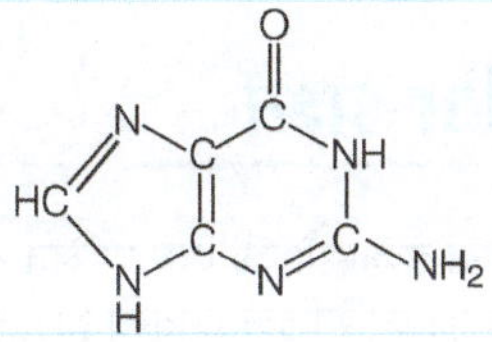	4. यूरेसिल (U)
E. 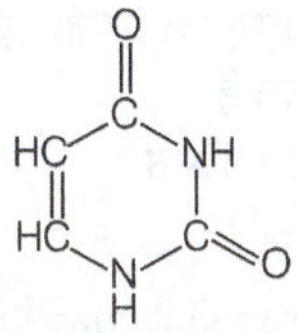	5. एडेनीन (A)

कूट

	A	B	C	D	E
(a)	5	3	2	4	1
(b)	5	1	2	4	3
(c)	2	3	1	5	4
(d)	5	3	1	2	4

5 सूची I में दिए गए हॉर्मोन के प्रकार को सूची II में दिए गए उनके उदाहरण से सुमेलित करें और नीचे दिए गए कूट से सही विकल्प का चयन करें। NCERT पृष्ठ 300, 301

सूची I (हॉर्मोन का प्रकार)	सूची II (उदाहरण)
A. स्टेरॉइड	1. प्रोजेस्टेरोन
B. पॉलीपेप्टाइड	2. नॉरिपिनेफ्रीन
C. ऐमीनों अम्ल व्युत्पन्न	3. ग्लूकोकोर्टिकॉइड
D. लिंग	4. एंडोर्फिन

कूट

	A	B	C	D		A	B	C	D
(a)	3	4	2	1	(b)	1	2	3	4
(c)	2	3	1	4	(d)	4	2	1	3

आंकिक मान प्रकार के प्रश्न

1 निम्नलिखित में से आवश्यक ऐमीनों अम्ल की कुल संख्या ...... है। NCERT पृष्ठ 291

वैलीन, ग्लाइसिन, फेनिलऐलानिन, लाइसिन, ल्यूसीन, आइसोल्यूसीन, मेथियोनीन, ऐलेनिन, थ्रिओनीन।

2 ट्राइपेप्टाइड के Asp-Glu-Lyp में उपस्थित $>C=O$ समूह की संख्या ...... है। NCERT पृष्ठ 291

3 वसा में घुलनशील विटामिनों की कुल संख्या है ... NCERT पृष्ठ 296

4 DNA और RNA में उपस्थित सामान्य पाइरीमिडीन की संख्या है... .। NCERT पृष्ठ 298

5 DNA क्षारीय युग्म-ऐडेनीन-थायमीन और ग्वानीन-साइटोसिन के मध्य उपस्थित हाइड्रोजन बन्ध की संख्या क्रमशः x और y है। x और y का योग .... है। NCERT पृष्ठ 299

NCERT Exemplar प्रश्न

1 ग्लाइकोजन α-`D ग्लूकोज इकाईयों की एक शखित शृंखला होते है, जिसमें शृंखला C1-C4 ग्लाइकोसिडिक आबन्ध द्वारा होते हैं, जबकि शाखन C1-C6 ग्लाइकोसिडिक आबन्धन के निर्माण द्वारा होता है। ग्लाइकोजन की संरचना किसके समान है

(a) ऐमाइलोज (b) ऐमाइलोपेक्टिन

(c) सेलुलोज (d) ग्लूकोज

2 निम्नलिखित में से कौन-सा बहुलक पशुओं के यकृत में संग्रहित होता है?

(a) ऐमाइलोज (b) सेलुलोज

(c) ऐमिलोपेक्टिन (d) ग्लाइकोजन

3 निम्नलिखित में से कौन-सा कथन ग्लूकोज के बारे में सत्य नहीं है?

(a) यह एक ऐल्डोहेक्सोस है ।

(b) HI के साथ गर्म करने पर यह *n*- हेक्सेन बनाता है।

(c) यह फ्यूरैनोज़ रूप में उपस्थित है।

(d) यह 2, 4-DNP परीक्षण नहीं देता है।

4 ग्लूकोज़ की निम्नलिखित में से कौन-सी अभिक्रिया केवल इसकी चक्रीय संरचना द्वारा ही समझायी जा सकती है?

(a) ग्लूकोज पेंटाऐसीटेट बनाता है ।

(b) ग्लूकोज हाइड्रॉक्सिलऐमीन के साथ अभिक्रिया करके ऑक्सिम बनाता है।

(c) ग्लूकोज़ का पेन्टाऐसीटेट हाइड्रॉक्सिल ऐमीन के साथ अभिक्रिया नहीं करता है।

(d) ग्लूकोज़ को नाइट्रिक अम्ल द्वारा सेकेरिक अम्ल में ऑक्सीकृत किया जाता है।

5 डाइसैकेराइडों में, यदि मोनोसैकेराइडों के अपचयन समूह, अर्थात् ऐल्डिहाइडिक या कीटोनिक समूह आपस में बन्धे हों, तो ये अपचयन रहित शर्कराएँ होती हैं।

निम्नलिखित में से कौन-सा डाइसैकेराइड एक अन-अपचायी शर्करा है?

(a)

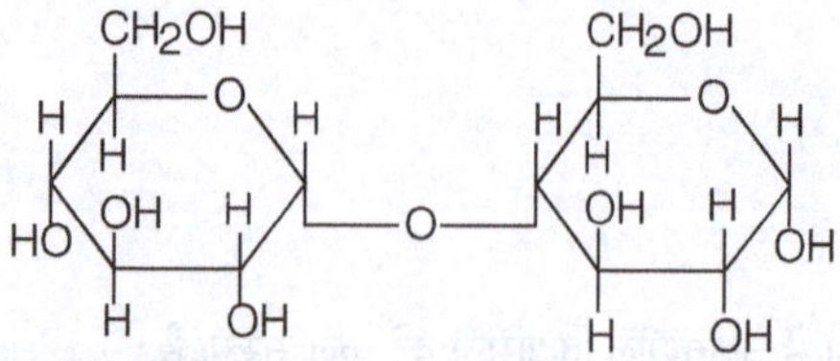

(b)

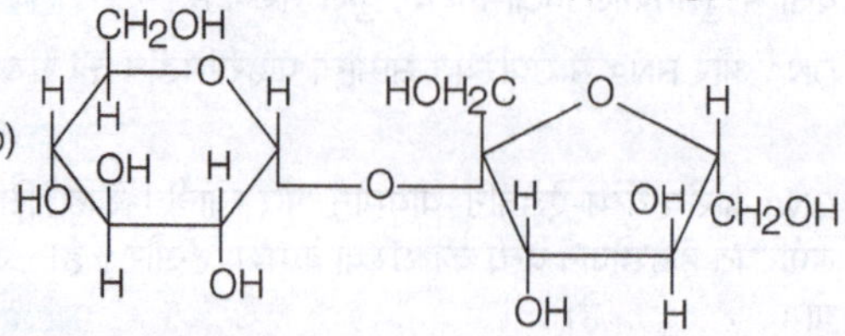

(c)

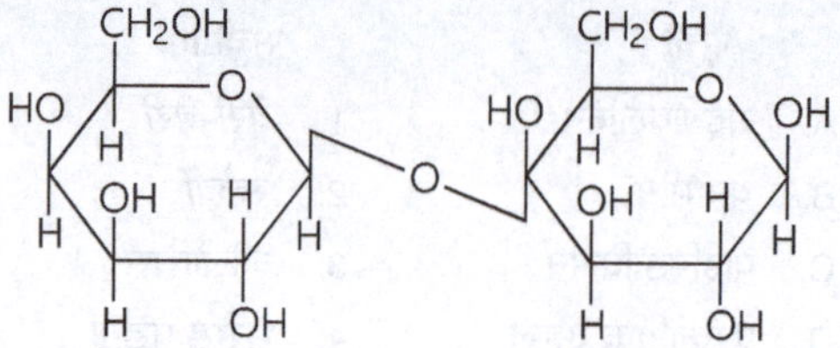

(d)

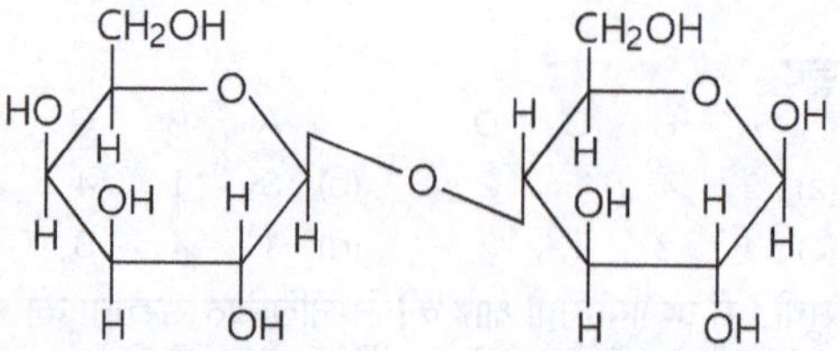

6 निम्नलिखित में से कौन-सा युग्म ऐनोमर को दर्शाता है?

(a)

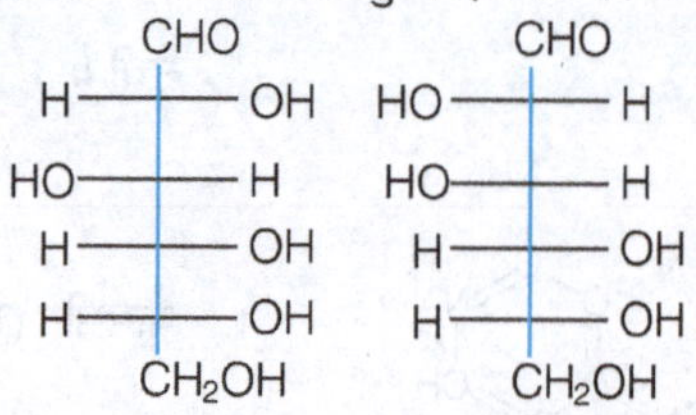

(b)

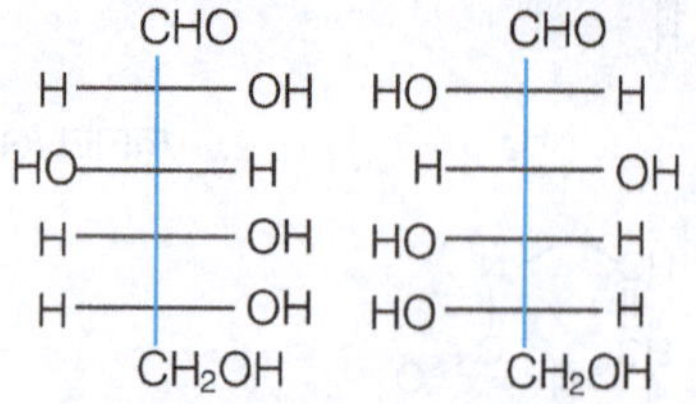

(c)

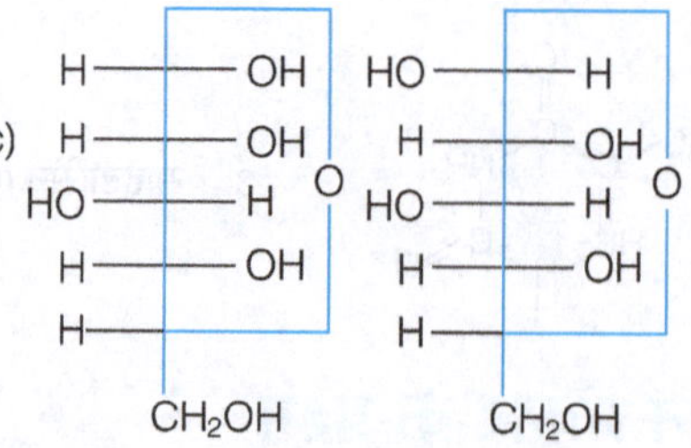

(d)

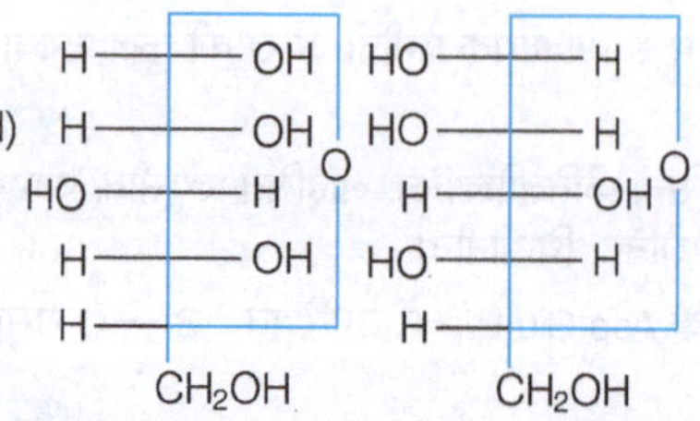

7 मोनोसैकेराइड की तीन चक्रीय संरचनाएँ नीचे दर्शायी गयी हैं। इनमें से कौन-से ऐनोमर्स हैं?

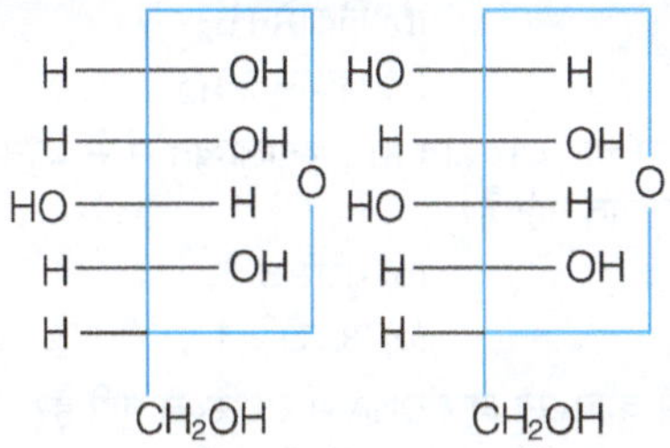

(i) (ii)

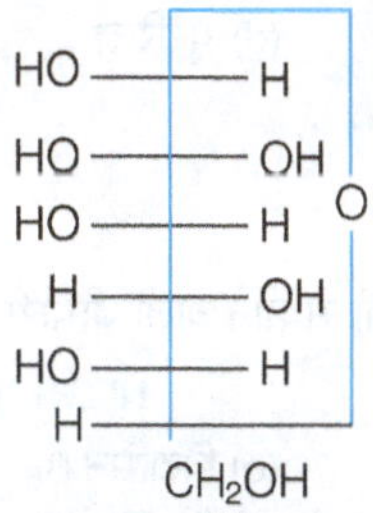

(iii)

(a) (i) और (ii) (b) (ii) और (iii)
(c) (i) और (iii) (d) (iii), (i) और (ii) का ऐनोमर है

8 सुक्रोज (इक्षु शर्करा) एक डाइसैकेराइड है। जल-अपघटन पर सुक्रोज का एक अणु देता है

(a) ग्लूकोज के 2 अणु
(b) ग्लूकोज़ के 2 अणु + फ्रक्टोज़ का 1 अणु
(c) ग्लूकोज का 1 अणु + फ्रक्टोज का 1 अणु
(d) फ्रक्टोज के 2 अणु

9 ग्लूकोज़ और फ्रक्टोज द्वारा निर्मित डाइसैकेराइड की संरचना नीचे दर्शायी गयी है। मोनोसैकेराइड इकाइयों में ऐनोमरी कार्बन परमाणुओं की पहचान करें।

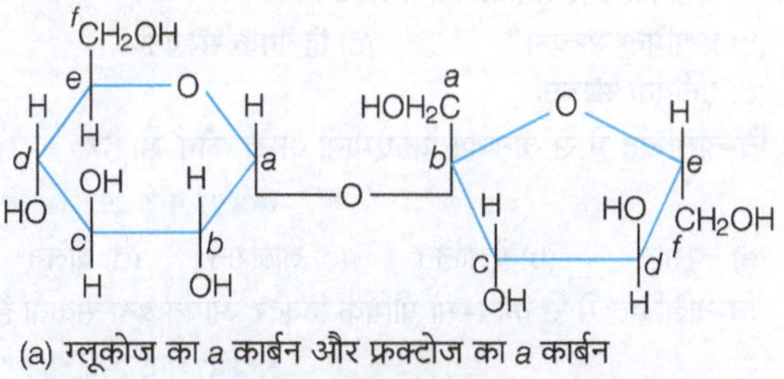

(a) ग्लूकोज का *a* कार्बन और फ्रक्टोज का *a* कार्बन
(b) ग्लूकोज का *a* कार्बन और फ्रूक्टोज का *e* कार्बन
(c) ग्लूकोज का *a* कार्बन और फ्रक्टोज का *b* कार्बन
(d) ग्लूकोज का *f* कार्बन और फ्रक्टोज का *f* कार्बन

10 नीचे तीन संरचनाएँ दर्शायी गयी हैं, जिनमें दो ग्लूकोज़ इकाइयाँ जुड़ी हुई हैं। ग्लूकोज़ इकाईयों के मध्य इनमें से कौन-सी इकाईयों के मध्य C1 और C4 के मध्य हैं और कौन-सी इकाईयों के मध्य C1 और C6 के मध्य हैं?

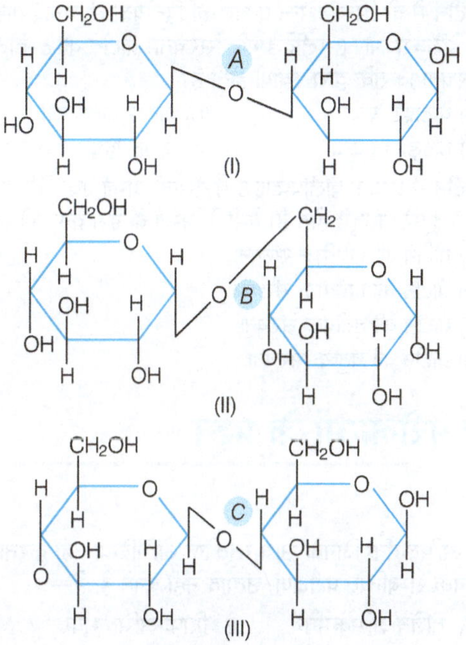

(a) C1 और C4 के मध्य A है, *B* और *C*, C1 और C6 के मध्य हैं।
(b) *A* और *B*, C1 और C4 के मध्य हैं, *C*, C1 और C6 के मध्य है।
(c) *A* और *C*, C1 और C4 के मध्य है, *B*, C1 और C6 के मध्य है।
(d) *A* और *C*, C1 और C6 के मध्य हैं, *B*, C1 और C4 के मध्य है।

11 डाइन्यूक्लियोटाइड दो न्यूक्लियोटाइड को फॉस्फोडाइएस्टर आबन्धन द्वारा एक साथ जोड़कर प्राप्त किया जाता है। न्यूक्लियोटाइड के पेंटोज शर्करा के किन कार्बन परमाणुओं के मध्य ये आबन्धन उपस्थित होते हैं?

(a) 5' और 3' (b) 1' और 5' (c) 5' और 5' (d) 3' और 3'

12 न्यूक्लिक अम्ल किसके पॉलीमर हैं?

(a) न्यूक्लियोसाइड्स (b) न्यूक्लियोटाइड्स
(c) क्षार (d) शर्करा

13 कुछ यौगिकों के प्रकाशिक घूर्णन और उनकी संरचनाएँ नीचे दर्शायी गयी हैं। उनमें से किसमें D-विन्यास है?

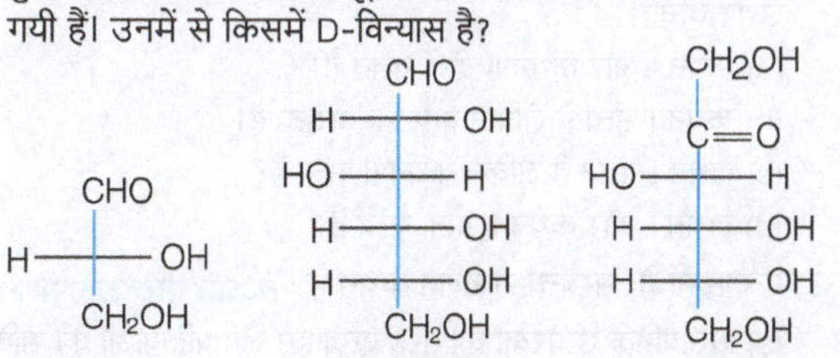

(+) घूर्णन (I) (+) घूर्णन (II) (–) घूर्णन (III)

(a) I, II, III (b) II, III
(c) I, II (d) III

14 प्रोटीन में दो भिन्न-भिन्न प्रकार की द्वितीयक संरचनाएँ पाई जाती हैं। α-हेलिक्स और β-प्लीटेड शीट संरचना। प्रोटीन की α-हेलिक्स संरचना किसके द्वारा स्थायी होती है?

(a) पेप्टाइड बन्ध (b) वान्डर वाल्स बल
(c) हाइड्रोजन बन्ध (d) द्विध्रुव-द्विध्रुव अंतःक्रिया

15 प्रोटीन में प्रत्येक पॉलीपेप्टाइड में ऐमीनों अम्ल एक विशिष्ट क्रम में एक दूसरे से जुड़े होते हैं। ऐमीनों अम्ल के इस क्रम को कहा जाता है

(a) प्रोटीन की प्राथमिक संरचना
(b) प्रोटीन की द्वितीयक संरचना
(c) प्रोटीन की तृतीयक संरचना
(d) प्रोटीन की चतुष्क संरचना

16 निम्नलिखित में से कौन-सा B समूह विटामिन हमारे शरीर में संग्रहित किया जा सकता है?

(a) विटामिन B_1 (b) विटामिन B_2
(c) विटामिन B_6 (d) विटामिन B_{12}

17 DNA और RNA में चार क्षार होते हैं। निम्नलिखित में से कौन-सा क्षार RNA में उपस्थित नहीं है?

(a) ऐडेनीन (b) यूरेसिल
(c) थाइमीन (d) साइटोसिन

18 निम्नलिखित में से कौन-सा क्षार DNA में उपस्थित नहीं है?

(a) ऐडेनीन (b) थाइमीन
(c) साइटोसिन (d) यूरेसिल

विगत परीक्षाओं के प्रश्न

NEET

1 वे अभिकर्मक जिनके साथ ग्लूकोज अभिक्रिया नहीं करता है तथा उनके सम्बन्धित परीक्षण/उत्पाद नहीं बनते है, हैं—

A. टॉलेन अभिकर्मक B. शिफ अभिकर्मक
C. HCN D. NH_2OH
E. $NaHSO_3$

नीचे दिए गए विकल्पों में से सही उत्तर चुनें।

NCERT पृष्ठ 283, 284, NEET 2024

(a) B और C (b) A और D
(c) B और E (d) E और D

2 नीचे दो कथन दिए गए हैं।

कथन I शर्करा की 1′-स्थिति पर क्षार के जुड़ने से बनने वाली इकाई को न्यूक्लियोसाइड के रूप में जाना जाता है।

कथन II जब न्यूक्लियोसाइड को शर्करा अंश के 5′-स्थिति पर फॉस्फोरिक अम्ल से जोड़ा जाता है, तो हमें न्यूक्लियोटाइड मिलता है।

NCERT पृष्ठ 298, NEET 2023

उपरोक्त कथनों के आधार पर, नीचे दिए गए विकल्पों में से सही उत्तर चुनिए।

(a) कथन I और कथन II दोनों गलत हैं।
(b) कथन I सत्य है लेकिन कथन II असत्य है।
(c) कथन I गलत है लेकिन कथन II सत्य है।
(d) कथन I और कथन II दोनों सत्य हैं।

3 एन्जाइमों के सम्बन्ध में गलत कथन है **NCERT पृष्ठ 295, NEET 2022**

(a) रासायनिक उत्प्रेरकों की तरह एन्जाइम जैव प्रक्रियाओं की सक्रियण ऊर्जा को कम करते हैं।
(b) एन्जाइम पॉलीसैकेराइड होते हैं।
(c) एन्जाइम किसी विशेष अभिक्रिया और पदार्थ के लिए बहुत विशिष्ट होते हैं।
(d) एन्जाइम जैव उत्प्रेरक हैं।

4 RBC की कमी किसकी कमी से होने वाली बीमारी है?

NCERT पृष्ठ 296, NEET 2021

(a) विटामिन B_1 (b) विटामिन B_6
(c) विटामिन B_1 (d) विटामिन B_{12}

5 किस विटामिन की कमी से ऑस्टियोमैलेशिया होता है ?

NCERT पृष्ठ 296, NEET 2020 Phase II

(a) विटामिन A (b) विटामिन D
(c) विटामिन K (d) विटामिन E

6 निम्नलिखित में से कौन-सा एक क्षारीय ऐमीनों अम्ल है?

NCERT पृष्ठ 291, NEET 2020

(a) ऐलानिन (b) टायरोसिन
(c) लाइसिन (d) सेरीन

7 विकृतीकरण प्रक्रिया के दौरान प्रोटीन की कौन-सी संरचना बनी रहती है? **NCERT पृष्ठ 295, NEET 2019**

(a) द्वितीयक और तृतीयक दोनों संरचनाएँ
(b) प्राथमिक संरचना (c) द्वितीयक संरचना
(d) तृतीयक संरचना

8 निम्नलिखित में से अनावश्यक ऐमीनों अम्ल कौन-सा है?

NCERT पृष्ठ 291, NEET 2019

(a) ल्यूसीन (b) ऐलानिन (c) लाइसिन (d) वेलिन

9 निम्नलिखित में से कौन-सा यौगिक ज्विटर आयन बना सकता है?

NCERT पृष्ठ 292, NEET 2018

(a) बेंजोइक अम्ल (b) ऐसिटानिलाइड
(c) ऐनिलीन (d) ग्लाइसिन

10 निम्नलिखित में से कौन-सा कथन सही नहीं है?

NCERT पृष्ठ 294, 300, NEET 2017

(a) इंसुलिन मानव शरीर के रक्त में शर्करा के स्तर को बनाए रखता है।
(b) ओवलब्यूमिन अंडे के सफेद भाग में संग्रहित एक सरल खाद्य भोज्य पदार्थ है।

(c) रक्त प्रोटीन थ्रोम्बिन और फाइब्रिनोजेन रक्त के थक्के बनाने में शामिल होते हैं।

(d) विकृतीकरण प्रोटीन को अधिक सक्रिय बनाता है।

11 एक प्रोटीन अणु में विभिन्न ऐमीनों अम्ल एक साथ किसके द्वारा जुड़े होते हैं? **NCERT पृष्ठ 292, NEET 2016**

(a) β- ग्लाइकोसिडिक बन्ध (b) पेप्टाइड बन्ध

(c) गतिशील बन्ध (d) α- ग्लाइकोसिडिक बन्ध

12 RNA और DNA के सम्बन्ध में सही कथन क्रमशः है **NCERT पृष्ठ 297, NEET 2016**

(a) RNA में शर्करा घटक राइबोस है और DNA में शर्करा घटक 2′-डीऑक्सीराइबोस है।

(b) RNA में शर्करा घटक अरेबिनोज़ है और DNA में शर्करा घटक राइबोस है।

(c) RNA में शर्करा घटक 2′-डीऑक्सीराइबोस है और DNA में शर्करा घटक अरेबिनोस है।

(d) RNA में शर्करा घटक अरेबिनोस है और DNA में शर्करा घटक 2′-डिऑक्सीराइबोस है।

JEE Main

13 निम्न में से कौन-सा L-ग्लूकोज की सही संरचना दर्शाता है? **NCERT पृष्ठ 285, JEE Main 2024**

(a) 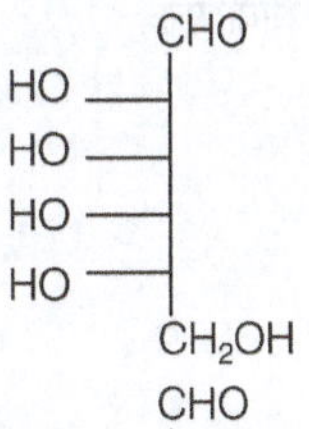

(b) 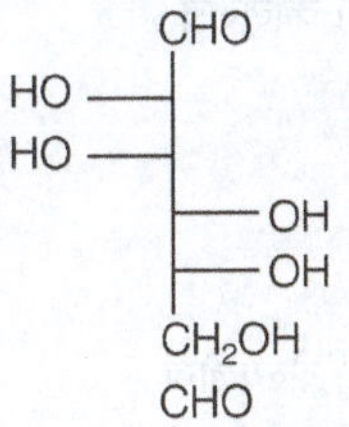

(c) 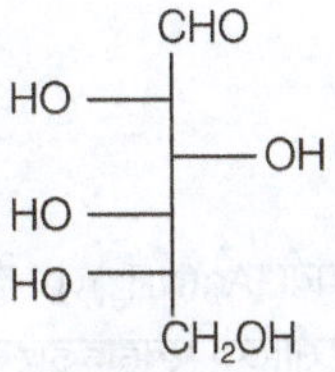

(d) 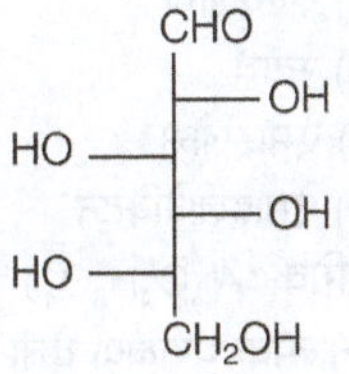

14 सूची I को सूची II से मिलान करें।

सूची I

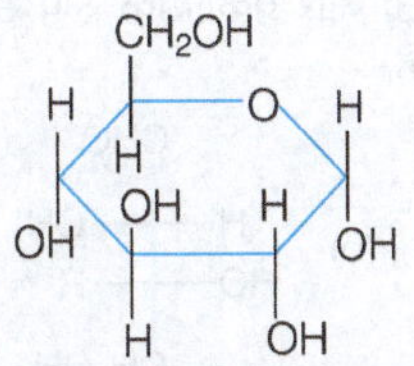
(A)

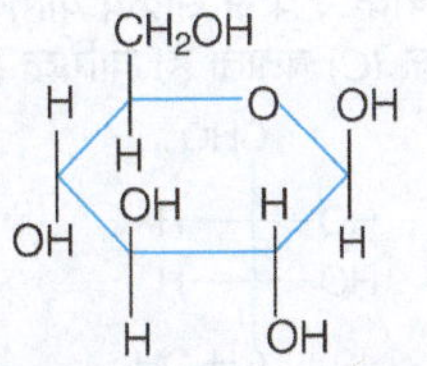
(B)

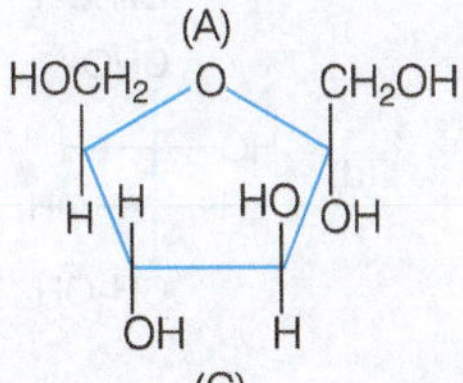
(C)

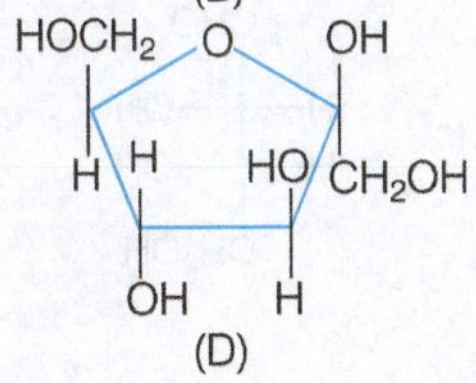
(D)

सूची II

(i) α-D -(–)- फ्रुक्टोफ्यूरानोज़ (ii) β-D -(–)- फ्रक्टोफ्यूरानोज़

(iii) α-D -(–) ग्लूकोपायरॉनोज़ (iv) β-D -(–)- ग्लूकोपायरॉनोज़

सही मिलान है **NCERT पृष्ठ 286, JEE Main 2023**

(a) A-(iv), B-(iii), C-(i), D-(ii) (b) A-(iii), B-(iv), C-(i), D-(ii)

(c) A-(i), B-(ii), C-(iii), D-(iv) (d) A-(iii), B-(iv), C-(ii), D-(i)

15 निम्नलिखित टेट्रापेप्टाइड को निम्न प्रकार दर्शाया जा सकता है

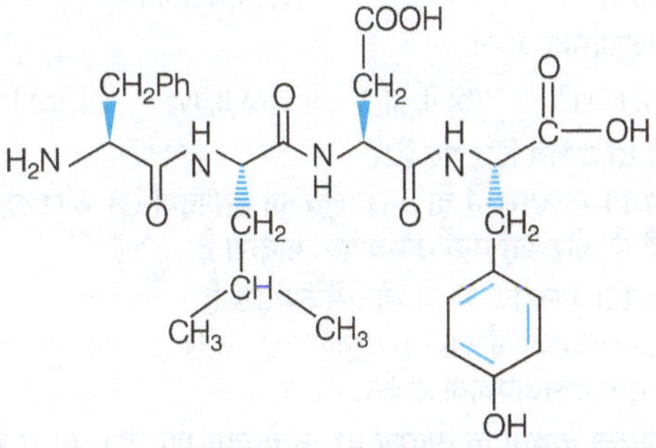

(*F, L, D, Y, I, Q, P* ऐमीनों अम्ल के लिए एक अक्षर कोड हैं) **NCERT पृष्ठ 291, JEE Main 2023**

(a) *FLQY* (b) *YQLF* (c) *FLDY* (d) *PLDY*

16 निम्नलिखित शर्करा [X] के लिए छह सदस्यीय पाइरॉनोस रूप में सही निरूपण है **NCERT पृष्ठ 286, JEE Main 2023**

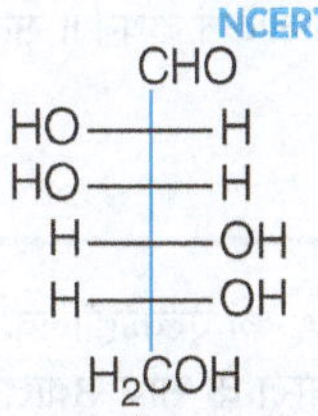
शर्करा [X]

(a) 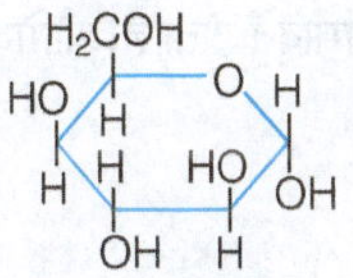

(b) 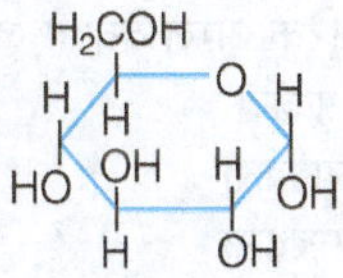

(c) 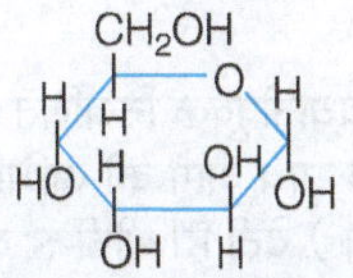

(d) 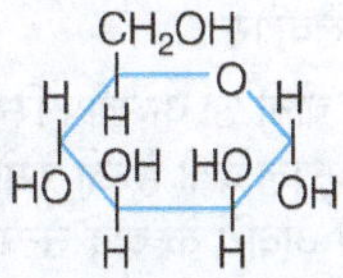

17 सूची-I को सूची-II से सुमेलित करें।

	सूची I (प्राकृतिक ऐमीनों अम्ल)		सूची II (एक अक्षर कोड)
A.	आर्जिनीन	I.	D
B.	ऐस्पार्टिक अम्ल	II.	N
C.	ऐस्प्रजीन	III.	A
D.	ऐलानिन	IV.	R

नीचे दिए गए विकल्पों में से सही उत्तर चुनें। **NCERT पृष्ठ 291, JEE Main 2023**

(a) A-III, B-I, C-II, D-IV (b) A-IV, B-I, C-III, D-II
(c) A-I, B-III, C-IV, D-II (d) A-IV, B-I, C-II, D-III

18 निम्नलिखित में से सल्फर (S) युक्त ऐमीनों अम्ल है **NCERT पृष्ठ 291, JEE Main 2023**

I. आइसोल्यूसीन II. सिस्टीन
III. लाइसिन IV. मेथियोनीन
V. ग्लूटामिक अम्ल

(a) I, II, III (b) II, III, V (c) II, IV (d) I, IV

19 नीचे दो कथन दिए गए हैं।
कथन I माल्टोस में दो α-D-ग्लूकोज इकाइयाँ C1 और C4 पर जुड़ी होती हैं और यह एक अपचायक शर्करा है।
कथन II माल्टोज़ में दो मोनोसैकेराइड हैं: α-D-ग्लूकोज और β-D-ग्लूकोज C_1 और C_6 पर जुड़े हुए हैं और यह एक अनअपचायी शर्करा है।
उपरोक्त कथनों के आधार पर, नीचे दिए गए विकल्पों में से सही उत्तर चुनें। **NCERT पृष्ठ 287, JEE Main 2022**

(a) कथन I और कथन II दोनों सत्य हैं।
(b) कथन I और कथन II दोनों असत्य हैं।
(c) कथन I सत्य है लेकिन कथन II असत्य है।
(d) कथन I असत्य है लेकिन कथन II सत्य है।

20 DNA और RNA अणुओं में शर्करा की मात्रा क्रमशः होती है **NCERT पृष्ठ 297, JEE Main 2022**

(a) β-D-2-डीऑक्सीराइबोज, β-D-डीऑक्सीराइबोज
(b) β- D -2-डीऑक्सीराइबोस, β-D-राइबोस
(c) β- D -राइबोस, β- D -2-डीऑक्सीराइबोस
(d) β -D-डीऑक्सीराइबोस, β-D-2-डीऑक्सीराइबोस

21 निम्नलिखित में से कौन-सा विटामिन रक्त का थक्का बनने में देरी करने में सहायक है? **NCERT पृष्ठ 297, JEE Main 2021**

(a) विटामिन C (b) विटामिन B
(c) विटामिन E (d) विटामिन K

22 एक अन-अपचयनशील शर्करा 'A' का जल-अपघटन करके दो अपचयनशील मोनोसैकेराइड दिए गए है। शर्करा *A* है **NCERT पृष्ठ 287, JEE Main 2021**

(a) फ्रक्टोज (b) गैलेक्टोज
(c) ग्लूकोज (d) सुक्रोज

23 निम्नलिखित में से कौन-सा रेशेदार प्रोटीन का उदाहरण नहीं है? **NCERT पृष्ठ 292, JEE Main 2021**

(a) केराटिन (b) एल्बुमिन
(c) कोलेजन (d) मायोसिन

स्किल बूस्टर्स

1 जब एक सैकेराइड 'A' को ऐल्कोहॉलिक विलयन में तनु सल्फ्यूरिक अम्ल के साथ उबाला जाता है, तो दो समावयवी 'x' और 'y' बनते हैं। नाइट्रिक अम्ल के साथ ऑक्सीकरण पर 'x' सैकरिक अम्ल देता है जबकि 'y' वामावर्त होता है। यौगिक 'A' है
(a) सुक्रोज
(b) राइबोस
(c) माल्टोस
(d) लैक्टोस

2 एक चीनी 'S' अम्लीय स्थिति में सावधानीपूर्वक निर्जलित होकर फुरफुरल देती है जो रेसोर्सिनॉल के साथ आगे की अभिक्रिया पर उसी अवधि के बाद उत्पाद (रंगीन) देती है। चीनी 'S' को पहचानें
(a) ऐल्डोटेट्रोज
(b) कीटोटेरोज
(c) ऐल्डोपेन्टोज
(d) कीटोपेन्टोज

3 एक पॉलीसैकेराइड (S) को तनु H_2SO_4 के साथ 393 K पर 2-3 atm दाब पर उबालने पर 'P' प्राप्त होता है। 'P' को ब्रोमीन जल से उपचारित करने पर ग्लूकोनिक अम्ल प्राप्त होता है। 'S' में केवल β-ग्लाइकोसिडिक बन्ध होते हैं। यौगिक 'S' है
(a) सेल्यूलोज़
(b) स्टार्च
(c) एमाइलोस
(d) ऐमाइलोपेक्टिन

4 यौगिक 'A' ($C_4H_8O_4$) का L-समावयवी $[Ag(NH_3)_2]^+$. के साथ धनात्मक परीक्षण देता है। 'A' को ऐसीटिक ऐनहाइड्राइड के साथ उपचारित करने पर ट्राइऐसीटेट व्युत्पन्न प्राप्त होता है। यौगिक (*A*) ब्रोमीन जल और HNO_3 के साथ उपचारित करने पर क्रमशः प्रकाशिक रूप से सक्रिय यौगिक (*B*) और प्रकाशिक रूप से निष्क्रिय यौगिक (*C*) बनाता है। यौगिक (*A*) है

(a)
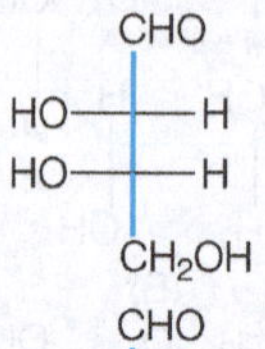

(b)
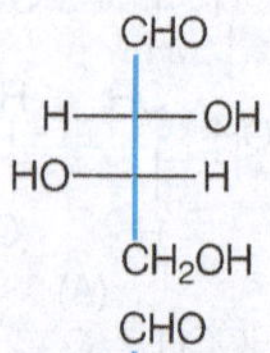

(c)
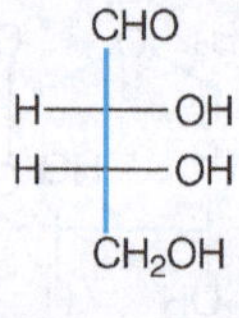

(d)
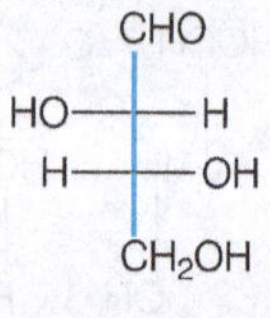

5 ऐमीनों अम्ल प्रोटीन के निर्माण खंड हैं। कुछ ऐमीनों अम्ल अम्लीय होते हैं , कुछ क्षारीय और कुछ प्रकृति में उदासीन होते हैं, क्योंकि प्रत्येक ऐमीनों अम्ल में ऐमीनों और कार्बोक्सिल समूह एक साथ होते हैं। इसलिए, जलीय विलयन में लवण गुण दर्शाने वाले ऐमीनों अम्ल की संरचना इस प्रकार हो सकती है।

(a) $—NH_2$ समूह > —COOH समूह

(b) $—NH_2$ समूह < —COOH समूह

(c) $—NH_2$ समूह = —COOH समूह

(d) केवल $—NH_2$ समूह

6 अणुसूत्र $C_6H_{12}O_6$ वाला एक प्रकाशिक रूप से सक्रिय यौगिक प्रकृति में दो समावयवी रूपों (P) और (Q) में पाया जाता है। जब (P) और (Q) को जल में घोला जाता है, तो वे निम्नलिखित साम्य दिखाते हैं।

$$(P) \rightleftharpoons \text{साम्यमिश्रण} \rightleftharpoons (Q)$$
$$[\alpha]_D = 111^\circ \qquad 52.5^\circ \qquad [\alpha]_D = 19.2^\circ$$

इन समावयवियों को किस नाम से जाना जाता है?

(a) एनोमर

(b) एपिमर्स

(c) प्रतिबिम्बी

(d) होमोमर्स

7 पाचन की प्रक्रिया के दौरान, खाद्य पदार्थ में उपस्थित प्रोटीन 'X' की उपस्थिति में जल अपघटित होते हैं जो इसे पॉलीपेप्टाइड्स में परिवर्तित करते हैं, आगे 'Y' की भागीदारी पॉलीपेप्टाइड्स को ऐमीनों अम्ल में बदलने की प्रक्रिया को तीव्र करती है।

$$\text{प्रोटीन} \xrightarrow{'X'} \text{पॉलीपेप्टाइड} \xrightarrow{'Y'} \text{ऐमीनो अम्ल}$$

(a) पेप्सिन और ट्रिप्सिन

(b) इन्वर्टेज और ज़ाइमेज़

(c) ऐमाइलेज और माल्टेज़

(d) लाइपेस और ऐमाइलेज

8 70,000 u अणुभार वाला प्रोटीन 'X' जल-अपघटन पर ऐमीनो अम्ल देता है। इनमें से एक ऐमीनों अम्ल है

(a) $NH_2—CH_2—CH(CH_3)—CH_2CH_2COOH$

(b) $CH_3—CH(CH_3)—CH_2—CH(NH_2)—COOH$

(c) $CH_3—C(CH_3)(NH_2)—CH_2—COOH$

(d) $CH_3—C(CH_3)(NH_2)—CH_2—COOH$

9 जब सुक्रोज का जल-अपघटन किया जाता है, तो ग्लाइकोसिडिक बन्धन टूट जाता है और दो उत्पाद a और b बनते हैं और फिर इन उत्पादों को सेलिवानॉफ के अभिकर्मक के साथ अभिक्रिया करके X बनाया जाता है। उपरोक्त अभिक्रिया में सही अवलोकन है

(a) नीले रंग का निर्माण

(b) बैंगनी रंग का निर्माण

(c) लाल रंग का निर्माण

(d) पीले रंग का निर्माण

प्रश्न कुंजी

शीर्षकवार प्रश्न

1. (d)	2. (c)	3. (d)	4. (b)	5. (b)	6. (c)	7. (b)	8. (d)	9. (d)	10. (b)
11. (c)	12. (b)	13. (c)	14. (b)	15. (d)	16. (a)	17. (b)	18. (c)	19. (c)	20. (d)
21. (b)	22. (a)	23. (b)	24. (b)	25. (a)	26. (d)	27. (a)	28. (d)	29. (a)	30. (b)
31. (d)	32. (d)	33. (b)	34. (d)	35. (d)	36. (b)	37. (d)	38. (c)	39. (b)	40. (d)
41. (c)	42. (d)	43. (d)	44. (d)	45. (c)	46. (c)	47. (b)	48. (a)	49. (b)	50. (b)
51. (d)	52. (a)	53. (c)	54. (a)	55. (b)	56. (d)	57. (d)	58. (d)	59. (a)	60. (b)
61. (d)	62. (c)	63. (c)	64. (d)	65. (b)	66. (b)	67. (b)	68. (b)	69. (d)	70. (c)
71. (b)	72. (d)	73. (c)	74. (d)	75. (b)	76. (c)	77. (c)	78. (c)	79. (d)	80. (b)
81. (b)	82. (d)	83. (b)	84. (d)	85. (b)	86. (c)	87. (b)	88. (c)	89. (a)	90. (d)

अभिकथन-कारण प्रश्न

1. (b)	2. (b)	3. (a)	4. (c)	5. (a)	6. (a)	7. (b)	8. (a)	9. (d)	10. (a)
11. (a)	12. (c)	13. (a)							

कथन आधारित प्रश्न

1. (d)	2. (d)	3. (b)	4. (a)	5. (d)	6. (b)	7. (d)	8. (c)	9. (a)	10. (d)

सुमेलन प्रकार प्रश्न

1. (c)	2. (a)	3. (b)	4. (d)	5. (a)

आंकिक मान प्रकार के प्रश्न

1. (7)	2. (5)	3. (4)	4. (1)	5. (5)

NCERT Exemplar प्रश्न

1. (b)	2. (d)	3. (c)	4. (c)	5. (b)	6. (c)	7. (a)	8. (c)	9. (c)	10. (c)
11. (a)	12. (b)	13. (a)	14. (c)	15. (a)	16. (d)	17. (c)	18. (d)		

विगत परीक्षाओं के प्रश्न

1. (c)	2. (d)	3. (b)	4. (a)	5. (b)	6. (c)	7. (b)	8. (b)	9. (d)	10. (d)
11. (b)	12. (a)	13. (c)	14. (b)	15. (c)	16. (d)	17. (d)	18. (c)	19. (c)	20. (b)
21. (d)	22. (d)	23. (b)							

स्किल बूस्टर्स

1. (a)	2. (c)	3. (a)	4. (a)	5. (c)	6. (a)	7. (a)	8. (b)	9. (c)

क्रमवार

प्रश्नों का विश्लेषण

कॉन्सेप्ट बिल्डर्स

1 कार्बोहाइड्रेट और प्रोटीन.
2 सत्य
3 सैकरिक अम्ल
4 ग्लाइकोसिडिक आबन्धन
5 असत्य
6 α-ग्लूकोज
7 ऐमाइलोपेक्टिन
8 प्रोटीन
9 आर्जिनिन
10 अम्लीय, उदासीन
11 ज्विटर आयनिक
12 केरोटिन, मायोसिन
13 सत्य
14 असत्य
15 असत्य
16 जैव उत्प्रेरक, सक्रियण ऊर्जा
17 माल्टेस
18 असत्य
19 विटामिन B12
20 विटामिन B6
21 विटामिन K
22 सत्य
23 विटामिन D
24 गुणसूत्र, न्यूक्लिक अम्ल
25 द्वितीय
26 फॉस्फोडाइएस्टर
27 हाइड्रोजन बन्ध
28 ग्वानीन
29 ग्लूकेगॉन
30 एस्ट्रोडायल

शीर्षकवार प्रश्न

1 *(d)* कार्बोहाइड्रेट सामान्यतः प्रकाशिक रूप से सक्रिय होते हैं, क्योंकि उनमें एक या एक से अधिक किरल कार्बन परमाणु होते हैं।

2 *(c)* सुक्रोज के जल-अपघटन पर ग्लूकोज और फ्रक्टोज का एक-एक अणु प्राप्त होता है।

3 *(d)* माल्टोस पॉलीसैकेराइड का उदाहरण नहीं है।

4 *(b)* पॉलीसैकेराइड को गैर-शर्करा कहा जाता है, क्योंकि उनका स्वाद मीठा नहीं होता है ।

5 *(b)* ऐल्डिहाइड समूह के लिए 5 कार्बन-परमाणुओं वाले मोनोसैकेराइड को ऐल्डोपेंटोस के रूप में जाना जाता है और कीटो समूह को कीटोपेंटोस के रूप में जाना जाता है।

6 *(c)* यदि सुक्रोज को तनु HCl या H_2SO_4 के साथ ऐल्कोहॉलिक विलयन में उबाला जाए तो ग्लूकोज और फ्रक्टोज समान मात्रा में प्राप्त होते हैं। अभिक्रिया इस प्रकार है

$$\underset{\text{सुक्रोज}}{C_{12}H_{22}O_{11}} + H_2O \xrightarrow{H^+} \underset{\text{ग्लूकोज}}{C_6H_{12}O_6} + \underset{\text{फ्रक्टोज}}{C_6H_{12}O_6}$$

7 *(b)* 8 *(d)* 9 *(d)*

10 *(b)* बनने वाला उत्पाद ग्लूकोनिक अम्ल है। इसमें शामिल अभिक्रिया इस प्रकार है

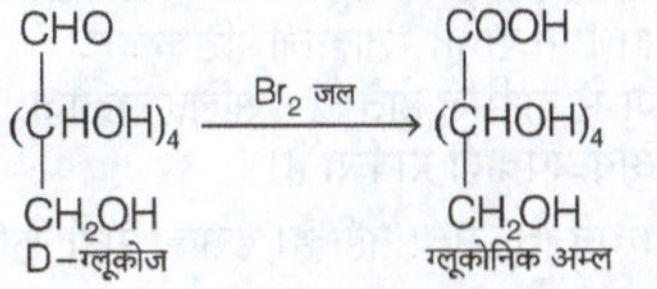

11 *(c)* बनने वाला उत्पाद ग्लूकोज पेंटा एसीटेट है। इसमें सम्मिलित अभिक्रिया इस प्रकार है।

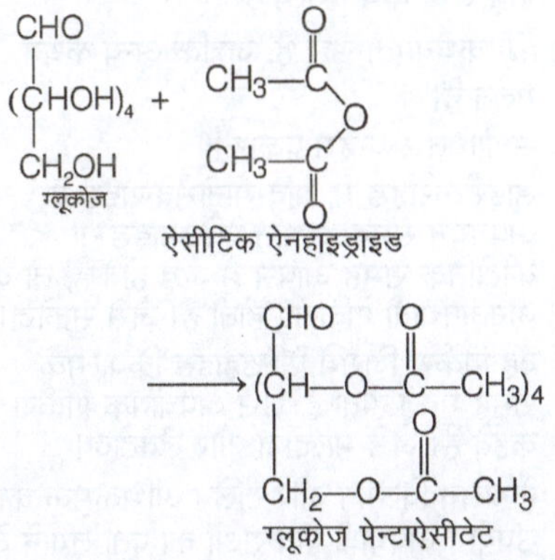

12 *(b)* ग्लूकोज और ग्लूकोनिक अम्ल, दोनों ऑक्सीकरण पर डाइकार्बोक्सिलिक अम्ल या सैकरिक अम्ल देते हैं। यह ग्लूकोज में प्राथमिक ऐल्कोहॉल (-OH) समूह की उपस्थिति को दर्शाता करता है।

13 *(c)*

14 *(b)*

15 *(d)* निम्नलिखित अभिक्रिया होती है

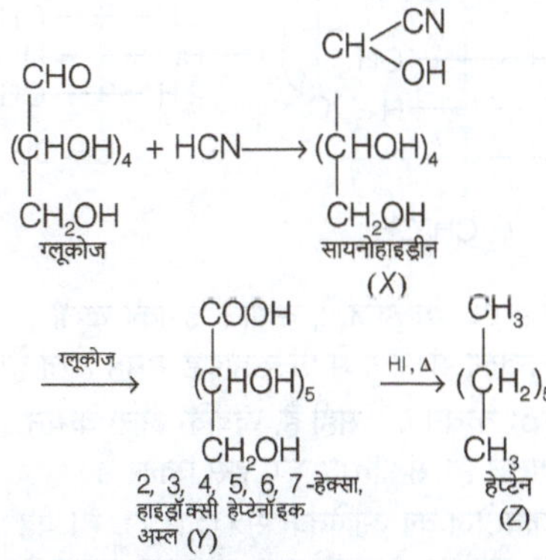

16 *(a)* I ग्लिसरेल्डिहाइड के D-रूप को दर्शाता है। II D-(+) ग्लूकोज़ को दर्शाता है, —सबसे निचले असममित कार्बन पर —OH दाईं ओर है जो (+) ग्लिसरेल्डिहाइड समान है, इसलिए D-संरचना के रूप में निर्दिष्ट किया गया है।

17 *(b)*

18 *(c)* β-ग्लूकोज का रूप (गलनांक 423 K) 371 K पर गर्म और संतृप्त जलीय विलयन से क्रिस्टलीकरण द्वारा प्राप्त किया जाता है।

19 *(c)* गलत कथन (c) है। इसे निम्न प्रकार से सही किया जा सकता है: चक्रीय रूप में मुक्त —CHO की अनुपस्थिति के कारण ग्लूकोज शिफ परीक्षण नहीं देता है।

20 *(d)* **कथन** (d) गलत है। इसका सही रूप निम्न प्रकार है
किसी भी यौगिक के नाम के पहले अंकित अक्षर 'D' या 'L' उस विशेष त्रिविम समावयवी के सापेक्ष विन्यास को दर्शाते हैं।

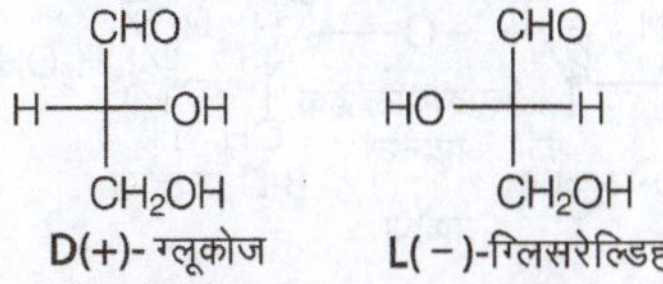

D(+)- ग्लूकोज पेन्टाऐसीटेट [I] L(−)-ग्लिसरेल्डिहाइड [II]

21 *(b)* कथन I और II सही हैं, जबकि कथन III गलत है। इसका सही रूप इस प्रकार है ग्लूकोज की छह सदस्यीय चक्रीय संरचना को पाइरानोज़ संरचना (α या β) कहा जाता है, जो कि पायरॉन के अनुरूप है।

22 *(a)* यह एक पेन्टोज़ शर्करा है, इसमें 5 कार्बन परमाणु होते हैं।

बनने वाली वलय पाँच सदस्यीय होती है और इसे यौगिक को फ्यूरान से समानता के कारण फ्यूरानॉज़ नाम दिया गया है।

वलय का फिशर प्रक्षेपण है

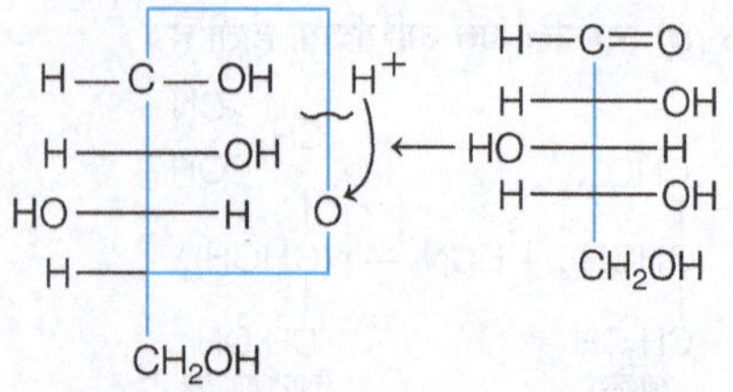

यह एक ऐल्डोज है, क्योंकि इसकी खुली श्रृंखला संरचना में ऐल्डिहाइड समूह होता है।

23 *(b)* कथन (b) सही है, जबकि अन्य कथन गलत हैं। संशोधित रूप इस प्रकार हैं

फ्रक्टोज का आण्विक सूत्र $C_6H_{12}O_6$ है। यह D-सीरीज से संबंधित है और एक वामावर्त यौगिक है। यह दो चक्रीय रूपों में भी पाया जाता है जो C_5 पर उपस्थित —OH तथा $\rangle$C=O के योगज प्राप्त किया जाता है।

इस प्रकार पाँच सदस्यी वलय संरचना बनती है तथा फ्यूरान से समानता के कारण फ्यूरानोज़ नाम दिया गया है। फ्यूरान एक पाँच सदस्यों वाली वलय संरचना है, जिसमें एक ऑक्सीजन और चार कार्बन परमाणु होते हैं।

24 *(b)*

25 *(a)* सुक्रोज में, दो मोनोसैकेराइड एक ग्लाइकोसिडिक बन्ध द्वारा एक साथ बन्धे रहते हैं।

यह संबंध α-D-ग्लूकोज के C_1 और β-D-फ्रक्टोज के C_2 के मध्य है।

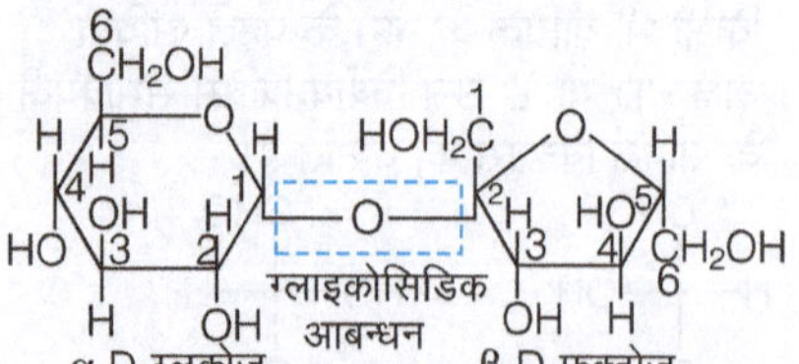

α-D-ग्लूकोज β-D-फ्रक्टोज

सुक्रोज

26 *(d)* तनु जलीय सल्फ्यूरिक अम्ल के साथ सुक्रोज के जल-अपघटन पर यह D-(+)-ग्लूकोज और D-(–)-फ्रक्टोज का सममोलर मिश्रण प्राप्त होता है।

सुक्रोज के जल-अपघटन की अभिक्रिया इस प्रकार है

$$\underset{\text{सुक्रोज}}{C_{12}H_{22}O_{11}} + H_2O \xrightarrow{H_2SO_4} \underset{\text{D-(+)-ग्लूकोज}}{C_6H_{12}O_6} + \underset{\text{D-(–)-फ्रक्टोज}}{C_6H_{12}O_6}$$

27 *(a)* अपवर्त शर्करा D-ग्लूकोज और D-फ्रक्टोज का मिश्रण है। सुक्रोज को इन्वर्ट शुगर के नाम से भी जाना जाता है।

28 *(d)* माल्टोस दो α-D- ग्लूकोपायरानोज़ घटक (6 सदस्यीय वलय) इकाईयों से बना होता है जिसमें एक ग्लूकोज का C_1 दूसरे ग्लूकोज इकाई के C_4 से जुड़ा होता है।

अतः, आबन्धन का प्रकार 1, 4-ग्लाइकोसिडिक आबन्धन है।

29 *(a)* माल्टोस एक डाइसैकेराइड है, जो C_1 —C_4 ग्लाइकोसिडिक लिंकेज के माध्यम से मोनोसैकेराइड α-D-ग्लूकोज और α-D-ग्लूकोज से बनता है।

30 *(b)* कथन (b) सुक्रोज के लिए सही नहीं है। यह α-ग्लूकोज के C_1 और β फ्रुक्टोज के C_2 के मध्य ग्लाइकोसिडिक बन्ध के माध्यम से जुड़ा हुआ है। चूँकि, ग्लूकोज और फ्रक्टोज के अपचयन समूह ग्लाइकोसिडिक बन्ध निर्माण में शामिल होते हैं, इसलिए सुक्रोज एक अनअपचायी शर्करा है।

31 *(d)* कथन (d) सत्य नहीं है। इसका सही रूप इस प्रकार है

(+)-लैक्टोज एक अपचायक शर्करा है।

शेष सभी कथन सत्य हैं।

32 *(d)* कथन (d) सही है, जबकि अन्य कथन गलत हैं।

संशोधित रूप इस प्रकार हैं

डाइसैकेराइड में, यदि मोनोसैकेराइड के अपचयन समूह, अर्थात् ऐल्डिहाइड या कीटोनिक समूह आपस में जुड़े होते हैं, तो ये अनअपचायी शर्कराएँ होती हैं। जैसे सुक्रोज।

वह शर्करा जिसमें ऐल्डिहाइड क्रियात्मक समूह मुक्त होता है, उसे अपचायक शर्करा कहते हैं। जैसे माल्टोज और लैक्टोज।

फेहलिंग विलयन और टॉलेन अभिकर्मक का उपयोग अपचायी शर्कराओं का पता लगाने के लिए किया जाता है।

33 *(b)* *A* सुक्रोज है, यह एक अपचायी शर्करा नहीं है, क्योंकि इसमें हेमीऐसीटल समूह नहीं होता है।

B माल्टोज है। यह एक अपचायक शर्करा है, क्योंकि इसमें हेमीऐसीटल समूह होता है।

34 *(d)* कथन (d) गलत है। इसका संशोधित रूप ऐमाइलोज है जो स्टार्च का लगभग 15-20% होता है।

35 *(d)* ऐमाइलोपेक्टिन स्टार्च का जल में अविलेय घटक है।

यह α-D-ग्लूकोज का होमोपॉलीमर है, जिसमें C_1–C_4 लिंकेज और C_1–C_6 लिंकेज उपस्थित होते हैं।

36 *(b)* सेलुलोज़ पॉलीसैकेराइड की एक सीधी श्रृंखला है, जो केवल β-D-ग्लूकोज इकाईयों से बनी होती है, जो एक ग्लूकोज इकाई के C_1 और अगली ग्लूकोज इकाई के C_4 के मध्य ग्लाइकोसिडिक लिंकेज द्वारा जुड़ी होती हैं।

37 *(d)* सेलुलोज में एक सीधी श्रृंखला पॉलीसैकेराइड होती है जो केवल β-D-ग्लूकोज इकाइयों से बनी होती है। ये β-D-ग्लूकोज इकाइयाँ C_1 -C_4 ग्लाइकोसिडिक आबन्ध द्वारा एक साथ जुड़ी होती हैं।

38 *(c)* ग्लाइकोजन को पशु स्टार्च के रूप में भी जाना जाता है, क्योंकि इसकी संरचना ऐमाइलोपेक्टिन के समान होती है और यह अधिक शाखित होती है। कार्बोहाइड्रेट पशु शरीर में ग्लाइकोजन के रूप में संग्रहीत होते हैं।

39 *(b)* प्रोटीन के जल-अपघटन पर केवल α-ऐमीनों अम्ल प्राप्त होते हैं।

40 *(d)* टायरोसिन में (*P*) HO—C_6H_4—CH_2 समूह होता है। टायरोसिन की आण्विक संरचना इस प्रकार है

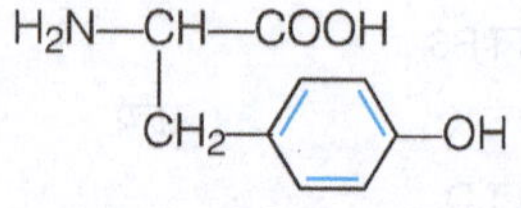

फेनिल-OH समूहों

41 *(c)* सबसे क्षारीय ऐमीनों अम्ल लाइसिन है। केवल दो क्षारीय ऐमीनों अम्ल (दो क्षारीय नाइट्रोजन युक्त समूहों वाले ऐमीनो अम्ल) हैं। ये लाइसिन और आर्जिनिन हैं।

42 *(d)* टायरोसिन अनावश्यक ऐमीनों अम्ल है।

43 *(d)* ल्यूसीन एक अनावश्यक ऐमीनों अम्ल है।

44 *(d)* वैलीन, ल्यूसीन और लाइसिन ऐसे ऐमीनों अम्ल हैं, जिन्हें शरीर में संश्लेषित नहीं किया जा सकता है , जबकि ग्लाइसीन को शरीर में संश्लेषित किया जा सकता है, क्योंकि यह अनावश्यक ऐमीनों अम्ल है।

45 *(c)* कथन (c) गलत है। इसका सही रूप इस प्रकार है

सभी प्रोटीन α-ऐमीनों अम्ल के बहुलक होते हैं, अतः जल-अपघटन पर α-ऐमीनों अम्ल देते हैं।

शेष अन्य कथन सही हैं।

46 *(c)* हिस्टिडीन (I) और थ्रेओनीन (III) ऐमीनों अम्ल आवश्यक ऐमीनों अम्ल हैं।

47 *(b)* ग्लाइसिन (ग्लाइ) प्रकाशिक रूप से सक्रिय ऐमीनों अम्ल नहीं है। इसमें दो समान समूहों की उपस्थिति के कारण एक किरल कार्बन नहीं होता है।

48 *(a)* (*n* - 1) पेप्टाइड बन्ध के निर्माण के दौरान *n* संख्या के ऐमीनों अम्लों में से जल के अणु हटा दिए जाते हैं।

49 *(b)* जब ग्लाइसीन का कार्बोक्सिल समूह ऐलानिन के ऐमिनों समूह के साथ संयोजित होता है तो हमें डाइपेप्टाइड, ग्लाइसील ऐलानिन प्राप्त होता है ।

50 *(b)* रेशेदार प्रोटीन के कुछ सामान्य उदाहरण किरेटिन (बालों, ऊन, रेशम में उपस्थित) और मायोसिन (मांसपेशियों में उपस्थित) हैं। इंसुलिन और ऐल्बुमिन गोलिकाकार प्रोटीन के उदाहरण हैं।

51 *(d)* ट्राइपेप्टाइड अर्थात, ऐलानिन-ग्लाइसिन-एलानिन है। का सही निरूपण,

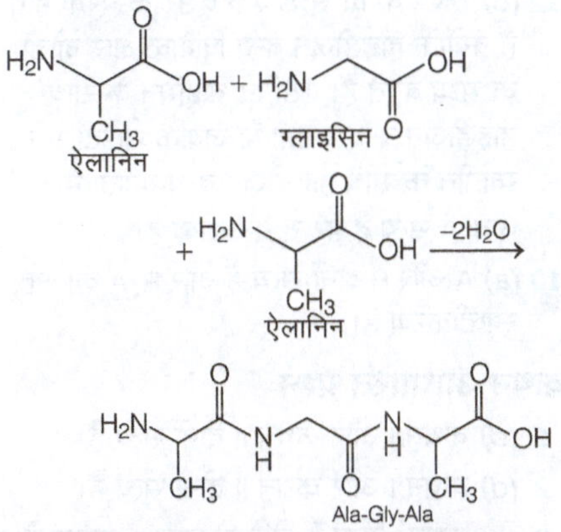

52 *(a)* जब पॉलीपेप्टाइड श्रृंखलाएँ समानांतर चलती हैं और हाइड्रोजन और डाइसल्फ़ाइड आबन्ध द्वारा एक साथ जुड़ी रहती हैं, तो रेशे जैसी संरचना बनती है। इन्हें रेशेदार प्रोटीन कहते हैं। ऐसे प्रोटीन सामान्यता जल में अघुलनशील होते हैं।

53 *(c)* इंसुलिन रक्त शर्करा के स्तर को नियंत्रित करने के लिए उत्तरदायी है। इंसुलिन 51 ऐमीनों अम्ल का एक पॉलीपेप्टाइड है। इसमें 30 और 21 ऐमीनों अम्लों की दो पॉलीपेप्टाइड श्रृंखलाएँ होती हैं।

54 *(a)* कथन (a) गलत है। इसका सही रूप निम्न प्रकार है
इसमें धनात्मक और ऋणात्मक दोनों आवेश होते हैं, लेकिन आवेश के निरस्तीकरण के कारण समवैद्युतिक बिन्दु पर यह उदासीन प्रतीत होता है।
शेष अन्य कथन सही हैं।

55 *(b)* कथन (b) गलत है। इसका सही रूप निम्न प्रकार है
अधिकांश प्राकृतिक रूप से पाए जाने वाले ऐमीनों अम्ल में L-संरचना होती है।
शेष अन्य कथन सही हैं।

56 *(d)* कथन (d) गलत है। इसका सही रूप निम्न प्रकार है
प्रोटीन की द्वितीयक संरचना $-\overset{\overset{O}{||}}{C}-$ और —NH समूह के पेप्टाइड बन्ध और हाइड्रोजन बन्ध के कारण पॉलीपेप्टाइड श्रृंखला के मेरुदण्ड के नियमित वलन (folding) के कारण उत्पन्न होती है।
शेष अन्य कथन सही हैं।

57 *(d)* कथन (d) गलत है। इसका सही रूप इस प्रकार है
केरेटिन रेशेदार प्रोटीन का एक उदाहरण है। यह बाल, ऊन, रेशम में उपस्थित होता है।
शेष अन्य कथन सही हैं।

58 *(d)* दो या दो से अधिक पॉलीपेप्टाइड श्रृंखलाओं की एक दूसरे के सापेक्ष दिक् स्थान व्यवस्था को चतुष्क (quaternary) संरचना के रूप में जाना जाता है।

59 *(a)* उबालने पर अंडे की सफेदी का स्कंदन प्रोटीन के विकृतीकरण का एक उदाहरण है।

60 *(b)*

61 *(d)* एन्जाइम किसी विशेष अभिक्रिया तथा किसी विशेष क्रियाधार के लिए बहुत विशिष्ट होते हैं।

62 *(c)*

63 *(c)* यह 'X' माल्टेज नामक एंजाइम है। यह एक गोलिकाकार प्रोटीन है। इसका उपयोग माल्टोस को ग्लूकोज में जल-अपघटन करने में किया जाता है।

64 *(d)* कथन (II) गलत है। इसका सही रूप इस प्रकार है
इष्टतम तापमान पर, जो सामान्यतः 25°C-35°C के मध्य होता है, एन्जाइम की क्रियाशीलता अधिकतम होती है।
शेष अन्य कथन सही हैं।

65 *(b)* केवल कथन (II) गलत है। इसका सही रूप इस प्रकार है
अधिकांश विटामिन हमारे शरीर में संश्लेषित नहीं किए जा सकते हैं, लेकिन पौधे उनमें से लगभग सभी को संश्लेषित कर सकते हैं ।
बाकी अन्य कथन सही हैं।

66 *(b)* **67** *(b)*

68 *(b)* ऐस्कॉर्बिक अम्ल विटामिन C का रासायनिक नाम है। अन्य यौगिक विटामिन नहीं हैं। ऐस्पार्टिक अम्ल एक एमिनों अम्ल है। ऐडीपिक अम्ल एक डाइकार्बोक्सिलिक अम्ल है जिसमें 6 कार्बन श्रृंखला होती हैं। सैकरिक अम्ल एक डाइकार्बोक्सिलिक अम्ल है, जो HNO_3 का उपयोग करके ग्लूकोज के ऑक्सीकरण द्वारा प्राप्त होता है ।
इसलिए, ऐस्कॉर्बिक अम्ल एक विटामिन है।

69 *(d)* मांसपेशियों में कमजोरी विटामिन E की कमी के कारण होती है। इसकी कमी को दूर करने के लिए आहार में वनस्पति तेल जैसे गेहू के बीज का तेल, सूरजमुखी का तेल आदि को शामिल करना चाहिए।

70 *(c)* **71** *(b)*

72 *(d)* सही सुमेलित जोड़े हैं
विटामिन B_2 — दूध, अंडे का सफेद भाग
विटामिन B_{12} — मांस, मछली
विटामिन A — गाजर, मक्खन
विटामिन E — जर्म ऑयल

73 *(c)* विकल्प (c) सही संयोजन है। DNA अणु में शर्करा अंश β-D-2-डीऑक्सीराइबोस है, जबकि RNA अणु में यह β-D-राइबोज है।

74 *(d)* DNA में चार क्षार होते हैं, अर्थात ऐडेनिन (A), ग्वानीन (G), साइटोसिन (C) और थाइमिन (T)। RNA में भी चार क्षार होते हैं, पहले तीन क्षार DNA जैसे ही होते हैं, लेकिन चौथा क्षार यूरेसिल (U) होता है। इसलिए, DNA और RNA में यूरेसिल समान नहीं है।

75 *(b)* RNA में भी DNA की तरह चार क्षार होते हैं। लेकिन RNA में थाइमीन के स्थान पर यूरेसिल होता है।

76 *(c)* न्यूक्लियोटाइड्स पेन्टोज शर्करा के 5' और 3'
C–परमाणुओं के मध्य फॉस्फोडाइएस्टर आबन्धन द्वारा संयुक्त होते हैं। इसलिए, 1 श्रृंखला का 5' छोर है, II फॉस्फोडाइएस्टर आबन्धन है और III श्रृंखला का 3' सिरा है।

77 *(c)* जे.डी. वॉटसन और एफ. क्रिक ने खोज की कि, DNA में एक द्विकुंडलनी संरचना होती है जो एक मुड़ी हुई सीढ़ी जैसी दिखती है।

78 *(c)* DNA का पूरक स्ट्रैंड ATACTGAC है। चूँकि दो स्ट्रैंड एक दूसरे के पूरक हैं। इसलिए, ऐडेनिन थाइमिन के साथ हाइड्रोजन बन्ध बनाता है, जबकि साइटोसिन ग्वानिन के साथ हाइड्रोजन बन्ध बनाता है।

79 *(d)* ग्वानिडीन न्यूक्लिक अम्ल नहीं बनाता है। यूरेसिल RNA में उपस्थित एक क्षार है। राइबोज शुगर और फॉस्फोरिक अम्ल DNA या RNA का हिस्सा हैं।

80 *(b)* RNA में डबल स्ट्रैंडेड α -हेलिक्स संरचना नहीं होती है। RNA में कभी-कभी वे स्वयं पर वापस मुड़ जाते हैं और डबल हेलिक्स संरचना बनाते हैं।

81 *(b)* यह प्रत्येक कोशिका के लिए समान है और किसी भी ज्ञात उपचार द्वारा इसे बदला नहीं जा सकता है।

82 *(d)* थाइमीन एक हॉर्मोन नहीं है। यह एक नाइट्रोजनी क्षार है। अन्य सभी तीन विकल्प हॉर्मोन हैं।

83 *(b)*

84 *(d)* कथन (d) गलत है। इसका सही रूप इस प्रकार है

इंसुलिन एक पॉलीपेप्टाइड हॉर्मोन है, जो रक्त शर्करा के स्तर को सीमित सीमा के भीतर रखने में मदद करता है। यह रक्त शर्करा के स्तर में तेजी से वृद्धि को कम करने के लिए स्त्रावित किया जाता है।

अन्य सभी कथन सही हैं।

85 *(b)* कथन (b) सही है, जबकि अन्य कथन गलत हैं।

उनके संशोधित रूप इस प्रकार हैं

(a) एपिनेफरिन ऐमीनों अम्ल व्युत्पन्न हॉर्मोन का एक उदाहरण है।

(c) ग्लूकोकॉर्टिकोइड्स कार्बोहाइड्रेट चयापचय को नियंत्रित करते हैं और जलन उत्पन्न करने वाली अभिक्रियाओं को नियंत्रित करते हैं।

(d) मिनरलोकॉर्टिकोइड्स गुर्दे द्वारा जल और लवण के उत्सर्जन के स्तर को नियंत्रित करते हैं।

86 *(c)* कथन III गलत है। इसका सही रूप इस प्रकार है

ऐस्ट्राडाइऑल मुख्य महिला लिंग हार्मोन है, जो द्वितीयक लक्षणों के विकास के लिए उत्तरदायी है और मासिक धर्म चक्र के नियंत्रण में भाग लेता है।

शेष अन्य कथन सही हैं।

87 *(b)* एड्रिनल कॉर्टेक्स के असामान्य कार्य के कारण ऐडिसन रोग होता है, जिसकी विशेषता हाइपोग्लाइसीमिया, कमजोरी और तनाव के प्रति संवेदनशीलता में वृद्धि है। यह रोग घातक है, जब तक कि इसका इलाज ग्लूकोकॉर्टिकोइड्स और मिनरल कॉर्टिकोइड्स द्वारा न किया जाता है।

88 *(c)*

89 *(a)* ऐडिसन रोग का उपचार ग्लूकोकॉर्टिकोइड्स और मिनरलोकॉर्टिकोइड्स द्वारा किया जाता है। ग्लूकोकॉर्टिकोइड्स कार्बोहाइड्रेट चयापचय को नियंत्रित करते हैं, जलन उत्पन्न करने वाले अभिक्रियाओं को नियंत्रित करते हैं और तनाव को नियंत्रित करने वाली अभिक्रियाओं में शामिल होते हैं। मिनरलोकॉर्टिकोइड्स गुर्दे द्वारा जल और लवण के उत्सर्जन के स्तर को नियंत्रित करता है।

90 *(d)*

अभिकथन-कारण प्रश्न

1 *(b)* ऐसिटिक अम्ल (CH_3COOH) सामान्य सूत्र $C_x(H_2O)_y$ में फिट बैठता है लेकिन इसे कार्बोहाइड्रेट के रूप में वर्गीकृत नहीं किया गया है। अतः A और R दोनों सत्य हैं लेकिन R, A का सही स्पष्टीकरण नहीं है।

2 *(b)* रैम्नोस ($C_6H_{12}O_5$) एक कार्बोहाइड्रेट है, लेकिन कार्बोहाइड्रेट की परिभाषा में फिट नहीं बैठता है।

अतः A और R दोनों सत्य हैं लेकिन R, A का सही स्पष्टीकरण नहीं है। इसकी सही व्याख्या निम्न प्रकार है—

रैम्नोज दृष्टिगत रूप से सक्रिय है तथा धनात्मक मोलिश परीक्षण देता है।

3 *(a)* A और R दोनों सत्य हैं और R, A का सही स्पष्टीकरण है।

4 *(c)* ग्लूकोज हाइड्रोजन बाइसल्फाइट योगात्मक उत्पाद नहीं बनाता है, क्योंकि इसकी चक्रीय संरचना होती है, जिसमें —CHO समूह अभिक्रिया करने के लिए स्वतंत्र नहीं होता है।

अतः A सत्य है परन्तु R असत्य है।

5 *(a)* A और R दोनों सत्य हैं और R, A का सही स्पष्टीकरण है।

6 *(a)* A और R दोनों सत्य हैं और R, A का सही स्पष्टीकरण है।

7 *(b)* सुक्रोज दक्षिणावर्त है, लेकिन जल-अपघटन पर दक्षिणावर्त ग्लूकोज और वामावर्त फ्रक्टोज देता है। चूंकि, फ्रक्टोज का वामावर्त (-92.4°) ग्लूकोज के दक्षिणावर्त (+52.5°) से अधिक है, इसलिए मिश्रण वामावर्त है।

इसलिए, A और R दोनों सही हैं लेकिन R, A का सही स्पष्टीकरण नहीं है।

8 *(a)* A और R दोनों सत्य हैं और R, A का सही स्पष्टीकरण है।

9 *(d)* ट्रिप्टोफैन आवश्यक ऐमीनों अम्ल का एक उदाहरण है।

अतः A असत्य है परन्तु R सत्य है।

10 *(a)* A और R दोनों सत्य हैं और R, A का सही स्पष्टीकरण है।

11 *(a)* A और R दोनों सत्य हैं और R, A का सही स्पष्टीकरण है।

12 *(c)* DNA के दो स्ट्रैंड एक दूसरे के पूरक होते हैं क्योंकि हाइड्रोजन बन्ध विशिष्ट क्षार जोड़ों के मध्य बनते हैं। ऐडेनिन थाइमिन के साथ हाइड्रोजन बन्ध बनाता है, जबकि साइटोसिन ग्वानीन के साथ हाइड्रोजन बन्ध बनाता है।

अतः A सत्य है परन्तु R असत्य है।

13 *(a)* A और R दोनों सत्य हैं और R, A का सही स्पष्टीकरण है।

कथन आधारित प्रश्न

1 *(d)* कथन I और कथन II दोनों सत्य हैं।

2 *(d)* कथन I और कथन II दोनों सत्य हैं।

3 *(b)* कथन I सत्य है, लेकिन कथन II असत्य है। कथन II का सही रूप इस प्रकार है

प्रोटीन विकृतीकरण तब होता है, जब प्रोटीन अपने प्राकृत रूप में भौतिक परिवर्तन जैसे तापमान में परिवर्तन या रासायनिक परिवर्तन जैसे pH में परिवर्तन के अधीन होता है। इस प्रकार विकृतीकरण के दौरान द्वितीयक और तृतीयक संरचना नष्ट हो जाती है लेकिन प्राथमिक संरचना अपरिवर्तित रहती है।

4 *(a)* कथन I और कथन II दोनों गलत हैं। विटामिन डी एक वसा में घुलनशील विटामिन है और इसे शरीर में संग्रहित किया जा सकता है क्योंकि यह शरीर से बाहर नहीं निकलता है।

5 *(d)* कथन I और कथन II दोनों सत्य हैं।

6 *(b)* III और V को छोड़कर सभी कथन सही हैं। III और V कथनों का सही रूप इस प्रकार है।

III. ऐमीनों अम्ल की दी गई शृंखला को शरीर में संश्लेषित नहीं किया जा सकता हैं क्योंकि कुछ ऐमीनों अम्ल आवश्यक ऐमीनों अम्ल हैं।

सुक्रोज के अम्ल जल-अपघटन के लिए सक्रियण ऊर्जा 6.22 किलो जूल मोल$^{-1}$ है जबकि एंजाइम, सुक्रेज द्वारा जलीय होने पर सक्रियण ऊर्जा केवल 2.15 किलो जूल मोल$^{-1}$ होती है।

7 *(d)* कथन I, III और V सही हैं लेकिन कथन II और IV गलत हैं। II और IV का सही रूप है

II. कार्बोहाइड्रेट का अपचयन गुण, जल-अपघटन (संरचना की जटिलता) और प्रकृति (शर्करा और अशर्करा) के आधार पर वर्गीकृत किया जा सकता है।

IV. ओलिगोसैकेराइड (कार्बोहाइड्रेट) जो जल-अपघटन पर दो से दस मोनोसैकेराइड इकाइयाँ देते हैं। सुक्रोज (ग्लूकोज तथा फ्रक्टोज) का एकलक मोनोसैकेराइड है।

8 *(c)* कथन IV सही है जबकि I, II और III गलत कथन हैं, उनका सही रूप है

I. ग्लूकोज का β-रूप (423 K) 371 K पर गर्म और संतृप्त जलीय विलयन के क्रिस्टलीकरण द्वारा प्राप्त किया जाता है।

II. β-प्लीटेड संरचना में सभी पेप्टाइड शृंखलाँ लगभग अधिकतम विस्तार तक फैली हुई हैं और एक दूसरे के पारर्व गई हैं, जो हाइड्रोजन बन्ध द्वारा एक जुड़ी रहती हैं।

III. RNA में थाइमीन को छोड़कर सभी नाइट्रोजनी क्षार समान होते हैं, RNA अणु में थाइमीन के स्थान पर यूरेसिल उपस्थित होता है।

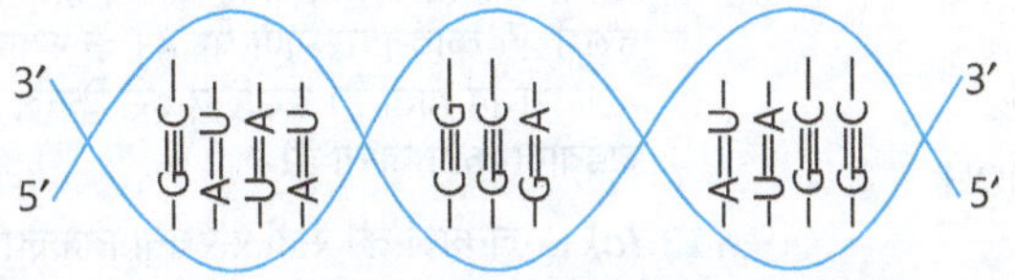

9 *(a)* I और IV को छोड़कर सभी कथन सही हैं। I और IV का सही रूप इस प्रकार है:

I. RNA में व्युत्पन्न शर्करा β-D-राइबोज है

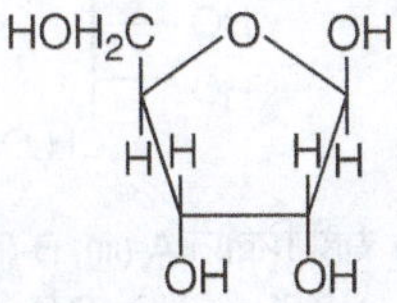

IV. DNA आनुवंशिक संचरण के लिए उत्तरदायी है।

10 *(d)* I और IV को छोड़कर सभी कथन सही हैं, I और IV का सही रूप निम्नलिखित है:

I. DNA अणु में फॉस्फेट और शर्करा डीऑक्सीराइबोस की वैकल्पिक इकाईयाँ होती हैं। प्रत्येक इकाई में एक जोड़ी प्यूरीन (A, G)/ पाइरीमिडीन (C, T) क्षारों

IV. 'D' और 'L' किसी यौगिक के किसी विशेष त्रिविम समावयवी के सापेक्ष विन्यास को किसी अन्य यौगिक के विन्यास के संबंध में दर्शाते हैं। 'D' और 'L' क्रमशः प्रकाशीय घूर्णन के चिन्हों के रूप में (+) व (–) के समानार्थी हैं।

सुमेलन प्रकार प्रश्न

1 *(c)* सही सुमेलन A-2, B-3, C-1 है।

2 *(a)* सही सुमेलन A-4, B-1, C-2, D-3 है।

3 *(b)* सही सुमेलन A -3, B -1, C -4, D -2 है।

4 *(d)* सही सुमेलन A-5, B-3, C-1, D-2, E-4 है।

5 *(a)* सही सुमेलन A-3, B-4, C-2, D-1 है।

आंकिक मान प्रकार के प्रश्न

1 *(7)* ग्लाइसिन और एलानिन को छोड़कर शेष 7 मूलभूत ऐमीनों अम्ल हैं।

2 *(5)* दिए गए ट्राईपेप्टाइड Asp -Glu -Lys में उपस्थित ऐमीनो अम्ल हैं।

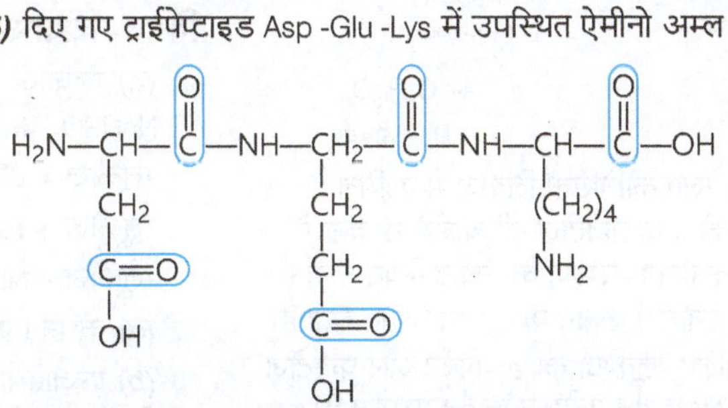

अत ट्राईपेप्टाइड में उपस्थित कार्बोनिल समूह की संख्या = 5 है।

3 *(4)* A, D, E और K वसा में घुलनशील विटामिन हैं।

4 *(1)* केवल साइटोसिन ही एकमात्र पिरिमिडीन क्षार है जो DNA और RNA दोनों में उपस्थित होता है।

5 *(5)* एडेनिन, थाइमीन के साथ 2 हाइड्रोजन बन्ध बनाता है।

इस प्रकार, $x = 2$

साइटोसिन ग्वानीन के साथ 3 हाइड्रोजन बन्ध बनाता है।

इस प्रकार, $y = 3$

अतः, $x + y = 5$

NCERT Exemplar प्रश्न

1 *(b)* ग्लाइकोजन की संरचना ऐमाइलोपेक्टिन के समान है।

2 *(d)* ग्लाइकोजन α-D-ग्लूकोज की शृंखला रूप है, जो जानवरों के यकृत, मस्तिष्क और मांसपेशियों में जमा होता है और इसे पशु स्टार्च के रूप में भी जाना जाता है। यह पाइरेनोज़ रूप में उपस्थित होता है।

3 *(c)* कथन (c) सत्य नहीं है।

फ्यूरानोज़ रूप में उपस्थित नहीं होता है, यह पारेनोस रूप में उपस्थित होता है, जैसा कि नीचे दिखाया गया है:

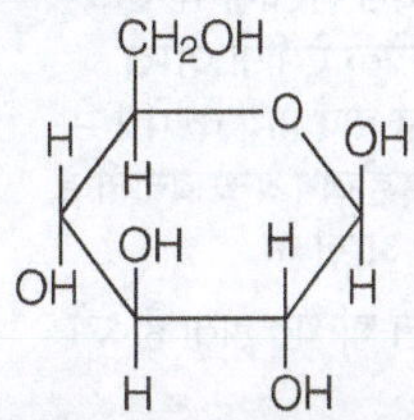

4 *(c)* ग्लूकोज का पेंटाऐसीटेट हाइड्रॉक्सिलऐमीन के साथ अभिक्रिया नहीं करता है, जिससे मुक्त —CHO समूह की अनुपस्थिति प्रदर्शित होती है। इसे ग्लूकोज की खुली संरचना द्वारा समझाया नहीं जा सकता है।

5 *(b)* विकल्प (b) में दी गई संरचना एक अनअपचायी शर्करा है।

6 *(c)* ऐनोमर का C_1 पर अलग विन्यास होता है।

7 *(a)* यहाँ, (i) और (ii) ऐनोमर हैं, क्योंकि ये केवल कार्बन-1 पर एक दूसरे से भिन्न होते हैं।

8 *(c)* सुक्रोज (इक्षु शर्करा) एक डाइसैकेराइड है। जल-अपघटन पर सुक्रोज का एक अणु ग्लूकोज का एक अणु और फ्रक्टोज का एक अणु देता है।

$$\underset{\text{शर्करा}}{C_{12}H_{22}O_{11}} \xrightarrow[H^+]{H_2O} \underset{\text{D-(+)-ग्लूकोज}}{C_6H_{12}O_6} + \underset{\text{D-(−)-फ्रक्टोज}}{C_6H_{12}O_6}$$

9 *(c)* ग्लाइकोनिडिक लिंकेज में शामिल ग्लूकोज या फ्रक्टोज की चक्रीय संरचना में ऑक्सीजन परमाणु के निकट स्थित कार्बन को एनोमरी कार्बन के रूप में जाना जाता है। इसलिए ग्लूकोज का '*a*' कार्बन और फ्रक्टोज का '*b*' कार्बन एनोमरी कार्बन परमाणु है।

10 *(c)* दी गई संरचनाओं में *A* और *C* ग्लूकोज इकाइयों के मध्य संबंध C_1 और C_4 है और *B* C_1 और C_6 के मध्य बन्ध है।

11 *(a)* डाइन्यूक्लियोटाइड्स का निर्माण पेन्टोज शर्करा के 5′ और 3′ कार्बन परमाणुओं के मध्य फॉस्फोडाइएस्टर बन्ध द्वारा होता है।

12 *(b)* न्यूक्लिक अम्ल न्यूक्लियोटाइड के बहुलक होते हैं जिनमें न्यूक्लिक अम्ल फॉस्फोडाइएस्टर बन्ध द्वारा एक साथ जुड़े होते हैं। जैसे DNA, RNA आदि।

13 *(a)* D और L-विन्यास सापेक्ष विन्यास हैं, जो दिए गए सैकेराइड की संरचना को ग्लिसरेल्डिहाइड के D -L-समावयवी से संबंधित करके तय किए जाते हैं। इसलिए, सभी दी गई संरचनाओं में D-विन्यास है।

14 *(c)* द्वितीयक संरचना दो प्रकार की संरचना में उपस्थित है , जो α-हेलिक्स और β-प्लीटेड शीट संरचना है। α-हेलिक्स संरचना में, एक पॉलीपेप्टाइड श्रृंखला प्रत्येक ऐमीनों अम्ल अवशेष का —NH समूह दाएँ हाथ के पेंच में घुमाकर सभी संभव हाइड्रोजन बन्ध बनाती है, जिसमें आसन्न ऐमीनों अम्ल के $\rangle C=O$ से हाइड्रोजन बन्धित होता है, जो एक हेलिक्स बनाता है।

15 *(a)* प्रोटीन की प्राथमिक संरचना में, प्रोटीन के प्रत्येक पॉलीपेप्टाइड में ऐमीनों अम्ल एक विशिष्ट अनुक्रम में एक दूसरे से जुड़े होते हैं।

16 *(d)* विटामिन B_{12} हमारे शरीर में संग्रहित किया जा सकता है, क्योंकि यह जल में अघुलनशील है।

17 *(c)* DNA में चार क्षार होते हैं, अर्थात एडेनिन, ग्वानीन , थाइमिन और साइटोसिन, जबकि RNA में चार क्षार होते हैं - एडेनिन, यूरेसिल, ग्वानीन और साइटोसिन।

इस प्रकार, RNA में थाइमिन नहीं होता है।

18 *(d)* DNA में यूरेसिल (U) क्षार नहीं होता है।

विगत परीक्षाओं के प्रश्न

1 *(c)* ग्लूकोज, शिफ अभिकर्मक तथा $NaHSO_3$ के साथ अभिक्रिया नहीं करता है।

ग्लूकोज + टॉलीन अभिकर्मक → रजत दर्पण

ग्लूकोज + HCN → साइनोहाइडिन बनता है।

ग्लूकोज + NH_2OH → ऑक्सिम बनाता है।

2 *(d)* कथन I और कथन II दोनों सत्य हैं।

3 *(b)* एन्जाइमों के विषय में गलत कथन विकल्प (b) है क्योंकि एन्जाइम प्रकृति में प्रोटीन होते हैं और ऐमीनों अम्ल से बने होते हैं, जो एक या अधिक पॉलीपेप्टाइड श्रृंखलाओं में एक साथ जुड़े होते हैं। बाकी सभी दिए गए विकल्प सही हैं।

4 *(a)* 5 *(b)*

6 *(c)*

(a) ऐलानिन $\Rightarrow CH_3—CH\langle^{NH_2}_{COOH}$

(b) टाइरोसिन

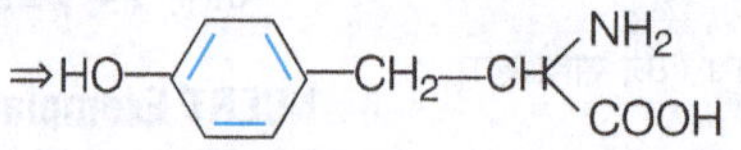

(c) लाइसिन $\Rightarrow H_2N—(CH_2)_4—CH\langle^{NH_2}_{COOH}$

(d) सिरीन $\Rightarrow HO—CH_2—CH\langle^{NH_2}_{COOH}$

चूँकि लाइसिन में −COOH समूहों की तुलना में $-NH_2$ समूहों की संख्या अधिक होती है, इसलिए यह एक मूलभूत ऐमीनों अम्ल है ।

7 *(b)* विकृतीकरण के दौरान, प्रोटीन की प्राथमिक संरचना बनी रहती है लेकिन द्वितीयक और तृतीयक संरचनाएँ नष्ट हो जाती हैं।

8 *(b)* हमारे शरीर में संश्लेषित किए जा सकने वाले ऐमीनों अम्ल जो हमारे आहार में आवश्यक नहीं होते हैं, उन्हें अनावश्यक ऐमीनों अम्ल कहा जाता है। उदाहरण के लिए ग्लाइसीन, ऐलेनिन, सेरीन, प्रोलाइन , सिस्टीन, ग्लूटामाइन, टायरोसिन, एस्पार्टिक अम्ल, ग्लूटामिक अम्ल, एस्पर्जिन।

9 *(d)* दिए गए विकल्पों में से केवल ग्लाइसिन ($H_2N—CH_2—COOH$) एक एमीनो अम्ल है, जिसमें अम्लीय (ऋणात्मक आवेश प्राप्त करने वाला) और क्षारीय समूह (धनात्मक आवेश प्राप्त करने वाला) दोनों होते हैं। इस प्रकार, ग्लाइसिन एक ज़्विटर आयन बना सकता है।

10 *(d)* जब प्रोटीन भौतिक परिवर्तन जैसे तापमान में परिवर्तन या रासायनिक परिवर्तन जैसे pH में परिवर्तन के अधीन होता है, तो हाइड्रोजन बन्ध में अस्त व्यस्तता उत्पन्न हो जाती है।

अतः प्रोटीन का विकृतीकरण प्रोटीन को निष्क्रिय बना देता है।

11 *(b)* एक प्रोटीन में दो ऐमीनों अम्ल एक पेप्टाइड बन्ध द्वारा जुड़े होते हैं।

12 *(a)* DNA में दो श्रृंखलाएँ आपस में कुंडलित रहती हैं तथा क्षारक युग्मों के मध्य हाइड्रोजन आबन्ध द्वारा आपस में जुड़ी होती है।

DNA में -2 डीऑक्सी राइबोस शर्करा होती है। RNA में, पेंटोस शर्करा की संरचना डीऑक्सीराबोस शर्करा के समान होती है, इसमें 2′ कार्बन परमाणु पर -H के स्थान पर -OH समूह होता है। इसलिए इसे केवल राइबोज कहा जाता है।

13 *(c)* L-ग्लूकोज की सही संरचना विकल्प (c) में दर्शायी गई है।

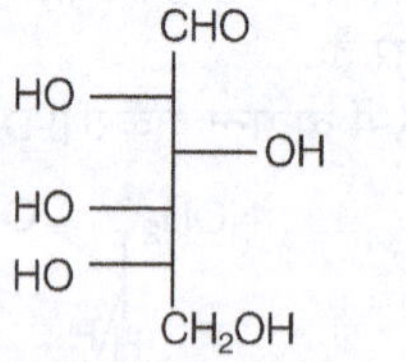

14 *(b)* सही मिलान A-(iii), B-(iv), C-(i), D-(ii) है।

15 *(c)* ऐमीनों अम्ल के विभिन्न कोड या कूट हैं

F = फेनिल ऐलानिन =

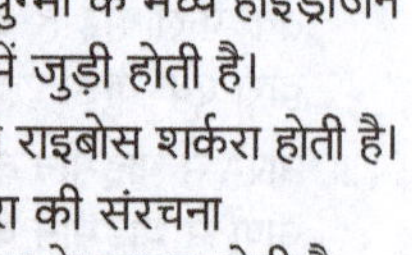

L = ल्यूसीन

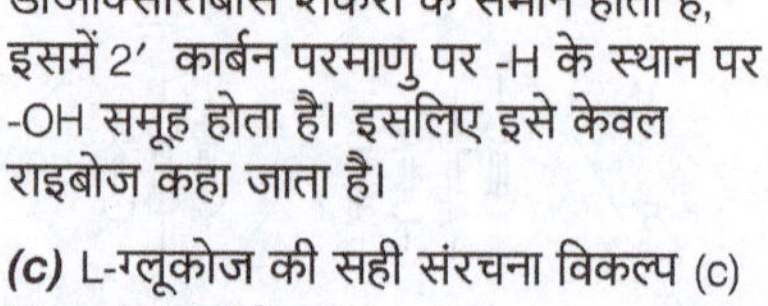

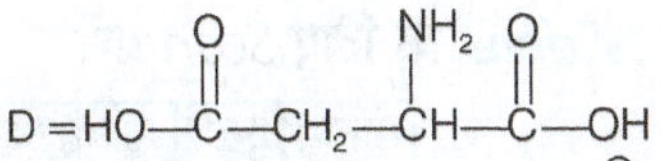

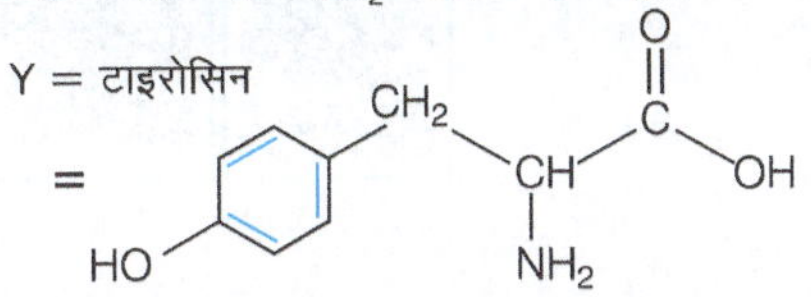

अत दिए गए निरूपण के लिए सही कोड FLDY है।

16 *(d)* हॉवर्थ प्रक्षेपण सरल त्रि-आयामी परिप्रेक्ष्य के साथ मोनोसैकेराइड का चक्रीय प्रतिनिधित्व है। D-मैनोज़ हॉवर्थ संरचना α-पायरॉनोज़ विन्यास में है।

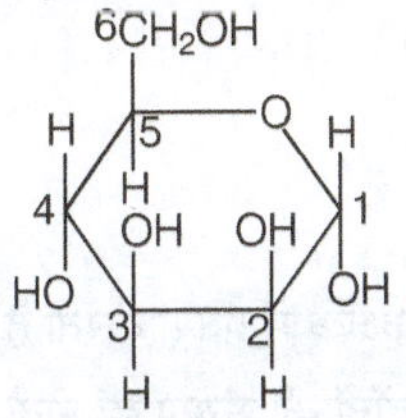

17 *(d)* सही मिलान A-IV, BI, C-II, D-III है।

18 *(c)* सल्फर युक्त ऐमीनों अम्ल सिस्टीन (II) और मेथियोनीन (IV) हैं।

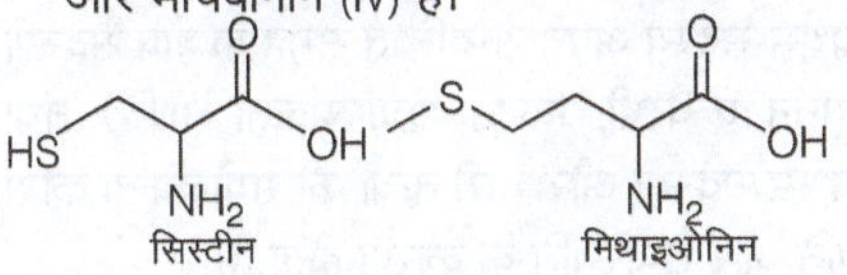

19 *(c)* कथन I सत्य है लेकिन कथन II असत्य है। माल्टोस में दो α-D-ग्लूकोज इकाइयाँ और C4 पर जुड़ी होती हैं और यह एक अपचायक शर्करा है क्योंकि मुक्त एल्डिहाइड का निर्माण की शुरुआत का उपयोग करके की जाती है फेहलिंग विलयन के साथ करके अभिक्रिया की जा सकती है।

20 *(b)* पॉलीन्यूक्लियोटाइड में पायी जाने वाली शर्करा या तो राइबोज (एक मोनोसैकेराइड पेंटोस) या 2-डीऑक्सीराइबोज होती है। β-D-2-डीऑक्सीराइबोस युक्त न्यूक्लिक अम्ल को डीऑक्सीराइबोन्यूक्लिक अम्ल(DNA) कहा जाता है जबकि β -D-राइबोज युक्त न्यूक्लिक अम्ल को राइबोन्यूक्लिक अम्ल (RNA) कहा जाता है।

21 *(d)*

22 *(d)* सुक्रोज अन-अपचायी शर्करा है।

चूंकि दो मोनोसैकेराइड (ग्लूकोज और फ्रुक्टोज) के अपचयन समूह ग्लाइकोसिडिक बन्ध निर्माण में उपस्थित होते हैं और ये मुक्त नहीं होते हैं।

जबकि अन्य सभी, अर्थात् ग्लूकोज, फ्रुक्टोज और गैलेक्टोज, अपचायी शर्करा हैं।

23 *(b)*

स्किल बूस्टर्स

1 *(a)* सुक्रोज एक यौगिक है, जो डाइसैकेराइड है जिसे तनु H_2SO_4 के साथ ऐल्कोहॉलिक विलयन में उबाला जाता है, जिससे समान मात्रा में ग्लूकोज और फ्रक्टोज (दो समावयवी) प्राप्त होते हैं।

$$\underset{(A)}{C_{12}H_{22}O_{11}} + H_2O \xrightarrow{H^+} \underset{\text{ग्लूकोज (x)}}{C_6H_{12}O_6} + \underset{\text{फ्रक्टोज (y)}}{C_6H_{12}O_6}$$

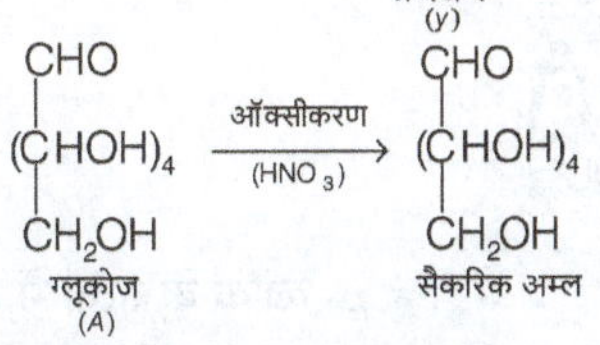

संरचना लेवोरेट्री है।

2 *(c)* यह एल्डोपेन्टोज है जो निर्जलीकरण पर अम्लीय स्थिति में फुरफुरल देता है।

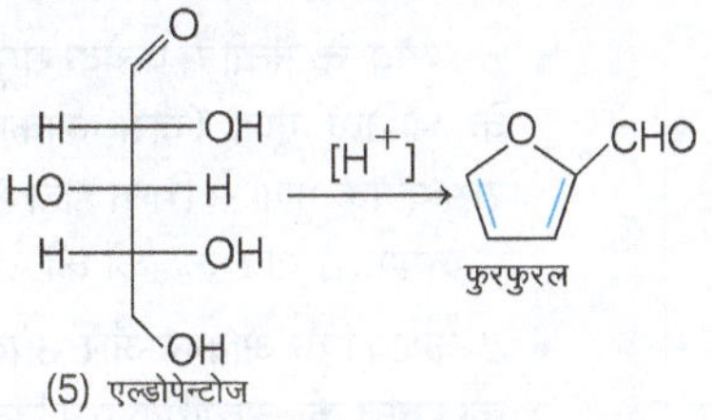

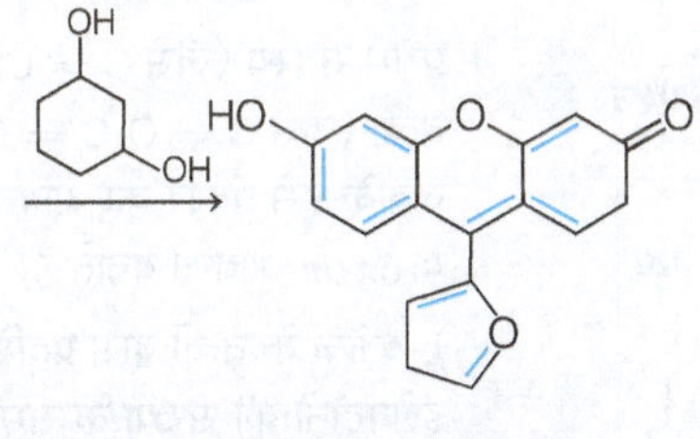

3 *(a)* $\underset{(S)}{\text{सेलुलोज}} \xrightarrow[\text{(2-3 वायुमण्डलीय)}]{\text{जल}.H_2SO_4,\ 393\,K} \underset{(P)}{\text{ग्लूकोज}} \xrightarrow{Br_2\ \text{जल}} \text{ग्लूकेनिक अम्ल}$

4 *(a)* जब A को एसिटिक एनहाइड्राइड के साथ गर्म किया जाता है, तो एसिटिलीकरण होता है और —OH समूह

$-O-\overset{O}{\overset{\|}{C}}-CH_3$ द्वारा

प्रतिस्थापित हो जाता है और इस प्रकार ट्राइएसीटेट बनता है।

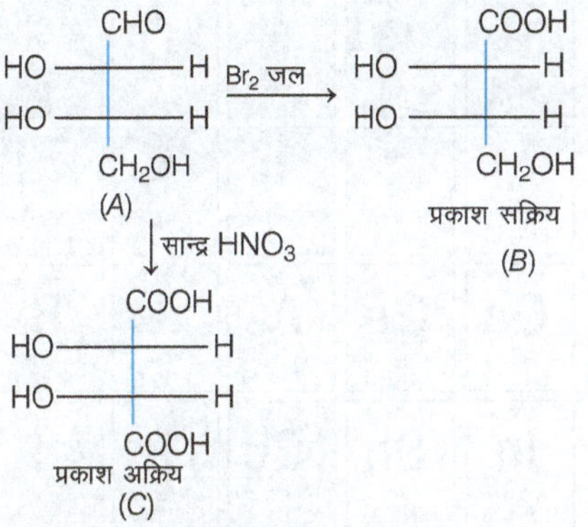

5 *(c)* किसी भी यौगिक को लवण की तरह व्यवहार करने के लिए उदासीन यौगिक की प्रकृति का निर्माण करना होगा, इसलिए यदि कोई स्थिति हो तो नीचे दी गई स्थिति उपस्थित होनी चाहिए।

$-NH_2$ समूह = —COOH समूह

6 *(a)* प्रकाशिक रूप से सक्रिय यौगिक जिसका अणुसूत्र $C_6H_{12}O_6$ है, ग्लूकोज कहलाता है। यह दो समावयवियों α-D- ग्लूकोपायरेनोज और β- D-पायरेनोज में पाया जाता है । ग्लूकोज के ये समावयवी C_1 पर विन्यास में भिन्न हैं। ऐसे समावयवियों को एनोमर कहा जाता है।

7 *(a)* पाचन एक जैविक प्रक्रिया है जो विभिन्न चरणों में पूरी होती है। प्रत्येक चरण में अलग-अलग तरह के एंजाइम होते हैं। प्रोटीन को ऐमीनो अम्ल में परिवर्तन की प्रक्रिया में पेप्सिन और ट्रिप्सिन नामक दो एन्जाइम भाग लेते हैं।

$\text{प्रोटीन} \xrightarrow{\text{पेप्सिन (X)}} \text{पॉलीपेप्टाइड} \xrightarrow{\text{ट्रिप्सिन (Y)}} \text{ऐमीनों अम्ल}$

8 *(b)* जल-अपघटन पर, प्रोटीन α-ऐमीनों अम्ल का मिश्रण देते है। α-ऐमीनों अम्ल में α-कार्बन प्रोटीन के जल-अपघटन द्वारा प्राप्त होता है, जिसका 'L' विन्यास होता है। केवल विकल्प (b) में α-ऐमीनों अम्ल दिया गया है, अन्य सभी विकल्प α-ऐमीनों अम्ल नहीं हैं।

9 *(c)* दी गई अभिक्रिया को इस प्रकार दर्शाया गया है।

$\text{सुक्रोज} \xrightarrow{\text{जल अपघटन}} \underset{(a)}{\text{ग्लूकोज}} + \underset{(b)}{\text{फ्रक्टोज}} \xrightarrow[\text{अभिकर्मक}]{\text{सेलिवानॉफ}} \text{लाल रंग}$

सेलिवानॉफ परीक्षण का उपयोग एल्डोस और कीटोज शर्करा के मध्य अंतर करने के लिए किया जाता है, जब इसे कीटोय युक्त विलयन में मिलाया जाता है, तो लाल रंग तेजी से बनता है।

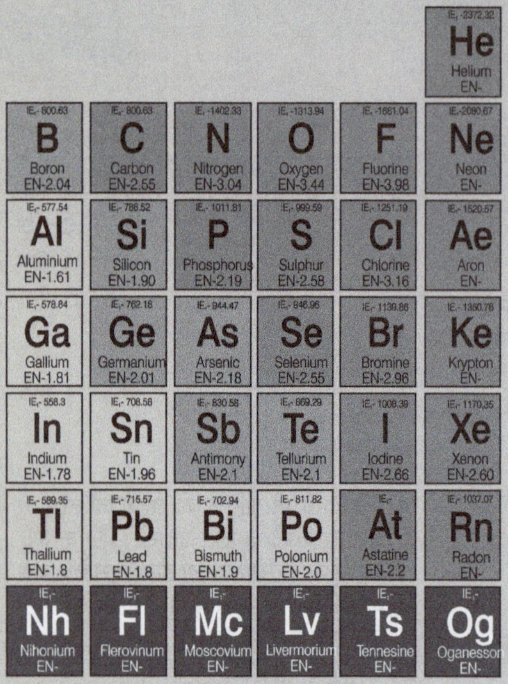

11

रसायन की Concept Master *Videos* के लिए *Scan* करें

p-ब्लॉक के तत्व

p-Block Elements

5 वर्षों में NEET में पूछे गये शीर्षकवार प्रश्न

शीर्षक	वर्षवार प्रश्नों की संख्या				
	2024	2023	2022	2021	2020
परिचय					
समूह–13 के तत्व: बोरॉन परिवार	–	2	1	1	1
समूह–14 के तत्व: कार्बन परिवार	–	1	1	–	3
समूह–15 के तत्व	–	–	–	–	–
समूह–16 के तत्व	2	1	1	1	1
समूह–17 के तत्व	–	–	1	1	–
समूह–18 के तत्व	–	–	–	1	1

NEET में विगत 5 वर्षों में पूछे गये विशेष प्रकार के प्रश्न

प्रकार	वर्ष				
	2024	2023	2022	2021	2020
अभिकथन–कारण	–	–	1	–	–
कथन आधारित	1	–	3	2	2
सुमेलन	–	2	–	–	2

NEET के विगत 5 वर्षों का भारांकन

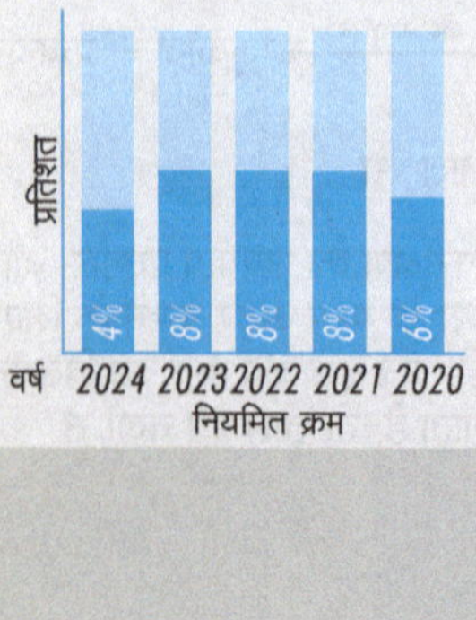

- *p*- ब्लॉक के तत्वों में अन्तिम इलेक्ट्रॉन बाह्यतम् *p*-कक्षक में प्रवेश करता है।
- *p*-कक्षकों में अधिकतम समायोजित होने वाले इलेक्ट्रॉनों की संख्या छः होती है। अतः आवर्त सारणी में *p*-ब्लॉक के 13 से 18 तक छः समूह हैं।
- हीलियम को छोड़कर इनका सामान्य इलेक्ट्रॉनिक विन्यास ns^2np^{1-6} होता है।
- *p* -ब्लॉक के तत्वों में प्रत्येक समूह का प्रथम सदस्य अपने सम्बन्धित समूह के शेष सदस्यों के भौतिक गुणों (जैसे आकार, आयनन एन्थैल्पी, विद्युत ऋणात्मकता आदि) तथा रासायनिक गुणों से भिन्न होता है। यह प्रथम सदस्यों और भारी तत्वों की संयोजकता कोश में क्रमशः *d* या *f*-कक्षकों की अनुपस्थिति और उपस्थिति के कारण होता है।
- *d*- कक्षकों के आकार और उपलब्धता का संयुक्त प्रभाव भारी तत्त्वों की π - बन्ध बनाने की प्रवृत्ति को अत्यधिक प्रभावित करता है।
- प्रथम सदस्य (जैसे $C=C, C\equiv C, N\equiv N, O=O$) स्वयं से और दूसरे आवर्त के तत्वों (जैसे $C=O, C=M, C\equiv M, N=O$) के साथ $p\pi$-$p\pi$ बहुआबन्ध बनाते हैं जबकि इस प्रकार का आबन्ध भारी तत्वों के लिए प्रबल नहीं होता, इसलिए वे $d\pi-p\pi$ या $d\pi$-$d\pi$ आबन्ध बनाते हैं।
- *p*-ब्लॉक के तत्वों द्वारा प्रदर्शित अधिकतम ऑक्सीकरण अवस्था, कुल संयोजी इलेक्ट्रॉनों की संख्या के समान होती हैं।
- आवर्त सारणी में दाईं ओर जाने पर सम्भावित ऑक्सीकरण अवस्था की संख्या बढ़ जाती है।
- *p*-ब्लॉक के तत्व समूह ऑक्सीकरण अवस्था के साथ-साथ अन्य ऑक्सीकरण अवस्थाएँ भी दर्शाते हैं।
- समूह ऑक्सीकरण अवस्था से दो इकाई कम ऑक्सीकरण अवस्था प्रत्येक समूह में भारी तत्वों के लिए क्रमिक रूप से स्थायी होती जाती है। समूह ऑक्सीकरण अवस्था से दो इकाई कम ऑक्सीकरण अवस्था की प्राप्ति को **अक्रिय युग्म प्रभाव** (inert pair effect) कहा जाता है।
- इसमें धातु, उपधातु और अधातु शामिल हैं जो इन तत्वों के रसायन में विविधता लाती हैं।
- अधातु के ऑक्साइड, **अम्लीय** और **उदासीन** प्रकृति के होते हैं, जबकि धातु के ऑक्साइड, **क्षारीय** प्रकृति के होते हैं।

p-ब्लॉक के तत्वों का सामान्य इलेक्ट्रॉनिक विन्यास और ऑक्सीकरण अवस्थाएँ

वर्ग/समूह	13	14	15	16	17	18
सामान्य इलेक्ट्रॉनिक विन्यास	ns^2np^1	ns^2np^2	ns^2np^3	ns^2np^4	ns^2np^5	ns^2np^6 (He के लिए $1s^2$)
समूह की ऑक्सीकरण अवस्थाएँ	+ 3	+ 4	+ 5	+ 6	+ 7	+ 8
अन्य ऑक्सीकरण अवस्थाएँ	+ 1	+ 2, − 4	+ 3, − 3	+ 4, + 2, − 2	+ 5, + 3, + 1, − 1	+ 6, + 4, + 2

समूह 13 के तत्व : बोरॉन परिवार (Group 13 Elements : The Boron Family)

- वर्ग 13 में बोरॉन (B), ऐलुमिनियम (Al), गैलियम (Ga), इण्डियम (In), थैलियम (Tl) और नाइगोनियम आदि कुल छः तत्व होते हैं। इन्हें सामूहिक रुप से **बोरॉन परिवार** के नाम से जाना जाता है।
- समूह 13 गुणों के आधार पर एक बहुत ही प्रतिकूल (discrepant) समूह है। इन सभी में बोरॉन अपनी उच्च आयनन एन्थैल्पी के कारण एक विशिष्ट अर्द्ध धातु है।
- बोरॉन एक दुर्लभ तत्व है जो मुख्य रूप से आर्थोबोरिक अम्ल (H_3BO_3), बोरेक्स ($Na_2B_4O_7 \cdot 10H_2O$) और करनाइट ($Na_2B_4O_7 \cdot 4H_2O$) के रूप में पाया जाता है। बोरॉन के दो समस्थानिक रूप है अर्थात् ^{10}B(19%) और ^{11}B(81%)
- ऐलुमिनियम धातु है परन्तु इसके रासायनिक गुणधर्म बोरॉन के समान है, जबकि गैलियम इंडियम और थैलियम गुणधर्म में लगभग पूर्णतः धातु हैं।
- ऐलुमिनियम प्रचुर मात्रा में पाई जाने वाली धातु है और यह भू-पर्पटी पर ऑक्सीजन तथा सिलिकॉन के पश्चात् सर्वाधिक पाया जाने वाला तीसरा तत्व है।
- ऐलुमिनियम के सबसे महत्वपूर्ण खनिज **बॉक्साइट** $Al_2O_3 \cdot 2H_2O$, और **क्रायोलाइट** Na_3AlF_6 हैं। गैलियम, इण्डियम और थैलियम भी प्रकृति में अपर्याप्त मात्रा में पाये जाते हैं।

इलेक्ट्रॉनिक विन्यास (Electronic Configuration)

इनका सामान्य इलेक्ट्रॉनिक विन्यास (अक्रिय गैस). ns^2np^1 होता है

परमाणु त्रिज्या (Atomic Radius)

- वर्ग में नीचे जाने पर यह B से Tl तक बढती है।
- हालाँकि Ga (135 pm) की परमाणु त्रिज्या Al (143 pm) से कम होती है।
- यह B < Ga < Al < In < Tl के रूप में प्रवृत्ति का अनुसरण करता है।
- गैलियम (Ga) में उपस्थित अतिरिक्त 10*d* इलेक्ट्रॉन बढ़े हुए नाभिकीय आवेश की तुलना में बाह्य इलेक्ट्रॉनों पर दुर्बल परिरक्षण प्रभाव डालते हैं। परिणामतः गैलियम की परमाणु त्रिज्या ऐलुमीनियम की तुलना में कम होती है।

आयनन एन्थैल्पी (Ionisation Enthalpy)

- यह इस वर्ग में सामान्य अथवा नियमित प्रवृत्ति का अनुसरण नहीं करती है।
- Tl एवं Ga के मध्य आयनन एन्थैल्पी मानों में अनिरंतरता *d* एवं *f* इलेक्ट्रॉनों के कारण होती हैं जिनका परिरक्षण प्रभाव बढ़े हुए नाभिकीय प्रभाव की क्षतिपूर्ति करने के लिए कम होता है।
  - यह नीचे दिये गए प्रवृत्ति का अनुसरण करता है। I.E. का क्रम In < Al < Ga < Tl < B
  - इस समूह के प्रथम आयनन एन्थैल्पी का मान संगत *s* ब्लॉक के तत्वों के समूह 2 की अपेक्षा कम होता है। यह s-इलेक्ट्रॉनों की तुलना में *p*-इलेक्ट्रॉन से निम्न भेदन क्षमता और परिरक्षण प्रभाव के कारण होता है।
- आयनन एन्थैल्पी का क्रम $IE_1 < IE_2 < IE_3$ अथवा $\Delta_i H_1 < \Delta_i H_2 < \Delta_i H_3$ होता है और सभी तत्व जो M^{+3} आयन देते हैं उनकी प्रथम तीन I.E. का मान बहुत उच्च होता है।

विद्युत ऋणात्मकता (Electronegativity)

यह प्रारम्भ में B से Al तक घटती है और उसके बाद बढ़ती है। यह दुर्बल परिरक्षण प्रभाव के कारण होता है। यह निम्न प्रवृत्ति दर्शाता है।

तत्व (पॉलिंग पैमाना मान) B > Tl > In > Ga > Al

(2.0) (1.8) (1.7) (1.6) (1.5)

ये तत्व *S*- ब्लॉक के तत्वों से अधिक विद्युत ऋणात्मक होते हैं।

भौतिक गुण (Physical Properties)

- बोरॉन बहुत कठोर और उच्च गलनांक वाली अधातु है। इसमें प्रबल क्रिस्टलीय जालक उपस्थित होने के कारण इसका गलनांक उच्च होता है।
- इस समूह के अन्य सदस्य मुलायम धातु, निम्न गलनांक और उच्च विद्युत चालकता वाले होते हैं।
- गैलियम अपने असामान्य निम्न गलनांक (303 K) के कारण गर्मियों के दिनों में यह द्रव अवस्था में मिलता है। हालाँकि इसका क्वथनांक (2676K) बहुत उच्च है जो उच्च तापमान मापने के लिए इसे उपयोगी पदार्थ बनाता है।
- वर्ग में नीचे जाने पर बोरॉन से थैलियम तक घनत्व बढ़ता है।

रासायनिक गुण (Chemical Properties)

- संयोजकता कोश के इलेक्ट्रानिक विन्यास अर्थात् ns^2np^1 के अनुसार इन तत्वों द्वारा दर्शायी गयी आपेक्षित ऑक्सीकरण अवस्था + 1 और + 3 होती है।
- बोरॉन + 3 आयन बनने से रोकता है, क्योंकि इसकी प्रथम तीन आयनन एन्थैल्पी ($\Delta_i H_3$) का योग बहुत उच्च होता है हाँलाकि Al, Al^{+3} आयन बनाता है क्योंकि इसकी $\Delta_i H_3$ कम होती है। वस्तुतः Al उच्च विद्युत धनात्मक धातु है।
- वर्ग में नीचे जाने पर + 3 ऑक्सीकरण अवस्था का स्थायित्व घटता है और + 1 ऑक्सीकरण अवस्था का स्थायित्व बढ़ता है। यह उपस्थित *d*, *f*- कक्षकों के दुर्बल परिरक्षण प्रभाव के कारण होता है। यह नाभिकीय आवेश को बढ़ाता है जो *ns* इलेक्ट्रॉनों को मजबूती से बाँधे रखता है। यह *ns* इलेक्ट्रॉनों (अक्रिय युग्म) की भागीदारी को प्रतिबन्धित कर देता है परिणामस्वरूप केवल *p*-कक्षक के इलेक्ट्रॉन बन्ध बनाते हैं।

इनकी प्रवृत्ति निम्न है

$Al^+ < Ga^+ < In^+ < Tl^+$

$Al^{3+} > Ga^{3+} > In^{3+} > Tl^{3+}$

- +1 ऑक्सीकरण अवस्था वाले यौगिक अधिक आयनिक प्रकृति के होते हैं।
- त्रिसंयोजक अवस्था (+ 3) में इन तत्वों के यौगिकों के अणुओं में केन्द्रीय परमाणु के चारों ओर केवल 6 (छः) इलेक्ट्रॉन होते हैं। (उदाहरण के लिए BF_3 बोरॉन) NEET 2023

अतः इन्हें **इलेक्ट्रॉन की कमी वाले अणु** कहते हैं और लुईस अम्ल की भाँति व्यवहार करते हैं। इनमें स्थायी इलेक्ट्रॉनिक विन्यास प्राप्त करने के लिए इलेक्ट्रॉन युग्म को ग्रहण करने की प्रवृत्ति होती है।

समूह में ऊपर से नीचे जाने पर आकार में वृद्धि के कारण लुईस अम्ल के समान व्यवहार करने की प्रवृति कम होती जाती है।

BCl_3 और $AlCl_3$ दोनों ही इलेक्ट्रॉन न्यून के साथ **लुईस अम्ल** भी हैं। BCl_3 क्षार जैसे NH_3 (अमोनिया) से आसानी से एकाकी इलेक्ट्रॉन युग्म को ग्रहण करके $BCl_3 \cdot NH_3$ बनाता है जबकि $AlCl_3$ स्थायित्व प्राप्त करने के लिए द्विलक संरचना बनाता है।

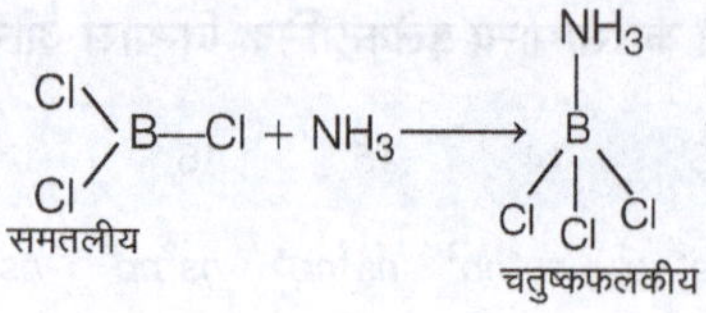

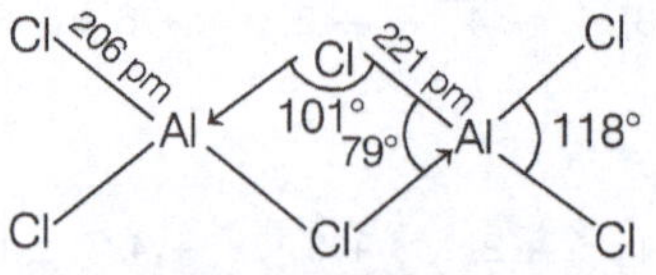

- + 3 अवस्था में अधिकांश यौगिक सहसंयोजक होने के कारण जल में अपघटित हो जाते हैं। जैसे जल अपघटन पर ट्राईक्लोराइड $[M(OH)_4]^-$ जैसी स्पीशीज (चतुष्कफलकीय sp^3 संकरित) होती है। अम्लीकृत जलीय विलयन में एलुमिनियम क्लोराइड $[Al(H_2O)_6]^{3+}$ (अष्टफलकीय sp^3d^2 संकरित) होता है। NEET 2019

समूह 13 की महत्वपूर्ण रासायनिक अभिक्रिया

अभिक्रियाएँ	गुण
वायु के प्रति अभिक्रियाशीलता वायु की ऑक्सीजन के साथ $4E(s)+3O_2(g) \xrightarrow{\Delta} 2E_2O_3(s)$ (E= वर्ग-13का तत्व)	• क्रिस्टलीय बोरॉन अक्रियाशील है। • एलुमिनियम सतह पर ऑक्साइड की एक पतली परत बनाता है जो और अधिक क्षय होने से धातु को रोकती है। • B_2O_3 **अम्लीय** है और क्षारीय (धात्विक) ऑक्साइड से क्रिया करके धात्विक बोरेट बनाते हैं। Al और गैलियम के ऑक्साइड **उभयधर्मी** प्रकृति के होते हैं जबकि In और Tl **क्षारीय** प्रकृति के होते हैं।
वायु की नाइट्रोजन के साथ $2E(s)+N_2(g) \xrightarrow{\Delta} 2EN(s)$	• उच्च ताप पर डाइनाइट्रोजन के साथ ये नाइट्राइड बनाते हैं।
अम्ल और क्षार के प्रति अभिक्रियाशीलता $2Al(s)+6HCl(aq) \longrightarrow 2Al^{3+}(aq)+6Cl^-(aq)+3H_2\uparrow(g)$ (कोरोन अपवाद) $2Al(s)+2NaOH(aq)+6H_2O(l) \longrightarrow 2Na^+[Al(OH)_4]^-(aq)+3H_2(g)$ (In और Tl अपवाद)	• बोरॉन मध्यम तापमान पर भी अम्ल और क्षार से अभिक्रिया नहीं करता है। • Al खनिज अम्लों में और जलीय क्षार में घुलकर हाइड्रोजन मुक्त करता है। इस प्रकार यह **उभयधर्मी** प्रकृति दर्शाता है। • सान्द्र नाइट्रिक अम्ल Ax की सतह पर ऑक्साइड की सतह बनाकर उसे निष्क्रिय कर देता है।
हैलोजन के प्रति क्रियाशीलता $(2E)(s)+3X_2(g) \longrightarrow 2EX_3(s)$ (जहाँ, X = F, Cl, Br, I) (TlI_3 अपवाद)	• सहसंयोजी ट्राईहैलाइड्स जैसे (BF_3) में इलेक्ट्रॉन की कमी होने के कारण प्रबल लुईस अम्ल है और समूह में नीचे जाने पर इनकी लुईस अम्ल के रूप में व्यवहार करने की प्रवृत्ति कम होती जाती है। निर्जलीय एलुमीनियम क्लोराइड वायुमंडलीय नमी के साथ आंशिक रूप से जल अपघटित होकर HCl गैस विसर्जित करता है। यह नमीयुक्त HCl श्वेत धूम के रूप में दिखाई देती है।

महत्त्वपूर्ण प्रवृत्तियाँ और बोरॉन का असामान्य व्यवहार (Important Trends and Anomalous Properties of Boron)

अपने बहुत छोटे आकार, उच्च इलेक्ट्रॉन घनत्व, उच्च विद्युत ऋणात्म कहा और *d*- इलेक्ट्रॉनों की अनुपलब्धता के कारण बोरॉन असंगत व्यवहार प्रदर्शित करता है।

- बोरॉन एक विशिष्ट अर्द्ध धातु है जबकि समूह के अन्य सदस्य धातु हैं।
- *d*-कक्षक की अनुपस्थिति के कारण यह चार से अधिक सहसंयोजकता विस्तारित नहीं कर सकता है जैसे बोरॉन केवल $[BF_4]^-$ बनाता है जबकि एलुमिनियम $[AlF_6]^{3-}$ आयन बनाता है।
- केवल बोरॉन अपररूपता प्रदर्शित करता है और क्रिस्टलीय और असामान्य रूपों में उपस्थित होता है।
- यह केवल सहसंयोजक यौगिक बनाता है, जबकि अन्य सदस्य सहसंयोजक के साथ-साथ आयनिक यौगिक भी बनाते हैं।

- इसका गलनांक और क्वथनांक समूह के अन्य सदस्यों की अपेक्षा अधिक होता है।
- बोरॉन धातुओं के साथ मिलकर बोराइड बनाता है जबकि अन्य तत्व संयोजित नहीं होते हैं।
- बोरॉन को छोड़कर समूह के तत्वों के अन्य सभी हैलाइड जल में जल अपघटित होते है और जलीय माध्यम में $[M(OH)_4]^-$ और $[M(H_2O)_6]^{3+}$ स्पीशीज के रूप में उपस्थित होते हैं।
- बोरॉन केवल एकल ट्राईहैलाइड बनाता है जबकि अन्य तत्व द्विलक बनाते है।

$$F_3B + :NH_3 \longrightarrow F_3B \longleftarrow NH_3$$

डाइबोरेन (B_2H_6)

- यह बोरॉन का सबसे सरल इलेक्ट्रॉन की कमी वाला हाइड्राइड है। यह रंगहीन तथा 180K क्वथनांक के साथ अत्यधिक जहरीली गैस है। यह ज्वलनशील प्रकृति का होता है।

$$3B_2H_6 + 6NH_3 \longrightarrow 3[BH_2(NH_3)_2]^+[BH_4]^- \xrightarrow{\text{ऊष्मा}} \underset{\text{बोराजिन}}{2B_3N_3H_6} + 12H_2$$

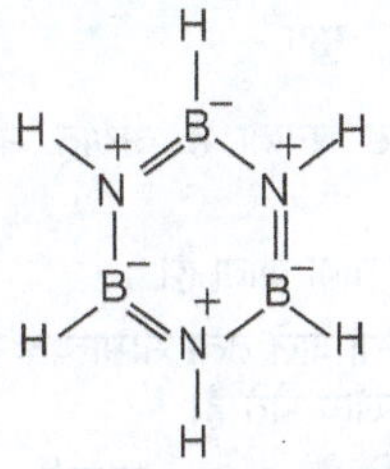

बोराजीन

Concept Master Video के लिए

- बोराजीन को अकार्बनिक बेन्जीन के रूप में भी जाना जाता है क्योंकि इसमें एकांतर BH और NH समूह होते है और भौतिक और रासायनिक गुणों में समानता होती है।

Marks Maximizer

- **डाइबोरेन** में अध्रुवीय संरचना होती है जिसका प्रत्येक B परमाणु आबन्ध बनाने के लिए sp^3 संकरण का उपयोग करता है। प्रत्येक B-परमाणु पर चार sp^3-संकरण में से एक इलेक्ट्रॉनरहित होता है जिसे नीचे चित्र में टूटी हुई रेखाओं में दर्शाया गया है।
- चार टर्मिनल B—H बन्ध (2C—2e) समान तल में होते हैं जबकि दो ब्रिज B ---- H ---- B आबन्ध (3C—2e) में होते है। 4B—H बन्ध के तल के ऊपर और नीचे स्थित है जैसा कि नीचे दिखाया गया है।

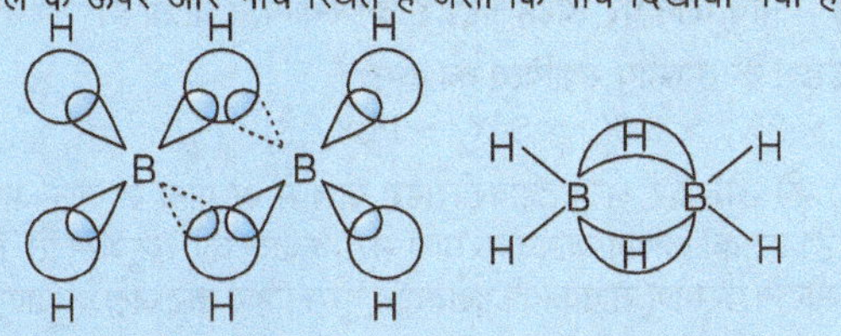

डाइबोरोन में आबन्ध

(3C—2e) ब्रिज वाले बन्ध को केला बन्ध (banana bonds)' भी कहा जाता है।

- बोरॉन का सामान्य सूत्र B_nH_{n+6} होता है। इसे **आर्कोनो बोरेन्स** (arachno-boranes) के नाम से जानते हैं जबकि सामान्य सूत्र B_nH_{n+4} वर्ग 14 को **निडो बोरेन्स** (nido-borones) कहते हैं।

समूह-14 के तत्व: कार्बन परिवार

Group 14 Elements (The Carbon Family)

- इस समह में कार्बन (C), सिलिकॉन (Si), जर्मेनियम (Ge), टिन (Sn), लेड (Pb) और फ्लेरोवियम (Fl) तत्व शामिल हैं।
- भू-पर्पटी में द्रव्यमान के आधार पर कार्बन 17वाँ सबसे प्रचुर मात्रा में मिलने वाला तत्व है।
- यह तत्व अवस्था में कोयला, ग्रेफाइट और हीरे के रूप में मिलता है जबकि संयुक्त अवस्था में यह धातु कार्बोनेट, हाइड्रोकार्बन और CO_2 गैस के रूप में उपस्थित होता है।
- प्राकृतिक रूप से पाए जाने वाले कार्बन के दो स्थायी समस्थानिक होते हैं अर्थात् ^{12}C और ^{13}C। इसके अलावा तीसरा समस्थानिक ^{14}C एक रेडियोधर्मी समस्थानिक है जिसकी अर्द्धआयु 5770 वर्ष है। यह रेडियो कार्बन अंकन के लिए उपयोग किया जाता है।
- ऑक्सीजन के बाद सिलिकॉन भूर्पटी पर दूसरा सबसे प्रचुर मात्रा में मिलने वाला तत्व है।
- जर्मेनियम अति सूक्ष्म मात्रा में उपस्थित होता है। टिन मुख्य रूप से केसिटेराइट (SnO_2) के रूप में और लैड गैलेना (PbS) के रूप में होता है।
- Ge और Si की शुद्धतम अवस्था का उपयोग ट्रान्जिस्टर और अर्द्धचालक युक्तियाँ बनाने के लिए किया जाता है।

इलेक्ट्रॉनिक विन्यास (Eletronic Configuration)

इन तत्वों का सामान्य इलेक्ट्रॉनिक विन्यास ns^2np^2 होता है।

सहसंयोजी त्रिज्या (Covalent Radius)

यह C से Si तक बढ़ती है उसके बाद Si से Pb तक त्रिज्या में आंशिक वृद्धि देखी जाती है। यह भारी सदस्यों में पूर्णतः भरे हुए *d* और *f*- कक्षकों की उपस्थिति के कारण होता है।

आयनन एन्थैल्पी (Ionisation Enthalpy)

- सामान्य तौर पर समूह में नीचे की ओर जाने पर आयनन एन्थैल्पी का मान घटता है हालाकि मान में यह कमी नियमित क्रम में नहीं है।
- Si से Ge और Sn तक $\Delta_i H$ में आंशिक कमी होती है और Sn से Pb तक $\Delta_i H$ में आंशिक वृद्धि देखी जाती है। यह मध्यस्थ *d* और *f*-
- इलेक्ट्रॉन के दुर्बल परिरक्षण प्रभाव के परिणाम और परमाणु के आकार में वृद्धि के कारण होता है। अतः इनका क्रम निम्न प्रकार है

$$C > Si > Ge > Sn < Pb$$

- समूह- 14 के तत्वों की प्रथम आयनन एन्थैल्पी, समूह 13 के संगत तत्वों की अपेक्षा अधिक होती है। यह उनके उच्च परमाणु आवेश और छोटे आकार के कारण होता है।

विद्युत ऋणात्मकता (Electronegativity)

- Si से Pb तक तत्वों की विद्युत ऋणात्मकता का मान लगभग समान होता है।
- छोटे आकार के कारण इस समूह के तत्व समूह 13 के तत्वों की अपेक्षा थोड़े अधिक विद्युत ऋणात्मक होते हैं।

भौतिक गुण (Physical Properties)

- इस समूह (वर्ग) के सभी सदस्य ठोस प्रकृति के होते हैं।
- कार्बन ओर सिलिकॉन अधातु हैं, जर्मेनियम एक उपधातु है जबकि टिन और लेड नरम धातुएँ हैं। वर्ग 14 के तत्वों के क्वथनांक व गलनांक संगत 13 तत्वों की अपेक्षा बहुत अधिक होते हैं।

रासायनिक गुण (Chemical Properties)

- इन तत्वों द्वारा प्रदर्शित सामान्य **ऑक्सीकरण अवस्थाएँ** + 4 और + 2 हैं। हालाँकि कार्बन कुछ कार्बाइडों (C^{4-} अथवा C_2^{2-}) में ऋणात्मक ऑक्सीकरण अवस्थाएँ भी प्रदर्शित करता है।

उदाहरण के लिए Be_2C, CaC_2 आदि।

- + 4 ऑक्सीकरण अवस्था वाले इस वर्ग के तत्वों के यौगिक सामान्यतः सहसंयोजक प्रकृति के होते हैं। ऐसा इसीलिए है क्योंकि इन तत्वों की प्रथम चार आयनन एन्थैल्पी का योग बहुत अधिक होता है।
- कार्बन और सिलिकॉन अधिकांशतः + 4 ऑक्सीकरण अवस्था दर्शाते हैं। अतः इस समूह के आयनों का स्थायित्व निम्न प्रकार है

$$\underset{\text{अपचायक पदार्थ (कम स्थायी)}}{Ge^{2+}} < Sn^{2+} < \underset{\text{अधिक स्थायी}}{Pb^{2+}}$$

$$\underset{\text{अधिक स्थायी}}{Ge^{4+}} > Sn^{4+} > \underset{\text{ऑक्सीकारक कम स्थायी}}{Pb^{4+}}$$

- वर्ग में नीचे जाने पर + 2 ऑक्सीकरण अवस्था दर्शाने की प्रवृति बढ़ती है जबकि (अक्रिय युग्म प्रभाव) के कारण +4 ऑक्सीकरण प्रवृति घटती है।
- चतुः संयोजी अवस्था में समूह 14 के तत्व का अष्टक पूर्ण होता है अर्थात् उनके यौगिक इलेक्ट्रॉन परिपूर्ण अणुओं की भाँति कार्य करते हैं इसीलिए सामान्यतः ये ना तो इलेक्ट्रॉन ग्रहण करते हैं न ही निष्कासन करते हैं।
- कार्बन अपनी सहसंयोजकता 4 से अधिक नहीं बढ़ा सकता जबकि समूह के अन्य तत्व ऐसा कर सकते हैं। इसका कारण उनमें d- कक्षकों की उपस्थिति हैं। इस कारण से इनके हैलाइड जल-अपघटन से गुजरते हैं और दाता स्पीशीज से इलेक्ट्रॉन युग्म ग्रहण करके संकुल यौगिक बनाते हैं। उदाहरण के लिए SiF_6^{2-}, $[GeCl_6]^{2-}$, $[Sn(OH)_6]^{2-}$ उपस्थित है।

समूह 14 की महत्वपूर्ण रासायनिक अभिक्रियाएँ

अभिक्रियाएँ	गुण
ऑक्सीजन के प्रति अभिक्रियाशीलता $M(s) + \frac{1}{2}O_2(g) \longrightarrow MO$ (सीमित मात्रा) $M(s) + O_2(g) \longrightarrow MO_2$ (आधिक्य)	• दो प्रकार के ऑक्साइड बनाता है अर्थात् मोनोऑक्साइड (MO) और डाइऑक्साइड (MO_2) • केवल SiO उच्च ताप पर पाया जाता है। • उच्च ऑक्सीकरण अवस्था वाले तत्व सामान्यतः निम्न ऑक्सीकरण अवस्था वाले तत्वों से अधिक अम्लीय होते हैं। • मोनोऑक्साइड की प्रकृति है : CO— उदासीन GeO—अम्लीय SnO और PbO उभयधर्मी • डाइऑक्साइड की प्रकृति $\underbrace{CO_2, SiO_2, GeO_2}_{\text{अम्लीय}}$, $\underbrace{SnO_2 \text{ and } PbO_2}_{\text{उभयधर्मी}}$ हैं।
जल के प्रति अभिक्रियाशीलता $Sn(s)+2H_2O(l) \xrightarrow{\Delta} SnO_2 + 2H_2(g)$	• C, Si, Ge जल द्वारा प्रभवित नहीं होते हैं। • Sn भाप को विघटित करके डाइऑक्साइड और H_2 गैस बनाते हैं। • Pb, ऑक्साइड फिल्म बनने के कारण जल द्वारा प्रभावित नहीं होते हैं।
हैलोजन के प्रति अभिक्रियाशीलता $M + X_2 \longrightarrow MX_2$ [जहाँ, X = F, Cl, Br, I] $M + 2X_2 \longrightarrow MX_4$ [अपवाद -PbI_4 (नहीं पाया जाता)]	• ये तत्व हैलाइड्स (जिनका सूत्र MX_2 और MX_4) बनाते हैं। • कार्बन को छोड़कर अन्य सभी सदस्य हैलोजन से सीधे क्रिया करते हैं। • अधिकांश MX_4 सहसंयोजी प्रकृति के होते है (SnF_4 और PbF_4 अपवाद है जो आयनिक प्रकृति के होते है।) इन हैलाइडों में केन्द्रीय धातु परमाणु sp^3 संकरित तथा चतुष्कलकीय आकृति का होता है। • समूह में नीचे जाने पर डाइहैलाइड्स का स्थायित्व घटता है। • हैलाइड्स के ऊष्मीय स्थायित्व का क्रम $CX_4 > SiX_4 > GeX_4 > SnX_4 > PbX_4$. है। • CCl_4 को छोड़कर अन्य टेट्राक्लोराइड जल में आसानी से जल-अपघटित हो जाते हैं। इसका कारण कार्बन परमाणु में d-कक्षक की अनुपस्थिति है। अतः ये ऑक्सीजन परमाणु से एकाकी इलेक्ट्रॉन युग्म ग्रहण कर जल के अणु बनाते हैं। • प्रारम्भ में $SiCl_4$, Si के d-कक्षक में जल के अणु से एकाकी इलेक्ट्रॉन युग्म ग्रहण करके जल अपघटन से गुजरते हैं और अन्त में $Si(OH)_4$ का निर्माण करते हैं। $SiCl_4 + H_2O \xrightarrow[-HCl]{} Si(OH)Cl_3 \xrightarrow[-3HCl]{+3H_2O} \underset{\text{सिलीसिक अम्ल}}{Si(OH)_4}$

कार्बन का असामान्य व्यवहार
(Anomalous Behaviour of Carbon)

कार्बन अपने छोटे आकार, उच्च विद्युत ऋणात्मकता, उच्च आयनन एन्थैल्पी, शृंखलन का गुण, *d*-कक्षकों की अनुपस्थिति के कारण असामान्य व्यवहार प्रदर्शित करता हैं।

- कार्बन एक विशिष्ट अधातु है जो अपने चार संयोजी इलेक्ट्रॉन द्वारा सहसयोजक बन्ध बनाता है।
- कार्बन का गलनांक व क्वथनांक उच्च होता है।
- CO_2 एक गैस है जबकि अन्य सभी सदस्यों के डाइऑक्साइड ठोस होते हैं।
- कार्बन में स्वयं से तथा छोटे आकार एवं उच्च विद्युतऋणात्मक वाले तत्वों के साथ $p\pi$-$p\pi$ बहुआबन्ध बनाने का अद्वितीय क्षमता होती है।

  उदाहरण $C=C, C\equiv C, C=O, C=S$ और $C\equiv N$

  हालाँकि भारी तत्व $p\pi$-$p\pi$ आबन्ध नहीं बनाते क्योंकि उनके परमाणु कक्षक बहुत बड़े होते हैं और प्रभावी अतिव्यापन के लिए विस्तारित होते हैं।
- कार्बन में शृंखलन का उल्लेखनीय गुण होता है अर्थात् समान परमाणुओं की सहसंयोजक बन्ध के माध्यम से एक साथ जुड़ने की क्षमता होती है। शृंखलन की प्रवृत्ति, तत्व-तत्व बन्ध की सामर्थ्य पर निर्भर करती है जो तत्व के आकार और विद्युतऋणात्मकता पर निर्भर करती है।
- समूह में नीचे जाने पर आकार में वृद्धि तथा विद्युतऋणात्मकता में कमी होती है। इसीलिए शृंखलन दर्शाने की प्रवृत्ति कम हो जाती है।
  $(C >> Si > Ge \approx Sn)$।
  लैड शृंखलन नहीं दर्शाता है।
- *d*-कक्षक की अनुपस्थिति के कारण कार्बन की अधिकतम सहसंयोजकता + 4 है जबकि अन्य सदस्य *d*-कक्षकों की उपस्थिति के कारण अपनी सहसंयोजकता को बढ़ा सकते है। उदाहरण $[SiF_6]^{2-}$ आदि।
- कार्बन, शृंखलन और $p\pi$-$p\pi$ आबन्ध बनने के कारण अपररुपता दर्शाता है जबकि अन्य सदस्य नहीं दर्शाते हैं।

कार्बन के अपररूप (Allotropes of Carbon)

कार्बन क्रिस्टलीय और अक्रिस्टलीय कई प्रकार की अपररूपता को प्रदर्शित करता है।

कार्बन के क्रिस्टलीय अपररूप
(Crystalline Allotropes of Carbon)

हीरा (Diamond)

- यह sp^3 संकरित कार्बन परमाणु का 3D कठोर क्रिस्टलीय जालक है। NEET 2022,2023
- यह पृथ्वी पर ज्ञात सबसे कठोर पदार्थ है। यह विद्युत का कुचालक है लेकिन ऊष्मा का सुचालक है।

ग्रेफाइट (Graphite)

- इसमें परतीय संरचना होती है। प्रत्येक परत में sp^2 संकरित कार्बन परमाणु षट्कोणीय वलय में व्यवस्थित होते हैं और ये परतें आपस में वाण्डर वाल्स बल के द्वारा जुड़ी रहती है। इस प्रकार ग्रेफाइट उच्च तापमान पर एक शुष्क स्नेहक का कार्य करता है। NEET 2023

  यह विद्युत का अच्छा सुचालक है इसलिए इलेक्ट्रॉड बनाने के काम में प्रयोग होता है। ग्रेफाइट ऊष्मीय रुप से कार्बन का स्थायी अपररूप होता है।

फुलरीन्स (Fullerenes)

- ये केवल कार्बन का शुद्ध रूप है क्योंकि फुलरीन में किसी प्रकार का झुलता बंध (dangling bonds) नहीं होता है।
- C_{60} अणु का आकार एक साकर बाल जैसा होता है और इसे बकनिस्टर फुलरीन भी कहा जाता है।
- इसमें छः सदस्यीय बीस वलय और पाँच सदस्य बारह वलय होते है।
- प्रत्येक कार्बन परमाणु sp^2संकरित और अन्य कार्बन परमाणुओं के साथ 3σ बन्ध बनाता है।
- शेष इलेक्ट्रॉनों को आण्विक कक्षाओं में विभाजित किया जाता है जो अणु को ऐरोमैटिक विशेषता देता है।

कार्बन के अक्रिस्टलीय अपररूप
(Amorphous Allotropes of Carbon)

- कार्बन ब्लैक वायु की सीमित उपस्थिति में हाइड्रोकार्बन को जलाने से प्राप्त होता है।
- वायु की अनुपस्थिति में लकड़ी या कोयले को क्रमशः उच्च तापमान पर गर्म करके चारकोल और कोक प्राप्त होता है।

समूह 15 के तत्व (Group 15 Elements)

- वर्ग 15 में तत्व, नाइट्रोजन, फॉस्फोरस, आर्सेनिक, ऐन्टीमनी बिस्मिथ एवं मास्कोवियम सम्मिलित है।
- जैसे-जैसे हम वर्ग में नीचे की ओर बढ़ते है, अधात्विक गुण, उपधात्विक गुणों से होते हुए मैटेलॉइड गुणों में परिवर्तित हो जाते हैं।

$$\underbrace{N, P}_{\text{अधातु}},\quad \underbrace{As, Sb}_{\text{उपधातु}},\quad \underbrace{Bi, Mc}_{\text{धातु}}$$

इलेक्ट्रॉनिक विन्यास (Electronic Configuration)

इन तत्वों का सामान्य इलेक्ट्रॉनिक विन्यास $ns\ np^3$ होता है।

उपलब्धता (Occurrence)

- वायुमण्डल में आण्विक नाइट्रोजन का आयतन 78% है। संयुक्त अवस्था में यह सोडियम नाइट्रेट (चिली शोरा) तथा पौटेशियम नाइट्रेट (इण्डियन शोरा) और जीवों और वनस्पतियों में ऐमीनो अम्ल और प्रोटीन के रूप में पाया जाता है। फॉस्फोरस, फॉस्फेट के रूप में पाया जता है शेष तत्व सल्फाइड और ऑक्साइड के रूप में पाये जाते हैं।
- मास्कोवियम एक संश्लेषित रेडियोऐक्टिव तत्व है क्योंकि इसकी अर्द्धआयु बहुत ही अल्प है और यह बहुत कम मात्रा में उपस्थित होता है।

परमाणु एवं आयनी त्रिज्या (Atomic/Ionic Radii)

- वर्ग में नीचे जाने पर आकार वृद्धि के साथ आयनी त्रिज्या के साथ-साथ सहसंयोजी त्रिज्या भी बढ़ती है यहाँ, N से P तक सहसंयोजी त्रिज्या में वृद्धि होती है।
- हालाँकि As से Bi तक सहसंयोजी त्रिज्या में अल्प वृद्धि ही होती है, इसका कारण भारी सदस्यों में पूर्णतः भरे हुए *d* और *f* -कक्षकों की उपस्थिति होती है।

आयनन एन्थैल्पी (Ionisation Enthalpy)

- वर्ग में नीचे की ओर बढ़ने पर आयनन एन्थैल्पी परमाण्विक आकार में लगातार वृद्धि के कारण घटती है। अर्द्धभरित p-कक्षक के इलेक्ट्रॉनिक विन्यास के अतिरिक्त स्थायित्व एवं छोटे आकार के कारण $IE_{15} > IE_{14}$ होता है।
- विभिन आयनन एन्थैल्पियों का आपेक्षित क्रम $\Delta_i H_1 < \Delta_i H_2 < \Delta_i H_3$ है

विद्युत ऋणात्मकता (Electronegativity)

- वर्ग में नीचे की ओर जाने पर परमाण्विक आकार में वृद्धि के साथ विद्युत ऋणात्मकता का मान घटता है, हालाँकि भारी तत्वों में यह अन्तर बहुत अधिक नहीं है।

भौतिक गुण (Physical Properties)

- समूह में नीचे की ओर जाने पर धात्विक गुण बढ़ता है।
- समूह में ऊपर से नीचे की ओर जाने पर क्वथनांक में वृद्धि होती है परन्तु गलनांक N से As तक बढ़ते हैं तथा अक्रिय युग्म प्रभाव के कारण पाँच के अतिरिक्त तीन सहसंयोजक बन्ध बनने की प्रवृत्ति के कारण Sb से Bi तक घटते है।
- नाइट्रोजन के अतिरिक्त सभी तत्व अपररूपता दर्शाते हैं।

रासायनिक गुण (Chemical Properties)

कुछ रासायनिक गुण नीचे दिये गए हैं

ऑक्सीकरण अवस्था (Oxidation State)

समूह 15 के तत्व निम्न ऑक्सीकरण अवस्थाएँ दर्शाते हैं

तत्व	N	P	Ar	Sb	Bi
ऑक्सीकरण अवस्था	−3 से +5	+5, + 3, −3, + 1	+5, + 3	+5, + 3	+3

- समूह में नीचे की ओर + 5 ऑक्सीकरण अवस्था के स्थायित्व में कमी तथा + 3 ऑक्सीकरण अवस्था के (**अक्रिय युग्म प्रभाव** के कारण) स्थायित्व में वृद्धि होती है।
- समूह में नीचे की ओर जाने पर −3 ऑक्सीकरण अवस्था के स्थायित्व में कमी होती है क्योंकि इसके धात्विक लक्षण और आकार में वृद्धि होती है।

नाइट्रोजन का असामान्य व्यवहार (गुण) (Anomalous Properties of Nitrogen)

- यह छोटे आकार, उच्च विद्युत ऋणात्मकता, उच्च आयनन एन्थैल्पी एवं d-कक्षकों की अनुपलब्धता के कारण असामान्य व्यवहार दर्शाता है।
- इसकी स्वयं के साथ व छोटे आकार तथा उच्च विद्युत ऋणात्मकता वाले तत्वों के साथ $p\pi$-$p\pi$ बहुआबन्ध बनाने की विशिष्ट प्रवृत्ति होती है। जबकि इस वर्ग के भारी तत्व अप्रभावी अतिव्यापन के कारण $p\pi$-$p\pi$ बन्ध नहीं बनाते हैं।
- नाइट्रोजन $N \equiv N$ के रूप में द्विपरमाणुक अणु के रूप में पाया जाता है। जबकि फॉस्फोरस, आर्सेनिक तथा ऐन्टीमनी P—P, As—As तथा Sb—Sb जैसे एकल बन्ध बनाते है। जबकि Bi तात्विक अवस्था में धात्विक बन्ध बनाता है।
- नाइट्रोजन की संयोजकता कोश में d-कक्षकों की अनुपस्थिति के कारण इसकी सहसंयोजकता (चार) 4 तक ही सीमित है और $d\pi$-$p\pi$ आबन्ध नहीं बना सकती जबकि भारी तत्वों के संयोजकता कोश में d- कक्षक खाली होते हैं जिससे वे अपनी सहसंयोजकता को चार से अधिक बढ़ा सकते हैं और $d\pi$-$p\pi$ बन्ध बना सकते हैं उदाहरणार्थ $R_3P{=}O$ अथवा $R_3P{=}CH_2$ (R = ऐल्किल समूह)
- P और As संक्रमण तत्वों के साथ भी $d\pi$-$d\pi$ बन्ध बना सकते हैं, जब उनके $P(C_2H_5)_3$ तथा $As(C_6H_5)_3$ जैसे यौगिक लिगैण्डों के रूप में कार्य करते हैं।
- N—N बन्ध एक P—P बन्ध की अपेक्षा दुर्बल होता है क्योंकि इसमें आबन्धी इलेक्ट्रॉनों के उच्च अन्तराइलेक्ट्रॉनिक प्रतिकर्षण के कारण बन्ध लम्बाई कम होती है

रासायनिक क्रियाशीलता में प्रवृत्तियाँ

हाइड्राइड	सामान्य सूत्र MH_3
आबन्धकोण	$NH_3 > PH_3 > AsH_3 > SbH_3 > BiH_3$
क्षारकता	$NH_3 > PH_3 > AsH_3 > SbH_3 \geq BiH_3$
क्वथनांक	$PH_3 < AsH_3 < NH_3 < SbH_3 < BiH_3$
गलनांक	$PH_3 < AsH_3 < SbH_3 < NH_3$ (हाइड्रोजन आबन्ध के कारण)
ऊष्मीय स्थायित्व	$NH_3 > PH_3 > AsH_3 > SbH_3 > BiH_3$
अपचायक गुण	$NH_3 < PH_3 < AsH_3 < SbH_3 < BiH_3$

हैलाइड्स	सामान्य सूत्र MX_3 अथवा MX_5
स्थायित्व	$NF_3 > NCl_3 > NBr_3$
लुईस अम्लीय सामर्थ्य	$PCl_3 > AsCl_3 > SbCl_3$ और $PF_3 > PCl_3 > PBr_3 > PI_3$
लुईस क्षारीय शक्ति सामर्थ्य	$NI_3 > NBr_3 > NCl_3 > NF_3$
आबन्ध कोण	$PF_3 < PCl_3 < PBr_3 < PI_3$

ऑक्साइड	सामान्य सूत्र M_2O_3 और M_2O_5
ट्राईऑक्साइड की अम्लीय सामर्थ्य	$N_2O_3 > P_4O_6 > As_4O_6 > Sb_4O_6$
नाइट्रोजन के ऑक्साइड की अम्लीय सामर्थ्य	$N_2O < NO < N_2O_3 < N_2O_4 < N_2O_5$ (ऑक्सीकरण संख्या में वृद्धि)

- **धातुओं के प्रति क्रियाशीलता** (Reactivity towards metals) सभी तत्व धातुओं के साथ अभिक्रिया करके द्विअंगी यौगिक बनाते हैं जिनमें यह −3 ऑक्सीकरण अवस्था दर्शाते हैं। जैसे Ca_3N_2 (कैल्शियम नाइट्राइड) Ca_3P_2 (कैल्शियम फॉस्फाइड) Na_3As_2 (सोडियम आर्सेनाइड) Zn_3Sb_2, Mg_3Bi_2.

नाइट्रोजन के ऑक्साइड (Oxides of Nitrogen)

नाइट्रोजन बहुत-सी विभिन्न ऑक्सीकरण अवस्थाएँ दर्शाता है। इन ऑक्साइड के सन्दर्भ में महत्वपूर्ण सूचनाएँ निम्नलिखित है

नाम	नाइट्रोजन की ऑक्सीकरण संख्या	गुण	अनुवादी संरचना (लुईस डॉट रूप)	बन्ध प्रांचल
डाइनाइट्रोजन मोनोऑक्साइड या डाइ नाइट्रोजन ऑक्साइड (नाइट्रोजन (i) ऑक्साइड, N_2O)]	+ 1	रंगहीन गैस, उदासीन	$\ddot{N}=N=\ddot{O} \leftrightarrow :N\equiv N-\ddot{O}:$	N—N—O 113 pm 119 pm (रेखीय)
नाइट्रोजन मोनोऑक्साइड [नाइट्रोजन (ii) ऑक्साइड (NO)]	+ 2	रंगहीन गैस, उदासीन अनुचुम्बकीय	$:N=\ddot{O}: \leftrightarrow :\dot{N}=\ddot{O}:$	N—O 115 pm (रेखीय)
डाइ नाइट्रोजन ट्राइ-ऑक्साइड [नाइट्रोजन (iii) ऑक्साइड N_2O_3]	+ 3	नीला ठोस, अम्लीय	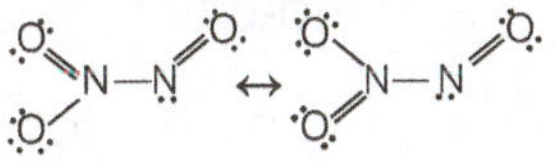	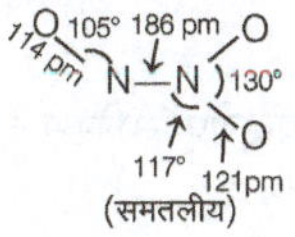
नाइट्रोजन डाई -ऑक्साइड [नाइट्रोजन (iv) ऑक्साइड (NO_2)]	+ 4	भूरी गैस, क्रियाशील अनुचुम्बकीय अम्लीय	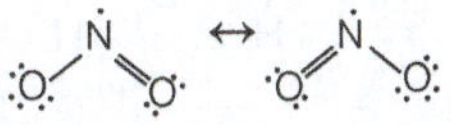	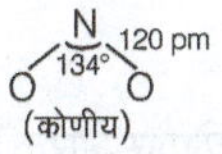
डाइ नाइट्रोजन ट्रेटा-ऑक्साइड [नाइट्रोजन (v) ऑक्साइड N_2O_4]	+ 4	ठोस-द्रव दोनों अवस्था में रंगहीन होता है। NO_2 के साम्यावस्था के साथ अम्लीय	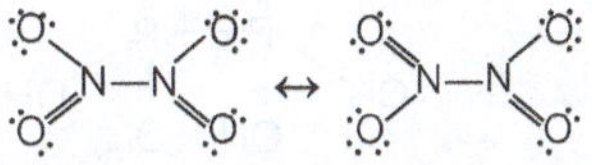	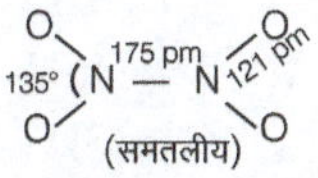
डाइनाइट्रोजन पेंटा -ऑक्साइड [नाइट्रोजन (v) ऑक्साइड (N_2O_5)]	+ 5	गैस के रूप में अस्थाई ठोस में $(NO_2)^+$ $(NO_3)^-$ के रूप में पाया जाता है, रंगहीन अम्लीय	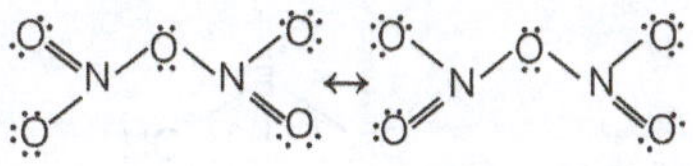	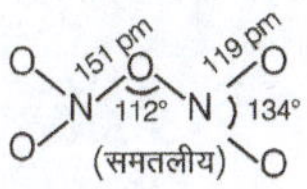

नोट NO_2 एक प्रारूपी विषम इलेक्ट्रॉन अणु की तरह व्यवहार करती है क्योंकि इसमें संयोजकता इलेक्ट्रॉन विषम संख्या में होते हैं। द्विलक होने पर यह स्थाई N_2O_4 अणु में परिवर्तित हो जाती है जिसमें इलेक्ट्रॉनों की संख्या सम है। N_2O_4 में N की सहसंयोजकता 4 होती है।

फॉस्फोरस के अपररूप (Phosphorus-Allotropic Forms)

फॉस्फोरस अनेक अपररूपों में पाया जाता है जिनमें से महत्वपूर्ण श्वेत, लाल और काला आदि हैं।

- **श्वेत फॉस्फोरस** एक पारदर्शी सफेद मोम जैसा ठोस है, जो विषैली प्रकृति का होता है। यह जल में अविलेय परन्तु कार्बनडाइ सल्फाइड (CS_2) में विलेय होता है। यह विविक्त चतुष्फलकीय P_4 अणुओं से बना होता है जैसे नीचे दिखाया गया है।

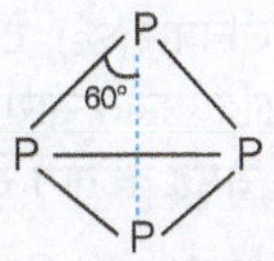

यह वायु में तेजी से आग पकड़कर निम्नलिखित अभिक्रिया देता है।

$$P_4 + 5O_2 \longrightarrow \underset{\text{(घना श्वेत धूम्र)}}{P_4O_{10}}$$

- **लाल फॉस्फोरस** श्वेत फॉस्फोरस अक्रिय वातावरण में 573 K ताप पर कई दिनों तक गर्म करने पर प्राप्त होता है। यह गन्धहीन, अविषैला तथा जल एवं कार्बन डाइसल्फाइड (CS_2) में अविलेय है।
- यह श्वेत फॉस्फोरस की तुलना में बहुत कम क्रियाशील होता है। यह बहुलकी होता है जिसमें P_4 चतुष्फलक श्रृंखला के रूप में एक दूसरे से जुड़े रहते हैं। इसकी संरचना निम्न है

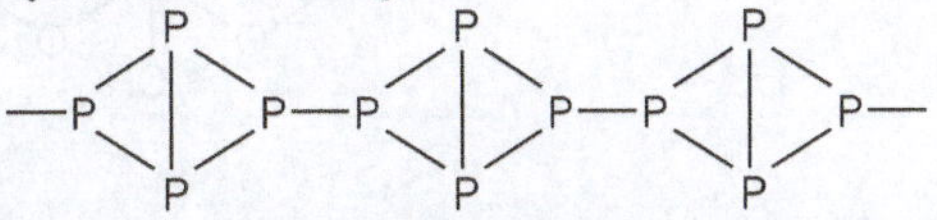

- जब लाल फॉस्फोरस को उच्च दाब पर गर्म किया जाता है तो **काले फॉस्फोरस** की प्रावस्थाओं की श्रेणियाँ प्राप्त होती हैं।
- **काले फॉस्फोरस** के दो रूप होते हैं, α-काला फॉस्फोरस तथा β-काला फॉस्फोरस जब लाल फॉस्फोरस को 803 K पर बन्द नलिका में गर्म करते हैं तो α – काला फॉस्फोरस बनता है।
- इसके क्रिस्टल अपारदर्शी, एकनताक्ष या त्रिसमनताक्ष होते हैं और वायु में ऊर्ध्वपातित हो जाते हैं। यह वायु में ऑक्सीकृत नहीं होता है।
- β-काला फॉस्फोरस श्वेत फॉस्फोरस को 473 K ताप पर उच्च दाब पर गर्म करके बनाया जाता है। यह वायु में 673 K तक नहीं जलता है।

फॉस्फोरस के ऑक्सोअम्ल (Oxoacids of Phosphorus)

फॉस्फोरस निम्नलिखित संख्या में ऑक्सोअम्ल बनाता है जो इस प्रकार है

ऑक्सीअम्ल	संरचना	क्षारकता	विरचन
$H_3\overset{(+1)}{P}O_2$ (हाइपोफॉस्फोरस) या फॉस्फोरस अम्ल NEET 2019	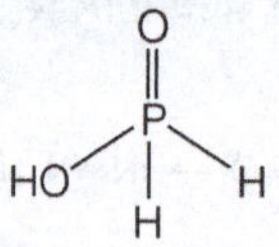	एक क्षारकीय	श्वेत P_4 + क्षार
$H_3\overset{(+3)}{P}O_3$ (आर्थोफॉस्फोरस) फॉस्फोनिक अम्ल	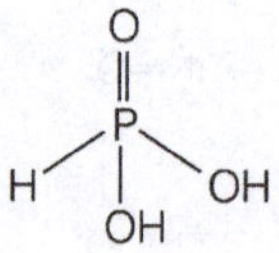	द्विक्षारकीय	$P_2O_3 + H_2O$
$H_4\overset{(+3)}{P_2}O_5$ पाइरोफॉस्फोरस अम्ल	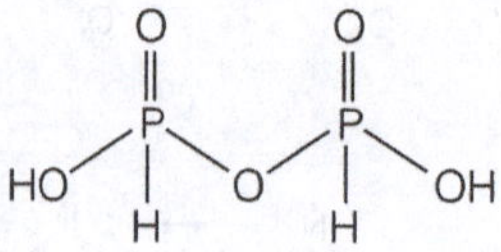	द्विक्षारकीय	$PCl_3 + H_3PO_3$
$H_4\overset{(+4)}{P_2}O_6$ (हाइपोफॉस्फोरिक) अम्ल	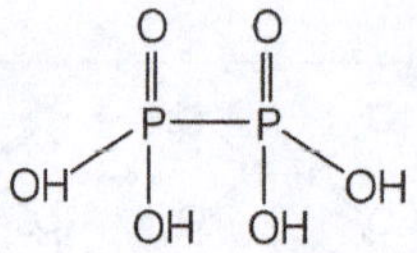	चतुष्कक्षारकीय	लाल P_4 + क्षार
$H_3\overset{(+5)}{P}O_4$ (आर्थोफॉस्फोरिक अम्ल)	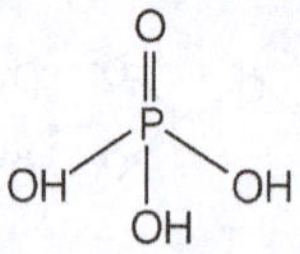	त्रिक्षारकीय	$P_4O_{10} + H_2O$
$H_4\overset{(+5)}{P_2}O_7$ (पाइरोफॉस्फोरिक अम्ल)	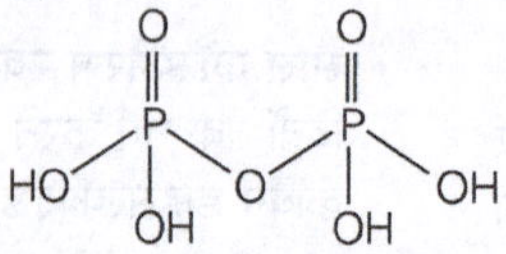	चतुष्कक्षारकीय	फॉस्फोरिक अम्ल + ऊष्मा
$(H\overset{(+5)}{P}O_3)_n$ (*मेटा* फॉस्फोरिक अम्ल, बहुलक रूप में पाया जाता है)	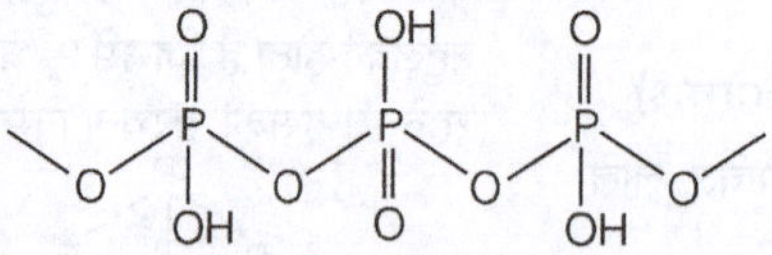		फॉस्फोरस अम्ल + Br_2, बन्द नली में गर्म

Concept Master Video के लिए

- फॉस्फोरस की + 3 ऑक्सीकरण अवस्था वाले इन अम्लों की प्रवृत्ति उच्च या निम्न ऑक्सीकरण अवस्थाओं में असमानुपातित होने वाली होती है।

उदाहरण $4H_3\overset{+3}{P}O_3 \longrightarrow 3H_3\overset{+5}{P}O_4 + \overset{-3}{P}H_3$

- वे अम्ल जिनमें P—H आबन्ध होते हैं, प्रबल अपचायक गुण वाले होते हैं। जैसे – हाइपोफास्फोरस
- आयनीकरण योग्य होते हैं और क्षारकता का कारण बनते हैं। P – H आबंध आयनीकृत होकर H^+ नहीं देते हैं। इसलिए H_3PO_3 तथा H_3PO_4 क्रमशः द्विक्षारकीय और त्रिक्षारकीय हैं।

समूह 16 के तत्व
(Group 16 Elements)

ऑक्सीजन (O), सल्फर (S), सेलेनियम (Se), टेल्यूरियम (Te), पोलोनियम (Po) तथा लिवरमोरियम (Lv) आदि आर्वत सारणी के समूह 16 के सदस्य हैं। वे **चाल्कोजेन्स** (chalcogenes) समूह के नाम से भी जाने जाते हैं।

इलेक्ट्रॉनिक विन्यास (Electronic Configuration)

इन तत्वों का सामान्य इलेक्ट्रॉनिक विन्यास ns^2np^4 होता है।

उपलब्धता (Occurrence)

- पृथ्वी पर सभी तत्वों में से ऑक्सीजन सबसे अधिक प्रचुरता में पाई जाती है। भूपर्पटी में सल्फर की उपलब्धता केवल 0.03 से 0.01% है।
- Se और Te, सल्फाइड अयस्कों में धातु सेलेनाइडों तथा टेलुराइडों के रूप में पाये जाते हैं।
- पोलोनियम प्रकृति में थोरियम तथा यूरेनियम खनिजों के विघटन उत्पाद के रूप में पाया जाता है। लिवरमोरियम (Lv) एक संश्लेषित रेडियोसक्रिय तत्व है। Lv को केवल अल्प मात्रा में ही बनाया जा सकता है तथा इसकी अर्द्धआयु भी अति अल्प है। इस कारण इसके गुणों का अध्ययन नहीं हो सका है।

परमाणु तथा आयनी त्रिज्या (Atomic/Ionic Radii)

समूह में ऊपर से नीचे की ओर बढ़ने पर कोशों की संख्या में वृद्धि के कारण आयनी तथा परमाणु त्रिज्याओं के मानों में वृद्धि होती है। यद्यपि ऑक्सीजन परमाणु का आकार अपवाद स्वरूप छोटा होता है।

आयनन एन्थैल्पी
(Ionisation Enthalpy)

- समूह में नीचे की ओर बढ़ने पर आयनन एन्थैल्पी में कमी होती है।
- इसका कारण आकार में वृद्धि है। यद्यपि इस वर्ग के तत्वों की आयनन एन्थैल्पी का मान 15 के संगत आवर्तों के तत्वों से कम होता है। इसका कारण यह है कि समूह 15 के तत्वों में अतिरिक्त स्थायित्व प्राप्त अर्द्ध भरित इलेक्ट्रॉनिक विन्यास के *p*-कक्षक उपस्थित होते हैं।

इलेक्ट्रॉन लब्धि एन्थैल्पी
(Electron Gain Enthalpy)

ऑक्सीजन परमाणु की सघन प्रकृति के कारण इसकी इलेक्ट्रॉन लब्धि एन्थैल्पी सल्फर की अपेक्षा कम ऋणात्मक होती है। सल्फर से पोलोनियम तक पुनः इसके मान कम ऋणात्मक होते जाते हैं।

विद्युत ऋणात्मकता (Electronegativity)

फ्लुओरीन के बाद, ऑक्सीजन की विद्युत ऋणात्मकता का मान सभी तत्वों से उच्चतम होता है। वर्ग में परमाणु क्रमांक में वृद्धि के साथ विद्युत ऋणात्मकता में कमी होती जाती है।

भौतिक गुण (Physical Properties)

- समूह में ऊपर से नीचे के ओर जाने पर **धात्विक गुण** बढ़ता है।

ऑक्सीजन सल्फर (अधातु), सेलेनियम टेल्यूरियम (उपधातु), पोलोनियम (धातु)

- समूह में नीचे की ओर बढ़ने पर परमाणु क्रमांक में वृद्धि के साथ **गलनांक** एवं **क्वथनांक** में वृद्धि होती है।
- ऑक्सीजन तथा सल्फर के गलनांक और क्वथनांक के मध्य बहुत अधिक अन्तर को उनकी परमाणुकता के आधार पर समझाया जा सकता है। ऐसा इसीलिए है क्योंकि ऑक्सीजन द्विपरमाणुक अणु O_2 के रूप में विद्यमान होता है जबकि सल्फर बहुपरमाणुक अणु S_8 के रूप में विद्यमान होता है।
- इस समूह के सभी तत्व अपररूपता दर्शाते हैं।

रासायनिक गुण (Chemical Properties)

ऑक्सीकरण अवस्थाएँ

समूह 16 के तत्व अनेक ऑक्सीकरण अवस्थाएँ प्रदर्शित करते हैं, जो निम्न प्रकार हैं

तत्व	O	S	Se	Te	Po
ऑक्सीकरण अवस्था	–2, –1, 1, 2	–2, 2, 4, 6	–2, 2, 4, 6	–2, 2, 4, 6	2, 4

- –2 ऑक्सीकरण अवस्था का स्थायित्व समूह में नीचे की ओर घटता है। ऑक्सीजन की विद्युत ऋणात्मकता बहुत उच्च होने के कारण OF_2 को छोड़कर जिसमें इसकी ऑक्सीकरण अवस्था +2 है।
- समूह में नीचे की ओर बढ़ने पर +6 ऑक्सीकरण अवस्था का स्थायित्व घटता है और +4 ऑक्सीकरण अवस्था का स्थायित्व बढ़ता है (अक्रिय युग्म प्रभाव के कारण) +4 तथा +6 ऑक्सीकरण अवस्थाओं में इन तत्वों के यौगिक प्राथमिक रूप से सहसंयोजक होते हैं।

ऑक्सीजन का असामान्य व्यवहार
(Anomalous Behaviour of Oxygen)

छोटे आकार और उच्च विद्युत ऋणात्मकता और *d*- कक्षकों की अनुपस्थिति के कारण ऑक्सीजन असामान्य व्यवहार दर्शाता है। इसमें से कुछ इस प्रकार हैं

- H_2O में प्रबल हाइड्रोजन बन्ध की उपस्थिति है जबकि अन्य सदस्यों के हाइड्राइड समान व्यवहार नहीं दर्शाते हैं।
- *d*-कक्षकों की अनुपस्थिति के कारण इनकी सहसंयोजकता 4 तक सीमित होती हैं और व्यवहार में 2 से अधिक दुर्लभ है। दूसरी ओर समूह में अन्य तत्वों के संयोजकता कोश का विस्तार हो सकता है और सहंयोजकता 4 से अधिक होती है।

रासायनिक क्रियाशीलता में प्रवृत्तियाँ
(Trends in Chemical Reactivity)

हाइड्रोजन के प्रति क्रियाशीलता (Reactivity with Hydrogen)

इन हाइड्राइड के कुछ गुणों को नीचे समझाया गया है

- इन हाइड्राइड का अम्लीय गुण $H_2Te > H_2Se > H_2S > H_2O$ तक घटता है। इसका कारण यह है कि जब वर्ग में नीचे की ओर जाते है, तो बन्ध H—*E* की वियोजन एन्थैल्पी में कमी होती है जैसे H—O > H—S > H—Se > H—Te
- चूँकि बन्ध H—*E* की वियोजन एन्थैल्पी में समूह से नीचे जाने पर कमी होती है। अतः हाइड्राइड के तापीय स्थायित्व में भी कमी होती है।

$$H_2O > H_2S > H_2Se > H_2Te$$ **NEET 2019**

- सभी हाइड्राइड (H_2O को छोड़कर) अपचायक गुण वाले होते हैं तथा यह गुण निम्न रूप में बढ़ता है।

$$H_2S < H_2Se < H_2Te.$$

- हाइड्रोजन बन्ध होने के कारण H_2O के आपेक्षिक गलनांक और क्वथनांक उच्च होते हैं। इनका क्रम निम्न प्रकार है।

क्वथनांक और गलनांक $H_2O > H_2Te > H_2Se > H_2S$

आबन्ध कोण $H_2O > H_2S > H_2Se > H_2Te$ **NEET 2022**

ऑक्सीजन के प्रति क्रियाशीलता (Reactivity with Oxygen)

- ये सभी तत्व EO_2 तथा EO_3 प्रकार के ऑक्साइड बनाते हैं। दोनों प्रकार के ऑक्साइड की प्रकृति अम्लीय होती है और इस प्रकृति का क्रम निम्न है
  $SO_2 > SeO_2 > TeO_2$ और $SO_3 > SeO_3 > TeO_3$
- केन्द्रीय तत्व की ऑक्सीकरण अवस्था में वृद्धि होने के साथ विशेष तत्व की अम्लीय प्रकृति में भी वृद्धि होती है। जैसे-
  $SO < SO_2 < SO_3$
- O_3 और SO_2 गैसें है जबकि SeO_2 ठोस है।

हैलोजन के प्रति क्रियाशीलता (Reactivity with Halogens)

- समूह 16 के तत्व EX_6, EX_4 तथा EX_2 प्रकार के अनेक हैलाइड बनाते हैं, जहाँ E इस वर्ग की धातु है तथा X एक हैलोजन है।
- हैलाइडों के स्थायित्व के घटने का क्रम है
  $F^- > Cl^- > Br^- > I^-$
- हेक्साहैलाइडो में केवल हेक्साफ्लुओराइड ही स्थायी हैलाइड होते हैं।
- सभी हेक्साफ्लुओराइड गैसीय प्रकृति के होते हैं।
- उनके स्थायित्व का घटता क्रम निम्न है— $SF_6 > SeF_6 > TeF_6$ लेकिन जल अपघटन के सन्दर्भ में यह क्रम विपरीत हो जाता है। NEET 2019
- SF_6 त्रिविमीय कारणों से असाधारण रूप से अस्थायी होता है।
- हेक्साफ्लुओराइडों की संरचना अष्टफलकीय होती है। टेट्राफ्लुओराइडों की संरचना त्रिकोणीय द्विपिरामिडी और sp^3d संकरित और सी-सा ज्यामिति होती है और डाईहैलाइड्स चतुष्फलकीय संरचना के होते हैं।
- $\underbrace{SF_4}_{\text{गैस}}, \underbrace{SeF_4}_{\text{द्रव}}, \underbrace{TeF_4}_{\text{ठोस}}$
- ऑक्सीजन को छोड़कर सभी तत्व डाइक्लोराइड तथा डाइब्रोमाइड बनाते है और ये sp^3 संकरित और चतुष्फलकीय संरचना के होते हैं।
- सुपरिचित मोनोलाइड द्वितीय (dimer) प्रकृति के होते है। जैसे S_2F_2, S_2Cl_2, S_2Br_2, Se_2Cl_2 तथा Se_2Br_2
- यह द्विलक हैलाइड निम्न प्रकार के असमानुपातित होते हैं।
  $2Se_2Cl_2 \longrightarrow SeCl_4 + 3Se$

सल्फर के अपररूप (Sulphur Allotropic Forms)

सल्फर के अनेक अपररूप हैं जिसमें पीली विषमलम्बाक्ष (α-सल्फर) तथा एकनताक्ष (β-सल्फर) रूप अति महत्वपूर्ण है।

(i) **विषमलम्बाक्ष सल्फर (α-सल्फर)** (Rhombic Sulphur)
- यह पीले रंग का होता है।
- यह CS_2 में रोल सल्फर के विलयन को वाष्पीकृत करके बनाया जाता है।
- यह जल में अविलेय परन्तु कुछ मात्रा में बेन्जीन एल्कोहॉल तथा ईथर में विलेय है।
- यह CS_2 में पूर्णतया विलेय है।

(ii) **एकनताक्ष सल्फर (β-सल्फर)**
- यह विषमलम्बाक्ष सल्फर को 369 K के ऊपर गलाकर बनाया जाता है।
- यह CS_2 विलेय है।
- यह 369 K के ऊपर ताप पर स्थायी है।

(iii) सामान्य ताप पर विषमतनाक्ष सल्फर स्थायी अपररूप होता है। जब इन्हें 369 K के ऊपर गर्म किया जाता है, तो एकनताक्ष सल्फर में रूपान्तरित हो जाते हैं। 369 K पर दोनों ही रूप स्थायी होते हैं। इस ताप को **संक्रमण ताप** कहते हैं।

(iv) दोनों अपररूपों में S_8 वलय प्रकुंचित (puckered) होती है तथा मुकुट की तरह (crown shaped) होती है। साइक्लो S_6 वलय में कुर्सी रूप (chair form) धारण करती है।

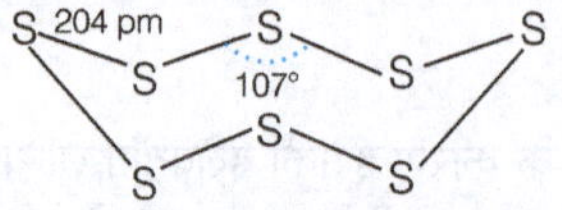

विषमतनाक्ष सल्फर में S_8 वलय

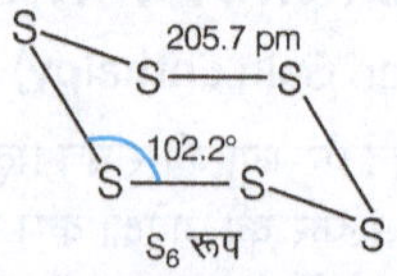

S_6 रूप

(v) लगभग 1000K के उच्च तापमान पर, S_2 प्रभावी स्पीशीज है और यह पैरा-चुंबकीय है।

NEET 2023

सल्फर के ऑक्सीअम्ल (Oxoacids of Sulphur)

सल्फर निम्नलिखित संख्या में ऑक्सोअम्ल बनाता है, जो इस प्रकार हैं

ऑक्सोअम्ल	सल्फ्यूरस अम्ल (H_2SO_3)	सल्फ्यूरिकअम्ल (H_2SO_4)	पाइरोसल्फ्यूरिक और ओलियम ($H_2S_2O_7$)	परॉक्सीडाइसल्फ्यूरिक अम्ल मार्शेल अम्ल ($H_2S_2O_8$)
संरचना	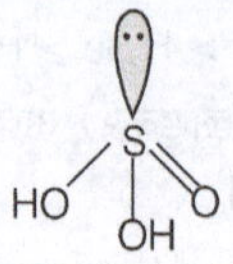	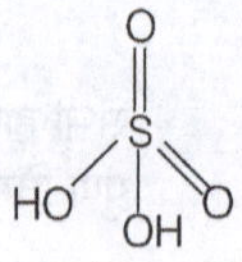	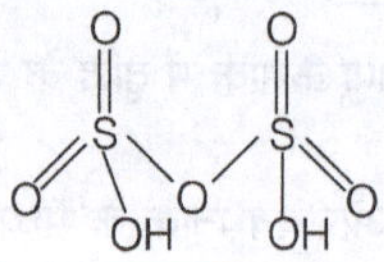	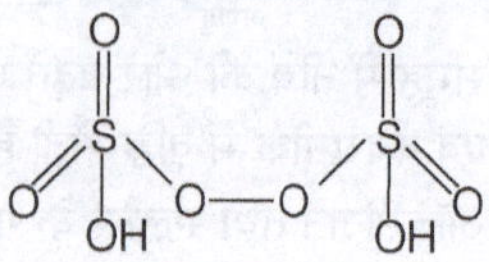
सल्फर की ऑक्सीकरण संख्या	+4	+6	+6	+6

समूह 17 के तत्व (Group 17 Elements)

- फ्लुओरीन (F), क्लोरीन (Cl), ब्रोमीन (Br), आयोडीन (I), ऐस्टैटीन (At) एवं टेनेसाइन (Ts) समूह 17 के सदस्य हैं। ये तत्व संयुक्त रूप से **हैलोजन** कहलाते हैं।
- ग्रीक भाषा में हेलो का अर्थ है लवण तथा जेनेस का अर्थ है—उत्पन्न करना अर्थात् लवण पैदा करने वाले ये अति क्रियाशील अधातु तत्व हैं।
- ऐस्टैटीन एवं टेनेसाइन रेडियोधर्मी तत्व हैं।

इलेक्ट्रॉनिक विन्यास (Electronic Configuration)

इन तत्वों का सामान्य इलेक्ट्रॉनिक विन्यास ns^2np^5 होता है।

उपलब्धता (Occurrence)

- (F) और (Cl) बहुलता से उपलब्ध हैं जबकि Br और I कम मात्रा में उपलब्ध है। At और Ts बहुत ही सीमित मात्रा में होते हैं क्योंकि ये रेडियोधर्मी तत्व हैं।
- फ्लुओराइड, मिट्टी, नदी, जल और जीवों की हड्डियों और दांतों में उपस्थित होता है। क्लोराइड, ब्रोमाइड और आयोडाइड समुद्री जल में उपस्थित होते हैं।

परमाण्विक तथा आयनिक त्रिज्या (Atomic/Ionic Radii)

हैलोजन की परमाणु त्रिज्या अपने आवर्तों में सबसे छोटी होती है। समूह में ऊपर से नीचे जाने पर कोशों की संख्या बढ़ने के कारण परमाणु तथा आयनिक त्रिज्या में वृद्धि होती है। फ्लुओरीन असाधारण रूप से छोटा है।

आयनन एन्थैल्पी (Ionisation Enthalpy)

- हैलोजन की बहुत उच्च आयनन एन्थैल्पी होती है।
- परमाण्विक आकार में वृद्धि होने के कारण वर्ग में नीचे की ओर आने पर आयनन एन्थैल्पी में कमी होती है।

इलेक्ट्रॉन लब्धि एन्थैल्पी (Electron Gain Enthalpy)

- संगत आवर्तों में हैलोजनों की ऋणात्मक इलेक्ट्रॉन लब्धि एन्थैल्पी सबसे अधिक ऋणात्मक होती है। इसका कारण यह है कि इन तत्वों में परमाणुओं में स्थायी उत्कृष्ट गैस विन्यास से केवल एक इलेक्ट्रॉन कम होता है। ऐसा फ्लुओरीन परमाणु के छोटे आकार के कारण होता है। परिणामस्वरुप फ्लुओरीन के अपेक्षाकृत छोटे $2p$ -कक्षकों में प्रबल अन्तरइलेक्ट्रॉनिक प्रतिकर्षण होते हैं। अतः आने वाला इलेक्ट्रॉन अधिक आकर्षण अनुभव नहीं करता है।
- समूह में नीचे जाने पर तत्वों की इलेक्ट्रॉन लब्धि कम ऋणात्मक होती है। हालाँकि F की ऋणात्मक इलेक्ट्रॉन लब्धि, फ्लुओरीन परमाणु के छोटे आकार के कारण Cl से कम होती है।

विद्युत ऋणात्मकता (Electronegativity)

हैलोजन की विद्युत ऋणात्मकता सम्पूर्ण आवर्त सारणी में सबसे उच्च होती है। फ्लुओरीन सबसे अधिक विद्युत ऋणात्मक तत्व है।

भौतिक गुण (Physical Properties)

- फ्लुओरीन तथा क्लोरीन गैस हैं, ब्रोमीन एक द्रव तथा आयोडीन एक ठोस है।
- वाण्डर वाल्स आकर्षण बल के कारण बढ़ते हुए परमाणु आकार के साथ इनके गलनांक तथा क्वथनांको में नियमित रूप से वृद्धि होती है।
- फ्लोरीन के एकाकी युग्मों में F-परमाणु के छोटे आकार तथा इलेक्ट्रॉन-इलेक्ट्रॉन प्रतिकर्षण के कारण, F_2 की बन्ध वियोजन एन्थैल्पी Cl_2 की तुलना में छोटी होती है जबकि Cl_2 से आगे बन्ध वियोजन एन्थैल्पी निम्न प्रकार से अपेक्षित प्रवृत्ति दर्शाती है—

$$Cl—Cl > F—F > Br—Br > I—I$$

रासायनिक गुण (Chemical Properties)

ऑक्सीकरण अवस्थाएँ

- सभी हैलोजन –1 ऑक्सीकरण अवस्था प्रदर्शित करती हैं यद्यपि क्लोरीन ब्रोमीन तथा आयोडीन, +1, + 3, + 5 तथा +7 ऑक्सीकरण अवस्थाएँ भी प्रदर्शित करती है।
- हैलोजन की ऑक्सीकरण सामर्थ्य का क्रम $F_2 > Cl_2 > Br_2 > I_2$ होता है।
- सामान्यतः एक हैलोजन उच्च परमाणु क्रमांक के हैलाइड आयनों को ऑक्सीकृत करती है।

$$F_2 + 2X^- \longrightarrow 2F^- + X_2 \quad (X = Cl, Br \text{ अथवा } I)$$

$$Cl_2 + 2X^- \longrightarrow 2Cl^- + X_2 \quad (X = Br \text{ अथवा } I)$$

$$Br_2 + 2I^- \longrightarrow 2Br^- + I_2$$

- हैलोजन के सापेक्षिक ऑक्सीकरण सामर्थ्य को उनकी जल के साथ अभिक्रिया से समझा जा सकता है।

$$2F_2(g) + 2H_2O(l) \longrightarrow 4H^+(aq) + 4F^-(aq) + O_2(g)$$

$$X_2(g) + H_2O(l) \longrightarrow HX(aq) + HOX(aq) \quad (X = Cl \text{ अथवा } Br)$$

$$4I^-(aq) + 4H^+(aq) + O_2(g) \longrightarrow 2I_2(s) + 2H_2O(l)$$

फ्लुओरीन का असामान्य व्यवहार (Anomalous Behaviour of Fluorine)

- छोटे आकार, उच्च विद्युत ऋणात्मकता, निम्न F – F आबन्ध वियोजन एन्थैल्पी और d-कक्षकों की अनुपस्थिति के कारण फ्लुओरीन असामान्य व्यवहार दर्शाता है।
- आयनन एन्थैल्पी, विद्युत ऋणात्मकता तथा विद्युत विभव, यह सभी फ्लुओरीन के लिए अन्य हैलोजनों की प्रवृत्ति के आधार पर आपेक्षित मानों से उच्च होते हैं। इसके अतिरिक्त आयनन तथा सहसंयोजी त्रिज्या, गलनांक, क्वथनांक, आबन्ध वियोजन एन्थैल्पी तथा इलेक्ट्रॉन लब्धि, एन्थैल्पी आपेक्षित मानों से बहुत कम होते हैं।

रासायनिक क्रियाशीलता की प्रवृत्तियाँ (Trends in Chemical Reactivity)

हाइड्रोजन के प्रति क्रियाशीलता (Reactivity towards Hydrogen)

- ये सभी हाइड्रोजन के साथ अभिक्रिया कर हाइड्रोजन हैलाइड बनाती हैं। HX बनाने की क्रियाशीलता का क्रम $F_2 > Cl_2 > Br_2 > I_2$
- हैलोजन के हाइड्राइड गैसीय अवस्था में सहसंयोजी होते हैं और जलीय विलयन में अम्ल की भाँति व्यवहार करते हैं।

(a) HI > HBr > HCl > HF, अम्लीय सामर्थ्य

(b) HI > HBr > HCl > HF, अपचायक गुण

(c) HF > HI > HBr > HCl, क्वथनांक

(d) HF > HCl > HBr > HI, तापीय स्थायित्व

(e) HI > HBr > HCl > HF, आबन्ध लम्बाई

(f) HF > HCl > HBr > HI, आबन्ध वियोजन एन्थैल्पी

(g) HI > HF > HBr >HCl, गलनांक

ऑक्सीजन के प्रति क्रियाशीलता (Reactivity Towards Oxygen)

- हैलोजन ऑक्सीजन से संयोग कर बहुत से ऑक्साइड बनाते हैं परन्तु इनमें से अधिकांश अस्थाई होते हैं। फ्लुओरीन दो आक्साइड OF_2 तथा O_2F_2 बनाती है जबकि अन्य हैलोजन भी ऑक्साइड बनाते है जिनमें इन हैलोजनों की ऑक्सीकरण संख्या +1 से +7 तक होती है।
- O_2F_2, Pu से PuF_6 को ऑक्सीकृत कर देता है। इस अभिक्रिया का उपयोग शेष नाभिकीय ईंधन से प्लूटोनियम को PuF_6 के रूप में हटाने हेतु किया जाता है।
- गतिज तथा ऊष्मागतिक कारकों के संयोग के कारण सामान्यतः हैलोजनों द्वारा निर्मित ऑक्साइडों के स्थायित्व का घटता क्रम I > Cl > Br होता है।
- आयोडीन के ऑक्साइडों के अधिक स्थायित्व का कारण ऑक्सीजन एवं आयोडीन के मध्य बन्ध की अधिक धुव्रणता है। *d*− कक्षकों की उपलब्धता के कारण Cl ऑक्सीजन के साथ संयोग करके बहुआबन्ध बनाती है। इससे ब्रोमीन ऑक्साइड की तुलना में इसके स्थायित्व में वृद्धि होती है।
- ब्रोमीन मे दोनों गुणों का अभाव होता है। अतः इसके ऑक्साइड सबसे कम स्थाई होते है। हैलोजनों के उच्चतर ऑक्साइड की प्रवृत्ति निम्नतर ऑक्साइड्स की अपेक्षा अधिक स्थाई होने की होती है।
- क्लोरीन के ऑक्साइड Cl_2O, ClO_2, Cl_2O_6 तथा Cl_2O_7 अत्यधिक क्रियाशील ऑक्सीकारक तथा विस्फोटक प्रवृत्ति के होते हैं। ClO_2 का उपयोग कागज की लुगदी तथा वस्त्रों के विरजीकरण और पीने के पानी के शुद्धिकरण में किया जाता है।
- ब्रोमीन के ऑक्साइड का Br_2O, BrO_2, BrO_3 का अस्तित्व केवल कम ताप पर होता है। ये बहुत प्रबल ऑक्सीकारक होते हैं। बाकि आयोडीन के आक्साइड I_2O_4, I_2O_5, I_2O_7 अविलेय ठोस है तथा गर्म करने पर विघटित हो जाते हैं। I_2O_5 बहुत अच्छा ऑक्सीकारक है तथा इसका उपयोग कार्बन मोनोआक्साइड के आकलन में होता है।

धातुओं के प्रति क्रियाशीलता (Reactivity Towards Metals)

- हैलोजन धातु के साथ अभिक्रिया करके धातु हैलाइड बनाते हैं। हैलाइड के आयनिक गुण इस क्रम में कम होते हैं *MF* > *MCl* > *MBr* > *MI* जहाँ *M* एक संयोजी धातु है।
- यदि धातु एक से अधिक ऑक्सीकरण अवस्था प्रदर्शित करते हैं, तो उच्च ऑक्सीकरण अवस्था वाले हैलाइड निम्न ऑक्सीकरण वाले हैलाइडों से अधिक सहसंयोजक होंगे।

  उदाहरण के लिए $SnCl_2$, $PbCl_2$, $SbCl_3$ और UF_4 की अपेक्षा $SnCl_4$, $PbCl_4$, $SbCl_5$ तथा UF_6 अधिक सहसंयोजक होते हैं।

अन्य हैलोजन के प्रति क्रियाशीलता (Reactivity Towards Other Halogens)

हैलोजन अन्य हैलोजनों के साथ सयोग कर बहुत-से यौगिक बनाते हैं जो अन्तरा हैलोजन कहलाते हैं जिनके प्रकार है *XX*′, XX'_3, XX'_5 XX'_7 जहाँ, *X* बड़े आकार का हैलोजन तथा *X*′ छोटे आकार का हैलोजन है।

हैलोजनों के ऑक्सोअम्ल (Oxoacids of Halogens)

हैलोजन के विभिन्न ऑक्सोअम्ल निम्नलिखित हैं

हेलिक (I) अम्ल (हाइपोहेलस अम्ल)	HOF हाइपोफ्लुओरस अम्ल	HOCl (हाइपोक्लोरस) अम्ल	HOBr (हाइपोब्रोमस अम्ल)	HOI (हाइपोआयोडस अम्ल)
हेलिक (III) अम्ल (हेलस अम्ल)	–	HOClO क्लोरस अम्ल		
हेलिक (V) अम्ल (हेलिक अम्ल)	–	$HOClO_2$ क्लोरिक अम्ल	$HOBrO_2$ ब्रोमिक अम्ल	$HOIO_2$ आयोडिक अम्ल
हेलिक (II) अम्ल पर (हेलिक अम्ल)	–	$HOClO_3$ परक्लोरिक अम्ल	$HOBrO_3$ परब्रोमिक अम्ल	$HOIO_3$ पर आयोडिक अम्ल

तापीय स्थायित्व X—O बंध सहसंयोजक लक्षण ⟶ ⟵ E.M तापीय स्थायित्व

ऑक्सीकारक सामर्थ्य , बढ़ती अम्लता है ⟶ ⟵ घटती अम्लीय प्रबलता है

संरचना

क्लोरीन के ऑक्सीअम्ल की संरचना निम्न हैं

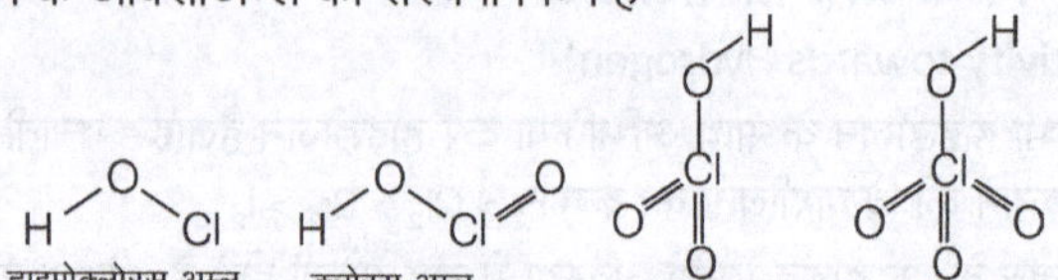

हाइपोक्लोरस अम्ल क्लोरस अम्ल क्लोरिक अम्ल परक्लोरिक अम्ल

अंतराहैलोजन यौगिक

(Interhalogen Compounds)

- जब दो भिन्न हैलोजन एक-दूसरे से अभिक्रिया करते है तब अंतराहैलोजन यौगिक बनते है। इन्हें *XX*′, XX'_3, XX'_5, XX'_7. से प्रदर्शित करते हैं।

  जहाँ X = उच्च आण्विक द्रव्यमान (या अधिक विद्युत धनात्मक) हैलोजन है तथा X′= निम्न आण्विक द्रव्यमान वाला हैलोजन है।
- इनके भौतिक गुण अवयवी हैलोजन के मध्यवर्ती होते हैं। अंतर केवल यह होता है कि इनके गलनांक व क्वथनांक अपेक्षित मानों से थोड़े उच्च होते हैं।

- सभी अंतराहैलोजन यौगिकों में $X—X'$ बन्ध, $X—X$ बन्ध की तुलना में दुर्बल होता है ($F-F$ बन्ध को छोड़कर)। इसलिए अंतरा हैलोजन यौगिक हैलोजनों की अपेक्षा अधिक क्रियाशील होते हैं। (फ्लुओरीन का छोड़कर)
- ये सभी सहसंयोजक अणु होते हैं और प्रतिचुम्बकीय प्रकृति के होते हैं।

गुण (Properties)

कुछ महत्त्वपूर्ण अंतराहैलोजन यौगिक और उनके गुणों को सारणी के रूप में दिया गया है।

अन्तराहैलोजन यौगिकों के प्रकार	संकरण	सूत्र और नाम	सामान्य ताप पर भौतिक अवस्था और रंग	संरचना और आकृति
XX'	sp^3	ClF- क्लोरीन फ्लुओराइड	रंगहीन गैस	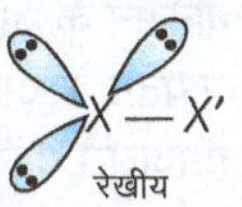 रेखीय
		BrF- ब्रोमीन फ्लुओराइड	293 K ताप के नीचे द्रव, 293 K के ऊपर फीकी भूरी गैस	
		BrCl- ब्रोमीन क्लोराइड	गैस लाल-पीला	
		ICl- आयोडीन क्लोराइड	रुबी लाल ठोस (*a* रूप)	
		IBr- आयोडीन ब्रोमाइड	ठोस आयोडीन की तरह भूरी	
XX'_3	sp^3d	ClF_3 क्लोरीन ट्राई क्लोराइड	261 K के नीचे द्रव 261 K के ऊपर रंगहीन	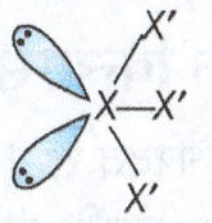 बंकित T आकृति
		BrF_3 ब्रोमीन ट्राई क्लोराइड	द्रव, पीला हरा	
		ICl_3 आयोडीन ट्राई फ्लोराइड	ठोस नारंगी	
		IF_3 आयोडीन ट्राई फ्लुओराइड	पीला चूर्ण	
XX'_5	sp^3d^2	ClF_5 क्लोरीन पेंटा फ्लुओराइड	द्रव, रंगहीन	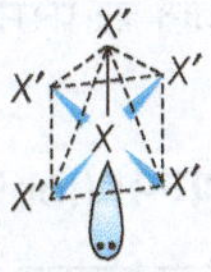 वर्ग पिरामिडीय
		BrF_5 बोमीन पेंटा फ्लुओराइड	द्रव रंगहीन	
		IF_5 आयोडीन पेंटा फ्लुओराइड	गैस रंगहीन लेकिन 77 K के नीचे	
XX'_7	sp^3d^3	IF_7 आयोडीन हेप्टा फ्लुओराइड	गैस रंगहीन	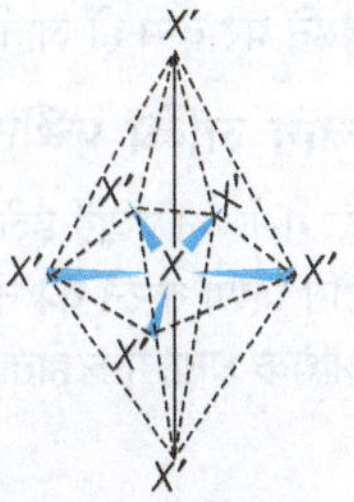 पंचकोणीय द्विपिरामिडीय

समूह 18 के तत्व (Group 18 Elements)

- वर्ग 18 के तत्व हैं हीलियम, निऑन, आर्गन, क्रिप्टॉन, जीनॉन, रेडॉन तथा ओगानेसन है। ओगैण्ड Rn एक रेडियोधर्मी (रेडियोसक्रिय) है। इन्हें **दुर्लभ गैस** या **अक्रिय गैसों** के नाम से जाना जाता है।
- ये सभी गैस हैं तथा रासायनिक रूप से अक्रिय है। ये बहुत कम यौगिक बनाती है, इसी कारण इन्हें उत्कृष्ट गैसें कहते हैं।

उपलब्धता (Occurrence)

रेडॉन तथा ओगानेसन के अतिरिक्त अन्य सभी उत्कृष्ट गैसें वायुमण्डल में पाई जाती है। आयतन के अनुसार इनकी शुष्क वायु में बाहुल्यता लगभग ~1% प्रतिशत है जिसमें आर्गन प्रमुख अवयव है।

हीलियम तथा कभी-कभी निऑन रेडियोधर्मी उत्पत्ति के खनिजों में पाये जाते है। जैसे पिच बेलैन्ड, मोनजाइट, क्लीवाइट, रेडॉन और ओगानेसन प्राप्त कर सकते हैं।

$$^{226}_{88}Ra \longrightarrow ^{222}_{86}Rn + ^{4}_{2}He$$

$$^{249}_{98}Cf + ^{48}_{20}Ca \longrightarrow ^{294}_{118}Og + 3n$$

इलेक्ट्रॉनिक विन्यास (Eletronic Configuration)

हीलियम के अतिरिक्त सभी उत्कृष्ट गैसों का सामान्य इलेक्ट्रॉनिक विन्यास ns^2np^6 होता है। (जबकि हीलियम के लिए $1s^2$ है।

परमाणु त्रिज्या (Ionic Radii)

समूह में नीचे जाने पर परमाणु क्रमांक में वृद्धि के साथ-साथ परमाणु त्रिज्या भी बढती है।

आयनन एन्थैल्पी (Ionisation Enthalpy)

स्थाई इलेक्ट्रॉनिक विन्यास के कारण इनकी गैसों में आयनन एन्थैल्पी बहुत अधिक होती है जबकि परमाणु आकार में वृद्धि के साथ समूह में नीचे की ओर बढ़ने पर कम हो जाती है।

इलेक्ट्रॉन लब्धि एन्थैल्पी (Electron Gain Enthalpy)

उत्कृष्ट गैसों का स्थाई इलेक्ट्रॉनिक विन्यास होने के कारण इनकी प्रवृत्ति इलेक्ट्रॉन ग्रहण करने की नहीं होती। अतः इनकी इलेक्ट्रॉन लब्धि एन्थैल्पी का मान अधिक धनात्मक होता है।

भौतिक गुण (Physical Properties)

- सभी उत्कृष्ट गैसें एक परमाण्विक हैं और जल में अल्प विलेय हैं।
- इन तत्वों में अन्तरापरमाणुक दुर्बल परिक्षेपण बल होते हैं इसलिए इनके गलनांक व क्वथनांक निम्न होते हैं। NEET 2020
- ज्ञात पदार्थों में हीलियम का क्वथनांक निम्नतम होता है। हीलियम में प्रयोगशाला में प्रयुक्त होने वाले साधारण पदार्थों जैसे रबर, काँच प्लास्टिक में से विसरित होने का सामान्य गुण पाया जाता है।

रासायनिक गुण (Chemical Properties)

सामान्यतः उत्कृष्ट गैसें सबसे कम क्रियाशील होती है।

यह निम्न कारणों से है

- उत्कृष्ट गैसों के संयोजकता कोश का पूर्णभरित इलेक्ट्रॉनिक विन्यास ns^2np^6 होता है। (हीलियम को छोड़कर)।
- इनकी आयनन एन्थैल्पी अधिक होती है तथा इलेक्ट्रॉन लब्धि एन्थैल्पी अधिक धनात्मक होती है।
- नील बार्टलेट ने एक नोबेल गैस के यौगिक को बनाया जो $Xe^+ [PtF_6]^-$ था।
- जीनॉन के यौगिकों की संरचना को निम्न प्रकार प्रदर्शित किया जाता है। NEET 2020

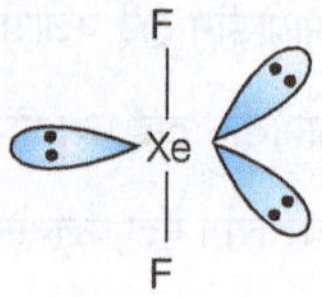

(a) XeF_2
(रेखीय, sp^3d)

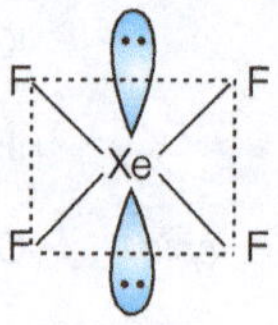

(b) XeF_4
(वर्ग समतलीय, sp^3d^2)

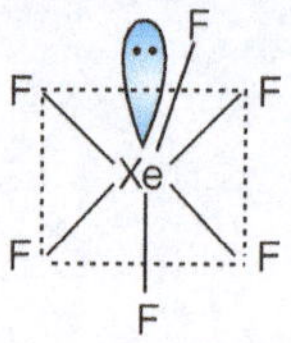

(c) XeF_6
(विकृत अष्टफलकीय sp^3d^3)

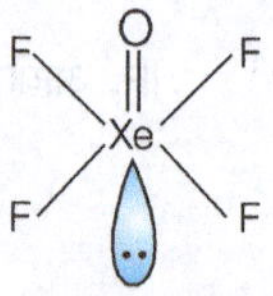

(d) $XeOF_4$
(वर्ग पिरामिडीय sp^3d^2)

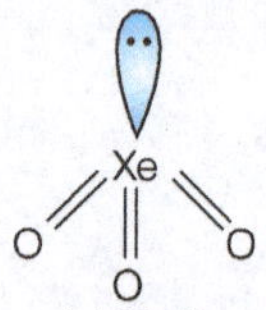

(e) XeO_3
(पिरामिडीय sp^3)

Caution Points

- सामान्यतः समूह 13 के तत्व में (Tl को छोड़कर) केवल E_2O_3 के ऑक्साइड बनाते हैं। Tl दो ऑक्साइड Tl_2O (अधिक स्थायी) और Tl_2O_3 (कम स्थायी) बनाता है।
- उच्च ऑक्सीकरण अवस्था वाले तत्व निम्न ऑक्सीकरण अवस्था वाले तत्व से अधिक अम्लीय होते हैं।
- लैड श्रृंखलन गुण नहीं दर्शाता है।
- +1 ऑक्सीकरण संख्या का स्थायित्व Al से Tl तक बढ़ता है जबकि +3 ऑक्सीकरण अवस्था विपरीत क्रम में इसका अनुसरण करती है।

PYQ नोट्स

1. **छद्म हैलाइड** आयनों में दो या दो से अधिक विद्युत ऋणात्मक परमाणु होते हैं जिनमें से कम से कम एक नाइट्रोजन होता है और इसमें हैलाइड आयनों के समान गुण होते है (जैसे CN^-, SCN^-, OCN^- आदि) संगत द्वितीयक अणुओं को छद्म हैलोजन कहते है। (जैसे $(CN)_2$, $(SCN)_2$, $(OCN)_2$) **[NEET 2021]**
2. डाइनाइट्रोजन एक प्रबल यौगिक है लेकिन उच्च ऊँचाई पर यह अभिक्रिया करके ऑक्साइड बनाता है। NO_2 की उच्च सान्द्रता पौधे की पत्तियों को क्षति पहुँचाती है और प्रकाश संश्लेषण की दर को मन्द कर देती है। **[JEE Main 2022]**
3. PCl_5 ऑक्टेट का विस्तार करने के लिए रिक्त *d*- कक्षक का उपयोग करके पाँच बन्ध बनाता है। NCl_5 उपलब्ध नहीं है क्योंकि इसके द्वितीय ऊर्जा स्तर में केवल *s* और *p*-कक्षक हैं और कोई *d*-कक्षक नहीं है। **[JEE Main 2022]**
4. नाइट्रस अम्ल (HNO_2) अस्थाई है और केवल विलयन में पाया जाता है। **[NEET2020]**
5. नाइट्रोजन तीन विभिन्न हाइड्राइड बनाती है अर्थात् अमोनिया (NH_3), हाइड्राजीन (NH_2—NH_2) और हाइड्रोइक अम्ल (N_3H)
6. दाँतों का इनेमल कैल्शियम फॉस्फेट और फ्लोराइड आयनों से बना होता है जो इनेमल में कैल्शियम और फास्फेट के साथ मिल जाता है। **[JEE Main 2022]**
7. ध्रुवीय समतापमण्डलीय बादल क्लोरीन नाइट्रेट के जल अपघटन के लिए सतह प्रदान करते हैं जिससे HCl और HNO_3 प्राप्त होता है जबकि HCl के साथ इसकी अभिक्रिया से HNO_3 और Cl_2 प्राप्त होता है। **[JEE Main 2022]**
8. समूह 15 में उपस्थित तत्वों का सामूहिक रूप से **निक्टोजन**, **निकोजन** और **निक्टाइड्स** कहलाते हैं जो ग्रीक शब्द से बना है जिसका अर्थ है चोकिंग करना जो कि नाइट्रोजन का एक गुण है। **[NEET 2020]**
9. फ्लेरोवियम (Fl) का अल्प मात्रा में निर्माण किया गया है। इसकी अर्द्धआयु अल्प है इसीलिए इसका रसायन स्थापित नहीं हो सका है। **[NEET 2019]**
10. गैसीय अवस्था में XeF_6 की विकृति अष्टफलकीय संरचना होती है जबकि ठोस अवस्था में XeF_6 में टेट्रामेरिक और हैक्सामेरिड इकाइयों होती है जिसमें वर्ग पिरामिडी XeF_5^+ इकाई बकिंत F पिरामिडनुमा ब्रिज से जुड़ी होती है।
11. NH को अल्प मात्रा में तैयार किया गया है और इसके सबसे स्थिर समस्थानिक की अर्द्धआयु 20 सेकण्ड है इन्हीं कारणों से इसका रसायन विज्ञान अभी तक स्थापित नहीं हो सका है। **[NEET 2019]**

Step by Step

Mastering NCERT

- कॉन्सेप्ट बिल्डर्स
- शीर्षकवार प्रश्न
- अभिकथन-कारण प्रश्न
- कथन आधारित प्रश्न
- सुमेलन प्रकार प्रश्न
- आंकिक मान प्रकार के प्रश्न
- NCERT Exemplar प्रश्न
- विगत परीक्षाओं के प्रश्न
- स्किल बूस्टर्स

कॉन्सेप्ट बिल्डर्स

1 बोरॉन अपनी उच्च आयनीकरण एन्थैल्पी के कारण एक अर्द्ध-धातु (semi-metal) है। (सत्य/असत्य)

2 क्रायोलाइट का अणुसूत्र लिखिए जिससे ऐलुमिनियम प्राप्त किया जा सकता है।

3 Al तथा एवं ....तथा Tl के बीच आयनन एन्थैल्पी मानों में अनियमितता (discontinuity) है।

4 बोरॉन BF_6^{3-} आयन बनाने में असमर्थ है, जबकि $AlAlF_6^{6-}$ बना सकता है। (सत्य/असत्य)

5 डाइबोरेन के बन्ध में, (3C—2e) ब्रिज बन्ध को .... भी कहा जाता है।

6 श्रृंखलन (catenation) की प्रवृत्ति $C \leq Si \leq Ge \leq Sn$ क्रम का अनुसरण करती है। (सत्य/असत्य)

7 कार्बन के उस अपररूप (allotrope) का नाम बताइए जो ऊष्मागतिकी रूप से सबसे अधिक स्थाई है।

8 कार्बन ब्लैक, कोक और चारकोल सभी हीरे के शुद्ध रूप हैं। (सत्य/असत्य)

9 कार्बन के उस अपररूप (Allotrope) का नाम लिखिए जिसमें 'झूलता (dangling bonds) बन्ध' पाया जाता है।

10 समूह-14 के डाइहैलाइडों का स्थायित्व समूह में नीचे जाने पर .... (बढ़ता/घटता है)।

11 पृथ्वी की पर्पटी पर नाइट्रोजन चिली शोरा (saltpetre) और इण्डियन शोरा के रूप में पाया जाता है। (सत्य/असत्य)

12 जीवित कोशिकाओं के साथ-साथ हड्डियों में मौजूद समूह 15 के तत्व का नाम लिखिए।

13 अक्रिय युग्म प्रभाव के कारण समूह 15 में नीचे जाने पर (+ 5) ऑक्सीकरण अवस्था की स्थिरता ..... (बढ़ती/घटती है) और (+ 3) अवस्था की स्थिरता .... (बढ़ती/घटती है)।

14 समूह 15 के हाइड्राइडों के सबसे प्रबल अपचायक का नाम लिखिए।

15 दो नाइट्रोजन परमाणुओं वाले नाइट्रोजन ऑक्साइड का नाम बताइए जिसमें N-N बन्ध नहीं होता है।

16 ऑक्सीजन की सघन (compact) प्रकृति के कारण इसमें सल्फर की तुलना में कम ऋणात्मक इलेक्ट्रॉन लब्धि एन्थैल्पी होती है। (सत्य/असत्य)

17 .... प्रभाव समूह-16 में नीचे की ओर (+6) ऑक्सीकरण अवस्था की स्थिरता में कमी और (+ 4) ऑक्सीकरण अवस्था की स्थिरता में वृद्धि का कारण है।

18 सल्फर के दो महत्वपूर्ण अपररूपों (allotropes) के नाम लिखिए।

19 $H_4P_2O_5$ (P के ऑक्सोअम्ल) में P—O—P बन्ध की संख्या लिखिए।

20 H_3PO_3 एक ट्राइबेसिक अम्ल है। (सत्य/असत्य)

21 क्रायोलाइट में फ्लोरीन मौजूद होता है। (सत्य/असत्य)

22 हैलोजनों का मानक इलेक्ट्रोड विभव वियोजन एन्थैल्पी, इलेक्ट्रॉन लब्धि एन्थैल्पी और .... पर निर्भर करता है।

23 उच्चतम बन्ध वियोजन (highest bond dissocitation) एन्थैल्पी वाले हैलोजन अम्ल का नाम लिखिए।

24 ClF_3 एक रंगहीन गैस है जिसका आकार ..... है।

25 अन्तरहैलोजन यौगिकों में , जैसे-जैसे X और X' की त्रिज्याओं के बीच का अनुपात बढ़ता है, प्रति अणु परमाणुओं की संख्या भी बढ़ती जाती है। (सत्य/असत्य)

26 नोबल गैसें (noble gases) बहुत उच्च आयनन ऊर्जा और इलेक्ट्रॉन लब्धि एन्थैल्पी का बहुत छोटा धनात्मक मान प्रदर्शित करती हैं। (सत्य/असत्य)

27 $XeOF_4$ का संकरण और ज्यामिति क्रमशः .... और .... हैं।

28 Xe के उस यौगिक का नाम बताइए जिसमें एकांकी युग्मों (one pair) की संख्या XeO_3 और $XeOF_4$ के समान है।

29 उत्कृष्ट गैसों में इलेक्ट्रॉन लब्धि एन्थैल्पी का मान अधिक होता है। (सत्य/असत्य)

30 XeF_2 और XeF_4 की संरचनाएँ क्रमशः .... और .... हैं।

शीर्षकवार प्रश्न

परिचय

1 *p*-ब्लॉक तत्वों की सम्भावित ऑक्सीकरण अवस्थाओं की संख्या NCERT पृष्ठ 307

(a) किसी आवर्त में पहले कम और फिर बढ़ती है

(b) आवर्त सारणी के दाईं ओर बढ़ती है

(c) पहले बढ़ती है फिर समूह में नीचे जाने पर घटती है

(d) पहले घटती है फिर समूह में नीचे जाने पर बढ़ती है

2 बोरॉन से शुरू होने वाले *p*-ब्लॉक के दूसरे आवर्त के तत्वों की अधिकतम संयोजकता (covalenc) हो सकती हैं NCERT पृष्ठ 308

(a) चार (1*s* , 2*s* और दो 2*p*-कक्षक का उपयोग करके)

(b) छः (1*s* और 2*s*-कक्षक का उपयोग करके)

(c) चार (एक 2*s* और तीन 2*p*-कक्षक का उपयोग करके)

(d) छः (1*s* और तीन 2*p*-कक्षक का उपयोग करके)

3 इलेक्ट्रॉनिक विन्यास $3s^2 3p^n$ वाले *p*-ब्लॉक के तीसरे आवर्त के तत्वों में रिक्त 3*d*-कक्षक (Orbitals) होते हैं जोकि बीच में स्थित होते हैं NCERT पृष्ठ 308

(a) 3*p* और 4*s* ऊर्जा स्तर के बीच

(b) 3*s* और 3*p* ऊर्जा स्तर के बीच

(c) 3*s* और 4*s* ऊर्जा स्तर के बीच

(d) 2*p* और 3*s* ऊर्जा स्तर के बीच

4 *p*-ब्लॉक तत्वों के तृतीय आवर्त द्वारा अपनी सहसंयोजकता (covalency) को चार से आगे बढ़ाने के लिए कौन से कक्षकों का उपयोग किया जाता है? NCERT पृष्ठ 308

(a) 3*d* (b) 4*s* (c) 3*p* (d) 4*d*

5 वह तत्व जो *pπ*-*pπ* बन्ध (multiple bonds) बनाने की अधिक क्षमता दर्शाता है , वह है NCERT पृष्ठ 309

(a) Ge (b) Si (c) Sn (d) C

समूह 13 के तत्व : बोरॉन परिवार

6 बोरॉन केवल $[BF_4]^-$ बनाता है। समूह-13 के तत्वो में से कौन-सा ऐलुमिनियम बनाता है? NCERT पृष्ठ 308

(a) $[AlF_4]^-$ (b) $[AlF_6]^{3-}$

(c) $[AlF_4]^{3-}$ (d) $[AlF_6]^-$

7 बोरॉन नीचे दिए गए यौगिकों में से किसके रूप में नहीं पाया जाता है? NCERT पृष्ठ 309

(a) बोरेक्स (b) करनाइट

(c) कार्नेलाइट (d) *ऑर्थो*बोरिक एसिड

8 निम्नलिखित में से कौन-सा तत्व पृथ्वी की पर्पटी में सबसे प्रचुर धातु और तीसरा सबसे प्रचुर तत्व है? NCERT पृष्ठ 309

(a) Al (b) B (c) Ga (d) In

9 निम्नलिखित में से किस तत्व के बीच आयनन एन्थैल्पी मानों में क्रमिक परिवर्तन नहीं देखा जाता है? NCERT पृष्ठ 309

(a) Al और Ga (b) In और Al

(c) B और Al (d) Ga और Tl

10 Ga (135 pm) की परमाणु त्रिज्या Al (143 pm) से कम है क्योंकि NCERT पृष्ठ 309

(a) इलेक्ट्रॉनिक विन्यास के आन्तरिक कोर में कम बदलाव के कारण

(b) गैलियम में बढ़े हुए परमाणु आवेश से बाहरी इलेक्ट्रॉनों के लिए *D*-इलेक्ट्रॉनों के खराब स्क्रीनिंग के प्रभाव के कारण

(c) *d*-इलेक्ट्रॉनों में बड़े अन्तर के कारण

(d) निष्क्रिय युग्म प्रभाव के कारण

11 समूह-13 के तत्वों में बोरॉन का गलनांक उच्च होता है, NCERT पृष्ठ 310

(a) बहुत उच्च विद्युत ऋणात्मकता के कारण

(b) बहुत उच्च आयनीकरण ऊर्जा के कारण

(c) छोटे आकार के कारण

(d) ठोस अवस्था में व्यक्तिगत परमाणुओं के बीच मजबूत बन्धन के कारण

12 निम्नलिखित में से कौन-सी ऑक्सीकरण अवस्था Ga, In और Tl द्वारा दर्शाई जाती है? NCERT पृष्ठ 310

(a) केवल +1 (b) केवल +3

(c) +3 तथा +1 दोनों (d) केवल +2

13 समूह 13 के तत्वों की +1 ऑक्सीकरण अवस्था का सापेक्ष स्थायित्व निम्न क्रम (relative stability) का अनुसरण करता है NCERT पृष्ठ 310

(a) Al < Ga < Tl < In

(b) Al < Ga < In < Tl

(c) Tl < In < Ga < Al

(d) Ga < Al < In < Tl

14 समूह-13 के तत्वों में विद्युत-ऋणात्मकता की प्रवृत्ति के सम्भावित कारण के सम्बन्ध में सही कथन है NCERT पृष्ठ 310

(a) तत्वों के घनत्व में समानता

(b) तत्वों के परमाणु आकार में अनियमित वृद्धि

(c) तत्वों की परमाणु संख्या में अनियमित वृद्धि

(d) तत्वों के परमाणु द्रव्यमान में समानता

15 बोरॉन के गुणों के सम्बन्ध में दिए गए कथनों पर विचार करें। NCERT पृष्ठ 310

I. यह एक कठोर रीफ्रेक्टरी (refactory) ठोस है।

II. इसका गलनांक कम तथा घनत्व उच्च होता है।

III. यह उच्च विद्युत चालकता दर्शाता है।

नीचे दिए गए विकल्पों में से सही उत्तर चुनें।

(a) केवल I (b) I और III

(c) II और III (d) I और II

16 गैलियम के सम्बन्ध में निम्नलिखित में से कौन-सा कथन सही है/हैं? **NCERT पृष्ठ 310**

I. इसका गलनांक असामान्य रूप से कम (303 K) है।
II. यह गर्मियों के दौरान द्रव अवस्था में रहता है।
III. इसका क्वथनांक उच्च (2676 K) है।

नीचे दिए गए विकल्पों में से सही उत्तर चुनें

(a) I और II (b) I और III
(c) II और III (d) I, II और III

17 समूह 13 के तत्वों के सम्बन्ध में निम्नलिखित में से कौन-सा कथन सही है? **NCERT पृष्ठ 310**

(a) समूह में नीचे की ओर B से Ga तक घनत्व बढ़ता है और फिर Tl तक घटता है।
(b) गैलियम का क्वथनांक बहुत अधिक (2676 K) होता है।
(c) बोरॉन एक मृदु अधातु है।
(d) बोरॉन में उच्च विद्युत चालकता होती है।

18 निम्नलिखित में से कौन-सा/से कथन गलत है/हैं?

I. +1 ऑक्सीकरण अवस्था में समूह-13 तत्वों के यौगिक प्रमुख हैं।
II. +3 ऑक्सीकरण अवस्था में समूह-13 के तत्वों के यौगिक ऑक्सीकरणकारी प्रकृति के होते हैं।
III. +1 ऑक्सीकरण अवस्था में समूह-13 के तत्वों के यौगिक +3 ऑक्सीकरण अवस्था वाले यौगिकों की तुलना में कम आयनिक होते हैं।

नीचे दिए गए विकल्पों में से सही उत्तर चुनें। **NCERT पृष्ठ 310**

(a) केवल I (b) II और III
(c) I और II (d) केवल III

19 Al^{3+}/Al के लिए मानक इलेक्ट्रोड विभव E^{-} का मान –1.66 वोल्ट है और Tl^{3+}/Tl का +1.26 वोल्ट है। दी गई जानकारी के सम्बन्ध में निम्नलिखित में से कौन-सा गलत है? **NCERT पृष्ठ 310**

(a) Tl^{3+} एक शक्तिशाली अपचायक है।
(b) Tl^{+}, विलयन में Tl^{3+} से अधिक स्थायी है ।
(c) Al, थैलियम से अधिक विद्युतधनात्मक है।
(d) Al आसानी से + 3 आयन बनाने में सक्षम है।

20 त्रिसंयोजी अवस्था (trivalent state) में, समूह 13 के तत्वों के यौगिकों के एक अणु में केन्द्रीय परमाणु के चारों ओर इलेक्ट्रॉनों की संख्या होगी **NCERT पृष्ठ 310, 311**

(a) तीन (b) छः (c) आठ (d) नौ

21 निम्नलिखित अभिक्रिया पर विचार करें।

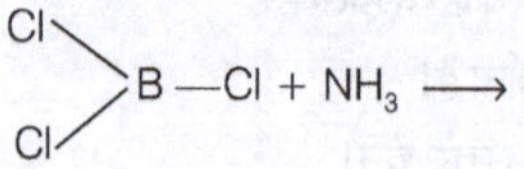

बनने वाला उत्पाद होगा **NCERT पृष्ठ 311**

(a) NH_3^+C तथा $\ddot{B}Cl_2$ (b) 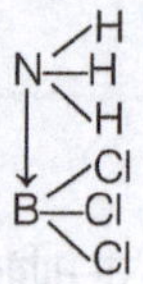

(c) 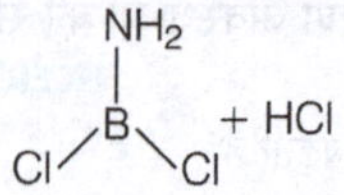 (d) 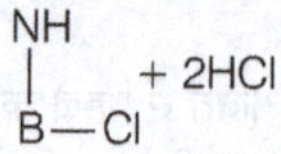

22 $AlCl_3$ एक द्विलक हनाकर स्थायित्व प्राप्त करता है। इस द्विलक की संरचना है **NCERT पृष्ठ 311**

(a) 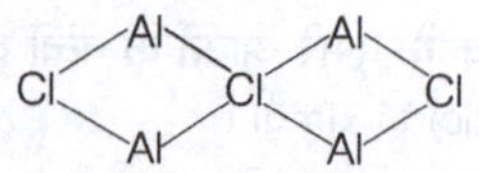

(b) 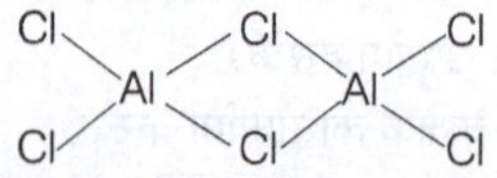

(c) 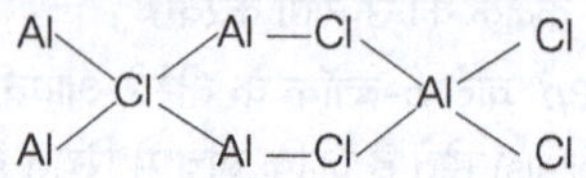

(d) 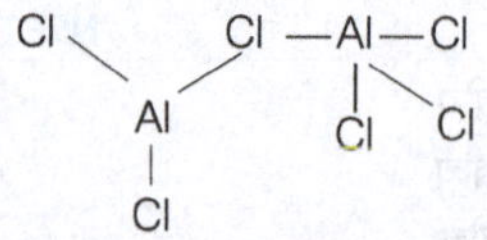

23 निम्नलिखित अभिक्रियाओं पर विचार करें। **NCERT पृष्ठ 311**

$$4B(s) + 3O_2(g) \xrightarrow{\Delta} I$$

$$2Al(s) + N_2(g) \xrightarrow{\Delta} II$$

उत्पाद I और II को पहचानें।

(a) $I \rightarrow B_2O_3(s), II \rightarrow AlN(g)$
(b) $I \rightarrow B_2O_3(g), II \rightarrow AlN(s)$
(c) $I \rightarrow B_2O_3(g), II \rightarrow AlN(g)$
(d) $I \rightarrow B_2O_3(s), II \rightarrow AlN(s)$

24 बोरॉन ट्राइऑक्साइड अम्लीय है और धातु ऑक्साइड के साथ अभिक्रिया करके बनाता है **NCERT पृष्ठ 311**

(a) धातु बोरेट
(b) धातु बोरोक्साइड
(c) धातु हाइड्रॉक्साइड
(d) धातु डाइऑक्साइड

25 $2Al(s) + 2NaOH(aq) + 6H_2O(l) \longrightarrow 2A + 3H_2(g)$ अभिक्रिया में, A है **NCERT पृष्ठ 311**

(a) $Na^{+}[Al(OH)_4]^{-}(aq)$ सोडियम टेट्राहाइड्रोक्सोऐलुमिनेट (III)
(b) $Na_2[Al(OH)_4]^{-}(aq)$ सोडियम टेट्राहाइड्रोक्सोऐलुमिनेट (III)
(c) $Na^{+}[Al(OH)_6]^{-}(aq)$ सोडियम हेक्साहाइड्रोक्सोऐलुमिनेट (II)
(d) $Na[Al(OH)_6]^{-}(aq)$ सोडियम हेक्साहाइड्रोक्सोऐलुमिनेट (III)

26 निम्नलिखित में से कौन-सा कथन गलत है? **NCERT पृष्ठ 311**

(a) समूह 13 के तत्वों के ट्राइक्लोराइड, हाइड्रोलाइज़ होने पर $[M(OH)_4]^-$ बनते हैं।
(b) अम्लीय जलीय विलयन में $AlCl_3[Al(H_2O)_6]^{3+}$ बनाता है।
(c) बोरॉन क्रिस्टलीय रूप में अक्रियाशील होता है।
(d) बोरॉन अपनी सतह पर एक बहुत पतली हाइड्रॉक्साइड परत बनाता है।

27 निम्नलिखित में से कौन-सा कथन सही है? **NCERT पृष्ठ 311**

(a) ऐलुमिनियम तनु खनिज अम्लों में घुल जाता है, लेकिन सान्द्र नाइट्रिक अम्ल द्वारा निष्क्रिय हो जाता है।
(b) ऐलुमिनियम बर्तन का उपयोग NaOH के भण्डारण के लिए किया जा सकता है।
(c) ऐलुमिनियम क्लोराइड जल में घुलनशील नहीं होता है।
(d) AlF_3 निर्जल HF में घुलनशील है।

28 समूह 13 में किसे छोड़कर अन्य सभी सदस्य सीधे हैलोजनों से क्रिया करके ट्राईहैलाइडों का निर्माण करते है? **NCERT पृष्ठ 311**

(a) BCl_3 (b) Tl_3
(c) $AlCl_3$ (d) GaI_3

29 निम्नलिखित में से कौन-सा कथन बोरॉन और ऐलुमिनियम के लिए सत्य नहीं है? **NCERT पृष्ठ 311**

(a) जब इन्हें क्षार में घोला जाता है, तो हाइड्रोजन गैस निकलती है।
(b) ऑक्सीजन के साथ गर्म करने पर, दोनों M_2O_3 प्रकार के ऑक्साइड बनाते हैं।
(c) नाइट्रोजन के साथ गर्म करने पर, दोनों *M*N प्रकार के नाइट्राइड बनाते हैं।
(d) दोनों अम्लीय ऑक्साइड बनाते हैं

30 निम्नलिखित में से कौन-से कथन यौगिक Al_2Cl_6 के लिए सही हैं? **NCERT पृष्ठ 311**

I. छः Al—Cl बन्ध समान लम्बाई के हैं।
II. टर्मिनल Cl—Al—Cl, 118° है।
III. चार Al—Cl बन्ध समान लम्बाई के और दो भिन्न लम्बाई के हैं।
IV. कोण Cl—Al—Cl 79° है और Al—Cl—Al 101° है।

नीचे दिए गए विकल्पों में से सही उत्तर चुनें।

(a) I, II और III (b) II, III और IV
(c) I, III और IV (d) I, II और IV

31 बोरॉन किसके कारण BF_6^{3-} आयन बनाने में असमर्थ है? **NCERT पृष्ठ 312**

(a) *d*-कक्षक की अनुपलब्धता
(b) बोरॉन परमाणु का छोटा आकार
(c) प्रबल अपचायक एजेंट
(d) हैलोजन के प्रति कम अभिक्रियाशीलता

32 समूह -13 के सभी तत्वों के ट्राइक्लोराइड, ट्राइब्रोमाइड और ट्राइआयोडाइड के बीच समानता यह है कि वे हैं **NCERT पृष्ठ 312**

(a) सहसंयोजक प्रकृति के (b) गैर-जलीय घोल में जल-अपघटन
(c) जल-अपघटन नहीं है (d) आयनिक प्रकृति के

33 निम्नलिखित में से कौन-सा तत्व जलीय माध्यम में टेट्राहेड्रल $[M(OH)_4]^-$ और ऑक्टाहेड्रल $[M(H_2O)_6]^{3+}$ जैसी स्पीशीजों के रूप में मौजूद नहीं है? **NCERT पृष्ठ 312**

(a) बोरॉन (b) थैलियम
(c) गैलियम (d) इण्डियम

34 BF_3 आसानी से NH_3 जैसे लुईस क्षार के साथ अभिक्रिया करके बोरॉन के चारों ओर अष्टक (octet) पूरा कर लेता है। इसे इस प्रकार व्यक्त किया जा सकता है **NCERT पृष्ठ 312**

(a) $F_3B + :NH_3 \longrightarrow F_3B \leftarrow NH_3$
(b) $F_3B + :NH_3 \longrightarrow F_3B \rightarrow NH_3$
(c) $:BF_3 + NH_3 \longrightarrow BF_3 \rightarrow NH_3$
(d) $:BF_3 + NH_3 \longrightarrow BF_3 \leftarrow NH_3$

35 निम्नलिखित में से कौन-सी अभिक्रिया डाइबोरेन द्वारा प्रदर्शित नहीं होती है? **NCERT पृष्ठ 313**

(a) $B_2H_6 + 2NMe_3 \longrightarrow 2BH_3 \cdot NMe_3$
(b) $B_2H_6 + 6H_2O \longrightarrow 2B(OH)_3 + 6H_2$
(c) $B_2H_6 + 2CO \longrightarrow 2BH_3 \cdot CO$
(d) $B_2H_6 + H_2 \longrightarrow 2BH_4$

36 दी गई अभिक्रिया

$$B_2H_6 + NH_3 \xrightarrow[\text{अनुपात}]{(1:2)\text{ मोललता}} A \xrightarrow{\Delta} B + H_2(g)$$ में,

क्रमशः '*A*' और '*B*' को पहचानें। **NCERT पृष्ठ 313**

(a) H_3BO_3, B_2O_3 (b) H_3BO_3, HBO_2
(c) $[BH_2(NH_3)_2]^+ [BH_4]^-$, B_2O_3 (d) $[BH_2(NH_3)_2]^+ [BH_4]^-$, $B_3N_3H_6$

37 डाइबोरेन (B_2H_6) क्रमशः O_2 और H_2O के साथ स्वतंत्र रूप से अभिक्रिया करके बनाता है। **NCERT पृष्ठ 313**

(a) B_2O_3 और H_3BO_3 (b) B_2O_3 और $[BH_4]^-$
(c) H_3BO_3 और B_2O_3 (d) HBO_2 और H_3BO_3

38 डाइबोरेन के सम्बन्ध में निम्नलिखित में से कौन-सा कथन सही है? **NCERT पृष्ठ 313**

(a) दो सेतुबद्ध (bridged) हाइड्रोजन परमाणु और एक बोरॉन परमाणु एक तल में स्थित हैं।
(b) छः B—H बन्धों में से दो बन्धों को 2-केन्द्र-2-इलेक्ट्रॉन बन्धों के रूप में वर्णित किया जा सकता है।
(c) छः B—H बन्धों में से चार B—H बन्धों को 3-केन्द्र-2-इलेक्ट्रॉन बन्धों के रूप में वर्णित किया जा सकता है।
(d) चार टर्मिनल B—H बन्ध, 2-केन्द्र-2-इलेक्ट्रॉन नियमित बन्ध हैं।

39 डाइबोरेन B_2H_6 की सही संरचना पहचानें। **NCERT पृष्ठ 313**

(a) 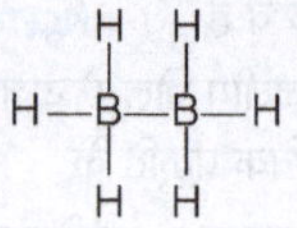

(b) 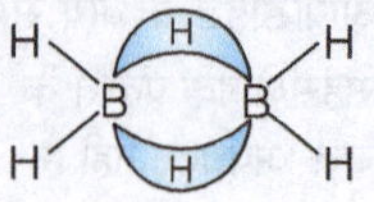

(c) 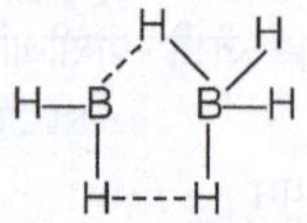

(d) 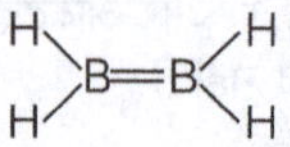

समूह-14 के तत्व : कार्बन परिवार

40 Si से Pb तक सहसंयोजक त्रिज्या में कम वृद्धि किसकी उपस्थिति के कारण है? **NCERT पृष्ठ 315**

(a) भारी सदस्यों में आधे भरे *d*-कक्षक

(b) भारी सदस्यों में पूरी तरह से भरे हुए *d* और *f*-कक्षक

(c) हल्के सदस्यों में पूरी तरह से भरे हुए *d*-कक्षक

(d) बीच में आने वाले *d* और *f*-कक्षक का दुर्बल परिरक्षण प्रभाव

41 निम्नलिखित में से कौन-सा समूह 14 के तत्वों की प्रथम आयनन एन्थैल्पी का सही क्रम है? **NCERT पृष्ठ 315**

(a) Si > Ge > Sn > Pb (b) Si > Ge > Sn < Pb

(c) Si < Ge < Sn < Pb (d) Si < Ge < Sn > Pb

42 समूह 14 के तत्वों के बारे में निम्नलिखित में से कौन-सा कथन गलत है? **NCERT पृष्ठ 315, 316**

(a) समूह 14 के सभी सदस्य ठोस हैं।

(b) कार्बन और सिलिकॉन अधातु हैं जबकि जर्मेनियम, टिन और सीसा धातु हैं

(c) समूह 14 के तत्वों के गलनांक और क्वथनांक समूह 13 के संगत तत्वों की तुलना में अधिक हैं

(d) समूह 14 का सामान्य इलेक्ट्रॉनिक विन्यास ns^2np^2 है

43 समूह 14 के तत्वों की + 2 ऑक्सीकरण अवस्था दर्शाने की प्रवृत्ति किस क्रम में बढ़ती है? **NCERT पृष्ठ 316**

(a) Ge = Sn < Pb < C < Si (b) C < Si < Ge < Sn < Pb

(c) C > Si > Ge > Sn > Pb (d) C < Si < Ge > Sn = Pb

44 निम्नलिखित ऑक्साइडों के बारे में निम्नलिखित में से कौन-सा विकल्प सही है?

$GeO, CO_2, CO, GeO_2, SiO_2, SnO_2, SnO$ **NCERT पृष्ठ 316**

(a) अम्लीय – GeO_2, CO, SiO_2; उदासीन–GeO उभयधर्मी–CO_2, SnO, SnO_2

(b) अम्लीय–SnO_2, GeO_2, CO_2; उदासीन–CO, SnO, SiO_2 उभयधर्मी–GeO

(c) अम्लीय–CO_2, GeO_2, SiO_2; उदासीन–CO उभयधर्मी–SnO_2, SnO

(d) अम्लीय - GeO, SiO_2, SnO; उदासीन - CO, CO_2 उभयधर्मी - SnO_2, GeO_2

45 समूह-14 के तत्वों के बारे में निम्नलिखित में से कौन-सा कथन गलत है? **NCERT पृष्ठ 316**

(a) ये सूत्र MX_2 और MX_4 के हैलाइड बना सकते हैं।

(b) कार्बन को छोड़कर, अन्य सभी सदस्य उपयुक्त परिस्थितियों में हैलोजन के साथ सीधे अभिक्रिया कर सकते हैं।

(c) अधिकांश टेट्राहैलाइड आयनिक प्रकृति के होते हैं।

(d) SnF_4 और PbF_4 आयनिक प्रकृति के हैं।

46 निम्नलिखित कथनों पर विचार करें। **NCERT पृष्ठ 316**

I. +2 ऑक्सीकरण अवस्था में Sn एक ऑक्सीकारक है।

II. Pb यौगिक +2 अवस्था में स्थिर होते हैं।

III. Pb यौगिक +4 अवस्था में अपचायक के रूप में कार्य करते हैं।

नीचे दिए गए विकल्पों में से सही उत्तर चुनें।

(a) केवल I (b) केवल II

(c) केवल III (d) I, II और III

47 निम्नलिखित में से कौन-सा अणु अस्तित्व में नहीं है? **NCERT पृष्ठ 316**

(a) PbI_4 (b) PbF_4

(c) CCl_4 (d) CBr_4

48 निम्नलिखित अभिक्रिया पर विचार करें।

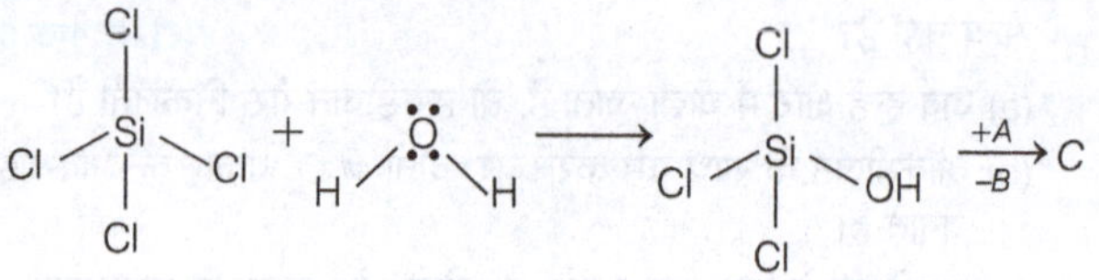

A, *B* और *C* को पहचानें । **NCERT पृष्ठ 317**

(a) $A \longrightarrow 3H_2O$; $B \longrightarrow 3HCl$; $C \longrightarrow$ 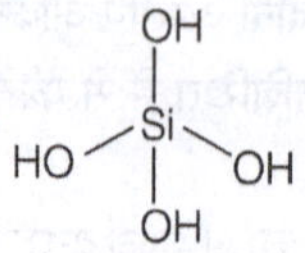

(b) $A \longrightarrow 2H_2O$; $B \longrightarrow 2HCl$; $C \longrightarrow$ 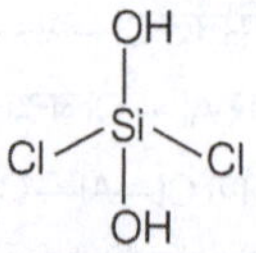

(c) $A \longrightarrow H_2O$; $B \longrightarrow HCl$; $C \longrightarrow$ 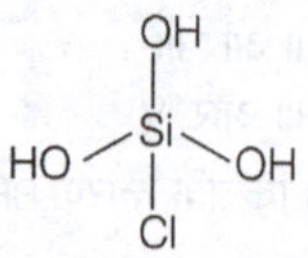

(d) $A \longrightarrow \frac{1}{2}H_2O$; $B \longrightarrow HCl$; $C \longrightarrow$ 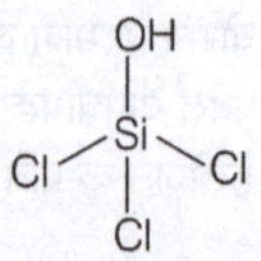

49 कार्बन के असामान्य व्यवहार के सम्बन्ध में निम्नलिखित में से कौन-सा गुण गलत है ? NCERT पृष्ठ 317

(a) यह $p\pi$-$p\pi$ बहुल बन्धों (multiple bonds) के साथ यौगिक बनाता है।

(b) यह श्रृंखलन गुण दर्शाता है।

(c) इसकी आयनन एन्थैल्पी कम होती है।

(d) यह केवल चार इलेक्ट्रॉन युग्म को समायोजित कर सकता है।

50 निम्नलिखित में से कौन-सा कथन गलत है? NCERT पृष्ठ 317

(a) Sn, $p\pi$-$p\pi$ बन्ध नहीं बनाता है।

(b) श्रृंखलन का क्रम $C >> Si > Ge \approx Sn$ है।

(c) लैड श्रृंखलन का गुण नहीं दर्शाता है।

(d) Si—Si बन्ध एन्थैल्पी, Ge—Ge बन्ध एन्थैल्पी से कम है।

51 कार्बन के निम्नलिखित में से किस अपररूप में, प्रत्येक कार्बन परमाणु sp^3-संकरण से गुजरता है और चतुष्फलकीय तरीके से संकरित कक्षकों का उपयोग करके चार अन्य कार्बन परमाणुओं से जुड़ा होता है? NCERT पृष्ठ 317

(a) हीरा (b) ग्रेफाइट

(c) फुलरीन (d) C_{60}

52 ग्रेफाइट अत्यधिक .... के कारण विद्युत का संचालन करता है NCERT पृष्ठ 318

(a) π-इलेक्ट्रॉनों की विस्थानीकृत प्रकृति

(b) π-इलेक्ट्रॉनों की स्थानीय प्रकृति

(c) π-इलेक्ट्रॉनों की ध्रुवीकृत प्रकृति

(d) π-इलेक्ट्रॉनों की विसंयोजित प्रकृति

53 हीरे और ग्रेफाइट के बीच मुख्य अन्तर किसके कारण होता है? NCERT पृष्ठ 318

(a) हीरे की क्रिस्टल संरचना जो ग्रेफाइट से भिन्न होती है

(b) ग्रेफाइट ऑक्सीजन के साथ संयोजित होकर CO_2 बनाता है लेकिन हीरे के साथ नहीं

(c) परमाणुओं के विभिन्न द्रव्यमान

(d) गलनांक में अन्तर

54 निम्नलिखित कथनों पर विचार करें। NCERT पृष्ठ 318, 319

I. ग्रेफाइट ऊष्मागतिकी दृष्टि से कार्बन का सबसे अधिक स्थाई अपररूप है।

II. ग्रेफाइट का उपयोग उच्च तापमान पर चलने वाली मशीनों में शुष्क स्नेहक के रूप में किया जाता है।

III. गोलाकार फुलरीन को बकी स्फीयर (bucky sphere) भी कहा जाता है।

IV. चारकोल और कोक क्रमशः लकड़ी या कोयले को वायु की अनुपस्थिति में उच्च तापमान पर गर्म करके प्राप्त किए जाते हैं।

सही कथन चुनें और सही विकल्प चुनें।

(a) केवल I और II (b) केवल III और IV

(c) I, II और IV (d) II, III और IV

समूह-15 के तत्व

55 निम्नलिखित में से कौन-सा कथन समूह 15 के तत्वों के लिए असत्य है? NCERT पृष्ठ 165

(a) इसमें नाइट्रोजन, फॉस्फोरस, आर्सेनिक, ऐन्टीमनी, बिस्मथ और मोस्कोवियम तत्व होते हैं।

(b) जैसे-जैसे हम समूह में नीचे जाते हैं, अधात्विक से धात्विक गुण में परिवर्तन होता है।

(c) नाइट्रोजन और फॉस्फोरस अधातु हैं, आर्सेनिक और ऐन्टीमनी उपधातु हैं, बिस्मथ और मोस्कोवियम विशिष्ट धातु हैं।

(d) समूह में नीचे जाने पर आयनन एन्थैल्पी बढ़ती है।

56 समूह 15 के तत्वों में सबसे कम अर्द्ध-आयु वाला कृत्रिम रेडियोधर्मी तत्व कौन-सा है? NCERT पृष्ठ 166

(a) ऐन्टीमनी (b) गोस्कोवियम (c) लिवरगोरियम (d) टेल्यूरियम

57 तत्व *M* समूह 15 से सम्बन्धित है और यह एपेटाइट परिवार का संस्थापक है। यह पशु और वनस्पति पदार्थ का एक आवश्यक घटक है। यह हड्डियों के साथ-साथ जीवित कोशिकाओं में भी मौजूद होता है। *M* की पहचानें। NCERT पृष्ठ 166

(a) कैल्शियम (b) मैग्नीशियम (c) नाइट्रोजन (d) फॉस्फोरस

58 Sb^{3+}, Bi^{3+} और As^{3+} की आयनिक त्रिज्याएँ (Å) निम्न क्रम का पालन करती हैं NCERT पृष्ठ 166

(a) $Sb^{3+} > Bi^{3+} > As^{3+}$ (b) $Bi^{3+} > As^{3+} > Sb^{3+}$

(c) $Bi^{3+} > Sb^{3+} > As^{3+}$ (d) $As^{3+} > Sb^{3+} > Bi^{3+}$

59 समूह 15 के तत्वों के गलनांक का सही क्रम है NCERT पृष्ठ 167

(a) $N < P < As > Sb > Bi$ (b) $N < P < As < Sb < Bi$

(c) $N > P > As > Sb > Bi$ (d) $N > P > As < Sb < Bi$

60 नाइट्रोजन N_2 बनाता है लेकिन फॉस्फोरस P_2 से P_4 में परिवर्तित हो जाता है । इसका कारण है NCERT पृष्ठ 167

(a) दुर्बल $p\pi$-$p\pi$ बन्धन

(b) दुर्बल $d\pi$-$p\pi$ बन्धन

(c) प्रबल $p\pi$-$p\pi$ बन्धन

(d) फॉस्फोरस परमाणुओं में त्रि-बन्ध (triple bond) मौजूद होता है

61 नाइट्रोजन के संयोजकता कोश में *d*-कक्षक का अभाव होता है और इसलिए, यह NCERT पृष्ठ 167

(a) कक्षीय संकरण प्रदर्शित नहीं करते हैं

(b) + 5 की ऑक्सीकरण अवस्था प्रदर्शित नहीं करते हैं

(c) + 3 से अधिक ऑक्सीकरण अवस्था वाले ऑक्साइड नहीं बनाता है

(d) सहसंयोजकता (covalency) तीन से अधिक नहीं होती है

62 निम्नलिखित में से कौन-सा युग्म क्रमशः सबसे प्रबल और सबसे दुर्बल क्षार हाइड्राइड के रूप में व्यवहार करता है NH_3, PH_3, AsH_3, SbH_3, BiH_3? NCERT पृष्ठ 168

(a) NH_3, PH_3 (b) NH_3, BiH_3

(c) PH_3, BiH_3 (d) BiH_3, AsH_3

63 निम्नलिखित में से किस हाइड्राइड का बन्ध कोण सबसे बड़ा है? NCERT पृष्ठ 168

(a) PH_3 (b) NH_3
(c) SbH_3 (d) AsH_3

64 निम्नलिखित में से किस हाइड्राइड का क्वथनांक सबसे कम है? NCERT पृष्ठ 168

(a) PH_3 (b) AsH_3
(c) SbH_3 (d) NH_3

65 समूह 15 के तत्वों के हाइड्राइड के गलनांक का सही क्रम है NCERT पृष्ठ 168

(a) $NH_3 > SbH_3 > PH_3 < AsH_3$
(b) $NH_3 > PH_3 > AsH_3 > SbH_3$
(c) $NH_3 < PH_3 < AsH_3 < SbH_3$
(d) $NH_3 < PH_3 > AsH_3 > SbH_3$

66 समूह 15 के तत्वों के सम्बन्ध में निम्नलिखित में से कौन-सा कथन गलत है? NCERT पृष्ठ 168

(a) नाइट्रोजन और फॉस्फोरस के E_2O_3 प्रकार के ऑक्साइड अम्लीय होते हैं।
(b) आर्सेनिक और ऐन्टीमनी के E_2O_3 प्रकार के ऑक्साइड उभयधर्मी होते हैं।
(c) बिस्मथ के E_2O_3 प्रकार के ऑक्साइड मुख्यतः क्षारीय होते हैं।
(d) BiF_3 को छोड़कर ट्राइहैलाइड मुख्यतः आयनिक प्रकृति के होते हैं।

67 निम्नलिखित में से कौन से कथन सत्य हैं? NCERT पृष्ठ 168

I. N की सहसंयोजकता की संख्या चार तक सीमित है।
II. N भारी तत्व के रूप में $d\pi$-$p\pi$ बन्ध नहीं बनाते हैं।
III. P और As संक्रमण तत्वों के साथ $d\pi$-$d\pi$ बन्ध नहीं बना सकते हैं जब उनके यौगिक जैसे $P(C_2H_5)_3$ और $As(C_6H_5)_3$ लिगैण्ड के रूप में कार्य करते हैं।

नीचे दिए गए विकल्पों में से सही उत्तर चुनें।

(a) I और II (b) II और III
(c) I और III (d) I, II और III

68 निम्नलिखित में से कौन-से डाइनाइट्रोजन गैस के अनुप्रयोग हैं? NCERT पृष्ठ 170

(a) जैविक पदार्थों और खाद्य पदार्थों के प्रशीतक के रूप में ।
(b) ताँबा और इस्पात उद्योग में निष्क्रिय वातावरण के उत्पादन में
(c) विस्फोटकों के निर्माण में।
(d) धातुओं का निक्षारण में।

69 NO, NO_2, N_2O और N_2O_3 में नाइट्रोजन की ऑक्सीकरण अवस्थाओं का सही क्रम है NCERT पृष्ठ 172, 173

(a) $NO_2 < NO < N_2O_3 < N_2O$
(b) $N_2O < NO < N_2O_3 < NO_2$
(c) $NO_2 < N_2O_3 < NO < N_2O$
(d) $N_2O > N_2O_3 > NO > NO_2$

70 फॉस्फोरस के सम्बन्ध में निम्नलिखित में से कौन-सा कथन गलत है? NCERT पृष्ठ 175

(a) श्वेत फॉस्फोरस निष्क्रिय वातावरण में उबलते NaOH विलयन में घुलकर PH_3 देता है।
(b) लाल फॉस्फोरस काले फॉस्फोरस को 573K पर गर्म करके प्राप्त किया जाता है।
(c) सफेद फॉस्फोरस हवा में आसानी से आग पकड़ लेता है और P_4O_{10} का तीव्र सफेद धुआँ देता है।
(d) लाल फॉस्फोरस बहुलकीय होता है जो P_4 की श्रृंखलाओं से बना होता है।

71 α और β-ब्लैक फॉस्फोरस क्रमशः गर्म करके प्राप्त किया जाता है NCERT पृष्ठ 176

(a) लाल और सफेद फॉस्फोरस को
(b) सफेद और लाल फॉस्फोरस को
(c) लाल और लाल फॉस्फोरस को
(d) सफेद और सफेद फॉस्फोरस को

72 निम्नलिखित में से कौन-सी अभिक्रिया उत्पाद के रूप में H_3PO_3 नहीं देती है? NCERT पृष्ठ 177

(a) $PCl_3 + 3H_2O \longrightarrow$ (b) $P_4 + SO_2Cl_2 \longrightarrow$
(c) $PCl_3 + CH_3COOH \longrightarrow$ (d) $PCl_3 + C_2H_5OH \longrightarrow$

73 PCl_5, Cl_2 के आधिक्य की क्रिया द्वारा तैयार किया जाता है NCERT पृष्ठ 178

(a) P_4 (b) PCl_3
(c) P (d) $POCl_3$

74 निम्नलिखित में से उन यौगिकों की संख्या कितनी है जो PCl_5 के साथ अभिक्रिया करके $POCl_3$ दे सकते हैं?

I. O_2 II. CO_2
III. CH_3COOH IV. H_2O
V. C_2H_5OH NCERT पृष्ठ 178

(a) 1 (b) 2
(c) 3 (d) 4

75 निम्नलिखित में से किसमें फॉस्फोरस की ऑक्सीकरण अवस्था + 3 है? NCERT पृष्ठ 179, 180

(a) ऑर्थोफॉस्फोरिक अम्ल
(b) पायरोफॉस्फोरिक अम्ल
(c) ऑर्थोफॉस्फोरस अम्ल
(d) साइक्लोट्राइमेटाफॉस्फोरिक अम्ल

76 वह युग्म जिसमें प्रत्येक ऑक्सोअम्ल में दो P—H बन्ध होते हैं, वह है NCERT पृष्ठ 180

(a) $H_4P_2O_5$ और $H_4P_2O_6$ (b) H_3PO_3 और H_3PO_2
(c) $H_4P_2O_5$ और H_3PO_3 (d) H_3PO_2 और $H_4P_2O_5$

77 निम्नलिखित में से कौन-सा टेट्राबेसिक अम्ल है? NCERT पृष्ठ 180

(a) हाइपोफॉस्फोरस अम्ल (b) पायरोफॉस्फोरिक अम्ल
(c) ऑर्थोफॉस्फोरिक अम्ल (d) ऑर्थोफोरस अम्ल

78 साइक्लोट्राइमेटाफॉस्फेट आयन में, O-परमाणुओं, P—O—P बन्धों और इकाई ऋणात्मक आवेशों की संख्या क्रमशः है **NCERT पृष्ठ 180**

(a) 3, 6, 3 (b) 9, 6, 3 (c) 6, 6, 3 (d) 9, 3, 3

समूह 16 के तत्व

79 निम्नलिखित तत्वों को बढ़ती आयनिक त्रिज्या के सही क्रम में व्यवस्थित करें

Se, Te, Po, O,S **NCERT पृष्ठ 181**

(a) O < S < Se < Te < Po (b) Po < Te < Se < S <O
(c) S < O < Se < Te <Po (d) S < O < Po < Se < Te

80 निम्नलिखित में से कौन-सा/से कथन सही है/हैं?

I. समूह 16 के तत्वों की परमाणु और आयनिक त्रिज्या ऊपर से नीचे जाने पर घटती है।

II. समूह 16 में नीचे जाने पर आयनन एन्थैल्पी घटती है।

III. ऑक्सीजन की इलेक्ट्रॉन लब्धि एन्थैल्पी सल्फर की तुलना में कम ऋणात्मक होती है ।

दिए गए विकल्पों में से सही उत्तर चुनें। **NCERT पृष्ठ 181**

(a) केवल I (b) केवल II (c) II और III (d) I और II

81 समूह 16 के बारे में निम्नलिखित में से कौन-सा कथन गलत है/हैं ?

I. ऑक्सीजन, सल्फर , सेलेनियम, टेल्यूरियम, पोलोनियम और लिवरमोरियम को चाल्कोजन के रूप में जाना जाता है ।

II. लिवरमोरियम एक सिंथेटिक रेडियोधर्मी तत्व है जिसका इलेक्ट्रॉनिक विन्यास [Rn] $5f^{14} 6d^{10} 7s^2 7p^4$ है।

III. ऑक्सीजन से पोलोनियम तक धात्विक गुण कम हो जाता है।

IV. ऑक्सीजन और सल्फर की परमाण्विकता (atomicity) के कारण उनके गलनांक और क्वथनांक में बहुत अन्तर होता है ।

नीचे दिए गए विकल्पों में से सही उत्तर चुनें। **NCERT पृष्ठ 181, 182**

(a) केवल II (b) केवल III
(c) I और III (d) I, II, III और IV

82 जल, H_2S की तुलना में बहुत कम वाष्पशील है क्योंकि **NCERT पृष्ठ 182**

(a) H_2O का बन्ध कोण लगभग 150° है
(b) हाइड्रोजन सल्फर के साथ शिथिल रूप से बँधा होता है
(c) S-परमाणु, O-परमाणु से कम विद्युत ऋणात्मक होता है
(d) S-परमाणु, O-परमाणु से अधिक विद्युत ऋणात्मक होता है

83 सल्फर के सम्बन्ध में निम्नलिखित में से कौन-सा कथन गलत है? **NCERT पृष्ठ 182**

(a) SO_2 अणु अनुचुम्बकीय है।
(b) 200°C पर वाष्प में अधिकांशतः S_8 वलय होते हैं।
(c) 600°C पर गैस में मुख्य रूप से S_2 अणु होते हैं।
(d) सल्फर की ऑक्सीकरण अवस्था इसके यौगिकों में कभी भी +4 से कम नहीं होती है।

84 ऑक्सीजन अपने परिवार के अन्य सदस्यों से असामान्य व्यवहार प्रदर्शित करता है क्योंकि **NCERT पृष्ठ 182**

I. ऑक्सीजन अधिकतम दो संयोजकता दर्शाता है।

II. चाल्कोजेन्स में ऑक्सीजन सबसे छोटे आकार का है।

III. ऑक्सीजन अपररूपता प्रदर्शित करता है।

IV. ऑक्सीजन में कोई रिक्त *d*- कक्षक नहीं है।

नीचे दिए गए विकल्पों में से सही उत्तर चुनें।

(a) I, II और III (b) I, II और IV
(c) I, III और IV (d) I, II, III और IV

85 सल्फर 2, 4 और 6 संयोजकता प्रदर्शित करता है, जबकि ऑक्सीजन की संयोजकता 2 है। इसका कारण है **NCERT पृष्ठ 183**

(a) S से कम विद्युत ऋणात्मक होना
(b) S में *d*-कक्षक (orbitals) की उपस्थिति
(c) S बड़ा परमाणु है
(d) S का आयनन विभव अधिक होता है

86 एक को छोड़कर सभी हाइड्राइड (समूह 16 के तत्वों में से) में अपचायक गुण होता है। उस हाइड्राइड को पहचानें। **NCERT पृष्ठ 183**

(a) H_2Se (b) H_2O
(c) H_2S (d) H_2Te

87 समूह 16 के तत्वों के हैलाइडों का स्थायित्व निम्न क्रम में घटता है। **NCERT पृष्ठ 183**

(a) $Br^- > I^- > Cl^- > F^-$
(b) $F^- > I^- > Cl^- > Br^-$
(c) $F^- > Cl^- > Br^- > I^-$
(d) $I^- > Cl^- > Br^- > F^-$

88 समूह 16 के हाइड्राइडों के स्थायित्व का बढता हुआसही क्रम है। **NCERT पृष्ठ 183**

(a) $H_2S < H_2O < H_2Te < H_2Se$
(b) $H_2O < H_2Te < H_2Se < H_2S$
(c) $H_2O < H_2S < H_2Se < H_2Te$
(d) $H_2Te < H_2Se < H_2S < H_2O$

89 निम्नलिखित में से कौन-सा/से कथन सही है/हैं? **NCERT पृष्ठ 187**

I. सल्फर केवल दो प्रकार के अपररुप (allotropes) बनाता है।

II. विषमनताक्ष और एकलनताक्ष सल्फर एलोट्रोपिक सल्फर के प्रकार हैं।

III. कमरे के तापमान पर सल्फर का स्थायी रूप मोनोक्लिनिक सल्फर है।

नीचे दिए गए विकल्पों में से सही उत्तर चुनें।

(a) केवल I (b) केवल II
(c) I, II और III (d) I और III

90 उच्च तापमान पर सल्फर का मुख्य स्पीशीज है **NCERT पृष्ठ 188**

(a) साइक्लो S_6 (b) α-सल्फर
(c) β-सल्फर (d) S_2

91 सल्फर के परऑक्सोअम्ल हैं NCERT पृष्ठ 189

(a) $H_2S_2O_8$ और H_2SO_5
(b) $H_2S_2O_8$ और $H_2S_2O_7$
(c) $H_2S_2O_7$ और $H_2S_2O_6$
(d) H_2SO_5 और $H_2S_2O_7$

92 $S_2O_8^{2-}$ में सल्फर और ऑक्सीजन परमाणुओं के बीच बन्धों की संख्या और विषमनताक्ष सल्फर में सल्फर और सल्फर परमाणुओं के बीच बन्धों की संख्या क्रमशः है NCERT पृष्ठ 188, 189

(a) 4 और 6 (b) 8 और 8
(c) 4 और 8 (d) 8 और 6

समूह 17 के तत्व

93 निम्नलिखित में से कौन-सा हैलोजन एक कृत्रिम रेडियोधर्मी तत्व है? NCERT पृष्ठ 192

(a) ब्रोमीन (b) आयोडीन
(c) एस्टेटाइन (d) टेनेसीन

94 आवर्त सारणी में समूह 17 से नीचे जाने पर NCERT पृष्ठ 193

(a) आयनिक त्रिज्या बढ़ जाती है
(b) विद्युत ऋणात्मकता बढ़ जाती है
(c) आयनीकरण ऊर्जा बढ़ जाती है
(d) क्रियाशीलता बढ़ जाती है

95 निम्नलिखित में से कौन-सा/से कथन सही है/हैं?

I. अधिकतम प्रभावी नाभिकीय आवेश के कारण, हैलोजनों की अपने-अपने आवर्त में परमाणु त्रिज्या सबसे छोटी होती है।
II. इनकी आयनन एन्थैल्पी कम होती है।
III. हैलोजनों में इलेक्ट्रॉन लब्धि (electron gain) एन्थैल्पी अधिकतम ऋणात्मक होती है।
IV. फ्लोरीन आवर्त सारणी में सबसे अधिक विद्युत ऋणात्मक तत्व है।

नीचे दिए गए विकल्पों में से सही उत्तर चुनें NCERT पृष्ठ 193

(a) I, II, III और IV (b) I, II और III
(c) I, III और IV (d) II, III और IV

96 निम्नलिखित में से कौन-सा/से कथन सही है/हैं? NCERT पृष्ठ 194

I. फ्लोरीन और क्लोरीन जल के साथ अभिक्रिया करते हैं। ब्रोमीन और आयोडीन जल में बहुत कम घुलनशील होते हैं।
II. Cl_2 की वियोजन एन्थैल्पी F_2 की तुलना में कम है।
III. फ्लोरीन परमाणु के संयोजकता कोश में कोई *d*-कक्षक (orbitals) नहीं होता है और यह केवल -1 ऑक्सीकरण अवस्था प्रदर्शित करता है।
IV. F_2 सबसे प्रबल अपचायक हैलोजन है।

नीचे दिए गए विकल्पों में से सही उत्तर चनें।

(a) I और II (b) II और III
(c) II और IV (d) I और III

97 निम्नलिखित में से कौन-सा फ्लोरीन के असामान्य व्यवहार का कारण नहीं है? NCERT पृष्ठ 195

(a) इसका छोटा आकार
(b) इसकी उच्चतम विद्युतऋणात्मकता।
(c) निम्न F—F बन्ध वियोजन एन्थैल्पी और संयोजकता कोश में *d*-कक्षक की अनुपलब्धता।
(d) इसकी उच्चतम इलेक्ट्रॉन लब्धि एन्थैल्पी।

98 निम्नलिखित अम्लों को उनकी अम्लीय सामर्थ्य के बढ़ते क्रम में व्यवस्थित करें:

HCl, HBr, HI और HF NCERT पृष्ठ 196

(a) HI < HBr < HCl < HF (b) HF < HCl < HBr < HI
(c) HCl < HBr < HI < HF (d) HBr < HI < HF < HCl

99 धातु हैलाइडों, MCl, MI, MBr, MF का आयनिक गुण निम्न क्रम में घटता है: NCERT पृष्ठ 197

(a) *MF > MBr > MI > MCl* (b) *MI > MBr > MF > MCl*
(c) *MF > MCl > MBr > MI* (d) *MBr > MF > MI > MCl*

100 अन्तरहैलोजन यौगिकों के सम्बन्ध में गलत कथन चुनें। NCERT पृष्ठ 201

(a) अन्तरहैलोजन यौगिक मूल हैलोजनों की तुलना में अधिक क्रियाशील होते हैं लेकिन F_2 की तुलना में कम क्रियाशील होते हैं।
(b) सभी अन्तरहैलोजन सहसंयोजक अणु होते हैं।
(c) *A* और *B* के बीच विद्युत ऋणात्मकता अन्तर में वृद्धि के साथ क्वथनांक घटता है।
(d) *A* - *B* बन्ध जितना अधिक ध्रुवीय होगा, अन्तरहैलोजन यौगिक (*AB*) का तापीय स्थायित्व उतनी ही अधिक होगी।

समूह 18 के तत्व

101 निम्नलिखित में से कौन-सी दुर्लभ गैस वायु में प्रचुर मात्रा में पाई जाती है ? NCERT पृष्ठ 203

(a) He (b) Ne
(c) Ar (d) Kr

102 नोबल गैसों के लिए परमाणु त्रिज्या का सही क्रम क्या है? NCERT पृष्ठ 204

(a) He < Ne < Ar < Kr < Xe
(b) He > Ne > Ar > Kr > Xe
(c) He < Ne < Ar > Kr > Xe
(d) He < Ne > Ar > Kr < Xe

103 प्रथम प्राप्त किया गया नोबल गैस यौगिक था NCERT पृष्ठ 204

(a) $Xe^+ PtF_6^-$ (b) XeF_4
(c) XeF_2 (d) $XeOF_4$

104 $XeOF_4$ में Xe के इलेक्ट्रॉनों के संकरण का प्रकार और एकाकी युग्म की संख्या क्रमशः हैं NCERT पृष्ठ 205

(a) sp^3d^2 और 1 (b) sp^3d और 2
(c) sp^3d और 1 (d) sp^3d^2 और 2

105 निम्नलिखित में से कौन-सी अभिक्रिया गलत है? **NCERT पृष्ठ 205**

(a) $\underset{(\text{आधिक्य})}{Xe(g)} + F_2(g) \xrightarrow{673K,\ 1\ bar} XeF_2(s)$

(b) $\underset{(1:5\ \text{अनुपात})}{Xe(g) + 2F_2(g)} \xrightarrow{873K,\ 7bar} XeF_4(s)$

(c) $\underset{(1:40\ \text{अनुपात})}{Xe(g) + 2F_2(g)} \xrightarrow{573K,\ 60\text{-}70\ bar} XeF_6(s)$

(d) $XeF_4 + O_2F_2(g) \longrightarrow XeF_6 + O_2$

106 XeO_3, $XeOF_4$ और XeF_6, में से, Xe पर एकाकी युग्मों की समान संख्या वाले अणु कौन से हैं? **NCERT पृष्ठ 205**

(a) XeO_3 और $XeOF_4$

(b) XeO_3 और XeF_6

(c) XeO_4 और XeF_6

(d) XeO_3, $XeOF_4$ और XeF_6

अभिकथन-कारण प्रश्न

निर्देश *(प्रश्न संख्या 1-26) निम्नलिखित प्रश्न में अभिकथन (A) के बाद कारण (R) दिया गया है। नीचे दिए गए विकल्पों में से सही विकल्प चुनें।*

(a) A और R दोनों सत्य हैं और R, A का सही स्पष्टीकरण है।

(b) A और R दोनों सत्य हैं लेकिन R, A का सही स्पष्टीकरण नहीं है।

(c) A सत्य है लेकिन R असत्य है।

(d) A गलत है लेकिन R सत्य है।

1 **अभिकथन (A)** प्रत्येक *p*-ब्लॉक समूह में सबसे भारी तत्व प्रकृति में सबसे अधिक धात्विक होता है।

कारण (R) समूह में नीचे जाने पर धात्विक गुण बढ़ता है। **NCERT पृष्ठ 308**

2 **अभिकथन (A)** बोरॉन सदैव सहसंयोजक बन्ध (covalent bond) बनाता है।

कारण (R) B^{3+} का छोटा आकार सहसंयोजक बन्ध (covalent bond) के निर्माण को बढ़ावा देता है । **NCERT पृष्ठ 309**

3 **अभिकथन (A)** बोरॉन का गलनांक असामान्य रूप से उच्च होता है।

कारण (R) बोरॉन में प्रबल क्रिस्टलीय जालक होता है। **NCERT पृष्ठ 310**

4 **अभिकथन (A)** समूह-13 में नीचे जाने पर अक्रिय युग्म प्रभाव बढ़ता है।

कारण (R) समूह में नीचे जाने पर, बीच में आने वाले *d* और *f*-कक्षक (orbitals) का परिरक्षण प्रभाव दुर्बल होता है। इसके कारण, प्रभावी नाभिकीय आवेश बढ़ता है जो *ns*- इलेक्ट्रॉनों को प्रबलता से पकड़ता है। **NCERT पृष्ठ 310**

5 **अभिकथन (A)** ऐलुमिनियम उभयधर्मी व्यवहार दर्शाता है।

कारण (R) ऐलुमिनियम मध्यम तापमान पर भी अम्लों और क्षारों के साथ अभिक्रिया नहीं करता है। **NCERT पृष्ठ 311**

6 **अभिकथन (A)** $AlCl_3$ को हैलोजन ब्रिजिंग के माध्यम से द्विगुणित (dimerised) किया जाता है ।

कारण (R) $AlCl_3$ में Al, धातु स्पीशीज ब्रिज्ड हैलोजन से इलेक्ट्रॉनों को ग्रहण करके अपना अष्टक (octet) पूरा करती है तथा Al_2Cl_6 बनाती है । **NCERT पृष्ठ 311**

7 **अभिकथन (A)** समूह 14 के तत्व समूह 13 के तत्वों की तुलना में थोड़े अधिक विद्युत ऋणात्मक होते हैं।

कारण (R) समूह 14 के तत्व समूह 13 के तत्वों की तुलना में आकार में बड़े होते हैं। **NCERT पृष्ठ 315**

8 **अभिकथन (A)** समूह-14 के तत्वों द्वारा प्रदर्शित सामान्य ऑक्सीकरण अवस्था केवल +2 है।

कारण (R) कार्बन धनात्मक तथा ऋणात्मक दोनों ऑक्सीकरण अवस्थाएँ प्रदर्शित करता है। **NCERT पृष्ठ 316**

9 **अभिकथन (A)** PbI_4 एक अस्थाई यौगिक है।

कारण (R) Pb की +2 ऑक्सीकरण अवस्था, +4 अवस्था से अधिक स्थायी है। **NCERT पृष्ठ 316**

10 **अभिकथन (A)** As से Bi तक, सहसंयोजक त्रिज्या में केवल थोड़ी वृद्धि होती है।

कारण (R) भारी तत्वों में *d* और *f*-कक्षक पूर्णतः भरे होते हैं। **NCERT पृष्ठ 316**

11 **अभिकथन (A)** सामान्यतः समूह 15 के तत्वों का विद्युत ऋणात्मकता मान, समूह में नीचे जाने पर परमाणु आकार में वृद्धि के साथ घटता है।

कारण (R) भारी तत्वों में विद्युत-ऋणात्मकता मानों में अन्तर प्रमुख है। **NCERT पृष्ठ 167**

12 **अभिकथन (A)** +5 ऑक्सीकरण अवस्था का स्थायित्व वर्ग 15 में नीचे जाने पर घटता है तथा +3 अवस्था का स्थायित्व बढ़ता है।

कारण (R) *p*-ब्लॉक के भारी सदस्यों में अक्रिय युग्म प्रभाव अधिक प्रमुख है। **NCERT पृष्ठ 167**

13 **अभिकथन (A)** समूह 15 के भारी तत्व $p\pi$ -$p\pi$ बन्ध नहीं बनाते हैं।

कारण (R) समूह 15 के भारी तत्वों के परमाणु कक्षकों में उनके बड़े आकार के कारण प्रभावी अतिव्यापन (overlapping) नहीं हो सकता। **NCERT पृष्ठ 167**

14 **अभिकथन (A)** PH_3 को जल में धीरे-धीरे प्रवाहित करने पर बुलबुले बनते हैं, लेकिन NH_3 घुल जाता है।

कारण (R) NH_3 जल में घुलनशील है। **NCERT पृष्ठ 168**

15 **अभिकथन** (A) समूह 15 के तत्वों में, उनके पेंटाहैलाइड ट्राइहैलाइड की तुलना में अधिक सहसंयोजक होते हैं।

कारण (R) समूह 15 के सभी तत्व धातुओं के साथ अभिक्रिया करके −3 ऑक्सीकरण अवस्था प्रदर्शित करने वाले द्विअंगी (binary) यौगिक बनाते हैं। NCERT पृष्ठ 168

16 **अभिकथन** (A) H_3PO_2 एक द्विक्षारकीय (dibasic)अम्ल है।

कारण (R) दो H-परमाणु सीधे P से जुड़े होते हैं। NCERT पृष्ठ 180

17 **अभिकथन** (A) ऑक्सीजन की सहसंयोजकता (covalency) चार है।

कारण (R) ऑक्सीजन में *d*-कक्षक (orbitals) अनुपस्थित होते हैं। NCERT पृष्ठ 182

18 **अभिकथन** (A) SF_6 ज्ञात है लेकिन SCl_6 ज्ञात नहीं है।

कारण (R) फ्लोरीन का आकार क्लोरीन से छोटा होता है। NCERT पृष्ठ 183

19 **अभिकथन** (A) अम्लीय गुण H_2O से H_2Te तक बढ़ता है।

कारण (R) समूह में नीचे जाने पर H—E बन्ध के वियोजन (dissociation) से बन्ध एन्थैल्पी में कमी होती है। NCERT पृष्ठ 183

20 **अभिकथन** (A) SF_6 को जल-अपघटित नहीं किया जा सकता, लेकिन SF_4 को किया जा सकता है।

कारण (R) SF_6 में छः F-परमाणु, SF_6 के सल्फर परमाणु पर H_2O के आक्रमण को रोकते हैं। NCERT पृष्ठ 183

21 **अभिकथन** (A) सल्फर अनुचुम्बकत्व दर्शाता है।

कारण (R) वाष्प अवस्था में सल्फर आंशिक रूप से S_2 अणु के रूप में पाया जाता है जिसके प्रतिबन्धित π^* -कक्षकों में दो अयुग्मित इलेक्ट्रॉन होते हैं। NCERT पृष्ठ 188

22 **अभिकथन** (A) फ्लोरीन की इलेक्ट्रॉन लब्धि एन्थैल्पी क्लोरीन की तुलना में कम ऋणात्मक होती है।

कारण (R) F—F बन्ध की वियोजन (dissociation) एन्थैल्पी कम होती है तथा F की जलयोजन एन्थैल्पी अधिक होती है। NCERT पृष्ठ 193

23 **अभिकथन** (A) सभी हैलोजन -1 ऑक्सीकरण अवस्था प्रदर्शित करते हैं।

कारण (R) क्लोरीन, ब्रोमीन और आयोडीन +1, + 3, + 5 और + 7 ऑक्सीकरण अवस्थाएँ प्रदर्शित करते हैं। NCERT पृष्ठ 194

24 **अभिकथन** (A) हैलोजनों के अधिकांश ऑक्सोअम्लों को शुद्ध अवस्था में पृथक् नहीं किया जा सकता।

कारण (R) हैलोजनों के ऑक्सोअम्ल केवल जलीय विलयन में या उनके लवणों के रूप में ही स्थाई होते हैं। NCERT पृष्ठ 200

25 **अभिकथन** (A) अन्तरहैलोजन यौगिक हैलोजनों (फ्लोरीन को छोड़कर) की तुलना में अधिक अभिक्रियाशील होते हैं।

कारण (R) अन्तरहैलोजनों में *X* - *X'* बन्ध हैलोजनों में *X* - *X* बन्ध से दुर्बल होता है। NCERT पृष्ठ 201

26 **अभिकथन** (A) ClF_3 विद्यमान है लेकिन FCl_3 विद्यमान नहीं है।

कारण (R) F, Cl से अधिक विद्युत ऋणात्मक है। NCERT पृष्ठ 202

कथन आधारित प्रश्न

निर्देश *(प्रश्न संख्या 1-6) निम्नलिखित प्रश्नों में एक कथन (I और II) दिया गया है, उपरोक्त कथनों के प्रकाश में, नीचे दिए गए विकल्पों में से सही उत्तर चुनिए।*

(a) कथन I और कथन II दोनों गलत हैं।
(b) कथन I सत्य है लेकिन कथन II असत्य है।
(c) कथन I असत्य है लेकिन कथन II सत्य है।
(d) कथन I और कथन II दोनों सत्य हैं।

1 **कथन I** अधातुओं द्वारा धातुओं के साथ बनाए गए यौगिक सहसंयोजक (covalent) प्रकृति के होते हैं।

कथन II अधातुओं के बीच बनने वाले यौगिक अधिकांशतः सहसंयोजक (covalent) होते हैं। NCERT पृष्ठ 308

2 **कथन I** कार्बन के टेट्राहैलाइड सामान्य परिस्थितियों में जल द्वारा जल अपघटित नहीं होते हैं।

कथन II कार्बन *d*-कक्षक (orbitals) की अनुपस्थिति के कारण अपनी समन्वय संख्या को 4 से आगे नहीं बढ़ा सकता है। NCERT पृष्ठ 316

3 **कथन I** नाइट्रोजन और फॉस्फोरस के E_2O_3 प्रकार के ऑक्साइड पूर्णतया अम्लीय होते हैं।

कथन II N—N एकल बन्ध, P—P एकल बन्ध से अधिक प्रबल है। NCERT पृष्ठ 168

4 **कथन I** समूह-15 के तत्व E_2O_5 का पंचसंयोजक (pentavalent) ऑक्साइड, उसी तत्व के त्रिसंयोजक (trivalent) ऑक्साइड E_2O_3 से कम अम्लीय है।

कथन II समूह 15 के तत्व E_2O_3 के त्रिसंयोजी ऑक्साइड का अम्लीय गुण समूह में नीचे जाने पर कम होता जाता है। NCERT पृष्ठ 168

5 **कथन I** नाइट्रेट्स के लिए ब्राउन रिंग परीक्षण, Fe^{2+} की नाइट्रेट्स को नाइट्रिक ऑक्साइड में अपचयित करने की क्षमता पर निर्भर करता है।

कथन II नाइट्रिक ऑक्साइड की Fe^{2+} के साथ अभिक्रिया से भूरे रंग का संकुल बनता है। NCERT पृष्ठ 175

6 **कथन I** अन्तरहैलोजन यौगिकों में, केन्द्रीय परमाणु छोटा होगा।

कथन II ये यौगिक केवल दो हैलोजनों के बीच ही बन सकते हैं तथा दो से अधिक हैलोजनों के बीच नहीं बन सकते हैं। NCERT पृष्ठ 201

7 निम्नलिखित में से कौन-सा/से कथन सही हैं?
NCERT पृष्ठ 317, 179, 180, 313, 193

I. F_2 की वियोजन ऊर्जा Cl_2 से अधिक है।
II. H_3PO_2 में P की ऑक्सीकरण संख्या +2 है।
III. समूह 16 परिवार को चाल्कोजेन्स भी कहा जाता है।
IV. कार्बन के अपररूप (allotropes) हीरा, ग्रेफाइट और फुलेरीन हैं।
V. डाइबोरेन की संरचना समतलीय होती है।

नीचे दिए गए विकल्पों में से सही उत्तर चुनें।
(a) I और II
(b) I, II और III
(c) III और IV
(d) III, IV और V

8 निम्नलिखित में से कौन-सा कथन गलत हैं?
NCERT पृष्ठ 314, 319, 166, 183

I. ऐलुमिनियम के बर्तनों को धावन सोडा से नहीं धोना चाहिए क्योंकि यह Al के साथ अभिक्रिया करके घुलनशील ऐलुमिनेट बनाता है।
II. हीरा ऊष्मागतिकीय दृष्टि से कार्बन का सबसे अधिक स्थायी रूप है।
III. समूह15 के तत्वों की आयनन एन्थैल्पी, समूह 14 और 16 के संगत तत्वों की तुलना में अधिक होती है।
IV. O सल्फर से अधिक विद्युत ऋणात्मक है, फिर भी H_2S अम्लीय है, जबकि H_2O उदासीन है।
V. C_{60} बहुत ही कम अर्द्ध-आयु वाला रेडियोधर्मी पदार्थ है।

नीचे दिए गए विकल्पों में से सही उत्तर चुनें।
(a) I, II और III
(b) II और III
(c) III, IV और V
(d) II और V

9 निम्नलिखित में से कौन-सा कथन गलत हैं?

I. बोरॉन केला बन्ध (banana bond) से युक्त डाइबोरेन बनाता है।
II. कार्बन की प्रकृति अपररूपीय है।
III. नाइट्रीजन *d*- कक्षक (otbital) की अनुपस्थिति के कारण ऑक्साइड नहीं बना सकता है।
IV. सल्फर परमाणु ऑक्सीजन परमाणु से अधिक विद्युत ऋणात्मक है।
V. धातु हैलाइडों का आयनिक गुण समूह में नीचे जाने पर कम होता जाता है।

नीचे दिए गए विकल्पों में से सही उत्तर चुनें।
NCERT पृष्ठ 314, 317, 172, 181

(a) I, II और III
(b) II और III
(c) III और IV
(d) I, III और V

10 निम्नलिखित में से कौन-सा/से कथन सही हैं?
NCERT पृष्ठ 310, 311, 315, 166, 183

I. लुईस अम्ल की प्रकृति $BX_3 \rightarrow BF_3 < BCl_3 < BBr_3 < BI_3$
II. समूह 13 के +1 ऑक्सीकरण का स्थायित्व $\rightarrow Al < Ga < In < Tl$
III. समूह 14 की प्रथम $\rightarrow$ आयनन एन्थैल्पी $\rightarrow Si < Ge < Sn < Pb$
IV. समूह 15 की (+3) ऑक्सीकरण अवस्था की आयनिक त्रिज्या (Å) $\rightarrow As^{3+} > Sb^{3+} > Bi^{3+}$
V. समूह 16 के हैलाइडों का स्थायित्व $\rightarrow I^- > Br^- > Cl^- > F^-$

नीचे दिए गए विकल्पों में से सही उत्तर चुनें।
(a) I, II और III
(b) II, III और IV
(c) III, IV और V
(d) I, II, III, IV और V

सुमेलन प्रकार प्रश्न

1 निम्नलिखित सूची का मिलान करें और नीचे दिए गए कूट से सही विकल्प चुनें। **NCERT पृष्ठ 309**

	सूची I (तत्व)		सूची II (विद्युत विन्यास) इलेक्ट्रॉनिक विन्यास
A.	In	1.	$[He]2s^2 2p^1$
B.	Tl	2.	$[Ne]3s^2 3p^1$
C.	B	3.	$[Ar]\ 3d^{10} 4s^2 4p^1$
D.	Ga	4.	$[Kr]4d^{10} 5s^2 5p^1$
E.	Al	5.	$[Xe]4f^{14} 5d^{10} 6s^2 6p^1$

कूट

	A	B	C	D	E
(a)	1	2	3	4	5
(b)	4	5	1	3	2
(c)	2	3	5	1	4
(d)	5	4	3	2	1

2 सूची I में दी गई स्पीशजों को सूची II में उल्लिखित गुणों से सुमेलित करें और नीचे दिए गए कूट से सही विकल्प चुनें। **NCERT पृष्ठ 311, 316**

	सूची I		सूची II
A.	BF_4^-	1.	केंद्रीय परमाणु की ऑक्सीकरण अवस्था +4 है
B.	$AlCl_3$	2.	लुईस अम्ल
C.	SnO	3.	आगे ऑक्सीकरण हो सकता है
D.	PbO_2	4.	चतुष्फलकीय आकार

कूट

	A	B	C	D		A	B	C	D
(a)	4	2	3	1	(b)	1	3	2	4
(c)	1	2	3	4	(d)	3	1	2	4

3 सूची I के पदों का सूची II के पदों से मिलान करें और दिए गए कूट से सही विकल्प चुनें नीचे। **NCERT पृष्ठ 179**

	सूची I (आण्विक सूत्र)		सूची II (P की ऑक्सीकरण अवस्था)
A.	H_3PO_2	1.	+1
B.	H_3PO_3	2.	+3
C.	$H_4P_2O_6$	3.	+4
D.	H_3PO_4	4.	+5

कूट

	A	B	C	D
(a)	1	2	3	4
(b)	2	3	4	1
(c)	3	4	1	2
(d)	4	1	2	3

4 सूची I को सूची II से सुमेलित करें और नीचे दिए गए कूट का चयन करें।

नीचे दिए गए कूट में से सही विकल्प चुनिए। **NCERT पृष्ठ 180**

	सूची I (अम्ल की संरचना)		सूची II (अम्ल का नाम)
A.	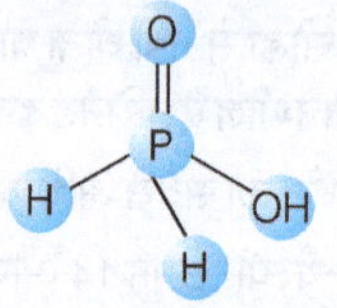	1.	*ऑर्थो*फॉस्फोरस अम्ल
B.	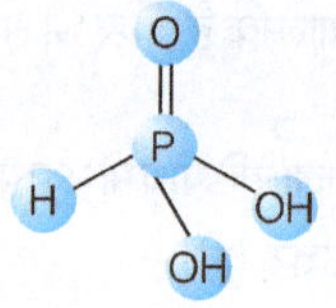	2.	हाइपोफॉस्फोरस अम्ल
C.	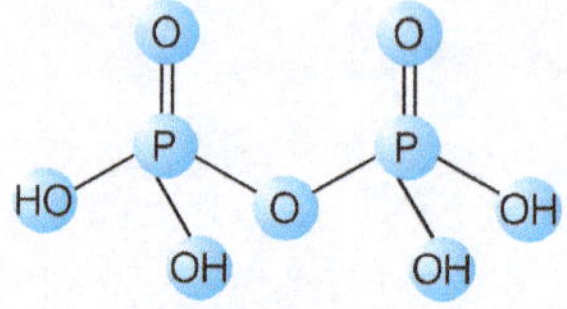	3.	*ऑर्थो*फॉस्फोरिक अम्ल
D.	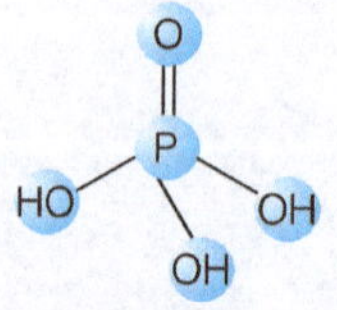	4.	पाइरोफॉस्फोरिक अम्ल

कूट

	A	B	C	D		A	B	C	D
(a)	2	1	4	3	(b)	4	2	3	1
(c)	3	4	1	2	(d)	1	3	2	4

5 निम्नलिखित सूची का मिलान करें और नीचे दिए गए कोड से सही विकल्प चुनें। NCERT पृष्ठ 200

सूची I (संरचनाएँ)	सूची II (हैलोजन के ऑक्सीअम्ल)
A. 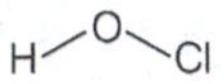	1. परक्लोरिक अम्ल
B. 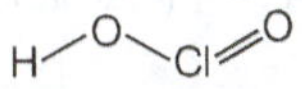	2. क्लोरिक अम्ल
C. 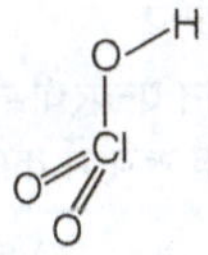	3. क्लोरस अम्ल
D. 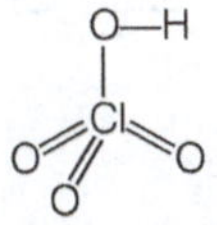	4. हाइपोक्लोरस अम्ल

कूट

	A	B	C	D
(a)	1	2	3	4
(b)	3	2	4	1
(c)	4	3	2	1
(d)	2	1	4	3

6 निम्नलिखित सूची का मिलान करें और नीचे दिए गए कोड से सही विकल्प चुनें। NCERT पृष्ठ 201

सूची I (सूत्र)	सूची II (रंग और भौतिक अवस्था)
A. ClF_3	1. रंगहीन गैस लेकिन 77 K से नीचे ठोस, पिरामिड वर्ग
B. IF_5	2. रंगहीन गैस, बंकित T-आकार की
C. IF_7	3. नारंगी ठोस, बंकित T- आकार का
D. ICl_3	4. द्विपिरामिडीय के साथ रंगहीन गैस

कूट

	A	B	C	D		A	B	C	D
(a)	1	2	3	4	(b)	1	4	2	1
(c)	2	1	4	3	(d)	4	3	2	1

7 सूची I में दिए गए यौगिकों को सूची II में दिए गए संकरण और आकार से सुमेलित करें और सही विकल्प को चिह्नित करें। NCERT पृष्ठ 205

सूची I	सूची II
A. XeF_6	1. sp^3d^3- विकृत अष्टफलकीय (distorted octahedral)
B. XeO_3	2. sp^3d^2-वर्ग समतलीय (square planar)
C. $XeOF_4$	3. sp^3-पिरामिडीय
D. $Xe\ F_4$	4. sp^3d^2-वर्ग पिरामिडीय (square pyramidal)

कूट

	A	B	C	D		A	B	C	D
(a)	1	3	4	2	(b)	1	2	4	3
(c)	4	3	1	2	(d)	4	1	2	3

आंकिक मान प्रकार के प्रश्न

1 $AlCl_3$ की क्रिस्टलीय अवस्था में Al की उपसहसंयोजन संख्या ...... है। NCERT पृष्ठ 311

2 निम्नलिखित में से अम्लीय ऑक्साइडों की कुल संख्या .... है।
CO_2 , SiO_2, GeO_2, SnO_2, PbO_2 NCERT पृष्ठ 316

3 अम्लीय ऑक्साइड की कुल संख्या N_2O_3, NO_2, N_2O, Cl_2O_7, CO, CaO, Na_2O और NO के बीच .... है। NCERT पृष्ठ 173, 196

4 एक जीनॉन यौगिक '*P*' आंशिक जलअपघटन पर XeO_2F_2 प्राप्त होता है। यौगिक *P* में उपस्थित एकाकी इलेक्ट्रॉन युग्मों की संख्या है....... NCERT पृष्ठ 205

5 XeF_4, SbF_5 के साथ अभिक्रिया $[XeF_x]^y\ [SbF_z]^w$ करके बनाता है
$w + x + y + z =$ ...... NCERT पृष्ठ 205

NCERT Exemplar प्रश्न

1 वह तत्व जो तापमान के एक विस्तृत क्षेत्र के लिए द्रव अवस्था में मौजूद रहता है और जिसका उपयोग उच्च तापमान मापने के लिए किया जा सकता है, वह है
(a) B (b) Al
(c) Ga (d) In

2 आयनन एन्थैल्पी ($\Delta_i H$ किलो जूल मोल$^{-1}$) समूह 13 के तत्वों के लिए क्रम का अनुसरण करता है
(a) B > Al > Ga > In > Tl
(b) B < Al < Ga < In < Tl
(c) B < Al > Ga < In > Tl
(d) B > Al < Ga > In < Tl

3 उच्चतम उपसहसंयोजन संख्या का प्रदर्शन केंद्रीय परमाणु में रिक्त कक्षकों की उपलब्धता पर निर्भर करता है। निम्नलिखित में से कौन-सा तत्व MF_6^{3-} में केंद्रीय परमाणु के रूप में कार्य करने की संभावना नहीं रखता है?
(a) B (b) Al
(c) Ga (d) In

4 किसी संकुल स्पीशीज की ज्यामिति को केंद्रीय परमाणु के कक्षकों के संकरण के प्रकार के ज्ञान से समझा जा सकता है। $[B(OH_4)]^-$ में केन्द्रीय परमाणु के कक्षकों का संकरण और संकुल की ज्यामिति है
(a) sp^3, चतुष्कफलकीय (tetrahedral)
(b) sp^3, वर्ग समतलीय (square planar)
(c) sp^3d^2, अष्टफलकीय (octahedral)
(d) dsp^2, वर्ग समतलीय (square planar)

5 डाइबोरेन की संरचना में,
(a) सभी हाइड्रोजन परमाणु एक तल में स्थित होते हैं और बोरॉन परमाणु इस तल के लंबवत तल में स्थित होते हैं।
(b) 2 बोरॉन परमाणु और 4 टर्मिनल हाइड्रोजन परमाणु एक ही तल में स्थित हैं और 2 ब्रिजिंग हाइड्रोजन परमाणु लंबवत तल में स्थित हैं।
(c) 4 ब्रिजिंग हाइड्रोजन परमाणु और बोरॉन परमाणु एक तल में स्थित होते हैं और दो टर्मिनल हाइड्रोजन परमाणु इस तल के लंबवत तल में स्थित होते हैं।
(d) सभी परमाणु एक ही तल में हैं।

6 शृंखलन (catenation), अर्थात् समान परमाणुओं का जुड़ना परमाणुओं के आकार और इलेक्ट्रॉनिक विन्यास पर निर्भर करता है। समूह 14 के तत्वों में शृंखलन की प्रवृत्ति निम्न क्रम का अनुसरण करती है
(a) C > Si > Ge > Sn
(b) C >> Si > Ge ≈ Sn
(c) Si > C > Sn > Ge
(d) Ge > Sn > Si > C

7 क्वार्ट्ज का व्यापक रूप से पीजोइलेक्ट्रिक पदार्थ के रूप में उपयोग किया जाता है, इसमें .... होता है।
(a) Pb (b) Si
(c) Ti (d) Sn

8 निम्नलिखित में से कौन-सा तत्व अपररूपता (allotropy) प्रदर्शित नहीं करता है?
(a) नाइट्रोजन (b) बिस्मथ
(c) ऐंटीमनी (d) आर्सेनिक

9 *E*—H (*E* = तत्व) बन्धों की बन्ध वियोजन एन्थैल्पी नीचे दी गई है। कौन-सा यौगिक सबसे प्रबल अपचायक के रूप में कार्य करेगा?

यौगिक	NH_3	PH_3	AsH_3	SbH_3
Δ_{diss} (*E*—H)/ किलो जूल मोल$^{-1}$	389	322	297	255

(a) NH_3 (b) PH_3
(c) AsH_3 (d) SbH_3

10 निम्नलिखित में से कौन-सा तत्व $p\pi$ - $d\pi$ बन्धन में शामिल हो सकता है?
(a) कार्बन (b) नाइट्रोजन
(c) फॉस्फोरस (d) बोरॉन

11 निम्नलिखित में से कौन-सा कथन गलत है?
(a) एकल N—N बन्ध एकल P—P बन्ध की तुलना मे अधिक प्रबल होता है।
(b) PH_3 संक्रमण तत्वों के साथ समन्वय यौगिक के निर्माण में लिगैंड के रूप में कार्य कर सकता है।
(c) NO_2 प्रकृति में अनुचुम्बकीय (paramagnetic) है।
(d) N_2O_5 में नाइट्रोजन की सहसंयोजकता (covalency) चार है।

12 NO_3^- आयन के लिए वलय परीक्षण में एक भूरे रंग की वलय बनती है। यह किसके बनने के कारण होता है?
(a) $[Fe(H_2O)_5(NO)]^{2+}$
(b) $FeSO_4 \cdot NO_2$
(c) $[Fe(H_2O)_4(NO)_2]^{2+}$
(d) $FeSO_4 \cdot HNO_3$

13 निम्नलिखित में से कौन-सा अम्ल लवणों की तीन शृंखलाएँ बनाता है?
(a) H_3PO_2 (b) $H_4P_2O_5$
(c) H_3PO_4 (d) H_3PO_3

14 H_3PO_2 का प्रबल अपचयन व्यवहार किसके कारण होता है?
(a) फॉस्फोरस की कम ऑक्सीकरण अवस्था
(b) दो OH समूहों और एक P—OH की उपस्थिति
(c) एक OH समूह और दो P—H की उपस्थिति
(d) फॉस्फोरस की उच्च इलेक्ट्रॉन लब्धि एन्थैल्पी

15 यौगिक NaH_2PO_2 के ऋणायन में केंद्रीय परमाणु की ऑक्सीकरण अवस्था होगी

(a) + 3 (b) + 5 (c) + 1 (d) – 3

16 साइक्लोट्राइमेटाफॉस्फोरिक अम्ल अणु में कितने एकल और दोहरे बन्ध मौजूद होते हैं?

(a) 3 द्विबन्ध और 9 एकल बन्ध

(b) 6 द्विबन्ध और 6 एकल बन्ध

(c) 3 द्विबन्ध और 12 एकल बन्ध

(d) शून्य द्विबन्ध और 12 एकल बन्ध

17 निम्नलिखित में से कौन सल्फर के पेरॉक्साअम्ल हैं?

(a) H_2SO_5 और $H_2S_2O_8$ (b) H_2SO_5 और $H_2S_2O_7$

(c) $H_2S_2O_7$ और $H_2S_2O_8$ (d) $H_2S_2O_6$ और $H_2S_2O_7$

18 निम्नलिखित में से कौन-सा चतुष्फलकीय (tetrahedral) आकार का नहीं है?

(a) NH_4^+ (b) $SiCl_4$

(c) SF_4 (d) SO_4^{2-}

19 फ्लोरीन से आयोडीन तक के समूह में हाइड्रोजन के लिए आकर्षण कम हो जाता है। निम्नलिखित में से किस हैलोजन अम्ल की बन्ध वियोजन (bond dissociation) एन्थैल्पी उच्चतम होनी चाहिए?

(a) HF (b) HCl

(c) HBr (d) HI

20 नाइट्रोजन की अधिकतम सहसंयोजकता (covalency) ....

(a) 3 (b) 5

(c) 4 (d) 6

विगत परीक्षाओं के प्रश्न

NEET

1 नीचे दो कथन दिए गए हैः **NCERT पृष्ठ 182, NEET 2024**

कथन I समूह 16 तत्वों के हाइड्राइडों के क्वथनांक निम्नलिखित क्रम का पालन करते हैं।

$H_2O > H_2Te > H_2Se > H_2S$

कथन II आण्विक द्रव्यमान के आधार पर H_2O का अनुमानित क्वथनांक समूह के अन्य सदस्यों से कम होता है परन्तु H_2O में विस्तृत H-आबंधन की उपस्थिति के कारण, इसका उच्चतर क्वथनांक होता है।

ऊपर दिए गए कथनों के आधार पर नीचे दिए गए विकल्पों से सही उत्तर चुनिएः

(a) कथन I और कथन II दोनों सत्य हैं।

(b) कथन I और कथन II दोनों गलत हैं।

(c) कथन I सही है परन्तु कथन II गलत है

(d) कथन I गलत है परन्तु कथन II सत्य है

2 समूह 16 तत्वों में से कौन-सा –2 ऑक्सीकरण अवस्था नहीं दर्शाता है?

NCERT पृष्ठ 182, NEET 2024

(a) O (b) Se (c) Te (d) Po

3 सूची I को सूची II से सुमेलित करें। **NCERT पृष्ठ 317, 318, NEET 2023**

	सूची I		सूची II
A.	कोक	1.	कार्बन परमाणु sp^3-संकरित हैं ।
B.	हीरा	2.	शुष्क स्नेहक के रूप में उपयोग किया जाता है।
C.	फुलेरीन	3.	अपचायक के रूप में उपयोग किया जाता है।
D.	ग्रेफाइट	4.	पिंजरे जैसे अणु

नीचे दिए गए विकल्पों में से सही उत्तर चुनें।

(a) A-4, B-1, C-2, D-3

(b) A-3, B-1, C-4, D-2

(c) A-3, B-4, C-1, D-2

(d) A-2, B-4, C-1, D-3

4 डाइबोरेन के विषय में निम्नलिखित में से कौन-सा कथन सही नहीं है? **NCERT पृष्ठ 313, NEET 2022**

(a) चार टर्मिनल B — H बन्ध 2-केन्द्र-2 इलेक्ट्रॉन बन्ध हैं।

(b) चार अंतिम हाइड्रोजन परमाणु और दो बोरॉन परमाणु एक तल में स्थित होते हैं।

(c) दोनों बोरॉन परमाणु sp^2- संकरित हैं।

(d) दो 3-केन्द्र-2-इलेक्ट्रॉन बन्ध हैं।

5 सही कथन चुनें **NCERT पृष्ठ 317, NEET 2022**

(a) हीरा सहसंयोजक है और ग्रेफाइट आयनिक है।

(b) हीरा sp^3-संकरित है और ग्रेफाइट sp^2 -संकरित है।

(c) हीरा और ग्रेफाइट दोनों का उपयोग शुष्क स्नेहक के रूप में किया जाता है।

(d) हीरे और ग्रेफाइट में दो आयामी नेटवर्क होता है।

6 निम्नलिखित में से कौन-सा यौगिक कॉस्मेटिक सर्जरी में उपयोग किया जाता है? **NCERT पृष्ठ 322, NEET (Odisha) 2019**

(a) सिलिका (b) सिलिकेट्स

(c) सिलिकॉन (d) जिओलाइट्स

7 समूह 13 के तत्वों में परमाणु त्रिज्या का सही क्रम है

NCERT पृष्ठ 309, NEET 2018

(a) B < Ga < Al < Tl < In (b) B < Al < Ga < In < Tl

(c) B < Al < In < Ga < Tl (d) B < Ga < Al < In < Tl

8 Al, Ga, In और Tl के बीच +1 ऑक्सीकरण अवस्था की स्थिरता किसी क्रम में बढ़ती है? NCERT पृष्ठ 310, NEET AIPMT 2015

(a) Ga < In < Al < Tl (b) Al < Ga < In < Tl
(c) Tl < In < Ga < Al (d) In < Tl < Ga < Al

9 सूची-I को सूची-II से सुमेलित करें।

	सूची I (सल्फर के ऑक्सोअम्ल)		सूची II (बंध)
A.	परऑक्सो डाइसल्फ्यूरिक अम्ल	1.	दो S—OH, चार S ═ O, एक S—O—S
B.	सल्फ्यूरिक अम्ल	2.	दो S—OH, एक S ═ O
C.	पायरोसल्फ्यूरिक अम्ल	3.	दो S—OH, चार S ═ O, एक S—O—O—S
D.	सल्फ्यूरस अम्ल	4.	दो S—OH, दो S ═ O

नीचे दिए गए विकल्पों में से सही उत्तर चुनें। NCERT पृष्ठ 189, NEET 2023

(a) A-3, B-4, C-1, D-2
(b) A-1, B-3, C-4, D-2
(c) A-3, B-4, C-2, D-1
(d) A-1, B-3, C-2, D-4

10 उत्कृष्ट गैसों का नाम उनकी क्रियाशीलता के प्रति निष्क्रियता के कारण रखा गया है। उनके बारे में गलत कथन की पहचान करें। NCERT पृष्ठ 203, NEET 2021

(a) उत्कृष्ट गैसें जल में अल्प घुलनशील होती हैं।
(b) उत्कृष्ट गैसों के गलनांक और क्वथनांक बहुत उच्च होते हैं।
(c) उत्कृष्ट गैसों में दुर्बल परिक्षेपण बल होता है।
(d) उत्कृष्ट गैसों में इलेक्ट्रॉन लब्धि (electron gain) एन्थैल्पी का मान अधिक धनात्मक होता है।

11 सूची I में Xe के यौगिकों का सूची II में आण्विक संरचना से मिलान करें। NCERT पृष्ठ 205, 206, NEET 2020

	सूची I		सूची II
A.	XeF_2	1.	वर्ग समतलीय
B.	XeF_4	2.	रेखीय
C.	XeO_3	3.	वर्ग पिरामिड
D.	$XeOF_4$	4.	पिरामिड

कूट

	A	B	C	D		A	B	C	D
(a)	2	1	3	4	(b)	2	4	3	1
(c)	2	3	1	4	(d)	2	1	4	3

12 H_2E (E = O, S, Se, Te और Po) के लिए सही तापीय स्थायित्व क्रम कौन-सा है? NCERT पृष्ठ 183, NEET 2019

(a) $H_2O < H_2S < H_2Se < H_2Te < H_2Po$
(b) $H_2Po < H_2Te < H_2Se < H_2S < H_2O$
(c) $H_2Se < H_2Te < H_2Po < H_2O < H_2S$
(d) $H_2S < H_2O < H_2Se < H_2Te < H_2Po$

13 ClF_3 की संरचना में, केंद्रीय परमाणु 'Cl' पर इलेक्ट्रॉनों के एकाकी युग्मों की संख्या है NCERT पृष्ठ 201, NEET 2018

(a) चार (b) दो (c) एक (d) तीन

14 सूची I के अन्तरहैलोजन यौगिकों को सूची II की ज्यामिति से सुमेलित करें और सही कोड निर्दिष्ट करें। NCERT पृष्ठ 201, NEET 2017

	सूची I		सूची II
A.	XX'	1.	T-आकार
B.	XX'_3	2.	पंचकोणीय द्विपिरामिडीय
C.	XX'_5	3.	रेखीय
D.	XX'_7	4.	वर्ग-पिरामिड
		5.	चतुष्फलकीय

कूट

	A	B	C	D		A	B	C	D
(a)	3	4	1	2	(b)	3	1	4	2
(c)	5	4	3	2	(d)	4	3	2	1

15 H_3PO_4 का प्रबल अपचयन व्यवहार किसके कारण होता है? NCERT पृष्ठ 180, NEET 2015

(a) एक —OH समूह और दो P—H बन्धों की उपस्थिति
(b) फॉस्फोरस की उच्च इलेक्ट्रॉन लब्धि एन्थैल्पी
(c) फॉस्फोरस की उच्च ऑक्सीकरण अवस्था
(d) दो —OH समूहों और एक P—H बन्ध की उपस्थिति

JEE Main

16 नीचे दो कथन दिए हैं NCERT पृष्ठ 182, JEE Main 2024

कथन (I) समूह 16 का प्रथम सदस्य होने के कारण ऑक्सीजन केवल –2 ऑक्सीकरण अवस्था प्रदर्शित करती है।

कथन (II) समूह 16 में नीचे की ओर जाने पर +4 ऑक्सीकरण अवस्था का स्थायित्व घट जाता है और +6 ऑक्सीकरण अवस्था का स्थायित्व बढ़ता जाता है।

ऊपर दिए गए कथनों के संदर्भ में, नीचे दिए गए विकल्पों से सही उत्तर चुनिए:

(a) कथन I सत्य है परन्तु कथन II असत्य है।
(b) कथन I और कथन II दोनों असत्य हैं।
(c) कथन I असत्य है परन्तु कथन II सत्य है।
(d) कथन I और कथन II दोनों सत्य हैं।

17 नीचे दो कथन दिए गए हैं: **NCERT पृष्ठ 308, JEE Main 2024**

कथन I समूह 13 के त्रिसंयोजी हैलाइड्स अपने सहसंयोजी प्रकृति के कारण आसानी के साथ जल अपघटित हो जाते हैं।

कथन II $AlCl_3$ अम्लीकृत जलीय विलयन में जल अपघटित होकर अष्टफलकीय $[Al(H_2O)_6]^{3+}$ आयन बनाते हैं।

उपर्युक्त कथनों के संदर्भ में नीचे दिए गए विकल्पों में से सर्वाधिक उपयुक्त उत्तर चुनें।

(a) कथन I सही है परन्तु कथन II गलत है।

(b) दोनों कथन I तथा कथन II सही हैं।

(c) कथन I गलत है परन्तु कथन II सही है।

(d) दोनों कथन I तथा कथन II गलत हैं।

18 निम्न में से सही कथन है **NCERT पृष्ठ 183, JEE Main 2024**

A. समूह 16 के सभी तत्व EO_2 एवं EO_3 के सामान्य सूत्र वाले ऑक्साइड बनाते हैं, जहाँ E = S, Se, Te एवं Po है। दोनों ही प्रकार के ऑक्साइड अम्लीय प्रकृति के होते हैं।

B. TeO_2 ऑक्सीकारक, जबकि SO_2 अपचायक प्रकृति का होता है।

C. समूह में नीचे आने पर H_2S से H_2Te का अपचायक गुण घटता है।

D. ओजोन अणु में इलेक्ट्रॉन के पाँच एकाकी युग्म पाए जाते हैं।

नीचे दिए गए विकल्पों में से सही उत्तर चुनें।

(a) केवल C एवं D (b) केवल B एवं C

(c) केवल A एवं B (d) केवल A एवं D

19 बोरॉन ट्राइहैलाइड्स की लुईस अम्ल प्रकृति इस क्रम का अनुसरण करती है **NCERT पृष्ठ 311, JEE Main 2023**

(a) $BBr_3 > BI_3 > BCl_3 > BF_3$

(b) $BF_3 > BCl_3 > BBr_3 > BI_3$

(c) $BI_3 > BBr_3 > BCl_3 > BF_3$

(d) $BCl_3 > BF_3 > BBr_3 > BI_3$

20 बोराजीन के लिए निम्नलिखित में से गलत कथन है **NCERT पृष्ठ 313, JEE Main2023**

(a) यह एक चक्रीय यौगिक है।

(b) इसमें **केला** बन्ध (banana bond) होता है।

(c) इसमें इलेक्ट्रॉनिक विस्थानीकरण होता है।

(d) यह जल के साथ अभिक्रिया कर सकता है।

21 समूह 13 के तत्व O_2 के साथ अभिक्रिया करके M_2O_3 (M = तत्व) प्रकार के ऑक्साइड बनाते हैं। निम्नलिखित में से कौन-सा सबसे क्षारीय ऑक्साइड है? **NCERT पृष्ठ 311, JEE Main 2023**

(a) Ga_2O_3 (b) B_2O_3

(c) Al_2O_3 (d) Tl_2O_3

22 निम्नलिखित अभिक्रिया से बने उत्पाद 'B' में बोरॉन के चारों ओर की ज्यामिति है

$$BF_3 + NaH \xrightarrow{450\ K} A + NaF$$

$$A + NMe_3 \longrightarrow B$$

NCERT पृष्ठ 314, JEE Main 2022

(a) त्रिकोणीय समतलीय

(b) चतुष्फलकीय

(c) पिरामिडीय

(d) वर्ग समतलीय

23 नीचे दिए गए कथनों में से B_2H_6 के लिए सही कथन की पहचान करें: **NCERT पृष्ठ 313, 314, JEE Main 2022**

(A) B_2H_6 में सभी B — H बन्ध समतुल्य हैं।

(B) B_2H_6 में चार 3-केंद्र-2-इलेक्ट्रॉन बन्धन हैं।

(C) B_2H_6 एक लुईस अम्ल है।

(D) B_2H_6 को BF_3 और $NaBH_4$ दोनों से संश्लेषित किया जा सकता है।

(E) B_2H_6 एक समतलीय अणु है ।

नीचे दिए गए विकल्पों में से सबसे उपयुक्त उत्तर चुनें।

(a) (A) और (E)

(b) (B), (C) और (E)

(c) (C) और (D)

(d) (C) और (E)

24 B_2H_6 के बारे में सही कथन कौन-सा है? **NCERT पृष्ठ 313, JEE Main 2021**

(a) सभी B—H—B कोण 120° के हैं।

(b) दो B—H—B बन्ध समान लंबाई के नहीं हैं।

(c) ब्रिजिंग बन्ध की तुलना में टर्मिनल B-H बन्ध में *p*-लक्षण कम होते है।

(d) इसका खंड, BH_3, लुईस क्षार की तरह व्यवहार करता है।

25 $H_4P_2O_7$, $(HPO_3)_3$ तथा P_4O_{10} में P—O—P बन्धों की संख्या क्रमशः है **NCERT पृष्ठ 179, JEE Main 2023**

(a) 1, 2, 4

(b) 0, 3, 4

(c) 0, 3, 6

(d) 1, 3, 6

26 NO, NO_2, N_2O और NO_3^- में नाइट्रोजन की ऑक्सीकरण अवस्थाएँ निम्न क्रम में हैं **NCERT पृष्ठ 172, JEE Main 2022**

(a) $NO_3^- > NO_2 > NO > N_2O$

(b) $NO_2 > NO_3^- > NO > N_2O$

(c) $N_2O > NO_2 > NO > NO_3^-$

(d) $NO > NO_2 > N_2O > NO_3^-$

27 समूह-16 के तत्वों के हाइड्राइडों के गलनांक का सही क्रम है
NCERT पृष्ठ 183, JEE Main 2022

(a) $H_2S < H_2Se < H_2Te < H_2O$
(b) $H_2O < H_2S < H_2Se < H_2Te$
(c) $H_2S < H_2Te < H_2Se < H_2O$
(d) $H_2Se < H_2S < H_2Te < H_2O$

28 $A \xrightarrow{573\,K}$ लाल फॉस्फोरस $\xrightarrow[\text{दाब}]{\text{ऊष्मा}, 803\,K}$ B लाल फॉस्फोरस 'A' को 573 K पर गर्म करके प्राप्त किया जाता है, और इसे दाब 803 K पर गर्म करके 'B' में परिवर्तित किया जा सकता है। A और B क्रमशः हैं
NCERT पृष्ठ 176, JEE Main 2022

(a) β-काला फॉस्फोरस और सफेद फॉस्फोरस
(b) सफेद फॉस्फोरस और β-काला फॉस्फोरस
(c) α-काला फॉस्फोरस और सफेद फॉस्फोरस
(d) सफेद फॉस्फोरस और α-काला फॉस्फोरस

29 सल्फ्यूरस अम्ल, परॉक्साइड सल्फ्यूरिक अम्ल और पाइरोसल्फ्यूरिक अम्ल में मौजूद S═O बन्धों की संख्या क्रमशः है
NCERT पृष्ठ 189, JEE Main 2021

(a) 2, 3 और 4 (b) 1, 4 और 3
(c) 2, 4 और 3 (d) 1, 4 और 4

30 नीचे दो कथन दिए गए हैं।

कथन I सल्फर के α और β रूप धीमी गति से गर्म करने या धीमी गति से ठंडा करने पर आपस में उत्क्रमणीय रूप से बदल सकते हैं।

कथन II कमरे के तापमान पर, सल्फर का स्थायी क्रिस्टलीय रूप मोनोक्लिनिक सल्फर है। उपरोक्त कथनों के संदर्भ में, नीचे दिए गए विकल्पों में से सही उत्तर चुनें।
NCERT पृष्ठ 187, JEE Main 2021

(a) कथन I और II दोनों सत्य हैं।
(b) कथन I और II दोनों गलत हैं।
(c) कथन I सत्य है लेकिन कथन II असत्य है।
(d) कथन I गलत है लेकिन कथन II सत्य है।

31 सूची I को सूची II से सुमेलित करें। NCERT पृष्ठ 179, JEE Main 2021

सूची I (ऑक्सोअम्ल का नाम)		सूची II ('P' की ऑक्सीकरण अवस्था)
A.	हाइपोफॉस्फोरस अम्ल	1. +5
B.	ऑर्थोफॉस्फोरिक अम्ल	2. +4
C.	हाइपोफॉस्फोरिक अम्ल	3. +3
D.	ऑर्थोफॉस्फोरस अम्ल	4. +2
		5. +1

दिए गए विकल्पों में से सही उत्तर चुनें :
(a) A-4, B-5, C-2, D-3
(b) A-4, B-4, C-2, D-3
(c) A-5, B-1, C-2, D-3
(d) A-4, B-1, C-2, D-3

स्किल बूस्टर्स

1 सल्फाइड के भर्जन से उप-उत्पाद के रूप में गैस P प्राप्त होती है। यह रंगहीन गैस है जिसमें जले हुए सल्फर की दम घोंटने वाली गंध होती है और अम्लीय वर्षा के परिणामस्वरूप श्वसन अंगों को बहुत नुकसान पहुँचाती है।
यदि जलीय विलयन अम्लीय है, तो यह अपचायक के रूप में कार्य करता है और इसका अम्ल कभी अलग नहीं किया गया है।
गैस P है

(a) सल्फर ट्राइऑक्साइड (b) हाइड्रोजन सल्फाइड
(c) सल्फर डाइऑक्साइड (d) क्लोरीन

2 बोरॉन 700°C पर ऑक्सीजन के साथ अभिक्रिया करके (A) देता है। यौगिक A कार्बन और शुष्क क्लोराइड के साथ अभिक्रिया करके (B) और कार्बन मोनोऑक्साइड देता है।
यौगिक (B), $LiAlH_4$ के साथ अपचयन पर LiCl और $AlCl_3$ के साथ (C) देता है। C अमोनिया के साथ अभिक्रिया करके sp^2- संकरित केंद्रीय परमाणु वाला यौगिक D देता है, जो गर्म करने पर अकार्बनिक बेंजीन देता है।

B के बारे में सही कथन है:
(a) बोरॉन sp^3 संकरित है।
(b) बोरॉन परमाणु हाइड्रोजन सेतु के माध्यम से जुड़े होते हैं।
(c) यह एक लुईस क्षार है।
(d) यह एक त्रिकोणीय समतलीय अणु है।

3 धातु A जलीय NaOH विलयन के साथ अभिक्रिया करके B और एक अत्यधिक ज्वलनशील गैस बनाती है। विलयन B को गर्म किया जाता है और CO_2 को इसके माध्यम से डाला जाता है। C अवक्षेपित होता है और Na_2CO_3 बनता है। गर्म करने पर C, Al_2O_3 देता है। A, B और C को पहचानिए।

	A	B	C
(a)	Al	$NaAlO_2$	$Al(OH)_3$
(b)	Al_2O_3	$NaAlO_2$	Al_2CO_3
(c)	Al_2O_3	$[Na_2AlO_2]^+OH^-$	$Al(OH)_3$
(d)	Al	$Al(OH)_3$	Al_2O_3

4 जब धातु '*M*' को NaOH के साथ उपचारित किया जाता है, तो एक सफ़ेद जिलेटिनस अवक्षेप 'A' प्राप्त होता है जो NaOH के आधिक्य में घुलनशील होता है। अवक्षेप '*A*' को जब प्रबलता से गर्म किया जाता है तो यह एक ऑक्साइड देता है जिसका उपयोग क्रोमैटोग्राफी में एक अधिशोषक के रूप में किया जाता है। धातु '*M*' है

(a) Al (b) Ga

(c) B (d) Ca

5 फॉस्फोरस पेन्टा ऑक्साइड और फॉस्फोरस ट्राइऑक्साइड की संरचना में P—O—P सेतु की संख्या दोनों संबंधों में छह है। फॉस्फोरस पेंटॉक्साइड को जल के साथ गर्म करने पर निम्नलिखित में से कौन-सा अम्ल प्राप्त होता है?

(a) हाइपोफॉस्फोरस अम्ल

(b) *ऑर्थो*फॉस्फोरस अम्ल

(c) हाइपोफॉस्फोरिक अम्ल

(d) *ऑर्थो*फॉस्फोरिक अम्ल

6 नेपोलियन सेना के सैनिकों को ठंड के मौसम में आल्प्स में रहते हुए अपनी वर्दी के टिन बटनों के कारण गम्भीर समस्या का सामना करना पड़ा। धातु के टिन बटन ग्रे पाउडर में बदल गए। यह परिवर्तन किससे संबंधित है?

(a) हवा में ऑक्सीजन के आंशिक दबाव में परिवर्तन

(b) टिन की क्रिस्टलीय संरचना में परिवर्तन

(c) आर्द्र वायु में निहित जल वाष्प के साथ अंतःक्रिया

(d) बहुत कम तापमान पर हवा की N_2 गैस के साथ अंतः क्रिया

7 निम्नलिखित अभिक्रियाओं पर विचार करें,

I. $ZnSO_4(aq) + 2NH_4OH(aq) \longrightarrow \underset{(A)}{Zn(OH)_2(s)} + (NH_4)_2SO_4(aq)$

II. $FeCl_3(aq) + NH_4OH(aq) \longrightarrow \underset{(B)}{Fe_2O_3 \cdot xH_2O(s)} + NH_4Cl(aq)$

यौगिक *A* और *B* का रंग क्रमशः है

(a) भूरा और सफेद

(b) भूरा और भूरा

(c) सफेद और भूरा

(d) सफ़ेद और सफ़ेद

8 स्वाति एक प्रयोग करती है जिसके लिए वह तीन परख नली (test tubes) *X*, *Y* और *Z* लेती है। फिर, वह इन परखनलियों (test tubes) में क्रमशः NaF, NaCl और NaI डालती है।

अब यदि *X*, *Y* और *Z* में Br_2 मिलाया जाता है तो सही अवलोकन का चयन करें

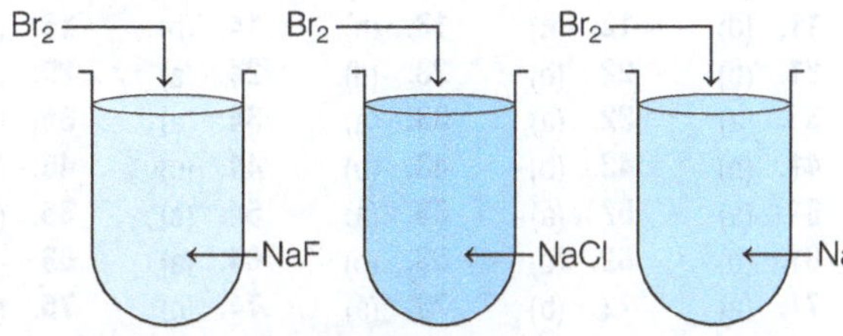

(a) F_2 (*X*) में तथा Cl_2 (*Y*) में मुक्त होता है

(b) केवल I_2, (*Z*) में मुक्त होता है

(c) केवल Cl_2 (*Y*) में मुक्त होता है (d) केवल F_2 (*X*) मुक्त होता है

9 कॉपर की तनु नाइट्रिक अम्ल के साथ अभिक्रिया से गैस *X* प्राप्त होती है। प्राप्त गैस ऑक्सीजन के साथ अभिक्रिया करने पर भूरे रंग की गैस *Y* में ऑक्सीकृत हो जाती है। गैस *Y* जल में घुलनशील है तथा इसका जलीय विलयन *Z* है। *X*, *Y* तथा *Z* क्रमशः हैं

(a) NO, NO_2 और HNO_3 (b) NO_2, NO और HNO_3

(c) N_2O, NO और HNO_2 (d) NO, N_2O और HNO_3

10 एक अन्तर हैलोजन यौगिक (AX_n) एक अणु है जिसमें दो या दो से अधिक अलग-अलग हैलोजन परमाणु होते हैं। ये अनिवार्य रूप से सहसंयोजक (covalent) होते हैं और हैलोजन की तुलना में अधिक क्रियाशील होते हैं, क्योंकि *A* — *X* बन्ध *A* — *A* या *X* — *X* बन्ध से दुर्बल होता है। अन्तर हेलोजन यौगिकों के लिए गलत कथन है

(a) AX_n में *n* का मान (इंटरहैलोजन) 1, 3, 5 या 7 हो सकता है।

(b) AX_n में *n* का मान (इंटरहैलोजन) 2, 4 या 6 हो सकता है।

(c) *A* कभी भी फ्लोरीन नहीं हो सकता क्योंकि यह सर्वाधिक विद्युतऋणात्मक हैलोजन है।

(d) *X* कभी भी आयोडीन नहीं हो सकता क्योंकि यह विद्युत ऋणात्मक हैलोजन है।

(e) *X* कभी भी आयोडीन नहीं हो सकता क्योंकि यह सबसे कम विद्युतऋणात्मक हैलोजन है।

प्रश्न कुंजी

शीर्षकवार प्रश्न

1. (b) 2. (c) 3. (a) 4. (a) 5. (d) 6. (b) 7. (c) 8. (a) 9. (a) 10. (b)
11. (d) 12. (c) 13. (b) 14. (b) 15. (a) 16. (d) 17. (b) 18. (d) 19. (a) 20. (b)
21. (b) 22. (b) 23. (d) 24. (a) 25. (a) 26. (d) 27. (a) 28. (b) 29. (d) 30. (b)
31. (a) 32. (a) 33. (a) 34. (a) 35. (d) 36. (d) 37. (a) 38. (d) 39. (b) 40. (b)
41. (b) 42. (b) 43. (b) 44. (c) 45. (c) 46. (b) 47. (a) 48. (a) 49. (c) 50. (d)
51. (a) 52. (a) 53. (a) 54. (c) 55. (d) 56. (b) 57. (d) 58. (c) 59. (a) 60. (a)
61. (b) 62. (b) 63. (b) 64. (a) 65. (a) 66. (d) 67. (d) 68. (a) 69. (b) 70. (b)
71. (a) 72. (b) 73. (a) 74. (c) 75. (c) 76. (d) 77. (b) 78. (d) 79. (a) 80. (c)
81. (b) 82. (c) 83. (d) 84. (d) 85. (b) 86. (b) 87. (c) 88. (d) 89. (b) 90. (d)
91. (a) 92. (b) 93. (d) 94. (a) 95. (c) 96. (d) 97. (d) 98. (b) 99. (c) 100. (c)
101. (c) 102. (a) 103. (a) 104. (a) 105. (c) 106. (d)

अभिकथन कारण प्रश्न

1. (a) 2. (c) 3. (a) 4. (a) 5. (c) 6. (a) 7. (c) 8. (d) 9. (a) 10. (a)
11. (c) 12. (a) 13. (a) 14. (a) 15. (b) 16. (d) 17. (a) 18. (a) 19. (a) 20. (a)
21. (a) 22. (a) 23. (b) 24. (a) 25. (a) 26. (a)

कथन आधारित प्रश्न

1. (c) 2. (d) 3. (b) 4. (c) 5. (d) 6. (c) 7. (c) 8. (d) 9. (c) 10. (a)

सुमेलन प्रकार प्रश्न

1. (b) 2. (a) 3. (a) 4. (a) 5. (c) 6. (c) 7. (a)

आंकिक मान प्रकार के प्रश्न

1. (6) 2. (3) 3. (3) 4. (19) 5. (11)

NCERT Exemplar प्रश्न

1. (c) 2. (d) 3. (a) 4. (a) 5. (b) 6. (b) 7. (b) 8. (a) 9. (d) 10. (c)
11. (a) 12. (a) 13. (c) 14. (c) 15. (c) 16. (c) 17. (a) 18. (c) 19. (a) 20. (c)

विगत परीक्षाओं के प्रश्न

1. (a) 2. (d) 3. (b) 4. (c) 5. (b) 6. (c) 7. (d) 8. (b) 9. (a) 10. (b)
11. (d) 12. (b) 13. (b) 14. (b) 15. (a) 16. (b) 17. (b) 18. (a) 19. (c) 20. (b)
21. (d) 22. (b) 23. (c) 24. (c) 25. (d) 26. (a) 27. (a) 28. (d) 29. (d) 30. (c)
31. (c)

स्किल बूस्टर्स

1. (c) 2. (d) 3. (a) 4. (a) 5. (d) 6. (b) 7. (c) 8. (b) 9. (a) 10. (b)

क्रमवार

प्रश्नों का विश्लेषण

कॉन्सेप्ट बिल्डर्स

1 सत्य
2 Na_3AlF_6
3 Ga, In
4 सत्य
5 केला बंध
6 असत्य
7 ग्रेफाइट
8 असत्य
9 फुलरीन
10 वृद्धि
11 सत्य
12 फॉस्फोरस (P)
13 कमी, वृद्धि
14 BiH_3
15 N_2O_5
16 सत्य
17 अक्रिय युग्म प्रभाव
18 (i) विषमनताक्ष सल्फर
(ii) एकनताक्ष सल्फर
19 एक (1) [P—O—P बन्ध]
20 असत्य
21 सत्य
22 जलयोजन एन्थैल्पी
23 HF (हाइड्रोजन फ्लोरिक अम्ल)
24 बंकित T
25 सत्य
26 असत्य
27 sp^3d^2 वर्ग पिरामिड
28 XeF_6
29 सत्य
30 रैखिक, वर्ग समतलीय

शीर्षकवार प्रश्न

1 *(b)* p- ब्लॉक तत्वों की सम्भावित ऑक्सीकरण अवस्थाओं की संख्या आवर्त सारणी के दाईं ओर बढ़ती है।

2 *(c)* बोरॉन से शुरू होने वाले p- ब्लॉक के दूसरे आवर्त के तत्वों की अधिकतम सहसंयोजकता चार हो सकती हैं।

3 *(a)* इलेक्ट्रॉनिक विन्यास $3s^2 3p^n$ वाले p-ब्लॉक के तृतीय आवर्त के तत्वों के रिक्त 3*d*-कक्षक, ऊर्जा स्तरों 3*p* और 4*s* के बीच स्थित होते हैं।

4 *(a)* p-ब्लॉक तत्वों के तृतीय आवर्त द्वारा उनकी सहसंयोजकता (covalency) को चार से आगे बढ़ाने के लिए 3*d*-कक्षकों का उपयोग किया जाता है।

5 *(d)* कार्बन (C) तत्व $p\pi$-$p\pi$ बहु बन्ध बनाने की अधिकतम क्षमता दर्शाता है।

6 *(b)* बोरॉन $[BF_4]^-$ बनाता है जबकि ऐलुमिनियम $[AlF_6]^{3-}$ बनता है क्योंकि यह बन्ध निर्माण के लिए 3*d*- कक्षकों (orbitals) का उपयोग करके अपनी सहसंयोजकता (covalency) को चार से आगे बढ़ाता है।

7 *(c)* कार्नेलाइट $KCl \cdot MgCl_2 \cdot 6H_2O$. है। यह बोरॉन का खनिज नहीं है ।

8 *(a)* ऐलुमिनियम सबसे प्रचुर मात्रा में पाई जाने वाली धातु है और पृथ्वी की पर्पटी में ऑक्सीजन (45.5%) और सिलिकॉन (27.7%) के बाद तीसरा सबसे प्रचुर तत्व (8.3% द्रव्यमान से) है।

9 *(a)* Al और Ga के बीच आयनन एन्थैल्पी के मानो में क्रमिक परिवर्तन नहीं देखा जाता है। Ga की परमाणु त्रिज्या Al से कम होने के कारण इस पर प्रभावी नाभिकीय आवेश अधिक होता है जिस कारण Ga की आयनन एन्थैल्पी का मान Al से कुछ अधिक होता है।

10 *(b)* Ga की परमाणु त्रिज्या का मान Al से कुछ कम होता है, क्योंकि Ga में उपस्थित अतिरिक्त 10*d*- इलेक्ट्रॉन बढ़े हुए नाभिकीय आवेश की तुलना में बाह्य इलेक्ट्रॉनों पर दुर्बल परिरक्षण प्रभाव डालते है, जिसके कारण Ga की त्रिज्या (135 पिकोमी) Al को त्रिज्या (143 पिकोमी) से कम हो जाती है, इसे संक्रमण संकुचन (transistion contraction) कहते है।

11 *(d)* ठोस अवस्था में परमाणुओं के बीच प्रबल बन्ध के कारण बोरॉन का गलनांक उच्च होता है।

12 *(c)* Ga, In और Ti, + 3 तथा + 1 दोनों ऑक्सीकरण अवस्थाएँ दर्शाता है।

13 *(b)* समूह 13 के तत्वों की +1 ऑक्सीकरण अवस्थाओं का स्थायित्व क्रम
B << Al < Ga < In < Tl (ऑक्सीकरण अवस्था क्रम में + 1) होता है।

14 *(b)* समूह 13 के तत्वों में विद्युत ऋणात्मकता पहले B से Al तक घटती है और फिर बढ़ती है। यह तत्वों के परमाणु आकार में अनियमित वृद्धि के कारण होता है।

15 *(a)* बोरॉन के गुणों के सम्बन्ध में कथन। सही है, जबकि कथन II और III गलत हैं। सही रूप इस प्रकार हैं:
II. बोरॉन का गलनांक उच्च तथा घनत्व कम होता है।
III. बोरॉन कम विद्युत चालकता दर्शाता है।

16 *(d)* गैलियम का गलनांक सामान्यतः कम तथा क्वथनांक उच्च होता है। गर्मियों में यह द्रव अवस्था में रहता है।

17 *(b)* कथन (b) सही है, जबकि अन्य कथन गलत हैं। सही रूप इस प्रकार हैं:
(a) समूह-13 के तत्वों का घनत्व बोरॉन से थैलियम तक समूह में नीचे जाने पर बढ़ता है।
(c) बोरॉन एक कठोर अधातु है।
(d) बोरॉन की विद्युत चालकता कम होती है।

18 *(d)* कथन III गलत है।
इसका सही रूप इस प्रकार है +1 ऑक्सीकरण अवस्था में समूह-13 के तत्वों के यौगिक, जैसा कि ऊर्जा सम्बन्धी विचारों से अपेक्षित है, +3 ऑक्सीकरण अवस्था वाले यौगिकों की तुलना में अधिक आयनिक होते हैं।
शेष अन्य कथन सही हैं।

19 *(a)* कथन (a) गलत है।
इसका सही रूप इस प्रकार है: Tl^{3+} एक शक्तिशाली आक्सीकारक है। इसलिए, Tl^+, Tl^{3+} की तुलना में अधिक स्थायी है।
शेष अन्य कथन सही हैं।

20 *(b)* इलेक्ट्रॉनों की संख्या छह होगी क्योंकि केवल तीन इलेक्ट्रॉनों का साझाकरण संभव है।

21 *(b)* BCl_3 (लुईस अम्ल) NH_3 (लुईस क्षार) के साथ अभिक्रिया करके योगात्मक उत्पाद बनाता है।
सम्पूर्ण अभिक्रिया

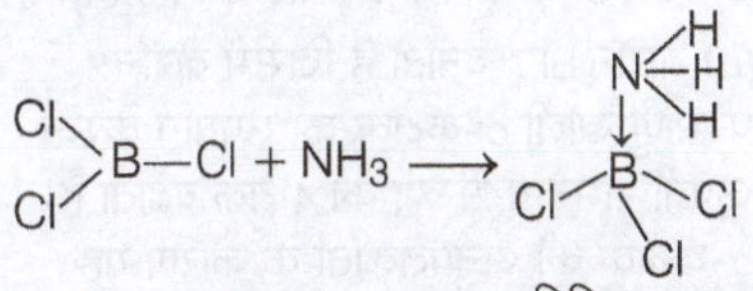

अतिरिक्त उत्पाद

22 *(b)* $AlCl_3$ एक द्विलक बनाकर स्थिरता प्राप्त करता है और इसकी सही संरचना निम्न है

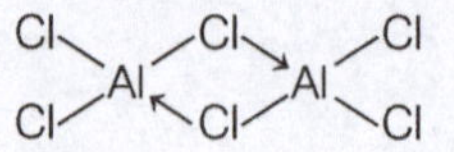

23 *(d)* $4B(s) + 3O_2(g) \xrightarrow{\Delta} 2B_2O_3(s)$ (I)

$2Al(s) + N_2(g) \xrightarrow{\Delta} 2AlN(s)$ (II)

24 *(a)* बोरॉन ट्राइऑक्साइड अम्लीय है और धातु ऑक्साइड के साथ क्रिया करके धातु बोरेट बनाता है।

25 *(a)* $2Al(s) + 2NaOH(aq) + 6H_2O(l) \longrightarrow 2Na^+[Al(OH)_4]^-(aq) + 3H_2(g)$

26 *(d)* कथन (d) गलत है। इसका सही रूप इस प्रकार है

ऐलुमिनियम अपनी सतह पर एक बहुत पतली ऑक्साइड परत बनाता है जो धातु को ऑक्सीजन के हमले से बचाती है। शेष अन्य कथन सही हैं।

27 *(a)* कथन (a) सही है, शेष का सही रूप इस प्रकार है

(b) Al से बने बर्तन में NaOH संग्रहीत नहीं किया जा सकता है

(c) एल्युमीनियम क्लोराइड जल में वियोजित हो जाता है।

(d) AlF_3 निर्जल HF में अघुलनशील है

28 *(b)* वर्ग 13 में Tl_3को छोड़कर अन्य सभी सदस्य सीधे हैलोजनों से क्रिया करके ट्राई हैलाइडों का निर्माण करते हैं।

29 *(d)* कथन (d) सत्य नहीं है। बोरॉन अम्लीय ऑक्साइड B_2O_3 बनाता है जबकि Al उभयधर्मी ऑक्साइड Al_2O_3 बनाता है।

30 *(b)* कथन II, III और IV सही हैं, जबकि कथन I गलत है। इसका सही रूप इस प्रकार है इसकी संरचना Al_2Cl_6 नीचे दर्शाई गई है:

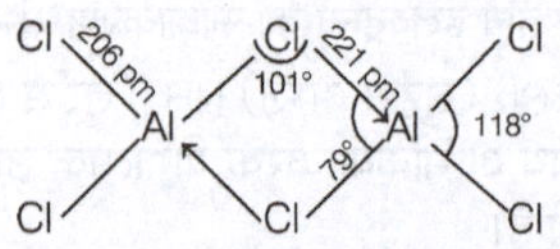

छः Al—Cl बन्ध समान लंबाई के नहीं होते हैं।

31 *(a)* बोरॉन BF_4^- बनाता है जिसमें बोरॉन परमाणु खाली *p*-कक्षक का उपयोग करके अपनी समन्वय संख्या को 4 तक बढ़ाता है। *d*-कक्षक की अनुपलब्धता के कारण यह अपने अष्टक (octet) का विस्तार नहीं कर सकता है।

32 *(a)* समूह-13 के सभी तत्वों के ट्राईक्लोराइड, ट्राईब्रोमाइड और ट्राइआयोडाइड सहसंयोजक (covalent) प्रकृति के होते हैं तथा जल-अपघटित हो जाते हैं।

33 *(a)* बोरॉन के स्थिति में इसकी सहसंयोजकता के विस्तार के लिए *d*-कक्षक की अनुपलब्धता के कारण टेट्राहेड्रल $[M(OH)_4]^-$ और ऑक्टाहेड्रल $[M(H_2O)_6]^{3+}$ जैसी स्पीशीज नहीं हैं।

34 *(a)* समूह 13 के तत्वों में बोरॉन प्रबल इलेक्ट्रॉन की कमी के कारण, प्रबल लुईस अम्ल हैं। बोरॉन ट्राइफ्लोराइड लुईस क्षार के साथ आसानी से अभिक्रिया करता है ताकि बोरॉन के चारों ओर अपना ऑक्टेट पूरा कर सके। इसे निम्न अनुसार व्यक्त किया जा सकता है:

$F_3B + :NH_3 \longrightarrow F_3B \longleftarrow NH_3$

35 *(d)*

36 *(d)* $B_2H_6 + NH_3 \xrightarrow[\text{अनुपात}]{\text{1:2 मोललता}} \underset{(A)}{[BH_2(NH_3)_2]^+[BH_4]^-} \xrightarrow{\Delta} \underset{(B)}{B_3N_3H_6} + H_2(g)$

37 *(a)* $B_2H_6 + 3O_2 \longrightarrow B_2O_3 + 3H_2O$

यह आसानी से हाइड्रोलाइज्ड होकर बोरिक अम्ल देता है।

$\underset{\text{बोरॉन}}{B_2H_6} + 6H_2O \longrightarrow \underset{\text{ऑर्थोबोरिक अम्ल}}{2H_3BO_3} + \underset{\text{डाइहाइड्रोजन}}{6H_2} \uparrow$

38 *(d)* कथन (d) सही है, जबकि अन्य कथन गलत हैं। सही रूप इस प्रकार हैं

(a) चार टर्मिनल हाइड्रोजन परमाणु और दो बोरॉन परमाणु एक तल में स्थित हैं। इस तल के ऊपर और नीचे दो सेतु हाइड्रोजन परमाणु हैं।

(b) चार टर्मिनल B—H बन्ध नियमित 2-केन्द्र-2-इलेक्ट्रॉन बन्ध हैं।

(c) दोनों ब्रिज्ड (B—H—B) बन्ध भिन्न हैं और इन्हें 3-केन्द्र-2-इलेक्ट्रॉन बन्धों के रूप में वर्णित किया जा सकता है।

39 *(b)* डाइबोरेन की सही संरचना विकल्प (b) में दी गई है।

40 *(b)* C से लेकर Si तक सहसंयोजक त्रिज्या में काफी वृद्धि होती है, इसके बाद Si लेकर Pb तक त्रिज्या में थोड़ी वृद्धि देखी जाती है। यह पूरी तरह से भरे हुए *d* और *f*-कक्षक की उपस्थिति के कारण होता है।

41 *(b)* Si से Ge से Sn तक $\Delta_i H$ में थोड़ी कमी होती है और Sn से Pb तक $\Delta_i H$ में सामान्य वृद्धि होती है। यह बीच में आने वाले *d* और *f*-कक्षक के दुर्बल परिरक्षण प्रभाव और परमाणु के आकार में वृद्धि का परिणाम है।

42 *(b)* कथन (b) गलत है। इसका सही रूप इस प्रकार है: कार्बन और सिलिकॉन अधातु हैं, जर्मेनियम उपधातु है, जबकि टिन और सीसा कम गलनांक वाली नरम धातुएँ हैं।

43 *(b)* इस प्रकार, सही क्रम यह है कि $C < Si < Ge < Sn < Pb$. यह अक्रिय युग्म प्रभाव के कारण है, जिसके कारण ns^2 संयोजी कोश के इलेक्ट्रॉन बन्धन में भाग लेने में असमर्थ हैं।

44 *(c)* $CO_2, GeO_2, SiO_2 \longrightarrow$ अम्लीय, $CO \longrightarrow$ उदासीन, $SnO_2, SnO \longrightarrow$ उभयधर्मी

45 *(c)* कथन (c) गलत है।

इसका सही रूप इस प्रकार है—अधिकांश टेट्राहैलाइड सहसंयोजक (covalent) प्रकृति के होते हैं।

46 *(b)* कथन II सही है, जबकि कथन I और III गलत हैं। संशोधित रूप इस प्रकार हैं

I. + 2 ऑक्सीकरण अवस्था में Sn एक अपचायक है।

III. Pb यौगिक + 4 अवस्था में ऑक्सीकारक के रूप में कार्य करते हैं।

47 *(a)* PbI_4 उपस्थित नहीं है क्योंकि अभिक्रिया के दौरान शुरू में बनने वाला Pb—I बन्ध, $6s^2$ इलेक्ट्रॉनों को अयुग्मित करने और उनमें से एक को उच्च कक्षक में उत्तेजित करने के लिए पर्याप्त ऊर्जा मुक्त नहीं करता है जिससे लैड (Pb) परमाणु के चारों ओर चार अयुग्मित $6s^2$ इलेक्ट्रॉन बन जाते हैं।

48 *(a)* सम्पूर्ण अभिक्रिया नीचे दी गई है।

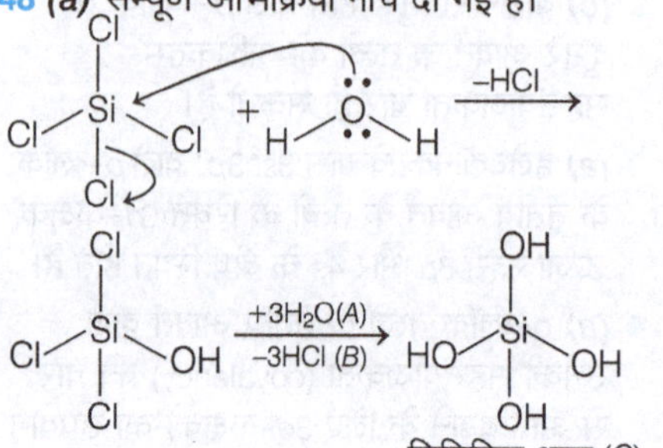

सिलिसिक अम्ल (C)

अतः *A* $3H_2O$, है *B* 3HCl और *C* सिलिसिक अम्ल है।

49 *(c)* गलत कथन (C) है। इसका सही रूप है : कार्बन की आयनन एथैल्पी अधिक होती है

50 *(d)* Ge—Ge (260 किलोजूल /मोल) की बन्ध एन्थैल्पी Si—Si (297 किलोजूल /मोल) से कम होती है

51 *(a)*

52 *(a)* ग्रेफाइट π-इलेक्ट्रॉनों की अत्यधिक विस्थानीकृत (delocalised) प्रकृति के कारण विद्युत का चालन करता है।

53 *(a)* हीरे और ग्रेफाइट के बीच मुख्य अन्तर हीरे की क्रिस्टल संरचना के कारण है जो ग्रेफाइट से भिन्न है।

54 *(c)* कथन I, II और IV सही हैं, जबकि कथन III गलत है। इसका सही रूप इस प्रकार है गोलाकार फुलरीन को संक्षेप में बकी बॉल्स (bucky balls) भी कहा जाता है।

55 *(d)*

56 *(b)* समूह 15 का तत्व मोस्कोवियम, एक कृत्रिम रेडियोधर्मी तत्व है। तत्व का इलेक्ट्रॉनिक विन्यास $[Rn]5f^{14}6d^{10}7s^27p^3$ है। बहुत कम अर्द्धआयु और बहुत कम मात्रा में उपलब्धता के कारण, इसका रसायन अभी तक स्थापित नहीं हुआ है।

57 *(d)* फॉस्फोरस समूह 15 से संबंधित है और यह एपेटाइट परिवार के संस्थापक के रूप में भी पाया जाता है जो फॉस्फेट चट्टानों के मुख्य घटक हैं। इस प्रकार, तत्व *M* फॉस्फोरस है।

58 *(c)* आयनिक त्रिज्या (Å) Sb^{3+}, Bi^{3+} और As^{3+} इस क्रम का पालन करें:
$Bi^{3+} > Sb^{3+} > As^{3+}$ क्योंकि अतिरिक्त कोशों के जुड़ने के कारण समूह में नीचे की ओर जाने पर आयनिक और परमाणु त्रिज्याएँ बढ़ जाती हैं।

59 *(a)* समूह 15 के तत्वों का गलनांक पहले आर्सेनिक तक बढ़ता है और फिर बिस्मथ तक घटता है। इस प्रकार, समूह 15 के तत्वों के गलनांक का सही क्रम है

N < P < As > Sb > Bi

60 *(a)* P में $p\pi$-$p\pi$ बन्ध N की तुलना में दुर्बल है इसलिए यह N_2 के समान P_2 नहीं बनाता है। समूह 15 के भारी तत्व $p\pi$-$p\pi$ बन्ध नहीं बनाते है क्योंकि उनकी परमाणु कक्षाएँ इतनी बड़ी और फैली हुई है कि उनमें प्रभावी अतिव्यापन नहीं हो सकता है।

61 *(b)* नाइट्रोजन के संयोजकता कोश में *d*-कक्षक नहीं होते हैं। यह नाइट्रोजन पेंटाहैलाइड जैसे +5 ऑक्सीकरण अवस्था वाले यौगिक नहीं बना सकता।

62 *(b)* दिए गए हाइड्राइडों की क्षारीय सामर्थ्य निम्नलिखित क्रम में घटती है:

$NH_3 > PH_3 > AsH_3 > SbH_3 > BiH_3$

यह इलेक्ट्रॉनों के एकाकी युग्म की उपलब्धता में कमी के कारण है जो केन्द्रीय परमाणु के आकार में N से Bi तक बढ़ने के साथ घटता है।

63 *(b)* समूह में नीचे जाने पर बन्ध कोण धीरे-धीरे घटता है क्योंकि बन्ध युग्म-एकाकी युग्म प्रतिकर्षण घटता है।
इस प्रकार, NH_3 सबसे अधिक बन्ध कोण है।

64 *(a)* PH_3 का क्वथनांक सबसे कम होता है क्योंकि केन्द्रीय परमाणु के आकार में वृद्धि के साथ क्वथनांक भी बढ़ता है तथा हाइड्रोजन बन्ध के कारण NH_3 का क्वथनांक PH_3 की तुलना में अधिक होता है।

65 *(a)* समूह 15 के तत्वों का गलनांक समूह में नीचे जाने पर बढ़ता है लेकिन NH_3 में हाइड्रोजन बन्ध के कारण इसका गलनांक PH_3 से अधिक होता है

	NH_3	PH_3	AsH_3	SbH_3
गलनांक बिन्दु/K	195.2	139.5	156.7	185

66 *(d)* कथन (d) गलत है। इसका सही रूप इस प्रकार है- ट्राइहैलाइड्स में BiF_3 को छोड़कर मुख्य रूप से सहसंयोजक प्रकृति के होते हैं। शेष अन्य कथन सही हैं।

67 *(d)* दिए गए सभी कथन सत्य हैं।

68 *(a)* द्रव N_2 का उपयोग जैविक सामग्री, खाद्य पदार्थों और क्रायोसर्जरी में प्रशीतक के रूप में किया जाता है।
इसका उपयोग वहाँ भी होता है जहाँ निष्क्रिय वातावरण की आवश्यकता होती है (जैसे लोहा और इस्पात उद्योग में, क्रियाशील रसायनों के लिए निष्क्रिय मंदक)।

69 *(b)* नाइट्रोजन ऑक्साइड के लिए नाइट्रोजन की ऑक्सीकरण अवस्था का सही बढ़ता हुआ क्रम है

$\overset{+1}{N_2}O < \overset{+2}{N}O < \overset{+3}{N_2}O_3 < \overset{+4}{N}O_2$

70 *(b)* कथन (b) गलत है। इसका सही रूप इस प्रकार है- लाल फॉस्फोरस को सफेद फॉस्फोरस से निष्क्रिय वातावरण में 573 K पर कई दिनों तक गर्म करके प्राप्त किया जाता है। जब लाल फॉस्फोरस को उच्च दाब में गर्म किया जाता है, तो काले फॉस्फोरस की एक शृंखला प्राप्त होती है।
शेष अन्य कथन सही हैं।

71 *(a)* α-काला फॉस्फोरस तब बनता है जब लाल फॉस्फोरस को एक सीलबंद ट्यूब में 803 K पर गर्म किया जाता है। दूसरी ओर, β-काला फॉस्फोरस सफेद फॉस्फोरस को 473 K पर उच्च दाब पर गर्म करके तैयार किया जाता है।

72 *(b)* पूर्ण अभिक्रियाएँ इस प्रकार दी गई हैं

$$PCl_3 + 3H_2O \longrightarrow H_3PO_3 + 3HCl$$

$$P_4 + 8SO_2Cl_2 \longrightarrow 4PCl_3 + 4SO_2 + 2S_2Cl_2$$

$$3CH_3COOH + PCl_3 \longrightarrow 3CH_3COCl + H_3PO_3$$

$$3C_2H_5OH + PCl_3 \longrightarrow 3C_2H_5Cl + H_3PO_3$$

इस प्रकार, विकल्प (b) में दी गई अभिक्रिया H_3PO_3 उत्पन्न नहीं करती है।

73 *(a)* PCl_5 को P_4 पर Cl_2 की क्रिया द्वारा तैयार किया जाता है। अभिक्रिया नीचे दी गई है।

$$P_4 + 10Cl_2 \longrightarrow 4PCl_5$$

74 *(c)* दिए गए यौगिकों में से, तीन यौगिक, अर्थात् CH_3COOH, H_2O और C_2H_5OH, PCl_5 के साथ क्रिया करके $POCl_3$ दे सकते हैं। अभिक्रियाएँ नीचे दी गई हैं।

$$PCl_5 + CH_3COOH \longrightarrow CH_3COCl + POCl_3 + HCl$$

$$PCl_5 + H_2O \longrightarrow POCl_3 + 2HCl$$

$$PCl_5 + C_2H_5OH \longrightarrow POCl_3 + C_2H_5Cl + HCl$$

75 *(c)* फॉस्फोरस के ऑक्सोअम्लों की संरचना और ऑक्सीकरण अवस्था निम्नानुसार है

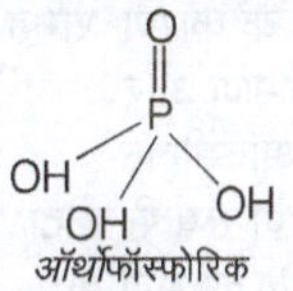

*ऑर्थो*फॉस्फोरिक अम्ल (H_3PO_4) (ऑक्सीकरण अवस्था + 5)

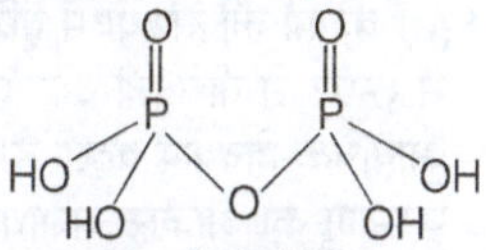

पाइरोफॉस्फोरिक अम्ल (ऑक्सीकरण अवस्था + 5)

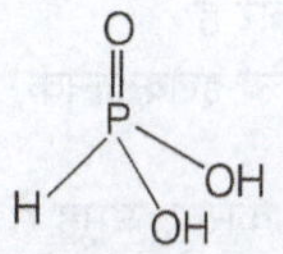

*ऑर्थो*फॉस्फोरस अम्ल (H_3PO_3) (ऑक्सीकरण अवस्था + 3)

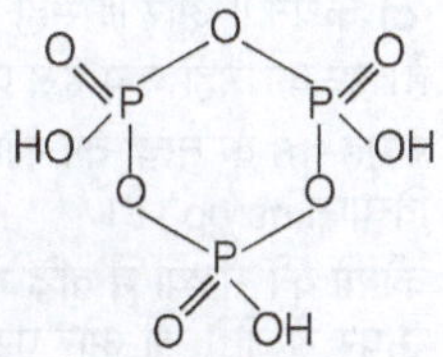

साइक्लोट्राईमेटाफॉस्फोरिक अम्ल $(HPO_3)_3$ (ऑक्सीकरण अवस्था + 5)

*ऑर्थो*फॉस्फोरस अम्ल में फॉस्फोरस की ऑक्सीकरण अवस्था + 3 है।

76 *(d)* आइए फॉस्फोरस ऑक्सीअम्लों की संरचना पर विचार करें।

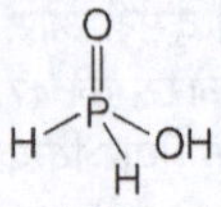

H_3PO_2
हाइपोफॉस्फोरस बंध
(P—H बन्ध=2)

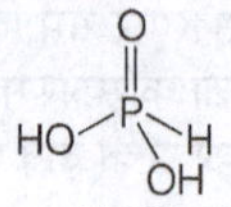

H_3PO_3
ऑर्थोफॉस्फोरस बंध
(P—H बन्ध =1)

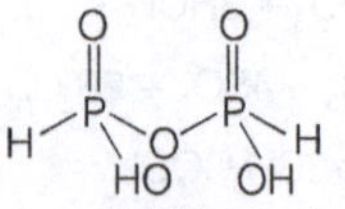

$H_4P_2O_5$
पाइरो फास्फोरस अम्ल
(P—H बन्ध=2)

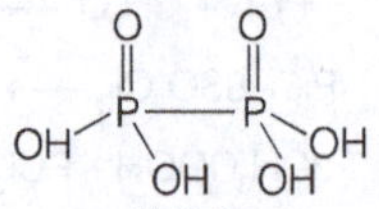

$H_4P_2O_6$
हाइपोफॉस्फोरिक अम्ल
(P—H बन्ध = 0)

77 *(b)* दिए गए विकल्पों में से, पायरो फॉस्फोरिक अम्ल टेट्राबेसिक है। इसकी संरचना निम्न है

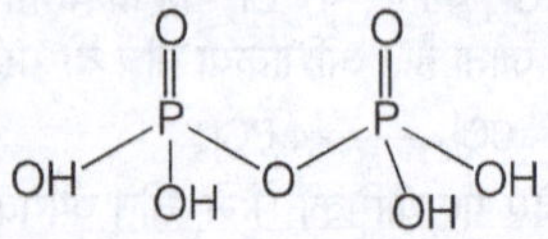

78 *(d)* साइक्लोट्राइमेटाफॉस्फेट आयन की संरचना निम्न है,

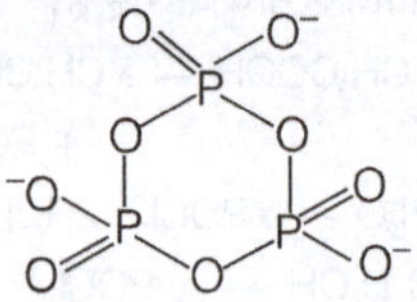

इसलिए, साइक्लोट्राईमेटाफॉस्फेट आयन में, O-परमाणुओं, P—O—P बन्धों और इकाई ऋणात्मक आवेशों की संख्या क्रमशः 9, 3, 3 है।

79 *(a)* कोशों की संख्या में वृद्धि के कारण, समूह में ऊपर से नीचे की ओर परमाणु और आयनिक त्रिज्याएँ बढ़ती हैं। ऑक्सीजन परमाणु का आकार असाधारण रूप से छोटा है। आयनिक त्रिज्याओं में वृद्धि का सही क्रम निम्न है,

$O < S < Se < Te < Po$

80 *(c)* कथन II और III सही हैं, जबकि I गलत है। इसका सही रूप इस प्रकार है

समूह-16 के तत्वों का सामान्य इलेक्ट्रॉनिक विन्यास ns^2np^4 है।

कोशों की संख्या में वृद्धि के कारण, समूह में ऊपर से नीचे की ओर परमाणु और आयनिक त्रिज्याएँ बढ़ती हैं।

81 *(b)* कथन III गलत है। इसका सही रूप इस प्रकार है: समूह 16 के तत्वों में, परमाणु संख्या में वृद्धि के साथ विद्युत ऋणात्मकता कम हो जाती है। इसका अर्थ है कि ऑक्सीजन से पोलोनियम तक धात्विक गुण बढ़ता है।

शेष अन्य कथन सही हैं।

82 *(c)* जल (H_2O), H_2S की तुलना में बहुत कम वाष्पशील है क्योंकि सल्फर परमाणु O-परमाणु की तुलना में कम विद्युत ऋणात्मक है और इसलिए यह जल की तरह H-बन्ध नहीं बनाता है।

83 *(d)* कथन (d) गलत है। इसका सही रूप इस प्रकार है:

सल्फर की ऑक्सीकरण अवस्थाएँ निम्नानुसार हैं

H_2S	में −2
S_8	में 0
$S_2O_3^{2-}$	में +2
SO_2	में +4
SO_3	में +6

शेष अन्य कथन सही हैं।

84 *(d)* सभी कथन सत्य हैं।

85 *(b)* *d*-कक्षक की उपस्थिति के कारण, सल्फर अपनी संयोजकता को 2 से 6 तक बढ़ा सकता है , जबकि *d*-कक्षकों की अनुपस्थिति के कारण ऑक्सीजन की केवल एक संयोजकता (2) होती है।

86 *(b)* H_2O को छोड़कर वर्ग 16 के सभी तत्वों के हाइड्राइडों में अपचयन का गुण होता है तथा यह गुण H_2S से H_2Te तक बढ़ता है।

87 *(c)* समूह 16 के तत्व EX_6, EX_4 और EX_2 प्रकार के हैलाइडों की एक बड़ी संख्या बनाते हैं जहाँ *E* इन समूह 16 का एक तत्व है और *X* एक हैलोजन है। इन हैलाइडों का स्थायित्व निम्न क्रम में घटता है:

$F^- > Cl^- > Br^- > I^-$

88 *(d)* समूह में नीचे जाने पर जैसे-जैसे तत्व का आकार बढ़ता है, बन्ध एन्थैल्पी घटती है। इसलिए, स्थायित्व कम हो जाता है।

89 *(b)* कथन II सही है, जबकि कथन I और III गलत हैं।

संशोधित रूप इस प्रकार हैं

I. सल्फर अनेक अपररूप बनाता है जिनमें पीला विषमनताक्ष (α-सल्फर) और एकलनताक्ष (β-सल्फर) रूप सबसे महत्वपूर्ण हैं।

III. कमरे के तापमान पर स्थिर रूप विषमनताक्ष सल्फर है, जो 369 K से ऊपर गर्म करने पर एकलनताक्ष सल्फर में बदल जाता है।

90 *(d)* उच्च तापमान (~1000 K) पर, S_2, S की प्रमुख स्पीशीज है और यह O_2 की तरह अनुचुंबकीय है।

91 *(a)* $H_2S_2O_8$ (पेरोक्सोडाइसल्फ्यूरिक अम्ल) और H_2SO_5 (परॉक्सोमोनोसल्फ्यूरिक अम्ल) सल्फर के परॉक्सोअम्ल हैं।

92 *(b)* $S_2O_8^{2-}$

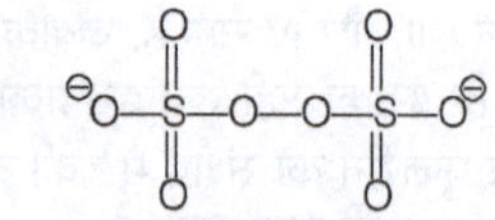

S—O या S ═ O बन्ध की कुल संख्या = 8

विषमनताक्ष सल्फर है

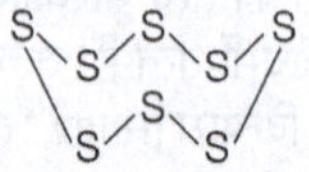

S—S बन्ध की कुल संख्या = 8

इस प्रकार, सही उत्तर (b) है।

93 *(d)* टेनेसीन (Tn) एक सिंथेटिक रेडियोधर्मी तत्व है जिसका इलेक्ट्रॉनिक विन्यास $[Rn]5f^{14}6d^{10}7s^27p^5$ है।

94 *(a)* हैलोजन परिवार के समूह में नीचे की ओर जाने पर विद्युत ऋणात्मकता, आयनन एन्थैल्पी और क्रियाशीलता घटती है लेकिन आयनिक त्रिज्या बढ़ती है।

इस प्रकार विकल्प (a) सही है।

95 *(c)* कथन I, III और IV सही हैं। कथन II गलत है। इसका सही रूप इस प्रकार है:

हैलोजनों में इलेक्ट्रॉन त्यागने की कम प्रवृत्ति के कारण उच्च आयनीकरण एन्थैल्पी होती है।

96 *(d)* कथन I और III सही हैं, जबकि कथन II और IV गलत हैं।

सही रूप इस प्रकार हैं

II. F_2 की वियोजन एन्थैल्पी Cl_2 की तुलना में कम है I यह F_2 अणु में एकाकी युग्मों के बीच अपेक्षाकृत अधिक इलेक्ट्रॉन प्रतिकर्षण के कारण है I

IV. F_2 सबसे प्रबल ऑक्सीकारक हैलोजन है और यह विलयन में या ठोस अवस्था में यहाँ तक कि अन्य हैलाइड आयनों को ऑक्सीकृत करता है।

97 *(d)* फ्लोरीन का असामान्य व्यवहार इसके छोटे आकार, उच्चतम विद्युत-ऋणात्मकता,

कम F - F बन्ध वियोजन एन्थैल्पी और इसके संयोजकता कोश में *d* -कक्षकों की अनुपलब्धता के कारण है।
अतः (d) सही कारण नहीं है।

98 ***(b)*** समूह में नीचे की ओर जाने पर H—X बन्ध की लंबाई बढ़ती है। इसलिए उनकी अम्लीय सामर्थ्य का सही बढ़ता क्रम निम्न है
$HF < HCl < HBr < HI$.

99 ***(c)*** धातु हैलाइडों का आयनिक गुण निम्न क्रम में घटता है: $MF > MCl > MBr > MI$ क्योंकि F से I तक आकार बढ़ता है।

100 ***(c)*** *A* और *B* के बीच विद्युत ऋणात्मकता अन्तर में वृद्धि के साथ क्वथनांक बढ़ता है।

101 ***(c)*** वायु में विरल गैसों के घटक निम्न हैं

	% द्वारा आयतन में
He	5.24×10^{-4}
Ne	1.82×10^{-3}
Ar	0.934
Kr	1.14×10^{-4}
Xe	8.7×10^{-6}

अतः Ar वायु में सर्वाधिक प्रचुर मात्रा में पायी जाने वाली उत्कृष्ट गैस है।

102 ***(a)*** परमाणु क्रमांक में वृद्धि के साथ समूह में नीचे जाने पर परमाणु त्रिज्याएँ बढ़ती हैं। इस प्रकार, उत्कृष्ट गैसों की परमाणु त्रिज्याओं का सही क्रम है
$He < Ne < Ar < Kr < Xe$.

103 ***(a)*** PtF_6 और जीनॉन के मिश्रण से प्राप्त पहला उत्कृष्ट गैस यौगिक ,$Xe^+PtF_6^-$

104 ***(a)*** $XeOF_4$ में, Xe sp^3d^2-संकरित है। अणु की ज्यामिति अष्टफलकीय (octahedral) है, लेकिन अणु का आकार वर्ग पिरामिडीय है। VSEPR सिद्धांत के अनुसार, इसमें एक π बन्ध है। शेष छह इलेक्ट्रॉन युग्म एक अष्टफलक बनाते हैं, जिसमें एक स्थान पर एक एकल-π युग्म होता है।

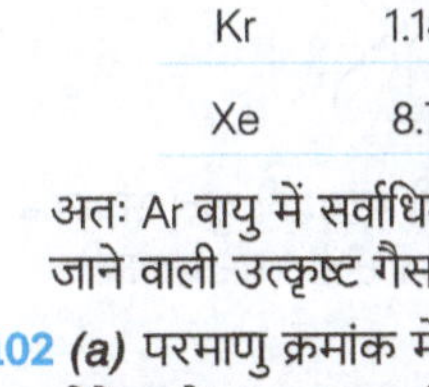

[*bp* की संख्या = 5
lp की संख्या = 1]

यहाँ, Xe में एक एकल इलेक्ट्रॉन युग्म है।

105 ***(c)*** विकल्प (c) में दी गई अभिक्रिया गलत है और इसे निम्न प्रकार से ठीक किया जा सकता है

$$\underset{(1:20 \text{ अनुपात})}{Xe(g) + 3F_2(g)} \xrightarrow{573K,\ 60\text{-}70\ bar} XeF_6(s)$$

106 ***(d)*** $XeO_3, XeOF_4$ और XeF_6, में से सभी अणुओं में Xe पर इलेक्ट्रॉनों का एक एकाकी युग्म होता है ।

अभिकथन-कारण

1 ***(a)*** A और R दोनों सत्य हैं और R, A का सही स्पष्टीकरण है।

2 ***(c)*** बोरॉन हमेशा अपने छोटे आकार के कारण सहसंयोजक बन्ध (covalent bond) बनाता है। B कभी भी B^{3+} आयन नहीं बनाता है। इस प्रकार, A सत्य है लेकिन R असत्य है।

3 ***(a)*** A और R दोनों सत्य हैं और R, A का सही स्पष्टीकरण है।

4 ***(a)*** A और R दोनों सत्य हैं और R, A का सही स्पष्टीकरण है।

5 ***(c)*** A सत्य है और R असत्य है। R का सही रूप है: ऐलुमिनियम खनिज अम्लों और जलीय क्षारों में घुल जाता है।

6 ***(a)*** A और R दोनों सत्य हैं और R, A का सही स्पष्टीकरण है।

7 ***(c)*** समूह 14 के तत्व वास्तव में समूह 13 के तत्वों से आकार में छोटे हैं। अतः A सत्य है लेकिन R असत्य है।

8 ***(d)*** समूह-14 के तत्वों द्वारा प्रदर्शित सामान्य ऑक्सीकरण अवस्थाएँ +4 और +2 हैं। इस प्रकार, A गलत है लेकिन R सत्य है।

9 ***(a)*** A और R दोनों सत्य हैं और R, A का सही स्पष्टीकरण है।

10 ***(a)*** A और R दोनों सत्य हैं और R, A का सही स्पष्टीकरण है।

11 ***(c)*** भारी तत्वों में विद्युत ऋणात्मकता मान में अन्तर बहुत अधिक प्रमुख नहीं है। अतः A सत्य है, लेकिन R असत्य है।

12 ***(a)*** A और R दोनों सत्य हैं और R, A का सही स्पष्टीकरण है।

13 ***(a)*** A और R दोनों सत्य हैं और R, A का सही स्पष्टीकरण है।

14 ***(a)*** NH_3 जल के साथ हाइड्रोजन बन्ध बनाता है। इसलिए यह जल में घुलनशील है, लेकिन PH_3 जल के साथ हाइड्रोजन बन्ध नहीं बना सकता है इसलिए यह गैस के रूप में बाहर निकल जाता है। इस प्रकार, A और R दोनों सत्य हैं और R, A का सही स्पष्टीकरण है।

15 ***(b)*** पेंटाहैलाइड्स, ट्राइहैलाइड्स की तुलना में अधिक सहसंयोजक (covalent) होते हैं। ऐसा इसलिए है क्योंकि पेंटाहैलाइड्स में +5 ऑक्सीकरण अवस्था होती है जबकि ट्राईहैलाइड्स में +3 ऑक्सीकरण अवस्था होती है। चूँकि, +5 ऑक्सीकरण अवस्था वाले तत्वों में +3 ऑक्सीकरण अवस्था की तुलना में अधिक ध्रुवीकरण शक्ति होगी, इसलिए पेंटाहैलाइड्स में सहसंयोजक गुण अधिक होते हैं। इस प्रकार, A और R दोनों सत्य हैं लेकिन R, A का सही स्पष्टीकरण नहीं है।

16 ***(d)*** H_3PO_2 एक द्विक्षारकीय अम्ल नहीं है। केवल एक —OH समूह की उपस्थिति के कारण यह एक एकक्षारकीय अम्ल है।
इस प्रकार, A असत्य है लेकिन R सत्य है।

17 ***(a)*** A और R दोनों सत्य हैं और R, A का सही स्पष्टीकरण है।

18 ***(a)*** SF_6 ज्ञात है लेकिन SCl_6 ज्ञात नहीं है। यह फ्लोरीन के छोटे आकार के कारण है। सल्फर के चारों ओर छह F^- आयन समाहित हो सकते हैं जबकि क्लोराइड आयन आकार में तुलनात्मक रूप से बड़ा होता है, इस प्रकार, अन्तर-परमाणु प्रतिकर्षण होगा। इस प्रकार, A और R दोनों सत्य हैं और R, A का सही स्पष्टीकरण है।

19 ***(a)*** समूह-16 के तत्व H_2E (E = O, S, Se, Te और Po) प्रकार के हाइड्राइड बनाते हैं। समूह में नीचे की ओर H—*E* बन्ध के वियोजन के लिए बन्ध एन्थैल्पी में कमी के कारण H_2O से H_2Te तक उनका अम्लीय गुण बढ़ जाता है।
इस प्रकार, A और R दोनों सत्य हैं और R, A का सही स्पष्टीकरण है।

20 ***(a)*** A और R दोनों सत्य हैं और R, A का सही स्पष्टीकरण है।

21 ***(a)*** A और R दोनों सत्य हैं और R, A का सही स्पष्टीकरण है।

22 ***(a)*** A और R दोनों सत्य हैं, R, A का सही स्पष्टीकरण है।

23 ***(b)*** सभी हैलोजन-1 ऑक्सीकरण अवस्था प्रदर्शित करते हैं क्योंकि इन्हें अपना अष्टक (octet) पूरा करने के लिए केवल एक इलेक्ट्रॉन की आवश्यकता होती है। हालाँकि, क्लोरीन, ब्रोमीन और आयोडीन +1, +3, +5 और +7 ऑक्सीकरण अवस्थाएँ प्रदर्शित

करते हैं, जब वे ऑक्सीजन और फ्लोरीन जैसे और भी अधिक विद्युत ऋणात्मक तत्वों के साथ यौगिक बनाते हैं। इस प्रकार, A और R दोनों सत्य हैं लेकिन R, A का सही स्पष्टीकरण नहीं है।

24 *(a)* A और R दोनों सत्य हैं और R, A का सही स्पष्टीकरण है।

25 *(a)* A और R दोनों सत्य हैं और R, A का सही स्पष्टीकरण है।

26 *(a)* A और R दोनों सत्य हैं और R, A का सही स्पष्टीकरण है।

कथन आधारित प्रश्न

1 *(c)* कथन I गलत है लेकिन कथन II सत्य है। कथन I का सही रूप इस प्रकार है :

धातुओं के साथ अधातुओं द्वारा बनाए गए यौगिक आमतौर पर उनकी विद्युत ऋणात्मकता में अधिक अन्तर के कारण आयनिक प्रकृति के होते हैं।

2 *(d)* कथन I और कथन II दोनों सत्य हैं।

3 *(b)* कथन I सत्य है लेकिन कथन II असत्य है। कथन II का सही रूप इस प्रकार है:

नाइट्रोजन के छोटे आकार के कारण, N—N एकल बन्ध में, $2p$-$2p$ प्रतिकर्षण, P—P एकल बन्ध से अधिक होता है इसलिए N—N एकल बन्ध P—P एकल बन्ध दुर्बल होता है।

4 *(c)* केन्द्रीय परमाणु की ऑक्सीकरण अवस्था जितनी अधिक होगी, उनके ऑक्साइड की अम्लीय प्रकृति भी उतनी ही अधिक होगी। इस प्रकार, समूह 15 के तत्व, E_2O_5 के पंचसंयोजक ऑक्साइड, (pentavalent oxides) समान तत्व के त्रिसंयोजक ऑक्साइड, E_2O_3 की तुलना में अधिक अम्लीय होते हैं।

समूह में नीचे की ओर जाने पर, धात्विक गुण बढ़ता है, अर्थात समूह 15 के तत्वों के ऑक्साइड की अम्लीय प्रकृति समूह में नीचे की ओर जाने पर घटती है। इसलिए, दिया गया कथन I गलत है, लेकिन कथन II सत्य है।

5 *(d)* दिए गए दोनों कथन सत्य हैं।

6 *(c)* कथन I गलत है लेकिन कथन II सत्य है। कथन I का सही रूप इस प्रकार है:

अन्तरहैलोजन यौगिकों में केंद्रीय परमाणु अधिक विद्युत धनात्मक और बड़ा तत्व होना चाहिए।

7 *(c)* कथन III और IV सही हैं। I, II और V गलत हैं। उनके सही रूप हैं

I. F_2 की वियोजन ऊर्जा Cl_2 से कम है।

II. H_3PO_2 में P की ऑक्सीकरण अवस्था +1 है।

V. डाइबोरेन की संरचना असमतलीय है।

8 *(d)* कथन II और V गलत हैं। उनके सही रूप हैं

I. ग्रेफाइट ऊष्मागतिकी दृष्टि से कार्बन का सबसे स्थायी रूप है।

V. C_{60} कार्बन का एकमात्र शुद्ध रूप है, यह रेडियोधर्मी नहीं है।

9. *(c)* कथन II और IV गलत हैं। इनका सही रूप है

III. नाइट्रोजन अनेक ऑक्साइड बनाती है।

IV. ऑक्सीजन सल्फर से अधिक विद्युत ऋणात्मक है।

10 *(a)* कथन I, II और III सही हैं जबकि IV और V गलत हैं। इनका सही रूप है

IV. +3 ऑक्सीकरण अवस्था की आयनिक त्रिज्याओं का सही क्रम है

$Bi^{3+} > Sb^{3+} > As^{3+}$

V. हैलोजन का आकार बढ़ने से स्थायित्व कम हो जाता है। इसलिए, सही क्रम है

$F^- > Cl^- > Br^- > I^-$

सुमेलन प्रकार प्रश्न

1 *(b)* इलेक्ट्रॉनिक विन्यास का सही मिलान A-4, B-5, C-1, D-3, E-2 है।

2 *(a)* सही सुमेलन A-4, B-2, C-3, D-1 है।

3 *(a)* सही सुमेलन A-1, B-2, C-3, D-4 है।

4 *(a)* सही सुमेलन A-2, B-1, C-4, D-3 है।

5 *(c)* सही सुमेलन A-4, B-3, C-2, D-1 है।

6 *(c)* सही सुमेलन A-2, B-1, C-4, D-3 है।

	सूत्र	भौतिक अवस्था और रंग	संरचना
A.	ClF_3	रंगहीन गैस	बंकित T के आकार का
B.	IF_5	रंगहीन गैस लेकिन 77 K से नीचे ठोस	वर्ग पिरामिड
C.	IF_7	रंगहीन गैस	पंचकोणीय द्विपिरामिडीय
D.	ICl_3	नारंगी ठोस	बंकित T के आकार का

7 *(a)* सही सुमेलन A-1, B-3, C-4, D-2 है।

आंकिक मान प्रकार के प्रश्न

1 *(6)* द्रव अवस्था में, $AlCl_3$ एक द्विलक के रूप में मौजूद होता है। ऐलुमिनियम 6 क्लोरीन से घिरा होता है । इसलिए, समन्वय $AlCl_3$ में Al की संख्या 6 है।

2 *(3)* CO_2, SiO_2, GeO_2 –अम्लीय, SnO_2, PbO_2 –उभयधर्मी।

3 *(3)* एक ऑक्साइड जो पानी के साथ मिलकर अम्ल बनाता है, आम तौर पर अधातुओं के ऑक्साइड अम्लीय प्रकृति के होते हैं। इसलिए, N_2O_3, NO_2, Cl_2O_7 अम्लीय हैं, सिवाय N_2O, NO, CO के, जो उदासीन ऑक्साइड हैं और CaO , NaO_2 मूल ऑक्साइड हैं।

4 *(19)* जीनॉन हेक्साफ्लोराइड (*A*) आंशिक जल अपघटन पर उत्पाद के रूप में XeO_2F_2 देता है।

$$\underset{(P)}{XeF_6} + 2H_2O \longrightarrow XeO_2F_2 + 4HF$$

XeF_6 की संरचना इस प्रकार दी गई है

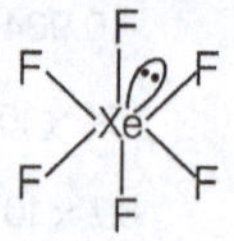

∴ इस प्रकार, एकाकी युग्म की कुल संख्या = Xe पर एकाकी युग्म + 6 × F पर एकाकी युग्म

$= 1 + 6 \times 3 = 19$

5 *(11)* जब XeF_4 SbF_5 के साथ अभिक्रिया करता है

$$XeF_4 + SbF_5 \longrightarrow [XeF_3]^+ \ [SbF_6]^-$$

$x = 3, Y = 1, z = 6, w = 1$

$w + x + y + z = 6 + 3 + 1 + 1 = 11$

NCERT Exemplar प्रश्न

1 *(c)* Ga 30°C से 2403°C तक द्रव रूप में विद्यमान रहता है और इसलिए, इसका उपयोग उच्च तापमान थर्मोमेट्री में किया जाता है।

2 *(d)* B > Al < Ga > In < Tl

3 *(a)* बोरॉन की परमाणु संख्या 5 है और इसमें रिक्त *d*-कक्षक नहीं है। संकुल आयन में तत्व *M* की MF_6^{3-} उपसहसंयोजन संख्या छः है। *d*-कक्षक की अनुपस्थिति के कारण बोरॉन अधिकतम उपसहसंयोजन संख्या 4 दिखा सकता है। इस प्रकार, B, MF_6^{3-} प्रकार का संकुल नहीं बना सकता है।

4 *(a)* $B(OH)_4^-$ की संरचना है

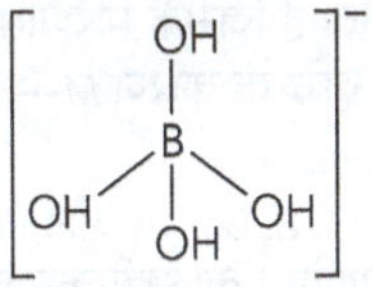

इसमें चार बन्ध युग्म हैं और कोई एकल युग्म नहीं है। इस प्रकार, केंद्रीय परमाणु का संकरण sp^3 है और संकुल की ज्यामिति चतुष्फलकीय है।

5 *(b)* B_2H_6 की ज्यामिति को नीचे दिखाए अनुसार दर्शाया जा सकता है

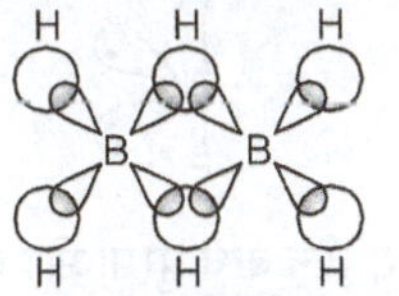

डाईबोरेन में बंध

चार टर्मिनल हाइड्रोजन परमाणु और दो बोरॉन परमाणु एक तल में स्थित हैं। तल के ऊपर और नीचे, दो ब्रिजिंग हाइड्रोजन परमाणु हैं। प्रत्येक बोरॉन परमाणु चार बन्ध बनाता है, भले ही उसमें केवल तीन इलेक्ट्रॉन हों। टर्मिनल B—H बन्ध नियमित बन्ध हैं, लेकिन ब्रिज B—H बन्ध अलग हैं।

प्रत्येक ब्रिज हाइड्रोजन दो बोरॉन परमाणुओं से केवल दो इलेक्ट्रॉनों के साझाकरण द्वारा बन्धा होता है। ऐसे सहसंयोजक बन्धन को 3-केंद्र-2-इलेक्ट्रॉन बन्धन या बहुकेंद्र बन्ध या केला (banana) बन्ध कहा जाता है।

6 *(b)* कार्बन में शृंखलन अधिकतम होता है तथा समूह में नीचे जाने पर घटता है, जैसा कि नीचे दर्शाया गया है:

$C >> Si > Ge \approx Sn > Pb$

ऐसा C—C बन्ध की उच्च बन्धन ऊर्जा के कारण होता है। समूह में नीचे जाने पर आकार बढ़ता है और विद्युत-ऋणात्मकता घटती है, जिससे, शृंखलन दर्शाने की प्रवृत्ति घटती है।

7 *(b)* क्वाट्र्ज (सिलिका का क्रिस्टलीय रूप SiO_2) का व्यापक रूप से पीजोइलेक्ट्रिक पदार्थ के रूप में उपयोग किया जाता है क्योंकि इसमें Si होता है।

8 *(a)* नाइट्रोजन अपने दुर्बल N—N एकल बन्ध के कारण अपररूपता प्रदर्शित नहीं करता है। इसलिए, नाइट्रोजन की एक से अधिक संरचनाओं की बहुलक संरचना बनाने की क्षमता कम हो जाती है।

9 *(d)* ऊपर से नीचे की ओर बढ़ने पर केन्द्रीय परमाणु का आकार बढ़ता है। *E*—H बन्ध की बन्ध लंबाई बढ़ती है तथा बन्ध वियोजन ऊर्जा घटती है।

अतः अपचायक प्रवृति बढ़ती है।

NH_3

PH_3 बन्ध की लंबाई बढ़ जाती है।

AsH_3 बन्ध वियोजन ऊर्जा कम हो जाती है।

SbH_3 अपचायक लक्षण बढता है।

अतः SbH_3 इनमें से सबसे प्रबल अपचायक के रूप में कार्य करता है।

10 *(c)* दिए गए चार तत्वों, अर्थात् कार्बन, नाइट्रोजन, फॉस्फोरस और बोरॉन में से केवल फॉस्फोरस में रिक्त *d*-कक्षक हैं। इस प्रकार, केवल फॉस्फोरस में $p\pi$-$d\pi$ बन्ध बनाने की क्षमता है।

11 *(a)* विकल्प (a) गलत कथन है। सही कथन यह है कि एकल N—N बन्ध एकल P—P से दुर्बल है। यही कारण है कि, फॉस्फोरस अपररूपता दिखाता है लेकिन नाइट्रोजन नहीं दिखाता है।

शेष अन्य कथन सही हैं।

12 *(a)* जब $FeSO_4$ का ताजा तैयार विलयन NO_3^- आयन युक्त विलयन में मिलाया जाता है, तो यह भूरे रंग का एक संकुल यौगिक पदार्थ बनाता है। इसे नाइट्रेट का भूरा वलय परीक्षण कहते हैं।

$$NO_3^- + 3Fe^{2+} + 4H^+ \longrightarrow NO + 3Fe^{3+} + 2H_2O$$

$$[Fe(H_2O)_6]^{2+} + NO \longrightarrow \underset{\text{भूरा वलय}}{[Fe(H_2O)_5(NO)]^{2+}} + H_2O$$

13 *(c)* H_3PO_4 की संरचना है,

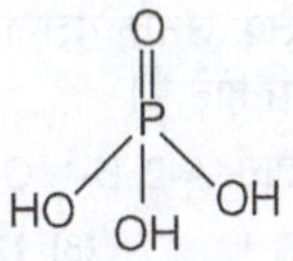

H_3PO_4 में 3 — OH समूह हैं, अर्थात इसमें तीन आयनन योग्य H-परमाणु हैं और इसलिए यह लवणों की तीन शृंखलाएँ बनाता है।

NaH_2PO_4, Na_2HPO_4 और Na_3PO_4।

14 *(c)* H_3PO_2 का प्रबल अपचयन व्यवहार दो P—H बन्ध और एक P—OH बन्ध की उपस्थिति के कारण होता है

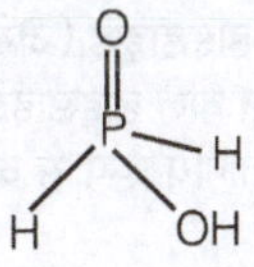

15 *(c)* यौगिक NaH_2PO_2 का ऋणायन $H_2PO_2^-$ है। माना P की $H_2PO_2^-$ में ऑक्सीकरण अवस्था x है।

$$\therefore 2 \times 1 + x + 2 \times (-2) = -1$$
$$2 + x - 4 = -1$$
$$x - 2 = -1$$
$$\Rightarrow \quad x = +1$$

16 *(c)* साइक्लोट्राइ*मेटा*फॉस्फोरिक अम्ल में 3 द्विबन्ध और 12 एकल बन्ध होते हैं जैसा कि नीचे दिखाया गया है।

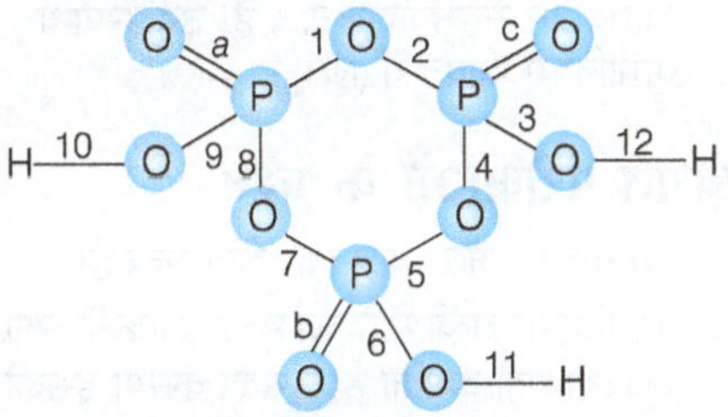

साइक्लोट्राइ*मेटा*फॉस्फोरिक

a, *b*, *c* तीन π-बन्ध हैं और अंक 1 से 12 σ-बन्ध हैं।

17 *(a)* H_2SO_5 और $H_2S_2O_8$ सल्फर के परॉक्सोअम्ल हैं क्योंकि सल्फर के पेरॉक्सो अम्ल में एक —O—O—बन्ध अवश्य होना चाहिए जैसा कि नीचे दिखाया गया है।

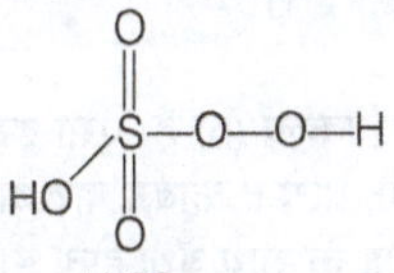

H_2SO_5

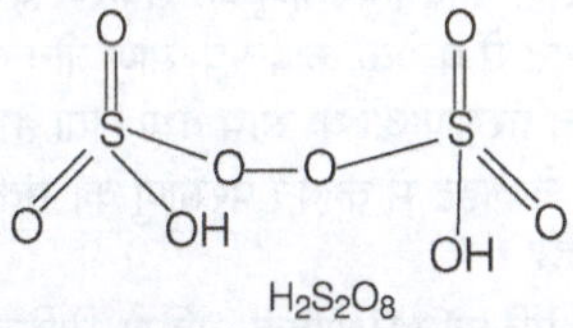

$H_2S_2O_8$

18 *(c)* SF_4 चतुष्फलकीय आकार का नहीं है। इसमें इलेक्ट्रॉनों के एकाकी युग्म की उपस्थिति के कारण इसका आकार *सी -सॉ* जैसा है, जिसे नीचे दिखाया गया है।

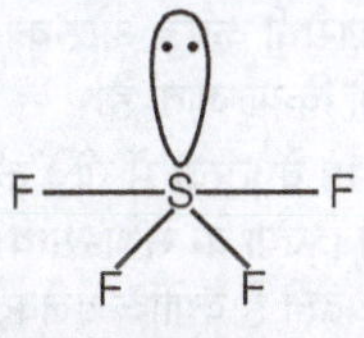

इसमें त्रिकोणीय द्विपिरामिडीय ज्यामिति है जिसमें sp^3d-संकरण है।

19 ***(a)*** ऊपर से नीचे की ओर बढ़ने पर

- हैलोजन परमाणु का आकार बढ़ता है।
- H—*X* बन्ध की लंबाई बढ़ जाती है
- बन्ध वियोजन एन्थैल्पी निम्न क्रम में घटती है: HF > HCl > HBr > HI

इस प्रकार, HF में बन्ध वियोजन एन्थैल्पी का मान उच्चतम होता है।

20 ***(c)*** सहसंयोजक यौगिक में एक परमाणु की सहसंयोजकता एक परमाणु द्वारा निर्मित सहसंयोजक बन्धों की संख्या है।

अधिकतम सहसंयोजकता 4 है। उदाहरणार्थ अमोनियम आयन में (NH_4^+)

विगत परीक्षाओं के प्रश्न

1 ***(a)*** कथन I और कथन II दोनों सत्य हैं।

2 ***(d)*** दिए गए तत्वों में केवल Po-2 ऑक्सीकरण अवस्था नहीं दर्शाता है। इसका कारण इसकी उच्च धात्विक प्रकृति का होना है।

3 ***(b)*** सही मिलान A-3, B-1, C-4, D-2 है।

4 ***(c)*** डाइबोरेन के बारे में गलत कथन विकल्प (c) है क्योंकि बोरॉन में sp^3-संकरण होता है और यह असमतलीय होता है।

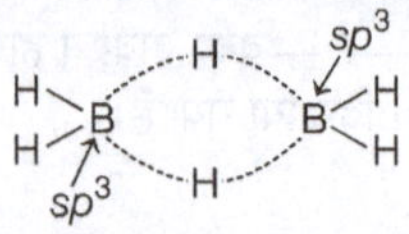

5 ***(b)*** सही कथन विकल्प (b) है। ऐसा इसलिए है क्योंकि हीरे में, प्रत्येक कार्बन चार अन्य कार्बन परमाणुओं के साथ बँधा होता है। इसलिए, कार्बन परमाणु का संकरण sp^3 है। ग्रेफाइट में प्रत्येक कार्बन परमाणु तीन अन्य कार्बन परमाणुओं के साथ बँधा होता है। अतः ग्रेफाइट में कार्बन परमाणु का संकरण sp^2 है।

6 ***(c)*** सिलिकॉन सिंथेटिक ऑर्गेनो-सिलिकॉन बहुलक हैं जिसमें क्रमागत R_2SiO इकाइयाँ होती हैं। इसका उपयोग शल्य चिकित्सा और कॉस्मेटिक प्रत्यारोपण में किया जाता है। इनका उपयोग कम तापमान वाले स्नेहक के रूप में, जलरोधी कपड़े और कागज आदि बनाने में भी किया जाता है।

7 ***(d)*** समूह 13 के तत्वों में नीचे की ओर जाने पर परमाणु त्रिज्या के साथ-साथ आयनिक त्रिज्या भी बढ़ती है क्योंकि इलेक्ट्रॉनों का एक अतिरिक्त कोश लगातार जुड़ता है। हालाँकि, परमाणु त्रिज्या के संबंध में गैलियम में एक विसंगति है। Al की तुलना में Ga की परमाणु त्रिज्या कम है। इस प्रकार, समूह 13 के तत्वों की परमाणु त्रिज्या का बढ़ता क्रम

B (85 pm) < Ga (135 pm) < Al (143 pm) < In (167 pm) < Tl (170 pm) है।

8 ***(b)*** Al < Ga < In < Tl

यह अक्रिय युग्म प्रभाव और ns^2 की प्रवृत्ति के कारण है। *d*- इलेक्ट्रॉन बन्ध निर्माण में भाग नहीं लेते हैं। समूह में नीचे जाने पर यह प्रवृत्ति कम हो जाती है।

9 ***(a)*** सही मिलान A-3, B-4, C-1, D-2 है।

सल्फर के दिए गए ऑक्सोअम्लों की संरचना इस प्रकार है

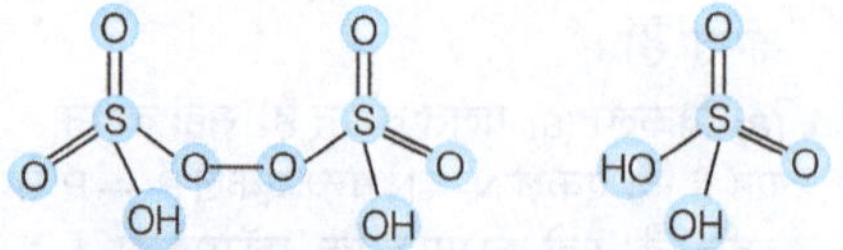

परऑक्सोडाइसल्फ्यूरिक अम्ल
दो S—OH,
चार S═O
एक S—O—O—S बन्ध

सल्फ्यूरिक अम्ल
दो S═O
दो S—OH

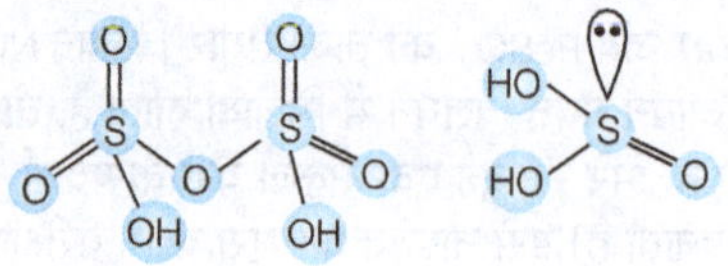

पाइरोसल्फ्यूरिक अम्ल
चार S═O
दो S—OH
एक S—O—S

सल्फ्यूरिक अम्ल
एक S═O
दो S—OH

10 ***(b)*** कथन (b) गलत है। इसका सही रूप इस प्रकार है: नोबल गैसों में दुर्बल अन्तर-परमाण्विक बल (वाण्डर वाल्स बल) होते हैं। इसलिए, उनके गलनांक और क्वथनांक कम होते हैं।

11 ***(d)*** सही मिलान A-2, B-1, C-4, D-3 है।

(A) $:\ddot{X}eF_2$ (B) $:\ddot{X}eF_4$

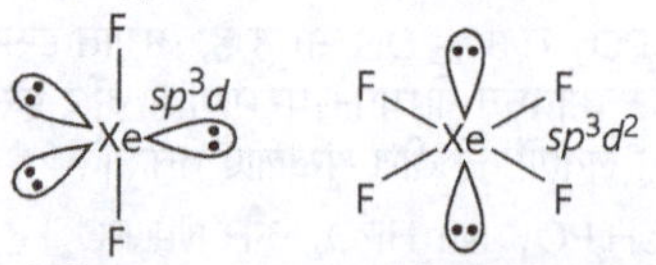

रेखीय (2) वर्ग समतलीय (1)

अतः विकल्प (d) सही मिलान है।

12 ***(b)*** समूह 16 के तत्वों के लिए, उच्च मोलर द्रव्यमान वाले हाइड्राइड (जैसे H_2Po) कम मोलर द्रव्यमान वाले हाइड्राइड (जैसे H_2O) की तुलना में तापीय रूप से कम स्थायी होते हैं। यह केंद्रीय परमाणु के आकार में वृद्धि के कारण होता है जिसके परिणामस्वरूप बन्ध लंबाई में वृद्धि के कारण *M*—H बन्ध दुर्बल हो जाता है।

H_2E(E = O, S, Se, Te और Po) के लिए तापीय स्थायित्व का सही क्रम निम्नानुसार है

$H_2Po < H_2Te < H_2Se < H_2S < H_2O$

13 ***(b)*** केंद्रीय परमाणु Cl के संयोजकता कोश में सात इलेक्ट्रॉन हैं। इनमें से तीन फ्लोरीन परमाणुओं के साथ इलेक्ट्रॉन युग्म बन्ध बनाएंगे और पीछे चार इलेक्ट्रॉन छोड़ेंगे।

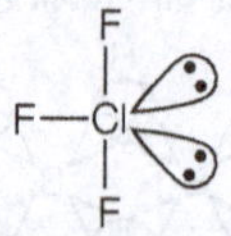

इस प्रकार, तीन बन्ध युग्म और दो एकाकी इलेक्ट्रॉन युग्म होते हैं।

14 ***(b)*** दो अलग-अलग हैलोजन प्रतिक्रिया करके अन्तरहैलोजन यौगिक बना सकते हैं

XX' (ClF, BrF, BrCl, IF, ICl) रैखिक

XX'_3 (ClF_3, BrF_3, IF_3, ICl_3) बंकित हुआ T आकार का

XX'_5 (ClF_5, $BrCl_5$, IF_5) वर्ग पिरामिड

XX'_7 (IF_7) पंचकोणीय द्विपिरामिडल

15 ***(a)*** फॉस्फोरस का ऑक्सीअम्ल जिसमें P—H बन्ध होता है, अपचायक के रूप में कार्य करता है।

H_3PO_4 में एक –OH समूह और दो P—H बन्ध मौजूद होते हैं।

16 ***(b)*** कथन I और कथन II दोनों असत्य हैं। इनके सत्य रूप निम्नलिखित हैं

कथन I समूह 16 का प्रथम सदस्य होने के कारण ऑक्सीजन – 2 से + 2 ऑक्सीकरण अवस्था प्रदर्शित करती है।

कथन II समूह में नीचे की ओर जाने पर + 4 ऑक्सीकरण अवस्था का स्थायित्व बढ़ता है और + 6 ऑक्सीकरण अवस्था का स्थायित्व कम हो जाता है।

17 ***(b)*** दोनो कथन I तथा II सही है।

18 ***(a)*** कथन A और B सही है और C और D गलत हैं।

- समूह में नीचे जाने पर H_2S से H_2Te का अपचायक गुण बढ़ता है।
- ओजोन अणु में इलेक्ट्रॉनों के 6 एकांकी युग्म पाए जाते हैं।

19 *(c)* बैक बॉन्डिंग की सीमा, समूह में नीचे जाने पर कम हो जाती है जिससे लुईस अम्लीय सामर्थ्य अधिक हो जाती है। बैक बॉन्डिंग की सीमा का क्रम निम्न है

$$\underset{2p-2p}{BF_3} > \underset{2p-3p}{BCl_3} > \underset{2p-4p}{BBr_3} > \underset{2p-5p}{BI_3}$$

लुईस अम्ल वर्ण क्रम

$BI_3 > BBr_3 > BCl_3 > BF_3$

20 *(b)* बोराजीन का सूत्र $B_3N_3H_6$ है और इसकी संरचना इस प्रकार है

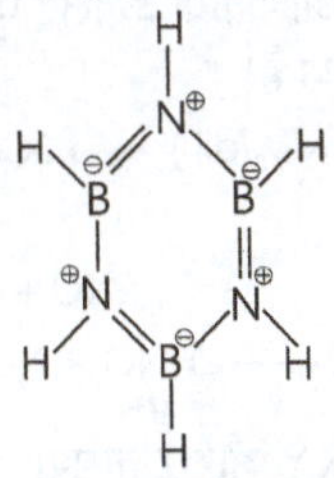

$$B_2N_3H_6 + 9H_2O \longrightarrow 3NH_3 + 3H_3BO_3 + 3H_2$$

लेकिन इसमें केला बन्ध (banana bond) नहीं है। इसलिए, विकल्प (b) गलत कथन है।

21 *(d)* जैसे-जैसे धात्विक गुण बढ़ता है, क्षारीयता भी बढ़ती है और इसके विपरीत। समूह में नीचे की ओर जाने पर तत्व की परमाणु त्रिज्या बढ़ती है, अर्थात् सबसे बाहरी कोश से इलेक्ट्रॉन त्यागने की प्रवृत्ति बढ़ती है, जिससे ऑक्साइड की क्षारीयता बढ़ती है।

इसलिए, Tl_2O_3 समूह 13 में सबसे क्षारीय ऑक्साइड है।

22 *(b)* पूर्ण एवं संतुलित अभिक्रिया है

$$2BF_3 + 6NaH \xrightarrow{450\ K} \underset{\underset{(A)}{(\text{डाइबोरॉन})}}{B_2H_6}$$

$$\underset{(A)}{B_2H_6} + 2NMe_3 \longrightarrow \underset{(B)}{2BH_3 \cdot NMe_3}$$

BH_3 में इलेक्ट्रॉन न्यून होते हैं इसलिए NMe_3 इसके साथ उपसहसंयोजन बन्ध बनाता है।

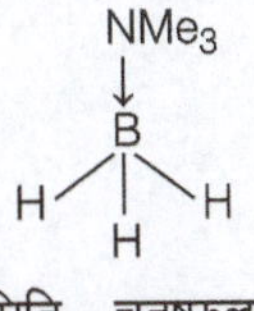

आकार/ज्यामिति = चतुष्फलकीय

23 *(c)* B_2H_6 की संरचना नीचे दी गई है।

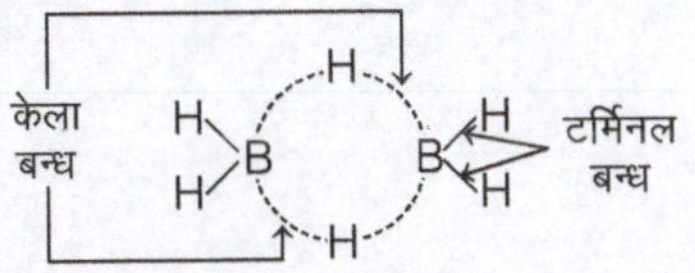

(A) B_2H_6 में सभी B—H बन्ध समतुल्य नहीं होते हैं।

(B) B_2H_6 में दो प्रकार के बन्ध मौजूद हैं, चार सामान्य सहसंयोजक बन्ध और दो 3-केंद्र-2-इलेक्ट्रॉन बन्ध

(E) B_2H_6 एक असमतलीय अणु है।

24 *(c)* कथन (c) सही है, जबकि अन्य सभी कथन गलत हैं।

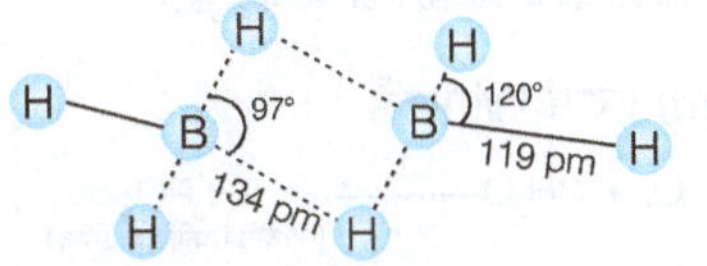

अन्य सही कथन इस प्रकार हैं

- दोनों B—H—B ब्रिज बन्ध की बन्ध लंबाई समान है।
- सभी B—H—B बन्ध कोण 120° नहीं है।
- BH_3 इलेक्ट्रॉन न्यून प्रजाति है और इसलिए लुईस अम्ल के रूप में कार्य करता है।

25 *(d)* $H_4P_2O_7 \rightarrow$ एक P—O—P बन्ध।

$(HPO_3)_3 \rightarrow$ तीन P—O—P बन्ध।

$P_4O_{10} \rightarrow$ छह P—O—P बन्ध।

26 *(a)* दिए गए यौगिकों में 'N' की ऑक्सीकरण अवस्थाएँ निम्नानुसार हैं

$NO \rightarrow x + 1(-2) = 0$

$x = +2$

$NO_2 \rightarrow x + 2 \times (-2) = 0$

$x = +4$

$N_2O \rightarrow 2x + (-2) = 0$

$x = +1$

$NO_3^- \rightarrow x + 3(-2) = -1$

$\Rightarrow \quad x = +5$

अतः $NO_3^- > NO_2 > NO > N_2O$.

27 *(a)* जैसे-जैसे हम समूह में नीचे की ओर जाते हैं, अणु आकार और पृष्ठीय क्षेत्रफल बढ़ता है और साथ ही वान्डर वाल्स बल भी बढ़ता है।

इसलिए, समूह 16 तत्व के हाइड्राइड के गलनांक का सही क्रम है

$H_2S < H_2Se < H_2Te < H_2O$

28 *(d)* निष्क्रिय वातावरण में सफेद फॉस्फोरस को 573 K पर गर्म करके लाल फॉस्फोरस का उत्पादन किया जाता है।

जब लाल फॉस्फोरस को एक सीलबंद नली में 803 K पर गर्म किया जाता है, तो हमें α-काला फॉस्फोरस प्राप्त होता है।

29 *(d)*

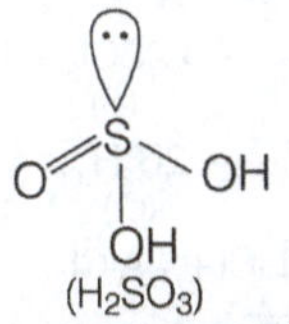

(H_2SO_3)

सल्फ्यूरस अम्ल

S═O बन्ध की संख्या

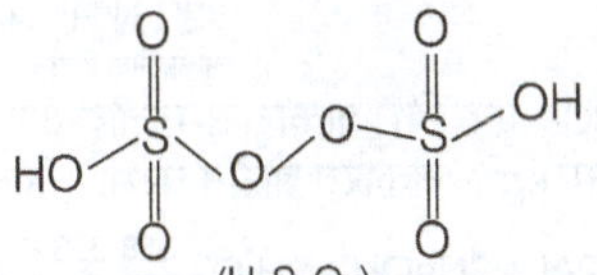

$(H_2S_2O_8)$

पाइरोसल्फ्यूरिक अम्ल

S═O बन्ध की संख्या

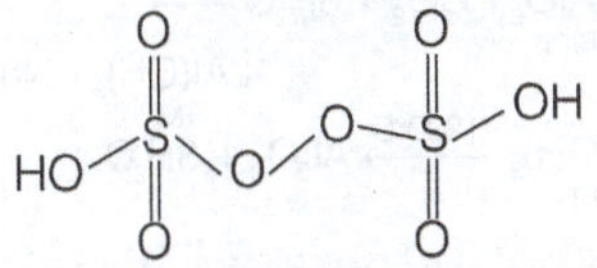

$(H_2S_2O_8)$

पाइरो सल्फ्यूरिक अम्ल

S═O बन्ध की संख्या =4

30 *(c)* सल्फर के दो क्रिस्टलीय अपररूप (S_α तथा S_β) धीमी गति से गर्म करने (369 K से ऊपर) या ठंडा करने पर आपस में उत्क्रमणीय रूप से परिवर्तित हो सकते हैं।

$$\underset{(\text{रोम्बिक})}{S_\alpha} \underset{\text{ठण्डक}}{\overset{>369\ K}{\rightleftharpoons}} \underset{(\text{मोनोक्लिनिक})}{S_\beta}$$

इसलिए, कथन I सत्य है। कमरे के तापमान पर या दाब और तापमान की मानक स्थितियों में, विषमतमाक्ष सल्फर ($\Delta_f H^\circ = 0$) का ऊष्मागतिकीय रूप से सबसे स्थिर क्रिस्टलीय अपररूप है अतः कथन II असत्य है।

31 *(c)* सही मिलान A-5, B-1, C-2, D-3 है।

स्किल बूस्टर्स

1 *(c)* सल्फाइड के भर्जन से उपोत्पाद के रूप में SO_2 गैस प्राप्त होती है।

$2ZnS + 3O_2 \longrightarrow 2ZnO + 2SO_2$

$4FeS_2 + 11O_2 \longrightarrow 2Fe_2O_3 + 8SO_2$

सल्फर डाइऑक्साइड जल में घुलकर सल्फ्यूरस अम्ल बनाता है।

$H_2O + SO_2 \rightleftharpoons H_2SO_3$

यह क्लोरीन को HCl में अपचयित कर देता है।

$SO_2 + Cl_2 + 2H_2O \longrightarrow H_2SO_4 + 2HCl$

इसलिए, P, SO_2 गैस है।

2 *(d)* $4B + 3O_2 \xrightarrow{700°C} \underset{(A)}{2B_2O_3}$

$B_2O_3 + 3C + 3Cl_2 \longrightarrow \underset{(B)}{2BCl_3} + 3CO$

$\underset{(B)}{4BCl_3} + 3LiAlH_4 \longrightarrow \underset{(C)}{2B_2H_6} + 3\,LiCl + 3AlCl_3$

$B_2H_6 + 2NH_3 \xrightarrow{120°C} [H_2B(NH_3)_2]^+ [BH_4]^-$

$3[H_2B(NH_3)_2]^+ [BH_4]^- \xrightarrow{200°C,\,\Delta} \underset{\text{अकार्बनिक बेंजीन}}{2B_3N_3H_6} + 12H_2$

$\therefore$ BCl_3 एक त्रिभुजाकार समतलीय अणु है जिसमें sp^2- संकरित बोरॉन परमाणु होता है।

3 *(a)* $\underset{(A)}{2Al} + 2NaOH + 2H_2O \xrightarrow{328\text{-}353\text{ K}} \underset{(B)}{2NaAlO_2} + 12H_2$

$\underset{(B)}{2NaAlO_2} + CO_2 + 3H_2O \longrightarrow \underset{(C)}{2Al(OH)_3} + Na_2CO_3$

$\underset{(C)}{2Al(OH)_3} \xrightarrow{1200°C} Al_2O_3 + 3H_2O$

4 *(a)* $\underset{(M)}{Al^{3+}} \xrightarrow{NaOH} Al(OH)_3$

$\underset{\substack{\text{सफेर जिलेनिस}\\(A)}}{Al(OH)_3} \xrightarrow[NaOH]{\text{अधिकता}} \underset{\text{घुलनशील}}{NaAlO_2}$

$\downarrow$

Al_2O_3

(क्रोमेटोग्राफी में अवशोषक के रूप में प्रयुक्त)

5 *(d)* इसमें शामिल है

$P_2O_5 + 3H_2O \xrightarrow{\Delta} \underset{\text{(ऑर्थोफॉस्फीरिक अम्ल)}}{2H_3PO_4}$

6 *(b)* जैसे ही तापमान कम होता है, सफेद टिन (β-फॉर्म) ग्रे टिन (α-फॉर्म) में बदल जाता है।

7 *(c)* यौगिक A और B का रंग क्रमशः सफेद और भूरा है। अभिक्रियाएँ नीचे दी गई हैं।

I. $ZnSO_4(aq) + 2NH_4OH(aq) \longrightarrow \underset{\text{'A' (सफेद अवक्षेप)}}{Zn(OH)_2(s)} + (NH_4)_2SO_4(aq)$

II. $FeCl_3(aq) + NH_4OH(aq) \longrightarrow \underset{\text{'B' (भूरा अवक्षेप)}}{Fe_2O_3 \cdot xH_2O(s)} + NH_4Cl(aq)$

8 *(b)* अधिक क्रियाशील हैलोजन, कम क्रियाशील हैलोजन को उसके लवण विलयन से विस्थापित कर सकता है। F_2, Cl_2 को विस्थापित कर सकता है।

Br_2, I_2 को उनके लवण विलयनों से विस्थापित कर सकता है जबकि Cl_2, NaBr और NaI से Br_2 और I_2 को विस्थापित कर सकता है। Br_2 केवल I_2 को NaI से विस्थापित कर सकता है

$2NaI + Br_2 \longrightarrow 2NaBr + I_2\uparrow$

9 *(a)* दी गई अभिक्रिया के लिए पूर्ण रोड मैप नीचे दिया गया है।

$3Cu + 8HNO_3(\text{dil.}) \longrightarrow 3Cu(NO_3)_2 + \underset{(X)}{2NO} + 4H_2O$

$2NO + O_2 \rightleftharpoons \underset{(Y)}{2NO_2}$

$3NO_2 + H_2O \longrightarrow \underset{(Z)}{2HNO_3} + NO$

इस प्रकार, X,Y और Z क्रमशः NO, NO_2 और HNO_3 हैं।

10 *(b)* AX_n (अंतरहैलोजन) में n का मान 1, 3, 5, 7 हो सकता है न कि 2, 4 या 6।

12

प्रायोगिक रसायन से सम्बन्धित सिद्धान्त

Principles Related to Practical Chemistry

5 वर्षों में NEET में पूछे गये शीर्षकवार प्रश्न

शीर्षक	वर्षवार प्रश्नों की संख्या				
	2024	2023	2022	2021	2020
कार्बनिक रसायन से सम्बन्धित सिद्धान्त	2	–	–	–	–
भौतिक रसायन से सम्बन्धित सिद्धान्त	1	–	–	–	–
अकार्बनिक रसायन से सम्बन्धित सिद्धान्त	–	–	–	–	–

NEET में विगत 5 वर्षों में पूछे गये विशेष प्रकार के प्रश्न

प्रकार	वर्ष				
	2024	2023	2022	2021	2020
अभिकथन–कारण	–	–	2	–	–
कथन आधारित	–	–	1	–	–
सुमेलन	–	1	–	–	1

NEET के विगत 5 वर्षों का भारांकन

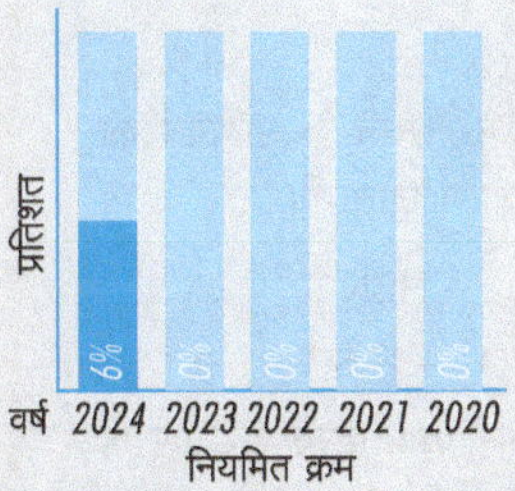

प्रायोगिक रसायन विज्ञान विशिष्ट प्रायोगिक स्थितियों के अन्तर्गत रासायनिक उत्पादों के उत्पादन की विधियों से सम्बन्धित है।

कार्बनिक रसायन से सम्बन्धित सिद्धान्त

(Organic Chemistry Related Principles)

कार्बनिक यौगिकों का गुणात्मक विश्लेषण

(Qualitative Analysis of Organic Compounds)

किसी कार्बनिक यौगिक के गुणात्मक विश्लेषण में उपयुक्त रासायनिक परीक्षणों की सहायता से उसमें उपस्थित C और H के अतिरिक्त अन्य सभी प्रमुख तत्वों का पता लगाते हैं। किसी कार्बनिक यौगिक के गुणों का वर्णन करने के लिए दो प्रमुख चरण निम्न प्रकार हैं

(i) अतिरिक्त तत्वों की पहचान करना

(ii) क्रियात्मक समूह की पहचान करना

अतिरिक्त तत्वों की पहचान (लैसेग्ने परीक्षण का प्रयोग करके)

(Detection of Extra Elements (Using Lassaigne's Test))

किसी कार्बनिक यौगिक में उपस्थित नाइट्रोजन सल्फर और हैलोजन की पहचान लैसेग्ने के परीक्षण द्वारा की जाती है। इसमें दो पद होते हैं जो निम्न प्रकार हैं–

(i) लैसेग्ने का आधिक्य तैयार करना।

(ii) लैसेग्ने के आधिक्य का उपयोग करके तत्वों की पहचान करना। **JEE Main 2023**

लैसेग्ने आधिक्य को बनाने के लिए कार्बनिक पदार्थ को एक संलयन नली में अल्प मात्रा में Na के टुकड़ों के साथ मिलाया जाता है। लाल रक्त नली को चाइना डिश में उपस्थित आसुत जल में डुबोया जाता है।

डिश की सामग्री को कुछ मिनट तक उबाला जाता है और फिर ठण्डा किया जाता है और छान लिया जाता है। छाना हुआ तरल पदार्थ अर्थात् क्षारीय विलयन को सोडियम आधिक्य या लैसेग्ने आधिक्य कहा जाता है। कार्बनिक यौगिक में उपस्थित N, S, C, F, Cl, Br, I आदि तत्व Na के साथ जुड़ (संगलित) जाते हैं और अपने आयनिक रूप में परिवर्तित हो जाता है।

$$Na + C + N \longrightarrow \underset{\text{सोडियम सायनाइड}}{NaCN}$$

$$2Na + S \longrightarrow \underset{\text{सोडियम सल्फाइड}}{Na_2S}$$

$$Na + C + N + S \longrightarrow \underset{\text{सोडियम सल्फोसायनाइड}}{NaSCN}$$

(जब N और S दोनों उपस्थित हैं।)

$$Na + \underset{\text{हैलोजन}}{X} \longrightarrow \underset{\text{सोडियम हैलाइड}}{NaX}$$

नोट– Li और K दोनों का उपयोग Na के स्थान पर लैसेग्ने के आधिक्य के निर्माण में नहीं किया जाता है क्योंकि पहले वाला बहुत मन्द गति से अभिक्रिया करता है और सहसंयोजक यौगिक बनाता है, जबकि बाद वाला तीव्र अभिक्रिया करता है और इस प्रकार इसे उचित प्रकार से नियन्त्रित नहीं किया जा सकता है।

नाइट्रोजन की पहचान (Detection of Nitrogen)

लैसेग्ने के आधिक्य (NaCN) को $FeSO_4$ विलयन के साथ उबाला जाता है उसके बाद FeCl की कुछ बूँदे डाली जाती हैं और फिर सान्द्र सल्फ्यूरिक अम्ल के साथ अम्लीकृत किया जाता है। यह अम्ल फेरस आयनों को फेरिक आयनों में ऑक्सीकरण करने में सहयोग करता है। प्रशियन ब्लू रंग का बनना नाइट्रोजन की उपस्थिति की पुष्टि करता है।

$$Fe^{2+} + 6CN^- \longrightarrow [Fe(CN)_6]^{4-}$$

$$Fe^{2+} + H^+ \longrightarrow Fe^{3+} + e^-$$

$$3[Fe(CN)_6]^{4-} + 4Fe^{3+} \xrightarrow{x\,H_2O} \underset{\text{(प्रशियन ब्लू)}}{Fe_4[Fe(CN)_6]_3 \cdot xH_2O}$$

JEE Main 2022

नोट– यदि Fe^{3+} आयन आधिक्य में होते हैं तो नीले रंग के साथ-साथ हरा रंग भी दिखाई देता है।
यह परीक्षण उन यौगिकों की स्थिति में विफल हो जाता है जिनमें नाइट्रोजन तो है लेकिन कार्बन नहीं है, उदाहरण के लिए हाइड्राजीन (NH_2NH_2) हाइड्रॉक्सिलऐमीन (NH_2OH) आदि।

सल्फर की पहचान (Detection of Sulphur)

- लैसेग्ने के आधिक्य (Na_2S) को सोडियम नाइट्रोप्रुसाइड विलयन की कुछ बूंदों के साथ अम्लीकृत किया जाता है। बैंगनी रंग का दिखाई देना सल्फर की उपस्थिति की पुष्टि करता है।

$$Na_2S + Na_2[Fe(CN)_5NO] \longrightarrow \underset{\text{बैंगनी रंग}}{Na_4[Fe(CN)_5NOS]}$$

- लैसेग्ने के आधिक्य को ऐसीटिक अम्ल के साथ अम्लीकृत किया जाता है और फिर बाद में लेड ऐसीटेट विलयन में मिलाया जाता है। काले रंग का अवक्षेप का बनना सल्फर की उपस्थिति की पुष्टि करता है।

$$Na_2S + (CH_3COO)_2Pb \longrightarrow \underset{\text{काला अवक्षेप}}{PbS\downarrow} + 2CH_3COO^-Na^+$$

- यदि यौगिक में सल्फर और नाइट्रोजन दोनों उपस्थित हों तब लैसेग्ने आधिक्य अर्थात् सोडियम सल्फोसायनाइड, $FeCl_3$ के साथ $Fe(SCN)_3$ रक्त लाल रंग देता है।

$$Na + C + N + S \longrightarrow \underset{\text{सोडियम सल्फोसायनाइड}}{NaSCN} \xrightarrow{FeCl_3 \text{ के साथ}} \underset{\text{फेरिक सायनाइड (लाल रक्त)}}{Fe(SCN)_3} + 3NaCl$$

हैलोजनों की पहचान (Detection of Halogens)

JEE Main 2021

लैसेग्ने आधिक्य (NaX) को सान्द्र HNO_3 के साथ अम्लीकृत करके $AgNO_3$ के साथ अभिक्रिया करायी जाती है। उसके बाद इसे ठण्डा किया जाता है। इस अभिक्रिया से प्राप्त अवक्षेप का उपयोग हैलोजन की उपस्थिति की पहचान के लिए किया जाता है।

- NH_4OH में घुलनशील सफेद अवक्षेप क्लोरीन की उपस्थिति को दर्शाता है।

$$NaCl + AgNO_3 \longrightarrow \underset{\text{(सफेद अवक्षेप)}}{AgCl\downarrow} + NaNO_3$$

$$AgCl + 2NH_4OH \longrightarrow \underset{\text{(डाइऐमीन सिल्वर (I) क्लोराइड)}}{[Ag(NH_3)_2]Cl\downarrow} + 2H_2O$$

- NH_4OH विलयन में आंशिक रूप से घुलनशील हल्का पीला अवक्षेप, ब्रोमीन की उपस्थिति को दर्शाता है।

$$NaBr + AgNO_3 \longrightarrow \underset{\text{(हल्का पीला अवक्षेप)}}{AgBr\downarrow} + NaNO_3$$

- NH_4OH में अघुलनशील पीला अवक्षेप आयोडीन की उपस्थिति को दर्शाता है।

$$AgNO_3 + NaI \longrightarrow \underset{\text{(पीला अवक्षेप)}}{AgI\downarrow} + NaNO_3$$

हैलोजन के लिए बेलस्टीन परीक्षण (Beilstein Test For Halogen)

कार्बनिक पदार्थ को कॉपर के तार पर लेकर इसे नीले या हरे रंग की लौ के साथ जलाने पर हैलोजन की उपस्थिति दिखाई देती है। यह परीक्षण फ्लुओरीन द्वारा नहीं दिया जाता क्योंकि CuF_2 अवाष्पशील है।

ब्रोमीन और आयोडीन के लिए परत परीक्षण (Layer Test for Bromine and Iodine)

सोडियम आधिक्य का एक छोटा सा भाग लें और तनु HNO_3 और तनु H_2SO_4 के साथ अम्लीकृत करें। इसके पश्चात् इसमें $CHCl_3$ या CCl_4 और क्लोरीन जल आधिक्य में लगातार हिलाकर मिलाएँ। एक नारंगी और बैंगनी रंग की परत क्रमशः ब्रोमीन और आयोडीन की उपस्थिति की पुष्टि करता है।

Marks Maximizer

सोडियम सायनाइड अथवा सोडियम सल्फाइड में लैसेग्ने के आधिक्य को विघटित करने के लिए तनु HNO_3 के साथ उबाला जाता है।

$$NaCN + HNO_3 \longrightarrow NaNO_3 + HCN\uparrow$$

$$Na_2S + 2HNO_3 \longrightarrow 2NaNO_3 + H_2S\uparrow$$

अन्यथा NaCl और Na_2S, $AgNO_3$ के साथ अभिक्रिया करके परीक्षण में अवरोध उत्पन्न करेंगे।

क्रियात्मक-समूह की पहचान

(Detection of Functional Group)

तत्वों की पहचान, तत्वों की उपस्थिति या अनुपस्थिति को दर्शाता है। तत्वों की उपस्थिति के आधार पर सम्बन्धित क्रियात्मक समूह का परीक्षण किया जाता है। एक परमाणु या परमाणु का समूह जो बड़े पैमाने पर किसी यौगिक के गुणों को निर्धारित करता है उसे क्रियात्मक समूह के रूप में जाना जाता है। विभिन्न क्रियात्मक समूहों के परीक्षण नीचे दिये गये हैं–

ऐल्कोहॉल का परीक्षण (—OH) समूह

(Test for Alcoholic (—OH) Group)

(i) **सोडियम परीक्षण** (Sodium Test)–एक परखनली में कुछ कार्बनिक पदार्थ लें और उसमें सोडियम धातु का एक पतला टुकड़ा डालें। इससे हाइड्रोजन गैस बनने के कारण तीव्र बुदबुदाहट होती है।

$$\underset{\text{ऐल्कोहॉल}}{2ROH} + 2Na \longrightarrow \underset{\text{सोडियम ऐल्कोक्साइड}}{2R\overset{-}{O}\overset{+}{Na}} + H_2\uparrow$$

(ii) **एस्टर परीक्षण** (Ester Test)–दिये हुए यौगिक को सल्फ्यूरिक अम्ल की उपस्थिति में ऐसीटिक अम्ल के साथ गर्म करते हैं। फलों की गन्ध एस्टर बनने का संकेत देती है।

$$ROH + \underset{\text{ऐसीटिक अम्ल}}{CH_3COOH} \xrightleftharpoons{\text{सान्द्र } H_2SO_4} \underset{\substack{\text{एस्टर} \\ \text{(फलों जैसी गन्ध)}}}{RCOOCH_3} + H_2O$$

ऐल्कोहॉल 3, 5, डाइनाट्रोबेन्जाइल के साथ क्रिस्टलीय एस्टर देते हैं। इन एस्टर के तीक्ष्ण गलनांक बिन्दु होते हैं और दिए हुए ऐल्कोहॉल का परीक्षण देने में उपयोग होते हैं।

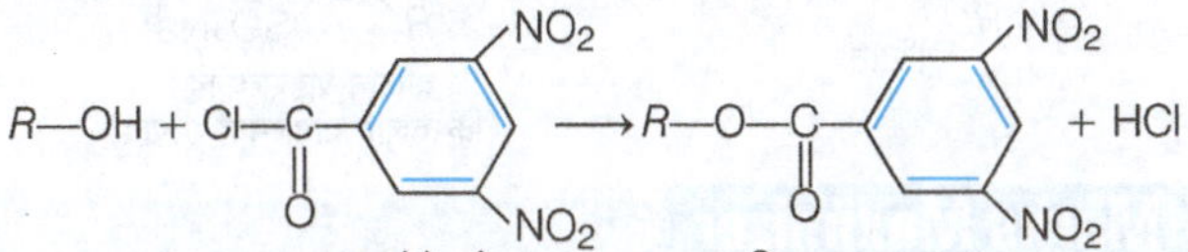

3, 5-डाइनाइट्रोबेन्जोल क्लोराइड — क्रिस्टल एस्टर

(iii) **सेरिक अमोनियम नाइट्रेट परीक्षण** (Ceric Ammonium Nitrate Test) कार्बनिक पदार्थ की अल्प मात्रा में अथवा इसके जलीय विलयन में सीरिक अमोनियम नाइट्रेट की कुछ बूँद मिलायें। लाल रंग ऐल्कोहॉलिक हाइड्रॉक्सी समूह की उपस्थिति को दर्शाता है।

$$\underset{\text{ऐल्कोहॉल}}{3ROH} + \underset{\text{सेरिक अमोनियम नाइट्रेट}}{(NH_4)_2Ce(NO_3)_3} \longrightarrow \underset{\text{लाल रंग}}{Ce(NO_3)_4 \cdot (ROH)_3} + 2NH_4NO_3$$

(iv) **ऐसीटिल क्लोराइड परीक्षण** (Acetyl Chloride Test) ऐल्कोहॉल ऐसिड क्लोराइड्स के साथ क्रिया करके हाइड्रोक्लोरिक गैस उत्पन्न करता हैं यदि अमोनिया में डुबाई हुई काँच की छड़ को अभिक्रिया मिश्रण के पास लाया जाता है तो अमोनियम क्लोराइड का सफेद तीव्र धुआँ उत्पन्न होता है।

$$\underset{\text{ऐल्कोहॉल}}{R—OH} + \underset{\text{ऐसीटिक क्लोराइड}}{CH_3COCl} \longrightarrow CH_3COOR + HCl$$

$$HCl + \underset{\text{अमोनिया}}{NH_3} \longrightarrow \underset{\substack{\text{अमोनियम क्लोराइड} \\ \text{(सफेद धुआँ)}}}{NH_4Cl}$$

प्राथमिक, द्वितीयक, तृतीयक ऐल्कोहॉल में विभेद

(Distinction between Primary, Secondary and Tertiary Alcohols)

ल्यूकास परीक्षण (Lucas test)–यह परीक्षण प्राथमिक, द्वितीयक व तृतीयक ऐल्कोहॉल में विभेद करने के लिए उपयोग किया जाता है। ऐल्कोहॉल ल्यूकास अभिकर्मक (सान्द्र HCl और निर्जलीय $ZnCl_2$ समान अनुपातिक मिश्रण) के साथ अभिक्रिया पर ऐल्किल हैलाइड्स का उत्पादन करता है जो अघुलनशील होने के कारण विलयन में मैलापन (गन्दगी) उत्पन्न कर देता है।

$$R—OH + HCl \xrightarrow{ZnCl_2} R—Cl + H_2O$$

निम्नलिखित अवलोकन निम्नानुसार 1°, 2°, 3° ऐल्कोहॉल की उपस्थिति को दर्शाते हैं–

- मैलापन (गन्दगी) का तत्काल या तीव्र गति से बनना **तृतीयक ऐल्कोहॉल** की उपस्थिति को दर्शाता है।
- 4-5 मिनट के बाद गन्दगी का बनना **द्वितीयक ऐल्कोहॉल** की उपस्थिति को दर्शाता है।
- यदि विलयन साफ रहता है तो **प्राथमिक ऐल्कोहॉल** उपस्थित है।

विक्टर मेयर परीक्षण (Victor Mayer's test)–इस परीक्षण में की गयी अभिक्रियाएँ निम्न प्रकार हैं–

$$\underset{(1^\circ \text{ ऐल्कोहॉल})}{R\,CH_2OH} \xrightarrow{HI} RCH_2I \xrightarrow{AgNO_2} R\,CH_2NO_2 \xrightarrow{HONO} \underset{\text{नाइट्रोलिक अम्ल}}{R—\underset{\|}{C}(=NOH)—NO_2} \xrightarrow{NaOH} \text{रक्त लाल रंग}$$

$$\underset{(2^\circ \text{ ऐल्कोहॉल})}{R_2CHOH} \xrightarrow{HI} R_2CHI \xrightarrow{AgNO_2} R_2CHNO_2 \xrightarrow{HONO} \underset{\text{स्यूडोनाइट्रॉल}}{R_2C(NO)—NO_2} \xrightarrow{NaOH} \text{नीला रंग}$$

$$\underset{(3^\circ \text{ ऐल्कोहॉल})}{R_3C—OH} \xrightarrow{HI} R_3C—I \xrightarrow{AgNO_2} R_3C—NO_2 \xrightarrow{HONO} \text{कोई अभिक्रिया नहीं} \xrightarrow{NaOH} \text{रंगहीन}$$

उत्प्रेरक विहाइड्रोजनीकरण (उत्प्रेरक निर्जलीकरण) (Catalytic dehydrogenation)–इसमें 300°C पर गर्म ताँबे के ऊपर ऐल्कोहॉल की वाष्प को प्रवाहित किया जाता है और इस प्रकार बनने वाले उत्पाद की पहचान की जाती है–

(i) प्राथमिक ऐल्कोहॉल निर्जलीकरण द्वारा ऐल्डिहाइड देते हैं।

$$CH_3CH_2OH \xrightarrow{\text{कॉपर, } 300^\circ C} \underset{\text{एथेनल}}{CH_3CHO} + H_2\uparrow$$

(ii) द्वितीयक ऐल्कोहॉल निर्जलीकरण द्वारा कीटोन देते हैं।

$$CH_3—\overset{OH}{\overset{|}{C}}H—CH_3 \xrightarrow{\text{कॉपर, } 300^\circ C} \underset{\text{ऐसीटोन}}{CH_3—\overset{O}{\overset{\|}{C}}—CH_3} + H_2$$

(iii) तृतीयक ऐल्कोहॉल निर्जलीकरण द्वारा ओलिफिन (ऐल्कीन) देते हैं।

$$(CH_3)_3C-OH \xrightarrow{\text{कॉपर, } 300^\circ C} CH_3-\underset{}{\overset{CH_3}{\overset{|}{C}}}=CH_2+H_2O$$

2-मेथिल प्रोप-1-इन

फीनॉल समूह के लिए परीक्षण (Test For Phenolic Group)

(i) **लिटमस परीक्षण** (Litmus test)—फीनॉल अम्लीय होने के कारण नीले लिटमस पेपर (या विलयन) को लाल में परिवर्तित कर देता है, क्योंकि फीनॉल दुर्बल अम्ल होते हैं। वे सोडियम कार्बोनेट विलयन के साथ बुदबुदाहट नहीं देते।

(ii) **फेरिक क्लोराइड परीक्षण** (Ferric chloride test)—फीनॉल ताजा निर्मित फेरिक क्लोराइड विलयन के साथ क्रिया करके जटिल यौगिक बनाते हैं। बैंगनी रंग का दिखना फीनॉल की उपस्थिति की पुष्टि करता है।

$$\underset{\text{फिनॉल}}{6C_6H_5OH} + \underset{\text{(फेरिक क्लोराइड)}}{FeCl_3} \longrightarrow 3H^+ + \underset{\text{बैंगनी}}{[Fe(OC_6H_5)_6]^{3-}} + 3HCl$$

(iii) **लिबरमैन नाइट्रोसो परीक्षण** (Liebermann's Nitroso test)—फीनॉल सोडियम नाइट्राइट और सान्द्र H_2SO_4 के साथ अभिक्रिया करने पर नीला रंग देता है जो तनु करने पर लाल रंग में परिवर्तित हो जाता है। क्षारीय माध्यम में नीला रंग संग्रहीत हो जाता है।

$$\underset{\text{सोडयम नाइट्रेट}}{2NaNO_2} + \text{सान्द्र } H_2SO_4 \xrightarrow{\text{Conc.}} \underset{\text{नाइट्रस अम्ल}}{2HNO_2} + Na_2SO_4$$

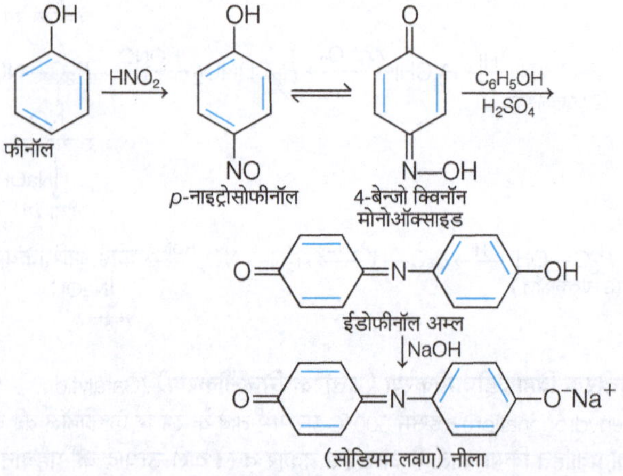

कार्बोनिल समूह के लिए परीक्षण (ऐल्डिहाइड और कीटोन)

[Test for Carbonyl Group (Aldehydes and Ketones)]

(i) 2, 4, **डाइनाइट्रोफेनिल हाइड्राजीन परीक्षण** कार्बोनिल यौगिक 2, 4-डाइनाइट्रोफेनिल हाइड्राजीन के साथ मिलकर 2, 4-डाइनाइट्रोफेनिल हाइड्राजॉन के पीले नांरगी रंग के क्रिस्टल का उत्पादन करते हैं। अभिक्रिया मिश्रण में पीले-नारंगी अवक्षेप का दिखना कार्बोनिल समूह के होने की पुष्टि करता है।

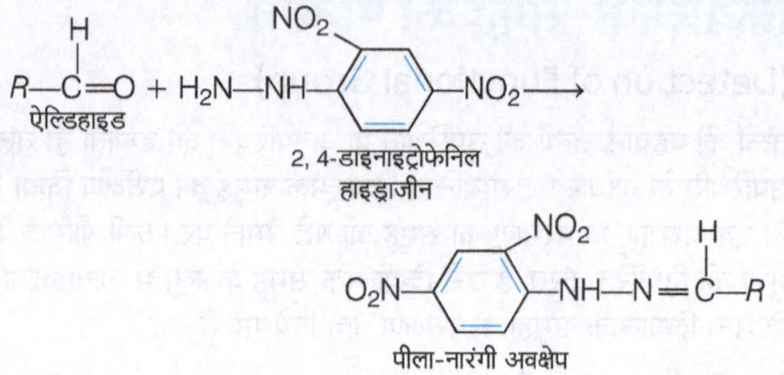

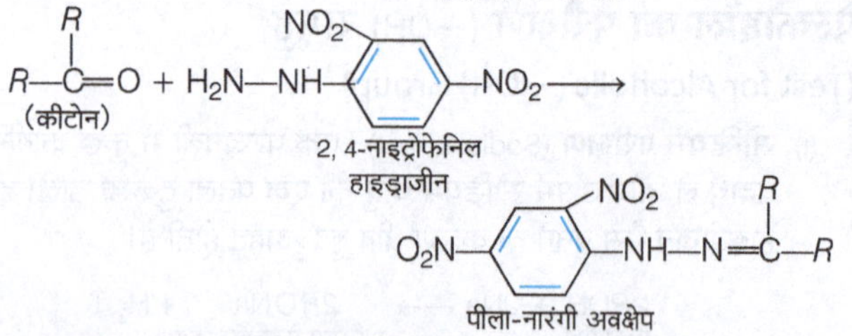

(ii) **सोडियम बाइसल्फाइट परीक्षण**—ऐल्डिहाइड और कीटोन सोडियम बाइसल्फाइट के साथ क्रिया कर एक उचित क्रिस्टलीय घुलनशील उत्पाद बनाते हैं, जिन्हें ऐल्डिहाइड बाइसल्फाइट और कीटोन बाइसल्फाइट कहते हैं।

$$\underset{\text{ऐल्डिहाइड}}{\overset{R}{\underset{H}{>}}C=O} + NaHSO_3 \longrightarrow \underset{\substack{\text{ऐल्डिहाइड बाइसल्फाइट}\\ \text{(क्रिस्टलीकरण योगात्मक उत्पाद)}}}{\overset{R}{\underset{H}{>}}C\overset{OH}{\underset{SO_3^-Na^+}{<}}}$$

$$\underset{\text{कीटोन}}{\overset{R}{\underset{R}{>}}C=O} + NaHSO_3 \longrightarrow \underset{\substack{\text{कीटोन बाइसल्फाइट}\\ \text{(क्रिस्टलीय योगात्मक उत्पाद)}}}{\overset{R}{\underset{R}{>}}C\overset{OH}{\underset{SO_3^-Na^+}{<}}}$$

> **Marks Maximizer**
>
> - सभी ऐरोमैटिक कार्बोनिल यौगिकों में, बेन्जैल्डिहाइड सोडियम बाइसल्फाइट परीक्षण देता है लेकिन ऐसीटोफीनॉन और बेन्जोफीनॉन यह परीक्षण नहीं देता है।
> - सभी कीटोन्स में से केवल मेथिल कीटोन जिनमें त्रिविम बाधा नहीं होती, यह परीक्षण देते हैं।

ऐल्डिहाइड और कीटोन के बीच विभेद

(Distinction Between Aldehyde and Ketones)

ऐल्डिहाइड के लिए परीक्षण (Test for Aldehydes)

(i) **टॉलेन परीक्षण (रजत दर्पण परीक्षण)** (Tollen's test)—यह परीक्षण ऐल्डिहाइड और कीटोन के मध्य विभेद करने के लिए किया जाता है। यौगिक की अल्प मात्रा को ताजा निर्मित अमोनिकल सिल्वर नाइट्रेट (टॉलेन अभिकर्मक) के साथ गर्म करके हिलाएँ और कुछ मिनट तक छोड़ दें।

सिल्वर दर्पण या स्लेटी अवक्षेप का निर्माण **ऐल्डिहाइड समूह** की उपस्थिति को दर्शाता है। कीटोन यह परीक्षण नहीं देते हैं।

$$2\,[Ag(NH_3)_2]OH + RCHO \longrightarrow \underset{\text{सिल्वर मिरर या सलेटी अवक्षेप}}{2Ag\downarrow} + RCO\overset{-}{O}\,\overset{+}{N}H_4 + 3NH_3\uparrow + H_2O$$

यह अभिक्रिया क्षारीय माध्यम में होती है।

(ii) **फेहलिंग विलयन परीक्षण** (Fehling's solution test) NEET 2024

फेहलिंग विलयन, कॉपर सल्फेट (फेहलिंग विलयन *A*) का एक जलीय विलयन है जिसमें संकुल कारक के रूप में सोडियम पोटैशियम टार्टरेट का क्षारीय विलयन (रोशेल लवण) (फेहलिंग विलयन *B*) होता है। अंतिम फेहलिंग विलयन प्राप्त करने के लिए दोनों विलयनों को समान मात्रा में मिलाया जाता है जो गहरे नीले रंग का होता है। गहरा नीला घटक एक Cu^{2+} का जटिल *बिस* (टार्टरेट) होता है। ऐल्डिहाइड समूह अम्ल में ऑक्सीकृत हो जाता है और कॉपर (II) आयन, Cu (I) आयन में अपचयित हो जाते हैं। निर्जलीकरण के बाद $Cu(OH)_2$ कॉपर (I) ऑक्साइड में परिवर्तित हो जाता है और लाल अवक्षेप देता है।

$$RCHO + 2Cu(OH)_2 + NaOH \longrightarrow RCOONa + \underset{\text{लाल अवक्षेप}}{Cu_2O} + 3H_2O$$

लाल अवक्षेप का बनना ऐल्डिहाइड समूह की उपस्थिति को दर्शाता है। ऐरोमैटिक ऐल्डिहाइड इस परीक्षण को नहीं दर्शाती है।

नोट *बेन्जैल्डिहाइड फेहलिंग विलयन को (अन्य ऐल्डिहाइड से अलग) अपचयित नहीं करता। बेन्जैल्डिहाइड की **पुष्टि मैलाकाइट परीक्षण** से होती है।*

- उपरोक्त दोनों परीक्षण **अपचयित शर्करा** द्वारा भी दिये जाते हैं।
- फॉर्मिक अम्ल भी यह परीक्षण देता है।

(iii) **शिफ का परीक्षण** (Schiff's test)—यह परीक्षण शिफ अभिकर्मक द्वारा किया जाता है जो कि *p*-रोसैनिलिन हाइड्रोक्लोराइड (गुलाबी रंग) के तनु विलयन में सल्फर डाइ ऑक्साइड को प्रवाहित करने पर रंगहीन विलयन देता है। ऐल्डिहाइड की बहुत अल्प मात्रा मिलाने पर गुलाबी, मेजेन्टा, लाल और बैंगनी रंग दिखाई देते हैं जो ऐल्डिहाइड की उपस्थिति की पुष्टि करते हैं।

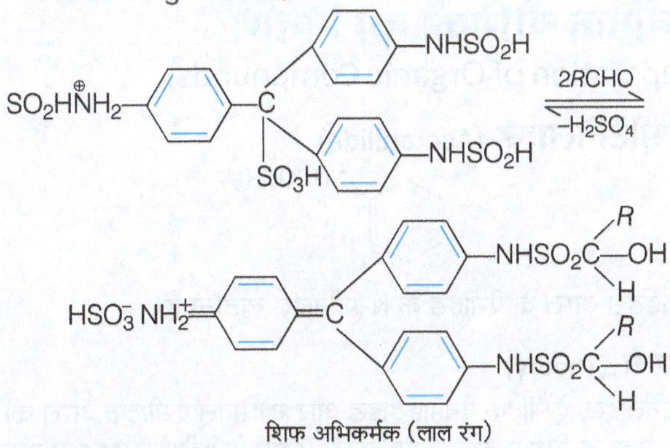

शिफ अभिकर्मक (लाल रंग)

कीटोन यह परीक्षण नहीं देता है।

Marks Maximizer

शिफ अभिकर्मक की क्षार के साथ अभिक्रिया नहीं करनी चाहिए अन्यथा ऐल्डिहाइड की अनुपस्थिति में भी गुलाबी रंग उत्पन्न हो जाता है।

(iv) **बेनेडिक्ट परीक्षण** (Benedict's test)—यह एक रासायनिक परीक्षण है जिसका उपयोग किसी दिये गए विश्लेषण में अपचायी शर्करा की उपस्थिति की पहचान के लिए किया जाता है। बेनेडिक्ट परीक्षण एक अभिकर्मक द्वारा किया जाता है जो सोडियम साइट्रेट, सोडियम कार्बोनेट और कॉपर (II) सल्फेट के पेन्टाहाइड्रेट का एक संकुल मिश्रण है।

यह इस सिद्धान्त पर आधारित है कि अपचायी (—CHO) समूह वाली अपचायी शर्करा जब बेनेडिक्ट अभिकर्मक के साथ अभिक्रिया करती है तो यह Cu^{2+} आयन को Cu^{+} आयन में अपचयित कर देता है।

$$\underset{\text{क्यूप्रिक आयन}}{Cu^{2+}} + \underset{\text{ऐल्डिहाइड}}{RCHO} \longrightarrow \underset{\text{कार्बोक्सिलिक अम्ल}}{RCOOH} + \underset{\text{क्यूप्रस ऑक्साइड (ईंट जैसा लाल अवक्षेप)}}{Cu_2O}$$

नोट– यह परीक्षण केवल ऐलिफैटिक ऐल्डिहाइड ही देते है इसीलिए इसे ऐलिफैटिक और ऐरोमैटिक ऐल्डिहाइड के मध्य विभेद करने के लिए उपयोग किया जाता है।

कीटोन के लिए परीक्षण (Test for Ketones)

- ***m*-डाइनाइट्रोबेन्जीन परीक्षण** (*m*-dinitro benzene test)—कार्बनिक यौगिक को *m*-नाइट्रोबेन्जीन के बारीक चूर्ण के साथ मिलाकर क्षारीय बनाते है। एक बैंगनी रंग दिखाई देता है जो धीरे-धीरे भद्दा हो जाता है और कीटोनिक समूह की उपस्थिति को दर्शाता है। बेन्जोफीनॉन और ऐल्डिहाइड इस परीक्षण को नहीं देते हैं।
- **सोडियम नाइट्रोप्रुशाइड परीक्षण** (Sodium nitroprusside test) कीटोन का क्षारीय विलयन नाइट्रोप्रुशाइड के साथ क्रिया करके रंगहीन आयन बनाता है।

$$\underset{\text{नाइट्रोप्रुशाइड आयन}}{[Fe(CN)_5NO]^{2-}} + CH_3COCH_2^- \longrightarrow \underset{\text{(लाल रंग अवेक्षप)}}{[Fe(CN)_5NO\cdot CH_3COCH_2]^{3-}}$$

कार्बोक्सिलिक समूह के लिए परीक्षण (Test for Carboxylic Group)

- **लिटमस पेपर परीक्षण** (Litmus paper test) कार्बोक्सिलिक अम्ल की प्रकृति अम्लीय होती है और ये नीले लिटमस को लाल कर देते हैं। फीनॉल भी यह परीक्षण देते हैं।
- **सोडियम बाइकार्बोनेट परीक्षण** (Sodium bicarbonate test) कार्बनिक यौगिक की अल्प मात्रा जिसमें कार्बोक्सिल समूह हो, एक चुटकी सोडियम कार्बोनेट ($NaHCO_3$) के साथ मिलाने पर [CO_2 के कारण] बुदबुदाहट उत्पन्न करता है।

$$\underset{\text{कार्बोक्सिलिक अम्ल}}{R\text{—}COOH} + NaHCO_3 \longrightarrow \underset{\text{सोडियम कार्बोक्सिलेट}}{R\text{—}COO^-Na^+} + H_2O + \underset{\text{बुदबुदाहट}}{CO_2\uparrow}$$

- **एस्टर निर्माण परीक्षण** (Ester formation test) दिए गए कार्बनिक यौगिक अल्प मात्रा लेते हैं और इसमें एथिल ऐल्कोहॉल और सान्द्रित H_2SO_4 की कुछ बूँदे मिलाते हैं इसके बाद गर्म करने से एस्टर (फलों जैसी गन्ध के साथ) उत्पन्न होता है। फलों की गन्ध यौगिक में कार्बोक्सिलिक समूह की उपस्थिति की पुष्टि करता है।

$$\underset{\text{कार्बोक्सिलिक अम्ल}}{R\text{—}COOH} + \underset{\text{एथेनॉल}}{C_2H_5OH} \xrightarrow[\Delta]{\text{सान्द्र } H_2SO_4} \underset{\text{ऐथिल कार्बोक्सिलेट (फलों जैसी गन्ध)}}{RCOOC_2H_5} + H_2O$$

ऐमीनों समूह के लिए परीक्षण (Test For Amino Group)

- **लिटमस परीक्षण** (Litmus test) ऐमीन क्षारीय प्रकृति के होते हैं इसीलिए लाल लिटमस को नीला कर देते हैं।
- **विलेयता परीक्षण** (Solubility test) ऐमीन क्षारीय प्रकृति के होते हैं अतः वे खनिज अम्लों में घुलनशील होते हैं।

$$RNH_2 + HCl \longrightarrow RNH_3^+Cl^-$$

- **ऐजो-डाइ परीक्षण** (Azo-dye test) यह परीक्षण प्राथमिक एरोमैटिक ऐमीन को उपस्थिति को सुनिश्चित करने के लिए किया जाता है।
- **प्राथमिक ऐरोमैटिक ऐमीन** जब नाइट्रस अम्ल ($NaNO_2$ + HCl) के साथ क्रिया करते हैं तो डाइएजोनियम लवण बनाते हैं। ये डाइएजो लवण युग्म फीनॉल जैसे β नेफ्थाल के साथ आरेन्ज ऐजो डाइ बनाते हैं, जो जल में अघुलनशील होते हैं। लाल और नारंगी रंग की डाइ का बनना ऐरोमैटिक प्राथमिक ऐमीनो समूह की उपस्थिति को दर्शाते हैं।

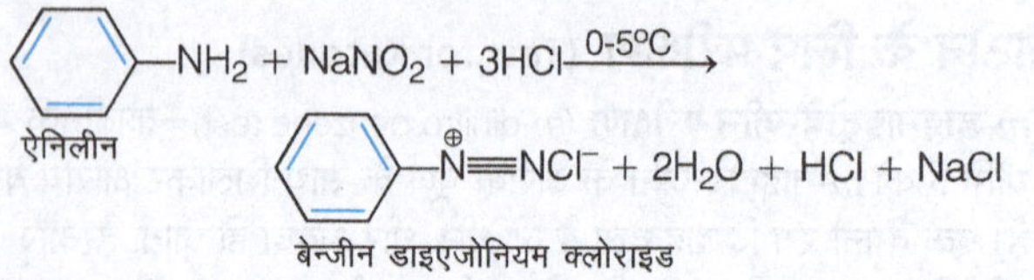

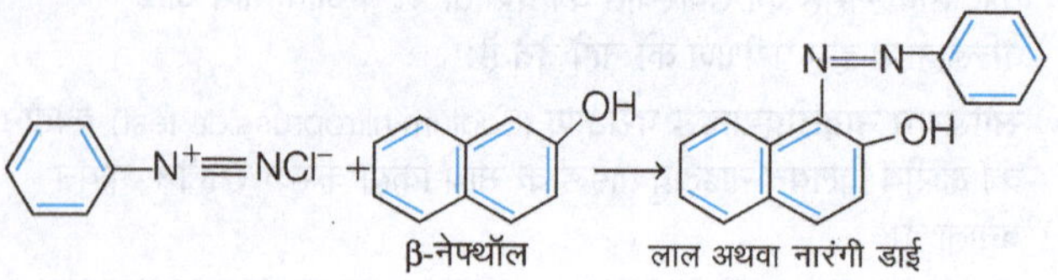

- **कार्बिलऐमीन परीक्षण** (Carbylamine test) इसे हाफमैन आइसोसायनाइड संश्लेषण के नाम से भी जाना जाता है। इस परीक्षण में दिये हुए यौगिक की अल्प मात्रा को क्लोरोफॉर्म और ऐल्कोहॉलीय KOH के साथ गर्म करते हैं जिससे कार्बिलऐमीन की अप्रिय गन्ध उत्पन्न होती है जो प्राथमिक ऐमीन की उपस्थिति को दर्शाता है।

$$\underset{(1^\circ\text{ ऐमीन})}{RNH_2} + CHCl_3 + (\text{ऐल्को.})\ 3KOH \longrightarrow \underset{(\text{कार्बिल ऐमीन})}{R—N \overrightarrow{=} C} + 3KCl + 3H_2O$$

- यह परीक्षण केवल ऐलिफेटिक और ऐरोमैटिक प्राथमिक ऐमीन के लिए उपयुक्त है।

प्राथमिक, द्वितीयक और तृतीयक ऐमीन के बीच विभेद करने के लिए परीक्षण (Test to (Distinguish between Primary, Secondary, and Tertiary Amines)

नाइट्रस अम्ल परीक्षण (Nitrous acid test) यह परीक्षण प्राथमिक, द्वितीयक और तृतीयक ऐमीन की पहचान के लिए प्रयोग होता है।

- प्राथमिक ऐलिफैटिक ऐमीन नाइट्रस अम्ल के साथ क्रिया करके नाइट्रोजन गैस देते हैं। N_2 गैस के बुलबुलों का दिखना प्राथमिक ऐलिफैटिक ऐमीन को सुनिश्चित करता है।

$$\underset{\text{प्राथमिक ऐमीन}}{R—NH_2} + HNO_2 \longrightarrow \underset{\text{ऐल्कोहॉल}}{ROH} + H_2O + \underset{\text{नाइट्रोजन}}{N_2 \uparrow}$$

- द्वितीयक ऐमीन नाइट्रस अम्ल के साथ क्रिया करके पीले रंग के तेलीय N-नाइट्रोसोऐमीन देते हैं।

$$\underset{\text{द्वितीयक ऐमीन}}{R_2NH} + HNO_2 \longrightarrow \underset{\substack{\text{नाइट्रोसो यौगिक}\\(\text{तेलीय})}}{R_2N = NO} + H_2O$$

- ऐलिफेटिक तृतीयक ऐमीन नाइट्रस अम्ल के साथ क्रिया करके घुलनशील (विलेय) नाइट्राइट लवण बनाते हैं।

$$R_3N + HONO \longrightarrow [R_3NH]^+ ONO^-$$

- HNO_2 के साथ अभिक्रिया करके ऐमीन हरा अथवा भूरा रंग देते हैं जो एरोमैटिक तृतीयक ऐमीन की उपस्थिति को दर्शाता है।
- **हिंसबर्ग परीक्षण** (Hinsberg's test) प्राथमिक और द्वितीयक ऐमीन हिंसबर्ग अभिकर्मक ($C_6H_5SO_2Cl$) के साथ क्रिया करके सल्फोऐमाइड बनाते हैं।

$$C_6H_5SO_2Cl + RNH_2 \longrightarrow \underset{\substack{\text{N-ऐल्किल बेन्जीन}\\\text{सल्फोऐमाइड}\\(\text{पीला रंग})}}{C_6H_5SO_2—RNH} + HCl$$

- बनने वाले उत्पाद क्षारीय (NaOH) में विलेय होते हैं।
- द्वितीयक ऐमीन हिंसबर्ग अभिकर्मक के साथ क्रिया करके N, N-डाइऐल्किल बेन्जीन सल्फोनएमाइड बनाते है।

$$C_6H_5SO_2Cl + R_2NH \longrightarrow \underset{\substack{(\text{N,N-डाईऐल्किल बेन्जीन}\\(\text{सल्फोनाऐमाइड})\\(\text{नारंगी रंग})}}{C_6H_5SO_2—NR_2} + HCl$$

N-परमाणु पर अम्लीय हाइड्रोजन की अनुपस्थिति के कारण इस प्रकार बना उत्पाद क्षार (NaOH) में अघुलनशील है।

- तृतीयक ऐमीन $C_6H_5SO_2Cl$. के साथ क्रिया नहीं करते हैं। ये NaOH में अघुलनशील होते हैं, लेकिन HCl मिलाने पर घुल जाते हैं।

कार्बनिक यौगिकों का निर्माण (Preparation of Organic Compounds)

1. ऐसीटेनिलाइड (Acetanilide)

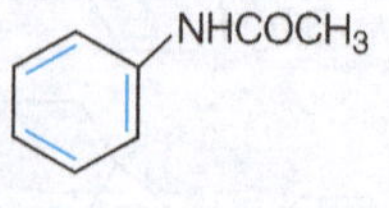

ऐनीलाइड्स अम्ल के ऐमाइड के N-फीनाइल व्युत्पन्न हैं।

सिद्धान्त (Theory)

ऐसीटेनिलाइड, ऐसीटिक ऐनहाइड्राइड और ग्लेसियल ऐसीटिक अम्ल की समान मात्रा के मिश्रण का उपयोग करके प्रत्यक्ष ऐसीटीलीकरण द्वारा बनाया जाता है।

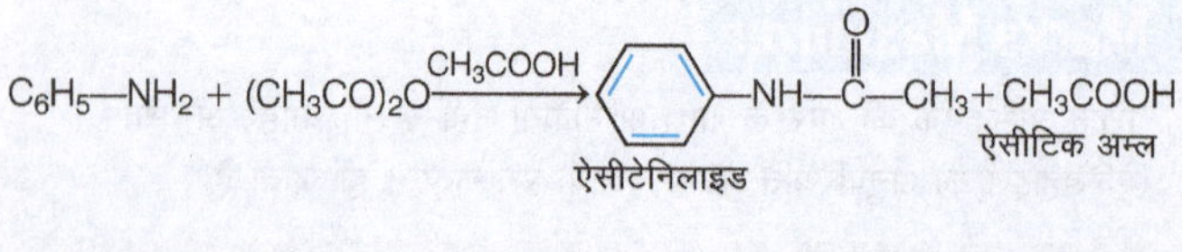

- निर्मित मिश्रण को बर्फ के ठण्डे पानी में ठण्डा किया जाता है ताकि अशोधित ऐसीटेनिलाइड का सफेद अवक्षेप अलग हो जाए।
- पुनः क्रिस्टलीकरण द्वारा मिश्रण से शुद्ध ऐसीटेनिलाइड प्राप्त किया जा सकता है।

रसायन विज्ञान सम्मिलित (Chemistry Involved)

- ऐनिलीन का ऐसीटिलीकरण या तो ऐसीटिक ऐनहाइड्राइड या ऐसीटाइल क्लोराइड के साथ किया जा सकता है लेकिन दोनों प्रक्रियाओं के लिए एक उत्प्रेरक की आवश्यकता होती है। ऐसीटिक ऐनहाइड्राइड के साथ उत्प्रेरक अभिक्रिया के लिए ग्लेशियल ऐसीटिक अम्ल की आवश्यकता होती है और ऐसीटाइल क्लोराइड के साथ परीडीन की आवश्यकता होती है।

$$\underset{\text{ऐनिलीन}}{C_6H_5—NH_2} + \underset{\text{ऐसिटिल क्लोराइड}}{CH_3COCl} \xrightarrow{\text{पिरीडीन}} \underset{\text{ऐसीटेनीलाइड}}{C_6H_5NHCOCH_3} + HCl$$

- इस प्रयोग में अभिक्रिया मिश्रण में जिंक की अल्प मात्रा मिलायी जाती है यह ऐनिलीन को ऑक्सीकरण से बचाता है और इसकी रंगीन अशुद्धियों को दूर करता है।
- आइस-कोल्ड पैक में डालने से पहले निर्मित मिश्रण को उबालने के बाद ठण्डा किया जाना चाहिये अन्यथा ऐसीटेनिलाइड का ऐनिलीन में जल अपघटन हो जाता है।
- ऐसिटनिलाइड में ऐसीटमाइडो समूह *पैरा* निर्देशी (*p*-directing) होते हैं। इसीलिए ऐसीटेनिलाइड प्रमुख *p*-प्रतिस्थापी उत्पादों के निर्माण के लिए एक उपयोगी मध्यवर्ती है।

$$\text{ऐसीटेनिलाइड} \xrightarrow{HNO_3} \underset{\text{(प्रमुख) ज्यादा}}{p\text{-नाइट्रोऐसीटनिलाइड}} + \underset{\text{(कम)}}{o\text{-नाइट्रोऐसीटनिलाइड}}$$

2. *p*-नाइट्रोऐसीटेनिलाइड (*p*-nitroacetanilide)

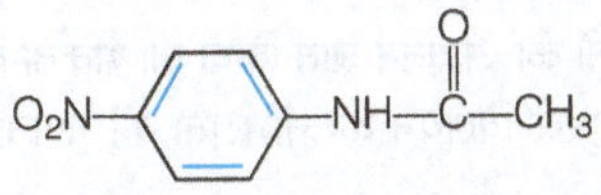

सिद्धान्त (Theory)

इसे ऐसीटेनिलाइड के नाइट्रीकरण के माध्यम से बनाया जाता है। जब ऐसीटेनिलाइड को नाइट्रेट मिश्रण के साथ क्रिया कराते हैं जोकि नाइट्रिक अम्ल और सल्फ्यूरिक अम्ल का मिश्रण होता है जिससे *p*-नाइट्रोऐसीटेनिलाइड बनता है।

p-नाइट्रोऐसीटेनिलाइड के साथ-साथ नाइट्रोऐसिटेनिलाइड भी एक लघु उत्पाद के रूप में बनता है। अतः *o*-नाइट्रोऐसिटेनिलाइड ऐल्कोहॉल में अधिक विलेय होता है और इसीलिए क्रिस्टलीकरण के माध्यम से *p*-नाइट्रोऐसीटेनिलाइड को अलग करना बहुत आसान है।

रसायन विज्ञान सम्मिलित (Chemistry Involved)

नाइट्रिक अम्ल के साथ ऐनिलीन का सीधा नाइट्रीकरण अव्यवहारिक है क्योंकि नाइट्रिक अम्ल एक प्रबल ऑक्सीकारक अभिकर्मक है और यह ऐनिलीन के $—NH_2$ समूह को ऑक्सीकृत करते हैं। $—NH_2$ समूह को ऐसीटीलीकरण द्वारा संरक्षित किया जाता है।

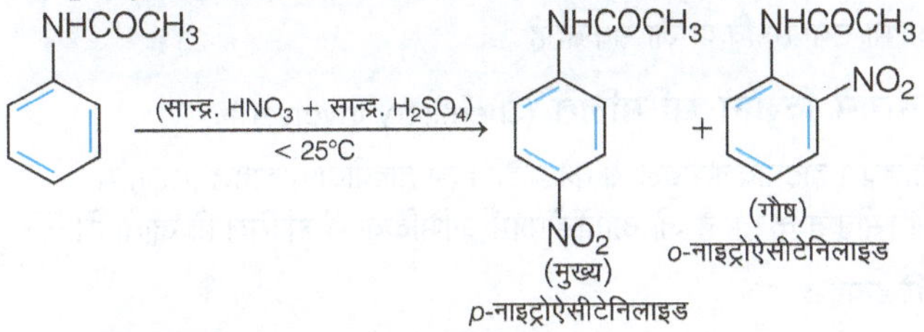

नोट—उपरोक्त अभिक्रिया 25°C से कम ताप पर की जानी चाहिए।

3. ऐनिलीन पीला (Aniline Yellow)

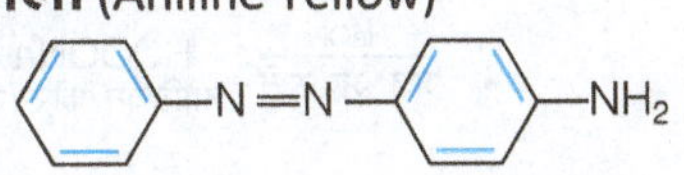

यह एक पीला यौगिक है और (—N=N—) ऐजो समूह की उपस्थिति के कारण क्षारीय एजोडाइ है।

सिद्धान्त (Theory)

बेन्जीन डाइऐजोनियम क्लोराइड और ऐनिलीन की युग्मन अभिक्रिया से ऐनिलीन पीला (*p*-ऐमीनोऐजोबेन्जीन) बनता है और यह अभिक्रिया आंशिक रूप से अम्लीय माध्यम में होती है।

रसायन विज्ञान सम्मिलित (Chemistry Involved)

ऐनिलीन अम्ल की उपस्थिति में सोडियम नाइट्राइट से क्रिया करता है जिससे डाइएजोनियम लवण बनता है जो आगे ऐनिलीन के साथ युग्मन अभिक्रिया से ऐजो डाइ *p*-ऐमीनोएजोबेन्जीन (ऐनिलीन पीला) बनाते हैं।

$$C_6H_5NH_2 \xrightarrow{NaNO_2\ +\ HCl} C_6H_5N_2^+Cl^-$$

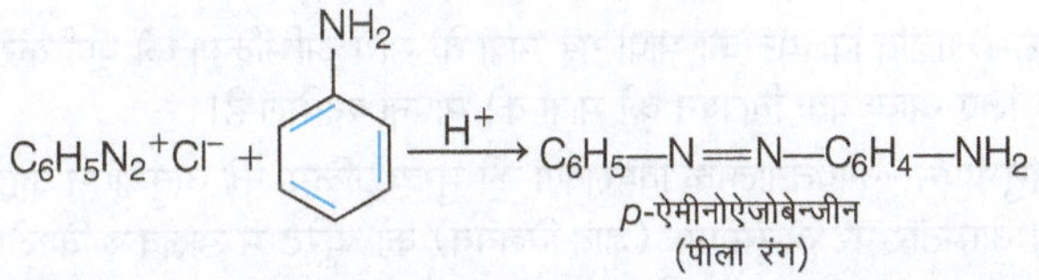

- अभिक्रिया बाद वाले दो यौगिकों के मध्य दुर्बल अम्लीय परिस्थितियों में होती है।
- यह अम्ल के प्रति काफी संवेदनशील है इसलिए इसका प्रयोग डाइ के रूप में नहीं किया जाता।

4. आयडोफॉर्म, CHI_3 : ट्राइआयोडोमेथेन (Iodoform CHI_3 : Triiodomethane)

सिद्धान्त (Theory)

आयोडोफार्म परीक्षण का उपयोग यह ज्ञात करने के लिए किया जाता है कि क्या किसी दिये गए अज्ञात रासायनिक यौगिक में α-मेथिल समूह, ($RCOCH_3$) संरचनात्मक सूत्र वाले कार्बोनिल यौगिक है अथवा $R—CH(OH)—CH_3$ सूत्र वाले ऐल्कोहॉल है।

आयोडीन और जलीय सोडियम हाइड्रॉक्साइड (NaOH) विलयन या पोटैशियम आयोडाइड (KI) और सोडियम हाइपोक्लोराइड NaOCl विलयन का भी उपयोग किया जा सकता है

रसायन विज्ञान सम्मिलित (Chemistry Involved)

सोडियम हाइपोक्लोराइड KI को पोटैशियम हाइपोआयोडाइड (KOI) में ऑक्सीकृत करता है जो आयोडोफार्म अभिक्रिया में शामिल हो जाता है।

ऐल्डिहाइड

$$\underset{\text{एथेनॉल}}{CH_3CH_2OH} \xrightarrow[\text{ऑक्सीकरण}]{KOI} \underset{\text{ऐसीटेल्डिहाइड}}{CH_3CHO} \xrightarrow[\text{आयोडीनीकरण}]{KOI} \underset{\text{ट्राइआयोडो ऐसीटेल्डिहाइड}}{Cl_3CHO}$$

$$\xrightarrow[\text{जल अपघटन}]{NaOH} \underset{\text{सोडियम फोरमेट}}{HCOONa} + \underset{\text{आयोडोफॉर्म}}{CHI_3}$$

कीटोन $\underset{\text{की टोन}}{CH_3COCH_3} \xrightarrow[\text{आयोडीनीकरण}]{NaOH} \underset{\text{ट्राईआयोडीऐसीटोन}}{Cl_3COCH_3} \xrightarrow[\text{जल अपघटन}]{NaOH}$

$$\underset{\text{सोडियम ऐसीटेट}}{CH_3COONa} + \underset{\text{आयोडोफॉर्म}}{CHI_3}$$

ऐसीटोन के साथ कोई प्रारम्भिक ऑक्सीकरण नहीं होता है और आयोडोफार्म की अच्छी मात्रा प्राप्त होती है। आयोडोफार्म का उपयोग रोगाणुरोधक के रूप में होता है।

भौतिक रसायन से सम्बन्धित सिद्धान्त

(Physical Chemistry Related Principles)

अनुमापी अभ्यास (Titrimetric Exercise)

आयतनात्मक विश्लेषण (मात्रात्मक विश्लेषण)

[Volumetric Analysis (Quantitative Analysis)]

- इसमें अज्ञात विलयन की मापी गई मात्रा के साथ अभिक्रिया को पूर्ण करने के लिए आवश्यक विलयन की मात्रा को मापना शामिल है।
- **अनुमापन**—आयतनात्मक विश्लेषण की मुख्य प्रक्रिया को अनुमापन कहते हैं। आमतौर पर **अनुमापक** (ज्ञात विलयन) को ब्यूरेट में डालकर विश्लेष्य पदार्थ (अज्ञात विलयन) की मात्रा को ज्ञात किया जाता है जब तक अभिक्रिया पूर्ण नहीं हो जाती।

आयतनात्मक विश्लेषण के सन्दर्भ में कुछ महत्वपूर्ण पद

(Some Important Terms Related to Volumetric Analysis)

- पदार्थ जिसके रासायनिक घटक की पहचान या मापन किया जाता है उसे **विश्लेष्य** (analyte) कहते हैं।
- ब्यूरेट में लिया गया विलयन अनुमापक कहलाता है, जबकि अनुमापक फ्लास्क में लिया गया विलयन विश्लेष्य कहलाता है।
- अनुमापन तब तक होता है, जब तक दोनों विलयन में उपस्थित अभिकर्मक की क्रिया पूर्ण नहीं हो जाती है।
- वह अवस्था, जिस पर दो अभिकर्मक पूर्णतः अभिक्रिया करते है, **तुल्यता बिन्दु** (equivalence point) कहलाता है। इस बिन्दु पर भौतिक गुण में अचानक परिवर्तन होता है। जैसे सूचक रंग, pH चालकता या अवशोषण। इसे अन्तिम बिन्दु भी कहते है।
- अन्तिम बिन्दु प्रायः उपयुक्त **सूचक** (indicator) द्वारा रंग में परिवर्तन से ज्ञात किया जाता है।
- सामान्यतः अम्ल-क्षार के अनुमापन के लिए उपयोग किया गया **मानक विलयन** एक प्रबल अम्ल या क्षार का विलयन होता है जैसे—HCl, H_2SO_4, NaOH, KOH और $Ba(OH)_2$।
- यदि किसी पदार्थ की सान्द्रता, उस पदार्थ की ज्ञात मात्रा को विलयन के दिए गए आयतन में घोलकर सरलता से ज्ञात की जा सके हो तो इसे **प्राथमिक मानक** कहते हैं और विलयन को **प्राथमिक मानक विलयन** कहा जाता हैं जैसे आक्जैलिक अम्ल, पोटैशियम डाइक्रोमेट।
- अधिकांश स्थितियों में, सान्द्रता प्राथमिक मानक विलयन के विरुद्ध मानकीकरण द्वारा ज्ञात की जाती है ऐसे विलयनों को **द्वितीयक मानक विलयन** कहते हैं, जैसे फेरस सल्फेट, खनिज अम्ल H_2SO_4, HNO_3 आदि।

सिद्धान्त (Theory)

- ज्ञात विलयन के सामान्यतः 20 मिली लीटर आयतन को एक कोनिकल फ्लास्क में लेते हैं। इस विलयन में उपयुक्त सूचक की कुछ बूँदे मिलाते हैं।
- दूसरे विलयन को ब्यूरेट में लेते हैं और कोनिकल फ्लास्क में रखे विलयन में मिलाते हैं।
- विलयन के कुछ गुण (सामान्यतः रंग) में अचानक परिवर्तन प्रतिक्रिया के अन्तिम बिन्दु को दर्शाता है। इस बिन्दु पर उपयोग किए गए अनुमापक के आयतन को ब्यूरेट रीडिंग से चिन्हित किया जा सकता है।

सामान्य गणना (General Calculation)

हम प्रत्येक अनुमापन पर रासायनिक तुल्यता का नियम लागू करते हैं।

$$\underset{\text{(विलयन-1)}}{N_1V_1} = \underset{\text{(विलयन-2)}}{N_2V_2} \text{ (नार्मलता समीकरण)}$$

अनुमापन में दो विलयनों का आयतन ज्ञात किया जा सकता है। एक विलयन की नॉर्मलता ज्ञात करके दूसरे विलयन की नॉर्मलता की गणना कर सकते हैं।

मोलरता की समीकरण द्वारा $\underset{\text{विलयन-1}}{M_1V_1n_1} = \underset{\text{विलयन-2}}{M_2V_2n_2}$

विलयन की सामर्थ्य की गणना निम्न प्रकार कर सकते हैं

सामर्थ्य (g/l) = नॉर्मलता × तुल्यांकी भार

सामार्थ्य (g/l) = मोलरता × आण्विक भार

नमूनों में शुद्धता की प्रतिशतता की भी गणना कर सकते हैं—

$$\text{शुद्धता की प्रतिशतता} = \frac{\text{शुद्ध नमूने की सामर्थ्य}}{\text{दिये गये नमूने की सामर्थ्य}} \times 100$$

अम्ल-क्षार अनुमापन (Acid-Base Titration)

विश्लेषण की उदासीनीकरण विधि

(Neutralisation Method of Analysis)

अम्ल-क्षार अनुमापन में एक अम्ल और क्षार के मध्य उदासीनीकरण अभिक्रिया होती है, जिसमें अम्ल समान मात्रा के क्षार से अभिक्रिया करता है।

इस अभिक्रिया की विशेषता, तुल्यता बिन्दु के निकट pH मान में तीव्रता से होने वाला परिवर्तन है जिसे अंतिम बिन्दु पर सूचक के रंग में होने वाले परिवर्तन से ज्ञात किया जाता है। यह अज्ञात नमूने में अम्ल क्षार की मात्रा, दुर्बल क्षार अथवा अम्ल के लवण को ज्ञात करने की साधारण विधि है।

उदासीनीकरण विधि द्वारा किये जाने वाले विश्लेषण को दो सामान्य वर्गों में वर्गीकृत किया जा सकता है।

- किसी नमूने में अम्ल या क्षार या उनके एनहाइड्राइड का निर्धारण अम्ल या क्षार के मानक विलायक के साथ अनुमापन द्वारा किया जाता है।
- किसी दुर्बल क्षार या अम्ल के लवणों का निर्धारण प्रबल क्षार या अम्ल के मानक विलयन द्वारा किया जाता है।
- दुर्बल अम्ल या दुर्बल क्षार और एक प्रबल अम्ल अथवा प्रबल क्षार का **अनुमापन वक्र** (titration curve) अनियमित होता है और अनुमापक की अल्प मात्रा के साथ pH मान में तुल्यता बिन्दु के निकट थोड़ा परिवर्तन हो जाता है।

NaOH के साथ ऑक्जैलिक अम्ल के अनुमापन के लिए अनुमापन वक्र का वर्णन निम्न प्रकार है।

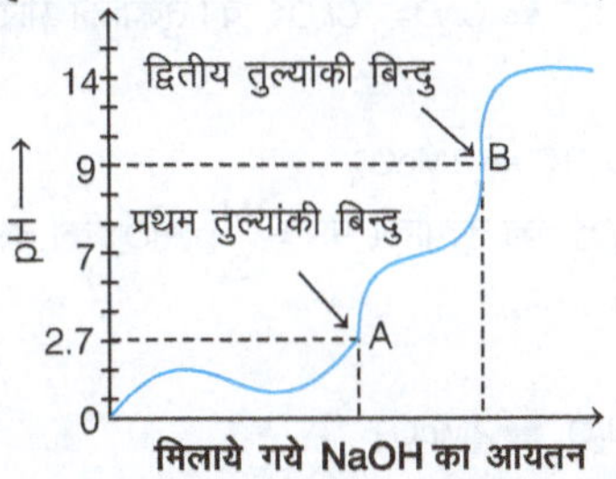

यह अभिक्रिया दो चरणों में पूर्ण होती है अतः इसके दो तुल्यांकी बिन्दु होते हैं। प्रथम और द्वितीय तुल्यांकी बिन्दु का pH क्रमशः 2.7 और 2.9 पर दिखाई देता है।

सामान्यतः जब अम्ल मानक क्षार के साथ अनुमापन के लिए बहुत दुर्बल होता है तो अम्ल के लवण का मानक क्षार विलयन के साथ अनुमापन किया जा सकता है।

जैसे कार्बोनिक अम्ल का सोडियम हाइड्रोक्साइड के साथ मात्रात्मक अनुमापन नहीं किया जा सकता लेकिन सोडियम कार्बोनेट हाइड्रोक्लोरिक अम्ल और सल्फ्यूरिक अम्ल द्वारा अनुमापन किया जा सकता है।

$$CO_3^{2-} + 2H^+ \longrightarrow H_2O + CO_2$$

जैसे–Na_2CO_3 (प्रबल क्षार) एवं HCl (प्रबल अम्ल)

अम्ल-क्षार सूचक (Acid-Base Indicators)

ये मूल रूप से रंग परिवर्तित करके अनुमापन में अन्तिम बिन्दु को बताते हैं। अम्ल-क्षार अनुमापन के लिए, एक दुर्बल अम्ल या दुर्बल क्षार का उपयोग सूचक के रूप में किया जाता है।

कुछ सामान्य सूचक उनके रंग और pH मान के साथ जिसमें वे रंग परिवर्तित करते हैं निम्नलिखित तालिका में दिये गये हैं। एक सूचक समान pH परास में रंग में परिवर्तन दिखाता है जैसा कि तुल्यांकी बिन्दु के आस-पास उत्पन्न होता है।

pK_a (सूचक) = pH अर्द्ध तुल्यता बिन्दु पर

सामान्य सूचकों की pH परास और रंग

सूचक	pH परास	अम्लीय माध्यम में रंग	क्षारीय माध्यम में रंग
थाइमॉल ब्लू	1.2-2.8	लाल	पीला
ब्रोमोफीनॉल ब्लू	3.1-4.6	पीला	बैंगनी
मेथिल ऑरेन्ज	3.1-4.5	लाल	पीला
मेथिल रेड	4.2-6.3	लाल	पीला
ब्रोमोथाइमॉल ब्लू	6.0-7.5	नारंगी	नीला
फीनॉल रेड	6.4-8.2	पीला	लाल
थायमॉल ब्लू (क्षार)	8.1-9.6	पीला	लाल
फीनॉलफ्थैलीन	8.0-9.8	रंगहीन	नीला
थाइमोफ्थैलीन	9.3-10.5	रंगहीन	गुलाबी
ऐलिजरीन पीला *R*	10.1-12.1	पीला	नीला

Marks Maximizer

प्रबल अम्ल और प्रबल क्षार अनुमापन के लिए ब्रोमोथाइमोल ब्लू या फीनॉल रेड का उपयोग किया जा सकता है।

- प्रबल अम्ल और दुर्बल क्षार अनुमापन के लिए मिथाइल ऑरेन्ज या मिथाइल रेड को सूचक के रूप में प्रयोग किया जाता है।
- दुर्बल अम्ल और प्रबल क्षार अनुमापन के लिए फिनॉलफ्थैलीन सबसे उपयुक्त सूचक हैं
- हैण्डरसन- हसेलबल्व समीकरण दर्शाता है कि जब $pH = pK_a$, तब अम्ल और क्षार की सान्द्रता बराबर होती है और रंग अम्ल और क्षार दोनों रूपों का मिश्रण होगा।
- $pH < pK_a - 1.0 \rightarrow$ पर अम्लीय रूप प्रबल होता है।
- $pH < pK_a - 1.0 \rightarrow$ पर क्षारीय रूप प्रबल होता है।

रेडॉक्स अनुमापन (Redox Titrations)

रेडॉक्स अभिक्रियाएँ ऑक्सीकारक तथा अपचायक अभिकर्मक के मध्य होने वाली ऑक्सीकरण तथा अपचायक अभिक्रिया पर आधारित है। अतः अम्लीय, क्षारीय तथा उदासीन माध्यम में $KMnO_4$, $K_2Cr_2O_7$ जैसे उपयुक्त ऑक्सीकारक अभिकर्मक का उपयोग करके Fe, Fe^{2+}, H_2O_2, $CaOCl_2$, MnO_2 जैसे अपचायक की सान्द्रता निर्धारित की जा सकती है।

- **सूचक** (Indicator) इन अनुमापनों में $KMnO_4$ स्वयंसूचक की तरह कार्य करता है। अम्लीय माध्यम में $KMnO_4$ अपचायक अभिकर्मक (जैसे ऑक्जैलिक अम्ल, मोहर लवण) के साथ अभिक्रिया करते हैं जब सम्पूर्ण अपचायक अभिकर्मक का ऑक्सीकरण हो जाता है तो शेष $KMnO_4$ विघटित नहीं होता है और विलयन को गुलाबी रंग प्रदान करता है और इस प्रकार एक संकेतक के रूप में कार्य करता है।
- अंतिम बिन्दु (end point) $KMnO_4$ में अनुमापन में अंतिम बिन्दु रंगहीन से स्थायी हल्के गुलाबी रंग का होता है।

$KMnO_4$ अनुमापन ($KMnO_4$ Titrations)

ऑक्सीकारक अभिकर्मक के रूप में $KMnO_4$ को शामिल करने वाले रेडॉक्स अनुमापन को परमैंगनोमैट्रिक अनुमापन (permanganometric titrations) कहा जाता है। इस अनुमापन में $KMnO_4$, $MnSO_4 (MnO_4^- \rightarrow Mn^{2+})$ में अपचयित हो जाता है और अपचायक अभिकर्मक अपनी उच्च ऑक्सीकरण अवस्था में ऑक्सीकृत हो जाता है। उदाहरण के लिए $KMnO_4$ के साथ मोहर लवण के अनुमापन के दौरान होने वाले आयनिक समीकरण को इस प्रकार दर्शाया जा सकता है।

Fe^{2+}, MnO_4 द्वारा Fe^{3+} में ऑक्सीकृत हो जाता है, और MnO_4 स्वयं अम्लीय माध्य में Mn^{2+} में अपचयित हो जाता है।

$$5Fe^{2+} + MnO_4^- + 8H^+ \longrightarrow Mn^{2+} + 5Fe^{3+} + 4H_2O$$

सभी स्थितियों में $\quad N_1V_1 = N_2V_2 \;,\; M_1V_1 \neq M_2V_2$

$$\text{तुल्यांकी भार} = \frac{\text{आण्विक भार}}{\text{ऑक्सीकरण अवस्था में कुल परिवर्तन}}$$

$$= \frac{\text{आण्विक भार}}{\text{इलेक्ट्रॉन ग्रहण करना और देना}}$$

रेडॉक्स अनुमापन (आयोडोमैट्रिक/आयोडीमैट्रिक अनुमापन)

पता लगाना	अनुमापन के साथ	अभिक्रियाएँ	O.A और R.A के मध्य सम्बन्ध
Fe^{2+}	MnO_4^-	$Fe^{2+} \longrightarrow Fe^{3+} + e^-$ $MnO_4^- + 8H^+ + 5e^- \longrightarrow Mn^{2+} + 4H_2O$	$5Fe^{2+} \equiv MnO_4^-$ Fe^{2+} का तुल्यांकी भार $= \frac{M}{1}$; MnO_4^- का तुल्यांकी भार $= \frac{M}{5}$
Fe^{2+}	$Cr_2O_7^{2-}$	$Fe^{2+} \longrightarrow Fe^{3+} + e^-$ $Cr_2O_7^{2-} + 14H^+ + 6e^- \longrightarrow 2Cr^{3+} + 7H_2O$	$6Fe^{2+} \equiv Cr_2O_7^{2-}$; $Cr_2O_7^{2-}$ का तुल्यांकी भार $= \frac{M}{6}$
$C_2O_4^{2-}$	MnO_4^-	$C_2O_4^{2-} \longrightarrow 2CO_2 + 2e^-$ $MnO_4^- + 8H^+ + 5e^- \longrightarrow Mn^{2+} + 4H_2O$ JEE Main 2022	$5C_2O_4^{2-} \equiv 2MnO_4^-$ $C_2O_4^{2-}$ का तुल्यांकी भार $= \frac{M}{2}$; MnO_4^- का तुल्यांकी भार $= \frac{M}{5}$
H_2O_2	MnO_4^-	$H_2O_2 \longrightarrow 2H^+ + O_2 + 2e^-$	$5H_2O_2 \equiv 2MnO_4^-$ H_2O_2 का तुल्यांकी भार $= \frac{M}{2}$; MnO_4^- का तुल्यांकी भार $= \frac{M}{5}$
As_2O_3	MnO_4^-	$As_2O_3 + 5H_2O \longrightarrow 2AsO_4^{3-} + 10H^+ + 4e^-$	As_2O_3 का तुल्यांकी भार $= \frac{M}{4}$
AsO_3^{3-}	BrO_3^-	$AsO_3^{3-} + H_2O \longrightarrow AsO_4^{3-} + 2H^+ + 2e^-$ $BrO_3^- + 6H^+ + 6e^- \longrightarrow Br^- + 3H_2O$	तुल्यांकी भार $AsO_3^{3-} = \frac{M}{2}$ तुल्यांकी भार $BrO_3^- = \frac{M}{6}$

ऑक्जैलिक अम्ल एवं $KMnO_4$ का अनुमापन (Titration of Oxalic Acid *vs* $KMnO_4$)

सूचक–$KMnO_4$ एक स्वंसूचक है।

अन्तिम बिन्दु–रंगहीन से स्थायी गुलाबी रंग (ब्यूरेट में ($KMnO_4$))

सिद्धान्त (Theory)

- एक कोनिकल फ्लास्क में 20 मिली लीटर आक्जैलिक अम्ल का विलयन लेकर अनुमापन का प्रयोग किया जाता है। इस ऑक्जैलिक अम्ल की सान्द्रता ज्ञात या अज्ञात हो सकती है।
- इस ऑक्जैलिक अम्ल के विलयन को अम्लीय बनाने के लिए विलयन में समान आयतन में तनु H_2SO_4 मिला लें।
- विलयन को 60–70°C तक गर्म किया जाता है और फिर $KMnO_4$ के साथ अनुमापन किया जाता है। विलयन को ब्यूरेट में तब तक रखा जाता है जब तक विलयन में स्थायी गुलाबी रंग न आ जाए। $KMnO_4$ का उपयोग ज्ञात सान्द्रता और अज्ञात सान्द्रता में कर सकते हैं, लेकिन प्रयोग किया गया इसका आयतन ब्यूरेट की रीडिंग से देखा जाता है।
- रीडिंग का एक सुसंगत क्रम लेने के लिए समान चरणों को 3-4 बार दोहराया जाता है।

रसायन विज्ञान सम्मिलित (Chemistry Involved)

- यह एक रेडॉक्स अनुमापन है जिसमें ऑक्जैलिक अम्ल (अपचायक) की सान्द्रता को ऑक्सीकारक $KMnO_4$ के मानक विलयन के साथ अनुमापन करके निर्धारित किया जाता है।
- ऐसी अभिक्रियाएँ आयनों की संयोजकता में परिवर्तन के साथ होती हैं। इन अनुमापन में ऑक्सीकरण व अपचयन दोनों साथ-साथ होता है।

$$\underset{\text{ऑक्सीकारक}}{2KMnO_4} + 3H_2SO_4 \longrightarrow K_2SO_4 + 2MnSO_4 + 3H_2O + 5[O]\;;$$

$$\left(E_{KMnO_4} = \frac{M}{5}\right)$$

$$5\begin{matrix}COOH \\ | \\ COOH\end{matrix} + 5[O] \xrightarrow{60\text{-}70°C} 5H_2O + 10CO_2\uparrow; \left(E_{H_2C_2O_4} = \frac{M}{2}\right)$$
अपचायक

- $KMnO_4$ के साथ अनुमापन करने से पहले ऑक्जैलिक अम्ल को 60–70°C तक गर्म किया जाता है क्योंकि शीत (cold) में Mn^{2+} के मन्द निर्माण के कारण अभिक्रिया बहुत मन्द होती है।
- यह अनुमापन H_2SO_4 की उपस्थिति में किया जाता है लेकिन HCl की उपस्थिति में नहीं क्योंकि क्लोरीन HCl के ऑक्सीकरण के परिणामस्वरूप बनता है। **JEE Main 2022**
- हम इस अनुमापन में मोलरता समीकरण भी लागू कर सकते हैं चूँकि $KMnO_4$ के दो मोल ऑक्जैलिक अम्ल के 5 मोल के साथ अभिक्रिया करते हैं।

गणना– $$\frac{M_{KMnO_4} \times V_{KMnO_4}}{M_{\text{ऑक्जैलिक अम्ल}} \times V_{\text{ऑक्जैलिक अम्ल}}} = \frac{2}{5}$$

- ऑक्जैलिक अम्ल का तुल्यांकी भार $= \frac{\text{आण्विक भार}}{2} = \frac{126}{2} = 63$

$KMnO_4$ का तुल्यांकी भार $= \frac{\text{आण्विक भार}}{5} = \frac{158}{5} = 31.6$

मोहर लवण एवं $KMnO_4$ का अनुमापन

(Titration of Mohr's Salt vs $KMnO_4$)

सूचक $KMnO_4$ एक स्वसूचक है।

अन्तिम बिन्दु रंगहीन के स्थायी हल्का गुलाबी रंग (ब्यूरेट में $KMnO_4$)

सिद्धान्त (Theory)

यह अनुमापन ऑक्सेलिक अम्ल/$KMnO_4$ के समान ही है। लेकिन इस प्रक्रिया में मोहर लवण अनुमापक को गर्म करने की आवश्यकता नहीं होती।

रसायन विज्ञान सम्मिलित (Chemistry Involved)

- मोहर लवण ($FeSO_4 \cdot (NH_4)_2SO_4 \cdot 6H_2O$), $KMnO_4$ का अनुमापन (ऑक्सीकारक की भांति कार्य करता है) भी एक रेडॉक्स अनुमापन है।
- इस अनुमापन में फेरस अमोनियम सल्फेट (मोहर लवण) का सक्रिय घटक फेरस सल्फेट है जिसे अम्लीकृत पौटेशियम परमैंगनेट द्वारा फेरिक सल्फेट में ऑक्सीकृत किया जाता है जो निम्न प्रकार हैं

$$2KMnO_4 + 3H_2SO_4 \longrightarrow K_2SO_4 + 2MnSO_4 + 3H_2O + 5[O]; \left(E_{KMnO_4} = \frac{M}{5}\right)$$
$$[2FeSO_4 + H_2SO_4 + [O] \longrightarrow Fe_2(SO_4)_3 + H_2O] \times 5$$
$$2KMnO_4 + 8H_2SO_4 + 10FeSO_4 \longrightarrow K_2SO_4 + 2MnSO_4 + 5Fe_2(SO_4)_3 + 8H_2O \left(E_{FeSO_4} = \frac{M}{1}\right)$$

- यह अनुमापन कमरे के तापमान पर किया जाता है क्योंकि गर्म करने पर मोहर लवण नमी द्वारा ऑक्सीकृत हो जाता है। सल्फ्यूरिक अम्ल अधिक मात्रा में होना चाहिए अन्यथा MnO_2 बनने के कारण भूरे रंग का अवक्षेप बन जाएगा।

गणना

- इस अनुमापन पर मोलरता समीकरण को लागू किया जा सकता है।

$$\frac{M_{KMnO_4} \times V_{KMnO_4}}{M_{\text{मोहर लवण}} \times V_{\text{मोहर लवण}}} = \frac{1}{5}$$

- मोहर लवण का तुल्यांकी भार $= \frac{\text{आण्विक भार}}{1} = 392$

$KMnO_4$ का तुल्यांकी भार $= \frac{158}{5} = 31.6$

$CuSO_4$ विलयन की एन्थैल्पी (Enthalpy of Solution of $CuSO_4$)

- **विघटन की ऊष्मा** (Heat of dissolution) विघटन की ऊष्मा को ऊष्मा परिवर्तन की मात्रा के रूप में परिभाषित किया जा सकता है जब किसी पदार्थ के 1 मोल को विलायक की अधिक मात्रा में घोला जाता है ताकि आगे तनुकरण से कोई ऊष्मा परिवर्तन न हो। इसे विलयन की ऊष्मा या विलयन की एन्थैल्पी के रूप में भी जाना जाता है।
- विलयन की ऊष्मा धनात्मक या ऋणात्मक हो सकती है अर्थात् लवण का विघटन ऊष्माक्षेपी या ऊष्माशोषी प्रक्रिया दोनों से हो सकता है।

सिद्धान्त (Theory)

- इसे ऊष्मा विरोधक (कुचालक) बर्तन में जल का ज्ञात आयतन डालकर और फिर उसमें दिये गये पदार्थ ($CuSO_4$) का भार जोड़ने पर तापमान में परिवर्तन का पता लगाकर निर्धारित किया जा सकता है। तापमान में परिवर्तन से अवशोषित या विकसित ऊष्मा की गणना कर सकते हैं।

$$CuSO_4 \cdot 5H_2O + H_2O(l) \longrightarrow CuSO_4(aq) + \Delta H$$

- **गणना** विलयन की एन्थैल्पी/विघटन

$$= \frac{(W+m) \times \Delta t \times 42 \times M}{w} \text{ जूल मोल}^{-1}$$
$$= \frac{(W+m) \times \Delta t \times M}{w} \text{ कैलोरी मोल}^{-1}$$

W = कैलोरीमीटर में जल समतुल्य

m = कैलोरीमीटर में लिया गया जल का भार

Δt = तापमान में परिवर्तन $= (t_{\text{अन्तिम}} - t_{\text{प्रारम्भिक}})$

M = विलेय का आण्विक भार, w = विलेय का भार

जल समतुल्य कैलोरीमीटर (Water Equivalent of Calorimeter)

इसे जल की उस मात्रा के रूप में परिभाषित किया जाता है जिसे तापमान को 1 डिग्री बढ़ाने के लिए उतनी ही मात्रा में ऊष्मा की आवश्यकता होती है जितनी कैलोरीमीटर के लिए आवश्यक होती है।

प्रयोग में शामिल रासायनिक सिद्धान्त

(Chemical Principle Involved in Experiment)

- विद्युत अपघटन के दौरान जब $CuSO_4$ को जल में डाला जाता है तो यह $CuSO_4$ को विलेय कर देता है और Cu^{2+} और SO_4^{2-} आयनों में विघटित कर देता है जो विलयन में स्वतन्त्र रूप से घूमते हैं क्योंकि यह एक विद्युत अपघट्य है।
- दो कॉपर इलेक्ट्रोड को विलयन में डुबाया जाता है।
- Cu^{2+} आयन को कैथोड में डालकर बैटरी के –ve सिरे से जोड़ा जाता है और SO_4^{2-} आयन को ऐनोड में डालकर बैटरी के +ve सिरे से जोड़ा जाता है।
- परिणामस्वरूप SO_4^{2-} आयन ऐनोड की ओर प्रवाहित होते हैं और SO_4 मूलक बनाते हैं।
- यद्यपि सल्फेट मूलक विद्युतीय उदासीन अवस्था में नहीं पाये जाते, ये एनोड पर कॉपर की अभिक्रिया से कॉपर सल्फेट बनाते हैं।
- $CuSO_4$ एकल जल परमाणु में नहीं पाया जाता, अतः यह Cu^{2+} और SO_4^{2-} आयन में विघटित होकर जल में घुल जाता है जिसके परिणामस्वरूप कॉपर

इलेक्ट्रोड का प्रयोग किए जाने पर विद्युत अपघटन के दौरान कॉपर कैथोड पर जम जाता है और ऐनोड से उतनी ही मात्रा में कॉपर हटा दिया जाता है।

नोट $CuSO_4$ *के विलयन की एन्थैल्पी* – 16 *किलो कैलोरी है।*

प्रबल अम्ल और प्रबल क्षार के उदासीनीकरण की एन्थैल्पी (Enthalpy of Neutralisation of Strong Acid and Strong Base)

- उदासीनीकरण की ऊष्मा को एन्थैल्पी में परिवर्तन के रूप में परिभाषित किया जाता है जो किसी 1 ग्राम तुल्यांक अम्ल को 1 ग्राम तुल्यांक क्षार से (या विपरीत) तनु विलयन में उदासीन कर सके।

$HCl(aq) + NaOH(aq) \longrightarrow NaCl(aq) + H_2O, \Delta H = -ve$

- उदासीनीकरण अभिक्रियाएँ ऊष्माशोषी प्रकृति की होती हैं अर्थात् ΔH हमेशा ऋणात्मक होता है।

सिद्धान्त (Theory)

- प्रबल अम्ल या प्रबल क्षार की उदासीनीकरण एन्थैल्पी को साधारण पॉलीथीन बोतल वाले कैलोरीमीटर का प्रयोग करके मापा जा सकता है। अम्ल और क्षार के मानक विलयन के ज्ञात आयतन मिलाते हैं और तापमान में होने वाले परिवर्तन को नोट कर लेते हैं।
- **उदासीनीकरण ऊष्मा की गणना**

$$= \frac{(W+m)\times \Delta t \times 4.2}{N \times V_{(mL)}} \text{ किलोजूल} = \frac{(W+m)\times \Delta t}{N \times V_{(mL)}} \text{ कैलोरी}$$

जहाँ, W = कैलोरीमीटर का जल समतुल्य

m = उदासीनीकरण के पश्चात् विलयन के मिश्रण का द्रव्यमान

Δt = ताप में परिवर्तन

N = निरीक्षण के अन्तर्गत अम्ल और क्षार की नॉर्मलता

V = निरीक्षण के अन्तर्गत अम्ल और क्षार का आयतन मिली में।

प्रयोग में शामिल रासायनिक सिद्धान्त
(Chemical Principle Involved in the Experiment)

- अम्ल की क्षार के साथ उदासीनीकरण के दौरान ऊष्मा निकलती है।
- एक प्रबल क्षार द्वारा किसी प्रबल अम्ल के उदासीनीकरण में औसत एन्थैल्पी अम्ल या क्षार की प्रकृति के निरपेक्ष –57.3 किलो जूल (–13.7 किलो कैलोरी) पायी जाती है।

$$H^+(aq) + OH^-(aq) \longrightarrow H_2O(l); \Delta H = -13.7 \text{ किलो कैलोरी}$$

$$H^+(aq) + Cl^-(aq) + Na^+(aq) + OH^-(aq) \longrightarrow$$
$$Na^+(aq) + Cl^-(aq) + H_2O(l); \Delta H = -13.7 \text{ किलो कैलोरी}$$

- 13.7 किलो कैलोरी ऊष्मा मुक्त होती है और यह सभी प्रबल अम्ल और क्षार की उदासीनीकरण ऊष्मा होती है।
- उदासीनीकरण एन्थैल्पी सदैव स्थिर रहती है। एक प्रबल अम्ल और एक प्रबल क्षार के लिए वे पूरी तरह से तनु विलयन में आयनित होते हैं।

द्रवस्नेही और द्रवविरोधी सॉल की बनाने की विधि (Preparation of Lyophilic and Lyophobic Sols)

कोलाइड (Colloids)

- कोलाइडल अवस्था वास्तविक विलयन और निलम्बन के मध्य की मध्यवर्ती अवस्था है। कोलाइडी कणों के आकार का परिसर (1–1000 nm) तक होता है। कोलाइडी विलयन विषमांगी प्रकृति के होते हैं और इनकी दो अवस्था होती हैं।

(i) **परिक्षिप्त अवस्था** (Dispersed phase) वास्तविक विलयन में विलेय के समतुल्य होता है।

(ii) **परिक्षेपण माध्यम** (Dispersion medium) वास्तविक विलयन में विलायक के समतुल्य होता है।

- परिक्षिप्त प्रावस्था को परिक्षेपण माध्यम में वितरित किया जाता है।
- परिक्षिप्त प्रावस्था और परिक्षेपण माध्यम के मध्य परस्पर क्रिया के आधार पर कोलाइडी विलयन दो प्रकार के होते हैं।
- **द्रव स्नेही विलयन** (Lyophillic sols) इस प्रकार के कोलाइडल विलयन में परिक्षिप्त प्रावस्था में परिक्षेपण माध्यम के लिए बहुत अधिक समानता होती है। इन्हें परिक्षेपण माध्यम में पदार्थ को मिलाकर एवं गर्म करके तैयार करना आसान है।

  ये अत्यधिक स्थायी होते है और विद्युत अपघट्य डालने पर आसानी से स्कन्दित नहीं होते हैं। ये उत्क्रमणीय कोलाइड हैं और इन्हें परिक्षेपण माध्यम से जोड़कर पुनर्गठित किया जा सकता है। जैसे स्टार्च, प्रोटीन, गोंद, जिलेटिन आदि। यदि परिक्षेपण माध्यम के स्थान पर जल का उपयोग किया जाए तो इसे द्रव स्नेही सॉल कहा जाता है।
- **द्रव विरोधी सॉल** (Lyophobic sols) इस प्रकार के कोलाइडल विलयन में, परिक्षिप्त अवस्था में परिक्षेपण माध्यम के लिए बहुत कम या कोई आकर्षण नहीं होता है।
- ये विलायक प्रतिकर्षी कोलाइड हैं। इन कोलाइड को तैयार करने के लिए विशेष विधियों और स्थिरीकरण के लिए विद्युत अपघट्य की आवश्यकता होती हैं। ये अस्थायी होते हैं और विद्युत अपघट्य द्वारा आसानी से जमाए जा सकते हैं। ये अपरिवर्तनीय कोलॉइड हैं और एक बार अवक्षेपित होने के बाद, इन्हें केवल परिक्षेपण माध्यम से जोड़कर वापस नहीं बनाया जा सकता है, जैसे धातु सल्फाइड और ऑक्साइड।

  उदाहरण- एल्युमिनियम हाइड्रॉक्साइड, फेरिक हाइड्रॉक्साइड, आर्सेनियस सल्फाइड का कोलॉइड आदि।

सॉल बनाने का सिद्धान्त (Theory of Preparation of Sols)

स्टार्च, गोंद-अरेबिक, जिलेटिन आदि जैसे द्रव-रागी सोल को बनाने के लिए इन पदार्थों को उपयुक्त विलायक के साथ गर्म किया जाता है। हालाँकि, द्रव-रागी सोल को प्रयोगशाला में निम्नलिखित दो विधियों में से किसी एक द्वारा तैयार किया जा सकता है।

(i) **संघनन विधि** (Condensation method) इस विधि में विलयन में उपस्थित विलेय कण के आकार को कोलाइडल आकार तक बढ़ाया जाता है। यह हाइड्रोलिसिस, ऑक्सीकरण, अपचमन या दोहरे अपघटन से प्रभावित हो सकता है।

ये सभी आभिक्रियाएँ इस प्रकार से की जाती हैं कि इनसे अघुलनशील उत्पाद बनते हैं। इस विधि द्वारा आर्सेनिक सल्फाइड, फेरिक हाइड्रॉक्साइड, एल्युमिनियम हाइड्रॉक्साइड सोल तैयार किए जाते हैं। फेरिक हाइड्रॉक्साइड सोल बनाने के लिए, उबलते पानी में फेरिक क्लोराइड को बूंद-बूंद करके डाला जाता है।

$$FeCl_3(aq) + 3H_2O(l) \xrightarrow{\text{उबलता जल}} Fe(OH)_2(s) + 3HCl(aq)$$

(ii) **परिक्षेपण विधि** (Dispersion method) इस विधि में कोलाइडल आकार के निलम्बन में मोटे कणों को तोड़ा जाता है। मोटे कणों के आकार को कोलाइडल के कणों के समान करने के लिए विद्युत आर्क, यान्त्रिक विधि जैसे पीसना, हिलाना या समरूपीकरण विधि का उपयोग किया जाता है। इस विधि से सोने तथा स्टार्च के कोलाइड तैयार किये जाते हैं।

Marks Maximizer

आर्सेनिक सल्फाइड कोलाइडल आर्सेनियस आक्साइड की H_2S गैस के द्विविखण्डन अभिक्रिया द्वारा बनता है।

$$As_2O_3 + 3H_2S \longrightarrow \underset{\text{(कोलाइडल)}}{As_2S_3} + 3H_2O$$

सॉल का शोधन (Purification of Sols)

- कोलाइडों का विभिन्न विधियों द्वारा निर्माण किया जा सकता है इसमें घुलनशील विद्युत अपघट्य की अशुद्धियाँ हो सकती है। ये अशुद्धियाँ कोलाइडी के अवक्षेपण का कारण बनती है। इसलिए इन अवांछनीय अशुद्धियों को दूर करना आवश्यक हो जाता है। सबसे अधिक उपयोग की जाने वाली विधि अपोहन कहलाती है।

अपोहन (Dialysis)

यह विधि इस तथ्य पर आधारित है कि एक अर्द्धपारगम्य झिल्ली केवल विद्युत अपघट्य को गुजरने की अनुमति देती है न कि कोलाइडल कणों को। अर्द्धपारगम्य झिल्ली चर्मपत्र या सैलोफोन कागज या पतली जानवर की खाल से बनी होती है। कोलाइडल को चर्मपत्र या कागज या जानवरों की खाल से बने पतले थैले में लिया जाता है जिसे एक कुण्ड में बहते पानी में रखा जाता है अशुद्धियाँ धीरे-धीरे थैले से बाहर निकल जाती हैं और उसके अन्दर एक शुद्ध कोलाइडल बचा रह जाता है।

हाइड्रोजन परॉक्साइड के साथ आयोडाइड आयन की रासायनिक अभिक्रिया का गतिज अध्ययन (Kinetic Study of the Reaction of Iodide Ions with Hydrogen Peroxide)

- **अभिक्रिया की दर**–इसे सान्द्रता की दर में परिवर्तन अर्थात् किसी एक अभिकारक या उत्पाद प्रति इकाई समय सान्द्रता में परिवर्तन के रूप में परिभाषित किया जाता है।

  एक सामान्य अभिक्रिया $A + B \longrightarrow C + D$

  $$\text{अभिक्रिया की दर} = -\frac{\Delta[A]}{\Delta t} = -\frac{\Delta[B]}{\Delta t}$$

  $$= \frac{+\Delta[C]}{\Delta t} = \frac{+\Delta[D]}{\Delta t} = \text{मोल ली}^{-1}\text{ से}^{-1}$$

- दर अभिव्यक्ति में नकारात्मक चिन्ह सान्द्रता में कमी जबकि धनात्मक चिन्ह सान्द्रता में वृद्धि को दर्शाता है।

अभिक्रिया का सिद्धान्त (Theory of Reaction)

- हाइड्रोजन परोक्साइड एक आक्सीकारक है जो अम्लीय माध्यम में आयोडाइड आयन को आयोडीन में ऑक्सीकृत करता है।

$$H_2O_2 + 2I^- + 2H^+ \xrightarrow{\text{मन्द}} 2H_2O + I_2$$

- इस अभिक्रिया को सोडियम थायोसल्फेट विलयन और स्टार्च विलयन के ज्ञात आयतन को अभिक्रिया मिश्रण में मिलाकर देखा जाता है।
- मुक्त आयोडीन, सोडियम थायोसल्फेट से क्रिया करके आयोडाइड आयन को अपचयित कर देता है।

$$I_2 + 2S_2O_3^{2-} \xrightarrow{\text{तीव्र}} S_4O_6^{2-} + 2I^-$$

- जब थायोसल्फेट आयन की पूर्ण खपत हो जाती है तो मुक्त आयोडीन स्टार्च विलयन से अभिक्रिया करके नीला रंग देता है।

$$I_2 + \text{स्टार्च} \longrightarrow \text{नीला रंग}$$

- नीला रंग दिखाई देने से पहले बीता हुआ समय अभिक्रिया की दर का अनुमान बताता है।
- इस प्रतिक्रिया को क्लॉक अभिक्रिया भी कहते हैं क्योंकि रंग की उपस्थिति का समय घड़ी की सटीकता को दर्शाता है।

प्रयोग में शामिल होने वाला रसायन विज्ञान सिद्धान्त (Chemistry Principle Involved in the Experiment)

- सामान्य अभिक्रिया के लिए $xX + yY \longrightarrow$ उत्पाद

  सक्रिय द्रव्यमान के नियमानुसार

  $$\text{दर} \propto [X]^x[Y]^y \quad \text{अथवा दर} = k[X]^x[Y]^y$$

  जहाँ x और y स्टिशियोमिट्रिक गुणांक है।

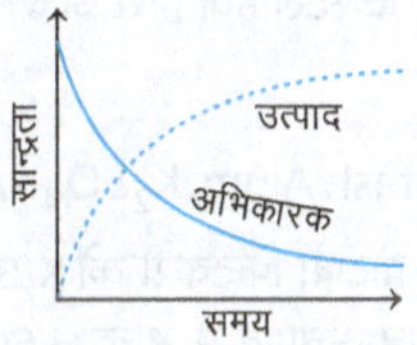

दर के नियम के अनुसार–

$$\text{दर} \propto [X]^a[Y]^b$$

अथवा $$\text{दर} = k[X]^a[Y]^b$$

जहाँ $[X]$ और $[Y]$, X और Y की क्रमशः मोलर सान्द्रता है, K को दर स्थिरांक और वेग स्थिरांक कहते हैं। प्रयोग के अनुसार a और b $[X]$ और $[Y]$ के गुणांक हैं।

$(a + b)$ को अभिक्रिया की कोटि कहा जाता है जबकि $(x + y)$ को प्राथमिक अभिक्रिया के लिए अभिक्रिया की आण्विकता कहा जाता है। जितनी अभिकारक की सान्द्रता अधिक होगी अभिक्रिया उतनी तीव्र होगी। अभिकारक की सान्द्रता के अतिरिक्त अभिक्रिया की दर अभिकारक की प्रवृत्ति, तापमान, उत्प्रेरक, पृष्ठीय क्षेत्र, प्रकाश आदि पर निर्भर करती है।

अकार्बनिक रसायन से सम्बन्धित सिद्धान्त

(Inorganic Chemistry Related Principles)

मोहर लवण [$FeSO_4 \cdot (NH_4)_2SO_4 \cdot 6H_2O$] NEET 2024

यह एक द्विक लवण है। जब फेरस सल्फेट और अमोनियम सल्फेट को परस्पर मिलाया जाता है और वाष्पीकृत व ठण्डा किया जाता है तो मोहर लवण के हल्के हरे रंग के क्रिस्टल प्राप्त होते हैं।

$$(NH_4)_2SO_4 + FeSO_4 \cdot 7H_2O \longrightarrow \underset{\text{मोहर लवण हल्का हरा}}{FeSO_4 \cdot (NH_4)_2SO_4 \cdot 6H_2O} + H_2O$$

गर्म जल में फेरस सल्फेट विलयन को तैयार करने के दौरान फेरस सल्फेट को जल अपघटित होने से रोकने के लिए अर्थात् फेरस सल्फेट को फेरस हाइड्राक्साइड में परिवर्तित होने से रोकने के लिए तनु H_2SO_4 (अल्प मात्रा में) भी मिलाया जाता है।

रसायन (Chemistry)

द्विक लवण लवण के घटकों को समान मात्रा में जल में घोलकर प्राप्त किया जाता है जिससे वे एक ही पदार्थ के रूप में एक साथ क्रिस्टलीकृत हो जाएँ।

मोहर लवण के निर्माण में उपयोग किये जाने वाले जल में विलेय ऑक्सीजन को बाहर निकालने के लिए 5 मिनट पहले उबाला जाता है जो फेरस लवण को फेरिक लवण में ऑक्सीकृत कर सकता है।

अनुप्रयोग (Applications)

विश्लेषणात्मक रसायन विज्ञान में, यह लवण फेरस आयन का मुख्य स्रोत है।

यह एक सामान्य प्रयोगात्मक अभिकर्मक है क्योंकि इनका बहुत तेजी से क्रिस्टलीकरण होता है और क्रिस्टल हवा द्वारा ऑक्सीकरण का विरोध करते हैं।

पोटाश फिटकरी [Potash Alum, $K_2SO_4 \cdot Al_2(SO_4)_3 \cdot 24H_2O$]

यह भी एक द्विक लवण है। पोटाश फिटकरी को K_2SO_4 और $Al_2(SO_4)_3$ को जल की अल्प मात्रा में समान अनुपात में सान्द्र H_2SO_4 की कुछ बूँदें डालकर बनाया जाता है। ठण्डा होने पर पोटाश फिटकरी रंगहीन क्रिस्टल के रूप में अलग हो जाता है।

$$K_2SO_4 + Al_2(SO_4)_3 + 24H_2O \longrightarrow K_2SO_4 \cdot Al_2(SO_4)_3 \cdot 24H_2O$$

फिटकरी समरूप क्रिस्टलीय ठोस है, इनका जलीय विलयन जल अपघटन के कारण अम्लीय प्रकृति का होता है।

रसायन (Chemistry)

जल अपघटन से रोकने के लिए पोटाश फिटकरी या मोहर लवण बनाते समय थोड़ा-सा सल्फ्यूरिक अम्ल मिलाया जाता है।

अनुप्रयोग (Applications)

- इसका उपयोग अशुद्ध जल को शुद्ध करने, रक्तस्राव रोकने और रंगाई उद्योग के लिए किया जाता है।
- इसका उपयोग शेविंग करने के बाद या दुर्गन्ध दूर करने वाले पदार्थ के रूप में भी किया जाता है।

गुणात्मक विश्लेषण या लवण विश्लेषण

(Qualitative Analysis or Salt Analysis)

लवण में क्षारीय और अम्लीय मूलकों की पहचान विभिन्न परीक्षण करके की जा सकती है।

(i) **शुष्क परीक्षण**–इसमें निम्नलिखित परीक्षण शामिल है।
- भौतिक अवलोकन
- ताप का प्रभाव
- लवण की विलेयता
- यौगिक की गंध
- चारकोल कैविटी परीक्षण
- लौ परीक्षण
- बोरेक्स बीड परीक्षण
- कोबाल्ट नाइट्रेट परीक्षण
- सूक्ष्म जगत लवण बीड परीक्षण
- सोडियम कार्बोनेट बीड परीक्षण

(ii) **नम परीक्षण**–शुष्क परीक्षण हमें मिश्रण में सम्भावित मूलकों की उपस्थिति के बारे में बताता है लेकिन नम परीक्षणों से इसकी पुष्टि होती है।

शुष्क परीक्षण (Dry Tests)

लवण या मिश्रण का भौतिक प्रेक्षण

(Physical Observation of Salt or Mixture)

भौतिक परीक्षण में, दिये गए मिश्रण का रंग, गंध और घनत्व देखा जाता है।

प्रेक्षण	निष्कर्ष
A. यदि पदार्थ का रंग नीला है तो इसका जलीय विलयन भी नीला होता है।	क्यूप्रिक लवण
हरा है तो, इसका जलीय विलयन भी हरा है।	निकेल के लवण
हल्का गुलाबी है तो इसका जलीय विलयन रंगहीन है।	मैग्नीज के लवण
लाल-भूरा	Fe_2O_3
लाल	Pb_3O_4, Cu_2O
काला	CuO, NiO, FeS, CuS, PbS, FeO, Ni_2O_3, Cu_2S, $CuBr_2$, NiS आदि।
पीला	CdS, PbI_2, क्रोमेट आदि
पीला-हरा जलीय विलयन हरा या लगभग रंगहीन होता है।	Fe^{2+} के लवण
पीला-भूरा, जलीय विलयन पीला होता है।	Fe^{3+} के लवण
रंगहीन	Mn के कुछ लवणों के अतिरिक्त संक्रमण धातुएँ अनुपस्थित हैं।
B. पदार्थ की गन्ध	
सिरके जैसी गन्ध	ऐसीटेट
सड़े अण्डे जैसी गन्ध	सल्फाइड
अमोनिया युक्त गन्ध	अमोनिया लवण मुख्यतः $(NH_4)_2CO_3$ कुछ अमोनियम लवण और सल्फाइड गन्ध नहीं देते।
C. घनत्व	
मिश्रण और लवण हल्के होते हैं।	Zn, Al, Ba, Ca और Mg के लवण
लवण का मिश्रण भारी होता है।	Pb के लवण

ताप का प्रभाव (Effect of Heating)

दिये गए पदार्थ को एक साफ, सूखी परखनली में लें और इसे पहले धीरे से और फिर तेजी से गर्म करें। परिणामस्वरूप लवणों के रंग में परिवर्तन आ जाता है।

प्रेक्षण	निष्कर्ष
पदार्थ पिघल जाता है।	Pb और उनके लवण जिनमें क्रिस्टलीकरण का पानी होता है।
पदार्थ में दरारें पड़ जाती हैं।	$Pb(NO_3)_2$, $Ba(NO_3)_2$, NaCl और KI
गर्म करने पर पदार्थ ऊर्ध्वपातित हो जाता है और ऊर्ध्वापातन का रंग हो जाता है।	
• सफेद	$AlCl_3$
• नीली, पीली और बैंगनी वाष्प	आयोडाइड
गर्म करने के बाद प्राप्त अवशेषों का रंग। (अवशेषों में मुख्य रूप से धात्विक ऑक्साइड होता है।)	
• सफेद और असंलयित	Ca, Ba, Mg, Zn और Al के ऑक्साइड
• लाल-भूरा	Fe_2O_3
• काला और असंलयित	NiO, MnO_2 और CuO
• सफेद असंलयित, गर्म करने पर पीला हो जाता है।	ZnO
• प्रारम्भ में, यह नीला और हरा रहता है गर्म करने पर सफेद हो जाता है।	$CuSO_4 \cdot 5H_2O$

विकसित गैसों का अवलोकन (Observation of gases evolved)

(i) रंगहीन, गन्धहीन गैस	कार्बोनेट और ऑक्सलेट
• CO_2, जो चूने के पानी को दूधिया बनाता है।	
रंगहीन, गन्धयुक्त गैस	
• H_2S सड़े अण्डे की गंध	सल्फाइड
• HCl, तीक्ष्ण गन्ध और NH_3 के साथ सफेद धुआँ बनाता है।	हाइड्रेटेड क्लोराइड लवण
(ii) रंगीन, गंधयुक्त गैस	
• Cl_2, पीली-हरी तीक्ष्ण गन्ध वाली गैस	क्लोराइड
• I_2, बैंगनी गैस	आयोडाइड
• Br_2, लाल-भूरी गैस	ब्रोमाइड
• NO_2, भूरी गैस	भारी धातुओं के नाइट्रेट या नाइट्राइड

ज्वाला (लौ) परीक्षण (Flame Test)

- यह परीक्षण इस तथ्य पर आधारित है कि क्लोराइड के उच्च आयनीकरण की स्थिति में कुछ धनायन ज्वाला (लौ) की विशिष्ट रंग प्रदान करते हैं क्योंकि धनायन लौ से ऊर्जा को अवशोषित करता है और उसी को विशिष्ट रंग के प्रकाश के रूप में प्रसारित करता है।
- इस विधि में लवण और सान्द्र HCl के घोल को निम्न ऑक्सीकरण अवस्था में लाया जाता है और लवण द्वारा लौ को दिये गये रंग का अवलोकन किया जाता है।
- विशेष रूप से समूह V (Ba^{2+}, Ca^{2+}, Sr^{2+}) के लवणों की पहचान लौ के रंगों से की जाती है।

ज्वाला (लौ) परीक्षण में रंग

रंग	धनायन
ईंट जैसा लाल	Ca^{2+}
हरा सेब	Ba^{2+}
हरा	Cu^{2+}
नीला	Cu^{2+}
सिंदूरी लाल	Sr^{2+}
सुनहरा पीला	Na^+

Marks Maximizer

ज्वाला परीक्षण के लिए प्लेटिनम धातु को अन्य धातुओं की तुलना में प्राथमिकता दी जाती है क्योंकि प्लेटिनम अम्ल के साथ अभिक्रिया नहीं करता है और स्वयं लौ को कोई विशिष्ट रंग प्रदान नहीं करता है।

बोरेक्स बीड परीक्षण (Borax Bead Test)

बोरेक्स, $Na_2B_4O_7 \cdot 10H_2O$ को प्लेटिनम लूप पर गर्म किया जाता है जिससे सोडियम मेटा बोरेट ($NaBO_2$) और बोरिक एनहाइड्राइड (B_2O_3) का एक पारदर्शी रंगहीन काँच जैसा बीड (मनका) बनता है।

$$Na_2B_4O_7 \xrightarrow{\Delta} 2NaBO_2 + B_2O_3$$

लाक्षणिक रंगीन बीड Cu, Fe, Cr, Mn, Co और Ni के लवणों से निर्मित होते हैं।

मनके (बीड) का रंग उस लौ पर निर्भर करता है जिसमें इसे गर्म किया गया है।

$$CuSO_4 + B_2O_3 \longrightarrow \underset{\substack{\text{कॉपर (II)} \\ \text{(हरा जब गर्म और} \\ \text{नीला जब ठण्डा)}}}{Cu(BO_2)_2} + SO_3 \quad \text{(ऑक्सीकृत ज्वाला)}$$

$$2Cu(BO_2)_2 + C \longrightarrow 2CuBO_2 + B_2O_3 + CO\uparrow \quad \text{(अपचयित ज्वाला)}$$

$$2CuBO_2 + C \longrightarrow \underset{\text{लाल}}{2Cu\downarrow} + B_2O_3 + CO\uparrow$$

कुछ आयनों के रंग बोरेक्स बीड परीक्षण दिखाते हैं।

बोरेक्स बीड परीक्षण में रंग

ऑक्सीकृत ज्वाला		अपचयित ज्वाला		
गर्म	ठण्डा	गर्म	ठण्डा	धातु
हरा	नीला	रंगहीन	अपारदर्शी लाल-भूरा	Cu
पीला-भूरा	पीला	हरा	हरा	Fe
बैंगनी	नीलम लाल	रंगहीन	रंगहीन	Mn
बैंगनी	लाल भूरा	स्लेटी	स्लेटी	Ni

नम परीक्षण (Wet Tests)

- नम विश्लेषण में पदार्थ को विलयन बनाने के लिए पहले जल में घोला जाता है और फिर अम्ल और क्षार मूलकों के लिए इसका परीक्षण करते हैं।
- अकार्बनिक लवण मिश्रण के विश्लेषण में पहले अम्ल मूलक का विश्लेषण किया जाता है फिर क्षार मूलक का।

अम्लीय मूलकों का विश्लेषण (Analysis of Acid Radicals)

1. प्रथम समूह आयनों का विश्लेषण

(Analysis of First Group Anions, CO_3^{2-}, S^{2-}, NO_2^-)

- समूह अभिकर्मक तनु सल्फ्यूरिक अम्ल है।
- प्रथम समूह के ऋणायन जब तनु H_2SO_4 से क्रिया करते हैं तो विशिष्ट रंग और गन्ध वाली गैस निकलती है।
- मुक्त गैसों के आधार पर आयनों की पहचान की जाती है।

(i) कार्बोनेट (CO_3^{2-}) के परीक्षण में होने वाली अभिक्रियाएँ

(Reaction Involved in the Test of Carbonate (CO_3^{2-}))

- $Na_2CO_3 + 2HCl \longrightarrow 2NaCl + H_2O + \underset{\text{रंगहीन और गन्धहीन गैस}}{CO_2\uparrow}$
- $Ca(OH)_2 + CO_2 \longrightarrow \underset{\text{कैल्शियम कार्बोनेट (दूधिया)}}{CaCO_3\downarrow} + H_2O$
- $CaCO_3 + H_2O + CO_2(\text{आधिक्य}) \longrightarrow \underset{\text{कैल्शियम बाइकार्बोनेट (रंगहीन)}}{Ca(HCO_3)_2}$

I. CO_3^{2-} के लिए परीक्षण

प्रयोग	प्रेक्षण	निष्कर्ष
एक शुष्क परखनली में मिश्रण लें और उसमें तनु HCl व सल्फ्यूरिक अम्ल मिलाएं और गर्म करें।	एक रंगहीन गन्धहीन गैस (CO_2) तीव्र बुदबुदाहट के साथ निकलती है।	CO_3^{2-} सम्भव है।
मुक्त गैस को चूने के पानी में से गुजारें।	चूने का पानी दूधिया हो जाता है।	CO_3^{2-} निश्चित है।

(ii) सल्फाइड (S^{2-}) परीक्षण में होने वाली अभिक्रिया

(Reaction Involved in Test of Sulphide, (S^{2-}))

- $Na_2S + H_2SO_4 \longrightarrow H_2S + Na_2SO_4$

  $(CH_3COO)_2Pb + H_2S \longrightarrow \underset{\text{काला}}{PbS\downarrow} + 2CH_3COOH$

II. S^{2-} का परीक्षण

प्रयोग	प्रेक्षण	निष्कर्ष
एक शुष्क परखनली में मिश्रण लें और उसमें तनु HCl और HCl मिलाकर हल्का गर्म करें।	एक रंगहीन सड़े अंडे जैसी गन्ध वाली (H_2S) गैस निकलती है।	S^{2-} सम्भव है।
लैड एसीटेट से भीगा हुआ फिल्टर पेपर को परखनली के मुख के निकट लाते हैं।	फिल्टर पेपर PbS के बनने के कारण काला हो जाता है।	S^{2-} निश्चित है।

(iii) नाइट्रेट (NO_2^-) परीक्षण में होने वाली अभिक्रियाएँ

(Reactions Involved in the Test of Nitrite, NO_2^-)

- $2NaNO_2 + H_2SO_4 \longrightarrow Na_2SO_4 + 2HNO_2$

  $3HNO_2 \longrightarrow HNO_3 + 2NO\uparrow + H_2O$

  $2NO + O_2 \longrightarrow \underset{\text{(भूरा)}}{2NO_2\uparrow}$

- $2KI + 2NO_2 \longrightarrow 2KNO_2 + I_2$

  $I_2 + \text{स्टार्च} \longrightarrow \text{नीला रंग}$

नाइट्रेट (NO_2^-) का परीक्षण

प्रयोग	प्रेक्षण	निष्कर्ष
शुष्क परखनली में मिश्रण लें और उसमें तनु HCl लें और हल्का गर्म करें।	NO_2 तीक्ष्ण गन्ध भूरी धुन्ध के साथ निकलती है।	NO_2^- सम्भव है।
(स्टार्च + KI) विलयन में डूबे हुए फिल्टर पेपर को परखनली के मुख के पास लाते हैं।	मुक्त गैस फिल्टर पेपर को नीला कर देती है।	NO_2^- निश्चित है।

2. द्वितीय समूह ऋणायनों का संश्लेषण

[Analysis of Second Group Anions (Cl^-, Br^-, I^-, NO_3^-)]

अम्लीय मूलक अथवा द्वितीय समूह के ऋणायन तनु अम्लों के साथ कोई क्रिया नहीं करते। हालांकि सान्द्र अम्लों (सान्द्र H_2SO_4 समूह अभिकर्मक) के साथ विशिष्ट रंग और गन्ध के साथ गैस उत्पन्न करते हैं। अतः सान्द्र अम्लों द्वारा इन्हें पहचाना जा सकता है।

(i) क्लोराइड के परीक्षण में होने वाली अभिक्रिया

(Reactions Involved in the Test of Chloride (Cl^-))

- $NaCl + H_2SO_4 \longrightarrow NaHSO_4 + \underset{\text{तीव्र गंध}}{HCl\uparrow}$
- $HCl + NH_4OH \longrightarrow \underset{\text{सफेद धुआँ}}{NH_4Cl\uparrow} + H_2O$
- $2NaCl + MnO_2 + 3H_2SO_4 \longrightarrow 2NaHSO_4 + MnSO_4 + 2H_2O + \underset{\text{पीला-हरा}}{Cl_2\uparrow}$

- **क्रोमिल क्लोराइड परीक्षण** (Chromyl Chloride Test)

$$4NaCl + K_2Cr_2O_7 + 3H_2SO_4 \text{ (सान्द्र)} \longrightarrow 2CrO_2Cl_2 \text{ (क्रोमिल क्लोराइड (नारंगी पीली गैस))} + 2Na_2SO_4 + K_2SO_4 + 3H_2O$$

$$CrO_2Cl_2 + 4NaOH \longrightarrow Na_2CrO_4 \text{ (पीला विलयन)} + 2NaCl + 2H_2O$$

$$(CH_3COO)_2Pb + Na_2CrO_4 \longrightarrow PbCrO_4 \downarrow \text{ (पीला अवक्षेप)} + 2CH_3COONa$$

नोट यदि किसी मिश्रण में क्लोरेट्स है, तो क्लोराइड आयन के लिए क्रोमाइल क्लोराइड परीक्षण नहीं किया जाना चाहिए क्योंकि क्लोरेट्स H_2SO_4 के साथ अभिक्रिया पर क्लोरीन डाइ ऑक्साइड गैस बनाते हैं जो H_2SO_4 में विलेय और अत्यधिक विस्फोटक नारंगी पीला विलयन बनाती है।

$$3KClO_3 + 3H_2SO_4 \longrightarrow 2ClO_2 \uparrow + ClO_4^- + 3SO_4^{2-} + 4H^+ + 3K^+ + H_2O$$

क्लोराइड के लिए परीक्षण

प्रयोग	प्रेक्षण	निष्कर्ष
सूखी परखनली में 1-2 ml मिश्रण को सान्द्र H_2SO_4 के साथ गर्म करें।	एक रंगहीन, तीक्ष्ण गैस HCl निकलती है।	Cl^- हो सकता है।
NH_4OH में डूबी हुई एक काँच की छड़ को परखनली के मुँह के पास लाएँ।	NH_4Cl का सफेद संघन धुआँ निकलता है।	Cl^- निश्चित है।
सूखी परखनली में मिश्रण को सान्द्र H_2SO_4 और MnO_2 के साथ गर्म करें।	हरे-पीले रंग की तीक्ष्ण Cl_2 गैस निकलती है।	Cl^-निश्चित है।
• क्रोमिल क्लोराइड परीक्षण मिश्रण को ठोस $K_2Cr_2O_7$ और सान्द्र H_2SO_4 के साथ गर्म करें।	क्रोमिल-क्लोराइड (CrO_2Cl_2) की नारंगी-पीले रंग की वाष्प निकलती है।	Cl^- निश्चित है।
• संग्रहीत वाष्प को NaOH युक्त परखनली में अम्लीकृत करें और इसमें एसीटिक अम्ल और लेड एसीटेट मिलाएँ	लेड क्रोमेट का पीला अवक्षेप अथवा विलयन मिलता है।	Cl^- निश्चित है।

(ii) **ब्रोमाइड (Br) के परीक्षण में होने वाली अभिक्रियाएँ**
(Reactions Involved in the Test of Bromide, Br)

- $NaBr + H_2SO_4 \text{ (सान्द्र)} \longrightarrow NaHSO_4 + HBr \uparrow$

$$2HBr + H_2SO_4 \text{ (सान्द्र)} \longrightarrow 2H_2O + SO_2 \uparrow + Br_2 \uparrow \text{ (लाल-भूरा)}$$

- $2NaBr + MnO_2 + 3H_2SO_4 \longrightarrow 2NaHSO_4 + MnSO_4 + 2H_2O + Br_2 \uparrow$ (लाल-भूरा)
- $NaBr + AgNO_3 \xrightarrow{\text{तनु } HNO_3} AgBr \downarrow \text{ (हल्का पीला)} + NaNO_3$
- $AgBr + 2NH_4OH \longrightarrow [Ag(NH_3)_2]Br + 2H_2O$
  डाइऐमीन सिल्वर (I) ब्रोमाइड (अल्पत: विलेय)

ब्रोमाइड (Br^-) के लिए परीक्षण

प्रयोग	प्रेक्षण	निष्कर्ष
सूखी परखनली में 1-2 मिली सान्द्र H_2SO_4 को मिश्रण में मिलाकर गर्म करें।	एक रंगहीन तीक्ष्ण गैस (HBr) अथवा कभी-कभी भूरे रंग की धुंध निकलती है।	Br^- हो सकता है।
मिश्रण को MnO_2 और सान्द्र H_2SO_4 के साथ गर्म करें।	Br_2 की लाल-भूरी वाष्प निकलती है।	Br^- निश्चित है।
तनु HNO_3 के विलयन के साथ मिश्रण में $AgNO_3$ विलयन मिलायें।	एक AgBr का हल्का पीला अवक्षेप मिलता है जो NH_4OH में आंशिक रूप से घुलनशील है।	Br^- निश्चित है।

(iii) **आयोडाइड (I^-) परीक्षण में होने वाली अभिक्रियाएँ**
(Reactions Involved in the Test of Iodide, I^-)

- $NaI + H_2SO_4 \text{ (सान्द्र)} \longrightarrow HI + NaHSO_4$
- $H_2SO_4 + 2HI \longrightarrow I_2 \uparrow \text{ (बैंगनी वाष्प)} + SO_2 + 2H_2O$
- $2NaI + MnO_2 + 3H_2SO_4 \longrightarrow I_2 \uparrow + 2NaHSO_4 + MnSO_4 + 2H_2O$
- I_2 + स्टार्च ⟶ नीला रंग
- $NaI + AgNO_3 \longrightarrow AgI \downarrow \text{ (पीला)} + NaNO_3$
- $AgI + NH_4OH \longrightarrow [Ag(NH_3)_2]I + H_2O$
  पीला अविलेय अवक्षेप

आयोडाइड (I^-) के लिए परीक्षण

प्रयोग	प्रेक्षण	निष्कर्ष
शुष्क परखनली में मिश्रण को 1-3 ml सान्द्र H_2SO_4 साथ गर्म करें।	गहरे बैंगनी रंग की धुंध (I_2) निकलती है।	I^- हो सकती है।
मिश्रण को MnO_2 और सान्द्र H_2SO_4 के साथ गर्म करें।	आधिक्य में बैंगनी वाष्प निकलती है।	I^- हो सकती है।
स्टार्च विलयन में भीगा हुआ कागज को परखनली के मुख पर लाएँ।	कागज नीला हो जाता है।	I^- निश्चित है।
तनु HNO_3 के विलयन में मिश्रण में $AgNO_3$ विलयन मिलाएँ।	एक AgI का पीला अवक्षेप (जो NH_4OH में अविलेय है) प्राप्त होता है।	I^- निश्चित है।

(iv) **नाइट्रेट (NO_3^-) के परीक्षण में होने वाली अभिक्रियाएँ**
(Reactions Involved in the Test of Nitrate, NO_3^-)

- $NaNO_3 + H_2SO_4 \text{ (सान्द्र)} \longrightarrow NaHSO_4 + HNO_3$
- $4HNO_3 \longrightarrow 4NO_2 \uparrow \text{ (भूरा)} + O_2 \uparrow + 2H_2O$
- $3Cu + 8HNO_3 \longrightarrow 3Cu(NO_3)_2 + 2NO \uparrow + 4H_2O$

$$2NO + O_2 \longrightarrow 2NO_2 \uparrow$$

- **भूरी वलय परीक्षण** (Brown Ring Test) JEE Main 2023

$$6FeSO_4 + 2HNO_3 + 3H_2SO_4 \longrightarrow 3Fe_2(SO_4)_3 + 4H_2O + 2NO\uparrow$$

$$FeSO_4 + 5H_2O + NO \longrightarrow \underset{\text{भूरी वलय (फेरस नाइट्रोसो सल्फेट)}}{[Fe(H_2O)_5NO]SO_4}$$

नाइट्रेट (NO_3^-) के लिए परीक्षण JEE Main 2020

प्रयोग	प्रेक्षण	निष्कर्ष
एक सूखी परखनली में मिश्रण के साथ 1-2 ml सान्द्र H_2SO_4 लें और गर्म करें।	तीक्ष्ण हल्के भूरे रंग की गैस (NO_2) निकलती है।	NO_3^- सम्भव है।
मिश्रण में कॉपर की छीलन और सान्द्र H_2SO_4 मिलाकर गर्म करें।	गहरे भूरे (NO_2) को आधिक्य में धुंध निकलती है।	NO_3^- सम्भव है।
भूरी वलय परीक्षण तनु HCl में मिश्रण को मिलाकर उसमें ताजा निर्मित $FeSO_4$ का विलयन मिलाएँ, फिर अच्छी तरह हिलायें और परखनली के किनारे से उसमें सान्द्र H_2SO_4 मिलायें।	$FeSO_4 \cdot NO$ के दो द्रवों के सन्धि पर भूरे रंग के वलय बनते हैं।	NO_3^- निश्चित है।

तृतीय समूह ऋणायनों (SO_4^{2-}) का विश्लेषण

(Analysis of Third Group Anion, SO_4^{2-})

- तृतीय समूह की पहचान प्राप्त अवक्षेप के आधार पर होती है।
- (SO_4^{2-}) के परीक्षण में होने वाली अभिक्रिया

$$Na_2SO_4 + BaCl_2 \longrightarrow \underset{\text{सफेद}}{BaSO_4}\downarrow + 2NaCl$$

$$(CH_3COO)_2Pb + Na_2SO_4 \longrightarrow \underset{\text{सफेद}}{PbSO_4}\downarrow + 2CH_3CO\overset{-}{O}\overset{+}{Na}$$

सल्फेट (SO_4^{2-}) का परीक्षण

ऋणायनों के मूलक	प्रयोग	प्रेक्षण	परिणाम
सल्फेट (SO_4^{2-})	मिश्रण के विलय में $BaCl_2$ विलयन मिलाएँ।	एक ($BaSO_4$) के दही जैसा सफेद अवक्षेप बनता है जो सभी सान्द्र अम्लों में अविलेय है।	SO_4^{2-} सम्भव है।
	मिश्रण में विलयन में लेड ऐसीटेट का विलयन मिलाएँ।	$PbSO_4$ का सफेद	SO_4^{2-} निश्चित है।

क्षार मूलकों (धनायनों) का विश्लेषण (Analysis of Basic Radicals (Cations))

क्षार मूलकों को उसके समूह अभिकर्मक के साथ उनके लवणों की विलेयता गुणनफल के आधार पर छः समूहों में वर्गीकृत किया गया है। मूलकों को उनकी विलेयता गुणनफल के बढ़ते क्रम में समूहीकृत किया गया है। क्षार मूलकों को निम्नलिखित समूह में वर्गीकृत किया गया है।

क्षार मूलकों का समूह में वर्गीकरण

	समूह-क्षार मूलक	समूह अभिकर्मक	अवक्षेप	प्रेक्षण
(i)	Pb^{2+}	तनु HCl	क्लोराइड ($PbCl_2$) (सफेद)	ठण्डे तनु HCl में क्लोराइड अविलेय होते हैं।
(ii)	Cu^{2+}, Pb^{2+}	तनु HCl की उपस्थिति में H_2S गैस	सल्फाइड्स (काला) CuS और PbS	तनु HCl में सल्फाइड अविलेय होते हैं।
(iii)	Al^{3+}, Fe^{3+}	NH_4Cl की उपस्थिति में NH_4OH	हाइड्रॉक्साइड $[Al(OH)_3$ सफेद	NH_4OH में हाइड्रॉक्साइड अविलेय होते हैं।
(iv)	Zn^{2+}, Ni^{2+}	अमोनिकल माध्यम में H_2S	सल्फाइड्स (ZnS हरा सफेद) NiS; (काला)	NH_4OH में सल्फाइड अविलेय होते हैं।
(v)	Ca^{2+}, Ba^{2+}	$(NH_4)_2CO_3 + NH_4Cl$	कार्बोनेट्स ($CaCO_3$, $BaCO_3$) (सफेद)	कार्बोनेट्स अविलेय होते हैं।
(vi)	Mg^{2+}	$NH_4OH + Na_2HPO_4$	सफेद अवक्षेप ($MgHPO_4$)	
शून्य	NH_4^+	तनु NaOH	NH_3 गैस निकलती है।	

वास्तविक विलयन बनाने की विधि

(Preparation of Original Solutions)

लवण का पारदर्शी विलयन तैयार करने के लिए निम्नलिखित विलायकों का उपयोग नीचे दिये गए क्रम में किया जाता है।

(i) ठण्डा जल (ii) गर्म जल (iii) तनु HCl (iv) सान्द्र HCl

नोट HNO_3 *अथवा* H_2SO_4 *को मूल विलयन तैयार करने में प्रयोग नहीं किया जाता क्योंकि दोनों ही ऑक्सीकारक होते हैं।*

समूह I धनायनों का विश्लेषण (Analysis of Group I Cations)

इस समूह का क्षार मूलक Pb^{2+} है।

धनायन Pb^{2+} के परीक्षण में होने वाली अभिक्रिया

(Reactions Involved in the Test of Cation Pb^{2+})

- $\underset{\text{(ठण्डा ऑक्सीकरण अवस्था)}}{Pb^{2+}} + \underset{(HCl)}{2Cl^-} \longrightarrow \underset{\text{सफेद अवक्षेप}}{PbCl_2} \downarrow$
- $\underset{\text{जल में विलेय}}{PbCl_2} + K_2CrO_4 \longrightarrow \underset{\text{पीला अवक्षेप}}{PbCrO_4} \downarrow + 2KCl$
- $PbCrO_4 + 4NaOH \longrightarrow \underset{\text{(सोडियम प्लमबाइट विलेय)}}{Na_2PbO_2} + Na_2CrO_4$
- $PbCl_2 + 2KI \longrightarrow \underset{\text{पीला}}{PbI_2} + 2KCl$
- $PbCl_2 + H_2SO_4 \longrightarrow \underset{\text{सफेद अवक्षेप}}{PbSO_4} \downarrow 2HCl$
- $PbSO_4 + 2CH_3COONH_4 \longrightarrow \underset{\text{विलेय}}{(CH_3COO)_2Pb} + (NH_4)_2SO_4$

Pb^{2+} के लिए परीक्षण

प्रयोग	प्रेक्षण	निष्कर्ष
परखनली में गर्म निस्पंद लें और उसमें K_2CrO_4 मिलाएँ।	$PbCrO_4$ की पीला अवक्षेप प्राप्त होता है जो NaOH में घुलनशील और CH_3COOH में अघुलनशील होता है।	Pb^{2+} की उपस्थिति को बताता है।
परखनली में गर्म निस्पंद को लेकर उसमें KI मिलायँ।	PbI_2 का पीला अवक्षेप प्राप्त होता है।	Pb^{2+} निश्चित है।
तनु H_2SO_4 को गर्म निस्पंद में मिलाएँ और मिश्रण को ठण्डा करें।	$PbSO_4$ का सफेद अवक्षेप प्राप्त होता है जो CH_3COONH_4 विलयन में घुलनशील होता है।	Pb^{2+} निश्चित है।

समूह (II) धनायनों का विश्लेषण (Analysis of Group II Cations)

इस समूह के क्षारीय मूलक Pb^{2+} और Cu^{2+} होते हैं।

Cu^{2+} के परीक्षण में होने वाली अभिक्रियाएँ

- $\underset{\text{काला अवक्षेप}}{3CuS} + 8HNO_3 \longrightarrow \underset{\text{विलेय नीला}}{3Cu(NO_3)_2} + 2NO + 3S + 4H_2O$
- $Cu(NO_3)_2 + 2CH_3COOH \longrightarrow (CH_3COO)_2Cu + 2HNO_3$

$$2(CH_3COO)_2Cu + K_4[Fe(CN)_6] \longrightarrow \underset{\text{चाकलेट भूरा अवक्षेप}}{Cu_2[Fe(CN)_6]} + 4CH_3CO\overset{-}{O}\overset{+}{K}$$

- $Cu^{2+} + 4NH_3 \text{ (आधिक्य)} \longrightarrow [Cu(NH_3)_4]^{2+}$
- $Cu(NO_3)_2 + 2KSCN \longrightarrow \underset{\text{काला अवक्षेप}}{Cu(SCN)_2} + 2KNO_3$

Cu^{2+} के लिए परीक्षण

प्रयोग	प्रेक्षण	निष्कर्ष
परखनली में CuS का काला अवक्षेप लें और उसमें HNO_3 मिलायें।	नीले रंग का विलयन प्राप्त होता है।	Cu^{2+} की उपस्थिति को बताता है।
नीचे विलयन की तीन भागों में विभाजित करें		
(i) पहले भाग में CH_3COOH और $K_4[Fe(CN)_6]$ मिलायें।	भूरा चाकलेटी अवक्षेप प्राप्त होता है।	Cu^{2+} निश्चित है
(ii) नीले विलयन के द्वितीय भाग में आधिक्य में NH_3 का जलीय विलयन मिलाएँ।	गहरा नीले रंग का विलयन प्राप्त होता है।	Cu^{2+} निश्चित है।
(iii) नीले विलयन के तृतीय भाग में KSCN मिलाएँ।	काले रंग का अवक्षेप प्राप्त होता है।	Cu^{2+} निश्चित है।

समूह (III) धनायनों का विश्लेषण (Analysis of Group III Cations)

इस समूह के क्षार मूलक Al^{3+} और Fe^{3+} है।

(i) Al^{3+} धनायन के परीक्षण में होने वाली अभिक्रिया

(Reaction Involved in the Test of Cation, Al^{3+})

- $Al(OH)_3 + NaOH \longrightarrow \underset{\text{सोडियम मेटा-एल्यूमिनेट (विलेय)}}{NaAlO_2} + 2H_2O$
- $NaAlO_2 + NH_4Cl + H_2O \xrightarrow{\Delta} NaCl + \underset{\text{सफेद जिलेटिन}}{Al(OH)_3} + NH_3$

Al^{3+} के लिए परीक्षण

प्रयोग	प्रेक्षण	निष्कर्ष
सफेद जिलेटिन अवक्षेप में आधिक्य में NaOH विलयन मिलायें।	सोडियम मेटा एल्यूमिनेट बनने के लिए सफेद जिलेटिन अवक्षेप गायब हो जाता है।	Al^{3+} की उपस्थिति दर्शाता है।
अविलेय मेटा एल्यूमिनेट NH_4Cl को मिलायें और उबालें।	$Al(OH)_3$ का सफेद जिलेटिन अवक्षेप पुनः दिखाई देता है।	Al^{3+} निश्चित है।

(ii) Fe^{3+} के परीक्षण में होने वाली अभिक्रियाएँ

(Reaction Involved in the Test of Cation, Fe^{3+})

- $\underset{\text{लाल भूरा अवक्षेप}}{Fe(OH)_3} + 3HCl \longrightarrow \underset{\text{विलेय}}{FeCl_3} + 3H_2O$

- $4FeCl_3 + 3K_4[Fe(CN)_6] \longrightarrow Fe_4[Fe(CN)_6]_3 + 12KCl$
  फेरिक फेरोसायनाइड (गहरा नीला रंग)

- $FeCl_3 + KCNS \longrightarrow [Fe(CNS)]Cl_2 + KCl$
  KCNS: पोटैशियम सल्फो सायनाइड; $[Fe(CNS)]Cl_2$: फेरिथायोसायनेट (रक्त लाल रंग)

Fe^{3+} (आयरन) के लिए परीक्षण

प्रयोग	प्रेक्षण	निष्कर्ष
लाल-भूरे अवक्षेप में तनु HCl को मिलाकर इसे दो भाग में विभाजित करें।	अवक्षेप विलेय हो जाता है।	Fe^{3+} निश्चित
उपरोक्त विलयन के प्रथम भाग में $K_4[Fe(CN)_6]$ मिलायें।	गहरा नीला रंग प्राप्त होता है।	Fe^{3+} निश्चित
विलयन के द्वितीय भाग में KCNS मिलायें।	गहरा रक्त लाल रंग प्राप्त होता है।	Fe^{3+} निश्चित

समूह (IV) धनायनों का विश्लेषण (Analysis of Group IV Cations)

इस समूह के क्षार मूलक Zn^{2+} और Ni^{2+} है।

(i) Ni^{2+} **के परीक्षण में होने वाली अभिक्रियाएँ**
(Reactions Involved in the test of Ni^{2+})

- $3NiS + \underbrace{6HCl + 2HNO_3}_{\text{एक्वा रेजिया}} \longrightarrow 3NiCl_2 + 2NO + 3S + 4H_2O$

- $NiCl_2 + 2DMG \longrightarrow$ 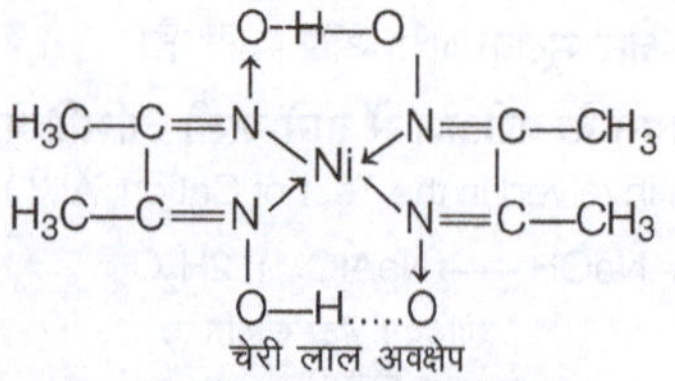
  चेरी लाल अवक्षेप
  (डाइमिथाइल ग्लाइऑक्सीमेट)

- $2K_2[Ni(CN)_4] + NaOBr + 4NaOH \longrightarrow Ni_2O_3 + 4KCN + 4NaCN + NaBr + 2H_2O$

निकेल (Ni^{2+}) के लिए परीक्षण

प्रयोग	प्रेक्षण	निष्कर्ष
NiS के काले अवक्षेप को एक्वा रेजिया (3 भाग सान्द्र HCl + (भाग सान्द्र HNO_3 में घोलें और इसे दो भागों में विभाजित करें।	विलेय क्लोराइड मिलता है।	Ni^{2+} की उपस्थिति दर्शाता है।
विलयन के प्रथम भाग में NH_4OH और डाइमेथिल ग्लाइऑक्साइड मिलायें।	चेरी लाल अवक्षेप	Ni^{2+} निश्चित है।
विलयन के द्वितीय भाग में पोटैशियम सायनाइड मिलाकर गर्म करें और $NaOH/Br_2$ जल मिलाकर पुनः गर्म करें।	काला अवक्षेप प्राप्त होता है।	Ni^{2+} निश्चित है।

(ii) Zn^{2+} **धनायन के परीक्षण में होने वाली अभिक्रियाएँ**
(Reaction Involved in the Test of Cation (Zn^{2+}))

- $ZnS + 2HCl \longrightarrow ZnCl_2 + H_2S$
- $ZnCl_2 + 2NaOH \longrightarrow Zn(OH)_2 \downarrow + 2NaCl$
  $Zn(OH)_2$: सफेद अवक्षेप
- $Zn(OH)_2 + 2NaOH \longrightarrow Na_2ZnO_2 + 2H_2O$
  Na_2ZnO_2: सोडियम जिंकेट (विलेय)
- $Na_2ZnO_2 + H_2S \longrightarrow 2NaOH + ZnS \downarrow$
  ZnS: सफेद अवक्षेप
- $2ZnCl_2 + K_4[Fe(CN)_6] \longrightarrow Zn_2[Fe(CN)_6] \downarrow + 4KCl$
  $Zn_2[Fe(CN)_6]$: नीला सफेद अवक्षेप

Zn^{2+} के लिए परीक्षण

प्रयोग	प्रेक्षण	निष्कर्ष
ZnS के सफेद अवक्षेप को तनु HCl में घोलें उसे दो भागों में विभाजित करें।	सोडियम क्लोराइड मिलता है।	Zn^{2+} की उपस्थिति को दर्शाता है।
विलयन में NaOH मिलाये सफेद अवक्षेप मिलता है जो NaOH के आधिक्य में विलेय हो जाता है।	विलेय सोडियम जिंकेट विलयन में H_2S प्रवाहित करने पर ZnS का सफेद अवक्षेप पुनः मिलता है।	Zn^{2+} निश्चित है।
विलयन को एसीटिक अम्ल से अम्लीकृत करायें और $K_4[Fe(CN)_6]$ मिलायें।	नीला सफेद अवक्षेप प्राप्त होता है।	Zn^{2+} निश्चित है।

समूह (V) धनायनों का विश्लेषण (Analysis of Group V Cations)

इस समूह के क्षार मूलक Ca^{2+} और Ba^{2+} हैं।

(i) Ba^{2+} **धनायनों में होने वाली अभिक्रियाएँ**
(Reaction Involved in the Test of Cation, Ba^{2+})

- $BaCO_3 + 2CH_3COOH \xrightarrow{\Delta} (CH_3COO)_2Ba + H_2O + CO_2$
  $BaCO_3$: सफेद अवक्षेप
- $(CH_3COO)_2Ba + K_2CrO_4 \longrightarrow BaCrO_4 \downarrow + 2CH_3COOK$
  $BaCrO_4$: बेरियम क्रोमेट (पीला अवक्षेप)

Ba^{2+} के लिए परीक्षण

प्रयोग	प्रेक्षण	निष्कर्ष
एसीटिक अम्ल में अवक्षेप को घोलें और गर्म करें और पौटेशियम क्रोमेट मिलाकर पुनः गर्म करें।	पीला अवक्षेप दिखाई देता है।	Ba^{2+} निश्चित है।

(ii) Ca^{2+} **धनायन के परीक्षण में होने वाली अभिक्रिया**
(Reaction Involved in the Test of Cation, Ca^{2+})

- $CaCO_3 + 2CH_3COOH \xrightarrow{\Delta} (CH_3COO)_2Ca + H_2O + CO_2$
  $CaCO_3$: सफेद अवक्षेप

- $(CH_3COO)_2Ca + (NH_4)_2C_2O_4 \longrightarrow \underset{\text{सफेद अवक्षेप}}{CaC_2O_4 \downarrow} + 2CH_3COONH_4$
- $\underset{\text{गुलाबी}}{5CaC_2O_4 + 2KMnO_4} + 16HCl \longrightarrow \underset{\text{रंगहीन}}{5CaCl_2 + 2MnCl_2} + 10CO_2 + 8H_2O + 2KCl$

Ca^{2+} (कैल्शियम) के लिए परीक्षण

प्रयोग	प्रेक्षण	निष्कर्ष
एसीटिक अम्ल में अवक्षेप को घोलें और उसमें अमोनियम आक्सेलेट विलयन (आधिक्य में मिलाकर) गर्म करें।	सफेद अवक्षेप मिलता है।	Ca^{2+} निश्चित है।
तनु CH_3COOH और $KMnO_4$ विलयन को बूँद-बूँद मिलाकर और HCl मिलाने पर अम्लीकृत सफेद अवक्षेप मिलता है।	$KMnO_4$ का गुलाबी रंग मिलता है।	Ca^{2+} निश्चित है।

समूह (VI) धनायन (Mg^{2+}) के लिए विश्लेषण

(Analysis of Group VI Cation, (Mg^{2+}))

Mg^{2+} धनायन के परीक्षण में होने वाली अभिक्रिया

(Reaction Involved in the Test of Cation, Mg^{2+})

$$MgCl_2 + \underset{\text{डाइसोडियम हाइड्रोजन फास्फेट}}{Na_2HPO_4} + NH_4OH \longrightarrow \underset{\text{मैग्नीशियम अमोनियम फॉस्फेट (सफेद अवक्षेप)}}{Mg(NH_4)PO_4} + 2NaCl$$

मैग्नीशियम (Mg^{2+}) के लिए परीक्षण

प्रयोग	प्रेक्षण	निष्कर्ष
V समूह के निस्पंद को NH_4OH और Na_2HPO_4 मिलाकर गर्म करें।	परखनली के किनारे को खरोंचने पर एक बारीक क्रिस्टलीय अवक्षेप मिलता है।	Mg^{2+} निशिचत है।

शून्य समूह धनायन (NH_4^+) का विश्लेषण

(Analysis of Zero Group Cation, NH_4^+)

क्षार द्वारा अमोनियम लवणों को विघटित करते हैं जिससे NH_4 मुक्त होती है और जिसे विभिन्न विधियों से पहचाना जा सकता है।

NH_4^+ धनायन परीक्षण में होने वाली अभिक्रियाएँ

(Reaction Involved in the test of Cation, NH^{4+})

- $\underset{\text{(मिश्रण से)}}{NH_4Cl} + NaOH \xrightarrow{\Delta} NH_3(g) + NaCl + H_2O$
- $NH_3(g) + HCl \longrightarrow \underset{\text{अमोनियम क्लोराइड (सफेद अवक्षेप)}}{NH_4Cl}$
- $NH_3 + 3NaOH + \underset{\text{नैसलर अभिकर्मक}}{2K_2[HgI_4]} \longrightarrow$

$$O\langle^{Hg}_{Hg}\rangle NH_2I + 4KI + 3NaI + 2H_2O$$

आयोडीन का मिलियन का क्षार (भूरा अवक्षेप)

अमोनियम (NH_4^+) के लिए परीक्षण

प्रयोग	प्रेक्षण	निष्कर्ष
परखनली में अल्प मात्रा में मिश्रण लें और NaOH विलयन डालकर गर्म करें।	अमोनिया की गंध	NH_4^+ निश्चित है।
परखनली के मुख पर नमीयुक्त सान्द्र HCl की काँच की छड़ लाएँ।	सफेद धुआँ निकलता है।	NH_4^+ निश्चित है।
परखनली में लवण की अल्प मात्रा लें और NaOH मिलाकर गर्म करें। विलयन में नैसलर अभिकर्मक मिलाएँ।	भूरे रंग का अवक्षेप प्राप्त होता है।	NH_4^+ निश्चित है।

Caution Points

- ऐनिलीन पीला बनाने के दौरान अवांछनीय दूसरी अभिक्रियाओं को रोकने के लिए डाइऐजोटीकरण अभिक्रिया का तापमान 5°C से नीचे रखते हैं।
- हाइड्रोजन परॉक्साइड के साथ आयोडाइड आयन की अभिक्रिया के गतिज अध्ययन के लिए, सम्पूर्ण प्रयोग के दौरान एक स्थिर तापमान बनाये रखें क्योंकि तापमान अभिक्रिया दर को महत्वपूर्ण रूप से प्रभावित कर सकता है।
- NH_4^+ धनायन के गुणात्मक विश्लेषण में यदि कोई अवक्षेप बनता है तो बूँद-बूँद करके NaOH डालें, प्रत्येक बूँद के बाद नली को हिलाएँ जब तक कि अवक्षेप घुल न जाए या जब तक कोई ओर अवक्षेप न बन जाए।
- समूह II के क्षारीय मूलकों के परीक्षण के लिए इसमें पहले तनु HCl मिलाना आवश्यक होता है।

PYQ नोट्स

1. लैसग्ने परीक्षण में फॉस्फोरस की पहचान अमोनियम मोलिब्डेट $(NH_4)_2M_0O_4$ का प्रयोग करके की जाती है। **(JEE Main 2023)**
2. अम्ल क्षार अनुमापन में अन्तिम बिन्दु पर मेथिल आरेंज क्विनोइड रूप में उपस्थित होता है जिसका रंग लाल होता है। **(JEE Main 2022)**
3. ऐसीटिक अम्ल की सहायता से NO_2 की पहचान करने के लिए 1-नैफ्थैलऐमाइन और सल्फेनिलिक अम्ल का उपयोग किया जाता है। **(JEE Main 2021)**
4. अप्रत्यक्ष आयोडोमैट्रिक अनुमापन में Cu^{2+} लवण, पोटैशियम आयोडाइड के साथ अभिक्रिया करके Cu_2I_2 देता है। **(JEE Main 2021)**
5. सेलिवानॉफ परीक्षण का उपयोग कीटोन और ऐल्डोज के बीच अन्तर करने के लिए किया जाता है। सेलिवानॉफ के अभिकर्मक में रेसरसिनाल और HCl होते हैं। **(JEE Main 2021)**

Step by Step

Mastering NCERT

- कॉन्सेप्ट बिल्डर्स
- शीर्षकवार प्रश्न
- अभिकथन-कारण प्रश्न
- कथन आधारित प्रश्न
- सुमेलन प्रकार प्रश्न
- आंकिक मान प्रकार के प्रश्न
- विगत परीक्षाओं के प्रश्न
- स्किल बूस्टर्स

कॉन्सेप्ट बिल्डर्स

1 जब लैसेग्ने के निष्कर्ष में सोडियम नाइट्रोप्रुसाइड मिलाया जाता है तो बैंगनी रंग का अवक्षेप बनता है। यह .... उपस्थिति को दर्शाता है।

2 ऐल्कोहॉलिक समूह युक्त एक कार्बनिक यौगिक जब सोडियम धातु के साथ अभिक्रिया करता है, तो नाइट्रोजन गैस जैसी दुर्गन्ध आती है। (सत्य/असत्य)

3 विक्टर मेयर परीक्षण में कौन-सा ऐल्कोहॉल नीला रंग देता है?

4 कार्बोनिल यौगिक .... के साथ मिश्रित होने पर पीले-नारंगी क्रिस्टल का उत्पादन करता है।

5 टॉलेन परीक्षण में काले रंग के अवक्षेप का निर्माण ऐल्डिहाइड समूह की उपस्थिति की पुष्टि करता है। (सत्य/असत्य)

6 उस परीक्षण का नाम बताइए जिसमें तीव्र CO_2 की दुर्गन्ध —COOH समूह की उपस्थिति दर्शाती है।

7 द्वितीयक ऐमीन हिंसबर्ग अभिकर्मक के साथ अभिक्रिया करके ऐमाइड बनाते हैं जो सोडियम हाइड्रॉक्साइड में....... होता है।

8 ऐसीटेनिलाइड के विरचन के दौरान ऐनीलीन के ऑक्सीकरण को रोकने के लिए जिंक मिलाया जाता है। (सत्य/असत्य)

9 आयतनात्मक विश्लेषण में उस अवस्था का नाम बताइए जिस पर दो अभिकर्मक पूर्णतः अभिक्रिया करते हैं।

10 फिनॉलफ्थैलीन क्षारीय माध्यम में .... रंग प्रदर्शित करता है।

11 ऑक्जैलिक अम्ल एवं $KMnO_4$ का अनुमापन एक रेडॉक्स अनुमापन है। (सत्य/असत्य)

12 किसी प्रबल अम्ल को प्रबल क्षार द्वारा उदासीन करने की औसत एन्थैल्पी .... किलो जूल/मोल होती है।

13 किस प्रकार के कोलॉइड प्रकृति में उत्क्रमणीय होते हैं?

14 आयोडाइड आयनों और हाइड्रोजन परॉक्साइड के मध्य अभिक्रिया क्षारीय माध्यम में होती है। (सत्य/असत्य)

15 मोहर लवण का रासायनिक सूत्र क्या है?

16 रासायनिक अभिक्रिया जो परिवेश से ऊष्मा को अवशोषित करती है, उसे .... कहा जाता है तथा स्थिर दाब पर इसका ΔH मान .... होता है।

17 सामान्य आयनों के लिए ज्वाला परीक्षण में, एप्पल-ग्रीन रंग की ज्वाला .... आयन की उपस्थिति की पुष्टि करती है।

18 Cu^{2+} का पता लगाने के लिए बोरेक्स मनका परीक्षण में ऑक्सीकरण लौ गर्म करने पर कौन-से रंग का मनका बनता है?

19 CO_3^{2-} समूह II का एक अम्लीय मूलक है। (सत्य/असत्य)

20 अम्लीय मूलक के लिए नम परीक्षण में, स्टार्च और पोटैशियम आयोडाइड विलयन में डुबोने पर फिल्टर पेपर को नीला करके NO_2^- उपस्थिति की पुष्टि की जाती है। (सत्य/असत्य)

21 CrO_2Cl_2 नारंगी-पीले वाष्प .... आयन की उपस्थिति की पुष्टि करता है जो एक समूह .... ऋणायन है।

22 ब्रोमाइड आयन के लिए सिल्वर नाइट्रेट परीक्षण में .... का एक हल्का पीला अवक्षेप बनता है जो कि .... में अल्प विलेय होता है।

23 NO_3^- आयन की उपस्थिति की पुष्टि के लिए ब्राउन रिंग परीक्षण किया जाता है। (सत्य/असत्य)

24 समूह-I धनायनों के लिए समूह अभिकर्मक .... है।

25 पोटैशियम क्रोमेट विलयन के साथ लेड आयन की अभिक्रिया से प्राप्त उत्पाद का नाम क्या है?

26 समूह-IV धनायनों के लिए पुष्टिकरण परीक्षण में, DMG का चेरी लाल अवक्षेप Ni^{2+} धनायन की उपस्थिति की पुष्टि करता है। (सत्य/असत्य)

27 NH_4Cl की उपस्थिति NH_4OH में समूह .... क्षारीय मूलकों के लिए समूह अभिकर्मक है।

28 $BaCrO_4$ का सफेद अवक्षेप Ba^{2+} आयन के विश्लेषण की पुष्टि करता है। (सत्य/असत्य)

29 मैग्नीशियम आयन के लिए निश्चयात्मक परीक्षण, समूह V निस्यंद को NH_4OH और .... के साथ गर्म और फिल्ट्रेट किया जाता है।

30 $NaBO_2$ यौगिक का सामान्य नाम .... है।

शीर्षकवार प्रश्न

कार्बनिक रसायन से सम्बन्धित सिद्धान्त

1 कार्बनिक विश्लेषण में, अभिकर्मक 2, 4-डाइनाइट्रोफेनिल हाइड्राजीन का उपयोग निम्नलिखित में से किस क्रियात्मक समूह का पता लगाने के लिए किया जाता है?

(a) ऐल्कोहॉल (b) अम्ल
(c) ऐल्डिहाइड (d) ऐमीन

2 सोडियम आधिक्य को ऐसीटिक अम्ल के साथ अम्लीकृत करने और फिर लेड ऐसीटेट विलयन मिलाने पर काला अवक्षेप प्राप्त होता है। कार्बनिक यौगिक में शामिल है

(a) नाइट्रोजन (b) हैलोजन
(c) सल्फर (d) फॉस्फोरस

3 ऐनीलीन को सान्द्र HNO_3 और सान्द्र H_2SO_4 के साथ गर्म करने पर प्राप्त मिश्रण है

(a) *ऑर्थो* और *पैरा* नाइट्राऐनीलीन
(b) *मैटा* नाइट्रोऐनिलीन
(c) एक काला चिपचिपा पदार्थ
(d) कोई अभिक्रिया नहीं होती है

4 यौगिक X पर किया गया परीक्षण और उनके निष्कर्ष निम्न हैं

	परीक्षण	निष्कर्ष
(i)	2, 4-DNP परीक्षण	रंगीन अवक्षेप
(ii)	आयोडोफॉर्म परीक्षण	पीला अवक्षेप
(iii)	ऐजो-रंजक परीक्षण होता है	कोई रंजक निर्माण नहीं

यौगिक 'X' है

(a) 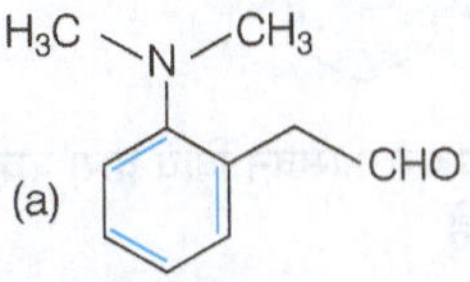

(b) 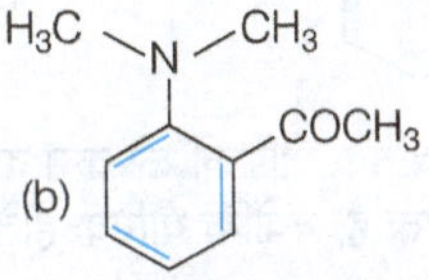

(c) 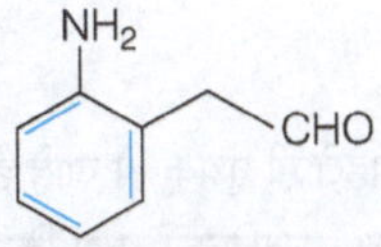

(d) 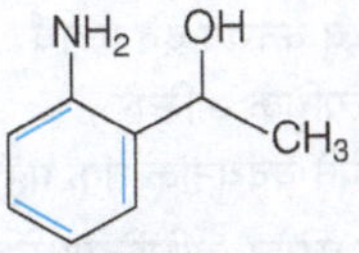

5 ऐनीलीन से ऐसीटेनिलाइड विरचन करते समय अभिक्रिया मिश्रण में थोड़ी मात्रा में जिंक मिलाया जाता है, क्योंकि

(a) जिंक अवक्षेपण को प्रेरित करता है
(b) जिंक अभिक्रिया के दौरान ऐनीलीन के अपचयन को रोकता है।
(c) जिंक ऐनीलीन में रंगीन अशुद्धियों को अपचयित करता है और अभिक्रिया के दौरान इसके ऑक्सीकरण को भी रोकता है
(d) जिंक ऐनिलिन के साथ एक सफेद क्रिस्टलीय संकुल बनाता है।

6 वह कार्बनिक यौगिक जो धनात्मक आयोडोफॉर्म और टॉलेन परीक्षण दे सकता है, वह है

(a) CH_3CH_2OH
(b) $CH_3CH_2CH_2CHO$
(c) CH_3CHO
(d) CH_3COCH_3

7 एक कार्बनिक यौगिक X निम्नलिखित विलेयता रूपरेखा दर्शाता है

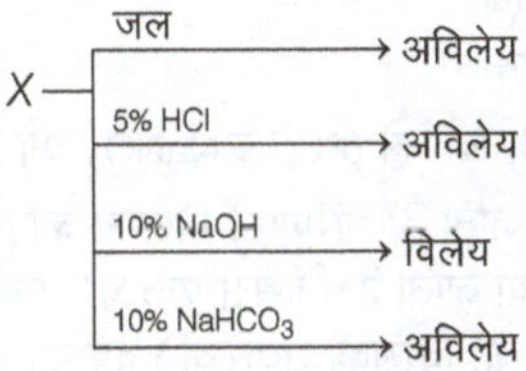

(a) *o*-टोलुईडीन (b) ओलिक अम्ल
(c) *मेटा*-क्रिसोल (d) बेंजामाइड

8 ल्यूकास अभिकर्मक का उपयोग किया जाता है

(a) 1°, 2° और 3° ऐल्कोहॉल के मध्य अन्तर करने हेतु
(b) 1°, 2° और 3° ऐमीनों के मध्य अन्तर करने हेतु
(c) ऐल्कोहॉल और फीनॉल के मध्य अन्तर करने हेतु
(d) ऐल्डिहाइड और कीटोन के मध्य अन्तर करने हेतु

9 लैसेग्ने परीक्षण में हैलोजन के परीक्षण से पहले सोडियम आधिक्य को सान्द्र HNO_3 के साथ गर्म किया जाता है, क्योंकि

(a) Ag_2S और AgCN अम्लीय माध्यम में घुलनशील हैं
(b) सिल्वर हैलाइड नाइट्रिक अम्ल में पूर्ण रूप से अघुलनशील होते हैं
(c) S^{2-} और CN^- यदि उपस्थित हैं, तो सान्द्र HNO_3 द्वारा विघटित हो जाते हैं और परीक्षण में हस्तक्षेप नहीं करते हैं।
(d) Ag अम्लीय माध्यम में हैलाइडों के साथ तीव्र गति से अभिक्रिया करता है।

10 एक कार्बनिक यौगिक के लैसेग्ने विलयन के साथ नाइट्रोजन धनात्मक परीक्षण में बनने वाला यौगिक है

(a) $Na_4[Fe(CN)_5NOS]$
(b) $Na_3[Fe(CN)_6]$
(c) $Fe(CN)_3$
(d) $Fe_4[Fe(CN)_6]_3$

11 ऐनीलीन से *पैरा*-नाइट्राऐसीटैनिलाइड के विरचन में नाइट्रीकरण नाइट्रेटिंग मिश्रण (सान्द्र H_2SO_4 और सान्द्र HNO_3 का मिश्रण) द्वारा नहीं किया जाता क्योंकि

(a) नाइट्रीकरण पर यह *ऑर्थो*-नाइट्राऐसीटैनिलाइड देता है
(b) यह *ऑर्थो*- और *पैरा*-नाइट्रोऐनिलिन का मिश्रण देता है
(c) —NH_2 समूह ऑक्सीकृत हो जाता है
(d) यह *ऑर्थो*- और *पैरा*-नाइट्राऐसीटैनिलाइड का मिश्रण बनाता है

12 किसी कार्बनिक यौगिक में नाइट्रोजन की मात्रा निर्धारित करने के लिए ड्यूमा विधि में नाइट्रोजन की मात्रा किस रूप में निर्धारित की जाती है?
(a) गैसीय NH_3 (b) NaCN
(c) गैसीय N_2 (d) $(NH_4)_2SO_4$

13 यौगिक '*A*' $CHCl_3$ और KOH के साथ अभिक्रिया करके अरूचिकर गंध वाला यौगिक देता है। यौगिक '*A*' हो सकता है
(a) चतुष्क ऐलिफैटिक ऐमीन
(b) प्राथमिक ऐरोमैटिक ऐमीन
(c) द्वितीयक ऐमीन
(d) तृतीयक ऐमीन

14 एक कार्बनिक यौगिक को 0°C पर $NaNO_2$ और तनु HCl से उपचारित किया जाता है। परिणामी विलयन को β-नेफ्थॉल के क्षारीय विलयन में मिलाया जाता है, जिससे एक चचमकदार लाल डाई उत्पन्न होती है। यह किसकी उपस्थिति दर्शाता है?
(a) —NO_2 समूह
(b) ऐरोमैटिक —NH_2 समूह
(c) —$CONH_2$ समूह
(d) ऐलिफैटिक —NH_2 समूह

15 बेलीस्टीन परीक्षण का उपयोग निम्नलिखित में से किस तत्व के आकलन के लिए किया जाता है?
(a) S (b) Cl
(c) C और H (d) N

16 नाइट्रोजन के आकलन के लिए 0.30 ग्राम कार्बनिक यौगिक के उपचार से उत्पादित अमोनिया को 0.1 M सल्फ्यूरिक अम्ल के 100 मिली में प्रवाहित किया गया। अम्ल के आधिक्य को पूर्ण रूप से उदासीन करने के लिए 0.5 M NaOH विलयन के 20 मिली लीटर की आवश्यकता होती है। कार्बनिक यौगिक है
(a) थायोयूरिया (b) बेंजामाइड
(c) यूरिया (d) ऐसिटैमाइड

17 किसी कार्बनिक यौगिक में कार्बन की उपस्थिति को दर्शाया जा सकता है
(a) ताँबे के साथ गर्म करने पर वह काला हो जाता है
(b) इसे जलाने पर हरी लौ उत्पन्न होती है
(c) इसे CO_2 में परिवर्तित करने के लिए कॉपर ऑक्साइड के साथ गर्म किया जाता है
(d) लोहे के साथ गर्म करने पर नीला हो जाता है

18 ऐसीटैनिलाइड के विरचन के समय अभिक्रिया मिश्रण में थोड़ी मात्रा में जिंक धूल मिलाई जाती है क्योंकि
(a) जिंक अभिक्रिया को उत्प्रेरित करता है
(b) जिंक क्रिस्टलीकरण में मदद करता है
(c) जिंक ऐनीलीन को ऑक्सीकरण से बचाता है
(d) जिंक ऐसीटिक ऐनहाइड्राइड का जलीयकरण करता है

19 निम्नलिखित में से कौन-सा यौगिक 0°C पर $NaNO_2$ और तनु HCl के साथ अभिक्रिया करने पर जल में अघुलनशील पीला तैलीय द्रव नाइट्रोसोऐमीन उत्पन्न करेगा?
(a) एथिल ऐमीन (b) ऐमीन
(c) एथिल ऐमीन (d) ट्राइएथिल ऐमीन

20 निम्नलिखित में से किस अभिकर्मक का उपयोग फिनोल और बेंजोइक अम्ल के मध्य अन्तर करने के लिए किया जा सकता है?
(a) जलीय NaOH (b) टॉलेन अभिकर्मक
(c) मोलिश अभिकर्मक (d) उदासीन $FeCl_3$

21 अभिकर्मक उदासीन फेरिक क्लोराइड का उपयोग किसकी उपस्थिति का पता लगाने के लिए किया जाता है?
(a) सल्फाइड आयन और एल्कोहॉलिक —OH समूह
(b) ऐसीटेट आयन और फिनॉलिक —OH समूह
(c) सल्फाइड आयन और फिनॉलिक —OH समूह
(d) ऐसीटेट आयन और ऐल्कोहॉलिक —OH समूह

22 निम्नलिखित में से किस यौगिक का उपयोग आयोडोफॉर्म के विरचन में नहीं किया जा सकता है?
(a) CH_3CHO (b) CH_3COCH_3 (c) HCHO (d) 2-प्रोपेनॉल

23 एक यौगिक $NaHCO_3$ के साथ CO_2 मुक्त करता है और उदासीन $FeCl_3$ विलयन के साथ रंग भी देता है। यौगिक है

(a) 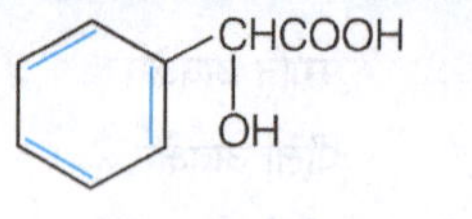

(b) 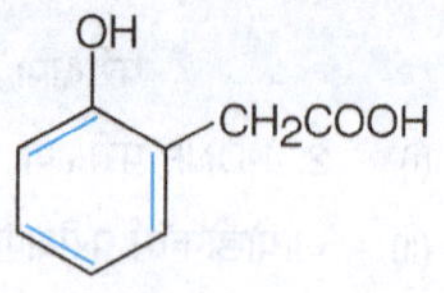

(c) 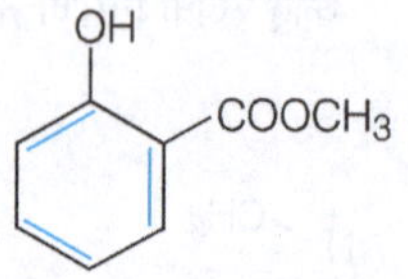

(d) 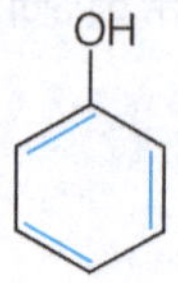

24 कुछ कार्बनिक यौगिकों को कम दाब पर आसवन विधि द्वारा शुद्ध किया जाता है, क्योंकि यौगिक होते हैं
(a) निम्न क्वथन द्रव पदार्थ
(b) उच्च क्वथन द्रव पदार्थ
(c) अत्यधिक अस्थिर
(d) अपने क्वथनांक तक पहुँचने से पहले ही पृथक् हो जाते हैं

25 कार्बिल एमीन अभिक्रिया में उत्पादित अरूचिकर गन्ध किसके निर्माण के कारण होती है?
(a) नाइट्राइल (b) क्लोरो यौगिक
(c) नाइट्रोऐमीन (d) आइसोसायनाइड

26 फिनॉलिक समूह की उपस्थिति की पुष्टि निम्न के द्वारा की जा सकती है
(a) लिटमस परीक्षण (b) फेहलिंग परीक्षण
(c) लिबरमैन का नाइट्रोसो परीक्षण (d) हिंसबर्ग परीक्षण

27 वह यौगिक जो जलीय सोडियम बाइकार्बोनेट विलयन से उपचारित करने पर CO_2 मुक्त नहीं करता है, वह है

(a) बेंजोइक अम्ल (b) बेंजीन सल्फोनिक अम्ल
(c) सैलिसिलिक अम्ल (d) कार्बोलिक अम्ल

28 NaOH की उपस्थिति में ऐनिलिन की ऐसिटाइल क्लोराइड के साथ अभिक्रिया से प्राप्त होता है

(a) ऐसीटैनिलाइड (b) *पैरा*-क्लोरोऐनिलिन
(c) एक लाल रंजक (d) ऐनिलिन हाइड्रोक्लोराइड

29 *p*-ऐमिनाऐसीटोफिनॉन में उपस्थित क्रियात्मक समूह की पहचान करने के लिए आप निम्नलिखित में से कौन-सा परीक्षण करेंगे?

(a) एजो रंजक परीक्षण और $NaHCO_3$ परीक्षण
(b) $FeCl_3$ परीक्षण और एजो परीक्षण
(c) कार्बिलएमीन परीक्षण और ब्रैडी अभिकर्मक परीक्षण
(d) कार्बिलएमीन परीक्षण और ऐजो परीक्षण

30 सोडियम नाइट्रोप्रुसाइड का उपयोग करके सल्फर के लिए लैसेग्ने के परीक्षण में बनने वाले बैंगनी रंग का सूत्र है

(a) $NaFe[Fe(CN)_6]$ (b) $Na[Cr(NH_3)_2(NCS)_4]$
(c) $Na_2[Fe(CN)_5(NO)]$ (d) $Na_4[Fe(CN)_5(NOS)]$

31 निम्नलिखित में से कौन-सा परीक्षण ऐमीनो अम्ल की पहचान के लिए उपयोग नहीं किया जा सकता है?

(a) बाइयूरेट परीक्षण (b) बारफोएड परीक्षण
(c) निनहाइड्रिन परीक्षण (d) जैंथोप्रोटीक परीक्षण

32 ऐनीलीन पीला के सम्बन्ध में निम्नलिखित में से कौन-सा कथन गलत है?

(a) यह कैंसरजन्य है।
(b) इसे *p*-ऐमिनोएजोबेंजीन भी कहा जाता है।
(c) यह एक अम्लीय रंजक है।
(d) इसे 4-फेनिलएजोऐनिलिन भी कहा जाता है।

भौतिक रसायन से सम्बन्धित सिद्धान्त

33 अम्ल-क्षार अनुमापन में, अज्ञात सामर्थ्य के NaOH विलयन में 0.1 M HCl विलयन मिलाया गया। इस प्रयोग में अनुमापन मिश्रण के pH में परिवर्तन को निम्न में से कौन-सा सही ढंग से दर्शाता है? [V मिलाए गए अम्ल का आयतन है]

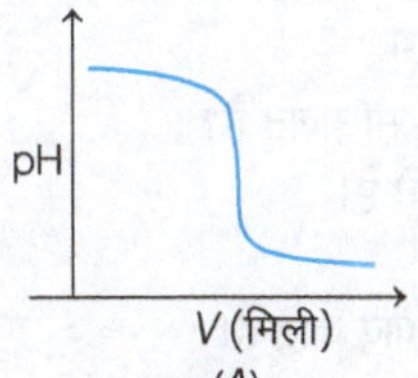

(A)

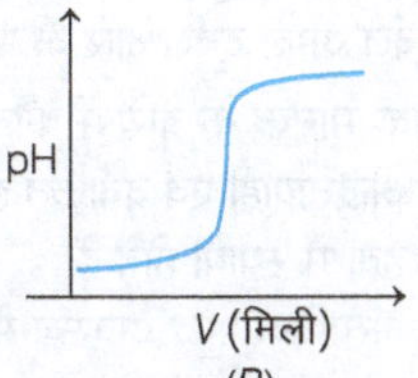

(B)

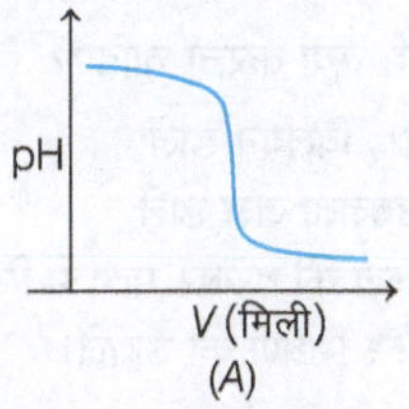

(A)

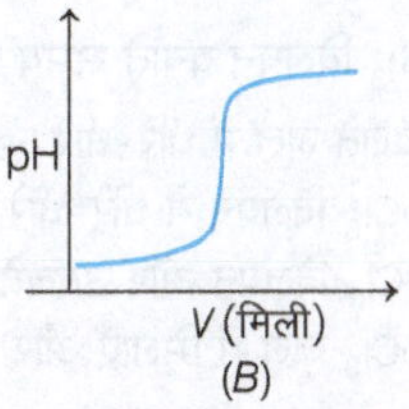

(B)

(a) (D) (b) (A) (c) (B) (d) (C)

34 परीक्षण के दौरान कॉपर सल्फेट की एन्थैल्पी की गणना करने के लिए $2\frac{1}{2}$ मिनट के प्रत्येक $\frac{1}{2}$ मिनट के लिए तापमान दर्ज किया जाता है, तो कब कप में जिंक पाउडर डालना चाहिए।

(a) ठीक 3 मिनट
(b) $2\frac{1}{2}$ मिनट के बाद कभी भी
(c) 3 मिनट बाद
(d) इनमें से कोई नहीं

35 प्रबल अम्ल और प्रबल क्षार की उदासीनीकरण ऊष्मा की गणना करने के लिए परीक्षण के समय तापमान कब तक रिकॉर्ड किया जाना चाहिए?

(a) स्थिर तापमान प्राप्त होने तक
(b) अधिकतम तापमान प्राप्त होने तक
(c) न्यूनतम तापमान प्राप्त होने तक
(d) उपरोक्त में से कोई नहीं

36 फिनॉलफ्थैलीन अम्ल-क्षार अनुमापन के लिए एक सूचक है, यह किस रूप में पाया जाता है?

(a) अम्ल में बेन्जेनॉयड रूप तथा क्षारीय विलयन में क्विनोनॉयड रूप
(b) अम्ल में क्विनोनॉयड रूप और क्षारीय विलयन में बेंजेनॉयड रूप
(c) दोनों में क्विनोनॉयड रूप
(d) दोनों में बेंजेनॉयड रूप

37 अम्ल-क्षार अनुमापन में मानक विलयन के रूप में सामान्यतः प्रबल अम्लों का उपयोग क्यों किया जाता है?

(a) सदैव तुल्यांकी बिन्दु पर pH होता है।
(b) इनका उपयोग प्रबल एवं दुर्बल दोनों प्रकार के क्षारों के अनुमापन के लिए किया जा सकता है।
(c) प्रबल अम्ल दुर्बल अम्लों की तुलना में अधिक स्थायी विलयन बनाते हैं।
(d) प्रबल अम्ल के लवण जल अपघटित नहीं होते।

38 टाइट्रेंट और टाइट्रेट के मध्य अन्तर है

(a) टाइट्रेंट एक सटीक रूप से ज्ञात सान्द्रता का विलयन है जबकि टाइट्रेट वह पदार्थ है जिसकी सान्द्रता अनुमापन द्वारा निर्धारित की जाती है
(b) टाइट्रेंट अज्ञात सान्द्रता का विलयन है जबकि टाइट्रेट ज्ञात सान्द्रता का विलयन है
(c) एक को दूसरे के विरुद्ध अनुमापित किया जाता है
(d) एक अभिकारक है और दूसरा उत्पाद है

39 NaOH विलयन में मानकीकरण के लिए निम्न में से किसका उपयोग प्राथमिक मानक के रूप में किया जाता है?

(a) ऑक्जेलिक अम्ल
(b) फेरस अमोनियम सल्फेट
(c) सोडियम टेट्राबोरेट
(d) तनु HCl

40 जब आर्सेनिक ऑक्साइड को जल में मिलाकर उसमें H_2S प्रवाहित करके आर्सेनिक सल्फाइड विलयन तैयार किया जाता है। तो कौन-सी अभिक्रिया होती है?
(a) आर्सेनिक ऑक्साइड सीधे H_2S के साथ अभिक्रिया करता है और यह एक दोहरी अपघटन अभिक्रिया है।
(b) आर्सेनिक ऑक्साइड पहले आर्सेनिक अम्ल बनाता है जो फिर H_2S के साथ अभिक्रिया करता है।
(c) (a) और (b) दोनों घटित होते हैं।
(d) अतिरिक्त H_2S को उबालकर निष्कासित कर दिया जाता है।

41 निम्नलिखित में से कौन-सा कथन सत्य नहीं है?
(a) $K_2Cr_2O_7$ का अम्लीकृत विलयन आयोडाइड से आयोडीन मुक्त करता है।
(b) अम्लीय विलयन में, डाइक्रोमेट आयन क्रोमेट आयनों में परिवर्तित हो जाते हैं
(c) $(NH_4)_2Cr_2O_7$ गर्म करने पर ऊष्माक्षेपी अपघटन के दौरान Cr_2O_3 उत्पन्न करता है।
(d) पोटैशियम डाइक्रोमेट का उपयोग Fe^{2+} आयनों के आकलन के लिए टाइट्रेंट के रूप में किया जाता है।

42 ऑक्जेलिक अम्ल *vs* पोटैशियम परमैंगनेट के अनुमापन में, पोटैशियम परमैंगनेट किस रूप में कार्य करता है?
(a) बाहरी सूचक
(b) स्वः सूचक
(c) अपचायक
(d) उत्प्रेरक

43 $KMnO_4$ के साथ मोहर लवण के अनुमापन के सम्बन्ध में निम्नलिखित में से कौन-सा सत्य है?
(a) $M_{KMnO_4} \times V_{KMnO_4} = 5 \times M_{\text{मोहर लवण}} \times V_{\text{मोहर लवण}}$
(b) $M_{KMnO_4} \times V_{KMnO_4} = M_{\text{मोहर लवण}} \times V_{\text{मोहर लवण}}$
(c) $M_{KMnO_4} \times V_{\text{मोहर लवण}} = M_{\text{मोहर लवण}} \times V_{KMnO_4}$
(d) $5 \times M_{KMnO_4} \times V_{KMnO_4} = M_{\text{मोहर लवण}} \times V_{\text{मोहर लवण}}$

44 डाइफेनिलऐमीन का सूचक के रूप में उपयोग करते हुए, अम्लीय मोहर लवण विलयन के साथ पोटैशियम डाइक्रोमेट विलयन के अनुमापन पर विचार करें। प्रति मोल डाइक्रोमेट के लिए आवश्यक मोहर लवण के मोलों की संख्या है
(a) 3 (b) 4
(c) 5 (d) 6

45 जलीय NaOH के साथ तनु HCl विलयन का अनुमापन करते समय, निम्नलिखित में से किसकी आवश्यकता नहीं होगी?
(a) पिपेट और आसुत जल
(b) ब्यूरेट और चीनी मिट्टी टाइल
(c) बन्सन बर्नर और मापने वाला सिलेंडर
(d) क्लैम्प और फिनॉलफ्थैलीन

46 हाइड्रोजन परॉक्साइड के साथ आयोडाइड आयन की अभिक्रिया के गतिज अध्ययन में, सोडियम थायोसल्फेट विलयन की ज्ञात मात्रा को मिलाया जाता है
(a) आयोडाइड आयन को आयोडीन में ऑक्सीकृत करने हेतु
(b) आयोडीन को आयोडाइड आयन में अपचयित करने हेतु
(c) घुलनशील नीले संकुल में
(d) अभिक्रिया दर को प्रेरित करने हेतु

47 HCl के 100 मिली व NaOH के 35 मिली विलयन में मिथाइल ऑरेंज का रंग होगा
(a) लाल
(b) पीला
(c) पूर्वानुमान नहीं लगा सकते
(d) मिथाइल ऑरेंज उपयुक्त सूचक नहीं है

48 अम्लीय माध्यम में ऑक्जेलेट के साथ $KMnO_4$ की अभिक्रिया में, MnO_4^-, Mn^{2+} में अपचयित हो जाता है और $C_2O_4^{2-}$, CO_2 में ऑक्सीकृत हो जाता है। अतः 0.04 M $KMnO_4$ का 50 मिली किसके बराबर है?
(a) 0.1 M $H_2C_2O_4$ के 100 मिली
(b) 0.2 M $H_2C_2O_4$ के 50 मिली
(c) 0.1 M $H_2C_2O_4$ के 50 मिली
(d) 0.1 $H_2C_2O_4$ के 25 मिली

49

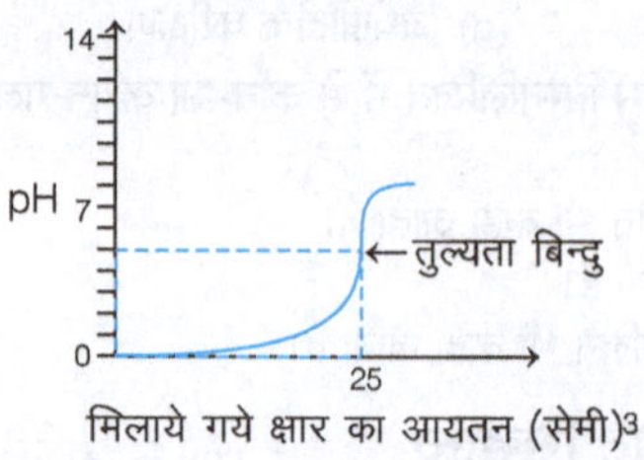

ग्राफ अनुमापन वक्र को दर्शाता है
(a) प्रबल अम्ल प्रबल क्षार के साथ
(b) दुर्बल अम्ल, प्रबल क्षार के साथ
(c) प्रबल अम्ल, दुर्बल क्षार के साथ
(d) दुर्बल अम्ल दुर्बल क्षार के साथ

50 प्राथमिक मानक के बारे में कौन-सा गलत है?
(a) वे आर्द्रताग्राही एवं द्रवीकृत होते हैं।
(b) वे हवा में स्थायी होते हैं
(c) वे अत्यधिक शुद्ध अवस्था में पाए जाते हैं।
(d) वे जल में आसानी से घुल जाते हैं।

51 $Fe(OH)_3$ विलयन बनाते समय हमें क्या करना चाहिए?
(a) उबलते जल में धीरे-धीरे $FeCl_3$ विलयन डालें
(b) $FeCl_3$ विलयन में धीरे-धीरे उबलता जल डालें
(c) $FeCl_3$ विलयन और उबलते जल की बराबर मात्रा में मिलाएँ
(d) $FeCl_3$ जल में मिलाएँ और फिर मिश्रण को उबालें।

52 अम्लीय माध्यम में $KMnO_4$ की ऑक्सीकरण अभिक्रिया में माध्यम को अम्लीय बनाने के लिए HCl का उपयोग क्यों नहीं किया जाता है?

(a) HCl और $KMnO_4$ दोनों ऑक्सीकरण अभिकर्मक के रूप में कार्य करते हैं

(b) $KMnO_4$, HCl को Cl_2 में ऑक्सीकृत करता है। जो एक ऑक्सीकारक भी है।

(c) $KMnO_4$, HCl की तुलना में दुर्बल ऑक्सीकारक है।

(d) $KMnO_4$, HCl की उपस्थिति में एक अपचायक के रूप में कार्य करता है।

53 $K_2Cr_2O_7$ और $KMnO_4$ के 0.5 ग्राम मिश्रण को KI के आधिक्य में अम्लीय माध्यम में उपचारित किया गया। अनुमापन के लिए आवश्यक 100 सेमी^{3} को 0.15 N $Na_2S_2O_3$ विलयन से मुक्त किया गया। मिश्रण में $K_2Cr_2O_7$ की प्रतिशत मात्रा है

(a) 85.36% (b) 14.64% (c) 58.63% (d) 26.14%

54 निम्नलिखित में से कौन अम्लीय माध्यम में ऑक्जेलिक अम्ल ($H_2C_2O_4 \cdot 2H_2O$) ऑक्सीकृत करेगा?

(a) $K_2Cr_2O_7$ का 1/3 मोल (b) $K_2Cr_2O_7$ का 1/2 मोल

(c) $KMnO_4$ का 1/3 मोल (d) $KMnO_4$ का 5/2 मोल

55 मोहर लवण *vs* $KMnO_4$ का अनुमापन, रेडॉक्स अनुमापन का एक उदाहरण है। इस अनुमापन में, $KMnO_4$ केवल फेरस लवण को फेरिक लवण में ऑक्सीकृत करता है (अन्य आयनों पर कोई प्रभाव नहीं) लेकिन हम मोहर लवण के स्थान पर फेरस सल्फेट का उपयोग नहीं कर सकते क्योंकि

(a) यह मोहर के लवण से कम स्थायी है

(b) हवा में यह फेरिक सल्फेट में ऑक्सीकृत हो जाता है

(c) हवा में यह क्रिस्टलीकरण जल खो देता है

(d) उपरोक्त सभी

56 रासायनिक विधि द्वारा द्रवविरोधी विलयन तैयार करने में शामिल हैं

(a) दोहरा अपघटन (b) ऑक्सीकरण और अपचयन

(c) जल अपघटन (d) ये सभी

57 जब $KMnO_4$ विलयन ऑक्जेलिक अम्ल के विलयन में मिलाया जाता है, तो प्रारम्भ में रंग-विरंजन धीमा होता है लेकिन कुछ समय बाद तात्कालिक हो जाता है क्योंकि

(a) CO_2 उत्पादों के रूप में बनता है

(b) अभिक्रिया ऊष्माक्षेपी है

(c) MnO_4^- अभिक्रिया को उत्प्रेरित करता है

(d) Mn^{2+} स्व-उत्प्रेरक के रूप में कार्य करता है

58 3.92 ग्राम फेरस अमोनियम सल्फेट (मोहर का लवण) 50 मिली $\frac{N}{10}$ $KMnO_4$ विलयन के साथ पूरी तरह से अभिक्रिया करता है। नमूने की शुद्धता का प्रतिशत है

(a) 50 (b) 78.4

(c) 80 (d) 39.2

अकार्बनिक रसायन से सम्बन्धित सिद्धान्त

59 बेरियम नाइट्रेट के प्रबल अम्लीय विलयन में विलयन *A* मिलाने पर सफेद अवक्षेप प्राप्त होता है जो अधिक मात्रा में जल मिलाने पर भी नहीं घुलता है।

विलयन *A* में शामिल है

(a) सोडियम फॉस्फेट (b) सोडियम कार्बोनेट

(c) सोडियम सल्फेट (d) सोडियम क्लोराइड

60 बोरेक्स को उसके गलनांक से अधिक गर्म करने पर यह पिघलकर द्रव पदार्थ बन जाता है, जो बाद में ठोस होकर पारदर्शी द्रव्यमान बन जाता है जिसे आमतौर पर बोरेक्स-बीड के रूप में जाना जाता है। पारदर्शी काँच जैसे द्रव्यमान में निम्न शामिल होते हैं

(a) सोडियम पाइरोबोरेट

(b) बोरिक ऐनहाइड्राइड

(c) सोडियम *मेटा*बोरेट

(d) बोरिक ऐनहाइड्राइड और सोडियम *मेटा*बोरेट

61 निम्नलिखित में से किस मिश्रण का निर्माण Pb^{2+} आयनों के परीक्षण की पुष्टि नहीं करता है?

(a) लेड क्रोमेट (b) लेड नाइट्रेट

(c) लेड सल्फेट (d) लेड आयोडाइड

62 नाइट्राइट (NO_2^-), नाइट्रेट (NO_3^-) के वलय परीक्षण में हस्तक्षेप करता है। निम्नलिखित में से कुछ अभिकर्मकों का उपयोग नाइट्राइट को हटाने के लिए किया जा सकता है

I. NH_4Cl

II. $(NH_2)_2CS$ (थायोयूरिया)

III. NH_2SO_3H (सल्फामिक अम्ल)

IV. सल्फानिलिक अम्ल

सही विकल्प है

(a) I, II (b) I, II, IV

(c) I, II, III (d) I, III, IV

63 *X* एक रंगहीन लवण है जो निम्नलिखित अभिक्रियाएँ देता है।

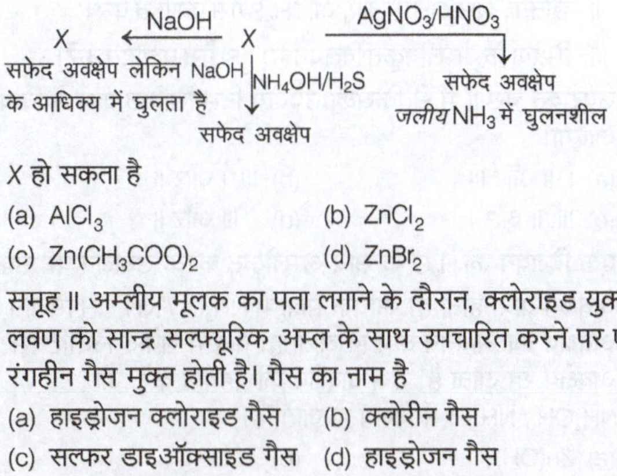

X हो सकता है

(a) $AlCl_3$ (b) $ZnCl_2$

(c) $Zn(CH_3COO)_2$ (d) $ZnBr_2$

64 समूह II अम्लीय मूलक का पता लगाने के दौरान, क्लोराइड युक्त लवण को सान्द्र सल्फ्यूरिक अम्ल के साथ उपचारित करने पर एक रंगहीन गैस मुक्त होती है। गैस का नाम है

(a) हाइड्रोजन क्लोराइड गैस (b) क्लोरीन गैस

(c) सल्फर डाइऑक्साइड गैस (d) हाइड्रोजन गैस

65 शुष्क परीक्षणों द्वारा धनायनों की पहचान में माइक्रोकॉस्मिक लवण और बोरेक्स का उपयोग किया जाता है। वे क्रमशः हैं

(a) $NaBO_2$ और $NaPO_3$
(b) $NaNH_4HPO_4 \cdot 4H_2O$ और $Na_2B_4O_7 \cdot 10H_2O$
(c) $NaPO_3$ और $NaBO_2$
(d) $Na_2B_4O_7$ और $NaNH_4HPO_4$

66 निम्नलिखित में से कौन से यौगिक NH_4OH विलयन में आंशिक रूप से घुलनशील या अघुलनशील हैं?

1. $Fe(OH)_3$ 2. Ag_2CrO_4
3. $Al(OH)_3$ 4. $Ni(OH)_2$

सही विकल्प है

(a) 1, 2 (b) 2, 3, 4
(c) 1, 3 (d) 2, 3

67 यदि जिंक आयनों के जलीय विलयन में NaOH मिलाया जाता है, तो एक सफेद अवक्षेप दिखाई देता है और अतिरिक्त NaOH मिलाने पर अवक्षेप घुल जाता है। विलयन में जिंक उपस्थित होता है

(a) धनायनिक भाग में
(b) ऋणायनिक भाग में
(c) धनायनिक और ऋणायनिक दोनों भाग में
(d) उपरोक्त में से कोई नहीं

68 कई धातु आयन विलयनों में काला अवक्षेप बनाते हैं, तो कौन-सा ऋणायन अवक्षेपण अभिकर्मक के रूप में उपयोग किया जाता है?

(a) Cl^- (b) S^{2-} (c) PO_4^{3-} (d) CO_3^{2-}

69 एक मिश्रण के जलीय विलयन में Br^- और I प्राप्त होता है। इसमें Cl_2 गैस प्रवाहित करने और $CHCl_3$ मिलाने पर कार्बनिक परत होगी

(a) बैंगनी (b) लाल भूरा (c) रंगहीन (d) नीला

70 एक मिश्रण में Cu^{2+}, Al^{3+} और Co^{2+} हैं। निम्नलिखित चरण अपनाए गए हैं लेकिन अव्यवस्थित रूप में लिखे गए हैं

I. छानना, H_2S गैस को उबालना बन्द करें। NH_4Cl मिलाएँ, गर्म करें और NH_4OH मिलाएँ।
II. छानना, NH_4OH मिलाएँ, और H_2S गैस प्रवाहित करें।
III. मिश्रण के अम्लीयकृत विलयन में H_2S गैस प्रवाहित करें।

उपरोक्त चरणों में से किसका उपयोग निम्नलिखित क्रम में किया जाएगा।

(a) I, II और III (b) III, I और II
(c) III, II और I (d) I, III और II

71 एक विलयन को H_2O के साथ अम्लीकृत करके उबालने पर सफेद अवक्षेप प्राप्त होता है। अधिक मात्रा में NH_4Cl / NH_4OH मिलाने पर अवक्षेप का आयतन कम हो जाता है। बाद में सफेद जिलेटिनस अवक्षेप रह जाता है। उस अवक्षेप की पहचान करें, जो NH_4OH / NH_4Cl में विलेय हो जाता है।

(a) $Zn(OH)_2$ (b) $Al(OH)_3$
(c) $Mg(OH)_2$ (d) $Ca(OH)_2$

72 समूह V के अवक्षेपण के लिए $(NH_4)_2CO_3$ के स्थान पर Na_2CO_3 का उपयोग नहीं किया जा सकता क्योंकि

(a) Na^+ V समूह का पता लगाने में हस्तक्षेप करता है
(b) CO_3^{2+} की सान्द्रता बहुत कम है
(c) Na अम्लीय मूलकों के साथ अभिक्रिया करता है
(d) Mg अवक्षेपित हो जाता है

73 सफेद सोडियम लवण जल में आसानी से घुलकर एक ऐसा विलयन बनाता है जो लिटमस के प्रति उदासीन होता है। जब इस विलयन में सिल्वर नाइट्रेट विलयन मिलाया जाता है, तो एक सफेद अवक्षेप प्राप्त होता है जो तनु HNO_3 में नहीं घुलता है। ऋणायन हो सकता है

(a) CO_3^{2-} (b) Cl^-
(c) SO_4^{2-} (d) S^{2-}

74 निम्नलिखित अवलोकन पर विचार करें

$M^{n+} + HCl \longrightarrow$ सफेद अवक्षेप $\xrightarrow{\Delta}$ जल में घुलनशील

धातु आयन M^{n+} होगा

(a) Hg^{2+} (b) Ag^+ (c) Pb^{2+} (d) Sn^{2+}

75 निकेल आयन की पहचान के लिए किस अभिकर्मक का उपयोग किया जा सकता है?

(a) रेसोर्सिनोल (b) डाइमिथाइल ग्लाइऑक्सिम
(c) डाइफेनिल बेन्जीडाइन (d) पोटैशियम फेरोसायनाइड

76 अमोनियाकृत H_2S से उपचारित करने पर धातु आयन विलयन जो सल्फाइड के रूप में अवक्षेपित होता है, होगा

(a) Fe (III) (b) Al (III) (c) Mg (II) (d) Zn (II)

77 निम्नलिखित में से किस ऋणायन का परीक्षण परत परीक्षण से नहीं किया जाता है?

(a) ब्रोमाइड (b) आयोडाइड (c) क्लोराइड (d) नाइट्राइट

78 किसी पदार्थ के जलीय विलयन को तनु हाइड्रोक्लोरिक अम्ल से उपचारित करने पर सफेद अवक्षेप देता है, जो गर्म करने पर घुल जाता है। जब हाइड्रोजन सल्फाइड को गर्म अम्लीय विलयन से गुजारा जाता है, तो एक काला अवक्षेप प्राप्त होता है। यह पदार्थ है

(a) Hg^{2+} लवण (b) Cr^{2+} लवण
(c) Ag^+ लवण (d) Pb^{2+} लवण

79 डाइमिथाइल ग्लाइऑक्सिम और $NaHSO_3$ / NH_4CNS का उपयोग Cu और Ni को पृथक् करने के लिए किया जाता है। इनका उपयोग किस क्रम में किया जाता है

(a) HSO_3^-/ CNS^- फिर DMG
(b) DMG फिर HSO_3^- / CNS^-
(c) क्रम रहित है।
(d) दिए गए अभिकर्मक उपयुक्त नहीं हैं।

80 अभिकर्मक NH_4Cl और NH_4OH अवक्षेपित करेगा

(a) Ca^{2+} (b) Al^{3+}
(c) Mg^{2+} (d) Zn^{2+}

81 क्रोमाइल क्लोराइड परीक्षण में प्रयुक्त अभिकर्मक है

(a) K_2CrO_4 (b) CrO_3

(c) $K_2Cr_2O_7$ (d) $(NH_4)_2Cr_2O_7$

82 फिटकरी को निम्न सामान्य सूत्र द्वारा दर्शाया जा सकता है $M_2SO_4 \cdot M'_2(SO_4)_3 \cdot 24H_2O$ जिसमें

(a) M द्विसंयोजी धातु है और M' त्रिसंयोजी धातु है।

(b) M त्रिसंयोजी धातु है और M' एकसंयोजी धातु है।

(c) M एकसंयोजी धातु है और M' त्रिसंयोजी धातु है।

(d) M और M' दोनों द्विसंयोजी धातु हैं

83 कॉपर सल्फेट के विलयन में जब अमोनियम हाइड्रॉक्साइड की अधिक मात्रा मिलायी जाती है, तो एक संकुल यौगिक बनता है। इसका कारण है

(a) $[Cu(NH_3)_2]^{2+}$ (b) $[Cu(NH_3)_4]^{2+}$

(c) $[Cu(NH_3)_6]^{2+}$ (d) Cu^{2+}

84 क्लोराइड लवण में सान्द्र H_2SO_4 मिलाने पर रंगहीन धुआँ निकलता है, लेकिन आयोडाइड लवण में बैंगनी धुआँ निकलता है। ऐसा इसलिए होता है क्योंकि

(a) H_2SO_4, Hi को I_2 अपचयित करता है।

(b) HI बैंगनी रंग का है

(c) HI ऑक्सीकृत होकर देता है

(d) HI, HIO_3 में प्रतिस्थापित हो जाता है।

85 $CuSO_4$ में KCN मिलाने पर यह रंगहीन हो जाता है। उत्पाद है

(a) $[Cu(CN)_4]^{2-}$ (b) $[Cu(CN)_4]^{3-}$

(c) $Cu(CN)_2$ (d) CuCN

86 एक गैस X को पानी में प्रवाहित करके संतृप्त विलयन बनाया जाता है। जलीय विलयन को सिल्वर नाइट्रेट से उपचारित करने पर सफेद अवक्षेप देता है। संतृप्त जलीय विलयन मैग्नीशियम रिबन को भी घोल देता है और रंगहीन गैस Y निकलती है। X और Y की पहचान करें।

(a) $X = CO_2, Y = Cl_2$ (b) $X = Cl_2, Y = CO_2$

(c) $X = Cl_2, Y = H_2$ (d) $X = H_2, Y = Cl_2$

87 जब जलीय लवण विलयन में $BaCl_2$ मिलाया जाता है, तो एक सफेद अवक्षेप प्राप्त होता है। जब CO_3^{2-}, SO_3^{2-} और SO_4^{2-} के मध्य का ऋणायन जो विलयन में उपस्थित हो सकता है

(a) CO_3^{2-} लेकिन अन्य दो में से कोई नहीं

(b) SO_3^{2-} लेकिन अन्य दो में से कोई नहीं

(c) SO_4^{2-} लेकिन अन्य दो में से कोई नहीं

(d) उपरोक्त सभी

88 जब Cl जल क्लोरोफॉर्म युक्त लवण के विलयन में मिलाया जाता है, तो क्लोरोफॉर्म की परत बैंगनी हो जाती है। लवण में होता है

(a) Cl^- (b) I^- (c) NO_3^- (d) S^{2-}

89 लवण A का अज्ञात विलयन $\xrightarrow{K_4[Fe(CN)_6]}$ चॉकलेटी अवक्षेप प्राप्त होता है। निम्नलिखित में से किस मूलक की पुष्टि होगी?

(a) Ni^{2+} (b) Cu^{2+}

(c) $4S_2SO_3^{2-}$ (d) SO_3^{2-}

90 Fe^{2+} आयन को Fe^{3+} आयन से किसके द्वारा पृथक् किया जा सकता है

(a) NH_4SCN (b) $AgNO_3$

(c) $BaCl_2$ (d) $Al(OH)_3$

91 सोडियम नाइट्रोप्रुसाइड को जब सल्फाइड आयनों के क्षारीय घोल में मिलाया जाता है तो प्राप्त होगा

(a) लाल रंजक (b) नीला रंजक

(c) बैंगनी रंजक (d) भूरा रंजक

92 अघुलनशील पदार्थ ZnS, CuS, HgS Ag_2S और FeS युक्त निलम्बन को 2N HCl के साथ उपचारित किया जाता है। छानने पर, निम्नलिखित में से किस समूह की पर्याप्त मात्रा प्राप्त होगी?

(a) जिंक और पारा (b) चाँदी और लोहा

(c) ताँबा और पारा (d) जस्ता, ताँबा और लोहा

93 यदि आप $ZnCl_2$ विलयन में अधिक मात्रा में तनु NaOH विलयन मिला दें तो आप क्या देखेंगे?

(a) A सफेद अवक्षेप

(b) A सफेद अवक्षेप जो बाद में घुल जाता है

(c) A हरे रंग का अवक्षेप

(d) A हरा रंग का अवक्षेप जो बाद में घुल जाता है

94 यदि Fe^{3+} और Cr^{3+} दोनों गुणात्मक विश्लेषण के समूह III में उपस्थित हैं, तो भेद इस प्रकार किया जा सकता है

(a) NH_4Cl की उपस्थिति में जब NH_4OH मिलाया जाता है तो $Fe(OH)_3$ अवक्षेपित होता है।

(b) NH_4Cl की उपस्थिति में NH_4OH मिलाया जाता है तो $Cr(OH)_3$ और $Fe(OH)_3$ दोनों अवक्षेपित हो जाते हैं। और यदि Br_2 जल और NaOH मिलाते हैं तो $Cr(OH)_3$ घुल जाता है।

(c) जब (b) की क्रिया सान्द्र HCl से कराते हैं तो $Cr(OH)_3$ का अवक्षेप और $Fe(OH)_3$ प्राप्त होते हैं तो केवल $Fe(OH)_3$ घुलता है।

(d) (b) एवं (c) दोनों

95 निम्नलिखित में से कौन-सा समूह चौथे समूह के क्षारीय मूलक का संघटक है?

(a) $Pb^{2+}, Hg^{2+}, Cd^{2+}$

(b) $Zn^{2+}, Mn^{2+}, Ni^{2+}$

(c) $Al^{3+}, Fe^{3+}, Cr^{3+}$

(d) $Ca^{2+}, Sr^{2+}, Ba^{2+}$

96 मोहर लवण के बड़े आकार के क्रिस्टल प्राप्त करने के लिए, गर्म संतृप्त विलयन को

(a) बर्फ में रखकर ठण्डा होने दिया जाता है

(b) बर्फ के ठण्डे जल में रखकर ठण्डा किया जाता है

(c) हवा में धीरे-धीरे ठण्डा होने दिया जाता है

(d) जल से भरे बीकर के मुँह पर रखकर ठण्डा होने दिया जाता है।

97 जब तनु HCl की उपस्थिति में H_2S प्रवाहित की जाती है तो निम्नलिखित में से कौन-सा धनायन घुलनशील होगा?

(a) Cu^{2+} (b) Ni^{2+} (c) Zn^{2+} (d) Mn^{2+}

98 $MgSO_4$, NH_4OH और Na_2HPO_4 के साथ अभिक्रिया करके सफेद क्रिस्टलीय अवक्षेप बनाता है। इसका सूत्र क्या है?
(a) $Mg(NH_4)PO_4$ (b) $Mg_3(PO_4)_2$
(c) $MgCl_2$, $MgSO_4$ (d) $MgSO_4$

99 कभी-कभी, समूह II के मूलक की अनुपस्थिति में भी H_2S गैस प्रवाहित करने पर पीलापन दिखाई देता है। इसका कारण है
(a) कभी-कभी समूह III के मूलक सल्फेट के रूप में अवक्षेपित हो जाते हैं
(b) समूह IV मूलक सल्फाइड के रूप में अवक्षेपित होते हैं
(c) कुछ अम्लीय मूलकों द्वारा H_2S गैस का ऑक्सीकरण होता है
(d) समूह III के मूलक हाइड्रॉक्साइड के रूप में अवक्षेपित होते हैं।

100 नाइट्रेट मूलक का पता लगाने में प्राप्त संकुल को सूत्र भूरे $[Fe(H_2O)_5NO]SO_4$ के रूप में तैयार किया गया है। इस संकुल में Fe की ऑक्सीकरण संख्या क्या है?
(a) + 1 (b) + 2
(c) + 3 (d) 0

अभिकथन-कारण प्रश्न

निर्देश *(प्रश्न संख्या 1-9) निम्नलिखित प्रश्न में अभिकथन (A) के बाद कारण (R) दिया गया है। नीचे दिए गए विकल्पों में से सही विकल्प चुनें।*
(a) A और R दोनों सत्य हैं और R, A का सही स्पष्टीकरण है।
(b) A और R दोनों सत्य हैं तथा R, A का सही स्पष्टीकरण नहीं है।
(c) A असत्य है लेकिन R सत्य है।
(d) A सत्य है लेकिन R असत्य है।

1 **अभिकथन (A)** द्रवस्नेही सॉल तैयार करने के लिए परिपेक्षण विधि का उपयोग किया जाता है।
कारण (R) इस विधि में, मोटे कणों के समूह कोलाइडी आकार के कणों में टूट जाते हैं।

2 **अभिकथन (A)** फिनॉलिक यौगिक उदासीन $FeCl_3$ के साथ विशिष्ट रंग देते हैं।
कारण (R) यह सभी ऐनोलिक यौगिकों का गुण है।

3 **अभिकथन (A)** यौगिक ऐसीटैल्डिहाइड धनात्मक आयोडोफॉर्म और टॉलेन परीक्षण देता है।
कारण (R) यौगिक ऐसीटैल्डिहाइड में —CHO समूह होता है।

4 **अभिकथन (A)** 2-हाइड्रॉक्सीफेनिल एसिटिक अम्ल $NaHCO_3$ के साथ CO_2 मुक्त करता है तथा उदासीन $FeCl_3$ के साथ रंग नहीं देता है।
कारण (R) $NaHCO_3$ के साथ CO_2 की मुक्ति —COOH समूह की उपस्थिति को इंगित करती है।

5 **अभिकथन (A)** ऐसिटिक अम्ल ओर सोडियम हाइड्रॉक्साइड की उदासीनीकरण ऊष्मा केवल 56 किलो जूल है।
कारण (R) दुर्बल अम्ल या दुर्बल क्षार की उदासीनीकरण ऊष्मा 57.3 किलो जूल से कम होती है।

6 **अभिकथन (A)** यदि मिश्रण में क्लोरेट्स हैं, तो क्लोराइड आयन के लिए क्रोमिल क्लोराइड परीक्षण नहीं किया जाता है।
कारण (R) क्लोरेट्स तनु H_2SO_4 के साथ अभिक्रिया करके क्लोरीन डाइऑक्साइड बनाता है जो कि H_2SO_4 में घुलनशील है तथा अत्यधिक विस्फोटक नारंगी पीले रंग का विलयन बनाता है।

7 **अभिकथन (A)** थायोसल्फेट आयन और स्टार्च विलयन को अभिक्रिया मिश्रण (हाइड्रोजन परॉक्साइड के साथ आयोडाइड आयन) में मिलाने पर आयोडीन थायोसल्फेट के साथ तुरन्त अभिक्रिया करता है तथा स्टार्च को नीला नहीं कर सकता है।
कारण (R) अभिक्रिया की दर सोडियम थायोसल्फेट विलयन के साथ नीला रंग दर्शाने में लगने वाले समय को मापकर निर्धारित की जा सकती है।

8 **अभिकथन (A)** मोहर लवण vs $KMnO_4$ अनुमापन में मोहर लवण का सक्रिय अवयव फेरिक सल्फेट है जो $KMnO_4$ द्वारा ऑक्सीकृत होता है।
कारण (R) इस अनुमापन में सल्फ्यूरिक अम्ल अधिक मात्रा में उपस्थित होना चाहिए अन्यथा भूरे रंग का अवक्षेप बनेगा।

9 **अभिकथन (A)** *p*-नाइट्रो एसिटैनिलाइड के निर्माण में, अभिक्रिया मिश्रण का तापमान 35°C से कम बनाए रखा जाना चाहिए।
कारण (R) *p*-नाइट्रो एसिटैनिलाइड के निर्माण में, सान्द्र H_2SO_4 की उपस्थिति में HNO_3 का धूम्र देने से नाइट्रोनियम (NO_2^+) आयन प्राप्त होता है।

कथन आधारित प्रश्न

निर्देश *(प्रश्न संख्या 1-10) निम्नलिखित प्रश्नों में दो कथन (I और II) दिए गए हैं। दिए गए कथनों के आधार पर नीचे दिए गए सही विकल्प को चुनें।*

(a) कथन I और कथन II दोनों असत्य हैं।
(b) कथन I सत्य है लेकिन कथन II असत्य है।
(c) कथन I असत्य है लेकिन कथन II सत्य है।
(d) कथन I और कथन II दोनों सत्य हैं।

1 कथन I NH_4OH की उपस्थिति में डाइमिथाइल ग्लाइऑक्सिम द्वारा Ni^{2+} की पहचान की जाती है।

कथन II डाइमिथाइल ग्लाइऑक्सिम एक द्विदंतुर उदासीन लिगैंड है।

2 कथन I लैसग्ने परीक्षण में, जब एक कार्बनिक यौगिक में नाइट्रोजन और सल्फर दोनों उपस्थित होते हैं, तो सोडियम थायोसाइनेट बनता है।

कथन II यदि किसी कार्बनिक यौगिक में नाइट्रोजन और सल्फर दोनों उपस्थित होते हैं, तो सोडियम संलयन में प्रयुक्त सोडियम आधिक्य, निर्मित सोडियम थायोसाइनेट को विघटित कर NaCN और Na_2S देगा।

3 कथन I कार्बनिक यौगिकों के लिए बेलस्टीन परीक्षण का उपयोग हैलोजनों का पता लगाने के लिए किया जाता है।

कथन II जब Cu तार लूप को हैलोजन के साथ गर्म किया जाता है तो नीला या हरा रंग प्राप्त होता है।

4 कथन I प्रबल अम्ल और प्रबल क्षार की उदासीनीकरण एन्थैल्पी को साधारण कैलोरीमीटर का उपयोग करके मापा जाता है।

कथन II एक क्षार और क्षार के मानक विलयन के ज्ञात आयतन को मिलाया जाता है और तापमान में परिवर्तन को मापा जाता है।

5 कथन I द्रव विरोधी सॉल को हिलाकर आसानी से तैयार किया जा सकता है।

कथन II सिल्वर हैलाइड के सॉल सिल्वर लवण के तनु विलयन को क्षार हैलाइड के साथ समतुल्य मात्रा में मिलाकर तैयार किया जाता है।

6 निम्नलिखित में से सही कथनों का चयन करें।

I. ऐसीटिक ऐनहाइड्राइड और ऐसीटिक अम्ल के समतुल्य मात्रा के मिश्रण का उपयोग करके प्रत्यक्ष ऐसीटिलीकरण ऐनिलिन द्वारा ऐसीटैनिलाइड का निर्माण किया जाता है।

II. नाइट्रोनियम आयन ऐसिटैनिलाइड पर आक्रमण कर साइक्लोपेन्टैडाइनिल आयन के माध्यम से *p*-नाइट्रो ऐसिटैनिलाइड बनाता है।

III. *p*-ऐमिनो ऐजोबेन्जीन एक एजो रंजक है जो डाइएजोएमिनों बेन्जीन से तैयार किया जाता है।

IV. $-\overset{O}{\overset{\|}{C}}-CH_3$ समूह युक्त यौगिक केवल आयोडोफॉर्म परीक्षण देता है।

V. डाइएजो बेन्जीन को ऐनिलीन और सूक्ष्म मात्रा में HCl के साथ लगभग 40°C पर गर्म करने पर *p*-एमिनो एजो बेन्जीन या ऐनीलिन प्राप्त होता है।

नीचे दिए गए विकल्पों में से सही उत्तर चुनें।

(a) I, III और V (b) II, IV और V
(c) III और IV (d) I और II

7 निम्नलिखित में से सही कथनों का चयन करें।

I. परखनली में KI और स्टार्च विलयन की 2-3 बूंदें डालें तो गहरा नीला या बैंगनी रंग दिखाई देता है जो NO_2 की उपस्थिति की पुष्टि करता है।

II. जब फिल्टर पेपर को लेड ऐसीटेट में डुबोकर परखनली के मुँह पर रखा जाता है, तो PbS बनने के कारण फिल्टर पेपर हरा हो जाता है जो S^{2-} आयन की पुष्टि करता है।

III. परखनली के मुँह के पास NH_4OH में डूबी काँच की छड़ लें, NH_4Cl का सफेद धुआँ निकलता है जो Cl^- आयन की पुष्टि करता है।

IV. यदि मिश्रण में क्लोरेट्स हों, तो क्लोराइड आयन के लिए क्रोमिल क्लोराइड परीक्षण नहीं किया जाना चाहिए।

V. स्टार्च के विलयन में डूबा हुआ कागज परखनली के मुँह पर रखने पर कागज नीला हो जाता है, जोकि I आयन की पुष्टि करता है।

नीचे दिए गए विकल्पों में से सही उत्तर चुनें।

(a) I और II (b) I, III, IV और V
(c) II, IV और V (d) I, III और V

8 निम्नलिखित में से असत्य कथनों का चयन करें।

I. ऑक्जेलिक अम्ल एवं $KMnO_4$ अनुमापन में, ऑक्जैलिक अम्ल के विलयन को तनु H_2SO_4 के साथ 50-60°C तक गर्म किया जाता है।

II. ऑक्सालिक ऐसिड एवं $KMnO_4$ अनुमापन में ऑक्जैलिक अम्ल एक अपचायक अभिकर्मक है और $KMnO_4$ एक ऑक्सीकारक अभिकर्मक है।

III. ऑक्जैलिक अम्ल एवं $KMnO_4$ अनुमापन, सान्द्र HNO_3 की उपस्थिति में किया जाता है।

IV. ऑक्जैलिक अम्ल *vs* $KMnO_4$ अनुमापन में, $KMnO_4$ अंतः बिन्दु का पता लगाने के लिए स्वयं सूचक के रूप में कार्य करता है।

V. ऑक्जैलिक अम्ल *vs* $KMnO_4$ अनुमापन उदसीनीकरण अभिक्रिया का एक उदाहरण है।

नीचे दिए गए विकल्पों में से सही उत्तर चुनें।

(a) II, III और IV
(b) II और V
(c) I, III और V
(d) IV और V

9 जलीय NaOH विलयन की सामर्थ्य के निर्धारण के सम्बन्ध में निम्नलिखित में से कौन-सा कथन सही है? (ध्यान दें कि उपयुक्त सूचक का उपयोग किया गया है।)

I. जलीय NaOH को पिपेट में तथा जलीय ऑक्जैलिक अम्ल को ब्यूरेट में मिलाएँ।

II. जलीय NaOH को आयतनमापी फ्लास्क में तथा सान्द्र H_2SO_4 को कोनिकल फ्लास्क में मिलाएँ।

III. जलीय NaOH को ब्यूरेट में तथा सान्द्र H_2SO_4 को कोनिकल फ्लास्क में मिलाएँ।

IV. जलीय NaOH को ब्यूरेट में तथा जलीय ऑक्जैलिक अम्ल को कोनिकल फ्लास्क में मिलाएँ।

(a) I और IV (b) II और III (c) केवल IV (d) केवल III

10 नाइट्रेट आयन के परीक्षण के सम्बन्ध में कौन-सा कथन सत्य है?

I. दो द्रव पदार्थों की संधि पर एक गहरे भूरे रंग की वलय बनती है।

II. वलय का निर्माण नाइट्रोफेरस सल्फेट संकुल (कॉम्प्लेक्स) के कारण होता है।

III. $[Fe(H_2O)_5(NO)]SO_4$ ब्राउन संकुल है।

IV. नाइट्रेट लवण को सान्द्र H_2SO_4 के साथ गर्म करने पर हल्का भूरा धूम्र निकलता है।

नीचे दिए गए विकल्प में से सही उत्तर चुनें।

(a) I और IV
(b) केवल III
(c) केवल II
(d) I, III और IV

सुमेलन प्रकार प्रश्न

1 सूची I को सूची II से सुमेलित करें।

	सूची I (ज्वाला परीक्षण में धनायन)		सूची II (ज्वाला का रंग)
A.	Ba^{2+}	1.	सिन्दूरी लाल
B.	Ca^{2+}	2.	हरा सेब (एप्पल ग्रीन)
C.	Sr^{2+}	3.	सुनहरा पीला
D.	Na^{+}	4.	ईंट जैसा लाल

नीचे दिए गए विकल्पों में से सही उत्तर चुनें।

(a) A-1, B-2, C-3, D-4 (b) A-2, B-1, C-3, D-4
(c) A-1, B-3, C-4, D-2 (d) A-2, B-4, C-1, D-3

2 सूची I को सूची II से सुमेलित करें।

	सूची I (परीक्षण/अभिकर्मक/अवलोकन)		सूची II (स्पीशीज का पता लगाना)
A.	लैसग्ने परीक्षण	1.	कार्बन
B.	Cu (II) ऑक्साइड	2.	सल्फर
C.	सिल्वर नाइट्रेट	3.	N, S, P और हैलोजन
D.	सोडियम संलयन आधिक्य ऐसीटिक अम्ल और लैड ऐसीटेट के साथ काला अवक्षेप देता है।	4.	विशेष रूप से हैलोजन

नीचे दिए गए विकल्पों में से सही उत्तर चुनें।

(a) A-3, B-1, C-2, D-4 (b) A-1, B-4, C-3, D-2
(c) A-3, B-1, C-4, D-2 (d) A-1, B-2, C-4, D-3

3 सूची I को सूची II से सुमेलित करें।

	सूची I (परीक्षण विधि)		सूची II (अभिकर्मक)
A.	कार्बिल ऐमीन परीक्षण	1.	CH_3COOH और सान्द्र H_2SO_4
B.	लुकास परीक्षण	2.	$CHCl_3$ और एल्को. KOH
C.	एस्टर परीक्षण	3.	$C_6H_5SO_2Cl$/जलीय KOH
D.	हिंसबर्ग परीक्षण	4.	सान्द्र HCl और $ZnCl_2$

नीचे दिए गए विकल्प में से सही उत्तर चुने।

(a) A-2, B-4, C-1, D-3 (b) A-3, B-4, C-1, D-2
(c) A-2, B-1, C-4, D-3 (d) A-3, B-1, C-2, D-4

4 सूची I को सूची II से सुमेलित करें।

	सूची I (धातु आयन)		सूची II (गुणात्मक विश्लेषण में समूह)
A.	Fe^{3+}	1.	समूह-V
B.	Ca^{2+}	2.	समूह-IV
C.	Zn^{2+}	3.	समूह-II
D.	Cu^{2+}	4.	समूह-III

नीचे दिए गए विकल्पों में से सही उत्तर चुनें।

(a) A-3, B-4, C-2, D-1
(b) A-2, B-4, C-1, D-3
(c) A-4, B-3, C-2, D-1
(d) A-4, B-1, C-2, D-3

5 सूची I को सूची II से सुमेलित करें।

सूची I (प्रयुक्त अभिकर्मक)	सूची II (क्रियात्मक समूह वाला यौगिक)
A. कॉपर सल्फेट और सोडियम सिट्रेट का क्षारीय विलयन	1. 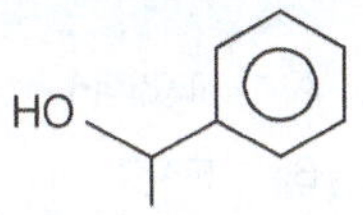
B. उदासीन $FeCl_3$ विलयन	2. 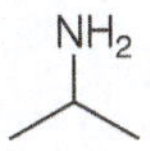
C. क्षारीय क्लोरोफॉर्म विलयन	3. 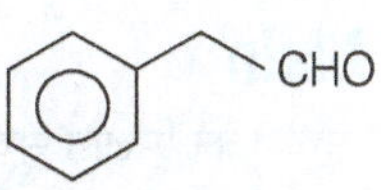
D. पोटैशियम आयोडाइड और सोडियम हाइपोक्लोराइड	4. 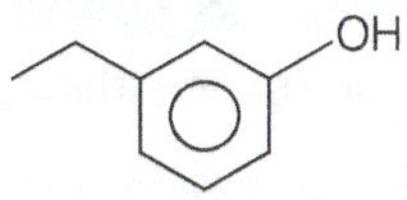

नीचे दिए गए विकल्पों में से सही उत्तर चुनें।

(a) A-3, B-4, C-1, D-2
(b) A-2, B-4, C-3, D-1
(c) A-4, B-1, C-2, D-3
(d) A-3, B-4, C-2, D-1

आंकिक मान प्रकार के प्रश्न

1 जब 131.8 किग्रा साइक्लोहेक्सेन कार्बोएल्डिहाइड को टॉलेन परीक्षण से गुजारा जाता है तो उत्पादित NH_3 का द्रव्यमान .... किलोग्राम होता है। [(निकटतम पूर्णांक तक) C का मोलर द्रव्यमान = 12 ग्राम/मोल, N = 14 ग्राम/मोल और O = 16 ग्राम/मोल]

2 20 मिली कैल्शियम हाइड्रॉक्साइड की खपत तब हुई जब इसे H_2SO_4 के अज्ञात विलयन के 10 मिली के साथ अभिक्रिया कराई गई। इसके अतिरिक्त 0.5 M HCl के 20 मिली मानक विलयन में 2 बूँद फिनॉलफ्थैलीन को कैल्शियम हाइड्रॉक्साइड के साथ अनुमापित किया गया, जब ब्यूरेट ने 35.5 मिली का मान प्रदर्शित किया तो मिश्रण गुलाबी रंग में दिखाई दिया जबकि ब्यूरेट ने शुरुआत में 25.5 मिली दर्शाया था। H_2SO_4 की सान्द्रता .... M है। (निकटतम पूर्णांक)

3 0.05 M $KMnO_4$ विलयन के 10.0 मिली को दिए गए ऑक्जैलिक अम्ल निर्जलित विलयन के 10.0 मिली के साथ अनुमापन में उपयोग किया गया।
दिए गए ऑक्जैलिक अम्ल विलयन की सामार्थ्य .... $\times 10^{-2}$ ग्राम/लीटर है। (निकटतम पूर्णांक)

4 $KMnO_4$ के अनुमापन और ऑक्जैलिक अम्ल के अम्लीय माध्यम में अंतिम बिन्दु पर कार्बन की ऑक्सीकरण संख्या में परिवर्तन ...... है।

5 Al^{3+}, Zn^{2+}, Ca^{2+}, Fe^{3+}, Ni^{2+}, Ba^{2+} और Cu^{2+} जैसे आयनों वाले जलीय विलयन में सान्द्र HCl के बाद H_2S मिलाया गया। इस अभिक्रिया के दौरान अवक्षेपित कुल धनायनों की संख्या है/हैं।

विगत परीक्षाओं के प्रश्न

NEET

1 नीचे कुछ धनायन दिए गए हैं। अकार्बनिक गुणात्मक विश्लेषण के उपयोग द्वारा, उन्हें बढ़ती समूह संख्या 0 से VI तक में व्यवस्थित कीजिए।

A. Al^{3+} B. Cu^{2+}
C. Ba^{2+} D. Co^{2+}
E. Mg^{2+}

नीचे दिए गए विकल्पों से सही उत्तर चुनिए: **NEET 2024**

(a) *B, A, D, C, E*
(b) *B, C, A, D, E*
(c) *E, C, D, B, A*
(d) *E, A, B, C, D*

2 मोहर लवण विलयन (फेरस अमोनियम सल्फेट) के निर्माण के दौरान, निम्नलिखित में से किस अम्ल को Fe^{2+} आयन के जलअपघटन को रोकने के लिए मिलाया जाता है? **NEET 2024**

(a) तनु हाइड्रोक्लोरिक अम्ल
(b) सान्द्र सल्फ्यूरिक अम्ल
(c) तनु नाइट्रिक अम्ल
(d) तनु सल्फ्यूरिक अम्ल

3 फेहलिंग विलयन 'A' होता है **NEET 2024**

(a) जलीय कॉपर सल्फेट
(b) क्षारीय कॉपर सल्फेट
(c) सोडियम पोटैशियम टार्टरेट (रोसेल लवण) का क्षारीय विलयन
(d) जलीय सोडियम सिट्रेट

JEE Main

4 सूची-I का मिलान सूची-II से करें।

सूची I (परीक्षण)		सूची II (प्रेक्षण)
A. Br_2 जल परीक्षण	I.	पीला-नारंगी या नारंगी-लाल अवक्षेप बनता है।
B. सेरिक अमोनियम नाइट्रेट परीक्षण	II.	लाल-नारंगी रंग गायब हो जाता है।
C. फेरिक क्लोराइड परीक्षण	III.	लाल रंग उत्पन्न होता है।
D. 2, 4-DNP परीक्षण	IV.	नीला, हरा, बैंगनी या लाल रंग उत्पन्न होता है।

नीचे दिए गए विकल्पों में से सही उत्तर को चुनें। **JEE Main 2024**

(a) A-III, B-IV, C-I, D-II
(b) A-IV, B-I, C-II, D-III
(c) A-I, B-II, C-III, D-IV
(d) A-II, B-III, C-IV, D-I

5 लैसग्ने परीक्षण निम्नलिखित में से किसकी पहचान के लिए प्रयोग किया जाता है? **JEE Main 2024**

(a) केवल फॉस्फोरस और हैलोजनों की
(b) नाइट्रोजन, सल्फर, फॉस्फोरस और हैलोजनों की
(c) केवल नाइट्रोजन, सल्फर और फॉस्फोरस की
(d) केवल नाइट्रोजन और सल्फर का

6 गुणात्मक विश्लेषण में आयरन समूह (III) के अवक्षेपण में, अमोनियम हाइड्रॉक्साइड मिलाने से पहले अमोनियम क्लोराइड मिलाया जाता है, **JEE Main 2024**

(a) फॉस्फेट आयनों द्वारा हस्तक्षेप को रोकने के लिए
(b) OH^- आयनों की सान्द्रता में कमी के लिए
(c) NH_4^+ आयनों की सान्द्रता में वृद्धि के लिए
(d) Cl^- आयनों की सान्द्रता में कमी के लिए

7 जब दो अकार्बनिक लवणों वाले मिश्रण के विलयन को अम्लीय माध्यम में ताजा तैयार फेरस सल्फेट के साथ उपचारित किया जाता है, तो एक गहरे भूरे रंग की वलय बनती है, जबकि उदासीन $FeCl_3$ के साथ उपचारित करने पर, यह गहरा लाल रंग देता है जो उबलने पर विलुप्त हो जाता है और एक भूरा लाल अवक्षेप बनता है। मिश्रण में शामिल है **JEE Main 2023**

(a) CH_3COO^- और NO_3^-
(b) $C_2O_4^{2-}$ और NO_3^-
(c) SO_3^{2-} और $C_2O_4^{2-}$
(d) SO_3^{2-} और CH_3COO^-

8 वह यौगिक जो नाइट्रोजन और हैलोजन दोनों के लिए धनात्मक लैसग्ने परीक्षण देगा वह है **JEE Main 2023**

(a) $NH_2OH \cdot HCl$
(b) NH_4Cl
(c) $N_2H_4 \cdot HCl$
(d) $CH_3NH_2 \cdot HCl$

9 सूची-I को सूची-II से सुमेलित करें। **JEE Main 2023**

सूची-I (तत्त्व का पता लगाना)		सूची-II (प्रयुक्त अभिकर्मक/निर्मित उत्पाद)
A. नाइट्रोजन	I.	$Na_2[Fe(CN)_5NO]$
B. सल्फर	II.	$AgNO_3$
C. फॉस्फोरस	III.	$Fe_4[Fe(CN)_6]_3$
D. हैलोजन	IV.	$(NH_4)_2MoO_4$

नीचे दिए गए विकल्पों में से सही उत्तर चुनें।

(a) A-II, B-IV, C-I, D-III
(b) A-III, B-I, C-IV, D-II
(c) A-IV, B-II, C-I, D-III
(d) A-II, B-I, C-IV, D-III

10 क्षार *vs* अम्ल अनुमापन में, अन्तिम बिन्दु पर मिथाइल ऑरेंज उपस्थित होता है **JEE Main 2022**

(a) क्विनोइड रूप में
(b) विषमचक्रीय रूप में
(c) फिनोलिक रूप में
(d) बेंजेनॉइड रूप में

11 Fe^{3+} धनायन पोटैशियम फेरोसाइनाइड विलयन के योग के कारण प्रुशियन नीले रंग का अवक्षेप किसके बनने के कारण देता है? **JEE Main 2022**

(a) $[Fe(H_2O)_6]_2[Fe(CN)_6]$
(b) $Fe_2[Fe(CN)_6]_2$
(c) $Fe_3[Fe(OH)_2(CN)_4]_2$
(d) $Fe_4[Fe(CN)_6]_3$

12 नीचे दो कथन दिए गए हैं। एक को अभिकथन (A) तथा दूसरे को कारण (R) कहा गया है।

अभिकथन (A) फिनॉलफ्थैलीन pH पर निर्भर सूचक है, अम्लीय विलयन में रंगहीन रहता है तथा क्षारीय माध्यम में गुलाबी रंग देता है।

कारण (R) फिनॉलफ्थैलीन एक दुर्बल अम्ल है यह क्षारीय माध्यम में विघटित नहीं होता है। उपरोक्त कथनों के आधार पर, नीचे दिए गए विकल्पों में से सबसे उपयुक्त उत्तर चुनें। **JEE Main 2022**

(a) A और R दोनों सत्य हैं और R, A का सही स्पष्टीकरण है।
(b) A और R दोनों सत्य हैं लेकिन R, A का सही स्पष्टीकरण नहीं है।
(c) A सत्य है लेकिन R असत्य है।
(d) A असत्य है लेकिन R सत्य है।

13 नाइट्रेट आयन परीक्षण के सम्बन्ध में कौन-सा कथन सत्य नहीं है? **JEE Main 2022**

(a) दो विलयनों के संयोजन पर एक गहरे भूरे रंग की वलय बनती है।
(b) वलय नाइट्रोफेरस सल्फेट संकुल (परिसर) के कारण बनती है।
(c) $[Fe(H_2O)_5(NO)]SO_4$ भूरा संकुल है।
(d) नाइट्रेट लवण को सान्द्र H_2SO_4 के साथ गर्म करने पर हल्का भूरा धूम्र निकलता है।

14 यौगिक 'X' एक दुर्बल अम्ल है और यह CH_3COOH के साथ NaOH के उदासीनीकरण के दौरान तुल्यता बिन्दु के समीप pH पर रंग परिवर्तन प्रदर्शित करता है। यौगिक 'X' क्षारीय माध्यम में आयनित रूप से उपस्थित होता है। यौगिक X है। **JEE Main 2022**

(a) मिथाइल ऑरेंज (b) मिथाइल रेड
(c) फिनॉल्फ्थैलीन (d) एरियोक्रोम ब्लैक टी

15 नीचे दो कथन दिए गए हैं एक को अभिकथन (A) और दूसरे को कारण (R) कहा गया है।

अभिकथन (A) परमैंगनेट अनुमापन हाइड्रोक्लोरिक अम्ल की उपस्थिति में नहीं किया जाता है।

कारण (R) क्लोरीन हाइड्रोक्लोरिक एसिड के ऑक्सीकरण के परिणामस्वरूप बनता है।

उपरोक्त कथनों के आधार पर नीचे दिए गए विकल्पों में से सही उत्तर चुनें। **JEE Main 2022**

(a) (A) और (R) दोनों सत्य हैं, और (R), (A) की सही व्याख्या है।
(b) (A) और (R) दोनों सत्य हैं लेकिन (R), (A) की सही व्याख्या नहीं है।
(c) (A) सत्य है लेकिन (R) असत्य है।
(d) (A) असत्य है लेकिन (R) सही है।

16 अम्लीय माध्यम में ऑक्जैलिक अम्ल के साथ अनुमापन में $KMnO_4$ का गहरा बैंगनी रंग विलुप्त हो जाता है। अभिक्रिया में मैंगनीज की ऑक्सीकरण संख्या में कुल परिवर्तन है **JEE Main 2022**

(a) 5 (b) 1 (c) 7 (d) 2

17 ऐसिटिक ऐसिड में अभिकर्मक 1-नेफ्थिल ऐमीन और सल्फानिलिक अम्ल का उपयोग किसका पता लगाने के लिए किया जाता है? **JEE Main 2021**

(a) N_2O (b) NO_2^-
(c) NO_3^- (d) NO

18 Cu^{2+} लवण पोटैशियम आयोडाइड के साथ अभिक्रिया करके देता है **JEE Main 2021**

(a) Cu_2I_2 (b) CuI
(c) $Cu(I_3)_2$ (d) Cu_2I_3

19 हैलोजनों के परीक्षण के लिए सिल्वर नाइट्रेट मिलाने से पहले सोडियम निष्कर्ष में निम्नलिखित में से कौन-सा यौगिक मिलाया जाता है? **JEE Main 2021**

(a) हाइड्रोक्लोरिक अम्ल
(b) सोडियम हाइड्रॉक्साइड
(c) नाइट्रिक अम्ल
(d) अमोनिया

20 कार्बनिक यौगिकों में क्रियात्मक समूहों की पहचान के लिए प्रयुक्त निम्नलिखित में से कौन-से परीक्षण में कॉपर अभिकर्मक का उपयोग नहीं किया जाता है? **JEE Main 2021**

(a) बारफोएड परीक्षण
(b) सेलिवानॉफ परीक्षण
(c) बेनेडिक्ट परीक्षण
(d) पेप्टाइड बन्ध के लिए बाइयूरेट परीक्षण

स्किल बूस्टर्स

1 एक सफेद पाउडर तथा ठोस 'A' जल के साथ एक हल्का हरा विलयन बनाता है, जो पोटैशियम हेक्सासायनोफेरेट (III) के साथ उपचारित करने पर एक नीला अवक्षेप देता है। प्रबलता से गर्म होने पर 'A' एक भूरे रंग का अवशेष छोड़ता है और दो गैसीय ऑक्साइड का मिश्रण बनाता है, जो एक डाइक्रोमेट विलयन को हरा कर देता है और सान्द्र HCl युक्त $BaCl_2$ विलयन के साथ एक सफेद अवक्षेप बनाता है। ठोस A है

(a) $CuSO_4$ (b) $Fe_2(SO_4)_3$
(c) $FeSO_4$ (d) $Cr_2(SO_4)_3$

2 राहुल को उसके शिक्षक ने कुछ अज्ञात यौगिकों में अतिरिक्त तत्वों का पता लगाने का कार्य सौंपा था। इसलिए, उसने सोडियम संलयन आधिक्य बनाने के लिए सोडियम लिया। जब उसने सोडियम संलयन आधिक्य की $FeSO_4$ के साथ अभिक्रिया कराई तो एक संकुल बना, फिर इस संकुल ने फेरिक लवण के साथ अभिक्रिया करके एक प्रुशियन ब्लू रंग बनाया।

इस विधि द्वारा पता लगाए गए तत्वों का नाम और वह संकुल जिसके द्वारा प्रुशियन नीला रंग बनता है, है

(a) नाइट्रोजन, सोडियम फेरोसायनाइड
(b) सल्फर, सोडियम थायोनाइट्रोप्रुसाइड
(c) नाइट्रोजन, फेरिक फेरोसायनाइड
(d) क्लोरीन, फेरिक थायोसायनेट

3 अभिनव को अलग-अलग 2 मिली विलयन A और B दिए गए। उसने दोनों विलयनों में $NaHCO_3$ का जलीय विलयन मिलाया और फिर उसने दोनों विलयनों को उदासीन फेरिक क्लोराइड विलयन से उपचारित किया। कुछ प्रेक्षण लिए और उन्हें नीचे दी गई सारणी में दर्ज किया गया।

विलयन	$NaHCO_3$	$FeCl_3$
A	कोई प्रेक्षण नहीं	बैंगनी रंग
B	तेज बुदबुदाहट	लाल रंग

दोनों विलयन A और B हैं

(a) एसिटिक अम्ल और फीनॉल (b) फीनॉल और एसिटिक अम्ल
(c) फॉर्मिक अम्ल और फीनॉल (d) फीनॉल और ऑक्जैलिक अम्ल

4 ऑक्जैलिक अम्ल *vs* $KMnO_4$ के आयतन-सम्बन्धी रेडॉक्स अनुमापन में, विलयन को अम्लीय बनाने के लिए, ऑक्जैलिक अम्ल के विलयन में तनु सल्फ्यूरिक अम्ल मिलाया जाता है। विलयन को ब्यूरेट में लिए गए $KMnO_4$ विलयन के विरुद्ध तब तक अनुमापित किया जाता है जब तक कि गुलाबी रंग दिखाई न दे। लेकिन यह देखा गया है कि अभिक्रिया बहुत धीमी है और रंग दिखाई नहीं देता है। अभिक्रिया को तीव्र करने के लिए किस परिवर्तन या चरण का उपयोग किया जाता है और यह परिवर्तन अनुमापन को कैसे प्रभावित करता है?

(a) ऑक्जैलिक अम्ल में अधिक मात्रा में H_2SO_4 मिलाना।
(b) $KMnO_4$ की सान्द्रता बढ़ाना।
(c) ऑक्जैलिक अम्ल की सान्द्रता सल्फ्यूरिक अम्ल से अधिक होती है और इसे गर्म किया जाता है।
(d) ऑक्जैलिक अम्ल और सल्फ्यूरिक अम्ल के विलयन को 60°–70°C तक गर्म करें।

5 स्कूल के एक प्रायोगिक कार्य में आशुतोष को लवणों द्वारा मूलकों की पहचान करने में कठिनाई होती है। उसे एक प्रेक्षण सारणी दी जाती है जिसमें प्रयोग और प्रेक्षण दिए गए हैं।

	प्रयोग	प्रेक्षण
(a)	तनु H_2SO_4 को गर्म निस्पंद में मिलाया जाता है और मिश्रण को ठण्डा किया जाता है।	सफेद अवक्षेप प्राप्त होता है जो CH_3COONH_4 विलयन में घुलनशील होता है।
(b)	नीले विलयन के तीसरे भाग में KSCN मिलाएँ। (परखनली सल्फाइड का अवक्षेप और HNO_3 मिलाएँ)।	काला अवक्षेप प्राप्त होता है।
(c)	घुलनशील *मेटा*-एलुमिनेट में NH_4Cl मिलाएँ और उबालें।	सफेद जिलेटिनस अवक्षेप पुनः प्राप्त होता है।

प्रेक्षण सारणी के आधार पर मूलक हैं

(a) Cu^{2+}, Pb^{2+}, Al^{3+} (b) Al^{3+}, Pb^{2+}, Ni^{2+}
(c) Zn^{2+}, Ni^{2+}, Al^{3+} (d) Pb^{2+}, Cu^{2+}, Al^{3+}

6 एक अकार्बनिक यौगिक 'X' सान्द्र H_2SO_4 के साथ उपचारित करने पर भूरे रंग का धूम्र पैदा करता है और गहरे रंग की वलय बनाता है। यौगिक 'X'. तनु HCl में H_2S गैस के साथ उपचारित करने पर अवक्षेप 'Y' देता है। अवक्षेप 'Y' को NH_4OH की अधिकता में सान्द्र HNO_3 के साथ उपचारित करने पर गहरे नीले रंग का विलयन बनता है, यौगिक (X) है

(a) $Pb(NO_3)_2$ (b) $Pb(NO_2)_2$ (c) $Cu(NO_3)_2$ (d) $Co(NO_3)_2$

7 एथिल एसीटेट में *m*-क्लोरोएनिलीन, *m*-क्लोरोफिनॉल और *m*-क्लोरोबेंजोइक अम्ल के विलयन को प्रारम्भ में $NaHCO_3$ के संतृप्त विलयन के साथ अंश *A* देने के लिए निष्कर्षित गया था। बचे हुए कार्बनिक चरण को अंश *B* देने के लिए तनु NaOH विलयन के साथ निष्कर्षित किया गया। अन्तिम कार्बनिक परत को भाग *C* के रूप में चिन्हित किया गया। भाग *A*, *B* और *C* में क्रमशः हैं

(a) *m*-क्लोरोबेंजोइक अम्ल, *m*-क्लोरोएनिलिन और *m*-क्लोरोफिनॉल
(b) *m*-क्लोरोबेंजोइक अम्ल, *m*-क्लोरोफिनॉल और *m*-क्लोरोएनिलिन
(c) *m*-क्लोरोफिनॉल, *m*-क्लोरोबेंजोइक अम्ल और *m*-क्लोरोएनिलिन
(d) *m*-क्लोरोएनिलिन, *m*-क्लोरोबेंजाइक अम्ल और *m*-क्लोरोफिनॉल

8 लवण के मिश्रण को तनु HCl के साथ अभिक्रिया करके सफेद अवक्षेप बनाया जाता हैं। अवक्षेप को गर्म किया जाता है और गर्म परिस्थितियों में ही छान लिया जाता है, जिससे छानने वाला पदार्थ और अवशेष प्राप्त होते हैं। जब छानने वाले पदार्थ को ठण्डा किया जाता है, तो यह सफेद सुई जैसे क्रिस्टल बनाता है, जबकि अवशेष को अमोनिया के आधिक्य के साथ अभिक्रिया करके साफ विलयन बनाया जाता है। दिए गए लवण मिश्रण में उपस्थित धनायन हैं

(a) Pb^{2+} और Hg^{2+} (b) Pb^{2+} और Hg_2^{2+}
(c) Pb^{2+} और Ag^{+} (d) Pb^{2+}, Hg_2^{2+} और Ag^{+}

प्रश्न कुंजी

शीर्षकवार प्रश्न

1. (c)	2. (c)	3. (c)	4. (b)	5. (c)	6. (c)	7. (c)	8. (a)	9. (c)	10. (d)
11. (c)	12. (c)	13. (b)	14. (b)	15. (b)	16. (c)	17. (c)	18. (c)	19. (c)	20. (d)
21. (b)	22. (c)	23. (b)	24. (d)	25. (d)	26. (c)	27. (d)	28. (a)	29. (c)	30. (d)
31. (b)	32. (c)	33. (b)	34. (a)	35. (a)	36. (a)	37. (b)	38. (a)	39. (a)	40. (c)
41. (b)	42. (b)	43. (d)	44. (d)	45. (c)	46. (b)	47. (a)	48. (c)	49. (c)	50. (a)
51. (a)	52. (b)	53. (b)	54. (a)	55. (d)	56. (d)	57. (d)	58. (a)	59. (c)	60. (d)
61. (b)	62. (c)	63. (b)	64. (a)	65. (b)	66. (c)	67. (b)	68. (b)	69. (a)	70. (b)
71. (a)	72. (d)	73. (b)	74. (c)	75. (b)	76. (d)	77. (c)	78. (d)	79. (a)	80. (b)
81. (c)	82. (c)	83. (b)	84. (c)	85. (c)	86. (c)	87. (d)	88. (b)	89. (b)	90. (a)
91. (c)	92. (d)	93. (b)	94. (b)	95. (b)	96. (c)	97. (a)	98. (a)	99. (c)	100. (a)

अभिकथन-कारण प्रश्न

1. (c)	2. (a)	3. (d)	4. (c)	5. (b)	6. (d)	7. (d)	8. (c)	9. (c)

कथन आधारित प्रश्न

1. (d)	2. (d)	3. (d)	4. (b)	5. (c)	6. (a)	7. (b)	8. (c)	9. (c)	10. (d)

सुमेलन प्रकार प्रश्न

1. (d)	2. (c)	3. (a)	4. (d)	5. (d)

आंकिक मान प्रकार के प्रश्न

1. (60)	2. (1)	3. (1575)	4. (1)	5. (1)

विगत परीक्षाओं के प्रश्न

1. (a)	2. (d)	3. (a)	4. (d)	5. (b)	6. (b)	7. (a)	8. (d)	9. (b)	10. (a)
11. (d)	12. (c)	13. (b)	14. (c)	15. (a)	16. (a)	17. (b)	18. (a)	19. (c)	20. (b)

स्किल बूस्टर्स

1. (c)	2. (c)	3. (b)	4. (d)	5. (d)	6. (c)	7. (b)	8. (c)

क्रमवार

प्रश्नों का विश्लेषण

कॉन्सेप्ट बिल्डर्स

1 सल्फर
2 असत्य
3 द्वितीयक ऐल्कोहॉल
4 2, 4-डाइनाइट्रो फेनिल हाइड्राजीन
5 असत्य
6 सोडियम बाइकार्बोनेट परीक्षण
7 अघुलनशील
8 सत्य
9 तुल्यांक बिन्दु
10 गुलाबी
11 सत्य
12 – 57.3
13 द्रवस्नेही
14 असत्य
15 $[FeSO_4 \cdot (NH_4)_2SO_4 \cdot 6H_2O]$
16 ऊष्माशोषी, धनात्मक
17 Ba^{2+}
18 हरा मनका
19 असत्य
20 सत्य
21 क्लोराइड, II
22 सिल्वर ब्रोमाइड, अमोनियम हाइड्रॉक्साइड
23 सत्य
24 तनु HCl
25 लेड क्रोमेट ($PbCrO_4$)
26 सत्य
27 III
28 असत्य
29 Na_2HPO_4
30 सोडियम मेटाबोरेट

शीर्षकवार प्रश्न

1 *(c)* 2, 4-DNP परीक्षण का उपयोग एल्डिहाइडों का पता लगाने के लिए किया जाता है।

2 *(c)* सल्फर युक्त कार्बनिक यौगिक जब सोडियम धातु के साथ अभिक्रिया करते हैं तो Na_2S देते हैं। Na_2S जब लेड एसीटेट के साथ अभिक्रिया करता है तो PbS का काला अवक्षेप बनता है।

$$Na_2S + (CH_3COO)_2Pb \longrightarrow PbS + 2CH_3COONa$$

3 *(c)* एनिलीन का सीधा नाइट्रीकरण सम्भव नहीं है। चूँकि HNO_3 एक प्रबल ऑक्सीकारक है, अतः यह एनिलीन को काले चिपचिपे पदार्थ में ऑक्सीकृत कर देता है।

4 *(b)* $—COCH_3$ समूह की उपस्थिति के कारण यौगिक 'X' (b) होना चाहिए। यह आयोडोफॉर्म परीक्षण देता है। 3° ऐमीन समूह की उपस्थिति के कारण, यह एजो-डाई परीक्षण से नहीं गुजरता है। दूसरी ओर, $PhCOCH_3$ समूह की उपस्थिति के कारण, यह आसानी से 2, 4-DNP परीक्षण देता है।

5 *(c)*

6 *(c)* वह यौगिक जिसमें —CHO समूह होता है, धनात्मक टॉलेन परीक्षण देता है और वह यौगिक जिसमें $CH_3—\overset{\overset{\displaystyle O}{\|}}{C}—$ समूह होता है, धनात्मक आयोडोफॉर्म परीक्षण देता है। इस प्रकार, यौगिक $CH_3—\underset{\underset{\displaystyle H}{|}}{C}=O$ होना चाहिए

7 *(c)* *m*-क्रिसॉल वह कार्बनिक यौगिक है जो दी गई विलेयता प्रोफाइल दर्शाता है। *m*-क्रिसॉल 10% NaOH के साथ अभिक्रिया करने पर 3-मिथाइल सोडियम फिनॉक्साइड आयन बनाता है।

8 *(a)* ल्यूकास अभिकर्मक (सांद्रित HCl + जलीय $ZnCl_2$) का उपयोग 1°, 2° और 3° ऐल्कोहॉलों के बीच अन्तर करने के लिए किया जाता है।

9 *(c)* S^{2-} और CN^- ऋणायन, यदि उपस्थित हों तो AgCN का सफेद अवक्षेप और Ag_2S का काला अवक्षेप $AgNO_3$ के साथ मिलकर हस्तक्षेप कर सकते हैं। इसलिए, हैलोजन के परीक्षण से पहले उन्हें सान्द्र HNO_3 द्वारा विघटित किया जाता है।

10 *(d)* अभिक्रिया के दौरान उत्पन्न फेरिक आयन फेरोसायनाइड के साथ अभिक्रिया करके फेरिक फेरोसायनाइड का प्रुशियन ब्लू अवक्षेप बनाते हैं।

$$6\,NaCN + FeSO_4 \longrightarrow \underset{\text{सोडियम फैरोसायनाइड}}{Na_4[Fe(CN)_6]}$$

$$Na_4[Fe(CN)_6] + Fe^{3+} \longrightarrow \underset{\text{फेरिक फेरोसायनाइड}}{Fe_4[Fe(CN)_6]_3}$$

11 *(c)* नाइट्रेटिंग मिश्रण के साथ एनिलीन का नाइट्रीकरण करना कठिन है क्योंकि—NH_2 समूह ऑक्सीकृत हो जाता है जो आवश्यक नहीं है। इसलिए, पहले एमीनो समूह को एसीलीकरण द्वारा संरक्षित किया जाता है जिससे एसिटैनिलाइड बनता है जो नाइट्रीकरण करके मुख्य उत्पाद के रूप में *p*-नाइट्रो एसिटैनिलाइड देता है।

12 *(c)* ड्यूमा विधि में गैसीय नाइट्रोजन (N_2) के रूप में कार्बनिक यौगिक में नाइट्रोजन की मात्रा का निर्धारण किया जाता है।

13 *(b)* $$\underset{(A)}{RNH_2} + CHCl_3 + 3KOH \longrightarrow RNC + 3KCl + 3H_2O$$

(जहाँ *R* एल्काइल या एरिल समूह हो सकता है)

इस प्रकार, (*A*) प्राथमिक ऐरोमैटिक ऐमीन है।

14 *(b)*

15 *(b)* बेलस्टीन परीक्षण क्लोरीन के लिए प्रयोग किया जाता है।

16 *(c)*

17 *(c)*

18 *(c)* अभिक्रिया मिश्रण में, जिंक एनिलीन के ऑक्सीकरण को रोकता है।

19 *(c)* 2° ऐमीन, अर्थात् डाइएथिल ऐमीन नाइट्रस अम्ल के साथ अभिक्रिया करके पीले रंग का तेल द्रव नाइट्रोसो ऐमीन देता है जो क्षार में अघुलनशील होता है।

20 *(d)* बेन्जोइक अम्ल भूरे रंग का (हल्के फीका पीले) अवक्षेप देता है जबकि फीनॉल, उदासीन फेरिक क्लोराइड विलयन के साथ हरा, नीला या बैंगनी रंग देता है।

21 *(b)* ऐसीटेट आयन उदासीन $FeCl_3$ विलयन से अभिक्रिया करके गहरे लाल रंग का अवक्षेप देता है।

$$6CH_3COO^- + 3Fe^{3+} + 2H_2O \longrightarrow [Fe_3(OH)_2(CH_3COO)_6]^+ + 2H^+$$

$$[Fe_3(OH)_2(CH_3COO)_6] + 4H_2O \longrightarrow \underset{\text{(भूरा लाल अवक्षेप)}}{3[Fe(OH)_2(CH_3COO)]} + CH_3COOH + H^+$$

फीनॉल ताजा बने फेरिक क्लोराइड विलयन के साथ अभिक्रिया करता है और बैंगनी रंग का मिश्रण देता है।

$$6C_6H_5OH + FeCl_3 \longrightarrow \underset{\text{बैंगनी रंग}}{[Fe(C_6H_5O)_6]^{3-}} + 3HCl + 3H^+$$

22 *(c)* CH_3CHO या $H_3C—\overset{\overset{\displaystyle OH}{|}}{C}H—$ समूह युक्त यौगिक धनात्मक आयोडोफॉर्म परीक्षण देते हैं। आयोडोफॉर्म CHI_3 का निर्माण $—\overset{\overset{\displaystyle O}{||}}{C}—CH_3$ समूह की उपस्थिति पर निर्भर करता है जो बनाने से पहले $I_3C—C{=}O$ में आयोडीनीकरण से गुजरता है। $H_3C—\underset{|}{C}{=}O$ समूह के बनने में HCHO किसी भी मानदण्ड को पूरा नहीं करता है।

23 *(b)* यौगिक $NaHCO_3$ के साथ CO_2 मुक्त करता है, इसलिए इसमें —COOH समूह होता है और यह उदासीन $FeCl_3$ विलयन के साथ रंग भी देता है, इसलिए —OH समूह सीधे बेंजीन वलय (अर्थात् फीनॉल) से सीधे जुड़ा होता है। अतः यौगिक की संरचना निम्न प्रकार होगी

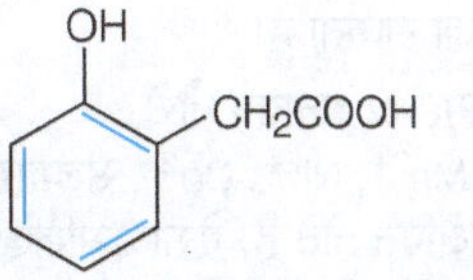

24 *(d)*

25 *(d)*

26 *(c)* लीबरमैन के नाइट्रोसो परीक्षण द्वारा फिनोलिक समूह की उपस्थिति की पुष्टि की जा सकती है।

27 *(d)* कार्बोलिक अम्ल (फीनॉल) अन्य दिए गए अम्लों की तुलना में दुर्बल अम्ल है, जबकि जलीय $NaHCO_3$ विलयन उपचारित करने पर CO_2 मुक्त नहीं करता है।

28 *(a)*

29 *(c)* $—NH_2$ समूह के लिए कार्बिलएमाइन परीक्षण और कीटो समूह के लिए ब्रैडी अभिकर्मक परीक्षण किया जाता है।

30 *(d)*

31 *(b)* दिए गए परीक्षणों में से केवल बारफोएड परीक्षण का उपयोग एमीनो अम्ल की पहचान के लिए नहीं किया जा सकता है, इसका उपयोग शर्करा की अपचायक प्रकृति का परीक्षण करने के लिए किया जाता है।

32 *(c)*

33 *(b)* प्रयोग में अनुमापन मिश्रण के pH में सही परिवर्तन को दर्शाने वाला आरेख निम्न प्रकार है

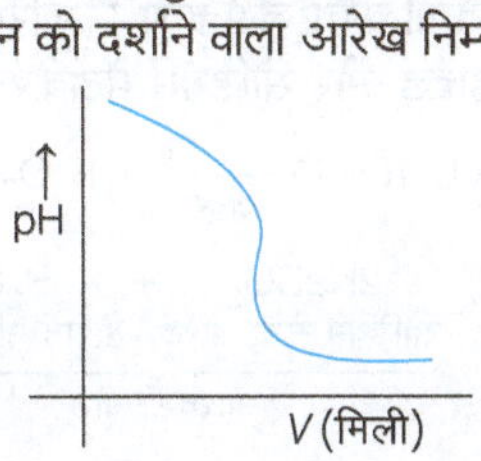

34 *(a)*

35 *(a)*

36 *(a)* फिनॉलफ्थैलीन अम्लीय विलयन (बेंजेनोइड रूप) में रंगहीन होता है और क्षार (क्षारीय) विलयन (क्विनोनोइड रूप) में गुलाबी होता है।

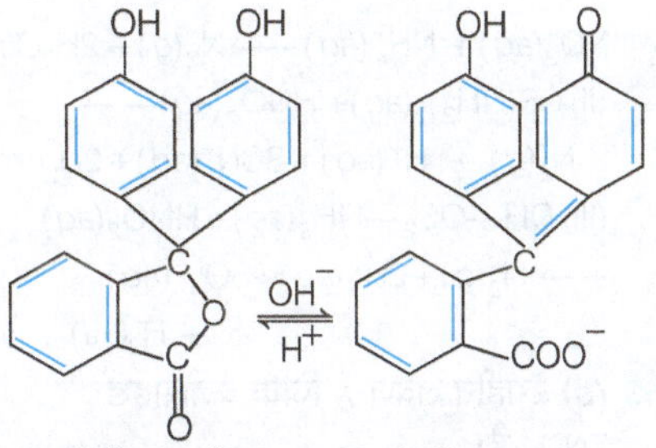

रंगहीन (अम्लीय माध्यम) बेन्जेनॉइड रूप — लाल (क्षारीय माध्यम) क्वीनोनॉइड रूप

37 *(b)* प्रबल अम्ल का उपयोग प्रबल और दुर्बल दोनों क्षारों के अनुमापन के लिए किया जा सकता है।

38 *(a)*

39 *(a)* मानक NaOH विलयन में, ऑक्जैलिक अम्ल को प्राथमिक मानक के रूप में प्रयोग किया जाता है।

40 *(c)*

(i) $As_2O_3 + 3H_2S \longrightarrow As_2S_3 + 3H_2O$

(ii) $As_2O_3 + 3H_2O \longrightarrow 2H_3AsO_3$

$2H_3AsO_3 + 3H_2S \longrightarrow As_2S_3 + 6H_2O$

इस प्रकार, दोनों अभिक्रियाएँ होती हैं।

41 *(b)* कथन (b) गलत है और इसका सही रूप है—क्षारीय या उदासीन विलयन में, डाइक्रोमेट आयन क्रोमेट आयनों में परिवर्तित हो जाते हैं, जबकि अम्लीय माध्यम में इनका अपचयन Cr^{3+} आयन में होता है।

$$Cr_2O_7^{2-} \xrightarrow[\text{या उदासीन}]{OH^-} CrO_4^{2-}$$

$$Cr_2O_7^{2-} \xrightarrow{H^+} Cr^{3+}$$

42 *(b)* ऑक्सैलिक अम्ल vs $KMnO_4$ के अनुमापन में, $KMnO_4$ एक ऑक्सीकारक के साथ-साथ एक स्व-सूचक के रूप में कार्य करता है।

43 *(d)* मोलरता समीकरण के अनुसार—

$$n_1 \times M_1 \times V_1 = n_2 \times M_2 \times V_2$$

जहाँ, n = ऑक्सीकरण संख्या में परिवर्तन या संयोजी कारक $KMnO_4$ मोहर लवण के जैसे व्यवहार करता है।

$$MnO_4^- + 8H^+ + 5Fe^{2+} \longrightarrow 5Fe^{3+} + Mn^{2+} + 4H_2O$$

$$n_{KMnO_4} = 5, n_{\text{मोहर लवण}} = 1$$

अतः $5 \times M_{KMnO_4} \times V_{KMnO_4} = M_{\text{मोहर लवण}} \times V_{\text{मोहर लवण}}$

44 *(d)* प्रति मोल डाइक्रोमेट के लिए आवश्यक मोहर लवण के मोलों की संख्या छः है।

$$6Fe^{2+} + Cr_2O_7^{2-} + 14H^+ \longrightarrow 6Fe^{3+} + 2Cr^{3+} + 7H_2O$$

45 *(c)* अम्ल-क्षार अनुमापन में बुन्सन बर्नर और मापन सिलेण्डर का उपयोग नहीं होता है।

46 *(b)* दिए गए प्रयोग में निम्नलिखित अभिक्रिया होती है।

$$H_2O_2 + 2I^- + 2H^+ \xrightarrow{\text{मन्द}} 2H_2O + I_2$$

इस अभिक्रिया में मुक्त आयोडीन, सोडियम थायोसल्फेट विलयन के साथ अभिक्रिया करके आयोडाइड आयनों में अपचयित हो जाता है।

$$I_2 + \underset{\text{थायोसल्फेट आयन}}{2S_2O_3^{2-}} \xrightarrow{\text{तीव्र}} \underset{\text{टैट्रा थायोनेट आयन}}{S_4O_6^{2-}} + 2I^-$$

47 *(a)* जब 100 मिली HCl को 35 मिली NaOH में मिलाया जाता है तो 35 मिली HCl का उपयोग NaOH के उदासीनीकरण के लिए किया जाता है। जबकि 65 मिली HCl शेष रहता है। अतः विलयन अम्लीय हो जाता है। अम्लीय विलयन में, मिथाइल ऑरेंज का रंग लाल होता है।

48 *(c)* MnO_4^- का तुल्यांकी भार

$$= \frac{\text{मोलर द्रव्यमान}}{7-2} = \frac{\text{मोलर द्रव्यमान}}{5}$$

$C_2O_4^{2-}$ तुल्यांकी भार

$$= \frac{\text{मोलर द्रव्यमान}}{2(4-3)} = \frac{\text{मोलर द्रव्यमान}}{2}$$

$KMnO_4$ का मिली तुल्यांक

$$= 50 \times 5 \times 0.04 = 10$$

$H_2C_2O_4$ का मिली तुल्यांक

$$= 50 \times 2 \times 0.1 = 10$$

49 *(c)* चूँकि तुल्यांकी बिन्दु पर pH मान 7 से कम है, इसलिए यह दुर्बल क्षार के साथ प्रबल अम्ल का अनुमापन वक्र होना चाहिए।

50 *(a)*

51 *(a)* $Fe(OH)_3$ विलयन तैयार करने के लिए, $FeCl_3$ विलयन को उबलते जल में बूँद-बूँद करके डाला जाता है।

52 *(b)* क्योंकि $KMnO_4$ ऑक्सीकृत होकर HCl को Cl_2 में परिवर्तित करता है जो कि एक ऑक्सीकारक है।

53 *(b)* मिश्रण में $K_2Cr_2O_7$ की मात्रा *x* ग्राम है, तो $KMnO_4$ की मात्रा (0.5 – *x*) ग्राम होगी।

$$\therefore \quad \left(\frac{x}{49} + \frac{0.5-x}{31.6}\right) = \frac{100 \times 0.15}{1000}$$

जहाँ, $K_2Cr_2O_7$ का तुल्यांकी भार 49 है और $KMnO_4$ का तुल्यांकी भार 3.16 है।

हल करने पर हमें $x = 0.0732$ ग्राम प्राप्त होता है।

$K_2Cr_2O_7$ की प्रतिशतता

$$= \frac{0.0732 \times 100}{0.5} = 14.64\%$$

54 *(a)* ऑक्जैलिक अम्ल के 126 ग्राम $H_2C_2O_4$ का एक मोल

$$2MnO_4^- + 5C_2O_4^{2-} + 16H^+ \longrightarrow 2Mn^{2+} + 10CO_2 + 8H_2O$$

ऑक्जैलेट के 1 मोल आयन के लिए आवश्यकता = $KMnO_4$ के 2/5 मोल

$$Cr_2O_7^{2-} + 3C_2O_4^{2-} + 14H^+ \longrightarrow 2Cr^{3+} + 6CO_2 + 7H_2O$$

ऑक्जैलेट आयन के 1 मोल की आवश्यकता $K_2Cr_2O_7$ के 1/3 मोल

55 *(d)*

56 *(d)*

57 *(d)* अभिक्रिया इस प्रकार आगे बढ़ती है

$$5C_2O_4^{2-} + \underset{\text{बैंगनी}}{2MnO_4^-} + 16H^+ \longrightarrow \underset{\substack{\text{रंगहीन} \\ \text{(स्व उत्प्रेरक)}}}{2Mn^{2+}} + 8H_2O + 10CO_2 \uparrow$$

58 *(a)* प्रयुक्त $KMnO_4$ की समतुल्यता

$$= \frac{50 \times 1}{1000 \times 10} = 0.005$$

∴ अभिकृत मोहर लवण की समतुल्यता
= 0.005

∴ आवश्यक मोहर लवण का भार

$$= 0.005 \times 392 = 1.96 \text{ ग्राम}$$

अतः मोहर लवण की प्रतिशत शुद्धता

$$= \frac{1.96}{3.92} \times 100 = 50\%$$

59 *(c)* बेरियम नाइट्रेट का प्रबल अम्लीय विलयन सोडियम सल्फेट विलयन के साथ श्वेत अवक्षेप देता है।

60 *(d)* पारदर्शी काँच जैसे द्रव्य में बोरिक एनहाइड्राइड और सोडियम मेटाबोरेट होते हैं।

$$Na_2B_4O_7 \cdot 10H_2O \xrightarrow[-10H_2O]{\Delta} Na_2B_4O_7 \xrightarrow{\Delta} \underbrace{\underset{\text{सोडियम मेटा बोरेट}}{2NaBO_2} + \underset{\text{बोरोन ऑक्साइड}}{B_2O_3}}_{\text{पारदर्शी बीड}}$$

61 *(b)* $Pb[NO_3]_2$ (लेड नाइट्रेट) एक घुलनशील रंगहीन क्षारीय यौगिक है। इसलिए, निर्मित लेड नाइट्रेट संकुल का उपयोग निश्चयात्मक परीक्षण के रूप में नहीं किया जाता है।

62 *(c)* दिए गए अभिकर्मकों में से I, II और III सही हैं।

(I)
$$NO_2^-(aq) + NH_4^+(aq) \longrightarrow N_2(g) + 2H_2O(l)$$

(II) $$CS(NH_2)_2(aq) + HNO_2(aq) \longrightarrow N_2(g) + H^+(aq) + SCN^-(aq) + 2H_2O(l)$$

(III) $$OH{-}OS_2{-}NH_2(aq) + HNO_2(aq) \longrightarrow N_2(g) + 2H^+(aq) + SO_4^{2-}(aq) + H_2O(l)$$

63 *(b)* रंगहीन लवण X जिंक क्लोराइड $ZnCl_2$ है।

64 *(a)*

65 *(b)*

66 *(c)*

67 *(b)* अभिक्रिया को इस प्रकार दर्शाया गया है

$$Zn^{2+} + 2NaOH \longrightarrow \underset{\text{सफेद अवक्षेप}}{Zn(OH)_2} + 2Na^+$$

$$Zn(OH)_2 + 2NaOH \longrightarrow \underset{\text{(घुलनशील)}}{Na_2ZnO_2} + 2H_2O$$

68 *(b)* जब H_2S गैस को उनके क्षारीय लवण मिश्रण विलयन से गुजारा जाता है तो समूह IV के धातु आयन जैसे Co^{2+} और Ni^{2+} काले रंग के सल्फाइड के रूप में अवक्षेपित होते हैं।

69 *(a)* जब क्लोरीन मिलाया जाता है, तो यह ब्रोमीन को ब्रोमाइड से तथा आयोडीन को आयोडाइड से विस्थापित कर देता है। साथ ही, ब्रोमीन आयोडीन को आयोडाइड से विस्थापित कर देता है। कार्बनिक परत में उपस्थित आयोडीन बैंगनी रंग का दिखाई देगा।

$$Cl_2 + 2Br^- \longrightarrow 2Cl^- + Br_2$$
$$Cl_2 + 2I^- \longrightarrow 2Cl^- + I_2$$
$$Br_2 + 2I^- \longrightarrow 2Br^- + I_2$$

70 *(b)* चूँकि Cu^{2+} समूह II से सम्बन्धित है, इसलिए हम पहले H_2S को मिश्रण के अम्लीय विलयन में प्रवाहित करते हैं और CuS का काला अवक्षेप बनता है। फिर चूंकि Al^{3+} समूह III से सम्बन्धित है इसलिए हम छानते हैं, H_2S गैस को उबालते हैं, NH_4Cl मिलाते हैं, गर्म करते हैं और NH_4OH मिलाते हैं। इससे $Al(OH)_3$ का सफेद अवक्षेप प्राप्त होता है। इसके बाद हम अवक्षेप को छान लेते हैं और NH_4OH मिलाते हैं और H_2S गैस प्रवाहित करते हैं, Co^{2+}, H_2S गैस के साथ अभिक्रिया करके CoS का काला अवक्षेप बनाता है।

71 *(a)* अभिक्रिया को इस प्रकार दर्शाया गया है।

$$Zn^{2+} + 2H_2O \xrightarrow{\Delta} \underset{\text{सफेद}}{Zn(OH)_2} \downarrow + 2H^+$$

$$Zn(OH)_2 + 2NH_4OH \xrightarrow{NH_4Cl} \underset{\text{संकुल आयन}}{[Zn(NH_3)_4]^{2+}} + 4H_2O + 2OH^{\ominus}$$

72 *(d)*

73 *(b)*

74 *(c)*

75 *(b)* डाइमेथिल ग्लाइऑक्सिम अभिकर्मक का उपयोग निकेल आयन की पहचान के लिए किया जा सकता है।

76 *(d)* समूह IV धनायन जैसे Zn^{2+}, Mn^{2+}, Ni^{2+}, Co^{2+} सल्फाइड के रूप में अवक्षेपित होते हैं। ऐसा इसलिए है क्योंकि K_{sp} (ZnS) अधिकता में है और H_2S को अमोनिकल विलयन में प्रवाहित करने पर S^{2-} की उच्च सान्द्रता द्वारा Zn^{2+} को ZnS के रूप में अवक्षेपित किया जाता है।

$$Zn(II) + \underset{\text{(अमोनिकल)}}{H_2S} \longrightarrow \underset{\text{सफेद अवक्षेप}}{ZnS} + 2H$$

77 *(c)* क्लोराइड आयन का परीक्षण परत परीक्षण से नहीं किया जाता है क्योंकि यह रंगहीन परत देता है इसलिए इसकी पहचान नहीं की जा सकती है।

78 *(d)* $PbCl_2$ गर्म जल में घुलनशील है लेकिन ठण्डे जल में अघुलनशील है।

$$Pb^{2+} + 2HCl \xrightarrow{\Delta} PbCl_2 \xrightarrow{H_2S} PbS$$

79 *(a)* डाइमेथिल ग्लाइऑक्सिम और $NaHSO_3/NH_4CNS$ का उपयोग Cu^{2+} और Ni^{2+} को पृथक करने के लिए किया जाता है। इनका उपयोग HSO_3^-/CNS^- के क्रम में किया जाता है फिर D.M.G. Ni (II) आयन D.M.G. के साथ अवक्षेप बनाते हैं जबकि Cu (II) आयन $NaHSO_3$ / NH_4CNS के साथ काला अवक्षेप बनाते हैं।

80 *(b)* NH_4Cl और NH_4OH गुणात्मक विश्लेषण में तीसरे समूह के क्षारीय मूलकों को अवक्षेपित करते हैं। इस समूह के हाइड्रॉक्साइडों में विलेयता गुणनफल का मान बहुत कम होता है। क्योंकि तीसरे समूह में उपस्थित मूलक Al^{3+}, Cr^{3+} और Fe^{3+}, अभिकर्मक Al^{3+} को अवक्षेपित करेंगे।

81 *(c)* आयनिक यौगिक में Cl^- आयनों की उपस्थिति का पता लगाने के लिए क्रोमिल क्लोराइड परीक्षण किया जाता है। परीक्षण के लिए समीकरण इस प्रकार है।

$$K_2Cr_2O_7 + 4Cl^- + 6H_2SO_4 \longrightarrow 2CrO_2Cl_2 + 2KHSO_4 + 4HSO_4^- + 3H_2O$$

82 *(c)*

83 *(b)* दी गई अभिक्रिया को इस प्रकार दर्शाया गया है

$$CuSO_4 + (\text{आधिक्य})\ NH_4OH \longrightarrow [Cu(NH_3)_4]SO_4 \text{ or } [Cu(NH_3)_4]^{2+} + 4H_2O$$

84 *(c)*

85 *(c)* $CuSO_4$ को KCN के साथ मिलाने पर $Cu(CN)_2$ बनता है।

$$CuSO_4 + 2KCN \longrightarrow K_2SO_4 + Cu(CN)_2$$

86 *(c)* X और Y क्रमशः Cl_2 और H_2 हैं।

अभिक्रिया इस प्रकार है

$$\underset{(X)}{Cl_2} + H_2O \longrightarrow HCl + HOCl$$

$$HCl + AgNO_3 \longrightarrow \underset{(\text{श्वेत})}{AgCl} + HNO_3$$

$$2HCl + Mg \longrightarrow MgCl_2 + \underset{(Y)}{H_2(g)}\uparrow$$

87 *(d)* यदि CO_3^{2-}, SO_3^{2-} और SO_4^{2-} आदि $BaCl_2$ के साथ उपस्थित हों, तो ये सभी सफेद अवक्षेप दर्शा सकते हैं (क्योंकि इन सभी के अवक्षेप भी सफेद होते हैं)।

88 *(b)*

89 *(b)* अभिक्रिया को इस प्रकार दर्शाया गया है

$$2Cu^{2+} + K_4[Fe(CN)_6] \longrightarrow \underset{\text{चोकलेटी अवक्षेप}}{Cu_2[Fe(CN)_6]} + 4K^+$$

90 *(a)* रासायनिक यौगिक को NH_4SCN द्वारा इस प्रकार पहचाना जा सकता है

$$Fe^{2+} + NH_4SCN \rightarrow \text{रंग में कोई परिवर्तन नहीं}$$

$$Fe^{3+} + NH_4SCN \longrightarrow \underset{\text{रंजक}}{\text{लाल रंग}}$$

91 *(c)* अभिक्रिया इस प्रकार आगे बढ़ती है

$$Na_2S + \underset{(\text{सोडियम नाइट्रोप्रुसाइड})}{Na_2[Fe(NO)(CN)_5]} \longrightarrow \underset{\text{बैंगनी रंग का यौगिक}}{Na_3[Fe(ONSNa)(CN)_5]}$$

$$\text{or} \underset{\text{शुद्ध रंगीन यौगिक}}{Na_4[Fe(CN)_5NOS]}$$

92 *(d)* ZnS, CuS और FeS (2N) HCl विलयन में घुलनशील हैं। अतः, फिल्ट्रेट में जस्ता, ताँबा और लोहा होता है। दूसरी ओर, HgS और Ag_2S 2N HCl विलयन में अघुनलशील हैं। इसलिए, फिल्ट्रेट में Hg और Ag उपस्थित नहीं है।

93 *(b)*

$$ZnCl_2 + 2NaOH \longrightarrow \underset{(\text{श्वेत अवक्षेप})}{Zn(OH)_2\downarrow} + 2NaCl$$

$$Zn(OH)_2 + \underset{(\text{अधिकता})}{2NaOH} \longrightarrow \underset{(\text{घुलनशील})}{Na_2ZnO_2} + 2NaCl$$

जिंक क्लोराइड सोडियम हाइड्रॉक्साइड के साथ अभिक्रिया करके जिंक हाइड्रॉक्साइड का सफेद अवक्षेप बनाता है। यह NaOH के आधिक्य में घुलनशील होकर सोडियम जिंकेट बनाता है।

94 *(b)* यदि Fe^{3+} और Cr^{3+} दोनों उपस्थित हैं तो सबसे पहले ठोस अमोनियम क्लोराइड और अमोनियम हाइड्रॉक्साइड को धीरे-धीरे तब तक मिलाया जाता है जब तक कि विलयन में अमोनिया की गन्ध न आने लगे। Fe^{3+} और Cr^{3+} हाइड्रॉक्साइड के रूप में अवक्षेपित होते हैं। पहचान के लिए, अवक्षेप को NaOH और Br_2 जल के साथ उपचारित किया जाता है, पीला रंग Cr^{3+} आयन की पुष्टि करता है।

$$2NaOH + Br_2 \longrightarrow NaBrO + NaBr + H_2O$$

$$NaBrO \longrightarrow NaBr + [O]$$

$$2Cr(OH)_3 + 4NaOH + 3[O] \longrightarrow 2Na_2CrO_4 + 5H_2O$$

विलयन को अम्लीय बनाया जाता है तथा लेड एसीटेट विलयन से उपचारित किया जाता है।

$$Na_2CrO_4 + Pb(CH_3COO)_2 \longrightarrow \underset{(\text{पीला अवक्षेप})}{PbCrO_4} + 2CH_3COONa$$

95 *(b)* Zn^{2+}, Mn^{2+} और Ni^{2+} मूलक IV समूह के सदस्य हैं।

96 *(c)* मोहर लवण के बड़े आकार के क्रिस्टल प्राप्त करने के लिए गर्म संतृप्त विलयन को हवा में धीरे-धीरे ठण्डा होने दिया जाता है।

97 *(a)* Cu^{2+} क्षारीय मूलकों के समूह II का सदस्य है जबकि Ni^{2+}, Zn^{2+} और Mn^{2+} मूल मूलकों के IV समूह के सदस्य हैं। चूँकि तनु HCl की उपस्थिति में H_2S में केवल II समूह के सदस्य ही घुलते हैं, इसलिए केवल Cu^{2+} ही विलेयशील होगा।

98 *(a)* $MgSO_4$, NH_4OH और Na_2HPO_4 के साथ अभिक्रिया करके एक सफेद क्रिस्टलीय अवक्षेप बनाता है, जैसे $Mg(NH_4)PO_4$।

99 *(c)* कुछ अम्लीय मूलकों द्वारा H_2S गैस का ऑक्सीकरण इस प्रकार किया जाता है

$$H_2S \xrightarrow{[O]} H_2O + S\downarrow\ (\text{कॉलोइडल})$$

100 *(a)* इस संकुल में Fe की ऑक्सीकरण संख्या + 1 है।

अभिकथन-कारण प्रश्न

1 *(c)* A असत्य है लेकिन R सत्य है। (A) का सही रूप है : द्रवविरोधी सॉल तैयार करने के लिए परिक्षेपण विधि का उपयोग किया जाता है।

2 *(a)* A और R दोनों सत्य हैं और R, A का सही स्पष्टीकरण है।

3 *(d)* A सत्य है लेकिन R असत्य है। R का सही रूप एसीटैल्डिहाइड है जिसमें —CHO और $CH_3—\overset{\overset{O}{||}}{C}—$ समूह उपस्थित होते हैं और यही कारण है कि यह टॉलेन और आयोडोफॉर्म परीक्षण दोनों को धनात्मक दर्शाता है।

4 *(c)* A असत्य है लेकिन R सत्य है। A का सही रूप है : 2-हाइड्रॉक्सीफेनिल एसिटिक अम्ल $NaHCO_3$ के साथ CO_2 को मुक्त करता है और उदासीन $FeCl_3$ के साथ रंग भी देता है।

5 *(b)* A और R दोनों सत्य हैं लेकिन R, A का सही स्पष्टीकरण नहीं है। A का सही रूप है : एसिटिक अम्ल और सोडियम हाइड्रोक्साइड के उदासीनीकरण की ऊष्मा एसिटिक एसिड के अपूर्ण आयनीकरण के कारण 57.3 किलो जूल से कम है।

6 *(d)* A सत्य है लेकिन R असत्य है। R का सही रूप है : क्लोरेट्स सान्द्र H_2SO_4 के साथ

अभिक्रिया करके क्लोरीन डाइऑक्साइड गैस बनाते हैं जो H_2SO_4 में विलेयशील अत्यधिक विस्फोटक नारंगी पीला विलयन बनाते हैं।

7 *(d)* A सत्य है लेकिन R असत्य है। R का सही रूप है : स्टार्च विलयन के साथ नीला रंग आने में लगने वाले समय को मापकर अभिक्रिया की दर निर्धारित की जा सकती है।

8 *(c)* A असत्य है लेकिन R सत्य है। R का सही रूप है : मोहर लवण एवं $KMnO_4$ अनुमापन में, मोहर लवण का सक्रिय अवयव फेरस सल्फेट है, जो $KMnO_4$ द्वारा फेरिक सल्फेट में ऑक्सीकृत हो जाता है।

9 *(c)* A असत्य है लेकिन R सत्य है। A का सही रूप है : *p*-नाइट्रोएसिटेनिलाइड की तैयारी में, अभिक्रिया मिश्रण का तापमान 10°C से नीचे बनाए रखा जाना चाहिए।

कथन आधारित प्रश्न

1 *(d)* कथन I और कथन II दोनों सत्य हैं।

2 *(d)* कथन I और कथन II दोनों सत्य हैं।

3 *(d)* कथन I और कथन II दोनों सत्य हैं।

4 *(b)* कथन I सत्य है लेकिन कथन II गलत है। कथन II का सही रूप है : मानक विलयन के ज्ञात आयतन को मिलाया जाता है तथा तापमान में परिवर्तन मापा जाता है।

5 *(c)* कथन I असत्य है लेकिन कथन II सत्य है। कथन I का सही रूप है : द्रव विरोधी विलयन दो विधियों अर्थात् संघनन विधि और परिक्षेपण विधि द्वारा तैयार किये जाते हैं।

6 *(a)* दिए गए कथनों में से केवल I, III और V सही हैं जबकि अन्य कथन II और IV गलत हैं। इनका सही रूप इस प्रकार है

I. नाइट्रोनियम आयन एसिटेनिलाइड पर आक्रमण कर सिग्मा संकुलों के माध्यम से *p*-नाइट्रो एसिटेनिलिड धनायन बनाता है।

IV. यौगिकों जिनमें

$CH_3—\overset{O}{\overset{\|}{C}}—$ और $CH_3—\overset{OH}{\overset{|}{C}H}—$

सम्मलित समूह आयोडोफॉर्म परीक्षण देते है।

7 *(b)* दिए गए कथनों में से कथन I, III, IV और V सही हैं जबकि कथन II गलत है। II का सही रूप है : जब फिल्टर पेपर को परखनली के मुँह पर रखकर लेड ऐसिटेट में डुबोया जाता है तो PbS बनने के कारण फिल्टर पेपर काला हो जाता है।

8 *(c)* दिए गए कथनों में से कथन I, III और V गलत हैं जबकि कथन I और IV सही हैं। कथन I, III और V का सही रूप है।

I. ऑक्जैलिक अम्ल एवं $KMnO_4$ अनुमापन में, ऑक्जैलिक अम्ल के विलयन को तनु H_2SO_4 के साथ 70-80°C तक गर्म किया जाता है।

III. ऑक्जैलिक अम्ल *vs* $KMnO_4$ अनुमापन सान्द्र H_2SO_4 की उपस्थिति में किया जाता है।

V. ऑक्जैलिक अम्ल vs. $KMnO_4$ अनुमापन रेडॉक्स अभिक्रिया का एक उदाहरण है।

9 *(c)* अनुमापन NaOH की क्षमता NaOH को ब्यूरेट (आयतनमापी फ्लास्क) में तथा ऑक्जैलिक अम्ल को कोनिकल फ्लास्क में लेकर आक्जैलिक के विरुद्ध अनुमापित करके मापी जाती है।

10 *(d)* वलय का निर्माण फेरस नाइट्रोसो सल्फेट यौगिक के कारण होता है।

सुमेलन प्रकार प्रश्न

1 *(d)* सही सुमेलन है

A-2, B-4, C-1, D-3

2 *(c)* सही सुमेलन है

A-3, B-1, C-4, D-2

3 *(a)* सही सुमेलन है

A-2, B-4, C-1, D-3

4 *(d)* सही सुमेलन है

A-4, B-1, C-2, D-3

5 *(d)* सही सुमेलन है

A-3, B-4, C-2, D-1

A. कॉपर सल्फेट ($CuSO_4$) और सोडियम साइट्रेट का क्षारीय विलयन बेनेडिक्ट विलयन है जिसका उपयोग एलिफैटिक एल्डिहाइड के परीक्षण के लिए किया जाता है। अतः इसका उपयोग यौगिक (3) का परीक्षण करने के लिए किया जाता है।

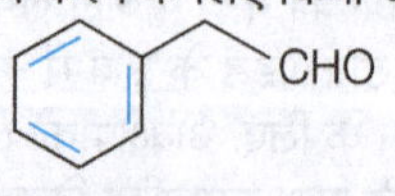

B. फिनोलिक यौगिक (4) का परीक्षण करने के लिए उदासीन $FeCl_3$ विलयन का उपयोग किया जाता है।

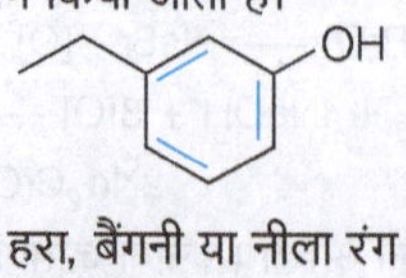

लाल, हरा, बैंगनी या नीला रंग का रंजक प्राप्त होता है।

C. क्षारीय क्लोरोफॉर्म विलयन का उपयोग प्राथमिक एमीनों (2) का पता लगाने के लिए किया जाता है।

इसे आइसोसायनाइड परीक्षण भी कहा जाता है।

D. पोटेशियम आयोडाइड (KI) और सोडियम हाइपोक्लोराइट (NaOCl) (I_2 + KOH) देता है जिसका उपयोग यौगिकों का परीक्षण करने के लिए किया जाता है

$CH_3—\overset{O}{\overset{\|}{C}}—$ या $CH_3—\overset{OH}{\overset{|}{C}H}—$

इस परीक्षण का आयोडोफॉर्म परीक्षण के रूप में जाना जाता है।

$$2KI + NaOCl + H_2O \longrightarrow NaCl + I_2 + 2KOH$$

अतः यौगिक (1) है।

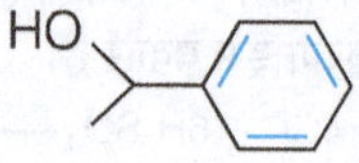

आंकिक मान प्रकार के प्रश्न

1 *(60)*

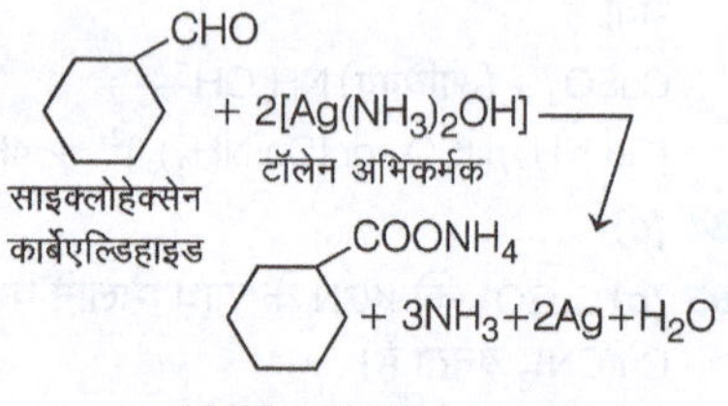

$$w_{NH_3} = \frac{131.8 \times 1000}{112} \times 3 \times 17$$

w_{NH_3} = 60 किग्रा

2 *(1)* जब $Ca(OH)_2$ को 0.5 M HCl के 20 मिली आयतन के मानक विलयन के विरुद्ध अनुमापित किया जाता है

$\therefore \quad n_{गुणक} \times M_1V_1 = n_{गुणक} \times M_2V_2$

$2 \times M_1 \times 10$ मिली $= 1 \times 0.5 \times 20$

(25.5 मिली से 35.5 मिली तक केवल 10 मिली कैल्शियम हाइड्रॉक्साइड का उपयोग किया जाता है)

$\therefore \quad [M_1 = 0.5 M]$

अब $Ca(OH)_2$ का H_2SO_4 के 10 मिली के साथ अनुमापन करते हैं।

$\therefore\ 2 \times 0.5 \times 20 = 2 \times M_2 \times 10$

$\therefore\ [M_{2\ (20\ \text{मिली})} = 1\ M]$

3 *(1575)* समीकरण का उपयोग करके अनुमापन करते हैं।

$N_1V_1 = N_2V_2$

or $a_1M_1V_1 = a_2M_2V_2$

$a_1 = 5, M_1 = 0.05\ M, V_1 = 10.0$ मिली,

$a_2 = 2, M_2 = ?$

$V_2 = 10.0$ मिली

$5 \times 0.05 \times 10 = 2 \times M_2 \times 10$

$M_2 = \frac{0.25}{2} = 0.125\ M$

$= 0.125$ मोल/लीटर

ऑक्जैलिक एसिड की सामर्थ्य

$= M_2 \times$ आण्विक द्रव्यमान $= 0.125 \times 126$

$= 15.75$ ग्राम/ली या 1575×10^{-2} ग्राम/ली

4 *(1)*

$2KMnO_4 + 5H_2C_2O_4 + 3H_2SO_4 \longrightarrow K_2SO_4 + 2MnSO_4 + 10CO_2 + 8H_2O$ में C की ऑक्सीकरण अवस्था + 3 से + 4 में परिवर्तित होती है।

अतः अन्तिम बिन्दु पर कार्बन की ऑक्सीकरण संख्या में परिवर्तन + 1 है।

5 *(1)* HCl के बाद H_2S मिलाने पर केवल Cu^{2+} अवक्षेपित होता है। Al^{3+} और Fe^{3+} सल्फाइडों का जल अपघटन करते हैं। Ni^{2+} और Zn^{2+} का अवक्षेप बनाने के लिए H_2S के साथ क्षारीय माध्यम की आवश्यकता होती है। Ca^{2+} और Ba^{2+} सल्फाइड घुलनशील होते हैं। इसलिए, हमें केवल CuS का अवक्षेप प्राप्त होगा।

विगत परीक्षाओं के प्रश्न

1 *(a)*

क्षारीय मूलक	समूह संख्या
(B) Cu^{2+}	II
(A) Al^{3+}	III
(D) Co^{2+}	IV
(C) Ba^{2+}	V
(E) Mg^{2+}	VI

अतः सही क्रम है, B, A, D, C, E.

2 *(d)* तनु सल्फ्यूरिक अम्ल ऑक्सीकारक का कार्य नहीं करता है। इसलिए इसे Fe^{2+} आयनों के जल अपघटन को रोकने के लिए मिलाया जाता है जबकि सान्द्र सल्फ्यूरिक अम्ल Fe^{2+} आयनों को Fe^{3+} में ऑक्सीकृत कर देता है अर्थात् Fe^{2+} आयनों को जल-अपघटित कर देता है।

3 *(a)* फेहलिंग अभिकर्मक में दो विलयन फेहलिंग विलयन *A* और फेहलिंग विलयन *B* होते हैं। फेहलिंग विलयन $A \rightarrow$ जलीय कॉपर सल्फेट तथा फेहलिंग विलयन $B \rightarrow$ सोडियम पोटैशियम टार्ट्रेट (रोशेल लवण)

4 *(d)* विकल्प (d) सही सुमेलित है।

A-II, B-III, C-IV, D-I

- Br_2 जल परीक्षण में लाल-नारंगी रंग गायब हो जाता है।
- सेरिक अमोनियम नाइट्रेट परीक्षण में लाल रंग उत्पन्न होता है।
- फेरिक क्लोराइड परीक्षण में नीला हरा, बैंगनी या लाल रंग उत्पन्न होता है।
- 2, 4-DNP परीक्षण में पीला-नारंगी या नारंगी लाल अवक्षेप बनता है।

5 *(b)* लैसग्ने परीक्षण नाइट्रोजन, सल्फर, फॉस्फोरस और हैलोजनों की पहचान के लिए प्रयोग किया जाता है।

6 *(b)* गुणात्मक विश्लेषण में आयरन समूह (III) के अवक्षेपण में अमोनियम हाइड्रॉक्साइड (NH_4OH) मिलाने से पहले अमोनियम क्लोराइड (NH_4Cl)OH^- आयनों की सान्द्रता कम करने के लिए मिलाया जाता है।

$$NH_4OH \rightleftharpoons NH_4^+ + OH^-$$

$$NH_4Cl \longrightarrow NH_4^+ + Cl^-$$

सम-आयन प्रभाव के कारण NH_4^+ OH^- आयनों की सान्द्रता को कम कर देता है।

7 *(a)* प्रश्न के अनुसार,

$$CH_3COO^- + FeCl_3 \longrightarrow \underset{\text{रक्त जैसा लाल रंग}}{[Fe_3(OH)_2(CH_3COO)_6]^+}$$

$$\xrightarrow{\Delta} \underset{\text{लाल भूरा अवक्षेप}}{Fe(OH)_2(CH_3COO)\downarrow}$$

$$2NO_3^- + 4H_2SO_4 + 6Fe^{2+} \longrightarrow 6Fe^{3+} + 2NO\uparrow + 4SO_4^{2-} + 4H_2O$$

$$[Fe(H_2O)_6]^{2+} + NO \longrightarrow \underset{\text{भूरा}}{[Fe(H_2O)_5(NO)]^{2+}} + H_2O$$

इस प्रकार, मिश्रण में CH_3COO^- और NO_3^- शामिल है।

8 *(d)* नाइट्रोजन और हैलोजन के लिए लैसेग्ने का परीक्षण उस यौगिक द्वारा दिया जाता है जिस यौगिक में C, N के साथ-साथ हैलोजन परमाणु भी होता है। Na के साथ संलयित होने पर, $CH_3NH_2 \cdot HCl$ नाइट्रोजन और हैलोजन दोनों के लिए धनात्मक परीक्षण देता है।

$$[CH_3NH_2 \cdot HCl \xrightarrow[\text{संलयन}]{Na} NaCN + NaCl]$$

NaCN नाइट्रोजन के लिए धनात्मक परीक्षण देता है। NaCl हैलोजन (क्लोरीन) के लिए धनात्मक परीक्षण देता है।

9 *(b)* सही मिलान है A-III, B-I, C-IV, D-II

10 *(a)* अनुमापन में, अन्तिम बिन्दु पर मिथाइल ऑरेंज क्विनोनॉइड रूप में उपस्थित होता है जो लाल रंग का होता है।

11 *(d)* $4Fe^{3+} + 3[Fe(CN)_6]^{4-} \longrightarrow \underset{\text{रंग में प्रुशियन ब्लू}}{Fe_4[Fe(CN)_6]_3}$

12 *(c)* A सत्य है लेकिन R असत्य है। R का सही रूप है : यह क्षारीय माध्यम में वियोजित हो जाता है तथा संयुग्मी क्षार बनाता है जो गुलाबी रंग का होता है।

$$\underset{\text{रंगहीन}}{HIn} + OH^- \rightleftharpoons \underset{\text{गुलाबी}}{In^-} + H_2O$$

13 *(b)* यह वलय $Fe[H_2O)_5(NO)]SO_4$ जटिल फेरस नाइट्रोसल्फेट के कारण बनती है।

14 *(c)* फिनोलफ्थैलीन एक दुर्बल अम्ल है जो आयनों के निर्माण के कारण क्षारीय माध्यम में गुलाबी रंग देता है।

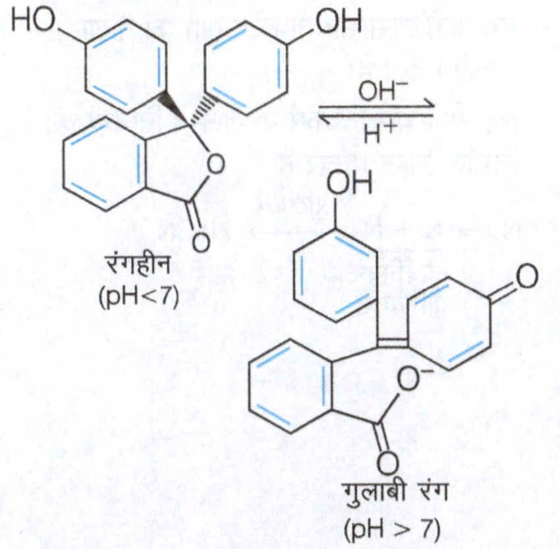

15 *(a)* A और R दोनों सत्य हैं और R, A का सही स्पष्टीकरण है।

16 *(a)* $MnO_4^- + 8H^+ + 5e^- \longrightarrow Mn^{2+}$

Mn की ऑक्सीकरण अवस्था + 7 से + 2 तक परिवर्तित होती है।

अतः मैंगनीज की ऑक्सीकरण संख्या में परिवर्तन 5 है।

17 *(b)* 1-नेफ्थाइल ऐमीन और सल्फैनिलिक अम्ल का उपयोग एसिटिक अम्ल की सहायता से NO_2^- पता लगाने के लिए किया जाता है।

18 *(a)* अभिक्रिया को इस प्रकार दर्शाया जाता है

$$2\,CuSO_4(aq) + 4\,KI\,(aq) \longrightarrow 2K_2SO_4(aq) + Cu_2I_2(s) + I_2$$

इस प्रकार, Cu^{2+} लवण KI के साथ Cu_2I_2 के रूप में अभिक्रिया करते हैं।

19 *(c)* हैलोजन के परीक्षण के लिए सिल्वर नाइट्रेट मिलाने से पहले सोडियम एक्सट्रेक्ट में नाइट्रिक अम्ल मिलाया जाता है, क्योंकि यह NaCN और Na_2S को विघटित कर देता है। इसलिए, वे परीक्षण में हस्तक्षेप नहीं करते हैं। अभिक्रिया इस प्रकार है

$$NaCN + HNO_3 \longrightarrow NaNO_3 + HCN\uparrow$$

$$\underset{\text{सोडियम निष्कर्ष}}{Na_2S} + \underset{\text{नाइट्रिक अम्ल}}{2HNO_3} \longrightarrow 2NaNO_3 + H_2S\uparrow$$

20 *(b)* सेलिवानॉफ परीक्षण का उपयोग कीटोस और एल्डोस के मध्य अन्तर ज्ञात करने के लिए किया जाता है। सेलिवानॉफ अभिकर्मक में रेसोर्सिनोल और HCl होता है।

स्किल बूस्टर्स

1 *(c)* यौगिक A, $FeSO_4$ है।

$$2FeSO_4 \xrightarrow{\Delta} Fe_2O_3 + SO_2 + SO_3$$

और पोटैशियम हेक्सासायनोफेरेट III के साथ यह फेरोहेक्सासायनोफेरेट (III) का नीला अवक्षेप देता है।

2 *(c)* सोडियम निष्कर्ष या लैसेग्ने निष्कर्ष का निर्माण निम्न प्रकार है

$$Na + \underbrace{C + N}_{\text{कार्बनिक यौगिक से}} \xrightarrow{\text{संलयन}} NaCN$$

अभिक्रियाशील सोडियम धातु जल के साथ अभिक्रिया करके NaOH और H_2 बनाती है।

$$2Na + 2H_2O \longrightarrow 2NaOH + H_2$$

लैसेग्ने निष्कर्ष (NaCN और NaOH) $FeSO_4$ के साथ निम्नानुसार अभिक्रिया करता है।

$$FeSO_4 + 2NaOH \longrightarrow Fe(OH)_2 + Na_2SO_4$$

$$Fe(OH)_2 + 6NaCN \longrightarrow \underset{\text{सोडियम फेरोसायनाइड}}{Na_4[Fe(CN)_6]} + 2NaOH$$

$$4Fe^{3+} + 3Na_4[Fe(CN)_6] \longrightarrow \underset{\text{फेरिक फैरोसायनाइड (प्रुशियन ब्लू)}}{Fe_4[Fe(CN)_6]_3} + 12Na^+$$

3 *(b)* (i) फीनॉल (C_6H_5OH) $NaHCO_3$ परीक्षण पर अभिक्रिया नहीं करता है और $FeCl_3$ के साथ बैंगनी रंग देता है।

(ii) ऐसिटिक एसिड $NaHCO_3$ के साथ तीव्र बुदबुदाहट देता है तथा $FeCl_3$ के साथ उपचारित करने पर लाल रंग देता है।

4 *(d)* ऑक्सैलिक अम्ल और सल्फ्यूरिक अम्ल के विलयन को $KMnO_4$ के साथ अनुमापन करने से पहले 60°-70° तक गर्म किया जाता है क्योंकि शीत में, Mn^{2+} के धीमे निर्माण के कारण अभिक्रिया बहुत धीमी होती है। जब विलयन को गर्म किया जाता है तो Mn^{2+} के निकलने से अभिक्रिया तेज हो जाती है जो अभिक्रिया को स्वतः उत्प्रेरित करता है। Mn^{2+} उत्प्रेरण रेडॉक्स अनुमापन प्रतिक्रिया है।

5 *(d)* प्रेक्षण सारणी के आधार पर मूलक Pb^{2+}, Cu^{2+} और Al^{3+} हैं।

6 *(c)* दिए गए प्रेक्षण पर

$$\underset{\substack{\text{(ऋणायन)}\\(X)}}{NO_3^-} + \underset{\text{(सान्द्र)}}{H_2SO_4} \longrightarrow \underset{\text{(भूरी गैस)}}{NO_2\uparrow} + H_2O$$

$$FeSO_4 + \underset{\text{(सान्द्र)}}{H_2SO_4} + NO_3^- \longrightarrow \underset{\text{(गहरा भूरा वलय)}}{[Fe(H_2O_5)\,(NO)]SO_4}$$

$$Cu^{2+} + \text{तनु}\,HCl + H_2S \longrightarrow \underset{\substack{\text{काला अवक्षेप}\\(Y)}}{CuS\downarrow}$$

$$CuS \xrightarrow[HNO_3]{\text{सान्द्र}} \underset{(X)}{Cu(NO_3)_2}$$

$$+ NO_2 + S + H_2O \xrightarrow[NH_4OH]{\text{अधिकता}} \underset{\text{गहरा नीला}}{[Cu(NH_3)_4]^{2+}}$$

तो, यौगिक X $Cu(NO_3)_2$ है।

7 *(b)* *m*-क्लोरोएनिलीन, *m*-क्लोरोफिनॉल और *m*-क्लोरोबेंजोइक अम्ल में से केवल *m*-क्लोरोबेंजोइक अम्ल $NaHCO_3$ के साथ अभिक्रिया करेगा।

∴ *A* का अंश *m*-क्लोरोबेंजोइक अम्ल है।

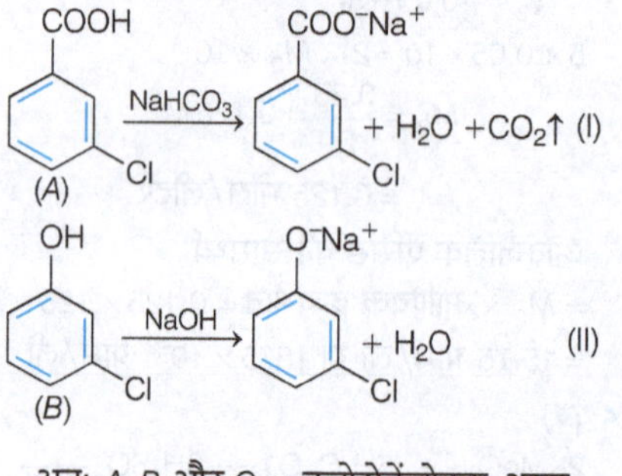

अतः *A*, *B* और *C* *m*-क्लोरोबेंजोइक अम्ल, *m*-क्लोरोफिनॉल और *m*-क्लोरोएनिलिन हैं।

8 *(c)*

$$\underbrace{Pb^{2+}, Ag^+}_{\text{लवण मिश्रण}} \xrightarrow{\text{तनु HCl}} \underbrace{AgCl, PbCl_2}_{\text{सफेद अवक्षेप}}$$

सफेद अवक्षेप

↓ आसुत जल के साथ गर्म करें और गर्म अवस्था में छान लें।

AgCl (अवक्षेप) → अमोनिया आधिक्य विलयन → $[Ag(NH_3)_2]^+$ विलयन की अधिकता

$PbCl_2$ छनित्र → रंग → $PbCl_2$ क्रिस्टल के समान सफेद सुई

लवण के मिश्रण में Pb^{2+} और Ag^+ होते हैं।

विलयन (अध्याय एक दृष्टि में)

विलयनों की सान्द्रता व्यक्त करना

नाम	प्रतीक	सूत्र	तापमान का प्रभाव
द्रव्यमान प्रतिशत	%(w/W)	$\frac{\text{विलेय का द्रव्यमान}}{\text{विलयन का कुल द्रव्यमान}} \times 100$	कोई प्रभाव नहीं
द्रव्यमान आयतन प्रतिशत	%(w/V)	$\frac{\text{विलेय का द्रव्यमान}}{\text{विलयन का कुल द्रव्यमान (मिली में)}} \times 100$	तापमान में परिवर्तन के साथ परिवर्तित
आयतन प्रतिशत	%(v/V)	$\frac{\text{विलेय का आयतन}}{\text{विलयन का कुल आयतन (मिली में)}} \times 100$	तापमान में परिवर्तन के साथ परिवर्तित
सामर्थ्य	ग्राम/ली (या ग्राम/डेसी मी^{3})	$\frac{\text{विलेय का ग्राम में द्रव्यमान}}{\text{विलयन का आयतन (ली अथवा डेसी}^3\text{ में)}} \times 100$	तापमान में परिवर्तन के साथ परिवर्तित
पार्ट्स पर मिलियन	ppm	$\frac{\text{विलेय के भागों की संख्या}}{\text{विलयन में उपस्थित सभी अवयवों के कुल भागों की संख्या}} \times 10^6$	कोई प्रभाव नहीं
मोल-अंश	χ	$X_A = \frac{n_A}{n_A + n_B}$	कोई प्रभाव नहीं
मोलरता	M	$\frac{\text{विलेय के मोल}}{\text{विलयन का आयतन (ली अथवा डेसी}^3\text{ में)}} \times 100$	तापमान में परिवर्तन के साथ परिवर्तित
मोललता	m	$\frac{\text{विलेय के मोल}}{\text{विलायक का द्रव्यमान (किग्रा में)}} \times 100$	कोई प्रभाव नहीं

प्रकार

I. भौतिक अवस्था के आधार पर

- **ठोस**
  गैस – ठोस → पैलेडियम में ऑक्सीजन
  द्रव – ठोस → पारे का सोडियम के साथ अमलगम
  ठोस– ठोस → कॉपर का सोने में घुलना
- **द्रव**
  गैस– द्रव → ऑक्सीजन का जल में घुलना
  द्रव– द्रव → एथेनॉल का जल में घुलना
  ठोस– द्रव → ग्लूकोस का जल में घुलना
- **गैस**
  गैस– गैस → O_2 और N_2 का मिश्रण
  द्रव – गैस → N_2 के साथ क्लोरोफॉर्म
  ठोस – गैस → N_2 में कपूर

II. सान्द्रता के आधार पर

- तनु विलयन
- सान्द्रित वियलन
- संतृप्त विलयन
- अतिसंतृप्त विलयन

द्रव में ठोस

- **विलेय और विलायक की प्रकृति का प्रभाव** समांग-समांग को घोलता है, अर्थात ध्रुवीय, ध्रुवीय में और अध्रुवीय, अध्रुवीय में घुलता है।
- **ताप का प्रभाव** (ले-शातेलिए सिद्धान्त का पालन)
  उष्माशोषी प्रक्रिया ($\Delta H>0$) : ताप के साथ विलेयता बढ़ती है
  उष्माक्षेपी प्रक्रिया ($\Delta H>0$) : ताप के साथ विलेयता घटती है
- **दाब का प्रभाव** द्रव पदार्थ में ठोस पदार्थों की विलेयता पर कोई विशेष प्रभाव नहीं पड़ता है। ऐसा इसलिए है क्योंकि ठोस और द्रव पदार्थ अत्यधिक असंपीड्य होते हैं एवं दाब परिवर्तन से सामान्यतः अप्रभावित रहते हैं।

विलेयता

किसी अवयव की विलेयता एक निश्चित ताप पर विलायक की निश्चित मात्रा में घुली हुई उस विलेय की अधिकतम मात्रा होती है।
यह निम्न पर निर्भर करती है

- विलायक की प्रकृति
- विलेय की प्रकृति
- दाब
- तापमान

द्रव में गैस

- **तापमान** घटने से विलेयता बढ़ती है।
- **दाब का प्रभाव**
  हेनरी नियम के अनुसार वाष्प प्रावस्था में गैस का आंशिक दाब विलयन में गैस के मोल प्रभाज के सीधे समानुपाती होता है,
  अर्थात
  $P = K_H X$

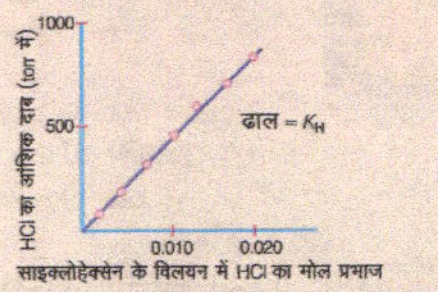

किसी विशिष्ट ताप पर K_H का मान जितना अधिक होगा, द्रव में गैस की विलेयता उतनी ही कम होगी।

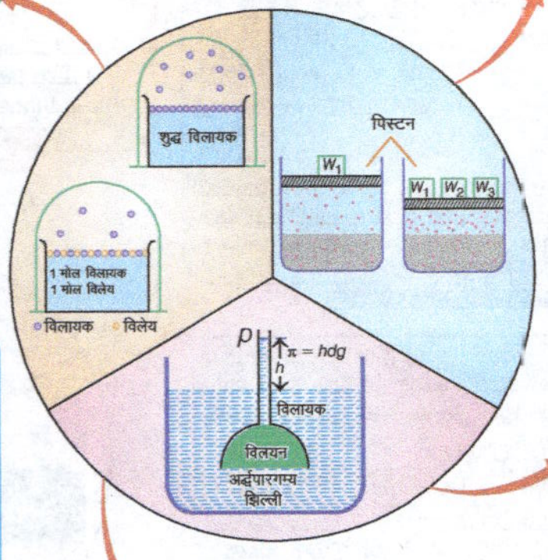

वाष्प दाब

किसी दिए गए तापमान पर एक बंद निकाय में द्रव पदार्थ के साथ साम्यावस्था में द्रव की सतह के ऊपर वाष्प द्वारा लगाया गया अधिकतम दाब

$$\text{वाष्प दाब} \propto \text{ताप} \propto \frac{1}{\text{अन्तराआण्विक बल}} \propto \frac{1}{\text{क्वथनांक}}$$

आदर्श विलयन

A-B अंतःक्रिया, A-A और B-B अंतःक्रिया के समान परिमाण की होती है, अर्थात् राउल्ट के नियम का अनुसरण करती है।

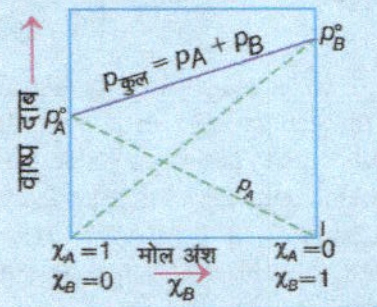

राउल्ट का नियम

यह नियम बताता है, कि किसी दिए गए ताप पर, वाष्पशील द्रव पदार्थों के विलयन, के लिए विलयन के प्रत्येक घटक का आंशिक दाब विलयन में उपस्थित उसके मोल प्रभाज के सीधे समानुपाती होता है।

$$p_{विलयन} \propto \chi_{विलायक}$$

अथवा, $p_{विलयन} = p^\circ_{विलयन}\ \chi_{विलायक}$

राउल्ट का नियम, हेनरी नियम का एक विशेष केस है, जिसमें K_H का मान p_i के बराबर होता है।

डाल्टन का नियम

डाल्टन के आंशिक दाब के नियमानुसार पात्र में विलयन अवस्था पर कुल दाब ($p_{कुल}$), विलयन के घटकों के आंशिक दाब का योग होता है और इसे इस प्रकार दिया जाता है।

$p_{कुल} = p_1 + p_2$
$p_{कुल} = p_1^\circ \chi_1 + p_2^\circ \chi_2$

अनादर्श विलयन

A-B अनादर्श विलयन धनात्मक विचलन दर्शाते हैं इनमें A-B आकर्षण A-A और B-B आकर्षण से परिणाम में भिन्न होता है।
$\Delta V_{मिश्रण} \neq 0$ तथा $\Delta H_{मिश्रण} \neq 0$

- **अनादर्श विलयन धनात्मक विचलन दर्शाते हैं**
  A-B आकर्षण, A-A और B-B आकर्षण से दुर्बल होता है।
  $\Delta V_{मिश्रण} = +ve$, $\Delta H_{मिश्रण} = +ve$ और परिणामी वाष्प दाब आपेक्षा से अधिक होता है
  उदाहरण - एसीटोन + बेन्ज़ीन

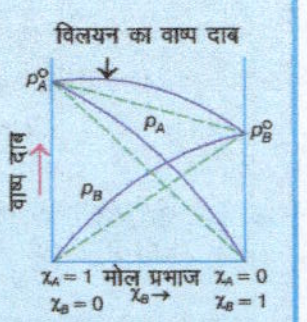

- **अनादर्श विलयन ऋणात्मक विचलन दर्शाते हैं**
  A-B आकर्षण, A-A और B-B आकर्षण से प्रबल होता है।
  $\Delta V_{मिश्रण} = -ve$, $\Delta H_{मिश्रण} = -ve$ और परिणामी वाष्प दाब आपेक्षा से कम होता है
  उदाहरण - एसीटोन + एनिलीन

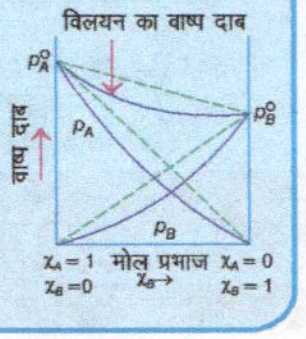

स्थिरक्वाथी मिश्रण

द्रवों के मिश्रण जो द्रवों के समान नियत तापमान पर उबलते हैं और द्रव के साथ-साथ वाष्प अवस्था में भी घटकों (अवयवों) की समान संरचना प्रदर्शित करते हैं, स्थिर क्वाथी मिश्रण या एजोट्रॉपिक मिश्रण कहलाते हैं।

- **न्यूनतम क्वथनांकी स्थिरक्वाथी**
  इनका निर्माण ऐसे द्रव युग्मों से होता है जो धनात्मक विचलन दर्शाते हैं और आदर्श व्यवहार करते हैं। उदाहरण-ऐथेनॉल-जल मिश्रण।
- **अधिकतम क्वथनांक स्थिरक्वाथी**
  इनका निर्माण ऐसे द्रव युग्मों से होता है, जो ऋणात्मक विचलन दर्शाते हैं और अनादर्श की तरह व्यवहार करते हैं।
  उदाहरण - नाइट्रिक अम्ल-जल का मिश्रण

असामान्य मोलर द्रव्यमान

जब किसी पदार्थ का अणुभार किसी अणुसंख्यक गुण द्वारा निर्धारित किया जाता है तो वह आपेक्षिक मान से भिन्न होता है। ऐसा कहा जाता है कि पदार्थ असामान्य आण्विक द्रव्यमान दर्शाता है।

वाण्ट हॉफ गुणांक (i)

इसे अणुसंख्यक गुणधर्म के प्रायोगिक मान और सैद्धांतिक मान के अनुपात के रूप में परिभाषित किया जाता है।

$$i = \frac{\text{सामान्य (सैद्धांतिक) मोलर द्रव्यमान}}{\text{प्रायोगिक/असामान्य मोलर द्रव्यमान}}$$

$$= \frac{\text{प्रायोगिक अणुसंख्यक गुण}}{\text{सैद्धांतिक अणुसंख्यक गुण}}$$

- **संगुणन** में प्रेक्षित मोलर द्रव्यमान सामान्य से अधिक है, इसलिए इसका मान एक से कम ($i < 1$) है।
- **वियोजन** में प्रेक्षित मोलर द्रव्यमान सामान्य से कम होता है इसलिए इसका मान एक से अधिक ($i > 1$) है।
- आधुनिक अणुसंख्यक गुणधर्म है

$$\frac{p^\circ - p_s}{p^\circ} = i\chi_2,\ \Delta T_b = i K_b m,\ \Delta T_f = i K_f m$$
$$\pi = i\,CRT$$

अणुसंख्यक गुणधर्म

विलयन के गुणधर्म, सान्द्रता (कणों की संख्या) से प्रभावित होते हैं न कि विलयन के गुणों (आकार तथा द्रव्यमान) से।

$$\text{अणुसंख्यक गुणधर्म} \propto \frac{1}{\text{मोलर द्रव्यमान}}$$

- **वाष्पदाब में आपेक्षिक अवनमन**
  अवाष्पशील विलेय वाले आदर्श विलयन के वाष्प दाब में आपेक्षिक अवनमन किसी दिए गए तापमान पर विलेय के मोल प्रभाज के बराबर होता है।
  इसे निम्न सूत्र द्वारा दिया जाता है $= \frac{p^\circ - p}{p^\circ} x_2$
  अवाष्पशील (उच्च क्वथनांक) विलेय, विलायक के वाष्पीकरण की दर को कम करके क्वथनांक को कम करता है।

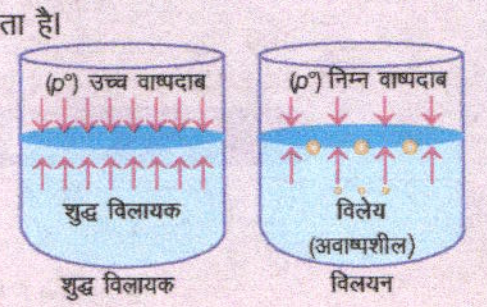

- **हिमांक का अवनमन**
  जब किसी अवाष्पशील विलेय को किसी विलायक में मिलाया जाता है, तो उस विलयन का हिमांक हमेशा शुद्ध विलायक से कम हो जाता है, क्योंकि अवाष्पशील विलेय की उपस्थिति में विलायक का वाष्प दाब कम हो जाता है। हिमांक में इस अंतर को हिमांक अवनमन के रूप में जाना जाता है।

$$\Delta T_f = \frac{K_f \times w_2 \times 1000}{M_2 \times w_1}$$

- **क्वथनांक में उन्नयन**
  जब किसी विलायक में अवाष्पशील विलेय मिलाया जाता है, तब विलयन का क्वथनांक शुद्ध विलायक से हमेशा अधिक होता है।
  उदाहरण 1000 ग्राम जल में 1 मोल सुक्रोज का विलयन 1 atm दाब व 373.52 K पर उबलता है।
  विलयन (T_b) और शुद्ध विलायक (T°_b) के क्वथनांकों में इस अंतर को क्वथनांक का उन्नयन ΔT_b कहा जाता है।

$$\Delta T_b = \frac{K_b \times 1000 \times w_2}{M_2 \times w_1}$$

- **परासरण और परासरण दाब**
  परासरण शुद्ध विलायक से विलयन की ओर अर्द्धपारगम्य झिल्ली के माध्यम से विलायक के प्रवाह की घटना को परासरण कहा जाता है।
  उत्क्रम परासरण एक अर्द्धपारगम्य झिल्ली के माध्यम से विलयन से शुद्ध विलायक तक विलायक की गति की प्रक्रिया है जिसमें विलयन की ओर अत्यधिक दाब लगाया जाता है।
  परासरण दाब (π) किसी विलयन का परासरण दाब वह अतिरिक्त दाब है, जिसे परासरण को रोकने के लिए विलयन पर लगाया जाता है अर्थात् विलयन में अर्द्धपारगम्य झिल्ली के माध्यम से विलायक अणुओं के मार्ग को अवरुद्ध करने के लिए लगाया जाता है।

$$\pi = CRT = \frac{n}{V}RT$$

वैद्युत रसायन (अध्याय एक दृष्टि में)

वैद्युत रासायनिक सेल से सम्बन्धित शब्द

- **इलेक्ट्रोड विभव** धातु पर आवेश के कारण इलेक्ट्रोड और इलेक्ट्रोलाइट के बीच विभव उत्पन्न होता है।
- **मानक इलेक्ट्रोड विभव** इलेक्ट्रोड विभव, जब अर्द्ध सेल में प्रयुक्त सभी स्पीशीजों की सान्द्रता इकाई होती है।
- **सेल विभव और सेल का EMF** विद्युत वाहक बल, इलेक्ट्रोड विभव में अन्तर के बराबर होता है, जब परिपथ धारा प्रवाहित नहीं होती है। इसे वोल्ट (V) में मापा जाता है।

$E^\circ_{सेल} = E^\circ_{कैथोड} - E^\circ_{एनोड}$ या $E^\circ_{दाँया} - E^\circ_{बाँया}$

- **मानक हाइड्रोजन इलेक्ट्रोड** यह एक संदर्भ इलेक्ट्रोड है, जिससे अन्य सभी इलेक्ट्रोडों का इलेक्ट्रोड विभव मापा जाता है।

नर्नस्ट समीकरण

अभिक्रिया के लिए, $M^{n+} + ne^- \longrightarrow M$

$E = E^\circ - \frac{RT}{nF} \ln \frac{M}{[M^{n+}]}$ या $E = E^\circ - \frac{RT}{nF} \ln \frac{1}{[M^{n+}]}$

[शुद्ध ठोस के लिए, $[M] = 1$] या $E = E^\circ - \frac{0.0591}{n} \log \frac{1}{[M^{n+}]}$ at 298 K.

साम्यावस्था पर, $E_{सेल} = 0$

$E^\circ_{सेल} = \frac{0.0591}{n} \log K_c$

सान्द्रता सेल के लिए, $E^\circ_{सेल} = 0$

$E_{सेल} = \frac{0.0591}{n} \log \frac{C_2}{C_1}$ जहाँ, $C_2 > C_1$

हाइड्रोजन सेल के लिए, $E = E^\circ - 0.0591 \log [H^+]$

वैद्युत-अपघटनी विलयनों की चालकता

गुण	सूत्र	इकाई	परिभाषा	तनुता का प्रभाव
चालकता (G)	$\frac{1}{R} = \frac{A}{\rho l} = \frac{\kappa A}{l}$	ओम $^{-1}$ = (S) सीमेन	पारस्परिक प्रतिरोध	अधिक संख्या उत्पन्न होने से यह बढ़ जाती है
विशिष्ट चालकता (κ)	$\frac{l}{\rho} = G\frac{l}{A}$	ओम $^{-1}$सेमी $^{-1}$ = Sm^{-1}	चालक के 1 सेमी^{3} की चालकता	प्रति सेमी^{3} में आयनों की संख्या घटने पर घटती है।
तुल्यांकी चालकता (Λ_{eq})	$\kappa \times V = K\frac{1000}{N}$ N = नॉर्मलता	Ω^{-1} सेमी ^{2} eq^{-1} = $Sm^2\ eq^{-1}$	विलयन के V सेमी^{3} में घुले विद्युत अपघट्य के 1 ग्राम तुल्यांक युक्त विलयन की चालकता।	आयतन में अत्यधिक वृद्धि के कारण तनुता के साथ बढ़ती है।
मोलर चालकता (Λ_m)	$\kappa V = \kappa \times \frac{1000}{M}$	Ω^{-1} सेमी^{2} मोल$^{-1}$ = Sm^2 मोल$^{-1}$	यह विद्युत अपघट्य के एक मोल युक्त विलयन की चालकता है।	आयतन में अत्यधिक वृद्धि के कारण तनुता के साथ बढ़ती है।

वैद्युत रासायनिक सेल

सबसे सामान्य वैद्युत रासायनिक सेल गैल्वेनी सेल या वोल्टीय सेल है

- **गैल्वेनी सेल** गैल्वेनी सेल एक वैद्युत रासायनिक सेल है, जो स्वतः प्रवर्तित रेडॉक्स अभिक्रिया में उत्सर्जित रासायनिक ऊर्जा को वैद्युत ऊर्जा में परिवर्तित करता है। यहाँ, स्वतः प्रवर्तित रेडॉक्स अभिक्रिया की गिब्स ऊर्जा वैद्युत कार्य में परिवर्तित हो जाती है। डेनियल सेल इस प्रकार की युक्ति का उदाहरण है, जिसमें निम्नलिखित अभिक्रियाएँ होती हैं।

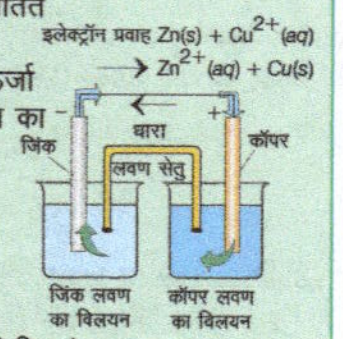

कैथोड पर,

$Zn(s) + Cu^{2+}(aq) \longrightarrow Zn^{2+}(aq) + Cu(s)$

$Cu^{2+} + 2e^- \longrightarrow Cu(s)$ (अपचयन अर्द्ध अभिक्रिया)

एनोड पर, $Zn(s) \longrightarrow Zn^{2+} + 2e^-$ (ऑक्सीकरण अर्द्ध अभिक्रिया)

- **सेल प्रतिरूपण** एनोड | कैथोड

$Zn|Zn^{2+} || Cu^{2+}|Cu$

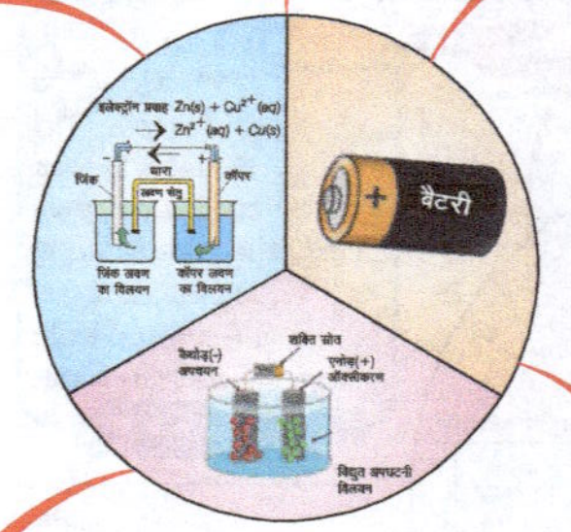

संक्षारण

यह किसी धातु के उसकी सतह से क्षय होने की प्रक्रिया है। जैसे लोहे पर जंग लगना, चाँदी का बदरंग होना आदि।

यह एक वैद्युत रासायनिक प्रक्रिया है।

एनोड पर, $Fe(s) \longrightarrow Fe^{2+}(aq) + 2e^-$

कैथोड पर, $O_2(g) + 4H^+(aq) + 4e^- \longrightarrow 2H_2O(l)$

$2Fe^{2+}(aq) + 2H_2O(l) + 1/2O_2(g) \longrightarrow Fe_2O_3(s) + 4H^+(aq)$

रोकथाम धातु की सतह को पेन्ट, तेल और ग्रीस से लेपित किया जाता है, जिससे यह वायु, नमी आदि के सम्पर्क में नहीं आती है।

कोलराउस का नियम

- इसे **आयनों के स्वतंत्र अभिगमन का सिद्धान्त** भी कहते हैं।
- यह बताता है किसी वैद्युत-अपघटन की सीमान्त मोलर चालकता (Λ°_m) अनन्त तनुता पर विद्युत अपघट्यों द्वारा दिए जाने वाले धनायनों और ऋणायनों की आयनिक चालकताओं का योग है। $\Lambda^\circ_m(AB_2) = \Lambda^\circ_m(A^{2+}) + 2\Lambda^\circ_m(B^-)$

$\Lambda^\circ_m(NaCl) = \Lambda^\circ_m(Na^+) + \Lambda^\circ_m(Cl^-)$

- अनन्त तनुता पर दुर्बल वैद्युत अपघट्य की मोलर चालकता की गणना इस नियम द्वारा की जा सकती है।
- यह α और K_a की गणना में सहायक है,जैसा कि

$\alpha = \frac{\Lambda_m}{\Lambda^\circ_m}$ और $K_a = \frac{C\alpha^2}{(1-\alpha)}$

विद्युत रासायनिक श्रेणी

मानक इलेक्ट्रोड विभव के बढ़ते क्रम में व्यवस्थित अर्द्ध-सेलों की एक श्रेणी।

⟶ ऑक्सीकरण अभिकर्मक की बढ़ती प्रबलता

$Li^+ < K^+ < Ca^{2+} < Na^+ < Mg^{2+} < Al^{3+} < H_2O < Zn^{2+} < Fe^{2+} < Ni^{2+} < Sn^{2+} < Pb^{2+} < H^+ < Cu^{2+} < Cu^+ < Ag^+ < Hg^{2+} < Br_2 < Cl_2 < O_2 < Au^{3+} < Co^{3+} < F_2$

⟵ अपचायक अभिकर्मक की बढ़ती प्रबलता

- धनात्मक E° से तात्पर्य है कि रेडॉक्स युग्म H^+/H_2 की तुलना में दुर्बल अपचायक है।
- ऋणात्मक E° से तात्पर्य है कि रेडॉक्स युग्म H^+/H_2 की तुलना में दुर्बल अपचायक है।

यह श्रेणी धातुओं की सापेक्ष ऑक्सीकारक और अपचायक क्षमता, धातुओं की क्रियाशीलता की तुलना करने में और रेडॉक्स अभिक्रियाओं के होने की सम्भावना को ज्ञात करने में उपयोगी है।

वैद्युत अपघटनी सेल और विद्युत अपघटन

- **विद्युत अपघटनी सेल** वे सेल होते हैं, जिनमें विद्युत ऊर्जा का उपयोग अस्वतः प्रवर्तित रासायनिक अभिक्रियाओं को कार्यान्वित करने के लिए किया जाता है और ये अभिक्रियाएँ विद्युत अपघटनी सेल में होती है, जिन्हें विद्युत अपघटन (electrolysis) कहा जाता है।

- कैथोड – ve इलेक्ट्रोड   - एनोड + ve इलेक्ट्रोड

विद्युत अपघटन के उत्पाद

वैद्युत अपघट्य	अंतर्निहित अभिक्रिया		उत्पाद	
	कैथोड पर	एनोड पर	कैथोड	एनोड
द्रव NaCl	$Na^+(l) + e^- \longrightarrow Na(s)$	$Cl^-(l) \longrightarrow \frac{1}{2}Cl_2(g) + e^-$	Na (s)	Cl_2 गैस
शुष्क NaCl	$H_2O(l) + e^- \longrightarrow \frac{1}{2}H_2(g) + OH^-(aq)$	$Cl^-(aq) \longrightarrow \frac{1}{2}Cl_2(g) + e^-$	H_2 गैस	Cl_2 गैस
तनु H_2SO_4	$H^+(aq) + e^- \longrightarrow \frac{1}{2}H_2(g)$	$2H_2O(l) \longrightarrow O_2(g) + 4H^+(aq) + 4e^-$	H_2 गैस	O_2 गैस
सान्द्र H_2SO_4	$H^+(aq) + e^- \longrightarrow \frac{1}{2}H_2(g)$	$2SO_4^{2-}(aq) \longrightarrow S_2O_8^{2-} + 2e^-$	H_2 गैस	$S_2O_8^{2-}$

फैराडे के विद्युत अपघटन के नियम

- **फैराडे का प्रथम नियम** यह बताता है, कि किसी भी इलेक्ट्रोड पर विद्युत धारा प्रवाहित करने पर इलेक्ट्रोड से मुक्त हुए या इलेक्ट्रोड पर एकत्रित होने वाले पदार्थ की मात्रा प्रवाहित धारा (आवेश) के समानुपाती होती है।

$W = Zit$ जहाँ, $Z = \frac{\text{तत्व का तुल्यांकी भार}}{96500}$

- **फैराडे का द्वितीय नियम** जब विद्युत धारा की समान मात्रा को विभिन्न विद्युत-अपघट्य से प्रवाहित की जाती है तो इलेक्ट्रोडों पर बनने वाले विभिन्न पदार्थों की मुक्त मात्राएँ उनके तुल्यांकी द्रव्यमानों के समानुपाती होती हैं।

$\frac{W_1}{E_1} = \frac{W_2}{E_2} = \frac{W_3}{E_3}$

प्राथमिक बैटरियाँ

ये नॉन-रिचार्जेबल हैं और इनका पुनः प्रयोग नहीं किया जा सकता।

शुष्क सेल (लेक्लांशे सेल) इसमें जिंक इलेक्ट्रोड होता है, जो एनोड का कार्य करता है और कार्बन की छड़ कैथोड का कार्य करती है।

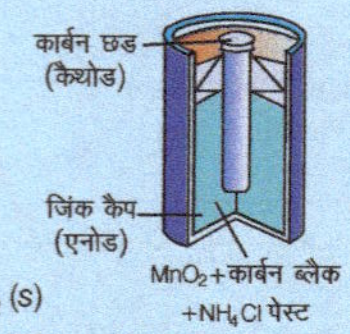

एनोड पर,

$Zn(s) \longrightarrow Zn^{2+} + 2e^-$

कैथोड पर,

$MnO_2 + NH_4^+ + e^- \longrightarrow MnO(OH) + NH_3$

$Zn(s) + 2NH_4^+(aq) + 2MnO_2(s) \longrightarrow Zn^{2+}(aq) + 2MnO(OH) + 2NH_3$

एनोड पर,

$Zn(Hg) + 2OH^- \longrightarrow ZnO(s) + H_2O + 2e^-$

$HgO + H_2O + 2e^- \longrightarrow Hg(l) + 2OH^-$

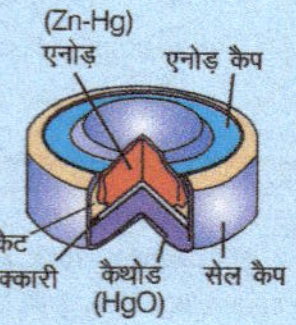

सेल की समग्र अभिक्रिया को निम्न प्रकार लिखा जा सकता है।

$Zn(Hg) + HgO(s) \longrightarrow ZnO(s) + Hg(l)$

ईंधन सेल

- यह एक गैल्वेनी सेल है, जिसमें ईंधन की रासायनिक ऊर्जा को विद्युत ऊर्जा में परिवर्तित किया जाता है। जैसे $H_2 - O_2$ -ईंधन सेल ये अत्यधिक दक्ष और प्रदूषण मुक्त होते हैं।

एनोड पर, $H_2(g) + 4OH^-(aq) \longrightarrow 4H_2O(l) + 4e^-$

कैथोड पर, $O_2(g) + 2H_2O(l) + 4e^- \longrightarrow 4OH^-(aq)$

द्वितीयक बैटरियाँ

ये पुनः आवेशित बैटरियाँ हैं। चार्जिंग के दौरान यह वैद्युत अपघटनी सेल की तरह कार्य करती है, जैसे सीसा संचायक बैटरी, निकैल कैडमियम बैटरी।

- **सीसा संचायक सेल**

बैटरी के प्रयोग में होने पर सेल अभिक्रियाएँ

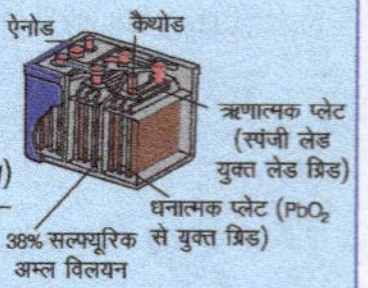

एनोड पर, $Pb(s) + SO_4^{2-}(aq) \rightarrow PbSO_4(s) + 2e^-$

कैथोड पर,

$PbO_2(s) + SO_4^{2-}(aq) + 4H^+(aq) + 2e^- \longrightarrow PbSO_4(s) + 2H_2O(l)$

समग्र अभिक्रिया,

$Pb(s) + PbO_2(s) + 2H_2SO_4(aq) \longrightarrow 2PbSO_4(s) + 2H_2O(l)$

आवेशन के दौरान होने वाली पुनः अभिक्रिया

$2PbSO_4(s) + 2H_2O(l) \longrightarrow Pb(s) + PbO_2(s) + 2H_2SO_4(aq)$

उपयोग ऑटोमोबाइल एवं इन्वर्टर में

- **निकैल कैडमियम सेल (या NICAD सेल)**

बैटरी के उपयोग के दौरान सेल अभिक्रियाएँ

कैथोड पर,

$2Ni(OH)_3(s) + 2e^- \rightarrow 2Ni(OH)_2(s) + 2OH^-(aq)$

एनोड पर,

$Cd(s) + 2OH^-(aq) \rightarrow CdO(s) + H_2O(l) + 2e^-$

सम्पूर्ण अभिक्रिया,

$Cd(s) + 2Ni(OH)_3(s) \longrightarrow CdO(s) + 2Ni(OH)_2(s) + H_2O(l)$

बैटरी के उपयोग के दौरान होने वाली सेल अभिक्रियाएँ

$CdO(s) + 2Ni(OH)_2(s) + H_2O(l) \longrightarrow Cd(s) + 2Ni(OH)_3(s)$

रासायनिक बलगतिकी (अध्याय एक दृष्टि में)

वेग नियतांक की इकाइयाँ

n वीं कोटि की अभिक्रिया, $\frac{dx}{dt} = k\,(\text{सान्द्र})^n$

$k = \frac{dx}{dt} \times \frac{1}{(\text{सान्द्र})^n} \Rightarrow k = (\text{सान्द्र})^{1-n}\ \text{समय}^{-1}$

- शून्य कोटि की अभिक्रिया के लिए, $(n=0)$, k की इकाई = मोल ली$^{-1}$ से$^{-1}$
- प्रथम कोटि की अभिक्रिया के लिए, $(n = 1)$, k की इकाई = से$^{-1}$
- द्वितीय कोटि की अभिक्रिया के लिए, $(n = 2)$, k की इकाई = ली मोल$^{-1}$ से$^{-1}$

वेग नियम व्यंजक और वेग नियतांक

- वह गणितीय व्यंजक जो अभिकारकों की मोलर सान्द्रता के सन्दर्भ में किसी अभिक्रिया के वेग को दर्शाता है। प्रत्येक पद को कुछ घात तक बढ़ाया जाता है, जो संतुलित रासायनिक समीकरण में अभिक्रिया करने वाली प्रजातियों के स्टेइकोमेट्रिक गुणांक के समान हो भी सकता है और नहीं भी

दी गई अभिक्रिया के लिए, $aA + bB \rightleftharpoons cC + dD$

दर $\propto [A]^x\,[B]^y$; दर $= k[A]^x\,[B]^y$

[x और y, a और b के बराबर हो भी सकते हैं और नहीं भी]

- **वेग नियतांक k** यह अभिक्रिया की दर के बराबर होता है जब प्रत्येक अभिकारक की सान्द्रता इकाई होती है।

अभिक्रिया की कोटि

- यह वेग नियम में सान्द्रता पदों की घातों का योग है।

दी गई अभिक्रिया के लिए

$aA + bB \longrightarrow$ उत्पाद दर $= k[A]^m\,[B]^n$

$\therefore$ अभिक्रिया की कोटि $= m+n$

- यह एक पूर्ण संख्या या एक भिन्नात्मक संख्या हो सकती है और इसका निर्धारण प्रायोगात्मक रूप से ही किया जा सकता है।
- यह तापमान, दाब आदि जैसी स्थितियों में परिवर्तन के साथ परिवर्तित हो सकती है।
- यह प्रारम्भिक और जटिल दोनों प्रकार की अभिक्रियाओं पर लागू होता है।

अभिक्रिया की आण्विकता

- इसे प्रारम्भिक अभिक्रिया में भाग लेने वाले अभिकारक के अणुओं की संख्या के रूप में परिभाषित किया जाता है।
- अभिक्रिया के लिए, $aA + bB \longrightarrow$ उत्पाद

आण्विकता $= a+b$

- यह केवल पूर्ण प्राकृतिक संख्या हो सकती है।
- यह एक सैद्धान्तिक मान है।
- यह केवल प्राथमिक अभिक्रिया पर लागू होती है।
- यह अभिक्रिया स्थितियों में परिवर्तन के साथ अपरिवर्तनीय है।
- संकुल अभिक्रिया के लिए इसका कोई महत्त्व नहीं है।

जैसे: $2NH_3 \xrightarrow{Pt} N_2 + 3H_2$; कोटि -0, आण्विकता-2

प्रारम्भिक और जटिल अभिक्रियाएँ

- **प्रारम्भिक अभिक्रियाएँ** एक चरण में सम्पन्न होने वाली अभिक्रियाएँ, प्रारम्भिक या प्राथमिक अभिक्रियाएँ कहलाती हैं।

उदाहरण- $N_2(g) + O_2(g) \longrightarrow 2NO(g)$

$CH_3COOH + C_2H_5OH \longrightarrow CH_3COOC_2H_5 + H_2O$

कोटि और आण्विकता केवल इसी चरण के लिए परिभाषित की गई है।

- **जटिल अभिक्रियाएँ** दो या दो से अधिक प्राथमिक चरणों के अनुक्रम वाली अभिक्रियाएँ, जटिल अभिक्रियाएँ कहलाती हैं।

जैसे- $2O_3 \longrightarrow 3O_2$

स्टेप I $O_3 \rightleftharpoons O_2 + O^{\cdot}$ (तीव्र)

स्टेप II $O + O_3 \longrightarrow 2O_2$ (धीमी)

धीमे चरण के लिए क्रम निर्धारित किया गया है।

अभिक्रिया का वेग

- यह प्रति इकाई समय में किसी एक अभिकारक या उत्पाद की सान्द्रता में परिवर्तन है।
- **औसत वेग** यह एक लम्बे समय अंतराल पर मापा गया वेग है।

लम्बे समय अंतराल $r_{av} = \frac{-\Delta R}{\Delta t} = \frac{\Delta P}{\Delta t}$

- **तात्क्षणिक वेग** यह किसी क्षण पर मापा गया वेग है। $r_{ins} = \frac{-d[R]}{dt} = \frac{d[P]}{dt}$

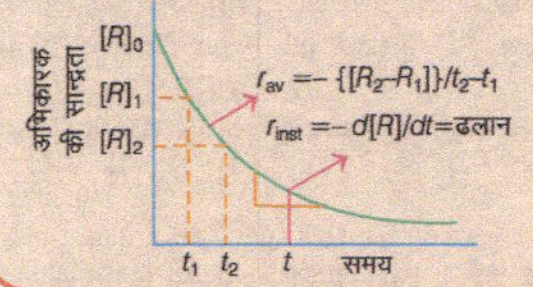

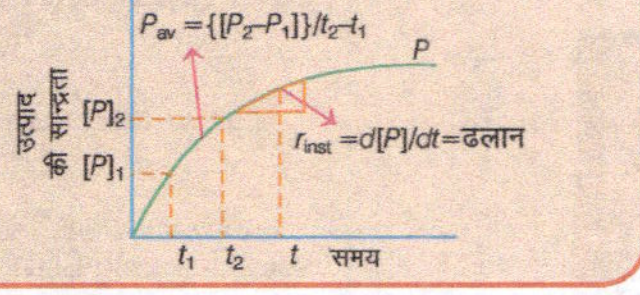

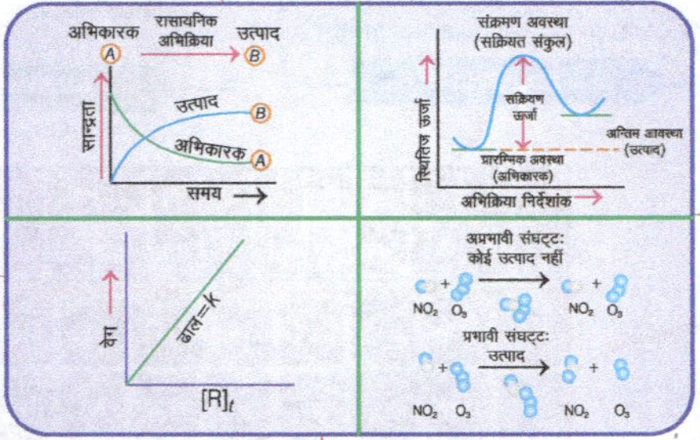

अभिक्रिया वेग की ताप पर निर्भरता

आरहेनियस समीकरण

- अभिकारक अणु एक-दूसरे से टकराते हैं।
- ये संघट्ट एक अस्थायी मध्यवर्ती संकुल का निर्माण करते हैं।
- इस मध्यवर्ती के निर्माण के लिए आवश्यक ऊर्जा और वेग स्थिरांक में सम्बन्ध इस प्रकार दिया जाता है

$$k = Ae^{-\frac{E_a}{RT}}$$

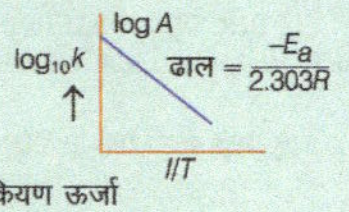

जहाँ,

A = पूर्व-चरघातांकी गुणांक, E_a = संक्रियण ऊर्जा

R = गैस स्थिरांक, T = ताप (K).

आरहेनियस समीकरण में गुणांक $e^{-E_a/RT}$ को बोल्टज़मान गुणांक के रूप में जाना जाता है।

$\log k$ और $\frac{1}{T}$ के मध्य वक्र ढाल $= \frac{-E_a}{2.303R}$ और अन्तः खण्ड $\log A$ के साथ एक सीधी रेखा देता है।

अभिक्रिया के वेग को प्रभावित करने वाले कारक

- **अभिकारक की सान्द्रता** सान्द्रता में वृद्धि के साथ अभिक्रिया का वेग बढ़ जाता है।
- **उत्प्रेरक** यह ऊर्जा अवरोध को कम करके अभिक्रिया की गति को बढ़ाता है अर्थात् कम सक्रियण ऊर्जा के साथ एक नया पथ अपनाया जाता है।
- **पृष्ठीय क्षेत्रफल** पृष्ठीय क्षेत्रफल जितना अधिक होगा अभिक्रिया उतनी ही तीव्रता से होगी।
- **ताप** सामान्यतः ताप में प्रत्येक 10° वृद्धि से अभिक्रिया का वेग लगभग दुगुना हो जाता है।
- तापमान गुणांक $= \frac{k_T + 10}{k_T}$
- $(T + 10°)$ ताप पर वेग नियतांक
- **अभिकारकों की भौतिक अवस्था** गैसीय अभिकारकों से जुड़ी अभिक्रियाएँ सामान्यतया तीव्रता से होती है।

छद्म प्रथम कोटि की अभिक्रियाएँ

- एक अभिक्रिया जो वास्तव में प्रथम कोटि की नहीं होती है परन्तु परिस्थितियों के कारण प्रथम कोटि की प्रतीत होती है। उदाहरण- एस्टर का जल अपघटन

$$\underset{\text{एस्टर}}{CH_3COOCH_2CH_3} + \underset{\text{जल}}{H_2O} \xrightarrow{H^+(aq)} \underset{\text{अम्ल}}{CH_3COOH} + \underset{\text{एल्कोहॉल}}{CH_3CH_2OH}$$

दर $= k[CH_3COOCH_2CH_3]$

- अभिक्रिया के दौरान जल की सान्द्रता में कोई दर्शनीय परिवर्तन नहीं होता है। इसलिए अभिक्रिया प्रथम कोटि अभिक्रिया की तरह व्यवहार करती है। ऐसी अभिक्रियाओं

समाकलित अभिक्रिया की दर

- **शून्य कोटि के लिए**

वेग $= k$, या $k = \frac{1}{t}\{[A]_0 + [A]\}$

जहाँ, k = दर नियतांक, t = समय

$[A]_0$ = अभिकारक की प्रारम्भिक सान्द्रता

$[A]$ = समय (t) पर अभिकारक की अन्तिम सान्द्रता

- **प्रथम कोटि के लिए,**

दर $= k \cdot [A]$, $k = \frac{2.303}{t} \log \frac{[A]_0}{[A]}$

- **गैसीय अभिक्रिया के लिए,** $k = \frac{2.303}{t} \log \frac{p_i}{2p_i - p_t}$

जहाँ, p_i = प्रारम्भिक दाब

- **द्वितीय कोटि के लिए**

(a) जब दोनों अभिकारक समान हो या समान सान्द्रता में हों

$$R = k[A]^2 \quad \left(k = \frac{1}{t} \cdot \frac{x}{a\,(a - x)}\right)$$

(b) जब दोनों अभिकारकों की सान्द्रता भिन्न है।

$$k = \frac{2.303}{t\,(a - b)} \log \left[\frac{b\,(a - x)}{a\,(b - x)}\right]$$

- **nवीं कोटि के लिए,** $k = \frac{1}{t\,(n-1)}\left[\frac{1}{[A]^{n-1}} - \frac{1}{[A]_0^{n-1}}\right]$

जहाँ, k = वेग नियतांक

$[A]_0$ = अभिकारक की प्रारम्भिक सान्द्रता

n = अभिक्रिया की कोटि

x = समय (t) पर वियोजित अभिकारक की सान्द्रता।

सक्रियण ऊर्जा

- यह उत्पाद बनाने हेतु अभिकारक अणुओं की प्रभावी टक्कर के लिए आवश्यक ऊर्जा होती है।
- किसी अभिक्रिया की सक्रियण ऊर्जा शून्य नहीं हो सकती है। अभिक्रिया उस दिशा की ओर होती है जहाँ सक्रियण ऊर्जा कम होती है।

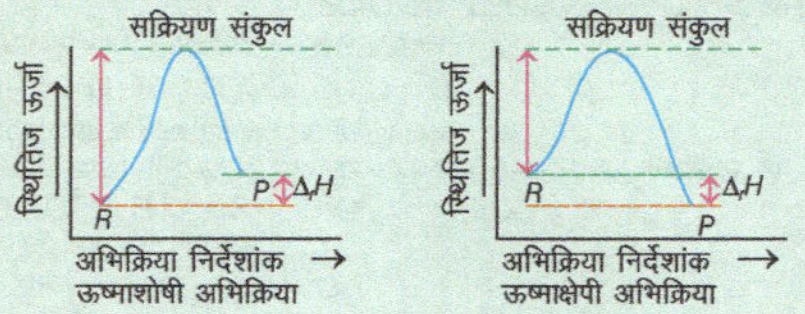

अर्द्ध-आयुकाल

- अभिक्रिया का अर्द्ध आयुकाल वह समय है, जिसमें अभिकारक की सान्द्रता प्रारम्भिक सान्द्रता की आधी हो जाती है।

अर्द्ध आयुकाल $(t_{1/2})$ के लिए विभिन्न कोटि की अभिक्रियाओं के लिए सामान्य व्यंजक निम्न प्रकार हैं

- शून्य कोटि की अभिक्रिया के लिए, $t_{1/2} = \frac{[A]_0}{2k}$
- प्रथम कोटि की अभिक्रिया के लिए, $t_{1/2} = \frac{0.693}{k}$
- द्वितीय कोटि की अभिक्रिया के लिए, $t_{1/2} = \frac{1}{k[A]_0}$ जब $n \geq 2$
- अर्द्ध आयु (n) के पश्चात् बचे पदार्थ की मात्रा $= \frac{[A]_0}{2^n}$

महत्त्वपूर्ण ग्राफ (वक्र)

- शून्य कोटि
- प्रथम कोटि
- द्वितीय कोटि

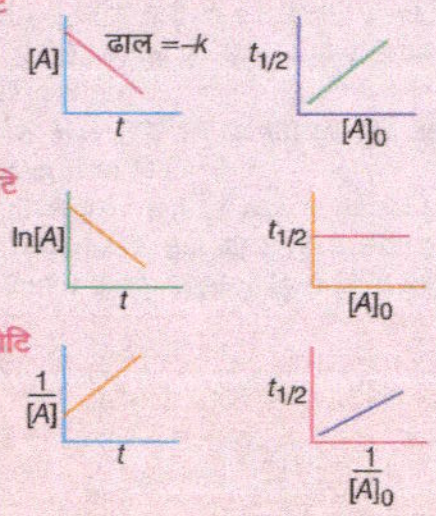

संघट्ट सिद्धान्त

- अभिकारक अणुओं को कठोर गोला माना जाता है।
- अभिक्रिया अभिकारक अणुओं के आपस में संघट्ट के कारण होती है।
- केवल प्रभावी टक्कर (देहली ऊर्जा और उचित अभिविन्यास वाली) से उत्पाद का निर्माण होता है।
- देहली ऊर्जा = सक्रियण ऊर्जा + अभिकारक की स्थितिज ऊर्जा
- **संघट्ट आवृत्ति** यह अभिक्रिया मिश्रण के प्रति इकाई आयतन में प्रति सेकण्ड होने वाली संघट्टों की संख्या है।
- दर $= PZ_{AB}\,e^{-E_a/RT}$, जहाँ, P = प्रायिकता या त्रिविम कारक

Z_{AB} = संघट्ट आवृत्ति

d और f-ब्लॉक के तत्व (अध्याय एक दृष्टि में)

d-ब्लॉक तत्व

इसमें चार श्रेणी सम्मिलित हैं।
(i) Sc (21) से Zn (30) तक 3d श्रेणी
(ii) Y (39) से Cd (48) तक 4d श्रेणी
(iii) La (57), Hf (72) से Hg (80) तक 5d श्रेणी
(iv) Ac (89), Rf (104) से Cn (112) तक 6d श्रेणी

- इलेक्ट्रॉनिक विन्यास $(n-1)\,d^{1-10}\,ns^{1-2}$ [n = 4, 5, 6 और 7].
- $_{30}Zn$, $_{48}Cd$, $_{80}Hg$ और $_{112}Cn$ को छोड़कर d-ब्लॉक तत्व संक्रमण तत्व कहलाते हैं।

अपवादीय विन्यास

- अधिक स्थायी अर्द्धपूरित विन्यास के कारण 3d श्रेणी में Cr और 4d श्रेणी में, Mo क्रमशः $3d^4\,4s^2$ और $4d^4\,4s^2$ के स्थान पर $3d^5\,4s^1$ और $4d^5\,4s^1$ इलेक्ट्रॉनिक विन्यास दर्शाते हैं।
- अधिक स्थायी पूर्णपूरित विन्यास के कारण 3d श्रेणी में Cu और 4d श्रेणी में Ag क्रमशः $3d^9\,4s^2$ और $4d^9 4s^2$ के स्थान पर $3d^{10}\,4s^1$ और $4d^{10}4s^1$ इलेक्ट्रॉनिक विन्यास दर्शाते हैं।

d-ब्लॉक तत्वों के अनुप्रयोग

- TiO_2 का उपयोग वर्णक उद्योग में किया जाता है।
- MnO_2 का उपयोग शुष्क बैटरियों में किया जाता है।
- H_2SO_4 के संपर्क प्रक्रम में V_2O_5 उत्प्रेरक का उपयोग के रूप में किया जाता है।
- $Al(CH_3)_3$ के साथ $TiCl_4$ का उपयोग जिगलर उत्प्रेरक के रूप में किया जाता है।
- हैबर प्रक्रम में Fe उत्प्रेरक का उपयोग किया जाता है।
- वॉकर प्रक्रम में $PdCl_2$ उत्प्रेरक का उपयोग किया जाता है।
- निकेल का बहुलकीकरण अभिक्रियाओं में उपयोग होता है।
- AgBr का उपयोग फोटोग्राफी उद्योग में होता है।
- Cu का उपयोग कांस्य (Cu+Sn) और पीतल (Cu+Zn) जैसी मिश्रधातु में किया जाता है।
- Cu, Ag और Au का उपयोग सिक्के और आभूषण बनाने में किया जाता है।
- स्टील, टाइटेनियम नाइट्राइड, टाइटेनियम कार्बाइड आदि का उपयोग हड्डियों के रिप्लेसमेंट और कृत्रिम जोड़ बनाने के लिए किया जाता है।
- टंगस्टन का उपयोग विद्युत फाइबर बनाने में किया जाता है।

पोटैशियम परमैंग्नेट ($KMnO_4$)

- **पायरोलुसाइट अयस्क से निर्माण** (MnO_2)

$2MnO_2 + 4KOH + O_2 \rightarrow 2K_2MnO_4 + 2H_2O$
$3MnO_4^{2-} + 4H^+ \rightarrow 2MnO_4^- + MnO_2 + 2H_2O$

- **व्यावसायिक विधि**

$MnO_2 \xrightarrow[\text{KNO}_3\text{ अथवा वायु के साथ ऑक्सीकृत}]{\text{KOH के साथ संयोजित}} MnO_4^{2-}$ (मैंग्नेट आयन)

$MnO_4^{2-} \xrightarrow[\text{क्षारीय विलयन में}]{\text{विद्युत अपघटनी ऑक्सीकरण}} MnO_4^-$ (पेरामैंग्नेट आयन)

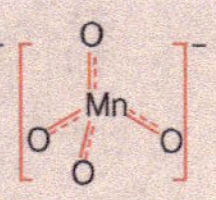

- **अम्लीय माध्यम में ऑक्सीकारक गुण**

$MnO_4^- + 8H^+ + 5e^- \rightarrow Mn^{2+} + 4H_2O$
यह I^- से I_2, NO_2^- से NO_3^-, Fe^{2+} से Fe^{3+} $C_2O_4^{2-}$ से CO_2 को ऑक्सीकृत करता है।

- **उदासीन अथवा दुर्बल क्षारीय माध्यम में**

$MnO_4^- + 2H_2O + 3e \rightarrow MnO_2 + 4H_2O$
यह, $S_2O_3^{2-}$ से SO_4^{2-}, Mn^{2+} से MnO_2, I^- से IO_3^-, इत्यादि को ऑक्सीकृत करता है

पोटैशियम डाइक्रोमेट ($K_2Cr_2O_7$)

- **क्रोमाइट अयस्क से तैयार ($FeCr_2O_4$)**

$4FeCr_2O_4 + 8Na_2CO_3 + 7O_2 \longrightarrow 8Na_2CrO_4 + 2Fe_2O_3 + 8CO_2$
$2Na_2CrO_4 + H_2SO_4 \longrightarrow Na_2Cr_2O_7 + Na_2SO_4 + H_2O$
$Na_2Cr_2O_7 + 2KCl \longrightarrow K_2Cr_2O_7 + 2NaCl$

क्रोमेट्स और डाइक्रोमेट्स, विलयन के pH के आधार पर जलीय विलयन में परस्पर परिवर्तित होते हैं।

$2CrO_4^{2-} + 2H^+ \longrightarrow Cr_2O_7^{2-} + H_2O$ (नारंगी)
$Cr_2O_7^{2-} + 2OH^- \longrightarrow CrO_4^{2-} + H_2O$ (पीला)

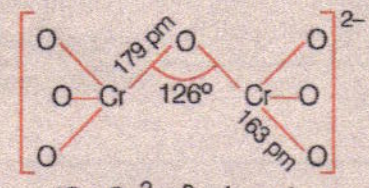

($Cr_2O_7^{2-}$ की संरचना)

- **ऑक्सीकारक गुण**

$Cr_2O_7^{2-} + 14H^+ + 6e^- \longrightarrow 2Cr^{3+} + 7H_2O$
$Fe^{2+} \longrightarrow Fe^{3+} + e^-$; $6I^- \longrightarrow 3I_2 + 6e^-$
$SO_2 + 2H_2O \longrightarrow SO_4^{2-} + 2H^+ + 2e^-$; $C_2O_4^{2-} \longrightarrow 2CO_2 + 2e^-$

उदाहरण के लिए अपचयन करने वाले एजेण्ट की अर्द्ध अभिक्रिया में पोटैशियम डाइक्रोमेट की अर्द्ध-अभिक्रिया से पूरा समीकरण प्राप्त किया जाता है।
जैसे- $Cr_2O_4^{2-} + 14H^+ + 6I^- \longrightarrow 2Cr^{3+} + 7H_2O + 3I_2$

- **क्रोमिल क्लोराइड परीक्षण** $K_2Cr_2O_7 + 4NaCl + 6H_2SO_4 \longrightarrow 2CrO_2Cl_2 + 2KHSO_4 + 3H_2O + 4NaHSO_4$ (क्रोमिल क्लोराइड)

d-ब्लॉक तत्वों के भौतिक गुण

- सामान्यतः d-ब्लॉक तत्व अति कठोर और अल्प वाष्पशील होते हैं (Zn, Cd और Hg अपवाद हैं।)
- धात्विक बंधन में d-इलेक्ट्रॉनों की भागीदारी के कारण इनके गलनांक और क्वथनांक उच्च होते हैं।
  - Sc < Ti < V < Cr > Mn < Fe > Co > Ni > Cu > Zn (आवृति में).
  - Zn > Cd > Hg, Cu > Ag ≤ Au [समूह के साथ]
- **परमाणु त्रिज्या** प्रभावी नाभिकीय आवेश में वृद्धि के कारण परमाणु त्रिज्या में प्रगतिशील कमी दिखाई देती है, लेकिन परमाणु त्रिज्या में यह कमी मध्य मार्ग के बाद कम हो जाती है।
  - $Sc > Ti > V > Cr > Mn \geq Fe \approx Co \approx Ni \leq Cu < Zn$
  - 3d, 4d और 5d श्रेणी के साथ, लैन्थेनॉयड संकुचन के कारण त्रिज्या का क्रम $3d < 4d \approx 5d$ होता है।
- **घनत्व** 3d में यह बाएँ से दाएँ बढ़ता है, Cu एक अपवाद है।
- **आयनन एन्थैल्पी** नाभिकीय आवेश में वृद्धि के कारण यह बाएँ से दाएँ बढ़ती है, हालाँकि यह वृद्धि नियमित नहीं होती है।
- **ऑक्सीकरण अवस्था** बंध बनाने में ns और $(n-1)d$ इलेक्ट्रॉनों की भागीदारी के कारण परिवर्तित ऑक्सीकरण अवस्था सम्भव है।
  - श्रेणी में मध्य के तत्वों के लिए उच्चतम् ऑक्सीकरण अवस्था सम्भव है।
  - कुछ हैलाइडों और ऑक्सीजन के साथ समूह में नीचे की ओर उच्च ऑक्सीजन अवस्थाओं का स्थायित्व बढ़ जाता है।
- **क्रियाशीलता और इलेक्ट्रॉड विभव मान**
  - $E^\circ_{M^{2+}/M}$, Mn, Ni और Zn के अपवादों के साथ श्रेणी में नीचे की ओर बढ़ता है।
  - Mn और Zn स्थायी विन्यास रखते हैं जबकि Ni अधिक ऋणात्मक $\Delta H_{\text{जलयोजन}}$ के कारण E° अधिक होता है।
  - E° जितना कम ऋणात्मक होगा, ऑक्सीकरण कारक उतना अच्छा होगा।
  - $E^\circ_{M^{3+}/M^{2+}}$: स्थायी Fe^{3+} विन्यास Fe अपवाद के साथ श्रेणी में नीचे जाने पर बढ़ता जाता है।
- **चुम्बकीय गुणधर्म**
- अयुग्मित इलेक्ट्रॉनों की संख्या बढ़ने के साथ चुम्बकीय आघूर्ण भी बढ़ता जाता है।
- जब चुम्बकीय क्षेत्र को पदार्थों पर लागू किया जाता है, तो मुख्य रूप से दो प्रकार का चुम्बकीय व्यवहार देखा जाता है, प्रतिचुम्बकत्व और अनुचुम्बकत्व।
  चुम्बकीय आघूर्ण $\mu = \sqrt{n(n+2)}$, n = अयुग्मित इलेक्ट्रॉन की संख्या
- **रंगीन यौगिक** d-d संक्रमण के कारण रंगीन यौगिकों का निर्माण होता है।
- **संकुल बनाने की प्रवृत्ति** : छोटा आकार, अत्यधिक नाभिकीय आवेश और रिक्त d-कक्षकों के कारण ये तत्त्व संकुल बनाते हैं।
- **अंतराकाशी यौगिको का निर्माण** : वे अपने बीच रिक्त स्थान के कारण छोटे अधात्विक परमाणुओं को सरलता से उसमें समायोजित कर सकते हैं।
- **ऑक्साइड** : निम्न ऑक्सीकरण अवस्था वाले ऑक्साइड क्षारीय होते हैं, जबकि उच्च ऑक्सीकरण अवस्था वाले ऑक्साइड अम्लीय अथवा उभयधर्मी प्रकृति के होते हैं।

f-ब्लॉक तत्वों का उपयोग

लैन्थेनॉयड

- मिशमेटल और पायरोफोरिक जैसे मिश्रधातु बनाते हैं।
- चुम्बकीय और इलेक्ट्रॉनिक उपकरण बनाने में उपयोग किया जाता है।
- ऑक्साइड का उपयोग काँच उद्योग में किया जाता है और उनके मिश्रित ऑक्साइड का उपयोग पेट्रोलियम क्रैकिंग में उत्प्रेरक के रूप में किया जाता है।
- हाल ही में लेजर में उपयोग किया गया।

एक्टिनॉयड

- एक्टिनॉयडों का उपयोग ट्रांसयूरेनिक तत्त्वों के संश्लेषण में किया जाता है।
- थोरियम का उपयोग परमाणु रिएक्टरों के लिए बारीक छड़ों के निर्माण में किया जाता है।
- ThO_2 का उपयोग प्रकाशीय गैस मेंटल्स बनाने के लिए किया जाता है।
- **यूरेनियम** का उपयोग परमाणु ऊर्जा में किया जाता है।
- यूरेनियम ऑक्साइड का उपयोग कपड़ा और सिरेमिक उद्योग में किया जाता है।
- प्लूटोनियम का उपयोग परमाणु रिएक्टरों में ईंधन के रूप में किया जाता है और इसका उपयोग परमाणु बमों में भी किया जाता है।

एक्टिनॉयड

- **इलेक्ट्रॉनिक विन्यास** [Rn] $5f^{1-14}\,6d^{0-1}\,7s^2$.
- **आयनिक आकार** एक्टिनॉयड संकुचन के कारण श्रेणी के साथ धीरे-धीरे घटता है।
- एक्टिनॉयड और इसके कई यौगिक अनुचुम्बकीय हैं।
- **ऑक्सीकरण अवस्था** सबसे स्थायी ऑक्सीकरण अवस्था +3 है। इसके साथ यह विभिन्न ऑक्सीकरण अवस्थाओं जैसे +2, +3, +4, +5, +6 और +7 को भी दर्शाता है।
- **सामान्य गुणधर्म**
  - अत्यधिक क्रियाशील धातुएँ।
  - धात्विक त्रिज्या में अनियमिताएँ।
  - आयनन एन्थैल्पी लैन्थेनॉयडों की तुलना में कम होती है।
  - गर्म जल के साथ अभिक्रिया करके ऑक्साइड और हाइड्राइड का निर्माण करते हैं।
  - क्षार के साथ अभिक्रिया नहीं करते हैं।
  - HCl के साथ आसानीय से अभिक्रिया करता है लेकिन सुरक्षात्मक ऑक्साइड की परत के निर्माण के कारण नाइट्रिक अम्ल के साथ केवल कुछ ही अभिक्रिया करता है।

लैन्थेनॉयड

- **इलेक्ट्रॉनिक विन्यास** $4f^{1-14}\,5d^{0-1}\,6s^2$.
- **परमाण्विक और आयनिक आकार** लैन्थेनॉयड श्रेणी में परमाणु क्रमांक के बढ़ने के साथ लैन्थेनम (La) से ल्यूटिशियम (Lu) तक आकार में निरंतर कमी होती है। आकार में इस संकुचन को लैन्थेनॉयड संकुचन कहते हैं। इन तत्वों में, अतिरिक्त इलेक्ट्रॉन विसरित f-कक्षक में प्रवेश करता है और इसलिए नाभिक द्वारा काफी खिंचाव का अनुभव करता है जिससे परमाणु का आकार सिकुड़ जाता है।
- **ऑक्सीकरण अवस्था** सबसे सामान्यतः + 3, Ce +4 दिखाता है। Pr, Nd, Tb, और Dy भी + 4 दिखाते है लेकिन केवल ऑक्साइड में। कुछ तत्वों (La, Eu, Yb, Sm)+2 भी दर्शाते हैं।
- **सामान्य गुणधर्म**
  - परमाणु क्रमांक बढ़ने से कठोरता बढ़ती है।
  - Sm (1623 K) को छोड़कर इनका गलनांक 1000 से 1200 तक होता है।
  - विद्युत और ऊष्मा के अच्छे चालक हैं।
- **रंग** 4f-कक्षक में अयुग्मित इलेक्ट्रॉन होते हैं। इस प्रकार आयन f-f संक्रमण से गुजरते हुए दृश्य प्रकाश को अवशोषित करते है और इसलिए, रंग प्रदर्शित करते हैं।
- **संकुल निर्माण** अपने बड़े आकार तथा निम्न आवेश घनत्व के कारण इनमें संकुल बनाने की प्रवृत्ति अधिक नहीं होती है।

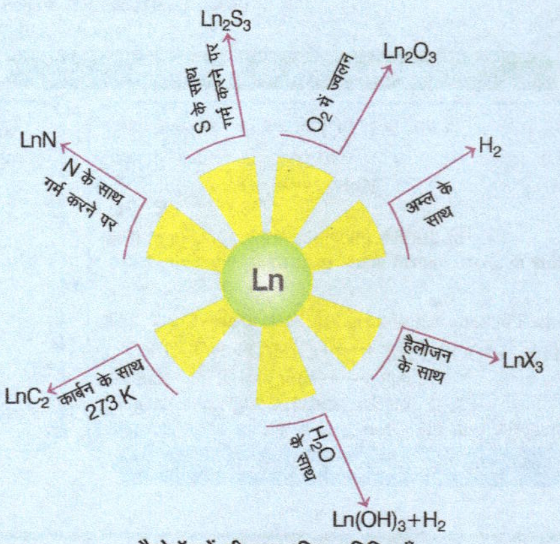

लैन्थेनॉयडों की रासायनिक अभिक्रियाएँ

उपसहसंयोजन यौगिक (अध्याय एक दृष्टि में)

वर्नर का सिद्धान्त और महत्वपूर्ण शब्दावली

• **अभिधारणाएँ**
– धातुएँ दो प्रकार की संयोजकता दर्शाती है
(i) प्राथमिक संयोजकता (ii) द्वितीयक संयोजकता
– प्राथमिक संयोजकता (ऑक्सीकरण संख्या) आयनीकृत होती है तथा द्वितीयक संयोजकता (उपसहसंयोजन संख्या) अन-आयनीकृत होती है।
– प्राथमिक संयोजकता ऋणात्मक आयनों द्वारा संतुलित होती है और द्वितीयक संयोजकता लिगैण्ड द्वारा संतुलित होती है।

रंग	सूत्र	विलयन
पीला	$[Co(NH_3)_6]^{3+}3Cl^-$	1:3 विद्युत अपघट्य
नीललोहित	$[CoCl(NH_3)_5]^{2+}2Cl^-$	1:2 विद्युत अपघट्य
हरा	ट्रांस- $[CoCl_2(NH_3)_4]^+Cl^-$	1:1 विद्युत अपघट्य
बैंगनी	सिस- $[CoCl_2(NH_3)_4]^+Cl^-$	1:1 विद्युत अपघट्य

• **सीमाएँ : समझी नहीं जा सकती**
– केवल कुछ ही तत्व संकुल तत्वों के गुणधर्म क्यों निर्मित करते हैं ?
– सहसंयोजन यौगिकों के बंधों में दिशात्मक प्रवृत्ति क्यों होती है ?
– संकुलों में चुम्बकीय और प्रकाशिक गुण होते हैं।
• **लिगैण्ड** आयन अथवा अणु केन्द्रीय परमाणु से बँधा होता है।
– **एकदंतुर** लिगैण्ड एकल दाता से धातु आयन से बँधे होते हैं।
उदाहरण- NH_3, Cl^-, OH^-
– **द्विदंतुर** जब लिगैण्ड दो दाता परमाणुओं के माध्यम से जुड़ा होता है उदाहरण- $C_2O_4^{2-}$ और en ($NH_2CH_2CH_2NH_2$)
– **बहुदंतुर** जब कई दाता परमाणु एक लिगैण्ड में उपस्थित होते हैं; उदाहरण-EDTA
– **उभयदंतुर** जब लिगैण्ड के पास दो दाता परमाणु हो, लेकिन संकुल बनाते समय एक ही दाता परमाणु जुड़ा हो, उदाहरण- NO_2^- SCN^-।
• **किलेट लिगैण्ड** जब एक द्विदंतुर अथवा बहुदंतुर लिगैण्ड के दो या अधिक परमाणु उसके एकल धातु परमाणु से जुड़े होते हैं।
– किलेट संकुल सामान्यतः अधिक स्थायी होते हैं।
• **होमोलेप्टिक संकुल** इन संकुलों में एक धातु एक ही प्रकार के दाता समूहों से बँधी होती है। उदाहरण- $[Co(NH_3)_6]^{3+}$.
• **हेटेरोलेप्टिक संकुल** जिनमें धातु एक से अधिक प्रकार के दाता समूहों से जुड़ी रहती है। उदाहरण- $[Co(NH_3)_4Cl_2]^+$.

अनुप्रयोग

• जल की कठोरता का आकलन EDTA के उपयोग द्वारा किया जाता है।
• संकुल के निर्माण द्वारा कुछ धातुओं के निष्कर्षण में इसका प्रयोग किया जाता है।
• जैविक तंत्र में; उदाहरण- क्लोरोफिल, हीमोग्लोबिन, विटामिन B_{12} (सायनो कोबालएमीन) एक उत्प्रेरक के रूप में उपयोगी; उदाहरण- $[(Ph_3P)_3RhCl]$ विल्किन्सन उत्प्रेरक, जो एल्कीनों के हाइड्रोजनीकरण में उपयोग किया जाता है।
• वस्तुओं पर सोने तथा चाँदी के वैद्युत लेपन में प्रयोग किया जाता है।
• औषध रसायन में, कीलेट चिकित्सा के उपयोग में; उदाहरण कीलेटिंग लिगैण्ड के उपयोग से Cu, Fe, Pb आदि को हटाया जाता है जोकि पौधे/जीव जंतु निकायों में विषैली हो सकती है।
• EDTA को लैड की विषाक्तता के उपचार में उपयोग किया जाता है।
• सिस-प्लेटिन सिस-$[Pt(NH_3)_2Cl_2]$ का उपयोग प्रभावी ट्यूमर को रोकने के लिए किया जाता है।

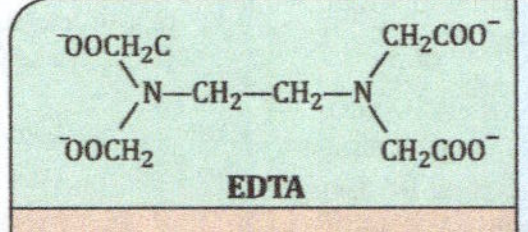

EDTA

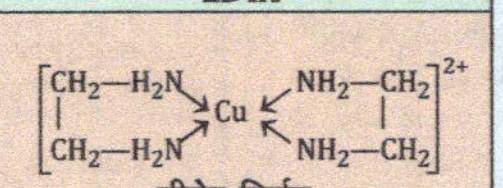

कीलेट निर्माण

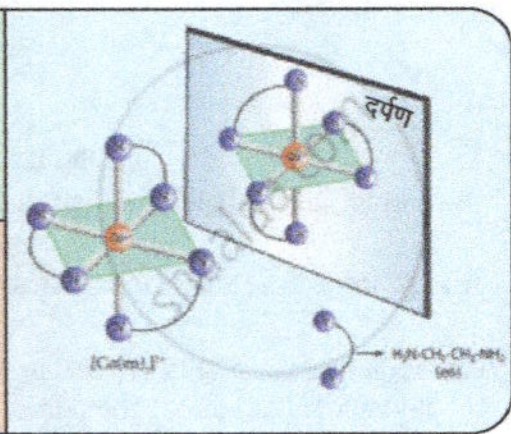

उपसहसंयोजन यौगिकों में आबन्धन

• **संयोजकता बन्ध सिद्धान्त**
– केन्द्रीय धातु परमाणु तथा आयन के संकरित कक्षकों के सन्दर्भ में बंधन को समझाता है।
– केन्द्रीय धातु परमाणु रिक्त कक्षकों की संख्या के बराबर उसकी सहसंयोजक संख्या उपलब्ध कराता है। रिक्त संकरित कक्षक लिगैण्ड के साथ सहसंयोजक बंध बनाते हैं।

संकुलों की ज्यामिति तथा संकरण

समन्वयन संख्या	संकरण का प्रकार	संकुल की ज्यामिति	उदाहरण
4	sp^3	चतुष्फलकीय	$[NiCl_4]^{2-}$
4	dsp^2	वर्गाकार समतलीय	$[Ni(CN)_4]^{2-}$
5	sp^3d	त्रिकोणीय द्विपिरामिडीय	$Fe(CO)_5$
6	sp^3d^2(उच्च चक्रण)	अष्टफलकीय	$[CoF_6]^{3-}$
6	d^2sp^3(निम्न चक्रण)	अष्टफलकीय	$[Co(NH_3)_6]^{3+}$

• **चुम्बकीय गुण**
– संकुल प्रतिचुम्बकीय तथा अनुचुम्बकीय हो सकते हैं।
– चक्रण केवल चुम्बकीय आघूर्ण के सूत्र $\mu_s = \sqrt{n(n+2)}$, से ज्ञात किया जा सकता है।
• **सीमाएँ**
– संकुलों के रंग और स्पेक्ट्रा को समझा नहीं सका।
– प्रबल और दुर्बल लिगैण्डों के बीच विभेद को नहीं समझा सका।

• **क्रिस्टल क्षेत्र सिद्धान्त**
– धातु-लिगैण्डों को आयनिक तथा धातु व लिगैण्डों के बीच अष्टफलकीय संकुल अंतः क्रियाओं का विभाजन विशुद्ध रूप से वैद्युत स्थैतिक माना जाता है।
• **अभिधारणाएँ**
– ऋणावेशित की स्थिति में लिगैण्ड बिन्दु आवेश होते हैं तथा उदासीन अणुओं की स्थिति में द्विध्रुव होते हैं।
– लिगैण्डों की उपस्थिति में d-कक्षकों (समान ऊर्जा) की विकृति दूर हो जाती है तथा विपाटन होता है।
चतुष्फलकीय संकुलों के लिए, CFSE, $\Delta_t = \frac{4}{9}\Delta_o$
Δ_o= अष्टफलकीय संकुलों का CFSE।

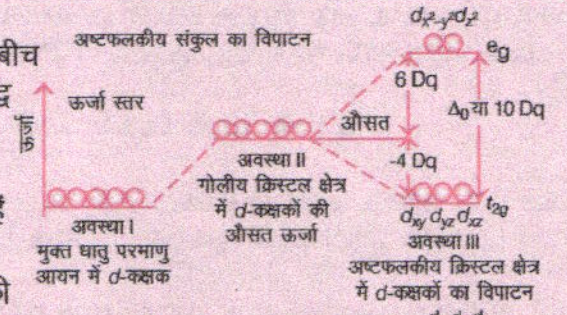

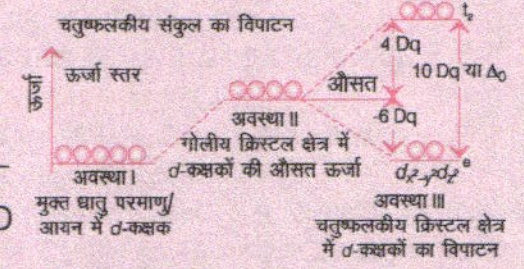

• **स्पेक्ट्रो रासायनिक श्रेणी**
$I^- < Br^- < SCN^- < Cl^- < S^{2-} < F^- < OH^- < C_2O_4^{2-} < H_2O < NCS^- < edta^{4-} < NH_3 < en < CN^- < CO$
– प्रबल क्षेत्र लिगैण्ड के लिए, $\Delta_o > P$, जब युग्मन होता है और निम्न चक्रण संकुल का निर्माण होता है।
– दुर्बल क्षेत्र लिगैण्ड के लिए, $P > \Delta_o$, जब युग्मन नहीं होता है और उच्च चक्रण संकुल का निर्माण होता है।

नामकरण और समावयवता

नामकरण

अन-आयनीकृत/उदासीन संकुलों के लिए
– परिसर आयन नाम + लिगैण्ड नाम वर्णमाला क्रम में राशि के साथ + धातु नाम + ऐट + (धातु की ऑक्सीकरण संख्या)
– H_2O-एक्वा, No-नाइट्रोसिल, Cl^- - क्लोराइडो, CN^- - सायनो, आदि।

धनावेशित संकुलों के लिए
– लिगैण्ड संख्या + लिगैण्ड नाम (वर्णमालानुसार) + धातु नाम + (धातु की ऑक्सीकरण संख्या) + परिसर आयन नाम (यदि उपस्थित)

• **त्रिविमसमावयवता**
–ज्यामितीय—सिस और विपक्ष (ट्रांस)– प्रकाशिक—दक्षिणावर्त और वामावर्त
• **संरचनात्मक समावयवता**
– **बंधन समावयवता** उभयदंती लिगैण्ड रखने वाले संकुल दर्शाते हैं जैसे कि —SCN और —NO_2।
उदाहरण- $[Co(NH_3)_5(ONO)]Cl_2$ और $[Co(NH_3)_5(NO_2)]Cl_2$
– **उपसहसंयोजक समावयवता** विभिन्न धातु आयनों की धनायनिक और ऋणायनिक इकाइयों के आपस में आदान-प्रदान से उत्पन्न होती है।
उदाहरण- $[Cr(NH_3)_6]^{3+}[Co(CN)_6]^{3-}$ $[Co(NH_3)_6]^{3+}[Cr(CN)_6]^{3-}$
– **आयनन समावयवता** जब काउण्टर आयन स्वयं एक सम्भावित लिगैण्ड होता है और उपसहसंयोजन परिसर में लिगैण्ड को विस्थापित करता है।
उदाहरण- $[Co(NH_3)_5(SO_4)]Br$ और $[Co(NH_3)_5Br]SO_4$
– **विलायकन समावयवता** गोले के अंदर काउण्टर आयनों के साथ विलायक अणुओं का आदान-प्रदान। यदि विलायक जल है, तो इसे हाइड्रेट समावयवता कहा जाता है।
उदाहरण- $[Cr(H_2O)_6]Cl_3$ (बैंगनी) और $[Cr(H_2O)_5Cl]Cl_2 \cdot H_2O$ (स्लेटी-हरा)

• **ज्यामितीय समावयवता**
– यह हेटेरोलेप्टिक संकुलों से उत्पन्न होती है।
– यह 4 और 6 सहसंयोजक संख्या में सम्भव है।
सहसंयोजक संख्या 4 के लिए;
– MA_2B_2 प्रकार,

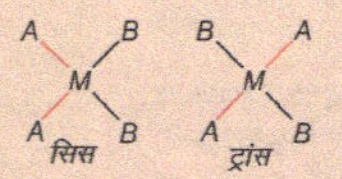

– MABXL प्रकार,

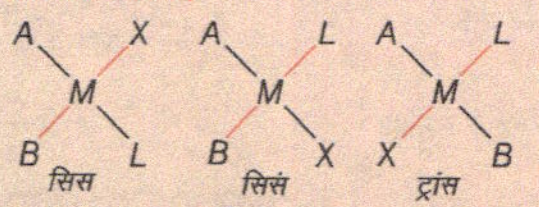

सहसंयोजक संख्या 6 के लिए:
– MA_2B_4 प्रकार,

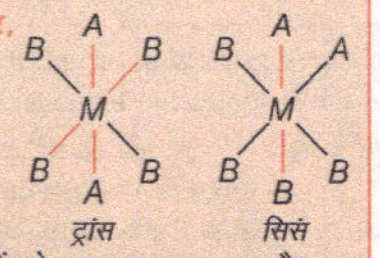

– अन्य संरचनाओं को समरूप कहा जाता है।
– MA_2B_2 प्रकार, [B प्रकार द्विदंतुर लिगैण्ड है]

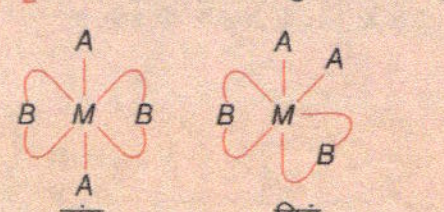

• **फलकीय समावयवता**
– फलकीय (Fac) यदि एकसमान लिगैण्ड के निकटवर्ती दाता परमाणु अष्टफलकीय फलक के दोनों ओर स्थित हो, तो फलकीय समावयवता प्रदर्शित करते हैं। उदाहरण-

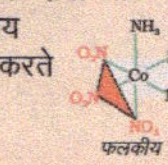

• **रेखांशिक (Mer)**
जब समान लिगैण्ड के दाता परमाणु अष्टफलक के ध्रुववृत्त पर स्थित हो, तो रेखांशिक समावयवता प्रदर्शित करते है।

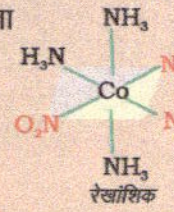

• **प्रकाशिक समावयवता**
– एक यौगिक का दर्पण प्रतिबिम्ब एक-दूसरे पर अध्यारोपित नहीं होता है।
– अणु जो कि अध्यारोपित नहीं होते किरेल होते हैं।
– या तो दक्षिणावर्त (बाएँ से दाएँ घुमने वाले) अथवा वामावर्त (दाएँ से बाएँ घुमाने वाले) होते हैं।
– क्रमशः d-और / द्वारा प्रदर्शित किए जाते हैं; उदाहरण- $[Co(en)_3]^{3+}$

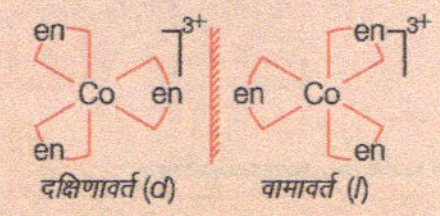

• **संकुलों का रंग**
– लिगैण्ड की अनुपस्थिति में यौगिक रंगहीन होते हैं।
– संकुलों का रंग d-d संक्रमण के कारण होता है।
– विपाटन के बढ़ने के साथ अवशोषित प्रकाश की तरंगदैर्घ्य घटती जाती है।
• **CFT की सीमाएँ**
– यह ऋणावेशित लिगैण्डों जोकि दुर्बल क्षेत्र लिगैण्ड होते हैं तथा प्रबल बिंदु आवेश हैं, की व्याख्या नहीं कर सका।
– इसके अतिरिक्त यह सिद्धान्त लिगैण्ड तथा केन्द्रीय परमाणु के मध्य आबंध की सहसंयोजक प्रवृति का संज्ञान नहीं लेता।

• **जॉन-टेलर विरुपण**
• यदि d-कक्षक असममित रूप से भरे हुए हैं, तो वे संकुल में कुछ लिगैण्ड को दूसरों की तुलना में अधिक पीछे हटा देंगे इसके परिणामस्वरूप अष्टफलकीय संकुलों का विरुपण होता है
• t_{2g} के असममित रूप से भरे होने के कारण होने वाला विपाटन मापने योग्य नहीं है।
• असममित eg कक्षकों का भरना महत्त्वपूर्ण विरुपण (distortion) कारण बनता है।

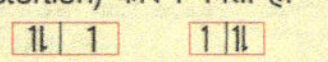

उदाहरण d_{z^2}–$_{y}d_{z^2}$ e_g d_{xy^2}–d_{z^2}

• **धातु कार्बोनिल में आबंधन**
– M–C आबंध में σ तथा π दोनों के गुण पाए जाते हैं।
– σ- बंध का निर्माण लिगैण्ड से धातु एकांकी युग्म देने के कारण होता है।
– धातु के पूर्णतः भरे हुए d-कक्षक से CO के π* कक्षक में इलेक्ट्रॉनों के दान के कारण π–बंध बनता है, जिसे सहक्रियाशीलता प्रभाव के रूप में जाना जाता है।

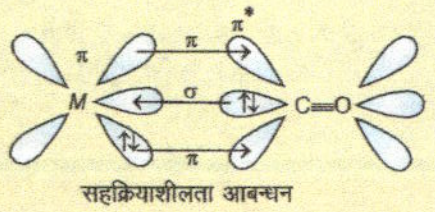

हैलोएल्केन तथा हैलोएरीन (अध्याय एक दृष्टि में)

हैलोएरीन / हैलोएल्केन

भौतिक गुण (हैलोएल्केन)
- जल में अल्पविलेय होते हैं।
- इनके क्वथनांक जनक हाइड्रोकार्बन की अपेक्षा उच्च होते हैं।
- शाखाओं में वृद्धि के साथ क्वथनांक घटता है।
- घनत्व जल से अधिक होता है।
- द्रव्यमान में वृद्धि के साथ द्विध्रुव-आघूर्ण और विलेयता कम होती है।

धातुओं के साथ अभिक्रिया
- $R—X + Mg \xrightarrow{\text{शुष्क ईथर}} R—MgX$ (X = Cl, Br, I) ग्रिगनार्ड अभिकारक
- ग्रिगनार्ड अभिकारक
  $RMgX + H—G \longrightarrow RH + Mg(X)(G)$
  ($G = \bar{O}H, R\bar{O}, \bar{N}H_2$)
- वुर्ट्ज अभिक्रिया
  $2R—X + 2Na \xrightarrow{\text{शुष्क ईथर}} R—R + 2NaX$
- $R—X \xrightarrow{NaCN} R—CN$; $R—X \xrightarrow{AgCN} R—NC$
- $R—X \xrightarrow{R'_2CuLi} R—R'$
- $R—X \xrightarrow{Li} R—Li$

विलोपन अभिक्रिया
β-हाइड्रोजन युक्त हैलोएल्केन विहाइड्रोहैलोकरण द्वारा ऐल्कीन बनाते हैं।
- **E1 अभिक्रिया**
  - द्विपदीय अभिक्रिया S_N1 के समान
  - ऐल्किल हैलाइड की क्रियाशीलता का क्रम 3° > 2° > 1° है।

  उदाहरण-

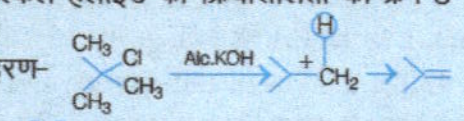

- **E2 अभिक्रिया**
  - S_N2 के समान एक चरण में होने वाली अभिक्रिया।
  - संक्रमण अवस्था के माध्यम से आगे बढ़ती है।
  - 1° ऐल्किलहैलाइड और स्थूल क्षारों द्वारा अनुकूल

  उदाहरण- $CH_3CH_2—Cl \xrightarrow{\text{ऐल्को.}KOH} CH_2{=}CH_2$

ऐल्किल हैलाइड में नाभिक स्नेही प्रतिस्थापन अभिक्रियाएँ
$R—X$ +
- NaOH (KOH) → ROH (ऐल्कोहॉल)
- H_2O → ROH (ऐल्कोहॉल)
- NaOR′ → ROR′ (ईथर)
- NaI → R–I (ऐल्किल आयोडाइड)
- NH_3 → RNH_2 (प्राथमिक एमीन)
- $R'NH_2$ → RNHR′ (द्वितीयक एमीन)
- R′R″NH → RNR′R″ (तृतीयक एमीन)
- KCN → RCN (नाइट्राइल)
- AgCN → RNC (आइसोनाइट्राइल)
- KNO_2 → R–O–N=O (ऐल्किल नाइट्राइट)
- $AgNO_2$ → $R–NO_2$ (नाइट्रोएल्केन)
- R′COOAg → R′COOR (एस्टर)
- $LiAlH_4$ → RH (हाइड्रोकार्बन)
- R′–H → RR′ (ऐल्केन)

निर्माण (हैलोएल्केन)
- **फिंकेल्स्टीन अभिक्रिया** — ऐल्किल क्लोराइड और ब्रोमाइड को आयोडाइड में परिवर्तित करने के लिए
  $R—X + NaI \longrightarrow R—I + NaX$ → हैलोजन विनिमय विधि → $R—X$
- **स्वार्ट्स अभिक्रिया** — ऐल्किल क्लोराइड और ब्रोमाइड को फ्लोराइड में परिवर्तित करने के लिए
  $H_3CBr + AgF \longrightarrow H_3C—F + AgBr$
- **ऐल्केनों का मुक्त मूलक हैलोजनीकरण**
  $CH_3CH_2CH_2CH_3 \xrightarrow[400°C]{Cl_2/\text{UV प्रकाश}} CH_3CH_2CH_2CH_2Cl + CH_3CH_2CH(Cl)CH_3$
- **ऐल्कीनों का HX से संयोजन**
  $>C{=}C< + HX \longrightarrow >C(H)—C(X)<$
- **ऐल्कोहॉलों से**
  - $3ROH + PCl_3 \longrightarrow 3R—Cl + H_3PO_3$
  - $ROH + PCl_5 \longrightarrow R—Cl + POCl_3 + HCl$
  - $ROH + HCl \xrightarrow{ZnCl_2} R—Cl + H_2O$
  - $ROH \xrightarrow{\text{लाल } P/Cl_2} R—Cl$
  - $R—OH + SOCl_2 \longrightarrow R—Cl + SO_2\uparrow + HCl$
- **बोरोडीन-हुन्सडीकर अभिक्रिया**
  $RCOO\bar{A}g^+ + Br_2 \xrightarrow{CCl_4/\text{क्वथन}} R—Br + CO_2\uparrow + AgBr$

नाभिकस्नेही प्रतिस्थापन अभिक्रियाएँ
यहाँ, X समूह को अन्य नाभिकस्नेही जैसे $C\bar{N}$, $N\bar{O}_2$, $\bar{O}H$, $\bar{N}H_2$ आदि के द्वारा प्रतिस्थापित किया जाता है।

S_N1 अभिक्रिया
- यह अभिक्रिया दो पदों में सम्पन्न होती है।
- इसमें पद-I में मध्यवर्ती कार्बोकैटायन का निर्माण होता है।
- इसमें अभिविन्यास के व्युत्क्रमण के साथ अवधारणा भी शामिल है, इसलिए यदि अभिकारक प्रकाशिक सक्रिय होता है, तो रेसेमिक मिश्रण का निर्माण होता है।
- वेग ∝ [क्रियाधार],अतः यह प्रथम कोटि की अभिक्रिया है।
- कार्बोकैटायन का निर्माण वेग निर्धारक पद होता है।
- द्वितीय पद में नाभिक स्नेही का आक्रमण मध्यवर्ती अर्थात् कार्बोकैटायन पर होता है।
- सबसे उपयुक्त क्रियाधार 3° एल्किल हैलाइड है।
- 1° एल्किल हैलाइड कम अनुकूल (favourable) होता है।
- ध्रुवीय प्रोटिक विलायक में इस प्रकार की अभिक्रिया तीव्र वेग से होती है।

S_N2 अभिक्रिया
- यह अभिक्रिया एक पद में सम्पन्न होती है।
- इसमें संक्रमण अवस्था का निर्माण होता है।
- अध्रुवीय विलायक और कम त्रिविम बाधा वाले ऐल्किल हैलाइड इस क्रियाविधि के पक्ष में होते हैं।
- यदि क्रियाधार प्रकाशिक सक्रिय है, तो विपरीत विन्यास वाला उत्पाद प्राप्त होता है।
- वेग ∝[क्रियाधार] [नाभिकस्नेही], इसलिए यह एक द्वितीयक कोटि की अभिक्रिया है।
- 1° एल्किल हैलाइड क्रियाधार इसके अनुकूल होता है।
- इसके लिए अध्रुवीय और ध्रुवीय अप्रोटिक विलायक जैसे डाइमेथिल सल्फाइड (DMS) और डाइमेथिल सल्फोऑक्साइड (DMSO) आदि अनुकूल स्थिति हैं।
- कम त्रिविम बाधा वाली संक्रमण अवस्था अभिक्रिया को तीव्र करती है।

भौतिक गुण (हैलोएरीन)
- ये जल की तुलना में भारी होते हैं।
- यद्यपि ये ध्रुवीय है, परन्तु हाइड्रोजन बंध बनाने में असमर्थ होने के कारण जल में अमिश्रणीय है।
- हैलोएरीन का क्वथनांक, कार्बन परमाणुओं की समान संख्या वाले हैलोऐल्केन के समान होता है।
- क्वथनांक का क्रम : ArI > ArBr > ArCl > ArF
- डाइहैलोबेन्जीन समावयवियों का क्वथनांक ⟶ लगभग समान
- डाइहैलोबेन्जीन समावयवियों का गलनांक ⟶ $p > o > m$

निर्माण (हैलोएरीन)
- **इलेक्ट्रॉनस्नेही प्रतिस्थापन द्वारा**
  टॉलूईन + $X_2 \xrightarrow[\text{अंधेरा}]{Fe}$ o-हैलोटॉलूईन + p-हैलोटॉलूईन
- **सैन्डमेयर अभिक्रिया**
  एनिलिन $\xrightarrow[\Delta]{NaNO_2 + HX}$ $Ar—N_2X$
  $Ar—\overset{+}{N}_2\bar{X} \xrightarrow[X = Cl, Br]{Cu_2X_2/HCl} Ar—X$

  $Ar\overset{+}{N}_2\bar{X}$ का उपयोग कार्बनिक यौगिकों के एक समूह के उत्पादन के लिए अग्रगामी के रूप में किया जाता है।

धातुओं के साथ अभिक्रिया (हैलोएरीन)
- **मैग्नीशियम के साथ**
  $C_6H_5Br + Mg \xrightarrow[\Delta]{\text{ईथर}} C_6H_5MgBr$
- **वुर्ट्ज फिटिंग अभिक्रिया**
  $C_6H_5Br + RX + 2Na \longrightarrow C_6H_5R + 2NaX$
- **उलमान अभिक्रिया**
  $2C_6H_5I + 2Cu \xrightarrow[\text{नाइट्रोबेन्जीन}]{100\text{-}350°C} C_6H_5—C_6H_5 + 2CuI$

इलेक्ट्रॉन स्नेही प्रतिस्थापन अभिक्रिया
ऐरिल हैलाइड
- हैलोजनीकरण — X_2/हैलोजन वाहक
- नाइट्रीकरण — HNO_3/H_2SO_4
- सल्फोनेशन — H_2SO_4
- फ्रीडेल क्राफ्ट ऐल्कीलीकरण — RX/लुईस अम्ल
- फ्रीडेल क्राफ्ट एसीलीकरण — RCOX/लुईस अम्ल

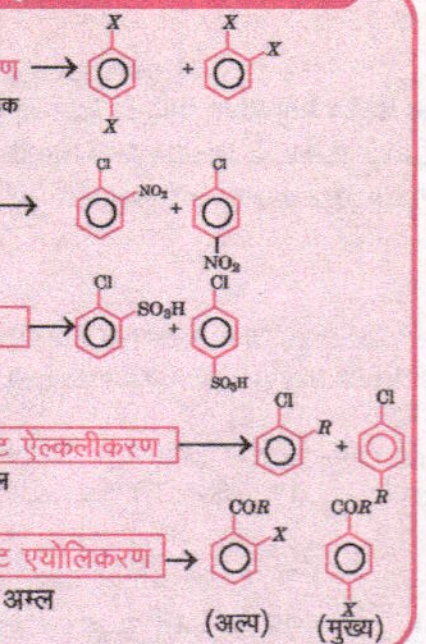

नाभिकस्नेही प्रतिस्थापन अभिक्रियाएँ (हैलोएरीन)
- कम ध्रुवीय गुण के कारण कम क्रियाशील।
- C—X बंध कुछ द्विबन्ध गुण प्राप्त कर लेता है इसलिए प्रबल होता है।
- हैलोजन के सापेक्ष ऑर्थो और पैरा स्थिति पर इलेक्ट्रॉन निकर्षण समूह जैसे NO_2^-, $—CN^-$ आदि की उपस्थिति से हैलोजन, नाभिकस्नेही प्रतिस्थापन अभिक्रिया के प्रति सक्रिय हो जाता है।
- हैलोजन परमाणु थोड़ा निष्क्रिय और o, p-निर्देशी हैं (p-उत्पादक सामान्यतः पूर्व प्रभाव) कुछ अभिक्रियाएँ नीचे दी गई है।

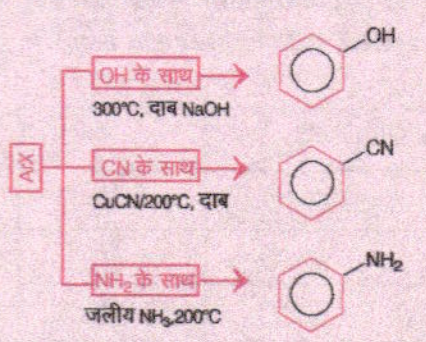

त्रिविम समावयवी
संरचनात्मक समावयवी
- सिस -ट्रांस π-बंध के चारों ओर अभिविन्यास का परिवर्तन।
- R/S CIP नियम के अनुसार, R या S का निरपेक्ष अभिविन्यास दिया गया है।
- संलग्न समूहों को प्राथमिकता दें। उच्च परमाणु संख्या को उच्च प्राथमिकता मिलेगी।
- सबसे कम प्राथमिकता वाले H- परमाणु या समूह को फिशर प्रक्षेपण में लम्बवत् रखा जाता है।

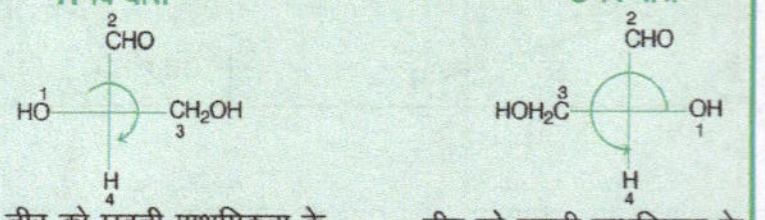

तीर को घटती प्राथमिकता के क्रम में ले जाएँ। यदि यह दक्षिणावर्त घूमता है, तो अभिविन्यास R है।

तीर को घटती प्राथमिकता के क्रम में ले जाएँ। यदि यह वामावर्त घूमता है, तो अभिविन्यास S है।

- **प्रतिबिम्ब रूप**
  नॉन-सुपर इम्पोजेबल दर्पण छवियों वाले त्रिविम समावयवी प्रकाशीय रूप से सक्रिय होते हैं।
- **अप्रतिबिम्ब रूप**
  त्रिविम समावयवी जो एक-दूसरे के दर्पण छवि नहीं होते हैं।

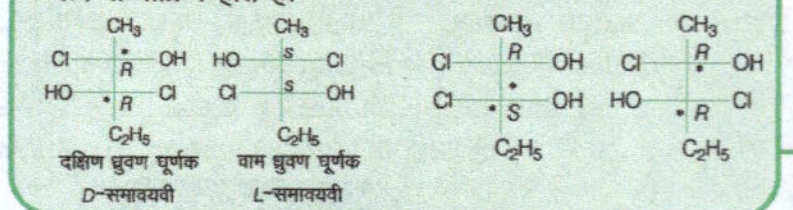

रेसेमिक मिश्रण
यदि d और l प्रतिबिम्ब रूप दोनों बराबर मात्रा (50-50%) में उपस्थित हो, तो मिश्रण प्रकाशिक असक्रिय होता है, ऐसे मिश्रण को रेसेमिक मिश्रण कहते हैं।
उदाहरण- S_N1 अभिक्रिया में प्राप्त मिश्रण।

ऑप्टिकल समावयवता
- समतल ध्रुवित प्रकाश के प्रति उनके व्यवहार में भिन्नता होती है।
- प्रकाशिक रूप से सक्रिय होना चाहिए।
- डेक्सट्रोरोटेटरी (D) यदि अणु प्रकाश को दाएँ ओर या दक्षिणावर्त दिशा में घुमाता है।
- लेवोरोटेटरी (L) यदि प्रकाश को बाएँ ओर (वामावर्त) घुमाता है।

काइरल यौगिक
- प्रकाशिक समावयवियों की संख्या $= 2^n$ (सामान्य रूप से)
  n = असममित कार्बन परमाणुओं की संख्या
- प्रकाशिक समावयवियों की कुल संख्या $= 2^{n-1} + 2^{\left(\frac{n}{2}-1\right)}$
  n = असममित कार्बन परमाणुओं की संख्या (सम)
- प्रकाशिक समावयवियों की संख्या $= 2^{n-1}$
  n = असममित कार्बन परमाणुओं की संख्या (विषम)

कुछ महत्त्वपूर्ण उदाहरण
क्लोरटोन	$(CH_3)_2C(OH)(CCl_3)$ – हिपनोटिक
फॉस्जीन	$COCl_2$ – युद्ध में उपयोग की जाने वाली विषैली गैस
क्लोरोपिक्रिन	CCl_3NO_2 – आँसू गैस एवं कीटनाशक
आयोडोफॉर्म	CHI_3 – प्रतिरोधी
हैलोथेन	FCHClBr – साँस द्वारा दी जाने वाली निश्चेतक
पाइरीन	CCl_4 – आग बुझाने का यन्त्र
फ्रेऑन	CCl_2F_2 – प्रशीतलन; आग बुझाने का यन्त्र

बहुहैलोजन यौगिक
- **डाइक्लोरोमेथेन** (CH_2Cl_2)
  - विलायक प्रणोदक और शीतलक के रूप में उपयोग किया जाता है।
  - CNS को हानि पहुँचाता है और सुनने एवं देखने की क्षमता को कम करता है।
- **ट्राइक्लोरोमेथेन** ($CHCl_3$)
  - इसे क्लोरोफॉर्म भी कहा जाता है।
  - वायु में ऑक्सीकृत होकर फॉस्जीन ($COCl_2$) देता है।
  - ऑक्सीकरण की जाँच गहरे बोतलों का उपयोग करके और 1% एथेनॉल मिलाकर की जाती है।
- **आयोडोफॉर्म** (CHI_3)
  - जब —CHOH, —CH_3 और CH_3CO —समूह युक्त यौगिक क्षार और I_2 से अभिक्रिया करता है, तो आयोडोफॉर्म का निर्माण होता है।
  - प्रतिरोधी की तरह उपयोग किया जाता है।
- **कार्बन टेट्राक्लोराइड** (CCl_4)
  - अग्निशामक के रूप में उपयोग किया जाता है (पाइरीन और सफाई द्रव के रूप में)
  - यकृत कैंसर, ओजोन क्षरण का कारण बनाता है।
- **फ्रेऑन**
  - ये मेथेन और एथेन के क्लोरोफ्लोरो यौगिक है।
  - प्रशीतक और शीतलक के रूप में उपयोग किया जाता है।
  - ओजोन परत का अपक्षय करते हैं।
- **DDT**
  - यह p, p-डाइक्लोरोडाइफेनिल ट्राईक्लोरोएथेन है।
  - क्लोरल की 2 मोल क्लोरोबेन्जीन के साथ अभिक्रिया से बनाया जाता है।
  - कीटनाशक के रूप में उपयोग किया जाता है।

हैलोफॉर्म की अभिक्रियाएँ
$CHCl_3$ +
- सूर्य प्रकाश, O_2(वायु) → $COCl_2$ (फॉस्जीन) + HCl (ऑक्सीजन)
- Zn/HCl, 2H → CH_2Cl_2 + 3HCl (अपचयन)
- जलीय KOH → $HCOO^-K^+ + KCl + H_2O$ (हाइड्रोलाइसिस)
- Ag चूर्ण → $HC{\equiv}CH$ + AgCl (Ag के साथ)
- $R—NH_2$, KOH → R–NC (कार्बिलएमीन अभिक्रिया)

ऐल्कोहॉल, फीनॉल एवं ईथर (अध्याय एक दृष्टि में)

ऐल्कोहॉल

भौतिक गुण

- निम्न सदस्य रंगहीन, वाष्पशील तरल होते हैं, जिनमें एक विशिष्ट गन्ध और जलन वाला स्वाद होता है।
- उच्च सदस्य गन्धहीन और स्वादहीन होते हैं। 12 कार्बन परमाणुओं से अधिक वाले ऐल्कोहॉल रंगहीन क्रिस्टलीय ठोस या द्रव होते हैं।
- क्वथनांक ∝ C-परमाणुओं की संख्या
- क्वथनांक ∝ ($1^\circ > 2^\circ > 3^\circ$)
- ऐल्कोहॉलों का उच्च क्वथनांक H-बन्ध के कारण तुलनीय आण्विक द्रव्यमान वाले हाइड्रोकार्बनों से अधिक होता है।
- अंतर आण्विक हाइड्रोजन बन्ध के कारण ये जल में विलेय होते हैं।
- विलेयता ∝ शाखाएँ

निर्माण

ऐल्कोहॉल ←
- (i) $(OAC)_2Hg$ (तनु), (ii) $NaBH_4$ — $CH_3—CH(CH_3)—CH=CH_2$ (ऑक्सीमर्करीकरण)
- (i) B_2H_6, (ii) H_2O_2 — $CH_3—CH(CH_3)—CH=CH_2$ (हाइड्रोबोरॉनीकरण)
- $NaBH_4$ — RCHO (ऑक्सीकरण कार्बनिल यौगिकों के अपचयन से)
- $NaOH(aq)/KOH(aq)$ — CH_3CH_2Br (ऐल्किल हैलाइड के जल अपघटन से)
- RMgX — $R_2C=O$ (ग्रिगनार्ड अभिकर्मक के साथ अभिक्रिया)

वर्गीकरण

- **मोनोहाइड्रिक ऐल्कोहॉल**
  - 1° ऐल्कोहॉल जैसे CH_3CH_2OH(एथिल ऐल्कोहॉल)
  - 2° ऐल्कोहॉल जैसे $(CH_3)_2—CH—OH$ (1-मेथिल एथेनॉल)
  - 3° ऐल्कोहॉल जैसे $(CH_3)_3—C—OH$ (तृतीयकब्यूटिल ऐल्कोहॉल)
- **डाइहाइड्रिक ऐल्कोहॉल**
  - ऐल्कोहॉल का ऐसा वर्ग, जिसमें प्रत्येक अणु में दो हाइड्रॉक्सिल समूह होते हैं। $CH_2OH—CH_2OH$
- **ट्राईहाइड्रिक ऐल्कोहॉल**
  - ऐल्कोहॉल का ऐसा वर्ग, जिसमें प्रत्येक अणु में तीन हाइड्रॉक्सिल समूह होते हैं। $CH_2OH—CHOH—CH_2OH$
- **विनाइलिक ऐल्कोहॉल** जब —OH समूह विनाइलिक कार्बन परमाणु से जुड़ा होता है। जैसे $CH_2=CH—OH$
- **ऐलाइलिक ऐल्कोहॉल** जैसे $CH_2=CH—CH_2—OH$
- **बेन्ज़िलिक ऐल्कोहॉल**, जैसे

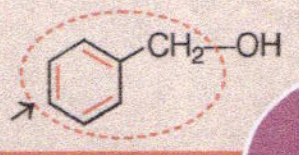

नामकरण

- ऐल्कोहॉलों के नामकरण के लिए ऐल्केन के इ को हटाकर नाम के अन्त में ऑल लगा देते हैं।
- इसके नाम ऐल्किल ऐल्कोहॉल या ऐल्केनॉल (मेथेनॉल, एथेनॉल, प्रोपेनॉल आदि)
- चक्रीय ऐल्कोहॉल के लिए, जब C-1 पर OH समूह उपस्थित होता है, तो उसके लिए अनुलग्न का उपयोग किया जाता है। उदाहरण- ⬡—OH → साइक्लो हेक्सेनल
- पॉलीहाइड्रिक ऐल्कोहॉलों के लिए OH समूहों की संख्या गुणाक अनुलग्न डाइ, ट्राई आदि जोड़कर इंगित की जाती है।

ऐल्कोहॉल के विभेदनात्मक परीक्षण

ऐल्कोहॉल	डाइक्रोमेट (ऑक्सीकरण)परीक्षण	विक्टर मेयर परीक्षण	ल्यूकास परीक्षण
1°	अम्ल (नारंगी विलयन हरा हो जाता है)	लाल रंग	धुंधलापन नहीं
2°	कीटोन नारंगी विलयन हरा हो जाता है।	नीला रंग	5-10 मिनट में (धुंधलापन)
3°	कोई अभिक्रिया नहीं	रंगहीन	तुरन्त धुंधलापन उत्पन्न करते हैं।

रासायनिक गुण

- O—H बन्ध का विदलन (सामान्यतः अभिक्रिया में बनने वाले ऐल्कोक्साइड आयन या फीनॉक्साइड आयन के स्थायित्व पर निर्भर करता है।)
- ऐल्कोहॉल नामिक स्नेही के साथ-साथ इलेक्ट्रॉन स्नेही की तरह भी व्यवहार कर सकते हैं।
- अम्लीयता : फीनॉल > जल > 1° ऐल्कोहॉल > 2° ऐल्कोहॉल > 3° ऐल्कोहॉल
- सामान्यतः *EWG* अम्लीयता बढ़ाते हैं, जबकि *EDG* घटाते हैं।
- C-OH बन्ध का विदलन, (अभिक्रिया में बनने वाले कार्बोकेटायन पर निर्भर करता है।) HX के साथ क्रियाशीलता का क्रम $3^\circ > 2^\circ > 1^\circ > CH_3OH$ है।

रासायनिक अभिक्रियाएँ

ऐल्कोहॉल →
- धातु: Na → $R\bar{O}Na^+ + H_2\uparrow$
- एस्टरीकरण: $R'COOH/(RCO)_2O/RCOX/RCONH_2$ → $R'COOR$
- ग्रिगनार्ड अभिक्रमक: $R'MgX$ → $R'H + Mg(OR)X$
- हाइड्रोजन हैलाइड: $ZnCl_2$, HCl → RCl
- निर्जलीकरण: $H_2SO_4/H_3PO_4/$ निर्जल $ZnCl_2/Al_2O_3$ → $>C=C< + H_2O$

फीनॉल

निर्माण

फीनॉल ←
- $NaOH$, H^+/H_2O — C_6H_5Cl हैलोबेन्जीन (जल अपघटन)
- O_2, H^+/H_2O — $C_6H_5CH(CH_3)_2$ आइसोप्रोपिल बेन्जीन (क्यूमीन प्रक्रिया)
- $NaOH$, H^+/H_2O — $C_6H_5SO_3H$ (सल्फोनिक अम्ल) (क्षारीय धातु लवण के संलयन से)
- $NaOH$, H_2O — C_6H_6 बेन्जीन (बेन्जीन का हाइड्रॉक्सिलीकरण)

वर्गीकरण

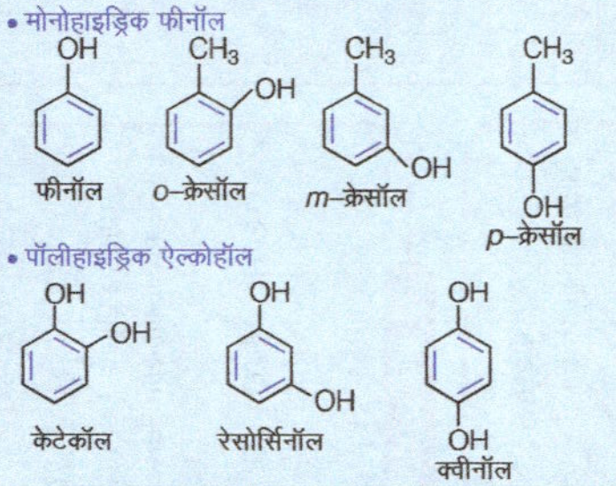

रासायनिक गुण

फीनॉल →
- नाभिकस्नेही प्रतिस्थापन अभिक्रिया
- रीमर-टीमैन अभिक्रिया (क्षारीय + $CHCl_3$) → o और p सैलिसैल्डिहाइड
- कोल्बे अभिक्रिया (CO_2, 140-200°C) → o और p-सैलिसिलेट आयन
- कोल्बे-श्मिट अभिक्रिया (CO_2, 5-7 atm दाब, 120-140°C) → o और p-सैलिसिलेट आयन
- गाटर मान संश्लेषण (HCN/HCl, $AlCl_3$, 40°C) → o और p-सैलिसैल्डिहाइड
- एस्टरीकरण (अम्ल या अम्ल व्युत्पन्न के साथ) → एस्टर
- लेडरर-मान से अभिक्रिया (HCHO/अम्ल/क्षार) → बेकेलाइट

फीनॉल के लिए परीक्षण

परीक्षण	अवलोकन
$FeCl_3$ परीक्षण	बैंगनी रंग
Br_2-H_2O परीक्षण	सफेद अवक्षेप
लीबरमान का नाइट्रो परीक्षण ($NaNO_2$+ सान्द्र H_2SO_4)	गहरा हरा/नीला रंग जो पतला करने पर लाल रंग में बदल जाता है।

भौतिक गुण

- ये रंगहीन तरल या ठोस पदार्थ होते हैं, और इनमें लाल रंग के साथ कार्बोलिक गन्ध होती है।
- फीनॉल अत्यधिक विषैले होते हैं। प्रबल अंतर आण्विक H-बन्ध के कारण इनका क्वथनांक सम्बन्धित ऐल्कोहॉल की तुलना में अधिक होता है। ये ऐल्कोहॉल की तुलना में जल के साथ अधिक मिश्रणीय होते हैं।
- ये ऐल्कोहॉल की तुलना में जल में अधिक विलेयशील है।
- इनका द्विध्रुव आघूर्ण अधिक होता है और ये अम्लीय प्रकृति के होते हैं।

ईथर

संरचना

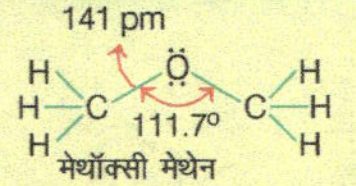

- C—O बन्ध के S लक्षणों की उच्च प्रतिशतता के कारण बन्ध कोण अष्टफलकीय कोण की तुलना में उच्चतम होता है।
- बड़े R समूह के परिणाम स्वरूप प्रतिकर्षण बल अधिक होता है। और इस प्रकार R_2O बन्ध कोण 110° होता है।

वर्गीकरण

- ईथर यौगिकों का सामान्य सूत्र $C_nH_{2n+2}O$. होता है।
- सामान्य संरचना में दो कार्बन परमाणु एक ऑक्सीजन परमाणु R-O-R से जुड़े होते हैं।
- यदि दोनों R समूह समान है, तो यह सरल या सममित ईथर होते हैं। उदाहरण- $CH_3—O—CH_3$ या Ph—O—Ph.
- यदि दोनों R समूह भिन्न हैं, तो यह मिश्रित या असममित होते हैं उदाहरण- $CH_3—O—Ph$.

भौतिक गुण

- C—O बेन्ट संरचना के कारण बन्ध अल्प ध्रुवीय होता है।
- क्वथनांक समावयवी ऐल्कोहॉल से कम होता है।
- विलेयता ∝ 1/आण्विक द्रव्यमान (H-बन्धन के कारण तीन कार्बन परमाणुओं तक घुलनशील है)
- अंतराण्विक हाइड्रोजन बन्धों के निर्माण के कारण तीन कार्बन परमाणुओं तक के ईथर के अणु जल में घुलनशील होते हैं।

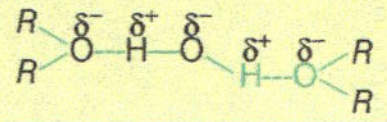

निर्माण

1. विलियम्सन संश्लेषण
   - 2ROH —(सान्द्र H_2SO_4, 413 K या Al_2O_3, 523 K)→ ROR ईथर
   - RX+RONa —(Δ, −NaX)→ ROR ईथर
   - S_N2 इसमें प्राथमिक ऐल्किल हैलाइड पर ऐल्कोक्साइड आयन का आक्रमण होता है।
2. ऐल्किल हैलाइड की सिल्वर ऑक्साइड के साथ अभिक्रिया द्वारा
   - $2RX + Ag_2O \rightarrow ROR + AgX$
3. ऐल्कोहॉल के निर्जलीकरण के द्वारा
   - ऐल्कोहॉल के निर्जलीकरण के द्वारा ईथर निम्न क्रम में बनता है। 1°>2°>3°
   - ईथर: $CH_3CH_2OH \xrightarrow[413\ K]{H_2SO_4} C_2H_5—O—C_2H_5$ डाइएथिल ईथर

रासायनिक गुण

ईथर →
- ईथर की ऑक्सीजन से जुड़ी अभिक्रियाएँ
  - सान्द्रित अम्ल की क्रिया: ROR + HCl (सान्द्र) ⟶

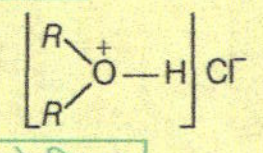

- कार्बन-ऑक्सीजन आबन्ध के विदलन में सामिल अभिक्रिया
  - (i) हैलोजन अम्ल के साथ: $R—OR + HX \xrightarrow{\Delta} R—OH + R—X$
  - (ii) PCl_5 के साथ: $ROR + PCl_5 \xrightarrow{\Delta} 2R—Cl$
  - (iii) अम्ल व्युत्पन्न के साथ: $ROR + (CH_3CO)_2 \xrightarrow[ZnCl_2/\Delta]{\text{निर्जल}AlCl_3} 2CH_3COOR$

ऐल्डिहाइड, कीटोन एवं कार्बोक्सिलिक अम्ल (अध्याय एक दृष्टि में)

विभेदात्मक परीक्षण

परीक्षण	ऐल्डिहाइड	कीटोन
टॉलेन परीक्षण	रजत दर्पण	कोई परिवर्तन नहीं
फेहलिंग परीक्षण (केवल ऐलिफैटिक)	लाल अवक्षेप	कोई परिवर्तन नहीं
बेनेडिक्ट परीक्षण (केवल ऐलिफैटिक)	लाल अवक्षेप	कोई परिवर्तन नहीं
शिफ परीक्षण	गुलाबी	कोई परिवर्तन नहीं

भौतिक गुण

- **भौतिक अवस्था** सामान्यतः रंगहीन द्रव होते हैं।
- **क्वथनांक** द्विध्रुवीय-द्विध्रुवीय अंतः क्रियाओं के कारण तुलनीय आण्विक द्रव्यमान के हाइड्रोकार्बन और ईथर की तुलना में उच्च क्वथनांक होता है।
  - ऐल्डिहाइड और कीटोनों का क्वथनांक, अंतर आण्विक द्रव्यमान वाले ऐल्कोहॉलों की तुलना में अन्तर आण्विक हाइड्रोजन बन्ध के कारण कम होता है।
  - कीटोन का क्वथनांक ऐल्डिहाइडों की तुलना में कुछ अधिक होता है, क्योंकि इनमें दो ऐल्किल समूह उपस्थित होते हैं, जो कार्बोनिल समूह को अधिक ध्रुवीय बनाते हैं।
- क्वथनांक का क्रम ऐल्कोहॉल > कीटोन > ऐल्डिहाइड > ईथर > हाइड्रोकार्बन
- **आण्विक द्रव्यमान में वृद्धि के साथ विलेयता कम होती** है। निम्न ऐल्डिहाइड और **कीटोन जल में विलेय होते हैं।**
  - बेन्जीन वलय में बड़े हाइड्रोकार्बन भाग की उपस्थिति के कारण तुलनीय ऐरोमैटिक ऐल्डिहाइड और कीटोन संगत ऐलिफैटिक ऐल्डिहाइड और कीटोन की तुलना में विलेय होते हैं।

संरचना एवं नामकरण

- कार्बन-ऑक्सीजन द्विबन्ध अर्थात् >C=O समूह वाले यौगिकों को कार्बोनिल यौगिक कहा जाता है।
- कार्बोनिल समूह में π-इलेक्ट्रॉन बादल अधिक विद्युत ऋणात्मक ऑक्सीजन परमाणु की ओर विस्थापित होता है।
- कार्बन आंशिक रूप से धनात्मक और ऑक्सीजन आंशिक रूप से ऋणात्मक आवेश प्राप्त करते हैं।

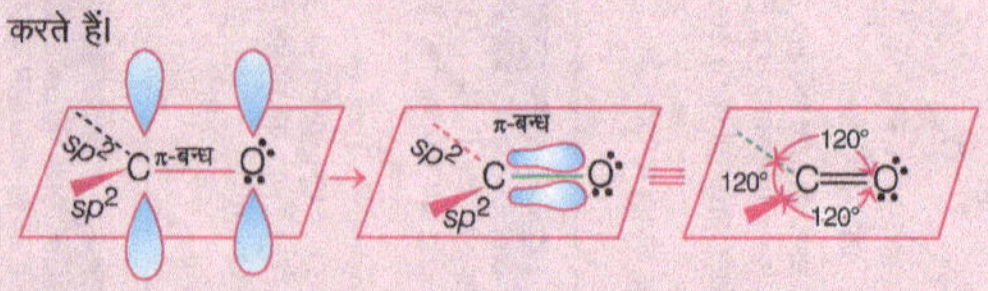

- ऐल्डिहाइड का सामान्य सूत्र = $C_nH_{2n+1}CHO$
- ऐल्डिहाइडों का IUPAC नाम = ऐल्केनल
- कीटोन का सामान्य सूत्र = $C_nH_{2n+1}COC_nH_{2n+1}$
- कीटोनों का IUPAC नाम = ऐल्केनॉन
- ऐल्डिहाइड और कीटोन का वर्गीकरण नीचे दर्शाया गया है।

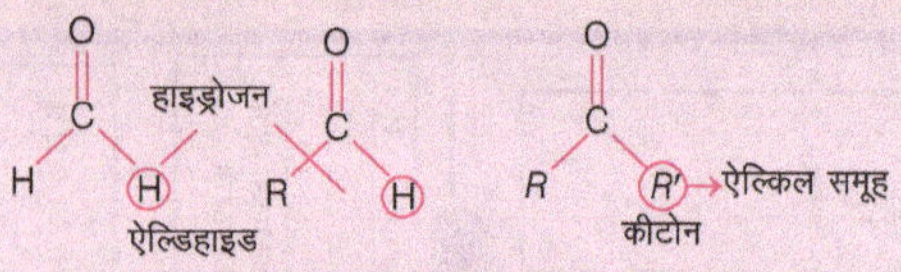

ऐल्डिहाइड एवं कीटोन का निर्माण

- **ऐल्कीन का हाइड्रोबोरेनीकरण ऑक्सीकरण**
  $3R-C\equiv CH \xrightarrow[H_2O_2, OH^-]{BH_3, THF} RCH_2-CHO$
- **ऐल्काइन के जल योजन से** $\longrightarrow CH\equiv CH \xrightarrow[H_2SO_4]{1\%\ HgSO_4} CH_3-CHO$
- **ऐल्कोहॉल के ऑक्सीकरण** $\longrightarrow$ 1° ऐल्कोहॉल $\xrightarrow{\text{क्षारीय } KMnO_4} RCOOH$; 2° ऐल्कोहॉल $\longrightarrow R_2CO$
- **ऐल्कोहॉलों का उत्प्रेरकीय विहाइड्रोजनीकरण** $\longrightarrow RCH_2OH \xrightarrow[\Delta]{Cu} RCHO$; $R_2CHOH \xrightarrow[\Delta]{Cu} R_2CO$
- **ऐल्कीन के ओजोनीकरण** $\longrightarrow RCH=CHR' \xrightarrow[Zn/H_2O]{O_3} RCHO + R'CHO$; $R_2C=CR'_2 \xrightarrow[Zn/H_2O]{O_3} R_2CO + R_2'CO$
- **वॉकर प्रक्रम** $\longrightarrow CH_2=CH_2 + \frac{1}{2}O_2 \xrightarrow[H_2O]{PdCl_2\text{-}CuCl_2} CH_3CHO$

केवल कीटोन के रासायनिक गुण

बेन्जिलिक अम्ल

$$Ph-\overset{O}{\overset{\|}{C}}-\overset{O}{\overset{\|}{C}}-Ph \xrightarrow[-H_2O]{NaOH} Ph-\underset{Ph}{\overset{OH}{C}}-\overset{O}{\overset{\|}{C}}-O^-Na^+ + H_2O$$

- कार्बोनिल समूहों का ऑक्सीकरण और अपचयन, ऑक्सीकरण किए जाने वाले कार्बोनिल समूह से अपचयित किए जाने वाले कार्बोनिल समूह में अंतर आण्विक ऐल्किल स्थानान्तरण से जुड़ा हुआ है।
- क्लोरोफॉर्म का योग

$$(H_3C)_2C=O + CHCl_3 \xrightarrow{KOH} (H_3C)_2C(OH)CCl_3$$

क्लोरोटोन

सोडियम व्युत्पन्न का निर्माण

$$CH_3-\overset{O}{\overset{\|}{C}}-CH_3 + NaNH_2 \xrightarrow{\text{ईथर}} CH_3-\overset{O}{\overset{\|}{C}}-CH_2^-Na^+ + NH_3\uparrow$$

ऐल्डिहाइड और कीटोन के रासायनिक गुण

नाभिक स्नेही योगात्मक अभिक्रिया

- **HCN के साथ** $\longrightarrow R-\overset{O}{\overset{\|}{C}}-H/R \xrightarrow{HCN} R(H/R)C(CN)(OH)$
- **NH_3 एवं इसके व्युत्पन्न के साथ** $\longrightarrow R-\overset{O}{\overset{\|}{C}}-H/R \xrightarrow{NH_3}$ शिफ क्षार
- **RMgX के साथ** $\longrightarrow R-\overset{O}{\overset{\|}{C}}-H/R \xrightarrow[H_2O]{RMgX}$ ऐल्कोहॉल
- **ऐल्कोहॉल का योग**
  $R-\overset{O}{\overset{\|}{C}}-H/R \xrightarrow[\text{HCl गैस}]{ROH}$ हेमीऐसीटल और हेमीकीटेल $\xrightarrow[-H_2O]{ROH}$ ऐसीटल और कीटेल
- **ऑक्सीकरण** $\longrightarrow RCHO \xrightarrow[\text{दुर्बल}]{[O]} RCOOH$; $R_2CO \xrightarrow[\text{प्रबल}]{[O]} RCOOH$
- **अपचयन** $\longrightarrow R_2CO/RCHO \xrightarrow{NaBH_4/LiAlH_4} R_2CHOH/RCH_2OH$; $R_2CO/RCHO \xrightarrow[NH_2+NH_2/KOH]{Zn/Hg,\ HCl} RCH_2R/R-CH_3$
- **हैलोफॉर्म अभिक्रिया** $\longrightarrow RCOCH_3 \xrightarrow{NaOX} RCOONa + CHX_3$
  α-CH_3 समूह पर अभिक्रिया
- **ऐल्डोल संघनन** $\longrightarrow 2RCHO \xrightarrow{NaOH\ (\text{तनु})}$ β-हाइड्रॉक्सी ऐल्डिहाइड $\xrightarrow{\Delta}$ α,β-असंतृप्त ऐल्डिहाइड
  $2R_2CO \xrightarrow{NaOH\ (\text{तनु})}$ β-हाइड्रॉक्सी कीटोन $\xrightarrow{\Delta}$ α,β-असंतृप्त कीटोन
- **कैनिजारो अभिक्रिया** $\longrightarrow 2RCHO \xrightarrow{(\text{सान्द्र})NaOH} RCH_2OH + RCOONa$
  (ऐल्डिहाइड जिसमें α-H परमाणु नहीं होता है सान्द्र क्षार के साथ गर्म करने पर असमानुपातन देता है।)

ऐल्डिहाइड एवं कीटोन के उपयोग

- विस्फोटक निर्माण में, विलायक के रूप में उपयोग किया जाता है।
- ऐसीटोन का उपयोग सौंदर्य प्रसाधनों में और नेल पेण्ट रिमूवर के रूप में किया जाता है।
- ऐसीटोफीनॉन का उपयोग स्वाद बढ़ाने वाले ऐजेण्ट के रूप में किया जाता है।
- HCHO का उपयोग बहुलकी उत्पाद बनाने में किया जाता है।
- दवा परीक्षण में उपयोग किया जाता है।
- बेकेलाइट के निर्माण में उपयोग किया जाता है।
- सिनामैल्डिहाइड का उपयोग सर्दी-जुकाम के लिए किया जाता है।

ऐल्डिह... तथा... कीटो...

भौतिक गुण

- निम्न अम्ल और व्युत्पन्न रंगहीन तरल होते हैं।
- वाष्प अवस्था में द्विलक (Dimer) के रूप में उपस्थित होते हैं।
- कार्बोक्सिलिक अम्लों का क्वथनांक अंतर-आण्विक H-बन्ध के कारण तुलनीय आण्विक द्रव्यमान वाले ऐल्डिहाइड, कीटोन और ऐल्कोहॉल से उच्च होता है।

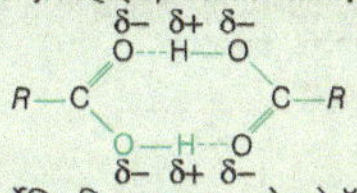

- **क्वथनांक का क्रम** कार्बोक्सिलिक अम्ल > ऐल्कोहॉल > ऐल्डिहाइड > कीटोन > हाइड्रोकार्बन
- विलेयता $\propto \frac{1}{\text{कार्बन परमाणु की संख्या}}$ अन्तराण्विक H-बन्ध

अम्लीय प्रबलता

- कार्बोक्सिलिक अम्ल प्रकृति में अम्लीय होते हैं, परन्तु ये खनिज अम्लों की तुलना में दुर्बल अम्ल होते हैं।
- ये फीनॉल की तुलना में प्रबल अम्ल होते हैं, क्योंकि अनुनाद के कारण कार्बोक्सिलेट आयन फीनॉक्साइड आयन की तुलना में अधिक स्थायी होता है।
- इलेक्ट्रॉन अपनयक समूह (EWG) संयुग्मी क्षार को स्थायी करके कार्बोक्सिलिक अम्लों की अम्लता को बढ़ाते हैं।
- इलेक्ट्रॉन विमोचक (दाता) समूह (EDG) संयुग्मी क्षार को अस्थायी करके अम्लता घटा देते हैं।
- जल में वियोजित होकर हाइड्रोनियम आयन देता है, जो स्थायी कार्बोक्सिलेट आयन के कारण अम्लीय होता है।

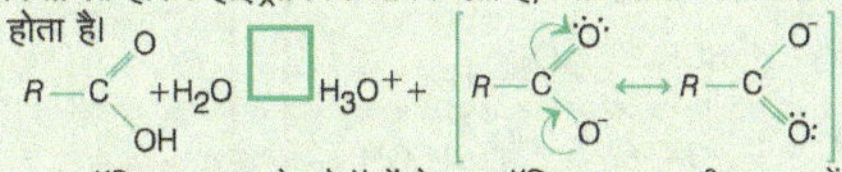

- अम्लों का हाइड्रॉक्सिल समूह ऐल्कोहॉलों के हाइड्रॉक्सिल समूह की तुलना में अधिक अम्लीय होता है।
- **अम्लीयता का क्रम :** कार्बोक्सिलिक अम्ल > फीनॉल > ऐल्कोहॉल
- कार्बोक्सिलिक समूह से जुड़े परमाणु की विद्युत ऋणात्मकता जितनी अधिक होगी अम्लता उतनी अधिक होगी।

कार्बोक्सिलिक अम्ल

निर्माण

हाइड्रोकार्बन से

$2RCH_3 + 3O_2 \xrightarrow[\text{स्टीएरेट}]{\text{मैंग्नीज}} 2RCOOH + 2H_2O$

ऐल्कोहॉलों के ऑक्सीकरण

$2RCH_2OH + 3O_2 \xrightarrow{[O]} RCHO \xrightarrow{[O]} R-COOH$

ऐस्टरों के जल अपघटन से

$R-CO-O-R' \xrightarrow{H_2O/H^+} R-CO-OH + R'OH$

ऐल्कीन के ओजोनीकरण से

$CH_2{=}CH_2 + O_3 \xrightarrow[AgO]{HgO_2} HCOOH + H_2O$ (फॉर्मिक अम्ल)

ग्रिगनार्ड अभिकर्मक द्वारा

$RMgX + O{=}C{=}O \xrightarrow{\text{संतित}} R-CO-OMgX \xrightarrow{H_3O^+} R-CO-OH + Mg(OH)X$

रासायनिक गुण

C–OH समूह के विदलन से सम्बन्धित अभिक्रियाएँ

$R-COOH$:
- $\xrightarrow[P_2O_5]{+RCOOH/\Delta}$ $(RCO)_2O$ ऐनहाइड्राइड
- $\xrightarrow[-H_2O]{ROH/H^+}$ $RCOOR'$ ऐस्टर
- PCl_3 या PCl_5 या $SOCl_2$ पिरीडीन में → $RCOCl$ अम्ल क्लोराइड
- $\xrightarrow[-H_2O_2]{NH_3,\Delta}$ $RCONH_2$ ऐमाइड

–OH समूह के प्रोटोन से सम्बन्धित अभिक्रिया

$R-COOH$:
- $\xrightarrow{Na}$ $2RCOONa+H_2$
- $\xrightarrow{NaOH}$ $2RCOONa+H_2O$
- $\xrightarrow{Na_2CO_3}$ $2RCOONa+CO_2+H_2O$
- $\xrightarrow{NaHCO_3}$ $2RCOONa+CO_2+H_2O$

>C=O समूह से सम्बन्धित अभिक्रियाएँ

$R-COOH$:
- (i) LiAlH4 या B_2H_6 (ii) H_3O^+ (अपचयन) → $R-CH_2-OH$
- $\xrightarrow[H_2O]{HI, \text{लाल } P}$ $RCH_3+2H_2O+3I_2$
- $\xrightarrow{N_3H, H_2SO_4}$ $RNH_2+N_2\uparrow+CO_2$

संरचना एवं नामकरण

सामान्य नाम: अनुलग्न अंत में इक जोड़ते हैं।

उदहारण : ऐसीटिक अम्ल

- IUPAC नाम: अनुलग्न ओइक अम्ल सम्बन्धित ऐल्केन के नाम में जोड़ा जाता है।

संरचना

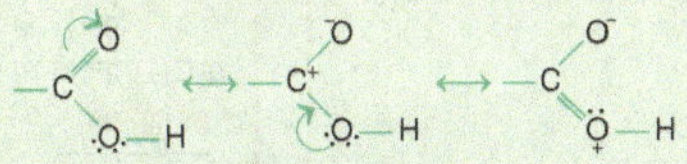

- कार्बोक्सिलिक कार्बन के बन्ध एक तल में होते हैं और लगभग 120° का कोण बनाते हैं।
- कार्बोक्सिलिक कार्बन सम्भावित अनुनाद संरचना के कारण कार्बोनिल कार्बन की तुलना में कम इलेक्ट्रॉन स्नेही होता है।

कार्बोक्सिलिक अम्ल के उपयोग

- साबुन और डिटर्जेंट के निर्माण में उपयोग किया जाता है।
- ऐस्पिरिन, विटामिन-सी आदि दवाओं के निर्माण में।
- रबड़ के स्कन्दन में उपयोग किया जाता है।
- बेन्जोइक अम्ल का उपयोग भोजन में परिरक्षक के रूप में किया जाता है और इसके लवण पूतिरोधी के रूप में उपयोग किए जाते हैं।
- फॉर्मिक अम्ल का उपयोग चमड़े की टैनिंग, कपडा रंगाई और फिनिसिंग में करते हैं।
- ऐसीटिक अम्ल का उपयोग रेयॉन, प्लास्टिक और रबड़ बनाने में किया जाता है।
- इसका उपयोग रेशम उद्योग में करते हैं।

- बेन्जोइक अम्ल प्रकृति में *मेटा* - निर्देशक होते हैं, क्योंकि वे अनुनाद के माध्यम से इलेक्ट्रॉनों को हटाते हैं।
- *मेटा* - कार्बन अधिक संघनित होते हैं, इसलिए आक्रमणकारी इलेक्ट्रोस्नेही को अधिक आकर्षित करता हैं।

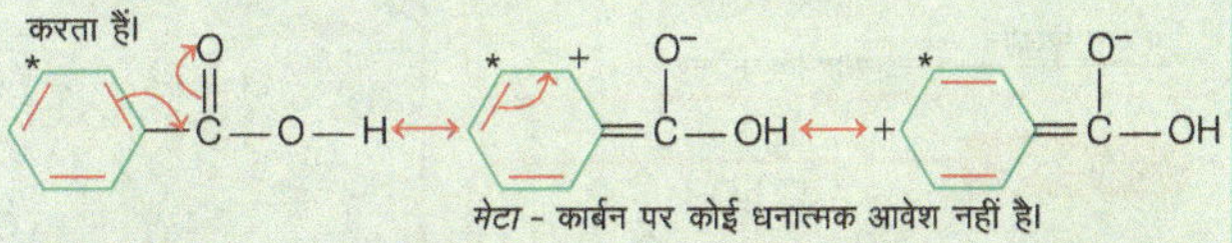

मेटा - कार्बन पर कोई धनात्मक आवेश नहीं है।

- *मेटा* - निर्देशक प्रकृति के कारण, बेन्जोइक अम्ल फ्रीडल क्राफ्ट ऐल्कलीकरण और फ्रीडल क्राफ्ट ऐसीलीकरण अभिक्रियाएँ नहीं देता है।

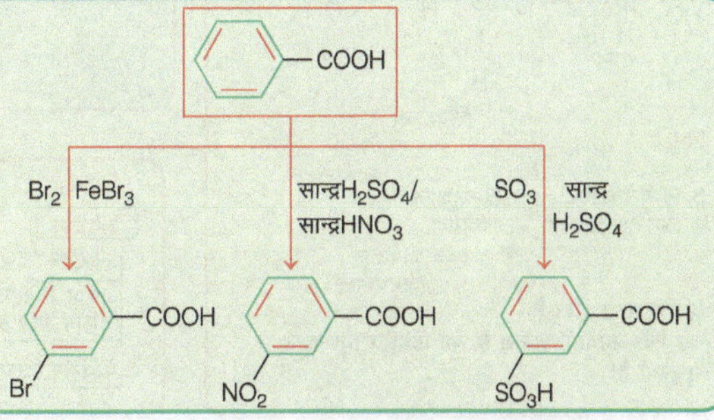

जैव अणु (अध्याय एक दृष्टि में)

डाइसैकेराइड

- जल अपघटन के उपरान्त मोनसैकेराइड की दो इकाईयाँ प्राप्त होती है।
- ग्लाइकोसिडिक बन्धन — O — द्वारा एक - दूसरे से जुड़े होते हैं

सुक्रोज

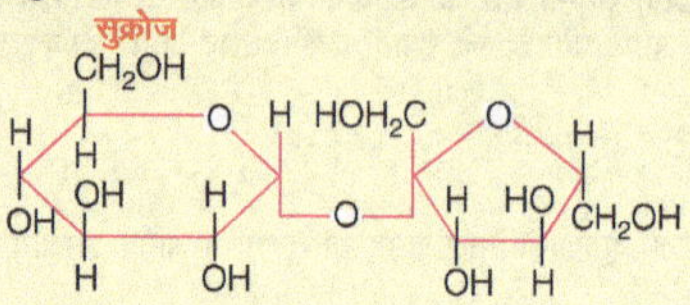

• गुण

- यह एक अन-अपचायक शर्करा है।
- यह α= + 66.5° के साथ दक्षिणावर्त है।
- ग्लूकोज और फ्रक्टोज के मिश्रण को वामावर्त होता है।
- α-D-ग्लूकोज + β-D-फ्रक्टोज $\xrightarrow{-H_2O}$ $(C_{12}H_{22}O_{11})$ सुक्रोज

• अभिक्रियाएँ

सुक्रोज
- $\xrightarrow{H_2O/H^+}$ α-D- ग्लूकोज + β-D-फ्रक्टोज
  इसे शर्करा के प्रतीपन से भी जाना जाता है।
- $\xrightarrow{O_2/\Delta}$ $CO_2 + H_2O$
- $\xrightarrow[\Delta]{\text{ज्वाला}}$ कैरेमल

माल्टोज

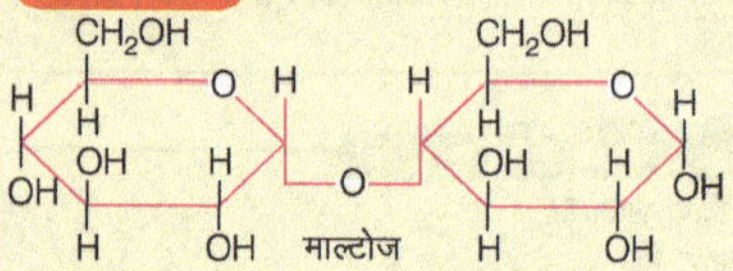

• निर्माण

- स्टार्च $\xrightarrow[\text{माल्टोज}]{H_2O}$ माल्टोज $(C_{12}H_{22}O_{11})$

• गुण

- यह α-D-ग्लूकोज का द्विलक है।
- एक ग्लूकोज इकाई अन-अपचायक तथा दूसरी अपचायक होती है।
- यह एक अपचायक शर्करा है।

• अभिक्रियाएँ

माल्टोज
- $\xrightarrow{H_2O/H^+}$ D-ग्लूकोज
- $\xrightarrow{\text{टॉलेन अभिकर्मक}}$ धनात्मक परीक्षण
- $\xrightarrow{\text{फेलिग विलयन}}$ धनात्मक परीक्षण

लैक्टोस

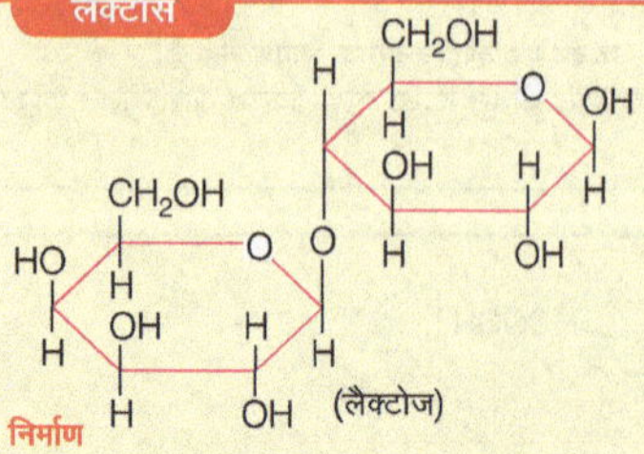

• निर्माण

β-D-गैलेक्टोज (अन-अपचायक) + β-D-ग्लूकोज (अपचायक) ⇌ लैक्टोज (अपचायक)

• गुण

- दूध से प्राप्त होता है।
- यह एक अपचायी शर्करा है, जो कि ध्रुवणघूर्णक से गुजरती है।

• अभिक्रियाएँ

लैक्टोज
- $\xrightarrow{H_2O/H^+}$ अथवा लैक्टिज → D-ग्लूकोज + D-गैलेक्टोज (समतुल्य)
- $\xrightarrow{\text{टॉलेन अभिकर्मक}}$ धनात्मक परीक्षण
- $\xrightarrow{\text{फेहलिंग विलयन}}$ धनात्मक परीक्षण

• फ्रक्टोज

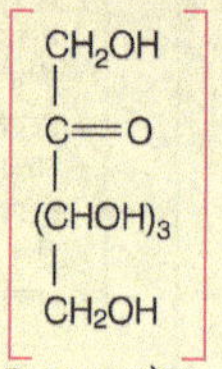

D-(−)-फ्रक्टोज

• निर्माण

- सूक्रोज $\xrightarrow{H_2O/H^+}$ ग्लूकोज + फ्रक्टोज

• चक्रीय संरचना

- C-5 पर उपस्थित — OH समूह के योगज से प्राप्त होती है।
- फ्यूरेनोज नामक पाँच सदस्यीय संरचना दो रूपों में मौजूद होती है।

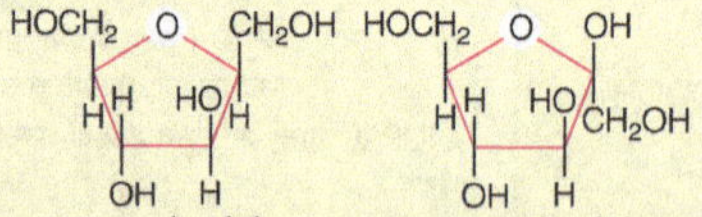

α-D(−)-फ्रक्टोफ्यूरेनोज β-D(−)-फ्रक्टोफ्यूरेनोज

• अभिक्रियाएँ

फ्रक्टोज
- $\xrightarrow{\text{Red P/HI}}$ n-हेक्सेन
- $\xrightarrow{HCN}$ फ्रक्टोज सायनोहाइड्रिन
- $\xrightarrow{NH_2OH}$ फ्रक्टोज ऑक्सिम
- $\xrightarrow{\text{टॉलेन अभिकर्मक}}$ ग्लूकोनिक अम्ल
- $\xrightarrow{Br_2/\text{जल}}$ कोई अभिक्रिया नहीं

ऐमाइलोपेक्टीन

• गुण

- D-ग्लूकोज का शाखित शृंखला बहुलक है।
- इसमें 1, 6-ग्लाइकोसिडिक बन्धन और 1, 4 ग्लाइकोसिडिक बन्धन के साथ D-ग्लूकोपाइरेनोज इकाईयाँ रखता है।
- यह जल में अविलेय है।
- जल अपघटन उपरान्त माल्टोज देता है।
- अम्ल के साथ D-(+)-ग्लूकोज देता है।

संरचना

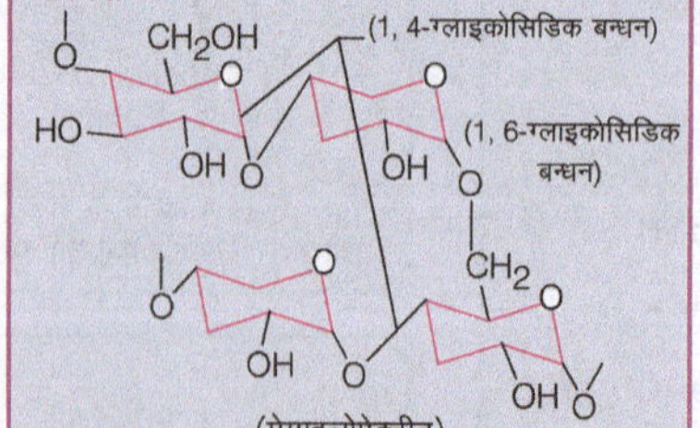

(ऐमाइलोपेक्टीन)

मोनोसैकेराइड

- सबसे छोटी इकाई जिसे जल अपघटित नहीं किया जा सकता।
- सूत्र: $(CH_2O)_n$ जहाँ, $n = 3 - 7$
- ग्लूकोज, फ्रक्टोज।

• ग्लूकोज

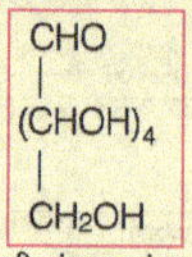

खुली शृंखला संरचना

• निर्माण

(i) सूक्रोज $\xrightarrow{H_2O/H^+}$ ग्लूकोज + फ्रक्टोज

(ii) स्टार्च या सेल्यूलोज $\xrightarrow{H_2O/H^+}$ ग्लूकोज

• ग्लूकोज की चक्रीय संरचना

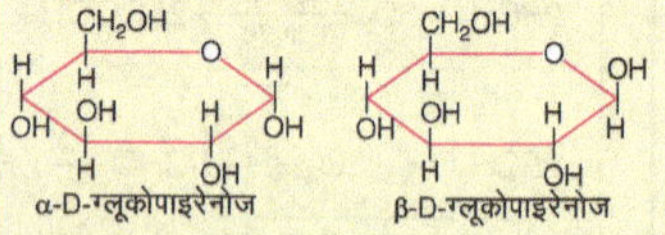

α-D-ग्लूकोपाइरेनोज β-D-ग्लूकोपाइरेनोज

• अभिक्रियाएँ

ग्लूकोज
- $\xrightarrow{HNO_3}$ सैकेरिक अम्ल $\xrightarrow{[O]}$ ग्लूकोनिक अम्ल
- $\xrightarrow{HI/\Delta}$ n-हेक्सेन
- $\xrightarrow{Br_2/\text{जल}}$ ग्लूकोनिक अम्ल (ऐल्डिहाइड समूह के लिए परीक्षण)
- $\xrightarrow{HCN}$ सायनोहाइड्रिन

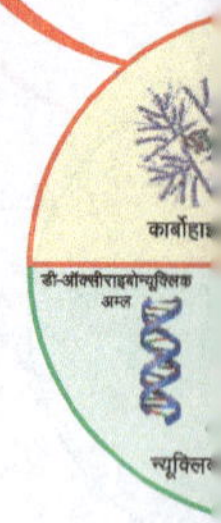

पॉलीसैकेराइड

- अशर्करा और बड़ी मात्रा में मोनासैकेराइड उत्पन्न करता है।
- सामान्य सूत्र $(C_6H_{10}O_5)_n$
- उदाहरण स्टार्च, सेल्यूलोज, ग्लाइकोजन

• ऐमाइलोज

• गुण

- D-ग्लूकोस का सीधा शृंखला बहुलक।
- आयोडीन के साथ नीला रंग देता है।
- C_1-C_4 ग्लाइकोसिडिक बन्धन द्वारा α-D-ग्लूकोपाइरेनोज की शृंखलाबद्ध इकाईयाँ रखता है।
- इसका आण्विक भार 10000-1000000 के बीच

संरचना

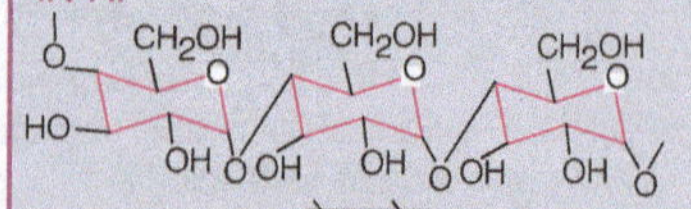

ऐमाइलोज

सेल्यूलोस/सेलूलोस

• गुण

- यह एक रंगहीन ठोस है, जो जल में अविलेय है।
- यह एक सीधा शृंखला बहुलक है।
- सेज्वेयर अभिकर्मक में विलेय है।
- केवल β-D-ग्लूकोज इकाईयों से बना होता है।
- ग्लाइकोसिडिक बन्धन C_1और C_4 के बीच होता है।

संरचना

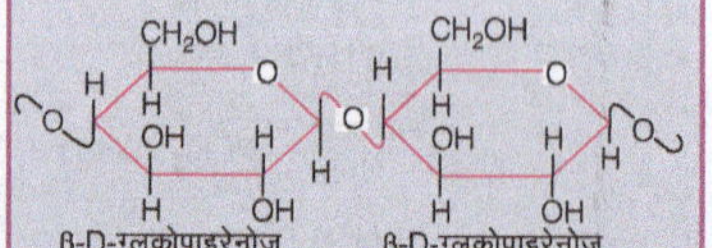

β-D-ग्लूकोपाइरेनोज β-D-ग्लूकोपाइरेनोज

एन्जाइम

- **गुण**
- जैविक उत्प्रेरक जैव रासायनिक अभिक्रियाओं को उत्प्रेरित करते हैं
- सामान्यतः ग्लोब्यूलर प्रोटीन है।
- अभिक्रिया की दर को बढ़ाते हैं।
- अत्यधिक विशिष्ट प्रतिस्थापी है।
- **क्रियाविधि**
- अभिक्रिया की सक्रियण ऊर्जा को घटाते हैं।
- इसकी क्रियाविधि को ताला-चाँबी मॉडल के नाम से जाना जाता है।

- **कुछ सामान्य एन्जाइम**

एन्जाइम	अभिक्रिया उत्प्रेरित
ऐमाइलेज	स्टार्च → ग्लूकोज
माल्टोज	माल्टोज → 2 ग्लूकोज
लैक्टोज	लैक्टोज → D ग्लूकोज + D- गैलेक्टोस
पेप्सिन	प्रोटीन → α-ऐमीनों अम्ल

हार्मोन्स

- अंतरकोशिकीय संदेशवाहक के रूप में कार्य करते हैं और अंतःस्त्रावी ग्रन्थियों द्वारा स्त्रावित होते हैं।
- **स्टेरॉयडल हार्मोन**
- (i) लैंगिक हार्मोन
- एन्ड्रोजन में सम्मिलित (टेस्टेस्टेरॉन), एस्ट्रोजन (इस्ट्रोन, एस्ट्राडायोल) और प्रोजेस्टेरॉन
- एन्ड्रोजन्स सामान्यतः वृषण के द्वारा स्त्रावित होते हैं। एस्ट्रोजन अण्डाशय में और प्रोजेस्ट्रॉरोन कॉर्पस ल्युटियम में।
- (ii) कॉर्टिकायड
  उदाहरण ग्लूकोकॉर्टिकायड, ऐड्रिनल कॉर्टेक्स में पाया जाता है।
- **पेप्टाइड हार्मोन**
  (i) इंसुलिन अग्नाशय से स्त्रावित और रक्त शर्करा को नियन्त्रित करता है।
  (ii) ग्लूकागॉन अग्नाशय से स्त्रावित और रक्त ग्लूकोज को बढ़ाता है।
  (iii) एण्डोर्फिन्स पिट्यूटरी ग्रन्थि में स्त्रावित और दर्द राहत देते हैं।
- **एमीन हार्मोन**
  (i) एपिनेफ्रेन ऐड्रीनल मेडूला में स्त्रासवित।
- CNS को नियंत्रित तथा नाड़ी की गति बढ़ाता है।
  (ii) थायरॉक्सीन थायरॉइड ग्रंथि में स्त्रावित और उपापचय को नियंत्रित करता है।

वर्गीकरण

(i) **आवश्यक ऐमीनों अम्ल**
- ये शरीर में संश्लेषित नहीं हो सकते हैं। उदाहरण वेलीन, ल्यूसीन, आइसोल्यूसीन आर्जिनिन आदि।

(ii) **अनावश्यक ऐमीनों अम्ल**
- शरीर में संश्लेषित होती है। उदाहरण ऐलानिन, ग्लूटामिन अम्ल, ऐस्पार्टिक अम्ल, ग्लूटामीन आदि।

- **गुण**
- साधारण ऐमीन, अम्लों के अलावा लवणों की तरह व्यवहार करते हैं।
- ज्विटर आयन के रूप में विद्यमान रहते हैं।
- अपवाद ग्लाइ-, सभी ऐमीनों अम्ल प्रकाशित सक्रिय होते हैं।

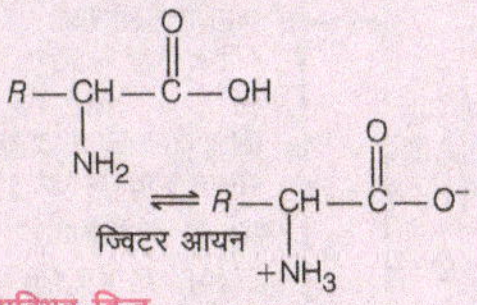

- **समविभव विन्दु**
- pH जिस पर द्विध्रुवीय आयन समीपस्थ आयन के रूप में मौजूद होता है।
- ज्विटर आयनिक रूप उभयधर्मी होता है।

न्यूक्लिक अम्ल

- न्यूक्लिओटाइड का बहुलक है। शर्करा + क्षार + फॉस्फेरिक अम्ल
- प्रोटीन संश्लेषण, वंशागति फैलने में महत्त्वपूर्ण भूमिका निभाते हैं।
- DNA और RNA होते हैं
- **संगठन**

(i) **पेन्टोस शर्करा**
In DNA, β-D-2-डीऑक्सीराइबोज।
In RNA, β-D-राइबोज

(ii) **फॉस्फोरिक अम्ल**

(iii) **नाइट्रोजनी क्षार**
ऐडेनीन (A), ग्वानीन (G) और सायटोसीन (C) दोनों में। थायमीन (T) DNA में और यूरेसिल (U) RNA में

- **संरचना**

(i) **प्राथमिक** शृंखला में न्यूक्लियोटाइडों के अनुक्रम के संबंध में जानकारी देता है।

(ii) **द्वितीयक** पॉलीन्यूक्लियोटाइडों की दो रज्जुक चारों ओर कुण्डलित होती है।
- द्विरज्जुक का निर्माण होता है।
- इसके आधार में फॉस्फेट इकाइयाँ होती है।
- H-बन्धों के माध्यम से जुड़े होते हैं।

- **DNA**
- द्विरज्जुक कुण्डली संरचना रखता है।
- दोनों रज्जुक एक-दूसरे के पूरक होते हैं।
- H-बन्धों के बीच विशिष्ट युग्म निर्मित होते हैं
- A:::T और C:::G (H-बन्ध)
- **RNA**
- यह एकलक रज्जुक होता है।
- **प्रकार**
- *m*-RNA (संदेशवाहक)
- *t*-RNA (स्थानान्तरित)
- *r*-RNA (राइबोसोमल)
- **कार्य**

(i) **प्रतिकृतिकरण :**
- कोशिका विभाजित होती है, DNA अणु प्रतिकृति बनाते हैं और स्थानान्तरित होते हैं।

(ii) **प्रोटीन संश्लेषण**
- विशिष्ट प्रोटीन के संश्लेषण के लिए संदेश भेजता है, जिसे फिर कोशिका में RNA द्वारा संश्लेषित किया जाता है।

प्रोटीन

- यह α-ऐमीनों अम्लों के बहुलक होते हैं, जो आपस पेप्टाइड बन्ध द्वारा जुड़े होते हैं।
- यह डाइपेप्टाइड तथा ट्राईपेप्टाइड आदि के रूप में जुड़े होते हैं।

$$NH_2—CH_2—COOH + NH_2—\underset{R}{\overset{H}{C}}—COOH$$

$$\rightarrow NH_2—CH_2—\boxed{CO—NH}—\underset{C}{\overset{H}{C}}—COOH$$

पेप्टाइड बन्ध

ऑलिगोपेप्टाइड जब 2-10 ऐमीनों अम्लों से पेप्टाइड बन्ध एक-दूसरे से जुड़े हुए हो।
पॉलिपेप्टाइड जब 10 से अधिक ऐमीनो अम्ल पेप्टाइड बन्धों द्वारा एक-दूसरे से जुड़े हुए हो।

- **रेशेदार प्रोटीन**
- इनकी संरचना धागे जैसी होती है और ये जल में अविलेय होते हैं। उदाहरण- किरेटीन, मायोसीन
- **ग्लोबुलर प्रोटीन**
- इनका आकार गोलाकार होता है और ये जल में विलेय होते हैं उदहारण इंसुलिन और ऐलब्यूमिन

ऐमीनों अम्ल

- **निर्देश**
- कार्बनिक यौगिक एक ऐमीनों समूह (— NH_2) और एक कार्बोक्सिलिक समूह (— COOH) रखते हैं।
- — NH_2 और — COOH की सापेक्षिक स्थिति के आधार पर α, β, या γ...... के रूप में वर्गीकृत किया जा सकता है।
- प्रोटीन के जल अपघटन से केवल α– ऐमीनों अम्ल प्राप्त होते हैं।
- प्रोटीन का निर्माण खण्ड होता है।

वसा विलेय विटामिन

- वसा और तेल में विलेयशील और यकृत में संग्रहित होते हैं।

विटामिन	नाम	स्रोत	कारण
A	रेटिनॉयडस	दूध मक्खन	रात्रि अंधता
D	एरगोकिलिक्सफेरॉल /कोलेकेल्सिफेरॉल	दूध मछली यकृत तेल	रिकेट्स
E	टोकोफेरॉल	अंकुर तेल, आँवला	मांसपेशियों की कमजोरी
K	फाइलोक्विनॉन	हरे पत्ते वाली सब्जियाँ	रक्त स्त्राव

- विटामिन H न तो वसा-विलेय है और ना ही जल-विलेयृ

ग्लाइकोजन

- **गुण**
- जन्तुकोशिका में पाया जाता है।
- ये कार्बोहाइड्रेट का भण्डार है।
- आयोडीन के साथ बैंगनी-लाल रंग देते हैं।
- तनु अम्ल के साथ D-(+)-ग्लूकोस देते हैं।
- ऐमाइलोपेक्टीन के समान संरचना होती है।

- **तृतीयक संरचना**
- प्रोटीन की द्वितीयक संरचना के सभी मोड़ का प्रतिनिधित्व करता है।

तृतीयक संरचना

- **चतुर्थक संरचना**
- A3-आयामी मोड़

चतुर्थक संरचना

- **प्राथमिक संरचना**
- यह ऐमीनों अम्लों का सटीक क्रम दिखाता है।
- **द्वितीयक संरचना α-हेलिक्स**
  सभी NH_2 और COOH समूहों के बीच H-आबन्ध के कारण शृंखला का वलित होना।
  β-प्लेटेड संरचना
- पॉलीपेप्टाइड शृंखलाएँ फैलाकर एक-दूसरे के समीप में रखी जाती है।
- अंतरआण्विक H बंधों के द्वारा एक-दूसरे से बन्धे रहते हैं।

विकृतिकरण

- गर्म और स्कंदन करने पर प्रोटीन का मूल स्वरूप नष्ट हो जाता है।
- केवल 2° और 3° संरचनाएँ नष्ट होती है 1° बरकरार रहती है।
- प्रोटीन की जैविक सक्रियता खो जाती है।

विटामिन

- सामान्यतः यौगिकों से सम्बन्धित
- जैविक कार्यों के कम मात्रा में रखरखाव के लिए आवश्यक
- सामान्यतः जीवों के अच्छे विकास और स्वास्थ्य के लिए जरुरी होता है।
- **जल विलेय विटामिन**
- जल में विलेय है।
- नियमित रूप से आपूर्ति की जानी चाहिए और आसानी से उत्सर्जित होना चाहिए।

विटामिन	नाम	स्रोत	कारण
B_1	थाइमिन	दाल मेवे	बेरी-बेरी
B_2	राइबोफ्लेविन	अण्डे हरी सब्जियाँ	चिलोसिस
B_6	पिरिडॉक्सिन	चावल की भूसी मछली	अन्द्रिा CNS
C	ऐस्कॉर्बिक अम्ल	खट्टेफल, मिर्च	कन्वल्शन

p-ब्लॉक के तत्व (अध्याय एक दृष्टि में)

- **बोरोन का असामान्य व्यवहार**
– सामान्यतः अर्द्ध धातु
– चार से अधिक सहसंयोजकता नहीं दिखा सकता।
– अपररूप प्रदर्शित करता है तथा क्रिस्टलीय रूप में उपस्थित होता है।
– इसके गलनांक और क्वथनांक तुलनात्मक रूप से अधिक होते हैं।
- **डाईबोरेन**
– बोरोन का सबसे सरलतम् ज्ञात हाइड्राइड
– $4BCl_3 + 3LiAlH_4 \xrightarrow{\text{ईथर}} 2B_2H_6 + 3LiCl + 3AlCl_3$
– संरचना में 3 केन्द्रीय 2 इलेक्ट्रॉन सेतु बन्ध होते हैं जिसे बनाना बन्ध के नाम से जाना जाता है।

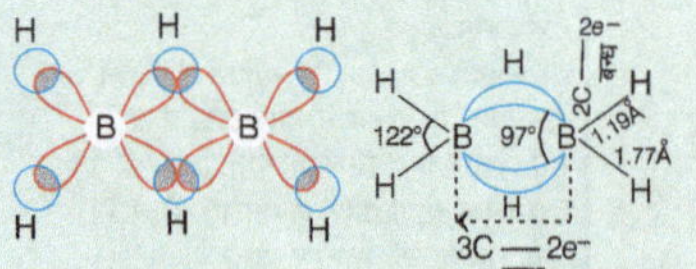

– अन्य बोरोन यौगिकों जैसे बोरेजीन को संश्लेषित करने के लिए इसे अग्रगामी के रूप में उपयोग किया जाता है।
$3B_2H_6 + 6NH_3 \xrightarrow{\Delta} 2B_3N_3H_6 + 12H_2$

13 समूह तत्त्व
[NG] ns^2np^1, NG= अक्रिय गैस

- **भौतिक गुणधर्म**
(i) आण्विक त्रिज्या B < Ga < Al < In < Tl
(ii) आयनन एन्थैल्पी
– *d* और *f* इलेक्ट्रॉन निम्न परिरक्षण प्रभाव के कारण रूकावट प्रदर्शित करते हैं।
– प्रथम आयनन एन्थैल्पी का क्रम
B > Tl > Ga > Al > In
(iii) विद्युत ऋणात्मकता B>Tl>In>Ga> Al
(iv) गलनांक B > Al > Tl > In > Ga
- **रासायनिक गुणधर्म**
– + 1 और + 3 ऑक्सीकरण अवस्था
– स्थायित्व अवस्था:
$Al^+ < Ga^+ < In^+ < Tl^+$
$Al^{3+} > Ga^{3+} > In^{3+} > Tl^{3+}$
– BF_3 और BCl_3 इलेक्ट्रॉन की कमी के कारण **लुईस अम्ल** के समान व्यवहार करते हैं।
- **वायु से अभिक्रिया**
$2M(s) + 3O_2(g) \longrightarrow 2\,M_2O_3\,(s)$
$2M(s) + N_2\,(g) \xrightarrow{\Delta} 2MN\,(s)\quad (M\text{=तत्व})$
- **अम्ल और क्षार से अभिक्रिया**
$2M(s) + 6HCl\,(aq) \rightarrow 2M^{3+}(aq) + 6Cl^- + 3H_2\,(g)\uparrow$
$2M(s) + 2NaOH + 6H_2O(l) \longrightarrow 2Na^+[M(OH)_4]^-\,(aq) + 3H_2\,(g)$
[बोरोन अम्ल और क्षार से क्रिया नहीं करता है]
- **हैलोजन से अभिक्रिया**
– $2M(s) + 3X_2(g) \longrightarrow 2MX_3\,(s)$

14 समूह तत्व
[NG] (ns^2np^2)

- **भौतिक गुणधर्म**
(i) सहसंयोजक त्रिज्या
– नीचे जाने पर बढ़ती है।
C < Si < Ge < Sn < Pb
(ii) आयनन एन्थैल्पी
– नीचे जाने पर घटती है, परन्तु Pb अपवाद है।
C > Si > Ge > Sn < Pb
(iii) विद्युत ऋणात्मकता
– अधिक परिवर्तन प्रदर्शित नहीं करते लगभग सभी के लिए समान C के अतिरिक्त।
(iv) गलनांक और क्वथनांक
– समूह 13 में गलनांक और क्वथनांक उच्च होते हैं तथा नीचे जाने पर कम हो जाते हैं।
(v) धात्विक लक्षण
– नीचे जाने पर बढ़ते हैं।
- **रासायनिक गुणधर्म**
– + 4 और + 2 सामान्य ऑक्सीकरण अवस्था होती है।
– यौगिक सामान्यतः सहसंयोजक होते हैं।
– + 4 पूर्ववर्ती यौगिक (C, Si, Ge) से अधिक स्थायी होते हैं।
– + 2 अक्रिय युग्म प्रभाव (Pb^{+2}) के कारण अधिक स्थायी होते हैं।

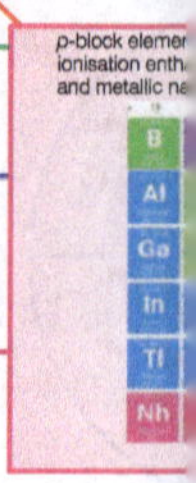

समूह 16 के तत्व [NG] (ns^2np^4)

- **भौतिक गुणधर्म**
(i) परमाण्विक/आयनिक त्रिज्या
O < S < Se < Te < Po
(ii) धात्विक लक्षण O, S, (अधातु) Se, Te, (उपधातु) Po (धातु)
(iii) गलनांक और क्वथनांक
– समूह में नीचे जाने पर दोनों बढ़ते हैं।
– ऑक्सीजन के गलनांक और क्वथनांक सल्फर की तुलना में बहुत कम होते हैं।
(iv) आयनीकरण एन्थैल्पी
– समूह में नीचे जाने पर घटती है।
– समूह 15 के तत्वों की तुलना में कम होती है।
(v) विद्युतऋणात्मकता
– ऑक्सीजन की विद्युतऋणात्मकता अपने समूह में सबसे अधिक है।
– समूह में नीचे जाने पर घटती है।
- **रासायनिक गुणधर्म**
– सामान्यतः सभी तत्वों द्वारा +2 और −2 ऑक्सीकरण अवस्था दर्शायी जाती है।
– S, Se और Te भी +4 और +6 ऑक्सीकरण अवस्था प्रदर्शित करते हैं।
– समूह में नीचे जाने पर + 6 अवस्था कम स्थायी होती है।
– समूह में नीचे जाने पर + 4 अवस्था अधिक स्थायी होती है।
- **अभिक्रियाशीलता प्रवृत्ति**
(i) हाइड्रोजन के साथ
– अम्लीय प्रकृति : $H_2Te > H_2Se > H_2S > H_2O$
– तापीय स्थायित्व :
$H_2O > H_2S > H_2Se > H_2Te$
– अपचायक प्रकृति :
$H_2Te > H_2Se > H_2S$
– गलनांक और क्वथनांक :
$H_2O > H_2Te > H_2Se > H_2S$
(ii) हैलोजन के साथ
– स्थायित्व :
$F^- > Cl^- > Br^- > I^-$
– हैक्साहैलाइड के संबंध में, केवल फ्लुओराइड स्थायी है
$SF_6 > SeF_6 > TeF_6$
– इनकी अष्टफलकीय संरचना होती है।
– SF_6 अपवादीय रूप से त्रिविम कारणों से स्थायी है।
– आसानी से जलअपघटन :
$TeF_6 > SeF_6 > SF_6$
(iii) ऑक्सीजन के साथ
– MO_2 और MO_3 दोनों के लिए समूह में नीचे जाने पर अम्लीय प्रकृति कम हो जाती है।
– अपचायक गुण $SO_2 > SeO_2 > TeO_2$

- **सल्फर के अपररूप**
(i) रोम्बिक S (α-सल्फर)
– रंग में पीला
– जल में अविलेय
– CS_2 में विलेय
– आकृति में अष्टफलकीय है।

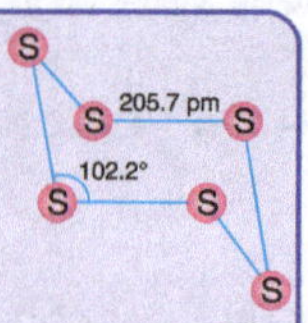

(ii) एकनताक्ष S (β-सल्फर)
– गलित α-सल्फर द्वारा निर्मित
– CS_2 में विलेय
– सुई के आकार के क्रिस्टल है।

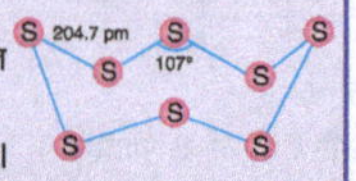

– S_8 दोनों रूपों में वलय जैसी मुकुट के समान आकृति पायी जाती है।
– साइक्लो S_6 में, कुर्सी का भी रूप धारण कर लेती है।

S के ऑक्सोअम्ल
→ H_2SO_3 (सल्फ्यूरस अम्ल)
→ H_2SO_4 (सल्फ्यूरिक अम्ल)
→ $H_2S_2O_7$ (ओलियम)
→ $H_2S_2O_8$ (मार्शल अम्ल)

17 समूह तत्व [NG] (ns^2np^5)

- **भौतिक गुण**
(i) परमाण्विक/आयनिक त्रिज्या
– ऊपर से नीचे बढ़ती है।
– फ्लोरीन अपवाद स्वरूप छोटा होता है।
F << Cl < Br < I
(ii) गलनांक और क्वथनांक
– नीचे जाने पर बढ़ते हैं।
(iii) आयनन एन्थैल्पी
F > Cl > Br > I
– आकार बढ़ने के साथ घटती जाती है।
(iv) वियोजन की एन्थैल्पी
Cl—Cl > Br—Br > F—F > I—I
(v) विद्युतऋणात्मकता
F > Cl > Br > I
- **रासायनिक गुणधर्म**
– सामान्यतः उभ्यनिष्ठ ऑक्सीकरण अवस्था : − 1.
– ऑक्सीकारक क्षमता
F > Cl > Br > I
– तत्व +1, +3, +5 और +7 अवस्थाओं में भी पाए जाते हैं।
– F-F (बंध वियोजन एन्थैल्पी) कम ऋणात्मकता के कारण फ्लोरीन असामान्य अत्यधिक आयनन ऊर्जा (IE) दर्शाता है।
- **क्रियाशीलता का क्रम**
(i) हाइड्रोजन की ओर
– F > Cl > Br > I (क्रियाशीलता क्रम)
– HI > HBr > HCl > HF (अम्लीय क्षमता)
– HI > HBr > HCl > HF (अपचायक लक्षण)
– HF > HI > HBr > HCl (क्वथनांक)
– HF > HCl > HBr > HI (तापीय स्थायित्व)
– HI > HBr > HCl > HF (बंध लम्बाई)
(ii) ऑक्सीजन की ओर
– हैलोजनों के द्वारा निर्मित ऑक्साइडों का स्थायित्व
I > Cl > Br
– F, OF_2 और O_2F_2 निर्मित करता है।
– Cl ऑक्साइड अच्छे ऑक्सीकारक कारक है।

(iii) धातुओं की ओर
– आयनिक लक्षण *MF > MCl > MBr > MI*
– सहसंयोजक लक्षण :
सहसंयोजक लक्षण ∝ धातु की ऑक्सीकरण संख्या
(iv) अंतर हैलोजन यौगिक
– *XX'*, उदाहरण- ICl, ClF.
– XX'_3, उदाहरण- ICl_3, ClF_3.
– XX'_5, उदाहरण- BrF_5
– XX'_7, उदाहरण- IF_7
(v) आभासी हैलाइड
– एकसंयोजी ऋणात्मक आयन हैलाइड आयनों के समान गुण रखते हैं। उदाहरण- CN^-, SCN^-, OCN^-, आदि।
(vi) आभासी हैलोजन
– द्विलक अणुओं के स्यूडोहैलाइड स्यूडोहैलोजन होते हैं। उदाहरण- $(CN)_2$, $(SCN)_2$, $(OCN)_2$, आदि।

अभिक्रिया

ऑक्सीजन के साथ

$M(s) + O_2 \xrightarrow{\text{सीमान्त पूर्ति}} MO(g)$

$M(s) + O_2 \xrightarrow{\text{आधिक्य}} MO_2(g)$

ऑक्साइड की प्रकृति: GeO-अम्लीय, SnO और PbO (उभयधर्मी)]

CO_2, SiO_2 GeO_2 (अम्लीय)

SnO_2 और PbO_2 (उभयधर्मी)

जल के साथ

- C, Si और Ge जल से क्रिया नहीं करते हैं।
- Pb परिरक्षित ऑक्साइड परत निर्माण के कारण जल से अप्रभावित रहता है।
- $Sn + 2H_2O \xrightarrow{\Delta} SnO_2 + 2H_2$ (वाष्प)

हैलोजन के साथ

- $M + 2X_2 \longrightarrow MX_4$

  ट्रेटा हैलाइड के ऊष्मीय स्थायित्व का क्रम

  $CX_4 > SiX_4 > GeX_4 > SnX_4 > PbX_4$.
- CCl_4 के अलावा अन्य ट्रेटा क्लोराइड जल में आसानी से अपघटित हो जाते हैं।

• C का सामान्य व्यवहार:

- कार्बन - 4 से + 4 ऑक्सीकरण अवस्था प्रदर्शित करता है।
- कार्बन के क्वथनांक और गलनांक उच्च होते हैं।
- यह कई $p\pi$-$p\pi$ बंधों का निर्माण कर सकता है।
- कार्बन में शृंखला का गुण पाया जाता है।
- सभी अपररूपों में उपस्थित होता है।

• कार्बन के अपररूप

(i) क्रिस्टलीय अपररूप

- डायमण्ड (हीरा)

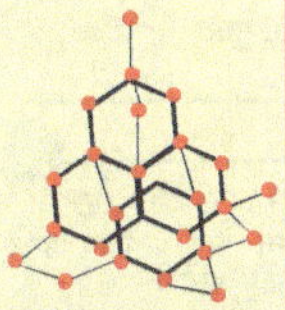

- दृढ़ त्रिविमिय जालक
- सभी कार्बन sp^3 संकरण में है।
- यह विद्युत का कुचालक तथा ऊष्मा ताप का चालन करता है।

- ग्रेफाइट

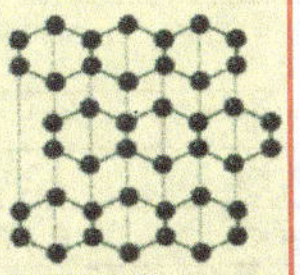

- परतीय संरचना है।
- सभी कार्बन sp^2- संकरण में हैं।
- यह विद्युत का चालक है।

• बकमिन्स्टर फ्लुरीन

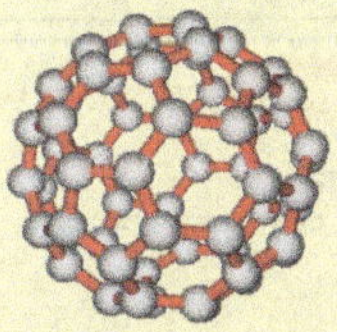

- यह C_{60} का अणु है। आकृति सॉकर बाल के समान।
- इसमें 20, 6 सदस्य और 12, 5 सदस्य रिंग होते हैं।
- सभी कार्बन sp^2- संकरण में है

(ii) अक्रिस्टलीय अपररूप

- कार्बन ब्लैक
- चारकोल
- कोक

15 समूह तत्व [NG] (ns^2np^3)

• भौतिक गुण

N, P, — अधातु; As, Sb, — उपधातु; Bi, Mc — प्रारूपी धातु

(i) आण्विक/आयनिक त्रिज्या

$N < P < As < Sb < Bi$

(ii) गलनांक और क्वथनांक

$N < P < As < Sb < Bi$ (B.P)

$N < P < As > Sb > Bi$ (M.P)

(iii) धात्विक प्रकृति : $N < P < As < Sb < Bi$

(iv) आयनन एन्थैल्पी : $N > P > As > Sb > Bi$

(v) विद्युतऋणात्मकता : $N > P > As > Sb > Bi$

• रासायनिक गुणधर्म

- सामान्य ऑक्सीकरण अवस्था - 3, + 4 और + 5 हैं।
- + 5 अवस्था अक्रिय युग्म प्रभाव के कारण समूह में नीचे जाने पर अस्थायी होती है।
- – 3 ऑक्सीकरण अवस्था का स्थायित्व समूह में नीचे जाने पर आकार बढ़ने के कारण कम हो जाता है।

• अभिक्रिया शीलता की प्रवृत्ति

(i) हाइड्राइड्स

क्षारीय प्रकृति $NH_3 > PH_3 > AsH_3 > SbH_3 \geq BiH_3$

क्वथनांक $PH_3 < AsH_3 < NH_3 < SbH_3 < BiH_3$

तापीय स्थायित्व $NH_3 > PH_3 > AsH_3 > SbH_3 > BiH_3$

जल में विलयता विलय – NH_3, PH_3

;अविलयता AsH_3, BiH_3, SbH_3

(ii) ऑक्साइड

- अम्लता :

  $N_2O_3 > P_4O_6 > As_2O_3 > Sb_2O_3 > Bi_2O_3$
- N के ऑक्साइड के का अम्ल सामर्थ्य क्रम

  $N_2O < NO < N_2O_3 < N_2O_4 < N_2O_5$

  (N_2O, NO — उदासीन; N_2O_3, N_2O_4, N_2O_5 — अम्लीय)

(iii) हैलाइडस

- स्थायित्व : $NF_3 > NCl_3 > NBr_3$
- लुईस अम्ल सामर्थ्य :

  $PCl_3 > AsCl_3 > SbCl_3$

  $PF_3 > PCl_3 > PBr_3 > PI_3$
- लुईस क्षार सामर्थ्य :

  $NI_3 > NBr_3 > NCl_3 > NF_3$

• P के अपररूप

(i) सफेद फास्फोरस

- हवा के सम्पर्क में जलने लगता है।

  $P_4 + 5O_2 \longrightarrow P_4O_{10}$ सफेद धुआँ

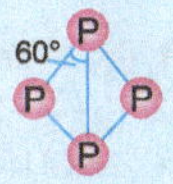

(ii) लाल फास्फोरस

- P_4 की पॉलीमेरिक चेन

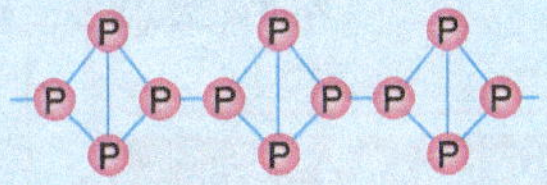

- गर्म करने पर काला फॉस्फोरस देता है।

(iii) काला फास्फोरस

- α और β- रूप में पाया जाता है।
- वायु में ऊर्ध्वपातनीय

फास्फोरस के आक्सोअम्ल

- $H_3\overset{+1}{P}O_2$, (हाइपो फॉस्फोरस और फॉस्फोनिक अम्ल)
- $H_3\overset{+3}{P}O_3$, (ऑर्थो - फॉस्फोरस अम्ल, फॉस्फोनिक अम्ल)
- $H_4\overset{+3}{P_2}O_5$, (पाइरोफॉस्फोरस अम्ल)
- $H_4\overset{+4}{P_2}O_6$, (हाइपोफॉस्फोरिक अम्ल)
- $H_3\overset{+5}{P}O_4$, (ऑर्थो -फॉस्फोरिक अम्ल)
- $H_4\overset{+5}{P_2}O_7$, (पाइरोफॉस्फोरिक अम्ल)
- $(H\overset{+5}{P}O_3)_n$, (पॉली मेटा फॉस्फोरिक अम्ल)

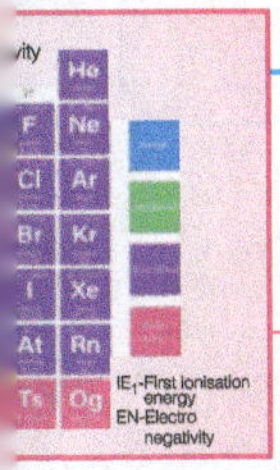

18 समूह तत्व [NG] (ns^2np^6)

• भौतिक गुणधर्म

- ये रासायनिक रूप से अक्रियाशील होते है अतः इन्हें नोबल गैस कहा जाता है।
- केवल मोनो आण्विक अवस्था में प्राप्त होती है।

(i) आयनन एन्थैल्पी

- उच्च आयनन एन्थैल्पी ऊपर से नीचे जाने पर कम होती है।

  $He > Ne > Ar > Kr > Xe$

(ii) आण्विक त्रिज्या

- समूह में नीचे जाने पर बढ़ती है।

  $He < Ne < Ar < Kr < Xe$
- असामान्य बड़े आकार के कारण उच्च अम्ल इलेक्ट्रॉनिक प्रतिकर्षण पाया जाता है।

(iii) इलेक्ट्रॉन लब्धि ऐन्थैल्पी

- इलेक्ट्रॉन ग्रहण न करने की क्षमता के कारण धनात्मक होता है।

(iv) गलनांक और क्वथनांक

- निम्न अन्तः परमाण्विक बलों के कारण कम होते हैं। हीलियम का क्वथनांक कम होता है।

  $He < Ne < Ar < Kr < Xe$

(v) तापीय चालकता

$He > Ne > Ar > Kr > Xe$

• रासायनिक गुणधर्म

- पूर्ण पूरित कक्षकों के कारण अक्रियाशील उच्च I.E और धनात्मक इलेक्ट्रॉन लब्धि ऐन्थैल्पी
- केवल Kr के कुछ यौगिक ज्ञात हैं।

• क्रियाशीलता के तथ्य

(i) जीनॉन-फ्लुओरीन यौगिक

$Xe \xrightarrow[673\text{ K, 1 बार}]{nF_2} XeF_2$

$Xe \xrightarrow[873\text{ K, 7 बार}]{nF_2} XeF_4$

$Xe \xrightarrow[573\text{K, 60 बार}]{nF_2} XeF_6$

(n=1, 2, 3)

(ii) जीनॉन-ऑक्सीजन यौगिक

जल के साथ

- $XeF_4 \xrightarrow{H_2O} Xe + XeO_3 + HF + O_2$
- $XeF_6 \xrightarrow{H_2O} XeOF_4 + HF$
- $XeF_6 \xrightarrow{H_2O\text{ (आधिक्य)}} XeO_2F_2 + HF$

F दाता और ग्राही के साथ

- $XeF_2 \xrightarrow{PF_5} [XeF]^+[PF_6]^-$
- $XeF_6 \xrightarrow{MF} [XeF_7]^-M^+ [M = Na, K]$
- $XeF_4 \xrightarrow{SbF_5} [XeF_3]^+[SbF_6]^-$

जीनॉन के यौगिक की संरचना

- $XeF_2 \rightarrow sp^3d$, ज्यामिति → TBP, आकार → रेखीय
- $XeF_4 \rightarrow sp^3d^2$, ज्यामिति → अष्टफलकीय, आकार → चतुष्फलकीय
- $XeF_6 \rightarrow sp^3d^3$, ज्यामिति → पंचभुज पिरामिडीय, आकार → विकृत अष्टफलकीय
- $XeO_3 \rightarrow sp^3$, ज्यामिति → चतुष्फलकीय, आकार → पिरामिडीय
- $XeOF_4 \rightarrow sp^3d^2$, ज्यामिती → अष्टफलकीय, आकार → चतुष्फलकीय

• उपयोग

- He का उपयोग गुब्बारों को भरने में।
- Ne का उपयोग डिस्चार्ज ट्यूब में।
- Ar का उपयोग अक्रिय वातावरण बनाने में

प्रायोगिक रसायन से संबंधित सिद्धान्त (अध्याय एक दृष्टि में

$CuSO_4$ के विलयन की एन्थैल्पी

- $CuSO_4$ के विलयन की एन्थैल्पी 16 किलोकैलोरी है।
- विद्युत अपघटन के दौरान जब $CuSO_4$ को जल में डाला जाता है, तो यह विलय हो जाता है।
- $CuSO_4$ आयन Cu^{2+} तथा SO_4^{2-} में अपघटित हो जाता है।
- दो कॉपर इलेक्ट्रोड को विलयन में डुबोया जाता है।
- परिणामस्वरूप SO_4^{2-} आयन एनोड पर स्थानान्तरित हो जाएँगे और SO_4 मुक्त मूलक बनाएँगे।

द्रवस्नेही और द्रवविरोधी सॉल का निर्माण

- द्रवस्नेही कोलाइड वे होते हैं, जिनमें परिक्षिप्त प्रावस्था विलायक के लिए एक निश्चित संबंध प्रदर्शित करता है। इन पर बहुत कम या कोई आवेश नहीं होता है।
- द्रवविरोधी कोलाइड वे होते हैं जिनमें परिक्षिप्त प्रावस्था के माध्यम में कोई आकर्षण नहीं होता है इनमें धनात्मक या ऋणात्मक आवेश होता है।
- द्रवविरोधी कोलाइड परिक्षेपण माध्यम के साथ सीधे मिश्रण द्वारा तैयार किया जाता है जबकि द्रवस्नेही कोलाइड माध्यम के साथ सीधे मिश्रण द्वारा तैयार नहीं किया जाता है।

प्रबल अम्ल और प्रबल क्षार के उदासीनीकरण की एन्थैल्पी

- उदासीनीकरण की एन्थैल्पी वह ऊष्मा है जो तब उत्पन्न होती है, जब अम्ल के एक ग्राम तुल्यांक को तनु विलयन में क्षार द्वारा पूरी तरह से उदासीन कर दिया जाता है।
- क्षार के साथ अम्ल के उदासीनीकरण के दौरान ऊष्मा उत्पन्न होती है।
- यह प्रबल अम्ल और प्रबल क्षार के लिए हमेशा नियत रहती है, क्योंकि वे तनु विलयन में पूरी तरह से आयनीकृत हो जाते हैं।

अम्ल-क्षार अनुमापन

- इसमें अम्ल और क्षार के मध्य अभिक्रिया शामिल होती है।
- अंतिम बिन्दु के लिए अम्ल-क्षार सूचक का उपयोग किया जाता है।

अम्ल-क्षार सूचक

सूचक	pH परास	अम्लीय विलयन में रंग	क्षारीय विलयन में रंग
मेथिल ऑरेन्ज	3.1-4.5	लाल	पीला
मेथिल रेड	4.2-6.3	लाल	पीला
फीनॉल रेड	6.4-8.2	पीला	लाल
फिनॉलफ्थेलीन	8.0-9.8	रंगहीन	गुलाबी

अभिक्रिया की गतिकी का अध्ययन

H_2O_2 के साथ में आयोडाइड आयन

- H_2O_2, I^- को I_2 में ऑक्सीकृत करता है।

$H_2O_2 + 2I^- \xrightarrow[\text{मन्द}]{H+} 2H_2O + I_2$

- I_2, $Na_2S_2O_3$ के साथ अभिक्रिया करता है।

$I_2 + 2S_2O_3^{2-} \xrightarrow{\text{तीव्र}} S_4O_6^{2-} + 2I^-$

- I_2 + स्टार्च $\longrightarrow$ नीला संकुलन

क्षारीय मूलकों का विश्लेषण

- **समूह I धनायन (Pb^{2+})**
- समूह अभिकर्मक : तनु HCl
- **Pb^{2+} का परीक्षण**
- $Pb^{2+} + 2Cl^- \longrightarrow PbCl_2\downarrow$ (Cold O.S) से HCl; सफेद अवक्षेप
- $PbCl_2 + K_2CrO_4 \longrightarrow PbCrO_4\downarrow + 2KCl$ (गर्म जल में विलेय); पीला अवक्षेप; सफेद अवक्षेप
- $PbCl_2 + H_2SO_4 \longrightarrow PbSO_4\downarrow + 2HCl$; सफेद अवक्षेप

लवण विश्लेषण

- **शुष्क परीक्षण**
- भौतिक प्रेक्षण जैसे- गन्ध, रंग, घनत्व।
- ताप का प्रभाव, विलेयता, ज्वाला परीक्षण, चारकोल वलय परीक्षण, बोरेक्स बीड परीक्षण
- **आर्द्र परीक्षण**
- शुष्क परीक्षण के विश्लेषण की पुष्टि के लिए
- इसका उपयोग अम्लीय और क्षारीय मूलकों के विश्लेषण के लिए किया जाता है।

अनुमापन वक्र

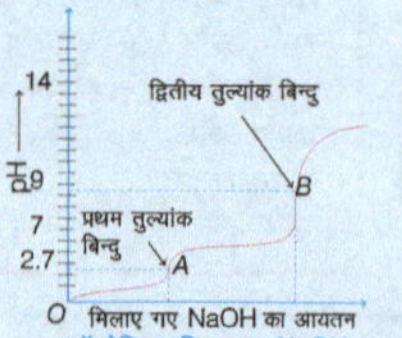

ऑक्सेलिक एसिड बनाम NaOH

अनुमापनीय अभ्यास

- यह मात्रात्मक विश्लेषण की विधि है।
- एक अनुमापन (अज्ञात विलयन) में एक एनालाइट (ज्ञात विलयन) मिलाया जाता है।
- $N_1V_1 = N_2V_2$ और $M_1V_1 = M_2V_2$, का उपयोग करके विश्लेषण की मात्रा की गणना की जाती है।
- अभिक्रिया का समापन अंतिम बिन्दु द्वारा चिह्नित किया जाता है।
- सूचकों का उपयोग करके अंतिम बिन्दु का पता लगाया जाता है।

समूह IV धनायन Zn^{2+}, Ni^{2+}

समूह अभिकर्मक : NH_4OH में H_2S

- सल्फाइड के रूप में अवक्षेप

Ni^{2+} के लिए परीक्षण

- $3NiS + 6HCl + 2HNO_3 \longrightarrow 3NiCl_2 + 2NO + 3S + H_2O$

$NiCl_2 + 2DMG \longrightarrow$ डाइमेथिल ग्लाइऑक्सिमेट संकुल (रासायनिक लाल अवक्षेप)

Zn^{2+} के लिए परीक्षण

- $ZnS + 2HCl \longrightarrow ZnCl_2 + H_2S$

$ZnCl_2 + 2NaOH \longrightarrow Zn(OH)_2\downarrow$ (सफेद)

- $ZnCl_2 + K_4[Fe(CN)_6] \longrightarrow Zn_2[Fe(CN)_6]\downarrow$ (नीला अवक्षेप)

समूह II धनायन Cu^{2+}, Pb^{2+}

समूह अभिकर्मक, $\longrightarrow H_2S$ + तनु HCl

- **Cu^{2+} के लिए परीक्षण**
- $Cu^{2+} + H_2S \xrightarrow{\text{तनु HCl}} CuS\downarrow$ (काला अवक्षेप)
- $3CuS + 8HNO_3 \longrightarrow 3Cu(NO_3)_2$ (नीला विलय)
- $Cu(NO_3)_2 + 2CH_3COOH \longrightarrow (CH_3COO)_2Cu + 2HNO_3$

$(CH_3COO)_2Cu \xrightarrow{K_4Fe(CN)_6} Cu_2[(Fe(CN)_6]$ (गहरा भूरा अवक्षेप)

समूह II ऋणायन

- समूह अभिकर्मक : सान्द्र H_2SO_4
- **Cl^- के लिए परीक्षण**
- $HCl + NH_4OH \longrightarrow NH_4Cl\uparrow + H_2O$ (सफेद धुआँ)
- **क्रोमिल क्लोराइड परीक्षण**
- $4NaCl + K_2Cr_2O_7 + 3H_2SO_4$ (सान्द्र) $\longrightarrow 2CrO_2Cl_2$ (क्रोमिल क्लोराइड, पीली नारंगी गैस) $+ 2Na_2CrO_4 + K_2SO_4 + 3H_2O$

$CrO_2Cl_2 + 4NaOH \rightarrow Na_2CrO_4$ (पीला) $+ 2NaCl + 2H_2O$

- **Br^- के लिए परीक्षण**
- $NaBr + AgNO_3 \longrightarrow AgBr\downarrow + NaNO_3$ (हल्का पीला)
- **I^- के लिए परीक्षण**
- $H_2SO_4 + 2HI \longrightarrow I_2\uparrow + SO_2 + 2H_2O$ (बैंगनी वाष्प)
- **NO_3^- के लिए परीक्षण**
- $NaNO_3 + H_2SO_4$ (सान्द्र) $\longrightarrow NaHSO_4 + HNO_3$
- $4HNO_3 \xrightarrow{\Delta} 4NO_2\uparrow$ (भूरा) $+ O_2\uparrow + 2H_2O$
- **भूरा वलय परीक्षण**
- $[Fe(H_2O)_6]SO_4 \cdot H_2O + NO \rightarrow [Fe(H_2O)_5NO]SO_4 + 2H_2O$ (भूरी वलय) फेरस नाइट्रोसो सल्फेट

समूह III धनायन Al^{3+}, Fe^{3+}

समूह अभिकर्मक : $NH_4OH + NH_4Cl$

हाइड्रॉक्साइड के रूप में अवक्षेप

- **Al^{3+} के लिए परीक्षण**
- $Al(OH)_3 + NaOH \longrightarrow NaAlO_2 + 2H_2O$

$NaAlO_2 + NH_4Cl \xrightarrow[H_2O]{\Delta} Al(OH)_3$ (सफेद जिलेटिन)

- **Fe^{3+} के लिए परीक्षण**
- $Fe(OH)_3 + 3HCl \longrightarrow FeCl_3 + 3H_2O$

$4FeCl_3 + 3K_4[Fe(CN)_6] \longrightarrow Fe_4[Fe(CN)_6]_3$ (गहरा नीला रंग)

समूह V धनायन (Ca^{2+}, Ba^{2+})

समूह अभिकर्मक : $(NH_4)_2CO_3 + NH_4OH$

Ba^{2+} के लिए परीक्षण

- $BaCO_3 + 2CH_3COOH \xrightarrow{\Delta} CO_2 + H_2O + (CH_3COO)_2Ba$

$(CH_3COO)_2Ba \xrightarrow{K_2CrO_4} 2CH_3COOK + BaCrO_4$ (पीला अवक्षेप)

Ca^{2+} के लिए परीक्षण

- $CaCO_3 + 2CH_3COOH \xrightarrow{\Delta} CO_2 + H_2O + (CH_3COO)_2Ca$

$(CH_3COO)_2Ca \xrightarrow{(NH_4)_2C_2O_4} 2CH_3COONH_4 + CaC_2O_4$ (सफेद अवक्षेप)

$CaC_2O_4 \xrightarrow{H^+,\ KMnO_4\text{(गुलाबी)}} 10CO_2 + 5CaCl_2 + 2MnCl_2$ (रंगहीन)

समूह III ऋणायन

SO_4^{2-} के लिए परीक्षण

- $Na_2SO_4 + BaCl_2 \rightarrow BaSO_4\downarrow$ (सफेद) 2NaCl.
- लेड एसीटेट + $Na_2SO_4 \longrightarrow PbSO_4\downarrow$ (सफेद)

अकार्बनिक लवण का निर्माण

मोहर लवण

- $(NH_4)_2SO_4 + FeSO_4 \cdot 7H_2O \rightarrow FeSO_4(NH_4)_2SO_4 \cdot 6H_2O + H_2O$ मोहर लवण (हल्का हरा)
- लवण के जल अपघटन को रोकने के लिए तनु H_2SO_4 मिलाया जाता है।
- Fe^{2+} के ऑक्सीकरण को Fe^{3+} में रोकने के लिए जल को पहले उबाला जाता है।

समूह VI धनायन (Mg^{2+})

समूह अभिकर्मक : $NH_4OH + Na_2HPO_4$

Mg + समूह अभिकर्मक $\xrightarrow[-2NaCl]{}$ $Mg(NH_4)PO_4$ (सफेद अवक्षेप)

समूह शून्य धनायन (NH_4^+)

समूह अभिकर्मक : NaOH(तनु)

- $NH_4Cl + NaOH \xrightarrow{\Delta} NH_3(g) + NaCl$

$NH_3 \xrightarrow{HCl} NH_4Cl$ (सफेद धुआँ)

$NH_3 \xrightarrow{\text{NaOH, नैसलर अभिकर्मक}}$ मिलियन्स क्षार आयोडाइड (भूरा अवक्षेप)

फिटकरी

निर्माण

$K_2SO_4 + Al_2(SO_4)_3 + 24H_2O \longrightarrow K_2SO_4 \cdot Al_2(SO_4)_3 \cdot 24H_2O$

- जल अपघटन को रोकने के लिए H_2SO_4 मिलाया जाता है।

हैलोजन की पहचान

HNO_3 के साथ अम्लीकृत लैसाग्ने के निष्कर्षण को $AgNO_3$ विलयन के साथ मिलाया जाता है। NH_4OH में घुलने पर परिणामी विलयन हैलोजन की पहचान में सहायता करता है।

$NaX + AgNO_3 \longrightarrow AgX\downarrow + NaNO_3$

$NH_4NO_3 + AgX \longrightarrow [Ag(NH_3)_2 + 2H_2O$

यदि $X = F^-$, अवक्षेप AgF सफेद और अत्यधिक विलेय होता है।

यदि $X = Cl^-$, अवक्षेप विलेय होता है।

यदि $X = Br^-$, अवक्षेप AgBr कम पीला और आंशिक विलेय होता है।

यदि $X = I^-$, अवक्षेप AgI पीला और आंशिक विलेय होता है।

नाइट्रोजन की पहचान

लैसाग्ने के निष्कर्षण को $FeSO_4$ के साथ उबाला जाता है, $FeCl_3$ की कुछ बूँदें, उसके बाद HCl के साथ अम्लीकरण करने पर फेरिक फेरो सायनाइड का नीला हरा अथवा प्रुशियन ब्लू रंग मिलता है।

$2NaCN + FeSO_4 \longrightarrow Na_2SO_4 + Fe(CN)_2 \xrightarrow{NaCN} Na_4[Fe(CN)_2]$

$Na_4[Fe(CN)_2] \xrightarrow{FeCl_3} \underset{\text{(प्रुशियन नीला)}}{Fe_4[(Fe(CN)_6]_3} + 12NaCl$

सल्फर की पहचान

– सल्फर की उपस्थिति का पता लगाने में निम्नलिखित अभिकर्मकों का उपयोग किया जाता है।

– $Na_2S + \underset{\text{लेड ऐसीटेट}}{(CH_3COO)_2Pb} \longrightarrow \underset{\text{काला अवक्षेप}}{PbS\downarrow} + 2CH_3COO^-Na^+$

– $Na + C + N + S \longrightarrow \underset{\text{सोडियम सल्फोसायनाइड}}{NaSCN} \xrightarrow[\text{के साथ}]{FeCl_2} \underset{\text{फेरिक सल्फोसायनाइड (लाल रक्त)}}{Fe(SCN)_3} + 3NaCl$

क्रियात्मक समूह की पहचान

• एल्कोहॉलिक (—OH) समूह के लिए परीक्षण

• सोडियम परीक्षण

– H_2 गैस का निष्कासन

– $2ROH + 2Na \longrightarrow 2RO^-Na^+ + H_2$

• सेरिक अमोनियम नाइट्रेट परीक्षण

– $ROH + (NH_4)_2Ce(NO_3)_6 \longrightarrow$ सिरीयम संकुल (लाल रंग) $+ 2NH_4NO_3$

रेडॉक्स अनुमापन

– ऑक्सीकरण अपचयन पर आधारित।

– $K_2Cr_2O_7$ का उपयोग अनुमापक के रूप में होता है।

– अनुमापक स्वसूचक के रूप में कार्य करता है। उदाहरण- ऑक्जेलिक अम्ल बनाम $KMnO_4$.

– अम्लीय माध्यम में Mn स्वयं को + 7 से घटाकर + 2 कर देता है।

– रंगहीन से गुलाबी रंग में परिवर्तन अंतिम बिन्दु को दर्शाता है।

कार्बोनिल समूह के लिए परीक्षण

• सोडियम बाइसल्फाइट परीक्षण

एल्डिहाइड और कीटोन दोनों जल में विलेय क्रिस्टलीय बाइसल्फाइट उत्पाद देते हैं।

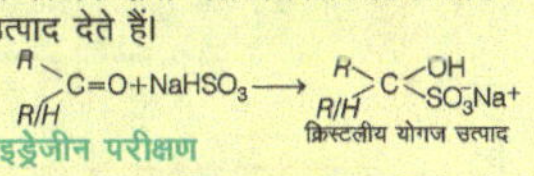

• 2, 4, DNP हाइड्रेजीन परीक्षण

पीला-नारंगी अवक्षेप का निर्माण/कार्बोनिल समूह की उपस्थिति को सूचित करता है।

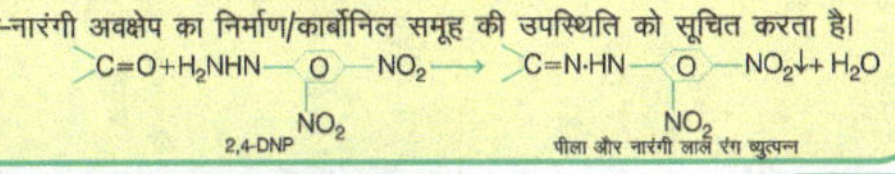

फीनॉलिक (—OH) समूह का परीक्षण

• लिटमस परीक्षण

– नीले लिटमस पत्र को लाल में परिवर्तित करते हैं।

– फीनॉल दुर्बल अम्ल होते हैं।

– Na_2CO_3 विलयन के साथ बुदबुदाहट नहीं देता है।

• फेरिक क्लोराइड परीक्षण

– फीनॉल + फेरिक क्लोराइड (कुछ बूंदें) $\longrightarrow [Fe(OPh)_6]^{3-}$ (बैंगनी)

• लीबरमान नाइट्रोसो परीक्षण

– फीनॉल $\xrightarrow{HNO_2}$ p-नाइट्रोसोफीनॉल $\xrightarrow[H^+]{\text{फीनॉल}}$ इंडोफीनॉल आयन $\xrightarrow{NaOH}$ इंडोफीनॉल (नीला)

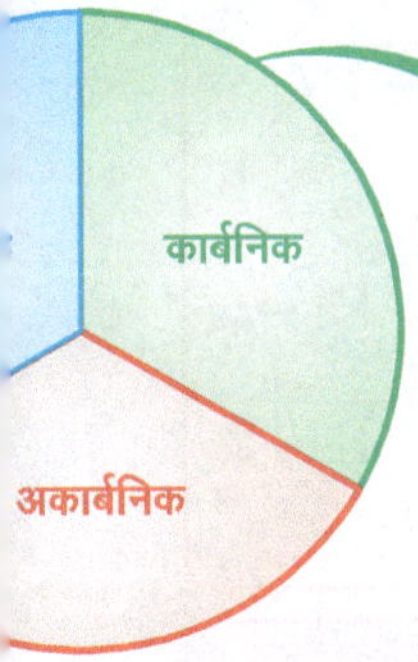

एल्डिहाइड और कीटोन के बीच अन्तर

• टॉलेन परीक्षण

$RCHO + \underset{\text{टॉलेन अभिकर्मक}}{2Ag[NH_3]^+{}_2OH^-} \longrightarrow \underset{\text{रजत दर्पण}}{2Ag\downarrow} + RCOO^-NH_4^+$

– रजत दर्पण का निर्माण सुनिश्चित करता है, कि एल्डिहाइड समूह उपस्थित है।

– केवल एल्डिहाइड यह परीक्षण देते हैं।

• फेहलिंग परीक्षण

– फेहलिंग A और फेहलिंग B मिश्रण के द्वारा फेहलिंग विलयन बनता है और Cu^{2+} का एक रंगीन संकुल बनता है।

– $RCHO + 2CuO \longrightarrow RCOOH + \underset{\text{लाल अवक्षेप}}{Cu_2O\downarrow}$

– केवल ऐलिफेटिक एल्डिहाइड ही यह परीक्षण देते हैं।

– बेन्जेल्डिहाइड की पुष्टि मैलेकाइट हरे परीक्षण द्वारा होती है।

– उपरोक्त दोनों परीक्षण शर्करा का अपचयन दर्शाते हैं।

ऐल्कोहॉलों के बीच अंतर

• ल्युकास परीक्षण

ल्युकास अभिकर्मक : $[ZnCl_2 + HCl]$

कार्बनिक यौगिक + ल्युकास अभिकर्मक $\longrightarrow$ विलयन

– यदि विलयन में धुँधलापन तुरंत प्रकट हो जाए -3° एल्कोहॉल

– यदि धुँधलापन 4-5 मिनट बाद प्रकट हो -2° एल्कोहॉल

– यदि स्वच्छ विलयन -1° एल्कोहॉल

• विक्टर मेयर परीक्षण

केवल 1° और 2° एल्कोहॉल यह परीक्षण देते हैं।

• $\underset{\text{(1° एल्कोहॉल)}}{RCH_2OH} \xrightarrow{HI} RCH_2I \xrightarrow{AgNO_2} RCH_2NO_2 \xrightarrow{HONO} R—C(=NOH)—NO_2$ (नाइट्रोलिक अम्ल) $\xrightarrow{NaOH}$ लाल रक्त रंग

• $\underset{\text{(2° एल्कोहॉल)}}{R_2CHOH} \xrightarrow{HI} R_2CHI \xrightarrow{AgNO_2} R_2CHNO_2 \xrightarrow{HONO} R_2C(NO)—NO_2$ (स्यूडोनाइट्रोल अम्ल) $\xrightarrow{NaOH}$ नीला रंग

अम्लीय मूलकों का विश्लेषण

• प्रथम समूह के ऋणायन

– समूह अभिकर्मक : तनु H_2SO_4

• CO_3^{2-} के लिए परीक्षण

– $Na_2CO_3 + 2HCl \rightarrow 2NaCl + H_2O + CO_2\uparrow$

– $Ca(OH)_2 + CO_2 \rightarrow CaCO_3\downarrow$

• NO_3^{2-} के लिए परीक्षण

– $2NaNO_2$+सान्द्र $H_2SO_4 \rightarrow Na_2SO_4 + 2HNO_2$

$2NO + O_2 \rightarrow \underset{\text{भूरा रंग}}{2NO_2}\uparrow$

– $2KI + 2NO_2 \rightarrow 2KNO_2 + I_2$

I_2 + स्टार्च → नीला रंग

• S^{2-} के लिए परीक्षण

– $Na_2S + H_2SO_4 \longrightarrow \underset{\text{(सड़े हुए अण्डे जैसी गंध)}}{H_2S} + Na_2SO_4$

– $(CH_3COO)_2Pb + H_2S \longrightarrow \underset{\text{(काला)}}{PbS\downarrow} + 2CH_3COOH$

—NH_2 समूह के लिए परीक्षण

• एजो-डाइ परीक्षण

– प्राथमिक ऐरोमेटिक ऐमीनों की उपस्थिति की पुष्टि के लिए

– ऐनिलीन $\xrightarrow{NaNO_2/HCl}$ डाइएजोनियम लवण $\xrightarrow{\beta-\text{नेफ्थोल}}$ एजो-डाइ (नारंगी)

• कार्बिएमीन परीक्षण

– एक अत्यधिक विषैला आइसोसायनाइड का निर्माण होता है।

– केवल प्राथमिक ऐमीन देते हैं।

$RNH_2 + CHCl_3 + 3KOH \xrightarrow{-3H_2O} R—N \equiv C + 3KCl$

—COOH समूह के लिए परीक्षण

• $NaHCO_3$ परीक्षण

– तीव्र बुदबुदाहट नहीं देता है।

$RCOOH + NaHCO_3 \longrightarrow RCOO^-Na^+ + H_2O + CO_2\uparrow$

• एस्टर परीक्षण

– —COOH समूह वाले यौगिक एल्कोहॉल के साथ फलों जैसी गंध वाले एस्टर देते हैं।

– $RCOOH + C_2H_5OH \xrightarrow[\Delta]{H^+} \underset{\text{फल जैसी गंध}}{RCOOC_2H_5}$

कार्बनिक यौगिकों का निर्माण

ऐसीटेनिलाइड 

• निर्माण

– Ph—NH_2 + एसीटिक एनहाइड्राइड ⇌ एसीटानिलाइड

• गुण

– —$NHCOCH_3$ समूह p-निर्देशी प्रवृत्ति का होता है।

1°,2° और 3° ऐमीन के बीच अंतर

• नाइट्रस परीक्षण

– 1° ऐमीन $\xrightarrow{HNO_2}$ $N_2\uparrow + ROH$

– 2° ऐमीन $\xrightarrow{HNO_2}$ $\underset{\text{(तैलीय यौगिक)}}{R_2N = NO}$

– 3° ऐमीन $\xrightarrow{HNO_2}$ लवण निर्माण (विलेय)

• हिंसबर्ग परीक्षण

– 1° ऐमीन $\xrightarrow[\text{अभिकर्मक}]{\text{हिंसबर्ग}}$ N–ऐल्किलबेन्जीन सल्फोनामाइड (NaOH में विलेय)

– 2° ऐमीन $\xrightarrow[\text{अभिकर्मक}]{\text{हिंसबर्ग}}$ N,N–डाइऐल्किलबेन्जीन सल्फोमाइड (NaOH में अविलेय)

p-नाइट्रोऐसीटेनिलाइड

– एसीटानिलाइड का p-नाइट्रो व्युत्पन्न है।

– इसका उपयोग कुछ रंजकों के मध्यवर्ती के रूप में किया जाता है।

– इसका निर्माण कम तापमान पर ऐसीटेनिलाइड के नाइट्रीकरण द्वारा किया जाता है।

ऐसीटेनिलाइड $\xrightarrow[\text{सान्द्र } HNO_3]{\text{सान्द्र } H_2SO_4}$ p-नाइट्रोऐसीटेनिलाइड (मुख्य)

CHI_3 आयोडोफॉर्म

– α-मेथिल समूह कार्बोनिल यौगिकों का पता लगाता है।

उदाहरण — $COCH_3$ — CH(OH) — CH_3

– $NaOCl + KI \xrightarrow{\text{ऑक्सीकरण}} KOI + NaCl$

– $CH_3COCH_3 \xrightarrow{KOI} Cl_3COCH_3 \xrightarrow{NaOH} CHI_3$

पीला ऐनिलीन

– डाइएजोनियम क्लोराइड और एनिलीन के बीच युग्मन अभिक्रिया के द्वारा निर्मित

– $Ph—NH_2 \xrightarrow{HNO_2} Ph—N{=}N^+Cl^- \xrightarrow{\text{एनिलीन}}$ पीला एनिलीन

ऐमीन (अध्याय एक दृष्टि में)

तृतीयक ऐमीन का निर्माण

- RX(आधिक्य) + $NH_3 \rightarrow$ 1°, 2° एवं 3° ऐमीन का मिश्रण
- $R—CH_2COR' + NHR''_2 \xrightarrow{\text{अम्ल}}$ $R—C(=C—R)—N(R'')_2$
- $RCONR'_2 \xrightarrow{LiAlH_4} RCH_2—N(R')—R'$ (3° ऐमीन)

ऐमीनों के मिश्रण का निर्माण:

- हॉफमैन अमोनोलिसिस विधि
  RI (आधिक्य) $\xrightarrow{NH_3/\Delta}$ 1° + 2° + 3° + चतुष्कीय ऐमीन
- ऐल्कोहॉल की अमोनिया के साथ अभिक्रिया ROH (आधिक्य)
  ROH (अधिकता) + $NH_3 \xrightarrow{Al_2O_3}$ 1°+2°+3° + चतुष्कीय ऐमीन
- ल्युकार्ट अभिक्रिया
  $RCOOMe + HCOONH_4 \xrightarrow{\Delta} RCH(NH_2)Me + H_2O + CO_2\uparrow$

प्राथमिक ऐमीन का निर्माण

प्राथमिक ऐमीन

- $RCN \xrightarrow{LiAlH_4}$ [अपचयन]
- $RNO_2 \xrightarrow{Sn/HCl,\ H_2/Pt}$ [अपचयन]
- $RCONH_2 \xrightarrow{LiAlH_4}$ [अपचयन]
- (i) KOH (ii) RX (iii) H_2O/OH^- — थैलिमाइड

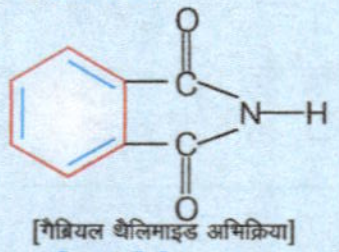

[गैब्रियल थैलिमाइड अभिक्रिया]

- $RCOCl \xrightarrow{NaN_3}$ [क्यूरिटस विधि]
- $RCONH_2 \xrightarrow{NaOH,\ Br_2,\ NaOH\,(aq)}$ [हॉफमान ब्रोमाइड अभिक्रिया]
- $RCONHOH \xrightarrow{HO^-,\ H_2O}$ [लॉसेन पुर्नव्यवस्था]
- $Me_3C—OH \xrightarrow{HCN,\ H_2SO_4}$ [रिटर अभिक्रिया]
- $R—N=C \xrightarrow{H_2O,\ H^+}$ [जल अपघटन]
- $R—C(=O)—OH + N_3H \xrightarrow{\text{सान्द्र } H_2SO_4}$ [श्मिट पुर्नव्यवस्था]
- $R—C(=O)—H \xrightarrow{(i)\ NH_3\ (ii)\ H_2/Ni}$ [कार्बोनिल यौगिकों का अपचयन]

द्वितीयक ऐमीन का निर्माण

- प्राथमिक ऐमीन + RX (आधिक्य)
  $\rightarrow RNH_2 + RX \xrightarrow[\Delta]{NaOH} R_2NH$
- अपचयन
  (i) आइसो-नाइट्राइल का $R—N\equiv C \xrightarrow{H_2/Pt} RNHCH_3$
  (ii) N-का प्रतिस्थापी ऐमाइड $RCONHR' \xrightarrow{LiAlH_4} RCH_2—NH—R'$
- कार्बोनिल यौगिकों के ऐमीनीकरण अपचयन
  $RCHO \xrightarrow[-H_2O]{R'NH_2} \xrightarrow{H_2/Ni} RCH_2—NH—R'$ (2° ऐमीन)

डाइऐजोनियम लवण

डाइऐजोनियम लवण

- इनका सामान्य सूत्र $RN_2^+X^-$ होता है।
- इनका नामकरण अनुलग्न के द्वारा होता है।
- सभी बेन्जीन डाइऐजोनियम लवणों में बेन्जीन डाइऐजोनियम आयन होते हैं।

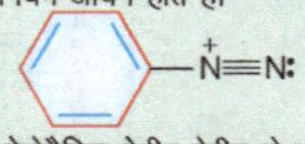

- प्राथमिक ऐरोमैटिक ऐमीन ऐरीन से डाइऐजोनियम लवण बनाते हैं, जो विलयन में कम समय के लिए स्थायी होते हैं।
- डाइऐजोनियम लवण प्रकृति में इलेक्ट्रॉन अपनयन होते हैं।
- बेन्जीन वलय में ऑर्थो/पैरा स्थिति में जैसे $—NR_2$, $—OR$ इलेक्ट्रॉन दाता समूहों की उपस्थिति बेन्जीन

भौतिक गुणधर्म

- ये रंगहीन क्रिस्टलीय ठोस होते हैं, परन्तु वायु के सम्पर्क में आने पर इनका रंग बदल जाता है।
- अपनी आयनिक प्रकृति के कारण, जल में विलेय होते हैं।
- जलीय विलयन में विद्युत के अच्छे सुचालक होते हैं।
- ये शुष्क आवस्था में आसानी से विघटित हो जाते हैं।
- गर्म करने पर जल के साथ अभिक्रिया करते हैं।

डाइऐजेनियम लवण का निर्माण

प्राथमिक ऐरोमैटिक ऐमीन HNO_2 के साथ अभिक्रिया करके डाइऐजोनियम लवण बनाते हैं। इसे डाइऐजोटीकरण कहते हैं।

- $NaNO_2 + HCl \rightarrow HNO_2 + NaCl$

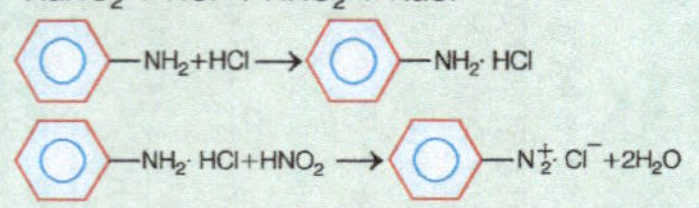

रासायनिक गुणधर्म

- युग्मन अभिक्रियाएँ

बेन्जीन डाइऐजोनियम क्लोराइड $ArN_2^+Cl^-$

- बेन्जीन + NaOH → डाइफेनिल (गोम्बर्ग अभिक्रिया)
- $—OH, —NR_2, —NH_2$ → ऐजो-डाई (युग्मन अभिक्रिया)
- HBF_4 → फ्लोरो बेन्जीन (बाल्ज-शीमान अभिक्रिया)
- $SnCl_2/HCl$ → फेनिल हाइड्रोजीन
- जल अपघटन, Δ → फीनॉल + N_2 + HCl
- $H_3PO_2 + H_2O$ → बेन्जीन + H_3PO_3 + HCl + N_2
- $CuCl + HCl$, $-N_2$ → क्लोरोबेन्जीन (सेन्डमेयर अभिक्रिया)
- Cu/Δ, $-N_2$ → क्लोरोबेन्जीन (गाटरमान अभिक्रिया)
- $NaNO_2/Cu$ → नाइट्रोबेन्जीन

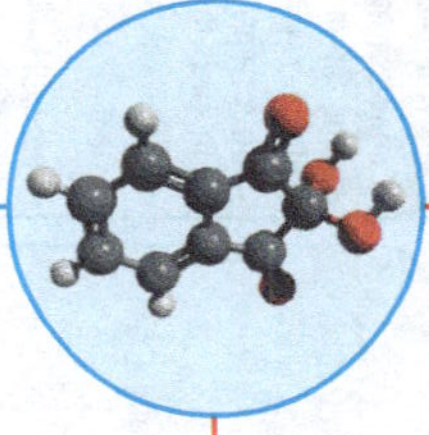

क्षारकता

- ऐलिफैटिक ऐमीन > NH_3 > ऐरोमैटिक ऐमीन
- 3° > 2° > 1° > NH_3
  [गैसीय अवस्था में या अजलीय विलायक में]
- 2° > 1° > 3° > NH_3
  [जलीय अवस्था में केवल $—CH_3$ प्रतिस्थापी ऐमीन के लिए]
- 2° > 3° > 1° > NH_3
  [जलीय अवस्था में केवल $—C_2H_5$ प्रतिस्थापी ऐमीन के लिए]
- ऐरोमैटिक ऐमीन में 3° > 2° > 1°.

डाइऐजोनियम लवण का महत्व

- ये कार्बनिक यौगिकों के संश्लेषण में अत्यधिक उपयोगी है, विशेषतः ऐरिल व्युत्पन्न के।
- ये रंजकों और उद्योगों में उपयोगी है और कपड़ों को रंगने में उपयोग होते हैं।
- ये ऐरोमैटिक वलय में — F, — Br, — Cl, — I, — NO_2, — OH और — CN समूहों के लिए मध्यवर्ती के रूप में उपयोग किए जाते हैं।
- पराबैंगनी प्रकाश में वियोजित होने के गुण के कारण, इनका उपयोग दस्तावेज के निर्माण में किया जाता है।

ऐरोमैटिक ऐमीन के रासायनिक गुणधर्म

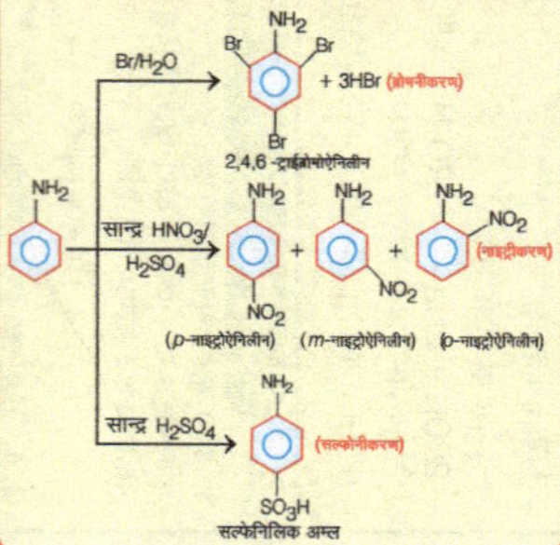

ऐमीनों के विभेद के परीक्षण

- **हिन्सबर्ग परीक्षण**
  $C_6H_5SO_2Cl$ + 1° + 2° + 3° ऐमीन
  - स्वच्छ विलयन $\xrightarrow{KOH}$ विलेय लवण [1° ऐमीन के लिए]
  - अवक्षेप $\xrightarrow{KOH}$ कोई अभिक्रिया नहीं [2° ऐमीन के लिए]
  - कोई अभिक्रिया नहीं [3° ऐमीन के लिए]
- **लिबरमैन नाइट्रोसो परीक्षण**
  HONO + 1° + 2° + 3°ऐमीन
  - $R—OH + N_2\uparrow + H_2O$ [1° ऐमीन के लिए]
  - $R_2NNO + H_2O$ [2° ऐमीन के लिए]
  - $R_3N^+HNO_2^-$ [जल में विलेय](पीला तेलीय द्रव)
- **कार्बिल ऐमीन परीक्षण** ऐलिफैटिक और ऐरोमैटिक दोनों ऐमीन द्वारा प्रदर्शित की जाने वाली अभिक्रिया परन्तु द्वितीयक और तृतीयक ऐमीन इस अभिक्रिया को प्रदर्शित नहीं करती है।
- **ऐजो-रंजक परीक्षण** केवल प्राथमिक ऐरोमेटिक ऐमीन ही नारंगी रंग के ऐजो रंजक देते हैं।

ऐमीन

- इन्हें प्राथमिक(1°), द्वितीयक (2°) और तृतीयक (3°) में वर्गीकृत किया, गया है।
- चतुर्थक ऐमीन केवल लवण के रूप में उपस्थित होते हैं और जल-अपघटन द्वारा ऐमीन उत्पन्न करते हैं।

विभिन्न ऐमीनों में डिग्री एवं क्रियात्मक समूह

ऐमीन	n(N से जुड़े H-परमाणुओं की संख्या)	डिग्री (3-n)°	क्रियात्मक समूह
$R—NH—H$	2	(3-2)°=1°(प्राथमिक)	$—NH_2$
R_2NH	1	(3-1)°=2°(द्वितीयक)	—NH—
R_3N	0	(3-0)°=3°(तृतीयक)	>N

- N-परमाणु के पास चार sp^3-संकरित कक्षक होते हैं।
- अयुग्मित इलेक्ट्रॉन युग्म की उपस्थिति के कारण कोण $C—N—E$ (जहाँ E=C या H) 109.5° से कम होकर 108° हो जाता है।

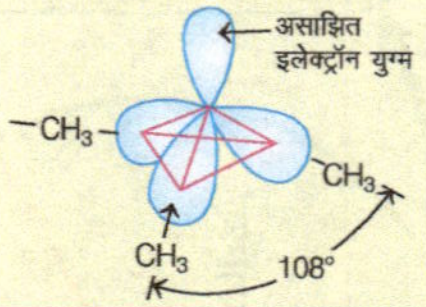

भौतिक गुणधर्म

- निम्न ऐमीन अमोनिकल गन्ध वाली गैसें हैं।
- ये जल में विलेय होते हैं।
- ऐल्किल शृंखला में वृद्धि के साथ विलेयता घटती है।
- अंतराण्विक H-बन्ध के कारण तुलनीय आण्विक द्रव्यमान वाले हाइड्रोकार्बन की तुलना में क्वथनांक उच्च होता है।
- ऐल्कोहॉल तथा कार्बोक्सिलिक अम्ल की तुलना में निम्न क्वथनांक होता है।
- समावयवी ऐमीन के क्वथनांक का क्रम 1° > 2° > 3° है।

ऐलिफैटिक और ऐरोमैटिक ऐमीन के रासायनिक गुणधर्म

ऐमीन

- खनिज अम्ल → लवण
- जलीय विलयन → हाइड्रॉक्साइड
- ऐसीलीकरण $RCOCl$ या $(RCO)_2O$
  - 1° → N-प्रतिस्थापित ऐमाइड
  - 2° → N,N-प्रतिस्थापित ऐमाइड
  - 3° → कोई अभिक्रिया नहीं (क्योंकि N का तृतीयक ऐमीन पर कोई प्रतिस्थापन योग्य H नहीं है)
- ग्रिगनार्ड अभिकर्मक → ऐल्केन
- हॉफमैन विलोपन → 3° ऐमीन + ऐल्कीन

$KMnO_4$ के साथ ऑक्सीकरण
- 1° → $RCHO$ or $R_2C=O$
- 2° → $R_2N—NR_2$
- 3° → कोई प्रभाव नहीं

H_2SO_5 के साथ ऑक्सीकरण
- 1° → ऐल्डोऑक्सिम या कीटोऑक्सिम या नाइट्रोसो ऐल्केन
- 2° → R_2NOH
- 3° → R_3NO

कार्बोनिल यौगिकों के साथ
- 1° → शिफ क्षार
- 2° → ऐनामाइन्स
- 3° → अभिक्रिया नहीं होगी।

HNO_2 के साथ
- 1° → N_2 गैस
- 2° → पीली तेलीय परत
- 3° → जल में विलेय लवण

$CHCl_3$/3KOH
आइसो-सायनाइड या आइसो -नाइट्राइल